Processo Civil

Volume Único

Rinaldo Mouzalas
João Otávio Terceiro Neto
Eduardo Madruga

Processo Civil

Volume Único

13ª Edição

revista
atualizada
ampliada

2021

EDITORA *Jus*PODIVM
www.editorajuspodivm.com.br

EDITORA *Jus*PODIVM
www.editorajuspodivm.com.br

Rua Território Rio Branco, 87 – Pituba – CEP: 41830-530 – Salvador – Bahia
Tel: (71) 3045.9051
• Contato: https://www.editorajuspodivm.com.br/sac

Capa: Ana Caquetti

Diagramação: Luiz Fernando Romeu *(lfnando_38@hotmail.com)*

M924p Mouzalas, Rinaldo.

Processo Civil volume único / Rinaldo Mouzalas, João Otávio Terceiro Neto e Eduardo Madruga. – 13. ed. rev., atual. e ampl. – Salvador: Ed. Juspodivm, 2021.
1.600 p.

Bibliografia.
ISBN 978-65-5680-511-5.

1. Direito Processual Civil. I. Terceiro Neto, João Otávio. II. Madruga, Eduardo. III. Título.

CDD 341.46

Agradecimentos

Por força da gratidão, não poderíamos deixar de agradecer,
dentre outras pessoas, às seguintes:

a Deus, sempre Ele, por ser o autor principal,
quem nos guia pelos caminhos da vida e tudo nos concede em Seu tempo;
às nossas famílias, cujos membros são grandes incentivadores e desinteressados amigos;
aos colegas de escritório, por suprirem nossas ausências;
a todos que compõem a Editora Juspodivm, representados por Ricardo Didier;
aos leitores, pelo envio de sugestões e correções ortográficas;
aos nossos alunos que, além de participarem, diariamente,
fazem-nos refletir sobre o Direito Processual Civil.

NOTA DOS AUTORES À 13ª EDIÇÃO

A 13ª edição é marcada pelos cinco primeiros anos de vigência do Código de Processo Civil de 2015. Durante esse período, a interpretação do novo Código foi paulatinamente amadurecida, em razão dos incessantes debates doutrinários e jurisprudenciais em torno dele, fruto da sua aplicação prática.

A presente edição, assim, representa uma profunda revisão das anteriores, buscando refletir o resultado desse processo de maturação, destacando os pontos já pacificados (especialmente pelo Superior Tribunal de Justiça) e, por outro lado, aqueles que ainda carecem de definição. O objetivo é, como sempre, fornecer, com objetividade, um direcionamento para a compreensão do processo civil, tanto para os profissionais da área jurídica como para aqueles que se preparam para concursos públicos.

Ademais, a pandemia do coronavírus acarretou, em 2020, uma intensa produção jurisprudencial e legislativa, como resposta aos novos problemas sanitários e econômicos. O processo civil, naturalmente, não ficou imune a tais modificações. Para além das importantes decisões proferidas pelo STJ ao longo do ano, todas referidas nesta nova edição, foram editadas, entre outras, a Lei nº 14.010/2020 (que dispõe sobre o regime jurídico emergencial e transitório das relações jurídicas de direito privado no período da pandemia do coronavírus), a Lei nº 14.112/2020 (que altera a Lei de Falências) e a Portaria nº 271/2020 do Conselho Nacional de Justiça (que regulamenta o uso de inteligência artificial no âmbito do Poder Judiciário). O novo texto está de acordo com todas elas.

Por fim, novas questões de concurso foram inseridas ao longo do texto, objetivando sempre a melhor compreensão e fixação dos temas tratados.

Agradecemos pela confiança depositada pela editora e pelos leitores ao longo destes anos e colocamo-nos à disposição, pelos e-mails rinaldo@mouzalasadvogados.adv.br, joaootavio@terceironeto.com.br e eduardomadrugaadv@hotmail.com, para quaisquer dúvidas, críticas e sugestões.

SUMÁRIO

CAPÍTULO 1

NORMAS FUNDAMENTAIS DO PROCESSO CIVIL

1. CONSTITUCIONALIZAÇÃO DO PROCESSO CIVIL

A constitucionalização do direito denota dupla faceta: a elevação de diversas disposições legais para o patamar constitucional, o que garante maior eficácia e proteção com tal estatura, bem como a incidência do conteúdo da Constituição sobre o sistema jurídico, fazendo com que as disposições infraconstitucionais sejam lidas e interpretadas sob a diretriz da constituição.

No campo processual, a primeira via se traduz com a constitucionalização das principais garantias processuais que estruturam o processo, o que se deu com a Constituição, que delineou um **modelo constitucional de devido processo justo**, a partir da cláusula geral do devido processo legal, princípio este que deve presidir todo e qualquer modelo de julgamento.

A segunda via se dá com o exame dos problemas processuais sob o enfoque dos princípios, diretrizes e valores constitucionais (filtragem constitucional), vertente notabilizada expressamente pelo primeiro artigo do Código, que determina que o "processo civil será ordenado, disciplinado e interpretado conforme os valores e as normas fundamentais estabelecidos na Constituição da República Federativa do Brasil".

► **(MPE-PR. MPE-PR. Promotor Substituto. 2016 – ADAPTADA)**[1]: Assinale Correto ou Incorreto: "A Constituição da República Federativa do Brasil serve, para o Direito Processual Civil, como critério de validade, sem influenciar a interpretação dos dispositivos legais".

Questão de Concurso

► **(BIO-RIO. Prefeitura de Barra Mansa-RJ. Procurador Jurídico. 2016)**[2]: Muitos autores defendem que o Novo CPC instaurou o neoprocessualismo, isso porque o art. 1º desse dispositivo prevê expressamente a submissão do processo ao Texto Constitucional, o que de certo não revela novidade, vez que a Supremacia da Constituição da República independe de norma infraconstitucional. Entretanto, preferiu o NCPC repetir expressamente alguns princípios consagrados no texto constitucional. Assim, analise os itens que seguem e assinale a opção CORRETA:

1. Gabarito: Incorreto.
2. Gabarito: Letra D.

I. O incidente de resolução de demandas repetitivas é um dos mecanismos para atender ao princípio da isonomia consagrado no Código de Processo Civil.

II. Ainda que verificada de plano a decadência, matéria que pode ser conhecida ex oficio, não poderá haver improcedência liminar do pedido sem a oitiva do Autor, sob pena de nulidade da decisão por ofensa ao princípio do contraditório.

III. A exigência de prévio pedido à instituição financeira não atendido em prazo razoável, como condição para propositura de ação de exibição de documentos, não ofende o princípio da inafastabilidade do controle jurisdicional.

IV. O princípio da razoabilidade temporal não garante a celeridade processual, na verdade este dispositivo busca a obtenção dos melhores resultados possíveis, com a máxima economia de esforços, despesas e tempo. Esse princípio está intimamente ligado à efetividade do processo.

a) Apenas um item é falso

b) Apenas um item é verdadeiro

c) Apenas dois itens são verdadeiros

d) Todos os itens são verdadeiros

▶ **(Consulplan – Cartórios – Remoção – TJ – MG/2017)**[3] Com relação às fontes do direito processual civil brasileiro, avalie as seguintes proposições:

I. O processo civil será interpretado conforme os valores e normas fundamentais estabelecidos na Constituição da República Federativa do Brasil.

II. Os tratados internacionais em que o Brasil seja parte não são fontes para aplicação do direito processual civil.

III. A lei, os costumes, a doutrina e a jurisprudência são consideradas fontes do direito processual civil.

IV. A doutrina e a jurisprudência são importantes fontes do direito processual civil, seja para a elaboração das normas jurídicas, seja para a solução do litígio que se apresenta ao Poder Judiciário.

Está correto apenas o que se afirma em:

a) I, III e IV.

b) II, III e IV.

c) I, II e III.

d) I e II.

---

2. MODELO COOPERATIVO DE PROCESSO

O CPC/2015 inaugura um novo modelo processual, chamado pela doutrina de **cooperativo ou comparticipativo,** que representa uma nova forma de organização processual, ao redistribuir, de forma mais equilibrada, os poderes de condução do processo entre partes e o juiz. Ele surge exatamente para equiponderar as manifestações de inquisitividade (poderes do juiz) e de dispositividade (poderes das partes)[4], sem, entretanto, repelir, por completo, os clássicos modelos adversarial e inquisitorial.

3. Gabarito: Letra A.

4. Na acepção amparada para o estudo dos modelos processuais, que não adota maiores preocupações metodológicas, entenda-se por princípio dispositivo toda manifestação da liberdade das partes, seja qual for a intensidade. Em todas as tarefas processuais que são atribuídas às partes, seja na condução, seja na instrução do processo, visualiza-se manifestação do princípio dispositivo. Por outro lado, o princípio inquisitivo, nessa acepção, pode ser entendido como a manifestação dos poderes do juiz no curso do procedimento. Nessa linha, toda posição ativa,

No palco cooperativo, o processo não vai ser a fiel cristalização de uma ideologia, mas será um modelo de equilíbrio, que observa atentamente a tensão existente entre os paradigmas liberal e social e propõe uma terceira via integradora, que visa a concentrar as concepções mais acertadas de tais paradigmas, somadas às contribuições do fenômeno da constitucionalização do direito e do caldo cultural do Estado Democrático de Direito.

Alcança-se, então, a estabilidade com esse novo modelo, cuja estrutura se coaduna com as exigências e os anseios tanto da tradição do *civil law* como da do *common law*, pois distribui os poderes entre os sujeitos processuais de forma mais equilibrada e adequada.

À vista disso, chegou o momento de a cooperação assumir a sua função de locomotiva do processo civil moderno, sendo o ponto de equilíbrio na aplicação dos princípios dispositivo e inquisitório. Deve haver, então, uma coordenação entre tais princípios, na perspectiva do modelo cooperativo de processo. Evidencia-se que o princípio da cooperação[5] não contradiz o princípio dispositivo ou inquisitivo, tampouco leva ao seu esvaziamento ou substituição, de tal modo que eles devem se articular e integrar a dinâmica do processo.

Questão de Concurso

▶ **(FMP/RS. Juiz de Direito do TJ-MT. 2014)**: Quanto à colaboração no processo civil, é correto afirmar que[6]:

a) é uma norma que determina que as partes têm o dever de colaborar entre si para o bom andamento do processo e não diz respeito à postura do juiz no processo.
b) é uma versão atualizada do princípio dispositivo em sentido material.
c) é uma versão atualizada do princípio dispositivo em sentido processual.
d) é a versão atualizada do modelo inquisitorial em sentido processual.
e) Nenhuma das afirmações é totalmente correta.

Assim, a correta divisão das funções entre as partes e o tribunal que atenda aos reclames de um Estado Democrático de Direito é, sem dúvida, aquela que impõe que, ao longo de todo o *iter* processual, seja mantido um diálogo entre todos os sujeitos do processo, devendo este (o processo) ser entendido, essencialmente, como uma **comunidade de trabalho ou de comunicação**, que permita uma ampla discussão a respeito de todos os aspectos fáticos e de direito relevantes para o deslinde da causa.

3. NORMAS FUNDAMENTAIS DO PROCESSO

A concentração das principais normas fundamentais do processo no corpo inicial do Código, opção adotada pelo legislador brasileiro, alinha-se com a tendência das recentes

seja no recolhimento da prova, assumindo o impulso oficial do processo, exercendo os poderes instrutórios de ofício, é manifestação de inquisitividade.

5. O princípio da cooperação surge, então, como uma enzima que irá otimizar a aplicação do princípio dispositivo e do inquisitório, expurgando os contornos excessivos ou as concepções pálidas. A máxima da cooperação tem, assim, o condão de criar uma atmosfera dialogal e cooperante em esferas que antes eram de monopólio apenas das partes ou do juiz.

6. Gabarito: letra E.

reformas processuais, a exemplo do CPC português de 2013, a afirmar a **operabilidade**[7], diretriz que propugna por praticidade, clareza e simplicidade no manuseio do texto legislativo.

O legislador, na elaboração dos textos que trazem as normas fundamentais do processo, utilizou-se preponderantemente da **técnica legislativa aberta**, método que edifica textos normativos intencionalmente fluidos, plásticos, capazes de possibilitar uma maior flexibilidade no processo de interpretação e construção do direito. Foram empregadas cláusulas gerais e conceitos jurídicos indeterminados.

Os autores do presente livro adotam a importante distinção propalada pela moderna hermenêutica jurídica entre **texto e norma**[8]. Concebe-se a norma como o produto, a síntese da interpretação do texto, ou seja, toda e qualquer aplicação normativa enseja uma prévia interpretação. Não se deve confundir o texto (objeto da interpretação) com a norma (resultado da interpretação). Nesse processo criativo, sublinha-se a necessidade de compreender e interpretar os textos a partir de um harmonioso diálogo entre o Direito Processual, a Teoria Geral do Direito, os Direitos Fundamentais e o Direito Constitucional.

Grande parcela das disposições colocadas no Código como normas fundamentais já é prevista na Constituição. Constitui o modelo constitucional de processo, sendo certo que, com base no **fenômeno da constitucionalização do processo civil**, elas já irradiavam seus valores no Código anterior e continuam a propagar-se no vigente.

O bloco constitucionalizado em 1988 possui como norma-*mater* o superprincípio do devido processo legal. No quadro abaixo, sintetiza-se o núcleo duro mínimo extraível dessa cláusula geral, que rege o processo civil moderno:

Art. 5º LIV	Devido processo legal
Art. 5º, LV	Contraditório
Art. 5º LV	Ampla defesa
Art. 5º, LXXVIII	Razoável duração do processo
Art. 5º, LX	Publicidade
Art. 5º, *caput*	Isonomia material
Art. 93, IX	Motivação das decisões
Art. 5º, XXXVII	Juiz natural
Art. 5º XXXV	Inafastabilidade da jurisdição

Além do direito processual constitucional, que se lança sobre todo processo civil brasileiro, o CPC/2015 (primeiro editado após a Constituição de 1988) destaca um capítulo próprio para evidenciar as normas fundamentais do processo logo no corpo inicial do seu texto (dos arts. 2º a 12), que formam as **linhas do processo civil contemporâneo**, servindo como parâmetro interpretativo para os dispositivos do Código, como se observa abaixo:

7. A divisão do Código em Partes Geral e Especial, a simplificação das tutelas provisórias, a unificação de prazos e a reunião das normas fundamentais em capítulo próprio são exemplos que apontam para essa nova arquitetura plasmada na operabilidade.
8. Enunciado nº 370 do FPPC: norma processual fundamental pode ser regra ou princípio.

Art. 2º	Dispositivo
Art. 3º	Inafastabilidade da jurisdição e resolução consensual dos conflitos
Art. 4º	Razoável duração do processo e primazia das decisões de mérito
Art. 5º	Boa-Fé objetiva processual
Art. 6º	Cooperação
Art. 7º	Isonomia material
Art. 8º	Dignidade da pessoa humana, proporcionalidade, razoabilidade, legalidade, publicidade e eficiência
Art. 9º	Contraditório dinâmico/cooperação
Art. 10	Vedação às decisões por emboscada (surpresas)
Art. 11	Publicidade e fundamentação
Art. 12	Ordem cronológica

Essas disposições tonificam as disposições expressas na Constituição, com intuito simbólico e enfático, além de, às vezes, **estrearem novos textos**, que encampam outras normas fundamentais, que densificam o devido processo, como são exemplos a resolução consensual dos conflitos, o primado do mérito, a proibição das decisões por emboscada e a ordem cronológica.

Apesar da importância, reconhece-se o caráter **meramente exemplificativo**[9] desse capítulo, pois existem outras normas fundamentais no próprio CPC/2015 (a exemplo das dispostas nos artigos 926 e 927) e na Constituição (como o juiz natural, o direito à prova e o devido processo constitucional) que, ilogicamente, não foram incluídas neste rol e, nem por essa razão, perderam o *status* de normas fundamentais do processo civil.

Esse capítulo inaugural é composto por **normas-princípios e normas-regras**. Enquanto os princípios são normas finalísticas, que propõem estados de coisas a serem atingidos, e são aplicáveis por ponderação, as regras são normas prescritivas de conduta, aplicáveis por subsunção.

4. NORMAS FUNDAMENTAIS EM ESPÉCIE

a) ***devido processo legal (due process of law ou processo equitativo ou devido processo justo):*** encontra-se expresso na Constituição Federal, no artigo 5º, LIV. Esse dispositivo garante que nenhum sujeito de direito será privado da liberdade ou de seus bens sem o devido processo legal. Assim, funciona como uma cláusula geral de proteção contra o arbítrio, de tal forma que todo e qualquer cidadão tem direito a um devido processo antes de sofrer qualquer sanção estatal que ofereça restrições em sua órbita jurídica. Ressalta-se que o parâmetro a ser observado pelo devido processo deve ser mais amplo: não apenas a lei, mas o sistema normativo como um todo, razão pela qual a doutrina critica a nomenclatura utilizada pela Constituição e defende uma nomenclatura mais adequada (***devido processo constitucional***).

9. Enunciado nº 369 do FPPC: O rol de normas fundamentais previsto no Capítulo I do Título Único do Livro I da Parte Geral do CPC não é exaustivo.

Questão de Concurso

▶ **(CESPE. TJ-AM Provas: CESPE - 2019 - TJ-AM - Assistente Judiciário – 2019)**[10]: Acerca dos princípios constitucionais do processo civil, julgue o item a seguir. O devido processo legal é uma garantia contra eventual uso abusivo de poder, de modo a assegurar provimento jurisdicional em consonância com a Constituição Federal de 1988.

▶ **(FUNDEP. Auditor/Conselheiro Substituto do Tribunal de Contas – TCE-MG. 2015)**[11]: Sobre os princípios constitucionais explícitos e implícitos do Direito Processual, são dadas uma proposição 1 e uma razão 2.

1. O devido processo legal aplica-se, também, às relações jurídicas privadas. Na verdade, qualquer direito fundamental, e o devido processo legal é um deles, aplica-se ao âmbito das relações jurídicas privadas, PORQUE
2. A palavra processo, aqui, deve ser compreendida em seu sentido amplo: qualquer modo de produção de normas jurídicas (jurisdicional, administrativo, legislativo ou negocial). Desse modo, a atual Constituição Brasileira admite a ampla vinculação dos particulares aos direitos fundamentais nela erigidos, de modo que não só o Estado como toda a sociedade podem ser sujeitos desses direitos.

Assinale a alternativa **CORRETA.**

a) A proposição e a razão são verdadeiras e a razão justifica a proposição.
b) A proposição e a razão são verdadeiras, mas a razão não justifica a proposição.
c) A proposição é verdadeira, mas a razão é falsa.
d) A proposição é falsa, mas a razão é verdadeira.
e) A proposição e a razão são falsas.

Existem duas facetas do princípio: a formal ou procedimental (*procedural due process* ou devido processo legal em sentido processual) e a material ou substancial (*substantive due process* ou devido processo legal em sentido material).

> A Constituição de 1988 consagra o devido processo legal nos seus dois aspectos, substantivo e processual, nos incisos LIV e LV, do art. 5º, respectivamente. [...] Due process of law, com conteúdo substantivo – substantive due process – constitui limite ao Legislativo, no sentido de que as leis devem ser elaboradas com justiça, devem ser dotadas de razoabilidade (reasonableness) e de racionalidade (rationality), devem guardar um real e substancial nexo com o objetivo que se quer atingir. Paralelamente, due process of law, com caráter processual – procedural due process – garante às pessoas um procedimento judicial justo, com direito de defesa. (STF. ADI 1.511-MC. DJU 06.06.03).

O sentido formal evidencia uma preocupação com a tutela processual, no sentido de que todos os cidadãos devem ter o direito de processar e ser processados de acordo com garantias processuais pré-determinadas. O conteúdo normativo do *procedural due process* compreende todas as normas processuais fundamentais delineadas, até então, no modelo constitucional de processo.

Questão de Concurso

▶ **(CAIP-IMES. Procurador – Consórcio Intermunicipal Grande ABC. 2015):** Complete a lacuna inserta na frase a seguir, referindo-se a um dos princípios constitucionais do processo civil. O ________ apre-

10. Gabarito: Correto.
11. Gabarito: Letra A.

senta dois sentidos, significando *"o conjunto de garantias de ordem constitucional, que de um lado asseguram às partes o exercício de suas faculdades poderes de natureza processual e, de outro, legitimam a própria função jurisdicional"*.[12]

a) princípio da paridade de armas
b) princípio do devido processo legal
c) princípio da fundamentação das decisões judiciais
d) princípio da inafastabilidade do Judiciário

Já o sentido material encontra embasamento em importante decisão do Supremo Tribunal Federal, que extrai do devido processo substancial os postulados da *proporcionalidade* e da *razoabilidade*, havendo uma nítida tropicalização da dimensão delineada nos Estados Unidos, pois se recepciona o instituto dando feições próprias autenticamente brasileiras.

Deve ser visto como uma garantia que todo cidadão tem de que todos os atos do poder público, além de respeitarem o trinômio vida, liberdade e propriedade, sejam elaborados com **justiça, razoabilidade e racionalidade**. Essa faceta veda a atividade legislativa abusiva e desarrazoada, a servir como limite às arbitrariedades cometidas pelo poder público.

Outrossim, ultrapassam-se as garantias meramente formais do processo (tutela processual), para abarcar o âmbito de aplicação e interpretação das normas jurídicas, que deve ocorrer mediante uma lógica do proporcional e razoável. Esse viés impõe que a atividade do juiz deve ser diretora e criativa, a atualizar e readequar os fatos e valores ao caso concreto e a promover a justiça material. É dessa perspectiva que se aduz o devido processo justo.

Essa concepção substancial é expressa no art. 8º do CPC, que evidencia a proporcionalidade e a razoabilidade como postulados normativos a harmonizar as disposições do Código de Processo Civil. Do presente texto normativo se depreende que o postulado normativo da proporcionalidade será utilizado pelo Judiciário na aplicação dos demais princípios[13].

Questão de Concurso

▶ **(IADES. AL-GO. Procurador. 2019 – ADAPTADA)**[14]: A respeito das normas fundamentais do Processo Civil, assinale verdadeiro ou falso: "Ao aplicar o ordenamento jurídico, o juiz atenderá aos fins econômicos e às exigências individuais, resguardando e promovendo a dignidade da pessoa humana e observando a proporcionalidade, a razoabilidade, a legalidade, o segredo de justiça e a eficiência.

▶ **(CESPE. Procurador. TC-DF. 2013)**[15]: Em uma acepção substancial, entende-se que o princípio do devido processo legal representa a exigência e garantia de que as normas processuais sejam razoáveis, adequadas, proporcionais e equilibradas, gerando uma correspondência com o princípio da proporcionalidade, na visão de muitos estudiosos.

12. Gabarito: Letra B.
13. Ressalta-se, ainda, que, nesse juízo lógico, o juiz deverá justificar o objeto e os critérios gerais da ponderação efetuada, enunciando as razões que autorizam a interferência na norma afastada e as remissões fáticas que fundamentam a conclusão, conforme a exigência de fundamentação legítima do § 2º do art. 489 do Código.
14. Gabarito: INCORRETO.
15. Gabarito: CORRETO.

▶ **(CESPE. Analista Judiciário – Área Administrativa. TER-RJ. 2012[16])**: Na concepção formal, o devido processo legal corresponde à exigência e garantia de que as normas sejam razoáveis, adequadas, proporcionais e equilibradas; sob a perspectiva substancial, é o direito de processar e ser processado, de acordo com as normas preestabelecidas.

▶ **(ESAF, CGU, Analista de Finanças e Controle. 2006[17])**: princípio da proporcionalidade é corolário do princípio do devido processo legal em sentido substancial (substantive due process clause).

Por último, vale ressaltar que o STF, partindo da premissa de que os direitos fundamentais têm eficácia direta e horizontal, decidiu que o devido processo legal é **aplicável também às relações privadas**. Assim, por exemplo, a exclusão do associado de uma cooperativa não prescinde do devido processo, com garantia de contraditório e ampla defesa (STF. RE 158.215/RS. DJ 07.06.96). Da mesma forma, o condômino não pode ser multado por descumprimento dos deveres previstos no art. 1.336 do CC/2002 sem lhe ofertar o devido processo prévio.

b) ***contraditório:*** está consagrado no art. 5º, inciso LV, da Constituição da República. Constitui garantia de ciência dos atos e termos processuais, com a consequente faculdade de falar sobre eles de modo que se possa, efetivamente, influenciar o(s) membro(s) do órgão julgador nas suas decisões. A aplicação desse preceito pode ser lida, em proporções reduzidas, como exercício da democracia participativa, em que se otimiza a participação dos interessados no processo e se alcança a legitimidade da prestação da tutela jurisdicional.

Vislumbra-se o contraditório sob dois ângulos: **formal e substancial.** O primeiro possui um viés estático e restringe-se a garantir a comunicação dos atos e a consequente possibilidade de as partes falarem e se manifestarem no processo. Portanto, o conteúdo do contraditório formal restringe-se ao binômio **informação + possibilidade de reação.**

O elemento ***informação*** será garantido por intermédio da comunicação dos atos processuais. O Código fornece duas formas: a **citação**, ato pelo qual o réu, executado ou interessado é convocado para integrar a relação processual e a **intimação**, que é o ato pelo qual se dá ciência a alguém dos atos e dos termos do processo.

Questão de Concurso

▶ **(FGV. Agente Público. TCE/BA. 2013 – ADAPTADO)**: Suponha que em determinado processo de conhecimento que tramitava pelo rito comum tenha havido a juntada de importante documento pela parte autora sem que o Juiz, em momento seguinte, tenha intimado a parte adversa para que esta, tomando conhecimento da existência do documento, pudesse sobre ele se manifestar.

Assinale a alternativa que expressa o princípio processual de forma direta e efetiva violado pela hipótese descrita[18]:

a) Princípio do Contraditório.

b) Princípio do Juiz Natural.

16. Gabarito: INCORRETO.
17. Gabarito: CORRETO.
18. Gabarito: Letra: A.

c) Princípio da Motivação das Decisões Judiciais.
d) Princípio da Tempestividade da Tutela Jurisdicional.
e) Princípio da Inafastabilidade do Controle Jurisdicional.

Já a **possibilidade de reação** é o segundo passo e remete a um ônus processual da parte em reagir ou não ao ato do qual tomou ciência. O contraditório é respeitado, desde que se oportunize a reação, sendo possível, entretanto, que a parte concretamente não reaja[19].

Esse binômio (informação + possibilidade de reação) é o núcleo mínimo do contraditório, que deve ser inicialmente garantido em todo processo devido.

Questão de Concurso

▶ **(FMP-RS. Juiz de Direito. TJ-MT. 2014 – ADAPTADO):** Quanto ao direito ao contraditório no processo civil, é CORRETO afirmar que[20]:

a) esgota-se no direito de informação e no direito de reação a respeito das alegações de fato e das provas produzidas pelas partes.
b) também chamado de bilateralidade da instância, é um princípio que tem por titulares e destinatários apenas as partes no processo.
c) é o direito de ser informado, de reagir e de influenciar, tendo como titulares e destinatários apenas as partes no processo.
d) é o direito de ser informado, de reagir e de influenciar, tendo como titulares as partes e como destinatário o juiz no processo.
e) nenhuma das afirmações é totalmente correta.

O primeiro vetor do contraditório no CPC é o art. 9º, que prescreve: "não se proferirá sentença ou decisão contra uma das partes, sem que esta seja previamente ouvida".

De logo, identifica-se uma atecnia no texto normativo, pois, em tese, é possível que uma decisão judicial respeite o contraditório, mesmo que uma das partes não tenha sido previamente ouvida. Isso, porque o elemento reação é um ônus processual da parte, que pode ser exercido ou não. Assim, por exemplo, é possível que a parte seja intimada, tenha oportunidade de reação, mas não o faça, e, mesmo assim, o juiz decida, o que fará sem prejuízo algum ao contraditório. O processo contemporâneo é contumacial, de modo que a parte pode escolher não se manifestar, arcando com o ônus decorrente de sua escolha. Assim, por exemplo, o réu que opta por não contestar a ação deve suportar os efeitos da revelia.

Questão de Concurso

▶ **(CESPE. Auditor Federal de Controle Externo do TCU. 2011)**[21]: "o princípio do contraditório é uma garantia constitucional ligada ao processo, mas não impõe que as partes se manifestem de maneira efetiva em relação aos atos do processo, bastando que a elas seja concedida essa oportunidade"

19. Um exemplo de violação dessa faceta do contraditório que pode se entrever é no caso de **indisponibilidade do sistema de peticionamento eletrônico por motivos técnicos**, mesmo que não seja o dia todo, no último dia do prazo para prática do ato processual. Nesse caso, o prazo para protocolar deve ser automaticamente prorrogado para o primeiro dia útil seguinte à resolução do problema, sob pena de violação do contraditório – na faceta possibilidade de reação (STJ. EDcl no AgRg no AREsp 400.167/SP. DJe 18.10.17).
20. Gabarito: Letra D.
21. Gabarito: Correto.

▶ **(CESPE. Analista-Advocacia. SEPRO. 2011)**[22]: "conforme observa a melhor doutrina, para a concretização do princípio do contraditório, o juiz deve estabelecer constante e intenso diálogo com as partes no processo, a fim de assegurar decisões de melhor qualidade".

Nada obstante, atente-se para as mitigações a essa regra geral que são tuteladas pelo Código. O contraditório é uma garantia processual que visa a escudar as partes durante todo *iter* processual contra eventuais abusos, não havendo sentido útil na sua ativação, nos casos em que a decisão favoreça a parte que não participou do contraditório. Nessa perspectiva, apresenta-se a **teoria do contraditório inútil ou infrutífero**, ao acentuar que a dispensa do contraditório em desfavor da parte vencedora não pode ensejar a decretação de invalidade de atos processuais.

Por isso, o legislador admite determinados procedimentos sem ativação inicial do contraditório para a parte favorecida, como no caso do **indeferimento da petição inicial** (art. 330, CPC) e da **improcedência liminar do pedido** (art. 332, CPC), situações em que a decisão judicial é favorável à parte que não é citada.

No entanto, se a parte autora vencida recorrer da decisão, surgirá o dever da imediata ativação do contraditório, somado ao importante instrumento do **juízo de retratação** (possibilidade de o juiz modificar sua decisão em razão do empréstimo de efeito regressivo ao recurso), que viabilizará que a parte contrária exerça o seu contraditório de forma postergada na mesma instância em que foi proferida a decisão.

O contraditório postergado não significa alijamento da referida garantia processual, mas apenas uma inversão do procedimento, deslocando o contraditório para momento superveniente. As tutelas provisórias são campos férteis para sua aplicação. Elas podem ser conferidas por intermédio do **contraditório padrão**[23], mas podem também ser concedidas liminarmente, desde que preenchidos determinados requisitos, caso em que o **contraditório será diferido**[24].

O contraditório postergado pode ocorrer, por exemplo, nas situações dos três incisos do parágrafo único do art. 9º do CPC, quais sejam: nas tutelas provisórias de urgência; nas hipóteses de tutela de evidência dos incisos II e III do art. 311; na decisão prevista no art. 701 do CPC (despacho inicial da ação monitória).

Feitas tais considerações acerca do aspecto formal, concentram-se, agora, as atenções à faceta **dinâmica ou substancial** do contraditório.

A partir de tal enfoque, o juiz deve ativar o contraditório a todo momento, dando oportunidades reais e efetivas de influência sobre as questões que compõem o objeto do processo, parificando as chances das partes no curso do processo. Esse viés relaciona-se ao poder das partes de influenciar, efetivamente, na formação da convicção do julgador, contribuindo na

22. Gabarito: Correto.
23. O **contraditório padrão** segue um procedimento base como regra geral: 1) petição inicial (pedido); 2) contraditório-comunicação (citação da parte contrária); 3) contraditório – possibilidade de influência (defesas do réu); 4) decisão judicial motivada. É essa arquitetura que é aplicada, indubitavelmente, na maioria dos casos.
24. O contraditório diferido segue o seguinte procedimento: 1) petição inicial; 2) decisão judicial provisória; 3) ativação do contraditório diferido (informação + poder de reação); 4) decisão judicial definitiva motivada.

descrição dos fatos, produção de provas e debate das questões de direito, potencializando uma decisão jurídica substancializada.

Daí inferir-se que o contraditório não se resume especificamente a um binômio, mas a um trinômio formado por: **informação + possibilidade de reação + poder de influência**. Essa nova arquitetura de diálogo possibilita o aprimoramento da cognição, ao tornar a decisão judicial mais democrática, mais comparticipativa, menos propensa a compreensões pré-concebidas e essencialmente apta a neutralizar as pretensões recursais das partes.

Com a previsão contida no art. 10, o Código inaugura, pelo menos por expressa disposição legal, uma nova face ao contraditório, por intermédio do diálogo afirmado pela cooperação, que impõe ao juiz o **dever de consulta**. É desse ponto de interseção que se extrai a **vedação às decisões por emboscada (surpresa)**.

Assim, o juiz passa a ser a inserido como sujeito do contraditório, de modo a se criar uma verdadeira mesa redonda de diálogo entre o *trium personarum* (partes e juiz). O contraditório passa a se revelar como o direito de ser informado, de reagir e de influenciar.

O Código rompe, então, a clássica divisão estanque de tarefas entre o juiz e as partes, em que estas se preocupavam, exclusivamente, em provar os fatos afirmados, ao passo que aquele se restringia a fazer a subsunção do material fático ao texto normativo considerado por ele como sendo o juridicamente adequado ao caso. Tal realidade não se justifica num terreno em que se afirma o contraditório dinâmico e a cooperação.

Portanto, é nesse passo que o art. 10 preconiza que, "em qualquer grau de jurisdição, o órgão jurisdicional não pode decidir com base em fundamento a respeito do qual não se tenha oportunizado manifestação das partes, ainda que se trate de matéria apreciável de ofício". O modelo apresentado pela redação do texto legal incentiva a ativação do contraditório prévio, a impedir (ou pelo menos inibir) que o juiz decida com base em algum fundamento de fato ou de direito sobre o qual não tenha havido participação das partes.

Questão de Concurso

▶ **(Ano: 2019 Banca: CESPE Órgão: TJ-AM Provas: CESPE - 2019 - TJ-AM - Assistente Judiciário)[25]:** Acerca dos princípios constitucionais do processo civil, julgue o item a seguir. O princípio do contraditório, por constituir garantia aplicável em situações específicas, não vincula a decisão do juiz, visto que, em geral, este deve decidir sem a oitiva das partes.

A vedação às decisões-surpresa há de englobar tanto as questões de fato quanto as de direito. No primeiro plano, exige-se que todo substrato fático processual (comportamento da parte) levado em consideração pelo juiz deve ser previamente posto em contraditório dinâmico, antes do processo de subsunção, sob pena de tornar defeituosa (com possível decretação de invalidade) a decisão proferida.

Já no plano do direito, ganha relevância a análise da máxima do *iura novit curia,* que autoriza o juiz a levar em consideração questões de direito que lhe pareçam apropriadas, apesar

25. Gabarito: Incorreto.

de não suscitadas, e julgar a causa, sem estar confinado à alegação de direito apresentada pelas partes, desde que respeite os limites fáticos delineados.

A vedação às decisões surpresa não elimina ou atenua essa liberdade do juiz de identificar a disposição jurídica aplicável ao caso concreto, como se depreende do enunciado 281 do Fórum Permanente de Processualistas Civis: "o enquadramento normativo dos fatos não é requisito da petição inicial e, uma vez existente, não vincula o órgão julgador".

No entanto, a atividade do juiz recebe uma nova conformação prática, por meio do redimensionamento do *iura novit curia*, a fazer com que o juiz consulte previamente as partes e colha suas manifestações a respeito do assunto, antes de aplicar a norma jurídica ao caso concreto.

Questão de Concurso

▶ **(CESPE. Advogado – Banco da Amazônia. 2007)**[26]: como o julgador não se encontra adstrito a decidir de acordo com os fundamentos legais apontados nos autos, não há decisão *extra petita* quando o juiz examina o pedido e aplica o direito de acordo com normas jurídicas diferentes das apontadas nos autos. Essa liberdade conferida ao julgador também deve compatibilizar-se com o princípio do contraditório.

O art. 10 veda que o juiz, sem ativação do contraditório, agregue à sua decisão questão de direito que não foi ventilada por nenhuma das partes. Tal dispositivo é mais um corolário do julgamento justo e impõe ao juiz o dever de chamar a atenção das partes para qualquer fator que avalie de forma díspar, protegendo as partes contra decisões desconcertantes. Nesse sentido, orienta o enunciado 282 do FPPC: "para julgar com base em enquadramento normativo diverso daquele invocado pelas partes, ao juiz cabe observar o dever de consulta, previsto no art. 10".

Atente-se para o fato de o sistema brasileiro estender a proibição de surpresa, inclusive, às decisões de ofício do juiz[27]. Portanto, sempre que o magistrado for decidir de ofício (acerca de questões de fato ou de direito), antes, deve garantir a manifestação das partes a influenciar a decisão jurisdicional.

Veja-se o exemplo em que o juiz, de ofício, decreta prescrição da pretensão, cuja ação, entretanto, estava a ser tempestivamente exercida, a considerar fator de interrupção. A intimação das partes, aí, para se pronunciarem a respeito de uma terceira via elegida pelo juiz, poderia evitar todo um *iter* processual desnecessário, sem contar que traria o diálogo e a comparticipação como elementos atenuadores da irresignação das partes e da propensão a interpor recursos.

26. Gabarito: Correto.
27. É preciso diferenciar a decisão de ofício da decisão liminar. A primeira é quando o juiz atua sem a necessidade de iniciativa das partes, como ocorre na iniciativa probatória (art. 370 do CPC), já a decisão liminar é aquela em que o juiz profere decisão antes de ouvir as partes no regime do contraditório postergado, como pode acontecer nas tutelas de urgência, desde que preenchidos os requisitos.

Questão de Concurso

▶ **(MPE-SC. Promotor de Justiça – SC. 2019)**[28]: O Código de Processo Civil dispõe que o juiz não pode decidir, em grau algum de jurisdição, com base em fundamento a respeito do qual não se tenha dado às partes oportunidade de se manifestar, salvo se tratar de matéria sobre a qual deva decidir de ofício.

▶ **(FCC Órgão: TRF - 4ª REGIÃO. FCC - 2019 - TRF - 4ª REGIÃO - Analista Judiciário - Área Judiciária. 2019)**[29]: Renato ajuizou ação de cobrança contra Paulo, julgada procedente em primeiro grau. No julgamento do recurso de apelação interposto pelo réu, o Tribunal pronunciou a prescrição de ofício, sem conceder às partes a oportunidade de se manifestarem sobre essa matéria, que não havia sido previamente ventilada no processo. De acordo com o que está disposto no Código de Processo Civil, o acórdão que decidiu o recurso de apelação é

a) nulo, pois a prescrição não pode ser pronunciada de ofício.

b) válido, pois a prescrição é matéria que pode ser apreciada de ofício, circunstância que dispensa prévia manifestação das partes.

c) válido, pois, quando reconhecida em segundo grau de jurisdição, a prescrição pode ser pronunciada de ofício sem que antes seja dada oportunidade às partes de se manifestarem sobre ela.

d) nulo, pois o juiz não poderá decidir com base em fundamento acerca do qual não se tenha dado às partes oportunidade de se manifestarem, nem mesmo em segundo grau de jurisdição, ainda que se trate de matéria pronunciável de ofício.

e) nulo, pois o Tribunal não pode decidir com base em fundamento que não foi ventilado em primeiro grau de jurisdição, em virtude da preclusão.

▶ **(MPE-PR. MPE-PR. Promotor Substitutivo. 2019)**[30]: Assinale correto ou incorreto acerca das normas fundamentais do processo civil, de acordo com o Código de Processo Civil de 2015: "há regra geral do Código de Processo Civil que permite que decisões sejam proferidas sem a oitiva da parte afetada"

▶ **(IADES. AL-GO. Procurador. 2019- ADAPTADA)**[31]: A respeito das normas fundamentais do Processo Civil, assinale verdadei-ro ou falso: "O juiz pode decidir, em qualquer grau de jurisdição, com base em fundamento a respeito do qual não se tenha dado às partes oportunidade de se manifestar, principalmente nas matérias acerca das quais deva decidir de ofício".

▶ **(CESPE.STJ.CESPE. Analista Judiciário. 2018)**[32]: Com referência às normas fundamentais do processo civil, julgue o item a seguir: "Ainda que detenha competência para decidir de ofício determinado assunto, o juiz só poderá fazê-lo se permitir às partes a manifestação expressa sobre a matéria".

▶ **(MPE – PR – Promotor de Justiça – MPE – PR/2019 - ADAPTADA)**[33] Assinale VERDADEIRO OU FALSO acerca das normas fundamentais do processo civil, de acordo com o Código de Processo Civil de 2015: "Há regra geral do Código de Processo Civil que permite que decisões sejam proferidas sem a oitiva da parte afetada".

28. Gabarito: Incorreto.
29. Gabarito: Letra D.
30. Gabarito: Incorreto.
31. Gabarito: Incorreto.
32. Gabarito: Correto.
33. Gabarito: Falso.

► **(VUNESP. Prefeitura de Sorocaba - SP. Procurador do Município. 2018)**[34]: Durante o julgamento de uma causa, o juiz, de ofício e sem prévia manifestação das partes, decidiu pela prescrição da pretensão do autor. O fundamento da decisão limitou-se à reprodução de um dispositivo legal, bem como à invocação de um precedente, sem identificar seus fundamentos determinantes nem demonstrar que o caso sob julgamento se ajusta ao referido precedente. É correto afirmar que a sentença é

a) válida e de acordo com o princípio da celeridade e eficiência processual.
b) anulável, por ofensa aos princípios da imparcialidade e igualdade processual.
c) nula, por ofensa ao princípio da não surpresa e fundamentação das decisões judiciais.
d) anulável, por ofensa ao princípio da não surpresa e fundamentação das decisões judiciais.
e) nula, de acordo com o princípio da razoável duração do processo e da adequada tutela jurisdicional.

► **(FCC. Câmara Legislativa do DF. Procurador Legislativo. 2018 -Adaptada**[35]**)**: o juiz não pode decidir, em grau algum de juris-dição, com base em fundamento a respeito do qual não se tenha dado às partes oportunidade de se manifestar, salvo se tratar-se de matéria sobre a qual deva decidir de ofício.

► **(TRF 2 – Juiz Federal Substituto 2ª região/2017)**[36] Caio move ação em face de autarquia federal. O feito é contestado e, depois, o juiz federal verifica, de ofício, que o lapso de tempo prescricional previsto em lei foi ultrapassado, embora nada nos autos toque ou refira o assunto. O Juiz:

a) Deve julgar o processo extinto sem resolução do mérito.
b) Deve julgar o pedido improcedente, tendo em vista que a prescrição pode ser reconhecida de ofício.
c) Deve ser dada às partes oportunidade de manifestação.
d) A hipótese, no novo CPC, é de carência de ação.
e) Não conhecerá da prescrição, diante da omissão da defesa.

► **(CESPE. Auditor Federal de Controle Externo – Auditoria de Obras Públicas – TCU. 2011)**[37]: "o princípio do contraditório consiste em um verdadeiro diálogo entre as partes do processo, ou seja, deve-se conceder a oportunidade de participar do procedimento a todo aquele cuja esfera jurídica possa ser atingida pelo resultado do processo"

Enfeixa-se uma última dimensão ao contraditório. Ela liga-se à **necessidade de fundamentação da decisão jurisdicional**, a qual permite aos jurisdicionados o controle da atuação do juiz e atesta se os argumentos por ele colacionados foram realmente analisados e levados a sério pelo juiz. Não basta que as partes tenham a oportunidade de se pronunciar sobre as questões do processo; o contraditório substancial impõe que suas alegações sejam efetivamente examinadas pelo órgão julgador. Aí reside a possibilidade de influência de que se falou acima.

Prossiga-se.

A violação ao contraditório tem, em regra, como sanção, a nulidade. Contudo, é preciso atentar para as limitações à decretação da invalidade dos atos processuais, que serão enfrentadas no capítulo das invalidades processuais.

34. Gabarito: Letra C.
35. Gabarito: Incorreto.
36. Gabarito: Letra C.
37. Gabarito: Correto.

Questão de Concurso

▶ **(FUNDATEC. Procurador do Estado. PGE/RS. 2015):** A respeito do princípio do contraditório no processo civil, é **INCORRETO** afirmar que[38]:

a) O contraditório consiste em uma garantia de efetiva participação das partes no desenvolvimento de todo o litígio, mediante a possibilidade de influírem, em igualdade de condições, no convencimento do magistrado, contribuindo na descrição dos fatos, na produção de provas e no debate das questões de direito.

b) O contraditório não é necessário apenas para a prolação da sentença de mérito, devendo ser observado ao longo de todo o procedimento, relativamente a todas as questões, sejam de rito ou de mérito.

c) O contraditório guarda estreita relação com o princípio da isonomia, exatamente porque as partes devem dispor da possibilidade de expor suas versões, apresentar suas defesas e participar, enfim, do processo em idênticas oportunidades.

d) O juiz também é sujeito do contraditório, devendo submeter a debate entre as partes as questões jurídicas, aí incluídas as matérias que ele há de apreciar de ofício.

e) Em razão das máximas *iura novit curia e da mihi factum dabo tibi ius*, constitui tarefa privativa do juiz a aplicação do direito, independentemente da sua arguição pelas partes, cabendo a estas últimas apenas a alegação dos fatos. Quer isso dizer que o contraditório somente alcança as questões de fato, não sendo necessário para as questões de direito.

▶ **(PUC/PR. Procurador Municipal da Prefeitura de Maringá/PR. 2015):** Segundo o artigo 5º, inciso LV, da Constituição Federal, "aos litigantes, em processo judicial ou administrativo, e aos acusados em geral são assegurados o contraditório e ampla defesa, com os meios e recursos a ela inerentes." Sobre o princípio constitucional do contraditório, é **CORRETO**[39] afirmar:

a) O princípio do contraditório, derivado do princípio do devido processo legal, tem incidência restrita aos processos de natureza jurisdicional e administrativa.

b) O contraditório no processo jurisdicional é plenamente satisfeito com a garantia de ser ouvido em todos os momentos do procedimento

c) Se uma das partes requerer a juntada de documento aos autos, o juiz poderá dispensar a oitiva da outra parte, desde que repute que tal documento não influenciará a futura sentença.

d) O julgamento de embargos declaratórios pode se dar sem contraditório, mesmo nos casos em que há eficácia infringente do recurso.

e) O exercício pleno do contraditório não se limita à garantia de alegação oportuna e eficaz a respeito de fatos, mas implica a possibilidade de ser ouvido também em matéria jurídica.

---

c) ***ampla defesa:*** como extensão do contraditório, com o qual possui íntima conexão, a ampla defesa é garantia por meio da qual os sujeitos parciais do processo têm assegurado o uso de todos os meios processuais disponíveis para a defesa de seus interesses. É pelo direito de defesa que se potencializa o contraditório.

> A garantia constitucional da ampla defesa tem, por força direta da Constituição, um conteúdo mínimo, que independe da interpretação da lei ordinária que a discipline (STF. RE 255397/SC. DJU 07.05.04). Não há afronta à garantia da ampla defesa no indeferimento de prova desnecessária ou irrelevante. (STF. RE 345580/SP. DJU 10.09.04).

Com a evolução da dimensão substancial do contraditório, é possível dizer que, hoje, a ampla defesa é englobada por aquele princípio.

38. Gabarito: Letra E.
39. Gabarito: Letra E.

d) ***duração razoável do processo (garantia à tutela jurisdicional sem dilações indevidas ou tempestividade da tutela jurisdicional):*** é princípio-garantia diretamente relacionado à ideia do devido processo legal, consagrado no art. 5º, LXXVIII, da Constituição. Garante a todos, no âmbito judicial (e administrativo), o direito a um processo com duração admissível, que seja capaz de satisfazer e reparar efetivamente os interesses perseguidos, sem, no entanto, prejudicar garantias orgânicas e processuais que assistem aos sujeitos do processo[40].

O Código, enfatizando a previsão constitucional, prevê que as partes têm direito de obter, em prazo razoável, a solução integral do mérito, incluída a atividade satisfativa (art. 4º). Essa exigência de proibição de dilações indevidas deve incidir tanto na fase de conhecimento como na fase de execução (atividade satisfativa), sendo o fio condutor para aceleração dos ritmos processuais. Em afirmação, o art. 139, II, do Código de Processo Civil dispõe que ao juiz incumbe *velar pela duração razoável do processo.*

O sentido da expressão "razoável duração do processo" não é a de um prazo aritmético certo e específico, nem, muito menos, um direito à diminuição dos prazos processuais, mas de um tempo razoável adequado para solução caso concreto.

O texto é de caráter aberto, trazendo um conceito jurídico indeterminado, que deve ser preenchido de acordo com as situações particulares relacionadas ao direito em discussão (complexidade/gravidade do caso, do número de testemunhas, de documentos juntados etc.), como também quanto à estrutura de funcionamento do aparelho estatal competente à prestação da atividade judiciária. Esses elementos podem impor variantes de tempo em casos diversos, sem que ambos desrespeitem a duração considerada razoável[41].

Questão de Concurso

- **(MPE – PR – Promotor de Justiça – MPE – PR/2019 - ADAPTADA)**[42]: Assinale Verdadeiro ou Falso acerca das normas fundamentais do processo civil, de acordo com o Código de Processo Civil de 2015: "A atividade satisfativa da tutela jurisdicional deve ser prestada com duração razoável".

- **(FCC. Câmara Legislativa do DF. Procurador Legislativo. 2018 – ADAPTADA[43])**: as partes têm o direito de obter em prazo razoável a solução integral do mérito, excluída a atividade satisfativa.

- **(CESPE. Defensor Público Substituto. DPE/RN. 2015. ADAPTADA)**[44]: Conforme o princípio constitucional da razoável duração do processo, não cabem dilações indevidas no processo, sendo que a demora na tramitação do feito deve ser proporcional à complexidade do delito nele veiculado, bem como às diligências e aos meios de prova indispensáveis a seu deslinde.

---

40. Aquele que imotivadamente atrasa o resultado final do processo (em desrespeito à boa-fé) comete assédio processual.
41. Nesse sentido aponta a jurisprudência do STJ ao deixar explícito que: "a alegação de exceção de prazo não pode basear-se em simples critério aritmético, devendo a demora ser analisada em cotejo com as particularidades complexidades de cada caso concreto, pautando-se sempre pelo critério da razoabilidade" (STJ, HC 263.148/SP, Quinta Turma, Rel. Min. Marilza Maynard, j. 04.06.2013, *DJe* 07.06.2013).
42. Gabarito: Verdadeiro.
43. Gabarito: Incorreto.
44. Gabarito: Correto.

▶ **(CESPE. Assistente em Administração. FUB. 2015. ADAPTADA)**[45]: "o direito à razoável duração do processo deve observar tanto a segurança jurídica quanto o direito de acesso à jurisdição efetiva, prevenindo, com isso, que, a pretexto de maior celeridade, seja inviabilizada a tutela jurisdicional do direito material".

Até o estado de saúde e a idade de parte e de interessado impulsionam o juiz à aceleração do trâmite processual com o objetivo de alcançar a duração razoável. Inclusive, dispõe o art. 1.048, I, do Código de Processo Civil: "terão prioridade de tramitação, em qualquer juízo ou tribunal, os procedimentos judiciais [...] em que figure como parte ou interessado pessoa com idade igual ou superior a 60 (sessenta) anos ou portadora de doença grave, assim compreendida qualquer das enumeradas no art. 6º, inciso XIV, da Lei nº 7.713, de 22 de dezembro de 1988"[46].

Especificamente a levar em consideração a idade de parte e de interessado, o Estatuto do Idoso, o art. 71 estabelece ser **"assegurada prioridade na tramitação dos processos e procedimentos e na execução dos atos e diligências judiciais em que figure como parte ou interveniente pessoa com idade igual ou superior a 60 (sessenta) anos, em qualquer instância"**. E, no seu § 5º (introduzido pela Lei nº 13.466/2017), prioriza a tramitação dos processos de interesse de idosos àqueles maiores de oitenta anos ("dentre os processos de idosos, dar-se-á prioridade especial aos maiores de oitenta anos").

▶ **(FGV – Analista Judiciário – Área Judiciária – TRT 12/2017)**[47] Adelaide, com 63 anos, ajuizou ação de indenização por danos morais e estéticos, na Justiça Estadual de Araranguá (SC), em face da empresa Constelação Ltda.

De acordo com a legislação de regência, é correto afirmar que:

a) não lhe é assegurada a prioridade na tramitação do processo, pois tem idade inferior a 65 anos;

b) lhe é assegurada a prioridade na tramitação do processo, independentemente de requerimento à autoridade judiciária;

c) lhe é assegurada a prioridade na tramitação do processo, devendo fazer prova de sua idade, e requerer o benefício à autoridade judiciária competente para decidir o feito;

d) lhe é assegurada a prioridade na tramitação do processo, que cessará com a morte do beneficiado, independentemente de a falecida deixar como viúvo um idoso, haja vista o caráter pessoal;

e) lhe é assegurada a prioridade na tramitação do processo, desde que haja parecer favorável do Ministério Público.

A duração razoável do processo, pois, visa a proporcionar aceleração, sem desrespeitar o devido processo legal e sem comprometer a qualidade das decisões. Para sua promoção, deve-se dissipar o "tempo morto do processo" (período em que os autos ficam estagnados nas prateleiras físicas ou digitais).

O Código foi projetado com intento de conceder instrumentos[48] que refletissem em uma prestação jurisdicional em tempo razoável. As tutelas provisórias e o sistema de precedentes

---

45. Gabarito: Correto.
46. A prioridade na tramitação do feito é direito subjetivo da pessoa idosa e a lei lhe concede legitimidade exclusiva para a postulação do requerimento do benefício, de sorte que a parte autora não pode pleitear, em nome do réu idoso, o direito previsto no art. 1.048 do CPC (STJ. REsp 1.801.884/SP. DJe 30.05.19. Inf. 650).
47. Gabarito: Letra C.
48. Outra máxima que deve ser adotada para promover a duração razoável do processo é a de que no plano processual tudo que não é imprescindível para o devido processo legal deve ser proibido. Diferentemente da esfera

são exemplos de institutos que promovem o equilíbrio entre a ampla defesa e a celeridade processual e que, direta ou indiretamente, visam a trazer benefícios ao princípio.

Para combater a duração prolongada, abusiva e não razoável do processo em razão do comportamento do juiz, o art. 93 da Constituição prevê a sanção de não promoção quando ele retiver injustificadamente os autos em seu poder para além do prazo estabelecido. Além disso, admite-se a impetração de mandado de segurança contra atuação omissiva na prolação de decisão judicial.

Mas, para além das reformas legais, é imprescindível promover saltos qualitativos na reforma administrativa e estrutural do Poder Judiciário.

e) ***ampla publicidade dos atos processuais:*** está previsto expressamente no art. 93, IX, da Constituição, o qual assevera que todos os julgamentos dos órgãos do Poder Judiciário serão públicos, sob pena de nulidade. A publicidade foi concretizada em sede infraconstitucional pelos artigos 8º e 11 do CPC/2015, que impõem a exigência da publicidade a todos os julgamentos, sob pena de nulidade.

Essa garantia possui duplo viés. O primeiro refere-se, inequivocamente, a uma imposição de que toda atuação do Estado-juiz deve ser pública e transparente, no sentido de ser possível o alcance instantâneo pelo jurisdicionado de todos os atos praticados no *iter* processual. Essa faceta veda julgamentos secretos e protege as partes contra uma atuação arbitrária e obscura do magistrado. Tem por fito tornar o processo mais próximo e acessível ao cidadão, em afirmação ao Estado Democrático de Direito.

A outra manifestação funciona como uma espécie de limitação e controle do poder jurisdicional, para que tanto as partes, como qualquer interessado, possam fiscalizar a retidão e a idoneidade dos comportamentos. Por isso, como orientam os precedentes advindos do Superior Tribunal de Justiça, os atos processuais devem ser públicos. As audiências, as intimações, os julgamentos... os próprios autos devem estar disponíveis a todos mediante amplo acesso e informação (STJ. REsp 656070/SP. DJU 15.10.07). A publicidade deve, nestes termos, robustecer a confiança no Poder Judiciário, garantindo o controle dos atos do processo.

IMPORTANTE! A Lei 13.146/2015 (Estatuto da Pessoa com Deficiência), que entrou em vigor no dia 03 de janeiro de 2016, garante à pessoa com deficiência o acesso ao conteúdo de todos os atos processuais de seu interesse, inclusive no exercício da advocacia, concretizando, de forma clara, a isonomia material e a ampla publicidade dos atos processuais.

Hoje, com a revolução digital e a massificação dos meios eletrônicos, o principal veículo de intensificação da publicidade dos atos processuais é, sem dúvidas, a *internet.* O art. 193 do CPC prevê a possibilidade de os atos processuais serem produzidos, comunicados, armazenados e validados por meio eletrônico. E assevera, no art. 194, que os sistemas de automação processual **respeitarão a publicidade dos atos**, o acesso e a participação das partes e seus procuradores, inclusive nas audiências e sessões de julgamento. No mesmo passo, o art. 197 do CPC determina que os tribunais divulguem as informações constantes de seu sistema de

material, a máquina judiciária só deve movimentar-se, caso haja uma necessidade justificável, para que todo aparato jurisdicional não se sobrecarregue inutilmente e trabalhe no vazio, em vão.

automação em página própria da rede mundial de computadores, gozando a divulgação de presunção de veracidade e confiabilidade.

A Constituição da República prevê a possibilidade de a publicidade ceder espaço à reserva íntima e ao interesse social (art. 5º, LX). O Código tonifica essa publicidade restrita, identificando os casos em que se permite o segredo de justiça, conforme dispõe o art. 189, nas seguintes hipóteses: "em que o exija o interesse público ou social; que versem sobre casamento, separação de corpos, divórcio, separação, união estável, filiação, alimentos e guarda de crianças e adolescentes; em que constem dados protegidos pelo direito constitucional à intimidade; que versem sobre arbitragem, inclusive sobre cumprimento de carta arbitral, desde que a confidencialidade estipulada na arbitragem seja comprovada perante o juízo".

A melhor intelecção para o art. 189 do CPC/2015 é a que lhe confere a natureza taxativa. Isso, porque, diferentemente do art. 155 do CPC/1973, o atual dispositivo possui texto semanticamente aberto, capaz de abarcar as mais variadas situações em que haja necessidade de se restringir a publicidade do processo. O antigo texto legal, por outro lado, era fechado e insuficiente, o que levou o STJ a atribuir-lhe caráter exemplificativo. Agora, com uma melhor redação, não há mais necessidade de recorrer a artifícios interpretativos, pois o novo texto é suficiente para delimitar os casos em que deve haver restrição à publicidade.

Essa mitigação abarca apenas a publicidade externa, porque somente engloba terceiras pessoas, já que as partes e os advogados habilitados na causa não se submetem a tais restrições. Nesse sentido, o § 1º do art. 189 do CPC/2015 determina que, nos processos que tramitem em segredo de justiça, somente as partes e os seus procuradores poderão consultar os autos do processo e pedir certidões. Não se prejudica, pois, a publicidade interna. E até mesmo a restrição a terceiros pode ser mitigada, desde que se demonstre interesse jurídico na causa (§ 2º do art. 189).

Pode ocorrer de o segredo de justiça ser emprestado a apenas alguns atos do processo. A dizer de outra forma, pode a mitigação da publicidade, quando necessária, não alcançar a todos os atos processuais, mas apenas aqueles suficientes ao atendimento do interesse público ou social, bem assim para garantir a preservação da intimidade das partes. Os demais atos, desimportantes à preservação daqueles valores, devem ser praticados em respeito à publicidade, sob pena de serem decretados nulos.

Questão de Concurso

▶ **(FCC. Analista do CNMP. 2015):** Segundo as regras da publicidade dos atos processuais, a consulta dos autos em cartório, de processo que NÃO tramite em segredo de justiça[49]:

a) é permitida a qualquer pessoa, inclusive da imprensa.

b) pode ser feita apenas por advogados, constituídos ou não por qualquer das partes.

c) não pode ser deferida a terceiro sem interesse jurídico no processo.

d) é restrita a qualquer das partes e seus procuradores.

e) só pode ser deferida, para quem não for parte ou advogado, pelo juiz.

49. Gabarito: Letra A.

A inobservância à publicidade acarretará, em regra, a nulidade dos respectivos atos processuais, desde que demonstrado o prejuízo decorrente do sigilo.

f) ***isonomia:*** também chamado de igualdade substancial, esse princípio está diretamente ligado a um tratamento processual equilibrado a ser dispensado aos sujeitos do processo, vedando-se diferenciações injustificadas. Não é por outro motivo que o art. 139, I, do CPC impõe ao juiz o dever de garantir igualdade de tratamento às partes. A igualdade de que trata o dispositivo encimado não é meramente formal, mas substancial, uma vez que determina que os iguais devam ser tratados segundo suas igualdades, e os desiguais, na medida de suas desigualdades (STJ. AgRg no Ag 365537/SP. DJU 27.08.01)[50].

Questão de Concurso

- **(IADES. AL-GO. Procurador. 2019 -– ADAPTADA)**[51]: A respeito das normas fundamentais do Processo Civil, assinale verda-deiro ou falso: "é assegurada às partes paridade de tratamento em relação ao exercício de direitos e faculdades processuais, aos meios de defesa, aos ônus, aos deveres e à aplicação de sanções processuais, competindo ao juiz zelar pelo efetivo contraditório".

- **(FCC. Câmara Legislativa do DF. Procurador Legislativo. 2018 -Adaptada**[52]**)**: é assegurado às partes tratamento diferenciado em relação ao exercício de direitos e faculdades processuais, inclusive quanto ao contraditório, a ser discricionariamente resguardado a elas pelo juiz.

A isonomia viabiliza aos litigantes tratamento justo e equilibrado, capaz de, suprindo as desigualdades naturais existentes entre as partes, garantir, dentro do processo, igualdade de condições. Expressão clara da isonomia é a **tramitação processual prioritária** em favor: a) das pessoas de idade igual ou superior a 60 anos; b) dos casos regulados pelo Estatuto da Criança do Adolescente; c) dos portadores de doenças graves, assim compreendidas qualquer das enumeradas no art. 6º, XIV, da Lei nº 7.713/1988; d) em que figure como parte a vítima de violência doméstica e familiar, nos termos da Lei nº 11.340, de 7 de agosto de 2006 (Lei Maria da Penha) (art. 1.048 do CPC)[53].

Também é fruto da igualdade material a concessão de prazos dobrados para a Fazenda Pública, para o Ministério Público e para a Defensoria Pública.

Ainda, fala-se em igualdade perante as decisões judiciais, o que constitui um dos fundamentos do sistema de precedentes construído pelo CPC/2015. Isto é, não se admite que o Poder Judiciário confira a situações análogas normas jurídicas individualizadas distintas. Se dois casos idênticos são julgados de forma diferente, o Estado está a promover a desigualdade entre os jurisdicionados, situação claramente inadmissível. Assim, a igualdade, hoje, não

50. Trata-se de máxima que provém do pensamento de Aristóteles, exposto em Ética a Nicômaco.
51. Gabarito: Correto.
52. Gabarito: Incorreto.
53. A prioridade na tramitação do feito é direito subjetivo da pessoa idosa e a lei lhe concede legitimidade exclusiva para a postulação do requerimento do benefício, de sorte que a parte autora não pode pleitear, em nome do réu idoso, o direito previsto no art. 1.048 do CPC (STJ. REsp 1.801.884/SP. DJe 30.05.19. Inf. 650).

reside apenas na clássica paridade de armas, projetando-se também no plano extraprocessual (igualdade perante a jurisdição).

IMPORTANTE! A Lei nº 13.146/2015 (Estatuto da Pessoa com Deficiência), que entrou em vigor no dia 03 de janeiro 2016, visando a garantir o acesso à justiça e a isonomia material, concede, de forma expressa, o benefício da prioridade dos procedimentos judiciais aos portadores de deficiência. O art. 9º, VII, prescreve que a pessoa com deficiência tem direito a receber atendimento prioritário, sobretudo com a finalidade de *tramitação processual e procedimentos judiciais* e administrativos em que for parte ou interessada, em todos os atos e diligências.

g) ***motivação das decisões judiciais:*** o art. 93, IX, da Constituição determina que toda decisão judicial seja fundamentada, sob pena de nulidade. Tal exigência evita o cometimento de abusos pelo juiz, possibilitando a análise pela instância superior da decisão combatida[54], além do que também permite o exercício da ampla defesa[55].

Nas palavras do STJ, "a motivação das decisões judiciais, consubstanciada no art. 93, IX, da Constituição, determina ao Judiciário a fundamentação de suas decisões, porque é apenas por meio da exteriorização dos motivos de seu convencimento que se confere às partes a possibilidade de emitir valorações sobre os provimentos jurisdicionais e, assim, efetuar o controle e o reexame da atividade jurisdicional, evitando e reprimindo erros ocasionais, abusos de poder e desvios de finalidade" (STJ. AgRg no REsp 723019/RJ. DJU 28.05.07).

Questão de Concurso

► **(IADES. AL-GO. Procurador. 2019 – ADAPTADA)**[56]: A respeito das normas fundamentais do Processo Civil, assinale verda-deiro ou falso: "todas as decisões dos órgãos do Poder Judiciário devem ser fundamentadas, sob pena de ineficácia".

► **(VUNESP. Juiz de Direito. TJ/SP. 2008. ADAPTADA):** A fundamentação obrigatória das decisões ou sentenças tem em conta não apenas as partes e o órgão competente para julgar um eventual recurso, mas também qualquer do povo, com a finalidade de se aferir em concreto a imparcialidade do juiz do julgamento, a legalidade e a justiça das decisões[57].

Para além da previsão constitucional, o CPC/2015 concretiza expressamente a isonomia no art. 11, ao prever que todos os julgamentos dos órgãos do Poder Judiciário serão **públicos e todas as decisões, fundamentadas**, sob pena de nulidade.

E vai mais além, ao descrever hipóteses, meramente *exemplificativas* (enunciado 303 do FPPC)[58], de decisões judiciais que devem ser consideradas não fundamentadas, presentes no § 1º do art. 489 do CPC. Qualquer decisão (seja ela interlocutória, sentença, decisões monocráticas ou acórdão), que não preencher os requisitos do referenciado dispositivo deve ser considerada nula. Sobre tal dispositivo serão tecidas considerações mais detidas no capítulo que versa sobre a teoria da decisão judicial.

54. O que não seria possível se ela fosse desprovida de fundamentação.
55. Inclusive porque as partes precisam saber os motivos que levaram o juiz a decidir as questões da maneira como decidiu, de modo que possam adequadamente se insurgir com segurança.
56. Gabarito: Incorreto.
57. Gabarito: Correta.
58. Enunciado 303 do FPPC: "As hipóteses descritas nos incisos do § 1º do art. 499 são exemplificativas".

h) ***inafastabilidade do controle jurisdicional pelo Poder Judiciário (acesso à justiça ou acesso à ordem jurídica justa ou ubiquidade ou indeclinabilidade da jurisdição):*** trazido pelo artigo 5º, XXXV, da Constituição, é a **garantia do direito de ação,** por conferir àquele que for ou que possa ser lesado em seus direitos o acesso amplo e irrestrito ao Poder Judiciário, bem como ter a devida e a efetiva prestação da tutela jurisdicional. Mesmo que equivocada a solução apontada em resposta ao objeto litigioso, não deixa de ser prestação jurisdicional (STF. AI 157.933-AgR. DJU 18.08.95), nomeadamente porque a inafastabilidade do controle jurisdicional pelo Poder Judiciário, entende o Supremo Tribunal Federal, não pode ser tida como certeza de que as teses serão apreciadas de acordo com a conveniência das partes (STF. RE 113958. DJU 07.02.97). E, de fato, não há confundir negativa de prestação jurisdicional com decisão jurisdicional contrária aos pedidos formulados pelas partes (STF. AI 135.850-AgR. DJU 24.05.91).

IMPORTANTE! A Lei nº 13.146/2015 (Estatuto da Pessoa com Deficiência) determina que o Poder Público deve assegurar o acesso da pessoa com deficiência à justiça, em igualdade de oportunidades com as demais pessoas, garantindo, sempre que requeridos, adaptações e recursos de tecnologia assistiva (art. 79 do Estatuto).

O art. 80 completa que devem ser oferecidos todos os recursos de tecnologia assistiva disponíveis para que a pessoa com deficiência tenha garantido o acesso à justiça, sempre que figure em um dos polos da relação processual ou atue como testemunha, partícipe da lide posta em juízo, advogado, defensor público, magistrado ou membro do Ministério Público.

Outrossim, prevê que, para garantir a atuação da pessoa com deficiência em todo o processo judicial, o Poder Público deve capacitar os membros e os servidores que atuam no Poder Judiciário, no Ministério Público, na Defensoria Pública, nos órgãos de segurança pública e no sistema penitenciário quanto aos direitos da pessoa com deficiência (art. 79, § 1º).

Para a afirmação da inafastabilidade, não é suficiente o direito de petição. Vai muito mais além, até que seja ofertada resposta e, quando necessário for, a disponibilização de instrumentos para a realização do direito certificado. Assim, a inafastabilidade do controle jurisdicional pelo Poder Judiciário é também afirmada pela indeclinabilidade da jurisdição, pela prolação de sentença em tempo razoável e pela disponibilização de meios coercitivos a garantir eventual cumprimento da sentença.

Questão de Concurso

▶ **(FCC. Juiz de Direito. TJ/AP. 2014):** O princípio constitucional da inafastabilidade do controle jurisdicional[59]:

a) não se aplica ao processo civil, por ser de direito substancial constitucional.

b) não se aplica ao processo civil, por ser próprio do Direito Administrativo e do Direito Tributário.

c) aplica-se ao processo civil e significa a obrigatoriedade de o Juiz decidir as demandas propostas, quaisquer que sejam.

d) aplica-se ao processo civil e significa que a lei não excluirá da apreciação do Poder Judiciário qualquer lesão ou ameaça a direito.

e) aplica-se ao processo civil e significa que ninguém pode alegar o desconhecimento da lei para impedir a prestação jurisdicional.

59. Gabarito: Letra D.

> Não se constitui negativa de prestação jurisdicional a inadmissão de recursos quando não observados os procedimentos estatuídos nas normas instrumentais (STF. AI 152.676-AgR. DJU 03.11.95).

A inafastabilidade é dirigida tanto ao Poder Legislativo (porque o legislador não deve editar leis que impeçam ou dificultem o amplo acesso aos órgãos do Poder Judiciário[60]) quanto ao Executivo (porque seus representantes não devem adotar políticas que impeçam ou mesmo dificultem o amplo acesso aos órgãos do Poder Judiciário), bem assim ao Judiciário (o juiz deve dar a correspondente e efetiva resposta ao objeto litigioso do processo).

Diante da inafastabilidade do controle jurisdicional pelo Poder Judiciário, é desnecessário, para o exercício do direito de ação, o prévio exaurimento das vias administrativas (STJ. Ag 868326/SP. DJU 02.05.07). Mas, por força de disposição constitucional, as questões relativas à disciplina e às competições desportivas (§ 1º do art. 217 da CF[61]), se não concluídas as instâncias da justiça desportiva, não podem ser submetidas ao controle jurisdicional pelo Poder Judiciário. Excepcionalmente, neste caso, é preciso haver prévio esgotamento das instâncias administrativas.

Há, na legislação infraconstitucional, algumas situações que, ao primeiro olhar, podem parecer condicionar o acesso ao Judiciário ao prévio esgotamento das instâncias administrativas (o que seria inconstitucional). Todavia, não é isso que ocorre.

O art. 5º, I, da Lei nº 12.016/2009 prevê que não cabe mandado de segurança contra ato administrativo do qual caiba recurso com efeito suspensivo. Já o art. 7º, § 1º, da Lei nº 11.417/2006 veda o ajuizamento de reclamação constitucional contra ato administrativo antes de exauridas as instâncias administrativas. Todavia, nesses casos, o que se impossibilita é apenas a utilização de procedimentos específicos que visam a tutelar certos direitos, não se vedando o ajuizamento de ação pelo procedimento comum. Portanto, não há que se falar em limitação do acesso à justiça. A limitação é apenas de acesso a certos procedimentos.

Não se pode, outrossim, confundir a exigência de esgotamento da esfera administrativa com a necessidade de prévio requerimento administrativo, exigida para a impetração de *habeas data* (enunciado 02 da súmula do STJ) e para o ajuizamento de ação que verse sobre concessão de benefício previdenciário ou assistencial (STF. RE 631.240/MG. DJe 10.11.14). É que, nesses casos, basta o indeferimento pela instância administrativa originária, para que reste caracterizado o interesse, não se fazendo necessário recorrer até a última instância hierárquica. Apesar da garantia de inafastabilidade, o controle jurisdicional não é exclusivo do Poder Judiciário, nem mesmo do Estado. Em algumas situações (como as exemplificativas que se seguem), o **Poder Legislativo** tem competência para ofertar jurisdição (Senado Federal julgar o Presidente da República pelos crimes de responsabilidade, caso a acusação seja aceita por dois terços da Câmara dos Deputados), bem como pessoas estranhas ao Estado, como **o árbitro** (em torno de questões relacionadas a direitos disponíveis).

60. As próprias regras de atribuição jurisdicional obedecem (ou pelo menos deveriam obedecer) ao princípio em estudo. Esta ilação é de fácil alcance quando considerado, por exemplo, o critério territorial de definição de competência. Os órgãos jurisdicionais são instalados de modo a colocar o jurisdicionado mais próximo da Justiça.

61. Art. 217. É dever do Estado fomentar práticas desportivas formais e não-formais, como direito de cada um, observados: [...] § 1º – O Poder Judiciário só admitirá ações relativas à disciplina e às competições desportivas após esgotarem-se as instâncias da justiça desportiva, regulada em lei.

Questão de Concurso

► **(CESPE. Advogado. Telebras. 2015. ADAPTADA[62]):** A decisão que extingue o processo sem resolução de mérito ofende o princípio da indeclinabilidade da jurisdição, pois nela o Estado não presta a tutela jurisdicional.

i) ***juiz natural:*** está previsto na Constituição da República, notadamente no artigo 5º, incisos XXXVII e LIII. Assegura julgamento proferido por autoridade competente e previamente designada para assim proceder, afastando a hipótese da ocorrência de juízes e tribunais de exceção (ad hoc).

O princípio do juiz natural manifesta-se em duas facetas: objetiva e subjetiva.

Sob o viés objetivo, o juiz natural desdobra-se: a) preexistência do órgão jurisdicional ao fato; b) no respeito integral às regras objetivas de determinação da competência presentes na constituição e no tecido normativo infraconstitucional.

No primeiro, assegura-se o julgamento por um juiz, cuja competência seja preestabelecida *ante facto* (determinada antes da ocorrência do fato, que será submetido ao crivo do Poder Judiciário). Visa a impedir que haja "designação de julgador *ad hoc* ou de exceção com a finalidade de julgar uma pessoa ou caso específico" (STF. RHC 95207/PI. DJe 09.11.10). No segundo, impõe-se o respeito às regras de competências que serão estudadas em capítulo próprio.

Questão de Concurso

► **(VUNESP. Delegado de Polícia Civil de 1ª Classe. PC/CE. 2015):** Sobre o princípio do juiz natural, é correto afirmar[63]:

a) faz referência à necessidade dos magistrados serem brasileiros, natos ou naturalizados.
b) tem relação com a prerrogativa de foro para determinadas pessoas, em razão do cargo ou função que ocupam.
c) garante que o juiz que primeiro conhecer a causa deve necessariamente julgá-la.
d) dispõe sobre a forma de promoção dos juízes, por antiguidade ou por merecimento.
e) está ligado à competência jurisdicional, imparcialidade do órgão julgador e vedação aos tribunais de exceção.

► **(CESPE. Analista Judiciário. TER-MS. 2013 – ADAPTADO)[64]:** O princípio do juízo natural, no aspecto objetivo, desdobra-se em duas garantias: a preexistência do órgão jurisdicional ao fato e o respeito absoluto às regras objetivas de determinação de competência.

► **(FGV. Técnico da Defensoria Pública do Estado da Rondônia. 2015)[65]:** O princípio constitucional do juiz natural identifica o juiz competente para o julgamento da causa com base em regras estabelecidas previamente à ocorrência do fato em questão. Esse princípio garante a imparcialidade da própria pessoa do juiz.

62. Gabarito: Incorreta.
63. Gabarito: letra E.
64. Gabarito: CORRETO.
65. Gabarito: letra A.

Nesse sentido, o nosso ordenamento jurídico:

a) proíbe a instituição de juízo ou tribunal de exceção;
b) admite que se escolha o juízo da causa por foro de eleição;
c) proíbe que se ajuíze novamente uma mesma demanda quando a primeira foi extinta por carência de ação;
d) proíbe a criação de varas especializadas nas comarcas;
e) admite que os juízes sejam substituídos, de ofício, pelo Presidente do Tribunal para julgar as demandas, em casos de repercussão nacional.

▶ **(FCC. Analista Judiciário. TRF-3ªREGIÃO. 2016)**[66]: Nos termos do art. 5º, LIII, da Constituição Federal, "ninguém será processado nem sentenciado senão pela autoridade competente". O dispositivo constitucional citado consagra o princípio:

a) do juiz natural.
b) do contraditório.
c) da inafastabilidade da jurisdição.
d) da ampla defesa.
e) do devido processo legal.

Sob o viés subjetivo, o juiz natural impõe a **imparcialidade e a independência dos magistrados** e dos demais auxiliares da justiça. O dever de imparcialidade que deve pautar suas ações, evita que assédios pessoais orientem as suas condutas. A imparcialidade de seus atos o aproxima da verdade. Para tal, a Constituição lhe oferece garantias (art. 95) e lhe prescreve proibições (art. 95, parágrafo único), sobre as quais se falará mais à frente, em capítulo próprio.

Questão de Concurso

▶ **(FUNIVERSA. Delegado de Polícia do Distrito Federal. 2015. ADAPTADA)**: O juiz natural é princípio jurisdicional que visa a resguardar a imparcialidade e que pode ser desmembrado em tripla significação: no plano da fonte, cabe à lei instituir o juiz e fixar-lhe a competência; no plano temporal, juiz e competência devem preexistir ao tempo do caso concreto objeto do processo a ser submetido à apreciação; e no plano da competência, a lei, anterior, deve prever taxativamente a competência, excluindo juízos *ad hoc* ou de exceção[67].

▶ **(CESPE. Analista Judiciário. TER-MS. 2013 – ADAPTADO)**[68]: No aspecto subjetivo, o princípio do juízo natural refere-se tão somente à questão da imparcialidade do juiz.

A imparcialidade não significa que o juiz deva participar do processo apenas como espectador. É seu dever, para proferir um julgamento efetivo, conduzir o processo de modo a se aproximar da verdade. Por isso, o juiz pode, de ofício, determinar a produção de determinada prova (art. 370 do CPC), sem que esteja a beneficiar propositalmente qualquer das partes (mesmo porque não sabe, previamente, a quem vai favorecer o resultado). O objetivo é unicamente aproximar o juiz da verdade. Assim, ele deve ser imparcial (imune à influência pessoal,

66. Gabarito: letra A.
67. Gabarito: Correta.
68. Gabarito: INCORRETO.

política, econômica ou outra de qualquer natureza), mas não deve ser neutro. A neutralidade do juiz em relação às questões postas à solução é que denota risco à atuação jurisdicional.

A regra de distribuição de ação por dependência, quando o processo é extinto sem resolução do mérito (art. 286, II, do CPC) concretiza nitidamente o juiz natural, pois visa a evitar que sejam intentadas quantas ações sejam necessárias para a escolha de determinado magistrado.

Questão de Concurso

▶ **(CESPE Auditor Estadual de Controle Externo. TCM-BA. 2018 - ADAPATADA)**[69]: De acordo com norma presente no art. 286, inciso II do Código de Processo Civil (CPC), que trata da prevenção do juízo, devem ser distribuídas por dependência as causas de qualquer natureza "quando, tendo sido extinto o processo sem resolução de mérito, for reiterado o pedido, ainda que em litisconsórcio com outros autores ou que sejam parcialmente alterados os réus da demanda". Essa regra objetiva dar efetividade ao princípio

a) do contraditório.
b) da inércia
c) da unidade.
d) do juiz natural.
e) da investidura.

▶ **(ESAF. Procurador da Fazenda Nacional. 2015. ADAPTADA):** A respeito do princípio do juiz natural, julgue os itens a seguir e indique a opção correta[70].

a) Constitui densificação de tal princípio a necessidade de distribuição por dependência quando, tendo sido extinto o processo sem resolução de mérito, for reiterado o pedido.
b) Segundo esse princípio, o juiz que colheu a prova dos autos deve necessariamente proferir a sentença.
c) A jurisdição só pode ser exercida nos limites territoriais da respectiva comarca ou seção judiciária.
d) Nenhuma lesão ou ameaça a direito pode ser excluída da apreciação do Poder Judiciário.
e) Deverá o magistrado julgar, desde que fundamentada a decisão de acordo com as provas constantes dos autos.

---

j) **duplo grau de jurisdição**: este preceito se traduz na possibilidade dada ao sujeito interessado de não ficar vinculado somente ao pronunciamento jurisdicional proferido pelo juízo de primeira instância (o que acaba por tornar a atividade da instância originária ilegítima). Se houver insatisfação contra a decisão, o sujeito processual pode utilizar a via recursal para ter sua ação analisada pelo órgão jurisdicional *ad quem*.

O duplo grau de jurisdição funda-se na possibilidade de o provimento judicial de primeira instância ser injusto ou inadequado, provocando a necessidade de permitir rediscussão e eventual reforma ou anulação da decisão em recurso. Presta-se a convencer o jurisdicionado de que sua ação foi analisada à exaustão e, por isso, proferida decisão justa.

A Constituição não obriga o duplo grau de jurisdição (pelo menos de forma explícita). Tanto que existem previsões no sistema jurídico em que ele não é observado e, nem por isso, aquelas são inconstitucionais. Em determinadas situações, por ser, exemplificativamente, de

69. Gabarito: Letra D.
70. Gabarito: letra A.

pequeno valor o bem jurídico em discussão judicial (como ocorre no rito sumário na Justiça do Trabalho), afasta-se o duplo grau. Entretanto, quando a Constituição prevê a existência de recursos e de tribunais, acaba por colocar, pelo menos para algumas hipóteses, o duplo grau como princípio implícito.

Questão de Concurso

▶ **(VUNESP. Juiz – TJ/SP. 2014)**[71]: Dentre os princípios elencados a seguir, **não** está previsto expressamente na Constituição Federal de 1988 o princípio

a) do amplo e irrestrito acesso ao Poder Judiciário em caso de lesão ou ameaça a direito.
b) da publicidade das decisões judiciais.
c) do duplo grau de jurisdição.
d) da motivação das decisões judiciais.

l) **cooperação**: o Código de Processo Civil consagra expressamente a cooperação no seu art. 6º: "todos os sujeitos do processo devem cooperar entre si para que se obtenha, em tempo razoável, decisão de mérito justa e efetiva".

Além de a cooperação exercer papel fundamental na estruturação e coordenação do modelo cooperativo de processo, como já mostrado, ela é dotada de autonomia normativa. Trata-se de norma-princípio. Apesar de haver um ponto de intersecção amplo com a boa-fé objetiva, com o contraditório e com a primazia das decisões de mérito, a cooperação deve ser aplicada, sem pretensão de exclusividade, a todos os fatos jurídicos processuais.

O núcleo normativo da cooperação reside na imposição de um **feixe de deveres processuais** que devem ser respeitados nas relações entre os intervenientes processuais. Desse modo, defende-se que a sua eficácia normativa não pode estar condicionada à existência de normas típicas que a concretizem, sob pena de amputar-se as suas potencialidades de atuação. Portanto, a aplicabilidade da cooperação pauta-se, essencialmente, na imposição de deveres genéricos de esclarecimento, prevenção, consulta e auxílio a todos os sujeitos processuais.

É possível extrair tal exigência diretamente do art. 6º do Código de Processo Civil, desde que a operação interpretativa seja sempre justificada pela justa composição do litígio em tempo razoável e pelo respeito às demais garantias e normas fundamentais do processo.

No entanto, o legislador reforçou esse conteúdo normativo, ao trazer tais deveres em vários dispositivos do Código, o que é de relevância, pois o processo cooperativo exige uma mudança de mentalidade, que só é alcançada, muitas vezes, com uma carga imperativa legal que fixe comportamentos, cuja violação incorra em sanções. Tais disposições imputam situações jurídicas aos intervenientes processuais, para que eles assumam uma postura colaborante ao longo do processo.

Questão de Concurso

▶ **(CESPE, TJ-AM, CESPE - 2019 - TJ-AM - Assistente Judiciário - 2019)**[72]: Acerca dos princípios constitucionais do processo civil, julgue o item a seguir. A cooperação entre as partes não é necessária

71. Gabarito: letra C.
72. Gabarito: Incorreto.

para assegurar uma razoável duração do processo, uma vez que cada uma delas tem seus próprios interesses na demanda.

▶ **(MPE-PR. MPE-PR. Promotor Substitutivo. 2019)**[73]: Assinale correto ou incorreto acerca das normas fundamentais do pro-cesso civil, de acordo com o Código de Processo Civil de 2015: "A cooperação processual é princípio que atinge apenas as partes, no Código de Processo Civil"

▶ **(CESPE. Auditor. TCE-RN. 2015. ADAPTADA)**[74]: O princípio da cooperação processual se relaciona à prestação efetiva da tutela jurisdicional e representa a obrigatoriedade de participação ampla de todos os sujeitos do processo, de modo a se ter uma decisão de mérito justa e efetiva em tempo razoável.

▶ **(FCC. Câmara Legislativa do DF. Procurador Legislativo. 2018 -Adaptada[75])**: No que se refere às normas fundamentais do Processo Civil é correto afirmar que todos os sujeitos do processo devem cooperar entre si para que se obtenha, em tempo razoável, decisão de mérito justa e efetiva.

Vamos à análise de cada um deles:

Dever de esclarecimento: é o dever que o juiz tem de se esclarecer perante as partes acerca de eventuais dúvidas que tenha sobre suas postulações. Tem o escopo de evitar, ao máximo, que a decisão do juiz tenha por esteio uma informação incompleta, frágil. Prima-se por um acertamento dos fatos o mais próximo da realidade, direcionamento que privilegia a legitimidade e a justiça da decisão.

Dever de prevenção: o juiz deve convidar as partes para que aperfeiçoem suas participações, evitando que o processo seja extinto em razão de atos defeituosos das partes. O juiz tem a função de atuar preventivamente, acautelando as partes de eventuais defeitos e incorreções cometidos, para primar pelas decisões de mérito e, assim, inibir as extinções anômalas do processo. Exemplo desse dever está expresso no art. 317 do CPC, segundo o qual o magistrado, antes de extinguir o processo sem exame do mérito, deve intimar a parte para que, se possível, corrija o vício correspondente. Cuida-se também de expressão do princípio da primazia do julgamento de mérito, objeto do item seguinte.

Dever de consulta: em razão do intenso diálogo com o contraditório, remetemos o leitor para o tópico respectivo, apresentado acima. O dever de consulta, embora decorra diretamente do princípio da colaboração, está expressamente previsto no art. 10 do CPC.

Dever de auxílio: visa a mitigar as desigualdades materiais, mediante o auxílio na superação de obstáculos processuais que possam impedir a análise do objeto litigioso do processo. Nesses casos, o juiz deve atuar positivamente, ajudando as partes a superar eventuais entraves. É certo dizer, entretanto, que não há, no direito brasileiro, um dever geral de auxílio. A previsão de um dever geral de auxílio seria incompatível com a previsão constitucional segundo a qual o advogado é essencial à administração da Justiça. Se as partes são representadas por profissionais técnicos que presumidamente conhecem o direito, não cabe

73. Gabarito: Incorreto.
74. Gabarito: Correto.
75. Gabarito: Correto.

estabelecer um dever geral de auxílio, como se todo litigante fosse hipossuficiente e, pois, necessitado do auxílio estatal. Todavia, há, no sistema, situações específicas em que cabe ao juiz auxiliar a parte na solução de entraves processuais. Por exemplo, compete ao magistrado, nos termos do art. 319, § 1º, do CPC, promover as diligências necessárias a fim de averiguar o domicílio da parte ré, quando o autor não dispuser de tal informação.

m) **primazia das decisões de mérito (máximo aproveitamento processual ou inibição das sentenças terminativas ou primado das decisões meritórias)**: o CPC dispõe, no seu art. 4º, que as partes têm o direito de obter, em prazo razoável, *a solução integral de mérito*. Do texto, pode-se extrair, além da duração razoável do processo e da efetividade, a precedência das decisões de mérito, segundo a qual as decisões judiciais devem buscar, sempre que possível, uma resolução meritória. O órgão julgador deve buscar a decisão integral de mérito. O magistrado deve somar seus esforços para que o processo não se extinga de forma anômala.

Diversas regras processuais do Código foram balizadas pela primazia das decisões de mérito. Nesse ponto, há um afinado diálogo entre o primado da decisão de mérito e a cooperação, principalmente em razão dos deveres de consulta e de prevenção. Por isso, o enunciado 373 do FPPC orienta que as partes devem cooperar entre si, a atuar com ética e lealdade, agindo de modo a evitar a ocorrência de vícios que extingam o processo sem resolução do mérito e cumprindo os deveres mútuos de esclarecimento e transparência. Logo, o juiz tem o dever de estimular, pelo diálogo, a correção dos defeitos processuais sanáveis para ultrapassar tais vícios e resolver, de forma definitiva, o objeto litigioso do processo.

Questão de Concurso

▶ **(Vunesp – Outorga de delegação de serviços notariais e registrais – Provimento – TJ – RS/2019)**[76] Nos termos do artigo 4º do Código de Processo Civil, as partes têm o direito de obter em prazo razoável a solução integral do mérito, incluída a atividade satisfativa. Considerando que o processo civil deve ser interpretado conforme os valores e as normas fundamentais estabelecidos na Constituição da República Federativa do Brasil, é correto afirmar que referido dispositivo consagra os seguintes princípios:

a) boa-fé objetiva processual, isonomia material e impulso oficial.
b) razoável duração do processo, primazia das decisões de mérito e efetividade.
c) inafastabilidade da jurisdição e estímulo a resolução consensual de conflitos.
d) cooperação processual, proporcionalidade razoabilidade e eficiência.
e) contraditório comparticipativo, impulso oficial e legalidade.

▶ **(IADES. AL-GO. Procurador. 2019- ADAPTADA)**[77]: A respeito das normas fundamentais do Processo Civil, assinale verdadei-ro ou falso: "as partes têm o direito de obter, em prazo razoável, a solução integral do mérito, exceto a atividade satisfativa"

▶ **(MPE-SC.MPE-SC. Promotor de Justiça Substituto-Fase matutina.2016)**[78]: Em respeito ao princípio da economia e eficiência processual, o novo Código de Processo Civil, não admite a convalidação de

76. Gabarito: Letra B.
77. Gabarito: Incorreto.
78. Gabarito: Incorreto.

atos processuais eivados de vício. A cooperação impõe, assim, a formação de uma **comunidade de diálogo/comunicação** entre os sujeitos processuais que devem ter como escopo maior o deslinde meritório. O processo deve estar despojado de excessivas restrições formais e orientado pela solução definitiva da crise de direito instalada. Ademais, os deveres da cooperação irão injetar diálogo e, ao mesmo tempo, prevenir que o processo seja extinto por questões formais injustificadas, concretizando, assim, a prevalência do mérito.

O enunciado 372 do FPPC orienta que: "o art. 4º tem aplicação em todas as fases em todos os tipos de procedimento, inclusive em incidentes processuais e na instância recursal, impondo ao órgão jurisdicional viabilizar o saneamento de vícios para examinar o mérito, sempre que seja possível a sua correção". Deve, portanto, haver uma busca incessante pela satisfação do julgado, como máximo aproveitamento de atos processuais, e a consagração de uma instrumentalidade valorativa e democrática do processo.

As questiúnculas formais não podem prevalecer sobre a substância do litígio. A "forma pela forma" não pode tolher, distorcer ou condicionar o exame do mérito. Até porque a lógica da primazia na solução do mérito é despotencializar e inibir comportamentos processuais imbuídos na arcaica práxis que busca, ilogicamente, as invalidades formalísticas como um dos principais mecanismos para extinção do processo[79].

A tendência hodierna, em razão da primazia das decisões de mérito, como apontado em diversas passagens do Código de Processo Civil, é que seja desestimulada a construção jurisprudencial defensiva, na qual, com mais frequência anteriormente (sob a égide do CPC/1973), o Poder Judiciário podia se esquivar de analisar o mérito em razão da não superação de obstáculos meramente formais de menor relevância. Com isso, a função jurisdicional potencializará a eficiência e, concomitantemente, evitará que os advogados sejam responsabilizados por alegada "perda de chance" atribuída ao não cumprimento de excessivos formalismos.

Clara expressão desse princípio é a disposição contida no art. 317 do CPC, consoante o qual o juiz, antes de extinguir o processo sem análise do mérito, deve intimar a parte para, se possível, corrigir o vício. Igualmente, o art. 932, parágrafo único, impõe que o relator intime

---

79. Sem pretensão de exaustão, já que são inúmeras as regras concretizadoras da primazia do mérito, aponta-se, algumas: a) o dever geral de prevenção atribuído ao magistrado, que deve oportunizar, antes da prolação de qualquer decisão extintiva sem resolução de mérito, a possibilidade da parte, se possível, corrigir o vício (art. 317 do CPC);b) o art. 76 do CPC evidencia o dever geral do juiz de determinar a correção da incapacidade processual;c) o art. 139, IX, impõe que o juiz tem o dever de determinar o suprimento dos pressupostos processuais e o saneamento de outros vícios processuais; d) o § 2º do art. 319 dispõe que "a petição inicial não será indeferida se, a despeito da falta de informações a que se refere o inciso II, for possível a citação do réu"; e) o art. 321 do CPC destaca o dever de prevenção, ao impor ao juiz o dever de intimar o autor para que emende a petição inicial, corrigindo os vícios sanáveis especificadamente indicados por ele, medida que evita, ao máximo, o indeferimento da petição inicial; f) o art. 338 do CPC permite a correção da ilegitimidade passiva ad causam alegada pelo réu na contestação, medida que substitui com mais eficácia a extinta intervenção de terceiro típica (nomeação à autoria), e evita a extinção do processo por ilegitimidade das partes;g) o art. 352 do CPC dispõe que, caso seja verificada irregularidades ou vícios sanáveis nas alegações do réu, o juiz poderá determinar sua correção em prazo nunca superior a 30 dias; h) o art. 485, § 7º do CPC permite que mesmo quando for proferida sentenças terminativas, a apelação interposta contra tal decisão, confere ao juiz o poder de retratação em até 05 dias, medida que possibilita a retomada do exame do mérito; i) o art. 932, parágrafo único, do CPC veda que o relator inadmita um recurso antes de oportunizar a correção dos vícios, como ausência de documentação ou de representação. j) o § 2º do art. 1.028 dispõe que o STJ e STF, com vistas a facilitar a decisão de mérito, poderão superar vício formal de recurso tempestivo ou determinar sua correção desde que não repute grave.

a parte recorrente para que sane o vício formal ou complemente a documentação faltante, a fim de evitar a inadmissibilidade do recurso.

Questão de Concurso

▶ **(CONSULPLAN. TJ-MG. TJ-MG - Juiz de Direito Substituto. 2018)**[80]: Foi indeferida prova pericial requerida pelo autor. Aco-lhida a pretensão inicial, o autor apelou somente para alegar cerceamento de defesa porque entende ser absolutamente necessária a prova indeferida. Ao julgar a apelação, o Tribunal negará provimento aplicando o princípio

a) da isonomia.

b) da celeridade.

c) da cooperação.

d) da instrumentalidade das formas.

n) **boa-fé objetiva processual (lealdade processual ou fair trial)**: a lealdade processual tem amparo constitucional na cláusula do devido processo legal, estendendo-se a todos os sujeitos do processo (STF. RE 464963/GO. DJU 30.06.06), a considerar que processo devido é aquele em que as relações jurídicas processuais se desenvolvem em uma plataforma de lealdade.

A ratificar tal construção, o Código prevê expressamente tal princípio, no seu art. 5º, ao estabelecer que "aquele que de qualquer forma participa do processo deve comportar-se de acordo com a boa-fé". Assim, a exigência de ética nas condutas aplica-se a todos os sujeitos processuais que, de qualquer forma, participam do processo, inclusive ao juiz.

Questão de Concurso

▶ **(CESPE. Procurador do Ministério Público. TCU. 2015. ADAPTADA)**: "No âmbito do processo civil, a imputação de penalidades decorrentes da violação ao princípio da boa-fé limita-se ao autor e ao réu"[81].

Contudo, há de se notar que existem dois sentidos para a boa-fé: a) boa-fé subjetiva (estado/fato); b) boa-fé objetiva (norma-princípio). O primeiro é um estado psicológico, um dado interno em que a pessoa encontra-se desprovida da intenção de prejudicar terceiros, exatamente porque não tem convicção a respeito da realidade dos fatos e da potencialidade de lesão a direito de outrem. O segundo se consubstancia em elementos externos, de mais fácil aferição. São arquétipos de conduta jurídica, que indicam como os centros de interesses devem se comportar no decorrer de uma relação jurídica. Na boa-fé objetiva, não se analisa a convicção. O magistrado examinará, objetivamente, se a conduta do indivíduo se adequa a um modelo ideal pautado em padrões sociais médios de eticidade, de correção, de honestidade e de lealdade.

Questão de Concurso

▶ **(MS CONCURSOS. Juiz do Trabalho. 2009. ADAPTADA)**: Segundo a doutrina majoritária, a *boa-fé objetiva se contrapõe à má-fé*, na medida em que aquela corresponde a um estado de ignorância a

80. Gabarito: Letra D.

81. Gabarito: Incorreto.

respeito dos vícios que violam o direito alheio, tal qual se observa na boa-fé possessória, consagrada no Código Civil brasileiro[82].

À vista disso, a boa-fé objetiva é mais ampla, sendo uma cláusula geral que engloba a boa-fé subjetiva e o abuso do direito. Nessa linha de raciocínio, a boa-fé exigida pelo art. 5º do CPC é exatamente a de natureza objetiva[83]. Como a relação processual é uma relação jurídica, impõe-se aos sujeitos processuais o dever de comportar-se de forma ética e leal. Essa fórmula induz à criação de legítimas expectativas e fidelidade recíproca entre os litigantes no curso do processo.

Assim, todo agir processual deve ajustar-se a um padrão objetivo de comportamento ético, com vistas a garantir a estabilidade e a segurança no curso do processo. Trata-se, pois, de um parâmetro genérico em que todo comportamento processual deve ser aferido objetivamente pelo magistrado que irá identificar se os comportamentos dos sujeitos processuais violam as justas expectativas alimentadas durante a marcha processual. Tal dispositivo (art. 5º do CPC) deve ser estendido, de igual modo, ao julgador, pois, a cooperação, no seu sentido jurídico, refere-se à ideia da formação de uma plataforma de boa-fé e de confiança recíproca entre todos os sujeitos processuais. Assim, por exemplo, não pode o juiz indeferir uma prova requerida pela parte e, ao fim, julgar o mérito desfavoravelmente a ela, por falta de prova de suas alegações.

A boa-fé objetiva possui uma tríplice função, que deve ser aplicada ao direito processual.

A primeira é **interpretativa (hermenêutica)**, no sentido de que a interpretação do pedido, dos atos postulatórios em geral[84], como também das decisões judiciais, deve ser guiada por padrões de lisura e eticidade. Acerca dessa função, o enunciado 378 do FPPC sustenta que a boa-fé processual orienta a interpretação da postulação e da sentença, permite a reprimenda do abuso de direito processual e das condutas dolosas de todos os sujeitos processuais e veda seus comportamentos contraditórios.

A segunda é a **função integrativa**, por meio da qual se criam deveres anexos à relação jurídica processual, que devem ser respeitados pela tríade processual (as partes e o juiz). É dessa função que se extrai a cooperação, que implica uma relação cooperativa e leal entre as partes e o juiz, por intermédio dos deveres extraídos da cooperação (esclarecimento, consulta, prevenção e auxílio).

E a terceira é a **função limitadora**, que visa a inibir o exercício abusivo de posições processuais pelas partes e pelo juiz. A violação à boa-fé ocorre mesmo quando a ação ou omissão esteja sob o manto de condutas processuais formalmente lícitas. A visão de que a parte é "dona do processo" e tem o poder de exercer a sua posição processual da forma como bem entende não encontra guarida em um processo estabelecido sobre a boa-fé objetiva.

---

82. Gabarito: Incorreta.
83. Nesse sentido, o enunciado nº 374 do FPPC: O art. 5º prevê a boa-fé objetiva.
84. Enunciado nº 285 do FPPC: A interpretação do pedido e dos atos postulatórios em geral deve levar em consideração a vontade da parte, aplicando-se o art. 112 do Código Civil.

Questão de Concurso

▶ **(VUNESP. Juiz de Direito. TJ/SP. 2008):** O princípio da lealdade processual, se desatendido por qualquer das partes, em nada afetará a fundamentação do ato judicial, porque é assegurada aos procuradores plena e incondicionada liberdade de conduta no processo[85].

Nesse campo, há grande contribuição das **figuras parcelares da boa-fé objetiva**, que invocam padrões éticos e miram a retidão das condutas processuais com intento de estabilizar as expectativas e sancionar a prática de abusos no exercício de situações jurídicas processuais. Temos, como desdobramentos da boa-fé objetiva, a vedação ao *venire contra factum proprium*, a *supressio*, a *surrectio* e o *tu quoque*.

A **proibição do venire contra factum proprium** possui plena aplicação no campo processual, ao vedar, de forma genérica, comportamentos contraditórios tanto do juiz[86] quanto das partes[87].

Questão de Concurso

▶ **(PGR. Procurador da República. PGR. 2015. ADAPTADA)**[88]: O princípio da boa-fé objetiva proíbe que a parte assuma comportamentos contraditórios no desenvolvimento da relação processual, o que resulta na vedação do *venire contra factum proprium*, aplicável também ao direito processual.

▶ **(PGR. Procurador da República. PGR. 2015. ADAPTADA):** A preclusão lógica, segundo a moderna doutrina, está intimamente ligada ao *nemo potest venire contra factum proprium* e incide sobre o comportamento contraditório[89].

▶ **(FCC. Juiz Substituto. TJ/AL. 2015)**[90]: Hamilton é condenado na sentença de Primeira Instância ao pagamento de indenização, ao autor José Renato, no valor de R$ 10.000, 00, valor esse que é depositado com o acréscimo dos ônus sucumbenciais, sem ressalva, apelando em seguida no prazo legal de quinze dias, com o devido preparo recolhido. Esse recurso

a) não será conhecido, por ter ocorrido preclusão temporal.
b) será conhecido, pois o depósito do valor da indenização é considerado requisito prévio de admissibilidade para interposição do apelo.
c) será conhecido, já que interposto no prazo legal e devidamente preparado.
d) não será conhecido, por ter ocorrido preclusão consumativa.
e) não será conhecido, por ter havido preclusão lógica.

85. Gabarito: Incorreta.
86. Nessa toada, acertadamente, o enunciado nº 376 do FPPC: A vedação do comportamento contraditório aplica-se ao órgão jurisdicional.
87. (...) O **ato de recolher as custas processuais ao recurso é manifestamente incompatível com o pedido de gratuidade de justiça, por demonstrar que a parte tem condições de arcar com os encargos processuais. Preclusão lógica** [...]. (TJ-DF – APC: 20130111649990, Relator: GISLENE PINHEIRO, Data de Julgamento: 28/10/2015, 2ª Turma Cível, Data de Publicação: Publicado no DJE: 10/11/2015. Pág.: 225).
88. Gabarito: Correto.
89. Gabarito: Correto.
90. Gabarito: letra E.

Os requisitos caracterizadores da proibição dos comportamentos contraditórios são: um *factum proprium*, que crie na contraparte uma confiança legítima no sentido de manutenção da conduta incialmente assumida; um comportamento contraditório superveniente violador desta legítima expectativa criada; dano ou ameaça concreta de dano derivado da contradição[91]. Pouco importa se a contradição em que incorre o sujeito processual é dolosa. Para que haja violação à boa-fé objetiva, basta que se frustre uma expectativa legítima de outrem.

A principal função do instituto é criar uma plataforma de lealdade a pautar todas as relações processuais. Os atos das partes devem ser analisados sob um ângulo panorâmico de todo o procedimento, para que se identifique e sancione modelos comportamentais contraditórios e não lineares, que violam a boa-fé objetiva.

Questão de Concurso

▶ **(MS CONCURSOS. Juiz do Trabalho. 2009. ADAPTADA)**[92]: consoante o direito comparado – especialmente o português e o alemão – e a doutrina brasileira majoritária, o *venire contra factum proprium* é espécie de situação jurídica que denota violação à boa-fé objetiva, na medida em que se consubstancia em duas condutas do mesmo agente, que isoladamente parecem lícitas, mas que, na verdade, são contraditórias entre si – a segunda confronta a primeira –, e por tal razão violam os direitos e as expectativas criadas na contraparte.

Essa exigência de coerência e confiança foi bem percebida pelo enunciado 377 do FPPC, o qual orienta que a boa-fé objetiva impede que o julgador profira, sem motivar a alteração, decisões diferentes sobre uma mesma questão de direito aplicável às situações de fato análogas, ainda que em processos distintos. De igual modo, o enunciado 297 do FPPC: "o juiz que promove julgamento antecipado do mérito por desnecessidade de outras provas não pode proferir sentença de improcedência por insuficiência de provas".

Admite-se que o juiz julgue antecipadamente o pedido, proferindo sentença de improcedência por insuficiência de provas.

Já a *supressio* e a *surrectio* são institutos intimamente relacionados, tidos como consectários lógicos da vedação ao *venire contra factum proprium*, com a qualificação do elemento temporal.

A ***suppressio (Verwirkung)*** ocorre quando um centro de interesse adota comportamento omissivo, que soa à parte contrária como renúncia tácita, a criar uma justa expectativa de que o não exercício se prorrogará indefinidamente. A oscilação de comportamento, no sentido de exercitar tal direito supervenientemente, causa surpresa e faz ruir as legítimas expectativas criadas pela inércia anteriormente assumida. A aplicar essa lógica, o processo não pode acalentar expectativas indevidas nem ser palco de representações falsas, temerárias ou infundadas. Assim, por exemplo, a falta de arguição da nulidade processual relativa na primeira oportunidade impede que a parte, futuramente, suscite a invalidade, já que fez surgir nos demais sujeitos processuais a expectativa de que ela não exerceria tal faculdade.

91. A jurisprudência é vasta na aplicação desse desdobramento da boa-fé objetiva. Por exemplo, quando o judiciário homologa um negócio jurídico processual de suspensão do processo (*factum proprium*), esse fato cria nos jurisdicionados a legítima expectativa de que o processo só retomará a tramitar findo o prazo convencionado. De tal maneira que a prática de um ato processual de ofício, logo em seguida à suspensão (publicação de sentença) configura comportamento processual contraditório apto a ensejar dano ou potencialidade de dano à parte (perda do prazo recursal).

92. Gabarito: Correto.

A ***surrectio (Erwirkung)*** decorre de fenômeno inverso à *supressio*, pois o decurso de lapso temporal razoável enseja o surgimento de uma posição jurídica ativa não pactuada anteriormente, que se estabiliza para o futuro. Por exemplo, se, em um acordo celebrado em ação de alimentos, fica pactuado que a pensão alimentícia deve ser paga até o décimo dia útil de cada mês, mas o alimentante, por conta própria, passa a fazê-lo no quinto dia útil, sua conduta positiva cria uma expectativa legítima na parte contrária, que não pode ser frustrada por conduta posterior contraditória. Eis aí um exemplo de *surrectio*.

Questão de Concurso

- **(MPE-SC Órgão: MPE-SC. MPE-SC. MPE-SC - Promotor de Justiça - Matutina. 2019)[93]:** Em atenção ao princípio da ampla defesa, segundo entendimento do Superior Tribunal de Justiça, o sistema processual civil brasileiro não admite o instituto da "supressio", ou renuncia tácita de um direito ou de uma posição jurídica, pelo seu não exercício com o passar dos tempos, podendo a parte alegar a nulidade de ato processual a qualquer tempo.

- **(MPE-PR. MPE-PR. Promotor Substitutivo. 2019)[94]:** Assinale correto ou incorreto acerca das normas fundamentais do processo civil, de acordo com o Código de Processo Civil de 2015: "a exigência de comportamento com boa-fé, do Código de Processo Civil, aplica-se somente às partes".

- **(CESPE. Juiz Federal. TRF-2ª Região. 2013 – ADAPTADA)[95]:** A *supressio* configura-se quando há a supressão, por renúncia tácita, de um direito, em virtude do seu não exercício. A *surrectio*, por sua vez, ocorre nos casos em que o decurso do tempo implica o surgimento de uma posição jurídica pela regra da boa-fé.

Por último, o *tu quoque*, que também possui íntima relação com o *venire contra factum proprium*, ocorre quando a parte alega a torpeza alheia, mas que lhe é própria. Aplica-se nas situações em que se opera um comportamento que rompe com a fidúcia e surpreende uma das partes da relação processual, colocando-a em **posição injusta de desvantagem.** Por isso, não pode uma das partes da relação processual exigir um comportamento da parte contrária em circunstâncias tais que ela mesma deixou de atender.

Questão de Concurso

- **(CESPE. Titular de Serviços de Notas e de Registros. 2013. ADAPTADA):** Em uma relação processual, a ocorrência de comportamento que, rompendo com o valor da confiança, surpreenda uma das partes, deixando-a em situação de injusta desvantagem, caracteriza o que a doutrina prevalente denomina[96]

a) *supressio.*
b) *venire contra factum proprium.*
c) *tu quoque.*
d) *exceptio doli.*
e) *surrectio.*

---

93. Gabarito: Incorreto.
94. Gabarito: Incorreto.
95. Gabarito: Correto.
96. Gabarito: letra C.

O Código de Processo Civil, pelo menos como mostram alguns de seus dispositivos, estruturou-se sob uma plataforma na qual supõe-se que os atos dos sujeitos processuais são praticados em respeito à boa-fé. Para ilustrar essa afirmação, faz-se referência ao art. 455 do CPC, que dispõe que o advogado procederá à intimação das testemunhas arroladas por ele, acerca do dia, hora e local da audiência designada, mediante envio de correspondência pelo correio com aviso de recebimento[97]. Por óbvio, se estivessem a agir desprovidos de boa-fé, o advogado poderia remeter conteúdo diverso da intimação, bem assim a testemunha poderia afirmar ter recebido comunicação diferente, para, assim, frustrarem a tramitação processual. O CPC/2015, entretanto, presume que os sujeitos do processo ajam investidos de boa-fé, a encarar o desvio de conduta como exceção.

o) **Ordem cronológica**: o art. 12 do CPC prevê uma racionalização e objetivação da ordem de julgamento dos processos. A Lei nº 13.256/2016 retirou a obrigatoriedade de tal disposição, ao prescrever que "os juízes e os tribunais, atenderão, **preferencialmente**, à ordem cronológica de conclusão para proferir sentença ou acórdão".

Apesar do caráter aparentemente não obrigatório do atual texto legal, os autores do presente livro acreditam que a disposição legal deve continuar a orientar a gestão dos processos, sendo um guia de isonomia, impessoalidade, transparência e segurança à tramitação dos processos[98]. Isso, porque a norma constitui decorrência direta dos princípios constitucionais da igualdade, da moralidade e da impessoalidade, sendo sua interpretação por eles orientada. Assim, não é o simples advérbio "preferencialmente" que retirará a eficácia dos referidos princípios constitucionais, de cuja conjugação se extrai a norma da ordem cronológica.

O citado dispositivo estabelece uma ordem preferencial crescente de julgamento dos processos, **de acordo com a data de conclusão**. Assim, o marco temporal estipulado pelo legislador para delimitar a formação da lista cronológica de processos é a data de conclusão do processo, e não a data de instauração da ação no Poder Judiciário[99].

Os juízes e os tribunais locais devem, preferencialmente, adotar a ordem cronológica. Nada obstante, há discussão a respeito da inclusão ou não dos tribunais superiores como

97. Art. 455. Cabe ao advogado da parte informar ou intimar a testemunha por ele arrolada do dia, da hora e do local da audiência designada, dispensando-se a intimação do juízo. § 1º A intimação deverá ser realizada por carta com aviso de recebimento, cumprindo ao advogado juntar aos autos, com antecedência de pelo menos 3 (três) dias da data da audiência, cópia da correspondência de intimação e do comprovante de recebimento.

98. Nessa perspectiva, o juiz deve tratar os jurisdicionados de forma impessoal, segundo os mesmos critérios, sem discriminações positivas ou negativas. Supracitado dispositivo visa combater a política de favoritismo, clientelismo e perseguição que ainda atinge o judiciário. Assim, afinidades, empatias seja de natureza pessoal, política ou ideológica não podem interferir na tramitação dos processos, favorecendo ou prejudicando determinadas pessoas.

99. Esse critério objetivo é essencial, pois ilógico seria que a formação da lista se desse no momento da distribuição, pois o iter processual entre o ingresso da demanda e a conclusão para o julgamento, que envolve alegações iniciais, produção de provas (depoimentos, testemunhas, perícias) e fase de audiência, pode ser bastante diverso a depender da complexidade da causa. Destarte, exempli gratia, uma causa que demande uma perícia altamente complexa, com a participação de diversos peritos e análise de diversos quesitos, poderia travar o regular andamento dos demais processos, engessando todo poder judiciário.

destinatários de tais disposições. Alguns entendem pela necessidade de sua exclusão, em razão do papel institucional que eles representam na formação das teses jurídicas, a partir da edição de precedentes. Tal posição guarda coerência quando a questão submetida for inédita. De qualquer maneira, com o caráter preferencial estipulado pela Lei 13.256/2016, tais debates serão atenuados.

A ordem cronológica aplica-se ao escrivão ou ao chefe de secretaria. O dispositivo do Código também foi modificado pela Lei 13.256/2016, que passou a prescrever que o escrivão ou chefe de secretaria atenderá, **preferencialmente**, à ordem cronológica de recebimento para publicação e efetivação dos pronunciamentos judiciais, salvo nos casos de atos urgentes, reconhecidos pelo juiz no pronunciamento judicial e as preferências legais.

A ordem cronológica recebeu muitas críticas, principalmente por parte dos magistrados. Para eles, a previsão de uma ordem cronológica obrigatória iria acarretar impactos nocivos no que atine à gestão processual (processos complexos engessariam a decisão de processos simples), à adequação jurisdicional do processo e à independência dos juízes, a repercutir reflexamente na razoável duração do processo. Muitos defendiam, inclusive, a revogação de tal dispositivo. No entanto, a Lei 13.256/2016 encontrou um ponto intermediário, ao deixar claro que a obediência à ordem cronológica é de **caráter preferencial**, podendo haver perfeitamente a gestão dos processos por parte do magistrado por técnicas organizativas e gerenciais, sem burla à ordem cronológica.

Parece-nos que o melhor percurso interpretativo é no sentido de conceder ao magistrado o poder-dever de optar entre seguir os critérios organizacionais e gerenciais previstos pelo código (com a regra e suas exceções) ou, motivadamente, adotar outro critério considerado pelo juízo mais efetivo e adequado para gestão dos processos de sua competência, afastando as regras do Código.

O § 1º do art. 12 do Código confere concretude à publicidade, ao exigir que a lista de processos aptos a julgamento seja permanentemente disponibilizada para consulta pública, seja em cartório, seja na rede mundial de computadores. Essa exigência, que permanece posta mesmo após a vigência da Lei 13.256/2016, garante uma maior legitimação dos atos praticados, porque as partes poderão ter um controle do cumprimento da ordem, tornando a atividade judicial mais previsível, a privilegiar a segurança jurídica e a viabilizar o controle da atuação arbitrária do magistrado.

Há, porém, hipóteses de **exceção** à regra geral estipulada. Neles, o legislador ponderou a disposição do art. 12 e acabou por permitir a exclusão da incidência da ordem cronológica, nos casos específicos do § 2º do art. 12 do CPC. Assim, estão excluídos da ordem cronológica: as sentenças proferidas em audiência, homologatórias de acordo ou de improcedência liminar do pedido; o julgamento de processos em bloco para aplicação de tese jurídica firmada em julgamento de casos repetitivos; o julgamento de recursos repetitivos ou de incidente de resolução de demandas repetitivas; as decisões proferidas com base nos arts. 485 e 932; o julgamento de embargos de declaração; o julgamento de agravo interno; as preferências legais e as metas estabelecidas pelo Conselho Nacional de Justiça; os processos criminais, nos órgãos jurisdicionais que tenham competência penal; a causa que exija urgência no julgamento, assim reconhecida por decisão fundamentada.

Questão de Concurso

▶ **(COMPERVE. Prefeitura de Parnamirim - RN. COMPERVE. Prefeitura de Parnamirim - RN - Procurador. 2019)[100]**: A razoável duração do processo é preocupação fundamental do diploma processual pátrio. Nesse condão, estabeleceu-se a regra da ordem cronológica de julgamento dos processos. Além disso, a listagem de processos aptos deverá estar permanentemente à disposição para consulta do público e na internet. Apesar da regra cronológica, o código estabelece algumas exceções, dentre as quais o julgamento de

a) recursos paradigmáticos, ressalvada a hipótese de incidente de resolução de demandas repetitivas.

b) embargos infringentes.

c) agravo de instrumento.

d) processos em bloco, para aplicação de tese jurídica firmada em julgamento de casos repetitivos.

Para finalizar as possibilidades de exceção, tem-se mais duas hipóteses (que acabam por concretizar a razoável duração do processo, ao colocar o processo no primeiro lugar da lista geral ou preferencial, a depender do caso): o processo que tiver sua sentença ou acórdão anulado, salvo quando houver necessidade da realização de diligência ou de complementação da instrução; no caso em que o órgão que proferiu o acórdão recorrido na origem tiver de reexaminar o processo de competência originária, a remessa necessária ou recurso anteriormente julgado, se o acórdão recorrido tiver contrariado a orientação do tribunal superior (art. 1.040, II, CPC).

Com o caráter preferencial da ordem cronológica, deve-se interpretar as referenciadas exceções como um rol **meramente exemplificativo**, de tal maneira que o magistrado poderá, desde que de forma fundamentada (e a não violar as demais garantias constitucionais, preservando sempre a eficiência na gestão da unidade judiciária), proferir sentença ou acórdão fora da lista cronológica.

Antevendo atitudes ardilosas, que objetivem procrastinar o julgamento, o legislador no § 4º do art. 12, prevê que, no caso de formulação de algum requerimento pelo advogado, o processo deve retornar à lista na mesma posição em que antes se encontrava, exceto nos casos de reabertura de instrução e de conversão de julgamento em diligências, hipóteses em que o processo retornará ao final da fila.

O Código é silente no que se refere à sanção a ser aplicada nos casos de descumprimento da ordem cronológica estabelecida. Não é o caso de se decretar a invalidade do ato decisório, já que ele não é defeituoso. No entanto, se se verificar a burla à ordem (sem uma justa motivação ou que o critério adotado pelo magistrado não é razoável), sob o enfoque administrativo, será cabível representação administrativa às corregedorias, que poderão atuar disciplinarmente.

Por si só, o não atendimento da ordem cronológica não caracteriza imediata parcialidade do julgador ou do serventuário nem acarreta a imediata invalidade do ato processual[101]. Serve apenas de indício, a ser somado a outros elementos na averiguação de eventual parcialidade.

100. Gabarito: Letra D.

101. Enunciado nº 486 do FPPC: A inobservância da ordem cronológica dos julgamentos não implica, por si, a invalidade do ato decisório.

O Código prevê, ainda, como hipótese de sanção, a possibilidade de a parte preterida reclamar ao juiz de erros na publicação de decisões judiciais que violem a ordem cronológica, ocasião em que o servidor responsável pela publicação terá o prazo de 02 dias para prestar informações. Se o magistrado constatar a violação à disposição do art. 12, terá o poder-dever de determinar o cumprimento imediato do ato pelo servidor, bem como poderá suscitar a instauração de procedimento administrativo contra ele.

Finalmente, o Código estabelece uma regra de transição entre o CPC/1973 e o CPC/2015. De acordo com o art. 1.046, § 5º, a lista inaugural será formada entre os processos já conclusos na data da entrada em vigor do CPC/2015 e deverá respeitar a antiguidade da distribuição dos processos anteriores. Após o julgamento dos processos distribuídos anteriormente à elaboração da lista, aplica-se a disposição do art. 12 do CPC/2015.

p) **estímulo à resolução consensual dos conflitos**: o impulso à autocomposição está concretizado no art. 3º do Código, o qual determina que o Estado promova, sempre que possível, a solução consensual dos conflitos e prevê que a conciliação, mediação e outros métodos de solução consensual de conflitos deverão ser estimulados por juízes, advogados, defensores públicos e membros do Ministério Público, inclusive no curso do processo judicial.

A busca e o estímulo pelos desfechos consensuais devem ser uma constante durante toda a marcha processual, inclusive nas instâncias recursais[102], por ser um modo mais construtivo, participativo e, muitas vezes, mais célere de se alcançar a solução efetiva. Aliás, antes mesmo de formado o processo, os advogados devem estimular a autocomposição, mediante sessões a serem realizadas em seus escritórios ou em outro local que eles entendam apropriado[103].

Esse impulso aos meios consensuais tem a finalidade de potencializar o exercício da liberdade das partes por meio de um terceiro (agente otimizador: mediador ou conciliador), para que os centros de interesses em conflito cheguem a uma solução mais adequada ao caso concreto. A conciliação e a mediação permitem que os litigantes participem ativamente da formação da decisão judicial, sendo eles próprios os juízes do caso. Portanto, o foco principal desse estímulo à autocomposição é primar pelo o apaziguamento das crises de direitos de forma mais legítima e adequada. Em consequência, como efeitos indiretos (mediatos) dos usos de tais técnicas é que se terá ganhos no desafogamento do judiciário (fundamento funcional).

Além desses importantes meios de autocomposição (mediação ou conciliação) com a intervenção otimizadora de um terceiro auxiliar, destaca-se a importância dada pelo Código à arbitragem, meio de heterocomposição e que se destaca como instrumento que visa a promover a solução do caso concreto por meio de um árbitro escolhido pelas partes. Trata-se, como se verá no capítulo seguinte, de forma de exercício de jurisdição por particular.

---

102. Enunciado nº 371 do FPPC: os métodos de solução consensual de conflitos devem ser estimulados também nas instâncias recursais.

103. Se alcançada a autocomposição, dispensar-se-á a atuação jurisdicional, que, quando muito, será pedida apenas para fins de homologação. Se não alcançada a solução consensual, os advogados, em representação às partes, poderão firmar negócio jurídico processual, a dispensar, se assim entenderem conveniente, a repetição das sessões perante o Poder Judiciário.

Questão de Concurso

- **(MPE-SC Órgão: MPE-SC.MPE-SC - 2019 - MPE-SC - Promotor de Justiça - Matutina.2019)**[104]: O Código de Processo Civil adota o modelo multiportas, de modo que cada demanda deve ser submetida à técnica ou método mais adequado para a sua solução e devem ser adotados todos os esforços para que as partes cheguem a uma solução consensual do conflito. Em regra, apenas se não for possível a solução consensual, o processo seguirá para a segunda fase, litigiosa, voltada para instrução e julgamento adjudicatório do caso.

- **(MPE-PR. MPE-PR. Promotor Substitutivo. 2019- ADAPTADA)**[105]: Assinale correto ou incorreto acerca das normas fundamentais do processo civil, de acordo com o Código de Processo Civil de 2015: "A solução consensual dos conflitos é incentivada somente em momentos pré-processuais.

- **(CESPE. STJ. Analista Judiciário. 2018 – ADAPTADA)**[106]: Com referência às normas fundamentais do processo civil, julgue o item a seguir: "Não cabe ao Estado promover a solução consensual de conflitos: ela depende unicamente de iniciativa privada e deverá ser realizada entre os jurisdicionados".

- **(FGV. Analista Judiciário. TJ/RJ. 2014):** Há uma cultura do litígio enraizada na sociedade, cuja tendência é resolver os conflitos de forma adversarial. Nessas circunstâncias, os denominados meios alternativos de resolução de conflitos apresentam especial importância, com destaque para a mediação, na medida em que possuem os seguintes objetivos, EXCETO[107]:

a) aliviar o congestionamento do judiciário;
b) promover a pacificação social;
c) democratizar o acesso à justiça;
d) promover a autocomposição da solução de controvérsias;
e) garantir a legitimidade dos ritos judiciais.

q) **eficiência**: a eficiência, corolário do devido processo legal, possui previsão constitucional no art. 37 da CF, que prescreve que a Administração Pública de *qualquer dos poderes* obedecerá à eficiência. Daí resulta o viés administrativo da eficiência, amplamente estudado pelos administrativistas, que estabelece que a organização do Poder Judiciário deverá ser ditada por uma atuação eficiente, organizada, estruturada e disciplinada dos seus agentes públicos. Para além dessa previsão constitucional, o CPC consagra a eficiência como uma das linhas orientadoras do processo.

Para delimitar o conceito de eficiência é preciso excluir do seu conteúdo dois conceitos que, por vezes, são confundidos.

Primeiro, a eficiência não se confunde com eficácia. Todo fenômeno jurídico passa pela análise de três planos sucessivos: existência, validade e eficácia. No primeiro, prejudicial e imprescindível aos demais, analisa-se o preenchimento dos pressupostos estruturantes para que o fato se torne existente e considerado no mundo do direito (elementos do suporte fático da norma). O segundo consiste na análise da conformidade do fato existente com a ordem jurídica. E o terceiro, a eficácia, é a capacidade (aptidão) de o fato produzir efeitos jurídicos,

104. Gabarito: Correto.
105. Gabarito: Incorreto.
106. Gabarito: Errado.
107. Gabarito: letra E.

conceito este autônomo e diferente da eficiência. Todo fato jurídico apto a produzir efeitos passa pelo plano da validade.

A eficiência também não se confunde com a efetividade. Esse último refere-se ao fenômeno do cumprimento das normas jurídicas. É o juízo *a posteriori* em que verifica se a norma foi ou não cumprida pelos seus destinatários. A eficiência pondera o liame entre os meios empregados e os resultados alcançados, não se confundindo com efetividade (cumprimento das normas jurídicas) nem com a eficácia (aptidão para produção de efeitos).

A eficiência exige que a máquina administrativa do Poder Judiciário adote, como modelo organizacional, a administração gerencial, que é orientada pela lógica do controle de resultados. A eficiência compreende, ainda, a economicidade, que impõe à Administração uma atuação segundo uma lógica de custo-benefício[108-109]. Mas, o grande salto qualitativo dado pelo Código é a projeção da eficiência para o órgão jurisdicional. Com a previsão do art. 8º, ampliam-se os horizontes da eficiência para abarcar a necessidade de gestão do processo jurisdicional em si e não apenas da arquitetura judiciária. Essa nova face da eficiência possui um ponto de intersecção com a gestão processual, pois a adequação procedimental do processo é um dos instrumentos de promoção da eficiência.

Exemplificativamente, a eficiência impõe que o juiz, ao escolher o meio executivo para forçar o adimplemento de uma obrigação de fazer, opte pelo menos custoso e que traga mais resultados. Para se atender à eficiência, é preciso balancear resultados e custos. Assim, é possível dizer, com boa parte da doutrina, que a eficiência processual engloba o antigo princípio da economia processual.

r) **princípio da efetividade**: o art. 4º do Código consagra, expressamente, a efetividade, quando determina que as partes têm o direito de obter, em prazo razoável, a solução integral do mérito, *incluída a atividade satisfativa*. As disposições do Código estão pautadas na busca pela efetividade. Instrumentos como as tutelas provisórias, o julgamento antecipado do mérito, as tutelas específicas etc., foram pensados com o intuito de concretizar a efetividade. De fato, de nada adianta uma decisão de conhecimento se ela não possui efeitos práticos, sendo impassível de solucionar o litígio (ainda que seja virtual).

Questão de Concurso

▶ **(VUNESP. Câmara de Tatuí - SP. VUNESP - 2019 - Câmara de Tatuí - SP - Procurador Legislativo. 2019)[110]**: Assinale a alternativa que corresponde à definição do princípio da efetividade do processo.

108. Dentro desse contexto, tem-se normas que concretizam tal dimensão: a) utilização de critérios de produtividade, desempenho e presteza no exercício jurisdicional e participação em cursos oficiais ou reconhecidos de aperfeiçoamento para aferição do merecimento que conduz à promoção por merecimento dos juízes; b) os cursos Oficiais de preparação e aperfeiçoamento como etapa obrigatória do processo de vitaliciamento dos juízes; c) a criação do Conselho Nacional de Justiça, como um importante instrumento de controle da eficiência administrativa, que tem o dever constitucional de zelar por uma atuação ágil, rápida e eficiente do poder judiciário.

109. Os termômetros desse viés da eficiência são, por exemplo, as despesas com recursos humanos, a arrecadação de recursos, o gasto médio por processo, os percentuais de magistrados e de servidores por jurisdicionados, investimentos em tecnologia da informação, tempo médio dos processos, e demais indicadores.

110. Gabarito: Letra C.

a) Todos os sujeitos do processo devem cooperar entre si para que se obtenha, em tempo razoável, decisão de mérito justa e efetiva.
b) Ao aplicar o ordenamento jurídico, o juiz atenderá aos fins sociais e às exigências do bem comum, resguardando e promovendo a dignidade da pessoa humana e observando a proporcionalidade, a razoabilidade, a legalidade, a publicidade e a eficiência.
c) As partes têm o direito de obter em prazo razoável a solução integral do mérito, incluída a atividade satisfativa.
d) Não se proferirá decisão contra uma das partes sem que ela seja previamente ouvida.
e) Todos os julgamentos dos órgãos do Poder Judiciário serão públicos, e fundamentadas todas as decisões, sob pena de nulidade.

---

s) **iniciativa da parte para instauração do processo:** o art. 2º do CPC concretiza uma das facetas do princípio dispositivo[111], segundo a qual não há jurisdição sem iniciativa da parte (*nemo iudex sine actore*). O campo da iniciativa da parte pouco foi atingido pela cooperação, pois continua sendo da parte, regra geral, o monopólio para proceder ao *start* processual.

O Código, no referenciado artigo, dispõe que: "o processo começa por iniciativa da parte e se desenvolve por impulso oficial, salvo as exceções previstas em lei". A primeira parte desse texto concretiza o **princípio da demanda (princípio dispositivo em sentido material**), ao assegurar a autonomia privada do indivíduo para autorreger seus interesses, preservando o seu direito de optar ou não pelo exercício do direito de ação, privilegiando a capacidade de cada um de ser protagonista das suas próprias escolhas.

Por mais ilógica que possa parecer a decisão de não acionar o Poder Judiciário, a ordem jurídica respeita a autodeterminação do indivíduo, só havendo processo, por regra, **com provocação da parte** (*nemo iudex sine actore*). Com efeito, quem é titular de um direito subjetivo tem, sob sua propriedade, a possibilidade de dispor de tal direito extra ou judicialmente. Entendimento contrário levaria a uma interferência nesse núcleo de decisão, o que acabaria por alijar a autonomia individual. Portanto, a mitigação da iniciativa fica por conta de **raríssimas exceções** impostas pelo próprio Código[112]. É o caso da arrecadação dos bens em razão da herança jacente: o art. 738[113] reproduziu o disposto no art. 1.142 do CPC/1973, ao possibilitar, excepcionalmente, a atuação oficiosa do juiz, dando início ao processo de arrecadação dos bens integrantes da herança jacente, em nítida preservação aos interesses do Estado, que poderá eventualmente receber aqueles bens, caso não apareçam herdeiros legítimos ou testamentários, nos termos da lei.

---

111. Importa salientar que o estudo do conteúdo jurídico do princípio dispositivo torna-se um tanto nebuloso em razão da existência de vários conceitos e manifestações descritas pela doutrina que impedem certa unidade no que toca ao tema. Por isso temos um **termo plurissignificativo** cujos contornos variam no espaço e no tempo, não havendo clareza nem muito menos uma unidade interpretativa e doutrinária a seu respeito.
112. O art. 1.129 do CPC/1973 permitia uma atuação *"ex offício"* do juiz na iniciativa do processo, na chamada ação autônoma de exibição de documento contra terceiro detentor de testamento de testador falecido. O legislador suprimiu essa possibilidade, obstaculizando o juiz de atuar, oficiosamente, na iniciativa desse processo, concedendo apenas aos herdeiros, aos legatários, aos testamenteiros e a terceiros detentores de testamento, a legitimidade para requererem a publicação do testamento, nos termos do art. 737 do CPC/2015.
113. Art. 738. Nos casos em que a lei considere jacente a herança, o juiz em cuja comarca tiver domicílio o falecido procederá imediatamente à arrecadação dos respectivos bens.

Questão de Concurso

▶ **(FCC. Juiz Substituto. TJ-RR. 2015. ADAPTADO)**: Como nenhum juiz prestará a tutela jurisdicional senão quando a parte ou o interessado a requerer, em consequência nenhum procedimento judicial pode ser iniciado de ofício pelo juiz, sem exceção[114].

A doutrina italiana destaca ainda a faceta processual do princípio dispositivo (princípio dispositivo propriamente dito ou em sentido processual), que confere à parte o poder de disposição relativo às faculdades, direitos ou poderes processuais. Vislumbra-se nesse ponto, interação com o princípio da **congruência (correlação ou adstrição)**, o qual impõe às partes a incumbência de estabelecer a moldura fática que delimitará a atuação do magistrado.

Questão de Concurso

▶ **(2018 Banca: FCC Órgão: PGE-AP Prova: FCC - 2018 - PGE-AP - Procurador do Estado)**[115]: Afirma-se, de modo pacífico na doutrina, que O magistrado está limitado, na sua decisão, aos fatos jurídicos alegados e ao pedido formulado. (DIDIER Jr., Fredie. Curso de Direito Processual Civil. Edit. Jus Podivm, 1 v., 17.ed., 2015, p. 553)

Essa lição concerne ao princípio

a) da inércia processual.
b) da eventualidade
c) do dispositivo ou da livre iniciativa da parte.
d) da inafastabilidade da jurisdição.
e) da adstrição ou congruência.

▶ **(VUNESP. Juiz Leigo. TJ-RJ. 2018)**[116]: A regra segundo a qual o juiz, ao decidir a questão que lhe foi proposta, deve manter-se nos limites das questões trazidas, não podendo julgar acima, abaixo ou diferentemente do que lhe foi trazido (são as jurisdições ou julgamentos ultra, intra ou extra petita) corresponde ao princípio:

a) do contraditório
b) da ampla defesa.
c) do impulso oficial.
d) da congruência.
e) da substanciação.

▶ **(VUNESP. Juiz de Direito. TJ-MT. 2009 – ADAPTADA)**[117]: O princípio dispositivo em sentido material diz respeito à possibilidade de a parte dispor do direito tutelado e, em sentido formal, refere-se à possibilidade de a parte dispor das faculdades, direitos ou poderes processuais.

▶ **(FCC. Juiz Substituto. TJ-RR, 2015. ADAPTADO)**[118]**:** O princípio da congruência, decorrência própria do princípio dispositivo, não incide no tocante às questões de ordem pública, que o juiz deve examinar de ofício, por incidência do princípio inquisitório.

114. De acordo com o CPC/2015, a assertiva está INCORRETA.
115. Gabarito: Letra E.
116. Gabarito: Letra D.
117. Gabarito: Correto.
118. Gabarito: Correto.

▶ **(CESPE. Procurador do Estado. PGE-BA. 2014)**[119]: Em razão do *princípio iura novit curia,* não há ofensa ao princípio da congruência caso o juiz decida a causa atribuindo aos fatos invocados na inicial consequências jurídicas não deduzidas na demanda.

A segunda parte do art. 2º do Código notabiliza o **impulso oficial,** porque, uma vez dado início ao processo, ele se conduz por impulso oficial. Uma vez instaurado o processo, ele se rege por impulso oficial, cabendo ao magistrado a realização de atos necessários ao desenvolvimento do procedimento em geral, para que, só assim, o processo atinja os seus objetivos.

Afirma o impulso oficial a execução da sentença da prestação de fazer, não fazer ou dar coisa distinta de dinheiro, expressas nos artigos 536 e 538 do CPC, que se operam sem a necessidade de pedido da parte.

Todavia, o impulso oficial também comporta exceção, como ocorre na execução de sentença que impõe prestação de pagar quantia, caso que se submete à necessidade de pedido do exequente (art. 513, § 1º, CPC).

Questão de Concurso

▶ **(VUNESP. Prefeitura de Cerquilho - SP. Prefeitura de Cerquilho - SP - Procurador Jurídico. 2019)**[120]. Assinale a alternativa que completa corretamente a frase a seguir, apontando o princípio correspondente: “O processo, depois de instaurado, não pode ficar à mercê da vontade das partes, devendo ser dado ao mesmo o devido andamento, cabendo ao Juiz zelar pela rápida e eficaz solução da lide, em obediência ao princípio ___________”.

a) da segurança jurídica.
b) do duplo grau de jurisdição.
c) do impulso processual/oficial
d) da oficialidade.
e) da disponibilidade e indisponibilidade.

5. SÚMULAS

Súmulas do STF

704. Não viola as garantias do juiz natural, da ampla defesa e do devido processo legal a atração por continência ou conexão do processo do corréu ao foro por prerrogativa de função de um dos denunciados.

Súmulas do STJ

358. O cancelamento de pensão alimentícia de filho que atingiu a maioridade está sujeito à decisão judicial, mediante contraditório, ainda que nos próprios autos.

434. O pagamento da multa por infração de trânsito não inibe a discussão judicial do débito.

119. Gabarito: Incorreto.
120. Gabarito: Letra C.

6. ENUNCIADOS DO FPPC

82. É dever do relator, e não faculdade, conceder o prazo ao recorrente para sanar o vício ou complementar a documentação exigível, antes de inadmitir qualquer recurso, inclusive os excepcionais.

83. Fica superado o enunciado 115 da súmula do STJ após a entrada em vigor do CPC ("Na instância especial é inexistente recurso interposto por advogado sem procuração nos autos").

104. O princípio da fungibilidade recursal é compatível com o CPC e alcança todos os recursos, sendo aplicável de ofício.

224 A existência de repercussão geral terá de ser demonstrada de forma fundamentada, sendo dispensável sua alegação em preliminar ou em tópico específico.

273. Ao ser citado, o réu deverá ser advertido de que sua ausência injustificada à audiência de conciliação ou mediação configura ato atentatório à dignidade da justiça, punível com a multa do art. 334, § 8º, sob pena de sua inaplicabilidade.

278. O CPC adota como princípio a sanabilidade dos atos processuais defeituosos.

281. A indicação do dispositivo legal não é requisito da petição inicial e, uma vez existente, não vincula o órgão julgador.

282. Para julgar com base em enquadramento normativo diverso daquele invocado pelas partes, ao juiz cabe observar o dever de consulta, previsto no art. 10.

297. O juiz que promove julgamento antecipado do mérito por desnecessidade de outras provas não pode proferir sentença de improcedência por insuficiência de provas.

303. As hipóteses descritas nos incisos do § 1º do art. 499 são exemplificativas.

369. O rol de normas fundamentais previsto no Capítulo I do Título Único do Livro I da Parte Geral do CPC não é exaustivo.

370. Norma processual fundamental pode ser regra ou princípio.

371. Os métodos de solução consensual de conflitos devem ser estimulados também nas instâncias recursais.

372. O art. 4º tem aplicação em todas as fases e em todos os tipos de procedimento, inclusive em incidentes processuais e na instância recursal, impondo ao órgão jurisdicional viabilizar o saneamento de vícios para examinar o mérito, sempre que seja possível a sua correção.

373. As partes devem cooperar entre si; devem atuar com ética e lealdade, agindo de modo a evitar a ocorrência de vícios que extingam o processo sem resolução do mérito e cumprindo com deveres mútuos de esclarecimento e transparência.

374. O art. 5º prevê a boa-fé objetiva.

375. O órgão jurisdicional também deve comportar-se de acordo com a boa-fé objetiva.

376. A vedação do comportamento contraditório aplica-se ao órgão jurisdicional.

377. A boa-fé objetiva impede que o julgador profira, sem motivar a alteração, decisões diferentes sobre uma mesma questão de direito aplicável às situações de fato análogas, ainda que em processos distintos.

378. A boa fé processual orienta a interpretação da postulação e da sentença, permite a reprimenda do abuso de direito processual e das condutas dolosas de todos os sujeitos processuais e veda seus comportamentos contraditórios.

372. O art. 4º tem aplicação em todas as fases e em todos os tipos de procedimento, inclusive em incidentes processuais e na instância recursal, impondo ao órgão jurisdicional viabilizar o saneamento de vícios para examinar o mérito, sempre que seja possível a sua correção.

377. A boa-fé objetiva impede que o julgador profira, sem motivar a alteração, decisões diferentes sobre uma mesma questão de direito aplicável às situações de fato análogas, ainda que em processos distintos.

378. A boa fé processual orienta a interpretação da postulação e da sentença, permite a reprimenda do abuso de direito processual e das condutas dolosas de todos os sujeitos processuais e veda seus comportamentos contraditórios.

574. (arts. 4º; 8º) A identificação de vício processual após a entrada em vigor do CPC de 2015 gera para o juiz o dever de oportunizar a regularização do vício, ainda que ele seja anterior.

7. ENUNCIADOS DA ENFAM

1. Entende-se por "fundamento" referido no art. 10 do CPC/2015 o substrato fático que orienta o pedido, e não o enquadramento jurídico atribuído pelas partes.

2. Não ofende a regra do contraditório do art. 10 do CPC/2015, o pronunciamento jurisdicional que invoca princípio, quando a regra jurídica aplicada já debatida no curso do processo é emanação daquele princípio.

3. É desnecessário ouvir as partes quando a manifestação não puder influenciar na solução da causa.

4. Na declaração de incompetência absoluta não se aplica o disposto no art. 10, parte final, do CPC/2015.

5. Não viola o art. 10 do CPC/2015 a decisão com base em elementos de fato documentados nos autos sob o contraditório.

6. Não constitui julgamento surpresa o lastreado em fundamentos jurídicos, ainda que diversos dos apresentados pelas partes, desde que embasados em provas submetidas ao contraditório.

7. O acórdão, cujos fundamentos não tenham sido explicitamente adotados como razões de decidir, não constitui precedente vinculante.

8. Os enunciados das súmulas devem reproduzir os fundamentos determinantes do precedente.

9. É ônus da parte, para os fins do disposto no art. 489, § 1º, V e VI, do CPC/2015, identificar os fundamentos determinantes ou demonstrar a existência de distinção no caso em julgamento ou a superação do entendimento, sempre que invocar jurisprudência, precedente ou enunciado de súmula.

10. A fundamentação sucinta não se confunde com a ausência de fundamentação e não acarreta a nulidade da decisão se forem enfrentadas todas as questões cuja resolução, em tese, influencie a decisão da causa.

42. Não será declarada a nulidade sem que tenha sido demonstrado o efetivo prejuízo por ausência de análise de argumento deduzido pela parte.

55. Às hipóteses de rejeição liminar a que se referem os arts. 525, § 5º, 535, § 2º, e 917 do CPC/2015 (excesso de execução) não se aplicam os arts. 9º e 10 desse código.

8. ENUNCIADOS DO FNPP

44. A incidência do CPC no processo administrativo estadual, distrital ou municipal depende de expressa opção da legislação da respectiva unidade federada.

61. A expressão "ausência de normas" do art. 15 do CPC deve ser interpretada, em âmbito federal, não apenas como a inexistência de lei que regule o processo administrativo, como também a ausência de colisão entre o CPC e a norma específica.

9. ENUNCIADOS DO CJF

1. A verificação da violação à boa-fé objetiva dispensa a comprovação do animus do sujeito processual.

2. As disposições do CPC aplicam-se supletiva e subsidiariamente às Leis nº 9.099/1995, 10.259/2001 e 12.153/2009, desde que não sejam incompatíveis com as regras e princípios dessas Leis.

3. As disposições do CPC aplicam-se supletiva e subsidiariamente ao Código de Processo Penal, no que não forem incompatíveis com esta Lei.

10. INFORMATIVOS

Informativos do STJ

Contraditório. Juntada. Documento.

[...] se à parte não é conferida oportunidade de se pronunciar a respeito de documento relevante para a demanda, é evidente que o processo é nulo, por respeito ao indeclinável contraditório, sendo também esse o entendimento jurisprudencial. [...] REsp 785.360-DF, Rel. Min. Nancy Andrighi, j. 16/10/2008. 3ª T. (Info. nº 372).

Intimação. Baixa. Autos.

A decisão que conheceu do agravo de instrumento e deu provimento ao especial para afastar a prescrição decretada foi reconsiderada para que o estado membro em questão, sucessor do banco réu e não citado nos autos, fosse intimado para responder àqueles recursos. Contudo, o estado opôs embargos de declaração, pretendendo que os autos retornassem às instâncias ordinárias para que lá ele apresentasse as respostas aos recursos. Ocorre que não há razão para que se proceda ao pretendido retorno dos autos tão somente para a apresentação de defesa, visto que isso acarretaria injustificado e desnecessário dispêndio de custas e tempo, além de velada afronta aos princípios constitucionais da razoável duração do processo, da celeridade e da economia dos atos processuais. Frise-se que a apresentação da defesa no momento processual em que a causa se encontra não implica prejuízo ao recorrido, que tem acesso amplo aos autos e às suas peças recursais. [...]. AgRg nos EDcl no Ag 1.108.525, Rel. Min. Aldir Passarinho Junior, j. 14.4.2011. 4ª T. (Info 469)

Boa-fé objetiva. Venire contra factum proprium.

[...] É imperiosa a proteção da boa-fé objetiva das partes da relação jurídico-processual, em atenção aos princípios da segurança jurídica, do devido processo legal e seus corolários – princípios da confiança e da não surpresa – valores muito caros ao nosso ordenamento jurídico. 9. Ao homologar a convenção pela suspensão do processo, o Poder Judiciário criou nos jurisdicionados a legítima expectativa de que o processo só voltaria a tramitar após o termo final do prazo convencionado. Por óbvio, não se pode admitir que, logo em seguida, seja praticado ato processual de ofício – publicação de decisão – e, ademais, considerá-lo como termo inicial do prazo recursal. 10. Está caracterizada a prática de atos contraditórios justamente pelo sujeito da relação processual responsável por conduzir o procedimento com vistas à concretização do princípio do devido processo legal. Assim agindo, o Poder Judiciário feriu a máxima nemo potest venire contra factum proprium, reconhecidamente aplicável no âmbito processual. Precedentes do STJ. 11. Recurso Especial provido." (REsp 1306463/RS, Rel. Ministro HERMAN BENJAMIN, SEGUNDA TURMA, julgado em 04/09/2012, DJe 11/09/2012).

DIREITO CIVIL E PROCESSUAL CIVIL. Assédio processual. Abuso do direito de ação e de defesa. Ajuizamento sucessivo e repetitivo de ações temerárias, desprovidas de fundamentação idônea e intentadas com propósito doloso. Reconhecimento como ato ilícito. Possibilidade.

Inicialmente cumpre salientar que é preciso repensar o processo à luz dos mais basilares cânones do próprio direito, não para frustrar o regular exercício dos direitos fundamentais pelo litigante sério e probo, mas para refrear aqueles que abusam dos direitos fundamentais por mero capricho, por espírito emulativo, por dolo ou que, em ações ou incidentes temerários, veiculem pretensões ou defesas frívolas, aptas a tornar o processo um simulacro de processo. Especificamente dos precedentes formados nos Estados Unidos da América, que se extrai fundamentação substancial para coibir o abusivo do exercício do direito de peticionar e de demandar, isto é, para a proibição do que se convencionou chamar de sham litigation. A despeito de a doutrina da sham litigation ter se formado e consolidado enfaticamente no âmbito do direito concorrencial, absolutamente nada impede que se extraia, da ratio decidendi daqueles precedentes que a formaram, um mesmo padrão decisório a ser aplicado na repressão aos abusos de direito material e processual, em que o exercício desenfreado, repetitivo e desprovido de fundamentação séria e idônea pode, ainda que em caráter excepcional, configurar abuso do direito de ação. No caso, é fato incontroverso que os recorridos efetivamente se utilizaram de área, ocupada com base em procuração falsa, para o desenvolvimento de cultura agrícola, em flagrantes prejuízos aos proprietários, por longas décadas, valendo-se, para atingir esse objetivo, de sucessivas e reiteradas ações judiciais desprovidas de fundamentação idônea. A longa batalha enfrentada pelos herdeiros até a efetiva retomada das suas terras teve início há décadas e perdurou por longos anos, com todos os entraves possíveis e com o uso abusivo do direito de acesso à justiça. (REsp 1.817.845-MS, Rel. Min. Paulo de Tarso Sanseverino, Rel. Acd. Min. Nancy Andrighi, Terceira Turma, por maioria, julgado em 10/10/2019, DJe 17/10/2019)

11. SINOPSE

NORMAS FUNDAMENTAIS DO PROCESSO CIVIL
Constitucionalização do Processo Civil
A constitucionalização do direito denota dupla faceta: a elevação de diversas normas legais para o patamar constitucional, o que garante maior eficácia e proteção com tal estatura, bem como o movimento contrário, que indica
a incidência do conteúdo da constituição sobre os ordenamentos jurídicos, fazendo com que o tecido normativo infraconstitucional seja lido e interpretado sob a ótica das regras e dos princípios constitucionais.
Modelo Cooperativo de Processo
É uma nova forma de organização processual que redistribui de forma mais equilibrada os poderes e as faculdades processuais entre partes e o juiz, a formar uma comunidade de trabalho entre os sujeitos processuais.
Normas Fundamentais do Processo Civil
Segue o rol meramente exemplificativo de normas fundamentais (princípio e regras) que estruturam os pilares estruturantes do CPC/2015. São elas: a) princípio do devido processo legal; b) princípio do contraditório dinâmico; c) princípio da ampla defesa; d) princípio da razoável duração do processo; e) princípio da ampla publicidade; f) princípio da isonomia; g) princípio da motivação das decisões judiciais; h) princípio da inafastabilidade do controle jurisdicional; i) princípio do juiz natural; j) princípio duplo grau de jurisdição; l) princípio da cooperação; m) princípio da primazia das decisões de mérito; n) princípio da boa-fé processual; o) regra da ordem cronológica; p) princípio do impulso à autocomposição do litígio; q) princípio da eficiência; r) princípio da efetividade; s) princípio dispositivo.

CAPÍTULO 2

JURISDIÇÃO

1. CONSIDERAÇÕES INICIAIS

A jurisdição é uma das funções do Estado, que visa a resolver o objeto litigioso posto à sua apreciação, criando, com amparo no sistema jurídico, a norma jurídica individualizada aplicável ao caso concreto. A função de resolver o objeto litigioso, apontando a solução jurídica aplicável à situação, é realizada predominantemente pelos diversos órgãos do Poder Judiciário. Trata-se de um poder-dever do Estado, na medida em que, investido desse poder, detém a prerrogativa (e, ao mesmo tempo, a obrigação, porquanto necessária à preservação da ordem jurídica) de decidir, em definitivo, a controvérsia que lhe foi trazida.

Entretanto, tal poder, embora exercido predominantemente pelo Judiciário, também o é por outros órgãos estatais, em exercício atípico da função jurisdicional. Por exemplo: a) compete ao Senado Federal julgar, nos crimes de responsabilidade, o Presidente e o Vice-Presidente da República, os Ministros do STF, os membros do CNJ e CNMP, o Procurador-Geral da República e o Advogado-Geral da União (art. 52, I e II, da Constituição); b) cabe às Câmaras Municipais julgar Prefeitos e Vereadores pela prática de infrações político-administrativas (Decreto-Lei nº 201/1967).

Além disso, também é possível o exercício da jurisdição pelo particular, com a autorização estatal, por intermédio da arbitragem.

Questão de Concurso

▶ **(NC-UFPR. TJ-PR. NC-UFPR - 2019 - TJ-PR - Titular de Serviços de Notas e de Registros - Provimento)**[1]: O Estado democrático de direito é caracterizado pela distribuição de suas funções ou poderes e pelo respeito à Constituição Federal. Sobre a função jurisdicional do Estado, assinale a alternativa INCORRETA.

a) A jurisdição é atividade estatal revestida de imperatividade, e é exercida por agente imparcial.

b) As decisões dos órgãos jurisdicionais têm aptidão para se tornarem indiscutíveis, mas são passíveis de revisão pelas demais funções estatais.

c) Embora dotada de imperatividade, a jurisdição não é o único meio de solução de conflitos reconhecido pelo Estado, podendo o jurisdicionado optar por outros meios, como, por exemplo, a autocomposição

1. Gabarito: Letra B.

d) Embora as formas de atuação da jurisdição possam ser divididas, como função exercida pelo Poder Judiciário a jurisdição é una.

e) Pelo princípio da inércia, em regra a jurisdição deverá ser provocada. Depois de instaurada a demanda, o processo se desenvolve por impulso oficial.

2. OBJETIVOS

A jurisdição como manifestação do poder estatal tem objetivos que se relacionam com a própria finalidade do Estado. O objetivo principal da jurisdição é a **pacificação social**, visando ao bem comum por meio da eliminação dos conflitos (escopo social). Busca também **afirmar o poder do Estado**, preservando seus preceitos fundamentais (escopo político), e **aplicar o direito** ao caso concreto (escopo jurídico).

Questão de Concurso

▶ **(TRT - 3ª REGIÃO. TRF - 3ª REGIÃO - 2018 - TRF - 3ª REGIÃO - Juiz Federal Substituto)**[2]: Sobre a jurisdição é CORRETO afirmar que:

a) Ela é invariavelmente uma atividade estatal a cargo do Poder Judiciário.

b) Seu escopo social é a pacificação mediante a eliminação dos conflitos.

c) Seu escopo jurídico abrange a descoberta da verdade e a formação da coisa julgada material.

d) Ela é sempre uma atividade voltada à atuação do direito objetivo em concreto

3. "EQUIVALENTES JURISDICIONAIS"

Existem formas de solução de conflitos que, pelo menos para a maioria da doutrina (embora se reconheça consubstanciado posicionamento em sentido contrário), não se enquadram no exercício da jurisdição pelo Estado, mas que produzem o mesmo efeito prático. Estas formas são a autotutela e a autocomposição. Esta última deve ser estimulada pelos juízes, advogados, defensores públicos e membros do Ministério Público, inclusive no curso do processo judicial, pois cabe ao Estado, sempre que possível, promover a solução consensual de conflitos (art. 3º, §§ 2º e 3º, do CPC/2015).

A ordem jurídica instituída pelo Estado de Direito veda o uso da força para exercício de direito em **autotutela**, privando as partes de imporem sua vontade em detrimento da outra, sem a intervenção da atividade jurisdicional. Existem casos, no entanto, cuja resolução requer ato imediato, providência esta que nem sempre o Estado-juiz é capaz de proporcionar, a fim de impedir a violação de um direito (a exemplo do desforço imediato na defesa da posse e da retenção). Noutros casos, mesmo sem verificação de urgência, admite-se a realização do próprio direito por seu titular (a exemplo do corte de galhos e raízes que ultrapassem lindes demarcatórios), mas, neles, fica vedado o uso da força. São hipóteses cuja prática, prefacialmente, independe da intervenção jurisdicional. Apenas o controle jurisdicional posterior é que se torna necessário, para oferecer definitividade.

2. Gabarito: Letra B.

A **autocomposição** é outra forma de resolução de conflitos, da qual as partes podem se utilizar, espontaneamente, para encontrarem uma solução para o objeto litigioso. Pode ocorrer dentro ou fora do processo, e, para que se permita a composição entre as partes, estas devem ser maiores e capazes, e a contenda deve girar em torno de direitos disponíveis.

São espécies de autocomposição: a) a transação, em que os sujeitos fazem concessões mútuas para resolver o conflito, podendo ocorrer antes do processo ou depois da instauração deste, caso em que, homologado o acordo, será extinto com resolução de mérito (art. 487, III, "b", do CPC); b) a renúncia, em que o autor abre mão da pretensão deduzida em juízo, caso em que o juiz a homologará, extinguindo o processo com resolução do mérito (art. 487, III, "c"); c) o reconhecimento jurídico do pedido, em que cessa a resistência do réu e cuja homologação judicial também leva à extinção do processo com resolução do mérito (art. 487, III, "a").

A autocomposição pode ser auxiliada por um terceiro, por meio de mediação ou de conciliação. Na conciliação, o terceiro (conciliador) sugere soluções para o litígio, sendo-lhe vedado constranger ou intimidar as partes. Já na mediação, as partes chegam a um acordo por induzimento advindo da intervenção de um terceiro (denominado mediador). Ao contrário do que ocorre na conciliação, não há sugestão de solução para o litígio por parte do mediador. Ele apenas auxilia os interessados a compreender as questões e os interesses em conflito, de modo que eles possam, pelo restabelecimento da comunicação, identificar, por si mesmos, soluções consensuais que gerem benefícios mútuos. A conciliação é mais indicada para as situações em que não haja vínculo anterior entre as partes (por exemplo, um litígio entre consumidor e companhia telefônica), enquanto a mediação direciona-se para os casos em que existe uma prévia ligação entre as partes (como nos conflitos de família, societários etc.). Voltar-se-á ao tema mais adiante.

4. ARBITRAGEM

Na arbitragem, regulada pela Lei nº 9.307/1996, a solução do conflito se dá, tal qual na jurisdição estatal, pela intervenção de terceiro imparcial. Este, porém, é estranho ao Poder Judiciário. Trata-se de atividade jurisdicional exercida pelo particular, com permissão legal do Estado (art. 3º, § 1º, do CPC/2015). Prova disso é que a sentença arbitral faz coisa julgada, apenas podendo ser desconstituída, judicialmente, se presente algum dos vícios previstos no art. 32 da Lei de Arbitragem.

Questão de Concurso

► **(PGR. Procurador da República. PGR. 2015)**[3]: EM RELAÇÃO A ARBITRAGEM, É CORRETO AFIRMAR QUE:

a) Há possibilidade de controle judicial, inclusive para rediscutir o decidido;
b) Os árbitros são equiparados aos servidores públicos para efeitos penais;
c) A sentença arbitral trata-se de um título executivo extrajudicial;
d) É possível ser imposta compulsoriamente em qualquer contrato.

3. Gabarito: letra B.

A decisão final do árbitro é considerada título executivo judicial (artigo 515, VII, do CPC/2015), equiparada, assim, à sentença transitada em julgado. Além disso, o Superior Tribunal de Justiça já reconheceu a natureza jurisdicional da arbitragem, admitindo a instauração de conflito de competência entre juízo estatal e câmara arbitral (STJ. CC 111.230/DF. DJe 03.04.14).

A instituição de arbitragem pelas partes é feita por meio da convenção de arbitragem, que compreende a cláusula compromissória e o compromisso arbitral. A cláusula compromissória é firmada previamente ao litígio. As partes, em um negócio jurídico, estabelecem que, em surgindo divergências relativas ao próprio negócio, elas serão resolvidas pela arbitragem. O compromisso arbitral, por sua vez, é firmado pelas partes após o surgimento da controvérsia. Trata-se de um negócio jurídico em que, em uma controvérsia específica, renuncia-se à atividade jurisdicional oferecida pelo Estado, substituindo-a pela arbitragem. O árbitro será pessoa capaz e de confiança das partes.

Questão de Concurso

▶ **(BIO-RIO. Advogado. ENGEPRON. 2014)**[4]: Nos termos da lei de arbitragem, o arbitro deve:

a) ser de nível superior
b) possuir ensino médio completo
c) ser da confiança das partes
d) sofrer nomeação pelo Juiz

▶ **(CESGRANRIO. Analista. Petrobras. 2014)**[5]: De acordo com a Lei nº 9.307/1996, que dispõe sobre a arbitragem, verifica-se que

a) a decisão do árbitro ou dos árbitros poderá ser expressa verbalmente ou por escrito.
b) a sentença proferida pelo árbitro deverá ser homologada pelo Poder Judiciário.
c) as partes nomearão os árbitros e seus suplentes sempre em número par.
d) os árbitros são considerados juízes de fato, mas não de direito
e) qualquer pessoa capaz e que tenha a confiança das partes pode ser árbitro.

▶ **(VUNESP. TJ-SP. Titular de Notas e Registros – Provimento.2016)**[6]: A arbitragem, como meio para dirimir conflitos relativos a direitos patrimoniais disponíveis, poderá ser utilizada

a) pelos entes da Administração Pública direta, desde que não envolva matéria de direito
b) pelos particulares, em geral, sem qualquer restrição, inclusive quanto à capacidade
c) pelas entidades paraestatais, excluídas as empresas públicas
d) pela Administração Pública direta e indireta

> O processamento da recuperação judicial ou a decretação da falência não autoriza o administrador judicial a recusar a eficácia da convenção de arbitragem, não impedindo ou suspendendo, portanto, a instauração de procedimento arbitral

A arbitragem pode ser de direito ou equidade. Na convenção de arbitragem, as partes podem escolher a norma de direito a ser aplicada, podendo convencionar que o julgamento se realize com base nos usos e costumes, nos princípios gerais do direito e nas regras internacionais.

4. Gabarito: letra C.
5. Gabarito: letra E.
6. Gabarito: Letra D.

Questão de Concurso

▶ **(IESES.TJ-PA.Titular de Serviços de Notas e de Registros-Remoção.2016)**[7]: Julgue as assertivas relacionadas ao instituto da arbitragem:

I. As partes interessadas podem submeter a solução de seus litígios ao juízo arbitral mediante convenção de arbitragem, assim entendida a cláusula compromissória e o compromisso arbitral.

II. A administração pública direta e indireta poderá utilizar-se da arbitragem para dirimir conflitos relativos a direitos patrimoniais indisponíveis.

III. A arbitragem poderá ser de direito ou de equidade, a critério das partes.

IV. A arbitragem que envolva a administração pública será sempre de direito e respeitará o princípio da publicidade.

A sequência correta é

a) Apenas as assertivas I e II estão corretas

b) Apenas a assertiva II está correta

c) As assertivas I, II, III e IV estão corretas

d) Apenas as assertivas I, III e IV estão corretas

▶ **(IESES.TJ-PA.Titular de Serviços de Notas e de Registros-Provimento.2016)**[8]: De acordo com a Lei 9.307/96, que dispõe sobre a arbitragem, assinale a alternativa correta

a) A sentença arbitral será proferida no prazo estipulado pelas partes. Nada tendo sido convencionado, o prazo para a apresentação da sentença é de três meses, contado da instituição da arbitragem ou da substituição do árbitro

b) Poderão as partes escolher, livremente, as regras de direito que serão aplicadas na arbitragem, desde que não haja violação aos bons costumes e à ordem pública

c) Considera-se instituída a arbitragem quando aceita a nomeação pelo árbitro, se for único, ou pela maioria absoluta, se forem vários

d) Às partes é vedado estabelecer o processo de escolha dos árbitros, devendo adotar as regras de um órgão arbitral institucional ou entidade especializada.

A sentença arbitral transitada em julgado é título executivo judicial e independe de homologação pelo Poder Judiciário. Só haverá possibilidade de controle dela pelo Judiciário quanto à forma, mas não quanto ao mérito da causa, devendo a respectiva ação desconstitutiva ser ajuizada no prazo de noventa dias após o recebimento da intimação da decisão arbitral.

Todavia, embora caiba ao árbitro dirimir, de forma definitiva, o conflito, foge à sua competência tomar qualquer providência coercitiva, sendo esta reservada ao Poder Judiciário. Exatamente por isso, o Superior Tribunal de Justiça estabeleceu que o árbitro "é competente para processar e julgar pedido cautelar formulado pelas partes, limitando-se, porém, ao deferimento da tutela, estando impedido de dar cumprimento às medidas de natureza coercitiva, as quais, havendo resistência da parte em acolher a determinação do(s) árbitro(s), deverão ser executadas pelo Poder Judiciário, a quem se reserva o poder de *imperium*" (STJ. REsp 1297974/RJ. DJe 19.06.12).

---

7. Gabarito: Letra D.
8. Gabarito: Letra B.

Questão Discursiva

▶ **(UFG – Defensor Público – GO/2014)** M.S. adquiriu e alugou apartamento da imobiliária HL em janeiro de 2014, tendo assinado contrato de locação pelo prazo de dois anos. Após dois meses em que estava na posse do bem, começaram a ocorrer alguns vazamentos nos banheiros e na área de serviço do imóvel. M.S. reclamou várias vezes para a imobiliária HL, mas esta não sanou os problemas no encanamento do apartamento. Diante da inércia da imobiliária, M.S decidiu rescindir o contrato de locação e entregar o imóvel. A imobiliária não aceitou a rescisão do contrato, sob o argumento de que o mesmo foi celebrado pelo prazo de dois anos, tendo mencionado que se M.S. deixasse o imóvel seria cobrada multa equivalente a 50% do valor restante dos aluguéis devidos, ou seja, um ano e dez meses. M.S. saiu do imóvel e deixou de pagar os aluguéis. A imobiliária, então, deu entrada em procedimento arbitral, cobrando a multa contratual de M.S., em razão da rescisão unilateral do contrato. Restada infrutífera a tentativa de conciliação e após a instrução do processo perante a corte arbitral, o árbitro proferiu laudo condenando M.S. a pagar R$ 40.000,00 (quarenta mil reais) a título de multa pela rescisão do contrato de locação. Considerando a situação apresentada, responda:

a) Caso M.S. venha a descumprir a ordem de pagamento constante no laudo arbitral, explicite que procedimento deverá ser tomado pela imobiliária e perante qual órgão deverá o mesmo ser intentado?

b) Que prazo terá M.S. para pagar o débito? Há alguma punição prevista no ordenamento jurídico para o inadimplemento da obrigação contida na decisão arbitral?

c) Qual será a via de defesa a ser utilizada por M.S. no procedimento intentado pela imobiliária? Que tipo de matérias poderiam ser aventadas? Haveria possibilidade de suspender o andamento do procedimento tomado pela imobiliária? Explique.

5. CARACTERÍSTICAS

São características da jurisdição:

a) **Inércia**: a jurisdição não é prestada de ofício (*ne procedat iudex ex officio*), pelo que a atividade jurisdicional só se desenvolve quando provocado o Judiciário. O órgão jurisdicional só pode prestar tutela quando a parte ou o interessado provocar, porque o processo civil, conquanto se desenvolva por impulso oficial, começa por iniciativa. A ação das partes, na movimentação da máquina judiciária, é garantia da imparcialidade do juiz, que não promoverá, por interesse pessoal, o deslinde da demanda.

Consequência dessa característica da jurisdição é a congruência da atividade jurisdicional, pelo qual a sentença deve se balizar pelas questões apresentadas pelas partes. Não pode o órgão jurisdicional decidir fora do objeto litigioso (*extra petita*), além do objeto litigioso (*ultra petita*) ou aquém dele (*citra petita*). Ele julgará a ação nos limites em que ela foi proposta, sendo-lhe defeso conhecer de questões não suscitadas, se a seu respeito a lei exige a iniciativa.

Note-se que, no CPC/1973, havia a possibilidade de o juiz instaurar oficiosamente o processo de inventário (art. 989), consagrando controversa exceção ao princípio à inércia da jurisdição. Todavia, o CPC/2015, pertinentemente, não repetiu tal previsão.

Agora, são ainda mais raras as situações em que o juiz pode prestar jurisdição de maneira oficiosa, tal como ocorre, a título de exemplo, com a restauração de autos (arts. 712 e seguintes do CPC).

Questão de Concurso

▶ **(FGV. Técnico do Ministério Público – Notificações e Atos intimatórios. MPE-RJ. 2016)**[9]: No tocante à inércia, uma exceção a tal característica da jurisdição, de acordo com a legislação processual vigente, é a:

a) interdição;
b) reintegração de posse de imóvel público;
c) restauração de autos;
d) anulação de contrato administrativo;
e) nulidade de casamento.

b) **Imparcialidade**: a jurisdição é imparcial, devendo o órgão respectivo prestar a tutela jurisdicional sem empregar interesse particular para o deslinde da causa. Trata-se de garantia constitucional decorrente do juiz natural. Como forma de assegurar a imparcialidade, o CPC/2015, em seus artigos 144 a 148, disciplina o impedimento e a suspeição de magistrados, membros do Ministério Público e auxiliares da Justiça, bem como a sua forma de alegação no processo. Apesar de tal característica, deve-se entender que, se ofertada atividade por julgador parcial, ela não deixa de ser jurisdicional. É sim. Por não ter sido oportunamente controlada a parcialidade, entende-se, numa lógica fictícia, que a atividade foi imparcial. Por isso é que haverá jurisdição. O julgamento é existente e eficaz, embora, em algumas vezes, apto a ser desconstituído.

c) **Substitutividade**: a atividade jurisdicional, pelo menos quando impositiva, substitui a vontade das partes litigantes, que estão inclusive proibidas, em regra, de praticar a autotutela. Não se descarta, todavia, que as partes podem chegar a uma solução consensual (nomeadamente porque estimulada pela legislação processual) a pedir, em seguida, a mera conversão do título (de extrajudicial para judicial). Em situação tal, não se constata substitutividade, porque, aí, não haverá imposição, mas mera concorrência de vontades albergadas, no plano da legalidade, pelo sistema jurídico.

Em razão da substitutividade, a sentença deve outorgar à parte cujo direito for reconhecido aquilo a que ela faria jus caso não tivesse havido a ofensa ou ameaça ao seu direito. Não sendo possível efetivar exatamente o que se pleiteava em juízo, deve-se conceder uma tutela equivalente ou ressarcitória.

d) **Definitividade**: a jurisdição é atividade apta a formar a coisa julgada material. A decisão transitada em julgado é imodificável (art. 5º, XXXVI, da Constituição), salvo em hipóteses excepcionais (como as previstas no art. 966 do CPC/2015).

6. PRINCÍPIOS DA JURISDIÇÃO

São princípios da jurisdição:

a) **Investidura**: a jurisdição só pode ser exercida por quem estiver investido da função judicante. Através do Estado-juiz, para que seja possível a investidura, deverá haver

9. Gabarito: letra C.

a aprovação prévia do bacharel em direito, com, no mínimo, 03 anos de atividade jurídica, em concurso público de provas e títulos (art. 93, I, da CF).

Regramento diverso rege a forma de investidura nos Tribunais de Justiça, Tribunais Regionais Federais e Tribunais Superiores, com previsão especificada nos artigos 101 e seguintes da CF, os quais autorizam que pessoas não egressas da magistratura tenham assento nos referidos tribunais, conquanto parte de seus membros sejam (ou possam ser – no caso do STF) egressos da magistratura.

Questão de Concurso

▶ **(CESPE.STJ.CESPE. Técnico Judiciário - Administrativa. 2018)**[10]: A respeito da jurisdição, julgue o item que se segue. Entre os princípios que regem a jurisdição, o da investidura é aquele que determina que o juiz exerça a atividade judicante dentro de um limite espacial sujeito à soberania do Estado.

▶ **(VUNESP. Juiz de Direito Substituto, TJ-SP, 2009 – ADAPTADA)**[11]: Investidura e competência são, respectivamente:

a) requisito de validade do processo e requisito de admissibilidade do julgamento de mérito.
b) pressuposto de existência e requisito de validade do processo.
c) pressuposto processual e condição da ação.
d) pressuposto processual objetivo e pressuposto processual subjetivo.

b) **Inafastabilidade (controle jurisdicional ou indeclinabilidade): o princípio da inafastabilidade do controle** jurisdicional está previsto no art. 5º, XXXV, da Constituição Federal, inserido no título dos direitos e garantias fundamentais, o que o torna cláusula pétrea, não sendo passível sua exclusão por reforma constitucional. Este princípio assegura que a lei não excluirá da apreciação do Poder Judiciário lesão ou ameaça a direito, bem como preconiza que o acesso à Justiça independe do prévio esgotamento de instâncias administrativas, sendo a prestação da tutela jurisdicional obrigatória ao Estado.

Questão de Concurso

▶ **(FCC. DPE-AP. Defensor Público. 2018)**[12]: Não se excluirá da apreciação jurisdicional ameaça ou lesão a direito.

Esse é o princípio da

a) inclusão obrigatória, decorrente da dignidade humana e do mínimo existencial, tratando-se de princípio constitu-cional e, simultaneamente, infraconstitucional do processo civil.
b) vedação a tribunais de exceção ou do juiz natural, tratando-se apenas de princípio constitucional do processo ci-vil.
c) legalidade ou obrigatoriedade da jurisdição, tratando-se apenas de princípio infraconstitucional do processo civil.
d) reparação integral do prejuízo, tratando-se de princípio constitucional e também infraconstitucional do processo civil.
e) inafastabilidade ou obrigatoriedade da jurisdição e é, a um só tempo, princípio constitucional e infraconstitucio-nal do processo civil.

10. Gabarito: Incorreto.
11. Gabarito: Letra B.
12. Gabarito: Letra E.

c) **Territorialidade ou aderência**: a jurisdição prestada pelo Estado-juiz é distribuída pelas regras de competência. O órgão jurisdicional competente para determinada causa, em um dado lugar, só deve atuar nos limites de sua jurisdição. Esta é exercida em determinado território, de acordo com as regras de competência.

O CPC de 2015, no entanto, traz situações em que esse princípio fica mitigado. O art. 60, por exemplo, prescreve que, nos litígios sobre imóvel situado em mais de um Estado, comarca, seção ou subseção judiciária, a competência do juízo será estabelecida, por prevenção, com o registro (na base territorial em que haja apenas um juízo possivelmente competente) ou a distribuição (quando houver mais de uma vara competente) da petição inicial (art. 59).

O art. 255, por seu turno, permite que, nas **comarcas contíguas e de fácil comunicação e nas que se situem na mesma região metropolitana**, sejam feitas intimações, citações, notificações, **penhoras e quaisquer outros atos executivos, independentemente de carta precatória.**

Questão de Concurso

▶ **(INAZ do Pará. CORE-PE Prova: INAZ do Pará - 2019 - CORE-PE - Assistente Jurídico)**[13]: Não se deve confundir a função jurisdicional com a administrativa. Só a jurisdição busca solucionar os conflitos de interesse aplicando a lei ao caso concreto e somente ela produz decisões de caráter definitivo. Tradicionalmente, a doutrina menciona quatro princípios inerentes à jurisdição; entre eles está o princípio do (a):

a) Competência, na qual aponta que somente um juiz ou promotor de justiça pode exercer a jurisdição.
b) Aderência ao território, no qual os juízes só têm autoridade dentro do território nacional.
c) Delegabilidade, que norteia a condição de delegação de responsabilidade jurídica apenas aos magistrados.
d) Afastabilidade, que indica a negação de culpabilidade ao Estado sobre qualquer ato ilícito no processo.
e) Unanimidade, indicando que os juízes e promotores de justiça devem tomar decisões uniformes.

▶ **(CESPE. Juiz de Direito Substituto, TJ-DFT, 2015 – ADAPTADA)**[14]: "Com base no princípio da territorialidade da jurisdição, é vedada ao oficial de justiça a realização de diligências em foro diverso daquele em que atua".

▶ **(CESPE. Juiz de Federal, TRF-3º Região, 2011 – ADAPTADA)**[15]: Não é possível que oficial de justiça de comarca vizinha e contígua proceda à penhora e depósito de bem em comarca diferente da sua, sem a necessidade de carta precatória.

Além disso, os artigos 385, § 3º, e 453, § 1º, autorizam a **colheita de depoimento pessoal ou testemunhal através de videoconferência** ou outro recurso tecnológico de transmissão de sons e imagens em tempo real, quando o depoente residir em comarca, seção ou subseção diversa daquela em que tramita o processo.

Não se confunde, porém, o território da jurisdição com o lugar onde a decisão produzirá seus efeitos. Por exemplo, uma adoção realizada no Rio de Janeiro, embora decidida nesse

13. Gabarito: Letra B.
14. Gabarito: INCORRETO.
15. Gabarito: Essa questão seria CORRETA para o CPC/1973, mas passa a ser INCORRETA com CPC/2015.

local, produzirá efeitos em todo território nacional e, em regra, fora dele (embora, às vezes, para que surta efeitos fora do país, seja necessária a homologação da sentença pelo judiciário estrangeiro).

d) **Juiz natural**: reza o art. 5º da Constituição Federal, em seu inciso LIII, que ninguém será processado nem sentenciado senão pela autoridade competente, sendo proibida, assim, a criação de juízo ou tribunal de exceção (art. 5º, XXXVII, da CF/88). O juiz natural é aquele a quem a lei outorga competência segundo regras estabelecidas previamente. Sua adoção pela ordem jurídica veda o estabelecimento de juízo após a ocorrência do fato a ser apreciado (juízo de exceção ou extraordinário), o que assegura aos litigantes a imparcialidade e a independência funcional dos magistrados.

Questão de Concurso

▶ **(CESPE.STJ.CESPE. Técnico Judiciário - Administrativa. 2018)**[16]: A respeito da jurisdição, julgue o item que se segue. O princípio do juiz natural, ao impedir que alguém seja processado ou sentenciado por outra que não a autoridade competen-te, visa coibir a criação de tribunais de exceção.

e) **Indelegabilidade**: o órgão investido de jurisdição tem a obrigação de prestar a tutela jurisdicional, não podendo se escusar de julgar ou abdicar de suas funções em favor de outros órgãos, seja dentro ou fora do judiciário. A função jurisdicional é indelegável e deve ser exercida em respeito às regras de competência. Há, contudo, a possibilidade de delegação eventual de alguns poderes judiciais (de instrução, de execução ou de direção do processo), por exemplo, através de carta de ordem (artigos 236, § 2º, e 237, I, do CPC/2015), expedida por tribunal a juízo a ele vinculado, visando à prática de ato executivo, instrutório ou de comunicação processual. A própria Constituição, em seu art. 102, I, "m", prevê que o STF, na execução dos julgados proferidos em processos de sua competência originária, pode delegar a prática de atos processuais a juízos de primeira instância. Todavia, não se pode, em qualquer hipótese, delegar atos decisórios.

Questão de Concurso

▶ **(AOCP. Procurador Municipal, Prefeitura de Camaçari – BA, 2010 – ADAPTADA)**[17]: A delegação de atos jurisdicionais não – decisórios e administrativos não ofendem o Princípio da Indelegabilidade.

f) **Inevitabilidade**: as partes não podem se escusar de cumprir as decisões judiciais. Só deve ser apresentada oposição em juízo mediante utilização dos instrumentos disponibilizados, a exemplo dos recursos e das ações autônomas de impugnação (quando suspenderem a eficácia da decisão jurisdicional). As partes não devem impedir que a jurisdição alcance os seus objetivos e produza efeitos, sob pena de cumprimento coercitivo do que foi determinado.

16. Gabarito: Correto.
17. Gabarito: CORRETO.

Questão de Concurso

▶ **(FCC. Juiz Substituto. TJ– AL.2015)**[18]: Em relação à jurisdição, considere os seguintes princípios e características:

I. As únicas soluções possíveis para a lide são por meio da jurisdição e pelos mecanismos alternativos da autocomposição e da arbitragem.

II. Pelo princípio da indeclinabilidade, a prestação jurisdicional não é discricionária e sim obrigatória para o Estado.

III. Pelo princípio da inevitabilidade, tem-se que a jurisdição é atividade pública que cria um estado de sujeição às partes do processo.

IV. Nenhum juiz prestará a tutela jurisdicional senão quando a parte ou o interessado a requerer, nos casos e forma legais, é enunciado relativo ao princípio da indelegabilidade das atribuições típicas e refere-se à jurisdição contenciosa e voluntária.

Está correto o que se afirma APENAS em:

a) I e IV.
b) II e III.
c) I, II e III.
d) I, II e IV.
e) III e IV.

Questão de Concurso

▶ **(FUJB, Técnico, MPE-RJ, 2011)**[19]: São características/princípios da jurisdição:

a) investidura, inevitabilidade e delegabilidade;
b) interesse de agir, inafastabilidade e autotutela;
c) substitutividade, hermetismo e defnitividade;
d) inércia, inevitabilidade e taxatividade;
e) inafastabilidade, investidura e inevitabilidade

7. ESPÉCIES DE JURISDIÇÃO

A jurisdição é substancialmente una e indivisível. Para fins didáticos, pode-se classificá-la, levando-se em conta alguns critérios.

Pelo critério do objeto da lide, a jurisdição pode ser **penal** (trata de lides de natureza penal) ou **civil** (trata de lides de natureza civil em sentido lato, isto é, todas aquelas que não têm natureza criminal). Esta, por sua vez, pode ser dividida em **contenciosa** e a **voluntária**. Explicar-se-á, no item seguinte, esta subdivisão, devido à sua importância ao presente estudo.

Quanto aos organismos judiciários que a exercem, a jurisdição pode ser classificada em **especial** (competência da Justiça Militar, Justiça Eleitoral, Justiça do Trabalho e Justiça Militar Estadual) ou **comum** (competência da Justiça Estadual e Federal, versando sobre quaisquer conteúdos, desde que diversos daqueles atinentes à jurisdição especial).

18. Gabarito: Letra B.
19. Gabarito: Letra E.

No tocante à hierarquia dos órgãos julgadores, a jurisdição pode ser **superior** (exercida pelos órgãos a que cabem recursos contra as decisões proferidas pelos órgãos jurisdicionais *a quo*) ou **inferior** (exercida por órgãos jurisdicionais que, ordinariamente, conhecem do processo desde o seu início).

8. JURISDIÇÃO VOLUNTÁRIA

A jurisdição civil compreende a contenciosa e a voluntária. Por jurisdição contenciosa, entende-se que é aquela por meio da qual se promove a **composição de litígios**, cabendo ao órgão julgador decidir o caso concreto. O que foi estudado, até agora, aplica-se essencialmente à jurisdição contenciosa.

No tocante à **jurisdição voluntária**, há polêmica sobre sua qualidade de jurisdição, haja vista que, por meio dela, não há, necessariamente, lide. Busca-se, com a jurisdição voluntária, integrar a vontade de particulares, fazendo com que esta produza efeitos no mundo jurídico.

A existência da jurisdição voluntária se deve ao fato de que há atos jurídicos na vida dos particulares cuja importância ultrapassa a esfera das pessoas diretamente interessadas, afetando a coletividade. Assim, ao Judiciário se impõe o dever de fiscalizar e validar esses atos, para que se permita a produção de efeitos no mundo jurídico. Além disso, há atos que, embora não necessitem da chancela obrigatória do Estado (por exemplo: homologação de divórcio ou de arrolamento), podem ser levados ao conhecimento do Judiciário para que adquiram caráter de imutabilidade.

A doutrina tradicional aponta que a função de **administração estatal de interesses privados**, mesmo sendo exercida pelo Poder Judiciário, tem **natureza administrativa e não jurisdicional,** apesar de ter recebido o nome de "jurisdição" voluntária. Tendo em vista os elementos caracterizadores da jurisdição, nega-se a natureza jurisdicional da jurisdição voluntária, porque, por meio dela, visa-se não necessariamente à composição de um conflito de interesses, mas à constituição de novas situações jurídicas.

Outrossim, argumenta-se que a jurisdição voluntária não tem o caráter substitutivo, pois o juiz intervém obrigatoriamente entre os voluntários, produzindo os objetivos desejados, sem que haja, contudo, a exclusão das atividades dos interessados. Ademais, defende-se que não há propriamente um litígio, mas mero negócio jurídico com a participação do magistrado.

Para a doutrina tradicional, não há partes, mas tão somente interessados, uma vez que não há posições antagônicas. Não existe, igualmente, lide, porque não há conflito de interesses, como não há pretensão, porquanto se trata de simples requerimento. Sendo assim, não há processo, mas unicamente procedimento.

> A "jurisdição voluntária" distingue-se da contenciosa por algumas características, a saber: na voluntária não há ação, mas pedido; não há processo, mas apenas procedimento; não há partes, mas interessados; não produz coisa julgada, nem há lide (STJ. REsp 238573/SE, DJU 09.10.00).

Defende-se, por outro lado, que na jurisdição voluntária **não há voluntariedade**. O negócio jurídico só será apto a produzir efeitos com a intervenção judicial, cuja decisão é obrigatória aos interessados. Nos casos previstos em lei, a intervenção do Judiciário é necessária e não facultativa.

Questão de Concurso

▶ **(FAU. Procurador Municipal. Prefeitura de Chopinzinho – PR.2016)**[20]: jurisdição é o poder que o Estado detém para aplicar o direito a um determinado caso, com o objetivo de solucionar conflitos de interesses e com isso resguardar a ordem jurídica e a autoridade da lei. Sobre essa temática, assinale a alternativa CORRETA:

a) Pelo princípio do acesso à justiça, o Estado só exercerá a atividade jurisdicional se for devidamente provocado.

b) Por se tratar de um ato de poder, o juiz exerce a jurisdição dentro de um limite espacial sujeito à soberania do Estado, limite este consagrado pelo princípio da investidura.

c) Não há previsão legal para jurisdição voluntária em nosso sistema.

d) A jurisdição pode ser classificada como contenciosa, ou seja, quando existe lide e o Estado atua na solução de um conflito; e voluntária, quando não existe lide e o Estado atua na administração do interesse das partes.

e) Todas as alternativas estão corretas.

▶ **(CESPE. Procurador Municipal. Prefeitura de Salvador – BA. 2015)**[21]: "A teoria revisionista da jurisdição voluntária, que se contrapõe à teoria clássica, considera que a jurisdição graciosa não é uma atividade jurisdicional sob o ponto de vista substancial, mas, sim, uma prestação administrativa exercida formalmente pelo Poder Judiciário".

▶ **(CESPE. Analista Judiciário. TJ-ES – BA. 2011)**[22]: "A jurisdição civil pode ser contenciosa ou voluntária, esta também denominada graciosa ou administrativa. Ambas as jurisdições são exercidas por juízes, cuja atividade é regulada pelo Código de Processo Civil, muito embora a jurisdição voluntária se caracterize pela administração de interesses privados pelos órgãos jurisdicionais, ou seja, não existe lide ou litígio a ser dirimido judicialmente".

Contudo, a doutrina moderna, também denominada **revisionista**, vem questionando a visão da jurisdição voluntária como atividade meramente administrativa. Argumenta-se que, com a jurisdição voluntária, busca-se a **eliminação de situações incertas,** levando à pacificação social, através da aplicação do direito ao caso concreto. Ressalva ainda que, na jurisdição voluntária, há petição inicial, que deverá ser acompanhada de documentos; há citação dos demandados e resposta destes; há produção de provas e, por fim, sentença, com possibilidade de interposição de recursos. Há, portanto, verdadeiro procedimento em contraditório.

Para essa corrente, a afirmação de que inexiste lide na jurisdição voluntária não é suficiente para se dizer que não há jurisdição, pois a existência desta não é essencial, mas acidental ao exercício da jurisdição; não é preciso que haja um conflito indicado na petição inicial. Veja-se o exemplo do processo de interdição: o interditando pode simplesmente consentir com a instituição dessa nova situação jurídica, caso em que não haverá lide, ou pode insurgir-se contra a interdição, quando haverá efetivo conflito de interesses. O que não se dispensa,

20. Gabarito: Letra D.
21. Gabarito: INCORRETO.
22. Gabarito: CORRETO.

para o exercício da função jurisdicional, é a existência de uma pretensão de integração de um ato jurídico.

A jurisdição voluntária, para essa corrente, também é **substitutiva da vontade das partes**, uma vez que a lei impede que os titulares dos interesses ali referidos possam livremente negociá-los.

Ainda, é certo dizer que, mesmo na jurisdição contenciosa, também são postas demandas constitutivas, o que, por óbvio, não descaracteriza a sua qualidade de jurisdição.

Ademais, destaca-se o fato de a sentença proferida em jurisdição voluntária ser acobertada pela **coisa julgada material**. Basta citar o exemplo da autocomposição extrajudicial homologada judicialmente (via procedimento de jurisdição voluntária, nos termos do art. 725, VIII, do CPC), que tem natureza de título executivo judicial (art. 515, III), ao passo que o acordo extrajudicial não submetido à jurisdição voluntária pode ter, no máximo, eficácia de título executivo extrajudicial, desde que seu instrumento esteja assinado por duas testemunhas (art. 784, III). O mesmo ocorre, por exemplo, com o arrolamento, que, se realizado extrajudicialmente, resultará em título executivo extrajudicial ou, se feito pela via da jurisdição voluntária, gerará título executivo judicial (art. 515, IV). Caso a jurisdição fosse atividade meramente administrativa, suas decisões homologatórias teriam os mesmos efeitos dos atos praticados pelas serventias extrajudiciais, o que sabidamente não ocorre, como visto nos exemplos acima.

> O Superior Tribunal de Justiça, no entanto, mantém a posição tradicional, no sentido de que a decisão tomada em jurisdição voluntária não produz coisa julgada (STJ. REsp 1.418.189/RJ, DJe 01.07.14).

Questão de Concurso

▶ **(IESES – Titular de Serviços de Notas e de Registros – Remoção – TJ – SC – 2019)**[23] Segundo o disposto no Código de Processo Civil, relativamente aos procedimentos de Jurisdição Voluntária, é correto afirmar:

a) Procedimentos de emancipação e sub-rogação, verbi gratia, não são de Jurisdição Voluntária.

b) O juiz não é obrigado a observar critério de legalidade estrita, podendo adotar em cada caso a solução que considerar mais conveniente ou oportuna.

c) Sendo o procedimento de Jurisdição Voluntária, das sentenças proferidas não cabe apelação.

d) O juiz é obrigado a observar critério de legalidade estrita, sob pena de violação ao Princípio da Correlação entre pedido e sentença.

▶ **(CESPE. Advogado da União – AGU. 2015)**[24]: Julgue o item a seguir, referente a jurisdição e competência no processo civil. O procedimento em que o requerente manifesta sua pretensão de opção de nacionalidade brasileira na condição de brasileiro nato, conforme os requisitos previstos na CF, possui natureza de jurisdição voluntária e, nesse caso, a sentença prolatada não faz coisa julgada material.

▶ **(VUNESP. Prefeitura de Sertãozinho – SP. Procurador Municipal)**[25]. No que tange à jurisdição contenciosa e voluntária, assinale a alternativa correta.

a) Tanto na jurisdição voluntária como na jurisdição contenciosa a sentença faz coisa julgada material.

---

23. Gabarito: Letra B.
24. Gabarito: CORRETO.
25. Gabarito: Letra D.

b) Em geral, nos feitos de jurisdição voluntária aplica-se o princípio da adstrição, da congruência, da correlação, ente outros; e, nos feitos de jurisdição contenciosa, aplica-se o princípio inquisitivo ao proferir a sentença.

c) Em procedimento de jurisdição voluntária não é possível existir controvérsia entre os interessados.

d) Enquanto na jurisdição contenciosa a regra é a aplicação do juízo da legalidade estrita, na jurisdição voluntária é possível o julgamento por meio de equidade.

e) Tanto a jurisdição contenciosa como a voluntária são marcadas pela presença de litígio a ser dirimido pelo juiz, por meio da sentença.

▶ **(CESPE. Auditor Federal de Controle Externo. TCU. 2015)**[26]: No que concerne aos princípios processuais e à jurisdição, julgue o item que se segue. "Na jurisdição contenciosa, o Estado, em substituição às partes, resolve a lide submetida a sua apreciação, sendo inadmitida, após a instauração do processo contencioso, a composição entre as partes".

---

9. LIMITES DA JURISDIÇÃO NACIONAL

Os artigos 21 a 25 do CPC/2015 traçam os limites entre a jurisdição nacional e as jurisdições estrangeiras. Essa delimitação decorre de vários princípios, dentre os quais o princípio da **efetividade** e da **soberania**, pelos quais só deve haver jurisdição até onde o Estado consiga executar suas sentenças de forma soberana.

Os artigos 21 e 22 tratam da "**competência concorrente ou cumulativa**", observando que o Poder Judiciário brasileiro, por meio de seus órgãos jurisdicionais, é competente para processar e julgar litígios sobre os quais órgãos judiciais de Estados estrangeiros também têm jurisdição. Nesses casos, a decisão estrangeira transitada em julgado, para que surta efeitos jurídicos no Brasil, precisa ser homologada pelo Superior Tribunal de Justiça.

Compete à autoridade judiciária brasileira julgar as ações: a) em que o réu, ainda que estrangeiro, estiver domiciliado no Brasil; b) em que a obrigação tiver de ser cumprida no Brasil; c) em que o fundamento seja fato ocorrido ou ato praticado no Brasil; d) de alimentos, quando o credor tiver domicílio ou residência no Brasil ou mantiver vínculos no Brasil, tais como posse ou propriedade de bens, recebimento de renda ou obtenção de benefícios econômicos; e) decorrentes de relações de consumo, quando o consumidor tiver domicílio ou residência no Brasil; f) em que as partes, expressa ou tacitamente, submeterem-se à jurisdição nacional. Analisar-se-á cada uma dessas hipóteses a seguir:

a) **as ações em que o réu, ainda que estrangeiro, estiver domiciliado no Brasil**: nesse caso, não se leva em conta a nacionalidade do réu, mas o seu domicílio. Assim, por exemplo, a ação de indenização por fato verificado no exterior, poderá ser ajuizada no Brasil, se o demandado aqui for domiciliado.

Domicílio é o lugar onde a pessoa estabelece residência com ânimo definitivo (art. 70 do Código Civil). Residência é o lugar onde a pessoa alternadamente viva (art. 71 do Código Civil). No caso de pluralidade de residências, sendo uma delas em território nacional, aplica-

---

26. Gabarito: INCORRETO.

-se a regra mencionada, podendo a demanda ser ajuizada e julgada no Brasil. Ainda, quando for demandada pessoa jurídica estrangeira, considerar-se-á domiciliada no Brasil, caso aqui possua agência, filial ou sucursal.

b) **as ações em que a obrigação tiver de ser cumprida no Brasil**: o lugar do cumprimento da obrigação pode resultar de cláusula (implícita ou explícita) do negócio jurídico, como ocorre com a eleição de foro. Pode decorrer também da lei. Mesmo que as partes tenham domicílio no exterior, a demanda poderá ser julgada no Brasil.

> Nada importa que o contrato principal tenha sido ajustado em outro país por pessoas jurídicas estrangeiras. Ainda que lá assumida, a fiança, dada como garantia de cumprimento por brasileiros aqui residentes, com bens situados no território nacional, pode ser executada perante o Judiciário Brasileiro (STJ. REsp 861.248/RJ, DJ 19.03.07).

c) **as ações cujo fundamento seja fato ocorrido ou ato praticado no Brasil**: nesse caso, independe o lugar de cumprimento da obrigação, importando tão somente a causa de pedir remota.

d) **as ações de alimentos, quando o credor tiver domicílio ou residência no Brasil ou quando o devedor mantiver vínculos no Brasil, tais como posse ou propriedade de bens, recebimento de renda ou obtenção de benefícios econômicos**: o inciso I do art. 22 dá ao credor de alimentos a faculdade de ajuizar ação no Brasil, caso tenha domicílio no país, ou, ainda, se o alimentante mantiver vínculos reais ou pessoais no Brasil, isto é, for titular de direito real ou sujeito ativo de qualquer obrigação que lhe possa gerar benefício econômico. Pretende-se, com essa previsão, facilitar a execução de alimentos, em razão do seu caráter essencial à subsistência e manutenção do alimentando.

e) **as ações decorrentes de relações de consumo, quando o consumidor tiver domicílio ou residência no Brasil**: faculta-se ao consumidor demandar no Brasil, ainda que a contratação e prestação do serviço tenha-se dado fora do país (por exemplo: contrato de transporte aéreo internacional). Isso, porque o consumidor é considerado parte hipossuficiente, não sendo razoável exigir-lhe o ajuizamento de ação fora do país em que reside. Por outro lado, os fornecedores de produtos e serviços que atuam internacionalmente, via de regra, possuem mais meios econômicos e técnicos para exercitar sua defesa em juízo, dispondo, quase sempre, de assessoria jurídica em vários países.

f) **as ações em que as partes, expressa ou tacitamente, submeterem-se à jurisdição nacional**: essa hipótese diz respeito à cláusula de eleição de foro, por meio da qual as partes podem convencionar sobre a competência territorial para apreciação de futuras controvérsias, na forma do artigo 63 do CPC.

Questão de Concurso

▶ **(FCC. Câmara Legislativa do Distrito Federal. Procurador Legislativo. 2018)**[27]: Assinale correto ou incorreto: Compete à autoridade judiciária brasileira, em qualquer hipótese, o processamento e o

27. Gabarito: Incorreto.

julgamento da ação quando houver cláusula de eleição de foro exclusivo estrangeiro em contrato internacional, por sua ineficácia

---

Nas hipóteses de competência concorrente, o ajuizamento de ação perante órgão judiciário estrangeiro não induz litispendência nem obsta que a autoridade brasileira conheça da mesma causa e das que lhe são conexas, ressalvadas as disposições contrárias contidas em tratados internacionais e acordos bilaterais em vigor no Brasil.

Questão de Concurso

▶ **(FCC. Câmara Legislativa do Distrito Federal. Procurador Legislativo. 2018[28])** - ADAPTADA: Em relação à função jurisdicio-nal, assinale correto ou falso: A ação proposta perante tribunal estrangeiro não induz litispendência e não obsta a que a autoridade judiciária brasileira conheça da mesma causa e das que lhe são conexas, ressalvadas as disposições em contrá-rio de tratados internacionais e acordos bilaterais em vigor no Brasil.

No entanto, nada impede que, uma vez proferida decisão definitiva pelo órgão estrangeiro, seja ela homologada pelo STJ, passando, então, a produzir efeitos jurídicos no Brasil. A partir daí, restará caracterizada a coisa julgada (em ambos os países), pressuposto processual negativo que impedirá o ajuizamento da mesma ação perante o Judiciário Brasileiro ou, caso já proposta a demanda aqui, importará na extinção do processo sem resolução do mérito (art. 485, V, do CPC/2015).

Questão de Concurso

▶ **(Cespe – Juiz de Direito – PR/2017)**[29] Assinale a opção correta de acordo com as regras a respeito de jurisdição e de competência previstas no CPC.

a) A nova sistemática de cooperação jurídica internacional prevista no atual CPC dispensa a atuação de autoridade central para a recepção e transmissão dos pedidos de cooperação.

b) A competência do foro da situação do imóvel objeto de uma ação possessória pode ser modificada para o julgamento conjunto com outro processo, caso haja risco de prolação de decisões conflitantes ou contraditórias.

c) A justiça estadual possui competência para julgar mandado de segurança impetrado contra ato de conselho seccional da OAB.

d) Conforme o CPC, permite-se a exclusão de competência da justiça brasileira, quando esta for concorrente, em razão de cláusula contratual de eleição de foro exclusivo estrangeiro previsto em contrato internacional, desde que haja arguição pelo réu em constatação.

O art. 23 versa sobre a "**competência exclusiva**" da Justiça Brasileira, que ocorre em três situações: a) para conhecer das ações relativas a imóveis situados no Brasil; b) para, em matéria de sucessão hereditária, proceder à confirmação de testamento particular, ao inventário e à partilha de bens situados no Brasil, ainda que o autor da herança seja de nacionalidade estrangeira ou domiciliado fora do território nacional; c) para, em divórcio, separação judicial ou dissolução de união estável, proceder à partilha de bens situados no Brasil, ainda que o titular seja de nacionalidade estrangeira ou tenha domicílio fora do território nacional. Estudar-se-á cada uma dessas hipóteses a seguir:

---

28. Gabarito: CORRETO.
29. Gabarito: Letra D.

a) **ações relativas a imóveis situados no Brasil**: para que a causa se inclua no âmbito de atuação do Judiciário Brasileiro, é indiferente o fato de a relação jurídica debatida ser de direito real ou obrigacional; importa tão somente que o bem imóvel seja objeto da ação. Por exemplo, a ação reivindicatória, fundada em afirmação de propriedade, tem natureza real, razão por que, estando o imóvel localizado no Brasil, compete exclusivamente ao Judiciário Brasileiro conhecer da causa. Igualmente, a ação de despejo, que tem natureza pessoal, deverá ser julgada no Brasil, caso aqui se situe o imóvel.

b) **confirmação de testamento particular, inventário e partilha de bens situados no Brasil, ainda que o autor da herança seja de nacionalidade estrangeira ou domiciliado fora do território nacional**: aqui estão englobados quaisquer bens situados no Brasil, móveis ou imóveis, que sejam objeto de inventário ou partilha. Isso se deve ao fato de que o direito à sucessão aberta constitui bem imóvel para efeitos legais (art. 80, II, do CC).

Questão de Concurso

► **(CESPE. PGE-AM. Procurador do Estado.2016)**[30]: A respeito das normas processuais civis pertinentes a jurisdição e ação, julgue o item seguinte. O novo CPC reconhece a competência concorrente da jurisdição internacional para processar ação de inventário de bens situados no Brasil, desde que a decisão seja submetida à homologação do STJ.

c) **em divórcio, separação judicial ou dissolução de união estável, a partilha de bens situados no Brasil, ainda que o titular seja de nacionalidade estrangeira ou tenha domicílio fora do território nacional**: esse dispositivo se dirige notadamente aos bens móveis, na medida em que os imóveis já se encontram abarcados pela previsão genérica do art. 23, I, do CPC.

Nas hipóteses de competência exclusiva da Justiça Brasileira, justamente por não se reconhecer a jurisdição de países estrangeiros, nega-se *exequatur* à carta rogatória e homologação à sentença estrangeira.

Em regra, as partes podem definir previamente a jurisdição a que se submeterão, caso surjam controvérsias futuras, na forma do art. 63 do CPC/2015. Entretanto, não poderão fazê-lo em desacordo com as hipóteses de jurisdição exclusiva brasileira, previstas no art. 23 do CPC.

Nas situações em que tiver sido licitamente pactuada a eleição de foro exclusivo estrangeiro, a autoridade judiciária brasileira declinará da competência para julgar a causa, desde que a cláusula de eleição de foro seja suscitada, em contestação, pela parte demandada.

10. SÚMULAS

Súmula do STJ

485. A Lei de Arbitragem aplica-se aos contratos que contenham cláusula arbitral, ainda que celebrados antes da sua edição.

30. Gabarito: Incorreto.

11. INFORMATIVOS

Informativos do STJ

DIREITO PROCESSUAL CIVIL. INCIDÊNCIA DO ART. 4º, § 2º, DA LEI DE ARBITRAGEM EM CONTRATOS DE FRANQUIA.

Em contrato de franquia, "a cláusula compromissória só terá eficácia se o aderente tomar a iniciativa de instituir a arbitragem ou concordar, expressamente, com a sua instituição, desde que por escrito em documento anexo ou em negrito, com a assinatura ou visto especialmente para essa cláusula" (art. 4º, § 2º, da Lei de Arbitragem). Inicialmente, no contrato de franquia não há uma relação de consumo tutelada pelo CDC, mas de fomento econômico, com intuito de estimular as atividades empresariais do franqueado (REsp 632.958-AL, Quarta Turma, DJe 29/3/2010; e REsp 687.322-RJ, Terceira Turma, DJe 9/10/2006). Assim, não há incidência das regras protetivas do CDC a esses contratos, não se admitindo a alegação de nulidade do compromisso arbitral com base no disposto no art. 51, VII, do CDC, que proíbe a utilização compulsória de arbitragem. Com fundamento em doutrina e em julgados do STJ, acrescente-se que o contrato de franquia ou *franchising* é inegavelmente um contrato de adesão. Quanto à diferenciação segundo a qual contratos "por adesão" são distintos de contratos "de adesão", essa sutileza sintática é incapaz de representar alguma diferença semântica relevante, pois o Direito não trata de forma distinta essas duas supostas categorias. Além de irrelevante para a resolução da controvérsia a distinção semântica entre contratos "de adesão" e aqueles "por adesão", também não há embasamento jurídico para limitar o alcance do disposto no art. 4º, § 2º, da Lei nº 9.307/1996 (Lei de Arbitragem) aos contratos representativos de relações de consumo. O contrato de adesão é apenas uma técnica para a formação de contratos, quando exigências de economias de escala e de uniformização do produto ou serviço se impõem a determinado segmento econômico, mas não é tipo ou categoria autônoma de contrato. Não podemos, assim, limitar os contratos de adesão apenas às relações de consumo, pois, como visto, é pacífico na jurisprudência do STJ que os contratos de franquia não consubstanciam relações de consumo, mas utilizam essa técnica para a formação dos contratos. Ao comentar especificamente o dispositivo em análise da Lei de Arbitragem, doutrina entende que sua função não é outra que não a de favorecer o contratante economicamente mais fraco, a fim de evitar a imposição de arbitragem como mecanismo de solução de controvérsias, ao prever requisitos para a validade do compromisso arbitral em contratos de adesão. Assim, com o § 2º do art. 4º da Lei de Arbitragem, busca-se evitar que a cláusula de compromisso arbitral seja incluída de forma leviana entre todas as demais cláusulas do contrato. Por força dessa regra específica, todos os contratos de adesão, mesmo aqueles que não consubstanciam relações de consumo, como os contratos de franquia, devem observar o disposto no art. 4º, § 2º, da Lei de Arbitragem. **REsp 1.602.076-SP, Rel. Min. Nancy Andrighi, julgado em 15/9/2016, DJe 30/9/2016.**

DIREITO PROCESSUAL CIVIL. COMPETÊNCIA DO PODER JUDICIÁRIO PARA DECLARAR NULIDADE DE CLÁUSULA DE COMPROMISSO ARBITRAL.

Independentemente do estado em que se encontre o procedimento de arbitragem, o Poder Judiciário pode declarar a nulidade de compromisso arbitral quando o vício for detectável prima facie, como ocorre na hipótese de inobservância, em contrato de franquia, do disposto no art. 4º, § 2º, da Lei nº 9.307/1996. Como regra geral, a jurisprudência do STJ indica a prioridade do Juízo arbitral para se manifestar acerca de sua própria competência e, inclusive, sobre a validade ou nulidade da cláusula arbitral (REsp 1.602.696-PI, Terceira Turma, DJe 16/8/2016). Toda regra, porém, comporta exceções para melhor se adequar a situações cujos contornos escapam às situações típicas abarcadas pelo núcleo duro da generalidade e que, pode-se dizer, estão em áreas cinzentas da aplicação do Direito. Obviamente, o princípio competência-competência (*kompetenz-kompetenz*) deve ser privilegiado, inclusive para o indispensável fortalecimento da arbitragem no País. Por outro lado, é inegável a finalidade de integração e desenvolvimento do Direito a admissão na jurisprudência do STJ de cláusulas compromissórias "patológicas" – como os compromissos arbitrais vazios (REsp 1.082.498-MT, Quarta Turma, DJe 4/12/2012) e aqueles que não atendam o requisito legal específico (art. 4º, § 2º, da Lei nº 9.307/1996) – cuja apreciação e declaração de nulidade podem ser feitas pelo Poder Judiciário mesmo antes do procedimento arbitral. São, assim, exceções que permitem uma melhor acomodação do princípio competência-competência a situações limítrofes à regra geral de prioridade do Juízo arbitral. **REsp 1.602.076-SP, Rel. Min. Nancy Andrighi, julgado em 15/9/2016, DJe 30/9/2016.**

12. SINOPSE

JURISDIÇÃO
A jurisdição é a função do Estado de resolver o objeto litigioso posto à sua apreciação, criando, com amparo no sistema jurídico, a norma jurídica individualizada aplicável ao caso concreto.
Objetivos
O objetivo principal da jurisdição é a pacificação social, visando ao bem comum (escopo social). Busca também afirmar o poder do Estado, preservando seus preceitos fundamentais (escopo político), e aplicar o direito ao caso concreto (escopo jurídico).
Equivalentes jurisdicionais
A autotutela, vedada pelo ordenamento jurídico, consiste na imposição da vontade da parte, por conta própria, em detrimento da outra. Já a autocomposição é a solução consensual do conflito, que pode se dar por meio da conciliação ou da mediação. São formas de conciliação a transação, a renúncia e o reconhecimento jurídico do pedido.
Arbitragem
A arbitragem consiste em atividade jurisdicional exercida pelo particular, com permissão legal do Estado. Nela, a solução do conflito se dá pela intervenção de terceiro imparcial, denominado árbitro. A instituição de arbitragem pelas partes é feita por meio da convenção de arbitragem, que compreende a cláusula compromissória (firmada previamente ao litígio) e o compromisso arbitral (firmado pelas partes após o surgimento da controvérsia).
Características
Inércia, imparcialidade, substitutividade e definitividade.
Princípios
Investidura, inafastabilidade, territorialidade (aderência), juiz natural, indelegabilidade e inevitabilidade.
Espécies de jurisdição
A jurisdição pode ser: penal ou civil; contenciosa ou voluntária; especial e comum; inferior e superior.
Limites da jurisdição nacional
Compete à autoridade judiciária brasileira, concorrentemente com a estrangeira, julgar as ações: a) em que o réu, ainda que estrangeiro, estiver domiciliado no Brasil; b) em que a obrigação tiver de ser cumprida no Brasil; c) em que o fundamento seja fato ocorrido ou ato praticado no Brasil; d) de alimentos, quando o credor tiver domicílio ou residência no Brasil ou mantiver vínculos no Brasil, tais como posse ou propriedade de bens, recebimento de renda ou obtenção de benefícios econômicos; e) decorrentes de relações de consumo, quando o consumidor tiver domicílio ou residência no Brasil; f) em que as partes, expressa ou tacitamente, submeterem-se à jurisdição nacional. Por outro lado, é de competência exclusiva da autoridade judiciária brasileira: a) julgar as ações relativas a imóveis situados no Brasil; b) em matéria de sucessão hereditária, proceder à confirmação de testamento particular, ao inventário e à partilha de bens situados no Brasil, ainda que o autor da herança seja de nacionalidade estrangeira ou domiciliado fora do território nacional; c) em divórcio, separação judicial ou dissolução de união estável, proceder à partilha de bens situados no Brasil, ainda que o titular seja de nacionalidade estrangeira ou tenha domicílio fora do território nacional.

CAPÍTULO 3

AÇÃO

Sumário • 1. Teorias sobre a natureza jurídica do direito de ação – 2. Conceito – 3. Condições da ação: 3.1. Legitimidade das partes; 3.2. Interesse processual – 4. Aferição das condições da ação – 5. Elementos – 6. Classificação – 7. Súmulas – 8. Enunciados do FPPC – 9. Enunciados do FNPP – 10. Informativos – 11. Sinopse.

1. TEORIAS SOBRE A NATUREZA JURÍDICA DO DIREITO DE AÇÃO

Até meados do século XIX, o Direito Processual viveu a fase do sincretismo, durante a qual o processo era considerado simples meio de exercício de direitos (daí falar-se em "direito adjetivo"). O Direito Processual ainda não recebia autonomia científica, sendo tratado como mera extensão do direito material (chamado de "direito substantivo").

Nessa fase, a ação não era distinguida do direito subjetivo material. Segundo a concepção da época, o direito subjetivo, uma vez violado, adquiria aptidão a ser exigido em juízo. Trata-se da então **teoria civilista ou imanentista**, adotada pelo art. 75 do Código Civil de 1916, segundo o qual "a todo direito corresponde uma ação". Se não existisse direito, não haveria ação[1].

Essa concepção era limitada, pois não explicava, por exemplo, a ação declaratória, que se limita à declaração sobre a (in) existência ou o modo de ser de uma relação jurídica (ou, ainda, sobre a falsidade ou autenticidade de documento), não pressupondo a violação de um direito subjetivo material. Por isso, a teoria imanentista foi facilmente criticada.

Com o reconhecimento da imperfeição da teoria civilista, passou a predominar a concepção de que a ação seria um direito autônomo e não simples extensão do direito material. A partir desse pensamento, duas correntes se originaram: para uma, o direito de ação seria autônomo e concreto, enquanto, para outra, o direito de ação seria autônomo e abstrato.

Segundo o precursor da **teoria concretista**[2], a ação seria autônoma em relação ao direito material (não pressupondo a existência do direito ameaçado ou violado), que, entretanto, só poderia ser satisfeito por uma proteção concreta. A despeito de o direito de ação ter autonomia em relação ao direito que se pretende satisfazer em juízo, aquele seria acessório deste. Assim, só haveria ação quando o resultado final do processo fosse favorável ao seu autor, pois a ação seria o direito de obter, em juízo, uma sentença favorável. Para essa teoria, a ação seria exercitada concomitante contra Estado e réu.

1. Tal ideia era defendida, entre outros, por Savigny.
2. Adolph Wach.

Essa concepção, tal qual a teoria imanentista, não explica os casos de julgamento de improcedência. Isso, porque, para ela, só existiria ação quando o pedido fosse procedente. Nos casos de pretensão infundada, então, todos os atos processuais praticados, desde a petição inicial até a sentença, seriam considerados um nada jurídico, porquanto a ação, ato desencadeador do processo, provou-se inexistente.

Posteriormente, formulou-se teoria semelhante[3], com base na concretude do direito de ação (estando, portanto, sujeita às mesmas críticas feitas acima), segundo a qual a ação seria um **direito potestativo**, exercido exclusivamente contra o réu, que se encontra em estado de sujeição. Para essa teoria, o Estado não seria sujeito passivo do direito de ação, por não lhe corresponder qualquer obrigação.

Em contraposição à concepção concretista, propôs-se a **teoria abstrativista**[4], segundo a qual o direito de ação não dependeria da efetiva existência do direito material alegado. Mesmo que se tratasse de pretensão temerária, o Poder Judiciário, por ter sido provocado, deveria dar a resposta jurisdicional correspondente. Seria irrelevante a natureza do provimento jurisdicional obtido; ainda que o pedido formulado fosse julgado improcedente, haveria exercício do direito de ação (e, por conseguinte, prática de atos jurisdicionais pelo Estado), sendo esta, portanto, o direito a um pronunciamento jurisdicional, seja ele favorável ou não ao autor.

Essa teoria consegue explicar a existência do direito de ação nos casos de improcedência do pedido, bem como nas situações em que a pretensão do autor é meramente declaratória. É criticada, entretanto, porque a abstração possibilita abuso no exercício do direito de ação.

Por isso, adveio a **teoria eclética**[5], adotada pelo CPC/1973 (porém mitigada pelo CPC/2015, como se verá). O direito de ação seria um poder jurídico instrumentalmente ligado a uma pretensão material. Embora abstrato (o direito de ação), deve-se submeter a certas condições (condições da ação), quais sejam: a legitimidade das partes, o interesse de agir e a possibilidade jurídica do pedido (esta última condição foi eliminada pelo CPC/2015, conforme se falará adiante acerca das condições da ação em tópico específico).

Questão de Concurso

- **(CESPE.STJ. Técnico Judiciário. 2018)**[6] : Julgue o item a seguir, a respeito das ações no processo civil: "A teoria eclética da ação, adotada pelo ordenamento jurídico brasileiro, define ação como um direito autônomo e abstrato, independente do direito subjetivo material, condicionada a requisitos para que se possa analisar o seu mérito"

- **(MPE-BA. MPE-BA. Promotor de Justiça. 2018)**[7]: O direito de ação é deduzido a partir das noções de jurisdição e proces-so, e ocorre quando o Estado, substituindo o particular, resolve conflitos entre os sujeitos de direito, exercendo de fato a jurisdição. O resultado processual advindo desse direito de agir provocando o Estado-juiz dependerá de certas condições. Sob esse aspecto, tendo ainda a noção de ação como um elemento fundamental do direito processual, é correto afirmar que

3. Giuseppe Chiovenda.
4. Degenkolb, no que foi seguido por Alfredo Rocco.
5. Proposta por Liebman.
6. Gabarito: Correto.
7. Gabarito: Letra E.

a) o exercício do direito de ação é autônomo e incondicionado, pouco importando a existência de direito material alegado, sendo aceito como fato impeditivo do seu exercício apenas a ausência de algumas das condições da ação.
b) o novo Código de Processo Civil, seguindo a teoria imanentista, condiciona o exercício desse direito à existência do direito material, mesmo que controvertido.
c) segundo a teoria eclética, esse direito de ação, embora não esteja vinculado a uma sentença favorável, não é comple-tamente independente do direito material, tendo sido adotada pela legislação processual vigente em face da abstração do direito de ação e da ideia de que a existência do processo não está condicionada ao direito material invocado.
d) a ausência de legitimidade de parte ou da possibilidade jurídica do pedido ou ainda do interesse de agir não pode obstar o direito de ação, embora possa caracterizar abuso desse direito, mas impedirá a análise do mérito da causa.
e) não há nenhuma condição atrelada ao direito de postular em juízo, embora se revele prejudicado o exame do mérito da ação, se ausente o interesse processual ou a legitimidade.

▶ **(INAZ do Pará. CORE-MS. Assistente Técnico. 2018)**[8]: Ao longo do tempo, várias teorias surgiram a respeito da natureza jurídica da ação e da sua relação de dependência com o direito de ação. A teoria expressamente consagrada pelo Código de Processo Civil que defende que a existência do direito de ação não depende da existência do direito material, mas sim das condições da ação, é:
a) Teoria eclética
b) Teoria abstrata do direito de ação
c) Teoria concreta da ação
d) Teoria imanentista.

---

2. CONCEITO

A **ação** pode ser conceituada como **o direito público subjetivo autônomo e abstrato de provocar a atividade jurisdicional**. Público, porque, além de ser exercido contra o Estado-juiz, é conferido a todos; subjetivo, porque é uma faculdade dada àquele que se sente ameaçado ou lesado em sua esfera jurídica; autônomo, porque não se confunde com o direito material afirmado; abstrato, porque não se vincula a um resultado positivo.

A ação processualizada, isto é, o direito de ação efetivamente exercitado por meio de petição inicial, recebe a denominação de demanda.

3. CONDIÇÕES DA AÇÃO

Como visto, a teoria eclética propõe que, para que o direito de ação seja exercido validamente, atenda a três requisitos, chamados de condições da ação[9].

---

8. Gabarito: Letra A.
9. Há quem defenda que a categoria das condições da ação foi extirpada do sistema pelo CPC/2015, em razão da não utilização dessa nomenclatura pelo novo Código. A crítica têm fundamentos teóricos profundos e que fogem ao objetivo desta obra. De qualquer forma, tal posição não deve ser adotada em concursos públicos, principalmente porque o STJ mantém o posicionamento de que as condições da ação existem enquanto categoria jurídica.

Para a doutrina, as condições da ação não dizem respeito ao mérito, tampouco à admissibilidade do procedimento (como dizem os pressupostos processuais); estão em uma zona intermediária, porém, juntamente com os pressupostos processuais, condicionam a análise do mérito e constituem requisitos de validade procedimental.

Originalmente, eram três as condições da ação: a) a legitimidade das partes; b) o interesse processual; c) a possibilidade jurídica do pedido.

No entanto, excluiu-se a possibilidade jurídica do pedido do rol das condições da ação, por entender que estaria ela englobada pelo interesse de agir[10].

Questão de Concurso

▶ **(FGV Órgão: DPE-RJ Prova: FGV - 2019 - DPE-RJ - Técnico Médio de Defensoria Pública. 2019)[11]:** São condições genéricas para o regular exercício da ação:

a) partes capazes e demanda regularmente formulada;
b) pedido e causa de pedir;
c) legitimidade ad causam e interesse de agir;
d) juízo competente e capacidade postulatória;

▶ **(UEM. UEM. Advogado. 2018)[12]:** Pode-se afirmar que são condições da ação pelo Código de Processo Civil de 2015:

a) partes, legitimidade ad causam e interesse processual.
b) partes, pedido de legitimidade ad causam.
c) possibilidade jurídica do pedido, legitimidade ad causam e interesse processual.
d) legitimidade ad causam e interesse processual.
e) possibilidade jurídica do pedido, legitimidade ad causam e pedido.

▶ **(FCC. Câmara Legislativa do Distrito Federal. Procurador Legislativo. 2018)[13]** : Assinale correto ou incorreto: A possibilida-de jurídica da ação é uma das condições preliminares a serem observadas no atual CPC por ocasião da prestação jurisdicio-nal, até mesmo de ofício.

▶ **(TRF – 4ª REGIÃO. TRF – 4ª REGIÃO. Juiz Federal Substituto. 2016 – ADAPTADA)[14]:** Assinale V ou F: "As condições da ação não estão previstas no Código, o que impede o indeferimento da petição inicial por ilegitimidade para a causa ou falta de interesse processual".

▶ **(CESPE. PGE-AM. Procurador do Estado. 2016)[15]:** A respeito das normas processuais civis pertinentes a jurisdição e ação, julgue o item seguinte. Segundo as regras contidas no novo CPC, a legitimidade de parte deixou de ser uma condição da ação e passou a ser analisada como questão prejudicial. Sendo assim, tal legitimidade provoca decisão de mérito.

10. O próprio Liebman, a partir da terceira edição do seu *Manuale*.
11. Gabarito: Letra C.
12. Gabarito: Letra D.
13. Gabarito: Incorreto.
14. Gabarito: Incorreto.
15. Gabarito: Errado.

▶ **(TRT 4º Região. TRT – 4ª REGIÃO (RS).** Juiz do Trabalho. 2016 – Adaptado)[16]: Assinale correto ou incorreto: São condições da ação, conforme previsão expressa, e, portanto, matéria de ordem pública, sobre as quais o Juiz deve se pronunciar de ofício, a legitimidade de parte, o interesse processual e a possibilidade jurídica do pedido.

▶ **(FGV. MPE-RJ Técnico do Ministério Público – Notificações e Atos Intimatórios. 2016)**: São condições para o regular exercício da ação[17]:

a) legitimidade *ad causam* e demanda regularmente formulada;
b) interesse de agir e competência do juízo;
c) legitimidade *ad processum* e possibilidade jurídica do pedido;
d) possibilidade jurídica do pedido e competência do juízo;
e) legitimidade *ad causam* e interesse de agir.

▶ **(TRT-4.TRT-4.Juiz do Trabalho Substituto.2016)**[18]: Assinale a assertiva incorreta sobre processo de conhecimento

a) Até o trânsito em julgado da ação, poderá o Juiz conhecer de ofício, em qualquer tempo e grau de jurisdição, a ausência dos pressupostos de constituição e de desenvolvimento válido e regular do processo, a existência de perempção, litispendência ou coisa julgada, a ausência de legitimidade ou interesse processual, bem como a intransmissibilidade da ação, por disposição legal, em caso de morte
b) A não regularização da representação processual pelo autor, no prazo fixado pelo Juízo de primeiro grau, acarreta a extinção do processo sem resolução do mérito
c) São condições da ação, conforme previsão expressa, e, portanto, matéria de ordem pública, sobre as quais o Juiz deve se pronunciar de ofício, a legitimidade de parte, o interesse processual e a possibilidade jurídica do pedido.
d) É permitido ao Juiz decidir parcialmente o mérito em julgamento antecipado quando um ou mais pedidos ou parcela deles se mostrarem incontroversos ou em condições de imediato julgamento, podendo a parte liquidar ou executar, desde logo, a obrigação parcialmente reconhecida, ainda que existente recurso interposto
e) A audiência poderá ser integralmente gravada em imagem e áudio, podendo ser realizada a gravação diretamente por qualquer das partes, ainda que sem autorização judicial.

O Código de Processo Civil de 1973 adotou a teoria eclética em sua originalidade. Segundo o artigo 267, VI, do CPC/1973, o processo se extingue sem resolução do mérito, "quando não concorre qualquer das condições da ação, como a possibilidade jurídica, a legitimidade das partes e o interesse processual".

O CPC/2015, por sua vez, extirpou a possibilidade jurídica. Hoje, fala-se tão somente em interesse e legitimidade. Segundo o art. 17 do CPC/2015: "Para postular em juízo é necessário ter interesse e legitimidade". Igualmente, o art. 485, VI, prevê que o juiz não resolverá o mérito, quando "verificar ausência de legitimidade ou de interesse processual".

Na verdade, a possibilidade jurídica do pedido passa a ser enfrentada não como integrante do interesse de agir, mas como uma questão de mérito. Dizer que o pedido não possui previsão no sistema jurídico ou que é por ele vedado significa, indubitavelmente, dizer que a parte

16. Gabarito: Incorreto.
17. Gabarito: Letra E.
18. Gabarito: Letra C.

não tem direito ao bem da vida pleiteado; é julgar o pedido improcedente. A possibilidade jurídica nada tem a ver com a admissibilidade do processo, mas sim com o próprio mérito da causa. Enfim, não há mais que se falar em possibilidade jurídica como condição da ação.

Nesse sentido, o STJ já reconheceu que a decisão interlocutória que afasta a alegação de impossibilidade jurídica do pedido versa sobre o mérito da causa, sendo, por isso, recorrível por agravo de instrumento, nos termos do art. 1.015, II, do CPC (STJ. REsp 1.757.123/SP. DJe 15.08.19. Inf. 654).

Antes de se analisar a legitimidade das partes e o interesse de agir, cumpre fazer uma observação.

O art. 17 do CPC/2015 trouxe considerável mudança, ao substituir a expressão "propor ou contestar ação", contida no art. 3º do CPC/1973, por "postular em juízo". Isso porque o preenchimento das condições da ação é exigido para a prática de quaisquer atos processuais, e não apenas para o ajuizamento de ação e o oferecimento de resposta. Assim, por exemplo, embora o autor possua interesse no ajuizamento de ação de cobrança, pode não ter interesse recursal, em razão do julgamento de procedência do seu pedido. Da mesma forma, apesar de o juiz ser sujeito imparcial no processo, tem legitimidade para suscitar conflito de competência e para ser réu no incidente de arguição de suspeição. Portanto, as condições da ação devem ser aferidas considerando cada ato, em razão da dinamicidade da relação processual.

3.1. Legitimidade das partes

São partes legítimas aquelas cujos interesses estejam em conflito. A legitimidade **ativa** (do autor) cabe ao titular do direito afirmado na petição inicial, e a legitimidade **passiva** (do réu), ao titular do interesse que se opõe à pretensão do autor.

A legitimação se divide em **ordinária** e **extraordinária**. Na primeira, a parte, em seu nome, ativa ou passivamente, procura defender em juízo o direito que afirma possuir. Na legitimação extraordinária, a parte, quando **autorizada pelo ordenamento jurídico**, defende, em juízo, direito de outrem.

> Sob a égide do CPC/1973, o Superior Tribunal de Justiça decidiu que "a administradora de imóveis não é parte legítima para ajuizar ação de execução de créditos referentes a contrato de locação, pois é apenas representante do proprietário, e não substituta processual" (STJ. REsp 1252620/SC. DJe 25.06.12). Isso, porque o art. 6º do Código de 1973 previa que a legitimação extraordinária deveria decorrer de lei. O art. 18 do CPC/2015, por outro lado, fala em "ordenamento jurídico", locução mais abrangente e que, a nosso ver, abarca também as regras negociais, até porque permitida a celebração de negócios jurídicos processuais pelo art. 190 do CPC. Logo, acredita-se não haver mais vedação a que cláusula contratual atribua a terceiro a legitimidade para substituir o titular do direito em juízo.

As expressões "legitimação extraordinária" e "substituição processual" são sinônimas.

O legitimado extraordinário é parte (processual). Em consequência, deve arcar com os diversos ônus processuais (custas processuais, honorários sucumbenciais, multa por litigância de má-fé etc.). Pela mesma razão, é com base no substituto processual que se analisam os pressupostos processuais e a competência em razão da pessoa. Só que a suspeição e o impedimento do juiz (ou das pessoas previstas no art. 148 do CPC) devem ser examinados levando-se em consideração tanto o substituto como o substituído (parte material).

Em caso de substituição processual, o **substituído tem o direito de intervir como assistente litisconsorcial** (art. 18, parágrafo único, do CPC), formando, assim, litisconsórcio unitário com o substituto.

Questão de Concurso

▶ **(FCC. Câmara Legislativa do Distrito Federal. Procurador Legislativo. 2018)**[19]: Em relação à função jurisdicional, assinale correto ou incorreto: Ninguém poderá pleitear direito alheio em nome próprio, em nenhuma hipótese.

▶ **(CONSULPLAN. TJ-MG. Titular de Serviços de Notas de Registros – Provimento. 2016)**[20]: Quanto ao exercício da função jurisdicional pelo Estado-Juiz e no que se refere à jurisdição e ação, é **INCORRETO** afirmar:

a) Para postular em juízo é necessário ter interesse e legitimidade.

b) Ninguém poderá pleitear direito alheio em nome próprio, salvo quando autorizado pelo ordenamento jurídico; em havendo substituição processual, o substituído será excluído do feito, não lhe cabendo intervir como assistente litisconsorcial.

c) O interesse do autor pode limitar-se à declaração da existência, da inexistência ou do modo de ser de uma relação jurídica, da autenticidade ou da falsidade de documento.

d) É admissível a ação meramente declaratória, ainda que tenha ocorrido a violação do direito.

A legitimidade pode ser **exclusiva** ou **concorrente** (colegitimação). Será exclusiva quando houver apenas um legitimado apto a defender determinado direito em juízo, seja ele ordinário ou extraordinário. Será concorrente, quando existir mais de um legitimado, podendo haver demanda conjunta (legitimação conjuntiva), quando ocorrerá litisconsórcio unitário, ou isolada (legitimação disjuntiva), quando deverão ser reunidos os processos, a teor do que dispõe o art. 55, § 3º, do CPC. A colegitimação pode ocorrer entre dois ou mais legitimados ordinários (por exemplo, dois credores ou dois devedores solidários), entre um (ou mais) legitimado ordinário e outro (ou mais) extraordinário (por exemplo, o incapaz e o Ministério Público, por exemplo) ou entre dois (ou mais) legitimados extraordinários (por exemplo, o Ministério Público, a União, os Estados, o Distrito Federal, os Municípios, a OAB e as associações, no tocante à defesa dos interesses do idoso, nos termos do art. 81 do Estatuto do Idoso).

A legitimação também pode ser **originária** ou **derivada**. A primeira é aquela verificada na própria petição inicial. A segunda decorre da sucessão processual, que, em regra, exsurge da transferência da titularidade do direito litigioso. Como exemplo, pode-se citar o art. 109, § 1º, do CPC, que permite a substituição processual do alienante da coisa litigiosa pelo adquirente, desde que haja anuência da parte contrária. Além disso, o § 2º do mesmo artigo permite a intervenção do adquirente como assistente litisconsorcial, formando-se, assim, litisconsórcio unitário. Há, porém, casos de legitimação derivada não decorrente de transferência de direito litigioso, como na hipótese do art. 9º da Lei nº 4.717/1965, que regula a ação popular: "se o autor desistir da ação ou der motiva à absolvição da instância, serão publicados editais nos prazos e condições previstos no art. 7º, inciso II, ficando assegurado a qualquer cidadão, bem como ao representante do Ministério Público, dentro do prazo de 90 (noventa) dias da última publicação feita, promover o prosseguimento da ação".

19. Gabarito: Incorreto.
20. Gabarito: Letra B.

Em relação à ação popular, há uma particularidade prevista no § 3º do art. 6º da Lei nº 4.717/1965, o qual estabelece que "a pessoa jurídica de direito público ou de direito privado, cujo ato seja objeto de impugnação, poderá abster-se de contestar o pedido, ou poderá atuar ao lado do autor, desde que isso se afigure útil ao interesse público, a juízo do respectivo representante legal ou dirigente". Trata-se da chamada legitimidade bifronte.

3.2. Interesse processual

O interesse de agir fundamenta-se no binômio **necessidade/utilidade**, que qualifica a tutela jurisdicional postulada.

O interesse-necessidade repousa na premissa de que a jurisdição deve ser a necessária forma de solução de conflitos. A dizer de outra forma, haverá necessidade, se o Estado-juiz, por meio de um processo jurisdicional, puder compor o litígio, a considerar a vedação à autotutela.

O interesse-utilidade verifica-se quando a prestação jurisdicional requerida puder trazer algum benefício ao autor. Por isso, por exemplo, se o réu (antes da sua citação), cumpre a obrigação que lhe é imputada pelo autor, fala-se em "perda do objeto", que significa dizer, na verdade, que não há mais utilidade no provimento jurisdicional requerido.

Em regra, a falta de esgotamento das instâncias administrativas não implica falta de interesse processual. Tal só ocorrerá, de forma absoluta, quando a ação versar sobre questões relativas à disciplina e às competições desportivas (art. 217, § 1º, da Constituição), caso em que deverão ser esgotadas as instâncias da justiça desportiva.

O art. 5º, I, da Lei nº 12.016/2009 prevê que não cabe mandado de segurança contra ato administrativo do qual caiba recurso com efeito suspensivo. Já o art. 7º, § 1º, da Lei nº 11.417/2006 veda o ajuizamento de reclamação constitucional contra ato administrativo antes de exauridas as instâncias administrativas. Todavia, nesses casos, o que se impossibilita é apenas a utilização de procedimentos específicos, não se vedando o ajuizamento de ação pelo procedimento comum. Portanto, não há que se falar em falta de interesse de agir, tampouco em limitação do acesso à justiça.

Não se pode, outrossim, confundir a exigência de esgotamento da esfera administrativa com a necessidade de prévio requerimento administrativo, exigida para a impetração de *habeas data* (enunciado 02 da súmula do STJ) e para o ajuizamento de ação que verse sobre concessão de benefício previdenciário ou assistencial (STF. RE 631.240/MG. DJe 10.11.14). É que, nesses casos, basta o indeferimento pela instância administrativa originária, para que reste caracterizado o interesse, não se fazendo necessário recorrer até a última instância hierárquica.

Há quem afirme que a adequação constitui também elemento do interesse processual. Assim, o pronunciamento jurisdicional postulado pela parte, além de útil e necessário, deveria ser adequado à satisfação do direito afirmado. Contudo, tal característica está relacionada à utilidade do provimento jurisdicional, pois, se não for ele adequado, não será, por consequência, útil. A inadequação, pois, é espécie de inutilidade.

Além disso, a falta de adequação procedimental poderá, sempre, ser corrigida (artigos 283 e 321 do CPC). Assim, por exemplo, se a parte impetra mandado de segurança contra decisão administrativa da qual ainda cabe recurso com efeito suspensivo, pode o juiz determinar à parte que emende a petição inicial, adequando-a ao procedimento comum (art. 319 e seguintes do CPC).

Portanto, pode-se dizer que a adequação está contida na utilidade, conceito mais abrangente.

4. AFERIÇÃO DAS CONDIÇÕES DA AÇÃO

O art. 485, § 3º, do CPC permite que o juiz, em qualquer tempo e grau de jurisdição, analise (ou reanalise) o preenchimento das condições da ação, mesmo de ofício. Isso, porque, como requisitos de admissibilidade do processo, constituem questões cognoscíveis de ofício, podendo ser analisadas a qualquer tempo, antes do trânsito em julgado da decisão final.

> As condições da ação – como a legitimidade ad causam – são consideradas matérias de ordem pública e, portanto, não se submetem à preclusão (STJ. AgRg no REsp 914.645/PR. DJe 20.11.14).

O problema é que as condições da ação frequentemente podem confundir-se com o próprio mérito (objeto litigioso do processo). Exemplificando: "A" propõe ação de indenização contra "B", alegando ter sido atropelado por ele; porém, ao fim da instrução, constata-se que, na verdade, quem atropelou o autor foi uma terceira pessoa, "C". Então, indaga-se: deve-se extinguir o processo sem resolução do mérito, por ilegitimidade passiva *ad causam*, ou deve-se julgar improcedente o pedido?

Pela **teoria da apresentação**, o não preenchimento das condições da ação, independentemente do momento processual, deve levar à extinção do processo sem resolução do mérito. Essa teoria, no entanto, é adotada por pequena parcela da doutrina brasileira. Não parece correto condicionar a análise de uma condição da ação, que é requisito de admissibilidade, à realização de instrução. Caso contrário, ter-se-ia despendido energia processual, com a colheita de elementos probatórios, simplesmente para extinguir o processo sem resolução do mérito, quando este já poderia, de fato, ser apreciado. Não faz sentido desenvolver atividade probatória para aferir um requisito de admissibilidade procedimental, que é questão preliminar ao mérito da causa.

A solução do problema, portanto, foi dada pela **teoria da asserção ou da prospectação**, adotada pela maioria da doutrina, segundo a qual as condições da ação devem ser aferidas pelo julgador no momento do juízo de admissibilidade da petição inicial, conforme alegações do autor, *in status assertionis*, com base em cognição sumária. O juiz deve analisar, hipotética e provisoriamente, as afirmações contidas na demanda, a fim de constatar o preenchimento das condições da ação.

Questão de Concurso

▶ **(FGV, Técnico do Ministério Público – Notificações e Atos Intimatórios, MPE-RJ, 2016)**[21]: No que se refere à aferição da presença, ou não, das condições para o regular exercício da ação, a teoria aplicável é:

a) a asserção;

21. Gabarito: Letra A.

b) a substanciação;
c) a individuação;
d) a causa madura;
e) a concreta do direito de ação.

▶ **(CESPE, Juiz Substituto, TJ-AM, 2016)**[22]: Segundo a teoria da asserção, a análise das condições da ação é feita pelo juiz com base nas alegações apresentadas na petição inicial.Assim, recorrendo novamente ao exemplo supracitado, se "A" demanda contra "B", alegando ser ele o causador do dano, tem-se como preenchida a legitimidade *ad causam*; se, posteriormente, por meio de instrução, percebe-se que o agente do dano foi um terceiro, deve o pedido ser julgado improcedente, porque vencido o juízo de admissibilidade do processo. Situação diferente ocorreria se "A" demandasse contra "B", mesmo indicando "C" como causador do dano, na narrativa da petição inicial. Nesse caso, constata-se, pelas próprias alegações do autor e independentemente de prova, que "B" não é parte legítima, razão por que o processo deve ser extinto sem resolução do mérito.

> Tem prevalecido na jurisprudência desta Corte o entendimento de que as condições da ação, aí incluída a legitimidade para a causa, devem ser aferidas com base na teoria da asserção, isto é, à luz das afirmações deduzidas na petição inicial (STJ. AgRg no AREsp 512.835/SP. DJe 01.06.15).

5. ELEMENTOS

A demanda (ação processualizada) é identificada por três elementos, quais sejam: a) **partes**; b) **causa de pedir**; c) **pedido**. O primeiro constitui o elemento subjetivo, enquanto os dois últimos são os elementos objetivos da ação.

Questão de Concurso

▶ **(CS-UFG. SANEAGO - GO Prova. Advogado. 2018)**[23]: São elementos da "Ação" no Direito Processual Civil:

A) possibilidade jurídica do pedido, legitimidade processual e interesse de agir.
B) legitimidade processual, causa de pedir (remota e próxima) e pedidos.
C) partes, causa de pedir (remota e próxima) e pedidos.
D) partes, causa de pedir (remota e próxima) e possibilidade jurídica do pedido.

▶ **(UEM. UEM. Advogado. 2018)**[24]: São elementos da ação:

a) possibilidade jurídica do pedido, legitimidade ad causam e interesse processual.
b) legitimidade ad causam e interesse processual.
c) partes, causa de pedir e pedido.
d) partes, causa de pedir e interesse processual.
e) partes, legitimidade ad causam e causa de pedir.

---

22. Gabarito: Correto.
23. Gabarito: Letra C.
24. Gabarito: Letra C.

▶ **(FGV. Técnico do Ministério Público – Notificações e Atos Intimatórios. MPE-RJ. 2016)**[25]: São elementos identificadores da ação:

a) juízo, partes e pedido;

b) juízo competente, causa de pedir e demanda;

c) partes, causa de pedir e pedido;

d) partes, interesse processual e pedido;

e) causa de pedir, legitimidade e demanda.

A individualização da ação tem importância fundamental para a verificação de pressupostos processuais negativos, como a litispendência e a coisa julgada, além de possibilitar a aferição de relação de conexidade ou de continência entre causas.

Considera-se parte processual aquela que participa da relação processual, exercendo o contraditório, seja como demandante, demandada ou, ainda, como assistente simples. Parte material, por sua vez, é o sujeito que compõe a relação jurídica subjacente ao processo, o qual nem sempre coincide com o sujeito processual. Veja-se o caso das ações civis públicas, em que o polo ativo (parte processual) pode ser ocupado por qualquer um dos legitimados previstos no art. 5º da Lei nº 7.347/1985, ao passo que será parte material qualquer detentor do direito difuso, coletivo ou individual homogêneo cuja tutela é pleiteada através da ação coletiva.

A *causa petendi* divide-se em duas: causa de pedir remota, consistente no fato jurídico que fundamenta o pedido do autor, e causa de pedir próxima, que corresponde aos efeitos jurídicos decorrentes do fato narrado na petição inicial. O magistrado está vinculado apenas à causa de pedir remota, podendo adotar fundamentação jurídica diversa daquela apontada pelas partes.

> No direito brasileiro vige a teoria da substanciação, segundo a qual o julgador somente está vinculado aos fatos, podendo atribuir-lhes a qualificação jurídica adequada, aplicando-se os brocardos "iura novit curia" e "da mihi factum dabo tibi ius" (STJ. AgRg no AREsp 183.305/RJ. DJe 30.09.13).

Entretanto, é vedado ao juiz decidir com base em fundamento sobre o qual as partes não tiveram oportunidade de se manifestar, a teor do que prescreve o art. 10 do CPC. Assim, embora possa o julgador atribuir configuração jurídica distinta aos fatos narrados, deve dar às partes a chance de se manifestarem previamente sobre a matéria.

O pedido, por sua vez, divide-se em mediato (bem da vida pretendido) e imediato, que consiste no provimento jurisdicional requerido (a condenação do réu, a anulação de ato jurídico, a declaração de inexistência de relação jurídica etc.).

6. CLASSIFICAÇÃO

Considerando o tipo de tutela jurisdicional requerida, as ações podem ser classificadas, de acordo com a classificação ternária, em: a) **condenatórias**; b) **constitutivas**; c) **declaratórias**.

25. Gabarito: Letra C.

As **ações condenatórias** são aquelas que visam à efetivação de um direito a uma prestação, isto é, ao cumprimento, em razão de uma crise de inadimplemento, de um dever jurídico pelo réu.

As **ações constitutivas** (que podem ser positivas ou negativas, também chamadas desconstitutivas) são aquelas que objetivam criar, modificar ou desfazer uma relação jurídica. Estão instrumentalmente ligadas aos direitos potestativos.

As **ações declaratórias**, por se fundarem em uma crise de incerteza, visam à declaração judicial sobre a existência ou inexistência ou, ainda, o modo de ser de uma relação jurídica, bem como sobre a autenticidade ou falsidade de um documento. O CPC, em seu art. 20, admite o ajuizamento de ação declaratória, mesmo que tenha ocorrido violação do direito. A existência de direito a uma prestação não implica ausência de interesse processual em intentar ação declaratória.

Questão de Concurso

▶ **(MPE-PR. MPE-PR. Promotor Substituto. 2019)**[26]: Sobre a jurisdição e a ação, assinale a alternativa correta, de acor-do com o Código de Processo Civil:

A) De acordo com o Código de Processo Civil, é necessário ter interesse, legitimidade e possibilidade jurídica do pedido para postular em juízo.

B) A restrição para se pleitear direito alheio em nome próprio é absoluta e não possui exceções.

C) É cabível ação declaratória do modo de ser da relação jurídica.

D) A ação declaratória de autenticidade de documento não é admitida pelo ordenamento jurídico.

E) Se houver afirmação de violação de um direito, não se admite a ação meramente declaratória.

▶ **(FCC. SEFAZ-SC. Auditor da Receita. 2018)**[27]: A ação meramente declaratória

a) não é admissível, pela falta de conteúdo condenatório na sentença a ser proferida.

b) é admissível, salvo se houver ocorrido a violação do direito.

c) não é admissível, pela falta de conteúdo mandamental na sentença a ser proferida.

d) é admissível, ainda que tenha ocorrido a violação do direito.

e) poderá ou não ser admissível, se a sentença a ser proferida não possuir efeitos patrimoniais nem definir a exis-tência ou a inexistência de uma relação jurídica.

▶ **(FCC. Câmara Legislativa do Distrito Federal. Procurador Legislativo. 2018)**[28]: Assinale correto ou incorreto: A possibilida-de jurídica da ação é uma das condições preliminares a serem observadas no atual CPC por ocasião da prestação jurisdicio-nal, até mesmo de ofício.

▶ **(CONSULTEC. Pref. de Ilhéus-BA. Procurador Jurídico. 2016)**[29]: Com base no Art. 19, do novo Código de Processo Civil (CPC), o interesse do autor pode limitar-se à declaração

a) apenas do interesse

26. Gabarito: Letra C.
27. Gabarito: Letra D.
28. Gabarito: Incorreto.
29. Gabarito: Letra E.

b) apenas de uma relação jurídica

c) da existência, da inexistência de uma relação jurídica

d) da autenticidade e falsidade de documento

e) da existência, da inexistência ou do modo de ser de uma relação jurídica

---

▶ **(MPE-PR. MPE-PR. Promotor Substituto. 2016 – ADAPTADA)**[30]: Sobre as normas fundamentais do Processo Civil e os temas de jurisdição e ação, assinale correto ou incorreto: "O interesse do autor pode ser limitar à declaração do modo de ser relação jurídica, ainda que não exista pedido de condenação ou de reparação de dano".

Há, entretanto, quem opte pela classificação quinária das ações (por adotar a ação de direito material, em vez da processual, como parâmetro). Para parcela da doutrina, as ações de prestação dividem-se em três espécies: mandamentais, executivas e condenatórias. Portanto, em vez de três, as espécies seriam cinco: declaratórias, constitutivas, condenatórias, mandamentais e executivas.

Pois bem.

São mandamentais as ações que visam ao cumprimento de uma obrigação por coerção ou execução indireta (exemplo: fixação de multa, para que o devedor cumpra espontaneamente a obrigação de fazer).

Nas ações executivas, o cumprimento da obrigação se dá por execução direta, isto é, pela atuação do Estado, substituindo a vontade do réu (exemplo: penhora e alienação judicial de bens para satisfazer obrigação pecuniária).

Já as ações condenatórias, pela teoria quinária, são apenas aquelas que impõem obrigação de pagar quantia. Há, entretanto, quem defenda que, ao contrário das mandamentais e das executivas (que se efetivam *sine intervallo*), o que caracteriza as ações condenatórias é a necessidade de, após a prolação da sentença no processo de conhecimento, formar-se uma nova relação processual (processo autônomo de execução), com nova citação do réu. Todavia, hoje, predomina o processo sincrético, a considerar que, em regra, não há mais necessidade de instauração de um processo de execução, mas sim de simples fase de execução, nos mesmos autos do processo de conhecimento, com simples intimação da parte executada. Assim, as hipóteses de ações condenatórias (para aquela parte da doutrina) seriam bastante restringidas pelas sucessivas reformas do CPC/1973, cujas disposições não foram substancialmente modificadas pelo CPC/2015.

7. SÚMULAS

Súmula do STF

643. O Ministério Público tem legitimidade para promover ação civil pública cujo fundamento seja a ilegalidade de reajuste de mensalidades escolares.

---

30. Gabarito: Correto.

Súmula do STJ

2. Não cabe o habeas data (CF, art. 5º, LXXII, letra "a") se não houve recusa de informações por parte da autoridade administrativa.

99. O Ministério Público tem legitimidade para recorrer no processo em que oficiou como fiscal da lei, ainda que não haja recurso da parte.

181. É admissível ação declaratória, visando a obter certeza quanto à exata interpretação de cláusula contratual.

226. O Ministério Público tem legitimidade para recorrer na ação de acidente de trabalho, ainda que o segurado esteja assistido por advogado.

242. Cabe ação declaratória para reconhecimento de tempo de serviço para fins previdenciários.

249. A Caixa Econômica Federal tem legitimidade passiva para integrar processo em que se discute correção monetária do FGTS.

327. Nas ações referentes ao Sistema Financeiro de Habitação, a Caixa Econômica Federal tem legitimidade como sucessora do Banco Nacional da Habitação.

329. O Ministério Público tem legitimidade para propor ação civil pública em defesa do patrimônio público.

396. A Confederação Nacional da Agricultura tem legitimidade ativa para a cobrança da contribuição sindical rural.

521. A legitimidade para a execução fiscal de multa pendente de pagamento imposta em sentença condenatória é exclusiva da Procuradoria da Fazenda Pública.

601. O Ministério Público tem legitimidade ativa para atuar na defesa de direitos difusos, coletivos e individuais homogêneos dos consumidores, ainda que decorrentes da prestação de serviço público.

642. O direito à indenização por danos morais transmite-se com o falecimento do titular, possuindo os herdeiros da vítima legitimidade ativa para ajuizar ou prosseguir a ação indenizatória.

8. ENUNCIADOS DO FPPC

152. O autor terá prazo único para requerer a substituição ou inclusão de réu (arts. 338, caput; 339, §§ 1º e 2º), bem como para a manifestação sobre a contestação (arts. 350 e 351).

296. Verificando liminarmente a ilegitimidade passiva, o juiz facultará ao autor a alteração da petição inicial, para substituição do réu sem ônus sucumbenciais.

666. O processo coletivo não deve ser extinto por falta de legitimidade quando um legitimado adequado assumir o polo ativo ou passivo da demanda.

667. Admite-se a migração de polos nas ações coletivas, desde que compatível com o procedimento.

9. ENUNCIADOS DO FNPP

2. (art. 85, caput e §§ 13 e 19, art. 18, Lei 13.105/15) A Fazenda Pública possui legitimidade extraordinária para discutir, recorrer e executar os honorários sucumbenciais nos processos em que seja parte.

10. INFORMATIVOS

Informativos do STJ

Associação de Municípios e Prefeitos não possui legitimidade ativa para tutelar em juízo direitos e interesses das pessoas jurídicas de direito público. Na origem, trata-se de ação proposta por associação dos Municípios e Prefeitos em desfavor da União, objetivando a condenação desta à complementação dos valores do FUNDEF, visto haver diferenças a serem recebidas. Nesse contexto, a discussão se limita a examinar a possibilidade de representação judicial de Municípios por meio de associações. Inicialmente, cumpre salientar que, conforme a literalidade do texto constitucional, ao contrário dos sindicatos, que têm legitimidade para atuar como substitutos processuais de seus associados, na via do Mandado de Segurança Coletivo ou nas vias ordinárias, as associações só têm legitimidade para atuar como substitutas processuais em Mandado de Segurança Coletivo (art. 5º, LXX, "b", da Constituição), ocorrendo sua atuação nas demais ações por meio de representação. É importante consignar que, para a representação judicial pelas associações há a necessidade de que lhes seja conferida autorização, que deve ser expressa, na forma estabelecida no art. 5º, XXI, da CF/88, sendo insuficiente previsão genérica do estatuto da associação. No que se refere à representação judicial dos Municípios, sequer deve se considerar a necessidade ou não de autorização às associações para a tutela em juízo, pois, nos moldes do art. 12, II, do CPC/1973 e do art. 75, III, do CPC/2015, a representação judicial desses entes federados deve ser, ativa e passivamente, exercida por seu Prefeito ou Procurador. Nesse mesmo sentido registre-se que, "a representação do ente municipal não pode ser exercida por associação de direito privado, haja vista que se submete às normas de direito público. Assim sendo, insuscetível de renúncia ou de delegação a pessoa jurídica de direito privado, tutelar interesse de pessoa jurídica de direito público sob forma de substituição processual" (AgRg no AREsp 104.238-CE, Relator Ministro Francisco Falcão, DJe 7/5/2012; RMS 34.270-MG, Rel. Ministro Teori Albino Zavascki, DJe 28/10/2011). Por fim, conclui-se que, em qualquer tipo de ação, permitir que os Municípios sejam representados por associações equivaleria a autorizar que eles dispusessem de uma série de privilégios materiais e processuais estabelecidos pela lei em seu favor. E, como esses privilégios visam a tutelar o interesse público, não há como os Munícipios disporem deles ajuizando suas ações por meio de associações, pois o interesse público é indisponível. REsp 1.503.007-CE, Rel. Min. Herman Benjamin, por unanimidade, julgado em 14/6/2017, DJe 6/9/2017. Inf. 610.

O exercício da legitimação extraordinária, conferida para tutelar direitos individuais homogêneos em ação civil pública, não pode ser estendido para abarcar a disposição de interesses personalíssimos, tais como a intimidade, a privacidade e o sigilo bancário dos substituídos. O ponto nodal da discussão consiste em analisar a possibilidade de o Ministério Público, na condição de legitimado extraordinário em ação civil pública, obter informações de consumidores protegidas pelo sigilo bancário, com o objetivo de colher provas que demonstrem a utilização reiterada da venda casada como prática de mercado pelas instituições financeiras. Inicialmente, cabe salientar que a relação nominal de clientes que contrataram determinadas operações num período temporal determinado, se encaixa com perfeição no dever de sigilo definido na legislação complementar específica. Muito embora não se trate de proteção absoluta, as limitações impostas ao dever legal de sigilo devem ser interpretadas de forma restritiva e sempre com muita prudência. Assim, se, por um lado, é fato que o sigilo bancário deve ceder quando contrastado com as legítimas expectativas de obtenção de receitas públicas ou com o exercício monopolista do poder sancionador do Estado, nos casos de prática de ilícitos penais e administrativos; de outro, não se pode ignorar que as informações prestadas no bojo de processos judiciais ou administrativos deve observar a restrição de acesso às partes, que delas não podem "servir-se para fins estranhos à lide" (art. 3º, da LC nº 105/2001). Observe-se que, quando não se está diante de qualquer conduta imputável ao cliente bancário, mas de mera tutela de interesse do consumidor, não se olvida que a proteção do sigilo possa ser objeto de afastamento em benefício do titular do direito, uma vez que não pode a instituição financeira negar acesso àquelas informações a seu cliente. Isso porque a proteção é instaurada em prol do consumidor, daí que, por consequência lógica, não pode ser a ele mesmo oposta. Por outra via, porém, não se pode pretender alargar a legitimidade para o afastamento temporário do sigilo legalmente assegurado, a fim de abarcar o Ministério Público, enquanto autor de uma ação civil pública, a dispor de uma garantia personalíssima e requerer a divulgação irrestrita de dados protegidos. Ainda que o intuito declarado pelo parquet seja tão somente o de colher provas que demonstrem a utilização reiterada da venda casada como prática de mercado pelas instituições financeiras, não se pode chancelar tamanha invasão indiscriminada à intimidade do consumidor. Desse modo, enquanto legitimado extraordinário, não é dado ao MP atuar de forma dispositiva, abrindo mão de interesses personalíssimos, em nome de quem é por ele substituído na demanda. Por fim, deve-se ainda assentar que a publicidade que deve ser dada à propositura de ação civil pública não tem a propriedade de flexibilizar direitos a privacidade e intimidade com intuito, ao fim e ao cabo, de facilitar o trabalho investigativo do parquet, aproveitando-se da natural assimetria de poder do Estado frente os particulares. REsp 1.611.821-MT, Rel. Min. Marco Aurélio Bellizze, por unanimidade, julgado em 13/6/2017, DJe 22/6/2017. Inf. 607.

Os sucessores da vítima têm legitimidade para ajuizar ação de cobrança de pagamento de indenização do seguro DPVAT por invalidez permanente ocorrida antes da morte daquela. A discussão trazida no recurso especial consiste em saber se o direito à indenização do seguro DPVAT por invalidez permanente, previsto no mencionado art. 4º, § 3º, da Lei nº 6.194/74, classifica-se como direito personalíssimo, intransferível, ou como direito patrimonial, submetido às regras da sucessão. Da leitura das redações original e atual (após alteração promovida pela Lei nº 11.482/2007) do artigo supracitado depreende-se que, em caso de morte, no regime da lei vigente na época dos fatos, os beneficiários da indenização seriam o cônjuge sobrevivente ou, na sua falta, os herdeiros legais; pela legislação atual, 50% do montante deverá ser destinado ao cônjuge não separado judicialmente, sendo a outra metade dividida entre os herdeiros do segurado (CC 2002, art. 792). Dessa forma, verificado o evento morte decorrente de acidente de trânsito, o direito à indenização do seguro DPVAT não integra o patrimônio do falecido, tratando-se de direito a ser deferido aos beneficiários segundo a ordem legal vigente quando do sinistro (cf. RESP 1.419.814-SC, Rel. Min. Ricardo Villas Bôas Cueva, DJe de 3/8/2015). O caso, todavia, trata de hipótese diversa, em que o óbito da vítima verificou-se somente após 4 anos do acidente causador da invalidez permanente e por causas distintas. O direito à indenização do DPVAT cabia, pois, à própria vítima, seja pela redação originária da Lei nº 6.194/74 (art. 4º, caput, parte final), seja pela redação hoje vigente da mesma lei (§ 3º, do mesmo artigo). Assim, a partir do momento em que configurada a invalidez permanente, o direito à indenização securitária passou a integrar o conjunto do patrimônio da vítima do acidente, que, com a sua morte, constitui-se herança a ser transmitida aos sucessores, que, portanto, têm legitimidade para propor ação de cobrança dessa quantia. Frise-se que a mesma linha de entendimento foi adotada pela 3ª Turma do STJ, na oportunidade em que apreciado o REsp 1.335.407-RS, Rel. Min. Paulo de Tarso Sanseverino, DJe 23/5/2014. REsp 1.185.907-CE, Rel. Min. Maria Isabel Gallotti, por unanimidade, julgado em 14/2/2017, DJe 21/2/2017. Inf. 598.

DIREITO PROCESSUAL CIVIL. LEGITIMIDADE PASSIVA DE SOCIEDADE EMPRESÁRIA PROPRIETÁRIA DE SEMIRREBOQUE EM AÇÃO DE REPARAÇÃO DE DANOS.

A sociedade empresária proprietária de semirreboque pode figurar no polo passivo de ação de reparação de danos ajuizada em decorrência de acidente de trânsito envolvendo o caminhão trator ao qual se encontrava acoplado. De antemão, esclarece-se que determinar se a empresa proprietária de semirreboque pode ser responsabilizada pelos danos causados em acidente envolvendo caminhão trator configura questão cuja solução não parece tranquila na jurisprudência do STJ. Com efeito, em defesa da tese da irresponsabilidade, destaca-se o REsp 494.372-MG (Quarta Turma, DJe 29/3/2010), cuja orientação foi adotada, mais recentemente, em decisão singular proferida no REsp 1.041.424-RS (publicada em 6/2/2012). Em diretriz oposta, há a posição externada pela Terceira Turma no REsp 453.882-MG (DJe 25/9/2012), seguida no julgamento do AgRg no REsp 1.521.006-SP (Terceira Turma, DJe 13/10/2015). De fato, a responsabilidade pelo fato da coisa ocorre quando esta é a causa do evento danoso, mesmo que não tenha havido a interferência ou o comando direto do dono. Não se exige a constatação de conduta direta do dono ou de seus prepostos. É o uso, fruição, proveito de uma coisa, por qualquer meio, que acarreta a responsabilidade pelos danos que ela causar. Nesse sentido, há doutrina no sentido de que: "configurado o nexo de causa e efeito entre o bem e o dano, desponta automaticamente a responsabilidade quando terceiros são atingidos", sendo "despiciendo investigar se o dono procedeu com toda a diligência ou cuidado que se impunha". Examinando os precedentes do STJ sobre o assunto, percebe-se, no julgamento realizado pela Terceira Turma no REsp 453.882-MG (DJe 25/9/2012), dois fortes fundamentos pela responsabilização do proprietário do semirreboque: o primeiro, referente ao interesse comercial que unia os proprietários dos dois veículos, caminhão e semirreboque, e o segundo, consistente, exatamente, na responsabilidade derivada da escolha mal feita pelo dono, no que respeita ao usuário da coisa. Ademais, no que diz respeito à inexistência de força motriz própria do semirreboque, capaz de isentá-lo de responsabilidade, verifica-se que os veículos são classificados pelo art. 96 do CTB das seguintes formas: quanto à tração, quanto à espécie e quanto à categoria. Quanto à tração, os veículos serão categorizados conforme a maneira com que serão colocados em movimento: "Art. 96. Os veículos classificam-se em: I – quanto à tração: a) automotor; b) elétrico; c) de propulsão humana; d) de tração animal; e) reboque ou semi-reboque". Nessa linha, se o veículo possui motor de propulsão, que o faz circular por seus próprios meios, trata-se de um veículo automotor; se, em vez de motor de propulsão movido a combustíveis fósseis, o funcionamento do veículo for impulsionado por energia elétrica, classifica-se como elétrico. Seguindo a classificação, passa-se aos veículos de propulsão humana, de tração animal, reboques e semirreboques, que são aqueles desprovidos de motor e que se utilizam de ação externa para serem colocados em movimento. Aqui se encontram os reboques e semirreboques que são tracionados por outro veículo automotor e que se diferenciam pela maneira como são acoplados àquele veículo: enquanto o reboque é engatado atrás de um veículo automotor, o semirreboque apoia-se na unidade tratora ou é a ela ligada por meio de articulação. Assim, o cavalo mecânico e o semirreboque trabalham articuladamente, são dois veículos que unidos constituem partes de um terceiro e específico veículo, o CVC (combinação de veículo de carga), que somente existe a partir da junção dos dois primeiros. Por essa razão, é impossível afirmar que o proprietário do semirreboque é isento de responsabilidade, por ser aquele veículo desprovido de força motora própria, uma vez que essa característica não é suficiente ou decisiva para descaracterizá-lo como veículo. Destaque-se, ainda, a Portaria nº 86/2006 do DENATRAN, que no uso de suas atribuições conferidas pelo CTB, tratou de homologar os veículos e as combinações de transporte de carga com seus respectivos limites de comprimento e peso bruto total, e nesse documento a classificação destinada ao caminhão e ao caminhão somado ao semirreboque é a mesma: ambos são denominados composições. Nessa extensão, o semirreboque não pode ser visto isoladamente, nem mesmo o cavalão mecânico – que sem o semirreboque de nada serve –, devendo ambos, a princípio, responder solidariamente pelos danos causados a terceiros, dada a existência de interesse comum na união para o desempenho da atividade. Por fim, não se pode olvidar que a escolha quanto ao cavalo mecânico é do proprietário do semirreboque, exsurgindo dessa constatação, como afirmado antes, a possível responsabilidade pela má eleição, conduta negligente em relação à coisa. Precedentes citados: REsp 453.882-MG, Terceira Turma, DJe 25/9/2012; AgRg no REsp 1.521.006-SP, Terceira Turma, DJe 13/10/2015. REsp 1.289.202-RS, Rel. Min. Luis Felipe Salomão, por unanimidade, julgado em 2/6/2016, DJe 29/8/2016. Informativo 589.

DIREITO PROCESSUAL CIVIL. LEGITIMIDADE ATIVA AD CAUSAM PARA PLEITEAR DE EMPREENDEDOR DE SHOPPING CENTER INDENIZAÇÃO POR DANOS A ESTABELECIMENTO.

Ainda que, no contrato de locação estabelecido com o empreendedor de shopping center, conste como locatário apenas o sócio majoritário, a sociedade empresária possui legitimidade ativa ad causam concorrente para pleitear indenização por danos ao estabelecimento instalado no centro comercial. Sob a perspectiva do estabelecimento, há uma mitigação do axioma latino *societas distat a singulis*, ou seja, embora haja uma conotação patrimonial, nele, há absoluta sintonia de interesses da pessoa física com a jurídica, interesses que estão diretamente ligados ao aviamento. Nessa linha, se uma sociedade empresária desenvolve seu estabelecimento em um centro de compras, por óbvio, busca obter lucros com sua atividade empresarial, e, para que isso ocorra, há que se ter uma simbiose entre a pessoa jurídica e a pessoa física, no tocante aos seus interesses. Com efeito, por meio desse silogismo, é possível perceber que, havendo pretensão que diga respeito ao estabelecimento com todos os seus componentes, não há dúvidas de que tanto a sociedade empresária quanto seus sócios possuem interesses juridicamente protegidos capazes de habilitá-los como titulares de direito material, podendo eventualmente deduzi-los em juízo. Ocorre que a legitimidade está intrinsecamente ligada ao interesse de agir da parte, isto é, há que se verificar, precipuamente, a utilidade que a referida demanda terá para aquele cujo bem da vida sofreu ou está na iminência de sofrer alguma lesão. Ademais, o debate a respeito da legitimidade ativa da sociedade empresária não pode passar à margem da efetiva consciência da atipicidade contratual estabelecida com o *shopping center*, tampouco não se pode olvidar do aspecto teleológico da legislação locatícia ora em exame. Nesse contexto, cumpre destacar que o contrato de *shopping center* possui inúmeras nuances em relação aos demais contratos de locação convencionalmente celebrados. Apesar de tal pacto amparar largamente o empreendedor – uma vez que este elabora previamente as cláusulas contratuais, às quais os lojistas deverão se sujeitar –, é plausível afirmar que a Lei nº 8.245/1991 (Lei de Locações), em consonância com os princípios fundamentais estabelecidos pela CF, também tutela os bens e interesses dos lojistas dentro dessa relação negocial. Conforme apontado por doutrina, claramente se nota que o escopo da legislação locatícia, especialmente no tocante ao lojista, é o de salvaguardar seu estabelecimento empresarial, já que esse é seu instrumento de trabalho. É evidente que também está presente, na sociedade, o interesse de resguardar todo o complexo de bens que compõe o estabelecimento, assim como para o sócio, signatário do contrato. *Mutatis mutandis*, essa mesma linha argumentativa foi utilizada pelo legislador no tocante à ação renovatória, na qual se buscou estabelecer uma legitimidade concorrente para pleitear o direito de inerência do locatário (art. 51, § 2º, da Lei de Locações). REsp 1.358.410-RJ, Rel. Min. Luis Felipe Salomão, por unanimidade, julgado em 4/8/2016, DJe 5/9/2016. Informativo 589.

DIREITO PROCESSUAL CIVIL E DO CONSUMIDOR. LEGITIMIDADE PASSIVA AD CAUSAM DE INCORPORADORA IMOBILIÁRIA EM DEMANDA QUE OBJETIVA RESTITUIÇÃO DE COMISSÃO DE CORRETAGEM E DE SATI. RECURSO REPETITIVO. TEMA 939.

Tem legitimidade passiva "ad causam" a incorporadora, na condição de promitente-vendedora, para responder a demanda em que é pleiteada pelo promitente-comprador a restituição dos valores pagos a título de comissão de corretagem e de taxa de assessoria técnico-imobiliária, alegando-se prática abusiva na transferência desses encargos ao consumidor. De início, levando em consideração, em tese, as alegações dos promitentes-compradores (consumidores), observa-se, nesse tipo de demanda, afirmações como a de que o consumidor compareceu a um estande de vendas com o objetivo de comprar um imóvel, mas acabou sendo obrigado a arcar com os custos dos serviços de corretagem prestados por corretores escolhidos pela incorporadora. Analisando-se esse tipo de alegação com base na teoria da asserção – prevalente na jurisprudência do STJ (REsp 818.603-RS, Terceira Turma, DJe 3/9/2008; e REsp 1.395.875-PE, Segunda Turma, DJe 7/3/2014) –, cumpre indagar se, caso sejam verdadeiras as afirmações do autor, a incorporadora poderia ser condenada a ressarcir os valores pagos a título de corretagem? À primeira vista, pode parecer que caberia ao corretor figurar no polo passivo da relação processual, pois foi quem recebeu os valores diretamente do consumidor. Contudo, do exame das alegações dos consumidores, geralmente não se observa nenhuma insurgência quanto à existência de um contrato de corretagem e à necessidade de se remunerar o corretor pelos serviços prestados. Nesses casos, a questão em geral suscitada pelos consumidores se limita a estabelecer quem deve assumir o encargo da restituição dessa remuneração. Sob a ótica dos consumidores, a corretagem foi contratada pela incorporadora de modo que ela é quem deveria responder por esse encargo. Por decorrência lógica, para que o encargo recaia sobre a incorporadora, deve-se admitir o ajuizamento da demanda contra esta, ou seja, reconhecer a legitimidade passiva *ad causam*. Observe-se que o raciocínio acima se limita à questão da legitimidade passiva, pois a análise da efetiva obrigação de ressarcir os consumidores é questão de mérito, a ser enfrentada em outra oportunidade. De outra parte, com relação aos custos do serviço de assessoria técnico-imobiliária (SATI), os consumidores também alegam, geralmente, que se trata de serviço contratado pela incorporadora, mas com encargo transferido para consumidores. As alegações deduzidas pelos consumidores com relação à SATI são semelhantes às afirmações feitas a respeito da comissão de corretagem, devendo-se adotar, portanto, a mesma solução, admitindo-se a legitimidade passiva da incorporadora. REsp 1.551.968-SP, Rel. Min. Paulo de Tarso Sanseverino, Segunda Seção, por unanimidade, julgado em 24/8/2016, DJe 6/9/2016. Informativo 589.

DIREITO PROCESSUAL CIVIL. HIPÓTESE DE ILEGITIMIDADE PARA PLEITEAR O RECONHECIMENTO DE FILIAÇÃO SOCIOAFETIVA.

O filho, em nome próprio, não tem legitimidade para deduzir em juízo pretensão declaratória de filiação socioafetiva entre sua mãe – que era maior, capaz e, ao tempo do ajuizamento da ação, pré-morta – e os supostos pais socioafetivos dela. Em regra, a ação declaratória do estado de filho, conhecida como investigação de paternidade, é apenas uma espécie do gênero declaratória de estado familiar, podendo ser exercida por quem tenha interesse jurídico em ver reconhecida sua condição de descendente de uma determinada estirpe, apontando a outrem uma ascendência parental, caracterizadora de parentesco em linha reta, que o coloca na condição de herdeiro necessário. Ocorre que, segundo dispõe o art. 1.606 do CC, "a ação de prova de filiação compete ao filho, enquanto viver, passando aos herdeiros, se ele morrer menor ou incapaz", sendo inegável, portanto, que a lei confere legitimidade diretamente ao filho para vindicar o reconhecimento do vínculo de parentesco, seja ele natural ou socioafetivo – a qual não é concorrente entre as gerações de graus diferentes –, podendo ser transferida aos filhos ou netos apenas de forma sucessiva, na hipótese em que a ação tiver sido iniciada pelo próprio filho e não tiver sido extinto o processo, em consonância com a norma inserta no parágrafo único do mesmo dispositivo legal ("Se iniciada a ação pelo filho, os herdeiros poderão continuá-la, salvo se julgado extinto o processo"). Decorre da norma legal em comento que o estado de filiação – além de se caracterizar como um direito indisponível, em função do bem comum maior a proteger, e imprescritível, podendo ser reconhecido a qualquer tempo – é uma pretensão que só pode ser buscada pela pessoa que detém a aptidão para isso, uma vez que a legislação pátria atribui a essa tutela a natureza de direito personalíssimo, o qual somente se extingue com a morte civil. Pondere-se que a aptidão do filho da genitora só se justificaria se, ao tempo do óbito, ela se encontrasse incapaz, sem apresentar nenhum indício de capacidade civil ou de que estaria em condições de expressar livremente sua vontade. Nesse diapasão, verifica-se a existência de doutrina que comenta o art. 1.606 do CC no sentido de que "o referido comando legal limita o direito de herdeiros postularem o direito próprio do *de cujus*, a não ser que este tenha falecido menor ou incapaz. Não limita, e se o fizesse seria inconstitucional, o direito próprio do herdeiro". Na mesma linha intelectiva, importa destacar entendimento doutrinário de que "morrendo o titular da ação de filiação antes de tê-la ajuizado, segundo a atual legislação em vigor, claramente discriminatória, faltará aos seus sucessores legitimidade para promovê-la, sucedendo, pelo texto da lei, induvidosa carência de qualquer ação de investigação de paternidade promovida por iniciativa dos herdeiros do filho que não quis em vida pesquisar a sua perfilhação". Desse modo, por todos os fundamentos expendidos, impõe-se reconhecer, no caso em tela, a ilegitimidade do filho da genitora, pré-morta, resguardando-se a ele, na esteira dos precedentes do STJ, e se assim o desejar, o direito de ingressar com outra demanda em nome próprio. REsp 1.492.861-RS, Rel. Min. Marco Aurélio Bellizze, julgado em 2/8/2016, DJe 16/8/2016. Informativo 588.

DIREITO PROCESSUAL CIVIL. LEGITIMIDADE ATIVA DE ASSOCIAÇÃO PARA DEFENDER OS INTERESSES DE SEUS FILIADOS.

Associação não tem legitimidade ativa para defender os interesses dos associados que vierem a se agregar somente após o ajuizamento da ação de conhecimento. Por ocasião do julgamento do RE 573.232-SC (Tribunal Pleno, DJe 19/9/2014), sob o regime do art. 543-B, do CPC/1973, o STF decidiu que as "balizas subjetivas do título judicial, formalizado em ação proposta por associação, é definida pela representação no processo de conhecimento, presente a autorização expressa dos associados e a lista destes juntada à inicial". Registre-se, por oportuno, que não se desconhece a existência de precedentes do STF, posteriores ao entendimento proferido no RE 573.232-SC, que reconhecem a ausência de repercussão geral do debate acerca da ilegitimidade ativa de servidores e trabalhadores para executar sentença condenatória, quando há previsão expressa no título executivo judicial de extensão dos efeitos da decisão a toda a categoria (ARE 901.963-SC, Tribunal Pleno, DJe 16/9/2015). Todavia, esses julgados não têm aplicabilidade ao caso em apreço. Primeiro, porque o presente processo cuida de ação ordinária (fase de conhecimento) proposta por associação em nome de atuais e futuros associados e não de execução individual de sentença proferida em ação civil pública. Segundo, porque o debate travado nas instâncias ordinárias não abarca a questão federal sobre limites da coisa julgada formada em sentença condenatória genérica proferida em processo de conhecimento, matéria de natureza infraconstitucional. Terceiro, porquanto o fundamento da legitimidade ativa da associação, no presente caso, não dispensa exame sobre a necessidade de autorização das associações para a representação de seus associados, matéria reconhecidamente de repercussão geral no RE 573.232-SC. REsp 1.468.734-SP, Rel. Min. Humberto Martins, julgado em 1º/3/2016, DJe 15/3/2016. Informativo 579.

DIREITO CIVIL E PROCESSUAL CIVIL. Assédio processual. Abuso do direito de ação e de defesa. Ajuizamento sucessivo e repetitivo de ações temerárias, desprovidas de fundamentação idônea e intentadas com propósito doloso. Reconhecimento como ato ilícito. Possibilidade.

Inicialmente cumpre salientar que é preciso repensar o processo à luz dos mais basilares cânones do próprio direito, não para frustrar o regular exercício dos direitos fundamentais pelo litigante sério e probo, mas para refrear aqueles que abusam dos direitos fundamentais por mero capricho, por espírito emulativo, por dolo ou que, em ações ou incidentes temerários, veiculem pretensões ou defesas frívolas, aptas a tornar o processo um simulacro de processo. Especificamente dos precedentes formados nos Estados Unidos da América, que se extrai fundamentação substancial para coibir o abusivo do exercício do direito de peticionar e de demandar, isto é, para a proibição do que se convencionou chamar de sham litigation. A despeito de a doutrina da sham litigation ter se formado e consolidado enfaticamente no âmbito do direito concorrencial, absolutamente nada impede que se extraia, da ratio decidendi daqueles precedentes que a formaram, um mesmo padrão decisório a ser aplicado na repressão aos abusos de direito material e processual, em que o exercício desenfreado, repetitivo e desprovido de fundamentação séria e idônea pode, ainda que em caráter excepcional, configurar abuso do direito de ação. No caso, é fato incontroverso que os recorridos efetivamente se utilizaram de área, ocupada com base em procuração falsa, para o desenvolvimento de cultura agrícola, em flagrantes prejuízos aos proprietários, por longas décadas, valendo-se, para atingir esse objetivo, de sucessivas e reiteradas ações judiciais desprovidas de fundamentação idônea. A longa batalha enfrentada pelos herdeiros até a efetiva retomada das suas terras teve início há décadas e perdurou por longos anos, com todos os entraves possíveis e com o uso abusivo do direito de acesso à justiça. (REsp 1.817.845-MS, Rel. Min. Paulo de Tarso Sanseverino, Rel. Acd. Min. Nancy Andrighi, Terceira Turma, por maioria, julgado em 10/10/2019, DJe 17/10/2019)

11. SINOPSE

AÇÃO
Conceito
Ação é o direito público subjetivo autônomo e abstrato de provocar a atividade jurisdicional.
Condições da ação
No CPC/2015, são condições da ação a legitimidade das partes e o interesse processual. A legitimidade é aferida de acordo com a titularidade da relação jurídica afirmada em juízo. Em princípio, é legítima a parte que integra a relação material afirmada na petição inicial. Admite-se, porém, a legitimidade extraordinária, isto é, a defesa de direito alheio em nome próprio, por expressa autorização do ordenamento jurídico. O interesse processual desdobra-se em necessidade e utilidade: para que a parte tenha interesse de agir, precisa demonstrar a necessidade do provimento pleiteado, em razão da resistência do réu à sua pretensão, bem como a utilidade da prestação jurisdicional, consistente na promoção de algum benefício à esfera jurídica do autor.
Aferição das condições da ação
As condições da ação são aferidas consoante as afirmações trazidas pelo autor na petição inicial, em juízo hipotético e provisório (teoria da asserção). Todavia, trata-se de matéria cognoscível de ofício a qualquer tempo nas instâncias ordinárias, por condicionar a validade do procedimento.
Elementos
Os elementos identificadores da ação são partes, causa de pedir e pedido (objeto). São partes processuais aquelas que participam do processo, exercendo contraditório; são partes materiais aquelas que, ainda que substituídas por outrem no processo, por expressa previsão do ordenamento, são titulares da relação jurídica substancial afirmada em juízo. A causa de pedir divide-se em remota e próxima: a primeira consiste no fato ou conjunto de fatos aos quais o autor atribui relevância jurídica, enquanto a segunda consiste nos efeitos jurídicos provenientes dos fatos alegados (não se confunde com a fundamentação legal). No direito brasileiro, adota-se a teoria da substanciação, segundo a qual o julgador está vinculado apenas aos fatos afirmados pelas partes, não à qualificação jurídica. O pedido divide-se em mediato (bem da vida pretendido) e imediato, que consiste no provimento jurisdicional requerido (a condenação do réu, a anulação de ato jurídico, a declaração de inexistência de relação jurídica etc.).
Classificação ternária
Ações constitutivas, declaratórias e condenatórias. As ações constitutivas visam à criação, à modificação ou à extinção de situações jurídicas. As ações declaratórias objetivam certificar a existência, a inexistência ou o modo de ser de uma relação jurídica, bem como a autenticidade ou a falsidade de documento. As ações condenatórias visam à efetivação de um direito a uma prestação.
Classificação quinaria
Ações constitutivas, declaratórias, condenatórias, executivas e mandamentais.

CAPÍTULO 4

COMPETÊNCIA

1. CONSIDERAÇÕES INICIAIS

O Estado, no exercício de sua atividade jurisdicional, tem o poder-dever de solucionar conflitos de interesse (mesmo que virtuais), apresentados pela ação processualizada, de forma imparcial, substituindo a vontade das partes. Para que a jurisdição se implemente de forma efetiva e eficiente, afirmando a garantia do amplo acesso à prestação jurisdicional, há a necessidade de que aquela seja distribuída entre os vários órgãos estatais investidos.

Competência é, nesse sentido, **a atribuição jurisdicional outorgada aos diversos órgãos do Poder Judiciário**. Sua distribuição visa a proporcionar a **efetividade** e o acesso à prestação jurisdicional. Por esta razão, o fundamento que mais se sobreleva a reger os critérios de fixação da competência é o do interesse público, a se evidenciar pela necessidade da rápida e justa solução dos litígios apresentados ao Poder Judiciário.

O exercício da função jurisdicional é atribuição típica do Poder Judiciário, mas a Constituição da República prevê algumas hipóteses em que a função de julgar pode ser exercida por órgãos não pertencentes à sua estrutura. O Senado Federal, por exemplo, é o órgão competente para processar e julgar crimes de responsabilidade, quando imputados a alguns agentes políticos ou chefes de governo, bem assim, quando imputados aos Ministros do Supremo Tribunal Federal, aos membros do Conselho Nacional de Justiça e do Conselho Nacional do Ministério Público, ao Procurador-Geral da República e ao Advogado-Geral da União.

A distribuição da jurisdição faz-se por meio de **disposições constitucionais e infraconstitucionais** pré-estabelecidas. Como dispõe o art. 44 do Código de Processo Civil, obedecidos os limites estabelecidos pela Constituição da República, a competência é determinada pelas normas previstas no Código ou em legislação especial, pelas normas de organização judiciária e, ainda, no que couber, pelas constituições dos Estados (mas não há ordem de prevalência entre estas fontes normativas, devendo ser observado o art. 125, § 1º, da Constituição da República).

Os critérios legais levam em conta a soberania, o território nacional, o escalonamento entre os órgãos jurisdicionais, a natureza ou o valor das causas e as pessoas envolvidas nos fatos articulados na petição que processualiza a ação. A par destes critérios, é possível identificar, perante o Estado Brasileiro, antes mesmo de protocolar a petição inicial, o órgão competente à prestação da atividade jurisdicional.

2. ORGANIZAÇÃO JUDICIÁRIA

Considerando a possibilidade de a competência ser definida pelo escalonamento entre os órgãos jurisdicionais que compõem a estrutura do Poder Judiciário brasileiro, passa-se a tratar desta organização.

São órgãos do Poder Judiciário, além do **Conselho Nacional de Justiça**[1], que tem a atribuição de controlar a atuação administrativa e financeira do Poder Judiciário e o cumprimento dos deveres funcionais dos juízes, cabendo-lhe também outras funções que lhe forem conferidas pelo Estatuto da Magistratura, os seguintes:

1. O Conselho Nacional de Justiça compõe-se de 15 (quinze) membros com mandato de 2 (dois) anos, admitida 1 (uma) recondução, sendo: a) o Presidente do Supremo Tribunal Federal; b) um Ministro do Superior Tribunal de Justiça, indicado pelo respectivo tribunal; c) um Ministro do Tribunal Superior do Trabalho, indicado pelo respectivo tribunal; d) um desembargador de Tribunal de Justiça, indicado pelo Supremo Tribunal Federal; e) um juiz estadual, indicado pelo Supremo Tribunal Federal; f) um juiz de Tribunal Regional Federal, indicado pelo Superior Tribunal de Justiça; g) um juiz federal, indicado pelo Superior Tribunal de Justiça; h) um juiz de Tribunal Regional do Trabalho, indicado pelo Tribunal Superior do Trabalho; i) um juiz do trabalho, indicado pelo Tribunal Superior do Trabalho; j) um membro do Ministério Público da União, indicado pelo Procurador-Geral da República; k) um membro do Ministério Público estadual, escolhido pelo Procurador-Geral da República dentre os nomes indicados pelo órgão competente de cada instituição estadual; l) dois advogados, indicados pelo Conselho Federal da Ordem dos Advogados do Brasil; m) dois cidadãos, de notável saber jurídico e reputação ilibada, indicados um pela Câmara dos Deputados e outro pelo Senado Federal. O CNJ será presidido pelo Ministro do Supremo Tribunal Federal (Presidente do Supremo Tribunal Federal e, nas suas ausências e impedimentos, pelo Vice-Presidente do Supremo Tribunal Federal), que votará em caso de empate, ficando excluído da distribuição de processos naquele tribunal. Os demais membros do Conselho serão nomeados pelo Presidente da República, depois de aprovada a escolha pela maioria absoluta do Senado Federal. Não efetuadas, no prazo legal, as indicações previstas neste artigo, caberá a escolha ao Supremo Tribunal Federal. Ao Conselho, compete o controle da atuação administrativa e financeira do Poder Judiciário e do cumprimento dos deveres funcionais dos juízes, cabendo-lhe, além de outras atribuições que lhe forem conferidas pelo Estatuto da Magistratura: a) zelar pela autonomia do Poder Judiciário e pelo cumprimento do Estatuto da Magistratura, podendo expedir atos regulamentares, no âmbito de sua competência, ou recomendar providências; b) zelar pela observância do art. 37 e apreciar, de ofício ou mediante provocação, a legalidade dos atos administrativos praticados por membros ou órgãos do Poder Judiciário, podendo desconstituí-los, revê-los ou fixar prazo para que se adotem as providências necessárias ao exato cumprimento da lei, sem prejuízo da competência do Tribunal de Contas da União; c) receber e conhecer das reclamações contra membros ou órgãos do Poder Judiciário, inclusive contra seus serviços auxiliares, serventias e órgãos prestadores de serviços notariais e de registro que atuem por delegação do poder público ou oficializados, sem prejuízo da competência disciplinar e correcional dos tribunais, podendo avocar processos disciplinares em curso e determinar a remoção, a disponibilidade ou a aposentadoria com subsídios ou proventos proporcionais ao tempo de serviço e aplicar outras sanções administrativas, assegurada ampla defesa; d) representar ao Ministério Público, no caso de crime contra a administração pública ou de abuso de autoridade; e) rever, de ofício ou mediante provocação, os processos disciplinares de juízes e membros de tribunais julgados há menos de um ano; f) elaborar semestralmente relatório estatístico sobre processos e sentenças prolatadas, por unidade da Federação, nos diferentes órgãos do Poder Judiciário; g) elaborar relatório anual, propondo as providências que julgar necessárias, sobre a situação do Poder Judiciário no País e as atividades do Conselho, o qual deve integrar mensagem do Presidente do Supremo Tribunal Federal a ser remetida ao Congresso Nacional, por ocasião da abertura da sessão legislativa. O Ministro do Superior Tribunal de Justiça exercerá a função de Ministro-Corregedor e ficará excluído da distribuição de processos no Tribunal, competindo-lhe, além das atribuições que lhe forem conferidas pelo Estatuto da Magistratura, as seguintes: a) receber as reclamações e denúncias, de qualquer interessado, relativas aos magistrados e aos serviços judiciários; b) exercer funções executivas do Conselho, de inspeção e de correição geral; c) requisitar e designar magistrados, delegando-lhes atribuições, e requisitar servidores de juízos ou tribunais, inclusive nos Estados, Distrito Federal e Territórios.

a) o Supremo Tribunal Federal;

b) o Superior Tribunal de Justiça;

c) os Tribunais Regionais Federais e Juízes Federais;

d) os Tribunais e Juízes do Trabalho;

e) os Tribunais e Juízes Eleitorais;

f) os Tribunais e Juízes Militares;

g) os Tribunais e Juízes dos Estados e do Distrito Federal e Territórios.

O Supremo Tribunal Federal e o Superior Tribunal de Justiça são órgãos de superposição do Poder Judiciário, já que eles não pertencem a nenhuma área específica da Justiça e suas decisões sobrepõem-se àquelas proferidas pelos órgãos inferiores da Justiça Comum e da Justiça Especializada. Detêm tanto competência originária, quanto competência recursal.

Ao **Supremo Tribunal Federal**, caberá manter a integridade da ordem constitucional federal, competindo-lhe, originariamente, o julgamento das ações previstas no art. 102, I, alíneas "a" a "r", da Constituição da República e, em grau de recurso, as dos incisos, II e III, do dispositivo constitucional citado[2].

2. Art. 102. Compete ao Supremo Tribunal Federal, precipuamente, a guarda da Constituição, cabendo-lhe: I) processar e julgar, originariamente: a) a ação direta de inconstitucionalidade de lei ou ato normativo federal ou estadual e a ação declaratória de constitucionalidade de lei ou ato normativo federal; b) nas infrações penais comuns, o Presidente da República, o Vice-Presidente, os membros do Congresso Nacional, seus próprios Ministros e o Procurador-Geral da República; c) nas infrações penais comuns e nos crimes de responsabilidade, os Ministros de Estado e os Comandantes da Marinha, do Exército e da Aeronáutica, ressalvado o disposto no art. 52, I, os membros dos Tribunais Superiores, os do Tribunal de Contas da União e os chefes de missão diplomática de caráter permanente; d) o *habeas corpus*, sendo paciente qualquer das pessoas referidas nas alíneas anteriores; o mandado de segurança e o *habeas data* contra atos do Presidente da República, das Mesas da Câmara dos Deputados e do Senado Federal, do Tribunal de Contas da União, do Procurador-Geral da República e do próprio Supremo Tribunal Federal; e) o litígio entre Estado estrangeiro ou organismo internacional e a União, o Estado, o Distrito Federal ou o Território; f) as causas e os conflitos entre a União e os Estados, a União e o Distrito Federal, ou entre uns e outros, inclusive as respectivas entidades da administração indireta; g) a extradição solicitada por Estado estrangeiro; i) o *habeas corpus,* quando o coator for Tribunal Superior ou quando o coator ou o paciente for autoridade ou funcionário cujos atos estejam sujeitos diretamente à jurisdição do Supremo Tribunal Federal, ou se trate de crime sujeito à mesma jurisdição em uma única instância; j) a revisão criminal e a ação rescisória de seus julgados; l) a reclamação para a preservação de sua competência e garantia da autoridade de suas decisões; m) a execução de sentença nas causas de sua competência originária, facultada a delegação de atribuições para a prática de atos processuais; n) a ação em que todos os membros da magistratura sejam direta ou indiretamente interessados, e aquela em que mais da metade dos membros do tribunal de origem estejam impedidos ou sejam direta ou indiretamente interessados; o) os conflitos de competência entre o Superior Tribunal de Justiça e quaisquer tribunais, entre Tribunais Superiores, ou entre estes e qualquer outro tribunal; p) o pedido de medida cautelar das ações diretas de inconstitucionalidade; q) o mandado de injunção, quando a elaboração da norma regulamentadora for atribuição do Presidente da República, do Congresso Nacional, da Câmara dos Deputados, do Senado Federal, das Mesas de uma dessas Casas Legislativas, do Tribunal de Contas da União, de um dos Tribunais Superiores, ou do próprio Supremo Tribunal Federal; r) as ações contra o Conselho Nacional de Justiça e contra o Conselho Nacional do Ministério Público; II) julgar, em recurso ordinário: a) o *habeas corpus*, o mandado de segurança, o *habeas data* e o mandado de injunção decididos em única instância pelos Tribunais Superiores, se denegatória a decisão; b) o crime político; III) julgar, mediante recurso extraordinário, as causas decididas em única ou última instância, quando a decisão recorrida: a) contrariar dispositivo desta Constituição; b) declarar a inconstitucionalidade de tratado ou lei federal; c) julgar válida lei ou ato de governo local contestado em face desta Constituição; d) julgar válida lei local contestada em face de lei federal.

Ao **Superior Tribunal de Justiça**, cuja principal função é garantir a unidade do direito federal infraconstitucional, por sua vez, compete julgar originariamente as ações previstas no art. 105, I, alíneas "a" a "i", da Constituição da República e, em fase recursal, as causas previstas nos incisos II e III do mesmo dispositivo constitucional[3].

Além desses órgãos de superposição, existem os que compõem a Justiça Comum e a Justiça Especializada. A primeira é formada pela Justiça Federal e pela Justiça Estadual. A Justiça Especializada, por sua vez, compõe-se pela Justiça do Trabalho, Justiça Militar e Justiça Eleitoral.

A **Justiça do Trabalho** é composta pelo Tribunal Superior do Trabalho, pelos Tribunais Regionais do Trabalho e pelos Juízes do Trabalho. Tem sua competência definida pelo art. 114 da Constituição da República[4].

A **Justiça Eleitoral** é composta pelo Tribunal Superior Eleitoral, pelos Tribunais Regionais Eleitorais, pelos Juízes Eleitorais e pelas Juntas Eleitorais. Sua competência é fixada

---

3. Art. 105. Compete ao Superior Tribunal de Justiça: I) processar e julgar, originariamente: a) nos crimes comuns, os Governadores dos Estados e do Distrito Federal, e, nestes e nos de responsabilidade, os desembargadores dos Tribunais de Justiça dos Estados e do Distrito Federal, os membros dos Tribunais de Contas dos Estados e do Distrito Federal, os dos Tribunais Regionais Federais, dos Tribunais Regionais Eleitorais e do Trabalho, os membros dos Conselhos ou Tribunais de Contas dos Municípios e os do Ministério Público da União que oficiem perante tribunais; b) os mandados de segurança e os *habeas data* contra ato de Ministro de Estado, dos Comandantes da Marinha, do Exército e da Aeronáutica ou do próprio Tribunal; c) os *habeas corpus*, quando o coator ou paciente for qualquer das pessoas mencionadas na alínea "a", ou quando o coator for tribunal sujeito à sua jurisdição, Ministro de Estado ou Comandante da Marinha, do Exército ou da Aeronáutica, ressalvada a competência da Justiça Eleitoral; d) os conflitos de competência entre quaisquer tribunais, ressalvado o disposto no art. 102, I, "o", bem como entre tribunal e juízes a ele não vinculados e entre juízes vinculados a tribunais diversos; e) as revisões criminais e as ações rescisórias de seus julgados; f) a reclamação para a preservação de sua competência e garantia da autoridade de suas decisões; g) os conflitos de atribuições entre autoridades administrativas e judiciárias da União, ou entre autoridades judiciárias de um Estado e administrativas de outro ou do Distrito Federal, ou entre as deste e da União; h) o mandado de injunção, quando a elaboração da norma regulamentadora for atribuição de órgão, entidade ou autoridade federal, da administração direta ou indireta, excetuados os casos de competência do Supremo Tribunal Federal e dos órgãos da Justiça Militar, da Justiça Eleitoral, da Justiça do Trabalho e da Justiça Federal; i) a homologação de sentenças estrangeiras e a concessão de exequatur às cartas rogatórias; II) julgar, em recurso ordinário: a) os habeas corpus decididos em única ou última instância pelos Tribunais Regionais Federais ou pelos tribunais dos Estados, do Distrito Federal e Territórios, quando a decisão for denegatória; b) os mandados de segurança decididos em única instância pelos Tribunais Regionais Federais ou pelos tribunais dos Estados, do Distrito Federal e Territórios, quando denegatória a decisão; c) as causas em que forem partes Estado estrangeiro ou organismo internacional, de um lado, e, do outro, Município ou pessoa residente ou domiciliada no País; III) julgar, em recurso especial, as causas decididas, em única ou última instância, pelos Tribunais Regionais Federais ou pelos tribunais dos Estados, do Distrito Federal e Territórios, quando a decisão recorrida: a) contrariar tratado ou lei federal, ou negar-lhes vigência; b) julgar válido ato de governo local contestado em face de lei federal; c) der a lei federal interpretação divergente da que lhe haja atribuído outro tribunal.

4. Art. 114. Compete à Justiça do Trabalho processar e julgar: I – as ações oriundas da relação de trabalho, abrangidos os entes de direito público externo e da administração pública direta e indireta da União, dos Estados, do Distrito Federal e dos Municípios; II – as ações que envolvam exercício do direito de greve; III – as ações sobre representação sindical, entre sindicatos, entre sindicatos e trabalhadores, e entre sindicatos e empregadores; IV – os mandados de segurança, habeas corpus e habeas data, quando o ato questionado envolver matéria sujeita à sua jurisdição; V – os conflitos de competência entre órgãos com jurisdição trabalhista, ressalvado o disposto no art. 102, I, o; VI – as ações de indenização por dano moral ou patrimonial, decorrentes da relação de trabalho; VII – as ações relativas às penalidades administrativas impostas aos empregadores pelos órgãos de fiscalização das relações de trabalho; VIII – a execução, de ofício, das contribuições sociais previstas no art. 195, I, a, e II, e seus acréscimos legais, decorrentes das sentenças que proferir; IX – outras controvérsias decorrentes da relação de trabalho, na forma da lei.

pelo Código Eleitoral, em razão da delegação Constitucional disposta no art. 121 da Constituição da República[5], o qual, apesar de ter sido editado antes da Constituição, foi por ela recepcionado.

A **Justiça Militar** divide-se em Justiça Militar Federal, organizada de acordo com as disposições da Lei nº 8.457/92, e em Justiça Militar Estadual. Relativamente a esta, poderá ser criada por lei estadual, mediante proposta do Tribunal de Justiça, constituída, em primeiro grau, por juízes de direito e pelos Conselhos de Justiça e, em segundo grau, pelo próprio Tribunal, ou por Tribunal Militar, nos Estados em que o efetivo militar seja superior a 20.000 integrantes.

A fixação de sua competência dá-se a partir dos critérios materiais e pessoais, consoante disposição do art. 124, parágrafo único, da Constituição da República[6], sendo eminentemente criminal, já que os crimes militares, a serem definidos por lei, é que serão julgados pela Justiça Militar. Ressalva-se o homicídio doloso praticado por militar, no exercício das funções, contra civil, cuja competência é da Justiça Comum (a Lei nº 9.299/96 excluiu tal hipótese do rol dos crimes militares[7-8]).

Apesar disso, a Emenda Constitucional nº 45/04 incluiu, na competência da Justiça Militar, o julgamento das ações judiciais contra atos disciplinares dos militares, atribuindo-lhe competência de natureza civil (art. 125, § 3º e § 4º, da CRFB/88). Por conta disso, as ações intentadas contra sanções disciplinares aplicadas contra os militares são de competência da Justiça Militar (e não mais da Justiça Comum).

A **Justiça Federal** é composta por juízes federais de primeira instância, pelos Tribunais Regionais Federais e pelos Juizados Especiais Cíveis e Criminais da Justiça Federal. Sua competência, além de constitucional, é taxativa, e foi estabelecida nos artigos 108 e 109 da Constituição da República[9]. Conquanto especializada em relação à Justiça Estadual, a Justiça Federal não é especial, porque não se adstringe a específica área do direito.

---

5. Art. 121. Lei complementar disporá sobre a organização e competência dos tribunais, dos juízes de direito e das juntas eleitorais.
6. Art. 124. À Justiça Militar compete processar e julgar os crimes militares definidos em lei. Parágrafo único. A lei disporá sobre a organização, o funcionamento e a competência da Justiça Militar.
7. Deu redação ao parágrafo único do art. 9º do Decreto-lei 1.001/1969 (Código Penal Militar).
8. Nesse sentido: STJ. CC 129.497/MG. DJe 16/10/14.
9. Art. 108. Compete aos Tribunais Regionais Federais: I – processar e julgar, originariamente: a) os juízes federais da área de sua jurisdição, incluídos os da Justiça Militar e da Justiça do Trabalho, nos crimes comuns e de responsabilidade, e os membros do Ministério Público da União, ressalvada a competência da Justiça Eleitoral; b) as revisões criminais e as ações rescisórias de julgados seus ou dos juízes federais da região; c) os mandados de segurança e os *habeas data* contra ato do próprio Tribunal ou de juiz federal; d) os habeas corpus, quando a autoridade coatora for juiz federal; e) os conflitos de competência entre juízes federais vinculados ao Tribunal; II – julgar, em grau de recurso, as causas decididas pelos juízes federais e pelos juízes estaduais no exercício da competência federal da área de sua jurisdição. Art. 109. Aos juízes federais compete processar e julgar: I – as causas em que a União, entidade autárquica ou empresa pública federal forem interessadas na condição de autoras, rés, assistentes ou oponentes, exceto as de falência, as de acidentes de trabalho e as sujeitas à Justiça Eleitoral e à Justiça do Trabalho; II – as causas entre Estado estrangeiro ou organismo internacional e Município ou pessoa domiciliada ou residente no País; III – as causas fundadas em tratado ou contrato da União com Estado estrangeiro ou organismo internacional; IV – os crimes políticos e as infrações penais praticadas em detrimento de bens, serviços ou interesse da União ou de suas entidades autárquicas ou empresas públicas, excluídas as contravenções e ressalvada a competência da Justiça Militar e da Justiça Eleitoral; V – os crimes previstos em tratado ou convenção internacional, quando, iniciada a execução no País, o resultado tenha ou

Por fim, a **Justiça Estadual** é composta pelos Tribunais Estaduais, pelos juízes de direito, pelos Juizados Especiais Cíveis e Criminais Estaduais e pelos Juizados Especiais da Fazenda Pública. Sua competência é residual, competindo-lhe processar e julgar as causas que não couberem às Justiças Especializadas e à Justiça Federal. A competência dos Tribunais será definida na Constituição do Estado respectivo, sendo a lei de organização judiciária de iniciativa do próprio Tribunal.

3. COOPERAÇÃO INTERNACIONAL

A **cooperação jurídica internacional** será regida por tratado de que o Brasil fizer parte ou, na sua ausência, poderá realizar-se com base em reciprocidade[10], manifestada por via diplomática, e observará: a) o respeito às garantias do devido processo legal no Estado requerente; b) a igualdade de tratamento entre nacionais e estrangeiros, residentes ou não no Brasil, em relação ao acesso à justiça e à tramitação dos processos, assegurando-se assistência judiciária aos necessitados; c) a publicidade processual, exceto nas hipóteses de sigilo previstas na legislação brasileira ou na do Estado requerente; d) a existência de autoridade central para recepção e transmissão dos pedidos de cooperação; e) a espontaneidade na transmissão de informações a autoridades estrangeiras.

Terá por objeto: a) citação, intimação e notificação judicial e extrajudicial; b) colheita de provas e obtenção de informações; c) homologação e cumprimento de decisão; d) concessão de medida judicial de urgência; e) assistência jurídica internacional; f) qualquer outra medida judicial ou extrajudicial não proibida pela lei brasileira. Entretanto, não será admitida, na cooperação jurídica internacional, a prática de atos que contrariem ou que produzam resultados incompatíveis com as normas fundamentais que regem o Estado brasileiro, além do que o Ministério da Justiça exercerá as funções de autoridade central na ausência de designação específica.

Quando a medida não decorrer diretamente de decisão de autoridade jurisdicional estrangeira a ser submetida a juízo de delibação no Brasil, caberá **auxílio direto**. Sua solicitação será encaminhada pelo órgão estrangeiro interessado à autoridade central, cabendo ao Estado requerente assegurar a autenticidade e a clareza do pedido e, além dos casos previstos em tratados de que o Brasil seja signatário, terá os seguintes objetos: a) obtenção e prestação de informações sobre o ordenamento jurídico e sobre processos administrativos ou jurisdicionais findos ou em curso; b) colheita de provas, salvo se a medida for adotada em processo, em

devesse ter ocorrido no estrangeiro, ou reciprocamente; V-A as causas relativas a direitos humanos a que se refere o § 5º deste artigo; VI – os crimes contra a organização do trabalho e, nos casos determinados por lei, contra o sistema financeiro e a ordem econômico-financeira; VII – os *habeas corpus*, em matéria criminal de sua competência ou quando o constrangimento provier de autoridade cujos atos não estejam diretamente sujeitos a outra jurisdição; VIII – os mandados de segurança e os *habeas data* contra ato de autoridade federal, excetuados os casos de competência dos tribunais federais; IX – os crimes cometidos a bordo de navios ou aeronaves, ressalvada a competência da Justiça Militar; X – os crimes de ingresso ou permanência irregular de estrangeiro, a execução de carta rogatória, após o "exequatur", e de sentença estrangeira, após a homologação, as causas referentes à nacionalidade, inclusive a respectiva opção, e à naturalização; XI – a disputa sobre direitos indígenas.

10. Não se exigirá a reciprocidade para homologação de sentença estrangeira.

curso no estrangeiro, de competência exclusiva de autoridade judiciária brasileira; c) qualquer outra medida judicial ou extrajudicial não proibida pela lei brasileira.

A autoridade central brasileira comunicar-se-á diretamente com suas congêneres e, se necessário, com outros órgãos estrangeiros responsáveis pela tramitação e pela execução de pedidos de cooperação enviados e recebidos pelo Estado brasileiro, respeitadas disposições específicas constantes de tratado. No caso de auxílio direto para a prática de atos que, segundo a lei brasileira, não necessitem de prestação jurisdicional, a autoridade central adotará as providências necessárias para seu cumprimento. Recebido o pedido de auxílio direto passivo, a autoridade central o encaminhará à Advocacia-Geral da União, que requererá, em juízo, a medida solicitada (o Ministério Público requererá, em juízo, a medida solicitada quando for autoridade central)[11].

A **competência** para apreciar pedido de auxílio direto passivo, que demande prestação de atividade jurisdicional, é do juízo federal do lugar em que deva ser executada a medida. Por sua vez, o procedimento da **carta rogatória** perante o Superior Tribunal de Justiça é de jurisdição contenciosa e deve assegurar às partes as garantias do devido processo legal, conquanto a defesa se restrinja à discussão quanto ao atendimento dos requisitos para que o pronunciamento judicial estrangeiro produza efeitos no Brasil. Em qualquer hipótese, **será vedada a revisão do mérito** do pronunciamento judicial estrangeiro pela autoridade judiciária brasileira.

O pedido passivo de cooperação jurídica internacional será recusado, se configurar manifesta ofensa à ordem pública.

A cooperação jurídica internacional para execução de decisão estrangeira dar-se-á por meio de carta rogatória ou de ação de homologação de sentença estrangeira (institutos que serão adiante analisados), e será considerado autêntico o documento que instruir o pedido, inclusive a tradução para a língua portuguesa, quando encaminhado ao Estado brasileiro por meio de autoridade central ou por via diplomática. Dispensa-se, assim, ajuramentação, autenticação ou qualquer procedimento de legalização. Apesar disso, quando necessária, não se impede a aplicação, pelo Estado brasileiro, do princípio da reciprocidade de tratamento.

4. COMPETÊNCIA INTERNA CIVIL

Após verificar se o Estado Brasileiro tem jurisdição para julgar a ação, investiga-se qual a **área do direito** relacionada ao conflito apresentado. Tal permite identificar se a ação será julgada pela Justiça Comum ou pela Justiça Especializada. Se a ação for de competência da **Justiça Comum**, deve-se observar se a ação está relacionada às **hipóteses de competência da Justiça Federal** (art. 109 da CF). Se não corresponder, a competência, porque residual, será da **Justiça Estadual**.

11. Já o pedido de cooperação jurídica internacional oriundo de autoridade brasileira competente será encaminhado à autoridade central para posterior envio ao Estado requerido com a finalidade de lhe dar andamento. Juntamente com os documentos anexos que o instruem, serão encaminhados à autoridade central, acompanhados de tradução para a língua oficial do Estado requerido.

A Justiça Comum (Federal e Estadual) tem competência tanto cível quanto criminal. Estudar-se-á aqui a competência cível da Justiça Comum Federal e Estadual, que se compõe de órgãos superiores (plenário ou corte especial, seções, turmas ou câmaras) e inferiores (seções territoriais, quando federais, ou comarcas quando estaduais, cada uma gerida por um órgão judiciário próprio).

5. CRITÉRIOS DE DETERMINAÇÃO DA COMPETÊNCIA

Para atribuir o processamento e julgamento de uma determinada ação a um desses órgãos, convencionou-se definir a competência segundo os critérios (cumulativos) **objetivo** (considera a natureza da causa, seu valor e as pessoas envolvidas), **territorial** (considera os limites da circunscrição territorial do órgão jurisdicional) e **funcional** (considera os poderes jurisdicionais de cada um dos órgãos julgadores).

5.1. Critério objetivo

Este critério focaliza os **elementos da ação processualizada** (causa de pedir, partes e pedido) para determinar a competência, respectivamente, em razão da **matéria**, da **pessoa** ou do **valor da causa.**

A causa de pedir determina a competência em razão da **matéria**, na medida em que identifica os fundamentos fáticos e jurídicos da ação. A matéria em litígio serve, inicialmente (**primeiro passo**), para determinar a competência cível, atribuindo a causa à Justiça Federal ou à Justiça Estadual, em caráter residual. A teor de intelecção extraída do art. 45 do CPC, a ação será intentada perante o juízo federal se nele intervier a União, suas empresas públicas, autarquias e fundações públicas, na qualidade de parte ou de interveniente.

Passada essa fase (**segundo passo**), a fixação da competência será feita com base no critério territorial. Após, há a possibilidade de (**terceiro passo**) se analisar novamente a matéria (causa de pedir), para determinar a que órgão compete o processamento e julgamento da ação processualizada (por exemplo, se a vara de família, a vara da fazenda pública, a vara cível etc.). Nesse caso, está-se diante de fixação da competência em razão da matéria, a qual é determinada pelas leis de organização judiciária local.

A qualidade das partes determina a competência em razão da **pessoa**. Identifica se a ação **deve ser julgada** por um **juízo monocrático ou** originariamente pelos **tribunais.** Por vezes, ainda que a ação seja de competência de um juízo singular, a parte envolvida traz **especialidade ao juízo**, como ocorre com as varas da Fazenda Pública no caso de o litígio envolver interesse de pessoa jurídica de direito público.

O **foro por prerrogativa de função**, embora inerente ao **cargo** em que está investido, e não à pessoa, outorga competência aos tribunais, para processar e julgar ações que envolvam o agente público. Os mandados de segurança impetrados contra os atos de Ministros de Estado, por exemplo, devem ser julgados pelo Superior Tribunal de Justiça (art. 105, I, "b", da CF).

Pelo **valor atribuído à causa** (elemento da petição inicial), as leis de organização judiciária, como **fator de distribuição interna**, podem atribuir competência a um ou outro órgão judiciário.

Além dessa hipótese:

a) o artigo 3º, I, da Lei nº 9.099/95, dispõe que os **Juizados Especiais Cíveis Estaduais** têm competência para processar e julgar as causas cujo valor não exceda 40 vezes o salário mínimo, a serem assim consideradas as de menor complexidade;

b) o art. 3º da Lei nº 10.259/02 dispõe que compete ao **Juizado Especial Federal Cível** processar, conciliar e julgar causas de competência da Justiça Federal até o valor de 60 salários mínimos, a considerar estas como de menor complexidade;

c) o art. 2º da Lei nº 12.153/09 dispõe que compete aos **Juizados Especiais da Fazenda Pública** processar, conciliar e julgar causas cíveis de interesse dos Estados, do Distrito Federal, dos Territórios e dos Municípios, até o valor de 60 salários mínimos[12].

Nos Juizados Especiais, quando há litisconsórcio ativo facultativo, o valor da causa para fins de fixação da competência é calculado levando em conta o valor de cada litisconsorte, não importando se o valor total ultrapassa o teto (STJ. AgRg no REsp 1.358.730/SP. DJe 26.03.14). O enunciado 261 da súmula do Tribunal Federal de Recursos já orientava que "no litisconsórcio ativo voluntário, determina-se o valor da causa, para efeito de alçada recursal, dividindo-se o valor global pelo número de litisconsortes".

Se a ação ultrapassar os valores de alçada, o autor pode **abrir mão do excedente** a fim de que aquela seja julgada nos Juizados (ressalvada a hipótese de conciliação, caso em que o valor poderá exceder o limite de alçada). Até certo tempo, havia divergência acerca do modo pelo qual a renúncia poderia ser realizada no âmbito dos Juizados Especiais Federais (apenas expressamente ou, também, tacitamente, com a simples escolha pelo procedimento, como ocorre nos Juizados Especiais Estaduais, em face da disposição do art. 3º, § 3º, da Lei nº 9.099/95[13]).

A Turma Nacional de Uniformização dos Juizados Especiais Federais, com a edição do enunciado 17 de sua súmula[14], uniformizou o entendimento, colocando fim à questão, quando estabeleceu que a pessoa que deseja ingressar com uma ação no Juizado Especial Federal deve renunciar, expressamente, ao que exceda o valor de 60 salários mínimos. No mesmo sentido é o teor do enunciado 16 do FONAJEF: "Não há renúncia tácita nos Juizados Especiais Federais para fins de fixação de competência". Por não haver disposição legal específica em sentido contrário, dita orientação deve ser estendida aos Juizados Especiais da Fazenda Pública.

12. Excepciona-se a competência dos Juizados Especiais da Fazenda Pública nestes casos: a) as ações de mandado de segurança, de desapropriação, de divisão e demarcação, populares, por improbidade administrativa, execuções fiscais e as demandas sobre direitos ou interesses difusos e coletivos; b) as causas sobre bens imóveis dos Estados, Distrito Federal, Territórios e Municípios, autarquias e fundações públicas a eles vinculadas; c) as causas que tenham como objeto a impugnação da pena de demissão imposta a servidores públicos civis ou sanções disciplinares aplicadas a militares.

13. Art. 3º O Juizado Especial Cível tem competência para conciliação, processo e julgamento das causas cíveis de menor complexidade, assim consideradas:[...] § 3º A opção pelo procedimento previsto nesta Lei importará em renúncia ao crédito excedente ao limite estabelecido neste artigo, excetuada a hipótese de conciliação.

14. "Não há renúncia tácita no Juizado Especial Federal, para fins de competência".

5.2. Critério territorial

A competência territorial está relacionada aos limites circunscricionais em que cada órgão jurisdicional exerce sua atividade jurisdicional. O critério territorial distribui a competência levando em consideração o **lugar onde a ação deve ser intentada**, segundo as disposições legais aplicáveis.

Distingue-se a competência do foro da competência do juízo. Foro é o território onde o ocupante do juízo exerce suas funções, onde podem funcionar outros juízos. Se houver dois ou mais juízos no mesmo foro, utiliza-se o **critério material** para identificar o competente. Se forem igualmente competentes, a competência será auferida por **distribuição**, mediante sorteio ou, em alguns casos, por dependência.

Há, no Código de Processo Civil, foros gerais (ou comuns), que variam de acordo com a natureza das respectivas ações a serem intentadas, e foros especiais, que variam de acordo com circunstâncias particulares escolhidas pelo legislador, afirmando a garantia do amplo acesso à prestação jurisdicional.

A **regra geral**, para as ações fundadas em direitos pessoais e para as fundadas em direitos reais sobre bens móveis, é que elas devem ser intentadas no **foro do domicílio do réu**. Tendo mais de um domicílio, sendo eles localizados em diferentes foros, as referidas ações podem ser intentadas qualquer deles. Se o seu domicílio for incerto ou desconhecido, as ações devem ser intentadas no local onde aquele for encontrado ou no domicílio do autor.

Se o réu não for domiciliado nem residente no Brasil, o foro competente será o do domicílio do autor. Caso o autor também não seja residente ou domiciliado no Brasil, as ações poderão ser intentadas em qualquer foro. Quando as ações tiverem dois ou mais réus, cujos domicílios sejam diferentes, poderão ser intentadas no foro de qualquer deles, à escolha do autor.

O Código de Processo Civil não trata da hipótese em que a ação deveria ser intentada no foro do domicílio do autor, mas está situado no exterior, enquanto que o do réu está localizado no Brasil. Para concretizar o acesso à prestação jurisdicional, a ação, perante a autoridade brasileira, neste caso, deve ser intentada no foro do domicílio do réu.

A **execução fiscal** será intentada no foro de domicílio do réu, no de sua residência ou no do lugar onde for encontrado.

Além das regras de competência para o foro geral, relativamente às ações de direito pessoal e direito real sobre bens móveis, há regras de **foro especial**, as quais levam em conta a natureza das ações, a qualidade da parte, a situação da coisa ou o local de cumprimento da obrigação ou da prática do ato ilícito etc.

Para as **ações fundadas em direito real sobre bens imóveis** (assim como para as ações possessórias imobiliárias), é competente, de forma absoluta, o foro da situação da coisa. Quando a ação não versar sobre propriedade, vizinhança, servidão, divisão e demarcação de terras e de nunciação de obra nova, o autor poderá, à sua escolha, intentar ações no foro da situação da coisa, ou, se quiser, no do domicílio do réu ou no do foro de eleição.

São duas, portanto, as hipóteses: quando as ações forem **reais imobiliárias**, não envolvendo as matérias acima relacionadas, a competência será **relativa e concorrente**, cabendo ao autor a escolha; quando as ações forem reais imobiliárias, envolvendo alguma das matérias mencionadas, ou possessórias imobiliárias, não haverá possibilidade de escolha por parte do autor, que deve ingressar com as ações onde a coisa estiver situada.

Questão de Concurso

► **(MPE-PR. MPE-PR. Promotor Substituto. 2019)**[15]: Assinale a alternativa correta, no que diz respeito à matéria de competência, de acordo com o Código de Processo Civil de 2015:

A) A ação fundada em direito real sobre bem móvel tem como regra geral a distribuição no foro de domicílio da coisa.

B) Havendo dois ou mais réus com diferentes domicílios, o autor pode distribuir a ação fundada em direito pessoal em qualquer foro do país

C) A ação em que o incapaz for réu será proposta no foro de seu domicílio e a ação em que o ausente for réu será propos-ta no foro de seu último domicílio.

D) É competente o foro de domicílio do réu para as causas em que seja autor a União, Estado ou o Distrito Federal.

E) As regras de competência territorial têm natureza absoluta.

► **(INAZ DO PARÁ. CORE-SP. Assistente Jurídico - 2019)** Sobre a competência[16]: Acerca da competência, prevista no Códi-go de Processo Civil vigente, é correto afirmar:

a) A ação possessória imobiliária será proposta no foro de situação da coisa, cujo juízo tem competência absoluta

b) A ação fundada em direito pessoal ou em direito real sobre bens móveis será proposta, em regra, no foro de domi-cílio do autor

c) Tramitando o processo perante outro juízo, os autos serão remetidos ao juízo federal competente se nele intervier a União, suas empresas públicas, entidades autárquicas e fundações, ou conselho de fiscalização de atividade pro-fissional, na qualidade de parte ou de terceiro interveniente, incluindo as ações de falência e recuperação judici-al, acidente de trabalho, insolvência civil, bem como as sujeitas à justiça eleitoral e justiça do trabalho.

d) Determina-se a competência no momento do registro ou da distribuição da petição inicial, sendo irrelevantes as modificações do estado de fato ou de direito ocorridas posteriormente, ainda quando suprimirem órgão judiciário ou alterarem a competência absoluta.

e) Os autos serão remetidos ao juízo federal competente se nele intervier a União, suas empresas públicas, entidades autárquicas e fundações, ou conselho de fiscalização de atividade profissional. No entanto, o juízo federal resti-tuirá os autos ao juízo estadual e suscitará conflito de competência se o ente federal cuja presença ensejou a remessa for excluído do processo.

► **(FCC – Defensor Público – DPE – BA/2016)** Sobre a competência[17]:

a) a ação fundada em direito real sobre bem móvel será proposta, em regra, no foro da situação da coisa.

b) a ação possessória imobiliária será proposta no foro da situação da coisa, cujo juízo tem competência absoluta.

c) são irrelevantes as modificações do estado de fato ou de direito ocorridas posteriormente ao registro ou à distribuição da petição inicial, ainda que alterem competência absoluta.

d) serão remetidos à Justiça Federal os processos nos quais intervier a União, incluindo as ações de recuperação judicial e falência.

e) uma vez remetidos os autos à Justiça Federal, em razão de intervenção da União, o juízo federal suscitará conflito de competência se, posteriormente, esta for excluída do processo.

15. Gabarito: Letra D.
16. Gabarito: Letra A.
17. Gabarito: Letra B.

Alguns mencionam a segunda hipótese como competência territorial absoluta, em que uma ação é confiada ao juízo de determinado território, pelo fato de ser aí mais eficiente sua atuação. Outros a tratam como competência territorial funcional. Independentemente da nomenclatura que se queira dar, o certo é que a parte se obriga a intentar a ação no lugar onde se situa a coisa, sob pena de ensejar a prática de atos absolutamente nulos.

Se o imóvel se achar situado em mais de um Estado, comarca, seção ou subseção judiciária, a competência territorial do juízo prevento estender-se-á sobre a totalidade do imóvel.

Nas ações relacionadas à **sucessão hereditária** (inventário, partilha, arrecadação, cumprimento de disposições de última vontade, impugnação ou anulação de partilha extrajudicial e todas as ações em que o espólio for réu), será competente o **foro do último domicílio do "de cujos" no Brasil,** ainda que o óbito tenha ocorrido no estrangeiro.

Quando o domicílio do autor da herança for incerto, as ações devem ser intentadas no foro de situação dos bens imóveis. Mas, se os bens imóveis estiverem situados em foros diferentes, as ações devem ser intentadas em qualquer destes. Se não houver bens imóveis, as ações devem ser intentadas no foro do local de qualquer dos bens do espólio.

Questão de Concurso

▶ **(FUMARC. Pref. de Conceição do Mato Dentro-MG. Advogado. 2016)**[18]: Sobre a competência no Novo Código de Processo Civil, é possível afirmar

a) A competência determinada em razão da matéria, da pessoa ou da função pode ser derrogada por convenção das partes

b) A eleição de foro não produz efeito quando constar de instrumento escrito e aludir expressamente a determinado negócio jurídico

c) Dá-se a conexão entre 2 (duas) ou mais ações quando houver identidade quanto às partes e à causa de pedir, mas o pedido de uma, por ser mais amplo, abrange o das demais

d) O foro de domicílio do autor da herança, no Brasil, é o competente para o inventário, a partilha, a arrecadação, o cumprimento de disposições de última vontade, a impugnação ou anulação de partilha extrajudicial e para todas as ações em que o espólio for réu, ainda que o óbito tenha ocorrido no estrangeiro

Com relação à ausência, o foro do último domicílio do ausente é também universal e, por isso, competente para processar e julgar, além das ações em que o ausente for réu, a arrecadação, o inventário, a partilha e o cumprimento de disposições testamentárias.

Nos casos das ações em que **o incapaz for réu**, elas serão intentadas no **foro de domicílio de seu representante ou assistente.**

As ações em que a **União seja autora** devem ser intentadas no foro de **domicílio do réu**. Mas, se a **União for ré**, a ação poderá ser intentada no foro de domicílio do autor, no de ocorrência do ato ou fato que originou a ação, no de situação da coisa ou no Distrito Federal.

A mesma sistemática para as ações que envolvam o Estado ou o Distrito Federal. Se forem autores, é competente o foro de domicílio do réu. Se forem réus, as ações poderão ser intentadas no foro de domicílio do autor, no de ocorrência do ato ou fato que originou

18. Gabarito: Letra D.

a ação, no de situação da coisa ou na capital do respectivo ente federado. Em qualquer dos casos, o autor, que não seja a União, o Estado ou o Distrito Federal, pode intentar a ação no domicílio da pessoa jurídica de direito público.[19]

Não poderia ser diferente, porque os arts. 109, §§ 1º e 2º, da Constituição da República, dispõem que: a) quando a União for autora, a ação deverá ser ajuizada na seção judiciária em que o réu for domiciliado; b) quando a União for ré, o autor poderá, ante a competência concorrente, optar por intentar a ação na seção judiciária em que for domiciliado, na seção judiciária em que se verificou o ato ou fato, na que deva ser cumprida a obrigação, naquela em que está situada a coisa ou no Distrito Federal.

Além disso, conforme § 3º do art. 109 da Constituição da República, serão processadas e julgadas na Justiça Estadual, no foro do domicílio dos segurados ou beneficiários, as ações em que forem partes instituição de previdência social e segurado, sempre que a comarca não seja sede de vara do juízo federal, e, se verificada essa condição, a lei poderá permitir que outras causas sejam também processadas e julgadas pela justiça estadual.

IMPORTANTE! A competência prevista no § 3º do art. 109 da CF é relativa, podendo o autor optar por ajuizar a ação perante a vara federal situada na Capital do Estado (STF. RE 223.139-9/RS. DJU 18.09.98), mesmo quando instalada vara da Justiça Federal no Município do mesmo Estado em que domiciliada a parte autora (STF. AgRg no RE 641.449/RJ. DJe 08.05.12).

Apesar da possibilidade de delegação, até 12 nov. 2014, dispunha o art. 15, I, da Lei nº 5.010/1966 que, nas comarcas do interior, onde não se instalasse a Justiça Federal, os Juízes Estaduais seriam competentes para processar e julgar as ações de execução fiscal da União e de suas autarquias, ajuizadas contra devedores domiciliados nas respectivas Comarcas. A partir da vigência da Lei nº 13.043/2014, que revogou a lei anterior, não há mais, para as novas ações (mas apenas para as que foram intentadas antes daquela data, conforme art. 75 da mencionada lei), competência delegada para as execuções fiscais da União, de suas autarquias e de suas fundações.

Para a ação de divórcio, separação, anulação de casamento e reconhecimento ou dissolução de união estável é competente o foro: a) de domicílio do guardião de filho incapaz; b) do último domicílio do casal, caso não haja filho incapaz; c) de domicílio do réu, se nenhuma das partes residir no antigo domicílio do casal; d) de domicílio da vítima de violência doméstica e familiar, nos termos da Lei nº 11.340, de 7 de agosto de 2006 (Lei Maria da Penha).

Ao passo em que se reconhece, em definitivo, a isonomia entre homem e mulher, busca-se privilegiar o guardião do filho incapaz ou, quando não existir, o mais fácil acesso às provas necessárias à solução da controvérsia, para, por último, aplicar, se necessário, a regra geral de competência. Se ocorrer de ambos os cônjuges ou companheiros serem guardiões de filhos incapazes, é competente o foro de domicílio do réu, se nenhuma das partes residir no antigo domicílio do casal. Como a guarda de filho incapaz não é critério de diferenciação entre

19. Para os Municípios, a regra de definição de competência é diferente. Não há especialidade. As ações em que os Municípios são autores, não serão necessariamente intentadas no foro do domicílio do réu, como sói ocorrer com a União, os Estados e o Distrito Federal.

os cônjuges ou companheiros, pois ambos são guardiões, seguem-se aos demais critérios. O segundo critério, porém, não terá aplicação, porque exige que o casal não tenha filhos incapazes. Restará, pois, o terceiro critério, que estabelece a competência do foro de domicílio do réu, se nenhuma das partes residir no antigo domicílio do casal.

Se a mulher tiver sido vítima de violência doméstica e familiar, nos termos da Lei Maria da Penha, o foro de seu domicílio será o competente para a ação de divórcio, separação, anulação de casamento e reconhecimento ou dissolução de união estável. E se houver filho incapaz na guarda do pai e a mãe tiver sido vítima de violência doméstica, qual será o foro competente para a ação de divórcio? Isso seria possível? Sim. Imagine-se, para ilustrar a situação identificada, que o casal está separado e que, quando isso ocorreu, o filho incapaz ficou na guarda do pai. Há a hipótese, ainda, de se estar diante de uma guarda de fato. Então: onde deverá ser intentada a ação de divórcio?

A questão é muito recente e, por isso, não há posicionamento jurisprudencial firmado. Os autores deste livro acreditam que, se a discussão disser respeito apenas ao vínculo conjugal, o foro competente é o da mulher. Mas, se disser respeito a questões outras que alcancem (mesmo que indiretamente) a esfera jurídica do filho incapaz, deverá ser intentada no foro de domicílio do pai (por estar na guarda do filho incapaz). O fundamento a justificar a conclusão é que a incapacidade do menor, por ser reconhecida, deve ser priorizada frente a uma presunção de enfraquecimento da mulher vítima de violência doméstica e familiar.

Além disso, a própria ordem em que relacionadas as alíneas do art. 53, I, do CPC, apontam para uma preponderância de preservação dos interesses do incapaz frente aos interesses dos pais (mesmo que a mulher tenha sido vítima de violência doméstica e familiar, hipótese prevista na última alínea). E, sendo o incapaz menor, seus interesses devem ser sobrepostos ao da mulher vítima de violência doméstica e familiar, a considerar as disposições do Estatuto da Criança e do Adolescente, que garantem a proteção integral em favor da criança e do adolescente.

Em se tratando de **ação de alimentos**, é competente o foro do domicílio ou da residência do alimentando (pessoa beneficiada com a prestação de alimentos). Aplica-se o mesmo critério de fixação da competência para as ações em que se oferecem alimentos e para a ação de investigação de paternidade cumulada com pedido de alimentos (enunciado 1 da súmula do STJ). Embora a competência seja fixada em razão do lugar, por força de disposição legal, ela é absoluta.

Questão de Concurso

- **(FUNDATEC. DPE-SC. Técnico Administrativo. 2018)**[20]: A competência para a propositura da ação de alimentos fundada em casamento, união estável ou parentesco é do

a) domicílio do réu.
b) último domicílio do casal.
c) domicílio do genitor que tiver melhor condição financeira.
d) domicílio ou residência do alimentante.
e) domicílio ou residência do alimentando.

20. Gabarito: Letra E.

Se for ré pessoa jurídica, as ações devem se intentadas no lugar onde está sua sede. Quando as ações disserem respeito às obrigações que contraiu, devem ser intentadas onde se acha agência ou sucursal.

Nada obstante serem de competência da Justiça Federal, as **ações contra empresas públicas federais e autarquias federais** seguem as regras encimadas (dispostas no art. 53, III, *a* e *b*, do CPC), pois os §§ 1º e 2º do art. 109 da Constituição da República só se referem à União (STJ. CC 66459/RJ. DJU 19.03.07).

As **sociedades de economia mista** são processadas pela Justiça Estadual (enunciado 42 da súmula do STJ), pois não estão incluídas nas hipóteses de competência da Justiça Federal (art. 109 da Constituição da República).

Para as ações em que for ré **sociedade ou associação sem personalidade jurídica**, o foro competente é o de onde elas exercem suas atividades.

Para as ações em que se exigir o **cumprimento** (ou desconstituição – STJ. REsp 52.012/ DF. DJU 13.11.95) **de obrigação contratual**, o foro competente é o de onde ela deve ser satisfeita. Essa regra aplica-se apenas às ações relativas à obrigação contratual, pois as relativas à **extracontratual** devem ser intentadas no foro do lugar do ato ou fato.

Relativamente às ações que visam a declarar **validade ou a nulidade de contrato**, por não estarem incluídas na disposição da regra posta acima, devem ser intentadas no foro do domicílio do réu, conforme regra geral de definição de competência para as ações pessoais, ainda que da invalidação do negócio jurídico possam decorrer obrigações acessórias, como é o caso da devolução do bem adquirido, na hipótese de anulação de compra e venda (STJ. CC 31.209/RJ. DJ 01.10.01).

Quando o **idoso** for parte, as ações que versem acerca de direito previsto no Estatuto do Idoso devem ser intentadas no foro de sua residência.

Para as ações de **reparação de dano por ato praticado por tabelião em razão do ofício**, competente será o foro da sede da serventia notarial ou de registro.

Será competente o foro do lugar do ato ou fato para as ações de **reparação de dano** e para as ações em que for **réu administrador ou gestor de negócios alheios.**

Questão de Concurso

▶ **(FGV – Analista Judiciário – Área Judiciária – TRT 12/2017)**[21] Joaquim, que reside em Minas Gerais, pretende ajuizar uma ação postulando a reparação de danos causados por uma empresa construtora, com sede localizada na cidade de São Paulo. Considerando que o ato causador do dano ocorreu na cidade de Florianópolis, para a propositura dessa ação o foro competente é o:

a) do domicílio do autor;

b) do lugar da sede da empresa;

c) do lugar do fato ou ato;

d) do domicílio do autor ou do lugar da sede da empresa;

e) do domicílio do autor, do lugar da sede da empresa, ou do lugar do fato ou ato.

21. Gabarito: Letra C.

Para as ações de **reparação de dano sofrido em razão de delito ou acidente de veículos, inclusive aeronaves**, será competente o foro **de domicílio do autor ou do local do fato.** Na definição de competência do foro do domicílio do autor, é necessário evidentemente, que este afirme ter sido vítima de delito ou de acidente. Não há, como se poderia pensar, uma benesse temporal, concedida ao autor por ter primeiramente exercido o direito de ação. Ao contrário. A benesse decorre da afirmação apresentada pelo autor, de que foi vítima de delito ou de acidente.

> Segundo entendimento definido pelo Superior Tribunal de Justiça, ainda sob a égide do Código de Processo Civil de 1973, deve o vocábulo 'veículos' ser interpretado de maneira ampla" (STJ. AgInt no REsp 1512184/RS. DJe 15/10/2018). Na ocasião, a redação do parágrafo único do art. 100 do CPC/1973 dispunha: "Nas ações de reparação do dano sofrido em razão de delito ou acidente de veículos, será competente o foro do domicílio do autor ou do local do fato". Não havia a expressão, agora constante no art. 53, V, do CPC/2015, "inclusive aeronaves". Ali, no caso específico, a decisão do STJ foi proferida para contemplar os veículos aéreos. Não quer isso dizer que, com a nova redação trazida, o vocábulo "veículos" deva contemplar apenas os veículos terrestres e aéreos. Deve-se compreender como sendo qualquer veículo.

Questão de Concurso

▶ **(IBAM. Pref. de Araraquara-SP. Procurador Municipal. 2016)**[22]: Como sabido, competência são os limites dentro dos quais cada juiz ou Tribunal pode, legitimamente exercer a função jurisdicional. Acerca deste instituto, à luz do Novo Código de Processo Civil (Lei nº 1J. 105/2015), assinale a alternativa que contém uma assertiva equivocada

a) A competência é determinada no momento da propositura da demanda, sendo, em regra, irrelevantes as modificações do estado de fato ou de direito ocorridas posteriormente

b) Sendo o réu incapaz, a ação deverá ser proposta no foro de domicílio de seu representante ou assistente

c) É competente o foro de residência do idoso para causas que versem sobre direito previsto no estatuto do idoso

d) Na ação de reparação de dano sofrido em razão de delito ou acidente de veículos é competente para seu processamento e julgamento o foro do domicílio do réu

---

5.3. Critério funcional

O critério funcional distribui a competência de acordo com a **repartição de funções** a serem desempenhadas pelos diferentes órgãos jurisdicionais **dentro de um mesmo processo**, a determinar a competência pelo **grau de jurisdição** onde a ação deve ser intentada, pela **fase** em que o processo se encontra ou pelo **objeto** visado.

Grau de jurisdição

De uma forma geral, as ações são intentadas perante um juízo monocrático, mas os recursos contra suas decisões são dirigidos a um tribunal, órgão hierarquicamente superior. Nesta hipótese, tem-se a competência derivada, que pressupõe a transferência da análise de uma causa de uma instância para outra superior.

---

22. Gabarito: Letra D.

Apesar de ordinariamente as ações serem intentadas perante o juízo monocrático, há casos em elas que são processadas e julgadas originariamente perante os tribunais. Isso ocorre nas hipóteses de foro por prerrogativa de função e nas naquelas previstas em lei (a exemplo da ação rescisória e da reclamação constitucional).

Fase

A fase em que se encontra o processo também define a competência em razão da função a ser desempenhada pelo órgão jurisdicional. O cumprimento da sentença proferida no processo civil que reconhece a existência de obrigação, pelo menos em regra, deve ser realizado perante o juízo que a proferiu.

Objeto

O objeto pleiteado em juízo também define a competência segundo o critério da funcionalidade do órgão judiciário. Por isso, em uma única decisão, pode ocorrer de atuarem dois órgãos jurisdicionais distintos, encarregando-se um deles de um objeto, e o outro, de objeto diverso.

Tal ocorre, por exemplo, no incidente de arguição de inconstitucionalidade, em que o tribunal pleno ou órgão especial desempenha uma função (decidir a questão abstrata), enquanto a câmara ou turma ou seção do tribunal exerce outra (decidir o caso concreto).

6. COMPETÊNCIA ABSOLUTA E RELATIVA

A competência **absoluta** é **insuscetível de sofrer alterações**, seja por vontade das partes, seja pelos motivos legais de modificação (conexão ou continência), porquanto sua fixação decorre do **interesse público**, que se sobrepõe ao das partes. A competência **relativa**, por sua vez, é firmada com ênfase no interesse das partes. Por isso, **pode ser modificada por vontade delas ou por determinação legal**. Em razão disso, "a incompetência relativa não pode ser declarada de ofício" (enunciado da súmula 33 do STJ), devendo aguardar a iniciativa do réu.

IMPORTANTE! O Enunciado nº 89 do FONAJE estabelece, em exceção, que "a incompetência territorial pode ser reconhecida de ofício no sistema de juizados especiais cíveis".

Questão de Concurso

▶ **(UFMT. Pref. de Rondonópolis-MT. Procurador Jurídico. 2016)**[23]: Obedecidos aos limites estabelecidos pela Constituição Federal, a competência é determinada pelas normas previstas no Código de Processo Civil ou em legislação especial, pelas normas de organização judiciária e, ainda, no que couber, pelas constituições dos Estados. Sobre a matéria, é INCORRETO afirmar

a) A competência determinada em razão da matéria, da pessoa ou do território é inderrogável por convenção das partes

23. Gabarito: Letra A.

b) A ação fundada em direito pessoal ou em direito real sobre bens móveis será proposta, em regra, no foro de domicílio do réu
c) O foro de domicílio do autor da herança, no Brasil, é o competente para a impugnação ou anulação de partilha extrajudicial, bem como para todas as ações em que o espólio for réu, ainda que o óbito tenha ocorrido no estrangeiro
d) Serão reunidos para julgamento conjunto os processos que possam gerar risco de prolação de decisões conflitantes ou contraditórias, caso decididos separadamente, mesmo sem conexão entre eles

A competência será **absoluta**, por expressa disposição contida no art. 62 do Código de Processo Civil[24], quando fixada em razão da **matéria**, da **pessoa** e da **função.** Será **relativa**, em regra, quando fixada em razão do **valor da causa** e do **território** (art. 63[25]). A **ressalva** efetuada com relação à competência relativa deve-se ao fato de nem sempre a competência estabelecida em razão do território ou do valor da causa ser relativa.

Questão de Concurso

▶ **(INAZ do Pará. CORE-SP. Assistente Jurídico. 2019)**[26]: De acordo com o Código Processo Civil vigente, é correto afirmar sobre a competência:

a) Os efeitos de decisão judicial proferida por juízo incompetente serão imediatamente anulados, salvo decisão em contrário.
b) Se houver conexão entre ações, distribuídas a diferentes juízos, torna-se prevendo aquele que primeiro expe-dir mandado de citação ao réu.
c) As partes podem modificar a competência em razão do valor e do território, elegendo foro onde será propos-ta ação oriunda de direitos e obrigações
d) O autor pode optar pelo foro de domicílio do réu ou pelo foro de eleição, nas ações que versarem sobre direi-to de propriedade, vizinhança, servidão, divisão e demarcação de terras e de nunciação de obra nova.
e) A competência determinada em razão da matéria, da pessoa ou da função poderá ser modificada por con-venção das partes.

Essa última conclusão pode ser facilmente alcançada com simples comparação do texto do art. 43 do CPC/2015 com o do art. 87 do CPC/1973. Este dispunha que a competência seria determinada no momento em que intentada a ação, "sendo irrelevantes as modificações do estado de fato ou de direito ocorridas posteriormente, salvo quando [...] alterarem a competência em razão da **matéria ou da hierarquia**". O CPC/2015 dispõe que a competência será determinada no momento do registro ou da distribuição da petição inicial, "sendo irrelevantes as modificações do estado de fato ou de direito ocorridas posteriormente, salvo quando [...] alterarem a **competência absoluta**". A opção pela utilização da expressão "competência absoluta", em vez de "competência em razão da matéria ou da hierarquia", deveu-se justamente ao reconhecimento de que a competência em razão do território e do valor da causa pode ser absoluta em determinados casos.

24. Art. 62. A competência determinada em razão da matéria, da pessoa ou da função é inderrogável por convenção das partes.
25. Art. 63. As partes podem modificar a competência em razão do valor e do território, elegendo foro onde será proposta ação oriunda de direitos e obrigações.
26. Gabarito: Letra C.

A título de exemplo, o **art. 47 do Código de Processo Civil**[27], que se refere às ações fundadas em direito real sobre imóveis, utiliza o critério territorial como absoluto para fixação de competência (STJ. REsp 1.051.652/TO. DJe 03.10.11).

O mesmo ocorre, de uma forma geral, com ação civil pública, cuja competência é absoluta, embora firmada em razão do território. Dispõe o art. 2º da Lei nº 7.347/1985 que a ação deve ser processada e julgada no local onde ocorreu o dano, cujo juízo terá competência absoluta para julgar a causa (STJ. REsp 1.018.214/PR. DJe 02.06.09).

As ações cíveis fundadas em interesses difusos, coletivos e individuais homogêneos, que tenham o idoso como parte processual ou material, serão processadas e julgadas, em razão de competência territorial absoluta, no foro de seu domicílio, ressalvadas as competências da Justiça Federal e a competência originária dos Tribunais Superiores (art. 80 da Lei nº 10.741/2003).

Também as ações protetivas de interesses difuso, coletivo e individual homogêneo de crianças e adolescentes serão processadas e julgadas, em razão de competência territorial absoluta, no foro do lugar onde ocorreu ou deva ocorrer a ação ou a omissão, ressalvadas a competência da Justiça Federal e a competência originária dos tribunais superiores (art. 209 da Lei nº 8.069/1990)[28].

A competência fixada em razão do valor atribuído à causa também é tida pelo Código de Processo Civil como relativa, mas, a exemplo do que acontece nos casos de competência fixada em razão do território, sofre ressalvas. O órgão julgador competente para conhecer uma causa de maior valor, pode ser competente para uma causa de menor valor, se houver prorrogação. **Contudo, o juízo de menor alçada é absolutamente incompetente para as causas de maior valor.**

Questão controvertida é identificar se a competência dos Juizados Especiais, determinada, pelo menos em regra, com base no valor da causa, é absoluta ou relativa.

Os Juizados Especiais Cíveis Estaduais têm competência para julgar as causas de menor complexidade, assim consideradas aquelas cujo valor não exceda a quarenta vezes o salário mínimo (art. 3º, I, da Lei nº 9.099/1995). De acordo com o § 3º do art. 3º da Lei nº 9.099/1995, o procedimento dos Juizados Especiais Cíveis é facultativo para o autor, razão pela qual, não pode ser adotado como hipótese de competência absoluta (STJ. REsp 173.205/SP. DJU 27.04.99).

Os Juizados Especiais Cíveis Federais, conforme dispõe o art. 3º da Lei nº 10.259/2001, têm competência para julgar as causas de competência da Justiça Federal até o valor de 60 salários mínimos. O § 3º determina que a competência dos Juizados Especiais Federais é absoluta para as causas que não ultrapassem sessenta salários mínimos (STJ. AgRg no REsp 1.546.549/RS. DJe 16.12.15). Todavia, pode o autor ingressar nos Juizados Especiais Fede-

27. Art. 47. Para as ações fundadas em direito real sobre imóveis é competente o foro de situação da coisa.§ 1º O autor pode optar pelo foro de domicílio do réu ou pelo foro de eleição se o litígio não recair sobre direito de propriedade, vizinhança, servidão, divisão e demarcação de terras e de nunciação de obra nova.§ 2º A ação possessória imobiliária será proposta no foro de situação da coisa, cujo juízo tem competência absoluta.
28. Neste sentido: STJ. CC 38.577/SP. DJ 17.12.04.

rais nas causas que ultrapassem sessenta salários mínimos, desde que haja expressa renúncia ao excedente (STJ. REsp 1.807.665/SC. DJe 26.11.20. Inf. 683). Estas mesmas conclusões são estendidas aos Juizados Especiais da Fazenda Pública, a teor do que dispõe o § 4º do art. 2º da Lei nº 12.153/2009.

Portanto, a competência definida pelo território nem sempre é relativa. Em algumas hipóteses, desde que previstas em lei, ela pode ser absoluta.

A **distinção** entre a competência absoluta e a relativa é essencial, como será adiante mostrado, para identificar a **legitimação**, o **momento para arguição (ou declaração) da incompetência do juízo** e a **(im)possibilidade de as partes modificarem a competência**.

7. MODIFICAÇÃO DE COMPETÊNCIA

A competência é firmada no momento do registro ou da distribuição da ação. A partir de então, irrelevantes são as modificações do estado de fato ou de direito que venham a ocorrer, salvo quando suprimirem o órgão judiciário ou alterarem a competência absoluta (STJ. CC 45794/RO. DJU 21.03.05). Firmada a competência, ela deve prevalecer durante todo o processo, em atenção à perpetuação jurisdicional[29].

Questão de Concurso

▶ **(AOCP. Câmara Municipal de Rio Branco-AC. Analista Legislativo. 2016 – ADAPTADA)**: Quanto à Competência Interna, prevista no Código de Processo Civil (Lei 13.015/2015), assinale correto ou incorreto[30]; "Determina-se a competência no momento do registro ou da distribuição da petição inicial, sendo irrelevantes as modificações do estado de fato ou de direito ocorridas posteriormente, salvo quando suprimirem órgão judiciário ou alterarem a competência absoluta".

▶ **(TRT – 16ª. Juiz do Trabalho. TRT – 16ª REGIÃO (MA). 2015[31])**: Em relação à competência, no ordenamento jurídico brasileiro, a competência, uma vez fixada, é imodificável.

▶ **(FCC. Juiz de Direito. TJ-RR, 2015. ADAPTADA)[32]**: Quanto à competência,

a) se reconhecida a incompetência absoluta, o processo será extinto, sem resolução do mérito.
b) determina-se a competência no momento do registro ou da distribuição da petição inicial.
c) da decisão que reconhecer a incompetência relativa, não cabe recurso, por ausência de gravame às partes.
d) como regra geral, são relevantes as modificações do estado de fato ou de direito ocorridas posteriormente à determinação da competência.

▶ **(FCC. Auditor Conselheiro Substituto. TCM-GO. 2015[33])**: Quanto à competência, é correto afirmar que as mudanças de domicílio do réu, depois de ajuizada a demanda, não alteram a competência, já estabilizada com a propositura da ação.

29. "A perpetuatio jurisdictionis visa à não alteração do foro da ação pela mudança dos critérios originários de fixação da competência" (STJ. MS 9.680/DF. DJU 28.03.05).
30. Gabarito: Correto.
31. Gabarito: Incorreto.
32. Gabarito: letra B.
33. Gabarito: Correto.

A título de exemplo, veja-se o caso da execução fiscal, que deve ser intentada no foro do domicílio do réu, a teor do que prescreve o art. 46, § 5º, do CPC. Se, no curso do processo, o executado mudar de domicílio, tal fato não alterará a competência, permanecendo a fixada no momento do ajuizamento da ação, face à *perpetuatio jurisdictionis*. Nesse sentido, eis o que dispõe o enunciado 58 da súmula do STJ: "Proposta a execução fiscal, a posterior mudança de domicílio do executado não desloca a competência já fixada".

O **desmembramento de comarca** "só implicará modificação de competência se alterar a competência territorial absoluta" (STJ. REsp 156.898/PR. DJU 16.11.98). Aliás, é por conta da exceção mencionada que a "criação de nova vara ou justiça especializada provoca o deslocamento da competência", a considerar a alteração da competência em razão da matéria (STJ. REsp 675.262/RJ. DJU 02.05.05).

Há, no entanto, circunstâncias que modificam, em concreto, a aplicação das disposições relativas à competência, mas que só interferem nas hipóteses de identidade de competência ou de incompetência relativa. Essas modificações podem ocorrer em virtude de lei (caso de conexão ou de continência), ou por vontade das partes (caso de eleição de foro ou de prorrogação da competência).

Questão de Concurso

▶ **(CESGRANRIO. Profissional Júnior. LIQUIGÁS. 2015)**[34]: Sr. X promove ação de cobrança de determinado crédito em face de Sra. Z. Sra. Z é domiciliada em Bebedouro-SP. Sr. X é domiciliado em Sorocaba-SP. A ação é proposta em Presidente Prudente-SP. A ré não apresenta exceção de competência. Nesse caso, ocorrerá a denominada

a) prorrogação de competência
b) eleição de competência
c) convenção de competência
d) negação de competência
e) declaração de competência

▶ **(CESGRANRIO. Profissional Júnior. Petrobras. 2015)**[35]: Sr. Z promove ação de cobrança em face de Sra. Q, postulando a quantia de cem mil reais. O processo é distribuído para a Vara da Comarca X, domicílio do credor. Sra. Q não opõe exceção de incompetência. Nesse caso descrito, nos termos das regras processuais, ocorre a denominada

a) prorrogação de competência
b) vinculação de competência
c) extinção de competência
d) declaração de competência
e) suspensão de competência

34. Gabarito: letra A.
35. Gabarito: letra A.

7.1. Conexão e continência

Segundo o art. 55 do Código de Processo Civil, reputam-se conexas duas ou mais ações quando lhes for comum o pedido ou a causa de pedir. Esta, contudo, não é a única espécie de conexão. O Código prevê outras espécies. Ele reconhece, por exemplo, que há conexão quando houver **relação de acessoriedade ou de prejudicialidade** entre as ações ou quando o objeto de uma ação tiver ligação com o de outra.

Por conta disso, o § 2º do mesmo art. 55 estabelece que se aplique o disposto no seu *caput* à execução de título extrajudicial e à ação de conhecimento relativa ao mesmo ato jurídico, bem assim às execuções fundadas no mesmo título executivo. Adiante, dispõe o art. 61 do Código de Processo Civil que a ação acessória será proposta no juízo competente para a ação principal.

> Se a ação principal já tiver sido intentada à época, a ação acessória será encaminhada, mediante distribuição por dependência, para o juízo onde aquela estiver a tramitar, em face da prevenção. Caso ainda não tiver sido intentada a ação principal, será distribuída a ação acessória, segundo as regras de definição de competência para ação principal; definida a competência para julgamento da ação acessória, a ação principal será para lá encaminhada, mediante distribuição por dependência, também em face da prevenção do juízo.

O CPC adota, de uma forma predominante, os elementos da ação processualizada (as partes, a causa de pedir e o pedido) como parâmetros para reconhecimento da conexão. Os autores desta obra compreendem que esta não é a melhor opção, pois a conexão é, na verdade, fenômeno diretamente associado à relação jurídica de direito material debatida no processo. Há conexidade entre ações se, interligadas à mesma relação jurídica de direito material, existir possibilidade de, para elas, existirem julgamentos conflitantes (desarmônicos, ou, em outras palavras, inconciliáveis entre si) (STJ. CC 57.558/DF. DJU 03.03.08).

Avançando nesse sentido (em relação ao anterior Código), o § 3º do art. 55 do CPC dispõe que s**erão reunidos para julgamento conjunto os processos que possam gerar risco de prolação de decisões conflitantes ou contraditórias caso decididos separadamente, mesmo sem conexão entre eles.** Sendo assim, não é preciso verificar a coincidência dos elementos das ações processualizadas para que os processos sejam reunidos e aquelas julgadas conjuntamente.

Questão de Concurso

▶ **(FAFIPA. Câmara de Cambará-PR. Procurador Jurídico. 2016)**[36]: Assinale a alternativa INCORRETA

a) A competência relativa poderá modificar-se pela conexão ou pela continência

b) Quando houver continência e a ação continente tiver sido proposta anteriormente, no processo relativo à ação contida será proferida sentença sem resolução de mérito, caso contrário, as ações serão necessariamente reunidas

c) Dá-se a continência entre 2 (duas) ou mais ações quando houver identidade quanto às partes e à causa de pedir, mas o pedido de uma, por ser mais amplo, abrange o das demais

d) Serão reunidos para julgamento conjunto os processos que possam gerar risco de prolação de decisões conflitantes ou contraditórias caso decididos separadamente, desde que haja conexão entre eles

---

36. Gabarito: Letra D.

A par dessas considerações, pode-se concluir que são conexas (além daquelas dispostas no § 2º do mesmo art. 55), por exemplo: a) a ação e a reconvenção; b) as ações decorrentes da aplicação do § 1º do art. 113 do CPC (que trata da limitação do litisconsórcio multitudinário); c) as ações de investigação de paternidade com a de alimentos; d) a ação de reintegração de posse com a de indenização pelos danos causados pelo esbulhador; e) a ação de despejo e a execução fundada no contrato de locação (STJ. AgRg no REsp 656.277/RJ. DJe 07.06.10).

Por outro lado, nos termos do art. 56 do Código de Processo Civil, dá-se a continência entre duas ou mais ações quando houver identidade quanto às partes e à causa de pedir, mas o pedido de uma (a proposta posteriormente), por ser mais amplo, abrange o das demais (a que foi proposta anteriormente). Logo, pode-se afirmar que a continência é uma espécie de conexão (STJ. CC 57.558/DF. DJU 03.03.08).

Conquanto se assemelhem na identificação dos elementos coincidentes, há diferença entre "continência" e "litispendência parcial". Dá-se "continência" quando o pedido da segunda ação processualizada for mais amplo que o da primeira, embora sejam idênticas as partes e a causa de pedir. Por outro lado, verificar-se-á "litispendência parcial" quando o pedido da segunda causa for menos amplo que o da primeira. Enquanto que a continência provoca a reunião das ações com modificação da competência, ao seu turno, a litispendência parcial proporciona a extinção da segunda ação sem resolução de mérito.

Atento a essa circunstância, o Código de Processo Civil dispõe, em seu art. 57, que, quando houver continência e a ação continente tiver sido intentada anteriormente, no processo relativo à ação contida será proferida sentença sem resolução de mérito; caso contrário, as ações serão necessariamente reunidas. Pode ocorrer, contudo, que o pedido formulado na primeira ação seja mais amplo que o formulado na segunda, mas esta traga causa de pedir diferente. Nesta situação (que não é de litispendência parcial), não haveria extinção da segunda ação, mas sim reunião com a primeira, de modo que elas possam ser julgadas simultaneamente, a fim de garantia a harmonia dos julgamentos.

Se as ações forem conexas e os juízos forem diversos, mas dotados da **mesma competência** ou de **competências relativas diversas**, as ações conexas devem ser **reunidas**, com **modificação de competência**, de modo que sejam **julgadas conjuntamente**, evitando entendimentos desarmônicos.

Todavia, se os juízos **forem dotados de competências** absolutas diferentes, não haverá modificação. Para se evitar a desarmonia entre os julgados, **suspender-se-á** uma delas (aquela cujo resultado dependa do julgamento da outra), até que a outra seja julgada.

Questão de Concurso

▶ **(IESES – Cartório – Remoção – TJ – CE/2018)**[37] Quando, entre duas ou mais ações, houver identidade quanto às partes e à causa de pedir, mas o pedido de uma, por ser mais amplo, abrange o das demais, estaremos diante do instituto do Código de Processo Civil denominado de:

a) Continência.

b) Comoriência.

37. Gabarito: Letra A.

c) Conexão.
d) Incompetência.

▶ **(BIO-RIO. Prefeitura de Barra Mansa-RJ. Procurador Jurídico. 2016)**[38]: Assinale a opção INCORRETA

a) Pela nova sistemática processual é correto afirmar que foi adotado o critério materialista da conexão
b) A competência absoluta da Justiça Federal fixada na Constituição Federal é prorrogável pela conexão
c) Caso o Réu observe a existência de incompetência relativa, deverá alegá-la em preliminar de contestação, sob pena de prorrogação de competência
d) Os atos decisórios praticados por juiz absolutamente incompetente serão preservados até que o juiz competente decida de maneira contrária, se for o caso

---

Atente-se que os juízos (diversos), por onde se processam as ações conexas, são competentes (ou mesmo relativamente incompetente algum deles), se vistos de forma isolada, para o julgamento. Mas, por razões de economia processual e, principalmente, no intuito de evitarem decisões conflitantes, impõem-se (quando possível, ou seja, se não houver diversidade de competência absoluta) a **reunião das ações** para **julgamento conjunto**[39]. Por isso que o art. 54 dispõe que a **competência relativa** poderá modificar-se pela conexão ou pela continência.

A ser assim, as ações conexas, quando idênticas as competências dos respectivos juízos ou, mesmo que diversas, sejam relativos os fatores de definição, serão reunidas para julgamento conjunto, com a finalidade de evitar decisões desarmônicas. A reunião das ações propostas em separado far-se-á no juízo prevento (aquele em que foi primeiramente registrada ou distribuída a petição inicial, a teor do que dispõe o art. 59 do Código de Processo Civil), onde serão decididas simultaneamente[40].

A competência é firmada, para fins de prevenção às ações conexas, no momento do **registro ou da distribuição da petição inicial**. Esse critério, além de ser uniforme (para o caso de a ação ter sido intentada na mesma ou em diferentes comarcas), evita que a morosidade do Poder Judiciário possa prejudicar a parte que, diligentemente, intentou a ação em primeiro lugar. Antes, sob a vigência do CPC/1973, a prevenção era firmada de duas formas. Quando as ações conexas tramitavam perante a mesma comarca, prevento era o juízo que despachou em primeiro lugar. Quando tramitavam em comarcas diversas, prevento era o juízo que primeiro citava. Agora, sob a égide do CPC/2015, o critério foi uniformizado, e a parte, conquanto tenha agido de forma diligente, não fica, em termos de estabelecimento de prevenção, a depender do Poder Judiciário.

Se uma das ações tiver sido julgada, torna-se desnecessária a reunião, pois não será mais possível o julgamento conjunto (§ 1º do art. 55 do CPC). O mesmo ocorrerá quando reali-

---

38. Gabarito: Letra B.
39. Demandas conexas devem ser julgadas na mesma sentença (vocábulo empregado em sentido amplo) para sejam objeto de um só recurso por cada parte. Deve-se evitar a interposição de diferentes recursos, para que não seja proporcionado julgamentos conflitantes em sede recursal.
40. Caso o objeto litigioso do processo envolva imóvel que se ache situado em mais de um Estado, comarca, seção ou subseção judiciária, dispõe o art. 60 do Código de Processo Civil, a competência territorial do juízo prevento estender-se-á sobre a totalidade do imóvel.

zado "julgamento antecipado parcial do mérito" (prefere-se chamar de "julgamento imediato parcial do mérito"), se o capítulo conexo tiver sido julgado (mas, se não tiver sido julgado, devem ser reunidas as ações para julgamento conjunto, preservando-se a decisão que julgou o capítulo não conexo)[41].

Disso não se pode concluir que a ação pendente não deva ser julgada de forma harmônica àquela que foi anteriormente resolvida. Deve sim. As ações continuam a ser conexas (podendo, inclusive, ser reunidas na instância recursal se não tiverem sido lá julgadas). Apenas não haverá, na instância originária, única sentença para as ações processualizadas, a considerar que, ali, uma já foi decidida. Até porque se reúnem as ações para se alcançar a harmonia. Mas, tal reunião poderá ser dispensada quando não houver risco de conflito entre os julgados.

Não à toa, o STJ entende que o julgamento de apenas uma das ações reunidas por conexão não induz, necessariamente, nulidade da decisão, pois "cabe ao magistrado a avaliação de julgamento simultâneo das demandas, inspirado pelos objetivos da conexão (evitar decisões conflitantes e privilegiar a economia processual). A **ausência de perigo de decisões conflitantes**, ante a circunstância de as matérias a serem decididas não sofrerem influência mútua, **não justifica a decretação de nulidade** em face da opção por julgamentos separados" (STJ. REsp 1.126.639/PB. DJe 21.06.11)[42].

PONTO DE REFLEXÃO
O art. 356 do Código de Processo Civil autoriza o julgamento parcial do mérito, quando pedido ou parcela dele mostrar-se incontroverso ou em condições de imediato julgamento. Por sua vez, o § 1º do art. 55 estabelece que as ações conexas devem ser reunidas para julgamento conjunto. Assim, pergunta-se: quando ações conexas estão pendentes na mesma instância, elas devem, se preenchido o suporte fático do art. 356 do Código de Processo Civil, ser julgadas separadamente ou, ao contrário, em razão do comando do § 1º do art. 55, conjuntamente?
Pelo texto do art. 356 do CPC/2015, as ações cumuladas num só processo, mesmo que não sejam conexas (como sói ocorrer em razão da cumulação simples de pedidos), podem ser julgadas em momentos processuais diferentes, ou seja, os julgamentos das partes que formam o objeto litigioso, delimitado a partir das ações processualizadas, podem ser assíncronos, realizados em momentos processuais diversos.
Antes, porém, no art. 55, o Código de Processo Civil dispõe serem conexas duas ou mais ações quando lhes for comum o pedido ou a causa de pedir, a estabelecer que os processos que tragam tais ações (ou aquelas que possam gerar risco de prolação de decisões conflitantes ou contraditórias, se decididas separadamente) deverão ser reunidos para decisão conjunta (salvo se um deles já houver sido sentenciado, evidentemente).

41. Art. 64. A incompetência, absoluta ou relativa, será alegada como questão preliminar de contestação. [...] § 4º Salvo decisão judicial em sentido contrário, conservar-se-ão os efeitos de decisão proferida pelo juízo incompetente até que outra seja proferida, se for o caso, pelo juízo competente.

42. Este entendimento foi posteriormente ratificado: "A reunião dos processos por conexão configura faculdade atribuída ao julgador, sendo que o art. 105 do Código de Processo Civil concede ao magistrado certa margem de discricionariedade para avaliar a intensidade da conexão e o grau de risco da ocorrência de decisões contraditórias. Justamente por traduzir faculdade do julgador, a decisão que reconhece a conexão não impõe ao magistrado a obrigatoriedade de julgamento conjunto. A avaliação da conveniência do julgamento simultâneo será feita caso a caso, à luz da matéria controvertida nas ações conexas, sempre em atenção aos objetivos almejados pela norma de regência (evitar decisões conflitantes e privilegiar a economia processual). Assim, ainda que visualizada, em um primeiro momento, hipótese de conexão entre as ações com a reunião dos feitos para decisão conjunta, sua posterior apreciação em separado não induz, automaticamente, à ocorrência de nulidade da decisão. O sistema das nulidades processuais é informado pela máxima 'pas de nullité sans grief', segundo a qual não se decreta nulidade sem prejuízo, aplicável inclusive aos casos em que processos conexos são julgados separadamente" (STJ. REsp 1.255.498/CE. DJe 29.08.12).

Por interpretação literal do art. 55 do CPC/2015, conclui-se que, se as ações processualizadas em diferentes processos são conexas, o objeto litigioso deve ser resolvido em decisão única, no caso, por sentença, porque a regra literalmente estabelece que aquelas não podem ter o mérito julgado por decisões interlocutórias, ou seja, em momentos diferentes da tramitação processual.

Pela mesma interpretação literal, pode-se defender que o comando do art. 356 não tem aplicação aos julgamentos das ações conexas cumuladas no mesmo processo, a prevalecer, assim, o comando do art. 55, porque aquele se relaciona a ações cumuladas no mesmo processo, enquanto que este, a ações conexas intentadas em processos diferentes. Essa não seria, contudo, a melhor construção normativa extraída a partir do art. 55, sobretudo porque, juntamente com o art. 356 (e com outros, obviamente), integram único sistema. Como será mostrado, o texto do art. 55 é um daqueles que não observou a quebra do dogma da unidade estrutural da sentença pelo Código de Processo Civil de 2015, a não se adaptar às mudanças irradiadas a partir do art. 356, que não se distancia, é preciso que se registre, ao necessário dever de coerência, servil à resolução do problema proposto.

De fato, a segurança está associada aos ideais de determinação, de estabilidade e, sobretudo, de previsibilidade, que, se ausentes, negarão a própria essência do direito. Haverá segurança jurídica quando se tiver a capacidade de conhecer e de calcular os resultados (imediatos e mediatos) atribuíveis pelo direito e explicitados pelas decisões jurisdicionais aos atos (jurídicos) praticados por aqueles que polarizam uma relação.

A concretização dessa previsibilidade ladeia a coerência entre os atos decisórios decorrentes do exercício da atividade jurisdicional. Depende, de forma essencial (mas não exclusiva), do respeito às razões provindas da análise de questões de fato e de direito, estabelecidas em anteriores decisões, porque exige do juiz a aplicação de comandos legais em sentido a garantir, conforme expressado em fundamento e em conclusão, o máximo de harmonia entre as proposições jurídicas.

Não por outra razão, a coerência toma papel de privilegiado destaque no direito processual, a ponto de o Código de Processo Civil, ineditamente, dispor que os tribunais devem uniformizar as decisões judiciais que tratem de similares questões para tornar coerente a jurisprudência (art. 926) e, assim, garantir a harmonia entre os julgamentos.

Se o respeito à coerência, não só por disposição legislativa, mas pela própria estruturação lógica do sistema jurídico, deve ocorrer quando não há coincidência de partes, mas apenas similaridade de questões (como é o caso dos precedentes), por igual razão deve ocorrer quando há coincidência de partes e essas questões jurídicas estão relacionadas. Afinal, a proposta do Código de 2015 foi reduzir a litigância e "trazer maior segurança jurídica, isonomia das partes e garantir harmonia lógica entre julgamentos".

Ao estabelecer o respeito à coerência, o legislador pressupõe (a priori) que existe apenas uma resposta correta (a despeito da natureza indeterminada do direito), a enunciar um ambiente amparado pela previsibilidade, mas tolerante a falhas das construções normativas. A coerência, pela própria plasticidade do sistema, busca a construção de normas individuais harmônicas a partir, também ou quando possível, da incidência de comandos legislativos.

Antes, segundo orientação do próprio Superior Tribunal de Justiça, por ter de decidir em apenas um pronunciamento jurisdicional todas as questões apresentadas, o órgão julgador desenvolvia lógico raciocínio, e, nele embasado, harmonizava a resolução das ações cumuladas, sem que houvesse qualquer incoerência. Tal harmonização, portanto, ocorria sem formação e incidência de qualquer dos efeitos da coisa julgada e, por vezes, sem vinculatividade (ou mesmo orientação) de precedente judicial.

Apesar da particular discordância às razões da unicidade da sentença, é de se convir que ela contribuiu (e contribui, ao ser preservada) sobremaneira para a coerência das decisões judiciais relacionadas quando havia cumulação de ações conexas. Isso não quer dizer, contudo, que a entrada em vigor do CPC/2015, a instituir as decisões parciais de mérito, colocou a coerência em plano inferior. Ao contrário. Até porque ela é indispensável à afirmação das funções social e política da jurisdição.

No atual Código, a coerência foi enaltecida (expressamente, inclusive, como dito, pelo art. 926). Se antes, e de há muito, a coerência se concretizava pela conexão, pela litispendência, pela coisa julgada (preclusão) entre outros institutos, agora, concretiza-se também pela ampliação dos efeitos da conexão (e das hipóteses de reunião de processos) para situações outras, do objeto litigioso do processo, dos limites (objetivos e subjetivos) e, em consequência, da eficácia preclusiva da coisa julgada.

E não bastasse a redefinição de diferentes institutos processuais, foram criados alguns, preservados outros, bem como estabelecidos procedimentos, que igualmente visam a concretizar a coerência das decisões judiciais a serem proferidas em resolução de ações relacionadas, sejam elas cumuladas ou não no mesmo processo.

A atuação legislativa não haveria de se distanciar da concretização da coerência entre decisões, porquanto injustificável, pelo menos a priori, que determinada questão, apresentada em mais de uma ação (ou numa ação coletiva a tutelar direito individual homogêneo), seja resolvida de maneira harmônica, quando julgada num só ato decisório, e (com a possibilidade de ser) desarmônica, quando julgada em mais de um ato decisório. Não deve a atividade jurisdicional, pelo menos sem justas razões, por exemplo, entender que determinado fato, tido como comum, seja existente para uma(s) ação e, de forma contraditória, inexistente para outra(s).

Por estar a par do dever de coerência e visar à sua concretização, o legislador ora permite (inclusive mediante prorrogação de competência) a reunião de processos para que as ações (mesmo não conexas) sejam julgadas conjuntamente, ora permite que, durante certo lapso temporal, um (uns) processo(s) fique(m) suspenso(s), enquanto tramita(m) outro(s), a fim de que a ação prejudicial (ou diretiva) seja julgada previamente, ou mesmo que seja verificado determinado fato ou produzida prova perante outro juízo.

Só que, às vezes, não é possível a reunião de processos (por diversidade de competência ou por ausência de contemporaneidade) e a (contínua) suspensão (por transcurso de prazo ou por ausência de contemporaneidade). Tais circunstâncias não afastam o dever de coerência. A impossibilidade de uso (ou inaplicabilidade) de algumas técnicas (como as encimadas) pode até dificultar, mas não afasta a observância ao dever de coerência, pois decisões relacionadas devem ser decididas harmonicamente.

Todavia, apesar do empenho do legislador, foram mantidos, repita-se, alguns textos, cuja leitura açodada (amparada por uma interpretação seccionada), poderia induzir à equivocada conclusão de que, se não resolvido de forma una o objeto litigioso do processo, a coerência poderia ser desrespeitada ou não orientar a prolação de atos decisórios proferidos em momentos processuais diversos. Isso ocorreu, dentre outros textos, com o do art. 55 do Código de Processo Civil de 2015, que ficou atrelado ao dogma da unicidade da sentença.

Não se observou que o seu texto (o qual, na essência, reproduz aquele trazido pelo Código de 1973) precisaria ser redesenhado, a compatibilizar o julgamento de ações conexas com as decisões parciais de mérito. Até porque, com a introdução das decisões parciais de mérito, aquele dogma não deveria ser preservado exclusivamente para o julgamento das ações conexas, como poderia sugerir a simples leitura (descontextualizada) do art. 55 do Código de Processo Civil de 2015.

Não se está, evidentemente, a defender a quebra da coerência nos resultados provindos dos julgamentos de ações conexas, mas, sim, o seu alcance por outras técnicas, a partir do respeito, pelo próprio órgão jurisdicional, ao que antes, para uma (ou qualquer) destas ações, foi (por ele) decidido. Preservado o mesmo cenário fático-jurídico, o órgão julgador deve respeitar suas próprias premissas.

Logo, se uma (algumas) ação (ações) é (são) julgada(s) por decisão (decisões) parcial (parciais) de mérito, no(s) julgamento(s) posterior (posteriores) da(s) outra(s) ação (ações), quando conexa(s), em respeito à própria boa-fé e à segurança jurídica, o mesmo órgão julgador não deve dissentir das premissas já estabelecidas. Esse dever, inerente à coerência, é suficiente para garantir a harmonia entre julgamentos de ações conexas.

Afinal, a unidade estrutural da sentença não é a única técnica a garantir a harmonia entre os resultados provindos dos julgamentos das ações conexas. A coerência pode ser alcançada mesmo que os julgamentos sejam realizados em momentos processuais distintos. Foi também por isso que o Código, no art. 356, introduziu a possibilidade de fracionar o julgamento do mérito. Permitiu a prolação de decisões parciais não para desarmonizar os resultados, mas, ao contrário, para reafirmar (dentre outras garantias) a coerência, ao evidenciar que a harmonização de decisões relacionadas pode ser alcançada a partir de outras técnicas, diferentes da do julgamento simultâneo.

Não haveria, em absoluto, sentido compreender-se que o legislador buscou copiosamente, em diversas passagens, concretizar a coerência e, justamente por ocasião do julgamento fracionado por decisão parcial de mérito, ter se descuidado disso. Quando expressamente autorizou o julgamento fracionado, estava cônscio que a harmonização de julgados poderia ser buscada com outras técnicas, que não o julgamento simultâneo.

E como superar o comando do art. 55 do CPC/2015, que (pelo menos aparentemente) estabelece a necessidade de julgamento simultâneo?

A norma extraída do texto legal não impõe o "julgamento simultâneo", mas sim um "julgamento equivalente ao simultâneo", compromissado com a harmonização de julgados a partir da coerência entre os resultados dos atos decisórios. Tal pode ser alçado por outras técnicas, mediante respeito àquilo que foi antes decidido, inclusive pelo próprio juízo em ação (ações) conexa(s). A simultaneidade dos julgamentos, no preciso aspecto temporal, junge-se às ações em idêntico estágio processual, ou seja, igualmente prontas para serem decididas.

Não haveria, verdadeiramente, sentido em retardar o julgamento da parte do objeto do processo que está pronta para ser decidida, sob a justificativa de alcance da coerência, quando esta pode ser alcançada a partir do emprego de outras técnicas. Se este resultado é possível, a melhor construção normativa, em relação ao art. 55 do Código de Processo Civil, é aquela que permite julgamentos assíncronos, por concretizar duração razoável do processo e eficiência.

Poder-se-ia, igualmente, defender, em oposição ao que aqui defendido, que o art. 356 do Código de Processo Civil não teria aplicação ao julgamento das ações conexas (mas apenas àquelas cumuladas nos mesmos autos do processo), a prevalecer, assim, o comando do art. 55. Isso, porque aquele (art. 356) se relacionaria a ações cumuladas no mesmo processo, enquanto que este (art. 55), a ações conexas em processos diferentes.

Esta ilação, todavia, não é a mais razoável, a considerar que as ações conexas, intentadas em diferentes processos, podem ser julgadas na mesma sentença, assim como pode ocorrer com as ações cumuladas nos mesmos autos, por serem (poderem ser) conexas. Há semelhança quanto a este aspecto: ações conexas, processualizadas em diferentes processos, podem ser julgadas conjuntamente, assim como aquelas cumuladas no mesmo processo. Não há diferenças significativas (em termos de repercussões jurídicas) entre as ações conexas serem intentadas nos mesmos ou em diferentes processos.

O julgamento em separado de ações conexas, sejam elas cumuladas no mesmo ou em diferentes processos, por imposição lógica, deve ser outro fator de semelhança. Não é porque as ações conexas, referidas no art. 55, estão processualizadas em autos separados, que devem ser necessariamente julgadas em conjunto, em procedimento diferente do que poderia ocorrer com as conexas processualizadas no mesmo processo, a teor do que estabelece o art. 356.

Não haveria por que isolar, quando o legislador assim não o fez, as ações conexas, processualizadas em diferentes processos, do comando do art. 356. Conexas as ações, em qualquer das situações, ou seja, se cumuladas nos mesmos ou em diferentes processos, elas podem, sim, ser julgadas sem simultaneidade, de forma assíncrona, a se preservar, entretanto, o compromisso com a coerência.

Numa análise dogmática, haveria muito mais motivos para as ações processualizadas em diferentes autos serem jugadas separadamente, a considerar que elas poderiam ser intentadas em momentos (bem) diferentes, a ponto de uma ser julgada antes mesmo de a seguinte ser intentada. Nem por isso, haveria quebra do dever de preservação da coerência entre as decisões judiciais proferidas, em diferentes autos, em momentos diferentes.

Disso, poder-se-ia indagar, ainda em oposição à tese de possibilidade de julgamentos assíncronos de ações conexas intentadas em diferentes processos: o art. 55 não seria uma regra especial em relação àquela contida no art. 356, pelo que, ante a antinomia entre as regras extraídas dos textos legais, o julgamento conjunto das ações conexas intentadas em diferentes processos seria necessário?

A antinomia entre as regras referidas é apenas aparente. Não há uma especialidade da regra do art. 55 em relação àquela do art. 356. Numa construção normativa comprometida com a coerência entre os julgamentos, compreende-se que ambas as regras autorizam julgamentos assíncronos de ações conexas, desde que haja compromisso de harmonização entre eles. O resultado aspirado pelos comandos dos artigos 55 e 356 é, como proposto, de julgamento não simultâneo (no aspecto temporal), mas equivalente ao simultâneo (no aspecto da harmonia). Ambos dispositivos buscam efetivamente concretizar a coerência entre julgados.

Logo, se ambos os dispositivos buscam a harmonia entre os julgamentos de mérito proferidos pelo mesmo órgão jurisdicional, não há porque se concluir que, para as ações conexas, intentadas no mesmo processo, os julgamentos poderiam ser conjuntos ou assíncronos e, para aquelas conexas, intentadas em diferentes processos, deveriam ser necessariamente conjuntos, a desprezar a aceleração, a efetividade e a eficiência proporcionada pelo fracionamento do objeto litigioso.

É justamente por isso que o enunciado 630 do Fórum Permanente de Processualistas Civis orienta que "a necessidade de julgamento simultâneo de causas conexas ou em que há continência não impede a prolação de decisões parciais". Na ocasião do FPPC de Florianópolis/SC, foi justificado (por um dos autores deste trabalho, quem sugeriu a redação inicial do enunciado), que a aspiração da regra do art. 55 do Código de Processo Civil é a harmonia de resultados entre as ações cumuladas, que pode ser alcançada por outras técnicas, que não necessariamente a do julgamento simultâneo.

Por conseguinte, não se poderia impedir, em relação às ações conexas intentadas em diferentes processos, a aplicação da regra do art. 356 do Código de Processo Civil. Daí, concluir-se, aqui, com segurança, pela possibilidade de julgamentos assíncronos de ações conexas, mesmo quando intentadas em diferentes processos.

A prevenção referida é a concentração da competência em um mesmo órgão jurisdicional com exclusão de outros igualmente competentes. Logo, se houver conexão, o juiz, de **ofício ou a requerimento** de qualquer das partes ou do Ministério Público, quando for o caso de sua participação, ordenará a reunião das ações em separado, a fim de que sejam decididas simultaneamente. O autor deve alegar a existência de conexão na petição inicial, requerendo que a distribuição se dê por dependência. O réu, em preliminar de contestação.

Interessante é que pode se verificar conexão entre ações que tramitam perante juízos de competências relativas diversas. Constatada essa hipótese, haverá reunião dos autos dos processos para julgamento conjunto. Aí, não haverá preclusão se qualquer das partes não alegar conexão na primeira oportunidade. Tal se justifica porque não se trata propriamente de discussão em torno da competência, mas da coerência entre decisões jurisdicionais.

PONTO DE REFLEXÃO

Não é correto concluir que a modificação de competência (quando possível, ou seja, quando não for absoluta) pela verificação da conexão fere o **juiz natural**. Ao contrário, ela afirma essa garantia. Existiria desrespeito se não fosse modificada a competência, para deixar de fazer os encaminhamentos das ações interligadas ao juízo prevento.

A modificação de competência pela verificação da conexão destina-se, primeiramente, a evitar a prolação de decisões desarmônicas. Previamente, por lei, resta estabelecido que todas as ações, se conexas, serão distribuídas a determinado juízo, que ficará prevento, a se evitar julgamentos externamente contraditórios.

Além disso, a modificação de competência amparada na conexão também evita que ações possam ser distribuídas em variados órgãos jurisdicionais até que seja escolhido determinado juiz. Se não ocorresse a modificação de competência, a escolha da pessoa do juiz seria levada a cabo, porquanto bastaria que a parte distribuísse várias ações e escolher o julgador.

Com a modificação de competência decorrente da verificação da conexão, não há possibilidade de escolha do juiz para as ações respectivas. Isso, porque a distribuição já foi efetuada para a primeira ação, que tornou prevento o juízo, para onde serão distribuídas as seguintes. Qualquer ação posteriormente intentada seguirá para o juízo prevento.

De se atentar, porém, que verdadeira expressão de desrespeito ao juiz natural ocorre quando é requerida a "distribuição por prevenção" de ação sob a falsa alegação de verificação de conexão. Deve-se cuidar para que esta fraude não seja empregada com o fim de escolher algum juiz determinado.

Outra situação merecedora de atenção, para que se evite violação à garantia do juiz natural, está relacionada ao art. 338 do Código de Processo Civil. Ele permite ao autor corrigir o polo passivo da relação processual, quando o réu originário alegar sua ilegitimidade. Se aquele a reconhecer, poderá alterar a relação processual originária. A ação relativa à nova relação processual, constituída entre o autor e o novo réu, forma processo, que tramitará perante o juízo para onde originariamente ele foi distribuído. Há prevenção do órgão jurisdicional, que deve ser respeitada quando do julgamento da nova ação processualizada.

Aí fica a pergunta: se o autor, em vez de corrigir o polo passivo da relação processual (como permitido pelo art. 338 do CPC), preferir desistir e intentar nova ação, esta será distribuída por prevenção ao mesmo juízo onde tramitou a primeira? Entende-se que sim, porque, se for outra a conclusão, estar-se-á a possibilitar a violação à garantia do juiz natural.

Para a escolha do juízo, o autor intentaria ação contra quem sabidamente era parte ilegítima, até escolher o juiz de sua preferência. Se, pela distribuída, não fosse sorteado o de sua preferência, o autor pediria desistência da ação e intentaria outra. Se sorteado o juiz escolhido, em vez de pedir desistência, o autor corrigiria o polo passivo da relação processual.

Não há que se afirmar que a ação seria diferente e, por isso, deveria ser distribuída para qualquer juízo aleatoriamente, pois, na verdade, a ação originária constituiu apenas um erro que, pela ratificação da ilegitimidade passiva pelo próprio autor, deveria ter sido intentada perante o juízo originário.

Assim, para que seja respeitada a garantia constitucional do juiz natural, com afirmação do disposto no art. 1º do Código de Processo Civil (e alcance da finalidade do art. 286, II), a "ação corrigida", seja no curso do processo originário, seja mediante outro processo, deve ser processada e julgada pelo juízo para onde a ação foi primeiramente distribuída.

Para que seja possível a reunião de ações, o órgão julgador que determinar a reunião deve ser competente, segundo a matéria e a função, para julgar as duas ou mais ações reunidas. Se as ações estavam pendentes, e não foi realizada a tramitação conjunta, há irregularidade, que pode ser sanada pelo **julgamento conjunto em sede recursal**, caso tenha sido interposto recurso em todas elas para o mesmo órgão jurisdicional. Se não houver, pelo menos até o momento da análise de qualquer recurso pelo tribunal ad quem, interposição de recurso em todas as ações conexas, as decisões proferidas em desrespeito podem ser invalidadas, caso haja desarmonia entre os julgados, gerando prejuízo à(s) parte(s).

7.2. Foro de eleição

Os negócios jurídicos podem estabelecer, em **cláusula contratual**, a competência territorial para que se resolvam as ações oriundas de direitos e obrigações daqueles decorrentes. Como dispõe o art. 63 do Código de Processo Civil, as partes podem modificar a competência em razão do (valor e do) território, elegendo o foro onde será proposta ação oriunda de direitos e obrigações. Será um negócio jurídico processual, conquanto materializado antes da formação do processo. Aliás, é perfeitamente factível que assim ocorra. Entre os antigos, admitiam-se ditos negócios jurídicos processuais apenas quando eles fossem, além de típicos, prévios. Hoje, não há dúvidas de que, além de atípicos, podem também ser realizados depois da formação do processo.

Preventivamente, o art. 62 do CPC estatui que a competência em razão da matéria, da pessoa e da função, por ser absoluta, é inderrogável por convenção das partes. Por conseguinte, quando absoluta a competência definida em razão do (valor e do) território, ela será inderrogável, sendo nula eventual eleição de foro.

Questão de Concurso

▶ **(FUNDATEC – Procurador Municipal – Pref. Porto Alegre – RS/2016)** Diante das regras de competência dispostas no Código de Processo Civil (Lei nº 13.105/15), assinale a alternativa INCORRETA[43].

a) Prorroga-se a competência territorial fixada em cláusula abusiva de eleição de foro se não alegada a abusividade na contestação.

b) A modificação da competência determinada em razão da pessoa, realizada por convenção das partes, somente produzirá efeitos depois de homologada pelo juiz.

c) Serão reunidos para julgamento conjunto os processos que possam gerar risco de prolação de decisões conflitantes ou contraditórias caso decididos separadamente, mesmo sem conexão entre eles.

d) Quando houver continência e a ação continente tiver sido proposta anteriormente, no processo relativo à ação contida, será proferida sentença sem resolução de mérito, caso contrário, as ações serão necessariamente reunidas.

e) Reputam-se conexas duas ou mais ações quando lhes for comum o pedido ou a causa de pedir.

O negócio jurídico processual que estabelece eleição de foro deve ser **bilateral e escrito**, aludindo expressamente ao negócio jurídico material a que se refere (além de obrigar as partes, o foro de eleição **obriga os herdeiros e os sucessores das partes**). A eleição, contudo, é do foro, e não do juiz, já que, se assim fosse permitido, estar-se-ia a ferir a garantia do juiz natural.

Questão de Concurso

▶ **(FGV. COMPESA. Advogado. 2016)**[44]: A respeito das disposições sobre Função Jurisdicional, assinale a afirmativa incorreta

a) A continência entre duas ou mais ações ocorre quando há identidade quanto às partes e à causa de pedir, mas o pedido de uma, por ser mais amplo, abrange o das demais

b) Os processos de ações conexas serão reunidos para decisão conjunta, salvo se um deles já houver sido sentenciado

c) A competência determinada em razão da matéria, da pessoa ou da função é inderrogável por convenção das partes

d) As partes podem modificar a competência em razão do valor e do território, elegendo foro onde será proposta ação oriunda de direitos e obrigações, mas a cláusula de eleição de foro não vincula os herdeiros e sucessores

e) A incompetência, absoluta ou relativa, será alegada como questão preliminar de contestação

43. Gabarito: Letra B.
44. Gabarito: Letra D.

Quando eleito o foro, cabe ao réu (se conveniente) alegar sua existência (dispõe o § 4º do art. 63 do CPC) **na contestação**, como **questão preliminar** (art. 64 do CPC), quando a ação for intentada em lugar diverso do eleito, sob pena de **preclusão.**

Antes mesmo da citação, se o juiz constatar a abusividade da cláusula de eleição de foro, poderá, de ofício, reputá-la ineficaz, determinando a remessa dos autos ao juízo do foro de domicílio do réu (§ 3º do art. 63). Com a citação, só deverá reconhecer abusividade da eleição de foro se provocado em contestação ou se a cláusula visar a derrogar critério absoluto de definição de competência.

Pode acorrer de a legislação processual estabelecer como competente outro foro que não o do domicílio do réu, para onde devem ser remetidos os autos, se reconhecida a abusividade da cláusula, pois, se ineficaz a eleição, devem ser aplicadas as disposições gerais de definição de competência. Frise-se que, embora o Código fale em ineficácia da cláusula de eleição de foro, é nítido que se trata de hipótese de invalidade do ato jurídico, decorrente da sua abusividade. A ineficácia, portanto, é tão somente consequência da decretação da invalidade.

Pelas mesmas razões que o juiz, antes da citação, pode, de ofício, reconhecer a abusividade da cláusula, juízo diverso daquele constante no foro de eleição pode reconhecer sua competência. Basta que, diante da alegação de incompetência apresentada pelo réu, reconheça a abusividade da cláusula. Só ficaria impossibilitado de reconhecer sua própria competência se a contestação do réu apresentasse (e fosse acolhida), em questão eventual, argumento relacionado, além do foro de eleição, às disposições legais de definição de competência, que indicassem outro como sendo o juízo competente.

Questão de Concurso

▶ **(PUC-PR. Procurador Municipal. Prefeitura de Maringá-PR. 2015[45])**: Sobre a competência, julgue o item a seguir: de acordo com a regra da *Kompetenzkompetenz*, todo juízo tem competência para julgar a sua própria competência.

Dito isso, acrescenta-se que não é necessário que o contrato seja de adesão para se concluir pela abusividade (e consequente ineficácia) da cláusula. Não é a forma do contrato que define a abusividade da cláusula de eleição de foro. Pode ocorrer de, mesmo que de adesão o contrato, a cláusula seja válida e eficaz, porque não abusiva[46]. Mas, segundo entendimento do Superior Tribunal de Justiça, sob a égide do CPC/1973, se abusiva a cláusula, a incompetência do juízo eleito será absoluta. Só seria relativa se não abusiva[47].

45. Gabarito: Correto.

46. O fato isoladamente considerado de que a relação entabulada entre as partes é de consumo não conduz à imediata conclusão de que a cláusula de eleição de foro inserida em contrato de adesão é abusiva, sendo necessário para tanto, nos termos propostos, perscrutar, no caso concreto, se o foro eleito pelas partes inviabiliza ou mesmo dificulta, de alguma forma, o acesso ao Poder Judiciário (STJ. REsp 1.089.993/SP. DJe 08.03.10).

47. Tem-se, assim, que os artigos 112, parágrafo único, e 114 do CPC, na verdade, encerram critério de competência de natureza híbrida (ora absoluta, quando detectada a abusividade da cláusula de eleição de foro, ora relativa, quando ausente a abusividade e, portanto, derrogável pela vontade das partes) (STJ. REsp 1.089.993/SP. DJe 08.03.10).

Questão de Concurso

► **(FCC. Juiz Substituto. TJ-AL. 2015[48])**: A nulidade da cláusula de eleição de foro, em contrato de adesão, pode ser declarada de ofício pelo juiz, que declinará de competência para o juízo de domicílio do réu. Esta norma refere-se à competência

a) em razão da pessoa.
b) funcional.
c) absoluta.
d) relativa.
e) em razão da matéria.

A par dessa premissa de existência de "critério de competência de natureza híbrida" sob a vigência do CPC/73, deve-se trazer um esclarecimento necessário para o novo Código. Se, de acordo com o § 3º do art. 63 do CPC, "antes da citação, a cláusula de eleição de foro, se abusiva, pode ser reputada ineficaz de ofício pelo juiz, que determinará a remessa dos autos ao juízo do foro de domicílio do réu", o critério de definição de competência será absoluto até antes da citação. Depois disso, o critério será relativo, e, por tal motivo, dependerá de provocação do réu, a ser apresentada em contestação, sob pena de preclusão (art. 64 do CPC)[49].

Na eleição, não se admite, sem justificativa plausível, a escolha aleatória de foro que não seja nem o do domicílio do autor nem o do réu ou, ainda, o do local de cumprimento da obrigação (STJ. EDcl no AgRg nos EDcl no CC 116.009/PB. DJe 20.04.12). A escolha, em respeito à afirmação de diversas garantias constitucionais, dentre as quais a da duração razoável do processo, deve ter uma aderência (pelo menos) mínima entre o foro eleito e o objeto litigioso do processo.

No mais, se autor, favorecido com a eleição de foro, renuncia ao benefício convencionado, para intentar a ação no do domicílio do réu, não cabe a este reclamar o cumprimento da cláusula contratual respectiva (STJ. REsp 961.326/MS. DJe 16.03.10), pois inexiste prejuízo contra ele, sobretudo porque afirma sua garantia de acesso ao controle jurisdicional.

8. DECLARAÇÃO DE INCOMPETÊNCIA

A competência do juízo é pressuposto de validade do processo, pelo que deve ser observada. Se a incompetência do órgão jurisdicional é **relativa**, somente poderá ser reconhecida por **provocação das partes.** Se **absoluta**, as partes podem provocar, mas **o juiz pode reconhecê-la de ofício.**

Questão de Concurso

► **(FCC. Pref. de Campinas-SP. Procurador. 2016)**[50]: No que tange à incompetência absoluta e à incompetência relativa, é correto afirmar

48. Gabarito: Letra D.
49. Enunciado nº 33 da súmula de jurisprudência do Superior Tribunal de Justiça: "A incompetência relativa não pode ser declarada de ofício".
50. Gabarito: Letra E.

a) A competência determinada em razão de matéria, da pessoa ou da função é derrogável por convenção das partes
b) Prorrogar-se-ão as competências relativa e absoluta se o réu não alegar a incompetência em preliminar de contestação
c) A incompetência absoluta será alegada como preliminar de contestação, enquanto a relativa será arguida por meio de exceção
d) Caso a alegação de incompetência seja acolhida, o processo será extinto, sem resolução de mérito
e) A incompetência absoluta pode ser alegada em qualquer tempo e grau de jurisdição e deve ser declarada de ofício

O Código de Processo Civil institui 03 hipóteses típicas para alcançar a declaração de incompetência (ou de competência, que ocorrerá quando negado o requerimento formulado). São elas: a) contestação; b) arguição ou declaração de incompetência absoluta; c) conflito de competência.

a) **Contestação**: na contestação, o réu pode requerer a declaração de incompetência, que pode ser relativa ou absoluta.

Se relativa for a incompetência, o interesse em sua declaração é exclusivamente do réu (e, em alguns casos, do Ministério Público), a considerar que o autor concordou em prorrogar a incompetência do juízo quando, perante ele, intentou a ação (inclusive em relação às ações conexas, dentre as quais a reconvenção, que, por prevenção à escolha do autor, tramitarão perante o mesmo juízo), que deverá requerer a declaração como questão preliminar na contestação, sob pena de preclusão.

Questão de Concurso

▶ **(FCC – Analista Judiciário – Área Judiciária – TRT 24/2017)**[51] Sobre a competência interna, de acordo com o Código de Processo Civil, é correto afirmar:

a) Prorrogar-se-á a competência relativa se o réu não alegar a incompetência em preliminar de contestação.
b) A ação possessória imobiliária será proposta no foro de situação da coisa, podendo o autor, contudo, optar pelo foro do domicílio do réu ou de eleição.
c) Tramitando processo de recuperação judicial na Justiça Estadual, os autos serão remetidos ao juízo federal competente no caso de intervenção de uma determinada empresa pública federal.
d) O foro da Capital do Estado é competente para as causas em que seja autora a União.
e) A citação válida torna prevento o juízo e, ainda quando ordenada por juiz incompetente, constitui em mora o devedor e interrompe a prescrição.

Conforme disposição do parágrafo único do art. 65 do Código de Processo Civil, a incompetência relativa pode ser alegada pelo **Ministério Público** nas causas em que atuar. Por esse motivo, colocou-se a ressalva acima. Se for o caso, o *Parquet* não precisará apresentar contestação, bastando que faça simples requerimento a indicar a incompetência do juízo em que tramita a causa.

51. Gabarito: Letra A.

Questão de Concurso

▶ **(CESPE. Auditor. TCE-PR. 2016[52])**: A respeito da competência julgue o item a seguir: "a atuação do MP como *custos legis* impede a arguição de incompetência relativa do juízo".

Se absoluta for a incompetência, qualquer das partes poderá requerer sua declaração[53] e, conquanto não se submeta à preclusão, o réu deve defendê-la em contestação (assim como o autor deve requerer sua declaração na primeira oportunidade que lhe couber falar nos autos) como questão preliminar (**caso assim não faça, poderá alegar posteriormente, mas se submeterá aos ônus decorrentes de sua omissão**).

Questão de Concurso

▶ **(FCC. PGE-MT. Procurador Estadual. 2016)[54]**: A respeito de competência absoluta e relativa, segundo legislação vigente

a) a incompetência relativa não pode ser conhecida de ofício pelo Magistrado, pois deve ser alegada pelo réu em exceção de incompetência, em peça apartada, no mesmo prazo da contestação

b) a competência prevista em lei para a execução fiscal, é de natureza funcional e, assim, absoluta, de modo que pode ser declinada de ofício pelo Magistrado

c) a incompetência, seja absoluta ou relativa, deve ser alegada pelo réu em preliminar de contestação; todavia, caso não o faça no prazo legal, somente esta última se prorroga

d) o Código prevê que é possível a reunião de duas ações conexas no juízo prevento, ainda que se trate de competência em razão da matéria, desde que haja interesse público que justifique a união das demandas para único julgamento

e) a incompetência territorial é relativa e, por isso, não pode ser conhecida de ofício pelo Magistrado, razão pela qual se prorroga, caso não seja alegada no momento oportuno

Na contestação, o réu poderá defender a verificação simultânea de incompetência absoluta ou relativa, porque, em verdade, pode ocorrer de o juízo ser, ao mesmo tempo, incompetente em razão de critério absoluto e relativo. Se acolhida a afirmação apresentada na contestação, os autos do processo serão remetidos para o juízo absoluta e relativamente competente. Só que, se absoluta e relativa à incompetência, mas o réu só defende a incompetência absoluta, o órgão jurisdicional, se reconhecer a sua incompetência, remeterá os autos do processo para o juízo absolutamente competente, mas relativamente incompetente.

Alegada a incompetência, seja ela relativa ou absoluta, a contestação poderá ser protocolada tanto no foro onde tramita o processo, como no de domicílio do réu (ou mesmo naquele em que ele foi citado). Se o réu adotar a última opção, o fato será imediatamente comunicado ao juiz da causa, preferencialmente por meio eletrônico, para se evitar a indevida decretação de revelia e a prática de atos processuais incompatíveis com a apresentação de resistência.

52. Gabarito: Incorreto.

53. Embora o art. 64 do CPC/2015, em seu *caput*, refira-se a "contestação", a incompetência absoluta não só pode ser suscitada pelo réu. O autor também poderá suscitá-la, o que deverá fazer na primeira oportunidade, seguida à petição inicial, em que lhe couber falar nos autos. Apenas quando a incompetência for relativa é que o autor não poderá suscitá-la, porque, ao ajuizar a ação perante juízo incompetente, ele concordou com a prorrogação da competência do órgão jurisdicional.

54. Gabarito: Letra C.

Se protocolada no foro onde tramita o processo, a contestação será juntada aos autos para, depois de ouvido o autor, ser resolvida a questão preliminar relacionada, nomeadamente porque os demais atos decisórios, para serem praticados, dependem da declaração de sua competência. Se protocolada no foro de domicílio do réu (ou naquele em que ele foi citado), a contestação será submetida a livre distribuição ou, se o réu houver sido citado por meio de carta precatória, juntada aos autos dessa carta, seguindo-se a sua imediata remessa para o juízo da causa.

O § 2º do art. 340 do Código de Processo Civil dispõe que, reconhecida a competência do foro indicado pelo réu, o juízo para o qual for distribuída a contestação ou a carta precatória será considerado prevento. Só que pode ocorrer de o réu defender, na contestação, a competência de um terceiro foro, que não o da causa ou o de onde foi distribuída a contestação ou a carta precatória, situação em que, se acolhida a alegação, os autos serão remetidos para aquele indicado.

Mesmo antes de decidido o requerimento relacionado à alegação de incompetência, dispõe o § 3º do art. 340 do CPC que será suspensa a realização da audiência de conciliação ou de mediação, se tiver sido designada (somente quando definida a competência, o juízo competente designará nova data para a audiência). Acontece que, se a alegação for de incompetência absoluta, e ela não estiver relacionada ao território, não deverá ser suspensa a realização de audiência de conciliação ou de mediação. De fato, a suspensão só se justifica pela dificuldade de comparecer à sessão designada, pelo que deve estar relacionada, de qualquer forma, à competência territorial, além do que o juízo, mesmo incompetente, pode homologar autocomposição.

Protocolada a contestação em que se defende a incompetência relativa como questão preliminar, é requisito para a sua análise que o réu indique o juízo competente. O processado não pode conhecer a sua incompetência relativa e indicar o juízo que reputa como competente. Tal só será possível quando a alegação trazida na contestação for de incompetência absoluta. Se for relativa e o réu não indicar o juízo competente, aquele em que tramita a causa, mesmo que fosse relativamente incompetente, terá a competência prorrogada.

Admitida a defesa indireta dilatória, o juiz determinará a oitiva do autor no prazo de quinze dias, oportunidade em que poderá produzir provas, cabendo àquele decidir em seguida.

Se rejeitada a alegação de incompetência, os autos permanecerão no juízo suscitado. Acolhida a alegação, os autos devem ser remetidos ao juízo competente.

b) **Arguição ou declaração de incompetência absoluta**: quando a ação é intentada perante juízo absolutamente incompetente, a incompetência deve ser declarada de ofício e pode ser alegada pelas partes (ou mesmo por terceiro interessado), em qualquer tempo e grau de jurisdição (§ 1º do art. 64 do CPC). Contudo, deve ser alegada na primeira oportunidade de falar nos autos. Se assim não procederem, as partes arcarão com as custas processuais decorrentes do retardamento.

Após manifestação da parte contrária, o juiz decidirá imediatamente a alegação de incompetência.

Reconhecida a incompetência absoluta, os autos serão remetidos ao juízo competente (não haverá extinção do processo). As decisões até então proferidas (pelo juízo incompetente), salvo se houver pronunciamento judicial em sentido contrário, conservar-se-ão os efeitos até que outra seja proferida, se for o caso, pelo juízo competente.

Se a decisão proferida pelo juízo incompetente for definitiva (no caso, uma decisão parcial de mérito), pode o juízo competente, ao receber os autos, proferir outra?

Não há, ainda, pronunciamento dos tribunais superiores a respeito da questão. Isso até se justifica porque o art. 64, § 4º, do CPC/2015, inova em relação ao Código passado, que estabelecia a imediata decretação de invalidade pelo próprio juízo incompetente, sem contar que o texto se relaciona, na hipótese apresentada, com o novo instituto da decisão parcial de mérito (não admitida pelo CPC/1973, conforme entendimento do STJ).

Os autores deste livro, para serem coerentes com as premissas por eles utilizadas, defendem que o juízo competente, aos receber os autos, não pode desconstituir decisão interlocutória definitiva proferida pelo juízo incompetente. Há preclusão *pro iudicato*, que impossibilita nova análise da questão, ante a formação de coisa julgada. Por esta razão, nem caberia ao juízo incompetente, ao reconhecer sua condição, tratar da questão antes resolvida.

Ademais, a desconstituição da referida decisão definitiva deve ocorrer por julgamento de ação rescisória, conforme expressamente estabelecido pelo art. 966, II, CPC/2015.

E se a decisão proferida pelo juízo incompetente for terminativa, qual seria a solução a ser dada?

Caso a decisão terminativa seja daquelas que impeça o ajuizamento de nova ação, caberia ao interessado ajuizar ação rescisória, conforme expressa disposição do § 2º do art. 966 do CPC. Se não impedir o ajuizamento de nova ação, ela deve ser intentada perante o juízo competente.

Portanto, apenas nos casos de decisões processuais não terminativas e de decisões provisórias e de mérito, por não se submeterem à preclusão, é que o juízo competente, ao receber os autos do incompetente, pode proferir outra em seu lugar. Diferentemente do que se poderia pensar numa primeira leitura do texto, o § 4º do art. 64 do Código de Processo Civil não tem aplicação indiscriminada a qualquer decisão interlocutória.

Questão de Concurso

▶ **(Cespe – Juiz de Direito – PR/2017)**[55] Ao receber a petição inicial de processo eletrônico que tramita pelo procedimento comum, o magistrado, postergando o contraditório, deferiu liminarmente a tutela provisória de evidência requerida e intimou o réu para cumprimento no prazo de cinco dias. Considerou o juiz que as alegações do autor foram comprovadas documentalmente e que havia tese firmada em julgamento de casos repetitivos que amparava a medida liminar. Posteriormente, o réu apresentou manifestação alegando a incompetência absoluta do juízo e equívoco do magistrado na concessão da tutela provisória.

Acerca dessa situação hipotética, assinale a opção correta.

a) O magistrado cometeu *error in procedendo*, porque viola a ampla defesa a concessão de tutela da evidência antes da manifestação do réu.

55. Gabarito: Letra B.

b) Ainda que venha a ser reconhecida a incompetência absoluta do juízo, os efeitos da decisão serão conservados até que outra seja proferida pelo órgão jurisdicional competente.

c) O magistrado agiu de forma equivocada, porque o CPC não autoriza a concessão de tutela provisória da evidência pelos motivos indicados pelo juiz.

d) Se reconhecer sua incompetência absoluta, o juiz deverá extinguir o processo sem resolução do mérito, justificando a medida na impossibilidade técnica em remeter os autos eletrônicos para o juízo competente.

▶ **(CESPE, Auditor, TCE-PR, 2016 – ADAPTADA[56])**: A respeito da competência julgue o item a seguir: "uma vez declarada a incompetência, poderá ser conservado o efeito de decisão proferida por juiz absolutamente incompetente".

Enquanto isso, as decisões proferidas pelo juízo incompetente permanecerão eficazes, podendo, inclusive, ser posteriormente ratificadas. Tal leva a concluir que, a despeito de ser a competência um pressuposto de validade do processo, seus efeitos, ante a existência de expressa previsão legal, podem ser mitigados em favor da efetividade da prestação jurisdicional.

Rejeitada a alegação de incompetência absoluta, os autos permanecerão no mesmo juízo para prosseguimento do processo.

c) **Conflito de competência**: há conflito de competência quando: dois ou mais juízes se declaram competentes; dois ou mais juízes se consideram incompetentes, atribuindo um ao outro a competência; entre dois ou mais juízes surge controvérsia acerca da reunião ou separação de processos.

O juiz que não acolher a competência declinada deverá suscitar o conflito, salvo se a atribuir a outro juízo (um terceiro, de onde não foram previamente encaminhados os autos), afinal não há conflito de competência sem a afirmação, positiva ou negativa, de dois órgãos judiciários, para apreciar a lide posta em juízo. (STJ. CC 33.147/RJ. DJU 18.03.02). Isso leva concluir também que, se o outro reclama sua competência sem resistência do órgão atual, não haverá conflito. O mesmo ocorre, se remetido para um órgão que aceita. Se a parte não concorda com a remessa do processo, deve, no tempo certo, interpor recurso.

Constatado o conflito, ele deve ser necessariamente suscitado. Não pode haver devolução dos autos ao órgão jurisdicional que, anteriormente, declarou-se incompetente, num verdadeiro "*ping pong*" do processo, representativo de negativa de prestação jurisdicional e violador da garantia da duração razoável do processo.

De qualquer modo, pode um juízo que se considera incompetente remeter o processo a outro que entenda como competente. E este, por sua vez, caso se entender por incompetente, poderá: a) suscitar o conflito de competência (se entender que a competência é do juízo que lhe remeteu o processo); b) remeter o processo a outro juízo (diferente do originário) que entenda competente.

IMPORTANTE! Nos termos do art. 45 do CPC, quando o processo tramitar perante outro juízo, os autos serão remetidos ao juízo federal competente se nele intervier a União, suas empresas públicas, entidades autárquicas e

56. Gabarito: Correto.

fundações, ou conselho de fiscalização de atividade profissional, na qualidade de parte ou de terceiro interveniente. Mas os autos não serão remetidos, conforme estabelece o § 1º do art. 45, se houver pedido cuja apreciação seja de competência do juízo perante o qual foi proposta a ação.

Caso o juiz, ao não admitir a cumulação de pedidos em razão da incompetência para apreciar qualquer deles, não examinará o mérito daquele em que exista interesse da União, de suas entidades autárquicas ou de suas empresas públicas. Nesse caso, dispõe o § 3º do art. 45, o juízo federal restituirá os autos ao juízo estadual **sem suscitar conflito**, se o ente federal cuja presença ensejou a remessa for excluído do processo.

A instauração de conflito de competência ou a remessa dos autos ao juízo supostamente competente não implica desrespeito à indeclinabilidade, porquanto os órgãos não estão a declinar do poder jurisdicional, mas apenas a sanar dúvida ou mesmo a respeitar o pressuposto processual da competência.

IMPORTANTE! Quando os órgãos pertencem à mesma Justiça, mas em graus hierárquicos diferentes, inexiste conflito de competência (STJ. CC 1352/SP. DJ 01.10.90). O juízo monocrático de primeira instância pode remeter o processo ao tribunal, a fim de que se reconheça por competente, mas, se a corte adotar entendimento contrário, determinará a devolução àquele, que permanecerá com a causa. Quando os órgãos estiverem fora da mesma Justiça, é possível haver conflito de competência, porque não há relação de hierarquia entre os órgãos envolvidos.

A **competência** para julgar o conflito suscitado é do **tribunal comum hierarquicamente superior** aos órgãos jurisdicionais conflitantes[57]. Entre juízos vinculados a tribunais diversos (ainda que de diferentes Justiças), a competência para conhecer o conflito será o Superior Tribunal de Justiça (STJ. CC 19.013/RJ. DJU 24.11.97).

IMPORTANTE! Quando o conflito de competência envolver Juízo Federal e Juizado Especial Federal de diferentes Seções Judiciárias, sua resolução competirá ao Superior Tribunal de Justiça. Mas, quando envolver Juízo Federal e Juizado Especial Federal da mesma Seção, sua resolução competirá ao Tribunal Regional Federal.

Logo ao **cancelar o enunciado 348** da sua súmula de jurisprudência (em face da decisão proferida pelo STF no RE 590.409/RS, DJe 29.10.09), o STJ editou o **enunciado 428**, segundo o qual: "Compete ao Tribunal Regional Federal decidir os conflitos de competência entre juizado especial federal e juízo federal da mesma seção judiciária".

Mutatis mutandis, para resolver o conflito havido entre juizado especial estadual ou da Fazenda Pública e juiz de direito vinculados ao mesmo tribunal local, deste será a competência.

Se o conflito envolver tribunais superiores, a competência para resolvê-lo será do Supremo Tribunal Federal (STF. CC 7545/SC. DJe 03/06/09; AgR-RE 509352/SP. DJe 01/08/08).

O conflito de competência entre **juízo federal** e **juízo estadual investido de jurisdição federal** deve ser processado e dirimido pelo TRF da respectiva Região (STJ. CC 15.214/SP. DJU 03.06.96). Por assim ser, compete ao TRT da respectiva Região processar e julgar conflito de competência entre **juízo do trabalho** e **juízo estadual investido de jurisdição trabalhista** (STJ. CC 4.075/GO. DJU 25.10.93).

Procedimentalmente, o conflito, independentemente de intimação das partes (STJ. AgRg no CC 107.283/SP. DJe 21.08.14), é suscitado ao Presidente do Tribunal pelo juiz

57. O legitimado que suscitar o conflito de competência para errar na indicação do tribunal competente para conhecer aquele.

(por ofício), por qualquer das partes (por petição) ou pelo Ministério Público (por petição). O réu que, em contestação, defendeu a incompetência em questão prejudicial, não poderá suscitar o conflito, porque não tem interesse, a considerar que previamente se manifestou sobre o tema.

O ofício e a petição serão instruídos com os documentos necessários à prova do conflito.

Após a distribuição, o relator mandará ouvir os órgãos jurisdicionais em conflito (ou apenas o suscitado, se um deles for suscitante) dentro do prazo que assinar. Se o conflito for negativo, a causa ficará paralisada, a aguardar a definição do tribunal. Se positivo, poderá o relator, de ofício ou a requerimento da parte, determinar que o processo seja sobrestado. Em qualquer caso, caberá ao relator designar um dos juízes conflitantes, para resolver, em caráter provisório, as medidas urgentes.

Transcorrido o prazo assinado, com ou sem informações, o Ministério Público será ouvido em cinco dias (ou no prazo a ser fixado pelo relator). A resolução do conflito de competência é matéria de interesse público, de modo que é obrigatória a participação do *Parquet* em todos os conflitos, na posição de fiscal da ordem jurídica. Nos conflitos que o Ministério Público suscitar, ele também terá a qualidade de parte.

Em seguida, o conflito será apresentado em sessão de julgamento. Ao decidi-lo, o tribunal unicamente declarará qual o juízo competente e pronunciará acerca da nulidade dos atos praticados pelo incompetente (STJ. CC 101.265/AL. DJe 24.06.09). Cabe ao órgão colegiado do tribunal julgar o conflito de competência, mas é permitido ao relator proferir decisão monocrática, quando verificada alguma das hipóteses do art. 932, IV e V, do CPC[58], a comportar, contra essa decisão, interposição de agravo interno.

O conflito entre turmas, seções, câmaras, Conselho Superior da Magistratura, juízes de segundo grau e desembargadores, observará, além das disposições trazidas pelo Código de Processo Civil, aquelas constantes no regimento interno do tribunal competente. O mesmo ocorrerá quando houver conflito de atribuições entre autoridade judiciária e administrativa.

Questão de Concurso

▶ **(VUNESP, Juiz Substituto, TJ-MS, 2015[59])**: É possível a existência de conflito de competência entre juízo estatal e câmara arbitral?

a) Sim, porque a atividade jurisdicional estatal deve prevalecer sobre a decisão arbitral.

b) Não, porque a atividade arbitral não tem natureza jurídica compatível para aplicação das normas processuais.

c) Não, porque independentemente da natureza da câmara arbitral, inexiste previsão legal para tanto.

58. Art. 932. Incumbe ao relator:[...] IV – negar provimento a recurso que for contrário a:a) súmula do Supremo Tribunal Federal, do Superior Tribunal de Justiça ou do próprio tribunal;b) acórdão proferido pelo Supremo Tribunal Federal ou pelo Superior Tribunal de Justiça em julgamento de recursos repetitivos;c) entendimento firmado em incidente de resolução de demandas repetitivas ou de assunção de competência;V – depois de facultada a apresentação de contrarrazões, dar provimento ao recurso se a decisão recorrida for contrária a:a) súmula do Supremo Tribunal Federal, do Superior Tribunal de Justiça ou do próprio tribunal;b) acórdão proferido pelo Supremo Tribunal Federal ou pelo Superior Tribunal de Justiça em julgamento de recursos repetitivos;c) entendimento firmado em incidente de resolução de demandas repetitivas ou de assunção de competência;[...]

59. Gabarito: Letra D.

d) Sim, porque a atividade desenvolvida no âmbito da arbitragem tem natureza jurisdicional.

e) Sim, porque embora a atividade arbitral não tenha natureza jurisdicional, não é possível admitir dois entes julgadores.

9. COOPERAÇÃO NACIONAL

Aos órgãos do Poder Judiciário, estadual ou federal, especializado ou comum, em todas as instâncias e graus de jurisdição, inclusive aos tribunais superiores, incumbe o dever de recíproca cooperação, por meio de seus magistrados e servidores. Os juízos (inclusive de diferentes ramos do Poder Judiciário) poderão formular (entre si) pedido de cooperação para prática de qualquer ato processual (independentemente da natureza e da fase em que se encontre o processo), o qual, além de prescindir de forma específica, deve ser prontamente atendido. Dito pedido pode ser executado como: a) auxílio direto; b) reunião ou apensamento de processos; c) prestação de informações; d) atos concertados entre os juízes cooperantes.

As cartas de ordem, precatória e arbitral, necessárias para a cooperação nacional, seguirão o regime previsto no Código de Processo civil, que será adiante apresentado. E os atos concertados entre os juízes cooperantes poderão consistir, além de outros, no estabelecimento de procedimento para: a) a prática de citação, intimação ou notificação de ato; b) a obtenção e apresentação de provas e a coleta de depoimentos; c) a efetivação de tutela provisória; d) a efetivação de medidas e providências para recuperação e preservação de empresas; e) a facilitação de habilitação de créditos na falência e na recuperação judicial; f) a centralização de processos repetitivos; g) a execução de decisão jurisdicional.

10. SÚMULAS

Súmula vinculante

27. Compete à Justiça Estadual julgar causas entre consumidor e concessionária de serviço público de telefonia, quando a ANATEL não seja litisconsorte passiva necessária, assistente nem opoente.

Súmula do STF

248. É competente, originariamente, o Supremo Tribunal Federal, para mandado de segurança contra ato do Tribunal de Contas da União.

249. É competente o Supremo Tribunal Federal para a ação rescisória, quando, embora não tendo conhecido do recurso extraordinário, ou havendo negado provimento ao agravo, tiver apreciado a questão federal controvertida.

330. O Supremo Tribunal Federal não é competente para conhecer de mandado de segurança contra atos dos Tribunais de Justiça dos Estados.

335. É válida a cláusula de eleição do foro para os processos oriundos do contrato.

363. A pessoa jurídica de direito privado pode ser demandada no domicílio da agência, ou estabelecimento, em que se praticou o ato.

508. Compete à Justiça Estadual, em ambas as instâncias processar e julgar as causas em que for parte o Banco do Brasil S/A.

515. A competência para a ação rescisória não é do Supremo Tribunal Federal, quando a questão federal, apreciada no recurso extraordinário ou no agravo de instrumento, seja diversa da que foi suscitada no pedido rescisório.

517. As sociedades de economia mista só têm foro na Justiça Federal, quando a União intervém como assistente ou opoente.

518. A intervenção da União, em feito já julgado pela segunda instância e pendente de embargos, não desloca o processo para o Tribunal Federal de Recursos.

556. É competente a Justiça comum para julgar as causas em que é parte sociedade de economia mista.

557. É competente a Justiça Federal para julgar as causas em que são partes a COBAL e a CIBRAZEM.

623. Não gera por si só a competência originária do Supremo Tribunal Federal para conhecer do mandado de segurança com base no art. 102, I, n, da Constituição, dirigir-se o pedido contra deliberação administrativa do tribunal de origem, da qual haja participado a maioria ou a totalidade de seus membros.

624. Não compete ao Supremo Tribunal Federal conhecer originariamente de mandado de segurança contra atos de outros tribunais.

627. No mandado de segurança contra a nomeação de magistrado da competência do Presidente da República, este é considerado autoridade coatora, ainda que o fundamento da impetração seja nulidade ocorrida em fase anterior do procedimento.

704. Não viola as garantias do juiz natural, da ampla defesa e do devido processo legal a atração por continência ou conexão do processo do co-réu ao foro por prerrogativa de função de um dos denunciados.

736. Compete à Justiça do Trabalho julgar as ações que tenham como causa de pedir o descumprimento de normas trabalhistas relativas à segurança, higiene e saúde dos trabalhadores.

Súmula do STJ

1. O foro do domicílio ou da residência do alimentando é o competente para a ação de investigação de paternidade, quando cumulada com a de alimentos.

3. Compete ao TRF dirimir conflito de competência verificado, na respectiva Região, entre Juiz Federal e Juiz Estadual investido de jurisdição federal.

11. A presença da União ou de qualquer de seus entes, na ação de usucapião especial, não afasta a competência do foro da situação do imóvel.

32. Compete à Justiça Federal processar justificações judiciais destinadas a instruir pedidos perante entidades que nela têm exclusividade de foro, ressalvada a aplicação do art. 15, II, da Lei nº 5.010/66.

33. A incompetência relativa não pode ser declarada de ofício.

34. Compete à Justiça Estadual processar e julgar causa relativa à mensalidade escolar, cobrada por estabelecimento particular de ensino.

41. O STJ não tem competência para processar e julgar, originariamente, mandado de segurança contra ato de outros tribunais ou dos respectivos órgãos.

42. Compete à Justiça Comum Estadual processar e julgar as causas cíveis em que é parte sociedade de economia mista e os crimes praticados em seu detrimento.

46. Na execução por carta, os embargos do devedor serão decididos no juízo deprecante, salvo se versarem unicamente vícios ou defeitos da penhora, avaliação ou alienação dos bens.

55. Tribunal Regional Federal não é competente para julgar recurso de decisão proferida por juiz estadual não investido de jurisdição federal.

58. Proposta a execução fiscal, a posterior mudança de domicílio do executado não desloca a competência já fixada.

59. Não há conflito de competência se já existe sentença com trânsito em julgado, proferida por um dos juízos conflitantes.

66. Compete à Justiça Federal processar e julgar execução fiscal promovida por Conselho de fiscalização profissional.

82. Compete à Justiça Federal, excluídas as reclamações trabalhistas, processar e julgar os feitos relativos à movimentação do FGTS.

137. Compete à Justiça Comum Estadual processar e julgar ação de servidor público municipal, pleiteando direitos relativos ao vínculo estatutário.

150. Compete à Justiça Federal decidir sobre a existência de interesse jurídico que justifique a presença, no processo da União, suas autarquias ou empresas públicas.

161. É da competência da Justiça Estadual autorizar o levantamento dos valores relativos ao PIS/PASEP e FGTS, em decorrência do falecimento do titular da conta.

206. A existência de vara privativa, instituída por lei estadual, não altera a competência territorial resultante das leis de processo.

208. Compete à Justiça Federal processar e julgar prefeito municipal por desvio de verba sujeita à prestação de contas perante órgão federal.

209. Compete à Justiça Estadual processar e julgar prefeito por desvio de verba transferida e incorporada ao patrimônio municipal.

218. Compete à Justiça dos Estados processar e julgar ação de servidor estadual decorrente de direitos e vantagens estatutárias no exercício de cargo em comissão.

224. Excluído do feito o ente federal, cuja presença levara o Juiz Estadual a declinar da competência, deve o Juiz Federal restituir os autos e não suscitar conflito.

225. Compete ao Tribunal Regional do Trabalho apreciar recurso contra sentença proferida por órgão de primeiro grau da Justiça Trabalhista, ainda que para declarar-lhe a nulidade em virtude de incompetência.

235. A conexão não determina a reunião dos processos, se um deles já foi julgado.

236. Não compete ao Superior Tribunal de Justiça dirimir conflitos de competência entre juízos trabalhistas vinculados a Tribunais Regionais do Trabalho diversos.

238. A avaliação da indenização devida ao proprietário do solo, em razão de alvará de pesquisa mineral, é processada no Juízo Estadual da situação do imóvel.

270. O protesto pela preferência de crédito, apresentado por ente federal em execução que tramita na Justiça Estadual, não desloca a competência para a Justiça Federal.

324. Compete à Justiça Federal processar e julgar ações de que participa a Fundação Habitacional do Exército, equiparada à entidade autárquica federal, supervisionada pelo Ministério do Exército.

349. Compete à Justiça Federal ou aos juízes com competência delegada o julgamento das execuções fiscais de contribuições devidas pelo empregador ao FGTS.

363. Compete à Justiça estadual processar e julgar a ação de cobrança ajuizada por profissional liberal contra cliente.

365. A intervenção da União como sucessora da Rede Ferroviária Federal S/A (RFFSA) desloca a competência para a Justiça Federal ainda que a sentença tenha sido proferida por Juízo estadual.

367. A competência estabelecida pela EC nº 45/2004 não alcança os processos já sentenciados.

368. Compete à Justiça comum estadual processar e julgar os pedidos de retificação de dados cadastrais da Justiça Eleitoral.

383. A competência para processar e julgar as ações conexas de interesse de menor é, em princípio, do foro do domicílio do detentor de sua guarda.

428. Compete ao Tribunal Regional Federal decidir os conflitos de competência entre juizado especial federal e juízo federal da mesma seção judiciária.

480. O juízo da recuperação judicial não é competente para decidir sobre a constrição de bens não abrangidos pelo plano de recuperação da empresa.

489. Reconhecida a continência, devem ser reunidas na Justiça Federal as ações civis públicas propostas nesta e na Justiça estadual.

570. Compete à Justiça Federal o processo e julgamento de demanda em que se discute a ausência de ou o obstáculo ao credenciamento de instituição particular de ensino superior no Ministério da Educação como condição de expedição de diploma de ensino a distância aos estudantes.

11. ENUNCIADOS DO FPPC

5. O pedido de cooperação poderá ser realizado também entre o árbitro e o Poder Judiciário.

20. Não são admissíveis os seguintes negócios bilaterais, dentre outros: acordo para modificação da competência absoluta, acordo para supressão da primeira instância.

27. Não compete ao juízo estatal revisar o mérito da medida ou decisão arbitral cuja efetivação se requer por meio da carta arbitral, salvo nos casos do §3º do art. 26 do CPC.

47. A competência do juízo estatal deverá ser analisada previamente à alegação de convenção de arbitragem.

48. A alegação de convenção de arbitragem deverá ser examinada à luz do princípio da competência-competência.

153. A superveniente instauração de procedimento arbitral, se ainda não decidida a alegação de convenção de arbitragem, também implicará a suspensão do processo, à espera da decisão do juízo arbitral sobre a sua própria competência.

176. Compete exclusivamente ao Supremo Tribunal Federal modular os efeitos da decisão prevista no § 13 do art. 525.

207. Cabe reclamação, por usurpação da competência do Tribunal de Justiça ou Tribunal Regional Federal, contra a decisão de juiz de 1º grau que inadmitir recurso de apelação.

208. Cabe reclamação, por usurpação da competência do Superior Tribunal de Justiça, contra a decisão de juiz de 1º grau que inadmitir recurso ordinário, no caso do art. 1.027, II, 'b'.

209. Cabe reclamação, por usurpação da competência do Superior Tribunal de Justiça, contra a decisão de presidente ou vice-presidente do tribunal de 2º grau que inadmitir recurso ordinário interposto com fundamento no art. 1.027, II, "a".

210. Cabe reclamação, por usurpação da competência do Supremo Tribunal Federal, contra a decisão de presidente ou vice-presidente de tribunal superior que inadmitir recurso ordinário interposto com fundamento no art. 1.027, I.

236. O art. 44 não estabelece uma ordem de prevalência, mas apenas elenca as fontes normativas sobre competência, devendo ser observado o art. 125, § 1º, da Constituição Federal.

237. O rol do art. 55, § 2º, I e II, é exemplificativo.

238. O aproveitamento dos efeitos de decisão proferida por juízo incompetente aplica-se tanto à competência absoluta quanto à relativa.

289. Se houver conexão entre pedidos cumulados, a incompetência relativa não impedirá a cumulação, em razão da modificação legal da competência.

337. A competência para processar a ação rescisória contra capítulo de decisão deverá considerar o órgão jurisdicional que proferiu o capítulo rescindendo.

356. Aplica-se a regra do art. 1.010, § 3º, às apelações pendentes de admissibilidade ao tempo da entrada em vigor do CPC, de modo que o exame da admissibilidade destes recursos competirá ao tribunal de 2º grau.

365. Aplica-se a regra do art. 1.030, parágrafo único, aos recursos extraordinário e especial pendentes de admissibilidade ao tempo da entrada em vigor do CPC, de modo que o exame da admissibilidade destes recursos competirá ao STF e STJ.

668. A convenção de arbitragem e a cláusula de eleição de foro para os atos que necessitem da participação do Poder Judiciário não se excluem, ainda que inseridas em um mesmo instrumento contratual.

670. A cooperação judiciária pode efetivar-se pela prática de atos de natureza administrativa ou jurisdicional.

671. O inciso II do §2º do art. 69 autoriza a produção única de prova comum a diversos processos, assegurada a participa-ção dos interessados.

12. INFORMATIVOS

Informativos do STF

Execução individual de ação coletiva e competência

Não compete originariamente ao Supremo Tribunal Federal processar e julgar execução individual de sentenças genéricas de perfil coletivo, inclusive aquelas proferidas em sede mandamental. Tal atribuição cabe aos órgãos judiciários competentes de primeira instância. Com base nesse entendimento, a Segunda Turma resolveu questão de ordem em que discutida a competência para promover o cumprimento de sentença proferida em mandado de segurança coletivo, tendo em conta o disposto no art. 102, I, "m" (1), da Constituição. O Colegiado ressaltou que o cumprimento da sentença perante as instâncias ordinárias tem o condão, assim como ocorre em sede de ação civil pública, de aproximar a execução dos eventuais beneficiários, o que facilita o exercício do direito já reconhecido no mandado de segurança transitado em julgado. (1) CF/1988: "Art. 102. Compete ao Supremo Tribunal Federal, precipuamente, a guarda da Constituição, cabendo-lhe: I – processar e julgar, originariamente: (...) m) a execução de sentença nas causas de sua competência originária, facultada a delegação de atribuições para a prática de atos processuais;" PET 6076 QO /DF, rel. Min. Dias Toffoli, julgamento em 25.4.2017. (PET-6076). Informativo 862.

Justiça competente e servidor público celetista

A justiça comum, federal ou estadual, é competente para julgar a abusividade de greve de servidores públicos celetistas da Administração pública direta, autarquias e fundações públicas. Essa é a tese do Tema 544 da repercussão geral fixada, por maioria, pelo Plenário – Informativo 866. Vencidos os ministros Roberto Barroso, Rosa Weber, que afirmaram que a tese é muito abrangente e extrapola a controvérsia discutida no caso concreto, que se refere à competência para julgar a abusividade de greve de guarda municipal. Vencido, também, o ministro Marco Aurélio que fixou a competência da Justiça do Trabalho. RE 846854/SP, rel. orig. Min. Luiz Fux, red. p/ o ac. Min. Alexandre de Moraes, julgamento em 1º.8.2017. (RE-846854). Informativo 871.

Informativos do STJ

A competência para processar e julgar demandas cíveis com pedidos ilíquidos contra massa falida, quando em litisconsórcio passivo com pessoa jurídica de direito público, é do juízo cível no qual for proposta a ação de conhecimento, competente para julgar ações contra a Fazenda Pública, de acordo as respectivas normas de organização judiciária. Cinge-se a controvérsia a definir a competência para processo e julgamento de demandas cíveis com pedidos ilíquidos contra massa falida em litisconsórcio passivo com pessoa jurídica de direito público: se é competente o juízo no qual se processa o feito falimentar ou o juízo cível em que proposta a ação de conhecimento respectiva. Inicialmente cumpre salientar que apesar de a falência da empresa ter sido decretada no ano de 1989, não há de se falar em aplicação do regramento contido no Decreto-Lei n. 7.661/1945, pois a demanda cível ilíquida, que tem relação com fato ocorrido posteriormente à decretação da falência da empresa, foi proposta já sob a vigência da Lei n. 11.101/2005. Cabe ressaltar que o art. 192 da legislação atual deve ser interpretado restritivamente, o que vale dizer que a expressão "aos processos de falência ou de concordata ajuizados anteriormente ao início da sua vigência" – contida no dispositivo – não abrange demandas correlatas, como na hipótese em exame. Assim, de acordo com o entendimento da Segunda Seção desta Corte Superior, deve-se aplicar o regramento contido no art. 6º da Lei n. 11.101/2005, o qual, inclusive, foi mais restritivo do que o vigente anteriormente, até porque o seu § 1º limita ainda mais as exceções à competência universal do juízo falimentar, quando se compara com a redação similar anterior do art. 24, *caput*, e § 2º, II, do Decreto-Lei n. 7.661/1945. Registre-se ainda que, a Quarta Turma desta Corte Superior, por ocasião do julgamento do AgRg no REsp 1.471.615-SP, Rel. Min. Marco Buzzi, DJe 24/9/2014, assentou que a competência do juízo cível é fixada por exclusão do juízo universal falimentar, tenha sido, ou não, a de-manda ilíquida interposta antes da decretação da quebra ou da recuperação judicial. Frise-se que a presente controvérsia foi encaminhada à análise da Primeira Seção apenas pela presença de pessoa jurídica de direito público no polo passivo da demanda. Sendo assim, a na presença de tal peculiaridade, o juízo cível competente para ações contra a Fazenda Pública será responsável pelo julgamento de demanda cível ilíquida proposta em desfavor da massa falida. REsp 1.643.856-SP, Rel. Min. Og Fernandes, Primeira Seção, por unanimidade, julgado em 13/12/2017, DJe 19/12/2017. (Tema 976). Inf. 617.

É nula a arrematação de bens do devedor promovida em ação de execução por credor individual, após a declaração de insolvência civil do devedor, em foro diverso do Juízo universal da insolvência. Cinge-se a discussão, entre outras questões, acerca da nulidade da arrematação dos bens, porquanto realizado em prejuízo do juízo universal da insolvência. De início, cabe ressaltar que, declarada a insolvência do devedor, por meio de sentença dotada de eficácia imediata – fato já reconhecido pela doutrina e jurisprudência desta Corte Superior (REsp 794.364-SP, Rel. Min. Humberto Gomes de Barros, Terceira Turma, DJ 18/12/2006) – instaura-se a execução universal de credores e a arrecadação de todos os bens suscetíveis de penhora (CPC/73, art. 751), sendo que o devedor perde o direito de administrar os seus bens e deles dispor (CPC/73, art. 752). Na hipótese, a insolvência foi declarada pelo Juízo da Comarca de Guaxupé/MG em 3 de março de 2002; no entanto, o credor propôs a execução de título extrajudicial no dia 2 de abril do mesmo ano, perante o Juízo da 2ª Vara Cível da Comarca de Lavras/MG. A declaração de insolvência conduz à execução por concurso universal de todos os credores (CPC/73, art. 751, II), inclusive aqueles com garantia real, não sendo possível a propositura de ação de execução singular, como na presente hipótese, perante Juízo absolutamente incompetente, porquanto a execução dos créditos deve ser realizada perante o Juízo universal da insolvência. Assim, deve-se anular a arrematação realizada na execução individual, com remessa dos autos ao Juízo competente, facultando-se ao recorrido habilitar-se no quadro geral de credores, e determinar a arrecadação dos bens em favor do juízo da insolvência. REsp 1.074.724-MG, Rel. Min. Raul Araújo, por unanimidade, julgado em 27/4/2017, DJe 18/5/2017. Inf. 604.

O pedido cumulado de indenização, quando mediato e dependente do reconhecimento do pedido antecedente de declaração da autoria da obra, não afasta a regra geral de competência do foro do domicílio do réu. A controvérsia consiste na definição do juízo competente para processar e julgar ação quando o pedido principal – de cujo acolhimento dependeria o deferimento de todos os outros – é a declaração da verdadeira autoria da obra que estaria sendo utilizada indevidamente. Desse modo, seria prematuro estabelecer que a competência desse feito seria definida pelas regras referentes à reparação de danos, independentemente da discussão sobre a natureza do ilícito, se civil ou penal. Conforme o REsp. 844.119-DF: "Se a ação visa à declaração de autoria de obras lítero-musicais, incide a regra geral de que o réu é acionado no foro do seu domicílio, porque não se compreenderia que, demandado em qualquer parte do território nacional, tivesse que se deslocar ao foro do domicílio do autor para contestar o pedido; espécie que não se confunde com aquela em que o autor reconhecido de obra musical sofre lesão nos seus direitos autorais." No caso, a própria autoria da obra intelectual é matéria controvertida. Se o autor pretende ser reconhecido como titular de obra utilizada por terceiro, não se pode afirmar – salvo após o julgamento por sentença de mérito – a existência sequer do ilícito civil, o qual seria o pressuposto para a incidência da regra especial de competência do parágrafo único do art. 100 do CPC/73. REsp 1.138.522-SP, Rel. Min. Maria Isabel Gallotti, por unanimidade, julgado em 8/2/2017, DJe 13/3/2017. Inf. 599.

Compete à Justiça Eleitoral processar e julgar as causas em que a análise da controvérsia é capaz de produzir reflexos diretos no processo eleitoral. Cuida-se de conflito negativo de competência suscitado por Juízo Eleitoral em face de decisão de Juízo Estadual, que se reputou incompetente para processar e julgar mandado de segurança, em que se questionou a validade de convenção partidária na qual foram escolhidos os candidatos ao cargo de vereador para as próximas eleições. No âmbito do STJ, há julgados no sentido que "compete à Justiça Estadual o processo e julgamento das causas em que membros de partido político discutem a respeito da validade de atos internos", tendo em vista que "a competência da justiça eleitoral só se caracteriza após o início do procedimento eleitoral" (CC 19.689-RS, Primeira Seção, DJ 6/10/1997). No entanto, quando a análise da controvérsia é capaz de produzir reflexos diretos no processo eleitoral, a exemplo da hipótese em que se questiona a validade de convenção partidária na qual são escolhidos os candidatos ao pleito, com posterior registro de candidatura, há julgados mais recentes do Tribunal Superior Eleitoral entendendo que a competência se estabelece em favor da Justiça Eleitoral. No caso vertente, constatou-se que a demanda proposta na origem, sem adentrar o mérito da pretensão deduzida em juízo, por intermédio da qual o impetrante pretende a invalidação do processo de escolha dos candidatos ao cargo de vereador, é capaz, in status assertionis, de produzir reflexos direto no processo eleitoral, a atrair a competência da Justiça especializada. CC 148.693-BA, Rel. Min. Ricardo Villas Bôas Cueva, por unanimidade, julgado em 14/12/2016, DJe 19/12/2016. Inf. 596.

DIREITO CONSTITUCIONAL E PROCESSUAL CIVIL. COMPETÊNCIA PARA JULGAR MANDADO DE SEGURANÇA CONTRA ATO DO CHEFE DO MPDFT NO EXERCÍCIO DE ATIVIDADE SUBMETIDA À JURISDIÇÃO ADMINISTRATIVA FEDERAL.

É do TRF da 1ª Região – e não do TJDFT – a competência para processar e julgar mandado de segurança impetrado contra ato do Procurador-Geral de Justiça do Distrito Federal que determinou a retenção de Imposto de Renda (IR) e de contribuição ao Plano de Seguridade Social (PSS) sobre valores decorrentes da conversão em pecúnia de licenças-prêmio. À luz do art. 128 da CF e do art. 24 da LC nº 75/1993, não há dúvidas de que a autoridade indicada como autoridade coatora é federal, visto que membro do MPDFT, o qual, por sua vez, integra o MPU. Deve-se anotar, ainda, que o ato de retenção de tributos federais praticado pelo Procurador-Geral de Justiça decorre de imposição legal e é realizado por delegação do chefe do Ministério Público, Procurador-Geral da República, o que revela a necessidade de cientificação da União e de sua participação na lide. Com efeito, o art. 109, VIII, da CF estabelece a competência dos juízes federais para processar e julgar os mandados de segurança contra ato de autoridade federal, excetuando os casos de competência dos tribunais federais. Embora não haja norma constitucional expressa que atribua a competência do TRF da 1ª Região para processar e julgar mandado de segurança contra ato do Procurador-Geral de Justiça do Distrito Federal nem contra ato de qualquer outro membro do MPU, pelo princípio da simetria constitucional, deve-se reconhecer tal competência na hipótese em análise. De fato, o art. 102, I, *d*, da CF, ao tratar da competência para julgamento dos mandados de segurança impetrados contra atos do Procurador-Geral da República, revela que o Poder Constituinte Originário a atribuiu ao STF. Esse dispositivo estabelece norma de organização judiciária de caráter federativo, razão pela qual, via de regra, as Constituições dos Estados, por força do art. 125, *caput*, da CF, também preveem a competência dos tribunais de justiça para o processamento e julgamento dos mandados de segurança impetrados contra atos dos procuradores-gerais de justiça. Todavia, a situação do DF é peculiar, porquanto, conforme diretriz do art. 20, XIII, da CF, sua organização judiciária é da competência da União, razão pela qual vem disciplinada por lei federal, e não pela Constituição do Distrito Federal. Não obstante, a norma constitucional acima citada foi devidamente observada na Lei federal nº 11.697/2008, que dispõe sobre a organização judiciária do Distrito Federal e dos Territórios, visto que assegurada a competência do Tribunal de Justiça do Distrito Federal para processar e julgar, originariamente, os mandados de segurança impetrados contra ato do Procurador-Geral de Justiça do Distrito Federal. Nesse contexto, na falta de norma constitucional expressa e à luz do princípio da simetria, deve-se reconhecer que os mandados de segurança impetrados contra atos do Procurador-Geral de Justiça do Distrito Federal, quando em atividade submetida à jurisdição administrativa de natureza federal, são da competência do TRF da 1ª Região. A propósito, deixa-se registrado que a competência do TJDFT, órgão federal de jurisdição local, para processar e julgar os mandados de segurança contra atos do Procurador-Geral de Justiça do MPDFT é restrita aos atos praticados sob jurisdição administrativa local, situação *sui generis* oportunizada pela própria estrutura político-administrativa do DF. REsp 1.303.154-DF, Rel. Min. Gurgel de Faria, julgado em 16/6/2016, DJe 8/8/2016. Informativo 587.

DIREITO CONSTITUCIONAL E PROCESSUAL CIVIL. COMPETÊNCIA PARA JULGAR DEMANDA INDENIZATÓRIA POR USO DE IMAGEM DE JOGADOR DE FUTEBOL.

É da Justiça do Trabalho – e não da Justiça Comum – a competência para processar e julgar a ação de indenização movida por atleta de futebol em face de editora pelo suposto uso indevido de imagem em álbum de figurinhas quando, após denunciação da lide ao clube de futebol (ex-empregador), este alegar que recebeu autorização expressa do jogador para ceder o direito de uso de sua imagem no período de vigência do contrato de trabalho. O ponto fulcral a ser analisado é a existência ou não de prévio pacto entre a agremiação esportiva e o jogador, envolvendo o direito do uso de imagem do atleta. Com efeito, como é intuitivo, a pretensão indenizatória deduzida contra a editora remete obrigatoriamente a subjacentes relações de trabalho do jogador de futebol com seu ex-empregador, devendo, portanto, ser examinada no contexto dos vínculos laborais e de suas nuances, estabelecidos entre o jogador e o clube de futebol denunciado à lide, circunstância que em tudo recomenda a apreciação da questão pela Justiça do Trabalho, nos termos do art. 114, I e VI, da CF. Precedente citado: CC 34.504-SP, Terceira Turma, DJe 16/6/2003. CC 128.610-RS, Rel. Min. Raul Araújo, julgado em 22/6/2016, DJe 3/8/2016. Informativo 587.

DIREITO PROCESSUAL CIVIL. DEVER DE REMESSA DOS AUTOS AO JUÍZO COMPETENTE E PROCESSO ELETRÔNICO.

Implica indevido obstáculo ao acesso à tutela jurisdicional a decisão que, após o reconhecimento da incompetência absoluta do juízo, em vez de determinar a remessa dos autos ao juízo competente, extin-

gue o feito sem exame do mérito, sob o argumento de impossibilidade técnica do Judiciário em remeter os autos para o órgão julgador competente, ante as dificuldades inerentes ao processamento eletrônico. De fato, a declaração de incompetência absoluta do juízo tem por consequência a remessa dos autos àquele competente para a apreciação da lide, consoante disposto na legislação processual civil. Nesse contexto, o legislador reconheceu a necessidade de serem observados os princípios da celeridade e economia processual, sendo desnecessário o ajuizamento de uma nova ação, com todos os custos a ela inerentes. Diante disso, o argumento de impossibilidade técnica do Judiciário em remeter os autos para o juízo competente, ante as dificuldades inerentes ao processamento eletrônico, não pode ser utilizado para prejudicar o jurisdicionado. Precedente citado: REsp 1.091.287-RS, Quarta Turma, DJe 19/11/2013. **REsp 1.526.914-PE, Rel. Min. Diva Malerbi (Desembargadora convocada do TRF da 3ª Região), julgado em 21/6/2016, DJe 28/6/2016. Informativo 586.**

13. SINOPSE

COMPETÊNCIA
Considerações iniciais
Competência é a atribuição jurisdicional outorgada aos diversos órgãos do Poder Judiciário.
Organização judiciária
São órgãos do Poder Judiciário: a) o Supremo Tribunal Federal; b) o Conselho Nacional de Justiça; c) o Superior Tribunal de Justiça; d) os Tribunais Regionais Federais e Juízes Federais; e) os Tribunais e Juízes do Trabalho; f) os Tribunais e Juízes Eleitorais; g) os Tribunais e Juízes Militares; h) os Tribunais e Juízes dos Estados e do Distrito Federal e Territórios.
Cooperação Internacional
A cooperação jurídica internacional será regida por tratado de que o Brasil fizer parte ou, na sua ausência, poderá realizar-se com base em reciprocidade, manifestada por via diplomática, e observará: a) o respeito às garantias do devido processo legal no Estado requerente; b) a igualdade de tratamento entre nacionais e estrangeiros, residentes ou não no Brasil, em relação ao acesso à justiça e à tramitação dos processos, assegurando-se assistência judiciária aos necessitados; c) a publicidade processual, exceto nas hipóteses de sigilo previstas na legislação brasileira ou na do Estado requerente; d) a existência de autoridade central para recepção e transmissão dos pedidos de cooperação; e) a espontaneidade na transmissão de informações a autoridades estrangeiras.
Competência interna civil
Após verificar se o Estado Brasileiro tem jurisdição para julgar a ação, investiga-se qual a área do direito relacionada ao conflito apresentado. Tal permite identificar se a ação será julgada pela Justiça Comum ou pela Justiça Especializada. Se a ação for de competência da Justiça Comum, deve-se observar se a ação está relacionada às hipóteses de competência da Justiça Federal (art. 109 da CF). Se não corresponder, a competência, porque residual, será da Justiça Estadual.
Critérios de determinação da competência
Definir-se-á a competência segundo os critérios (cumulativos) **objetivo (**considera a natureza da causa, seu valor e as pessoas envolvidas), **territorial** (considera os limites da circunscrição territorial do órgão jurisdicional) e **funcional** (considera os poderes jurisdicionais de cada um dos órgãos julgadores).
Competência absoluta e relativa
A competência absoluta é insuscetível de sofrer alterações, seja por vontade das partes, seja pelos motivos legais de modificação (conexão ou continência), porquanto sua fixação decorre do interesse público, que se sobrepõe ao das partes. A competência relativa, por sua vez, é firmada com ênfase no interesse das partes. Por isso, pode ser modificada por vontade delas ou por determinação legal. Em razão disso, "a incompetência relativa não pode ser declarada de oficio"
Modificações de competência
A competência é firmada no momento do **registro ou da distribuição da ação**. A partir de então, **irrelevantes** são as **modificações** do estado de fato ou de direito que venham a ocorrer, **salvo** quando suprimirem o órgão judiciário ou alterarem a competência absoluta

Conexão e Continência
Regra geral, reputam-se conexas duas ou mais ações quando lhes for comum o pedido ou a causa de pedir. Por outro lado, dá-se a continência entre duas ou mais ações quando houver identidade quanto às partes e à causa de pedir, mas o pedido de uma (a proposta posteriormente), por ser mais amplo, abrange o das demais (a que foi proposta anteriormente).
Foro de Eleição
O negócio jurídico processual que estabelece eleição de foro deve ser bilateral e escrito, aludindo expressamente ao negócio jurídico material a que se refere (além de obrigar as partes, o foro de eleição obriga os herdeiros e os sucessores das partes). A eleição, contudo, é do foro, e não do juiz, já que, se assim fosse permitido, estar-se-ia a ferir a garantia do juiz natural.
Declaração de Incompetência
A competência do juízo é pressuposto de validade do processo, pelo que deve ser observada. Se a incompetência do órgão jurisdicional é relativa, somente poderá ser reconhecida por provocação das partes. Se absoluta, as partes podem provocar, mas o juiz pode reconhecê-la de ofício A incompetência poderá ser arguida: a) contestação; b) arguição ou declaração de incompetência absoluta; c) conflito de competência.
Cooperação Nacional
Os juízos (inclusive de diferentes ramos do Poder Judiciário) poderão formular (entre si) pedido de cooperação para prática de qualquer ato processual (independentemente da natureza e da fase em que se encontre o processo), o qual, além de prescindir de forma específica, deve ser prontamente atendido. Dito pedido pode ser executado como: a) auxílio direto; b) reunião ou apensamento de processos; c) prestação de informações; d) atos concertados entre os juízes cooperantes.

CAPÍTULO 5

PARTES E PROCURADORES

Sumário • 1. Conceito de partes – 2. Teoria geral das capacidades: capacidade de ser parte e capacidade processual – 3. Incapazes e capacidade processual – 4. Pessoas jurídicas e entes despersonalizados – 5. Ministério público, terceiro interveniente e assistente – 6. Procuradores e capacidade postulatória (*jus postulandi*) – 7. Deveres das partes e de seus procuradores – 8. Responsabilidade das partes por dano processual – 9. Sucessão das partes e dos procuradores – 10. Súmulas – 11. Informativos – 12. Sinopse.

1. CONCEITO DE PARTES

A relação processual tem nas partes a sua figura central. Como destinatárias do contraditório, elas são consideradas sujeitos parciais do processo, cujas ações conflitantes implicam sujeição de uma em relação à outra.

Considera-se **autor** aquele que leva ao Poder Judiciário uma ação, visando ao seu acolhimento, mediante prestação jurisdicional, conforme pedido. É quem exerce o direito de ação na busca da tutela jurisdicional relativamente a um bem da vida. Ao seu turno, considera-se **réu** aquele contra quem o autor intenta ação processual, na busca de sujeitá-lo.

> **IMPORTANTE!** Para a doutrina tradicional, na jurisdição voluntária não há partes, mas tão-somente interessados, uma vez que não há posições antagônicas. Não existe litígio, porque não há conflito de interesses, como também pretensão, porquanto se trata de simples requerimento. Sendo assim, não há processo, mas unicamente procedimento.

Autor e réu, dentro da relação processual, formam o polo ativo e passivo da demanda – aquele que pede a tutela jurisdicional de um bem da vida contra aquele a quem é dirigida a ação –, cabendo a um e a outro a perseguição e defesa daquilo que entenderem ser de direito.

E não porque, originariamente, uma das partes deu iniciativa à existência do processo, que a outra não possa exercer o direito de ação. É possível e, em assim ocorrendo, aquele que ocupou o polo passivo da relação processual originária passe a ser autor e, a parte adversa, réu. Situações como essas não são incomuns. Aliás, são bem presentes, quando da apresentação de reconvenção. Aí, são cumuladas, no mesmo processo, ações contrastantes.

E se for considerar a delimitação do objeto litigioso do processo pelas afirmações da existência de direito apresentadas pelas partes (posição que os autores deste curso entendem ser a mais coerente), e não pelos pedidos formulados por elas, verificará a inexistência de diferenças entre as partes no plano da oferta de prestação jurisdicional.

2. TEORIA GERAL DAS CAPACIDADES: CAPACIDADE DE SER PARTE E CAPACIDADE PROCESSUAL

A capacidade processual das partes *lato senso* se manifesta em três facetas: a) capacidade de ser parte (personalidade judiciária ou processual); b) capacidade processual *stricto sensu* (capacidade de "estar em juízo" ou legitimidade *ad processum*) e; c) capacidade postulatória. As duas primeiras, que serão analisadas nesse tópico, possuem relação estreita com os conceitos de personalidade jurídica e capacidade civil (institutos de direito material).

A **capacidade de ser parte,** segundo a doutrina, é um pressuposto pré-processual, e pode ser conceituada como a aptidão processual de poder figurar como sujeito de direitos no processo para exercer uma pretensão ou oferecer resistência a ela. É, pois, a **personalidade judiciária** de figurar como autor, réu, ou interveniente em uma ação judicial.

Nessa toada, todas as pessoas detentoras do atributo jurídico da **personalidade civil**[1] (pessoas naturais[2] e pessoas jurídicas[3]) terão, automaticamente **personalidade judiciária (capacidade de ser parte),** por serem titulares de direitos e obrigações na ordem civil[4].

O conceito de personalidade judiciária, tal como ocorre com o conceito da personalidade jurídica civil, não admite gradação. É uma lógica absoluta: ou se é titular de personalidade judiciária ou não.

Questão de Concurso

▶ **(FCC. Auditor Controle Externo. TCM-GO. 2015):** Quanto à capacidade processual e postulatória[5]:

a) todas as pessoas, sem exceção, físicas ou jurídicas, têm a capacidade de ser parte, porque são titulares de direitos e obrigações na ordem civil.

b) os atos praticados por advogado em situação irregular serão tidos por anuláveis, a requerimento da parte adversa, respondendo o advogado por despesas e perdas e danos.

c) a capacidade de ser parte é exclusiva dos entes personalizados, isto é, das pessoas físicas ou jurídicas que tenham personalidade civil.

d) se forem demandadas, as sociedades sem personalidade jurídica poderão opor como defesa a irregularidade de sua constituição.

e) sem instrumento de mandato, o advogado não será admitido a postular em juízo, em nenhuma hipótese.

1. Para melhor compreensão do tema é preciso perceber que a capacidade civil de direito ou de gozo (art. 1º do CC/02) nasce junto com a personalidade.
2. As pessoas naturais adquirem sua personalidade jurídica com o nascimento com vida (art. 2º do CC).
3. As pessoas jurídicas, ainda chamadas de morais ou coletivas, adquirem sua personalidade jurídica com o registro dos seus atos constitutivos no órgão competente (art. 45º do CC).
4. Anote-se que a capacidade de estar em juízo (legitimidade *ad processum*) não se confunde com a legitimidade *ad causam*. Enquanto a primeira é um pressuposto processual, abstrato, absoluto, de caráter genérico existente a priori, antes mesmo da instalação do conflito, a segunda é uma condição da ação, concreta, relativa, um atributo específico auferido a posteriori, sempre ligado a um caso concreto (direito material). Em síntese: todo sujeito de direito terá capacidade de ser parte genérica e absoluta, mas nenhum terá legitimação (legitimidade *ad causam*, *ad causam petendi* ou *ad agendum*) para todas as causas, condição que só adquirirá de modo específico com a pertinência subjetiva com determinado feito, no caso concreto.
5. Gabarito: letra A.

De outra parte, a **capacidade processual stricto sensu** é o segundo momento de aferição. Toda capacidade processual pressupõe a capacidade de ser parte, no entanto, a recíproca não é verdadeira (esta pode existir sem aquela). Ser detentor de **capacidade processual** é ter aptidão de estar em juízo por si (pessoalmente), efetuando e recepcionando atos processuais, válida e eficazmente sem necessidade de assistência ou representação.

Apesar de serem conceitos diferentes e autônomos, haverá forte elo entre a capacidade processual e a capacidade material de fato ou de exercício (art. 3º a 5º do CC/02)[6], como se depreende do art. 70 do CPC: "toda pessoa que se encontre no exercício de seus direitos tem capacidade para estar em juízo". Portanto, regra geral, aquele que esteja habilitado ao exercício pessoal dos atos da vida civil (capacidade civil plena[7]), estará, automaticamente, autorizado a figurar em juízo, pessoalmente, possuindo uma capacidade processual plena.

Questão de Concurso

▶ **(FCC. Promotor de Justiça. MPE-PA. 2014):** No tocante à capacidade processual[8],

a) o réu revel citado por edital tem direito a curador especial, mas não o citado com hora certa, por ter-se ocultado para evitar a citação pessoal.

b) se o incapaz menor não está sob poder familiar, porque os pais foram dele destituídos ou faleceram, a ele será nomeado um curador especial.

c) os absolutamente incapazes são assistidos, enquanto os relativamente incapazes são representados por seus pais, tutores ou curadores, na forma da lei civil.

d) dentre as pessoas físicas, a aptidão para estar em juízo pessoalmente, sem representação nem assistência, é atribuída somente a quem se acha no exercício dos seus direitos, ou seja, às pessoas capazes.

e) quando a incapacidade provier do conflito de interesses entre o incapaz e seu representante legal, será nomeado um tutor desses interesses do incapaz.

No entanto, mais uma vez, a simetria não é perfeita. Há casos de capacidade de exercício plena, mas de ausência de capacidade processual como no caso das pessoas casadas (art. 73 do CPC), em que o cônjuge mesmo plenamente capaz, só poderá estar em juízo nas ações reais imobiliárias (hipoteca, demolitória, divisória etc.) **caso haja autorização do outro cônjuge**, salvo no regime legal ou convencional de separação absoluta de bens.

> Será igualmente dispensado o consentimento do cônjuge, mesmo que o regime legal não seja o da separação absoluta de bens, quando a ação real tiver por objeto imóvel adquirido antes da celebração do casamento.

Nessa hipótese, caso o consentimento seja negado por um dos cônjuges sem justo motivo, ou se for impossível concedê-lo, poderá o juiz suprir a ausência, sendo certo que a falta de consentimento quando necessário e não suprido pelo juiz, terá como consequência a invalidade do processo (art. 74 do CPC). A mesma lógica se aplica à união estável desde que comprovada nos autos.

6. STJ, 1.ª Turma, AgRg no REsp 266.219/RJ, rel. Min. Luiz Fux, j. 27.04.2004, DJ 31.05.2004, p. 176
7. A capacidade civil plena, segundo o art. 5º do CC/02, dá-se quando a pessoa completa dezoito anos de idade: "A menoridade cessa aos dezoito anos completos, quando a pessoa fica habilitada à prática de todos os atos da vida civil".
8. Gabarito: letra D.

Na união estável, presume-se o regime da comunhão parcial de bens (STJ. REsp 1477937. DJe 27.04.17), mas pode ocorrer de a separação absoluta de bens ser legalmente imposta ou convencionada pelos próprios companheiros.

Questão de Concurso

▶ **(TRT – 16R. Juiz do Trabalho Substituto. 2015):** Em relação à capacidade processual, é CORRETO afirmar que[9]:

a) Nas ações possessórias, a participação do cônjuge do autor ou do réu é sempre dispensável.

b) Verificando a incapacidade processual ou a irregularidade da representação das partes, o juiz, necessariamente, determinará a extinção do feito.

c) O juiz dará curador especial apenas ao absolutamente incapaz, tendo em vista a sua incapacidade de praticar todos os atos da vida civil.

d) A autorização do marido e a outorga da mulher são incontestáveis, uma vez que é vedado ao Estado intervir nas relações conjugais dos indivíduos.

e) Para propor ações que versem sobre direitos reais imobiliários, necessita o cônjuge do consentimento do outro, exceto no caso de regime de separação absoluta de bens, sem, no entanto, exigir-se a formação de litisconsórcio necessário.

Como também é possível, noutro giro, e de acordo com parte da doutrina, que a parte não possua capacidade de exercício, mas que tenha capacidade processual plena, como acontece no caso do eleitor de dezesseis anos, que é relativamente incapaz, mas possui capacidade judiciária para promover ação popular pessoalmente.

Questão de Concurso

▶ **(CESPE. Procurador Federal. AGU. 2010[10])** Existe estreita relação entre a capacidade processual e a capacidade para o exercício de direitos, de modo que a primeira quase sempre pressupõe a segunda, sem embargo da existência de exceções, como na hipótese da ação popular, que pode ser ajuizada por eleitor de dezesseis anos de idade.

▶ **(CESPE. Juiz de Direito Substituto. MA. 2013)** Assinale a opção correta no que se refere à capacidade processual, à representação das partes em juízo e à capacidade postulatória[11].

a) A capacidade postulatória decorre da legitimação para a causa.

b) A capacidade postulatória é exercida exclusivamente pelo advogado regularmente inscrito na OAB e pelos membros do MP.

c) Ente sem personalidade jurídica pode ter capacidade processual.

d) São nulos e insuscetíveis de regularização os atos processuais praticados por advogado excluído dos quadros da OAB.

3. INCAPAZES E CAPACIDADE PROCESSUAL

Como é sabido, diferentemente da capacidade de ser parte, a capacidade de fato ou de exercício admite gradação. Ilustrativamente, um incapaz terá capacidade de ser parte, pois

9. Gabarito: letra E.
10. Gabarito: Correto.
11. Gabarito: letra C.

possui personalidade jurídica (nasceu com vida), no entanto, não possui capacidade de exercício e, reflexamente, não terá capacidade processual plena, para que atue no processo sozinho. Só será a ele possível estar em juízo, por intermédio da representação ou da assistência.

De tal sorte, a pessoa física pode ser **absoluta** ou **relativamente incapaz** para o processo. E, em tal hipótese, deve estar **representada** ou **assistida**, respectivamente, por seus pais, tutores ou curadores, na forma da lei civil.

A representação *lato sensu* engloba: a assistência e a representação *stricto sensu*. Nesses casos, apesar de as partes do processo serem o representado e o assistido, a realização e a recepção pessoal dos atos processuais serão feitas pelos assistentes e representantes.

Questão de Concurso

▶ **(FGV. Técnico da Defensoria Pública – Técnico Administrativo. DPE-RO. 2015):**[12] João, com 16 (dezesseis) anos de idade, procura o Defensor Público de sua Comarca e relata ter sido vítima de dano moral praticado por um vizinho, que lhe teria imputado a prática de crime de furto em um determinado estabelecimento comercial. João, que tem pais vivos, pretende propor uma demanda judicial para reparação do fato. Nesse sentido, ele poderá:

a) ser autor da referida ação, sem representação de seus pais, uma vez que João tem capacidade processual, eis que se encontra no exercício dos seus direitos e por isso tem capacidade para estar sozinho em juízo;
b) ser autor da ação, assistido por seus pais, uma vez que os incapazes serão representados em juízo para que o processo tenha validade;
c) aguardar a maioridade civil para propor a referida ação judicial, uma vez que, por não ter capacidade de juízo, está impedido de postular a pretensão como autor da ação;
d) demandar, porém sem ser autor da ação, pois dependerá de que um de seus pais ou ambos o façam em nome próprio como autor ou autores da ação, uma vez que João não tem capacidade de direito;
e) demandar em conjunto com seus pais, uma vez que somente sendo ele e seus pais autores da ação esta terá validade, pois João não pode ser autor da ação não tendo capacidade civil.

Nos casos de emancipação[13], a incapacidade cessará e o sujeito adquirirá capacidade plena para o exercício pessoal de atividades civis. Consequentemente, será detentor de capacidade processual.

INOVAÇÃO LEGISLATIVA
Cumpre analisar as modificações promovidas pelo Estatuto da Pessoa com Deficiência (Lei nº 13.146/2015) à teoria das incapacidades e seus impactos no processo civil. O primeiro ponto importante é a revogação dos incisos I a III do art. 3º, que retiram dos portadores de transtorno mental o *status* de absolutamente incapazes, restando como única hipótese de incapacidade absoluta: os menores de dezesseis anos (inciso I do art. 3º do CC). Daí resulta que, como regra, os portadores de deficiência terão garantido o exercício da sua capacidade legal plena, como dispõe o art. 84 da Lei nº 13.146/15: "a pessoa com deficiência tem assegurado o direito ao exercício de sua capacidade legal em igualdade de condições com as demais pessoas". Como consequência natural, o portador de deficiência, por regra, terá capacidade processual plena, podendo realizar e receber pessoalmente os atos processuais.

12. Gabarito: letra B.
13. Cessará, para os menores, a incapacidade: a) pela concessão dos pais, ou de um deles na falta do outro, mediante instrumento público, independentemente de homologação judicial, ou por sentença do juiz, ouvido o tutor, se o menor tiver dezesseis anos completos; b) pelo casamento; c) pelo exercício de emprego público efetivo; d) pela colação de grau em curso de ensino superior; e) pelo estabelecimento civil ou comercial, ou pela existência de relação de emprego, desde que, em função deles, o menor com dezesseis anos completos tenha economia própria.

No entanto, o estatuto não afasta o instituto da curatela civil aos portadores de deficiências. Como aduz o § 1º do mesmo art. 84: "quando necessário, a pessoa com deficiência será submetida à curatela, conforme a lei". Além disso, o § 3º preconiza que: "a definição de curatela de pessoa com deficiência constitui medida protetiva extraordinária, proporcional às necessidades e às circunstâncias de cada caso, e durará o menor tempo possível".

Nesse passo, a curatela apenas será admitida em caráter excepcional e somente será adotada na medida e no tempo em que for necessária e de acordo com o grau da deficiência, afastando-se a associação automática da deficiência ao modelo da incapacidade absoluta. Portanto, a nova legislação mitiga, porém, não elimina, a possibilidade do portador de transtorno mental receber auxílio para o exercício da sua capacidade.

Nessa senda, os portadores de deficiência que possuem limitações cognitivas serão readequados na categoria de relativamente incapaz como aqueles que, por causa transitória ou permanente, não podem exprimir sua vontade. Assim, as pessoas deficientes, desde que haja um ônus argumentativo intenso que afaste a presunção de capacidade, podem ser submetidas: i) ao regime de curatela, que será orientada por uma nova ótica, mais humanista e proporcional; ii) tomada de decisão apoiada, instituto inovador criado pelo estatuto.

Em tais situações, em que são adotadas medidas protetivas, a depender da extensão do regime de curatela fixado, poderá ou não o portador de deficiência ter aptidão para realização e a recepção pessoal dos atos processuais. Já no caso do regime de tomada de decisão apoiada, os apoiadores (pelo menos duas pessoas idôneas eleitas pelos portadores de deficiência), a depender dos limites do apoio e do compromisso dos apoiadores, e desde que no prazo de vigência do acordo, poderão exercer o papel de assistentes do portador de deficiência suprindo a sua capacidade processual, sempre respeitando a vontade, os direitos e os interesses das pessoas que devem apoiar.

Pode ocorrer, ainda, de o incapaz não ter representante legal (não estiver sob o poder familiar, tutela ou curatela), ou de os interesses deste colidirem com os daquele (quando a vitória do incapaz no feito refletir de forma negativa na esfera jurídica ou moral dos seus representantes).

Nesses casos, a lei previu uma solução consubstanciada no dever do juiz em designar **curador especial ao incapaz (representante processual ad hoc),** que se encontrar em qualquer dessas situações. Também ao réu preso ou revel (desde que tenha sido citado fictamente, ou seja, por edital ou por hora certa), que não tenham comparecido ao processo, será nomeado curador especial para lhes representar adequadamente.

O Código de Processo Civil deixou clarividente, concretizando o disposto na Constituição da República, que caberá à Defensoria Pública o papel de exercer as funções de curadoria especial (art. 72, parágrafo único, CPC). Em caso de ausência de comarca ou subseção da Defensoria, caberá ao órgão jurisdicional a livre escolha do curador especial.

Questão de Concurso

▶ **(CESPE. Defensor Público. TO. 2013. ADAPTADA)**[14]: Vítor, menor de idade, representado por sua genitora, ingressou com ação de investigação de paternidade cumulada com alimentos contra Roberto. Após a realização de inúmeras diligências citatórias frustradas, o juiz deferiu a citação editalícia, que foi realizada conforme as formalidades legais. O requerido, entretanto, não apresentou resposta no prazo legal. Nessa situação hipotética, o juiz deve, imediatamente, nomear curador especial ao réu, encargo que poderá recair sobre a Defensoria Pública.

▶ **(CESPE. Juiz. TJDFT. 2016 – ADAPTADA)**[15]: À luz do CPC/2015 e da jurisprudência dominante do STJ sobre competência e capacidade, julgue o item a seguir: o réu preso não tem capacidade processual, razão pela qual, impõe-se a nomeação de curador especial em seu favor.

14. Gabarito: Correto.
15. Gabarito: Incorreto.

▶ **(CESPE. Juiz. TJDFT. 2016 – ADAPTADA)**[16]: À luz do CPC/2015 e da jurisprudência dominante do STJ sobre competência e capacidade, julgue o item a seguir: o curador especial tem legitimidade para requerer provas, contestar, propor reconvenção e apresentar embargos à execução, entre outros meios de defesa.

Se o revel comparecer ao processo, não lhe será nomeado curador especial, porquanto estará evidenciada a ciência da ação e a possibilidade de defesa.

Enunciado 196 da súmula do STJ: "Ao executado que, citado por edital ou por hora certa, permanecer revel, será nomeado curador especial, com legitimidade para apresentação de embargos".

4. PESSOAS JURÍDICAS E ENTES DESPERSONALIZADOS

Sendo a capacidade de ser parte a aptidão de ser sujeito de direitos no processo para exercer ou contestar uma ação processualizada, tanto as **pessoas jurídicas** (dotadas de personalidade jurídica), como os **entes despersonalizados**[17], podem se revestir da qualidade de parte. Os entes despersonalizados, apesar de não possuírem personalidade jurídica, quando visarem a defender interesses próprios, podem ser partes, porque, nessa situação, possuem personalidade judiciária e, por conseguinte, são considerados capazes processualmente.

Já esclareceu o Superior Tribunal de Justiça que "a regra geral é a de que só os entes personalizados, com capacidade jurídica, têm capacidade de estar em juízo, na defesa dos seus direitos. É criação doutrinária acolhida pela jurisprudência a admissão de que órgãos sem personalidade jurídica (câmara de vereadores, assembleia legislativa, tribunal de contas, espólio, herança jacente, herança vacante, massa falida, condomínio etc.) possam vir a juízo defender interesses e direitos próprios" (STJ. REsp 649824/RN. DJU 30.05.06).

A seguir temos exemplos de sujeitos de direitos despersonalizados, mas que podem figurar em uma gama de situações jurídicas, dentre elas a de ser sujeito do processo (capacidade de ser parte): a) nascituro[18]; b) concepturo (*nondum conceptus* ou prole

16. Gabarito: Incorreto.
17. É preciso perceber que a aptidão genérica para ser titular de direitos e obrigações (sujeito de direitos) não é condição privativa de entes personalizados. Há, pois, casos em que o código **reconhece a entes ou órgãos despersonalizados** (sem personalidade jurídica) a aptidão para ser sujeito de direitos, e daí resulta sua personalidade processual (capacidade de ser parte), pois como titulares de direitos, deverão ter meios efetivos para assegurá-los judicialmente, sob pena de ser-lhe negado acesso à justiça (art. 5º, inciso XXXV).
18. Há duas teorias (concepcionista versus natalista) que duelam a respeito do reconhecimento ou não da personalidade jurídica ao nascituro (pessoa que se encontra concebida no ventre materno, mas que ainda não nasceu). A par dessa discussão que interessa mais ao campo civilista, é reconhecida na doutrina e na jurisprudência a **personalidade judiciária aos nascituros**. Exempli gratia, o nascituro terá legitimidade para figurar como **autor de ação de alimentos gravídicos,** por meio de representação legal de sua genitora, contra seu suposto pai, com pedido de alimentos de acordo com a intelecção do art. 6º da Lei nº 11.804/08. Mesmo havendo divergência doutrinária a respeito de tal personalidade judiciária do nascituro, a melhor solução é que o juiz aplicando o princípio da instrumentalidade das formas aceite tanto o nascituro como a gestante como partes legítimas a promover a ação de alimentos gravídicos. Na jurisprudência, ver: TJ/RS, Ac. 7º Câm. Cív. Agr. Inst. 70037399276 – Comarca de Porto Alegre, Rel. Des. Sérgio Fernando de Vasconcelos, 12.7.2010, DJRS 19.07.2010.

eventual)[19]; c) espólio; d) massa falida; e) herança jacente; f) condomínio de apartamentos; g) sociedades não personificadas (sociedade de fato, sociedade irregular, sociedade em comum); h) as comunidades indígenas; i) os órgãos públicos despersonalizados com prerrogativas próprias (Mesas das Assembleias Legislativas, da Câmara Federal e do Senado, Ministério Público, Cartório de Notas, Tribunais de Contas); j) família; l) entidades religiosas dentre outros.

> Enunciado 525 da súmula de jurisprudência do Superior Tribunal de Justiça: "A Câmara de Vereadores não possui personalidade jurídica, apenas personalidade judiciária, somente podendo demandar em juízo para defender os seus direitos institucionais".

Questão de Concurso

▶ **(FCC. Juiz do Trabalho Substituto. TRT – 6ª Região (PE). 2015):** No tocante à capacidade de ser parte, o Código de Processo Civil[20]

a) só a reconhece para advogados.
b) a reconhece para alguns entes que não possuem personalidade jurídica.
c) só a reconhece para as pessoas absoluta ou relativamente incapazes, porque elas devem estar representadas ou assistidas.
d) só a reconhece para as pessoas físicas ou jurídicas.
e) só a reconhece para as pessoas físicas, porque as pessoas jurídicas devem ser representadas por um administrador.

Da mesma forma que as pessoas jurídicas, os entes despersonalizados devem ingressar em juízo **representados** por quem a lei processual lhes determinar, sob pena de se verificar a incapacidade processual. A respeito, o art. 75 do CPC traz as formas de como as pessoas jurídicas de direito público, as de direito privado e os entes despersonalizados deverão ser representadas em juízo.

Nos termos do art. 75 do CPC/2015, serão representados[21] em juízo, ativa e passivamente: a) a União, pela Advocacia-Geral da União, diretamente ou mediante órgão vinculado; b) o Estado e o Distrito Federal, por seus procuradores; c) o Município, por seu prefeito ou procurador; d) a autarquia e a fundação de direito público, por quem a lei do ente federado designar; e) a massa falida, pelo administrador judicial; f) a herança jacente ou vacante, por seu curador; g) o espólio, pelo inventariante; h) a pessoa jurídica, por quem os respectivos atos constitutivos designarem ou, não havendo essa designação, por seus diretores; i) a sociedade e a associação irregulares e outros entes organizados sem personalidade jurídica, pela pessoa a quem couber a administração de seus bens; j) a pessoa jurídica estrangeira, pelo gerente,

19. A prole eventual, diferentemente do nascituro, é um filho que porventura uma pessoa possa vir a ter. A doutrina vem reconhecendo a sua personalidade jurídica por meio da intelecção do art. 1.799 do CC/02.
20. Gabarito: letra B.
21. Não é demais sublinhar que o código desconsidera a importante diferença conceitual entre presentação e representação há tempo apontada pela doutrina, ao enumerar todos os casos do art. 75 como de representação. Ainda assim, merece realce tal diferenciação. O instituto da presentação afigura-se quando a pessoa jurídica faz-se presente por um de seus órgãos. Não há transferência de poderes para outra pessoa realizar o ato, é a própria pessoa jurídica que age por imputação. A outro giro, na representação há duas pessoas díspares identificáveis. O representado que outorga poderes ao representante, por meio do instrumento da procuração. Assim, para efeitos didáticos: os incisos I, II, III, IV, VIII e X acima arrolados são casos de presentação, enquanto os demais (V, VI, VII, IX e XI) são casos de representação.

representante ou administrador de sua filial, agência ou sucursal aberta ou instalada no Brasil; k) o condomínio, pelo administrador ou síndico.

Como visto acima, a representação do espólio, por regra, será operada pelo inventariante. No entanto, quando o inventariante for dativo, os sucessores do falecido serão intimados no processo no qual o espólio seja parte.

O legislador estabelece ainda, no § 2º do art. 75 do CPC, que a sociedade ou associação sem personalidade jurídica não poderá opor a irregularidade de sua constituição quando demandada. Essa alegação encerra comportamento processual contraditório, afrontando a boa-fé objetiva, já que quando a lei prescreve determinada forma, sob pena de nulidade, a decretação desta não pode ser requerida pela parte que lhe deu causa (art. 276 do CPC/2015).

Questão de Concurso

▶ **(CESPE. Auditor. TCE/RN. 2015):** Um sistema processual civil que não proporcione à sociedade o reconhecimento e a realização dos direitos, ameaçados ou violados, que tem cada um dos jurisdicionados, não se harmoniza com as garantias constitucionais de um Estado Democrático de Direito. Comissão de Juristas – Senado Federal, **PL n.º 166/2010**, Exposição de motivos, Brasília, 8/6/2010. Tendo como referência inicial o fragmento de texto anterior, adaptado da exposição de motivos do Novo Código de Processo Civil, julgue o item a seguir de acordo com a teoria geral do processo e as normas do processo civil contemporâneo[22].

Na hipótese de uma sociedade sem personalidade jurídica ser demandada em juízo, admite-se, como matéria de defesa, que ela oponha a própria irregularidade.

▶ **(CESPE. Defensor Público. TO. 2013)**: Com relação à representação processual, assinale a opção correta:[23]

a) O menor de dezesseis anos de idade órfão de pai e mãe deve ser representado em juízo por seu curador.
b) Em juízo, o condomínio é representado pelo síndico ou pelo administrador.
c) Os estados e os municípios são representados em juízo pelos respectivos chefes do Poder Executivo.
d) O espólio de pessoa casada será representado em juízo pelo cônjuge supérstite e o de pessoa solteira ou viúva, por qualquer dos herdeiros legítimos, observada a ordem de vocação hereditária.
e) Independentemente de previsão contratual, a sociedade limitada pode ser representada, em juízo, por qualquer dos seus sócios proprietários.

Por fim, visando a agilizar a marcha processual e evitar gastos inúteis, o § 4º do art. 75 do Código tarifa a possibilidade de os Estados e o Distrito Federal ajustarem compromisso recíproco para prática de ato processual por seus procuradores em favor de outro ente federado, mediante convênio firmado pelas respectivas procuradorias[24].

22. Gabarito: Incorreto.
23. Gabarito: B.
24. Nesse sentido, o enunciado nº 383 do FPPC evidencia que as autarquias e fundações de direito público estaduais e distritais também poderão ajustar compromisso recíproco para prática de ato processual por seus procuradores em favor de outro ente federado, mediante convênio firmado pelas respectivas procuradorias.

5. MINISTÉRIO PÚBLICO, TERCEIRO INTERVENIENTE E ASSISTENTE

O Ministério Público poderá funcionar no processo civil exercendo o direito de ação na qualidade de parte, cabendo-lhe, *a priori*, os mesmos poderes e deveres. Sua iniciativa processual como parte do processo deve estar autorizada por lei, porque ele é possuidor de uma **legitimidade processual extraordinária**, sendo-lhe reservada esta qualidade enquanto *ombudsman* (defensor do povo).

Por outro lado, o Ministério Público poderá funcionar como **fiscal da ordem jurídica** (*custos legis*), desde que a causa envolva interesse de incapaz, direitos relativos ao estado da pessoa, litígios coletivos pela posse da terra rural ou interesse público evidenciado pela natureza da lide ou qualidade da parte[25].

Neste caso, o Ministério Público atuará intervindo no processo, sendo-lhe outorgada pela lei processual uma série de **prerrogativas**, dentre as quais: vista dos autos depois das partes, sendo intimado pessoalmente de todos os atos do processo, na forma do art. 183, § 1º, do CPC; juntada de documentos e certidões, produção de prova em audiência; possibilidade de requerer medidas ou diligências necessárias à busca verdade. Se a lei determinar como obrigatória a intervenção do Ministério Público, deverá ser providenciada sua intimação, sob pena de nulidade do processo.

Em relação ao **terceiro interveniente**, ele poderá ingressar no processo, participando do contraditório e suportando os ônus respectivos. Quando não houver impugnação à sua intervenção, o terceiro poderá, em algumas situações, ser considerado parte. Por exemplo, no chamamento ao processo: o chamado passará a compor o processo na qualidade de parte.

O terceiro, quando em assistência simples intervir no processo para assistir a uma das partes, continuará na condição de terceiro. Seu interesse jurídico não alcança a mesma proporção do interesse da parte, que está ligada diretamente ao próprio exercício do direito de ação. Só será considerado parte o assistente que estiver na condição de litisconsorte, em assistência litisconsorcial. E assim será considerado quando a sentença houver de influir na relação jurídica que envolva ele e o adversário do assistido.

6. PROCURADORES E CAPACIDADE POSTULATÓRIA ("JUS POSTULANDI")

A terceira faceta da capacidade processual a ser analisada é a postulacional. É, pois, o terceiro passo no processo de aferição da capacidade processual *lato sensu* que deve ser realizado. Em regra, além da capacidade de ser parte e da capacidade processual *stricto sensu*,

25. O parquet também deve intervir em outras hipóteses, como, por exemplo: a) quando não for parte, nas ações de família em que figure (como parte) vítima de violência doméstica e familiar, nos termos da Lei nº 11.340/2006 (Lei Maria da Penha); b) na reclamação constitucional (art. 991, CPC); c) no incidente de resolução de demandas repetitivas (art. 982, III, do CPC); d) no incidente de assunção de competência (enunciado 467 do Fórum Permanente de Processualistas Civis); e) no mandado de segurança (art. 12 da Lei nº 12.016/2009); f) na ação popular (art. 6º, § 4º, da Lei nº 4.717/1965).

exige-se uma capacidade técnica para a realização de determinados atos processuais de postulação[26], os quais só poderão ser realizados por pessoas legalmente autorizadas.

Assim, para que o indivíduo, como parte, postule em juízo (por exemplo, apresentação de uma petição inicial), é preciso estar acompanhado por um **advogado legalmente habilitado**, já que é ele quem possui capacidade postulatória. Do mesmo modo, possui ainda tal aptidão técnica a Defensoria Pública para casos de hipossuficiência dos representados, o Ministério Público em determinadas hipóteses[27], e excepcionalmente, os próprios autores sem a necessidade de advogado, como se verá adiante.

Questão de Concurso

▶ **(CESPE. Analista. DPU. 2016):** Citado em ação declaratória de paternidade, o réu procurou a DP e comprovou preencher os requisitos para ser atendido. Na sentença, os pedidos do autor foram julgados improcedentes. Com referência a essa situação hipotética, julgue o item a seguir, considerando que foi observado o devido processo legal[28].

A contestação apresentada pelo defensor teve de ser acompanhada de procuração outorgada pelo réu.

> A regra geral estabelecida pelo art. 104 do CPC é que: "a parte será representada em juízo por advogado regulamente inscrito na Ordem dos Advogados do Brasil". Logo, os advogados[29] conferem capacidade postulatória às partes, sendo indispensáveis à administração da justiça.

IMPORTANTE! A Lei nº 13.247, de 12 jan. 2016, que altera a Lei nº 8.906, de 4 de julho de 1994 (Estatuto da Advocacia) tarifa a possibilidade de sociedades de advogados serem compostas por um único sócio, na forma do seu art. 15: "os advogados podem reunir-se em sociedade simples de prestação de serviços de advocacia ou constituir sociedade unipessoal de advocacia, na forma disciplinada nesta Lei e no regulamento geral".

Assim, com a formação regular da sociedade unipessoal de advogado, esta adquirirá personalidade jurídica com registro aprovado dos seus atos constitutivos no Conselho Seccional da OAB em cuja base territorial tiver sede. Daí resulta que a sociedade unipessoal terá capacidade postulacional e poderá atuar como representante técnico conferindo capacidade postulatória às partes que a contratarem.

Caso a sociedade unipessoal vá ao Judiciário postulando em causa própria acumulará: capacidade de ser parte, capacidade processual e capacidade postulatória.

Há casos, porém, a excepcionar tal regra, em que a parte não necessitará deste acompanhamento, sendo-lhe permitido postular em causa própria. À guisa de exemplo, o parágrafo único do art. 103 pontua que "é lícito à parte postular em causa própria quando tiver habilitação legal". É o caso do demandante plenamente capaz que é advogado, hipótese em que

26. Destaca-se que existem atos processuais como o testemunho que não exige a capacidade postulatória.
27. O Ministério Público goza de capacidade postulatória (não só para a abertura do inquérito civil, da ação penal pública e da ação civil pública para a proteção do patrimônio público e social, do meio ambiente, mas também de outros interesses difusos e coletivos – STF. RE 163231/SP DJU 29.06.01).
28. Gabarito: Incorreto.
29. Cabe ao advogado transformar em linguagem forense as pretensões dos seus constituintes, e praticar atos postulatórios (solicitação de providências relativas às pretensões dos seus clientes) diante do Estado – Juiz, comunicando sempre às partes o resultado de tais providências.

o indivíduo cumula a capacidade de ser parte, a capacidade de estar em juízo e a capacidade postulatória. Por lógico, não se exige procuração habilitada nos autos nessas situações.

Em tal hipótese incumbe-lhe, na forma do art. 106: a) declarar, na petição inicial ou na contestação, o endereço, seu número de inscrição na Ordem dos Advogados do Brasil e o nome da sociedade de advogados da qual participa, para o recebimento de intimações (inciso I); b) comunicar ao juízo qualquer mudança de endereço (inciso II).

Caso o advogado descumpra o dever de cooperação previsto no inciso I, o juiz ordenará que se supra a omissão, no prazo de 05 dias, antes de determinar a citação do réu, sob pena de indeferimento da petição inicial[30]. Já se o advogado infringir o dever de manter atualizado o seu endereço, serão consideradas válidas e eficazes as intimações enviadas por carta registrada ou por meio eletrônico àquele constante nos autos.

De igual modo, o art. 9º da Lei nº 9.099/95, autoriza a postulação pela parte em juízo, perante os Juizados Especiais, sem a presença de advogado, desde que o valor da causa não seja superior a 20 salários mínimos.

O mesmo ocorre com o art. 791 da CLT, ao estabelecer que "os empregados e os empregadores poderão reclamar pessoalmente perante a justiça do Trabalho e acompanhar as suas reclamações até o final"[31].

Igualmente, o art. 654 do CPP determina que: "o *habeas corpus* poderá ser impetrado por qualquer pessoa, em seu favor ou de outrem, bem como pelo Ministério Público".

Questão de Concurso

▶ **(Cespe – Notários e Oficiais de Registro – Remoção – TJ – DFT/2019)**[32] A respeito de pressupostos processuais subjetivos, assinale a opção correta.

A) Em regra, pessoas físicas e jurídicas possuem capacidade de serem partes em processo, mas não as pessoas formais, tais como a massa falida, o condomínio edilício e o espólio, por serem entes despersonalizados.

B) As pessoas incapazes de modo absoluto e aquelas que o sejam de modo relativo não possuem capacidade para estar em juízo, razão pela qual precisam ser, respectivamente, assistidas e representadas.

C) Embora o advogado possua capacidade postulatória plena, a parte poderá atuar nos autos sem advogado em casos como nos juizados especiais cíveis em causas de primeira instância cujo valor seja de até vinte salários mínimos.

D) Os magistrados podem ter duas extensões de parcialidade: a suspeição, que é fruto de uma presunção absoluta; e o impedimento, que decorre de uma presunção relativa.

E) No processo, o dever de imparcialidade é do juiz, assim, não se aplicam aos auxiliares da justiça as hipóteses legais de impedimento e de suspeição.

---

30. O enunciado nº 425 do FPPC determina que ocorrendo simultaneamente as hipóteses do art. 106, § 1º, e art. 321, caput, o prazo de emenda será único e de quinze dias.
31. SÚMULA Nº 425 do TST – JUS POSTULANDI NA JUSTIÇA DO TRABALHO. ALCANCE. O *jus postulandi* das partes, estabelecido no art. 791 da CLT, limita-se às Varas do Trabalho e aos Tribunais Regionais do Trabalho, não alcançando a ação rescisória, a ação cautelar, o mandado de segurança e os recursos de competência do Tribunal Superior do Trabalho.
32. Gabarito: Letra C.

▶ **(IDECAN. Advogado. UFAL. 2014)**: Sobre partes e procuradores, assinale a alternativa INCORRETA[33].

a) O *habeas corpus* somente pode ser impetrado por advogado, mesmo sem procuração.

b) A capacidade que se exige da parte para participar do processo é a mesma que se reclama para os atos da vida civil.

c) A substituição processual é faculdade excepcional e compreende demandar em nome próprio o pretendido direito de outrem.

d) A capacidade de atuar em juízo constitui pressuposto processual, que, se não suprido, impede a formação válida da relação jurídica no processo.

e) Parte, no sentido processual, é o sujeito que intervém no contraditório ou que se submete às suas consequências dentro da relação processual.

A atuação da parte no processo, portanto, afora os casos especiais que a própria lei excepciona, estará condicionada à capacidade postulatória, que é outorgada aos regularmente inscritos na Ordem dos Advogados do Brasil, segundo a dicção do art. 103 do Código de Processo Civil.

A capacidade postulatória está condicionada à habilitação. O bacharel em direito legalmente inscrito nos quadros da OAB só poderá representar a parte em juízo se estiver habilitado para a causa, ou seja, constituído por instrumento procuratório que lhe outorgue poderes para tanto, como dispõe o art. 104 do CPC.

O instrumento de procuração pode habilitar, em conjunto com o advogado, o estagiário. A posterior graduação do último e a aprovação e registro na Ordem dos Advogados habilita-o a praticar todos os atos inerentes à profissão, independentemente da outorga de novo mandato (STJ. RESP 114534/SC. DJU 19.05.97).

Agora, modificada a denominação social da empresa, ou estando ela em estado falimentar, ou mesmo, em relação à pessoa física, se ela vier a falecer ou a ficar civilmente incapaz, faz-se necessária a outorga e apresentação de nova procuração, sob pena de não conhecimento dos atos processuais a serem praticados (STJ. AgRg no Ag 1.023.724/RS. DJU 18.11.08).

Quanto à habilitação, consigne-se que a procuração geral para o foro (procuração *ad judicia*) pode ser outorgada por instrumento público ou particular assinado[34] pela parte, que habilita o advogado a praticar todos os **atos gerais ordinários** imprescindíveis ao exercício das pretensões do outorgante em juízo (por exemplo, postulações, recebimento de intimações, interposição de recursos etc.).

Questão de Concurso

▶ **(CESPE. Analista Judiciário. TJDFT. 2015)**[35]: Julgue o item seguinte:[36]

Situação hipotética: Citado como réu em ação indenizatória ordinária, determinado indivíduo outorgou a seu advogado procuração geral para o foro, sem mencionar especificamente os atos que o advogado poderia praticar. **Assertiva**: Nesse caso, o advogado pode oferecer reconvenção, ato processual cuja prática independe de autorização específica.

33. Gabarito: Letra A.
34. De acordo com o parágrafo 1º do art. 104 a procuração pode ser assinada digitalmente na forma da Lei 11.419/06.
35. Gabarito: Correto.
36. Gabarito: Correto.

Dessa maneira, compreende-se que, em regra, não cabe mandato tácito. Todavia, ele é assim admitido no processo trabalhista (§ 3º do art. 791 da CLT, com redação dada pela Lei nº 12.437/11[37]) e nos juizados especiais (aqui a se considerar o Enunciado 77 do FONAJE, "o advogado cujo nome constar do termo de audiência estará habilitado para todos os atos do processo, inclusive para o recurso"). Nada impede, porém, até porque não seria uma outorga tácita, que a parte outorgue poderes na própria ata de audiência, em que esteja presente.

Salvo disposição em contrário, no próprio instrumento, a procuração outorgada na fase de conhecimento é eficaz para todas as fases do processo, inclusive para o cumprimento de sentença (§ 4º do art. 105).

O mandato judicial pode, ainda, conferir poderes especiais ao advogado para realizar determinados atos como: receber citação, confessar, reconhecer a procedência do pedido, transigir, desistir, renunciar ao direito sobre o qual se funda a ação, receber, dar quitação, firmar compromisso e assinar declaração de hipossuficiência econômica. Em tal situação a procuração deve conter uma cláusula específica para conferir tais poderes, pois são atos que estão, em maioria, relacionados à disponibilidade do direito material.

Para celebração de negócios jurídico-processuais pelo advogado em nome da parte, a melhor interpretação a ser dada é pela exigência de outorga de poder especial, conforme enunciado 114 do FPPC. Caso não exista a autorização especial e ainda assim o advogado pratique um negócio jurídico processual, este será ineficaz.

A ausência do **instrumento de mandato**, quando necessário, devidamente assinado, impedirá que o advogado exerça a sua capacidade postulatória em juízo em favor da parte, sendo possível, no entanto, em nome dela, intentar ação, a fim de evitar decadência ou prescrição, bem como intervir, no processo, para praticar atos reputados urgentes. Nestes casos, o advogado se obrigará, independentemente de caução, a exibir o instrumento de mandato no prazo de 15 dias, prorrogável até outros 15, por despacho do juiz (art. 104 do CPC).

O STJ já decidiu que "é admissível, em caso de urgência, nos termos do art. 37 do CPC/1973 (art. 104, § 1º, do CPC/2015), a regularização da representação processual do autor/agravante, em segunda instância, a partir do translado do instrumento de procuração a ser juntado na origem no prazo assinado em lei" (STJ. EREsp 1.265.639/SC. DJe 18.12.18).

O referido prazo não é peremptório. Se juntado o instrumento de mandato depois de ultimado, mas antes do pronunciamento jurisdicional de extinção, o vício estará sanado (STJ. EREsp 789978/DF. DJe 18.11.09). Esse entendimento do STJ deve ser mantido como atual Código de Processo Civil até como maneira de afirmar a primazia na resolução do mérito.

Pela análise literal do art. 37, parágrafo único, do CPC/1973, a não ratificação dos atos praticados sem procuração, levaria a sua inexistência. Esse artigo levou parte da doutrina e

37. LEI Nº 12.437, DE 6 DE JULHO DE 2011.Acrescenta parágrafo ao art. 791 da Consolidação das Leis do Trabalho – CLT, aprovada pelo Decreto-Lei nº 5.452, de 1º de maio de 1943.A PRESIDENTA DA REPÚBLICAFaço saber que o Congresso Nacional decreta e eu sanciono a seguinte Lei:Art. 1º O art. 791 da Consolidação das Leis do Trabalho – CLT, aprovada pelo Decreto-Lei nº 5.452, de 1º de maio de 1943, passa a vigorar acrescido do seguinte § 3º:"Art. 791. [...] § 3º A constituição de procurador com poderes para o foro em geral poderá ser efetivada, mediante simples registro em ata de audiência, a requerimento verbal do advogado interessado, com anuência da parte representada." (NR)Art. 2º Esta Lei entra em vigor na data da sua publicação.Brasília, 6 de julho de 2011; 190º da Independência e 123º da República.

da jurisprudência a interpretar a capacidade postulatória como um pressuposto processual de existência, opção que já era criticada e que o CPC/2015 tratou de corrigir.

Seguramente, a capacidade postulatória não está no plano da existência, como já foi sumulado erroneamente pelo STJ: 115: "na instância especial é inexistente recurso interposto por advogado sem procuração nos autos". O recurso interposto por advogado sem procuração nos autos, se ele for inscrito na OAB, surtirá efeitos apenas no plano da eficácia, pois o ato existe (preenche todos os pressupostos de existência) e é válido (pois praticado por advogado). No entanto, é ineficaz em relação àquele em cujo nome foi praticado, respondendo o advogado pelas despesas e por perdas e danos, como dispõe, corretamente, o art. 104, § 2º do CPC/2015.

Inclusive, e enunciado de súmula supracitado deve ser tido como superado e deve ser cancelado pelo tribunal, como bem atentou o enunciado 83 do FPPC: "fica superado o enunciado 115 da Súmula do STJ após a entrada em vigor do NCPC".

A diferença entre ato praticado por advogado pertencente aos quadros da OAB, mas sem a habilitação exigida pelo art. 105 do CPC, como já analisado acima, com o ato praticado por pessoa estranha à ordem dos advogados do Brasil, que terá como consequência a nulidade, pois a capacidade processual é um pressuposto processual de validade.

Por fim, convém destacar que uma vez detectada qualquer espécie de incapacidade processual (incapacidade de ser parte, para estar em juízo ou postulatória) terá o órgão jurisdicional, na aplicação do princípio da cooperação, na vertente prevenção, o dever de dialogar com as partes com o fulcro de viabilizar a sanabilidade dos vícios, a privilegiar sempre as decisões de mérito em detrimento da extinção anômala do processo[38].

Questão de Concurso

▶ **(FGV. Técnico Judiciário. TJ-RO. 2015. ADAPTADO):** Quanto ao tema da capacidade processual, é INCORRETO[39] afirmar que:

a) se trata de um pressuposto de validade da relação processual;

b) a ausência de capacidade para estar em juízo constitui vício que não pode ser sanado, devendo o juiz extinguir o processo sem resolução do mérito assim que constatar o defeito;

c) têm capacidade de ser parte todas as pessoas físicas e jurídicas, além dos entes e massas de bens desprovidos de personalidade jurídica a que a lei atribui tal capacidade, como o espólio e o condomínio de edifício;

d) a capacidade postulatória consiste na aptidão para dirigir petições ao juiz, sendo privativa do advogado e de profissionais do direito que exerçam funções análogas, no âmbito de suas atribuições, como o Promotor de Justiça e o Defensor Público;

7. DEVERES DAS PARTES E DE SEUS PROCURADORES

Os deveres das partes e de seus procuradores são analisados em capítulo próprio, ao qual se remete o leitor.

38. Ver capítulo "PRESSUPOSTOS PROCESSUAIS".

39. Gabarito: letra B.

8. RESPONSABILIDADE DAS PARTES POR DANO PROCESSUAL

A responsabilidade das partes por dano processual é analisada em capítulo próprio, ao qual se remete o leitor.

9. SUCESSÃO DAS PARTES E DOS PROCURADORES

O CPC/2015 promove correção técnica salutar ao eliminar a expressão "substituição" do art. 41 do CPC/1973 e empregar a correta denominação do instituto descrito no art. 108 do CPC. Assim, o referenciado dispositivo determina que, no curso do processo, somente é lícita **a sucessão** voluntária das partes nos casos expressos em lei.

Na substituição, o substituto apenas ingressa com legitimidade *ad processum*, pleiteando em nome próprio direito alheio. Ao contrário, na sucessão, o sucessor ingressa em juízo com legitimidade *ad causam*, na medida em que demanda em nome próprio direito próprio.

Questão de Concurso

► **(CESPE. TCE-PA. Auditor de Controle Externo – Direito. 2016)**[40]: A respeito da jurisdição, da ação e dos sujeitos do processo, julgue os itens subsecutivos. Na hipótese de substituição processual, é vedada pela legislação processual civil a intervenção do substituído como assistente litisconsorcial.

O art. 108 do CPC institui, neste sentido, a **estabilidade subjetiva**, que terá reflexo nos processos de conhecimento e execução e está ligado ao fenômeno da *perpetuatio legitimationis*.

Nesta ordem de ideias, mesmo havendo a alienação da coisa ou do direito litigioso, a título particular, por ato entre vivos, não se alterará a legitimidade das partes. O adquirente ou o cessionário da coisa ou do direito litigioso não poderá ingressar em juízo, sucedendo o alienante, ou o cedente, sem que o **consinta** a parte contrária.

Se não houver consentimento, o adquirente ou o cessionário poderá intervir no processo, assistindo o alienante ou o cedente na qualidade de **assistente litisconsorcial**, porquanto estará ali funcionando também como parte, na medida em que tem interesse jurídico (*legitimidade ad causam*) material na solução do litígio. Tanto é que a sentença, proferida entre as partes originárias estenderá os seus efeitos ao adquirente ou ao cessionário, modificando a relação jurídica existente entre o adquirente ou cessionário e a parte contrária.

Essas hipóteses trazidas pelo art. 109 e parágrafos do CPC são relativas à **sucessão processual entre vivos**. Há, porém, a sucessão processual por *causa mortis* quando, ocorrendo a morte de qualquer das partes, o espólio ou os sucessores substituírem o *de cujus* no polo em que estiver funcionando no processo.

40. Gabarito: Incorreto.

Questão de Concurso

▶ **(FGV. Oficial de Justiça. TJ/RO. 2015):** Menor, relativamente incapaz, assistido pelos pais, ajuizou ação de cobrança de obrigação contratual em face do devedor. No curso da relação processual, deu-se o falecimento do demandante. O fenômeno pelo qual os seus herdeiros passarão a integrar o polo ativo da lide é conhecido como[41]:

a) representação processual;
b) substituição processual;
c) litisconsórcio superveniente;
d) sucessão processual;
e) legitimação extraordinária.

Em relação à **substituição dos procuradores**, a lei processual preconiza que a parte que revogar o mandato outorgado ao seu advogado, no mesmo ato constituirá outro que assuma o patrocínio da causa, sob pena de, assim não o fazendo, extinguir-se o processo sem resolução de mérito por ausência de pressuposto processual de validade, caso seja a parte o autor, ou prosseguir o processo à revelia, caso seja a parte o réu.

Na hipótese de falecimento do procurador de qualquer das partes, o prazo para constituir outro em substituição é de **15 dias** (período em que o processo ficará suspenso). Porém, as cominações, em caso de persistência da omissão depois de ultrapassado o interregno legal, serão as mesmas da revogação do mandato, ou seja, extinção do processo sem resolução de mérito ou seu prosseguimento à revelia, caso seja autor ou réu, respectivamente (art. 313, § 3 do CPC).

> A suspensão do processo em decorrência da morte do advogado da parte opera imediatamente, desde a ocorrência do fato, sendo nulos os atos praticados no período, ressalvados aqueles previstos no art. 266 do Código de Processo Civil (atual 314 do CPC/2015) (STJ. REsp 135649/RJ. DJU 24.08.98).

Por outro lado, é direito do advogado, a qualquer tempo, renunciar ao mandato, provando que cientificou o mandante a fim de que este nomeie substituto. Deverá, no entanto, permanecer no patrocínio da causa durante os 10 dias seguintes (ou antes, se, em menor elastério, constituído novo advogado), desde que necessário para evitar prejuízo a seu constituinte. Se não observada essa determinação legal, ao advogado serão aplicadas as sanções previstas no EOAB.

Ocorrendo renúncia ao mandato pelo advogado, ele não precisará comunicar ao constituinte quando a procuração tiver sido outorgada a vários advogados e a parte continuar representada por outro, apesar da renúncia.

10. SÚMULAS

Súmulas do STJ

462. Nas ações em que representa o FGTS, a CEF, quando sucumbente, não está isenta de reembolsar as custas antecipadas pela parte vencedora.

601. O Ministério Público tem legitimidade ativa para atuar na defesa de direitos difusos, coletivos e individuais homogê-neos dos consumidores, ainda que decorrentes da prestação de serviço público.

41. Gabarito: letra D.

11. INFORMATIVOS

Informativos do STJ

Espólio. Legitimidade. União estável.

[...] **o espólio tem capacidade processual tanto ativa quanto passiva**. O próprio art. 12 do CPC (atual art. 75, inciso VI do CPC/2015) indica isso, ao dizer, em seu inciso V, que o espólio, em juízo, é representado pelo inventariante. Dessa norma decorre que, em regra, as ações que originariamente teriam de ser propostas contra o de cujus devem, após seu falecimento, ser propostas em face do espólio, de modo que a eventual condenação possa ser abatida do valor do patrimônio a ser inventariado e partilhado. [...]. REsp 1.080.614-SP, Rel. Min. Nancy Andrighi, julgado em 1º/9/2009.

Recurso repetitivo. Honorários. Defensoria pública.

[...] a Defensoria Pública estadual faz jus a receber honorários de sucumbência decorrentes da condenação do município na ação por ela ajuizada em favor de necessitado [...]. REsp 1.108.013-RJ, Rel. Min. Eliana Calmon, julgado em 3/6/2009.

Acordo. Mandato. Interesse divergente.

[...] O fato de a recorrida ter revogado os poderes conferidos a seu advogado antes da juntada do acordo aos autos, portanto antes de sua homologação, não invalida a avença. Eventual divergência entre os interesses do mandante e os atos do mandatário devem ser discutidos em ação própria e pode dar margem a ressarcimento por perdas e danos (art. 679 do CC/2002). [...] REsp 1.034.264-DF, Rel. Min. Fernando Gonçalves, j. 11/11/2008. 4ª T. (Info. nº 376)

Citação. Greve. Procuração. Cópia.

[...] Quanto à representação processual da recorrida, anote-se que este Superior Tribunal tem jurisprudência de que se presume verdadeira a procuração juntada por cópia aos autos e que cabe à parte contrária impugnar sua autenticidade. Na hipótese, houve a revelia do recorrente, que não promoveu a referida impugnação, a consolidar a presunção de validade do documento. [...]. REsp 1.153.218-SP, Rel. Min. Nancy Andrighi, julgado em 24/8/2010.

Advogado. Parentesco. Magistrado.

Descabe o ingresso do advogado no processo depois que os respectivos autos foram distribuídos para órgão colegiado de que faça parte magistrado com o qual o causídico possui relação de parentesco. Caso contrário, estar-se-ia, em tese, legitimando a criação de impedimento superveniente não aleatório de integrante que, originariamente, já compunha o órgão competente para o julgamento da questão [...]. AgRg nos EDcl no RMS 24.531-AM, Rel. Min. Felix Fischer, j. 7/8/2008. 5ª T. (Info. nº 363)

12. SINOPSE

PARTES E PROCURADORES
Conceito de partes
São os sujeitos parciais do processo, cujas pretensões conflitantes implicam na sujeição de uma em relação à outra.
Capacidade de ser parte e capacidade processual
Terá a capacidade de ser parte, em regra, todo aquele (pessoa natural, jurídica ou formal) que tenha aptidão de estar em juízo. Noutro aspecto, terá capacidade processual todo aquele que esteja apto ao exercício pessoal dos atos da vida civil.

Incapazes e capacidade processual
A limitação da capacidade não é obstáculo para que o incapaz atue processualmente. Basta que esteja representado, assistido ou apoiado (tomada de decisão apoiada).
Pessoas jurídicas e entes despersonalizados
Tanto as pessoas jurídicas (dotadas de personalidade jurídica), como os entes despersonalizados, podem se revestir da qualidade de parte.
Ministério Público, terceiro interveniente e assistente
O Ministério Público poderá funcionar no processo civil exercendo o direito de ação na qualidade de parte, como também poderá ser fiscal da lei. O terceiro interveniente, em algumas situações, poderá ingressar no processo na condição de parte, participando do contraditório e suportando os ônus processais respectivos. Noutras, porém, a exemplo da assistência simples, se intervir no processo, continuará na condição de terceiro.
Procuradores e capacidade postulatória
Para que o indivíduo, como parte, postule em juízo, é preciso estar acompanhado por um advogado legalmente habilitado, por gozar de capacidade postulatória, que é a aptidão técnica para o exercício das faculdades próprias do processo.
Sucessão das partes e dos procuradores
Só é permitida, no curso do processo, a substituição ou a sucessão voluntária das partes ou terceiros intervenientes nos casos expressos em lei. Em relação à substituição dos procuradores, a lei processual preconiza que, se revogado o mandato outorgado ao advogado, deve-se constituir outro que assuma o patrocínio da causa.

CAPÍTULO 6

DEVERES DAS PARTES E DE SEUS PROCURADORES

1. CONSIDERAÇÕES INICIAIS

O **ônus** se consubstancia numa faculdade que deve ser exercida como condição para se alcançar determinada vantagem. A vontade de quem exerce a faculdade proporciona (ou pode proporcionar) a tutela do próprio interesse. Se não manifestada a vontade, o próprio interesse será (poderá ser) atingido por eventual desvantagem. Já o **dever**, conquanto também tenha a vontade como elemento comum ao ônus, tem vínculo relacionado à tutela do interesse alheio. Por isso, se não cumprido o dever, o respectivo sujeito sofrerá uma sanção jurídica.

As variadas disposições de processo civil impõem aos diversos sujeitos uma série de ônus e deveres. Os ônus são destinados apenas aos sujeitos parciais, principalmente às partes, que deverão àqueles se sujeitar, caso deixem de praticar os atos processuais que lhes cabem. A título de exemplo, o réu não tem o dever, mas, sim, o ônus de apresentar resistência à ação processualizada pelo autor. Caso não exerça a faculdade, o réu sujeitar-se-á aos ônus da revelia, dentre os quais se inclui a presunção de veracidade das afirmações fáticas trazidas na petição inicial.

O CPC não traz Capítulo destinado especificamente ao tratamento dos ônus processuais, conquanto haja vários textos, em dispositivos esparsos, que se vertam a seu respeito. Como os ônus estão relacionados aos deveres e a considerar a sistematização do presente curso, que observa a ordem trazida pelo CPC, tratar-se-á, neste capítulo, especificamente, "Dos Deveres das Partes e de seus Procuradores" e "Da Responsabilidade das Partes por Dano Processual", mas, com atenção aos ônus a que se submetem os sujeitos parciais.

2. DEVERES DAS PARTES E DE SEUS PROCURADORES

As disposições processuais podem impor uma série de **deveres**, que haverão de ser respeitados por todos os sujeitos do processo, inclusive os imparciais. Apesar de o CPC trazer no Título I do Livro III, o Capítulo II, que se denomina "Dos Deveres das Partes e de seus

Procuradores", a Seção I, quando traz as primeiras disposições acerca "Dos Deveres", enuncia no art. 77 que, "além de outros previstos neste Código, são deveres das partes, de seus procuradores e de todos aqueles que de qualquer forma participem do processo [...]".

Assim, os deveres processuais, sobretudo os previstos entre os artigos 77 e 78, ao contrário do que se poderia concluir a partir do "Título", cabem a todos os sujeitos do processo, e não apenas às partes.

2.1. Especificação dos deveres

São deveres dos sujeitos processuais, ou seja, das partes, de seus procuradores e de todos os demais que, de qualquer forma, participem do processo, dentre outros, os seguintes:

a) expor os fatos em juízo conforme a verdade:

Apesar de o texto legal colocar como dever dos sujeitos processuais a exposição dos fatos em juízo conforme a verdade, pode ocorrer de qualquer daqueles apresentar versão destituída de verdade e, mesmo assim, não praticar nenhum ilícito. Se há apenas uma verdade (muitas vezes inatingível) e duas versões diferentes, na maior parte das vezes, haveria algum sujeito processual, principalmente as partes, a faltar com aquela. Mas não é essa a norma a ser extraída do texto legal. O dever do sujeito processual não é simplesmente de não faltar com a verdade, mas de não apresentar versão que sabe (ou que deveria saber) ser destituída de verdade.

Não se pune aquele que apresenta versão que, conquanto não corresponda à verdade, acreditava corresponder, nomeadamente por não existir evidências que lhe induzissem a pensar de forma diferente. Pune-se a intenção de alterar ou, noutras vezes, a evidente negligência com a verdade. O texto do inciso I do art. 77 do CPC poderia ter sido mais claro. Em vez de impor o dever de "expor os fatos em juízo conforme a verdade", haveria de ser o dever de não expor os fatos em juízo sabidamente (ou evidentemente) descompromissados com a verdade.

O dever de expor os fatos conforme a verdade não obriga a parte do processo a apresentar aqueles que sabe conduzir suas afirmações à improcedência. Àquela cabe eleger os fatos que considera importante na defesa da versão que apresenta, pelo que pode se omitir em relação aos demais. Tanto é assim, que o réu, por exemplo, pode apenas manter-se silente em relação às afirmações apresentadas pelo autor. As partes podem, então, escolher os fatos a apresentar em juízo, mas, os eleitos, devem estar ladeados ao dever de exposição conforme a verdade.

A sua colocação como dever dos sujeitos processuais decorre, por óbvio, dentre outros princípios (aqui entendidos como fundamentos e não como norma) da boa-fé, que orienta os atos a serem praticados no curso do processo, indispensável para a legitimação da atividade jurisdicional. Se os sujeitos não tivessem o dever de expor os fatos em juízo conforme a verdade, além de instituir ao julgador uma maior atividade instrutória, possibilitaria, em um maior número de vezes, a resolução de questões divorciadas da razoabilidade.

O Código de Processo Civil reafirma o dever com a verdade, a ponto de possibilitar a desconstituição de sentença, mesmo depois de transitada em julgado, quando as partes se façam de simulação ou de colusão a fim de fraudar a lei (inciso III do art. 966). Isso sem contar que, no curso do processo, há diversas possibilidades de se estabelecer a verdade (ou pelo menos convencer o julgador dela) para modificar o resultado de um julgamento mediante recurso ou, quando provisório aquele, pela prática de atos probatórios e/ou postulatórios.

O dever para com a verdade é tão intenso que, para os advogados, o Código de Ética da Ordem dos Advogados do Brasil dispõe, no art. 6º, que lhes defeso expor os fatos em Juízo falseando deliberadamente a verdade ou estribando-se na má-fé. Inclusive, o preâmbulo do referido Código coloca o dever de "ser fiel à verdade para poder servir à Justiça como um de seus elementos essenciais", como imperativo de conduta. O descumprimento a tal dever pelo advogado acarreta responsabilização administrativa.

b) não formular pretensão ou de apresentar defesa quando cientes de que são destituídas de fundamento:

Os sujeitos do processo, mas, sobretudo, as partes, não devem formular pretensão ou apresentar defesa que sabem ser destituídas de fundamento, sendo elas assim entendidas quando sem amparo na ordem jurídica, inclusive sem trazer interpretação minimamente razoável que lhe possa sustentar. Não fere tal dever a apresentação de argumentos, ainda que afastados pela jurisprudência, se aceitáveis. Por igual razão, se apresentado algum argumento de distinção ou de superação da jurisprudência firmada acerca da questão jurídica.

O dever imposto visa a impedir que os sujeitos do processo, por exemplo, sustentem contra entendimento uniforme na jurisprudência sem qualquer razão que justifique seu comportamento processual. Em situação como tal, além de ferir dever que é imposto, contra a parte pode ser concedida tutela provisória com base na evidência (art. 311 do CPC), a evitar que os efeitos decorrentes do tempo necessário à tramitação processual possam incidir contra a parte adversa, que pratica atos concordes ao entendimento jurisprudencial.

c) não produzir provas e não praticar atos inúteis ou desnecessários à declaração ou à defesa do direito:

A instrução processual é necessária para esclarecer afirmações apresentadas pelos sujeitos processuais, quando relacionadas a fatos que não podem ser demonstrados por provas pré-constituídas. Por assim dizer, não são todas as afirmações que precisam de instrução, além da já proporcionada pelas provas inicialmente trazidas pelos sujeitos do processo, para ser demonstradas. O mesmo se diga em relação às afirmações de direito, que, a se ressalvar alguns casos de direito municipal, estadual, estrangeiro ou consuetudinário (art. 376 do CPC)[1], dispensam provas.

Se não forem necessárias provas à declaração ou defesa do direito, os sujeitos processuais devem abster-se de produzi-las, a fim de afirmar a garantia da duração razoável do processo, a se considerar a perda de tempo com a prática de atos probatórios. Aliás, não bastasse a previsão constitucional a garantir a resolução do processo, inclusive em sua atividade satisfativa, em prazo razoável, o CPC traz diversos dispositivos a reafirmar a necessidade de empenho dos sujeitos processuais para o alcance de tal fim.

1. Art. 376. A parte que alegar direito municipal, estadual, estrangeiro ou consuetudinário provar-lhe-á o teor e a vigência, se assim o juiz determinar.

O art. 4º dispõe que as partes têm o direito de obter em prazo razoável a solução integral do mérito, incluída a atividade satisfativa. Por isso, no art. 139, resta disposto que o juiz dirigirá o processo conforme as disposições do CPC, incumbindo-lhe velar pela duração razoável do processo. Mas não só ao juiz é imposto dito dever. Tanto é que o art. 6º determina que todos os sujeitos do processo devem cooperar entre si para que se obtenha, em tempo razoável, decisão de mérito justa e efetiva.

Para que se possa analisar a utilidade e a necessidade da prova a ser requerida (e até mesmo para se afirmar a economia processual), os sujeitos interessados devem identificar, além dos meios que pretendem produzir, a finalidade de cada um deles. A falta de identificação pode levar o juiz a, se entender conveniente (e em respeito ao próprio dever de diálogo, decorrente da cooperação), antes de deferir ou indeferir a produção da prova, determinar que o sujeito processual respectivo preste algum esclarecimento.

Pelas mesmas razões, os sujeitos, de uma forma geral, não devem praticar atos inúteis ou desnecessários à declaração ou à defesa do direito. Conquanto o legislador, em primeiro momento, tenha se referido aos atos probatórios (certamente porque eles são os que consomem a maior parte da atividade processual), inclusive em texto específico (art. 370 do CPC)[2], depois, ele se referiu aos demais atos, a impor a todos os sujeitos do processo o dever de não os praticar quando inúteis ou desnecessários à prestação jurisdicional.

A disposição geral a "atos" já seria suficiente para compreender, entre eles, os probatórios, a considerar que os atos podem ser praticados por qualquer sujeito (enquanto que os probatórios, em regra, são praticados pelas partes) e compreende as diversas espécies. Mas o legislador não se afastou da operabilidade trazida pelo Código de Processo Civil e da sua consequente função simbólica. Assim, partes e procuradores, terceiros, membros do MP, auxiliares da justiça e até mesmo juízes devem abster-se da prática dos ditos atos inúteis ou desnecessários.

Os juízes, a título de exemplo, não devem determinar intimações, realização de atos de certificação, renovação de conclusão processual, quando desnecessários à sua atividade. O interesse pessoal de diminuir a quantidade de processos conclusos não justifica a prática dos atos descritos. Eles devem se amparar na finalidade de prestação jurisdicional definitiva, já que essa é a lógica do processo. Os demais sujeitos processuais devem aderir a esta ideologia, de modo a cumprir os deveres impostos.

Há quem inclua dentro do dever de não produzir provas e não praticar atos inúteis ou desnecessários à declaração ou à defesa do direito o pedido de oitiva de testemunha inexistente ou a indicação sabidamente incorreta do endereço dela. Acredita-se, contudo, que tal implica desrespeito ao dever de expor os fatos conforme a verdade. Não se trata de atos inúteis ou desnecessários, mas, sim, de desrespeito ao dever para com a verdade dos fatos. Assim, ao agir dessa forma, a parte do processo fere um dever, mas não o que aqui se analisa.

2. Art. 370. Caberá ao juiz, de ofício ou a requerimento da parte, determinar as provas necessárias ao julgamento do mérito. Parágrafo único. O juiz indeferirá, em decisão fundamentada, as diligências inúteis ou meramente protelatórias.

d) cumprir com exatidão as decisões jurisdicionais, de natureza provisória ou final, e não criar embaraços à sua efetivação:

Aos sujeitos do processo é imposto o dever de cumprir com exatidão as decisões judiciais. Antes disso, porém, é necessário que a decisão judicial a ser cumprida seja clara, a ponto de assegurar ao sujeito respectivo a inequívoca compreensão da determinação judicial. Até porque, mais recentemente (sobretudo a partir da Lei nº 11.232/2005, que incluiu, ao CPC/1973, o art. 475-N), de forma expressa, passou-se a possibilitar a execução de sentenças declaratórias, inclusive negativas, pelo que a determinação de cumprimento deve ser adicionada à sentença.

A título de ilustração, uma ação declaratória de inexistência de débito por ser julgada improcedente, a reconhecer, por contraditoriedade, a sua existência, mas o autor só será compelido a cumprir a sentença quando for intimado especificamente acerca deste dever. Caso contrário, não há que se falar em descumprimento do dever. E mesmo que fosse uma sentença condenatória, ainda que de procedência, ela deve vir acompanhada de determinação judicial, com específica comunicação de cumprimento.

A clareza do preceito normativo judicial, portanto, deve ser tal a evidenciar que, a se adotar conduta contrária, no sentido de deixar de cumprir com exatidão a disposição das decisões jurisdicionais, possa se concluir, de forma inequívoca, que o sujeito, de forma deliberada, não cumpriu o dever que lhe competia. Se, por alguma razão, pairarem dúvidas acerca da existência, da quantidade ou do modo, não se pode reconhecer o deliberado descumprimento, pelo sujeito processual, do dever que lhe era imposto.

Maior é a preocupação em torno da clareza do comando decisório por se admitir, em regime jurídico próprio, a formação de coisa julgada sobre questão prejudicial de mérito, a teor do que preceitua o § 1º do art. 503 do CPC/2015. Como a atividade jurisdicional decisória não está delimitada apenas pelo pedido, mais difícil é a compreensão, principalmente pelas partes, da amplitude do limite objetivo da coisa julgada e, também, do objeto da eventual execução. Daí porque o juiz, em respeito à cooperação, precisa definir com clareza as determinações a serem cumpridas pelos sujeitos.

A decisão judicial, independentemente de sua eficácia predominante (força), pode ser provisória ou final. Para poder ser cumprida, basta que seja eficaz. Quando final, não há maior dificuldade para identificar este plano do fato jurídico. Ela surge quando a decisão é provisória, porque, contra ela, pode ser interposto recurso, que seja dotado de efeito suspensivo. Mas, não é pelo fato de ser provisória que a decisão judicial não tem eficácia. Em várias situações ela tem. Basta que, contra ela, não seja interposto recurso ou, mesmo que interposto, não seja dotado de efeito suspensivo.

Há quem sustente (sem resposta efetiva) a inconstitucionalidade do dispositivo, porque, na revisão feita pelo Senado Federal ao texto aprovado, a expressão "antecipada" foi substituída pela "provisória", pelo que não seria uma simples correção redacional, mas verdadeira modificação do texto. Este trabalho conclui de forma diversa, pois, a se manter a expressão "antecipada", ensejar-se-ia a formação de uma lacuna axiológica, que, de logo, seria suprida pelo próprio processo de construção normativa, a se incluir todas as tutelas provisórias (e não apenas as antecipatórias). Até porque, como é estabelecido o dever de boa-fé (art. 5º do

CPC), ele já é suficiente para reconhecer o consequente dever de cumprir todas as decisões, inclusive as provisórias, se em plena eficácia.

Incute-se aos sujeitos processuais, outrossim, o dever de não criar embaraços à efetivação das decisões judiciais. Há uma larga diferença entre "cumprir com exatidão" e "não criar embaraços à efetivação". Enquanto que o "cumprir com exatidão" está relacionado, pelo menos em regra, às decisões de força condenatória e mandamental (a um "agir"), o "não criar embaraços à efetivação" está relacionado, também em regra, às decisões de força executiva (a um "não agir"). Os sujeitos processuais não podem se opor, com ardis, à efetivação das decisões judiciais.

Questão de Concurso

▶ **(MPE-PR. MPE-PR. Promotor Substituto. 2019)**[3]:Acerca dos deveres das partes e de seus procuradores, assinale a alternativa ***correta***, nos termos do Código de Processo Civil de 2015:

a) As partes têm o dever de expor os fatos conforme a verdade, mas este dever não atinge os demais participantes do processo

b) A formulação de pretensão destituída de fundamento constitui ato atentatório à dignidade da justiça, devendo o juiz, sem prejuízo das sanções criminais, civis e processuais cabíveis, aplicar ao responsável multa de até vinte por cento do valor da causa, de acordo com a gravidade da conduta.

c) O representante judicial da parte pode ser compelido a cumprir decisão em seu lugar

d) A multa aplicada a quem litiga de má-fé é destinada ao Estado.

e) As partes, seus procuradores e todos aqueles que de qualquer forma participem do processo têm o dever de cumprir com exatidão as decisões jurisdicionais, de natureza provisória ou final, e não criar embaraços à sua efetivação.

e) declinar, no primeiro momento que lhes couber falar nos autos, o endereço residencial ou profissional onde receberão intimações, atualizando essa informação sempre que ocorrer qualquer modificação temporária ou definitiva:

Antes, sob a vigência do CPC/1973, havia o dever de o sujeito processual comunicar, no primeiro momento que lhe coubesse falar nos autos, o endereço onde receberá as comunicações processuais. Sempre que mudasse de endereço, a informação deveria ser também atualizada. O dever é mantido com o CPC/2015, justamente para facilitar as comunicações processuais. Sempre que comparecer ao processo, o sujeito deve indicar seu endereço para que as comunicações eventualmente necessárias lá sejam realizadas.

E mesmo quando indicados por alguma oportunidade, os sujeitos devem manter seus endereços atualizados, a se evitar que as comunicações processuais sejam realizadas de forma ficta. Conquanto possível considerar intimado o sujeito em razão da comunicação enviada ao endereço não atualizado (conforme indicado noutra oportunidade que compareceu ao processo), tal providência não contribui para a legitimidade da prestação jurisdicional. Neste caso, em que já indicado anterior endereço, pode-se concluir que o sujeito tem, além do dever, o ônus da atualização.

Como diferenciado logo acima, e por ser possível a intimação ficta do sujeito omisso, se ele não procede à atualização do endereço, assumirá também o ônus respectivo. A faculdade

3. Gabarito: Letra E.

de atualização do endereço proporcionaria ao sujeito do processo a vantagem de ele ser intimado de forma real, a tutelar, assim, seu próprio interesse. A desvantagem ao outro sujeito, além da parte que não atualizou seu próprio endereço, seria, dentre outras, a dificuldade em localizar bens para a satisfação da obrigação reconhecida por decisão judicial.

Quando a mudança do endereço for definitiva, o sujeito deve indicar o novo. Se for temporária, é conveniente que, além de indicar o novo endereço, seja informado o período de permanência. Assim, em afirmação à economia e à própria duração razoável do processo, o sujeito não precisará, depois, comunicar que retornou ao endereço anterior. Com a prática de único ato processual, o sujeito manteria atualizados ambos os endereços (o atual e o temporário), com indicação temporal de cada um deles.

f) não praticar inovação ilegal no estado de fato de bem ou direito litigioso:

Os sujeitos processuais não podem praticar atentado, ou seja, alterar, durante o curso do processo, o estado de fato de bem ou direito litigioso, a induzir o órgão julgador a erro. Conquanto não esteja mais prevista a ação de atentado, como ocorria no CPC/1973, caberá ao juiz (de ofício ou a requerimento de qualquer sujeito que possa ser alcançado pela decisão de mérito) recompor o cenário existente quando da formação do processo, a preservar sua inalterabilidade e a possibilitar, inclusive, o ressarcimento das perdas e danos consequentes.

O CPC/1973 apresentava, em seu art. 897, um rol exemplificativo, às situações de atentado, que são servis a ilustrar sua prática mesmo sob a vigência do CPC/2015. Assim, comete atentado quem, no curso do processo: i) viola penhora, arresto, sequestro ou imissão na posse; ii) prossegue em obra embargada; iii) pratica outra qualquer inovação ilegal no estado de fato.

Pode-se enumerar como sendo três os requisitos para que se constate a existência de atentado. São eles: i) situação nova criada em relação ao cenário fático de origem; ii) cometimento de ato (ou omissão) ilícito; iii) requisitos anteriores tenham ocorrido no curso do processo relacionado ao ato de atentado.

O ato praticado deve ser novo. Antigos atos, que vinham a ser praticados antes da formação do processo (inclusive porque podem ter impulsionado o ajuizamento da ação), não têm o condão de alterar o cenário original, motivo pelo que são incapazes de levar o órgão julgador a erro. Por igual razão, a simples ameaça de criação de uma situação nova não legitima a prática do atentado.

Se a ação ou omissão do sujeito processual forem lícitas, não haverá atentado. Só haverá se existir ilicitude. Perceba-se que o atentado pode advir, além da ação, da omissão ilícita, nomeadamente porque ela é capaz de criar novo cenário a induzir o órgão jurisdicional a erro. Por isso, não se vislumbra a prática de atentado na normal fruição da coisa disputada (STJ. MS 11308/DF. DJU 19.05.08).

Para a verificação do atentado, é indispensável que exista processo em curso (ainda que em fase recursal ou de execução), porque o ato de atentado visa a modificar o cenário fático para induzir o julgador a erro. Em razão disso, pode-se concluir que o ato de atentado sempre será incidental ao processo e a este deve estar relacionado. Se a inovação ilegal no estado de fato de bem ou direito litigioso estiver desassociada da ação processualizada, não haverá atentado.

Reconhecido o ato de atentado, o juiz, sem prejuízo da multa respectiva (conforme parâmetros apresentados abaixo), determinará o restabelecimento do estado anterior, podendo (se possível o restabelecimento do estado anterior), ainda, proibir a parte (se foi ela quem praticou o ato) de falar nos autos até a purgação do atentado. Daí porque não poder se concluir por eventual suposição de inconstitucionalidade da medida, já que seu afastamento depende apenas da vontade do sujeito infrator.

Se não for possível desfazer o atentado, não pode a parte ser proibida de falar nos autos. A medida seria inconstitucional, a ponto de serem violados diversos direitos fundamentais, dentre os quais o da ampla defesa e do contraditório. Idêntica proibição não pode ser aplicada em detrimento da parte quando outro sujeito, ainda que em seu auxílio, pratique o atentado. Por óbvio, esse não é o caso de a parte responder, nem muito menos ser penalizada, por ato praticado por outrem.

Para desfazer o atentado (quando possível), com restabelecimento do estado anterior, o juiz pode adotar medidas sub-rogatórias ou coercitivas. Dentre as medidas coercitivas, estão as *astreintes*, que podem ser aplicadas (sem prejuízo da multa punitiva), se possível o desfazimento do ato de atentado pelo próprio sujeito que o praticou (caso não seja possível, são inaplicáveis as *astreintes*). Se o atentado causou perdas e danos, a sentença poderá condenar o sujeito respectivo ao ressarcimento/indenização.

Ao contrário do que se deixava concluir pelas disposições do CPC/1973, que, equivocadamente, trazia a medida de atentado como espécie de ação cautelar, o CPC/2015, além de afastar esta concepção, possibilitou sua concessão independentemente de formulação de requerimento da parte. A acolher as reiteradas críticas realizadas pela doutrina, incorporou-se o entendimento de que o afastamento do atentado é possível ante o poder geral de cautela confiado ao juiz.

Questão de Concurso

▶ **(CONSULTEC. Pref. de Ilhéus-BA. Procurador Jurídico. 2016):**[4] São deveres das partes, de seus procuradores e de todos aqueles que, de qualquer forma, participem do processo, dentre outros:

I. Expor os fatos em juízo conforme a verdade.

II. Não formular pretensão ou de apresentar defesa quando cientes de que são destituídas de fundamento.

III. Não produzir provas e não praticar atos inúteis ou desnecessários à declaração ou à defesa do direito.

IV. Cumprir com exatidão as decisões jurisdicionais, de natureza provisória ou final, e não criar embaraços à sua efetivação.

V. Declinar, no primeiro momento que lhes couber falar nos autos, o endereço residencial ou profissional onde receberão intimações, atualizando essa informação sempre que ocorrer qualquer modificação temporária ou definitiva.

A alternativa em que todos os deveres estão corretamente indicados é a

a) I e III apenas

b) III e IV apenas

c) IV e V apenas

d) I, II, e V apenas

e) I, II, III, IV e V

4. Gabarito: Letra E.

2.2. Atos atentatórios à dignidade da justiça, advertência e aplicação de multa

Previamente, cumpre ao juiz advertir aos sujeitos do processo que o não cumprimento dos deveres previstos nos itens "d" (cumprir com exatidão as decisões jurisdicionais, de natureza provisória ou final, e não criar embaraços à sua efetivação) e "f" (não praticar inovação ilegal no estado de fato de bem ou direito litigioso) constitui ato atentatório à dignidade da justiça e que, por isso, sem prejuízo das sanções criminais, cíveis e processuais cabíveis, poderá aplicar ao responsável **multa de até 20% do valor da causa**, de acordo com a gravidade da conduta.

Questão de Concurso

▶ **(CESPE. TCE-PA. Auditor de Controle Externo – Direito. 2016)**[5]: A respeito da jurisdição, da ação e dos sujeitos do processo, julgue os itens subsecutivos. Situação hipotética: Determinado réu criou embaraço à efetivação de decisão judicial provisória. Considerando a gravidade dessa conduta, o magistrado aplicou multa de 15% sobre o valor da causa. Assertiva: Nessa situação, a imposição da multa é legítima, visto que a conduta do réu constitui ato atentatório à dignidade da justiça

Mas, ainda que o juiz não advirta, deve ser aplicada a multa respectiva contra o sujeito processual, até porque, nos termos do § 2º do art. 77, a violação do disposto nos incisos IV e VI "constitui" ato atentatório à dignidade da justiça. Se há atentado, ele deve ser punido e não apenas advertido. A multa é aplicável quando verificada a prática do atentado. A advertência, conquanto deva anteceder sua prática, não é requisito de aplicação da multa. Inclusive porque o CPC/2015 ultrapassa a ideologia de tolerância afirmada pela redação originária do CPC/1973.

Bom exemplo a induzir essa ilação de desnecessidade de advertência prévia como requisito para a aplicação de multa contra o sujeito, que praticou ato atentatório à dignidade da justiça, é o trazido pelo parágrafo único do art. 774 do CPC/2015, que, segundo o seu texto, "nos casos previstos neste artigo, o juiz fixará multa [...]".

Este dispositivo corresponde ao art. 601 do CPC/1973, segundo o qual, "nos casos previstos no artigo anterior, o devedor incidirá em multa fixada pelo juiz [...]". Mas o comando é ressalvado pelo parágrafo único, que dispõe: "O juiz relevará a pena, se o devedor se comprometer a não mais praticar qualquer dos atos definidos no artigo antecedente e der fiador idôneo, que responda ao credor pela dívida principal, juros, despesas e honorários advocatícios".

Não há, sob a égide do CPC/2015, tolerância à prática do ato atentatório à dignidade da justiça. Havido o ato, deve ser aplicada a multa. A advertência é conveniente, mas deve anteceder a prática. Parte da doutrina, porém, adota posição contrária, ao defender que antes de aplicar qualquer sanção, o sujeito infrator deve ser advertido de suas consequências. A advertência seria requisito para a aplicação da sanção.

As situações de atentado contra a dignidade da justiça trazidas pelo § 2º do art. 77 são meramente exemplificativas. O CPC/2015, em diversos dispositivos, elenca situações outras

5. Gabarito: Correto.

de atentado à dignidade. Por exemplo (além da encimada situação prevista pelo art. 774): i) a parte que não comparece à audiência de conciliação ou mediação comete atentado (§ 8º do art. 334); ii) aquele que suscita, de maneira infundada, vício com o objetivo de ensejar a desistência do arrematante (§ 6º do art. 903).

Se a multa eventualmente aplicada não for paga no prazo a ser fixado pelo juiz, ela será (em regra) inscrita como dívida ativa da União ou do Estado após o trânsito em julgado da decisão que a fixou. Sua execução observará o procedimento da execução fiscal, revertendo-se aos fundos previstos no art. 97 do CPC, segundo o qual "a União e os Estados podem criar fundos de modernização do Poder Judiciário, aos quais serão revertidos os valores das sanções pecuniárias processuais destinadas à União e aos Estados, e outras verbas previstas em lei".

Entretanto, há situações, previstas no art. 774 do CPC, as quais se relacionam ao processo de execução, que excepcionam a regra de destinação do valor da multa para a União ou Estado. De acordo com o respectivo parágrafo único, se praticado alguns dos atos tipificados no dispositivo, durante a execução, o valor da multa será revertido em favor da parte exequente. Não há uma justificativa para a mudança do destinatário do valor da multa, o que se leva a concluir que se tratou de um equívoco do legislador ao não manter a coerência.

A multa punitiva, aplicada em razão do atentado à dignidade da justiça, pode ser cumulada com aquelas aplicáveis ao cumprimento definitivo da sentença que reconhece a exigibilidade de obrigação de pagar quantia certa (correspondente a 10% do valor executado – § 1º do art. 523)[6] e da que reconheça a exigibilidade de obrigação de fazer ou de não fazer (*astreintes* a serem fixadas de acordo com as particularidades do caso – § 1º do art. 536)[7]. E não poderia ser diferente (a ser até desnecessária disposição legal neste sentido), porque, enquanto aquela é punitiva, estas são coercitivas.

A multa pela prática de ato atentatório à dignidade da justiça, quando o valor da causa for irrisório ou inestimável, poderá ser fixada em **até 10 vezes o valor do salário-mínimo**. Tal possibilidade, disposta no § 5º do art. 77 do CPC/2015, corrige distorção contida no parágrafo único do art. 14 do CPC/1973, que, independentemente do valor da causa, a multa deveria ser sempre aplicada em percentual de até 20%, o que acabava por não penalizar, na proporção devida, o sujeito que atentasse contra a dignidade da justiça.

Por expressa disposição do § 6º do art. 77 do CPC, a multa por ato atentatório à dignidade da justiça não se aplica aos advogados públicos ou privados e aos membros da Defensoria Pública e do Ministério Público. Resta-lhe apenas a apuração de eventual responsabilidade disciplinar ser apurada pelo respectivo órgão de classe ou corregedoria, ao qual o juiz deverá

6. Art. 523. No caso de condenação em quantia certa, ou já fixada em liquidação, e no caso de decisão sobre parcela incontroversa, o cumprimento definitivo da sentença far-se-á a requerimento do exequente, sendo o executado intimado para pagar o débito, no prazo de 15 (quinze) dias, acrescido de custas, se houver. § 1º Não ocorrendo pagamento voluntário no prazo do caput, o débito será acrescido de multa de dez por cento e, também, de honorários de advogado de dez por cento.
7. Art. 536. No cumprimento de sentença que reconheça a exigibilidade de obrigação de fazer ou de não fazer, o juiz poderá, de ofício ou a requerimento, para a efetivação da tutela específica ou a obtenção de tutela pelo resultado prático equivalente, determinar as medidas necessárias à satisfação do exequente.§ 1º Para atender ao disposto no caput, o juiz poderá determinar, entre outras medidas, a imposição de multa, a busca e apreensão, a remoção de pessoas e coisas, o desfazimento de obras e o impedimento de atividade nociva, podendo, caso necessário, requisitar o auxílio de força policial.

oficiar. A disposição legal perde a oportunidade de impedir a prática de atos atentatórios, pelos advogados, quando podem ser identificados e, a eles, ser atribuída a autoria.

Questão de Concurso

► **(VUNESP.TJ-SP. VUNESP - 2018 - TJ-SP - Juiz Substituto. 2018)**[8]: se o respectivo membro deixar de cumprir decisão jurisdicional ou criar embaraço para tanto, será a ele imposta multa de até vinte por cento do valor da causa, sem prejuízo da apuração de eventual responsabilidade disciplinar.

A intenção do legislador pode ter sido a mais aprazível, pois visou a impedir que os sujeitos identificados, sobretudo os advogados privados, não fossem penalizados por atos impulsionados essencialmente pela vontade das partes. Contudo, além de aqueles terem independência funcional, o que seria suficiente para permitir livre (contextualizado) exercício da profissão, com a opção pela prática ou não do ato impulsionado, em diversas situações é perfeitamente identificável a vontade manifestada exclusivamente por aqueles sujeitos.

O resultado do texto legal é a concessão de uma injustificada imunidade em favor dos advogados públicos ou privados e aos membros da Defensoria Pública e do Ministério Público pela prática de atos que indignos voltados ao alcance de interesses outros, que não os dos sujeitos os quais representam em juízo. Assim, o objetivo da disposição específica (proteção aos profissionais encimados) pode comprometer o da disposição geral (regulação da atividade desempenhada no processo judicial).

O valor da multa por atentado à dignidade da justiça deve ser fixado por decisão judicial, contra a qual não cabe agravo de instrumento (a insatisfação deve ser suscitada por ocasião de apelação ou de respectivas contrarrazões), de acordo com a gravidade do fato. A condição econômica do sujeito processual, que atentou contra a dignidade da justiça, não é fator a ser considerado, mas sim a gravidade do ato. Inclusive, para ratificar esta conclusão, a multa é exigível até mesmo de quem é agraciado com os benefícios da gratuidade judiciária.

2.3. Impossibilidade de cumprimento, pelo representante judicial, da obrigação imposta por decisão judicial

Além da imunidade identificada, o representante judicial da parte não pode ser compelido a cumprir decisão em seu lugar, pois que, além de o encargo exercido não se compatibilizar com o cumprimento da obrigação imposta contra seu constituinte, muita das vezes o ato é de natureza personalíssima, somente podendo ser praticado pelo representado. Todavia, embora não seja compelido a cumprir a decisão em lugar, cabe ao representante judicial comunicar a parte que representa acerca da obrigação inadimplida.

Pertinente exemplo (de comunicação para cumprimento de obrigação realizada por ato do advogado) é trazido pelo inciso I do § 2º do art. 513 do Código de Processo Civil, segundo o qual "o cumprimento da sentença será feito segundo as regras deste Título, observando-se, no que couber e conforme a natureza da obrigação, o disposto no Livro II da Parte Especial

8. Gabarito: Incorreto.

deste Código. [...] O devedor será intimado para cumprir a sentença: [...] pelo Diário da Justiça, na pessoa de seu advogado constituído nos autos".

2.4. Vedação ao emprego de expressões ofensivas

As partes, seus procuradores, os juízes, os membros do Ministério Público e da Defensoria Pública e qualquer pessoa que participe do processo, não podem empregar expressões ofensivas. Sob a égide do CPC/73, o art. 15 vedava o emprego de expressões "injuriosas". A amplitude da vedação foi alargada, ao que andou bem o legislador, a considerar o dever de urbanidade que é comum aos sujeitos do processo (não é necessário, assim, que as expressões sejam injuriosas, a bastar que sejam ofensivas).

O dever de urbanidade (de todos os sujeitos para com eles mesmos), aliás, fica muito claro em diversos dispositivos do CPC. Pode-se citar, a título de exemplo, o inciso IV do art. 360 e o § 2º do art. 459. O próprio Código de Ética da Advocacia impõe, no art. 45, o dever de lhaneza, emprego de linguagem escorreita e polida, esmero e disciplina na execução dos serviços. Por mais que seja esdrúxula a situação apresentada, o sujeito não pode reagir com expressões agressivas, por que incompatíveis com a atividade processual.

Por isso que, quando expressões ofensivas forem manifestadas por escrito, o juiz, até mesmo de ofício, determinará que elas sejam riscadas e, a requerimento do ofendido, determinará a expedição de certidão com inteiro teor das expressões ofensivas e a colocará à disposição da parte interessada. Por óbvio, a certidão será elaborada antes de serem riscadas as expressões, a possibilitar que o ofendido adote as medidas cabíveis (tais quais cíveis, criminais e administrativas).

A riscadura deve ser completa, a não permitir seu resgate por qualquer pessoa que tenha acesso aos autos do processo. Se a providência comprometer a compreensão dos articulados apresentados pelo ofensor, ele deverá arcar com as consequências provenientes, a considerar que não respeitou o dever de urbanidade, ínsito ao processo.

Se as expressões forem manifestadas de forma oral ou presencialmente, o juiz deverá advertir, de imediato, o ofensor, de que não deve usar ou repetir aquelas, sob pena de lhe ser cassada a palavra. Admite-se, igualmente, mesmo quando as expressões forem orais ou presencialmente manifestadas, a expedição de certidão para que o ofendido adote as medidas que ele entender cabíveis.

Se as expressões ofensivas forem empregadas pelo juiz, o pedido de riscadura deve ser encaminhado à respectiva Corregedoria de Justiça.

3. RESPONSABILIDADE DAS PARTES POR DANO PROCESSUAL

Conquanto a Seção II do Capítulo II do Título I do Livro III trate "Da Responsabilidade das Partes por Dano Processual", as disposições ali constantes são endereçadas ao autor, ao réu e também ao interveniente. Não só as partes podem ser responsabilizadas por dano processual. A elas, acrescenta-se o interveniente. Eles (autor, réu e interveniente) responderão por perdas e danos quando, diz o texto do art. 79, litigarem de má-fé.

Mas há outros sujeitos que podem ser responsabilizados por dano processual. Basta que este tenha sido causado. Não é preciso que haja "litígio" para que quaisquer sujeitos processuais sejam responsabilizados por dano processual. Sua existência não é requisito de responsabilização, mas sim a prática de ato que enseje dano processual. Se ele foi ocasionado, deve ser reparado pelo sujeito causador, independentemente do resultado do processo.

O mais comum, entretanto, é que a responsabilidade decorra de atos praticados pelos sujeitos parciais. Verificado o dano processual praticado pelos sujeitos parciais do processo, os valores serão apurados nos próprios autos, a iniciar, de logo, em afirmação à eficiência, uma execução que, quando muito, será antecedida de liquidação (nas modalidades de arbitramento ou por procedimento comum).

3.1. Litigância de má-fé

Nos termos do art. 5º do Código de Processo Civil, que estabelece princípio (compreendido como fundamento e não como norma) geral, "aquele que de qualquer forma participa do processo deve comportar-se de acordo com a boa-fé". Espera-se de todos os sujeitos processuais, mas, sobretudo das partes, que ajam de acordo com os deveres da boa-fé, que compreendem, dentre outros, os da lealdade, o da honestidade e o da transparência.

Ao litigante de má-fé é imposto o dever de pagar multa a ser arbitrada, além de indenizar os danos causados e suportar os custos do processo. Isso ocorre independentemente de sair vencido ou vencedor no julgamento final. Até porque as decisões que aplicam multa impõem o dever de reparar/indenizar e de pagar os custos do processo podem ser intermediárias. A dizer de outra forma, a responsabilização é estabelecida por decisão judicial, que pode não ser a final.

O Código de Processo Civil, no art. 80, prevê, numa textura mais aberta, algumas situações que estão reconhecidas como de litigância de má-fé. Noutros dispositivos, preveem-se situações mais descritivas, as quais, como serão aqui mostradas, numa análise mais acurada, estão incluídas no próprio art. 80. Há apenas um maior detalhamento. Não é criada nenhuma nova situação.

Mesmo assim, com base nas disposições outras contidas no CPC, que não aquela trazida pelo art. 80, há quem defenda que o rol instituído é meramente exemplificativo. Não se discorda de tal conclusão, mas se utiliza como premissa a circunstâncias de as situações tipificadas serem abertas, a possibilitar a inclusão de situações várias no suporte fático. Por isso, antes de reconhecer a litigância de má-fé, o juiz deve explicitar concretamente o motivo que o levou a assim concluir.

Conforme a disposição do art. 80, é considerado litigante de má-fé aquele que:

a) deduzir pretensão ou defesa contra texto expresso de lei ou fato incontroverso:

A situação descrita parte, no primeiro momento, da inaceitável premissa de que o texto legal teria sentido unívoco. A interpretação do texto expresso de lei, a construir normas em sentidos diversos, não constitui, *a priori*, nenhum ato de litigância de má-fé. O que não se admite, na dedução de uma pretensão ou defesa, é a apresentação de atos (principalmente os postulatórios) destituídos de fundamentação séria.

Tolera-se a interpretação razoável (como se pode verificar do enunciado 343 da súmula do STF), até porque, além de o texto legal não ter sentido unívoco, ele pode ensejar construção normativa diversa àquela anteriormente firmada, a considerar as mudanças associadas à economia, à cultura, à política e ao próprio cenário jurídico. Acrescenta-se, ainda, a possibilidade de se defender a não incidência do texto legal por algum fator de diferenciação.

Também se considera inaceitável a prática de atos (principalmente os postulatórios) contra fato incontroverso, sendo ele assim considerado, quando não apresentada contraposição em forma e em ocasião oportunas. O sujeito processual não pode, durante o processo, permitir a incontrovérsia fática para, depois, de forma contraditória, insurgir-se contra ela (a não ser que haja algum elemento fático ou probatório novo).

A proteção da boa-fé, quando se impossibilita a dedução de pretensão ou defesa contra fato incontroverso, visa a impedir o *venire contra factum proprium*. Se o sujeito processual admite determinado fato como incontroverso, não pode ele, posteriormente, de forma contraditória, apresentar afirmação em sentido contrário. Mas, deve-se destacar, para que o fato seja incontroverso, deve haver comportamento de aceitação do sujeito neste sentido.

b) alterar a verdade dos fatos:

Os sujeitos parciais não devem alterar (ou omitir) a verdade dos fatos. Não deve apresentar versão que sabe (ou que deveria saber) ser destituída de verdade. Aliás, não se pune aquele que apresenta versão que, conquanto não corresponda à verdade, acreditava corresponder, nomeadamente por não existir evidências que lhe induzissem a pensar de forma diferente. Pune-se a intenção de alterar ou, noutras vezes, a evidente negligência com a verdade. Apresentada a verdade conhecida do sujeito, não pode ele, de forma intencional, alterá-la.

A vedação à alteração da verdade dos fatos decorre, por óbvio, da boa-fé, que orienta os atos a serem praticados no curso do processo, indispensável à própria legitimação da atividade jurisdicional. Se os sujeitos parciais não tivessem o dever de não alterar a verdade, além de instituir ao julgador uma maior atividade instrutória, possibilitaria, em um maior número de vezes, a resolução de questões divorciadas da razoabilidade.

O Código de Processo Civil reafirma o dever com a verdade, a ponto de possibilitar a desconstituição de sentença, mesmo depois de transitada em julgado, quando as partes se façam de simulação ou de colusão a fim de fraudar a lei (inciso III do art. 966). Isso sem contar que, no curso do processo, há diversas possibilidades de se estabelecer a verdade (ou pelo menos convencer o julgador dela) para modificar o resultado de um julgamento mediante recurso ou, quando provisório aquele, pela prática de atos probatórios e/ou postulatórios.

O dever para com a verdade é tão intenso que, para os advogados, o Código de Ética da Ordem dos Advogados do Brasil dispõe, no art. 6º, que lhes defeso expor os fatos em Juízo falseando deliberadamente a verdade ou estribando-se na má-fé. Inclusive, o preâmbulo do referido Código coloca o dever "ser fiel à verdade para poder servir à Justiça como um de seus elementos essenciais", como imperativo de conduta. O descumprimento a tal dever pelo advogado, pois, acarreta responsabilização administrativa.

c) usar do processo para conseguir objetivo ilegal:

Os sujeitos do processo, mas especialmente as partes, de forma unilateral ou bilateral, não podem fazer do processo instrumento para a consecução de objetivo ilegal, sendo este, assim considerado, o que é vedado pela lei. Por óbvio, o texto da lei não tem sentido unívoco, mas é ilegal o objetivo que contrarie qualquer dos sentidos possíveis (alcançados a partir de uma interpretação considerada razoável). Constatado, pois, o objetivo ilegal, sem mesmo que seja necessário o alcance do resultado, a parte é considerada litigante de má-fé.

Esta distinção é importante. O objetivo é diferente do resultado. A simples verificação daquele (objetivo) já é penalizada, devendo o juiz, na mesma ocasião, evitar, por decisão judicial, o alcance do resultado. Mas, se alcançado este (resultado), além da pena, o juiz deverá proferir decisão para restabelecer o estado anterior. Assim, além de aplicar a multa cabida quando pretendido o objetivo ilegal, o juiz deve evitar ou desfazer o resultado ambicionado por uma ou pelas duas partes.

Se, no processo, foi proferida decisão transitada em julgado, por intermédio da qual se alcançou o objetivo ilegal, possibilita-se (desde que verificada alguma das situações previstas no art. 966 do CPC, sendo mais comuns as previstas nos respectivos incisos III e V), a este tempo, que seja intentada ação rescisória para desconstituir aquela. Em alguns casos, a exemplo daqueles previstos no § 4º do art. 966, quando verificada a utilização do processo para conseguir objetivo ilegal, admite-se a anulação do ato judicial.

d) opuser resistência injustificada ao andamento do processo:

Depois de formado o processo, pode ocorrer de ser suspenso, mas deverá seguir até sua extinção, ocasião em que será constatada a realização da prestação jurisdicional em seus últimos termos. Entre o primeiro e o último ato de tramitação processual, as partes participam por diversas oportunidades, mediante prática de atos postulatórios, probatórios e dispositivos, que se relacionam aos pronunciamentos judiciais ou aos atos praticados pelos auxiliares da justiça. Tais intervenções não podem significar resistência injustificada ao andamento do processo.

A título de exemplo, não podem as partes dificultar a produção de provas necessárias ao convencimento judicial, bem assim ocultar-se para dificultar a realização de comunicações (quando forem necessárias). Se assim o fizerem, serão consideradas litigantes e má-fé e, por consequência, suportarão a aplicação de multa, além do que arcarão com o pagamento dos custos do processo e do ressarcimento/indenização dos danos causados. Acrescente-se, ainda, que o juiz deverá proferir decisão a impedir o objetivo da parte (art. 142 do CPC).

Aliás, é dentro deste espectro que o juiz está autorizado a deferir tutela provisória com base na evidência, conforme dispõe o art. 311, I, do CPC: "A tutela da evidência será concedida, independentemente da demonstração de perigo de dano ou de risco ao resultado útil do processo, quando: [...] ficar caracterizado o abuso do direito de defesa ou o manifesto propósito protelatório da parte". Portanto, a parte que resiste injustificadamente ao andamento do processo, além de assumir ônus provenientes da litigância de má-fé, poderá suportar, em razão da inversão decorrente da concessão da tutela de evidência, os efeitos do tempo sobre o processo.

e) proceder de modo temerário em qualquer incidente ou ato do processo:

Age de modo temerário quem usa das faculdades processuais de forma dolosa, ou até mesmo culposa (com imprudência [a agir precipitadamente, sem adotar as cautelas necessárias] ou negligência [a agir com desatenção, sem observar os cuidados que minimamente se poderia esperar]), a causar (ou, pelo menos, com o potencial de causar) prejuízos injustos à parte adversa. Não se cogita em temeridade por imperícia porque a litigância de má-fé está restrita às partes e aos terceiros, sem aplicação aos advogados ou aos profissionais outros que praticam atos processuais.

A temeridade pode ser observada a partir de único ato ou do conjunto daqueles que foram praticados no curso do processo. Basta que seja observada num único ato para se justificar o reconhecimento da litigância de má-fé com a aplicação das sanções decorrentes. A conduta temerária é reprovada, também, pelo Código de Ética e Disciplina da OAB, o qual, no art. 58, dispõe que, comprovado que os interessados no processo nele tenham intervindo de modo temerário, com sentido de emulação ou procrastinação, tal fato caracteriza falta de ética passível de punição.

f) provocar incidente manifestamente infundado:

Algo é infundado quando desprovido de fundamentação. O Código de Processo Civil exige, especificamente para as partes, quando estejam a praticar atos postulatórios (como são os incidentes provocados), fundamentação, que consiste em apresentar proposta de enquadramento dos fatos ao plano jurídico. A simples apresentação de ato postulatório sem fundamentação, mesmo que constitua incidente, não significa litigância de má-fé. Deve haver, no incidente, não a falta de fundamentação, mas a manifesta falta dela, assim compreendida a inexistente no plano jurídico, e não esquecida pela parte (ou pelo terceiro).

Assim, é litigante de má-fé a parte (ou o terceiro) que abandona, intencionalmente, o compromisso com a fundamentação, por mínima que seja, ao provocar incidente sem qualquer possibilidade de êxito. A título de exemplo, provoca incidente manifestamente infundado quem adota, para tal, posição completamente destoante ao entendimento unilinear estabelecido pela jurisprudência. Não basta, repita-se, para o reconhecimento da litigância de má-fé, o simples descuido da parte (ou do terceiro). É necessário que haja intenção na provocação do incidente e que ele seja desprovido de fundamentação.

g) interpuser recurso com intuito manifestamente protelatório:

O vocábulo recurso é utilizado em sua acepção estrita, assim compreendido o meio processual colocado à disposição das partes, do terceiro prejudicado e do Ministério Público (algumas vezes, do *amicus curiae*) para que, em prazo peremptório, possam, por intermédio dele, reformar ou invalidar decisão judicial. Será considerado manifestamente protelatório quando ficar evidenciado que o seu único objetivo é apenas retardar o andamento do processo, a considerar que não haveria a mínima possibilidade de ele (o recurso) ser provido.

Aquele, pois, que interpõe recurso com intuito manifestamente protelatório, é considerado litigante de má-fé e, como tal, além de ser penalizado com aplicação de multa, deverá arcar com os custos do processo e reparar/indenizar os danos causados. Entretanto, alguns recursos (agravo interno e embargos de declaração) têm, quanto à aplicação da multa, sobretudo no que concerne aos seus valores, disciplinamento próprio (conforme disposto nos artigos 1.021 e 1.026, ambos de CPC).

Ilustram situações de interposição de recursos manifestamente protelatórios, quando as partes: i) não apresentam fundamentação suficiente a infirmar a decisão recorrida, ao simplesmente repetir integralmente aquilo que defenderam em petições anteriores àquela; ii) sem apresentar qualquer fator de superação ou de distinção na aplicação do precedente, pedem a reforma da decisão recorrida; iii) buscam atribuir efeito suspensivo, para suspender parte da decisão que não foi objeto do recurso.

3.2. Multa

De acordo com o texto do art. 81 do CPC, "o juiz, de ofício ou a requerimento, condenará o litigante de má-fé a pagar multa, que deverá ser superior a um por cento e inferior a dez por cento do valor corrigido da causa". Os parâmetros para aplicação de multa foram modificados em relação ao CPC/1973, o qual estabelecia que "o juiz, de ofício ou a requerimento, condenará o litigante de má-fé a pagar multa não excedente a um por cento sobre o valor da causa". A modificação trouxe maior rigor às atividades desempenhadas no curso do processo.

Um descompasso ao senso prático, relativamente aos parâmetros da multa, é evidente. Se a multa deve ser superior a 1%, não poderá ser igual a. Se a multa deve ser inferior a 10%, não poderá ser igual a. Ao que se percebe, a vontade do legislador foi diferente da norma que se extrai do texto mediante uma interpretação literal. Deveria constar no texto que a multa não poderia ser inferior a 1% e, também, não poderia ser superior a 10%, a possibilitar, assim, a fixação de multa de 1% até 10%.

Questão de Concurso

► **(FCC. ELETROSUL. Profissional de Nível Superior – Direito. 2016)**[9]: Manoel ajuizou ação indenizatória contra Joaquim e o feito tramita regularmente em uma das varas cíveis da comarca de Florianópolis-SC. No curso do processo, Joaquim, através de seu advogado, altera a verdade dos fatos e provoca incidentes manifestamente infundados. Neste caso, o Magistrado que preside o feito deverá, de ofício, ou a requerimento da outra parte, considerar Joaquim litigante de má-fé e condená-lo a indenizar a parte contrária pelos prejuízos que esta sofreu e arcar com os honorários advocatícios e com todas as despesas que ela efetuou, além de pagar multa, em regra

a) superior a 1% e inferior a 20% do valor corrigido da causa
b) não excedente a 1% sobre o valor corrigido da causa
c) superior a 1% e inferior a 10% do valor corrigido da causa
d) não excedente a 2% sobre o valor corrigido da causa
e) não excedente a 5% sobre o valor corrigido da causa

E tanto é assim (o texto não expressou, com fidedignidade, a vontade do legislador) que, em diversos outros dispositivos do Código, as multas guardam parâmetros cheios, correspondentes a percentual não inferior a 1% e não superior a 10%. A título de ilustração, confiram-

9. Gabarito: Letra C.

-se as redações dos seguintes dispositivos do CPC: § 1º do art. 523; §§ 10 e 11 do art. 702; § 4º do art. 895; inciso II do § 5º do art. 916; § 3º do art. 1.026. A vontade do legislador foi, em verdade, aumentar os parâmetros das multas aplicáveis ao litigante de má-fé. Só isso.

Sob a égide do CPC/1973, o julgador tinha como parâmetro para a aplicação da multa por litigância de má-fé apenas o valor da causa. Em certas situações, a finalidade da multa não era alcançada, pois bastava que o valor da causa fosse irrisório para que aquela não penalizasse, de forma efetiva, o litigante de má-fé. Ao perceber essa distorção do sistema, o CPC/2015 tratou de corrigi-la, de modo que, no § 2º do art. 81 dispôs que quando o valor da causa for irrisório ou inestimável, a multa poderá ser fixada em até 10 vezes o valor do salário-mínimo.

Quanto à responsabilidade pelo pagamento da multa, o atual Código preservou a disposição do anterior. O § 1º do art. 81 dispõe que quando forem 02 ou mais os litigantes de má-fé, o juiz condenará cada um na proporção de seu respectivo interesse na causa ou solidariamente aqueles que se coligaram para lesar a parte contrária. Se os atos são isolados, a condenação ao pagamento de multa considerará o ato praticado pelo respectivo litigante. Se os atos são concorrentes, ante a verificação de coligação das partes, a condenação será solidária.

Mesmo que o litigante seja contemplado pelos benefícios da gratuidade judiciária, deverá pagar o valor relativo à multa aplicada em decorrência de sua má-fé. Inclusive, o § 4º do art. 98 do CPC dispõe que a concessão de gratuidade não afasta o dever de o beneficiário pagar, ao final, as multas processuais que lhe sejam impostas. E as multas aplicadas não ficam com as exigibilidades dependentes da verificação da condição estabelecida pelo § 3º do art. 98 (nos 05 anos subsequentes ao trânsito em julgado da decisão que as certificou, o credor demonstrar que deixou de existir a situação de insuficiência de recursos que justificou a concessão de gratuidade).

A multa por atentado à dignidade da justiça seria cumulável com a de litigância de má-fé? Se relativas a fatos diferentes, é indiscutível a possibilidade. Dúvidas só emergem quando se referem ao mesmo fato. A este respeito, parte da doutrina entende que não, porque, fundada no mesmo ato ímprobo, haveria dupla penalidade ao litigante. Adota-se, aqui, todavia, posição contrária àquela (mas harmônica àquela sufragada pelo STJ, conf. SEC 8860/EX, Rel(a). Ministra Laurita Vaz, julgado pela Corte Especial, com publicação no DJe 06/11/2014) por entender que os bens jurídicos protegidos e os destinatários são diversos, pelo que a cumulação das multas representa, para o litigante de má-fé, apenas o aumento proporcional à gravidade do ato reprovável. Se fosse aplicável apenas uma das multas, não haveria razão para o CPC prever as duas (sem mais especificidade de uma em relação à outra) em textos que trazem idênticos suportes fáticos. Isso sem contar que, a admitir aquela hipótese (ser aplicável somente uma das multas), apenas um dos destinatários (sem se saber qual), apesar de ambos experimentarem as consequências do ato vedado, seria contemplado pelo pagamento respectivo.

De fato, diferentemente do que ocorre com a multa aplicada em razão de ato atentatório à dignidade da justiça, o valor das sanções impostas ao litigante de má-fé se reverterá em benefício da parte contrária. Excepciona-se apenas o valor das multas impostas aos serventuários, que pertencerá ao Estado ou à União, a depender de ser a justiça estadual ou federal (esta compreendida numa acepção ampla, tanto em nível horizontal, a exemplo da Justiça da Eleitoral, quanto em vertical, a exemplo do Superior Tribunal de Justiça), respectivamente.

Aliás, a União e os Estados podem criar fundos de modernização do Poder Judiciário, aos quais serão revertidos os valores das sanções pecuniárias processuais destinadas à União e aos Estados, e outras verbas previstas em lei. Assim, as multas aplicadas em razão da prática de atos atentatórios à dignidade da justiça, bem como as de litigância de má-fé contra serventuários, poderão ser destinadas aos fundos de modernização, caso tenham sido criados. Se a multa de litigância de má-fé for aplicada a alguma das partes, repita-se, será revertida para a adversa.

A cobrança de multas (assim como de indenizações) decorrentes de litigância de má-fé ou de prática de ato atentatório à dignidade da justiça será promovida nos próprios autos do processo. A decisão que as fixou será considerada título executivo judicial, pelo que se possibilita o seu cumprimento nos mesmos autos. Mas, se não tiver transitado em julgado a última decisão, em razão do suporte físico, unicamente, será necessária a constituição de novos autos. Afinal, não haveria como, nos mesmos autos, a depender do suporte, tramitar, por exemplo, um recurso e a execução da multa.

O legislador teria sido mais preciso se, em vez de se referir a "cobrança [...] nos próprios autos", tivesse se referido a possibilidade de "execução própria", a se adotar a mesma sistemática do cumprimento de sentença, conforme disposto no art. 522 do CPC.

3.3. Indenização

Ao litigante de má-fé, além de aplicada multa e imposta a responsabilidade pelo pagamento dos custos processuais, ele deve reparar/indenizar integralmente a parte contrária pelos prejuízos que sofreu, cujo valor será fixado pelo juiz (na própria decisão que reconhecer a litigância de má-fé) ou, caso não seja possível mensurá-los, mediante liquidação por arbitramento ou pelo procedimento comum, nos próprios autos. A disposição do § 3º do art. 81 do CPC/2015 representa evidente avanço frente ao texto da legislação anterior, que realizava restrições não razoáveis.

Sob a égide do CPC/1973, § 2º do art. 18 dispunha que "o valor da indenização será desde logo fixado pelo juiz, em quantia não superior a 20% (vinte por cento) sobre o valor da causa, ou liquidado por arbitramento". Além de haver limitação à reparação/indenização nos próprios autos (até o limite máximo de 20%), a liquidação deveria ser necessariamente realizada por arbitramento (de modo que alguns concluíram está impossibilitada a apuração de fatos novos para identificar o valor dos danos causados).

Se o valor da indenização superasse 20% do valor da causa, a reparação/indenização deveria ser pedida em outro processo, ou seja, o anterior não poderia trazer, em seguida, a ação de indenização para apurar os danos. Tal parecia ser uma restrição injustificada, nomeadamente porque, já reconhecido o dano experimentado, restaria apenas a apuração de seu valor por qualquer modalidade de liquidação. Pior ocorria quando, realizada a liquidação, apurasse quantitativo superior aos 20% previsto no § 2º do art. 18 do CPC/1973. A liquidação, em frontal desrespeito à eficiência, não teria eficácia? Não é assim.

Quanto à restrição, disposta pelo § 2º do art. 18 do CPC/1973, que impunha o arbitramento como única modalidade de liquidação, a afastar a antiga liquidação por artigos, ela era injustificada. Os conhecimentos técnico-científicos de um *expert* nem sempre eram suficientes à apuração do valor dos danos causados. Daí porque, se necessário o conhecimento de fatos novos, a apuração dependeria, injustificadamente, de uma ação de liquidação a ser intentada a partir de outro processo. A não ser que, se fosse o caso de conhecer fatos novos, a apuração ficasse limitada a 20%, independentemente de liquidação, o que seria temeroso, pois, de um lado, proporcionaria enriquecimento sem causa ou, de outro, a não reparação/indenização integral dos danos.

Agora, sob a égide do CPC/2015, não há restrição à modalidade de liquidação (que pode ser por arbitramento ou pelo procedimento comum), nem muito menos ao valor da indenização a ser paga pelo sujeito que litigou de má-fé. Compreende-se, assim, pelas mudanças legislativas trazidas, que, além de a indenização, a ser apurada no mesmo processo, ser integral, ela pode ser identificada em seu valor por qualquer forma de liquidação de sentença, o que representa verdadeira afirmação da eficiência processual.

4. ENUNCIADOS DO FPPC

6. O negócio jurídico processual não pode afastar os deveres inerentes à boa-fé e à cooperação.

17. As partes podem, no negócio processual, estabelecer outros deveres e sanções para o caso do descumprimento da convenção.

5. ENUNCIADOS DO FNPP

62. Enseja a condenação por litigância de má-fé do art. 81, CPC, a conduta da parte que apresenta, em processo judicial, documento relevante e pré-existente à causa, omitido durante a tramitação do processo administrativo fiscal.

6. INFORMATIVOS

Informativos do STJ

Os honorários advocatícios nascem contemporaneamente à sentença e não preexistem à propositura da demanda, devendo observar as normas do CPC/2015 nos casos de decisões proferidas a partir de 18/3/2016. De início, destaca-se que a Corte Especial do STJ se posicionou que o arbitramento dos honorários não configura questão meramente processual, mas sim questão de mérito apta a formar um capítulo da sentença (REsp 1.113.175-DF, Rel. Min. Castro Meira, DJe 7/8/2012). Estabelecida a natureza jurídica dos honorários de sucumbência, mister fixar o marco temporal para a aplicação das novas regras previstas no CPC/2015. Neste ponto, a jurisprudência desta Corte é pacífica no sentido de que a sucumbência é regida pela lei vigente na data da sentença (REsp 783.208-SP, Rel. Min. Teori Zavascki, DJe 21/11/2005). Verifica-se, portanto, que os honorários nascem contemporaneamente à sentença e não preexistem à propositura da demanda. Assim sendo, aplicar-se-ão as normas do CPC/2015 nos casos de sentença proferida a partir de sua vigência (18/3/2016). REsp 1.636.124-AL, Rel. Min. Herman Benjamin, por unanimidade, julgado em 6/12/2016, DJe 27/4/2017. Inf. 602.

Nos contratos em que estipulado o êxito como condição remuneratória dos serviços advocatícios prestados, a renúncia do patrono originário, antes do julgamento definitivo da causa, não lhe confere o direito imediato ao arbitramento de verba honorária proporcional ao trabalho realizado, revelando-se necessário aguardar o desfecho processual positivo para a apuração da quantia devida. A controvérsia é quanto ao cabimento ou não de arbitramento judicial de honorários advocatícios por serviços prestados pelo causídico antes de sua renúncia, quando existente previsão contratual expressa condicionando tal remuneração ao êxito nas demandas patrocinadas. Nos contratos de prestação de serviços advocatícios ad exitum, a vitória processual constitui condição suspensiva, cujo implemento é obrigatório para que o advogado faça jus à devida remuneração. Ou seja, o direito aos honorários somente é adquirido com a ocorrência do sucesso na demanda. O fato jurídico delineado não se amolda sequer à norma disposta na primeira parte do artigo 129 do Código Civil, que condena o dolo daquele que impede ou força o implemento da condição em proveito próprio. Nessa esteira, encontra-se compreendida a rescisão unilateral imotivada perpetrada pelo cliente, que configura, por óbvio, obstáculo ao implemento da condição estipulada no contrato de prestação de serviços advocatícios – vitória na causa –, autorizando o arbitramento judicial da verba honorária devida ao causídico, cuja plena atuação quedara frustrada por culpa do mandante. Por outro turno, em se tratando de renúncia do advogado, é certo que a não ocorrência da condição prevista no contrato ad exitum impede a aquisição do direito remuneratório pretendido, não se podendo cogitar da incidência de qualquer presunção legal na hipótese de rescisão antecipada. Nessa perspectiva, nos casos em que estipulado o êxito como condição remuneratória dos serviços advocatícios prestados, a renúncia do patrono originário, antes do julgamento definitivo da causa, não lhe confere o direito imediato ao arbitramento de verba honorária proporcional ao trabalho realizado, revelando-se necessário aguardar o desfecho processual positivo para a apuração do quantum devido, observado o necessário rateio dos valores com o advogado substituto (aquele que veio a assumir a condução da demanda). Desse modo, nos contratos ad exitum, ainda quando ocorrida a revogação do mandato, o implemento da condição contratada constitui elemento essencial para a produção dos seus efeitos remuneratórios e, consequentemente, da deflagração do fato gerador da pretensão condenatória a ser, eventualmente, exercida em juízo. REsp 1.337.749-MS, Rel. Min. Luis Felipe Salomão, por unanimidade, julgado em 14/2/2017, DJe 6/4/2017. Inf. 601.

O dano processual não é pressuposto para a aplicação da multa por litigância de má-fé a que alude o art. 18 do CPC/1973. A discussão posta resume-se a verificar se, para a configuração de litigância de má-fé, nos termos do art. 18 do CPC/73, com a consequente aplicação de penalidade, o dano processual é pressuposto. A multa aplicada reflete mera sanção processual, que não tem o objetivo de indenizar a parte adversa e, por esse motivo, não exige, para sua aplicação, a comprovação inequívoca da ocorrência de dano processual. Justamente por não exigir tal comprovação é que se mostra possível o reconhecimento de ofício da litigância de má-fé, com a aplicação da multa correspondente. Vale ressaltar que, para fins de responsabilidade processual, diversamente, é que se mostra imprescindível a prova do efetivo prejuízo sofrido pela parte adversa, do que não se trata a hipótese analisada. REsp 1.628.065-MG, Rel. Min. Nancy Andrighi, Rel. p/acórdão Min. Paulo de Tarso Sanseverino, por maioria, julgado em 21/2/2017, DJe 4/4/2017. Inf. 601.

7. SINOPSE

DEVERES DAS PARTES E DE SEUS PROCURADORES	
Considerações iniciais	
O ônus se consubstancia numa faculdade que deve ser exercida como condição para se alcançar determinada vantagem. Já o dever, conquanto também tenha a vontade como elemento comum ao ônus, tem vínculo relacionado à tutela do interesse alheio. Por isso, se não cumprido o dever, o respectivo sujeito sofrerá uma sanção jurídica.	
Deveres das partes e de seus procuradores	
Especificação dos deveres:	São deveres dos sujeitos processuais, ou seja, das partes, de seus procuradores e de todos os demais que, de qualquer forma, participem do processo, dentre outros, os seguintes: a) expor os fatos em juízo conforme a verdade; b) não formular pretensão ou de apresentar defesa quando cientes de que são destituídas de fundamento; c) não produzir provas e não praticar atos inúteis ou desnecessários à declaração ou à defesa do direito; d) cumprir com exatidão as decisões jurisdicionais, de natureza provisória ou final, e não criar embaraços à sua efetivação; e) declinar, no primeiro momento que lhes couber falar nos autos, o endereço residencial ou profissional onde receberão intimações, atualizando essa informação sempre que ocorrer qualquer modificação temporária ou definitiva; f) não praticar inovação ilegal no estado de fato de bem ou direito litigioso;

Atos atentatórios à dignidade da justiça, advertência e aplicação de multa:	Cumpre ao juiz advertir aos sujeitos do processo que o não cumprimento dos deveres previstos nos itens "d" (cumprir com exatidão as decisões jurisdicionais, de natureza provisória ou final, e não criar embaraços à sua efetivação) e "f" (não praticar inovação ilegal no estado de fato de bem ou direito litigioso) constituem ato atentatório à dignidade da justiça e que, por isso, sem prejuízo das sanções criminais, civis e processuais cabíveis, poderá aplicar ao responsável multa de até 20% do valor da causa, de acordo com a gravidade da conduta.
Impossibilidade de cumprimento, pelo representante judicial, da obrigação imposta por decisão judicial:	Além da imunidade identificada, o representante judicial da parte não pode ser compelido a cumprir decisão em seu lugar, pois que, além de o encargo exercido não se compatibilizar com o cumprimento da obrigação imposta contra seu constituinte, muita das vezes o ato é de natureza personalíssima, somente podendo ser praticado pelo representado.
Vedação ao emprego de expressões ofensivas:	As partes, seus procuradores, os juízes, os membros do Ministério Público e da Defensoria Pública e qualquer pessoa que participe do processo, não podem empregar expressões ofensivas.
Responsabilidade das partes por dano processual	
Litigância de má-fé	O art. 80 do CPC traz rol meramente exemplificativo de hipóteses de litigância de má--fé. Nesses termos, considera-se litigante de má-fé aquele que: I – deduzir pretensão ou defesa contra texto expresso de lei ou fato incontroverso; II – alterar a verdade dos fatos; III – usar do processo para conseguir objetivo ilegal; IV – opuser resistência injustificada ao andamento do processo; V – proceder de modo temerário em qualquer incidente ou ato do processo; VI – provocar incidente manifestamente infundado; VII – interpuser recurso com intuito manifestamente protelatório.
Multa	O juiz, de ofício ou a requerimento, condenará o litigante de má-fé a pagar multa, que deverá ser superior a um por cento e inferior a dez por cento do valor corrigido da causa.
Indenização	Ao litigante de má-fé, além de aplicada multa e imposta a responsabilidade pelo pagamento dos custos processuais, ele deve reparar/indenizar integralmente a parte contrária pelos prejuízos que sofreu, cujo valor será fixado pelo juiz (na própria decisão que reconhecer a litigância de má-fé) ou, caso não seja possível mensurá-los, mediante liquidação por arbitramento ou pelo procedimento comum, nos próprios autos.

CAPÍTULO 7

DESPESAS, HONORÁRIOS ADVOCATÍCIOS E MULTAS

1. CONSIDERAÇÕES INICIAIS

As despesas processuais compreendem os gastos despendidos pelos sujeitos parciais durante o curso do processo. Geralmente, são adiantadas pela parte que pratica o ato processual ou que requer a sua prática. A título de exemplo, a parte que interpõe recurso deve recolher o respectivo preparo; aquele que requer a produção de prova pericial deve depositar o valor dos honorários periciais.

Porém, pode ocorrer de as despesas serem adiantadas por terceiros intervenientes ou mesmo de ser concedido, em favor de qualquer sujeito parcial, o benefício da gratuidade judiciária, que implica a dispensa do adiantamento de despesas processuais, bem como a suspensão da exigibilidade do seu pagamento pelo prazo de cinco anos contados do trânsito em julgado da decisão final, ao fim do qual se extingue a obrigação de pagar.

Há outras situações, conforme se verá adiante, em que, embora não requerida a prática do ato respectivo por qualquer dos sujeitos parciais, as despesas devem ser por ele adiantadas. Seja qual for a situação (se o sujeito parcial pratica, requer ou é determinada a prática do ato pelo juiz), as despesas adiantadas devem ser suportadas pela parte vencida.

No presente capítulo, será analisada a Seção III do Capítulo II do Título I do Livro III do CPC, denominada "Das Despesas, dos Honorários Advocatícios e das Multas". A nomenclatura não é a mais fidedigna à terminologia processual, a considerar que os honorários constituem espécie do gênero despesas processuais.

E não é só. Conquanto haja referência aos honorários advocatícios, o Código trata apenas daqueles decorrentes da sucumbência da parte. Existem também os honorários advocatícios contratuais, não tratados pelo Código de Processo Civil, mas, sim, pelo Código Civil, pelo Estatuto da Ordem dos Advogados do Brasil e pelo Código de Ética e Disciplina da Ordem dos Advogados do Brasil.

Críticas também são dirigidas à inclusão das multas na especificação da Seção III, a considerar que apenas os seus destinatários são especificados nos dispositivos ali trazidos. A maior parte das disposições que tratam das multas, inclusive as que definem valores e situações de aplicação, sem embargos de dúvidas, está distribuída de forma esparsa pelo CPC.

De qualquer modo, a despeito das críticas concernentes à nomenclatura da Seção III, serão, abaixo, analisadas as despesas processuais de uma forma genérica e, em seguida, os honorários advocatícios, considerando os parâmetros estabelecidos pelo Código, e, por fim, na delimitação estabelecida, as multas.

2. DESPESAS PROCESSUAIS

2.1. Definição

Por despesas processuais compreendam-se todos os gastos realizados pelos sujeitos processuais, especialmente os parciais, necessários a possibilitar que o processo seja instrumento para que, por seu intermédio, o Estado proporcione a oferta de prestação jurisdicional. Consubstanciam-se nos valores relativos a custas dos atos do processo, indenização de viagem, remuneração do assistente técnico e diária de testemunha.

2.2. Distinção entre despesas processuais e custas judiciais

As despesas processuais diferem das "custas judiciárias". Estas estão contempladas por aquelas, mas têm, em particular, natureza jurídica de taxa (art. 77 do CTN). As custas judiciárias são revertidas em favor do Estado e têm, como fato gerador, a prestação de um serviço público em sentido amplo (atividade jurisdicional).

2.3. Dispensa de pagamento

Alguns sujeitos, como o Ministério Público, a Fazenda Pública e a Defensoria Pública, estão dispensados do pagamento da chamada taxa judiciária. Aliás, quanto às demais despesas processuais, só procederão ao seu pagamento ao final do processo, se forem vencidos, conforme o art. 91, *caput*, do CPC.

2.4. Suspensão de exigibilidade

Os sujeitos considerados hipossuficientes fazem jus ao benefício da gratuidade judiciária, que implica a dispensa do adiantamento das despesas, além da suspensão da exigibilidade do seu pagamento pelo prazo de cinco anos contados do trânsito em julgado da decisão final, ao fim do qual a obrigação de pagar se extingue.

2.5. Responsabilidade pelo adiantamento

De uma forma geral, incumbe às partes prover as despesas dos atos que realizarem ou requererem no processo, antecipando-lhes o pagamento, desde o início até a sentença final ou, na execução, até a plena satisfação do direito reconhecido no título. O autor adiantará as despesas relativas a ato cuja realização o juiz determine de ofício ou a requerimento do Ministério Público, quando sua intervenção ocorrer como fiscal da ordem jurídica.

2.6. Responsabilidade pelo pagamento

Ao final, a sentença condenará o vencido a pagar ao vencedor as despesas que antecipou, e, se o assistido for vencido, o assistente será condenado ao pagamento das custas em proporção à atividade que houver exercido no processo.

IMPORTANTE! "Nas hipóteses de extinção do processo sem resolução de mérito provocada pela perda do objeto da ação em razão de ato de terceiro e sem que exista a possibilidade de se saber qual dos litigantes seria sucumbente se o mérito da ação fosse julgado, o pagamento das custas e dos honorários advocatícios deve ser rateado entre as partes" (STJ. REsp 1.641.160/RJ. DJe 21.03.17; Inf. STJ 600).

2.7. Despesas relativas à realização de prova pericial

As despesas dos atos processuais praticados a requerimento da Fazenda Pública, do Ministério Público ou da Defensoria Pública serão pagas ao final pelo vencido.

Contudo, especificamente quanto às perícias requeridas pela Fazenda Pública, pelo Ministério Público ou pela Defensoria Pública, elas poderão ser realizadas por entidade pública ou, se houver previsão orçamentária, ter os valores adiantados por aquele que requerer a prova.

Questão de Concurso

▶ **(VUNESP.TJ-SP. VUNESP - 2018 - TJ-SP - Juiz Substituto. 2018)**[1]: quando a prova pericial por ele requerida não seja realizada por entidade pública, caberá a ele, Ministério Público, adiantar os custos respectivos, desde que haja previsão orçamentária.

Se não houver previsão orçamentária no exercício financeiro para adiantamento dos honorários periciais, eles serão pagos no exercício seguinte ou ao final, pelo vencido, caso o processo se encerre antes do adiantamento a ser feito pelo ente público.

1. Gabarito: correto.

Aliás, no caso de realização de prova pericial, a parte que a requereu adiantará o pagamento das despesas respectivas (o que poderá ser feito mediante depósito bancário em conta vinculada ao juízo, as quais serão corrigidas monetariamente). Se ambas as partes requererem ou se a produção for determinada de ofício, as despesas serão rateadas entre as partes.

Quando o pagamento da perícia for de responsabilidade de beneficiário de gratuidade da justiça, ela poderá ser: a) custeada com recursos alocados no orçamento do ente público e realizada por servidor do Poder Judiciário ou por órgão público conveniado; b) paga com recursos alocados no orçamento da União, do Estado ou do Distrito Federal, no caso de ser realizada por particular, hipótese em que o valor será fixado conforme tabela do tribunal respectivo ou, em caso de sua omissão, do Conselho Nacional de Justiça.

Nestas hipóteses, será vedada a utilização de recursos do fundo de custeio da Defensoria Pública. E mais. O juiz, após o trânsito em julgado da decisão final, oficiará a Fazenda Pública para que promova, contra quem tiver sido condenado ao pagamento das despesas processuais, a execução dos valores gastos com a perícia particular ou com a utilização de servidor público ou da estrutura de órgão público, a se observar, caso o responsável pelo pagamento das despesas seja beneficiário de gratuidade da justiça, o disposto no art. 98, § 2º e a condição do § 3º, do CPC[2].

Se, para a realização da prova pericial, qualquer das partes proceder à nomeação de assistente técnico, ela adiantará a respectiva remuneração, que será ressarcida, ao final, pela parte vencida.

2.8. "Cautio pro expensis"

Se o autor, brasileiro ou estrangeiro, residir fora do Brasil ou deixar de residir no país ao longo da tramitação de processo, deverá prestar caução suficiente ao pagamento das custas e dos honorários de advogado da parte contrária nas ações que propuser, se não tiver, no Brasil, bens imóveis que lhes assegurem o pagamento.

Mas, ainda que perdurem as condições encimadas, do autor não se exigirá a caução quando:

a) houver dispensa prevista em acordo ou tratado internacional de que o Brasil faz parte;

> O enunciado 4 do CJF orienta que "a entrada em vigor de acordo ou tratado internacional que estabeleça dispensa da caução prevista no art. 83, § 1º, inc. I do CPC/2015, implica na liberação da caução previamente imposta".

2. Art. 98. A pessoa natural ou jurídica, brasileira ou estrangeira, com insuficiência de recursos para pagar as custas, as despesas processuais e os honorários advocatícios tem direito à gratuidade da justiça, na forma da lei.[...] § 2º A concessão de gratuidade não afasta a responsabilidade do beneficiário pelas despesas processuais e pelos honorários advocatícios decorrentes de sua sucumbência.§ 3º Vencido o beneficiário, as obrigações decorrentes de sua sucumbência ficarão sob condição suspensiva de exigibilidade e somente poderão ser executadas se, nos 5 (cinco) anos subsequentes ao trânsito em julgado da decisão que as certificou, o credor demonstrar que deixou de existir a situação de insuficiência de recursos que justificou a concessão de gratuidade, extinguindo-se, passado esse prazo, tais obrigações do beneficiário.

▶ **(VUNESP.TJ-SP.Juiz Substituto. 2018)**[3]: O autor residente fora do Brasil ficará dispensado de prestar caução suficiente ao pagamento de custas e honorários:

a) quando se tratar de ação de estado e capacidade.

b) se o autor tiver bens móveis suficientes no Brasil.

c) quando houver dispensa prevista em acordo internacional vigente no Brasil.

d) quando o réu nada alegar, presumindo-se de sua inércia a inexistência de prejuízo cuja reparação devesse ser garantida.

b) a ação pendente for de execução (fundada em título judicial ou extrajudicial);

c) seja o caso de reconvenção.

No caso da pendência de execução, dispensa-se a caução, ante a presunção de certeza em relação à prestação. Já no caso se reconvenção, a dispensa deve-se ao recolhimento adiantado pelo autor. Entretanto, não andou bem o legislador quando, aí, dispensou a *cautio pro expensis*, porque olvidou que o reconvinte vencido é condenado ao pagamento de honorários advocatícios de sucumbência.

Além dessas hipóteses, que são exemplificativas, extraem-se algumas outras que dispensam caução. O próprio Superior Tribunal de Justiça já elencou as seguintes:

a) ação de reintegração de posse fundada em contrato de arrendamento mercantil, porque possível a execução fundada em título extrajudicial (STJ. REsp 668124/SP. DJU 30.04.07);

b) homologação de sentença estrangeira (STJ. SEC 507/GB. DJU 13.11.06);

c) existência de ação conexa na qual o réu é credor (STJ. REsp 6171/SP. DJU 11.03.91);

d) quando possível a opção pela execução de título extrajudicial, mas o autor faz a opção pelo processo de conhecimento (STJ. REsp 668124/SP. DJU 30.04.07).

Ao réu, mesmo estrangeiro e residente fora do país, não será exigida esta caução.

O objetivo da *cautio pro expensis* é evitar o abuso do direito de ação, a ser destinada para garantir pagamento de custas e honorários. Assim, não é exigível depósito equivalente ao valor do bem em disputa (STJ. REsp 443445/SP. DJU 02.12.02), sendo razoável o depósito correspondente a 20% (STJ. AgRg na MC 17995/SP. DJe 01.08.11).

Se verificado, no trâmite do processo, que se desfalcou a garantia, poderá o interessado exigir reforço da caução, a justificar seu pedido com a indicação da depreciação do bem dado em garantia e a importância do reforço que pretende obter. O procedimento do pedido de reforço de caução será o mesmo do pedido de prestação. Acolhido, o juiz assinará prazo para o reforço da caução.

Se o autor não prestar caução às custas, será proferida sentença sem resolução de mérito por falta de pressuposto processual de validade. Isso não significa que o retardo no seu implemento enseja a invalidação de qualquer ato do processo, especialmente se o descumprimento

3. Gabarito: Letra C.

do prazo não for alegado oportunamente pelo réu (STJ. REsp 307.104/DF. DJU 23.08.04). Somente se não prestada a caução, será proferida sentença extintiva do processo.

2.9. Despesas relacionadas ao adiamento ou à repetição de atos

As despesas decorrentes de atos adiados ou cuja repetição for necessária ficarão a cargo do sujeito (parte, auxiliar da justiça, órgão do Ministério Público, Defensoria Pública ou juiz) que, sem justo motivo, houver dado causa ao adiamento ou à repetição. Se houver justo motivo, seguir-se-á a regra geral: as despesas relativas aos atos adiados ou repetidos serão adiantadas pela parte que os praticou ou os requereu e, ao final, serão pagas pela parte vencida.

2.10. Sentença sem resolução de mérito e propositura de nova ação

Quando, a pedido do réu, o juiz proferir sentença sem resolver o mérito, o autor não poderá propor novamente a ação sem pagar ou depositar em cartório as despesas e os honorários a que foi condenado.

3. HONORÁRIOS ADVOCATÍCIOS

3.1. Definição

Há três espécies de honorários advocatícios: os contratuais, os arbitrados e os sucumbenciais.

A primeira espécie decorre de negócio jurídico firmado entre o advogado e o sujeito cujos interesses serão patrocinados por meio de mandato judicial. Se o seu valor (que, somado ao montante dos honorários de sucumbência, não deve ser superior ao benefício proporcionado ao constituinte[4]) não for estabelecido em instrumento[5] ou, ainda que seja, se discordantes as partes, ele deve ser definido via arbitramento judicial[6]. Isso pode ocorrer também, por exemplo, na hipótese de contrato que preveja honorários apenas em caso de êxito e venha a ser rescindido unilateralmente pelo constituinte antes da sentença (STJ. AgInt no AREsp 1.560.257/PB. DJe 23.04.20. Inf. 670).

A Lei nº 8.906/94, conquanto disponha, no inciso II do art. 22, que, na falta de estipulação ou de acordo, os honorários são fixados por arbitramento judicial (em remuneração

4. Código de Ética e Disciplina da OABArt. 38. Na hipótese da adoção de cláusula quota *litis*, os honorários devem ser necessariamente representados por pecúnia e, quando acrescidos dos de honorários da sucumbência, não podem ser superiores às vantagens advindas em favor do constituinte ou do cliente.
5. Código de Ética e Disciplina da OABArt. 35. Os honorários advocatícios e sua eventual correção, bem como sua majoração decorrente do aumento dos atos judiciais que advierem como necessários, devem ser previstos em contrato escrito, qualquer que seja o objeto e o meio da prestação do serviço profissional, contendo todas as especificações e forma de pagamento, inclusive no caso de acordo.
6. Lei nº 8.906/94Art. 22. A prestação de serviço profissional assegura aos inscritos na OAB o direito aos honorários convencionados, aos fixados por arbitramento judicial e aos de sucumbência. [...] § 2º Na falta de estipulação ou de acordo, os honorários são fixados por arbitramento judicial, em remuneração compatível com o trabalho e o valor econômico da questão, não podendo ser inferiores aos estabelecidos na tabela organizada pelo Conselho Seccional da OAB.

compatível com o trabalho e o valor econômico da questão, não podendo ser inferiores aos estabelecidos na tabela organizada pelo Conselho Seccional da OAB), pode ocorrer de aqueles serem definidos por árbitro escolhido pelos interessados.

A terceira espécie decorre do êxito alcançado pelo advogado em razão do trabalho por ele desempenhado, constituindo obrigação em detrimento da parte vencida (pelo menos, em regra), porque, indevidamente, deu causa ao ajuizamento da ação. O seu valor será fixado pelo órgão jurisdicional, em percentual variante, conforme parâmetros estabelecidos pelo Código de Processo Civil, a considerar os critérios de fixação ali igualmente previstos.

O Código de Processo Civil, nos artigos 85 e seguintes, trata especificamente dos honorários de sucumbência, que, a despeito de outrora terem servido exclusivamente à remuneração profissional (do advogado da parte vencedora), agora, passam a ter, também, a função de desestimular a prática de atos processuais infundados (em afirmação à garantia da duração razoável do processo).

3.2. Condenação do vencido ao pagamento de honorários advocatícios

O Código de Processo Civil segue a tradição de responsabilizar o vencido no pagamento dos honorários advocatícios em favor do advogado da parte vencedora. Adota-se a causalidade para definir a responsabilidade pelo pagamento dos honorários. Parte-se da ideia de que quem perdeu, no processo, causou indevidamente a necessidade de a parte vencedora comparecer perante o Poder Judiciário para ter sua esfera jurídica reparada ou respeitada. Por isso, dispõe o art. 85 que "a sentença condenará o vencido a pagar honorários ao advogado do vencedor".

O vocábulo sentença, a exemplo do que ocorria sob a vigência do CPC/1973, é utilizado numa acepção ampla. Por sentença, pois, compreenda-se qualquer ato decisório definitivo, desde que facultado o contraditório pela parte adversa. Portanto, ante a prolação de sentença, assim como de decisão interlocutória, decisão monocrática de membro de tribunal e de acórdão, desde que definitivos, é necessária a fixação de honorários advocatícios, a serem pagos pela parte vencida em favor do advogado da parte vencedora.

Até pouco tempo, nomeadamente sob a vigência do CPC/1973, não eram comuns os casos em que as decisões interlocutórias definitivas de mérito condenavam a parte vencida no pagamento de honorários. Isso, porque, interpretando as disposições constantes naquele diploma legal, o Superior Tribunal de Justiça não reconhecia a possibilidade de prolação de decisões interlocutórias definitivas de mérito. Ao seu entender, todas as questões de mérito deveriam ser definitivamente resolvidas em sentença.

Entretanto, o CPC/2015, especificamente no artigo 356 (primeira parte)[7], passou a admitir as decisões parciais de mérito. Entre outras diversas consequências dentro do sistema processual, está a necessidade de fixação, no ato, de honorários advocatícios, até porque este ponto não poderá ficar reservado (caso seja proferida decisão parcial de mérito), sob pena de advir fora tempo, quando, por exemplo, a relação processual pendente não será mais composta

7. Art. 356. O juiz decidirá parcialmente o mérito quando um ou mais dos pedidos formulados ou parcela deles: I – mostrar-se incontroverso; II – estiver em condições de imediato julgamento, nos termos do art. 355.

pela parte ali vencedora (na hipótese de exclusão de litisconsorte, por ilegitimidade passiva *ad causam*).

Portanto, a sentença, nesse contexto, deve ser compreendida como o ato decisório definitivo. Ele condenará a parte vencida a pagar honorários de sucumbência em favor do advogado da parte vencedora, mesmo quando julgar também reconvenção, cumprimento de sentença provisório ou definitivo, execução resistida ou não e recursos interpostos (neste último caso, com o claro intento de também reduzir a investida em sede recursal).

Apesar disso, é importante ressaltar que o STJ já decidiu que "não há condenação em honorários advocatícios em incidente de desconsideração da personalidade jurídica" (STJ. REsp 1.845.536/SC. DJe 09.06.20. Inf. 673). Para a Corte, não há previsão legal de condenação em honorários para a decisão interlocutória que julga o incidente (art. 136 do CPC).

3.3. Critérios de aferição e limites de fixação

Em primeira instância, os honorários serão fixados entre o mínimo de dez e o máximo de vinte por cento sobre o valor da condenação, do proveito econômico obtido ou, não sendo possível mensurá-lo, sobre o valor atualizado da causa, observados: a) o grau de zelo do profissional; b) o lugar de prestação do serviço; c) a natureza e a importância da causa; d) o trabalho realizado pelo advogado e o tempo exigido para o seu serviço.

Se houver cumulação de ações, a distribuição da condenação ao pagamento de honorários deve se relacionar, individualmente, a cada uma delas. Os parâmetros de aferição e fixação devem considerar a cumulação. Pode ocorrer, por exemplo, de, para uma ação cumulada, a natureza e o grau de importância da causa não ser tão relevante quanto para outra(s). Nesse caso, a fixação de honorários deve considerar a diferença sobre o parâmetro de aferição.

Da mesma forma, pode ocorrer de, para uma ação, o trabalho realizado pelo advogado e o tempo exigido para o seu serviço seja reduzido em relação à(s) outra(s) cumulada(s). Essa situação será comumente verificada no caso de julgamentos parciais, hipóteses em que, por óbvio, a parte que for imediatamente julgada demandará menor esforço por parte do causídico. Assim, certamente, a fixação na decisão interlocutória definitiva estabelecerá menor percentual.

A fixação dos honorários de sucumbência observará:

a) *o grau de zelo do profissional*: na fixação dos honorários, o juiz observará o cuidado que o advogado teve no cumprimento de seu mister profissional, verificando, a título de ilustração, se cumpriu todos os prazos que lhe foram direcionados, se respondeu aos pontos apresentados em juízo pela parte adversa, se atendeu, com exatidão, às determinações judiciais e se cooperou com o bom andamento do processo.

b) *o lugar de prestação do serviço*: será analisado se o advogado prestou seus serviços na comarca onde tem domicílio profissional ou em outra, a considerar a distância na prestação do serviço e, de qualquer forma, o esforço para prestar seus serviços em favor de seu constituinte. Este parâmetro, certamente, tem menor relevância quando se possibilita a prática eletrônica de atos processuais.

c) *a natureza e a importância da causa*: pode ocorrer de a natureza da causa ser corriqueira e de sua importância ser ínfima. Em outras ocasiões, entretanto, a natureza pode ser bem diferenciada, e a importância pode ter maiores proporções, a ponto de o advogado, por exemplo, incompatibilizar-se na assunção de patrocínio sobre outros casos ou mesmo de assumir maior risco no desempenho de sua atividade profissional. Na primeira situação, a fixação será parcimoniosa. Na segunda, não, porque considerará o relevante ônus decorrente do patrocínio.

d) *o trabalho realizado pelo advogado e o tempo exigido para o seu serviço*: por fim, será considerada, para fins de fixação, a quantidade de trabalho realizado pelo advogado na defesa de seu constituinte, bem assim a sua complexidade, o que redundará em maior ou menor tempo de atividade durante o curso do processo. Quanto maiores o trabalho e o tempo necessários, maior será o valor dos honorários de sucumbência a ser fixado.

3.4. Limites de fixação contra a Fazenda Pública

Nas causas em que a Fazenda Pública for parte, haverá diferenciação de parâmetros de fixação da verba honorária. Porém, não se pode dizer que, hoje, a exemplo do que ocorria sob a vigência do CPC/1973, o tratamento da Fazenda Pública é diferenciado, porque, agora, independentemente de quem seja o vencido, Fazenda Pública ou particular, aplicar-se-ão os mesmos parâmetros, quais sejam, aqueles definidos no art. 85, § 3º, do CPC. Anteriormente, havia um regime especial apenas para os casos de sucumbência da Fazenda, mas, sob a égide do CPC/2015, nas causas em que ela for parte, independentemente de quem seja o vencido, aplica-se o regime específico.

Pois bem.

Nas causas em que a Fazenda Pública for parte, a fixação dos honorários observará os critérios de aferição gerais (conforme descrito no item anterior) e os seguintes percentuais (diferentes da regra geral):

a) mínimo de 10% e máximo de 20% sobre o valor da condenação ou do proveito econômico obtido até 200 salários mínimos;

b) mínimo de 8% e máximo de 10% sobre o valor da condenação ou do proveito econômico obtido acima de 200 salários mínimos até 2.000 salários mínimos;

c) mínimo de 5% e máximo de 8% sobre o valor da condenação ou do proveito econômico obtido acima de 2.000 salários mínimos até 20.000 salários mínimos;

d) mínimo de 3% e máximo de 5% sobre o valor da condenação ou do proveito econômico obtido acima de 20.000 salários mínimos até 100.000 salários mínimos;

e) mínimo de 1% e máximo de 3% sobre o valor da condenação ou do proveito econômico obtido acima de 100.000 salários mínimos.

Em qualquer dessas hipóteses, os percentuais devem ser aplicados desde logo, quando for líquida a sentença. Se for ilíquida, a definição do percentual somente ocorrerá quando liquidado o julgado. Se não houver condenação principal ou não sendo possível mensurar o proveito econômico obtido, a condenação em honorários dar-se-á sobre o valor atualizado da causa.

Será considerado o salário mínimo vigente quando prolatada sentença líquida ou o que estiver em vigor na data da decisão de liquidação.

Quando a condenação contra a Fazenda Pública ou o benefício econômico obtido pelo vencedor ou o valor da causa for superior ao valor previsto na primeira faixa, ou seja, até 200 salários mínimos, a fixação do percentual de honorários deve observar a faixa inicial e, naquilo que a exceder, a faixa subsequente, e assim sucessivamente.

Logo, a fixação ocorrerá por faixas, pelo que, em razão da coerência, o juiz deve, pelo menos de uma forma geral, considerar, para todas elas, os mesmos parâmetros, sejam eles mínimos, intermediários ou máximos. Não se admitirá, sob pena de incorrer em contradição, que, por exemplo, a sentença reconheça, para a primeira faixa, o parâmetro mínimo e, para as demais, os parâmetros máximos. Se for mínimo para a primeira faixa, também deverá ser para as demais; se for intermediário ou máximo, da mesma forma.

Para exemplificar, sugere-se o caso em que a parte teve um benefício contra a Fazenda Pública reconhecido por sentença, no valor de 200.000 salários mínimos. Se o juiz reconheceu o parâmetro máximo de fixação, os honorários corresponderão a: 20% de 200 salários mínimos + 10% de 1800 salários mínimos + 8% de 18.000 salários mínimos + 5% de 80.000 salários mínimos + 3% de 100.000 salários mínimos.

Mas, é possível que os honorários sejam estabelecidos em faixas diferenciadas. Seriam as situações em que há cumulação de ações, sejam todas elas resolvidas em sentença, conjuntamente, sejam elas julgadas em separado, como ocorre no caso do indeferimento parcial da petição inicial ou no julgamento parcial de mérito, em que há resolução parcial do mérito em anterior decisão interlocutória.

No caso de cumulação de ações, pode ocorrer de a primeira ser julgada de logo, em decisão interlocutória, e a segunda passar por instrução processual, vindo a ser julgada posteriormente, em sentença. Nessa situação, os honorários da decisão interlocutória poderiam ser fixados na faixa mínima, e os da sentença, na faixa máxima. Tal se justifica, porque as ações estariam a ser julgadas separadamente, a considerar questões individuais de cada uma delas.

Surge aí um grave problema para estabelecimento das faixas de honorários, quando o somatório dos benefícios econômicos das ações cumuladas ultrapassar 200 salários mínimos: o juiz deve considerar o valor do benefício de cada ação ou o valor dos benefícios cumulativamente? Explica-se a partir de uma ilustração: se cada uma das ações cumuladas representa, isoladamente, o benefício econômico de 200 salários mínimos, somadas, duas representam 400 salários mínimos. Se julgadas separadamente (por decisão interlocutória e sentença) e o juiz resolver estabelecer a faixa máxima, os honorários seriam de 20% para cada ação?

Até a 8ª edição desse livro, seus autores entendiam que a resposta seria negativa, pois, caso contrário, estar-se-ia a permitir que, em razão de técnica diferenciada de julgamento, as faixas de fixação de honorários fossem manipuladas, contrariando o princípio da segurança jurídica[8]. Mudaram, entretanto, de opinião. Passaram a compreender que a opção de cumular

8. E continuavam: No exemplo acima, o valor total das ações cumuladas seria de 400 salários mínimos. Há, portanto, ocupação de duas faixas: a primeira, que vai até 200 salários mínimos; a segunda, que vai até 2.000 salários

ações, em afirmação à eficiência processual, não poderia prejudicar a parte vencedora. A base de cálculo para a fixação de honorários deve levar em consideração, individualmente, cada ação cumulada e, a partir daí, adotar as faixas de estabelecimento da verba sucumbencial remuneratória.

Ademais, numa leitura atenta ao art. 85 do CPC/2015, compreende-se que, quando ele utiliza o vocábulo sentença, está a empregar sua acepção ampla, que faz compreender as decisões parciais de mérito, introduzidas, de forma inédita, segundo linha de precedentes do Superior Tribunal de Justiça, pelo art. 356. Antes, sob a vigência do CPC/1973, sustentava-se o dogma da unidade estrutural da sentença, que, embora tardiamente, está aqui, a partir do CPC/2015, superado. Mas era a sentença proferida pelo juízo de primeiro grau que fixava, em única oportunidade, os honorários de sucumbência. Hoje é diferente. Não apenas a sentença fixa honorários, mas também as decisões parciais de mérito, que adotam, para tanto, o valor da condenação ou proveito econômico respectivo.

Apesar de tais considerações, o Superior Tribunal de Justiça não se pronunciou a respeito da questão.

3.5. Honorários advocatícios e carga eficacial do ato decisório definitivo

Os critérios de aferição e limites de fixação apresentados acima se aplicam independentemente de qual seja o conteúdo da decisão, inclusive nos casos de improcedência ou de sentença sem resolução de mérito. A carga eficacial da sentença proferida não impede a adoção dos parâmetros de fixação dos honorários advocatícios decorrentes da sucumbência.

Diferentemente do que ocorria, de forma injustificada, na vigência do CPC/1973, quando a jurisprudência sedimentara-se no sentido de que somente as sentenças condenatórias poderiam fixar honorários entre 10% e 20% (ao passo que, nas sentenças cujas eficácias predominantes fossem diferentes da condenatória, o percentual seria fixado de acordo com a apreciação equitativa do juiz), agora, independentemente da força da sentença, o percentual a ser fixado obedecerá àquelas limitações.

Pode ocorrer, assim, de ser proferida uma sentença declaratória ou constitutiva, por exemplo, em que o valor dos honorários de sucumbência será fixado entre 10% e 20% sobre o valor do proveito econômico obtido pela parte ou, não sendo possível mensurá-lo, sobre o valor atualizado da causa. Sob a égide do CPC/1973, os tribunais entendiam, com amparo

mínimos. Por conseguinte, metade (200 salários mínimos) estaria na primeira faixa (10% a 20%) e outra metade (200 salários mínimos), na segunda (8% a 10%). Assim, o julgamento da primeira ação por decisão interlocutória acarretaria a fixação de honorários entre 10% e 20%; quando do julgamento da segunda ação, na sentença, o juiz deverá levar em consideração a verba honorária já arbitrada anteriormente, fixando os novos honorários no patamar de 8% a 10% sobre a quantia que ultrapassar os 200 salários iniciais, na forma do art. 85, § 5º, do CPC.Suponha-se, ainda quanto ao exemplo apresentado, que, no julgamento da primeira ação por decisão interlocutória, seja aplicado o percentual máximo, enquanto no julgamento da segunda, a porcentagem mínima. A primeira decisão fixaria, pois, honorários de 20% sobre o valor do benefício econômico da primeira ação, ao passo que a sentença aplicaria honorários de 8% sobre o valor do benefício econômico da segunda ação. Para não ultrapassar as faixas que proporcionam maior fixação de honorários, as partes poderão optar por intentar as ações separadamente, atentando contra a economia processual. Para se evitar que isso ocorra, as ações, se conexas, devem, quando reunidas e julgadas conjuntamente (conforme estabelece o § 1º do art. 55 do Código de Processo Civil), considerar o valor cumulado delas.

nos §§ 3º e 4º do art. 20, que, nas sentenças que não fossem condenatórias, a fixação caberia ao prudente arbítrio do juiz.

Sob a vigência do Código de Processo Civil de 2015, não há mais dúvidas de que, independentemente da carga eficacial predominante da sentença, os honorários devem ser fixados entre 10% e 20%, mesmo porque o que se considera não é o conteúdo do ato decisório, mas o valor da condenação ou do proveito econômico obtido pela parte, em razão da atuação do advogado.

Isso fica muito claro quando o Código não mais traz, com exclusividade, o vocábulo "condenação". Ao contrário, ele segue acompanhado, de forma alternativa, da ampla expressão "proveito econômico". Para ilustrar a sua aplicação, basta pensar no exemplo de uma ação declaratória em que se reconheça inexistência de débito milionário. Da mesma forma, a opção legislativa, pela adoção dos limites de 10% a 20% para a fixação de honorários em qualquer sentença, fica evidenciada quando o Código indica a aplicação às sentenças de improcedência (que, de regra, são declaratórias negativas) e às sentenças sem resolução de mérito.

Nesse sentido, o STJ já decidiu que, "em caso de indeferimento da petição inicial seguida de interposição de apelação e a integração do executado à relação processual, mediante a constituição de advogado e apresentação de contrarrazões, uma vez confirmada a sentença extintiva do processo, é cabível o arbitramento de honorários em prol do advogado do vencedor (CPC, art. 85, § 2º)" (STJ. REsp 1.753.990/DF. DJe 11.12.18).

3.6. Honorários e cumprimento de sentença

Nos termos do § 1º do art. 203 do CPC, "ressalvadas as disposições expressas dos procedimentos especiais, sentença é o pronunciamento por meio do qual o juiz, com fundamento nos arts. 485 e 487, põe fim à fase cognitiva do procedimento comum, bem como extingue a execução".

Já o § 2º do mesmo dispositivo legal estabelece que, a "decisão interlocutória é todo pronunciamento judicial de natureza decisória que não se enquadre no § 1º".

Estas definições legais são aqui apresentadas (mas, por enquanto, sem as considerações necessárias) para se concluir que:

a) a sentença proferida em cumprimento de sentença também deve condenar a parte vencida ao pagamento de honorários de sucumbência;

b) mesmo que a decisão seja parcial de mérito, pelo fato de o vocábulo "sentença" ser empregado em acepção ampla, deve haver condenação.

De fato, a teor do art. 85, §§ 1º e 13, do CPC, são devidos honorários sucumbenciais pelo vencido no cumprimento de sentença. Segundo o enunciado 517 da súmula do STJ[9], é indiferente o fato de a execução ser impugnada ou não, desde que escoado o prazo para cumprimento voluntário da obrigação sem o efetivo pagamento, quando haverá propriamente

9. "São devidos honorários advocatícios no cumprimento de sentença, haja ou não impugnação, depois de escoado o prazo para pagamento voluntário, que se inicia após a intimação do advogado da parte executada".

execução, porque o advogado deve ser remunerado pelo trabalho desempenhado na fase de execução, além do que a fixação de honorários serve de desestímulo à injustificada resistência da parte.

Os honorários, em cumprimento de sentença que reconhece obrigação de pagar, são fixados no percentual mínimo de 10%, conforme o art, 523, § 1º, do CPC, não se admitindo relativização desse valor (STJ. REsp 1.701.824/RJ. DJe 12.06.20. Inf. 673). Caso a execução seja de obrigação de trato continuado, somente serão incluídas na base de cálculo dos honorários as parcelas vencidas até o escoamento do prazo para pagamento espontâneo (STJ. REsp 1.837.146/MS. DJe 20.02.20. Inf. 665).

Ao fim da execução, os honorários sucumbenciais da fase podem ser ajustados com aumento (até o limite de 20%), a considerar, para tanto, os trabalhos adicionais desempenhados pelos advogados no cumprimento de sentença, aplicando-se analogicamente o art. 827, § 2º, do CPC.

Inclusive, se interposto recurso no cumprimento de sentença, caso desprovido, devem ser fixados honorários de sucumbência recursal a considerar o trabalho adicional, mas o limite máximo daqueles da fase não pode ser superior a 20%.

Importante notar que, segundo o STJ, o reconhecimento da prescrição intercorrente por ausência de localização de bens do devedor não afasta o princípio da causalidade nem atrai a sucumbência para o exequente (STJ. REsp 1.769.201/DF. DJe 20.03.19. Inf. 646). Da mesma forma, a desistência da execução por falta de bens penhoráveis não enseja a condenação do exequente em honorários (STJ. REsp 1.675.741/PR. DJe 05.08.19. Inf. 653).

3.7. Honorários e cumprimento de sentença contra a Fazenda Pública

No cumprimento de sentença contra a Fazenda Pública, também são devidos honorários advocatícios de sucumbência. Seus parâmetros de fixação, todavia, serão diferentes dos gerais. Obedecer-se-ão aqueles trazidos § 3º[10] do art. 85 do Código de Processo Civil, conforme apresentados acima.

Entretanto, dispõe o § 7º do mesmo dispositivo que, "não serão devidos honorários no cumprimento de sentença contra a Fazenda Pública que enseje expedição de precatório, desde que não tenha sido impugnada". No mesmo sentido, o art. 1º-D da Lei nº 9.494/1997 prescreve que não serão devidos honorários pela Fazenda Pública nas execuções não embargadas.

10. Art. 85. A sentença condenará o vencido a pagar honorários ao advogado do vencedor.[...] § 3º Nas causas em que a Fazenda Pública for parte, a fixação dos honorários observará os critérios estabelecidos nos incisos I a IV do § 2º e os seguintes percentuais:I – mínimo de dez e máximo de vinte por cento sobre o valor da condenação ou do proveito econômico obtido até 200 (duzentos) salários-mínimos;II – mínimo de oito e máximo de dez por cento sobre o valor da condenação ou do proveito econômico obtido acima de 200 (duzentos) salários-mínimos até 2.000 (dois mil) salários-mínimos;III – mínimo de cinco e máximo de oito por cento sobre o valor da condenação ou do proveito econômico obtido acima de 2.000 (dois mil) salários-mínimos até 20.000 (vinte mil) salários-mínimos;IV – mínimo de três e máximo de cinco por cento sobre o valor da condenação ou do proveito econômico obtido acima de 20.000 (vinte mil) salários-mínimos até 100.000 (cem mil) salários-mínimos;V – mínimo de um e máximo de três por cento sobre o valor da condenação ou do proveito econômico obtido acima de 100.000 (cem mil) salários-mínimos.

O art. 85, § 7º, do CPC/2015, não afasta a aplicação do Enunciado 345 da súmula do STJ. São devidos honorários advocatícios nos procedimentos individuais de cumprimento de sentença decorrentes de ação coletiva, ainda que não impugnados, conforme entendimento do Superior Tribunal de Justiça delineado em julgamento de recurso repetitivo (REsp 1.648.238-RS, Rel. Min. Gurgel de Faria, julgado em 20/06/2018 (Info 628).

Questão de Concurso

▶ **(Cespe – Promotor de Justiça – MPE – PI/2019)** De acordo com a jurisprudência do STJ acerca do Código de Processo Civil de 2015 (CPC), assinale Verdadeiro ou Falso[11]: "São devidos honorários advocatícios na fase de cumprimento individual de sentença decorrente de ação coletiva, ainda que a fazenda pública não apresente impugnação".

▶ **(VUNESP. TJ-SP. Juiz Substituto. 2018)**: Sobre honorários advocatícios, assinale Correto ou Incorreto[12]: a verba será devida no cumprimento de sentença contra a Fazenda Pública que enseje a expedição de precatório, se tiver sido ofertada impugnação.

▶ **(FCC – Analista Judiciário – Área Judiciária – TRT 11/2017)**[13] A respeito dos honorários advocatícios, é correto afirmar que

a) os honorários advocatícios não podem exceder 5% do valor da condenação, nas causas em que a Fazenda Pública for parte.
b) os honorários fixados na sentença não podem ser cumulados com os honorários arbitrados na fase recursal.
c) não são devidos honorários no cumprimento de sentença contra a Fazenda Pública que enseje a expedição de precatório, desde que não tenha sido impugnada.
d) não são devidos honorários advocatícios no cumprimento provisório de sentença.
e) não são devidos honorários advocatícios nos casos de perda de objeto.

A razão é simples. No cumprimento de sentença promovido contra o particular, a incidência de honorários ocorre pela simples falta de pagamento voluntário do executado no prazo de 15 dias (art. 523, § 1º, do CPC). Só que, no cumprimento de sentença que reconhece obrigação de pagar pela Fazenda Pública, esta não é intimada para, em 15 dias, cumprir a obrigação, sob pena de pagamento de honorários, porquanto, fazendo-o, estaria a quebrar a ordem cronológica de pagamentos instituída pela Constituição.

O Poder Público tem que seguir a ordem cronológica de apresentação dos precatórios, e tal exigência constitucional, obviamente, não é considerada resistência à execução, não ensejando a fixação de honorários. Sobre o tema, ver o capítulo sobre cumprimento de sentença, mais à frente.

Então, apenas se a Fazenda apresentar defesa na execução (impugnação ao cumprimento de sentença ou embargos à execução), serão devidos honorários de advogado.

11. Gabarito: Verdadeiro.
12. Gabarito: correto.
13. Gabarito: Letra C.

3.8. Causas de inestimável ou irrisório proveito econômico

A fim de que seja cumprida a dupla função dos honorários advocatícios de sucumbência, quais sejam, remunerar a atividade profissional do advogado da parte vencedora e desestimular a prática de atos injustificados, o § 8º do art. 85 do CPC dispõe que, nas causas em que for inestimável ou irrisório o proveito econômico ou, ainda, quando o valor da causa for muito baixo, o juiz fixará o valor dos honorários por apreciação equitativa, a observar os critérios gerais de aferição.

Relativamente ao § 8º do art. 85 do CPC, o STJ decidiu que o juízo de equidade na fixação dos honorários de sucumbência somente pode ser utilizado de forma subsidiária, quando não presente qualquer hipótese prevista no § 2º, que estabelece que a base de cálculo dos honorários corresponder ao valor da condenação, do proveito econômico ou da causa, nesta ordem (STJ. REsp 1.746.072/PR. DJe 29.03.19. Inf. 645).

3.9. Ação de indenização por ato ilícito contra pessoa

Na ação de indenização por ato ilícito contra pessoa, o percentual de honorários incidirá sobre a soma das prestações vencidas acrescida de 12 prestações vincendas. O "proveito econômico" a ser considerado como base de fixação dos honorários, portanto, é composto pelas parcelas vencidas e pelas próximas doze a se vencerem (ainda que a parte vencedora receba maior número de parcelas).

Perceba-se, entretanto, que o art. 950 do Código Civil dispõe que, "se da ofensa resultar defeito pelo qual o ofendido não possa exercer o seu ofício ou profissão, ou se lhe diminua a capacidade de trabalho, a indenização, além das despesas do tratamento e lucros cessantes até ao fim da convalescença, incluirá pensão correspondente à importância do trabalho para que se inabilitou, ou da depreciação que ele sofreu". Adiante, o parágrafo único do mesmo dispositivo estabelece: "O prejudicado, se preferir, poderá exigir que a indenização seja arbitrada e paga de uma só vez".

Nesse caso, a base de cálculo dos honorários de sucumbência deve corresponder ao valor total da indenização. Isso, porque o art. 85, § 9º, do CPC, que impõe o somatório das doze parcelas vincendas, é aplicável apenas às obrigações de trato sucessivo, notadamente aquelas cujo termo final é desconhecido. A mesma técnica é utilizada para o cálculo do valor da causa nas ações de alimentos (art. 292, III, do CPC). Portanto, se o credor, com base no art. 950, parágrafo único, do Código Civil, opta por cobrar a indenização de uma vez só, o ser valor total deverá corresponder ao valor da causa (art. 292, I) e, ainda, ser utilizado como base de cálculo para a fixação dos honorários sucumbenciais, justamente por representar o benefício econômico da parte, nos termos do art. 85, § 2º, do CPC.

3.10. Perda do objeto

Estabelece o art. 85, § 10, do Código de Processo Civil que, nos casos de perda do objeto, os honorários serão devidos por quem deu causa ao processo. O dispositivo preserva a causalidade para fins de condenação ao pagamento de honorários sucumbenciais. Assim, por exemplo, mesmo que o réu, antes da citação, cumpra a prestação requerida pelo autor, implicando a perda do objeto, deverá arcar com os honorários de sucumbência do advogado da parte adversa, pois a sua resistência dera causa à propositura da ação pelo demandante.

Por outro lado, não haverá condenação em honorários na hipótese de perda superveniente do objeto em razão de ato de terceiro, visto que a causalidade, nesse caso, não poderá ser atribuída a nenhuma das partes do processo (STJ. AgRg no Ag 858.468/SP. DJe 17.10.18).

3.11. Honorários de sucumbência recursal

O CPC/2015 inova, ao instituir os honorários de sucumbência recursal. De acordo com o art. 85, § 11, o "tribunal, ao julgar recurso, majorará os honorários fixados anteriormente levando em conta o trabalho adicional realizado em grau recursal, observando, conforme o caso, o disposto nos §§ 2º a 6º, sendo vedado ao tribunal, no cômputo geral da fixação de honorários devidos ao advogado do vencedor, ultrapassar os respectivos limites estabelecidos nos §§ 2º e 3º para a fase de conhecimento". Não existia previsão semelhante no CPC/1973.

Assim, interposto recurso pela parte perdedora, o seu desprovimento ou a sua inadmissibilidade acarretarão a **majoração** dos honorários de sucumbência fixados pela instância inferior. Pressupõe-se, portanto, que já houve condenação na instância inferior. Se não houve condenação, ficará impossibilitada sua majoração (STF. ARE 994652/AM. DJe 19.12.16). O valor total da verba honorária, entretanto, não pode ultrapassar 20% da condenação, do proveito econômico ou do valor da causa (ou, caso a Fazenda Pública seja parte, os percentuais previstos nos §§ 3º e 5º do art. 85).

A majoração decorrente da sucumbência recursal é um dever do tribunal e **independe formulação de pedido**, desde que os honorários já não tenham atingido o limite máximo (STJ. AgInt no AREsp 370.579/RJ. DJe 30.06.16). Não há espaço para discricionariedade judicial. É irrelevante o fato de o recurso ser julgado monocraticamente ou por órgão colegiado (enunciado 242 do FPPC); desprovido ou inadmitido o recurso, deve haver majoração da verba honorária, respeitados os limites fixados no CPC.

A majoração em razão da interposição de recurso deve considerar a condenação ou o benefício econômico submetido à instância recursal. Se o recurso, então, for parcial, a impugnar apenas parte do objeto do processo, a majoração dos honorários pelo órgão recursal levará em consideração a parte submetida à sua apreciação, não lhe sendo permitido majorar considerando a condenação ou o benefício econômico total. Os honorários de sucumbência relativos à parte do objeto do processo não impugnada não serão majorados; eles permanecerão no valor fixado pelo juízo *a quo*[14].

Nem todo recurso enseja a fixação de honorários recursais. É preciso que a decisão impugnada tenha já condenado o vencido ao pagamento de honorários (STF. ARE 948.578 AgR. DJe 04.08.16; STJ. EDcl no AgInt no REsp 1.4561.40/SP. DJe 14.10.16) ou, pelo menos, que ela seja apta a condená-lo, mas tenha sido omissa. Assim, por exemplo, aplica-se o art. 85, § 11, do CPC ao julgamento de apelação, seja a sentença definitiva ou terminativa, bem como ao agravo interposto contra decisão parcial de mérito[15] (art. 356 do CPC).

14. A não ser que o recurso tenha por objeto especificamente o valor dos honorários sucumbenciais fixados na decisão recorrida, pelo que, aí, não seria majoração da sucumbência recursal, mas da sucumbência fixada pelo juízo *a quo*.
15. Também exemplifica a majoração em via recursal quando, na execução, são fixados honorários e, contra a decisão tomada, a reconhecer excesso, é interposto agravo de instrumento. A decisão proferida quando do

Entretanto, não cabem honorários de sucumbência recursal, por exemplo, no julgamento de agravo interposto contra decisão que verse sobre tutela provisória nem em recurso interposto no processo de mandado de segurança (STJ. RMS 52.024/RJ. DJe 14.10.16). Além disso, não cabem honorários recursais em razão da rejeição ou da inadmissibilidade de embargos de declaração, diante da sua finalidade de aperfeiçoamento da decisão judicial (STF. ARE 895.770 AgR-ED. DJe 04.08.16). Também não cabem honorários recursais se, na instância de origem, não puder haver condenação sucumbencial (como ocorre com o mandado de segurança). É que não pode haver majoração da verba honorária, se ela não foi fixada pelo juízo *a quo*.

Se o recurso for provido, total ou parcialmente, o que há, a rigor, não é a fixação de honorários de sucumbência recursal que ocorre, mas a redistribuição, total ou parcial, dos ônus sucumbenciais fixados na decisão recorrida. Não ocorre *majoração*, como prevê o art. 85, § 11, do CPC, mas *redistribuição*.

IMPORTANTE! A Segunda Seção do STJ, à unanimidade, confirmou, em um único julgamento, as principais teses acerca dos honorários recursais:

PROCESSUAL CIVIL. AGRAVO INTERNO NOS EMBARGOS DE DIVERGÊNCIA EM RECURSO ESPECIAL. ACÓRDÃO EMBARGADO PUBLICADO NA VIGÊNCIA DO CPC/2015. FALTA DE SIMILITUDE FÁTICA. PRESCRIÇÃO. REPARAÇÃO. DIREITOS AUTORAIS. ILÍCITO EXTRACONTRATUAL. ACÓRDÃO EMBARGADO CONFORME A JURISPRUDÊNCIA DO STJ. NÃO CABIMENTO. DECISÃO MANTIDA.

1. (...)

5. É devida a majoração da verba honorária sucumbencial, na forma do art. 85, § 11, do CPC/2015, quando estiverem presentes os seguintes requisitos, simultaneamente: a) decisão recorrida publicada a partir de 18.3.2016, quando entrou em vigor o novo Código de Processo Civil; b) recurso não conhecido integralmente ou desprovido, monocraticamente ou pelo órgão colegiado competente; e c) condenação em honorários advocatícios desde a origem no feito em que interposto o recurso.

6. Não haverá honorários recursais no julgamento de agravo interno e de embargos de declaração apresentados pela parte que, na decisão que não conheceu integralmente de seu recurso ou negou-lhe provimento, teve imposta contra si a majoração prevista no § 11 do art. 85 do CPC/2015.

7. Com a interposição de embargos de divergência em recurso especial tem início novo grau recursal, sujeitando-se o embargante, ao questionar decisão publicada na vigência do CPC/2015, à majoração dos honorários sucumbenciais, na forma do § 11 do art. 85, quando indeferidos liminarmente pelo relator ou se o colegiado deles não conhecer ou negar-lhes provimento.

8. Quando devida a verba honorária recursal, mas, por omissão, o Relator deixar de aplicá-la em decisão monocrática, poderá o colegiado, ao não conhecer ou desprover o respectivo agravo interno, arbitrá-la ex officio, por se tratar de matéria de ordem pública, que independe de provocação da parte, não se verificando reformatio in pejus.

9. Da majoração dos honorários sucumbenciais promovida com base no § 11 do art. 85 do CPC/2015 não poderá resultar extrapolação dos limites previstos nos §§ 2º e 3º do referido artigo.

10. É dispensada a configuração do trabalho adicional do advogado para a majoração dos honorários na instância recursal, que será considerado, no entanto, para quantificação de tal verba.

11. Agravo interno a que se nega provimento. Honorários recursais arbitrados ex officio, sanada omissão na decisão ora agravada.

(AgInt nos EREsp 1539725/DF, Rel. Ministro ANTONIO CARLOS FERREIRA, SEGUNDA SEÇÃO, julgado em 09/08/2017, DJe 19/10/2017).

---

julgamento do recurso, se inadmitido ou desprovido deve majorar os honorários por conta da atividade desempenhada em acréscimo.

Frise-se, ademais, que os honorários recursais são cumuláveis com multas e outras sanções processuais, inclusive as previstas no art. 77 do CPC, aplicadas em caso de verificação da prática de atos atentatórios à dignidade da justiça.

Questão de Concurso

▶ **(VUNESP. TJ-SP. Juiz Substituto. 2018)**: Sobre honorários advocatícios, assinale Correto ou Incorreto[16]: na majoração em grau de recurso, o limite máximo deverá computar apenas o valor dos honorários e não aqueles decorrentes de multas e de outras sanções processuais.

3.12. Embargos à execução rejeitados ou julgados improcedentes

Para se evitar a cumulação de execuções, as verbas de sucumbência arbitradas em embargos à execução rejeitados ou julgados improcedentes e em fase de cumprimento de sentença serão acrescidas no valor do débito principal, para todos os efeitos legais.

3.13. Titularidade dos honorários de sucumbência

Os honorários sucumbenciais constituem direito do advogado. A própria Lei nº 8.906/94, em seu art. 23, reconhece que os honorários incluídos na condenação, por arbitramento ou sucumbência, pertencem ao advogado, tendo este direito autônomo para executar a sentença nessa parte, podendo requerer que o precatório ou a requisição de pequeno valor, quando necessário, sejam expedidos em seu favor.

Tanto é assim que, o § 5º do art. 99 do Código de Processo Civil estabelece que o recurso que verse exclusivamente sobre valor de honorários de sucumbência fixados em favor do advogado de beneficiário estará sujeito a preparo, salvo se o próprio advogado demonstrar que tem direito à gratuidade.

Todavia, entende o Superior Tribunal de Justiça que "a parte possui legitimidade concorrente para recorrer da decisão que fixa os honorários sucumbenciais, a despeito de referida verba constituir direito autônomo do advogado, não ocorrendo deserção se ela litiga sob o pálio da gratuidade da justiça" (STJ. REsp 1666436/SP. DJe 13/12/2019).

3.14. Natureza e privilégios dos honorários de sucumbência

Os honorários advocatícios têm natureza alimentar e, por conta disso, gozam dos mesmos privilégios dos créditos oriundos da legislação do trabalho. A disposição trazida pelo CPC/2015 encerra, em definitivo, divergência havida junto ao Superior Tribunal de Justiça, quando em vigor o CPC/1973.

De fato, o art. 186 do Código Tributário Nacional dispõe que o crédito tributário prefere a qualquer outro, seja qual for a sua natureza ou o tempo de sua constituição, ressalvados os créditos decorrentes da legislação do trabalho ou de acidente de trabalho. No STJ, havia precedentes no sentido de que os honorários advocatícios tinham preferência sobre os créditos tributários (STJ. REsp 1133530/SC. DJe 25.06.15), mas havia outros julgados em sentido

16. Gabarito: correto.

contrário (STJ. AgRg no REsp 1510401/RS. DJe 24.03.15). Isso, porque, embora o STF e STJ já tivessem assentado a natureza alimentar dos honorários de advogado, o CTN menciona especificamente os créditos trabalhistas, isto é, apenas aqueles decorrentes das relações regidas pela legislação do trabalho.

Agora, por expressa disposição legal, os honorários de sucumbência equiparam-se aos créditos trabalhistas. Assim, fica claro que, em concurso de credores, os honorários preferem aos créditos tributários, bem como a todos os demais que não sejam trabalhistas ou a eles equiparados, nos termos do art. 186 do CTN.

3.15. Impossibilidade de compensação dos honorários de sucumbência

De forma mais que oportuna, o § 14 do art. 85 do CPC vedou a compensação de honorários em caso de sucumbência recíproca, superando o enunciado 306 da súmula do STJ ("Os honorários advocatícios devem ser compensados quando houver sucumbência recíproca, assegurado o direito autônomo do advogado à execução do saldo sem excluir a legitimidade da própria parte").

Apesar da orientação jurisprudencial, fez em bom tempo, a considerar que os honorários de sucumbência são devidos pela(s) parte(s) vencida(s) em favor do(s) advogado(s) da(s) parte(s) vencedora(s). Não se pode compensar créditos de pessoas que não são, ao mesmo tempo, credoras e devedoras uma da outra. Os créditos, na sucumbência recíproca, pertencem a diferentes advogados e devem ser pagos por diferentes partes.

Para que fique ilustrado: na sucumbência recíproca, o autor deve pagar honorários de sucumbência ao advogado do réu. Da mesma forma, o réu deve pagar honorários de sucumbência ao advogado do autor. Assim, o crédito do advogado do réu não pode ser compensado pelo crédito do advogado do autor, pois, entre eles, não há relação recíproca de crédito e débito.

A compensação imposta pelo enunciado 306 da súmula do STJ contrariava, expressamente, o art. 368 do Código Civil ("se duas pessoas forem ao mesmo tempo credor e devedor uma da outra, as duas obrigações extinguem-se, até onde se compensarem") e a primeira parte do art. 380 do mesmo Código ("Não se admite a compensação em prejuízo de direito de terceiro"), o que vem sendo expressamente reconhecido pelos precedentes mais recentes do STJ (REsp 1.520.710/SC. DJe 27.02.19. Inf. 643).

Questão de Concurso

- **(VUNESP. TJ-SP. Juiz Substituto. 2018)**: Sobre honorários advocatícios, assinale Correto ou Incorreto[17]: os honorários advocatícios sucumbenciais serão proporcionalmente distribuídos e compensados entre os litigantes se cada qual for parcialmente vencido.

- **(Cespe – Juiz de Direito – PR/2017)**[18] Assinale correto ou incorreto na assertiva a seguir: "Em determinada ação de cobrança, o magistrado julgou parcialmente procedente o pedido autoral, condenando o réu a pagar metade do valor pleiteado. Nessa situação, os honorários advocatícios deverão ser compensados em razão da sucumbência recíproca".

---

17. Gabarito: Incorreto.
18. Gabarito: Incorreto.

▶ **(Cespe – Juiz de Direito – PR/2017)**[19] Assinale correto ou incorreto na assertiva a seguir: "Em determinada ação de cobrança, o magistrado julgou parcialmente procedente o pedido autoral, condenando o réu a pagar metade do valor pleiteado. Nessa situação, os honorários advocatícios deverão ser compensados em razão da sucumbência recíproca".

3.16. Impossibilidade de inversão, em caso de sucumbência recíproca, da responsabilidade pelo pagamento dos honorários de sucumbência

Verificada a sucumbência recíproca, o autor será condenado a pagar, proporcionalmente à parte que sucumbiu, honorários ao advogado do réu. Da mesma forma, o réu será condenado a pagar, proporcionalmente à parte que sucumbiu, honorários ao advogado do autor. Não pode a sentença condenar, em razão da sucumbência recíproca, a parte pagar, ao seu próprio advogado, os honorários fixados.

Ora, o *caput* do art. 85 do Código de Processo Civil é claro ao dispor que "a sentença condenará o vencido a pagar honorários ao advogado do vencedor". Ele não se estabelece o dever de a parte pagar honorários de sucumbência ao seu próprio advogado. Deve pagar ao advogado da parte adversa (no caso, proporcionalmente à parte que sucumbiu). Eventual determinação de inversão da responsabilidade constitui ato ilícito, a ensejar erro de julgamento.

3.17. Pagamento efetuado em favor da sociedade de advogados

Em razão da autorização contida no § 15 do art. 85 do Código de Processo Civil, o advogado pode requerer que o pagamento dos honorários que lhe caibam seja efetuado em favor da sociedade de advogados que integra na qualidade de sócio. Além de facilitar a manuseio da autorização de liberação de valores eventualmente depositados à disposição do juízo, o texto legal simplificou a questão tributária envolta.

Antes do CPC/2015, o pagamento de honorários de sucumbência era realizado em nome dos advogados habilitados no processo. Somente se destinaria à pessoa jurídica se ela integrasse os campos do instrumento de procuração como outorgada. Assim, para os advogados, havia verdadeira burocracia no âmbito tributário, o que lhes levava, muitas vezes, apesar de integrarem pessoa jurídica, a declarar a remuneração como pessoa física.

3.18. Juros moratórios

Quando os honorários forem fixados em quantia certa, os juros moratórios incidirão a partir da data do trânsito em julgado da decisão.

> Arbitrados os honorários em quantia certa, a correção monetária deve ser computada a partir da data em que fixada a verba, incidindo juros de mora a partir do trânsito em julgado da sentença que a fixou (STJ. EDcl no AgRg nos EDcl no REsp 1147442/PR. DJe 01.06.15).

19. Gabarito: Incorreto.

3.19. Atuação do advogado em causa própria

Os honorários serão devidos ao advogado, mesmo quando ele atuar em causa própria. Não haveria motivo de o advogado não ser remunerado pela parte vencida, pelo simples fato de defender seus próprios interesses, já que a finalidade da condenação ao pagamento em honorários advocatícios de sucumbência é remunerar o profissional pelo trabalho desenvolvido no processo.

3.20. Omissão do ato decisório definitivo em relação à condenação sucumbencial

O § 18 do art. 85 do Código de Processo Civil passou a dispor que, "caso a decisão transitada em julgado seja omissa quanto ao direito aos honorários ou ao seu valor, é cabível ação autônoma para sua definição e cobrança".

O texto legal representa clara superação do entendimento jurisprudencial consolidado no enunciado 453 da Súmula do STJ, de acordo com o qual "os honorários sucumbenciais, quando omitidos em decisão transitada em julgado, não podem ser cobrados em execução ou em ação própria".

O enunciado de súmula do STJ ampliava, sem qualquer motivo plausível, a extensão da coisa julgada, em frontal aviltamento da verba remuneratória profissional. Felizmente esse entendimento resta, agora, superado pelo texto legal.

3.21. Pagamento de honorários de sucumbência aos advogados públicos

O art. 85, no § 19, garantiu aos advogados públicos a percepção de honorários de sucumbência, nos termos da lei. Em algumas unidades da Federação, tais profissionais já recebem honorários de sucumbência. Em outras, conquanto ainda não, o Código de Processo Civil traz disposição simbólica, a estimular o direcionamento dos honorários aos advogados, o que dependerá, entretanto, de expressa previsão em lei específica. Esta lei, como orienta o enunciado 384 do Fórum Permanente de Processualistas Civis, não poderá suprimir a titularidade e o direito à percepção dos honorários de sucumbência dos advogados públicos.

4. DISPOSIÇÕES COMUNS ENTRE DESPESAS PROCESSUAIS E HONORÁRIOS ADVOCATÍCIOS

As despesas processuais contemplam os honorários de advogado, pois aquelas são gênero do qual estes são espécie. A abordagem em separado, realizada acima, seguiu a sistemática estabelecida pelo Código de Processo Civil, que, logo adiante, traz disposições comuns, cuja abordagem passa aqui a ser realizada.

4.1. Sucumbência recíproca

Haverá sucumbência recíproca quando cada litigante for, ao mesmo tempo, vencedor e vencido. Tal situação pode ocorrer quando o pedido for julgado parcialmente procedente ou, ainda, em caso de cumulação de ações, quando um pedido for julgado procedente, e outro, improcedente.

O Código de Processo Civil estabelece, em seu art. 86, que, se cada litigante for, em parte, vencedor e vencido, serão proporcionalmente distribuídas entre eles as despesas. Essa reciprocidade considera a respectiva condenação ou o proveito econômico proporcionado a cada uma das partes. Assim, por exemplo, se ocorrer de uma parte vencer em 30%, e a outra, em 70%, cada uma arcará com as despesas na mesma proporção, ressalvada a vedação de compensação dos honorários de sucumbência.

Se um litigante sucumbir em parte mínima do pedido, o outro responderá, por inteiro, pelas despesas e pelos honorários advocatícios (STJ. AgRg nos EDcl no REsp 1457873/PR. DJe 25.03.15).

4.2. Cumulação subjetiva de ações

Se concorrerem diversos autores ou diversos réus, os vencidos respondem proporcionalmente pelas despesas e pelos honorários. Por isso, a sentença deverá distribuir entre os litisconsortes, de forma expressa, a responsabilidade proporcional pelo pagamento das verbas previstas no *caput*. Se tal distribuição não for feita, os vencidos responderão solidariamente pelas despesas e pelos honorários.

4.3. Procedimentos de jurisdição voluntária

Nos procedimentos de jurisdição voluntária, por não haver conflito de interesses, as despesas serão adiantadas pelo requerente e rateadas entre os interessados.

Especificamente nos juízos divisórios, se não houver litígio, os interessados pagarão as despesas proporcionalmente a seus quinhões.

4.4. Desistência, renúncia e reconhecimento do pedido

Proferida sentença com fundamento em desistência, em renúncia ou em reconhecimento do pedido, as despesas e os honorários serão pagos pela parte que desistiu, renunciou ou reconheceu.

Qual o percentual a ser fixado, a título de honorários sucumbenciais, em caso de desistência ou renúncia? A resposta deve levar em consideração algumas circunstâncias.

Primeiramente, é preciso averiguar se o réu constituiu ou não advogado para apresentar resposta. Em caso negativo, sequer haverá condenação.

Em segundo lugar, deve-se verificar o momento em que foi formulado o pedido de desistência ou a renúncia. Se depois da apresentação da réplica, os honorários devem ser fixados entre o mínimo de 10% e o máximo de 20%, a considerar, para tanto, o balizamento estabelecido pelo § 2º do art. 85 do CPC. Contudo, se o pedido de desistência ou a renúncia for formulado até a ocasião da réplica (inclusive), os autores deste livro pensam que os honorários devem ser fixados entre 3% e 5%, em aplicação analógica do parágrafo único do art. 338 do CPC[20].

Se parcial a desistência, a renúncia ou o reconhecimento, a responsabilidade pelas despesas e pelos honorários será proporcional à parcela reconhecida, à qual se renunciou ou da qual se desistiu.

---

20. Art. 338. Alegando o réu, na contestação, ser parte ilegítima ou não ser o responsável pelo prejuízo invocado, o juiz facultará ao autor, em 15 (quinze) dias, a alteração da petição inicial para substituição do réu. Parágrafo único. Realizada a substituição, o autor reembolsará as despesas e pagará os honorários ao procurador do réu excluído, que serão fixados entre três e cinco por cento do valor da causa ou, sendo este irrisório, nos termos do art. 85, § 8º.

Já se o réu reconhecer a procedência do pedido e, simultaneamente, cumprir integralmente a prestação reconhecida, os honorários, como forma de recompensa, serão reduzidos pela metade (art. 90, § 4º, do CPC). Neste caso, a fixação deverá levar em consideração o momento em que verificada a desistência e o trabalho até então desempenhado pelo advogado do autor, porque, tais circunstâncias terão influência na fixação de honorários, os quais serão reduzidos pela metade. Por óbvio, se o reconhecimento (com o cumprimento integral da prestação reconhecida) ocorrer logo na resposta do réu, a fixação de honorários será menor do que se aquele, na mesma ação processualizada, tivesse ocorrido após a instrução processual.

4.5. Transação

Se houver transação e nada tendo as partes disposto quanto às despesas, estas serão divididas igualmente. Se a transação ocorrer antes da sentença, as partes ficam dispensadas do pagamento das custas processuais remanescentes (aquelas pendentes de pagamento à prática de atos processuais não realizados), se houver.

5. MULTAS

5.1. Definição e outras considerações

As multas sancionatórias são aplicadas aos sujeitos do processo em razão da prática de ilícitos processuais, que podem ser atos atentatórios à dignidade da justiça (art. 77, § 2º, do CPC) ou atos de litigância de má-fé (art. 81). Ambos decorrem do descumprimento de um dever de conduta processual, que pode prejudicar outro sujeito do processo ou a própria presteza da atividade jurisdicional.

De acordo com o art. 77, § 2º, do Código de Processo Civil, àquele que violar qualquer dos deveres previstos nos incisos IV a VI do mesmo artigo deve ser imposta multa de até vinte por cento do valor atualizado da causa. Se este for irrisório ou inestimável, a penalidade pode ser fixada em até dez vezes o valor do salário mínimo (§ 5º).

Já o valor da multa decorrente da litigância de má-fé deve variar entre um e dez por cento do valor corrigido da causa, aplicando-se a mesma regra acima, se este for irrisório ou inestimável.

Além da multa em caso de descumprimento dos deveres previstos no art. 80, o CPC traz outras sanções pecuniárias decorrentes da litigância de má-fé: a) a sanção fixada em desfavor da parte que requer a citação por edital, alegando dolosamente a ocorrência das circunstâncias autorizadoras para sua realização (art. 258); b) a penalidade prevista no art. 702, §§ 10 e 11, imposta à parte que propõe ou embarga ação monitória de má-fé; c) a multa do art. 1.021, § 4º, relativa ao agravo interno manifestamente inadmissível ou improcedente; d) a sanção prevista no art. 1.026, §§ 3º e 4º, aplicável em caso de embargos de declaração manifestamente protelatórios.

No tocante aos atos atentatórios à dignidade da justiça, há também outras hipóteses distribuídas pelo Código, também puníveis com multa: a) o não comparecimento do autor à audiência de conciliação (art. 334, § 8º); b) a prática pelo executado de qualquer dos atos previstos no art. 774; c) o ajuizamento de embargos à execução manifestamente protelatórios (art. 918, parágrafo único).

É importante ressaltar que tais penalidades não se confundem com a multa coercitiva (*astreintes*), que constitui meio de execução indireta, isto é, forma de estímulo ao cumprimento espontâneo da obrigação pelo executado. Esse meio de coerção indireta é frequentemente utilizado nas execuções de obrigações de fazer, de não fazer ou de entregar coisa distinta de dinheiro (artigos 536, § 1º, 806, § 1º, e 814 do CPC). Além disso, pode-se citar a multa prevista no art. 523, § 1º, aplicável à execução por quantia certa fundada em título executivo judicial.

5.2. Destinação

O valor das sanções impostas ao litigante de má-fé reverterá em benefício da parte contrária, e o valor das penalidades impostas aos serventuários, ao Estado, caso o processo tramite na justiça estadual, ou à União, se o processo tramitar perante a Justiça Federal ou do Trabalho.

O valor das multas fixadas em desfavor do sujeito que pratica ato atentatório à dignidade da justiça é revertido em favor da União ou do Estado, a depender também do ramo do Judiciário em que tramite o processo (art. 77§ 2º, do CPC).

Ressalva-se, entretanto, que a multa referida no art. 774, parágrafo único, do CPC, embora decorra de ato atentatório à dignidade da justiça, é revertida em favor do exequente, por expressa disposição legal.

5.3. Fundo de Modernização do Poder Judiciário

A União e os Estados podem criar fundos de modernização do Poder Judiciário, aos quais serão revertidos os valores das sanções pecuniárias processuais destinadas à União e aos Estados, além de outras verbas previstas em lei.

6. SÚMULAS

Súmula vinculante

47. Os honorários advocatícios incluídos na condenação ou destacados do montante principal devido ao credor consubstanciam verba de natureza alimentar cuja satisfação ocorrerá com a expedição de precatório ou requisição de pequeno valor, observada ordem especial restrita aos créditos dessa natureza.

Súmula do STF

234. São devidos honorários de advogado em ação de acidente do trabalho julgada procedente.

256. É dispensável pedido expresso para condenação do réu em honorários, com fundamento nos arts. 63 ou 64 do Código de Processo Civil.

257. São cabíveis honorários de advogado na ação regressiva do segurador contra o causador do dano.

378. Na indenização por desapropriação incluem-se honorários do advogado do expropriado.

450. São devidos honorários de advogado sempre que vencedor o beneficiário de justiça gratuita.

512. Não cabe condenação em honorários de advogado na ação de mandado de segurança.

616. É permitida a cumulação da multa contratual com os honorários de advogado, após o advento do Código de Processo Civil vigente.

617. A base de cálculo dos honorários de advogado em desapropriação é a diferença entre a oferta e a indenização, corrigidas ambas monetariamente.

667. Viola a garantia constitucional de acesso à jurisdição a taxa judiciária calculada sem limite sobre o valor da causa.

Súmula do STJ

14. Arbitrados os honorários advocatícios em percentual sobre o valor da causa, a correção monetária incide a partir do respectivo ajuizamento.

29. No pagamento em juízo para elidir falência, são devidos correção monetária, juros e honorários de advogado.

105. Na ação de mandado de segurança não se admite condenação em honorários advocatícios.

110. A isenção do pagamento de honorários advocatícios, nas ações acidentárias, é restrita ao segurado.

111. Os honorários advocatícios, nas ações previdenciárias, não incidem sobre as prestações vencidas após a sentença.

141. Os honorários de advogado em desapropriação direta são calculados sobre a diferença entre a indenização e a oferta, corrigidas monetariamente.

303. Em embargos de terceiro, quem deu causa à constrição indevida deve arcar com os honorários advocatícios.

325. A remessa oficial devolve ao Tribunal o reexame de todas as parcelas da condenação suportadas pela Fazenda Pública, inclusive dos honorários de advogado.

345. São devidos honorários advocatícios pela Fazenda Pública nas execuções individuais de sentença proferida em ações coletivas, ainda que não embargadas.

421. Os honorários advocatícios não são devidos à Defensoria Pública quando ela atua contra a pessoa jurídica de direito público à qual pertença.

488. O § 2º do art. 6º da Lei nº 9.469/1997, que obriga à repartição dos honorários advocatícios, é inaplicável a acordos ou transações celebrados em data anterior à sua vigência.

517. São devidos honorários advocatícios no cumprimento de sentença, haja ou não impugnação, depois de escoado o prazo para pagamento voluntário, que se inicia após a intimação do advogado da parte executada.

7. ENUNCIADOS DO FPPC

8. (art. 85, § 18; art. 1.026, § 3º, III) Fica superado o enunciado 453 da súmula do STJ após a entrada em vigor do CPC ("Os honorários sucumbenciais, quando omitidos em decisão transitada em julgado, não podem ser cobrados em execução ou em ação própria").

240. (arts. 85, § 3º, e 910) São devidos honorários nas execuções fundadas em título executivo extrajudicial contra a Fazenda Pública, a serem arbitrados na forma do § 3º do art. 85.

241. (art. 85, caput e § 11). Os honorários de sucumbência recursal serão somados aos honorários pela sucumbência em primeiro grau, observados os limites legais.

242. (art. 85, § 11). Os honorários de sucumbência recursal são devidos em decisão unipessoal ou colegiada.

243. (art. 85, § 11). No caso de provimento do recurso de apelação, o tribunal redistribuirá os honorários fixados em primeiro grau e arbitrará os honorários de sucumbência recursal.

244. (art. 85, § 14) Ficam superados o enunciado 306 da súmula do STJ ("Os honorários advocatícios devem ser compensados quando houver sucumbência recíproca, assegurado o direito autônomo do advogado à execução do saldo sem excluir a legitimidade da própria parte") e a tese firmada no REsp Repetitivo nº 963.528/PR, após a entrada em vigor do CPC, pela expressa impossibilidade de compensação.

384. (art. 85, § 19) A lei regulamentadora não poderá suprimir a titularidade e o direito à percepção dos honorários de sucumbência dos advogados públicos.

8. ENUNCIADOS DO FNPP

2. (art. 85, caput e §§ 13 e 19, art. 18, Lei 13.105/15) A Fazenda Pública possui legitimidade extraordinária para discutir, recorrer e executar os honorários sucumbenciais nos processos em que seja parte.

3. (art. 85, § 4º, III e § 8º, Lei 13.105/15) Nos processos em que a Fazenda Pública for parte, em caso de improcedência do pedido, os honorários advocatícios devem ser fixados, em regra, sobre o proveito econômico obtido pelo vencedor.

4. (art. 85, § 11, Lei 13.105/15) A majoração dos honorários de sucumbência, prevista no § 11 do art. 85 do CPC, não se aplica ao julgamento da remessa necessária.

50. Não serão devidos honorários no cumprimento de sentença não impugnado sempre que houver descentralização ao judiciário das dotações orçamentárias destinadas ao pagamento de requisições de pequeno valor.

65. O Código de Processo Civil não derrogou o regime de encargo-legal, quando previsto em lei, considerando o princípio da especialidade.

86. Compete aos Juizados Especiais Federais ou da Fazenda Pública executar os honorários advocatícios ou multas por conta de decisões por eles proferidas.

87. Nos Juizados Especiais Federais ou da Fazenda Pública são devidos honorários advocatícios no caso de não conhecimento do recurso inominado.

9. ENUNCIADOS DA ENFAM

14. Em caso de sucumbência recíproca, deverá ser considerada proveito econômico do réu, para fins do art. 85, § 2º, do CPC/2015, a diferença entre o que foi pleiteado pelo autor e o que foi concedido, inclusive no que se refere às condenações por danos morais.

15. Nas execuções fiscais ou naquelas fundadas em título extrajudicial promovidas contra a Fazenda Pública, a fixação dos honorários deverá observar os parâmetros do art. 85, § 3º, do CPC/2015.

16. Não é possível majorar os honorários na hipótese de interposição de recurso no mesmo grau de jurisdição (art. 85, § 11, do CPC/2015).

17. Para apuração do "valor atualizado da causa" a que se refere o art. 85, § 2º, do CPC/2015, deverão ser utilizados os índices previstos no programa de atualização financeira do CNJ a que faz referência o art. 509, § 3º.

18. Na estabilização da tutela antecipada, o réu ficará isento do pagamento das custas e os honorários deverão ser fixados no percentual de 5% sobre o valor da causa (art. 304, caput, c/c o art. 701, caput, do CPC/2015).

50. O oferecimento de impugnação manifestamente protelatória ao cumprimento de sentença será considerado conduta atentatória à dignidade da Justiça (art. 918, III, parágrafo único, do CPC/2015), ensejando a aplicação da multa prevista no art. 774, parágrafo único.

51. A majoração de honorários advocatícios prevista no art. 827, § 2º, do CPC/2015 não é aplicável à impugnação ao cumprimento de sentença.

10. ENUNCIADOS DO CJF

4. A entrada em vigor de acordo ou tratado internacional que estabeleça dispensa da caução prevista no art. 83, § 1º, inc. I do CPC/2015, implica na liberação da caução previamente imposta.

5. Ao proferir decisão parcial de mérito ou decisão parcial fundada no art. 485 do CPC, condenar-se-á proporcionalmente o vencido a pagar honorários ao advogado do vencedor, nos termos do art. 85 do CPC.

6. A fixação dos honorários de sucumbência por apreciação equitativa só é cabível nas hipóteses previstas no § 8º do art. 85 do CPC.

7. A ausência de resposta ao recurso pela parte contrária, por si só, não tem o condão de afastar a aplicação do disposto no art. 85, § 11, do CPC.

8. Não cabe majoração de honorários advocatícios em agravo de instrumento, salvo se interposto contra decisão interlocutória que tenha fixado honorários na origem, respeitados os limites estabelecidos no art. 85, §§ 2º, 3º e 8º, do CPC.

9. Aplica-se o art. 90, § 4º, do CPC ao reconhecimento da procedência do pedido feito pela Fazenda Pública nas ações relativas às prestações de fazer e de não fazer.

10. O benefício do § 4º do art. 90 do CPC aplica-se apenas à fase de conhecimento.

11. INFORMATIVOS

Informativos do STJ

São devidos os honorários de sucumbência ao procurador que não participou de acordo firmado entre as partes, realizado e homologado antes do trânsito em julgado da sentença que fixou tal verba. O art. 24, § 4º, da Lei n. 8.906/1994 dispõe que "o acordo feito pelo cliente do advogado e a parte contrária, salvo aquiescência do profissional, não lhe prejudica os honorários, quer os convencionados, quer os concedidos por sentença". A exegese do preceito legal é a de que o acordo firmado entre as partes, sem a concordância do advogado, não atinge o direito ao recebimento dos honorários advocatícios fixados em sentença judicial transitada em julgado. A propósito, esta 3ª Turma possui precedente no sentido de que, embora seja direito autônomo do advogado a execução da verba honorária de sucumbência, inclusive nos próprios autos, não há como atribuir força executiva à sentença que não transitou em julgado se as partes chegaram a consenso acerca do direito controvertido e celebraram acordo que foi devidamente homologado por sentença, devendo o causídico, nessa situação, valer-se das vias ordinárias (REsp 1.524.636/RJ, 3ª Turma, DJe 23/08/2016). Na espécie, verifica-se que não houve trânsito em julgado da sentença condenatória que, por sua vez, fixou a condenação da verba honorária em favor dos ex-patronos. No entanto, a despeito da ausência de trânsito em julgado da sentença condenatória, entende-se que a questão, deve ser analisada sob outro viés, dada as peculiaridades do caso concreto, mostrando-se plausível a flexibilização da interpretação normativa. Na presente hipótese, verifica-se que, em 1º grau, a sentença condenatória condenou a recorrente ao pagamento de 10% (dez por cento) do valor da condenação a título de verba honorária, condenação esta que foi mantida pelo Tribunal de Origem e que estava prestes a transitar em julgado, não fosse pelo fato de as partes terem, neste meio tempo, atravessado pedido de homologação de acordo extrajudicial - que sequer fez menção ao pagamento de qualquer verba honorária -, com a participação de nova advogada constituída nos autos, o que revogou automaticamente anterior procuração outorgada. Mutatis mutandis, vale lembrar que esta 3ª Turma já decidiu, também com base nas particularidades do caso concreto analisado, pela possibilidade de a sociedade de advogados que patrocinou os interesses da exequente no curso da execução e teve seu mandato revogado antes da sentença homologatória da transação firmada entre as partes sem disposição acerca de verba honorária, prosseguir com a execução dos honorários que entende devidos nos próprios autos do feito executivo, e não necessariamente em ação autônoma (REsp 1.819.956/SP, DJe 19/12/2019). Assim, dada as particularidades da situação ora analisada, convém reconhecer o direito autônomo do recorrido ao recebimento da verba honorária estabelecida na sentença condenatória, devendo a mesma ser considerada título executivo judicial, nos termos dos arts. 23 e 24 da Lei n. 8.906/1994. REsp 1.851.329-RJ, Rel. Min. Nancy Andrighi, Terceira Turma, por unanimidade, julgado em 22/09/2020, DJe 28/09/2020. Inf. 681.

A sucumbência recíproca, por si só, não afasta a condenação em honorários advocatícios sucumbenciais nem impede a sua majoração em sede recursal. No que se refere à majoração de honorários advocatícios em sede recursal (art. 85, § 11, do CPC) quando está caracterizada a sucumbência recíproca entre as partes, não se desconhece que há precedentes desta Corte Superior concluindo pelo seu não cabimento, sob o fundamento de que, em tais situações, cada uma das partes arca com os honorários advocatícios do próprio causídico. No entanto, a sucumbência recíproca, por si só, não afasta a condenação em honorários advocatícios de sucumbência, tampouco impede a sua majoração em sede recursal com base no art. 85, § 11, do Código de Processo

Civil de 2015. Isso porque, em relação aos honorários de sucumbência, o caput do art. 85 do CPC de 2015 dispõe que "[a] sentença condenará o vencido a pagar honorários ao advogado do vencedor". A relação jurídica se estabelece entre a parte litigante e o causídico do ex adverso, diferentemente do que ocorre nos honorários advocatícios convencionais – ou contratuais –, em que a relação jurídica se estabelece entre a parte e o patrono que constitui. Acaso se adote o entendimento de que, havendo sucumbência recíproca, cada parte se responsabiliza pela remuneração do seu respectivo patrono também no que tange aos honorários de sucumbência, o deferimento de gratuidade de justiça ensejaria conflito de interesses entre o advogado e a parte beneficiária por ele representada, criando situação paradoxal de um causídico defender um benefício ao seu cliente que, de forma reflexa, o prejudicaria. Ademais, nas hipóteses em que a sucumbência recíproca não é igualitária, a prevalência do entendimento de que cada uma das partes arcará com os honorários sucumbenciais do próprio causídico que constituiu poderia dar ensejo à situação de o advogado da parte que sucumbiu mais no processo receber uma parcela maior dos honorários de sucumbência, ou de a parte litigante que menos sucumbiu na demanda pagar uma parcela maior dos honorários de sucumbência. Desse modo, uma vez estabelecido o grau de sucumbência recíproca entre os litigantes, a parte autora fica responsável pelo pagamento dos honorários advocatícios de sucumbência do advogado do réu, e o réu, responsável pelo pagamento dos honorários advocatícios de sucumbência do advogado do autor. No que tange à majoração de honorários em sede recursal, em que pese não existir óbice quando caracterizada a sucumbência recíproca, a jurisprudência desta Corte Superior preconiza a necessidade da presença concomitante dos seguintes requisitos: a) decisão recorrida publicada a partir de 18/3/2016, quando entrou em vigor o novo Código de Processo Civil; b) recurso não conhecido integralmente ou desprovido, monocraticamente ou pelo órgão colegiado competente; e c) condenação em honorários advocatícios desde a origem no processo em que interposto o recurso. Assim, é incabível a majoração de honorários em sede recursal, nas hipóteses em que há provimento do recurso e a respectiva readequação da sucumbência. AgInt no AREsp 1.495.369-MS, Rel. Min. Luis Felipe Salomão, Quarta Turma, por unanimidade, julgado em 01/09/2020, DJe 16/10/2020. Inf. 681.

É devido o pagamento de honorários advocatícios recursais quando o acórdão recorrido for publicado na vigência do CPC/2015, mesmo que a sentença tenha sido proferida sob a égide do CPC/1973. Os direitos subjetivos decorrem da concretização dos requisitos legais previstos pelo direito objetivo vigente. Eventual direito aos honorários advocatícios recursais será devido quando os requisitos previstos no art. 85, § 11, do CPC/2015 se materializam após o início de vigência deste novo Código. Por isso, nos termos do Enunciado Administrativo n. 7/STJ: "somente nos recursos interpostos contra decisão publicada a partir de 18 de março de 2016, será possível o arbitramento de honorários sucumbenciais recursais, na forma do art. 85, § 11, do novo CPC". No caso, a sentença foi proferida durante a vigência do CPC/1973, porém, o acórdão a quo foi publicado já durante a vigência do CPC/2015. Logo, o pagamento de honorários advocatícios recursais é devido. EAREsp 1.402.331-PE, Rel. Min. Mauro Campbell Marques, Primeira Seção, por unanimidade, julgado em 09/09/2020, DJe 15/09/2020. Inf, 679.

A ação cautelar de caução prévia à execução fiscal não enseja condenação em honorários advocatícios em desfavor de qualquer da partes. Inicialmente, a cautelar prévia de caução configura-se como mera antecipação de fase de penhora na execução fiscal e, via de regra, é promovida no exclusivo interesse do devedor. Atribuir ao ente federado a causalidade pela cautelar de caução prévia à execução fiscal representa imputar ao credor a obrigatoriedade da propositura imediata da ação executiva, retirando-se dele a discricionariedade da escolha do momento oportuno para a sua proposição e influindo diretamente na liberdade de exercício de seu direito de ação. Ao devedor é assegurado o direito de inicialmente ofertar bens à penhora na execução fiscal, de modo que também não é possível assentar que ele deu causa indevida à medida cautelar tão somente por provocar a antecipação dessa fase processual. A questão decidida na ação cautelar prévia de caução tem natureza jurídica de incidente processual inerente à execução fiscal, não guardando autonomia a ensejar condenação em honorários advocatícios em desfavor de qualquer das partes. AREsp 1.521.312-MS, Rel. Min. Gurgel de Faria, Primeira Turma, por unanimidade, julgado em 09/06/2020, DJe 01/07/2020. Inf. 675.

Não há condenação em honorários advocatícios em incidente de desconsideração da personalidade jurídica. Nos termos do novo regramento emprestado aos honorários advocatícios pelo atual Código de Processo Civil, verifica-se que, em regra, a condenação nos ônus de sucumbência é atrelada às decisões que tenham natureza jurídica de sentença. Excepcionalmente, estende-se essa condenação àquelas decisões previstas na reconvenção, no cumprimento de sentença, provisório ou definitivo, na execução, resistida ou não, e nos recursos interpostos, cumulativamente, conforme disposição expressa do § 1º do art. 85. No caso concreto, está-se diante de uma decisão que indeferiu o pedido incidente de desconsideração da personalidade jurídica, à qual o legislador atribuiu de forma expressa a natureza de decisão interlocutória, nos termos do art. 136 do CPC/2015. Assim, tratando-se de incidente de desconsideração da personalidade jurídica, o descabimento da condenação nos ônus sucumbenciais decorre da ausência de previsão legal excepcional, sendo irrelevante se apurar quem deu causa ou foi sucumbente no julgamento final do incidente. REsp 1.845.536-SC, Rel. Min. Nancy Andrighi, Rel. Acd. Min. Marco Aurélio Bellizze, Terceira Turma, por maioria, julgado em 26/05/2020, DJe 09/06/2020. Inf, 673.

O acréscimo de 10% (dez por cento) de honorários advocatícios, previsto pelo art. 523, § 1º, do CPC/2015, quando não ocorrer o pagamento voluntário no cumprimento de sentença, não admite relativização. As alterações realizadas pelo CPC/2015 na disciplina da fixação dos honorários advocatícios já foram objeto de debate na Segunda Seção desta Corte Superior, que concluiu que, dentre as alterações, o novo Código reduziu, visivelmente, a subjetividade do julgador, restringindo as hipóteses nas quais cabe a fixação dos honorários de sucumbência por equidade. Isso porque, enquanto no CPC/1973 a fixação equitativa da verba era possível nas causas de pequeno valor, nas de valor inestimável, naquelas em que não houvesse condenação ou fosse vencida a Fazenda Pública e nas execuções, embargadas ou não (art. 20, § 4º). Reconheceu-se que no CPC/2015 tais hipóteses são restritas, havendo ou não condenação, às causas em que o proveito econômico foi inestimável, ou irrisório, ou, ainda, quando o valor da causa for muito baixo (art. 85, § 8º). Nesse contexto, no cumprimente de sentença, nos termos do art. 523, § 1º, do CPC/2015, não ocorrendo o pagamento voluntário do débito no prazo de 15 (quinze) dias, o mesmo será acrescido de multa de 10% (dez por cento) e de honorários de advogado no percentual de 10% (dez por cento). Assim, vencido o prazo sem pagamento do valor devido, haverá acréscimo, por força de lei, da multa de 10% (dez por cento) sobre o valor do débito atualizado, mais honorários advocatícios que o julgador deverá fixar, nos termos da lei, também em 10% (dez por cento) sobre o valor devido. Com efeito, a lei não deixou dúvidas quanto ao percentual de honorários advocatícios a ser acrescido ao débito nas hipóteses de ausência de pagamento voluntário. Diz-se: o percentual de 10% (dez por cento) foi expressamente tarifado em lei. REsp 1.701.824-RJ, Rel. Min. Nancy Andrighi, Terceira Turma, por unanimidade, julgado em 09/06/2020, DJe 12/06/2020. Inf. 673.

Havendo convênio entre a Defensoria Pública e a OAB possibilitando a atuação dos causídicos quando não houver defensor público para a causa, os honorários advocatícios podem ser executados nos próprios autos, mesmo se o Estado não tiver participado da ação de conhecimento. A questão controvertida cinge-se a saber se é, ou não, possível a execução, nos próprios autos de ação de alimentos, de honorários advocatícios a serem suportados pelo Estado, porque arbitrados em favor de advogado atuante na ação como defensor dativo da pessoa menor de idade promovente, ainda que o Estado, na condição de responsável pelo pagamento, não tenha participado da lide na fase de conhecimento. O advogado, quando atua como defensor dativo, o faz porque na localidade não há Defensoria Pública. Vale dizer, nessas hipóteses, existe um convênio entre a Defensoria Pública e a Ordem dos Advogados do Brasil, que possibilita a atuação dos causídicos quando não houver defensor público para a causa, mediante remuneração previamente estipulada em tabela. Na espécie, ao sentenciar, o magistrado arbitrou a verba honorária conforme disposto na tabela do convênio. Porém, o Estado pagou só uma parte e não se permitiu a execução do montante restante nos autos da ação de alimentos, obrigando o advogado a ajuizar ação ordinária para tanto. Se o advogado atuou como defensor dativo, fazendo as vezes da Defensoria Pública, tem o direito de receber e executar o valor que lhe foi fixado pelo juiz na sentença proferida na causa. Caso contrário, se houver a necessidade de ajuizamento de ação ordinária para recebimento dos honorários, não vai ter advogado para assumir esse papel da defensoria. Com efeito, se tiver de promover uma ação específica contra a Fazenda Pública, os advogados serão muito resistentes em aceitar a função de advogado dativo, porque terão de trabalhar não só na ação para a qual foram designados, mas também numa outra ação que terão de propor contra a Fazenda Pública. Assim, o fato de o Estado não ter participado da lide na ação de conhecimento não impede que ele seja intimado a pagar os honorários, que são de sua responsabilidade em razão de convênio celebrado entre a Defensoria Pública e a Ordem dos Advogados do Brasil, em cumprimento de sentença. EREsp 1.698.526-SP, Rel. Min. Benedito Gonçalves, Rel. Acd. Min. Maria Thereza de Assis Moura, Corte Especial, por maioria, julgado em 05/02/2020, DJe 22/05/2020. Inf. 673.

Nos casos em que o acolhimento da pretensão não tenha correlação com o valor da causa ou não se observe proveito econômico com a extinção sem resolução do mérito da execução fiscal, os honorários de sucumbência devem ser arbitrados por apreciação equitativa, com observância dos critérios dos §§ 2º e 8º do art. 85 do CPC/2015. O CPC/2015, em seu art. 85, estabelece novos parâmetros objetivos para a fixação da verba honorária, com a estipulação de percentuais mínimos e máximos sobre a dimensão econômica da demanda (§ 2º), inclusive nas causas envolvendo a Fazenda Pública (§ 3º), de modo que, na maioria dos casos, a avaliação subjetiva dos critérios legais a serem observados pelo magistrado servirá apenas para que ele possa justificar o percentual escolhido dentro do intervalo permitido. Interpretando as regras do art. 85 do CPC/2015, a Segunda Seção, no julgamento do REsp 1.746.072/PR, pacificou o entendimento de que a fixação de honorários de sucumbência deve seguir a seguinte ordem de preferência: (I) primeiro, quando houver condenação, devem ser fixados entre 10% e 20% sobre o montante desta (art. 85, § 2º); (II) segundo, não havendo condenação, serão também fixados entre 10% e 20%, das seguintes bases de cálculo: (II.a) sobre o proveito econômico obtido pelo vencedor (art. 85, § 2º); ou (II.b) não sendo possível mensurar o proveito econômico obtido, sobre o valor atualizado da causa (art. 85, § 2º); por fim, (III) havendo ou não condenação, nas causas em que for inestimável ou irrisório o proveito econômico ou em que o valor da causa for muito baixo, deverão, só então, ser fixados por apreciação equitativa (art. 85, § 8º). Tem-se que o "valor da condenação" e o "proveito econômico obtido" foram erigidos como base de cálculo para a fixação dos honorários de sucumbência, como referido pelo art. 85, §§ 2° e 3°, do CPC/2015. Para o caso das execuções fiscais, essas bases de cálculo, em regra, têm correlação com o crédito tributário e os encargos legais constantes da certidão de dívida ativa (art. 6°, § 4º, da Lei 6.830/1980). Dito isso, o conceito do "proveito econômico obtido" com o provimento jurisdicional, à semelhança do que ocorre com o "valor da condenação", deve guardar relação direta com o bem da vida controvertido, de sorte que o desmembramento da lide em diversas ações não venha a acarretar perplexidade na aplicação dos honorários, segundo o art. 85 do CPC/2015. Para o caso das execuções fiscais, há situações jurídicas que implicam o acolhimento da pretensão do devedor sem que algum proveito econômico seja obtido, não havendo impacto no crédito inscrito em dívida ativa (valor originário, juros e demais encargos), o qual poderá continuar sendo cobrado, ou novamente cobrado, do mesmo devedor e/ou dos demais responsáveis, se o exercício da pretensão executória ainda estiver dentro do prazo fixado pela lei. Nesses casos, embora seja possível o arbitramento da verba honorária, deve-se reconhecer que o proveito econômico ou o valor da causa não poderão ser utilizados como parâmetro único para essa providência, pois a extinção da execução não interfere na subsistência do crédito tributário cobrado, o qual, a depender do resultado da ação conexa em que está sendo discutido, ainda poderá ser exigido em sua totalidade. Não há, em verdade, um proveito econômico imediato alcançado pela parte devedora, e sim uma transferência, um diferimento da discussão relativa ao bem da vida controvertido. E esse tempo ganho com o não pagamento do tributo, de fato, é inestimável, pois o sucesso da pretensão do devedor não terá, em tese, nenhum impacto sobre o cálculo do débito inscrito em dívida ativa, já que atualizável na forma da lei. Não se trata de afirmar que o proveito econômico obtido com a sentença de extinção da execução não é mensurável, o que atrairia a regra do art. 85, § 4°, III, do CPC/2015 (erige como base de cálculo subsidiária para honorários o valor atualizado da causa). Trata-se de afirmar que é inexistente ou irrisório o proveito econômico alcançado com a extinção da execução sem julgamento do mérito, uma vez que a obrigação tributária, o crédito tributário e a existência de relação jurídica tributária (bens da vida controvertidos) ainda são discutidos em sede de ações conexas, só se observando algum proveito econômico com o julgamento definitivo daquelas ações. Também não é o caso de se negar vigência ao §6° do art. 85 do CPC/2015 que determina, como anotado acima, a aplicação dos critérios previstos nos §§ 2º e 3º, independentemente de qual seja o conteúdo da decisão. Antes, busca-se evitar a indevida aplicação em duplicidade da nova tarifação dos honorários sucumbenciais estabelecida pelo legislador. Na linha do que foi acima desenvolvido, a extinção da execução fiscal sem julgamento de mérito não tem impacto no crédito tributário, não havendo proveito econômico auferível da sentença, uma vez que ainda possível a cobrança do crédito na eventualidade da exclusão da causa suspensiva da exigibilidade, de modo que a verba honorária deve seguir os critérios do § 2º, mediante apreciação equitativa do juiz, conforme autorizado pelo § 8º do art. 85 do CPC/2015. REsp 1.776.512-SP, Rel. Min. Gurgel de Faria, Primeira Turma, por unanimidade, julgado em 12/05/2020, DJe 22/05/2020. Inf. 672.

Nos contratos de serviços advocatícios com cláusula de remuneração exclusivamente por verbas sucumbenciais, a rescisão unilateral pelo cliente justifica o arbitramento judicial de honorários pelo trabalho do causídico até o momento da rescisão contratual. O STJ tem entendimento firme no sentido de que, nos contratos de prestação de serviços advocatícios com cláusula de remuneração exclusivamente por verbas sucumbenciais, a revogação unilateral do mandato pelo mandante acarreta a remuneração do advogado pelo trabalho desempenhado até o momento da rescisão contratual. Observa-se que, nessas hipóteses, o risco assumido pelo advogado é calculado com base na probabilidade de êxito da pretensão de seu cliente, sendo esse o limite do consentimento das partes no momento da contratação. Não é possível que o risco assumido pelo causídico venha a abarcar a hipótese de o contratante, por ato próprio e sem uma justa causa, anular o seu direito à remuneração, rescindindo o contrato. O cliente pode, sem dúvida, exercer o direito de não mais ser representado pelo advogado antes contratado, mas deve, por outro lado, assumir o ônus de remunerá-lo pelo trabalho desempenhado até aquele momento, sob pena de ser desconsiderado todo o trabalho desempenhado. Desse modo, é cabível o arbitramento judicial da verba honorária, levando em consideração as atividades desenvolvidas pelo causídico. AgInt no AREsp 1.560.257-PB, Rel. Min. Luis Felipe Salomão, Quarta Turma, por unanimidade, julgado em 20/04/2020, DJe 23/04/2020. Inf. 670.

No cálculo dos honorários advocatícios devidos na fase de cumprimento de sentença, após escoado o prazo legal para o pagamento voluntário da obrigação, não devem ser incluídas as parcelas vincendas da dívida. A jurisprudência do STJ firmou o entendimento de que, na fase de conhecimento, o percentual da verba honorária advocatícia sucumbencial, quando decorrente da condenação em ação indenizatória com vistas à percepção de pensão mensal, deve incidir sobre o somatório das parcelas vencidas, acrescidas de uma anualidade das prestações. O Código de Processo Civil de 2015, no art. 85, § 9º, incorporou o referido entendimento jurisprudencial ao preceituar que, "na ação de indenização por ato ilícito contra pessoa, o percentual de honorários incidirá sobre a soma das prestações vencidas acrescida de 12 (doze) prestações vincendas". Todavia, em relação à fase do cumprimento de sentença, o caput do art. 523 do CPC/2015 estabelece que, "no caso de condenação em quantia certa, (...) o cumprimento definitivo da sentença far-se-á a requerimento do exequente, sendo o executado intimado para pagar o débito, no prazo de 15 (quinze) dias, acrescido de custas, se houver". Não ocorrendo o pagamento voluntário dentro do prazo legal, o débito será acrescido em 10% (dez por cento) a título de honorários, além da multa (art. 523, § 1º, do CPC/2015). Pela expressão débito, para fins de honorários, deve-se compreender apenas as parcelas vencidas da pensão mensal, visto que, em cumprimento de sentença, o devedor/executado é intimado para adimplir os valores exigíveis naquele momento. Assim, não pode o executado ser compelido a realizar o pagamento de prestações futuras que ainda não atingiram o prazo de vencimento. O título executivo, para ser objeto de execução forçada, deve ser exigível, tanto que os arts. 514 e 798, I, "c", do CPC/2015 determinam que o credor comprove, se for o caso, a ocorrência do termo (vencimento) da obrigação de pagar determinada quantia. Portanto, a regra inserida no art. 85, § 9º, do CPC/2015, acerca da inclusão de 12 (doze) prestações vincendas na base de cálculos dos honorários advocatícios, é aplicável somente na fase de conhecimento da ação indenizatória. No cumprimento de sentença, a verba honorária, quando devida, é calculada exclusivamente sobre as parcelas vencidas da pensão mensal. Nesse cenário, os honorários devem obedecer as seguintes regras: (i) na fase de conhecimento, havendo condenação em pensão mensal, os honorários advocatícios incidem sobre as parcelas vencidas, acrescidas de 12 (doze) prestações vincendas, de acordo com art. 85, § 9º, do CPC/2015; (ii) iniciado o cumprimento de sentença, caberá ao credor/exequente instruir o requerimento com o valor da dívida e com a verba honorária calculada conforme o item anterior (art. 523, caput, do CPC/2015); (iii) escoado o prazo legal de cumprimento voluntário da obrigação (art. 523, caput e § 1º, do CPC/2015), os novos honorários são calculados sobre o valor do débito, excluído o montante das parcelas vincendas da pensão. REsp 1.837.146-MS, Rel. Min. Ricardo Villas Bôas Cueva, Terceira Turma, por unanimidade, julgado em 11/02/2020, DJe 20/02/2020. Inf. 665.

Honorários de sucumbência decorrentes de ação de cobrança de cotas condominiais não possuem natureza propter rem. Registre-se, inicialmente, que as obrigações dos condôminos perante o condomínio são ordinariamente qualificadas como ambulatórias (*propter rem*), de modo que, decorrendo as respectivas prestações da mera titularidade do direito real sobre o imóvel, incidirão sobre a coisa e irão acompanhá-la em todas as suas mutações subjetivas. Essa, aliás, é a compreensão que se extrai da leitura do art. 1.345 do CC/2002: "o adquirente de unidade responde pelos débitos do alienante, em relação ao condomínio, inclusive multas e juros moratórios". Assim, a obrigação de pagar os débitos em relação ao condomínio se transmite automaticamente, isso é, ainda que não seja essa a intenção do alienante e mesmo que o adquirente não queira assumi-la. O sentido dessa norma é, por certo, fazer prevalecer o interesse da coletividade, permitindo que o condomínio receba, a despeito da transferência de titularidade do direito real sobre o imóvel, as despesas indispensáveis e inadiáveis à manutenção da coisa comum, impondo ao adquirente, para tanto, a responsabilidade, inclusive, pelas cotas condominiais vencidas em período anterior à aquisição. Daí se conclui que a obrigação de pagar as verbas de sucumbência, ainda que sejam elas decorrentes de sentença proferida em ação de cobrança de cotas condominiais, não pode ser qualificada como ambulatória (*propter rem*) e, portanto, não pode ser exigida do novo proprietário do imóvel sobre o qual recai o débito condominial. Em primeiro lugar, porque tal obrigação não está expressamente elencada no rol do art. 1.345 do CC/2002, até mesmo por não se prestar ao custeio de despesas indispensáveis e inadiáveis à manutenção da coisa comum. Em segundo lugar, porque, no que tange aos honorários de sucumbência, esta Corte, à luz do que dispõe o art. 23 do Estatuto da OAB, consolidou o entendimento de que constituem direito autônomo do advogado, de natureza remuneratória. Trata-se, portanto, de dívida da parte vencida frente ao advogado da parte vencedora, totalmente desvinculada da relação jurídica estabelecida entre as partes da demanda. REsp 1.730.651-SP, Rel. Min. Nancy Andrighi, por unanimidade, julgado em 09/04/2019, DJe 12/04/2019. Inf. 646.

Inexiste reciprocidade das obrigações ou de bilateralidade de créditos (pressupostos do instituto da compensação, art. 368 do Código Civil), o que implica a impossibilidade de se compensarem os honorários fixados em embargos à execução com aqueles fixados na própria ação de execução. Trata a controvérsia sobre a possibilidade ou não da compensação da verba honorária fixada em execução e em seus consequentes embargos à execução. Quanto ao tema, tanto a Primeira Seção, quanto a Primeira e Segunda Turmas, vêm negando a possibilidade de compensação entre as verbas honorárias fixadas na execução e nos embargos à execução. Ademais, a jurisprudência, ao determinar que os honorários advocatícios pertencem ao advogado, e não à parte vencedora, e ao estabelecer que possuem natureza alimentícia, fixou premissas que não legitimam a compensação da verba, quando fixados em processos distintos. É evidente que a ausência de reciprocidade ou de bilateralidade de créditos impede que seja procedida a compensação de verbas honorárias fixadas no processo de conhecimento com as fixadas no processo de embargos à execução. REsp 1.520.710-SC, Rel. Min. Mauro Campbell Marques, Corte Especial, por unanimidade, julgado em 18/12/2018, DJe 27/02/2019 (Tema 587). Inf. 643.

12. SINOPSE

Despesas, Honorários Advocatícios e Multas
Considerações iniciais
As despesas processuais compreendem os gastos despendidos pelos sujeitos parciais durante o curso do processo. Geralmente, são adiantadas pela parte que pratica o ato processual ou que requer a sua prática.
Despesas Processuais
Por despesas processuais compreendam-se todos os gastos realizados pelos sujeitos processuais, especialmente os parciais, necessários a possibilitar que o processo seja instrumento para que, por seu intermédio, o Estado proporcione a oferta de prestação jurisdicional.
Honorários Advocatícios
Há três espécies de honorários advocatícios: os contratuais, os arbitrados e os sucumbenciais. A primeira espécie decorre de negócio jurídico firmado entre o advogado e o sujeito cujos interesses serão patrocinados por meio de mandato judicial. A segunda espécie consiste na verba arbitrada judicialmente, nos casos em que as partes não pactuaram o valor dos honorários ou, ainda, quando o contrato de êxito é extinto antes da decisão final de mérito. A terceira espécia decorre do êxito alcançado pelo advogado em razão do trabalho por ele desempenhado, constituindo obrigação em detrimento da parte vencida (pelo menos, em regra), porque, indevidamente, deu causa ao ajuizamento da ação.
Disposições Comuns entre Despesas Processuais e Honorários Advocatícios
As despesas processuais contemplam os honorários de advogado, pois aquelas são gênero do qual estes são espécie.
Multas
As multas sancionatórias são aplicadas aos sujeitos do processo em razão da prática de ilícitos processuais, que podem ser atos atentatórios à dignidade da justiça (art. 77, § 2º, do CPC) ou atos de litigância de má-fé (art. 81).

CAPÍTULO 8

GRATUIDADE DA JUSTIÇA

1. CONSIDERAÇÕES INICIAIS

O art. 5º, LXXIV, da Constituição prescreve que o Estado prestará **assistência jurídica integral e gratuita** aos que comprovarem insuficiência de recursos. Trata-se de garantia fundamental, que se desdobra em mais de um instituto.

O primeiro deles é a **assistência judiciária gratuita**, que consiste no patrocínio gratuito de processo judicial por defensor público ou, em alguns casos, por advogado particular – é o que ocorre, por exemplo, nos núcleos de prática jurídica de faculdades de Direito.

Já a **gratuidade da justiça, gratuidade judiciária ou justiça gratuita**, objeto de estudo deste capítulo, é benefício processual que consiste na dispensa do adiantamento de despesas processuais e de honorários de advogado por parte do litigante economicamente hipossuficiente.

Além desses institutos, a assistência jurídica prestada pela Defensoria Pública engloba a promoção dos métodos de solução consensual de conflitos, a consulta jurídica, o acompanhamento de processo administrativo etc.

2. OBJETO

A gratuidade judiciária consiste na dispensa do **adiantamento** de despesas processuais e de honorários advocatícios, e não do seu pagamento. Assim, se o beneficiário é vencido, responde pelas obrigações inerentes à sua sucumbência (art. 98, § 3º, do CPC), observado o regramento específico para a sua cobrança, sobre o qual se falará mais à frente. Por outro lado, se resta vencedor o beneficiário, a parte adversa é quem deverá arcar com os custos do processo, por força da causalidade.

Assim, as despesas processuais são suportadas pelo Estado, que paga os honorários do perito, dispensa o recolhimento de custas e emolumentos, providencia publicações na imprensa oficial etc.

O benefício da justiça gratuita abrange:

a) as taxas ou custas judiciais;

A taxa judiciária (custas iniciais) tem natureza tributária, por se enquadrar no tipo descrito no art. 77 do Código Tributário Nacional. Não quer isso dizer que o art. 98, § 1º, I, do Código de Processo Civil contenha regra de isenção tributária, pois o que se dispensa é tão somente o adiantamento das custas, e não o seu pagamento, que deverá ser feito, ao fim, pela parte sucumbente.

b) os selos postais;

c) as despesas com publicação na imprensa oficial, dispensando-se a publicação em outros meios;

d) a indenização devida à testemunha que, quando empregada, receberá do empregador salário integral, como se em serviço estivesse;

e) as despesas com a realização de exame de código genético (DNA) e de outros exames considerados essenciais;

f) os honorários do advogado e do perito e a remuneração do intérprete ou do tradutor nomeado para apresentação de versão em português de documento redigido em língua estrangeira;

Como a gratuidade judiciária não desonera a parte de arcar, ao final, com os ônus inerentes à sua sucumbência, é incorreta a sentença que deixa de fixar honorários sucumbenciais, em razão de o vencido gozar da justiça gratuita. Os honorários constituem direito do advogado e ônus da parte sucumbente. Assim, mesmo quando o vencido for assistido pela gratuidade, deve haver condenação ao pagamento de honorários de sucumbência, cuja exigibilidade, entretanto, fica suspensa por 05 anos, na forma do art. 98, § 3º, do Código de Processo Civil, o qual será estudado mais adiante.

> O beneficiário da justiça gratuita não é isento do pagamento dos ônus sucumbenciais, custas e honorários, apenas sua exigibilidade fica suspensa até que cesse a situação de hipossuficiência ou se decorridos cinco anos, conforme prevê o art. 12 da Lei nº 1.060/50 (STJ. AgRg no AREsp 598.441/SP. DJe 01.06.15). Embora o art. 12 da Lei de Assistência Judiciária tenha sido expressamente revogado pelo art. 1.072, III, do CPC/2015, seu conteúdo foi reproduzido, com redação aprimorada, pelo art. 98, § 3º, do CPC/2015. Por isso, permanece atual a ratio decidendi do sobredito julgado.

Questão de Concurso

▶ **(Cespe – Analista – Direito – MPE - CE/2020)** Considerando a situação hipotética em que Bruno ajuizou uma ação de reparação de danos em desfavor de Henrique, tendo requerido a gratuidade de justiça, julgue o item seguinte[1]:

Caso receba o benefício da justiça gratuita e seja derrotado na ação, Bruno não terá responsabilidade pelas despesas processuais e os honorários decorrentes da sucumbência.

Outrossim, a gratuidade da justiça não dispensa o beneficiário do pagamento de honorários contratuais (STJ. REsp 1.404.556/RS. DJe 01.08.14), já que estes são assumidos pela parte, no exercício de sua autonomia negocial, e não são inerentes ao processo.

1. Gabarito: Errado.

No tocante aos honorários periciais, se a prova técnica é requerida pelo beneficiário da justiça gratuita, ela poderá ser: a) custeada com recursos alocados no orçamento do ente público e realizada por servidor do Poder Judiciário ou por órgão público conveniado; b) paga com recursos alocados no orçamento da União, do Estado ou do Distrito Federal, no caso de ser realizada por particular, hipótese em que o valor será fixado conforme tabela do tribunal respectivo ou, em caso de sua omissão, do Conselho Nacional de Justiça.

g) o custo com a elaboração de memória de cálculo, quando exigida para a instauração da execução;

Nesse caso, o magistrado pode valer-se do contabilista do juízo (STJ. REsp 1.274.466/SC. DJe 21.05.14). Ademais, o art. 98, § 1º, VII, do CPC deve ser interpretado conforme o art. 5º, XXXV e LXXIV, da Constituição, de modo a englobar também a memória de cálculo exigida para apresentação de defesa contra a execução (art. 525, § 4º e art. 927, § 3º) e para a instauração do procedimento monitório (art. 700, § 2º, I).

h) os depósitos previstos em lei para interposição de recurso, para propositura de ação e para a prática de outros atos processuais inerentes ao exercício da ampla defesa e do contraditório;

O benefício da gratuidade implica a dispensa do preparo recursal, exceto nos casos em que o recurso versar exclusivamente sobre o valor dos honorários sucumbenciais, a teor do que prescreve o art. 99, § 5º, do CPC. Nesses casos, cabe ao advogado, e não à parte, efetuar o preparo do recurso, por ser ele o único interessado na reforma da decisão já que ditos honorários, o que costuma ocorrer em razão de disposição contratual, pertence-lhe. Assim, somente ficará dispensado o adiantamento das custas recursais se o próprio patrono demonstrar que (também) faz jus à justiça gratuita, nos termos do citado dispositivo. Aliás, pode ocorrer até de a parte não ser contemplada pelos benefícios da gratuidade judiciária e, na petição recursal, em que se discute o pagamento de honorários, o advogado venha requerer e alcançar referidas benefícios.

A gratuidade judiciária dispensa também o depósito prévio para o ajuizamento de ação rescisória (STJ. AR 2.628/RJ. DJe 22.08.14).

Na hipótese de execução provisória de sentença, o beneficiário não fica livre de prestar a caução exigida pelo artigo 520, IV, do Código de Processo Civil (contracautela), já que se trata de garantia estabelecida em favor do executado. Da mesma forma, não se dispensa a garantia da execução fiscal para o oferecimento de embargos, conforme determina o art. 16, § 1º, da Lei nº 6.830/1980 (STJ. REsp 1.437.078/RS. DJe 31.03.14).

i) os emolumentos devidos a notários ou registradores em decorrência da prática de registro, averbação ou qualquer outro ato notarial necessário à efetivação de decisão judicial ou à continuidade de processo judicial no qual o benefício tenha sido concedido.

Dispensa-se, por exemplo, o adiantamento dos emolumentos devidos pelo registro de sentença declaratória de usucapião. O mesmo ocorre em caso de necessidade de feitura de ata notarial para provar determinado fato (art. 384, CPC). Por outro lado, a parte não fica dispensada do pagamento do tributo inerente ao ato. Por exemplo: na partilha dos bens do *de cujus*, havendo transferência de imóveis, o registro será feito gratuitamente em favor do hipossuficiente, persistindo, entretanto, a obrigação de pagar o imposto sobre transmissão *causa mortis*.

2.1. Concessão parcial do benefício e parcelamento de valores

É possível a concessão da gratuidade judiciária em relação a algum ou a todos os atos do processo. O benefício também pode consistir na redução de percentual de despesas processuais a serem adiantadas (desde que a parte possa arcar com uma fração do valor) ou, ainda, no parcelamento desses valores. Neste último caso, o magistrado, em decisão fundamentada, em observância à capacidade econômica da parte, deve fixar o número de parcelas, as datas de vencimento e os prazos para que os respectivos comprovantes sejam apresentados nos autos.

2.2. Não alcance das multas processuais

A gratuidade da justiça não desonera o beneficiário de pagar as multas processuais que lhe sejam impostas (art. 98, § 4º, do CPC), sejam elas coercitivas, indenizatórias ou punitivas.

3. REQUISITOS

Pode gozar do benefício da gratuidade qualquer pessoa, seja ela natural ou jurídica, brasileira ou estrangeira, domiciliada ou não no país, independentemente de ser parte ou terceiro no processo. Também é estendido o benefício aos entes despersonalizados, a exemplo do espólio e do condomínio edilício (STJ. AgRg na MC 20.248/MG. DJe 12.12.12).

Faz jus à gratuidade da justiça o hipossuficiente, assim considerado aquele que não disponha de recursos suficientes para pagar as despesas processuais e os honorários advocatícios.

Para efeito de caracterização do estado de hipossuficiência, deve-se considerar apenas a disponibilidade imediata de recursos, e não simplesmente a renda mensal da parte ou o seu patrimônio imobiliário. Não é necessário que o requerente do benefício se encontre em estado de miséria, mas tão somente que não disponha, no momento, de dinheiro para arcar com os custos do processo, sem prejuízo do seu sustento e/ou da sua família.

> Para o deferimento da gratuidade de justiça, não pode o juiz se balizar apenas na remuneração auferida, no patrimônio imobiliário, na contratação de advogado particular pelo requerente (gratuidade de justiça difere de assistência judiciária), ou seja, apenas nas suas receitas. Imprescindível fazer o cotejo das condições econômico-financeiras com as despesas correntes utilizadas para preservar o sustento próprio e o da família (STJ. AgRg no AREsp 257.029/RS. DJe 15.02.13).
>
> "A faixa de isenção do Imposto de Renda não pode ser tomada como único critério para a concessão ou denegação da justiça gratuita" (STJ. REsp 1846232/RJ. DJe 19/12/2019).

Não se pode condicionar o deferimento da gratuidade da justiça à concomitante utilização da assistência judiciária gratuita, isto é, o simples fato de a parte ser patrocinada por advogado particular não significa que ela não possa usufruir do benefício da gratuidade (art. 99, § 4º, do CPC). Sobretudo (mas, não necessariamente) porque é possível a estipulação de honorários apenas em caso de êxito, bem como pode o causídico atuar gratuitamente. Assim, a assistência da parte por advogado particular, por si só, não descaracteriza o estado de hipossuficiência econômica.

Mas, isso não quer dizer que o patrocínio da causa por Núcleo de Prática Jurídica implica, automaticamente, a concessão dos benefícios da assistência judiciária gratuita, "sendo indispensável o preenchimento dos requisitos previstos em lei" (STJ: AgRg no AREsp 729768/DF, DJe 30/04/18; AREsp 1664199/DF DJe 29/04/20).

Segundo o art. 99, § 3º, do CPC, presume-se verdadeira a alegação de insuficiência feita exclusivamente por pessoa natural. Trata-se de presunção relativa, que pode ser desconstituída por prova em contrário (STJ. AgRg no AREsp 703.246/SP. DJe 23.06.15).

Por outro lado, as pessoas jurídicas com ou sem fins lucrativos não gozam da referida presunção legal em seu favor, cabendo-lhes comprovar sua hipossuficiência, conforme entendimento consolidado do Superior Tribunal de Justiça (enunciado 481 da sua súmula de jurisprudência) e do Supremo Tribunal Federal (AI 637177 AgR. DJe 25.11.10).

> "Não é presumível a existência de dificuldade financeira da empresa em face de sua insolvabilidade pela decretação da falência para justificar a concessão dos benefícios da justiça gratuita" (STJ. AgRg no REsp 1.495.260/SC. DJe 12.02.15).

> "A concessão de gratuidade da justiça ao sindicato é possível, quando demonstrada a sua condição de hipossuficiência que o impossibilite de arcar com os encargos processuais" (STJ. AgInt no REsp 1436582/RS. DJe 27/09/2017).

> "O espólio tem direto ao benefício da justiça gratuita desde que demonstrada sua hipossuficiência" (STJ. AgInt no REsp 1350533/DF. DJe 14/10/2019).

A gratuidade judiciária tem caráter *intuitu personae* (art. 99, § 6º, do CPC), por isso não se estende ao litisconsorte (ainda que em litisconsórcio unitário) nem ao sucessor processual do beneficiário, salvo se expressamente requererem e lhes tiverem deferido o benefício.

Por idêntica razão, "em ação judicial que versa sobre alimentos ajuizada por menor, não é admissível que a concessão da gratuidade de justiça esteja condicionada a demonstração de insuficiência de recursos de seu representante legal" (STJ. REsp 1.807.216/SP. DJe 06.02.20).

Além da hipossuficiência econômica, a concessão dos benefícios da gratuidade judiciária depende de formulação de requerimento pelo interessado, não podendo o juiz concedê-los de ofício (STJ. AREsp 1516810/RJ. DJe 11/10/2019).

4. CONCESSÃO, DENEGAÇÃO, IMPUGNAÇÃO E REVOGAÇÃO

O requerimento de gratuidade judiciária pode ser inicial ou ulterior. É **inicial** o requerimento feito pelo autor, na petição inicial, pelo réu, na contestação, ou pelo terceiro, na petição de ingresso. Por outro lado, diz-se **ulterior** o requerimento formulado depois da primeira manifestação da parte nos autos. Nesse caso, o requerimento pode ser feito por **simples petição**, que não suspende o curso do processo (art. 99, § 1º, do CPC), e o seu deferimento não tem efeito retroativo (STJ. AgRg nos EAREsp 418.715/SC. DJe 29.06.15), ou seja, não libera o beneficiário das despesas relativas a atos processuais praticados anteriormente.

O requerimento do benefício da gratuidade judiciário deve vir acompanhado de afirmação de hipossuficiência da parte, que pode ser feita pelo próprio advogado, no corpo da respectiva petição, não havendo necessidade de a parte firmar declaração de próprio punho (STJ. AgRg no REsp 1.208.487/AM. DJe 14.11.11). Contudo, é preciso que a procuração outorgada ao causídico contenha **poderes específicos** para tanto, nos termos do art. 105 do CPC.

O juiz, ao receber o pedido, pode, de plano, deferir o benefício ou, se constatar elementos que evidenciem o não preenchimento dos requisitos para a sua concessão, intimar a parte requerente, para que comprove a sua incapacidade de arcar com os custos do processo (art. 99, § 2º, do CPC). Somente se a parte, depois de intimada, não se manifestar ou não conseguir demonstrar sua hipossuficiência, pode o magistrado denegar a gratuidade da justiça.

> "O benefício da gratuidade da justiça concedido no processo de conhecimento persistirá nos processos de liquidação e de execução, inclusive nos embargos à execução, salvo se revogado expressamente" (STJ. AgInt nos EDcl no REsp 1759494/PB. DJe 21/11/2019).

Caso o órgão jurisdicional não se manifeste sobre o pedido, presume-se o seu deferimento, e não o contrário, conforme pacificado pela Corte Especial do Superior Tribunal de Justiça (STJ. AgRg no EAREsp 440.971/RS. DJe 17.03.16). Assim, sempre que o benefício não for expressa e fundamentadamente indeferido, ocorre a concessão tácita, entendimento que valoriza o acesso à justiça e dispensa o requerente de embargar o pronunciamento omisso.

Se o benefício for requerido em recurso, a parte ficará dispensada de comprovar o recolhimento do preparo, incumbindo ao relator apreciar o pedido e, se indeferi-lo, fixar prazo para que o recorrente efetue e comprove o pagamento das custas (art. 99, § 7º, do CPC).

Deferida a gratuidade judiciária, a parte contrária poderá oferecer impugnação na contestação (quando requerido pelo autor na petição inicial), na réplica (quando pleiteado pelo réu na contestação), nas contrarrazões (quando requerido pelo recorrente no recurso) ou, em caso de pedido formulado em petição avulsa, por simples petição, a ser apresentada em 15 dias, nos próprios autos do processo, sem suspensão do seu curso. Não o fazendo, haverá preclusão desse direito, ressalvada, entretanto, a possibilidade de o julgador, de ofício, reanalisar o preenchimento dos requisitos para a concessão da justiça gratuita. Além disso, nada impede que a parte adversa requeira a revogação do benefício posteriormente, fundamentando seu pedido em fato novo.

> A revogação do benefício de assistência judiciária gratuita deve estar fundamentada em fato novo que altere a condição de hipossuficiência da parte. (STJ. AgInt no AREsp 1564850/MG. DJe 04/03/2020).

O juiz, acolhendo a impugnação ou mesmo de ofício, pode revogar o benefício da gratuidade, determinando à parte que recolha o valor das despesas que deixou de adiantar até então. Para isso, é preciso que se evidencie que o beneficiário, ao tempo de concessão da gratuidade, tinha condições de arcar com os custos do processo ou, ainda, que deixou de ser hipossuficiente. Em caso de má-fé, o magistrado pode fixar multa equivalente a, no máximo, 10 vezes o valor das despesas, a qual será revertida em favor da Fazenda Pública estadual ou federal (a depender do ramo do Poder Judiciário em que tramita o processo) e poderá ser inscrita em dívida ativa.

Contra a decisão que indeferir a gratuidade judiciária ou acolher o pedido de revogação, caberá agravo de instrumento, exceto quando a questão for decidida na sentença, hipótese em que deverá ser impugnada por apelação. Em ambos os casos, o recorrente ficará dispensado do preparo até a decisão do relator sobre a questão, preliminarmente ao julgamento do recurso (art. 101, § 1º, do Código de Processo Civil).

> Concedidos os benefícios da gratuidade judiciária, caberá à parte adversa apresentar, contra a decisão, impugnação logo no primeiro momento em que se pronunciar nos autos. Mantidos os benefícios, caberá suscitar a questão posteriormente, quando o objeto litigioso do processo for submetido ao Tribunal ad quem, em recurso (geralmente de apelação) ou nas suas contrarrazões.

Confirmada a denegação ou a revogação do benefício, o relator ou o órgão colegiado determinará ao recorrente que recolha as custas processuais no prazo de 05 dias, sob pena de não conhecimento do recurso (§ 2º do art. 101).

Por óbvio, se o objeto do recurso for exclusivamente o indeferimento ou a revogação do benefício da justiça gratuita, sendo confirmada a decisão recorrida, será determinado o recolhimento das custas processuais respectivas. Se o recorrente assim não o fizer, não se aplicará a pena de não conhecimento do recurso, pois que ele já foi conhecido em relação ao seu objeto, quando desprovido a confirmar a decisão recorrida. Restará, pois, apenas, o recolhimento das custas, que são efetivamente devidas pela prestação jurisdicional ofertada.

Transitada em julgado a decisão que revoga a justiça gratuita, a parte deverá efetuar o pagamento de todas as despesas que deixou de adiantar, no prazo assinado pelo juiz (art. 102, *caput*, do CPC). Não realizado o recolhimento, o processo será extinto sem resolução do mérito, tratando-se do autor, e, nos demais casos, não poderá ser deferida a realização de nenhum ato ou diligência requerida pela parte, até que seja efetuado o depósito (art. 102, parágrafo único).

O teor do art. 98, § 8º, do Código de Processo Civil traz curiosa previsão em favor dos notários e registradores. Segundo o aludido dispositivo, havendo dúvida fundada quanto ao preenchimento atual das condições para a concessão do benefício, o notário ou registrador, após praticar o ato, pode requerer ao juízo competente para decidir questões notariais ou registrais a revogação total ou parcial da gratuidade ou a sua substituição pelo parcelamento de que trata o art. 98, § 6º, caso em que o beneficiário será citado para se manifestar sobre o requerimento, em 15 dias. A nosso ver, o dispositivo viola a isonomia, na medida em que privilegia o notário e o registrador em detrimento dos demais partícipes do processo, a exemplo do perito, a quem o Código, injustificadamente, não atribuiu a mesma oportunidade.

5. PAGAMENTO DAS DESPESAS PROCESSUAIS E DOS HONORÁRIOS ADVOCATÍCIOS PELO BENEFICIÁRIO

Se o beneficiário da gratuidade da justiça é vencedor no processo, a parte contrária deverá arcar com as despesas processuais e com os honorários de sucumbência.

Da mesma forma, se o hipossuficiente é vencido, deve suportar os ônus inerentes à sua sucumbência, conforme prescreve o art. 98, § 2º, do CPC. Nesse caso, entretanto, o § 3º do mesmo artigo prevê que as obrigações sujeitam-se a condição suspensiva, somente podendo ser executadas se, nos **5 anos seguintes ao trânsito em julgado da decisão que as certificou**, o credor demonstrar que deixou de existir a situação de insuficiência de recursos que justificou a concessão da gratuidade; passado esse prazo, extinguem-se as obrigações.

O referido prazo quinquenal não é prescricional, mesmo porque, se o fosse, não começaria a fluir enquanto pendente a condição suspensiva, nos termos do art. 199, I, do Código Civil. Como o CPC deixa claro que a contagem se inicia com o trânsito em julgado da decisão, é certo que não se trata de prazo prescricional.

Também não se pode enquadrá-lo como prazo decadencial, na medida em que a decadência está associada aos direitos potestativos e, consequentemente, às ações constitutivas. Como se trata, aqui, de pretensão condenatória, resta claro que não se está diante de prazo decadencial.

Na verdade, as obrigações decorrentes da sucumbência do beneficiário submetem-se, a um só tempo, a condição suspensiva (porque sua exigibilidade fica condicionada ao fim do estado de insuficiência de recursos, que é evento incerto) e a termo extintivo (já que, transcorridos 5 anos desde o trânsito em julgado da decisão, as obrigações se extinguem).

Note-se que, para efeito de exigibilidade das despesas processuais e dos honorários advocatícios, não basta que o beneficiário vencido possua bens penhoráveis. É preciso, como exige o dispositivo supracitado, que se demonstre o fim do estado de hipossuficiência econômica, consubstanciado na disponibilidade financeira para arcar com os ônus processuais decorrentes da sucumbência.

Ademais, segundo o art. 13 da Lei nº 1.060/1950 (um dos poucos dispositivos do diploma que permanecem em vigor), se o beneficiário puder atender, em parte, as despesas do processo, os valores pagos serão rateados entre os que tiverem direito (Estado, advogado da parte contrária, perito etc.).

O deferimento do requerimento de gratuidade da justiça opera efeitos *ex nunc*, por isso, não alcançam encargos pretéritos ao requerimento do benefício (STJ. AgInt no AgInt no AREsp 1513864/GO. DJe 01/04/2020). Assim, por exemplo, deferidos os benefícios da gratuidade judiciária apenas em sede de recurso, os honorários advocatícios objeto de anterior condenação são exigíveis, ficando afastada a imediata exigibilidade unicamente quanto à parcela da eventual majoração (STJ. EDcl no REsp 1858629/SP. DJe 01/12/20).

6. SÚMULAS

Súmula do STF

450. São devidos honorários de advogado sempre que vencedor o beneficiário da justiça gratuita.

Súmula do STJ

481. Faz jus ao benefício da justiça gratuita a pessoa jurídica com ou sem fins lucrativos que demonstrar sua impossibilidade de arcar com os encargos processuais.

7. ENUNCIADOS DO FPPC

81. Por não haver prejuízo ao contraditório, é dispensável a oitiva do recorrido antes do provimento monocrático do recurso, quando a decisão recorrida: (a) indeferir a inicial; (b) indeferir liminarmente a justiça gratuita; ou (c) alterar liminarmente o valor da causa.

246. Dispensa-se o preparo do recurso quando houver pedido de justiça gratuita em sede recursal, consoante art. 99, § 6º, aplicável ao processo do trabalho. Se o pedido for indeferido, deve ser fixado prazo para o recorrente realizar o recolhimento.

385. Havendo risco de perecimento do direito, o poder do juiz de exigir do autor a comprovação dos pressupostos legais para a concessão da gratuidade não o desincumbe do dever de apreciar, desde logo, o pedido liminar de tutela de urgência.

672. É admissível a cumulação do pedido de alimentos com os pedidos relativos às ações de família, valendo-se o autor desse procedimento especial, sem prejuízo da utilização da técnica específica para concessão de tutela provisória prevista na Lei de Alimentos.

8. INFORMATIVOS DO STJ

Em ação judicial que versa sobre alimentos ajuizada por menor, não é admissível que a concessão da gratuidade de justiça esteja condicionada a demonstração de insuficiência de recursos de seu representante legal. O direito ao benefício da gratuidade de justiça possui natureza individual e personalíssima, não podendo ser automaticamente estendido a quem não preencha os pressupostos legais para a sua concessão e, por idêntica razão, não se pode exigir que os pressupostos legais que autorizam a concessão do benefício sejam preenchidos por pessoa distinta da parte, como o seu representante legal. Em se tratando de direito à gratuidade de justiça pleiteado pelo menor, é apropriado que, inicialmente, incida a regra do art. 99, §3º, do novo CPC, deferindo-se o benefício ao menor em razão da presunção de sua insuficiência de recursos decorrente de sua alegação, ressalvando-se, todavia, a possibilidade de o réu demonstrar, com base no art. 99, §2º, do novo CPC, a posteriori, a ausência dos pressupostos legais que justificam a gratuidade, pleiteando, em razão disso, a revogação do benefício concedido. Essa forma de encadeamento dos atos processuais privilegia, a um só tempo, o princípio da inafastabilidade da jurisdição, pois não impede o imediato ajuizamento da ação e a prática de atos processuais eventualmente indispensáveis à tutela do direito vindicado, e também o princípio do contraditório, pois permite ao réu que produza prova, ainda que indiciária, de que não se trata de hipótese de concessão do benefício. Deve também ser levada em consideração a natureza do direito material que é objeto da ação e, nesse contexto, não há dúvida de que não pode existir restrição injustificada ao exercício do direito de ação em que se busque o adimplemento de obrigação de natureza alimentar. Com efeito, o fato de a representante legal das partes possuir atividade remunerada e o elevado valor da obrigação alimentar que é objeto da execução não podem, por si só, servir de empeço à concessão da gratuidade de justiça aos menores credores dos alimentos. REsp 1.807.216-SP, Rel. Min. Nancy Andrighi, Terceira Turma, por unanimidade, julgado em 04/02/2020, DJe 06/02/2020. Inf. 664.

O interessado deverá ser intimado para a realização do preparo recursal nas hipóteses de indeferimento ou de não processamento do pedido de gratuidade da justiça. A Corte Especial do STJ, em apreciação aos embargos de divergência, pacificou o entendimento que encontrava dissonância no âmbito do Tribunal sobre a necessidade, ou não, de intimar o interessado para a realização do preparo quando reconhecida como incorreta a formulação do pedido de assistência judiciária gratuita na própria petição do Recurso Especial. O acórdão embargado, da Primeira Turma, decidiu que o recurso seria deserto, pois o pedido de benefício de assistência judiciária gratuita deveria ter sido feito em autos apartados. Ao revés, o aresto paradigma, da Quarta Turma, decidiu que no caso de indeferimento, há que oportunizar à parte o pagamento do preparo. O CPC/2015, em seu art. 99, avançou em relação ao tema da assistência judiciária gratuita, por permitir que o requerimento seja formulado por qualquer meio e, nos casos do seu indeferimento, que o interessado seja intimado para a realização do preparo. Assim, nada mais razoável para se tornarem efetivos os direitos fundamentais de assistência jurídica das pessoas economicamente hipossuficientes (art. 5º, LXXIV, da CF/1988) e de amplo acesso à Justiça (art. 5º, XXXV, da CF/1988) que seja assegurada ao jurisdicionado não somente a possibilidade de protocolizar o pedido de assistência judiciária por qualquer meio processual e em qualquer fase do processo, mas também, caso indeferido o pedido, que seja intimado para que realize o recolhimento das custas e porte de remessa e retorno, quando for o caso. EAREsp 742.240-MG, Rel. Min. Herman Benjamin, por unanimidade, julgado em 19/09/2018, DJe 27/02/2019. Inf., 643.

O art. 85, § 7º, do CPC/2015 não afasta a aplicação do entendimento consolidado na Súmula 345 do STJ, de modo que são devidos honorários advocatícios nos procedimentos individuais de cumprimento de sentença decorrente de ação coletiva, ainda que não impugnados e promovidos em litisconsórcio. A Corte Especial, quando do julgamento do EREsp 653.270/RS, Rel. Min. José Delgado, sessão de 17/05/2006 (DJ 05/02/2007), decidiu que, "nas execuções individuais procedentes de sentença genérica proferida em ação coletiva ou ação civil pública, é cabível a condenação da Fazenda Pública ao pagamento de honorários advocatícios, ainda que não embargada a execução". Diante de outros arestos que vieram a confirmar essa assertiva, a Corte Especial consolidou o seu entendimento mediante a edição da Súmula 345, que restringe a aplicação do art. 1º-D da Lei n. 9.494/1997, que dispõe que "não serão devidos honorários advocatícios pela Fazenda Pública nas execuções não embargadas", às execuções de título judicial, resistida ou não, procedentes de título judicial proferido em ação coletiva ajuizada por sindicato ou entidade de classe, como substitutivo processual, ou em sede de ação civil pública, ambas promovidas contra a Fazenda Pública. O tema agora se renova em face da edição do novel diploma processual civil. No entanto, não existe razão para se afastar a solução outrora consagrada pelo Superior Tribunal de Justiça, no sentido da aplicação e vigência da Súmula 345 do STJ. Assim, a interpretação que deve ser dada ao art. 85, § 7º, do CPC/2015, que dispõe que "não serão devidos honorários no cumprimento de sentença contra a Fazenda Pública que enseje expedição de precatório, desde que não tenha sido impugnada", é a de que, caso a relação jurídica existente entre as partes esteja concluída desde a ação ordinária, não caberá a condenação em honorários advocatícios se não houver a apresentação de impugnação. Isso porque o cumprimento de sentença de que trata o referido diploma legal é decorrência lógica do mesmo processo cognitivo. Entretanto, nas decisões coletivas – *lato sensu* – não se especifica o *quantum* devido nem a identidade dos titulares do direito subjetivo, sendo elas mais limitadas do que as que decorrem das demais sentenças condenatórias típicas. Assim, transfere-se para a fase de cumprimento a obrigação cognitiva relacionada com o direito individual de receber o que findou reconhecido na ação ordinária. Em face disso, a execução desse título judicial pressupõe cognição exauriente, cuja resolução se deve dar com estrita observância dos postulados da ampla defesa e do contraditório, a despeito do nome dado ao procedimento, que induz a indevida compreensão de se estar diante de mera fase de cumprimento, de cognição limitada. Diante desse quadro, não houve mudança no ordenamento jurídico, uma vez que o citado art. 85, § 7º, do CPC/2015 reproduz basicamente o contido no art. 1º-D da Lei n. 9.494/1997, em relação ao qual o entendimento desta Corte, já consagrado, é no sentido de afastar a aplicação do aludido comando nas execuções individuais, ainda que promovidas por litisconsorte, do julgado proferido em sede de ação coletiva *lato sensu*, ação civil pública ou ação de classe. REsp 1.648.238-RS, Rel. Min. Gurgel de Faria, Corte Especial, por unanimidade, julgado em 20/06/2018, DJe 27/06/2018 (Tema 973). Inf. 628.

A gratuidade da justiça passou a poder ser concedida a estrangeiro não residente no Brasil após a entrada em vigor do CPC/2015. O Código de Processo Civil de 2015 dispõe, no *caput* do art. 98, que tanto a pessoa natural brasileira quanto a estrangeira, quando não dispuserem de recursos suficientes para arcar com os custos do processo, têm direito de pleitear a gratuidade de justiça, independentemente de terem residência no território nacional. Tal norma veio a revogar, explicitamente, o art. 2º da Lei n. 1.060/1950 (art. 1.072 do CPC/2015), o qual preconizava que apenas as pessoas físicas nacionais e estrangeiras residentes no país teriam a prerrogativa de gozar do referido benefício. No mesmo sentido, o art. 26, II, do CPC/2015 determina que, para fins de cooperação jurídica internacional, será observada a igualdade de tratamento entre nacionais e estrangeiros, residentes ou não no Brasil, em relação ao acesso à justiça e à tramitação dos processos. Contudo, nos casos em que a assistência judiciária gratuita foi pleiteada e deferida ainda sob a vigência da Lei n. 1.060/1950 e do antigo Código de Ritos, o benefício de gratuidade de justiça não pode ser deferido a estrangeiro não residente considerando que, nos termos do art. 14 do CPC/2015, "a norma processual não retroagirá e será aplicável imediatamente aos processos em curso, respeitados os atos processuais praticados e as situações jurídicas consolidadas sob a vigência da norma revogada". Pet 9.815-DF, Rel. Min. Luis Felipe Salomão, por unanimidade, julgado em 29/11/2017, DJe 15/03/2018. Inf. 622.

9. SINOPSE

GRATUIDADE DA JUSTIÇA

Conceito

Benefício processual concedido ao litigante hipossuficiente consistente na dispensa do adiantamento de despesas processuais e honorários de advogado.

Objeto

O benefício da justiça gratuita abrange todos os custos previstos no art. 98, § 1º, do CPC. Pode ser concedido em relação a alguma ou a todos os atos do processo, bem como pode consistir na redução de percentual das despesas a serem adiantadas ou, ainda, no parcelamento desses valores. A gratuidade judiciária não dispensa o pagamento de multas processuais.

Requisitos

Pode gozar do benefício qualquer pessoa, seja ela natural ou jurídica, brasileira ou estrangeira, domiciliada ou não no país, independentemente de ser parte ou terceiro. Também é estendido o benefício aos entes despersonalizados, a exemplo do condomínio edilício. Para fazer jus ao benefício, é preciso que o requerente não disponha de dinheiro para arcar com os custos do processo, não sendo necessário estar em situação de miséria. A alegação de hipossuficiência feita por pessoa natural tem presunção relativa de veracidade. Já a pessoa jurídica precisa comprovar a indisponibilidade de recursos.

Concessão, denegação, impugnação e revogação

O pedido de gratuidade da justiça pode ser feito a qualquer momento, mas o seu deferimento não possui efeito retroativo. O juiz só pode indeferi-lo após intimar a parte requerente, para que comprove o seu estado de hipossuficiência. Deferido o benefício, a parte contrária deve ser intimada para oferecer impugnação, em 15 dias. O magistrado, acolhendo a impugnação ou mesmo de ofício, pode revogar o benefício, se constatar que a parte tem condições de arcar com as despesas processuais e com os honorários de advogado, podendo, em caso de má-fé, fixar multa de até décuplo do valor das despesas, a qual será revertida em favor da Fazenda Pública federal ou estadual e inscrita em dívida ativa. Tratando-se do autor, o não recolhimento das despesas levará à extinção do processo sem resolução do mérito; nos demais casos, não poderá ser deferida a realização de nenhum ato ou diligência requerida pela parte, até que seja efetuado o depósito.

Pagamento das despesas processuais e dos honorários advocatícios pelo beneficiário

As obrigações decorrentes da sucumbência do beneficiário sujeitam-se a condição suspensiva, somente podendo ser executadas se, nos cinco anos seguintes ao trânsito em julgado da decisão que as certificou, o credor demonstrar que deixou de existir a situação de insuficiência de recursos que justificou a concessão da gratuidade; passado esse prazo, extinguem-se as obrigações.

CAPÍTULO 9

LITISCONSÓRCIO

1. CONSIDERAÇÕES INICIAIS

A relação processual, quando completada, pressupõe a existência de pelo menos 03 sujeitos: o autor, o réu e o juiz. O autor e o réu são os denominados sujeitos parciais da relação jurídica processual. O primeiro é quem, a partir do exercício do direito de ação, enseja a formação processual, mediante formulação de pedido imediato de oferta de prestação jurisdicional. O segundo é aquele contra quem a ação é intentada, mas nada impede que ele, também, exercite, no mesmo processo, o direito de ação. E o juiz é o sujeito imparcial da relação processual, devendo ser entendido como órgão encarregado pelo Estado de prestar jurisdição, a fim de solucionar o conflito de interesse afirmado.

Outros sujeitos têm participação no processo. Ao lado do juiz, estão os auxiliares da justiça (escrivães ou chefes de secretaria, oficiais de justiça, peritos, intérpretes, leiloeiros, distribuidores e outros), que são indispensáveis à prestação jurisdicional, ante a prática de atos processuais realizados por cada um deles. Também, não se pode deixar de mencionar o órgão do Ministério Público, que, como ressaltado pela Constituição da República, é instituição permanente, essencial à função jurisdicional desempenhada pelo Estado. Ele, nas hipóteses previstas no sistema jurídico, participa da ação processualizada.

Este modelo de relação processual, em que há apenas um autor e um réu, com a participação do juiz e dos auxiliares da justiça, é simplificado e, assim como ocorre com as relações jurídicas como um todo, é o mais comum. Tanto é que a maior parte das disposições processuais, ainda hoje, está voltada a regular esse modo de relação processual. Acontece que, em algumas vezes, mais de uma pessoa atua, em conjunto, no polo ativo e/ou no polo passivo da relação processual, a formar o denominado litisconsórcio, que, ao lado das modalidades de intervenção de terceiros, enseja a ampliação subjetiva da ação.

2. CONCEITO

Pode-se conceituar litisconsórcio como sendo a **pluralidade de pessoas** que assumem, em processo judicial, a condição de autores e/ou réus. Quando há formação de litisconsórcio, um ou ambos os polos da relação processual é ou são ocupados por mais de uma parte. Pode até ocorrer de um legitimado extraordinário aja em nome de várias pessoas (pluralidade de partes materiais), mas, não por isso, formará um litisconsórcio. Embora a representação seja plúrima ou coletiva, a depender do direito defendido pelo legitimado extraordinário, não há pluralidade de partes na relação processual firmada.

Não quer isso, também, dizer que não seja possível a formação de litisconsórcio com (ou entre) legitimados extraordinários. É sim possível. Pode ocorrer de mais de um legitimado extraordinário formar um litisconsórcio. Tal situação é comum nas ações coletivas, onde os legitimados extraordinários representam mais de um grupo, comunidade ou coletividade. Mas o legitimado extraordinário, por si só, não ilustra a figura do litisconsórcio, mesmo quando esteja a representar os interesses de mais de uma pessoa em juízo. É, simplesmente, uma parte processual.

3. JUSTIFICATIVA

A formação de litisconsórcio é justificada em atenção à **economia processual** e à **segurança jurídica**, porque, em um único pronunciamento jurisdicional, são resolvidas, num só processo, várias ações, o que realizado de forma harmônica. Em razão disso, o litisconsórcio vai de encontro ao aumento da quantidade de processos e evita a prolação de pronunciamentos jurisdicionais conflitantes, a preservar a desejada harmonia das decisões judiciais. Ao contrário do que se poderia imaginar, a formação do litisconsórcio não reduz a quantidade de ações. Elas existirão em número correspondente à quantidade de litisconsortes (ensejam uma cumulação subjetiva), mas serão resolvidas num só processo.

4. CLASSIFICAÇÃO

O litisconsórcio pode ser classificado de variadas formas. Aqui, foram escolhidas, para fins de apresentação, aquelas que são mais comumente utilizadas.

Confira-se:

4.1. Ativo, passivo e misto (ou recíproco)

Quanto ao **polo processual em que se forma**, o litisconsórcio é classificado em ativo, passivo e misto. Será: ativo, quando houver pluralidade de autores; passivo, quando houver pluralidade de réus; misto, quando houver, simultaneamente, pluralidade de autores e de réus. Ao analisar essa classificação, pode-se concluir que um processo pode ter apenas litisconsórcio ativo, como apenas litisconsórcio passivo. Mas pode ocorrer de, contemporaneamente, ter litisconsórcios ativo e passivo.

Questões de Concurso

▶ **(FUNDATEC.DPE-SC – Técnico Administrativo. 2018)**[1] Acerca do litisconsórcio, assinale a afirmativa correta

No Processo Civil, é considerado litisconsórcio ativo:

a) a atuação de mais de um autor ou réu.
b) a atuação de mais de um autor.
c) a atuação de mais de um réu.
d) aquele que resulta da ocorrência qualquer das formas de intervenção de terceiro no processo.
e) aquele que resulta do ingresso do Ministério Público no processo, na condição de fiscal da ordem jurídica.

Isso não significa que, formado o litisconsórcio, em qualquer que seja os polos da relação processual (ou em ambos), ele perdure do início até o final do processo, ou seja, durante todo o curso do processo. Tal pode acontecer (formado inicialmente o litisconsórcio e ele seguir até o final do processo). Contudo, pode ocorrer também de ele (o litisconsórcio) ser formado inicialmente, mas não seguir até o final do processo, bem como de ele ser formado ulteriormente, pelo que, logo no início, não existia.

4.2. Inicial e ulterior

O litisconsórcio pode ser formado logo quando intentada a ação ou posteriormente à prática desse ato, realizada por intermédio do ato postulatório inicial. Portanto, quanto ao **momento de formação**, o litisconsórcio é classificado em inicial, quando formado no ato da propositura da ação, ou ulterior, quando formado após a propositura da ação.

Podem ensejar o surgimento de litisconsórcio ulterior:

a) intervenção de terceiros (assistência litisconsorcial, denunciação à lide ou chamamento ao processo);
b) substituição das partes.

De regra, porém, o litisconsórcio é inicial, principalmente em se considerando que a alteração do elemento subjetivo da ação processualizada é uma exceção, e em muitas vezes só ocorre em determinado momento de tramitação processual, em decorrência da garantia da *perpetuatio legitimationis* e da própria preservação do juiz natural.

Se facultativo o litisconsórcio, ao ser intentada a ação, o autor não poderá modificar os polos da relação processual, porque violaria a garantia do juiz natural, já que ele teria a possibilidade de escolher o julgador para o litisconsorte. Contudo, se necessário o litisconsórcio, a modificação do polo decorreria de determinação de correção (não haveria escolha pelo autor).

4.3. Facultativo e necessário

Quanto à **obrigatoriedade** de sua formação, o litisconsórcio poderá ser facultativo ou necessário.

1. Gabarito: Letra B.

Será facultativo quando os litisconsortes não estão obrigados a litigar em conjunto, mas optam por fazê-lo por economia ou por algum outro motivo (muitas vezes até mesmo de ordem pessoal), desde que verificada uma das hipóteses previstas no art. 113 do CPC.

De acordo com o referido dispositivo legal, duas ou mais pessoas podem litigar, no mesmo processo, em conjunto, ativa ou passivamente, quando:

a) entre elas houver comunhão de direitos ou de obrigações relativamente à lide;
b) entre as causas houver conexão pelo pedido ou pela causa de pedir;
c) ocorrer afinidade de questões por ponto comum de fato ou de direito.

Questões de Concurso

▶ **(MPE-PR. MPE-PR. Promotor Substituto. 2019)**[2]: Sobre a disciplina do litisconsórcio no Código de Processo Civil de 2015, assinale a alternativa ***incorreta***:

a) Uma das hipóteses para a formação do litisconsórcio é a ocorrência de afinidade de questões por ponto comum de fato ou de direito.
b) A distribuição de petição inicial que não indica todos os réus em litisconsórcio passivo necessário é causa para a imediata extinção do processo
c) O juiz poderá limitar o litisconsórcio facultativo quanto ao número de litigantes na fase de conhecimento, na liquidação de sentença ou na execução, quando este comprometer a rápida solução do litígio ou dificultar a defesa ou o cumprimento da sentença.
d) O litisconsórcio será unitário quando, pela natureza da relação jurídica, o juiz tiver de decidir o mérito de modo uniforme para todos os litisconsortes.
e) Os litisconsortes serão considerados, em suas relações com a parte adversa, como litigantes distintos, exceto no litisconsórcio unitário, caso em que os atos e as omissões de um não prejudicarão os outros, mas os poderão beneficiar.

▶ **(UFMT.Pref. de Rondonópolis-MT.Procurador Jurídico.2016)**[3]: Acerca do litisconsórcio, assinale a afirmativa correta

a) Tratando-se de litisconsórcio facultativo, não poderá o juiz, na fase de execução, limitá-lo quanto ao número de litigantes, ainda que dificulte o cumprimento de sentença
b) No litisconsórcio unitário, os atos e as omissões de um dos litisconsortes prejudicarão ou beneficiarão os demais
c) Duas ou mais pessoas podem litigar, no mesmo processo, em conjunto, ativa ou passivamente, quando ocorrer afinidade de questões por ponto comum de fato ou de direito
d) Nos casos de litisconsórcio passivo necessário, o juiz determinará ao autor que requeira a citação de todos os litisconsortes, dentro do prazo que assinar, sob pena de suspensão do processo

---

Como será mostrado adiante, as situações de formação de litisconsórcio previstas no art. 113 não são exclusivas do litisconsórcio facultativo (na formação do litisconsórcio necessário, conquanto relacionado a outros requisitos, pode decorrer de alguma daquelas situações). Mas, se não verificadas aquelas, não se formará o litisconsórcio facultativo.

No litisconsórcio facultativo, haveria a possibilidade de propositura de ações distintas e isoladas. O autor poderia promover várias ações contra os réus (litisconsórcio facultativo

2. Gabarito: Letra B.
3. Gabarito: Letra C.

passivo) ou os diversos autores poderiam propor várias ações isoladamente (litisconsórcio facultativo ativo) contra o mesmo réu, mas opta(m) por demandar conjuntamente. Por isso que o litisconsórcio facultativo será, também, considerado como simples.

O enunciado 125 do Fórum Permanente de Processualistas Civis traz exemplo de litisconsórcio facultativo. Ocorre quando requerida a desconsideração da personalidade jurídica, juntamente com outro pedido formulado na petição inicial (litisconsórcio inicial) ou incidentemente no processo em curso (litisconsórcio ulterior).

Por sua vez, o litisconsórcio é necessário quando as partes são obrigadas a litigar em conjunto, não havendo a possibilidade de propositura de ações distintas e isoladas[4]. Ocorre em duas hipóteses:

a) por disposição de lei;

b) pela natureza da relação jurídica controvertida, a eficácia da sentença depender da citação de todos que devam ser litisconsortes.

Na primeira hipótese, apenas a lei torna essencial a presença de todos os litisconsortes. Se o dispositivo legal que prevê a formação do litisconsórcio fosse revogado, não haveria a obrigatoriedade de as partes litigarem em conjunto, a não ser que a previsão contemplasse uma relação jurídica, cujo direito material fosse incindível. Assim, trata-se, pelo menos em regra, de uma opção legislativa, para que se evitem sentenças conflitantes entre si e se afirme a economia processual. Pode-se exemplificar essa situação, onde a lei prevê a necessidade da formação do litisconsórcio, as ações de partilha, em que devem ser citados todos os quinhoeiros, e a ação de usucapião, onde a lei prevê a citação de todos os confrontantes e das Fazendas Públicas.

Já a segunda hipótese, a formação do litisconsórcio é necessária, porque a relação jurídica discutida em juízo é incindível. Decorre da natureza do direito material. Todos que possam ser atingidos pelos efeitos da coisa julgada material devem, obrigatoriamente, formar a relação processual. Quando se pensa em litisconsórcio necessário pela natureza da relação jurídica, tem-se logo como exemplo a ação de dissolução de sociedade. Sendo dissolvida a sociedade, todos os sócios serão atingidos, pelo que devem ser partes integrantes da relação processual. Se forem mais de dois sócios, haverá necessária formação de litisconsórcio.

A relação processual se completa quando há citação de todos os litisconsortes necessários. Se o autor não promover a citação, o juiz ordenará que promova, sob pena de extinção do processo sem resolução do mérito. Caso o órgão julgador não perceba que se trata de hipótese de litisconsórcio necessário, não ordenando a citação, e venha, posteriormente, proferir pronunciamento definitivo de mérito, este (pelo menos em regra) será ineficaz para aqueles que não integraram a relação jurídica. Inclusive, é assim que dispõe o inciso II art. 115 do Código de Processo Civil.

---

4. Na ação de desapropriação por utilidade pública, a citação do proprietário do imóvel desapropriado dispensa a do respectivo cônjuge. Isso porque o art. 16 do Decreto-Lei 3.365/1941 (Lei das Desapropriações) dispõe que a "citação far-se-á por mandado na pessoa do proprietário dos bens; a do marido dispensa a da mulher". Ressalte-se que, apesar de o [...] CPC dispor que "ambos os cônjuges serão necessariamente citados para as ações que versem sobre direitos reais imobiliários", o art. 42 do referido Decreto-Lei preconiza que o CPC somente incidirá no que for omissa a Lei das Desapropriações. Assim, havendo previsão expressa quanto à matéria, não se aplica a norma geral. Precedente citado do STF: RE 86.933, Segunda Turma, DJ 18/6/1979. REsp 1.404.085-CE, Rel. Min. Herman Benjamin, julgado em 5/8/2014.

O litisconsórcio necessário somente poderá ser passivo (inclusive, é assim que deixa subentendido o parágrafo único do art. 115 do CPC[5]). Caso pudesse ser também ativo, grave problema surgiria, pois, se algum(ns) dos litisconsortes não quisesse(m) intentar ação, restringir-se-ia o acesso à prestação jurisdicional em favor do(s) outro(s). Este é o entendimento perfilado pelo Superior Tribunal de Justiça, segundo o qual aquele que poderia ser litisconsorte do autor deve ser citado para que manifeste sua opção de manter-se (ou não) inerte[6].

4.4. Unitário e simples

Quanto aos **efeitos do julgamento**, o litisconsórcio pode ser classificado em unitário e simples.

Será unitário quando, pela natureza da relação jurídica, o juiz tiver de decidir o mérito de modo uniforme para todos os litisconsortes.

São dois os **requisitos** da relação jurídica para a caracterização da unitariedade:

a) que ela seja única;

b) que ela seja incindível.

Nesse tipo de litisconsórcio, várias pessoas são tratadas como se fossem apenas uma, ocorrendo extensão dos efeitos dos benefícios da prática de um ato processual aos demais litisconsortes. O recurso interposto por um dos litisconsortes, por exemplo, aproveita a todos os demais. Outro exemplo é o da ação em que dois acionistas de uma sociedade anônima pedem a anulação de uma determinada assembleia por falta de comunicação de sua realização: seria impossível ao órgão julgador anulá-la para um sócio e não para o outro, pois a relação jurídica, neste caso, é incindível e única.

O litisconsórcio será simples quando o pronunciamento jurisdicional definitivo não será necessariamente igual para todos, porque a relação jurídica em debate não é una ou, se for, não é incindível. Por isso que há, no litisconsórcio simples, além de cumulação subjetiva, também objetiva de ações. Por conseguinte, os litisconsortes são considerados litigantes distintos em suas relações com a parte adversa. Os atos e as omissões de um não prejudicam os outros, uma vez que o desfecho da ação não é necessariamente uniforme para todos (mas os poderão beneficiar). Pense-se no exemplo em que várias vítimas de único acidente provocado por um motorista intentam ação contra ele para o recebimento de indenização. Nessa situação, provavelmente, cada um dos acidentados receberia uma indenização com valores diferentes, uma vez que cada um sofreu danos distintos.

Em eventual cumulação objetiva de ação, nada impede que, em uma(s) haja(m) formação de litisconsórcio unitário e, com relação à(s) outra(s), litisconsórcio simples. De qualquer modo, pode ocorrer de haver cumulação objetiva de ações e, em relação a todas elas, haver litisconsórcio unitário ou simples.

---

5. Art. 115. A sentença de mérito, quando proferida sem a integração do contraditório, será: [...] Parágrafo único. Nos casos de litisconsórcio passivo necessário, o juiz determinará ao autor que requeira a citação de todos que devam ser litisconsortes, dentro do prazo que assinar, sob pena de extinção do processo.
6. Apesar disso, há, junto ao Superior Tribunal de Justiça, dois julgados (os quais os autores deste livro entendem equivocados pelas razões apresentadas acima), proferidos ainda sob a égide do CPC/1973 (REsp 141.172/RJ, DJU 13.12.99; REsp 1222822/PR, DJe 30.09.14), no sentido de admitir a formação litisconsorcial ativa necessária.

5. ALGUMAS CONSIDERAÇÕES SOBRE LITISCONSÓRCIO SIMPLES, UNITÁRIO, FACULTATIVO E NECESSÁRIO

A redação da primeira parte do art. 47 do CPC/1973, que tratava do litisconsórcio necessário, confundia os conceitos de litisconsórcio necessário e unitário, dando a entender que todo litisconsórcio necessário é unitário.

Porém, não se confundem os conceitos, pois a necessariedade refere-se à obrigatoriedade da formação do litisconsórcio, enquanto que a unitariedade se refere à relação jurídica discutida em juízo, sendo uma para todos os litisconsortes, a gerar, por isso, decisão uniforme.

A existência do litisconsórcio necessário tem relevância num primeiro momento, quando da propositura da ação. Refere-se à formação regular do processo. Se houver a necessidade de que mais de uma pessoa litigue em conjunto (por disposição legal ou em decorrência da relação jurídica discutida), caso não seja cumprida essa exigência, o processo deverá ser extinto sem resolução do mérito.

Já a relevância do litisconsórcio unitário é observada num segundo momento, para reger a forma que o processo será conduzido entre as partes. Se for caso de litisconsórcio unitário, elas serão tratadas como se fossem uma, pois a decisão deverá ser uniforme para todos.

O litisconsórcio necessário poderá ser tanto unitário, quanto simples. Também, o litisconsórcio unitário poderá ser facultativo ou necessário.

a) O litisconsórcio necessário: unitário ou simples

Como já observado acima, duas são as hipóteses de formação de litisconsórcio necessário:

i) quando a lei assim determina;

ii) quando a natureza da relação jurídica discutida em juízo é una e indivisível.

Questão de Concurso

► **(FCC. Pref. de Campinas-SP.Procurador.2016)**[7]: Quanto ao litisconsórcio, é correto afirmar

a) O litisconsórcio será necessário por disposição de lei ou quando, pela natureza da relação jurídica controvertida, a eficácia da sentença depender da citação de todos que devam ser litisconsortes

b) Os litisconsortes sempre serão considerados, em suas relações com a parte adversa, como litigantes únicos, motivo pelo qual os atos e omissões de um não prejudicarão nem poderão beneficiar os demais

c) O juiz poderá limitar o litisconsórcio facultativo quanto ao número de litigantes, somente na fase de conhecimento, quando esse número comprometer a rápida solução do litígio ou dificultar a defesa

d) Se um dos litisconsortes passivos contestar a ação, esse fato não obstará a ocorrência dos efeitos da revelia em relação a quem não a contestou

e) Cada litisconsorte tem o direito de promover o andamento do processo, mas somente quem pleiteou o andamento será intimado do ato respectivo

---

7. Gabarito: Letra A.

▶ **(FAFIPA.Câmara de Cambará-PR.Procurador Jurídico.2016)**[8]: Duas ou mais pessoas podem litigar, no mesmo processo, em conjunto, ativa ou passivamente, formando, assim, um litisconsórcio. Acerca do referido instituto, assinale a alternativa CORRETA

a) O litisconsórcio será unitário quando, pela natureza da relação jurídica, o juiz tiver de decidir o mérito de modo uniforme para todos os litisconsortes

b) O litisconsórcio será facultativo por disposição de lei ou quando, pela natureza da relação jurídica controvertida, a eficácia da sentença depender da citação de todos que devam ser litisconsortes

c) O juiz não poderá limitar o litisconsórcio facultativo quanto ao número de litigantes na fase de conhecimento, sob pena de caracterização de cerceamento de defesa

d) Os litisconsortes sempre serão considerados, em suas relações com a parte adversa, como litigantes distintos, caso em que os atos e as omissões de um não prejudicarão os outros, mas os poderão beneficiar

Quando o litisconsórcio é necessário por determinação legal, a relação jurídica sob análise pode até não ser una e incindível, pois a necessidade foi apenas uma opção legislativa para que os julgados fossem harmônicos em determinadas situações. Nesse caso, existe a possibilidade de o litisconsórcio, mesmo que necessário, ser simples, por ser possível ao juiz decidir o mérito de forma diferente para ambos os litigantes consorciados, porquanto a relação jurídica discutida admite a cisão do julgamento. É o caso das ações de partilha e de usucapião, onde lei obriga a formação do litisconsórcio, mas a decisão judicial pode ser diferente para cada um.

Nada impede também que, além de existir determinação legal para que haja litisconsórcio necessário, a relação jurídica seja una e incindível. Mesmo que não existisse lei nesse sentido, o litisconsórcio ainda seria necessário, em função da natureza da relação jurídica discutida. É o caso da ação que tenha por objeto a desconstituição de um casamento promovido pelo Ministério Público. Nela, a lei exige a participação de ambos os cônjuges, mas, mesmo que não exigisse, haveria necessidade da citação deles, pois seria impossível desfazer a sociedade conjugal para um e não para o outro.

Dessa forma, conclui-se que o litisconsórcio necessário por força legal pode ser simples (ações de partilha e de usucapião) ou unitária (ação de desconstituição de sociedade conjugal promovida pelo MP).

A segunda hipótese que o CPC prevê, para que haja litisconsórcio necessário, é quando a natureza da relação jurídica discutida em juízo é una e indivisível. Nessa situação, esse tipo de litisconsórcio necessário será sempre unitário, porque é impossível para o juiz decidir de forma não uniforme para os litigantes que discutem uma mesma relação jurídica incindível. É o caso da ação proposta por acionistas de uma pessoa jurídica para anular uma determinada assembleia.

b) o litisconsórcio unitário: necessário ou facultativo.

O litisconsórcio unitário é aquele cuja decisão deva ser necessariamente igual para todos os litisconsortes. Se não existe a possibilidade de o órgão julgador decidir de forma não uniforme para todos os consorciados, é porque a relação jurídica discutida em juízo assim não permite, por ser una e indivisível. Assim, tendo a relação sob análise judicial essa característica, todos

8. Gabarito: Letra A.

os seus titulares devem participar da demanda, pois suas órbitas jurídicas, nessa situação, serão inevitavelmente afetadas. Logo, *a priori*, qualquer litisconsorte unitário deverá ser necessário.

Porém, a expressa previsão legal pode autorizar que relação jurídica una e indivisível, característica do litisconsórcio unitário, venha a ser discutida em juízo por apenas um de seus titulares. É o que ocorre com o litisconsorte formado no polo ativo, que, como dito anteriormente, não pode ser necessário, sob pena de restringir o amplo acesso à justiça, violando um direito fundamental. Exemplificando essa situação, tem-se o caso de um condomínio: permite-se que apenas um dos condôminos vá a juízo propor ação, representando o condomínio de que é coproprietário. Estar-se-ia, nesse caso, adentrando no campo da legitimação extraordinária, aonde determinada pessoa vai a juízo defender direito que não é exclusivamente seu. Logo, por autorização legal, pode ocorrer a existência de litisconsórcios ativos unitários e facultativos.

Já os litisconsórcios unitários passivos serão sempre necessários, pois, já que as esferas jurídicas dos titulares da relação jurídica debatida em juízo serão inevitavelmente afetadas em caso de sucumbência, deverão participar do processo, para exercer sua ampla defesa. Demonstra-se, assim, que o litisconsórcio passivo unitário é sempre necessário. Já o ativo unitário, se a lei autorizar, poderá ser tanto facultativo, quanto necessário.

Questão de Concurso

▶ **(Vunesp – Outorga de delegação de serviços notariais e registrais – Provimento – TJ – RS/2019)**[9] De acordo com a nova sistemática estabelecida pelo Código de Processo Civil, a falta de citação de um dos litisconsortes acarreta

(A) ineficácia da decisão em relação ao litisconsorte não citado, em se tratando de litisconsórcio necessário unitário.

(B) nulidade da decisão de mérito, em se tratando de litisconsórcio facultativo.

(C) nulidade da decisão de mérito, em se tratando de litisconsórcio necessário ou facultativo.

(D) ineficácia da decisão em relação ao litisconsorte não citado, em se tratando de litisconsórcio necessário simples.

(E) nulidade da decisão de mérito, em se tratando de litisconsórcio necessário simples.

6. HIPÓTESES DE FORMAÇÃO DE LITISCONSÓRCIO

O art. 113 do CPC trata das hipóteses **taxativas** de formação de litisconsórcios. Elas se aplicam tanto aos tipos facultativos, quanto aos necessários. A razão para tal esclarecimento é que o caput do citado artigo dispõe que "duas ou mais pessoas podem litigar, no mesmo processo, em conjunto, ativa ou passivamente [...]". Em decorrência da expressão "podem", alguns entendem que essas hipóteses somente se aplicariam ao litisconsórcio facultativo. Porém, não é essa a melhor interpretação.

Pode perfeitamente haver a formação de um litisconsorte necessário, quando se verificarem algumas das hipóteses mencionadas nos incisos I a III do art. 113 do CPC. Porém, a tais hipóteses devem ser acrescidas pelo menos de uma das condições especiais do litisconsórcio necessário, trazidas no art. 114 do CPC (a existência de previsão legal na sua formação ou a

9. Gabarito: Letra D.

natureza da relação jurídica o exigir). Dessa forma, as condições do art. 113 do CPC não se restringem ao litisconsórcio facultativo, encontrando-se, por vezes, essas mesmas hipóteses em litisconsórcio necessário (que contém o *plus* do art. 114 do CPC).

A primeira hipótese, prevista no inciso I do art. 113, diz que o litisconsórcio se formará quando entre as pessoas houver **comunhão de direitos ou de obrigações**. Já o inciso II, diz respeito às **causas em que houver conexão pelo objeto ou pela causa de pedir**. E o inciso III refere-se à **afinidade de questões por ponto comum de fato ou de direito**.

Com relação a essas hipóteses, percebe-se a existência de uma sobreposição no espaço amostral da terceira em relação à segunda e desta em relação à primeira. Aliás, a hipótese do inciso III pode dar ensejo ao chamado litisconsórcio "impróprio", que constitui o vínculo mais tênue dentre todas as hipóteses de formação, pois a união se dá por mera afinidade de questões[10].

Sob a égide do CPC/1973, o art. 46 dispunha, no inciso II, que "duas ou mais pessoas podem litigar, no mesmo processo, em conjunto, ativa ou passivamente, quando: [...] os direitos ou as obrigações derivarem do mesmo fundamento de fato ou de direito". Essa hipótese foi eliminada pelo CPC/2015, porque compreendida como conexão, contemplada pelo atual inciso II do art. 114.

7. LIMITAÇÃO DO LITISCONSÓRCIO FACULTATIVO

O juiz (inclusive de ofício) poderá limitar o litisconsórcio facultativo quanto ao número de litigantes na fase de conhecimento, na liquidação de sentença ou na execução, quando este comprometer a rápida solução do litígio ou dificultar a defesa ou o cumprimento da sentença (mas, nada impede que substitua a limitação do litisconsórcio pela ampliação de prazos, sem prejuízo da possibilidade de desmembramento na fase de cumprimento de sentença)[11].

Se a iniciativa da limitação do litisconsórcio advier de provocação do réu, o requerimento de limitação interrompe o prazo para manifestação ou resposta, que recomeçará da intimação da decisão que o solucionar. Nada impede que o requerimento de limitação do litisconsórcio seja formulado na própria contestação. Só que, se isso ocorrer, a justificativa do réu não poderá ser alegada dificuldade para a apresentação, pelo réu, de resposta, além do que não haverá interrupção de prazo.

Pois bem.

Conquanto o juiz possa agir de ofício, por se tratar de matéria de ordem pública, seria contraditório o requerimento de limitação partir do autor, na fase de conhecimento, pois foi ele quem optou pela formação litisconsorcial. Da mesma forma se a ação for de liquidação ou de execução. Mas, se a liquidação e a execução decorrerem de continuidade do processo, o autor, por ocasião da liquidação ou da execução, poderá requerer, sem estar a praticar ato contraditório, a limitação do litisconsórcio facultativo. Tal conclusão se sustenta em duas razões: a primeira, por não saber, o autor, se seria vencedor na ação, pelo que, por conseguinte, não ter certeza

10. Como ocorre, por exemplo, no caso de diversos contribuintes que são cobrados de tributos inconstitucionais.
11. Enunciado 116 do FPPC.

quanto à futura liquidação ou execução; a segunda, porque o litisconsórcio poderia ser, na fase de conhecimento, necessário e, na liquidação ou na execução, tornar-se facultativo, pelo que, antes não poderia, mas, depois, sim, ser limitado[12].O requerimento de limitação do litisconsórcio facultativo enseja a formação de um incidente processual, que deve ser resolvido mediante **decisão interlocutória.** O juiz decidirá motivadamente, com base nos parágrafos do art. 113 do CPC, a estabelecer o número máximo de litisconsortes de acordo com o caso concreto. Com o desmembramento, o juiz ficará prevento para julgar aqueles que foram separados.

Questão de Concurso

► **(FCC. PGE-MT. Procurador Estadual.2016)**[13]: De acordo com a atual legislação, a decisão que determinou a exclusão de um litisconsorte

a) desafia recurso de agravo de instrumento, no prazo de quinze dias, contados a partir da intimação desta decisão

b) é irrecorrível, mas pode ser questionada por outros meios de impugnação

c) desafia recurso de apelação, no prazo de quinze dias, contados a partir da intimação desta decisão

d) não apresenta recorribilidade imediata, e, por isso, não se submete à preclusão temporal antes da prolação da sentença, pois pode ser alegada quando da apelação, no prazo de quinze dias, contados a partir da intimação da sentença

e) pode desafiar recurso de agravo de instrumento ou de apelação, conforme o momento do processo em que a decisão for proferida; em ambos os casos, o prazo será de quinze dias, contados a partir intimação da decisão

Ao acolher o requerimento de limitação de litisconsórcio facultativo, o juiz não extinguirá o processo por "ilegitimidade" (enunciado 387 do FPPC)[14], o que causaria uma série de indesejadas repercussões, tais quais condenação ao pagamento dos ônus decorrentes da sucumbência e retorno do transcurso do prazo prescricional. Haverá apenas um desmembramento do litisconsórcio facultativo antes formado (enunciado 386 do FPPC)[15].

Por isso que, nos termos do enunciado 10 do Fórum Permanente de Processualistas Civis, em caso de desmembramento do litisconsórcio multitudinário, a interrupção da prescrição retroagirá à data de propositura da ação original (não se dá a interrupção pela data do efetivo desmembramento, até porque não é causa interruptiva, a teor do que estabelece o art. 202 do Código Civil[16]).

12. Se limitado, porém, o litisconsórcio na fase de conhecimento, não poderá haver reunião deles por ocasião da liquidação ou do cumprimento da sentença.

13. Gabarito: Letra E.

14. FPPC. 387. (art. 113, § 1º; art. 4º) A limitação do litisconsórcio multitudinário não é causa de extinção do processo.

15. FPPC. 386. (art. 113, § 1º; art. 4º) A limitação do litisconsórcio facultativo multitudinário acarreta o desmembramento do processo.

16. Art. 202. A interrupção da prescrição, que somente poderá ocorrer uma vez, dar-se-á:I – por despacho do juiz, mesmo incompetente, que ordenar a citação, se o interessado a promover no prazo e na forma da lei processual;II – por protesto, nas condições do inciso antecedente;III – por protesto cambial;IV – pela apresentação do título de crédito em juízo de inventário ou em concurso de credores;V – por qualquer ato judicial que constitua em mora o devedor;VI – por qualquer ato inequívoco, ainda que extrajudicial, que importe reconhecimento do direito pelo devedor.Parágrafo único. A prescrição interrompida recomeça a correr da data do ato que a interrompeu, ou do último ato do processo para a interromper.

E não só a interrupção da prescrição, que é efeito decorrente da citação, que ocorre a partir da propositura da ação originária. Como estabelece o enunciado 117 do FPPC, em caso de desmembramento do litisconsórcio multitudinário ativo, os efeitos mencionados no art. 240[17] são considerados produzidos desde o protocolo originário da petição inicial.

Questão de Concurso

▶ **(Cespe – Juiz de Direito – PR/2017)**[18] Com referência ao litisconsórcio e à intervenção de terceiros, assinale a opção correta.

a) No incidente de desconsideração da personalidade jurídica, estará sempre presente interesse público que torne obrigatória a intervenção do MP como fiscal da ordem jurídica.

b) O magistrado deve indeferir o requerimento de ingresso de *amicus curiae* em processo que esteja em primeira instância, porque essa hipótese de intervenção de terceiro somente pode ocorrer em causa que tramite no tribunal.

c) Na hipótese de desmembramento do litisconsórcio multitudinário, a interrupção da prescrição deve retroagir à data de propositura da demanda original, inclusive para os autores que forem compor um novo processo.

d) A sentença de mérito, quando proferida sem a integração do contraditório pelo litisconsorte necessário, será nula de pleno direito, não importando que o litisconsórcio seja simples ou unitário.

A formação do litisconsórcio, quando facultativo, traz algumas vantagens, como antes mostrado. Sua limitação, entretanto, pode se justificar por alguns motivos, dentre eles, a dificuldade de o réu apresentar resposta no prazo legal. Para que os interesses do réu sejam atendidos e, ao mesmo tempo, seja mantida (por conveniência) a formação do litisconsórcio, poder-se-á ampliar, por negociação processual, o prazo para a apresentação de resposta.

8. TRATAMENTO DOS LITISCONSORTES

De acordo com o art. 117 do CPC, "os litisconsortes serão considerados, em suas relações com a parte adversa, como litigantes distintos, exceto no litisconsórcio unitário, caso em que os atos e as omissões de um não prejudicarão os outros, mas os poderão beneficiar".

Antes, o art. 48 do CPC/1973 dispunha que, "salvo disposição em contrário, os litisconsortes serão considerados, em suas relações com a parte adversa, como litigantes distintos; os atos e as omissões de um não prejudicarão nem beneficiarão os outros".

17. Art. 240. A citação válida, ainda quando ordenada por juízo incompetente, induz litispendência, torna litigiosa a coisa e constitui em mora o devedor, ressalvado o disposto nos arts. 397 e 398 da Lei nº 10.406, de 10 de janeiro de 2002 (Código Civil).§ 1º A interrupção da prescrição, operada pelo despacho que ordena a citação, ainda que proferido por juízo incompetente, retroagirá à data de propositura da ação.§ 2º Incumbe ao autor adotar, no prazo de 10 (dez) dias, as providências necessárias para viabilizar a citação, sob pena de não se aplicar o disposto no § 1º.§ 3º A parte não será prejudicada pela demora imputável exclusivamente ao serviço judiciário.§ 4º O efeito retroativo a que se refere o § 1º aplica-se à decadência e aos demais prazos extintivos previstos em lei.
18. Gabarito: Letra C.

Questão de Concurso

▶ **(CONSULTEC.Pref. de Ilhéus-BA.Procurador Jurídico.2016)**[19]: Com relação a litisconsórcio, é incorreto afirmar

a) Duas ou mais pessoas podem litigar, no mesmo processo, em conjunto, ativa e passivamente, em suas relações com a parte adversa, como litigantes distintos, caso em que os atos e as omissões de um não prejudicarão os outros

b) Duas ou mais pessoas podem litigar, no mesmo processo, em conjunto, ativa ou passivamente, quando entre elas houver comunhão de direitos ou de obrigações relativamente à lide

c) Duas ou mais pessoas podem litigar, no mesmo processo, em conjunto, ativa ou passivamente, quando entre as causas houver conexão pelo pedido ou pela causa de pedir

d) Duas ou mais pessoas podem litigar, no mesmo processo, em conjunto, ativa ou passivamente, quando ocorrer afinidade de questões por ponto comum de fato ou de direito

e) Cada litisconsorte tem o direito de promover o andamento do processo, e todos devem ser intimados dos respectivos atos

Como se observa, hoje, o texto legal deixa claro que os atos e omissões de um litisconsorte, se unitário, podem beneficiar os outros. Não que antes não pudesse, mas o texto do art. 48 do CPC/1973 dispunha em sentido diferente, porque, além de não ressalvar o litisconsórcio unitário, impossibilitava até mesmo o benefício.

Por isso que, ali mesmo, sob a égide do CPC/1973, já se apregoava que a disposição legal sofria mitigações. De fato, as provas apresentadas em juízo por um dos litisconsortes estendem-se aos demais, já que a prova não pertence à determinada parte, mas ao processo. Além disso, os pontos comuns da defesa de um aproveitam-se aos demais. Não há como impossibilitar o benefício.

Da mesma forma, quando unitário o litisconsórcio, os atos ou as omissões de um litisconsorte podem beneficiar o outro, porque a decisão definitiva tem de ser uniforme. Assim, por exemplo, se um dos litisconsortes contestar a ação e o outro permanecer em silêncio, o efeito material da revelia (a confissão ficta) não atingirá o revel. De idêntico modo, os recursos interpostos por apenas um dos litisconsortes a todos se aproveitará.

Agora, quanto ao prejuízo, o ato ou a omissão de um litisconsorte, se simples o litisconsórcio, não pode prejudicar aos demais. Como as relações jurídicas são distintas, dando ensejo a um litisconsórcio simples, não há prejuízo aos demais, porque têm interesses distintos.

No litisconsórcio unitário, os atos e as omissões que poderiam causar prejuízo, não terão efeito nenhum sobre os outros litisconsortes e nem mesmo aquele que se omitiu ou que praticou o ato, pois, como detém relação una com os demais litisconsortes, os atos e as omissões não podem operar efeitos, sob pena de trazer prejuízo aos demais.

19. Gabarito: Letra A.

9. ALGUMAS REPERCUSSÕES PROCESSUAIS DA FORMAÇÃO LITISCONSORCIAL

9.1. Relação jurídica plurilateral a envolver titulares do mesmo direito

Em caso de relação jurídica plurilateral, que envolva diversos titulares do mesmo direito, o juiz deve, conforme dispõe o art. 139, X, do CPC, oficiar o Ministério Público, a Defensoria Pública e, na medida do possível, outros legitimados a que se referem o art. 5º da Lei nº 7.347/1985, e o art. 82 da Lei nº 8.078/1990, para, se for o caso, promover a propositura da ação coletiva respectiva. Não haverá, como dispunha o vetado art. 333, uma conversão de ação individual em coletiva, mas a possibilidade de propositura de uma ação coletiva, que terá repercussões sobre a(s) individual(is).

Aliás, o próprio art. 7º da Lei nº 7.347/1985, já dispunha que, se, no exercício de suas funções, os juízes e tribunais tiverem conhecimento de fatos que possam ensejar a propositura da ação civil, remeterão peças ao Ministério Público para as providências cabíveis. E, deve-se ressaltar, o texto não faz referência aos demais legitimados apenas porque sua redação é originária, enquanto que a do art. 5º, que enumera os respectivos legitimados, foi alterada, com ampliação, pela Lei 11.448/2007.

De qualquer modo, a redação do art. 139, X, do CPC é claro nesse sentido, a ponto de não ser necessário qualquer esforço hermenêutico para se chegar à conclusão de que qualquer dos legitimados estabelecidos pela Lei nº 7.347/1985 e pela Lei nº 8.078/1990 deve ser comunicado para promover a propositura da ação coletiva respectiva. E, como a disposição advém de uma legislação geral (Código de Processo Civil), e não de uma específica (Lei nº 7.347/85 – Lei da Ação Civil Pública), também fica claro que as ações coletivas, mencionadas pelo CPC, não se resumem apenas à ação civil pública.

9.2. Convocação do litisconsórcio ativo unitário e opção

Se convocado o litisconsorte ativo unitário, ele pode optar por ingressar no processo na condição de litisconsorte do autor ou de assistente do réu. Não é porque o juiz tem de decidir o mérito de modo uniforme para todos os litisconsortes, que aquele que foi convocado tem de, necessariamente, controverter os argumentos que venham a ser apresentados pelo réu. Pode o litisconsorte concordar com os termos da resistência e, se for o caso, assumir a posição de assistente simples do réu.

Entretanto, como assistente simples, e também na eventual condição de litisconsorte unitário, não poderá praticar atos dispositivos em detrimento do outro litisconsorte. Como assistente simples, obviamente, por não estar no mesmo polo da relação processual, e, como litisconsórcio, porque unitário (nessa condição, só poderia praticar atos em benefício, mas não em prejuízo do outro).

9.3. Integração de litisconsórcio unitário a partir da fase instrutória

Em consequência da opção que seja realizada pelo litisconsorte unitário convocado, se ele for integrado ao processo a partir da fase instrutória, tem direito de especificar, pedir e produzir provas, sem prejuízo daquelas já produzidas, sobre as quais o interveniente tem o ônus de se manifestar na primeira oportunidade em que falar no processo (enunciado 11 do FPPC). E assim o é porque, seja a participar do processo na condição de litisconsorte ou de assistente, poderá pedir e produzir provas.

9.4. Prazo para os litisconsortes

Sob a égide do CPC/1973, independentemente do tipo de litisconsórcio, se eles estivessem representados por procuradores distintos, teriam prazo em dobro para contestar, recorrer e, de modo geral, falar nos autos (art. 191 do CPC/1973). Porém, com o CPC/2015, conquanto também seja indiferente o tipo de litisconsórcio, não será concedido prazo dobrado quando os advogados dos litisconsortes pertençam ao mesmo escritório de advocacia ou quando o processo correr em autos eletrônicos (art. 229 do CPC/2015[20]).

Questão de Concurso

▶ **(FGV – Analista Judiciário – Oficial de Just. Avaliador – TRT 12/2017)**[21] Armando se sentiu lesado em um pacote turístico que adquiriu para as suas férias e, assim, ajuizou em junho de 2016 uma ação contra a companhia aérea na qual voou e contra a operadora de turismo que lhe vendeu o pacote terrestre. Cada réu contratou um advogado diferente, mas que atuavam no mesmo escritório jurídico. Prolatada a sentença, e de acordo com o CPC, é correto afirmar que:

a) o prazo para recurso será contado de forma simples;
b) no caso concreto será em quádruplo o prazo para recorrer;
c) será contado em dobro o prazo para apelar;
d) o juiz decidirá, mas, em deferindo o prazo em dobro para os réus, deverá dar o mesmo tratamento ao autor, por isonomia;
e) o prazo em dobro será apenas para o réu principal.

A primeira condição (não pertencer ao mesmo escritório de advocacia) evita que os advogados do mesmo escritório utilizem indevidamente do benefício legal, como antes faziam, mediante a simples outorga de poderes por diferentes procurações. Se o objetivo da disposição contida no texto legal era possibilitar o acesso aos advogados, porque teriam de dividir o tempo de acesso aos autos, não se justifica a concessão do benefício quando os autos serão compartilhados por advogados pertencentes ao mesmo escritório.

A tarefa, agora, será identificar o que seriam advogados do mesmo escritório. Compreende-se que seriam aqueles que componham sociedade formal (devidamente registrada na respectiva seccional da Ordem dos Advogados do Brasil), na condição de sócios, associados ou

---

20. Art. 229. Os litisconsortes que tiverem diferentes procuradores, de escritórios de advocacia distintos, terão prazos contados em dobro para todas as suas manifestações, em qualquer juízo ou tribunal, independentemente de requerimento. § 1º Cessa a contagem do prazo em dobro se, havendo apenas 2 (dois) réus, é oferecida defesa por apenas um deles.§ 2º Não se aplica o disposto no caput aos processos em autos eletrônicos.
21. Gabarito: Letra A.

empregados, a poder se identificar mediante consulta aos respectivos atos constitutivos ou pelas informações fornecidas pelo Ministério do Trabalho e Emprego.

Os componentes das sociedades informais, *a priori*, por questão de segurança jurídica, não poderiam ser assim considerados. Advogados que atuam em parceria não podem ser considerados como pertencentes ao mesmo escritório de advocacia. De qualquer modo, se diferente for o entendimento do juiz, ele deverá, em respeito à cooperação, e a fim de afirmar a segurança jurídica, na primeira oportunidade, advertir as partes quanto ao não reconhecimento do benefício legal.

A segunda condição (não correr o processo em autos eletrônicos) constitui uma atualização do texto legal, que, sob a vigência do CPC/1973, não fazia tal previsão específica porque, naquela época, não existia autos eletrônicos. Aliás, o art. 191 do CPC/1973 concedia benefício de prazo aos litisconsortes com procuradores diferentes porque, ali, não existia, nos fóruns, máquinas para fotocopiar documentos, realidade hoje bem diferente, o que já justificaria o afastamento por completo do benefício.

De qualquer modo, o benefício foi preservado em parte, se preenchidas ambas as condições descritas. Se faltar qualquer delas, o benefício não poderá ser usufruído. **No caso de serem os autos eletrônicos, porque os litisconsortes (ainda que tenham advogados diferentes, que não pertençam ao mesmo escritório de advocacia) poderão ter acesso simultâneo aos autos, sem enfrentar qualquer dificuldade. A concessão do benefício significaria violação ao tratamento isonômico entre as partes.**

Questão de Concurso

- **(CESPE.TCE-PA.Auditor de Controle Externo – Área Procuradoria.2016)**[22]: À luz do Novo Código de Processo Civil, julgue os itens seguintes, referentes aos prazos e aos atos processuais.

  Os litisconsortes que tiverem diferentes procuradores, de escritórios distintos, terão prazos contados em dobro, incluindo os referentes a processos em autos eletrônicos

Lembre-se que, por óbvio, a formação e preservação do litisconsórcio é condição para concessão e manutenção do benefício de prazo. A partir de quando se formar até que seja preservado, será concedido o prazo, nos termos das condições acima enfrentadas. Finalizada a pluralidade subjetiva, automaticamente, afasta-se o benefício. É por isso que o enunciado 641 da súmula do STF estabelece que "não se conta em dobro o prazo para recorrer, quando só um dos litisconsortes haja sucumbido".

9.5. Andamento do processo e intimação dos atos processuais

Conquanto o litisconsórcio signifique pluralidade do elemento subjetivo da ação processualizada, cada litisconsorte tem o direito de promover o andamento do processo, e, dos respectivos atos, todos aqueles devem ser intimados. Poder-se-ia pensar que, ou os fatos deveriam ser praticados conjuntamente, ou que, pelo fato de os atos praticados por um (ou mais) dos litisconsortes não prejudicar os demais, não precisariam ser todos intimados.

22. Gabarito: Errado.

Ponderações devem ser realizadas nesse sentido.

Se os litisconsortes têm o(s) mesmo(s) advogado(s), quando estes praticarem ato(s) em nome de qualquer daqueles, a intimação, de fato, torna-se desnecessária, já que seu representante tem conhecimento do(s) teor(es) respectivo(s). Como a intimação objetiva à comunicação (para a integração do contraditório), e a considerar que esta foi proporcionada, desnecessária é (até mesmo em razão de economia processual) a realização daquela.

Entretanto, se diferentes forem os advogados dos litisconsortes, do(s) ato(s) que for(em) praticado por um (alguns), devem ser intimados os demais, de modo que possa atuar com integração do contraditório. Poder-se-ia até imaginar uma suposta desnecessidade de intimação, porque os atos praticados por um (uns) dos litisconsortes não poderia prejudicar os demais (mas apenas beneficiar).

Acontece que o direito de as partes (mesmo que em litisconsórcio) serem intimadas acerca dos atos processuais praticados independe do resultado (se em benefício ou em prejuízo aos demais litisconsortes) destes. Se em benefício o(s) ato(s), aos demais litisconsortes deve ser dado conhecimento, até para que possam daquele usufruir. Se em prejuízo (a considerar que pode haver algum erro judicial), para que possa se insurgir contra o resultado.

9.6. Proferimento de sentença definitiva sem integração do contraditório

O processo deve correr, até o seu deslinde, mediante observância do contraditório. Aliás, o contraditório é tão importante que está relacionado ao próprio conceito de processo. Assim, se faltar algum litisconsorte, o juiz deve determinar a sua inclusão na relação processual. Caso ocorra de ser proferida sentença de mérito sem integração do contraditório, nomeadamente porque não integrado o litisconsorte à relação processual, ela será (conforme dispõe o art. 115 do CPC, que constitui regra de aplicação excepcional):

a) nula, se a decisão deveria ser uniforme em relação a todos que deveriam ter integrado o processo, ou seja, para todos os litisconsortes unitários, inclusive aos que compuseram a relação processual;

Apenas será decretada a invalidade da decisão se verificada a existência de prejuízo em detrimento daqueles que deveriam ser litisconsortes. Se o contraditório for inútil, o ato decisório deverá ser preservado, como ocorre, por exemplo, no julgamento de improcedência de ação intentada sem formação litisconsorcial passiva.

b) ineficaz, nos outros casos, mas apenas para os que não foram citados, ou seja, que não compuseram a relação processual, sendo, além de eficaz (por conseguinte), válida em relação aos que foram citados.

9.7. Despesas processuais

Dispõe o art. 87 do Código de Processo Civil que, concorrendo diversos autores ou diversos réus, os vencidos respondem proporcionalmente pelas despesas (que compreendem as custas processuais e os honorários advocatícios decorrentes da sucumbência). Se forem sucumbentes litisconsortes unitários, as despesas serão repartidas entre eles em iguais partes. Se simples, proporcionalmente ao proveito econômico obtido pela parte adversa.

10. SÚMULAS

Súmulas do STF

641. Não se conta em dobro o prazo para recorrer, quando só um dos litisconsortes haja sucumbido.

11. ENUNCIADOS DO FPPC

10. (arts. 113, §§ 1º e 2º, art. 240, § 1º). Em caso de desmembramento do litisconsórcio multitudinário, a interrupção da prescrição retroagirá à data de propositura da demanda original.

11. (arts. 116 e 124). O litisconsorte unitário, integrado ao processo a partir da fase instrutória, tem direito de especificar, pedir e produzir provas, sem prejuízo daquelas já produzidas, sobre as quais o interveniente tem o ônus de se manifestar na primeira oportunidade em que falar no processo.

110. Havendo substituição processual, e sendo possível identificar o substituído, o juiz deve determinar a intimação deste último para, querendo, integrar o processo.

116. (arts. 113, § 1º, e 139, VI) Quando a formação do litisconsórcio multitudinário for prejudicial à defesa, o juiz poderá substituir a sua limitação pela ampliação de prazos, sem prejuízo da possibilidade de desmembramento na fase de cumprimento de sentença.

117. (arts. 113 e 312) Em caso de desmembramento do litisconsórcio multitudinário ativo, os efeitos mencionados no art. 240 são considerados produzidos desde o protocolo originário da petição inicial.

118. O litisconsorte unitário ativo pode optar por ingressar no processo no polo ativo ou passivo ou, ainda, adotar outra postura que atenda aos seus interesses.

119. (arts. 116 e 259, III; art. 7 º da lei 7.347/1985) Em caso de relação jurídica plurilateral que envolva diversos titulares do mesmo direito, o juiz deve convocar, por edital, os litisconsortes unitários ativos incertos e indeterminados (art. 259, III), cabendo-lhe, na hipótese de dificuldade de formação do litisconsórcio, oficiar ao Ministério Público, à Defensoria Pública ou a outro legitimado para que possa propor a ação coletiva. **125.** (art. 134) Há litisconsórcio passivo facultativo quando requerida a desconsideração da personalidade jurídica, juntamente com outro pedido formulado na petição inicial ou incidentemente no processo em curso.

386. (art. 113, § 1º; art. 4º) A limitação do litisconsórcio facultativo multitudinário acarreta o desmembramento do processo.

387. (art. 113, § 1º; art. 4º) A limitação do litisconsórcio multitudinário não é causa de extinção do processo.

584. (arts. 385; 117). É possível que um litisconsorte requeira o depoimento pessoal do outro.

674. A admissibilidade da reconvenção com ampliação subjetiva não se restringe às hipóteses de litisconsórcio necessário.

12. INFORMATIVOS

Informativos do STF

Art. 109, § 2º, da CF e litisconsórcio ativo facultativo

[...] se discutia a possibilidade de formação de litisconsórcio facultativo de autores não domiciliados no Estado-membro em que ajuizada a causa. [...] Considerou-se que os litisconsortes podem optar pela propositura da ação em qualquer das hipóteses previstas no aludido dispositivo constitucional. Frisou-se, no ponto, a ausência de qualquer tipo de restrição no que concerne à opção conferida ao autor, que, por isso, é o juiz de sua conveniência para exercer a escolha, limitadas, apenas, as alternativas. RE 234059/AL, rel. Min. Menezes Direito, 2.9.2008. 1ª T. (Info. nº 518)

Informativos do STJ

Inexistência de litisconsórcio passivo necessário no âmbito de ação de nunciação de obra nova.

No âmbito de ação de nunciação de obra nova movida por condomínio contra condômino objetivando a paralisação e a demolição de construção irregular erguida pelo condômino em área comum para transformar seu apartamento, localizado no último andar do edifício, em um apartamento com cobertura, não há litisconsórcio passivo necessário com os condôminos proprietários dos demais apartamentos localizados no último andar do edifício. REsp 1.374.456-MG, Rel. Min. Sidnei Beneti, j. 10.9.2013. 3ª T. (Info 531)

Nulidade. Concurso. Litisconsórcio.

[...] Quanto à nulidade por ausência dos aprovados como litisconsortes necessários, também, segundo o Min. Relator, ela não pode prosperar. Isso porque o candidato aprovado, enquanto não houver nomeação, é detentor de mera expectativa de direitos. Assim, não há comunhão de interesses. Dessa forma, não se verifica a nulidade apontada [...]. REsp 968.400-ES, Rel. Min. Luiz Fux, julgado em 13/4/2010.

Litisconsórcio passivo necessário. Dissolução. Sociedade de fato.

A esposa casada sob o regime de comunhão universal deve figurar no polo passivo, em razão do litisconsórcio passivo necessário, na ação de dissolução de sociedade de fato cumulada com partilha de bens proposta contra o concubino casado. [...]. REsp 885.951-RN, Rel. Min. Luis Felipe Salomão, julgado em 28/4/2009.

Litisconsórcio necessário. União.

A Turma entendeu, por maioria, correto o acórdão recorrido que anulou a sentença proferida pelo juízo de Direito e reconheceu, de ofício, a competência da Justiça Federal, em vista da existência de litisconsórcio passivo necessário ditado por lei, entre o banco de desenvolvimento estadual em questão e a União na ação que envolve determinado fundo de incentivos fiscais. [...]. AgRg no REsp 1.088.533-ES, Rel. Min. Francisco Falcão, julgado em 3/3/2009.

Condomínio. Coproprietários. Responsabilidade solidária.

[...] não há litisconsórcio passivo necessário entre os co-proprietários do imóvel, devendo eles responderem solidariamente pelas dívidas contraídas em razão do inadimplemento de taxas condominiais, cabendo ao condomínio, ora recorrido, acionar um dos devedores ou ambos. [...]. REsp 863.286-MG, Rel. originário Min. Aldir Passarinho Junior, Rel. para acórdão Min. João Otávio de Noronha, julgado em 9/12/2008.

Investigação. Paternidade. Citação. "Pai registral".

A Turma entendeu ser necessária a citação do "pai registral" para integrar a lide como litisconsórcio necessário passivo, na ação de investigação de paternidade movida por menor (representado pela mãe) contra o ora recorrente. Para que alguém seja demovido da sua condição de pai, é preciso que integre a lide que poderá ter essa consequência. Não é necessário prévio procedimento judicial de anulação do registro para subsequentemente proceder à investigação. Pode ser tudo feito no mesmo processo, mas com a integração do "pai registral". [...]. REsp 512.278-GO, Rel. Min. Aldir Passarinho Junior, julgado em 14/10/2008.

Ação civil pública. Dano ambiental. Litisconsórcio facultativo.

A ação civil pública ou coletiva que objetiva a responsabilização por dano ambiental pode ser proposta contra o poluidor, pessoa física ou jurídica, de direito público ou privado, responsável direta ou indiretamente, por atividade causadora de degradação ambiental (art. 3º, IV, da Lei nº 6.898/1991), todos co-obrigados solidariamente à indenização, mediante litisconsórcio facultativo. A sua ausência não acarreta a nulidade do processo. [...]. REsp 884.150-MT, Rel. Min. Luiz Fux, julgado em 19/6/2008.

Crédito-prêmio. IPI. Compensação.

[...] a formação de litisconsórcio posterior excepciona o princípio da *perpetuatio legitimationis*, sendo admissível somente quando se tratar de litisconsórcio necessário. Esse existe quando, por disposição legal ou pela natureza da relação jurídica de direito material, o juiz tiver que decidir a lide de modo uniforme para todas as partes [...]. REsp 870.482-RS, Rel. Min. José Delgado, julgado em 6/3/2008.

Cobrança. Cotas condominiais. Citação. Mulher.

Na ação de cobrança de cotas condominiais, o direito vindicado não tem natureza real, mas obrigacional, relaciona-se com a contraprestação pelos serviços prestados postos à disposição dos condôminos, e não com o imóvel em si. Assim, os cônjuges respondem solidariamente pelas dívidas contraídas decorrentes do inadimplemento perante o condomínio, mas essa responsabilidade não implica obrigatoriedade de litisconsórcio, podendo o credor acionar um dos co-devedores ou ambos. [...]. REsp 838.526-RJ, Rel. Min. Sidnei Beneti, julgado em 26/2/2008.

AR. Citação. Litisconsortes necessários.

[...] como se trata de ação rescisória, a demanda tem que ser proposta contra todos que figuraram na ação originária, ainda que, naquela oportunidade, não estivesse configurada a hipótese de litisconsórcio passivo necessário, uma vez que a decisão proferida no juízo rescindendo atinge a todos os litisconsortes indistintamente. Há exceção somente às demandas rescisórias em que o pedido de rescisão seja dirigido a apenas parte da sentença direcionada a um dos integrantes da lide (posição de José Carlos Barbosa Moreira). Em casos análogos, este Superior Tribunal tem decidido pela obrigatoriedade da citação de todos os integrantes da lide na demanda rescisória, por se tratar de litisconsórcio necessário. [...]. REsp 785.666-DF, Rel. Min. Eliana Calmon, julgado em 17/4/2007.

QO. Litisconsorte. Intimação.

Trata-se de questão de ordem suscitada pelo min. rel. em virtude de, no curso do pedido de vista dos autos, ter sido anexada petição para juntada de substabelecimento a qual evidenciou a existência de litisconsortes passivos necessários, porém não registrados no tribunal de origem, o que resultou na falta da devida intimação deles para apresentar contrarrazões. Deve-se anular todo o julgamento iniciado, para que os litisconsortes passivos sejam intimados neste STJ, a fim de que possam apresentar suas contrarrazões, para que, a partir daí, prossiga o feito. QO no RMS 30.185, Rel. Min. Benedito Gonçalves, j. 11.5.10. 1ª T. (Info 434)

13. SINOPSE

LITISCONSÓRCIO
Considerações Iniciais
Algumas vezes mais de uma pessoa atua, em conjunto, no polo ativo e/ou no polo passivo da relação processual, a formar o denominado litisconsórcio. É a pluralidade de pessoas que assumem, em processo judicial, a condição de autores e/ou réus.
Justificativa
A formação de litisconsórcio é justificada em atenção à economia processual e à segurança jurídica
Classificação
a) **quanto ao polo processual em que se forma**: o litisconsórcio é classificado em ativo, passivo e misto. Será: ativo, quando houver pluralidade de autores; passivo, quando houver pluralidade de réus; misto, quando houver, simultaneamente, pluralidade de autores e de réus. b) **quanto ao momento de formação**: o litisconsórcio é classificado em inicial, quando formado no ato da propositura da ação, ou ulterior, quando formado após a propositura da ação. c) **quanto à obrigatoriedade de sua formação**: será facultativo quando os litisconsortes não estão obrigados a litigar em conjunto, mas optam por fazê-lo por economia ou por algum outro motivo; será necessário quando as partes são obrigadas a litigar em conjunto, não havendo a possibilidade de propositura de ações distintas e isoladas.

d) **quanto aos efeitos do julgamento:** será unitário quando, pela natureza da relação jurídica, o juiz tiver de decidir o mérito de modo uniforme para todos os litisconsortes; será simples quando o pronunciamento jurisdicional definitivo não será necessariamente igual para todos, porque a relação jurídica em debate não é una ou, se for, não é incindível.
Hipóteses de Formação de Litisconsórcio
A primeira hipótese, prevista no inciso I do art. 113, diz que o litisconsórcio se formará quando entre as pessoas houver **comunhão de direitos ou de obrigações**. Já o inciso II, diz respeito às **causas em que houver conexão pelo objeto ou pela causa de pedir**. E o inciso III refere-se à **afinidade de questões por ponto comum de fato ou de direito**.
Limitação do Litisconsórcio Facultativo
O juiz poderá limitar o litisconsórcio facultativo quanto ao número de litigantes na fase de conhecimento, na liquidação de sentença ou na execução, quando este comprometer a rápida solução do litígio ou dificultar a defesa ou o cumprimento da sentença.
Tratamento dos litisconsortes
Os litisconsortes serão considerados, em suas relações com a parte adversa, como litigantes distintos, exceto no litisconsórcio unitário, caso em que os atos e as omissões de um não prejudicarão os outros, mas os poderão beneficiar.

CAPÍTULO 10

INTERVENÇÃO DE TERCEIROS

1. CONCEITOS E ESPECIFICIDADES

Partes, sob o viés estritamente processual, a abstrair a referência ao direito material, são os sujeitos parciais do contraditório dinâmico do processo. Do conceito clássico, é quem pede (autor) e a quem é pedido (réu). Para outros, o autor é quem processualiza a ação, sendo o réu o responsável por reparar ou respeitar o direito afirmado. De qualquer modo, a condição de parte é adquirida invariavelmente pela: a) propositura da ação; b) citação; c) sucessão processual; d) por determinadas espécies de intervenção de terceiro.

Por exclusão, **terceiro** é o sujeito que, não é autor nem réu, mas que, ao ingressar na relação processual, exerce atividade predominantemente (e não exclusivamente) postulatória. Exclui-se, pois, dessa classificação os peritos e as testemunhas, que são **sujeitos probatórios** e, também, imparciais, pelo que não têm a aptidão para assumir a condição de parte ou de terceiro.

A considerar tais premissas, aquele que, embora não seja parte, possa vir a sofrer, direta ou indiretamente, as consequências do pronunciamento jurisdicional decisório, será detentor de **legitimidade interventiva**. Tal compreensão é importante porque uma das principais consequências práticas decorrentes dessa distinção é que a coisa julgada não pode, em hipótese alguma, prejudicar um terceiro (art. 506 do CPC)[1], mas, apenas (em algumas circunstâncias) favorecê-lo.

---

1. Anote-se que aos terceiros prejudicados, que não têm relação com o objeto litigioso do processo e, por isso, não estão incluídos nas modalidades de intervenção, não perdem o direito de utilizarem-se das **vias autônomas**, dando origem a demandas novas ou processos incidentes.

Com o ingresso do terceiro no processo, ele poderá assumir a condição de **parte propriamente dita**, ao lado do autor ou do réu, caso em que receberá os efeitos diretos da coisa julgada, ou **parte no processo**, quando integrará o processo, mas assumirá ou uma postura de auxílio (*amicus curiae*) ou uma posição própria determinada pela lei (assistência simples), casos em que não receberá os efeitos propriamente ditos da coisa julgada.

Podem ser destacadas algumas funções das intervenções de terceiros, tais quais: a) **impedir a prática de atos processuais inúteis**, a amalgamar e a solucionar o máximo de questões possíveis em um único processo (promoção da macroeconomia processual, eficiência e razoável duração do processo); b) garantir o **contraditório efetivo e dinâmico** de terceiros que podem ser alcançados (ainda que indiretamente) pelos efeitos da decisão; c) **velar pela harmonização dos julgados**, a evitar decisões contraditórias (segurança jurídica e igualdade).

2. NATUREZA JURÍDICA

A intervenção de terceiros não possui natureza de **processo incidente**[2] (caracteriza-se por ser um processo instaurado em função de um já existente e que se aparta e autonomiza do originário, mas, sobre ele, projetando seus efeitos), mas sim de um **incidente processual**[3], que se estrutura como uma demanda nova, que se integra à originária, tornando-a complexa.

Como incidente que é, a análise de **cabimento** da intervenção de terceiros pelo órgão julgador é realizada por uma **decisão interlocutória**, a qual, pelo menos em regra, **não modifica a competência**. Contudo, **excepcionalmente**, quando intervier a União, Autarquias Federais ou Empresas Públicas Federais, sendo cabível a intervenção, a competência será deslocada para a Justiça Federal, competindo a ela analisar o cabimento da intervenção[4]. Tal lógica, entretanto, como se analisará a seguir, não se aplica ao *amicus curiae.*

Se a intervenção for do Estado ou Município, bem assim de suas respectivas autarquias ou empresas públicas, a competência poderá ser deslocada para órgão especializado, se houver, permanecendo, contudo, a competência da Justiça Comum Estadual.

3. CLASSIFICAÇÃO

As intervenções de terceiros classificam-se em:

a) **espontânea ou voluntária:** caso em que o terceiro apresenta-se, *sponte propria*, para atuar no processo, independentemente de provocação das partes ou do juiz (a

---

2. Temos como exemplo de processos incidentes: **os embargos de terceiro** (art. 674 – 681 do CPC), **a oposição** (art. 682 – 692 do CPC**), a reclamação** (art. 988 – 993 do CPC) **e mandado de segurança contra ato judicial**.
3. São exemplos de incidentes do processo, além da intervenção de terceiro: incidente de resolução de demandas repetitivas, a alegação de suspeição e impedimento do magistrado, conflito de competência e incidente de arguição de inconstitucionalidade.
4. A Súmula 150 do STJ preconiza que compete à Justiça Federal decidir sobre a existência de interesse jurídico que justifique a presença, no processo, da União, suas autarquias ou empresas públicas. Em razão disso, requerida, perante a Justiça Estadual, a denunciação da lide de ente federal, os autos devem ser remetidos à Justiça Federal, competente para apreciar o pedido. Indeferida a denunciação, haverá o retorno dos autos à Justiça Estadual independentemente de suscitação de conflito de competência. (STJ. CC 46801/RJ. DJ 29.11.2004)

exemplo do que ocorre com a assistência e, em alguns casos, com o *amicus curiae* e, até mesmo, com a desconsideração da personalidade jurídica);

b) **provocada ou coacta:** quando o terceiro é exortado a intervir no processo, pela provocação das partes (a exemplo do que ocorre com a denunciação da lide, o chamamento ao processo e, às vezes, com a desconsideração da personalidade jurídica) ou de ofício pelo juiz (a exemplo do que ocorre em alguns casos com o *amicus curiae*).

Antes de prosseguir, faz-se uma importante observação relativa às figuras da desconsideração da personalidade jurídica e do *amicus curiae*: o incidente de desconsideração da personalidade jurídica poderá ser espontâneo ou provocado; o *amicus curiae* é a única modalidade de intervenção de terceiro que comporta atuação oficiosa do juiz.

4. MODALIDADES

O legislador promoveu alterações relevantes na sistematização e arquitetura da intervenção de terceiros.

Primeiramente, alocou a assistência, que já era considerada pela doutrina forma genuína de intervenção de terceiro, no Título III da Parte Geral do Código, que se refere às intervenções de terceiros, deixando clarividente sua natureza.

Depois, a oposição recebeu novo tratamento. Deixou de ser espécie de intervenção de terceiro para figurar como procedimento especial, em razão da sua natureza de ação autônoma (a formar um processo incidente) e por possuir um regime jurídico semelhante ao dos embargos de terceiros[5].

O legislador, ainda, eliminou a nomeação à autoria do rol das figuras típicas de intervenção de terceiros, conquanto sua finalidade prática tenha sido mantida em contornos mais ampliados, a partir da correção do polo passivo da ação, a simplificar o antigo instituto[6].

Questão de Concurso

▶ **(Consulplan – Cartórios – Provimento – TJ – MG/2017)**[7] São formas de intervenção de terceiros previstas no Código de Processo Civil/2015, EXCETO:

a) Assistência.
b) Nomeação à autoria.
c) Chamamento ao processo.
d) Incidente de desconsideração da personalidade jurídica.

Além disso, dois novos institutos foram inseridos no rol da intervenção de terceiros. Foram eles o incidente de desconsideração da personalidade jurídica e o *amicus curiae,* que

5. A principal peculiaridade procedimental da oposição é que o prazo para os réus (autor e réu da ação originária) contestarem a oposição, que são litisconsortes ulteriores necessários com advogados diferentes, será comum e não em dobro como ocorre no procedimento comum.
6. Esse incidente de correção da legitimidade passiva será estudado em capítulo próprio.
7. Gabarito: Letra B.

em razão da importância (e da própria novidade em termos legislativos), serão tratados em tópicos específicos.

Assim, pode-se afirmar que, no atual Código, são consideradas **modalidades típicas** de intervenção de terceiros: a) assistência; b) denunciação da lide; c) chamamento ao processo; d) desconsideração da personalidade jurídica; e) *amicus curiae*.

5. CABIMENTO

A intervenção de terceiro pode ocorrer, pelo menos em regra, durante todo o curso do processo, mas, em algumas das modalidades interventivas, há momentos processuais específicos que, se não observados, pode ensejar preclusão (restando ao interessado, quando cabível, o uso de ação autônoma).

Com efeito, o pedido de assistência, em regra, pode ser formulado a qualquer tempo. Mas, o chamamento ao processo deve ser pedido na contestação. A denunciação da lide, pelo autor, na petição inicial, e, pelo réu, na contestação. O *amicus curiae*, por iniciativas das partes ou do juiz, pode ser trazido em qualquer fase do processo[8].

Em qualquer fase do processo, também, pode ocorrer a desconsideração da personalidade jurídica. Mas não a todo momento. Essa forma de intervenção deve ocorrer logo inicialmente, a partir dos atos postulatórios inaugurais, ou quando for praticado algum ato executivo, em que seja necessária a desconsideração para a efetivação daquele.

6. RESTRIÇÕES (ATUAIS E ANTIGAS)

Alguns procedimentos, por sua natureza, podem limitar as modalidades de intervenção de terceiros. A Lei nº 9.099/1995, que rege os Juizados Especiais Cíveis, em seu art. 10, expressamente excluiu todas as espécies de intervenção de terceiros. Essa vedação decorre da simplicidade, informalidade, economia e celeridade próprias do procedimento, que não se coaduna com a possibilidade de ampliação da demanda.

No entanto, o Código, editado posteriormente à Lei que instituiu os Juizados Especiais Cíveis, a excepcionar a disposição que impede a intervenção de terceiros, admitiu a instauração do incidente de desconsideração da personalidade jurídica (art. 1.062). Logo, pode-se afirmar, conquanto isso já ocorresse na prática, que a **desconsideração da personalidade jurídica é possível no procedimento sumaríssimo.**

Questão de Concurso

▶ **(MPE-GO.MPE-GO.Promotor de Justiça.2016 – ADAPTADA)[9]: Segundo o Código de Processo Civil, assinale Verdadeiro ou Falso:** "o incidente de desconsideração da personalidade jurídica não se

8. A intervenção de terceiro passa pelo controle judicial, analisando-se se há ou não cabimento, conforme os requisitos exigidos. Desta feita, o ingresso de terceiros no processo, em regra, não ficará à mercê da discricionariedade das partes, pois o juiz exercerá controle de legitimidade e do preenchimento dos requisitos estabelecidos na lei.
9. Gabarito: Falso.

aplica ao processo de competência dos juizados especiais, tendo em vista o princípio da celeridade processual"

Não bastasse isso, a nomeação à autoria não é mais (ou, pelo menos, ficou claro, com o Código, que já não era considerada) hipótese típica de intervenção de terceiros. Portanto, a correção do polo passivo da demanda, realizada com base nos artigos 338 e 339, em regra, não sofre mais tais limitações.

Aliás, é assim que orienta o enunciado 42 do Fórum Permanente de Processualistas Civis: "o art. 339 aplica-se mesmo a procedimentos especiais que não admitem intervenção de terceiros, bem como aos juizados especiais cíveis, pois se trata de mecanismo saneador, que excepciona a estabilização do processo".

Quanto à oposição, a despeito de ter deixado (ou, pelo menos, ter ficado claro) de ser uma modalidade de intervenção de terceiros, não pode ser utilizada no procedimento sumaríssimo dos Juizados Especiais Cíveis. Isso porque passou a ser (ou foi reconhecida como) procedimento especial, que, segundo orientação do enunciado 8 do FONAJE, não é cabível.

> Enunciado 8 do FONAJE: "As ações cíveis sujeitas aos procedimentos especiais não são admissíveis nos Juizados Especiais".

Os artigos 7º e 18 da Lei nº 9.868/1999, que tratam da ação direta de inconstitucionalidade (ADI) e da ação declaratória de constitucionalidade (ADC), vedam, expressamente, qualquer modalidade de intervenção de terceiros, porque disciplina ações de natureza objetiva, pelo que não há exame de relações individuais e concretas.

No entanto, com a inclusão pelo Código do *amicus curiae* (agora) como espécie expressa de intervenção de terceiro, anota-se que a regra encimada deve ser interpretada sistematicamente com o § 2º do art. 7º da Lei nº 9.868/99, que já admitia o *amicus curiae* na ADIN e ADC. Portanto, será admitida, desde que preenchidos os requisitos legais, essa espécie de intervenção de terceiro[10].

No mandado de segurança (apesar de abalizados posicionamentos da doutrina pela admissibilidade), está pacificado pelo Supremo Tribunal Federal que não se admite intervenção de terceiros, salvo a do *amicus curiae.*

Por fim, vale ressaltar que o antigo procedimento sumário (definido pelos artigos 275 e seguintes do CPC/1973), que trazia restrições à intervenção de terceiros, foi extinto pelo CPC/2015. A ser assim, com a opção única pelo procedimento comum não mais haverá restrição às intervenções de terceiros naquelas matérias que antes eram submetidas ao procedimento sumário (a não ser que, em razão do valor, sigam o rito sumaríssimo).

10. § 2º do art. 7º da Lei nº 9.868/99: "o relator, considerando a relevância da matéria e a representatividade dos postulantes, poderá, por despacho irrecorrível, admitir, observado o prazo fixado no parágrafo anterior, a manifestação de outros órgãos ou entidades".

7. INTERVENÇÕES DE TERCEIROS EM ESPÉCIE

7.1. Assistência

7.1.1. Conceito

A afirmar a operatividade, o legislador simplifica o trato da assistência, ao adotar uma nova diagramação do capítulo referente ao tema e subdividi-lo em três secções. Na primeira, delineou as disposições comuns aplicáveis ao instituto da assistência *lato sensu* (artigos 119 e 120). Na segunda e terceira, adotou classificação, que subdivide a assistência em **simples** (artigos 121 a 123) e em **litisconsorcial** (art. 124).

A assistência *lato sensu* constitui modalidade **interventiva espontânea (voluntária)**, em que um terceiro, juridicamente interessado, ingressa no processo em curso para **auxiliar** uma das partes sem nenhuma exortação judicial, a fim de evitar prejuízos. Tais prejuízos podem ser: a) **diretos**: quando o assistente é proprietário exclusivo ou cotitular da relação jurídica deduzida em juízo; b) **indiretos**: quando o terceiro mantém relação jurídica conexa e dependente daquela discutida em juízo, pelo que os efeitos externos e reflexos da decisão podem atingir sua esfera jurídica.

No primeiro caso, o assistente será **parte propriamente dita** e prestará colaboração na qualidade de **assistente litisconsorcial**, a ser alcançado, pois, pelos efeitos da coisa julgada. No segundo, a posição será de **parte do processo,** cuja função do **assistente simples** será a de coadjuvar o autor ou réu na obtenção de um resultado favorável, em razão do interesse de lhe atingir indiretamente, não havendo incidência da coisa julgada, mas de um regime preclusivo próprio, que será analisado adiante[11].

7.1.2. Interesse legitimador

O art. 119, *caput,* do CPC prescreve que: "pendendo causa entre 02(duas) ou mais pessoas, o terceiro juridicamente interessado em que a sentença [rectius: decisão] seja favorável a uma delas poderá intervir no processo para assisti-la".

A expressão "**juridicamente interessado**" deve ser interpretada como uma cláusula geral, que será preenchida casuisticamente, sendo um dos requisitos da assistência a sua presença.

No entanto, o Código perdeu a oportunidade de deixar claros os limites ou os critérios balizadores para interpretação do que vem a ser interesse jurídico. Tal missão, como ocorria no CPC/1973, ficará a cargo da doutrina e da jurisprudência[12].

11. Para além da função de auxiliar o assistido a obter um resultado favorável no processo, o terceiro pode realizar importante **função fiscalizatória,** com o fulcro de obstaculizar a prática de negócios jurídicos processuais ou atos de disposição fraudulentos e simulados que possam atingir negativamente a sua esfera jurídica. Atua nesse caso como auxiliar do juiz, a velar pelo respeito ao princípio da boa-fé.

12. A jurisprudência firmada sob a égide do CPC/1973 mostrou-se restritiva na interpretação da expressão "interesse jurídico", afastando interesse de ordem econômica, social, religiosa ou humanitária (STJ, 2ª Turma, ED nos ED na MC 3.997/RJ, rel, Min Eliana Calmon, DJ 05.08.2002).

Ao considerar a jurisprudência firmada sob a égide do CPC/1973, que se harmoniza ao CPC/2015, em regra geral, o interesse meramente econômico[13], profissional[14], social, religioso[15], humanitário ou afetivo não é suficiente para autorizar a assistência. Para sua admissibilidade, o **interesse há de ser jurídico.** É preciso que o terceiro seja cotitular da relação jurídica pendente ou que esta tenha potencialidade de projetar efeitos negativos na esfera de um terceiro, que possua relação jurídica conexa com aquela que se discute.

No entanto, há mitigações a essa concepção restritiva. A jurisprudência firmada sob a égide do CPC/1973 já admitia a possibilidade, por exemplo, de uma assistência simples com base em **interesse institucional**, considerado este como uma dimensão do interesse jurídico capaz de autorizar a intervenção[16].

Nessa ordem de ideias, a também mitigar a visão do interesse estritamente jurídico, figura a previsão legal da **intervenção anômala,** modalidade na qual se autoriza a intervenção dos entes públicos baseada em **interesses meramente econômicos**[17]. Essa intervenção *sui generis* é cabível em todas as demandas, ainda que apenas entre particulares, desde que o processo traga reflexos econômicos diretos ou indiretos a qualquer pessoa jurídica de direito público.

Vislumbra-se, por fim, na esteira da jurisprudência do Supremo Tribunal Federal, a possibilidade de um legitimado extraordinário intervir em processo individual como assistente simples, para defender **direitos coletivos lato sensu**. Aí, o interesse jurídico resta configurado quando o julgamento a ser proferido na ação individual tem potencialidade de orientar a solução de outros inúmeros casos similares provenientes da coletividade representada pelo legitimado extraordinário. Haveria, então, **interesse na formação do precedente**, suficiente para admitir a assistência simples.

7.1.3. Cabimento

Nos termos da redação do parágrafo único do art. 119 do Código de Processo Civil, "a assistência será admitida em qualquer procedimento e em **todos os graus de jurisdição**; recebendo o assistente o processo no estado em que se encontre".

---

13. Como acontece quando o credor requer a sua assistência em processo cujo objeto é a cobrança demandada por um credor em face de um devedor comum sem vínculo de solidariedade.
14. Como ocorre no caso de advogado que pleiteia a assistência em processo que está a discutir tese por ele sustentada.
15. É o caso da entidade ou associação religiosa que pleiteia a sua assistência em processo cujo objeto esteja a discutir algum princípio ou interesse religioso da entidade ou associação.
16. Tais hipóteses, sob a ótica do curso, devem permanecer com o código atual, a admitir-se, por exemplo, a intervenção do Ministério Púbico como assistente simples em determinado processo na defesa dos seus direitos, garantias e prerrogativas institucionais, quando a decisão da causa projetar prejuízo institucional atual ou iminente dos seus membros. Como também a possibilidade da Ordem dos Advogados do Brasil intervir em processos cujo objeto em discussão seja relacionado com as prerrogativas dos advogados inscritos na ordem.
17. O art. 5º, parágrafo único, da Lei nº 9.469/97, reza que "as pessoas jurídicas de direito público poderão nas causas cuja decisão possa ter efeitos reflexos ainda que indiretos, de natureza econômica, intervir **independentemente de demonstração de interesse jurídico,** para esclarecer questões de fato ou de direito, podendo juntar documentos e memoriais reputados úteis ao exame da matéria e, se for o caso recorrer, hipótese que para fins de deslocamento de competência, serão considerados partes".

Nesses termos, a assistência tem cabimento em qualquer tempo ou grau de jurisdição, inclusive nas instâncias extraordinárias. Por regra, como se extrai do texto legal transcrito, a assistência não se submete à preclusão temporal. Entretanto, a segunda parte do texto legal destaca que o assistente recebe os autos no estado em que se encontra, pelo que se conclui que a intervenção não faz com que o processo retroceda a fases anteriores.

Mas, pode ocorrer, inclusive em razão de provocação do assistente, de ser decretada alguma invalidade e, por isso, haja necessidade de realizar ou de repetir a prática de ato (s) processual (processuais). Nesta hipótese, embora o assistente receba os autos no estado em que se encontra, a decretação de invalidade fará com que o processo retroceda a fase anterior.

Há entendimento firmado no âmbito da jurisprudência, que deve ser aplicado ao CPC/2015, no sentido de que o magistrado, no exercício do controle judicial da assistência, ao perceber que, em razão do momento processual, o pretenso assistente não terá condições de viabilizar uma defesa útil em benefício da parte que intenta assistir, a intervenção (na forma de assistência) pode ser inadmitida[18].

Feitas tais considerações iniciais, far-se-á, agora, algumas ponderações relevantes sobre o cabimento da assistência.

Na fase de conhecimento, a assistência é cabível em todas as modalidades de procedimento, sejam nos especiais de jurisdição contenciosa, seja no procedimento comum, como também nas tutelas provisórias. Excepciona-se, todavia, as vedações já analisadas do mandado de segurança[19] e dos Juizados Especiais Cíveis.

Quando o assistente ingressa no processo, mediante interposição de recurso como **terceiro prejudicado**, haverá regramento a ser estudado em tópico próprio.

Quanto à possibilidade da assistência na **fase de execução** duas correntes se apresentam.

A primeira, mais restritiva, segue no sentido de que, na fase executiva propriamente dita, a *priori*, não cabe a assistência, porque o escopo da assistência é possibilitar que o terceiro auxilie para alcançar uma sentença de mérito favorável ao assistido. Como tal decisão já foi proferida na fase de conhecimento, restaria superada a utilidade de auxílio e de cooperação, a esvaziar a finalidade dessa figura interventiva pela perda do objeto[20].

Ressalte-se, entretanto, que até mesmo a doutrina adepta do referenciado entendimento, já apontava relevante necessidade de mitigação para o caso das execuções fundadas em título

18. Circunstâncias como tais são comuns quando a fase em que se encontra o processo não permitir a utilidade prática da atuação do assistente. Junto ao Supremo Tribunal Federal há precedente a historiar, por exemplo, que se o requerimento de assistência for formulado após a sessão em que foi iniciado o julgamento de recurso extraordinário, por se entender que o interessado não poderia apresentar novas razões recursais ou sequer realizar sustentação oral, o requerimento de intervenção não terá utilidade, devendo ser indeferido (STF. Pet 4391 AgR/RJ. DJe 09.10.14).
19. Apesar de entendimentos contrários na doutrina, predomina no STF e STJ o entendimento de que não cabe assistência, tendo em vista a incompatibilidade ritual e a disposição do art. 24 da Lei nº 12.016/09).
20. INTERVENÇÃO DE TERCEIROS. ASSISTÊNCIA. EXECUÇÃO CONTRA EMPRESA EM RECUPERAÇÃO JUDICIAL. PEDIDO DE INGRESSO NA LIDE FORMULADO POR SÓCIO DA PRINCIPAL EMPRESA CONTROLADORA DA DEVEDORA. 1. Não cabe intervenção de terceiro no processo executivo. Precedentes. 2. Depois, o interesse do requerente é meramente econômico (não jurídico), eis que não existe sentença no processo executivo. O que também desautorizando a medida pleiteada. 3. Recurso desprovido. (AI: 20052023620148260000 SP 2005202-36.2014.8.26.0000, Relator: Melo Colombi, D.J: 26/03/2014)

extrajudicial, em que se admite a assistência, caso sejam opostos embargos pelo executado. Tal se justifica porque essa modalidade de defesa constitui ação de impugnação autônoma, com ampla cognição judicial, inclusive com prolação de sentença de mérito.

A segunda corrente, a qual os autores do presente livro se filiam, defende uma visão mais **ampliativa** do instituto, ao criticar o excessivo formalismo na restrição da assistência aos possíveis reflexos que uma sentença de mérito pode projetar. Parece-nos claro que não é apenas a sentença, mas o resultado da atividade jurisdicional, inclusive executiva, que tem eficácia reflexa capaz de repercutir de modo desfavorável na esfera jurídica de terceiros.

Seguindo essa corrente, os autores do presente livro defendem a viabilidade da assistência nos casos em que a satisfação ou a frustração do direito na fase executiva possa trazer efeitos negativos na relação jurídica do terceiro com a parte, a autorizar seu ingresso como assistente no curso da execução.

7.1.4. Espécies

De acordo com a intensidade dos reflexos da causa principal na esfera jurídica de terceiros, a assistência terá como espécies: a) simples ou adesiva; b) litisconsorcial ou qualificada.

Na primeira, o terceiro tem uma relação jurídica com uma das partes, **conexa,** porém, distinta daquela discutida em juízo, a qual poderá sofrer reflexamente ou indiretamente os efeitos da tutela jurisdicional. Ele intervém no processo porque tem interesse que a decisão a ser prolatada seja favorável ao assistido (parte com quem tem relação jurídica), para que sua relação conexa não venha a ser afetada negativamente pela decisão judicial.

Constitui exemplo de **assistência simples** o caso em que sublocatário ingressa no processo em curso para auxiliar o locatário na ação de despejo intentada pelo proprietário do imóvel. O assistente detém relação jurídica com o assistido (contrato de sublocação) distinta daquela discutida em juízo (contrato de locação). Porém, o objeto (despejo do imóvel) pode atingir o assistente reflexamente, uma vez que, se julgada procedente a ação, o imóvel será desocupado (salvo se o seu contrato de sublocação possuir eficácia real).

Não existe, nessa modalidade de intervenção, qualquer vínculo jurídico entre o assistente e o adversário do assistido. O terceiro, ao ser admitido no processo, torna-se parte do processo, como auxiliar do assistido, mas não é parte propriamente dita da demanda, pois não há ação intentada contra ele. O assistente simples atua como **legitimado extraordinário subordinado**, pois age em nome próprio na defesa do direito do assistido.

Já na **assistência litisconsorcial**, existe relação jurídica entre o assistente e o adversário do assistido. O terceiro ingressa em juízo em razão de ter interesse jurídico direto no resultado do processo, **por ser cotitular da relação material discutida em juízo.** Poderia desde o início ser parte, mas manteve-se estático. Passa, assim, a ser considerado litisconsorte, em razão de a decisão judicial ter a aptidão de influir diretamente na relação jurídica entre ele e o adversário do assistido.

Nos termos dos precedentes do Superior Tribunal de Justiça, "na hipótese dos autos, **a assistência é qualificada ou litisconsorcial**, porquanto o assistente atua com **poderes equivalentes ao do litisconsorte**, uma vez que a *quaestio iuris* em litígio também é do assistente, o que lhe confere a legitimidade para discuti-la individualmente ou em litisconsórcio com o assistido" (STJ. AgRg no REsp 916010/SP. DJe 30.09.10).

Constitui exemplo de assistência litisconsorcial, o caso em que o condômino vai a juízo, sozinho, defender a coisa comum[21], a considerar que o sistema processual não atribui obrigatoriedade à formação do litisconsórcio ativo. Nessa hipótese, se aquele (outro condômino), que não demandou inicialmente, quiser intervir, quando admitido, será na condição de assistente litisconsorcial.

7.1.5. Procedimento

Independentemente de a assistência ser simples ou litisconsorcial, elas seguem idêntico procedimento. O terceiro formula o pedido fundamentado em fatos e razões que embasem o seu interesse jurídico, ocasião em que o magistrado poderá indeferir liminarmente o pedido, seja por ausência de interesse jurídico ou em razão de manifesta inadmissibilidade procedimental.

Em sequência, as partes serão intimadas para impugnar o pedido no **prazo de 15 dias**. Decorrido esse lapso temporal, com ou sem apresentação de reposta, o juiz analisará o pedido e decidirá acerca da intervenção.

Se, quanto ao pedido de assistência, houver impugnação de qualquer das partes, o juiz, sem desentranhamento da petição interventiva e da impugnação (ou seja, sem formar autos em apartados) de plano, decidirá[22] o pedido, sem suspensão do curso do processo, por **decisão interlocutória**.

Diga-se mais.

Mesmo que não apresentada impugnação, a inércia das partes não implica em automática admissão da assistência. De fato, o juiz só deferirá o pedido de assistência caso estejam preenchidos os requisitos legais. O juiz pode admitir a modalidade interventiva pretendida (ou, por afirmação à fungibilidade e à primazia do mérito, determinar que a intervenção se opere por outra modalidade).

Decidindo o juiz pela admissibilidade da assistência, o terceiro assumirá sua posição de auxiliar (assistência simples) ou de parte propriamente dita (assistência litisconsorcial), recebendo o processo no estado em que se encontra (STJ. REsp 681769/PE. DJU. 21.11.05).

Se a decisão for pelo não cabimento da assistência, o processo seguirá sem a intervenção do terceiro, a determinar, o juiz, o desentranhamento dos articulados relativos ao incidente. Contra o pronunciamento jurisdicional de inadmissão da assistência (decisão interlocutória), caberá a interposição de agravo de instrumento.

21. O art. 1.314 do CC prescreve que o condômino pode reivindicar sozinho a coisa comum em face de eventuais turbações de terceiros.

22. O código foi silente quanto à possibilidade de produção de provas, permissivo que existia no CPC/1973 e que foi ilogicamente suprimido. Todavia, apesar da lacuna legislativa, defende-se que, verificada a necessidade de produção de provas, o juiz poderá concedê-la com vistas a garantir o exercício do direito à prova e ao contraditório.

7.1.6. Regime Jurídico

a) Poderes do assistente simples e a sua eficácia preclusiva

A função principal do assistente simples é **coadjuvar a parte assistida**, exercendo os mesmos poderes e sujeitando-se aos mesmos ônus processuais[23]. No entanto, o assistente adesivo não possui independência plena para atuar como entender conveniente no processo. Seu regime jurídico é *sui generis*. Sua atuação é **acessória** e deve ser interpretada por intermédio da análise conjunta do parágrafo único do art. 121 e do art. 122 do Código, que, numa primeira análise, aparentam ser conflitantes, mas, ao contrário, são conciliáveis.

Observe-se:

A atuação do assistente simples é, regra geral, subordinada à vontade emitida pelo assistido, sendo certo que todo ato contrário ao desejo deste último deve ser reputado como ineficaz. Nesse sentido o art. 122 do Código aduz que "a assistência simples não obsta a que a parte principal reconheça a procedência do pedido, desista da ação, renuncie ao direito sobre o que se funda a ação ou transija sobre direitos controvertidos".

Esse dispositivo demonstra a autoridade que a parte principal, por possuir, à sua disposição, o direito material e o processual. Consequentemente, os atos dispositivos da parte principal devem ser soberanos em face do agir do assistente simples. Se o assistido desistir da ação, não poderá o assistente opor-se. A vontade do assistido é a principal e deve prevalecer sobre a vontade acessória do assistente adesivo.

Tal submissão, todavia, relaciona-se apenas às matérias de direito dispositivo. Por isso que, quanto às matérias de ordem pública, o assistente é livre para levá-las ao conhecimento do juiz, mesmo contra a vontade do assistido[24].

Por outro lado, o parágrafo único do art. 121 prescreve a possibilidade da **atuação complementar do assistente,** hipótese na qual se suscitam as maiores dúvidas interpretativas. Nesse ponto, o Código modifica o regime, ao dilatar consideravelmente os poderes do assistente simples, que passa a ter interesse de atuar não apenas na hipótese de revelia, mas, também, nos casos em que o assistido for, de qualquer modo, omisso.

Quanto à revelia, o CPC/1973 contemplava um regime reducionista, pois, em caso de inércia do assistido, o assistente era recepcionado como mero gestor de negócios (figura do direito material de reduzidos poderes). Com o atual Código, a figura do assistente, em caso de revelia ou de omissão por parte do assistido, adquirirá o **status de substituto processual**[25].

23. Daí resulta que o assistente poderá, desde que tempestivamente, solicitar provas, indicar assistente técnico, formular questões aos peritos, requerer tutela provisória, contestar, comparecer às audiências, oferecer memoriais escritos, recorrer, arrazoar, entre outros poderes. Em tais casos haverá uma responsabilidade compartilhada pelas despesas processuais, pois nos termos do art. 94 do CPC, o assistente deverá pagar as custas na proporção da atividade que exercer.
24. Caso o assistente simples na sua função fiscalizatória, perceba a prática de um negócio processual fraudulento entre as partes do processo, como por exemplo, um reconhecimento de pedido forjado com o intento apenas de prejudica-lo, poderá recorrer de forma independente, mesmo em desconformidade com a vontade do assistido.
25. Apesar dessa especial condição, ao assistente, não será, em caso de revelia, concedida a oportunidade para a apresentação de resposta. Sua intervenção cingir-se-á apenas aos atos subsequentes.

Advirta-se que a revelia não seria um negócio jurídico processual, mas um **ato-fato processual** que, como tal, dispensa a análise da manifestação de vontade. Uma vez configurada, ela (revelia) não projeta vontade soberana a obstaculizar o agir do assistente. É exatamente essa lacuna volitiva que confere interesse de agir ao substituto processual (assistente). A eficácia do ato complementar praticado pelo assistente ficará sob condição resolutiva. Seus efeitos poderão cessar, caso manifestada vontade superveniente do assistido em sentido contrário.

De todo modo, continua sendo defeso ao assistente praticar qualquer ato de disposição de direito substancial ou processual do assistido, pois ele, evidentemente, não é o titular da ação. Com a chegada superveniente do assistido revel e a assunção do processo no estado em que se encontra, cessa-se a substituição processual e o assistente passa a agir como auxiliar da parte assistida.

Em razão de sua relevância, faz-se necessário analisar a atuação do assistente nos demais casos de omissão do assistido. Há duas espécies de omissões: a) negocial; b) contumacial (ou não negocial).

A **omissão negocial** deve ser analisada sob o amparo dos negócios jurídicos processuais. Se as partes realizam um negócio jurídico processual e convencionam a supressão de determinado recurso, em tal situação, a omissão da parte decorrerá da vontade pré-entabulada do negócio jurídico, o que desautoriza a atuação do assistente como substituto[26].

Na **omissão não negocial**, a atuação do assistente é ampla. Ela não se limitará à prática de meros atos de chancela da vontade do assistido, mas, será ampliado o seu espectro para qualquer situação processual onde se verifique vácuo de vontade. Por conseguinte, em caso de omissão não negocial, o assistente estará autorizado a supri-la, desde que não pratique ato processual contrário à vontade expressa ou implícita do assistido. Por isso, o assistido pode neutralizar os efeitos do ato praticado pelo assistente, desde que manifeste, supervenientemente, expressa discordância.

Pode o assistente, a título de exemplo, recorrer, se inerte o assistido, mas não pode assim fazer caso ele (o assistido) tenha renunciado àquela faculdade processual. Daí se concluir que, sob a égide do atual Código, fica superado o posicionamento do Superior Tribunal de Justiça[27], no sentido de inadmitir, em caso no silêncio do assistido, a interposição de recurso pelo assistente simples. Nesse caso, o silêncio do assistido configura omissão não negocial, que poderá ser suprida pelo assistente.

Quanto aos efeitos da assistência simples, ela traz, como consequência jurídica principal, a impossibilidade de o assistente discutir, em outro processo, a **justiça da decisão**. Isso ocorrerá se ele (o assistente) tiver ingressado no processo em momento processual apto ao exercício do efetivo e dinâmico contraditório e que o assistido não tenha praticado atos de má-gestão processual.

26. De igual modo, há negócios processuais implícitos, onde a conduta omissiva da parte é interpretada como vontade implícita, como ocorre no caso da inércia da parte diante de uma incompetência relativa. Em tal caso, a lacuna de vontade é interpretada como vontade implícita de prorrogar a competência, em tal situação também se veda a atuação do assistente.
27. STJ: REsp 585.385/MT, DJe 30.03.09; AgRg no REsp 1068391/PR, DJe 27.11.09.

Portanto, no caso de o terceiro integrar o processo em momento processual onde foi possível a efetivação de todas as oportunidades processuais para discussão de questões de fato e de direito, haverá a incidência da eficácia preclusiva sobre o *thema decidedum (verdade dos fatos)*, vedando-se a rediscussão dos fundamentos de fato e de direito em outra ação.

Esse regime *sui generis*, que somente é aplicável à assistência simples, é, ao mesmo tempo, mais rígido do que a coisa julgada, pois a justiça da decisão atinge a fundamentação da decisão (parte da decisão imune pelo regime da coisa julgada), e mais brando, pois admite a relativização da justiça da decisão com maior facilidade nos casos de comprovação da má-gestão processual por parte do assistido (no caso da coisa julgada, a ação rescisória exige hipóteses de rescindibilidade bem mais criteriosas).

Nesse último caso, poderá o assistente rediscutir a justiça da decisão por meio da *exceptio male gesti processos (exceção de má gestão processual)*, quando: a) pelo estado em que recebeu o processo, ou pelas declarações e pelos atos da parte assistida, foi impedido de produzir provas suscetíveis de influir no resultado da sentença; b) desconhecia a existência de alegações ou de provas, de que o assistido, por dolo ou culpa, não se valeu.

b) Poderes do assistente litisconsorcial e coisa julgada

A assistência litisconsorcial constituirá **litisconsórcio facultativo ulterior unitário**, em que o assistente passa a ser parte no processo. Nesse âmbito, prevalece a **independência**. O assistente possui paridade de tratamento. Não há um regime distinto que coloca o assistente em posição subsidiária de atuação. O assistente litisconsorcial, em regra, atua na mesma amplitude do assistido e não se subordina à sua vontade (como ocorre na modalidade simples).

Aplica-se, então, o regramento do litisconsórcio facultativo unitário ulterior, como já estudado. Por isso, não pode a parte assistida neutralizar a vontade do assistente litisconsorcial e reconhecer a procedência do pedido, desistir da ação ou transigir sobre direitos controvertidos, pois, o regime de litisconsórcio obstaculiza a produção de efeitos dos atos de disposições de direito de uma parte em prejuízo das demais[28].

Quanto à eficácia da intervenção, o assistente litisconsorcial não fica abarcado pela justiça da decisão, mas pela própria **coisa julgada**, já que passa a figurar como parte principal do processo. Veja o caso da reivindicação de coisa comum: os demais condôminos, que poderiam ter sido litisconsortes do autor quando intentada a ação, poderão intervir, posteriormente, na qualidade de assistentes litisconsorciais, assumindo a qualidade de partes, podendo atuar de forma independente, conforme o momento em que recebeu o processo. Haverá, então, incidência dos efeitos da coisa julgada.

28. Todavia há algumas restrições. Por exemplo, o fenômeno da estabilização objetiva da demanda opera-se, de acordo com o art. 329 do CPC, com a citação do réu. Após esse marco é vetado ao autor alterar o pedido e a causa de pedir, salvo na hipótese de anuência da parte ré. Daí resulta que tal vedação, por óbvio, estende-se também ao assistente litisconsorcial que não terá poderes de inovar o pedido ou causa de pedir, limitando-se, ao intervir no processo, a aderir aos pedidos já formulados na demanda pendente.

7.1.7. Recurso do terceiro prejudicado

O recurso do terceiro prejudicado é uma modalidade de assistência em grau recursal. O recurso pode ser interposto pelo terceiro prejudicado, cumprindo a ele demonstrar o nexo de interdependência entre o seu interesse de intervir e a relação jurídica submetida à apreciação judicial, o que nada mais é do que o interesse jurídico da assistência.

Logo, o terceiro prejudicado deve demonstrar que está passível de sofrer prejuízo em decorrência da sentença proferida em processo em que não foi parte. Seu interesse recursal estará jungido à ligação entre a relação jurídica da qual é detentor e o pronunciamento jurisdicional proferido em detrimento da parte assistida.

O recurso do terceiro prejudicado não amplia, em grau de recurso, as questões suscitadas e decididas durante o trâmite processual, compatibilizando-se, em consequência, à congruência (deve se ater à delimitação do objeto do processo) e à disposição de que o terceiro, ao intervir, recebe o processo no estágio em que se encontra.

7.2. Denunciação da lide

7.2.1. Conceito e especificidades

Denunciação da lide é modalidade provocada de intervenção em que a uma das partes de processo em curso (denunciante), no exercício do direito de ação, integra um terceiro (ampliação subjetiva) a fim de auxiliá-la na ação originária com o adversário comum, bem como de figurar como demandado em uma segunda demanda justaposta, **eventual** e **regressiva (de garantia)**, a ser intentada no mesmo processo, no caso de sucumbência da ação inicial[29].

A denunciação da lide origina uma nova ação, a ampliar, por isso, o objeto do processo. Haverá duas ações díspares dentro do mesmo processo, cujo mérito da segunda (litisdenunciação) somente será apreciado caso o denunciante seja sucumbente (perdedor) na ação originária (relação de prejudicialidade). São esses os termos do art. 129 do CPC: "se o denunciante for vencido na ação principal, o juiz passará ao julgamento da denunciação da lide".

Em seguida, completa o parágrafo único: "se o denunciante for vencedor, a ação de denunciação não terá o seu pedido examinado, sem prejuízo da condenação do denunciante ao pagamento das verbas de sucumbência em favor do denunciado". Tal ocorre porque, inexistindo sucumbência por parte do denunciante, não será necessário o julgamento da litisdenunciação, pois prejudicado estará o alegado direito de regresso.

Na denunciação da lide, só há relação jurídica entre **denunciante e denunciado**. Não há vínculo obrigacional nenhum entre o litisdenunciado (terceiro) e adversário do litisdenunciante. Diferentemente do que ocorre com o chamamento ao processo em que há relação jurídica material entre chamante e chamado, como também entre o chamado e o adversário do chamante.

29. Referida modalidade de intervenção de terceiros tem inspiração na **economia processual**, pois a denunciação da lide é ato que objetiva suprimir o uso de ações regressivas autônomas supervenientes, antecipando a análise da responsabilidade do garantidor e concentrando duas demandas em única arquitetura procedimental, como também na **harmonização dos julgados**, já que com a denunciação, a ação principal e a regressiva são processadas e julgadas simultaneamente por única sentença, sob pena de omissão judicial (sentença *citra petita*).

7.2.2. Hipóteses de cabimento

Apesar de a litisdenunciação estar localizada na parte geral do Código, posição que leva a uma interpretação ampliativa do instituto, inclusive para fase executória, essa modalidade de intervenção possui natureza intrinsecamente relacionada com **processo de conhecimento**[30], pois tem como finalidade expandir o objeto do processo. Daí resulta que a melhor interpretação circunda em torno da vedação da denunciação da lide na fase de cumprimento da sentença e no processo de execução (até mesmo em embargos à execução).

Feita tal consideração, apesar de o CPC/2015 restringir as hipóteses de cabimento da denunciação da lide a apenas dois incisos (quando, no CPC/1973, o art. 70 possuía três incisos), isso não denota redução do âmbito de incidência material do instituto. Em verdade, será admissível a denunciação da lide, promovida por qualquer das partes:

a) **ao alienante imediato, no processo relativo à coisa cujo domínio foi transferido ao denunciante, a fim de que possa exercer os direitos que da evicção lhe resultam:**

Prevê-se a possibilidade de denunciação da lide em caso de evicção (garantia formal). Tal instituto é um elemento categorial natural, previsto em todos os contratos onerosos, decorrente da própria ordem jurídica, que visa a garantir a incolumidade jurídica dos negócios translatícios, onde se prevê que o adquirente será ressarcido dos prejuízos decorrentes da perda total ou parcial dos direitos sobre a coisa em razão de decisão judicial.

O fenômeno da evicção está umbilicalmente atrelado ao modelo processual da litisdenunciação, pois o objetivo da intervenção é, exatamente, possibilitar a integração de um terceiro, que realizou uma operação com vício de direito, para que o alienante seja responsabilizado de forma regressiva, *in simultaneus processus*.

Assim, em ação que terceiro (real proprietário) reivindique o domínio da coisa transferida, o adquirente, que está na iminência de perdê-lo, deverá denunciar da lide àquele que lhe vendeu o bem (alienante), para que os prejuízos experimentados por si sejam ressarcidos. Com um detalhe: embora a evicção proteja não apenas o adquirente a título oneroso do domínio, mas também, a transferência da posse ou do uso, a presente hipótese de denunciação alcança apenas os adquirentes do domínio.

Apesar de posicionamentos contrários[31], defende-se que a garantia da posse ou do uso do bem a quem os onerosamente a adquiriu, como também dos demais casos alheios ao instituto da evicção, em que o denunciante exerça posse direta da coisa demandada, casos em que deverão ser abarcados pela previsão genérica de garantia do inciso II do art. 125 do CPC, decorrente da lei ou do contrato.

---

30. As ações que envolvem relações de consumo, não só as reguladas pelo § único do art. 13 do CDC, como também as demais hipóteses de responsabilidade civil por acidentes de consumo, inadmite-se a denunciação da lide, leitura extraída do entendimento do STJ que deve ser estendido ao CPC/2015. Nesse sentido: "a vedação à denunciação da lide prevista no art. 88 do CDC não se restringe à responsabilidade de comerciante por fato do produto (art. 13 do CDC), sendo aplicável também nas demais hipóteses de responsabilidade civil por acidentes de consumo (arts. 12 e 14 do CDC)" (STJ. REsp 1165279/SP. DJe 28.05.12).

31. Há doutrina que advoga que, como não houve a reprodução do inciso II do art. 70 do CPC, nos incisos do art. 125 do CPC/2015, veda-se a denunciação da lide em tais casos, devendo o direito regressivo ser exercitado por meio de ação autônoma.

Exemplifica-se hipótese da proteção do domínio por denunciação à lide: A aliena um bem a B. Em seguida, C, legítimo proprietário, detentor de título aquisitivo anterior ao contrato de compra e venda, intenta ação contra B, a reivindicar o domínio transferido. Nesse caso, B poderá denunciar A à lide, para que os eventuais prejuízos experimentados sejam por ele ressarcidos, em caso de sucumbência na ação principal.

A parte autora também pode denunciar a lide. Exemplifica-se: imagine-se o caso de alienação de um imóvel de A para B. Pode, depois de firmado o negócio jurídico, B descobrir que o imóvel alienado esteja ocupado por um terceiro C. Nessa situação, B pode propor uma ação reivindicatória contra C e, simultaneamente, denunciar A à lide, para, caso venha a sucumbir na ação principal, ressarcir os prejuízos experimentados em decorrência do contrato de compra e venda.

b) **àquele que estiver obrigado, pela lei ou pelo contrato, a indenizar, em ação regressiva, o prejuízo do que perder a demanda**:

A segunda hipótese de denunciação à lide possui redação genérica, a englobar todas as situações de regresso previstas em lei ou no contrato. Contemplam as ações de garantia, onde se discute a obrigação legal ou contratual de garantir o resultado da ação.

Questão de Concurso

▶ **(CESPE. TJ-BA. Juiz de Direito. 2019)**[32]: A pessoa obrigada por contrato a indenizar, em ação regressiva, o prejuízo de quem for vencido na demanda ingressará no processo como

a) assistente simples
b) denunciado à lide.
c) assistente litisconsorcial
d) chamado ao processo.
e) nomeado à autoria.

▶ **(FCC. Auditor. TCM/GO. 2015. ADAPTADA)**: A assertiva que se segue é verdadeira ou falsa? "As hipóteses de denunciação da lide são associadas ao direito de regresso, permitindo que o titular desse direito já o exerça nos mesmos autos em que pode ser condenado, o que favorece a economia processual"[33].

Essa hipótese de denunciação da lide é a que traz maiores controvérsias a respeito de sua interpretação e tem ensejado a formação de duas correntes distintas de entendimentos.

Uma primeira, que tem uma **concepção restritiva,** coloca que o direito de regresso nessa hipótese somente se aplica quando tiver havido **transferência de direito pessoal.** Justifica essa corrente que a hipótese anteriormente vista se refere à transmissão de direitos reais (propriedade), sendo essa complementar às outras, garantido apenas a transmissão do direito pessoal (garantias próprias). Essa corrente não aceita que, na denunciação, **sejam discutidas questões novas, não presentes na ação principal, que ampliem os limites objetivos da**

32. Gabarito: Letra B.
33. A assertiva continua sendo CORRETA, mesmo depois da entrada em vigor do CPC/2015.

cognição do juiz. A razão dessa proibição é que essas novas questões comprometeriam a celeridade processual.

> O STJ, em algumas oportunidades, tem se filiado a essa corrente: "a denunciação da lide não cabe quando, para o reconhecimento do alegado direito de regresso, **exija-se a análise de fundamento novo que não conste da lide originária"** (STJ. 934.394/PR. DJU 26.02.08).
>
> No mesmo sentido: "não se permite a denunciação da lide em casos de alegado direito de regresso quando seu reconhecimento requeira a análise de fundamento novo que não conste da lide originária" (STJ: REsp 934394/PR, DJU 26.02.08; REsp 701868/PR. DJe 11.02.14).

Tal discussão se põe no âmbito da denunciação da lide de funcionário público, em ação originária, em que o Estado for demandado por responsabilidade objetiva. O argumento sustentado é o de que a inserção de uma responsabilidade subjetiva, que exige dilação probatória mais complexa, configura fundamento novo capaz de tumultuar a lide originária.

Há uma ponderação importante a ser realizada, apesar do fundamento adotado por esta corrente: se a demanda originária já tratar de análise de culpa em seu âmago, a litisdenunciação será cabível por não inovar fundamento jurídico capaz de tumultuar o processo.

A segunda corrente, de **concepção ampliativa**, admite que o direito regressivo abranja a garantia própria (transmissão de direitos pessoais), garantia imprópria (transmissão de direitos reais), direito de indenização, direito de reembolso, direito decorrente de sub-rogação, direito à repetição de pagamento indevido, direito à indenização por locupletamento ou por enriquecimento ilícito etc.

Tal concepção aceita que, nessa hipótese de denunciação, sejam discutidas questões novas, as quais ampliem os limites objetivos da cognição do juiz. Como consequência, poderá, por exemplo: o Estado denunciar o servidor público em ação de reparação de danos materiais causados por ele; o segurado denunciar a sua seguradora em ação de responsabilidade civil proposta por terceiro contra o si.

> Também existem precedentes do Superior Tribunal de Justiça que se filiam a essa concepção: "admite-se que o Estado promova a denunciação da lide envolvendo agente seu nas ações de responsabilidade civil" (STJ. AgRg no REsp 313886/RN. DJU 22.04.03).

Os defensores da corrente ampliativa apontam argumentos importantes para sua admissibilidade. O primeiro, que o legislador não fez qualquer distinção entre garantia própria e imprópria. O segundo, que a lei não traz nenhuma proibição para que sejam suscitadas questões novas na denunciação, não podendo o intérprete do direito proibir. O terceiro, que, se a denunciação visa à afirmação da economia e da eficiência, e sendo tais fundamentos do sistema, a adoção de interpretação restritiva importaria seguir rumo diverso.

Não existe unanimidade de entendimento, conquanto a jurisprudência do Superior Tribunal de Justiça, majoritariamente, dê indicação em sentido contrário à concepção ampliativa (STJ. AgRg no REsp 821458/RJ. DJe 24.11.10). Apesar disso, os autores do presente livro entendem que não há óbice para adesão à corrente ampliativa. Por demanda regressiva, deve-se entender qualquer modalidade de direito de reembolso e não somente o direito pessoal, com a possibilidade de se aduzir novo argumento.

No entanto, essa modalidade interventiva poderá ser indeferida se o juiz, sob o amparo da proporcionalidade, entender que a razoável duração do processo e a efetividade puderem ser alijados, quando em colisão à macroeconomia processual e à harmonia dos julgados.

7.2.3. Distinções

A denunciação da lide não se confunde com o direito de regresso por solidariedade, realizado pelo chamamento ao processo, para estabelecer a responsabilidade de cada um dos codevedores solidários[34].

Caso o locatário não promova a denunciação do locador à lide, este não poderá ingressar no feito em tal condição, até porque se cuida de hipótese de intervenção de terceiros provocada. Resta, porém, a possibilidade de o locatário ingressar no feito como assistente, provado o seu interesse jurídico no julgamento favorável ao locador.

A denunciação da lide também não se confunde com o incidente de saneamento do polo passivo da relação processual (correção de legitimidade). Neste, há uma correção da legitimação, onde réu, que é citado indevidamente, indica a pessoa legitimada para integrar o polo passivo. Naquela, o pedido de intervenção pode ser formulado tanto pelo autor quanto pelo réu, além do que denunciante e denunciado são legitimados e permanecem no processo.

Também, a denunciação não se confunde com a assistência. Nesta, em desfavor do assistente, haverá apenas eventual ônus de sucumbência. Na denunciação, o denunciado poderá ser condenado a indenizar. Além disso, enquanto que na assistência há apenas uma relação jurídica firmada entre as partes iniciais do processo, na denunciação, há pelo menos duas, sendo a primeira formada entre as partes iniciais e a segunda, formada posteriormente, entre denunciante e denunciado.

7.2.4. Facultatividade

A obrigatoriedade da litesdenunciação já era criticada até a 7ª edição desse curso (a última editada sob a vigência do CPC/1973). Sustentava-se que a referida imposição era desproporcional, pois concluir que a não denunciação à lide implicava a perda do direito de regresso, configurava inaceitável **enriquecimento sem causa do alienante**. Inclusive porque, ali, já existiam procedimentos (como o sumaríssimo, dos Juizados Especiais), em que a denunciação era vedada e que, se a **obrigatoriedade** fosse levada a efeito, a parte sucumbente teria seu direito de regresso inevitavelmente cerceado.

Por isso que o atual Código **suprimiu a obrigatoriedade da denunciação da lide**. A redação do *caput* do art. 125, que regula a matéria, assevera que é **admissível a denunciação da lide** (e não obrigatória, como dispunha o art. 70 do CPC/1973).

Aliás, o § 1º do art. 125 do Código foi ainda mais claro ao dispor que "o direito regressivo será exercido por ação autônoma quando a denunciação da lide for indeferida, deixar de ser promovida ou não for permitida".

34. Enunciado 29 da súmula de jurisprudência do TJSP: "Inadmissível denunciação da lide ou chamamento ao processo na ação que visa ao fornecimento de medicamentos ou insumos".

Tais argumentos levaram o Fórum Permanente de Processualistas a editar o enunciado 120, que orienta: "a ausência de denunciação da lide gera apenas a preclusão do direito da parte promovê-la, sendo possível ação autônoma".

Assim, a não denunciação da lide só provoca **efeitos intraprocessuais,** com a preclusão do direito de a parte promover imediato regresso. Mas, o direito de o evicto intentar ação autônoma permanece incólume.

Anota-se, entretanto, que se a ação do denunciante for julgada improcedente, ele não terá direito a pleitear o seu direito de regresso em ação autônoma, mas não pelo motivo da ausência de denunciação da lide e sim pela eficácia da coisa julgada.

De qualquer maneira, sempre é importante lembrar que a denunciação da lide, sempre que possível, deve ser exercida em afirmação à segurança jurídica, à economia e à eficiência processual.

7.2.5. Denunciação sucessiva, "per saltum" e coletiva

O CPC/1973 previa a chamada denunciação sucessiva ou em cascata, onde o litisdenunciado tinha a opção de denunciar aquele contra quem tivesse possível direito de regresso, caso viesse a ser condenado. Para visualizar essa situação, basta imaginar uma cadeia de sucessivos contratos de compra e venda em que A tenha vendido um objeto a B, que por sua vez o alienou a C. Caso D venha intentar ação contra C, para reivindicar a propriedade do objeto, esse último poderá denunciar B, que, por sua vez, poderá denunciar A.

Essa possibilidade de várias denunciações em cadeia já recebia críticas em razão do tumulto por ela ocasionado, pois o processo era suspenso a cada denunciação, e, somente quando finda a última, é que retornava ao seu curso normal. Portanto, sobre o aspecto da economia intraprocessual, esse permissivo ocasionava nítidos ataques, a ponto de prejudicar a própria efetividade e razoável duração do processo.

Por esta razão, o CPC/2015 adotou um sistema mais restritivo, a permitir apenas uma **única denunciação sucessiva ou gradual**. Nesses termos, só é possível duas denunciações em um mesmo processo. A primeira realizada pelo autor ou réu ao terceiro, e a segunda realizada de forma sucessiva, uma única vez, pelo litisdenunciado àquele que lhe transferiu o domínio do bem, ou seja, o transmitente imediato. Esse é o teor do § 2º do art. 125 que dispõe: "admite-se uma única denunciação sucessiva, promovida pelo denunciado, contra seu antecessor imediato na cadeia dominial ou quem seja responsável por indenizá-lo, não podendo o denunciado sucessivo promover nova denunciação, hipótese em que eventual direito de regresso será exercido por ação autônoma".

Questão de Concurso

▶ **(Vunesp – Juiz de Direito – TJ SP/2017)**[35] Considerando a denunciação da lide, assinale a alternativa correta.

a) Considerando-se a cadeia dominial, a denunciação da lide sucessiva é admitida ao originariamente denunciado, mas vedada ao sucessivamente denunciado, ressalvada a propositura de ação autônoma.

b) O direito regressivo poderá ser objeto de ação autônoma apenas no caso de não ser permitida pela lei ou no caso de ter sido indeferida pelo juiz.

35. Gabarito A.

c) Pode ser requerida e deferida originariamente em grau de apelação, nos casos em que seja dado ao tribunal examinar o mérito desde logo, por estar o processo em condições de julgamento.
d) Pode ser determinada de ofício pelo juiz, nos casos em que a obrigação de indenizar decorra expressamente da lei.

Na denunciação sucessiva, serão observados os prazos de citação, conforme o denunciado resida na mesma comarca em que tramita a ação principal (30 dias), ou resida em outra comarca ou em lugar incerto (2 meses) (art. 131).

Sob a égide do CPC/1973, havia, ainda, a possibilidade, a partir do art. 456 do CC, da chamada **denunciação da lide "per saltum"**, hipótese na qual o denunciante, com base na teoria da função social dos contratos e na tutela externa do crédito, poderia se voltar contra qualquer um dos alienantes da cadeia contratual, por meio de um salto para alcançar terceiro com quem não possuía relação jurídica material, sem ter que obedecer a ordem cronológica dos vínculos obrigacionais.

Contudo, tal possibilidade foi expressamente vedada pelo atual Código, que revogou o supracitado texto do Código Civil.

A seguir a mesma lógica, não se admite, também, a chamada **denunciação coletiva**, hipótese em que o denunciante solicitava a citação, de uma só vez, de forma solidária, de todos os integrantes da cadeia de negócios jurídicos.

7.2.6. Procedimento

A denunciação da lide opera-se tanto por iniciativa do autor quanto do réu, não sendo cabível, em regra[36], denunciação *ex officio*. Não mais se exige a apresentação de uma petição específica para a intervenção. Admite-se que a alegação seja trazida em um dos capítulos da petição inicial, quando o autor for o denunciante, e no interior da contestação, quando o denunciante for o réu. É assim que dispõe o art. 126 do CPC: "a citação do denunciado será requerida na petição inicial, se o denunciante for autor, ou na contestação, se o denunciante for réu, devendo ser realizada na forma e nos prazos previstos no art. 131".

No entanto, se a denunciação for apresentada em peça apartada à petição inicial, antes de citado o réu, ou no prazo para apresentação de resposta, em razão da instrumentalidade das formas, não haverá, por isso, óbice à intervenção.

---

36. Há decisão mitigando essa regra, admitindo intervenção *iussu iudicis* em privilégio ao princípio da efetividade: EMENTA: RECURSOS ESPECIAIS DO AUTOR E DO RÉU. RESPONSABILIDADE CIVIL. TRANSPLANTE DE FÍGADO. DANOS MATERIAIS E MORAIS SOFRIDOS PELO DOADOR. CIRURGIA EM HOSPITAL PÚBLICO PELO SISTEMA PÚBLICO. FALHA DE EQUIPAMENTO. FALTA DE ATERRAMENTO DA MESA CIRÚRGICA. AÇÃO MOVIDA CONTRA O CIRURGIÃO CHEFE GERAL DA EQUIPE MÉDICA. DENUNCIAÇÃO DA LIDE AO HOSPITAL PÚBLICO E À MÉDICA RESPONSÁVEL PELA CIRURGIA DO DOADOR. 1) PRELIMINAR DE INCOMPETÊNCIA DE ÓRGÃO JULGADOR NO TRIBUNAL DE ORIGEM AFASTADA. MATÉRIA DE ORGANIZAÇÃO JUDICIÁRIA ESTADUAL, FORA DOS LIMITES CONSTITUCIONAIS DO RECURSO ESPECIAL. 2) OMISSÃO DO ACÓRDÃO RECORRIDO. INEXISTÊNCIA. 3) RESPONSABILIDADE DO HOSPITAL ANTE DEFEITO DE EQUIPAMENTO. 4) **DENUNCIAÇÃO DA LIDE. INTERVENÇÃO "IUSSU IUDICIS". INSTRUMENTALIDADE DO PROCESSO APLICÁVEL À INTERVENÇÃO DE TERCEIRO.** 5) MULTA POR EMBARGOS DE DECLARAÇÃO CANCELADA. 6) SUCUMBÊNCIA. 7) RECURSO DO RÉU PROVIDO. 8) EXCLUSÃO DA CIRURGIÃ DENUNCIADA MANTIDA. 9) CONDENAÇÃO DO HOSPITAL EM DANOS MATERIAIS E MORAIS. 10) RECURSO DO AUTOR IMPROVIDO. (STJ, Resp 1.327.632/SP, 3º T, Rel. Min. Sidnei Beneti, j. 20.05.2014, Dje 22.08.2014).

O art. 126 do CPC/2015 dispõe que a "citação do denunciado será requerida [...]". Só que, como o requerimento de citação não mais é considerado requisito da petição inicial, sua omissão na petição de denunciação da lide é facilmente superável. A simples manifestação da vontade em denunciar é suficiente para garantir sua realização. O requerimento constitui formalismo excessivo, que poderia ter sido eliminado pelo legislador, mas que, infelizmente, apenas repetiu suposto requisito trazido pelo art. 71 do CPC/1973 sem se atentar à inovação do art. 319 do CPC/2015.

Conquanto omisso o texto legal ao tratar especificamente da denunciação de lide, passando o denunciado a integrar a relação processual, o que ocorrerá quando ele for citado, o juiz deverá designar, se for o caso, audiência de conciliação ou mediação, com a finalidade de as partes alcançarem uma autocomposição. A dizer de outra forma: de regra, quando citado, o denunciado não será instado a apresentar, de imediato, contestação, mas sim para comparecer à audiência destinada à tentativa de autocomposição entre as partes das relações jurídicas processualizadas.

De quem quer que parta a denunciação, o juiz, no exercício do controle de admissibilidade, poderá indeferi-la de plano. Nesse caso, restará ao denunciante a faculdade de interpor o recurso de agravo de instrumento, pois, embora esta forma de intervenção constitua uma "nova ação", não enseja a formação de um novo processo (STJ. REsp 111298/SC. DJU 22.05.00), pelo que não seria, aí, cabível apelação. Esta somente seria cabível contra decisão de inadmissibilidade, se ela fosse proferida na sentença.

a) por iniciativa do autor:

Quando a denunciação operar-se por iniciativa do autor, este, sob pena de preclusão[37], promovê-la-á na **petição inicial** (ainda que em aditamento), de forma destacada, onde deverá elencar: a hipótese legal que ensejou o pedido interventivo; a qualificação do denunciado; os fundamentos jurídicos do pedido de condenação regressiva.

O juiz ao analisar o pedido, poderá, em decisão fundamentada, indeferir liminarmente o pedido liminar, em razão do não preenchimento das hipóteses legais, ou se constatar que o procedimento da ação originária não comporta tal modalidade interventiva. Esta decisão poderá ser desafiada por recurso de agravo de instrumento.

Caso o juiz admita a intervenção, determinará a citação do denunciado, a qual será feita na forma do art. 131 do Código, **de forma sucessiva**. Primeiramente cita-se o denunciado, para, somente em seguida, após consumado o prazo para acrescentar novos argumentos à petição inicial, citar o réu.

Se porventura não for efetuada a citação do denunciado por inércia do denunciante[38] nos prazos mencionados, a litisdenunciação ficará sem efeito, prosseguindo o processo em relação às partes originárias, a restar a ação regressiva autônoma para o autor.

37. Convém pontuar que a preclusão do seu direito não obstará ao réu de promover, posteriormente ação regressiva autônoma.

38. Se a demora for oriunda da má prestação do serviço judiciário (culpa do cartório ou até mesmo do denunciado), o réu não poderá ser prejudicado pela demora da citação com a preclusão do seu direito. Aplica-se à situação, de forma analógica, a súmula 106 do STJ, que estabelece que: "proposta a ação no prazo fixado para o seu exercício,

Realizada a citação, o denunciado poderá contestar a sua condição de responsável regressivo, não aderindo, assim, à petição inicial do autor, ou, ainda, quedar-se inerte em relação a ambas as ações. Na última situação, será considerado revel, podendo ser-lhe imputado os efeitos da revelia. Em ambas as situações, o autor prosseguirá sozinho contra réu e denunciado.

Mas, uma vez sendo citado, o denunciado aderir à petição inicial, assumirá a posição de **litisconsorte do autor-denunciante**, podendo realizar aditamento. Há controvérsia em torno do alcance desse aditamento, principalmente no que diz respeito à alteração dos elementos objetivos da demanda.

Ao entender dos autores do presente livro, deve-se respeitar o autorregramento da vontade do autor, detentor do status de *dominus litis*, não sendo possível a realização de alteração substancial do pedido ou a cumulação de outros. Caberá, contudo, acréscimo de novos fundamentos de fato ou de direito, a possibilidade de saneamento da petição inicial para evitar a decretação de sua inépcia, ou ainda a formulação de requerimento de outras provas.

b) por iniciativa do réu:

Quando a denunciação operar-se por iniciativa do réu, hipótese mais usual, ela deve se realizar (preferencialmente) em capítulo da contestação, de forma particularizada e fundamentada.

Nada impede que o réu não apresente contestação e apenas efetue a denunciação.

Se o juiz constatar que o pedido contempla alguma das hipóteses legais, admitirá a intervenção por decisão interlocutória e determinará a citação do denunciado.

Não ocorrendo a citação nos prazos mencionados acima, o autor pode requerer o prosseguimento da ação principal, ficando prejudicada a inclusão do litisdenunciado. Todavia, essa hipótese não exclui o denunciado de sua responsabilidade regressiva.

Citado o denunciado, para ele, três opções são possíveis, a teor do que dispõe o art. 128 do Código de Processo Civil.

Se o denunciado contestar o pedido formulado pelo autor, o processo prosseguirá, tendo, na ação principal, em litisconsórcio, denunciante e denunciado. Daí resulta que, se aceita a condição de litisdenunciado e contestada a ação do autor, o processo prosseguirá entre o autor, de um lado, e réu/denunciante e o terceiro/denunciado de outro, como litisconsortes.

Por óbvio, quando o denunciado, aceitar sua condição, assumirá a posição de **litisconsorte do denunciante**. As consequências práticas desse posicionamento são várias: a) prazo em dobro, se tiverem advogados pertencentes a diferentes escritórios; b) o denunciado passa a ter os mesmos poderes do denunciante em relação à demanda originária; c) na fase de cumprimento de sentença, os atos de execução poderão ser dirigidos tanto ao denunciante, quanto ao denunciado.

a demora da citação, por motivos inerentes ao mecanismo da justiça, não justifica o acolhimento da arguição de prescrição ou decadência".

Mesmo que o litisdenunciado compareça para contestar, mas o juiz faça um juízo de admissibilidade positivo, o processo prosseguirá, com a sua inclusão na qualidade de litisconsorte do denunciante na ação principal, a suportar todos os efeitos daí decorrentes.

Pode ocorrer de o denunciado, além de contestar a ação processualizada pelo autor, resistir também à denunciação da lide (a defender ser ela incabível) ou mesmo à ação regressiva (a defender ser ela improcedente).

Prossiga-se.

A segunda postura, esta inovadora, ocorre quando, em razão de o denunciado ser revel, o denunciante deixa de prosseguir com a sua defesa, eventualmente oferecida, e abstém-se de recorrer, de modo a restringir sua atuação à ação regressiva. No CPC/1973, o denunciante deveria prosseguir com a sua defesa, mesmo que verificada a revelia do denunciado.

A revelia referida pelo art. 128, II, do Código parece referir-se tanto à ação principal, quanto à regressiva. O denunciante, pois, abdica do direito de contestar, deixa de recorrer, e, assim, e investirá no direito de regresso, que estará resguardado.

A terceira postura a ser adotado pelo denunciado depois de citado ocorre quando ele confessa os fatos alegados pelo autor na ação principal, situação em que o denunciante poderá prosseguir com sua defesa ou, aderindo a tal reconhecimento, pedir apenas a procedência da ação de regresso.

Pois bem.

Independentemente de quem tenha partido a iniciativa, se o denunciante for vencido na ação principal, o juiz passará ao julgamento da denunciação da lide. Mas, se o denunciante for vencedor, a ação de denunciação não terá o seu pedido examinado, sem prejuízo da condenação do denunciante ao pagamento das verbas de sucumbência em favor do denunciado.

Questão de Concurso

▶ **(FCC – Analista Judiciário – Área Judiciária – TRT 24/2017)**[39] Sobre a intervenção de terceiros, nos termos preconizados pelo Código de Processo Civil,

a) na denunciação da lide, se o denunciante for vencedor, a ação de denunciação não terá o seu pedido examinado, sem prejuízo da condenação do denunciante ao pagamento das verbas de sucumbência em favor do denunciado.

b) a assistência do terceiro juridicamente interessado é admitida em qualquer procedimento até a prolação da sentença de primeiro grau.

c) na denunciação da lide, feita a denunciação pelo réu, se o denunciado for revel, o denunciante não pode deixar de prosseguir com sua defesa, eventualmente oferecida.

d) a assistência simples obsta que a parte principal transija sobre direitos controvertidos.

e) a decisão do juiz que solicita ou admite a participação de pessoa jurídica como amicus curiae em demanda com repercussão social da controvérsia pode ser impugnada por meio de agravo de instrumento.

No primeiro caso, em que o denunciante é vencido na ação principal, pode ocorrer de a ação principal ser julgada em decisão parcial de mérito e a denunciação em sentença, conquanto ambas possam ser julgadas de uma só vez em sentença.

39. Gabarito: Letra A.

No segundo caso, em que o denunciante é vencedor na ação principal, como a denunciação não terá seu mérito examinado, a ação principal será julgada em sentença, que fixará também a condenação sucumbencial do denunciante.

Tais hipóteses de julgamento, por óbvio, não estão a considerar a possibilidade de cumulação de ações no mesmo processo. Se ocorrer tal fenômeno, as combinações de julgamentos em decisões parciais de mérito e sentença serão múltiplas, nomeadamente a considerar que as denunciações poderão ser plurais e se referirem a diferentes ações cumuladas.

Se o denunciante é vencido na ação principal, será julgada a denunciação. Se a denunciação for julgada improcedente, o denunciante arcará com o pagamento das custas e das despesas processuais, além de honorários advocatícios, da ação principal e da acessória. Se julgada procedente a denunciação, o denunciado arcará com os custos processo, inclusive aqueles decorrentes da ação principal, embora, relativamente a estes últimos, o denunciante seja responsável pelo pagamento perante o autor.

Agora, se o denunciante é vencedor na ação principal, o vencido arcará com o pagamento das custas e despesas processuais, além de honorários advocatícios da ação principal, enquanto que o denunciante arcará com os custos relativos à ação acessória frente ao denunciado. E o denunciante arcará com o pagamento das custas e das despesas processuais, bem como dos honorários sucumbenciais, não apenas se julgada procedente a ação principal, mas se, de qualquer modo, ficar prejudicado o julgamento da denunciação, como ocorre, por exemplo, se houver perda do objeto da ação principal, decretação de prescrição ou de decadência, reconhecimento da procedência do pedido formulado, transação.

7.2.7. Denunciação de seguradoras

Em razão da relevância do tema e da sua intensa aplicação na prática forense, o presente tópico tratará dos contornos da denunciação da lide nos contratos de seguros de responsabilidade.

Pois bem.

O enunciado 529 da súmula de jurisprudência do superior Tribunal de Justiça orienta que, "no seguro de responsabilidade civil facultativo[40], não cabe o ajuizamento de ação pelo terceiro prejudicado direta e exclusivamente em face da seguradora do apontado causador do dano".

Sob pena de violação ao efetivo contraditório pela seguradora, deve-se possibilitar, por parte dela, a alegação de fatos excludentes de sua responsabilidade. Por isso, é possível, além da denunciação à lide da seguradora, a formação de litisconsórcio entre ela e o causador[41].

Quanto à possibilidade de execução direta da seguradora, quando ela figurar na qualidade de litisconsorte, seja no início da ação ou por meio da denunciação da lide, o STJ, em julgamento de recurso repetitivo[42], já decidiu que: "em ação de reparação de danos movida

40. Anota-se que a súmula restringe sua aplicabilidade aos seguros de responsabilidade civil facultativo, não se aplicando, pois, aos casos de seguro obrigatório de danos pessoais causados por veículos automotores de via terrestre (DPVAT).

41. STJ. 4ª Turma. REsp 710.463 – RJ, Rel. Min. Raul Araújo, julgado em 9/4/2013.

42. STJ. 2ª Seção. REsp 925.130/SP, Rel. Min. Luis Felipe Salomão, julgado em 08/02/2012.

em face do segurado, a seguradora denunciada pode ser condenada direta e solidariamente junto com este a pagar a indenização devida à vítima, nos limites contratados na apólice".

Tal posicionamento afirma a efetividade da execução, já que, muitas vezes, torna-se inviável o cumprimento de obrigação por ausência de bens capazes de garantir a satisfação da execução. Inclusive, ele foi sumulado pelo Superior Tribunal de Justiça: "em ação de reparação de danos, a seguradora denunciada, se aceitar a denunciação ou contestar o pedido do autor, pode ser condenada, direta e solidariamente junto com o segurado, ao pagamento da indenização devida à vítima, nos limites contratados na apólice (enunciado 537 da súmula de jurisprudência do Superior Tribunal de Justiça)".

Tal entendimento foi recepcionado pelo atual Código, que, no parágrafo único do art. 128, dispõe: "procedente o pedido da ação principal, pode o autor, se for o caso, requerer o cumprimento da sentença também contra o denunciado, nos limites da condenação deste na ação regressiva".

Apesar de tal texto estar direcionado apenas para a denunciação da lide promovida pelo réu, faz-se necessária sua interpretação extensiva para se compreender que tal entendimento é aplicável em qualquer hipótese de denunciação fundada em direito regressivo. É por isso que o enunciado 121 do FPPC orienta: "o cumprimento da sentença diretamente contra o denunciado é admissível em qualquer hipótese de denunciação da lide fundada no inciso II do art. 125".

7.3. Chamamento ao processo

7.3.1. Conceito e especificidades

É pelo chamamento ao processo que o réu, na condição de **devedor solidário ou de fiador**, ao ser demandado para responder pela totalidade da dívida, pede a intervenção de terceiro (devedor principal ou codevedor solidário), para que, se julgada procedente a ação do autor, o terceiro também seja condenado, a ficar ele abrangido pela coisa julgada material, sendo a sentença, para isso, título executivo.

No chamamento ao processo, o réu não refuta sua legitimidade passiva para a causa, como acontece no incidente de correção da legitimidade prevista no art. 339 do Código, mas, tão-somente, convoca o devedor principal ou os codevedores, sujeitos que poderiam ter sido demandados deste o início do processo, porque possuem relação jurídica obrigacional com o autor.

Com o **acréscimo dos chamados ao polo passivo do processo**, haverá, evidentemente, uma **ampliação subjetiva**. A ampliação objetiva, por sua vez, somente se dará pela adição do pedido regressivo, caso qualquer dos codevedores solidários pague a totalidade da dívida (ou em valor maior do que lhe cabia), ou o fiador pague a dívida do responsável principal.

Essa modalidade de intervenção será cabível **apenas no processo de conhecimento** e tão-somente no polo passivo do processo, sendo um direito exclusivo do réu de potencializar sua ampla defesa e de **exercitar antecipadamente um potencial direito de regresso, no mesmo processo.**

Pelo chamamento ao processo, forma-se **litisconsórcio passivo facultativo** (a se excepcionar a regra de que o litisconsórcio facultativo se forma por iniciativa do autor), submetendo os litisconsortes à obrigação certificada pelo título executivo judicial.

O litisconsórcio formado será unitário ou simples, a depender da divisibilidade da relação jurídica posta em juízo. Se divisível, haverá formação de litisconsórcio simples. Se indivisível, haverá formação de litisconsórcio unitário.

E mais.

Caso o litisconsórcio ulterior, formado pelo chamante e pelo chamado, for representado por advogados de diferentes escritórios, cada um deles gozará do regime especial do prazo em dobro.

Questão de Concurso

▶ **(FGV Órgão: TJ-CE Prova: FGV - 2019 - TJ-CE - Técnico Judiciário - Área Judiciária)**[43]: Assinale a alternativa pertinente à modalidade de intervenção de terceiros classificada como forçada e somente concretizável pela iniciativa de quem ocupe o polo passivo da relação processual:

a) assistência;
b) oposição;
c) recurso de terceiro prejudicado;
d) denunciação da lide;
e) chamamento ao processo.

7.3.2. Hipóteses de cabimento

Embora o chamamento ao processo esteja localizado na parte geral do código, cujos dispositivos tendem a ter aplicabilidade em todas as etapas do processo, somente será cabível no **processo de conhecimento** em face do seu cunho eminentemente condenatório (a sentença condenará os codevedores a adimplir a obrigação assumida).

Na execução, se iniciada a partir daí, sem prévia cognição, sobretudo nos casos que envolvam a prestação de fiança, o fiador poderá requerer, em seu favor, a observância (quando existente) do benefício de ordem, para que primeiro seja tentada a satisfação do direito contra o devedor principal e, somente se frustrada tal tentativa, a execução prossiga contra si.

Questão de Concurso

▶ **(AUDITOR. TCM-GO. FCC. 2015. ADAPTADA)**: Julgue a assertiva como sendo "correta" ou "incorreta": o chamamento ao processo se dá com a pretensão do réu, fiador ou devedor solidário, originariamente demandado, de trazer para o polo passivo, em litisconsórcio com ele, o devedor principal ou os demais devedores solidários[44].

a) do afiançado na ação em que o fiador for réu:

43. Gabarito Letra E.
44. A assertiva está correta.

A fiança é um contrato civil de garantia pactuado entre credor e fiador, no qual o segundo se responsabiliza em cumprir obrigação do devedor, caso ele assim não o faça. O art. 827 do Código Civil estabeleceu o benefício de ordem (que pode ser renunciado), para, quando invocado pelo fiador, incumbir ao credor acionar primeiramente o devedor, e, somente em caso de insuficiência patrimonial, de forma subsidiária se voltar contra o fiador.

A ser assim, quando o credor aciona diretamente o fiador para satisfação da dívida, de modo a inverter a ordem de responsabilidade, este (o fiador) deverá chamar o devedor ao processo, em capítulo da contestação, requerendo a citação daquele (do devedor). Isso para que, se julgada procedente a ação, no curso da fase executória, o fiador possa se valer do benefício de ordem, cujo regramento estabelece que os atos de constrição patrimonial devem atingir, primeiramente, o devedor.

Não requerido o chamamento ao processo na fase de conhecimento, o fiador não poderá invocar, na fase de execução, o benefício de ordem, já que ao devedor não foi oportunizado o contraditório na fase de conhecimento (sem contar que ele não fica acobertado pelos efeitos da coisa julgada). Aí, para o fiador, seria necessário intentar ação regressiva contra o afiançado (devedor), para que, se procedente, ele proceda ao ressarcimento dos valores pagos pelo fiador.

Questão de Concurso

- **(Cespe – Notários e Oficiais de Registro – Remoção – TJ – DFT/2019)**[45] Júlio, fiador de Vicente no contrato de aluguel de um imóvel, em certo dia recebeu citação por estar sendo demandado em processo referente ao bem resguardado pela fiança. Ao perceber que Vicente, como devedor principal não compunha o polo passivo da ação, Júlio procurou um advogado para incluir Vicente na demanda. Nesse caso, o procurador de Júlio deverá fazer um pedido de

A) denunciação da lide.

B) assistência simples.

C) assistência litisconsorcial.

D) chamamento ao processo.

E) amicus curiae.

- **(Procurador do Estado. PGE/PR. PUC/PR. 2015. ADAPTADA)** Julgue "correta" ou "incorreta" a assertiva abaixo: o devedor pode chamar seu fiador ao processo[46].

b) dos demais fiadores, na ação proposta contra um ou alguns deles:

Na hipótese de fiança conjunta, em que mais de um fiador presta garantia sobre a mesma obrigação, sendo demandado apenas um deles, ele poderá chamar ao processo os demais fiadores para que, cada um deles, responda por sua parte, tendo em vista a solidariedade entre eles (art. 829, *caput*, do Código Civil).

Esta hipótese também permite o chamamento do devedor principal, caso o réu (fiador) assim o faça. Contudo, se ficou estipulado no contrato o benefício de divisão, o qual vincula

45. Gabarito: Letra D.

46. A assertiva é incorreta.

a responsabilidade do fiador a uma cota-parte previamente convencionada, não caberá, aí, o chamamento dos demais fiadores ao processo. Como a fiança pode ser limitada, pode ocorrer de o fiador não ser admitido como chamado, porque a obrigação inadimplida não se relaciona com aquela que ele afiançou.

c) dos demais devedores solidários, quando o credor exigir de um ou de alguns deles, o pagamento da dívida comum:

Os devedores solidários (vinculados em virtude de lei ou de contrato firmado) são responsáveis tanto por sua parte, como pelo todo, da dívida. Quando eles forem demandados em separado para responder por toda dívida, podem chamar ao processo os demais devedores, para que respondam pela parte da dívida em comum.

Questão de Concurso

▶ **(Cespe – Analista de Controle Externo – Direito – TCE – MG/2018)**[47] Em um processo judicial, o autor pleiteou a um dos devedores o pagamento da dívida comum. Em resposta, o réu requereu ao juiz que este determinasse a citação dos demais devedores para integrarem a lide.

Nessa situação hipotética, o réu requereu

A) a assistência litisconsorcial.

B) a inclusão de amicus curiae.

C) a denunciação da lide.

D) o chamamento ao processo.

E) a assistência simples.

O art. 275 do Código Civil dispõe que, havendo solidariedade passiva, pode o credor exigir toda a dívida, de qualquer dos codevedores. Pelo chamamento ao processo, retira-se esse benefício do credor, ou, para ser mais preciso, retira-se este ônus do devedor demandado, já que ele traz ao processo os demais codevedores, que não foram incluídos pelo credor.

O Superior Tribunal de Justiça tem entendimento firmado no sentido do não cabimento do chamamento ao processo quando o vínculo de solidariedade incidir sobre obrigação de entrega de coisa certa. Em recente decisão[48], o tribunal rejeitou o chamamento ao processo da União, requerido por Estado-membro em ação de fornecimento de medicamento, sob o argumento de que não se admite interpretação extensiva do chamamento ao processo para **além dos casos de obrigações solidárias patrimoniais.**

IMPORTANTE

É possível uma combinação entre as diferentes hipóteses de chamamento ao processo, até porque tal nada mais é do que a utilização simultânea delas. Poderia acontecer de um dos fiadores, quando demandado, chamar ao processo, em sua contestação, além do afiançado, os demais fiadores.

47. Gabarito: Letra D.

48. 1º, S., Resp nº 1.203.244 – SC, Rel. Min Herman Benjamim, j. em 09.04.2015.

IMPORTANTE

Não é admissível o chamamento do fiador ao processo pelo devedor. Pela relação processual originariamente formada, ao credor, como parte favorecida pela fiança, é quem cabe chamar o fiador ao processo. Se ele assim não o fez, não caberá ao devedor fazer.

Inclusive porque o credor pode ter razões para não realizar o chamamento do fiador ao processo. Elas (as razões) vão desde as processuais (para evitar, por exemplo, o alongamento da tramitação processual) até às pessoais (não querer, por exemplo, que o fiador suporte a obrigação).

7.3.3. Procedimento

O CPC/2015 simplifica o procedimento do chamamento ao processo. Assim, para que a mesma decisão declare as responsabilidades dos coobrigados (fiador e devedor, cofiadores e codevedores), bastará ao réu requerer a citação daqueles que devam figurar no polo passivo na qualidade de litisconsortes. Não cabe a atuação *ex officio* do juiz para instaurar tal demanda interventiva.

Por se tratar esta espécie de intervenção de uma verdadeira ação, deve o réu, ao exercitar tal direito na contestação, preencher os requisitos de uma petição inicial, a delimitar, fundamentadamente, a hipótese de cabimento, inclusive com a possibilidade de dilação probatória, e, ao final, requerer a citação dos chamados, sob pena de preclusão temporal da faculdade de chamamento[49].

Mas, se o réu não exercitar a faculdade interventiva na contestação, apenas haverá a **preclusão do seu direito de estender os efeitos da coisa julgada material para o chamado no mesmo processo.** Por isso, tal modalidade interventiva não é obrigatória, nem condição *sine quo non* para se intentar ação regressiva, sendo, repita-se, perfeitamente cabível a ação autônoma de regresso.

Nada obsta que o réu, apesar de realizar chamamento ao processo, não apresente contestação. Nesse caso, em afirmação à eficiência processual, mesmo com a revelia do réu, a modalidade interventiva deve ser deferida, se preenchido os requisitos legais, para que o direito de regresso seja reconhecido, se for o caso, na mesma decisão.

Admitido o chamamento, o juiz, por decisão interlocutória, determinará a citação do chamado. Citado, havendo ou não a aceitação da nomeação pelo terceiro, ele ficará vinculado ao processo, recebendo os efeitos diretos da coisa julgada. Contra a decisão interlocutória, que defere ou indefere a demanda interventiva, pode ser interposto recurso de agravo de instrumento.

49. Ante a omissão do texto legal, pode-se dizer, que, no chamamento ao processo, aplica-se a mesma limitação da denunciação à lide, de maneira que o chamado só poderia fazer um chamamento sucessivo? No chamamento ao processo, são trazidos coobrigados, que têm uma relação jurídica direta com o autor, os quais poderiam até ser litisconsortes passivos iniciais. A ser assim, não é tolerada eventual limitação do número de chamados. Se a limitação fosse aplicada, estar-se-ia a realizar tratamento não isonômico entre os réus, a comprometer o chamado por simples opção do autor. Observe-se que, na denunciação da lide, cada denunciado tem uma relação jurídica diferente com o denunciante, que deve ser julgada em harmonia (e não necessariamente em conjunto) com a relação principal. Por isso, na denunciação admite-se a limitação. E se acrescente mais um detalhe: apesar de não haver limitação ao quantitativo de chamamento, ele está submetido à preclusão. Quem não chama (ou não chama a todos os co-obrigados), não pode mais exercer essa faculdade dentro do processo.

A **citação será feita no prazo de 30 dias**, quando o chamado residir na mesma comarca em que corre o feito. Caso resida em outra comarca, seção ou subsecção judiciárias ou em lugar incerto, o prazo será de 02 meses. Se, porventura, não for efetuada a citação do chamado por inércia do chamante[50] nos prazos supramencionados, o chamamento **ficará sem efeito,** prosseguindo o processo em relação às partes originárias.

Questão de Concurso

▶ **(FGV. OAB. Exame XX-Salvador. 2016)**[51]: Alessandra é fiadora no contrato de locação do apartamento de Mariana. Diante do inadimplemento de vários meses de aluguel, Marcos (locador) decide ajuizar ação de cobrança em face da fiadora. Alessandra, em sua defesa, alegou que Mariana também deveria ser chamada ao processo. Com base no CPC/15, assinale a afirmativa correta

a) O fiador se compromete com a dívida do afiançado, de modo que não pode exigir a sua participação na ação de cobrança promovida

b) Sendo certo que Alessandra não participou da relação jurídica existente entre Mariana e Marcos, permite-se o chamamento ao processo do locatário a qualquer tempo

c) Incorreta a atitude de Alessandra, pois o instituto apto a informar ao juízo o real devedor da relação é a nomeação à autoria

d) Alessandra deve viabilizar a citação de Mariana no prazo de 30 dias, sob pena de o chamamento ao processo ficar sem efeito

Diferentemente do que ocorria sob a vigência do CPC/1973, no atual Código, o processo não fica suspenso durante o lapso temporal utilizado para citar os chamados. Enquanto realizadas as citações, o processo deve correr regularmente, desde que não ultrapasse sua fase inicial. Ultimado os prazos encimados, sem que o chamado seja encontrado, o processo continua normalmente[52].

Realizada a citação, se o chamado aceitar a condição de coobrigado, assumirá o polo passivo na condição de litisconsorte, podendo apresentar sua defesa contra a ação processualizada pelo autor. Se não aceitar, serão formadas duas demandas no processo: uma do autor contra o réu e a outra entre este e o chamado garantidor.

Nada impede que o juiz, na sentença, disponha tratamento diferenciado entre os litisconsortes, sendo possível inclusive que o terceiro seja dispensado de eventual responsabilidade.

Se os litisconsortes forem sucumbentes, a sentença que julgar procedente a ação do autor valerá como título executivo, em favor do autor para realizar a execução, como também para

50. Se a demora for oriunda da má prestação do serviço judiciário, o réu não poderá ser prejudicado pela demora da citação com a preclusão do seu direito. Aplica-se à situação, de forma analógica, a súmula 106 do STJ, que estabelece que: "proposta a ação no prazo fixado para o seu exercício, a demora da citação, por motivos inerentes ao mecanismo da justiça, não justifica o acolhimento da arguição de prescrição ou decadência".

51. Gabarito: Letra D.

52. Conquanto omisso o texto legal ao tratar especificamente do chamamento ao processo, passando o chamado a integrar a relação processual, o que ocorrerá quando ele for citado, o juiz deverá designar, se for o caso, audiência de conciliação ou mediação, com a finalidade de as partes alcançarem uma autocomposição. A dizer de outra forma: de regra, quando citado, o chamado não será instado a apresentar, de imediato, contestação, mas sim para comparecer à audiência destinada à tentativa de autocomposição entre as partes das relações jurídicas processualizadas.

o réu que satisfizer a dívida, a fim de que possa exigi-la do devedor principal ou de cada um dos codevedores na proporção que lhes couber (art. 132 do CPC).

Daí, podem resultar algumas possibilidades, como:

a) se o chamamento ao processo foi realizado pelo fiador, sendo procedente a ação do autor, a decisão judicial constituirá título executivo contra o devedor (no valor que foi pago pelo chamante) e contra o fiador (em valor proporcional à sua responsabilidade assumida em razão de fiança prestada);

b) se o chamamento foi realizado pelo devedor, sendo procedente a ação do autor, aquele terá título executivo contra os demais devedores (em valor proporcional à responsabilidade de cada um), mas não terá contra fiadores (porque a fiança é contrato acessório em que o fiador se obriga perante o credor, e não perante o devedor).

7.4. Incidente de desconsideração da personalidade jurídica

7.4.1. *Considerações Iniciais*

A teoria da desconsideração da pessoa jurídica já era admitida há tempos pelo ordenamento brasileiro, como uma disposição de direito material, sem, no entanto, existir correspondente no direito processual. A pragmática mostrou que referência do *apartheid* não era bom, pois a desconsideração era, muitas vezes, acompanhada de violentas agressões ao contraditório dinâmico e à própria ampla defesa. Assim, para garantir a segurança jurídica e o próprio respeito ao devido processo legal, que o Código trouxe a procedimentalização da desconsideração da personalidade jurídica.

7.4.2. *Aspectos Materiais*

No direito brasileiro[53], reconhece-se **a autonomia e a separação patrimonial**, de tal sorte que a personalização da pessoa jurídica estabelece uma bifurcação patrimonial entre a sociedade criada e os seus instituidores, formando esferas autônomas e independentes que não se intercomunicam.

Contudo, foi com a crescente utilização da estrutura formal da pessoa jurídica como escudo protetor dos sócios para encobrir a consecução de fins extrassocietários com vistas a prejudicar terceiros de boa-fé, que se começou a defender a aplicação da teoria no Brasil. A finalidade da teoria da desconsideração[54] surge, então, como um instrumento para funcionalizar o escorreito exercício da atividade empresarial.

53. A doutrina do *"disregard of legal entity"* tem como principal referencial histórico o caso inglês *Salomon v. A, Salomon &Co. Ltd*, que é tratado como *leading case* fundamental para o estudo do tema, pois as primeiras decisões deste caso sustentaram argumentos favoráveis à teoria da desconsideração, mas a decisão final protegeu o princípio da autonomia patrimonial da pessoa jurídica.

54. Destaca-se que a desconsideração não se confunde com a despersonificação, já que a última opera-se no plano da validade, ao anular a personificação e extinguir a empresa, ao passo que a primeira atua no plano da eficácia, ao tornar determinados atos ineficazes em relação a terceiros, de forma episódica.

A finalidade de penetrar no âmago da pessoa jurídica, suplantando a personalidade jurídica, é atingir e vincular a responsabilidade do sócio (que pode ser pessoa física ou até mesmo outra pessoa jurídica, a justificar, nessa última hipótese, desconsiderações sucessivas), que passará a responder, pessoalmente, pelos atos aparentemente lícitos, porém abusivos, por ele praticados sob o véu protetivo da estabelecida pessoa jurídica.

Diferentemente do que ocorre nas relações consumeristas[55], nas de natureza cível, incide a **teoria maior da desconsideração**, que exige o preenchimento de requisitos mais rígidos para sua aplicação. O art. 50 do Código Civil dispõe que: "em caso de abuso da personalidade jurídica, caracterizado pelo desvio de finalidade ou pela confusão patrimonial, pode o juiz, a requerimento da parte, ou do Ministério Público quando lhe couber intervir no processo, desconsiderá-la para que os efeitos de certas e determinadas relações de obrigações sejam estendidos aos bens particulares de administradores ou de sócios da pessoa jurídica beneficiados direta ou indiretamente pelo abuso".

Cada estatuto material fixa diferentes pressupostos para aplicação da teoria da desconsideração, cabendo ao estatuto processual reconhecer que o requerimento de consideração da personalidade jurídica observará os pressupostos ali previstos[56].

Segundo o STJ, "a sucessão civil e processual dos sócios de sociedade limitada, extinta por meio do distrato, poderá ser efetivada por meio do procedimento de habilitação, mas não pela via da desconsideração da personalidade jurídica" (STJ. REsp 1.784.032/SP. DJe 04.04.19. Inf. 646).

7.4.3. Desconsideração da personalidade jurídica inversa (ou às avessas)

O § 2º do art. 133 do Código determina que se aplique o disposto no capítulo em que se insere a hipótese de desconsideração inversa da personalidade jurídica. A partir daí, o Código reconhece a desconsideração inversa, que já vinha sendo desenvolvida a partir de construções doutrinárias[57] e pela própria jurisprudência[58]. Por isso, todas as disposições processuais relativas ao incidente aplicar-se-ão nas hipóteses de desconsideração inversa da personalidade jurídica.

---

55. Nas relações de consumo, por exemplo, a desconsideração é pautada na teoria menor da desconsideração. À luz desse entendimento, sempre que a personalidade jurídica for um véu protetivo ao ressarcimento de prejuízos causados aos consumidores, a mera prova de insolvência da pessoa jurídica será suficiente para afastar a autonomia patrimonial e atingir os bens particulares dos sócios.
56. Portanto, apesar dos requisitos da desconsideração diversificarem em função da natureza da causa subjacente ao processo, o estatuto processual deve limitar-se a traçar os aspectos procedimentais essenciais ao devido processo legal para toda e qualquer desconsideração, seja qual for o dispositivo normativo aplicável ao caso concreto. A doutrina vem destacando a importância de aplicar o procedimento nos demais ramos do direito. O enunciado nº 124 do FPPC afirma que: "a desconsideração da personalidade jurídica no processo do trabalho deve ser processada na forma dos arts. 133 a 137, podendo o incidente ser resolvido em decisão interlocutória ou na sentença". Na mesma linha, o enunciado nº 247 prescreve que "aplica-se o incidente de desconsideração da personalidade jurídica no processo falimentar".
57. O enunciado nº 283 da IV Jornada de Direito Civil, ao realizar uma interpretação teleológica do art. 50, considerou ser cabível a desconsideração da personalidade jurídica denominada "inversa" para alcançar os bens de sócios que se valeu da pessoa jurídica para ocultar ou desviar bens pessoais, com prejuízo a terceiros.
58. STJ. REsp 9498117/MS, j 22.06.2010, rel. Min. Nancy Andrighi.

Questão de Concurso

▶ **(MPE-SC. MPE-SC. Promotor de Justiça Substituto-Fase matutina. 2016)**[59]: O novo Código de Processo Civil prevê expressamente que, antecedida de contraditório e produção de provas, haja decisão sobre a desconsideração da pessoa jurídica, com redirecionamento da ação, na dimensão de sua patrimonialidade, e também sobre a consideração dita inversa, nos casos em que se abusa da sociedade, para usá-la indevidamente visando esconder o patrimônio pessoal do sócio

▶ **(TRT-4. TRT-4.Juiz do Trabalho Substituto.2016)**[60]: Assinale a assertiva incorreta sobre o incidente de desconsideração da personalidade jurídica

a) Pode ser requerido em 1º e 2º graus de jurisdição, em qualquer fase do processo e em qualquer tipo de procedimento, excetuando-se a fase de recurso especial ou extraordinário, em razão dos limites do efeito devolutivo de tais recursos

b) Uma vez requerida a desconsideração na própria petição inicial, fica a parte dispensada da instauração do incidente, hipótese em que o processo não será suspenso, devendo o sócio ou pessoa jurídica ser citado

c) O incidente de desconsideração da personalidade jurídica não se aplica às hipóteses de desconsideração inversa, que consiste em imputar à pessoa jurídica a responsabilidade por obrigações de seus sócios, ante a existência de pressupostos legais a serem atendidos, a exemplo de fraude e abuso de direito

d) A decisão que julga o incidente de desconsideração da personalidade jurídica tem natureza interlocutória, a qual pode ser novamente discutida em segunda instância via agravo de instrumento

e) Uma vez acolhido o pedido de desconsideração da personalidade jurídica, a alienação ou oneração de bens considerada em fraude à execução será tida por ineficaz em relação ao requerente

A lógica, mais uma vez, é mitigar a separação patrimonial (agora ao reverso), para permitir que o patrimônio da sociedade seja atingido para se responsabilizar a pessoa jurídica pelo adimplemento de dívidas formadas pessoalmente pelo sócio. Até pedagogicamente, evita-se que o sócio esvazie seu patrimônio pessoal e o integralize na empresa, com vistas a protegê-lo da excursão patrimonial dos seus credores[61].

A via inversa da desconsideração possui terreno fértil de aplicação na esfera do Direito de Família, na hipótese em que, por exemplo, um dos cônjuges compra um bem valioso e com o manifesto intento de afastá-lo de uma possível meação, registra o bem em nome da pessoa jurídica com o intento de blindar ilicitamente o seu patrimônio sob véu protetivo daquela. É possível, assim, que a pessoa física seja parte no processo e seja alcançada pessoa jurídica de que é sócia.

7.4.4. Aspectos Procedimentais

a) obrigatoriedade do contraditório

Sob a égide do anterior Código, a desconsideração da personalidade jurídica era operada sem a instauração de um incidente processual, bem assim, sem o respeito ao contraditório e

59. Gabarito: Correto.
60. Gabarito: Letra C.
61. A simples integralização de capital na pessoa jurídica, por si só, não é ilícito, o que gera a desconsideração é exercício abusivo desse direito, nos moldes do art. 50 do CC.

ao devido processo legal. Os próprios precedentes advindos do Superior Tribunal de Justiça[62] admitiam a apreensão de bens ou a penhora de contas dos sócios, muitas vezes, sem a sua citação prévia. Aplicava-se a lógica do contraditório diferido (ou postecipado), pois os sócios só eram citados para integrar o processo e apresentar a defesa após a decisão interlocutória de desconsideração. Tal acarretava na despotencialização do contraditório, porque exercido em grau recursal, em via, pois, restrita a se comparar amplidão da defesa que se pode realizar em primeiro grau de jurisdição.

Em face de tal constatação, o atual Código estabelece um incidente processual adequado ao modelo constitucional de processo com regras procedimentais específicas para aplicação da desconsideração. Dentre elas, destaca-se a necessidade de **pleno respeito ao contraditório[63] e ao devido processo constitucional**, como aduz o art. 135 do CPC: "instaurado o incidente, o sócio ou a pessoa jurídica será citado para manifestar-se e requerer as provas cabíveis no prazo de 15 (quinze) dias".

PONTO DE REFLEXÃO
Nesse contexto, surge o questionamento a respeito do possível déficit de efetividade que essa nova exigência pode acarretar, sob o argumento de que o contraditório prévio levaria ao esvaziamento do instituto, pois ao ser citado, os destinatários da desconsideração iriam se desfazer do patrimônio a fim de burlar a satisfação do crédito da contraparte.
Ao nosso ponto de vista, tal argumento não deve prosperar, já que, presentes os requisitos da tutela provisória de urgência, pode-se pedir ao juiz, concomitantemente ao pedido de desconsideração, a concessão de tutela de urgência para garantir o resultado útil do processo. O juiz, quando fustigado e desde que preenchidos os requisitos legais, no exercício do poder geral de cautela, poderá adotar medidas de apreensão dos bens do sócio ou da sociedade (no caso da desconsideração inversa), para assegurar a futura realização do direito a ser executado.
Assim, não justifica que o sócio ou a empresa sejam privados dos seus bens desacompanhados do devido processo constitucional, sem que antes tenham a oportunidade de influenciar efetivamente o juiz na tentativa de afastar o seu patrimônio dos efeitos da desconsideração, já que a tutela provisória exerce, de forma assaz efetiva, a função de assegurar a efetividade de uma futura execução, caso o patrimônio do sócio ou da empresa seja realmente alcançado pela desconsideração.

b) vedação à atuação de ofício do juiz

O *caput* art. 133 dispõe que "o incidente de desconsideração da personalidade jurídica será instaurado a pedido da parte ou do Ministério Público, quando lhe couber intervir no processo". Assim, nenhum incidente de desconsideração da personalidade jurídica poderá ser instaurado de ofício. Ele sempre dependerá da provocação da parte interessada ou do Ministério Público[64].

62. STJ, REsp 1266666/SP, rel. Min. Nancy Andrighi, j. 09.08.2011

63. O contraditório aqui consagrado é aquele redimensionado pelo modelo cooperativo de processo que garante às partes o **poder de influenciar de forma substancial a formação da convicção do julgador**. Daí resulta que o terceiro que irá integrar o processo com a desconsideração, seja sócio ou pessoa jurídica (na hipótese de desconsideração inversa), deverá influenciar, de forma real e efetiva, o processo de formação do pronunciamento judicial que pode fixar sua responsabilidade.

64. O enunciado nº 123 do FPPC assevera que: "é desnecessária a intervenção do Ministério Público, como fiscal da ordem jurídica, no incidente de desconsideração da personalidade jurídica, salvo nos casos em que deva intervir obrigatoriamente, previstos no art. 178". Vislumbra-se um campo fértil de atuação do ministério público, por exemplo, nas ações coletivas em defesa do meio ambiente e da moralidade pública, casos em que será legitimado ativo para requerer o incidente.

Questão de Concurso

▶ **(Consulplan – Cartórios – Provimento – TJ – MG/2017)**[65] Com relação ao incidente de desconsideração da personalidade jurídica, analise as proposições seguintes:

I. O incidente será instaurado a pedido da parte ou do Ministério Público, quando lhe couber intervir no processo.

II. A instauração de incidente suspenderá o processo, salvo se o pedido de desconsideração da personalidade jurídica for formulado na petição inicial.

III. O incidente não se aplica ao processo de competência dos juizados especiais cíveis.

IV. Acolhido o pedido, a alienação ou oneração de bens, havida em fraude de execução, será ineficaz em relação à parte que requereu a instauração do incidente.

Está correto o que se afirma em:

a) I e II, apenas.

b) I, II e IV, apenas.

c) III, apenas.

d) I, II, III e IV.

▶ **(QUADRIX.CRO-PR.Procurador Jurídico.2016)**[66]: Considerando as regras estabelecidas pelo Código de Processo Civil de 2015 sobre a intervenção de terceiros, assinale a alternativa correta

a) Pendendo causa entre duas ou mais pessoas, o terceiro juridicamente interessado no resultado da sentença poderá intervir no processo, através do instituto nominado pela doutrina de amicus curiae

b) O incidente de desconsideração da personalidade jurídica deve ser instaurado até a apresentação da contestação, sob pena de preclusão temporal

c) O incidente de desconsideração da personalidade jurídica será instaurado a pedido da parte ou do Ministério Público, quando lhe couber intervir no processo

d) É admissível nomeação a autoria, promovida por qualquer das partes, àquele que estiver obrigado, por lei ou pelo contrato, a indenizar, em ação regressiva, o prejuízo do que for vencido no processo

e) Com relação ao chamamento ao processo, a citação daqueles que devam figurar em litisconsórcio passivo será requerida pelo réu na contestação e deve ser promovida no prazo de 15 dias, sob pena de ficar sem efeito o chamamento

---

Destaca-se que a própria pessoa jurídica terá legitimidade para requerer a instauração do incidente em seu favor, caso um de seus sócios tenha abusado de sua condição, de modo a prejudicar a empresa. Nesse sentido, orienta o enunciado 285 das Jornadas de Direito Civil: "a teoria da desconsideração, prevista no art. 50 do CC, pode ser invocada pela pessoa jurídica em eu favor".

c) cabimento

Nos termos do *caput* do art. 134 do Código de Processo Civil, o incidente de desconsideração é cabível em **todas as fases do processo de conhecimento, no cumprimento de sentença e na execução fundada em título executivo extrajudicial**. Também é cabível sua instauração em grau recursal, como se extrai da interpretação do parágrafo único do art. 136, que dispõe caber, contra a decisão de desconsideração proferida por relator, recurso de agravo interno.

65. Gabarito: Letra B.

66. Gabarito: Letra C.

Questão de Concurso

▶ **(FAFIPA. Câmara de Cambará-PR.Procurador Jurídico.2016)**[67]: Acerca do incidente de desconsideração da personalidade jurídica previsto nos artigos 133 e seguintes do Código de Processo Civil vigente (Lei 13.105/2015), assinale a alternativa INCORRETA

a) O incidente de desconsideração da personalidade jurídica será instaurado a pedido da parte ou do Ministério Público, quando lhe couber intervir no processo
b) O incidente de desconsideração é cabível em todas as fases do processo de execução, inclusive no cumprimento de sentença e na execução fundada em título executivo extrajudicial, não sendo admissível na fase de conhecimento
c) A instauração do incidente, em regra, suspenderá o processo, salvo no caso em que a desconsideração da personalidade jurídica já for requerida na petição inicial
d) O incidente será resolvido por decisão interlocutória

Proferida a decisão de desconsideração na fase de conhecimento, o terceiro passa a integrar o processo e, por consequência, a sentença recairá sobre ele, estendendo a responsabilidade também para o sócio ou para pessoa jurídica (no caso da desconsideração inversa), fato que autoriza a execução em face do seu patrimônio, nos termos do art. 790, II do CPC. Da mesma forma, quando o incidente operar-se na fase executiva (cumprimento de sentença ou execução de título extrajudicial), o terceiro assumirá a qualidade de executado.

d) anotação no cartório do distribuidor

O § 1º do art. 134 impõe ao juiz o dever de, *uma vez instaurado o incidente*, determinar a anotação, no cartório do distribuidor, dos dados relativos não só ao fato que o incidente foi instaurado, mas, também, o registro de quem são o requerente e o requerido.

Primeiro ponto a ser destacado é que o incidente só restará instaurado quando o juiz apreciar o pedido da parte ou do Ministério Público, e proceder o seu juízo de admissibilidade positivo, ao verificar, com base nas alegações do requerente, se os pressupostos legais específicos para desconsideração estão presentes.

Admitido o incidente, o juiz determinará que o distribuidor realize as devidas anotações. Tal procedimento tem o intento de informar terceiros acerca do incidente, para que, então, a coletividade possa tomar conhecimento da responsabilidade patrimonial do requerido, e possa, então, calcular o risco de realizar negócios jurídicos com alguém que possua o patrimônio passível de ser atingido pela desconsideração.

Esse marco terá importância singular na definição da boa-fé dos negócios jurídicos realizados entre o atingindo pelo incidente e os terceiros, já que, na forma do art. 137 do CPC, "as alienações ou onerações realizadas pelo requerido já poderão ser consideradas em fraude a execução após a instauração do incidente".

Portanto, não se pode considerar o negócio jurídico ineficaz se o terceiro beneficiário não tinha, ao menos, a possibilidade de saber se incidente já estava instaurado. O sistema trazido pelo Código é tributário da noção de que a segurança jurídica resulta da diligência do

67. Gabarito: Letra B.

terceiro adquirente no sentido de acautelar-se da inexistência de processos judiciais pendentes com incidentes de desconsideração em trâmite contra o alienante.

Essa obrigatoriedade do registro permite, pois, que, antes da realização de qualquer negócio jurídico, o terceiro solicite certidões negativas, com vistas a mitigar o risco de realizar negócios jurídicos passíveis de nulidade ou mesmo de ineficácia. Por isso a importância da solicitação de certidões negativas diante do cartório, antes da realização de qualquer negócio jurídico.

e) ***momento para requerimento da desconsideração***

Quando a desconsideração for requerida em capítulo da petição inicial, o juiz já determina a citação do sócio (desconsideração direta) ou da pessoa jurídica (desconsideração inversa) como parte, originariamente. Nessa hipótese, por óbvio, dispensa-se a instauração do incidente, já que se formará um litisconsórcio passivo[68] originário entre sócio e a sociedade (§ 2º do art. 134 do CPC).

Nessa ocasião, a desconsideração já integra o próprio objeto do processo, de tal modo que não haverá suspensão do processo (§ 3º do art. 134 do CPC) e o contraditório dinâmico pelo sócio ou pela pessoa jurídica será efetivamente exercido a partir da contestação, para que, em sentença, o juiz possa decidir pela procedência ou não da desconsideração, decisão esta que desafiará apelação[69].

Nos termos da orientação provinda do enunciado 248 do Fórum Permanente de Processualistas Civis, deve-se advertir que, "quando a desconsideração da personalidade jurídica for requerida na petição inicial, constitui ônus do sócio ou da pessoa jurídica, na contestação, impugnar não somente a própria desconsideração, mas também os demais pontos da causa"".

Nas demais ocasiões, **seja qual for a fase processual**, é obrigatória a instauração do incidente para que ocorra (pelo menos de maneira regular) a desconsideração da personalidade jurídica. Nesse sentido, o § 4º, do art. 795, do Código de Processo Civil dispõe que, "para a desconsideração da personalidade jurídica é obrigatória a observância do incidente previsto neste Código".

O pedido incidental ocorre quando os pressupostos para desconsideração só ocorrem após o ajuizamento da ação ou quando mesmo quando presentes no momento da propositura, só é requerido quando a ação já está pendente. O pedido deve ser realizado por **petição simples**, no curso da marcha processual, com a devida comprovação dos pressupostos da desconsideração.

Com a instauração do incidente, opera-se a anotação da desconsideração no cartório do distribuidor e, conforme § 3º do art. 134 do CPC, suspende-se o processo. Esta determinação legal de suspensão, especificamente quando se está diante de cumprimento de sentença, de processo de execução e falimentar, acaba por ser incoerente, porque o juízo não deve deixar

68. Nesse sentido, o enunciado 125 do FPPC prescreve que: "há litisconsórcio facultativo quando requerida a desconsideração da personalidade jurídica, juntamente com outro pedido formulado na petição inicial ou incidentemente no processo em curso".

69. O enunciado nº 369 do FPPC: resolvida a desconsideração da personalidade jurídica na sentença, caberá apelação.

de realizar atos executórios contra a parte executada. Ao contrário, deve realizar tais atos, porque eles podem até dispensar, como consequência, o prosseguimento do incidente de desconsideração da personalidade jurídica.

Nos termos do art. 135 do Código de Processo Civil, o sócio ou a pessoa jurídica será então citado para manifestar-se e requerer as provas cabíveis no prazo de 15 dias.

O incidente só será legítimo e respeitará o contraditório e o devido processo legal se o destinatário da desconsideração for **citado** (e não intimado como já defendido sob a égide do CPC/1973), já que somente com o ato citatório é que se assume a condição de parte no processo. Desse modo, a decisão do incidente desacompanhada da citação do sócio ou da empresa será **absolutamente nula**, por violar a garantia fundamental do contraditório.

Regularmente citado, o destinatário da desconsideração terá o prazo de 15 dias para se manifestar, mediante apresentação da defesa, sob pena de revelia. Após apresentação das alegações de defesa, verificar-se-á quais as questões controvertidas, que serão objeto da atividade instrutória, no curso do próprio incidente.

Na forma do art. 136, "concluída a instrução, se necessária, o incidente será resolvido por decisão interlocutória". O juiz, após apreciar todo o conjunto probatório e o preenchimento dos requisitos da desconsideração, seja baseado na teoria maior ou menor, proferirá decisão interlocutória de mérito baseada em cognição exauriente que, caso procedente, estenderá a atividade executiva ao patrimônio do sócio (desconsideração direta) ou da sociedade (desconsideração inversa), pronunciamento este que desafiará agravo de instrumento (art. 1.015, IV, do CPC) e terá aptidão para formar coisa julgada.

O incidente poderá ser instaurado, ainda, originariamente no tribunal, tanto nos casos de apelação, como de competência originária do tribunal, hipóteses nas quais, repete-se o mesmo procedimento da instância originária. Então, o relator realizará o juízo preliminar de admissibilidade baseado em cognição sumária. Admitido o incidente, determinará a suspensão do processo, requisitará a anotação nos registros do distribuidor e ordenará a citação do requerido para manifestar-se em 15 dias, cabendo fase instrutória, se oportuno. Por fim, o relator decidirá, monocraticamente, pela procedência ou não do incidente, decisão esta que desafiará agravo interno.

Quando instaurado o incidente na fase de execução (cumprimento de sentença ou execução de título extrajudicial), *locus* onde não há mais sentença para constituir nova responsabilidade, o incidente ganha ainda maior relevância, pois terá a função de constituir o título executivo, baseado em cognição exauriente, capaz de imputar responsabilidade ao sócio ou pessoa jurídica.

Questão de Concurso

▶ **(Instituto Consulplan.TJ-CE Prova: Instituto Consulplan - 2019 - TJ-CE - Juiz Leigo)[70]**: Considere a assertiva: "O incidente de desconsideração da personalidade jurídica é cabível em todas as fases do processo de conhecimento, no cumprimento de sentença e na execução fundada em título executivo extrajudicial". Nos termos do que dispõe o Código de Processo Civil, no título sobre intervenção de terceiros, a assertiva é:

70. Gabarito: Letra A.

a) VERDADEIRA, correspondendo a dispositivo expresso no Código de Processo Civil.
b) FALSA, pois a desconsideração não é cabível na fase de cumprimento de sentença.
c) VERDADEIRA, correspondendo a dispositivo apenas implícito no Código de Processo Civil.
d) FALSA, pois a desconsideração não é cabível na execução fundada em título executivo extrajudicial.

(FCC Órgão: TRF - 4ª REGIÃO Prova: FCC - 2019 - TRF - 4ª REGIÃO - Analista Judiciário - Área Judiciária.2019)[71]: Tereza ajuizou ação de indenização contra a empresa "XPTO Comércio de Produtos de Informática Ltda". Ainda na fase instrutória do processo, requereu a instauração de incidente de desconsideração da personalidade jurídica. Nesse caso, o juiz deverá

a) indeferir liminarmente o pedido, pois a instauração de incidente de desconsideração da personalidade jurídica só é cabível na fase de cumprimento de sentença.
b) deferir o pedido, suspendendo o processo, desde que o requerimento tenha demonstrado o preenchimento dos pressupostos legais específicos para a desconsideração da personalidade jurídica.
c) deferir liminarmente o pedido, pois, na fase de conhecimento, a desconsideração da personalidade jurídica deve ser necessariamente requerida na petição inicial, dispensando a instauração do incidente.
d) deferir o pedido, sem suspender o processo, desde que o requerimento tenha demonstrado o preenchimento dos pressupostos legais específicos para a desconsideração da personalidade jurídica.
e) deferir o pedido, mas somente se ficar demonstrado perigo da demora, por risco de dilapidação de bens, que justifique a instauração do incidente antes da fase de cumprimento de sentença.

(FGV. Órgão: TJ-CE. FGV - 2019 - TJ-CE - Técnico Judiciário - Área Judiciária.2019)[72]: Proposta ação de execução em face de uma sociedade empresária, com base em nota promissória vencida e não paga, o exequente requereu, além da citação da pessoa jurídica, a de seu sócio majoritário, por entender ser cabível, no caso, a desconsideração da personalidade jurídica. Nesse contexto, deve o juiz:

a) indeferir de plano a petição inicial, diante do descabimento do pleito de desconsideração da personalidade jurídica em sede de processo de execução fundada em título extrajudicial;
b) determinar que o exequente emende a petição inicial, a fim de que dela conste o requerimento de instauração do incidente de desconsideração da personalidade jurídica;
c) proceder ao juízo positivo de admissibilidade da demanda executiva, determinando a realização da citação requerida, caso entenda cabível a desconsideração pleiteada;
d) determinar a suspensão do feito até que seja aferida, na via processual própria, a solvabilidade da pessoa jurídica executada;
e) determinar que o exequente emende a petição inicial, a fim de nela incluir todos os sócios da pessoa jurídica executada, eis que se trata de litisconsórcio passivo necessário.

---

f) desnecessidade de formação de autos apartados

Apesar de o § 1º do art. 134 do Código de Processo Civil dispor que "a instauração do incidente será imediatamente comunicada ao distribuidor para as anotações devidas", não se faz necessária a formação de "autos apartados".

As razões para se alcançar essa conclusão são várias, dentre elas, estão: a) tratar-se apenas de uma questão incidente que, como sói ocorrer, é processada nos mesmos autos; b) não ser necessária, conforme indicação do § 1º do art. 134, a distribuição do incidente, mas apenas

71. Gabarito: Letra B.
72. Gabarito: Lera C.

simples comunicação ao distribuidor (se corresse em autos apartados, não precisaria o distribuidor ser comunicado, porque, dele, os autos do incidente viriam devidamente distribuídos e com anotações previamente realizadas); c) ser a instauração do incidente realizada geralmente quando não encontrados bens do (atual ou futuro) executado, pelo que não traz embaraço à tramitação processual; d) ser estabelecida, como diretriz do Código de Processo Civil, a superação de formalismo excessivo com a consequente simplificação procedimental; e) todas as demais hipóteses de intervenção de terceiros ser processada sem necessidade de autos apartados.

g) efeitos da desconsideração

A decisão de desconsideração da personalidade jurídica opera como principal efeito processual a inserção de um terceiro na posição de responsável, mesmo sem ser devedor. Ocorrerá o direcionamento da responsabilidade para atingir o patrimônio do sócio ou pessoa jurídica, ao permitir que a atividade executiva (prática de atos expropriatórios) alcance também tais núcleos patrimoniais, desde que sejam passíveis de penhora.

> Deve-se registrar que, recentemente, o Superior Tribunal de Justiça[73]entendeu que a desconsideração da personalidade jurídica não tem o condão de afastar as regras de impenhorabilidade do bem de família.

O segundo efeito processual da desconsideração da personalidade jurídica, que também é de extrema relevância, está disposto no art. 137 do Código de Processo Civil, o qual prescreve que: "acolhido o pedido de desconsideração, a alienação ou a oneração de bens, havida em fraude de execução, será ineficaz em relação ao requerente".

7.5. "Amicus curiae"

7.5.1. Considerações iniciais

O *amicus curiae (friend of court, amigo da cúria, da justiça ou da corte)* consubstancia-se em instituto de cariz democrático, advindo da doutrina estrangeira, cujo objetivo é promover a pluralização do debate em juízo, conferir maior qualidade às decisões judiciais e aprimorar a prestação da tutela jurisdicional.

No direito brasileiro, apesar de previsões em leis esparsas[74], somente com o atual Código de Processo Civil que tal intervenção teve seu cabimento generalizado, a bastar que sejam preenchidos os requisitos constantes do art. 138[75].

73. A desconsideração da personalidade jurídica, por si só, não afasta a impenhorabilidade do bem de família, salvo se os atos que ensejaram a *disregard* também se ajustarem às exceções legais. Essas devem ser interpretadas restritivamente, não se podendo, por analogia ou esforço hermenêutico, apanhar situações não previstas em lei, de modo a superar a proteção conferida à entidade familiar. (STJ. RESp. 1.433.636-SP, Rel. Min. Luis Felipe Salomão, julgado em 2/10/2014)

74. Várias leis esparsas brasileiras, inicialmente em processos de cariz objetivo, importaram essa figura processual do sistema norte-americano, a título de exemplo, temos: a) art. 7º, § 2, da Lei 9.868/99 que regula a ADI e ADC, no processo de controle de constitucionalidade; b) art. 14, § 7, da Lei 10.259/2001 que se refere ao incidente de uniformização de jurisprudência; c) art. 3º, § 2 da Lei 11.417/2006 que trata da edição, revisão e cancelamento das súmulas vinculantes do STF.

75. Art. 138 do CPC: "o juiz ou o relator, considerando a relevância da matéria, a especificidade do tema objeto da demanda ou a repercussão social da controvérsia, poderá, por decisão irrecorrível, de ofício ou a requerimento

Não poderia ser diferente, porque o direito processual contemporâneo constitui sistema em construção, que adota a técnica legislativa aberta (com a utilização de textos de tessitura intencionalmente vaga), a demandar um processo criativo de complementação normativa. Essa atuação concretizadora[76] operada pelo intérprete da lei será mais legítima se houver a coparticipação de um porta-voz capaz de legitimar a decisão judicial e garantir um debate mais plural e democrático.

Assim, se há um déficit democrático nos julgamentos judiciais de grande repercussão, essa situação pode ser mitigada com a intervenção do *amicus curiae*, que pode colaborar com subsídios técnicos e opiniões abalizadas destinadas ao aprimoramento da prestação jurisdicional, rumo à construção de um modelo cooperativo de processo.

7.5.2. Natureza jurídica

Apesar de existir divergência doutrinária[77] a respeito da natureza jurídica *amicus curiae*, tal debate tem pouca repercussão prática, porque há consenso quanto aos requisitos e aos efeitos de tal figura processual. Seja como for, o legislador pacifica a questão ao definir a natureza jurídica do *amicus curiae* como espécie de **intervenção de terceiros**, que possui **interesse institucional** (por isso, não recebe honorários, nem se submete ao regime jurídico do impedimento e da suspeição, embora se sujeite às disposições da litigância de má-fé).

7.5.3. "Amicus curiae" público e privado

O Código não estipula limites quantitativos, podendo haver vários amigos da corte, inclusive com interesses conflitantes. Aliás, o CPC/2015 amplia consideravelmente a legitimidade interventiva ao admitir tanto o *amicus* público quanto o privado.

Questão de Concurso

▶ **(MPE-SC.MPE-SC.Promotor de Justiça Substituto-Fase matutina.2016)**[78]: Nos termos do novo Código de Processo Civil, no que se refere a intervenção do amicus curiae, o juiz ou o relator, considerando a

das partes ou de quem pretenda manifestar-se, solicitar ou admitir a manifestação de pessoa natural ou jurídica, órgão ou entidade especializada, com representatividade adequada, no prazo de quinze dias da sua intimação".

76. É preciso, pois, defender a participação de terceiros que representem interesses *pro societate* (potências públicas, grupos sociais, pessoas naturais) e que receberão, direta ou reflexamente, os efeitos da interpretação criativa operada pelos intérpretes da lei, a formar uma sociedade aberta de intérpretes, não apenas da constituição, mas de todo ordenamento jurídico.

77. No que se refere à natureza jurídica do amigo da corte, pode-se dizer, primus, que o mesmo não se confunde com a assistência litisconsorcial, pois o terceiro não é titular da relação deduzida em juízo, não possuindo a ampla legitimidade de prática de todo e qualquer ato processual que possui, por exemplo, o assistente litisconsorcial ao adquirir o status de parte, ou ainda com a assistência simples, pois não possui interesse jurídico individual concreto conexo à relação deduzida no processo. Diferencia-se, ainda, do perito, pois apesar de ter a função de carrear elementos fáticos capitais ao julgamento da causa, não tem a finalidade de formar a convicção do juiz por meio de uma prova, mas expandir o diálogo e aprimorar o material fático – jurídico, a auxiliar o juízo, o máximo possível, na compreensão da causa. Não pode, outrossim, ser enquadrado como auxiliar do juízo como já defendido na doutrina, em razão de encampar uma tese de interesse coletivo, que pode ou não coincidir com o interesse de uma das partes. É cediço, portanto, que ele não assume a posição de parte para defender os argumentos de um dos litigantes.

78. Gabarito: Correto.

relevância da matéria, a especificidade do tema objeto da demanda ou a repercussão social da controvérsia, poderá, por decisão irrecorrível, de ofício ou a requerimento das partes ou de quem pretenda manifestar-se, solicitar ou admitir a participação de pessoa natural ou jurídica, órgão ou entidade especializada, com representatividade adequada

O primeiro conglomera as pessoas de direito público (União, Estado, Distrito Federal e Municípios), como também os órgãos estatais, a exemplo da CVM – Comissão de Valores Mobiliários (autarquia de regime especial) e do CADE – Conselho Administrativo de Defesa Econômica (autarquia federal).

O segundo engloba as pessoas jurídicas privadas (empresa com atuação em área específica, associações como a ANNEP, o ABDPro, o IBDP, o IBDFAM, o IBDPC e o IASP), como também os órgãos e entidades particulares, e ainda os entes despersonalizados, desde que sejam especializados e com representatividade adequada.

Relativamente à representatividade adequada, ela está com aquele que detém conhecimento cerca do tema discutido e que pode colaborar com a solução adequada do objeto litigioso do processo. Não tem relação à detenção de legitimidade extraordinária, pois, se tivesse, seria parte no processo.

O CPC/2015 incrementa evidente melhoria no regramento da modalidade interventiva, ao trazer entendimento que estende às **pessoas naturais** legitimidade para atuar como amigo privado da corte, a bastar que seja *expert* em determinada matéria conexa àquela que está em debate em juízo.

Com a admissão do *amicus curiae* no processo, este não adquire o *status* de parte, nem mesmo a condição do assistente simples como interessado jurídico, pois ele será uma espécie de **interventor anódino** (*ad adiuvandum tantum*), que não é detentor de interesse jurídico. Detém papel processual limitado e por isso não se submete à autoridade da coisa julgada.

Por não adquirir o *status* de parte, sua intervenção no processo também não tem a aptidão de **alterar a competência**. Caso advenha a intervenção de um *amicus curiae* público federal em processo que tramita na Justiça Estadual, por exemplo, não haverá deslocamento da competência para Justiça Federal (como ocorre nos casos de assistência– art. 109, I, da Constituição).

7.5.4. Cabimento

A intervenção do *amicus curiae*, consideravelmente ampliado com o CPC/2015, cabe em qualquer fase do processo (ou grau de cognição), seja em processo individual ou coletivo, seja na fase de conhecimento ou na fase executiva, na tutela provisória, em grau recursal, desde que preenchidos os requisitos legais.

O enunciado 235 do Fórum Permanente de Processualistas Civis orienta que a intervenção do *amicus curiae* é cabível no **mandado de segurança**. Já o enunciado 369, orienta que é cabível a intervenção de *amicus curiae* no **procedimento de edição, revisão e cancelamento de enunciados de súmulas** pelos tribunais.

Sobreleva-se um requisito objetivo adicional, qual seja, a **utilidade prática da intervenção**, que deve ser analisada pelo juiz no momento da admissão do amigo da corte.

O terceiro *expert* no tema deve mostrar ao magistrado o interesse em conhecer e apreciar os pareceres e argumentos que podem pluralizar e aperfeiçoar a formação da decisão judicial.

Por isso, o *amicus curiae* só deve ser admitido se o momento processual for oportuno[79] (se os novos elementos fáticos ou jurídicos carreados pelo amigo da corte, ainda tiverem aptidão para contribuir na formação do convencimento do magistrado).

A seguir esta lógica, nos processos, cujo julgamento dependa apenas da apreciação de matéria de direito, o juiz pode admitir a intervenção do amigo da corte até mesmo após a instrução, mas, nos casos em que se demanda análise de fatos, a utilidade do *amicus curiae* esvazia-se quando ultrapassada a instrução.

7.5.5. "Amicus curiae" voluntário ou provocado

A intervenção do amigo da corte pode ocorrer de forma voluntária (espontânea) ou provocada. Na primeira, o terceiro, espontaneamente, requer a sua participação no feito, podendo o magistrado autorizá-la ou não. Na provocada, poderá ser admitido por determinação das partes ou por determinação de ofício do juiz (espécie de intervenção *iussu iudicis).*

Questão de Concurso

▶ **(FCC.PGE-MT.Procurador Estadual.2016)**[80]: Sobre as previsões do novo Código de Processo Civil a respeito da intervenção do amicus curiae, considere:

I. A intervenção de amicus curiae é admitida expressamente tanto no juízo de piso como perante órgãos colegiados.

II. A intervenção de pessoa natural ou jurídica, órgão ou entidade especializada na condição de amicus curiae independe de pedido das partes, pois a lei prevê expressamente a possibilidade de ser determinada de ofício pelo magistrado.

III. A intervenção de pessoa jurídica de direito público na condição de amicus curiae pode ensejar a modificação da competência e a remessa dos autos ao juízo competente.

IV. Da decisão que admite a intervenção de amicus curiae, cabe recurso pela parte interessada.

Está correto o que se afirma APENAS em

a) I, II e III

b) I e IV

c) III e IV

d) I, II e IV

e) I e II

O enunciado 388 do Fórum Permanente de Processualistas Civis confere também ao **assistente simples** o poder de requerer a intervenção do amicus curiae.

79. (...) indeferiu o pedido de terceiro para ingressar no feito como *amicus curiae*, ou assistente, uma vez que já pautado e iniciado o julgamento, com dois votos já proferidos. QO no REsp 1.003.955-RS, Rel. Min. Eliana Calmon, j. 12/11/2008. 1ª S. (Info. nº 376)

80. Gabarito: Letra E.

7.5.6. Requisitos

A correta delimitação dos requisitos que fundamentam a intervenção do *amicus curiae* é essencial para sua operabilidade e para evitar manobras ardilosas a fim de causar tumulto ao processo.

Pois bem.

Os requisitos dispostos no art. 138 do CPC podem ser divididos em subjetivos e objetivos. Os primeiros são: a) **representatividade adequada**; b) **respeitabilidade e autoridade do terceiro**. Os últimos (alternativos, conforme orienta enunciado 395 do FPPC) são: a) **relevância da matéria**; b) **repercussão social da controvérsia**; c) **especificidade do tema objeto da demanda**.

Na representatividade adequada, o juiz ponderará se o terceiro possui capacidade e conhecimento específico para defender, de forma hábil e efetiva, os interesses sociais ou de grupos que ele representa, ao verificar o liame temático existente entre o *amicus curiae* e a relação jurídica subjacente. Tal requisito funciona como um filtro, pois exige que o amigo da corte seja porta voz de parcela significativa dos anseios da sociedade, a evitar a proliferação indesejada de intervenções. Mas, como orienta o enunciado 127 do FPPC, essa representatividade não pressupõe a concordância unânime daqueles a quem o *amicus curiae* representa.

O outro requisito de ordem subjetiva exige que o *amicus curiae* seja uma autoridade respeitada acerca da matéria que está a ser discutida. O terceiro deve ter expertise, reconhecimento científico, perícia e notoriedade acerca da matéria que está a ser discutida.

Quanto aos requisitos objetivos, os dois primeiros estão imbricados, porque ligados à relevância transcendental que a causa projeta. A relevância da matéria refere-se ao aspecto qualitativo da matéria discutida (se objeto do debate é de proeminência e aborda temas complexos e fundamentais). Já a repercussão social da controvérsia alia-se à noção quantitativa, no sentido da matéria discutida ter a potencialidade de projetar efeitos, diretos ou indiretos, positivos ou negativos, na esfera jurídica de parcela significativa da sociedade, independentemente da matéria ser qualitativamente fundamental.

Todavia, muitas vezes, as matérias de grande relevância são, invariavelmente, de *interesse pro societate* e afetam a esfera jurídica da coletividade. Portanto, o *amicus curiae* não atua como parte na defesa de interesses próprios, mas, sim, na defesa de interesses institucionais coletivos, que possuem potencialidade de afetar parcela significativa da sociedade.

O terceiro requisito objetivo exige que a intervenção do colaborador se justifique na especificidade do tema objeto da demanda. Assim, o juiz deve admitir o amigo da cúria sempre que a matéria de fato ou de direito for de alto grau de complexidade ou sofisticação, que exija a colaboração de pessoas especializadas.

Quando houver pluralidade de pedidos de admissão de amicus curiae, orienta o enunciado 82 do CJF, o relator deve observar, como critério para definição daqueles que serão admitidos, o equilíbrio na representatividade dos diversos interesses jurídicos contrapostos no litígio, velando, assim, pelo respeito à amplitude do contraditório, paridade de tratamento e isonomia entre todos os potencialmente atingidos pela decisão.

7.5.7. Decisão de admissibilidade irrecorrível

Preenchidos os requisitos, o juiz poderá admitir ou não o *amicus curiae*. Se o processo estiver no tribunal por tratar-se de recurso, remessa necessária ou ação originária, a admissibilidade do amigo da corte competirá ao relator. Na forma do art. 138 do Código de Processo Civil, o pronunciamento judicial, que admite ou não o amigo da corte, é irrecorrível (salvo a possibilidade de interposição de embargos de declaração para aperfeiçoamento da decisão).

Se inadmitido, o amigo da corte não ingressará no processo. Eventual manifestação sua, que, por alguma circunstância, tiver sido carreada aos autos, será extirpada. Por outro lado, no caso de admissão, o amigo da corte será intimado dessa decisão para, no prazo de 15 dias, ofertar sua manifestação sob pena de preclusão.

Questão de Concurso

▶ **(MPE-PR. MPE-PR. Promotor Substitutivo. 2019)**[81]: Sobre a disciplina da intervenção de terceiros no Código de Processo Civil de 2015, assinale a alternativa correta:

a) A admissão de assistente simples, pelo juízo, impede a transação sobre direitos controvertidos pelas partes

b) A decisão que admite o *amicus curie* no feito é irrecorrível

c) O Código de Processo Civil admite denunciações da lide sucessivas, hipótese que só encontra limites pelo número excessivo de partes.

d) O chamamento ao processo é hipótese de intervenção de terceiros que pode ser promovida tanto pelo autor quanto pelo réu.

e) Não pode o Ministério Público requerer a desconsideração da personalidade jurídica, ainda que o caso imponha sua atuação.

▶ **(FGV – Analista Judiciário – Oficial de Just. Avaliador – TRT 12/2017)**[82] O juiz de Direito da 29ª Vara Empresarial de determinada cidade encontra-se com um caso que possui grande repercussão social. Em razão disso, uma entidade especializada no tema que será apreciado peticiona nos autos, em junho de 2017, requerendo a sua intervenção no feito como amicus curiae. Diante do que dispõe o CPC, é correto afirmar que:

a) é impossível a pretensão deduzida porque a figura do amicus curiae existe apenas para as causas que tramitam no STF;

b) se o juiz não aceitar a participação da entidade como amicus curiae, ela poderá recorrer dessa decisão interlocutória;

c) é viável a admissão de amicus curiae em 1º grau de jurisdição, desde que aceito pelo juiz em decisão irrecorrível;

d) amicus curiae só existe para as causas que estejam nos Tribunais, ou seja, do 2º grau em diante;

e) caso a entidade seja aceita como amicus curiae, ela poderá no futuro recorrer da sentença e decisões posteriores.

7.5.8. Poderes

O Código não determina, *a priori*, qual o plexo de poderes que o *amicus curiae* poderá exercer. A delimitação dos contornos da sua atuação será realizada pelo magistrado, de acordo

81. Gabarito: Letra B.
82. Gabarito: Letra C.

com o grau de interesse que gere a intervenção do terceiro, conforme dispõe o § 2º do art. 138 do CPC: "caberá ao juiz ou relator, na decisão que solicitar ou admitir a intervenção, definir os poderes do *amicus curiae*".

Como o amigo da corte não figura como parte no processo, nem na condição de assistente simples ou litisconsorcial, pois seu interesse na causa não é jurídico, mas institucional, justifica-se a limitação dos seus poderes processuais. Por sua própria natureza, não podem ser os mesmos inerentes às partes propriamente ditas.

Dentre o rol de poderes possíveis, a serem estipulados pelo juiz, com a finalidade de prestar subsídios para decisão, tem-se, exemplificativamente: a) apresentação de memoriais, informações, manifestações ou pareceres técnicos escritos; b) participação nas audiências; c) prática de atos instrutórios para subsidiar o convencimento do juiz, mesmo sem requerimento das partes; d) realização de sustentação oral.

Conforme disposição do art. 967, IV, do Código de Processo Civil, aquele que não foi ouvido no processo em que lhe era obrigatória a intervenção terá legitimidade para propor **ação rescisória.** É o caso, por exemplo, da participação obrigatória do CADE e da CVM, espécies de amigos da corte estipulados pela lei.

É por isso que o enunciado 339 do FPPC orienta: "o CADE e a CVM, caso não tenham sido intimados, quando obrigatório, para participar do processo (art. 118, Lei nº 12.529/2011; art. 31, Lei nº 6.385/1976), têm legitimidade para propor ação rescisória contra a decisão ali proferida, nos termos do inciso IV do art. 967".

Assim, a atuação do *amicus curiae* será delimitada casuisticamente pelo juiz. Todavia, de logo, o Código (pelo menos em regra) exclui a legitimidade recursal generalizada, na forma do § 1º do art. 138, que expressamente não autoriza a interposição de recurso. Essa regra comporta duas exceções: i) interposição de **embargos de declaração**; ii) recurso contra a decisão que julgar o incidente de resolução de demandas repetitivas (art. 138, § 3).

Questão de Concurso

▶ **(VUNESP. Prefeitura de São José do Rio Preto - SP - Procurador do Município.2019)**[83]: Amicus Curiae pode ser definido como uma ajuda técnica proveniente de pessoa natural ou jurídica, órgão ou entidade especializada em processos judiciais cujas decisões afetarão a sociedade. O Amicus Curiae

a) tem autonomia própria e possui interesse jurídico e institucional na demanda.
b) se submete às regras de impedimento e suspeição.
c) ingressa no processo apenas por provocação do estado-juiz.
d) pode recorrer da decisão que julgar o incidente de resolução de demandas repetitivas.
e) tem seus poderes definidos pelas partes na primeira manifestação que fizerem nos autos após a intervenção.

▶ **(VUNESP.TJM-SP.Juiz Militar Substituto.2016)**[84] A respeito do amicus curiae, é correto afirmar que

a) passou a ser modalidade de intervenção de terceiro no processo, com poder de interpor recurso de decisão que julgar o incidente de resolução de demandas repetitivas

83. Gabarito: Letra D.
84. Gabarito: Letra A.

b) é terceiro admitido no processo para fornecer subsídios instrutórios à solução de causa revestida de especial relevância ou complexidade, passando a titularizar posições subjetivas relativas às partes, como o assistente simples
c) é um auxiliar do juízo, equiparável a terceiros que prestam colaboração instrutória pontual no processo
d) assume papel de fiscal da lei ou do interesse público no curso do processo, ficando investido das prerrogativas processuais conferidas ao Ministério Público
e) sua admissibilidade não é pautada por seu interesse jurídico ou extrajurídico na solução da causa, sendo por este motivo vedado o ingresso quando houver interesse no resultado do processo

Apesar de o Código apenas apresentar essas duas exceções, não se pode olvidar que ele (o Código) constitui um microssistema de precedentes. A ser assim, deve-se estender os poderes de recorribilidade, também, contra decisões que julgarem os recursos repetitivos, conforme orienta o enunciado 370 do Fórum Permanente de Processualistas.

O enunciado 394 do Fórum Permanente de Processualistas Civis reconhece às partes o poder de opor embargos de declaração para corrigir vício da decisão relativo aos argumentos trazidos pelo amicus curiae.

7.5.9. Argumentos

As intervenções realizadas pelo amigo da corte possuem natureza meramente opinativa e informativa. Não vinculam o órgão julgador. Elas buscam apenas aprimorar a decisão jurisdicional, injetando novos argumentos aos debates, para que possam dar suporte ao magistrado, contribuindo para o bom julgamento da causa.

Entretanto, no processo em que ocorre a intervenção do *amicus curiae*, há um núcleo mínimo de sua participação. O juiz, na sua decisão, deverá enfrentar as alegações por ele apresentadas, nos termos do § 1º, IV, do art. 489 do Código de Processo Civil, conforme orienta o enunciado 128 do FPPC.

Apesar disso, o amigo da corte não será atingido pela coisa julgada, nem pelo fenômeno da eficácia preclusiva inerente à assistência simples. Essa exclusão justifica-se em razão da atuação limitada que se confere ao *amicus curiae*, o qual não assume a condição de parte ou de assistente.

8. INTERVENÇÃO NEGOCIADA DE TERCEIROS

Uma das grandes virtudes do atual Código de Processo Civil foi a distinta colocação de uma cláusula geral de negócios jurídicos processuais prevista no art. 190[85]. Ela admite que as partes, no exercício da sua autonomia privada, estabeleçam convenções processuais atípicas com vistas a atender as necessidades e peculiaridades do caso concreto.

Nesse ponto, é relevante estabelecer um ponto de interseção entre esse tema e a intervenção de terceiros. Indaga-se: a) seria possível a realização de um negócio jurídico processual

85. Tal comando normativo prescreve que: "versando o processo sobre direitos que admitam autocomposição, é lícito às partes plenamente capazes estipular mudanças no procedimento para ajustá-lo às especificidades da causa e convencionar sobre os seus ônus, poderes, faculdades e deveres processuais antes ou durante o processo".

para alterar as regras procedimentais relacionadas a uma hipótese típica de intervenção de terceiro? b) seria possível admitir que as partes convencionassem acerca do ingresso de uma nova figura interventiva com requisitos atípicos não previstos em lei? c) haveria limites para esse poder criativo?

O enunciado 491 do FPPC responde à primeira indagação, quando orienta que "é possível negócio jurídico processual que estipule mudanças no procedimento das intervenções de terceiro, observada a necessidade de anuência do terceiro quando lhe puder causar prejuízo".

Pode-se vislumbrar, portanto, a possibilidade de modificações procedimentais das hipóteses típicas de intervenções de terceiros. As partes podem (pelo menos em regra, sobretudo quando não houver decisão definitiva de mérito), de comum acordo, convencionar a inaplicabilidade da regra do parágrafo único do art. 119 do CPC e admitir que o processo retroceda para que o assistente possa se manifestar em relação aos atos processuais praticados antes do seu ingresso.

Outrossim, pode-se pensar em uma assistência sem estar estritamente vinculada ao interesse jurídico. Se houver consentimento das partes e do terceiro (negócio jurídico plurilateral), seria viável uma assistência lastreada em interesses de variada ordem, tal qual o econômico ou o afetivo. Passando para o *amicus curiae*, também se poderia admitir a intervenção negociada para ampliar seus poderes no curso do processo.

No caso de estipulação do calendário processual, os intervenientes deverão participar desse negócio jurídico plurilateral, ao lado das partes e do juiz. De qualquer modo, a cláusula negocial amplia consideravelmente o poder de autorregramento das partes no curso do processo. Partes e juiz devem ser coprotagonistas do processo.

Quanto à segunda indagação, os autores do presente livro acreditam ser possível a criação de um *tertium genus* interventivo, a mesclar características de duas (ou mais) modalidades típicas, ou mesmo criar uma figura completamente nova. Será, portanto, um campo aberto em constante construção de acordo com as necessidades da prática forense.

A resposta à terceira pergunta também é afirmativa. Há limites gerais aplicados a qualquer convenção processual. O art. 190 impõe, ao menos, dois: a) veda-se negócio processual que verse acerca de direitos que não permitem autocomposição; b) veda-se a inserção abusiva de cláusula com negociação processual no âmago de contrato de adesão.

De igual modo, o objeto da convenção deve ser lícito e respeitar o modelo constitucional de processo. Não se pode admitir, a título de exemplo, que o *amicus curiae* fundamente seu parecer em uma prova ilícita. Garantias processuais caras ao Estado Democrático de Direito, como a fundamentação das decisões e a sua publicidade, também não podem ser afastadas.

Diga-se mais.

Se a figura interventiva criada puder causar prejuízo ao terceiro, deve-se requerer a sua anuência para que a convenção possua efeito contra ele (conforme orientação do enunciado 491 do FPPC). Além disso, como orienta o enunciado 392 do FFPC, para preservar a democracia participativa e a pluralização do debate e da interpretação do ordenamento, as partes não podem realizar negócio jurídico processual que vede a possibilidade de participação do *amicus curiae*.

9. SÚMULAS

Súmulas do STJ

268. O fiador que não integrou a relação processual na ação de despejo não responde pela execução do julgado.

529. No seguro de responsabilidade civil facultativo, não cabe o ajuizamento de ação pelo terceiro prejudicado direta e exclusivamente em face da seguradora do apontado causador do dano.

537. Em ação de reparação de danos, a seguradora denunciada, se aceitar a denunciação ou contestar o pedido do autor, pode ser condenada, direta e solidariamente junto com o segurado, ao pagamento da indenização devida à vítima, nos limites contratados na apólice.

10. ENUNCIADOS DO FPPC

110. Havendo substituição processual, e sendo possível identificar o substituído, o juiz deve determinar a intimação deste último para, querendo, integrar o processo.

124. A desconsideração da personalidade jurídica no processo do trabalho deve ser processada na forma dos arts. 133 a 137.

248. Quando a desconsideração da personalidade jurídica for requerida na petição inicial, constitui ônus do sócio ou da pessoa jurídica, na contestação, impugnar não somente a própria desconsideração, mas também os demais pontos da causa.

575. (art. 138) Verificada a relevância da matéria, a repercussão social da controvérsia ou a especificidade do tema objeto da demanda, o juiz poderá promover a ampla divulgação do processo, inclusive por meio dos cadastros eletrônicos dos tribunais e do Conselho Nacional de Justiça, para incentivar a participação de mais sujeitos na qualidade de amicus curiae.

674. A admissibilidade da reconvenção com ampliação subjetiva não se restringe às hipóteses de litisconsórcio necessário.

675. O assistente e o amicus curiae têm direito de pedir esclarecimentos ou solicitar ajustes na decisão de saneamento e organização do processo, nos limites dos seus poderes e interesse processual.

11. ENUNCIADOS DO FNPP

66. O incidente de desconsideração da personalidade jurídica previsto no CPC é incompatível com o rito da execução fiscal.

67. Em execução fiscal, os embargos do devedor são a via adequada à defesa do executado incluído em litisconsórcio passivo ulterior, em razão de corresponsabilização.

12. ENUNCIADOS DO CJF

11. Aplica-se o disposto nos arts. 133 a 137 do CPC às hipóteses de desconsideração indireta e expansiva da personalidade jurídica.

12. É cabível a intervenção de amicus curiae (art. 138 do CPC) no procedimento do Mandado de Injunção (Lei nº 13.300/2016).

42. É cabível a concessão de tutela provisória de urgência em incidente de desconsideração da personalidade jurídica.

82. Quando houver pluralidade de pedidos de admissão de amicus curiae, o relator deve observar, como critério para definição daqueles que serão admitidos, o equilíbrio na representatividade dos diversos interesses jurídicos contrapostos no litígio, velando, assim, pelo respeito à amplitude do contraditório, paridade de tratamento e isonomia entre todos os potencialmente atingidos pela decisão.

13. INFORMATIVOS

Não há condenação em honorários advocatícios em incidente de desconsideração da personalidade jurídica. Nos termos do novo regramento emprestado aos honorários advocatícios pelo atual Código de Processo Civil, verifica-se que, em regra, a condenação nos ônus de sucumbência é atrelada às decisões que tenham natureza jurídica de sentença. Excepcionalmente, estende-se essa condenação àquelas decisões previstas na reconvenção, no cumprimento de sentença, provisório ou definitivo, na execução, resistida ou não, e nos recursos interpostos, cumulativamente, conforme disposição expressa do § 1º do art. 85. No caso concreto, está-se diante de uma decisão que indeferiu o pedido incidente de desconsideração da personalidade jurídica, à qual o legislador atribuiu de forma expressa a natureza de decisão interlocutória, nos termos do art. 136 do CPC/2015. Assim, tratando-se de incidente de desconsideração da personalidade jurídica, o descabimento da condenação nos ônus sucumbenciais decorre da ausência de previsão legal excepcional, sendo irrelevante se apurar quem deu causa ou foi sucumbente no julgamento final do incidente. REsp 1.845.536-SC, Rel. Min. Nancy Andrighi, Rel. Acd. Min. Marco Aurélio Bellizze, Terceira Turma, por maioria, julgado em 26/05/2020, DJe 09/06/2020. Inf, 673.

Informativos do STJ

É prescindível o incidente de desconsideração da personalidade jurídica para o redirecionamento da execução fiscal na sucessão de empresas com a configuração de grupo econômico de fato e em confusão patrimonial. A previsão constante no art. 134, caput, do CPC/2015, sobre o cabimento do incidente de desconsideração da personalidade jurídica, na execução fundada em título executivo extrajudicial, não implica a sua incidência na execução fiscal, regida pela Lei n. 6.830/1980, verificando-se verdadeira incompatibilidade entre o regime geral do Código de Processo Civil e a Lei de Execuções, que diversamente da Lei geral, não comporta a apresentação de defesa sem prévia garantia do juízo, nem a automática suspensão do processo, conforme a previsão do art. 134, § 3º, do CPC/2015. Na execução fiscal "a aplicação do CPC é subsidiária, ou seja, fica reservada para as situações em que as referidas leis são silentes e no que com elas compatível" (REsp n. 1.431.155/PB, Rel. Ministro Mauro Campbell Marques, Segunda Turma, julgado em 27/5/2014). Ademais, sob a ótica hermenêutico-sistêmica, quando o CPC/2015 pretendeu que o incidente de desconsideração da personalidade jurídica fosse aplicado a um microssistema, o Código foi expresso nesse sentido, a exemplo do art. 1.062 em relação aos juizados especiais. Evidenciadas as situações previstas nos arts. 124, 133 e 135, todos do CTN, não se apresenta impositiva a instauração do incidente de desconsideração da personalidade jurídica, podendo o julgador determinar diretamente o redirecionamento da execução fiscal para responsabilizar a sociedade na sucessão empresarial. Seria contraditório afastar a instauração do incidente para atingir os sócios-administradores (art. 135, III, do CTN), mas exigi-la para mirar pessoas jurídicas que constituem grupos econômicos para blindar o patrimônio em comum, em que deve incidir a responsabilidade solidária por interesse comum na prática do fato gerador ou confusão patrimonial. Nas duas hipóteses, há responsabilidade por atuação irregular, em descumprimento das obrigações tributárias, não havendo que se falar em desconsideração da personalidade jurídica, mas sim de imputação de responsabilidade tributária pessoal e direta pelo ilícito. Do ponto de vista prático da cobrança do crédito tributário, a exigência de instauração do incidente de desconsideração dificultaria a persecução de bens do devedor e facilitaria a dilapidação patrimonial, além de transferir à Fazenda Pública o ônus desproporcional de ajuizar medidas cautelares fiscais e tutelas provisórias de urgência para evitar os prejuízos decorrentes do risco que se colocaria à satisfação do crédito. REsp 1.786.311-PR, Rel. Min. Francisco Falcão, Segunda Turma, por unanimidade, julgado em 09/05/2019, DJe 14/05/2019. Inf., 648.

É necessária a instauração do incidente de desconsideração da personalidade da pessoa jurídica devedora para o redirecionamento de execução fiscal a pessoa jurídica que integra o mesmo grupo econômico, mas que não foi identificada no ato de lançamento (Certidão de Dívida Ativa) ou que não se enquadra nas hipóteses dos arts. 134 e 135 do CTN. Inicialmente cumpre salientar que em atenção à presunção relativa de legitimidade da Certidão da Dívida Ativa, o STJ pacificou entendimento segundo o qual a execução fiscal pode ser redirecionada ao corresponsável nela indicado, cabendo à parte então executada defender-se por meio dos embargos do devedor. Caso o pedido de redirecionamento da execução fiscal mire pessoas jurídicas não elencadas na Certidão de Dívida Ativa, após a comprovação, pela Fazenda, da caracterização de hipótese legal de responsabilização dos terceiros indicados, o magistrado também pode decidir pela inclusão no polo passivo sem a instauração do incidente de desconsideração, pois a responsabilização de terceiros tratada no CTN não necessita da desconsideração da pessoa jurídica devedora. Ademais, a atribuição de responsabilidade tributária aos sócios gerentes, nos termos do art. 135 do CTN, não depende mesmo do incidente de desconsideração da personalidade jurídica da sociedade empresária prevista no art. 133 do CPC/2015, pois a responsabilidade dos sócios, de fato, já lhes é atribuída pela própria lei, de forma pessoal e subjetiva (*v.g.*: AgInt no REsp 1.646.648/SP, Rel. Ministro Gurgel de Faria, Primeira Turma, DJe 28/11/2017), na hipótese de "atos praticados com excesso de poderes ou infração de lei, contrato social ou estatutos". Igualmente, a responsabilidade subsidiária do art. 134, VII, do CTN autoriza o redirecionamento da execução fiscal aos sócios na hipótese de não ser possível exigir o crédito tributário da sociedade empresária liquidada (*v.g.*: REsp 1.591.419/DF, Rel. Ministro Gurgel de Faria, Primeira Turma, DJe 26/10/2016). Daí porque o art. 4º, incisos V e VI, da Lei n. 6.830/1980 explicita a possibilidade de ajuizamento da execução fiscal contra o responsável legal por dívidas, tributárias ou não, das pessoas jurídicas de direito privado e contra os sucessores a qualquer título. Porém, essa conclusão não é adequada quando a pretensão fazendária de redirecionamento mira pessoa jurídica integrante do mesmo grupo econômico a que pertence a sociedade empresária originalmente executada, que não está indicada na Certidão de Dívida Ativa e à qual não é atribuída a responsabilidade, na qualidade de terceiro (arts. 134 e 135 do CTN). Às exceções da prévia previsão em lei sobre a responsabilidade de terceiros e do abuso de personalidade jurídica, o só fato de integrar grupo econômico não torna uma pessoa jurídica responsável pelos tributos inadimplidos pelas outras. De forma semelhante, o art. 124 do CTN dispõe que "são solidariamente obrigadas as pessoas que: I - tenham interesse comum na situação que constitua o fato gerador da obrigação principal; e II - as pessoas expressamente designadas por lei". Esse dispositivo não serve à pretensão de redirecionamento, tendo em vista estar relacionado com a impossibilidade de arguição do benefício de ordem na solidariedade dos devedores identificados no ato de constituição do crédito tributário, o qual, vale registrar, não pode ser refeito no decorrer do processo executivo (*v.g.*: Súmula n. 392 do STJ: "A Fazenda Pública pode substituir a certidão de dívida ativa (CDA) até a prolação da sentença de embargos, quando se tratar de correção de erro material ou formal, vedada a modificação do sujeito passivo da execução"). O art. 30, IX, da Lei n. 8.212/1991 ("as empresas que integram grupo econômico de qualquer natureza respondem entre si, solidariamente, pelas obrigações decorrentes desta lei") não permite o redirecionamento de execução fiscal a pessoa jurídica que não tenha participado da situação de ocorrência do fato gerador, ainda que integrante do grupo econômico. A correta leitura desse dispositivo depende de sua conjugação com as regras do CTN, daí porque o fisco deve lançar o tributo com a indicação das pessoas jurídicas que estejam vinculadas ao fato gerador, não lhe sendo permitido, no curso do processo executivo, redirecionar a cobrança para pessoa jurídica estranha ao fato imponível, ainda que integrante do mesmo grupo econômico da devedora original. Em conclusão, o redirecionamento de execução fiscal a pessoa jurídica que integra o mesmo grupo econômico da sociedade empresária originalmente executada, mas que não foi identificada no ato de lançamento (nome na CDA) ou que não se enquadra nas hipóteses dos arts. 134 e 135 do CTN, depende mesmo da comprovação do abuso de personalidade, caracterizado pelo desvio de finalidade ou confusão patrimonial, tal como consta do art. 50 do Código Civil, daí porque, nessa hipótese, é obrigatória a instauração do incidente de desconsideração da personalidade da pessoa jurídica devedora. REsp 1.775.269-PR, Rel. Min. Gurgel de Faria, por unanimidade, julgado em 21/02/2019, DJe 01/03/2019. Inf. 643.

14. SINOPSE

INTERVENÇÃO DE TERCEIROS
Conceito e Especificidades
Parte é quem pede (autor) e a quem é pedido (réu). Essa condição de parte é adquirida, invariavelmente, pela: a) propositura da ação; b) citação; c) sucessão processual d) por determinadas espécies de intervenção de terceiro.
Natureza Jurídica
A intervenção de terceiros não possui natureza de **processo incidente** mas sim de um **incidente processual.**

<table>
<tr><th colspan="2">Classificação</th></tr>
<tr><td colspan="2">As intervenções podem ser espontâneas (assistência, amicus curiae) ou provocadas (denunciação da lide chamamento ao processo). O IDPJ pode ser espontâneo ou provado pelas partes. E o amicus curiae pode ser espontâneo ou provocado pelas partes ou pelo juiz</td></tr>
<tr><th colspan="2">Modalidades</th></tr>
<tr><td colspan="2">São modalidades típicas de intervenção de terceiros, consagradas no CPC/2015: a) assistência; b) denunciação da lide; c) chamamento ao processo; d) desconsideração da personalidade jurídica; e) amicus curiae;</td></tr>
<tr><th colspan="2">Assistência</th></tr>
<tr><td>Conceito:</td><td>Modalidade de intervenção, em que terceiro (assistente), juridicamente interessado, ingressa no processo em curso para auxiliar uma das partes, a fim de evitar que as consequências da decisão jurisdicional lhe atinjam.</td></tr>
<tr><td>Interesse Legitimador:</td><td>Para sua admissibilidade, o interesse há de ser jurídico,</td></tr>
<tr><td>Cabimento</td><td>A assistência será admitida em qualquer procedimento e em todos os graus de jurisdição; recebendo o assistente o processo no estado em que se encontre</td></tr>
<tr><td>Espécies:</td><td>Simples e litisconsorcial</td></tr>
<tr><td>Regime Jurídico</td><td>Assistente Simples: submete-se a eficácia preclusiva da decisão. Assistente Litisconsorcial: submete-se à coisa julgada.</td></tr>
<tr><td>Recurso do terceiro prejudicado</td><td>É hipótese de assistência em grau de recurso.</td></tr>
<tr><th colspan="2">Denunciação da Lide</th></tr>
<tr><td>Conceito:</td><td>É modalidade provocada de intervenção em que a parte integra um terceiro ao processo em curso a fim de auxiliá-la no litígio originário com o adversário comum, e de figurar como demandado em um segundo litígio de natureza eventual e regressiva a ser desenvolvido no mesmo processo (no caso de sucumbência).</td></tr>
<tr><td>Hipóteses de Cabimento</td><td>Assim, será admissível a denunciação da lide, promovida por qualquer das partes: a) ao alienante imediato, no processo relativo à coisa cujo domínio foi transferido ao denunciante, a fim de que possa exercer os direitos que da evicção lhe resultam; b) àquele que estiver obrigado, pela lei ou pelo contrato, a indenizar, em ação regressiva, o prejuízo do que perder a demanda:</td></tr>
<tr><td>Facultatividade</td><td>O CPC/2015 suprimiu a obrigatoriedade da denunciação da lide em todos os casos de sua aplicação.</td></tr>
<tr><td>Denunciação Sucessiva, per saltum e coletiva</td><td>O CPC/2015 vedou a denunciação per saltum e a coletiva. E só admite uma única denunciação sucessiva.</td></tr>
<tr><th colspan="2">Chamamento ao processo</th></tr>
<tr><td>Conceito</td><td>É um ato com que o réu, na condição de devedor solidário ou de fiador, demandado sozinho para responder pela totalidade da dívida, pede a intervenção de terceiro (devedor principal ou codevedor solidário) ao processo, para que, se julgada procedente a demanda inicial do autor, o terceiro também seja condenado, ficando ele abrangido pela coisa julgada material, a valer a sentença, para este mister, de título executivo judicial.</td></tr>
<tr><td>Hipóteses de cabimento</td><td>Será cabível o chamamento ao processo: do afiançado na ação em que o fiador for réu; b) dos demais fiadores, na ação proposta contra um ou alguns deles; c) dos demais devedores solidários, quando o credor exigir de um ou de alguns deles, o pagamento da dívida comum.</td></tr>
<tr><th colspan="2">Incidente de Desconsideração da Personalidade Jurídica</th></tr>
<tr><td>Aspectos Materiais</td><td>Em caso de abuso da personalidade jurídica, caracterizado pelo desvio de finalidade, ou pela confusão patrimonial, pode o juiz decidir, a requerimento da parte, ou do Ministério Público quando lhe couber intervir no processo, que os efeitos de certas e determinadas relações de obrigações sejam estendidos aos bens particulares dos administradores ou sócios da pessoa jurídica".</td></tr>
</table>

Aspectos Procedimentais	a) Obrigatoriedade do respeito ao contraditório; b) veda-se a atuação oficiosa do juiz; c) o incidente de desconsideração é cabível em todas as fases do processo de conhecimento, no cumprimento de sentença e na execução fundada em título executivo extrajudicial. d) impõe ao juiz o dever de, uma vez instaurado o incidente, determinar a anotação, no cartório do distribuidor, dos dados relativos não só ao fato que o incidente foi instaurado mas, também, o registro de quem são o requerente e o requerido.
AMICUS CURIAE	
Considerações Iniciais	É um instituto de cariz democrático com o fulcro de promover a pluralização do debate em juízo, conferir maior qualidade às decisões judiciais e aprimorar a prestação da tutela jurisdicional.
Natureza Jurídica	É uma espécie de intervenção de terceiro que possui interesse institucional.
Público e Privado	O CPC/2015 amplia consideravelmente a legitimidade interventiva, ao admitir tanto o *amicus* público quanto o privado.
Cabimento	A doutrina defende que essa figura interventiva cabe em qualquer fase processual ou grau de cognição, seja em processo individual ou coletivo, seja na fase de conhecimento ou na fase executiva, na tutela provisória, em grau recursal, desde que preenchidos os requisitos legais.
Voluntária e Provocada	O amigo da corte comporta a forma voluntária (espontânea) ou provocada. Na primeira, o terceiro, espontaneamente, requer a sua participação no feito, podendo o magistrado autorizar ou não. Na provocada, poderá ser admitido por determinação das partes ou por determinação de ofício do juiz (espécie de intervenção *iussu iudicis).*
Requisitos	Subjetivos: a) representatividade adequada; b) respeitabilidade e autoridade do terceiro. Os objetivos, que são alternativos, são: i) relevância da matéria; ii) especificidade do tema objeto da demanda ou; iii) repercussão social da controvérsia.
Decisão Irrecorrível	O pronunciamento judicial que admite ou não o amigo da corte é irrecorrível, salvo a possibilidade dos embargos de declaração para esclarecimento ou integração da decisão.
Poderes	Caberá ao juiz ou relator, na decisão que solicitar ou admitir a intervenção, definir os poderes do *amicus curiae.*
Argumentos	As intervenções realizadas pelo amigo da corte possuem natureza meramente opinativa e informativa.
Intervenção Negociada	
É possível negócio jurídico processual que estipule mudanças no procedimento das intervenções de terceiro, observada a necessidade de anuência do terceiro quando lhe puder causar prejuízo.	

CAPÍTULO 11

AUXILIARES DA JUSTIÇA

1. JUIZ

Ao juiz cabe exercer a jurisdição. Para cumprir tal mister, a Constituição confere-lhe certas garantias, quais sejam: a) a vitaliciedade, adquirida após dois anos de exercício; b) a inamovibilidade, salvo por motivo de interesse público (art. 93, VIII, da Constituição); c) a irredutibilidade de subsídio.

Por outro lado, a Constituição também lhe impõe certas **vedações**, que nada mais são do que garantias da sua imparcialidade. Assim, é defeso aos magistrados: a) exercer, ainda que em disponibilidade, outro cargo ou função, salvo uma de magistério; b) receber, a qualquer título ou pretexto, custas ou participação em processo; c) dedicar-se à atividade político partidária; d) receber, a qualquer título ou pretexto, auxílios ou contribuições de pessoas físicas, entidades públicas ou privadas, ressalvadas as exceções previstas em lei; e) exercer a advocacia no juízo ou tribunal do qual se afastou, antes de decorridos três anos do afastamento do cargo por aposentadoria ou exoneração.

Na condução do processo, compete ao juiz:

a) assegurar às partes igualdade de tratamento;
b) velar pela duração razoável do processo;
c) prevenir ou reprimir qualquer ato contrário à dignidade da justiça e indeferir postulações meramente protelatórias;
d) determinar todas as medidas indutivas, coercitivas, mandamentais ou sub-rogatórias necessárias para assegurar o cumprimento de ordem judicial, inclusive nas ações que tenham por objeto prestação pecuniária;

> A multa, como medida coercitiva para assegurar cumprimento de ordem judicial consistente em prestação pecuniária, só deve ser aplicada para viabilizar o pagamento. O juiz deve aplicar multa, a título de exemplo, para que o devedor apresente documentação necessária à realização de penhora de bem cuja alienação (é que) proporcionará o adimplemento da obrigação de pagar. A multa, portanto, não deve incidir sobre o objeto da obrigação de pagar, até porque, em cumprimento de sentença ou em execução (reconhecida em título executivo extrajudicial) de obrigação pecuniária, o Código de Processo Civil prevê multa específica.

> As medidas executivas atípicas, previstas no art. 139, IV, do Código de Processo Civil, só devem ser aplicadas quando esgotadas as medidas típicas, a se excepcionar esta regra, entretanto, os casos em que aquelas possam garantir, ao mesmo tempo, efetividade à prestação jurisdicional na mesma razão das típicas, só que de forma menos onerosa ao devedor. Desta forma, estarão compatibilizados interesses do exequente e do executado, o que justifica a excepcional aplicação imediata das medidas atípicas (antes das típicas).

e) promover, a qualquer tempo, a autocomposição, preferencialmente com auxílio de conciliadores e mediadores;

f) dilatar os prazos processuais e alterar a ordem de produção dos meios de prova, adequando-os às necessidades do conflito de modo a conferir maior efetividade à tutela do direito[1];

g) exercer o poder de polícia, requisitando, quando necessário, força policial, além da segurança interna dos fóruns e tribunais;

h) determinar, a qualquer tempo, o comparecimento pessoal das partes, para inquiri-las sobre os fatos da causa, hipótese em que não incidirá a pena de confesso[2];

i) determinar o suprimento de pressupostos processuais e o saneamento de outros vícios processuais[3];

j) quando se deparar com diversas ações individuais repetitivas, oficiar ao Ministério Público, à Defensoria Pública e, na medida do possível, a outros legitimados a que se referem o art. 5º da Lei nº 7.347/1985 e o art. 82 do Código de Defesa do Consumidor, para, se for o caso, propor a ação coletiva pertinente.

Segundo o art. 140, *caput*, do CPC, o juiz não pode escusar-se de decidir, sob a alegação de lacuna ou obscuridade no ordenamento jurídico (**non liquet**). Primeiro, porque a Constituição, em seu art. 5º, XXXV, prevê a inafastabilidade da jurisdição, de sorte que, em caso de lesão ou ameaça a direito, não pode o Poder Judiciário negar apreciação a pedido feito por qualquer jurisdicionado. Segundo, porque norma jurídica não se confunde com o texto legislado (programa normativo), mas é resultado da interpretação das leis, de acordo com os fatos levados à análise do Poder Judiciário (âmbito normativo); assim, mesmo em caso de aparente lacuna no sistema, é possível ao intérprete, por meio de uma operação hermenêutica, construir a(s) norma(s) incidente(s) sobre os fatos em questão. Para tanto, o julgador deve basear-se na aplicabilidade imediata dos direitos e garantias fundamentais (art. 5º, § 1º, da Constituição) e na teoria dos princípios, que hoje são considerados verdadeiras normas (de baixa densidade), e não mais simples instrumentos de integração normativa, como dispunha o art. 126 do CPC/1973. Por outro lado, a equidade somente pode servir de base para a decisão judicial nos casos expressamente previstos em lei (art. 140, parágrafo único, do CPC/2015).

1. A dilação de prazo somente pode ocorrer se requerida pela parte ou determinada pelo juiz antes do término do prazo, nos termos do art. 139, parágrafo único do CPC.
2. O comparecimento pessoal previsto no art. 139, VIII, do CPC não se confunde com o depoimento pessoal da parte, previsto nos arts. 385 a 388. Trata-se de interrogatório informal, em que o juiz, a qualquer tempo, mesmo fora da audiência, tira dúvidas sobre os fatos discutidos no processo. Daí não se aplicar a pena de confesso.
3. Art. 317. Antes de proferir decisão sem resolução de mérito, o juiz deverá conceder à parte oportunidade para, se possível, corrigir o vício.

O magistrado deve julgar a ação dentro dos limites propostos pelas partes, sendo-lhe defeso apreciar questões não suscitadas a cujo respeito a lei exija iniciativa da parte. Trata-se do **princípio dispositivo**, previsto nos arts. 2º e 141 do Código de Processo Civil. Ficam ressalvadas, contudo, as questões de ordem pública, cognoscíveis de ofício pelo juiz, a exemplo daquelas descritas no art. 337 do CPC.

Constatando o juiz que autor e réu valeram-se do processo para praticar ato simulado ou atingir fim vedado pela lei, o juiz deve proferir decisão impeditiva do objetivo das partes, aplicando-lhes, de ofício, as penas da litigância de má-fé (art. 81 do CPC).

Igualmente, se o juiz proceder com dolo ou fraude ou, ainda, omitir ou retardar, sem justo motivo, providência que deva ordenar de ofício ou a requerimento, responderá civilmente pelas perdas e danos decorrentes de sua conduta[4]. No entanto, responde apenas **regressivamente**, perante o Estado, que é primariamente responsável pela reparação civil ao jurisdicionado, nos termos do art. 37, § 6º, *in fine*, da Constituição e do art. 143, *caput*, do CPC. Nesses casos, a responsabilidade civil do Estado é **subjetiva**, cabendo ao jurisdicionado demonstrar a existência de dolo ou fraude por parte do juiz; por outro lado, é **objetiva** a responsabilidade civil do Estado nos casos de **erro judiciário** (STF. RE 770.931/SC. DJe 13.10.14).

2. AUXILIARES DA JUSTIÇA

Na prestação da tutela jurisdicional, o julgador atua em conjunto com órgãos auxiliares da justiça, aos quais cabe, sob a coordenação do juiz, a prática de atos processuais próprios, a exemplo dos atos ordinatórios, como permite o art. 93, XIV, da Constituição.

Assim como o juiz, os auxiliares da justiça devem agir com **imparcialidade** no exercício de suas funções, aplicando-se a eles os motivos de **impedimento e suspeição** do juiz, conforme determina o art. 148, II, do Código de Processo Civil.

O art. 149 do CPC dispõe o seguinte: "são auxiliares da Justiça, além de outros cujas atribuições sejam determinadas pelas normas de organização judiciária, o escrivão, o chefe de secretaria, o oficial de justiça, o perito, o depositário, o administrador, o intérprete, o tradutor, o mediador, o conciliador judicial, o partidor, o distribuidor, o contabilista e o regulador de avarias".

Eles se classificam, segundo o vínculo que possuem com o Estado, em permanentes e eventuais. Os auxiliares permanentes são servidores públicos, cujo vínculo com o Estado é regido pelo Direito Administrativo. Os eventuais, do contrário, são particulares, que atuam apenas quando convocados pelo órgão julgador.

2.1. Auxiliares permanentes

São auxiliares permanentes da justiça o escrivão, o chefe de secretaria, o oficial de justiça, o distribuidor e o contabilista.

4. Nos casos de retardamento ou omissão, somente restará caracterizado ato ilícito do juiz se a parte formular requerimento, e este não foi apreciado em dez dias, nos termos do art. 143, parágrafo único, do CPC.

a) **Escrivão e chefe de secretaria**: ao escrivão ou ao chefe de secretaria compete organizar o cartório (ou secretaria judiciária). Cabe-lhes exercer as funções de documentação, certificação e movimentação dos autos do processo, juntamente com seus auxiliares (escreventes). O art. 152 do CPC enumerou suas atribuições de forma exemplificativa, a estabelecer a possibilidade de serem atribuídas outras funções de acordo com as normas de organização judiciária (art. 152, II, do CPC).

Incumbe ao escrivão, entre outras **funções**:

a) redigir, na forma legal, os ofícios, mandados, cartas precatórias e demais atos que pertencem ao seu ofício;

b) efetivar as ordens judiciais, realizar citações e intimações, bem como praticar todos os demais atos que lhe forem atribuídos pelas normas de organização judiciária;

c) comparecer às audiências ou, não podendo fazê-lo, designar servidor para substituí-lo;

d) manter sob sua guarda e responsabilidade os autos, não permitindo que saiam do cartório, exceto: d.1) quando tenham de seguir à conclusão do juiz; d.2) com vista a procurador, à Defensoria Pública, ao Ministério Público ou à Fazenda Pública; d.3) quando devam ser remetidos ao contabilista ou ao partidor; d.4) quando forem remetidos a outro juízo em razão da modificação da competência;

Afora estas hipóteses, o art. 7º, XVI, do Estatuto da Ordem dos Advogados do Brasil dá ao advogado o direito de "retirar autos de processos findos, mesmo sem procuração, pelo prazo de dez dias".

e) fornecer certidão de qualquer ato ou termo do processo, independentemente de despacho, observadas as disposições referentes ao segredo de justiça.

f) praticar, de ofício, os atos meramente ordinatórios.

Em cada juízo, deve haver, pelo menos, um ofício de justiça (ao qual está vinculado um escrivão), conforme prevê o art. 150 do CPC.

No impedimento do escrivão ou chefe de secretaria, o juiz convocará substituto e, não o havendo, nomeará escrivão *ad hoc* para o ato.

O escrivão e o chefe de secretaria devem, preferencialmente, atender à ordem cronológica de recebimento para publicação e efetivação dos pronunciamentos judiciais, excetuados os atos urgentes, assim reconhecidos pelo juiz no pronunciamento judicial a ser cumprido, bem como as situações previstas no art. 12, § 2º, do CPC.

A lista de processos recebidos deve ser disponibilizada para consulta pública, de forma permanente, em cartório e na *internet*, conforme o art. 12, § 1º, do CPC. Após a elaboração da lista própria, respeitar-se-á a ordem cronológica de recebimento entre os atos urgentes e as preferências legais (art. 153, § 3º, do CPC).

Em caso de descumprimento da ordem cronológica, a parte preterida poderá reclamar, nos próprios autos, ao juiz do processo, que requisitará informações ao servidor, a serem prestadas em 02 dias. Constatada a preterição, o magistrado determinará a imediata efetivação do ato e a instauração de processo administrativo disciplinar contra o servidor.

b) **Oficial de justiça**: cabe ao meirinho: fazer pessoalmente as citações, prisões, penhoras, arrestos e outras diligências próprias do seu ofício; executar as ordens do juiz a que estiver subordinado; auxiliar o magistrado na manutenção da ordem; efetuar avaliações, quando tal atividade não exigir conhecimentos especializados (art. 870, parágrafo único, do CPC); certificar, em mandado, proposta de autocomposição apresentada por qualquer das partes, na ocasião de realização de ato de comunicação que lhe couber (caso em que o juiz ordenará a intimação da parte contrária para se manifestar em cinco dias, sem prejuízo do regular prosseguimento do processo, entendendo-se o silêncio como recusa).

Sempre que possível, as diligências devem ser realizadas na presença de duas testemunhas, certificando o oficial, no mandado, o ocorrido, mencionando o lugar, o dia e a hora. Cumprido o mandado, deve devolvê-lo ao cartório.

Em cada comarca, seção ou subseção, deve haver, no mínimo, tantos oficiais de justiça quantos sejam os juízos, a teor do que prescreve o art. 151 do CPC.

Segundo o art. 155 do CPC, o oficial de justiça, o escrivão e o chefe de secretaria responderão, civil e regressivamente, quando, sem justo motivo, recusarem-se a cumprir, no prazo, os atos impostos pela lei ou pelo juiz a que subordinados, ou, ainda, quando praticarem ato nulo com dolo ou com culpa. Por serem agentes públicos, respondem apenas de forma regressiva perante o Estado, que é primariamente responsável pela reparação civil ao jurisdicionado, nos termos do art. 37, § 6º, da Constituição.

c) **Distribuidor**: é o responsável pelo registro dos processos e, na comarca, seção ou subseção em que haja mais de um juízo, pela sua distribuição. Cabe a ele realizar o sorteio, quando houver mais de um juízo com mesma competência material, bem como encaminhar o processo ao juízo prevento, nas hipóteses de conexão, de continência ou de prevenção.

d) **Contabilista**: o contador judicial é o responsável por fazer cálculos aritméticos determinados pelo juiz, a exemplo do que ocorre na liquidação de sentença por cálculos (art. 524, § 2º, do CPC). Também lhe cabe, por determinação do juiz, realizar cálculos em favor do beneficiário da justiça gratuita (STJ. 1.274.466/SC. DJe 21.05.14).

2.2. Auxiliares eventuais

São auxiliares eventuais da justiça o perito, o depositário, o administrador, o intérprete, o tradutor, o partidor e o regulador de avarias.

a) **Perito**: é o auxiliar convocado pelo juiz quando a prova de determinado fato depende de conhecimento técnico-científico.

O perito deve ser nomeado entre profissionais legalmente habilitados (por exemplo, médico inscrito no Conselho Regional de Medicina) e órgãos técnicos ou científicos cadastrados perante o tribunal a que está vinculado o juízo (por exemplo, departamento de engenharia de determinada universidade pública). Para a formação desse cadastro, o art. 156, § 2º, do CPC impõe que os tribunais realizem consulta pública, por meio da *internet* ou de jornais de grande circulação, além de consulta direta a universidades, a conselhos de classe, ao Ministério Público, à Defensoria Pública e à Ordem dos Advogados do Brasil, para a indicação de profissionais ou de órgãos técnicos interessados. Segundo o § 3º do mesmo artigo, os profissionais e órgãos cadastrados devem passar por avaliações e reavaliações periódicas, considerando a formação profissional, a atualização do conhecimento e a experiência dos peritos interessados. No local em que não houver perito inscrito no cadastro do tribunal, a nomeação do auxiliar é de livre escolha do magistrado, devendo recair sobre profissional ou órgão técnico ou científico comprovadamente detentor do conhecimento necessário à realização da prova pericial.

O perito pode escusar-se do encargo, desde que apresente motivo legítimo, no prazo de 15 dias, contados da sua intimação (ou da ciência de causa de suspeição ou de impedimento superveniente), sob pena de renúncia ao direito de fazê-lo (art. 157, *caput* e § 1º, do CPC).

A remuneração do perito, fixada por decisão do juiz, é ônus da parte que requer a prova pericial. Os honorários devem ser adiantados, salvo se a parte for beneficiária da gratuidade da justiça. Nesse caso, a verba honorária poderá ser: a) custeada com recursos alocados no orçamento do ente público e realizada por servidor do Poder Judiciário ou por órgão público conveniado; b) paga com recursos alocados no orçamento da União, do Estado ou do Distrito Federal, no caso de ser realizada por particular, hipótese em que o valor será fixado conforme tabela do tribunal respectivo ou, em caso de sua omissão, do Conselho Nacional de Justiça. Ainda, na hipótese de a perícia ser determinada, de ofício, pelo julgador ou mesmo ser requerida por ambas as partes, os honorários periciais devem ser rateados entre os litigantes (art. 95 do CPC).

Se, por dolo ou por culpa, o perito prestar informações inverídicas, responderá civilmente pelos prejuízos causados à parte, ficando inabilitado para atuar em outras perícias pelo prazo de 02 a 05 anos, independentemente das demais sanções previstas em lei, devendo o juiz comunicar o fato à entidade de classe para adoção das medidas cabíveis.

b) **Depositário e administrador**: ao depositário ou ao administrador cabe a guarda e a conservação dos bens penhorados, arrestados, sequestrados ou arrecadados, salvo disposição legal contrária. O administrador, além dessas responsabilidades, tem o dever de manter a coisa produtiva, como ocorre em caso de penhora de estabelecimento empresarial (arts. 862 a 865 do CPC).

O depositário ou o administrador perceberá, por seu trabalho, remuneração fixada pelo juiz, atendendo à situação dos bens, ao tempo do serviço e às dificuldades de sua execução. O magistrado pode nomear um ou mais prepostos, por indicação do depositário ou do administrador, para auxiliá-lo no trabalho.

O depositário ou o administrador responde pelos prejuízos que, por dolo ou culpa, causar à parte, perdendo a remuneração que lhe foi atribuída, mas conservando o direito de reaver o legitimamente despendeu no exercício da função. O depositário infiel responde civilmente pelos prejuízos causados, sem prejuízo de sua responsabilidade penal e da imposição de sanção por ato atentatório à dignidade da justiça. Não se admite, entretanto, a sua prisão civil, consoante os enunciados 25 da súmula vinculante do STF e 419 da súmula do STJ.

c) **Intérprete e tradutor**: o tradutor é o responsável pela tradução para de documento redigido em língua estrangeira. Já o intérprete tem a função de verter para o Português as declarações das partes e testemunhas que não conhecerem o idioma nacional, bem como de realizar a interpretação simultânea dos depoimentos das partes e testemunhas com deficiência auditiva que se comuniquem por meio da Língua Brasileira de Sinais ou equivalente, quando assim for solicitado.

Segundo o art. 163, não pode ser intérprete ou tradutor quem: a) não tiver a livre administração de seus bens; b) for arrolado como testemunha ou atuar como perito no processo; c) estiver inabilitado para o exercício da profissão por sentença penal condenatória, enquanto durarem os seus efeitos.

Quanto à recusa do encargo de intérprete ou de tradutor, aplicam-se as disposições relativas ao perito (arts. 157 e 158 do CPC), já comentadas acima.

d) **Partidor**: é o responsável pela realização da partilha (art. 651 do CPC).

e) **Regulador de avarias**: é o auxiliar que atua no procedimento especial de regulação de avaria grossa (art. 707 e seguintes do CPC). Aplicam-se, no que couber, as disposições atinentes ao perito (arts. 156 a 158).

2.3. Mediador e conciliador

A promoção da solução consensual de conflitos é dever do Estado, previsto no art. 3º, §§ 2º e 3º, do CPC. Por isso, o art. 165 impõe aos tribunais a criação de centros judiciários de solução de conflitos, responsáveis pela realização de sessões e audiências de conciliação e mediação. Segundo o § 1º do mesmo artigo, a composição e a organização desses centros serão definidas por cada tribunal, observadas as normas do Conselho Nacional de Justiça. Atualmente, a matéria é regida pela Resolução nº 125/2010 do CNJ, que dispõe sobre a Política Judiciária Nacional de tratamento adequado dos conflitos de interesses no âmbito do Poder Judiciário.

O mediador e o conciliador atuam na audiência de conciliação ou de mediação (art. 334, CPC). O conciliador, que deve atuar preferencialmente nos casos em que não houver vínculo anterior entre as partes, pode sugerir soluções para o litígio, sendo vedada a utilização de qualquer tipo de constrangimento ou intimidação para que as partes conciliem. Por sua vez, ao mediador, que deve atuar preferencialmente nos casos em que já haja relação anterior entre as partes (por exemplo, em conflitos familiares ou societários), cabe tão somente auxiliar as partes a compreender as questões e os interesses em conflito, de modo que eles possam, pelo reestabelecimento da comunicação, identificar soluções consensuais.

Os mediadores, conciliadores e câmaras privadas de conciliação serão inscritos em cadastro nacional e em cadastro de tribunal de justiça ou de tribunal regional federal, que manterá registro de profissionais habilitados, com indicação de sua área profissional. Preenchendo o requisito da capacitação mínima, por meio de curso realizado por entidade credenciada, conforme parâmetro curricular definido pelo CNJ, em conjunto com o Ministério da Justiça, o conciliador ou o mediador, com o respectivo certificado, poderá requerer sua inscrição no cadastro nacional e no cadastro de tribunal de justiça ou de tribunal regional federal. Os tribunais podem optar pela criação de quadro próprio de conciliadores e mediadores, a ser preenchido por meio de concurso público de provas e títulos.

Se advogado, o conciliador ou o mediador judicial fica **impedido** de exercer a advocacia nos juízos em que desempenhe suas funções (art. 167, § 5º, do CPC).

As partes podem escolher consensualmente o conciliador, o mediador ou a câmara privada de conciliação e de mediação. Nesse caso, não é necessário que o profissional esteja cadastrado perante o tribunal. Não havendo acordo, a distribuição será feita entre aqueles registrados perante o tribunal, podendo ser designado mais de um conciliador ou mediador, se recomendável.

O conciliador e o mediador, quando não forem servidores públicos do quadro do tribunal, receberão remuneração prevista em tabela do respectivo tribunal, de acordo com parâmetros estabelecidos pelo CNJ. Por outro lado, a conciliação e a mediação podem ser realizadas como trabalho voluntário, observada a legislação pertinente e a regulamentação do tribunal.

O conciliador e o mediador ficam impedidos, por um ano, contado do término da última audiência em que atuaram, de assessorar, representar ou patrocinar qualquer das partes.

O mediador ou o conciliador, após regular processo administrativo, será excluído do cadastro, se: a) agir com dolo ou culpa na condução da conciliação ou da mediação sob a sua responsabilidade ou violar as regras previstas no art. 166 do CPC; b) atuar em procedimento de conciliação ou mediação, apesar de impedido ou suspeito. Além disso, o juiz do processo ou o juiz coordenador do centro de conciliação e mediação, se houver, verificando atuação inadequada do mediador ou conciliador, poderá afastá-lo, por até 180 dias, por decisão fundamentada, informando o fato ao tribunal, para instauração de processo administrativo (art. 173, § 2º, do CPC).

O art. 174 do CPC impõe à União, aos Estados, ao Distrito Federal e aos Municípios a criação de câmaras de mediação e conciliação, com atribuições relacionadas à solução consensual de conflitos no âmbito administrativo, tais como: a) dirimir conflitos envolvendo órgãos e entidades da administra pública; b) avaliar a admissibilidade dos pedidos de resolução de conflitos, por meio de conciliação, no âmbito da administração pública; c) promover, quando couber, a celebração de termo de ajustamento de conduta.

3. SÚMULAS

Súmula vinculante

25. É ilícita a prisão civil de depositário infiel, qualquer que seja a modalidade do depósito.

Súmula do STJ

190. Na execução fiscal, processada perante a justiça estadual, cumpre à fazenda pública antecipar o numerário destinado ao custeio das despesas com o transporte dos oficiais de justiça.

232. A Fazenda Pública, quando parte no processo, fica sujeita à exigência do depósito prévio dos honorários do perito.

419. Descabe a prisão civil do depositário judicial infiel.

4. ENUNCIADOS DO FPPC

379. O exercício dos poderes de direção do processo pelo juiz deve observar a paridade de armas das partes.

396. As medidas do inciso IV do art. 139 podem ser determinadas de ofício, observado o art. 8º.

5. ENUNCIADOS DO FNPP

51. O bloqueio ou sequestro de verbas públicas enquanto medida atípica somente é admitido após o esgotamento dos meios hábeis a forçar a Administração ao cumprimento de obrigação.

6. ENUNCIADOS DA ENFAM

48. O art. 139, IV, do CPC/2015 traduz um poder geral de efetivação, permitindo a aplicação de medidas atípicas para garantir o cumprimento de qualquer ordem judicial, inclusive no âmbito do cumprimento de sentença e no processo de execução baseado em títulos extrajudiciais.

7. ENUNCIADOS DO CJF

13. O art. 139, VI, do CPC autoriza o deslocamento para o futuro do termo inicial do prazo.

14. A ordem cronológica do art. 153 do CPC não será renovada quando houver equívoco atribuível ao Poder Judiciário no cumprimento de despacho ou decisão.

23. Na ausência de auxiliares da justiça, o juiz poderá realizar a audiência inaugural do art. 334 do CPC, especialmente se a hipótese for de conciliação.

8. SINOPSE

JUIZ E AUXILIARES DA JUSTIÇA
Juiz
É o servidor público a quem cabe exercer a jurisdição. Dotado das garantias da vitaliciedade, da inamovibilidade e da irredutibilidade de subsídio, compete-lhe dirigir o processo, conforme os ditames do art. 139 do CPC. Não se exime de decidir sob a alegação de lacuna ou obscuridade no ordenamento jurídico.
Auxiliares da justiça
Na prestação da tutela jurisdicional, o julgador atua em conjunto com órgãos auxiliares da Justiça, a quem cabe, sob a coordenadoria do juiz, a prática de atos processuais próprios.
Auxiliares permanentes
Escrivão, chefe de secretaria, oficial de justiça, distribuidor e contabilista.
Auxiliares eventuais
Perito, depositário, administrador, intérprete, tradutor, partidor e regulador de avarias.
Mediador e conciliador
O conciliador, que deve atuar preferencialmente nos casos em que não houver vínculo anterior entre as partes, pode sugerir soluções para o litígio. Ao mediador, que deve atuar preferencialmente nos casos em que já haja relação anterior entre as partes, cabe apenas auxiliar as partes a compreender as questões e os interesses em conflito, de modo que eles possam, pelo reestabelecimento da comunicação, identificar soluções consensuais.

CAPÍTULO 12

IMPEDIMENTOS E SUSPEIÇÃO

1. CONSIDERAÇÕES INICIAIS

O **impedimento** representa **presunção legal absoluta de parcialidade** do juiz, do membro do Ministério Público ou dos auxiliares da justiça (art. 148 do CPC). A **suspeição**, por sua vez, constitui **indício** de parcialidade. Constatada a ocorrência de um dos motivos de suspeição ou de impedimento, afasta-se o juiz da causa, por faltar-lhe imparcialidade, pressuposto processual de validade. O mesmo ocorre com o membro do Ministério Público ou de qualquer outro auxiliar da justiça, conquanto as considerações deste capítulo estejam mais voltadas ao juiz, em razão das disposições do Código de Processo Civil.

O impedimento e a suspeição dizem respeito à pessoa e não ao órgão, razão por que o seu reconhecimento não acarreta mudança na competência (STJ. REsp 731.766/RJ. DJ 10.10.05). Logo, o magistrado apenas dá lugar ao seu substituto legal. E não haveria de ser diferente, pois, se assim fosse, o jurisdicionado poderia ter sua garantia à prestação jurisdicional comprometida, bem assim o exercício do contraditório, sobretudo a considerar que, em algumas comarcas, a se verificar qualquer dos motivos de parcialidade, os autos seriam remetidos para outra comarca.

Ressalva-se, contudo, a hipótese prevista no art. 102, "n", da Constituição, segundo o qual compete ao Supremo Tribunal Federal processar e julgar a ação em que mais da metade dos membros do tribunal de origem estejam impedidos ou sejam direta ou indiretamente interessados. Nesses casos, descabe convocar juízes de primeiro grau para substituir os desembargadores impedidos ou suspeitos, sob pena de se usurpar a competência do STF (STF. Rcl 1.933/AM. DJ 28.02.03).

2. HIPÓTESES DE IMPEDIMENTO

Segundo o art. 144 do Código de Processo Civil, que prevê um **rol taxativo** (STJ. REsp 1.080.859/AC. DJe 28.11.08) de hipóteses de impedimento, é vedado ao juiz exercer suas funções no processo:

a) *em que interveio como mandatário da parte, oficiou como perito, funcionou como membro do Ministério Público ou prestou depoimento como testemunha*;

A participação de membro do Ministério Público Federal em sessão de julgamento, ainda que ausente manifestação expressa do representante do parquet, configura o exercício da função de agente ministerial (art. 20 da LC nº 75/93) (STJ. REsp 529.771/PR. DJ 11.04.05).

b) *de que conheceu em outro grau de jurisdição, tendo proferido decisão*;

O magistrado atuante em segundo grau de jurisdição não pode funcionar em processo de que tenha conhecido no primeiro grau. Para que se configure tal hipótese de impedimento, é preciso que o juiz tenha proferido decisão interlocutória ou sentença, não sendo suficiente a prolação de simples despacho, sem conteúdo decisório (STJ. REsp 649.062/ES. DJ 10.10.05).

O Superior Tribunal de Justiça adotou posicionamento no sentido de que a regra de impedimento prevista no art. 134, III, do CPC, somente se aplica nos casos em que o magistrado tenha participado em outro grau de jurisdição em um mesmo processo judicial, e não quando a sua participação anterior tenha ocorrido na esfera administrativa (STJ. RMS 18.923/PR. DJ 12.04.07). O art. 134, III, do CPC/1973 corresponde substancialmente ao art. 144, II, do CPC/2015, por isso o precedente permanece atual.

Embora o enunciado 252 da súmula do STF prescreva que "na ação rescisória, não estão impedidos os juízes que participaram do julgamento rescindendo", é impedido de julgar a ação rescisória o juiz que tiver atuado no processo originário em primeiro grau de jurisdição (STF. RE 66.149/SE. DJ 23.05.69).

c) *quando nele estiver postulando, como defensor público, advogado ou membro do Ministério Público, seu cônjuge ou companheiro, ou qualquer parente, consanguíneo ou afim, em linha reta ou colateral, até o terceiro grau, inclusive*;

Tal causa de impedimento também se verifica no caso de mandato conferido a membro de escritório de advocacia que tenha, em seus quadros, advogado que individualmente se enquadre na hipótese do art. 144, III, mesmo que não intervenha diretamente no processo (art. 144, § 3º). O impedimento trazido pelo CPC/2015 é mais amplo que aquele previsto no anterior Código, que se limitava à relação entre o advogado constituído e o juiz.

Consoante o § 1º do art. 144, o impedimento, neste caso, só se verifica quando o defensor público, o advogado ou o membro do Ministério Público já integrava o processo antes do início da atividade do juiz. Essa regra visa a evitar a ocorrência de impedimento forçado, conduta vedada também pelo art. 144, § 2º, do CPC, por atentar contra o princípio constitucional do juiz natural.

d) *quando for parte no processo ele próprio, seu cônjuge ou companheiro, ou parente, consanguíneo ou afim, em linha reta ou colateral, até o terceiro grau, inclusive*;

É valido o julgamento proferido pelo Pleno presidido pelo Desembargador Presidente do Tribunal de Justiça integrante da relação processual, como autoridade coatora praticante do ato impugnado (STJ. RMS 1.206/SC. DJ 13.12.93).

e) *quando for sócio ou membro de direção ou de administração de pessoa jurídica parte no processo*;

f) *quando for herdeiro presuntivo, donatário ou empregador de qualquer das partes*;

g) *em que figure como parte instituição de ensino com a qual tenha relação de emprego ou decorrente de contrato de prestação de serviços;*

O art. 144, VII, do CPC prevê a presunção de parcialidade do juiz que tiver vínculo empregatício ou decorrente de contrato de prestação de serviços com instituição de ensino superior que seja parte no processo. À evidência, está excluído da vedação o vínculo estatutário mantido pelo magistrado com instituição pública, em face da estabilidade que detém o servidor (art. 41, *caput*, da Constituição). Nessa hipótese, pois, não há impedimento.

h) *em que figure como parte cliente do escritório de advocacia de seu cônjuge, companheiro ou parente, consanguíneo ou afim, em linha reta ou colateral, até o terceiro grau, inclusive, mesmo que patrocinado por advogado de outro escritório;*

i) *quando promover ação contra a parte ou seu advogado.*

Em acréscimo, o art. 147 do CPC prescreve que, quando dois ou mais juízes forem parentes, consanguíneos ou afins, em linha reta ou colateral, até o terceiro grau, o primeiro que conhecer do processo impede que o outro atue nele, hipótese em que deve se escusar.

Convém ressaltar que, em recente julgado, a Terceira Turma do STJ decidiu que a causa de impedimento em questão apenas ocorre quando o primeiro magistrado tenha apreciado o mérito do processo; caso contrário, não há prejuízo a ensejar a nulidade do ato decisório (STJ. REsp 1.673.327/SC. DJe 12.09.17; Inf. STJ 611)[1].

Sob a vigência do CPC/1973, o art. 136 dispunha que, "quando dois ou mais juízes forem parentes, consangüíneos ou afins, em linha reta e no segundo grau na linha colateral, o primeiro, que conhecer da causa no tribunal, impede que o outro participe do julgamento; caso em que o segundo se escusará, remetendo o processo ao seu substituto legal". Ali, entendia-se que, apenas no tribunal de mesma instância, não poderiam participar do julgamento juízes parentes. Como o CPC/2015, no art. 147, eliminou a expressão "que conhecer da causa no tribunal", agora, os juízes parentes ficam expressamente impedidos de atuar na mesma causa, mesmo que não funcionem perante a mesma instância.

Tal hipótese de impedimento, apesar do que prevê o art. 148, II, do CPC, não ocorre quando houver parentesco entre magistrado e auxiliar da justiça (STJ. REsp 906.598/MT. DJ 02.08.07).

Se não reconhecido o impedimento no curso do processo, é cabível ação rescisória para desconstituir decisão transitada em julgado proferida por juiz impedido (art. 966, II, do CPC).

A fim de preservar a boa-fé, que impede a adoção de comportamento contraditório, e de garantir a preservação do juiz natural, a se evitar a escolha de juiz para o processo, o legislador veda a criação de fato superveniente a fim de caracterizar impedimento do juiz (§ 2º do art. 144 do CPC).

1. Ressalva-se, contudo, o entendimento contrário dos autores, para quem há impedimento independentemente a natureza do primeiro pronunciamento judicial.

3. HIPÓTESES DE SUSPEIÇÃO

De acordo com o art. 145 do CPC, há suspeição do juiz:

a) *amigo íntimo ou inimigo de qualquer das partes ou de seus advogados*;

O art. 135, I, do CPC/1973 referia-se apenas ao juiz "amigo íntimo ou inimigo capital de qualquer das partes", sem fazer menção aos advogados. Diante disso, o Superior Tribunal de Justiça firmou o entendimento de que, salvo hipóteses excepcionais, a existência de amizade íntima ou de inimizade entre juiz e advogado não caracterizaria suspeição (STJ. 600.737/SP. DJ 26.09.05).

Felizmente, o CPC/2015, no art. 145, I, estendeu o âmbito de incidência da norma aos causídicos, razão por que fica superada a jurisprudência do Superior Tribunal de Justiça. Situações, agora, em que se verifique amizade íntima ou inimizade entre juiz e advogado, são suficientes para o reconhecimento da suspeição com o consequente afastamento do magistrado.

b) *que receber presentes de pessoas que tiverem interesse na causa antes ou depois de iniciado o processo, que aconselhar alguma das partes acerca do objeto da causa ou que subministrar meios para atender às despesas do litígio*;

Por óbvio, o mero conselho dado pelo juiz a ambas as partes, em audiência de conciliação, não caracteriza atitude parcial, a ensejar o seu afastamento (STJ. REsp 307.045/MT. DJ 19.12.03), até porque a solução consensual de conflitos deve ser incentivada pelo juiz durante o curso do processo (art. 3º, § 3º, do CPC).

> A outorga de medalhas ou comendas, por órgão público, a determinada autoridade é ato restrito ao desempenho de função pública, da qual não decorre comprometimento subjetivo que possa colocar em dúvida a imparcialidade do magistrado na condução do processo ou na aplicação do direito (STJ. AgRg na ExSusp 8. DJ 11.06.01).

c) *quando qualquer das partes for sua credora ou devedora, de seu cônjuge ou companheiro ou de parentes destes, em linha reta até o terceiro grau, inclusive*;

d) *interessado no julgamento do processo em favor de qualquer das partes.*

Segundo a jurisprudência do Superior Tribunal de Justiça, as hipóteses de suspeição previstas no Código de Processo Civil também são taxativas e devem ser interpretadas de forma restritiva (STJ. AgRg no AREsp 636.334/RJ. DJe 12.06.15).

> Antiga orientação, que merece ser prestigiada, já proclamava que a exceção de suspeição, quando arguida contra colegiado, deve ser posta discriminadamente contra cada um dos seus integrantes (STJ. RMS 865/RJ. DJ 13.04.92).

Consoante o artigo 145, § 2º, I e II, do Código de Processo Civil, é ilegítima a alegação de suspeição: a) quando tiver sido provocada por quem a alega; ou b) quando a parte que a suscita houver praticado ato que signifique manifesta aceitação do arguido. No primeiro caso, a norma visa a coibir a prática da suspeição provocada, atitude tendente a afastar o juiz natural da causa. Na segunda situação, procura-se preservar o princípio da boa-fé processual (art. 5º do CPC), evitando o *venire contra factum proprium*.

> A suspeição advinda da formação ulterior de litisconsórcio necessário, embora decorra de requerimento formulado por qualquer das partes, não é considerada ilegítima, porque o ato não visa (ou, pelo menos, não deve visar) a provocar a suspeição, mas, sim, a perfectibilizar a relação processual. Logo, a suspeição poderá, se acolhida, induzir no afastamento do juiz, quando a ulterior formação litisconsorcial necessária implicar atendibilidade de algumas das hipóteses legais.

Ademais, a mera suspeição, diferentemente do impedimento, não enseja a propositura de ação rescisória (STJ. REsp 1.330.289/PR. DJe 30.08.12).

4. ARGUIÇÃO DE IMPEDIMENTO OU DE SUSPEIÇÃO

A parte deve arguir o impedimento ou a suspeição do magistrado no prazo de 15 dias, contados da data do conhecimento do fato, em petição dirigida ao próprio juiz, na qual deve expor o fundamento da recusa, podendo instruí-la com documentos e com rol de testemunhas (art. 146, *caput*).

O mencionado prazo é preclusivo para a alegação de suspeição; por outro lado, o impedimento pode ser arguido a qualquer tempo e grau de jurisdição, podendo, inclusive, ser declarado de ofício pelo juiz. Nada obstante, é dado ao julgador, em vez de recusar, reconhecer a sua suspeição por motivo de foro íntimo, a teor do que dispõe o art. 145, § 1º, do CPC.

A arguição de impedimento ou de suspeição não exige outorga de poderes específicos ao advogado, pois não está entre as expressas exceções à procuração geral para o foro elencadas no art. 105 do CPC/2015 (STJ. REsp 1.233.727/SP. DJe 05.05.11).

A arguição de impedimento ou de suspeição enseja a formação de um incidente processual, que suspende automaticamente o curso do processo (art. 313, III, do CPC).

O juiz, ao receber a petição, pode reconhecer-se impedido ou suspeito, ordenando a remessa dos autos ao seu substituto legal; caso contrário, determinará a autuação do incidente em apartado e, em 15 dias, deverá apresentar as suas razões, acompanhadas de documentos e de rol de testemunhas, ordenando, em seguida, a remessa ao tribunal (art. 146, § 1º, do CPC).

O magistrado, réu do incidente, não precisa constituir advogado para subscrever sua defesa, tendo plena capacidade postulatória para tanto.

A parte contrária à suscitante do incidente não se manifesta, pois não tem interesse processual em defender a permanência de determinado juiz no processo. Tanto é assim, que o magistrado, ao averbar-se suspeito por motivo de foro íntimo, não precisa, primeiramente, ouvir as partes, da mesma forma que pode, diante do recebimento da arguição de impedimento ou de suspeição, reconhecer, de pronto, a sua parcialidade, dispensando o processamento do incidente.

No tribunal, o incidente será distribuído a um relator, que deverá declarar os efeitos em que for recebido o incidente; se recebido sem efeito suspensivo, o processo voltará a correr em condução pelo mesmo juiz; se com tal efeito, o processo permanecerá suspenso até o julgamento do incidente (art. 146, § 2º, do CPC).

Enquanto não declarado o efeito em que recebido o incidente, eventual pedido de tutela de urgência deve dirigir-se ao substituto legal do juiz recusado, consoante o, § 3º do art. 146. A indicação desse substituto advém da própria legislação, devendo o interessado na análise da tutela de urgência provocá-lo, independentemente de indicação (ou de autorização) do relator da exceção de suspeição ou de impedimento no tribunal *ad quem*.

Na exceção de suspeição ou de impedimento, a situação é diferente daquela que ocorre no conflito de competência. Neste último, o relator é quem designa "um dos juízes" (rectius: juízos) para resolver, em caráter provisório, as medidas urgentes. Por isso, antes de provocar o juiz de primeira instância para apreciar as medidas urgentes (dentre as quais podem estar pedido de tutela provisória), o interessado deve provocar o relator do conflito de competência para que ele proceda à indicação do juízo.

Se o tribunal verificar que a alegação de impedimento ou de suspeição é improcedente, rejeitá-la-á, sendo preservada a validade de todos os atos praticados pelo juiz parte na exceção. Caso acolhida a alegação, o tribunal fixará o instante a partir do qual o juiz não poderia ter atuado, a nulificar, com decretação de invalidade, os atos praticados após tal momento (§§ 6º e 7º do art. 146).

O art. 64 do Código de Processo Civil, ao tratar da alegação de incompetência apresentada perante o juízo quo, dispõe, no seu § 4º, que, "salvo decisão judicial em sentido contrário, conservar-se-ão os efeitos de decisão proferida pelo juízo incompetente até que outra seja proferida, se for o caso, pelo juízo competente". No caso específico do conflito de competência, que se processa no tribunal ad quem, este, ao declarar qual dos juízos é competente, pronunciar-se-á "sobre a validade dos atos praticados pelo juízo incompetente" (art. 957). Contudo, nas exceções de suspeição ou de impedimento, diferentemente, se acolhidas as respectivas alegações, todos os atos decisórios praticados pelo juiz declarado parcial, bem assim aqueles que estejam concatenados, serão decretados (ou mesmo considerados, se não houver pronunciamento expresso) inválidos.

Havendo impedimento ou manifesta suspeição, a corte condenará o juiz ao pagamento das custas processuais, remetendo os autos ao seu substituto, podendo o magistrado recorrer da decisão (§ 5º). Neste caso, são cabíveis embargos de declaração, recurso especial e/ou recurso extraordinário.

Pela subjetividade da suspeição, o ato decisório que a julgar só condenará o juiz ao pagamento das custas processuais se ela for manifesta. Diferentemente ocorre no impedimento. Ante seu caráter objetivo, acolhida a alegação, a decisão condenará o juiz impedido ao pagamento das custas processuais.

Cuidando-se de suspeição ou de impedimento de membro do Ministério Público ou de auxiliar da justiça, o incidente processa-se perante o próprio juiz da causa, em separado e sem suspensão do processo. A parte interessada deverá arguir a suspeição ou o impedimento em petição fundamentada e instruída, no primeiro momento em que lhe couber falar nos autos. O juiz, então, ouvirá o arguido no prazo de quinze dias, facultando-lhe a produção de provas.

As disposições relativas à suspeição ou ao impedimento de membro do Ministério Público ou de auxiliar da justiça não se aplicam às testemunhas, a considerar a existência de procedimento específico de contradita, estabelecido pelo art. 457 do Código de Processo Civil.

Contra a decisão interlocutória que julgar o incidente não cabe agravo de instrumento, em face da omissão do art. 1.015 do CPC. Assim, a questão, por não comportar recurso imediato, não fica acobertada pela preclusão, podendo ser impugnada posteriormente, em sede de apelação (art. 1.009, § 1º). Por outro lado, se a questão for resolvida na sentença, caberá, por óbvio, apelação.

5. SÚMULAS

Súmula do STF

252. Na ação rescisória, não estão impedidos juízes que participaram do julgamento rescindendo.

Súmula do STJ

234. A participação de membro do Ministério Público na fase investigatória criminal não acarreta o seu impedimento ou suspeição para o oferecimento da denúncia.

6. ENUNCIADOS DO FPPC

20. Não são admissíveis os seguintes negócios bilaterais, dentro outros: acordo para modificação da competência absoluta, acordo para supressão da primeira instância, acordo para afastar motivos de impedimento do juiz, acordo para criação de novas espécies recursais, acordo para ampliação das hipóteses de cabimento de recursos.

489. Observado o dever de revelação, as partes celebrantes de convenção de arbitragem podem afastar, de comum acordo, de forma expressa e por escrito, hipótese de impedimento ou suspeição do árbitro.

7. INFORMATIVOS

Informativos do STJ

Sob a vigência do CPC/1973, o juiz possui interesse jurídico e legitimação para recorrer da decisão que julga procedente a exceção de suspeição, ainda que não lhe seja atribuído o pagamento de custas e honorários advocatícios. Questão ainda não definitivamente resolvida no âmbito doutrinário, tampouco jurisprudencial, sob a égide do diploma processual civil revogado, é a afeta à legitimidade recursal do juiz de direito, dos demais auxiliares da justiça e sujeitos imparciais do processo para a interposição de recursos quando a decisão exarada em feito no qual intervém, de modo direto ou indireto, puder lhes alcançar interesse próprio ou reunir potencial para tanto, ainda que de ordem simplesmente moral. Com amparo no rigorismo dos princípios tradicionais que regem o direito processual e na concepção doutrinária clássica, juiz, auxiliares da justiça e demais sujeitos imparciais do processo não são parte (tomando como base a noção de quem e em face de quem se pede a prestação jurisdicional, ou seja, as figuras do autor e do réu) tampouco terceiros relativamente aos feitos que tramitam sob a sua jurisdição ou supervisão, motivo pelo qual, em tese, não estariam legitimados a interpor recursos, podendo valer-se, apenas, de ações autônomas de impugnação. No entanto, é incontroverso, existem deliberações judiciais que têm o condão de afetar de modo direto o patrimônio jurídico material (financeiro) dessas pessoas, sendo possível citar, à guisa meramente exemplificativa: a) decisão que julga procedente a exceção de suspeição ou impedimento, condenando o magistrado ao pagamento das custas processuais (art. 314, CPC/1973); b) deliberação que fixa os honorários periciais (art. 33, CPC/73, e art. 10, Lei nº 9.289/96); c) decisum de substituição do perito por negligência (art. 424, II, CPC/1973), na qual é possível aplicar as sanções previstas no parágrafo único do art. 424; c) veredicto que condena a testemunha a responder pelas despesas do adiamento da audiência (art. 412, CPC/1973); d) julgamento que resolve o incidente de impugnação do perito (art. 423, CPC/1973); e) prestação de contas do administrador judicial (art. 919, CPC/1973), entre tantas outras. Justamente frente a hipóteses como essas ora em evidência que se percebe, nos dias atuais, diante de inegável evolução legal e doutrinária sobre o tema, um largo distanciamento da concepção clássica acerca do elemento subjetivo da ação denominado "parte" frente aos modelos até então tradicionalmente estabelecidos, pois os pretensos titulares da relação jurídica material posta em juízo não se confundem, necessariamente, com os sujeitos da relação jurídica processual, embora não seja rara a coincidência quando o processo segue um caminho procedimental retilíneo. Neste cenário é que o conceito de parte ganha especial relevo, destacando-se a completa distinção entre os sujeitos do processo da relação jurídica material (legitimidade para a causa) com os sujeitos de incidentes, que podem até coincidir, porém não impreterivelmente equivaler. Especificamente na exceção de suspeição, expediente processual sobre o qual paira a discussão ora em debate nestes autos, o juiz excepto, embora não seja parte na relação jurídica material da demanda subjacente, figura inegavelmente como parte legítima no incidente, tanto que acaso não reconheça a sua suspeição pode apresentar defesa por meio de razões, devidamente acompanhadas de documentos comprobatórios e rol de testemunhas, conforme constava no art. 138, § 1º do CPC/1973 (atual art. 146 do NCPC) que expressamente referia "a parte interessada deverá arguir o impedimento ou a suspeição, em petição fundamentada e devidamente instruída, na primeira oportunidade em que lhe couber falar nos autos; o juiz mandará processar o incidente em separado e sem suspensão da causa, ouvindo o argüido no prazo de 5 (cinco) dias, facultando a prova quando necessária e julgando o pedido". Inegavelmente, o novo diploma processual civil sanou a questão controvertida acerca da possibilidade do juiz arguido interpor recurso da decisão que julga a exceção de suspeição procedente, consoante previsto no artigo 146, § 5º do NCPC. Em que pese o novo Código de Processo Civil tenha sanado a controvérsia atinente à legitimidade recursal do magistrado enquanto sujeito (parte) do incidente processual, fato é que no diploma de 1973, nem a lei, a doutrina, tampouco a jurisprudência estabeleciam um referencial para delinear acerca da viabilidade do juiz e também de outros auxiliares do juízo e demais sujeitos imparciais do processo interporem recurso contra decisões que de algum modo lhe fossem desfavoráveis ou causassem prejuízos. Reside aqui o ponto nodal da controvérsia, pois diante da lacuna legislativa revogada e a falta de entendimento dominante na doutrina e jurisprudência acerca da questão, a Corte local não conheceu dos embargos de declaração opostos pelo juiz contra o acórdão que julgou procedente a exceção de suspeição. Tal procedimento não se coaduna com a assertiva segundo a qual o juiz, apesar de não figurar como parte ou terceiro prejudicado na relação jurídica de direito material é, inegavelmente, sujeito do processo, parte no incidente de suspeição, que participa do processo de forma parcial, defendendo direitos e interesses próprios, possuindo, portanto, interesse jurídico e legitimação recursal para impugnar, via recurso, a decisão que julga procedente a exceção de suspeição. Não há falar que tal somente seria possível quando a deliberação atingisse o patrimônio jurídico material do excepto, ou seja, quando lhe fosse determinado o pagamento de honorários advocatícios e custas - essas últimas, inclusive, aplicadas pelo acórdão recorrido na hipótese - pois é certo que a procedência da exceção de suspeição, principalmente com a fundamentação utilizada pelo Tribunal, denota a atuação inadequada e antijurídica do magistrado que, em entrevista concedida à imprensa, teria externado opinião sobre demanda pendente de julgamento definitivo e cuja tramitação dependia, ainda, de produção de provas, indicando claro comportamento de parcialidade expressa como pré-julgamento ante a valoração preliminar da conduta dos excipientes. REsp 1.237.996-SP, Rel. Min. Marco Buzzi, Quarta Turma, por unanimidade, julgado em 20/10/2020, DJe 03/11/2020. Inf. 683.

A falha procedimental consubstanciada na publicação antecipada de resultado de julgamento que havia sido adiado não gera suspeição do relator. Cinge-se a controvérsia a definir se a publicação antecipada de resultado do julgamento que havia sido adiado enseja a suspeição do órgão julgador. Com efeito, a exceção de suspeição somente é admitida nas hipóteses taxativamente previstas, conforme estabelecido no art. 145 do CPC/2015. No caso, a excipiente não indicou nenhuma situação fática que, ao menos, se aproximasse das hipóteses legais de suspeição. Suas alegações demonstram tão somente a ocorrência de falha procedimental, que, acaso confirmada, renderia ensejo à cassação do acórdão proferido de forma viciada. Contudo, esse fim não pode ser alcançado por meio deste incidente processual. Em verdade, pretende a excipiente utilizar-se da via da exceção de suspeição como sucedâneo recursal, o que é manifestamente inviável ante a total ausência de respaldo legal. Por fim, é relevante ressaltar que as hipóteses taxativas de cabimento da exceção devem ser interpretadas de forma restritiva, sob pena de comprometer a independência funcional assegurada ao magistrado no desempenho de suas funções. AgInt na ExSusp 198-PE, Rel. Min. Marco Aurélio Bellizze, Segunda Seção, por unanimidade, julgado em 17/03/2020, DJe 20/03/2020. Inf. 668.

8. SINOPSE

IMPEDIMENTOS E SUSPEIÇÃO
Considerações iniciais
O impedimento representa presunção legal absoluta de parcialidade do juiz, do membro do Ministério Público ou dos auxiliares da justiça. Já a suspeição é simples indício da falta de imparcialidade. Ambos conduzem ao afastamento do juiz, sem alteração da competência do órgão jurisdicional.
Hipóteses impedimento
É vedado ao juiz exercer suas funções no processo: a) em que interveio como mandatário da parte, oficiou como perito, funcionou como membro do Ministério Público ou prestou depoimento como testemunha; b) de que conheceu em outro grau de jurisdição, tendo proferido decisão; c) quando nele estiver postulando, como defensor público, advogado ou membro do Ministério Público, seu cônjuge ou companheiro, ou qualquer parente, consanguíneo ou afim, em linha reta ou colateral, até o terceiro grau, inclusive; d) quando for parte no processo ele próprio, seu cônjuge ou companheiro, ou parente, consanguíneo ou afim, em linha reta ou colateral, até o terceiro grau, inclusive; e) quando for sócio ou membro de direção ou de administração de pessoa jurídica parte no processo; f) quando for herdeiro presuntivo, donatário ou empregador de qualquer das partes; g) em que figure como parte instituição de ensino com a qual tenha relação de emprego ou decorrente de contrato de prestação de serviços; h) em que figure como parte cliente do escritório de advocacia de seu cônjuge, companheiro ou parente, consanguíneo ou afim, em linha reta ou colateral, até o terceiro grau, inclusive, mesmo que patrocinado por advogado de outro escritório; i) quando promover ação contra a parte ou seu advogado; j) em que tenha já funcionado juiz parente seu, consanguíneo ou afim, em linha reta ou colateral, até o terceiro grau.
Hipóteses de suspeição
Há suspeição do juiz: a) amigo íntimo ou inimigo de qualquer das partes ou de seus advogados; b) que receber presentes de pessoas que tiverem interesse na causa antes ou depois de iniciado o processo, que aconselhar alguma das partes acerca do objeto da causa ou que subministrar meios para atender às despesas do litígio; c) quando qualquer das partes for sua credora ou devedora, de seu cônjuge ou companheiro ou de parentes destes, em linha reta até o terceiro grau, inclusive; d) interessado no julgamento do processo em favor de qualquer das partes.
Arguição de impedimento ou de suspeição
A petição de arguição, que independe de procuração com poderes específicos e suspende automaticamente o processo, deve ser dirigida ao juiz, em quinze dias, contados do conhecimento do fato. Tal prazo é preclusivo para a alegação de suspeição (embora o juiz possa averbar-se suspeito por motivo de foro íntimo), mas o impedimento pode ser arguido a qualquer tempo, inclusive de ofício. Se o juiz, ao receber a petição, não reconhecer a sua parcialidade, deve apresentar suas razões, em quinze dias, e remeter os autos ao tribunal, onde o incidente será distribuído a um relator, que declarará os efeitos em que o recebe. Se o tribunal acolher a arguição, fixará o instante a partir do qual o juiz não poderia ter atuado, anulando os atos praticados após tal momento. Cuidando-se de suspeição ou de impedimento de membro do Ministério Público ou de auxiliar da justiça, o incidente processa-se perante o próprio juiz da causa, em separado e sem suspensão do processo.

CAPÍTULO 13

MINISTÉRIO PÚBLICO

1. CONSIDERAÇÕES INICIAIS

O Ministério Público é instituição permanente, una, indivisível, independente e essencial à função jurisdicional do Estado, incumbindo-lhe a defesa da ordem jurídica, do regime democrático e dos interesses sociais e individuais indisponíveis.

Embora, na vigência de Constituições anteriores, tenha sido sua função a representação judicial da União, hoje tal atividade é expressamente vedada pelo art. 129, IX, da Constituição, ficando ela a cargo da Advocacia Pública. Cabe ao Ministério Público, pois, tão somente, a defesa dos valores fundamentais estabelecidos nos arts. 127 da Constituição e 176 do Código de Processo Civil.

Assim, são **funções institucionais** do Ministério Público:

a) promover privativamente a ação penal pública, na forma da lei;

b) zelar pelo efetivo respeito dos Poderes Públicos e dos serviços de relevância pública aos direitos assegurados na Constituição, promovendo as medidas necessárias a sua garantia;

c) promover o inquérito civil e a ação civil pública, para a proteção do patrimônio público e social, do meio ambiente e de outros interesses difusos e coletivos;

d) promover a ação de inconstitucionalidade ou representação para fins de intervenção da União e dos Estados, nos casos previstos na Constituição;

e) defender judicialmente os direitos e interesses das populações indígenas;

f) expedir notificações nos procedimentos administrativos de sua competência, requisitando informações e documentos para instruí-los, na forma da lei complementar respectiva[1];

g) exercer o controle externo da atividade policial, na forma da sobredita lei complementar;

1. A Lei Complementar que trata do Ministério Público da União é a LC nº 75/1993.

h) requisitar diligências investigatórias e a instauração de inquérito policial, indicados os fundamentos jurídicos de suas manifestações processuais.

As atribuições supracitadas, que estão elencadas no art. 129 da Constituição, são meramente exemplificativas, até porque o inciso IX do referido artigo prevê que o Ministério Público pode exercer "outras funções que lhe forem conferidas, desde que compatíveis com sua finalidade, sendo-lhe vedada a representação judicial e a consultoria jurídica de entidades públicas" (STF. ADI 3.463/RJ. DJe 06.06.12).

A instituição do Ministério Público compreende: a) o Ministério Público da União, que abrange o Ministério Público Federal, o Ministério Público do Trabalho, o Ministério Público Militar e o Ministério Público do Distrito Federal e Territórios; b) os Ministérios Públicos dos Estados. Há, outrossim, o Ministério Público Eleitoral, que não possui estrutura própria, mas formação mista, sendo composto por membros do Ministério Público Federal e dos Ministérios Públicos dos Estados.

Ressalte-se, ainda, a criação, pela Emenda Constitucional nº 45/2004, do Conselho Nacional do Ministério Público, órgão a que cabe o controle da atuação administrativa e financeira do Ministério Público e do cumprimento dos deveres funcionais de seus membros.

Questão de Concurso

▶ **(MPE-PR. MPE-PR. Promotor Substituto.2019)**[2]: Assinale correto ou incorreto a respeito da conciliação e da mediação judicial, nos termos do Código de Processo Civil de 2015: "como o Ministério Público tem a função de fiscal da ordem jurídica, a legislação não lhe impõe a busca pela conciliação nem pela mediação".

▶ **(Cespe – Promotor de Justiça – MPE – PI/2019)**[3] No que concerne às disposições processuais civis que regem a atuação do Ministério Público, o CPC determina que

A) a intervenção desse órgão é obrigatória nos casos em que a fazenda pública for parte ou interessada.

B) a curatela especial deve ser exercida, preferencialmente, pela promotoria de justiça.

C) a alegação de impedimento ou suspeição de membro do Ministério Público por via incidental suspende o processo judicial.

D) esse órgão tem legitimidade concorrente para requerer a abertura de inventário e de partilha, a depender da existência de herdeiro incapaz.

E) o juiz deverá aplicar multa pecuniária aos membros do Ministério Público que praticarem ato atentatório à dignidade da justiça.

▶ **(Cespe – Promotor de Justiça – MPE – PI/2019 - Adaptada)**[4] No que concerne ao processo de execução, marque Verdadeiro ou Falso: "Segundo a atual jurisprudência do STJ, o Ministério Público possui legitimidade ativa para, em sede de tutela coletiva, defender direitos de consumidores que celebram contratos de compra e venda de imóveis com cláusulas pretensamente abusivas"

---

2. Gabarito: Incorreto.
3. Gabarito: Letra D.
4. Gabarito: Correto.

2. PRINCÍPIOS

De acordo com o art. 127, § 1º, da Constituição são **princípios institucionais** (fundamentos) do Ministério Público:

a) **unidade**: os membros do Ministério Público integram uma só instituição; porém, não há unidade entre o Ministério Público da União e os Ministérios Públicos Estaduais, tampouco entre os ramos do MPU;

Em razão da ausência de unidade entre os ramos do MPU e o MPE, é possível a formação de litisconsórcio ativo facultativo entre eles para a propositura de ações civis públicas, sempre que as circunstâncias do caso recomendarem (STJ. REsp 1.444.484/RN. DJe 29.09.14). Além disso, ocorre frequentemente de o Ministério Público Estadual atuar, como parte, perante o STF e o STJ, enquanto o Ministério Público Federal oficia, no mesmo processo, como *custos legis* (STF. RE 891.901 AgR/DF. DJe 08.09.15).

Por outro lado, o Ministério Público do Trabalho, por integrar o Ministério Público da União, não pode atuar perante o Superior Tribunal de Justiça, atribuição reservada aos subprocuradores-gerais da República, integrantes do Ministério Público Federal (STJ. AgRg no CC 122.940/MS. DJe 16.04.2020. Inf. 670).

b) **indivisibilidade**: os membros do Ministério Público podem ser substituídos uns pelos outros no desempenho de suas funções, pois estas não são vinculadas à pessoa física do promotor ou do procurador, mas ao órgão do Ministério Público;

c) **independência funcional**: o representante do Ministério Público tem autonomia no desempenho de suas funções, devendo atuar conforme sua convicção jurídica, submetendo-se tão somente ao direito, e jamais à vontade de seus superiores hierárquicos.

Questão de Concurso

▶ **(Quadrix. CODHAB-DF, Analista. 2018)**[5]: Conforme a Constituição Federal de 1988 (CF), julgue o próximo item com relação ao Ministério Público. "A independência funcional assegura aos órgãos do Ministério Público a possibilidade de divergirem nas condições de parte e de fiscal da lei".

Ademais, tem ganho destaque o **princípio do promotor natural**, que "visa a impedir que haja a designação de promotor *ad hoc* ou de exceção com a finalidade de processar pessoa ou caso específico" (STF HC 95.447/SP. DJe 17.11.10). Esse princípio, que se assenta nas cláusulas da autonomia funcional e da inamovibilidade dos membros da instituição, impõe que a designação do promotor ou do procurador dê-se com base em critérios abstratos e predeterminados, estabelecidos em lei (STF. HC 67.759/RJ. DJ 01.07.93), objetivando, assim, "assegurar ao membro do Ministério Público o exercício pleno e independente de seu ofício e proteger o réu contra o acusador de exceção" (STF. HC 102.147/GO. DJe 30.10.14).

5. Gabarito: Correto

3. GARANTIAS

O Ministério Público, enquanto órgão, possui **garantias institucionais** estabelecidas na Constituição:

a) **autonomia funcional**: o Ministério Público não se submete a ingerências de nenhum outro Poder (Legislativo, Judiciário, Executivo). Seus membros têm independência funcional e devem atuar apenas de acordo com o direito;

b) **autonomia administrativa**: o *parquet* tem capacidade de autogoverno. Conforme o art. 127, § 2º, da Constituição o Ministério Público pode propor ao Poder Legislativo a criação e extinção de seus cargos e serviços auxiliares, provendo-os por concurso público de provas ou de provas e títulos, a política remuneratória e os planos de carreira;

c) **autonomia financeira**: de acordo com o art. 127, § 3º, da Constituição, cabe ao Ministério Público elaborar a sua proposta orçamentária, dentro dos limites estabelecidos na lei de diretrizes orçamentárias.

Além disso, a Constituição, no art. 128, § 5º, I, também assegura aos membros do Ministério Público garantias essenciais ao desempenho de suas funções. Ei-las:

a) **vitaliciedade**: após 02 anos de exercício, o membro do Ministério Público só pode perder o cargo por meio de sentença judicial transitada em julgado;

b) **inamovibilidade**: o membro do Ministério Público não pode ser removido ou promovido sem sua aquiescência, salvo por motivo de interesse público, mediante decisão do Conselho Superior do Ministério Público, pelo voto da maioria absoluta dos seus membros, assegurada a ampla defesa (art. 15, VIII, da Lei nº 8.625/1993 e art. 211 da Lei Complementar nº 75/1993);

c) **irredutibilidade de subsídio**: o valor nominal da remuneração dos membros do Ministério Público não pode ser reduzido.

4. VEDAÇÕES

A Constituição, no art. 128, § 5º, II, estabelece certos impedimentos aos membros do Ministério Público, a fim de assegurar a sua imparcialidade. Ei-los:

a) receber, a qualquer título e sob qualquer pretexto, honorários, percentagens ou custas processuais;

b) exercer a advocacia;

No entanto, que os membros do Ministério Público Federal, do Ministério Público do Trabalho e do Ministério Público Militar que ingressaram na carreira antes da promulgação da Constituição de 1988 puderam, com base no art. 29, § 3º, do ADCT, optar pelo regime jurídico anterior, instituído pelas Leis nº 1.341/1951 e nº 6.787/1980 e pelos Decretos nº 40.359/1956 e nº 73.173/1973, os quais não vedavam o exercício da advocacia pelos membros daqueles ramos do

MPU. Nesse sentido, o art. 1º da Resolução nº 8/2006 do CNMP dispõe que podem exercer a advocacia os membros do Ministério Público admitidos antes da promulgação da Constituição de 1988 e que, desde então, permanecem inscritos na Ordem dos Advogados do Brasil. No entanto, é-lhes vedado advogar contra a União, bem como nas causas em que, por força de lei ou em face do interesse público, caiba ao *parquet* atuar, por qualquer dos seus órgãos e ramos (Ministérios Públicos dos Estados e da União), nos termos do art. 2º da Res. nº 8/2006 do CNMP.

c) participar de sociedade comercial, na forma da lei;

d) exercer, ainda que em disponibilidade, qualquer outra função pública, salvo uma de magistério;

e) exercer atividade político-partidária;

f) receber, a qualquer título ou pretexto, auxílios ou contribuições de pessoas físicas, entidades públicas ou privadas, ressalvadas as exceções previstas em lei;

g) exercer a advocacia no juízo ou tribunal do qual se afastou, antes de decorridos 03 anos do afastamento do cargo por aposentadoria ou exoneração.

5. O MINISTÉRIO PÚBLICO NO PROCESSO CIVIL

A atuação do Ministério Público encontra previsão tanto no Código de Processo Civil como na legislação extravagante, a exemplo do Código Civil, da Lei da Ação Civil Pública, do Código de Defesa do Consumidor, do Estatuto da Criança e do Adolescente, da Lei de Mandado de Segurança, entre outras.

No processo civil, ele pode atuar como **órgão agente (parte)** ou como **órgão interveniente (fiscal da ordem jurídica ou custos legis)**. A diferença consiste em que o Ministério Público, quando agente, possui interesse no julgamento da causa, na medida em que é parte, ao passo que, quando oficia como interveniente, não tem predileção pelo julgamento da causa em um sentido ou em outro, limitando-se a zelar pela observância do direito.

6. ÓRGÃO AGENTE

O Ministério Público pode atuar na qualidade de **legitimado ordinário** (isto é, na defesa de direito próprio) ou **extraordinário** (na defesa de direito alheio, quando autorizado por lei).

É exemplo de atuação do MP como legitimado ordinário a impetração de mandado de segurança para salvaguardar suas garantias institucionais (STF. MS 28.827/SP. DJe 09.10.12).

Por outro lado, o Ministério Público pode promover, como legitimado extraordinário, exemplificativamente: a) ação de declaração de ausência (art. 22 do Código Civil); b) ação declaratória de indignidade de herdeiro ou de legatário (art. 1.815, § 2º, do Código Civil); c) ação de interdição (art. 747, IV, do CPC); d) reclamação constitucional (art. 988, CPC); e) ação rescisória (art. 967, III, do CPC); f) ação civil pública (art. 5º, I, da Lei nº 7.347/1985); g) ação civil *ex delicto*, nos Estados em que ainda não houver sido instituída e organizada a Defensoria Pública, nos termos do (ainda constitucional) art. 68 do Código de Processo Penal

(STF. RE 341.717 AgR/SP. DJe 05.03.10); h) ação objetivando proteger o direito à saúde de pessoa hipossuficiente (STJ. AgRg no REsp 1.327.846/MG. DJe 09.06.15).

Além dessas hipóteses, é importante citar a previsão do art. 9º da Lei nº 4.717/1965, segundo o qual é dado ao Ministério Público suceder o autor da ação popular, caso ele desista ou abandone a ação processualizada.

O Ministério Público pode atuar também como réu, a exemplo do que ocorre na ação rescisória intentada contra decisão transitada em julgado proferida em ação proposta pelo *parquet* (STJ. REsp 766.506/RS. DJe 14.04.14).

7. ÓRGÃO INTERVENIENTE

O Ministério Público, se não for parte, deve atuar como fiscal da ordem jurídica, nas hipóteses previstas na Constituição e na lei. Nesses casos, ele deve ser intimado, para, no prazo de 30 dias, intervir no processo (art. 178, *caput*, do CPC).

O *parquet*, quando oficiar como *custos legis*, deve ser intimado pessoalmente de todos os atos do processo, tendo vista dos autos depois das partes, para manifestar-se. Na qualidade de órgão interveniente, tem amplos poderes, podendo produzir provas, requerer medidas processuais pertinentes e recorrer (art. 179, II, do CPC). Aliás, é o que dispõe o enunciado 99 da súmula do STJ: "O Ministério Público tem legitimidade para recorrer no processo em que oficiou como fiscal da lei, ainda que não haja recurso da parte".

Questão de Concurso

▶ **(Quadrix. CODHAB-DF, Analista. 2018)**[6]: Conforme a Constituição Federal de 1988 (CF), julgue o próximo item com relação ao Ministério Público. "Na condição de fiscal da lei, o Ministério Público ostenta legitimidade para recorrer de decisões judiciais em processos em que não figure como parte"

Segundo o art. 178 do CPC, o Ministério Público deve intervir como fiscal da ordem jurídica nos processos que envolvam:

a) **interesse público ou social**: somente o interesse público primário, isto é, o interesse da coletividade, enseja a intervenção do *parquet* (STJ. EREsp 1.151.639/GO. DJe 15.09.14). A simples presença da Fazenda Pública no processo não é motivo para a participação do Ministério Público (art. 178, parágrafo único, do CPC), porquanto o mero interesse patrimonial da Administração é interesse público secundário. Por isso mesmo, de acordo com o enunciado 189 da súmula do STJ: "É desnecessária a intervenção do Ministério Público nas execuções fiscais". Os interesses sociais, por sua vez, são "aqueles cuja preservação e tutela o ordenamento jurídico consagra como importantes e indispensáveis não para pessoas ou entidades individualmente consideradas, mas para a sociedade como um todo, para o seu progresso material, institucional ou moral" (STF. RE 631.111/GO. DJe 30.10.14);

6. Gabarito: Correto

b) **interesse de incapaz**: trata-se de interesse individual indisponível, conforme prevê o art. 127 da Constituição. Para que o *parquet* intervenha, não é necessário que o incapaz seja parte, bastando que interesse seu possa ser afetado pelo deslinde do processo. Por exemplo, cabe ao Ministério Público oficiar como *custos legis* no processo em que seja parte o espólio, caso haja herdeiro incapaz (STJ. REsp 596.029/MG. DJe 08.09.09);

c) **litígios coletivos pela posse de terra rural ou urbana**: o *parquet* deve intervir, por exemplo, em ação possessória multitudinária que diga respeito à ocupação de imóvel rural, bem como na ação de desapropriação de imóvel rural, por interesse social, para fins de reforma agrária (art. 18, § 2º, da Lei Complementar nº 76/1993). Por outro lado, na ação de desapropriação por utilidade pública (Decreto-Lei nº 3.365/1941), não é obrigatória a intervenção do Ministério Público, "exceto quando envolver, frontal ou reflexamente, proteção ao meio ambiente, interesse urbanístico ou improbidade administrativa" (STJ. AgRg no AREsp 211.911/RJ. DJe 19.09.14).

O *parquet* também deve intervir em outras hipóteses, como, por exemplo: a) quando não for parte, nas ações de família em que figure (como parte) vítima de violência doméstica e familiar, nos termos da Lei nº 11.340/2006 (Lei Maria da Penha); b) na reclamação constitucional (art. 991, CPC); c) no incidente de resolução de demandas repetitivas (art. 982, III, do CPC); d) no incidente de assunção de competência (enunciado 467 do Fórum Permanente de Processualistas Civis); e) no mandado de segurança (art. 12 da Lei nº 12.016/2009); f) na ação popular (art. 6º, § 4º, da Lei nº 4.717/1965).

8. PRERROGATIVAS

O Ministério Público possui prerrogativa de **intimação pessoal** de todos os atos do processo, o que deve ocorrer por carga, remessa ou meio eletrônico, a teor dos arts. 180, *caput*, e 183, § 1º, do CPC. Assim, a contagem dos prazos processuais não se inicia com a comunicação ao membro do Ministério Público, mas com a entrega dos autos a ele (STJ. AgRg no REsp 1.445.557/RN. DJe 02.09.15). Se o Ministério não for intimado pessoalmente para os feitos nos quais deveria intervir, os atos processuais praticados a partir de então, se dele dependentes, serão nulos.

Questão de Concurso

▶ **(Cespe – Analista – Direito – MPE - CE/2020)** Quanto aos deveres e atos praticados pelo Ministério Público em processos, julgue o item que se segue[7]:
Caso o Ministério Público não seja intimado para feito no qual deveria intervir, o processo será nulo.

O Ministério Público também goza de **prazo em dobro** para todas as suas manifestações processuais (art. 180, *caput*), salvo quando houver prazo próprio, estabelecido em lei (§ 2º). Assim, por exemplo, contam-se, de forma simples os prazos: a) para oferecimento de alegações finais, orais ou escritas (art. 364, *caput* e § 2º); b) para manifestação nos procedimentos de jurisdição voluntária (art. 721); c) para sustentação oral (art. 937); d) para manifestação em

7. Gabarito: Certo.

conflito de competência (art. 956); e) para manifestação no incidente de resolução de demandas repetitivas (art. 982, III); f) para sustentação oral no incidente de resolução de demandas repetitivas (art. 984, II, "a"); g) para manifestação no processo de reclamação (art. 991).

9. RESPONSABILIDADE CIVIL

O membro do Ministério Público que agir com **dolo ou fraude** no exercício de suas funções responde civilmente pelos danos causados (art. 184, CPC). No entanto, sua responsabilidade é apenas regressiva, frente ao Estado, que é primariamente responsável pela reparação ao particular, nos termos do art. 37, § 6º, da Constituição (STF. RE 327.904. DJ 08.09.06). Assim, o promotor ou procurador responde por sua conduta dolosa ou fraudulenta apenas perante o Estado, em ação regressiva.

Além disso, o art. 77, § 6º, do CPC exclui a responsabilidade do membro do Ministério Público pelas multas decorrentes de atos atentatórios à dignidade da justiça. Entretanto, o mesmo dispositivo impõe ao juiz que oficie à respectiva corregedoria, para que apure a sua responsabilidade disciplinar.

Questão de Concurso

- **(VUNESP.TJ-SP. VUNESP - 2018 - TJ-SP - Juiz Substituto. 2018)**[8]: Em relação ao Ministério Público, é correto afirmar que o respectivo membro será civilmente responsável, de forma direta quando agir com fraude e regressivamente quando agir com dolo ou culpa grave.

10. SÚMULAS

Súmula do STF

643. O Ministério Público tem legitimidade para promover ação civil pública cujo fundamento seja a ilegalidade de reajuste de mensalidades escolares.

Súmula do STJ

99. O Ministério Público tem legitimidade para recorrer no processo em que oficiou como fiscal da lei, ainda que não haja recurso da parte.

116. A Fazenda Pública e o Ministério Público têm prazo em dobro para interpor agravo regimental no Superior Tribunal de Justiça.

189. É desnecessária a intervenção do Ministério Público nas execuções fiscais.

226. O Ministério Público tem legitimidade para recorrer na ação de acidente do trabalho, ainda que o segurado esteja assistido por advogado.

329. O Ministério Público tem legitimidade para propor ação civil pública em defesa do patrimônio público.

594. O Ministério Público tem legitimidade ativa para ajuizar ação de alimentos em proveito de criança ou adolescente independentemente do exercício do poder familiar dos pais, ou do fato de o menor se encontrar nas situações de risco descritas no art. 98 do Estatuto da Criança e do Adolescente, ou de quaisquer outros questionamentos acerca da existência ou eficiência da Defensoria Pública na comarca.

601. O Ministério Público tem legitimidade ativa para atuar na defesa de direitos difusos, coletivos e individuais homogêneos dos consumidores, ainda que decorrentes da prestação de serviço público.

8. Gabarito: Incorreto.

11. ENUNCIADOS DO FPPC

123. É desnecessária a intervenção do Ministério Público, como fiscal da ordem jurídica, no incidente de desconsideração da personalidade jurídica, salvo nos casos em que deva intervir obrigatoriamente, previstos no art. 178.

253. O Ministério Público pode celebrar negócio processual quando atua como parte.

254. É inválida a convenção para excluir a intervenção do Ministério Público como fiscal da ordem jurídica.

328. Os arts. 554 e 565 do CPC aplicam-se à ação de usucapião coletiva (art. 10 da Lei 10.258/2001) e ao processo em que exercido o direito a que se referem os §§ 4º e 5º do art. 1.228, Código Civil, especialmente quanto à necessidade de ampla publicidade da ação e da participação do Ministério Público, da Defensoria Pública e dos órgãos estatais responsáveis pela reforma agrária e política urbana.

467. O Ministério Público deve ser obrigatoriamente intimado no incidente de assunção de competência.

12. ENUNCIADOS DO CJF

21. A suspensão dos prazos processuais prevista no caput do art. 220 do CPC estende-se ao Ministério Público, à Defensoria Pública e à Advocacia Pública.

13. INFORMATIVOS

Informativos do STF

Legitimidade do Ministério Público: ação civil pública e medicamentos

O Ministério Público é parte legítima para ajuizamento de ação civil pública que vise o fornecimento de remédios a portadores de certa doença. Com esse entendimento, o Plenário, ao apreciar o Tema 262 da repercussão geral, deu provimento ao recurso extraordinário para que, suplantada a ilegitimidade declarada pelo Tribunal de Justiça, este prossiga no julgamento da apelação. Cabe ao Ministério Público a promoção do inquérito civil e da ação civil pública na defesa de interesses difusos e coletivos, a teor do art. 129, III, (1) da Constituição Federal (CF). Ademais, a ação proposta é definida pelos termos da petição inicial, que, no caso concreto, apontou cidadã sem condições financeiras para aquisição dos fármacos e negativa de fornecimento destes pela Secretaria de Saúde local. Acontece que a referida peça se mostrou abrangente — tanto no tocante à narração dos fatos, quanto em relação ao pedido —, aludindo não apenas à situação daquela paciente como também à dos demais portadores da doença considerada grave. Mais do que isso, ao postular pronunciamento condenatório, citou-se como destinatários pacientes acometidos pela enfermidade. Assim, a menção ao indivíduo foi meramente exemplificativa. Dessa forma, se revelou inquestionável a qualidade do "parquet" para ajuizar ação civil pública objetivando, em sede de processo coletivo o interesse social que legitima a intervenção e a ação em juízo do Ministério Público, a defesa de direitos impregnados de transindividualidade ou de direitos individuais homogêneos, notadamente aqueles de caráter indisponível, porque revestidos de inegável relevância social, como sucede, de modo bastante particularmente expressivo, com o direito à saúde, que traduz prerrogativa jurídica de índole eminentemente constitucional. RE 605533/MG, rel. Min. Marco Aurélio, julgamento em 15.8.2018. Informativo 911.

Informativos do STJ

O Ministério Público do Trabalho não tem legitimidade para atuar no âmbito do Superior Tribunal de Justiça na condição de parte. Os Ministérios Públicos dos Estados, consoante orientação firmada pelo Supremo Tribunal Federal, em julgado sob a sistemática da repercussão geral, podem atuar, diretamente, na condição de partes, perante os Tribunais Superiores, em razão da não existência de vinculação ou subordinação entre o Parquet Estadual e o Ministério Público da União. Tal conclusão, entretanto, não pode ser amoldada ao Ministério Público do Trabalho, órgão vinculado ao Ministério Público da União, conforme dispõe o art. 128, I, b, da Constituição da República. Com efeito, o Ministério Público do Trabalho integra a estrutura do Ministério Público da União, atuando perante o Tribunal Superior do Trabalho, não tendo legitimidade para funcionar no âmbito desta Corte Superior, atribuição essa reservada aos subprocuradores-gerais da República integrantes do quadro do Ministério Público Federal. AgRg no CC 122.940-MS, Rel. Min. Regina Helena Costa, Primeira Seção, por unanimidade, julgado em 07/04/2020, DJe 16/04/2020. Inf. 670.

O Ministério Público possui legitimidade ativa para postular em juízo a defesa de direitos transindividuais de consumidores que celebram contratos de compra e venda de imóveis com cláusulas pretensamente abusivas. De início, cumpre salientar que o acórdão embargado, da Quarta Turma, entendeu que falta ao Ministério Públicolegitimidade ativa para o ajuizamento de demanda coletiva (em sentido lato) com a finalidade de se declarar por sentença a pretensa nulidade e ineficácia de cláusula contratual constante de contratos de compra e venda de imóveis celebrados entre as empresas embargadas e seus consumidores. Já o acórdão paradigma, da Corte Especial, entendeu ter o Ministério Público legitimidade para reclamar a defesa de direitos difusos, coletivos e individuais homogêneos em ação civil pública, ainda que se estivesse diante de interesses disponíveis. Tal orientação, ademais, é a que veio a prevalecer neste Tribunal Superior, que aprovou o verbete sumular n. 601, de seguinte teor: "o Ministério Público tem legitimidade ativa para atuar na defesa de direitos difusos, coletivos e individuais homogêneos dos consumidores, ainda que decorrentes da prestação de serviço público." Além disso, tanto a Lei da Ação Civil Pública (arts. 1º e 5º) como o Código de Defesa do Consumidor (arts. 81 e 82) são expressos em definir o Ministério Público como um dos legitimados a postular em juízo em defesa de direitos difusos, coletivos ou individuais homogêneos do consumidor. Incumbe verificar, então, se tal legitimidade ampla definida expressamente em lei (Lei n. 7.347/1985 e Lei n. 8.078/1990) é compatível com a finalidade do Ministério Público, como exige o inc. IX do art. 129 da Constituição da República. Nos termos da jurisprudência desta Corte, a finalidade do Ministério Público é lida à luz do preceito constante do *caput* do art. 127 da Constituição, segundo o qual incumbe ao Ministério Público "a defesa da ordem jurídica, do regime democrático e dos interesses sociais e individuais indisponíveis". Daí porque se firmou a compreensão de que, para haver legitimidade ativa do Ministério Público para a defesa de direitos transindividuais não é preciso que se trate de direitos indisponíveis, havendo de se verificar, isso sim, se há "interesse social" (expressão contida no art. 127 da Constituição) capaz de autorizar a legitimidade do Ministério Público. EREsp 1.378.938-SP, Rel. Min. Benedito Gonçalves, por unanimidade, julgado em 20/06/2018, DJe 27/06/2018. Inf. 629.

O Ministério Público é parte legítima para pleitear tratamento médico ou entrega de medicamentos nas demandas de saúde propostas contra os entes federativos, mesmo quando se tratar de feitos contendo beneficiários individualizados, porque se refere a direitos individuais indisponíveis, na forma do art. 1º da Lei n. 8.625/1993 (Lei Orgânica Nacional do Ministério Público). Anote-se, inicialmente que a fronteira para se discernir a legitimidade do órgão ministerial diz respeito à disponibilidade, ou não, dos direitos individuais debatidos. É que, tratando-se de direitos individuais disponíveis e não havendo uma lei específica autorizando, de forma excepcional, a atuação do Ministério Público (como no caso da Lei n. 8.560/1992), não se pode falar em legitimidade de sua atuação. Todavia, se se tratar de direitos indisponíveis, a legitimidade ministerial já decorreria da redação do próprio art. 1º da Lei n. 8.625/1993 (Lei Orgânica Nacional do Ministério Público). Portanto, a discussão a ser travada neste feito direciona-se para a definição de indisponibilidade, ou não, do direito à saúde. Com efeito, a disciplina desse direito encontra na jurisprudência pátria a correspondência com o próprio direito à vida, de forma que a característica da indisponibilidade do direito já decorreria dessa premissa. O entendimento firmado acima, no que concerne à delimitação do direito à saúde como direito individual indisponível, com base na interpretação do conjunto de regras legais acerca da matéria, se encontra albergado no âmbito de decisões do Supremo Tribunal Federal (RE 407.902-RS, Rel. Min. Marco Aurélio, DJe 28/8/2009). Assim, inexiste violação dos dispositivos dos arts. 1º, V, e 21 da Lei n. 7.347/1985, bem como do art. 6º do CPC/1973, uma vez que a atuação do Ministério Público, em demandas de saúde, tem assento na indisponibilidade do direito individual. REsp 1.682.836-SP, Rel. Min. Og Fernandes, Primeira Seção, por unanimidade, julgado em 25/04/2018, DJe 30/04/2018 (Tema 766). Inf. 624.

DIREITO PROCESSUAL CIVIL. NECESSIDADE DE DEMONSTRAÇÃO DE MOTIVOS PARA A FORMAÇÃO DE LITISCONSÓRCIO ATIVO FACULTATIVO ENTRE O MINISTÉRIO PÚBLICO ESTADUAL E O FEDERAL.

Em ação civil pública, a formação de litisconsórcio ativo facultativo entre o Ministério Público Estadual e o Federal depende da demonstração de alguma razão específica que justifique a presença de ambos na lide. Isso porque o art. 127, § 1º, da CF proclama como um dos princípios institucionais do Ministério Público a unicidade. Porém, em homenagem ao sistema federativo, o Ministério Público organiza-se, no que diz respeito à jurisdição comum, de forma dual, cada qual com suas atribuições próprias, estabelecidas em leis complementares (art. 128, § 5º, da CF). Se assim não fosse, desnecessária seria essa forma de organização. É certo que tanto o Ministério Público Federal quanto o Ministério Público Estadual possuem, entre suas atribuições, a de zelar pelos interesses sociais e pela integridade da ordem consumerista. Isso não quer significar, contudo, que devam atuar em litisconsórcio numa ação civil pública sem a demonstração de alguma razão específica que justifique a presença de ambos na lide. Ora, o instituto do litisconsórcio é informado pelos princípios da economia (obtenção do máximo de resultado com o mínimo de esforço) e da eficiência da atividade jurisdicional. Cada litisconsorte é considerado, em face do réu, como litigante distinto e deve promover o andamento do feito e ser intimado dos respectivos atos (art. 49 do CPC/1973). Nesse contexto, a formação desnecessária do litisconsórcio poderá, ao fim e ao cabo, comprometer os princípios informadores do instituto, implicando, por exemplo, maior demora do processo pela necessidade de intimação pessoal de cada membro do *Parquet*, com prazo específico para manifestação. REsp 1.254.428-MG, Rel. Min. João Otávio de Noronha, julgado em 2/6/2016, DJe 10/6/2016. Informativo 585

14. SINOPSE

MINISTÉRIO PÚBLICO
O Ministério Público é instituição permanente, una, indivisível, independente e essencial à função jurisdicional do Estado, incumbindo-lhe a defesa da ordem jurídica, do regime democrático e dos interesses sociais e individuais indisponíveis. Compreende: a) o Ministério Público da União, que abrange o Ministério Público Federal, o Ministério Público do Trabalho, o Ministério Público Militar e o Ministério Público do Distrito Federal e Territórios; b) os Ministérios Públicos dos Estados. Há, outrossim, o Ministério Público Eleitoral, que não possui estrutura própria, mas formação mista, sendo composto por membros do Ministério Público Federal e dos Ministérios Públicos dos Estados.
Princípios
São princípios institucionais do Ministério Público a unidade, a indivisibilidade e a independência funcional. Além disso, tem ganhado destaque o princípio do promotor natural, que visa a impedir que haja a designação de promotor *ad hoc* ou de exceção para processar pessoa ou caso específico.
Garantias
São garantias institucionais do Ministério Público: a) autonomia funcional; b) autonomia administrativa; c) autonomia financeira. São garantias dos membros do Ministério Público: a) vitaliciedade; b) inamovibilidade; c) irredutibilidade de subsídio.
Vedações
É vedado ao membro do Ministério Público: a) receber, a qualquer título e sob qualquer pretexto, honorários, percentagens ou custas processuais; b) exercer a advocacia (salvo nas hipóteses do art. 29, § 3º, do ADCT e arts. 1º e 2º da Resolução nº 8/2006 do CNMP); c) participar de sociedade comercial, na forma da lei; d) exercer, ainda que em disponibilidade, qualquer outra função pública, salvo uma de magistério; e) exercer atividade político-partidária; f) receber, a qualquer título ou pretexto, auxílios ou contribuições de pessoas físicas, entidades públicas ou privadas, ressalvadas as exceções previstas em lei; g) exercer a advocacia no juízo ou tribunal do qual se afastou, antes de decorridos 03 anos do afastamento do cargo por aposentadoria ou exoneração.
O Ministério Público no processo civil
O Ministério Público pode atuar como órgão agente (parte) ou como órgão interveniente (fiscal da ordem jurídica ou *custos legis*).

Órgão agente
O Ministério Público, como órgão agente (parte), pode atuar como legitimado ordinário (quando em defesa de direito da instituição) ou extraordinário (quando em defesa de direito alheio, por expressa disposição legal).
Órgão interveniente
O Ministério Público deve atuar como fiscal da ordem jurídica, nas hipóteses previstas na Constituição e na lei, quando deverá ser intimado, para, no prazo de 30 dias, intervir no processo. Deve ser intimado pessoalmente de todos os atos do processo, tendo vista dos autos depois das partes, para manifestar-se, tendo amplos poderes, podendo produzir provas, requerer medidas processuais pertinentes e recorrer. O MP deve intervir: a) nos processos que envolvam interesse público ou social; b) nos processos que envolvam interesse de incapaz; c) nos processos que envolvam litígios coletivos pela posse de terra rural ou urbana; d) na reclamação constitucional; e) no incidente de resolução de demandas repetitivas; f) no incidente de assunção de competência; g) no mandado de segurança; h) na ação popular, entre outras hipóteses.
Prerrogativas
O Ministério Público possui prerrogativa de intimação pessoal de todos os atos do processo, o que deve ocorrer por carga, remessa ou meio eletrônico. A contagem dos prazos processuais não se inicia com a comunicação ao membro do Ministério Público, mas com a entrega dos autos a ele. Além disso, goza de prazo em dobro para todas as suas manifestações processuais, salvo quando houver prazo próprio, estabelecido em lei.
Responsabilidade civil
O membro do Ministério Público que agir com dolo ou fraude no exercício de suas funções responde civilmente pelos danos causados. Sua responsabilidade é regressiva, frente ao estado, que é primariamente responsável pela reparação ao particular. O promotor ou procurador não responde pelas multas decorrentes de atos atentatórios à dignidade da justiça, mas o juiz deve oficiar à respectiva corregedoria, para que apure a sua responsabilidade disciplinar.

CAPÍTULO 14

ADVOCACIA PÚBLICA

Sumário • 1. Considerações iniciais – 2. Benefício do prazo em dobro – 3. Intimação pessoal – 4. Responsabilidade civil – 5. Súmulas – 6. Enunciados do FPPC – 7. Enunciados do FNPP – 8. Enunciados do CJF – 9. Sinopse.

1. CONSIDERAÇÕES INICIAIS

Os advogados públicos são os representantes judiciais da União, dos Estados, do Distrito Federal, dos Municípios e das demais pessoas jurídicas de direito público que integram a Administração Direta e Indireta.

A Advocacia Pública é formada, no âmbito federal, pelos: a) advogados da União, que representam a União em juízo (art. 9º da Lei Complementar nº 73/1993); b) procuradores da Fazenda Nacional, a quem cabe representar a União judicialmente, nas causas de natureza fiscal (art. 12, V, da Lei Complementar nº 73/1993); c) procuradores federais, a quem compete a representação judicial das autarquias e fundações públicas federais (art. 17, I, da Lei Complementar nº 73/1993); d) procuradores do Banco Central do Brasil, que patrocinam a referida autarquia judicialmente (art. 4º, I, da Lei nº 9.650/1998).

Os Estados, o Distrito Federal e os Municípios também são representados por procuradores (art. 75, II e III, do CPC), cujas carreiras são disciplinadas por leis próprias.

Como o poder de representação dos advogados públicos decorre de lei, dispensa-se a juntada de procuração aos autos, consoante dispõem o art. 287, parágrafo único, III, do Código de Processo Civil e o enunciado 644 da súmula do Supremo Tribunal Federal[1].

2. BENEFÍCIO DO PRAZO EM DOBRO

Segundo o art. 183, *caput*, do CPC/2015 a Fazenda Pública – isto é, União, Estados, Distrito Federal, Municípios, autarquias e fundações de direito público – goza de prazo em dobro para todas as suas manifestações processuais. Também dispõe desse benefício a Empresa Brasileira de Correios e Telégrafos, por força do art. 12 do Decreto-Lei nº 509/1969[2].

1. Súmula do STF, nº 644:"Ao titular do cargo de procurador de autarquia não se exige a apresentação de instrumento de mandato para representá-la em juízo".
2. Art. 12 – A ECT gozará de isenção de direitos de importação de materiais e equipamentos destinados aos seus serviços, dos privilégios concedidos à Fazenda Pública, quer em relação a imunidade tributária, direta ou indireta, impenhorabilidade de seus bens, rendas e serviços, quer no concernente a foro, prazos e custas processuais.

> A câmara municipal, órgão independente e dotado de personalidade judiciária para defender seus interesses institucionais em juízo, é beneficiada pela duplicação dos prazos processuais (STJ. REsp 596.007/RJ. DJ 25.10.04).

Trata-se de benefício conferido ao próprio ente público, e não ao advogado público. Por isso, mesmo que a fazenda pública esteja representada por advogado privado, incide a dobra de prazo. O benefício, todavia, aplica-se apenas aos prazos processuais (evidentemente, internos), o que exclui, por exemplo, o prazo para ajuizamento de ação rescisória[3], que tem natureza decadencial.

No entanto, o benefício em questão não é aplicável aos prazos próprios estabelecidos pela lei para o ente público (art. 183, § 2º, do CPC). Assim, por exemplo, conta-se de forma simples o prazo para ajuizamento de embargos à execução[4] (STJ. REsp 768.120/AL. DJ 22.10.07) e para apresentação de impugnação ao cumprimento de sentença[5], os quais já são privilegiados.

Ademais, a dobra de prazo prevista no art. 183 do CPC não é cumulável com aquela estabelecida no art. 229[6], por isso não há que se falar em prazo em quádruplo caso o ente público atue em litisconsórcio (STJ. AgRg no AREsp 8.510/ES. DJe 30.09.11).

3. INTIMAÇÃO PESSOAL

De acordo com o artigo 183, *caput* e§ 1º, do CPC/2015 a intimação da fazenda pública deve ser pessoal, por carga, remessa ou meio eletrônico.

No CPC/1973, não havia previsão semelhante. A Lei Complementar nº 73/1993, contudo, determina, em seu art. 38, que a intimação dos advogados da união e dos procuradores da Fazenda Nacional deve ser pessoal. Diante disso, o STJ pacificou o entendimento de que apenas os advogados públicos federais fariam jus à intimação pessoal, excluindo tal prerrogativa dos procuradores estaduais, distritais e municipais (STJ. AgRg no AREsp 759.694/BA. DJe 11.12.15). Ficavam ressalvadas somente as execuções fiscais, em que todas as intimações do ente público deveriam ser pessoais, fosse ele federal, estadual ou municipal, por força do art. 25 da Lei nº 6.830/1980 (STJ. AgRg no Ag 1.350.823/MG. DJe 09.10.14).

---

3. Art. 975. O direito à rescisão se extingue em 2 (dois) anos contados do trânsito em julgado da última decisão proferida no processo.
4. Art. 910. Na execução fundada em título extrajudicial, a Fazenda Pública será citada para opor embargos em 30 (trinta) dias.
5. Art. 535. A Fazenda Pública será intimada na pessoa de seu representante judicial, por carga, remessa ou meio eletrônico, para, querendo, no prazo de 30 (trinta) dias e nos próprios autos, impugnar a execução, podendo arguir:I – falta ou nulidade da citação se, na fase de conhecimento, o processo correu à revelia;II – ilegitimidade de parte;III – inexequibilidade do título ou inexigibilidade da obrigação;IV – excesso de execução ou cumulação indevida de execuções; V – incompetência absoluta ou relativa do juízo da execução;VI – qualquer causa modificativa ou extintiva da obrigação, como pagamento, novação, compensação, transação ou prescrição, desde que supervenientes ao trânsito em julgado da sentença.
6. Art. 229. Os litisconsortes que tiverem diferentes procuradores, de escritórios de advocacia distintos, terão prazos contados em dobro para todas as suas manifestações, em qualquer juízo ou tribunal, independentemente de requerimento.

Essa tese do STJ, à evidência, fica superada pelo art. 183, § 1º, do CPC/2015. Assim, agora, todos os advogados públicos, sem qualquer distinção, têm a prerrogativa da intimação pessoal, independentemente do tipo de procedimento.

> Se o procurador federal foi devidamente intimado da audiência na qual foi proferida a sentença, desnecessária sua intimação pessoal. Esse entendimento não viola o disposto no artigo 17 da Lei nº 10.910, de 2004 (STJ. AgRg no AREsp 147.276/GO. DJe 18.03.13).

4. RESPONSABILIDADE CIVIL

O membro da Advocacia Pública que agir com **dolo ou fraude** no exercício de suas funções responde civilmente pelos danos causados (art. 184, CPC). No entanto, sua responsabilidade, além de subjetiva, é apenas regressiva, frente ao Estado, queé primariamente responsável pela reparação ao particular, nos termos do art. 37, § 6º, da Constituição (STF. RE 327.904. DJ 08.09.06). Assim, o advogado público responde por sua conduta dolosa ou fraudulenta apenas perante o Estado, em ação regressiva.

O art. 77, § 6º, do CPC exclui a responsabilidade do advogado público pelas multas decorrentes de atos atentatórios à dignidade da justiça. Entretanto, o mesmo dispositivo impõe ao juiz que oficie à respectiva corregedoria, para que apure a sua responsabilidade disciplinar.

5. SÚMULAS

Súmula do STF

644. Ao titular do cargo de procurador de autarquia não se exige a apresentação de instrumento de mandato para representá-la em juízo.

Súmula do STJ

139. Cabe à Procuradoria da Fazenda Nacional propor execução fiscal para cobrança de crédito relativo ao ITR.

521. A legitimidade para a execução fiscal de multa pendente de pagamento imposta em sentença condenatória é exclusiva da Procuradoria da Fazenda Pública.

6. ENUNCIADOS DO FPPC

383. As autarquias e fundações de direito público estaduais e distritais também poderão ajustar compromisso recíproco para prática de ato processual por seus procuradores em favor de outro ente federado, mediante convênio firmado pelas respectivas procuradorias.

384. A lei regulamentadora não poderá suprimir a titularidade e o direito à percepção dos honorários de sucumbência dos advogados públicos.

400. O art. 183 se aplica aos processos que tramitam em autos eletrônicos.

401. Para fins de contagem do prazo da Fazenda Pública nos processos que tramitam em autos eletrônicos, não se considera como intimação pessoal a publicação pelo Diário da Justiça Eletrônico.

7. ENUNCIADOS DO FNPP

28. Nos processos físicos, a intimação pessoal somente se realiza por carga ou remessa dos autos, sendo nula a intimação realizada por outros meios, inclusive por meio eletrônico.

29. Aplica-se a intimação pessoal nos processos que tramitam sob o procedimento dos juizados especiais, conforme o art. 183, § 1º, do CPC.

38. É compatível a atuação do advogado público como mediador na mediação privada.

53. Os prazos comuns fixados pelo juiz devem ser contados em dobro para a fazenda pública.

8. ENUNCIADOS DO CJF

21. A suspensão dos prazos processuais prevista no caput do art. 220 do CPC estende-se ao Ministério Público, à Defensoria Pública e à Advocacia Pública.

9. SINOPSE

ADVOCACIA PÚBLICA
Os advogados públicos são os representantes judiciais da União, dos Estados, do Distrito Federal, dos Municípios e das demais pessoas jurídicas de direito público que integram a Administração Direta e Indireta. Como o poder de representação dos advogados públicos decorre de lei, dispensa-se a juntada de procuração aos autos.
Benefício do prazo em dobro
A Fazenda Pública goza de prazo em dobro para todas as suas manifestações processuais, salvo se a lei previr prazo específico para a prática do ato. Assim, por exemplo, não são contados em dobro os prazos para embargos à execução e para impugnação ao cumprimento de sentença, previstos especificamente nos arts. 910 e 535 do CPC. A dobra de prazo para a Fazenda Pública não é cumulável com aquela estabelecida no art. 229, por isso não há que se falar em prazo em quádruplo caso o ente público atue em litisconsórcio.
Intimação pessoal
Todos os advogados públicos, sem exceção, têm a prerrogativa da intimação pessoal, independentemente do tipo de procedimento.
Responsabilidade civil
O membro da Advocacia Pública que agir com dolo ou fraude no exercício de suas funções responde civilmente pelos danos causados.Sua responsabilidade é regressiva, frente ao estado, que é primariamente responsável pela reparação ao particular. O advogado público não responde pelas multas decorrentes de atos atentatórios à dignidade da justiça, mas o juiz deve oficiar à respectiva corregedoria, para que apure a sua responsabilidade disciplinar.

CAPÍTULO 15

DEFENSORIA PÚBLICA

Sumário • 1. Considerações iniciais – 2. Representação da parte pela defensoria pública – 3. Benefício do prazo em dobro – 4. Intimação pessoal – 5. Defesa dos interesses coletivos – 6. Intervenção como *custos vulnerabilis* – 7. Responsabilidade civil – 8. Enunciados do FPPC – 9. Enunciados do CJF – 10. Sinopse.

1. CONSIDERAÇÕES INICIAIS

O art. 5º, LXXIV, da Constituição dispõe que o Estado prestará assistência jurídica integral e gratuita aos que comprovarem insuficiência de recursos. Para concretizar essa garantia, a Constituição, em seu art. 134, previu a instituição permanente da Defensoria Pública, à qual incumbe a orientação jurídica, a promoção dos direitos humanos e a defesa judicial e extrajudicial dos direitos individuais e coletivos dos necessitados, de forma integral e gratuita.

A Defensoria Pública, instituição **una**, **indivisível** e **independente**, abrange, segundo o art. 2º da Lei Complementar nº 80/1994: a) a Defensoria Pública da União, que atua junto às Justiças Federal, do Trabalho, Eleitoral e Militar (art. 14); b) a Defensoria Pública do Distrito Federal e Territórios, que atua na Justiça Distrital; c) as Defensorias Públicas dos Estados, que oficiam perante as Justiças Estaduais.

2. REPRESENTAÇÃO DA PARTE PELA DEFENSORIA PÚBLICA

Compete primordialmente à Defensoria Pública a prestação de assistência judiciária gratuita aos necessitados – sem prejuízo da atuação dos escritórios de prática jurídica e das entidades conveniadas com a Defensoria Pública.

O defensor público não precisa juntar procuração aos autos, consoante dispõem os arts. 44, XI, 89, XI, e 128, XI, da Lei Complementar nº 80/1994, bem como o art. 287, parágrafo único, II, do Código de Processo Civil.

> A Defensoria Pública, por força das atribuições expressas na legislação de regência da instituição, pode atuar na defesa de seus assistidos ou representados, razão pela qual seus integrantes, uma vez investidos no cargo de defensor público, podem atuar em juízo sem a exibição de procuração ou de nomeação (STJ. AgRg no AREsp 11.931/DF. DJe 19.03.13).

No entanto, os poderes de representação do defensor público não são ilimitados; ao contrário, correspondem apenas àqueles contidos na procuração geral para o foro (art. 105, CPC). Por isso, se determinado ato processual exigir poderes específicos, o defensor público deve juntar aos autos instrumento de mandato judicial (STJ. REsp 1.431.043/MG. DJe 27.04.15).

A representação processual por defensor público pode ocorrer em todos os graus de jurisdição, conforme prescrevem os arts. 134 da Constituição e 185 do CPC. Nesse ponto, as Defensorias Públicas dos Estados também podem atuar perante o STJ e STF, visto que não há exclusividade de atuação da Defensoria Pública da União (STF. HC 92.399/RS. DJe 27.08.10).

Entretanto, é preciso que cada Estado organize sua Defensoria Pública, mediante lei específica, para atuar continuamente em Brasília/DF, inclusive com sede própria, sob pena de prevalecer a legitimidade da Defensoria Pública da União para atuar nos tribunais superiores (STJ. AgRg no REsp 1.287.189/AL. DJe 07.04.14).

Nesse sentido, o STJ já decidiu ser "inviável o acolhimento do requerimento formulado pela Defensoria Pública da União para assistir parte em processo que tramita no STJ nas hipóteses em que a Defensoria Pública Estadual atuante possui representação em Brasília ou aderiu ao portal de intimações eletrônicas" (STJ. PET no AREsp 1.513.956/AL. DJe 04.02.20. Inf. 664).

3. BENEFÍCIO DO PRAZO EM DOBRO

O defensor público dispõe de prazo em dobro para todas as suas manifestações processuais (art. 186, *caput*, do CPC e arts. 44, I, 89, I, e 128, I, da LC nº 80/1994). Também gozam desse benefício os escritórios de prática jurídica das faculdades de Direito (públicas ou particulares) e as entidades prestadoras de assistência judiciária conveniadas com a Defensoria Pública (art. 186, § 3º).

Embora o § 4º do art. 186 do CPC prescreva que a dobra de prazo não é aplicável aos prazos próprios da Defensoria Pública, o CPC/2015 (em sua redação atual) não estabelece nenhum prazo próprio para a instituição, razão por que são contados em dobro todos os seus prazos.

O benefício da dobra de prazo incide sobre os prazos processuais em geral, abarcando, inclusive, o prazo para ajuizamento de embargos à execução[7] (STJ. AgRg no AREsp 141.859/MG. DJe 17.09.14). Todavia, não se aplica o benefício ao prazo para ajuizamento de ação rescisória[8], por se tratar de prazo decadencial, e, por isso, não processual.

IMPORTANTE! Se a parte executada estiver assistida pela Defensoria Pública, o prazo para cumprimento espontâneo da obrigação também deve ser contado em dobro (STJ. REsp 1.261.856/DF. DJe 29.11.16).

4. INTIMAÇÃO PESSOAL

O art. 186, § 1º, do CPC institui a prerrogativa da intimação pessoal do defensor público, a qual deve ocorrer por carga, remessa ou meio eletrônico. Essa previsão também consta dos arts. 44, I, 89, I, e 128, I, da Lei Complementar nº 80/1994.

7. Art. 915. Os embargos serão oferecidos no prazo de 15 (quinze) dias, contado, conforme o caso, na forma do art. 231.

8. Art. 975. O direito à rescisão se extingue em 2 (dois) anos contados do trânsito em julgado da última decisão proferida no processo.

Mesmo que a decisão seja proferida em audiência (quando, a teor do art. 1.003, § 1º, do CPC/2015, considerar-se-ão, desde então, intimados os sujeitos), é necessária a posterior entrega dos autos ao defensor, a partir de quando começará a fluir o respectivo prazo (STJ. HC 269.213/SP. DJe 03.02.15).

O § 2º do art. 186 dispõe que, a requerimento da Defensoria Pública, o juiz determinará a intimação pessoal da parte, quando o ato processual depender de providência ou de informação que somente por ela possa ser realizada ou prestada. Assim, por exemplo, a parte representada pela Defensoria Pública será intimada pessoalmente para cumprir a sentença, nos termos do art. 513, § 2º, II, do CPC, ou, ainda, para comparecer ao interrogatório informal (art. 139, VIII, do CPC).

Questão de Concurso

▶ **(FUNDATEC. DPE-SC. Técnico Administrativo. 2018)**[9] A Defensoria Pública gozará de prazo em para todas as suas manifestações processuais, o qual terá início a partir da intimação do defensor público.

Assinale a alternativa que preenche, correta e respectivamente, as lacunas do trecho acima.

a) dobro – por edital
b) dobro – pessoal
c) triplo – por edital
d) triplo – pessoal
e) quádruplo – pela imprensa oficial

5. DEFESA DOS INTERESSES COLETIVOS

O art. 134 da Constituição, com a redação que lhe foi dada pela Emenda Constitucional nº 80/2014, prevê expressamente a atribuição institucional da Defensoria Pública para defender os direitos coletivos dos necessitados.

Com base nessa previsão, alguns dispositivos do CPC/2015 trazem hipóteses de atuação da Defensoria Pública na defesa dos interesses coletivos *lato sensu*: a) o art. 554, § 1º, prescreve que, nas ações possessórias em que figure, no polo passivo, grande número de pessoas, a Defensoria Pública deverá ser intimada, se houver pessoas em situação de hipossuficiência econômica; b) os arts. 947, § 1º, e 977, III, dispõem, respectivamente, que a Defensoria Pública tem legitimidade para requerer a instauração dos incidentes de assunção de competência e de resolução de demandas repetitivas.

Além disso, o Supremo Tribunal Federal, ao julgar a ADI 3.943/DF, em 07.05.15[10], assentou a constitucionalidade do art. 5º, II, da Lei nº 7.347/1985, que prevê a legitimi-

9. Gabarito: Letra B.
10. EMENTA: AÇÃO DIRETA DE INCONSTITUCIONALIDADE. LEGITIMIDADE ATIVA DA DEFENSORIA PÚBLICA PARA AJUIZAR AÇÃO CIVIL PÚBLICA (ART. 5º, INC. II, DA LEI Nº 7.347/1985, ALTERADO PELO ART. 2º DA LEI Nº 11.448/2007). TUTELA DE INTERESSES TRANSINDIVIDUAIS (COLETIVOS STRI[C]TO SENSU E DIFUSOS) E INDIVIDUAIS HOMOGÊNEOS. DEFENSORIA PÚBLICA: INSTITUIÇÃO ESSENCIAL À FUNÇÃO JURISDICIONAL. ACESSO À JUSTIÇA. NECESSITADO: DEFINIÇÃO SEGUNDO PRINCÍPIOS HERMENÊUTICOS GARANTIDORES DA FORÇA NORMATIVA DA CONSTITUIÇÃO E DA MÁXIMA EFETIVIDADE DAS NORMAS CONSTITUCIONAIS: ART. 5º, INCS. XXXV, LXXIV, LXXVIII, DA

dade da Defensoria Pública para propor ação civil pública na defesa de interesses difusos, coletivos *stricto sensu* e individuais homogêneos. Por isso mesmo, o art. 139, X, do CPC determina que o juiz, ao se deparar com diversas demandas individuais repetitivas, deve oficiar a Defensoria Pública e o Ministério Público, para que, se for o caso, proponham a ação coletiva respectiva.

Assim, hoje, embora a função primordial da Defensoria Pública ainda seja a prestação de assistência jurídica integral e gratuita aos hipossuficientes, é certo dizer que lhe cabe também defender os necessitados jurídicos, isto é, não necessariamente carentes de recursos econômicos. Grupos sociais em situação de vulnerabilidade são, pois, considerados necessitados, a atrair a atuação da Defensoria Pública. Não é por outra razão que o art. 4º, XI, da Lei Complementar nº 80/1994 prevê que é função institucional da Defensoria Pública "a defesa dos interesses individuais e coletivos da criança e do adolescente, do idoso, da pessoa portadora de necessidades especiais, da mulher vítima de violência doméstica e familiar e de outros grupos sociais vulneráveis que mereçam proteção especial do Estado".

> A expressão "necessitados" (art. 134, *caput*, da Constituição), que qualifica, orienta e enobrece a atuação da Defensoria Pública, deve ser entendida, no campo da Ação Civil Pública, em sentido amplo, de modo a incluir, ao lado dos estritamente carentes de recursos financeiros – os miseráveis e pobres –, os hipervulneráveis (isto é, os socialmente estigmatizados ou excluídos, as crianças, os idosos, as gerações futuras), enfim todos aqueles que, como indivíduo ou classe, por conta de sua real debilidade perante abusos ou arbítrio dos detentores de poder econômico ou político, 'necessitem' da mão benevolente e solidarista do Estado para sua proteção, mesmo que contra o próprio Estado. Vê-se, então, que a partir da ideia tradicional da instituição forma-se, no Welfare State, um novo e mais abrangente círculo de sujeitos salvaguardados processualmente, isto é, adota-se uma compreensão de minus habentes impregnada de significado social, organizacional e de dignificação da pessoa humana (STJ. EREsp 1.192.577/RS. DJe 13.11.15).

Desse modo, não há mais qualquer dúvida quanto à legitimação da Defensoria Pública para atuar na defesa de interesses transindividuais. Para tanto, é suficiente "a presunção de que, no rol dos afetados pelos resultados da ação coletiva, constem pessoas necessitadas", como destacou, em seu voto, a Ministra Carmen Lúcia, relatora da ADI 3.943/DF.

6. INTERVENÇÃO COMO *CUSTOS VULNERABILIS*

Segundo o Superior Tribunal de Justiça, admite-se a intervenção da Defensoria Pública como *custos vulnerabilis* nas hipóteses em que há formação de precedentes em favor dos vulneráveis e dos direitos humanos (STJ. EDcl no REsp 1.712.163-SP. DJe 27.09.19).

Isso, porque a Defensoria Pública, nos termos do art. 134 da Constituição, "é instituição permanente, essencial à função jurisdicional do Estado, incumbindo-lhe, como expressão e instrumento do regime democrático, fundamentalmente, a orientação jurídica, a promoção

CONSTITUIÇÃO DA REPÚBLICA. INEXISTÊNCIA DE NORMA DE EXCLUSIVIDAD[E] DO MINISTÉRIO PÚBLICO PARA AJUIZAMENTO DE AÇÃO CIVIL PÚBLICA. AUSÊNCIA DE PREJUÍZO INSTITUCIONAL DO MINISTÉRIO PÚBLICO PELO RECONHECIMENTO DA LEGITIMIDADE DA DEFENSORIA PÚBLICA. AÇÃO JULGADA IMPROCEDENTE. (ADI 3943, Relator(a): Min. CÁRMEN LÚCIA, Tribunal Pleno, julgado em 07/05/2015, ACÓRDÃO ELETRÔNICO DJe-154 DIVULG 05-08-2015 PUBLIC 06-08-2015).

dos direitos humanos e a defesa, em todos os graus, judicial e extrajudicial, dos direitos individuais e coletivos, de forma integral e gratuita, aos necessitados".

Explica o STJ que "o *custos vulnerabilis* representa uma forma interventiva da Defensoria Pública em nome próprio e em prol de seu interesse institucional, atuação essa subjetivamente vinculada aos interesses dos vulneráveis e objetivamente aos direitos humanos, representando a busca democrática do progresso jurídico-social das categorias mais vulneráveis no curso processual e no cenário jurídico-político".

Finaliza, a citar lição doutrinária, ponderando "que a Defensoria Pública [...] deve, sempre que o interesse jurídico justificar a oitiva do seu posicionamento institucional, atuar nos feitos que discutem direitos e/ou interesses, tanto individuais quanto coletivos, para que sua opinião institucional seja considerada, construindo assim uma decisão jurídica mais democrática".

7. RESPONSABILIDADE CIVIL

O membro da Defensoria Pública que agir com **dolo ou fraude** no exercício de suas funções responde civilmente pelos danos causados (art. 187, CPC). No entanto, sua responsabilidade é apenas regressiva, frente ao Estado, que é primariamente responsável pela reparação ao particular, nos termos do art. 37, § 6º, da Constituição (STF. RE 327.904. DJ 08.09.06). Assim, o defensor público responde por sua conduta dolosa ou fraudulenta apenas perante o Estado, em ação regressiva.

O art. 77, § 6º, do CPC exclui a responsabilidade do defensor público pelas multas decorrentes de atos atentatórios à dignidade da justiça. Entretanto, o mesmo dispositivo impõe ao juiz que oficie à respectiva corregedoria, para que apure a sua responsabilidade disciplinar.

8. ENUNCIADOS DO FPPC

328. Os arts. 554 e 565 do CPC aplicam-se à ação de usucapião coletiva (art. 10 da Lei 10.258/2001) e ao processo em que exercido o direito a que se referem os §§ 4º e 5º do art. 1.228, Código Civil, especialmente quanto à necessidade de ampla publicidade da ação e da participação do Ministério Público, da Defensoria Pública e dos órgãos estatais responsáveis pela reforma agrária e política urbana.

430. A necessidade de licença concedida pelo juiz, prevista no parágrafo único do art. 361, é aplicável também aos Defensores Públicos.

9. ENUNCIADOS DO CJF

15. Aplicam-se às entidades referidas no § 3º do art. 186 do CPC as regras sobre intimação pessoal das partes e suas testemunhas.

21. A suspensão dos prazos processuais prevista no caput do art. 220 do CPC estende-se ao Ministério Público, à Defensoria Pública e à Advocacia Pública.

56. A legitimidade conferida à Defensoria Pública pelo art. 720 do CPC compreende as hipóteses de jurisdição voluntária previstas na legislação extravagante, notadamente no Estatuto da Criança e do Adolescente.

10. SINOPSE

DEFENSORIA PÚBLICA
Funções institucionais
Incumbe à Defensoria Pública a orientação jurídica, a promoção dos direitos humanos e a defesa judicial e extrajudicial dos direitos individuais e coletivos dos necessitados, de forma integral e gratuita.
Ramos da instituição
A Defensoria Pública, instituição una, indivisível e independente, abrange: a) a Defensoria Pública da União, que atua junto às Justiças Federal, do Trabalho, Eleitoral e Militar; b) a Defensoria Pública do Distrito Federal e Territórios, que atua na Justiça Distrital; c) as Defensorias Públicas dos Estados, que oficiam perante as Justiças Estaduais.
Representação da parte pela Defensoria Pública
É desnecessária a juntada de procuração aos autos, pois os poderes de representação do defensor público decorrem de lei. Porém, se o ato processual exigir poderes específicos que extrapolem aqueles inerentes à procuração geral para o foro, é preciso que a parte outorgue ao defensor instrumento de mandato. As Defensorias Públicas dos Estados podem atuar perante o STF e o STJ. Entretanto, os Estados devem organizar suas Defensorias, mediante lei, para atuar continuamente em Brasília/DF, inclusive com sede própria, sob pena de prevalecer a legitimidade da Defensoria Pública da União para atuar nos tribunais superiores.
O benefício do prazo em dobro
A Defensoria Pública, os escritórios de prática jurídica das faculdades de Direito e as entidades prestadoras de assistência judiciária conveniadas com a Defensoria Pública gozam de prazo em dobro para todas as suas manifestações processuais, salvo se a lei previr prazo específico para o ato.
Intimação pessoal
As intimações da Defensoria Pública devem ser sempre pessoais, por carga, remessa ou meio eletrônico. Além disso, a requerimento da Defensoria Pública, o juiz determinará a intimação pessoal da parte, quando o ato processual depender de providência ou de informação que somente por ela possa ser realizada ou prestada.
Defesa dos interesses coletivos
A Defensoria Pública tem legitimidade para defender, por meio de ação civil pública, os interesses difusos, coletivos e individuais homogêneos não só dos necessitados econômicos, mas também dos necessitados jurídicos, isto é, dos grupos sociais vulneráveis (crianças e adolescentes, idosos, pessoas portadoras de necessidades especiais, mulheres vítimas de violência doméstica e familiar, entre outros). Além disso, a Defensoria Pública tem legitimidade para requerer a instauração dos incidentes de assunção de competência e de resolução de demandas repetitivas.
Responsabilidade civil
O membro da Defensoria Pública que agir com dolo ou fraude no exercício de suas funções responde civilmente pelos danos causados. Sua responsabilidade é regressiva, frente ao Estado, que é primariamente responsável pela reparação ao particular. O defensor público não responde pelas multas decorrentes de atos atentatórios à dignidade da justiça, mas o juiz deve oficiar à respectiva corregedoria, para que apure a sua responsabilidade disciplinar.

CAPÍTULO 16

PRESSUPOSTOS PROCESSUAIS

1. CONSIDERAÇÕES INICIAIS

O processo, sob o enfoque da teoria do fato jurídico, apresenta-se como um conjunto de atos processuais sequenciados, que formam o **procedimento (ato complexo)**, que precede e condiciona a consecução de um **ato final** (a **sentença**). Esse procedimento dinâmico deve ser arquitetado, estruturado e desenvolvido em contraditório dinâmico, a impor um ritmo dialogal ao desenvolvimento interno. Assim, relação jurídica processual, procedimento e contraditório são elementos vitais do processo.

O estudo do presente capítulo será feito a partir da análise dos três planos fenomenológicos: existência, validade e eficácia.

Pois bem.

Os **pressupostos processuais lato sensu** são elementos indispensáveis à regular existência, validade e eficácia da relação jurídica processual. Sem a presença deles, o processo reputar-se-á inexistente (pressupostos de existência), inválido (requisitos de validade) ou ineficaz (condições de eficácia do procedimento)[1]. Estes são os pressupostos **positivos**.

Além dos pressupostos processuais positivos, há também alguns elementos que não podem estar presentes, pois obstam o desenvolvimento válido e regular do processo. São os chamados **pressupostos negativos (ou extrínsecos)**.

Por fim, há o chamado **pressuposto processual intrínseco** que se traduz no respeito às formas processuais e procedimentais pré-estabelecidas.

A análise dos pressupostos processuais é uma questão precedente (preliminar) e prejudicial ao mérito, relacionadas às formalidades meramente processuais. Antes do exame meritório, o magistrado, necessariamente, realizará o **juízo de admissibilidade do processo**, para verificar se a relação processual preenche os requisitos mínimos de existência, validade e eficácia.

Questão de Concurso

▶ **(FCC. Procurador do Ministério Público de Contas. TCM-GO. 2015)**[2]:

a) Os pressupostos processuais são os requisitos a serem preenchidos para que o processo possa ter um desenvolvimento válido e regular.

1. Pelos limites da presente obra, não se adentrará ao estudo dos fatores e eficácia.
2. Gabarito: Letra A.

b) Se as condições da ação foram preenchidas, estará prejudicada a análise dos pressupostos processuais, por perda de objeto.
c) Se o não preenchimento dos pressupostos processuais não for alegado pela parte, a matéria torna-se preclusa, não podendo ser reexaminada judicialmente.
d) Se os pressupostos processuais não forem preenchidos, a ação deverá ser julgada extinta com resolução do mérito.
e) Os pressupostos processuais constituem matéria de ordem dispositiva, devendo ser arguidas pela parte para que possam ser examinadas pelo juiz.

▶ **(UEM.UEM.Advogado.2016)**[3]: São pressupostos processuais positivos de constituição e de desenvolvimento válido e regular do processo, exceto a;

a) competência
b) capacidade postulatória
c) coisa julgada
d) jurisdição
e) petição inicial apta

Em regra, somente ficará comprometido o procedimento quando houver vícios nos fatos relacionados à ação originária (autor, juízo ou objeto litigioso). No entanto, essa regra apresenta exceção, pois haverá ato processual inválido (ou invalidável), a exemplo do que ocorre com a declaração de incompetência, que não implicará inadmissibilidade do processo e extinção sem resolução do mérito, mas na remessa dos autos ao juiz substituto.

Apesar de o tratamento prático dos pressupostos e das condições ser assaz semelhante (ambas são preliminares e, por isso, podem ser prejudiciais ao mérito), há uma importante diferenciação: os pressupostos são observados sob o amparo das regras processuais, enquanto que as condições são aferidas sob o amparo do direito material.

Questão de Concurso

▶ **(FCC. Auditor. TCM-GO. 2015. ADAPTADA)**[4]: No tocante às condições da ação e aos pressupostos processuais: para que o juiz possa examinar o pedido inicial deve examinar preliminarmente tanto as condições da ação como os pressupostos processuais, ambos antecedendo a análise da pretensão meritória do autor.

---

2. PRESSUPOSTOS DE EXISTÊNCIA

Os pressupostos processuais de existência são positivos, pois são elementos sem os quais o processo não existe. Ausentes quaisquer deles, o processo inexiste juridicamente[5]. Portanto, para que o processo exista, é necessária a verificação dos pressupostos processuais de existência.

3. Gabarito: Letra C.
4. Gabarito: Correto.
5. Há quem defenda que os pressupostos processuais não podem ser de existência, pela ilação de que não existiria meio apto para alegação dos mesmos. Não concordamos com tal entendimento, pois o plano da existência é jurídico, o processo físico pode existir no mundo fático, mas ser um nada jurídico.

O processo, como espécie de relação jurídica, pressupõe a coexistência de elementos **subjetivos** e **objetivos**. Os subjetivos levam em consideração o Estado-juiz e as partes da relação processual. Já os objetivos, que formam os elementos objetivos da demanda, levam em consideração: o objeto (prestação jurisdicional instada) e o fato jurídico (ação concretizada: ato de existência da demanda).

O primeiro pressuposto subjetivo determina que, para que o processo exista, o **órgão jurisdicional acionado deve ser investido de jurisdição.** O ocupante do órgão jurisdicional deve ter sido aprovado em concurso público para o cargo de juiz com regular posse[6]. Uma decisão prolatada por uma pessoa qualquer, que não seja juiz, é inexistente[7] por ausência do pressuposto processual específico, não sendo tal ato jurisdicional.

O segundo pressuposto processual de existência subjetivo é a **capacidade de ser parte**[8]. Ela se consubstancia na aptidão processual de poder figurar como sujeito de direitos no processo para exercer uma pretensão ou oferecer resistência a ela. É a personalidade judiciária de figurar como autor, réu, ou interveniente em uma ação judicial. Todas as pessoas detentoras do atributo jurídico da personalidade civil terão capacidade de ser parte, por serem titulares de direitos e obrigações na ordem civil.

O terceiro pressuposto de existência objetivo caracteriza-se pela **existência de demanda** (exercício do direito abstrato de ação), o que se faz por petição. Apenas o ato material de pedir é que constitui pressuposto de existência.

Logo, para que o processo exista, deve haver a **propositura de uma demanda perante um órgão investido de jurisdição** por quem tenha **capacidade de ser parte**.

Caso não tenha sucedido a declaração da inexistência do processo por falta dos pressupostos de existência em momento oportuno, a decisão prolatada pode ser questionada por **ação rescisória** ou por **ação declaratória de inexistência**[9].

3. PRESSUPOSTOS (REQUISITOS) PROCESSUAIS DE VALIDADE

Preenchidos os pressupostos de existência, é possível perquirir os requisitos processuais de validade, a se analisar se os atos jurídicos até então praticados são válidos e se permitem o desenvolvimento regular do processo. Ato inválido é ato que existe, porém, com algum defeito, que pode ensejar a decretação de invalidade.

> Há quem discorde da nomenclatura "pressupostos de validade", pois o vocábulo "pressuposto" traduz a necessidade prévia de algo, antes que ele se forme – no caso, o processo. Como o processo já existe e está no plano de validade, melhor seria denominá-los de "requisitos de validade".

6. Não se descarta, contudo, a possibilidade de ser proferida decisão por um árbitro, que, conquanto não seja juiz de direito, tem atribuição jurisdicional.
7. Ver capítulo "JURISDIÇÃO".
8. Ver capítulo "PARTES E PROCURADORES".
9. Tecnicamente, para parcela da doutrina não existe nulidade ou anulabilidade no plano da existência, apenas declaração de inexistência jurídica.

Os requisitos de validade também podem ser **classificados** como **subjetivos** e **objetivos**. Os subjetivos levam em consideração os sujeitos imparciais (Estado-juízo) e parciais (partes) da relação processual. Os objetivos levam em consideração a citação válida e a aptidão da petição que veicula direito de ação.

Para que o processo possa se desenvolver validamente, o **órgão julgador deve ser competente**[10] e o seu **ocupante imparcial**.

Quanto à imparcialidade do juiz, ele deve estar equidistante às partes (não deve ser suspeito, nem muito menos impedido). O reconhecimento da parcialidade não leva à extinção do processo. Todavia, os atos decisórios praticados pelo juiz reconhecido como parcial podem ser invalidados, ante deliberação do seu substituto legal[11].

As partes, por seu lado, devem possuir **capacidade processual**[12] e estar munidas de **capacidade postulatória**[13].

Se a parte não estiver representada de forma regular (naturalmente, quando necessária a representação ou a assistência), o juiz suspenderá o curso do processo, concedendo-lhe prazo razoável para **sanar o defeito** (art. 76 do CPC).

Não sendo sanado o vício relacionado à incapacidade processual (ou a irregularidade de representação), em desatendimento à determinação judicial, se o processo estiver na instância originária: a) caso se trate do autor, o juiz proferirá sentença não resolutiva de mérito ante a falta de pressuposto processual (art. 485, IV, do CPC); b) se for o réu, reputar-se-á revel, se a providência lhe couber, prosseguindo-se o trâmite processual a considerar os efeitos decorrentes da revelia.

Mesma lógica aplica-se à instância recursal (a considerar que o recurso tem faculdade de extensão do direito de ação). Logo, descumprida a determinação de regularização, o relator: a) não conhecerá do recurso, se a providência couber ao recorrente; b) não considerará (ou, para ser mais preciso, não deverá considerar) as contrarrazões, se a providência couber ao recorrido.

Apresentados os pressupostos processuais de validade subjetivos, passa-se para os **objetivos**. São eles: **petição apta a veicular o direito de ação** e **citação válida.**

A parte deve dar impulso inicial por petição. Mas, para que o processo possa se desenvolver regularmente, é necessário que a **petição (que veicula o direito de ação) seja considerada apta**, a preencher, assim, os requisitos dispostos nos artigos 319 e 320 do Código de Processo Civil.

Se houver alguma irregularidade na petição inicial, o juiz deverá intimar o autor para lhe oportunizar, no prazo de 15 dias, a emenda. Entretanto, se o vício for insanável ou o autor não emendar a petição, esta será indeferida (art. 330, I, do CPC), mediante sentença não resolutiva de mérito (art. 485, I, do CPC).

10. Ver capítulo "COMPETÊNCIA".
11. Ver capítulo "JUIZ" e "RESPOSTA DO RÉU".
12. Ver capítulo "PARTES E PROCURADORES".
13. Ver capítulo "PARTES E PROCURADORES".

A **citação**, por sua vez, é o ato pelo qual se chama a juízo o réu ou o interessado a fim de se defender, sendo indispensável para a validade do processo a sua realização. Mas não basta haver citação para que a relação processual esteja plenamente instaurada. É imprescindível que ela seja **válida**, porque, somente assim, operará todos os seus efeitos.

Alguns consideram a realização da citação como pressuposto de existência do processo. Contudo, é mais adequado considerá-la como **condição de eficácia do processo em relação ao réu**, pois, mesmo antes da citação do réu, o processo existe entre autor e órgão julgador.

O mesmo se diga nos casos de indeferimento da petição inicial amparado nas hipóteses dos artigos 330 e 332 do Código de Processo Civil.

Além disso, segundo o art. 239, § 1º do CPC, "o comparecimento espontâneo do réu ou do executado supre a falta ou nulidade de citação", o que implica concluir que o comparecimento espontâneo do réu não citado valida o processo porque ele já existe.

Questão de Concurso

▶ **(FGV. Técnico Judiciário. TJ-BA. 2015):** Júlio ficou sabendo que seu vizinho o está processando. Descobriu também que a sua citação foi realizada no endereço errado. Nesse caso, se Júlio comparecer em juízo apenas para arguir a nulidade da citação e esta for decretada:

a) o prazo para apresentar a sua resposta é imediatamente suspenso;

b) o processo é extinto, sem resolução do mérito, por falta de pressuposto processual;

c) o processo é extinto, com resolução do mérito, por falta de condições da ação;

d) a citação é considerada feita na data em que for intimado da decisão;

e) a citação é convalidada pela ciência do réu da existência do processo.

Há, assim, duas vertentes a se observar: a primeira, se houve citação; a segunda, se ela foi válida. A realização da citação se coloca como condição de eficácia do processo para o réu, porque existe processo entre autor e Estado antes da citação. A citação válida, por sua vez, é pressuposto para a validade do processo (e, consequentemente, a própria sentença).

Se o processo tramitou **sem citação**, ele existiu, chegando ao seu fim, mas, os atos neles praticados não podem produzir efeitos em detrimento do réu, porquanto não participou da relação processual. Pensar contrariamente seria violar o contraditório, a ensejar **invalidade insanável**, que poderia ser questionada a qualquer tempo, inclusive depois de ultrapassado o prazo decadencial da ação rescisória.

Ao seu turno, se **houve citação, mas ela foi irregular**, acarretará **invalidade processual**, que, se não sanada no curso do processo, pode levar à sua extinção sem resolução de mérito (por ausência de pressuposto de validade, conforme art. 485, IV, do CPC). A nulidade pode ser alegada a qualquer tempo e grau de jurisdição, inclusive mediante ação rescisória. Transcorrido o prazo decadencial dessa ação de impugnação, não haverá como se questionar a invalidade.

Quando o réu for revel e tiver sido citado fictamente (por edital ou hora certa), a **nomeação de curador especial** é imprescindível para a validade do processo.

4. PRESSUPOSTOS PROCESSUAIS EXTRÍNSECOS NEGATIVOS

Os pressupostos processuais negativos são aqueles que **não podem estar presentes para que o processo possa se desenvolver**. São também chamados extrínsecos, porque decorrem de fatos externos ao processo em curso, mas que têm influência negativa sobre este[14]. A presença de qualquer deles impedirá a resolução do mérito, sobretudo porque são insanáveis.

Pois bem.

Os pressupostos processuais negativos são:

a) **Litispendência**: o vocábulo litispendência significa "lide pendente". Certamente, não seria o melhor vocábulo para definir a amplitude do instituto, nomeadamente a considerar a delimitação do objeto litigioso do processo, que não se baseia na "lide". De qualquer modo, a tradição consagrou o vocábulo, que, hoje, por certo, tem amplitude bem diferente da "lide pendente".

Haverá ofensa à litispendência quando for ajuizada demanda idêntica a outra pendente, mesmo que elas sigam procedimentos diferentes. A identidade de demandas ocorre quando uma nova (proposta) tem as mesmas partes, a mesma causa de pedir (tanto a próxima – fundamentos jurídicos do pedido –, quanto à remota – fatos) e o mesmo pedido de outra.

Questão de Concurso

▶ **(FCC. TJ/PE. Técnico. 2012)**: Segundo o Código de Processo Civil brasileiro, há litispendência quando[15]

a) dois processos apresentam o mesmo autor, tendo um deles já transitado em julgado.
b) se repete ação que já foi decidida por sentença, da qual não caiba recurso.
c) se repete ação que está em curso.
d) dois processos apresentam o mesmo réu, tendo um deles já transitado em julgado.
e) dois processos apresentam as mesmas partes, tendo um deles já transitado em julgado.

Há igualmente litispendência se a demanda reproposta for daquelas, cuja cumulação própria é vedada pela legislação, a qual determina a escolha de apenas uma delas pelo autor. Exemplificam tal situação, os artigos 441 e seguintes do Código Civil: em razão da verificação de vício redibitório, ou o autor intenta ação para alcançar a substituição do bem ou o abatimento do preço ou para a resolução do contrato. A cumulação própria significaria litispendência das demandas posteriores.

Verificada a litispendência, as demandas posteriores não terão seu mérito resolvido, sendo proferida sentença terminativa (art. 485, V, do CPC).

b) **Coisa julgada**: a coisa julgada visa a proporcionar segurança jurídica às relações firmadas entre as partes, a partir da imutabilidade do pronunciamento jurisdicional

14. Pode-se dizer que os pressupostos processuais negativos podem ser colocados como pressupostos processuais de validade, caso sejam vistos sob outra ótica da "não verificação". Assim, a "não verificação" de litispendência, coisa julgada, perempção e convenção de arbitragem são "pressupostos processuais de validade".
15. Gabarito: C.

definitivo de mérito proferido em determinada demanda[16]. Haverá ofensa à coisa julgada quando se **repetir demanda idêntica a outra anteriormente decidida por sentença de mérito transitada em julgado**. As posteriores demandas, que ofendem a coisa julgada, não terão seu mérito resolvido, sendo proferida sentença terminativa (art. 485, V, do CPC).

Questão de Concurso

▶ **(IADES.AL-GO Prova. Procurador. 2019)**[17]: Uma ação é idêntica à outra, de acordo com o Código de Processo Civil, quando

a) os fatos jurídicos forem os mesmos em ambas as ações.
b) os autores e os réus dos processos forem os mesmos em ambas as ações.
c) o pedido de uma ação for mais amplo que o da outra.
d) as partes, a causa de pedir e os pedidos forem os mesmos em ambas as ações.
e) os fundamentos jurídicos forem os mesmos em ambas as ações.

c) **Perempção**: a perempção busca impedir o abuso no exercício do direito de ação. Ela ocorre quando o autor, por 03 vezes, dá causa à prolação de sentença fundada em abandono da causa. Em razão disso, o autor não poderá intentar nova ação (a quarta) contra o réu com mesmo objeto, ficando-lhe ressalvada, entretanto, a possibilidade de alegar em defesa o seu direito. Se ocorrer de ser intentada uma quarta ação, apesar das 03 anteriores sentenças fundadas no abandono, o órgão julgador proferirá sentença não resolutiva de mérito, agora, fundada nos termos do art. 485, III, Código de Processo Civil.

IMPORTANTE! A perempção **não alcança** as demandas cujos objetos estejam relacionados a **direitos indisponíveis**.

Prossiga-se.

O juiz conhecerá de ofício, em qualquer tempo e grau de jurisdição, enquanto não proferida a sentença de mérito, a alegação de perempção, litispendência ou de coisa julgada.

d) **Convenção de arbitragem**: a arbitragem está regulamentada pela Lei nº 9.307/96. Sua instituição é realizada pelas partes mediante convenção de arbitragem, que compreende a cláusula compromissória e o compromisso arbitral. A primeira (a cláusula compromissória) é firmada previamente ao conflito de interesses das partes. O segundo (o compromisso arbitral), por sua vez, é firmado pelas partes após o surgimento do conflito. Em razão da convenção de arbitragem, as partes renunciam à atividade jurisdicional oferecida pelo Estado para substituí-la por aquela prestada por um árbitro.

Segundo o art. 337, X, do CPC, o réu, antes de discutir o mérito, deve alegar, dentre outras questões, a convenção de arbitragem. O § 5º do art. 337, por seu turno, estabelece

16. Ver capítulo "COISA JULGADA".
17. Gabarito: Letra D.

que, "com exceção da convenção de arbitragem e da incompetência relativa, o juiz conhecerá de ofício da matéria enumerada neste artigo".

Daí resulta, que a convenção de arbitragem é um fato jurídico que o juízo não pode conhecer de ofício. Noutros termos, é imprescindível que uma das partes suscite para que o juiz possa exercer a cognição sobre a questão. Cumpre, ainda, evidenciar que o réu, deverá alegar a existência de convenção de arbitragem, na primeira oportunidade que lhe couber falar nos autos, sob pena do seu silêncio, ser considerado como aceitação da jurisdição estatal e a consequente renúncia ao juízo arbitral, ocorrendo o fenômeno da preclusão.

5. PRESSUPOSTO PROCESSUAL INTRÍNSECO

Alguns mencionam o **respeito às formas processuais e procedimentais** pré-estabelecidas como sendo pressuposto processual intrínseco. Tal pressuposto é corolário do devido processo legal e sua inobservância pode ser causa de invalidade processual[18] e, até mesmo, de prolação de sentença não resolutiva de mérito.

6. RECONHECIMENTO (OU NÃO) DE OFÍCIO

No que se refere ao reconhecimento de ofício dos pressupostos processuais, essa é uma questão de direito positivo, pois o legislador é quem definirá se a ausência do pressuposto **será ou não cognoscível de ofício.**

A opção, em geral, é pela de atuação oficiosa por parte do magistrado ante a ausência de pressupostos processuais. No entanto, há casos em que a alegação fica a critério exclusivo das partes. Tal ocorre, por exemplo, no caso da **incompetência relativa** e da **convenção de arbitragem.** Apesar disso, mesmo quando não cognoscíveis de ofício, continuam a integrar a classe dos pressupostos processuais.

Sendo cognoscíveis de ofício, mesmo que os pressupostos processuais não sejam alegados por qualquer das partes, a matéria não se torna preclusa, podendo ser, a qualquer tempo, **reexaminada judicialmente**. Mas, tal preceito comporta ressalvas, como ocorre, por exemplo, nos casos da alegação de convenção de arbitragem e da ausência de citação válida pelo réu. Neles, as partes devem arguir o vício até o momento da contestação, o sob pena de preclusão.

Questão de Concurso

- **(DPE/ES. Defensor. 2009)** Os pressupostos processuais, diferentemente do que ocorre com as condições da ação, não podem ser aferidos de ofício pelo magistrado, haja vista que o sistema processual brasileiro assenta-se no princípio dispositivo que confere apenas às partes litigantes o poder de provocar o juiz para o exame de tais pressupostos[19].

18. Ver capítulo "NULIDADES".
19. Gabarito: Incorreta.

7. SISTEMA DE INVALIDADES E OS PRESSUPOSTOS PROCESSUAIS

Os pressupostos processuais possuem a função genérica de proteger o regular e válido exercício da jurisdição, de escudar as partes contra resultados injustos e de garantir o direito fundamental ao processo justo e paritário.

Em afirmação à instrumentalidade valorativa e substancial, à cooperação e à primazia na solução do mérito, quando constatada a carência de um pressuposto processual, o juiz deverá, no exercício do seu dever de saneamento, sempre que possível, determinar, de logo (e sempre antes de proferir sentença terminativa), o preenchimento dos pressupostos processuais e o saneamento de quaisquer outros vícios processuais (art. 139, IX, CPC).

Assim, toda vez que o magistrado identificar algum vício processual sanável, incumbir-lhe-á, chamar as partes ao diálogo, identificar os defeitos processuais a serem sanados e facultar correção em prazo razoável (art. 317 do CPC). As sentenças terminativas constituem, portanto, um proceder judicial absolutamente residual.

Assim, pelo menos em regra, a ausência de algum pressuposto de validade da relação processual somente enseja a extinção do processo sem resolução do mérito se a parte não suprir o vício. E, mesmo assim, a ausência de algum pressuposto processual (mesmo a persistir), como antes dito, nem sempre, enseja extinção do processo. Tal ocorre com a imparcialidade do juiz e a competência do juízo, cuja inobservância não leva à extinção do processo, mas, sim, à remessa dos autos, respectivamente, para juiz imparcial ou competente.

Em sendo verificada a ausência de qualquer pressuposto processual, mas tendo sido prolatada sentença com trânsito em julgado, poderá o interessado fazer uso da ação rescisória (desde que respeitado o prazo decadencial respectivo) para se decretar a nulidade. Todavia, passado o prazo respectivo, os atos praticados no processo, mesmo tendo ele se desenvolvido sem algum pressuposto de validade, reputar-se-ão válidos em razão da sanação ocorrida.

8. SÚMULAS

Súmulas do STJ

485. A Lei de Arbitragem aplica-se aos contratos que contenham cláusula arbitral, ainda que celebrados antes da sua edição.

9. ENUNCIADOS DO FPPC

47. A competência do juízo estatal deverá ser analisada previamente à alegação de convenção de arbitragem.

48. A alegação de convenção de arbitragem deverá ser examinada à luz do princípio da competência-competência.

136. A citação válida no processo judicial interrompe a prescrição, ainda que o processo seja extinto em decorrência do acolhimento da alegação de convenção de arbitragem.

153. A superveniente instauração de procedimento arbitral, se ainda não decidida a alegação de convenção de arbitragem, também implicará a suspensão do processo, à espera da decisão do juízo arbitral sobre a sua própria competência.

274. Aplica-se a regra do § 6º do art. 272 ao prazo para contestar, quando for dispensável a audiência de conciliação e houver poderes para receber citação.

510. Frustrada a tentativa de autocomposição na audiência referida no art. 21 da Lei 9.099/1995, configura prejuízo para a defesa a realização imediata da instrução quando a citação não tenha ocorrido com a antecedência mínima de quinze dias.

544. Admite-se a celebração de convenção de arbitragem, ainda que a obrigação esteja representada em título executivo extrajudicial.

10. SINOPSE

<table>
<tr><th colspan="2">PRESSUPOSTOS PROCESSUAIS</th></tr>
<tr><th colspan="2">Considerações Iniciais</th></tr>
<tr><td colspan="2">Os pressupostos processuais são elementos indispensáveis à regular formação da relação jurídica. Diferenciam-se das condições da ação na medida em que aqueles são observados à luz das regras processuais, enquanto que estas são constatadas à luz do direito material.</td></tr>
<tr><th colspan="2">Pressupostos de existência</th></tr>
<tr><td colspan="2">São aqueles cuja ausência dá origem a processos, sem os quais seriam considerados inexistentes.</td></tr>
<tr><th>Subjetivos</th><td>Investidura do juiz e capacidade de ser parte.</td></tr>
<tr><th>Objetivos</th><td>Existência da demanda.</td></tr>
<tr><th colspan="2">Pressupostos processuais de validade</th></tr>
<tr><td colspan="2">São aqueles que permitem o desenvolvimento regular do processo.</td></tr>
<tr><th>Subjetivos</th><td>Competência do juízo, imparcialidade do juiz, capacidade processual e capacidade postulatória.</td></tr>
<tr><th>Objetivo</th><td>Petição inicial apta e citação válida.</td></tr>
<tr><th colspan="2">Pressupostos processuais negativos ou extrínsecos</th></tr>
<tr><td colspan="2">São aqueles que decorrem de fatos externos ao processo em curso, mas que têm influência negativa sobre este. Não podem estar presentes para que o processo possa se desenvolver validamente. São eles: litispendência, coisa julgada, perempção e convenção de arbitragem.</td></tr>
<tr><th colspan="2">Pressupostos processual intrínseco</th></tr>
<tr><td colspan="2">É corolário do Princípio do Devido Processo legal e sua inobservância pode ser causa de invalidade processual e, até mesmo, extinção do processo sem resolução do mérito. O respeito às formas processuais e procedimentais pré-estabelecidas é pressuposto processual intrínseco.</td></tr>
</table>

CAPÍTULO 17

ATOS PROCESSUAIS

1. CONSIDERAÇÕES INICIAIS

O processo é uma composição ordenada de atos, que são próprios ao exercício da jurisdição pelo juiz e da ampla defesa pelas partes. Esses atos, que, de regra, são públicos e não dependem de formas, são praticados, mediante a utilização do idioma português, pelos diversos sujeitos do processo (não apenas pelo juiz e pelas partes) em tempo e lugar próprios.

Pode-se, dessa forma, dizer que os **atos processuais** constituem **manifestações de vontade** dos **diversos sujeitos processuais** e visam a criar, a modificar e a extinguir a relação jurídica processual, culminando, por isso, e depois de observado o devido processo legal, num provimento jurisdicional, que pode (e, precisamente, deve) resolver o objeto litigioso do processo.

Entretanto, não só os atos processuais têm eficácia para o processo. Os fatos processuais também têm, conquanto os efeitos, sobretudo porque desprovidos de vontade na sua ocorrência, sejam diferentes. A título de exemplo, podem ser citadas a morte das partes ou a perda da capacidade dos procuradores, que ensejam a suspensão (e podem até mesmo ensejar a extinção) do processo.

No presente capítulo, entretanto, serão analisados, especificamente, os diversos elementos relacionados aos atos processuais (inclusive à sua prática).

2. FORMA

Os atos processuais **independem de forma** determinada, senão quando a lei expressamente a exigir (STJ. REsp 492984/RS. DJU 02.08.04), considerando-se válidos os que, realizados de outro modo, preencham-lhe a finalidade essencial (art. 188 do CPC/2015). A dizer de outra maneira, podem até ser dispostas formas para a prática de determinados atos processuais, mas elas deverão ser expressamente exigidas por legislação própria.

Aliás, apesar da disposição específica, no sentido de que os atos processuais independem de forma, o Código de Processo Civil (e a própria legislação extravagante) prevê formas aos atos processuais considerados mais relevantes, as quais objetivam (a partir da imposição do "modo", "tempo" e "lugar" da respectiva prática) alcançar determinada finalidade, conferindo segurança aos interessados, sobretudo aos integrantes da relação processual.

A citação, por exemplo, é revestida de diversas formas, a serem observadas com o objetivo de resguardar a ampla defesa. Por isso que o mandado de citação, quando realizada por oficial de justiça, deve indicar: a) os nomes do autor e do citando e seus respectivos domicílios ou residências; b) a finalidade da citação, com todas as especificações constantes da petição inicial, bem como a menção do prazo para contestar, sob pena de revelia, ou para embargar a execução; c) a aplicação de sanção para o caso de descumprimento da ordem, se houver; d) se for o caso, a intimação do citando para comparecer, acompanhado de advogado ou de defensor público, à audiência de conciliação ou de mediação, com a menção do dia, da hora e do lugar do comparecimento; e) a cópia da petição inicial, do despacho ou da decisão que deferir tutela provisória; f) a assinatura do escrivão ou do chefe de secretaria e a declaração de que o subscreve por ordem do juiz.

Além da citação, diversos outros atos processuais, considerados relevantes, são guarnecidos de formas, tais como a petição inicial, a resposta do réu, a sentença e os recursos. Por intermédio das formas, objetiva-se alcançar determinado resultado, mediante respeito ao devido processo legal. Por isso, não se pode concluir que as formas dos atos processuais sejam ruins. Elas, quando não representam simples culto ao formalismo, apresentam-se como boas. Inclusive, são consideradas como proteção contra a arbitrariedade das partes e dos demais sujeitos processuais, a se evitar, com isso, também, a desordem do procedimento.

As formas apenas não são previstas para um maior quantitativo de atos processuais porque a legislação sempre seria incompleta, seja pela falibilidade humana do legislador, seja pela superveniência de novéis fatos jurídicos criados em intensa velocidade pelo passar dos tempos, além de que se correria o risco de não escolher a melhor dentre as possíveis. Seja como for, mesmo existindo forma prevista, isso não quer dizer que o ato, para ser válido, deve, necessariamente, respeitá-la.

2.1. Instrumentalidade das formas

Mesmo existindo formas e que elas não sejam respeitadas, é possível que o ato processual praticado seja válido, nomeadamente porque, antes delas, o mais importante é o alcance da finalidade. Por isso, consideram-se válidos os atos se, mesmo que realizados sem observância das formas, alcançarem a **finalidade** a que se destinam (e contanto que **não cause prejuízo ao sujeito protegido** por elas).

Ante a possibilidade de não ter sido instituída a melhor forma (para o caso concreto), ela não pode servir de obstáculo à efetivação do direito material que se busca tutelar. Seria incoerente impor-se forma para possibilitar a tutela do direito material e, ao mesmo passo, não possibilitar, quando verificado que aquela impede o alcance da finalidade pretendida, a adaptação para o caso concreto.

Aliás, deve-se sempre ressaltar que o processo não é um fim em si mesmo, mas um meio para solucionar o objeto litigioso apresentado. Aquele tem natureza instrumental. Por isso, a **instrumentalidade das formas**, que rege a prática dos atos processuais, baliza-se pelo "não prejuízo às partes" e pela "segurança jurídica", a se evitar a constante decretação de invalidades no curso do processo.

Essa diretriz de instrumentalidade é trazida pelo Código de Processo Civil em diversos dispositivos. Basta dizer que, sob a vigência do CPC/1973, o art. 2º dispunha que "nenhum juiz prestará a tutela jurisdicional senão quando a parte ou o interessado a requerer, nos casos e forma legais", enquanto que, hoje, o CPC/2015, no mesmo art. 2º, dispõe que "o processo começa por iniciativa da parte e se desenvolve por impulso oficial, salvo as exceções previstas em lei".

Como se pode observar dos textos legais, o anterior Código de Processo Civil relacionava, logo de início, a prestação jurisdicional à observância de "formas legais". O atual Código, entretanto, elimina essa parte do texto, de uma forma muito mais que simbólica, a considerar que, por diversas ocasiões, a instrumentalidade é afirmada como impulsionadora da simplificação processual.

A título de ilustração, o art. 1.017, I, do CPC/2015 dispõe que a petição de agravo de instrumento será instruída obrigatoriamente, além de outras peças, com cópia da certidão da respectiva intimação ou outro documento oficial que comprove a tempestividade. Antes, o art. 525, I, do CPC/1973, dispunha que a petição de agravo de instrumento será instruída obrigatoriamente, com cópia da certidão da respectiva intimação.

Antes da vigência do CPC/2015, a jurisprudência já vinha decidindo, de forma copiosa, em afirmação à instrumentalidade das formas, que, mesmo não tendo sido juntada a cópia da respectiva certidão de intimação, o agravo poderia ser admitido, caso juntado qualquer outro documento que possibilitasse aferir sua tempestividade. O novo texto legal incorporou tal entendimento.

Como antes dito, a instituição de forma não é algo ruim. O ruim é o formalismo desnecessário, ou seja, a instituição de forma sem uma finalidade, que, quando verificada, deve ser superada para alcançar a simplificação processual e, assim, proporcionar economia e aceleração. Até porque, mesmo quando útil, a forma impõe uma maior demora na solução do objeto litigioso, elevando, inclusive, os custos do processo.

2.2. Uso da língua portuguesa

O **uso da língua portuguesa** (do vernáculo) constitui exceção à prescindibilidade de forma. Ele é obrigatório para a prática dos atos processuais, embora se tolere o emprego de "jargões jurídicos" em idiomas estrangeiros. Tal é considerado mera irregularidade, que não compromete o alcance da finalidade do ato praticado, que é permitir sua compreensão, sobretudo pelos sujeitos do processo.

Só é permitida a juntada de documento em língua estrangeira quando acompanhado de versão para o vernáculo tramitada por via diplomática ou pela autoridade central, ou firmada por tradutor juramentado. De qualquer modo, se for possível a compreensão da informação trazida pelo documento, independentemente de sua tradução, será considerada mera irregularidade, que não tem o condão de invalidar o ato.

A esse respeito, tem entendido o STJ que, "como a ausência de tradução do instrumento de compra e venda, redigido em espanhol, contendo informações simples, não comprometeu a sua compreensão pelo juiz e pelas partes, em interpretação teleológica, superam-se os óbices formais" (STJ. REsp 924992/PR. DJe 26.05.11).

Se detectada a falta de tradução tramitada por via diplomática ou pela autoridade central, ou firmada por tradutor juramentado, deve ser oportunizada a correção da irregularidade, obrigando a sua repetição, em vez de simplesmente extinguir-se o processo (STJ. REsp 434908/AM DJU 25.08.03) ou de se impor ônus em detrimento de qualquer das partes.

Quanto aos números, só é exigida tradução se não forem arábicos ou romanos.

A necessidade de conversão da moeda estrangeira não é respaldada pela regra de utilização do vernáculo, porque necessária simples operação aritmética. A exigência está amparada por lei específica (a exemplo do Código de Defesa do Consumidor) ou por questões de ordem prática (a possibilitar, por exemplo, o cumprimento de obrigação de pagar quantia).

3. PUBLICIDADE DOS ATOS PROCESSUAIS

Os atos processuais, em regra, são **públicos**, na medida em que todos podem ter acesso aos autos (STJ. REsp 660284/SP. DJU 19.12.05) e assistir aos atos praticados em audiência, mesmo que não sejam partes. A exceção alcança os processos que correm em segredo de justiça, conforme rol taxativo estabelecido pelo art. 189 do CPC, por exigência do interesse público ou social ou em razão da natureza da causa (cujos julgamentos, mesmo assim, são públicos).

Por essas razões, estabelece o art. 189 do CPC, tramitam em segredo de justiça os processos: a) em que o exija o interesse público ou social; b) que versem sobre casamento, separação de corpos, divórcio, separação, união estável, filiação, alimentos e guarda de crianças e adolescentes; c) em que constem dados protegidos pelo direito constitucional à intimidade; d) que versem sobre arbitragem, inclusive sobre cumprimento de carta arbitral, desde que a confidencialidade estipulada na arbitragem seja comprovada perante o juízo.

Nos processos que correm em segredo de justiça, o direito de consulta aos autos do processo e de pedir certidões é restrito às partes e aos seus procuradores. O terceiro que demonstrar interesse jurídico, inclusive se for advogado, pode requerer ao juiz certidão do dispositivo da sentença, bem como de inventário e partilha resultante de divórcio ou separação. Aliás, não evidencia restrição à liberdade profissional do advogado a não-autorização judicial para o acesso aos autos que corram em segredo de justiça, em que ele não figurou como patrono (STJ. RMS 19987/SP. DJU 20.10.06).

A publicidade dos atos processuais possibilita sua melhor fiscalização, de modo que se possa inibir e, se cometidas, controladas as eventuais arbitrariedades.

4. ATOS EM GERAL

O Código de Processo Civil **classificou** os atos processuais em: a) atos das partes; b) atos do juiz; c) atos do escrivão ou chefe de secretaria.

a) **Atos das partes**: o processo é inaugurado por iniciativa da parte e desenvolve-se por impulso oficial, mas compete às partes, no transcorrer do processo, o ônus de realizar alguns atos. Elas realizam diversos atos, que podem ser classificados como postulatórios, probatórios e dispositivos.

Os atos **postulatórios** são aqueles em que as partes expõem as razões fático-jurídicas ao juízo, para pleitear um provimento jurisdicional (são exemplos de atos postulatórios a petição inicial, a contestação e o recurso).

Os atos **probatórios**, por sua vez, são aqueles que visam a formar o convencimento do órgão julgador (é exemplo de ato de produção de prova pelas partes o fornecimento de seu depoimento pessoal).

E os atos **dispositivos** são aqueles em que autor, réu, ou ambos, abrem mão de faculdades processuais ou do próprio direito material (são exemplos de atos dispositivos a renúncia[1], o reconhecimento jurídico do pedido, transação e desistência).

A ratificar a classificação apresentada, estabelece o art. 200 do CPC que os atos das partes consistentes em declarações unilaterais ou bilaterais de vontade produzem imediatamente a constituição, modificação ou extinção de direitos processuais.

Depois, ressalva o parágrafo único do mesmo dispositivo que a desistência da ação só produzirá efeitos após homologação judicial. Ela pode ser manifestada, inclusive com concordância da parte adversa, mas, para ter eficácia, depende de homologação judicial.

Quando os atos das partes forem praticados mediante a entrega de petições, arrazoados, papéis e documentos, elas poderão exigir recibo de que entregarem em cartório.

Com relação aos autos, é vedado às partes lançar cotas marginais ou interlineares. Se forem lançadas, o juiz mandará riscá-las, impondo a quem as escrever multa correspondente à metade do salário-mínimo.

b) **Atos do juiz**: ao juiz compete o poder-dever de prestar a tutela jurisdicional. Para tanto, ordenará a tramitação processual, em respeito às garantias relacionadas, sobretudo, ao devido processo legal, mediante a prática de diversos atos processuais, dentre os quais os seus pronunciamentos, que consistem em sentença, decisões interlocutórias e despachos.

Sob a vigência do Código de Processo Civil de 1973, o art. 162 dispunha que os atos do juiz consistiriam em sentenças, decisões interlocutórias e despachos, como se não houvesse outros, a exemplo da direção de audiências e realização de inspeção judicial. A doutrina, entretanto, cuidou, de logo, de corrigir a omissão legislativa.

Por conta disso, hoje, sob e égide do CPC/2015, o art. 203 não trata mais dos "atos do juiz", mas "dos pronunciamentos do juiz". Nas seções anterior e posterior, o Código trata dos "atos das partes" e "dos atos do escrivão ou do chefe de secretaria", mas, em relação ao juiz, trata apenas dos pronunciamentos.

1. A renúncia ao direito que se funda a ação é classificada tanto pela doutrina como pela jurisprudência como instituto de natureza material e, por isso, deve ser interpretada restritivamente (STJ. REsp 613732/RR. DJU 20.02.06).

O Código não se preocupou com a coerência das seções (porque antes e depois ele trata de atos processuais, mas, na destinada ao juiz, trata apenas dos respectivos pronunciamentos), todavia, corrigiu o equívoco trazido pelo Código de 1973, de modo que fica clara a possibilidade de prática de outros atos processuais, que vão além de seus pronunciamentos.

A **sentença**, conforme o § 1º do art. 203 do CPC, ressalvadas as disposições expressas dos procedimentos especiais, seria o pronunciamento por meio do qual o juiz, com fundamento nos arts. 485 e 487, põe fim à fase cognitiva do procedimento comum, bem como extingue a execução.

Pode ocorrer, apesar de o texto legal não ter sido tão claro nesse sentido, de o processo ter apenas fase de conhecimento. Isso não é tão comum, a considerar que a maioria delas tem um capítulo destinado à distribuição da responsabilidade pelo pagamento dos custos do processo. Mas, se ocorrer, prolatada sentença, ela põe fim à fase de conhecimento e ao próprio processo.

A atual definição legal de sentença, trazida pelo § 1º do art. 203 do CPC/2015, corrigiu equívoco trazido pelo § 1º do art. 162 do CPC/1973, que, em razão da Lei nº 11.232/2005 (que instituiu definitivamente o processo sincrético), definia aquele pronunciamento apenas pelo seu conteúdo.

Antes, a redação originária do CPC/1973 definia sentença apenas pela aptidão de pôr fim ao processo, só que essa definição era incompatível (pelo menos na maior parte das vezes) com o processo sincrético. Contudo, a definição trazida pela Lei nº 11.232/2005 centrou-se no conteúdo e olvidou a aptidão de por fim à fase cognitiva ou mesmo ao processo de execução.

Com a nova redação, ficou claro que a sentença, além de ser definida por conteúdo (alguns dos fundamentos constantes nos arts. 485 e 487 do CPC), é, também, pela aptidão de por fim à fase de conhecimento ou ao processo de execução.

Por sua vez, a **decisão interlocutória**, nos termos do § 2º do mesmo art. 203 do CPC, é todo pronunciamento judicial de natureza decisória que não se enquadre no § 1º. Logo, todo ato decisório que não seja sentença, será decisão interlocutória.

A opção do CPC/2015, de forma coerente, foi definir decisão interlocutória residualmente, pelo que o sistema ganhou precisão, inclusive no aspecto técnico. Não se fala mais em "sentença parcial", como antes chamava a doutrina, ante a não definição de tal como uma "decisão interlocutória", a considerar o texto do § 2º do art. 162 do CPC/1973.

Com efeito, sob a égide do CPC/1973, o § 2º do art. 162, a decisão interlocutória era definida como "ato pelo qual o juiz, no curso do processo, resolve questão incidente". Só que, a solução de mérito não é "questão incidente".

E diga-se mais. Pode ocorrer de as questões incidentes serem resolvidas pela sentença, de forma concomitante. Nem por isso, o ato decisório deixaria de ser uma "sentença" para ser uma "decisão interlocutória". Era, portanto, no mínimo, ultrapassada a definição legal de decisão interlocutória trazida pelo CPC/1973.

Não fosse isso o suficiente, o CPC/2015 traz um novo regime jurídico às decisões interlocutórias. Ao lado das processuais (que, no CPC/1973, já eram trazias desde a redação originária), que podiam ser terminativas ou não, e das provisórias de mérito (que, no CPC/1973, foram introduzidas pela Lei nº 8.952/1994), são instituídas pelo CPC/2015, agora, as decisões interlocutórias definitivas de mérito (art. 356[2]).

A superar anterior entendimento estabelecido pelo Superior Tribunal de Justiça[3] (que, pelo menos a nosso ver, sem razões justificáveis, não admitiam as decisões interlocutórias definitivas de mérito, a não ser em casos específicos, quando autorizados pela legislação), restou expressamente autorizada a resolução cindida (e definitiva) do objeto litigioso do processo.

Essa "nova" decisão interlocutória terá relevantes repercussões sobre: a) ordem cronológica; b) calendarização; c) saneamento e organização do processo; d) sentença, liquidação e cumprimento; e) recursos de apelação e agravo de instrumento; f) coisa julgada; g) reexame necessário; h) ação rescisória. Nos capítulos próprios, serão apresentadas tais repercussões.

Finalmente, o **despacho**, nos termos do § 3º do art. 203 do CPC, são todos os demais pronunciamentos do juiz praticados no processo, de ofício ou a requerimento da parte[4]. Como

---

2. Art. 356. O juiz decidirá parcialmente o mérito quando um ou mais dos pedidos formulados ou parcela deles: I – mostrar-se incontroverso; II – estiver em condições de imediato julgamento, nos termos do art. 355.§ 1º A decisão que julgar parcialmente o mérito poderá reconhecer a existência de obrigação líquida ou ilíquida.§ 2º A parte poderá liquidar ou executar, desde logo, a obrigação reconhecida na decisão que julgar parcialmente o mérito, independentemente de caução, ainda que haja recurso contra essa interposto.§ 3º Na hipótese do § 2º, se houver trânsito em julgado da decisão, a execução será definitiva.§ 4º A liquidação e o cumprimento da decisão que julgar parcialmente o mérito poderão ser processados em autos suplementares, a requerimento da parte ou a critério do juiz.§ 5º A decisão proferida com base neste artigo é impugnável por agravo de instrumento.
3. RECURSO ESPECIAL. PROCESSO CIVIL. REFORMA PROCESSUAL. LEI Nº 11.232/2005. ADOÇÃO DO PROCESSO SINCRÉTICO. ALTERAÇÃO DO CONCEITO DE SENTENÇA. INCLUSÃO DE MAIS UM REQUISITO NA DEFINIÇÃO. CONTEÚDO DO ATO JUDICIAL. MANUTENÇÃO DO PARÂMETRO TOPOLÓGICO OU FINALÍSTICO. TEORIA DA UNIDADE ESTRUTURAL DA SENTENÇA. PROLAÇÃO DE SENTENÇA PARCIAL DE MÉRITO. INADMISSIBILIDADE. CISÃO INDEVIDA DO ATO SENTENCIAL. ART. 273, § 6º, DO CPC E NOVO CÓDIGO DE PROCESSO CIVIL. INAPLICABILIDADE. [...] 3. Sentença é o pronunciamento do juiz de primeiro grau de jurisdição (i) que contém uma das matérias previstas nos arts. 267 e 269 do CPC e (ii) que extingue uma fase processual ou o próprio processo. Em outras palavras, sentença é decisão definitiva (resolve o mérito) ou terminativa (extingue o processo por inobservância de algum requisito processual) e é também decisão final (põe fim ao processo ou a uma de suas fases). Interpretação sistemática e teleológica, que melhor se coaduna com o atual sistema lógico-processual brasileiro. 4. A novel legislação apenas acrescentou mais um parâmetro (conteúdo do ato) para a identificação da decisão como sentença, pois não foi abandonado o critério da finalidade do ato (extinção do processo ou da fase processual). Permaneceu, dessa forma, no Código de Processo Civil de 1973 a teoria da unidade estrutural da sentença, a obstar a ocorrência de pluralidade de sentenças em uma mesma fase processual. 5. A sentença parcial de mérito é incompatível com o direito processual civil brasileiro atualmente em vigor, sendo vedado ao juiz proferir, no curso do processo, tantas sentenças de mérito/terminativas quantos forem os capítulos (pedidos cumulados) apresentados pelo autor da demanda. 6. Inaplicabilidade do art. 273, § 6º, do CPC, que admite, em certas circunstâncias, a decisão interlocutória definitiva de mérito, visto que não foram cumpridos seus requisitos. Ademais, apesar de o novo Código de Processo Civil (Lei nº 13.105/2015), que entrará em vigor no dia 17 de março de 2016, ter disciplinado o tema com maior amplitude no art. 356, permitindo o julgamento antecipado parcial do mérito quando um ou mais dos pedidos formulados na inicial ou parcela deles (i) mostrar-se incontroverso ou (ii) estiver em condições de imediato julgamento, não pode incidir de forma imediata ou retroativa, haja vista os princípios do devido processo legal, da legalidade e do *tempus regit actum*. 7. Recurso especial não provido. (STJ. REsp 1281978/RS. Relator(a) Ministro RICARDO VILLAS BÔAS CUEVA. Órgão Julgador: T3 – TERCEIRA TURMA. Data do Julgamento: 05/05/2015. Data da Publicação/Fonte: DJe 20/05/2015)
4. Deve ser relativizada, em casos excepcionais, a regra de que o despacho que determina a emenda da petição inicial é irrecorrível, analisando-se se a decisão agravada subverte ou não a legislação processual em vigor de maneira a causar gravame à parte (STJ. REsp 891671/ES. DJU 15.03.07).O despacho que ordena a citação é conceituado entre os de mero expediente por não conter carga decisória, sendo incabível o manejo de agravo de instrumento, nos termos do artigo 504 do Código de Processo Civil (STJ. Ag 750910/PR. DJU 27.11.06).

ocorre com as decisões interlocutórias, sua definição legal é trazida de forma residual. O que não for pronunciamento judicial decisório será despacho.

O despacho diz respeito ao andamento do processo, não envolvendo o objeto litigioso do processo, nem mesmo os interesses das partes, porquanto destituído de conteúdo decisório (pelo que não implica dever ou ônus em detrimento daquelas).

Quando se tratar de atos meramente ordinatórios, como a juntada e a vista obrigatória, não será necessário despacho. Esses atos devem ser praticados de ofício pelo servidor e revistos pelo juiz quando necessário.

Para diferenciar os pronunciamentos do juiz, basta identificar seu conteúdo e sua aptidão (de por ou não fim à fase de cognição ou de extinguir a execução). Confira-se o quadro abaixo.

Pronunciamento do juiz	Conteúdo	Aptidão
Sentença	Algumas das situações previstas nos artigos 485 ou 487	Põe fim à fase de cognição ou ao processo de execução
Decisão interlocutória	Diversificado, mas podem contemplar algumas das situações previstas nos artigos 485 ou 487	Não põe fim à fase de cognição ou ao processo de execução
Despacho	Diversificado, mas não contempla qualquer das situações previstas nos artigos 485 ou 487	Não põe fim à fase de cognição ou ao processo de execução

O acórdão é o julgamento colegiado proferido pelos tribunais, enquanto que o individual é a decisão monocrática. Eles (acórdão e decisão monocrática) fazem as vezes de uma decisão interlocutória (resolve questão processual ou de mérito, seja esta provisória ou definitiva, sendo esta última de forma parcial) ou de uma sentença (resolve todas as questões de mérito que estejam pendentes). Pode ocorrer, portanto, de um acórdão resolver uma ou todas as questões processuais, bem assim uma ou todas as questões de mérito, seja de forma provisória, seja de forma definitiva. Ocorre o mesmo com a decisão monocrática.

E qual a diferença entre o acórdão e a decisão interlocutória, se ambas podem veiculam o mesmo conteúdo e podem ter a mesma aptidão? A diferença é que as decisões monocráticas só devem ser proferidas em situações específicas, estabelecidas pelo art. 932 do Código de Processo Civil[5]. Nas demais situações, devem ser proferidos acórdãos.

5. Art. 932. Incumbe ao relator: I – dirigir e ordenar o processo no tribunal, inclusive em relação à produção de prova, bem como, quando for o caso, homologar autocomposição das partes; II – apreciar o pedido de tutela provisória nos recursos e nos processos de competência originária do tribunal; III – não conhecer de recurso inadmissível, prejudicado ou que não tenha impugnado especificamente os fundamentos da decisão recorrida; IV – negar provimento a recurso que for contrário a:a) súmula do Supremo Tribunal Federal, do Superior Tribunal de Justiça ou do próprio tribunal; b) acórdão proferido pelo Supremo Tribunal Federal ou pelo Superior Tribunal de Justiça em julgamento de recursos repetitivos; c) entendimento firmado em incidente de resolução de demandas repetitivas ou de assunção de competência; V – depois de facultada a apresentação de contrarrazões, dar provimento ao recurso se a decisão recorrida for contrária a:a) súmula do Supremo Tribunal Federal, do Superior Tribunal de Justiça ou do próprio tribunal; b) acórdão proferido pelo Supremo Tribunal Federal ou pelo Superior Tribunal de Justiça em julgamento de recursos repetitivos; c) entendimento firmado em incidente de resolução de demandas repetitivas ou de assunção de competência; VI – decidir o incidente de desconsideração da personalidade jurídica, quando este for instaurado originariamente perante o tribunal; VII – determinar a intimação do Ministério Público, quando for o caso; VIII – exercer outras atribuições estabelecidas no regimento interno do tribunal. Parágrafo único. Antes de considerar inadmissível o recurso, o relator concederá o prazo de 5 (cinco) dias ao recorrente para que seja sanado vício ou complementada a documentação exigível.

Os despachos, as decisões, as sentenças e os acórdãos serão redigidos, datados e assinados pelos juízes (inclusive eletronicamente)[6]. Quando forem proferidos oralmente, o servidor os documentará, submetendo-os aos juízes para revisão e assinatura.

Os despachos deverão ser proferidos no prazo de 05 dias, enquanto que as decisões interlocutórias em 10 e as sentenças em 30 dias. Aqueles dois, bem assim o dispositivo das sentenças e a ementa dos acórdãos, serão publicados no Diário de Justiça Eletrônico.

> Atualmente, os conteúdos das sentenças e das decisões interlocutórias podem coincidir, porque ambas são aptas a decidirem questões processuais terminativas e de mérito. As decisões interlocutórias deixaram de ser apenas atos judiciais de resolução de "questões incidentais". Logo, quando podem ter idêntico conteúdo, não há razões a justificar a publicação da decisão interlocutória na íntegra e da sentença apenas na parte dispositiva. Ao entender dos autores deste livro, são válidas as publicações das decisões interlocutórias em Diário da Justiça Eletrônico, caso analisem o objeto do processo, se veiculadas apenas suas partes dispositivas.

c) **Atos do escrivão ou chefe de secretaria**: os auxiliares da justiça, dos quais fazem parte os escrivães ou chefes de secretaria, são imprescindíveis à regular prestação jurisdicional. Os atos processuais por eles praticados consistem em **documentação**, **movimentação** e **certificação**, e são praticados no âmbito do cartório ou da secretaria judicial.

Ao receber a petição inicial de processo, o escrivão ou o chefe de secretaria a autuará, mencionando o juízo, a natureza do processo, o número de seu registro, os nomes das partes e a data de seu início, e procederá do mesmo modo em relação aos volumes em formação.

A autuação consiste na formalização dos autos do processo. Quando físico for seu suporte, o escrivão ou chefe de secretaria colocará uma capa sobre a petição, na qual se lavrará um termo, que conterá a indicação das informações acima indicadas.

O escrivão ou o chefe de secretaria, então, numerará e rubricará todas as folhas dos autos, sendo facultado à parte, ao procurador, ao membro do Ministério Público, ao defensor público e aos auxiliares da justiça, rubricar as folhas correspondentes aos atos em que intervierem.

Os termos de juntada, vista, conclusão e outros semelhantes constarão de notas datadas e rubricadas pelo escrivão ou pelo chefe de secretaria[7].

Quanto aos atos e os termos do processo, eles serão assinados pelas pessoas que neles intervierem, todavia, quando essas não puderem ou não quiserem firmá-los, o escrivão ou o chefe de secretaria certificará a ocorrência.

Quando se tratar de processo total ou parcialmente documentado em autos eletrônicos, os atos processuais praticados na presença do juiz poderão ser produzidos e armazenados

6. O dispositivo regimental que prevê apenas a assinatura do relator do acórdão (dispensando a assinatura dos demais votantes) não ofende a regra do artigo 164 do Código de Processo Civil (STJ. AgRg no REsp 735275/RR. DJU 21.05.07).

7. Para que os atos praticados pelo escrivão (ou chefe ou diretor de secretaria de Tribunal) sejam válidos, é indispensável que sejam assinados ou rubricados pelo próprio escrivão, conforme determinam os arts. 168 e 169 do CPC (STJ. AgRg no Ag 599457/MG. DJU 26.09.05).

de modo integralmente digital em arquivo eletrônico inviolável, na forma da lei, mediante registro em termo, que será assinado digitalmente pelo juiz e pelo escrivão ou chefe de secretaria, bem como pelos advogados das partes. Eventuais contradições na transcrição deverão ser suscitadas oralmente no momento de realização do ato, sob pena de preclusão, devendo o juiz decidir de plano e ordenar o registro, no termo, da alegação e da decisão.

Na prática de atos pelo escrivão ou chefe de secretaria, é lícito o uso da taquigrafia, da estenotipia ou de outro método idôneo em qualquer juízo ou tribunal. Por outro lado, não se admitem nos atos e termos processuais espaços em branco, salvo os que forem inutilizados, assim como entrelinhas, emendas ou rasuras, exceto quando expressamente ressalvadas.

Compete, ainda, ao escrivão ou ao chefe de secretaria, os atos de movimentação processual, como a conclusão dos autos ao juiz, a abertura de vistas às partes, a expedição de mandados e ofícios. Desses atos de movimentação são lavrados os pertinentes termos, que são datados e rubricados pelo escrivão, no que se denomina documentação.

Os escrivães têm, ainda, a função de fornecer certidão de qualquer ato ou termo do processo, independentemente de despacho, observada a restrição do segredo de justiça.

5. TEMPO E LUGAR DOS ATOS PROCESSUAIS

Os atos processuais devem ser realizados nos **dias úteis**. São considerados **feriados**, para efeitos forenses, além dos dias assim declarados por lei, os sábados, os domingos e os dias em que não haja expediente forense.

Não se distinguem feriados federais, estaduais, distritais ou municipais. Contudo, os feriados locais só influenciam a prática de atos nos órgãos respectivos. Naqueles que estejam em lugar em que não é feriado, devem ser praticados os atos.

Se o processo tiver de ser encaminhado à instância superior e o prazo tenha sido prorrogado por força de feriado local, este deve ser demonstrado por ocasião da interposição do recurso (§ 6º do art. 1.003).

Nos dias úteis, os atos processuais devem ser praticados das **6h às 20h**, a considerar o horário adotado no juízo em que será praticado o respectivo ato processual, mas serão concluídos após as 20h os atos iniciados antes, quando o adiamento prejudicar a diligência ou causar grave dano.

Questão de Concurso

▶ **(IESES – Cartório – Remoção – TJ – AM/2018)**[8] Os atos processuais serão realizados em dias úteis:

a) Das 8 (oito) às 20 (vinte) horas.

b) Das 7 (sete) às 19 (dezenove) horas.

c) Das 6 (seis) às 18 (dezoito) horas.

d) Das 6 (seis) às 20 (vinte) horas.

8. Gabarito: Letra D.

▶ **(Vunesp – Cartório – Provimento – TJ – SP/2018)**[9] Sobre os atos processuais, é correto afirmar:

(A) serão realizados em dias úteis, das 6h às 22h.

(B) poderão ser concluídos após as 20 horas os atos iniciados antes, quando o adiamento prejudicar a diligência ou causar grave dano.

(C) as citações, intimações e penhoras poderão realizar-se, desde que com autorização judicial, no período de férias forenses, onde houver, e nos feriados.

(D) quando o ato tiver de ser praticado por meio de petição em autos eletrônicos, esse deverá ser protocolado no horário de funcionamento do fórum ou tribunal, conforme o disposto na lei de organização judiciária local.

Independentemente de autorização judicial, as citações, as intimações e as penhoras poderão realizar-se no período de férias forenses, onde as houver, e nos feriados ou dias úteis fora do horário acima indicado, observada a garantia da inviolabilidade domiciliar.

Quando o ato tiver de ser praticado por meio de petição em autos não eletrônicos, essa deverá ser protocolada no horário de funcionamento do fórum ou tribunal, conforme o disposto na lei de organização judiciária local.

Contudo, a prática eletrônica de ato processual pode ocorrer em qualquer horário até as 24h do último dia do prazo, a se observar que o horário vigente no juízo perante o qual o ato deve ser praticado é que será considerado para fins de atendimento do prazo.

Durante as férias forenses e nos feriados, não se praticarão atos processuais. Neste período, os prazos ficarão suspensos e só recomeçarão a correr no primeiro dia útil seguinte. Há, contudo, exceções, pois, além das citações, das intimações e das penhoras, naquele período, pode ser proferida tutela de urgência.

E mais.

Processam-se durante as férias forenses, onde as houver, e não se suspendem pela superveniência delas: a) os procedimentos de jurisdição voluntária e os necessários à conservação de direitos, quando puderem ser prejudicados pelo adiamento; b) a ação de alimentos e os processos de nomeação ou remoção de tutor e curador; c) os processos que a lei determinar.

São exemplos de processos que correm durante férias e feriados, consoante previsão em lei federal: a) a ação de desapropriação (art. 39 da Lei de Desapropriações); b) as ações de despejo, consignação em pagamento de aluguel e acessório, revisionais de aluguel e renovatórias de locação (art. 58, I, da Lei do Inquilinato).

Poder-se-ia indagar se, mesmo depois da EC 45/2004, ainda persistem férias coletivas. Isso porque, depois daquela, o art. 93, XII, da Constituição da República passou a dispor que a atividade jurisdicional será **ininterrupta**, sendo vedado férias coletivas nos **juízos e tribunais de segundo grau**, funcionando, nos dias em que não houver expediente forense normal, juízes em plantão permanente.

Conquanto o dispositivo constitucional vise a evitar a quebra da continuidade da prestação jurisdicional, em sua disposição só se incluem na vedação de férias coletivas, os juízos

9. Gabarito: Letra B.

e tribunais de segundo grau. Os tribunais superiores, pois, continuam com férias coletivas durante os meses de janeiro e julho (STF: AI-AgR 636765/SP, DJU 01.06.07; STJ: REsp 800462/DF, DJU 01.09.06).

De qualquer modo, as férias dos ministros dos tribunais superiores não suspendem o prazo para a prática de atos que devem ser realizados nos tribunais de origem (STJ. Ag 1015763/RS. DJU 19.05.08). A suspensão de prazo pelo advento das férias dos ministros é exclusiva para os atos que devem ser praticados diretamente nos tribunais superiores.

Quanto ao lugar, os atos processuais realizar-se-ão ordinariamente na sede do juízo, ou, excepcionalmente, em outro lugar em razão de deferência, de interesse da justiça, da natureza do ato ou de obstáculo arguido pelo interessado e acolhido pelo juiz.

6. NEGÓCIOS JURÍDICOS PROCESSUAIS

O CPC/2015 não criou, mas, reafirmou a (importância da) autonomia da vontade na prática de atos processuais. Nos termos do art. 190, versando o processo sobre direitos que admitam autocomposição, é lícito às partes plenamente capazes estipular mudanças no procedimento para ajustá-lo às especificidades da causa e convencionar sobre os seus ônus, poderes, faculdades e deveres processuais, antes ou durante o processo.

A noção de negócio jurídico processual deriva da própria noção de negócio jurídico associada à de ato processual.

Na Teoria do Fato Jurídico, o negócio jurídico e o ato jurídico *stricto sensu* são espécies de ato jurídico *lato sensu*. Daqueles atos humanos, que têm na vontade o seu elemento nuclear e não se constituem em ilícito. O traço diferencial entre essas duas espécies de ato jurídico consiste em que, no ato jurídico *stricto sensu*, a parte não escolhe a categoria jurídica, os efeitos são preestabelecidos e inalteráveis pela vontade das partes. Já no negócio jurídico, o direito possibilita que as partes, em certos limites, regrem seus interesses, a permitir a escolha de categorias jurídicas, conforme suas conveniências, com estruturação do conteúdo das relações decorrentes.

Os fatos processuais *lato sensu*, que são todos aqueles que, de algum modo, interferem no desenvolvimento da relação jurídica processual, seja um ato do processo (que compõe a cadeia de atos do procedimento), seja um ato praticado fora do processo, mas que surte efeitos na relação jurídica processual. O ato jurídico recebe o qualificativo de processual quando é tomado como suporte fático uma norma jurídica processual e se refira a algum procedimento. Tal ato pode ser praticado antes ou durante o curso do processo, mas tem eficácia sobre ele.

Somada a noção de negócio jurídico a de fato jurídico processual *lato sensu*, pode-se concluir que negócio jurídico processual é o negócio jurídico que decorre da incidência de uma norma de natureza processual e que se refere a algum processo, ou melhor, que tem valor para o processo. Pode ser unilateral ou bilateral. Também, típico ou atípico.

Atualmente, especificamente em Brasil, os negócios jurídicos processuais têm sido utilizados, com maior frequência, pelos sujeitos processuais, para afirmar diversas garantias, inclusive, constitucionais, tais quais a do acesso qualificado à justiça e a da duração razoável do processo. Eles proporcionam uma maior efetividade à prestação jurisdicional e/ou um maior alcance do ideal de pacificação prometido pelo Estado-juiz (especialmente porque a participação efetiva das partes no regramento de suas situações jurídicas é exigência de um processo civil democrático).

As partes resolvem, por vontade própria (ainda que pela mediação judicial), convencionar[10] em torno das regras processuais disponíveis. Não são incomuns os casos em que as partes, por exemplo: (i) renunciam mutuamente ao prazo para a interposição de recursos; (ii) elegem foro competente para julgar ação que advenha de determinada avença firmada no plano extraprocessual; (iii) suspendem o processo; (iv) alteram prazos dilatórios; (vi) adiam a realização de audiência; (vii) distribuem o tempo para apresentar razões finais orais; (viii) instituem arbitragem... As parte também poderão: a) ajustar o veículo de comunicação processual; b) pactuar a realização de sustentação oral em todos os processos... São todos exemplos de negócios jurídicos processuais.

Conquanto o art. 190 do CPC restrinja a negociação processual aos direitos que admitam autocomposição, ela pode ocorrer em relação a direitos que não admitam, desde que em benefício da parte protegida pela indisponibilidade. O contrário não. Aliás, de ofício ou a requerimento, o juiz controlará a validade dos negócios jurídicos processuais. Por isso, recusará aplicação nos casos de nulidade ou de inserção abusiva em contrato de adesão ou em que alguma parte se encontre em manifesta situação de vulnerabilidade.

O juiz também deve impedir, mas, se firmado, invalidar, negócios jurídicos processuais que restrinjam seus poderes, dentre os quais se inclui o de investigação da verdade. Da mesma forma, não devem ser admitidos, e, se firmados, devem ser invalidados, os negócios jurídicos processuais que impliquem renúncia de poder ou faculdade por uma das partes sem qualquer benefício correspondente.

Questão de Concurso

▶ **(FCC – Juiz de Direito – SC/2017)**[11] Em relação à forma dos atos processuais, é correto afirmar:

a) Compete privativamente aos tribunais regulamentar a prática e a comunicação oficial de atos processuais por meio eletrônico, velando pela compatibilidade dos sistemas, disciplinando a incorporação progressiva de novos avanços tecnológicos e editando, para esse fim, os atos que forem necessários.

b) Os atos e termos processuais são em regra formais, considerando-se nulos os que tenham sido praticados em desrespeito a essa premissa.

c) A desistência da ação produzirá efeitos imediatos nos autos, embora seja possível discutir os ônus sucumbenciais se não houver anuência da parte adversa ao ato.

d) Apenas decisões interlocutórias e sentenças devem ser publicadas no Diário de Justiça Eletrônico, já que despachos, por não causarem gravames, não necessitam de publicação.

e) Versando o processo sobre direitos que admitam autocomposição, é lícito às partes plenamente capazes estipular mudanças no procedimento para ajustá-lo às especificidades da causa e convencionar sobre os seus ônus, poderes, faculdades e deveres processuais, antes ou durante o processo.

---

10. Segundo dispõe o § 2º do art. 189 da Lei nº 11.101/2005, a qual "regula a recuperação judicial, a extrajudicial e a falência do empresário e da sociedade empresária", "para os fins do disposto no art. 190 da Lei nº 13.105, de 16 de março de 2015 (Código de Processo Civil), a manifestação de vontade do devedor será expressa e a dos credores será obtida por maioria, na forma prevista no art. 42 desta Lei".

11. Gabarito: Letra E.

7. CALENDARIZAÇÃO PROCESSUAL

O juiz e as partes, em diálogo, com o objetivo de afirmar a eficiência e a duração razoável do processo, podem estabelecer um calendário processual, que dispensará a realização de intimações acerca dos atos processuais a serem praticados. De fato, dispõe o art. 191 que, de comum acordo, o juiz e as partes podem fixar calendário para a prática dos atos processuais, quando for o caso.

Ante a convenção, as partes e o juiz podem estabelecer o prazo para a apresentação de resposta, as datas da realização de audiência de instrução e julgamento, da nomeação do perito com o local da realização da prova respectiva e da apresentação das razões finais. Há quem defenda, ainda, que o juiz possa designar, em calendário, a data em que a sentença será proferida, conquanto os autores desse trabalho discordem.

Em verdade, além do inconveniente que um juiz poderia estabelecer em detrimento de seu colega, que, eventualmente, viesse a lhe substituir (de forma provisória ou definitiva), a considerar seu agendamento e sua afinidade com a matéria relacionada, a calendarização poderia comprometer a ordem cronológica (se não verificada nenhuma das exceções estabelecidas pelo § 2º do art. 12 do CPC[12]).

Se bem que a ordem cronológica, em certas circunstâncias, além daquelas estabelecidas pelo § 2º do art. 12 do CPC (até por ser apenas preferencial), pode ser mitigada, a considerar que o juiz tem o dever de resolver o mérito imediatamente, de forma parcial, mediante a prolação de decisões interlocutórias definitivas de mérito (art. 356 do CPC). Entretanto, os demais inconvenientes decorrentes da inclusão da data da sentença na calendarização não ficariam superados.

Em razão da calendarização, dispensa-se a intimação das partes para a prática de ato processual ou a realização de audiência cujas datas tiverem sido designadas no calendário. E mais: o calendário vincula as partes e o juiz (e os demais sujeitos relacionados), e os prazos nele previstos somente serão modificados em casos excepcionais (dentre os quais se incluem, mas não com exclusividade, o caso fortuito e o motivo de força maior), devidamente justificados.

A violação ao calendário importa perda do direito, cujo exercício estava com data designada, e a decorrente perda da vantagem relacionada. A violação não significa necessária perda da calendarização. Ela persistirá mesmo que violado o calendário por qualquer das partes, que se submeterão a ônus ou deveres consequentes. Mas, excepcionalmente, a calendarização poderá ficar comprometida, a exigir nova agenda, se for o caso.

12. Art. 12. Os juízes e os tribunais atenderão, preferencialmente, à ordem cronológica de conclusão para proferir sentença ou acórdão.[...] § 2º Estão excluídos da regra do *caput*:I – as sentenças proferidas em audiência, homologatórias de acordo ou de improcedência liminar do pedido;II – o julgamento de processos em bloco para aplicação de tese jurídica firmada em julgamento de casos repetitivos;III – o julgamento de recursos repetitivos ou de incidente de resolução de demandas repetitivas;IV – as decisões proferidas com base nos arts. 485 e 932;V – o julgamento de embargos de declaração;VI – o julgamento de agravo interno;VII – as preferências legais e as metas estabelecidas pelo Conselho Nacional de Justiça;VIII – os processos criminais, nos órgãos jurisdicionais que tenham competência penal;IX – a causa que exija urgência no julgamento, assim reconhecida por decisão fundamentada.

Questão de Concurso

▶ **(IESES – Cartório – Provimento – TJ – CE/2018)**[13] Acerca da regras jurídicas dispostas no Código de Processo Civil e que cuidam da disciplina dos Atos Processuais, considere as seguintes afirmações:

I. Ainda que tramitem em segredo de justiça os processos, ao terceiro que demonstrar interesse jurídico é lícito requerer ao juiz certidão do dispositivo da sentença, bem como de inventário e de partilha resultantes de divórcio ou separação.

II. De comum acordo, o juiz e as partes podem fixar calendário para a prática dos atos processuais, quando for o caso; esse calendário vincula as partes e o juiz, de modo que os prazos nele previstos somente serão modificados em casos excepcionais, devidamente justificados.

III. À exceção da desistência da ação, que só produzirá efeitos após a homologação judicial, os atos das partes consistentes em declarações unilaterais ou bilaterais de vontade produzem imediatamente a constituição, modificação ou extinção de direitos processuais.

É correto o que se afirma em:

a) I e III.
b) I e II.
c) I, II e III.
d) II e III.

▶ **(Vunesp – Escrevente Técnico Judiciário – TJ – SP/2017)**[14] Sobre a forma dos atos processuais, é correto afirmar que

a) o documento em língua estrangeira poderá ser juntado aos autos independentemente de tradução em língua portuguesa firmada por tradutor juramentado.
b) é possível lançar nos autos físicos cotas marginais e interlineares às quais o juiz mandará riscar quando não tiver autorizado, impondo, inclusive, multa de até um salário-mínimo vigente a quem as fez.
c) os atos meramente ordinatórios, como a juntada e a vista obrigatória, dependem de despacho e devem ser revistos pelo juiz da causa.
d) de comum acordo, o juiz e as partes podem fixar calendário para prática dos atos processuais, quando for o caso.
e) o direito de consultar os autos do processo que tramita em segredo de justiça e de pedir certidões é restrito aos advogados das partes, pois somente esses possuem capacidade postulatória.

---

8. PRÁTICA ELETRÔNICA DE ATOS PROCESSUAIS

Os autos processuais podem ser total ou parcialmente digitais, de forma a permitir que os atos sejam produzidos, comunicados, armazenados e validados por meio eletrônico, na forma da lei. Para tanto, os sistemas de automação processual respeitarão a publicidade dos atos, o acesso e a participação das partes e de seus procuradores, inclusive nas audiências e sessões de julgamento, observadas as garantias da disponibilidade, independência da plataforma computacional, acessibilidade e interoperabilidade dos sistemas, serviços, dados e informações que o Poder Judiciário administre no exercício de suas funções.

A **disponibilidade** é a garantia de acesso legítimo aos sistemas de automação processual, pois esses serviços deverão ser oferecidos sem interrupção, sem solução de continuidade, no momento em que forem solicitados e/ou necessários.

---

13. Gabarito: Letra C.
14. Gabarito: Letra D.

Por seu turno, a **independência da plataforma computacional** refere-se à garantia de que os sistemas não devem ser projetados para funcionamento atrelado a determinado sistema operacional, *software*, estrutura de dados ou equipamento, e nem dependentes de tecnologias específicas. Deve garantir a inovação e o aprimoramento das ferramentas, à medida que avancem as tecnologias disponíveis, e evitar a imposição de padrões, inclusive de mercado, que estagnem a automação.

Já a **acessibilidade** garante aos portadores de necessidades especiais o uso dos sistemas e o exercício dos direitos relativos, seja à sua cidadania, seja ao exercício de sua profissão, enquanto que a **interoperabilidade** busca a comunicação plena entre sistemas distintos, de modo que, quando necessário, possam enviar e receber dados de outros sistemas e processá-los normalmente, integrando as soluções oferecidas.

O registro de ato processual eletrônico deverá ser feito em padrões abertos, que atenderão aos requisitos de autenticidade, integridade, temporalidade, não repúdio, conservação e, nos casos que tramitem em segredo de justiça, confidencialidade, observada a infraestrutura de chaves públicas unificada nacionalmente[15], nos termos da lei.

Padrões abertos são aqueles cujas especificações são publicamente acessíveis e sem restrições de uso, estudo ou implementação. Promovem a independência de plataforma computacional, não opõem obstáculos técnicos intransponíveis à extensão de suas funcionalidades, e suas adoções não exigem contraprestação.

O requisito da **autenticidade** garante a atribuição da prática de um ato em meio eletrônico a pessoa determinada. O da **integridade** garante que as informações constantes de determinado registro não foram alteradas sem autorização e conhecimento por quem de direito. O da **temporalidade** garante que se registrem data e hora de determinado evento, a permitir a constatação, em eventual necessidade de comparação, da ordem cronológica em que ocorreram.

Ao seu lado, o requisito do **não-repúdio** garante que o responsável por um ato não possa negar a sua prática. E o da **conservação** garante a adoção de um conjunto de medidas e estratégias de ordem administrativa, política e operacional para preservar a integridade das informações disponíveis, inclusive com políticas claras de cópias de segurança e recuperação em relação a incidentes de danos à estrutura de funcionamento dos sistemas ou às bases de dados, pelo tempo que esta preservação for necessária.

Ao Conselho Nacional de Justiça e, supletivamente, aos tribunais, cabe regulamentar a prática e a comunicação oficial de atos processuais por meio eletrônico e velar pela compatibilidade dos sistemas, disciplinando a incorporação progressiva de novos avanços tecnológicos e editando, para esse fim, os atos que forem necessários, respeitadas as normas fundamentais do Código de Processo Civil.

Antemão, o Código assegura que as informações constantes do sistema de automação serão divulgadas pelos tribunais em página própria na rede mundial de computadores, gozando

15. A infraestrutura de chaves públicas unificada nacionalmente é o conjunto dos órgãos governamentais, entidades privadas, padrões técnicos, normas jurídicas, tecnologias, relações hierárquicas e equipamentos que gerenciam certificados digitais criptografados e oficialmente utilizados no país com o objetivo de assegurar validade jurídica a transações eletrônicas.

a respectiva divulgação de presunção de veracidade e confiabilidade. Por isso que, além dos casos de problema técnico do sistema, os de erro ou omissão do auxiliar da justiça responsável pelo registro dos andamentos poderão configurar justa causa para a prática do ato processual, com a suspensão do respectivo prazo.

Para os atos processuais, as unidades do Poder Judiciário deverão manter gratuitamente, à disposição dos interessados, equipamentos necessários à prática, à consulta e ao acesso ao sistema e aos documentos dele constantes. Caso contrário, nas unidades onde não estiverem disponibilizados os equipamentos previstos, será admitida a prática de atos por meio não eletrônico.

Há, como se observa, uma preocupação no sentido de que a prática eletrônica de atos processuais não dificulte o acesso à prestação jurisdicional. Por isso que as unidades do Poder Judiciário assegurarão, às pessoas com deficiência, acessibilidade ao meio eletrônico de prática de atos judiciais, à comunicação eletrônica dos atos processuais, à assinatura eletrônica, bem assim aos seus sítios na rede mundial de computadores.

A Lei nº 11.419/2006 foi quem primeiro regulamentou a **prática eletrônica de atos processuais** no âmbito do Poder Judiciário. Ela estabelece que todas as petições serão protocoladas *on-line* até as 24h do último dia do prazo. As petições deverão ser assinadas eletronicamente (a partir de credenciamento que possibilite a adequada identificação presencial do interessado), recebendo-se um recibo eletrônico do ato praticado.

IMPORTANTE! A Lei nº 13.793/2018 adicionou ao art. 11 da Lei nº 11.419/2006 dois parágrafos, que assim dispõem: "§ 6º Os documentos digitalizados juntados em processo eletrônico estarão disponíveis para acesso por meio da rede externa pelas respectivas partes processuais, pelos advogados, independentemente de procuração nos autos, pelos membros do Ministério Público e pelos magistrados, sem prejuízo da possibilidade de visualização nas secretarias dos órgãos julgadores, à exceção daqueles que tramitarem em segredo de justiça. § 7º Os sistemas de informações pertinentes a processos eletrônicos devem possibilitar que advogados, procuradores e membros do Ministério Público cadastrados, mas não vinculados a processo previamente identificado, acessem automaticamente todos os atos e documentos processuais armazenados em meio eletrônico, desde que demonstrado interesse para fins apenas de registro, salvo nos casos de processos em segredo de justiça."

Além disso, a referida Lei também acresceu ao art. 107 do CPC um parágrafo, segundo o qual o art. 107, I, do CPC (que determina que o advogado tem direito de "examinar, em cartório de fórum e secretaria de tribunal, mesmo sem procuração, autos de qualquer processo, independentemente da fase de tramitação, assegurados a obtenção de cópias e o registro de anotações, salvo na hipótese de segredo de justiça, nas quais apenas o advogado constituído terá acesso aos autos") aplica-se integralmente aos processos eletrônicos.

Questão de Concurso

▶ **(CESPE. DPE-PE. Defensor Público. 2018)**[16] Regra geral prevista no Código de Processo Civil determina que os atos processuais sejam realizados em dias úteis, das seis às vinte horas. Com relação aos tempos dos atos processuais, assinale a opção correta, conforme a legislação pertinente.

a) A prática eletrônica de ato processual poderá ocorrer até as vinte e quatro horas do último dia do prazo.
b) Em se tratando de prática eletrônica de ato processual, o horário a ser considerado será aquele vigente no juízo que emitiu o ato.
c) Durante as férias forenses, atos processuais de tutela de evidência podem ser praticados.
d) Ato processual iniciado antes das vinte horas não poderá ser concluído após esse horário, independentemente de o adiamento causar grave dano aos envolvidos no processo.
e) Apenas com autorização judicial as citações poderão ser realizadas durante as férias forenses.

16. Gabarito: Letra A.

No caso da petição inicial, a parte deverá informar, no ato de distribuição, o número no cadastro de pessoas físicas ou jurídicas, conforme o caso, perante a Secretaria da Receita Federal, exceto se houver impossibilidade que comprometa o acesso à justiça. Esta providência possibilita a identificação da ocorrência de prevenção, litispendência e coisa julgada, cujos casos deverão ser buscados pelo sistema eletrônico.

Quando da tramitação do processo eletrônico, as comunicações são consideradas pessoais e deverão ser virtualmente endereçadas. Feita a consulta eletrônica, o que deve ocorrer em até 10 dias seguintes ao envio da comunicação, esta se considera realizada. Se não for feita a consulta, ultrapassado o prazo de 10 dias, considera-se também realizada a comunicação.

Nos casos urgentes em que a comunicação eletrônica possa causar prejuízo a quaisquer das partes ou nos casos em que for evidenciada qualquer tentativa de burla ao sistema, o ato processual deverá ser realizado por outro meio que atinja sua finalidade, conforme determinado pelo juiz. Quando, por motivos técnicos, não for possível a realização do ato de comunicação por meio eletrônico, ele será realizado segundo as regras ordinárias, digitalizando-se o documento físico que deverá ser posteriormente destruído.

Os documentos juntados eletronicamente serão considerados originais, devendo ser preservados pelo detentor até, pelo menos, o transcurso do prazo decadencial para ajuizamento de ação rescisória. Se não for possível a juntada deles (em face do seu volume ou por ser ininteligível), deverão ser apresentados ao cartório ou secretaria no prazo de 10 dias contados do envio de petição eletrônica comunicando o fato, os quais serão devolvidos à parte após o trânsito em julgado.

Os autos digitais que tiverem de ser remetidos a outro juízo ou instância, que não disponham de sistema compatível, deverão ser impressos em papel, autuados na forma dos arts. 206 a 209 do CPC. Mas essa alternativa não durará por muito tempo, já que a prática eletrônica de atos processuais visa a trazer modernidade ao processo, que já não se coaduna com a desnecessária e precária utilização do papel. Sem contar que acelera o processo, permite o acesso direto aos autos. Logo logo, não existirão autos físicos.

9. USO DA INTELIGÊNCIA ARTIFICIAL PERANTE O PODER JUDICIÁRIO

De acordo com a Portaria 271/2020 do Conselho Nacional de Justiça, a ele cabe realizar e estimular investimentos dos órgãos do Poder Judiciário em pesquisa e em desenvolvimento de inteligência artificial, assim considerados, os projetos voltados a: a) criar soluções para automação dos processos judiciais e administrativos e de rotinas de trabalho da atividade judiciária; b) apresentar análise da massa de dados existentes no âmbito do Poder Judiciário; c) prover soluções de apoio à decisão dos magistrados ou à elaboração de minutas de atos judiciais em geral[17].

17. A pesquisa e desenvolvimento (em matéria de inteligência artificial) observará: a) economicidade, evitando-se a realização de pesquisas e projetos com conteúdo semelhante em diferentes órgãos, sem colaboração e interação; b) promoção da interoperabilidade tecnológica dos sistemas processuais eletrônicos do Poder Judiciário; c) adoção de tecnologias, padrões e formatos abertos e livres; d) acesso à informação; e) transparência; f) capacitação humana e sua preparação para a reestruturação dos fluxos processuais e de trabalho, à medida

O uso de inteligência artificial no âmbito do Poder Judiciário se dará em plataforma comum, acessível por todos, que incentive a colaboração, a transparência, o aprimoramento e a divulgação dos projetos[18]. A administração da plataforma (SINAPSES) ficará sob a responsabilidade e coordenação do CNJ, contando com o apoio e suporte técnico da equipe dos tribunais que nela depositam seus modelos e que contribuem com seu aprimoramento[19].

O CNJ poderá prestar auxílio técnico aos tribunais na implantação de ferramenta de extração automatizada e contínua de dados, disponibilizada pelo ecossistema SINAPSES, na interoperabilidade dos sistemas processuais eletrônicos em uso e nas API's providas automaticamente pela plataforma de inteligência artificial, que estará disponível vinte e quatro horas por dia, ininterruptamente, ressalvados os períodos de manutenção do sistema[20].

O desenvolvimento de modelos de inteligência artificial no âmbito do Poder Judiciário deverá ser feito pela plataforma oficial de disponibilização de modelos de inteligência artificial, além de respeitar as diretrizes previstas na Resolução CNJ nº 332/2020 e o disposto na Portaria 271/2020 do CNJ, sendo obrigatória a comunicação ao Conselho Nacional de Justiça[21], sendo de responsabilidade do órgão criador e/ou mantenedor de cada modelo de inteligência artificial a adoção de medidas, durante o processo de disponibilização de dados, que assegurem a preservação do sigilo e do segredo de justiça, adotando-se quanto aos dados sensíveis, medidas de ocultação ou anonimização.

Os modelos de inteligência artificial utilizados para auxiliar a atuação do Poder Judiciário na apresentação de análises, de sugestões ou de conteúdo devem adotar medidas que possibilitem o rastreamento e a auditoria das predições realizadas no fluxo de sua aplicação. Os sistemas judiciais que fizerem uso dos modelos de inteligência artificial devem retornar para a API registrada na plataforma a informação de eventual discordância quanto ao uso das predições, de forma que se assegure a auditoria e a melhoria dos modelos de inteligência artificial. Além disso, os tribunais devem realizar treinamento de seus colaboradores para o uso adequado da plataforma de inteligência artificial.

A documentação dos projetos e os modelos de inteligência artificial devem ser disponibilizados pelo órgão responsável na plataforma, indicando claramente as necessidades que

---

que a inteligência artificial é implantada; g) foco na celeridade processual; h) estabelecimento de mecanismos de governança colaborativa e democrática, com a participação do Poder Judiciário, daqueles que exercem funções essenciais à justiça, da comunidade acadêmica e da sociedade civil.

18. A plataforma de inteligência artificial do Poder Judiciário Nacional é SINAPSES, disponibilizada pelo CNJ em parceria com o Tribunal de Justiça do Estado de Rondônia.

19. Todo o código fonte e suas atualizações ficarão centralizados no repositório de código do CNJ. Os modelos liberados para produção estarão disponíveis para consulta no endereço, contendo a descrição, acurácia, caso de uso e URL da API para consumo. Além disso, a equipe de administração da plataforma poderá criar, alterar e extinguir indicadores para os modelos, de ofício ou mediante sugestão dos participantes, com a finalidade de ranquear os modelos quanto à sua aplicação e benefícios.

20. As manutenções do sistema serão previamente programadas e informadas no portal do CNJ com antecedência, devendo ser realizadas, preferencialmente, entre 0h de sábado e 22h de domingo, ou entre 0h e 6h dos demais dias da semana. A indisponibilidade da plataforma de inteligência artificial não deve afetar a disponibilidade de nenhum sistema ou funcionalidade associado aos sistemas processuais nos órgãos do Poder Judiciário.

21. O desenvolvimento e o registro de modelos na plataforma deve ser precedido da instalação do módulo extrator para assegurar que os dados que lhe servem de base constem do repositório central, englobando a capa do processo judicial, suas movimentações processuais e os documentos devidamente convertidos em formato de texto simples.

ensejaram sua criação e os objetivos que se pretende alcançar, competindo aos órgãos que possuem modelos de inteligência artificial em uso assegurar a instalação e a manutenção do módulo extrator em sua infraestrutura, sincronizado ao sistema de tramitação processual em produção, conforme requisito para inscrição, bem como adaptar o modelo ao previsto nesta normatização e na Resolução CNJ nº 332/2020.[22-23]

10. ENUNCIADOS DO FPPC

19. São admissíveis os seguintes negócios processuais, dentre outros: pacto de impenhorabilidade, acordo de ampliação de prazos das partes de qualquer natureza, acordo de rateio de despesas processuais, dispensa consensual de assistente técnico, acordo para retirar o efeito suspensivo de recurso, acordo para não promover execução provisória; pacto de mediação ou conciliação extrajudicial prévia obrigatória, inclusive com a correlata previsão de exclusão da audiência de conciliação ou de mediação prevista no art. 334; pacto de exclusão contratual da audiência de conciliação ou de mediação prevista no art. 334; pacto de disponibilização prévia de documentação (pacto de *disclosure*), inclusive com estipulação de sanção negocial, sem prejuízo de medidas coercitivas, mandamentais, sub-rogatórias ou indutivas; previsão de meios alternativos de comunicação das partes entre si; acordo de produção antecipada de prova; a escolha consensual de depositário-administrador no caso do art. 866; convenção que permita a presença da parte contrária no decorrer da colheita de depoimento pessoal.

20. Não são admissíveis os seguintes negócios bilaterais, dentre outros: acordo para modificação da competência absoluta, acordo para supressão da primeira instância, acordo para afastar motivos de impedimento do juiz, acordo para criação de novas espécies recursais, acordo para ampliação das hipóteses de cabimento de recursos.

21. São admissíveis os seguintes negócios, dentre outros: acordo para realização de sustentação oral, acordo para ampliação do tempo de sustentação oral, julgamento antecipado do mérito convencional, convenção sobre prova, redução de prazos processuais.

60. Na ação de consignação em pagamento que tratar de prestações sucessivas, consignada uma delas, pode o devedor continuar a consignar sem mais formalidades as que se forem vencendo, enquanto estiver pendente o processo.

107. O juiz pode, de ofício, dilatar o prazo para a parte se manifestar sobre a prova documental produzida.

115. O negócio jurídico celebrado nos termos do art. 190 obriga herdeiros e sucessores.

116. Quando a formação do litisconsórcio multitudinário for prejudicial à defesa, o juiz poderá substituir a sua limitação pela ampliação de prazos, sem prejuízo da possibilidade de desmembramento na fase de cumprimento de sentença.

129. A autorização legal para ampliação de prazos pelo juiz não se presta a afastar preclusão temporal já consumada.

132. Além dos defeitos processuais, os vícios da vontade e os vícios sociais podem dar ensejo à invalidação dos negócios jurídicos atípicos do art. 190.

---

22. As Tabelas Processuais Unificadas do Poder Judiciário devem sempre ser observadas, a fim de se alcançar a padronização e a uniformização taxonômica e terminológica de classes, assuntos e movimentação processual a serem empregadas em sistemas processuais no âmbito da Justiça Estadual, Federal, Eleitoral, Militar, do Trabalho e do Superior Tribunal de Justiça.

    Os órgãos do Poder Judiciário poderão comunicar ao CNJ as dificuldades técnicas ou materiais de integração, cabendo ao CNJ apresentar, periodicamente, levantamento dos projetos de inteligência artificial que estão sendo desenvolvidos e o número de processos judiciais beneficiados.

23. O descumprimento das obrigações constantes na Portaria 271/2020 do CNJ, bem como a omissão ou manipulação intencional dos dados e modelos poderão ser comunicados ao plenário do CNJ, por qualquer membro, que poderá instaurar o procedimento correspondente, para a apuração das providências a serem adotadas.

133. Salvo nos casos expressamente previstos em lei, os negócios processuais do art. 190 não dependem de homologação judicial.

134. Negócio jurídico processual pode ser invalidado parcialmente.

135. A indisponibilidade do direito material não impede, por si só, a celebração de negócio jurídico processual.

219. O relator ou o órgão colegiado poderá desconsiderar o vício formal de recurso tempestivo ou determinar sua correção, desde que não o repute grave.

220. O Supremo Tribunal Federal ou o Superior Tribunal de Justiça inadmitirá o recurso extraordinário ou o recurso especial quando o recorrente não sanar o vício formal de cuja falta foi intimado para corrigir.

252. O descumprimento de uma convenção processual válida é matéria cujo conhecimento depende de requerimento.

253. O Ministério Público pode celebrar negócio processual quando atua como parte.

254. É inválida a convenção para excluir a intervenção do Ministério Público como fiscal da ordem jurídica.

255. É admissível a celebração de convenção processual coletiva.

256. A Fazenda Pública pode celebrar negócio jurídico processual.

257. O art. 190 autoriza que as partes tanto estipulem mudanças do procedimento quanto convencionem sobre os seus ônus, poderes, faculdades e deveres processuais.

258. As partes podem convencionar sobre seus ônus, poderes, faculdades e deveres processuais, ainda que essa convenção não importe ajustes às especificidades da causa.

259. A decisão referida no parágrafo único do art. 190 depende de contraditório prévio.

260. A homologação, pelo juiz, da convenção processual, quando prevista em lei, corresponde a uma condição de eficácia do negócio.

261. O art. 200 aplica-se tanto aos negócios unilaterais quanto aos bilaterais, incluindo as convenções processuais do art. 190.

263. A mera juntada de decisão aos autos eletrônicos não necessariamente lhe confere publicidade em relação a terceiros.

264. Salvo hipóteses de segredo de justiça, nos processos em que se realizam intimações exclusivamente por portal eletrônico, deve ser garantida ampla publicidade aos autos eletrônicos, assegurado o acesso a qualquer um.

275. Nos processos que tramitam eletronicamente, a regra do art. 229, § 1º, não se aplica aos prazos já iniciados no regime anterior.

311. A regra sobre remessa necessária é aquela vigente ao tempo da publicação em cartório ou disponibilização nos autos eletrônicos da sentença, de modo que a limitação de seu cabimento no CPC não prejudica os reexames estabelecidos no regime do art. 475 do CPC de 1973.

333. Em se tratando de guia de custas e depósito recursal inseridos no sistema eletrônico, estando o arquivo corrompido, impedido de ser executado ou de ser lido, deverá o relator assegurar a possibilidade de sanar o vício, nos termos do art. 938, § 1º.

354. O art. 1009, § 1º, não se aplica às decisões publicadas em cartório ou disponibilizadas nos autos eletrônicos antes da entrada em vigor do CPC.

400. O art. 183 se aplica aos processos que tramitam em autos eletrônicos.

401. Para fins de contagem de prazo da Fazenda Pública nos processos que tramitam em autos eletrônicos, não se considera como intimação pessoal a publicação pelo Diário da Justiça Eletrônico.

402. A eficácia dos negócios processuais para quem deles não fez parte depende de sua anuência, quando lhe puder causar prejuízo.

403. A validade do negócio jurídico processual, requer agente capaz, objeto lícito, possível, determinado ou determinável e forma prescrita ou não defesa em lei.

404. Nos negócios processuais, atender-se-á mais à intenção consubstanciada na manifestação de vontade do que ao sentido literal da linguagem.

405. Os negócios jurídicos processuais devem ser interpretados conforme a boa-fé e os usos do lugar de sua celebração.

406. Os negócios jurídicos processuais benéficos e a renúncia a direitos processuais interpretam-se estritamente.

407. Nos negócios processuais, as partes e o juiz são obrigados a guardar nas tratativas, na conclusão e na execução do negócio o princípio da boa-fé.

408. Quando houver no contrato de adesão negócio jurídico processual com previsões ambíguas ou contraditórias, dever-se-á adotar a interpretação mais favorável ao aderente.

409. A convenção processual é autônoma em relação ao negócio em que estiver inserta, de tal sorte que a invalidade deste não implica necessariamente a invalidade da convenção processual.

410. Aplica-se o Art. 142 do CPC ao controle de validade dos negócios jurídicos processuais.

411. O negócio processual pode ser distratado.

412. A aplicação de negócio processual em determinado processo judicial não impede, necessariamente, que da decisão do caso possa vir a ser formado precedente.

414. O disposto no § 1º do artigo 191 refere-se ao juízo.

427. A proposta de saneamento consensual feita pelas partes pode agregar questões de fato até então não deduzidas.

476. O direito ao recurso nasce com a publicação em cartório, secretaria da vara ou inserção nos autos eletrônicos da decisão a ser impugnada, o que primeiro ocorrer.

477. Publicada em cartório ou inserida nos autos eletrônicos a decisão que julga embargos de declaração sob a vigência do CPC de 2015, computar-se-ão apenas os dias úteis no prazo para o recurso subsequente, ainda que a decisão embargada tenha sido proferida ao tempo do CPC de 1973, tendo em vista a interrupção do prazo prevista no art. 1.026.

490. São admissíveis os seguintes negócios processuais, entre outros: pacto de inexecução parcial ou total de multa coercitiva; pacto de alteração de ordem de penhora; pré-indicação de bem penhorável preferencial (art. 848, II); pré-fixação de indenização por dano processual prevista nos arts. 81, § 3º, 520, inc. I, 297, parágrafo único (cláusula penal processual); negócio de anuência prévia para aditamento ou alteração do pedido ou da causa de pedir até o saneamento (art. 329, inc. II).

491. É possível negócio jurídico processual que estipule mudanças no procedimento das intervenções de terceiros, observada a necessidade de anuência do terceiro quando lhe puder causar prejuízo.

492. O pacto antenupcial e o contrato de convivência podem conter negócios processuais.

493. O negócio processual celebrado ao tempo do CPC-1973 é aplicável após o início da vigência do CPC-2015.

494. A admissibilidade de autocomposição não é requisito para o calendário processual.

495. O distrato do negócio processual homologado por exigência legal depende de homologação.

579. (arts. 190, 219 e 222, § 1º) Admite-se o negócio processual que estabeleça a contagem dos prazos processuais dos negociantes em dias corridos.

580. (arts. 190; 337, X; 313, II) É admissível o negócio processual estabelecendo que a alegação de existência de convenção de arbitragem será feita por simples petição, com a interrupção ou suspensão do prazo para contestação.

11. ENUNCIADOS DO FNPP

9. (art. 190, Lei 13.105/15; art. 1º, Lei 6.830/80) A cláusula geral de negócio processual é aplicável à execução fiscal.

10. (art. 191, Lei 13.105/15) É possível a calendarização dos atos processuais em sede de execução fiscal e embargos.

30. É cabível a celebração de negócio jurídico processual pela Fazenda Pública que disponha sobre formas de intimação pessoal.

52. O órgão de direção da advocacia pública pode estabelecer parâmetros para a fixação de calendário processual.

88. A pedido da Fazenda Pública, o Poder Judiciário deve realizar auditoria nos sistemas eletrônicos dos Juizados Especiais Federais ou Estaduais e da Fazenda Pública Estadual, sempre que se verificar divergência entre datas de intimações ou citações eletrônicas nos mencionados sistemas.

89. Nos autos eletrônicos, a ocorrência de falha técnica ou indisponibilidade do sistema que impossibilite a prática de atos processuais deverá ser certificada.

12. ENUNCIADOS DA ENFAM

35. Além das situações em que a flexibilização do procedimento é autorizada pelo art. 139, VI, do CPC/2015, pode o juiz, de ofício, preservada a previsibilidade do rito, adaptá-lo às especificidades da causa, observadas as garantias fundamentais do processo.

36. A regra do art. 190 do CPC/2015 não autoriza às partes a celebração de negócios jurídicos processuais atípicos que afetem poderes e deveres do juiz, tais como os que: a) limitem seus poderes de instrução ou de sanção à litigância ímproba; b) subtraiam do Estado/juiz o controle da legitimidade das partes ou do ingresso de amicus curiae; c) introduzam novas hipóteses de recorribilidade, de rescisória ou de sustentação oral não previstas em lei; d) estipulem o julgamento do conflito com base em lei diversa da nacional vigente; e e) estabeleçam prioridade de julgamento não prevista em lei.

37. São nulas, por ilicitude do objeto, as convenções processuais que violem as garantias constitucionais do processo, tais como as que: a) autorizem o uso de prova ilícita; b) limitem a publicidade do processo para além das hipóteses expressamente previstas em lei; c) modifiquem o regime de competência absoluta; e d) dispensem o dever de motivação.

38. Somente partes absolutamente capazes podem celebrar convenção pré-processual atípica (arts. 190 e 191 do CPC/2015).

39. Não é válida convenção pré-processual oral (art. 4º, § 1º, da Lei nº 9.307/1996 e 63, § 1º, do CPC/2015).

13. ENUNCIADOS DO CJF

16. As disposições previstas nos arts. 190 e 191 do CPC poderão aplicar-se aos procedimentos previstos nas leis que tratam dos juizados especiais, desde que não ofendam os princípios e regras previstos nas Leis nº 9.099/1995, 10.259/2001 e 12.153/2009.

17. A Fazenda Pública pode celebrar convenção processual, nos termos do art. 190 do CPC.

18. A convenção processual pode ser celebrada em pacto antenupcial ou em contrato de convivência, nos termos do art. 190 do CPC.

14. INFORMATIVOS

Informativos do STJ

Direito processual civil. Petição eletrônica. Falta de identidade na certificação digital.

É inexistente a petição eletrônica se não houver identidade entre o titular do certificado digital utilizado para assinar o documento e os advogados indicados como autores da petição. De acordo com a redação do art. 21, I, da Res. 1/10-STJ, é de exclusiva responsabilidade dos usuários, entre outras coisas, o sigilo da chave privada de sua identidade digital, "login" e senha. A assinatura eletrônica destina-se à identificação inequívoca do signatário do documento, de modo que, se o nome do advogado indicado como autor da petição não confere com o do titular do certificado digital utilizado para assinar a transmissão eletrônica do documento, deve ser tida como inexistente, haja vista o descumprimento do disposto nos arts. 1º, § 2º, III, e 18, ambos da Lei 11.419/06, e nos arts. 18, § 1º, e 21, I, da Res. 1/10-STJ. AgRg no AREsp 217.075-PE, Rel. Min. Herman Benjamin, j. 9.10.2012. 2ª T. (Info 507)

Petição eletrônica. Advogado público. Nome que não consta no certificado digital.

Em preliminar, a Turma entendeu ser possível o conhecimento de petição eletrônica encaminhada por advogado representante "ex lege" de pessoa jurídica de direito público, mesmo que não seja o titular do certificado digital utilizado para assinar a transmissão eletrônica do documento. Para o min. rel., o certificado digital gera uma presunção técnica de autoria (autenticidade), de identificação única entre o titular desse certificado e o arquivo de dados que ele subscrevera. Tal fato possibilita o conhecimento do recurso ou petição assinada por representante processual que decorra da própria lei (como é o caso dos advogados públicos), mesmo que conste, no documento assinado digitalmente, o nome de outro procurador. No mérito, o recurso especial não foi conhecido, pois o tribunal de origem decidiu a questão com base em legislação local, o que atrai o óbice da Súm. 280/STF. AgRg no REsp 1.304.123, Rel. Min. Humberto Martins, j. 22.5.2012. 2ª T. (Info 498)

Decisão. Cálculos. Preclusão.

[...] **os despachos de mero expediente ou ordinatórios, os destinados a apenas impulsionar o processo, não têm qualquer conteúdo decisório e não estão sujeitos a recurso, tal quando o juízo apenas se atém a remeter os autos ao contador**. Todavia, constata-se que a decisão em questão continha carga decisória, pois, desde logo, estabeleceu a vontade judicial ao traçar rígida determinação para a elaboração dos cálculos. [...]. EREsp 519.381-RJ, Rel. Min. Aldir Passarinho Junior, julgados em 3/6/2009.

15. SINOPSE

ATOS PROCESSUAIS
Considerações Iniciais
Os atos processuais constituem manifestações de vontade dos diversos sujeitos processuais e visam a criar, a modificar e a extinguir a relação jurídica processual, culminando, por isso, e depois de observado o devido processo legal, num provimento jurisdicional, que pode (e, precisamente, deve) resolver o objeto litigioso do processo.
Forma
Os atos processuais **independem de forma** determinada, senão quando a lei expressamente a exigir considerando-se válidos os que, realizados de outro modo, preencham-lhe a finalidade essencial.
Instrumentalidade das formas
Consideram-se válidos os atos se, mesmo que realizados sem observância das formas, alcançarem a finalidade a que se destinam (e contanto que não cause prejuízo ao sujeito protegido por elas).

<table>
<tr><th colspan="2">Uso da língua portuguesa</th></tr>
<tr><td colspan="2">O uso da língua portuguesa (do vernáculo) constitui exceção à prescindibilidade de forma. Ele é obrigatório para a prática dos atos processuais, embora se tolere o emprego de "jargões jurídicos" em idiomas estrangeiros.</td></tr>
<tr><th colspan="2">Publicidade</th></tr>
<tr><td colspan="2">Os atos processuais, em regra, são públicos, na medida em que todos podem ter acesso aos autos e assistir aos atos praticados em audiência, mesmo que não sejam partes. A exceção alcança os processos que correm em segredo de justiça, conforme rol exemplificativo estabelecido pelo art. 189 do CPC.</td></tr>
<tr><th colspan="2">Atos em Geral</th></tr>
<tr><th>Atos das partes</th><td>Postulatórios; probatórios e dispositivos</td></tr>
<tr><th>Atos do juiz</th><td>Sentença; decisões interlocutórias e despachos.</td></tr>
<tr><th>Atos do escrivão ou chefe de secretaria</th><td>Documentação, movimentação e certificação.</td></tr>
<tr><th colspan="2">Tempo e lugar dos atos processuais</th></tr>
<tr><td colspan="2">Os atos processuais devem ser realizados nos dias úteis. São considerados feriados, para efeitos forenses, além dos dias assim declarados por lei, os sábados, os domingos e os dias em que não haja expediente forense. Nos dias úteis, os atos processuais devem ser praticados das 6h às 20h, a considerar o horário adotado no juízo em que será praticado o respectivo ato processual, mas serão concluídos após as 20h os atos iniciados antes, quando o adiamento prejudicar a diligência ou causar grave dano. Independentemente de autorização judicial, as citações, as intimações e as penhoras poderão realizar-se no período de férias forenses, onde as houver, e nos feriados ou dias úteis fora do horário acima indicado, observada a garantia da inviolabilidade domiciliar.</td></tr>
<tr><th colspan="2">Negócios Jurídicos Processuais</th></tr>
<tr><td colspan="2">O processo sobre direitos que admitam autocomposição, é lícito às partes plenamente capazes estipular mudanças no procedimento para ajustá-lo às especificidades da causa e convencionar sobre os seus ônus, poderes, faculdades e deveres processuais, antes ou durante o processo.</td></tr>
<tr><th colspan="2">Calendarização processual</th></tr>
<tr><td colspan="2">O juiz e as partes, em diálogo, com o objetivo de afirmar a eficiência, a economia e a duração razoável do processo, podem estabelecer um calendário processual, que dispensará a realização de intimações acerca dos atos processuais a serem praticados. De fato, dispõe o art. 191 que, de comum acordo, o juiz e as partes podem fixar calendário para a prática dos atos processuais, quando for o caso.</td></tr>
<tr><th colspan="2">Prática eletrônica dos atos processuais</th></tr>
<tr><td colspan="2">Os autos processuais podem ser total ou parcialmente digitais, de forma a permitir que os atos sejam produzidos, comunicados, armazenados e validados por meio eletrônico, na forma da lei. Para tanto, os sistemas de automação processual respeitarão a publicidade dos atos, o acesso e a participação das partes e de seus procuradores, inclusive nas audiências e sessões de julgamento, observadas as garantias da disponibilidade, independência da plataforma computacional, acessibilidade e interoperabilidade dos sistemas, serviços, dados e informações que o Poder Judiciário administre no exercício de suas funções.</td></tr>
<tr><th colspan="2">Uso da inteligência artificial perante o Poder Judiciário</th></tr>
<tr><td colspan="2"></td></tr>
</table>

CAPÍTULO 18

PRAZOS PROCESSUAIS

1. CONSIDERAÇÕES INICIAIS

A demora não interessa à atividade jurisdicional, em especial na pós-modernidade, cujo valor mais cultivado é a velocidade. Além de a demora fustigar a segurança jurídica, possibilita que alguém usufrua, durante prazo inaceitável, de bem jurídico de que não é titular. Por isso, além de as partes terem o direito de obter, em prazo razoável, a solução integral do mérito, incluída a atividade satisfativa (art. 4º do CPC), cabe a todos os sujeitos do processo cooperar entre si para que tal ocorra (art. 5º)[1].

Com o objetivo de concretizar a garantia da duração razoável, a legislação processual delimitou temporalmente o direito à prática de atos no processo. Concedeu aos sujeitos processuais uma série de prazos a serem respeitados, com consequências respectivas que diferirão conforme seja o sujeito que não atendeu ao prazo, indo desde a perda do direito de praticar o ato até a sanção administrativa.

2. CLASSIFICAÇÕES DOS PRAZOS PROCESSUAIS

2.1. Prazos legais, judiciais e convencionais

Os prazos podem ser classificados quanto à origem. São legais os prazos cuja duração é prevista em lei; são judiciais aqueles fixados pelo juiz, seja porque a lei não prevê expressamente um prazo, seja porque lhe confere certa discricionariedade, mas dentro de um limite predeterminado (por exemplo, o prazo para contestação à ação rescisória é fixado pelo relator, mas não pode ser inferior a 15 dias nem superior a 30 dias); são convencionais aqueles estabelecidos pelas partes, em razão do autorregramento (arts. 190 e 191, CPC).

1. Ao juiz, em especial, incumbirá velar pela duração razoável do processo (art. 139, II, do CPC).

São exemplos de prazos legais: a) o prazo de 15 dias para impugnação ao pedido de assistência (art. 120, CPC); b) o prazo de 15 dias para contestação (art. 335); c) o prazo de 15 dias para interposição de qualquer recurso, exceto os embargos de declaração (art. 1.003, § 5º); d) o prazo de 5 dias para interposição de embargos de declaração (art. 1.023); etc.

Por outro lado, são exemplos de prazos judiciais: a) o prazo para contestação em ação rescisória (art. 970, CPC[2]); b) o prazo para que o autor supra irregularidades ou vícios sanáveis (art. 352[3]). Enfim, são judiciais os prazos a que se refere o art. 218, § 1º, do CPC[4].

Sempre que não existir prazo legal e o juiz deixar de fixar prazo para a prática de ato pela parte, deve-se observar o prazo subsidiário de **5 dias**, previsto no § 3º do art. 218 do CPC[5]. Assim, por exemplo, se o juiz determina a intimação pessoal da parte para cumprir determinada obrigação de fazer, sem mencionar o prazo para tanto, o executado terá 5 dias para fazê-lo.

Ainda, podem-se citar, como exemplos de prazos convencionais, o fixado para a suspensão negociada do processo, nos termos do art. 313, II e § 3º, do CPC, e todos aqueles fixados no calendário processual (art. 191).

2.2. Prazos comuns e particulares

Quanto à abrangência subjetiva, os prazos podem ser divididos em comuns e particulares.

São comuns os prazos que correm contra ambas as partes (autor e réu) ou contra mais de uma parte do mesmo polo do processo (coautores ou corréus). Assim, por exemplo, é comum o prazo para apelação contra sentença que julgou parcialmente procedente o pedido (sucumbência recíproca). Autor e réu têm o mesmo prazo para recorrer, começando e terminando em termos inicial e final idênticos para todas as partes.

Os prazos particulares, por seu turno, correm apenas contra determinado sujeito processual, a exemplo do prazo de 30 dias para que o Ministério Público intervenha como fiscal da ordem jurídica (art. 178 do CPC). Também é particular o prazo de 15 dias para apresentação de razões finais escritas pelas partes e pelo Ministério Público (se for caso de sua intervenção), porque, a teor do art. 364, § 2º, do CPC, os prazos correm de forma sucessiva para cada parte: primeiro, corre o prazo quinzenal para o autor; depois, o prazo do réu; por fim, o prazo do Ministério Público.

Quando particulares os prazos a determinado sujeito por disposição legal, eles não gozarão de benefícios (como o de dobra), porque já fixado pela lei em consideração às peculiaridades do sujeito processual. Assim, por exemplo, quando a Lei nº 12.016/2009, estabelecendo

2. Art. 970. O relator ordenará a citação do réu, designando-lhe prazo nunca inferior a 15 (quinze) dias nem superior a 30 (trinta) dias para, querendo, apresentar resposta, ao fim do qual, com ou sem contestação, observar-se-á, no que couber, o procedimento comum.
3. Art. 352. Verificando a existência de irregularidades ou de vícios sanáveis, o juiz determinará sua correção em prazo nunca superior a 30 (trinta) dias.
4. § 1º Quando a lei for omissa, o juiz determinará os prazos em consideração à complexidade do ato.
5. § 3º Inexistindo preceito legal ou prazo determinado pelo juiz, será de 5 (cinco) dias o prazo para a prática de ato processual a cargo da parte.

art. 7º, I, que a autoridade coatora terá o prazo de 10 dias para prestar informações, ela não disporá do benefício de dobra do art. 183 do CPC. É que, repita-se, embora possa estar a falar em nome da União ou de outras pessoas jurídicas de direito público ali identificadas, a lei fixou o prazo considerando peculiaridades ínsitas[6].

2.3. Prazos próprios e impróprios

Quanto ao sujeito processual a que se destinam, os prazos podem ser próprios ou impróprios. Os prazos próprios são aqueles que correm contra os sujeitos parciais do processo (partes e intervenientes), enquanto os prazos impróprios dirigem-se ao juiz e aos auxiliares da justiça (sujeitos imparciais). É o caso, por exemplo, dos prazos previstos no art. 226 do CPC, que se destinam ao magistrado[7], e no art. 228, que destinam ao serventuário[8].

Ao passo que o transcurso dos prazos próprios acarreta, via de regra, a preclusão (perda de uma faculdade processual), o desatendimento dos prazos impróprios pelo juiz e por seus auxiliares, em princípio, tem efeitos exclusivamente disciplinares. Contudo, consoante o art. 235, § 3º, do Código de Processo Civil, a inércia injustificada do juiz pode ensejar a remessa dos autos ao seu substituto legal, o que se traduz em consequência processual.

Com efeito, o art. 235 do CPC dispõe que qualquer parte, o Ministério Público ou a Defensoria Pública poderá representar ao corregedor do tribunal ou ao CNJ contra juiz ou relator que injustificadamente exceder os prazos previstos em lei, regulamento ou regimento interno.

Questão de Concurso

► **(Vunesp – Outorga de delegação de serviços notariais e registrais – Provimento – TJ – RS/2019 -ADAPTADA)**[9] De acordo com o Código de Processo Civil, os atos processuais serão realizados nos prazos prescritos em lei. Sobre a matéria, assinale Verdadeiro ou Falso: "Em qualquer grau de jurisdição, havendo motivo justificado, pode o juiz exceder, por igual tempo, os prazos a que está submetido".

Em seguida, o § 2º especifica que, sem prejuízo das sanções administrativas cabíveis, em até 48h após a apresentação ou não da justificativa, o corregedor do tribunal ou o relator no CNJ determinará, se for o caso, a intimação do representado por meio eletrônico para que, em 10 dias, pratique o ato.

Mantida a inércia, continua o § 3º, os autos serão remetidos ao substituto legal do juiz ou do relator contra o qual se representou para decisão em 10 dias.

6. Foi isso que levou o STJ a definir que "não incide o art. 188 do CPC/1973 – que confere prazo em dobro para recorrer à Fazenda Pública ou ao Ministério Público – na hipótese de o recurso interposto ser o incidente de suspensão de liminar previsto no art. 4º, § 3º, da Lei 8.437/92" (STJ. REsp 1.331.730/RS. DJe 07.05.13).
7. Art. 226. O juiz proferirá: I – os despachos no prazo de 5 (cinco) dias; II – as decisões interlocutórias no prazo de 10 (dez) dias; III – as sentenças no prazo de 30 (trinta) dias.
8. Art. 228. Incumbirá ao serventuário remeter os autos conclusos no prazo de 1 (um) dia e executar os atos processuais no prazo de 5 (cinco) dias, contado da data em que: I – houver concluído o ato processual anterior, se lhe foi imposto pela lei; II – tiver ciência da ordem, quando determinada pelo juiz. § 1º Ao receber os autos, o serventuário certificará o dia e a hora em que teve ciência da ordem referida no inciso II. § 2º Nos processos em autos eletrônicos, a juntada de petições ou de manifestações em geral ocorrerá de forma automática, independentemente de ato de serventuário da justiça.
9. Gabarito: Correto

2.4. Prazos peremptórios e dilatórios

Costumava-se dividir os prazos processuais em peremptórios e dilatórios, levando em consideração a sua alterabilidade. Trata-se de classificação baseada nos arts. 181 e 182 do CPC/1973. Para ela, seriam dilatórios os prazos passíveis de redução ou de prorrogação por acordo das partes, enquanto seriam peremptórios os prazos inalteráveis pela vontade das partes. Em ambos os casos, desatendido o prazo, há preclusão (STJ. REsp 373.683/MG. DJe 22.10.09).

Entretanto, com o CPC/2015, tal classificação parece não ter mais fundamento (ou, pelo menos, utilidade), porque o novo Código possibilita a alteração de quaisquer prazos processuais pelas partes, em razão do seu poder de autorregramento, disciplinado nos arts. 190 e 191. Além disso, o art. 139, VI, prevê que o juiz tem o poder de "dilatar os prazos processuais e alterar a ordem de produção dos meios de prova, adequando-os às necessidades do conflito de modo a conferir maior efetividade à tutela do direito". A única restrição legal à alteração dos prazos está disposta no art. 222, § 1º, segundo a qual o juiz não pode reduzir prazos peremptórios sem anuência das partes.

Questão de Concurso

▶ **(FCC – Analista Judiciário – Oficial de Just. Avaliador – TRT 11/2017)**[10] A respeito dos prazos processuais, é correto afirmar que

a) inexistindo preceito legal ou determinação judicial, será de 3 dias o prazo para a prática de ato processual a cargo da parte.

b) na contagem de prazo em dias computar-se-ão os dias úteis, os domingos e feriados.

c) ao juiz é vedado reduzir prazos peremptórios sem anuência das partes.

d) se considera como data de publicação o dia da disponibilização da informação no Diário da Justiça eletrônico.

e) salvo disposição em contrário, os prazos serão contados incluindo o dia do começo e excluindo o dia do vencimento.

Assim, tal classificação, ao menos na forma em que estava, até então, a ser difundida na doutrina, parece perder sua utilidade diante do CPC/2015, já que a possibilidade de alteração dos prazos processuais é ampla, seja pela vontade das partes, seja por determinação do juiz.

3. COMEÇO DO PRAZO E COMEÇO DA CONTAGEM DO PRAZO

3.1. Disposições gerais

Segundo o art. 231 do Código de Processo Civil, considera-se dia do **começo do prazo**:

a) a data de juntada aos autos do aviso de recebimento, quando a citação ou a intimação for pelo correio;

10. Gabarito: Letra C.

b) a data de juntada aos autos do mandado cumprido, quando a citação ou a intimação for por oficial de justiça;

c) a data de ocorrência da citação ou da intimação, quando ela se der por ato do escrivão ou do chefe de secretaria;

d) o dia útil seguinte ao fim da dilação assinada pelo juiz, quando a citação ou a intimação for por edital;

e) o dia útil seguinte à consulta ao teor da citação ou da intimação ou ao término do prazo para que a consulta se dê, quando a citação ou a intimação for eletrônica;

f) a data de juntada do comunicado de que trata o art. 232[11] ou, não havendo esse, a data de juntada da carta aos autos de origem devidamente cumprida, quando a citação ou a intimação se realizar em cumprimento de carta;

g) a data de publicação, quando a intimação se der pelo Diário da Justiça impresso ou eletrônico;

h) o dia da carga, quando a intimação se der por meio da retirada dos autos, em carga, do cartório ou da secretaria.

Havendo **mais de um réu**, o § 1º do art. 231 determina que o prazo só se inicia:

a) quando da juntada do último aviso de recebimento;

b) quando da juntada do último mandado cumprido;

c) quando da ocorrência da última citação por ato do escrivão ou do chefe de secretaria;

d) quando do dia útil seguinte à última dilação assinada pelo juiz;

e) quando da última consulta ao teor da citação ou da intimação eletrônica ou do fim do último prazo para consulta;

f) a partir da comunicação, pelo juízo deprecado, do cumprimento da última carta precatória, rogatória ou de ordem, ou, não havendo comunicação, quando da juntada aos autos principais da carta devidamente cumprida.

IMPORTANTE! A habilitação de advogado em autos eletrônicos não é suficiente para a presunção de ciência inequívoca das decisões, sendo inaplicável a lógica dos autos físicos.(STJ. AgInt no REsp 1.592.433/PR. DJe 01.02.19. Inf. 642).

Questão de Concurso

▶ **(FCC – Analista Judiciário – Área Judiciária – TRT 24/2017)**[12] À luz do Código de Processo Civil, sobre os prazos, é correto afirmar:

a) Nos processos em autos eletrônicos, a juntada de petições não ocorrerá de forma automática e dependerá de ato de serventuário da justiça.

11. Art. 232. Nos atos de comunicação por carta precatória, rogatória ou de ordem, a realização da citação ou da intimação será imediatamente informada, por meio eletrônico, pelo juiz deprecado ao juiz deprecante.
12. Gabarito: letra C.

b) O prazo para o juiz prolatar sentença é de 15 dias, prorrogáveis por mais dez dias havendo motivo justificável.

c) Em regra, considera-se o dia do começo do prazo o dia útil seguinte à consulta ao teor da citação ou da intimação ou ao término do prazo para que a consulta se dê, quando a citação ou a intimação for eletrônica.

d) Nos processos físicos, os litisconsortes que tiverem diferentes procuradores, ainda que do mesmo escritório de advocacia, terão prazos contados em dobro para todas as suas manifestações, em qualquer juízo ou tribunal, independentemente de requerimento.

e) É lícito ao juiz reduzir em caráter excepcional algum prazo peremptório independentemente de anuência das partes.

Por outro lado, se a *intimação* se dirigir a mais de um sujeito processual, os prazos são contados individualmente (art. 231, § 2º, do CPC).

Todavia, não se deve confundir o começo do prazo com o **começo da contagem do prazo**, que se dá no dia útil seguinte. O art. 224 do CPC dispõe que, salvo disposição em contrário, os prazos são contados **excluindo o dia do começo e incluindo o dia do vencimento**[13]. Assim, por exemplo, juntado aos autos o mandado de intimação em 14.12.2016 (quarta-feira), o respectivo prazo tem início neste mesmo dia, mas sua contagem só se inicia em 15.12.2016 (quinta-feira), dia útil seguinte.

> **IMPORTANTE!** Em caso de duplicidade de intimações, sendo uma eletrônica e outra pelo diário oficial, prevalece, para efeito de contagem de prazo, a realizada por meio eletrônico, em razão do disposto no art. 4º, § 2º, da Lei nº 11.419/2006 e no art. 272 do CPC (STJ. AgInt no AREsp 1.330.052/RJ. DJe 29.04.19. Inf. 647).

3.2. Disposição relativa à intimação eletrônica

Quando a intimação for eletrônica, a data da publicação corresponde ao primeiro dia útil seguinte ao da disponibilização da informação (art. 224, § 2º). Assim, a contagem do prazo tem início no primeiro dia útil seguinte ao da publicação (art. 224, § 3º), que, por sua vez, corresponde ao primeiro dia útil seguinte ao da disponibilização. Desse modo, por exemplo, se o DJe é disponibilizado, no sítio eletrônico do tribunal, em 14.12.2016 (quarta-feira), considera-se publicado em 15.12.2016 (quinta-feira) (começo do prazo), e o prazo começa a *contar* em 16.12.2016 (sexta-feira).

4. FORMA DE CONTAGEM DOS PRAZOS PROCESSUAIS

Na contagem dos prazos processuais fixados em dias (e apenas eles), sejam eles legais ou judiciais, computam-se somente os **dias úteis**, conforme prescreve o art. 219 do CPC. A regra não tem aplicação: a) aos prazos materiais; b) àqueles que, mesmo sendo processuais, sejam contados noutra unidade de tempo que não seja o dia; c) àqueles que, mesmo sendo contados

---

13. Se a contagem do prazo não for progressiva (e sim regressiva) e o último dia não for útil, a contagem tem o vencimento antecipado. Ao analisar caso de contagem regressiva, decidiu o Superior Tribunal de Justiça que, "exclui-se o termo *a quo*, no caso, o dia da audiência e, caindo o termo *ad quem* em dia feriado, ou em que não houver expediente forense no fórum, antecipa-se o prazo para o primeiro dia útil precedente" (STJ. RSTJ 121/314).

em dias, disponha de regra especial[14-15]. Inclusive, a regra de contagem é bem diferente da prevista no CPC/1973, que, em seu art. 178, estabelecia que os prazos eram contínuos, não se interrompendo nos feriados (isto é, eram contados em dias corridos, embora não pudessem se iniciar nem findar em dia considerado não útil)[16].

Assim, salvo disposição em contrário, os prazos processuais em dias serão contados a excluir o do começo e a incluir o do vencimento.

O cômputo será apenas de dias considerados úteis.

---

14. A título de exemplo, a Lei nº 11.419/2006, que "dispõe sobre a informatização do processo judicial; altera a Lei nº 5.869, de 11 de janeiro de 1973 (Código de Processo Civil) e dá outras providências", estabelece no seu art. 5º, §§ 1º a 3º, que, embora em dias, o prazo é contado de forma corrida. Veja-se:

    Art. 5º As intimações serão feitas por meio eletrônico em portal próprio aos que se cadastrarem na forma do art. 2º desta Lei, dispensando-se a publicação no órgão oficial, inclusive eletrônico.

    § 1º Considerar-se-á realizada a intimação no dia em que o intimando efetivar a consulta eletrônica ao teor da intimação, certificando-se nos autos a sua realização.

    § 2º Na hipótese do § 1º deste artigo, nos casos em que a consulta se dê em dia não útil, a intimação será considerada como realizada no primeiro dia útil seguinte.

    § 3º A consulta referida nos §§ 1º e 2º deste artigo deverá ser feita em até 10 (dez) dias *corridos* contados da data do envio da intimação, sob pena de considerar-se a intimação automaticamente realizada na data do término desse prazo.

15. Também excepciona a regra geral de contagem de prazos em dias úteis a Lei nº 11.101/2005, que "regula a recuperação judicial, a extrajudicial e a falência do empresário e da sociedade empresária", a dispor no art. 189, § 1º, I, que:

    Art. 189. Aplica-se, no que couber, aos procedimentos previstos nesta Lei, o disposto na Lei nº 13.105, de 16 de março de 2015 (Código de Processo Civil), desde que não seja incompatível com os princípios desta Lei.

    § 1º Para os fins do disposto nesta Lei:

    I – todos os prazos nela previstos ou que dela decorram serão contados em dias corridos;

    [...]

16. Caso interessante de contagem de prazos em dias é trazido pela Lei nº 9.800/1999, que estabelece em seu art. 1º: "é permitida às partes a utilização de sistema de transmissão de dados e imagens tipo fac-símile ou outro similar, para a prática de atos processuais que dependam de petição escrita". Depois, o art. 2º dispõe que: "a utilização de sistema de transmissão de dados e imagens não prejudica o cumprimento dos prazos, devendo os originais ser entregues em juízo, necessariamente, até cinco dias da data de seu término". A questão é: aplica-se à contagem do prazo de 05 dias para a juntada dos originais as regras gerais? Antes de mais, deve-se dizer que não se trata de um novo prazo concedido. Há, aí, uma prorrogação de prazo, estipulado para a juntada dos originais transmitidos via fac-símile. Não se instaura nova contagem de prazo. Dá-se apenas continuidade, por mais 05 dias, contados a partir da data do término originário do prazo em curso. Se utilizada a faculdade de remessa de dados via fac-símile, conta-se, a partir da data do término originário, sem descartar qualquer dia sob a justificativa de se tratar de suposto novo início de prazo. Evidentemente, quanto ao termo final, se, com a prorrogação de 05 dias, ele cair em dia não útil, o prazo final para a entrega dos originais será prorrogado mais uma vez, agora para o dia útil seguinte (STJ. EDcl nos EDcl no AgRg no REsp 1175952/PR. DJe 11.11.10). Além disso, nos casos contemplados pela hipótese de prorrogação prevista na Lei nº 9.800/1999, não há contagem dobrada do prazo de 05 dias, ainda que verificada a existência de litisconsortes com advogados integrantes de diferentes escritórios, presença da Fazenda Pública, Ministério Público ou Defensoria Pública. Entendeu o Superior Tribunal de Justiça que, por se tratar se simples prorrogação, tolerada em face da utilização dos sistemas de transmissão via fac-símile, não se justificaria a concessão de novo benefício (agora, o de duplicação do prazo de prorrogação) (STJ. AgRg no REsp 1308916/GO. DJe 12.12.12). Para a utilização do benefício de prorrogação concedido pela Lei nº 9.800/1999, não é preciso que a parte envie os dados via fac-símile no último dia do prazo originário. Pode enviar antes. O respectivo quinquídio passará a ser contado quando do término do prazo, pouco importando, para tal, o fato de o protocolo anterior ter sido realizado antes do último dia (STJ. EDcl no AgRg no Ag 1382767/SP. DJe 28.03.12). Se o prazo de recurso era de 15 dias, por exemplo, mas a parte fez uso do sistema de transmissão via fac-símile quando contados 10 dias, ela disporá de mais 05 dias do prazo primevo e, em prorrogação, mais 05 dias, para juntar a petição e eventuais documentos originais.

Importante! A Lei nº 13.728/2018 incluiu na Lei nº 9.099/1995 o art. 12-A, com a seguinte redação: "Na contagem de prazo em dias, estabelecido por lei ou pelo juiz, para a prática de qualquer ato processual, inclusive para a interposição de recursos, computar-se-ão somente os dias úteis". Com isso, acaba a controvérsia jurisprudencial e doutrinária sobre a aplicabilidade do art. 219 do CPC aos juizados especiais.

Convém ressaltar que, nos procedimentos regulados no Estatuto da Criança e do Adolescente, os prazos são contados em dias corridos, por expressa disposição do seu art. 152, § 2º (STJ. HC 475.610/DF. DJe 03.04.19. Inf. 647).

Os dias de começo e de vencimento do prazo serão protraídos para o primeiro dia útil seguinte, se eles coincidirem com dia em que o expediente forense for encerrado antes ou iniciado depois da hora normal ou houver indisponibilidade da comunicação eletrônica. Se intermediários tais dias e não havendo ato do respectivo tribunal a reconhecê-los como "não úteis", eles serão computados.

A regra de contagem em dias úteis aplica-se exclusivamente aos prazos *processuais* (art. 219, parágrafo único). Assim, por exemplo, o prazo decadencial para propositura de ação rescisória conta-se em dias corridos, da mesma forma que o prazo da prescrição intercorrente (art. 924, V, do CPC). Também se conta em dias úteis o prazo decadencial de 120 dias para impetração de mandado de segurança (art. 23, Lei nº 12.016/2009). Apesar disso, caso o dia do vencimento caia em feriado, o prazo protrai-se para o primeiro dia útil seguinte (art. 132, § 1º, do Código Civil).

Nada impede que as partes, mediante negócio jurídico, acordem a contagem dos prazos processuais em dias corridos, conforme dispõe o enunciado 579 do FPPC: "Admite-se o negócio processual que estabeleça a contagem dos prazos processuais dos negociantes em dias corridos".

Embora sejam mais usuais prazos fixados em dias, pode ocorrer de serem fixados em minutos[17], horas[18], meses[19] ou até anos[20].

17. Como ocorre, por exemplo, na hipótese do art. 364 do CPC: "Finda a instrução, o juiz dará a palavra ao advogado do autor e do réu, bem como ao membro do Ministério Público, se for o caso de sua intervenção, sucessivamente, pelo prazo de 20 (vinte) minutos para cada um, prorrogável por 10 (dez) minutos, a critério do juiz".
18. Como ocorre, por exemplo, na hipótese do art. 107 do CPC, cuja redação segue abaixo, *in verbis*:Art. 107. O advogado tem direito a:I – examinar, em cartório de fórum e secretaria de tribunal, mesmo sem procuração, autos de qualquer processo, independentemente da fase de tramitação, assegurados a obtenção de cópias e o registro de anotações, salvo na hipótese de segredo de justiça, nas quais apenas o advogado constituído terá acesso aos autos;II – requerer, como procurador, vista dos autos de qualquer processo, pelo prazo de 5 (cinco) dias;III – retirar os autos do cartório ou da secretaria, pelo prazo legal, sempre que neles lhe couber falar por determinação do juiz, nos casos previstos em lei.§ 1º Ao receber os autos, o advogado assinará carga em livro ou documento próprio.§ 2º Sendo o prazo comum às partes, os procuradores poderão retirar os autos somente em conjunto ou mediante prévio ajuste, por petição nos autos.§ 3º Na hipótese do § 2º, é lícito ao procurador retirar os autos para obtenção de cópias, pelo prazo de 2 (duas) a 6 (seis) horas, independentemente de ajuste e sem prejuízo da continuidade do prazo.§ 4º O procurador perderá no mesmo processo o direito a que se refere o § 3º se não devolver os autos tempestivamente, salvo se o prazo for prorrogado pelo juiz.
19. Como ocorre, por exemplo, na hipótese do art. 315, § 1º, do CPC, cuja redação segue abaixo, *in verbis*: Art. 315. Se o conhecimento do mérito depender de verificação da existência de fato delituoso, o juiz pode determinar a suspensão do processo até que se pronuncie a justiça criminal. § 1º Se a ação penal não for proposta no prazo de 3 (três) meses, contado da intimação do ato de suspensão, cessará o efeito desse, incumbindo ao juiz cível examinar incidentemente a questão prévia.[...]
20. Como ocorre, por exemplo, na hipótese do art. 485, II, do CPC, cuja redação segue abaixo, *in verbis*:Art. 485. O juiz não resolverá o mérito quando:[...] II – o processo ficar parado durante mais de 1 (um) ano por negligência

Os prazos contados em minutos ou horas têm seus termos iniciais no exato momento da intimação, correndo de minuto a minuto (STJ. RMS 18508/PR. DJU 06.03.06). Não havendo identificação do horário, deve-se considerar o ato praticado no término do expediente, o qual, por sua vez, constituirá o termo inicial de contagem (STJ. REsp 603886/RJ. DJU 05.09.05).

Já os prazos de meses e de anos expiram no dia de igual número do de início, ou no imediato, se faltar exata correspondência.

Questão de Concurso

▶ **(FGV – Analista Judiciário – Área Judiciária – TRT 12/2017)**[21] Marcella, advogada de uma empresa em processo que tramita numa Vara Cível da Comarca de Caçador (SC), foi intimada pelo juízo, numa quarta-feira, para a prática de determinado ato processual no prazo de cinco dias.

Considerando ser feriado na segunda-feira da semana seguinte, o termo final do prazo processual concedido à patrona se dá na:

a) segunda-feira da semana seguinte;

b) terça-feira da semana seguinte;

c) quarta-feira da semana seguinte;

d) quinta-feira da semana seguinte;

e) sexta-feira da semana seguinte.

5. SUSPENSÃO DO PRAZO PROCESSUAL

A suspensão do prazo processual acarreta a paralisação da sua contagem, e, cessada a causa suspensiva, restitui-se à parte apenas o tempo que faltava para sua complementação (art. 221, CPC). O prazo é contado de onde parou, e não do início (como ocorreria se se tratasse de interrupção).

Entre as hipóteses de suspensão dos prazos incluem-se, evidentemente, os casos de suspensão do próprio processo, descritos no rol exemplificativo do art. 313[22] (sobre o tema, ver capítulo atinente à formação, suspensão e extinção do processo).

Também se suspendem os prazos processuais durante a execução de programas instituídos pelo Poder Judiciário para promover a autocomposição (também chamados de mutirões de conciliação e de mediação), cabendo aos tribunais especificar, com antecedência, a duração dos trabalhos (art. 221, parágrafo único).

---

das partes; [...]

21. Gabarito: Letra D.

22. Art. 313. Suspende-se o processo: I – pela morte ou pela perda da capacidade processual de qualquer das partes, de seu representante legal ou de seu procurador; II – pela convenção das partes; III – pela arguição de impedimento ou de suspeição; IV – pela admissão de incidente de resolução de demandas repetitivas; V – quando a sentença de mérito: a) depender do julgamento de outra causa ou da declaração de existência ou de inexistência de relação jurídica que constitua o objeto principal de outro processo pendente; b) tiver de ser proferida somente após a verificação de determinado fato ou a produção de certa prova, requisitada a outro juízo; VI – por motivo de força maior; VII – quando se discutir em juízo questão decorrente de acidentes e fatos da navegação de competência do Tribunal Marítimo; VIII – nos demais casos que este Código regula. IX – pelo parto ou pela concessão de adoção, quando a advogada responsável pelo processo constituir a única patrona da causa; X – quando o advogado responsável pelo processo constituir o único patrono da causa e tornar-se pai.

Ademais, o CPC/2015 instituiu as chamadas "férias do advogado", consistentes na suspensão de todos os prazos processuais entre os dias **20 de dezembro e 20 de janeiro, inclusive** (art. 220). Durante tal período, não são realizadas audiências nem sessões de julgamento (art. 220, § 2º). Apesar disso, os juízes, os membros do Ministério Público, da Defensoria Pública e da Advocacia Pública e os auxiliares da Justiça exercem normalmente suas atribuições, ressalvadas as férias individuais e os feriados instituídos em lei (art. 220, § 1º). Tal suspensão dos prazos processuais é aplicável, inclusive, aos juizados especiais[23].

Importante! Embora os membros do Ministério Público, da Defensoria Pública e da Advocacia Pública e os auxiliares da Justiça exerçam suas atribuições durante o período compreendido entre 20 de dezembro e 20 de janeiro, para eles também ficam suspensos os prazos para a prática de atos processuais. Assim orienta o Enunciado 21 do CJF: "A suspensão dos prazos processuais prevista no caput do art. 220 do CPC estende-se ao Ministério Público, à Defensoria Pública e à Advocacia Pública". No mesmo sentido, aponta o Enunciado 32 do FNPP: "A suspensão dos prazos processuais do período de 20 de dezembro a 20 de janeiro aplica-se à advocacia pública, sem prejuízo das demais atribuições administrativas do órgão".

Questão de Concurso

▶ **(Cespe – Notários e Oficiais de Registro – Remoção – TJ – DFT/2019)**[24] Acerca de atos processuais, assinale a opção correta.

A) Embora o processo seja regido pelo princípio da instrumentalidade das formas, não é viável que depoimentos de testemunhas colhidos em audiência sejam registrados somente em sistema de gravação de áudio ou de vídeo, pois, para serem formalizados, devem ser devidamente transcritos.

B) É vedado o lançamento de cotas marginais e interlineares nos autos, e o descumprimento dessa determinação incorrerá na sujeição do infrator à aplicação de multa pela prática de ato atentatório à dignidade da justiça no importe de um a dois salários mínimos.

C) De acordo com o Código de Processo Civil, o curso dos prazos processuais é suspenso entre os dias 20 de dezembro e 20 de janeiro; no entanto, juízes, promotores, defensores, procuradores federais e auxiliares da justiça exercerão atividades normalmente durante o referido período.

D) Durante o período de férias forenses aplicáveis aos tribunais superiores, suspende-se a prática de atos processuais, paralisando-se até mesmo os procedimentos de jurisdição voluntária e os processos de nomeação ou remoção de tutor ou curador.

E) Segundo o Código de Processo Civil, mesmo na hipótese de o juiz e as partes criarem um calendário processual, é essencial que haja a intimação das partes em relação aos atos processuais a serem realizados.

Não se deve confundir essa suspensão dos prazos com o recesso do Poder Judiciário, ocorrido entre 20 de dezembro e 6 de janeiro, inclusive. O recesso é previsto no art. 62, I, da Lei nº 5.010/1966, que organiza a Justiça Federal, mas a Resolução nº 244/2016 do CNJ permite também aos tribunais de justiça suspender o expediente forense no mesmo período[25]. O recesso judiciário importa em suspensão não apenas do expediente forense,

23. Enunciado 269 do FPPC: "A suspensão de prazos de 20 de dezembro a 20 de janeiro é aplicável aos Juizados Especiais".
24. Gabarito: Letra C.
25. Art. 1º Os Tribunais de Justiça dos Estados poderão suspender o expediente forense, configurando o recesso judiciário no período de 20 de dezembro a 6 de janeiro, garantindo atendimento aos casos urgentes, novos ou em curso, por meio de sistema de plantões. Parágrafo único. Os tribunais regulamentarão o funcionamento de plantões judiciários, de modo a garantir o caráter ininterrupto da atividade jurisdicional, com ampla divulgação e fiscalização pelos canais competentes, observados os termos da Resolução CNJ 71, de 31 de março de 2005.

mas, igualmente, dos prazos processuais e da publicação de acórdãos, sentenças e decisões, bem como da intimação de partes ou de advogados, na primeira e segunda instâncias, exceto com relação às medidas consideradas urgentes (art. 2º, *caput*, da Resolução nº 244/2016 do CNJ). Nesse período, considerado feriado, o Poder Judiciário funciona apenas em regime de plantão, visando a atender aos casos urgentes, cabendo a cada tribunal regulamentar o respectivo plantão judiciário.

Em resumo, entre 20 de dezembro e 20 de janeiro, inclusive, não se conta qualquer prazo, mas isso não impede a prática de outros atos processuais, a exemplo da prolação de sentença pelo juiz. Ressalva-se apenas o período entre 20 de dezembro e 6 de janeiro, inclusive, considerado feriado, sendo vedada a prática de atos processuais, ressalvados os casos urgentes, atendidos em regime de plantão. Entre 7 e 20 de janeiro, apesar da suspensão dos prazos, das audiências e das sessões de julgamento, magistrados,servidores e os demais sujeitos identificados no § 1º do art. 220 do CPC exercem suas funções normalmente, ressalvadas as férias individuais e feriados.

6. PRECLUSÃO TEMPORAL E JUSTA CAUSA

Decorrido o prazo para que a parte pratique determinado ato processual, extingue-se o direito de praticá-lo ou de emendá-lo, independentemente de declaração judicial; opera-se a preclusão temporal[26].

Poder-se-ia pensar que, se a preclusão é temporal, a parte não praticou o ato e, assim, não teria como emendá-lo. Essa ilação não é verdadeira. Pode ocorrer de o ato ser praticado defeituosamente e a parte permanece inerte, embora intimada para emendá-lo. Nessa situação, ela perderia o direito de emendar o ato processual, pois antes praticado (de forma defeituosa).

É dado à parte comprovar que não realizou o ato por *justa causa*, conforme dispõe o art. 223 do CPC. O Código optou por uma definição legal de justa causa, evitando as discussões doutrinárias acerca da diferenciação entre força maior e caso fortuito. Segundo o § 1º do art. 223, considera-se justa causa o evento alheio à vontade da parte que a impediu de praticar o ato por si ou por mandatário. Nesses casos, o juiz assinará prazo para que a parte pratique o ato (§ 2º do art. 223).

Assim, por exemplo, há justa causa, apta a acarretar a devolução do prazo à parte, quando o advogado alega doença que o impossibilite de exercer a profissão ou de substabelecer a outro causídico, ou quando for o único procurador constituído pela parte (STJ. AgRg no AREsp 813.405/SP. DJe 02.06.16). Igualmente, se, durante o prazo para recurso, os autos vão conclusos ao juiz, impedindo o acesso da parte ao processo, deve-se-lhe devolver o prazo para recurso (STJ. AgRg no REsp 1.356.627/SP. DJe 10.02.16)[27].

---

26. "A essência da preclusão vem a ser a perda, extinção ou consumação de uma faculdade processual pelo fato de se haverem alcançado os limites assinalados por lei ao seu exercício. É fenômeno interno, que só diz respeito ao processo em curso e às suas partes, não atingindo direitos de terceiros e nem sempre trazendo repercussões para as próprias partes em outros processos, em que a mesma questão venha a ser incidentalmente tratada" (STJ. REsp 785823/MA. DJU 15.03.07).

27. O STJ já decidiu que, "no caso de prazo comum, os autos devem permanecer em cartório para vista das partes, de sorte que a retirada deles por uma delas impõe a suspensão do lapso temporal para recorrer, ainda que, antes, a outra parte haja assim também procedido, desde que manifestado o impedimento durante o curso do prazo" (STJ. REsp 592944/RS. DJe 14.09.10).

> A ocorrência de falha na prestação dos serviços dos correios não constitui força maior ou justa causa apta a afastar a exigência de cumprimento do prazo legal para interposição de recurso (STJ. AgInt no AREsp 867.867/MG. DJe 27.06.16).

Assim como as demais espécies de preclusão[28], a temporal visa, sob o aspecto objetivo, a estruturar o procedimento, para garantir a duração razoável ao processo.

IMPORTANTE! A disponibilização de informação equivocada a reseito do prazo recursal no sítio eletrônico do tribunal constitui justa causa para efeito de prorrogação do prazo (STJ. EAREsp 688.615/MS. DJe 09.03.20. Inf. 666). Assim, se o recorrente conta o prazo com base na informação errada constante do andamento processual, deve-se considerar tempestivo o recurso, em atenção à boa-fé processual objetiva (art. 5º do CPC), que se aplica não só às partes, mas também ao órgão jurisdicional, protegendo as legítimas expectativas dos jurisdicionados.

7. PRORROGAÇÃO DOS PRAZOS PROCESSUAIS

Os prazos podem ser ampliados por **convenção processual** (arts. 190 e 191 do CPC)[29] ou por **ato do juiz**.

Consoante o art. 222 do CPC, o juiz pode, na comarca, seção ou subseção judiciária onde for difícil o transporte, prorrogar os prazos por até 2 meses. Desse modo, por exemplo, em uma unidade judiciária localizada na Floresta Amazônica, onde o transporte é exclusivamente fluvial, é dado ao magistrado dilatar os prazos processuais, a fim de facilitar a prática dos atos processuais pelas partes.

Questão de Concurso

▶ **(Vunesp – Outorga de delegação de serviços notariais e registrais – Provimento – TJ – RS/2019 -ADAPTADA)**[30] De acordo com o Código de Processo Civil, os atos processuais serão realizados nos prazos prescritos em lei. Sobre a matéria, assinale Verdadeiro ou Falso: "Na comarca, seção ou subseção judiciária onde for difícil o transporte, o juiz poderá prorrogar os prazos por até 3 (três) meses".

28. Para os sujeitos parciais do processo, existem outras duas formas de preclusão, que estão calcadas no mesmo fim de alcançar o escopo final do processo: a consumativa, que se opera quando o ato, que deveria ser praticado no prazo respectivo, assim o é, impedindo a parte que o praticou de fazê-lo novamente; a lógica, que se opera quando a parte pratica ato incompatível com outra conduta anterior.
29. Enunciado 19 do Fórum Permanente de Processualistas Civis: "São admissíveis os seguintes negócios processuais, dentre outros: pacto de impenhorabilidade, acordo de ampliação de prazos das partes de qualquer natureza, acordo de rateio de despesas processuais, dispensa consensual de assistente técnico, acordo para retirar o efeito suspensivo de recurso, acordo para não promover execução provisória; pacto de mediação ou conciliação extrajudicial prévia obrigatória, inclusive com a correlata previsão de exclusão da audiência de conciliação ou de mediação prevista no art. 334; pacto de exclusão contratual da audiência de conciliação ou de mediação prevista no art. 334; pacto de disponibilização prévia de documentação (pacto de *disclosure*), inclusive com estipulação de sanção negocial, sem prejuízo de medidas coercitivas, mandamentais, sub-rogatórias ou indutivas; previsão de meios alternativos de comunicação das partes entre si; acordo de produção antecipada de prova; a escolha consensual de depositário-administrador no caso do art. 866; convenção que permita a presença da parte contrária no decorrer da colheita de depoimento pessoal".
30. Gabarito: Falso.

Além disso, havendo calamidade pública, o limite de 2 meses pode ser excedido. Nesses casos, o juiz deve, de forma fundamentada, fixar o prazo que entender razoável para a prática do ato. Caso, porém, a calamidade configure causa de verdadeira impossibilidade de praticar o ato, restará caracterizada a força maior a que alude o art. 313, VI, do CPC. Nessa hipótese, não há que se falar em dilação de prazo, mas em suspensão do próprio processo, nos termos do art. 313, VI. A gravidade do evento, a ensejar a ampliação do prazo ou a suspensão do processo, deverá ser avaliada pelo julgador, a quem cabe determinar uma providência ou outra.

Além da previsão do art. 222, o CPC/2015 confere ao juiz um verdadeiro poder geral de dilação dos prazos, previsto no art. 139, VI. Segundo este dispositivo, incumbe ao juiz "dilatar os prazos processuais e alterar a ordem de produção dos meios de prova, adequando-os às necessidades do conflito de modo a conferir maior efetividade à tutela do direito".

A disposição deve ser aplicada com cautela. Em primeiro lugar, toda dilação de prazo feita pelo juiz deve ser devidamente fundamentada, respeitando o postulado da razoabilidade. Em segundo lugar, a dilação de prazos legais deve ser sempre excepcional. Apenas quando estritamente necessário, deve o magistrado ampliar um prazo legal, sob pena de, ao pretexto de adequar o procedimento às particularidades do caso, gerar insegurança jurídica e desigualdade, desconsiderando regras legais claras e previamente ponderadas pelo legislador. Assim, por exemplo, para que o juiz amplie o prazo para apresentação de razões finais escritas (art. 364, § 2º), é preciso que a causa seja de alta complexidade, envolvendo muitas questões fáticas e/ou jurídicas, a justificar a dilatação do prazo.

A dilação de prazo não pode servir para afastar a preclusão temporal já consumada (enunciado 129 do FPPC[31]). Com efeito, o art. 139, parágrafo único, do CPC estabelece que a ampliação de prazo prevista no art. 139, VI, somente pode ser feita antes de encerrado o prazo regular. Em outras palavras, o prazo pode ser dilatado antes do seu início ou mesmo depois de iniciado, desde que ainda não findado, pois, operada a preclusão temporal, extingue-se o direito ou a faculdade processual da parte.

8. RENÚNCIA AO PRAZO

A parte pode renunciar ao prazo estabelecido em seu favor, desde o que faça **expressamente**. A renúncia ao prazo é ato unilateral da parte e surte efeitos imediatamente, independendo de homologação judicial (art. 200, parágrafo único, do CPC).

A renúncia ao prazo não exige poderes especiais do advogado, pois o art. 105 do CPC somente os exige para a renúncia ao direito em que se funda a ação.

9. PRÁTICA DO ATO PROCESSUAL ANTES DO TERMO INICIAL

Segundo o art. 218, § 4º, do CPC/2015, considera-se **tempestivo** o ato praticado antes do termo inicial do prazo. Apesar da aparente obviedade, o dispositivo tem sua razão de ser.

31. Enunciado 129 do FPPC: "A autorização legal para ampliação de prazos pelo juiz não se presta a afastar preclusão temporal já consumada".

Na vigência do CPC/1973, o STJ construiu o entendimento de que o recurso interposto antes da publicação (*rectius*: intimação) da decisão recorrida no diário oficial (começo do prazo) era extemporâneo e, pois, inadmissível, ainda que a decisão já tivesse sido lançada nos autos e, portanto, fosse de conhecimento público. Trata-se, claramente, de jurisprudência defensiva, que visava a barrar, sem qualquer razão aceitável, a maior quantidade de recursos possível, sem apreciar-lhes o mérito.

Justamente com base nessa tese, o STJ editou, ainda na vigência do CPC/1973, o enunciado 418 da sua súmula de jurisprudência: "É inadmissível o recurso especial interposto antes da publicação do acórdão dos embargos de declaração, sem posterior ratificação". Se houvesse sucumbência recíproca, e uma parte interpusesse recurso especial, e a outra, embargos de declaração, após o julgamento dos embargos, ainda que desprovidos ou não conhecidos, era necessário que o primeiro recorrente reiterasse o seu recurso especial, sob pena de não conhecimento.

Felizmente, ainda durante a *vacatio legis* do CPC/2015, a Corte Especial do STJ realizou verdadeiro *overriding*, limitando o âmbito de incidência do verbete 418. Segundo restou decidido, "a única interpretação cabível para o enunciado da Súmula 418 do STJ é aquela que prevê o ônus da ratificação do recurso interposto na pendência de embargos declaratórios apenas quando houver alteração na conclusão do julgamento anterior" (STJ. REsp 1.129.215/ DF. DJe 03.11.15).

Essa tese resta reforçada e consolidada com a vigência do art. 218, § 4º, do CPC/2015. Agora, não há mais que se falar em extemporaneidade de recurso interposto antes do início do prazo, tampouco em necessidade de ratificação do recurso, exceto nos casos em que haja modificação da decisão quando do julgamento dos embargos de declaração.

10. CONTAGEM DO PRAZO EM DOBRO PARA LITISCONSORTES COM PROCURADORES DIFERENTES

Havendo litisconsortes com procuradores distintos, contam-se em dobro todos os prazos para suas manifestações, em qualquer juízo ou tribunal, **independentemente de requerimento**, desde que os advogados dos litisconsortes não integrem o mesmo escritório de advocacia (art. 229, *caput*, do CPC).

A *ratio* da regra é facilitar o acesso dos advogados dos litisconsortes aos autos. Justamente por isso, não há que se falar em dobra de prazo quando o processo (para ser preciso, os autos) for eletrônico (art. 229, § 2º), na medida em que o acesso aos autos eletrônicos é amplo para partes e advogados. Diferentemente do que ocorre quando os autos têm suporte físico, as partes e os advogados não precisam se revezar.

Caso apenas um dos litisconsortes passivos ofereça defesa, cessa a contagem do prazo em dobro (art. 229, § 1º). Em outras palavras, havendo litisconsórcio passivo, o prazo para contestação é contado em dobro[32], mas, em face da revelia de um dos réus, todos os prazos subsequentes são contados de forma simples. Igualmente é inaplicável a contagem do prazo recursal em dobro quando apenas um dos litisconsortes com procuradores distintos sucumbe

32. A não ser que os advogados sejam os mesmos ou integrem o mesmo escritório de advocacia.

em processo com autos físicos na vigência do CPC/2015 (STJ. REsp 1.709.562/RS. DJe 18.10.18. Inf. 636).

Também cessa a contagem dos prazos em dobro, caso apenas um dos litisconsortes seja sucumbente. Nessa hipótese, o prazo para recurso contra a decisão de mérito será contado de forma simples, nos termos do enunciado 641 da súmula do STF: "não se conta em dobro o prazo para recorrer, quando só um dos litisconsortes haja sucumbido".

Ademais, a dobra de prazo prevista no art. 229 do CPC não é cumulável com aquela estabelecida no art. 183[33], por isso não há que se falar em prazo em quádruplo (dobro do dobro) caso um dos litisconsortes seja ente público (STJ. AgRg no AREsp 8.510/ES. DJe 30.09.11).

Por fim, "se os litisconsortes passam a ter procuradores distintos no curso do processo, a partir desse momento é que têm o prazo em dobro à sua disposição" (STJ. REsp 1.309.510/AL. DJe 03.04.13). O momento processual da aplicação do art. 229 do CPC é, portanto, o de quando demonstrada a existência de litisconsórcio com diferentes procuradores.

Questão de Concurso

► **(Vunesp – Outorga de delegação de serviços notariais e registrais – Provimento – TJ – RS/2019 -ADAPTADA)**[34] De acordo com o Código de Processo Civil, os atos processuais serão realizados nos prazos prescritos em lei. Sobre a matéria, assinale Verdadeiro ou Falso: "Os litisconsortes que tiverem diferentes procuradores, de escritórios de advocacia distintos, terão prazos contados em dobro para todas as suas manifestações, em qualquer juízo ou tribunal, mediante simples requerimento".

11. SÚMULAS

Súmula do STF

641. Não se conta em dobro o prazo para recorrer, quando só um dos litisconsortes haja sucumbido.

12. ENUNCIADOS DO FPPC

19. São admissíveis os seguintes negócios processuais, dentre outros: pacto de impenhorabilidade, acordo de ampliação de prazos das partes de qualquer natureza, acordo de rateio de despesas processuais, dispensa consensual de assistente técnico, acordo para retirar o efeito suspensivo de recurso, acordo para não promover execução provisória; pacto de mediação ou conciliação extrajudicial prévia obrigatória, inclusive com a correlata previsão de exclusão da audiência de conciliação ou de mediação prevista no art. 334; pacto de exclusão contratual da audiência de conciliação ou de mediação prevista no art. 334; pacto de disponibilização prévia de documentação (pacto de *disclosure*), inclusive com estipulação de sanção negocial, sem prejuízo de medidas coercitivas, mandamentais, sub-rogatórias ou indutivas; previsão de meios alternativos de comunicação das partes entre si; acordo de produção antecipada de prova; a escolha consensual de depositário-administrador no caso do art. 866; convenção que permita a presença da parte contrária no decorrer da colheita de depoimento pessoal.

33. Art. 183. A União, os Estados, o Distrito Federal, os Municípios e suas respectivas autarquias e fundações de direito público gozarão de prazo em dobro para todas as suas manifestações processuais, cuja contagem terá início a partir da intimação pessoal.

34. Gabarito: Falso.

21. São admissíveis os seguintes negócios, dentre outros: acordo para realização de sustentação oral, acordo para ampliação do tempo de sustentação oral, julgamento antecipado do mérito convencional, convenção sobre prova, redução de prazos processuais.

22. O Tribunal não poderá julgar extemporâneo ou intempestivo recurso, na instância ordinária ou na extraordinária, interposto antes da abertura do prazo.

107. O juiz pode, de ofício, dilatar o prazo para a parte se manifestar sobre a prova documental produzida.

116. Quando a formação do litisconsórcio multitudinário for prejudicial à defesa, o juiz poderá substituir a sua limitação pela ampliação de prazos, sem prejuízo da possibilidade de desmembramento na fase de cumprimento de sentença.

129. A autorização legal para ampliação de prazos pelo juiz não se presta a afastar preclusão temporal já consumada.

267. Os prazos processuais iniciados antes da vigência do CPC serão integralmente regulados pelo regime revogado.

268. A regra de contagem de prazos em dias úteis só se aplica aos prazos iniciados após a vigência do Novo Código.

269. A suspensão de prazos de 20 de dezembro a 20 de janeiro é aplicável aos Juizados Especiais.

275. Nos processos que tramitam eletronicamente, a regra do art. 229, § 2º, não se aplica aos prazos já iniciados no regime anterior.

579. Admite-se o negócio processual que estabeleça a contagem dos prazos processuais dos negociantes em dias corridos.

581. O poder de dilação do prazo, previsto no inciso VI do art. 139 e no inciso I do § 1º do art. 303, abrange a fixação do termo final para aditar o pedido inicial posteriormente ao prazo para recorrer da tutela antecipada antecedente.

13. ENUNCIADOS DO FNPP

5. A dilação de prazos processuais prevista no art. 139, VI do CPC é compatível com o mandado de segurança.

11. Os prazos processuais no mandado de segurança são contados em dias úteis, inclusive para as informações da autoridade coatora.

31. A contagem dos prazos processuais em dias úteis se aplica aos processos judiciais regulados em legislação extravagante, inclusive juizados especiais, salvo disposição legal em sentido contrário.

32. A suspensão dos prazos processuais do período de 20 de dezembro a 20 de janeiro aplica-se à advocacia pública, sem prejuízo das demais atribuições administrativas do órgão.

49. Os prazos nos processos de execução fiscal serão contados em dias úteis.

14. ENUNCIADOS DA ENFAM

45. A contagem dos prazos em dias úteis (art. 219 do CPC/2015) aplica-se ao sistema de juizados especiais.

46. O § 5º do art. 1.003 do CPC/2015 (prazo recursal de 15 dias) não se aplica ao sistema de juizados especiais.

15. ENUNCIADOS DO CJF

19. O prazo em dias úteis previsto no art. 219 do CPC aplica-se também aos procedimentos regidos pelas Leis nº 9.099/1995, 10.259/2001 e 12.153/2009.

20. Aplica-se o art. 219 do CPC na contagem do prazo para oposição de embargos à execução fiscal previsto no art. 16 da Lei nº 6.830/1980.

21. A suspensão dos prazos processuais prevista no caput do art. 220 do CPC estende-se ao Ministério Público, à Defensoria Pública e à Advocacia Pública.

16. SINOPSE

PRAZOS PROCESSUAIS
Classificação
Os prazos processuais podem ser: a) legais, judiciais ou convencionais, conforme se originem de determinação da lei, do juiz ou da vontade das partes; b) comuns ou particulares, conforme se dirijam a todos os sujeitos parciais ou a apenas um deles; c) próprios ou impróprios, conforme corram contra sujeito parcial (partes e intervenientes) ou contra sujeito imparcial (juiz e auxiliares).
Começo do prazo e começo da contagem do prazo
Considera-se dia do começo do prazo qualquer das datas previstas no art. 231 do CPC. Todavia, não se deve confundir o começo do prazo com o começo da contagem do prazo, que se dá no dia útil seguinte. Salvo disposição em contrário, os prazos são contados excluindo o dia do começo e incluindo o dia do vencimento. Assim, por exemplo, juntado aos autos o mandado de intimação em 14.12.2016 (quarta-feira), o respectivo prazo tem início neste mesmo dia, mas sua contagem só se inicia em 15.12.2016 (quinta-feira), dia útil seguinte. Quando a intimação for eletrônica, a data da publicação corresponde ao primeiro dia útil seguinte ao da disponibilização da informação. Assim, a contagem do prazo tem início no primeiro dia útil seguinte ao da publicação, que, por sua vez, corresponde ao primeiro dia útil seguinte ao da disponibilização. Desse modo, por exemplo, se o DJe é disponibilizado, no sítio eletrônico do tribunal, em 14.12.2016 (quarta-feira), considera-se publicado em 15.12.2016 (quinta-feira) (começo do prazo), e o prazo começa a *contar* em 16.12.2016 (sexta-feira).
Forma de contagem dos prazos processuais
Na contagem dos prazos processuais fixados em dias, sejam eles legais ou judiciais, computam-se somente os dias úteis.
Suspensão dos prazos processuais
A suspensão do prazo processual acarreta a paralisação da sua contagem, e, cessada a causa suspensiva, restitui-se à parte apenas o tempo que faltava para sua complementação. Os prazos são suspensos, entre outros casos: a) quando suspender-se o próprio processo (art. 313); b) durante a execução de programas instituídos pelo Poder Judiciário para promover a autocomposição; c) os dias 20 de dezembro e 20 de janeiro, inclusive. Este último período não se confunde com o recesso do Poder Judiciário (de 20 de dezembro a 6 de janeiro, inclusive), previsto no art. 62, I, da Lei nº 5.010/1966, que organiza a Justiça Federal, e na Resolução nº 244/2016 do CNJ.
Preclusão temporal e justa causa
Decorrido o prazo para que a parte pratique determinado ato, extingue-se o direito de praticá-lo, independentemente de declaração judicial. Contudo, é dado à parte comprovar que não realizou o ato por justa causa (evento alheio à vontade da parte que a impediu de praticar o ato por si ou por mandatário). Nesses casos, o juiz assinará prazo para que a parte pratique o ato.
Prorrogação dos prazos processuais
Os prazos podem ser ampliados por convenção processual ou por ato do juiz. O juiz pode, na comarca, seção ou subseção judiciária onde for difícil o transporte, prorrogar os prazos por até 2 meses. havendo calamidade pública, o limite de 2 meses pode ser excedido. Ademais, segundo o art. 139, VI, do CPC, incumbe ao juiz "dilatar os prazos processuais e alterar a ordem de produção dos meios de prova, adequando-os às necessidades do conflito de modo a conferir maior efetividade à tutela do direito". Qualquer dilatação de prazo deve ser determinada fundamentadamente, em obediência ao postulado da razoabilidade, e apenas em caráter excepcional. Além disso, A dilação de prazo não pode servir para afastar a preclusão temporal já consumada.
Renúncia ao prazo
A parte pode renunciar ao prazo estabelecido em seu favor, desde o que faça expressamente. A renúncia ao prazo é ato unilateral da parte e surte efeitos imediatamente, independendo de homologação judicial e de outorga de poderes especiais ao advogado.

Prática do ato processual antes do termo inicial do prazo
Considera-se tempestivo o ato praticado antes do termo inicial do prazo, conforme prescreve o art. 218, § 4º, do CPC/2015. Justamente por isso, o STJ superou o entendimento de que é extemporâneo o recurso interposto antes da respectiva publicação (*rectius*: intimação). Além disso, o STJ decidiu que "a única interpretação cabível para o enunciado da Súmula 418 do STJ é aquela que prevê o ônus da ratificação do recurso interposto na pendência de embargos declaratórios apenas quando houver alteração na conclusão do julgamento anterior" (STJ. REsp 1.129.215/DF. DJe 03.11.15).
Contagem dos prazos em dobro para litisconsortes com procuradores diferentes
Havendo litisconsortes com procuradores distintos, contam-se em dobro todos os prazos para suas manifestações, em qualquer juízo ou tribunal, independentemente de requerimento, desde que os advogados dos litisconsortes não integrem o mesmo escritório de advocacia, e salvo se o processo for eletrônico. Caso apenas um dos litisconsortes passivos ofereça defesa, cessa a contagem do prazo em dobro. Em outras palavras, havendo litisconsórcio passivo, o prazo para contestação é contado em dobro, mas, em face da revelia de um dos réus, todos os prazos subsequentes são contados de forma simples. Também cessa a contagem dos prazos em dobro, caso apenas um dos litisconsortes seja sucumbente, nos termos do enunciado 641 da súmula do STF: "não se conta em dobro o prazo para recorrer, quando só um dos litisconsortes haja sucumbido".

CAPÍTULO 19

COMUNICAÇÃO DOS ATOS PROCESSUAIS

1. CONSIDERAÇÕES INICIAIS

As comunicações processuais objetivam dar ao processo o impulso necessário para atingir a efetiva prestação da tutela jurisdicional. Por intermédio delas, as partes, o Ministério Público (como parte, evidentemente, mas, também, como fiscal da ordem jurídica) e os terceiros intervenientes tomam **conhecimento** dos atos praticados no processo, o que lhes possibilita de **exercer atos consequentes**, nos limites, inclusive temporais, da lei processual e em razão do contraditório, bem como de cumprir uma determinação ou ordem judicial, a fim de evitar os ônus a que estão sujeitos.

O juiz, investido do dever legal de impulsionar o processo, pode então determinar, inclusive por meio de videoconferência ou outro recurso tecnológico de transmissão de sons e imagens em tempo real, desde a simples ciência da prática de um ato processual a qualquer das partes interessadas, até comunicar uma determinação judicial para que seja praticado um ato específico, em cumprimento ao que determinara, a se possibilitar, assim, o exercício do efetivo contraditório. Para tanto, existem três tipos de veículo para a comunicação dos atos processuais: **a) as citações; b) as intimações; c) as cartas.**

2. CITAÇÕES

O art. 238 do CPC define a citação como o ato pelo qual são convocados o réu, o executado ou o interessado para **integrar a relação processual**[1]. Apesar de, após o rece-

1. O presente artigo aperfeiçoa a dicção do art. 213 do CPC/1973, ao clarificar que o sujeito não é citado com finalidade exclusiva de se defender, como dava a entender a narrativa do CPC/1973, mas para integrar a relação processual e assumir uma gama de posições processuais possíveis, sendo estimulada pelo Estado, inclusive a postura colaborante rumo à consensual resolução do conflito (art. 3º, § 2º do CPC).

bimento da petição inicial, já existir processo regularmente instaurado entre autor e juiz, a relação jurídico-processual só se completa quando o réu tiver ciência de que contra ele existe demanda proposta, considerando que a citação legitima a natureza de contraditório, sendo a ela a essência do devido processo[2].

Antes, sob a vigência do CPC/1973, o art. 213 predizia que a citação era o ato pelo qual se chamava a juízo o réu ou o interessado a fim de se defender. Hoje, o art. 238 do CPC/2015 dispõe apenas que a citação é o ato pelo qual se convoca para integrar a relação processual. Significa que, atualmente, a citação não é o instrumento que fustiga o réu a apresentar resposta, como antes ocorria. O instrumento destinado a isso, agora, é a intimação.

Prossiga-se.

Não basta haver citação para que a relação processual esteja plenamente instaurada. É imprescindível que ela seja regular, ou seja, que preencha todos os requisitos de sua validade, porque somente assim operará os seus respectivos efeitos legais (art. 239 do CPC), sobretudo em relação ao réu. Sob esse aspecto, a citação constitui-se em **pressuposto processual positivo de validade**[3].

Assim, no tocante à citação, há duas vertentes a se observar: a primeira, se houve citação; a segunda, se ela foi válida. Quanto à primeira, a realização da citação se coloca como **condição de eficácia**[4] do processo para o réu. Quanto à segunda, a citação, feita de forma válida, é **pressuposto para o desenvolvimento válido do processo.**

2.1. Comunicação da decisão ao réu não citado

O legislador, relativamente a alguns casos, mitiga expressamente a indispensabilidade da citação. São exemplos, conforme previsão da parte final do art. 239 do CPC: a) **indeferimento da petição inicial**; b) **improcedência liminar do pedido**. Em tais casos, a ausência de citação não implicará em vício processual. Isso porque o legislador aplicou a lógica do **contraditório inútil ou infrutífero**, ao afastar a necessidade de citação do réu, quando a decisão a ser proferida lhe beneficia, a não projetar efeitos negativos na sua esfera jurídica. Entretanto, se o autor recorrer de tal decisão liminar, o réu deve ser imediatamente citado (art. 332, § 4º do CPC) para, se quiser, apresentar contrarrazões.

---

2. A citação é a porta inicial do contraditório, pois a partir dela é que a parte demandada terá conhecimento do litígio e poderá exercer as demais facetas do contraditório dinâmico (participação e influência) durante a marcha do processo. Nesses termos, um processo sem citação possui pouca utilidade, já que a sentença proferida é ineficaz em relação ao réu.
3. O princípio da primazia da decisão de mérito deve pautar a conduta do magistrado diante de tal situação. De tal forma que, uma vez detectada a ausência de um pressuposto processual, o juiz deverá intimar à parte para que se conceda a possibilidade de saneamento do vício, antes da extinção anômala do processo (art. 139, IX do CPC).
4. Alguns consideram a realização da citação como pressuposto de existência do processo. Mas, ao nosso ver, a perspectiva correta é a que a considerada como condição de eficácia do processo em relação ao réu, pois, mesmo antes da citação do réu, o processo já existe entre autor e órgão julgador. Além disso, segundo o art. 239, § 1º do CPC, "o comparecimento espontâneo do réu ou do executado supre a falta ou a nulidade da citação, fluindo a partir desta data o prazo para apresentação de contestação ou de embargos à execução", o que implica concluir que o comparecimento espontâneo do réu não citado só tem força de validar o processo se ele já existe.

Mas, se decorrido o prazo recursal, o réu deve ser comunicado do resultado do julgamento que lhe favoreceu, para que, depois, possa, se necessário, defender-se em relação à outra ação (inclusive, se for o caso, informar ao juízo a verificação do pressuposto processual negativo da coisa julgada) ou, até mesmo, executar a prestação eventualmente reconhecida em seu favor pela decisão de improcedência da ação processualizadas pelo autor.

2.2. Comparecimento espontâneo do réu

A falta ou a irregularidade da citação pode ensejar invalidades processuais. Mas, apesar de ser (a citação) um ato formal e solene, mesmo diante de sua ausência ou de vício que lhe acometa, ela e os atos praticados em concatenação podem ser convalidados. É o que dispõe o § 1º do art. 239 do Código, ao dispor que o comparecimento espontâneo do réu, desde que não acarrete prejuízo, supre a falta da citação ou mesmo convalida aquela que tenha sido irregular, porque o objetivo da comunicação (integração do réu, do executado ou do interessado à relação processual) foi alcançado.

Questão de Concurso

▶ **(FCC – Juiz de Direito – SC/2017)**[5] No que se refere à comunicação dos atos processuais, é correto que

a) para a eficácia e existência do processo é indispensável a citação do réu ou do executado, com a ressalva única de indeferimento da petição inicial.

b) o comparecimento espontâneo do réu ou do executado supre a falta ou a nulidade da citação, fluindo a partir desta data o prazo para apresentação de contestação ou de embargos à execução.

c) a citação válida, salvo se ordenada por juízo incompetente, induz litispendência, torna litigiosa a coisa e constitui em mora o devedor.

d) a citação será sempre pessoal, por se tratar de ato personalíssimo e, portanto, intransferível.

e) como regra geral, a citação será feita por meio de mandado a ser cumprido por oficial de justiça; frustrada esta, far-se-á pelo correio.

Com o **comparecimento espontâneo**[6], dá-se início a contagem dos prazos de defesa, situação diferente daquela que ocorria no CPC/1973, que estipulava como marco inicial para apresentação de resposta a intimação da decisão, que acolhia o pedido de decretação de invalidade da citação. Logo, se o réu comparece e defende a falta ou a nulidade de citação, deverá, a contar daí, apresentar sua resposta. Além de se dispensar a realização de citação, porque a relação processual estará completada em razão do comparecimento espontâneo, tal ato pressuporá a intimação do réu para apresentar contestação.

5. Gabarito: Letra B.

6. Há dois entendimentos jurisprudenciais importantes a respeito do tema construídos ao tempo do CPC/1973 que, na opinião do curso, devem permanecer aplicáveis ao CPC/15 por concretizar o devido processo legal, a boa – fé processual e efetividade: a) o de que o comparecimento espontâneo do réu supre a falta de citação, ainda que o advogado que compareça e apresente a contestação tenha **procuração com poderes apenas para o foro em geral** (sem poderes especiais para receber citação), desde que de tal ato não resulte nenhum prejuízo à parte ré (STJ. REsp 772648/PR. DJU 13.03.06); b) o de que a simples apresentação de procuração e a **retirada dos autos efetuada por advogado destituído de poderes para receber citação** não induzem à detecção do comparecimento espontâneo por parte do réu, inocorrendo o efeito do suprimento da falta do ato específico (STJ. REsp 747057/ES. DJU 02.04.07).

O comando legal do § 1º do art. 239 do Código tem por claro objetivo garantir a razoável duração ao processo, cuja velocidade de tramitação restou prejudicada (pelo menos em parte) pela eventual falta ou nulidade da citação alegada. Só que, com isso, o legislador acabou por fazer com que, para o processo ou fase de conhecimento especificamente, a contestação fosse apresentada antes da realização da audiência de conciliação ou mediação, o que poderá implicar em dificuldades para a composição das partes litigantes.

Pois bem.

Se o réu comparece para alegar inexistência ou invalidade da citação, mas, por sua vez, o juiz rejeita as respectivas afirmações, duas consequências podem decorrer, a depender da fase processual: a) se no processo de conhecimento, o réu será considerado revel e aquele continuará a tramitar sem necessidade de decretar qualquer invalidade; b) se no processo de execução, este terá normal seguimento, sem necessidade também de se decretar invalidade de qualquer ato processual.

Se o réu comparece e são acolhidas as afirmações de inexistência ou invalidade de citação e apresentada resposta, todos os atos processuais concatenados terão suas invalidades decretadas, a se prosseguir a tramitação do processo com a repetição daqueles, quando for o caso, e a realização de atos outros necessários que não foram antes praticados. De qualquer modo, o comparecimento espontâneo, aí, será suficiente para que o processo possa se desenvolver de forma válida mesmo sem necessidade de realização de (válida) citação.

Se o réu ou o executado comparecem espontaneamente ao processo e, dias depois, ainda dentro do prazo para apresentar respostas, exercem tal faculdade processual, qual seria a consequência, mesmo que não reconhecida a inexistência ou não decretada a invalidade de citação alegadas? Neste caso, as respostas apresentadas pelo réu ou pelo executado seriam recebidas, por tempestivas, pelo que, no processo de conhecimento, não seria decretada revelia e, no de execução, não seria determinado o seu prosseguimento.

Finalmente, não se pode confundir comparecimento espontâneo com a citação realizada em cartório pelo escrivão ou chefe de secretaria. O comparecimento espontâneo coincide e está registrado pela prática de ato postulatório. Por sua vez, o comparecimento na sede do juízo, em conseguinte acesso aos autos do processo, enseja a citação pelo escrivão ou chefe de secretaria, ocasião em que, diferentemente do que ocorre com o comparecimento espontâneo, só a partir daí terá início a fluência do prazo de resposta.

2.3. Destinatários da citação

No atual sistema processual vige, como fundamento, a **pessoalidade** da citação. Esta deve ser realizada na pessoa do réu (ou do executado ou do interessado), a fim de tutelar-se a efetiva ciência e, assim, possibilitar o exercício efetivo do contraditório. Por isso, é o destinatário da citação que deve receber e assinar (de mão própria) a carta (no aviso de recepção) ou o mandado de citação(art. 242 do CPC).

Entretanto, caso o citando seja destituído de capacidade processual (incapazes), a citação será na pessoa do seu representante legal (pais, tutores ou curadores). Se absolutamente incapaz (art. 3º do CC), a citação será realizada na pessoa do representante. Se relativamente incapaz (art. 4º do CC), a citação será realizada em conjunto (nas pessoas do citando e de seu assistente).

IMPORTANTE! Com a recente Lei nº 13.146/2015 (Estatuto da Pessoa com Deficiência), os portadores de transtorno mental perdem o *status* de absolutamente incapazes. Resta, assim, como única hipótese de incapacidade absoluta, os menores de 16 anos de idade.

Assim, os portadores de deficiência terão garantido o exercício da sua capacidade legal plena, como dispõe o art. 84 da Lei nº 13.146/15: "a pessoa com deficiência tem assegurado o direito ao exercício de sua capacidade legal em igualdade de condições com as demais pessoas".

Tal disposição não afasta o instituto da curatela civil. Como aduz o § 1º do mesmo art. 84, "quando necessário, a pessoa com deficiência será submetida à curatela, conforme a lei". Em arremate, o § 3º dispõe: "a definição de curatela de pessoa com deficiência constitui medida protetiva extraordinária, proporcional às necessidades e às circunstâncias de cada caso, e durará o menor tempo possível".

Logo, a curatela apenas será admitida em caráter excepcional, e somente será adotada na medida e no tempo em que for necessária e de acordo com o grau da deficiência, afastando-se a associação automática da deficiência ao modelo da incapacidade absoluta. Os portadores de deficiência, que possuem limitações cognitivas, serão readequados à categoria de relativamente incapaz como aqueles que, por causa transitória ou permanente, não podem exprimir sua vontade.

As pessoas deficientes, desde que haja um ônus argumentativo intenso, que afaste a presunção de capacidade, podem ser submetidas: a) ao regime de curatela, que será orientada por uma concepção mais humanista e proporcional; b) ao novo instituto da tomada de decisão apoiada, criado pelo estatuto.

Diante de tal modificação, indaga-se: como ficará a citação dos portadores de deficiência? Por regra, caso o deficiente não esteja sob o regime de curatela ou de tomada de decisão apoiada, a interpretação deve ser no sentido de que ele poderá receber pessoalmente a citação.

Ocorre que, pode ocorrer de o portador de deficiência **estar sob o regime de curatela**. Aí, poderá ter ou não aptidão para receber a citação pessoalmente, a depender da extensão do regime de curatela fixado, caso em que pode ser necessária a recolhida da assinatura do curador.

Também, é possível que o portador de deficiência **esteja no regime de tomada de decisão apoiada**. Nesse caso, a depender dos limites do apoio e do compromisso firmado pelos apoiadores, o oficial deverá recolher a assinatura dos sujeitos auxiliares (pelo menos 02 apoiadores), que devem auxiliar o portador de deficiência na prática dos seus atos.

Será ônus do autor individualizar na peça inaugural o estado do citando e indicar o representante legal que será o destinatário da citação.

Na hipótese de o citando ser uma pessoa jurídica, a citação será realizada, em regra, na pessoa em quem tenha poderes convencionais ou estatutários para representá-la em juízo. Em ocorrendo o fenômeno da presentação, os presentantes é que serão os destinatários da citação.[7]

Apesar da pessoalidade da citação, o réu, o executado ou o interessado podem, por entenderem oportuno, na procuração judicial, outorgar poder especial para que o seu **procurador** possa receber a citação em seu nome.

2.4. Casos especiais

O Código prevê, para alguns casos específicos, que o recebimento da citação pode ocorrer por pessoa diversa do citando, a considerar, por vezes, a boa-fé, noutras, a aparência, e, ainda, para dotar a comunicação de maior efetividade, a mitigar, assim, a pessoalidade. Veja-se:

7. Art. 1.783-A. A tomada de decisão apoiada é o processo pelo qual a pessoa com deficiência elege **pelo** menos 2 (duas) pessoas idôneas, com as quais mantenha vínculos e que gozem de sua confiança, para prestar-lhe apoio na tomada de decisão sobre atos da vida civil, fornecendo-lhes os elementos e informações necessários para que possa exercer sua capacidade.

a) o locador, que se ausentar do Brasil sem cientificar o locatário de que deixou, na localidade onde estiver situado o imóvel, procurador com poderes para receber citação, será citado na pessoa do administrador do imóvel encarregado do recebimento dos aluguéis, que será considerado habilitado para representar o locador em juízo.

Essa hipótese faz presumir, como representante do locador, a pessoa encarregada do recebimento dos aluguéis. Assim, por exemplo, se o locador estiver em viagem e não deu ciência ao locatário da existência de um procurador nomeado com poderes especiais para representá-lo, a citação poderá ser efetivada na pessoa do administrador do imóvel encarregado de receber os alugueis.

A novidade trazida pelo Código de Processo Civil fica por conta da ampliação da responsabilidade do administrador. Ele, além de receber poderes para ser citado, receberá o *status* de representante presumido do locador, a estar habilitado para representá-lo em juízo[8]. Assim, caberá ao administrador, para evitar sua responsabilização posterior, comunicar ao locador e, se for o caso, adotar as providências necessárias à apresentação de resposta em juízo.

O locatário, autor da ação, para justificar a citação imediata na pessoa do administrador, deverá afirmar: a) a ausência do locador do Brasil; b) a falta de cientificação quanto à constituição de procurador com poderes para receber citação. Nada obsta, contudo, que, mesmo diante da inexistência de afirmação por parte do autor, o oficial de justiça encarregado pela diligência consiga tais informações e, assim realize a citação na pessoa do administrador.

O administrador de imóveis só ficará responsável por receber citação se a ação, além de intentada pelo locatário, tiver por objeto o próprio contrato de locação. Não poderia o administrador ser autor, mesmo que o objeto do processo se relacionasse com o contrato de locação, porque a ação deve ser intentada pelo locatário, como expressamente dispõe o § 2º do art. 242 do Código de Processo Civil.

Se o réu não constituiu administrador, mesmo que ausente esteja do Brasil, será citado na sua própria pessoa. Se em lugar ignorado, incerto ou inacessível, será citado por edital.

b) na ausência do citando, a citação será feita na pessoa do seu mandatário, administrador, preposto ou gerente, quando a ação se originar de atos por eles praticados.

Para a admissão dessa modalidade excepcional de citação, é necessário o preenchimento de dois pressupostos cumulativos, quais sejam: o mandatário, administrador, preposto ou gerente tenha praticado atos ínsitos à relação jurídica material deduzida em juízo, que ensejou a propositura da ação, mesmo ausente procuração com poderes específicos para receber a citação; o citando esteja ausente faticamente (sentido prático e não técnico)[9] do seu domicílio por lapso temporal duradouro e indeterminado, esteja ele dotado ou não de boa-fé subjetiva.

8. Tal modificação foi bastante salutar, pois estimula a autorresponsabilidade do locador, que quando ausentar-se do seu domicílio, deverá ser diligente no sentido de deixar procurador habilitado para solucionar suas pendências jurídicas, sob pena do administrador do imóvel ser automaticamente presumido seu representante judicial.

9. Evidencia-se que a ausência referida não é no sentido técnico, hipótese na qual a citação seria realizada na pessoa do curador de ausentes.

c) **sendo o citando pessoa jurídica, será válida a entrega do mandado a pessoa com poderes de gerência geral ou de administração, ou, ainda, a funcionário responsável pelo recebimento da correspondência.**

Essa previsão legal, na sua primeira parte, mantém o posicionamento que era trazido pelo CPC/1973, ao admitir o recebimento de citação por pessoa diversa da do citando, desde que possua poderes de gestão (gerência geral ou administração). A inovação fica por conta da parte final do dispositivo, que acaba por positivar entendimento consolidado perante o STJ[10]. Aquela corte entendia que, no caso da citação de pessoas jurídicas, admitia-se a aparência, a dar por válida a citação realizada na pessoa de quem, na sede da pessoa jurídica, apresentava-se como representante legal e, sem qualquer ressalva, recebia a citação. A inovar na matéria (e a restringir o entendimento daquela Corte), o CPC/2015, agora, pelo menos em texto, só admite a citação na **pessoa do funcionário da pessoa jurídica responsável pelo recebimento da correspondência**. Difícil, porém, será encontrar pessoas jurídicas, onde as atividades de cada funcionário estejam tão bem estabelecidas, a ponto de se definir quem receberá as correspondências. A previsão, ao ver dos autores do presente livro, é que a citação das pessoas jurídicas continue a ocorrer pela aparência, na pessoa do funcionário que se apresenta como detentor de tal atribuição ou, ainda, daquele que é responsável pela recepção de pessoas, em consonância com a boa-fé processual (art. 5º do CPC).

Nesse sentido, a Corte Especial do STJ já decidiu que "é regular a citação da pessoa jurídica estrangeira por meio de seu entreposto no Brasil, ainda que não seja formalmente aquela mesma pessoa jurídica ou agência ou filial" (STJ. HDE 410/EX, Rel. Min. Benedito Gonçalves. DJe 26.11.19).

d) **a citação da União, dos Estados, do Distrito Federal, dos Municípios e de suas respectivas autarquias e fundações de direito público será realizada perante o órgão de Advocacia Pública responsável por sua representação judicial.**

A citação dos entes encimados terá como destinatário o órgão da Advocacia incumbido da sua representação judicial[11]. Essa disposição visa a primar pela segurança jurídica e pela efetividade da citação, ao afastar a possibilidade de o ato citatório ser realizado na pessoa de qualquer funcionário público.

e) **nos condomínios edilícios ou loteamentos com controle de acesso, será válida a entrega do mandato feita a funcionário da portaria responsável pelo recebimento de correspondência, que, entretanto, poderá recusar o recebimento, se declarar, por escrito, sob as penas da lei, que o destinatário da correspondência está ausente.**

Sob a vigência do CPC/1973, predominava entendimento jurisprudencial no sentido de que não se pode ter como presumida a citação realizada a uma pessoa física, quando a citação era entregue no local do domicílio do citando, com qualquer pessoa, inclusive se fosse o porteiro. Nesse sentido, inclusive, orientava o enunciado 429 da súmula da jurisprudência

10. STJ. REsp 681639/SC DJU 12.09.05.
11. Se o município, especificamente, não dispuser de tal órgão, ele será citado na pessoa do seu prefeito.

do Superior Tribunal de Justiça: "a citação postal, quando autorizada por lei, exige o aviso de recebimento".

O CPC/2015, como se verifica, inova na orientação do tema. Em afirmação à efetividade, o legislador mitiga a pessoalidade e passa a admitir a citação realizada por intermédio do funcionário responsável pelo recebimento da correspondência, nos condomínios edilícios ou loteamentos com controle de acesso. A escusa ao recebimento somente será admitida caso o funcionário emita declaração de ausência do citando, a se responsabilizar civilmente pela informação prestada[12].

2.5. Impedimentos legais

Não se fará a citação, salvo para evitar o perecimento do direito, na forma do art. 244 do Código de Processo Civil:

a) **de quem estiver assistindo a qualquer ato de culto religioso**: independentemente da religião, se o réu estiver a participar de qualquer ato de culto religioso, ele não poderá ser citado. Não quer dizer que a citação não possa ser realizada no local do culto. Pode sim. Apenas se preserva o momento da celebração ao seu participante. Evidentemente, afasta-se a impossibilidade de citação se o réu estiver a assistir a ato transmissionado, pois, caso contrário, poder-se-ia fazer uso da disposição legal para evitar a comunicação e, assim, procrastinar o trâmite processual em detrimento da sua duração razoável[13].

b) **de cônjuge, de companheiro ou de qualquer parente do morto, consanguíneo ou afim, em linha reta, ou na linha colateral em segundo grau, no dia do falecimento e nos 7 dias seguintes**: este interregno de 08 dias é comumente chamado de "período de nojo" ou de luto. Para se evitar o comprometimento da resposta do réu, que, durante aquele período, tem outras prioridades, além do que está no mínimo psicologicamente abatido, impossibilita-se a realização da citação. Evita-se, assim, que o réu esqueça a citação recebida e, do mesmo modo, que tenha reduzido seu prazo de resposta por conta de outros afazeres relacionados ao evento morte.

c) **de noivos, nos 3 primeiros dias seguintes ao casamento**: é o conhecido "período de gala", quando os nubentes comemoram o enlace matrimonial e tomam providências relacionadas à mudança do estado civil. Conta-se o dia das bodas inclusive. Somente o casamento com efeito civil impossibilita a realização da citação. Mesmo que qualquer dos (ou todos os) nubentes esteja a casar por outra vez, ficará impossibilitada a citação. O registro de união estável não se equipara, para fins de citação, ao casamento, porque a convivência entre os parceiros já existia, sendo apenas documentada. Não haveria,

12. Essa nova disposição é passível de críticas, já que não leva em consideração a realidade do Brasil de deficiência dos serviços de portaria nos edifícios e condomínios, em que porteiros não raras vezes, desconhecem a identidade dos moradores e não possuem preparo e reponsabilidade suficiente para emissão de declarações de ausência. Portanto, cabe ao réu, em caso de não transmissão ou extravio da carta de citação pelo funcionário, demonstrar a invalidade da citação e requerer a devolução do prazo para sua defesa.

13. Trata-se mais de uma orientação ao oficial de justiça, considerando-se que a parte, mesmo citada durante o curso religioso, dificilmente deixará de apresentar resposta, mormente porque teria dificuldade de provar o exato momento do ato citatório.

assim, necessariamente, festejos realizados e mudanças a serem providenciadas, a ponto de alijar o ato de comunicação. Aliás, qualquer outro ato diverso que celebre a união entre pessoas não impede a realização da citação.

d) **de doentes, enquanto grave o seu estado**: melhor seria que o legislador tivesse se referido unicamente ao estado grave de saúde, sem fazer restrição aos doentes. O dispositivo visa a contemplar não só estes (os doentes), mas a todos aqueles que, em decorrência do estado grave de saúde, estão impossibilitados de providenciar sua resposta. Não se confunda estado grave com doença grave. A doença pode ser grave, mas não ser constantemente grave o estado de saúde. Esta hipótese, diferentemente das demais, não possui delimitação temporal, o que poderia comprometer o acesso à Justiça. Assim, se ultrapassado prazo que o órgão judicial entenda por razoável sem que haja recuperação do estado de saúde, deve ser nomeado curador especial para receber a citação, dando-se continuidade à marcha processual. A nomeação observará a preferência estabelecida na lei civil, sendo restrita à causa.[14]

IMPORTANTE! Além das hipóteses supra referidas, também não se fará a citação quando o oficial de justiça verificar que o réu é **mentalmente incapaz ou está impossibilitado** de recebê-la, como aduz o art. 245 do CPC.

Anota-se que tal hipótese deve harmonizar-se com o novo cenário normativo imposto pelo Estatuto do Portador de Deficiência, pois a nova legislação adota, como regra geral, a plena capacidade do portador deficiência.

Se o deficiente estiver sob curatela ou no regime de tomada de decisão apoiada, o oficial deverá, por segurança, recolher a assinatura do curador e dos apoiadores.

No entanto, como regra geral, os portadores de deficiência serão presumidos plenamente capazes e poderão ser destinatários de citação. Todavia, caso o oficial de justiça perceba que o citando não possui discernimento suficiente para receber a citação, passará certidão e descreverá minuciosamente a ocorrência ao juiz, que nomeará um médico, a fim de examiná-lo, devendo o laudo ser apresentado no prazo de 05 dias.

O Código de Processo Civil simplifica esse procedimento ao admitir a dispensa da nomeação do médico, se pessoa da família apresentar a declaração do médico do citando que ateste a incapacidade deste.

2.6. Caráter itinerante

A citação possui caráter itinerante ou móvel. Portanto, dar-se-á em qualquer lugar em que se encontre o réu, o executado ou o interessado (art. 243 do CPC), a não importar se em sua residência ou em local de trabalho. Fracassada a citação no endereço declinado na petição inicial, pode o autor oferecer um novo endereço, caso em que o oficial terá o dever de efetivar a citação no local indicado.

Assim, incumbe ao oficial de justiça procurar o citando e, onde o encontrar, citá-lo: a) lendo-lhe o mandado e entregando-lhe a contrafé; b) portando por fé se recebeu ou recusou a contrafé; c) obtendo a nota de ciente ou certificando que o citando não a apôs no mandado.

14. Se reconhecida a impossibilidade, o juiz nomeará curador ao citando observando, quanto à sua escolha, a preferência estabelecida em lei civil, sendo esta nomeação restrita à causa. Deve-se aplicar aqui as modificações realizadas no instituto da curatela como também viabilizar a possibilidade da tomada de decisão apoiada. Nomeado o curador ou os apoiadores, a quem incumbirá proteger o incapaz, a citação será feita em sua pessoa. Por outro lado, se o oficial de justiça não perceber a deficiência mental, posteriormente poderá ser pugnada a nulidade dos atos decisórios até então praticados.

2.7. Citação do militar

No caso específico do militar em serviço ativo, a sua citação será feita na unidade em que estiver a servir, quando não for conhecida a sua residência ou nela não for encontrado.

2.8. Tempo e lugar

Quanto ao tempo e ao lugar da citação, o CPC/2015dá mais amplos contornos à atuação do oficial de justiça, ao afastar a necessidade de expressa autorização judicial e, assim, permitir, como regra, a citações, intimações e penhoras no período de férias forenses (onde houver) e nos feriados ou dias úteis fora do horário estabelecido, observada a garantia da inviolabilidade de domicílio (art. 5º, XI, da Constituição).

2.9. Efeitos

Realizada validamente a citação, ela operará, para o réu, pelo menos três efeitos[15] típicos, ainda quando ordenada por juízo incompetente.

Para melhor compreensão do tema, segue abaixo um quadro comparativo dos efeitos decorrentes da citação no CPC/1973 e no CPC/2015:

CPC/1973 (cinco efeitos)	CPC/2015 (três efeitos)
1. Faz litigiosa a coisa para o réu.	1. Faz litigiosa a coisa para o réu.
2. Constitui em mora o devedor.	2. Constitui em mora o devedor.
3. Induz a litispendência em relação ao réu.	3. Induz a litispendência em relação ao réu.
Alterações	
4. Torna prevento o juízo.	A prevenção se dará com o **registro ou distribuição da petição inicial** (artigos 59, 284 e 312 do CPC/2015), e não mais com a citação válida.
5. Interrompe a prescrição.	O marco inicial da interrupção da prescrição passa ser o **despacho que ordena a citação** e não mais a citação válida.
No CPC/1973 a citação ordenada por juízo incompetente só operava os efeitos "3" e "5".	A citação ordenada por juízo incompetente opera todos os três efeitos previstos no CPC/2015.

Analisam-se cada um dos encimados efeitos:

a) **induz litispendência**: a litispendência possui duplo sentido processual: primeiro, é o fato da coexistência de duas ou mais ações idênticas (art. 337, § 3º, do CPC); o segundo, que a citação é o marco a partir do qual pende a lide em relação ao réu. A citação não é pressuposto de existência do processo, razão pela qual já há processo e litispendência em relação ao autor com a simples propositura da ação. A citação válida apenas completa a relação processual, ao induzir a litispendência em relação ao réu.

15. Desses, oúnico efeito eminentemente processual da citação é a litispendência. Já que a litigiosidade da coisa possui repercussão dúplice de ordem material e processual e a mora desencadeia efeitos de natureza material.

b) **faz litigiosa a coisa**: a litigiosidade segue a mesma lógica da litispendência. Ambas já são eficazes em relação ao autor com a propositura da ação, mas, apenas projetam seus efeitos para o réu com a citação. Com a citação válida, a coisa ou o direito discutido deverá submeter-se aos efeitos do provimento judicial pedido, a se evidenciar as *normas de sujeição* oriundas do direito processual subjetivo. Os sujeitos parciais do processo deverão se sujeitar à prestação jurisdicional conforme o seu provimento. Quando o réu é citado, ainda que ele atenda ao(s) pedido(s) formulado(s) pelo autor, este não perde o interesse processual – o que ocorreria se o atendimento aos pedidos ocorresse antes da citação.

c) **constitui o devedor em mora**: esse efeito da citação se projeta eminentemente sobre o direito material, pois que se refere a um instituto de direito civil, qual seja, a mora, que se caracteriza como sendo a incorreção no cumprimento da obrigação avençada.

Se o objeto da ação processualizada não contemplar adimplemento de obrigação, não haverá constituição em mora, porque, evidentemente, não há sequer (possível) devedor.

A partir da constituição em mora, o réu não pode alegar desconhecimento de eventual obrigação que lhe está sendo exigida.

Para melhor compreensão do tema, analisar-se-á as modalidades de mora disciplinadas pelo Código Civil e a sua forma de constituição, a se estabelecer, assim, os pontos de contato com o direito processual.

A primeira modalidade é a **mora ex persona**. Ela ocorre nas obrigações em que não houve previsão de termo final para cumprimento, sendo a dívida inexigível. A constituição do devedor em mora, aí, dependerá de um comportamento comissivo do credor, mediante interpelação extrajudicial ou judicial. Quando o devedor ainda não tiver sido interpelado, a sua citação será instrumento de constituição da mora.

A segunda modalidade é a **mora ex re**. Ela ocorre nas obrigações líquidas, em que *a priori*, no instrumento negocial, é fixado termo para o cumprimento da prestação. Findo o prazo estipulado, automaticamente, o devedor estará constituído em mora[16], que se opera de pleno direito. A dizer de outra forma, para a constituição do devedor em mora, bastará o decurso do prazo estabelecido.

Assim, na espécie *ex persona*, se o devedor ainda não tiver sido constituído em mora, a citação assim o fará (se já tiver sido constituído, por óbvio, a citação não surtirá tal efeito). Na *ex re*, a mora já estará constituída com a simples verificação do termo, não tendo, por isso, a citação, tal efeito.

16. Nesse caso temos uma hipótese de constituição em mora *ipso iure* (decorre da lei), pois como o devedor já convencionou e aceitou cumprir a obrigação em um lapso temporal pré-estabelecido, a superveniência do termo final somado ao inadimplemento da obrigação positiva e líquida é que interpela o devedor conforme dita o *caput* do art. 397 do CC/02. Outro exemplo de mora *ex re* é a chamada pela doutrina de **mora presumida**: sua incidência ocorre nas obrigações oriundas de atos ilícitos, como se depreende do art. 398, em que se dispensa a notificação do causador do dano, pois ao praticar o delito este assume o risco do ato praticado. Nessa hipótese temos o único caso de obrigação ilíquida em que a mora opera seus efeitos desde o momento da prática do ato (súmula 54 do STJ).

Além dos efeitos encimados, podem, da citação, decorrer outros. São eles: a) o efeito preclusivo, pois, nos termos do art. 329, I do CPC, a citação impede que o autor modifique o pedido ou a causa de pedir sem o consentimento do réu; b) proibição à sucessão das partes, salvo nos casos ressalvados por lei (art. 108 do CPC); c) fixação do estado da lide, cuja alteração pode ensejar caracterização de ato atentatório à dignidade da jurisdição (art. 77, VI, §§ 2º e 7º, CPC)

IMPORTANTE! A interrupção da prescrição de acordo com o CPC/1973 constituía efeito da citação válida. Com o CPC/2015, opera-se relevante harmonização com o Código Civil, especificamente a disposição do art. 202, I.O marco inicial da interrupção da prescrição passa ser o **despacho que ordena a citação** e não mais a citação válida (§ 1º do art. 240 do CPC).

Esse juízo de admissibilidade positivo da causa[17], ainda que precário, interromperá o prazo prescricional, que só voltará a correr a partir da extinção do processo[18]. Aliás, foi esta intelecção que justificou a edição do Enunciado 136 do FPPC: "a citação válida no processo judicial interrompe a prescrição, ainda que o processo seja extinto em decorrência do acolhimento de alegação de convenção de arbitragem".

O lapso temporal transcorrido entre a propositura da ação e o despacho positivo não prejudicará o interessado, pois, pelo menos em regra, a interrupção retroage àquela data[19] (essa mesma lógica aplica-se à decadência[20] e aos demais prazos extintivos previstos em lei). Não por outra razão que o § 3º do art. 240, a se harmonizar com enunciado 106 da súmula do STJ[21], dispõe que o autor não será prejudicado pela demora imputável exclusivamente à máquina judiciária.

No entanto, ao autor, incumbe adotar, no prazo de 10 dias, as providências necessárias[22] para viabilizar a citação do réu, sob pena de não obter a retroação à data da propositura da ação, mas apenas à data em que aquelas forem tomadas.

2.10. Modalidades e classificação

As espécies de citação estão enumeradas no art. 246 do CPC. São elas: a) pelos correios; b) por oficial de justiça; c) por escrivão ou chefe de secretaria; d) por edital; e) por meio eletrônico.

Antes de apresentar cada uma das modalidades de citação, apresenta-se classificação tradicionalmente utilizada, para que, de logo, faça-se compreender a amplitude dos respectivos termos técnicos.

Pois bem.

17. A determinação de emenda da petição inicial e o indeferimento da petição inicial não interrompem a prescrição.
18. Enunciado 136 do FPPC: "a citação válida no processo judicial interrompe a prescrição, ainda que o processo seja extinto em decorrência do acolhimento de alegação de convenção de arbitragem".
19. Esse efeito retroativo aplica-se no caso do desmembramento do litisconsórcio multitudinário como orienta o enunciado 10 do FPPC: "em casos de desmembramento do litisconsórcio multitudinário, a interrupção da prescrição retroagirá à data da propositura da demanda original".
20. No caso da decadência o entendimento mais razoável é o de que a citação cinge-se a obstar o fluxo da decadência, pois o código civil veda a interrupção ou suspensão de prazos decadenciais.
21. Súmula 106 do STJ: "Proposta a ação no prazo fixado para o seu exercício, a demora na citação, por motivos inerentes ao mecanismo da justiça, não justifica o acolhimento da arguição de prescrição ou decadência".
22. Condutas desidiosas do demandante, como abster-se da juntada da contrafé, não indicação de endereço sabido, ou não comprovação do pagamento antecipado das despesas citatórias, acarretará em um tratamento menos vantajoso ao autor, pois terá como **marco interruptivo da prescrição a data da efetivação da citação, sem retroação à data da propositura.**

Levando-se em conta o **grau de certeza** com que se efetuou a citação, ela pode ser **classificada** em citação real ou ficta.

A citação será **real** quando se tiver a certeza que o réu foi citado, seja pessoalmente, seja na pessoa de quem o representa ou que lhe seja procurador.

São colocadas como espécies de citação real, as seguintes: pelos correios; por oficial de justiça; por escrivão ou chefe de secretaria; por meio eletrônico.

Por sua vez, a citação será **ficta** quando a certeza de que o réu tomou ciência da existência da ação contra ele intentada for mitigada.

São colocadas como espécies de citação ficta, a realizada: por hora certa; por edital.

Passa-se, agora, a se analisar cada uma das modalidades de citação:

2.10.1. Pelos correios

Essa é a modalidade preferencial de citação. Constitui a **regra geral** e, por isso, prescinde até de requerimento da parte. Tal primazia se dá exatamente por esta ser a modalidade mais célere e mais econômica, porque processada por via postal, a afastar a necessidade de locomoção pessoal de um oficial de justiça[23]. Soma-se ainda o fato de a citação pelos correios ser mais vantajosa, pois pode ser realizada em qualquer comarca, a prescindir de carta precatória.

No entanto, a primazia da citação postal vem sendo progressivamente mitigada, em razão da implementação do processo judicial eletrônico e da consequente possibilidade de citação por meio eletrônico[24]. Além disso, a própria lei impõe situações especiais nas quais a citação deve ser realizada obrigatoriamente por oficial de justiça, bem como a possibilidade de o autor requerer, justificadamente, o afastamento da citação pelos correios, a escolher outra modalidade.

Passa-se, agora, à análise do procedimento da citação pelos correios.

Deferida a citação pelos correios, o escrivão ou chefe da secretaria remeterá ao citando cópias da petição inicial e do despacho do juiz e comunicará o prazo para resposta, o endereço do juízo e o respectivo cartório (art. 248, *caput*, do CPC). Além disso, a carta de citação, que

23. Em compensação, a citação pelos correios é menos segura e efetiva, em relação à citação realizada por oficial de justiça.

24. Vislumbra-se, ainda, a possibilidade de dois centros de interesses no exercício da sua liberdade, realizarem um negócio jurídico, até mesmo pré-processual, convencionando, por exemplo, que a citação de eventual demanda entre as partes será instrumentalizada por e-mail eletrônico ou por whatsapp previamente determinados em um contrato, por exemplo. Há, portanto, com base na cláusula geral do art. 190 do CPC, a possibilidade da realização de negócios processuais atípicos que permitam outros meios de comunicação dos atos processuais.

deve ser entregue pessoalmente ao citando, será registrada e deve conter todos os requisitos elencados pelo art. 250[25], sob pena de invalidade.[26]

> **IMPORTANTE!** Entre os requisitos da carta (ou mandado) de citação, o CPC exige que se assinale o prazo para resposta, sob pena de revelia (art. 250, II do CPC). Conforme jurisprudência já firmada sob a égide do CPC/1973, mas que se aplica ao CPC/2015, a inobservância da disposição legal acarreta a nulidade da citação, independentemente do grau de cultura jurídica da pessoa que recebe a citação (STJ. REsp 807871/PR. DJU 27.03.06). Deve haver a designação quantitativa do número de dias que tem o citando para apresentar contestação, justificando-se a menção expressa ao prazo para que o destinatário da citação fique ciente do período de tempo de que dispõe para tomar as providências que lhe incumbem (STJ. REsp58699/AL. DJU. 16.06.98).

Salvo disposição em sentido diverso, quando a citação (ou a intimação) for realizada pelos correios, o prazo para manifestação do réu começa a correr a partir **da data da juntado aos autos do aviso de recebimento**[27].

2.10.2. Pelo oficial de justiça

A citação por mandado possui caráter subsidiário. Ela somente será utilizada nas hipóteses previstas no Código ou em lei, ou quando frustrada a citação pelos correios. Além das hipóteses elencadas pelas leis extravagantes, o Código indica as seguintes situações em que a citação será realizada por oficial de justiça:

a) **nas ações de estado das pessoas, observado o disposto no art. 695, § 3º:** em face da essencialidade do bem jurídico em discussão.

b) **quando o citando for pessoa incapaz**: pois, além da essencialidade do bem jurídico, o carteiro não terá fé de ofício para dizer que efetuou a citação na pessoa do respectivo tutor, curador ou apoiador.

c) **quando o citando for pessoa de direito público**[28];

---

25. Art. 250. O mandado que o oficial de justiça tiver de cumprir conterá: I – os nomes do autor e do citando e seus respectivos domicílios ou residências; II – a finalidade da citação, com todas as especificações constantes da petição inicial, bem como a menção do prazo para contestar, sob pena de revelia, ou para embargar a execução; III – a aplicação de sanção para o caso de descumprimento da ordem, se houver; IV – se for o caso, a intimação do citando para comparecer, acompanhado de advogado ou de defensor público, à audiência de conciliação ou de mediação, com a menção do dia, da hora e do lugar do comparecimento; V – a cópia da petição inicial, do despacho ou da decisão que deferir tutela provisória; VI – a assinatura do escrivão ou do chefe de secretaria e a declaração de que o subscreve por ordem do juiz.

26. Sublinha-se que a remissão a tal artigo impõe a necessidade do autor consignar no âmago da carta o prazo para contestação sob pena de revelia. No entanto, dispensa-se a advertência expressa de que a falta de contestação acarreta a presunção de veracidade dos fatos articulados pelo réu que era requisito do CPC/1973.

27. A citação promovida durante a greve do judiciário é válida. Compete ao advogado constituído pela parte acompanhar o movimento grevista, cientificando-se do início da contagem dos prazos processuais. (STJ. REsp 1153218/SP. DJe 03.09.10).

28. Essa disposição deve ser interpretada de forma conjunta com o § 2º do art. 246, que obriga as pessoas jurídicas de direito público a manter cadastro nos sistemas de processo em autos eletrônicos, para efeito de recebimento de citações e intimações. Daí resulta que o código impõe como regra a citação por meio eletrônico para as pessoas de direito público. De tal sorte que, somente nos casos de não preenchimento dos requisitos legais de cadastramento, é que a citação será realizada por oficial de justiça e terá como destinatário a pessoa que tenha atribuição de representar a referida pessoa de direito público;

d) **quando o citando residir em local não atendido pela entrega domiciliar de correspondência**: em razão da impossibilidade de ordem pragmática.

e) **quando o autor, justificadamente, a requerer de outra forma**[29].

> **IMPORTANTE!** Comparativamente ao CPC/1973, o atual Código, no art. 249, exclui o processo de execução do rol das situações em que a citação é realizada por oficial de justiça. Mas, apesar de o executado poder ser citado pelos correios para cumprir a obrigação, se tal não ocorrer, nas execuções de pagar quantia, será necessária a extração de mandado de penhora e de avaliação, que deverá ser cumprido por oficial de justiça, nos termos do art. 829 do CPC.

No que se refere ao procedimento, o mandado de citação deverá conter, dentre outras informações, as seguintes:

a) os nomes do autor e do citando, bem como os respectivos domicílios ou residências;

b) a finalidade da citação, com todas as especificações constantes da petição inicial, bem como a menção expressa do prazo para contestação, sob pena de revelia, ou para embargar a execução;

c) a aplicação de sanção para o caso de descumprimento da ordem, se houver;

d) se for o caso, a intimação do citando para comparecer, acompanhado de advogado ou de defensor público à audiência de conciliação ou mediação, com menção do dia, da hora e do lugar do comparecimento[30];

e) cópia da petição inicial (da sua emenda ou aditamento, se for o caso), do despacho ou da decisão que deferir a tutela provisória;

f) a assinatura do escrivão ou do chefe de secretaria e a declaração de que o subscreve por ordem do juiz.

Se não observadas essas exigências, de regra, decretar-se-á a invalidade da citação[31].Ao oficial de justiça, caberá procurar o réu e, onde o encontrar, citá-lo. Na ocasião, deverá ler o mandado e entregar-lhe a contrafé. Se o réu recusar a receber a contrafé, o oficial de justiça a portará por fé.

---

29. O que não é incomum, haja vista que a citação pelo correio, conquanto respeite a economia e a duração razoável do processo, pode não ser a mais efetiva para o caso. Basta dizer que o oficial tem fé de ofício, enquanto que carteiro não. Que o oficial de justiça pode diligenciar em qualquer lugar em que possa se encontrar o réu, o que não será feito pelo funcionário do correio. Também, em determinadas situações, não é possível a citação real, mas apenas a ficta, pelo que se descarta a citação em estudo. O CPC inova no tratamento do tema ao exigir **devida motivação do pedido de afastamento da citação por correio**. Assim, o juiz terá que sopesar qual a melhor modalidade de citação para o caso concreto, podendo indeferir o pedido afastamento da citação por correio, em caso de carência de justo motivo.

30. Nos termos do enunciado nº 273 do FPPC: "ao ser citado, o réu deverá ser advertido de que sua ausência injustificada à audiência de conciliação ou mediação configura ato atentatório da justiça, punível com a multa do art. 355, § 8º, sob pena de sua inaplicabilidade".

31. Há casos em que a citação, mesmo irregular, não deve ser invalidada. Exemplo: réu que, embora citado sem menção ao prazo para contestação, comparece à audiência de conciliação e mediação acompanhado por advogado regularmente constituído para a prática de todos os atos do processo; mesmo que, na respectiva audiência, não seja sanado o vício, como o advogado deve conhecer o prazo para resposta, este começará a fluir normalmente, sem decretação de invalidade da citação.

O oficial de justiça, ainda, deverá obter a nota de ciente do réu, ou certificar que ele não a pôs, no mandado. Em tudo, constará o dia e a hora da diligência, devendo, em seguida, entregar o mandando em cartório.

Nas comarcas contíguas de fácil comunicação e nas que se situem na mesma região metropolitana, o oficial de justiça poderá efetuar, em qualquer delas citações (além de intimações, notificações, penhoras e quaisquer outros atos executivos, a teor do que estabelece o art. 255 do Código de Processo Civil).

Salvo disposição em contrário, quando a citação (ou a intimação) for realizada por oficial de justiça, o dia do começo do prazo para manifestação do réu começará a correra partir da data de juntada ao processo do respectivo mandado devidamente cumprido.

2.10.3. *Por hora certa*

Tal modalidade constitui desdobramento da citação por oficial de justiça. Isso porque, frustrando-se a citação por oficial de justiça, proceder-se-á, se atendidos os requisitos (abaixo elencados), à citação por hora certa.

A citação por hora certa está disposta no art. 252 do CPC, que estabelece: "quando por duas vezes, o oficial de justiça houver procurado o citando em seu domicílio ou residência sem o encontrar, deverá, havendo suspeita de ocultação, intimar qualquer pessoa da família, ou em sua falta a qualquer vizinho, que, no dia útil imediato, voltará, a fim de efetuar a citação, na hora que designar".

A unificar a sistemática de ampliação da responsabilidade dos funcionários da portaria responsáveis pelo recebimento de correspondências, o parágrafo único do art. 252 do Código de Processo Civil admite que "nos condomínios edilícios ou loteamentos com controle de acesso, será válida a intimação a que se refere o *caput* feita a funcionário da portaria responsável pelo recebimento".

Se acontecer de o oficial de justiça designar outro dia, que não seja o imediato ao da segunda tentativa de citação pessoal, o ato de comunicação ainda assim será válido. Imprescindível, contudo, que o dia e a hora sejam especificamente indicados na certidão, bem como os motivos que o levaram à suspeita de que o réu estava a se ocultar (como já pontificava a jurisprudência do STJ[32], que se compatibiliza ao CPC/2015).

Prossiga-se.

No dia e hora designados (na terceira tentativa de citação pessoal), o oficial de justiça, **independentemente de novo despacho**, comparecerá ao **domicílio ou residência** do citando, a fim de realizar a diligência (art. 252, *caput*, do CPC). Se o citando estiver presente, será feita a citação pelo oficial de justiça. Se ausente, o oficial de justiça procurará informar-se das razões da ausência, dando realizada a citação, ainda que o citando se tenha ocultado em outra comarca, secção ou subsecção judiciárias.

32. (STJ. REsp 15307/SP. DJU 01.09.97; STJ. REsp 473080/RJ. DJU 24.03.03).

A citação por hora certa será efetivada mesmo que a pessoa da família ou vizinho, que houver sido intimado do retorno do oficial de justiça, esteja ausente, ou se, embora presente, a pessoa da família ou o vizinho se recusar a receber o mandado. Da certidão da ocorrência, o oficial de justiça deixará contrafé com pessoa da família ou com qualquer vizinho, conforme o caso, **declarando-lhe o nome**.

Apesar da utilização de pessoa da família ou de qualquer vizinho para se concretizar o ato processual, não há impedimento para que a citação por hora certa seja realizada em processos que correm em segredo de justiça. Se tal ocorrer, o oficial de justiça deve advertir a pessoa que recebeu a citação de tal particularidade, a entregar o mandado e os demais instrumentos que o acompanha em envelope lacrado.

Essa modalidade citatória é ficta, pois não se tem certeza de que o réu a recebeu. Daí resulta que o oficial de justiça fará constar do mandado a advertência de que será nomeado curador especial se houver revelia do citando.

Feita a citação por hora certa, o **escrivão ou chefe de secretaria** enviará ao réu, executado ou interessado, no prazo de 10 dias, contados da data da juntada do mandado aos autos, carta, telegrama, ou correspondência eletrônica, dando-lhe ciência de tudo[33].

O prazo para o réu apresentar resposta começa a correr da data da **juntada do mandado de citação aos autos do processo**, e não do recebimento da comunicação da citação por hora certa, pois, a ser entendido de forma contrária, estar-se-ia beneficiando quem agiu de má-fé, já que teria, no mínimo, 10 dias a mais para responder.

Ultrapassado o prazo de resposta, se o réu for revel, a ele será nomeado, pelo juiz, curador especial.

2.10.4. Por Edital

A citação por edital é outra espécie de citação ficta. Para sua admissibilidade deverá ocorrer, necessariamente, uma das hipóteses do art. 256 do CPC, quais sejam:

a) quando desconhecido ou incerto o citando:

O desconhecimento é de natureza subjetiva. A ignorância sobre o nome e prenome do réu não o torna, necessariamente, desconhecido ou incerto, já que é possível sua identificação por outros elementos. A impossibilidade de identificação[34], por significar consequente ignorância ou incerteza do lugar onde o réu se encontra, é que justifica, na maior parte das vezes[35], a citação por edital.

33. Inclusive identificando o número do processo, a natureza da ação, os nomes das partes, o endereço da sede do juízo e a pessoa a quem foi entregue o mandado de citação. Essa exigência como já conhecia a jurisprudência do STJ é um requisito obrigatório da citação por hora certa e sua ausência torna a citação eivada de nulidade.

34. Há uma imprecisão sobre quem figurará no polo passivo da ação. É o que, invariavelmente, ocorre nas ações propostas contra o espólio, herdeiros ou sucessores, quando o autor desconhece os sucessores do *de cujus*.

35. "A citação do réu desconhecido, por edital, (CPC, art. 231, I) é medida excepcional, somente admitida quando possível determinar ao menos o grupo de pessoas a que é dirigida, como, v.g., nos casos de ações possessórias contra invasores de imóvel, impossibilitando o autor, em razão da verdadeira multidão instalada no bem, identificar cada um dos que molestavam a sua posse. Precedentes: (REsp 362.365/SP, Rel. DJ 28.03.2005; REsp 28900/RS, DJ

b) quando ignorado, incerto ou inacessível o lugar em que se encontrar o citando:

Nesse caso, não há um desconhecimento subjetivo. O autor sabe, com precisão, quem figurará no polo passivo, mas, objetivamente, não sabe onde encontrá-lo. O lugar **ignorado** é aquele em que não se tem ideia onde o réu possa se encontrar. O **incerto** é aquele que, conquanto não seja ignorado, não é preciso.

O § 3º do art. 256 do CPC dispõe que, para caracterizar o local como ignorado ou incerto, com a finalidade de realizar citação por edital, antes, é dever do juiz auxiliar a parte autora na tentativa de localização do réu, inclusive, com a requisição de informações sobre endereço nos cadastros de órgãos públicos ou de concessionários de serviços públicos.

Continua-se.

O **lugar inacessível** é aquele que, por razões geográficas, legais ou circunstanciais, impossibilita a citação pessoal a partir da utilização de transportes convencionais[36]. O § 2º do art. 256 do CPC determina que, no caso de ser inacessível o lugar em que se encontra o réu, a notícia de sua citação será divulgada também pelo rádio, se na comarca houver emissora de radiodifusão.

c) nos casos expressos em lei:

Há procedimentos especiais, cujas leis preveem a citação por edital como regra. Isso ocorre, por exemplo, com a Lei de Falência, ao tratar da falência (art. 99, § 1º) e da recuperação judicial (art. 52, § 1º).

Analisadas as hipóteses de cabimento da citação por edital, passa-se, agora, aos seus **requisitos de validade**.

Para que seja válida a citação por edital, é imprescindível a observância cumulativa dos seguintes requisitos:

a) **a afirmação do autor, ou a certidão do oficial[37], informando a presença das circunstâncias autorizadoras:**

03.05.1993). 2. Conforme observação de E. D. Moniz de Aragão: 'em dúvida, a regra geral impõe a citação pessoal de todos os chamados a integrar a relação processual e somente por exceção é possível agir de outro modo. Todavia, não se pode fazer dessa regra obstáculo intransponível ao exercício do direito de ação, que constitui garantia constitucional (art. 5º, inc. XXXV). No que concerne à inacessibilidade do lugar onde se encontre o citando, a lei autoriza expressamente o emprego da citação-edital, que se justifica pela necessidade de permitir ao autor o ajuizamento da ação, a fim de que seu direito não pereça' (v. o nº 296). Poder-se-á, analogicamente invocar o mesmo princípio quando se tratar da citação de muitíssimas pessoas? Como diz THORNAGUI, 'a incerteza pode decorrer do número indeterminado (propter multitudinem citandorum)', ou, segundo PONTES, 'serem muitos, sem individuação possível, ou extremamente difícil'. Em tais casos, escrevem, poderá o autor promover a citação por editais' (Comentários ao Código de Processo Civil, vol. II, págs. 304/305, 7ª ed.). (STJ. REsp 837108/MG. DJe 18.06.08)

36. O país que recusar o cumprimento de carta rogatória é considerado lugar inacessível (§ 1, do art. 256 do CPC/2015), por questões jurídicas. Pode-se considerar igualmente inacessível a comunidade dominada por marginais, onde não tem acesso os funcionários do correio e/ou os oficiais de justiça.

37. Se o pedido de citação por edital estiver amparado por certidão do oficial de justiça, é forçoso concluir que, antes, foi tentada a citação real através do meirinho. Contudo, para que seja realizada a citação por edital, não se faz necessário que, antes, tenha sido tentada a citação real. Pode o autor afirmar as circunstâncias do art. 231, I e II, do CPC.

Ter-se-á por nula a citação se o autor não afirmar que o réu está em lugar incerto ou não sabido, ou que isso seja certificado pelo oficial de justiça (STJ. AgRg no REsp 930239/PE. DJU 13.08.07). Também será nula a citação por edital se no processo constar endereço do réu e lá não tiver sido tentada a sua comunicação pessoal. E, mesmo que não tenha o endereço do réu, o autor deve evidenciar que empreendeu esforços à identificação do local onde poderia encontrar aquele. Outrossim, o juiz, no exercício do seu dever de auxílio, deve adotar postura colaborante, nos termos do § 3º do art. 256, ajudar na identificação do domicílio do réu[38].

b) **a publicação do edital na rede mundial de computadores, no sítio do respectivo tribunal e na plataforma de editais do Conselho Nacional de Justiça, que deve ser certificada nos autos:**

No edital, deverá constar, dentre outros elementos, o nome das partes, a identificação do processo e a finalidade do ato de comunicação. O parágrafo único do art. 257 do Código dispõe que o juiz poderá determinar que a publicação do edital seja feita também em jornal de ampla circulação ou por outros meios, a considerar as peculiaridades da comarca, da seção ou da subseção judiciárias.

O art. 98 do Código dispõe que "a pessoa natural ou jurídica, brasileira ou estrangeira, com insuficiência de recursos para pagar as custas, as despesas processuais e os honorários advocatícios tem direito à gratuidade da justiça, na forma da lei". Logo depois, o § 1º, III, estabelece: "a gratuidade da justiça compreende: [...] as despesas com publicação na imprensa oficial, dispensando-se a publicação em outros meios [...]".

Quando o autor for contemplado pelos benefícios da gratuidade judiciária, a citação por edital ocorrerá mediante publicação do edital na rede mundial de computadores, no sítio eletrônico do respectivo tribunal e na plataforma de editais do Conselho Nacional de Justiça. E se o juiz entender como necessária a publicação em jornal de ampla circulação, esta se realizará mediante publicação na imprensa oficial.

A solução legislativa é no mínimo curiosa, porque a condição de hipossuficiência econômica do autor, beneficiário da justiça gratuita, acaba, de certa forma, por prejudicar o réu, que, em situações peculiares, em vez de ser citado mediante publicação também em periódicos de grande circulação, será citado pela imprensa oficial, além, evidentemente, das publicações em sítio eletrônico do respectivo tribunal e na plataforma de editais do CNJ.

De toda forma, essa já era a solução adotada desde a entrada em vigor da Lei nº 1.060/1950, que estabelecia "normas para a concessão de assistência judiciária aos necessitados". No parágrafo único do art. 3º, ela dispunha que "a publicação de edital em jornal encarregado da divulgação de atos oficiais, na forma do inciso III, dispensa a publicação em outro jornal". Assim, se atendido este requisito, a citação é considerada válida.

38. Por exemplo, por meio de consulta à Receita Federal, à Justiça Eleitoral ou a concessionários de energia elétrica ou de telecomunicações, mesmo quando a parte demonstre a circunstâncias autorizadoras da citação editalícia.

c) **a determinação pelo juiz, do prazo, que variará entre 20 e 60 dias, fluindo da data da pública única, ou, havendo mais de uma, da primeira:**

O juiz deverá estipular, dentro da margem delimitada pelo Código, o prazo razoável atentando para as peculiaridades do processo e para as circunstâncias da localidade. Se o prazo for superior a 60 dias, conquanto dê ensejo a um ato irregular (a implicar em retardo injustificado do processual), ele não será nulo, a considerar que não causará qualquer prejuízo ao réu.

d) **a advertência de que será nomeado curador especial em caso de revelia:**

A citação por edital se consuma com a publicação deste, tendo sua eficácia prolongada no tempo, na exata medida do prazo definido pelo juiz. Assim, publicado o edital, considera-se efetuada a citação, surtindo, a partir de então, seus efeitos[39].

Antes, sob a égide do CPC/1973, o art. 232, V, dispunha que edital deveria fazer advertência no sentido de que, se não contestada a ação, caso ela versasse acerca de direito disponível, presumir-se-iam como verdadeiras as afirmações fáticas trazidas na petição inicial. Contudo, em bom tempo, o CPC/2015 mudou esta disposição e, agora, torna a previsão condigna aos termos de ordem prática. Se será nomeado curador em caso de revelia, para apresentar contestação, não surtirá efeito da presunção de veracidade dos fatos apresentados na petição inicial.

Se a parte que requerer a citação por edital o fizer dolosamente, alegando circunstâncias autorizadoras para sua realização inexistentes ou infundadas, incorrerá em **multa de 05 vezes o valor do salário mínimo** vigente na sede do juízo, a qual será revertida em benefício do citando (art. 258 do CPC).

Questão de Concurso

▶ **(Dédalus Concursos – Advogado – Coren – SC/2020)** A citação é o ato pelo qual são convocados o réu, o executado ou o interessado para integrar a relação processual. Sobre a citação, é incorreto afirmar que[40]:

a) Se não tiver havido citação, ou esta tiver sido realizada de forma defeituosa, sem ter atingido a sua finalidade, o processo será tido por ineficaz, com todas as consequências daí decorrentes.

b) A citação ficta é aquela feita na pessoa de procurador legalmente habilitado ou de terceiros que, por força de lei ou contrato, tenham poderes para recebê-lo, vinculando o réu.

c) Não se fará a citação a quem estiver participando de ato de culto religioso, devendo-se aguardar o término da cerimônia; também não será feita aos noivos, nos três primeiros dias seguintes ao casamento.

d) A citação pelo correio é a forma prioritária de citação das pessoas naturais, das microempresas e das empresas de pequeno porte.

e) Para que seja autorizada a citação por edital, é preciso que o réu tenha sido procurado em todos os endereços que constam dos autos, e que não haja meios para localizá-lo.

---

39. Entretanto, inconfundível com a data de realização dessa modalidade citatória é o termo inicial para a prática dos atos dela decorrentes, a qual pressupõe o término do prazo determinado judicialmente. Assim, salvo disposição em contrário, considera-se o dia do começo do prazo para manifestação do réu: **o dia útil seguinte ao fim da dilação assinada pelo juiz** (inciso IV do art. 231 do CPC). A partir daí, contar-se-á o prazo definido em lei para a prática dos atos processuais decorrentes, até o alcance do termo final.

40. Gabarito: B.

2.10.5. *Pelo escrivão ou chefe de secretaria*

O Código, a percebera utilidade de tal comunicação, reconheceu expressamente a citação por intermédio do escrivão ou do chefe de secretaria (art. 246, III, CPC). Se o réu comparecer no cartório ou na secretaria onde corre processo, que veicula ação contra aquele, o escrivão ou chefe de secretaria, de imediato, e a atender às disposições do art. 250, realizará a citação. Na ocasião, deverá documentar o fato, mediante juntada de certidão aos autos.

Antes mesmo da vigência do CPC/2015, o Superior Tribunal de Justiça entendia como válida a citação realizada pelo escrivão ou chefe de secretaria[41]. Ali, vigorava o CPC/1973, o qual não previa aquela hipótese específica de citação. Considerava, entretanto, o Tribunal, que o ato de comunicação era inequívoco e, por isso, a comunicação realizada alcançava a sua finalidade, pelo que deveria ser preservado.

Essa premissa firmada pelo Superior Tribunal de Justiça, segundo a qual a inequívoca ciência do réu realizada por quem não tem poderes legais para realizar a citação seria suficiente para a sua convalidação, apesar de não gozar da ratificação dos autores deste livro, impulsiona a concluir que, se o ato de comunicação for realizado por outro servidor do cartório ou da secretaria, também será considerado válido.

2.10.6. *Por meio eletrônico*

Esta modalidade de citação concretiza o devido processo eletrônico, inaugurado pela Lei nº 11.419/06, a qual disciplina o processo em autos eletrônicos. Privilegia-se a comunicação dos atos processuais por meio eletrônico, por ser, de um lado, menos custosa, e, de outro, mais célere e efetiva, a considerar as demais espécies de comunicação.

Essa modalidade de citação pauta-se no **sistema de autocomunicação**, que prima pela autorresponsabilidade da parte. Estabelece como marco da citação o momento em que o citando acessa o sistema eletrônico (para tomar ciência dos termos da comunicação) ou quando decorrido o prazo de 10 dias da publicação do ato (situação em que será considerado presumidamente citado).

Para operacionalização desse sistema, o primeiro pressuposto é que as partes possuam prévio registro no sistema de comunicação eletrônica. Por esta razão, o Código, a seguir essa nova tendência de estímulo à citação eletrônica, **obriga as empresas públicas e privadas** a manter cadastro nos sistemas de processo em autos eletrônicos, para efeito de recebimento de citação e intimações (§ 1º do art. 246 do CPC). Contudo, as microempresas e as empresas de pequeno porte não são alcançadas por essa obrigação (§ 1º do art. 246 do CPC).

> Apesar de o § 1º do art. 246 do CPC não impor, às microempresas e às empresas de pequeno porte, bem assim às pessoas físicas, obrigação de manter cadastro nos sistemas de processo em autos eletrônicos, para recebimento de citações e de intimações, elas poderão ser intimadas, de forma eletrônica, no curso do processo, a se utilizar, para tanto, inclusive, o endereço eletrônico indicado na petição inicial ou na resposta do réu.

---

41. (STJ. AgRg no AREsp 431.547/SC, Rel. Ministro LUIS FELIPE SALOMÃO, QUARTA TURMA, julgado em 24/02/2015, DJe 03/03/2015)

Essa nova disposição torna, pelo menos para as empresas públicas e privadas e para as entidades de direito público, a citação eletrônica como modalidade preferencial. Mas aquelas, precisarão, para que tal ocorra (a citação por meio eletrônico), realizar o obrigatório cadastro, na forma dos artigos 2º e 5º da Lei nº 11.419/06.

Com a obrigatoriedade de cadastro, o Código **afirma a expansão da citação eletrônica**.

De fato, o art. 1.049 do Código estabelece que as entidades de direito público (União, os Estados, o Distrito Federal, os Municípios, suas respectivas entidades da administração indireta), o Ministério Público, a Defensoria Pública e a Advocacia Pública devem realizar, no prazo de 30 dias, a contar da data da entrega em vigor do Código, o cadastro perante a administração do tribunal em que atuem para cumprimento do disposto nos artigos 246, § 2º, e 270, parágrafo único.

E não é só.

As empresas públicas e privadas, do mesmo modo, deverão, conforme dispõe o art. 1.501, cadastrar-se no prazo de 30 dias da inscrição dos respectivos atos constitutivos da pessoa jurídica, perante o juízo onde tenham sede ou filial[42].

Salvo disposição em contrário, quando a citação (ou intimação) for eletrônica, considera-se o dia do começo do prazo para o réu o dia útil seguinte à consulta ao teor da citação (ou da intimação) ou ao término do prazo para que a consulta se dê, conforme dispõe o art. 231, V, do CPC.

IMPORTANTE! Nos termos estabelecidos pelo § 1º do art. 231 do CPC, em todas as modalidades de citação, quando houver mais de um réu, o dia do começo do prazo para contestar coincidirá com a última das datas a que se refere o art. 231, I a IV.

Se ocorrer de os réus terem diferentes advogados, que não pertençam ao mesmo escritório, o prazo de resposta, além do benefício indicado acima, será contado em dobro. Neste caso, todos os prazos processuais serão dobrados, e não apenas o de resposta (art. 229).

2.11. Citação dos Confinantes na Ação de Usucapião de Imóvel

Embora, a partir do CPC/2015, a ação de usucapião não seja mais uma modalidade de procedimento especial, ela não deixou de existir, conforme orienta o enunciado 25 do Fórum Permanente de Processualistas Civis: "a inexistência de procedimento judicial especial para a ação de usucapião e de regulamentação da usucapião extrajudicial não implica vedação da ação, que remanesce no sistema legal, para qual devem ser observadas as peculiaridades que lhe são próprias, especialmente a necessidade de citação dos confinantes e a ciência da União, do Estado, do Distrito Federal e do Município".

42. Apesar da lacuna legislativa a respeito das pessoas jurídicas já constituídas, a melhor interpretação é no sentido de que elas terão que providenciar o seu registro no serviço de comunicação processual por meio eletrônico, até a data da entrada em vigor do CPC/15, pois seria completamente desarrazoado e ilógico proporcionar tratamento diferenciado às pessoas jurídicas já constituídas das que surgirão após a vigência do CPC.

A especialidade, agora, está relacionada apenas às citações. De fato, quando a ação de usucapião tiver por objeto bem imóvel, os confinantes serão citados pessoalmente, exceto se tiver por objeto unidade autônoma de "prédio em condomínio". Neste caso, dispensa-se tal citação. A regra da citação pessoal se justifica porque, pela participação dos confinantes, possibilita-se melhor delimitar o imóvel objeto da usucapião. Por isso que o enunciado 391 da súmula do Supremo Tribunal Federal, editado ainda sob a égide do CPC/1939, preceitua: "o confinante certo deve ser citado, pessoalmente, para a ação de usucapião".

O atual CPC/2015, editado em momento cujas edificações são absolutamente diferentes daquelas existentes sob a vigência dos anteriores CPC/1939 e CPC/1973, compostas, agora, em grande parte, sobretudo nas maiores cidades, por prédios em condomínio, tratou de aderir a essa particularidade. Por isso, passou a dispensar a citação pessoal dos confinantes quando o objeto da usucapião for unidade autônoma de prédio em condomínio. Compreende-se que, neste caso, por estar a unidade imobiliária bem delimitada, dispensa-se a citação pessoal dos confinantes.

3. INTIMAÇÕES

A intimação, nos termos do art. 269 do CPC, é ato pelo qual se dá ciência a alguém (partes ou terceiros) dos atos e dos termos do processo. Essa definição adota uma lógica residual. Não sendo o caso de citação, todos os demais atos de comunicação processual serão operados mediante intimação.

A intimação, ato processual realizado por cumprimento de ofício[43], salvo disposição em contrário (como pode ocorrer, por exemplo, se estabelecido um calendário processual, hipótese em que será dispensada), é de extrema relevância, porque projeta como efeito principal a fixação do marco inicial (*dies a quo*) para a contagem dos prazos processuais[44].

3.1. Modalidades

São as seguintes, as modalidades de intimação:

3.1.1. Por meio eletrônico

O art. 270 do Código de Processo Civil determina que, **sempre que possível**, as intimações deverão ocorrer **por meio eletrônico**, na forma da lei. Fica, assim, claro que a intimação eletrônica é a modalidade prioritária do sistema de comunicação dos atos processuais.

Para que seja possível a adoção dessa modalidade de intimação, é condição indispensável que o destinatário tenha se cadastrado no sistema, na forma do art. 2º da Lei nº 11.419/06. Por esta razão, é que o CPC apenas torna prioritária e obrigatória a intimação eletrônica

43. Em decorrência do princípio do impulso oficial (art. 2º do CPC) cabe ao juiz o papel de conduzir a marcha do processo. Daí resulta que o magistrado deve mover o processo fase a fase, e concomitantemente, determinar a comunicação dos atos e termos processuais às partes (diretamente ou através de seus advogados).

44. É a partir da intimação que as partes tomam ciência dos atos e termos processuais e inicia-se o prazo legal para o exercício do seu contraditório.

quando ela for possível, ou seja, desde que seus destinatários tenham realizado o registro no sistema do respectivo tribunal. Efetuado o cadastro de tais entidades no sistema do tribunal, a intimação se dará na forma eletrônica. Mas, não sendo efetuado o cadastramento, afasta-se tal modalidade de intimação.[45]

No que se refere à intimação do advogado privado, com a progressiva implantação do processo eletrônico nos tribunais, a prática de atos processuais em geral ficará condicionada ao credenciamento prévio, perante o respectivo tribunal, na forma disposta pela Lei nº 11.419/06. Isso que impulsionará os advogados à realização do cadastramento e, por conseguinte, promoverá a crescente utilização dessa modalidade de intimação aos advogados.

Realizado o cadastro, adotar-se-á o **sistema de autocomunicação**, que determina que a intimação do advogado ocorra no dia da sua efetiva consulta eletrônica ao teor da intimação, certificando-se nos autos a sua realização (§ 1º do art. 5º da Lei nº 11.419/06). A citada lei, ainda, ao advogado, o compromisso de acessar o portal, pois prevê que, decorridos 10 dias da data em que a intimação for disponibilizada no sítio do tribunal, o destinatário da intimação se dará por intimado (§ 3º do art. 2º da Lei nº 11.419/06).

3.1.2. Pela publicação no Diário da Justiça

Não havendo cadastro no sistema do tribunal, a Lei nº 11.419/06 estabelece outra espécie de intimação a ser realizada por meio eletrônico. Trata-se da intimação realizada pelo diário eletrônico. O art. 272 do Código estabelece que somente quando não realizadas por meio eletrônico, consideram-se feitas as intimações pela publicação dos atos no órgão oficial.

Nessa hipótese, as intimações serão consideradas como realizadas, nas capitais dos Estados e no Distrito Federal e em todas as comarcas do interior em que haja órgão de imprensa, que oficialmente mantenha publicação das intimações judiciais, pela só publicação de aviso no Diário da Justiça ou órgão oficial de imprensa local. Para tanto, o Código estabelece regras para a publicação no Diário. São elas:

a) **sob pena de nulidade, é indispensável que da publicação constem os nomes das partes e de seus advogados, com o respectivo número da inscrição na Ordem dos Advogados do Brasil, ou, se assim requerido, da sociedade de advogados**;

b) **a grafia dos nomes das partes não deve conter abreviaturas**;

c) **a grafia dos nomes dos advogados deve corresponder ao nome completo e ser a mesma que constar da procuração ou que estiver registrada na Ordem dos Advogados do Brasil**;

45. Segundo o art. 191 da Lei nº 11.101/2005, que "regula a recuperação judicial, a extrajudicial e a falência do empresário e da sociedade empresária", "ressalvadas as disposições específicas desta Lei, as publicações ordenadas serão feitas em sítio eletrônico próprio, na internet, dedicado à recuperação judicial e à falência, e as intimações serão realizadas por notificação direta por meio de dispositivos móveis previamente cadastrados e autorizados pelo interessado".

e) **constando dos autos pedido expresso para que as comunicações dos atos processuais sejam feitas em nome dos advogados indicados, o seu desatendimento implicará nulidade.**

Os advogados poderão requerer que, na intimação a eles dirigida, figure apenas o nome da sociedade a que pertençam desde que devidamente registrada na Ordem dos Advogados do Brasil.

A indicação, na nota publicada, da inscrição do advogado perante a respectiva seccional da Ordem dos Advogados do Brasil, facilita a busca, no diário eletrônico, pela numeração, a afastar os inconvenientes ocasionados pelo nome, tais como a existência de homônimos e a possibilidade de cometimento de erros de grafia.

Inclusive, como o sistema de buscas, hoje, é quase que completamente eletrônico, não se admite sequer a abreviação dos nomes das partes e de seus respectivos advogados. No caso dos advogados, a abreviação pode ser tolerada se, na procuração ou na Ordem dos Advogados do Brasil, ela for utilizada. O mesmo se diga em relação ao nome social: se constante na procuração ou registrado perante da OAB, o encaminhamento das comunicações em seu nome é válido.

Entretanto, a substituição do nome de alguma(s) das partes, quando representadas pelos mesmos advogados, pela expressão "e outro(a)(s)", não enseja qualquer invalidade (STJ. AgRg no Ag 754965/SP. DJU 30.04.07), porque alcançada a finalidade do ato de comunicação.

Quanto ao requerimento para encaminhar as comunicações em nome de advogados (ou da sociedade de advogados) indicados, seu desatendimento implicará nulidade do ato, a não ser que, mesmo diante de eventual equivoco, a comunicação seja atendida. Se não houver indicação, a intimação realizada em nome de qualquer dos advogados habilitados é válida (STJ. REsp 977452/RJ. DJe 19.12.11).

Relativamente ao conteúdo da publicação, ele pode ser resumido a conclusões (dispensando-se a transcrição integral). Considera-se que, embora a veiculação integral da determinação judicial possa agilizar a tramitação do processo, **é comum que os advogados compareçam em juízo para se certificar do conteúdo** (STJ. REsp 876042/ES. DJe 01.12.10).

Com a publicação da nota de foro, ocorra ela no diário impresso ou no eletrônico, a intimação será considerada como realizada, se ocorrer em dia útil. Publicada em dia que não seja considerado como útil, ter-se-á como realizada no dia útil seguinte. Se houver algum defeito na intimação, ela deverá ser renovada. Em qualquer caso, o prazo processual só começará a correr a partir da publicação no diário.

> **IMPORTANTE!** Em caso de duplicidade de intimações, sendo uma eletrônica e outra pelo diário oficial, prevalece, para efeito de contagem de prazo, a realizada por meio eletrônico, em razão do disposto no art. 4º, § 2º, da Lei nº 11.419/2006 e no art. 272 do CPC (STJ. AgInt no AREsp 903.091/RJ. DJe 27.03.17; Inf. STJ 601).

3.1.3. Pelo correio

Não dispondo a lei de outro modo, as intimações serão feitas às partes, aos seus representantes legais, aos advogados e aos demais sujeitos do processo, pelos correios. Eles deverão manter seus endereços constantemente atualizados. Se a modificação, temporária ou definitiva, não tiver sido devidamente comunicada ao juízo, ter-se-á como válidas as intimações dirigidas ao endereço antes indicado, a correr os prazos a partir da juntada aos autos do comprovante de entrega da correspondência.

> **IMPORTANTE!** A validade da intimação enviada ao endereço constante na petição informativa depende de: a) quem tenha fornecido o endereço; b) realização de prévia comunicação, quando se tratar de parte adversa.
>
> Se a parte indica como sendo seu o endereço apontado na petição informativa, caso o mude e não efetue a devida atualização perante o juízo, as comunicações para lá endereçadas são consideradas válidas.
>
> Se indica como sendo de outrem o endereço, é imprescindível a realização de prévia comunicação para considerar, em caso de mudança de endereço sem a prévia comunicação ao juízo, as vindouras como válidas.
>
> Tal providência visa a afirmar a duração razoável do processo e a boa-fé objetiva.

Nos termos do § 1º, do art. 269 do CPC, é facultado ao advogado realizar a intimação do **advogado da parte contrária** pelos correios, juntando aos autos, a seguir, cópia do ofício de intimação. Tal permissivo não alcança a possibilidade de o advogado **intimar a própria parte contrária**, caso em que a comunicação só pode ser realizada pelo juízo.

Questão de Concurso

▶ **(Vunesp – Juiz de Direito – TJ – SP/2018)**[46] Relativamente à comunicação dos atos processuais, é correto afirmar:

(A) se não for comunicada modificação de endereço da parte, a lei presume válida a intimação feita naquele constante dos autos, exceto quando se tratar de mudança temporária.

(B) a lei faculta ao advogado promover a intimação do colega adversário, desde que o faça pelo correio.

(C) a intimação feita ao ensejo da retirada dos autos de cartório é inválida se a carga for feita por quem não seja advogado investido de mandato.

(D) é vedado que, na intimação dirigida ao advogado, figure apenas o nome da sociedade a que pertença.

O ofício de intimação confeccionado pelo advogado deve ser instruído com cópia do despacho, da decisão ou da sentença. É imprescindível, também, que a comunicação contenha as informações essenciais à identificação do processo, assim como a assinatura do advogado com seu respectivo número de inscrição perante a respectiva seccional da Ordem dos Advogados do Brasil.

3.1.4. Por Oficial de Justiça

A intimação por oficial de justiça tem caráter subsidiário, sendo utilizada apenas quando frustrada a realização por meio eletrônico ou pelos correios. Tem-se, pois, situação idêntica a das citações. Embora o Código, quanto às intimações, não explicite as hipóteses que seriam realizadas por oficial de justiça, deve-se entender que assim será quando restarem infrutíferas as demais modalidades de intimação.

Nos casos de intimação pessoal a ser cumprida por oficial de justiça (ou pelo escrivão ou chefe de secretaria diretamente no cartório), devem ser observados os requisitos do § 1º

46. Gabarito: Letra B.

do art. 275 do CPC, que estabelece: "A certidão de intimação deve conter: a indicação do lugar e a descrição da pessoa intimada, mencionando, quando possível, o número de seu documento de identidade e o órgão que o expediu; a declaração de entrega da contrafé; a nota de ciente ou a certidão de que o interessado não a apôs no mandado".

IMPORTANTE! Apesar da omissão do código, caberá, quanto à intimação, sua realização por hora certa ou por edital. Nos Juizados Especiais, as intimações, sejam elas direcionadas às partes ou aos seus advogados, podem ser realizadas por telefone.

3.2. Casos especiais

a) Intimação pessoal do advogado

Em regra, as intimações dos atos processuais dão-se na pessoa dos advogados constituídos pelas partes, seja por meio eletrônico (se cadastrado no sistema), seja por diário da justiça (nas comarcas em que há publicação em órgão oficial), seja pelos correios. Entretanto, se inviável a intimação por meio eletrônico e não houver na localidade publicação em órgão oficial, incumbirá ao escrivão ou chefe de secretaria intimar de todos os atos do processo os advogados das partes, pessoalmente, quando domiciliado na sede do juízo, ou por carta registrada (com aviso de recebimento), quando domiciliado fora do juízo.

b) Intimação pessoal da parte dos atos reais

Outra situação em que ocorre a intimação pessoal é no caso dos atos reais (são aqueles que só podem ser cumpridos pessoalmente pela parte), como, por exemplo, a intimação para exibição de um documento, ou para recolher material genético, ou para realizar depoimento pessoal. Nesses casos, o destinatário do ato será intimado pessoalmente (e não por intermédio do advogado). Para tanto, podem ser utilizados os diversos instrumentos de comunicação processual[47].

c) Intimação pela retirada dos autos do cartório ou da secretaria

A retirada dos autos do cartório ou da secretaria em carga pelo advogado, por pessoa credenciada a pedido do advogado ou da sociedade de advogados, pela Advocacia Pública, pela Defensoria Pública ou pelo Ministério Público, implicará sua intimação pendente nos autos retirados (§ 7º do art. 272 do CPC).

d) Intimação em audiência

As intimações poderão ser feitas, igualmente, **em audiência**. As partes, desde logo, ficam intimadas (ainda que por intermédio de seus advogados) dos termos do processo (inclusive de eventual sentença), contando-se o prazo da data em que os advogados tomaram ciência da decisão. Não é só. Considera-se intimado do ato decisório o advogado que, embora inti-

47. Há a possibilidade, inclusive, de a parte ser intimada de forma ficta, como já decidiu o Superior Tribunal de Justiça: AgRg no AREsp 816.790/PR, Rel. Ministro PAULO DE TARSO SANSEVERINO, TERCEIRA TURMA, julgado em 12/04/2016, DJe 19/04/2016.

mado para a audiência de instrução e julgamento, na qual foi proferida sentença, a ela não compareceu (STJ. AgRg no AREspAgRg no AREsp 392272/GO. DJe 29.11.13).

e) Intimação pessoal de determinados entes públicos

O **Ministério Público** (art. 180 do CPC), em razão de sua importância enquanto instituição constitucional de defesa dos direitos difusos e coletivos, bem como pelo interesse processual do qual, nos termos da lei, é portador para intervir em processos que envolvam direitos indisponíveis, deve ser intimado, em qualquer caso, pessoalmente, sob pena de nulidade.

De idêntico modo, serão intimados pessoalmente a **Defensoria Pública** (art. 186 do CPC), a **Advocacia Geral da União** (artigos 35 a 38 da Lei Complementar nº 73/1993) e a **Fazenda Pública**, como também as **autarquias** e as **fundações públicas**, sejam elas da União, dos Estados, do Distrito Federal e dos Municípios (art. 183 caput do CPC).

IMPORTANTE! A "intimação pessoal" dos entes acima referidos não pode ser confundida com a "intimação por oficial de justiça", referida no art. 231, II, do CPC.

Esta última (por oficial de justiça), que se realiza por mandado, ocorre somente em casos excepcionais (art. 275). Já essa espécie de intimação pessoal, não depende de mandado, nem de intervenção do oficial de justiça. Ela se perfectibiliza por modos variados, previstos no Código (ou na praxe forense), mediante a cientificação pelo próprio escrivão ou pelo chefe de secretaria (art. 273 do CPC), ou mediante encaminhamento da ata da publicação dos acórdãos, ou, o que é mais comum, com a entrega dos autos ao intimado ou a sua remessa à repartição a que pertence.

Assim, mesmo quando, eventualmente, o executor dessa espécie de providência seja um oficial de justiça, nem assim se poderá considerar alterada a natureza da intimação, que, para os efeitos legais, continua sendo "pessoal" e não "por oficial de justiça". (STJ. REsp 653304/MG. DJ 28.02.05).

3.3. Nulidade de intimação

Com o propósito de concretizar a duração razoável do processo, o Código de Processo Civil, no § 8º do art. 272, estabelece que a parte arguirá a nulidade da intimação em capítulo preliminar do próprio ato que lhe caiba praticar, o qual será tido por tempestivo, caso o vício seja reconhecido. Assim, por exemplo, se irregularmente intimada de ato decisório, a parte, ao interpor recurso, deverá, em preliminar, arguir a nulidade da intimação. Se for acolhida a preliminar para decretar a invalidade da intimação, o recurso será considerado tempestivo.

Se não possível a prática imediata do ato diante da necessidade de acesso prévio aos autos, a parte limitar-se-á a arguir a nulidade da intimação, sendo o prazo contado da intimação da decisão que decrete a invalidade. A utilizar do mesmo exemplo apresentado acima, a parte foi irregularmente intimada do ato decisório e, quando tomou conhecimento, não teve acesso aos autos. Nessa situação, caber-lhe-á arguir apenas a nulidade da intimação que, se decretada a invalidade, abrirá novo prazo para interpor recurso, a ser contado a partir de tal intimação.

Há uma situação em que os autores deste livro entendem que, mesmo sendo reconhecida a nulidade da intimação e, simultaneamente, praticado o ato, caberá ao órgão jurisdicional devolver integralmente o prazo. Ela ocorre quando o ato é praticado no curso do prazo, apesar da nulidade da intimação, e a parte ressalva, em preliminar, a necessidade de decretação de invalidade da comunicação. Isso, porque, se não devolvido o prazo, estar-se-ia a impor, em detrimento da parte, redução temporal para a prática do respectivo ato.

A título de exemplo, a parte foi irregularmente intimada de ato decisório, do qual, ante o defeito da comunicação, só tomou conhecimento no último dia do prazo para (se regulamente intimada) interpor recurso. A evitar o risco de a arguição de nulidade não ser acolhida, a parte interpôs o recurso e, em preliminar, suscitou o defeito da comunicação. Se este for reconhecido com consequente decretação de invalidade, à parte deve ser restituído, na integralidade, o prazo para a prática do ato processual.

Essa situação é diferente daquela em que, apesar da nulidade da intimação, restasse ultrapassado o prazo para praticar o ato processual, caso aquela tivesse sido regular. Como, aqui, o prazo para a prática do ato processual se esvaiu, a depender, agora, da decretação da invalidade da intimação para se reconhecer a tempestividade, a parte poderia praticar o ato dentro do prazo conferido. Ela não estaria, diferentemente da situação anterior, arriscando a perder o prazo, porque ele já havia se consumado.

Logo, naquela situação específica, é necessária a devolução integral do prazo. Nesta última, não.

Sob outro aspecto, se a parte tomou conhecimento da intimação nula e, a partir de então, deixou passar período superior ao prazo, o ato processual que eventualmente venha a ser praticado será considerado intempestivo, se, evidentemente, o órgão jurisdicional puder realizar essa aferição temporal. Não caberia à parte suscitar a invalidade da intimação para, então, justificar sua tempestividade, se demonstrado transcurso de elastério superior. Seria situação que, no mínimo, atentaria contra a boa-fé.

Questão de Concurso

▶ **(Consulplan – Juiz de Direito – TJ – MG/2018)**[48] A aforou ação de repetição de indébito contra o Município X para reaver a importância de R$ 200.000,00 que teria pago em excesso a título de imposto sobre serviços de qualquer natureza. O réu foi citado e contestou a ação, alegando fato extintivo do direito do autor. Este foi intimado e, no segundo dia do prazo para se manifestar, faleceu num acidente automobilístico e deixou dois herdeiros além de vasto patrimônio. O fato foi notório na Comarca, pois o autor era importante empresário. Com base nesse caso hipotético, é correto afirmar que o Juiz determinará

A) o prosseguimento sem qualquer outra providência.

B) a intimação do espólio a fim de ser promovida a sucessão.

C) o arquivamento dos autos do processo até que o espólio providencie a habilitação.

D) a intimação do espólio, de quem for sucessor ou dos herdeiros a fim de ser promovida a sucessão.

4. CARTAS

As cartas são instrumentos que garantem a direção do processo pelo juiz, mesmo quando os atos necessários tiverem que se desenvolver **além dos limites de sua circunscrição territorial**, porque possibilitam o intercâmbio entre órgãos jurisdicionais diversos.

48. Gabarito: Letra D.

As cartas não servem unicamente para fins de realização de citação e intimação. A utilidade delas é bem mais abrangente. Por isso, nos termos do § 1º do art. 236 do Código de Processo Civil, "será expedida carta para a prática de atos fora dos limites territoriais do tribunal, da comarca, da seção ou da subseção judiciárias, ressalvadas as hipóteses previstas em lei".

IMPORTANTE! Nos termos do enunciado 33 do FONAJE – Fórum Nacional dos Juizados Especiais, "é dispensável a expedição de carta precatória nos Juizados Especiais Cíveis, cumprindo-se os atos nas demais comarcas, mediante via postal, por ofício do Juiz, fax, telefone ou qualquer outro meio idôneo de comunicação".

4.1. Modalidades

As modalidades de cartas são as seguintes:

a) **carta de ordem**: utilizada quando tribunal expede carta para juízo a ele vinculado, caso o ato deva ser realizado para além dos limites territoriais do local de sua sede (§ 2º do art. 236 do CPC);

b) **carta rogatória**: utilizada para que órgão jurisdicional estrangeiro pratique ato de cooperação jurídica internacional, relativo a processo em curso perante órgão jurisdicional brasileiro (art. 237, II, do CPC);

c) **carta precatória**: utilizada para que o órgão jurisdicional brasileiro pratique ou determine o cumprimento de ato relativo a pedido de cooperação judiciária formulado por órgão jurisdicional de competência territorial diversa (art. 237, III, do CPC);

d) **carta arbitral:** utilizada para que órgão do Poder Judiciário pratique ou determine o cumprimento, na área de sua competência territorial, de ato objeto de pedido de cooperação judiciária formulado por juízo arbitral, inclusive se importar efetivação de tutela provisória (art. 237, IV, do CPC).

O Código permite, ainda, que a carta seja dirigida ao juízo estadual da respectiva comarca quando o ato relativo a processo em curso na justiça federal ou em tribunal superior houver de ser praticado em local onde não haja vara federal.

4.2. Requisitos

São **requisitos** das cartas processuais:

a) **a indicação dos juízes de origem e de cumprimento do ato**: de modo a possibilitar a movimentação, com envio ao juízo deprecado e devolução ao juízo deprecante;

b) **o inteiro teor da petição, do despacho judicial e do instrumento do mandato conferido ao advogado**: onde se lê "despacho judicial", deve-se entender "ato judicial". A exigência visa a situar o juízo deprecado e a possibilitar a intimação dos advogados;

c) **a menção do ato processual, que lhe constitui o objeto**: para fins de identificação e, se for o caso, distribuição no juízo deprecado;

d) **o encerramento com a assinatura do juiz**: para conferir autenticidade.

Qualquer que seja o caso, o órgão do jurisdicional emitente mandará trasladar, na carta, quaisquer outras peças, bem como instruí-la com mapa, desenho ou gráfico, sempre que estes documentos devam ser examinados, na diligência, pelas partes, pelos peritos ou pelas testemunhas. Quando o objeto da carta for exame pericial sobre documento, este será remetido em original, ficando nos autos reprodução fotográfica.

A carta arbitral[49] atenderá, no que couber, aos requisitos acima analisados e será instruída (em acréscimo) com a convenção de arbitragem e com as provas da nomeação do árbitro e da sua aceitação da função.

As cartas têm **caráter itinerante**, o que representa afirmação à economia e à duração razoável do processo. Caso entregues em juízo diverso, poderão ser encaminhadas a outro juízo (o adequado), de modo que seja praticado o ato, sem a necessidade de serem devolvidas ao juízo deprecante.

No entanto, o Código determina, em afirmação ao contraditório, que o encaminhamento da carta a outro juízo deve ser imediatamente comunicado ao deprecante, que intimará as partes[50].

O juízo deprecante, para impulsionar e, assim, não paralisar indefinidamente o processo, deve fixar o **prazo** dentro do qual deverão ser elas cumpridas, atendendo à facilidade das comunicações e à natureza da diligência. Todavia, se houver inviabilidade da prática do ato no prazo estipulado o juízo deprecado poderá dilatar o prazo fazendo a comunicação ao deprecante.

As partes deverão ser intimadas pelo juiz do ato de expedição da carta, que poderão acompanhar o cumprimento da diligência no juízo destinatário, que realizará os atos de comunicação. A parte a quem interessar o cumprimento da diligência cooperará para que o prazo da carta seja cumprido.

4.3. Transmissão das cartas

O CPC/1973, nos casos de urgência, estabelecia, como meio de transmissão das cartas de ordem e precatória, o telegrama, o radiograma e o telefone. O CPC/2015 avança nesse sentido, ao tornar, de forma ordinária, o meio eletrônico como a via preferencial para a transmissão de qualquer carta. Além disso, o telefone e o telegrama, antes meios considerados excepcionais, passam a ser utilizados como regra, no caso da impossibilidade do meio eletrônico.

As cartas serão acompanhadas de resumo substancial, além dos requisitos elencados no art. 250 do CPC.

Todavia, especial atenção concerne à aferição de autenticidade da carta. Por isso, se por telefone, o secretário do tribunal, o escrivão ou o chefe de secretaria do juízo deprecante transmitirá a carta de ordem ou a carta precatória ao juízo em que houver de se

49. Sobre o tema, destaca-se o enunciado nº 27 do FPPC que averba: não compete ao juízo estatal revisar o mérito da medida ou decisão arbitral cuja efetivação se requer por meio de carta arbitral.

50. As cartas precatórias expedidas pela Justiça Federal poderão ser cumpridas nas comarcas do interior pela Justiça Estadual (STJ. CC 62249/SP. DJU 01.08.06).

cumprir o ato, por intermédio do escrivão do primeiro ofício da primeira vara, se houver na comarca mais de um ofício ou de uma vara, a se observar, quanto aos requisitos, o disposto no art. 264.

O escrivão o chefe de secretaria, no mesmo dia ou no dia útil imediato, telefonará ou enviará mensagem eletrônica ao secretário do tribunal, ao escrivão ou ao chefe de secretaria do juízo deprecante, lendo-lhe os termos da carta e solicitando-lhe que os confirme. Em caso de confirmação, o escrivão ou o chefe de secretaria submeterá a carta a despacho. Se não houver confirmação, o escrivão tomará as necessárias providências para que tal ocorra.

Quando os atos forem praticados por telefone, telegrama ou meio eletrônico, o cumprimento será *ex officio*, na forma do art. 266 do CPC, caso em que a parte interessada deverá depositar no juízo deprecante, quando cabível, a importância correspondente às despesas destinadas ao juízo em que houver de praticar-se o ato[51]. Cumprida a carta, ela será devolvida ao juízo de origem, no prazo de 10 dias, independentemente de traslado, sendo pagas pela parte as custas respectivas (art. 268 do CPC).

4.4. Processo de cumprimento

O juízo remetente da carta é chamado de deprecante, rogante ou ordenante a depender da modalidade de carta, enquanto que o destinatário é o juízo deprecado, rogado ou ordenado respectivamente. O primeiro é aquele que expede a carta, que é destinada ao segundo, o qual terá a responsabilidade de emitir o mandado para realização da diligência solicitada.

Passa-se à análise do cumprimento da diligência, objeto da carta.

Pois bem.

Na carta de ordem, por haver relação de hierarquia entre os ordenante e ordenado, não há possibilidade deste recusar o cumprimento da diligência.

Em relação à carta rogatória, a obrigatoriedade de cumprimento depende da concessão de *exequatur* pelo presidente do Superior Tribunal de Justiça. Concedida, é vedado ao juízo rogado recusar cumprimento.

O juízo deprecado, por sua vez, poderá recusar o cumprimento: a) se a carta expedida não tiver preenchido os requisitos legais[52]; b) se o juízo for incompetente em razão da matéria ou da hierarquia[53]; c) se duvidosa a autenticidade da carta.

Nos atos de comunicação por carta precatória, rogatória ou de ordem, a realização da citação ou da intimação será imediatamente informada, por meio eletrônico, pelo juiz deprecado ao juiz deprecante.

51. Insta evidenciar que, em regra, incide taxa judiciária na realização do processamento das cartas, conforme a legislação específica de cada tribunal, hipótese na qual o juiz deprecado, percebendo a ausência de preparo, pode devolvê-las sem cumprimento.
52. Segundo o enunciado nº 26 do FPPC tais requisitos são os previstos no art. 260 do CPC.
53. Nesse caso o juiz deprecado, conforme o ato a ser praticado, poderá remeter a carta ao juiz ou tribunal competente.

4.5. Particularidades da carta rogatória

A carta rogatória, modalidade de cooperação jurídica internacional, obedecerá, quanto à sua admissibilidade e seu modo de cumprimento, ao disposto na convenção internacional.

À falta de convenção internacional, será remetida à autoridade judiciária estrangeira, por via diplomática, depois de traduzida para a língua do país em que há de praticar-se o ato.

A concessão de exequibilidade às cartas rogatórias das justiças estrangeiras, por sua vez, será de **competência** do Superior Tribunal de Justiça. O procedimento será de jurisdição contenciosa, que, por isso, deve assegurar às partes o devido processo legal.

A defesa restringir-se-á à discussão quanto ao atendimento dos requisitos para que o pronunciamento judicial estrangeiro produza efeitos no Brasil. Em qualquer hipótese, é vedada a revisão do mérito do pronunciamento judicial estrangeiro pela autoridade judiciária brasileira.

A análise do Superior Tribunal de Justiça, a fim de conceder ou não exequibilidade à carta rogatória, estará jungida à preservação da **soberania nacional** e da **ordem pública**.

5. SÚMULAS

Súmulas do STF

163. Salvo contra a Fazenda Pública, sendo a obrigação ilíquida, contam-se os juros moratórios desde a citação inicial para a ação.

263. O possuidor deve ser citado, pessoalmente, para a ação de usucapião.

391. O confinante certo deve ser citado pessoalmente para a ação de usucapião.

Súmulas do STJ

43. Incide correção monetária sobre dívida por ato ilícito a partir da data do efetivo prejuízo.

54. Os juros moratórios fluem a partir do evento danoso, em caso de responsabilidade extracontratual.

70. Os juros moratórios, na desapropriação direta ou indireta, contam-se desde o trânsito em julgado da sentença.

102. A incidência dos juros moratórios sobre os compensatórios, nas ações expropriatórias, não constitui anatocismo vedado em lei.

106. Proposta a ação no prazo fixado para o seu exercício, a demora na citação, por motivos inerentes ao mecanismo da Justiça, não justifica o acolhimento da arguição de prescrição ou decadência.

188. Os juros moratórios, na repetição do indébito tributário, são devidos a partir do trânsito em julgado da sentença.

196. Ao executado que, citado por edital ou por hora certa, permanecer revel, será nomeado curador especial, com legitimidade para apresentação de embargos.

204. Os juros de mora nas ações relativas a benefícios previdenciários incidem a partir da citação válida.

229. O pedido do pagamento de indenização à seguradora suspende o prazo de prescrição até que o segurado tenha ciência da decisão.

278. O termo inicial do prazo prescricional, na ação de indenização, é a data em que o segurado teve ciência inequívoca da incapacidade laboral.

282. Cabe a citação por edital em ação monitória.

314. Em execução fiscal, não localizados bens penhoráveis, suspende-se o processo por um ano, findo o qual se inicia o prazo da prescrição quinquenal intercorrente.

409. Em execução fiscal, a prescrição ocorrida antes da propositura da ação pode ser decretada de ofício.

414. A citação por edital na execução fiscal é cabível quando frustradas as demais modalidades.

426. Os juros de mora na indenização do seguro DPVAT fluem a partir da citação.

6. ENUNCIADOS DO FPPC

4. A carta arbitral tramitará e será processada no Poder Judiciário de acordo com o regime previsto no Código de Processo Civil, respeitada a legislação aplicável.

24. Independentemente da sede da arbitragem ou dos locais em que se realizem os atos a ela inerentes, a carta arbitral poderá ser processada diretamente pelo órgão do Poder Judiciário do foro onde se dará a efetivação da medida ou decisão, ressalvadas as hipóteses de cláusulas de eleição de foro subsidiário.

25. A inexistência de procedimento judicial especial para a ação de usucapião e de regulamentação da usucapião extrajudicial não implica vedação da ação, que remanesce no sistema legal, para qual devem ser observadas as peculiaridades que lhe são próprias, especialmente a necessidade de citação dos confinantes e a ciência da União, do Estado, do Distrito Federal e do Município.

27. Não compete ao juízo estatal revisar o mérito da medida ou decisão arbitral cuja efetivação se requer por meio da carta arbitral.

39. É dever do juiz intimar os legitimados do art. 333 do CPC para, se for o caso, requerer a conversão, aplicando-se, por analogia, o art. 139, X, do CPC.

75. No mesmo ato em que nomear o regulador da avaria grossa, o juiz deverá determinar a citação das partes interessadas.

79. Não sendo possível a inquirição tratada no art. 768 sem prejuízo aos compromissos comerciais da embarcação, o juiz expedirá carta precatória itinerante para a tomada dos depoimentos em um dos portos subsequentes de escala.

110. Havendo substituição processual, e sendo possível identificar o substituto, o juiz deve determinar a intimação deste último para, querendo, integrar o processo.

139. No processo do trabalho, é requisito da petição inicial a indicação do endereço, eletrônico ou não, do advogado, cabendo-lhe atualizá-lo, sempre que houver mudança, sob pena de se considerar válida a intimação encaminhada para o endereço informado nos autos.

185. O juiz deve ouvir as partes antes de determinar a intimação pessoal do terceiro.

195. O prazo de prescrição intercorrente previsto no art. 921, § 4º, tem início automaticamente um ano após a intimação da decisão de suspensão de que trata o seu § 1º.

220. O Supremo Tribunal Federal ou o Superior Tribunal de Justiça inadmitirá o recurso extraordinário ou o recurso especial quando o recorrente não sanar o vício formal de cuja falta foi intimado para corrigir.

264. Salvo hipóteses de segredo de justiça, nos processos em que se realizam intimações exclusivamente por portal eletrônico, deve ser garantida ampla publicidade aos autos eletrônicos, assegurado o acesso a qualquer um.

271. Quando for deferida tutela provisória a ser cumprida diretamente pela parte, o prazo recursal conta a partir da juntada do mandado de intimação, do aviso de recebimento ou da carta precatória; o prazo para o cumprimento da decisão inicia-se a partir da intimação da parte.

280. O prazo de quinze dias a que se refere o art. 290 conta-se da data da intimação do advogado.

348. Os interessados serão intimados da suspensão de seus processos individuais, podendo requerer o prosseguimento ao juiz ou tribunal onde tramitarem, demonstrando a distinção entre a questão a ser decidida e aquela a ser julgada no incidente de resolução de demandas repetitivas, ou nos recursos repetitivos.

401. Para fins de contagem de prazo da Fazenda Pública nos processos que tramitam em autos eletrônicos, não se considera como intimação pessoal a publicação pelo Diário da Justiça Eletrônico.

417. São requisitos para o cumprimento da carta arbitral: i) indicação do árbitro ou do tribunal arbitral de origem e do órgão do Poder Judiciário de destino; ii) inteiro teor do requerimento da parte, do pronunciamento do árbitro ou do Tribunal arbitral e da procuração conferida ao representante da parte, se houver;

iii) especificação do ato processual que deverá ser praticado pelo juízo de destino; iv) encerramento com a assinatura do árbitro ou do presidente do tribunal arbitral conforme o caso.

426. O juízo para o qual foi distribuída a contestação ou a carta precatória só será considerado prevento se o foro competente for o local onde foi citado.

440. O art. 516, III e o seu parágrafo único aplicam-se à execução de decisão interlocutória estrangeira, após a concessão do exequatur à carta rogatória.

447. O exequente deve providenciar a intimação da União, Estados e Municípios no caso de penhora de bem tombado.

458. Para a aplicação, de ofício, de precedente vinculante, o órgão julgador deve intimar previamente as partes para que se manifestem sobre ele.

467. O Ministério Público deve ser obrigatoriamente intimado no incidente de assunção de competência.

488. No mandado de segurança, havendo equivocada indicação da autoridade coatora, o impetrante deve ser intimado para emendar a petição inicial e, caso haja alteração de competência, o juiz remeterá os autos ao juízo competente.

528. No cumprimento provisório de sentença por quantia certa iniciado na vigência do CPC-1973, sem garantia da execução, deve o juiz, após o início de vigência do CPC-2015 e a requerimento do exequente, intimar o executado nos termos dos arts. 520, § 2º, 523, § 1º e 525, *caput*.

530. Após a entrada em vigor do CPC-2015, o juiz deve intimar o executado para apresentar impugnação ao cumprimento de sentença, em quinze dias, ainda que sem depósito, penhora ou caução, caso tenha transcorrido o prazo para cumprimento espontâneo da obrigação na vigência do CPC-1973 e não tenha àquele tempo garantido o juízo.

541. A responsabilidade que trata o art. 854, § 8º, é objetiva e as perdas e danos serão liquidadas de forma incidental, devendo ser imediatamente intimada a instituição financeira para preservação do contraditório.

565. Na hipótese de conversão de recurso extraordinário em recurso especial ou vice-versa, após a manifestação do recorrente, o recorrido será intimado para, no prazo do caput do art. 1.032, complementar suas contrarrazões.

578. (art. 183, § 1º) Em razão da previsão especial do § 1º do art. 183, estabelecendo a intimação pessoal da Fazenda Pública por carga, remessa ou meio eletrônico, a ela não se aplica o disposto no § 1º do art. 269

7. ENUNCIADOS DO FNPP

7. (art. 183, § 1º, Lei 13.105/15) A prerrogativa de intimação pessoal da Fazenda Pública aplica-se a todos os casos em que ela participe do processo, como parte, interessada ou amicus curiae.

8. (art. 183, § 1º, Lei 13.105/15) A intimação por meio eletrônico a que se refere o § 1º do art. 183 do CPC não se realiza por Diário da Justiça eletrônico, nem por e-mail.

12. (art. 231, II, art. 250, art. 269, § 2º e art. 275, Lei 13.105/15) Quando a intimação, no processo eletrônico, frustrar-se ou não for possível, deve realizar-se por oficial de justiça mediante mandado que preencha os requisitos do art. 250, entre os quais se insere a cópia do despacho, da decisão ou da sentença (arts. 250, V e 269, § 2º, CPC), aplicando-se o disposto no inciso II do art. 231, CPC, quanto à contagem do prazo.

8. INFORMATIVOS

Informativos do STJ

A tempestividade recursal pode ser aferida, excepcionalmente, por meio de informação constante em andamento processual disponibilizado no sítio eletrônico, quando informação equivocadamente disponibilizada pelo Tribunal de origem induz a parte em erro. O acórdão embargado, proferido pela Terceira Turma, manteve a intempestividade do Recurso Especial, alegando que as informações constantes do andamento processual, disponíveis no sítio eletrônico do Tribunal de origem, seriam meramente informativas, razão pela qual não poderiam ser utilizadas para prorrogação ou devolução do prazo recursal. O acórdão paradigma, proferido pela Corte Especial no REsp 1.324.432/SC, no entanto, admitiu o uso das informações constantes do andamento processual para aferição da tempestividade, quando constatado erro na informação divulgada, hipótese em que se faz presente a justa causa para prorrogação do prazo, conforme regra prevista no art. 183, §§ 1º e 2º, do CPC/1973, em homenagem aos princípios da boa-fé e da confiança. Nota-se, pois, que a informação equivocadamente disponibilizada pelo Tribunal de origem pode ter induzido em erro a parte, não sendo razoável que seja prejudicada por fato alheio à sua vontade. Logo, deve ser admitida, de forma excepcional, a informação constante do andamento processual disponibilizada pelo Tribunal de origem para aferição da tempestividade do recurso, em homenagem aos princípios da boa-fé e da confiança. EAREsp 688.615-MS, Rel. Min. Mauro Campbell Marques, Corte Especial, por unanimidade, julgado em 04/03/2020, DJe 09/03/2020. Inf. 666.

É regular a citação da pessoa jurídica estrangeira por meio de seu entreposto no Brasil, ainda que não seja formalmente aquela mesma pessoa jurídica ou agência ou filial. As pessoas jurídicas em geral são representadas em juízo "por quem seus atos constitutivos designarem ou, não havendo essa designação, por seus diretores" (art. 75, VIII, do CPC/2015). Com o fim de facilitar a comunicação dos atos processuais às pessoas jurídicas estrangeiras no Brasil, o art. 75, X, do CPC/2015 prevê que a pessoa jurídica estrangeira é representada em juízo "pelo gerente, representante ou administrador de sua filial, agência ou sucursal aberta ou instalada no Brasil" e o parágrafo 3º do mesmo artigo estabelece que o "gerente de filial ou agência presume-se autorizado pela pessoa jurídica estrangeira a receber citação para qualquer processo". Considerando-se que a finalidade destes dispositivos legais é facilitar a citação da pessoa jurídica estrangeira no Brasil, tem-se que as expressões "filial, agência ou sucursal" não devem ser interpretadas de forma restritiva, de modo que o fato de a pessoa jurídica estrangeira atuar no Brasil por meio de empresa que não tenha sido formalmente constituída como sua filial ou agência não impede que por meio dela seja regularmente efetuada sua citação. Exigir que a qualificação daquele por meio do qual a empresa estrangeira será citada seja apenas aquela formalmente atribuída pela citanda inviabilizaria a citação no Brasil daquelas empresas estrangeiras que pretendessem evitar sua citação, o que importaria concordância com prática processualmente desleal do réu e imposição ao autor de óbice injustificado para o exercício do direito fundamental de acesso à ordem jurídica justa. A forma como de fato a pessoa jurídica estrangeira se apresenta no Brasil é circunstância que deve ser levada em conta para se considerar regular a citação da pessoa jurídica estrangeira por meio de seu entreposto no Brasil, notadamente se a empresa estrangeira atua de fato no Brasil por meio de parceira identificada como representante dela, ainda que não seja formalmente a mesma pessoa jurídica ou pessoa jurídica formalmente criada como filial. HDE 410-EX, Rel. Min. Benedito Gonçalves, Corte Especial, por unanimidade, julgado em 20/11/2019, DJe 26/11/2019. Inf. 661.

A habilitação de advogado em autos eletrônicos não é suficiente para a presunção de ciência inequívoca das decisões, sendo inaplicável a lógica dos autos físicos. Cinge-se a controvérsia a saber se a habilitação de advogado no processo eletrônico deve ser entendida como a antiga carga física dos autos, onde a interpretação dessa Corte Superior era no sentido de que se presumia ciente da decisão constante do processo. Tal lógica não é aplicável ao processo eletrônico, onde o advogado habilitado recebe uma chave para ter acesso aos autos. Entretanto, para ler o conteúdo de uma decisão prolatada e ainda não publicada, o advogado precisa, necessariamente, clicar sobre ela, gerando uma intimação imediata do seu teor, constando da movimentação o ocorrido. Assim, a lógica da habilitação de advogado em autos físicos, com a carga, gerando a presunção de ciência das decisões constantes no corpo do processo, não se aplica aos processos eletrônicos, onde, para ter acesso ao conteúdo de uma decisão prolatada e não publicada, precisa necessariamente se intimar na via eletrônica, momento em que inicia seu prazo recursal, constando do movimento do processo de tal ato do procurador da parte. AgInt no REsp 1.592.443-PR, Rel. Min. Paulo de Tarso Sanseverino, por unanimidade, julgado em 17/12/2018, DJe 01/02/2019. Inf. 642.

9. SINOPSE

COMUNICAÇÃO DOS ATOS PROCESSUAIS
Considerações Iniciais
As comunicações processuais objetivam dar ao processo a impulsão necessária para atingir a efetiva prestação da tutela jurisdicional.
Citação
É o ato pelo qual são convocados o réu, o executado ou o interessado para **integrar a relação processual.** São modalidades de citação: a) pelos correios; b) por oficial de justiça; c) por escrivão ou chefe de secretaria; d) por edital; e) por meio eletrônico.
Intimação
Éo ato pelo qual se dá ciência a alguém (partes ou terceiros) dos atos e dos termos do processo. Não sendo o caso de citação, todos os demais atos de comunicação processual serão operados mediante intimação (lógica residual). São modalidades de intimação: a) por Oficial de Justiça; pelo correio; pela publicação no Diário da Justiça; por meio eletrônico.
Cartas
As cartas são instrumentos que garantem a direção do processo pelo juiz, mesmo quando os atos necessários tiverem que se desenvolver além dos limites de sua circunscrição territorial, porque possibilitam o intercâmbio entre órgãos jurisdicionais diversos. As modalidades de cartas são as seguintes: rogatória, precatória e de ordem.

CAPÍTULO 20

INVALIDADES PROCESSUAIS

Sumário • 1. Existência, validade e eficácia – 2. Defeito e invalidade – 3. Prejuízo e invalidade – 4. Nulidades processuais absolutas e relativas – 5. Interdependência dos atos processuais – 6. Boa-fé processual e vedação do venire contra factum proprium – 7. Nulidade decorrente da falta de intimação do ministério público – 8. Convalidação do ato – 9. Enunciados do FPPC – 10. Sinopse.

1. EXISTÊNCIA, VALIDADE E EFICÁCIA

Os fatos jurídicos manifestam-se em três planos distintos: existência, validade e eficácia. Trata-se da chamada "escada ponteana", referência a Pontes de Miranda, jurista responsável pelo desenvolvimento da teoria do fato jurídico.

O plano da existência refere-se à juridicidade do fato. Não basta que o suporte fático ocorra no mundo dos fatos; é preciso que se amolde, suficientemente, à hipótese de incidência de uma norma (suporte fático abstrato), surtindo, assim, efeito no mundo jurídico. Fato jurídico é, pois, todo acontecimento ocorrido no mundo dos fatos que seja relevante para o direito, isto é, que se enquadre em um tipo normativo e, por isso, seja apto a produzir efeitos jurídicos. Desse modo, por exemplo, uma decisão judicial, que contém relatório e fundamentação, mas não possui dispositivo, existe no mundo dos fatos, porque foi assinada por um juiz e lançada nos autos de um processo, mas é juridicamente inexistente, na medida em que não cria norma jurídica individualizada e, portanto, é irrelevante para o direito; é fato não jurídico.

A existência é pressuposto para a verificação dos demais planos. Uma vez constatada a inexistência jurídica do fato (ou seja, a sua irrelevância para o direito), não há que se falar em validade ou em eficácia.

A validade, segundo degrau da escada ponteana, diz respeito apenas aos atos jurídicos (fatos humanos) e consiste na conformidade do seu suporte fático com a hipótese de incidência da norma. Para aferir a validade do ato, faz-se necessário investigar se o suporte fático encaixa-se perfeitamente na hipótese de incidência descrita no texto normativo; se o encaixe é imperfeito, está-se diante de ato defeituoso. O plano da validade diz respeito à eficiência com que o suporte fático da norma é preenchido. Por exemplo: é defeituosa – e, por isso, pode ser invalidada – a decisão judicial desprovida de fundamentação, por não se amoldar perfeitamente à hipótese de incidência do art. 489, I, II e III, do CPC, e também por contrariar o art. 93, IX, da Constituição, que estabelece a pena de nulidade para as decisões desmotivadas.

Por último, o plano da eficácia refere-se à produção de efeitos jurídicos pelo ato. É possível que o ato jurídico seja existente e válido, porém não surta efeitos no mundo jurídico, porque sujeito a termo, a condição ou a encargo (arts. 121 a 137 do Código Civil). Eis alguns exemplos ilustrativos, no campo do processo: a) o efeito suspensivo de que são dotados certos recursos (artigos 987, § 1º, e 1.012 do CPC) e que pode excepcionalmente ser atribuído a outros (artigos 995, parágrafo único, 1.012, § 3º, 1.019 e 1.029) recai, na verdade, sobre a eficácia jurídica da decisão recorrida, que existe e é válida, mas não produz efeitos imediatos, em virtude da suspensão de sua eficácia até o julgamento do recurso; b) o reconhecimento da alienação de bem em fraude à execução acarreta a sua ineficácia em relação ao exequente (art. 792, § 1º, do CPC), embora o negócio permaneça existente e válido – e eficaz perante terceiros, por se tratar de ineficácia relativa.

Assim, é possível que um ato seja: a) juridicamente inexistente (ato não jurídico); b) existente, válido e eficaz; c) existente, válido e ineficaz; d) existente, inválido e eficaz; e) existente, inválido e ineficaz.

2. DEFEITO E INVALIDADE

O defeito do ato jurídico, consistente no preenchimento ineficiente do suporte fático da norma que o prevê, existe desde o momento em que ele é praticado ou é preexistente a ele. Não há defeito posterior à perfectibilização do ato. Assim, por exemplo, o acordo celebrado em audiência não se torna defeituoso em decorrência da posterior perda da capacidade jurídica de uma das partes; o vício há de ser contemporâneo à formação do ato.

A invalidade, por sua vez, é a **sanção** aplicável ao ato defeituoso, que, só após decisão judicial constitutiva negativa, torna-se inválido. No processo, não há nulidades de pleno direito. Em regra, todo ato processual surte efeitos até que sua invalidade seja decretada.

Portanto, ato defeituoso não é sinônimo de ato inválido, seja porque é necessário o reconhecimento judicial da nulidade (seja ela absoluta ou relativa), seja porque há atos defeituosos que escapam à nulificação, como se verá no tópico a seguir.

Questão de Concurso

- **(Vunesp – Outorga de delegação de serviços notariais e registrais – Provimento – TJ – RS/2019-ADAPTADA)**[1] De acordo com o Código de Processo Civil, os atos processuais serão realizados nos prazos prescritos em lei. Sobre a matéria, assinale Correto ou Incorreto: "Decorrido o prazo, extingue-se o direito de praticar ou de emendar o ato processual, mediante declaração judicial, ficando assegurado à parte provar que não o realizou por justa causa".

3. PREJUÍZO E INVALIDADE

A invalidade do ato processual somente deve ser decretada se o defeito que o inquina gerar prejuízo. É o que se extrai do brocardo francês **pas de nullité sans grief**, positivado no § 1º do art. 282 do CPC. Segundo esse dispositivo, o ato não será repetido, nem sua falta será suprida, quando não prejudicar a parte. Em complemento, o § 2º do mesmo artigo dispõe

1. Gabarito: Incorreto.

que o juiz não decretará a nulidade do ato, se puder proferir decisão de mérito favorável à parte que se beneficiaria com a sua invalidação[2].

Questão de Concurso

▶ **(Vunesp – Outorga de delegação de serviços notariais e registrais – Remoção – TJ – RS/2019)**[3] Sobre as nulidades, conforme expressa e literalmente, consta do Código de Processo Civil de 2015, cabe asseverar:

(A) quando a lei prescrever determinada forma, o juiz considerará válido o ato se, realizado de outro modo, lhe alcançar a finalidade.

(B) a nulidade dos atos, seja lá de que espécie for, deve ser alegada na primeira oportunidade em que couber à parte falar nos autos, sob pena de condenação em litigância de má-fé.

(C) quando a lei prescrever determinada forma sob pena de nulidade, a decretação desta pode ser requerida pela parte que lhe deu causa.

(D) é nulo o processo quando o membro do Ministério Público não for citado a acompanhar o feito em que deva intervir.

(E) o erro de forma do processo acarreta a anulação de todos os atos neles praticados.

▶ **(CESPE. DPE-PE. Defensor Público. 2018)**[4] Em determinado processo, o réu não foi citado nem apresentou contestação. O magistrado, além de não declarar o processo nulo, julgou-o, no mérito, favoravelmente ao réu.

Nessa situação hipotética, a conduta do magistrado foi correta porque

a) ele aproveitou atos que não dependem da citação.

b) ele julgou favoravelmente o mérito da causa para a parte que seria beneficiada caso a nulidade fosse decretada.

c) o autor não requereu a nulidade do processo.

d) o autor foi o causador da nulidade.

e) a declaração de nulidade processual depende de requerimento da parte.

▶ **(FCC – Defensor Público – DPE – BA/2016)**[5] Sobre a nulidade dos atos processuais, é correto afirmar que:

a) sua decretação pode ser requerida pela parte que lhe der causa, quando a lei prescrever determinada forma para o ato.

b) se verifica independentemente da existência de prejuízo.

c) o juiz não a pronunciará quando puder decidir o mérito a favor da parte a quem aproveite.

d) pode ser alegada, em regra, em qualquer momento, não estando sujeita a preclusão.

e) o erro de forma invalida o ato ainda que possa ser aproveitado sem prejuízo à defesa das partes.

Entende-se como equivalente ao sobredito postulado o **princípio da instrumentalidade das formas**, consagrado no art. 277 do CPC, segundo o qual se considera válido o ato praticado de forma diversa da prevista em lei, se lhe alcançar a finalidade. No mesmo

2. Também assim, o art. 488 do CPC: "Desde que possível, o juiz resolverá o mérito sempre que a decisão for favorável à parte a quem aproveitaria eventual pronunciamento nos termos do art. 485".
3. Gabarito: Letra A.
4. Gabarito: Letra B.
5. Gabarito: Letra C.

sentido, o art. 283, *caput* e parágrafo único, prevê a possibilidade de **aproveitamento** dos atos praticados com erro de forma que não gerem prejuízo às partes.

Desse modo, pode-se dizer, em síntese, que a invalidação do ato processual depende, invariavelmente, da presença de dois pressupostos: um defeito na sua formação e um prejuízo dele decorrente, consistente no não atendimento da sua finalidade.

> De acordo com a moderna ciência processual, que coloca em evidência o princípio da instrumentalidade e o da inexistência de nulidade sem prejuízo (pas de nullité sans grief), antes de se anular todo o processo ou determinados atos, atrasando, muitas vezes em anos, a prestação jurisdicional, deve-se analisar se a alegada nulidade causou efetivo prejuízo às partes (STJ. AgRg no AREsp 198.356/SP. DJe 10.12.15).

Esse raciocínio é aplicável tanto às nulidades relativas quanto às absolutas (STJ. AgRg no AgRg no REsp 826.839/DF. DJe 17.10.11). Dessa forma, por exemplo, não se anula o processo por irregularidade ou falta de citação, se o réu compareceu voluntariamente (art. 239, § 1º, do CPC). Além disso, caso o réu não citado ou citado irregularmente seja revel, não deve o juiz decretar a nulidade do processo, se puder proferir sentença de mérito favorável a ele.

4. NULIDADES PROCESSUAIS ABSOLUTAS E RELATIVAS

As nulidades processuais podem ser absolutas ou relativas.

As nulidades absolutas relacionam-se ao interesse público e decorrem de vícios mais graves. Podem ser arguidas a qualquer tempo ou mesmo apreciadas de ofício pelo juiz, não estando, pois, sujeitas à preclusão, por constituírem matéria de ordem pública (STJ. AgRg no AREsp 223.196/RS. DJe 24.10.12). É exemplo de nulidade absoluta a falta de pressuposto processual de validade (art. 485, IV e § 3º, do CPC).

As nulidades relativas (também chamadas de anulabilidades), por sua vez, são resultado de vícios de menor gravidade e dizem respeito exclusivamente ao interesse das partes. Conforme o art. 278 do CPC, devem ser arguidas pela parte interessada no primeiro momento em que lhe couber falar nos autos, sob pena de preclusão. São inadmissíveis, pois, as chamadas "nulidades de algibeira" (STJ. AgRg no REsp 1.391.006/DF. DJe 19.11.15). São exemplos (de nulidades relativas) a incompetência relativa (art. 65, *caput*) e o desrespeito a convenção de arbitragem (art. 337, § 6º).

Apesar de o art. 278 ter disposto que a nulidade dos atos deve ser alegada na primeira oportunidade em que couber à parte falar nos autos, sob pena de preclusão, o respectivo parágrafo único ressalvou que este comando não se aplica provando a parte legítimo impedimento. De qualquer modo, ultrapassado o legítimo impedimento, caberá à parte alegar a nulidade na primeira oportunidade seguinte, sob pena, aí, de preclusão.

O CPC/2015 adotou a regra da irrecorribilidade imediata das decisões interlocutórias, na medida em que o agravo de instrumento só é cabível nas hipóteses expressamente indicadas no art. 1.015 do CPC/2015. Desse modo, decisões interlocutórias defeituosas, que não sejam impugnáveis pela via do agravo, não ficam acobertadas pela preclusão, devendo ser atacadas em eventual apelação, na forma do art. 1.009, § 1º.

5. INTERDEPENDÊNCIA DOS ATOS PROCESSUAIS

Segundo o **princípio da interdependência ou da concatenação dos atos processuais** (artigo 281 do Código de Processo Civil), uma vez invalidado o ato, são apanhados pela nulidade todos os atos subsequentes que dele dependam. Para isso, não é suficiente que o ato seja posterior; é preciso que seja subordinado ao ato cuja invalidade foi decretada, de modo que não possa subsistir sozinho. A respectiva decisão, ainda, deve ser fundamentada, a justificar o porquê da invalidação dos atos concatenados. Neste sentido, apresenta-se o enunciado 277 do FPPC: "para fins de invalidação, o reconhecimento de que um ato subsequente é dependente de um ato defeituoso deve ser objeto de fundamentação específica à luz de circunstâncias concretas".

> Aplica-se à decretação de nulidade o princípio da interdependência dos atos processuais, não sendo considerados nulos os atos processuais posteriores que dela não dependam (STJ. REsp 229.981/PR. DJ 25.02.04).

Contudo, se o ato for apenas parcialmente defeituoso, não é afetada pela invalidação a sua parte não viciada, desde que independente. Assim, por exemplo, a sentença *ultra petita* (isto é, que concede à parte mais do que foi pedido[6]) enseja tão somente a anulação da sua parte que vai além do pedido, ficando preservado o restante do pronunciamento judicial.

Em decorrência do princípio da interdependência dos atos processuais, o art. 282, *caput*, do Código de Processo Civil impõe que o juiz, ao pronunciar a nulidade, declare expressamente quais atos são afetados pela invalidação (e, se for o caso, quais partes desses atos), bem como determine as providências necessárias para que eles sejam repetidos ou retificados, caso seja preciso.

6. BOA-FÉ PROCESSUAL E VEDAÇÃO DO *VENIRE CONTRA FACTUM PROPRIUM*

O princípio da boa-fé processual é norma fundamental expressamente prevista no art. 5º do Código de Processo Civil, norteando a conduta de todos os sujeitos do processo e servindo de vetor interpretativo para os pedidos (art. 322, § 2º, do CPC) e para as decisões judiciais (art. 489, § 3º).

Um de seus principais corolários é a vedação do *venire contra factum proprium*, que significa, na literalidade, "vir contra fato próprio". Em uma variação, diz-se também que "a ninguém é dado se beneficiar da sua própria torpeza" (STJ. AgRg nos EDcl no AREsp 535.621/PR. DJe 20.10.14). Por isso, a conduta da parte que contradiga comportamento anterior seu é considerada ilícita e é atingida pela preclusão lógica. Enfim, a boa-fé veda a adoção de comportamentos contraditórios por qualquer participante do processo.

---

6. Art. 492. É vedado ao juiz proferir decisão de natureza diversa da pedida, bem como condenar a parte em quantidade superior ou em objeto diverso do que lhe foi demandado.

No campo das invalidades processuais, a regra da proibição do *venire* está expressa no artigo 276 do CPC, segundo o qual a decretação de nulidade não pode ser requerida pela parte que lhe deu causa. Portanto, a parte não pode, por exemplo, pedir a anulação do processo com base em vício na própria representação processual (STJ. REsp 685.744/BA. DJ 29.06.07).

A vedação do *venire contra factum proprium* somente é aplicável às nulidades relativas, e não às absolutas, que podem ser decretadas de ofício pelo juiz (STJ. REsp 961.407/SP. DJe 06.10.08). Assim, por exemplo, pode o próprio autor suscitar a incompetência absoluta do juízo indicado por ele na petição inicial, na medida em que o magistrado poderia reconhecer o vício e invalidar o processo mesmo oficiosamente.

7. NULIDADE DECORRENTE DA FALTA DE INTIMAÇÃO DO MINISTÉRIO PÚBLICO

Nos processos em que figurar como *custos legis* (art. 178, CPC), o Ministério Público deve ser intimado de todos os atos do processo, conforme determina o art. 179, I, do CPC. A falta de comunicação do Ministério Público, nesses casos, acarreta nulidade do processo, a partir do instante em que ele deveria ter sido intimado (art. 279, *caput* e § 1º).

A falta de intimação do fiscal da ordem jurídica é que causa nulidade, e não a ausência de efetiva manifestação (STJ. REsp 207.197/TO. DJ 19.12.03). Basta, pois, que se oportunize a participação do *Parquet*, mediante intimação, cabendo ao seu representante avaliar a necessidade de manifestar-se ou não no processo. É o que se extrai do art. 180, § 1º, do CPC, segundo o qual, findo o prazo sem manifestação do MP, cabe ao juiz requisitar os autos e dar andamento ao processo.

A nulidade do processo somente pode ser decretada depois de ouvido o membro do Ministério Público, que deve se manifestar sobre a existência de prejuízo (art. 279, § 2º). Entretanto, tal manifestação não vincula o órgão julgador; o *Parquet* deve apontar e demonstrar o efetivo malefício decorrente da falta de sua intimação, não bastando a simples alegação genérica de nulidade (STJ. AgRg no REsp 1.196.311/DF. DJe 29.06.12). Não por outra razão, o enunciado 279 do FPPC orienta que, "para fins de alegar e demonstrar prejuízo, não basta a afirmação de tratar-se de violação a norma constitucional".

> A não intervenção do Ministério Público em primeiro grau de jurisdição pode ser suprida pela intervenção da Procuradoria de Justiça perante o colegiado de segundo grau, em parecer cuidando do mérito da causa, sem que haja arguição de prejuízo ou alegação de nulidade (STJ. EDcl no REsp 1.184.752/PI. DJe 21.10.15).

8. CONVALIDAÇÃO DO ATO

O ato defeituoso pode ser convalidado. Não significa que ele tornar-se-á regular, mas que o vício não poderá mais servir de base para a sua invalidação.

Em se tratando de nulidade relativa, o ato viciado convalida-se pela imediata preclusão. Se, na primeira oportunidade em que lhe couber falar nos autos, a parte não requerer a invalidação do ato, não poderá mais fazê-lo.

Se o defeito constituir causa de nulidade absoluta, o ato somente se convalidará com o trânsito em julgado da sentença de mérito, por força da eficácia preclusiva da coisa julgada (art. 508, CPC), na medida em que, antes disso, pode ser invalidado a qualquer momento, inclusive de ofício.

Todavia, alguns vícios, com o trânsito em julgado, tornam-se hipóteses de rescindibilidade da coisa julgada, a autorizar o ajuizamento de ação rescisória (art. 966, CPC).

Mas, a falta e a irregularidade da citação (causas de nulidade absoluta) são vícios transrescisórios, que autorizam a invalidação do processo mesmo após o transcurso do prazo decadencial previsto no art. 975, *caput*, do CPC/2015 (STJ. REsp 445.664/AC. DJe 03.09.10).

Nada obstante, se a parte comparece aos autos, sem alegar a nulidade de citação ou de intimação, há preclusão do direito de fazê-lo, nos termos do art. 278, *caput*, do CPC/2015 (STJ. AgRg no AREsp 226.533/SP. DJe 22.11.12).

Um último ponto.

A convalidação diferencia-se da sanação, fenômeno que pode advir (mas, não necessariamente) da própria cooperação. Naquela, não se afasta o defeito do ato, enquanto que, nesta, sim. A sanação do ato decorre de sua correção, pelo que, quando realizada, torna desnecessária a decretação da invalidade. Inclusive, nos termos do enunciado 278 do Fórum Permanente de Processualistas Civis, "o CPC adota como princípio a sanabilidade dos atos processuais defeituosos".

9. ENUNCIADOS DO FPPC

16. O controle dos requisitos objetivos e subjetivos de validade da convenção de procedimento deve ser conjugado com a regra segundo a qual não há invalidade do ato sem prejuízo.

132. Além dos defeitos processuais, os vícios da vontade os vícios sociais podem dar ensejo à invalidação dos negócios jurídicos atípicos do art. 190.

134. Negócio jurídico processual pode ser invalidade parcialmente.

276. Os atos anteriores ao ato defeituoso não são atingidos pela pronúncia de invalidade.

277. Para fins de invalidação, o reconhecimento de que um ato subsequente é dependente de um ato defeituoso deve ser objeto de fundamentação específica à luz de circunstâncias concretas.

278. O CPC adota como princípio a sanabilidade dos atos processuais defeituosos.

279. Para fins de alegar e demonstrar prejuízo, não basta a afirmação de tratar-se de violação a norma constitucional.

409. A convenção processual é autônoma em relação ao negócio em que estiver inserta, de tal sorte que a invalidade deste não implica necessariamente a invalidade da convenção processual.

567. Invalidado o ato processual praticado à luz do CPC de 1973, a sua repetição observará o regramento do CPC/2015, salvo nos casos de incidência do art. 1047 do CPC/2015 e no que refere às disposições revogadas relativas ao procedimento sumário, aos procedimentos especiais e às cautelares.

10. INFORMATIVOS

Informativos do STJ

A ausência de citação dos confinantes e respectivos cônjuges na ação de usucapião ensejará nulidade relativa, caso se constate o efetivo prejuízo. De plano, destaca-se que, na ação de usucapião, com relação ao proprietário e seu cônjuge, constantes no registro de imóveis, é indispensável a citação destes (e demais compossuidores e condôminos) como litisconsortes necessários, sob pena de a sentença ser absolutamente ineficaz, *inutiliter data*, tratando-se de nulidade insanável. Por outro lado, no tocante à citação do confrontante, apesar de amplamente recomendável, a sua falta não acarretará, por si, causa de irremediável nulidade da sentença que declara a usucapião, notadamente pela finalidade de seu chamamento e, pelo fato de que seu liame no processo é bem diverso daquele relacionado ao dos titulares do domínio, formando pluralidade subjetiva da ação especial, denominado, pela doutrina, de litisconsórcio *sui generis*. No ponto, como sabido, o processo moderno é infenso às nulidades estéreis, sem que haja proteção de qualquer valor relevante para tanto ou que se verifique efetivo prejuízo às partes. Destarte, tanto o CPC/73 (art. 249, § 1°) como o novel instrumental (art. 282, § 1°) determinam que o ato não será repetido nem sua falta será suprida quando não prejudicar a parte. Nessa ordem de ideias, salienta-se que o verdadeiro intento da citação dos confinantes do imóvel usucapiendo é o de delimitar a área usucapienda, evitando, assim, eventual invasão indevida dos terrenos vizinhos. Em assim sendo, verifica-se que a posse *ad usucapionem* causa efetivo prejuízo apenas ao antigo proprietário, mas não com relação aos vizinhos, já que, como dito, o chamamento deles ao feito teria apenas o escopo de delimitar a gleba usucapienda, de modo a evitar que ocorra a indevida invasão, pelo título a ser conferido ao usucapiente, de terrenos adjacentes. Em verdade, conforme esclarece doutrina, tem-se uma cumulação de ações: a usucapião em face do proprietário e a delimitação contra os vizinhos, e, por conseguinte, a falta de citação de algum confinante acabará afetando a pretensão delimitatória, sem contaminar, no entanto, a de usucapião, cuja sentença subsistirá, malgrado o defeito atinente à primeira. REsp 1.432.579-MG, Rel. Min. Luis Felipe Salomão, por maioria, julgado em 24/10/2017, DJe 23/11/2017. Inf. 616.

11. SINOPSE

INVALIDADES PROCESSUAIS
Defeito e invalidade
O defeito do ato jurídico existe desde o momento em que ele é praticado ou é preexistente a ele. Não há defeito posterior à perfectibilização do ato. A invalidade é apenas a sanção aplicável ao ato defeituoso, que, só após decisão judicial constitutiva negativa, torna-se inválido. No processo, não há nulidades de pleno direito.
Prejuízo e invalidade
Segundo o princípio da instrumentalidade das formas e o brocardo *pas de nullitésansgrief*, invalidação do ato processual depende, invariavelmente, da presença de dois pressupostos: um defeito na sua formação e um prejuízo dele decorrente, consistente no não atendimento da sua finalidade.
Nulidades absolutas e relativas
As nulidades absolutas relacionam-se ao interesse público e decorrem de vícios mais graves, por isso podem ser arguidas a qualquer tempo ou mesmo apreciadas de ofício pelo juiz, não estando sujeitas à preclusão, por constituírem matéria de ordem pública. Já as nulidades relativas (também chamadas de anulabilidades) são resultado de vícios de menor gravidade e dizem respeito exclusivamente ao interesse das partes, razão por que devem ser arguidas pela parte interessada no primeiro momento em que lhe couber falar nos autos, sob pena de preclusão.
Interdependência dos atos processuais
Segundo o princípio da interdependência ou da concatenação dos atos processuais, uma vez invalidado o ato, são apanhados pela nulidade todos os atos subsequentes que dele dependam. Não é suficiente que o ato seja posterior; é preciso que seja subordinado ao ato cuja invalidade foi decretada, de modo que não possa subsistir sozinho.
Boa-fé processual e vedação do venire contra factumproprium
A decretação de nulidade não pode ser requerida pela parte que lhe deu causa. Porém, isso só ocorre com as nulidades relativas, pois as absolutas podem ser decretadas de ofício pelo juiz.

Nulidade decorrente da falta de intimação do Ministério Público
A falta de intimação do Ministério Público, nos casos em que deva atuar como *custos legis*, acarreta nulidade do processo, a partir do instante em que ele deveria ter sido intimado. A nulidade do processo somente pode ser decretada depois de ouvido o membro do Ministério Público, que deve se manifestar sobre a existência de prejuízo.
Convalidação do ato
Em se tratando de nulidade relativa, o ato viciado convalida-se pela imediata preclusão. Se o defeito constituir causa de nulidade absoluta, o ato somente se convalidará com o trânsito em julgado da sentença de mérito, por força da eficácia preclusiva da coisa julgada. Todavia, alguns vícios, com o trânsito em julgado, tornam-se hipóteses de rescindibilidade da coisa da coisa julgada, a autorizar o ajuizamento de ação rescisória (art. 966, CPC).

CAPÍTULO 21

DISTRIBUIÇÃO E REGISTRO

Sumário • 1. Registro – 2. Distribuição – 3. Enunciados do FPPC – 4. Sinopse.

1. REGISTRO

O registro é o ato de documentação de um processo. O distribuidor registra as principais características de uma relação processual, como suas partes, o tipo de procedimento, o valor da causa, o número do processo, a data do protocolo da petição inicial, entre outras. Trata-se de ato obrigatório, ainda que o processo tramite em segredo de justiça.

Caso haja, no curso do processo, reconvenção, intervenção de terceiro ou qualquer ampliação do objeto litigioso, o juiz deve ordenar ao distribuidor que proceda à respectiva anotação (art. 286, parágrafo único, do CPC). Os novos dados serão acrescidos àqueles constantes por ocasião do registro inicial.

O registro constitui providência necessária a garantir, em favor de qualquer interessado, o acesso à informação precisa e, em alguns casos, demonstrar a boa-fé[1]. Quando expedida certidão de ações judiciais, ela deverá constar todos os dados relativos ao processo, inclusive às modificações realizadas no curso da tramitação.

Nas comarcas, seções ou subseções em que não haja mais de uma vara com mesma competência, o registro é o ato que torna prevento o juízo (arts. 43 e 59 do CPC).

2. DISTRIBUIÇÃO

A distribuição é o ato processual por meio do qual se determina a competência para julgar determinada causa, naquelas comarcas, seções ou subseções em que haja mais de um juízo. Havendo pluralidade de órgãos judiciais igualmente competentes na mesma unidade territorial, cabe ao distribuidor, por meio de sorteio, estabelecer a vara em que tramitará o processo. Nesse caso, a distribuição é o ato que torna prevento o juízo (arts. 43 e 59 do CPC).

---

1. Art. 792. A alienação ou a oneração de bem é considerada fraude à execução: I – quando sobre o bem pender ação fundada em direito real ou com pretensão reipersecutória, desde que a pendência do processo tenha sido averbada no respectivo registro público, se houver; II – quando tiver sido averbada, no registro do bem, a pendência do processo de execução, na forma do art. 828; III – quando tiver sido averbado, no registro do bem, hipoteca judiciária ou outro ato de constrição judicial originário do processo onde foi arguida a fraude; IV – quando, ao tempo da alienação ou da oneração, tramitava contra o devedor ação capaz de reduzi-lo à insolvência; V – nos demais casos expressos em lei.[...] § 2º No caso de aquisição de bem não sujeito a registro, o terceiro adquirente tem o ônus de provar que adotou as cautelas necessárias para a aquisição, mediante a *exibição das certidões pertinentes*, obtidas no domicílio do vendedor e no local onde se encontra o bem.

A distribuição, segundo o art. 285, *caput*, do Código de Processo Civil, deve dar-se **por sorteio** (evitando o direcionamento de causas a juízos predeterminados e preservando a garantia constitucional do juiz natural), observadas a alternância e a igualdade entre os juízos. Estes dois últimos critérios visam a coibir a distribuição desproporcional de processos a juízos de mesma competência, para assegurar carga de trabalho semelhante aos magistrados e serventuários. Desse modo, o sistema de distribuição utilizado por cada tribunal e fórum deve garantir que a álea não seja total, mas balizada pelos critérios da igualdade e da alternância.

A distribuição pode ser física ou eletrônica (art. 285 do CPC). Note-se que não se considera eletrônica a distribuição apenas porque feita em computador, até porque essa é a regra hoje em dia. É eletrônica a distribuição realizada de forma automática, sem a atuação de um auxiliar da justiça. É o que ocorre, atualmente, com a maioria dos sistemas de prática eletrônica de atos processuais, os quais distribuem os processos automática e imediatamente, no momento do protocolo da petição inicial.

Por outro lado, há casos em que a distribuição não se dá por sorteio, mas **por dependência**. Ei-los:

a) quando houver conexão ou continência entre a ação a ser distribuída e outra anteriormente ajuizada.

Mesmo que a anterior ação conexa já tenha sido julgada, a distribuição por dependência é medida que se impõe. Isso, porque, embora o enunciado 235 da súmula do STJ[2] e o art. 55, § 1º, do CPC afastem a conexão (ou seja, a reunião dos processos), não há como negar a conexidade (isto é, a semelhança entre as ações processualizadas) e a prevenção dela decorrente. Assim, embora as ações não sejam reunidas (porque situadas em instâncias distintas), a nova ação deve, por prevenção, ser distribuída ao mesmo juízo em que tramitou o processo já sentenciado, a fim de evitar a prolação de decisões desarmônicas.

b) quando, tendo sido extinto o processo sem resolução do mérito, for reiterado o pedido, ainda que em litisconsórcio ativo ou que sejam parcialmente alterados os réus.

Não fosse a regra de distribuição por dependência prevista no art. 286, II, do Código de Processo Civil, a parte autora poderia facilmente burlar a garantia constitucional do juiz natural, intentando sucessivas ações idênticas e desistindo delas, até que o sorteio tivesse como resultado o órgão escolhido. Essa regra impede, inclusive, que o autor ajuíze a mesma ação em comarca diversa (STJ. REsp 944.214/SP. DJe 20.10.09).

Para que tal previsão incida, é preciso que haja identidade objetiva entre as demandas, ou seja, que o pedido e a causa de pedir sejam os mesmos. Por outro lado, a identidade subjetiva pode ser apenas parcial, na medida em que é possível, na nova ação, incluir litisconsorte(s) ativo(s), bem como alterar parcialmente o polo passivo da demanda.

Apesar do cuidado do legislador, ainda assim, a garantia do juízo natural poderá ser burlada. Bastará que o autor, ao identificar que o processo foi distribuído para o órgão esco-

2. "A conexão não determina a reunião dos processos, se um deles já foi julgado".

lhido, desista da ação e, depois, em litisconsórcio com outros interessados na posição daquele órgão jurisdicional, ajuíze nova ação mediante formação de outro processo.

Essa hipótese de distribuição por dependência não implica a competência absoluta (funcional) do juízo prevento; é regra que vincula apenas o ato de distribuição, não impedindo que o juiz prevento decida acerca da sua própria competência, a aplicar, por exemplo, as normas de competência relativa territorial (STJ. REsp 1.027.158/MG. DJe 04.05.10).

c) quando ocorrer a hipótese do art. 55, § 3º, do CPC.

Mesmo que não haja coincidência entre pedido e/ou causa de pedir da ação a ser distribuída e de outra promovida antes, deve aquela ser distribuída por dependência, caso haja risco de prolação de decisões conflitantes. É preciso, para tanto, que haja relação de afinidade entre elas (STJ. REsp 1.413.016/RJ. DJe 17.02.14). Assim, por exemplo, ação de despejo e execução fundada no contrato de locação, apesar de não apresentarem identidade de elementos objetivos, devem ser distribuídas por dependência, pois se originam de uma mesma relação jurídica (STJ. AgRg no REsp 656.277/RJ. DJe 07.06.10).

Para que a distribuição ocorra, é necessário que a petição inicial esteja acompanhada de procuração, que deve conter os endereços eletrônico e não eletrônico do advogado (art. 287, *caput*). Não sendo apresentado instrumento de mandato, o distribuidor deve recusar a prática do ato, salvo nas seguintes situações, em que se dispensa a juntada da procuração: a) para a prática de atos urgentes, na forma do art. 104 do CPC; b) se a parte estiver representada pela Defensoria Pública; c) se o poder de representação decorrer de lei ou da Constituição da República, a exemplo do que ocorre com os membros do Ministério Público e da Advocacia Pública. Ainda, nada obstante seja omisso o CPC/2015 nesse ponto, é inegável que também se dispensa a apresentação de procuração em caso de advocacia em causa própria (conforme previa o art. 254, I, do CPC/1973), pois não faz sentido obrigar o autor a outorgar, por contrato, poderes a si mesmo.

A distribuição pode ser fiscalizada pela parte, por seu procurador, pelo Ministério Público e pela Defensoria Pública (art. 289), devendo, empós, ser publicada no Diário da Justiça (art. 285, parágrafo único).

Uma vez distribuída a petição inicial, é possível o cancelamento da distribuição, caso a parte autora, depois de intimada, não efetue o pagamento das custas e despesas no prazo de 15 dias (art. 290 do CPC). Se cancelada a distribuição, a parte não será condenada a pagar custas e despesas processuais, bem assim honorários advocatícios sucumbenciais.

Se o réu tiver sido citado, não será mais hipótese de cancelamento da distribuição, mas de extinção do processo sem resolução de mérito.

O magistrado pode, de ofício ou a requerimento, determinar a correção de erro ou de falta de distribuição (art. 288).

3. ENUNCIADOS DO FPPC

340. Observadas as regras de distribuição, o relator pode delegar a colheita de provas para juízo distinto do que proferiu a decisão rescindenda.

4. SINOPSE

DISTRIBUIÇÃO E REGISTRO
Registro
É o ato de documentação de um processo, por meio do qual são registradas as principais características de uma relação processual, como suas partes, o tipo de procedimento, o valor da causa, o número do processo, a data do protocolo da petição inicial, entre outras.
Distribuição
É o ato processual por meio do qual se determina a competência para julgar determinada causa, naquelas comarcas, seções ou subseções em que haja mais de um juízo. Havendo pluralidade de órgãos judiciais materialmente competentes na mesma unidade territorial, cabe ao distribuidor estabelecer a vara em que tramitará o processo, por meio de sorteio, que deve obedecer à alternância e à igualdade entre os juízos. Excepcionalmente, a distribuição deve ocorrer por dependência: a) quando houver conexão ou continência entre a ação a ser distribuída e outra anteriormente ajuizada; b) quando, tendo sido extinto o processo sem resolução do mérito, for reiterado o pedido, ainda que em litisconsórcio ativo ou que sejam parcialmente alterados os réus; c) quando ocorrer a hipótese do art. 55, § 3º, do CPC.

CAPÍTULO 22

VALOR DA CAUSA

Sumário • 1. Considerações iniciais – 2. Critérios para fixação do valor da causa – 3. Correção e impugnação – 4. Súmulas – 5. Enunciados do FPPC – 6. Sinopse.

1. CONSIDERAÇÕES INICIAIS

Toda causa deve ter um valor certo, mesmo que não possua conteúdo patrimonial aferível. Trata-se da representação monetária do pedido, requisito da petição inicial e da reconvenção, conforme prescrevem os artigos 291, 292 e 319, V, do CPC.

O valor da causa serve de parâmetro para o cálculo dos honorários advocatícios (art. 85, § 2º, do CPC), das custas judiciais, das multas por litigância de má-fé (art. 81) e por ato atentatório à dignidade da justiça (art. 77, § 2º).

Além disso, constitui critério definidor da competência dos juizados especiais (art. 3º, I, da Lei nº 9.099/1995, art. 3º da Lei nº 10.259/2001, art. 2º da Lei nº 12.153/2009). Daí sua importância, a ensejar o seu estudo em um capítulo isolado.

2. CRITÉRIOS PARA FIXAÇÃO DO VALOR DA CAUSA

O valor da causa pode ser **legal** ou **estimado**. No primeiro caso, a lei confere parâmetros para a sua determinação, como fazem os arts. 292 e 700, § 3º, do Código de Processo Civil e o art. 58, III, da Lei nº 8.245/1991. Na segunda hipótese, à guisa de critérios legais, cabe à parte estimar o valor da causa.

A regra geral é a de que "o valor da causa deve refletir o **proveito econômico** pretendido pela parte" (STJ. REsp 1.522.102/RJ. DJe 25.09.15). Entretanto, há situações em que a causa não tem expressão pecuniária, como ocorre com a ação de interdição e com o *habeas data*. Nesses casos, cabe à parte estimar o valor da causa.

Comumente, são intentadas ações, onde são formulados não só pedidos certos, mas também implícitos, que, conquanto não estejam expressos, devem compor a base de cálculo do valor da causa. O mesmo deve ocorrer quando se puder ofertar prestação jurisdicional de mérito sem necessária formulação de pedido[1].Os critérios legais para determinação do valor da causa são os seguintes:

1. Como ocorre, por exemplo, com as questões prejudiciais, nos termos do § 1º do art. 503 do Código de Processo Civil.

a) nas ações de cobrança de dívida, o valor da causa corresponde à soma monetariamente corrigida do principal, dos juros de mora vencidos e de eventuais penalidades, até a data da propositura da ação;

Segundo o art. 312 do CPC, considera-se proposta a proposta a ação na data do protocolo da petição inicial. Assim, é esse o termo final do cálculo do valor da causa.

b) nas ações que versarem sobre a existência, a validade, o cumprimento, a modificação, a resolução, a resilição ou a rescisão de ato jurídico, o valor da causa corresponde ao valor do ato ou de sua parte controvertida;

São abarcados pela regra do art. 292, II, do CPC não apenas os negócios jurídicos (como ocorria na vigência do CPC/1973), mas também os atos jurídicos *stricto sensu.*

O dispositivo prevê, ainda, que, caso o autor questione apenas uma parcela do ato jurídico, o valor da causa deve corresponder somente àquela parte. Se se pretende revisar apenas algumas cláusulas de um contrato, o valor da causa equivale à expressão econômica daquelas cláusulas (STJ. AgRg no Ag 1.253.347/ES. DJe 24.09.10).

Por outro lado, se a ação visa a redefinir o valor global do contrato, o valor da causa deve ser a diferença entre o valor original e aquele pretendido pela parte (STJ. REsp 742.163/DF. DJe 02.02.10).

c) nas ações de alimentos, o valor causa é o somatório de doze prestações mensais pedidas pela parte autora;

Caso se trate de ação revisional, o valor da causa corresponde ao benefício econômico almejado, isto é, à redução pretendida pelo alimentante ou à majoração pretendida pelo dependente, multiplicado por doze vezes.

d) nas ações de divisão, de demarcação e de reivindicação, o valor da causa é o valor da avaliação da área ou bem objeto do pedido;

e) nas ações de indenização, inclusive a fundada em dano moral, o valor da causa é valor pretendido a título de reparação;

O art. 292, V, do CPC/2015 pressupõe que o valor da indenização seja previamente conhecido pelo autor. Entretanto, isso nem sempre ocorre. Há casos em que a extensão do dano não é aferível de logo, sendo necessária a sua posterior liquidação. Nessas situações, a parte deve estimar, provisoriamente, o valor da causa (STJ. REsp 764.820/MG. DJ 20.11.06). Fora desses casos, o autor deve, necessariamente, indicar, na petição inicial, o valor da indenização (ou compensação) pretendida, ainda que se trate de reparação de danos extrapatrimoniais. De regra, não é mais possível formular pedido de indenização ilíquido, como ocorria na vigência do CPC/1973.

f) nas ações que contenham pedidos alternativos, o de maior valor representa o valor da causa;

g) nas ações que contenham pedido subsidiário, o pedido principal equivale ao valor da causa;

h) na ação monitória, o valor da causa equivale à importância devida, ao valor da coisa reclamada, ao conteúdo patrimonial em discussão ou ao proveito econômico pretendido.

Quando o autor pedir prestações periódicas vencidas e vincendas, todas deverão ser computadas no cálculo do valor da causa. Entretanto, caso o número de parcelas mensais seja superior a doze ou, ainda, indeterminado, computar-se-á uma prestação anual, de acordo com o art. 292, § 2º, do CPC.

3. CORREÇÃO E IMPUGNAÇÃO

Consoante o art. 292, § 3º, do CPC, o juiz deve corrigir, de ofício, o valor da causa, quando verificar que não corresponde ao benefício econômico pleiteado pela parte, determinando, então, a complementação das custas processuais.

Questão de Concurso

▶ **(Cespe – Juiz de Direito – PR/2017)**[2] Determinado indivíduo ajuizou ação de indenização por danos morais contra empresa de comunicação e apontou como causa de pedir a publicação de reportagem que alega ter violado sua dignidade.

Com referência a essa situação hipotética e a aspectos processuais a ela pertinentes, assinale a opção correta.

a) Havendo incorreção na atribuição do valor da causa pelo autor, poderá o réu impugnar tal valor por meio de petição autônoma a ser oferecida no mesmo prazo de contestação.

b) Na petição inicial de ação indenizatória fundada em dano moral, o autor deve sempre apresentar pedido genérico, porque a iliquidez do pedido decorre da natureza do dano sofrido.

c) Caberá ao magistrado corrigir de ofício o valor da causa se entender que o proveito econômico perseguido pelo autor está em desacordo com o valor atribuído na petição inicial.

d) Em ação indenizatória fundada em dano moral, o autor terá sempre interesse recursal para majorar a indenização, seja qual for o valor fixado na sentença.

Além disso, o réu pode impugnar o valor da causa em preliminar da contestação, sob pena de preclusão, segundo prescreve o art. 293 do CPC. Significa, então, que o valor da causa só pode ser corrigido, de ofício ou a requerimento, até a contestação. Após esse momento, opera-se a preclusão. Observe-se, entretanto, que o valor da causa, ao ser fixado, deve considerar a alteração dos elementos da demanda pelo autor, pois ele pode, depois de protocolada a petição inicial, modificar, renunciar ou acrescentar parcela do objeto litigioso.

Pois bem.

Caso o réu impugne o valor da causa na contestação, o autor deverá ser ouvido em 15 dias (art. 351). Após, o juiz resolverá a questão, mantendo ou revisando o valor da causa e, se for o caso, determinando o recolhimento das custas correspondentes, sob pena de ser cancelada a distribuição.

2. Gabarito: Letra C.

A decisão que corrige, de ofício, o valor da causa ou que acolhe ou rejeita impugnação não é recorrível de imediato, em face da ausência de previsão de cabimento de agravo de instrumento (art. 1.015 do CPC). Assim, a parte somente pode impugná-la por meio de eventual e ulterior contra decisão de mérito, nos termos do art. 1.009, § 1º, do CPC.

4. SÚMULAS

Súmula do STF

667. Viola a garantia constitucional de acesso à jurisdição a taxa judiciária calculada sem limite sobre o valor da causa.

Súmula do STJ

14. Arbitrados os honorários advocatícios em percentual sobre o valor da causa, a correção monetária incide a partir do respectivo ajuizamento.

5. ENUNCIADOS DO FPPC

81. Por não haver prejuízo ao contraditório, é dispensável a oitiva do recorrido antes do provimento monocrático do recurso, quando a decisão recorrida: (a) indeferir a inicial; (b) indeferir liminarmente a justiça gratuita; ou (c) alterar liminarmente o valor da causa.

178. O valor da causa nas ações fundadas em posse, tais como as ações possessórias, os embargos de terceiro e a oposição, deve considerar a expressão econômica da posse, que não obrigatoriamente coincide com o valor da propriedade.

6. SINOPSE

VALOR DA CAUSA
É a expressão monetária do pedido. Pode ser legal ou estimado. Em regra, o valor da causa equivale ao proveito econômico pretendido pela parte. O juiz pode, a qualquer momento, antes da sentença, corrigir, de ofício, o valor da causa, quando verificar que não corresponde ao benefício econômico pleiteado pela parte, determinando, então, a complementação das custas processuais. O réu só pode impugnar o valor da causa em preliminar da contestação, sob pena de preclusão.

CAPÍTULO 23

TUTELA PROVISÓRIA

1. TEORIA GERAL DA TUTELA PROVISÓRIA

1.1. Noções conceituais

A tutela definitiva dos direitos advém de provimento jurisdicional formado em **cognição exauriente**[1] e que, por tal razão, tem a aptidão para formar **coisa julgada material**. Apesar de ser passível de recurso[2], a tutela definitiva dispensa qualquer outro pronunciamento jurisdicional para regular a situação jurídica que legitima a sua atuação. Sua oferta possui natural vocação à afirmação da segurança jurídica.

Pois bem.

A tutela definitiva engloba: a) **tutela de conhecimento**: provimento de acertamento ou de definição; b) **tutela executiva**: que opera efeitos sobre o plano fático[3].

---

1. Para melhor compreensão do tema é preciso perceber que cognição pode ser analisada **no sentido horizontal** (refere-se à extensão da matéria pré-processual que é passível de discussão) que se subdivide em: **i) plena:** quando não há limites à cognição de questões, como acontece no procedimento comum) ou; **ii) parcial,** quando a técnica processual limita a liberdade das partes para suscitarem e discutirem determinadas questões ou provas, como ocorre, geralmente nos procedimentos especiais ou diferenciados; ou no **sentido vertical** (que leva em consideração a intensidade da cognição sobre o objeto sem analisar a sua extensão) quando se classifica em: **i) cognição sumária:** quando há um juízo de probabilidade sobre o tema (típica das tutelas provisórias) ou **exauriente:** há amplo e profundo debate a respeito do objeto litigioso a formar um juízo de certeza (típicas da tutela definitiva).
2. O novo código manteve, como regra, o sistema recursal baseado na concessão de efeitos devolutivo e suspensivo para apelação, o que afeta diretamente a eficácia da decisão judicial definitiva, em razão dos recursos interpostos contra tais decisões terem o condão de obstar os efeitos imediatos da sentença baseada em cognição exauriente.
3. Há parcela de autorizada doutrina que inclui a tutela não satisfativa (cautelar) como espécie de tutela principal, admitindo a possibilidade da tutela cautelar formar coisa julgada material como regra.

No primeiro caso (tutela de conhecimento), a atividade jurisdicional predominante[4] volta-se ao conhecimento dos fatos que enlaçam o objeto litigioso definido pelas partes para, só então, depois de percurso processual, ser proferido pronunciamento jurisdicional decisório definitivo, fundado em cognição exauriente, onde o juiz realiza uma análise profunda e abrangente da causa (cognição plena), para ao fim e ao cabo solucionar a crise de direito, certificando o direito material.

No segundo caso (cumprimento de sentença ou processo de execução autônomo), a atividade jurisdicional predominante se volta à satisfação fática do direito subjetivo da parte credora de obrigação fazer, não fazer, entregar coisa ou de pagar quantia certa, com a efetiva entrega do bem da vida.

Questão de Concurso

- **(FMP-RS. Procurador do Estado. PGE-AC. 2014)[5]:** Os processos de conhecimento e execução são, ambos, de natureza satisfativa, no que se diferenciam do processo cautelar, cuja natureza é assecuratória.

Esse é o tratamento clássico da tutela dos direitos, técnica completamente neutra às peculiaridades do direito material e à própria necessidade de se conferir efetividade.

A doutrina, então, passou a perceber que, em concreto, o cumprimento de todos os passos do devido processo legal regidos pela tutela padrão, invariavelmente, acarretava delongas suscetíveis de causar danos irreparáveis à parte, presumidamente, merecedora da tutela jurisdicional favorável, a violar a efetividade e a razoável duração do processo.

Nesse passo, foi visando a redistribuir, de forma mais equitativa e justa, o ônus do tempo no processo e para evitar os danos marginais oriundos da demora da prestação jurisdicional, que foram criadas **técnicas diferenciadas de sumarização** para regular provisoriamente a crise do direito e dar respostas mais rápidas e efetivas aos jurisdicionados.

Questão de Concurso

- **(Procurador da Fazenda Nacional/2012. ESAF. ADAPTADA)[6]** O tempo do processo é um ônus que, em regra, deve ser suportado pelo autor. Considerando que a demora da prestação jurisdicional pode ser fonte de danos para as partes, Enrico Finzi identificou como **dano marginal** aquele gerado pela tão só duração do processo. Porém, não se pode ignorar que, segundo lições de Andrea Proto Pisani, haverá sempre um tempo fisiológico do processo (em contraposição ao tempo patológico), que deve ser necessariamente observado para que a tutela jurisdicional seja adequadamente prestada. Para reprimir esse risco de dano, foi instituída no sistema processual brasileiro a tutela provisória, sobre a qual podemos afirmar que é possível que o autor postule uma tutela sob cognição vertical sumária, para regular provisoriamente o direito material em jogo, redistribuindo de forma isonômica o ônus do tempo no processo.

---

4. Utiliza-se o termo "predominante" porque não se pode esquecer que a fase de conhecimento pode ter atividade satisfativa, assim como o processo de execução (ou fase de cumprimento de sentença) pode ter atividade cognitiva, pois o critério utilizado para tal classificação é o da predominância das cargas cognitivas ou satisfativa.
5. Gabarito: Correto.
6. Gabarito: Correto.

Surge, então, a **tutela provisória**, instituto que promove a simplificação do procedimento (sumariedade procedimental) com vistas a acolher uma situação emergencial casuística, equalizando os efeitos maléficos do tempo, sem solucionar de forma definitiva a causa.

A primeira nota essencial da tutela provisória é a restrição da cognição do plano vertical. O juízo provisório é de **cognição sumária** quando a convicção do magistrado encontra-se em um ponto intermediário da linha de convencimento, onde há um conhecimento ainda rarefeito da situação trazida pelas partes, a formar um juízo de probabilidade sobre o feito.

Assim, as tutelas provisórias vindicam do magistrado uma apreciação perfunctória da relação jurídica por meio de uma estrutura simplificada, para que, só assim, a decisão seja concedida com mais rapidez, sem que se comprometa a finalidade do procedimento, deixando para momento superveniente a cognição ampla e profunda.

A segunda característica, que é decorrência lógica da primeira, é que o provimento emitido por juízo não exauriente de mera probabilidade **não tem aptidão para formação da coisa julgada material**, já que não houve um debate profundo e com todas as possibilidades probatórias em contraditório amplo a respeito da causa[7].

1.2. Espécies

As tutelas provisórias são, então, instrumentos de combate às repercussões decorrentes da demora da prestação jurisdicional e possuem o escopo comum de redistribuir de forma aspiradamente justa o tempo do processo, rumo a dotar o procedimento de maior efetividade, ao antecipar sua efetivação ou prevenir sua inutilidade.

O Código promove grande salto qualitativo ao conceder às tutelas diferenciadas, em regra, natureza jurídica de **incidente processual** e não de processos autônomos veiculados em autos distintos, a se evitar a malfada "duplicação de processos".

Nessa linha, em afirmação à operabilidade e ao sincretismo processual, o CPC/2015 acaba com a dualidade entre processo principal (conhecimento ou execução) e processo cautelar. Todas as tutelas (principais ou sumárias) passam a ser veiculadas em um mesmo processo.

Questão de Concurso

▸ **(IBFC. Titular de Serviços de Notas e Registros. TJ-PR. 2014)**: Assinale a alternativa correta acerca da Teoria do Sincretismo[8]:

a) O sincretismo processual traduz uma tendência do direito processual de combinar fórmulas e procedimentos, de modo a possibilitar a obtenção de mais de uma tutela jurisdicional, de forma simples e de imediato, no bojo do mesmo processo, com o que, além de evitar a proliferação de processos, simplifica e humaniza a prestação jurisdicional.

b) O sincretismo do processo civil é um fenômeno que solidifica a autonomia do processo de conhecimento, do processo cautelar e do processo de execução, entendidos como processos independentes e não como meras fases procedimentais dentro de um único processo.

7. Apesar de ser uma questão política, a maioria dos países entendem por constitucionalmente adequado só incidir a coisa julgada material em provimentos que tenha sido emitidos sob cognição exauriente.
8. Gabarito: Letra A.

c) A teoria do sincretismo não inspirou a legislação processual brasileira, seja quando da codificação do processo civil, seja ulteriormente, passando as reformas atuais ao largo de seus conceitos.

d) Pela teoria do sincretismo o autor do processo pode assumir antagônica na mesma relação processual, desde que o réu se valha de instrumentos previstos em lei, como a reconvenção ou o pedido contraposto.

Assim, sob o rótulo genérico de tutela provisória, o legislador concentrou técnicas processuais de complemento eficacial da tutela principal: a tutela de **urgência** e a de **evidência**[9].

Nos termos do art. 294 do Código, "a tutela provisória pode fundamentar-se em urgência ou evidência"[10]. Por seu turno, a tutela de urgência subdivide-se, então, em **cautelar** *ou* **antecipada (satisfativa)**.

A primeira é voltada essencialmente à **garantia do resultado útil do processo (tutela assecuratória)**. O interessado apresenta uma situação de risco, evidenciando a probabilidade de procedência de sua ação e pede a concessão de medida acautelatória para preservar um bem jurídico e, por conseguinte, resguardar a eficácia da tutela principal, de tal sorte que o direito daquele (do interessado) mantenha a susceptibilidade de reintegração[11].

Questão de Concurso

▶ **(CESPE. Analista da Câmara dos Deputados. 2014. ADAPTADA)**[12]: A função cautelar é instrumental e atende emergencialmente a uma necessidade de segurança, perante uma situação que se impõe como relevante para a futura atuação jurisdicional definitiva.

Já a tutela provisória de urgência antecipada (satisfativa), buscando responder a este reclamo por efetividade, surge como **medida tutelar de urgência** a conceder **satisfatividade imediata** à parte que a pediu (entrega do bem da vida[13]), ainda que antes de o Estado impulsionar o processo para além da fase postulatória ou de proferir sua decisão definitiva de mérito.

Questão de Concurso

▶ **(TRT21. Juiz do Trabalho. TRT – 21ª Região (RN). 2015)**[14]: Com base nas disposições do Código de Processo Civil aplicável, analise a assertiva seguir: o objetivo da tutela provisória satisfativa é entregar ao autor a própria pretensão deduzida em juízo ou os seus efeitos.

---

9. Enunciado nº 418 do FPPC: (arts. 294 a 311; Leis 9.099/1995, 10.259/2001 e 12.153/2009). As tutelas provisórias de urgência e de evidência são admissíveis no sistema dos Juizados Especiais. (Grupo: Impacto nos Juizados e nos procedimentos especiais da legislação extravagante).
10. Nesse sentido, o enunciado nº 28 do FPPC orienta que: "a tutela antecipada é uma técnica de julgamento que serve para adiantar efeitos de qualquer tipo de provimento, de natureza cautelar ou satisfativa (antecipada), de conhecimento ou executiva".
11. A medida cautelar visa resguardar uma situação de fato, cuja estabilidade é essencial ao mérito. Sua concessão acautela as circunstâncias que envolvem o litígio, assegurando o resultado prático da demanda até a prolação do pronunciamento jurisdicional definitivo.
12. Gabarito: Correto.
13. Aquilo que só seria entregue ao fim e ao cabo do processo, passa a ser entregue de forma provisória em momento antecipado.
14. Gabarito: Correto.

Por fim, a última espécie de tutela provisória, que trouxe um regulamento remodelado e com novas hipóteses de cabimento no CPC/2015, é a **tutela de evidência**, que, além de ser satisfativa, **dispensa o elemento da urgência**. Ela tem o escopo de tutelar posições jurídicas de alta carga de evidência, redistribuindo o ônus do tempo do processo e transferindo a espera àquele que está em situação jurídica de desvantagem ou incerteza, seja por apresentar uma defesa inconsistente, seja por praticar atos abusivos.

Questão de Concurso

▶ **(IESES – Cartório – Provimento – TJ – AM/2018)**[15] Em relação a tutela provisória no Código de Processo Civil, é INCORRETO:

a) Na tutela da evidência será exigido conforme norma expressa no Código de Processo Civil, a demonstração de perigo de dano ou de risco ao resultado útil do processo.

b) Na tutela de urgência, deferida em caráter antecedente, o réu será citado e intimado para audiência de conciliação ou de mediação, e não havendo autocomposição, o prazo para contestar terá sua fluência da negativa de acordo.

c) Na tutela de urgência, independente da natureza da medida, cautelar ou antecipada os requisitos legais para devida concessão são respectivamente, a probabilidade do direito e o risco de dano ou resultado útil do processo, podendo ser dispensada a caução, caso a parte interessada comprove a sua hipossuficiência.

d) As decisões interlocutórias que dizem respeito a tutela provisória serão recorríveis via agravo de instrumento, já as sentenças que confirmam, concedem, ou revogam a tutela provisória serão recorríveis por meio de apelação, a qual será desprovida de efeito suspensivo.

▶ **(ESAF. Procurador da Fazenda Nacional. PGFN. 2015)**[16]: a antecipação de tutela da evidência visa, sobretudo, a conferir uma distribuição isonômica do ônus do tempo do processo, retirando do autor o fardo de ter que aguardar todo o transcurso do processo para fruir do bem da vida.

▶ **(ESAF. Procurador da Fazenda Nacional. PGFN. 2015. ADAPTADA)**[17]: o direito processual brasileiro só admite a antecipação de tutela de urgência, estando vedada a tutela da evidência, sendo imprescindível a presença do risco de dano irreparável ou de difícil reparação para a sua concessão.

Tendo em consideração os requisitos que fundamentam a concessão das tutelas provisórias, o ponto comum que pode ser vislumbrado é no que diz respeito à **probabilidade do direito**, que estará presente nas três modalidades com amplitude variada. De igual modo, as três espécies de tutela provisória são marcadas pela **sumariedade procedimental**.

Quanto aos momentos oportunos para o requerimento da tutela provisória, tema que será melhor desenvolvido adiante, destaca-se que as tutelas de urgência podem ser requeridas em **caráter antecedente** ou **incidentalmente**, ao passo que as tutelas de evidência, por prescindirem do elemento da urgência, **não admitem a modalidade antecedente**.

15. Gabarito: Letra A.
16. Gabarito: Correto.
17. Gabarito: Incorreto.

Veja, a seguir, quadro que esmiúça as espécies de tutela provisória:

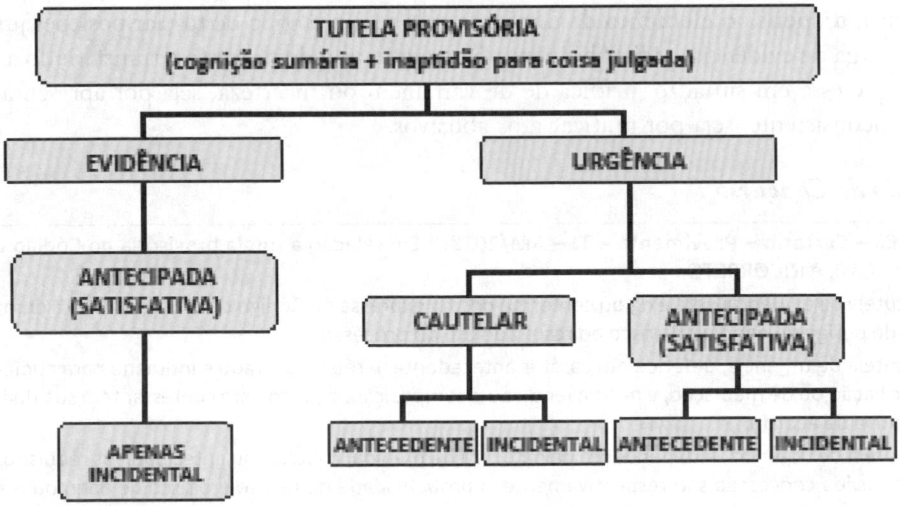

Em razão do sincretismo processual (já que todas as tutelas são veiculadas em procedimento único), o pedido incidental de tutela provisória não enseja o pagamento de novas custas (art. 295 do CPC)[18]. Por isso, o valor da causa, na tutela antecipada antecedente, deve levar em consideração o pedido de tutela final.

1.3. Precariedade

Conforme dispõe o art. 296 do CPC, "a tutela provisória conserva sua eficácia na pendência do processo, mas pode, *a qualquer tempo*, ser revogada ou modificada". Nesses termos, a decisão conserva sua eficácia na pendência do processo, mas de forma **precária**, pois não enseja preclusão *pro iudicato,* já que são medidas que ficam, em regra, sujeitas à alteração a qualquer tempo.

Entretanto, a tutela provisória deve ser dotada de uma **relativa estabilidade**, sob pena de tornar-se um instituto imprevisível e discricionário, a violar o direito fundamental à segurança jurídica. Por esta razão para que haja alteração, é preciso que ocorra uma situação processual que admita a atuação do órgão jurisdicional, uma oportunidade para que ele profira uma nova cognição. Tal situação poderá ocorrer quando, por exemplo: a) for interposto recurso que possibilite o juízo de retratação; b) forem apresentados novos elementos, antes não colacionados no processo.

As razões de revogação ou de modificação da tutela provisória justificam, igualmente, o seu posterior deferimento. Mesmo que haja anterior decisão de indeferimento, o órgão jurisdicional, em decisão fundamentada, pode, depois, deferir o pedido de tutela provisória.

18. Nesse sentido, o enunciado nº 29 do FPPC determina que: "a decisão que condicionar a apreciação da tutela provisória incidental ao recolhimento de custas ou a outra exigência não prevista em lei equivale a negá-la, sendo impugnável por agravo de instrumento".

O parágrafo único do art. 296 acrescenta, ainda, disposição no sentido de que, mesmo no caso de suspensão do processo, a tutela provisória deve conservar sua eficácia, salvo decisão judicial em contrário.

Questão de Concurso

▶ **(CESPE. Auditor. TCE-PR. 2016)**[19]: Com relação à tutela provisória, assinale a opção correta.

a) Requerida após o protocolo da petição inicial, embora processada nos mesmos autos do pedido principal, a tutela provisória dependerá do pagamento de custas.
b) Diferentemente do que ocorre com a medida cautelar, as regras de competência para a concessão antecipada da tutela provisória são mitigadas.
c) Preenchidos os requisitos de probabilidade do direito alegado e comprovado o perigo na demora da prestação jurisdicional, é vedado ao juiz exigir caução para a concessão.
d) Por ser a tutela provisória regra de exceção revestida de provisoriedade, os meios de sua concretização são elencados taxativamente no CPC.
e) Poderá o juiz suspender a eficácia da tutela provisória concedida durante período de suspensão do processo.

Ainda em consequência da precariedade, a decisão que concede a tutela provisória não tem aptidão para contrariar legislação federal capaz de justificar interposição de recurso especial. Aplica-se, por analogia, a lógica do enunciado 735 da súmula do Supremo Tribunal Federal: "não cabe recurso extraordinário contra acórdão que defere liminar".

Questão de Concurso

▶ **(FUNDEP. Advogado. CAU-MG, 2014. ADAPTADA)**[20]: Via de regra, não é cabível recurso especial para reexaminar decisão que defere ou indefere liminar ou antecipação de tutela, em razão da natureza precária da decisão, sujeita à modificação a qualquer tempo, devendo ser confirmada ou revogada pela sentença de mérito.

A jurisprudência[21] aponta no sentido de que as decisões que concedem ou denegam tutela provisória não perfazem juízo definitivo de constitucionalidade que justifique o cabimento do recurso extraordinário.

1.4. Efetivação

O Código dispõe, no art. 297, que o juiz poderá determinar as medidas que considerar adequadas para efetivação da tutela provisória. Tal dispositivo notabiliza um **poder geral de**

19. Gabarito: letra E.
20. Gabarito: Correta.
21. DIREITO ADMINISTRATIVO. CONCURSO PÚBLICO. REQUISITOS COMPROVADOS PARA O CARGO. DECISÃO DA CORTE DE ORIGEM. DEFERIMENTO DE PEDIDO DE ANTECIPAÇÃO DE TUTELA. AUSÊNCIA DE JUÍZO DEFINITIVO DE CONSTITUCIONALIDADE. **SÚMULA 735/STF**. ACÓRDÃO RECORRIDO PUBLICADO EM 1º.7.2011. **A jurisprudência desta Corte é firme no sentido de que incabível recurso extraordinário da decisão que aprecia medida cautelar, antecipação de tutela ou provimento liminar, porque, em casos tais, não são proferidos juízos definitivos de constitucionalidade, podendo as decisões ser modificadas ou revogadas a qualquer tempo pela instância a quo.** Aplicação da Súmula 735/STF. Agravo regimental conhecido e não provido. (ARE 839757 AgR, Relator(a): Min. ROSA WEBER, Primeira Turma, julgado em 09/12/2014)

cautela, onde o juiz poderá definir as medidas que considerar adequadas para efetivação de toda e qualquer espécie de tutela provisória (atipicidade dos meios executivos).

Nesses termos, não está o juiz confinado ao meio de execução solicitado, de tal sorte que, se ele entender que o meio requerido não é suficiente para a prestação da tutela, poderá alterá-lo para satisfazer a tutela provisória. De igual modo, caso constate onerosidade, poderá modificá-lo caso haja outro meio idôneo, que considere mais adequado.

Tanto com relação à providência, quanto com relação ao meio de execução, deve o juiz agir de forma **proporcional e razoável,** sopesando a sumariedade de sua cognição e os prejuízos que poderão ser indevidamente suportados pela parte.

Para completar a sistemática da efetivação das tutelas provisórias, o legislador estabelece que a efetivação da tutela provisória observará as disposições referentes ao cumprimento provisório da sentença, **no que couber.** Nesse ponto deve-se estabelecer intenso diálogo de complementaridade entre a tutela provisória e os dispositivos referentes ao cumprimento provisório de sentença.

Assim, aplica-se perfeitamente ao sistema de tutela provisória, por exemplo, o art. 536 do CPC, no sentido de que o juiz na execução provisória da tutela deferida poderá, de ofício ou a requerimento das partes, determinar medidas necessárias à satisfação do requerente, desde que compatível com a obrigação.

Por consequência, é possível, por exemplo, que a efetivação da tutela provisória utilize-se do meio coercitivo indireto da multa diária para impelir o cumprimento e a efetivação do provimento provisório, seja de ofício ou a requerimento de qualquer das partes.

Questão de Concurso

▶ **(TRT3. Juiz do Trabalho. 2015)**[22]: "O juiz poderá impor multa diária ao réu, se for compatível com a obrigação, *sempre condicionada* a pedido explícito do autor e a prazo razoável para o cumprimento do preceito".

Do mesmo modo, deferida antecipação de tutela de urgência satisfativa para o fornecimento de medicamentos, incumbe ao juiz (poder-dever) adotar medidas eficazes à efetivação de suas decisões, podendo, se necessário, determinar, até mesmo, o "**sequestro**" **de valores do devedor (bloqueio)**, segundo o seu prudente arbítrio e sempre com adequada fundamentação[23].

22. Gabarito: Incorreta.

23. AGRAVO DE IN[S]TRUMENTO. ATO JUDICIAL IMPUGNADO. **DETERMINAÇÃO DE CUMPRIMENTO DA TUTELA DE URGÊNCIA PARA FORNECIMENTO DE REMÉDIOS SOB PENA DE BLOQUEIO DAS CONTAS PÚBLICAS. BLOQUEIO DE VERBAS PÚBLICAS. DESCUMPRIMENTO DE DECISÃO JUDICIAL**. Cabimento da providência sancionatória. Decisão que determinou o fornecimento de medicamento. Descumprimento. Ausência de motivos concretos para justificar o não cumprimento da ordem judicial. A parte não reúne qualquer comprovação no sentido de que o juízo "a quo" foi informado acerca de eventuais dificuldades. Inatividade da parte indica a desídia do Estado. Lapso temporal superior a cinco meses desde a decisão que determinou a entrega do medicamento. Medida de apoio legítima. Razoabilidade da medida inibitória. Inércia do Estado em face da decisão sem justificativa razoável. Urgência na realização do tratamento. Não apresentação de motivos relevantes para o descumprimento da decisão judicial. Precedentes. NEGADO PROVIMENTO AO RECURSO. (TJ-SP – AI: 21982380920158260000 SP 2198238-09.2015.8.26.0000, Relator: José Maria Câmara Junior, Data de Julgamento: 14/10/2015, 9ª Câmara de Direito Público, Data de Publicação: 15/10/2015).

Questão de Concurso

▶ **(FCC. Juiz do Trabalho Substituto. TRT15. 2015. ADAPTADA)**[24]: "A ação que objetiva abstenção de ato admite cominação de pena pecuniária para o caso de descumprimento de decisão que antecipa os efeitos da tutela".

Destaca-se, ainda sobre a *astreintes*, que o CPC/2015 adotou no art. 537, § 3º entendimento pacificado do STJ, no sentido de que a decisão que fixa multa é passível de cumprimento provisório, devendo ser depositada em juízo. Entretanto, o exequente só poderá levantar o valor depositado quando verificado o trânsito em julgado da sentença favorável.

Antes, a redação originária do § 3º do art. 537 CPC/2015 (por influência do § 2º, II, do art. 475-O do CPC/1973[25]) possibilitava o levantamento do valor "na pendência do agravo fundado nos incisos II ou III do art. 1.042", mas essa hipótese foi excluída pela Lei nº 13.256/2016. A exclusão se justificada pela mudança ocorrida no juízo de admissibilidade dos recursos extraordinário e especial, que voltaram a ser dos tribunais locais, e a existência de precedentes vinculantes.

De fato, como pode ocorrer de a contrariedade à *ratio decidendi* de precedentes vinculantes ser somente apresentada aos tribunais superiores por ocasião da interposição de agravo, e não mais por diretamente pelo recurso extraordinário e especial, é conveniente excluir a possibilidade de levantamento do valor depositado, pois, nessa hipótese, o agravo terá provável provimento.

Questão de Concurso

▶ **(FCC. Juiz Substituto. TJ-SE. 2015. ADAPTADA)**[26]: M ajuizou ação cominatória contra J e requereu a concessão de tutela antecipada, com a fixação de "astreintes", o que foi deferido. J descumpriu a determinação judicial, incidindo na multa, razão pela qual M requereu sua execução provisória. De acordo o CPC/2015, a multa é devida, desde o dia em que configurado o descumprimento, sendo passível, desde logo, o cumprimento provisório com o depósito em juízo, entretanto, o levantamento do valor só será possível após sua confirmação pela sentença de mérito ou na pendência de agravo fundado nos incisos II ou III do art. 1.042 do CPC/2015.

1.5. Fundamentação da decisão

O Código determina que, na decisão que conceder, negar, modificar ou revogar a tutela provisória, o juiz justificará, **de modo claro e preciso**, as razões de seu convencimento[27].

24. Gabarito: Incorreta.
25. Art. 475-O. A execução provisória da sentença far-se-á, no que couber, do mesmo modo que a definitiva, observadas as seguintes normas: [...] § 2º A caução a que se refere o inciso III do caput deste artigo poderá ser dispensada:[...] II – nos casos de execução provisória em que penda agravo perante o Supremo Tribunal Federal ou o Superior Tribunal de Justiça (art. 544), salvo quando da dispensa possa manifestamente resultar risco de grave dano, de difícil ou incerta reparação.
26. Gabarito: Correta.
27. Sobre o tema destaca-se os seguintes enunciados do FPPC: i) enunciado nº 30: "o juiz deve **justificar** a postergação da análise liminar da tutela provisória sempre que estabelecer a necessidade de contraditório prévio" ii) enunciado 141: "o disposto no art. 298, CPC, aplica-se igualmente à decisão monocrática ou colegiada do tribunal".

Apesar de o dever de fundamentação das decisões judiciais estar expressamente disposto no rol das "normas fundamentais", tendo aplicabilidade direta na tutela provisória (art. 11 do CPC), bem assim no art. 489, que trata, de uma forma geral, da fundamentação das decisões, supracitado dispositivo reforça o dever de fundamentar as (decisões) provisórias. Ele possui uma função didática importante, pois visa a impedir a prática comum de "fundamentar" as decisões provisórias de forma genérica e com locuções prontas e vazias ("presentes/ausente os requisitos da tutela provisória (in)defiro")[28].

Questão de Concurso

▶ **(TRT3. Juiz do Trabalho. 2015)**[29]: "Na decisão que antecipar a tutela, o juiz indicará, sumariamente, dada a urgência do provimento, as razões do seu convencimento".

1.6. Competência

Segundo o *caput* do art. 299 do CPC, a tutela provisória será requerida ao juízo da causa, e, quando antecedente, ao juízo competente para conhecer da ação principal.

Ao se referir ao "juiz da causa", entenda-se ao da ação principal já proposta seguindo as regras gerais de definição de competência. Assim, a primeira regra específica de definição de competência prevista pelo art. 300 do Código de Processo Civil é para as tutelas provisórias **incidentais.** Elas devem ser postuladas perante o juízo onde está a tramitar a ação principal, até como forma de se evitar pronunciamentos jurisdicionais discordantes.

A segunda regra específica de definição de competência diz respeito às tutelas provisórias **antecedentes.** Elas serão propostas perante o juízo competente para conhecer a futura ação principal, conforme o regramento geral de definição de competência previsto no Código de Processo Civil.

A complementar as regras de competência para conhecer as tutelas provisórias, o parágrafo único do art. 299 prevê que, ressalvada disposições especiais, na ação de competência originária de tribunal e nos recursos, a tutela provisória será requerida ao **órgão jurisdicional competente para apreciar o mérito**.

IMPORTANTE! As regras de competência das tutelas provisórias, nas formas escolhidas pelo legislador, podem ter o condão de causar prejuízos ao jurisdicionado. Basta unicamente que elas tenham de ser cumpridas em juízo diverso daquele que é competente para conhecê-las.

De efeito, a diversidade entre os juízos pode retardar o cumprimento da tutela provisória, o que pode acabar por comprometer a sua eficácia. Até porque a prática de atos processuais, inclusive os de comunicação, exige tempo, que, diante do *periculum in mora*, que circunda as demandas provisórias, é daninho ao resultado.

A par desse fato, a doutrina e a jurisprudência têm admitido um contorno mais flexível à regra. Temperam as regras caso a caso, saciando as necessidades daqueles que precisam fazer uso das demandas cautelares em situação de extrema urgência perante foro diverso daquele em que está tramitando, ou vai tramitar, a principal.

28. Destaca-se que tal garantia constitucional possibilita o controle das decisões judiciais seja por terceiros interessados ou pela sociedade em geral. E que, uma vez ausente a fundamentação, haverá a sanção da nulidade da decisão judicial, observada as ponderações e mitigações do sistema de nulidades adotado pelo código.
29. Gabarito: Incorreta.

1.7. Iniciativa

No que concerne à iniciativa, o Código anterior estabelecia regras sobre o tema. A tutela antecipada era regida pelo *caput* do art. 273 do CPC/1973, que determinava que a concessão de tutela antecipada dependia de **iniciativa da parte,** sendo o requerimento um dos pressupostos para o deferimento da medida de urgência.

Entretanto, ainda assim, alguns[30] entendiam que a antecipação dos efeitos da tutela poderia ser deferida *ex officio*, sob o argumento de que meros formalismos da legislação processual não poderiam servir como óbices à efetivação do direito material (se não fosse conferida de ofício, a prestação jurisdicional definitiva poderia ficar prejudicada)[31].

Quanto à tutela cautelar, o dispositivo do art. 797 do Código anterior previa que "só em casos excepcionais, expressamente autorizados por lei, o juiz poderá determinar medidas cautelares sem a audiência das partes". Tal permissivo era, então, condicionado à autorização legal, como acontecia, por exemplo, com o art. 19, § 1º, da Lei 11.340/2006 (Lei Maria da Penha), que autoriza a atuação oficiosa do magistrado.

No entanto, de igual modo, doutrina e jurisprudência[32] advogavam uma leitura mais flexível do dispositivo e, conjugada com o poder geral de cautela, para reconhecer a possibilidade da medida cautelar oficiosa, mesmo sem autorização legal expressa.

Diante desse cenário, o CPC/2015 perdeu a oportunidade de pacificar o tema, e, ao contrário, colocou um ponto de interrogação ainda maior, já que não há em todo o regramento da tutela provisória (art. 294 a 311) sequer uma única previsão legal expressa que trate da iniciativa da tutela provisória.

Questão de Concurso

► **(FCC. Juiz do Trabalho Substituto. TRT15. 2015. ADAPTADA)**[33]: O CPC/2015 admite expressamente a concessão de tutela antecipada *ex officio*.

Portanto, apesar de alguns[34] defenderem a impossibilidade de concessão da tutela de ofício em razão do regime de **responsabilidade objetiva do requerente**, que foi estipulado

30. Para a jurisprudência da 2ª Turma do STJ (em 08 de maio de 2012, no REsp. 1.309.137/MG): seria possível a concessão de ofício da tutela antecipada em situações excepcionalíssimas, e desde que comprovado o risco iminente do perecimento do direito e desde que presente a verossimilhança.
31. Mais que isso, a não antecipação dos efeitos da tutela para o autor significaria concessão para o réu, que continuará a usufruir o bem. E acrescente-se: **é no mínimo injusto penalizar a parte pelo desleixo da atuação de seu advogado.** Noutras palavras: a doutrina advogava que a impossibilidade de antecipação de ofício da tutela apenas contribui para a ineficácia da prestação jurisdicional e para o aumento das diferenças existentes entre as partes litigantes.
32. [...] 2. **Mesmo à falta de pedido expresso nesse sentido, mas despontando dos autos quadro de severas dificuldades financeiras, resultante do bloqueio de ativos financeiros, lícito se faz ao Relator, com base no poder geral de cautela previsto no art. 798 do CPC e, sobretudo, tendo em mira a idade avançada do casal requerente, a natureza da medida constritiva a ele imposta (bloqueio da única conta bancária) e as diretrizes advindas do Estatuto do Idoso (art. 2º da Lei 10.741/03), determinar a disponibilização de quantia mensal aos cônjuges, enquanto remanescer o bloqueio judicial do numerário em favor da Fazenda Nacional.** 3. Agravo regimental a que se nega provimento. (STJ, AgRg no RCD na MC 21.322/SP, Rel. Ministro SÉRGIO KUKINA, PRIMEIRA TURMA, julgado em 18/12/2014, DJe 03/02/2015).
33. Gabarito: Incorreta.
34. Grande parcela da doutrina utiliza-se desse dispositivo para defender a vedação à atuação oficiosa do magistrado, sob o argumento de que no caso de o juiz atuar oficiosamente, poderá colocar em situação processual de

no art. 302 do CPC, os autores do presente curso acreditam que, como não há nenhuma disposição proibitiva, e com a previsão expressa do poder geral de cautela, a jurisprudência, casuisticamente, e utilizando-se da proporcionalidade, analisará os possíveis efeitos práticos da sua decisão para deferir de ofício ou não a tutela provisória[35].

2. TEORIA GERAL DA TUTELA DE URGÊNCIA

Há uma tendência clara no Código em estabelecer uma unidade entre as tutelas de urgência. De tal sorte que a tutela provisória de urgência passa a concentrar sob o mesmo rótulo: uma das modalidades da **revogada antecipação de tutela** (art. 273, inciso I, do CPC/1973) (que configura a atual tutela de urgência satisfativa), bem como todo regramento do antigo processo cautelar com inovações e simplificações importantes, a conformar a atual tutela de urgência cautelar.

Entretanto, apesar de o regime da tutela de urgência cautelar e satisfativa ter sido **homogeneizado**, como ocorreu com a unificação dos pressupostos de concessão, como será analisado no tópico seguinte, não se pode olvidar que existe diferença relativa ao conteúdo, já que, enquanto a tutela de urgência antecipada possui natureza satisfativa, pois já concede os efeitos práticos da tutela definitiva de procedência que, sem ela, só seria concedido em momento processual superveniente, na cautelar, o juiz não antecipa, ainda que de forma provisória, a tutela definitiva de procedência, mas, apenas concede uma medida protetiva, de caráter assecuratório, que tem o escopo de preservar o direito do autor até que a tutela seja definitivamente prestada.

2.1. Unificação dos pressupostos

O anterior Código estabelecia uma ilógica diferenciação linguístico-textual dos pressupostos necessários para concessão da tutela cautelar e da tutela antecipada, distinção que dificultava o manuseio prático de tais institutos e que exigia, sobretudo da doutrina, longas linhas para divisar tais conceitos.

O atual Código, a afirmar a operatividade e a identidade funcional, estabelece **pressupostos comuns** para concessão da tutela provisória de urgência, seja ela cautelar ou satisfativa (antecipada). De tal sorte que, atendidos os pressupostos do **fumus boni iuris** e do **periculum in mora**, a tutela acautelatória ou a tutela satisfativa podem concedidas[36].

No que se relaciona ao **fumus boni iuris (probabilidade do direito),** tal requisito será auferido pela análise da existência de prova inequívoca capaz de formar um juízo

risco a parte que não manifestou vontade a respeito, violando o princípio do autorregramento da vontade. Afinal, o juiz não pode impor uma responsabilidade objetiva à parte sem o seu consentimento, nem se mostra razoável atribuir tal responsabilidade ao Estado ou ao magistrado.

35. Casos como a tutela de urgência para liberação de cirurgia ou medicamento para pacientes com alto grau de risco à vida, são hipóteses em que a atuação oficiosa pode ser, casuisticamente, defendida, já que não há regras proibitivas e os valores em questão são de alta relevância constitucional.

36. Nessa diapasão, destaca-se o entendimento firmado pelo Enunciado nº 143 do FPPC: "a redação do art. 300, caput, superou a distinção entre os requisitos da concessão para a tutela cautelar e para a tutela satisfativa de urgência, erigindo a probabilidade e o perigo na demora a requisitos comuns para a prestação de ambas as tutelas de forma antecipada.".

de probabilidade capaz de convencer o juiz da verossimilhança das alegações da parte requerente[37].

Questão de Concurso

▶ **(FCC – Analista Judiciário – Área Judiciária – TRT 11/2017)**[38] A tutela de urgência, presentes os demais requisitos legais,

a) só pode ser concedida após justificação prévia e sempre com caução.
b) pode ser concedida quando houver perigo de dano, ou o risco ao resultado útil do processo.
c) será concedida quando houver perigo de irreversibilidade dos efeitos da decisão.
d) não pode ser efetivada através de arrolamento de bens, quando for de natureza cautelar.
e) só pode ser concedida se o requerente oferecer caução real ou fidejussória idônea.

▶ **(FMP-RS. Juiz de Direito. TJ-MT. 2014. ADAPTADA)**: para efeitos da tutela provisória de urgência satisfativa no processo civil, é correto afirmar que[39]:

a) o juízo de probabilidade requerido para configuração do *fumus boni iuris* é um juízo de probabilidade estatística.
b) o juízo de probabilidade requerido para configuração do *fumus boni iuris* é um juízo de normalidade, não tendo necessariamente relação com os fatos alegados no processo pela parte interessada.
c) o juízo de probabilidade requerido para configuração do *fumus boni iuris* é um juízo de probabilidade lógica, que deve ser formado a partir das provas disponíveis nos autos a respeito das alegações de fato formuladas pela parte interessada.
d) o juízo de probabilidade requerido para configuração do *fumus boni iuris* é um juízo de simples possibilidade, ligado à eventualidade de um determinado acontecimento narrado pela parte interessada no processo.
e) nenhuma das afirmações é totalmente correta.

Já o **periculum in mora (risco de dano)** pode se consubstanciar em **perigo de dano irreparável ou de difícil reparação**. O dano irreparável é aquele que ensejará ao requerente, se não for concedida a tutela provisória, lesão incapaz de ser recomposta. O dano de difícil reparação é o que, se não for concedida a antecipação de tutela, imputar-se-á, para restaurar o *status quo ante*, elevado ônus à parte vencida.

O risco de dano, em algumas situações, pode ser mitigado pela prestação de caução pela parte adversa, o que inviabilizará a concessão da tutela antecipada com amparo na urgência.

> **IMPORTANTE!** Há doutrina que critica o excessivo formalismo doutrinário de exigir a presença obrigatória dos dois requisitos para concessão da tutela de urgência. A prática demonstra que nem sempre tais requisitos serão aplicados simetricamente. De tal forma que o magistrado, a aplicar a proporcionalidade, e a analisar o caso

37. A prova a tornar verossimilhante a pretensão pode ser produzida, além de em ordinários momentos processuais, em audiência de justificação designada à produção de provas, geralmente, orais. A verossimilhança, para ser mais elucidativo, não está subordinada à existência de prova documental. Qualquer meio de prova, típico ou atípico (a exemplo do comportamento processual), desde que idôneo, pode servir ao preenchimento do requisito legal.
38. Gabarito: letra B.
39. Gabarito: letra C.

concreto, muitas vezes, admitirá a concessão de antecipação dos efeitos da tutela quando fique demonstrado fundado receio de dano irreparável ou de difícil reparação extremado, dispensando-se, em caráter excepcional, a prova inequívoca da verossimilhança da alegação, como ocorre invariavelmente nas tutelas de urgência para liberação de medicamentos ou de cirurgias, quando o paciente encontra-se em estágio de alto risco. Noutras oportunidades, apresentada uma prova de alta evidência (fumaça do bom direito extremada), ela poderá servir de fundamento para a concessão de tutela provisória mesmo ausente o perigo da demora.

2.2. Atos relativos à tutela de urgência

Mesmo durante as férias forenses e nos feriados, onde, por regra, não se praticam atos processuais, o Código admite a prática de atos relativos à tutela de urgência (art. 214 do CPC).

Questão de Concurso

▶ **(FGV. Analista Judiciário – Subescrivão. TJ-BA, 2015. ADAPTADA)**[40]: Lucia foi expulsa de casa pelo marido, Cesar. Além disso, o marido começou a quebrar os bens pertencentes ao casal. Assim, Lucia propôs em face do marido tutela provisória de urgência cautelar. O juiz recebeu a petição inicial e deferiu medida liminar de sequestro dos bens do casal que estavam sob risco de dilapidação. Em casos como esse:

a) a citação do réu poderá ser realizada, ainda que durante o período de recesso;
b) a intimação da decisão liminar deve ser feita depois da realização da citação do réu;
c) a intimação do réu da decisão liminar pode ser feita pela imprensa oficial;
d) a intimação do réu da decisão liminar pode ser suspensa até a realização da sua citação;

2.3. Momentos para requerimento

O Código positiva um sistema procedimental bem mais flexível, pois não há um marco temporal rígido e preclusivo para postulação e deferimento das tutelas provisórias[41].

Primeiramente, o Código admite que a tutela de urgência (satisfativa ou cautelar) seja **requerida em caráter antecedente**, na peça inaugural do processo em que futuramente se pretende adicionar ou complementar (inclusive com o pedido principal), hipótese que será analisada minuciosamente em tópico a seguir.

Além disso, ela pode ser requerida **incidentalmente (tutela interinal)**:

a) de início, na petição inicial, em capítulo destacado, cumulada com o pedido de tutela principal definitiva ou;
b) quando surgirem, durante a marcha processual, condições que justifiquem o pedido da tutela provisória, oportunidade em que poderá ser requerida via:
   i) protocolo de petição simples;
   ii) oralmente, em audiência, quando será reduzida a termo;
   iii) na petição recursal[42].

40. Gabarito: Letra A.
41. Sobre o tema, o enunciado nº 496 do FPPC prevê que: “preenchidos os pressupostos de lei, o requerimento de tutela provisória incidental pode ser formulado a qualquer tempo, não se submetendo à preclusão temporal”.
42. Por uma questão de isonomia, nas hipóteses em que os requisitos para concessão da tutela manifestam-se apenas quando a demanda já está em curso, e quando cabível, o réu, de igual modo, terá legitimidade para requerer incidentalmente o pedido de tutela de urgência.

Questão de Concurso

▶ **(TRT3. Juiz do Trabalho. 2015)**[43]**:** A tutela antecipada só poderá ser revogada ou modificada como resultado do julgamento de recurso contra ela interposto.

2.4. Momento para concessão

Em contraponto ao tópico antecessor, passa-se à análise dos momentos possíveis para concessão da tutela de urgência. No que diz respeito à tutela antecedente, como já aventado, ela será tratada em tópico próprio.

Quando a tutela for requerida de forma contemporânea ao pedido principal, na petição inicial, poderá o julgador, a depender do seu grau de convencimento a respeito dos pressupostos das tutelas de urgência:

a) **deferir liminarmente a tutela de urgência**[44] (sem oitiva da parte contrária), postecipando o contraditório[45].

Questão de Concurso

▶ **(CESPE. Assessor Técnico Jurídico – Cargo 2. TCE-RN. 2015):** No que diz respeito às normas processuais, à função jurisdicional, à petição inicial e ao tempo e lugar dos atos processuais, conforme o Novo Código de Processo Civil, julgue o item que se segue[46].

Com o objetivo de garantir valores fundamentais estabelecidos na Constituição Federal de 1988, é vedado ao juiz conceder tutela provisória de urgência contra uma das partes sem que ela seja previamente ouvida.

b) **designar audiência de justificação prévia para melhor formar o seu convencimento, podendo decidir, após a audiência, por decisão interlocutória;**

Se, por insuficiência ou inexistência de documentos, não restar(em) provados o fumus boni iuris e/ou o periculum in mora, o juiz poderá, antes de ouvir a outra parte, designar audiência de justificação[47] para a produção de provas, geralmente, orais. A partir destas, poderá se convencer acerca do preenchimento dos aludidos pressupostos necessários à concessão da tutela provisória.

43. Gabarito: Incorreta.

44. Cumpre ressaltar, que o termo liminar, para o código, deve ser lido como um conceito eminentemente cronológico, como a decisão judicial que é proferida sem a oitiva da parte contrária.

45. Deste modo, nada obstante, a redação do art. 9, § 1º, inc. I do código gere a falsa impressão de que o contraditório diferido se aplica à tutela provisória de urgência lato senso em todo caso, a liminar (concessão sem oitiva da parte ré) só será deferida quando a ativação do contraditório tradicional resultar na prática de atos que possam tornar a tutela ineficaz ou que o custo do tempo para citação possa atingir a efetividade do processo. Em síntese, o contraditório postecipado (concessão da liminar) deve ser sempre medida excepcional.

46. Gabarito: Incorreto.

47. A audiência de justificação, em regra, será realizada com a participação do requerido, que, dentre outros atos, poderá contraditar as testemunhas a serem ouvidas, bem assim formular perguntas. Se o seu conhecimento acerca da demanda, ou a espera de sua comunicação, puder comprometer a eficácia da medida, a audiência poderá ser realizada sem a presença do requerido.

c) postergar a análise do pedido para depois da contestação até o momento da sentença:

Quando o provimento de urgência for prolatado na sentença de mérito, a tutela será deferida com base em cognição exauriente, situação em que se mitiga a natural ilação de que a tutela provisória está umbilicalmente relacionada à cognição sumária. É comum que assim seja, mas não é uma situação que não guarnece exceções. Nesse caso, a principal função da sua concessão será conferir eficácia imediata à decisão, já que, a não ser assim, o recurso contra a decisão poderia suspender a eficácia da sentença[48].

Questão de Concurso

▶ **(FCC. Juiz do Trabalho Substituto. TRT/15. 2015. ADAPTADA)**[49]: É possível a antecipação dos efeitos da tutela em sentença, desde que satisfeitos os requisitos legais.

▶ **(CESPE. Procurador. TCE/PB. 2014. ADAPTADA)**[50]: Quanto ao instituto da tutela antecipada, assinale a opção correta.

a) O pedido de antecipação dos efeitos da tutela não poderá ser concedido no período de suspensão do processo

b) Na hipótese de o juiz conceder tutela antecipada ao proferir sentença de mérito, eventual interposição de apelação não suspenderá os efeitos da sentença em relação aos efeitos antecipados

c) O pedido de antecipação de tutela é facultado exclusivamente ao autor.

d) A função precípua predominante da tutela antecipada é assegurar o resultado prático do processo.

Nos demais casos de requerimento incidental da tutela provisória, se antes da sentença, formar-se-á um incidente processual no curso do processo, que será devidamente apreciado pelo magistrado.

Assim, o próprio órgão julgador que indeferiu a antecipação de tutela pode, com a verificação de prova ou de fato novo[51], antes (com a formação de um incidente processual) ou na própria sentença, rever seu posicionamento e conceder a medida provisória desde que devidamente fundamentada.

Questão de Concurso

▶ **(CESPE. TJ.BA. Juiz de Direito. 2019)**[52]: De acordo com o CPC, o magistrado concederá a tutela de urgência durante o curso do processo se

a) ficar caracterizado abuso do direito pelo réu e as alegações fáticas puderem ser comprovadas apenas documentalmente.

---

48. Anota-se que, nos casos em que o próprio Código afastado o efeito suspensivo da apelação, a tutela provisória resta inócua, já que a sentença já será executada provisoriamente sem a necessidade da tutela provisória.
49. Gabarito: Correto.
50. Gabarito: Letra B.
51. Diga-se, por outro aspecto, que a revogabilidade da tutela antecipatória somente ocorrerá quando, por iniciativa do interessado, ele demonstrar ter se alterado a situação de fato que ensejou a concessão da medida. É que, da mesma forma que a causa de pedir identifica o pedido, as razões de decidir identificam a decisão. De igual modo, a decisão que indefere a tutela provisória pode ser posteriormente revogada, caso passem, durante o trâmite processual, a serem preenchidos os requisitos autorizadores para a concessão.
52. Gabarito: Letra D.

b) houver manifesto propósito protelatório da parte contrária e probabilidade do direito.
c) as alegações fáticas puderem ser comprovadas apenas documentalmente e existir risco ao resultado útil do processo.
d) for verificada a existência de risco ao resultado útil do processo.
e) houver constatação do perigo de dano e o réu não apresentar prova capaz de gerar dúvida razoável acerca do direito discutido.

Encerrada a atividade cognitiva perante a instância *a quo* (ou seja, depois da prolação de sentença ou de acórdão), apenas o órgão recursal poderá revogar o pronunciamento jurisdicional que analisou o pedido de antecipação de tutela. O órgão recursal poderá revogar tanto o pronunciamento jurisdicional que deferiu ou o que indeferiu o requerimento antecipatório, de modo a, respectivamente, indeferir ou deferir medida provisória pleiteada.

Da mesma forma, caso os requisitos de concessão forem preenchidos apenas na fase recursal, após a prolação da sentença: o requerimento para a concessão da tutela provisória será direcionado ao tribunal na petição recursal ou até mesmo, incidentalmente, no curso do trâmite recursal. Nessa hipótese, o órgão responsável pelo julgamento do recurso é que será o responsável por apreciar o requerimento para a concessão da tutela de urgência e, da mesma forma, terá o fulcro de neutralizar o efeito suspensivo do recurso em trâmite, para dotar a sentença já proferida de exequibilidade (provisória).

Questão de Concurso

▶ **(VUNESP. Assessor Jurídico/Procurador Geral. Prefeitura de Caieiras – SP. 2015)[53]:** O juiz poderá, a requerimento da parte, antecipar, total ou parcialmente, os efeitos da tutela pretendida no pedido inicial. Nesse caso, assinale a alternativa correta.

a) Após concedida, a tutela antecipada não poderá ser revogada ou modificada, exceto se a parte interessada recorrer da decisão.
b) Ainda que a antecipação de tutela seja deferida na sentença de mérito, a apelação será recebida no efeito devolutivo e suspensivo.
c) O autor da ação não responde pelos danos sofridos pela parte adversa decorrentes da antecipação de tutela que não for confirmada em sentença.
d) No caso de ação em face da Fazenda Pública, só haverá antecipação de tutela se ficar caracterizado o abuso de direito de defesa.
e) É possível a antecipação da tutela em sede de recurso, desde que presentes os requisitos legais

2.5. Efeitos da cognição exauriente

Nesse ponto, convém tecer alguns comentários a respeito dos efeitos que uma sentença superveniente, baseada em cognição exauriente, pode projetar em tutela provisória já deferida. Em caso de silêncio do juiz, a tutela provisória favorável ao autor, receberá um *plus* eficacial, pois à satisfação que já está sendo usufruída, agrega-se a eficácia da sentença de procedência, agora com propensão à definitividade.

Mas, com a superveniência de uma sentença de improcedência da ação baseada em cognição exauriente, que impõe tratamento definitivo, a questão acarretará, por si só, implicitamente[54],

53. Gabarito: letra E.

54. Isso porque *"a sentença de improcedência [...] tirou a plausibilidade da antecipação de tutela, a ponto de não fazer sentido permanecerem seus efeitos frente à sentença que lhe é contrária, quanto mais quando constatado*

a neutralização da eficácia da tutela de urgência, que foi fundada em juízo de verossimilhança e que tinha apenas o escopo de ajustar de forma provisória e temporária a situação fática das partes. Assim, a tutela provisória é revogada para restabelecer o *status quo ante*.

Em sendo a sentença baseada em cognição exauriente, não se faz necessária revogação expressa. Basta que aquela não tenha resolvido o mérito ou que o tenha julgado em sentido contrário à antecipação de tutela[55].

Questão de Concurso

▶ **(FCC. Procurador Municipal. Prefeitura de Cuiabá. MT. 2014. ADAPTADO)**[56]: Márcio ajuizou ação de obrigação de fazer contra Telefonia do Centro Oeste pugnando pela retirada de seu nome dos cadastros de proteção ao crédito. Postulou pela concessão de tutela antecipada, a qual foi deferida de plano, sem oitiva da parte contrária. Ao final, porém, o pedido foi julgado improcedente, com revogação expressa da tutela antecipada. Apelação interposta por Márcio:

a) deverá ser recebida nos efeitos devolutivo e suspensivo, que não restabelecerá os efeitos da tutela revogada de forma expressa pela sentença.
b) deverá ser recebida apenas no efeito devolutivo, que não restabelecerá os efeitos da tutela revogada de forma expressa pela sentença.
c) deverá ser recebida nos efeitos devolutivo e suspensivo, que restabelecerá os efeitos da tutela revogada de forma expressa pela sentença.
d) restabelece os efeitos da tutela revogada de forma expressa pela sentença, independentemente do efeito em que tenha sido recebida.

Questão Discursiva

▶ **(UFG – Defensor Público – GO/2014)** R.G. ajuizou ação declaratória de inexistência de débito em face da instituição financeira VD, após ter o seu nome levado a protesto em cartório, em razão do não pagamento de boleto bancário encaminhado pela financeira no valor de R$ 2.234,00 (dois mil duzentos e trinta e quatro reais). R.G. requereu não só o reconhecimento da inexistência do débito, como também o cancelamento definitivo do protesto realizado, bem como a indenização pelos danos morais causados. Diante dos prejuízos acarretados pelo protesto realizado, R.G. pleiteou a suspensão liminar do mesmo até o julgamento definitivo da lide, medida que foi deferida pelo juiz antes mesmo da citação do réu. Após o oferecimento da contestação e a regular instrução do processo, a ação foi julgada totalmente procedente, tendo sido reconhecida a inexistência do débito do autor, com a condenação da instituição financeira VD a pagar R$ 20.000,00 (vinte mil reais) a título de danos morais. A medida liminar fora confirmada, ordenando o julgador o cancelamento definitivo do protesto realizado. Diante da situação apresentada, responda:

a) que recurso poderá ser interposto pela instituição financeira VD? Em qual prazo e perante quem deverá ele ser interposto? De quem é a competência para julgá-lo?
b) uma vez interposto o recurso, em quais efeitos deverá ele ser recebido? Explique.
c) após a leitura das razões recursais, poderia o juiz retratar-se de seu julgamento? Explique.

[...] que aqueles efeitos não se confundem com os do recebimento de um recurso, esses mais abrangentes. [...] a improcedência é um julgamento de cognição total, que finda a cognição parcial da tutela antecipada" (STJ. REsp 768.363/SP. DJU 14.02.08).

55. Seguindo essa lógica a súmula nº 405 do STF prescreve que: "denegado o mandado de segurança pela sentença, ou no julgamento do agravo, dela interposto, fica sem efeito a liminar concedida, retroagindo os efeitos da decisão contrária". No mesmo sentido: o enunciado nº 140 do FPPC prescreve que: "a decisão que julga improcedente o pedido final gera a perda de eficácia da tutela antecipada.

56. Gabarito: letra B.

2.6. Caução

Como a tutela provisória baseada em cognição superficial enseja natural assunção de riscos, o § 1º do art. 300 dispõe que, para a concessão da tutela de urgência, o juiz pode, conforme o caso, exigir caução real ou fidejussória idônea para ressarcir os danos que a outra parte possa vir a suportar, podendo a caução ser dispensada se a parte economicamente hipossuficiente não puder oferecê-la.

Questão de Concurso

► **(FCC – Juiz de Direito – SC/2017)**[57] Em relação às tutelas provisórias, assinale correto ou incorreto: Para a concessão da tutela de urgência, o juiz deve, conforme o caso, exigir caução real ou fidejussória idônea para ressarcir os danos que a outra parte possa vir a sofrer, só podendo a garantia ser dispensada se os requerentes da medida forem menores ou idosos com mais de sessenta anos.

Deste modo, como contracautela ao deferimento da tutela de urgência, o juiz poderá determinar, mesmo que verificada a revelia (STJ. REsp 358228/SP. DJU 29.04.02), que o requerente preste caução, real ou fidejussória[58], desde que idônea e suficiente para evitar ou ressarcir eventuais danos que o requerido possa vir a sofrer (STJ. AgRg no REsp 274580/SP. DJe 08.06.09) provenientes da execução de uma tutela de urgência que ainda é provisória.

A caução não é obrigatória[59]. Como bem aduz o dispositivo encimado, "conforme o caso", o juiz pode exigir caução utilizando-se como critério principal a potencialidade de prejuízo que a medida pode acarretar ao requerido.

Daí resulta que recai sobre o magistrado um poder-dever oriundo do poder geral de cautela. De tal modo que, de acordo com as circunstâncias do caso concreto, o juiz poderá dispensar a caução, por exemplo, quando deparar-se com uma pretensão de direito material de existência quase certa ou um perigo de dano irreparável extremado.

Há dois momentos cruciais, porém não exclusivos[60], para o juiz analisar a necessidade ou não da contracautela. O primeiro, no momento de concessão da tutela de urgência, e, o segundo, quando correr a execução da tutela concedida. No último caso, deve haver um intenso diálogo entre a tutela provisória e os dispositivos referentes à execução provisória, no que couber (art. 297 do CPC)[61].

57. Gabarito: Incorreto.

58. Insta sublinhar que, a natureza da caução, qualquer que seja ela, não modifica a do eventual crédito que esteja sendo pleiteado na demanda principal. O fato de haver a prestação de uma caução real não transmuda eventual crédito quirografário em crédito com garantia real (STJ. AgRg no REsp 274580/SP. DJe 06.08.09), máxime quando o ato de caucionar não decorreu da transferência de valores.

59. Enunciado 16 da súmula de jurisprudência do TJSP: *"Insere-se na discrição do Juiz a exigência de caução e análise de sua idoneidade para sustação de protesto"*.

60. Sua prestação pode ser determinada em qualquer instância, assim como a sua substituição, que pode ser requerida pelo requerente ou determinada pelo juiz (STJ. REsp 1052565/RS. DJe 03.02.09), mesmo após o trânsito em julgado (STJ. REsp 22034/GO. DJU 28.10.92).

61. Nesse sentido, prevê o enunciado 497 do FPPC: "as hipóteses de exigência de caução para concessão de tutela provisória de urgência devem ser definidas à luz do art. 520, IV, CPC". Outrossim, o enunciado nº 498 do FPPC aduz que: "a possibilidade de dispensa de caução para a concessão de tutela provisória de urgência, prevista no art. 300, § 1º, deve ser avaliada à luz das hipóteses do art. 521".

Além disso, a concretizar a inafastabilidade do controle jurisdicional, o CPC/2015 traz uma hipótese expressa de dispensa da caução, no caso de hipossuficiência econômica do requerente. Essa flexibilização resguarda que a condição financeira do requerente, por si só, não seja elemento capaz de despotencializar o seu direito à tutela de urgência.

É igualmente dispensada a apresentação de caução quando a tutela provisória for concedida em favor da Fazenda Pública, já que a reversibilidade da medida ou sua conversão em perdas e danos estará assegurada. Além disso, a exigência de caução ficaria prejudicada porque, nos termos do art. 100 da Constituição da República, "os pagamentos devidos pelas Fazendas Públicas Federal, Estaduais, Distrital e Municipais, em virtude de sentença judiciária, far-se-ão exclusivamente na ordem cronológica de apresentação dos precatórios e à conta dos créditos respectivos, proibida a designação de casos ou de pessoas nas dotações orçamentárias e nos créditos adicionais abertos para este fim". Esse é o entendimento do Fórum Permanente do Poder Público, a teor do seu Enunciado 42: "A exigência de caução real ou fidejussória para a concessão da tutela de urgência prevista no § 1º do art. 300 do CPC não é aplicável ao Poder Público, em razão do disposto no art. 100 da Constituição Federal".

Questão de Concurso

▶ **(Consulplan – Cartórios – Remoção – TJ – MG/2017)**[62] Relativamente à tutela de urgência, dentre as afirmativas abaixo, apenas uma é **INCORRETA.** Assinale-a:

a) Será concedida quando houver elementos que evidenciem a probabilidade do direito e o perigo de dano ou risco ao resultado útil do processo.

b) Poderá ser concedida liminarmente ou após justificação prévia.

c) Em hipótese alguma a caução real ou fidejussória poderá ser dispensada.

d) A tutela de urgência de natureza antecipada não será concedida quando houver perigo de irreversibilidade dos efeitos da decisão.

2.7. Fungibilidade

A tutela antecipada, além de poder surtir efeito acautelatório, pode implicar satisfatividade de mérito. É que a parte, a quem beneficia a concessão da tutela antecipada, vê não só resguardada uma situação de fato, mas aufere o benefício de ter sua pretensão liminarmente satisfeita e com a possibilidade de ser exigida.

Mas essa distinção, por vezes, não se apresenta nitidamente. Por essa razão, é comum a **conversão** de uma medida de urgência em outra, principalmente quando se verifica que o requerente pugnou pela antecipação da tutela como se medida cautelar fosse.

Pois bem.

A fungibilidade entre as cautelares e as tutelas antecipadas já era admitida sob a égide do Código anterior[63], onde a tutela cautelar e a antecipada detinham procedimentos e pressupostos díspares. Com a unificação procedimental e dos pressupostos, com ainda maior

62. Gabarito: Letra C.

63. De todo a forma, há reiteradas decisões do STJ admitindo a aplicação da "fungibilidade" (mesmo que não haja dúvida objetiva acerca da natureza da medida pleiteada), o qual confere interesse processual para se plei-

razão, deve admitir-se a fungibilidade na forma do parágrafo único do art. 305 do Código, que dispõe que, caso magistrado entenda que o pedido de tutela cautelar requerida em caráter antecedente tenha natureza de tutela antecipada, irá então observar o procedimento disposto no art. 303.

Aplicada a fungibilidade ao caso, orienta o Enunciado 45 do CJF, deverá "[...] o juiz esclarecer as partes sobre o regime processual a ser observado".

Questão de Concurso

▶ **(Vunesp – Juiz de Direito – TJ SP/2017)**[64] A tutela provisória de urgência:

a) exige, além do perigo da demora, prova pré-constituída das alegações de fato em que se funda o autor.
b) não pode ser concedida na sentença porque, do contrário, a tutela perderia a natureza de provisória.
c) quando requerida na forma de tutela cautelar antecedente, poderá ser apreciada como tutela antecipada, caso o juiz entenda que essa é sua verdadeira natureza.
d) só pode ser determinada pelo juiz estatal e não pelo árbitro, uma vez que falta a esse último poder de coerção para efetivar a medida.

▶ **(FCC. Procurador. Prefeitura de Recife-PE. 2014. ADAPTADA)**[65]: Maria, deficiente visual, foi impedida de ingressar nas dependências do metrô por estar acompanhada de seu cão-guia. Argumentou, a empresa que opera o metrô, que, naquele local, não é permitida a entrada de animais. Indignada com o desrespeito à sua peculiar condição, Maria ajuizou ação cominatória com pedido de tutela antecipada visando obrigar à empresa permitir seu ingresso nas dependências do metrô junto de cão-guia, sob pena de multa. Ao receber a inicial, o juiz indeferiu o pedido de liminar, sustentando que o pedido antecipatório retrataria hipótese de provimento cautelar, além de, em seu entendimento, não ser cabível fixação de multa em sede de liminar. O juiz agiu de maneira totalmente incorreta, pois, entendendo tratar-se de providência de natureza cautelar, deveria, presentes os seus pressupostos, ter deferido a medida em caráter incidental, além da fixação de multa, se necessária a assegurar a eficácia do provimento.

▶ **(VUNESP. Juiz de Direito Substituto. TJ-PA. 2014)**[66]: A sentença que concede medida cautelar diversa da requerida pelo autor é considerada

a) válida, desde que se trate de cautelar preparatória
b) válida, haja vista a fungibilidade entre as cautelares.
c) nula, porque *extra petita.*
d) rescindível, pois ofende a literal dispositivo de lei.
e) nula, porque *ultra petita*

▶ **(MPE-MS. Promotor de Justiça Substituto. MPE-MS. 2015)**[67]: O Código de Processo Civil não permite a aplicação do princípio da fungibilidade entre a medida satisfativa e a medida cautelar.

2.8. Responsabilidade objetiva

Os provimentos provisórios de urgência, em razão de serem concedidos com base em juízo de verossimilhança e de cognição sumária, estão mais suscetíveis a erros. Em conse-

tear providência de natureza cautelar, a título de antecipação dos efeitos da tutela (STJ. REsp 653381/RJ. DJU 20.03.06; STJ. REsp 627759/MG. DJU 08.05.06).

64. Gabarito: Letra C.
65. Gabarito: Correto.
66. Gabarito: letra B.
67. Gabarito: Incorreto.

quência, é maior a probabilidade, por conta da efetivação de uma medida provisória, de se causar prejuízos ao requerido.

A responsabilidade prevista pelo Código é uma obrigação de indenizar ou reparar, objetivamente, os prejuízos, eventualmente, provocados pela concessão da tutela provisória. O dano a ser indenizado ou reparado é o decorrente da execução da medida de urgência.

A fim de evitar o requerimento indevido de medidas provisórias de urgência, bem como o abuso do direito de ação, o art. 302 do CPC dispõe que, além das eventuais cominações por litigância de má-fé, a parte beneficiária do procedimento provisório de urgência, deve assumir todo o risco oriundo da execução provisória, devendo, pois responder ao requerido pelo prejuízo que a efetivação da tutela causa à parte adversa, se:

a) a sentença lhe for desfavorável;

b) obtida liminarmente a tutela em caráter antecedente, não fornecer os meios necessários para a citação do requerido no prazo de 05 dias;

c) quando ocorrer a cessação da eficácia da medida em qualquer hipótese legal;

d) quando o juiz acolher a alegação de decadência do direito ou de prescrição da pretensão do autor.

Além da indenização ou reparação dos eventuais prejuízos, causados em decorrência do provimento provisório de urgência, ao requerente, é imposto, assim como ocorre na execução provisória, o dever de restabelecer o estado anterior. Verificado julgamento desfavorável da ação, ou mesmo se o pedido formulado na tutela provisória for julgado improcedente, e, até mesmo, se a medida provisória perder a sua eficácia, ao requerente, poderá ser imposta a obrigação de **restabelecer o status quo ante**, pelo que o requerido terá a faculdade de exigir em execução a ser promovida nos mesmos autos.

Assim, a **responsabilidade do requerente será objetiva** (fundada na teoria do risco proveito, que independe da existência de dolo ou culpa – STJ. REsp 744380/MG. DJe 03.12.08), sendo a indenização ou reparação liquidada nos próprios autos, independentemente da propositura de nova ação ou de apresentação de reconvenção no processo (que, como explicado alhures, mostra-se desnecessária).

É esse o teor do parágrafo único do art. 302, ao determinar que, por regra, o prejudicado pela execução da medida provisória prescindirá de ação condenatória autônoma de indenização contra o requerente da medida, pois a **indenização ou reparação será liquidada nos autos em que a medida tiver sido concedida**[68], sempre que possível.

Constitui, então, **efeito anexo**[69] do pronunciamento jurisdicional que revoga a tutela provisória de urgência, ou mesmo simples decorrência da perda da eficácia desta.

---

68. A este respeito, veja-se trecho extraído do voto lavrado pela Ministra Nancy Andrighi, nos autos do recurso especial registrado sob o nº 1236874/RJ: *"O requerente da medida cautelar responde ao requerido, caso a sentença do processo principal lhe seja desfavorável, pelo prejuízo decorrente de sua execução.* **Trata-se de responsabilidade processual objetiva, cuja liquidação é processada nos autos da própria cautelar. A pretensão ao ressarcimento dos danos originados pela execução de medida de natureza cautelar nasce da sentença que julga improcedente o pedido deduzido no processo principal".**

69. Os danos causados a partir da execução de tutela antecipada (assim também a tutela cautelar e a execução provisória) são disciplinados pelo sistema processual vigente à revelia da indagação acerca da culpa da parte,

Os prejuízos podem consistir em danos extrapatrimoniais, bem assim em danos patrimoniais, estes nas modalidades de danos emergentes (STJ. REsp 467599/RJ. DJU 27.09.04) ou de lucros cessantes. Tanto pode haver reparação pelos lucros cessantes, que o STJ já definiu que, julgada improcedente a ação de busca e apreensão, na qual foi pedida e concedida liminar para apreensão de dois tratores, responde o requerente da medida pelos prejuízos causados ao requerido (STJ. REsp 193366/SP. DJU 02.05.05).

Definidos os prejuízos, eles podem ter a indenização ou a reparação já garantida, se foi prestada caução (contracautela) no ato de deferimento da medida cautelar (STJ. AgRg no REsp 274580/SP. DJe 08.06.09).

Questão de Concurso

▶ **(Consulplan – Juiz de Direito – TJ – MG/2018)**[70] Acerca da tutela provisória de urgência cautelar ou satisfativa, é correto afirmar que a parte

A) deve demonstrar apenas o perigo de dano.

B) somente pode requerer em caráter antecedente.

C) é responsável pela indenização do dano processual se a sentença for desfavorável para ela.

D) é responsável pela indenização do dano processual ainda que a sentença seja favorável a ela.

▶ **(TRF 2 – Juiz Federal Substituto 2ª região/2017)**[71] Marque a opção correta:

a) O requerente de tutela de urgência, desde que esteja de boa-fé, não responde pela reparação de eventual prejuízo que a efetivação da medida, mais tarde revogada pela sentença definitiva, tenha causado à contraparte.

b) Se ocorrer a cessação da eficácia da medida, a parte requerente responde pelo prejuízo que a efetivação da tutela de urgência cause à parte adversa.

c) Os valores de benefício previdenciário recebido por força de tutela antecipada posteriormente revogada pela sentença (que transita em julgado) não devem ser devolvidos.

d) Em hipótese na qual ocorreu, sem caução, o cumprimento provisório de sentença, e depois provimento do recurso – que não tinha efeito suspensivo –, o juiz deve verificar o caso concreto e, com equidade, distribuir os prejuízos entre as partes.

e) Nas hipóteses nas quais, no cumprimento provisório, o CPC prevê a dispensa de caução, é vedado ao juiz exigi-la.

▶ **(FGV – Analista Judiciário – Área Judiciária – TRT 12/2017)**[72] Alfredo ajuizou ação de natureza cível em face da empresa Marketing S.A., com pedido liminar de tutela de urgência, que foi deferido pelo juízo após justificação prévia. De acordo com o CPC, é correto afirmar que o autor:

---

ou se esta agiu de má-fé ou não. Basta a existência do dano decorrente da pretensão deduzida em juízo para que sejam aplicados os arts. 273, § 3º, 475-O, incisos I e II, e 811 do CPC. Cuida-se de **responsabilidade objetiva**, conforme apregoa, de forma remansosa, doutrina e jurisprudência. A obrigação de indenizar o dano causado ao adversário, pela execução de tutela antecipada posteriormente revogada, **é consequência natural da improcedência do pedido, decorrência ex lege da sentença e da inexistência do direito anteriormente acautelado, responsabilidade que independe de reconhecimento judicial prévio**, ou de pedido do lesado na própria ação ou em ação autônoma ou, ainda, de reconvenção, bastando a liquidação dos danos nos próprios autos [...] (STJ. REsp 1191262/DF. DJe 16.10.12).

70. Gabarito: Letra C.

71. Gabarito: Letra B.

72. Gabarito: Letra A.

a) responde pelo prejuízo que a efetivação da tutela de urgência causar à parte adversa, se a sentença lhe for desfavorável;
b) não responde pelo prejuízo que a efetivação da tutela de urgência causar à parte adversa, se o juiz acolher a alegação de decadência do direito;
c) responde pelo prejuízo que a efetivação da tutela de urgência causar à parte adversa, independentemente do resultado da sentença;
d) não responde pelo prejuízo que a efetivação da tutela de urgência causar à parte adversa, se o juiz acolher a alegação de prescrição da pretensão do autor;
e) não responde pelo prejuízo que a efetivação da tutela de urgência causar à parte adversa, se ocorrer a cessação da eficácia da medida em qualquer hipótese legal.

▶ **(CESPE. Juiz de Direito. TJDFT. 2016. ADAPTADA)**[73] "caso a sentença no pedido principal seja desfavorável ao requerente da tutela cautelar, ele deve responder, objetivamente, pelos danos que causar ao requerido na execução da medida".

---

3. TUTELA PROVISÓRIA DE URGÊNCIA SATISFATIVA

3.1. Considerações iniciais

A satisfação do direito pretendida pela parte, ao acionar o Poder Judiciário mediante o exercício do direito de ação, reclama uma prestação efetiva pelo Estado[74]. Nessa linha, a tutela antecipada exerce papel fundamental ao se constituir como instrumento de antecipação provisória da tutela de procedência, concedendo à parte o bem da vida que só seria eventualmente concedido após longo trâmite processual, quando da tutela definitiva. Precipita-se no tempo a satisfação em atendimento ao devido processo legal.

Questão de Concurso

▶ **(UFMTA. Promotor de Justiça. MPE-MT. 2014. ADAPTADA)**[75]: Com o instituto da tutela provisória satisfativa, o Brasil segue tendência de precipitar no tempo a satisfação da pretensão em atendimento ao princípio do devido processo legal.

No código antecessor, a generalização da tutela antecipada, antes restrita a alguns procedimentos especiais, operou-se apenas após a reforma de 1994, com a Lei nº 8.952. O atual Código mantém a previsão desse **poder geral de tutela antecipada**, agora sob o título de tutela provisória de urgência antecipada e de forma mais simplificada e ampliada, inclusive com a possibilidade da tutela antecipada antecedente, que não era possível no Código anterior.

3.2. Reversibilidade

A tutela provisória antecipada agrega um requisito adicional: **a reversibilidade da medida antecipatória**. O art. 300, § 3º, do Código dispõe que a tutela de urgência antecipada não

73. Gabarito: Correta.
74. A tutela provisória de urgência antecipada é instrumento processual de afirmação da efetividade da prestação da tutela jurisdicional, da garantia da inafastabilidade do controle jurisdicional (amplo acesso ao Poder Judiciário) e da duração razoável do processo.
75. Gabarito: Correta.

será concedida quando houver perigo de irreversibilidade dos efeitos da decisão. Assim, para a concessão da tutela provisória satisfativa é necessário que, **em regra**, a reversibilidade da medida seja possível.

Questão de Concurso

▶ **(TRT3. Juiz do Trabalho. 2015)**[76]: A antecipação da tutela não será concedida quando houver perigo de irreversibilidade do provimento antecipado.

Nessa toada, em regra, para que haja concessão da tutela de urgência, os efeitos advindos da antecipação devem ser passíveis de reversão ao *status quo ante*, seja *in natura*[77], seja por indenização, ante uma razão bem simples: se não há reversibilidade, existirá o **risco de dano inverso,** quando a concessão da tutela satisfativa de urgência implicar inversão do *periculum in mora* para o réu.

Essa regra que proíbe tutela provisória com efeitos irreversíveis, como obtempera o enunciado 419 do FPPC, **não é absoluta**. Deparando-se o julgador com a irreversibilidade da medida para o caso específico, ele deve aplicar o **postulado da proporcionalidade**, sopesando o grau do seu convencimento, principalmente, quanto à verossimilhança das alegações.

De tal sorte que, quando houver irreversibilidade recíproca, é possível mitigar a regra geral, antecipando os efeitos da tutela jurisdicional, mesmo sem a verificação do requisito da reversibilidade[78]. Foi por isso que o CJF editou o Enunciado 40, de acordo com o qual "a irreversibilidade dos efeitos da tutela de urgência não impede sua concessão, em se tratando de direito provável, cuja lesão seja irreversível".

Questão de Concurso

▶ **(FUNDEP. Advogado. CAU-MG, 2014. ADAPTADA)**[79]: A irreversibilidade da antecipação de tutela é um obstáculo intransponível para sua concessão da medida pleiteada.

Tal lógica aplica-se também na esfera do direito de família, quando alimentos provisionais ou outras medidas são conferidos a título de tutela provisória, mesmo presente o elemento da irreversibilidade (a considerar a irrepetibilidade dos alimentos).

76. Gabarito: Correta.
77. Considerando-se a possibilidade de que a reversão seja "*in natura*", o órgão julgador pode condicionar a antecipação de tutela à prestação de caução, que deve ser suficiente e idônea, podendo ser dispensados nos casos de hipossuficiência.
78. Esta é a posição perfilada pelo STJ sob a égide do código anterior mas que deve ser mantida: *"é possível a antecipação da tutela,* ***ainda que haja perigo de irreversibilidade do provimento****, quando o mal irreversível for maior, como ocorre no caso de não pagamento de pensão mensal destinada a custear tratamento médico da vítima de infecção hospitalar, visto que a falta de imediato atendimento médico causar-lhe-ia danos irreparáveis de maior monta do que o patrimonial"* (STJ. REsp 801600/RS. DJe 15.12.09).
79. Gabarito: Incorreta.

4. TUTELA PROVISÓRIA DE URGÊNCIA CAUTELAR

4.1. Considerações iniciais

A tutela cautelar foi modificada profundamente pelo CPC/2015. Com a constatação da desnecessidade da duplicação de processos (duplicidade de citações, intimações, sentença), houve uma salutar abolição de todo regramento do processo cautelar autônomo, de tal sorte que as ações cautelares típicas ou atípicas, que eram objeto de ação autônoma apartada do processo principal no Código anterior, passarão a ser veiculadas em processo único.

Assim, tutelas cautelares e principais se amalgamam em único regime processual. Até mesmo no caso da tutela de urgência cautelar antecedente (tutela preparatória no código anterior) haverá unicidade procedimental.

Como já aventado, a tutela cautelar possui como marca dois atributos que a distinguem: a **referibilidade** *e* **temporariedade.**

A primeira determina que a tutela cautelar, em regra, existe funcionalmente orientada para assegurar um pedido principal atual ou futuro de que ele seja **acessório e dependente**.

Já a **temporariedade** confere à tutela cautelar uma vitalidade restrita, pois a sua funcionalidade é limitada temporalmente. Ela possui a finalidade de preservar a eficácia e a utilidade da sentença que venha a ser proferida no processo, uma vez prolatada a sentença decisão final ela perde a sua eficácia. A tutela cautelar visa, pois, a assegurar o resultado útil do processo a fim de que a decisão final (definitiva) não se torne inoperante ou ineficaz, sem contudo adiantar o gozo do direito material (usufruir o bem da vida).

4.2. Poder geral de cautela

Em afirmação à operatividade, o Código, no art. 301, elenca um rol de medidas cautelares nominadas, entretanto, sem particularizar um procedimento específico para cada uma delas.

Assim, as medidas nominadas previstas (arresto[80], sequestro[81], arrolamento de bens[82] e o registro de protesto contra alienação de bem[83]), serão regidas por um procedimento

80. O arresto constitui medida cautelar típica destinada a garantir a satisfação de atual ou futura **execução de pagar quantia** a partir da **apreensão de bens penhoráveis** integrantes do patrimônio do possível devedor. Os bens arrestados ficam indisponíveis. Sendo assim, não devem ser arrestados bens em valor superior à alegada dívida atualizada, com incidência de juros de mora e acréscimo de despesas processuais pertinentes – exceção que se faz quando verificada impossibilidade prática de arrestar bens no exato valor.

81. O sequestro é medida cautelar típica de **apreensão de bem**(ns) determinado(s) em favor de depositário, cuja propriedade (ou posse) seja duvidosa, com a finalidade de **garantir execução** (atual ou futura) **para entrega de coisa certa**, evitando-se alienação, perecimento ou comprometimento durante a tramitação processual. Enquanto que no arresto a apreensão recai sobre bem penhorável indeterminado de propriedade do possível devedor até o valor monetário relacionado à obrigação de pagar quantia, no sequestro, o objeto da apreensão é bem determinado de propriedade ou posse duvidosa, objeto da demanda principal, ainda que impenhorável. Este fato enseja desdobramentos que diferenciam o sequestro do arresto. Aliás, são estes pontos de diferenciação do arresto que levaram o Superior Tribunal de Justiça a definir que *"o acolhimento de pedido cautelar de sequestro de bens pressupõe a existência de disputa, na ação principal, acerca de sua posse ou propriedade. O fato de a demanda principal visar à satisfação de obrigação de crédito impede o deferimento da medida de sequestro, pois não há disputa específica sobre os bens que constituem seu objeto"* (STJ. REsp 1128033/GO. DJe 18/02/13).

83. O arrolamento de bens **não é espécie de inventário** (prevista nos artigos 1.031 a 1.038 do CC) e também **não se confunde com o arrolamento fiscal** (art. 64 da Lei nº 9.532/97), que independe de medida judicial e prescinde de autorização judicial para fins de alienação dos bens arrolados pela autoridade fazendária. Em verdade, é medida

comum (*uniformidade procedimental*) e estarão sujeitas aos mesmos requisitos de concessão (*perigo da demora e fumaça do bom direito*).

Questão de Concurso

▶ **(Consulplan – Cartórios – Provimento – TJ – MG/2017)**[84] Com relação à tutela provisória todas as assertivas abaixo estão corretas, EXCETO:

a) Pode fundamentar-se em urgência ou evidência.

b) Cuida-se de medida destinada a acautelar o direito controvertido ou antecipar o direito controvertido.

c) O poder/dever geral de cautela foi extinto no CPC/2015.

d) A efetivação das tutelas provisórias observará as normas referentes ao cumprimento provisório da sentença.

▶ **(FCC – Juiz de Direito – SC/2017 – Adaptada)**[85] Analise a assertiva a seguir e assinale correto ou incorreto:

"A tutela de urgência de natureza cautelar pode ser efetivada mediante arresto, sequestro, arrolamento de bens, registro de protesto contra alienação de bem e qualquer outra medida idônea para asseguração do direito".

▶ **(TRF2. Juiz Federal. 2015. ADAPTADA)**[86]: Antônio é sócio gerente de sociedade empresária por cotas de responsabilidade limitada, pessoa jurídica com vultoso débito para com o Banco Nacional de Desenvolvimento Econômico e Social. A sociedade não tem como pagar o débito e nem pretende fazê-lo, e começa a transferir seus bens para o patrimônio de Antônio, além de alienar outros a terceiros. Antônio, por sua vez, prepara-se para também alienar os bens recém passados para o seu nome. Nessa hipótese para evitar a fraude contra credor intentada poderá ser intentada tutela provisória cautelar antecedente, requerendo o arresto dos bens.

Entretanto, a proteção às situações de urgência não fica limitada a tais providências, que foram previstas com intenção meramente pedagógica de elencar, exemplificativamente,

cautelar que em muito se assemelha à figura do sequestro, tanto que alguns (equivocadamente) chegam a tratar o arrolamento como sendo **sequestro** (STJ. REsp 14735/RJ. DJU 16.12.91). **Diferencia-se**, essencialmente, pelo fato de o requerente da medida em estudo ainda **não conhecer com precisão os bens a serem apreendidos** (o que não acontece com o sequestro), que **integram uma universalidade**. Por isso, é comum o requerimento do arrolamento de bens nas demandas relacionadas à sucessão hereditária (STJ. REsp 12824/MS. DJU 04.05.92), de dissolução de laços conjugais e dissolução de sociedades, onde, muitas vezes, sabe-se que existem bens, mas não se sabe precisá-los. Basta imaginar a dissolução de uma sociedade que, por exemplo, possua um parque industrial e, agora, esteja prestes a se dissolver: é quase impossível identificar-se precisamente de que ele é composto. Sabe-se que é de bens corpóreos, mas faz necessária a especificação.

83. O **protesto** que tem conteúdo de reclamação contra algo que poderá ser praticado e visa a dar conhecimento da insatisfação do protestante, evitando-se, posteriormente, a alegação de boa-fé. O código traz como medida cautelar expressa o protesto o formulado contra a alienação de determinado bem que o protestante entenda ter direito sobre ele. O protesto pode servir, também, para interromper prescrição (art. 202, II, do CC – STJ. REsp 1077272/SC. DJe 24.11.08). Com a instrumentalização do protesto **não se obriga a fazer ou deixar de fazer algo**. **São apenas procedimentos conservativos de direito** (STJ. RMS 11107/SP. DJU 20.03.00). Não é o fato de ter havido um protesto contra a alienação de determinado bem que vai obstar a realização do negócio jurídico (tal pode ocorrer por vontade das partes do negócio – mas não há comando cominatório). Bem assim, não vai o protesto tornar o negócio jurídico nulo ou ineficaz. Tais questões, se vierem a ser discutidas, serão em demanda própria – e não nas medidas conservativas em estudo (STJ. REsp 1065027/MT. DJe 06.10.08).

84. Gabarito: Letra C.

85. Gabarito: Correto.

86. Gabarito: Correto.

como será a atuação do poder geral de cautela, mas sem vincular tais providências a intentos e procedimentos específicos.

Assim, o juiz será detentor de poderes indeterminados para adotar "*qualquer outra medida idônea para asseguração do direito*", o chamado poder geral de cautela ou de prevenção. Isso permite que o juiz efetivamente enfrente toda e qualquer espécie de perigo de dano, sendo uma fonte inesgotável de medidas atípicas que confere poder de criatividade para atribuir efetividade à tutela jurisdicional.

Questão de Concurso

▶ **(TRT8. Juiz do Trabalho Substituto. 2015. ADAPTADA)**[87]: As medidas cautelares previstas no CPC/2015 são meramente exemplificativas, já que o juiz pode, para coibir situações de perigo que se apresentem, adotar quaisquer medidas que, a seu critério, sejam adequadas para o seu fim, ainda que a parte tenha postulado medida diversa, sem que isso importe em decisão ultra ou *extra petita*.

▶ **(FCC. Juiz. TJ/CE. 2014. ADAPTADA)**[88]: No curso da tutela provisória cautelar pode o juiz determinar as medidas provisórias que julgar adequadas, quando houver fundado receio de que uma parte, antes do julgamento da lide, cause ao direito da outra lesão grave e de difícil reparação. Essa possibilidade traduz o

a) princípio da imposição normativa do juízo.
b) princípio da instrumentalidade processual.
c) poder de coerção jurisdicional.
d) poder de antecipação tutelar do provimento jurisdicional pelo juiz.
e) poder geral de cautela do juiz.

Como se denota, há nítido avanço no trato da matéria, rumo à simplificação dos procedimentos, já que o CPC/2015 não contempla procedimentos particulares e específicos, com critérios diferenciados, para cada tutela cautelar típica como acontecia no Código antecessor.

Há uma salutar homogeneização procedimental que prestigia e facilita o manejo das tutelas de urgência cautelares pelo advogado, já que o procedimento será uno e não haverá mais distinções de ordem ritualística entre medidas típicas e atípicas.

No entanto, sob o prisma do conteúdo, as medidas cautelares entre si diferenciam-se e a jurisprudência e doutrina formada sob a égide do Código antecessor servirão de norte interpretativo para aplicação de tais medidas pelo juiz.

Assim, a concessão da tutela provisória de urgência cautelar será orientada pelo **poder geral de cautela**, que terá a função de proteger e assegurar bens, pessoas, provas ou qualquer situação de risco de dano, de forma ampla e efetiva, por meio da verificação dos mesmos requisitos de concessão e sob a égide de um procedimento único.

5. TEORIA GERAL DAS TUTELAS DE URGÊNCIA ANTECEDENTES

As medidas antecedentes só são aplicáveis às tutelas de urgência. Inadmite-se a modalidade antecedente no caso da tutela de evidência, por ela não ser baseada em urgência[89] e, por isso,

87. Gabarito: Correta.
88. Gabarito: Letra E.
89. **Enunciado nº 421 do FPPC:** Não cabe estabilização de tutela antecipada em ação rescisória. **Enunciado nº 422 do FPPC:** A tutela de evidência é compatível com os procedimentos especiais. **Enunciado nº 500 do FPPC:** O regime

dispensar intensa aceleração pela admissibilidade de apresentação de simples requerimento de antecipação provisória.

Outro destaque essencial é que, diferentemente do anterior Código, que só admitia a chamada cautelar preparatória (sob a veste de um processo cautelar autônomo), o CPC/2015 universaliza a sistemática e consente o pedido antecedente tanto para a tutela de urgência cautelar quanto para a satisfativa.

Em tais casos, é preferível ao advogado fazer uso de uma **petição menos formal e simplificada**, para que formule um pedido de tutela de urgência antecedente. Somente após a efetivação da tutela, é que será realizado o aditamento da peça inaugural com eventuais suplementos probatórios, e dar-se-á, em homenagem ao sincretismo processual, continuidade à marcha do processo nos mesmos autos do processo[90].

Prossiga-se.

O ponto nevrálgico que divisa as duas espécies de tutela de urgência antecedente é, exatamente, o regime diferenciado de procedimentos. A tutela de urgência antecipada antecedente prevê o inovador mecanismo da estabilização da tutela, ao passo que a cautelar não. Inclusive, como orienta o enunciado 420 do Fórum Permanente de Processualistas Civis, "não cabe estabilização de tutela cautelar".

Essa nota distintiva é criticável, pelo menos porque se elimina a pretendida unicidade de regime entre as tutelas de urgência, fato que ensejará o retorno às discussões estéreis a respeito da identificação da medida como cautelar ou antecipada.

Em nosso entender, a diferença entre as cautelares e antecipadas pode ser analisada por intermédio de uma escala, onde em uma extremidade encontram-se medidas eminentemente acautelatórias, ao passo que no oposto extremo, temos medidas eminentemente antecipatórias. E, dentro dessa escala, localiza-se uma zona intermediária de medidas de urgência que, com boa retórica, aproxima-se de uma extremidade ou de outra.

E será nessa zona nebulosa onde residirá a principal dificuldade de aplicação prática do fenômeno da estabilização, pois, como já aventado, volta-se à tona a discussão para saber se a medida é satisfativa ou cautelar, e qual o procedimento antecedente será aplicado. Recrudesce-se, pois, a necessidade de divisar o que é cautelar do que é antecipatório, já que, a depender da classificação adotada pelo juiz, o procedimento antecedente será diferente, com implicações práticas e efeitos diversos.

Para minorar tal situação, o Código prevê expressamente a fungibilidade das medidas antecedentes. O art. 305, parágrafo único, dispõe que, caso o juiz entenda que o pedido cautelar antecedente tenha natureza antecipada, poderá adotar o procedimento antecedente da tutela antecipada previsto no art. 303 e 304, que admite a estabilização.

---

da estabilização da tutela antecipada antecedente aplica-se aos alimentos provisórios previstos no art. 4º da Lei 5.478/1968, observado o § 1º do art. 13 da mesma lei.

90. Como as demandas antecedentes caracterizam-se como o pontapé inicial da própria ação principal, já que após a concessão da tutela, a parte deverá aditar a petição inicial e dá continuidade ao processo nos mesmos autos, o despacho positivo que ordena a citação na demanda antecedente tem o condão de interromper o prazo prescricional da demanda que poderá se desenvolver posteriormente.

5.1. Procedimento da tutela satisfativa antecedente

5.1.1. Petição Inicial

A solicitação antecedente da tutela de urgência deve ser utilizada em situações de **extrema urgência contemporânea à propositura da ação**, casos em que a parte não detém tempo hábil nem para preparar uma petição inicial do processo de conhecimento mais bem elaborada, que preencha todos os seus requisitos formais, bem assim de arregimentar todas as provas necessárias à demonstração dos fatos apresentados.

Aliás, não seria aconselhável, sobretudo em termos pragmáticos, requerer uma tutela antecedente por intermédio de uma petição elaborada às pressas, se, de fato, não houvesse urgência. Correr-se-ia o risco de apresentar afirmações não amadurecidas, a ponto de criar-se uma situação de contradição, a considerar que, depois, seria apresentada a versão definitiva da petição inicial.

Em linhas gerais, a petição inicial, em que se requer tutela satisfativa antecedente, deve ser formulada contendo os requisitos gerais da petição inicial do processo de conhecimento (artigos 319 e 320 do Código de Processo Civil) no que couber ao formato simplificado, somados aos requisitos específicos previstos no art. 303[91]. Deste modo, o requerente deve indicar:

a) **o juízo a que for dirigida;**

b) **os nomes, os prenomes, o estado civil, a existência de união estável, a profissão, o número do CPF ou do CNJ, o endereço eletrônico, o domicílio e a residência do requerente e do requerido;**

c) **o valor da causa;**

O autor deve levar em consideração o pedido da tutela final para estipulação do valor da causa, conforme dispõe o art. 303, no seu respectivo § 4º. Essa coincidência do valor da causa só corrobora o sincretismo processual e a unicidade procedimental trazida pelo atual CPC, diferentemente do que ocorria no Código anterior, quando, na tutela antecedente, o valor atribuído à causa não correspondia necessariamente ao benefício proporcionado pelo pedido de tutela final. Se, por ocasião do aditamento da petição inicial, houver, por parte do autor, modificação do objeto litigioso do processo, o valor da causa deve ser corrigido, inclusive com as repercussões (dentre outras) quanto ao pagamento das custas processuais.

d) **o pedido de concessão de tutela de urgência satisfativa em caráter antecedente com indicação que pretende valer-se do benefício previsto no caput do art. 303 (estabilização);**

Esse requerimento é essencial para que o magistrado possa aferir os requisitos da petição inicial como base em critério aferição bem mais simples da tutela antecedente e não de uma tutela definitiva. Se o autor não preencher esse requisito, a petição será processada como de um procedimento comum cumulado com uma tutela incidental, hipótese na qual não caberá a incidência do regime peculiar da estabilização da tutela.

91. Tal como ocorreu no processo de conhecimento, o pedido de citação, por questões de simplificação e operatividade, não precisa está previsto na peça antecedente, pois com a movimentação da máquina judiciária já é implícita a necessidade de citação da parte ré.

e) **as provas com que o autor pretende demonstrar a verdade dos fatos**

f) **indicar o pedido da tutela final, com a exposição da lide, do direito que se busca realizar e do perigo de dano ou do risco ao resultado útil do processo;**

Caso o juiz perceba algum vício na petição inicial, em homenagem à cooperação e à primazia das decisões de mérito, deverá determinar a emenda da petição inicial em até 05 dias, sob pena de ser indeferida e, assim, acarretar a extinção do processo sem resolução do mérito.

5.1.2. Momento da estabilização

Se a tutela antecipada antecedente for concedida, é possível ao juiz tomar as seguintes providências:

a) Intimar o autor para que ele possa (exercitar o ônus de):

   i) aditar a petição inicial mediante complementação da sua argumentação, juntada de novos documentos e confirmação do pedido de tutela final, o que deverá fazer em 15 dias ou em outro prazo maior que o juiz fixar;

   ii) ou, se preferir, não aditar a petição inicial;

b) Citar o réu para que ele:

   i) cumpra a tutela antecipada antecedente, no regime da execução provisória;

   ii) interponha ou não "recurso" contra a decisão interlocutória concessiva no prazo de 15 dias;

   iii) seja intimado para audiência de conciliação ou mediação, ficando advertido de que, não havendo autocomposição, o prazo para apresentar sua contestação será contado na forma do art. 335.

O Código não foi claro na sistematização da ordem das providências acima elencadas, a gerar divergências na coordenação de tais dispositivos. Para os autores do presente livro, o juiz, a se utilizar do poder de gestão processual, deverá orientar um procedimento antecedente em que a prática dos atos encimados seja logicamente compatível. A ser assim, os autores do presente livro entendem que, primeiramente, deve-se clarificar que, no momento em que o autor especifica, na sua petição inicial, o desejo de valer-se do procedimento dos artigos 303 e 304 do Código, ele cria legítimas expectativas para a parte contrária e para o juiz, no sentido de que pretende seguir o regime de estabilização da tutela.

Esse comportamento processual cria para o juiz a expectativa de que, *a priori*, o autor deseja a estabilização da tutela e que, portanto, é ilógico, nesse momento, ser determinada a intimação do autor para aditar a petição inicial como, em interpretação literal, poderia induzir o art. 303, I, do Código. Se a decisão antecipada já foi concedida e o autor pretende amparar-se do regime da estabilização, não é razoável que o juiz exija o aditamento da petição inicial sob pena de extinção do processo.

Logo, o primeiro ato a ser realizado pelo juiz é citar o réu para que ele:

a) cumpra a decisão que antecipou a tutela sob o regime da execução provisória;

b) seja intimado da decisão e, assim, inicie-se o termo *a quo* do prazo para interposição de "recurso" contra a decisão concessiva.

Na letra "b" é que reside o ponto central do fenômeno da estabilização da tutela: a não interposição do "recurso" acarretará na **extinção do processo sem resolução do mérito** com a consequente **estabilização da tutela antecipada concedida**. Daí surge uma indagação: qual conduta processual tem o condão de configurar-se como apta para impedir a estabilização da tutela?

O projeto inicial do Código dispunha que a ausência de **impugnação** da decisão concessiva da tutela antecipada antecedente acarretava a estabilização. Esse texto, bem mais amplo, permitia ao intérprete encaixar no termo "impugnação", qualquer ato processual capaz de demonstrar vontade de se insurgir contra a estabilização. Assim, a apresentação de contestação, a formulação de pedido de reconsideração, a impetração de mandado de segurança contra ato judicial... impediam a estabilização da tutela.

Contudo, o texto aprovado define termo mais restrito. Na forma do art. 304 do Código, a tutela antecipada, concedida nos termos do art. 303, torna-se estável se contra a decisão que a conceder não for interposto o respectivo **recurso**.

Em razão da modificação do texto, alguns defendem entendimento mais restritivo no sentido de que somente a interposição de respectivo recurso poderia afastar o fenômeno da estabilização. Assim, os demais meios impugnativos ficariam prejudicados por suposta perda do objeto.

Alguns outros adotam interpretação ampliativa. Compreendem o vocábulo "recurso" como qualquer forma de manifestação das partes[92]. Assim, somente a completa ausência de manifestação com conteúdo impugnativo por parte do réu é que justificaria a estabilização da tutela.

Os autores do presente livro, desde a 8ª edição (a primeira sob a vigência do CPC/2015), defendem que a solução mais apropriada é a que adota a interpretação ampliativa, porque afirma a primazia da solução do mérito. Se o réu, de qualquer maneira, manifestou sua irresignação contra a ação processualizada, por óbvio, após eventual estabilização, ele buscará rever, reformar ou invalidar a decisão. Essa ilação, inclusive, é mais aderente à ideologia do Código, que buscou inibir a interposição de recursos manifestamente improcedentes.

A este respeito, o Fórum Permanente do Poder Público, a ratificar o posicionamento dos autores deste livro, editou o Enunciado 43, de acordo com o qual, "qualquer medida impugnativa apresentada pela Fazenda Pública que controverta o direito sobre o qual se funda a antecipação de tutela concedida em caráter antecedente constitui meio idôneo para impedir a estabilização da demanda, prevista no art. 304 do CPC".

O Superior Tribunal de Justiça, em momento seguinte, ratificou o entendimento já trazido pelos autores deste livro ao decidir que: "a leitura que deve ser feita do dispositivo legal, tomando como base uma interpretação sistemática e teleológica do instituto. A estabilização somente ocorrerá se não houver qualquer tipo de impugnação pela parte contrária, sob pena de se estimular a interposição de agravos de instrumento, sobrecarregando desnecessariamente os Tribunais, além do ajuizamento da ação autônoma, prevista no art. 304,

92. Contestação, mandado de segurança, pedido de reconsideração, pedido de suspensão liminar previstos nas Leis nº 8.437/1992 e 9.494/1997 ou reclamação.

§ 2º, do CPC/2015, a fim de rever, reformar ou invalidar a tutela antecipada estabilizada" (STJ. REsp 1.760.966/SP. DJe 07.12.18).

E completou, a apresentar particularidades do caso posto à solução: "conquanto não tenha havido a interposição de agravo de instrumento contra a decisão que deferiu o pedido de antecipação dos efeitos da tutela requerida em caráter antecedente, na forma do art. 303 do CPC/2015, a ré se antecipou e apresentou contestação, na qual pleiteou, inclusive, a revogação da tutela provisória concedida, sob o argumento de ser impossível o seu cumprimento, razão pela qual não há que se falar em estabilização da tutela antecipada, devendo, por isso, o feito prosseguir normalmente até a prolação da sentença".

Não haveria sentido elaborar construção normativa no sentido de impor à parte o ônus de interpor recurso, mesmo sabendo que, naquele momento processual, não teria chance de êxito (a considerar que, por exemplo, não haveria provas disponíveis a infirmar a conclusão do juízo *a quo*), só para que a tutela provisória concedida contra si não fosse estabilizada.

> Apesar de tais argumentos, no STJ, há decisões em sentido contrário, a entender que: Nos termos do disposto no art. 304 do Código de Processo Civil de 2015, a tutela antecipada, deferida em caráter antecedente (art. 303), estabilizar-se-á, quando não interposto o respectivo recurso. Os meios de defesa possuem finalidades específicas: a contestação demonstra resistência em relação à tutela exauriente, enquanto o agravo de instrumento possibilita a revisão da decisão proferida em cognição sumária. Institutos inconfundíveis. A ausência de impugnação da decisão mediante a qual deferida a antecipação da tutela em caráter antecedente, tornará, indubitavelmente, preclusa a possibilidade de sua revisão. A apresentação de contestação não tem o condão de afastar a preclusão decorrente da não utilização do instrumento processual adequado – o agravo de instrumento. (STJ. REsp 1797365/RS. DJe 22.10.19).

O Código adotou a técnica monitória ao atribuir um efeito processual a depender da conduta defensiva da parte ré (*secumdum eventum defensionis*). O momento crucial da estabilização é a ausência de manifestação contrária por parte do réu[93].

Caso a parte ré resista à estabilização, este será, então, o momento oportuno para que o juiz intime o autor para realizar o aditamento da petição inicial, complementando sua argumentação, juntando novos documentos e confirmando o pedido de tutela final, para que se dê continuidade ao processo. Corroboram com tal entendimento a ausência de termo *a quo* para contagem do prazo de aditamento, bem como a previsão de que o juiz pode estipular prazo maior para o aditamento. Se o autor não realizar o aditamento, haverá extinção do processo sem resolução do mérito[94].

Aditada a petição inicial, o réu será citado e intimado para comparecer à audiência de conciliação ou mediação, oportunidade na qual poderá requerer o cancelamento da audiência por desinteresse na autocomposição (que, caso somado ao desinteresse do autor, implicará em início da contagem do prazo contestacional a partir da data do protocolo da petição de

93. O Enunciado 501 do FPPC orienta que "a tutela antecipada concedida em caráter antecedente não se estabilizará quando for interposto **recurso pelo assistente simples, salvo se houver manifestação expressa do réu em sentido contrário**".

94. Sobre o tema destaca-se o enunciado nº 499 do FPPC que prescreve que: "efetivada a tutela de urgência e, posteriormente, sendo o processo extinto sem resolução do mérito e sem estabilização da tutela, será possível fase de liquidação para fins de responsabilização civil de danos".

cancelamento). Caso a matéria versada inadmita autocomposição, o prazo para contestação será contado na forma do art. 334 do Código (a depender da modalidade de citação eleita).

Questão de Concurso

▶ **(Cespe – Notários e Oficiais de Registro – Remoção – TJ – DFT/2019)**[95] Um estudante de 28 anos de idade do oitavo semestre do curso de direito, foi aprovado em concurso público para o cargo de analista de tribunal superior. Poucos meses depois da aprovação, o concurso foi homologado, e o estudante foi chamado para dar início aos trâmites para sua nomeação e posse. No entanto, por não ter ainda concluído o curso de direito, o universitário ficou impedido de ser nomeado, pois o edital do concurso exigia bacharelado em direito como requisito de investidura no cargo. Com receio de perder a oportunidade, o rapaz procurou um advogado para obter medida liminar que lhe resguardasse o direito de manter sua vaga até a conclusão do curso superior.

Nessa situação hipotética, segundo a legislação vigente, o advogado do estudante poderá

A) requerer tutela antecipada em caráter antecedente que, após estabilizada, poderá ser desconstituída por meio de ação autônoma, que deverá ser ajuizada no prazo de trinta dias a contar da ciência da decisão que tiver extinguido o processo.

B) requerer tutela provisória cautelar, visto que restam configurados os requisitos do periculum in mora e do fumus boni iuris.

C) ajuizar ação de obrigação de fazer cumulada com pedido de tutela provisória cautelar.

D) requerer tutela antecipada em caráter antecedente, a qual, não sendo impugnada ou recorrida, passará a ser estável no mundo jurídico.

E) impetrar mandado de segurança diretamente no STJ.

▶ **(FCC – Procurador do Estado – MA/2016)** A tutela provisória pode fundamentar-se em urgência ou evidência, sendo que[96]:

a) requerida a tutela antecipada em caráter antecedente e sendo a urgência contemporânea à propositura da ação, se concedida a tutela antecipada, o autor deverá aditar a petição inicial, com a complementação de sua argumentação, a juntada de novos documentos e a confirmação do pedido de tutela final, em quinze dias ou em outro prazo maior que o juiz fixar.

b) a tutela cautelar de urgência não pode ser efetivada mediante arresto, sequestro ou arrolamento de bens, porque sujeitos a procedimento cautelar específico.

c) a tutela de evidência será concedida, se demonstrado perigo de dano ou de risco ao resultado útil do processo, quando ficar caracterizado o abuso do direito de defesa ou o manifesto propósito protelatório da parte ou se as alegações de fato puderem ser comprovadas apenas documentalmente e houver tese firmada em julgamento de casos repetitivos ou em súmula vinculante.

d) a petição inicial da ação que visa à prestação de tutela cautelar em caráter antecedente indicará a lide e seu fundamento, a exposição sumária do direito que se objetiva assegurar e o perigo de dano ou o risco ao resultado útil do processo, mas será a petição inicial indeferida se o pedido tiver natureza antecipatória.

e) efetivada a tutela cautelar, o pedido principal terá de ser formulado pelo autor no prazo de trinta dias, em autos apensos e mediante o pagamento de novas custas processuais.

Se a tutela antecipada antecedente for indeferida, o juiz:

a) intimará o autor para que ele possa (exercitar o ônus de):

   i) emendar a petição inicial em 05 dias;

   ii) interpor recurso;

95. Gabarito: Letra D.
96. Gabarito: Letra A.

b) emendada a petição inicial, o juiz mandará citar o réu para que ele:

   i) compareça à audiência de conciliação ou de mediação;

   ii) apresente contestação.

c) não emendada a petição inicial, o juiz:

   i) extinguirá o processo sem resolução de mérito.

Com a contestação apresentada, o procedimento de tutela provisória antecedente será convertido em procedimento comum.

5.1.3. Estabilização parcial

Se ocorrer de a decisão concessiva de tutela antecipada antecedente, ao analisar pedidos cumulados na forma simples, em parte (especificamente quanto à análise de um dos pedidos apresentados), restar impugnada, a estabilização do ato decisório será apenas parcial, adstringida à parte não impugnada. A tramitação do processo continuará apenas em relação à parte do objeto litigioso, exatamente àquela correspondente à parcela impugnada da decisão.

O mesmo ocorrerá se a cumulação for sucessiva e a impugnação do réu se adstringir à parte da decisão que apreciou o pedido sucessivo. A estabilização será parcial, a alcançar a parte correspondente ao pedido anterior. Se a impugnação for da parte da decisão relativa ao pedido anterior, evidentemente, como ele é requisito ao atendimento do pedido sucessivo, a parte da decisão relativa a este também estará impugnada, a não se estabilizar a tutela antecipada antecedente.

Se subsidiária for a cumulação de pedidos e concedida tutela antecipada antecedente relativa ao pedido principal, a sua impugnação impedirá por completo a estabilização, até porque sequer apreciado o pedido subsidiário. E mesmo que concedida tutela antecipada antecedente em relação apenas ao pedido subsidiário, mesmo que não haja impugnação pela parte adversa, como restou indeferido o pedido principal formulado pelo autor, também não haverá estabilização.

Finalmente, se a cumulação de pedidos for alternativa, por serem comuns os fatos necessários à atendibilidade de qualquer daqueles, a impugnação da decisão evitará por completo a estabilização. Da mesma forma, a falta de impugnação ensejará a estabilização total da decisão que concede a tutela antecipada antecedente. A dizer de outra forma, na cumulação alternativa de pedidos, não se vislumbra a possibilidade de estabilização parcial da decisão judicial que concede a tutela antecipada antecedente.

5.1.4. Autonomia e instrumentalidade atenuada

O Código inovou no redimensionamento da tutela sumária, a seguir o modelo adotado em França e em Itália, que passaram a prever o fenômeno da autonomização da tutela de urgência, desvinculando-a de forma necessária da tutela cognitiva exauriente, especificadamente, na modalidade antecipada.

Rompeu, assim, a tradicional concepção de que a tutela sumária antecipada existe necessariamente em função de assegurar o resultado inerente à tutela final, tendencialmente definitiva. Passou, pois, a admitir que, em determinadas circunstâncias (quando concedida a tutela satisfação antecedente e verificada a inércia do réu), a tutela tenha predisposição para regular a situação concreta por si só (autonomamente).

Mitiga-se, portanto, a provisoriedade e acessoriedade, de forma que se atenua a instrumentalidade da tutela antecipada antecedente em relação ao provimento definitivo, já que a primeira ganha independência, pois, quando estabilizada, nos termos dos art. 303 e 304, não se subordina à superveniência eventual de uma tutela final definitiva.

Portanto, a tutela antecipada antecedente deixa de ser um mero *instrumento do instrumento* (pois ela não surge com termo para se tornar ineficaz ou ser substituída), ganhando autonomia para ser, em essência, um **instrumento de pacificação social**, estabilizando os efeitos de uma decisão, desde que preenchidos os requisitos legais estabelecidos.

5.1.5. Ação de revisão da estabilização

A estabilização operada nos termos acima delineados é relativa ou fraca, pois, conforme disposição do art. 304, admite que qualquer das partes demande a outra com o intuito de rever, reformar ou invalidar a tutela antecipada estabilizada.

O fenômeno da estabilização relativa é adequado para solucionar o mérito, o que significa que se essa adequação potencial corresponder à realidade, o eventual litígio ficará sanado e por este motivo nenhuma das partes fará uso da ação de revisão da estabilização.

No entanto, se uma das partes intentar a ação, o que deverá fazer no **prazo de até 02 anos, contados a partir** a ciência da decisão que extinguiu o processo, a solução do mérito ainda estará pendente, pelo que a estabilização relativa não foi pensada para esse caso. Tal instituto privilegia os direitos e expectativas das partes, dado que permite ao requerido impugnar a composição provisória alcançada caso com ela esteja em desacordo.

Intentada referida ação, diz o texto do § 3º do art. 304 do CPC, a tutela antecipada conservará seus efeitos enquanto não revista, reformada ou invalidada em decisão de mérito proferida na ação revisional.

> A redação do § 3º do art. 304 do CPC é criticável, porque, se na ação rescisória, cujo objeto é a desconstituição de ato decisório definitivo transitado em julgado, admite-se a concessão de tutela provisória para suspender sua eficácia, o mesmo deve ocorrer na ação de revisão de estabilização, em que se busca a revisão, reforma ou anulação de decisão apenas estável.

De igual modo, se o autor desejar uma decisão definitiva acerca da crise de direito (por regular de forma mais adequada o caso concreto, com a incidência dos efeitos positivos e negativos da coisa julgada material), poderá intentar a supracitada ação.

Assim, como antes dito, as partes terão o prazo decadencial de 02 anos para intentar ação de revisão da estabilização com a finalidade de rever, reformar ou invalidar a tutela estabilizada e retomar a análise do mérito com vistas a estabelecer cognição exauriente e tutela definitiva do direito.

Na petição inicial da ação de revisão da estabilização, o autor deve pedir, além da revisão, reforma ou invalidação da decisão que concedeu a tutela antecipada antecedente, o exaurimento da cognição quanto ao mérito da ação originária, porque ele é quem justificará a revisão, a reforma ou a invalidação da decisão estabilizada.

A parte que ajuizou a ação de revisão da estabilização deve apresentar motivos para alcançar a invalidação ou reforma da decisão estabilizada, dentre eles, os que justificam o ajuizamento de ação rescisória (conforme art. 966 do CPC).

Além disso, pode ser que a ação de revisão de estabilização seja ajuizada pelo autor da ação originária, quem busca, logicamente, não a revisão, a reforma ou a invalidação da decisão estabilizada, mas, sim, a sua definitividade pela cognição exauriente.

Logo, a revisão, a reforma ou a invalidação pode nem ser objeto do processo, mas, independentemente de quem ajuíze a ação de revisão de estabilização, o pedido de exaurimento da cognição é indispensável, devendo ser trazido na petição inicial da parte que aquela processualiza.

Atentaria contra a eficiência e a lógica do sistema o ato de intentar ação de revisão apenas para revisar, reformar ou invalidar a decisão estabilizada, sem exaurir a cognição quanto aos fatos relacionados à ação originária, porque, procedente a ação, seria necessário ajuizamento de outra, em seguida, com objeto absolutamente idêntico ao da ação originária.

O julgamento de mérito da ação de revisão de estabilização ensejará a formação de coisa julgada material, seja para ratificar a tutela antecipada antecedente, seja para revisá-la, reformá-la ou anulá-la. Contra ela, cabe ajuizamento de ação rescisória, desde que preenchidas algumas das hipóteses do art. 966 do CPC. Apesar disso, é preciso que se destaque em tempo oportuno, não cabe ação rescisória nos casos de estabilização da tutela antecipada, conforme orienta o enunciado 33 do Fórum Permanente de processualistas Civis, porque de cognição restrita e vinculada à verificação de hipóteses legais específicas.

Não sendo promovida a ação de revisão no prazo de 02 anos, operar-se-á a estabilização qualificada.

5.1.6. Efeitos da Estabilização qualificada, absoluta ou forte

Alguns defendem que a estabilização qualificada da tutela opera, em essência, os mesmos efeitos da coisa julgada material. Entretanto, tal interpretação ultrapassa os limites semânticos do texto legal, a configurar clara conclusão *contra legem*.

O § 6º do art. 304 do CPC dispõe que a decisão que concede a tutela **não fará coisa julgada material**, mas a estabilidade dos respectivos efeitos só será afastada por decisão proferida que a revir, reformar, ou invalidar, em ação ajuizada por uma das partes, nos termos do § 2º do referido dispositivo (art. 304).

Além disso, seria impróprio harmonizar suposta verificação da coisa julgada material a um juízo de cognição sumária, porque aquela é instituto típico das tutelas exaurientes. Seria, inclusive, constitucionalmente inadequado, violador ao devido processo justo e à própria segurança jurídica.

Nada obstante, alguns destacam ponto de intersecção entre a estabilização da tutela e a coisa julgada. Ele (o ponto) residiria na **vedação à rediscussão do feito (elemento formal da**

coisa julgada), salvo quando ocorrentes novos fatos ainda não analisados. Por conseguinte, estabilizada a tutela antecipada e consumado o prazo decadencial de 02 anos para intentar ação de cognição plena, contados da ciência da decisão que extinguiu o processo nos termos do § 1º do art. 304, estabilizam-se os resultados práticos que foram provisoriamente deferidos a se vedar a rediscussão da causa, caso não ocorram novos fatos.

A estabilização qualificada não viola a segurança jurídica e o contraditório, porque tal fenômeno só será verificado quando houver **dupla inação do requerido**: primeiro, quando deixar de interpor o recurso contra a decisão que concede a tutela antecipada; segundo, quando autor e réu permanecem inertes pelo prazo de 02 anos, sem formular requerimento de desarquivamento do processo para reavivar o debate exauriente do tema[97].

No entanto, a estabilização não opera o efeito positivo da coisa julgada, exatamente porque não há declaração alguma sobre a existência ou não de direitos, a qual possa ser utilizada como fundamento de ação futura. Diferentemente da coisa julgada material, que reveste com o manto da indiscutibilidade a decisão propriamente dita, a criar uma norma individualizada para o caso concreto, que se cristaliza no tempo, a estabilização qualificada atinge apenas os efeitos da decisão.

Assim sendo, apenas os efeitos da decisão é que se estabilizam, não há a formação de uma norma individual para o caso concreto que se torna indiscutível.

Para se dar um exemplo, imagine o caso em que há um procedimento de tutela provisória satisfativa antecedente requerendo prestação pecuniária de natureza alimentar e os efeitos práticos de tal pedido são antecipados. Não apresentada irresignação contra tal decisão e passado o prazo decadencial de 02 anos para propositura da ação prevista no § 2º do art. 304, não há a formação de uma norma jurídica individualizada que certifique o direito do requerente aos alimentos. Entretanto, a ordem de pagamento das prestações periódicas (eficácia da decisão) reveste-se de imutabilidade suficiente para regular aquela situação concreta por tempo indeterminado. Assim, a tutela antecipada antecedente ganha uma função autônoma; ela por si mesma é capaz de pacificar uma crise de direito, sem a necessidade de uma tutela superveniente.

Por esta razão é que a estabilização atenua o caráter instrumental da tutela provisória satisfativa antecedente, pois mesmo uma decisão em cognição sumária, se for somada à inércia das partes, regulará definitivamente a situação fática, ainda que não enseje a formação de coisa julgada material.

5.1.7. Honorários Advocatícios

Diante da omissão do Código quanto à regulação dos honorários no procedimento antecedente satisfativo e a partir da logicidade do sistema, é possível defender a aplicação do regramento dos honorários prevista para a ação monitória.

Referido regramento relativo à regulação de honorários sucumbenciais, típico da ação monitória, e que os autores do presente livro defendem ser aplicável em caso de estabilização

97. Ora se houve ampla oportunidade para que o requerido afastasse os efeitos oriundos da estabilização bem como promova ação de revisão da estabilização, e este se manteve inerte, é constitucionalmente adequado que o código estabeleça um tratamento processual inovador mais severo (situado no ponto intermediário entre o regime de modificabilidade e da coisa julgada) que garanta a manutenção da eficácia da decisão, vedando-se a rediscussão do feito.

da tutela, premia o réu que cumpre a decisão liminar e não recorre, com redução da condenação dos honorários para o patamar de 5%.

Esse diálogo é essencial para que haja um estímulo (sanção premial) à resignação do réu, de tal modo que o réu, diante da possibilidade de ter a condenação ao pagamento de honorários atenuada, pode calcular as vantagens da estabilização e desistir da investida recursal.

5.1.8. Estabilização e a cultura de litígio

Embora a estabilização da tutela possa afirmar o interesse do autor, reconhece-se ser muito cedo para identificar como a prática vai se adaptar à aplicabilidade daquela. De qualquer modo, como tal instituto (ao menos no lapso de 02 anos) não impede o desarquivamento do processo rumo à tutela definitiva, a economia e a efetividade processual podem restar frustradas.

Portanto, será de acordo com o caso concreto que as partes irão, estrategicamente, calcular as perdas e os ganhos de prosseguir com a ação ou aderir ao fenômeno da estabilização da tutela. Entretanto, para que a estabilização seja uma realidade, é preciso que se opere uma mudança comportamental rumo a uma conduta processual mais ponderada afastando a cultura de litígio que ainda impera na realidade brasileira.

A estipulação da estabilização da tutela tem o proveito de fazer frente aos custos e aos retardos decorrentes da continuidade do processo, sobretudo na situação, que apesar das menores garantias formais, o provimento antecipado mostra-se suficientemente apto de, na prática, regular adequada e efetivamente o afirmado litígio entre as partes.

Veja o caso narrado pela doutrina de um aluno que obtém êxito no vestibular sem ainda ter concluído o ensino médio e a orientação ministerial é pela denegação da matrícula em curso de ensino superior. Se o autor formula pedido de tutela de urgência antecipada antecedente e obtém decisão favorável, haverá uma completa solução da crise fática, pois o autor obterá o ingresso na faculdade. Da mesma forma, a instituição de ensino, que não possui interesse em dar prosseguimento à ação, pois só havia negado a matrícula em razão de uma orientação administrativa do Ministério da Educação.

Afora as hipóteses, como a supramencionada, em que a decisão é favorável para ambas as partes, a realidade é que, apesar de a estabilização ser uma técnica processual que confere mais efetividade ao processo por ser possível atalho para pôr fim ao processo, ela só obterá êxito se houver uma postura menos combativa, no sentido de aceitar a decisão provisória, não apresentando resistência, nem intentado ação revisional no prazo de 02 anos. Tal só ocorrerá se houver mudanças culturais. A efetividade dessa técnica processual depende de uma postura colaborativa.

5.2. Procedimento da tutela de urgência cautelar antecedente

5.2.1. Petição Inicial

A petição inicial para essa tutela preparatória (*ante causam*) será substancialmente mais simplificada comparativamente àquela em que se formula conjuntamente pedido principal e cautelar, conforme dispõe o art. 308, § 1º do Código de Processo Civil.

Questão de Concurso

▶ **(FCC – Juiz de Direito – SC/2017 – Adaptada)**[98] Analise a assertiva a seguir e assinale correto ou incorreto:

"A tutela provisória de urgência, se cautelar, só pode ser concedida em caráter antecedente, podendo a qualquer tempo ser revogada ou modificada".

E, na tutela de urgência cautelar requerida antecedentemente, não haverá, como se poderia imaginar (a considerar o modelo utilizado sob a égide do CPC/1973) dois processos. No processo, formula-se o pedido cautelar. Se o pedido principal vier a ser formulado, ele será veiculado no mesmo processo.

Pois bem.

Em linhas gerais, a petição inicial deve ser formulada em atendimento aos requisitos gerais da petição inicial do processo de conhecimento (artigos 319 e 320 do Código de Processo Civil) no que couber[99], somados aos requisitos específicos previstos no art. 305. Assim, o requerente indicará:

a) **o juízo a que for dirigida;**

b) **os nomes, os prenomes, o estado civil, a existência de união estável, a profissão, o número do CPF ou do CNJ, o endereço eletrônico, o domicílio e a residência do requerente e do requerido;**

c) **o valor da causa;**

d) **o pedido de concessão de tutela de urgência cautelar em caráter antecedente;**

e) **as provas com que o autor pretende demonstrar a verdade dos fatos;**

f) **a lide e seu fundamento;**

g) **a exposição sumária do direito que se objetiva assegurar;**

h) **o perigo de dano ou o risco ao resultado útil do processo.**

Diferentemente da redação do *caput* do art. 303 do Código de Processo Civil, que trata do procedimento da tutela antecipada requerida em caráter antecedente, a do *caput* do art. 305, que trata do procedimento da tutela cautelar requerida em caráter antecedente, não utiliza, para individualizar os requisitos da petição inicial, a expressão "indicação do pedido de tutela final".

Poder-se-ia, por isso, pensar que a omissão do texto significaria afastamento de tal requisito. Apesar da omissão, a indicação do pedido de tutela final deve constar na petição inicial em que se requer tutela cautelar antecedente, porque contemplada pelo requisito "a lide e seu fundamento", os quais se referem à tutela final, porque a tutela cautelar existe justamente para assegurar o resultado inerente àquela.

98. Gabarito: Incorreto.

99. Tal como ocorreu no processo de conhecimento, o pedido de citação, por questões de simplificação e operatividade, não precisa está previsto na peça antecedente, pois com a movimentação da máquina judiciária já é implícita a necessidade de citação da parte ré.

A ilação, de que a "indicação do pedido de tutela final" está contemplada pelo requisito "a lide e seu fundamento", é reforçada pela fungibilidade entre as tutelas antecipada e cautelar antecedentes, conforme previsão do parágrafo único do art. 305 do Código de Processo Civil, uma vez que, para uma ser recebida como a outra, faz-se necessário o preenchimento dos mesmos requisitos formais.

A petição inicial será indeferida se verificada algumas das hipóteses previstas no art. 330 do Código de Processo Civil, o que, em regra, não impedirá a propositura de nova ação cautelar. Se decretada decadência ou prescrição, a decisão terá aptidão de **formar coisa julgada material** (pressuposto processual negativo), a impedir o ajuizamento de ação principal.

5.2.2. Resposta

Recebida petição inicial, deferido ou não o pedido liminar, o réu será **citado** para, no **prazo de 05 dias**, apresentar resposta e indicar as provas que eventualmente pretenda produzir[100]. Caso o juiz conceda a tutela cautelar antecedente *inaudita altera pars* (liminarmente), o réu será citado e intimado (para cumprir a decisão e, se quiser, interpor recurso).

Não sendo contestada a tutela cautelar antecedente, presumir-se-ão aceitos, pelo requerido, como verdadeiros, as assertivas fáticas apresentadas pelo requerente (excepcionando-se as hipóteses do art. 345 do Código). Esse **efeito** da revelia (presunção de veracidade dos fatos, que pode apontar verossimilhança das alegações do requerente) cinge-se à tutela **cautelar**, não havendo reflexo na ação posterior, que pode ser em seguida intentada, a dar continuidade ao procedimento.

No procedimento antecedente, a defesa de mérito deve estar jungida à demonstração de inexistência do *fumus boni iuris* e do *periculum in mora*. No máximo, à alegação de verificação da prescrição ou da decadência. Qualquer outra questão de mérito, principalmente aqueles pertinentes à discussão delineada após a adição do pedido principal, será inoportuna[101].

Não se cogita, ainda, a apresentação de reconvenção na contestação. Isso porque se trata de resposta do réu consistente em contra-ataque, que não prescinde de uma investigação processual, o que é incompatível com a necessária aceleração do incidente cautelar[102].

Contestado tempestivamente a ação, observar-se-á o procedimento comum, essencialmente, quanto à instrução.

---

100. Enunciado nº 381 do FPPC opina pelo cabimento da **réplica** no procedimento de tutela cautelar requerida em caráter antecedente.

101. O conteúdo deve estar jungido ao pedido cautelar, fatos e argumentos típicos do incidente cautelar. Até porque esgotar a defesa, quando a cautelar for antecedente, é estrategicamente prejudicial para o pedido principal, pois oportuniza ao requerido o conhecimento de questões que serão melhor trabalhadas apenas após a complementação do pedido principal. Não há, por isso, em regra, interesse de adiantar outros argumentos de resistência que não sejam os necessários e suficientes para indeferir a medida acautelatória.

102. De todo modo, o que se torna inconcebível é a noção de "contra-ataque acautelatório". Se a parte requerida entende que deva requerer alguma medida cautelar para assegurar um bem jurídico de demanda atual ou futura, ela deve fazer uso de outro processo. Ampliar a discussão no mesmo processo é atentar contra a celeridade, indispensável ao alcance da sua finalidade.

5.2.3. Pedido principal

Superadas as supracitadas questões, tem-se que o **prazo** para formulação do pedido principal é de **30 dias contados da efetivação da tutela cautelar**. Ele será apresentado nos mesmos autos em que formulado o pedido cautelar, a não depender de novas custas processuais.

Nessa oportunidade, outra causa de pedir poderá ser acrescentada, afinal, na ação antecedente foi apenas sumariamente descrita. Mas, a causa de pedir não deve ser modificada, porque justamente reconhecida como suficiente para deferir a tutela provisória. Se for modificada, a decisão perderá a sua eficácia.

Formulado o pedido principal, as partes serão intimadas (seja por seus advogados ou pessoalmente) para comparecer à audiência de conciliação ou mediação, dispensando-se, por óbvio, nova citação, porque se dará continuidade ao processo.

Realizada a audiência e frustrada a resolução consensual ou a partir dos momentos identificados no art. 335 do Código de Processo Civil, inicia-se a contagem do prazo para apresentação de resposta para o pedido principal, que será de 15 dias.

5.2.4. Cessação da eficácia

Caso a tutela cautelar antecedente seja deferida e o autor não formule o pedido principal no prazo de 30 dias (art. 308 do CPC), tal comportamento acarretará em automática perda da eficácia da tutela concedida em caráter antecedente[103] (art. 309, I, do CPC), com a consequente extinção do processo sem resolução do mérito[104].

Questão de Concurso

▶ **(FCC. Juiz Substituto. TJ-AL. 2015. ADAPTADA):**[105] Breno ajuíza tutela provisória cautelar antecedente de sustação de protesto contra Carlos, por diferenças negociais na entrega de produtos por ele adquiridos do requerido. A liminar é concedida, como preparatória ao pedido principal de declaração de inexigibilidade do crédito exigido por Carlos, mas o advogado de Breno deixa de formular o pedido principal no prazo de trinta dias previsto em lei. Nesse caso, o juiz

a) manterá a liminar concedida, intimando Breno a oferecer caução idônea em dez dias, sob pena de extinção do processo cautelar, no mesmo prazo propondo-se a ação declaratória principal.

b) manterá a liminar concedida, uma vez que o prazo para ajuizamento do pedido principal é meramente preclusivo, tendo efeitos somente em eventuais ônus sucumbenciais futuros.

c) reconhecerá a perda da eficácia da medida liminar, mas determinará o prosseguimento da tutela cautelar, para julgamento em seu mérito.

d) reconhecerá a perda de eficácia da liminar deferida, julgando extinta a tutela cautelar antecedente, sem resolução de mérito.

---

103. Há doutrina divergente que invocando o sincretismo processual, o princípio da economia, e a primazia das decisões de mérito, defende que a não apresentação do pedido principal no prazo 30 dias, apesar de acarretar a perda da eficácia à tutela cautelar, não origina, de imediato, a extinção do processo sem resolução do mérito, devendo o processo seguir para análise do pedido principal.

104. Nesse ponto o código adotou o entendimento da súmula 482 do STJ, que sob a égide do CPC/1973 defendia que a falta de ajuizamento da ação principal no prazo do art. 806 do CPC acarretava a perda da eficácia da liminar deferida e a extinção do processo cautelar".

105. Gabarito: letra D.

e) declarará a perda de eficácia da medida liminar, julgando desde logo improcedente a tutelar cautelar antecedente, por perda de objeto.

Caso a tutela cautelar, antecedente ou incidente, seja deferida, mas **não seja efetivada no prazo de 30 dias**, operar-se-á a cessação da eficácia da tutela cautelar. Deve-se ponderar que, se o decurso do prazo citado se der por motivos alheios à vontade do autor, não haverá a cessação da medida. Neste sentido, orienta o Enunciado 46 do CJF: "a cessação da eficácia da tutela cautelar, antecedente ou incidental, pela não efetivação no prazo de 30 dias, só ocorre se caracterizada omissão do requerente".

A cessação da eficácia da tutela cautelar, antecedente ou incidente, ocorrerá, também, quando o juiz julgar improcedente a ação ou extinguir o processo principal sem resolução do mérito. Nessas situações, as decisões, que são baseadas em cognição exauriente, cessam a eficácia do provimento de cognição sumária.

Tais hipóteses ratificam a referibilidade inerente à tutela cautelar, pois a medida assecuratória não tem sentido, caso o pedido principal seja improcedente ou ocorra sentença terminativa.

E não é só.

Como orienta o enunciado 504 do FPPC, "cessa a eficácia da tutela cautelar concedida em caráter antecedente, se a sentença for de procedência do pedido principal, e o direito objeto do pedido foi definitivamente efetivado e satisfeito".

5.2.5. *Vedação à rediscussão*

Na forma do art. 309, parágrafo único, do Código de Processo Civil, exaurida a eficácia da pretensão cautelar por qualquer motivo legítimo, é vedado à parte renovar o pedido, salvo sob novo fundamento (causa de pedir diversa).

Esse dispositivo leva a posições doutrinárias divergentes a respeito de qual o fenômeno de estabilidade se operaria com o exaurimento da eficácia da pretensão cautelar. Há quem defenda que há, em essência, coisa julgada material, como há defesa por uma preclusão *pro iudicato*.

Os autores do presente livro aderem à segunda concepção, até porque não se teria como defender a verificação de coisa julgada em juízo de cognição não exauriente. Assim, entendem se tratar de preclusão *pro iudicato*.

O certo é que, cessada a eficácia da tutela cautelar por qualquer motivo, não será possível à parte renovar o pedido, salvo se houver fatos supervenientes que ensejem a formulação de um novo pedido, porque baseado em outra causa de pedir.

5.2.6. *Independência entre as tutelas*

O art. 310 do CPC dispõe acerca da independência da tutela cautelar em relação à tutela principal ao delinear que o indeferimento da tutela cautelar não obsta que a parte formule pedido principal, nem influi no julgamento desse, salvo se o motivo do indeferimento for a **decretação de decadência ou de prescrição.**

Essa exceção mitiga a regra geral de que a cautelar não tem o condão de produzir coisa jugada material. A prescrição e a decadência são as únicas matérias de mérito que podem ser antecipadas e julgadas *ante causam* (antes da propositura do pedido principal) fazendo com que o seu acolhimento prejudique a tutela cautelar e o próprio pedido principal.

6. TUTELA DE EVIDÊNCIA

6.1. Considerações iniciais

A tutela de evidência não é um instituto totalmente inovador, como se poderia pensar pela nomenclatura que recebe. O CPC/1973 já previa a sua possibilidade com fundamento no art. 273, II. No entanto, ela (a tutela de evidência) era pouco utilizada.

O CPC/2015, todavia, muda de paradigma, ao afastar uma concepção excessivamente protetora do réu. As hipóteses legais em que possível a concessão da tutela de evidência são consideravelmente aumentadas, porque ela, agora, pode ser concedida independentemente da verificação de risco.

E não poderia ser diferente, porque a lógica da tutela de evidência é realizar uma distribuição do ônus do tempo mais equitativa, visando a evitar que a demora na entrega prestação jurisdicional definitiva seja suportada pela parte que esteja em posição de alta probabilidade do direito afirmado.

Assim, o sistema processual, a partir do CPC/2015, estruturou o instituto da tutela de evidência para tutelar situações em que a parte deixou satisfatoriamente clara a **robustez do direito afirmado** (elevada densidade probatória da existência do direito) e obteve uma resistência abusiva da parte *ex adversa*.

A tutela de evidência será sempre predominantemente satisfativa. Portanto, visa a regular a situação fática, entregando, de forma provisória, o bem, não havendo, por regra, a figura da tutela de evidência predominantemente cautelar.

Constitui exceção à regra da tutela de evidência antecipatória aquela prevista no art. 7º da Lei de Improbidade Administrativa. A tomar por base a evidência, o texto legal autoriza a concessão de tutela cautelar para indisponibilidade dos bens do indiciado.

Como baseada em cognição sumária, a decisão proferida não tem força para produzir coisa julgada.

6.2. Distinções

Sob a égide do Código anterior, havia intensa discordância acerca da natureza jurídica da decisão jurisdicional que julgava a parcela incontroversa (não contestada) do objeto litigioso do processo, já que o permissivo legal encontrava-se em dispositivo que tratava especificamente da tutela antecipada[106].

106. Parcela da doutrina ponderava que tal decisão não se trata **julgamento imediato do mérito** (art. 330 do CPC/1973) "parcial", porquanto, além de haver a possibilidade de revogação da tutela concedida, nos termos

Alguns defendiam tratar-se de decisão parcial de mérito[107], enquanto que, outros, decisão antecipada (provisória). De qualquer modo, o atual Código, nos artigos 355 e 356, põe termo final ao dissenso. Fica, agora, claro que o julgamento da parcela incontroversa é proferido em **cognição exauriente** e, por isso, enseja a concessão de **tutela definitiva do direito.**

Assim, em cumulação objetiva de ação, se o juiz identificar que qualquer dos pedidos, após o decurso do prazo de defesa, com ou sem oferecimento de resposta, **restou por incontroverso**, julgará antecipadamente o respectivo pedido. A decisão fundar-se-á em cognição definitiva com aptidão para formar a coisa julgada material.

Portanto, não há mais o que se confundir entre os institutos. Enquanto a tutela provisória de evidência funda-se em cognição sumária e resulta em uma decisão revogável, o julgamento imediato (antecipado) do mérito sustenta-se em cognição exauriente, baseado na Teoria da Causa Madura, enseja a tutela definitiva do direito.

Questão de Concurso

▶ **(PGE/PE. Procurador/2009. ADAPTADA)** O servidor público Renato, maior, casado, foi citado pessoalmente para responder a ação proposta contra si pelo comerciário André, maior, solteiro. Com base nessa situação hipotética, assinale a opção correta[108]: Ainda que não haja prova inequívoca, pode o juiz julgar antecipadamente o mérito quanto a um dos pedidos formulados por André, caso Renato não se insurja quanto a esse pedido.

▶ **(CESPE. Analista Judiciário. TJDFT. 2015)**[109]: A respeito do instituto da tutela antecipada, julgue o item a seguir. Situação hipotética: Rodrigo ajuizou ação de cobrança em face de Francisco, requerendo a sua condenação ao pagamento de R$ 12.000 em razão de suposta dívida. Na contestação, o réu admitiu dever apenas R$ 3.000. Assertiva: Nessa situação, mesmo que não esteja presente o requisito do perigo de demora, poderá o juiz competente conceder tutela de evidência quanto à parte incontroversa do pedido.

6.3. Requisitos para concessão

Essa modalidade de tutela diferenciada, que será, nos moldes do art. 311 do CPC, **sempre satisfativa**, dispensa a verificação do risco de dano e destaca como elemento principal a existência de alta carga probatória apta a evidenciar o direito material afirmado (*fumus boni iuris*). O *periculum in mora*, portanto, não é requisito essencial para sua concessão.

---

do § 4º do art. 273 do CPC/1973, a decisão que conceder, na hipótese de pedidos incontroversos, deve ser confirmada através de pronunciamento jurisdicional definitivo. Aliás, deve-se considerar a localização do dispositivo dentro do CPC como critério hermenêutico. Se está a se tratar de tutela antecipada, não poderia ser um julgamento imediato do mérito, mesmo que parcial, mormente porque ele se encontra disposto no art. 330 do CPC/1973.

107. A despeito destes argumentos, a doutrina majoritária se posiciona no sentido que o pronunciamento jurisdicional, que defere o pedido incontroverso ou a parte incontroversa, tem natureza jurídica de "sentença parcial" (ou "decisão interlocutória definitiva") e não de "decisão interlocutória provisória". O argumento: a hipótese se equipararia ao reconhecimento da procedência do pedido, que é causa de resolução definitiva do mérito.

108. Gabarito: Correta.

109. Gabarito: Incorreta. Justificativa: trata-se de hipótese de julgamento antecipado do mérito.

Questão de Concurso

▶ **(Vunesp – Escrevente Técnico Judiciário – TJ – SP/2017)**[110] Determinada lide esbarra numa súmula vinculante que favorece o réu na sua interpretação. Assim, pretende o réu que essa discussão seja imediatamente solucionada, requerendo tutela provisória nesse sentido, pelas vias processuais adequadas.

Nesse caso, é correto afirmar que

a) para que seja concedida a tutela pretendida, será necessária a presença dos requisitos da verossimilhança, da alegação e do risco de dano.

b) o réu não tem legitimidade para requerer tutela provisória nesse caso, pois esse pedido deve ser formulado exclusivamente pelo autor dessa demanda.

c) o réu tem interesse em pleitear a provisória de evidência, independentemente da presença dos requisitos da verossimilhança, da alegação e do risco de dano.

d) por se tratar de assunto que deve aguardar a cognição exauriente, o pedido de tutela provisória do réu deverá ser indeferido.

e) só será concedida a tutela caso o réu a tenha pleiteado na forma de urgência antecipada antecedente.

▶ **(MPE/MS. Promotor de Justiça Substituto. 2015. ADAPTADA)**[111]: Não há possibilidade tutela de evidência no processo civil brasileiro, sem alegação e comprovação de urgência.

6.4. Hipóteses de cabimento

As tutelas de evidência típicas são aquelas dispostas no art. 311 do Código de Processo Civil. Todas elas constituem hipóteses de antecipação provisória da procedência da ação (**tutela satisfativa**) e formam um rol exaustivo (*numerus clausulus*).

Como elemento comum das hipóteses de concessão da tutela de evidência previstas no art. 311, está a existência de uma defesa *inconsistente ou frágil*, que não teve a força de criar um estado de dubiedade a respeito do direito afirmado pelo autor.

Assim:

a) ou a defesa é concretamente inconsistente, como ocorre nos incisos I e IV, hipóteses em que se exige, por parte do juiz, para a concessão da tutela provisória fundada na evidência, a análise do comportamento do réu para assim configurá-la (defesa como concretamente inconsistente);

b) ou haverá uma presunção judicial de que a defesa a ser apresentada será frágil, como ocorre nos incisos II e III, hipóteses em que a antecipação da tutela é de imediato possível (independentemente da oitiva da parte adversa, sendo, assim, liminarmente concedida).

Nessa última hipótese (prevista na letra “b”), a afirmação de existência de direito formulada pelo autor é tão evidente, porque baseada em precedente ou em contrato depósito comprovado documentalmente, que o juiz presume não ser séria a defesa superveniente.

110. Gabarito: Letra C.

111. Gabarito: Incorreto.

Abaixo, serão analisadas cada uma das hipóteses de possível concessão da tutela fundada na evidência, conforme previstas nos incisos do art. 311 do Código de Processo Civil:

a) **Quando ficar caracterizado o abuso do direito de defesa ou manifesto propósito protelatório.**

O **abuso do direito de defesa** é **interno**, por decorrer do desvirtuamento da atividade defensiva que se desenvolve **dentro do processo,** de forma excessiva e inadequada, com o nítido intento de procrastinar a prestação jurisdicional.

Já o **manifesto propósito protelatório** é **externo**, por decorrer da prática de atos **fora do processo**, mas que podem dificultar a observância à razoável duração do processo.

O abuso do direito de defesa e o manifesto intento protelatório, conquanto possam ensejar perigo de dano irreparável ou de difícil reparação, nem sempre assim o farão. Significa que, mesmo sem risco de dano, é possível a antecipação provisória dos efeitos da tutela jurisdicional de procedência. Basta que, em substituição, fique caracterizado o abuso de direito de defesa ou o manifesto intento protelatório do réu somado ao *fumus boni juris.* Como orienta o Enunciado 47 do CJF, "a probabilidade do direito constitui requisito para concessão da tutela da evidência fundada em abuso do direito de defesa ou em manifesto propósito protelatório da parte contrária".

A tutela de evidência justificada no **abuso do direito de defesa** pode ser vislumbrada na situação em que a parte interessada em retardar a tramitação processual, por exemplo: i) começa a interpor inúmeros recursos, diligências, ou incidentes inúteis para continuar usufruindo o bem jurídico reclamado em juízo ou para suspender o processo; ii) persiste na discussão de matérias já preclusas ou de alegações já exaustivamente analisadas e indeferidas; iii) promove retiradas sequenciais dos autos (quando físicos) do processo; iv) requer de forma persistente a produção de provas desnecessárias, por serem desassociadas do objeto do processo.

Em tais situações, a conduta abusiva do réu que dificulta a regular tramitação processual, a robustecer, ainda mais, a evidência do direito do autor, permitindo a concessão provisória da tutela. Nessa situação, só o autor terá legitimidade para requerer a concessão da tutela de evidência.

Já a tutela de evidência amparada no **manifesto intento protelatório** da parte ocorre quando, por exemplo, o réu, para retardar a marcha processual: i) começa a se ocultar para não ser citado pessoalmente; ii) simula a existência de doenças ou realização de viagens para não comparecer às audiências; iii) oculta provas ou destrói os autos (físicos) do processo.

Uma das funções dessa espécie de tutela de evidência é desestimular condutas protelatórias e, assim, atribuir um conteúdo ético às atividades processuais, com o objetivo de engajar as partes no desempenho de atividades leais, sempre pautadas na boa-fé objetiva. Vislumbra-se, assim, uma função preventiva, por pressionar a parte a cooperar com a tramitação processual ou a buscar a resolução consensual do conflito, ante a potencialidade de concessão de uma tutela de evidência contra si.

Essa tutela, para alguns, possui, também, uma natureza punitiva, pois sanciona a parte que exercita uma defesa de forma inconsistente e com manifesto intento protelatório. Nesse caso tanto a parte autora, como a ré, serão detentoras de legitimidade para postular a tutela de evidência.

Questão de Concurso

▶ **(INAZ do Pará. CORE-SP. Assistente Jurídico. 2019)**[112]: No que diz respeito à Tutela de Urgência e de Evidência reguladas pelo Código de Processo Civil vigente, marque a alternativa correta:

a) A tutela de urgência de natureza antecipada será concedida quando houver elementos que evidenciem a probabilidade do direito, o perigo de dano ou o risco ao resultado útil do processo, ainda que exista perigo de irreversibilidade dos efeitos da decisão.

b) O juiz não poderá exigir caução real ou fidejussória, pois não há obrigação nesse sentido prevista no atual Código de Processo Civil.

c) A concessão da Tutela de Evidência independe da demonstração de perigo de dano ou de risco ao resultado útil do processo quando ficar caracterizado o abuso do direito de defesa ou o manifesto propósito protelatório da outra parte.

d) Concedida a tutela antecipada em caráter antecedente, o autor deverá aditar a inicial, complementando sua argumentação, juntando novos documentos e confirmando o pedido de tutela final, no prazo legal de 30 (trinta) dias ou em outro prazo maior que o juiz fixar.

e) O Novo Código de Processo Civil traz a possibilidade da tutela de urgência ser concedida em caráter liminar, não trazendo, contudo, a possibilidade de concessão após audiência de justificação prévia, pois, neste caso, perderia sua natureza provisória.

b) Quando as alegações de fato puderem ser comprovadas apenas documentalmente e houver tese firmada em julgamento de casos repetitivos ou em súmula vinculante.

O objetivo dessa hipótese que autoriza a concessão de tutela de evidência é privilegiar o sistema de precedentes, reconhecendo que o direito provável, baseado em prova e reconhecido pela jurisprudência, deve ser desde logo tutelado. Isso, porque a demora da prestação jurisdicional definitiva e seu correlato prejuízo não devem ser suportados pelo autor, que tem uma posição baseada em tese jurídica com alta probabilidade de ser acolhida.

Assim, a efetivação do sistema de precedentes possibilita uma prestação jurisdicional mais uniforme, íntegra e coesa, o que confere ao juiz maior tranquilidade no momento de conceder a tutela antecipada, já que as chances de reversibilidade de sua decisão serão bem menores (apenas em casos de distinção ou superação do precedente), de tal modo que segurança jurídica e a duração razoável serão igualmente tuteladas e a gestão do tempo melhor distribuída.

Anota-se que, diferentemente da essência de punir o réu que está ínsita à tutela de evidência baseada na letra "a" (acima), a essência da presente hipótese é satisfazer a posição do autor que possui um direito com alta carga de probabilidade e evidência por estar fundamentado em precedentes judiciais, pelo que não seria justo que ele esperasse toda tramitação processual para, só então, ter seu direito efetivado.

Essa hipótese assenta-se, pois, sobre dois requisitos: i) a alta probabilidade do direito alegado (*fumus boni iuris*) baseado em **provas documentais** idôneas que comprovem o fato satisfatoriamente; ii) existência de **tese firmada em julgamento de casos repetitivos ou em súmula vinculante**.

112. Gabarito: Letra C.

Numa primeira interpretação, poder-se-ia entender, no que concerne ao segundo requisito, que o legislador apenas tencionou englobar as hipóteses em que a comprovação robusta do direito material das partes esteja agregada à tese firmada em incidente de resolução de demandas repetitivas (art. 976 a 987 do CPC) ou em súmula vinculante.

Mas, essa não parece ser a melhor conclusão. É preciso perceber que uma das molas de propulsão do novo sistema processual é o microssistema dos precedentes, e que este não se restringe ao instituto do IRDR e à súmula vinculante. É possível a concessão da tutela provisória com base na evidência quando a ação estiver fundada em: i) súmula do STF, do STJ ou do próprio tribunal; ii) acórdão proferido pelo STF ou pelo STJ em julgamento de recursos repetitivos; iii) entendimento firmado em incidente de resolução de demandas repetitivas ou de assunção de competência.

Inclusive, assim orienta o Enunciado 48 do CJF: "é admissível a tutela provisória da evidência, prevista no art. 311, II, do CPC, também em casos de tese firmada em repercussão geral ou em súmulas dos tribunais superiores".

Destaca-se, ainda, que apesar de, nessa hipótese, ser admitida a concessão da tutela de evidência *inaudita altera pars* (sem a oitiva da parte ré), o magistrado deve analisar detidamente a posição jurídica de alta probabilidade, pois, se houver dúvida a respeito da escorreita aplicação do precedente às peculiaridades do caso, é salutar que o juiz cite réu para que ele possa apresentar distinção do seu caso em relação ao precedente elencado pelo autor (*distinguish*).

A presente hipótese de concessão provisória da tutela jurisdicional tornar-se-á mais comum, especialmente em comparação à de urgência, na medida em que forem editados mais precedentes fincados em tese firmada em julgamento de casos repetitivos ou em súmula vinculante. Situações em que, antes, somente era possível a concessão da tutela provisória se demonstrada urgência, o que, por vezes, não constituía fácil tarefa, passará, então, a admitir a concessão de tutela de evidência.

c) **Quando se tratar de pedido reipersecutório fundado em prova documental adequada do contrato de depósito, caso em que será decretada a ordem de entrega do objeto custodiado, sob cominação de multa.**

Tal hipótese substitui o procedimento especial de depósito que era previsto no CPC/1973, o qual possuía como traço diferencial exatamente a possibilidade de concessão de uma tutela provisória fundada na evidência. Com essa nova previsão ordinariza-se a ação de depósito e autoriza-se a concessão da tutela diferenciada de evidência no bojo do procedimento comum.

O contrato de depósito caracteriza-se por ser um negócio jurídico, a título gratuito ou oneroso, em que o depositante entrega objeto móvel a um depositário, que assume um dever jurídico de guarda, custódia e proteção, com obrigação de restituição, por regra, quando lhe for solicitado pelo depositante (temporariedade).

Como regra, vigora na teoria geral dos contratos a liberdade das formas (consensualismo), pela qual não se exige que os contratos sejam instrumentalizados por formas ou solenidades específicas. Essa lógica aplica-se ao contrato de depósito. Ocorre que, para o depositante poder valer-se da tutela de evidência, é imprescindível que ele apresente prova documental do contrato de depósito.

Deste modo, se o depositante faz o pedido de restituição e o depositário não entrega, de maneira voluntária, imediatamente o bem, o primeiro promoverá ação (de depósito) cumulada com pedido de tutela de evidência (desde que haja prova documental do contrato) requerendo a entrega do bem custodiado.

O juiz, ao receber a petição inicial, se verificar alta evidência da prova documental e formar o juízo de verossimilhança, baseado em cognição sumária, presumindo que a futura defesa não terá força para infirmar a ação do autor, deverá deferir a tutela satisfativa, independentemente de qualquer análise de urgência, intimando a parte para que entregue o bem custodiado (ordem de entrega) sob pena de cominação de multa[113].

Questão de Concurso

▶ **(FCC – Juiz de Direito – SC/2017 – Adaptada)**[114] Analise a assertiva a seguir e assinale correto ou incorreto:

"Entre outros motivos, a tutela da evidência será concedida, independentemente da demonstração de perigo de dano ou de risco ao resultado útil do processo, se se tratar de pedido reipersecutório fundado em prova documental adequada do contrato de depósito, caso em que será decretada a ordem de entrega do objeto custodiado, sob cominação de multa.

À execução dessa hipótese de tutela de evidência, aplicar-se-á, no que couber, o regramento da execução provisória das obrigações de entregar coisa (artigos 498 e seguintes do Código de Processo Civil).

d) A petição inicial for instruída com prova documental suficiente dos fatos constitutivos do direito do autor, a que o réu não oponha prova capaz de gerar dúvidas razoáveis.

Nessa hipótese, tutela-se a posição favorável do autor, que comprove a alta evidência do seu direito somada à inconsistência da defesa do réu, que não tem o condão de desconstituir ou despotencializar o direito material afirmado por aquele (o autor).

Assim, o primeiro requisito para a concessão da tutela provisória é a prova documental dos fatos constitutivos afirmados pelo autor, que comprove a alta evidência do seu direito. O segundo requisito é a defesa inconsistente do réu, que não deve ter a aptidão de gerar dúvidas razoáveis ao juiz.

Há um intenso diálogo entre essa hipótese de concessão da tutela de evidência com a possibilidade de julgamento antecipado do mérito. Assim, remete-se o leitor ao capítulo próprio[115].

As hipóteses delineadas acima, especificamente as das letras "b", "c" e "d" fazem referência, a "documentalmente" (letra "b") e "prova documental" (letras "c" e "d"). Fica a

113. Outro elemento a ser analisado pelo juiz para concessão liminar é se o depositário realmente estava ciente da necessidade de entregar o bem custodiado, seja pela ocorrência da mora *ex re* (quando havia prazo pré-fixado no contrato), situação em que a parte ré estará automaticamente em mora com o decurso do prazo previsto no contrato, ou pela mora *ex persona* (quando necessita-se da prática de um específico para constituição da mora), hipótese em que o depositante deverá juntar a prova documental do meio de interpelação utilizado.

114. Gabarito: Correto.

115. Ver Capítulo "JULGAMENTO ANTECIPADO DO MÉRITO".

indagação: nessas hipóteses, para a concessão da tutela de urgência, seria necessária "prova documentada" ou "prova documental"?

Os autores deste livro entendem que é suficiente a "prova documentada", qualquer que seja ela. Não se poderia condicionar a concessão da tutela de evidência apenas à "prova documental". Se tal fosse o entendimento, estar-se-ia a estabelecer indesejada hierarquia entre os meios probatórios.

Além do mais, se somente a prova documental fosse suficiente para possibilitar a concessão da tutela de evidência, essa, no comum das vezes, seria concedida até a resposta do réu, a considerar o momento processual da produção daquela prova. Tal ignoraria o esclarecimento de fatos que outras provas poderiam trazer ao processo em momentos posteriores.

Em razão disso, poder-se-ia admitir que, em determinado processo, onde produzida prova pericial, o juízo concedesse tutela provisória de evidência. A "prova documentada" (laudo pericial) e não a "prova documental" (que poderia sequer ter sido produzida) seria suficiente para justificar o provimento jurisdicional.

6.5. Concessão liminar

Em razão da excepcionalidade do procedimento diferido, ele, pelo menos de forma usual, só deve ser aplicado quando o contraditório prévio apresentar risco para efetividade da tutela. Esse procedimento deve ser aplicado com bastante cautela, pois haverá uma intromissão pelo Estado sem qualquer oitiva da parte adversa.

Assim, a tutela de evidência pode ser deferida tanto liminarmente como em decisão incidental. No primeiro caso, só se admite a tutela liminar nas hipóteses dos incisos II e III do art. 311, situações que prescindem de avaliação da defesa apresentada pelo réu. Quanto aos incisos I e IV, onde um dos requisitos para concessão da tutela provisória é a análise do comportamento do réu, por óbvio, veda-se a concessão liminar.

Em decorrência do traço característico dessa modalidade de tutela provisória, que não é a urgência, não caberá a modalidade antecedente tal como se opera com a tutela de urgência.

Questão de Concurso

▶ **(FCC – Analista Judiciário – Oficial de Just. Avaliador – TRT 24/2017)**[116] Miguel ajuizou ação de cobrança contra a empresa X, conseguindo demonstrar sua pretensão exclusivamente pela prova documental anexada com a inicial, cuja matéria é objeto de súmula vinculante editada pelo Supremo Tribunal Federal. Neste caso, à luz do Código de Processo Civil, o juiz,

a) liminarmente, desde que o autor demonstre o perigo de dano ou o risco ao resultado útil do processo, poderá conceder a tutela da evidência.

b) poderá conceder a tutela de evidência, após ouvir obrigatoriamente a parte contrária, independentemente da demonstração de perigo de dano ou de risco ao resultado útil ao processo.

c) liminarmente, independentemente da demonstração de perigo de dano ou de risco ao resultado útil ao processo, poderá conceder a tutela da evidência.

116. Gabarito: Letra C.

d) poderá conceder a tutela de evidência, após ouvir obrigatoriamente a parte contrária, desde que o autor demonstre o perigo de dano ou o risco ao resultado útil do processo.

e) poderá conceder a tutela de urgência, após ouvir obrigatoriamente a parte contrária, desde que o autor comprove a probabilidade do direito e o perigo de dano ou o risco ao resultado útil do processo.

7. TUTELA CONTRA A FAZENDA PÚBLICA

A tutela antecipada contra da Fazenda Pública encontra disciplinamento específico na Lei nº 9.494/1997. Por força da referida disposição legal, fica vedada a concessão de tutela antecipada contra a Fazenda Pública quando se tenha por objeto a liberação de recurso, inclusão em folha de pagamento, reclassificação, equiparação, concessão de aumento ou extensão de vantagens a servidores da União, dos Estados, do Distrito Federal e dos Municípios, inclusive de suas autarquias e fundações.

As vedações não são absolutas a ponto de se impedirem a concessão de medida liminar antecipatória contra a Fazenda Pública. Até porque, como restrição que são, devem ser interpretadas restritivamente (STJ. REsp 1189511/AC. DJe 06.08.10), a ponto de se admitir que, nas demais situações não elencadas no dispositivo legal (art. 2º-B do encimado diploma legal), é possível a antecipação de tutela e, por conseguinte, a execução provisória do julgado (para utilizar os termos apropriados pela legislação específica).

A título de exemplo, é admitida a sua concessão quando visar a:

a) nomeação e posse de candidato em cargo público em razão de sua aprovação;

b) reintegração de servidor à atividade;

c) realização de tratamento de saúde;

d) o bloqueio de verbas públicas para garantia de pagamento de eventual futura remuneração de servidor;

e) concessão de pensão por morte;

f) reforma de militar por alienação mental;

g) promoção de servidor;

h) levantamento de depósito voluntário pela administração;

i) reserva de vaga em concurso;

j) concessão de benefício previdenciário.

Não porque se veda, em algumas situações, a concessão de tutela antecipada contra a Fazenda Pública que não se possa conceder em seu favor. Não há restrições para tal, mesmo nas situações em que se tem a proibição em favor da parte contrária. Daí se tratar apenas da antecipação de tutela contra da Fazenda Pública, conforme delimitação trazida pela Lei nº 9.494/1997. A antecipação a favor dela é regida pelas disposições gerais aqui trazidas.

Julgado o pedido de antecipação de tutela contra a Fazenda Pública, a respectiva decisão pode ser objeto de recurso. No caso de deferimento, a Fazenda Pública, além de recorrer, poderá pedir ao presidente do respectivo tribunal a suspensão dos efeitos da decisão (conforme autoriza o art. 4º da Lei nº 8.437/1992), o qual, por razões de ordem política, poderá atender ou não o pleito formulado.

Sobre o tema destacam-se os seguintes enunciados do FPPC:

i) enunciado 34: "Considera-se abusiva a defesa da Administração Pública, sempre que contrariar entendimento coincidente com orientação vinculante firmada no âmbito administrativo do próprio ente público, consolidada em manifestação, parecer ou súmula administrativa, salvo se demonstrar a existência de distinção ou da necessidade de superação do entendimento";

ii) enunciado 35: "as vedações à concessão de tutela provisória contra a Fazenda Pública limitam-se às tutelas de urgência".

8. SÚMULAS

Súmulas do STJ

482. A falta de ajuizamento da ação principal no prazo do art. 806 do CPC acarreta a perda da eficácia da liminar deferida e a extinção do processo cautelar.

9. ENUNCIADOS DO FPPC

29. É agravável o pronunciamento judicial que postergar a análise do pedido de tutela provisória ou condicionar sua apreciação ao pagamento de custas ou a qualquer outra exigência.

30. O juiz deve justificar a postergação da análise liminar da tutela provisória sempre que estabelecer a necessidade de contraditório prévio.

31. O poder geral de cautela está mantido no CPC.

33. Não cabe ação rescisória nos casos estabilização da tutela antecipada de urgência.

34. Considera-se abusiva a defesa da Administração Pública, sempre que contrariar entendimento coincidente com orientação vinculante firmada no âmbito administrativo do próprio ente público, consolidada em manifestação, parecer ou súmula administrativa, salvo se demonstrar a existência de distinção ou da necessidade de superação do entendimento.

35. As vedações à concessão de tutela provisória contra a Fazenda Pública limitam-se às tutelas de urgência.

71. Poderá ser dispensada a garantia mencionada no parágrafo único do art. 654, para efeito de julgamento da partilha, se a parte hipossuficiente não puder oferecê-la, aplicando-se por analogia o disposto no art. 300, § 1º.

80. A tutela provisória a que se referem o § 1º do art. 919 e o art. 969 pode ser de urgência ou de evidência.

140. A decisão que julga improcedente o pedido final gera a perda de eficácia da tutela antecipada.

141. O disposto no art. 298, CPC, aplica-se igualmente à decisão monocrática ou colegiada do Tribunal.

142. Da decisão monocrática do relator que concede ou nega o efeito suspensivo ao agravo de instrumento ou que concede, nega, modifica ou revoga, no todo ou em parte, a tutela provisória nos casos de competência originária ou recursal, cabe agravo interno nos termos do art. 1.021 do CPC.

143. A redação do art. 300, caput, superou a distinção entre os requisitos da concessão para a tutela cautelar e para a tutela satisfativa de urgência, erigindo a probabilidade e o perigo na demora a requisitos comuns para a prestação de ambas as tutelas de forma antecipada.

381. É cabível réplica no procedimento de tutela cautelar requerida em caráter antecedente.

418. As tutelas provisórias de urgência e de evidência são admissíveis no sistema dos Juizados Especiais.

419. Não é absoluta a regra que proíbe tutela provisória com efeitos irreversíveis.

420. Não cabe estabilização de tutela cautelar.

421. Não cabe estabilização de tutela antecipada em ação rescisória.

422. A tutela de evidência é compatível com os procedimentos especiais.

423. Cabe tutela de evidência recursal.

490. São admissíveis os seguintes negócios processuais, entre outros: pacto de inexecução parcial ou total de multa coercitiva; pacto de alteração de ordem de penhora; pré-indicação de bem penhorável preferencial (art. 848, II); pré-fixação de indenização por dano processual prevista nos arts. 81, § 3º, 520, inc. I, 297, parágrafo único (cláusula penal processual); negócio de anuência prévia para aditamento ou alteração do pedido ou da causa de pedir até o saneamento (art. 329, inc. II).

496. Preenchidos os pressupostos de lei, o requerimento de tutela provisória incidental pode ser formulado a qualquer tempo, não se submetendo à preclusão temporal.

497. As hipóteses de exigência de caução para a concessão de tutela provisória de urgência devem ser definidas à luz do art. 520, IV, CPC.

498. A possibilidade de dispensa de caução para a concessão de tutela provisória de urgência, prevista no art. 300, § 1º, deve ser avaliada à luz das hipóteses do art. 521.

499. Efetivada a tutela de urgência e, posteriormente, sendo o processo extinto sem resolução do mérito e sem estabilização da tutela, será possível fase de liquidação para fins de responsabilização civil do requerente da medida e apuração de danos.

500. O regime da estabilização da tutela antecipada antecedente aplica-se aos alimentos provisórios previstos no art. 4º da Lei 5.478/1968, observado o § 1º do art. 13 da mesma lei.

501. A tutela antecipada concedida em caráter antecedente não se estabilizará quando for interposto recurso pelo assistente simples, salvo se houver manifestação expressa do réu em sentido contrário.

502. Caso o juiz entenda que o pedido de tutela antecipada em caráter antecedente tenha natureza cautelar, observará o disposto no art. 305 e seguintes.

503. O procedimento da tutela cautelar, requerida em caráter antecedente ou incidente, previsto no Código de Processo Civil é compatível com o microssistema do processo coletivo.

504. Cessa a eficácia da tutela cautelar concedida em caráter antecedente, se a sentença for de procedência do pedido principal, e o direito objeto do pedido foi definitivamente efetivado e satisfeito.

581. O poder de dilação do prazo, previsto no inciso VI do art. 139 e no inciso I do § 1º do art. 303, abrange a fixação do termo final para aditar o pedido inicial posteriormente ao prazo para recorrer da tutela antecipada antecedente.

582. Cabe estabilização da tutela antecipada antecedente contra a Fazenda Pública.

609. O pedido de antecipação da tutela recursal ou de concessão de efeito suspensivo a qualquer recurso poderá ser formulado por simples petição ou nas razões recursais.

691. A decisão que nega a tutela provisória coletiva não obsta a concessão da tutela provisória no plano individual.

692. O pedido de quebra de sigilo prévio ao ajuizamento de ações de improbidade administrativa, por não configurar tutela provisória, não fica sujeito à complementação prevista nos arts. 303, §1º, I e 308, caput.

693. Cabe agravo de instrumento contra a decisão interlocutória que converte o rito da tutela provisória de urgência requerida em caráter antecedente.

10. ENUNCIADOS DO FNPP

13. (arts. 311 e art. 1.059, Lei 13.105/15 e art. 7º, III, Lei 12.016/09) Aplica-se a sistemática da tutela da evidência ao processo de mandado de segurança, observadas as limitações do art. 1.059 do CPC.

14. (arts. 311 e art. 1.059, Lei 13.105/15) Não é cabível concessão de tutela provisória de evidência contra a Fazenda Pública nas hipóteses mencionadas no art. 1.059, CPC.

40. As medidas para a efetivação da tutela provisória previstas no art. 297 do CPC não podem atingir a esfera jurídica do advogado (público ou privado), no exercício de suas atribuições.

41. As medidas para a efetivação da tutela provisória previstas no art. 297 do CPC não podem comprometer a continuidade do serviço público.

42. A exigência de caução real ou fidejussória para a concessão da tutela de urgência prevista no § 1º do art. 300 do CPC não é aplicável ao Poder Público, em razão do disposto no art. 100 da Constituição Federal.

43. Qualquer medida impugnativa apresentada pela Fazenda Pública que controverta o direito sobre o qual se funda a antecipação de tutela concedida em caráter antecedente constitui meio idôneo para impedir a estabilização da demanda, prevista no art. 304 do CPC.

71. Demonstrados os requisitos à concessão da tutela de urgência, admite-se o arresto cautelar de valores e ativos financeiros em sede de execução fiscal.

11. ENUNCIADOS DA ENFAM

25. A vedação da concessão de tutela de urgência cujos efeitos possam ser irreversíveis (art. 300, § 3º, do CPC/2015) pode ser afastada no caso concreto com base na garantia do acesso à Justiça (art. 5º, XXXV, da CRFB).

26. Caso a demanda destinada a rever, reformar ou invalidar a tutela antecipada estabilizada seja ajuizada tempestivamente, poderá ser deferida em caráter liminar a antecipação dos efeitos da revisão, reforma ou invalidação pretendida, na forma do art. 296, parágrafo único, do CPC/2015, desde que demonstrada a existência de outros elementos que ilidam os fundamentos da decisão anterior.

27. Não é cabível ação rescisória contra decisão estabilizada na forma do art. 304 do CPC/2015.

28. Admitido o recurso interposto na forma do art. 304 do CPC/2015, converte-se o rito antecedente em principal para apreciação definitiva do mérito da causa, independentemente do provimento ou não do referido recurso.

29. Para a concessão da tutela de evidência prevista no art. 311, III, do CPC/2015, o pedido reipersecutório deve ser fundado em prova documental do contrato de depósito e também da mora.

30. É possível a concessão da tutela de evidência prevista no art. 311, II, do CPC/2015 quando a pretensão autoral estiver de acordo com orientação firmada pelo Supremo Tribunal Federal em sede de controle abstrato de constitucionalidade ou com tese prevista em súmula dos tribunais, independentemente de caráter vinculante.

31. A concessão da tutela de evidência prevista no art. 311, II, do CPC/2015 independe do trânsito em julgado da decisão paradigma.

12. ENUNCIADOS DO CJF

38. As medidas adequadas para efetivação da tutela provisória independem do trânsito em julgado, inclusive contra o Poder Público (art. 297 do CPC).

39. Cassada ou modificada a tutela de urgência na sentença, a parte poderá, além de interpor recurso, pleitear o respectivo restabelecimento na instância superior, na petição de recurso ou em via autônoma.

40. A irreversibilidade dos efeitos da tutela de urgência não impede sua concessão, em se tratando de direito provável, cuja lesão seja irreversível.

41. Nos processos sobrestados por força do regime repetitivo, é possível a apreciação e a efetivação de tutela provisória de urgência, cuja competência será do órgão jurisdicional onde estiverem os autos.

42. É cabível a concessão de tutela provisória de urgência em incidente de desconsideração da personalidade jurídica.

43. Não ocorre a estabilização da tutela antecipada requerida em caráter antecedente, quando deferida em ação rescisória.

44. É requisito da petição inicial da tutela cautelar requerida em caráter antecedente a indicação do valor da causa.

45. Aplica-se às tutelas provisórias o princípio da fungibilidade, devendo o juiz esclarecer as partes sobre o regime processual a ser observado.

46. A cessação da eficácia da tutela cautelar, antecedente ou incidental, pela não efetivação no prazo de 30 dias, só ocorre se caracterizada omissão do requerente.

47. A probabilidade do direito constitui requisito para concessão da tutela da evidência fundada em abuso do direito de defesa ou em manifesto propósito protelatório da parte contrária.

48. É admissível a tutela provisória da evidência, prevista no art. 311, II, do CPC, também em casos de tese firmada em repercussão geral ou em súmulas dos tribunais superiores.

49. A tutela da evidência pode ser concedida em mandado de segurança.

50. A eficácia da produção antecipada de provas não está condicionada a prazo para a propositura de outra ação.

13. INFORMATIVOS

Informativos do STJ

Ação cautelar. Competência. Juízo estatal e tribunal arbitral.

A constituição de tribunal arbitral implica, em regra, a derrogação da jurisdição estatal, devendo os autos da ação cautelar – ajuizada antes da formação do tribunal – ser encaminhados de imediato ao juízo arbitral regularmente constituído. No caso, antes de ser instaurado o procedimento arbitral, a recorrida ingressou com a medida cautelar amparada na possibilidade de que, na pendência da nomeação dos árbitros, admite-se que a parte recorra ao Judiciário para assegurar o resultado que pretende na arbitragem. Negado provimento ao pedido formulado na inicial, foi interposta apelação. Antes do julgamento do apelo recursal, que concedeu a tutela, as partes subscreveram ata de missão confirmando a constituição do tribunal arbitral. Assim, a Turma entendeu que o juízo arbitral deve assumir o processamento da ação na situação em que se encontra, para reapreciar e ratificar ou não a cautelar que foi concedida em caráter precário pelo Poder Judiciário. REsp 1.297.974, Rel. Min. Nancy Andrighi, j. 12.6.2012. 3ª T. (Info 499)

MC. Desapropriação. Reforma agrária. Paralisação. Demonstração. Produtividade.

[...] entendeu haver o preenchimento dos requisitos do *fumus boni iuris* e do *periculum in mora* na medida em que constatado que, nos autos da respectiva ação declaratória, há laudo técnico não impugnado atestando a produtividade, bem como ser patente que a continuação do processo expropriatório gera situação irreversível. [...]. REsp 589.688-MG, Rel. Min. José Delgado, julgado em 14/9/2004.

Competência. Registro. Junta comercial. Falsidade.

[...] não se está a discutir a lisura da atividade federal perpetrada pela junta, o que denota a competência não da Justiça Federal, mas, sim, da Justiça comum estadual. CC 51.812-ES, Rel. Min. Carlos Alberto Menezes Direito, julgado em 9/11/2005.

Cautelar. Sequestro. Pauliana. Conexão.

[...] Quanto à ação cautelar de sequestro, verifica-se que o bem cuja alienação pretende-se evitar é o mesmo cuja alienação objetiva-se desconstituir com a ação pauliana proposta, sendo essas duas ações, portanto, conexas. [...]. CC 74.528-SP, Rel. Min. Sidnei Beneti, julgado em 14/5/2008.

Cautelar. Fornecimento. Medicamento.

É certo que há vários julgados do STJ a reconhecer o direito de os portadores de moléstia grave sem disponibilidade financeira para custear seu tratamento receberem gratuitamente do Estado os medicamentos de comprovada necessidade. Isso se dá em respeito ao direito à vida (art. 5º da CF/1988), anotado que o cuidado com o direito à saúde (art. 6º da mesma carta) é de competência da União, DF, estados e municípios. Porém, não se olvida que está em discussão pela Primeira Seção deste Superior Tribunal a competência para atender tais pleitos (REsp 862.923-SP). Assim, a cautelar deve ser atendida para que se forneça o medicamento (insulina) enquanto se aguarda o julgamento do REsp, pois, além do caráter de absoluta urgência da medida, há de se ponderar que a improcedência desta cautelar acarretaria, inevitavelmente, a perda do objeto do REsp (que, por força da concessão de liminar, obteve o efeito suspensivo), a impor, pela falta de fornecimento do medicamento, a perda do bem que se busca proteger, a própria vida. MC 14.015-RS, Rel. Min. Eliana Calmon, julgada em 17/2/2009.

14. SINOPSE

TUTELA PROVISÓRIA	
Teoria Geral da Tutela Provisória	
Noções Conceituais	A tutela provisória é um juízo baseado em cognição sumária e que não tem aptidão para formar coisa julgada material.
Espécies	A tutela provisória pode fundamentar-se em urgência ou evidência". Por seu turno, a tutela de urgência subdivide-se, então, em: i) cautelar; ii) antecipada (satisfativa).
Precariedade	A tutela provisória conserva sua eficácia na pendência do processo, mas pode, a qualquer tempo, ser revogada ou modificada.
Efetivação	O juiz é dotado de um poder geral de cautela, onde definir as medidas que considerar adequadas para efetivação de toda e qualquer espécie de tutela provisória (atipicidade dos meios executivos).
Fundamentação da decisão	Na decisão que conceder, negar, modificar ou revogar a tutela provisória o juiz justificará, de modo claro e preciso, as razões de seu convencimento.
Competência	A tutela provisória será requerida ao juízo da causa; e, quando antecedente, ao juízo competente para conhecer da demanda principal.
Iniciativa	Apesar de posições contrárias, por não haver previsão expressa sobre a iniciativa no CPC, defende-se a possibilidade de uma atuação *ex officio* do juiz, a depender do caso concreto.
Teoria Geral da Tutela de Urgência	
Unificação dos pressupostos	O CPC/2015 firmou **pressupostos comuns** para concessão da tutela provisória de urgência, seja ela cautelar ou satisfativa (antecipada). São eles: i) **fumus boni iuris** e; ii) **periculum in mora**.
Atos relativos à tutela de urgência	Mesmo durante as férias forenses e nos feriados, onde, por regra, não se praticam atos processuais, o código admite a prática de atos relativos à tutela de urgência
Momento para requerimento	A tutela de urgência pode ser requerida: a) em caráter antecedente; ou b) incidentalmente (tutela interinal).
Momento para concessão	A tutela de urgência poderá ser concedida: a) liminarmente (antes da oitiva da parte contrária); b) no curso do processo (incidente processual); c) em sentença; d) em grau recursal.
Caução	O juiz pode, conforme o caso, exigir caução real ou fidejussória idônea para ressarcir os danos que a outra parte possa vir a sofrer, podendo a caução ser dispensada se a parte economicamente hipossuficiente não puder oferecê-la.
Fungibilidade	O CPC admite a fungibilidade entre as tutelas de urgência.
Responsabilidade Objetiva	A parte beneficiária do procedimento provisório de urgência, deve assumir todo o risco oriundo da execução provisória, devendo, pois responder ao requerido pelo prejuízo que a efetivação da tutela causa à parte adversa, se: a) a sentença lhe for desfavorável; b) obtida liminarmente a tutela em caráter antecedente, não fornecer os meios necessários para a citação do requerido no prazo de 5 (cinco) dias; c) quando ocorrer a cessação da eficácia da medida em qualquer hipótese legal; d) quando o juiz acolher a alegação de decadência ou prescrição da pretensão do autor.

<table>
<tr><th colspan="2">Tutela Provisória de Urgência Satisfativa</th></tr>
<tr><td>Considerações Iniciais</td><td>A tutela antecipada exerce papel fundamental ao ser um instrumento de antecipação provisória dos resultados fáticos do direito disputado em juízo, concedendo à parte o bem da vida que só seria concedido após longo trâmite processual da tutela definitiva.</td></tr>
<tr><td>Reversibilidade</td><td>Para a concessão da tutela provisória satisfativa é necessário que, em regra, a reversibilidade da medida seja possível.</td></tr>
<tr><th colspan="2">Tutela Provisória de Urgência Cautelar</th></tr>
<tr><td>Considerações Iniciais</td><td>Todas as ações cautelares típicas ou atípicas que eram objeto de ação autônoma apartada do processo principal no código anterior, passarão a ser veiculadas em procedimento único.</td></tr>
<tr><td>Poder Geral de Cautela</td><td>O magistrado será detentor de poderes indeterminados para adotar “qualquer outra medida idônea para asseguração do direito”, o chamado poder geral de cautela ou de prevenção.</td></tr>
<tr><th colspan="2">Teoria Geral das Tutelas de Urgência Antecedentes</th></tr>
<tr><td colspan="2">As medidas antecedentes só são aplicáveis às tutelas de urgência, já que, para doutrina majoritária, inadmite-se a modalidade antecedente no caso da tutela de evidência, por ela não ser baseada em urgência. Outro destaque essencial é que, diferentemente do código antecessor, que só admitia a chamada cautelar preparatória (sob a veste de um processo cautelar autônomo), o CPC/2015 universaliza a sistemática e consente o pedido antecedente tanto para tutela de urgência cautelar quanto para satisfativa. Por fim, o ponto nevrálgico que divisa as duas espécies de tutela de urgência antecedente é, exatamente, o regime diferenciado de procedimentos que será aplicável em caso de falecimento do pedido antecedente. A tutela de urgência antecipada antecedente prevê o inovador mecanismo da estabilização da tutela, ao passo que o cautelar não o tarifa.</td></tr>
</table>

<table>
<tr><th>TUTELA DE EVIDÊNCIA</th></tr>
<tr><th>Considerações Iniciais</th></tr>
<tr><td>A lógica da tutela de evidência é realizar uma distribuição do ônus do tempo mais equitativa, visando evitar que a delonga da prestação jurisdicional seja suportada pela parte detentora de uma posição de alta probabilidade do direito (posição jurídica provável).</td></tr>
<tr><th>Requisitos para concessão</th></tr>
<tr><td>Essa modalidade de tutela diferenciada, que será, nos moldes do art. 311 do CPC, sempre satisfativa, dispensa o requisito do perigo de dano e destaca como elemento principal a existência de uma alta carga probatória apta a evidenciar a liquidez do direito material (fumus boni iuris). O periculum in mora, portanto, não é um requisito essencial para sua concessão.</td></tr>
<tr><th>Hipóteses de Cabimento</th></tr>
<tr><td>Será cabível a tutela de evidência: a) quando ficar caracterizado o abuso do direito de defesa ou manifesto propósito protelatório; b) quando as alegações de fato puderem ser comprovadas apenas documentalmente e houver tese firmada em julgamento de casos repetitivos ou em súmula vinculante; c) quando se tratar de pedido reipersecutório fundado em prova documental adequada do contrato de depósito, caso em que será decretada a ordem de entrega do objeto custodiado, sob cominação de multa; d) a petição inicial for instruída com prova documental suficiente dos fatos constitutivos do direito do autor, a que o réu não oponha prova capaz de gerar dúvidas razoáveis</td></tr>
<tr><th>Concessão Liminar</th></tr>
<tr><td>Só se admite a tutela liminar nas hipóteses dos incisos II e III do art. 311 do CPC, situações que prescindem de avaliação da defesa apresentada pelo réu. No que se refere aos incisos I e IV, hipóteses nas quais um dos requisitos para concessão é a análise do comportamento do réu, por óbvio, veda-se a concessão liminar.</td></tr>
<tr><th>Tutela contra a Fazenda Pública</th></tr>
<tr><td>A tutela antecipada contra da Fazenda Pública encontra disciplinamento específico na Lei nº 9.494/1997. Por força da referida disposição legal, fica vedada a concessão de tutela antecipada contra a Fazenda Pública quando se tenha por objeto a liberação de recurso, inclusão em folha de pagamento, reclassificação, equiparação, concessão de aumento ou extensão de vantagens a servidores da União, dos Estados, do Distrito Federal e dos Municípios, inclusive de suas autarquias e fundações. No entanto, as vedações não são absolutas a ponto de se impedirem a concessão de medida liminar antecipatória contra a Fazenda Pública.</td></tr>
</table>

CAPÍTULO 24

FORMAÇÃO, SUSPENSÃO E EXTINÇÃO DO PROCESSO

1. CONSIDERAÇÕES INICIAIS

O processo, que se consubstancia na composição ordenada de atos processuais, destinados ao exercício da jurisdição pelo juiz e da ação/defesa pelas partes, se vier a se formar, **obrigatoriamente**, extinguir-se-á, **podendo**, entre um e outro ato jurídico processual, suspender-se. O Código de Processo Civil estabelece, em seu texto, especificamente no Livro IV da Parte Geral, disposições relacionadas à formação, à suspensão e à extinção do processo, mas também há, em outras passagens, textos pertinentes, que serão aqui sistematizados.

2. FORMAÇÃO DO PROCESSO

A formação do processo obedece à inércia. Embora se desenvolva por impulso oficial, o processo começa necessariamente por iniciativa do autor, que, pelo **exercício do direito de ação**, provoca o Estado-juiz a prestar a tutela jurisdicional. Mas, não quer dizer que a prestação jurisdicional não possa ser ofertada em favor do réu. O réu também pode exercer o direito de ação contra o autor (ou mesmo em cumulação subjetiva contra outro). Essa conclusão é necessária, ante a garantia constitucional da isonomia, que impede a dispensa de tratamento privilegiado do autor frente ao réu, pelo simples fato de ter exercitado, primeiramente, o direito de ação.

De qualquer maneira, a formação do processo depende de iniciativa do autor, pois alguém deve provocar, inicialmente, a prestação da atividade jurisdicional, a fim de que ela possa ser ofertada, e esse sujeito é o autor. Mas, no curso do processo, que pode ser sede de cumulação de ações, tanto pelo autor como pelo réu (o que ocorrerá, por óbvio, se ambas as partes intentarem apenas uma, cada), as partes serão tratadas de forma isonômica, não sendo a anterioridade no exercício do direito de ação fator de distinção entre aquelas. Para ambas, haverá prestação jurisdicional, que deve ser ofertada nos limites da respectiva provocação, independentemente de quem deu início ao processo.

O primeiro momento da formação processual é a **propositura da ação**, dando-se esta com o **protocolo da petição inicial**, independentemente de distribuição (onde houver mais de um juízo) ou de despacho do juiz (onde houver um só juízo). Não é preciso que o réu seja citado para que o processo seja formado. Mesmo antes de sua citação, estará formado. A citação válida (ou o comparecimento espontâneo – STJ. REsp 198531/DF. DJU 19.02.01), nessa situação, apenas completará a relação processual e permitirá que, contra o réu, surta seus efeitos, previstos no art. 240 do Código de Processo Civil[1] (induzir litispendência, tornar litigiosa a coisa e constituir em mora o devedor).

3. SUSPENSÃO DO PROCESSO

Pode ocorrer de, entre a formação e a extinção, o processo se suspender. Ela não é de necessária verificação no curso processual. Eventualmente, em decorrência de decisão judicial fundada em fatos jurídicos, atos jurídicos das partes ou atos judiciais legalmente previstos, pode haver suspensão do processo. Ela consiste na **abstenção da prática dos atos processuais** destinados à prestação jurisdicional.

Durante a suspensão, as partes não ficam impossibilitadas (pelo menos juridicamente) de praticar atos (sejam eles postulatórios, probatórios ou mesmo dispositivos). A abstenção se relaciona à prática de atos do juiz (sobretudo os pronunciamentos decisórios). Isso porque, no período de suspensão do processo, a vedação alcança a prática de qualquer ato processual oneroso. Se ele for praticado, será considerado ineficaz.

Todavia, apesar da suspensão, o juiz poderá determinar, inclusive de ofício, a realização de atos urgentes, a fim de evitar dano irreparável, salvo no caso de arguição de impedimento ou de suspeição. De fato, quando questionada a imparcialidade da pessoa do juiz (mediante arguição de impedimento ou de suspeição), ele não poderá (mas apenas o seu substituto) determinar a prática de qualquer ato, ainda que seja considerado urgente.

A suspensão do processo tem como **termo inicial**:

i) se decorrer de fato jurídico em sentido estrito (força maior, morte da parte ou perda de sua capacidade), a data da ocorrência do fato que lhe deu ensejo (a decisão respectiva será meramente declaratória);

ii) se decorrer de ato jurídico das partes ou ato judicial, em regra, a data da decisão respectiva.

Tem como **termo final**:

i) se decorrer de convenção das partes, o término do prazo de suspensão (sendo no máximo de 6 meses), independentemente de intimação;

ii) se porque o julgamento depende de outra causa (ou da declaração de existência ou de inexistência de relação jurídica que constitua o objeto principal de outro processo pendente) ou porque tiver de ser proferida somente após a verificação de determinado fato (ou a produção de certa prova, requisitada a outro juízo), a verificação das condições suspensivas previstas (sendo no máximo de 01 ano), independentemente de intimação;

1. Art. 240. A citação válida, ainda quando ordenada por juízo incompetente, induz litispendência, torna litigiosa a coisa e constitui em mora o devedor, ressalvado o disposto nos arts. 397 e 398 da Lei nº 10.406, de 10 de janeiro de 2002 (Código Civil).

iii) nos demais casos, a partir da decisão judicial proferida nesse sentido.

O processo, conforme dispõe o art. 313 do Código de Processo Civil, suspende-se:

a) **Pela morte ou pela perda da capacidade processual de qualquer das partes, de seu representante legal ou de seu procurador**: com a previsão desses fatos jurídicos, a suspensão do processo visa a resguardar o devido processo legal, a se exigir tríplice capacidade (a de ser parte, a de estar em juízo e a postulatória) como pressuposto para a resolução do mérito.

Ocorrendo qualquer dos fatos jurídicos relacionados, o juiz suspenderá o processo, nos termos do art. 689, que dispõe: "proceder-se-á à habilitação nos autos do processo principal, na instância em que estiver, suspendendo-se, a partir de então, o processo". Apesar da aparente confusão proporcionada pelo texto legal, a suspensão ocorre desde a verificação do fato jurídico processual (pelo que a decisão de suspensão é apenas declaratória da ocorrência do fato, a gerar efeitos *ex tunc*)[2], a se invalidar os atos praticados posteriormente.

Não ajuizada ação de habilitação, ao tomar conhecimento da morte, o juiz determinará a suspensão do processo e observará o seguinte:

i) falecido o réu, ordenará a intimação do autor para que promova a citação do respectivo espólio, de quem for o sucessor ou, se for o caso, dos herdeiros, no prazo que designar, de, no mínimo, 2 meses e, no máximo, 6 meses;

ii) falecido o autor e sendo transmissível o direito em litígio, determinará a intimação de seu espólio, de quem for o sucessor ou, se for o caso, dos herdeiros, pelos meios de divulgação que reputar mais adequados[3], para que manifestem interesse na sucessão processual e promovam a respectiva habilitação no prazo designado, sob pena de extinção do processo sem resolução de mérito.

Questão de Concurso

► **(FGV Órgão: TJ-CE Prova: FGV - 2019 - TJ-CE - Técnico Judiciário - Área Judiciária. 2019)[4]**: No curso de determinado processo, a parte autora veio a falecer. Cumpridos os requisitos legais, o juiz deferiu a

2. "Com o falecimento de qualquer das partes, ainda que a denúncia do fato ao juízo da causa ocorra tempos depois, suspende-se o processo no momento em que o fato ocorreu, invalidando, se necessário, os atos processuais praticados. Ademais, o despacho judicial que determina a suspensão do processo é de natureza declaratória com efeito *ex tunc*. Outrossim, no caso *sub judice*, a manutenção da sentença (julgada improcedente) seria prejudicial aos sucessores ante a circunstância de que não havia como exigir deles o cumprimento da diligência (realização da prova pericial), visto que, antes da habilitação, não figuravam no polo passivo da demanda. Daí que a sentença, que se amparou na inércia dos autores quanto à não-realização de tal prova pericial, deve ser reputada nula, porquanto não configura "ato urgente", única exceção legal (art. 266 do CPC)" (STJ. REsp 216.714/SP. DJU 02.12.08).A morte da parte ou de seu representante processual provoca a suspensão do processo desde o evento fatídico, sendo irrelevante a data da comunicação ao juízo (STJ. REsp 861723/SP. DJe 05.03.09).

3. A adequação dos meios de divulgação, para intimar o espólio, o sucessor ou os herdeiros, dependerá da identificação ou não das referidas pessoas e dos locais onde poderão ser encontradas, a considerar, outrossim, que o réu poderá não ter interesse em proceder com a comunicação daqueles, porque lhe pode ser preferível a simples extinção do processo sem resolução do mérito.

4. Gabarito: Letra B.

habilitação requerida pelo único herdeiro do autor primitivo, ordenando a efetivação das anotações cabíveis. O fenômeno processual delineado na espécie é:

a) substituição processual;
b) sucessão processual;
c) nomeação à autoria;
d) assistência litisconsorcial;
e) litisconsórcio passivo superveniente

Não habilitado(s) o espólio, o(s) sucessor(es) ou, se for o caso, o(s) herdeiro(s) do autor falecido, o processo será extinto sem resolução de mérito. Não habilitado(s) o espólio, o(s) sucessor(es) ou, se for o caso, o(s) herdeiro(s) do réu falecido, o processo correrá à revelia (a não ser que a ação seja considerada intransmissível por disposição legal, caso em que haverá extinção do processo).

No caso de morte do (único) procurador de qualquer das partes, ainda que iniciada a audiência de instrução e julgamento, o juiz determinará que a parte constitua novo mandatário, no prazo de 15 dias. Ao final deste, extinguirá o processo sem resolução de mérito, se o autor não nomear novo mandatário, ou ordenará o prosseguimento do processo à revelia do réu, se falecido o procurador deste. Se constituir novo procurador, o processo seguirá.

O prazo de 15 dias não é peremptório. Pode ser alargado por requerimento da parte interessada. E, mesmo além do mencionado prazo, se não tiver sido proferida sentença, as partes poderão realizar as habilitações necessárias.

b) **Pela convenção das partes**: por esse ato jurídico, as partes (ainda que contra a vontade do fiscal da ordem jurídica) podem, de comum acordo, suspender o processo por um prazo máximo de 6 meses (não se admitindo sucessivas suspensões com a finalidade de superar o prazo máximo). Trata-se de **negócio jurídico processual bilateral típico**.

Esta faculdade é concedida como forma de possibilitar a composição das partes (que, durante o período de suspensão, poderão estudar propostas, analisar os números relacionados, viabilizar negócios acessórios para ofertar proposta etc., o que se tornaria mais difícil caso o processo, que muitas vezes importa em prática de atos de indisposição, estivesse em trâmite). Até porque eventual composição que venha a ser realizada entre as partes tem o propósito de afirmar a economia processual.

Apesar disso, a convenção das partes não pode atingir prazos peremptórios em curso, pois, pelo menos em regra, é vedada a prorrogação deles (art. 222 do Código de Processo Civil[5]).

Findo o prazo de suspensão, o juiz ordenará o prosseguimento do processo. Mas, se as partes tiverem chegado a uma composição, o mérito estará resolvido (no todo ou pelo menos em parte), devendo ser proferida decisão homologatória (sentença para a resolução de todo o mérito ou decisão interlocutória para a resolução parcial).

5. Art. 222. Na comarca, seção ou subseção judiciária onde for difícil o transporte, o juiz poderá prorrogar os prazos por até 2 (dois) meses. § 1º Ao juiz é vedado reduzir prazos peremptórios sem anuência das partes.§ 2º Havendo calamidade pública, o limite previsto no caput para prorrogação de prazos poderá ser excedido.

c) **Pela arguição de impedimento ou de suspeição**: em decorrência desse ato jurídico das partes (de qualquer delas), o processo se suspende a partir de quando arguido o impedimento ou a suspeição, até que ela seja resolvida pelo tribunal *ad quem*.

Alguns pontos devem ser considerados.

O primeiro.

Pode ocorrer de a ação, em que se argui o impedimento ou a suspeição, ser originária do tribunal. Nesse caso, a questão será julgada por um órgão interno do mesmo tribunal, conforme regimento.

Outro ponto.

O impedimento e a suspeição devem ser arguidos pelas partes, no prazo de 15 dias, a contar do conhecimento do fato, em petição específica dirigida ao juiz do processo, que, se não reconhecer a afirmação de parcialidade, deverá indicar, em 15 dias, o fundamento da recusa, podendo instruir sua resposta com documentos e com rol de testemunhas. Nesse caso, o juiz determinará a autuação em apartado da petição, apresentará suas razões e ordenará a remessa do incidente ao tribunal. Mas, no tribunal, o relator declarará os seus efeitos em que receberá o incidente. Se sem efeito suspensivo, o processo voltará a correr. Significa que a suspensão, nesse caso, perdurará da arguição até, apenas, a decisão relativa aos efeitos em que recebido o incidente pelo tribunal[6].

Mais um ponto.

Se a exceção de suspeição ou de impedimento disser respeito a outro sujeito do processo, a tramitação não se suspenderá[7].

Um último.

Antes, sob a vigência do CPC/1973, o art. 265, III, dispunha que "quando for oposta exceção de incompetência do juízo, da câmara ou do tribunal, bem como de suspeição ou impedimento do juiz", o processo ficaria suspenso. Sob a vigência do CPC/2015, o art. 313, III, não faz referências à suspensão decorrente da incompetência relativa do juízo.

Fica a pergunta:

Se questionada a incompetência relativa do juízo, o processo se suspende ou não?

Segue a resposta:

Sob a égide do CPC/1973, a incompetência relativa era arguida por intermédio de exceção processual. Agora, ela é na contestação, em petição única[8], cujo prazo, de 15 dias, começa a correr, de regra, a considerar a audiência de conciliação e mediação.

---

6. Sobre o procedimento da arguição de suspeição ou de impedimento, ver o capítulo 12.
7. Art. 148. Aplicam-se os motivos de impedimento e de suspeição: I – ao membro do Ministério Público; II – aos auxiliares da justiça; III – aos demais sujeitos imparciais do processo.[...] § 2º O juiz mandará processar o incidente em separado e sem suspensão do processo, ouvindo o arguido no prazo de 15 (quinze) dias e facultando a produção de prova, quando necessária.
8. Art. 337. Incumbe ao réu, antes de discutir o mérito, alegar: [...] II – incompetência absoluta e relativa;[...]

Pode acontecer, entretanto, de a incompetência ser arguida por petição anterior à audiência de conciliação e mediação. Dispõe o *caput* do art. 340: "havendo alegação de incompetência relativa ou absoluta, a contestação poderá ser protocolada no foro de domicílio do réu, fato que será imediatamente comunicado ao juiz da causa, preferencialmente por meio eletrônico".

Nessa hipótese, dispõe o § 3º do art. 340, que, "alegada a incompetência nos termos do *caput*, será suspensa a realização da audiência de conciliação ou de mediação, se tiver sido designada".

Em seguida, dispõe o § 4º do mesmo dispositivo: "definida a competência, o juízo competente designará nova data para a audiência de conciliação ou de mediação".

Daí concluir-se, pelo menos de forma parcial, que a contestação, em que se discute a incompetência (absoluta ou relativa), se apresentada em juízo diverso (no caso, do foro do domicílio do réu), antes da audiência de conciliação e mediação, suspende a realização desta.

Mas suspenderia todo o processo?

Uma das razões pelas quais a incompetência relativa, no CPC/2015, passou a ser apresentada na contestação decorre da circunstância de, antes, sob a vigência do CPC/1973, o réu apresentar exceção de incompetência para suspender o processo e, assim, alargar o prazo de contestação. Com a apresentação em apenas uma petição, toda matéria de defesa deve ser apresentada em prazo único, que será de 15 dias.

Alcançado esse objetivo (evitar o alargamento indevido do prazo de contestação) com a apresentação de resposta como única petição, resta saber o porquê de a arguição de incompetência, antes, sob a vigência do CPC/1973, suspender o processo.

A resposta é simples.

Como o acolhimento da arguição de incompetência impelia a decretação de invalidade de atos processuais praticados (alguns deles, pelo menos, especialmente os decisórios), em afirmação à economia, suspendia-se o processo. Esse mesmo motivo é preservado sob a vigência do CPC/2015, que, embora não seja claro, transmite essa conclusão. Aliás, basta fazer uma simples leitura do art. 340, para verificar que as hipóteses ali descritas têm essa finalidade.

E não é só.

Se, nos termos do § 3º do art. 340, a arguição de incompetência (mediante apresentação de contestação) suspende a audiência de conciliação e mediação, que é o primeiro ato complexo, e só quando resolvida a incompetência é designada outra sessão, há necessária suspensão do processo. E isso ocorre de uma forma mais ampla, pois, sob a vigência do CPC/2015, a suspensão dá-se tanto pela arguição de incompetência relativa como absoluta.

Por igual razão, a suspensão deve ocorrer mesmo quando as partes manifestem conjuntamente seus desinteresses na realização da audiência, pois que o objetivo a ser alcançado é evitar, em respeito à economia, a decretação de invalidades.

Logo, a ausência de referência à arguição de incompetência como fator de suspensão do processo (pelo art. 313 do CPC) foi em vão.

Poder-se-ia até defender que o motivo primordial da suspensão, quando o réu argúi incompetência do juízo nos termos do art. 340 do CPC, seria evitar o seu injustificado deslocamento ao juízo onde tramita o processo, pois deveria tramitar no foro onde tem domicílio.

Só que essa premissa é falsa.

O acolhimento da arguição de competência não, necessariamente, impede o deslocamento do réu para outro foro, diferente daquele em que ele mantém domicílio. Pode ocorrer de ser arguida a incompetência do juízo onde tramita o processo e, mesmo sendo acolhida, o processo não será remetido ao foro em que o réu tem domicílio.

De fato, o foro do domicílio do réu, de uma forma geral, é competente para processar algumas ações, mas não todas. Tal significa que o réu pode arguir a incompetência do juízo em que tramita o processo, mas não significa que requererá a tramitação no foro onde tem domicílio.

Tanto é assim que o enunciado 426 do Fórum Permanente de Processualistas, em interpretação ao § 2º do art. 340 do CPC[9], indica que "o juízo para o qual foi distribuída a contestação ou a carta precatória só será considerado prevento se o foro competente for o local onde foi citado". Nas discussões em torno da elaboração desse enunciado, a plenária entendeu que, nem sempre, o foro competente seria o de domicílio do réu, daí por que não ser o juízo para onde foi distribuída a contestação ou a carta precatória necessariamente competente por prevenção.

Por isso, em relação à arguição de incompetência, não se pode defender que, só quando apresentada a contestação em juízo diverso, haveria suspensão do processo, para se evitar o deslocamento do réu. O deslocamento poderá ocorrer para outro foro, mesmo que acolhida a exceção.

E diga-se mais.

Nada impediria que os profissionais da sede do juízo, mesmo sendo este incompetente, pudessem realizar audiência de conciliação e mediação. O intuito, portanto, não é evitar a realização da audiência, que poderia ser útil à autocomposição, mas sim dos atos a ela posteriores, pois poderiam ser invalidados.

Assim, ao nosso entender, a arguição de incompetência também suspende o processo.

Entretanto, em níveis pragmáticos, caberá à jurisprudência, que ainda não se pronunciou a respeito, definir a última interpretação acerca dessa questão.

d) **Pela admissão de incidente de resolução de demandas repetitivas**: o incidente de resolução de demandas repetitivas é cabível quando houver, simultaneamente, efetiva repetição de processos que contenham controvérsia sobre a mesma questão unicamente de direito, e risco de ofensa à isonomia e à segurança jurídica, desde que haja causa pendente no tribunal. O pedido de instauração do incidente será

9. Art. 340. Havendo alegação de incompetência relativa ou absoluta, a contestação poderá ser protocolada no foro de domicílio do réu, fato que será imediatamente comunicado ao juiz da causa, preferencialmente por meio eletrônico.[...] § 2º Reconhecida a competência do foro indicado pelo réu, o juízo para o qual for distribuída a contestação ou a carta precatória será considerado prevento.

dirigido ao presidente de tribunal, com os documentos necessários à demonstração do preenchimento dos pressupostos à instauração. Após a distribuição, o órgão colegiado competente para julgar o incidente procederá ao seu juízo de admissibilidade. Se admitido o incidente, o relator, conforme estabelece o inciso I do art. 982 do Código de Processo Civil, suspenderá os processos pendentes, individuais ou coletivos, que tramitam no Estado ou na Região, inclusive aqueles que tramitam nos juizados especiais. Essa suspensão tem início com a admissão do incidente e não pode ser superior a um ano; todavia, esse prazo pode ser alargado, por decisão fundamentada do relator (art. 980, parágrafo único). Ela cessará se escoado o prazo ou se não for interposto recurso especial ou extraordinário contra a decisão proferida no incidente. Se interposto qualquer, a suspensão se prolongará até o(s) julgamento(s) dele(s). A finalidade da suspensão é evitar a prolação de decisões contraditórias em processos que versem sobre a mesma questão jurídica. Proferida a decisão no IRDR, a tese firmada aplica-se a todos os processos que tramitem em órgão judiciários vinculados ao tribunal. Trata-se de precedente vinculante (art. 927, III). Sobre o IRDR, ver capítulo próprio, mais à frente.

e) **Quando a sentença de mérito depender do julgamento de outra causa ou da declaração de existência ou de inexistência de relação jurídica que constitua o objeto principal de outro processo pendente**: vendo-se o juízo em estado de perplexidade, impossibilitado, assim, de decidir o mérito, quando verificada a propositura anterior de ação que envolva questão antecedente lógica e necessária para o julgamento da causa, o processo ficará paralisado, aguardando a solução daquela.

A suspensão do processo, nessa hipótese, somente é aplicável aos casos de prejudicialidade externa, quando o desfecho da ação depender do julgamento de outra (STJ. REsp 77637/DF. DJU 23.11.98).

E mais.

A suspensão do processo nessa hipótese, além de ser uma faculdade judicial, é um ato discricionário (STJ. REsp 33200/SP. DJU 15.05.95), que nunca poderá exceder o prazo de 1 ano, findo o qual o juiz mandará prosseguir o processo.

De qualquer modo, quando exercida esta faculdade, além de se ratificar a segurança jurídica (porquanto se mitiga a possibilidade de ocorrência de julgamentos desarmônicos), proporciona-se economia processual.

Nesse caso de prejudicialidade, se os juízos em que tramitam as ações tiverem a mesma competência absoluta, e havendo compatibilidade (ou adequação) procedimental (STJ. REsp 95079/RS. DJU 10.11.97), as causas serão reunidas, ante a verificação de conexão. Não haverá, aí, suspensão de qualquer dos processos.

Todavia, não tendo sido reunidos os processos para julgamento conjunto (até porque se trata, como antes dito, uma faculdade para o juiz), é recomendável a suspensão da ação dependente até o julgamento da prejudicial (STJ. AgRg no Ag 35922/MG. DJU 02.08.93). Se ultrapassado o prazo máximo de suspensão, julgar-se-á a ação que esteja pronta, devendo o órgão julgador das ações seguintes guardar o dever de coerência, a se evitar desarmonia entre os julgados.

Em resumo, havendo relação de prejudicialidade entre ações, deve-se determinar a reunião dos processos para julgamento conjunto. Se tal providência não for possível, ante a diferença entre as competências absolutas dos juízos, é recomendável a suspensão do processo cuja solução depende de questão prejudicial que constitua objeto litigioso de outro. Ultrapassado o prazo máximo de suspensão, os julgamentos das ações ocorrerão em momentos diferentes, mas o órgão julgador deverá guardar a coerência entre as decisões proferidas.

f) **Quando a sentença de mérito tiver de ser proferida somente após a verificação de determinado fato ou a produção de certa prova, requisitada a outro juízo**: vendo-se o juízo em estado de perplexidade, em razão da necessidade de verificar determinado fato ou de produzir certa prova requisitada a outro juízo, suspenderá o processo, como forma de legitimar o seu julgamento.

O juízo não fica impossibilitado de proferir sentença, mas, se assim o fizer, seu julgamento pode não ser legítimo, já que poderá ser proferido sob a persistência de dúvida.A suspensão do processo, também nessa hipótese, além de ser uma faculdade para o juiz, constitui ato discricionário (até porque poderá entender, por exemplo, que a prova antes solicitada, não é mais necessária[10]), que nunca poderá exceder o prazo de 1 ano, findo o qual o juiz mandará prosseguir no processo.

O art. 315 do CPC dispõe que, "se o conhecimento do mérito depender de verificação da existência de fato delituoso, o juiz pode determinar a suspensão do processo até que se pronuncie a justiça criminal".

Mas, se a ação penal não for proposta no prazo de 3 meses, contado da intimação do ato de suspensão, cessará o efeito desse, incumbindo ao juiz cível examinar incidentemente a questão prévia. Se proposta (ou se ela já estiver pendente), o processo ficará suspenso pelo prazo máximo de 1 ano, ao final do qual, se não verificada, ainda, a existência do fato delituoso, o juiz cível o examinará incidentemente.

g) **Por motivo de força maior**: em razão dessa espécie de fatos jurídicos *stricto sensu*, que fogem do controle humano (já que seus efeitos não são possíveis de evitar ou impedir), o processo tem seu curso paralisado, porque o prosseguimento acarretaria prejuízo a alguém. O motivo de força maior deve estar consubstanciado em fato que a todos se imponha (como, por exemplo, greve nos serviços judiciários), e não apenas à parte ou ao advogado (como, por exemplo, morte na família), e que inviabilize o desenvolvimento do curso processual. No caso, a suspensão do processo inicia-se desde a ocorrência do motivo de força maior e perdura até ele ser superado. A decisão posterior apenas declara o reconhecimento da ocorrência

10. Por esse motivo é que o Superior Tribunal de Justiça decidiu: "A prova testemunhal por precatória ou rogatória requerida nos moldes do art. 338 do CPC não impede o Juiz de julgar a ação, muito menos o obriga a suspender o processo, devendo fazê-lo apenas quando considerar essa prova imprescindível, assim entendida aquela sem a qual seria inviável o julgamento de mérito. A prova meramente útil, esclarecedora ou complementar, não deve obstar o processo de seguir seu curso regularmente". (STJ. REsp 1132818/SP. DJe 10.05.12)

do fato, de maneira que seus efeitos são retroativos à data do acontecimento considerado como força maior.

h) **Quando se discutir, em juízo, questão decorrente de acidentes e fatos da navegação de competência do Tribunal Marítimo**: a hipótese trazida pelo art. 313, VII, do CPC, foi indevidamente mantida, a considerar que foi vetado o inciso X do art. 515, que dispunha: "são títulos executivos judiciais, cujo cumprimento dar-se-á de acordo com os artigos previstos neste Título: [...] o acórdão proferido pelo Tribunal Marítimo quando do julgamento de acidentes e fatos da navegação". Isso porque, se o Tribunal Marítimo não exerce atividade jurisdicional, não haveria sentido em suspender o processo para aguardar sua decisão daquele. Adotar entendimento contrário seria restringir a garantia de livre acesso à prestação jurisdicional (trazida pelo art. 5º, XXXV, da Constituição da República).

i) **Nos demais casos que este Código regula**: conforme expressa previsão do CPC, há outros casos, além dos elencados no art. 313, que dão ensejo à suspensão do processo. Entre eles, estão exemplificativamente: instauração do incidente de desconsideração de personalidade jurídica; expedição de carta precatória, carta rogatória e solicitação de auxílio direto antes do saneamento processual; julgamento de recursos especial e extraordinário repetitivos.

Em algumas situações de suspensão do processo, o seu termo final pode corresponder com o da sua própria extinção. Pode ocorrer de o processo ser suspenso em razão de alguma causa prevista na legislação e o primeiro ato seguinte ser a prolação da sentença (decisão definitiva). Isso ocorre, a título de exemplo, com o incidente de desconsideração da personalidade jurídica. A despeito de o dito incidente suspender o processo, ele poderá ser resolvido com a própria sentença, que se encarregará de resolver o objeto litigioso. Por isso que o enunciado 390 do Fórum Permanente de Processualistas estabelece: "Resolvida a desconsideração da personalidade jurídica na sentença, caberá apelação".

j) **pelo parto ou pela concessão de adoção, quando a advogada responsável pelo processo constituir a única patrona da causa**: o inciso IX do art. 313, introduzido pela Lei nº 13.363/2016, visa a garantir uma espécie de "licença-maternidade" à advogada que dá à luz. Segundo o § 6º do art. 313 do CPC, também acrescido pela citada Lei, o período de suspensão é de 30 dias, contado da data do parto ou da concessão da adoção, mediante apresentação da certidão de nascimento (ou de documento similar que comprove o parto) ou do termo de adoção. Daí se extraem, então, os requisitos para a suspensão processual: a) ser a advogada a única procuradora habilitada nos autos; b); ocorrência de parto ou de adoção; c) juntada da certidão de nascimento ou do termo de adoção aos autos.

Aqui, tal qual ocorre, por exemplo, nas situações de força maior, a suspensão tem, como termo inicial, a ocorrência do fato (parto ou adoção). Assim, a posterior decisão do juiz que analisa a certidão de nascimento ou o termo de adoção apenas declara a ocorrência do fato, reconhecendo a causa de suspensão. Tem, pois, efeito retroativo à data do parto ou da adoção.

Ademais, embora a parte final do § 6º do art. 313 contenha a expressão "desde que haja notificação ao cliente", não parece que tal constitua mais um requisito à suspensão do processo. Note-se que o texto exige que haja notificação do cliente, mas não que haja juntada aos autos do comprovante de comunicação. Na verdade, a disposição visa a regular a relação contratual entre advogada e cliente, e não a relação jurídica processual; é que o cliente, que deseja celeridade na tramitação processual, tem direito de ter ciência acerca de eventual suspensão no curso do processo. Justamente por isso, não se deve interpretar a parte final do novo texto legal como um requisito adicional à suspensão do processo em favor da advogada parturiente ou adotante. Tratar-se-ia de providência descabida, sem finalidade, na medida em que o cliente em nada influiria no reconhecimento da suspensão do processo. Eventual oposição sua não retiraria o direito da advogada.

Nesse sentido, o STJ, tratando da hipótese do § 7º do art. 313 do CPC (comentada logo abaixo), decidiu que a suspensão do processo em razão da paternidade do único patrono da causa se opera tão logo ocorra o fato gerador (nascimento ou adoção), independentemente da comunicação imediata ao juízo (REsp 1.799.166/GO. DJe 04.04.19. Inf. 465).

k) **quando o advogado responsável pelo processo constituir o único patrono da causa e tornar-se pai**: o advogado do sexo masculino, desde que seja o único habilitado nos autos, também tem direito a uma espécie de "licença-paternidade", pelo prazo de 8 dias. É o que dispõe o art. 313, X e § 7º, ambos adicionados ao CPC pela nova Lei nº 13.363, de 25 de novembro de 2016. Remete-se o leitor às observações feitas no item anterior, que se aplicam, *mutatis mutandis*, a esta causa de suspensão do processo. O rol das hipóteses de suspensão contido no art. 313 do Código de Processo Civil não é taxativo. Como acima mostrado, há casos outros de suspensão do processo dentro do próprio Código de Processo Civil, além do que a legislação processual extravagante pode definir outras ali não relacionadas.

IMPORTANTE! Sob a vigência do CPC/1973, o art. 265, IV, "c" dispunha que o processo se suspendia quando a sentença de mérito tivesse por pressuposto o julgamento de questão de estado, requerida como declaração incidente. Antes mesmo do CPC/2015, a disposição era incoerente, porque o processo não se suspendia, já que, nele, dever-se-ia julgar a questão incidente em conjunto com as demais questões de mérito. Depois do novo Código, a disposição foi omitida. Logo, não há mais sequer previsão para suspender o processo em razão de questão de estado requerida como declaração incidente.

Ultimado o prazo de suspensão, o juiz determinará o prosseguimento da marcha processual. Se suspenso o processo durante prazo em curso, este tornará a correr quando a parte for intimada do pronunciamento que determinou o retornou da tramitação.

4. EXTINÇÃO DO PROCESSO

A solução do objeto do processo dá-se pela prolação de "sentença" (o vocábulo está empregado em sua acepção ampla, a compreender, além da sentença propriamente dita, a decisão interlocutória de mérito, o acórdão e a decisão monocrática proferidos pelos tribunais, que guardem idêntica aptidão), a proporcionar certeza e consequente estabilidade às relações jurídicas[11].

11. O Título III do Livro IV do Código de Processo Civil trata "da extinção do processo". O atual Código segue a mesma nomenclatura adotada pelo de 1973, em sua redação originária, que já estava desatualizada desde a entrada em

O ideal, portanto, é que haja resolução de mérito. Tanto que o Código de Processo Civil estimula a primazia da resolução de mérito. Inclusive, o art. 488 do CPC dispõe que, "desde que possível, o juiz resolverá o mérito sempre que a decisão for favorável à parte a quem aproveitaria eventual pronunciamento nos termos do art. 485".

Contudo, alguns fatos processuais impedem o órgão julgador de alcançar este objetivo, sendo a fase de cognição (pelo menos) extinta sem resolução de mérito.

Se ocorrer de ser proferido pronunciamento judicial terminativo, nada impedirá que a parte processualize novamente a ação (a fim de alcançar a resolução do mérito), mas a petição inicial não será despachada sem a prova do pagamento ou do depósito das custas e dos honorários de advogado (se eventualmente devidos e exigíveis).

Em tempo, o art. 486 do CPC refere-se a "pronunciamento judicial que não resolve o mérito". Antes, o art. 268 do CPC/2015 fazia referência à "extinção do processo", o que correspondia a uma sentença, pois ela (e não a decisão interlocutória) tem essa aptidão.

Contudo, é (era) possível que o pronunciamento judicial que não resolva o mérito seja (fosse) uma decisão interlocutória. Nesse caso, encerrará a questão de forma terminativa, mas não extinguirá o processo. Isso porque a decisão interlocutória estará adstrita à apenas parte do objeto do processo, pois não tem aptidão de pôr fim à fase ou ao processo.

Daí, com a prolação de decisão interlocutória terminativa, três situações podem ocorrer, caso a parte entenda por processualizar novamente a ação extinta, a considerar que havia cumulação e uma (ou algumas) delas é que foi (foram) objeto da decisão:

Primeira: de logo, intentar nova ação, cujo objeto estará adstrito àquela (não resolvida) contemplada pela decisão interlocutória.

Segunda: aguardar a sentença (ou outras decisões interlocutórias) para, se terminativa, intentar novas ações, em cumulação, mais uma vez, com todo o objeto do processo anterior;

Terceira: aguardar a sentença para, se não for integralmente terminativa, intentar nova ação, cujo objeto corresponderá ao contemplado pela decisão interlocutória e pela parte terminativa da sentença proferida.

Se o autor der causa, por 3 vezes, à sentença fundada em abandono da causa, não poderá propor nova ação contra o réu com o mesmo objeto do processo extinto, ficando-lhe ressalvada, entretanto, a possibilidade de alegar, em defesa, o seu direito.

No caso de abandono, haverá de ser uma sentença (e não uma decisão interlocutória), ante os elementos caracterizadores daquele.

---

vigor da Lei nº 11.232/05, que introduziu, de uma forma definitiva, o modelo sincrético de processo, composto por fases. Sob a redação originária do CPC/1973, era apropriada a denominação de "extinção do processo" porque, de fato, a sentença punha fim ao processo. Mas, com o sincretismo processual, a sentença, no mais das vezes, põe fim à fase de conhecimento ou ao processo de execução. Como o Título III do Livro IV trata do processo de conhecimento, não deveria ser chamado de "da extinção do processo", sobretudo porque, só de forma excepcional, é que a sentença põe fim ao processo, sendo mais usual pôr fim à sua fase cognitiva. Seja como for, postas essas considerações a par do leitor, a nomenclatura adotada pelo legislador não deve comprometer a compreensão do Título mencionado. Embora se chame "da extinção do processo", no mais das vezes deve ser compreendida como da extinção da fase de conhecimento.

Mas pode ocorrer de, no curso do processo, ser proferida decisão interlocutória definitiva de mérito (julgamento parcial do mérito), pelo que a extinção por abandono alcançaria apenas parte do objeto do processo, a considerar que outra teria sido resolvida. Se for esse o caso, a decisão definitiva (objeto da decisão interlocutória definitiva de mérito) não ficará prejudicada.

Outra situação de possível ocorrência é de ser proferida, antes da sentença de abandono, decisão interlocutória terminativa. Quando proferida aquela, a perempção (decorrente do abandono) estará adstrita ao objeto pendente, e não àquela parte que foi analisada pela decisão interlocutória terminativa.

Pois bem.

O art. 485 do Código de Processo Civil dispõe que o juiz **não resolverá o mérito** quando se verificar qualquer uma das **situações** nele elencada (mas, antes de proferir decisão sem resolução de mérito, o juiz deverá conceder à parte oportunidade para, se possível, corrigir o vício).

IMPORTANTE! Embora sejam várias as situações de prolação de sentença sem resolução de mérito, elas podem ser reduzidas a duas, quais sejam: inadmissibilidade do processo (falta de pressupostos processuais e não preenchimento de qualquer das condições da ação) e abandono em sentido amplo (incluída aí a desistência).

Passa-se a analisar cada uma das situações prevista no art. 485 do CPC:

a) **Indeferir a petição inicial**: a petição inicial será indeferida quando, antes de determinada a citação do réu, for verificada alguma das hipóteses previstas no art. 330 do CPC[12]. Em consequência, não haverá resolução de mérito.

Se a citação for determinada, significa que houve deferimento da petição inicial. Eventual sentença sem resolução de mérito não é de indeferimento da petição. Deve ser proferida sentença terminativa, amparada no art. 485 do CPC. Portanto, o indeferimento da petição inicial considera também o momento processual (deve anteceder o despacho de citação do réu).

Caso indeferida a petição inicial, a parte autora poderá interpor recurso de apelação, sendo facultado o exercício do juízo de retratação, no prazo de 5 dias. Caso emprestado efeito regressivo (isto é, se o juiz se retratar), o processo retornará à fase de conhecimento, na instância originária.

Mas, como orienta o enunciado 293 do Fórum Permanente de Processualistas Civis, "O juízo de retratação, quando permitido, somente poderá ser exercido se a apelação for tempestiva.". Isso, porque, como se verá em capítulo específico, o juízo de primeiro grau não tem mais competência para fazer juízo de admissibilidade prévio da apelação. Assim, só lhe resta encaminhar os autos ao tribunal, para que este reconheça a falta de preenchimento do requisito de admissibilidade recursal.

12. Art. 330. A petição inicial será indeferida quando:I – for inepta;II – a parte for manifestamente ilegítima;III – o autor carecer de interesse processual;IV – não atendidas as prescrições dos arts. 106 e 321. § 1º Considera-se inepta a petição inicial quando:I – lhe faltar pedido ou causa de pedir;II – o pedido for indeterminado, ressalvadas as hipóteses legais em que se permite o pedido genérico;III – da narração dos fatos não decorrer logicamente a conclusão;IV – contiver pedidos incompatíveis entre si.[...]

Em qualquer caso, orienta o enunciado 292 do FPPC, "antes de indeferir a petição inicial, o juiz deve aplicar o disposto no art. 321" do CPC, que dispõe: "o juiz, ao verificar que a petição inicial não preenche os requisitos dos arts. 319 e 320 ou que apresenta defeitos e irregularidades capazes de dificultar o julgamento de mérito, determinará que o autor, no prazo de 15 (quinze) dias, a emende ou a complete, indicando com precisão o que deve ser corrigido ou completado".

b) **O processo ficar parado durante mais de 1 (um) ano por negligência das partes**: se ambas as partes deixam o processo parado por mais de 1 ano, ele deve ser extinto sem resolução de mérito, com a condenação das partes no pagamento proporcional das custas processuais. Antes de proferir sentença nesse sentido, deve o juiz intimar pessoalmente as partes para que, no prazo de 5 dias, deem andamento ao processo (a não ser que ela esteja advogando em causa própria, situação em que a intimação pessoal será dispensada – STJ. REsp 218284/RS. DJU 07.10.02). Tal providência se justifica, porque o juízo precisa certificar que a paralisação se deu por omissão das partes, e não dos seus procuradores. Se qualquer das partes der andamento, o processo continuará. Caso contrário, persistindo inertes as partes, será proferida sentença sem resolução de mérito. Contra esta, poderá ser interposta apelação, situação em que o juiz terá 5 dias para, se for o caso, retratar-se.

c) **Por não promover os atos e as diligências que lhe incumbir, o autor abandonar a causa por mais de 30 dias**: se o autor, embora provocado, deixa, por mais de 30 dias, de dar andamento ao processo, esse deve ser extinto sem resolução de mérito, com condenação daquele no pagamento das despesas processuais, dentre as quais se incluem os honorários advocatícios para o caso de o réu ter constituído advogado. A não resolução de mérito, por abandono da causa pelo autor, depende de requerimento do réu (enunciado 240 da súmula do STJ). É assim, também, que dispõe o § 6º do art. 485 do CPC: "oferecida a contestação, a extinção do processo por abandono da causa pelo autor depende de requerimento do réu". Se ele for revel (STJ. REsp 770240/PB. DJU 31.05.07) ou se ainda não tiver sido citado (STJ. REsp 688681/CE. DJU 11.04.05), evidentemente será dispensado o requerimento do réu, até porque o processo é instrumento de realização do direito material e de efetivação da tutela jurisdicional, sendo de feição predominantemente pública, que não deve prestar obséquios aos caprichos de litigantes desidiosos (STJ. REsp 439309/MG. DJ 14.04.03). Antes de proferir sentença, deve o juiz intimar pessoalmente o autor para, no prazo de 5 dias, dar andamento ao processo (a não ser que ele esteja advogando em causa própria, situação em que a intimação pessoal será dispensada – STJ. REsp 218284/RS. DJU 07.10.02). Tal providência se justifica, porque o juízo precisa se certificar que a paralisação se deu por omissão do autor e não do seu procurador. Se o autor der andamento, o processo continuará. Caso contrário, persistindo inerte, será proferida sentença sem resolução de mérito. Contra esta, poderá ser interposta apelação, situação em que o juiz terá 5 dias para, se for o caso, retratar-se.

d) **Verificar a ausência de pressupostos de constituição e de desenvolvimento válido e regular do processo**: a ausência de pressupostos processuais, que impossibilitam o desenvolvimento válido do processo, conduz à prolação de sentença terminativa. Não é a ausência de todo e qualquer pressuposto de desenvolvimento que implica não resolução de mérito, mas apenas aqueles que não podem ser ou não foram oportunamente supridos. No caso da incompetência, por exemplo, supre-se a ausência do pressuposto com a simples remessa do processo ao juízo competente. No caso de regularidade da representação processual, supre-se a ausência do pressuposto pela oportuna ação das partes, a menos que estes permaneçam inertes, hipótese em que ficará sem resolução de mérito. Se os pressupostos forem de constituição, caso estejam ausentes, não há que se falar em processo, motivo porque nem se cogita em sentença no não processo. A hipótese contemplada pelo art. 485, IV, do CPC, deveria, portanto, fazer referência apenas aos pressupostos de desenvolvimento válido (regular) do processo, e não aos de constituição.

O juiz conhecerá de ofício, em qualquer tempo e grau de jurisdição, enquanto não ocorrer o trânsito em julgado, a ausência de pressupostos de desenvolvimento válido e regular do processo. Todavia, o réu que não a alegar, na primeira oportunidade em que lhe caberia falar nos autos, responderá pelas custas de retardamento.

Interposta apelação, o juiz terá 5 dias para, se for o caso, retratar-se.

e) **Reconhecer a existência de perempção, de litispendência ou de coisa julgada**: se a sentença reconhecer a existência de perempção, de litispendência ou de coisa julgada (que são pressupostos processuais negativos), não haverá resolução de mérito. A atividade jurisdicional para o reconhecimento de qualquer destes pressupostos negativos independe de provocação. O juiz deve agir *ex officio*, o que não dispensa, todavia, a intimação das partes para se pronunciar acerca da questão arguida. A perempção ocorre quando o autor houver dado motivo, por 3 vezes consecutivas, à impossibilidade de resolução de mérito por não ter promovido os atos e diligências que lhe competiam, abandonando a causa por mais de 30 dias, conforme reconhecido pelas sentenças terminativas anteriores. Se os motivos da não resolução de mérito das sentenças anteriores não decorrerem de abandono do autor, inexiste perempção. A litispendência ocorre quando é intentada, perante órgãos jurisdicionais brasileiros, ação idêntica à outra pendente (ainda que haja diversidade de procedimentos ou que os pedidos, conquanto diferentes, sejam equivalentes[13]). E a coisa julgada aqui descrita se dá quando é repetida ação idêntica a outra anteriormente decidida por sentença de mérito transitada em julgado.

O juiz conhecerá de ofício, em qualquer tempo e grau de jurisdição, enquanto não ocorrer o trânsito em julgado, a alegação de perempção, de litispendência ou de coisa julgada. Todavia, o réu que não a alegar na primeira oportunidade em que lhe caberia falar nos autos responderá pelo pagamento das custas de retardamento.

Interposta apelação, o juiz terá 5 dias para, se for o caso, retratar-se.

13. Haverá, assim, litispendência se a ação reproposta for daquelas vedadas pela lei em razão do concurso, que determina a escolha pelo autor de uma delas (como exemplifica o art. 1.105 do CC: ou o autor intenta ação para abatimento do preço ou para a resolução do contrato).

f) **Verificar ausência de legitimidade ou de interesse processual**: a ausência de qualquer das condições da ação conduz à carência do direito de ação, que impossibilita a resolução de mérito. Assim, verificada a carência do direito de ação, será proferida sentença sem resolução de mérito. Pode ocorrer de, quando intentada a ação, estivesse ausente qualquer de suas condições, mas, depois, restou preenchida. Se tal ocorrer, não deverá ser proferida sentença terminativa, porque eventual carência do direito de ação não mais persistirá. O juiz deve levar em consideração, de ofício ou a requerimento, o fato superveniente, a teor do art. 494 do CPC.

O juiz conhecerá de ofício, em qualquer tempo e grau de jurisdição, enquanto não ocorrer o trânsito em julgado, a ausência de qualquer das condições de ação. Mas, o réu que a não alegar na primeira oportunidade em que lhe caberia falar nos autos responderá pelas custas de retardamento.

Interposta apelação, o juiz terá 5 dias para, se for o caso, retratar-se.

Sobre as condições da ação e sua aferição, ver Capítulo 3, que trata do tema especificamente.

g) **Acolher a alegação de existência de convenção de arbitragem ou quando o juízo arbitral reconhecer sua competência**: a convenção de arbitragem (pressuposto processual negativo) é gênero do qual são espécies a cláusula compromissória e o compromisso arbitral, sendo este o ajuste, e aquela cláusula contratual, de as partes se submeterem à decisão de mérito a ser proferida pelo árbitro. Sobre o tema, remete-se ao Capítulo 2.

Segundo o art. 337, X, do CPC, incumbe ao réu, antes de discutir o mérito, alegar a existência de convenção de arbitragem. O § 5º do art. 337 do CPC, por seu turno, estabelece que, "excetuadas a convenção de arbitragem e a incompetência relativa, o juiz conhecerá de ofício das matérias enumeradas neste artigo". Ou seja, trata-se de matéria cujo conhecimento depende de provocação; o juiz não pode reconhecer a existência de convenção de arbitragem de ofício.

Acolhida a alegação de existência de convenção de arbitragem, o juiz extinguirá o processo sem resolução do mérito, depois de ouvidas as partes sobre a questão.

Questão de Concurso

▶ **(CESPE. TJ-BA. Juiz de Direito. 2019)**[14]: O juiz proferirá sentença sem resolução de mérito quando

a) acolher a alegação de existência de convenção de arbitragem.
b) homologar a transação.
c) homologar o reconhecimento da procedência do pedido formulado na ação.
d) homologar a renúncia à pretensão formulada na ação.
e) verificar a impossibilidade jurídica do pedido.

Interposta apelação, o juiz terá 5 dias para, se for o caso, retratar-se.

h) **Homologar a desistência da ação**: a desistência da ação é ato processual, que, quando homologado, impossibilita a resolução de mérito. Após a contestação (e

14. Gabarito: Letra A.

não após o escoamento do prazo da contestação), o requerimento de desistência (de regra) somente pode ser homologado se houver anuência do réu ou, a critério do juiz, se a parte deixar de anuir sem motivo justificado, até porque a recusa deve ser fundamentada e justificada, não bastando a simples alegação de discordância, sem a indicação de motivo relevante (STJ. REsp 241780/PR. DJU 03.04.00). Mas, há exceções a dispensar a concordância do réu para que seja homologado o requerimento de desistência da ação. No mandado de segurança, por exemplo, que é regido por legislação especial (Lei nº 12.016/2009), o impetrante pode desistir de mandado de segurança sem a anuência do impetrado mesmo após a prolação da sentença de mérito (STJ. REsp 1.405.532-SP, DJe 10/12/2013). Igualmente, dispensa a concordância do réu o pedido de desistência formulado para aderir a posicionamento firmado por tribunal superior em julgamento de recurso extraordinário ou recurso especial repetitivos. Se o requerimento de desistência for formulado antes da citação, o autor somente responde pelas custas processuais e, tendo a citação sido efetuada, deve arcar também com os honorários do advogado do réu (STJ. REsp 638382/DF. DJU 09.05.06). A desistência da ação pode ser apresentada até a sentença. Depois da sentença, não será mais permitida, em qualquer hipótese, a desistência (STJ. REsp 1.115.161/RS. DJe 04.03.10).

A desistência difere-se da renúncia ao direito sobre qual se funda a ação, a considerar que esta, diferentemente daquela, alcança o direito material (ou, para ser mais preciso, o objeto litigioso do processo), de forma definitiva, pelo que justifica a prolação de decisão com resolução de mérito.

IMPORTANTE! Nas ações em que a União figurar como ré, não poderá haver formulação de requerimento de desistência, mas, unicamente, renúncia ao direito em que aquelas se fundam (art. 3º da Lei nº 9.469/97) (STJ. REsp 1174137/PR. DJe 06.04.10).

Relativamente à formulação de requerimento de desistência, o art. 105 do CPC dispõe que "a procuração geral para o foro, outorgada por instrumento público ou particular assinado pela parte, habilita o advogado a praticar todos os atos do processo, exceto [...] desistir". A dizer de outra forma, a desistência só pode ser requerida pelas partes ou por procurador com poderes especiais (STJ. MS 12241/DF. DJe 25.03.08).

Homologada a desistência, será proferida sentença sem resolução de mérito. Interposta apelação, o juiz terá 5 dias para, se for o caso, retratar-se.

i) **Em caso de morte da parte, a ação for considerada intransmissível por disposição legal**: se a ação processualizada é intransmissível, qualquer outra pessoa que a deduza (ou contra quem é deduzida) será considerada parte ilegítima. Somente estarão legitimadas as pessoas integrantes da relação jurídica levada a juízo. Por essa razão, falecendo uma (ou ambas) as partes, será proferida sentença terminativa (sem resolução de mérito), tendo em conta a perda superveniente da legitimidade. Aliás, como antes dito, se verificada a ausência de qualquer das condições da ação, será proferida sentença terminativa e o juiz poderá conhecer essa questão de ofício, em qualquer tempo e grau de jurisdição, enquanto não ocorrer o trânsito em julgado.

Contra a sentença poderá ser interposta apelação, situação em que o juiz terá 5 (cinco) dias para, se for o caso, retratar-se.

j) **Nos demais casos prescritos neste Código**: além das hipóteses elencadas pelo art. 485, o CPC prevê outras que dão ensejo à impossibilidade de resolução de mérito, a exemplo do que prevê o § 3º do art. 313[15] e o parágrafo único do art. 115[16]. Qualquer que seja o caso de sentença terminativa, interposta, contra ela, apelação, o juiz terá 5 dias para retratar-se.

Questão de Concurso

▶ **(IESES – Cartório – Provimento – TJ – CE/2018)**[17] Acerca da disciplina da Formação, Suspensão e Extinção do Processo no Código de Processo Civil, considere as seguintes afirmações:

I. Extingue-se o processo pela morte ou pela perda da capacidade processual de qualquer das partes, de seu representante legal ou de seu procurador.

II. Antes de proferir decisão sem resolução de mérito, o juiz deverá conceder à parte oportunidade para, se possível, corrigir o vício.

III. É causa legal para a suspensão do processo o fato de o advogado responsável, sendo o único patrono da causa, tornar-se pai.

Está correto o que se afirma em:

a) I e II.

b) I e III.

c) I, II e III.

d) II e III.

Por sua vez, o art. 487 do Código de Processo Civil apresenta um rol de situações em que será proferida sentença de resolução de mérito. De acordo com o seu texto, haverá **resolução de mérito quando o juiz**:

a) **Acolher ou rejeitar o pedido formulado na ação ou na reconvenção**: em sendo o pedido do autor, na ação, ou do réu, na reconvenção, julgado procedente (no todo ou em parte) ou improcedente, haverá resolução de mérito. A redação do inciso I do art. 487 do CPC/2015 traz evolução em relação àquela trazida pelo inciso I do art. 269 do CPC/1973, pois considera também numa concepção isonômica, a possibilidade de ser veiculado pedido pelo réu mediante apresentação de reconvenção. Não adota, contudo, ao ver dos autores desse livro, o melhor fator de delimitação do objeto litigioso do processo (que não é o pedido, mas sim as afirmações de existência de direito, sendo essas, se acolhidas ou rejeitadas, que definem a procedência ou improcedência da ação).

15. Art. 313. Suspende-se o processo:[...] § 3º No caso de morte do procurador de qualquer das partes, ainda que iniciada a audiência de instrução e julgamento, o juiz determinará que a parte constitua novo mandatário, no prazo de 15 (quinze) dias, ao final do qual extinguirá o processo sem resolução de mérito, se o autor não nomear novo mandatário, ou ordenará o prosseguimento do processo à revelia do réu, se falecido o procurador deste.

16. Art. 115. A sentença de mérito, quando proferida sem a integração do contraditório, será:[...] Parágrafo único. Nos casos de litisconsórcio passivo necessário, o juiz determinará ao autor que requeira a citação de todos que devam ser litisconsortes, dentro do prazo que assinar, sob pena de extinção do processo.

17. Gabarito: Letra D.

Esta hipótese de resolução de mérito (ao contrário das demais elencadas no art. 487 do CPC) é a única em que haverá um "julgamento". Por isso, não se fala, no mais das vezes, em "julgamento de mérito" (espécie) e, sim, em "resolução de mérito" (gênero). Por isso que a redação do *caput* do art. 487 do CPC/2015 refere-se à "resolução" e não a "julgamento" do mérito, como ocorria antes, na redação originária do CPC/1973.

Nessa situação, diferentemente das demais previstas pelo art. 487 do CPC, o juiz forma sua convicção (mesmo que isso não ocorra, a considerar a possibilidade de julgar mediante estado de perplexidade ou a necessidade de seguir precedente vinculante), a resolver o mérito, sem que a vontade de qualquer das partes ou o transcorrer de lapso temporal sejam elementos determinantes para definir o resultado.

b) **Decidir, de ofício ou a requerimento, sobre a ocorrência de decadência ou prescrição**: tanto a prescrição como a decadência possibilitam a resolução do mérito. Enquanto que a prescrição é uma exceção material, ou seja, contradireito, que neutraliza aquele afirmado pela parte adversa, a decadência é uma objeção, que prejudica a própria existência do direito. Tanto a prescrição quanto a decadência prejudicam o julgamento, mas não a resolução de mérito. Se verificada a prescrição, o juiz resolve manter os fatos, como se apresentam, pela perda da pretensão. Se verificada a decadência, o juiz resolve manter os fatos, como se apresentam, pela perda do direito. Em ambos os casos, tal ocorre em razão do transcurso de lapso temporal mínimo determinado em lei. Quando decretada a prescrição ou a decadência, entende-se que qualquer alteração dos fatos pelo Estado-juiz atentaria contra a segurança jurídica. Assim, verificada a ocorrência de alguma delas, o órgão julgador deve, a requerimento de qualquer parte ou mesmo de ofício, decretá-la para ofertar a resolução de mérito. Também se rejeitada a alegação de prescrição ou decadência, a decisão será de mérito (conforme orientação do enunciado 161 do Fórum Permanente de Processualistas Civis). A prescrição e a decadência não serão reconhecidas sem que antes seja dada às partes oportunidade de manifestar-se.

c) **Homologar o reconhecimento da procedência do pedido formulado na ação ou na reconvenção**: o reconhecimento da procedência do pedido é ato negocial unilateral da parte. Para que possa ensejar a prolação de sentença, com a consequente resolução do mérito, o reconhecimento deve ser total (o parcial, conquanto possa resolver o mérito naquela parte, por decisão interlocutória definitiva, não autoriza, pelo menos em tese, a prolação de sentença) e homologado pelo juiz. Tanto o autor quanto o réu, em respeito à própria isonomia, podem reconhecer a procedência do pedido, mas o réu fará em relação àquele formulado na petição inicial, enquanto que o autor fará em relação àquele formulado na reconvenção.

São requisitos para este ato volitivo a disponibilidade do direito e a capacidade de ser parte. O advogado, para assim proceder em nome da parte, deve ter poderes especiais no instrumento de procuração (art. 105, *caput*, do CPC[18]).

18. Art. 105. A procuração geral para o foro, outorgada por instrumento público ou particular assinado pela parte, habilita o advogado a praticar todos os atos do processo, exceto receber citação, confessar, reconhecer a proce-

Se o réu reconhece a procedência do pedido, e desde que estejam preenchidos os requisitos apontados, o juiz, por sentença, resolverá o mérito. O mesmo acontecerá se o reconhecimento partir do autor com relação à reconvenção. Só que, aí, para ser sentença, é necessário que não haja mais questão pendente de solução na ação intentada pelo autor ou que ela seja resolvida conjuntamente com a reconvenção. Caso contrário, será uma decisão interlocutória definitiva de mérito (julgamento parcial antecipado de mérito).

Se não preenchidos os requisitos para a homologação do reconhecimento da procedência (a disponibilidade do direito e a capacidade de ser parte), o juiz dará seguimento ao processo, podendo resolver o mérito, mas não necessariamente (embora possa ser) no sentido do reconhecimento da procedência do pedido.

Para que não se cometam equívocos na construção normativa, é necessário compreender que o pedido está relacionado ao mérito da ação. Embora sejam veiculados, com predominância, na petição inicial e na reconvenção, pode ocorrer de eles serem veiculados por intermédio de outros meios processuais.

Mais que isso, pode ocorrer de, em alguns casos, serem julgadas afirmações trazidas pelas partes (especificamente, as que estejam relacionadas às questões prejudiciais ao mérito – art. 503, § 1º, do CPC[19]), mesmo que não veiculadas por pedidos e, ainda assim, ser objeto de análise judicial, capaz de resolver o mérito. Nessa situação, há a possibilidade de as partes reconhecerem procedência das afirmações, que têm repercussão direta nos pedidos, pois, sendo procedentes aquelas, prejudicados ficam estes.

Quem reconhece a procedência do pedido deve arcar com as despesas processuais, em razão do princípio da causalidade. Se ambas as partes reconhecem, cada uma responderá pelas respectivas despesas.

d) **Homologar a transação**: se as partes, mediante concessões mútuas até chegarem a um patamar aceito por ambas, optarem pela resolução do mérito, o juiz, a observar a legalidade do ato, bem assim a disponibilidade do direito e a capacidade de autor e réu serem parte, homologará a composição. Com isso, o mérito estará resolvido. Diferentemente do que se poderia concluir, não basta a transação firmada entre as partes; é preciso que ela seja homologada pelo juiz. Por isso, o art. 487, III, "b", do CPC/2015 traz redação diferente daquela apresentada pelo art. 269, III, do CPC/1973, que coloca como hipótese de resolução de mérito "quando as partes transigirem". Homologada a transação, as despesas processuais devem ser divididas entre as partes em iguais partes, a não ser que, nos termos da transação, haja, entre as partes, pactuação em sentido diverso.

e) **Homologar a renúncia à pretensão formulada na ação ou na reconvenção**: a renúncia à pretensão formulada na ação ou na reconvenção é ato privativo da parte

dência do pedido, transigir, desistir, renunciar ao direito sobre o qual se funda a ação, receber, dar quitação, firmar compromisso e assinar declaração de hipossuficiência econômica, que devem constar de cláusula específica.

19. Art. 503. A decisão que julgar total ou parcialmente o mérito tem força de lei nos limites da questão principal expressamente decidida.§ 1º O disposto no caput aplica-se à resolução de questão prejudicial, decidida expressa e incidentemente no processo, se:I – dessa resolução depender o julgamento do mérito;II – a seu respeito tiver havido contraditório prévio e efetivo, não se aplicando no caso de revelia;III – o juízo tiver competência em razão da matéria e da pessoa para resolvê-la como questão principal.[...]

que aciona, a ser exercido em qualquer tempo ou grau de jurisdição, independentemente da anuência da parte adversa. O autor pode renunciar à pretensão formulada na ação, enquanto que o réu poder renunciar à pretensão formulada na reconvenção. Quando homologada a renúncia (o que ocorrerá se verificada a disponibilidade do direito e a capacidade de ser parte), haverá resolução do mérito. Antes, o art. 269, V, do CPC/1973 dispunha que haveria resolução de mérito "quando o autor renunciar ao direito sobre que se funda a ação". O art. 487, III, "c", do CPC/2015 corrigiu o texto legal, ao reconhecer a possibilidade de renúncia por parte do réu, quando apresentasse reconvenção. Corrigiu também a referência a "pretensão" em vez de "direito", que não existia, até mesmo pela renúncia, que impossibilitava a sua certificação (do direito).

Se o autor renuncia à pretensão formulada na ação, e desde que estejam preenchidos os requisitos da disponibilidade do direito e da capacidade de ser parte, o juiz, por sentença, resolverá o mérito. O mesmo acontecerá se a renúncia partir do réu com relação à reconvenção. Só que, aí, para ser sentença, é necessário que não haja mais questão pendente de solução na ação intentada pelo autor ou que ela seja resolvida conjuntamente com a reconvenção. Caso contrário, será uma decisão interlocutória definitiva de mérito (julgamento parcial de mérito).

A renúncia à pretensão prescinde de anuência pela parte adversa, porque, no plano pragmático, produz efeitos equivalentes ao da improcedência, sendo esta o maior benefício que a parte poderia alcançar com a sua resistência. Com efeito, a renúncia é instituto de natureza material (pelo que não se confunde com a desistência da ação), cujos efeitos equivalem aos da improcedência, a impedir, assim, a propositura de qualquer outra ação idêntica (STJ. AgRg no REsp 319894/SC. DJU 01.03.04). Entretanto, a renúncia não significa improcedência. Aquela pode decorrer de elemento volitivo, enquanto esta não.

Interessante questão relaciona-se ao reconhecimento da procedência do pedido e à renúncia à pretensão. Se coexistirem, qual deles deve prevalecer por ocasião da prolação da sentença? A resposta é a renúncia à pretensão, pois, se não há mais pretensão, não mais será possível o reconhecimento da procedência do pedido. A existência de pretensão é pressuposto lógico sem o qual não pode haver reconhecimento da procedência pela parte demandada.

Quem renuncia à pretensão deve arcar com as despesas processuais. Se ambas as partes renunciarem, cada uma responderá pelas respectivas despesas.

IMPORTANTE! Sob a vigência do CPC/1973, o art. 267, X, dispunha que "extingue-se o processo, sem resolução de mérito [...] quando ocorrer confusão entre autor e réu [...]". O CPC/2015, nem no art. 485, nem no art. 487, fez qualquer referência ao instituto da confusão. Apesar disso, o enunciado 160 do Fórum Permanente de Processualistas Civis orienta que "a sentença que reconhece a extinção da obrigação pela confusão é de mérito".

5. SÚMULAS

Súmulas do STJ

240. A extinção do processo, por abandono da causa pelo autor, depende de requerimento do réu.

452. A extinção das ações de pequeno valor é faculdade da Administração Federal, vedada a atuação judicial de ofício.

6. ENUNCIADOS DO FPPC

160. A sentença que reconhece a extinção da obrigação pela confusão é de mérito.

161. É de mérito a decisão que rejeita a alegação de prescrição ou de decadência.

292. Antes de indeferir a petição inicial, o juiz deve aplicar o disposto no art. 321.

293. O juízo de retratação, quando permitido, somente poderá ser exercido se a apelação for tempestiva.

7. INFORMATIVOS

Informativos do STJ

MS. Desistência. Consentimento. Parte adversa.

Daí, então, ser lícita a apresentação de pedido de desistência em qualquer fase processual, independentemente do consentimento da parte contrária. [...]. REsp 930.952-RJ, Rel. originário Min. José Delgado, Rel. para acórdão Min. Luiz Fux (art. 52, IV, b, RISTJ), julgado em 12/5/2009.

Desistência. Ação. Oposição. Réu.

[...] a União condicionou sua concordância ao pedido de desistência à renúncia expressa do autor sobre o direito em que se funda a ação, de acordo com o referido artigo da Lei nº 9.469/1997. Sendo assim, não há abuso de seu direito. Diante do exposto, a Turma deu provimento ao recurso da União para afastar a extinção do processo e determinar o prosseguimento do feito. [...]. REsp 1.174.137-PR, Rel. Min. Luiz Fux, julgado em 6/4/2010.

Recurso. Execução. Habilitação. Herdeiro.

Há precedentes deste Superior Tribunal no sentido da nulidade dos atos praticados após a morte do exequente, pois esse fato é, por si, bastante para determinar a suspensão do processo, mostrando-se irrelevante o momento em que o juízo foi alertado do falecimento. [...]. REsp 651.200-RS, Rel. Min. Luis Felipe Salomão, julgado em 3/9/2009.

Indenização. Vazamento. Óleo. Acordo.

[...] quando o credor dá quitação parcial da dívida, mesmo por meio de transação, tal remissão não aproveita aos outros devedores. Assim, o acordo significa a liberação daquele devedor que participou com relação à quota-parte pela qual era responsável. Por isso, a ação contra a recorrida (sociedade empresarial administradora do porto) somente pode ser pelo *quantum* indenizatório remanescente *pro rata*, que lhe cabe. [...]. REsp 1.079.293-PR, Rel. Min. Carlos Fernando Mathias (Juiz convocado do TRF da 1ª Região), j. 7/10/2008. 4ª T. (Info. nº 371)

Recurso repetitivo. FGTS. Termo. Adesão. Extinção. Processo.

A juntada do termo de adesão ao acordo previsto no art. 4º, I, da LC nº 110/2001 é imprescindível à validade da extinção do processo em que se discute complementação de correção monetária nas contas vinculadas ao FGTS. A renúncia ao direito deve ser expressa e é interpretada restritivamente (art. 114 do CC/2002). Assim, não se pode presumir que os saques efetuados pelo titular na conta vinculada configuram anuência à forma e ao modo previstos no art. 6º da referida LC para o pagamento do direito à correção monetária. Anote-se, por último, que a Súm. Vinculante nº 1-STF prestigia, justamente, a validade daquele instrumento. [...]. REsp 1.107.460-PE, Rel. Min. Eliana Calmon, julgado em 12/8/2009.

8. SINOPSE

FORMAÇÃO, SUSPENSÃO E EXTINÇÃO DO PROCESSO
Considerações Iniciais
O processo, que se consubstancia na composição ordenada de atos processuais, destinados ao exercício da jurisdição pelo juiz e da ação/defesa pelas partes, se vier a se formar, ele, obrigatoriamente, extinguir-se-á, podendo, entre um e outro ato jurídico processual, suspender-se.

<table>
<tr><th colspan="2">Formação do Processo</th></tr>
<tr><td colspan="2">A formação do processo obedece à inércia. Embora possa se desenvolver por impulso oficial, ele (o processo) começa por iniciativa do autor, necessariamente, que, pelo exercício do direito de ação, provoca o Estado-juiz a prestar a tutela jurisdicional. Mas, não quer dizer que a prestação jurisdicional não possa ser ofertada em favor do réu.</td></tr>
<tr><th colspan="2">Suspensão do Processo</th></tr>
<tr><td colspan="2">Pode ocorrer de, entre a formação e a extinção, o processo se suspender. Ela não é de necessária verificação no curso processual. Eventualmente, em decorrência de decisão judicial fundada em fatos jurídicos, atos jurídicos das partes ou atos judiciais legalmente previstos, pode haver suspensão do processo. Ela consiste na abstenção da prática dos atos processuais destinados à prestação jurisdicional.

Suspende-se o processo: a) pela morte ou pela perda da capacidade processual de qualquer das partes, de seu representante legal ou de seu procurador; b) pela convenção das partes; c) pela arguição de impedimento ou de suspeição; d) pela admissão de incidente de resolução de demandas repetitivas; e) quando a sentença de mérito: i) depender do julgamento de outra causa ou da declaração de existência ou de inexistência de relação jurídica que constitua o objeto principal de outro processo pendente; ii) tiver de ser proferida somente após a verificação de determinado fato ou a produção de certa prova, requisitada a outro juízo; f) por motivo de força maior; g) quando se discutir em juízo questão decorrente de acidentes e fatos da navegação de competência do Tribunal Marítimo; h) nos demais casos que este Código regula.</td></tr>
<tr><th colspan="2">Extinção do Processo</th></tr>
<tr><td colspan="2">Embora se chame "da extinção do processo", no mais das vezes deve ser compreendida como da extinção da fase de conhecimento. O ideal é que haja resolução de mérito. Tanto que o Código de Processo Civil estimula a primazia da resolução de mérito. Contudo, alguns fatos processuais impedem o órgão julgador de alcançar este objetivo, sendo a fase de cognição (pelo menos) extinta sem resolução de mérito.</td></tr>
<tr><td>Sem resolução de mérito</td><td>O art. 485 dispõe a respeito das hipóteses de não resolução do mérito, que ocorrerá quando: a) indeferir a petição inicial; b) o processo ficar parado durante mais de 1 (um) ano por negligência das partes; c) por não promover os atos e as diligências que lhe incumbir, o autor abandonar a causa por mais de 30 (trinta) dias; d) verificar a ausência de pressupostos de constituição e de desenvolvimento válido e regular do processo; e) reconhecer a existência de perempção, de litispendência ou de coisa julgada; f) verificar ausência de</td></tr>
<tr><td></td><td>legitimidade ou de interesse processual; g) acolher a alegação de existência de convenção de arbitragem ou quando o juízo arbitral reconhecer sua competência; h) homologar a desistência da ação; i) em caso de morte da parte, a ação for considerada intransmissível por disposição legal; e nos demais casos prescritos neste Código.</td></tr>
<tr><td>Com resolução de mérito</td><td>Por sua vez, o art. 487 do Código de Processo Civil apresenta um rol de situações em que será proferida sentença de resolução de mérito. De acordo com o seu texto, haverá resolução de mérito quando o juiz: I – acolher ou rejeitar o pedido formulado na ação ou na reconvenção; II – decidir, de ofício ou a requerimento, sobre a ocorrência de decadência ou prescrição; III – homologar: a) o reconhecimento da procedência do pedido formulado na ação ou na reconvenção; b) a transação; c) a renúncia à pretensão formulada na ação ou na reconvenção.</td></tr>
</table>

CAPÍTULO 25

PETIÇÃO INICIAL

Sumário • 1. Considerações iniciais – 2. Requisitos – 3. Aditamento e alteração – 4. Emenda – 5. Indeferimento – 6. Improcedência liminar do pedido – 7. Súmulas – 8. Enunciados do FPPC – 9. Enunciados do FNPP – 10. Enunciados do CJF – 11. Informativos – 12. Sinopse.

1. CONSIDERAÇÕES INICIAIS

Quando peticiona em juízo, a parte pratica um ato postulatório. Pede-se uma providência ao Estado-juiz. A primeira petição do processo é chamada de inicial. Quando apresentada, traz consigo o exercício do direito de ação. Mas não são apenas as iniciais são consideradas instrumentos de exercício do direito de ação. Este pode ser exercido por outras petições, a exemplo da contestação, que veicula contradireito, e da própria reconvenção (que será apresentada em petição autônoma, se não apresentada contestação).

Quando iniciais (e não necessariamente quando veiculam o direito de ação), as petições precisam preencher uma série de requisitos. Alguns deles decorrem da própria composição da ação processualizada, que exigem, por exemplo, a identificação das partes e a exposição dos fatos e dos fundamentos jurídicos do pedido. Mas não são esses os únicos requisitos. As considerações do presente capítulo, que se relacionam às petições iniciais, apresentarão tais requisitos e suas repercussões.

2. REQUISITOS

São requisitos da petição inicial: a) o juízo a que é dirigida; b) os nomes, os prenomes, o estado civil, a existência de união estável, a profissão, o número de inscrição no Cadastro de Pessoas Físicas ou no Cadastro Nacional da Pessoa Jurídica, o endereço eletrônico, o domicílio e a residência do autor e do réu; c) o fato e os fundamentos jurídicos do pedido; d) o pedido com as suas especificações; e) o valor da causa; f) as provas com que o autor pretende demonstrar a verdade dos fatos alegados; g) a opção do autor pela realização ou não de audiência de conciliação ou de mediação.

Analisam-se cada um desses requisitos:

a) **O juízo a que é dirigida**: a observar as disposições legais (e constitucionais) relativas à competência, o autor deve indicar, no cabeçalho da petição inicial, o juízo a que ela é dirigida. Se na comarca ou seção judiciária houver mais de um órgão jurisdicional (juízo) competente, será feita a distribuição (sorteio aleatório e igualitário) a se prescindir a indicação numérica. Por exemplo, se for distribuída uma ação para alguma vara cível, em comarca onde há várias outras, a petição inicial deve indicar que está sendo direcionada "Ao Juízo de Direito da ___ª Vara Cível da Comarca", sem especificar qual delas especificamente. Sob a égide do CPC/1973, o art. 282, I, fazia referência a "juiz" ou "tribunal" competente. Como se percebe, houve uma correção técnica, porque a petição não é dirigida à pessoa do juiz, mas ao órgão jurisdicional. Assim, em vez de "juiz", o texto do art. 319, I, do CPC/2015, trouxe o vocábulo "juízo", que pode ser, além de uma vara qualquer, outro órgão jurisdicional integrante do próprio tribunal (inclusive unipessoal), especialmente quando se tratar de ação de competência originária dele.

A finalidade desse requisito da petição inicial é possibilitar que ela chegue ao órgão jurisdicional, que dará andamento ao processo. Se houver indicação equivocada, sendo remetida a petição a juízo incompetente, a petição não será indeferida. Caberá ao juízo incompetente (ou mediante provocação do réu, se a incompetência for relativa) remeter ao juízo competente. Assim, se houver mudança (em razão da verificação de qualquer fator de modificação) ou correção de competência, as petições seguintes devem ser direcionadas ao juízo reconhecido como competente.

b) **Os nomes, os prenomes, o estado civil, a existência de união estável, a profissão, o número de inscrição no Cadastro de Pessoas Físicas ou no Cadastro Nacional da Pessoa Jurídica, o endereço eletrônico, o domicílio e a residência do autor e do réu**: a petição inicial deve trazer a individualização das partes de forma suficiente (para que a ação não seja intentada por e contra pessoa incerta, a impossibilitar, até mesmo, as próprias comunicações processuais), o que é feito com a indicação dos dados encimados. Às pessoas jurídicas, resta impossibilitada a indicação do estado civil e da profissão (mas é conveniente, embora não seja obrigatória, a indicação do tipo de sociedade, porquanto servil, dentre outras finalidades, à apuração e quantificação de responsabilidade). Se, na petição inicial, a parte denunciar à lide, ela deve qualificar também o denunciado. A qualificação das partes, se não vier no corpo da petição inicial, pode ser apresentada no instrumento de procuração outorgado ao advogado (STJ. REsp 11.096/MG. DJU. 16.09.91) ou em relação anexa (especialmente quando houver pluralidade) para facilitar o manuseamento processual (STJ. RMS 2.741/SP. DJU 15.08.94).

Os requisitos de qualificação, embora exaustivos, podem ser ampliados pela vontade e iniciativa das partes. Mas não se admite a determinação judicial de ampliação, a ponto de se exigir, por exemplo, a identificação (com folha de rosto ou descrição eletrônica) dos documentos juntados, bem assim a entrega de cópia autenticada do cartão de CPF como "requisitos" de aptidão da petição inicial, eis que não se impõe, por meio de lei, tais obrigações às partes (STJ. REsp 539219/RJ. DJU 01.07.04). Aliás, imposições em tal sentido restringiriam o próprio acesso à prestação jurisdicional, o que carregaria, certamente, a pecha de inconstitucionalidade.

A considerar que a qualificação das partes tem o fim de individualizá-las, é possível a propositura de ação sem que sejam preenchidos todos os requisitos indicados. Basta que as partes estejam individualizadas para que possam ser regularmente citadas, o que pode ser feito mediante a apresentação de outras informações. Exemplo ilustrativo é o das ações possessórias, onde os esbulhadores são pessoas não identificadas. Embora quase impossível preencher os requisitos de qualificação dos réus, conforme descritos no art. 319 do CPC, eles podem ser individualizados (a possibilitar a citação) pela indicação do lugar de esbulho. O importante é garantir o acesso à prestação jurisdicional sem prejuízo, em contrapartida, do contraditório.

Não há de se esquecer, porém, que o estado civil, bem assim a indicação da existência de união estável, tem importância para se identificar a necessidade de outorga uxória e para se verificar a legitimação processual (art. 73 do CPC[1]), pelo que, se não indicados corretamente, deve o réu, em sua resposta (ou na primeira oportunidade que lhe couber falar nos autos), proceder à indicação corretiva.

Para fins de comunicação dos atos processuais, é necessário conhecer a profissão (para estabelecer a forma daquela, que pode ser um convite, uma requisição ou uma intimação), assim como o domicílio e a residência (para localização das partes, a se observar que alguns atos processuais são endereçados e, às vezes, praticados por aquelas pessoalmente) das partes.

A identificação da profissão das partes litigantes é igualmente útil para avaliação de suas condições socioeconômicas, a se aferir se é o caso ou não de concessão dos benefícios da gratuidade judiciária, porque pode ser um indício de que a parte possui condições de pagar as despesas do processo sem prejuízo do sustento próprio ou de sua família (STJ. REsp 36730/RS. DJU 15.12.03). Também é importante a indicação da profissão para designação e comparecimento em audiências. Algumas autoridades são tratadas com deferência, podendo escolher dia, hora e local para serem ouvidas.

O art. 319, II, do CPC/2015, traz como novidade a indicação do número de inscrição no Cadastro de Pessoas Físicas ou no Cadastro Nacional da Pessoa Jurídica como requisito da petição inicial. Sua indicação é servil à prática de alguns atos processuais essenciais, principalmente aqueles adstringidos à localização de pessoas e/ou de bens que garantirão eventual execução. Basta que seja realizada a indicação numérica, a se prescindir a juntada do respectivo cartão.

Outrossim, também como novidade, o art. 319, II, do CPC/2015 dispõe que a petição inicial deve indicar os endereços eletrônicos das partes. Eles são necessários à realização de comunicações eletrônicas, que, quando possível, torna, em alguns casos, dispensável até a indicação do domicílio e residência. Inclusive, o domicílio e a residência, se desconhecidos ou incertos, podem, também, prescindir de indicação, mas, nesse caso, a citação, pelo menos, terá que ser efetuada de forma eletrônica ou por edital (mas não restringirá a garantia de acesso à prestação jurisdicional).

1. Art. 73. O cônjuge necessitará do consentimento do outro para propor ação que verse sobre direito real imobiliário, salvo quando casados sob o regime de separação absoluta de bens.§ 1º Ambos os cônjuges serão necessariamente citados para a ação:I – que verse sobre direito real imobiliário, salvo quando casados sob o regime de separação absoluta de bens;II – resultante de fato que diga respeito a ambos os cônjuges ou de ato praticado por eles;III – fundada em dívida contraída por um dos cônjuges a bem da família;IV – que tenha por objeto o reconhecimento, a constituição ou a extinção de ônus sobre imóvel de um ou de ambos os cônjuges.§ 2º Nas ações possessórias, a participação do cônjuge do autor ou do réu somente é indispensável nas hipóteses de composse ou de ato por ambos praticado.§ 3º Aplica-se o disposto neste artigo à união estável comprovada nos autos.

Caso não disponha de qualquer das informações mencionadas acima, poderá o autor, na petição inicial, requerer ao juiz diligências necessárias a sua obtenção. Contudo, repita-se, a petição inicial não será indeferida se, a despeito da falta de informações indicadas como requisitos de qualificação, for possível a citação do réu, bem assim se a obtenção delas tornar impossível ou excessivamente oneroso o acesso à prestação jurisdicional.

Questão de Concurso

▶ **(IESES – Cartório – Provimento – TJ – AM/2018)**[2] Em relação ao procedimento comum é correto afirmar que:

a) A prescrição e decadência são causas de indeferimento da petição inicial, com base na segurança jurídica.

b) Na atual sistemática processual, a formulação pelo autor de pedido indeterminado, independentemente da natureza jurídica da causa, acarretará a inépcia da petição inicial.

c) Incumbe ao réu, antes de discutir o mérito, alegar na contestação a incompetência absoluta e relativa, já a indevida concessão do benefício de gratuidade da justiça deverá ser impugnada via peça processual apartada, sob pena de nulidade.

d) Caso não disponha o autor dos dados completos do réu, poderá o mesmo na petição inicial, requerer ao juiz as diligências necessárias à sua obtenção, não sendo motivo para seu indeferimento.

c) **O fato e os fundamentos jurídicos do pedido**: a petição inicial é o instrumento de exercício do direito de ação. Quando efetivamente exercido, há uma demanda, cujos elementos são partes, causa de pedir e pedido. Logo, a petição inicial deve, assim como faz em relação à identificação das partes, indicar os fatos (causa de pedir remota) e fundamentos jurídicos (causa de pedir próxima) do pedido.

De acordo com a Teoria da Substanciação, adotada (para os direitos heterodeterminados), de forma predominante (mas não exclusiva) pelo sistema jurídico pátrio (art. 319, III, do CPC), a parte, na petição inicial, deve indicar os fatos (apenas os necessários, considerados importantes) e fundamentos jurídicos de seu pedido para que esteja satisfeito o elemento da causa de pedir. Com base na análise dos fatos e de suas consequências jurídicas, o juiz determinará o direito. E não é necessário que se indique o(s) dispositivo(s) legal(is) (fundamento legal) aplicável(is), principalmente a se considerar que o direito nem sempre está positivado e que "o juiz conhece o direito". Inclusive, como orienta o enunciado 281 do FPPC, a indicação do dispositivo legal não é requisito da petição inicial e, uma vez existente, não vincula o órgão julgador. Contudo, orienta o enunciado 282, para julgar com base em enquadramento normativo diverso daquele invocado pelas partes, ao juiz cabe observar o dever de consulta, previsto no art. 10.

A outra teoria que explica a causa de pedir é a da Individualização. Segundo ela, a causa de pedir é formada unicamente pela relação jurídica afirmada pela parte, tendo os fatos um cunho secundário. Referida teoria não foi adotada, de forma predominante, pelo sistema jurídico brasileiro, embora subsista a sua utilidade prática em alguns casos (relacionados a direitos autodeterminados). A título de exemplo, pode-se fazer referência à; a) ação de divórcio, onde, para se justificar o atendimento do pedido, basta afirmar a existência de casamento;

2. Gabarito: Letra D.

b) ação reivindicatória, onde, para se justificar o atendimento ao pedido, basta afirmar a propriedade do bem imóvel.

Em razão da disposição do art. 330, § 2º, do CPC, nas ações que tenham por objeto, por exemplo,[3] a revisão de obrigação decorrente de empréstimo, de financiamento ou de alienação de bens, o autor terá de, sob pena de inépcia, discriminar na petição inicial, dentre as obrigações contratuais, aquelas que pretende controverter, além de quantificar o valor incontroverso do débito, que deverá continuar sendo pago no tempo e modo contratados. Essa disposição não representa bem uma "novidade", mas apenas uma simbologia legislativa, a ficar aclarado que os fatos trazidos pela petição inicial devem ser narrados de forma analítica, a possibilitar a sua perfeita compreensão, além do que o simples ajuizamento de ação não autoriza o descumprimento de obrigação assumida no plano extrajudicial.

d) **O pedido com as suas especificações**: pela razão explicitada acima, a petição inicial deverá indicar o pedido formulado pelo autor. Por sua significativa importância, o "pedido" será estudado em capítulo próprio. Aqui, adianta-se que a narração dos fatos deve alcançar uma conclusão lógica, sob pena de a petição inicial ser considerada inepta e, por consequência, ser indeferida. A "conclusão lógica", a que conduz a narração fática, é o pedido, que, se cumulado, deve observar a compatibilidade.

e) **O valor da causa**: a petição inicial deve indicar o valor atribuído à causa, que deve ser certo e expresso em moeda corrente nacional, segundo os critérios de apuração previstos no art. 292 do Código de Processo Civil. O valor da causa tem importância para quantificar economicamente a ação, definir do rito processual adequado e fixar a competência do juízo. Noutras ocasiões, é utilizado como parâmetro para fixação de multas processuais e de efetivação de averbação premonitória, além do que definição a necessidade (ou não) de reexame necessário. Serve, ainda, para aferir o cabimento de determinados recursos (art. 34 da Lei nº 6.830/80), para determinar os valores das custas processuais a serem recolhidas (STJ. AgRg na Pet 5144/MG. DJU 24.05.07), embora sejam limitadas a um valor máximo. Também, quando a sentença não for condenatória, serve como base para a definição de honorários advocatícios (STJ. AgRg no REsp 914819/RS. DJ 24.05.07). Por fim, destina-se à verificação da necessidade (ou não) de constituição de advogado. Remete-se o leitor ao capítulo onde o "valor da causa" é discorrido com maiores informações.

f) **As provas com que o autor pretende demonstrar a verdade dos fatos alegados**: a parte deverá, na petição inicial, indicar, de forma genérica, os meios de prova que eventualmente pretende se utilizar para convencer o juiz acerca de suas afirmações. Não se exige a especificação das provas, mas apenas a indicação delas, a se fazer alusão aos meios que, eventualmente, a parte possa ter necessidade de produzir durante o curso processual. Por conta da imposição desse requisito, na prática forense, é comum que o autor indique, na petição inicial, a necessidade de produzir "todos os meios admitidos em direito". Por essa razão, e associado à garantia da ampla defesa,

3. O enunciado 290 do Fórum Permanente de Processualistas Civis orienta que "a enumeração das espécies de contrato previstas no § 2º do art. 330 é exemplificativa".

pode-se concluir que dito requisito deveria ser afastado. Não se pode compelir o autor a indicar as provas se ainda não conhece todos os fatos, a considerar que o réu ainda vai apresentar resposta. Somente teria segurança para indicar as provas, quando apresentada a resposta. Por isso, são comumente requeridos "todos os meios de prova admitidos em direito". A não indicação das provas significa desinteresse em produzir outras além daquelas trazidas com a petição inicial, a não autorizar o indeferimento desta.

g) **A opção do autor pela realização ou não de audiência de conciliação ou de mediação**: de acordo com o inciso VII do art. 319 do CPC, o autor, na petição inicial, deve indicar sua opção pela realização ou não de audiência de conciliação ou de mediação. Só que essa exigência não pode ser considerada um requisito da petição inicial, apesar da indicação legal assim a colocar como tal. Se não indicada sua opção na petição inicial, o autor estará a concordar com a realização da referida audiência, pois, a teor do que dispõe o art. 334, § 4º, I, do CPC, a audiência só não será realizada se ambas as partes manifestarem, expressamente, desinteresse na composição consensual. Omisso o autor, por não indicação na petição inicial, não manifestará desinteresse expressamente. Logo, será realizada a audiência[4]. E diga-se mais: nos termos do inciso II do mesmo dispositivo, não será realizada audiência de conciliação ou mediação quando não se admitir a autocomposição. Se for esse o caso, pouco importará a manifestação do autor, ainda que favorável, porque a audiência não será realizada. Por assim dizer, a opção pela realização de audiência, embora conveniente, não chega a ser um requisito da petição inicial, pelo que sua omissão não justifica indeferimento.

h) **A petição inicial será instruída com os documentos indispensáveis à propositura da ação**: a petição inicial deverá ser instruída com os documentos indispensáveis à propositura da ação. São considerados "documentos indispensáveis" aqueles que a lei assim os considerar (como, por exemplo, a certidão de casamento para a ação de divórcio e a certidão de registro de propriedade para a ação reivindicatória) ou que o autor fizer referência como fundamento de seu pedido, os quais, se em sua posse, devem ser juntados logo na petição inicial. Se o autor não dispuser dos documentos indispensáveis (que pode estar na posse da parte adversa ou de terceiros), orienta o enunciado 283 do Fórum Permanente de Processualistas Civis, aplicam-se os arts. 319, § 1º, 396 a 404 do Código de Processo Civil. A ser assim, caso não disponha dos documentos indispensáveis, poderá o autor, na petição inicial, requerer ao juiz diligências necessárias à sua obtenção.

4. Por duas ocasiões, em dois grupos temáticos diferentes, essa questão foi apresentada no Fórum Permanente de Processualistas, que, apesar da maioria concordante, não alcançou a necessária unanimidade na fase plenária. Os textos dos enunciados propostos eram os seguintes:(Art. 319, inciso VI; Art. 322, § 2º; Art. 334, § 4º, inciso I e § 5º) A falta de manifestação expressa na petição inicial importa a concordância do autor com a realização da audiência de conciliação ou mediação, salvo aditamento à petição inicial por iniciativa do autor. (Art. 319, inciso VII, 334, § 3º e 485, I) A falta de manifestação expressa na petição inicial quanto à realização da audiência de conciliação ou mediação não justifica a determinação da emenda da petição nem tampouco o seu indeferimento.

Afora esses requisitos explicitados acima, na petição inicial deve constar o endereço onde o advogado do autor receberá as comunicações processuais e, evidentemente, sua assinatura (a não ser que se trate de uma das situações de dispensa de patrocínio por advogado, como previsto no art. 36 do CPC, art. 9º da Lei nº 9.099/95, art. 791 da CLT e art. 654 do CPP), com a indicação do número de inscrição nos quadros da respectiva seccional da OAB (art. 14 da Lei nº 8.906/94) (STJ. AgRg nos EDcl no AgRg no AgRg no Ag 307814/SP. DJU 03.10.05).

Por outro lado, não se exige que o autor, na petição inicial, atribua "nome à causa". Não se trata de requisito da petição inicial, conforme disposição do art. 319 do Código de Processo Civil, que não faz qualquer referência ao "nome da causa". Por igual razão, ou seja, por omissão legislativa, não se exige que o autor requeira a citação do réu (embora seja possível tal formulação), como antes ocorria sob a vigência do CPC/1973, a teor do que dispunha o art. 282, VII (que, mesmo sob a vigência do anterior Código, o requisito já era mitigado)[5]. Apesar disso, quando não for para ser realizada pelos correios, o autor, para facilitar o desenvolvimento do processo, deve indicar a modalidade de citação.

Questão de Concurso

► **(CESPE. TJ-BA - Juiz de Direito Substituto. 2019)**[6]: A respeito da petição inicial de ação civil, julgue os itens a seguir.

I Ainda que, para atender os requisitos da petição inicial, o autor requeira uma diligência excessivamente onerosa, é vedado ao juiz indeferir a inicial sob esse fundamento.

II Ao contrário da ausência da indicação dos fundamentos jurídicos do pedido, a falta de indicação dos fatos acarreta o indeferimento de plano da inicial.

III Não lhe sendo possível obter o nome do réu, o autor poderá indicar as características físicas do demandado, o que, se viabilizar a citação deste, não será causa de indeferimento da inicial.

IV Se a ação tiver por objeto a revisão de obrigação decorrente de empréstimo, o autor deverá, sob pena de inépcia, discriminar na inicial, entre as obrigações contratuais, aquelas que pretende controverter, além de quantificar o valor incontroverso do débito.

Estão certos apenas os itens

a) I e II.

b) I e IV.

c) III e IV.

d) I, II e III.

e) II, III e IV.

3. ADITAMENTO E ALTERAÇÃO

Protocolada a petição inicial, mas **antes de sua distribuição**, pode o autor aditar ou alterar qualquer dos elementos (objetivos ou subjetivos) da ação exercida (demanda). Se não houver necessidade de distribuição perante a unidade judiciária respectiva, até a citação, será permitida a modificação dos elementos subjetivos, independentemente do consentimento do réu.

---

5. Antes mesmo da revogação do CPC/1973, o STJ já entendia, de forma copiosa, que a ausência de requerimento era sanada pela citação válida (STJ. REsp 827642/MG. DJU 24.08.06).

6. Gabarito: Letra C.

Vinda a distribuição da petição inicial, contudo **antes da citação** do réu, apenas os elementos objetivos podem ser aditados ou alterados pelo autor (independentemente do consentimento do réu). Isso a considerar que não foi comunicado sequer para apresentar resposta, pelo que não estará submetido a qualquer prejuízo. Quando citado, o mandado respectivo deve comunicar acerca do aditamento ou da alteração realizada.

Depois da citação, os elementos objetivos somente só poderão ser aditados ou alterados, **até o saneamento** do processo, se o réu consentir. Caso contrário, devem ser mantidos aqueles estabelecidos até período anterior. Se consentido o aditamento ou alteração, será assegurado o contraditório mediante a possibilidade de manifestação do réu no prazo mínimo de 15 dias, facultado o requerimento de prova suplementar.

> Para os autores deste livro, o ideal seria que os elementos objetivos da ação pudessem ser modificados pelo autor, mesmo sem consentimento do réu, após a citação, se não estivesse a correr o prazo para apresentar resposta. Isso se justificaria porque, diferentemente do que ocorria no CPC/1973, em que a citação era o ato pelo qual se chamava o réu em juízo para se *defender* (art. 213), hoje, ela apenas *integra o réu à relação processual*. Quando citado, não está a correr, para o réu, necessariamente, o prazo de resposta. A modificação dos elementos objetivos da ação, assim, afirmaria diversas garantias processuais, como a eficiência e a primazia na resolutividade do mérito, além do que não traria qualquer prejuízo ao réu. Mas, a redação do art. 329, I, do CPC não admite essa construção normativa, porque limita a modificação dos elementos objetivos da ação, sem consentimento do réu, apenas até a citação.

Após o saneamento, o autor não poderá modificar mais qualquer elemento. É que, caso fosse admitida a mudança dos elementos a qualquer tempo, a atividade processual ficaria embaraçada. O saneamento, assim, foi colocado como termo último à alteração dos elementos da demanda por estar o Estado-juiz preparado para dar início ao julgamento.

O aditamento, diferentemente do que ocorre com a emenda, embora possam ser contemporâneos, **não significa necessidade de correção de qualquer vício** atribuído à petição inicial. Ela estaria apta mesmo sem o aditamento. Trata-se de opção do autor, que, em algumas vezes, quer aditar (ampliando ou reduzindo) os elementos da ação. Por exemplo, o autor, antes de citação do réu, alargou o pedido de indenização, acrescentando, além do pedido de indenização por danos materiais, o de indenização por danos morais.

Já a alteração dos elementos da ação pode ocorrer, ou por simples conveniência do autor, ou para corrigir eventual vício, que poderia até ensejar o indeferimento da petição inicial ou mesmo a extinção por qualquer outro motivo. Ao assim proceder, o autor não amplia ou reduz os elementos da ação, mas os modifica (mesmo que seja apenas um). Por exemplo, antes da citação do réu, o autor pode alterar o pedido de indenização por danos morais para danos materiais.

Simples esclarecimentos prestados pelo autor não significam aditamento da petição inicial, pelo que podem ser realizados a qualquer momento. É por isso que o enunciado 428 do Fórum Permanente de Processualistas orienta que a integração e o esclarecimento das alegações nos termos do art. 357, § 3º[7], não se confundem com o aditamento do ato postulatório previsto no art. 329.

7. Art. 357. Não ocorrendo nenhuma das hipóteses deste Capítulo, deverá o juiz, em decisão de saneamento e de organização do processo: [...] § 3º Se a causa apresentar complexidade em matéria de fato ou de direito, deverá

Essas disposições em torno do aditamento e da alteração dos elementos da ação aplica-se à reconvenção e à respectiva causa de pedir.

4. EMENDA

O juiz, ao verificar que a petição inicial **não preenche os requisitos** necessários (conforme indicado acima e que estão dispostos nos arts. 319 e 320 do CPC) **ou** que **apresenta defeitos e irregularidades capazes de dificultar o julgamento de mérito**, determinará que o autor, no prazo de 15 dias, a emende ou a complete, indicando com precisão o que deve ser corrigido ou completado.

O Código de Processo Civil, no art. 106, I, dispõe que, quando postular em causa própria, incumbe ao advogado declarar, na petição inicial ou na contestação, o endereço, seu número de inscrição na Ordem dos Advogados do Brasil e o nome da sociedade de advogados da qual participa, para o recebimento de intimações. Em seguida, o § 1º estabelece que, se o advogado descumprir o disposto no inciso I, o juiz ordenará que se supra a omissão, no prazo de 5 dias, antes de determinar a citação do réu, sob pena de indeferimento da petição.

Veja-se que o prazo de emenda para a situação individualizada, a considerar a própria simplicidade do ato a ser praticado, é menor. Em vez de 15 dias, são apenas 5. Mas, se a determinação de emenda contemplar aquela situação e outra mais, o prazo será comum de 15 dias. Essa é a orientação estabelecida pelo enunciado 425 do Fórum Permanente de Processualistas Civis: "Ocorrendo simultaneamente as hipóteses dos art. 106, § 1º, e art. 321, caput, o prazo de emenda será único e de quinze dias".

O prazo de emenda (qualquer que seja ele), que não é peremptório (STJ. REsp 258207/DF. DJU 23.10.00), a critério do juiz, pode ser reduzido ou ampliado por convenção das partes ou por determinação judicial, como, também, poder ser aceita (a critério do juiz) a emenda à petição inicial, ainda que realizada tardiamente, ou seja, depois do prazo, mas antes da sentença de indeferimento (STJ. REsp 1.133.689/PE. DJe 28.03.12).

Emendada a inicial, entendendo o juiz que não foi feita de forma satisfatória à sua indicação (STJ. REsp 86415/SP. DJU 13.05.02), intimará o autor para que a "reemende".

Se não cumprida a determinação de emenda, ou não sendo possível a correção do vício apontado, o juiz indeferirá a petição inicial, a extinguir o processo sem análise de mérito.

A qualquer momento, inclusive em sede recursal, pode ser determinada a emenda da petição inicial (STJ. AgRg no REsp 752335/MG. DJe 15.03.10). É equivocado dizer que a citação do réu impede, necessariamente, a emenda da petição inicial. A citação impede o indeferimento, mas não a emenda.

A emenda, contudo, após a citação, não pode vir acompanhada de alteração do pedido e/ou da causa de pedir, sobretudo depois do saneamento do processo e, mesmo antes, se não

o juiz designar audiência para que o saneamento seja feito em cooperação com as partes, oportunidade em que o juiz, se for o caso, convidará as partes a integrar ou esclarecer suas alegações.

existir o consentimento do réu (STJ. REsp 1305878/SP. DJe 11.11.13). Se ocorrer de vir, sofrerá controle jurisdicional.

Assim, ao receber a petição inicial, o juiz deve, *incontinenti*, examinar o preenchimento de seus requisitos e, se necessário, discriminar o(s) vício(s) para determinar a regularização. Corrigido(s) o(s) vício(s) apontado(s), o réu, em respeito ao contraditório, será, em seguida, intimado para se pronunciar sobre a emenda[8].

5. INDEFERIMENTO

Indefere-se a petição inicial quando **não for possível a correção do vício de ordem processual pertinente ou** quando, instado a assim fazer, **o autor não tenha atendido a determinação**. Por isso, orienta o enunciado 292 do Fórum Permanente de Processualistas Civis, que, "Antes de indeferir a petição inicial, o juiz deve aplicar o disposto no art. 321".

O art. 330 do CPC preconiza que a petição inicial será **indeferida quando**:

a) for **inepta**;

A petição inicial será **inepta** quando:

a.1) lhe faltar pedido ou causa de pedir;

a.2) o pedido for indeterminado, ressalvadas as hipóteses legais em que se permite o pedido genérico;

a.3) da narração dos fatos não decorrer logicamente a conclusão;

a.4) contiver pedidos incompatíveis entre si.

Como a impossibilidade jurídica do pedido não é mais colocada como condição da ação, por óbvio, não é colocado, a teor do que ocorria sob a vigência do CPC/1973, como hipótese de indeferimento da petição inicial por inépcia.

Além dos casos de inépcia, a petição inicial poderá ser indeferida quando:

8. Dispõe o Código de Processo Civil, no art. 1.071, ao tratar da usucapião, o seguinte:Art. 1.071. O Capítulo III do Título V da Lei nº 6.015, de 31 de dezembro de 1973 (Lei de Registros Públicos), passa a vigorar acrescida do seguinte art. 216-A: "Art. 216-A. Sem prejuízo da via jurisdicional, é admitido o pedido de reconhecimento extrajudicial de usucapião, que será processado diretamente perante o cartório do registro de imóveis da comarca em que estiver situado o imóvel usucapiendo, a requerimento do interessado, representado por advogado, instruído com:I – ata notarial lavrada pelo tabelião, atestando o tempo de posse do requerente e seus antecessores, conforme o caso e suas circunstâncias;II – planta e memorial descritivo assinado por profissional legalmente habilitado, com prova de anotação de responsabilidade técnica no respectivo conselho de fiscalização profissional, e pelos titulares de direitos reais e de outros direitos registrados ou averbados na matrícula do imóvel usucapiendo e na matrícula dos imóveis confinantes;III – certidões negativas dos distribuidores da comarca da situação do imóvel e do domicílio do requerente;IV – justo título ou quaisquer outros documentos que demonstrem a origem, a continuidade, a natureza e o tempo da posse, tais como o pagamento dos impostos e das taxas que incidirem sobre o imóvel.[...] § 10. Em caso de impugnação do pedido de reconhecimento extrajudicial de usucapião, apresentada por qualquer um dos titulares de direito reais e de outros direitos registrados ou averbados na matrícula do imóvel usucapiendo e na matrícula dos imóveis confinantes, por algum dos entes públicos ou por algum terceiro interessado, o oficial de registro de imóveis remeterá os autos ao juízo competente da comarca da situação do imóvel, cabendo ao requerente emendar a petição inicial para adequá-la ao procedimento comum."

b) a parte for manifestamente ilegítima;

c) o autor carecer de interesse processual;

d) não atendidas as prescrições dos arts. 106[9] e 321[10].

Antes de indeferir a petição inicial por ilegitimidade passiva da parte, o juiz deve facultar sua correção, a teor do que dispõe o art. 339 do CPC. Aliás, é assim que orienta o enunciado 296 do Fórum Permanente de Processualistas Civis: "Verificando liminarmente a ilegitimidade passiva, o juiz facultará ao autor a alteração da petição inicial, para substituição do réu sem ônus sucumbenciais.".

Especificamente nas ações que tenham por objeto (exemplificativamente) a revisão de obrigação decorrente de empréstimo, de financiamento ou de alienação de bens, o autor terá de, sob pena de inépcia, discriminar na petição inicial, dentre as obrigações contratuais, aquelas que pretende controverter, além de quantificar o valor incontroverso do débito, que deverá continuar a ser pago no tempo e modo contratados.

O indeferimento da petição inicial é ato judicial que sempre ocorre **antes do despacho de citação**, porquanto, advindo este, a petição inicial estará deferida. Seria contraditório indeferir o que foi antes deferido. Logo, depois do despacho de citação, ainda que concorra qualquer vício que poderia levar a petição inicial ao indeferimento, o processo deve ser extinto em razão de outro motivo.

Sob a vigência do CPC/1973, essa informação era essencial pelo fato de que o juízo de retratação, previsto no art. 296 do CPC, somente era possível se a petição inicial fosse indeferida. Contudo, sob a vigência do CPC/2015, conquanto seja também possível **o juízo de retratação por indeferimento da petição inicial**, a teor do que estabelece o art. 331, ele é extensível a qualquer outra situação de **prolação de sentença sem resolução de mérito** (§ 7º do art. 485).

Indeferida a petição inicial, o autor poderá apelar, facultado ao juiz, no prazo de 5 dias, mediante empréstimo de efeito regressivo, retratar-se[11].

Se não houver retratação, o juiz mandará citar o réu para responder ao recurso. Se a sentença for reformada pelo tribunal, o prazo para a contestação começará a correr da intimação do retorno dos autos, observado o disposto no art. 334, que determina a designação de audiência de conciliação e de mediação. **Não interposta a apelação, o réu será intimado do trânsito em julgado da sentença**[12].

9. Art. 106. Quando postular em causa própria, incumbe ao advogado:I – declarar, na petição inicial ou na contestação, o endereço, seu número de inscrição na Ordem dos Advogados do Brasil e o nome da sociedade de advogados da qual participa, para o recebimento de intimações;II – comunicar ao juízo qualquer mudança de endereço.§ 1º Se o advogado descumprir o disposto no inciso I, o juiz ordenará que se supra a omissão, no prazo de 5 (cinco) dias, antes de determinar a citação do réu, sob pena de indeferimento da petição.§ 2º Se o advogado infringir o previsto no inciso II, serão consideradas válidas as intimações enviadas por carta registrada ou meio eletrônico ao endereço constante dos autos.

10. Art. 321. O juiz, ao verificar que a petição inicial não preenche os requisitos dos arts. 319 e 320 ou que apresenta defeitos e irregularidades capazes de dificultar o julgamento de mérito, determinará que o autor, no prazo de 15 (quinze) dias, a emende ou a complete, indicando com precisão o que deve ser corrigido ou completado. Parágrafo único. Se o autor não cumprir a diligência, o juiz indeferirá a petição inicial.

11. Se não interposto recurso, o juízo não poderá se retratar, porque essa possibilidade corre do efeito regressivo daquele (do recurso).

12. Até para que possa, depois, defender algumas questões processuais, como as relacionadas à futura prevenção de juízo, caso seja intentada nova ação.

Questão de Concurso

▶ **(Vunesp – Outorga de delegação de serviços notariais e registrais – Provimento – TJ – RS/2019)**[13] Sobre as causas de indeferimento da petição inicial, assinale a alternativa correta.

(A) Indeferida a petição inicial, cabe juízo de retratação no prazo de 10 (dez) dias.

(B) O réu será comunicado do resultado do julgamento após o trânsito em julgado de sentença de mérito proferida em favor dele antes da citação.

(C) O autor poderá interpor recurso de agravo de instrumento contra a decisão que indefere a petição inicial.

(D) A decisão de indeferimento da petição inicial não faz coisa julgada.

(E) Indeferida a petição inicial e não interposta apelação, dispensa-se a intimação do réu sobre o trânsito em julgado da sentença.

Para se retratar, é necessário que o juízo considere a apelação tempestiva. Caso contrário, orienta o enunciado 293 do Fórum Permanente de Processualistas Civis, "O juízo de retratação, quando permitido, somente poderá ser exercido se a apelação for tempestiva".

Se houver retratação em razão da interposição do recurso de apelação, e não for o caso de improcedência liminar, o juiz, no mesmo ato, mandará citar o réu para comparecer à audiência de conciliação ou de mediação.

O indeferimento da petição inicial pode ser total ou parcial. Contra a sentença ou decisão interlocutória, comporta interposição de recurso de apelação ou agravo de instrumento, respectivamente.

6. IMPROCEDÊNCIA LIMINAR DO PEDIDO

Nas causas que dispensem a fase instrutória, o juiz, independentemente da citação do réu, julgará liminarmente improcedente o pedido que contrariar:

a) enunciado de súmula do Supremo Tribunal Federal ou do Superior Tribunal de Justiça;

b) acórdão proferido pelo Supremo Tribunal Federal ou pelo Superior Tribunal de Justiça em julgamento de recursos repetitivos;

c) entendimento firmado em incidente de resolução de demandas repetitivas ou de assunção de competência;

d) enunciado de súmula de tribunal de justiça sobre direito local.

Questão de Concurso

▶ **(Cespe - Notários Oficiais de Registro Remoção – TJ - DFT/2019)**[14] Servidor público de determinado estado da Federação, pelo fato de não receber diversas gratificações a que tinha direito, propôs, com a assistência de advogado, ação de cobrança em desfavor do respectivo estado. No entanto, a pretensão do autor tem como obstáculo súmula do tribunal de justiça local, contrária aos fundamentos que o servidor apresentou em sua demanda. Nessa situação hipotética, o magistrado, com fundamento na referida súmula, deixará de realizar a fase instrutória do processo e

A) promoverá a citação do réu para que compareça à audiência de conciliação ou mediação.

13. Gabarito: Letra B.
14. Gabarito: Letra B.

B) julgará liminarmente improcedente o pedido com base na súmula do tribunal, sendo dispensada a citação do réu.
C) extinguirá o feito em razão da súmula do tribunal, sendo dispensada a citação do réu.
D) promoverá a citação do réu e, em seguida, julgará improcedente o pedido com base na súmula do tribunal.
E) intimará a parte autora a fim de que emende a inicial em razão da incompatibilidade do pedido com a súmula do tribunal.

▶ **(FCC – Defensor Público – DPE – BA/2016)** Sobre a petição inicial e seu indeferimento e a improcedência liminar do pedido é correto[15]:

a) Nas causas que dispensem a fase instrutória, o juiz, independentemente da citação do réu, julgará liminarmente improcedente o pedido que contrariar enunciado de súmula do Supremo Tribunal Federal ou do Superior Tribunal de Justiça.
b) Depois da citação, o autor não poderá aditar ou alterar o pedido, ainda que haja consentimento do réu.
c) Se o juiz verificar que a petição inicial não preenche os requisitos legais, deverá determinar a intimação do autor para que, no prazo de dez dias, a emende ou a complete, não cabendo ao Magistrado apontar qual o erro.
d) O pedido deve ser certo, nele estando compreendidos os juros legais, a correção monetária e as verbas de sucumbência, mas a fixação de honorários advocatícios depende de pedido expresso.
e) Indeferida a petição inicial, o autor poderá interpor agravo de instrumento, facultado ao juiz, no prazo de cinco dias, retratar-se.

As hipóteses elencadas, que são trazidas pelo art. 332 do CPC/2015, visam a afirmar o sistema de precedentes. Admite-se, nelas, o julgamento imediato de improcedência, por ser improvável o provimento do recurso que eventualmente seja interposto contra o ato decisório. E é justamente para que não haja maior chance de provimento recursal, a ponto de atentar contra a própria duração razoável do processo, que se impede o julgamento liminar de improcedência em hipóteses outras.

O atual Código adota uma posição diferente daquela trazida pelo CPC/1973, em que o art. 285-A visava a afirmar, de uma forma ilógica, os julgados do próprio juízo, a desconsiderar, numa interpretação literal, os precedentes constituídos pelos tribunais.

A par dessa distorção, o Superior Tribunal de Justiça, sob a égide do CPC/1973, de logo, posicionou-se no sentido de que não se poderia julgar a ação imediatamente improcedente se, a despeito de, no juízo, haver julgados a analisar a mesma questão, o seu entendimento fosse contrário aos precedentes dos tribunais a estava vinculado (STJ. REsp 1.225.227/MS. DJe 28.05.13).

A absorver essa posição de afirmação dos precedentes, o CPC/2015, no art. 332, afastou-se da perspectiva de se afirmar isoladamente, e, por isso, de maneira assistemática, os julgados do próprio juízo em detrimento dos precedentes dos tribunais a que estava vinculado. Passou, então, a afirmar o sistema de precedentes, de modo que a posição a ser adotada no julgado de improcedência liminar fosse aquela dos tribunais que constituíssem os precedentes identificados nas hipóteses trazidas pelo art. 332 do CPC/2015.

Aliás, as hipóteses trazidas explicitam precedentes qualitativos, constituídos em situações que legitimam a posição alcançada pelos respectivos órgãos dos tribunais a propor-

15. Gabarito: Letra A.

cionar, também por isso, sua estabilização. Julga-se, portanto, imediatamente improcedente com a legitimidade emprestada pelos precedentes identificados nas hipóteses do art. 332 do CPC/2015 e com a segurança de que se trata de posição estável.

O **juiz também poderá julgar liminarmente improcedente o pedido se verificar, desde logo, a ocorrência de decadência ou de prescrição.** Nesse caso, não precisa o autor ser intimado para se pronunciar acerca da ocorrência ou não da prescrição, pois que lhe restará a interposição de recurso, com a possibilidade de retratação pelo juízo. É por isso que o parágrafo único do art. 487 do CPC dispõe que, "ressalvada a hipótese do § 1º do art. 332, a prescrição e a decadência não serão reconhecidas sem que antes seja dada às partes oportunidade de manifestar-se".

Questão de Concurso

▶ **(FCC – Analista Judiciário – Oficial de Just. Avaliador – TRT 24/2017)**[16] Paulo ajuizou ação indenizatória contra Moisés em decorrência de um acidente de trânsito que envolveu ambas as partes.

Recebida a peça inicial o Magistrado, verificando desde logo a ocorrência da prescrição, poderá

a) julgar liminarmente improcedente o pedido, após a oitiva obrigatória da parte contrária, e Paulo poderá questionar a sentença por meio de recurso de apelação, sem possibilidade de retratação pelo Magistrado.
b) indeferir a petição inicial, cabendo a Paulo, se não se conformar, interpor recurso de apelação, com possiblidade de retratação pelo Magistrado em 5 dias.
c) julgar liminarmente improcedente o pedido, cabendo a Paulo, se não se conformar, interpor agravo de instrumento, com possibilidade de retratação pelo Magistrado.
d) julgar liminarmente improcedente o pedido, cabendo a Paulo, se não se conformar, interpor recurso de apelação, com possibilidade de retratação pelo Magistrado em 5 dias.
e) indeferir a petição inicial, cabendo a Paulo, se não se conformar, interpor agravo de instrumento, com possibilidade de retratação pelo Magistrado.

Para preservar a coerência do sistema, quando julga liminarmente improcedente a ação com base em qualquer outra hipótese trazida pelo art. 332 do CPC, o juiz não precisa ouvir, antes, o autor a respeito da questão a ser decidida. Como haverá a possibilidade de se retratar via recurso, essa será a oportunidade para o autor se pronunciar a respeito.

Sob outro aspecto, fica a indagação: ao aplicar o art. 332 do CPC/2015, o juiz pode, a exemplo do que indicava a redação do art. 285-A do CPC/1973, reproduzir no corpo da ou em anexo à sentença o teor dos precedentes? Por óbvio, não. Nem sob a égide do CPC/1973, o órgão jurisdicional estava autorizado a assim proceder, porque o dever de fundamentação, que está previsto no art. 93, IX, da Constituição da República, não se compraz com a simples "reprodução" do precedente.

Sob a vigência do CPC/2015, a situação enfrenta, ainda, o ônus argumentativo estabelecido pelo § 1º do art. 489[17]. Não se pode, simplesmente, transcrever o precedente como

16. Gabarito: Letra D.
17. Art. 489. São elementos essenciais da sentença:[...] § 1º Não se considera fundamentada qualquer decisão judicial, seja ela interlocutória, sentença ou acórdão, que:I – se limitar à indicação, à reprodução ou à paráfrase de ato normativo, sem explicar sua relação com a causa ou a questão decidida;II – empregar conceitos jurídicos indeterminados, sem explicar o motivo concreto de sua incidência no caso;III – invocar motivos que se prestariam

fundamentação "suficiente". Aliás, o inciso V do encimado dispositivo legal é expresso no sentido de não considerar fundamentada a decisão que "se limitar a invocar precedente ou enunciado de súmula, sem identificar seus fundamentos determinantes nem demonstrar que o caso sob julgamento se ajusta àqueles fundamentos".

Há de se reconhecer que o esforço argumentativo para decidir, em julgamento de improcedência liminar, é menor, mas nunca dispensado. A fundamentação é elemento da própria decisão, que não pode ser dispensada em conta da simples transcrição de um precedente, como indicava, de forma equivocada, o art. 285-A do CPC/1073.

O julgamento liminar de improcedência pode ser total ou parcial.

Se o julgamento de improcedência liminar for total, comporta apelação, que, quando interposta, o juiz poderá retratar-se em 5 dias[18]. Se houver retratação, o juiz determinará o prosseguimento do processo, com a citação do réu para comparecer à audiência (de conciliação ou mediação) ou, se for o caso, apresentar resposta; se não houver retratação, determinará a citação do réu para apresentar contrarrazões, no prazo de 15 dias.

Questão de Concurso

▶ **(Cespe – Promotor de Justiça – MPE – PI/2019)**[19] Uma pessoa ajuizou demanda, pelo procedimento comum, com pedido único de natureza patrimonial disponível que versava sobre questão de direito local. Ao receber a petição inicial, o magistrado julgou liminarmente improcedente o pedido formulado pelo autor, sem observar a ordem cronológica de julgamento. Em sua decisão, o juiz consignou que o pedido contrariava expressamente enunciado de súmula do tribunal de justiça sobre a matéria e que a causa dispensava instrução probatória.

Nessa situação hipotética, o magistrado

A) deveria, obrigatoriamente, ter dado ao réu a oportunidade de se manifestar, antes de realizar o exame do mérito do processo.

B) desrespeitou norma fundamental referente à ordem cronológica de conclusão e julgamento, o que configura grave falha funcional sujeita a controle correcional pelo Poder Judiciário.

C) prolatou decisão que não se sujeita aos efeitos da coisa julgada material.

D) agiu em conformidade com o CPC para julgar liminarmente improcedente o pedido, cabendo ao autor interpor recurso de apelação caso deseje reformar a decisão.

E) estará dispensado de comunicar ao réu o resultado do julgamento, caso não seja interposto recurso pelo autor.

Não interposta a apelação, o **réu será intimado do trânsito em julgado da sentença**. Essa comunicação é importante porque, depois, se o autor intentar a mesma ação, o réu poderá **defender a verificação de coisa julgada** (pressuposto processual negativo) ou, até

---

a justificar qualquer outra decisão;IV – não enfrentar todos os argumentos deduzidos no processo capazes de, em tese, infirmar a conclusão adotada pelo julgador;V – se limitar a invocar precedente ou enunciado de súmula, sem identificar seus fundamentos determinantes nem demonstrar que o caso sob julgamento se ajusta àqueles fundamentos;VI – deixar de seguir enunciado de súmula, jurisprudência ou precedente invocado pela parte, sem demonstrar a existência de distinção no caso em julgamento ou a superação do entendimento.[...]

18. Se não interposto recurso, o juízo não poderá se retratar, porque essa possibilidade corre do efeito regressivo daquele (do recurso).

19. Gabarito: Letra D.

mesmo, em algumas hipóteses, pedir contra o autor o cumprimento de eventual prestação reconhecida pela referida sentença de improcedência liminar.

Se o julgamento de improcedência liminar for parcial, comporta agravo de instrumento, que, quando interposto, o juiz poderá retratar-se[20] (em prazo não definido especificamente pelo Código, a se aplicar, assim, o de 10 dias previsto no inciso II do art. 226[21]). Se houver retratação, o juiz determinará o prosseguimento do processo, relativamente (também) à parte alcançada pelo efeito regressivo, com a citação (ou intimação, se já tiver sido citado) do réu. Se não houver retratação pelo juízo originário, o relator do agravo determinará a citação (ou intimação, se já tiver sido citado pelo juízo *a quo*) do réu para apresentar contrarrazões, no prazo de 15 dias.

Não interposto o agravo, o réu será apenas intimado do trânsito em julgado da decisão, mas o processo continuará em relação à parte ainda não julgada. Aqui, a comunicação não é tão importante quanto a da sentença (que julga por inteiro o objeto do processo) porque, como o julgamento liminar de improcedência não foi total, o réu terá a oportunidade de integrar a relação processual e tomará conhecimento do conteúdo da decisão. Situação excepcional ocorrerá apenas se verificada a revelia, caso em que a comunicação será imprescindível.

7. SÚMULAS

Súmulas do STJ

558. Em ações de execução fiscal, a petição inicial não pode ser indeferida sob o argumento da falta de indicação do CPF e/ou RG ou CNPJ da parte executada.

559. Em ações de execução fiscal, é desnecessária a instrução da petição inicial com o demonstrativo de cálculo do débito, por tratar-se de requisito não previsto no art. 6º da Lei nº 6.830/1980.

8. ENUNCIADOS DO FPPC

154. É cabível agravo de instrumento contra ato decisório que indefere parcialmente a petição inicial ou a reconvenção.

248. Quando a desconsideração da personalidade jurídica for requerida na petição inicial, incumbe ao sócio ou a pessoa jurídica, na contestação, impugnar não somente a própria desconsideração, mas também os demais pontos da causa.

281. A indicação do dispositivo legal não é requisito da petição inicial e, uma vez existente, não vincula o órgão julgador.

282. Para julgar com base em enquadramento normativo diverso daquele invocado pelas partes, ao juiz cabe observar o dever de consulta, previsto no art. 10.

283. Aplicam-se os arts. 319, § 1º, 396 a 404 também quando o autor não dispuser de documentos indispensáveis à propositura da ação.

285. A interpretação do pedido e dos atos postulatórios em geral deve levar em consideração a vontade da parte, aplicando-se o art. 112 do Código Civil.

---

20. Se não interposto recurso, o juízo não poderá se retratar, porque essa possibilidade corre do efeito regressivo daquele (do recurso).

21. Art. 226. O juiz proferirá:[...] II – as decisões interlocutórias no prazo de 10 (dez) dias;[...]

286. Aplica-se o § 2º do art. 322 à interpretação de todos os atos postulatórios, inclusive da contestação e do recurso.

287. O pedido subsidiário somente pode ser apreciado se o juiz não puder examinar ou expressamente rejeitar o principal.

288. Quando acolhido o pedido subsidiário, o autor tem interesse de recorrer em relação ao principal.

289. Se houver conexão entre pedidos cumulados, a incompetência relativa não impedirá a cumulação, em razão da modificação legal da competência.

290. A enumeração das espécies de contrato previstas no § 2º do art. 330 é exemplificativa.

292. Antes de indeferir a petição inicial, o juiz deve aplicar o disposto no art. 321.

293. O juízo de retratação, quando permitido, somente poderá ser exercido se a apelação for tempestiva.

296. Verificando liminarmente a ilegitimidade passiva, o juiz facultará ao autor a alteração da petição inicial, para substituição do réu sem ônus sucumbenciais.

366. O protesto genérico por provas, realizado na petição inicial ou na contestação ofertada antes da vigência do CPC, não implica requerimento de prova para fins do art. 1047.

367. Para fins de interpretação do art. 1.054, entende-se como início do processo a data do protocolo da petição inicial.

425. Ocorrendo simultaneamente as hipóteses dos art. 106, § 1º, e art. 321, caput, o prazo de emenda será único e de quinze dias.

428. A integração e o esclarecimento das alegações nos termos do art. 357, § 3º, não se confundem com o aditamento do ato postulatório previsto no art. 329.

488. No mandado de segurança, havendo equivocada indicação da autoridade coatora, o impetrante deve ser intimado para emendar a petição inicial e, caso haja alteração de competência, o juiz remeterá os autos ao juízo competente.

570. As ações revisionais de aluguel ajuizadas após a entrada em vigor do Código de Processo Civil deverão tramitar pelo procedimento comum, aplicando-se, com as adaptações procedimentais que se façam necessárias, as disposições dos artigos 68 a 70 da Lei 8.245/1991.

9. ENUNCIADOS DO FNPP

15. Aplica-se ao mandado de segurança o julgamento de improcedência liminar do pedido.

10. ENUNCIADOS DO CJF

22. Em causas que dispensem a fase instrutória, é possível o julgamento de improcedência liminar do pedido que contrariar decisão do Supremo Tribunal Federal em controle concentrado de constitucionalidade ou enunciado de súmula vinculante.

11. INFORMATIVOS

Informativos do STJ

Admite-se emenda à inicial de ação civil pública, em face da existência de pedido genérico, ainda que já tenha sido apresentada a contestação. O propósito recursal consiste em definir se, mesmo após a apresentação de contestação, quando se tratar de ação civil pública, pode o julgador determinar a emenda da petição inicial, sempre que detectados defeitos e irregularidades relacionados ao pedido. De início, convém anotar que a jurisprudência do Superior Tribunal de Justiça, ao menos quando cuida de ações individuais, diverge sobre o tema. No que concerne às ações civis públicas, estas são instrumentos processuais de ordem constitucional, dotados de natureza jurídica de ação pública de caráter civil *lato sensu*, estando sujeitas, enquanto tal, às garantias e pressupostos processuais inerentes a toda ação, tendo por mote a defesa de interesses metaindividuais, com relevância social. De fato, a relevância social do bem envolvido, de natureza social, imprime ao direito processual civil, na tutela destes bens, a adoção de princípios distintos dos adotados pelo CPC. Neste contexto, releva-se o princípio da efetividade, previsto no art. 83, *caput*, da Lei nº 8.078/1990 (CDC) – inteiramente aplicável à tutela dos interesses difusos e coletivos, por expressa imposição do art. 21 da Lei nº 7.347/1985 –, que deve ser utilizado pelo juiz da causa para abrandar os rigores da intelecção vinculada exclusivamente ao CPC – desconsiderando as especificidades do micro sistema regente das ações civis –, pois aquele tem como escopo servir de instrumento para a solução de litígios de caráter individual. A espécie não revela processo diferenciado, mas, em verdade, é expressão de um conjunto de princípios que devem necessariamente ser adaptados, a partir do processo civil comum, para viabilizar a defesa de interesses que extrapolam os simplesmente individuais. Nessa linha de raciocínio, devem ser interpretadas as disposições do código processual acerca da petição inicial e das hipóteses de extinção por inépcia da peça vestibular. Aliás, sobre tais institutos, interessa mencionar que o Novo Código de Processo Civil traz regulamentação atinente à petição inicial, seus requisitos e a sistemática de seu recebimento, muito próximas ao que antes previsto pelo diploma processual de 1973. Desse modo, em consonância com a Lei nº 13.105/2015, se o juiz verificar que a petição inicial não preenche os requisitos dos arts. 319 e 320, ou que "apresenta defeitos e irregularidades capazes de dificultar o julgamento de mérito", assim como ocorria no CPC de 1973 (art. 284) deverá intimar o autor para que emende a inicial ou a complete, sob pena de indeferimento, conforme previsão do art. 321, mas, agora, num prazo maior, 15 dias – o que sinaliza verdadeiro compromisso com o aproveitamento dos atos processuais e os princípios da efetividade e economia processuais. **REsp 1.279.586-PR, Rel. Min. Luis Felipe Salomão, por maioria, julgado em 03/10/2017, DJe 17/11/2017. Inf. 615.**

12. SINOPSE

PETIÇÃO INICIAL
Considerações iniciais
A petição inicial é o meio utilizado para se exercitar o ato de demandar.
Requisitos
São requisitos da petição inicial: a) o juízo a que é dirigida; b) os nomes, os prenomes, o estado civil, a existência de união estável, a profissão, o número de inscrição no Cadastro de Pessoas Físicas ou no Cadastro Nacional da Pessoa Jurídica, o endereço eletrônico, o domicílio e a residência do autor e do réu; c) o fato e os fundamentos jurídicos do pedido; d) o pedido com as suas especificações; e) o valor da causa; f) as provas com que o autor pretende demonstrar a verdade dos fatos alegados; g) a opção do autor pela realização ou não de audiência de conciliação ou de mediação.
Aditamento
Protocolada a petição inicial, mas antes de sua distribuição, pode o autor aditar ou alterar qualquer dos elementos (objetivos ou subjetivos) da ação exercida (demanda). Se não houver necessidade de distribuição perante a unidade judiciária respectiva, até a citação, será permitida a modificação dos elementos subjetivos, independentemente do consentimento do réu.
Emenda
O juiz, ao verificar que a petição inicial não preenche os requisitos necessários (conforme indicado acima e que estão dispostos nos arts. 319 e 320 do CPC) ou que apresenta defeitos e irregularidades capazes de dificultar o julgamento de mérito, determinará que o autor, no prazo de 15 dias, a emende ou a complete, indicando com precisão o que deve ser corrigido ou completado.
Indeferimento
Indefere-se a petição inicial quando não for possível a correção do vício de ordem processual pertinente ou quando, instado a assim fazer, o autor não tenha atendido a determinação.

Improcedência Liminar do Pedido
Nas causas que dispensem a fase instrutória, o juiz, independentemente da citação do réu, julgará liminarmente improcedente o pedido que contrariar: a) enunciado de súmula do Supremo Tribunal Federal ou do Superior Tribunal de Justiça; b) acórdão proferido pelo Supremo Tribunal Federal ou pelo Superior Tribunal de Justiça em julgamento de recursos repetitivos; c) entendimento firmado em incidente de resolução de demandas repetitivas ou de assunção de competência; d) enunciado de súmula de tribunal de justiça sobre direito local.

CAPÍTULO 26

PEDIDOS

Sumário • 1. Considerações iniciais – 2. Requisitos – 3. Interpretação – 4. Cumulação: 4.1. Momentos e formas; 4.2. Requisitos; 4.3. Espécies: 4.3.1. Pedido alternativo; 4.3.2. Pedido eventual (ou subsidiário); 4.3.3. Pedido sucessivo – 5. Prestação indivisível – 6. Aditamento ou alteração do pedido – 7. Súmulas – 8. Enunciados do FPPC – 9. Informativos – 10. Sinopse.

1. CONSIDERAÇÕES INICIAIS

A parte, quando exercita o direito de ação, pretende que o bem jurídico lhe seja reconhecido pelo Estado-juiz. Para tanto, em petição, formula (no comum das vezes) pedidos. Em todo pedido formulado perante o Poder Judiciário (no exercício da função jurisdicional), sobressaem-se o bem da vida pretendido, que constitui o **pedido mediato** (objetivo), e a providência jurisdicional, que constitui o **pedido imediato** (meio), necessária à sua obtenção (declaração, constituição e condenação).

A par dessas considerações, pode-se afirmar que o pedido explicita a pretensão material deduzida em juízo, que objetiva a concessão de bem jurídico, afirmadamente em litígio, por intermédio de um provimento jurisdicional, que pode assumir variadas naturezas. Ele (pedido) **delimita** (mas não com exclusividade) a **atividade jurisdicional** (que resolverá os pedidos formulados)[1] e, antes mesmo, a própria atividade **defensiva** (que impugnará, além dos fatos, os pedidos apresentados pela parte adversa).

Além disso, juntamente com as partes e a causa de pedir, o pedido é **elemento que constitui e identifica a ação**, e, por isso, serve à verificação da ocorrência de conexão (e continência), de litispendência e de coisa julgada. Relaciona-se, assim, o pedido, como fatores modificativos de competência e com pressupostos processuais negativos. E mais. Na maior parte das vezes, o pedido é utilizado como parâmetro para a fixação do valor da causa que, como antes mostrado, é requisito da petição inicial, a considerar que este (valor da causa) tem relações com diversos outros institutos processuais.

2. REQUISITOS

O pedido deve ser certo e determinado. Antes, sob a vigência do CPC/1973, o art. 286 dispunha que "o pedido deve ser certo ou determinado". Trazia-se uma conjunção alternativa,

1. Ao entender deste curso, a atividade jurisdicional está balizada pelas afirmações da existência de direito trazidas pelas partes, mesmo que não apresentadas em forma de pedido. Isso a se considerar que a análise jurisdicional vai, muitas vezes, além do pedido, pelo que não poderia aquela ser ineficaz. A título de exemplo, traz-se a afirmação da existência de prescrição. Se o juiz acolher tal afirmação trazida pelo réu, a análise judicial, que reconheceu a sua existência, formará coisa julgada material a se estender aos demais processos que discutam a mesma relação jurídica. E tal ocorrerá independentemente da apresentação de pedido pelo réu, nomeadamente porque, por expressa disposição legal, a prescrição, que é um contradireito, constitui matéria que pode ser conhecida de ofício.

como se a certeza do pedido fosse excludente de sua determinação. Mas, não era bem assim. Havia, de fato, um erro na redação do texto legal, logo identificado, que não impediu de a doutrina e a jurisprudência concluir que a conjunção deveria ser aditiva. Sob a vigência do CPC/2015, fica claro, pelo texto dos artigos 322 e 324, que o pedido deve ser, ao mesmo tempo, certo e determinado.

O pedido **certo** é aquele que está expresso. A sua formulação, por consequência, não deve (pelo menos em regra) ser implícita. A parte, quando formula pedido, até mesmo em respeito às garantias da ampla defesa e do contraditório, deve ser claro ao informar o que quer. Somente em situações excepcionais (legalmente previstas) é que se admite a formulação implícita de pedido. A título de exemplo, o § 1º do art. 322 dispõe que "compreendem-se no principal os juros legais, a correção monetária e as verbas de sucumbência, inclusive os honorários advocatícios", ainda que não formulados pedidos expressos a respeito.

Entretanto, nada impede que a parte formule, de forma expressa, pedidos relacionados a acréscimos de juros legais, de incidência de correção monetária sobre valor da condenação e o pagamento de verbas de sucumbência (inclusive os honorários advocatícios). O mesmo se diga em relação às obrigações em prestações sucessivas. Conquanto compreendam-se entre os pedidos implícitos (art. 323 do CPC/2015[2]), podem ser objeto de formulação de pedidos expressos (certos) a lhes contemplar.

Embora o pedido deva ser certo, não necessariamente deve ter determinada localização topográfica, ou seja, não precisa estar contido no item "pedidos" (da petição). É comum constar, por exemplo, a existência de pedido de concessão dos benefícios da gratuidade judiciária, de concessão de tutela provisória[3], entre outros, logo e apenas no frontispício da petição. Essa circunstância não faz com que o pedido deixe de ser certo. Aliás, não há o que se censurar quanto ao preenchimento dos requisitos de formulação.

Por sua vez, o pedido será **determinado** quando delimitado em relação à sua quantidade e à sua qualidade. A parte diz quanto e de que qualidade quer. Mas, ser determinado não quer dizer que tenha de ter repercussão econômica. O pedido determinado é o oposto do pedido genérico. De regra, é vedada a formulação de pedido genérico. Somente é lícita sua formulação: a) nas ações universais, se a parte não puder individuar os bens demandados; b) quando não for possível determinar, desde logo, as consequências do ato ou do fato; c) quando a determinação do objeto ou do valor da condenação depender de ato que deva ser praticado pelo réu[4].

---

2. Art. 323. Na ação que tiver por objeto cumprimento de obrigação em prestações sucessivas, essas serão consideradas incluídas no pedido, independentemente de declaração expressa do autor, e serão incluídas na condenação, enquanto durar a obrigação, se o devedor, no curso do processo, deixar de pagá-las ou de consigná-las.
3. O pedido de concessão de tutela provisória, mesmo que não alocado no lugar considerado como sendo o mais adequado da petição, dispensa a formulação de pedido confirmatório. E isso acontece porque, quando da formulação do pedido de cognição sumária, o pedido de sua confirmação já está expresso (STJ. REsp 907.350/PR. DJe 25.08.09), pois é característica da jurisdição a sua definitividade.
4. Nesses casos excepcionais, em que se admite a formulação de pedido genérico, apenas o quanto devido é relegado para posterior oportunidade, a bastar que o autor explique de logo aquilo pretende. Todavia, apesar dessa prerrogativa concedida em favor da parte, se ela formular pedido líquido, a aduzir, desde logo, o quanto quer, o juiz não poderá proferir sentença ilíquida. Ela deverá ser líquida.

Além de certo e determinado, o pedido deve ser coerente, congruente e concludente. Será **coerente** o pedido quando se relacionar à causa de pedir. Por sua vez, será **congruente** o pedido que esteja delimitado pela causa de pedir, que, inclusive, será identificado. E será **concludente** quando constituir consequência lógica da causa de pedir, até porque, como estabelecido pelo inciso III do § 1º do art. 330 do Código de Processo Civil, da narração dos fatos trazidos pela parte, deve decorrer logicamente uma conclusão, sob pena de a petição inicial (inclusive da reconvenção) ser inepta.

3. INTERPRETAÇÃO

O CPC/2015, relativamente ao anterior, inovou quando tratou da interpretação dos pedidos. Antes, o art. 293 do CPC/1973 estabelecia que "os pedidos são interpretados restritivamente, compreendendo-se, entretanto, no principal os juros legais". O atual Código, entretanto, no § 2º do art. 322, dispõe que "a interpretação do pedido considerará o conjunto da postulação e observará o princípio da boa-fé". A modificação tem grande significado. O juiz não faz a interpretação do pedido apenas com sua exclusiva leitura. Deve ele considerar o conjunto de toda postulação e a boa-fé.

A ser dessa forma, a fundamentação (a causa de pedir) serve ao juiz em sua interpretação do pedido, a exemplo do que ocorre com a fundamentação da sentença para a interpretação de seu dispositivo. Além disso, se houver cumulação, os pedidos devem ser analisados numa acepção conjunta, de maneira que o resultado da interpretação seja harmônico. A atividade intelectiva, por assim dizer, não é isolada, a considerar apenas o pedido formulado pelas partes, ao que poderia parecer sob a égide do CPC/1973.

Tal disposição legal, trazida pelo atual Código, faz com que seja afirmada a própria boa-fé, seja porque deve ser utilizada no processo subjetivo de interpretação, seja porque, de uma forma muito clara, não mais possibilitará que a parte use de artifícios para auferir vantagens, ante a formulação de pedido desconectado ao contexto em que se insere. Assim, antes mesmo de qualquer análise judicial, a própria parte, cônscia do dever de agir de boa-fé e dos elementos que serão utilizados pelo juiz na interpretação, tenderá a formular pedidos claros e, quando cumulados, harmônicos.

A disposição trazida pelo § 2º do art. 322, possibilita, por outro aspecto, que o juiz supere circunstâncias que poderiam comprometer o atendimento dos pedidos formulados pelas partes. Erros materiais, por exemplo, podem ser corrigidos de ofício pelo juiz (como ocorre com a sentença, mesmo depois de publicada), em sua atividade interpretativa (ou mesmo em cooperação), para alcançar um produto harmônico, amparado pela boa-fé. Se, na petição inicial, o autor trata, na fundamentação, de danos morais e, ao final, formula pedido de indenização por danos materiais, deve o juiz concluir que o pedido seria de reparação por danos morais.

Outros exemplos que mostram como a interpretação do conjunto da postulação pode superar alguns erros cometidos pela parte, os quais não devem comprometer a eficiência da prestação jurisdicional:

a) a parte alega inadimplência de obrigação contratual, conforme narração, e, equivocadamente, pede decretação de invalidade, quando deveria pedir a resolução do contrato: o juiz não deve, nessa situação, julgar improcedente a ação por não haver motivo para invalidar, mas sim interpretar e julgar como sendo pedido de resolução contratual;

b) a parte ajuíza ação de indenização por danos materiais, fundada na ocorrência de ato ilícito, mas seria perda da chance, conforme narração apresentada na petição inicial: o juiz não deve, nessa situação, julgar improcedente a ação por alegar inexistência de danos materiais, mas sim interpretar e julgar como sendo pedido de indenização por perda de chance.

Também, em afirmação à própria eficiência, a disposição encimada orienta que o juiz supere formalismos (muitas vezes injustificados), que não tenham sido respeitados pela parte, quando da formulação de pedidos. Quando a parte pede a concessão de uma tutela provisória antecipatória, é conveniente que ela, depois, formule pedido de confirmação. Mas, ainda que ela não peça sua confirmação, o conjunto da postulação, a considerar, sobretudo, a fundamentação (expressão de sua vontade) que antecede o pedido, permitirá que o juiz conclua como formulado e, assim, passível de atendimento.

É por isso que o enunciado 285 do Fórum Permanente de Processualistas Civis orienta que "a interpretação do pedido e dos atos postulatórios em geral deve levar em consideração a vontade da parte, aplicando-se o art. 112 do Código Civil", *in verbis*: "nas declarações de vontade se atenderá mais à intenção nelas consubstanciada do que ao sentido literal da linguagem". E, para isso, não haverá violação (ou sequer ameaça) à segurança jurídica, porque os elementos balizadores trazidos pelo § 2º do art. 322 restringe a adoção da interpretação pelo juiz, de modo que ele não possa alcançar uma conclusão estranha.

Se o conjunto da postulação, em observância à boa-fé, puder ensejar interpretação diversa da restritiva, o juiz, para concretizar a cooperação e tornar o contraditório prévio e efetivo, inclusive evitando surpresas, deve, antes de proferir decisão, ouvir, sucessivamente, as partes acerca da sua interpretação.

4. CUMULAÇÃO

4.1. Momentos e formas

É lícito à parte, em único processo, cumular pedidos. Haveria, aí, uma espécie de cumulação objetiva de ações (a considerar que a cumulação objetiva pode ocorrer pela apresentação de mais de uma causa de pedir).

São vários os momentos e as formas de como os pedidos podem ser cumulados.

Observe-se:

Quanto ao momento, a cumulação pode ser *inicial* ou *ulterior*.

Será **inicial**, quando os pedidos forem formulados no ato que, originariamente, apresenta a demanda (petição inicial da ação ou da reconvenção). Ao contrário, será **ulterior**, quando o novo pedido for formulado depois da postulação inicial. A par disso, não é de se confundir cumulação de pedidos ulterior, com a ampliação objetiva ulterior do objeto litigioso do processo. Poderá haver ampliação do objeto processual sem que haja cumulação de pedidos. É o que ocorre com a reconvenção.

Quanto à forma, a cumulação pode ser *própria* ou *imprópria*.

Haverá cumulação **própria** quando forem formulados vários pedidos, esperando-se que todos eles sejam acolhidos simultaneamente. Cada um dos pedidos formulados em cumulação própria pode dar ensejo a uma relação processual independente, mas, por motivo de economia, eles são conjugados em único processo. Em consequência, o objeto litigioso do processo torna-se composto, a se exigir pronunciamento jurisdicional dividido em capítulos.

A cumulação *própria* pode ser *simples* ou *sucessiva*. Será **simples** quando os pedidos formulados não guardarem relação de precedência ou prejudicialidade um com os outros (ou seja, ainda que não haja conexão entre eles). Os pedidos podem, em análise independente, ser acolhidos (no todo ou em parte) ou rejeitados. Ao contrário, será **sucessiva** a cumulação própria quando os pedidos formulados guardarem entre si relação de precedência ou prejudicialidade.

De maneira antagônica, haverá cumulação **imprópria**, quando forem formulados vários pedidos ao mesmo tempo, esperando-se que apenas um deles (ou que nem todos) seja acolhido, porquanto o acolhimento de um (ou de alguns), necessariamente, implica impossibilidade de atendimento do outro.

A cumulação imprópria pode ser *eventual* (ou *subsidiária*) ou *alternativa*. Será **eventual** quando a cumulação se dirige a garantir um proveito efetivo, por admitir, a parte, uma situação de impossibilidade de atendimento do pedido principal. A parte procede a essa espécie de cumulação para que o juiz conheça do pedido posterior, quando não acolher o anterior. Por sua vez, será **alternativa** a cumulação quando, pela natureza da obrigação, o devedor puder cumprir a prestação de mais de um modo.

4.2. Requisitos

Para que os pedidos possam ser cumulados, não é necessário que haja, entre eles, conexão. Exige-se o preenchimento de 03 outros requisitos, que são: a) compatibilidade entre os pedidos; b) competência; c) compatibilidade ou adequação do procedimento.

Esses requisitos têm plena aplicação quando a cumulação for própria (simples ou sucessiva), mas, quando imprópria (alternativa ou eventual), a compatibilidade entre os pedidos é mitigada.

Quando não preenchido qualquer dos necessários requisitos, haverá ou a redução da demanda ou o indeferimento da petição inicial. Antes de qualquer medida, o juiz deve estabelecer diálogo com as partes, seja para, quando possível, oportunizar sua correção, seja para ela indicar a parte a ser reduzida.

Se não corrigido o vício pela parte, deve ser indeferida a petição inicial.

Pois bem.

Analisar-se-á, abaixo, cada um dos requisitos indicados:

a) **Compatibilidade entre os pedidos**: para que se possibilite a cumulação de pedidos, é necessário que eles sejam compatíveis entre si, ou seja, em cumulação própria, um pedido não pode ser excludente do(s) outro(s). De fato, não podem ser contraditórios. Para que seja possível a formulação de pedidos incompatíveis entre si, a parte deve se valer da cumulação imprópria.

E mais.

Além da compatibilidade entre os pedidos, em regra, deve haver, também, a compatibilidade entre as causas de pedir. Estas não podem ser conflitantes, a ponto de uma negar a outra. Todavia, tratando-se de cumulação subsidiária, não é necessário que as causas de pedir sejam compatíveis.

Para que os pedidos sejam compatíveis, não se faz necessário que estejam fundados nos mesmos fatos ou nos mesmos fundamentos jurídicos. A cumulação simples ratifica essa conclusão. Os pedidos cumulados não guardam qualquer relação de precedência ou de prejudicialidade uns com os outros, justamente porque não estão relacionados aos mesmos fatos ou fundamentos jurídicos.

b) **Competência**: para que seja possível a cumulação de pedidos, o juízo deve ser competente para conhecer todos aqueles que forem formulados. Se não tiver competência para conhecer de todos, não poderá haver cumulação (ou ela será reduzida)[5]. A identidade de competência deve considerar também os órgãos recursais e não somente a do juízo. É necessário que, em sede recursal, o(s) tribunal(is) *ad quem* (inclusive o[s] mesmo[s] órgão[s]) seja(m) competente(s) para conhecer e julgar todos os pedidos formulados perante o juízo *a quo*, o que se justifica pela própria natureza jurídica dos recursos, que é de faculdade de extensão do direito de ação.

Apesar disso, o requisito da competência somente é radical, sem possibilidade de contorno, se entre os pedidos cumulados houver diversidade de competência absoluta. Se a diversidade for de competência relativa, ela poderá ser contornada, sendo admitida a propositura e o trâmite conjuntos. Essa ilação também pode ser extraída do enunciado 289 do Fórum Permanente de Processualistas Civis: "se houver conexão entre pedidos cumulados, a incompetência relativa não impedirá a cumulação, em razão da modificação legal da competência".

Caso o órgão julgador constate uma cumulação indevida, em face do não preenchimento do requisito da competência, ele não deve indeferir totalmente a petição inicial. Deve, sim, admitir o processamento do pedido para o qual é competente, a extinguir, sem análise de mérito, aquele para o qual é incompetente.

PONTO DE REFLEXÃO
Com a cumulação de pedidos, pode haver modificação de competência. Suponha-se que cada um dos pedidos poderia ser formulado perante os juizados especiais, tendo em vista o valor individual. Entretanto, quando cumulados, sem cúmulo subjetivo, o valor excedeu a alçada. É o caso de modificação de competência.

5. Intimar-se-á o autor sobre esta circunstância, caso não haja competência para conhecer de todos os pedidos formulados e, dependendo da emenda da petição inicial (ou da inércia), poderá o processo continuar no mesmo juízo ou ser remetido para o juízo competente. Se não houver emenda, apreciar-se-ia apenas o pedido da competência do juízo. Se houver emenda, e ela for no sentido de retirar o pedido de competência do juízo originário, o processo será remetido ao juízo competente.

PONTO DE REFLEXÃO
Entretanto, duas outras observações são de elevada importância para não se causar embaraços de compreensão acerca deste ponto. A primeira delas diz respeito à cumulação de pedidos, onde, a definição de competência para um adota o valor da causa e, para outro, determinada hipótese prevista.
Diante deste cenário, imagine-se que, perante os juizados especiais fossem formulados dois pedidos: um pedido de pagamento de valores devidos a título de alugueres verbalmente contratados e outro de indenização por danos causados no prédio urbano ou rústico.
Nos moldes do art. 3º da Lei nº 9.099/95, *"o Juizado Especial Cível tem competência para conciliação, processo e julgamento das causas cíveis de menor complexidade, assim consideradas: I – as causas cujo valor não exceda a quarenta vezes o salário mínimo; II – as enumeradas no art. 275, inciso II, do Código de Processo Civil [...]"*.
Por seu turno, o art. 275, II, "c", do Código de Processo Civil preceitua: *"observar-se-á o rito sumário [...] nas causas, qualquer que seja o valor: [...] de ressarcimento por danos em prédio urbano ou rústico"*.
O caso hipotético contempla dois pedidos. No primeiro, o valor da causa é decisivo para definição da competência. No segundo, a hipótese é que define a competência, não tendo importância o valor da causa, qualquer que seja ele, conforme dicção legal do art. 3º da Lei nº 9.099/95.
Com a cumulação de pedidos nessa forma, não há modificação de competência, pois o valor do segundo pedido não será útil à sua definição. O mesmo aconteceria se os pedidos cumulados contemplassem mais de um ou todas as hipóteses previstas no art. 275, II, do CPC.
A segunda observação pertine à contemporânea cumulação objetiva e subjetiva. Imagine-se que, em ação perante os juizados especiais, havia litisconsortes ativos facultativos – 02, por exemplo. Um formulava pedido no valor de 30 salários mínimos. O outro, no valor de 40 salários mínimos.
Nesta hipótese, os juizados especiais teriam ou não competência para a ação? Segundo o enunciado 261 da súmula do antigo TFR, aqueles seriam competentes, pois *"no litisconsórcio ativo voluntario, determina-se o valor da causa, para efeito de alçada recursal, dividindo-se o valor global pelo numero de litisconsortes"*.

c) **Compatibilidade ou adequação procedimental**: para que seja possível a cumulação de pedidos, é necessário, ainda, que haja compatibilidade ou adequação entre os procedimentos pertinentes a cada pedido, porque inviável realizar-se, em um só processo, dois ou mais procedimentos.

Mesmo diante do requisito da compatibilidade ou adequação procedimental, o Código de Processo Civil abranda a sua exigência, autorizando ao autor renunciar o procedimento não-comum pertinente a um (ou alguns ou todos) dos pedidos, para que esse(s) seja(m) processado(s), juntamente com os demais, pelo o rito comum. Entretanto, em alguns casos, a renúncia ao rito não-comum nem sempre é possível.

Existem situações em que há: a) cumulação de pedido processado sob o rito especial com um pedido processado sob o rito comum; b) cumulação de pedidos processados (todos) sob ritos especiais distintos. Só que alguns procedimentos especiais não podem ser convertidos ao comum. Para que se identifique a possibilidade de cumular pedidos nessas hipóteses, a parte deve saber se o procedimento especial é ou não disponível ao procedimento comum.

Em regra, os procedimentos especiais são indisponíveis. Quando criados para atender a determinado interesse público, obedecem a essa regra, sendo irrenunciáveis pela vontade da parte. Às vezes, contudo, a lei institui o procedimento especial por conveniência[6]. Aí, a ação também pode ser intentada sob o rito comum, a se admitir, por essa via, a cumulação de pedidos. Naquela outra hipótese, porém, não se admite a cumulação de pedidos (ainda que sob o rito comum) ante a indisponibilidade do(s) rito(s) especial(is).

6. A exemplo do que ocorre com o mandado de segurança e com a ação monitória.

Assim, quando, para cada pedido, corresponder tipo diverso de procedimento, será admitida a cumulação se o autor empregar o procedimento comum. Mas, isso não prejudicará o emprego das técnicas processuais diferenciadas previstas nos procedimentos especiais a que se sujeitam um ou mais pedidos cumulados, que não forem incompatíveis com as disposições sobre o procedimento comum. Pode-se, então, renunciar-se ao rito especial sem renunciar-se às respectivas técnicas processuais diferenciadas.

Se, quando, para cada pedido, corresponder tipo diverso de procedimento, e a parte não empregar o procedimento comum, o juiz, antes de qualquer decisão, deve intimá-la para que (se possível, evidentemente) indique se quer converter o rito para o comum ou, em caso negativo (preferir o procedimento especial), diga qual dos pedidos quer continuar. Se permanecer omisso, a petição inicial deverá ser indeferida.

4.3. Espécies

Quando cumulados os pedidos, possibilita-se a identificação de suas espécies. Se não cumulados, será sempre um pedido simples.

Os pedidos, então, quando cumulados, podem ser: a) simples; b) alternativo; c) subsidiário (ou eventual); d) sucessivo.

4.3.1. Pedido alternativo

O pedido será alternativo quando, pela natureza da obrigação, o devedor puder cumprir a prestação de mais de um modo. A parte formula mais de um pedido, esperando que **qualquer um deles, sem preferência**, seja atendido. O pedido alternativo decorre de uma cumulação imprópria.

O parágrafo único do art. 325 do Código de Processo Civil estabelece, *in verbis*, que, “quando, pela lei ou pelo contrato, a escolha couber ao devedor, o juiz lhe assegurará o direito de cumprir a prestação de um ou de outro modo, ainda que o autor não tenha formulado pedido alternativo”.

Esse é o texto legal.

Contudo, sua interpretação literal pode ensejar o cometimento de equívocos.

De fato, pode ocorrer de a ação ser intentada pelo devedor e, em sua petição inicial, não formular pedido alternativo. Ele será, para o caso, o autor, e, mesmo não formulando pedido alternativo (em cumulação imprópria), porque a ele cabe a escolha, não terá o juiz de intervir para “assegurar o direito de cumprir a prestação de um ou de outro modo”.

O texto legal deveria ter previsto que a intervenção judicial, para garantir o direito de escolha no cumprimento da obrigação, somente seria possível se o devedor fosse réu e o autor, que seria, por óbvio, o credor, não tivesse formulado pedido alternativo. Mas, da forma como posto o texto, a interpretação literal pode ensejar o cometimento de equívocos.

Pois bem.

Se a alternativa couber ao réu e a sentença julgar procedente a ação, mesmo que o autor formule único pedido, será garantido àquele a escolha do modo de cumprimento da obrigação. Isso não significa *error in procedendo* pelo fato de o juiz decidir “fora do pedido”, porque o fundamento dos pedidos alternativos é rebatido com base nas mesmas razões, pelo que não há prejuízo à defesa[7].

Agora, caberia ao juiz, assim que recebida a petição inicial, ou, pelo menos, quando apresentada resposta pelo réu, em atividade cooperativa, consultar as partes acerca da alternativa posta para o cumprimento da obrigação, em caso de eventual reconhecimento por sentença. Tal evitaria discussões desnecessárias no cumprimento da sentença.

Por outro lado, se a alternativa couber ao autor e a sentença julgar procedente a ação, aquele, no momento da execução, realizará sua escolha ao modo de cumprimento da obrigação. Na prática, todavia, quando a alternativa cabe ao autor, é mais comum ele formular único pedido simples ou uma cumulação eventual.

Embora a formulação de pedidos alternativos possibilite (se julgada procedente a ação) o atendimento de apenas um deles, a cumulação deverá preencher seus requisitos. O a identidade ou compatibilidade de procedimento e a competência do juízo devem ser observadas, a se admitir a mitigação, no entanto, do requisito de compatibilidade entre os pedidos, porque será atendido apenas um deles.

Acrescente-se que, como a natureza jurídica do recurso é de faculdade extensão do direito de ação, nos recursos, são aplicadas as mesmas técnicas de postulação inicial, inclusive quanto à cumulação de pedidos.

E mais.

Se a sentença atender a qualquer dos pedidos alternativos formulados, em cumulação, na petição inicial, a parte que os formulou carecerá de interesse em recorrer, porque alcançou o máximo de benefício possível com a prestação jurisdicional (quem terá interesse recursal, nesse caso, será a parte adversa). Se rejeitados os pedidos alternativos, contudo, haverá interesse da parte que os formulou.

Se não analisado qualquer do(s) pedido(s) alternativo(s), também haverá interesse recursal, conquanto, a teor do que orienta o enunciado 7 do Fórum Permanente de Processualistas Civis, "o pedido, quando omitido em decisão judicial transitada em julgado, pode ser objeto de ação autônoma".

4.3.2. Pedido eventual (ou subsidiário)

O art. 326 do Código de Processo Civil dispõe que é lícito formular mais de um pedido em ordem subsidiária, a fim de que o juiz conheça do posterior (o eventual), quando não acolher o anterior (o principal). Trata-se de uma espécie de cumulação imprópria, em que a parte formula mais de um pedido, alternativamente, para que o juiz acolha um deles.

Tal se dá porque a parte admite (conquanto não reconheça) que, por questões de ordem material ou processual, o pedido anterior (o principal), pode não ser atendido, mas lhe restará a possibilidade de atendimento, pelo juiz (em decisão definitiva), do pedido posterior (o eventual). O pedido, portanto, será eventual quando o autor formulá-lo em admissão de impossibilidade de atendimento do pedido principal, como forma de garantir proveito efetivo.

---

7. A disposição do parágrafo único do art. 325 do Código de Processo Civil ratifica que o objeto litigioso do processo, conforme entendimento dos autores deste livro, é delimitado pelas afirmações de existência de direito apesentadas pelas partes, e não pelos pedidos por elas formulados.

Diferentemente do que acontece com o pedido alternativo, o eventual não **decorre** de uma obrigação alternativa, mas **da admissão de impossibilidade, por questões práticas, de atendimento do pedido principal**. Por isso, esclarece o enunciado 287 do Fórum Permanente de Processualistas Civis, até de uma forma mais completa, que "o pedido subsidiário somente pode ser apreciado se o juiz não puder examinar ou expressamente rejeitar o principal".

Há uma ordem de apresentação dos pedidos. A parte prefere o atendimento do pedido principal, mas, não sendo possível atendê-lo, pede o atendimento do subsidiário. Por essa razão, não sendo observada, pelo juiz, a ordem de apresentação dos pedidos, haverá *error in procedendo*, facultando a interposição de recurso contra a decisão que contemplou em seu favor pedido em ordem diversa da que foi estabelecida.

Acolhido o pedido principal, o órgão julgador não precisará examinar o pedido subsidiário (STJ. EDcl no REsp 122035/MG. DJU 30.11.98). Entretanto, não acolhido ou não examinado, o órgão julgador deverá examinar o pedido subsidiário, sob pena de o pronunciamento definitivo ser *citra petita*, porque não esgotada a prestação jurisdicional (STJ. REsp 26423/SP. DJU 30.11.92) na amplitude da provocação.

Embora a formulação de pedido eventual possibilite o seu atendimento somente se julgado improcedente o pedido principal, a cumulação deverá preencher seus requisitos. A identidade ou a compatibilidade de procedimento e a competência do juízo devem ser observadas, a se admitir a mitigação, no entanto, do requisito de compatibilidade entre os pedidos, porque será atendido apenas um deles.

A parte poderá recorrer contra a parte da decisão que rejeitar o pedido principal, mesmo que o pedido subsidiário seja atendido, pois, ao estabelecer hierarquia entre os pedidos, ela define o que lhe é mais interessante. É assim que orienta o enunciado 288 do Fórum Permanente de Processualistas Civis: "quando acolhido o pedido subsidiário, o autor tem interesse de recorrer em relação ao principal". Mas, ao ser interposto recurso, este se restringirá a um capítulo, porquanto a parte da decisão que acolheu o pedido subsidiário não será devolvida ao tribunal *ad quem*.

Se o pedido principal puder ser acolhido apenas parcialmente, o órgão julgador deverá passar ao exame do pedido subsidiário se for o caso de acolhê-lo integralmente. Isso porque se presume que o interesse da parte será mais bem atendido com a procedência total do pedido subsidiário do que com a procedência parcial do pedido principal. Se não fosse assim, a parte poderia ter formulado o atendimento parcial do pedido principal como primeiro pedido eventual.

Acolhido qualquer dos pedidos (principal ou eventual), a parte adversa é que terá interesse recursal.

Também, se não analisado(s) o(s) pedido(s) eventual(is), apesar de rejeitados o principal, haverá interesse recursal, conquanto, a teor do que orienta o enunciado 7 do Fórum Permanente de Processualistas Civis, "o pedido, quando omitido em decisão judicial transitada em julgado, pode ser objeto de ação autônoma".

Se o tribunal *ad quem* prover o recurso, para julgar improcedente o pedido principal, o relator poderá julgar a causa, por inteiro, a analisar o pedido eventual, se presentes os elementos necessários[8], sendo desnecessário o retorno dos autos ao juízo *a quo* (STJ. EDcl no

8. Ver capítulo "TEORIA GERAL DOS RECURSOS".

REsp 260051/SP. DJU 18.08.03). Inclusive, essa é a orientação advinda do enunciado 102 do Fórum Permanente de Processualistas Civis: "o pedido subsidiário (art. 326) não apreciado pelo juiz – que acolheu o pedido principal – é devolvido ao tribunal com a apelação interposta pelo réu".

Questão de Concurso

▶ **(CESPE. TJ-BA. Juiz de Direito Substituto)**[9]: De acordo com o CPC, na ação em que houver pedido subsidiário, o valor da causa corresponderá:

a) à soma dos valores dos pedidos principal e subsidiário.
b) ao pedido de maior valor, entre o principal e o subsidiário.
c) à média dos valores dos pedidos principal e subsidiário.
d) ao valor do pedido principal.
e) ao valor de qualquer dos pedidos, principal ou subsidiário, desde que a diferença dos seus valores seja de até 5%.

IMPORTANTE! Entendia o STJ que, quando formulava pedido eventual, a parte somente sucumbiria se todos os seus pedidos (principal e eventual) fossem rejeitados. Se acolhido o pedido eventual, não haveria condenação ao pagamento dos ônus decorrentes da sucumbência contra si. Acolhido um dos pedidos formulados em cumulação eventual, a sucumbência da parte adversa seria total, a se inadmitir a reciprocidade sucumbencial (STJ. REsp 616918/MG. DJU 01.08.06).

Atualmente, adota entendimento diverso. Definiu-se que, se o pedido principal for rejeitado e o eventual acolhido, estaria configurada a sucumbência recíproca, embora também se pudesse reconhecer a existência de sucumbência mínima (nos termos do parágrafo único do art. 21 do CPC[10]), a se atribuir, por isso, a integralidade do ônus respectivo a uma das partes apenas (STJ. EREsp 616918/MG. DJe 02.08.10)[11].

4.3.3. Pedido sucessivo

O pedido será sucessivo quando, **para a sua análise e o seu atendimento, for necessário o acolhimento do pedido anterior que lhe é condicionante**. Se rejeitado o pedido

9. Gabarito: Letra D.

10. Art. 21. Se cada litigante for em parte vencedor e vencido, serão recíproca e proporcionalmente distribuídos e compensados entre eles os honorários e as despesas. Parágrafo único. Se um litigante decair de parte mínima do pedido, o outro responderá, por inteiro, pelas despesas e honorários.

11. Faz-se a transcrição da ementa do aresto referido, que bem exprime o seu inteiro teor: "*PROCESSUAL CIVIL. EMBARGOS DE DIVERGÊNCIA. ART. 289 DO CPC. CUMULAÇÃO IMPRÓPRIA SUBSIDIÁRIA DE PEDIDOS (CUMULAÇÃO EVENTUAL). ACOLHIMENTO DO PEDIDO SUBSIDIÁRIO E REJEIÇÃO DO PRINCIPAL. SUCUMBÊNCIA RECÍPROCA. 1. Embora não tenham adotado a mesma terminologia para decidir a cumulação de pedidos de que trata o art. 289 do Código de Processo Civil-CPC, os arestos embargado e paradigma divergem quanto à correta interpretação desse dispositivo. O primeiro conclui que o acolhimento do pedido subsidiário, e a rejeição do principal, conduz à sucumbência integral da parte ré, enquanto o segundo entende, em situação análoga, que há mútuo sucumbimento das partes. No caso, apenas foi deferida a restituição dos valores recolhidos a título de FINSOCIAL e do PIS, nos termos dos Decretos-leis nºs 2.445 e 2.449/88, no que se refere ao montante recolhido através de substituição tributária, nos termos do pedido subsidiário (e não a restituição da totalidade dos valores retidos por substituição tributária a título de PIS, COFINS e FINSOCIAL), mesmo assim, houve o reconhecimento da sucumbência integral da Fazenda Pública, ora embargante. 2. Na cumulação alternativa não há hierarquia entre os pedidos, que são excludentes entre si. O acolhimento de qualquer um deles satisfaz por completo a pretensão do autor, que não terá interesse em recorrer da decisão que escolheu uma dentre outras alternativas igualmente possíveis e satisfativas. Se não há interesse recursal, conclui-se que os ônus da sucumbência devem ser integralmente suportados pelo réu. 3. Já na cumulação subsidiária, como é o caso dos autos, os pedidos são formulados em grau de hierarquia, denotando a existência de*

anterior, automaticamente estará rejeitado o posterior (STJ. EDcl no AgRg nos EDcl no Ag 517703/RO. DJU 28.11.05). Todavia, acolhido o pedido anterior, nem sempre será acolhido o pedido posterior. O acolhimento daquele é apenas um dos requisitos necessários para o atendimento deste[12].

A possibilidade de formulação de pedidos sucessivos se ampara na economia processual, pois a parte não precisa aguardar o acolhimento do pedido pressuposto para, somente depois, promover ação quanto ao pedido sucessivo. É nesse aspecto que o pedido sucessivo se difere do eventual. Enquanto que no pedido sucessivo o acolhimento do pedido posterior depende do acolhimento do anterior, no pedido subsidiário, o seu acolhimento depende da rejeição.

Quanto ao ônus sucumbencial, rejeitado o pedido principal, estarão rejeitados os sucessivos, sendo da parte que os formulou a responsável pelo pagamento dos ônus decorrentes da sucumbência. Se a parte tiver formulado pedidos sucessivos, arcará parcialmente com pagamento dos ônus decorrentes da sucumbência, caso não sejam todos acolhidos (STJ. EDcl no REsp 380435/RS. DJU 24.10.05). Nesse caso, a sucumbência deve ser distribuída de forma proporcional ao atendimento dos pedidos sucessivos formulados. Contudo, se acolhidos todos os pedidos, a sucumbência da parte adversa é que será total.

A formulação de pedidos sucessivos se submete às regras de cumulação própria de pedidos. Por essa razão, a identidade ou adequação do procedimento, a compatibilidade entre os pedidos formulados e a competência do juízo devem ser observados em relação aos pedidos (todos eles) formulados sucessivamente.

Relativamente ao interesse recursal, a parte que formulou os pedidos poderá recorrer contra a parte da decisão que rejeitar qualquer deles (principal ou sucessivo). A parte adversa, por sua vez, terá interesse recursal se acolhidos, ainda que parcialmente, qualquer dos pedidos.

Também, se não analisado(s) o(s) pedido(s) sucessivo(s), apesar de acolhido(s) o(s) anterior(es), haverá interesse recursal, conquanto, a teor do que orienta o enunciado 7 do Fórum Permanente de Processualistas Civis, "o pedido, quando omitido em decisão judicial transitada em julgado, pode ser objeto de ação autônoma".

---

um pedido principal e outro (ou outros) subsidiário(s). Assim, se o pedido principal foi rejeitado, embora acolhido outro de menor importância, surge para o autor o interesse em recorrer da decisão. Se há a possibilidade de recurso, é evidente que o autor sucumbiu de parte de sua pretensão, devendo os ônus sucumbenciais serem suportados por ambas as partes, na proporção do sucumbimento de cada um. 4. Casos há em que existe um grande distanciamento entre os pedidos cumulados, de modo que a aplicação da tese do aresto paradigma imporia flagrante infringência ao princípio da equidade que deve nortear a fixação de honorários advocatícios. 5. A tese do aresto embargado franqueia ao autor, em grande número de casos, a possibilidade de eximir-se dos ônus da sucumbência. Para tanto, bastaria que formulasse pedido subsidiário mínimo, com grande chance de êxito, para conseguir afastar a condenação em honorários. 6. A orientação consagrada no aresto paradigma, na linha dos precedentes desta Corte, não traz o inconveniente. Havendo a rejeição do pedido principal e o acolhimento de outro subsidiário, estará configurada a mútua sucumbência, podendo o juiz, no caso concreto e com recurso ao juízo de equidade, atribuir os ônus sucumbenciais integralmente ao réu, quando reconhecer a sucumbência mínima do autor naqueles casos em que há parcial equivalência entre os pedidos principal e subsidiário. 7. Embargos de divergência providos".

12. Coloque-se como exemplo a ação de investigação de paternidade, em que se formula o pedido respectivo cumulado com alimentos. Para ser atendido o pedido de alimentos, além do reconhecimento do grau de parentesco, faz-se necessária a demonstração da capacidade de quem presta os alimentos e a necessidade de quem os recebe. Se não reconhecido o vínculo de parentesco, estará prejudicado o pedido de alimentos, que nele se baseia.

Se o tribunal *ad quem* prover o recurso da parte, para acolher um pedido anterior, o relator poderá julgar a causa por inteiro (inclusive os pedidos posteriores), desde que presentes os elementos necessários[13], sendo desnecessário o retorno dos autos ao juízo *a quo*.

Questão Discursiva

▶ **(CESPE – Juiz de Direito – TJ-DF/2015)** Discorra sobre cumulação simples, sucessiva, eventual e alternativa de pedidos.

5. PRESTAÇÃO INDIVISÍVEL

Se houver vários credores de obrigação indivisível, qualquer um deles, individualmente (ou mesmo em litisconsórcio ativo facultativo, se assim convier para alguns dos legitimados) pode pedir o seu cumprimento integral. Entretanto, julgada procedente a ação, somente poderá receber aquilo que lhe pertence.

Os demais credores, que não promoveram a ação, não ficam de fora do produto da prestação, cuja exigibilidade restou determinada judicialmente com o julgamento de procedência. Eles receberão, por conta da extensão subjetiva do julgado, suas partes, mas serão **deduzidas as despesas** na proporção do seu crédito.

Nessas hipóteses, a produção de efeitos pela sentença se dá *secundum eventum litis* (somente os efeitos benéficos, por força de lei, estendem-se aos demais titulares do direito indivisível). Eventual julgamento de improcedência só os atinge se eles tiverem integrado como litisconsortes a relação jurídica processual (STJ. REsp 1124506/RJ. DJe 14.11.12).

6. ADITAMENTO OU ALTERAÇÃO DO PEDIDO

Distribuição da petição inicial, contudo, **antes da citação** do réu o(s) pedido(s) formulado(s) pode(m) ser aditado(s) ou alterado(s) pelo autor (independentemente do consentimento do réu). Isso a considerar que não foi comunicado sequer para apresentar resposta, pelo que não estará submetido a qualquer prejuízo. Entretanto, quando citado o réu, o mandado respectivo deve comunicar acerca do aditamento ou da alteração realizada.

Depois da citação, o(s) pedido(s) somente poderá(ao) ser aditado(s) ou alterado(s), **até o final do saneamento** do processo, se o réu consentir. Caso contrário, deve(m) ser mantido(s) aquele(s) estabelecido(s) até período anterior. Se consentido o aditamento ou alteração, será assegurado o contraditório mediante a possibilidade de manifestação do réu no prazo mínimo de 15 dias, facultado o requerimento de prova suplementar.

Se houver várias partes e sendo um só o pedido dirigido contra todas elas, a citação de uma é suficiente para impedir o aditamento ou a alteração do pedido sem o respectivo consentimento (da parte que foi citada). Se a pluralidade de partes decorrer da formação de litisconsórcio facultativo, e forem veiculados pedidos contra vários réus, a impossibilidade de alteração deve ser observada em relação a cada um destes.

13. Ver capítulo "TEORIA GERAL DOS RECURSOS".

Finalizado o saneamento, o autor não poderá aditar ou alterar mais qualquer elemento, inclusive o pedido. É que, caso fosse admitida seu aditamento ou alteração a qualquer tempo, a atividade processual ficaria embaraçada. O saneamento, assim, foi colocado como termo último à alteração dos elementos da demanda (dentre os quais está o pedido) por estar o Estado-juiz preparado para dar início ao julgamento.

Essas disposições em torno do aditamento e da alteração do(s) pedido(s) formulado(s) na ação aplicam-se à reconvenção.

A considerar que o móbil utilizado para impossibilitar o aditamento ou a alteração do pedido é evitar o desequilíbrio das partes e o desvirtuamento da atuação jurisdicional, não se impedem os atos de disponibilidade processual (reconhecimento da procedência do pedido, desistência da ação e realização de transação). Isso porque, nestas hipóteses, em que há redução dos elementos da ação, são interrompidos a atividade defensiva e o papel especulativo do juízo.

Por fim, é de se considerar que o § 2º do art. 515 do Código de Processo Civil[14], que possibilita a inclusão de sujeito estranho ao processo e de relação jurídica que não tenha sido deduzida em juízo, relativiza a disposição do art. 329[15]. Considere-se, porém, que, aí, nessa situação, não haveria resistência, pelo que não se compromete a atividade das partes e do próprio Estado-juiz.

7. SÚMULAS

Súmulas do STF

254. Incluem-se os juros moratórios na liquidação, embora omisso o pedido inicial ou a condenação.

256. É dispensável pedido expresso para condenação do réu em honorários, com fundamento nos arts. 63 ou 64 do Código de Processo Civil.

Súmulas do STJ

318. Formulado pedido certo e determinado, somente o autor tem interesse recursal em arguir o vício da sentença ilíquida.

387. É lícita a cumulação das indenizações de dano estético e dano moral.

8. ENUNCIADOS DO FPPC

7. O pedido, quando omitido em decisão judicial transitada em julgado, pode ser objeto de ação autônoma.

45. Para que se considere proposta a reconvenção, não há necessidade de uso desse *nomen iuris*, ou dedução de um capítulo próprio. Contudo, o réu deve manifestar inequivocamente o pedido de tutela jurisdicional qualitativa ou quantitativamente maior que a simples improcedência da demanda inicial.

14. Art. 515. São títulos executivos judiciais, cujo cumprimento dar-se-á de acordo com os artigos previstos neste Título:[...] § 2º A autocomposição judicial pode envolver sujeito estranho ao processo e versar sobre relação jurídica que não tenha sido deduzida em juízo.

15. Art. 329. O autor poderá:I – até a citação, aditar ou alterar o pedido ou a causa de pedir, independentemente de consentimento do réu;II – até o saneamento do processo, aditar ou alterar o pedido e a causa de pedir, com consentimento do réu, assegurado o contraditório mediante a possibilidade de manifestação deste no prazo mínimo de 15 (quinze) dias, facultado o requerimento de prova suplementar.Parágrafo único. Aplica-se o disposto neste artigo à reconvenção e à respectiva causa de pedir.

46. A reconvenção pode veicular pedido de declaração de usucapião, ampliando subjetivamente o processo, desde que se observem os arts. 259, I, e 327, § 1º, II.

100. Não é dado ao tribunal conhecer de matérias vinculadas ao pedido transitado em julgado pela ausência de impugnação.

102. O pedido subsidiário (art. 326) não apreciado pelo juiz – que acolheu o pedido principal – é devolvido ao tribunal com a apelação interposta pelo réu.

177. A decisão interlocutória que julga procedente o pedido para condenar o réu a prestar contas, por ser de mérito, é recorrível por agravo de instrumento.

205. Havendo cumulação de pedidos simples, a aplicação do art. 982, I e § 3º, poderá provocar apenas a suspensão parcial do processo, não impedindo o prosseguimento em relação ao pedido não abrangido pela tese a ser firmada no incidente de resolução de demandas repetitivas.

222. Fica superado o enunciado 635 da súmula do STF após a entrada em vigor do CPC ("Cabe ao presidente do tribunal de origem decidir o pedido de medida cautelar em recurso extraordinário ainda pendente do seu juízo de admissibilidade").

285. A interpretação do pedido e dos atos postulatórios em geral deve levar em consideração a vontade da parte, aplicando-se o art. 112 do Código Civil.

287. O pedido subsidiário somente pode ser apreciado se o juiz não puder examinar ou expressamente rejeitar o principal.

288. Quando acolhido o pedido subsidiário, o autor tem interesse de recorrer em relação ao principal.

289. Se houver conexão entre pedidos cumulados, a incompetência relativa não impedirá a cumulação, em razão da modificação legal da competência.

293. O juízo de retratação, quando permitido, somente poderá ser exercido se a apelação for tempestiva.

385. Havendo risco de perecimento do direito, o poder do juiz de exigir do autor a comprovação dos pressupostos legais para a concessão da gratuidade não o desincumbe do dever de apreciar, desde logo, o pedido liminar de tutela de urgência.

507. O art. 332 aplica-se ao sistema de Juizados Especiais.

508. Interposto recurso inominado contra sentença que julga liminarmente improcedente o pedido, o juiz pode retratar-se em cinco dias.

9. INFORMATIVOS

Informativos do STJ

À luz das disposições do Código de Processo Civil de 2015, é possível a inclusão em ação de execução de cotas condominiais das parcelas vincendas no débito exequendo, até o cumprimento integral da obrigação no curso do processo. O art. 323 do CPC/2015 prevê que na ação que tiver por objeto cumprimento de obrigação em prestações sucessivas, essas serão consideradas incluídas no pedido, independentemente de declaração expressa do autor, e serão incluídas na condenação, enquanto durar a obrigação, se o devedor, no curso do processo, deixar de pagá-las ou de consigná-las. A despeito de referido dispositivo legal ser indubitavelmente aplicável aos processos de conhecimento, tem-se que deve se admitir a sua aplicação, também, aos processos de execução. O novo CPC inovou ao permitir o ajuizamento de ação de execução para a cobrança de despesas condominiais, considerando como título executivo extrajudicial o crédito referente às contribuições ordinárias ou extraordinárias de condomínio edilício, desde que documentalmente comprovadas (art. 784, X). O art. 771 do CPC/2015, na parte que regula o procedimento da execução fundada em título executivo extrajudicial, admite a aplicação subsidiária das disposições concernentes ao processo de conhecimento à lide executiva. Tal entendimento está em consonância com os princípios da efetividade e da economia processual, evitando o ajuizamento de novas execuções com base em uma mesma relação jurídica obrigacional. REsp 1.756.791-RS, Rel. Min. Nancy Andrighi, Terceira Turma, por unanimidade, julgado em 06/08/2019, DJe 08/08/2019. Inf. 653.

10. SINOPSE

<table>
<tr><th colspan="2">PEDIDOS</th></tr>
<tr><th colspan="2">Considerações Iniciais</th></tr>
<tr><td colspan="2">A parte, quando exercita o direito de ação, pretende que o bem jurídico lhe seja reconhecido pelo Estado-juiz. Para tanto, em petição, formula (no comum das vezes) pedidos. Em todo pedido formulado perante o Poder Judiciário (no exercício da função jurisdicional), sobressaem-se o bem da vida pretendido, que constitui o pedido mediato (objetivo), e a providência jurisdicional, que constitui o pedido imediato (meio), necessária à sua obtenção (declaração, constituição e condenação).</td></tr>
<tr><th colspan="2">Requisitos</th></tr>
<tr><td colspan="2">O pedido deve ser certo e determinado. O pedido certo é aquele que está expresso. A sua formulação, por consequência, não deve (pelo menos em regra) ser implícita. Por sua vez, o pedido será determinado quando delimitado em relação à sua quantidade e à sua qualidade. A parte diz quanto e de que qualidade quer.</td></tr>
<tr><th colspan="2">Interpretação</th></tr>
<tr><td colspan="2">A interpretação do pedido considerará o conjunto da postulação e observará o princípio da boa-fé</td></tr>
<tr><th colspan="2">Cumulação</th></tr>
<tr><td>Quanto ao momento:</td><td>a) Inicial: quando os pedidos forem formulados no ato que, originariamente, apresenta a demanda (petição inicial da ação ou da reconvenção; b) ulterior: quando o novo pedido for formulado depois da postulação inicial.</td></tr>
<tr><td>Quanto à forma:</td><td>a) Cumulação própria (quando forem formulados vários pedidos, esperando-se que todos eles sejam acolhidos simultaneamente): a1) simples: quando os pedidos formulados não guardarem relação de precedência ou prejudicialidade um com os outros; a2) sucessiva: a cumulação própria quando os pedidos formulados guardarem entre si relação de precedência ou prejudicialidade.

b) Cumulação imprópria (quando forem formulados vários pedidos ao mesmo tempo, esperando-se que apenas um deles (ou que nem todos) seja acolhido): b1) eventual quando a cumulação se dirige a garantir um proveito efetivo, por admitir, a parte, uma situação de impossibilidade de atendimento do pedido principal. b2) alternativa a cumulação quando, pela natureza da obrigação, o devedor puder cumprir a prestação de mais de um modo.</td></tr>
<tr><td>Requisitos</td><td>Para que os pedidos possam ser cumulados, não é necessário que haja, entre eles, conexão. Exige-se o preenchimento de 03 outros requisitos, que são: a) compatibilidade entre os pedidos; b) competência; c) compatibilidade ou adequação do procedimento.</td></tr>
<tr><th colspan="2">Prestação Indivisível</th></tr>
<tr><td colspan="2">Se houver vários credores de obrigação indivisível, qualquer um deles, individualmente (ou mesmo em litisconsórcio ativo facultativo, se assim convier para alguns dos legitimados) pode pedir o seu cumprimento integral. Entretanto, julgada procedente a ação, somente poderá receber aquilo que lhe pertence.</td></tr>
</table>

CAPÍTULO 27

AUDIÊNCIA DE CONCILIAÇÃO OU MEDIAÇÃO

Sumário • 1. Considerações iniciais – 2. Audiência de conciliação ou mediação: 2.1. Introdução; 2.2. Procedimento – 3. Enunciados do FPPC – 4. Enunciados do FNPP – 5. Enunciados da Enfam – 6. Enunciados da CJF – 7. Sinopse.

1. CONSIDERAÇÕES INICIAIS

O CPC/2015 extinguiu o procedimento sumário (antes previsto pelo CPC/1973) e definiu o procedimento comum como sendo o padrão ritualístico a ser genericamente aplicado às relações civis[1]. Em tal procedimento, de contornos redefinidos pelo CPC/2015, fomenta-se, de logo, a resolução consensual do conflito narrado, o que, antes, sob a vigência do anterior Código, apenas era estimulado depois de ultrapassada a etapa postulatória.

Entretanto, diferentemente do que sói ocorrer nos Juizados Especiais, a solução consensual dos conflitos no rito comum era mais difícil. Os percentuais de conciliação eram reduzidos, comparativamente àqueles apresentados pelos Juizados Especiais, que contavam, ainda, com auxiliar, treinado e, muitas vezes, vocacionado, ao consenso. Atribua-se tal resultado ao fato de que, no rito comum, a autocomposição somente era tentada em momento tardio, pelo próprio juiz, depois de as partes terem apresentado, em seus atos postulatórios, todas as suas angústias e rancores.

Para tentar aumentar o percentual de solução consensual de conflitos, o legislador importou a experiência dos Juizados Especiais, de maneira que, logo após apresentada a petição inicial, designa-se audiência de conciliação ou de mediação. Foi por esse motivo que, agora, uma de suas etapas, o procedimento comum direciona à **conciliação ou** à **mediação** (art. 334 do CPC), mediante realização de audiência, que terá como objetivo primordial, a potencialização das resoluções consensuais do conflito.

O presente capítulo, pois, destina-se a analisar esta audiência de conciliação ou mediação.

2. AUDIÊNCIA DE CONCILIAÇÃO OU MEDIAÇÃO

2.1. Introdução

O Código inaugura em seu texto uma audiência prévia **com função exclusivamente conciliatória**, ambiente ideal à cooperação e ao estímulo à resolução consensual dos conflitos.

1. Não esqueceu, é bem verdade, dos procedimentos especiais, que são adotados em razão da natureza do direito subjetivo afirmado ou de sua titularidade.

A realização da audiência de conciliação ou mediação, além de seu escopo processual, promove uma mudança de mentalidade rumo à construção de um modelo democrático, multiportas, comparticipativo e cooperativo de processo.

Nessa audiência, apropriada à irradiação da cooperação, o mediador ou conciliador, auxiliares da justiça, gerirão o litígio de modo dialógico, a fomentar o debate e o diálogo entre os sujeitos processuais em uma plataforma horizontalizada, sem protagonismos, em busca de uma solução consensual do conflito[2].

2.2. Procedimento

Antes de mais, ressalta-se a possibilidade de realização de negócio jurídico pré-processual, a convencionar mediação ou conciliação extrajudicial prévia obrigatória, inclusive com a previsão de exclusão da audiência de conciliação ou de mediação extrajudicial ou mesmo de um pacto de exclusão contratual da audiência de conciliação ou de mediação judicial.

Aliás, o enunciado 19 do FPPC orienta que "são admissíveis os seguintes negócios processuais, dentre outros: [...] pacto de mediação ou conciliação extrajudicial prévia obrigatória, inclusive com a correlata previsão de exclusão da audiência de conciliação ou de mediação prevista no art. 334; pacto de exclusão contratual da audiência de conciliação ou de mediação prevista no art. 334".

Pode ainda haver negócio jurídico pré-processual em que se preveja contratualmente uma cláusula de mediação ou de conciliação, hipótese na qual as partes deverão comparecer à primeira sessão de mediação (art. 3º, § 1º da Lei nº 13.140) ou conciliação, a considerar que, além a possibilidade estabelecida pelo Código, há, também, a obrigação assumida em razão de contrato.

Não havendo negócio jurídico processual pactuado e uma vez afastada a possibilidade de indeferimento da petição inicial ou de improcedência liminar do pedido, o juiz proferirá despacho positivo, a reconhecer a aptidão da petição inicial (pressuposto de validade) e determinará, por conseguinte, a citação do réu[3].

Como antes vaticinado, o ponto principal, que vai impulsionar a resolução consensual dos conflitos, é a importante inversão procedimental promovida pelo Código de Processo Civil: o magistrado não irá mais citar a parte ré para contestar no prazo legal, como ocorria anteriormente, mas, sim, para comparecer à sessão de conciliação.

Essa antecipação da audiência para momento anterior à apresentação da defesa pelo réu foi realizada em razão de pelo menos dois fatores: o primeiro, para afastar as amarras da preclusão e da estabilização objetiva da demanda, que alijam a cooperação; o segundo, para

2. Destaca-se que essa atmosfera de estímulo à consensualidade estende-se aos demais operadores dos direitos, como por exemplo, aos oficiais de justiça, que na realização dos atos de comunicação que lhe couber deverão certificar em mandado, eventual proposta de autocomposição apresentada por qualquer das partes (art. 154, IV, do CPC). Após a certificação, ordenará a intimação da parte contrária para manifestar-se no prazo de cinco dias, sem prejuízo do andamento regular do processo, entendendo-se o silêncio como recusa (§ único do art. 154 do CPC).

3. Ao ser citado, o réu deverá ser advertido de que sua ausência injustificada à audiência de conciliação ou mediação configura ato atentatório à dignidade da justiça, punível com a multa do art. 335, § 8, sob pena de sua inaplicabilidade (enunciado nº 273 do FPPC).

potencializar a autocomposição, a considerar a injeção de estímulo ao consenso, estrategicamente, antes da apresentação da defesa pelo réu.

Essa nova arquitetura foi desenhada para implementar o **modelo multiportas**, que amplia e enriquece a oferta da prestação jurisdicional, a afirmar o senso de justiça, quando agrega, ao lado da heterocomposição, técnicas paralelas para solução das disputas que propiciam uma solução mais justa, legítima, adequada, simples, menos solene e, certamente, porque consensual, mais efetiva.

Esse incremento das soluções conciliatórias será operacionalizado por meio da imposição legislativa do dever de **criação dos centros judiciários de solução consensual de conflitos** (art. 165 do Código de Processo Civil), lugar onde serão realizadas, em regra, as audiências de conciliação ou mediação. Enquanto não forem estruturados os centros judiciários (ineficácia técnica da norma), a audiência será realizada pelo juiz.

A seguir o entendimento de considerar por apropriado que o profissional que preside a sessão preliminar não deve ser o mesmo que realiza o julgamento da causa, aquela (sessão preliminar) será presidida e conduzida, pelo menos em regra, não pelo magistrado, mas, por **profissionais tecnicamente habilitados para desempenhar tal escopo.**

Portanto, será escolhido, pelo magistrado ou pelas partes, um **mediador**[4] **ou conciliador**, a depender do litígio. Tais sujeitos que atuarão preventivamente na tentativa findar o litígio, seja por técnicas de restabelecimento da comunicação, seja por sugestões de solução efetiva à crise do direito, de forma consensual.

A conciliação e a mediação, apesar das similitudes, são institutos que, para o direito brasileiro, não se confundem. O Código faz bem essa distinção ao estabelecer que o conciliador deverá atuar, de modo preferencial, nos casos em que não houver vínculo anterior entre as partes (por exemplo, colisão de dois veículos), podendo, inclusive, sugerir soluções para o litígio.

Já o mediador atuará, preferencialmente, nos casos em que houver vínculo anterior entre as partes (por exemplo, causas societárias e de família), auxiliando os interessados a compreender as questões e os interesses em disputa, potencializando o restabelecimento da comunicação para que elas próprias cheguem a uma solução consensual com mútuos benefícios.

Questão de Concurso

▶ **(ACAFE. Delegado de Polícia. OS-SC. 2014. ADAPTADO)**[5]: Diante das necessidades humanas e dos interesses que precisam ser resguardados, é inevitável o aparecimento de conflitos. "A pacificação é

4. Segue artigos da lei 13.140/2015 relativos aos mediadores judiciais: **Subseção III – Dos Mediadores Judiciais:** Art. 11. Poderá atuar como mediador judicial a pessoa capaz, graduada há pelo menos dois anos em curso de ensino superior de instituição reconhecida pelo Ministério da Educação e que tenha obtido capacitação em escola ou instituição de formação de mediadores, reconhecida pela Escola Nacional de Formação e Aperfeiçoamento de Magistrados – ENFAM ou pelos tribunais, observados os requisitos mínimos estabelecidos pelo Conselho Nacional de Justiça em conjunto com o Ministério da Justiça.Art. 12. Os tribunais criarão e manterão cadastros atualizados dos mediadores habilitados e autorizados a atuar em mediação judicial. § 1º A inscrição no cadastro de mediadores judiciais será requerida pelo interessado ao tribunal com jurisdição na área em que pretenda exercer a mediação. § 2º Os tribunais regulamentarão o processo de inscrição e desligamento de seus mediadores. Art. 13. A remuneração devida aos mediadores judiciais será fixada pelos tribunais e custeada pelas partes, observado o disposto no § 2º do art. 4º desta Lei.
5. Gabarito: Correto.

o escopo máximo da jurisdição. Se o que importa é pacificar, torna-se irrelevante que a pacificação venha por obra do Estado ou por outros meios". (CINTRA, Antonio Carlos de Araujo; GRINOVER, Ada Pellegrini; DINAMARCO, Cândido. Teoria Geral do Processo, 1993, p. 29). Diante dessa situação, foram criados mecanismos alternativos de pacificação social, sendo correto afirmar que a mediação é uma forma de abordar o conflito com a colaboração de um terceiro imparcial que auxilia as partes a interagir e descobrir, por si mesmas, uma solução.

Questão Discursiva

▶ **(FAURGS – Juiz de Direito – TJ-RS/2015)** A evolução do direito implicou uma mudança de paradigma na maneira de lidar com os conflitos, especialmente no sentido do reconhecimento da autocomposição em relação à tradicional forma heterocompositiva para a resolução de litígios.

a) Com base na afirmação acima, explique tecnicamente o que constitui:
   i) heterocomposição;
   ii) autocomposição.

b) Estabeleça, a partir da concepção trazida pelo Novo Código de Processo Civil, em vigor a partir de março de 2016, duas (2) diferenças entre os mecanismos de mediação e conciliação.

c) A mediação e a conciliação são instrumentos efetivos de pacificação social, solução e prevenção de litígios, e a sua apropriada disciplina em programas já implementados no país tem reduzido a excessiva judicialização dos conflitos de interesses, a quantidade de recursos e de execução de sentenças (Res. 125/2010, CNJ).

A partir da referida Resolução (125/2010), explique, sob a ótica da Psicologia Judiciária, como o mecanismo não adversarial, confidencial e voluntário, no qual um terceiro (imparcial) facilita e auxilia a construção de soluções mutuamente satisfatórias, pode aproximar o tempo da resolução do conflito jurídico (fático, externo, cronológico) e o tempo da elaboração do conflito psicológico (emocional, interior e lógico).

A Lei nº 13.140/2015, no parágrafo único do art. 1º, conceitua a mediação como: "a atividade técnica exercida por terceiro imparcial sem poder decisório, que, escolhido ou aceito pelas partes, as auxilia e estimula a identificar ou desenvolver soluções consensuais para a controvérsia".

Questão de Concurso

▶ **(MPDFT, Promotor de Justiça Adjunto, MPDFT, 2015) – Julgue o item a seguir[6]:** "conciliação e mediação são termos intercambiáveis, no novo Código de Processo Civil de 2015, e significam que o conciliador ou mediador podem sugerir soluções para o encerramento do litígio entre as partes".

▶ **(FGV.COMPESA.Advogado.2016)[7]:** Com relação à mediação, assinale V para a afirmativa verdadeira e F para a falsa.

( ) Na hipótese de existir previsão contratual de cláusula de mediação, as partes deverão comparecer à primeira reunião de mediação.

( ) Toda e qualquer informação relativa ao procedimento de mediação, com exceção de proposta formulada por uma parte à outra na busca de entendimento para o conflito, será confidencial em relação a terceiros, não podendo ser revelada sequer em processo arbitral ou judicial salvo se as partes expres-

6. Gabarito: Incorreta.
7. Gabarito: Letra E.

samente decidirem de forma diversa ou quando sua divulgação for exigida por lei ou necessária para cumprimento de acordo obtido pela mediação.

( ) Ainda que haja processo arbitral ou judicial em curso, as partes poderão submeter-se à mediação, hipótese em que requererão ao juiz ou árbitro a suspensão do processo por prazo suficiente para a solução consensual do litígio.

As afirmativas são, respectivamente

a) F, V e F
b) V, V e V
c) V, F e F
d) V, V e F
e) V, F e V

Sempre que necessário, dispõe o Código, como ocorre geralmente nos casos de complexidade técnica, haverá designação de mais de um mediador ou conciliador. Em idêntico sentido está à disposição do art. 15 da Lei nº 13.140/2015: "a requerimento das partes ou do mediador, e com anuência daquelas, poderão ser admitidos outros mediadores para funcionarem no mesmo procedimento, quando isso for recomendável em razão da natureza e da complexidade do conflito".

As técnicas de conciliação e de mediação, conforme dispõe o art. 166 do Código, serão orientadas pela: a) independência; b) imparcialidade; c) autonomia da vontade das partes; d) confidencialidade[8]; e) oralidade; f) informalidade; g) decisão informada.

Questão de Concurso

▶ **(Consulplan – Cartórios – Remoção – TJ – MG/2017)**[9] Quanto aos institutos da conciliação e mediação, analise as afirmações seguintes:

I. A conciliação e a mediação são informadas pelos princípios da independência, da imparcialidade, da autonomia, da vontade, da oralidade e da informalidade.

II. As partes não podem escolher o conciliador ou o mediador, devendo sempre submeter-se àqueles cadastrados no tribunal.

III. Os conciliadores e mediadores judiciais cadastrados nos tribunais, se advogados, estarão impedidos de exercer a advocacia nos juízos em que desempenhem suas funções.

IV. O conciliador e o mediador ficam impedidos, pelo prazo de 1 (um) ano, contado do término da última audiência em que atuaram, de patrocinar qualquer das partes.

Está correto o que se afirma em:

a) I e II, apenas.
b) III e IV, apenas.
c) I, III e IV, apenas.
d) I, II, III e IV.

A complementar esse plexo, que rege a conciliação e a medição, a Lei nº 13.140/2015, no seu art. 2º, acrescenta: a) **isonomia entre as partes**; b) **a busca do consenso**; c) **boa-fé**

8. Visando a concretizar tal princípio, o art. 14 da Lei 13.140/2015 determina que no início da primeira reunião de mediação, e sempre que julgar necessário, o mediador deverá alertar as partes acerca das regras de confidencialidade aplicáveis ao procedimento. Tal dispositivo tem a função de alertar as partes com intento pedagógico destas estabelecerem um diálogo mais franco e terem maior confiança e segurança para propositura de propostas de acordos sem comprometimento no decorrer da causa.

9. Gabarito: Letra C.

objetiva. Elas, conquanto provenientes de lei específica (a versar acerca da mediação), são perfeitamente aplicáveis (também) à conciliação em razão do diálogo das fontes.

Quanto à autonomia das partes, ninguém será obrigado a permanecer em procedimento de mediação (art. 2º, § 2º, da Lei nº 13.140/2015) ou de conciliação, bem como será proibida a prática de iniciativas de constrangimento ou intimidação para que as partes realizem a autocomposição, assim como de aconselhamento sobre o objeto da causa (enunciado 187 do FPPC).

No que se refere à escolha da técnica de resolução consensual, ela pode ser feita: **a) pelas partes:** quando em comum acordo escolhem o mediador ou conciliador, que poderão ou não estar cadastrados no tribunal, a firmar verdadeiro negócio jurídico processual (art. 168, § 1º); **b) pelo juiz:** que no silêncio das partes, realizará distribuição entre aqueles cadastrados no registro do tribunal, observada a respectiva formação.

Apesar de a escolha do juiz de estar submetida às regras de distribuição, ela só será aplicada aos profissionais inscritos para área específica da causa. Se houver, por exemplo, cinco mediadores da área de família e quinze mediadores da área empresarial inscritos no tribunal, e a causa versar sobre família, a distribuição recairá apenas sobre os profissionais da respectiva formação.

Nesse ponto, reside uma zona de conflito entre o Código de Processo Civil e a Lei de Mediação. O art. 25 da lei de mediação determina que na mediação judicial, os mediadores não estarão sujeitos à prévia aceitação das partes, desde que observada as regras de suspeição e impedimento. Há quem defenda que tal dispositivo impede que as partes escolham o mediador em comum acordo. Na opinião dos autores deste curso, tal entendimento não deve prosperar. As partes continuam livres para em comum acordo elegerem seus mediadores.

De fato, o que dispõe o referido texto é que, no caso de o mediador ser escolhido pelo juiz, a escolha operada pelo magistrado, de acordo com as peculiaridades da causa (critérios de formação dos profissionais) e pautada pela distribuição entre os profissionais inscritos, não estará sujeita à prévia aceitação das partes, conquanto deva ser observado, por lógico, o direito de alegar-se impedimento ou suspeição. A dizer de outra forma, se silentes as partes, o juiz não precisará consultá-las para realizar sua escolha.

Tal disposição parece razoável, porque impede que as partes rejeitem imotivadamente os mediadores eleitos pelo magistrado com nítido propósito protelatório. Por essas razões (e pelo próprio diálogo das fontes), os autores do presente livro defendem, também, a aplicação desse dispositivo à conciliação.

Na ausência do conciliador ou mediador na comarca, de **forma excepcional**, a audiência pode ser conduzida pelo magistrado. Há quem defenda que, quando essa situação ocorrer, o juiz que presidir a sessão não deve ser o mesmo a prosseguir com o feito. Contudo, essa posição pode ser impraticável nas menores comarcas, que disponham de poucos juízes, pelo que não seria razoável do ponto de vista pragmático.

O juízo deverá marcar a audiência preliminar com **antecedência mínima de 30 dias**. Estabelece-se o respeito a um lapso temporal mínimo para a designação da audiência, mas se silencia quanto ao prazo máximo para sua realização. Tal lacuna pode acarretar morosidade na realização da audiência e o ilegítimo prolongamento do *termo a quo* para apresentar resposta.

O Código ainda determina que o réu deve ser citado com a **antecedência mínima de 20 dias** em relação à data estipulada para audiência, lapso temporal considerado suficiente para que o réu entre em contato com advogado (ou defensor público) e, assim, prepare-se adequadamente para tentativa de resolução consensual.

No mesmo mandado de citação, o réu será, também, intimado para comparecer à audiência, acompanhado de procurador habilitado, informando-lhe o dia, hora e lugar de seu comparecimento. O autor, por sua vez, será intimado na pessoa do seu advogado.

A par dessas formalidades, o juiz deverá realizar um cronograma a fim de respeitar os prazos previstos no art. 334 do Código.

Prossiga-se.

A depender da complexidade e do ritmo da audiência, poderá haver mais de uma sessão destinada à conciliação e à mediação, em prazo que não exceda 02 meses da data de realização da primeira sessão, desde que necessárias à continuidade do diálogo e a composição das partes (art. 334, § 2º).

Questão de Concurso

▶ **(INAZ do Pará.CORE-SP. Assistente Jurídico. 2019)**[10]: Acerca da audiência de conciliação e mediação prevista em capítulo próprio do Novo Código de Processo Civil brasileiro, assinale a alternativa correta:

a) Na audiência de conciliação ou de mediação, não há exigência legal no sentido de que as partes estejam acompanhadas por advogado ou defensor público.

b) A audiência não será realizada se pelo menos uma das partes, manifestar, expressamente, desinteresse na composição consensual.

c) O não comparecimento do autor ou do réu à audiência de conciliação importa em desistência pelo autor e revelia para o réu

d) Havendo litisconsórcio, o desinteresse na realização da audiência de conciliação poderá ser manifestado por apenas um dos autores ou réus, hipótese em que se estenderá a manifestação para os demais

e) Poderá haver mais de uma sessão destinada à conciliação e à mediação, não podendo exceder a 2 (dois) meses da data de realização da primeira sessão, desde que necessárias à composição das partes.

▶ **(FGV – Analista Judiciário – Área Judiciária – TRT 12/2017)**[11] A Empresa ABC Telefonia S.A. ajuizou uma ação de cobrança em face de Álvaro, em razão da existência de faturas em atraso. Preenchidos os requisitos essenciais da petição inicial, e não sendo o caso de improcedência liminar do pedido, o juiz designou audiência de mediação, com antecedência de 40 (quarenta) dias, citando-se então o réu com 20 (vinte) dias de antecedência. Diante dessa situação hipotética, e de acordo com o CPC, é correto afirmar que:

a) houve erro no procedimento do juiz, pois a audiência deveria ter sido designada com antecedência mínima de 60 (sessenta) dias;

b) houve erro no procedimento do juiz, pois o réu deve ser citado com 30 (trinta) dias de antecedência;

c) não houve qualquer erro no procedimento do juiz, sendo certo que a audiência deve ser realizada, ainda que ambas as partes manifestem, expressamente, desinteresse na composição consensual;

---

10. Gabarito: Letra E.
11. Gabarito: letra E.

d) houve erro no procedimento do juiz, pois deveria encaminhar os autos ao Ministério Público, antes da designação da audiência de mediação;
e) não houve erro no procedimento adotado, já que poderá haver mais de uma sessão destinada à mediação, não podendo exceder a 2 (dois) meses da data de realização da primeira sessão.

O Código prevê a possibilidade de utilização de meios eletrônicos para realização das audiências (art. 334, § 2º do CPC). Nesse aspecto, não se descarta o uso de aplicativos como o *WhatsApp*, o *Skype*, o *Periscope*, o *FaceTime* etc.[12] Aliás, com a crescente afirmação da política de modernização do Poder Judiciário, será cada vez mais comum acordos formalizados em plataforma digital, fato que traz nítida economia, aceleração e efetividade, porque a designação da audiência poderá ocorrer em períodos mais curtos e as partes, bem assim os auxiliares (mediadores ou conciliadores), não precisarão enfrentar trânsito nem despender gastos com seus deslocamentos até o local de realização da audiência.

O Código, no § 4º do art. 334, aponta duas hipóteses em que a audiência não será realizada. São elas: a) **se ambas as partes manifestarem, expressamente, desinteresse na composição consensual;** b) **quando não se admitir a autocomposição.**

Para analisar a primeira hipótese, é preciso avaliar os seguintes comportamentos: a) apenas uma das partes manifesta vontade pela realização da audiência; b) ambas as partes, expressamente, manifestam vontade favorável à realização da audiência; c) uma das partes ou ambas silenciam a respeito da realização da audiência; d) ambas expressamente demonstram desinteresse na realização da audiência.

De todas as hipóteses encimadas, apenas a da letra "d" impedirá a realização da sessão de conciliação ou mediação. Pela afirmação ao estímulo à resolução consensual dos conflitos, as demais hipóteses devem ser interpretadas como manifestação de vontade, de pelo menos uma das partes, à realização da audiência, o que já justifica sua designação.

A título de exemplo, o STJ considerou que "é aplicável ao INSS a multa prevista no art. 334, § 8°, do CPC/2015, quando a parte autora manifestar interesse na realização da audiência de conciliação e a autarquia não comparecer no feito, mesmo que tenha manifestando seu desinteresse previamente" (STJ. REsp 1.769.949/SP. DJe 02.10.20. Inf. 680).

Se for o caso de litisconsórcio, o desinteresse na realização da audiência deve ser manifestado por todos os litisconsortes (art. 334, § 6º do CPC)[13]. Ocorre que, se o litisconsórcio for facultativo, caso verificado o desinteresse da outra parte e de qualquer dos litisconsortes, estes últimos não precisarão comparecer à audiência; apenas a parte adversa e o(s) litisconsorte(s) que não manifestou (manifestaram) expresso desinteresse é que deverão comparecer à audiência.

12. No caso, o trabalhador disse ter desenvolvido uma hérnia de disco por causa do serviço, que desempenhou durante menos de um ano. Ele a princípio queria receber R$ 12 mil, mas acabou fechando acordo em R$ 8 mil, com pagamento à vista por meio de diálogo estabelecido por meio do *WhatsApp* (TRT 15ª Região – Centro Integrado de Conciliação – Proc. **0010025-20.2015.5.15.0094).**
13. Ao ver dos autores do presente livro, há também uma situação particular outra em que não deverá ser designada audiência de conciliação ou mediação. Ela ocorrerá quando o réu for revel e tiver sido citado de forma ficta (por hora certa ou por edital). Ser-lhe-á nomeado curador especial, que não possuirá poderes especiais para transigir. Diante disso, será inútil a realização de audiência de conciliação ou mediação, porque o resultado prático aspirado não poderá ser alcançado.

IMPORTANTE! Devem-se analisar os impactos da Lei nº 13.140/2015 (Lei de Mediação) sobre o Código, especificadamente quanto à etapa de mediação inserida no procedimento comum estrategicamente antes da apresentação de resposta pelo réu.

A Lei nº 13.140/2015dispõe, em seu art. 27, que, "se a petição inicial preencher os requisitos essenciais e não for o caso de improcedência liminar do pedido, o **juiz designará audiência de mediação**".

Esse dispositivo, por ser superveniente ao Código (apesar de ter entrado em vigência antes), pode levar à interpretação de que a designação da audiência de mediação passa a ser obrigatória.

Entretanto, essa não parece ser a opção mais aderente às premissas fixadas pelo Código. Ao ver dos autores do presente livro, as disposições relativas à conciliação ou à mediação (como, por exemplo, a Lei nº 13.140/2015, os respectivos dispositivos do CPC/2015 e a Resolução nº 120 do CNJ) formam um microssistema de métodos consensuais de solução de conflitos. Logo, devem ser interpretadas em diálogo, com aplicação naquilo em que não se conflitarem.

Nesse passo, apesar de o art. 27 da Lei nº 13.140/2015dispor que o juiz designará a audiência mediação, sem estipular exceções, acredita-se que esse dispositivo deve ser interpretado sistematicamente, a considerar o art. 334 do Código, a levar também como parâmetro interpretativo o autorregramento das partes.

De tal maneira que mesmo que o juiz *"designe"* a audiência de mediação, caso ambas as partes manifestem oposição expressa à sua realização, a sessão não deverá ocorrer.

Mas, ainda que prevaleça o entendimento da obrigatoriedade da audiência de mediação, deve-se convir que a soma de duas vontades contrárias à realização da audiência possui aptidão para formar um negócio jurídico processual, a afastar a suposta obrigatoriedade.

No caso de o direito não admitir autocomposição, o Código determinou que a audiência de conciliação ou mediação não será designada. Contudo, afasta-se clássica confusão de que todo direito indisponível não admite autocomposição. Inclusive, serão raras as oportunidades em que se veda, de forma absoluta, a autocomposição, sendo, quanto àquele (direito indisponível), possível a transação.

A corroborar com tal entendimento, o *caput* do art. 3º da Lei nº 13.140/2015determina que pode ser objeto de **mediação** o conflito que acerca de direitos disponíveis ou sobre **direitos indisponíveis que admitam transação**. E completa o respectivo § 2º que o consenso das partes envolvendo direitos indisponíveis, mas transigíveis, deve ser homologado em juízo, exigida a oitiva do Ministério Público, mandamento este que deve se estender também aos casos de conciliação.

Por exemplo, tradicionalmente, em virtude da indisponibilidade do interesse público, há entendimento no sentido de que não é possível a realização de mediação, conciliação ou arbitragem quando figura em um dos polos do processo pessoa jurídica de direito público, exatamente, pelo feito envolver direito indisponível. Entretanto, o Código estimula a autocomposição em que faça parte ente público quando prevê a criação de câmaras administrativas de conciliação e mediação.

De igual modo, mais recentemente, a Lei nº 13.140/2015 regulamentou a transação envolvendo a Administração Federal Direta, suas autarquias e fundações, a permitir, expressamente, a autocomposição na esfera pública, desde que preenchidos os requisitos legais. Logo, está superada a concepção de que não é possível autocomposição, quando a causa envolver direito indisponível.

Questão de Concurso

► **(IESES – Cartório – Provimento – TJ – CE/2018)**[14] Ainda acerca da Mediação e segundo o disposto na Lei n. 13.140/15, é correto afirmar:

14. Gabarito: Letra C.

a) Nenhuma das alternativas.
b) A propositura de ação judicial em que figurem concomitantemente nos polos ativo e passivo órgãos ou entidades de direito público que integrem a administração pública federal deverá ser previamente autorizada pelo Procurador Geral da República.
c) Observados os requisitos apontados na própria Lei de Mediação, as controvérsias jurídicas que envolvam a administração pública federal direta, suas autarquias e fundações poderão ser objeto de transação por adesão.
d) É obrigatório aos Estados, ao Distrito Federal e aos Municípios, suas autarquias e fundações públicas, bem como às empresas públicas e sociedades de economia mista federais, submeter seus litígios com órgãos ou entidades da administração pública federal à Advocacia-Geral da União, para fins de composição extrajudicial do conflito.

▶ **(IESES – Cartório – Provimento – TJ – CE/2018)**[15] Relativamente à figura jurídica da Mediação, segundo o disposto na Lei n. 13.140/15, assinale a alternativa INCORRETA:
a) Aplicam-se ao mediador as mesmas hipóteses legais de impedimento e suspeição do juiz.
b) A Mediação será orientada, dentre outros, pelos princípios da isonomia entre as partes, da informalidade, da confidencialidade e da boa-fé.
c) Não podem ser objeto de mediação os conflitos que versem sobre direitos indisponíveis, ainda que admitam transação.
d) Na mediação judicial, os mediadores não estarão sujeitos à prévia aceitação das partes.

▶ **(IESES – Cartório – Remoção – TJ – CE/2018)**[16] Em relação à Lei de arbitragem, é correto afirmar, EXCETO:
a) Poderão as partes escolher, livremente, as regras de direito que serão aplicadas na arbitragem, desde que não haja violação aos bons costumes e à ordem pública.
b) É vedada a administração pública direta e indireta utilizar-se da arbitragem para dirimir conflitos relativos a direitos patrimoniais disponíveis.
c) A arbitragem poderá ser de direito ou de equidade, a critério das partes.
d) As pessoas capazes de contratar poderão valer-se da arbitragem para dirimir litígios relativos a direitos patrimoniais disponíveis.

Pois bem.

O comparecimento das partes à sessão designada é um dever processual, cujo descumprimento acarretará na cominação de uma pena pecuniária expressiva, que tem o escopo de impelir o comparecimento das partes. O art. 334 dispõe que o não comparecimento injustificado do autor ou do réu à audiência de conciliação é **considerado ato atentatório à dignidade da justiça** e será penalizado com multa de até 2% da vantagem econômica pretendida ou do valor da causa, montante que será revertido em favor da União (Justiça Federal) ou do Estado (Justiça Estadual).

É preciso que a parte seja comunicada de que o não comparecimento à audiência constitui ato atentatório à dignidade da justiça e que a ausência injustificada implicará na aplicação da penalidade de multa de 2%. Se a comunicação não for expressa nesse sentido, a indicar a prática de atentado à dignidade da justiça e a consequente aplicação de multa, à parte não

15. Gabarito: Letra C.
16. Gabarito: Letra B.

poderá ser imputada qualquer penalidade. Além disso, verificada tal omissão, o juízo determinará a renovação do ato de comunicação com as correções necessárias.

Na audiência de conciliação, as partes deverão, em razão da pessoalidade, **comparecer pessoalmente**. No entanto, admite-se que as partes, seja pessoa jurídica ou não, constituam representante com poderes específicos para negociar e transigir, o que deve ser feito por meio de procuração específica (art. 334, § 10 do CPC). A atuação do representante, neste caso, limitar-se-á aos atos relativos à autocomposição com a respectiva assinatura do acordo, se vier a ser concretizado.

IMPORTANTE! No ponto, vislumbra-se a possibilidade do advogado cumular a função de advogado e representante na audiência de conciliação ou mediação. Apesar de existir regra no Código de Ética da OAB que veda a atuação do advogado como preposto, ela não se aplica a tal situação, pois o representante não pratica atos típicos de preposto, mas atos negociais, inerentes à advocacia. Assim, basta que o advogado tenha poderes específicos para transacionar, na forma do art. 105 do CPC.

A fim de possibilitar um melhor gerenciamento do tempo na realização das audiências, a evitar atrasos decorrentes da exacerbação nas designações, o Código estabeleceu que a pauta de audiência de conciliação ou mediação será organizada de modo a respeitar o intervalo mínimo de 20 minutos entre o início de uma e o início da seguinte.

Com a realização da audiência, alcançada a tão almejada resolução consensual, ela será reduzida a termo com a assinatura das partes e do conciliador ou mediador e então submetida à homologação judicial, por sentença, que resolverá o mérito, a constituir título executivo judicial. No caso de autocomposição parcial[17], a eficácia executiva recairá apenas sobre a parcela resolvida (a parcela não conciliada poderá ser contestada pelo réu).

O parágrafo único do art. 28 da Lei 13.140/2015 determina que, se houver acordo, os autos serão encaminhados ao juiz, que determinará o arquivamento do processo e, desde que requerido pelas partes, homologará aquele, por sentença, e o termo final da mediação e, em seguida, determinará o arquivamento do processo. Solucionado o conflito pela mediação antes da citação do réu, não serão devidas custas judiciais finais[18].

Ressalte-se, em tempo oportuno, que a transação realizada entre as partes, desde que atendidos os elementos necessário, é negócio jurídico válido, ainda que não homologado pelo juízo, de tal maneira que o simples arrependimento unilateral superveniente de uma das partes não dá ensejo à anulação do acordo.

Em audiência, se não alcançado o consenso, ou se as partes não comparecem ao ato solene, o prazo de resposta, para o réu, começará a fluir da data do término da audiência. Se tiver havido mais de uma sessão, o prazo começará a correr a partir da última tentativa fracassada.

Destaca-se que não há marco final para tentativa de resolução consensual do conflito. A frustração no momento inaugural do processo não impede tentativas supervenientes

17. O art. 3º, § 1º, da Lei nº 13.140/2015 prevê expressamente que a mediação pode versar sobre todo o conflito ou parte dele, dispositivo que se aplica também à conciliação pela complementaridade oriunda da técnica do diálogo das fontes.

18. Se a autocomposição for parcial (a não evolver todo o objeto litigioso do processo), o juiz homologará o ato por decisão parcial de mérito e, em vez de determinar o arquivamento do processo, determinará seu prosseguimento em relação à parte que não houve autocomposição.

de transação, ainda que após a publicação da sentença (STJ. REsp 1.267.525/DF. DJe 29.10.15).

Questão de Concurso

▶ **(CESPE. Auditor Federal de Controle Externo. TCU. 2015)**[19]: No que concerne aos princípios processuais e à jurisdição, julgue o item que se segue. Na jurisdição contenciosa, o Estado, em substituição às partes, resolve a lide submetida a sua apreciação, sendo inadmitida, após a instauração do processo contencioso, a composição entre as partes.

▶ **(CESPE. Juiz do Trabalho. TRT1. 2010)**[20]: Durante tentativa de conciliação ou mediação das partes, se, por mútuo consentimento, tenha havido transação do objeto da lide e de tema estranho a esta, que envolvia os interessados, é viável a inclusão de objeto diferente.

3. ENUNCIADOS DO FPPC

19. São admissíveis os seguintes negócios processuais, dentre outros: pacto de impenhorabilidade, acordo de ampliação de prazos das partes de qualquer natureza, acordo de rateio de despesas processuais, dispensa consensual de assistente técnico, acordo para retirar o efeito suspensivo de recurso, acordo para não promover execução provisória; pacto de mediação ou conciliação extrajudicial prévia obrigatória, inclusive com a correlata previsão de exclusão da audiência de conciliação ou de mediação prevista no art. 334; pacto de exclusão contratual da audiência de conciliação ou de mediação prevista no art. 334; pacto de disponibilização prévia de documentação (pacto de disclosure), inclusive com estipulação de sanção negocial, sem prejuízo de medidas coercitivas, mandamentais, sub-rogatórias ou indutivas; previsão de meios alternativos de comunicação das partes entre si; acordo de produção antecipada de prova; a escolha consensual de depositário-administrador no caso do art. 866; convenção que permita a presença da parte contrária no decorrer da colheita de depoimento pessoal.

151. Na Justiça do Trabalho, as pautas devem ser preparadas com intervalo mínimo de uma hora entre as audiências designadas para instrução do feito. Para as audiências para simples tentativa de conciliação, deve ser respeitado o intervalo mínimo de vinte minutos.

187. No emprego de esforços para a solução consensual do litígio familiar, são vedadas iniciativas que gerem constrangimento ou que sejam intimidatórias para que as partes obtenham autocomposição.

273. Ao ser citado, o réu deverá ser advertido de que sua ausência injustificada à audiência de conciliação ou mediação configura ato atentatório à dignidade da justiça, punível com a multa do art. 334, § 8º, sob pena de sua inaplicabilidade.

295. As regras sobre intervalo mínimo entre as audiências do CPC só se aplicam aos processos em que o ato for designado após sua vigência.

485. (art. 3º, §§ 2º e 3º; art. 139, V; art. 509; art. 513) É cabível conciliação ou mediação no processo de execução, no cumprimento de sentença e na liquidação de sentença, em que será admissível a apresentação de plano de cumprimento da prestação. **509**. Sem prejuízo da adoção das técnicas de conciliação e mediação, não se aplicam no âmbito dos juizados especiais os prazos previstos no art. 334.

573. (arts. 3º, §§ 2º e 3º; 334) As Fazendas Públicas devem dar publicidade às hipóteses em que seus órgãos de Advocacia Pública estão autorizados a aceitar autocomposição.

576. (arts. 166, § 4º; 354, parágrafo único) Admite-se a solução parcial do conflito em audiência de conciliação ou mediação.

19. Gabarito: Incorreta.
20. Gabarito: Correta.

577. (arts. 166, § 4º; 696; art. 2º, II e V da Lei 13.140/2015) A realização de sessões adicionais de conciliação ou mediação depende da concordância de ambas as partes.

583. (art. 334, § 12) O intervalo mínimo entre as audiências de mediação ou de conciliação não se confunde com o tempo de duração da sessão.

673. A presença do ente público em juízo não impede, por si, a designação da audiência do art. 334.

4. ENUNCIADOS DO FNPP

1. Após atuar como mediador ou conciliador no âmbito da Administração Pública, o advogado público não fica impedido de assessorar, representar ou patrocinar o respectivo ente público, senão em relação ao outro participante da mediação e ao seu objeto, cumulativamente.

6. A confidencialidade na mediação com a Administração Pública observará os limites da lei de acesso à informação.

16. A Administração Pública deve publicizar as hipóteses em que está autorizada a transacionar.

33. A audiência de conciliação do art. 334 somente é cabível para a Fazenda Pública se houver autorização específica para os advogados públicos realizarem acordos.

36. Durante o processo de mediação do particular com a Administração Pública, deve ser observado o princípio da confidencialidade previsto no artigo 30 da Lei 13.140/2015, ressalvando-se somente a divulgação da motivação da Administração Pública e do resultado alcançado.

37. A suspensão da prescrição prevista no art. 34 da lei 13.140/2015 ocorre independentemente do juízo positivo de admissibilidade.

38. É compatível a atuação do advogado público como mediador na mediação privada.

39. Não será considerado ato atentatório à dignidade da justiça a mera ausência de apresentação de proposta pela parte na audiência de conciliação e mediação.

54. Quando a Fazenda Pública der publicidade às hipóteses em que está autorizada a transigir, deve o juiz dispensar a realização da audiência de mediação e conciliação, caso o direito discutido na ação não se enquadre em tais situações.

639. O juiz poderá, excepcionalmente, dispensar a audiência de mediação ou conciliação nas ações em que uma das partes estiver amparada por medida protetiva.

5. ENUNCIADOS DA ENFAM

56. Nas atas das sessões de conciliação e mediação, somente serão registradas as informações expressamente autorizadas por todas as partes.

57. O cadastro dos conciliadores, mediadores e câmaras privadas deve ser realizado nos núcleos estaduais ou regionais de conciliação (Núcleos Permanentes de Métodos Consensuais de Solução de Conflitos – NUPEMEC), que atuarão como órgãos de gestão do sistema de autocomposição.

58. As escolas judiciais e da magistratura têm autonomia para formação de conciliadores e mediadores, observados os requisitos mínimos estabelecidos pelo CNJ.

59. O conciliador ou mediador não cadastrado no tribunal, escolhido na forma do § 1º do art. 168 do CPC/2015, deverá preencher o requisito de capacitação mínima previsto no § 1º do art. 167.

60. À sociedade de advogados a que pertença o conciliador ou mediador aplicam-se os impedimentos de que tratam o s arts. 167, § 5º, e 172 do CPC/2015.

61. Somente a recusa expressa de ambas as partes impedirá a realização da audiência de conciliação ou mediação prevista no art. 334 do CPC/2015, não sendo a manifestação de desinteresse externada por uma das partes justificativa para afastar a multa de que trata o art. 334, § 8º.

62. O conciliador e o mediador deverão advertir os presentes, no início da sessão ou audiência, da extensão do princípio da confidencialidade a todos os participantes do ato.

6. ENUNCIADOS DA CJF

23. Na ausência de auxiliares da justiça, o juiz poderá realizar a audiência inaugural do art. 334 do CPC, especialmente se a hipótese for de conciliação.

24. Havendo a Fazenda Pública publicizado ampla e previamente as hipóteses em que está autorizada a transigir, pode o juiz dispensar a realização da audiência de mediação e conciliação, com base no art. 334, § 4º, II, do CPC, quando o direito discutido na ação não se enquadrar em tais situações.

25. As audiências de conciliação ou mediação, inclusive dos juizados especiais, poderão ser realizadas por videoconferência, áudio, sistemas de troca de mensagens, conversa online, conversa escrita, eletrônica, telefônica e telemática ou outros mecanismos que estejam à disposição dos profissionais da autocomposição para estabelecer a comunicação entre as partes.

26. A multa do § 8º do art. 334 do CPC não incide no caso de não comparecimento do réu intimado por edital.

7. SINOPSE

AUDIÊNCIA DE CONCILIAÇÃO OU MEDIAÇÃO
Considerações iniciais
Para tentar aumentar o percentual de solução consensual de conflitos, o legislador importou a experiência dos Juizados Especiais, de maneira que, logo após apresentada a petição inicial, designa-se audiência de conciliação ou de mediação.
Audiência de Conciliação ou Mediação
Nessa audiência, apropriada à irradiação da cooperação, o mediador ou conciliador, auxiliares da justiça, gerirão o litígio de modo dialógico, a fomentar o debate e o diálogo entre os sujeitos processuais em uma plataforma horizontalizada, sem protagonismos, em busca de uma solução consensual do conflito. Nessa audiência, apropriada à irradiação da cooperação, o mediador ou conciliador, auxiliares da justiça, gerirão o litígio de modo dialógico, a fomentar o debate e o diálogo entre os sujeitos processuais.
Procedimento
Não havendo negócio jurídico processual pactuado e uma vez afastada a possibilidade de indeferimento da petição inicial ou de improcedência liminar do pedido, o juiz proferirá despacho positivo, a reconhecer a aptidão da petição inicial (pressuposto de validade) e determinará, por conseguinte, a citação do réu. A antecipação da audiência para momento anterior à apresentação da defesa pelo réu foi realizada para afastar as amarras da preclusão e da estabilização objetiva da demanda, que alijam a cooperação e para potencializar a autocomposição, a considerara injeção de estímulo ao consenso, estrategicamente, antes da apresentação da defesa pelo réu. Será escolhido, pelo magistrado ou pelas partes, um **mediador**[22] **ou conciliador**, a depender do litígio. Tais sujeitos que atuarão preventivamente na tentativa findar o litígio, seja por técnicas de restabelecimento da comunicação, seja por sugestões de solução efetiva à crise do direito, de forma consensual.

21. Segue artigos da lei 13.140/2015 relativos aos mediadores judiciais: **Subseção III – Dos Mediadores Judiciais:** Art. 11. Poderá atuar como mediador judicial a pessoa capaz, graduada há pelo menos dois anos em curso de ensino superior de instituição reconhecida pelo Ministério da Educação e que tenha obtido capacitação em escola ou instituição de formação de mediadores, reconhecida pela Escola Nacional de Formação e Aperfeiçoamento de Magistrados – ENFAM ou pelos tribunais, observados os requisitos mínimos estabelecidos pelo Conselho Nacional de Justiça em conjunto com o Ministério da Justiça.Art. 12. Os tribunais criarão e manterão cadastros atualizados dos mediadores habilitados e autorizados a atuar em mediação judicial. § 1º A inscrição no cadastro de mediadores judiciais será requerida pelo interessado ao tribunal com jurisdição na área em que pretenda exercer a mediação. § 2º Os tribunais regulamentarão o processo de inscrição e desligamento de seus mediadores. Art. 13. A remuneração devida aos mediadores judiciais será fixada pelos tribunais e custeada pelas partes, observado o disposto no § 2º do art. 4º desta Lei.

Sempre que necessário, dispõe o Código, como ocorre geralmente nos casos de complexidade técnica, haverá designação de mais de um mediador ou conciliador. Em idêntico sentido está à disposição do art. 15 da Lei nº 13.140/2015: "a requerimento das partes ou do mediador, e com anuência daquelas, poderão ser admitidos outros mediadores para funcionarem no mesmo procedimento, quando isso for recomendável em razão da natureza e da complexidade do conflito".

As técnicas de conciliação e de mediação, conforme dispõe o art. 166 do Código, serão orientadas pela: a) independência; b) imparcialidade; c) autonomia da vontade das partes; d) confidencialidade[22]; e) oralidade; f) informalidade; g) decisão informada.

A complementar esse plexo, que rege a conciliação e a medição, a Lei nº 13.140/2015, no seu art. 2º, acrescenta: a) **isonomia entre as partes**; b) **a busca do consenso**; c) **boa-fé objetiva**. Elas, conquanto provenientes de lei específica (a versar acerca da mediação), são perfeitamente aplicáveis (também) à conciliação em razão do diálogo das fontes.

Quanto à autonomia das partes, ninguém será obrigado a permanecer em procedimento de mediação (art. 2º, § 2º, da Lei nº 13.140/2015) ou de conciliação, bem como será proibida a prática de iniciativas de constrangimento ou intimidação para que as partes realizem a autocomposição, assim como de aconselhamento sobre o objeto da causa (enunciado 187 do FPPC).

No que se refere à escolha da técnica de resolução consensual, ela pode ser feita: **a) pelas partes:** quando em comum acordo escolhem o mediador ou conciliador, que poderão ou não estar cadastrados no tribunal, a firmar verdadeiro negócio jurídico processual (art. 168, § 1º); **b) pelo juiz:** que no silêncio das partes, realizará distribuição entre aqueles cadastrados no registro do tribunal, observada a respectiva formação.

Na ausência do conciliador ou mediador na comarca, de **forma excepcional**, a audiência pode ser conduzida pelo magistrado. Há quem defenda que, quando essa situação ocorrer, o juiz que presidir a sessão não deve ser o mesmo a prosseguir com o feito. Contudo, essa posição pode ser impraticável nas menores comarcas, que disponham de poucos juízes, pelo que não seria razoável do ponto de vista pragmático.

O juízo deverá marcar a audiência preliminar com **antecedência mínima de 30 dias**. Estabelece-se o respeito a um lapso temporal mínimo para a designação da audiência, mas se silencia quanto ao prazo máximo para sua realização. Tal lacuna pode acarretar morosidade na realização da audiência e o ilegítimo prolongamento do *termo a quo* para apresentar resposta.

O Código ainda determina que o réu deve ser citado com a **antecedência mínima de 20 dias** em relação à data estipulada para audiência, lapso temporal considerado suficiente para que o réu entre em contato com advogado (ou defensor público) e, assim, prepare-se adequadamente para tentativa de resolução consensual.

No mesmo mandado de citação, o réu será, também, intimado para comparecer à audiência, acompanhado de procurador habilitado, informando-lhe o dia, hora e lugar de seu comparecimento. O autor, por sua vez, será intimado na pessoa do seu advogado.

A par dessas formalidades, o juiz deverá realizar um cronograma a fim de respeitar os prazos previstos no art. 334 do Código.

A depender da complexidade e do ritmo da audiência, poderá haver mais de uma sessão destinada à conciliação e à mediação, em prazo que não exceda 02 meses da data de realização da primeira sessão, desde que necessárias à continuidade do diálogo e a composição das partes (art. 334, § 2º).

O Código, no § 4º do art. 334, aponta duas hipóteses em que a audiência não será realizada. São elas: a) **se ambas as partes manifestarem, expressamente, desinteresse na composição consensual;** b) **quando não se admitir a autocomposição.**

Se for o caso de litisconsórcio, o desinteresse na realização da audiência deve ser manifestado por todos os litisconsortes (art. 334, § 6º do CPC)[23]. Ocorre que, se o litisconsórcio for facultativo, caso verificado o desinteresse da outra parte e de qualquer dos litisconsortes, estes últimos não precisarão comparecer à audiência; apenas a parte adversa e o (s) litisconsorte(s) que não manifestou (manifestaram) expresso desinteresse é que deverão comparecer à audiência.

22. Visando a concretizar tal princípio, o art. 14 da Lei 13.140/2015 determina que no início da primeira reunião de mediação, e sempre que julgar necessário, o mediador deverá alertar as partes acerca das regras de confidencialidade aplicáveis ao procedimento. Tal dispositivo tem a função de alertar as partes com intento pedagógico destas estabelecerem um diálogo mais franco e terem maior confiança e segurança para propositura de propostas de acordos sem comprometimento no decorrer da causa.

23. Ao ver dos autores do presente livro, há também uma situação particular outra em que não deverá ser designada audiência de conciliação ou mediação. Ela ocorrerá quando o réu for revel e tiver sido citado de forma ficta (por hora certa ou por edital). Ser-lhe-á nomeado curador especial, que não possuirá poderes especiais para transigir. Diante disso, será inútil a realização de audiência de conciliação ou mediação, porque o resultado prático aspirado não poderá ser alcançado.

O comparecimento das partes à sessão designada é um dever processual, cujo descumprimento acarretará na cominação de uma pena pecuniária expressiva, que tem o escopo de impelir o comparecimento das partes. O art. 334 dispõe que o não comparecimento injustificado do autor ou do réu à audiência de conciliação é **considerado ato atentatório à dignidade da justiça** e será penalizado com multa de até 2% da vantagem econômica pretendida ou do valor da causa, montante que será revertido em favor da União (Justiça Federal) ou do Estado (Justiça Estadual).

Na audiência de conciliação, as partes deverão, em razão da pessoalidade, **comparecer pessoalmente**. No entanto, admite-se que as partes, seja pessoa jurídica ou não, constituam representante com poderes específicos para negociar e transigir, o que deve ser feito por meio de procuração específica (art. 334, § 10 do CPC). A atuação do representante (que pode, mas não deve ser o advogado da causa[24]), neste caso, limitar-se-á aos atos relativos à autocomposição com a respectiva assinatura do acordo, se vier a ser concretizado.

Com a realização da audiência, alcançada a tão almejada resolução consensual, ela será reduzida a termo com a assinatura das partes e do conciliador ou mediador e então submetida à homologação judicial, por sentença, que resolverá o mérito, a constituir título executivo judicial. No caso de autocomposição parcial[25], a eficácia executiva recairá apenas sobre a parcela resolvida (a parcela não conciliada poderá ser contestada pelo réu).

24. Em razão de dever ético estabelecido pelo art. 23 do Código de Ética e Disciplina da OAB, o qual dispõe: “Art. 23. É defeso ao advogado funcionar no mesmo processo, simultaneamente, como patrono e preposto do empregador ou cliente”.
25. O art. 3º, § 1º, da Lei nº 13.140/2015 prevê expressamente que a mediação pode versar sobre todo o conflito ou parte dele, dispositivo que se aplica também à conciliação pela complementaridade oriunda da técnica do diálogo das fontes.

CAPÍTULO 28

RESPOSTA DO RÉU

1. CONSIDERAÇÕES INICIAIS

O processo civil brasileiro se submete às garantias do contraditório e da ampla defesa, que decorrem do devido processo legal (STJ. RMS 17386/AC. DJU 20.03.06). Por isso, antes de ser ofertada jurisdição, é **obrigatória a concessão de oportunidade para ouvir as partes**, quando apresentada contra elas alguma afirmação de existência, impedimento, modificação ou extinção de direito (a não ser que para rejeitar liminarmente, nas situações autorizadas).

Serão apresentadas, a seguir, as diversas modalidades de resposta do réu, quando, contra ele, é exercido direito de ação. Mostrar-se-á que aquela pode apresentar resistência e/ou contra-atacar. Aliás, ante a possibilidade de o réu exercitar o direito de ação, passará, nesta, a ser autor, contra aquela da ação originária, que passará a ser réu. Por fim, identificar-se as consequências do não exercício do ônus de resistir à ação processualizada.

2. MODALIDADES

O Código de Processo Civil enumera duas como sendo as modalidades típicas de resposta do réu para o processo de conhecimento:

a) contestação;

b) reconvenção.

Anteriormente, sob a égide do CPC/1973, ao lado da contestação e da reconvenção, possibilitava-se a apresentação de exceções processuais, sendo elas de incompetência, de suspeição e de impedimento. Atualmente, com o CPC/2015, a exceção de incompetência foi deslocada para a contestação, enquanto que as exceções de impedimento e suspeição incluídas como poderes, deveres e responsabilidade do juiz.

As modificações são apropriadas, a considerar que o impedimento e a suspeição, além de serem reconhecíveis de forma oficiosa, pois que é um dever do juiz, as exceções podem ser apresentadas também pelo autor, e não apenas pelo réu. Daí porque não ser, necessariamente, uma resposta do réu, e, sim, sempre, um dever do juiz. Outrossim, por ser a incompetência uma defesa processual dilatória, é coerente que seja apresentada em contestação.

Analisam-se, abaixo, cada uma dessas modalidades de resposta do réu:

2.1. Contestação

A contestação é a modalidade de resposta consistente na apresentação de **resistência** à ação processualizada pela parte adversa. A simples propositura da ação justifica a sua apresentação. E isso mesmo que o réu seja parte ilegítima, porque a posição de pretensa submissão que ele é colocado em função de direito potestativo justifica o interesse na apresentação de contestação.

O réu pode contestar apresentando argumentos contra existência ou validade da relação material, bem como pode se limitar a arguir defeitos formais, que inviabilizam a continuidade do processo. Diante dessas possibilidades, a resposta do réu divide-se em defesa de mérito e defesa processual.

2.1.1. Classificação

As **defesas processuais** são todas consideradas **indiretas** e consistem em invocar consequências relacionadas ao processo. Podem ser **dilatórias** (capazes de retardar a relação processual sem, por conseguinte, extingui-la) e **peremptórias** (se acolhidas, implicam a extinção terminativa do processo).

Por seu turno, a **defesas de mérito** podem ser diretas ou indiretas. São **diretas** quando enfrentam a ação processualizada, a negar os fatos que lhe sustenta ou os efeitos jurídicos a eles atribuídos. É **indireta** quando objetiva a rejeição da ação em decorrência de fato outro (modificativo, impeditivo ou extintivo) não sustentado pelo autor.

Há uma espécie de defesa indireta de mérito que revela um contradireito do réu, a lhe servir tanto como base para a defesa, como, também, de fato constitutivo de uma ação autônoma, que poderia ser intentada contra o autor. É a denominada **exceção material**, que se caracteriza por representar direito autônomo do réu contra o autor, o qual, por isso, não pode ser conhecido de ofício.

Toda defesa, como poder de atuar no processo e síntese da situação jurídica do réu na relação processual, **não é suscetível de enquadramento em categorias estáticas**, pelo que pode ser exercida além dos modelos instituídos em lei. O direito de defesa constitui garantia do sistema de direitos. Sempre que não ocorra alguma ponderável razão de ordem pública, prevalece a garantia constitucional, estando o Judiciário aberto a defesas de toda espécie.

2.1.2. Concentração

A defesa do réu se orienta pela concentração. **Só há uma oportunidade para apresentar defesa**. Por conta disso, o réu é livre para **cumular na sua resposta todas as matérias de**

defesa que tiver, ainda que sejam relativamente contraditórias entre si, para, na eventualidade de não serem acolhidas as primeiras (por motivos relacionados, pelo entender do réu, a *error in judicando* e *error in procedendo*), serem conhecidas as seguintes. Por isso que o art. 336 do CPC dispõe que incumbe ao réu alegar, na contestação, toda a matéria de defesa, expondo as razões de fato e de direito com que impugna o pedido do autor e especificando as provas que pretende produzir.

Mas a liberdade de apresentar defesas contraditórias não é absoluta. Gritantes incoerências entre afirmações cumuladas podem configurar comportamento processual desleal, punível por verificada litigância de má-fé. Fique claro: é possível que a defesa do réu guarde alguma contradição entre os seus argumentos, diante da necessidade de concentração da defesa. Contudo, as contradições devem ser decorrentes da admissão de resultado contrário aos seus interesses em face da participação judicial, porque não sabe qual será o entendimento a ser adotado pelo órgão jurisdicional.

O que não se admite é que, independentemente de qual seja o resultado do pronunciamento jurisdicional, os argumentos apresentados pelo réu, por si sós, sejam contraditórios. Esta situação pode gerar uma confissão, o que acaba sendo um ônus, prejudicial ao réu.

Em razão da eventualidade, decorrente do dever de concentração da resposta, é permitido ao réu, limitando o objeto da defesa às afirmações trazidas na petição inicial e na respectiva documentação (STJ. REsp 301706/SP. DJU 25.06.01), por exemplo, suscitar diversas defesas processuais, opondo-se, em seguida, e sem qualquer prejuízo, ao julgamento de mérito, a objetivar a improcedência da ação. Na defesa de mérito, também é permitido ao réu desenvolver uma série de argumentos, de modo que o acolhimento de um deles implica prejuízo ao conhecimento do subsequente e assim sucessivamente.

Ilustre-se com exemplos:

a) admite-se que, em determinada defesa, o réu alegue que seu ato não foi ilícito, todavia, sendo contrário o entendimento do órgão julgador, que aquele não foi capaz de justificar a fixação de indenização, por não ter havido dano. Os argumentos apresentados pelo réu, com a participação judicial, passam a ser conciliáveis. O réu entende que não houve ato ilícito, mas, como foi contrário o entendimento do órgão julgador, entende que não houve dano a ser reparado. Tal comportamento é harmônico, porque quem defende que não praticou ato ilícito, guarda coerência em defender que não houve dano.

b) não se admite que o réu argumente que não teria firmado contrato com o autor, todavia, sendo contrário do entendimento do órgão julgador, que o negócio jurídico teria sido cumprido pelo pagamento. Independentemente do resultado do pronunciamento jurisdicional, os argumentos apresentados pelo réu são inconciliáveis. A contradição parte do próprio réu, e não da participação judicial. Se o réu defende o cumprimento do contrato pelo pagamento, não é a intervenção judicial que dá ensejo ao firmando daquele, e sim o reconhecimento do próprio réu, pois seu argumento eventual (pagamento) só passa a ter lógica se admitido firmamento contratual.

A contestação, assim, é a sede processual adequada para a apresentação de todas as matérias de defesa (STJ. AgRg no Ag 749103/MS. DJU 09.10.06). A não observância da eventualidade acarreta preclusão em desfavor do réu, que, depois da contestação, fica impossibilitado, em regra, de suscitar questões não apresentadas na defesa. Mas há exceção a essa regra. São elas: a) questões referentes à constituição do direito do autor; b) questões relacionadas a direitos influentes, que se constituíram após a apresentada da defesa; c) questões conhecíveis de ofício pelo juiz, tais quais ausência de pressupostos processuais e/ou de condições da ação (STJ. REsp 847390/SP. DJ 22.03.07), verificação de prescrição da pretensão ou de decadência do direito.

O art. 342 do Código de Processo Civil estabelece que depois da contestação, só é lícito ao réu deduzir novas alegações quando:

a) relativas a direito ou a fato superveniente;

b) competir ao juiz conhecer delas de ofício;

c) por expressa autorização legal, puderem ser formuladas em qualquer tempo e grau de jurisdição.

Esse rol, entretanto, como posto acima, não é amplamente descritivo, a considerar que traz consigo conceito jurídico indeterminado.

Portanto, nas hipóteses que excepcionam a eventualidade, a contestação poderá ser aditada. Se o réu pode trazer as alegações em momento posterior, é possível o aditamento depois de apresentada a contestação. Contudo, a regra é de não se admitir o aditamento da contestação, pois as questões que lhe são típicas estão submetidas à preclusão, daí a incidência da eventualidade sobre a prática desse ato processual facultado ao réu.

2.1.3. Preliminares

Por lógica argumentativa de defesa e pela prejudicialidade, a contestação deve **começar pelas questões processuais** (preliminares), a **seguir-lhes as defesas de mérito**. Por isso que o art. 337 do Código de Processo Civil elenca um rol de questões processuais que devem ser apresentadas na contestação como preliminares, as quais antecedem a eventual discussão de mérito. Ei-las: a) inexistência ou nulidade da citação; b) incompetência absoluta e relativa[1]; c) incorreção do valor da causa; d) inépcia da petição inicial; e) perempção; f) litispendência; g) coisa julgada; h) conexão; i) incapacidade da parte, defeito de representação ou falta de autorização; j) convenção de arbitragem; k) ausência de legitimidade ou de interesse proces-

1. *Incompetência relativa, incorreção do valor da causa e indevida concessão do benefício da gratuidade judiciária*: antes, sob a égide do CPC/1973, a afirmação de incompetência relativa, de incorreção do valor da causa e de indevida concessão do benefício da gratuidade de justiça deveriam ser apresentadas em petições separadas, em autos próprios, mediante pagamento de custas processuais. Além disso, a afirmação de incompetência relativa suspendia o prazo para a apresentação de contestação e/ou de reconvenção pelo réu. Agora, sob a vigência do CPC/2015, tais matérias devem ser apresentadas na petição de contestação, não havendo, assim, mais que se falar em suspensão do prazo para a apresentação da resposta por inteiro. *Incompetência relativa*: com o CPC/2015, além de se tornar o procedimento mais simples e eficiente, porque a afirmação de incompetência relativa pode ser apresentada na própria contestação, aquela não mais suspende o processo, de modo que se acaba por evitar a prática de atos incompatíveis com a boa-fé com a simultânea afirmação da garantia da duração razoável do processo. Basta dizer que, antes, por conta da suspensividade, apresentava-se exceção de incompetência relativa para se alargar o prazo de contestação e/ou reconvenção. Agora, como a apresentação deve ser simultânea às demais matérias de defesa, a suspensividade não favorecerá o réu com a extensão do prazo de resposta.

sual; l) falta de caução ou de outra prestação que a lei exige como preliminar; m) indevida concessão do benefício de gratuidade de justiça.

Seguem, abaixo, considerações acerca de cada uma das encimadas questões processuais:

a) Inexistência ou nulidade da citação:

Quando o réu defende inexistência ou nulidade da citação, afirma não estar presente pressuposto de validade (desenvolvimento) do processo. Se acolhida essa matéria de defesa (que deve vir acompanhada de todas as demais, caso não tenham sido antes apresentadas), são invalidados os eventuais atos processuais decisórios concatenados.

Ante o reconhecimento do vício formal apontado, pode o réu se contentar com a declaração da tempestividade da contestação e a consequente posterior análise do conteúdo da resposta já apresentada.

Aliás, poder-se-ia indagar: por que o réu alegaria inexistência ou nulidade de citação, se está a apresentar contestação? A resposta é simples. Primeiramente, para a contestação considerada tempestiva. Segundamente, para, apenas em consequência (não necessária), alcançar a decretação de invalidade de atos processuais praticados.

Apesar de poder defender a inexistência ou a nulidade da citação como preliminar da contestação, o réu poderia adstringir-se a, em simples petição, suscitar a inexistência ou a nulidade da citação para, se reconhecida ou decretada, depois apresentar a contestação.

Pode ser desnecessária qualquer atividade comunicativa para suprir a ausência de citação, quando o julgamento é de improcedência liminar, pois se mostra desnecessário o contraditório em favor do réu, a considerar que saiu vencedor na ação. A comunicação ocorrerá apenas para dar ao réu ciência dos termos da sentença proferida em seu favor.

b) Incompetência absoluta e relativa:

Também afirma a falta de pressuposto processual de validade (desenvolvimento), quando o réu defende a incompetência absoluta e relativa do juízo. Apesar de constituir pressuposto de validade, o simples reconhecimento da incompetência não significa consequente decretação de invalidade dos atos processuais praticados pelo juízo incompetente. Caberá ao juízo competente, quando receber o processo, decretar eventual invalidade, pois que há, ainda, a possibilidade de convalidar os atos praticados pelo juízo incompetente.

Na análise da contestação, apesar da ordenação estabelecida pelo art. 337 do Código de Processo Civil, o juiz deve começar pela incompetência. É que, se o órgão jurisdicional não tiver competência, não poderá analisar a questão relacionada à inexistência ou nulidade de citação (que é questão antecedente no rol trazido pelo mencionado dispositivo legal).

c) Incorreção do valor da causa:

Por constituir o valor da causa um requisito da petição inicial, pode o réu, em sua resposta, afirmar sua incorreção. Nada impede, também, que possa afirmar sua não indicação. Mas há substanciais diferenças entre a omissão e o equívoco de indicação. Se indicado o valor incorretamente, será determinada sua correção e consequente recolhimento das custas processuais (se não for o caso de isenção de pagamento). Se omitida a indicação, será determinada a indicação. Se não indicado o valor da causa, apesar de determinado pelo juízo, a petição inicial será inepta, pelo que essa será a preliminar a ser suscitada pela parte interessada. Por outro lado, se determinada a correção e não realizada (ou não recolhidas as custas), será cancelada a distribuição por falta de pagamento da taxa respectiva. Mas uma situação não exclui a outra. Pode ocorrer de ser omissa a petição quanto à indicação do valor da causa e, quando despachado o processo, o juízo mandar suprir omissão pelo réu que, por sua vez, indica o valor de forma incorreta. Caberá ao juízo, aí, mandar, agora, corrigir o valor.

d) Inépcia da petição inicial:

Ao alegar inépcia da petição inicial, o réu defende falta de pedido ou de causa de pedir, ou que o pedido é indeterminado (ressalvadas as hipóteses legais em que se permite a formulação de pedido genérico), ou que da narração dos fatos não decorre logicamente a conclusão, ou que a petição contém pedidos incompatíveis entre si. Antes de decretar a inépcia da petição inicial, caberá ao juízo, até mesmo em respeito à cooperação processual, determinar a correção dos vícios apontados.

e) Perempção:

A perempção é pressuposto processual negativo. Ela ocorre quando o autor houver dado motivo, por três vezes consecutivas, à impossibilidade de resolução de mérito por não ter promovido os atos e diligências que lhe competiam, abandonando a causa por mais de trinta dias, conforme reconhecido pelas sentenças terminativas anteriores. Assim, quando intentada a ação pela quarta vez, haverá perempção, que, se reconhecida, importa em extinção do processo sem resolução de mérito.

f) Litispendência:

A litispendência também é pressuposto processual negativo. Ela é verificada quando se reproduz ação anteriormente ajuizada, que se encontra em curso. E uma ação é idêntica a outra quando possui as mesmas partes, a mesma causa de pedir e o mesmo pedido. Acolhida a afirmação de litispendência (nas ações que não sejam coletivas), será proferida sentença terminativa que tem a aptidão de extinguir o processo sem resolução de mérito.

g) Coisa julgada:

A coisa julgada (material) é outro pressuposto processual negativo. Verifica-se a coisa julgada quando se reproduz ação anteriormente ajuizada, que já foi decidida, no mérito, por decisão transitada em julgado. E uma ação é idêntica a outra quando possui as mesmas partes, a mesma causa de pedir e o mesmo pedido. Acolhida a afirmação de coisa julgada, será proferida sentença terminativa que tem a aptidão de extinguir o processo sem resolução de mérito.

h) Conexão:

A defesa da conexão é processual dilatória. Reputam-se conexas duas ou mais ações quando lhes forem comum o pedido ou a causa de pedir. Os processos de ações conexas serão reunidos para decisão conjunta, caso os juízos a que foram distribuídas as ações sejam de idêntica competência, salvo se um deles já houver sido sentenciado. Se a competência dos juízos a que foram distribuídas as ações seja diferente, a ação prejudicial será julgada enquanto que a outra poderá ficar suspensa.

O Código de Processo Civil, no § 3º do art. 55, dispõe que "serão reunidos para julgamento conjunto os processos que possam gerar risco de prolação de decisões conflitantes ou contraditórias caso decididos separadamente, mesmo sem conexão entre eles". Conquanto não se trate de conexão (pelo menos nos moldes estabelecidos pelo caput), nem de qualquer outra matéria de defesa processual elencada pelo art. 337 do CPC, o réu pode defender, na contestação, a reunião dos processos respectivos.

i) Incapacidade da parte, defeito de representação ou falta de autorização:

A incapacidade da parte, o defeito de representação e a falta de autorização são pressupostos processuais de validade (desenvolvimento), pelo que, verificada a ausência de qualquer deles, dever ser proferida sentença terminativa com a aptidão de extinção do processo sem resolução de mérito.

j) Convenção de arbitragem:

A convenção de arbitragem é pressuposto processual negativo. Constitui gênero, do qual são espécies a cláusula compromissória (instituída de forma expressa, antes da ocorrência de qualquer litígio) e o compromisso arbitral (instituído após o surgimento do litígio). Ambos decorrem de negócio jurídico. A ausência de alegação da existência de convenção de arbitragem implica aceitação da jurisdição estatal e renúncia ao juízo arbitral. Se alegada e acolhida a afirmação de convenção de arbitragem, o processo será extinto sem resolução de mérito.

k) Ausência de legitimidade ou de interesse processual:

Se defender a ausência de legitimidade ou de interesse processual, o réu sustentará a carência do direito de ação, por falta de preenchimento de suas condições. Acolhida a afirmação da carência do direito de ação, será proferida sentença terminativa com a aptidão de extinguir o processo sem resolução de mérito. No caso específico da alegação de ilegitimidade passiva, ela só justificará a extinção do processo sem resolução do mérito se o autor não a corrigir.

l) Falta de caução ou de outra prestação que a lei exige como preliminar:

A falta de caução ou de outra prestação que a lei exige como preliminar é considerado pressuposto processual de validade (desenvolvimento). Se não realizadas, também justifica a prolação de sentença terminativa com a aptidão de extinção do processo sem resolução de mérito.

m) Indevida concessão do benefício de gratuidade de justiça:

E, quando defende a indevida concessão do benefício de gratuidade de justiça, o réu requer que sejam aqueles revogados e, por conseguinte, recolhidas custas processuais. Pode ser que a impugnação seja apenas contra a concessão integral do benefício, a se defender que ele seja concedido de forma parcial. Em qualquer caso, revogado o benefício, no todo ou em parte, o autor será instado a recolher as respectivas custas processuais, sob pena de ser proferida sentença terminativa com a aptidão de extinção do processo sem resolução do mérito.

Questão de Concurso

▶ **(IADES. AL-GO. Procurador. 2019)**[2]:São alegadas na preliminar da contestação, mas não podem ser reconhecidas de ofício pelo juiz, a

a) nulidade de citação e a incompetência absoluta.

b) convenção de arbitragem e a incompetência relativa.

c) litispendência e a perempção.

d) ausência de legitimidade ou de interesse processual.

e) perempção e a incorreção do valor da causa.

▶ **(Cespe – Analista de Controle Externo – Direito – TCE – MG/2018)**[3] Caberá ao juiz não resolver o mérito quando

A) homologar a renúncia à pretensão formulada na ação.

B) decidir, de ofício, sobre a ocorrência de prescrição.

C) homologar reconhecimento da procedência do pedido formulado na reconvenção.

D) homologar a transação.

E) acolher a alegação de existência de convenção de arbitragem.

2.1.4. Alegação de incompetência do juízo

Se, dentre as preliminares, houver alegação de incompetência relativa ou absoluta, a contestação poderá ser protocolada no foro de domicílio do réu, fato que será imediatamente comunicado ao juiz da causa, preferencialmente por meio eletrônico, a fim de evitar a prática de atos por juízo incompetente.

Mas, seja feita uma observação, antes de prosseguir: a alegação de incompetência absoluta pode ser apresentada também pelo autor. Somente quando se tratar de alegação de incompetência relativa, é que a possibilidade de apresentação será exclusiva do réu. Este, portanto, em sua resposta, pode alegar tanto incompetência relativa quanto absoluta do juízo.

A alegação de incompetência relativa, agora, sob a vigência do CPC/2015, não precisa mais ser apresentada em petição separada. Pode ser suscitada pelo réu na própria contestação. Antes, segunda a disposição do CPC/1973, embora a jurisprudência já se posicionasse de forma diversa, deveria ser apresentada em petição separada, inclusive, porque com a aptidão de suspender o processo, antes da contestação.

Há as seguintes possibilidades relacionadas à apresentação de contestação pelo réu, especificamente no que concerne à incompetência do juízo em que tramita o processo: a) alegar incompetência do juízo em que tramita o processo; b) não alegar incompetência

---

2. Gabarito: letra B.
3. Gabarito: letra E.

do juízo em que tramita o processo. Há algumas diferenças entre uma e outra possibilidade, como se passa a mostrar, especificamente quanto ao local e os veículos de apresentação da resposta.

a) alegar incompetência do juízo em que tramita o processo:

Se alegada incompetência do juízo em que tramita o processo, a contestação poderá ser submetida à livre distribuição, pelo réu, no lugar onde for citado ou no juízo que entender competente. Se ele (o réu) tiver sido citado por carta precatória, a contestação poderá ser juntada aos autos dessa carta, seguindo-se a sua imediata remessa para o juízo em que tramita o processo. Mas, nada impede que o réu, apesar das prerrogativas descritas, apresente contestação, em que alegue incompetência, e a protocole no próprio juízo em que tramita o processo.

b) não alegar incompetência do juízo em que tramita o processo:

Se o réu não alegar incompetência, a contestação será protocolizada no próprio juízo em que tramita o processo. Ele (o réu) não poderá protocolizar a petição de resposta (contestação) na sede do juízo onde foi citado (ou naquele que entende ser competente para processar a causa). Entretanto, nada impede que a resposta do réu siga pela carta precatória, caso tenha sido citado por intermédio dela.

Essas particularidades perdem (pelo menos consideravelmente) suas importâncias quando se possibilita a prática do ato (apresentação de resposta) de forma eletrônica. É que, para o réu, não haverá muita diferença entre apresentar contestação, eletronicamente, no foro onde tem domicílio ou no foro em que tramita o processo. Não enfrentará maiores dificuldades de deslocamento e de custeio.

Se alegar incompetência do juízo em que tramita o processo, o réu deverá indicar aquele que entende por competente. Se a incompetência for relativa e o réu não indicar aquele que entende como sendo, a afirmação será rejeitada e os autos permanecerão perante o juízo originário. Se a alegação for de incompetência absoluta, mesmo que o réu não indique aquele que entende ser competente, o juiz poderá (até porque pode agir de ofício) reconhecer do órgão e remeter para aquele que julgue ter aptidão.

2.1.4.1. Prevenção (ou não) do juízo

O § 2º do art. 340 do Código de Processo Civil dispõe que, reconhecida a competência do foro indicado pelo réu, o juízo para o qual for distribuída a contestação ou a carta precatória será considerado prevento. Todavia, conforme orienta o enunciado 426 do Fórum Permanente de Processualistas, "o juízo para o qual foi distribuída a contestação ou a carta precatória só será considerado prevento se o foro competente for o local onde foi citado". Se não for, o processo será encaminhado para o juízo competente, onde haverá distribuição.

Deve-se observar que, como antes dito, se a contestação veicular afirmação de incompetência, mas for protocolizada no próprio juízo onde tramitava o processo, não haverá nenhuma prevenção, apesar da disposição do § 2º do art. 340 do Código de Processo Civil.

2.1.4.2. Suspensão da realização da audiência de conciliação ou mediação

O art. 340 do Código de Processo Civil, no § 3º, dispõe que, alegada a incompetência mediante contestação apresentada no foro do domicílio do réu, será suspensa a realização da audiência de conciliação ou de mediação, se tiver sido designada. A norma extraída do texto legal encaminha à conclusão de que, na situação descrita, se a audiência de conciliação ou mediação não for realizada por meio eletrônico, a contestação deve ser apresentada antes do seu prazo final, sob de pena de ser realizada a sessão e o não comparecimento justificar a aplicação de multa.

Mas, nada impede que o réu, mesmo a entender como incompetente o juízo em que tramita o processo, compareça à audiência (realizada de forma presencial) e, somente depois, apresente sua contestação. Essa poderá ser oferecida no juízo em que ele (o réu) entende como competente ou naquele em que foi citado. Essa ilação, pelo menos quando se está diante de alegação de incompetência absoluta, não é facilmente infirmada. Contudo, se a alegação fosse de incompetência relativa e o réu comparecesse à audiência de conciliação ou mediação, haverá preclusão lógica à apresentação da alegação de incompetência relativa? A resposta é negativa, porque o comparecimento em audiência não significa prática de ato incompatível com a vontade de apresentar alegação de incompetência, sobretudo porque a conciliação e mediação podem ser realizadas por qualquer pessoa. Além disso, a oportunidade para a apresentação de resposta não é na audiência de conciliação ou de mediação, pelo que não se pode falar também em preclusão temporal.

De qualquer modo, se o réu optar por apresentar, de logo, sua contestação, definida a competência, o juízo competente (que poderá ser aquele em que foi distribuída a ação originariamente) designará nova data para a audiência de conciliação ou de mediação.

2.1.4.3. Contraditório à alegação de incompetência do juízo

Antes de qualquer decisão, o juiz ouvirá o autor, no prazo de 15 dias (art. 350), acerca da contestação apresentada e, no prazo de 10 dias (art. 226, II), decidirá a respeito da questão. O mesmo fará em relação ao réu, se a alegação de incompetência absoluta for apresentada pelo autor.

Rejeitada a alegação de incompetência, os autos permanecerão no juízo originário. Acolhida a alegação, serão remetidos ao juízo competente.

2.1.5. Defesas de mérito

Depois das questões preliminares (processuais), cabe ao réu a alegação de eventuais defesas indiretas de mérito, consistentes nos fatos extintivos, modificativos e impeditivos do direito do autor. Elas se consubstanciam em exceções materiais e devem ser alegadas pelo réu na oportunidade de apresentação da contestação. A exceção do contrato não cumprido é um exemplo de defesa indireta e mérito. Pedido o cumprimento do contrato pelo autor, caberá ao réu, na contestação, suscitar a exceção. Não suscitada, haverá preclusão.

Ao final, ante o dever de concentrar a resposta do réu, a admitir a eventualidade de serem rejeitados os anteriormente argumentos de defesa, se houver, o réu, depois de apresentadas as preliminares e a defesa indireta de mérito, deve encerrar sua contestação com a apresentação de defesa direta de mérito, que consiste na negação dos fatos constitutivos do direito afirmado pelo autor. Nada impede, porém, que, mesmo que não apresentadas questões preliminares e/ou defesa indireta de mérito (mesmo que existentes), o réu concentre sua resposta na apresentação de defesa direta de mérito.

2.1.6. Substituição do réu ou formação de litisconsórcio passivo

a) Substituição do réu:

O Código inova quando, ao mesmo tempo em que retira a nomeação à autoria como figura interventiva, em afirmação à eficiência, possibilita, de forma ampla, a substituição do réu. Nos termos do art. 338 do CPC/2015, alegando o réu, na própria contestação (sem necessidade de petição autônoma), ser parte ilegítima ou não ser o responsável pelo prejuízo invocado, o juiz facultará ao autor, em 15 dias, a alteração da petição inicial para substituição do réu (pelo indicado na contestação ou por outro entendido pelo autor como sendo parte legítima para compor o polo passivo da relação processual).

> Embora a redação da primeira parte do *caput* do art. 338 do CPC faça referência a "ser parte ilegítima ou não ser o responsável pelo prejuízo invocado", as expressões "ser parte ilegítima" e "não ser o responsável pelo prejuízo invocado", para fins processuais, são consideradas sinônimas, porque redundam, ambas, em ilegitimidade passiva[4].

Antes, sob a égide do CPC/1973, a nomeação à autoria apenas permitia a substituição do réu, e se houvesse concordância do terceiro, quando: i) ele fosse detentor de coisa em nome alheio, pelo que deveria nomear à autoria o proprietário ou o possuidor; ii) intentada contra ele, pelo proprietário ou pelo titular de um direito sobre a coisa, ação de indenização, e, na ocasião, alegasse que praticou o ato por ordem, ou em cumprimento de instruções de terceiro. Se não fosse o caso de nomeação à autoria, reconhecida a ilegitimidade do réu, era proferida sentença terminativa, ante a carência do direito de ação.

A superação dos restritos parâmetros antes estabelecidos pelo Código de Processo Civil de 1973 torna efetivamente útil a substituição do réu, pois eram raríssimos os casos de nomeação à autoria, ante a singularidade dos casos em que autorizada e dos requisitos para o seu deferimento. Além disso, passou-se a primar, de uma forma bem mais concreta, pela resolutividade do mérito, porque, em todos os casos de ilegitimidade, passou a admitir a substituição do réu, a evitar-se a prolação de sentenças terminativas.

Agora, se provocada pelo réu, a correção de legitimidade passiva poderá ser corrigida pelo autor. Quantas vezes sejam as provocações dos sucessivos réus, que passem a compor a

4. No plano do direito material, a responsabilidade pelo prejuízo é identificada em alguns dispositivos legais, como o art. 932 do Código Civil, que dispõe: "Art. 932. São também responsáveis pela reparação civil: I – os pais, pelos filhos menores que estiverem sob sua autoridade e em sua companhia; II – o tutor e o curador, pelos pupilos e curatelados, que se acharem nas mesmas condições; III – o empregador ou comitente, por seus empregados, serviçais e prepostos, no exercício do trabalho que lhes competir, ou em razão dele; IV – os donos de hotéis, hospedarias, casas ou estabelecimentos onde se albergue por dinheiro, mesmo para fins de educação, pelos seus hóspedes, moradores e educandos; V – os que gratuitamente houverem participado nos produtos do crime, até a concorrente quantia.

relação processual, de forma inicial ou ulterior, o autor poderá proceder à correção da legitimidade. Não haverá limitação máxima para a realização do ato volitivo, como ocorre com a denunciação da lide, porque, na correção da legitimidade, não se forma mais uma relação processual (acessória), mas apenas aquela única que será submetida à análise jurisdicional.

b) Formação de litisconsórcio:

Apesar de o texto do art. 338 do CPC/2015 referir-se apenas à "substituição do réu", é possível, ainda, como ocorre na hipótese do art. 339, a formação litisconsorcial, com a preservação do réu originário e a integração de um novo. Não haverá, aí, quando formado litisconsórcio passivo por requerimento do autor, extinção do processo (nem sequer parcial), pelo que ensejará consequências, dentre outras, no âmbito sucumbencial.

c) Ausência de indicação do sujeito passivo da relação jurídica discutida

Ao apresentar sua resposta, pode ocorrer de o réu, apesar de defender sua ilegitimidade, não indicar o sujeito passivo da relação jurídica discutida. Conquanto a indicação correta do sujeito passivo constitua ônus ao réu, deste (do ônus) o réu pode se desincumbir, caso não tenha conhecimento, ou mesmo assumir, caso tenha conhecimento e não proceda à indicação. Essas hipóteses, contudo, não impedirão o autor de corrigir a legitimidade.

Aliás, essa circunstância é que diferencia o art. 338 do art. 339 do CPC/2015. No último, o réu, na contestação, cumpre o ônus de indicar o sujeito passivo da relação jurídica discutida. Em ambos os casos, evidentemente, o autor poderá requerer a substituição, inclusive para indicar pessoa diversa daquela apontada pelo réu (se este assim o fizer). Isso significa, pois, que a indicação realizada pelo réu não é vinculativa.

d) Controle de substituição e de legitimidade

Não cabe ao juiz impedir a substituição requerida pelo autor (em razão de provocação apresentada em contestação), mas ele pode reconhecer a ilegitimidade do novo réu indicado. Poderia, assim, ocorrer de o autor se equivocar na correção da legitimidade passiva, inclusive a ponto de requerer a exclusão de réu legítimo para incluir um ilegítimo.

Antes, até da citação, o juiz deve facultar o contraditório, instando o autor a se pronunciar acerca da ilegitimidade do novo réu. Nessa situação, possibilita-se que o autor reflua em relação ao requerimento formulado e, assim, restabeleça a anterior relação processual, ou mesmo proceda à indicação de outro sujeito para figurar como réu.

Com a citação, não poderá haver nova substituição sem provocação do novo réu.

e) (Nova) designação de audiência de conciliação ou mediação

Com o ingresso do novo réu (a formar ou não litisconsórcio com o réu originário), mediante sua citação, deve ser designada (se for o caso) audiência de conciliação ou mediação (mesmo que antes tivesse sido realizada com os sujeitos da relação processual originária). A afirmação dos meios de autocomposição justificam o esforço, quando possível, para a solução consensual do conflito, nomeadamente porque o ingresso de outro réu (ainda que em litisconsórcio) pode modificar a concepção anterior, que frustrou o resultado da audiência antes designada.

f) Ônus sucumbencial

Realizada a substituição, o réu será excluído, o autor reembolsar-lhe-á as despesas e pagará os honorários ao procurador, que serão arbitrados entre três e cinco por cento do valor da causa (ou, sendo este irrisório, nos termos do art. 85, § 8º). Se o autor requerer, em vez da substituição do réu, a formação de litisconsórcio passivo, não haverá, pelo menos de imediato, exclusão do réu originário.

Significa que a condenação ao pagamento dos ônus sucumbenciais, em detrimento do autor, só ocorrerá se ele sair vencido em decisão definitiva de mérito, pois não concorda com a exclusão do réu originário. Pode ocorrer, assim, de o autor incluir mais um réu na relação processual, em formação litisconsorcial, e, ao término, ser favorecido por decisão definitiva de mérito, caso em que os réus serão condenados ao pagamento das despesas processuais.

g) Alegação do réu após a apresentação de sua contestação

O art. 338 dispõe que "alegando o réu, na contestação", sua ilegitimidade, o autor, se acolher a alegação, será beneficiado com a condenação ao pagamento de honorários entre três e cinco por cento do valor da causa ou, sendo este irrisório, nos termos do art. 85, § 8º. E se o réu alegar a sua ilegitimidade somente depois da contestação?

Sob a égide do CPC/1973, vigia o art. 22, segundo o qual: "o réu que, por não argüir na sua resposta fato impeditivo, modificativo ou extintivo do direito do autor, dilatar o julgamento da lide, será condenado nas custas a partir do saneamento do processo e perderá, ainda que vencedor na causa, o direito a haver do vencido honorários advocatícios".

No CPC/2015, não há dispositivo correspondente. A penalidade, pois, do art. 22 do CPC/1973 não pode ser aplicada sob a vigência do CPC/2015, porque não há previsão legal nesse sentido. Entretanto, como a boa-fé é considerada norma fundamental (art. 5º), não pode o réu, que agiu em desrespeito àquela, ser beneficiado com condenação sucumbencial a maior.

Assim, se o réu, a ferir a boa-fé, retardou a alegação de sua ilegitimidade, deverá ressarcir o autor da diferença de honorários pagos ao advogado daquele (maiores que 3% a 5%) até os percentuais dispostos no § 2º do art. 85 do CPC (de 10% a 20%). A sentença que condenar a pagar honorários ao advogado do réu, por reconhecer a ilegitimidade passiva, deverá também condenar o réu, se agiu de má-fé, a indenizar o autor da diferença sucumbencial.

A mesma sentença, ante o ilícito praticado pelo réu, deverá condená-lo a indenizar o autor pelas custas processuais de retardamento, a considerar que, nos termos do próprio art. 339 do CPC, o réu deverá arcar com as despesas processuais, em razão da falta de indicação do verdadeiro legitimado passivo.

h) Ônus da correta indicação do sujeito passivo da relação jurídica discutida

Quando alegar sua ilegitimidade, incumbe ao réu indicar corretamente o sujeito passivo da relação jurídica discutida sempre que tiver conhecimento, sob pena de arcar com as despesas processuais e de indenizar o autor pelos prejuízos decorrentes da falta de indicação ou da indicação sabidamente equivocada. Diferentemente do que ocorria sob a vigência do CPC/1973, o réu tem o ônus, quando alega sua ilegitimidade, de indicar quem seria a pessoa legitimada para figurar no polo passivo.

i) Responsabilidade do réu por se omitir em indicar (ou em incorretamente) o sujeito passivo da relação jurídica discutida

A responsabilidade do réu, por não indicar o sujeito passivo da relação jurídica discutida, surge apenas quando ele tiver conhecimento de sua pessoa (não é necessário que indique todos os elementos de qualificação do réu, nos termos do art. 319 do Código de Processo Civil, conquanto assim o deva fazer, se puder, mas que, pelo menos, identifique-o). Da mesma forma, será responsável o réu quando indicar sujeito passivo sabidamente incorreto. Em tais situações, o réu deverá indenizar o autor pelas despesas processuais e pelos prejuízos decorrentes da improcedência ação.

A indenização, que será fixada pela sentença como efeito anexo, contemplará, portanto, todos os prejuízos decorrentes da improcedência da ação, a se admitir, até mesmo, a fixação de indenização por perda de chance. Todavia, a responsabilidade será subjetiva (enunciado 44 do FPPC), dependente, pois, da demonstração da culpa por parte do réu. É preciso que o autor mostre (ou que fique evidenciado), no curso do processo, que o réu tinha conhecimento de quem o substituiria, mas se recusou a fazer a indicação (ou a fez de forma sabidamente incorreta).

j) Prejuízos decorrentes da falta (ou incorreta) indicação do sujeito passivo da relação processual

Pela falta (ou incorreta) indicação do sujeito passivo da relação processual, o réu pode ocasionar ao autor prejuízos em razão, por exemplo, de perda da pretensão pela prescrição em relação àquele que deveria ocupar o polo passivo da relação processual. A perda da chance poderia justificar a condenação do réu ao pagamento de indenização pecuniária. Para tanto, faz-se necessário, obviamente, que a resposta do réu tenha sido oferecida dentro do prazo prescricional, mas que, posteriormente, esse tenha se ultimado, a impossibilitar que o autor ajuizasse posterior ação contra o outro sujeito que deveria ter ocupado o polo passivo da relação processual.

k) Alguns aspectos processuais da substituição do réu ou da formação de litisconsórcio

O autor, ao aceitar a indicação, procederá, no prazo de 15 dias, à alteração da petição inicial para a substituição do réu. No prazo de 15 dias, o autor pode, também, optar por alterar a petição inicial para incluir, como litisconsorte passivo, o sujeito indicado pelo réu. São duas, pois, as opções: ou substituir o réu por pessoa indicada como legitima ou incluir, em acréscimo, a pessoa indicada como litisconsorte passivo.

Se houver substituição por acolhimento da indicação realizada pelo réu, o indicado, quando apresentar sua resposta, pode fazer nova indicação, inclusive relativa ao réu originário, situação em que o autor pode pedir outra substituição.

A indicação realizada pelo réu, conveniente que se diga, quando o autor optar pelo litisconsórcio, não é uma nova hipótese de formação litisconsorcial. O litisconsórcio passivo, para o caso, depende da verificação da alguma das situações previstas nos artigos 113 e seguintes do CPC. Por isso, não pode o autor, simplesmente porque o réu indicou, requerer a formação litisconsorcial, quando não verificada qualquer das hipóteses estabelecidas. Isso quer dizer que a dúvida do autor quanto à legitimidade passiva não justifica a formação de litisconsórcio.

l) Formação litisconsorcial originária

Em caso de formação de litisconsórcio inicial, o réu, na sua resposta, pode afirmar que não é parte legítima, mas sim o outro litisconsorte. Nessa situação, ao autor, caberia aceitar ou não a exclusão do réu, sem proceder à alteração do polo passivo da relação processual. Se o réu alegar formação de litisconsórcio, deve-se considerar, por óbvio, a inclusão de outro sujeito que ainda não compõe a relação processual.

m) Condenação ao pagamento das despesas processuais e promessa de recompensa

Se realizada a substituição, o autor reembolsará as despesas e pagará os honorários ao procurador do réu excluído, que serão fixados entre 3% e 5% do valor da causa ou, sendo este irrisório, nos termos do art. 85, § 8º, que prediz: "Nas causas em que for inestimável ou irrisório o proveito econômico ou, ainda, quando o valor da causa for muito baixo, o juiz fixará o valor dos honorários por apreciação equitativa [...]".

Poder-se-ia indagar se a promessa de recompensa, relativa ao pagamento de honorários advocatícios sucumbenciais (para fixá-los entre 3% e 5%), também se aplicaria em favor do autor quando suscitada sua ilegitimidade pelo réu e aquele, na primeira ocasião em que se pronunciar, acolhesse a afirmação?

Alguns tendem a responder afirmativamente, porque a disposição do parágrafo único do art. 338 poderia ser aplicada para reconhecer a bilateralidade da promessa de recompensa. Contudo, isso ensejaria um ilícito, a considerar a disposição do art. 85 do CPC. De fato, a não aplicação da recompensa do art. 338 para o caso identificado é injusta, porque deixa de premiar a boa-fé do autor, mas encontra, de qualquer modo, impedimento na disposição do art. 85.

Não haverá condenação ao pagamento de honorários se a substituição do réu ocorrer antes de o originariamente indicado ter sido citado. Por isso que o enunciado 296 do Fórum Permanente de Processualistas Civis orienta que "verificando liminarmente a ilegitimidade passiva, o juiz facultará ao autor a alteração da petição inicial, para substituição do réu sem ônus sucumbenciais.".

Aliás, antes de citado o réu, se o juiz identificar a ilegitimidade, ele mesmo, oficiosamente, deve intimar o autor para optar pela correção da relação processual quanto ao seu elemento subjetivo. Nessa ocasião, o autor poderá até modificar os demais elementos da demanda (cauda de pedir e pedido).

n) Possível violação ao juiz natural

A substituição do réu não poderia atentar contra a garantia do juiz natural (a considerar que o autor poderia intentar ação contra qualquer um e, quando distribuída ao juiz conveniente, requerer a substituição)? Essa questão foi levada ao Fórum Permanente de Processualistas, que resolveu vetar a seguinte proposta de enunciado: "alegada a ilegitimidade pelo réu, se o autor, ao invés de corrigir o polo passivo, optar pela desistência, a ação seguinte deverá ser proposta no mesmo juízo".

Por ocasião dos debates, conquanto se tenha ponderado que a manobra indicada poderia, de fato, violar a garantia do juiz natural, considerou-se que o enunciado seria de extrema (e, por isso, desnecessária) cautela, a ponto de não ser preciso editá-lo. De qualquer modo, embora não seja necessário um enunciado para tratar da questão, é indiscutível que a "substituição" (ocorrida depois de extinto o processo), quando realizada de má-fé (com o único objetivo de escolher a pessoa do juiz), viola a referida garantia constitucional, pelo que deve ser controlada.

o) Não formação de coisa julgada

O ato processual, que possibilita a substituição do réu, não faz, por óbvio, coisa julgada, seja porque não decorre de atividade judicial exercida em efetivo contraditório, mediante exauriente cognição, seja porque decorre de simples opção do autor, a teor do que estabelece o art. 338 do CPC. A não ser em situações excepcionais, cabe ao juiz controlar a substituição, mas, essencialmente, ele depende da vontade do autor. Por isso, nada impede que, no mesmo ou em outro processo, o autor possa demandar contra aquele que foi indicado como réu originário.

De fato, aqueles que, posteriormente, forem indicados como réus podem indicar como legitimado passivo o indicado originariamente. Não há impedimento para que o autor volte atrás e, novamente, insira o originariamente indicado como réu. Nem há que se falar numa suposta preclusão lógica, pois a própria eficiência, que orienta a atividade processual (e a própria norma extraída do art. 338), não pode se quedar por um equívoco do autor, quando requereu a primeira substituição. Mas, ele terá de arcar com o pagamento de honorários advocatícios.

2.1.7. Ônus de impugnação específica

Na contestação, o réu deve concentrar todas suas afirmações de defesa, a se manifestar especificamente contra todos os fatos afirmados e documentos trazidos pelo autor na petição inicial (STJ. REsp 107286/PR. DJU 16.11.04). Isso, por óbvio, se ele quiser afastar a procedência da ação processualizada para o caso de os fatos afirmados pelo autor (amparados nos documentos juntados) serem suficientes para tal, em caso de serem julgados, pelo juiz, como verdadeiros (a considerar que a não apresentação de defesa é ônus e não dever).

Em razão disso, não se admite a formulação, pelo réu, de defesa genérica, consistente na negativa geral dos fatos afirmados (e dos pedidos formulados) pelo autor. Cabe ao réu impugnar os fatos (proposições fáticas, para ser mais preciso) especificamente, sob pena de presunção (relativa) de veracidade deles. Por isso, dispõe o art. 336 do Código de Processo Civil que incumbe ao réu alegar, na contestação, toda a matéria de defesa, **expondo as razões de fato e de direito com que impugna** o pedido do autor e especificando as provas que pretende produzir.

Um esclarecimento é necessário. O dispositivo do Código fala em impugnar pedido. Esse pode ser impugnado direta ou indiretamente. Pode o réu aceitar que os fatos relacionados aos pedidos sejam verdadeiros, mas que a consequência disso não seja a procedência do pedido. Da mesma forma, se for o caso, pode impugnar os fatos apresentados pelo autor, para que sejam considerados improcedentes os pedidos neles amparados. E pode até ocorrer que ele considerar o pedido procedente, mas não com base nos fatos apresentados, pelo que poderá impugnar esses últimos.

Em qualquer situação, a impugnação, de regra, deve ser específica, seja dos fatos, seja dos pedidos. Todavia, nalgumas hipóteses, a inércia do réu em impugnar especificamente os pedidos (ou os fatos a eles relacionados) não implica presunção de veracidade. São elas:

a) se não for admissível, a respeito do fato, a confissão;

b) se a petição inicial não estiver acompanhada de instrumento que a lei considerar da substância do ato[5];

c) se os fatos estiverem em contradição com a defesa, considerada em seu conjunto.

São tecidos comentários acerca de cada uma dessas hipóteses:

a) se não for admissível, a respeito do fato, a confissão:

As afirmações tecidas a respeito de direitos indisponíveis não podem ser consideradas presumidamente como verdadeiras. Afinal, se o direito não é disponível, evidentemente, não se admite a confissão de torno dos fatos àquele relacionados. Caso contrário, estar-se-ia a admitir a disposição do direito relacionado aos fatos. É por isso que, de forma coerente, o art. 345, II, dispõe que a revelia não produz o efeito mencionado no art. 344 se o litígio versar sobre direitos indisponíveis.

b) se a petição inicial não estiver acompanhada de instrumento que a lei considerar da substância do ato:

Em razão de resquícios do critério legal de valoração das provas, alguns fatos somente podem ser demonstrados por determinadas provas. O Código manifestou essa opção por repetidas ocasiões, a incluir a prova documental como indispensável à demonstração de determinados fatos.

Por isso, se a petição inicial não estiver acompanhada de instrumento que a lei considerar da substância do ato, não há como se extrair do comportamento processual a confissão. A demonstração do fato, por opção legal, somente é possível pela juntada de instrumento.

Em harmonia a essa posição, dispõe o art. 345 do CPC que a revelia não produz o efeito mencionado no art. 344 se a petição inicial não estiver acompanhada de instrumento que a lei considere indispensável à prova do ato.

5. Antes de se impor ao réu o ônus de impugnação específica dos fatos indicados na petição inicial, é de se exigir do autor que instrua o feito com os documentos hábeis à comprovação do fato constitutivo do alegado direito (STJ. REsp 285612/SP. DJU 06.12.04).

A disposição legal ganha ainda mais coerência quando se observa que o ônus probatório, em muitas ocasiões, é imposto em detrimento do autor, que deve trazer aos autos elementos suficientes a sustentar suas afirmações, antes de se transferir ao réu o ônus de demonstrar fatos impeditivos, modificativos ou extintivos ao direito daquele.

Se não for trazido pelo autor instrumento que a lei considerar da substância do ato, o juiz deve determinar que aquele assim o faça, sob pena de julgar improcedente a ação, com a rejeição do pedido formulado, por não demonstração do fato constitutivo do direito relacionado.

c) se os fatos estiverem em contradição com a defesa, considerada em seu conjunto:

Pode até ocorrer de o réu não impugnar especificamente cada uma das afirmações apresentadas pelo autor, mas contestar (algumas) premissas dessas afirmações. Se improcedente qualquer das premissas, por óbvio, é improcedente a afirmação, que acaba por ser impugnada indiretamente, pelo conjunto da contestação. Essa análise do conjunto do ato postulatório apresentado pelo réu guarda isonomia à análise da petição inicial, cuja interpretação do pedido, nos termos do art. 322, § 2º, do CPC, "considerará o conjunto da postulação e observará o princípio da boa-fé".

Em coerência ao que estabelece o art. 341, III, o art. 345, I e IV do CPC dispõe que a revelia não produz o efeito mencionado no art. 344 se havendo pluralidade de réus, algum deles contestar a ação, e se as alegações de fato formuladas pelo autor forem inverossímeis ou estiverem em contradição com prova constante dos autos.

Prossiga-se:

O ônus da impugnação especificada dos fatos não se aplica ao defensor público, ao advogado dativo e ao curador especial.

A opção legislativa, em se afastar o ônus da impugnação específica ao defensor público, ao advogado dativo e ao curador especial, deve-se à circunstância de tais profissionais, no comum das vezes, não terem qualquer contato com a parte que defenderão. Em muitas ocasiões, eles são nomeados pelo fato de o réu ter sido citado de forma ficta e não ter atendido ao chamado judicial. Assim, o afastamento do ônus da impugnação específica é necessário até para garantir a subsistência da atuação daqueles profissionais.

Isso não quer dizer, entretanto, que, afastado o ônus da impugnação específica, seja atribuído ao autor ônus probatório adicional, ou seja, além da demonstração dos fatos constitutivos do seu direito, quando apresentada afirmação negativa pelo réu defendido pelo defensor público, pelo advogado dativo ou pelo curador especial. Apesar de não haver presunção de veracidade por falta de impugnação específica, àqueles, cabe demonstrar, no curso do processo (e nas ocasiões processuais designadas), suas afirmações, mesmo que consistam em negativa geral.

2.1.8. Requisitos

Os **requisitos** da petição de contestação são semelhantes aos da petição inicial. São eles:

a) juízo ou tribunal a que é dirigida;

b) nomes e prenomes das partes;

c) fatos e fundamentos jurídicos da defesa;

d) pedidos com as suas especificações;

e) documentos indispensáveis;

f) requerimento de provas com que pretende demonstrar os fatos alegados na defesa.

A indicação do juízo ou tribunal a que é dirigida a petição inicial tem por objetivo encaminhar o ato processual. Logo, deve corresponder com aquele indicado pelo autor, na petição inicial. Pode até ser que, na sua resposta, o réu não concorde com a competência do órgão jurisdicional e, por isso, suscite sua incompetência, com o apontamento de outro competente. Só que essa será uma indicação interna, constante no corpo da contestação, e não no seu frontispício.

A qualificação das partes, na contestação, pelo menos em regra, não irá além da indicação dos seus nomes e prenomes. Isso porque ela (a qualificação) já é trazida de forma suficiente na petição inicial. A exceção de aplica, apenas, quando houver incompletude da indicação constante na petição inicial, ou quando o réu efetuar alguma correção à indicação posta.

Além disso, o réu, quando apresentar, trará, na contestação, os fatos e os fundamentos jurídicos de sua defesa. Eles sustentarão a defesa em suas diversas modalidades, podendo estar relacionadas a questões preliminares (processuais), fatos novos, que sejam impeditivos, modificativos ou extintivos do direito do autor, bem assim a negação dos fatos e fundamentos trazidos na petição inicial. Quando os fatos e os fundamentos jurídicos estiverem relacionados a um contradireito (exceção material, que constitui defesa indireta de mérito), haverá, propriamente, exercício do direito de ação pelo réu contra o autor.

A par dessas considerações postas acima, o réu, quando, na contestação, formula pedidos com as suas respectivas especificações, pede que a ação do autor seja julgada improcedente ou, se for o caso (até mesmo em respeito à eventualidade, mas de maneira antecedente), que sua ação (que apresenta contradireito) seja julgada procedente para neutralizar o direito afirmado pelo autor. Portanto, o autor pode pedir para impedir o reconhecimento do direito do autor ou, mesmo que reconheça sua existência, que seja reconhecido direito seu para neutralizar o daquele.

Outrossim, o réu, na contestação, deve juntar documentos indispensáveis, assim considerados aqueles indicados por lei como tal, ou aqueles referidos pelo réu em sua contestação. Por fim, o réu deve formular requerimento de provas com que pretende demonstrar as assertivas fáticas trazidas em sua defesa, as quais poderão ser produzidas durante a tramitação processual.

2.1.9. Forma

Sob a égide do CPC/1973, o art. 297 dispunha que "o réu poderá oferecer [...] em petição escrita, dirigida ao juiz da causa, contestação [...]". O CPC/2015, por sua vez, no art. 335, dispõe que "o réu poderá oferecer contestação, por petição [...]". Foi subtraído, do texto legal, o vocábulo "escrita", que qualificava a petição de contestação. Fica então a pergunta: a contestação, no atual Código, deve ser apresentada também na forma escrita ou ela pode seguir outra forma?

No texto de lei, não há palavras inúteis. Além disso, as modificações realizadas têm uma significação. Se o art. 297 do CPC/1973 qualificava a petição de contestação, impondo-lhe a forma escrita, é porque, no mínimo, a petição pode ser apresentada de outra forma. Atualmente, com a retirada do vocábulo que identificava a forma da petição de contestação e a considerar os avanços dos meios de registro de fatos (com variados suportes), deve-se concluir que a forma pode ser variada. Poder-se-ia até se advertir atenção à viabilidade de apresentação de contestação de forma diferente da escrita, quando indisponível, para o juízo, aparelhamento necessário. Mas, a indisponibilidade não pode comprometer a ampla defesa e o contraditório.

Outro argumento que força a conclusão de abertura da forma da contestação é a extinção do rito sumário, antes trazido pelo CPC/1973, cujo art. 278[6] admitia a apresentação de contestação na forma oral. Logo, não há sentido, hoje, sobretudo por ser a contestação a maior expressão das garantias constitucionais da ampla defesa e do contraditório, restringir a apresentação da contestação à forma escrita. Sua apresentação, em qualquer das formas possíveis de registro, deve ser admitida. Esse foi o sentido da mudança trazida pelo CPC/2015, a partir da supressão do vocábulo "escrita".

De qualquer modo, deve-se lembrar, por oportuno, que a legislação extravagante admite, para determinados procedimentos especiais, a apresentação de contestação também na formal oral. A Lei nº 9.099/1995, que dispõe sobre os Juizados Especiais Cíveis e Criminais e dá outras providências, em seu art. 30 dispõe que "a contestação, que será oral ou escrita, conterá toda matéria de defesa [...]". Aí, antes mesmo da vigência do CPC/2015, já se admitia a apresentação de contestação oral (em forma diferente da escrita).

Mais um argumento.

Sob a vigência do CPC/1973, especialmente na época em que editado, as relações jurídicas eram menos complexas. Além disso, o suporte para a prática dos atos processuais era exclusivamente físico (papel). Atualmente, a realidade é bem diferente. Além de as relações terem se tornado mais complexas, o suporte passou a ser eletrônico. Isso significa que a forma escrita não é mais suficiente para garantir a efetiva afirmação da ampla defesa e, ao mesmo tempo, o suporte comporta variadas formas (não só a escrita).

Por isso, restringir a contestação à forma escrita seria divorciar a atividade jurisdicional do comprometimento em resolver, da melhor maneira, o mérito, além do que restringiria as possibilidades comportadas, sobretudo, pelo suporte eletrônico.

2.1.10. Prazo

No procedimento comum, a contestação deve ser apresentada no **prazo** de até **15 dias**, cujo **termo [ou condição] inicial** será a data:

a) da audiência de conciliação ou de mediação, ou da última sessão de conciliação, quando qualquer parte não comparecer ou, comparecendo, não houver autocomposição;

b) do protocolo do pedido de cancelamento da audiência de conciliação ou de mediação apresentado pelo réu, mesmo realizado após o decíduo previsto no § 5º do art. 334,

---

6. Art. 278. Não obtida a conciliação, oferecerá o réu, na própria audiência, resposta escrita ou oral, acompanhada de documentos e rol de testemunhas e, se requerer perícia, formulará seus quesitos desde logo, podendo indicar assistente técnico.

quando ambas as partes manifestarem, expressamente, desinteresse na composição consensual[7];

c) prevista no art. 231 do Código de Processo Civil, de acordo com o modo como foi feita a citação, para os demais casos que não sejam contemplados pelas situações descritas acima.

Por sua vez, o art. 231 do Código, que trata das disposições gerais relacionadas aos prazos processuais, considera dia do começo do prazo como sendo:

c.1) a data de juntada aos autos do aviso de recebimento, quando a citação for pelo correio;

c.2) a data de juntada aos autos do mandado cumprido, quando a citação for por oficial de justiça;

c.3) a data de ocorrência da citação, quando ela se der por ato do escrivão ou do chefe de secretaria;

c.4) o dia útil seguinte ao fim da dilação assinada pelo juiz, quando a citação for por edital;

c.5) o dia útil seguinte à consulta ao teor da citação ou ao término do prazo para que a consulta se dê, quando a citação for eletrônica;

c.6) a data de juntada do comunicado de que trata o art. 232 (comunicação eletrônica, pelo juízo deprecado, de cumprimento da carta expedida) ou, não havendo esse, a data de juntada da carta aos autos de origem devidamente cumprida, quando a citação se realizar em cumprimento de carta.

Os incisos VII e VIII do art. 231 do Código de Processo Civil[8] tratam especificamente de intimação e, por isso, não servem de termo inicial para contagem do prazo para apresentação de contestação.

Se houver **litisconsortes**, que tiverem diferentes procuradores, de escritórios de advocacia distintos, o **prazo** para apresentação de contestação será contado em **dobro**, independentemente de requerimento. Contudo, o benefício de dobra de prazo não se aplica quando o processo correr em autos eletrônicos.

No caso de litisconsórcio (passivo), ocorrendo a hipótese do art. 334, § 6º (manifestação de desinteresse na realização de audiência de conciliação e mediação), o termo inicial para cada um dos réus será a data de apresentação de seu respectivo pedido de cancelamento da audiência. Apesar de dobrado o prazo para apresentação de resposta, a contagem será **autônoma**.

7. Pode ocorrer de o autor, na petição inicial, manifestar (de forma expressa ou não) seu interesse na designação de audiência de conciliação ou mediação. Depois disso, o réu pode, na contestação, manifestar seu desinteresse. Se tal ocorrer, nada impedirá que o autor volte atrás e, então, manifeste expressamente o seu desinteresse. Caso isso ocorra, o prazo para o réu apresentar resposta começará a correr quando intimado do teor do ato postulatório do autor.

8. Art. 231. Salvo disposição em sentido diverso, considera-se dia do começo do prazo:[...] VII – a data de publicação, quando a intimação se der pelo Diário da Justiça impresso ou eletrônico;VIII – o dia da carga, quando a intimação se der por meio da retirada dos autos, em carga, do cartório ou da secretaria.

E mais.

O § 2º do art. 335 do Código estabelece que, quando ocorrer a hipótese do art. 334, § 4º, inciso II (não admitir autocomposição), havendo litisconsórcio passivo e o autor desistir da ação em relação a réu ainda não citado, o prazo para resposta correrá da data de intimação da decisão que homologar a desistência.

Também será dobrado o prazo para apresentação de resposta pelo réu quando patrocinado pela **defensoria pública**[9] (art. 186) ou quando ele for a **União**, os **Estados**, o **Distrito Federal**, os **Municípios** e suas respectivas **autarquias** e **fundações de direito público** (art. 183) (exceto nos casos das ações de competência dos juizados especiais, cujos prazos serão simples) ou **Ministério Público** (art. 180).

2.2. Reconvenção

Reconvenção é modalidade de resposta em que o réu formula, em seu favor, pedido diferente do da simples improcedência da ação intentada pelo autor. Trata-se de verdadeiro **contra-ataque do réu (ainda que em litisconsórcio ulterior)** em detrimento do **autor (ainda que em litisconsórcio ulterior)**, em que aquele intenta outra ação (reconvencional) na qual assume a posição de autor.

Diferentemente da contestação (assim compreendida como resistência, unicamente), que representa um ônus, a reconvenção (que pode ser veiculada pela contestação) é mera **faculdade** do réu, porque, embora prestigie a economia processual, pode ser deduzida, de forma autônoma, noutro processo. Ela faz surgir pedidos contrastantes e viabiliza que o juiz, **num só processo**, julgue a ação inicial e a reconvencional.

2.2.1. Condições e pressupostos de admissibilidade da reconvenção

Como exercício do direito de ação que é a reconvenção, ela, para ter seu mérito analisado, exige o preenchimento das **condições** relacionadas ao direito de agir, com algumas especificidades. São elas:

a) legitimação para reconvenção;

b) interesse em reconvir.

Passa-se a analisar as condições:

a) **Legitimação para a reconvenção**: o réu, originário e/ou superveniente, tem legitimidade ativa para reconvir contra o autor, quando este agir em nome próprio. A legitimidade passiva para a reconvenção é do autor da ação originária. A ativa é do réu da ação originária. Mas, a reconvenção pode ser proposta pelo réu em litisconsórcio com terceiro (§ 4º do art. 343 do CPC). Também poderá ser intentada contra o autor e terceiro (§ 3º do art. 343 do CPC).

Diante disso, poder-se-ia ter as seguintes possibilidades:

9. Se for o caso, o réu deve comunicar previamente esta condição.

i) o(s) réu(s) reconvir(em) contra o(s) autor(es);

ii) o(s) réu(s) reconvir(em) contra o(s) autor(es) e o(s) terceiro(s);

iii) o(s) réu(s) e o(s) terceiro(s) reconvirem contra o(s) autor(s);

iv) o(s) réu(s) e o(s) terceiro(s) reconvirem contra o(s) autor(es) e o terceiro(s).

Se ocorrer de o autor ser substituto processual, o réu (reconvinte) deverá afirmar ser titular de direito contra o substituído, e a reconvenção deverá ser proposta contra o autor, também na qualidade de substituto processual (§ 5º do art. 343 do CPC). Nada impedirá também que o réu, na qualidade de substituto processual, apresente reconvenção contra o autor, que, por sua, poderá ou não ser legitimado extraordinário.

Só que a legitimidade para apesentar reconvenção contra o autor, ou seja, o reconvindo, na qualidade de substituto processual, desperta algumas curiosidades. Isso, porque, em regra geral (pelo menos até a vigência do CPC/1973), a substituição processual estava muito mais comum aos casos de ações coletivas. Só que, no microssistema do processo coletivo, os efeitos da coisa julgada e da própria decisão de mérito em detrimento do representado só lhe alcançam (pelo menos quando o direito em discussão é individual homogêneo) se para favorecer. Para prejudicar não. Daí se poderia indagar: por que, então, um legitimado extraordinário apesentaria reconvenção contra o substituto processual, a considerar que, se ela for julgada procedente, os efeitos da coisa julgada e da decisão não alcançarão o(s) substituído(s)?

Poder-se-ia até pensar que, por esta razão, o dispositivo legal não teria qualquer utilidade prática.

Mas não é assim.

Nos casos em que o objeto da ação coletiva é direito difuso ou coletivo em sentido estrito, forma-se coisa julgada mesmo que contra a coletividade ou a comunidade. Logo, sendo o caso de ação coletiva passiva, a reconvenção intentada, se tiver por objeto qualquer daqueles direitos coletivos, tem o reconvinte absoluto interesse no contra-ataque.

Além disso, a partir do CPC/2015, os casos de substituição processual não mais dependem de previsão legal. Se antes o CPC/1973 dispunha no art. 6º que "ninguém poderá pleitear, em nome próprio, direito alheio, salvo quando autorizado por lei", agora, o CPC/2015, no art. 18, dispõe que "ninguém poderá pleitear direito alheio em nome próprio, salvo quando autorizado pelo ordenamento jurídico". Não sendo mais necessária a previsão legal, que habitualmente relaciona às ações coletivas a substituição processual, esta relacionar-se-á com mais frequência às ações individuais.

Dessa forma, vislumbra-se ampla aplicação da disposição do § 5º do art. 343 do Código de Processo Civil. De forma não incomum, ver-se-ão situações em que, por exemplo, uma administradora de imóveis pactue com o locador, mediante formação de negócio jurídico, a sua substituição processual para que possa agir em nome próprio defendendo direito alheio. Portanto, numa ação de despejo ajuizada pela administradora de imóveis, poderá ao locatário apresentar reconvenção contra aquela, que, em juízo, substituirá também nesse ato o locador.

b) **Interesse em reconvir**: a reconvenção reclama necessidade e utilidade na sua utilização, consistente na impossibilidade de o benefício pretendido pelo réu não poder ser atendido por contestação (mediante rejeição da ação processualizada pelo autor), mas poder ser por intermédio de reconvenção. Por exemplo, em ação de indenização decorrente de acidente de trânsito, o autor pede que o réu seja condenado a lhe pagar os prejuízos decorrentes. Se o réu entender que a responsabilidade pelo acidente foi do autor, deve apresentar reconvenção, pois a simples improcedência da ação não é suficiente para que lhe seja reconhecido o direito de ser indenizado pelo autor. Agora, imagine que, por exemplo, o autor intente ação de reintegração de posse e o réu vise a ser mantido na posse. Ele (o réu) não precisa apresentar reconvenção, porque a simples improcedência da ação reconheceria o seu direito, contra o autor, de ser mantido na posse do bem. Mas, esse último exemplo não força concluir que, na ação de reintegração de posse não seja possível a apresentação de reconvenção. Ao contrário. O réu, colocado pelo autor como turbador, pode contestar para manter sua posse e apresentar reconvenção para alcançar a indenização pelos danos materiais eventualmente experimentados.

Assim, o réu carece de interesse na apresentação de reconvenção quando o resultado útil por ele pretendido possa ser alcançado pela simples apresentação de contestação. Mas, isso não quer dizer que, para apresentar reconvenção é necessária a apresentação de contestação. O § 6º do art. 343 do Código de Processo Civil é expresso ao dispor que o réu pode propor reconvenção independentemente de oferecer contestação.

Quanto ao mais, somente subsistirá o interesse do réu em reconvir se a ação intentada pelo autor estiver pendente por ocasião da sua apresentação. Caso tenha sido extinta antes da apresentação da reconvenção, esta não será útil, pois, embora autônoma, depende da existência de ação em processo pendente. Caberá, então, ao réu, se não mais estiver pendente a ação intentada pelo autor, a propositura de ação judicial para tutelar o direito, cuja reparação ou respeito pediria por intermédio da reconvenção.

Advirta-se, contudo, que a desistência da ação ou a ocorrência de causa extintiva que impeça o exame de seu mérito não obsta ao prosseguimento do processo quanto à reconvenção. Se esta vier a ser apresentada na pendência da ação do autor, haverá interesse de agir.

Além das condições para a apresentação de reconvenção, são necessários os seguintes **pressupostos** específicos:

a) tempestividade;

b) identidade ou adequação procedimental entre a ação inicial e a ação reconvencional;

c) competência do juízo para a reconvenção;

d) conexão.

Passa-se a analisar os pressupostos:

a) **Tempestividade**: a reconvenção, como elemento da resposta do réu, deve ser apresentada simultaneamente à contestação, no prazo, em regra, de 15 dias. Ressalvam-se os prazos especiais de apresentação de contestação, que se estendem à reconvenção.

Como consectário da necessidade de apresentação simultânea, é tardia a reconvenção apresentada após o oferecimento da contestação pelo mesmo réu, mesmo que não terminado o prazo original de defesa (STJ. REsp 31353/SP. DJU 16.08.04). Mas, apesar da simultaneidade, em tese, é possível o réu reconvir sem contestar (a não ser que o pedido reconvencional reclame conexão com os fundamentos da defesa).

Antes, sob a égide do CPC/1973, contestação e reconvenção seguiam em petições autônomas. Atualmente, são apresentadas em única petição (isso, por óbvio, se o réu quiser apresentar ambas as modalidades de resposta). Portanto, ali, simultaneidade significava apresentação no mesmo dia, mesmo que em horários diferentes, a considerar que o prazo para a apresentação de resposta é (e era) contado em dias.

Sob a vigência do CPC/2015, como contestação e reconvenção são apresentadas numa mesma petição, a simultaneidade tem conotação diferente. Mas, fica a indagação: e se o réu resolver apresentar contestação e reconvenção em petições separadas, a resposta apresentada por último seria tempestiva? Acredita-se que sim. O CPC/2015 mitigou uma forma para afirmar o acesso à prestação jurisdicional. Não poderia, por evidente contradição, a mudança cercear a dita garantia simplesmente porque o réu optou em seguir a forma, que era antes estabelecida.

b) **Identidade ou adequação procedimental entre a ação inicial e a ação reconvencional**: para que o seja afirmada a eficiência processual, é necessária a verificação de procedimento uno entre ação inicial e ação reconvencional. Caso a ação inicial se submeta ao rito ordinário e a ação reconvencional a rito diverso, é lícito ao reconvinte (a não ser que a ação a ser veiculada em reconvenção adote rito irrenunciável), submeter a sua reconvenção ao procedimento ordinário.

Inclusive, há procedimentos especiais que, depois do momento inicial e da apresentação de resposta, recaem no ordinário. Nestes casos, não persistindo a especialidade procedimental, é possível o manejo de reconvenção, que também se submeterá ao rito ordinário. Tanto é que o STJ editou o enunciado 292 de sua súmula, de acordo com o qual "a reconvenção é cabível na ação monitória, após a conversão do procedimento em ordinário".

Agora, há procedimentos que, por serem contraídos, restringem a apresentação de reconvenção. O rito sumariíssimo, típico dos juizados especiais, por exemplo, não admite a apresentação daquilo que chama de "reconvenção". De fato, o art. 31, da Lei nº 9.099/1995, a esse respeito, dispõe, em sua primeira parte, expressamente, que: "não se admitirá a reconvenção". Só que a técnica utilizada pelo legislador não foi a melhor.

Com efeito, na segunda parte do art. 31 do mencionado diploma, resta disposto que: "É lícito ao réu, na contestação, formular pedido em seu favor, nos limites do art. 3º desta Lei, desde que fundado nos mesmos fatos que constituem objeto da controvérsia". Noutras palavras, o texto legal admite a apresentação de pedido contraposto. Só que o pedido contraposto é uma espécie de reconvenção (fundada em fatos conexos aos trazidos pela ação inicial).

Mais coerente, portanto, é concluir que, no rito dos juizados especiais, há uma restrição à apresentação de reconvenção, mas não uma impossibilidade. Contudo, noutros procedimentos, não se admite a apresentação de qualquer espécie de reconvenção. É o caso do rito do mandado de segurança, que, por sua contração, necessária à imediatidade da prestação jurisdicional requerida, impede a apresentação de reconvenção.

c) **Competência do juízo para a reconvenção**: a obrigatoriedade de a ação inicial e a ação reconvencional serem resolvidas por um mesmo órgão jurisdicional pressupõe que ele seja absolutamente competente para processar e julgar ambas. O órgão jurisdicional da ação inicial deve ter competência funcional, material e pessoal para resolver a ação reconvencional.

Em reconvenção, não se fala em identidade de competência territorial, exceto nas hipóteses excepcionais onde este critério seja absoluto, porquanto a lei se encarrega de prorrogar a competência do juízo da ação inicial. Somente a incompetência absoluta do juízo da ação inicial inviabiliza a propositura da ação reconvencional. Por conseguinte, não será útil ao autor/reconvindo apresentar alegação de incompetência relativa para a reconvenção.

Em razão do valor da causa, a incompetência é relativa quando o juízo é de maior alçada, porque pode ser considerado competente para as questões de menor valor. Em contrapartida, o juízo de menor alçada é absolutamente incompetente para as causas de maior valor. Assim, a competência em razão do valor da causa, em sendo absoluta, inviabiliza a propositura da ação reconvencional, a menos que o reconvinte renuncie o valor excedente.

Se apresentada reconvenção perante juízo absolutamente incompetente, aquela deverá ser extinta sem resolução de mérito, porque não haverá como se desenvolver perante o juízo escolhido, dando-se, assim, continuidade apenas à ação inicial. Esse é um caso em que a incompetência justifica não a remessa dos autos para o juízo competente, mas, sim, a extinção do processo.

d) **Conexão**: como pressuposto de admissão, exige-se a verificação de conexão (específica) da ação reconvencional com a ação inicial ou com os fundamentos da defesa. Por isso, é categórico o art. 343 do Código de Processo Civil ao dispor: "na contestação, é lícito ao réu propor reconvenção para manifestar pretensão própria, conexa com a ação principal ou com o fundamento da defesa".

Se a conexão está relacionada à ação inicial, ambos os litigantes se fundam na mesma relação jurídica para formular os pedidos constantes na ação inicial e na ação reconvencional. Se o réu, ao apresentar sua defesa, dela se utilizar para contra-atacar, a conexão dar-se-á com os fundamentos da defesa, podendo o pedido da ação reconvencional advir de outra relação jurídica, diferente daquela veiculada pela ação inicial.

Para o conhecimento da reconvenção e o consequente acolhimento dos pedidos nela formulados, não é necessário que as afirmações de resistência apresentadas na contestação sejam acolhidas. Aquela pode ser conhecida e os pedidos respectivos acolhidos, ainda que a ação inicial seja julgada procedente. O julgamento da ação inicial não define o conhecimento e resultado do julgamento da ação reconvencional. Pode-se, muito bem, julgar ambas as ações (inicial e reconvencional) procedentes ou improcedentes. Não há impedimento ou incompatibilidade para isso.

Ilustre-se a ilação com um exemplo: a ação inicial é de cobrança. A reconvencional, de reparação, alegando-se que a cobrança causou constrangimento indevido em detrimento do réu. A procedência da ação de cobrança não implica necessária improcedência da ação reparatória. Da mesma forma em sentido inverso: a improcedência da ação de cobrança não implica procedência da ação reparatória.

É possível que tanto a ação de cobrança (ante a falta de demonstração do crédito afirmado) como a ação reparatória (ante a ausência de comprovação do alegado fato danoso) sejam julgadas improcedentes. Na forma inversa: a ação de cobrança (em face do reconhecimento do alegado crédito) e a ação reparatória (pelo preenchimento dos pressupostos da responsabilidade civil) sejam julgadas procedentes.

O conhecimento da reconvenção, isso deve ser repisado, depende unicamente da verificação das condições e pressupostos de admissibilidade aqui apresentados.

2.2.2. Desistência da ação e reconvenção

A princípio, deve-se ter em mente que a reconvenção, mesmo sendo uma ação autônoma do réu, **depende**, para sua existência, **da pendência da relação processual originária impulsionada pelo autor**. Requerida a desistência da ação inicial, desde que obedecidos os requisitos formais, fica impossibilitada a posterior apresentação de reconvenção.

Apresentadas a defesa e/ou a reconvenção, não mais será lícito ao autor desistir da ação inicial sem o consentimento do réu. E mesmo que o réu consinta, agora fará *jus* a um pronunciamento jurisdicional acerca da reconvenção, porquanto a extinção da ação inicial não impede o prosseguimento da reconvenção (STJ. REsp 505048/RJ. DJU 17.11.03).

2.2.3. Forma

A reconvenção seguirá a mesma forma da contestação. Logo, não precisará seguir, necessariamente, a forma escrita. Isso porque a reconvenção seguirá na mesma petição da contestação, se esta for apresentada. Apesar da simultaneidade entre contestação e reconvenção, em tese, é possível o réu reconvir sem contestar. O texto do § 6º do art. 343 do CPC é expresso neste sentido: "o réu pode propor reconvenção independentemente de oferecer contestação".

E mais.

Como orienta o enunciado 45 do Fórum Permanente de Processualistas Civis, "para que se considere proposta a reconvenção, não há necessidade de uso desse *nomen iuris*, ou dedução de um capítulo próprio. Contudo, o réu deve manifestar inequivocamente o pedido de tutela jurisdicional qualitativa ou quantitativamente maior que a simples improcedência da demanda inicial".

Questão de Concurso

- **(Cespe – Analista de Controle – Área Jurídica – TCE – PR/2016)** Com referência ao processo, ao procedimento comum e à intervenção de terceiros, assinale a opção correta de acordo com o Código de Processo Civil (CPC)[10].

10. Gabarito: Letra D.

a) De acordo com o CPC, sentença é o pronunciamento do magistrado que, com ou sem resolução do mérito, extingue o processo em primeiro grau. Os demais atos decisórios do juiz singular possuem natureza interlocutória.
b) A impugnação da parte principal ao requerimento de ingresso do assistente dá ensejo à suspensão do processo principal até que sobrevenha decisão do juiz quanto ao incidente processual relativo ao ingresso do assistente.
c) No procedimento comum, a ausência injustificada do réu à audiência de conciliação acarreta a decretação de sua revelia e a consequente presunção de veracidade dos fatos alegados pelo autor na petição inicial.
d) No procedimento comum, contestação e reconvenção devem ser apresentadas em uma única peça processual, ressalvada ao réu a possibilidade de apresentar reconvenção isoladamente caso não deseje contestar.
e) O pedido de desconsideração da personalidade jurídica deve ser formulado no momento da propositura da ação, sendo vedado o ingresso superveniente do sócio no processo após a estabilização da demanda.

2.2.4. Distribuição por dependência

A reconvenção, como ação que é, será distribuída por dependência à ação inicial.

2.2.5. Requisitos da petição de reconvenção

Como se trata de exercício do direito de ação do réu (e terceiro) contra o autor (e terceiro), a reconvenção deve cumprir os **requisitos** da petição inicial, inclusive com atribuição de valor à causa (STJ. AgRg no Ag 306387/SP. DJU 10.09.01). Seu controle de admissibilidade iguala-se àquele efetuado pelo juiz quando da análise da petição inicial.

2.2.6. (In)deferimento

Se resolver **indeferir a petição de reconvenção**, o órgão julgador assim o fará por **decisão interlocutória**. Ao contrário, deferida a petição de reconvenção, o autor (reconvindo), por intermédio de seu **advogado**, será **intimado** para responder (esta intimação produzirá os mesmos efeitos de uma citação).

2.2.7. Resposta à reconvenção

Além da defesa, que deverá ser apresentada no prazo de 15 dias, o autor (reconvindo) **poderá**, na mesma petição, também **reconvir**.Em outras palavras, é admissível a reconvenção sucessiva, também denominada de reconvenção à reconvenção, desde que a questão que justifique a sua propositura tenha surgido na contestação ou na primeira reconvenção (STJ. REsp 1.690.216/RS. DJe 28.09.20. Inf. 680).

Por outro lado, há, no CPC/2015. vedação específica à reconvenção sucessiva no procedimento monitório (art. 702, § 6º).

2.2.8. Saneamento, organização e julgamento

A ação e a reconvenção serão **saneadas e organizadas**, oportunidade em que já poderão, em conjunto ou isoladamente, ser resolvidas, com ou sem análise de mérito. Se a ação inicial não for conhecida, por ser extinta, sem resolução de mérito, por decisão interlocutória, o processo seguirá com relação à ação reconvencional. O mesmo pode ocorrer se a ação reconvencional não for conhecida. Ela será julgada por decisão interlocutória, a continuar o processo com relação à ação inicial.

Entretanto, se para a ação inicial ou reconvencional houver possibilidade de julgamento imediato do mérito e para a outra for imprescindível a dilação probatória, competirá ao juiz julgar a que estiver pronta por decisão interlocutória e, a outra, depois de instruído o processo, por sentença.

Antes, sob a vigência do CPC/1973, o art. 318 dispunha que: "julgar-se-ão na mesma sentença a ação e a reconvenção". Isso porque, sob a vigência do anterior Código, a sentença deveria resolver, de regra, a completude do objeto litigioso do processo. Somente em situações excepcionais admitia-se a solução repartida do mérito.

Mas, com o CPC/2015, o art. 356[11] quebrou o anterior paradigma, a admitir a solução parcial do mérito, mediante decisão interlocutória definitiva. Assim, a parte inicial será resolvida por decisão interlocutória e a final por sentença, encarregando-se, cada uma delas, de definir a respectiva distribuição sucumbencial.

Se forem julgadas conjuntamente ação e reconvenção, na sentença, o juiz pode acolher uma ou ambas as pretensões, bem como rejeitá-las. O dispositivo da sentença será diverso para a ação inicial e a reconvencional. Se há ações contrastantes cumuladas, **não se pode considerar reciprocamente sucumbentes** litigantes que alcançaram a procedência de suas ações. A sucumbência deve ser fixada de acordo com as peculiaridades de cada ação.

Se a ação inicial for julgada procedente, acolhendo a pretensão processual, e improcedente a reconvenção, as despesas processuais deverão ser pagas integralmente pelo réu (STJ. REsp 418584/SP. DJU 30.09.02). A forma inversa segue o mesmo raciocínio: se a ação inicial for julgada improcedente, rejeitando a pretensão processual, e procedente a reconvenção, as despesas processuais deverão ser arcadas integralmente pelo autor.

2.2.9. Reconvenção e ação declaratória incidental

A ação declaratória incidental, sob a égide do CPC/1973, estava prevista nos artigos 5º, 325 e 470. O primeiro dispositivo estabelecia que, se, no curso do processo, tornasse-se litigiosa relação jurídica de cuja existência ou inexistência dependesse o julgamento da lide, qualquer das partes poderia requerer que o juiz a declarasse por sentença. O segundo dispositivo pontificava que, contestando o réu o direito que constituía fundamento do pedido, o autor poderia requerer, no prazo de 10 dias, que sobre ele o juiz proferisse sentença incidente,

11. Art. 356. O juiz decidirá parcialmente o mérito quando um ou mais dos pedidos formulados ou parcela deles: I – mostrar-se incontroverso; II – estiver em condições de imediato julgamento, nos termos do art. 355.§ 1º A decisão que julgar parcialmente o mérito poderá reconhecer a existência de obrigação líquida ou ilíquida.§ 2º A parte poderá liquidar ou executar, desde logo, a obrigação reconhecida na decisão que julgar parcialmente o mérito, independentemente de caução, ainda que haja recurso contra essa interposto.§ 3º Na hipótese do § 2º, se houver trânsito em julgado da decisão, a execução será definitiva.§ 4º A liquidação e o cumprimento da decisão que julgar parcialmente o mérito poderão ser processados em autos suplementares, a requerimento da parte ou a critério do juiz.§ 5º A decisão proferida com base neste artigo é impugnável por agravo de instrumento.

se da declaração da existência ou da inexistência do direito dependesse, no todo ou em parte, o julgamento da lide. E o terceiro, que fazia coisa julgada a resolução da questão prejudicial, se a parte pedisse (mediante ação declaratória incidental), o juiz fosse competente em razão da matéria e constituísse pressuposto necessário para o julgamento da ação.

A ação declaratória incidental se distinguia da reconvenção em alguns aspectos. Enquanto que só o réu podia reconvir, qualquer das partes podia propor ação declaratória incidental. Além disso, não era necessária a apresentação de contestação para reconvir, ao passo que ela (a contestação) era requisito para intentar ação declaratória incidental. Por outro viés, não fosse admitida a ação principal, a ação declaratória incidental restaria prejudicada. Já a reconvenção gozava de autonomia, pelo que, não resolvida a ação principal, o órgão julgador deveria apreciar a reconvenção. Acrescente-se, também, que a ação declaratória incidental tinha força declaratória, ao passo que a reconvenção poderia assumir qualquer outra força.

Só que o objetivo da ação declaratória incidental era formar coisa julgada sobre questão prejudicial e, para tanto, precisava ser objeto de pedido expresso, o qual era formulado mediante a propositura daquela. Mas, sob a égide do CPC/2015, tal objetivo pode ser alcançado sem que, para tanto, seja exercido o direito de ação pela parte interessada na declaração. Isso porque, nos termos do § 1º do art. 503 do atual Código[12], autoriza-se a formação de coisa julgada sobre prejudicial, desde que respeitado o contraditório e observada a competência do juízo. Daí, não haver, sob a sistemática do CPC/2015, mais interesse de qualquer das partes em intentar ação declaratória incidental. Por conseguinte, não há mais relevo de importância no apontamento das diferenças entre ela (ação declaratória incidental) e a reconvenção.

3. REVELIA

A revelia consiste na **não apresentação de contestação**, seja pelo transcurso do prazo, seja pela consumação da oportunidade, seja pela prática de ato incompatível. No **rito sumaríissimo**, a revelia consiste no não comparecimento do réu à audiência ou, ainda que ele compareça, na não apresentação de contestação. Consiste num fato processual e, por isso, da revelia, podem-se decorrer alguns **efeitos**. São eles:

a) perda do direito de o réu-revel ser intimado;

b) preclusão do direito de alegar determinadas matérias de defesa;

c) impossibilidade de apresentar reconvenção conexa com o fundamento da defesa;

d) presunção de veracidade das alegações de fatos formuladas pelo autor;

e) possibilidade de julgamento imediato do mérito.

12. Art. 503. A decisão que julgar total ou parcialmente o mérito tem força de lei nos limites da questão principal expressamente decidida.§ 1º O disposto no caput aplica-se à resolução de questão prejudicial, decidida expressa e incidentemente no processo, se:I – dessa resolução depender o julgamento do mérito;II – a seu respeito tiver havido contraditório prévio e efetivo, não se aplicando no caso de revelia;III – o juízo tiver competência em razão da matéria e da pessoa para resolvê-la como questão principal.§ 2º A hipótese do § 1º não se aplica se no processo houver restrições probatórias ou limitações à cognição que impeçam o aprofundamento da análise da questão prejudicial.

Seguem considerações acerca de cada um desses efeitos.

a) **Perda do direito de o réu-revel ser intimado**: as partes serão comunicadas dos atos processuais. É direito que lhes assiste. Contudo, se o réu for revel, ele perderá o direito de ser intimado dos atos processuais. O abandono do processo, por deixá-lo correr à revelia, justifica a dispensa de comunicação processual direcionada, relativamente aos atos praticados.

Mas, apesar da perda do direito de ser intimado, isso não significa que o réu não tenha prazo para praticar atos no processo. Pelo contrário. Ele tem e começa a correr da data em que os autos são publicados no órgão oficial. Em razão disso, dispõe o art. 346 do CPC/2015: "os prazos contra o revel que não tenha patrono nos autos fluirão da data de publicação do ato decisório no órgão oficial".

Assim, conquanto não haja intimação do revel, há publicação no órgão oficial (que, dentre outras informações, deve veicular os nomes das partes e apenas dos advogados que estiverem constituídos). A partir daí, inicia-se a contagem do prazo para a prática de ato facultado às partes (e a eventuais interessados). Tal representa enorme evolução em relação ao tratamento dispensado pelo CPC/1973, que considerava o início do prazo para a prática de ato pelo revel com a simples publicação.

Com efeito, se dispensada fosse a publicação do ato processual em órgão oficial (como ocorria com o CPC/1973), correr-se-ia o risco, principalmente nos autos de suporte físico, de haver alterações de datas correspondentes. A título de exemplo, o escrivão ou chefe de secretaria, para cercear o direito de o revel recorrer, poderia antedatar, em certidão, a data da publicação. A ser impor, como termo inicial de prazo, a publicação em órgão oficial, dá-se, ao revel, maior segurança.

Inclusive, como vaticinado, nada obstante a verificação da revelia, o revel poderá intervir no processo em qualquer fase, recebendo-o no estado em que se encontrar, passando, a partir daí, a ser intimado dos atos que forem sendo praticados no processo. Apesar da constatação da revelia, o processo deixou de correr à revelia.

Aliás, quando a parte é revel por ter apresentado contestação intempestiva, geralmente tem patrono constituído nos autos. Ele, por seu turno, deverá ser intimado de todos os atos processuais. Somente se não tiver patrono nos autos é que, contra o revel correrão os prazos independentemente de intimação, a partir da publicação de cada pronunciamento judicial.

Portanto, é mais adequado concluir que a perda do direito de ser intimado não decorre da revelia, mas da não constituição de advogado no processo, já que pode ser que a parte seja revel e, por haver constituído advogado, ter o direito de ser intimado. E com um importantíssimo detalhe: a perda do direito de ser intimado se relaciona apenas aos atos que podem ser cumpridos por advogado. Quando for pessoal a prática, o revel, mesmo que não tenha constituído advogado, será intimado.

b) **Preclusão do direito de alegar determinadas matérias de defesa**: não apresentada resistência, o réu revel perderá o direito de alegar determinadas matérias de defesa, em especial aquelas que constituem exceções materiais, ou seja, impeditivos, modificativos ou extintivos do direito do autor.

Porém, existem inúmeras outras matérias que estão autorizadas a ser deduzidas pelo réu, mesmo depois de ultrapassado o prazo para apresentação de sua contestação. Isso acontece com as matérias de ordem pública, que podem ser cognoscíveis de ofício, a exemplo da carência do direito de ação e de não preenchimento dos pressupostos processuais. O mesmo se diga em relação aos fatos supervenientes: podem ser alegados pelo réu, durante o curso do processo, mesmo se revel.

Quantos aos fatos constitutivos do direito do autor, como devem ser demonstrados por esse sujeito parcial como requisito ao atendimento de seu pleito, nada impede que o réu apresente, depois do momento processual destinado à apresentação de sua resposta, considerações a respeito, com o objetivo de convencer o juiz de que os pedidos formulados pelo autor não devem ser acolhidos, por improcedentes as afirmações trazidas na petição inicial.

Também é facultado ao revel, a qualquer momento, tratar das questões de direito, sem que, para tanto, tenha necessidade de discutir os fatos relacionados. Contra estes, apesar de não poder, em tese, instaurar discussão, podem ser produzidas provas (enunciado 231 da súmula do STF), *a priori*, até a audiência de instrução e julgamento (STJ. REsp 677720/RJ. DJU 12.12.05), visando à improcedência da ação inicial.

c) **Impossibilidade de apresentar reconvenção conexa com o fundamento da defesa**: se não foi apresentada contestação, o ato dependente (reconvenção fundada na defesa) não pode ser apresentado. Nada impede, contudo, que o réu, que não apresentou contestação, não possa apresentar reconvenção. Pode sim, mas ela não pode ser conexa à defesa, e sim à ação inicial.

d) **Presunção de veracidade das alegações de fatos formuladas pelo autor**: esta presunção de veracidade não é absoluta, mas relativa, podendo ser afastada quando, exemplificativamente, ferir a lógica (STJ. EDcl no REsp 258423/DF. DJU 04.06.01), contrariar os elementos de prova existentes nos autos (STJ. AgRg no Ag 776511/RS. DJU 30.04.07), apresentada reconvenção na qual o réu efetivamente impugne o pedido do autor (STJ. REsp 1.335.994/SP. DJe 12.08.14).

Com efeito, a presunção de veracidade dos fatos deve ser temperada, a deixar margem ao livre convencimento do juiz diante de provas existentes nos autos (STJ. REsp 624922/SC. DJU 07.11.05), não atingindo, outrossim, as questões de direito (STJ. REsp 733742/MG. DJU 12.12.05). Por exemplo, não ação de desapropriação, "a revelia do desapropriado não significa aceitação da oferta, pois a lei impõe a realização de perícia avaliatória a fim de fixar o justo preço" (STJ. REsp 618146/ES. DJ 19.12.06).

Aliás, o art. 345 do Código de Processo elenca algumas situações nas quais se exclui a aptidão de a revelia implicar confissão ficta. São elas:

1) havendo pluralidade de réus, algum deles contestar a ação;
2) o litígio versar sobre direitos indisponíveis;

3) a petição inicial não estiver acompanhada de instrumento que a lei considere indispensável à prova do ato;

4) as alegações de fato formuladas pelo autor forem inverossímeis ou estiverem em contradição com prova constante dos autos.

Os efeitos da revelia se aplicam em detrimento da Fazenda Pública quando o litígio versar sobre direitos disponíveis (STJ. REsp 1084745/MG. DJe 30.11.12).

Questão de Concurso

▶ **(Vunesp – Juiz de Direito – TJ – SP/2018)**[13] Se o réu não ofertar contestação,

(A) a sentença de mérito não se submeterá à eficácia preclusiva da coisa julgada.

(B) o juiz não poderá alterar de ofício o valor da causa.

(C) a revelia imporá o julgamento antecipado do mérito.

(D) a revelia implicará aceitação da jurisdição estatal e renúncia ao juízo arbitral.

A presunção de veracidade decorrente da revelia não significa necessária procedência da ação (STJ. REsp 433934/MS. DJ 30.06.03), porquanto, pode acontecer, por exemplo, de os fatos não se subsumirem à proposta de enquadramento jurídico apresentada. A revelia está jungida à confissão ficta dos fatos, não se confundindo com o reconhecimento da procedência do pedido, o qual, diferentemente, tem o condão de extinguir o processo com resolução de mérito (STJ. REsp 94193/SP. DJU 03.11.98).

e) **Possibilidade de julgamento imediato do mérito**: esta possibilidade está condicionada à ausência de controvérsia das assertivas fáticas trazidas pelo autor. Se o réu revel comparecer em juízo antes do julgamento e evidenciar a necessidade de produzir provas, o mérito não pode ser julgado imediatamente. Assim, nada obstante a constatação da revelia, em algumas vezes, não se tem por verificado o presente efeito.

De qualquer modo, se constatada a ausência de controvérsia, poderá ocorrer o julgamento imediato do mérito. Aliás, é um dever do juiz proferir o julgamento imediato quando as circunstâncias objetivamente autorizarem.

Mesmo que a apresentação da contestação seja intempestiva, o juiz não deve determinar o seu **desentranhamento**, a considerar que o desentranhamento não é efeito da revelia. A contestação deve permanecer nos autos, podendo o juiz, se ainda não proferiu sentença, considerar as alegações do réu, principalmente quando relacionadas a questões cognoscíveis de ofício.

Pois bem.

Analisados os efeitos da revelia, deve-se dizer que aqueles apresentados pelas alíneas "a", "b", "c" e "e" representam os **efeitos processuais** da revelia, enquanto que o apresentado pela alínea "d", o **efeito material**.

13. Gabarito: letra D.

Questão de Concurso

▶ **(MPT – Procurador do Trabalho - MPT/2020)** Analise as assertivas abaixo[14]:

I – As respostas do réu são: defesa ou contestação, reconvenção e exceções de suspeição e impedimento. A partir do Código de Processo Civil de 2015, passou-se a admitir a arguição de incompetência relativa como preliminar de defesa.

II – Uma novidade do Código de Processo Civil de 2015 foi permitir que tanto a contestação, quanto a reconvenção sejam apresentadas na mesma peça, sendo possível a apresentação apenas da reconvenção, contra autor e terceiro, caso o réu se desinteresse pela contestação.

III – A revelia do réu não produz o efeito de serem presumidas como verdadeiras as alegações de fato formuladas pelo autor quando a petição inicial não estiver acompanhada de instrumento que a lei considere indispensável à prova do ato, e se as alegações de fato formuladas pelo autor forem inverossímeis.

IV – O amicus curiae tem participação opinativa no processo, atuando em prol do interesse público, sendo um colaborador da Justiça, e podendo dele participar por iniciativa apenas das partes ou do juízo.

Assinale a alternativa CORRETA:

a) Apenas as assertivas I, II e III estão corretas.
b) Apenas as assertivas I e IV estão corretas.
c) Apenas as assertivas II e III estão corretas.
d) Todas as assertivas estão corretas.

4. SÚMULAS

Súmulas do STF

231. O revel, em processo civil, pode produzir provas desde que compareça em tempo oportuno.

237. O usucapião pode ser arguido em defesa.

258. É admissível reconvenção em ação declaratória.

Súmulas do STJ

292. A reconvenção é cabível na ação monitória, após a conversão do procedimento em ordinário.

5. ENUNCIADOS DO FPPC

44. A responsabilidade a que se refere o art. 339 é subjetiva.

45. Para que se considere proposta a reconvenção, não há necessidade de uso desse *nomen iuris*, ou dedução de um capítulo próprio. Contudo, o réu deve manifestar inequivocamente o pedido de tutela jurisdicional qualitativa ou quantitativamente maior que a simples improcedência da demanda inicial.

46. A reconvenção pode veicular pedido de declaração de usucapião, ampliando subjetivamente o processo, desde que se observem os arts. 259, I, e 328, § 1º, II.

47. A competência do juízo estatal deverá ser analisada previamente à alegação de convenção de arbitragem.

48. A alegação de convenção de arbitragem deverá ser examinada à luz do princípio da competência-competência.

14. Gabarito: C.

248. Quando a desconsideração da personalidade jurídica for requerida na petição inicial, incumbe ao sócio ou a pessoa jurídica, na contestação, impugnar não somente a própria desconsideração, mas também os demais pontos da causa.

273. Ao ser citado, o réu deverá ser advertido de que sua ausência injustificada à audiência de conciliação ou mediação configura ato atentatório à dignidade da justiça, punível com a multa do art. 334, § 8º, sob pena de sua inaplicabilidade.

282. Para julgar com base em enquadramento normativo diverso daquele invocado pelas partes, ao juiz cabe observar o dever de consulta, previsto no art. 10.

286. Aplica-se o § 2º do art. 322 à interpretação de todos os atos postulatórios, inclusive da contestação e do recurso.

289. Se houver conexão entre pedidos cumulados, a incompetência relativa não impedirá a cumulação, em razão da modificação legal da competência.

296. Verificando liminarmente a ilegitimidade passiva, o juiz facultará ao autor a alteração da petição inicial, para substituição do réu sem ônus sucumbenciais.

426. O juízo para o qual foi distribuída a contestação ou a carta precatória só será considerado prevento se o foro competente for o local onde foi citado.

511. A técnica processual prevista nos arts. 338 e 339 pode ser usada, no que couber, para possibilitar a correção da autoridade coatora, bem como da pessoa jurídica, no processo de mandado de segurança.

6. ENUNCIADOS DA ENFAM

49. No julgamento antecipado parcial de mérito, o cumprimento provisório da decisão inicia-se independentemente de caução (art. 356, § 2º, do CPC/2015), sendo aplicável, todavia, a regra do art. 520, IV.

7. INFORMATIVOS

Informativos do STJ

É admissível a reconvenção sucessiva, também denominada de reconvenção à reconvenção, desde que a questão que justifique a propositura tenha surgido na contestação ou na primeira reconvenção. Ainda na vigência do CPC/1973, a doutrina se posicionou, majoritariamente, pela admissibilidade da reconvenção à reconvenção, por se tratar de medida não vedada pelo sistema processual, mas desde que a questão que justifica a propositura da reconvenção sucessiva tenha como origem a contestação ou a primeira reconvenção. Esse entendimento não se modifica na vigência do CPC/2015, pois a nova legislação processual solucionou alguns dos impedimentos apontados ao cabimento da reconvenção sucessiva, como, por exemplo, a previsão de que o autor-reconvindo será intimado para apresentar resposta e não mais contestação (art. 343, §1º) e a vedação expressa de reconvenção à reconvenção apenas na hipótese da ação monitória (art. 702, §6º). Assim, também na vigência do CPC/2015, é igualmente correto concluir que a reconvenção à reconvenção não é vedada pelo sistema processual, condicionando-se o seu exercício, todavia, ao fato de que a questão que justifica a propositura da reconvenção sucessiva tenha surgido na contestação ou na primeira reconvenção, o que viabiliza que as partes solucionem integralmente o litígio que as envolve no mesmo processo e melhor atende aos princípios da eficiência e da economia processual, sem comprometimento da razoável duração do processo. REsp 1.690.216-RS, Rel. Min. Paulo de Tarso Sanseverino, Rel. Acd. Min. Nancy Andrighi, Terceira Turma, por maioria, julgado em 22/09/2020, DJe 28/09/2020. Inf. 680.

8. SINOPSE

RESPOSTA DO RÉU
Considerações iniciais
O processo civil brasileiro se submete às garantias do contraditório e da ampla defesa. Por isso, antes de ser ofertada jurisdição, é **obrigatória a concessão de oportunidade para ouvir as partes**

<table>
<tr><th colspan="2">Modalidades</th></tr>
<tr><td colspan="2">a) contestação; b) reconvenção;</td></tr>
<tr><th colspan="2">Contestação</th></tr>
<tr><td>Conceito</td><td>É a modalidade de resposta consistente na apresentação de resistência à ação processualizada pela parte adversa.</td></tr>
<tr><td>Classificação</td><td>As defesas processuais são todas consideradas indiretas e consistem em invocar consequências relacionadas ao processo. Podem ser dilatórias (capazes de retardar a relação processual sem, por conseguinte, extingui-la) e peremptórias (se acolhidas, implicam a extinção terminativa do processo). Por seu turno, a defesas de mérito podem ser diretas ou indiretas. São diretas quando enfrentam a ação processualizada, a negar os fatos que lhe sustenta ou os efeitos jurídicos a eles atribuídos. É indireta quando objetiva a rejeição da ação em decorrência de fato outro (modificativo, impeditivo ou extintivo) não sustentado pelo autor.</td></tr>
<tr><td>Concentração</td><td>Só há uma oportunidade para apresentar defesa. Por conta disso, o réu é livre para cumular na sua resposta todas as matérias de defesa.</td></tr>
<tr><td>Preliminares</td><td>São questões processuais, as quais antecedem a eventual discussão de mérito. Ei-las: a) inexistência ou nulidade da citação; b) incompetência absoluta e relativa; c) incorreção do valor da causa; d) inépcia da petição inicial; e) perempção; f) litispendência; g) coisa julgada; h) conexão; i) incapacidade da parte, defeito de representação ou falta de autorização; j) convenção de arbitragem; k) ausência de legitimidade ou de interesse processual; l) falta de caução ou de outra prestação que a lei exige como preliminar; m) indevida concessão do benefício de gratuidade de justiça.</td></tr>
<tr><td>Alegação de incompetência do juízo</td><td>Se, dentre as preliminares, houver alegação de incompetência relativa ou absoluta, a contestação poderá ser protocolada no foro de domicílio do réu, fato que será imediatamente comunicado ao juiz da causa, preferencialmente por meio eletrônico</td></tr>
<tr><td>Defesas de mérito</td><td>Depois das questões preliminares (processuais), cabe ao réu a alegação de eventuais defesas indiretas de mérito, consistentes nos fatos extintivos, modificativos e impeditivos do direito do autor.</td></tr>
<tr><td>Substituição do réu ou formação de litisconsórcio passivo</td><td>Alegando o réu, na contestação, ser parte ilegítima ou não ser o responsável pelo prejuízo invocado, o juiz facultará ao autor, em 15 dias, a alteração da petição inicial para substituição do réu.</td></tr>
<tr><td>Ônus de impugnação específica</td><td>Na contestação, o réu deve concentrar todas suas afirmações de defesa, a se manifestar especificamente contra todos os fatos afirmados e documentos trazidos pelo autor na petição inicial.</td></tr>
<tr><td>Requisitos</td><td>São requisitos da petição inicial: a) juízo ou tribunal a que é dirigida; b) nomes e prenomes das partes; c) fatos e fundamentos jurídicos da defesa; d) pedidos com as suas especificações; e) documentos indispensáveis; f) requerimento de provas com que pretende demonstrar os fatos alegados na defesa.</td></tr>
<tr><td>Forma</td><td>A forma pode ser variada (desde que disponível para o juízo).</td></tr>
<tr><td>Prazo</td><td>No procedimento comum, a contestação deve ser apresentada no prazo de até 15 dias.</td></tr>
<tr><th colspan="2">Reconvenção</th></tr>
<tr><td>Conceito</td><td>Reconvenção é modalidade de resposta, em que o réu formula, em seu favor, pedido diferente do da simples improcedência da ação intentada pelo autor</td></tr>
<tr><td>Condições e pressupostos de admissibilidade</td><td>Como exercício do direito de ação, a reconvenção deverá preencher as duas condições a) legitimação para reconvenção; b) interesse em reconvir.</td></tr>
<tr><td>Desistência da ação</td><td>Requerida a desistência da ação inicial, desde que obedecidos os requisitos formais, fica impossibilitada a posterior apresentação de reconvenção.</td></tr>
<tr><td>Forma</td><td>A reconvenção seguirá a mesma forma da contestação.</td></tr>
<tr><td>Distribuição por dependência</td><td>Será distribuída por dependência à ação inicial.</td></tr>
</table>

Requisitos da petição	Deve cumprir os **requisitos** da petição inicial, inclusive com atribuição de valor à causa.
(In)deferimento	Se resolver **indeferir a petição de reconvenção**, o órgão julgador assim o fará por **decisão interlocutória**.
Resposta à reconvenção	Além da defesa, que deverá ser apresentada no prazo de 15 dias, o autor (reconvindo), como réu na reconvenção, poderá, na mesma petição (e, por óbvio, em igual prazo) também reconvir.
Saneamento, organização e julgamento	A ação e a reconvenção serão **saneadas e organizadas**, oportunidade em que já poderão, em conjunto ou isoladamente, ser resolvidas, com ou sem análise de mérito.

Revelia
A revelia consiste na **não apresentação de contestação**, seja pelo transcurso do prazo, seja pela consumação da oportunidade, seja pela prática de ato incompatível.
Efeitos da Revelia
Consiste num fato processual e, por isso, da revelia, podem-se decorrer alguns efeitos. São eles: a) perda do direito de o réu-revel ser intimado; b) preclusão do direito de alegar determinadas matérias de defesa; c) impossibilidade de apresentar reconvenção conexa com o fundamento da defesa; d) presunção de veracidade das alegações de fatos formuladas pelo autor; e) possibilidade de julgamento imediato do mérito.

CAPÍTULO 29

FASE DE SANEAMENTO

Sumário • 1. Considerações iniciais – 2. Providências preliminares – 3. Julgamento conforme o estado do processo – 4. Despacho de saneamento e organização do processo – 5. Audiência de saneamento compartilhado em cooperação – 6. Enunciados do FPPC. 7. Enunciados do CJF – 8. Sinopse.

1. CONSIDERAÇÕES INICIAIS

A fase de conhecimento, perante o juízo de primeira instância, inicia-se com protocolo da ação e se finda com a prolação de sentença. Mas é depois de transcorrido o prazo para apresentação de resposta, que se inicia o saneamento, cabendo ao juiz analisar a regularidade do processo sob o ângulo da utilidade e da necessidade.

Essa fase é, em verdade, imprescindível e nuclear no rito processual. Sob o ângulo da **utilidade**, o juiz verifica se há algum defeito formal. Caso haja, poderá determinar, se possível, a **correção** do defeito apontado. Se não for corrigido ou não for possível a correção, proferirá **sentença sem resolução de mérito.**

Não havendo defeito formal, o juiz aferirá a **necessidade** do prosseguimento do processo, a considerar se as provas apresentadas aos autos são suficientes para o "julgamento antecipado do mérito" ou se foi verificada alguma das hipóteses de autocomposição.

Em sendo as provas suficientes para o "julgamento antecipado do mérito", ou verificada alguma das hipóteses de autocomposição, o juiz proferirá **sentença com resolução de mérito**.

Caso necessário o prosseguimento do processo para a produção de novas provas, o órgão julgador efetuará o saneamento propriamente dito ("despacho saneador"), com possibilidade de realização ou não de audiência de saneamento, conduzindo a tramitação processual para a realização de **audiência de instrução e julgamento.**

2. PROVIDÊNCIAS PRELIMINARES

Findo o prazo para a resposta (inclusive para a da reconvenção, se houver), o escrivão fará a conclusão dos autos ao juiz que, conforme o caso, no prazo de 05 dias (art. 226, I do CPC), tomará as **providências preliminares necessárias**. Estas emanam dos atos postulatórios até então praticados, objetivam manter o processo sob o império do contraditório e têm por finalidade dar ao processo curso adequado, inclusive em afirmação à duração razoável.

A atividade saneadora que, eventualmente, o magistrado irá praticar, a depender da conduta adotada pela parte ré (a despeito de nem todas serem obrigatórias a determinado processo, porquanto será analisada a necessidade caso a caso) será destinada à **ordenação do feito**. Serão eliminados vícios que possam inquinar a higidez do processo, a promover a transição da fase postulatória (local de partida) para a instrutória e de julgamento (destino do processo), ou até mesmo, se possível, definir o processo com julgamento.

Destaca-se que a função saneadora, a concretizar a sanabilidade, deve incidir durante todo o decorrer do processo. No entanto, será nessa fase intermediária entre a postulação e a instrução, que ela (a função saneadora) irá concentrar-se.

Portanto, sem descurar da importância das demais providências saneadoras, que poderão ser adotadas durante todo o curso do processo, esse tópico focará na análise das providências preliminares previstas nos artigos. 347 a 353 do CPC. Sem pretensão de exaustão, analisar-se-ão a seguir quais providências preliminares típicas serão aplicadas a depender da conduta processual adotada pelas partes.

a) Em caso de revelia

Na hipótese de a parte ré quedar-se inerte e não apresentar contestação no prazo legal, ordinariamente, afora as hipóteses do art. 345 do CPC, opera-se a presunção relativa da veracidade dos fatos alegados pelo autor. Nesse caso, o juiz, desde logo, dispensa a fase probatória e passa diretamente para fase decisória, onde proferirá sentença, no prazo impróprio de 30 dias, julgando de forma imediata o mérito com fulcro no art. 355, inc. II do CPC.

Ocorre que, mesmo que não contestada a ação processualizada pelo autor (ante a revelia), pode-se verificar a inocorrência da presunção de veracidade das alegações de fatos formuladas pelo autor (efeito da revelia), nas hipóteses tarifadas no art. 345 do CPC, a obstaculizar, pois, o julgamento antecipado do mérito.

Em tal situação, se o autor já tiver especificado (e não simplesmente indicado, como usualmente se faz na petição inicial) as provas, em momento posterior à verificação da revelia, não haverá utilidade na realização de nova intimação para indicação das provas e o processo seguirá. Entretanto, se a parte autora ainda não as tiver especificado e o juiz não estiver convencido, ele determinará, no prazo de 05 dias, que realizem a **especificação de provas**. Aí, as partes indicarão, de forma minuciosa, as provas que pretendem produzir, a lhes assinar prazo para cumprimento da diligência.

Por outro lado, o enunciado 231 da súmula de jurisprudência do Supremo Tribunal Federal, editada sob a égide do CPC/1939, o art. 349 do CPC prescreve que: "ao réu revel será lícita a produção de provas, contrapostas às alegações do autor, desde que se faça representar nos autos a tempo de praticar os atos processuais indispensáveis a essa produção". Portanto, poderá o réu revel[1], na tentativa de elidir a presunção relativa de veracidade e o julgamento antecipado do mérito, e desde que em momento processual oportuno, por exemplo, requerer a juntada de documentos comprobatórios de uma litispendência ou requerer uma prova pericial[2].

1. Cabe destacar, por oportuno, que no caso da revelia decorrer da citação ficta ou se o réu revel for preso, o juiz deverá realizar como providência preliminar atípica a **designação de curador especial** na forma do art. 72, II do CPC.
2. Controverte-se na doutrina e na jurisprudência o debate acerca da necessidade de desentranhamento da contestação e documentos intempestivamente protocolados nos autos. Parece-nos claro que se o réu pode veicular

b) Em caso de contestação

Se contestada a ação (a não se verificar, por consequência, os efeitos da revelia) e sendo necessária a dilação probatória, o juiz mandará intimar **ambas as partes para que especifiquem as provas** que pretendem produzir na audiência de instrução e julgamento, se ainda não as tiver indicado especificadamente.

IMPORTANTE! Destaca-se que o requerimento de provas divide-se em duas fases:

a) na primeira, vale o **protesto genérico** (indicação na petição inicial e na resposta do réu) para futura especificação probatória (requer-se a **possibilidade de produzir as provas referidas**);

b) na segunda, depois de transcorrido o prazo para resposta, em sendo necessária a dilação probatória, o juiz chama à sua **especificação**, que será guiada pelos pontos controvertidos na defesa (requer-se a **efetiva produção das provas especificadas**).

Em termos de providências preliminares, fala-se em especificação de provas. O protesto genérico é realizado durante a fase postulatória. Evidencia-se que o silêncio das partes, em responder ao despacho de especificação de provas, enseja **preclusão do direito à produção probatória em audiência de instrução e julgamento**, e, por isso, implica desistência ao requerimento genérico formulado na petição inicial e/ou na resposta (STJ. REsp 329034/MG. DJU 20.03.06). Tal comportamento, todavia, não impossibilita que o juiz, de ofício, instrua o processo, pois, afinal, ele é o principal destinatário das provas.

No entanto, se o réu apresentar **defesa indireta de mérito**, no sentido de reconhecer o fato em que se fundou a ação, mas lhe opondo outro fato (novo) impeditivo, modificativo ou extintivo do direito do autor, incumbirá ao juiz, em respeito ao contraditório, **determinar a oitiva do autor no prazo de 15 dias**, mediante réplica (impugnação), permitida a produção de prova (art. 350 do CPC).

> Se o réu, em sua contestação, alega fato impeditivo do direito do autor e o julgador, ao invés de abrir prazo para este se manifestar em réplica, julga antecipadamente o mérito contra si, ocorre cerceamento de defesa, restando ofendidos o contraditório e a ampla defesa (STJ. REsp 655226/PE. DJU 03.10.05).

Se o réu apresentar **defesa processual**, alegando algum dos óbices processuais previstos no art. 337 do CPC, o juiz, em respeito ao contraditório e ao devido processo legal, **determinará a oitiva do autor (réplica) no prazo de 15 dias**, permitindo-lhe a produção de prova (art. 350 do CPC).

A redação dos arts. 350 e 351 do CPC, expressamente, não restringem a atividade instrutória do autor à prova documental, imperando a liberdade probatória ampla, a concretizar o devido processo legal.

IMPORTANTE! Em único despacho, se for o caso de o réu apresentar cumulativamente fatos impeditivos, modificativos ou extintivos (defesa indireta de mérito), bem assim matérias que tornem o processo inútil (defesa indireta processual), o juiz facultará a oitiva do autor no mesmo prazo legal.

---

em momento superveniente petição com o mesmo teor, seria ilógico exigir a retirada da contestação ou dos documentos juntados de forma intempestiva pelo réu.

Pode ocorrer, ainda, hipótese em que o juiz identifique, de ofício, um vício processual ainda não ventilado pelas partes, caso em que, a homenagear a proibição de decisões surpresas, deverá intimar as partes para que exerçam efetivamente o contraditório e para que tenham oportunidade de sanear o processo.

Nestes termos, a redação do art. 352 do CPC consagra **a sanabilidade** que assevera que, caso as irregularidades ou **vícios** apontados forem sanáveis, o juiz **determinará** sua correção em prazo nunca superior a 30 dias.Mesmo se sanável o vício persistir, naturalmente, o processo deverá terminar já nesta fase.

IMPORTANTE! A ação declaratória incidental era admitida no CPC revogado, após a fase postulatória, quando a parte tinha o propósito de estender a coisa julgada para questão prejudicial, o que dava ensejo à providência preliminar típica de oportunizar a defesa da parte contrária.

A simplificar o trato do tema, o novo CPC suprimiu a possibilidade da ação declaratória incidental, ao admitir que as questões incidentais sejam suscitadas em matéria de defesa, e mais, que possam ser acobertadas pela coisa julgada, desde que, além de competente o juízo, haja ampla discussão e instrução probatória a respeito.

Nesse caso, uma vez suscitada questão prejudicial em defesa, incumbe ao juiz, por analogia, intimar a parte contrária para, no prazo de 15 dias, manifestar-se, permitindo-lhe a produção ampla de provas.

Para além das hipóteses típicas de saneamento supracitadas, há outras disposições que impõem a função saneadora espalhadas pelo Código e que devem ser operadas, se possível, de forma preponderante nessa fase. São exemplos: a) a intimação da parte para regularização da representação, caso magistrado verifique-se vício (art. 76 do CPC); b)a depender da modalidade de intervenção de terceiros, o magistrado realizará o juízo de admissibilidade da intervenção, determinando, se for o caso, a citação dos terceiros; c) quando for o caso, o juiz poderá deliberar pela citação de litisconsortes necessários (art. 115, parágrafo único, do CPC); d) se for o caso de intervenção do Ministério Público (art. 178 do CPC), mesmo que as partes silenciem, o juiz deve determinar que lhe abra vistas dos autos, sob pena de nulidade.

3. JULGAMENTO CONFORME O ESTADO DO PROCESSO

Depois de cumpridas as providências preliminares ou não havendo necessidade delas, haverá **julgamento conforme o estado do processo** (art. 353 do CPC), podendo:

a) proferir sentenças sem resolução de mérito ou proferir decisão parcial sem resolução do mérito;

b) proferir sentença com resolução de mérito (em decorrência da prescrição, decadência, autocomposição das partes ou do "julgamento antecipado total do mérito");

c) julgar antecipadamente parte do mérito (art. 356 do CPC);

d) proferir **despacho de saneamento e organização do processo**, declarando a regularidade formal da relação processual.

Nessa hipótese, a depender da complexidade da causa, o juiz poderá, antes do despacho, designar audiência de saneamento, para que as partes, em cooperação, fixem os pontos controvertidos e especifiquem as provas necessárias à solução do processo, podendo, inclusive, estipular calendário processual para programar a prática dos atos processuais.

Questão de Concurso

▸ **(IESES – Cartório – Provimento – TJ – AM/2018)**[3] Em relação as "audiências" no processo de conhecimento, procedimento comum, é correto afirmar que:

a) Conforme as regras do código de processo civil, a audiência de conciliação ou de mediação será realizada após a apresentação de defesa do réu, com o escopo do Estado promover, sempre que possível, a solução consensual dos conflitos.

b) O juiz, em decisão de saneamento e de organização do processo, se a causa apresentar complexidade em matéria de fato ou de direito, deverá designar audiência para que o saneamento seja feito em cooperação, oportunidade em que, se for o caso, convidará as partes a integrar ou esclarecer suas alegações.

c) O conciliador, que atuará preferencialmente nos casos em que houver vínculo anterior entre as partes, auxiliará aos interessados a compreender as questões e os interesses em conflito, de modo que eles possam, pelo restabelecimento da comunicação, identificar, por si próprios, soluções consensuais que gerem benefícios mútuos.

d) O mediador, que atuará preferencialmente nos casos em que não houver vínculo anterior entre as partes, poderá sugerir soluções para o litígio, sendo vedada a utilização de qualquer tipo de constrangimento ou intimidação para que as partes conciliem.

Em razão de sua, importância, o "julgamento antecipado do mérito" será discorrido em capítulo próprio.

4. DESPACHO DE SANEAMENTO E ORGANIZAÇÃO DO PROCESSO

Quando não for o caso de extinção anômala do processo (não acolhidos ou não ocorrerem defeitos formais impeditivos da análise do mérito), nem de extinção do processo com resolução meritória (decadência e prescrição, julgamento antecipado do mérito ou autocomposição) e a ação, para ser apreciada, exigir a dilação probatória, o magistrado **deverá proferir uma decisão de saneamento e ordenamento do processo** (art. 357, CPC).

A interpretação literal desse dispositivo aponta que, quando a causa não apresentar complexidade, em regra, a atividade saneadora será concentrada e ocorrerá na **forma escrita**, sem a necessidade de se designar uma audiência específica para tal intento. No entanto, deve-se promover salto interpretativo, orientado pelo modelo cooperativo de processo, no sentido de **privilegiar sua organização de forma concentrada e oral** por intermédio de uma audiência de organização e saneamento, que se realizará em plataforma de boa-fé e cooperação entre os sujeitos processuais.

Nesse sentido, o enunciado 298 do FPPC, acertadamente, assinala que a audiência de saneamento e organização do processo em cooperação com as partes poderá ocorrer independentemente de a causa ser complexa. Também, a destacar a importância do ato, o enunciado 299 do FPPC orienta que o juiz pode designar audiência de saneamento também (ou só) com objetivo de ajustar com as partes a fixação de calendário para fase de instrução e decisão.

3. Gabarito: Letra B.

De acordo com as circunstâncias do caso, o art. 357 do CPC prescreve que na decisão de saneamento e organização do processo, adotar-se-á as seguintes atividades:

a) **resolverá as questões processuais pendentes, se houver:**

No exercício de uma função retrospectiva e orientado pela primazia das decisões de mérito, o magistrado verificará se permaneceu algum óbice processual (não corrigido, após a etapa de providências preliminares), ou se surgiu algum vício processual superveniente. Nessa ocasião, se não for possível o saneamento ou sendo, apesar dada a oportunidade de correção, a parte manteve-se inerte, o magistrado julgará o processo sem resolução do mérito. A intenção é resolver todas as questões processuais pendentes até o momento, para que a atividade decisória posterior do juiz atenha-se à análise do mérito da causa.

b) **delimitará as questões de fato sobre as quais recairá a atividade probatória, especificando os meios de prova admitidos:**

Aí, o magistrado exercerá uma função prospectiva, de preparação da causa para sua instrução e julgamento, ocasião em que fixará os pontos controvertidos[4], deferirá os meios de provas (a incidir sobre aqueles) necessários ao convencimento.

Admitidas as provas, uma vez designado o depoimento testemunhal, deverá o magistrado fixar prazo comum, não superior a 15 dias, para que apresentem o respectivo rol de testemunhas, como prescreve o art. 357, § 4 do CPC. O legislador estabeleceu como limite máximo 10 testemunhas a serem arroladas, sendo 03, no máximo, para a prova de cada fato (art. 357, § 6º do CPC). Entretanto, o juiz, na forma do art. 357, § 7º, CPC, poderá **limitar** o número de testemunhas levando em consideração a complexidade da causa e os fatos individualmente considerados.

Adere-se à interpretação ampliativa dada pelo enunciado 300 do FPPC à expressão "limitar", ao prescrever que o juiz poderá ampliar ou restringir o número de testemunhas a depender da complexidade da causa e dos fatos individualmente considerados.

Caso haja necessidade de produção de prova pericial, será este o momento processual oportuno para deferir sua realização com a nomeação do perito e abertura de prazo legal para as partes formularem quesitos e indiquem seus assistentes. Se possível, de logo, estipulará calendário para realização da prova técnica (art. 357, § 8º).

c) **definirá a distribuição do ônus da prova:**

Será este o momento preferencialmente adequado, se for o caso, para flexibilização do encargo probatório, de modo que a decisão de distribuição deverá fundamentar, minuciosamente, os motivos que acarretaram o afastamento das disposições estáticas de distribuição e a necessidade de adaptá-las às peculiaridades do caso concreto. Essa definição prévia antes da fase instrutória, garante previsibilidade e, por isso, segurança jurídica ao instituto da carga dinâmica ao permitir que o novo sujeito onerado possa desincumbir-se do seu encargo e afastar o que a "paranoia probatória" (estado de incerteza a respeito de qual norma de distribuição será aplicada ao caso concreto).

4. Pontos discutidos no processo em que não haja consenso entre as partes.

Questão de Concurso

▶ **(IESES – Cartório – Provimento – TJ – AM/2018)**[5] Em relação as normas legais do direito probatório, no Diploma Processual Civil, é INCORRETO:

a) O juiz poderá distribuir de ofício o ônus da prova de forma diversa daquela prevista na regra geral, em qualquer fase do processo, inclusive, durante a fase decisória, pois se trata de norma de juízo e, não prevista em lei.

b) A produção antecipada da prova não torna prevento o juízo para a ação que, eventualmente vier a ser proposta.

c) Na prova empresta, observado o contraditório, o juiz poderá admitir a utilização de prova produzida em outro processo, atribuindo-lhe o valor que considerar adequado.

d) A ata notarial é prova típica a qual constata a existência e o modo de existir de algum fato podem ser atestados ou documentados, a requerimento do interessado, mediante ata lavrada por tabelião. Os dados representados por imagem ou som gravados em arquivos eletrônicos poderão constar da ata notarial. Trata-se de documento público.

d) delimitará as questões de direito relevantes para a decisão de mérito:

Ganha relevância a análise da máxima do *iura novit curia* que determina que, apesar de o juiz ter que respeitar o objeto litigioso, de acordo com moldura delimitada, o juiz não está adstringido às afirmações de existência de direito apresentadas pelos litigantes, podendo levar em consideração questões de direito que lhe pareçam apropriadas e julgar a causa. A visão clássica e superada do tema apontava para uma divisão estanque e confinada de tarefas entre partes e juiz, já que as primeiras se preocupavam, exclusivamente, em provar os fatos já alegados por si, ao passo que o segundo restringia-se a operar a subsunção lógica do material fático à norma eleita por ele, a juridicamente mais apropriada.

O modelo cooperativo vem afastar essa lógica estanque, ao redimensionar a conformação prática do *iura novit curia*, já que o juiz continua com o poder-dever de eleger a regra aplicável ao material fático, no entanto, o contraditório dinâmico, na sua vertente proibição de decisão surpresa (art. 10º do CPC), **afeta o modo e o tempo adequado do exercício desse poder dever**.

Posta assim a questão, uma vez eleita uma terceira via jurídica pelo magistrado (obviamente não suscitada pelas partes), ele deverá apresentar a questão, e na decisão de saneamento, fixar as questões jurídicas relevantes ativando o contraditório sobre elas antes da sua decisão. Essa moldura jurídica irá pautar os limites da atividade do juiz, pois a decisão de saneamento cria legítimas expectativas nas partes de que a atividade cognitiva do juiz recaíra apenas sobre as questões de direito relevantes pré-fixadas.

Logo, qualquer solução jurídica superveniente que se desvincula totalmente da sufragada pelas partes, deverá preceder da ciência prévia e da oportunidade das partes influenciarem substancialmente sobre a *terza via* jurídica trazida pelo magistrado, sendo certo que a trilateralidade da decisão é fundamental para torná-la legítima.

e) designará, se necessário, audiência de instrução e julgamento:

Por fim, se todas as medidas encimadas não forem suficientes para viabilizar a prolação de sentença com ou sem resolução do mérito, o juiz designará a audiência de instrução e julgamento.

5. Gabarito: Letra A.

Quando não houver a designação de audiência de saneamento, as partes possuem o direito de pedir esclarecimentos ou solicitar ajustes, no prazo comum de 05 dias, findo o qual a decisão se torna estável. Neste ponto, manifesta-se a cooperação (dever de esclarecimento) onde partes e juízes irão operar os ajustes finais.

O § 2º do art. 357 do Código dispõe, ainda, acerca de um negócio jurídico processual bilateral típico, ao prescrever que as partes podem apresentar ao juiz, para homologação, delimitação consensual das questões de fato e de direito a que se referem os incisos II e IV, a qual, se homologada, vincula as partes e o juiz.

Esse negócio jurídico poderá receber um duplo controle. Primeiro o de validade, comum a todas as espécies de negócios jurídicos, como também o de conteúdo, pois o juiz, por ser o destinatário da prova e detentor de iniciativa probatória, pode entender que a delimitação consensual realizada pelas partes seja insuficiente para formação da sua convicção.

Diante disso, pode-se concluir que o saneamento pode ser realizado: i) mediante pronunciamento escrito sem necessária designação de audiência; ii) de forma compartilhada, em cooperação, via audiência designada com esta finalidade específica; iii) mediante o firmamento de negócio jurídico processual a ser homologado pelo juiz.

Passado o prazo de 05 dias sem impugnação, a decisão interlocutória, ante a preclusão, vinculará as partes e o juiz, a se estabilizar referentemente às matérias ali discutidas.

5. AUDIÊNCIA DE SANEAMENTO COMPARTILHADO EM COOPERAÇÃO

É preciso adotar como meio preferencial de organização e ordenação do processo a audiência prévia compartilhada de saneamento.

Referenciada audiência foi erigida como o polo aglutinador de todas as atividades saneadoras e organizativas do processo capaz de criar um amplo *locus* de diálogo franco, leal e aberto entre as partes, procuradores e o juízo, de forma a estimular comportamentos processuais cooperativos e leais e a corresponsabilizar os sujeitos processuais rumo ao acertamento dos contornos da causa, nas vertentes de fato e de direito.

A audiência de saneamento tem a função de concretizar, outrossim, a oralidade (contato pessoal entre as partes e juiz), com vistas a uma nova tentativa de conciliação, à delimitação dos termos do litígio e o acertamento e aprimoramento das alegações.

As respectivas pautas deverão ser preparadas com intervalo mínimo de 01 hora entre as audiências (art. 357, § 9º, do CPC) a fim de proporcionar a estabelecimento de tempo adequado para o diálogo.

Se o saneamento for compartilhado em cooperação via audiência, e nela tenha sido determinada a produção de prova testemunhal, as partes deverão, no ato, indicar o respectivo rol de testemunhas, conforme estabelece o § 5º do art. 357 do CPC. Mas, nada impedirá que as partes, de comum acordo, ajustem prazo para apresentar o rol, a teor do que dispõem os artigos 139, VI, e 190, ambos do CPC.

6. ENUNCIADOS DO FPPC

676. A audiência de saneamento compartilhado é momento adequado para que o juiz e as partes deliberem sobre as especificidades do litígio coletivo, as questões fáticas e jurídicas controvertidas, as provas necessárias e as medidas que incrementem a representação dos membros do grupo.

694. Modificada a decisão de saneamento quanto à delimitação das questões de fato sobre as quais recairá a produção de prova testemunhal, poderá a parte complementar ou alterar seu rol de testemunhas.

7. ENUNCIADOS DO CJF

27. Não é necessário o anúncio prévio do julgamento do pedido nas situações do art. 355 do CPC.

28. Os incisos do art. 357 do CPC não exaurem o conteúdo possível da decisão de saneamento e organização do processo.

29. A estabilidade do saneamento não impede a produção de outras provas, cuja necessidade se origine de circunstâncias ou fatos apurados na instrução.

8. SINOPSE

SANEAMENTO
Considerações iniciais
É depois de transcorrido o prazo para apresentação de resposta, que se inicia a fase (predominantemente) de saneamento, cabendo ao juiz analisar a regularidade do processo sob o ângulo da utilidade e da necessidade.
Providências preliminares
Findo o prazo para a resposta (inclusive para a da reconvenção, se houver), o escrivão fará a conclusão dos autos ao juiz que, conforme o caso, no prazo de 05 dias (art. 226, I do CPC), tomará as providências preliminares necessárias. Estas emanam dos atos postulatórios até então praticados, objetivam manter o processo sob o império do contraditório e têm por finalidade dar ao processo curso adequado, inclusive em afirmação à duração razoável.
Julgamento conforme o estado do processo
Depois de cumpridas as providências preliminares ou não havendo necessidade delas, haverá julgamento conforme o estado do processo (art. 353 do CPC), podendo:a) proferir sentença sem resolução de mérito ou proferir decisão parcial sem resolução do mérito;b) proferir sentença com resolução de mérito (em decorrência da prescrição, decadência, autocomposição das partes ou do "julgamento antecipado total do mérito"); c) julgar antecipadamente parte do mérito (art. 356 do CPC);d) proferir despacho de saneamento e organização do processo, declarando a regularidade formal da relação processual.
Despacho de Saneamento e Organização do Processo
De acordo com as circunstâncias do caso, o art. 357 do CPC prescreve que na decisão de saneamento e organização do processo, adotar-se-á as seguintes atividades: a) resolverá as questões processuais pendentes, se houver; b) delimitará as questões de fato sobre as quais recairá a atividade probatória, especificando os meios de prova admitidos; c) definirá a distribuição do ônus da prova; d) delimitará as questões de direito relevantes para a decisão de mérito; e) designará, se necessário, audiência de instrução e julgamento.
Audiência de Saneamento compartilhado em cooperação
É preciso adotar como meio preferencial de organização e ordenação do processo a audiência prévia compartilhada de saneamento.

CAPÍTULO 30

JULGAMENTO ANTECIPADO DO MÉRITO

1. CONSIDERAÇÕES INICIAIS

Como as edições anteriores do presente livro já vaticinavam, havia patente impropriedade do termo julgamento antecipado da lide, pelo fato de a lide não delimitar o objeto litigioso do processo. A considerar tal premissa, o Código de Processo Civil (em relação ao anterior) promove salutar correção técnica ao utilizar nomenclatura mais adequada: "julgamento antecipado do mérito".

Persiste, porém, outra impropriedade terminológica apontada até a 7ª edição (que se baseava no CPC/1973): não se trata de julgamento "antecipado", mas, sim, de julgamento "imediato" do mérito, a considerar que é proferido em tempo próprio, sem qualquer antecipação. Daí porque os autores do presente livro insistem que a melhor nomenclatura seria "julgamento imediato do mérito" e não "julgamento antecipado do mérito".

Continue-se.

O julgamento imediato do processo constitui **modalidade de julgamento conforme o estado do processo**, ao levar este à **resolução do mérito**, ante a prolação de sentença, que acolhe ou rejeita o pedido do autor, com a vantagem de eliminar atos inúteis. Tal acaba, como será mostrado a seguir, por afirmar a duração razoável do processo, sem prejuízo, entretanto, das garantias processuais.

2. HIPÓTESES DE JULGAMENTO IMEDIATO DO MÉRITO

O Código autoriza o julgador a analisar, de imediato, o mérito da questão posta a desate no processo judicial. A verificar que os elementos trazidos ao processo são suficientes para que se proceda à apreciação do seu objeto litigioso, o julgador, em **cognição exauriente**, deverá, de plano, proferir sentença com resolução de mérito.

A circunstância que permite o julgamento antecipado do mérito é a desnecessidade de dilação probatória.

Caso o magistrado se convença da dispensabilidade da prova, ele cria a legítima expectativa de que o seu julgamento não será de improcedência por insuficiência de provas, por incompatibilidade lógica entre tais atos. Caso o faça, violará a boa-fé objetiva (na modalidade *venire contra factumproprium*).

Aliás, o enunciado 297 do Fórum Permanente de Processualistas Civis faz essa orientação: "O juiz que promove julgamento antecipado do mérito por desnecessidade de outras provas não pode proferir sentença fundamentada em não atendimento ao ônus probatório".

Pois bem.

Ante a dispensabilidade da dilação probatória, o Código prevê as seguintes situações de julgamento imediato do mérito:

a) quando não houver necessidade de produção de outras provas:

Esse permissivo legal desdobra-se em duas hipóteses.

A primeira das situações pode ocorrer quando **a questão controvertida for unicamente de direito**, porque, aí, não haverá prova a ser produzida. De efeito, seria irrelevante a produção de provas, pois elas, ordinariamente, referem-se a fatos (e não a direitos). Presume-se que o juiz conhece o direito, sendo, para isso, desnecessária a produção de provas. Por isso, as ações, cuja matéria seja exclusivamente de direito, para que tenham o seu mérito conhecido, dispensam a realização dos atos posteriores às providências preliminares.

Sendo assim, chega a ser injustificada a realização de outros atos processuais que não o julgamento imediato do mérito (que apenas retardariam a extinção do processo), razão pela qual o julgador deve proceder ao julgamento imediato para garantir a própria efetividade (e, quando for o caso, eficiência) da prestação jurisdicional. Até porque o julgamento imediato do mérito, nessa situação, não viola a ampla defesa e o contraditório (STF. AI 37.935/MG. DJU 19.12.97).

A segunda hipótese decorrente do permissivo legal ocorre quando **a questão**, apesar de ser **de fato e de direito**, está suficientemente esclarecida pelas provas que acompanharam os atos postulatórios iniciais, sendo, aí, desnecessária passar-se à etapa de instrução processual. Mas, se houver necessidade de produção de provas (em etapa posterior ao saneamento e à organização do processo), impossibilita-se o julgamento imediato do mérito.

Dentre as hipóteses previstas para o julgamento imediato do mérito, esta é a que exige maior cautela por parte do julgador, a fim de se evitar cerceamento ao direito de defesa. Apesar disso, o juiz deve sempre ter o processo como instrumento de sua convicção. Não deve deixar de julgar imediatamente o mérito quando as particularidades do caso assim o permitir.

> Em razão da desnecessidade de dilação probatória, não configura cerceamento ao direito de defesa o indeferimento de pedido de produção de provas e o consequente julgamento antecipado do mérito (STJ. AGA 554558/SC. DJU 17.12.04).

Se qualquer das partes litigantes requerer alguma prova, o julgador deve facultar que ela justifique a sua produção (STJ. RESP 235196/PB. DJU 22.11.04). Inclusive porque, apesar de o juiz conhecer o direito, ele é passível de cometer erros, o que pode ocorrer na ocasião de verificar se é necessária ou não a produção de outras provas.

b) quando o réu for revel, ocorrer efeito previsto no art. 344 e não houver requerimento de prova na forma do art. 349:

A previsão de julgamento imediato do mérito, em razão da revelia, é até desnecessária. Bastaria a previsão da hipótese anterior, pois que, quando há revelia (mais precisamente, quando se verificar a possibilidade da aplicação do seu efeito principal, qual seja, presunção de veracidade das afirmações trazidas na petição inicial), poderá ser desnecessária a dilação probatória.

Mas, a simples verificação da revelia não autoriza o automático julgamento imediato do mérito. Este não está condicionado à ocorrência pura e simples da revelia, mas à verificação de um dos seus efeitos (a presunção de veracidade dos fatos afirmados) e à não formulação, em tempo oportuno, pelo réu, de requerimento de produção de provas úteis. Com efeito, verificada a ocorrência da revelia, o magistrado deverá julgar de imediato o mérito (conquanto não necessariamente pela procedência), a não ser que o réu revel tenha comparecido oportunamente a requerer a produção de provas contrapostas às alegações do autor.

Observe-se, por oportuno, que a ausência de contestação nem sempre significa presunção de veracidade dos fatos afirmados na petição inicial. O juiz, aliás, deve ser cauteloso. Ele não deve aceitar por verdadeiros fatos inverossímeis, notoriamente inverídicos, incompatíveis com o conteúdo da petição inicial ou com os documentos que a instruíram.

Outro acréscimo se faz pertinente.

A presunção de veracidade dos fatos narrados na petição inicial (e consequente julgamento imediato do mérito) não se verifica apenas na hipótese trazida pelo art. 355, mas, também, quando, mesmo sendo apresentada resposta, os fatos narrados na petição inicial não sejam especificamente impugnados (art. 341, *caput*, CPC). Referidos fatos (os não especificamente impugnados) são incontroversos, prescindindo de dilação probatória (art. 374, III, do CPC), pelo que se autoriza, em tese, o julgamento imediato do mérito.

Em algumas situações expressamente previstas pelo Código, mesmo havendo presunção de veracidade das afirmações apresentadas na petição inicial, não poderá ser julgado imediatamente o mérito. São elas: a) havendo pluralidade de réus, algum deles contestar a ação (desde que não se trate de qualquer exceção pessoal); b) o litígio versar sobre direitos indisponíveis; c) a petição inicial não estiver acompanhada do instrumento público, que a lei considera indispensável à prova do ato; d) as alegações de fato formuladas pelo autor forem inverossímeis ou estiverem em contradição com prova constante nos autos.

Outra hipótese que impossibilita o julgamento imediato do mérito seria o caso do réu citado por edital ou por hora certa (citação ficta), que não contesta a ação. De acordo com a disposição do art. 72 do Código, mesmo sendo revel, ao réu será nomeado curador especial enquanto não constituído advogado, que apresentará contestação, a impossibilitar, assim, o julgamento imediato do mérito.

Lembre-se, também, da hipótese descrita no parágrafo único do art. 341 do CPC, que trata da contestação genérica (por negativa geral) feita por advogado dativo, curador especial ou por órgão do Ministério Público: embora o *caput* do art. 341 exija impugnação específica, sob pena de serem considerados incontroversos, tal efeito da revelia não decorrerá quando qualquer das encimadas pessoas apresente contestação por negativa geral. Aí, estará afastada a faculdade de julgamento imediato do mérito.

E se o réu, mesmo sendo revel, comparece em juízo antes do julgamento e manifesta sua vontade em produzir provas, se o juiz entendê-las como necessárias, o mérito não pode ser imediatamente julgado.

Por mais que sejam fortes os argumentos utilizados para justificar o julgamento imediato, o julgador deve se abster de julgar com base em presunções quando, a agir de outra forma, puder produzir provas indispensáveis à formação do seu convencimento. Apesar disso, não se admite que a parte, que não pugnou pela produção de provas, oponha-se ao julgamento imediato do mérito (STJ. REsp 3416/RS. DJU 17.09.90).

3. OBRIGAÇÃO DO JULGADOR

O julgamento imediato do mérito não é uma faculdade do juiz, mas obrigação sua, sempre que já estiverem presentes nos autos elementos suficientes para a formação de seu convencimento (STJ. REsp 2832/RJ. DJU 17.09.90). Quando, no estado em que se apresentar o processo, o julgador perceber que pode proferir sentença sem necessária dilação probatória (porque firmou o seu convencimento), assim deve proceder. Inclusive, a própria redação do art. 355 do CPC é cogente ao preconizar que o juiz "julgará" e não "poderá julgar".

Mesmo que qualquer das partes não requeira o julgamento imediato do mérito, o julgador deve assim proceder.

Poderiam até surgir algumas dúvidas no caso de formulação de eventual pedido de produção de provas por alguma das partes. O julgamento imediato do mérito, nessas circunstâncias, seria possível? Evidentemente que a resposta à questão é afirmativa. A prova é destinada, precipuamente, à formação do convencimento do juiz. Convencendo-se, ele deve indeferir, em decisão fundamentada, a dilação probatória inútil ou meramente protelatória (art. 370 do CPC) e proferir sentença.

Mesmo que o juiz tenha determinando a dilação probatória, nada o impede de, posteriormente, chamar o feito à ordem e proferir, de imediato, sentença. Inclusive, na dúvida sobre a relevância da prova, é conveniente determinar sua produção para evitar eventual cerceamento ao direito de defesa. Se o resultado da prova puder esclarecer melhor alguma afirmação, é conveniente admitir-se a diligência.

4. TUTELA PROVISÓRIA DE EVIDÊNCIA E O JULGAMENTO ANTECIPADO DO MÉRITO

O julgamento imediato do mérito e a tutela provisória, apesar de assemelharem-se em alguns aspectos, sobretudo por proporcionarem aceleração e de efetividade, são institutos que não se confundem. Enquanto que o julgamento imediato do mérito implica em tutela definitiva, baseada em cognição exauriente, com aptidão para formação da coisa julgada, a tutela de evidência é provisória, baseada em cognição superficial e que, por isso, não possui aptidão para formar coisa julgada.

Mas o ponto central que distingue os dois institutos diz respeito aos efeitos da decisão. Enquanto a tutela provisória tem o condão de satisfazer o bem da vida pretendido uma vez concedida (com possibilidade de execução provisória imediata), embora possa ser modificada e revogada a qualquer tempo, o julgamento antecipado do mérito não possui essa vocação, já que, enquanto estiver sujeito à modificação pelo provimento de recurso pendente, em regra, não operará, de imediato, seus efeitos.

A decisão que julga imediatamente o mérito, embora preze pela efetividade da prestação jurisdicional, não produz, em regra, efeitos imediatos. Tal se dá pelo fato de os recursos interponíveis serem geralmente dotados de efeito suspensivo, que impossibilita a emersão dos efeitos práticos derivados da decisão.

Havia, durante o trâmite do projeto do Código, quem defendia a reforma do sistema recursal com intento de afastar o efeito suspensivo dos recursos como regra, contudo, esse intento não obteve êxito. Mesmo assim, alguns vêm defendendo a utilização de uma das hipóteses da tutela de evidência como instrumento para alcançar tal finalidade (afastar o efeito suspensivo do recurso a ser interposto).

A tutela provisória de evidência, regulada pelo Código, evita que os nefastos efeitos que o tempo necessário ao completo trâmite processual pode causar, por conta, geralmente, da ausência de eficácia imediata da decisão. Assim, a tutela de evidência, que é de ordem satisfativa, tem o condão de antecipar o bem da vida. Antecipam-se os efeitos da tutela pretendida, dando-lhe eficácia imediata.

Nesse passo, deve-se atentar para tutela de evidência baseada no art. 311, IV, do Código, que admite a sua concessão quando "a petição inicial for instruída com prova documental suficiente dos fatos constitutivos do direito do autor, a que o réu não oponha prova capaz de gerar dúvidas razoáveis". Essa hipótese visa a proteger a posição favorável da parte que comprove alta carga de evidência do seu direito, acompanhada de uma defesa inconsistente, que não desconstitui ou ao menos despotencializa o direito material afirmado.

Verificada essa hipótese, em cenário onde haverá dispensa da etapa de instrução, estarão preenchidos os suportes fáticos tanto do art. 355, I (julgamento antecipado do mérito), quanto do art. 311, IV (tutela de evidência).

Portanto, pode-se admitir que, numa mesma decisão, seja julgado imediatamente o mérito e concedida tutela de evidência. Inclusive, o enunciado 217 do Fórum Permanente de Processualistas Civis orienta que a apelação contra o capítulo da sentença que concede, confirma ou revoga a tutela antecipada da evidência ou de urgência não terá efeito suspensivo automático.

5. JULGAMENTO ANTECIPADO PARCIAL DO MÉRITO

Sob a vigência do CPC/1973, admitia-se o julgamento imediato parcial do mérito quanto à parcela incontroversa. Mesmo assim, ainda persistia alguma resistência, porque se compreendia que não havia disposição expressa nesse sentido, a considerar que o fundamento adotado pela maior parte dos representantes da doutrina encontrava-se amparo no § 6º do art. 273, que tratava da tutela antecipada[1].

---

1. A redação originária do Código de Processo Civil de 1973 trabalhava essencialmente com a ideia de que as decisões interlocutórias eram processuais. Quando muito, possuíam o atributo da terminatividade, mas, costumeiramente, estavam relacionadas a pronunciamento judicial apto a resolver questões incidentes. Por isso, o art. 162, § 2º, definia ser a decisão interlocutória o "ato pelo qual o juiz, no curso do processo, resolve questão incidente". Foi a partir da Lei nº 8.952/1994 (que deu nova redação ao art. 273 do CPC/1973 e instituiu, no Código, as tutelas provisórias antecipatórias de urgência) que o legislador relacionou, de uma forma mais clara e imediata, as decisões interlocutórias ao mérito. Mas, ali, conquanto tenha ampliado o acervo de decisões interlocutórias, não previu, explicitamente, a possibilidade de tal ato decisório ser empregado para resolver definitivamente (mas apenas de forma provisória) o objeto litigioso do processo. Com o advento da Lei nº 10.444/2002, que incluiu na redação do art. 273, entre outros, o § 6º, foi trazida ao CPC/1973 explicitamente a possibilidade de se proferir decisão interlocutória definitiva de mérito. Embora o referido dispositivo estabelecesse que "a tutela antecipada também poderá ser concedida quando um ou mais dos pedidos cumulados, ou parcela deles, mostrar-se incontroverso", havia, na doutrina, majoritário consenso de não ser a decisão provisória, e sim definitiva. Só que, apesar de não haver, desde a redação originária do Código de 1973, vedação à prolação de decisões parciais de mérito, os tribunais resistiam em fazer uso de tal técnica de julgamento. Até entrar em vigor o CPC/2015, os críticos ao fracionamento da resolução do mérito limitavam-se a admiti-lo nas "hipóteses expressamente previstas em lei". Sem previsão legal, as questões deveriam ser todas definitivamente decididas em sentença. O próprio Superior Tribunal de Justiça entendia pela necessidade de, sob a vigência do Código de 1973, ser preservado o propagado dogma da unidade estrutural da sentença, não sendo possível proferir decisão parcial de mérito, a não ser nos casos estritamente previstos na legislação. Foi assim que restou decidido no recurso especial registrado sob o nº 1.281.978/RS, de relatoria do ministro Ricardo Villas Bôas Cueva, integrante da 3ª Turma, em julgamento ocorrido em 05 mai. 2015 (publicado em 20 mai. 2015). Os fundamentos do precedente encimado, que impossibilitava a prolação de decisão parcial de mérito, foram os seguintes: a) a redação do § 1º do art. 162 do CPC/1973, introduzida pela Lei nº 11.232/2005, não mudou a definição de sentença, mas apenas incluiu mais um elemento (referência ao conteúdo da decisão), pelo que aquela é que continuaria a por fim à fase ou ao processo; b) a decisão parcial de mérito seria incompatível com o CPC/1973, porque, nos termos do art. 458, II, na motivação da sentença, o juiz deveria examinar todas as questões relativas ao objeto litigioso do processo, pelo que não se poderia compreender, em razão disso, que parte do mérito pudesse ser resolvida em decisão interlocutória; c) os termos da primeira parte do art. 459 do CPC/1973, segundo o qual "o juiz proferirá a sentença, acolhendo ou rejeitando, no todo ou em parte, o pedido formulado pelo autor", ratificariam que todas as questões relacionadas com o mérito deveriam ser julgadas em um só ato. Esses fundamentos, contudo, não eram suficientes para justificar a conclusão adotada pelo Superior Tribunal de Justiça. A decisão parcial de mérito não se presta a por fim a uma fase ou ao processo. Aliás, pela própria essência, a decisão interlocutória não se propõe a tal finalidade. Daí porque não se poderia impedir a prolação de decisão parcial de mérito (interlocutória) sob o inaplicável argumento de que ela não poderia por fim à fase ou ao processo. Ela, efetivamente, assim não faz, pelo que, ante o mesmo argumento, pode-se defender a possibilidade de prolação de decisão parcial de mérito. Além disso, o inciso II do art. 458 do CPC/1973 estabelecia que "são requisitos essenciais da sentença: [...] os fundamentos, em que o juiz analisará as questões de fato e de direito [...]". Ao contrário do que decidiu o Superior Tribunal de Justiça no precedente antes apresentado, não cabia à fundamentação (da sentença) examinar todas as questões relativas ao objeto litigioso do processo. Não havia, destaque-se, nenhuma imposição nesse sentido. Diferentemente, realçava-se, apenas, que, ali, eram analisadas questões de fato e de direito. A dizer de outra forma, cabia à fundamentação analisar questões de fato e de direito, mas, não necessariamente todas, a considerar que, anteriormente, elas poderiam ser resolvidas. Circunstância maior a ratificar essa ilação era a reconhecida (de forma unânime) possibilidade de, antes mesmo da sentença, tais questões serem analisadas quando, a título ilustrativo, um dos litisconsortes era excluído da relação processual. O mesmo ocorria quando, a partir da Lei nº 10.444/2002, passou-se a admitir, em situações específicas, decisões parciais de mérito, sem que, ali, tivesse sido realizada qualquer modificação quanto à disposição do art. 458, II. Conviviam, portanto, a redação do mencionado dispositivo legal e a possibilidade de se proferir decisão parcial de mérito, pelo que aquele não era impeditivo à resolutividade definitiva de parte do objeto litigioso do processo. Inclusive, a possibilidade de prolação, em casos específicos, de decisão parcial de mérito, a partir da Lei nº 10.444/2002, afasta também o argumento trazido pelo precedente do Superior Tribunal de Justiça, de que, nos termos do art. 459 do CPC/1973, todas as questões relacionadas com o mérito deveriam ser julgadas em um só ato. Se poderia haver, em casos específicos, decisão parcial de mérito, evidentemente, o art. 459 não impunha uma suposta unidade estrutural da sentença. Contudo, para reafirmar esse antigo dogma da unidade estrutural da sentença, é preciso dizer, era necessário ignorar diversos valores trazidos pela própria Constituição da República, entre os quais a duração razoável do processo e a eficiência da atividade jurisdicional, que, agora, são trazidos pelo Código de 2015, de uma maneira muito mais simbólica, com a finalidade de potencialização. E não é só. Pela pri-

O CPC/2015 afasta, por definitivo, qualquer dúvida a respeito acerca da possibilidade de julgamento imediato parcial do mérito quando consigna expressamente a possibilidade de fracionamento do objeto litigioso. Assim, quando parcela do mérito mostrar-se incontroversa ou quando estiver apta a imediato julgamento (art. 356 do CPC), tal deve ocorrer.

Questão de Concurso

▶ **(Consulplan – Juiz de Direito – TJ – MG/2018)**[2] A propôs ação de cobrança cumulada com indenização por danos materiais contra B. Alegou que as partes celebraram um negócio jurídico e o réu deveria pagar a importância de R$ 90.000,00 no prazo de 90 (noventa) dias, mas ele deixou de adimplir a obrigação. Acrescentou ter deixado de auferir lucro no valor de R$ 5.000,00, porque, diante do inadimplemento, perdeu um bom negócio que estava em vias de concretizar com C. Citado, o réu, no prazo legal, ofereceu contestação e somente negou a existência do lucro cessante alegado, porque não seria verídico estar o autor em negociação com C. Requereu produção de prova oral. As partes, expressamente e em oportunidade pertinente, informaram que não desejavam a audiência de conciliação ou mediação. Acerca desse caso hipotético, o Juiz deverá

A) fazer julgamento parcial de mérito.
B) determinar a produção de prova pericial.
C) extinguir o processo sem julgamento de mérito.
D) fazer julgamento conforme o estado do processo.

PONTO DE REFLEXÃO
Embora o art. 356 preveja duas hipóteses para julgamento parcial do mérito, quais sejam, quando parcela do mérito mostrar-se incontroversa ou quando estiver apta a imediato julgamento, elas podem ser reduzidas a uma. Isso, porque, nem sempre que incontroversa a parcela do mérito, deverá o juiz proferir decisão parcial. Tal ocorre, por exemplo, com o caso de direitos indisponíveis, em que não incide o efeito da presunção de veracidade dos fatos afirmados pelo autor. O mérito só deve ser parcialmente resolvido, mesmo que parcela sua mostre-se incontroversa, se houver aptidão para o imediato julgamento.

meira parte do caput do art. 359 do CPC/1973, constata-se, de logo, que há uma suposta delimitação do objeto litigioso do processo pelo pedido, parâmetro esse que, há algum tempo, já foi superado pelo próprio Superior Tribunal de Justiça. Isso denota que a interpretação literal daquele dispositivo estava ultrapassada em relação ao entendimento da Corte acerca da delimitação do objeto litigioso do processo, a qual, com base nela, editou o precedente contrário às decisões parciais de mérito. Há de se observar, ainda, que, pela última parte do caput do dispositivo legal (art. 359 do CPC), a prevalecer a *ratio decidendi* do precedente acima referido (que estabelece uma suposta unidade estrutural), caberia à sentença decidir todas as questões processuais terminativas. Só que, como antes dito, elas poderiam, mesmo sob a vigência do Código de Processo Civil anterior, ser objeto de decisões interlocutórias terminativas. A toda evidência, os fundamentos trazidos pelo Superior Tribunal de Justiça para impossibilitar a prolação de decisões parciais de mérito não se sustentavam. Acontece que o Código de 2015, em seu art. 356, passa a dispor que o juiz decidirá parcialmente o mérito quando um ou mais pedidos formulados ou parcela deles mostrar-se incontroverso, ou quando estiver em condições de imediato julgamento. Definitivamente, sobretudo para potencializar a duração razoável do processo e a eficiência, restou afastado o antigo dogma da unidade estrutural da sentença. As decisões interlocutórias, reconhecidamente, podem ser definitivas de mérito. Não que antes, repita-se, não pudessem (apesar de um inaceitável contexto jurisprudencial em sentido contrário). Daí não se poder falar bem em uma novidade. Mas, é de se realçar que, sob a vigência do CPC/1973, apesar de não haver impedimento (ao entender dos autores do presente artigo), não se proferia decisões parciais de mérito, a não ser nos casos em que havia específica previsão, que se restringiam a hipóteses tipificadas. A redação do art. 356 do CPC/2015, por isso, é também essencialmente simbólica (se considerados os argumentos que evidenciam o equívoco que a jurisprudência vinha a cometer, ao impossibilitar, de regra, a prolação das decisões parciais de mérito), mas, ao mesmo tempo, é significativa no contexto dogmático. Isso, porque, agora, com o estímulo desse instituto processual (introduzido num atual cenário de elevada litigiosidade), a atividade jurisdicional tende a ser mais rápida e eficiente.

2. Gabarito: Letra A.

Com isso, quebra-se, definitivamente, o dogma da unidade estrutural da sentença e da indivisibilidade do objeto litigioso. A ideia de que cada processo só pode ter uma única decisão de mérito e que a coisa julgada ocorre nessa única oportunidade foi substituída pela ideia de **coisa julgada progressiva**, ao admitir-se uma pluralidade de decisões meritórias numa mesma fase processual.

O art. 356, § 6º do CPC/2015 dispõe que o julgamento parcial do mérito desafia recurso de agravo de instrumento. Isso porque a natureza jurídica desse pronunciamento jurisdicional é de **decisão interlocutória (definitiva de mérito)**.

Caso o processo encontre-se em tribunal, pode ser proferida, de forma monocrática ou colegiada, decisão parcial de mérito. Inclusive, ante a admissibilidade do fracionamento do objeto litigioso, pode ocorrer de, no tribunal, uma parte sua ser resolvida em decisão monocrática e outra parte por acórdão. Portanto, a decisão parcial de mérito proferida por tribunal pode ser uma decisão monocrática ou um acórdão.

Disso, haverá implicações recursais. Contra a decisão parcial de mérito proferida em tribunal, caberá, quando monocrática, recurso de agravo interno e, quando colegiada, (pelo menos em regra) recurso especial e/ou extraordinário. Não seria o caso de agravo de instrumento, como se poderia concluir de interpretação açodada do art. 356, § 6º do CPC/2015.

Questão Discursiva

▶ **(MPE – RJ – Promotor de Justiça – RJ/2016)** No caso de decisão antecipada parcial de mérito, qual deve ser o sistema recursal e de preclusões a que se submetem as demais decisões interlocutórias até então proferidas? Resposta objetivamente fundamentada.

Mas, o tratamento, quanto à obrigatoriedade do julgamento parcial do imediato mérito, é o mesmo quanto ao julgamento total. Não se trata de mera faculdade concedida ao juiz, mas de um **dever** que a lei impõe. O art. 356 do Código dispõe que o juiz **decidirá** parcialmente o mérito quando um ou mais dos pedidos formulados ou parcelas deles mostrar-se incontroverso ou quando estiver em condições de imediato julgamento, na forma do art. 355.

E mais.

A parcela incontroversa da demanda pode ser definida como aquela que não foi especificamente impugnada pelo réu. Assim, pode haver parcela incontroversa quando há uma cumulação simples de pedidos e o réu deixa de impugnar qualquer deles, ou quando há um único pedido, que é passível de fatiamento e o réu impugna apenas metade dele.

É preciso observar, em atenção ao que poderia indicar a interpretação literal do art. 356, que a parte incontroversa pode não ser de um ou mais pedidos, mas da parte do mérito que não está por eles delimitada. Inclusive, de forma expressa, hoje, o CPC/2015 admite até a formação de coisa julgada sobre questão prejudicial, a qual nem precisa ser objeto de pedido.

Assim, se a questão prejudicial estiver pronta para ser julgada, deve ser aplicado o comando do art. 356. A título de exemplo, poderia ser que, em ação de alimentos, fosse suscitada, como questão prejudicial, a inexistência de laços de parentesco. Essa questão, que não precisa ser objeto de pedido, poderia ser julgada antes de qualquer pedido.

Questão de Concurso

▶ **(O caso a seguir do concurso de Procurador do Município da Prefeitura de Ribeirão Preto – SP, 2014, VUNESP)** "A Fazenda do Município de São José do Rio Preto ingressou com ação de cobrança contra a empresa X para receber o valor de R$ 100.000, 00. A empresa ré afirmou que não deve este valor, mas apenas R$ 20.000, 00, pois o restante já teria sido pago, depositando este valor em juízo" é hipótese na qual deve ser aplicado o art. 356 do CPC/15 em que o juiz deve julgar parcialmente o mérito com base em uma cognição exauriente, pois parcela do pedido formulado resta incontroversa, não se confundido com nenhuma hipótese de tutela provisória.

Em ambas as situações descritas pelo art. 356 do Código, o juiz profere decisões parciais no curso do processo, julgando definitivamente parcela do mérito, a realizar verdadeiro fracionamento da decisão. Desse modo, deixa, para momento superveniente, o julgamento das questões que permanecerem controvertidas[3].

Uma indagação soa interessante: quando ações conexas estão pendentes na mesma instância, elas devem, se preenchido o suporte fático do art. 356 do Código de Processo Civil, ser julgadas separadamente ou, ao contrário, em razão do comando do § 1º do art. 55, conjuntamente?

Pelo texto do art. 356 do CPC/2015, as ações cumuladas num só processo, mesmo que não sejam conexas, podem ser julgadas em momentos processuais diferentes, ou seja, os julgamentos das partes que formam o objeto litigioso, delimitado a partir das ações processualizadas, podem ser assíncronos, realizados em momentos processuais diversos.

Antes, porém, no art. 55, o Código de Processo Civil dispõe serem conexas duas ou mais ações quando lhes for comum o pedido ou a causa de pedir, a estabelecer que os processos que tragam tais ações (ou aquelas que possam gerar risco de prolação de decisões conflitantes ou contraditórias, se decididas separadamente) deverão ser reunidos para decisão conjunta (salvo se um deles já houver sido sentenciado, evidentemente).

Por interpretação literal do art. 55 do CPC/2015, conclui-se que, se as ações processualizadas em diferentes processos são conexas, o objeto litigioso deve ser resolvido em decisão única, no caso, por sentença, porque a regra literalmente estabelece que aquelas não podem ter o mérito julgado por decisões interlocutórias, ou seja, em momentos diferentes da tramitação processual.

Pela mesma interpretação literal, pode-se defender que o comando do art. 356 não tem aplicação aos julgamentos das ações conexas cumuladas no mesmo processo, a prevalecer,

3. A partir do texto dos artigos 203 e 356 do Código de Processo Civil, deve-se concluir que todo pronunciamento ilíquido não é sentença, mas decisão parcial de mérito. Com efeito, o art. 203 do CPC dispõe que: "Art. 203. Os pronunciamentos do juiz consistirão em sentenças, decisões interlocutórias e despachos. § 1º Ressalvadas as disposições expressas dos procedimentos especiais, sentença é o pronunciamento por meio do qual o juiz, com fundamento nos arts. 485 e 487, põe fim à fase cognitiva do procedimento comum, bem como extingue a execução. § 2º Decisão interlocutória é todo pronunciamento judicial de natureza decisória que não se enquadre no § 1º. [...]". Como o pronunciamento ilíquido não põe fim à fase cognitiva, justamente porque ela terá continuidade para apurar o valor da obrigação, está-se diante de uma decisão parcial de mérito. Não se acredita, entretanto, que os tribunais adotarão tal entendimento de imediato. Como ocorria sob a vigência do CPC/1973, os autores deste livro pensam que aqueles continuarão a entender ser sentença, contra qual cabe apelação. De qualquer modo, se interposto contra o pronunciamento recurso de agravo ou mesmo de apelação, qualquer dos dois deve ser admitido, ante a existência de dúvida objetiva.

assim, o comando do art. 55, porque aquele se relaciona a ações cumuladas no mesmo processo, enquanto que este, a ações conexas intentadas em processos diferentes.

Essa não seria, contudo, a melhor construção normativa extraída a partir do art. 55, sobretudo porque, juntamente com o art. 356 (e com outros, obviamente), integram único sistema. Como será mostrado, o texto do art. 55 é um daqueles que não observou a quebra do dogma da unidade estrutural da sentença pelo Código de Processo Civil de 2015, a não se adaptar às mudanças irradiadas a partir do art. 356, que não se distancia, é preciso que se registre, ao necessário dever de coerência, servil à resolução do problema proposto.

De fato, a segurança está associada aos ideais de determinação, de estabilidade e, sobretudo, de previsibilidade, que, se ausentes, negarão a própria essência do direito. Haverá segurança jurídica quando se tiver a capacidade de conhecer e de calcular os resultados (imediatos e mediatos) atribuíveis pelo direito e explicitados pelas decisões jurisdicionais aos atos (jurídicos) praticados por aqueles que polarizam uma relação.

A concretização dessa previsibilidade ladeia a coerência entre os atos decisórios decorrentes do exercício da atividade jurisdicional. Depende, de forma essencial (mas não exclusiva), do respeito às razões provindas da análise de questões de fato e de direito, estabelecidas em anteriores decisões, porque exige do juiz a aplicação de comandos legais em sentido a garantir, conforme expressado em fundamento e em conclusão, o máximo de harmonia entre as proposições jurídicas.

Não por outra razão, a coerência toma papel de privilegiado destaque no direito processual, a ponto de o Código de Processo Civil, ineditamente, dispor que os tribunais devem uniformizar as decisões judiciais que tratem de similares questões para tornar coerente a jurisprudência (art. 926) e, assim, garantir a harmonia entre os julgamentos.

Se o respeito à coerência, não só por disposição legislativa, mas pela própria estruturação lógica do sistema jurídico, deve ocorrer quando não há coincidência de partes, mas apenas similaridade de questões (como é o caso dos precedentes), por igual razão deve ocorrer quando há coincidência de partes e essas questões jurídicas estão relacionadas. Afinal, a proposta do Código de 2015 foi reduzir a litigância e "trazer maior segurança jurídica, isonomia das partes e garantir harmonia lógica entre julgamentos".

Ao estabelecer o respeito à coerência, o legislador pressupõe (a priori) que existe apenas uma resposta correta (a despeito da natureza indeterminada do direito), a enunciar um ambiente amparado pela previsibilidade, mas tolerante a falhas das construções normativas. A coerência, pela própria plasticidade do sistema, busca a construção de normas individuais harmônicas a partir, também ou quando possível, da incidência de comandos legislativos.

Antes, segundo orientação do próprio Superior Tribunal de Justiça, por ter de decidir em apenas um pronunciamento jurisdicional todas as questões apresentadas, o órgão julgador desenvolvia lógico raciocínio, e, nele embasado, harmonizava a resolução das ações cumuladas, sem que houvesse qualquer incoerência. Tal harmonização, portanto, ocorria sem formação e incidência de qualquer dos efeitos da coisa julgada e, por vezes, sem vinculatividade (ou mesmo orientação) de precedente judicial.

Apesar da particular discordância às razões da unicidade da sentença, é de se convir que ela contribuiu (e contribui, ao ser preservada) sobremaneira para a coerência das decisões judiciais relacionadas quando havia cumulação de ações conexas. Isso não quer dizer, contudo, que a entrada em vigor do CPC/2015, a instituir as decisões parciais de mérito, colocou a coerência em plano inferior. Ao contrário. Até porque ela é indispensável à afirmação das funções social e política da jurisdição.

No atual Código, a coerência foi enaltecida (expressamente, inclusive, como dito, pelo art. 926). Se antes, e de há muito, a coerência se concretizava pela conexão, pela litispendência, pela coisa julgada (preclusão) entre outros institutos, agora, concretiza-se também pela ampliação dos efeitos da conexão (e das hipóteses de reunião de processos) para situações outras, do objeto litigioso do processo, dos limites (objetivos e subjetivos) e, em consequência, da eficácia preclusiva da coisa julgada.

E não bastasse a redefinição de diferentes institutos processuais, foram criados alguns, preservados outros, bem como estabelecidos procedimentos, que igualmente visam a concretizar a coerência das decisões judiciais a serem proferidas em resolução de ações relacionadas, sejam elas cumuladas ou não no mesmo processo.

A atuação legislativa não haveria de se distanciar da concretização da coerência entre decisões, porquanto injustificável, pelo menos a priori, que determinada questão, apresentada em mais de uma ação (ou numa ação coletiva a tutelar direito individual homogêneo), seja resolvida de maneira harmônica, quando julgada num só ato decisório, e (com a possibilidade de ser) desarmônica, quando julgada em mais de um ato decisório. Não deve a atividade jurisdicional, pelo menos sem justas razões, por exemplo, entender que determinado fato, tido como comum, seja existente para uma(s) ação e, de forma contraditória, inexistente para outra(s).

Por estar a par do dever de coerência e visar à sua concretização, o legislador ora permite (inclusive mediante prorrogação de competência) a reunião de processos para que as ações (mesmo não conexas) sejam julgadas conjuntamente, ora permite que, durante certo lapso temporal, um (uns) processo(s) fique(m) suspenso(s), enquanto tramita(m) outro(s), a fim de que a ação prejudicial (ou diretiva) seja julgada previamente, ou mesmo que seja verificado determinado fato ou produzida prova perante outro juízo.

Só que, às vezes, não é possível a reunião de processos (por diversidade de competência ou por ausência de contemporaneidade) e a (contínua) suspensão (por transcurso de prazo ou por ausência de contemporaneidade). Tais circunstâncias não afastam o dever de coerência. A impossibilidade de uso (ou inaplicabilidade) de algumas técnicas (como as encimadas) pode até dificultar, mas não afasta a observância ao dever de coerência, pois decisões relacionadas devem ser decididas harmonicamente.

Todavia, apesar do empenho do legislador, foram mantidos, repita-se, alguns textos, cuja leitura açodada (amparada por uma interpretação seccionada), poderia induzir à equivocada conclusão de que, se não resolvido de forma una o objeto litigioso do processo, a coerência poderia ser desrespeitada ou não orientar a prolação de atos decisórios proferidos em momentos processuais diversos. Isso ocorreu, dentre outros textos, com o do art. 55 do Código de Processo Civil de 2015, que ficou atrelado ao dogma da unicidade da sentença.

Não se observou que o seu texto (o qual, na essência, reproduz aquele trazido pelo Código de 1973) precisaria ser redesenhado, a compatibilizar o julgamento de ações conexas com as decisões parciais de mérito. Até porque, com a introdução das decisões parciais de mérito, aquele dogma não deveria ser preservado exclusivamente para o julgamento das ações conexas, como poderia sugerir a simples leitura (descontextualizada) do art. 55 do Código de Processo Civil de 2015.

Não se está, evidentemente, a defender a quebra da coerência nos resultados provindos dos julgamentos de ações conexas, mas, sim, o seu alcance por outras técnicas, a partir do respeito, pelo próprio órgão jurisdicional, ao que antes, para uma (ou qualquer) destas ações, foi (por ele) decidido. Preservado o mesmo cenário fático-jurídico, o órgão julgador deve respeitar suas próprias premissas.

Logo, se uma (algumas) ação (ações) é (são) julgada(s) por decisão (decisões) parcial (parciais) de mérito, no(s) julgamento(s) posterior (posteriores) da(s) outra(s) ação (ações), quando conexa(s), em respeito à própria boa-fé e à segurança jurídica, o mesmo órgão julgador não deve dissentir das premissas já estabelecidas. Esse dever, inerente à coerência, é suficiente para garantir a harmonia entre julgamentos de ações conexas.

Afinal, a unidade estrutural da sentença não é a única técnica a garantir a harmonia entre os resultados provindos dos julgamentos das ações conexas. A coerência pode ser alcançada mesmo que os julgamentos sejam realizados em momentos processuais distintos. Foi também por isso que o Código, no art. 356, introduziu a possibilidade de fracionar o julgamento do mérito. Permitiu a prolação de decisões parciais não para desarmonizar os resultados, mas, ao contrário, para reafirmar (dentre outras garantias) a coerência, ao evidenciar que a harmonização de decisões relacionadas pode ser alcançada a partir de outras técnicas, diferentes da do julgamento simultâneo.

Não haveria, em absoluto, sentido compreender-se que o legislador buscou copiosamente, em diversas passagens, concretizar a coerência e, justamente por ocasião do julgamento fracionado por decisão parcial de mérito, ter se descuidado disso. Quando expressamente autorizou o julgamento fracionado, estava cônscio que a harmonização de julgados poderia ser buscada com outras técnicas, que não o julgamento simultâneo.

E como superar o comando do art. 55 do CPC/2015, que (pelo menos aparentemente) estabelece a necessidade de julgamento simultâneo?

A norma extraída do texto legal não impõe o "julgamento simultâneo", mas sim um "julgamento equivalente ao simultâneo", compromissado com a harmonização de julgados a partir da coerência entre os resultados dos atos decisórios. Tal pode ser alçado por outras técnicas, mediante respeito àquilo que foi antes decidido, inclusive pelo próprio juízo em ação (ações) conexa(s). A simultaneidade dos julgamentos, no preciso aspecto temporal, junge-se às ações em idêntico estágio processual, ou seja, igualmente prontas para serem decididas.

Não haveria, verdadeiramente, sentido em retardar o julgamento da parte do objeto do processo que está pronta para ser decidida, sob a justificativa de alcance da coerência, quando esta pode ser alcançada a partir do emprego de outras técnicas. Se este resultado é possível, a melhor construção normativa, em relação ao art. 55 do Código de Processo Civil, é aquela que permite julgamentos assíncronos, por concretizar duração razoável do processo e eficiência.

Poder-se-ia, igualmente, defender, em oposição ao que aqui defendido, que o art. 356 do Código de Processo Civil não teria aplicação ao julgamento das ações conexas (mas apenas àquelas cumuladas nos mesmos autos do processo), a prevalecer, assim, o comando do art. 55. Isso, porque aquele (art. 356) se relacionaria a ações cumuladas no mesmo processo, enquanto que este (art. 55), a ações conexas em processos diferentes.

Esta ilação, todavia, não é a mais razoável, a considerar que as ações conexas, intentadas em diferentes processos, podem ser julgadas na mesma sentença, assim como pode ocorrer com as ações cumuladas nos mesmos autos, por serem (poderem ser) conexas. Há semelhança quanto a este aspecto: ações conexas, processualizadas em diferentes processos, podem ser julgadas conjuntamente, assim como aquelas cumuladas no mesmo processo. Não há diferenças significativas (em termos de repercussões jurídicas) entre as ações conexas serem intentadas nos mesmos ou em diferentes processos.

O julgamento em separado de ações conexas, sejam elas cumuladas no mesmo ou em diferentes processos, por imposição lógica, deve ser outro fator de semelhança. Não é porque as ações conexas, referidas no art. 55, estão processualizadas em autos separados, que devem ser necessariamente julgadas em conjunto, em procedimento diferente do que poderia ocorrer com as conexas processualizadas no mesmo processo, a teor do que estabelece o art. 356.

Não haveria por que isolar, quando o legislador assim não o fez, as ações conexas, processualizadas em diferentes processos, do comando do art. 356. Conexas as ações, em qualquer das situações, ou seja, se cumuladas nos mesmos ou em diferentes processos, elas podem, sim, ser julgadas sem simultaneidade, de forma assíncrona, a se preservar, entretanto, o compromisso com a coerência.

Numa análise dogmática, haveria muito mais motivos para as ações processualizadas em diferentes autos serem jugadas separadamente, a considerar que elas poderiam ser intentadas em momentos (bem) diferentes, a ponto de uma ser julgada antes mesmo de a seguinte ser intentada. Nem por isso, haveria quebra do dever de preservação da coerência entre as decisões judiciais proferidas, em diferentes autos, em momentos diferentes.

Disso, poder-se-ia indagar, ainda em oposição à tese de possibilidade de julgamentos assíncronos de ações conexas intentadas em diferentes processos: o art. 55 não seria uma regra especial em relação àquela contida no art. 356, pelo que, ante a antinomia entre as regras extraídas dos textos legais, o julgamento conjunto das ações conexas intentadas em diferentes processos seria necessário?

A antinomia entre as regras referidas é apenas aparente. Não há uma especialidade da regra do art. 55 em relação àquela do art. 356. Numa construção normativa comprometida com a coerência entre os julgamentos, compreende-se que ambas as regras autorizam julgamentos assíncronos de ações conexas, desde que haja compromisso de harmonização entre eles. O resultado aspirado pelos comandos dos artigos 55 e 356 é, como proposto, de julgamento não simultâneo (no aspecto temporal), mas equivalente ao simultâneo (no aspecto da harmonia). Ambos dispositivos buscam efetivamente concretizar a coerência entre julgados.

Logo, se ambos os dispositivos buscam a harmonia entre os julgamentos de mérito proferidos pelo mesmo órgão jurisdicional, não há porque se concluir que, para as ações conexas, intentadas no mesmo processo, os julgamentos poderiam ser conjuntos ou assíncronos e, para aquelas conexas, intentadas em diferentes processos, deveriam ser necessariamente conjuntos, a desprezar a aceleração, a efetividade e a eficiência proporcionada pelo fracionamento do objeto litigioso.

É justamente por isso que o enunciado 630 do Fórum Permanente de Processualistas Civis orienta que "a necessidade de julgamento simultâneo de causas conexas ou em que há continência não impede a prolação de decisões parciais". Na ocasião do FPPC de Florianópolis/SC, foi justificado (por um dos autores deste trabalho, quem sugeriu a redação inicial do enunciado), que a aspiração da regra do art. 55 do Código de Processo Civil é a harmonia de resultados entre as ações cumuladas, que pode ser alcançada por outras técnicas, que não necessariamente a do julgamento simultâneo.

Por conseguinte, não se poderia impedir, em relação às ações conexas intentadas em diferentes processos, a aplicação da regra do art. 356 do Código de Processo Civil. Daí concluir-se, aqui, com segurança, pela possibilidade de julgamentos assíncronos de ações conexas, mesmo quando intentadas em diferentes processos.

Sob outro aspecto, indagar-se-ia: diante de cúmulo subjetivo de ações, deve o juízo proferir decisão parcial de mérito se quando não completado o ciclo citatório? A resposta é positiva quando o litisconsórcio formado é simples. Independentemente do resultado do julgamento a ser proferido, não se pode impor que qualquer dos integrantes do litisconsórcio tenha de aguardar a citação dos demais para só então ver sua ação julgada.

Entretanto, quando unitário o litisconsórcio e sendo o julgamento contrário aos interesses dos seus integrantes, deve-se aguardar a complementação do ciclo citatório para só então realizar o julgamento parcial. Não complementado o ciclo citatório neste caso, a decisão seria nula (art. 115, I, do CPC/2015). Agora, se o julgamento for favorável aos litisconsortes, mesmo sendo unitário, não é preciso que todos sejam citados para que seja proferida válida decisão parcial de mérito.

Questão Discursiva

▶ **(FAURGS – Juiz de Direito – TJ-RS/2015)** O Novo Código de Processo Civil (Lei nº 13.105/2015) tentou concretizar, em diversos níveis, a concepção do processo como meio para obtenção da tutela adequada, efetiva e tempestiva dos direitos. Nesse sentido, houve uma importante alteração no que respeita à sistematização da tutela provisória, agora dividida em tutela de urgência e tutela da evidência. Ademais, o Novo Código de Processo Civil também disciplinou o julgamento antecipado parcial do mérito, detalhando os seus contornos gerais. Diante desse contexto, relacione a tutela da evidência e o julgamento antecipado parcial do mérito, destacando os seguintes aspectos em relação a cada um dos institutos em questão:

a) o respectivo fundamento constitucional específico;
b) a necessidade ou não do prévio contraditório;
c) a profundidade da cognição judicial;
d) a possibilidade ou não de revogação do provimento pelo órgão judicial que o concedeu.

Adverte-se que as respostas devem ser fundamentadas, não se admitindo mera indicação de institutos, dispositivos legais e simples afirmação ou negação do enunciado.

6. SUPRESSÃO DE ATOS PROCESSUAIS

Com o julgamento imediato do mérito, os atos processuais seguintes às providências preliminares são eliminados, porquanto se revelam desnecessários. Assim, dentre outros atos, são suprimidos os seguintes atos: a) o saneamento; b) a realização de audiência de instrução e julgamento; c) a apresentação razões finais. Evidentemente, depois de realizado o julgamento, atos seguintes, além de possíveis, podem ser mostrar necessários, como, por exemplo, a interposição de recurso por qualquer das partes ou as providências necessárias para o eventual cumprimento da sentença.

7. CERCEAMENTO DE DEFESA

Ao passo em que o juiz tem a obrigação de julgar imediatamente o mérito, ele deve redobrar suas atenções para não ensejar pronunciamento de anulação da decisão proferida em razão de eventual cerceamento do direito de defesa. Se não dispensado tal cuidado, ao invés de acelerar o procedimento, o juiz poderá retardar ainda mais a prestação jurisdicional definitiva, porquanto, eventualmente, terá que proferir novo julgamento em substituição ao anulado.

O cerceamento de defesa geralmente ocorre quando o julgador profere, de imediato, decisão de mérito sem, porém, determinar a produção de provas indispensáveis para a formação de um convencimento juridicamente sustentável. Existindo necessidade de dilação probatória para aferição de aspectos relevantes da causa, o julgamento antecipado importa em violação ao contraditório, que constitui um dos pilares do devido processo legal (STJ. RESP 7004/AL. DJU 30.09.91).

É comum a decretação de nulidade da decisão por cerceamento ao direito de defesa, quando o julgador julga improcedente a ação sob o argumento de que a parte não teria demonstrado os fatos necessários ao convencimento judicial, embora nos autos houvesse requerimento de produção de provas. Ficando evidente a necessidade de produção de provas, pelas quais, aliás, requereu a parte, ainda que genericamente, constitui cerceamento de defesa o julgamento antecipado fundado na falta de prova (STJ. RESP 7267/RS. DJU 08.04.91).

Várias outras hipóteses podem ensejar cerceamento ao direito de defesa. Entretanto, tal circunstância não pode inibir o julgador de cumprir seu dever de dar imediato deslinde à demanda, mas, ao contrário, deve motivá-lo a manter domínio sobre o processo. Contudo, acrescente-se, em alento à atividade judicial, que, formulado, pelas partes, requerimento de julgamento imediato do mérito (ou quando consentido que o juiz assim o faça), elas (as partes) não poderão, depois, em recurso, sustentar cerceamento ao direito de defesa (STJ. RESP 485253/RS. DJU 18.04.05).

8. ENUNCIADOS DO FPPC

297. O juiz que promove julgamento antecipado do mérito por desnecessidade de outras provas não pode proferir sentença fundamentada em não atendimento ao ônus probatório

9. ENUNCIADOS DO CJF

5. Ao proferir decisão parcial de mérito ou decisão parcial fundada no art. 485 do CPC, condenar-se-á proporcionalmente o vencido a pagar honorários ao advogado do vencedor, nos termos do art. 85 do CPC.

27. Não é necessário o anúncio prévio do julgamento do pedido nas situações do art. 355 do CPC.

10. INFORMATIVOS

Informativos do STJ

Julgamento antecipado. Cerceamento. Defesa.

[...] O devido processo legal não se compadece com a preparação de armadilhas para as partes. Assim, ou se conclui pela improcedência da demanda em face do autor não ter se desincumbido de seu ônus probatório, ou se entende pela presença de provas suficientes e se permite ao réu produza as provas que entende necessárias para demonstrar a existência de fato impeditivo, modificativo ou extintivo do direito do autor. O que não é possível é dispensar as provas requeridas pelo réu por se entender desnecessárias e depois se concluir por sua responsabilidade. 2. Não há se falar em preclusão se o interesse em recorrer só surge em momento posterior ao ato processual lesivo. REsp 1.128.086-RO, Rel. Min. Fernando Gonçalves, j. 23.3.10. 4ª T. (Info 428)

Compra e venda. Reintegração. Posse.

[...] não há cerceamento de defesa pelo julgamento antecipado da lide quando o próprio recorrente postulou, sem ressalva, a providência. [...]. REsp 332.802-MS, Rel. Min. Luis Felipe Salomão, julgado em 10/2/2009.

Ação discriminatória. Litispendência. Coisa julgada. Sentença administrativa. Julgamento antecipado. Prova emprestada.

[...] No tocante ao cerceamento de defesa propiciado pelo julgamento antecipado da lide e do uso de prova emprestada, a Turma entendeu que as próprias partes resumiram a discussão da lide ao confronto entre as provas documentais juntadas pelo recorrido na inicial (faltante dos autos a perícia feita quanto à invalidade do registro paroquial, prova tida por emprestada) e aquelas juntadas pelo recorrente na contestação, visto que seu requerimento por prova pericial deixou ao próprio talante do juízo sua produção em questões secundárias da lide e não no tocante à legitimidade do registro paroquial. Assim, concluiu que não há como se censurar o julgamento antecipado da lide diante da estreiteza da intenção probatória demonstrada pelas próprias partes, beirando a má-fé a afirmação dos recorrentes de que não lhes fora oportunizado reiterar o pedido de produção de prova formulado na contestação. [...]. REsp 834.941-SP, Rel. Min. Nancy Andrighi, julgado em 5/12/2006.

Mudança. Prenome. Julgamento antecipado.

[...] impõe-se a dilação probatória quando a parte pretende comprovar as alegações que traz para alterar o prenome e o julgado entende não estarem presentes as condições excepcionais que justificariam aquela mudança, portanto não é possível o julgamento antecipado da lide. [...]. REsp 679.237-MG, Rel. Min. Carlos Alberto Menezes Direito, julgado em 24/8/2006.

11. SINOPSE

JULGAMENTO ANTECIPADO DO MÉRITO	
Considerações iniciais	
O julgamento imediato do processo constitui modalidade de julgamento conforme o estado do processo, ao levar este à resolução do mérito, ante a prolação de sentença, que acolhe ou rejeita o pedido do autor, com a vantagem de eliminar atos inúteis. Tal acaba, como será mostrado a seguir, por afirmar a duração razoável do processo, sem prejuízo, entretanto, das garantias processuais.	
Hipóteses de julgamento imediato do mérito	Quando não houver necessidade de produção de outras provas; quando o réu for revel, ocorrer efeito previsto no art. 344 e não houver requerimento de prova na forma do art. 349.
Obrigação do julgador	O julgamento imediato do mérito não é uma faculdade do juiz, mas obrigação, sempre que já estiverem presentes nos autos elementos suficientes para a formação de seu convencimento.
Tutela provisória de evidência e o julgamento antecipado do mérito.	O julgamento imediato do mérito e a tutela provisória, apesar de assemelharem-se em alguns aspectos, sobretudo por proporcionarem aceleração e de efetividade, são institutos que não se confundem. Enquanto que o julgamento imediato do mérito implica em tutela definitiva, baseada em cognição exauriente, com aptidão para formação da coisa julgada, a tutela de evidência é provisória, baseada em cognição superficial e que, por isso, não possui aptidão para formar coisa julgada. Quando numa mesma decisão, seja julgado imediatamente o mérito e concedida tutela de evidência, a apelação contra o capítulo da sentença que concede, confirma ou revoga a tutela antecipada da evidência ou de urgência não terá efeito suspensivo automático.
Julgamento antecipado parcial do mérito	O CPC/2015 afasta, por definitivo, qualquer dúvida a respeito acerca da possibilidade de julgamento imediato parcial do mérito e consigna expressamente a possibilidade de fracionamento do objeto litigioso. Assim, quando parcela do mérito mostrar-se incontroversa ou quando estiver apta a imediato julgamento (art. 356 do CPC), tal deve ocorrer.
Supressão de atos processuais	Com o julgamento imediato do mérito, os atos processuais seguintes às providências preliminares são eliminados porquanto se revelam desnecessários ao deslinde do processo.
Cerceamento de defesa	Ocorre geralmente quando o julgador profere, de imediato, sentença de mérito sem, porém, determinar a produção de provas indispensáveis para a formação de um convencimento juridicamente sustentável.

CAPÍTULO 31

AUDIÊNCIA DE INSTRUÇÃO E JULGAMENTO

Sumário • 1. Considerações iniciais – 2. Procedimento: 2.1. Abertura da audiência e realização de pregão; 2.2. Tentativa de conciliação das partes; 2.3. Produção de provas; 2.4. Alegações finais; 2.5. Prolação de sentença – 3. Adiamento da audiência – 4. Suspensão da audiência – 5. Termo de audiência – 6. Enunciados do FPPC – 7. Sinopse.

1. CONSIDERAÇÕES INICIAIS

A audiência de instrução e julgamento é ato processual complexo e público[1], realizado sob a presidência do juiz, no qual é produzida a prova oral e é debatida e decidida a causa. Participam da audiência, além do juiz, as partes, os advogados, o membro Ministério Público e os auxiliares da justiça.

O magistrado, que coordena a audiência, exerce o poder de polícia, incumbindo-lhe: a) manter a ordem e o decoro na audiência; b) ordenar que se retirem da sala de audiência aqueles se comportarem de forma inconveniente; c) requisitar, quando necessário, força policial; d) tratar com urbanidade as partes, os advogados, os membros do Ministério Público e da Defensoria Pública e qualquer pessoa que participe do processo; e) registrar em ata, com exatidão, todos os requerimentos apresentados em audiência.

A designação da audiência de instrução e julgamento, que deve ocorrer na decisão de saneamento do processo (art. 357, V, do CPC), pressupõe a inocorrência das hipóteses de julgamento antecipado do mérito (art. 355). Não se trata, pois, de ato imprescindível, pois só deve ocorrer quando for necessária a produção de prova em audiência.

2. PROCEDIMENTO

2.1. Abertura da audiência e realização de pregão

No dia e hora designados[2], o juiz declarará aberta a audiência, mandando apregoar as partes e seus advogados, bem com outras pessoas que devam participar da audiência (peritos,

1. Art. 368. A audiência será pública, ressalvadas as exceções legais.
2. O art. 363 do CPC dispõe que "havendo antecipação ou adiamento da audiência, o juiz, de ofício ou a requerimento da parte, determinará a intimação dos advogados ou da sociedade de advogados para ciência da nova designação". A comunicação exclusiva aos advogados ou sociedade de advogados se justifica pelo fato de, em regra, eles serem responsáveis pelas comunicações processuais relativas à audiência de instrução de julgamento.

assistentes técnicos, testemunhas etc.). O pregão consiste no chamamento das partes e de seus procuradores, feito por auxiliar do juízo, em voz alta. Tal chamado público deve ocorrer, ainda que o processo tramite em segredo de justiça e a audiência ocorra a portas fechadas.

2.2. Tentativa de conciliação das partes

Instalada a audiência, cabe ao juiz tentar conciliar as partes, independentemente do anterior emprego de outros métodos de solução consensual de conflitos, como a arbitragem e a mediação, ou de ter havido infrutífera audiência de conciliação (art. 334, CPC). Se as partes não estiverem presentes, a conciliação pode se dar por meio dos seus advogados, caso possuam poderes específicos para transigir (art. 105). Havendo conciliação, será ela reduzida a termo e homologada por sentença (art. 487, III).

2.3. Produção de provas

Frustrada a autocomposição, deve-se iniciar a produção das provas. Preferencialmente, colhem-se, primeiro, os esclarecimentos do perito e dos assistentes técnicos, que devem responder aos quesitos referidos no art. 477, § 3º, do CPC, se não já os tiverem respondido por escrito. Em seguida, as partes prestam seus depoimentos pessoais, começando pelo autor. Por último, são ouvidas as testemunhas – primeiro, as arroladas pelo autor e, após, as arroladas pelo réu, começando sempre pelas perguntas da parte que as arrolou (art. 459, *caput*), ressalvada a possibilidade de o juiz formular perguntas antes e depois da inquirição pelas partes (art. 459, § 1º). Como dito, tal ordem é apenas **preferencial**, e não obrigatória, podendo o juiz, com base no art. 139, VI, invertê-la, adequando o rito da audiência às necessidades do conflito, para conferir maior efetividade à tutela do direito.

2.4. Alegações finais

Finalizada a instrução, passa-se às alegações finais. O juiz concederá a palavra sucessivamente aos advogados do autor e do réu e ao membro do Ministério Público, se for o caso de sua intervenção, pelo prazo de 20 minutos, prorrogável por mais 10 (minutos), a critério do magistrado. Havendo litisconsorte ou interveniente, o prazo, conforme o art. 364, § 1º, do CPC, será de 30 minutos, divididos igualmente entre os litisconsortes, salvo se estes convencionarem distribuição diversa. Se forem muitos os litisconsortes, tornando muito pequeno o prazo, o juiz pode dilatá-lo, com amparo no art. 139, VI, do CPC.

Se a causa apresentar questões fáticas e/ou jurídicas complexas, o debate oral pode ser substituído por razões finais escritas (memoriais), que deverão ser apresentados em **prazos sucessivos** de quinze dias, assegurada vista dos autos (art. 364, § 2º).

Embora o Código não seja expresso, a substituição do debate oral por razões finais escritas poderá ocorrer em razão do adiantado da hora, sobretudo porque os atos processuais devem ser praticados, de regra, entre as 6h e as 20h[3] (art. 212 do CPC/2015). Além disso, o pará-

3. Art. 212. Os atos processuais serão realizados em dias úteis, das 6 (seis) às 20 (vinte) horas.§ 1º Serão concluídos após as 20 (vinte) horas os atos iniciados antes, quando o adiamento prejudicar a diligência ou causar grave dano. [...]

grafo único do art. 365 do CPC/2015 dispõe que, "diante da impossibilidade de realização da instrução, do debate e do julgamento no mesmo dia, o juiz marcará seu prosseguimento para a data mais próxima possível, em pauta preferencial". O prosseguimento só ocorrerá se pendente de continuidade da instrução em audiência. Não por outra razão que o dispositivo transcrito se refere a "da instrução, do debate e do julgamento". Se necessário fosse o prosseguimento para "debate e julgamento", o texto legal teria utilizado conjunções alternativas. Contudo utilizou aditivas, a indicar que, se não for necessário o prosseguimento da instrução em audiência, os debates poderão ser substituídos por memoriais (e a sentença proferida em momento seguinte).

2.5. Prolação de sentença

Oferecidas as alegações finais (orais ou escritas), o juiz proferirá sentença em audiência ou no prazo (impróprio) de 30 dias. Prolatada a decisão em audiência, considera-se, desde então, publicada, independentemente do comparecimento das partes e de seus advogados, desde que tenham sido regularmente intimados, a teor do que dispõe o art. 1.003, § 1º, do CPC/2015 (STJ. REsp 1.268.652/PR. DJe 08.05.14).

3. ADIAMENTO DA AUDIÊNCIA

O adiamento da audiência de instrução pode ocorrer, de acordo com o art. 362 do CPC: a) por convenção das partes; b) se não puder comparecer, por motivo justificado, qualquer pessoa que dela deva necessariamente participar, desde que a justificação seja comprovada antes da abertura da audiência; c) por atraso injustificado de seu início em tempo superior a trinta minutos do horário marcado.

O não comparecimento imotivado da parte acarreta tão somente a frustração da tentativa de conciliação, salvo se seu advogado tiver poder para transigir, caso em que não haverá prejuízo. Por outro lado, se a parte adversa tiver requerido ou se o juiz tiver ordenado, de ofício, o seu depoimento pessoal (art. 385, CPC), com a advertência da pena de confesso, é de se lhe aplicar tal penalidade, nos termos do art. 385, § 1º, do CPC.

Não comparecendo, imotivadamente, o advogado, o defensor público ou o membro do Ministério Público, o juiz poderá dispensar a produção das provas requeridas pela parte (art. 362, § 2º, do CPC).

Questão de Concurso

▶ **(Cespe – Notários e Oficiais de Registro – Remoção – TJ – DFT/2019)**[4] Acerca da audiência de instrução e julgamento e do direito à produção de provas no curso desse ato processual, assinale a opção correta.

A) De acordo com o Código de Processo Civil, as partes são impedidas de fazer perguntas diretamente às testemunhas, bem como de dirigir-lhes questionamentos que induzam as respostas ou tratem de fatos diversos do processo.

4. Gabarito: Letra B.

B) O não comparecimento injustificado do advogado de qualquer das partes na audiência de instrução e julgamento não implicará a revelia para o réu nem a extinção do processo para o autor; porém, o juiz poderá dispensar a produção de provas requeridas pela parte cujo advogado estiver ausente.
C) Ao réu cabe comprovar fatos constitutivos de seu direito subjetivo; ao autor caberá provar fatos impeditivos, modificativos ou extintivos do direito discutido na demanda.
D) A arguição de falsidade documental, por não ter natureza meritória, será resolvida necessariamente como questão incidental, sendo vedado às partes requerer que o juiz decida esse ponto como questão principal.
E) O juiz poderá proferir a sentença em audiência ou posteriormente, atendendo ao prazo de trinta dias úteis previsto no Código de Processo Civil, fator esse que deve ser observado pelo Judiciário por se tratar de prazo próprio expresso no referido código.

A ausência injustificada do perito, se não houver mais quesitos a serem respondidos, não acarreta o adiamento da audiência (STJ. AgRg no REsp 1.320.105/PB. DJe 08.10.15).

A falta da testemunha regularmente intimada conduz ao adiamento da audiência, independentemente de justificação, e enseja a sua condução coercitiva, na forma do art. 455, § 5º, do CPC. Se a parte que a arrolou tiver prescindido de sua intimação, comprometendo-se a levá-la, perderá o direito de ouvi-la, caso não seja comprovado o seu impedimento, conforme o art. 455, § 2º. Justificada a ausência da testemunha não intimada (porque havia compromisso de comparecimento espontâneo), adia-se a audiência; caso contrário, dispensa-se a sua oitiva.

Ausente o escrivão, cabe ao juiz convocar auxiliar *ad hoc*, nos termos do art. 153 do CPC. Assim, não há que se falar em adiamento em razão da ausência de servidor.

Em qualquer caso, aquele que der causa ao adiamento da audiência responderá pelas despesas adicionais (por exemplo, as despesas relativas à nova intimação de testemunhas), a teor do que prescreve o art. 362, § 3º, do CPC. Tal ocorrerá inclusive com a parte vencedora; se ela ensejou o adiamento da audiência, responderá pelo pagamento das custas adicionais, sem direito de ser ressarcido pela parte vencida.

Havendo adiamento (ou antecipação) da audiência, o juiz, de ofício ou a requerimento da parte, determinará a intimação dos advogados ou da sociedade de advogados para ciência da nova designação.

4. SUSPENSÃO DA AUDIÊNCIA

O art. 365 do Código de Processo Civil prevê que a audiência é **una e contínua**. A instrução e o julgamento (além da conciliação e dos debates orais) devem ocorrer de uma só vez, a fim de preservar a incomunicabilidade das pessoas que são ouvidas na audiência, bem assim de afirmar a duração razoável do processo.

Logo, apenas excepcionalmente, é possível a cisão (isto é, a sua suspensão, para continuação posterior) da audiência. Tal ocorre quando, por exemplo: a colheita das provas orais pode tomar muito tempo e não ser finalizada no mesmo dia, devido ao grande número de pessoas a serem ouvidas; ou o juiz, após a instrução, pode determinar a conversão do julgamentos. Nesses casos, o juiz marcará o prosseguimento (ou a realização) da audiência para a data mais próxima, em pauta preferencial, conforme determina o art. 365, parágrafo único, do CPC.

5. TERMO DE AUDIÊNCIA

De acordo com o art. 367, *caput*, do CPC, o servidor lavrará, sob ditado do juiz, termo que conterá, em resumo, o ocorrido na audiência, bem como, por extenso, os despachos, as decisões e a sentença, se proferida na ocasião. Vale lembrar que é dever do juiz, previsto no art. 360, V, registrar, em ata, com exatidão, todos os requerimentos apresentados em audiência, ainda que impertinentes ou irrelevantes.

Quando o termo de audiência não for registrado por meio eletrônico (quando deverá obedecer às disposições dos arts. 193 a 199 do CPC), subscrevê-lo-ão o juiz, os advogados, o membro do Ministério Público e o escrivão ou chefe de secretaria, exceto se houver ato dispositivo para o qual os procuradores não tenham poderes.

A audiência pode ser gravada integralmente em imagem e áudio, em meio digital ou analógico, desde que se assegure às partes e órgãos julgadores acesso rápido (art. 367, § 5º, do CPC). A gravação também pode ser feita por qualquer das partes, independentemente de autorização judicial (art. 367, § 6º).

6. ENUNCIADOS DO FPPC

295. As regras sobre intervalo mínimo entre as audiências do CPC só se aplicam aos processos em que o ato for designado após a sua vigência.

299. O juiz pode designar audiência também (ou só) com objetivo de ajustar com as partes a fixação de calendário para fase de instrução e decisão.

7. SINOPSE

AUDIÊNCIA DE INSTRUÇÃO E JULGAMENTO
É ato processual complexo e público, realizado sob a presidência do juiz, no qual é produzida a prova oral e é debatida e decidida a causa.
Procedimento
No dia e hora designados, o juiz declarará aberta a audiência, mandando apregoar as partes e seus advogados, bem com outras pessoas que devam participar da audiência. Instalada a audiência, cabe ao juiz tentar conciliar as partes, independentemente do anterior emprego de outros métodos de solução consensual de conflitos, como a arbitragem e a mediação, ou de ter havido infrutífera audiência de conciliação. Frustrada a autocomposição, deve-se iniciar a produção das provas. Preferencialmente, colhem-se, primeiro, os esclarecimentos do perito e dos assistentes técnicos. Em seguida, as partes prestam seus depoimentos pessoais, começando pelo autor. Por último, são ouvidas as testemunhas – primeiro, as arroladas pelo autor e, após, as arroladas pelo réu, começando sempre pelas perguntas da parte que as arrolou, ressalvada a possibilidade de juiz formular perguntas antes e depois da inquirição pelas partes. Finalizada a instrução, o juiz concederá a palavra sucessivamente aos advogados do autor e do réu e ao membro do Ministério Público, se for o caso de sua intervenção, pelo prazo de vinte minutos, prorrogável por mais dez, a critério do magistrado. Havendo litisconsorte ou interveniente, o prazo será de trinta minutos, divididos igualmente entre os litisconsortes, salvo se estes convencionarem distribuição diversa. Se a causa apresentar questões fáticas e/ou jurídicas complexas, o debate oral pode ser substituído por razões finais escritas (memoriais), que deverão ser apresentados em prazos sucessivos de quinze dias, assegurada vista dos autos. Oferecidas as alegações finais (orais ou escritas), o juiz proferirá sentença em audiência ou no prazo (impróprio) de trinta dias.

Adiamento da audiência
O adiamento da audiência de instrução pode ocorrer: a) por convenção das partes; b) se não puder comparecer, por motivo justificado, qualquer pessoa que dela deva necessariamente participar, desde que a justificação seja comprovada antes da abertura da audiência; c) por atraso injustificado de seu início superior a trinta minutos do horário marcado.
Suspensão da audiência
A audiência é una e contínua, somente podendo ser suspensa excepcionalmente, quando deverá ser retomada em data próxima, em pauta preferencial.
Termo de audiência
O servidor lavrará, sob ditado do juiz, termo que conterá, em resumo, o ocorrido na audiência, bem como, por extenso, os despachos, as decisões e a sentença, se proferida na ocasião. Quando não for registrado por meio eletrônico, subscrevê-lo-ão o juiz, os advogados, o membro do Ministério Público e o escrivão ou chefe de secretaria, exceto se houver ato dispositivo para o qual os procuradores não tenham poderes.

CAPÍTULO 32

PROVAS

1. CONSIDERAÇÕES INICIAIS

Na fase de conhecimento, ultrapassada a etapa em que predomina a prática de atos postulatórios, dá-se início, depois efetuado o saneamento e a organização do processo, e quando necessária, à etapa que se caracterizará pela prática de atos predominantemente probatórios. Não que na etapa postulatória não sejam produzidas provas. Em algumas oportunidades, são produzidas tanto na petição inicial, quanto na resposta do réu, bem assim, entre um e outro ato postulatório. Chega-se até mesmo, na etapa postulatória, a se produzir todas as provas, nomeadamente quando as disponíveis são escritas ou quando foram antecipadamente produzidas.

Acontece que a produção de provas tem os atos respectivos concentrados após o saneamento e organização do processo, até porque, a menos que produzidas antecipadamente, não há como se conceber a produção de determinadas provas antes desse momento processual, ou seja, da etapa caracterizada pela prática predominante de atos probatórios. Aliás, com o saneamento e a organização do processo, é que serão determinadas as questões de fato sobre as quais recairá a atividade probatória, bem assim definida a distribuição do ônus da prova, com a possibilidade atribuir forma diversa àquela definida estaticamente. E elas (as provas) serão produzidas para apresentar ao juiz um cenário alegadamente fático, a lhe convencer de ser verdadeiro.

Antes, contudo, de tecer alguns comentários às questões citadas acima, os quais serão delineados no transcorrer do presente capítulo, há a necessidade de se definir o que seria prova.

Pois bem.

Entende-se por prova todo e qualquer instrumento ou meio hábil, ainda que não previsto em lei, destinado a demonstrar, em regra, a existência de um fato que interessa à resolução do objeto litigioso do processo, a partir do convencimento, pelo juiz, de que as proposições acerca dele apresentadas são verdadeiras (mesmo que não sejam). Essa definição se harmoniza com a disposição do art. 369 do CPC, de acordo com a qual "as partes têm o direito de empregar todos os meios legais, bem como os moralmente legítimos, ainda que não especificados neste Código, para provar a verdade dos fatos em que se funda o pedido ou a defesa e influir eficazmente na convicção do juiz".

Como será adiante mostrado com maiores detalhes, caberá ao juiz, de ofício ou a requerimento da parte, a fim de formar seu convencimento, determinar as provas necessárias ao julgamento do mérito. Mas, ele deverá indeferir, em decisão fundamentada, as diligências consideradas inúteis ou meramente protelatórias. Para tanto (e para o julgamento, por óbvio), o juiz aplicará as regras de experiência comum subministradas pela observação do que ordinariamente acontece e, ainda, as regras de experiência técnica, ressalvado, quanto a estas, o exame pericial.

2. CLASSIFICAÇÃO

As provas podem ser classificadas, quanto aos **fatos**, como: a) **diretas**, que buscam demonstrar a existência dos próprios fatos investigados nos autos; b) **indiretas** (indiciárias), que buscam demonstrar outro fato, por intermédio do qual se chega a uma conclusão acerca dos fatos investigados nos autos.

Quanto ao **sujeito** (ou quanto à fonte), elas (as provas) podem ser classificadas como: a) **pessoais**, consistentes em qualquer afirmação (ou comportamento, para ser mais preciso, a considerar a necessidade de uma maior abrangência) consciente realizada por uma pessoa; b) **reais**, traduzidas em toda atestação inconsciente extraída de uma coisa.

Quanto à **preparação**, as provas podem ser classificadas como: a) **causais**, constituídas durante o trâmite do processo; b) **pré-constituídas**, aquelas que são preparadas antes de ser intentada a ação, portanto, antes de formado o processo.

3. OBJETO

A prova, em regra, tem como objeto as **proposições fáticas relevantes para a solução do mérito** delimitado pelas afirmações de existência de direito trazidas pela ação e/ou pela defesa. É a partir da análise das proposições fáticas, com seu enquadramento jurídico, que o juiz extrairá a solução do mérito. Portanto, não devem as partes simplesmente alegar os fatos. Para que o juiz, em pronunciamento jurisdicional, reconheça o direito, é preciso que as partes lhe convençam ser verdadeiras as afirmações por cada uma delas apresentadas, a formar sua convicção, o que se faz por intermédio das provas.

Todavia, há fatos que, por suas características ou circunstâncias, **não precisam ser demonstrados**. São eles: a) **notórios**: são os de conhecimento geral; b) **afirmados por uma parte e confessados pela parte contrária**: são os reconhecidos, expressa ou tacitamente, pela parte contrária; c) **admitidos no processo como incontroversos**: são os afirmados por uma parte e não impugnados pela parte adversa; d) **em cujo favor, milita a presunção legal de existência ou de veracidade**: são os que a lei atribuem as referidas presunções.

Excepcionalmente o **direito** pode ser objeto de prova. Deve, contudo, ser local (municipal, estadual ou distrital), consuetudinário ou estrangeiro. É assim que preconiza o art. 376 do CPC: "A parte que alegar direito municipal, estadual, estrangeiro ou consuetudinário provar-lhe-á o teor e a vigência, se assim o juiz determinar". Destaque-se, porém, que "o princípio '*jura novit curia*' aplica-se inclusive às normas do direito estadual e municipal. A parte não está obrigada a provar o conteúdo ou a vigência de tal legislação salvo quando o juiz o determinar" (STJ. AgRg no REsp 1174310/PB. DJe 11.05.10).

Deve-se ressalvar, ante os reflexos que podem ser verificados no plano processual, que, de acordo com os precedentes do Superior Tribunal de Justiça, não se presume ser de conhecimento dos Tribunais Superiores "feriado local previsto em norma estadual ou municipal, porque a expressão 'se assim o determinar o juiz', é válida para a instância ordinária, não para a extraordinária, em que não há momento para dilação probatória, devendo as provas ser pré-constituídas à ascensão dos autos às instâncias superiores" (STJ: EDcl no AgRg no AgRg nos EDcl nos REsp 727721/MG, DJU 02.10.06; REsp 1089205/GO, DJe 28.06.13).

4. FINALIDADE

Como decorrência lógica de seu próprio objeto, as provas devem buscar a formação da **convicção do juiz**, a possibilitar a solução do mérito sob o amparo de uma verdade aparente, a se evitar pronunciamentos jurisdicionais sob o estado de perplexidade.

Aliás, o Código de Processo Civil apresenta disposição avessa ao estado de perplexidade, quando dispõe, no art. 313, V, "b", que o processo pode ser suspenso quando a decisão de mérito não puder ser proferida, senão depois de verificado determinado fato, ou de produzida certa prova, requisitada a outro juízo.

O próprio juiz, em face do seu poder instrutório, desde que não comprometa sua imparcialidade e a própria a efetividade da prestação jurisdicional, deve perseguir a verdade, de modo a legitimar o seu pronunciamento diante dos jurisdicionados, a conformar, assim, as partes e outros interessados na solução do mérito. Por assim dizer, a conformação das partes (e de qualquer sujeito interessado) pode ser considerada, também, como finalidade da prova.

5. DESTINATÁRIOS

As provas, por serem elementos de formação da convicção do **juiz**, têm como destinatário direto o Estado, representado na pessoa daquele (STJ. REsp 628018/MG. DJU 19.03.07) – embora possa ser que ele sequer faça apreciação.

Pode ocorrer, com efeito, de ser produzida prova, com o objetivo de convencer o juiz, portanto, a ele destinada, mas nem ser considerada no julgamento da questão. Por isso, conquanto seja o primeiro destinatário das provas trazidas aos autos, pode ocorrer de ele nem considerar aquelas produzidas, sobretudo pelas partes.

Por isso, cabe ao juiz controlar, mediante decisão fundamentada de indeferimento, as diligências consideradas inúteis ou meramente protelatórias. Tal providência, além de afirmar as garantias da economia e da duração razoável do processo, afirma, por outro aspecto, o contraditório e cumpre o dever de fundamentação das decisões.

Indiretamente, em face da necessidade de legitimação do pronunciamento jurisdicional, que impulsiona a conformação, as provas são destinadas às **partes** e aos **interessados** na solução do mérito posto ao conhecimento do Poder Judiciário.

Produzidas provas suficientes ao convencimento do juiz, mesmo que ele decida contra os interesses do destinatário indireto, haverá (ou, pelo menos, poderá haver) conformação, no sentido de que compreenderá que a decisão alcançou o resultado respectivo mediante efetivo conhecimento, pelo juiz, das circunstâncias relacionadas aos fatos apresentados.

Não por outra razão, que o enunciado 50 do Fórum Permanente de Processualistas Civis destaca que "os destinatários da prova são aqueles que dela poderão fazer uso, sejam juízes, partes ou demais interessados, não sendo a única função influir eficazmente na convicção do juiz".

6. VALORAÇÃO

São três os critérios de valoração das provas: a) critério legal; b) livre convicção (ou convicção íntima do juiz); c) livre convencimento motivado (ou persuasão racional do juiz).

Apresentam-se considerações acerca de cada um deles.

a) **Critério legal**: pelo critério legal, o juiz afere as provas seguindo uma hierarquia estabelecida legalmente. Entre os meios de prova, há diferenciação de valores, que devem ser considerados na formação do convencimento do juiz em razão de disposição legal.

Este método de valorizar as provas é essencialmente racionalista e, por isso, dá ensejo para que o processo se resuma a um "jogo de estratégias", onde o "melhor jogador ganha", mesmo que ele apresente provas que não aproximem o julgador da verdade.

No direito processual civil brasileiro, há alguns resquícios de sua aplicação. O art. 443, II, do CPC, por exemplo, pontua que *"o juiz indeferirá a inquirição de testemunhas sobre fatos [...] que só por documento ou por exame pericial puderem ser provados"*. Ao considerar que determinados fatos só podem ser provados por documento ou por exame pericial, o legislador acaba por considerar, em relação aqueles (determinados fatos), a sobreposição do valor da prova documental e pericial em relação à testemunhal.

Contra esse critério pesa o descompromisso com a verdade, a qual deve ser um ideal a ser alcançado, além do que restringe a liberdade do juiz na apreciação das provas trazidas aos autos, já que ele fica restringido ao valor atribuído pela lei.

b) **Livre convicção (ou da convicção íntima do juiz)**: no critério da livre convicção, ao contrário do que ocorre com o critério legal, deve prevalecer a íntima convicção do julgador. Para isso, não existe uma regra que imponha o método de avaliação da prova, a impor ao juiz o dever de evidenciar a razão pela qual lhe levou a decidir de determinada forma (diferente de outras que estavam colocadas como alternativas).

O critério da convicção íntima do juiz não é muito utilizado porque permite o convencimento extra-autos, podendo ser contrário às provas trazidas. E, tão grave quanto, vai de encontro ao dever de fundamentar as decisões judiciais, o que vai de encontro à própria garantia do devido processo legal, cujo contraditório é corolário.

Por isso que, na inspeção judicial, "concluída a diligência, o juiz mandará lavrar auto circunstanciado, mencionando nele tudo quanto for útil ao julgamento da causa" (art. 484). A providência estatuída pelo Código, quando determina a elaboração de auto circunstanciado, impede que a formação do convencimento do juiz parta daquilo que seus sentidos proporcionaram conhecer sem que, entretanto, tenha sido externado aos autos do processo.

Também ilustra a preocupação do legislador, em evitar que o juiz se utilize de convicção íntima para decidir, a necessidade de nomear perito para esclarecer fatos complexos, ainda que ele (o juiz) tenha conhecimento técnico ou científico para tal. A confirmar essa ilação, dispõe o § 1º do art. 473 do CPC que, "no laudo, o perito deve apresentar sua fundamentação em linguagem simples e com coerência lógica, indicando como alcançou suas conclusões".

No sistema jurídico brasileiro, as únicas hipóteses de utilização do critério da convicção íntima do juiz estão relacionadas às decisões proferidas pelo tribunal do júri, a considerar que o art. 5º, XXXVIII, "b", da Constituição da República dispõe ser "reconhecida a instituição do júri, com a organização que lhe der a lei, assegurados [...] o sigilo das votações" e "a soberania dos veredictos".

c) **Convencimento motivado (ou persuasão racional do juiz)**: segundo o critério do convencimento motivado, o juiz apreciará as provas trazidas, a atender aos fatos e às circunstâncias constantes dos autos, ainda que não alegados pelas partes (ou por qualquer outro interessado), devendo, todavia, em seu pronunciamento, indicar os motivos que lhe formaram o convencimento.

Diferentemente do critério legal, em que há uma hierarquização legal da prova, e do critério do livre convencimento, em que não há necessidade de evidenciar as circunstâncias que levaram o juiz a se convencer, no sistema da persuasão racional, o julgamento deve advir de uma operação lógica motivada nos elementos de convicção existentes aos autos do processo. A conclusão alcançada pelo juiz deve ligar-se à apreciação daquilo que restou demonstrado.

Não se pode dizer que o critério da persuasão racional do juiz seja uma "evolução" em relação aos demais critérios, porque todos se mantêm, embora o direito processual civil brasileiro adote aquele (o sistema da persuasão racional) de forma prevalente. Contudo, pode-se concluir que o livre convencimento motivado é mais aderente ao sistema processual, pois, além de se comprometer com a coerente solução do mérito, afirma o dever de fundamentação.

Não por outro motivo que o Código de Processo Civil, no art. 371, dispõe expressamente, que "o juiz apreciará a prova constante dos autos, independentemente do sujeito que a tiver promovido, e indicará na decisão as razões da formação de seu convencimento". Os demais critérios de valoração de prova não são expressamente apresentados pelo Código. São extraídos de textos esparsos, que redundam na conclusão de suas coexistências.

7. ÔNUS

7.1. Distribuição estática

O ônus (ao contrário do dever, que pressupõe a obrigatoriedade de atendimento, sob pena de aplicação de uma sanção), se descumprido, acarretará em **consequência processual negativa** (encargo). Constitui, por isso, uma faculdade, mas cujo exercício se faz necessário à consecução de um interesse, a se revelar como uma obrigação interna, da parte para consigo mesma.

Ao **autor**, é imposto o ônus de provar as assertivas **fáticas constitutivas de seu direito** (alegados fatos que teriam dado ensejo à relação jurídica). Ao **réu**, o ônus de demonstrar as assertivas de existência de **fatos extintivos** (fatos que poriam fim à relação jurídica deduzida) **e/ou modificativos** (fatos que alterariam a relação jurídica deduzida) **e/ou impeditivos** (fatos que significariam a ausência de alguns dos requisitos genéricos) do direito do autor. Ao réu, apesar de o texto legal não fazer essa referência, também é imposto o ônus de provar as assertivas negativas, desde que determinadas, àquelas trazidas pelo autor.

> Os fatos extintivos e modificativos são posteriores à constituição do direito, enquanto que os impeditivos são anteriores.

> **IMPORTANTE!** No caso de apresentação de exceção substancial, considera-se o réu, que a apresentou, como sendo o autor em exercício de um contradireito, a partir de afirmações respectivas que apresenta. Compete-lhe demonstrar as respectivas assertivas fáticas, por serem constitutivas de seu direito.

O ônus probatório imposto às partes é chamado de **ônus subjetivo**.

PONTO DE REFLEXÃO
Em tese, o réu só teria o ônus de provar as assertivas fáticas impeditivas, modificativas ou extintivas do direito do autor quando este demonstrasse o fato constitutivo de seu direito. Todavia, como o sistema jurídico adota como critério de valoração da prova o livre convencimento motivado, o réu é incapaz de reconhecer se o autor produziu ou produzirá provas suficientes para convencer o juiz. Assim, o réu produzirá provas acerca das assertivas fáticas impeditivas, modificativas ou extintivas do direito do autor, mesmo que este não tenha demonstrado a assertiva fática constitutiva de deu direito. Outrossim, não se omitirá em trazer assertivas que possam ratificar outras que foram apresentadas pelo autor, já que, para produzir provas de fatos impeditivos, modificativos ou extintivos do direito do autor, precisa reconhecê-las como existentes.

7.2. Distribuição por convenção

A distribuição do ônus da prova (ou da produção de determinada prova) pode ser **convencionada**[1] (inclusive antes da formação do processo), sendo nula, todavia, a convenção que

1. A convenção acerca da distribuição do ônus da prova é diferente da determinação de inversão do ônus da prova. Aquela decorre de acordo entre as partes (conquanto possa significar inversão do ônus), enquanto que a inver-

distribui de maneira diversa, quando recair sobre direito indisponível da parte ou quando tornar excessivamente difícil a uma parte o exercício do direito. Acrescente-se uma hipótese que, embora não esteja prevista de forma expressa, também impossibilita convenção do ônus de forma diversa à estabelecida pelo CPC. É o caso do litisconsórcio unitário. Se apenas um dos litisconsortes, sem o consentimento dos demais, convenciona acerca da distribuição do ônus probatório, este ato é nulo, inclusive com relação a ele.

Não pode qualquer das partes ser onerada pela necessidade de comprovação de assertiva **fática negativa indefinida** (inexistência de relação jurídica) afirmada, sob pena de inviabilizar o próprio acesso à Justiça (seria a imposição de ônus na produção daquilo que a doutrina chama de "prova diabólica"). As proposições fáticas negativas indefinidas afirmadas por uma das partes devem ser demonstradas, contrariamente, pela parte adversa. Se a parte alega, tem de provar, mas se nega, cumpre à outra parte positivar a assertiva fática negativa indefinida (STJ. RESP 493881/MG. DJU 23.03.04). Por exemplo, se "A" ajuíza uma demanda pedindo que se declare que nunca foi locatário do imóvel pertencente a "B", cabe a esse último provar a existência do contrato de locação (positivar a assertiva fática negativa, qual seja, a inexistência de contrato).

A distribuição do ônus da prova instituída pelo Código de Processo Civil, na verdade, é colocada como regra de julgamento decorrente da indeclinabilidade da jurisdição e do dever de fundamentação. O ônus da prova indica quem suportará a ausência de prova acerca de determinado fato essencial à solução das questões apresentadas no processo. É o chamado **ônus objetivo da prova**. Não se pode duvidar, também, que a regra do art. 373 também orienta as partes, indicando como elas devem proceder no cumprimento do ônus que lhes é imposto.

Regularmente convencionada a distribuição do ônus probatório, o juiz não deverá proceder com sua dinamização ou inversão, sobretudo em sentido diverso daquele pactuado pelas próprias partes. Apesar disso, o juiz não perde o seu poder de instrução, podendo produzir ou determinar, de ofício, a produção das provas que entenda necessárias à formação do seu convencimento.

7.3. Distribuição dinâmica

Embora o Código de Processo Civil tenha adotado, como regra, a concepção **estática** de distribuição do ônus da prova, possibilita a convenção e a distribuição de forma **dinâmica**. Afastam-se as regras estáticas – não necessariamente tem o autor que demonstrar as proposições fáticas constitutivas e, não necessariamente, tem o réu que demonstrar as proposições fáticas extintivas, modificativas ou impeditivas – e impõe-se o ônus à parte que se encontrar em melhores condições de produzir a prova. Em razão da distribuição dinâmica, o ônus pode recair tanto sobre o autor, como sobre o réu, a depender do caso concreto.

Aliás, de acordo com o § 1º do art. 373 do Código de Processo Civil, "nos casos previstos em lei ou diante de peculiaridades da causa relacionadas à impossibilidade ou à excessiva

são do ônus pode ser uma imposição judicial. Mais coerente é compreender que a inversão pode advir tanto de convenção entre as partes como de determinação judicial (nas situações que a lei autoriza).

dificuldade de cumprir o encargo nos termos do *caput* [distribuição estática] ou à maior facilidade de obtenção da prova do fato contrário, poderá o juiz atribuir o ônus da prova de modo diverso, desde que o faça por decisão fundamentada, caso em que deverá dar à parte a oportunidade de se desincumbir do ônus que lhe foi atribuído". Entretanto, a distribuição "não pode gerar situação em que a desincumbência do encargo pela parte seja impossível ou excessivamente difícil".

Observe-se, contudo, que a distribuição do ônus probatório de forma diversa da estabelecida pelo *caput* do art. 373 só deve ser realizada quando verificados os casos previstos em lei ou diante de peculiaridades da causa. Ditas peculiaridades devem estar relacionadas à impossibilidade ou à excessiva dificuldade de cumprir o encargo ou à maior facilidade de obtenção da prova relativa ao fato contrário. Portanto, não fica ao alvedrio do juiz distribuir o ônus da prova. Deve ele considerar as particularidades do caso, mediante decisão fundamentada, a ser proferida antes do julgamento de mérito, pois deve dar oportunidade para a parte incumbida de cumprir o ônus que lhe foi imposto.

A redação do § 1º do art. 373 do CPC talvez não tenha sido a melhor, sobretudo quando do emprego das conjunções "ou", porque, numa rápida leitura, pode-se concluir que a distribuição dinâmica do ônus da prova pode ocorrer simplesmente quando houver, para uma das partes, "impossibilidade" ou "excessiva dificuldade" "ou", por outro lado, "maior facilidade". Só que, em qualquer caso de modificação do ônus da prova, por distribuição dinâmica, deve haver, pela outra parte, uma maior facilidade no cumprimento do encargo probatório. Portanto, não basta simplesmente haver impossibilidade ou dificuldade de uma parte. Faz-se necessário que haja, de forma contemporânea, maior facilidade da parte incumbida do ônus por distribuição dinâmica.

E mais.

A distribuição dinâmica, com a modificação do ônus, alcança apenas um ou alguns fatos ou instrumentos de provas. Pode ocorrer de o juiz redistribuir o ônus de forma dinâmica, mas, para determinados fatos, manter a forma estática, por compreender que não há dificuldade de a parte demonstrá-lo. Também pode acontecer de o juiz redistribuir o ônus relativo a determinado meio de prova por entender, por exemplo, que a parte originariamente onerada, não tem condições de arcar com os valores necessários à sua produção.

Visualize-se a distribuição dinâmica do ônus da prova no seguinte exemplo: o autor, proprietário de imóvel danificado por problemas estruturais, move uma ação contra o engenheiro construtor. O pedido formulado é de indenização pelos prejuízos ditos experimentados. Nessa situação, caso o autor não tenha formação na área de engenharia, será difícil a ele provar que houve erros no cálculo estrutural do imóvel. Assim, poderá o juiz redistribuir o ônus da prova, fazendo com que caiba ao réu provar que seus cálculos seguiram rigorosamente ao que preconizam as normas técnicas da engenharia, sob a pena de, caso não consiga convencer o juiz, arcar com o ônus respectivo. Nesse caso, o réu tem melhores condições de produzir a prova.

Com a distribuição dinâmica, afirma-se, além da cooperação em prol de uma maior efetividade, a instrumentalidade do processo, o que enseja, por conseguinte, pronunciamentos jurisdicionais mais justos e, por óbvio, qualitativos.

Frise-se, ainda, que, de acordo com o posicionamento do STJ, a dinamização do ônus da prova acarreta também a consequente resdistribuição do custo da prova (STJ. REsp 1.807.831/RO. DJe 14.09.20. Inf. 679).

7.4. Inversão do ônus da prova

Na legislação extravagante especial, o art. 6º, VIII, do Código de Defesa do Consumidor estabelece que são direitos básicos do consumidor a facilitação da defesa de seus direitos, inclusive com a **inversão do ônus da prova**, a seu favor, no processo civil, quando, a critério do juiz, for verossímil a alegação ou quando for ele hipossuficiente, segundo as regras ordinárias de experiências. Difere-se da distribuição dinâmica porque não há propriamente uma redistribuição a partir da análise do caso concreto, mas, sim, uma distribuição integral, que alcança, de forma abstrata, todos os fatos e, por conseguinte, todos os instrumentos de prova. Mas, a teor do que entende o STJ, a inversão não é automática, cabendo ao juiz a apreciação dos aspectos de verossimilhança da alegação do consumidor ou de sua hipossuficiência (STJ. REsp 897849/PR. DJU 28.02.07).

IMPORTANTE! O STJ pontificou que indícios de agiotagem justificam a inversão do ônus da prova em torno da regularidade do crédito (STJ. REsp 1132741/MG. DJe 14.09.11). Isso com base na disposição do art. 3º da Medida Provisória 2.172-32, que "estabelece a nulidade das disposições contratuais que menciona e inverte, nas hipóteses que prevê, o ônus da prova nas ações intentadas para sua declaração".

Segundo o mencionado dispositivo, "nas ações que visem à declaração de nulidade de estipulações com amparo no disposto nesta Medida Provisória, incumbirá ao credor ou beneficiário do negócio o ônus de provar a regularidade jurídica das correspondentes obrigações, sempre que demonstrada pelo prejudicado, ou pelas circunstâncias do caso, a verossimilhança da alegação".

A distribuição do ônus da prova se apresenta como forma encontrada para **proteger as partes da arbitrariedade judicial** nos casos de dúvida. Se não fosse a regra de julgamento, haveria o risco de o juiz atribuir a qualquer das partes o ônus da prova, de conformidade com o seu exclusivo entendimento subjetivo de justiça.

Atualmente, como consectário da garantia do acesso à Justiça, prevalece a ideia de que o juiz deve desempenhar um papel ativo na instrução probatória. Entretanto, sua iniciativa probatória não ilide a iniciativa probatória da parte (que é quem mais conhece os fatos), não podendo, aquela que não cumpriu seu ônus, defender cerceamento de defesa.

8. COMUNHÃO

Apesar de o CPC estabelecer uma regra de julgamento fundada no ônus probatório, tem-se que as provas **pertencem ao processo**, pouco importando o sujeito quem as produziu. Ao juiz, incumbe analisar o conjunto probatório em sua globalidade, sem perquirir a quem competiria o ônus probatório (STJ. REsp 11468/RS. DJU 07/04/92). Ele deve apenas fundamentar sua decisão com a indicação das razões de formação de seu convencimento.

Aliás, a disposição do art. 371 do Código de Processo Civil é nesse sentido: "o juiz apreciará a prova constante dos autos, independentemente do sujeito que a tiver promovido, e indicará na decisão as razões da formação de seu convencimento". Pode ocorrer de um terceiro traga provas aos autos e elas serem consideradas pelo juiz como elementos de formação de ser convencimento.

Provada a proposição fática constitutiva do direito do autor, pouco importa quem trouxe a prova (ação não será necessariamente julgada improcedente pela circunstância de a prova não ter sido produzida pelo autor). Do mesmo modo para o réu, ou seja, se foi o autor quem acabou provando proposição fática impeditiva e/ou modificativa e/ou extintiva do seu direito, a ação será julgada improcedente.

Provados todas as proposições, o juiz **não aplicará a "regra de distribuição do ônus probatório"**.

9. PODER DE INSTRUÇÃO

Aos litigantes são assegurados o contraditório e a ampla defesa. Por isso, devem-se conceder, às partes, iguais oportunidades de pleitear e produzir provas, bem como de se pronunciar sobre elas. Por isso, a proposição de provas, a princípio, cabe às partes, pois conhecem bem os fatos e, por conseguinte, encontram-se em melhores condições de identificar as fontes. Contudo, o juiz indeferirá, em decisão fundamentada, as diligências inúteis ou meramente protelatórias.

Não quer isso dizer que o juiz (tanto de primeira quanto de segunda instância – STJ. REsp 1.010.559/RN. DJe 16.10.08) não tenha poder de instrução. Ao contrário, o art. 370 do CPC contempla disposição expressa em sentido contrário, segundo a qual **caberá ao juiz, de ofício ou a requerimento da parte, determinar as provas necessárias ao julgamento do mérito**. Como assentou o STJ, "nada impede que o órgão julgador, para evitar decisão em estado de perplexidade, converta o julgamento em diligência para complementação de instrução probatória" (STJ. REsp 208582/PR. DJU 23.05.05).

Com efeito, o juiz deixou de ser mero espectador inerte da batalha judicial, passando a assumir uma posição ativa, que lhe permite, dentre outras prerrogativas, determinar a produção de provas, desde que o faça com imparcialidade e resguardando o contraditório (STJ. REsp 222445/PR. DJU 29.04.02).

Porém, esse poder de instrução do juiz deve ser mitigado quando, diante da inércia de iniciativa probatória das partes, puder comprometer a razoável duração do processo e, também, por consequência, a efetividade da prestação jurisdicional. Da mesma forma, se ele, o juiz, não constatar a existência de outros meios de prova que não aqueles produzidos por iniciativa das partes. Estas circunstâncias legitimam a aplicação da regra de julgamento baseada na distribuição do ônus da prova.

Pois bem.

A iniciativa probatória do juiz se justifica pelas **desigualdades** existentes entre as partes litigantes, que pode impossibilitar sua aproximação da verdade. O interesse em alcançar um justo deslinde ao processo suplanta as técnicas processuais fundadas no princípio do dispositivo. Mas as partes não podem transferir ao juiz diligências probatórias que estão ao seu alcance (STJ. REsp 235638/SP. DJU 07.02.00).

Portanto, é correto concluir que a iniciativa probatória do juiz está expressamente autorizada pelo Código de Processo Civil e varia de acordo com a sua pessoa, ante a subjetividade do convencimento.

Poder-se-ia até defender que a excessiva iniciativa probatória pelo juiz estaria em desacordo com o seu dever de imparcialidade. Acontece que a observância do dever de motivação das decisões e o eventual reexame da decisão em segundo grau de jurisdição permitem o controle de eventuais desvios na conduta do juiz. Além disso, o contraditório é a mais eficaz garantia contra o risco de uma atuação parcial do juiz.

Notadamente, a imparcialidade é preservada ao passo que **o juiz não sabe** (pelo menos em regra), previamente, **qual o conteúdo da prova** e, por conseguinte, a quem ela favorecerá. Às vezes, chega-se até se imaginar qual o possível conteúdo, mas, quando apresentada ou produzida em juízo, a prova possui outro. Não raras vezes, ouve-se uma testemunha de maneira informal e ela narra fatos de determinada maneira, chegando o ouvinte a certa conclusão. Quando ouvida em juízo, a testemunha conta outros fatos, ou mesmo de forma diversa, causando ao destinatário da prova impressões diferentes.

Logo, é mais crível colocar-se o juiz em posição de parcialidade quando ele se recusa ou não se esforça em se aproximar à verdade a partir da investigação processual. O sentimento de ilegitimidade do julgado chega a colocar em xeque a atuação jurisdicional. E isso é da natureza das pessoas. Elas aceitam o julgado, legitimando-o, quando constatam que o juiz decidiu dentro de um cenário que o aproximou da verdade. Ao contrário, ficam avessas às conclusões judiciais quando observam que o juiz decidiu sem se aproximar da verdade.

E um detalhe mais: não se descarta a possibilidade de as partes utilizarem o processo para alcançar fins escusos. O poder de instrução, além de inibir, pode frustrar tal prática.

Questão de Concurso

▶ **(IESES – Titular de Serviços de Notas e de Registros – Remoção – TJ – SC – 2019)**[2] Segundo o disposto no Código de Processo Civil, relativamente à disciplina das provas:

I. As partes têm o direito de empregar todos os meios legais, bem como os moralmente legítimos, ainda que não especificados neste Código, para provar a verdade dos fatos em que se funda o pedido ou a defesa e influir eficazmente na convicção do juiz.

II. Cabe ao juiz, de ofício ou a requerimento da parte, determinar as provas necessárias ao julgamento do mérito.

III. O juiz poderá admitir a utilização de prova produzida em outro processo, atribuindo-lhe o valor que considerar adequado, observado o contraditório.

IV. A parte que alegar direito municipal, estadual, estrangeiro ou consuetudinário provar-lhe-á o teor e a vigência, se assim o juiz determinar.

É correto o que se afirma em:

a) Apenas I, II e III.

b) I, II, III e IV.

c) Apenas II e III.

d) Apenas I, II e IV.

2. Gabarito: Letra B.

10. PROVA EMPRESTADA

A prova emprestada afirma a eficiência processual. Consiste no transporte da prova, via **certidão** ou mesmo em **cópia**, de um processo para outro. Aproveita-se uma atividade probatória anteriormente desenvolvida, mediante traslado dos elementos que a documentaram. Mas não significa que o resultado a ser alcançado no processo que recebeu as provas deva ser o mesmo daquele que as emprestou, sobretudo porque os pedidos formulados podem ser diferentes.

O Código de Processo Civil, no art. 372, estabelece que "o juiz poderá admitir a utilização de prova produzida em outro processo, atribuindo-lhe o valor que considerar adequado, observado o **contraditório**". Com um detalhe, que é especificado pelo enunciado 52 do Fórum Permanente de Processualistas Civis: "para a utilização da prova emprestada, faz-se necessária a observância do contraditório no processo de origem, assim como no processo de destino, considerando-se que, neste último, a prova mantenha a sua natureza originária".

Para se emprestar a prova, não é necessário que sejam as mesmas as partes dos processos. Assim se posiciona o Superior Tribunal de Justiça, para o qual é admissível, desde que assegurado o contraditório, prova emprestada de processo do qual não participaram as partes do processo para o qual a prova será trasladada. E completa concluindo que, assegurado às partes o contraditório sobre a prova, isto é, o direito de se insurgir contra a prova e de refutá-la adequadamente, o empréstimo será válido (STJ. EREsp 617428/SP. DJe 04.06.14).

A prova emprestada pode advir inclusive de procedimento administrativo (STJ. MS 13501/DF. DJe 09.02.09), não sendo necessário, pois, que ele seja obrigatoriamente judicial.

Para se realizar o empréstimo da prova, autoriza-se, se for o caso, a suspensão do processo (art. 313, V, "b", do CPC)[3].

Quando transportada, a prova emprestada passa a ter natureza documental (STJ. REsp 1046105/SE. DJe 01.09.09). Esta conclusão, contudo, é passível de crítica, porque, ao modificar a natureza da prova quando do seu empréstimo, possibilita-se a violação, quando aplicado, do critério legal de valoração.

11. PROVAS ILÍCITAS

São provas ilícitas aquelas obtidas em violação a disposições de **direito material**, principalmente as contidas na Constituição da República (violação da intimidade, da vida privada,

3. Art. 313. Suspende-se o processo:
[...]
V – quando a sentença de mérito:
[...]
b) tiver de ser proferida somente após a verificação de determinado fato ou a produção de certa prova, requisitada a outro juízo;
[...]

da honra, da imagem, do domicílio, e das comunicações). Ilícita, portanto, é a forma de obtenção e não a espécie.

Elas (as provas ilícitas) não se confundem com as **provas ilegítimas**, que são aquelas que foram produzidas em desrespeito às normas de direito processual. Provas ilegais é o gênero das quais são espécies as provas ilícitas e as ilegítimas.

Muito se discute sobre a possibilidade de o órgão julgador fundamentar suas decisões com bases em provas ilícitas. Existem variadas correntes doutrinárias, desde aquelas que admitem, até as que vedam a utilização de forma absoluta. A Constituição preconiza no art. 5º, LVI, que **são inadmissíveis**, no processo, as provas obtidas por meios ilícitos. O STF estabeleceu entendimento de que a prova ilícita tem o condão de contaminar os atos dela decorrentes. O processo que contém prova obtida ilicitamente tem os atos consequentes como inválidos.

IMPORTANTE! O Supremo Tribunal Federal entende que a **"gravação de conversa entre dois interlocutores,** *feita por um deles, sem conhecimento do outro, com a finalidade de documentá-la, futuramente, em caso de negativa,* **nada tem de ilícita**, *principalmente quando constitui exercício de defesa*" (STF. AI 50367/PR. DJU 04.03.05). Mais recentemente, o STF consignou que *"a gravação ambiental meramente clandestina, realizada por um dos interlocutores, não se confunde com a interceptação, objeto cláusula constitucional de reserva de jurisdição"* sendo *"lícita a prova consistente em gravação de conversa telefônica realizada por um dos interlocutores, sem conhecimento do outro, se não há causa legal específica de sigilo nem de reserva da conversação"* (STF. AI 560223 AgR/SP 29.04.11).

12. CRISE NA LIVRE APRECIAÇÃO

Dispõe o Código de Processo Civil, no seu art. 371, a exaltar o livre convencimento motivado, que o juiz apreciará a prova constante dos autos, independentemente do sujeito que a tiver promovido, e indicará, na decisão, as razões da formação de seu convencimento.

Em tempos atuais, todavia, este sistema de valoração da prova, em algumas situações, aparenta enfrentar uma crise existencial em decorrência da confiança científica depositada em determinados tipos de prova, plantando-se inadvertidamente a ideia de que o poder de julgar pode estar sendo transferido a pessoas estranhas ao processo que não gozem de legitimação.

Não é o que deveria acontecer. Apesar de determinados meios de prova serem muito precisos, nunca o serão totalmente, sobretudo quando a verdade é um valor relativo. Pior que isso. Pode acontecer de a produção desses meios de prova não ser confiável, pois não se descarta a manipulação de resultados.

Portanto, desde que devidamente fundamentada sua decisão, o juiz pode suplantar o resultado da prova "confiável", a optar por solução contrária à sugerida por aquela.

13. CONSIDERAÇÕES OUTRAS

Ninguém se exime do dever de colaborar com o Poder Judiciário para o descobrimento da verdade. Por isso, preservado o direito de não produzir prova contra si própria, incumbe à parte: a) comparecer em juízo, respondendo ao que lhe for interrogado; b) colaborar com o juízo na realização de inspeção judicial que for considerada necessária; c) praticar o ato que lhe for determinado.

Em caso de descumprimento, relativamente à letra "a", o juiz poderá reconhecer a confissão da parte e, relativamente às letras "b" e "c", aplicar-lhe multa.

Por sua vez, incumbe ao terceiro, em relação a qualquer causa: a) informar ao juiz os fatos e as circunstâncias de que tenha conhecimento; b) exibir coisa ou documento que esteja em seu poder.

Poderá o juiz, em caso de descumprimento pelo terceiro, determinar, além da imposição de multa, outras medidas indutivas, coercitivas, mandamentais ou sub-rogatórias.

As partes têm o direito de empregar todos os meios legais, bem como os moralmente legítimos, para provar a verdade dos fatos em que se funda o pedido ou a defesa e influir eficazmente na convicção do juiz.

O juiz, ao seu turno, aplicará as regras de experiência comum subministradas pela observação do que ordinariamente acontece e, ainda, as regras de experiência técnica, ressalvado, quanto a estas, o exame pericial.

Segue um último ponto.

A carta precatória, a carta rogatória e o auxílio direto suspenderão o julgamento da causa quando, tendo sido requeridos antes da decisão de saneamento, a prova neles solicitada for imprescindível, a teor do que estabelece o art. 313, inciso V, alínea "b", do CPC. Se não devolvidas no prazo ou concedidas sem efeito suspensivo poderão ser juntadas aos autos a qualquer momento.

14. MEIOS TÍPICOS E ATÍPICOS DE PROVAS

São admissíveis como meios de provas todos aqueles considerados juridicamente **idôneos**, porque a taxatividade não se coaduna com a verdade. Por isso, art. 369 do CPC estabelece: "as partes têm o direito de empregar todos os meios legais, bem como os moralmente legítimos, ainda que não especificados neste Código, para provar a verdade dos fatos em que se funda o pedido ou a defesa e influir eficazmente na convicção do juiz". A inadmissão das provas atípicas significaria limitação dos meios hábeis à persecução da verdade, o que não se coaduna com a necessidade de legitimação das decisões judiciais.

Entre os **meios típicos de prova**, estão previstos no Código de Processo Civil o depoimento pessoal, a prova documental, a prova testemunhal, a prova pericial e a inspeção judicial.

Entre os **meios de provas atípicos** (ou inominados), estão as informações constantes em certidão lavrada pelo oficial de justiça e o comportamento processual das partes.

No **comportamento processual**, o juiz leva em consideração, para a formação do seu convencimento, a conduta das partes ao longo do processo. No CPC, ele não foi colocado propriamente como meio típico de prova, embora seja empregado como tal em casos específicos, a exemplo do não comparecimento da parte em audiência para prestar depoimento pessoal e da não entrega, pela parte, de documentos que se encontram em sua posse. De tais comportamentos processuais advém a confissão.

Inúmeras são as situações onde o comportamento processual é colocado como meio de prova. O enunciado 301 da súmula do STJ estabelece que "*em ação investigatória, a recusa do suposto pai a submeter-se ao exame de DNA induz presunção 'juris tantum' de paternidade*". Com este impulso, passou a viger a Lei nº 12.004/09, que "*estabelece a presunção de paternidade no caso de recusa do suposto pai em submeter-se ao exame de código genético – DNA*", sendo esta presunção "*apreciada em conjunto com o contexto probatório*".

Não se poupam críticas ao regramento legal, porque poderia ter reconhecido expressamente o comportamento processual como meio de prova, tipificando-o. Depois, poderia ter generalizado a sua aplicação, não a limitando somente às ações investigatórias de paternidade quando da recusa de prática de um determinado ato. Outra, porque fez alusão unicamente ao "pai", quando o comportamento processual da mãe pode induzir ao reconhecimento da maternidade. Finalmente, porque poderão vir a existir outros exames, além daquele de código genético, que constatem com segurança a paternidade.

15. PRODUÇÃO ANTECIPADA DA PROVA

A produção antecipada da prova será admitida, qualquer que seja a sua espécie, conforme estabelece o art. 381 do Código de Processo Civil, nos casos em que: a) haja fundado receio de que venha a tornar-se impossível ou muito difícil a verificação de certos fatos na pendência da ação; b) a prova a ser produzida seja suscetível de viabilizar a autocomposição ou outro meio adequado de solução de conflito; c) o prévio conhecimento dos fatos possa justificar ou evitar o ajuizamento de ação.

Certamente, as hipóteses trazidas pelo art. 381 do Código de Processo Civil são exemplificativas, a considerar que a produção antecipada embasa-se e resguarda, dentre outros, direitos e garantias considerados fundamentais. A própria economia pode, eventualmente, justificar a produção antecipa-da. Mas, as situações mais relevantes se relacionam ao risco de perecimento da prova que se pretende produzir. Contudo, não é admitida a antecipação sem justificativa que seja considerada minimamente razoável. Por isso, a título de exemplo, não se deve antecipar a produção de prova testemunhal ante a simples possibilidade de esquecimento dos fatos.

Passa-se a analisar cada uma das hipóteses de produção antecipada de prova:

a) *haja fundado receio de que venha a tornar-se impossível ou muito difícil a verificação de certos fatos na pendência da ação*:

Nessa primeira hipótese, a produção antecipada visa a resguardar a viabilidade da prova, que pode estar em risco. O intuito, pois, é de possibilitar a verificação dos fatos relacionados ao objeto litigioso do processo. Caso contrário, a verificação ficaria inviabilizada (por inexistência de outras provas) ou dificultada (por circunstâncias relacionadas a outras provas possíveis, como custo de sua produção e dificuldade de sua localização).

b) *a prova a ser produzida seja suscetível de viabilizar a autocomposição ou outro meio adequado de solução de conflito*:

Na segunda hipótese, busca-se, por um lado, afirmar os meios de autocomposição, que, além de proporcionarem a legítima solução do objeto litigioso do processo, possibilitam o respeito à economia e à duração razoável do processo. Por outro lado, busca-se possibilitar uma solução, que, conquanto não autocompositiva, apresenta-se como adequada, assim compreendida aquela que possa conformar as partes.

Pode-se dizer como "adequada" a solução quando a produção antecipada de prova realizada, dispense o uso da regra de julgamento do art. 373 do Código de Processo civil. Ao afastar o juiz do estado de perplexidade, proporciona-se a solução legítima, do ponto de vista da conformação das partes, nomeadamente se comparada àquela outra que se chegaria, caso tivesse de empregar a mencionada regra de julgamento.

c) *o prévio conhecimento dos fatos possa justificar ou evitar o ajuizamento de ação*:

Na terceira hipótese, há duas possibilidades.

Uma, em que se busca, com o conhecimento do fato, fazer uso legítimo do direito de ação, a se evitar, assim, abusos, ainda que indesejados pela parte autora.

Outra, em que não se busca, a exemplo do que ocorre na hipótese anterior (letra "b'), resolver o objeto litigioso, mas, sim, evitar o seu próprio aparecimento, ainda que virtual, pois se possibilita que a parte interessada, com acesso à prova e, por conseguinte, conhecimento do fato, conforme-se e, por isso, não intente qualquer ação.

As duas últimas hipóteses de produção antecipada previstas no art. 381 do CPC revelam que os destinatários das provas também são as partes e pessoas interessadas, a considerar que se destinam a formar o convencimento delas. Pelo convencimento formado a partir da produção antecipada, viabili-za-se a solução do conflito pelas próprias partes ou a decisão pelo ajuizamento ou não de ação.

Prossegue-se.

O arrolamento de bens também observará as disposições da produção antecipada de prova quando tiver por finalidade apenas a realização de documentação e não a prática de atos de apreensão. O mesmo se diga em relação àquele que pretender justificar a existência de algum fato ou relação jurídica para simples documento e sem caráter contencioso, que exporá, em petição circunstanciada, a sua intenção.

A produção antecipada da prova, quanto ao lugar, é da **competência** do juízo do foro onde esta deva ser produzida ou do foro de domicílio do réu, e não do lugar onde será (ou seria) intentada a ação futura (cujo mérito se relacione, mas não seja a produção de prova antecipada). Por isso, pode-se dizer que a produção antecipada da prova não previne a competência do juízo para a ação que venha a ser proposta.

Observará, por óbvio, a regras de competência relacionadas à pessoa. Mas, por delegação legal, o juízo estadual tem competência para produção antecipada de prova requerida contra a União, entidade autárquica ou empresa pública federal se, na localidade, não houver vara federal.

Na petição da ação de produção antecipada de prova, o requerente apresentará as razões que justificam a necessidade de antecipação e mencionará, com precisão, os fatos sobre os quais a prova há de recair. Em seguida, o juiz, de ofício ou a requerimento da parte, determinará a citação de interessados na produção da prova ou no fato a ser provado, salvo se inexistente caráter contencioso.

Os interessados poderão requerer a produção de qualquer prova no mesmo procedimento, desde que relacionada ao mesmo fato, salvo se a sua produção conjunta acarretar excessiva demora, conforme dispõe o § 3º do art. 382 do CPC. Porém, essa restrição não é razoável. Se, dentre outros objetivos, a produção antecipada visa a alcançar a solução adequada do conflito ou a justificar o ajuizamento (ou não) de ação, a restrição probatória por "excessiva demora" fará com que esta seja deslocada ao processo futuro, cuja ação, o que é pior, será intentada sem a segurança que a prova requerida poderia proporcionar.

No curso da ação de produção antecipada de provas, o juiz não se pronunciará sobre a ocorrência ou a inocorrência do fato, nem, logicamente, sobre as respectivas consequências jurídicas. Tais questões, se provocadas via processo futuro, lá serão (analisadas e) resolvidas.

No procedimento de produção antecipada de prova, não se admitirá defesa ou recurso, salvo contra decisão que indeferir totalmente a produção da prova pleiteada pelo requerente originário.

Ao fim, os respectivos autos (se físicos, evidentemente) permanecerão em cartório durante 01 mês para extração de cópias e certidões pelos interessados. Findo o prazo, os autos serão entregues ao promovente da medida.

A produção antecipada de provas, em razão das novas hipóteses legais (previstas nos itens "b" e "c" acima), influenciarão significativamente na forma de demandar.

De fato, alguns procedimentos especiais (como a divisão e a demarcação de terras) serão bem menos utilizados, pois a tendência é que as pessoas envolvidas em conflitos relacionados produzam antecipadamente provas para definir divisão e limites de imóveis como forma de alcançar uma solução mais rápida (pois o consenso será facilitado) e com redução de custos processuais (porque o valor da causa deixará de ser o correspondente à avaliação da área e passará a ser inestimável).

Outrossim, com a produção antecipação, haverá uma tendência de "monitorização" do procedimento (pois as provas produzidas poderão justificar o ajuizamento de mais ações monitórias) e, até mesmo, de aumento da quantidade de execuções (a considerar a natureza da prova que venha a ser produzida, porque poderá ser título executivo). A atividade dos profissionais do direito, em especial dos advogados, sofrerá mudanças em razão das novas hipóteses de produção antecipada de provas.

Inclusive, por questões de aceleração, a cultura da produção antecipada de provas poderá transferir atividades instrutórias (que antes eram desempenhadas pelo juízo) para as partes e seus advogados e fomentar a cultura da autocomposição. É que, se não há (pelo menos de regra) defesa à produção antecipada de provas, esta, com o tempo, passará a ser mesmo produzida fora de juízo, mediante solicitação formulada pelas partes e seus procuradores, a facilitar a solução adequada.

16. ATA NOTARIAL

A existência e o modo de existir de algum fato podem ser atestados ou documentados, a requerimento do interessado, mediante ata lavrada por tabelião. Os próprios dados representados por imagem ou som gravados em arquivos eletrônicos poderão constar da ata notarial. Não se trata propriamente de uma novidade, porque a lavratura de ata notarial com tais finalidades já é possível, pelo que a novidade fica por conta apenas da disposição legislativa.

A ata notarial se conjuga diretamente com os modernos meios de produção e transmissão de dados. É instrumento utilizado para garantir a necessária segurança à prova trazida aos autos do processo. Para se dar um exemplo, não teria muita valia os *prints* da tela de um computador ou de um telefone, que captasse informações nelas trazidas, se não houvesse uma ata notarial para atestar a identidade de seu remetente e de seu receptor.

Uma conversa realizada por intermédio de aplicativo de mensagens só poderia ser utilizada com segurança se o próprio juiz ou alguém, com fé de ofício (como é o tabelião), pudesse atestar o remetente e o receptor. Caso contrário, os *prints* das telas poderiam até informar o conteúdo, mas não as pessoas relacionadas, o que seria inseguro, ante a possibilidade de uma montagem entre os sujeitos que realmente participaram do diálogo.

Mas, também, a ata notarial não deixa de se conjugar com situações antigas do cotidiano. Numa ação de resolução de contrato de locação, a ata notarial poderia certificar que fotos, apresentadas pela parte interessada, com foco em equipamentos danificados, referem-se, efetivamente, ao imóvel objeto da locação. Se juntadas apenas as fotos (sem a ata notarial), correr-se-ia o sério risco de se afirmar que elas não se relacionariam com o imóvel objeto do contrato.

A ata notarial distingue-se da escritura pública. Enquanto esta contém declaração de vontade que inclusive pode ser bilateral, aquela constitui apenas descrição unilateral de fato pelo notário, cuja narrativa dispõe de fé pública.

17. DEPOIMENTO PESSOAL

17.1. Fonte e finalidade

O depoimento pessoal é o meio de prova que tem por **fonte** as partes litigantes. Sua principal **finalidade** é obter a confissão da parte depoente sobre as proposições fáticas relevantes ao deslinde da causa. Mas, conquanto seja essa a sua principal finalidade, serve para trazer esclarecimentos necessários (acerca de fatos importantes) ao deslinde do processo, os quais não se confundem com a confissão.

17.2. Comparecimento pessoal

O juiz pode, de ofício, em qualquer estado que se encontre a tramitação processual, determinar o comparecimento pessoal das partes a fim de interrogá-las (colher "**interrogatório**"). Em situações excepcionais, o juiz pode se dirigir até onde se encontra a parte para praticar dito ato processual, como será adiante mostrado.

17.3. Requerimento do próprio depoimento

Compete a cada uma das partes requerer que a **adversa** preste depoimento pessoal. Se cabe a cada uma das partes requerer o depoimento da adversa, não pode (e nem deve) seu advogado formular perguntas para que ela responda. Com efeito, a parte não pode pugnar pelo próprio depoimento, pois é da natureza e finalidade do depoimento pessoal a obtenção da confissão. Seria impensável uma parte fazer perguntas a si, mormente quando pode se expressar na forma escrita, por intermédio de seus advogados. Não é por outro motivo que a primeira parte do art. 385 do CPC dispõe que "cabe à parte requerer o depoimento pessoal da outra parte", e não o próprio depoimento. Pelo mesmo motivo, não é admissível o pedido do depoimento pessoal formulado pelo litisconsorte contra outro do mesmo polo da relação processual.

Apesar de a parte não poder requerer o seu próprio depoimento, é possível (mas não comum) que o juiz, em decorrência da adoção do sistema do critério do livre convencimento motivado, confira ao depoimento pessoal prestado valor probatório em favor do próprio depoente, essencialmente quando se compatibilizar com os demais elementos de prova carreados aos autos do processo.

17.4. Momento

Em regra, o depoimento pessoal é prestado na **audiência de instrução e julgamento**. Excepcionalmente, é colhido: a) antes da propositura da ação ou, na sua pendência, antes da audiência; b) em dia e hora designados, em razão de enfermidade ou outro motivo relevante, que impossibilite o comparecimento em audiência.

17.5. Não comparecimento à audiência ou recusa a depor

Para a colheita do depoimento, a parte será intimada pessoalmente, constando do mandado a pena de **confissão** das proposições fáticas contra ela alegadas, caso não compareça ou, comparecendo, recuse-se a depor. É necessário que o mandado de intimação encaminhado para a parte contenha a **advertência** da pena de confissão e que a parte seja **capaz** de entender os seus riscos.

A parte, que intimada e advertida pessoalmente, não comparece à audiência de instrução e julgamento (ou, comparece e se recusa a depor), tem contra si a confissão ficta das proposições fáticas alegadas pela parte adversa. Se a recusa a depor for parcial (com relação a alguma(s) pergunta(s)), a confissão se adstringirá a esta parte (motivo pelo qual as perguntas não respondidas deverão ser registradas no termo de depoimento pessoal). Se a recusa a depor for total, a confissão abrangerá todas as proposições fáticas que, segundo a parte adversa, seriam demonstradas pelo depoimento pessoal.

Se a parte empregar evasivas para, assim, não responder às perguntas a ela formuladas, o juiz, antes de aplicar a pena de confissão, deverá, em audiência, adverti-la acerca do seu comportamento.

17.6. Local de comparecimento

A parte, intimada a prestar depoimento pessoal, não está obrigada a **comparecer perante o juízo diverso** daquele em que reside (STJ. REsp 161438/SP. DJU 20.02.06). Nesse caso, seu depoimento será tomado por carta e não na sede do juízo em que está sendo processada a causa, salvo se ela concordar em comparecer (STJ. REsp 94551/RJ. DJU 08.06.98). Também poderá ocorrer de o depoimento pessoal da parte ser colhido por meio de videoconferência ou outro recurso tecnológico de transmissão de sons e imagens em tempo real, o que poderá ocorrer, inclusive, durante a realização da audiência de instrução e julgamento.

17.7. Ordem dos depoimentos

Na audiência de instrução e julgamento, as partes depõem após as respostas do perito e dos assistentes técnicos aos quesitos de esclarecimentos eventualmente formulados. São interrogadas na forma prescrita para a inquirição de testemunhas, pelo que é defeso à parte que ainda não depôs **assistir ao interrogatório da parte adversa**.

> **IMPORTANTE!** Pela ordem legal, é ouvido autor e, em seguida, o réu. Enquanto o autor está prestando o seu depoimento, o réu deve se retirar da sala de audiência, ali permanecendo apenas seu advogado, que formulará as perguntas àquele. Na oportunidade do depoimento do réu, como o autor já prestou o seu, ele pode permanecer na sala de audiência, auxiliando seu advogado no esclarecimento dos fatos apresentados pelo réu e na formulação de perguntas. Em razão disso, a parte que primeiro presta o seu depoimento pessoal goza de certa vantagem, porquanto tem a possibilidade de auxiliar o seu advogado.

Excepcionalmente, com a finalidade de garantir a ampla defesa, a regra de ouvir primeiro o autor para depois ouvir o réu pode sofrer alterações. Exemplifica essa alteração a demanda em que o réu advoga em causa própria. Não sendo alterada a regra, o réu ficaria impedido de reperguntar ao autor. Se ambas as partes advogam em causa própria, não há sentido alterar a ordem normal de coleta.

17.8. Pessoalidade

No seu depoimento, a parte responderá pessoalmente sobre os fatos articulados, não podendo servir-se de escritos anteriormente preparados, permitindo-lhe o juiz, todavia, a consulta a notas breves (elaboradas pessoalmente), desde que objetivem completar esclarecimentos, cabendo àquele verificar se os apontamentos obedecem aos limites devidos.

Por conta da **pessoalidade** do ato (pelo que não pode ser prestado por outrem – STJ. REsp 54809/MG. DJU 10.06.96), ao advogado da parte, a qual está prestando depoimento, não é permitido formular perguntas, estando sua intervenção adstrita ao pedido, por intervenção judicial, de esclarecimento de dubiedades ou obscuridades no relato pessoal.

Se a parte for **incapaz**, prestará depoimento o seu representante, sem que fique afastada a possibilidade de, em casos excepcionais inquirir o próprio incapaz.

Por razões lógicas, as **pessoas jurídicas** prestam depoimento através de seus representantes legais.

17.9. Escusas que podem ser apresentadas pelas partes

A parte não é obrigada a depor sobre fatos: a) criminosos ou torpes que lhe forem imputados; b) a cujo respeito, por estado ou profissão, deva guardar sigilo; c) acerca dos quais não possa responder sem desonra própria, de seu cônjuge, de seu companheiro ou de parente em grau sucessível; d) que coloquem em perigo a vida do depoente, de seu cônjuge, de seu companheiro ou de parente em grau sucessível.

Contudo, esta disposição não se aplica às ações de estado e de família.

Se o juiz considerar escusável a resistência ao depoimento, não haverá confissão.

17.10. Formulação de perguntas

Durante a audiência, a parte adversa, por seu advogado (quando houver constituído) ou diretamente (se for advogado), **formulará perguntas diretamente ao depoente**, sem a necessidade de reperguntas pelo juiz. Este, contudo, filtrará as perguntas, **indeferindo** aquelas consideradas desnecessárias ou alcançadas por escusas.

Se indeferidas as perguntas (ou qualquer uma delas), a parte poderá fazer constá-las no termo de audiências. Se deferidas, o juiz mandará constar no termo de depoimento pessoal a exata resposta da parte (sendo vedada a transcrição de impressões pessoais), podendo dispensar o registro daquilo que não for importante à solução da controvérsia.

Caso a parte, sem motivo justificado, deixar de responder ao que lhe for perguntado ou empregar evasivas, o juiz, apreciando as demais circunstâncias e os elementos de prova, declarará, na sentença, se houve recusa de depor.

18. CONFISSÃO

18.1. Definição

A confissão **não é um meio de prova**. Pode ser objeto de um meio de prova (advindo, por exemplo, do depoimento pessoal, do comportamento processual, da prova documental), mas meio de prova não é. Há confissão quando a parte, relativamente a **direitos disponíveis**, admite a verdade de uma proposição fática contrária ao seu interesse e, ao mesmo tempo, favorável ao da parte adversa, ou quando a parte nega proposições fáticas favoráveis ao seu interesse.

18.2. Distinções

Não há que se confundir confissão e **reconhecimento do pedido**. São duas figuras distintas. A confissão, que pode emanar de qualquer das partes, verte-se a um fato. Enquanto isso, o reconhecimento do pedido, que somente emana do réu e deve ser expresso, verte-se a todos os fatos que fundamentam (e são necessários ao atendimento) o pedido, sem a oposição de outro qualquer, que seja impeditivo, modificativo ou extintivo (é a admissão da existência do próprio direito alegado pelo autor).

O mesmo se diga em relação à **renúncia do direito que se funda a ação**. É figura que também não se confunde com a confissão. A renúncia do direito que se funda a ação só pode ser praticada pelo autor e importa em disposição de direito, a determinar, por si só, uma consequência jurídica que vincula o juiz. A confissão, lembre-se mais uma vez, pode partir de qualquer das partes, e refere-se a proposições fáticas.

18.3. Efeito

O **efeito** da confissão é a incontrovérsia das assertivas fáticas afirmadas por uma das partes e aceitas pela outra, constituindo-se, assim, em elemento de convicção, a tornar legítima a decisão judicial que considerou a(s) proposição(ões) fática(s) confessada(s) como verdadeira(s). Lembre-se, entretanto, que no direito processual civil brasileiro, não há a ideia de prova plena.

18.4. Requisitos

São **requisitos** da confissão: a) capacidade plena do confitente; b) disponibilidade do direito relacionado ao fato confessado; c) inexigibilidade de forma específica para a validade do ato jurídico confessado.

Seguem-se algumas considerações acerca desses requisitos:

a) capacidade plena do confitente:

A confissão deve estar ao alcance da compreensão do confitente. Só se pode confessar aquilo que se compreende. E, para se compreender, é preciso que haja capacidade da parte. Se não há compreensão, a manifestação de vontade fica comprometida, sendo, por isso, ineficaz. Não por outra razão, o art. 392 do Código de Processo Civil, em seu § 1º, dispõe que a confissão será ineficaz se feita por quem não for capaz de dispor do direito a que se referem os fatos confessados.

b) disponibilidade do direito relacionado ao fato confessado:

O art. 392 do CPC dispõe que não vale como confissão a admissão, em juízo, de fatos relativos a direitos indisponíveis. Completa o § 1º do mencionado artigo, que a confissão será ineficaz se feita por quem não for capaz de dispor do direito a que se referem os fatos confessados. Portanto, sendo a confissão um ato dispositivo, o direito relacionado à proposição fática reconhecida deve ser dispositivo. Caso contrário, há proteção contra a disponibilidade e, por óbvio, impossibilidade de confessar.

c) inexigibilidade de forma específica para a validade do ato jurídico confessado:

O art. 394 do Código de Processo Civil dispõe que a confissão extrajudicial, quando feita oralmente, só terá eficácia nos casos em que a lei não exija prova literal. Tal constitui apenas um exemplo de que a confissão, para ter eficácia, não pode exigir forma específica. A disposição legal mencionada não é exaustiva, como se pode observar da primeira parte do art. 1.227 do Código Civil: "Os direitos reais sobre imóveis constituídos, ou transmitidos por atos entre vivos, só se adquirem com o registro no Cartório de Registro de Imóveis dos referidos títulos [...]". Os direitos reais sobre imóveis, assim, não podem ser demonstrados por prova outra, que não seja a documental, razão por que prova outra, da qual tenha advindo a confissão, não é suficiente à demonstração daqueles.

18.5. Classificação

A confissão pode ser classificada da seguinte maneira: **extrajudicial** ou **judicial** (**real** [**espontânea** ou **provocada**] ou **ficta**).

A confissão judicial é aquela feita nos autos do processo. A extrajudicial é aquela feita fora dos autos do processo.

A confissão judicial pode ser real (expressa) ou ficta (presumida – sanção decorrente da recusa, por exemplo, em não comparecer à audiência de instrução e julgamento para prestar depoimento pessoal ou em não apresentar contestação ou em não juntar aos autos, mediante acolhimento de pedido de exibição, os documentos determinados pelo juiz a qualquer das partes). Ao seu turno, a confissão judicial real pode ser espontânea ou provocada.

Com relação à confissão judicial ficta, ela somente pode ser espontânea. Atenta contra a principiologia processual admitir-se uma confissão judicial provocada, do tipo, "provocar uma revelia", "impossibilitar o comparecimento da parte à audiência em que seria colhido o depoimento pessoal" etc.

A confissão judicial pesa contra o confitente, não prejudicando, em regra, os **litisconsortes**. Em face disso, nas ações que versarem sobre bens imóveis ou direitos reais sobre imóveis alheios, a confissão de um cônjuge ou companheiro não valerá sem a do outro, salvo se o regime de casamento for o de separação absoluta de bens (caso em que será válida a confissão realizada pelo cônjuge ou pelo companheiro que seja proprietário dos bens imóveis ou titular dos direitos reais). Quando houver condomínio, além da confissão dos condôminos, é necessária a dos cônjuges.

Relativamente à confissão espontânea, que pode ser feita pela própria parte, ou por mandatário com poderes especiais, lavra-se o respectivo termo nos autos. Entretanto, a confissão feita por um representante somente é eficaz nos limites em que este pode vincular o representado.

A confissão provocada, que só pode ser judicial, quando decorrente do depoimento pessoal prestado, deverá ser registrada.

A confissão extrajudicial tem a mesma eficácia da judicial, mas, quando feita verbalmente, só terá eficácia nos casos em que a lei não exija prova literal.

18.6. Indivisibilidade

A confissão pode acorrer a qualquer tempo, sendo, de regra, **indivisível**. Segundo alguns representantes da doutrina, amparados da redação literal do art. 395, não podendo a parte, que a quiser invocar, aceitá-la no tópico que a beneficiar e rejeitá-la no que lhe for desfavorável. Estranha, porém, esta ilação, diante da definição do instituto, que o considera como negativo no todo em detrimento do confitente e positivo no todo em favor da parte adversa. A indivisibilidade, como regra, é uma decorrência lógica. É mais condizente entender-se que a prova da qual decorre a confissão é que não pode ser dividida. Se a parte quer se beneficiar da confissão decorrente da prova, deverá aceitar esta como um todo, e não somente na parte que lhe favoreça.

Em exceção à regra da indivisibilidade da prova de que decorre a confissão, ela poderá ser cindida (na formação do convencimento judicial) quando o confitente aduzir fatos novos, capazes de constituir fundamento de defesa de direito material ou de reconvenção. Pode uma parte confessar as proposições fáticas trazidas pela parte adversa. Todavia, se trouxer uma proposição nova, a confissão relativa às anteriores deve ser extraída, aproveitando-se unicamente a versão trazida com relação à nova proposição. Por exemplo: em petição inicial, o autor traz as proposições fáticas "a", "b" e "c". Em contestação, o réu confessa "a", "b" e "c", todavia aduz um fato "d", que é modificativo, extintivo ou impeditivo do direito daquele. A confissão pode ser cindível, de modo que a relativa às proposições "a", "b" e "c" não é aproveitada à proposição "d".

18.7. Irrevogabilidade

A confissão é irrevogável, mas, quando emanar de **erro** ou **coação**, ela pode ser **invalidada**. O **dolo** não justifica a invalidação da confissão, mas somente o eventual erro advindo daquele. É que, se do emprego do dolo decorrer a confissão de fato verdadeiro, sem a constatação de erro, não haverá motivos para a invalidação do ato. Contudo, se pelo emprego do dolo, o confitente foi levado a erro, ou mesmo o juiz, aí sim se justifica a invalidação. Por isso que, sob a égide do CPC/1973, o art. 352 dispunha que "a confissão, quando emanar de erro, dolo ou coação, pode ser revogada" e, hoje, o art. 393 do CPC/2015 dispõe que "a confissão é irrevogável, mas pode ser anulada se decorreu de erro de fato ou de coação". Outrossim, como se pode observar dos textos legais transcritos, foi corrigida a terminologia relacionada aos institutos do erro e da coação, que não justificam "revogabilidade" da confissão, mas, sim, sua invalidação.

Os **instrumentos** para alcançar a invalidação são:

a) ação anulatória, se pendente o processo em que foi feita, ou quando proferida sentença sem resolução de mérito;

b) ação rescisória, depois de transitada em julgado a sentença de mérito (pelo menos em regra), da qual aquela constitua o único fundamento.

Se a confissão decorreu de erro ou coação, mas ela não constituiu o único fundamento da sentença, ou mesmo não serviu como fundamento, não haverá interesse processual do confitente em requerer a sua invalidação.

Quanto à legitimidade, somente cabe ao confitente a propositura de ação anulatória ou rescisória, pois se trata de ação personalíssima. Mas, uma vez proposta por quem tem legitimidade, esta (a legitimidade) passa aos seus herdeiros ou sucessores.

19. EXIBIÇÃO DE DOCUMENTO OU COISA

A exibição de documento ou coisa é um **ônus** (pelo menos em regra, porque, em determinadas circunstâncias, pode ser um dever) para a parte e um **dever** para o terceiro.

Não é um meio de prova. Apesar disso, é por intermédio da exibição de documento ou coisa que se busca, de ofício ou a requerimento, carrear aos autos o documento e/ou coisa úteis, que estejam na posse de outrem e que, injustamente, recuse-se a exibi-los, a fim de submetê-los à perícia, inspeção judicial ou de simplesmente ser visto. Entretanto, o juiz pode indeferir o pedido de exibição de documento ou coisa, caso entenda que a diligência pretendida sirva à produção de prova que entende ser inútil ou meramente protelatória.

Não é todo documento e/ou coisa que pode ser objeto de exibição. As partes devem produzir as provas que entendam necessárias para provar as assertivas fáticas que sustentam suas afirmações de existência de direito. A problemática surge quando aquelas ficam impossibilitadas de produzir pessoalmente determinada prova. Não sendo a prova inviável, e, por outro lado, útil à formação do convencimento jurisdicional, justifica-se a exibição de documento e/ou coisa por quem, muitas vezes, ela não se aproveita.

O pedido formulado pela parte conterá:

a) a individuação, tão completa quanto possível, do documento ou da coisa, como forma de viabilizar o cumprimento do comando judicial, se for o caso, ou, por outro lado, possibilitar o exercício da ampla defesa, a partir da identificação e a apresentação de recusa;

b) a finalidade da prova, indicando os fatos que se relacionam com o documento ou com a coisa, porque, dessa forma, será possível a análise judicial acerca da pertinência da prova, a indeferir a exibição se concluir como inútil ou meramente protelatória, bem assim, será delimitado o alcance de eventual confissão nos casos específicos ou justificada a aplicação de medidas coercitivas;

c) as circunstâncias em que se funda o requerente para afirmar que o documento ou a coisa existe e se acha em poder da parte contrária, de maneira a se evitar a realização de atos inócuos, que desrespeitariam a economia processual.

A exibição de documento pode ser requerida: a) incidentalmente por uma das partes para que a outra faça a exibição; b) incidentalmente por uma das partes para que o terceiro faça a exibição; c) inexistindo ação pendente, por meio de ação instrumental.

Ante a segmentação estabelecida pelo Código, analisar-se-á, a seguir, as duas primeiras espécies:

a) **requerida incidentalmente por uma das partes para que a outra faça a exibição**: deferida a exibição de documento ou coisa contra a parte adversa, o requerido dará a sua resposta nos 05 dias subsequentes à sua intimação, podendo, se for o caso, interpor agravo de instrumento contra a decisão. Da mesma forma, o requerente poderá interpor recurso, caso seu requerimento de exibição seja indeferido.

Em sua resposta, o requerido pode atender à intimação e exibir o documento ou a coisa, situação em que o juiz mandará juntar aos autos para inspecionar pessoalmente ou ordenar que submeta a exame pericial. Mas, se ele (o requerido) afirmar que não possui o documento ou a coisa, o juiz permitirá que o requerente prove, por qualquer meio, que a declaração não corresponde à verdade. Contudo, essa não é a única recusa que pode ser apresentada pelo requerido.

Pode, ainda, escusar-se da apresentação do documento ou coisa se: i) concernente a negócios da própria vida da família; ii) sua apresentação puder violar dever de honra; iii) sua publicidade redundar em desonra à parte ou ao terceiro, bem como a seus parentes consanguíneos ou afins até o terceiro grau, ou lhes representar perigo de ação penal; iv) sua exibição acarretar a divulgação de fatos a cujo respeito, por estado ou profissão, devam guardar segredo; v) subsistirem outros motivos graves que, segundo o prudente arbítrio do juiz, justifiquem a recusa da exibição; vi) houver disposição legal que justifique a recusa da exibição.

Por outro lado, o juiz não admitirá a recusa se: i) o requerido tiver obrigação legal de exibir; ii) o requerido tiver aludido ao documento ou à coisa, no processo, com o intuito de constituir prova; iii) o documento, por seu conteúdo, for comum às partes.

Ao decidir o pedido, o juiz admitirá como verdadeiros os fatos que, por meio do documento ou da coisa, a parte pretendia provar se: i) o requerido não efetuar a exibição nem fizer nenhuma declaração no prazo de resposta; ii) a recusa for havida por ilegítima.

Rejeitadas as escusas e sendo necessário, especialmente (mas não com exclusividade) quando não for cabível a confissão decorrente do comportamento processual omissivo, o juiz pode adotar medidas indutivas, coercitivas, mandamentais ou sub-rogatórias para que o documento seja exibido, o que confirma que a exibição, pela parte adversa, não é sempre um ônus. Todavia, como orienta o enunciado 53 do Fórum Permanente de Processualistas Civis, na ação de exibição não cabe a fixação, nem a manutenção de multa quando a exibição for reconhecida como impossível.

Se o juiz poderá acolher alguma escusa, desaparecerão os efeitos da intimação para exibir o documento ou a coisa. Entretanto, se as escusas disserem respeito a apenas uma parcela do documento, sendo qualquer delas acolhida, a parte exibirá a outra em cartório, para dela ser extraída cópia reprográfica, de tudo sendo lavrado auto circunstanciado.

b) **requerida incidentalmente por uma das partes para que o terceiro faça a exibição**: quando o requerido é terceiro, inicia-se uma ação incidente, em que o terceiro é citado (STJ. REsp 52780/PR. DJU 06.06.95) para, no prazo de 15 dias, responder ao pedido ou cumprir essa obrigação.

A respectiva petição deverá conter os mesmos requisitos exigidos para a exibição de documento ou coisa contra a parte (motivos da exibição, as razões de se entender que a coisa esteja com o terceiro e a individualização do objeto), além, evidentemente, do pedido de citação.

Determinada a exibição de documento ou coisa, o terceiro poderá dar sua resposta nos 15 dias subsequentes, a exibir o documento ou a coisa, que, conforme o caso, será juntado aos autos, ou inspecionado pessoalmente, ou submetido a exame pericial. Se assim proceder, o terceiro ficará livre dos ônus da sucumbência.

Se o terceiro negar a obrigação de exibir ou a posse do documento ou da coisa, o juiz designará audiência especial, tomando-lhe o depoimento, bem como o das partes e, se necessário, o de testemunhas, e em seguida proferirá decisão. Contudo, essa não é a única recusa que pode ser apresentada pelo terceiro.

Pode, ainda, escusar-se da apresentação do documento ou coisa se: i) concernente a negócios da própria vida da família; ii) sua apresentação puder violar dever de honra; iii) sua publicidade redundar em desonra à parte ou ao terceiro, bem como a seus parentes consanguíneos ou afins até o terceiro grau, ou lhes representar perigo de ação penal; iv) sua exibição acarretar a divulgação de fatos a cujo respeito, por estado ou profissão, deva guardar segredo; v) subsistirem outros motivos graves que, segundo o prudente arbítrio do juiz, justifiquem a recusa da exibição; vi) houver disposição legal que justifique a recusa da exibição.

Acolhida qualquer das escusas, desaparecem os efeitos da citação para exibir o documento ou coisa. Na circunstância de as escusas disserem respeito a apenas uma parcela do documento, a parte ou o terceiro exibirá a outra em cartório, para dela ser extraída cópia reprográfica, de tudo sendo lavrado auto circunstanciado.

Mas, em qualquer hipótese, se o terceiro, sem justo motivo, se recusar a efetuar a exibição, o juiz ordenar-lhe-á que proceda ao respectivo depósito em cartório ou em outro lugar designado, no prazo de 05 dias, impondo ao requerente que realize o ressarcimento pelas despesas que tiver.

Caso descumpra a ordem, o juiz expedirá mandado de apreensão, a requisitar, se necessário, força policial, sem prejuízo da responsabilidade por crime de desobediência, pagamento de multa e outras medidas indutivas, coercitivas, mandamentais ou sub-rogatórias necessárias para assegurar a efetivação da decisão. Todavia, como orienta o enunciado 53 do Fórum Permanente de Processualistas Civis, na ação de exibição não cabe a fixação, nem a manutenção de multa quando a exibição for reconhecida como impossível.

20. PROVA DOCUMENTAL

20.1. Definição

Documento não é apenas a palavra escrita, pois muitos são os modos de se registrar os fatos ocorridos. O conceito de documento é (e deve ser) amplo, a abranger não só aquilo que atualmente se conhece como suporte, como também tudo o que possa vir a ser criado para conter a expressão de um pensamento. Documento, portanto, é **todo objeto que registra um fato efêmero**, tornando-o permanente. A ser assim, fotografia, filmagem, áudio, que podem estar postas em diversos suportes, são considerados exemplos (não exaustivos, por óbvio) de documentos.

20.2. Classificação

Os documentos podem ser **classificados** em: a) **públicos**: quando seu autor material é uma autoridade pública no desempenho de sua função, ou seja, quando se tratar de ato emanado do Poder Público (STJ. REsp 879.046/DF. DJe 19.05.09); b) **particulares**: quando elaborados por pessoa, que não é autoridade pública no desempenho de sua função.

Os documentos públicos, por sua vez, podem ser classificados em: a) **judiciais**: oriundos de processo judicial, podendo ser produzidos pelo escrivão ou pelo chefe de secretaria, pelo oficial de justiça ou pelo juiz, isolada ou conjuntamente; b) **extrajudiciais**: elaborados pelos serventuários da justiça do foro extrajudicial (serventias extrajudiciais); c) **administrativos**: todos os demais originados de repartições públicas.

20.3. Força probante dos documentos

O documento público faz prova não só da sua **formação**, mas também dos **fatos** que o escrivão, o chefe de secretaria, o tabelião ou o servidor declarar que ocorreram em sua presença.

Quando a lei exigir instrumento público como da **substância do ato**, estabelece o art. 406 do Código de Processo Civil, nenhuma outra prova, por mais especial que seja, pode suprir-lhe a falta.

Já o documento feito por **oficial público incompetente** ou **sem a observância das formalidades legais**, sendo subscrito pelas partes, tem a mesma eficácia probatória do documento particular.

As declarações constantes do documento particular escrito e assinado ou somente assinado presumem-se verdadeiras em relação ao **signatário**. Mas, quando, todavia, contiver **declaração de ciência** de determinado fato, o documento particular prova a ciência, mas não o fato em si, incumbindo o ônus de prová-lo ao interessado em sua veracidade.

A **data** do documento particular, quando a seu respeito surgir dúvida ou impugnação entre os litigantes, provar-se-á por todos os meios de direito. Contudo, em relação a terceiros, considerar-se-á datado o documento particular: a) no dia em que foi registrado; b) desde a morte de algum dos signatários; c) a partir da impossibilidade física que sobreveio a qualquer dos signatários; d) da sua apresentação em repartição pública ou em juízo; e) do ato ou do fato que estabeleça, de modo certo, a anterioridade da formação do documento.

O documento particular pode ter **autor material e intelectual**. Materialmente, é autor aquele que elabora o suporte, a lançar ideias que não são suas, pelo que não é responsável pelo conteúdo. Intelectualmente, considera-se **autor** do documento particular: a) aquele que o fez e o assinou; b) aquele por conta de quem ele foi feito, estando assinado; c) aquele que, mandando compô-lo, não o firmou porque, conforme a experiência comum, não se costuma assinar, como livros empresariais e assentos domésticos.

Considera-se **autêntico** (de autoria certa) o documento quando: a) o tabelião reconhecer a firma do signatário; b) a autoria estiver identificada por qualquer outro meio legal de certificação, inclusive eletrônico, nos termos da lei; c) não houver impugnação da parte contra quem foi produzido o documento. A identificação da autoria é, muitas vezes, necessária, porque o documento particular, de cuja autenticidade não se duvida, prova que o seu autor fez a declaração que lhe é atribuída.

A autenticidade não se refere necessariamente ao conteúdo do documento. Pode ocorrer de um documento ser autêntico, mas expressar uma declaração de ciência, situação em que a prova que o documento faz é da declaração, mas não da veracidade do fato declarado. E mais. **Cópia autenticada** de documento não se confunde com documento autêntico. Aquela qualidade decorre do testemunho, daqueles que têm fé-pública, de que a cópia assim caracterizada é fiel ao documento original, gozando, por isso, da mesma força probante.

O documento particular admitido expressa ou tacitamente é **indivisível**, sendo vedado à parte que pretende utilizar-se dele aceitar os fatos que lhe são favoráveis e recusar os que são contrários ao seu interesse, salvo se provar que estes não ocorreram. Pode ocorrer de um documento provar vários fatos, sendo, aí, possível que a parte prove um ou alguns por este instrumento e demonstrar que os outros não ocorreram, utilizando-se, para tanto, de outra prova. A utilização do documento, a assim considerar, deve ser integral, a ser considerado como um todo, independentemente de quem o fez e o produziu.

O telegrama, o radiograma ou qualquer outro meio de transmissão tem a mesma força probatória do documento particular se o original constante da estação expedidora tiver sido assinado pelo remetente. A firma do remetente poderá ser reconhecida pelo tabelião, declarando-se essa circunstância no original depositado na estação expedidora. O telegrama ou o radiograma presume-se conforme com o original, provando as datas de sua expedição e de seu recebimento pelo destinatário.

As cartas e os registros domésticos provam contra quem os escreveu quando: a) enunciam o recebimento de um crédito; b) contêm anotação que visa a suprir a falta de título em favor de quem é apontado como credor; c) expressam conhecimento de fatos para os quais não se exija determinada prova.

A nota escrita pelo credor em qualquer parte de documento representativo de obrigação, ainda que não assinada, faz prova em benefício do devedor. Aplica-se essa regra tanto para o documento que o credor conservar em seu poder quanto para aquele que se achar em poder do devedor ou de terceiro.

Os **livros empresariais** provam contra seu autor, sendo lícito ao empresário, todavia, demonstrar, por todos os meios permitidos em direito, que os lançamentos não correspondem à verdade dos fatos. E, se os livros empresariais preencherem os requisitos exigidos por lei, eles provarão a favor de seu autor no litígio entre empresários.

A **escrituração contábil**, por se tratar de documento, é indivisível, e, se dos fatos que resultam dos lançamentos, uns são favoráveis ao interesse de seu autor e outros lhe são contrários, ambos serão considerados em conjunto, como unidade.

O juiz pode ordenar, a **requerimento** da parte, a **exibição** integral dos livros empresariais e dos documentos do arquivo: a) na liquidação de sociedade; b) na sucessão por morte de sócio; c) quando e como determinar a lei. Já de **ofício**, o juiz pode ordenar à parte a exibição parcial dos livros e dos documentos, extraindo-se deles a suma que interessar ao litígio, bem como reproduções autenticadas.

Qualquer **reprodução mecânica**, como a fotográfica, a cinematográfica, a fonográfica ou de outra espécie, tem aptidão para fazer prova dos fatos ou das coisas representadas, se a sua conformidade com o documento original não for impugnada por aquele contra quem foi produzida.

As **fotografias digitais e as extraídas da rede mundial de computadores**, especificamente, fazem prova das imagens que reproduzem, devendo, se impugnadas, ser apresentada a respectiva autenticação eletrônica ou, não sendo possível, realizada perícia.

Se se tratar de **fotografia publicada em jornal ou revista**, será exigido um exemplar original do periódico, caso impugnada a veracidade pela outra parte. O mesmo ocorrerá à forma impressa de mensagem eletrônica.

As reproduções dos documentos particulares, fotográficas ou obtidas por outros processos de repetição, valem como certidões sempre que o escrivão ou o chefe de secretaria certificar sua conformidade com o original.

A cópia de documento particular tem o mesmo valor probante que o original, cabendo ao escrivão, intimadas as partes, proceder à conferência e certificar a conformidade entre a cópia e o original.

Também fazem a mesma prova que os originais: a) as certidões textuais de qualquer peça dos autos, do protocolo das audiências ou de outro livro a cargo do escrivão ou do chefe de secretaria, se extraídas por ele ou sob sua vigilância e por ele subscritas; b) os traslados e as certidões extraídas por oficial público de instrumentos ou documentos lançados em suas notas; c) as reproduções dos documentos públicos, desde que autenticadas por oficial público ou conferidas em cartório com os respectivos originais; d) as cópias reprográficas de peças do próprio processo judicial declaradas autênticas pelo advogado, sob sua responsabilidade pessoal, se não lhes for impugnada a autenticidade; e) os extratos digitais de bancos de dados públicos e privados, desde que atestado pelo seu emitente, sob as penas da lei, que as informações conferem com o que consta na origem; f) as reproduções digitalizadas de qualquer documento público ou particular, quando juntadas aos autos pelos órgãos da justiça e seus auxiliares, pelo Ministério Público e seus auxiliares, pela Defensoria Pública e seus auxiliares, pelas procuradorias, pelas repartições públicas em geral e por advogados, ressalvada a alegação motivada e fundamentada de adulteração.

Os originais dos documentos digitalizados mencionados na letra "d" deverão ser preservados pelo seu detentor até o final do prazo para propositura de ação rescisória. E, em se tratando de cópia digital de título executivo extrajudicial ou de documento relevante à instrução do processo, o juiz poderá determinar seu depósito em cartório ou secretaria.

O juiz apreciará fundamentadamente a fé que deva merecer o documento, quando em ponto substancial e sem ressalva contiver entrelinha, emenda, borrão ou cancelamento.

Cessa a fé do documento público ou particular sendo-lhe declarada judicialmente a falsidade, que consiste em formar documento não verdadeiro ou alterar documento verdadeiro. Relativamente ao documento particular, a fé cessará quando: a) for impugnada sua autenticidade e enquanto não se comprovar sua veracidade; b) assinado em branco, for impugnado seu conteúdo, por preenchimento abusivo.

Dar-se-á abuso quando aquele que recebeu documento assinado com texto não escrito no todo ou em parte formá-lo ou completá-lo por si ou por meio de outrem, a violar o pacto feito com o signatário.

Questão de Concurso

▶ **(IESES – Titular de Serviços de Notas e de Registros – Remoção – TJ – SC – 2019)**[4] Segundo o disposto no Código de Processo Civil, relativamente à força probante dos documentos:

I. O documento público faz prova não só da sua formação, mas também dos fatos que o servidor declarar que ocorreram em sua presença.

II. Quando a lei exigir instrumento público como da substância do ato, as partes interessadas podem suprir-lhe a falta mediante declaração expressa nos autos.

III. As declarações constantes do documento particular escrito e assinado ou somente assinado presumem-se verdadeiras em relação ao signatário e ao destinatário.

IV. A nota escrita pelo credor em qualquer parte de documento representativo de obrigação, ainda que não assinada, faz prova em benefício do devedor.

É correto o que se afirma em:

a) Apenas III e IV.
b) Apenas II e III.
c) Apenas I e IV.
d) Apenas I, II e IV.

4. Gabarito: Letra C.

20.4. Arguição de falsidade

A falsidade consiste em **formar** documento não verdadeiro ou em **alterar** aquele que é verdadeiro. Ela deve ser suscitada na contestação, na réplica ou no prazo de 15 dias, contado a partir da intimação da juntada do documento aos autos, mas, ainda que não observado o prazo, a falsidade poderá ser apurada, a considerar que o juiz pode agir de maneira oficiosa, além do que poderá justificar a propositura de eventual ação rescisória. Arguida, a falsidade será resolvida como questão incidental, salvo se a parte requerer que o juiz a decida como questão principal (nos termos do inciso II do art. 19 do Código de Processo Civil[5]).

Em termos procedimentais, a parte arguirá a falsidade expondo os motivos em que funda a sua pretensão e os meios com que provará o alegado. Depois de ouvida a outra parte no prazo de 15 dias, será realizado o exame pericial. Contudo, ele (o exame pericial) não será realizado se a parte que produziu o documento concordar em retirá-lo dos autos. Pode ser legítima a recusa à retirada do documento, para consequente realização do exame pericial, quando elemento novo, essencial à apuração da verdade, poder ser trazido.

Quanto ao ônus da prova, ele incumbe, quando: a) se tratar de falsidade de documento ou de preenchimento abusivo, à parte que a arguir; b) se tratar de impugnação da autenticidade, à parte que produziu o documento.

Nada impede que a distribuição do ônus seja convencionada entre as partes do processo.

IMPORTANTE! Em torno do ônus da prova, especificamente acerca da falsidade de assinatura, o STJ entende que aquele recai sobre quem produziu o documento e ele estará cumprido quando quem produz o documento proceder à apresentação com reconhecimento de firma (seja por semelhança, seja por autenticidade), a caber, agora, à parte adversa, produzir provas em sentido contrário, a demonstrar que a assinatura é falsa (STJ. REsp 302469/MG. DJe 04.10.11).

Se a assinatura contestada for de alguma das partes, aquela que se recusar a fornecer o gabarito, ainda que não seja aquela sobre a qual recaia o ônus probatório (porque não foi quem produziu o documento com sua consequente trazida aos autos), terá contra si, por não colaborar no descobrimento da verdade, o ônus da confissão, decorrente do comportamento processual omissivo.

A declaração sobre a falsidade do documento, quando suscitada como questão principal, constará da parte dispositiva da sentença e sobre ela incidirá também a autoridade da coisa julgada, a teor do que dispõe o art. 503, *caput*, do Código de Processo Civil. Entretanto, não porque reconhecida a falsidade do documento juntado, que a sentença será necessariamente julgada contra quem produziu a prova.[6]

---

5. Art. 19. O interesse do autor pode limitar-se à declaração: [...] II – da autenticidade ou da falsidade de documento.
6. A este respeito, ver a notícia veiculada em informativo do STJ: "*IMPUGNAÇÃO. ASSINATURA POR SEMELHANÇA. TÍTULO EXTRAJUDICIAL. A quaestio juris dirimida consistiu nos ônus da prova na hipótese de contestação de assinatura que teve sua autenticidade reconhecida em cartório por semelhança. Conforme jurisprudência assente, incumbe ao apresentante do documento o ônus da prova da autenticidade da assinatura quando impugnado pela parte contrária. Contudo, o art. 369 do CPC confere presunção de autenticidade ao documento quando o tabelião reconhecer a firma do signatário, declarando que foi aposta em sua presença. Nesse caso, considera-se que o apresentante, ao exibir o documento cuja assinatura contém presunção de autenticidade, cumpre o seu ônus, de modo que volta a prevalecer a regra geral de ônus da prova (art. 389, j, do CPC). No caso, o recorrido instruiu a execução com documento cuja assinatura foi reconhecida em cartório, não por autenticidade, mas por semelhança. O art. 369 do CPC, ao conferir presunção de autenticidade ao documento, quando o*

20.5. Produção da prova documental

Às partes incumbe instruir a petição inicial ou a contestação com os documentos destinados a provar suas alegações. A referência à prova documental é restritiva, mas precisa, porque é a única que pode ser trazida com a petição inicial.

Quando o documento consistir em reprodução cinematográfica ou fonográfica, a parte deverá trazê-lo na petição inicial ou na contestação, mas sua exposição será realizada em audiência, intimando-se previamente as partes. Tal providência adere-se à garantia do efetivo contraditório, já que, às partes, será possível concretizar as indicações e firmar os destaques que eles entendam necessário. Por isso, se o julgamento considerar qualquer daquelas reproduções como motivo de seu convencimento sem possibilitar que as partes participem da exposição, ele será inválido.

Quanto aos documentos novos, é lícito às partes, em qualquer tempo, juntá-los aos autos, caso sejam destinados a fazer prova de assertivas relacionadas a fatos ocorridos depois dos articulados ou para contrapô-los às que foram produzidos nos autos. Admite-se também a juntada posterior de documentos formados após a petição inicial ou a contestação, bem como dos que se tornaram conhecidos, acessíveis ou disponíveis após esses atos, cabendo à parte que os produzir comprovar o motivo que a impediu de juntá-los anteriormente. Incumbirá ao juiz, em qualquer caso, avaliar se a conduta da parte está de acordo com a boa-fé.

O réu manifestar-se-á na contestação sobre os documentos anexados à petição inicial, e o autor manifestar-se-á na réplica sobre os documentos anexados à contestação. Mas, sempre que uma das partes requerer a juntada de documento aos autos, o juiz ouvirá, a seu respeito, a outra parte, que disporá do prazo de 15 dias para: a) impugnar a admissibilidade da prova documental; b) impugnar sua autenticidade; c) suscitar sua falsidade, com ou sem deflagração do incidente de arguição de falsidade; d) manifestar-se sobre seu conteúdo.

O juiz poderá, a requerimento da parte, dilatar o prazo para manifestação sobre a prova documental produzida, levando em consideração a quantidade e a complexidade da documentação.

Nas hipóteses das letras "b" e "c", a impugnação deverá basear-se em argumentação específica, não se admitindo alegação genérica de falsidade.

---

tabelião reconhece a firma do signatário, declarando que foi aposta em sua presença, não exclui a possibilidade de o magistrado considerar cumprido o ônus do apresentante pela exibição de documento cuja firma tenha sido reconhecida por semelhança. O reconhecimento por semelhança possui aptidão para atestar a similitude da assinatura apresentada no documento com relação àquelas apostas na ficha de serviço do cartório, bem como o reconhecimento de firma por autenticidade tem a finalidade de atestar, com fé pública, que determinada assinatura é de certa pessoa, ainda que com menor grau de segurança. Precedente citado: REsp 908.728-SP, DJe 26/4/2010. REsp 302.469-MG, Rel. Min. Villas Bôas Cueva, julgado em 4/10/2011." Particularmente, não se entende que o posicionamento do STJ seja o mais razoável. É que, tratando-se de fato complexo (como geralmente é a identificação da veracidade/falsidade da assinatura, a não ser quando grosseira a falsificação), o seu esclarecimento depende de conhecimentos técnicos específicos detidos apenas por perito. O empregado da serventia extrajudicial não detém (ou, pelo menos, quando procede ao reconhecimento de firma, não exerce) o conhecimento necessário para identificar se a assinatura é verdadeira ou falsa. Assim, a decisão da corte superior é no mínimo temerosa, porque possibilita que simples reconhecimento de firma possibilite o cumprimento do ônus probatório.

Sempre que necessário, o juiz requisitará às repartições públicas, em qualquer tempo ou grau de jurisdição: a) as certidões necessárias à prova das alegações das partes; b) os procedimentos administrativos nas causas em que forem interessados a União, os Estados, o Distrito Federal, os Municípios ou entidades da administração indireta. Recebidos os autos, o juiz mandará extrair, no prazo máximo e improrrogável de 01 mês, certidões ou reproduções fotográficas das peças que indicar e das que forem indicadas pelas partes, e, em seguida, devolverá os autos à repartição de origem. Se possível, as repartições públicas poderão fornecer todos os documentos em meio eletrônico, conforme disposto em lei, certificando, pelo mesmo meio, que se trata de extrato fiel do que consta em seu banco de dados ou no documento digitalizado.

20.6. Documentos eletrônicos

Nos termos do art. 439 do Código de Processo Civil, "a utilização de documentos eletrônicos no processo convencional dependerá de sua conversão à forma impressa e da verificação de sua autenticidade, na forma da lei". Por "processo convencional", deve-se entender "autos físicos". Portanto, quando físicos os autos, os documentos eletrônicos, em regra, dependerão de sua conversão para a forma impressa e da verificação de sua autenticidade.

E prossegue o art. 400 do Código: "O juiz apreciará o valor probante do documento eletrônico não convertido, assegurado às partes o acesso ao seu teor".

Só que, quando o documento consistir em reprodução cinematográfica ou fonográfica, logicamente, não será possível, aos autos físicos, sua conversão para a forma impressa. A regra, a assim considerar, não se aplica a tais documentos, que deverão ser apresentados em suportes acessíveis às estruturas da respectiva unidade judiciária. Por conseguinte, não haverá nenhum prejuízo ao seu valor probante, ante a impossibilidade de conversão à forma impressa.

Quanto ao mais, serão admitidos documentos eletrônicos produzidos e conservados com a observância da legislação específica.

21. PROVA TESTEMUNHAL

21.1. Definição

A prova testemunhal consiste na narração, por **pessoa capaz**, **imparcial** e **estranha** à relação processual, de fatos importantes à solução do mérito, os quais são conhecidos **sensorialmente** por aquela.

21.2. Admissibilidade e do valor da prova testemunhal

Ela (a prova testemunhal) é sempre admissível, se a lei não dispuser de modo diverso.

O juiz **indeferirá** a inquirição de testemunhas sobre fatos: a) já provados por documento ou confissão da parte; b) que só por documento ou por exame pericial puderem ser provados.

Nos casos em que a lei exigir prova escrita da obrigação, é admissível a prova testemunhal quando houver **começo de prova por escrito**, emanado da parte contra a qual se pretende produzir a prova.

Também se admite a prova testemunhal quando o credor **não pode ou não podia**, moral ou materialmente, **obter a prova escrita da obrigação**, em casos como o de parentesco, de depósito necessário ou de hospedagem em hotel ou em razão das práticas comerciais do local onde contraída a obrigação.

É lícito à parte provar com testemunhas: a) nos contratos simulados, a divergência entre a vontade real e a vontade declarada; b) nos contratos em geral, os vícios de consentimento.

Podem depor como testemunhas todas as pessoas, exceto as incapazes, impedidas ou suspeitas.

São **incapazes**: a) o interdito por enfermidade ou deficiência mental; b) o que, acometido por enfermidade ou retardamento mental, ao tempo em que ocorreram os fatos, não podia discerni-los, ou, ao tempo em que deve depor, não está habilitado a transmitir as percepções; c) o que tiver menos de 16 anos; d) o cego e o surdo, quando a ciência do fato depender dos sentidos que lhes faltam.

São **impedidos**: a) o cônjuge, o companheiro, o ascendente e o descendente em qualquer grau e o colateral, até o terceiro grau, de alguma das partes, por consanguinidade ou afinidade, salvo se o exigir o interesse público ou, tratando-se de causa relativa ao estado da pessoa, não se puder obter de outro modo a prova que o juiz repute necessária ao julgamento do mérito; b) o que é parte na causa; c) o que intervém em nome de uma parte, como o tutor, o representante legal da pessoa jurídica, o juiz, o advogado e outros que assistam ou tenham assistido as partes.

São **suspeitos**: a) o inimigo da parte ou o seu amigo íntimo; b) o que tiver interesse no litígio.

Sendo necessário, pode o juiz **admitir** o depoimento das **testemunhas menores, impedidas ou suspeitas**. Em tal circunstância, os depoimentos serão prestados independentemente de compromisso, e o juiz lhes atribuirá o valor que possam merecer.

A **testemunha não é obrigada a depor** sobre fatos: a) que lhe acarretem grave dano, bem como ao seu cônjuge ou companheiro e aos seus parentes consanguíneos ou afins, em linha reta ou colateral, até o terceiro grau; b) a cujo respeito, por estado ou profissão, deva guardar sigilo.

Além disso, a testemunha pode requerer ao juiz que a escuse de depor, alegando qualquer dos motivos previstos no Código de Processo Civil, decidindo o juiz de plano após, a esse respeito, ouvidas as partes.

Se a escusa for rejeitada, a testemunha terá de prestar depoimento. Se acolhida, ficará dispensada. Mas, se a escusa disser respeito apenas a uma ou a algumas das assertivas fáticas mencionadas, o interrogatório limitar-se-á às restantes.

Quanto ao local, salvo disposição especial em contrário, as testemunhas devem ser ouvidas na sede do juízo.

Quando a parte ou a testemunha, por enfermidade ou por outro motivo relevante, estiver impossibilitada de comparecer, mas não de prestar depoimento, o juiz designará, conforme as circunstâncias, dia, hora e lugar para inquiri-la.

Questão de Concurso

▶ **(Vunesp – Juiz de Direito – TJ – SP/2018)**[7] Em relação à prova testemunhal, é correto afirmar:

(A) a testemunha não é obrigada a comparecer para depor sobre fatos que lhe acarretem grave dano.

(B) ela não comporta a qualificação jurídica de prova nova para efeito de ação rescisória.

(C) reputa-se impedido de depor sob compromisso legal aquele que tiver interesse no litígio.

(D) como regra, ela será indeferida quando o fato só puder ser comprovado por documento ou prova pericial.

21.3. Produção da prova testemunhal

O **rol de testemunhas**, que deverá ser apresentado em **prazo** comum, a ser fixado pelo juiz, não superior a 15 dias, **conterá**, sempre que possível, o nome, a profissão, o estado civil, a idade, o número de inscrição no Cadastro de Pessoas Físicas, o número de registro de identidade e o endereço completo da residência e do local de trabalho. Em caso de impossibilidade de obtenção ou de desconhecimento das informações relativas à qualificação da testemunha, orienta o enunciado 519 do Fórum Permanente de Processualistas Civis, que a parte poderá requerer ao juiz providências necessárias para a sua obtenção (salvo em casos de inadmissibilidade da prova ou de abuso de direito).

A exigência do deposito do rol de testemunhas, devidamente qualificadas e com a necessária antecedência, justifica-se para que a parte contrária possa melhor inquiri-las e, especialmente, contraditá-las (STJ. REsp 137495/SP. DJU 01.12.1997). Entretanto, "a qualificação incompleta de testemunha constante no rol depositado em juízo não gera, por si só, nulidade se regularizada em tempo hábil à sua finalidade, ainda que em momento posterior à sua apresentação" (STJ. REsp 1.330.028/SP. DJe 06.11.12).

O número de testemunhas arroladas por cada parte não pode ser superior a 10, sendo 03, no máximo, para a prova de cada fato. Se houver litisconsórcio ou assistência, cada um deles poderá, também, arrolar até 10 testemunhas.

As testemunhas arroladas pelas diferentes partes podem coincidir. Aliás, não deve uma das partes deixar de arrolar determinada testemunha porque a adversa já a arrolou. O arrolamento de "duplicidade" constitui cautela, cujo objetivo é evitar que a parte adversa dispense o depoimento da testemunha arrolada (ou até mesmo deixe de comunicá-la).

Depois de apresentado o rol de testemunhas, atendidas as disposições do §§ 4º e 5º do art. 357, a parte só pode **substituir** a testemunha, mediante requerimento formulado até o momento da realização da audiência de instrução e julgamento, que: a) falecer; b) por enfermidade, não estiver em condições de depor; c) tendo mudado de residência ou de local de trabalho, não for encontrada.

7. Gabarito: Letra D.

A enfermidade, a justificar a substituição da testemunha, deve impossibilitar o depoimento e subsistir ao tempo da realização da audiência de instrução e julgamento. Se a enfermidade anterior, não será permitida a substituição. E, mesmo que contemporânea, poderá ser considerado o tempo necessário ao convalescimento para, com a aferição da importância do depoimento, analisar a conveniência de adiamento para sua posterior oitiva. Se a enfermidade, também, ainda que contemporânea à audiência de instrução e julgamento, impedir o comparecimento, mas não impossibilitar o depoimento, o juiz deverá designar dia, hora e local para inquiri-la.

Quando o **juiz da causa for arrolado como testemunha**, ele: a) declarar-se-á impedido, se tiver conhecimento de fatos que possam influir na decisão, caso em que será vedado à parte que o incluiu no rol desistir de seu depoimento; b) se nada souber, mandará excluir o seu nome, dando prosseguimento ao processo.

Não é a simples indicação da pessoa do juiz como testemunha que impossibilita o exercício de suas funções no processo. É necessário que ele aceite tal condição. Caso contrário, ter-se-ia uma forma de burlar a garantia do juiz natural. Bastava que a parte arrolasse o juiz como testemunha para que ele ficasse impossibilitado de exercer suas funções e, assim, fosse substituído. Mas, ficaria a pergunta: e se a juiz fosse realmente testemunha, a sua recusa não seria prejudicial à parte que o arrolou? Por óbvio. Mas, não é provável que isso ocorra. E, na improbabilidade, este risco deve ser assumido em respeito à garantia do juiz natural.

As testemunhas depõem, na **audiência de instrução e julgamento**, perante o **juiz da causa**, **exceto**: a) as que prestam depoimento antecipadamente; b) as que são inquiridas por carta.

Duas observações são necessárias. A primeira: no caso da hipótese descrita na letra "a", os depoimentos das testemunhas serão colhidos em audiência especial. A segunda: no caso da hipótese descrita na letra "b", a oitiva de testemunha que residir em comarca, seção ou subseção judiciária diversa daquela onde tramita o processo poderá ser realizada por meio de videoconferência ou outro recurso tecnológico de transmissão e recepção de sons e imagens em tempo real, o que poderá ocorrer, inclusive, durante a audiência de instrução e julgamento, pelo que os juízos deverão manter equipamento para a transmissão e recepção de sons e imagens.

Além disso, **são inquiridos em sua residência ou onde exercem sua função**: a) o presidente e o vice-presidente da República; b) os ministros de Estado; c) os ministros do Supremo Tribunal Federal, os conselheiros do Conselho Nacional de Justiça e os ministros do Superior Tribunal de Justiça, do Superior Tribunal Militar, do Tribunal Superior Eleitoral, do Tribunal Superior do Trabalho e do Tribunal de Contas da União; d) o procurador-geral da República e os conselheiros do Conselho Nacional do Ministério Público; e) o advogado-geral da União, o procurador-geral do Estado, o procurador-geral do Município, o defensor público-geral federal e o defensor público-geral do Estado; f) os senadores e os deputados federais; g) os governadores dos Estados e do Distrito Federal; h) o prefeito; i) os deputados estaduais e distritais; j) os desembargadores dos Tribunais de Justiça, dos Tribunais Regionais Federais, dos Tribunais Regionais do Trabalho e dos Tribunais Regionais Eleitorais e os conselheiros dos Tribunais de Contas dos Estados e do Distrito Federal; k) o procurador-geral de justiça; l) o embaixador de país que, por lei ou tratado, concede idêntica prerrogativa a agente diplomático do Brasil.

O juiz solicitará à autoridade que indique dia, hora e local a fim de ser inquirida, remetendo-lhe cópia da petição inicial ou da defesa oferecida pela parte que a arrolou como testemunha. Passado 01 mês sem manifestação da autoridade, o juiz designará dia, hora e local para o depoimento, preferencialmente na sede do juízo (STF. AP 421. DJe 23.10.09). O juiz também designará dia, hora e local para o depoimento, quando a autoridade não comparecer, injustificadamente, à sessão agendada para a colheita de seu testemunho no dia, hora e local por ela mesma indicados.

Cabe ao advogado da parte **informar ou intimar a testemunha** por ele arrolada do dia, da hora e do local da audiência designada, dispensando-se a intimação do juízo.

A intimação, para aquelas (testemunhas) que não se dispuserem a comparecer espontaneamente, ou por motivo de cautela, deverá ser realizada por carta com aviso de recebimento, cumprindo ao advogado juntar aos autos, com antecedência de pelo menos 03 dias da data da audiência, cópia da correspondência de intimação e do comprovante de recebimento. A inércia na realização da intimação importa desistência da inquirição da testemunha.

Por sua vez, a informação, para aquelas (testemunhas) que se dispuserem a comparecer espontaneamente, pode ser realizada por qualquer forma ou meio de comunicação. Contudo, se a parte comprometer-se a levar a testemunha à audiência, independentemente da intimação, ou seja, mediante simples informação, presumir-se-á, caso a testemunha não compareça, que a parte desistiu de sua inquirição.

A intimação será feita pela via judicial quando: a) for frustrada a intimação por carta com aviso de recebimento; b) sua necessidade for devidamente demonstrada pela parte ao juiz; c) figurar no rol de testemunhas servidor público ou militar, hipótese em que o juiz o requisitará ao chefe da repartição ou ao comando do corpo em que servir; d) a testemunha houver sido arrolada pelo Ministério Público ou pela Defensoria Pública; e) a testemunha for alguma das autoridades previstas no art. 454 do CPC[8].

A **testemunha** que, intimada[9], **deixar de comparecer sem motivo justificado** será conduzida[10] e responderá pelas despesas do adiamento. O art. 362, II, do CPC parece limitar

---

8. Art. 454. São inquiridos em sua residência ou onde exercem sua função:I – o presidente e o vice-presidente da República;II – os ministros de Estado;III – os ministros do Supremo Tribunal Federal, os conselheiros do Conselho Nacional de Justiça e os ministros do Superior Tribunal de Justiça, do Superior Tribunal Militar, do Tribunal Superior Eleitoral, do Tribunal Superior do Trabalho e do Tribunal de Contas da União;IV – o procurador-geral da República e os conselheiros do Conselho Nacional do Ministério Público;V – o advogado-geral da União, o procurador-geral do Estado, o procurador-geral do Município, o defensor público-geral federal e o defensor público-geral do Estado;VI – os senadores e os deputados federais;VII – os governadores dos Estados e do Distrito Federal;VIII – o prefeito;IX – os deputados estaduais e distritais;X – os desembargadores dos Tribunais de Justiça, dos Tribunais Regionais Federais, dos Tribunais Regionais do Trabalho e dos Tribunais Regionais Eleitorais e os conselheiros dos Tribunais de Contas dos Estados e do Distrito Federal;XI – o procurador-geral de justiça;XII – o embaixador de país que, por lei ou tratado, concede idêntica prerrogativa a agente diplomático do Brasil.[...]
9. A lei não prevê a condução para a hipótese de ausência de testemunha requisitada. Com efeito, o seu não comparecimento resulta do desatendimento à requisição por parte do chefe da repartição ou do comando do corpo. Existe, pois, para a testemunha, justo motivo de falta. Contudo, a autoridade, que descumpriu a requisição, responderá pelas sanções aplicáveis.
10. Não pode o terceiro, injustificadamente, recusar sua colaboração para esclarecer fatos necessários ao julgamento da causa. Não há razão, entretanto, para ser determinada sua condução, se não foi previamente intimado a comparecer em determinado dia e local (STJ. RHC 8448/PR. DJU 21.06.99).

a possibilidade de adiamento da audiência à hipótese de falta por "motivo justificado" da testemunha. Todavia, isso ocorre apenas nas hipóteses de comparecimento espontâneo. Nas hipóteses de comparecimento provocado, mesmo que a testemunha deixe de comparecer sem motivo "justificado", deve-se adiar a audiência, caso a oitiva seja imprescindível, a se designar outra, onde será **conduzida** e responderá pelas **despesas de adiamento**.

Antes de depor, a testemunha será **qualificada**, declarará ou confirmará seus dados e informará se tem relações de parentesco com a parte ou interesse no objeto do processo, de modo a possibilitar a sua identificação (conferindo se é ela a pessoa indicada no rol de testemunhas), verificação de incapacidade, de impedimento ou de suspeição.

Depois de efetuada a qualificação, caso o juiz não reconheça a incapacidade, impedimento ou suspeição de ofício (o que pode fazer a qualquer tempo – STJ. AgRg no Ag 398015/SP. DJU 31.03.03), é lícito à parte **contraditar** a testemunha. Caso ela negue os fatos que lhe são imputados, a parte poderá provar a contradita com documentos ou com testemunhas, até 03, apresentadas no ato e inquiridas em separado[11].

A contradita pode ser liminarmente rejeitada, se não for hipótese de cabimento. Cabível, sendo provados ou confessados os fatos a que se refere a contradita, desde que, efetivamente, digam respeito à situação de incapacidade, impedimento ou suspeição, o juiz dispensará a testemunha ou lhe tomará o depoimento como informante. Mas, se não provados ou não confessados os fatos, ou sendo eles improcedentes, a contradita será rejeitada e a testemunha ouvida como tal.

Ao início da inquirição, a testemunha prestará o compromisso de dizer a verdade do que souber e lhe for perguntado. Em razão disso, o juiz advertirá a testemunha que incorre em sanção penal quem faz afirmação falsa, cala ou oculta a verdade.

As perguntas, a partir de então, serão **formuladas pelas partes diretamente** à testemunha, começando pela que a arrolou, não admitindo o juiz aquelas que puderem induzir a resposta, não tiverem relação com as questões de fato objeto da atividade probatória ou importarem repetição de outra já respondida. Não mais se faz necessária a realização de reperguntas, pelo que as partes não precisam mais perguntar ao juiz para que ele repergunte à testemunha. O Código de Processo Civil adotou o modelo que já vinha sendo utilizado no Código de Processo Penal.

Durante a coleta dos depoimentos, o juiz **inquirirá** as testemunhas **separadamente**. Ele providenciará que uma não ouça o depoimento das outras.

Quanto à **ordem**, o juiz ouvirá, sucessivamente, primeiro as arroladas pelo autor e depois as pelo réu, entretanto, o juiz poderá alterar essa ordem se as partes concordarem. Se houver assistência, as testemunhas arroladas pelo assistente serão ouvidas após a oitiva das testemunhas arroladas pela parte assistida. As arroladas pelos litisconsortes são ouvidas com a observância da ordem que aqueles são colocados na petição inicial.

Ao deporem, primeiramente, as perguntas serão formuladas pela parte arrolou a respectiva testemunha para, depois, a parte adversa formular as suas. Se houver litisconsortes (ou

11. Apesar de a lei nada dispor a respeito, a parte que arrolou a testemunha tem interesse em responder à contradita, razão porque deve o juiz facultar os esclarecimentos necessários, inclusive com a formulação de perguntas.

assistência), após a parte litisconsorciada (ou assistida) formular suas perguntas, o litisconsorte (o assistente) respectivo formulará as suas.

O juiz, por sua vez, poderá inquirir a testemunha tanto antes quanto depois da inquirição feita pelas partes. Entretanto, conforme orienta o enunciado 157 do Fórum Permanente de Processualistas Civis, "deverá ser facultada às partes a formulação de perguntas de esclarecimento ou complementação decorrentes da inquirição do juiz".

As testemunhas devem ser tratadas com urbanidade, não se lhes fazendo perguntas ou considerações **impertinentes**, **capciosas** ou **vexatórias**. São impertinentes as que não se apresentem contextualizada ao objeto do processo. São capciosas aquelas que puderem, em conta da maneira como formuladas, induzir a testemunha a erro. São vexatórias aquelas que puderem expor a testemunha desnecessariamente.

Embora não formule as perguntas diretamente, o juiz, conforme dispõe o Código, no § 2º do art. 459, deverá indeferi-las. Parece ser contraditório o juiz ter de evitar que os interessados formulem aquelas perguntas, quando não há reperguntas. Se eles perguntam diretamente, não restará ao juiz indeferir, mas impedir que as perguntas sejam respondidas. A disposição trazida pelo Código, pois, presta-se a orientar aos interessados nos depoimentos das testemunhas, quando formulam perguntas, bem assim a indicar ao juiz a necessidade de respeito ao dever de advertência, próprio da cooperação.

E mais.

Quando capciosas, o juiz, em vez de impedir a sua resposta, pode reformular a pergunta para que ela, então, seja respondida.

As perguntas, que o juiz indeferir, por qualquer motivo que seja (poderem induzir a resposta, não tiverem relação com as questões de fato objeto da atividade probatória, importarem repetição de outra já respondida ou serem impertinentes, capciosas ou vexatórias), serão transcritas no termo, se a parte o requerer (art. 459, § 3º, do CPC). Como esclarece o enunciado 158 do Fórum Permanente de Processualistas Civis, "constitui direito da parte a transcrição de perguntas indeferidas pelo juiz".

O depoimento poderá ser documentado por meio de gravação. Quando digitado ou registrado por taquigrafia, estenotipia ou outro método idôneo de documentação, o depoimento será assinado pelo juiz, pelo depoente e pelos procuradores. Se houver recurso em processo em autos não eletrônicos, o depoimento somente será digitado quando for impossível o envio de sua documentação eletrônica. Tratando-se de autos eletrônicos, observar-se-á o disposto no Código e na legislação específica sobre a prática eletrônica de atos processuais.

O juiz pode ordenar, de ofício ou a requerimento da parte (ou de terceiro interessado), para outra sessão a ser realizada: a) a inquirição de testemunhas referidas nas declarações da parte ou das testemunhas; b) a acareação de 02 ou mais testemunhas ou de alguma delas com a parte, quando, sobre fato determinado que possa influir na decisão da causa, divergirem as suas declarações. A acareação pode ser realizada por videoconferência ou por outro recurso tecnológico de transmissão de sons e imagens em tempo real. Nela, os acareados serão reperguntados para que expliquem os pontos de divergência, reduzindo-se a termo o ato de acareação.

Ao concluir a sessão designada para coleta de depoimento, a testemunha pode requerer ao juiz o **pagamento da despesa** que efetuou para comparecimento ao local onde foi ouvida.

A parte deverá efetuar o pagamento respectivo logo que arbitradas as despesas ou depositar o valor em cartório dentro de 03 dias.

Para todos os efeitos, o depoimento prestado em juízo é considerado **serviço público**. E se a testemunha estiver sujeita ao regime da legislação trabalhista, não sofrerá, por comparecer à audiência, perda de salário nem desconto no tempo de serviço.

22. PROVA PERICIAL

22.1. Definição

A perícia se consubstancia na **verificação** realizada em **pessoas ou coisas**, por **profissional** detentor de conhecimentos técnicos ou científicos, com a finalidade de obter informações capazes de esclarecer dúvidas quanto a assertivas relacionadas a **fatos complexos**. São considerados fatos complexos aqueles que demandam esclarecimento de certos elementos intrínsecos à sua ocorrência, os quais não são facilmente visualizáveis. A prova pericial, por assim dizer, não trará ditos fatos, mas, simplesmente os esclarece. Logo, pode-se concluir que a prova pericial é adequada sempre que necessária a realização de verificações fora do alcance do homem dotado de cultura comum, não especializado em temas técnicos ou científicos (como são as partes e o juiz). Ela consiste em **exame** (pessoas ou bens móveis[12]), **vistoria** (bens imóveis) ou **avaliação** (estabelecer valor).

22.2. Requisitos

O juiz indeferirá sua realização quando: a) a prova do fato não depender de conhecimento especial de técnico; b) for desnecessária em vista de outras provas produzidas; c) a verificação for impraticável. Noutras palavras, para que a prova pericial seja realizada, é imprescindível que ela seja: a) **útil** (possa servir para dirimir dúvida sobre fato, que pode ser esclarecido por profissional detentor de conhecimento técnico); b) **necessária** (o fato controvertido somente pode ser esclarecido por meio da prova pericial); c) **praticável** (quando o objeto permitir seu exame ou quando houver viabilidade técnica e econômica)[13]. Aliás, mesmo que o fato, relacionado à assertiva apresentada, dependa de conhecimento especial de técnico, a perícia pode ser dispensada quando as partes, na inicial e na contestação, apresentarem, sobre as questões de fato, pareceres técnicos ou documentos elucidativos que considerar suficientes.

Com fundamento na experiência comum, o juiz está autorizado a presumir e a extrair conclusões fundadas em algum conhecimento técnico ou científico, que eventualmente possua. Este conhecimento não pode ultrapassar simples noções que se possui (e que os advogados possam possuir) por cultura geral. Caso contrário, passando-se ao campo de conceitos avançados, fórmulas complexas, é indispensável a realização da prova pericial, não podendo o juiz deixar de nomear perito sob o fundamento de que tem conhecimentos técnicos acerca

12. Ninguém pode ser coagido ao exame (STF. HC 71373/RS. DJU 10.11.94). Mas aplica-se presunção em seu detrimento se não tiver motivo justificado.
13. Nos Juizados Especiais não se procede à realização de prova pericial formal diante de sua inviabilidade econômica. Muitas vezes, o valor despendido com a realização de uma prova pericial é superior à representação econômica do bem da vida discutido.

da matéria (principalmente pelo fato de os pronunciamentos jurisdicionais estarem sujeitos à interposição de recurso, que são analisados por outros juízes). A não ser assim, estar-se-ia a albergar o livro convencimento (convicção íntima do juiz) em detrimento do livre convencimento motivado (persuasão racional do juiz).

22.3. Admissibilidade

O juízo de **admissibilidade** da prova pericial, em regra, é feito por ocasião do saneamento e da organização do processo, oportunidade em que o juiz determina quais as provas a serem realizadas no processo.

22.4. Procedimento

22.4.1. Nomeação do perito

Determinada a realização de perícia, o juiz nomeará o profissional de sua confiança, detentor de conhecimentos técnicos ou científicos, para funcionar como auxiliar da justiça, fixando de imediato o prazo para a entrega do laudo (este **prazo** deve anteceder, **pelo menos** em **20 dias**, à data de realização da audiência de instrução e julgamento). Portanto, o juiz nomeará perito especializado no objeto da perícia e fixará de imediato o prazo para a entrega do laudo, incumbindo às partes, dentro de 15 dias contados da intimação do despacho de nomeação do perito: a) arguir o impedimento ou a suspeição do perito, se for o caso; b) indicar assistente técnico; c) apresentar quesitos.

O perito será escolhido entre profissionais de nível universitário (com formação acadêmica específica), devidamente inscrito nos respectivos órgãos de classe.

Caso a prova tiver de ser realizada por carta, poder-se-á proceder à nomeação de perito (e à indicação de assistentes técnicos) no juízo ao qual se requisitar a perícia.

Quando o exame tiver por objeto a autenticidade ou a falsidade de documento ou for de natureza médico-legal, o perito será escolhido, de preferência, entre os técnicos dos estabelecimentos oficiais especializados, a cujos diretores o juiz autorizará a remessa dos autos, bem como do material sujeito a exame. Nas hipóteses de gratuidade de justiça, os órgãos e as repartições oficiais deverão cumprir a determinação judicial com preferência, no prazo estabelecido. A prorrogação desse prazo pode ser requerida motivadamente.

Quando o exame tiver por objeto a autenticidade da letra e/ou da firma, o perito poderá requisitar, para comparação, documentos existentes em repartições públicas e, na falta destes, poderá requerer ao juiz que a pessoa a quem se atribuir a autoria do documento lance em folha de papel, por cópia ou sob ditado, dizeres diferentes, para fins de comparação.

Conquanto seja mais comum ser realizada pelo juiz, as partes podem, de comum acordo, proceder à escolha do perito, indicando-o mediante requerimento, desde que: a) sejam plenamente capazes; b) a causa possa ser resolvida por autocomposição. Ao escolherem o perito, já devem indicar os respectivos assistentes técnicos para acompanhar a realização da perícia, que se realizará em data e local previamente anunciados. A perícia consensual, a assim considerar, substitui, para todos os efeitos, a que seria realizada por perito nomeado pelo próprio juiz.

Se, não houver, na localidade, profissional com formação superior, o perito será livremente escolhido pelo juiz, observando-se, evidentemente, o conhecimento técnico necessário ao esclarecimento do fato controvertido. Já se admitiu, por exemplo, que técnico em edificação e agrimensura, sem nível universitário, pode realizar perícia (STJ. REsp 526626/SP. DJU 13.10.03).

Tratando-se de **perícia complexa**, que abranja mais de uma área de conhecimento especializado, o juiz poderá nomear mais de um perito, e a parte, indicar mais de um assistente técnico.

22.4.2. Atos iniciais a serem praticados pelo perito

Ciente da nomeação, o perito apresentará em 05 dias: a) proposta de honorários; b) currículo, com comprovação de especialização; c) contatos profissionais, em especial o endereço eletrônico, para onde serão dirigidas as intimações pessoais.

22.4.3. Pagamento dos honorários periciais

As partes serão intimadas da proposta de honorários para, querendo, manifestar-se no prazo comum de 05 dias, após o que o juiz arbitrará o valor. Em seguida, as partes serão intimadas para adiantar a remuneração de seus respectivos assistentes técnicos (se houverem indicado). Aquela que requereu a prova pericial será intimada para adiantar os honorários do perito, que serão rateados quando a prova for determinada de ofício ou requerida por ambas as partes.

O juiz poderá determinar que a parte responsável pelo pagamento dos honorários do perito deposite em juízo o valor correspondente. A quantia recolhida em depósito bancário à ordem do juízo será corrigida monetariamente e paga de acordo com o art. 465, § 4º, que dispõe: "o juiz poderá autorizar o pagamento de até cinquenta por cento dos honorários arbitrados a favor do perito no início dos trabalhos, devendo o remanescente ser pago apenas ao final, depois de entregue o laudo e prestados todos os esclarecimentos necessários".

Quando o pagamento da perícia for de responsabilidade de beneficiário de gratuidade da justiça, ela poderá ser: a) custeada com recursos alocados no orçamento do ente público e realizada por servidor do Poder Judiciário ou por órgão público conveniado; b) paga com recursos alocados no orçamento da União, do Estado ou do Distrito Federal, no caso de ser realizada por particular, hipótese em que o valor será fixado conforme tabela do tribunal respectivo ou, em caso de sua omissão, do Conselho Nacional de Justiça.

Em qualquer dessas duas hipóteses aventadas acima, o juiz, após o trânsito em julgado da decisão final, oficiará a Fazenda Pública para que promova, contra quem tiver sido condenado ao pagamento das despesas processuais, a execução dos valores gastos com a perícia particular ou com a utilização de servidor público ou da estrutura de órgão público Mas, quando o responsável pelo pagamento das despesas seja especificamente o beneficiário de gratuidade da justiça, a exigibilidade pelo pagamento dos honorários ficará suspensa, por até 05 anos após o trânsito em julgado da decisão que certificou as despesas, podendo ser exigida se demonstrado que deixou de existir a situação de insuficiência de recursos que justificou a concessão de gratuidade. Ultimado dito período, extinguir-se-á a obrigação de pagar.

O § 5º do art. 465 do Código de Processo Civil dispõe que, quando a perícia for **inconclusiva ou deficiente**, o juiz poderá **reduzir a remuneração** inicialmente arbitrada para o trabalho. Por óbvio, não é o simples fato de a perícia ser inconclusiva ou deficiente que vai justificar a redução dos honorários periciais. É necessário que a inconclusividade ou a deficiência tenham decorrido de ação/omissão culposa do perito. Por isso que o texto legal é claro ao apresentar a redução dos honorários apenas como uma possibilidade. Quando a inconclusividade decorrer de fator alheio à vontade do perito, não devem ser reduzidos seus honorários, sob pena de punir, injustificadamente, o trabalho desempenhado pelo profissional. Aliás, o Código estabelece que "o perito cumprirá escrupulosamente o encargo que lhe foi cometido, independentemente de termo de compromisso" (art. 466), pelo que não poderia o profissional, que assim agiu, ser penalizado.

22.4.4. Indicação de assistentes técnicos, formulação de quesitos e impugnação ao perito

Escolhido o perito, as partes serão **intimadas** do despacho de nomeação, incumbindo--lhes: a) indicar assistentes técnicos (podendo ser mais de um, nomeadamente quando se tratar de perícia complexa), que lhes auxiliarão, sendo eles de confiança da parte e não estão sujeitos a impedimento ou suspeição; b) apresentar quesitos a serem respondidos, sem prejuízos dos suplementares[14], que poderão ser formulados durante a diligência, cientificando-se a parte contrária da respectiva juntada aos autos. Poderão as partes, ainda, **questionar** a **qualificação técnica** do profissional nomeado, bem assim a sua **imparcialidade** (STJ. AgRg no REsp 502605/PR. DJU 21.05.07).

Na formulação de quesitos ao perito, não se deve pedir-lhe **conclusões jurídicas**. A ele incumbe, como auxiliar da justiça, informar o juiz sobre a matéria de fato, para que este, sim, conclua. Eventuais conclusões jurídicas formuladas pelo perito são inócuas e não devem ser consideradas, porque, no processo, é o juiz o titular exclusivo do poder de decidir. Aliás, incumbe ao juiz: a) indeferir quesitos impertinentes (dentre os quais, aqueles que visem a alcançar, do perito, conclusões jurídicas); b) formular os quesitos que entender necessários ao esclarecimento da causa.

22.4.5. Escusas que podem ser apresentadas pelo perito

Por sua vez, o perito pode **escusar-se** (quando, por exemplo, a tarefa for impossível, ela puder lhe acarretar ônus excessivo, ou não tiver conhecimento necessário para desempenho do encargo) ou ser recusado por impedimento ou suspeição (de acordo com as hipóteses descritas pelos artigos 144 e 145 c/c art. 148 do Código de Processo Civil). O juiz, ao aceitar a escusa ou ao julgar procedente a impugnação, nomeará novo perito.

14. PERÍCIA. CUSTAS. QUESITOS SUPLEMENTARES.Os honorários periciais relativos a quesitos suplementares que, como no caso dos autos, configuram em realidade uma nova perícia, devem ser adiantados pela parte que os formula. Essa orientação, além de respeitar a real natureza da nova quesitação ainda impede eventual comportamento processual malicioso. REsp 842.316, Rel. Min. Sidnei Beneti, j. 25.5.10. 3ª T. (Info 436)

22.4.6. Substituição do perito

O perito pode ser **substituído** quando: a) faltar-lhe conhecimento técnico ou científico; b) sem motivo legítimo, deixar de cumprir o encargo no prazo que lhe foi assinado. Nessa última hipótese, o juiz comunicará a ocorrência à corporação profissional respectiva, podendo, ainda, impor multa ao perito, fixada tendo em vista o valor da causa e o possível prejuízo decorrente do atraso no processo.

O perito substituído **restituirá**, no prazo de 15 dias, os valores recebidos pelo trabalho não realizado, sob pena de ficar impedido de atuar como perito judicial pelo prazo de 05 anos. Não ocorrendo a restituição voluntária, a parte que tiver realizado o adiantamento dos honorários poderá promover execução contra o perito com fundamento na decisão que determinar a devolução do numerário.

22.4.7. Acompanhamento dos trabalhos realizados pelo perito

O perito deve assegurar aos assistentes das partes o acesso e o acompanhamento das diligências e dos exames que realizar, com prévia comunicação, comprovada nos autos, com antecedência mínima de 05 dias. Além disso, as partes, sob pena de nulidade[15], terão ciência da data e do local designados pelo juiz ou indicados pelo perito para ter início a produção da prova[16].

22.4.8. Prova técnica simplificada ("perícia informal")

De ofício ou a requerimento das partes, o juiz poderá, em substituição à perícia, determinar a produção de **prova técnica simplificada**, quando o ponto controvertido for de menor complexidade. A prova técnica simplificada consistirá apenas na inquirição de especialista, pelo juiz (em audiência, onde poderão comparecer, até porque serão intimados, as partes e seus assistentes técnicos), sobre ponto controvertido da causa que exija especial conhecimento científico ou técnico. Durante a arguição, o especialista, que deverá ter

---

15. Abuso sexual. Criança. Perícia. Nulidade.A rígida observância do procedimento previsto no CPC é imprescindível, mormente o estabelecido no art. 431-A, porque a intimação do início da produção da prova propicia à parte e ao seu assistente, além do singelo acompanhamento do desenvolvimento da perícia, o questionamento da capacidade técnico-científica do perito indicado e sua eventual substituição, nos termos do art. 424, I, do CPC, como também a apresentação de quesitos suplementares (art. 425 do mesmo codex). Observou que todas essas possibilidades outorgam, potencialmente, à parte, a condição de incrementar sua linha de defesa com o acréscimo de dados ou a infirmação das conclusões periciais. Desse modo, entendeu pela nulidade da perícia, em decorrência da não intimação da recorrente para o início da produção do laudo pericial e, reputando-a como insanável, notadamente por implicar essa ausência de acompanhamento do assistente técnico possível supressão de informações na busca da preservação da integridade física e psicológica da criança. REsp 1.153.849, rel. p/ac. Min. Nancy Andrighi, j. 9.11.10. 3ª T. (Info 455)
16. Perícia. Intimação.Em atenção ao princípio do contraditório, o juiz deve intimar as partes a fim de possibilitar-lhes a indicação de assistentes técnicos e a apresentação de quesitos, após nomear seu perito responsável pela produção da prova pericial (art. 421, § 1º, do CPC). As partes têm o direito de contradizer o laudo, refutá-lo ou mesmo requerer esclarecimentos sobre ele, providências que só podem ser ultimadas se intimadas as partes para tanto. Não pode ser acolhida a alegação de ser necessária a demonstração do prejuízo para o fim de reconhecer a nulidade arguida, visto que o prejuízo foi evidenciado quando o juízo singular, ao ter como improcedente o pedido nos embargos à execução, expressamente se embasou na prova pericial obtida sem a ciência das partes. REsp 812.027, rel. Min. Maria T. A. Moura, j. 5.10.10. 6ª T. (Info 450)

formação acadêmica específica na área objeto de seu depoimento, poderá valer-se de qualquer recurso tecnológico de transmissão de sons e imagens com o fim de esclarecer os pontos controvertidos da causa.

22.4.9. Desempenho do encargo

Para o desempenho de sua função, o perito e os assistentes técnicos podem valer-se de **todos os meios necessários ao cumprimento do encargo**, ouvindo testemunhas, obtendo informações, solicitando documentos que estejam em poder da parte, de terceiros ou em repartições públicas, bem como instruir o laudo com planilhas, mapas, plantas, desenhos, fotografias ou outros elementos necessários ao esclarecimento do objeto da perícia.

22.4.10. Apresentação do laudo pericial

O perito protocolará o laudo em juízo, no prazo fixado pelo juiz, pelo menos 20 dias antes da audiência de instrução e julgamento (se ele, por motivo justificado, não puder apresentar o laudo dentro do prazo, o juiz poderá conceder-lhe, por uma vez, prorrogação pela metade do prazo originalmente fixado). Se não respeitado o prazo de precedência mínima, o juiz não realizará audiência de instrução e julgamento (a não ser que as partes não fiquem submetidas a qualquer prejuízo).

22.4.11. Conteúdo do laudo pericial

O **laudo pericial** deverá **conter**: a) a exposição do objeto da perícia; b) a análise técnica ou científica realizada pelo perito; c) a indicação do método utilizado, esclarecendo-o e demonstrando ser predominantemente aceito pelos especialistas da área do conhecimento da qual se originou; d) resposta conclusiva a todos os quesitos apresentados pelo juiz, pelas partes e pelo órgão do Ministério Público. No laudo, o perito deve apresentar sua fundamentação em linguagem simples e com coerência lógica, indicando como alcançou suas conclusões, sendo vedado ao perito ultrapassar os limites de sua designação, bem como emitir opiniões pessoais que excedam o exame técnico ou científico do objeto da prova.

22.4.12. Considerações em torno do laudo pericial

Depois de apresentado o laudo pericial, as **partes** serão intimadas para, querendo, **manifestar-se** a seu respeito, no prazo comum de 15 dias, podendo o **assistente técnico** de cada uma das partes, em igual prazo, **apresentar** seu respectivo **parecer**.

22.4.13. Esclarecimentos a serem prestados pelo perito

O **perito** do juízo, depois de ter entregado o laudo, tem o dever de, no prazo de 15 dias, **esclarecer** ponto: a) sobre o qual exista divergência ou dúvida de qualquer das partes, do juiz ou do órgão do Ministério Público; b) divergente apresentado no parecer do assistente técnico da parte (inciso II do § 2º do art. 477 do CPC). Se ainda assim persistir a necessidade de esclarecimentos, a parte requererá ao juiz que mande intimar o perito ou o assistente técnico a comparecer à audiência de instrução e julgamento, formulando, desde logo, as perguntas, sob forma de quesitos, cuja intimação ocorrerá por meio eletrônico, com pelo menos 10 dias de antecedência da audiência (§§ 3º e 4º do art. 477)[17].

Permite-se o adiamento da audiência de instrução e julgamento na hipótese de o perito não comparecer, ainda que por motivo injustificado, embora o art. 362, II, do CPC faça referência a "motivo justificado".

22.4.14. Realização de nova perícia

Quando a matéria não estiver suficientemente esclarecida, o juiz determinará, de ofício ou a requerimento da parte, a realização de nova perícia. A segunda perícia tem por objeto os mesmos fatos sobre os quais recaiu a primeira e destina-se a corrigir eventual omissão ou inexatidão dos resultados a que esta conduziu. Reger-se-á pelas disposições estabelecidas para a primeira e não a substitui, cabendo ao juiz apreciar o valor de uma e de outra. Eventual indeferimento do requerimento de realização de nova perícia não caracteriza cerceamento do direito de defesa, caso os elementos necessários a justificar a formação do convencimento do juiz estejam presentes a partir dos meios probatórios já produzidos.

O juiz apreciará a prova pericial independentemente do sujeito que a tiver promovido, indicando na sentença os motivos que o levaram a considerar ou a deixar de considerar as conclusões do laudo, levando em conta o método utilizado pelo perito.

23. INSPEÇÃO JUDICIAL

23.1. Definição

A inspeção judicial é o meio de prova consistente na **percepção sensorial direta do juiz** sobre qualidades e/ou circunstâncias corpóreas de pessoas, coisas ou lugares relacionados com o objeto litigioso do processo. Em conta disso, a sua produção é indelegável a qualquer outro sujeito processual. Mas, nada impede que um juiz, em substituição, utilize-se a inspeção anteriormente realizada.

Pode ser realizada, a inspeção judicial, de ofício ou a requerimento da parte, em qualquer fase do processo, a fim de esclarecer assertiva fática que interesse à decisão da causa. Dito meio de prova tem o fito de promover o convencimento judicial, a colocar o julgador em contato direto com a coisa, pessoa ou lugar, cuja assertiva fática relacionada requer esclarecimento, justificando-se sua realização porque, muitas vezes, só a observação pessoal é capaz de fornecer elementos sólidos de convicção.

23.2. Discricionariedade na realização da prova pericial

Sua realização é **ato discricionário do juiz**, cabendo a ele aferir a conveniência (no caso de o juiz não tiver formado seu convencimento a partir dos elementos probatórios carreados

---

17. Os prazos trazidos pelos textos legais mencionados podem ser inconciliáveis, a considerar que o laudo deve ser apresentado em até 20 antes da audiência de instrução e julgamento. Isso porque não haveria como o perito juntar o laudo 20 dias antes da audiência e, depois, nesse interregno, as partes e seus assistentes técnicos, no prazo de 15 dias, pronunciarem-se acerca do laudo e, nos 15 dias seguintes, o perito prestar seus esclarecimentos, que, se não forem suficientes, possibilitará o comparecimento do expert à sessão, mediante intimação com antecedência mínima de 10 dias.

ao processo) e a oportunidade (no caso de os efeitos do tempo sobre o processo não tiverem o condão de comprometer o seu resultado útil)[18].

23.3. Assistência por perito(s)

O juiz poderá ser assistido de um ou mais peritos, considerando que, no curso da inspeção, pode necessitar de explicações técnicas sobre aspectos, que escapem ao âmbito de seus próprios conhecimentos. Essa circunstância não equipara a inspeção judicial à perícia, uma vez que não há oferecimento de quesitos, nem a apresentação de laudo pelo técnico. A inspeção judicial é mero contato sensorial com fim de alcançar esclarecimentos, sem que sejam necessários os conhecimentos técnicos do perito.

O conhecimento extraído por intermédio da inspeção judicial é menos profundo que aquele obtido com a realização da prova pericial. Entretanto, possui a vantagem do contato imediato entre o juiz e a fonte de prova, sem a participação de intermediários, que nem sempre reproduzem com fidelidade as impressões obtidas. Nada obstante a realização de inspeção judicial, isso não impede que, diante da observação feita, venha o órgão judicial a convencer-se da necessidade de prova pericial, ordenando (ou possibilitando) sua realização.

23.4. Submissão à inspeção judicial

As partes têm o dever de se submeter à inspeção judicial. O terceiro não, porquanto a regra geral de colaboração com o Poder Judiciário para o alcance da verdade não basta para lhe obrigar. Aquelas podem se escusar de realizar inspeção judicial utilizando-se, analogicamente, das regras de escusa para prestar depoimento pessoal e para apresentar documento ou coisa.

Relativamente à inspeção de coisa, ao terceiro há o dever legal de exibi-la, podendo apresentar as escusas legais para exibição de documento ou coisa. Não incide a determinação de realização de depósito da coisa, que só é aplicável em cumprimento de pronunciamento jurisdicional emanado em exibição de documento ou coisa. Se a oposição do terceiro impossibilitar a inspeção, apenas as sanções penais (decorrente do possível cometimento de crime de desobediência) poderão ser-lhe impostas.

O juiz irá ao local onde se encontre a pessoa ou a coisa quando (exemplificativamente): a) julgar necessário para a melhor verificação ou interpretação dos fatos que deva observar; b) a coisa não puder ser apresentada em juízo sem consideráveis despesas ou graves dificuldades; determinar a reconstituição dos fatos.

23.5. Comunicação das partes

Independentemente do local onde for realizado o ato de inspeção, as partes têm sempre direito a assistir à inspeção, prestando esclarecimentos e fazendo observações que considerem de interesse para a causa. Por consequência, as partes devem ser **cientificadas** sobre o dia,

18. Aliás, a insistência pela parte na realização de inspeção judicial pode denotar seu reconhecimento de que as provas até então juntadas por si não foram suficientes para formar o convencimento do juiz.

horário e local da realização da inspeção judicial, podendo elas, se entender necessário, fazerem-se acompanhadas de assistentes técnicos.

23.6. Auto circunstanciado

Concluída a diligência, o juiz mandará lavrar **auto circunstanciado**, mencionando nele tudo quanto for útil ao julgamento da causa. Ele (o auto circunstanciado) poderá ser instruído com desenho, gráfico ou fotografia, mencionando nele tudo quanto for útil ao julgamento da causa, inclusive as impressões colhidas, que sejam relevantes para a causa. Essa é a disposição do parágrafo único do art. 484 do Código de Processo Civil. Nada impede, contudo, que o auto circunstanciado seja instruído com documentos, tais como reproduções cinematográficas e fonográficas, que, aliás, são mais contextualizadas às novas tecnologias de registro.

Se não for lavrado o auto circunstanciado, a inspeção perde o valor de prova (STJ. Ag 14.646/MG. DJU 05.04.93), porquanto o sistema de valoração de provas adotado, de forma predominante, pelo sistema jurídico brasileiro é o livre convencimento motivado, e não da convicção íntima (exceção aplicada apenas ao tribunal do júri), que subsistiria, caso fosse dispensada aquele registro.

Questão de Concurso

▶ **(Vunesp – Outorga de delegação de serviços notariais e registrais – Remoção – TJ – RS/2019)**[19] O juiz poderá inspecionar pessoas ou coisas, a fim de se esclarecer sobre fato que interesse à decisão da causa, denominando-se tal ato como inspeção judicial, sendo certo que

(A) concluída a diligência, o juiz mandará lavrar auto circunstanciado, mencionando nele tudo quanto for útil ao julgamento da causa, o qual poderá ser instruído com desenho, gráfico ou fotografia.

(B) ao realizá-la, o magistrado não poderá ser assistido por perito, a fim de que seja mantida a sua imparcialidade.

(C) para fins de reconstituição dos fatos, as pessoas serão levadas à presença do juiz da causa na sede do juízo.

(D) as partes têm direito a assistir à inspeção, porém sem fazer observações.

(E) deve ser determinado, apenas por requerimento de uma das partes, podendo ser realizada em qualquer fase do processo.

24. SÚMULAS

Súmulas do STF

260. O exame de livros comerciais, em ação judicial, fica limitado às transações entre os litigantes.

Súmulas do STJ

232. A Fazenda Pública, quando parte no processo, fica sujeita à exigência do depósito prévio dos honorários do perito.

389. A comprovação do pagamento do custo do serviço referente ao fornecimento de certidão de assentamento constantes dos livros da companhia é requisito de procedibilidade da ação de exibição em face da sociedade anônima.

19. Gabarito: Letra A

25. ENUNCIADOS DO FPPC

11. O litisconsorte unitário, integrado ao processo a partir da fase instrutória, tem direito de especificar, pedir e produzir provas, sem prejuízo daquelas já produzidas, sobre as quais o interveniente tem o ônus de se manifestar na primeira oportunidade em que falar no processo.

50. Os destinatários da prova são aqueles que dela poderão fazer uso, sejam juízes, partes ou demais interessados, não sendo a única função influir eficazmente na convicção do juiz.

51. A compatibilização do disposto nestes dispositivos (art. 378; art. 379 do CPC) com o art. 5º, LXIII, da CF/1988, assegura à parte, exclusivamente, o direito de não produzir prova contra si em razão de reflexos no ambiente penal.

52. Para a utilização da prova emprestada, faz-se necessária a observância do contraditório no processo de origem, assim como no processo de destino, considerando-se que, neste último, a prova mantenha a sua natureza originária.

53. Na ação de exibição não cabe a fixação, nem a manutenção de multa quando a exibição for reconhecida como impossível.

54. Fica superado o enunciado 372 da súmula do STJ ("Na ação de exibição de documentos, não cabe a aplicação de multa cominatória") após a entrada em vigor do CPC, pela expressa possibilidade de fixação de multa de natureza coercitiva na ação de exibição de documento.

156. Não configura induzimento, constante do art. 459, caput, a utilização de técnica de arguição direta no exercício regular de direito.

157. Deverá ser facultada às partes a formulação de perguntas de esclarecimento ou complementação decorrentes da inquirição do juiz.

158. Constitui direito da parte a transcrição de perguntas indeferidas pelo juiz.

297. O juiz que promove julgamento antecipado do mérito por desnecessidade de outras provas não pode proferir sentença de improcedência por insuficiência de provas.

340. Observadas as regras de distribuição, o relator pode delegar a colheita de provas para juízo distinto do que proferiu a decisão rescindenda.

366. O protesto genérico por provas, realizado na petição inicial ou na contestação ofertada antes da vigência do CPC, não implica requerimento de prova para fins do art. 1047.

514. O juiz não poderá revogar a decisão que determinou a produção de prova de ofício sem que consulte as partes a respeito.

515. Aplica-se o disposto no art. 489, § 1º, também em relação às questões fáticas da demanda.

516. Para que se considere fundamentada a decisão sobre os fatos, o juiz deverá analisar todas as provas capazes, em tese, de infirmar a conclusão adotada.

517. A decisão judicial que empregar regras de experiência comum, sem indicar os motivos pelos quais a conclusão adotada decorre daquilo que ordinariamente acontece, considera-se não fundamentada.

518. Em caso de exibição de documento ou coisa em caráter antecedente, a fim de que seja autorizada a produção, tem a parte autora o ônus de adiantar os gastos necessários, salvo hipóteses em que o custeio incumbir ao réu.

519. Em caso de impossibilidade de obtenção ou de desconhecimento das informações relativas à qualificação da testemunha, a parte poderá requerer ao juiz providências necessárias para a sua obtenção, salvo em casos de inadmissibilidade da prova ou de abuso de direito.

569. O art. 1.047 não impede convenções processuais em matéria probatória, ainda que relativas a provas requeridas ou determinadas sob vigência do CPC-1973.

677. É possível a ampliação do número de testemunhas, em razão da complexidade da causa e dos fatos individualmente considerados.

678. É lícita a imposição de multa por ato atentatório à dignidade da justiça, em caso de descumprimento injustificado por terceiro da ordem de informar ao juiz os fatos e as circunstâncias de que tenha conhecimento ou de exibir coisa ou documento que esteja em seu poder.

26. ENUNCIADOS DO FNPP

63. O processo administrativo fiscal admite a utilização de prova emprestada decorrente de processos administrativos e judiciais, não condicionada à identidade de partes.

64. É possível a utilização, no processo administrativo fiscal, de prova documental obtida na rede mundial de computadores, independentemente de registro, ato notarial ou certificação digital.

83. Nas demandas relativas a tratamento de saúde não incluso no rol do SUS, a perícia médica será sempre necessária, mesmo quando o processo, estiver instruído com os pareceres técnicos da câmara de saúde local, do NATS (CNJ) ou recomendações da CONITEC, inclusive no âmbito dos Juizados.

90. A Turma Recursal pode complementar os atos de instrução realizados pelo juiz do Juizado Especial se entender insuficiente a instrução probatória realizada.

27. ENUNCIADOS DO CJF

30. É admissível a prova emprestada, ainda que não haja identidade de partes, nos termos do art. 372 do CPC.

31. A compatibilização do disposto nos arts. 378 e 379 do CPC com o art. 5º, LXIII, da CF/1988, assegura à parte, exclusivamente, o direito de não produzir prova contra si quando houver reflexos no ambiente penal.

32. A vedação à apresentação de defesa prevista no art. 382, § 4º, do CPC, não impede a alegação pelo réu de matérias defensivas conhecíveis de ofício.

33. No depoimento pessoal, o advogado da contraparte formulará as perguntas diretamente ao depoente.

34. A qualificação incompleta da testemunha só impede a sua inquirição se houver demonstração de efetivo prejuízo.

28. INFORMATIVOS

Informativos do STJ

A inversão do ônus probatório leva consigo o custeio da carga invertida, não como dever, mas como simples faculdade, sujeita as conseqüências processuais advindas da não produção da prova. Quanto à inversão do ônus da prova, o art. 373, § 1º, do Código de Processo Civil, em perfeita sintonia com a Constituição de 1988, reproduz, na relação processual, a transição da isonomia formal para a isonomia material. Não se trata de prerrogativa judicial irrestrita, pois depende ora de previsão legal (direta ou indireta, p. ex., como consectário do princípio da precaução), ora, na sua falta, de peculiaridades da causa, associadas quer à impossibilidade ou a excessivo custo ou complexidade de cumprimento do encargo probante, quer à maior capacidade de obtenção da prova pela parte contrária. Naquela hipótese, em reação à natureza espinhosa da produção probatória, a inversão foca em dificuldade do beneficiário da inversão; nesta, prestigia a maior facilidade, para tanto, do detentor da prova do fato contrário. Qualquer elemento probatório, pontualmente – ou todos eles conjuntamente –, pode ser objeto da decretação de inversão, desde que haja adequada fundamentação judicial. A alteração ope legis ou ope judicis da sistemática probatória ordinária leva consigo o custeio da carga invertida, não como dever, mas como simples faculdade. Logo, não equivale a compelir a parte gravada a pagar ou a antecipar pagamento pelo que remanescer de ônus do beneficiário. Modificada a atribuição, desaparece a necessidade de a parte favorecida provar aquilo que, daí em diante, integrar o âmbito da inversão. Ilógico e supérfluo requisitar que produza o réu prova de seu exclusivo interesse disponível, já que a omissão em nada prejudicará o favorecido ou o andamento processual. Ou seja, a inversão não implica transferência ao réu de custas de perícia requerida pelo autor da demanda, pois de duas, uma: ou tal prova continua com o autor e somente a ele incumbe, ou a ele comumente cabia e foi deslocada para o réu, titular da opção de, por sua conta e risco, cumpri-la ou não. Claro, se o sujeito titular do ônus invertido preferir não antecipar honorários periciais referentes a seu encargo probatório, presumir-se-ão verdadeiras as alegações da outra parte. REsp 1.807.831-RO, Rel. Min. Herman Benjamin, Segunda Turma, por unanimidade, julgado em 07/11/2019, DJe 14/09/2020. Inf. 679.

Na vigência do CPC/2015, o juízo deprecante é o competente para a degravação de depoimento colhido por carta precatória. Inicialmente, frisa-se que o cumprimento de carta precatória é composto por diversos atos, os quais possuem suficiente autonomia para que não sejam considerados um ato único, mas sim como vários procedimentos isolados, aos quais é possível a aplicação de norma processual superveniente. Sob a égide do Código de Processo Civil de 1973, a jurisprudência da Segunda Seção se consolidou no sentido de que cabia ao juízo deprecado a realização da degravação, pois o ato integrava a diligência a ser realizada e o Código, conquanto permitisse a colheita do depoimento por outro meio idôneo, previa sua degravação quando o juiz assim determinasse, de ofício ou por requerimento das partes, ou quando houvesse recurso da sentença. O Código de Processo Civil de 2015 inovou ao permitir, no § 1º do artigo 453, a oitiva de testemunha que residir em comarca diversa por meio de videoconferência, o que dispensa, inclusive, a utilização de carta precatória, ao menos em parte. Além disso, a gravação passou a ser um método convencional, ficando a degravação prevista apenas para hipóteses excepcionais em que, em autos físicos, for interposto recurso, sendo impossível o envio da documentação eletrônica. Observa-se que o artigo 460 do CPC/2015 não mais prevê, como fazia o artigo 417, § 1º, do CPC/1973, a degravação "noutros casos, quando o juiz o determinar, de ofício ou a requerimento da parte". Isso não significa que essas hipóteses são vedadas, mas demonstra o intuito do novo Código de incentivar a utilização da mídia eletrônica, tornando a degravação uma situação excepcional. Nesse contexto, como a gravação passou a ser um método convencional e a degravação está prevista somente "quando for impossível o envio de sua documentação eletrônica", parece que o juízo deprecado pode realizar a colheita da prova por gravação sem realizar a transcrição, pois se supõe que o envio da mídia eletrônica já é suficiente para se entender o ato como completo, estando regularmente cumprida a carta precatória. Assim, à luz do disposto no artigo 460 do CPC/2015, compete ao juízo deprecante realizar ou autorizar que as partes realizem a degravação caso se mostre necessária. CC 150.252-SP, Rel. Min. Ricardo Villas Bôas Cueva, Segunda Seção, por unanimidade, julgado em 10/06/2020, DJe 16/06/2020. Inf. 674.

29. SINOPSE

PROVAS EM ESPÉCIE
Considerações iniciais
Na fase de conhecimento, ultrapassada a etapa em que predomina a prática de atos postulatórios, dá-se início, depois efetuado o saneamento e a organização do processo, e quando necessária, à etapa que se caracterizará pela prática de atos predominantemente probatórios. Caberá ao juiz, de ofício ou a requerimento da parte, a fim de formar seu convencimento, determinar as provas necessárias ao julgamento do mérito. Mas, ele deverá indeferir, em decisão fundamentada, as diligências consideradas inúteis ou meramente protelatórias.
Classificação
a) quanto aos fatos: diretas, ou indiretas (indiciárias); b) quanto ao sujeito: pessoais ou reais; c) quanto à preparação: casuais ou pré-constituídas.
Objeto
A prova, em regra, tem como objeto as proposições fáticas relevantes para a solução do mérito delimitado pelas afirmações de existência de direito trazidas pela ação e/ou pela defesa. Todavia, há fatos que, por suas características ou circunstâncias, não precisam ser demonstrados. São eles: a) notórios: b) afirmados por uma parte e confessados pela parte contrária; c) admitidos no processo como incontroversos; d) em cujo favor, milita a presunção legal de existência ou de veracidade.
Finalidade
Como decorrência lógica de seu próprio objeto, as provas devem buscar a formação da convicção do juiz, a possibilitar a solução do mérito sob o amparo de uma verdade aparente, a se evitar pronunciamentos jurisdicionais sob o estado de perplexidade.

Destinatários
As provas, por serem elementos de formação da convicção do juiz, têm como destinatário direto o Estado, representado na pessoa daquele embora possa ser que ele sequer faça apreciação.
Valoração
São três os critérios de valoração das provas: a) critério legal; b) livre convicção (ou convicção íntima do juiz); c) livre convencimento motivado (ou persuasão racional do juiz).
Ônus
Pode ser: distribuição estática, por convenção, distribuição dinâmica ou inversão do ônus da prova.
Comunhão
As provas **pertencem ao processo**, pouco importando o sujeito quem as produziu. Ao juiz, incumbe analisar o conjunto probatório em sua globalidade, sem perquirir a quem competiria o ônus probatório.
Poder de Instrução
A proposição de provas, a princípio, cabe às partes, pois conhecem bem os fatos e, por conseguinte, encontram-se em melhores condições de identificar as fontes. Contudo, o juiz indeferirá, em decisão fundamentada, as diligências inúteis ou meramente protelatórias. De igual modo, caberá ao juiz, de ofício ou a requerimento da parte, determinar as provas necessárias ao julgamento do mérito.
Prova Emprestada
Consiste no transporte da prova, via **certidão** ou mesmo em **cópia**, de um processo para outro.
Provas Ilícitas
Aquelas obtidas em violação a disposições de direito material, principalmente as contidas na Constituição da República (violação da intimidade, da vida privada, da honra, da imagem, do domicílio, e das comunicações). Ilícita, portanto, é a forma de obtenção e não a espécie.
Meios Típicos e Atípicos de provas
Entre os meios típicos de prova, estão previstos no Código de Processo Civil o depoimento pessoal, a prova documental, a prova testemunhal, a prova pericial e a inspeção judicial. Por outro giro, entre os meios de provas atípicos (ou inominados), estão as informações constantes em certidão lavrada pelo oficial de justiça e o comportamento processual das partes.
Produção Antecipada da Prova
A produção antecipada da prova será admitida, qualquer que seja a sua espécie, nos casos em que: a) haja fundado receio de que venha a tornar-se impossível ou muito difícil a verificação de certos fatos na pendência da ação; b) a prova a ser produzida seja suscetível de viabilizar a autocomposição ou outro meio adequado de solução de conflito; c) o prévio conhecimento dos fatos possa justificar ou evitar o ajuizamento de ação.
Ata Notarial
A ata notarial se conjuga diretamente com os modernos meios de produção e transmissão de dados. É instrumento utilizado para garantir a necessária segurança à prova trazida aos autos do processo. Para se dar um exemplo, não teria muita valia os *prints* da tela de um computador ou de um telefone, que captasse informações nelas trazidas, se não houvesse uma ata notarial para atestar a identidade de seu remetente e de seu receptor.
Depoimento pessoal
O depoimento pessoal é o meio de prova que tem por **fonte** as partes litigantes. Sua principal **finalidade** é obter a confissão da parte depoente sobre as proposições fáticas relevantes ao deslinde da causa.
Confissão
A confissão **não é um meio de prova**. Pode ser objeto de um meio de prova (advindo, por exemplo, do depoimento pessoal, do comportamento processual, da prova documental), mas meio de prova não é. Há confissão quando a parte, relativamente a **direitos disponíveis**, admite a verdade de uma proposição fática contrária ao seu interesse e, ao mesmo tempo, favorável ao da parte adversa, ou quando a parte nega proposições fáticas favoráveis ao seu interesse.

Exibição de documento ou coisa
É um ônus para a parte e um dever para o terceiro, pois ninguém se exime do dever de colaborar com o Poder Judiciário para o descobrimento da verdade. Apesar de não ser um meio de prova, é através da exibição de documento ou coisa que se busca, de ofício ou a requerimento, carrear aos autos o documento e/ou objeto úteis a fim de submetê-los à perícia ou de simplesmente ser visto.
Prova documental
Funda-se em documento, que é todo objeto capaz de cristalizar um fato efêmero, tornando-o permanente.
Prova testemunhal
A prova testemunhal consiste na narração, por **pessoa capaz**, **imparcial** e **estranha** à relação processual, de fatos importantes à solução do mérito, os quais são conhecidos **sensorialmente** por aquela.
Prova pericial
A perícia se consubstancia na **verificação** realizada em **pessoas ou coisas**, por **profissional** detentor de conhecimentos técnicos ou científicos, com a finalidade de obter informações capazes de esclarecer dúvidas quanto a assertivas relacionadas a **fatos complexos**.
Inspeção judicial
É o meio de prova consistente na percepção sensorial direta do juiz sobre qualidades e/ou circunstâncias corpóreas de pessoas, coisas ou lugares relacionados com o litígio.

CAPÍTULO 33

SENTENÇA

Sumário • 1. Considerações iniciais – 2. Definição – 3. Requisitos: 3.1. Considerações gerais; 3.2. Considerações específicas – 4. Classificação das sentenças: 4.1. Quanto à solução do mérito; 4.2. Quanto à carga eficacial predominante; 4.3. Quanto à delimitação da repercussão econômica – 5. Correlação entre sentença e demanda – 6. Efeitos – 7. Publicação – 8. Sentenças não resolutivas de mérito – 9. Sentenças resolutivas de mérito – 10. Interpretação da decisão judicial – 11. Definição, em sentença (decisão judicial), da extensão da obrigação de pagar quantia – 12. Relação jurídica condicional e certeza do ato decisório – 13. Fatos novos, que sejam constitutivos, modificativos ou extintivos do direito a influir no julgamento do mérito – 14. Ordem cronológica – 15. Hipoteca judiciária – 16. Remessa necessária – 17. Julgamento das ações relativas às prestações de fazer, de não fazer e de entregar coisa: 17.1. Ação que tenha por objeto prestação de fazer ou não fazer; 17.2. Ação que tenha por objeto a entrega de coisa; 17.3. Conversão da obrigação em perdas e danos; 17.4. Ação que tenha por objeto a emissão de declaração de vontade – 18. Súmulas – 19. Enunciados do FPPC – 20. Enunciados do FNPP – 21. Enunciados da Enfam – 22. Enunciados do CJF – 23. Informativos – 24. Sinopse.

1. CONSIDERAÇÕES INICIAIS

A atividade jurisdicional, que, predominantemente, é ofertada pelo Estado, é indeclinável. Provocada a jurisdição, ela deve ser prestada. O ideal é que os pressupostos processuais e as condições da ação estejam devidamente preenchidos, a possibilitar, depois de suficientes esclarecimentos (se necessário for), o enfretamento da(s) questão(ões) apresentada(s) com o consequente apontamento da solução de mérito. Mas este cenário ideal nem sempre ocorrerá, pelo que poderá ensejar a prolação de sentenças que não resolvam o mérito e, mesmo quando resolvam, faça de forma ilegítima, porquanto, em alguns casos, pode ser deficiente de maior instrução processual ou mesmo desprovida de efetividade ou, até mesmo, de eficácia prática.

2. DEFINIÇÃO

O CPC/2015, no § 1º do art. 203, dispõe que, "ressalvadas as disposições expressas dos procedimentos especiais, sentença é o pronunciamento por meio do qual o juiz, com fundamento nos arts. 485 e 487, põe fim à fase cognitiva do procedimento comum, bem como extingue a execução".

Sob a égide do CPC/1973, o § 1º do art. 162 definia que "sentença é o ato do juiz que implica alguma das situações previstas nos arts. 267 e 269 desta Lei". A redação do dito dispositivo legal, trazida pela Lei nº 11.232/2005, por sua não correspondência ao estado das coisas, era severamente criticada pela doutrina.

Isso porque o juiz poderia proferir ato decisório de conteúdo previsto no art. 267 do CPC/1973, sem ter aptidão de pôr fim à fase do processo. Bom exemplo a ilustrar essa situação é o da decisão que reconhece a ilegitimidade de um dos litisconsortes. O conteúdo era fundado no art. 267 (inciso VI), mas não havia aptidão de encerrar a fase do processo.

Além disso, a sentença só conteria as hipóteses dos artigos 267 "e" 269 do CPC/1973 se fosse o caso de haver litisconsórcios, onde, com relação a um, haveria resolução de mérito e, em relação ao outro, não. Da mesma forma, se houvesse cumulação objetiva. Contudo, no comum das vezes, a sentença continha apenas uma das hipóteses dos artigos 267 "ou" 269 do CPC.

Também, não se podia dizer que a sentença "implicava" alguma das hipóteses dos arts. 267 e 269 do CPC/1973, porque, na maior parte das vezes, os fatos previstos nos suportes dos referidos dispositivos existem antes da sentença. A ser assim, a sentença não "implicava", mas, sim, "continha" alguma daquelas hipóteses.

Criticava-se mais. Em algumas ocasiões, a sentença poderia ter conteúdo diverso daqueles elencados pelos arts. 267 e 269 do CPC/1973. Tal ocorria quando proferida no curso da execução. Aliás, a título de acréscimo, a sentença, quando proferida na execução, extinguia (extingue) o próprio processo e não apenas uma "fase". Se não tivesse essa aptidão, não seria sentença.

A definição trazida pelo § 1º do art. 162 do CPC/1973, ainda, desconsiderava que alguns procedimentos especiais, além de possuírem tratamentos legais específicos, são compostos por várias fases. Falhava, portanto, por sua ampla generalidade, de modo que não era suficiente a explicar determinadas situações relacionadas aos procedimentos especiais.

A absorver essas críticas, foi trazida, pelo CPC/2015, outra definição legal pelo § 1º do art. 203. Só que o dispositivo, conquanto bem mais sofisticado em relação ao anterior, não fica indene de críticas. Peca por não prever a possibilidade, que chega a ser habitual, de interposição de recurso.

De fato, a sentença não necessariamente "põe fim à fase cognitiva do procedimento comum, bem como extingue a execução". Ela assim o fará se não for interposto recurso. Se interposto, não será colocado fim à fase de conhecimento, nem extinto o processo de execução. Tem a sentença, pois, apenas a aptidão de pôr fim à fase cognitiva e extinguir a execução.

Além do mais, faz-se necessário especificar que, nem sempre, haverá execução aparelhada em título executivo judicial, seja porque, quando possível, é, em muitas das vezes, apenas facultativa, além do que, em algumas outras situações, a sentença não reconhece direito à prestação, o que torna impossível sua execução.

Tal constatação remete à ilação de que, nos casos em que a sentença não reconhece direito à prestação em favor de qualquer das partes, a sentença, põe fim à fase de conhecimento, mas, também, ao próprio processo. Só que a disposição legal aqui analisada não prevê, pelo menos em sua literalidade, essa situação.

Mais uma ponderação a ser realizada. O texto do art. 203, § 1º, do CPC/2015, não deixa claro que, para pôr fim à fase cognitiva e pôr fim à execução, são necessárias diferentes sentenças (de conteúdos e aptidões diversas). Não é única sentença que, ao mesmo tempo, põe fim à fase de conhecimento e extingue a execução.

3. REQUISITOS

3.1. Considerações gerais

São três os requisitos estabelecidos como essenciais para a validade de uma sentença: a) relatório; b) fundamentos; c) dispositivo. De acordo com o que dispõe o art. 489 do Código de Processo Civil, eles estão ordenados nessa mesma sequência (primeiro, o relatório, depois, a fundamentação, e, por fim, o dispositivo), mas, conquanto a ordem apresentada pelo dispositivo legal mencionado seja costumeiramente seguida no cotidiano forense, não constitui uma forma a ser observada. Por isso, não há qualquer irregularidade em dispor, na sentença, os requisitos em ordem diversa.

É comum que as sentenças contenham ementa, que consiste em resumo das questões decididas. Não se trata, porém, de requisito da sentença, mas de simples adereço facultativo, que possibilita a imediata compreensão do julgado. A sua ausência não constitui qualquer irregularidade. Inclusive, apesar de, para os acórdãos, especificamente, dispor o § 1º o art. 943 do CPC que "todo acórdão conterá ementa", não se trata de requisito, porquanto, de uma forma geral, "presentes o relatório, os fundamentos da decisão e a parte dispositiva, não se decreta a invalidade do julgado" (STJ. REsp 995751/SP. DJe 25.11.08).

A sentença que não contiver relatório ou fundamentação (ainda que norma regimental disponha de forma diferente – STJ. REsp 182304/RS. DJU 14.12.98), será nula, e o ato que carece de dispositivo não pode ser considerado uma sentença.

3.2. Considerações específicas

a) Relatório:

O relatório é um resumo dos principais dados e ocorrências do processo. De acordo com o inciso I do art. 489 do CPC/2015, ele (o relatório) conterá os nomes das partes, a identificação do caso, com a suma do pedido e da contestação, e o registro das principais ocorrências havidas no andamento do processo.

Constitui requisito indispensável à sentença porque, é nele, que o juiz revela como compreendeu a controvérsia apresentada (ou, mesmo que não haja, o próprio objeto do processo) e, por consequência, apresenta quais serão as questões levadas a julgamento (STJ. RMS 25082/RJ. DJe 12.11.08). Ele identifica "o quê" está sendo levado à análise do julgador.

Antes, sob a vigência do CPC/1973, o art. 458, I, não exigia que o relatório trouxesse a "identificação do caso". A redação do dispositivo, desde a sua instituição até a sua revogação, nunca foi modificada. Naquela época (em 11 jan. 1973, quando foi publicado o anterior Código de Processo Civil), o direito processual brasileiro aproximava-se, com mais intensidade, da tradição positivista.

Todavia, após diversas reformas processuais, especialmente aquelas ocorridas durante a primeira década do século XXI, ocorreu uma intensa aproximação coexistencial à tradição do direito comum. O sistema processual brasileiro sofreu uma mutação, onde coexistem traços característicos de ambas as tradições jurídicas.

O CPC/2015, a dar continuidade a esse movimento de mutação sistêmica, reafirmou a instituição dos precedentes como fonte do direito. Em razão disso, o relatório deixou de ser uma simples narrativa, compromissada, muitas das vezes, apenas com o cumprimento de formalidade instituída. Dele, passou-se a exigir a efetiva identificação do caso, a fim de viabilizar a própria sustentação dos precedentes como fonte do direito.

Apesar da mudança em relação ao de CPC/1973, o texto do atual Código preserva alguns elementos da anterior definição legal. Um deles é a inclusão da suma do pedido e da resposta. Trata-se de resquício da delimitação do objeto litigioso do processo pelo pedido, embora, hoje, saiba-se que tal elemento não é mais suficiente para apresentar de forma fidedigna os parâmetros de atuação do julgador.

Seria mais preciso se o legislador tivesse colocado, no texto legal, que a sentença, no relatório, devia descrever, além dos demais elementos mencionados, as afirmações de existência de direito constantes em qualquer das petições apresentadas pelas partes, dentre as quais, a inicial e a resposta do réu.

Se assim tivesse procedido, o legislador, além de corrigir a parametrização da atividade do julgador (que deve ser delimitada pelas afirmações de existência de direito apresentadas pelas partes), guardaria coerência terminológica. É que a redação atual coloca, em relação ao autor, apenas um dos elementos da demanda (o pedido) como necessário, enquanto que, em relação ao réu, toda sua resposta, que pode, inclusive, veicular toda uma demanda.

E mais.

O legislador não foi coerente, a considerar que, quando exige do julgador a identificação do caso, exige mais que a simples identificação do pedido apresentado pelo autor. Faz-se necessário, para cumprir aquele elemento, qual seja, a identificação do caso, transcrever todas as afirmações de existência de direito, sobretudo porque serão enfrentadas na fundamentação da sentença.

Apesar da exigência de conteúdo, podem ser aproveitados relatórios constantes no processo, a exemplo daquele elaborado pelo Ministério Público em parecer, quando for o caso de sua intervenção. Se assim ocorrer, o julgador pode fazer constar na sentença o seguinte: "adoto como relatório o constante às fls., que passa a fazer parte desta sentença".

O mesmo (aproveitamento) pode ocorrer de forma parcial, situação em que o julgador, em vez de se adstringir ao relatório constante em outras peças processuais, a exemplo do constante numa decisão interlocutória, pode realizar alguma complementação. Se assim ocorrer, o julgador pode fazer constar na sentença: "adoto como relatório o constante às fls., o qual passa a fazer parte da sentença, acrescentando que [...]".

Esses são casos de relatórios indiretos (totais ou parciais), que, além de afirmarem a garantia da duração razoável do processo, proporcionam economia.

Nos Juizados Especiais, o relatório da sentença é facultativo, a teor do que dispõe o art. 38 da Lei nº 9.099/1995: "a sentença mencionará os elementos de convicção do Juiz, com breve resumo dos fatos relevantes ocorridos em audiência, dispensado o relatório". Compreensível que, nos Juizados Especiais, assim seja, porque as questões apresentadas à solução são menos complexas[1].

1. Lei nº 9.099/1995. Art. 3º O Juizado Especial Cível tem competência para conciliação, processo e julgamento das causas cíveis de menor complexidade, assim consideradas:I – as causas cujo valor não exceda a quarenta vezes o

A Associação dos Magistrados do Brasil, quando da tramitação do Projeto do Código de Processo Civil, enviou para o Congresso Nacional proposta de "abolir o relatório da sentença", sob a justificativa de que "a narrativa das teses deve ser feita, objetivamente, quando de sua análise, na fundamentação". A proposta foi rejeitada, porque representava incompatibilidade com a aproximação do direito processual brasileiro à tradição do direito comum.

A eliminação do relatório da sentença, se tivesse sido acolhida a proposta enviada pela AMB, impossibilitaria a identificação do caso e, assim, a segura aplicação de precedentes.

b) Fundamentos:

A fundamentação é um requisito, cuja exigência tem origem constitucional. O juiz, de forma suficiente, deve analisar e decidir os pontos de fato e de direito apresentados ao longo do processo (ainda que não sejam questões, ante a eventual falta de controvérsia), enfrentando todos os argumentos relacionados, a evidenciar os motivos de sua convicção em face do material probatório que lhe foi apresentado e do respectivo plano jurídico.

Na fundamentação, o juiz identifica o "porquê" de decidir de determinada maneira, a possibilitar, em consequência, a compreensão do julgado (ante a irradiação dos motivos determinantes) e, ao mesmo passo, o controle do ato jurisdicional, a fim a evitar o cometimento de abusos por parte do juiz.

Em atendimento ao dever de fundamentação, pode o juiz fazer referência às razões invocadas por algumas das partes (ou mesmo pelo Ministério Público, ainda que atue como fiscal da ordem jurídica) (STJ. REsp 403.155/SP. DJe 18.06.09). Aliás, não é incomum o juiz trazer como fundamento de decidir aqueles apresentados em eventual decisão interlocutória anteriormente proferida.

Quando ocorre de o julgador trazer como fundamento aqueles anteriormente apresentados, ele faz contar o seguinte na sentença: "adoto como razões de decidir aquelas apresentadas na decisão de fls., cujo teor é o seguinte...". Tal conduta (fundamentação *per relationem*), ao entendimento dos tribunais superiores, não significa violação ao dever de fundamentar (STF: RE 635729/SP, DJe 13.07.11; STJ: EDcl no AgRg no AREsp 94.942/MG, DJe 05.02.13).

Nada impede, também, que o juiz adote, como razões de decidir, aquelas que foram trazidas em precedentes jurisprudenciais, que resolveram idêntica (ou pelo menos, semelhante) questão ou causa. Quando assim procede, o juiz utiliza outra forma de fundamentação indireta, denominada *aliunde*.

Em qualquer situação, seja direta ou indireta a fundamentação, o juiz deve evidenciar as razões de fato e de direito que justificaram sua decisão. Por isso que, na esteira da disposição do § 1º do art. 489 do CPC, não se considera fundamentada qualquer decisão judicial que apenas: i) se limitar à indicação, à reprodução ou à paráfrase de ato normativo, sem explicar sua relação com a causa ou a questão decidida; ii) empregar conceitos jurídicos indeterminados, sem explicar o motivo concreto de sua incidência no caso; iii) invocar

salário mínimo;II – as enumeradas no art. 275, inciso II, do Código de Processo Civil;III – a ação de despejo para uso próprio;IV – as ações possessórias sobre bens imóveis de valor não excedente ao fixado no inciso I deste artigo.[...]

motivos que se prestariam a justificar qualquer outra decisão; iv) não enfrentar todos os argumentos deduzidos no processo capazes de, em tese, infirmar a conclusão adotada pelo julgador; v) se limitar a invocar precedente ou enunciado de súmula, sem identificar seus fundamentos determinantes nem demonstrar que o caso sob julgamento se ajusta àqueles fundamentos; vi) deixar de seguir enunciado de súmula, jurisprudência ou precedente invocado pela parte, sem demonstrar a existência de distinção no caso em julgamento ou a superação do entendimento.

Tais hipóteses, descritas nos incisos do § 1º do art. 489, como orienta o anunciado 303 do Fórum Permanente de Processualistas Civis, são exemplificativas. Por isso que o enunciado 516 do Fórum Permanente de Processualistas orienta que, "para que se considere fundamentada a decisão sobre os fatos, o juiz deverá analisar todas as provas capazes, em tese, de infirmar a conclusão adotada". Da mesma forma, o enunciado 517: "a decisão judicial que empregar regras de experiência comum, sem indicar os motivos pelos quais a conclusão adotada decorre daquilo que ordinariamente acontece, considera-se não fundamentada".

Também ratifica essa ilação (de serem exemplificativas as hipóteses descritas no § 1º do art. 489) a disposição do § 2º do mesmo art. 489, de acordo com o qual, no caso de colisão entre normas, o juiz deve justificar o objeto e os critérios gerais da ponderação efetuada, enunciando as razões que autorizam a interferência na norma afastada e as premissas fáticas que fundamentam a conclusão. Caso o juiz não observe qualquer desses núcleos, a decisão proferida será passível de invalidação, por carência de fundamentação.

Mesmo vício (carência de fundamentação) ocorrerá se, a teor do que orienta o enunciado 516 do Fórum Permanente de Processualistas Civis, o juiz deixar de analisar todas as provas capazes, em tese, de infirmar a conclusão adotada. E continua, nessa senda, o enunciado 523 do mesmo Fórum, quando se refere ao dever de fundamentação: "o juiz é obrigado a enfrentar todas as alegações deduzidas pelas partes capazes, em tese, de infirmar a decisão, não sendo suficiente apresentar apenas os fundamentos que a sustentam".

Especificamente em relação ao inciso VI do § 1º do art. 489 do CPC, deve-se fazer uma explicação. De acordo com o dito dispositivo legal, considera-se não fundamentada a sentença que "deixar de seguir enunciado de súmula, jurisprudência ou precedente invocado pela parte, sem demonstrar a existência de distinção no caso em julgamento ou a superação do entendimento".

Só que, para o juiz assumir tal dever, a(s) parte(s), antes, deve(m) invocar corretamente o enunciado de súmula, a jurisprudência ou o precedente, mediante apresentação da(s) respectiva(s) *ratio(nes) decidendi*. Simples transcrição de ementas não significa invocação, e, sim, mera alusão, que não impõe ao juiz o dever de fundamentar a não adoção do "entendimento" trazido nas ementas colacionadas. Aliás, em situações não raras, a ementa não representa (nem traz) a *ratio decidendi* do precedente. Assim, não pode o juiz ser imbuído do dever de fundamentar contra a aplicação do "entendimento" ementado.

Ademais, convém salientar que o art. 489, § 1º, VI, do CPC somente se aplica às súmulas ou precedentes vinculantes, mas não às súmulas e precedentes apenas persuasivos, como, por exemplo, os acórdãos de tribunais de segunda instância distintos daquele a que o julgador está vinculado (STJ. REsp 1.698.774/RS. DJe 09.09.20. Inf. 679.

c) Dispositivo:

O dispositivo é a conclusão da sentença, onde o juiz resolve os pontos e as questões que lhe foram submetidos pelas partes. Mostra qual foi a decisão adotada. Para as partes, então, o dispositivo da sentença é a resposta do Poder Judiciário acerca do(s) ponto(s) e da(s) questão(ões) que submeteram à apreciação. No dispositivo, o juiz pode acolher ou rejeitar as afirmações de existência de direito (geralmente representadas pelos pedidos); declarar inadmissível a tutela jurisdicional; homologar atos de disposição das partes.

Conquanto o Código de Processo Civil refira-se a "questões principais que as partes lhe submeterem", é possível que ao juiz, na sentença, acolha pontos (que, por falta de controvérsia, não se tornaram questões) ou matérias de ordem pública, não submetidos por aquelas. E mais. Podem ser que os pontos ou as questões submetidas pelas partes não sejam todas analisadas pelo juiz, a se considerar a prejudicialidade de uma sobre a análise das anteriores sobre as posteriores.

A par dessas considerações, não se pode concluir, apesar do texto legal, que apenas as "questões principais" serão resolvidas pela sentença. As prejudiciais também podem ser resolvidas pelo dispositivo da sentença, a depender do momento em que apreciadas e, sobretudo, se o juiz as acolher. Isso sem contar, sob outro ponto de observação, que as questões principais podem ser resolvidas por decisões interlocutórias de mérito, e não por sentença, a teor do que dispõe o art. 356 do CPC[2].

É por isso que o enunciado 438 do Fórum Permanente de Processualistas Civis, conquanto faça referência à coisa julgada, indica (em conclusão óbvia) que o dispositivo da sentença pode resolver questão prejudicial. De fato, ele orienta que "é desnecessário que a resolução expressa da questão prejudicial incidental esteja no dispositivo da decisão para ter aptidão de fazer coisa julgada".

Sob outro aspecto, se o dispositivo da sentença contiver contradição e/ou obscuridade, poder-se-á interpor o recurso de embargos de declaração para alcançar o aperfeiçoamento necessário, com correções ou esclarecimentos. Se ocorrer de não ser interposto este recurso (nem mesmo apelação, que poderia aperfeiçoar o julgado), caberá à fundamentação da sentença elucidar o dispositivo.

Em caso de omissão do julgado, caberá à parte interessada interpor embargos de declaração (ou até mesmo apelação) para supri-la. Se preferir (e se não houver mais tempo hábil para a interposição de recurso), poderá intentar nova ação judicial, relativamente ao ponto (ou questão) omisso.

Perceba-se que, sob a vigência do CPC/1973, especificamente em relação aos honorários advocatícios decorrentes da sucumbência, o enunciado 453 da súmula do Superior Tribunal de

---

2. Art. 356. O juiz decidirá parcialmente o mérito quando um ou mais dos pedidos formulados ou parcela deles:I – mostrar-se incontroverso;II – estiver em condições de imediato julgamento, nos termos do art. 355.§ 1º A decisão que julgar parcialmente o mérito poderá reconhecer a existência de obrigação líquida ou ilíquida.§ 2º A parte poderá liquidar ou executar, desde logo, a obrigação reconhecida na decisão que julgar parcialmente o mérito, independentemente de caução, ainda que haja recurso contra essa interposto.§ 3º Na hipótese do § 2º, se houver trânsito em julgado da decisão, a execução será definitiva.§ 4º A liquidação e o cumprimento da decisão que julgar parcialmente o mérito poderão ser processados em autos suplementares, a requerimento da parte ou a critério do juiz.§ 5º A decisão proferida com base neste artigo é impugnável por agravo de instrumento.

Justiça orientava que: "os honorários sucumbenciais, quando omitidos em decisão transitada em julgado, não podem ser cobrados em execução ou em ação própria". Mas, sob a vigência do CPC/2015, o § 18 do art. 85 passou a dispor, em superação à orientação jurisprudencial, que, "caso a decisão transitada em julgado seja omissa quanto ao direito aos honorários ou ao seu valor, é cabível ação autônoma para sua definição e cobrança".

4. CLASSIFICAÇÃO DAS SENTENÇAS

4.1. Quanto à solução do mérito

As sentenças, quanto à solução do mérito, podem ser **classificadas** em:

a) **Sentença terminativa**: é aquela que põe fim ao procedimento em primeiro grau sem resolver o mérito (art. 485 do CPC) por falta de pressupostos processuais e pela verificada carência do direito de ação. Sua eficácia é apenas processual, estando apta, por isso, a produzir coisa julgada unicamente formal. Em consequência, ela não impede, em tese, a propositura de idêntica ação. Basta que o autor recolha às custas do processo anterior e que, para não esbarrar na mesma questão processual, corrija o defeito que impossibilitou a análise do mérito (STJ. EREsp 160850/SP. DJU 29.09.03).

b) **Sentença definitiva**: é aquela que resolve o mérito, podendo acolher ou rejeitar, no todo ou em parte, os pedidos formulados, considerar prejudicada a ação ou pretensão, bem assim homologar atos dispositivos emanados dos sujeitos parciais (art. 487 do CPC). A sentença definitiva está apta a receber, também, a qualidade de coisa julgada material (além da formal), a impedir, portanto, a propositura de idêntica ação, considerando-se que a prestação jurisdicional foi ofertada.

4.2. Quanto à carga eficacial predominante

As sentenças definitivas, de acordo com a carga eficacial predominante (força), podem ser classificadas em:

a) **Predominantemente declaratórias**: são as que, sem proporcionar modificação fática, eliminam uma crise de incerteza ao declarar a existência, inexistência ou modo de ser de uma relação jurídica (ou, excepcionalmente, da autenticidade ou falsidade de documento) com efeitos retroagidos à formação da relação jurídica ou ao momento em que se verificou a situação jurídica declarada.

b) **Predominantemente constitutivas**: são as que, a partir da realização de uma modificação no plano fático, além de declarar o direito, criam, modificam ou extinguem uma relação jurídica, com efeitos a partir da prolação da sentença ou de outro marco temporal eventualmente estabelecido pela sentença.

c) **Predominantemente condenatórias**: são as que, em razão da verificação de uma crise de inadimplemento, além de declarar o direito, impõem, em razão da reprovação de conduta ilícita atribuída à parte vencida, que causa dano, uma obrigação contra si, a justificar uma futura execução, que, (somente) quando cumprida, mediante necessária sub-rogação, enseja modificação fática.

d) **Predominantemente mandamentais**: são as que impõem, mediante imposição de ordem, obrigação diversa da de pagar quantia (geralmente um fazer ou não fazer) e, como dependem da participação da parte vencida, são cumpridas mediante coerção indireta, empregada para vencer a renitência daquela (parte vencida), sendo a multa a medida de coerção mais comum, conquanto não seja a única.

e) **Predominantemente executivas (latu sensu)**: são as que reconhecem direito à prestação, que pode ser realizado pelo próprio Estado-juiz, mediante sub-rogação, pelo que dispensam a manifestação de resistência pela parte vencida. Não simplesmente condenam. Possibilitam a imediata passagem para o patrimônio jurídico da parte vencedora do que deveria estar, mas, evidentemente, não está.

4.3. Quanto à delimitação da repercussão econômica

As sentenças predominantemente condenatórias, que impõem obrigação de pagar quantia, quanto à delimitação da repercussão econômica, podem ser classificadas em:

a) **Sentença líquida**: é aquela que, desde logo, quantifica a obrigação ou individualiza seu objeto.

b) **Sentença ilíquida**: é aquela que, embora reconheça a existência da obrigação, não a quantifica de logo.

5. CORRELAÇÃO ENTRE SENTENÇA E DEMANDA

Por consectário do princípio da inércia, o juiz deve julgar a demanda exatamente nos limites em que ela foi intentada. A prestação jurisdicional deve ficar adstringida à provação estabelecida pelas partes, a observar, assim, a necessária correlação entre sentença e demanda. Portanto, o juiz não deve julgar fora, além ou aquém da provocação objetiva e subjetiva apresentada pelas partes. Ele deve, por assim dizer, analisar todos os elementos de demanda que lhe são apresentados.

As sentenças que não se adstringem aos elementos apresentados pelas partes guardam vícios de correlação e, por isso, podem ser *extra petita, ultra petita* e *citra petita*. Serão analisadas cada uma dessas sentenças:

a) Sentença *extra petita*:

No aspecto objetivo, o juiz não pode analisar e, por conseguinte, deferir/indeferir às partes providência diversa, ou por causa de pedir diversa, daquela apresentada por elas (pelas partes), a não ser que se trate de matéria de ordem pública. No aspecto subjetivo, não pode, de forma direta, analisar e, por conseguinte, deferir/indeferir providência ou impor ônus a quem não é parte na demanda.

A sentença que oferta prestação fora dos limites estabelecidos pelas partes é **extra petita** e, por conseguinte, nula, pois desrespeita o contraditório, na medida em que a parte vencida fica impossibilitada de apresentar resistência, e o amplo acesso à justiça, na medida em que não oferece prestação jurisdicional relativa àquilo que foi apresentado pelas partes. Fere, além disso, a inércia da jurisdição, porque oferta prestação jurisdicional correspondente ao que não foi provocado.

> Não é extra petita a sentença que determina o pagamento de honorários advocatícios, juros, correção monetária e prestações vincendas, ainda que não tenham sido pedidos expressamente. Isso porque constituem objeto de pedidos implícitos.
>
> Também não é extra petita a sentença proferida em ação possessória que, embora intentada para alcançar determinada, acaba sendo concedida outra, contemporânea aos fatos ocorrentes na época em que proferida.
>
> Igualmente, não há sentença extra petita quando o juiz aplica o direito com fundamentos diversos dos fornecidos na petição inicial (ou mesmo em recurso), desde que ligados ao fato-base (STJ. REsp AgRg no AgRg no REsp 1031654/RJ. DJU 10.11.08).

Interposto recurso contra sentença *extra petita*, o órgão recursal reconhecerá a nulidade do ato e proferirá outra em substituição, se em condições de pronto julgamento (ou, caso contrário, determinará que outra seja proferida pelo juízo *ad quo*). Transitada em julgado a sentença, caberá ao vencido ajuizar ação rescisória para fins de desconstituição daquela e, para o vencedor, a propositura de nova ação judicial.

b) Sentença *ultra petita*:

Por também desrespeitar a inércia da prestação jurisdicional, inclusive por importar desrespeito ao contraditório, o juiz, no aspecto objetivo, não deve analisar questões que possam conferir às partes prestação jurisdicional superior àquela delineada pelos elementos objetivos da(s) demanda(s). Lembre-se, porém, que as questões prejudiciais apresentadas no curso do processo podem compor o objeto litigioso do processo, a teor do que dispõe o art. 503 do CPC. No aspecto subjetivo, não pode, de forma direta, analisar questões que signifiquem a possibilidade de concessão de providência ou de imposição de obrigação a quem não é parte na ação. Apesar disso, ressalve-se que terceira pessoa, a qual não compôs a relação processual, pode ser beneficiada pela coisa julgada, conforme estabelece o art. 506 do CPC.

Se ocorrer qualquer dessas hipóteses, ter-se-á uma sentença *ultra petita*, que deve ter sua invalidade decretada naquilo em que exceder à amplitude da provocação (STJ. REsp 902.049/BA. DJe 25.08.09). Interposto recurso contra este pronunciamento jurisdicional, o excesso deve ser podado pelo órgão julgador. Caso a sentença tenha transitado em julgado, caberá à parte interessada propor ação rescisória para fins de desconstituição.

Mas, é imprescindível que se advirta que não caracteriza sentença *ultra petita* o reconhecimento de efeito anexo (a assim considerar pela falta de formulação de pedido certo e a existência de aderência por previsão legal). A título de exemplo, a inclusão de correção monetária *ex officio* no *decisum*, mesmo que não pedida de forma expressa na petição inicial, não representa vício de correção (STJ. REsp 1.112.524/RJ. DJe 01.09.10).

c) Sentença *citra petita*:

Por restringir o acesso ao Poder Judiciário, é nula a sentença que deixa de apreciar pedido, algum pedido, parte do pedido ou questão que estejam pendentes, assim como as respectivas causas de pedir ou alguma causa de pedir, ou deixa de decidir com relação a alguma ou algumas das partes. Neste caso, a sentença será *citra petita* e pode ser corrigida tanto por meio de embargos de declaração, como por meio de apelação. Se transitada em julgado a sentença, caberá a propositura de nova ação em torno daquilo que não foi objeto de julgamento.

Em tempo, não se confunda sentença *citra petita* com sentença de procedência parcial. Esta analisa o pedido em sua plenitude, embora assim não o atenda. Se houver cumulação de pedidos sucessivos ou alternativos, a não apreciação de algum dos pedidos não significa necessária prolação de sentença *citra petita*. Pode acontecer de ser indeferido o pedido principal (para a hipótese de cumulação sucessiva) ou de acolhido o primeiro pedido alternativo (para a hipótese de cumulação alternativa). Aí, a prestação jurisdicional estará completa, não tendo a sentença qualquer vício de correlação.

Também não se confunda a sentença *citra petita* com o julgamento parcial de mérito previsto no art. 356 do CPC. Não se trata de sentença, mas de decisão interlocutória, conquanto resolva parte do objeto litigioso do processo. A sua introdução no sistema processual, de forma ampla (e não apenas naquelas que, antes, sob a vigência do CPC/1973, eram previstas), modificou, de certa forma, a compreensão da sentença *citra petita*. Se, antes, era aquela que não analisa todos os elementos de demanda, agora, é a que não analisa os que se encontram pendentes, a considerar que, alguns, podem ter sido objeto de decisão parcial de mérito.

De qualquer modo, em termos pragmáticos, o que diferenciará a sentença *citra petita* da decisão parcial de mérito será, apenas, a nomenclatura que o juiz atribui ao seu pronunciamento. Se ele chama de sentença, mas não analisa todos os elementos de demanda, será, realmente, uma sentença, que, por decidir aquém da provocação, será *citra petita*. Se ele chama de decisão e não analisa todos os elementos de demanda, será apenas uma decisão interlocutória que, por isso, deverá ser seguida de uma sentença (ou mesmo de outras decisões parciais de mérito), a quem cabe analisar os elementos pendentes.

Relativamente aos pedidos implícitos, se eles forem apreciados pelo juiz, a sentença, como antes dito, não será *ultra petita*, porque aqueles independem de formulação expressa na petição inicial. A dizer de outra forma, conquanto implícitos os pedidos, eles devem ser analisados pelo juiz. Por consequência, se não forem apreciados os pedidos implícitos, a sentença será *citra petita*, por guardar vício de correlação. E por serem *citra petita*, pode a respectiva omissão ser suprida por recursos de embargos de declaração e de apelação, como antes mostrado.

6. EFEITOS

As sentenças possuem (ou, pelo menos, podem possuir) os seguintes efeitos: a) principal; b) anexo; c) secundário. O efeito principal da sentença é necessário. Toda sentença possui o dito efeito. Já os efeitos anexo e secundário são apenas possíveis. Há sentenças que não possuem ditos efeitos, a considerar algumas questões relacionadas à existência de pedido implícito e a previsão legal específica, como será visto adiante:

a) Efeito principal:

O efeito principal é aquele que está previsto no dispositivo da (de qualquer) sentença, a evidenciar, em regra[3], a resposta aos pedidos que foram formulados pelas partes ou às questões

3. A exceção se observa na possibilidade de a sentença possuir algum vício de correlação com a demanda.

prejudiciais que foram apresentadas, em contraditório pelas partes, em juízo competente e em procedimento sem restrição probatória. Quando a ação é julgada procedente, o efeito principal da sentença reflete o pedido mediato formulado pelo autor (e, se houver, as questões prejudiciais mencionadas acima). Se o autor formulou pedido de força condenatória, o efeito principal da sentença, que o julga procedente, será predominantemente condenatório. Aliás, qualquer que seja a força do pedido, a sua procedência ensejará sentença de mesma força. No caso do julgamento de improcedência, o efeito principal da sentença será predominantemente declaratório.

b) Efeito anexo:

O efeito anexo é aquele que decorre de disposição legal. A lei atribui a determinadas espécies de sentença, a definir desde logo a amplitude, independentemente de formulação de pedido e de o efeito estar previsto no dispositivo do ato decisório. Aliás, se estiver previsto no dispositivo, o efeito deixará de ser anexo e passará a ser principal. O sistema jurídico prevê que, quando existir uma dada espécie de sentença, dela advirá determinado efeito, independentemente do que esteja dito nela. Também poderá ser uma consequência de outro efeito da sentença. É exemplo do efeito anexo a eficácia de título executivo judicial advindo de sentença penal condenatória transitada em julgado. Igualmente exemplifica a hipoteca judiciária: a sentença que condenar o réu no pagamento de uma prestação, consistente em dinheiro ou em coisa, valerá como título constitutivo de hipoteca judiciária. Entretanto, as exemplificações mais comuns do efeito anexo são a correção monetária, os juros de mora e as parcelas vincendas.

> O acórdão, que dá provimento a recurso, tem como efeito anexo, a inversão do ônus sucumbencial (STJ. REsp 1271161/PR. DJe 24.11.11).

Se a parte formula pedido expresso na petição inicial acerca do que poderia ser um efeito anexo (ante a previsão legal de aderência), ainda que a sentença não o enfrente expressamente, não haverá interesse recursal, pois aquele (o efeito) será realizável com a efetivação do direito correlato. Imagine-se que a parte pediu expressamente que a condenação pecuniária a ser imposta fosse alvo de incidência de correção monetária. Mesmo que a sentença não pronunciasse expressamente a possibilidade de incidência de correção monetária, ela poderia incidir sobre o respectivo valor, motivo pelo qual eventual recurso interponível seria desnecessário.

c) Efeito secundário:

O efeito secundário é aquele que, para ser produzido, embora não dependa de pedido certo formulado pela parte, precisa estar contemplado no dispositivo da sentença, que delimitará o caso. Alguns pedidos implícitos, dentre os quais a condenação ao pagamento de honorários advocatícios, são exemplos do efeito secundário da sentença. Eles não precisam ser pedidos expressamente para que o juiz os reconheça. Entretanto, se os honorários advocatícios não estiverem contemplados no dispositivo da sentença, não podem ser exigidos na mesma ação.

A esse respeito, até a vigência do atual Código de Processo Civil, o enunciado 453 da súmula de jurisprudência do STJ orientava que "os honorários sucumbenciais, quando omitidos em decisão transitada em julgado, não podem ser cobrados em execução ou em ação própria". Contudo, esse entendimento restou superado, ante a disposição do § 18 do art. 85 do CPC/2015, segundo a qual, "caso a decisão transitada em julgado seja omissa quanto ao direito aos honorários ou ao seu valor, é cabível ação autônoma para sua definição e cobrança". A omissão do julgado, todavia, quanto ao efeito secundário, autoriza a interposição de recurso para fins de integração, sendo os embargos de declaração, seguido da sentença, os mais comuns.

7. PUBLICAÇÃO

A sentença, como os demais atos processuais em geral, deve ser pública. No momento em que publicada, passa a existir juridicamente e, assim, a produzir os efeitos que lhe são próprios.

A publicação da sentença pode se dar em **sessão pública** (audiência) ou por sua **juntada aos autos** (devidamente assinada), os quais serão entregues pelo juiz ao cartório. Se não assinada, será considerada ato inexistente.

Ela (a publicação) **não se confunde com intimação** (conquanto o Código, em algumas passagens, utilize a expressão "publicação em órgão oficial" como sinônimo de intimação). Esta (a intimação) é o ato pelo qual se dá conhecimento do ato processual, especificamente às partes, a fim de que possam, se oportuno, interpor algum recurso ou cumpri-la espontaneamente. O prazo para interposição de recurso, em regra, conta-se a partir daí (data da intimação), e não da data da publicação da sentença.

Se os advogados estiverem presentes na sessão pública, eles também ficarão intimados do pronunciamento judicial[4]. No caso da juntada da sentença aos autos, apesar de publicada, os advogados das partes ainda precisarão ser intimados.

Com a publicação da sentença, o juiz que a proferiu, segundo disposição do art. 494 do Código de Processo Civil, só pode **alterá-la:**

a) para corrigir-lhe, de ofício ou a requerimento da parte, inexatidões materiais ou erros de cálculo[5-6];

b) por meio de embargos de declaração, quando a sentença for omissa, obscura ou contraditória;

---

4. Tratando-se a audiência pública de uma audiência de instrução e julgamento, há presunção de intimação do ato decisório na hipótese em que o procurador, embora intimado para a audiência na qual foi proferida a sentença, a ela não compareceu (STJ. AgRg no AREsp 226.951/DF. DJe 09.10.12). No caso da Defensoria Pública, ante os benefícios de intimação que ela goza por força das disposições legais que lhe assistem, entendeu o STJ que: "a despeito da presença do Defensor Público, na audiência de instrução e julgamento, a intimação pessoal da Defensoria Pública somente se concretiza com a respectiva entrega dos autos com vista, em homenagem ao princípio constitucional da ampla defesa" (STJ. REsp 1190865/MG. DJe 14.02.12).

5. O erro material passível de ser corrigido de ofício e não sujeito à preclusão é o reconhecido primu ictu oculi, consistente em equívocos materiais sem conteúdo decisório propriamente dito (STJ. REsp 1151982/ES. DJe 31.10.12).O magistrado pode corrigir de ofício, mesmo após o trânsito em julgado, erro material consistente no desacordo entre o dispositivo da sentença que julga procedente o pedido e a fundamentação no sentido da improcedência da ação. Isso porque o art. 463, I, do CPC permite ao magistrado a correção de erros materiais existentes na sentença, ainda que a decisão já tenha transitado em julgado, sem que se caracterize ofensa à coisa julgada. Precedentes citados: AgRg no Aresp 89.520-DF, Primeira Turma, Dje 15/8/2014; e Resp 1.294.294-RS, Terceira Turma, Dje 16/5/2014. RMS 43.956-MG, Rel. Min. Og Fernandes, julgado em 9/9/2014.

6. Inexatidão material ou erro material é o equívoco cuja retificação não implica alteração de cunho jurídico. Caracteriza-se pelo equívoco de escrita ou de cálculo (sobre a conta homologada, hábil a representar a manifestação incorreta da vontade, e não se confunde com o erro sobre os critérios de cálculo a serem utilizados, tais como incidência de juros, ou de índice de correção monetária, dentre outros) (STJ. AgRg no REsp 787709/MT. DJU 13.11.06).

Na hipótese da alínea "a", a correção pode ser efetuada a qualquer tempo. A competência será do juízo que a proferiu a sentença, mas, se tiver sido interposto recurso para outra instância, ao órgão superior é quem caberá essa função. Excepciona essa conclusão quando, tendo sido interposto e julgado o recurso, os autos tiverem sido devolvidos à instância originária, cujo juízo, novamente, terá devolvida a competência para a correção.

Na da alínea "b", desde que interpostos, por algum dos legitimados, embargos de declaração no prazo recursal. Além de o juízo que proferiu a sentença poder, via embargos de declaração, suprir omissão, eliminar contradição, esclarecer obscuridade e corrigir erro material, ele, já que sua atuação oficiosa o autoriza, também poderá corrigir inexatidões materiais ou erros de cálculo.

O art. 494 do Código de Processo Civil, entretanto, não apresenta hipóteses exaustivas. É possível identificar, dentro do sistema processual algumas mais, em que a sentença pode ser alterada depois de publicada. É o caso em que é interposta apelação contra sentença terminativa, pois, aí, o juízo em que foi proferida a sentença poderá retratar-se em relação à sua decisão (§ 7º do art. 485 do CPC).

Acrescentem-se as sentenças proferidas nas causas que tramitam sob o procedimento definido pelo Estatuto da criança e do Adolescente. Dispõe o art. 198, VII, que "antes de determinar a remessa dos autos à superior instância, no caso de apelação, ou do instrumento, no caso de agravo, a autoridade judiciária proferirá despacho fundamentado, mantendo ou reformando a decisão, no prazo de cinco dias".

8. SENTENÇAS NÃO RESOLUTIVAS DE MÉRITO

As hipóteses de sentenças não resolutivas de mérito estão previstas no art. 485 do Código de Processo, que passam a ser analisadas abaixo:

a) **Indeferir a petição inicial**: a petição inicial será indeferida sem resolução de mérito quando, antes de determinada a citação do réu, for verificada alguma das hipóteses previstas no art. 330 do CPC[7]. Em consequência, não haverá resolução de mérito.

Se a citação for determinada, significa que houve deferimento da petição inicial. Eventual sentença sem resolução de mérito não é de indeferimento da petição. Deve ser proferida sentença terminativa, amparada no art. 485 do CPC. Portanto, o indeferimento da petição inicial considera também o momento processual (deve anteceder o despacho de citação do réu).

Caso indeferida a petição inicial, a parte autora poderá interpor recurso de apelação, sendo facultado o exercício do juízo de retratação, no prazo de 5 dias. Caso emprestado efeito regressivo (se o juiz se retratar), o processo retornará à fase de conhecimento, na instância originária.

---

7. Art. 330. A petição inicial será indeferida quando:I – for inepta;II – a parte for manifestamente ilegítima;III – o autor carecer de interesse processual;IV – não atendidas as prescrições dos arts. 106 e 321.§ 1º Considera-se inepta a petição inicial quando:I – lhe faltar pedido ou causa de pedir;II – o pedido for indeterminado, ressalvadas as hipóteses legais em que se permite o pedido genérico;III – da narração dos fatos não decorrer logicamente a conclusão;IV – contiver pedidos incompatíveis entre si.[...]

Mas, como orienta o enunciado 293 do Fórum Permanente de Processualistas Civis, "O juízo de retratação, quando permitido, somente poderá ser exercido se a apelação for tempestiva.", pois, aí, estaria a desrespeitar a autoridade da coisa julgada.

Em qualquer caso, orienta o enunciado 292 do FPPC, "antes de indeferir a petição inicial, o juiz deve aplicar o disposto no art. 321" do CPC, que, por sua vez, dispõe: "o juiz, ao verificar que a petição inicial não preenche os requisitos dos arts. 319 e 320 ou que apresenta defeitos e irregularidades capazes de dificultar o julgamento de mérito, determinará que o autor, no prazo de 15 (quinze) dias, a emende ou a complete, indicando com precisão o que deve ser corrigido ou completado".

b) **O processo ficar parado durante mais de 1 (um) ano por negligência das partes**: se ambas as partes deixam o processo parado por mais de 1 ano, ele deve ser extinto sem resolução de mérito, com a condenação das partes no pagamento proporcional das custas processuais.

Antes de proferir sentença nesse sentido, deve o juiz intimar pessoalmente as partes para que, no prazo de 5 dias, deem andamento ao processo (a não ser que ela esteja advogando em causa própria, situação em que a intimação pessoal será dispensada – STJ. REsp 218284/RS. DJU 07.10.02). Tal providência se justifica porque o juízo precisa certificar que a paralisação se deu por omissão das partes e não dos seus procuradores.

Se qualquer das partes der andamento, o processo continuará. Caso contrário, persistindo inertes as partes, será proferida sentença sem resolução de mérito. Contra esta, poderá ser interposta apelação, situação em que, se tempestiva, o juiz terá 05 dias para, se for o caso, retratar-se.

c) **Por não promover os atos e as diligências que lhe incumbir, o autor abandonar a causa por mais de 30 dias**: se o autor, embora provocado, deixa, por mais de 30 dias, de dar andamento ao processo, esse deve ser extinto sem resolução de mérito, com condenação daquele no pagamento das despesas processuais, dentre as quais se incluem os honorários advocatícios para o caso de o réu ter constituído advogado.

A não resolução de mérito, por abandono da causa pelo autor, depende de requerimento do réu (enunciado 240 da súmula do STJ). É assim, também, que dispõe o § 6º do art. 485 do CPC: "oferecida a contestação, a extinção do processo por abandono da causa pelo autor depende de requerimento do réu". Se ele for revel (STJ. REsp 770240/PB. DJU 31.05.07) ou se ainda não tiver sido citado (STJ. REsp 688681/CE. DJU 11.04.05), evidentemente será dispensado o requerimento do réu, até porque o processo é instrumento de realização do direito material e de efetivação da tutela jurisdicional, sendo de feição predominantemente pública, que não deve prestar obséquios aos caprichos de litigantes desidiosos (STJ. REsp 439309/MG. DJ 14.04.03).

Antes de proferir sentença, deve o juiz intimar pessoalmente o autor para, no prazo de 05 dias, dar andamento ao processo (a não ser que ele esteja advogando em causa própria, situação em que a intimação pessoal será dispensada – STJ. REsp 218284/RS. DJU 07.10.02). Tal providência se justifica porque o juízo precisa se certificar que a paralisação se deu por omissão do autor e não do seu procurador.

Se o autor der andamento, o processo continuará. Caso contrário, persistindo inerte, será proferida sentença sem resolução de mérito. Contra esta, poderá ser interposta apelação tempestivamente, situação em que o juiz terá 05 dias para, se for o caso, retratar-se.

d) **Verificar a ausência de pressupostos de constituição e de desenvolvimento válido e regular do processo**: a ausência de pressupostos processuais, que impossibilitam o desenvolvimento válido do processo, conduz à prolação de sentença terminativa. Não é a ausência de todo e qualquer pressuposto de desenvolvimento quc implica não resolução de mérito, mas apenas aqueles que não podem ser, ou não foram oportunamente, supridos. No caso da incompetência, por exemplo, supre-se a ausência do pressuposto com a simples remessa do processo ao juízo competente. No caso de regularidade da representação processual, supre-se a ausência do pressuposto pela oportuna ação das partes, a menos que estes permaneçam inertes, hipótese em que ficará sem resolução de mérito.

Se os pressupostos forem de constituição, caso estejam ausentes, não há que se falar em processo, motivo porque nem se cogita em sentença no não-processo. A hipótese contemplada pelo art. 485, IV, do CPC, deveria, portanto, fazer referência apenas aos pressupostos de desenvolvimento válido (regular) do processo, e não aos de constituição.

O juiz conhecerá de ofício, em qualquer tempo e grau de jurisdição, enquanto não ocorrer o trânsito em julgado, a ausência de pressupostos de desenvolvimento válido e regular do processo. Todavia, o réu que não a alegar, na primeira oportunidade em que lhe caberia falar nos autos, responderá pelas custas de retardamento.

Questão de Concurso

▶ **(Dédalus Concursos – Advogado – Coren – SC/2020)** De acordo com o Código Processual Civil em vigor, se um dos polos do processo for ocupado por quem não tem capacidade de ser parte, ter-se-á[8]:

a) Declaração de nulidade do processo e remessa dos autos ao juízo competente, pois há casos em que a falta de um pressuposto processual de validade ensejará a nulidade do processo, mas não a sua extinção.

b) Extinção do processo sem resolução do mérito, uma vez que a falta de um pressuposto processual constitui matéria de ordem pública, devendo ser declarada de ofício pelo juiz a qualquer tempo e grau de jurisdição.

c) Prazo dado pelo juiz para regularização, pois há pressupostos processuais cuja inobservância pode acarretar a extinção do processo, mas antes deve o juiz permitir a sua regularização.

d) Homologação da desistência da ação, que não se confunde com a renúncia ao direito em que ela se funda.

e) Extinção do processo com resolução do mérito, pois algumas ações têm cunho personalíssimo e não se transmitem por força de sucessão.

Interposta apelação tempestivamente, o juiz terá 05 dias para, se for o caso, retratar-se.

e) **Reconhecer a existência de perempção, de litispendência ou de coisa julgada**: se a sentença reconhecer a existência de perempção, de litispendência ou de coisa julgada (que são pressupostos processuais negativos), não haverá resolução de mérito.

8. Gabarito: B.

A atividade jurisdicional para o reconhecimento de qualquer destes pressupostos negativos independe de provocação. O juiz deve agir *ex officio*, o que não dispensa, todavia, a intimação das partes para se pronunciar acerca da questão arguida.

A perempção ocorre quando o autor houver dado motivo, por 3 vezes consecutivas, à impossibilidade de resolução de mérito por não ter promovido os atos e diligências que lhe competiam, abandonando a causa por mais de 30 dias, conforme reconhecido pelas sentenças terminativas anteriores. Se os motivos da não resolução de mérito das sentenças anteriores não decorrerem de abandono do autor, inexiste perempção.

A litispendência ocorre quando é intentada, perante órgãos jurisdicionais brasileiros, ação idêntica à outra pendente (ainda que haja diversidade de procedimentos ou que os pedidos, conquanto diferentes, sejam equivalentes[9]).

E, a coisa julgada aqui descrita se dá quando é repetida ação idêntica à outra anteriormente decidida por sentença de mérito transitada em julgado.

O juiz conhecerá de ofício, em qualquer tempo e grau de jurisdição, enquanto não ocorrer o trânsito em julgado, a alegação de perempção, de litispendência ou de coisa julgada. Todavia, o réu que não a alegar, na primeira oportunidade em que lhe caberia falar nos autos, responderá pelo pagamento das custas de retardamento.

Interposta apelação tempestivamente, o juiz terá 05 dias para, se for o caso, retratar-se.

f) **Verificar ausência de legitimidade ou de interesse processual**: a ausência de qualquer das condições da ação conduz à carência do direito de ação, que impossibilita a resolução de mérito. Assim, verificada a carência do direito de ação, será proferida sentença sem resolução de mérito. Pode ocorrer de, quando intentada a ação, estivesse ausente qualquer de suas condições, mas, depois, restou preenchida. Se tal ocorrer, não deverá ser proferida sentença terminativa, porque eventual carência do direito de ação não mais persistirá.

Comparativamente ao CPC/1973 (art. 267, VI), não há mais a previsão da possibilidade jurídica do pedido como condição da ação. O legislador absorver as críticas que, há muito, eram realizadas pela doutrina, que relacionava à impossibilidade jurídica ao mérito e não ao direito de ação, por compreender que, se há vedação expressa, pelo sistema jurídico, ao direito objeto do pedido, o caso é de improcedência e não de carência do direito de ação.

O juiz conhecerá de ofício, em qualquer tempo e grau de jurisdição, enquanto não ocorrer o trânsito em julgado, a ausência de qualquer das condições de ação, ou seja, da legitimidade e do interesse processual. Mas, o réu que a não alegar, na primeira oportunidade em que lhe caberia falar nos autos, responderá pelas custas de retardamento.

Interposta apelação tempestivamente, o juiz terá 05 dias para, se for o caso, retratar-se.

---

9. Haverá, assim, litispendência se a ação reproposta for daquelas vedadas pela lei em razão do concurso, que determina a escolha pelo autor de uma delas (como exemplifica o art. 1.105 do CC: ou o autor intenta ação para abatimento do preço ou para a resolução do contrato).

g) **Acolher a alegação de existência de convenção de arbitragem ou quando o juízo arbitral reconhecer sua competência**: a convenção de arbitragem (pressuposto processual negativo) é gênero do qual são espécies a cláusula compromissória e o compromisso arbitral, sendo este o ajuste, e aquela cláusula contratual, de as partes se submeterem à decisão de mérito a ser proferida pelo árbitro.

Segundo o art. 337, X, do CPC, incumbe ao réu, antes de discutir o mérito, alegar a existência de convenção de arbitragem. O § 5º do art. 337 do CPC, por seu turno, estabelece que, "excetuadas a convenção de arbitragem e a incompetência relativa, o juiz conhecerá de ofício das matérias enumeradas neste artigo".

Assim, no tocante à cláusula compromissória, o réu pode alegá-la como matéria de defesa, mas o juiz pode conhecê-la de ofício. Porém, só o réu pode alegar a ocorrência do compromisso arbitral.

O certo é que, independentemente de quem arguiu a convenção de arbitragem (quanto à cláusula compromissória), se o réu ou o juiz, o seu reconhecimento, depois de ouvidas as partes, implicará na impossibilidade de resolução do mérito. O mesmo ocorrerá se o juízo arbitral reconhecer a sua competência (será proferida sentença sem resolução de mérito), a considerar que, nos termos do enunciado 48 do Fórum Permanente de Processualistas Civis "alegação de convenção de arbitragem deverá ser examinada à luz do princípio da competência-competência".

Apesar da existência de convenção de arbitragem, se o mérito já tiver sido resolvido pelo árbitro, o cumprimento coercitivo da sentença proferida dar-se-á perante o Poder Judiciário, pelo que não será proferida sentença terminativa. A não resolução de mérito pela verificação da convenção de arbitragem diz respeito apenas à fase de conhecimento.

Interposta apelação tempestivamente, o juiz terá 05 dias para, se for o caso, retratar-se.

h) **Homologar a desistência da ação**: a desistência da ação é ato processual, que, quando homologado, impossibilita a resolução de mérito. Após a contestação (e não após o escoamento do prazo constestacional), o requerimento de desistência somente pode ser homologado se houver anuência do réu ou, a critério do juiz, se a parte deixar de anuir sem motivo justificado, até porque a recusa deve ser fundamentada e justificada, não bastando a simples alegação de discordância, sem a indicação de motivo relevante (STJ. REsp 241780/PR. DJU 03.04.00).

Mas, há exceções a dispensar a concordância do réu para que seja homologado o requerimento de desistência da ação. No mandado de segurança, por exemplo, que é regido por legislação especial (Lei nº 12.016/2009), o impetrante pode desistir de mandado de segurança sem a anuência do impetrado mesmo após a prolação da sentença de mérito (STJ. REsp 1.405.532-SP, Dje 10/12/2013). Igualmente, dispensa a concordância do réu, o pedido de desistência formulado para aderir a posicionamento firmado por tribunal superior em julgamento de recurso extraordinário ou recurso especial repetitivos.

Se o requerimento de desistência for formulado antes da citação, o autor somente responde pelas custas processuais e, tendo a citação sido efetuada, deve arcar também com os honorários do advogado do réu (STJ. REsp 638382/DF. DJU 09.05.06).

A desistência da ação pode ser apresentada até a sentença. Depois da sentença, não será mais permitida, em qualquer hipótese, a desistência (STJ. REsp 1.115.161/RS. DJe 04.03.10).

Questão de Concurso

▶ **(Cespe – Técnico – MPE - CE/2020)** Julgue o próximo item, de acordo com o estabelecido no Código de Processo Civil acerca de extinção de processo, coisa julgada, liquidação e cumprimento de sentença[10]. A extinção do processo por desistência da ação pelo autor depende da concordância do réu, caso tenha sido apresentada contestação; em qualquer hipótese, somente pode ser apresentado o pedido de desistência antes do saneamento do processo.

Ela (a desistência) difere-se da renúncia ao direito sobre qual se funda a ação, a considerar que esta, diferentemente daquela, alcança o direito material (ou, para ser mais preciso, o objeto litigioso do processo), de forma definitiva, pelo que justifica a prolação de decisão com resolução de mérito.

IMPORTANTE! Nas ações em que a União figurar como ré, não poderá haver formulação de requerimento de desistência, mas, unicamente, renúncia ao direito em que aquelas se fundam (art. 3º da Lei nº 9.469/97) (STJ. REsp 1174137/PR. DJe 06.04.10).

Relativamente à formulação de requerimento de desistência, o art. 105 do CPC dispõe que "a procuração geral para o foro, outorgada por instrumento público ou particular assinado pela parte, habilita o advogado a praticar todos os atos do processo, exceto [...] desistir". A dizer de outra forma, a desistência só pode ser requerida pelas partes ou por procurador com poderes especiais (STJ. MS 12241/DF. DJe 25.03.08).

Homologada a desistência, será proferida sentença sem resolução de mérito. Interposta apelação, se tempestiva, o juiz terá 05 dias para, se for o caso, retratar-se.

i) **Em caso de morte da parte, a ação for considerada intransmissível por disposição legal**: se a ação processualizada é intransmissível, qualquer outra pessoa que a deduza (ou contra quem é deduzida) será considerada parte ilegítima. Somente estarão legitimadas as pessoas integrantes da relação jurídica levada a juízo. Por essa razão, falecendo uma (ou ambas) as partes, será proferida sentença terminativa (sem resolução de mérito), tendo em conta a perda superveniente da legitimidade.

Aliás, como antes dito, se verificada a ausência de qualquer das condições da ação, será proferida sentença terminativa e o juiz poderá conhecer essa questão de ofício, em qualquer tempo e grau de jurisdição, enquanto não ocorrer o trânsito em julgado. Contra a sentença poderá ser interposta apelação, situação em que, se tempestiva, o juiz terá 05 dias para, se for o caso, retratar-se.

j) **Nos demais casos prescritos neste Código**: além das hipóteses elencadas pelo art. 485, o CPC prevê outras que dão ensejo à impossibilidade de resolução de

10. Gabarito: Errado.

mérito, a exemplo do que prevê o § 3º do art. 313[11] e o parágrafo único do art. 115[12]. Qualquer que seja o caso de sentença terminativa, interposta tempestivamente, contra ela, apelação, o juiz terá 05 dias para retratar-se.

O pronunciamento judicial que não resolve o mérito não obsta a que a parte proponha novamente a ação. Todavia, no caso de extinção em razão de litispendência e nos casos das situações indicadas nas letras "a", "d", "f" e "g", a propositura da nova ação depende, evidentemente, da correção do vício que levou à sentença sem resolução do mérito. Se não for corrigido, haverá desrespeito ao dever de boa-fé.

Se proposta nova ação, a petição inicial não será despachada sem a prova do pagamento ou do depósito das custas e dos honorários de advogado. Além disso, se o autor der causa, por 03 vezes, a sentença fundada em abandono da causa, não poderá propor nova ação contra o réu com o mesmo objeto, ficando-lhe ressalvada, entretanto, a possibilidade de alegar em defesa o seu direito.

9. SENTENÇAS RESOLUTIVAS DE MÉRITO

Por sua vez, o art. 487 do Código de Processo Civil apresenta um rol de situações em que será proferida sentença de resolução de mérito, as quais devem ser prioritárias em relação àquelas previstas no art. 485, tendo em vista a orientação, por norma fundamental, de primazia na resolução do mérito. Por isso que, nos termos do art. 488 do CPC, desde que possível, o juiz resolverá o mérito sempre que a decisão for favorável à parte a quem aproveitaria eventual pronunciamento nos termos do art. 485.

Prossiga-se.

De acordo com o texto do art. 487 do Código de Processo Civil, haverá **resolução de mérito quando o juiz:**

a) **Acolher ou rejeitar o pedido formulado na ação ou na reconvenção**: em sendo o pedido do autor, na ação, ou do réu, na reconvenção, julgado procedente (no todo ou em parte) ou improcedente, haverá resolução de mérito.

A redação do inciso I do art. 487 do CPC/2015 traz evolução em relação àquela trazida pelo inciso I do art. 269 do CPC/1973, pois que considera, também, numa concepção isonômica, a possibilidade de ser veiculado pedido pelo réu mediante apresentação de reconvenção. Não adota, contudo, ao ver dos autores desse livro, o melhor fator de delimitação do objeto litigioso do processo (que não é o pedido, mas sim as afirmações de existência de direito, sendo essas, se acolhidas ou rejeitadas, quem definem a procedência ou improcedência da ação).

11. Art. 313. Suspende-se o processo:[...] § 3º No caso de morte do procurador de qualquer das partes, ainda que iniciada a audiência de instrução e julgamento, o juiz determinará que a parte constitua novo mandatário, no prazo de 15 (quinze) dias, ao final do qual extinguirá o processo sem resolução de mérito, se o autor não nomear novo mandatário, ou ordenará o prosseguimento do processo à revelia do réu, se falecido o procurador deste.
12. Art. 115. A sentença de mérito, quando proferida sem a integração do contraditório, será:[...] Parágrafo único. Nos casos de litisconsórcio passivo necessário, o juiz determinará ao autor que requeira a citação de todos que devam ser litisconsortes, dentro do prazo que assinar, sob pena de extinção do processo.

A (im)procedência se define pelo (não) albergamento jurídico ou pela (não) produção de provas (in)suficientes.

Será procedente a ação quando as afirmações apresentadas pela parte que a intentou encontrar albergue jurídico e, se for o caso de necessária instrução, quando produzidas provas suficientes para convencer o juiz.

Pode ocorrer de não ser necessária a instrução processual, situação em que a procedência fica a depender, apenas, do albergue jurídico das afirmações.

Por sua vez, será improcedente a ação quando as afirmações apresentadas pela parte que a intentou não encontrar albergue jurídico ou quando não produzidas provas suficientes para convencer o juiz.

Esta hipótese de resolução de mérito (acolher ou rejeitar o pedido formulado na ação ou na reconvenção), ao contrário das demais elencadas no art. 487 do CPC, é a única em que haverá um "julgamento". Por isso, não se fala, no mais das vezes, em "julgamento de mérito" (espécie) e, sim, em "resolução de mérito" (gênero). Por isso que a redação do *caput* do art. 487 do CPC/2015 refere-se à "resolução" e não a "julgamento" do mérito, como ocorria antes, na redação originária do CPC/1973.

Nessa situação, diferentemente das demais previstas pelo art. 487 do CPC, o juiz forma sua convicção (mesmo que isso não ocorra, a considerar a possibilidade de julgar mediante estado de perplexidade ou a necessidade seguir precedente vinculante), a resolver o mérito, sem que a vontade de qualquer das partes ou o transcorrer de lapso temporal sejam elementos determinantes para definir o resultado.

b) **Decidir, de ofício ou a requerimento, sobre a ocorrência de decadência ou prescrição**: tanto a prescrição como a decadência, embora sejam prejudiciais, possibilitam a resolução do mérito. Enquanto que a prescrição é uma exceção material, ou seja, contradireito, que neutraliza aquele afirmado pela parte adversa, a decadência é uma objeção, que prejudica a própria existência do direito.

Tanto a prescrição quanto a decadência prejudicam o julgamento, mas não a resolução de mérito. Se verificada a prescrição, o juiz resolve manter os fatos, da forma como se apresentam, pela perda da pretensão. Se verificada a decadência, o juiz resolve manter os fatos, como se apresentam, pela perda do direito. Em ambos os casos, tal ocorre em razão do transcurso de lapso temporal mínimo determinado em lei.

Quando decretada a prescrição ou a decadência, entende-se que qualquer alteração dos fatos pelo Estado-juiz atentaria contra a segurança jurídica. Assim, verificada a ocorrência de alguma das prejudiciais, o órgão julgador deve, a requerimento de qualquer parte ou mesmo de ofício, decretá-la para ofertar a resolução de mérito.

Entretanto, ressalvados os casos de julgamento liminar de improcedência, a prescrição e a decadência não serão reconhecidas sem que antes seja dada às partes oportunidade de manifestar-se.

E mais. Nos termos do enunciado 521 do Fórum Permanente de Processualistas Civis, "apenas a decadência fixada em lei pode ser conhecida de ofício pelo juiz".

Se rejeitada a alegação de prescrição ou decadência, a decisão também será de mérito (conforme orientação do enunciado 161 do Fórum Permanente de Processualistas Civis).

c) **Homologar o reconhecimento da procedência do pedido formulado na ação ou na reconvenção**: o reconhecimento da procedência do pedido é ato unilateral da parte. Para que possa ensejar a prolação de sentença, com a consequente resolução do mérito, o reconhecimento deve ser total (o parcial, conquanto possa resolver o mérito naquela parte, por decisão interlocutória definitiva, não autoriza, pelo menos em tese, a prolação de sentença) e homologado pelo juiz.

Tanto o autor quanto o réu, em respeito à própria isonomia, podem reconhecer a procedência do pedido, mas o réu fará em relação àquele formulado na petição inicial, enquanto que o autor fará em relação àquele formulado na reconvenção.

São requisitos para este ato volitivo (reconhecimento da procedência do pedido) a disponibilidade do direito e a capacidade de ser parte.

O advogado, para assim proceder em nome da parte, deve ter poderes especiais no instrumento de procuração (art. 105, *caput*, do Código de Processo Civil[13]).

Se o réu reconhece a procedência do pedido, e desde que estejam preenchidos os requisitos apontados, o juiz, por sentença, resolverá o mérito. O mesmo acontecerá se o reconhecimento partir do autor com relação à reconvenção. Só que, aí, para ser sentença, é necessário que não haja mais questão pendente de solução na ação intentada pelo autor ou que ela seja resolvida conjuntamente com a reconvenção. Caso contrário, será uma decisão interlocutória definitiva de mérito (julgamento parcial de mérito).

Se não preenchidos os requisitos para a homologação do reconhecimento da procedência (a disponibilidade do direito e a capacidade de ser parte), o juiz dará seguimento ao processo, podendo resolver o mérito, mas não necessariamente (embora possa ser) no sentido do reconhecimento da procedência do pedido.

Para que não se cometam equívocos na construção normativa, é necessário compreender que o pedido está relacionado ao mérito da ação. Embora sejam veiculados, com predominância, na petição inicial e na reconvenção, pode ocorrer de eles serem veiculados por intermédio de outros recursos processuais.

Mais que isso, pode ocorrer de, em alguns casos, serem julgadas afirmações trazidas pelas partes (especificamente, as que estejam relacionadas às questões prejudiciais ao mérito – art. 503, § 1º, do CPC[14]), mesmo que não veiculadas por pedidos e, ainda assim, ser objeto

13. Art. 105. A procuração geral para o foro, outorgada por instrumento público ou particular assinado pela parte, habilita o advogado a praticar todos os atos do processo, exceto receber citação, confessar, reconhecer a procedência do pedido, transigir, desistir, renunciar ao direito sobre o qual se funda a ação, receber, dar quitação, firmar compromisso e assinar declaração de hipossuficiência econômica, que devem constar de cláusula específica.
14. Art. 503. A decisão que julgar total ou parcialmente o mérito tem força de lei nos limites da questão principal expressamente decidida.§ 1º O disposto no caput aplica-se à resolução de questão prejudicial, decidida expressa e incidentemente no processo, se:I – dessa resolução depender o julgamento do mérito;II – a seu respeito tiver havido contraditório prévio e efetivo, não se aplicando no caso de revelia;III – o juízo tiver competência em razão da matéria e da pessoa para resolvê-la como questão principal.[...]

de análise judicial, capaz de resolver o mérito. Nessa situação, há a possibilidade de as partes reconhecerem procedência das afirmações, que têm repercussão direta nos pedidos, pois, sendo procedentes aquelas, prejudicados ficam estes.

Quem reconhece a procedência do pedido deve arcar com as despesas processuais. Se ambas as partes reconhecem, cada uma responderá pelas respectivas despesas.

d) **Homologar a transação**: se as partes, mediante concessões mútuas, até chegarem a um patamar aceito por ambas, optarem pela resolução do mérito, o juiz, a observar a legalidade do ato, bem assim a disponibilidade do direito e a capacidade de o réu ser parte, homologará a composição. Com isso, o mérito estará resolvido.

Diferentemente do que se poderia concluir, não basta a transação firmada entre as partes, é preciso que ela seja homologada pelo juiz. Por isso, o art. 487, III, "b", do CPC/2015 traz redação diferente daquela apresentada pelo art. 269, III, do CPC/1973, que colocava como hipótese de resolução de mérito "quando as partes transigirem".

Homologada a transação, as despesas processuais devem ser divididas entre as partes em iguais partes, a não ser que nos termos da renúncia haja, entre as partes, pactuação em sentido diverso.

e) **Homologar a renúncia à pretensão formulada na ação ou na reconvenção**: a renúncia à pretensão formulada na ação ou na reconvenção é ato privativo da parte que aciona, a ser exercida em qualquer tempo ou grau de jurisdição, independentemente da anuência da parte adversa. O autor pode renunciar à pretensão formulada na ação, enquanto que o réu poder renunciar à pretensão formulada na reconvenção.

Quando homologada a renúncia (o que ocorrerá se verificada a disponibilidade do direito e a capacidade de ser parte), enseja resolução do mérito. Antes, o art. 269, V, do CPC/1973, dispunha que haveria resolução de mérito "quando o autor renunciar ao direito sobre que se funda a ação". O art. 487, III, "c", do CPC/2015 corrigiu o texto legal, ao reconhecer a possibilidade de renúncia por parte do réu, quando apresentasse reconvenção. Corrigiu também a referência a "pretensão" em vez de "direito", que não existia, até mesmo pela renúncia, que impossibilitava a sua certificação.

Se o autor renuncia à pretensão formulada na ação, e desde que estejam preenchidos os requisitos da disponibilidade do direito e da capacidade de ser parte, o juiz, por sentença, resolverá o mérito. O mesmo acontecerá se a renúncia partir do réu com relação à reconvenção. Só que, aí, para ser sentença, é necessário que não haja mais questão pendente de solução na ação intentada pelo autor ou que ela seja resolvida conjuntamente com a reconvenção. Caso contrário, será uma decisão interlocutória definitiva de mérito (julgamento parcial de mérito).

A renúncia à pretensão prescinde de anuência pela parte adversa, porque, no plano pragmático, produz efeitos equivalentes ao da improcedência, sendo esta o maior benefício que a parte poderia alcançar com a sua resistência. Com efeito, a renúncia é instituto de natureza material (pelo que não se confunde com a desistência da ação), cujos efeitos equivalem aos da improcedência, a impedir, assim, a propositura de qualquer outra ação idêntica (STJ. AgRg no REsp 319894/SC. DJU 01.03.04). Entretanto, a renúncia não significa improcedência. Aquela pode decorrer de elemento volitivo, enquanto que esta não.

Interessante questão relaciona-se ao reconhecimento da procedência do pedido e à renúncia à pretensão. Se coexistirem, qual deles deve prevalecer por ocasião da prolação da sentença? A resposta é a renúncia à pretensão, pois, se não há mais pretensão, não mais será possível o reconhecimento da procedência do pedido.

Quem renuncia à pretensão deve arcar com as despesas processuais. Se ambas as partes renunciarem, cada uma responderá pelas respectivas despesas.

> **IMPORTANTE!** Sob a vigência do CPC/1973, o art. 267, X, dispunha que "extingue-se o processo, sem resolução de mérito [...] quando ocorrer confusão entre autor e réu [...]". O CPC/2015, nem no art. 485, nem no art. 487, fez qualquer referência ao instituto da confusão. Apesar disso, o enunciado 160 do Fórum Permanente de Processualistas Civis orienta que "a sentença que reconhece a extinção da obrigação pela confusão é de mérito".

Feitas tais considerações em torno das hipóteses de resolução de mérito, uma pergunta torna-se inevitável. Nos casos de sentenças não resolutivas de mérito, o § 7º do art. 485 do Código de Processo Civil dispõe que, interposta a apelação em qualquer dos casos de que tratam os incisos deste artigo, o juiz terá 05 dias para retratar-se. O recurso de apelação, aí, gozaria de efeito regressivo. Essa disposição não é repetida no art. 487, pelo que, numa primeira interpretação (a literal), não há, na apelação interposta contra sentença resolutiva de mérito, efeito regressivo. Mas, embora o art. 487 do CPC não preveja, em seu texto, efeito regressivo ao recurso de apelação interposto contra as sentenças resolutivas de mérito, para o agravo de instrumento, interponível contra decisão parcial de mérito, tal efeito é previsto, conforme interpretação literal do § 1º do art. 1.018 do CPC. Então, pergunta-se: haveria, assim, a possibilidade de ser emprestado, ao recurso de apelação interposto contra sentença resolutiva de mérito, efeito regressivo?

Acredita-se que não. Na verdade, o agravo de instrumento, quando interposto contra decisão parcial de mérito, não deve ter efeito regressivo, a não se autorizar, assim, o exercício do juízo de retratação. E isso se justifica pelas mesmas razões que são utilizadas para não se atribuir efeito suspensivo em apelação interposta contra sentença resolutiva de mérito. Se o juiz estava em condições de julgamento definitivo, com a possibilidade de produzir todas as provas suficientes à formação de seu convencimento, não se deve permitir o juízo de retratação, sob pena de prejudicar o andamento do processo. É que o juízo de retratação, a ser exercido em cada um dos recursos de apelação interpostos (podendo ser mais de um, inclusive contra anterior juízo de retratação), poderia atravancar o processo na primeira instância, sem por fim a ele.

Em contrapartida, poder-se-ia questionar a propriedade da conclusão apontada, a considerar que, em outros casos, quando interposto agravo, ou mesmo quando interposta apelação contra sentenças não terminativas, pode o juiz exercer o juízo de retratação. Só que, nos demais casos, em que se exerce juízo de retratação, não se está a analisar o mérito, mas, sim, questões processuais. Acontece que, o Código de Processo Civil, nos arts. 4º e 6º, institui a primazia na solução do mérito como norma fundamental. A possibilidade de exercício de juízo de retratação nos demais casos (que não sejam contra decisões de mérito, a dizer de outra forma, quando se trata de questões eminentemente processuais), afirma a primazia na solução de mérito. Assim, o não empréstimo de efeito regressivo ao recurso de apelação interposto contra sentença resolutiva de mérito é a solução mais coerente ao sistema.

10. INTERPRETAÇÃO DA DECISÃO JUDICIAL

O § 3º do art. 489 do Código de Processo Civil dispõe que a decisão judicial deve ser interpretada a partir da conjugação de todos os seus elementos e em conformidade com o princípio da boa-fé.

Essa disposição é comum a todos os atos decisórios.

Ao se interpretar uma decisão judicial, o juiz não se deve valer de apenas um dos elementos, mas, de todos eles conjuntamente. Relatório, fundamentação e dispositivo formam um todo (a decisão judicial), que deve guardar plasticidade revelada por uma interpretação que deve ser harmônica.

Assim, não se pode interpretar a decisão judicial apenas pelo seu dispositivo, como era muito comum dessa forma se proceder, nomeadamente porque pode ser lacônico, já que representa conclusão dos demais elementos do ato decisório. Quando o dispositivo revela "julgar procedente a ação", sem trazer maiores descrições, a interpretação, para que não seja destoante das afirmações apresentadas pelas partes, deve levar em consideração os demais elementos da decisão. Deve-se investigar o que foi julgado procedente. Para tanto, o relatório e a fundamentação são importantes fontes para identificação.

Quando contraditórios os elementos, a ponto de não poderem ser conjugados em harmonia, se não interposto recurso com a finalidade de aprimoramento do julgado, persiste o comando da disposição legal. Não há maior valor, abstratamente, de qualquer dos elementos do ato decisório. Para alcançar a melhor interpretação, a conjugação dos elementos é imprescindível.

E vai-se mais adiante: pode até ocorrer, ante a contradição dos elementos da decisão judicial, de o juiz ter que recorrer à outra(s) decisão(ões) proferida(s) no processo para se alcançar a sua melhor interpretação. Não porque tenha de conjugar todos os elementos do ato decisório, que ele não possa buscar, quando necessário for, harmonização em anterior(es) decisão(ões).

Além disso, a interpretação das decisões judiciais deve ser realizada de acordo com a boa-fé. A interpretação deve ser realizada, por óbvio, sob a consideração de que o sujeito processual não será contemplado por qualquer situação em signifique prática de atos de má-fé. Essa perspectiva se aplica tanto ao plano material quanto ao processual.

Não por outra razão que o enunciado 378 do Fórum Permanente de Processualistas pauta que "a boa fé processual orienta a interpretação da postulação e da sentença, permite a reprimenda do abuso de direito processual e das condutas dolosas de todos os sujeitos processuais e veda seus comportamentos contraditórios".

11. DEFINIÇÃO, EM SENTENÇA (DECISÃO JUDICIAL), DA EXTENSÃO DA OBRIGAÇÃO DE PAGAR QUANTIA

Na ação relativa à obrigação de pagar quantia, ainda que formulado pedido genérico (conforme exceções previstas no § 1º do art. 324 do Código de Processo Civil), a decisão definirá desde logo a extensão da obrigação, o índice de correção monetária, a taxa de juros, o termo inicial de ambos e a periodicidade da capitalização dos juros.

Exceção a essa regra ocorrerá apenas quando não for possível determinar, de modo definitivo, o montante devido ou a apuração do valor devido depender da produção de prova de realização demorada ou excessivamente dispendiosa, assim reconhecida na sentença, casos em que a apuração correrá em liquidação de sentença.

Essa orientação é comum a todos os atos decisórios definitivos. O estabelecimento da amplitude da obrigação de pagar quantia aplica-se às sentenças, mas, também, às decisões interlocutórias definitivas (julgamentos parciais de mérito), às decisões monocráticas proferidas por membros de tribunais e aos acórdãos. É por isso que o § 2º do art. 491 do CPC estabelece que a regra de definição da extensão "também se aplica quando o acórdão alterar a sentença".

Essa última disposição (trazida pelo § 2º do art. 491 do Código de Processo Civil) não é a mais precisa, em termos de amplitude. Por isso, não se deve esquecer que a regra da definição da extensão da obrigação de pagar quantia se aplica, igualmente, quando acórdão altera decisão interlocutória definitiva (de mérito), bem assim quando a alteração (modificação) da sentença ou decisão interlocutória definitiva dá-se por força de decisões monocráticas.

E não é só.

Pode ocorrer de a questão relacionada à obrigação de pagar quantia não tenha sido apreciada pelas instâncias anteriores e, por isso, só venham a ser enfrentadas quando do julgamento recursal. Em tal situação, não haveria "alteração" do ato decisório, mas, sim, decisão em primeira ocasião, que precisa definir a extensão de eventual obrigação de pagar quantia a ser reconhecida.

12. RELAÇÃO JURÍDICA CONDICIONAL E CERTEZA DO ATO DECISÓRIO

A decisão jurisdicional deve ser certa, ainda que resolva relação jurídica condicional. Não há qualquer impedimento à resolução de relação jurídica condicionada, é preciso que se diga. Aliás, as relações jurídicas submetidas a condições suspensivas ou resolutivas são comumente objeto de ações judiciais.

Impedimento há para que o juiz profira decisões condicionadas. Ele (o juiz) não pode condicionar a procedência ou improcedência de uma ação a um evento futuro e incerto. Se fosse assim admitido, não haveria, bem provavelmente, resolução do objeto litigioso pela decisão proferida, a desconsiderar a função política da jurisdição.

Portanto, quando prolatar ato decisório, o juiz deve definir a procedência ou a improcedência de logo, mesmo que resolva relação jurídica condicional.

13. FATOS NOVOS, QUE SEJAM CONSTITUTIVOS, MODIFICATIVOS OU EXTINTIVOS DO DIREITO A INFLUIR NO JULGAMENTO DO MÉRITO

Se, depois da propositura da ação, algum fato constitutivo, modificativo ou extintivo do direito influir no julgamento do mérito, caberá ao juiz tomá-lo em consideração, de ofício ou a requerimento da parte, no momento de proferir a decisão. É preciso que o fato esteja relacionado ao objeto litigioso do processo (essa é a disposição do art. 493 do CPC).

Dessa constatação, pode-se concluir que o fato a ser apresentado não deve ensejar uma nova ação, de objeto independente, mas, além de se relacionar, influenciar naquela que já foi processualizada. Admitir-se-ia exceção apenas para o caso de a ação se fundar em contradireito, que, por ser neutralizante, deve aproveitar a pendência da ação contrária pendente.

Para ilustrar com exemplos, imagine-se, primeiramente, uma ação de reparação por danos morais. Se, depois de intentada, a parte autora verificar que experimentou danos de ordem material, que devem ser indenizados, esse novo fato não deve ser trazido em consideração na ação processualizada, mas, sim, amparar nova ação, cujo objeto litigioso será outro.

Segundamente, imagine-se que o fato novo fosse o pagamento da reparação, por acordo firmado, fora do processo, pelas partes. Por constituir contradireito (neutralizante àquele objeto da ação processualizada), deve ser considerado no julgamento, conquanto, se não existisse ação pendente, pudesse alicerçar uma (ação).

Assim, se o fato for constitutivo, modificativo ou extintivo do direito, a influir no julgamento do mérito, deve ser levado em consideração, porque não seria justo que a eficácia preclusiva da coisa julgada contemplasse ditos fatos, que não existiam na época em que intentada a ação (originária).

Se o fato, apesar de novo, não influenciar no julgamento, ele não deve, em respeito à própria economia do processo, ser considerado pelo juiz. Até porque, se não capaz de ensejar az experimentação de qualquer prejuízo, não teria a aptidão de justificar decretação de invalidade do ato decisório proferido.

O fato, para ser considerado como novo, na situação prevista pelo art. 493 do Código de Processo Civil, deve ter ocorrido no curso do processo ou, ainda, que ocorrido antes, não tenha sido apresentado pelo sujeito interessado por impossibilidade. Caso se trate de fato que não seja novo, o juiz deve ponderá-lo em seu julgamento apenas se o sujeito agiu de boa-fé.

Se constatar de ofício o fato novo, o juiz, em atuação cooperativa, ouvirá as partes sobre ele antes de decidir. Tal comportamento evita que se prolongue a marcha processual, com a interposição de sucessivos recursos e, bem assim, afirma o contraditório, na medida em que possibilita que o sujeito interessado influencie o juiz na formação de seu convencimento.

Outro ponto deve ser considerado. Apesar de o art. 493 do Código de Processo Civil se referir apenas aos fatos novos que influenciem no julgamento do mérito, aqueles outros que, também novos, forem capazes de influenciar o juiz, a ponto de tomar uma decisão terminativa, devem ser considerados.

E não há qualquer lacuna sistêmica, a despeito de o referido texto legal (art. 493 do CPC) não trazer a melhor redação em termos de completude, porque, antes, o § 3º do art. 485, autoriza que as questões processuais (constantes nos respectivos incisos IV, V, VI e IX) sejam consideradas de ofício pelo juiz.

14. ORDEM CRONOLÓGICA

O art. 12 do Código de Processo Civil dispõe que "os juízes e os tribunais deverão obedecer preferencialmente à ordem cronológica de conclusão para proferir sentença ou acórdão". Essa regra é contemplada por algumas exceções, conforme disposição do § 2º do mencionado dispositivo legal[15], sendo reconhecida como informativa (meramente orientadora). Por isso que o enunciado 486 do Fórum Permanente de Processualistas Civis concluiu que "a inobservância da ordem cronológica dos julgamentos não implica, por si, a invalidade do ato decisório".

Nada obsta que outro critério de organização das atividades judiciais seja utilizado pelo órgão em substituição à ordem cronológica. Para tanto, ele precisa ser devidamente divulgado. Na omissão de critério diferente, deve ser utilizado aquele estabelecido pelo art. 12 do Código de Processo Civil.

15. HIPOTECA JUDICIÁRIA

A decisão judicial, que condenar o réu ao pagamento de prestação consistente em dinheiro e a que determinar a conversão de prestação de fazer, de não fazer ou de dar coisa em prestação pecuniária, valerão como título constitutivo de hipoteca judiciária (oponível contra terceiros). A dizer de outra forma, sempre que, contra a parte vencida, for instituída, de forma originária ou por conversão, obrigação de pagar quantia (mesmo que cumulativamente), a parte vencedora poderá registrar a hipoteca em razão da decisão judicial. Advirta-se, porém, que, nos termos do enunciado 310 do Fórum Permanente de Processualistas Civis, "não é título constitutivo de hipoteca judiciária a decisão judicial que condena à entrega de coisa distinta de dinheiro".

Não por outra razão que o § 1º do art. 495 do Código de Processo Civil estabelece que a decisão judicial, que reconheça o direito à prestação em dinheiro, produz a hipoteca judiciária: a) embora a condenação seja genérica; b) ainda que o credor possa promover o cumprimento provisório da sentença ou esteja pendente arresto sobre bem do devedor; c) mesmo que impugnada por recurso dotado de efeito suspensivo. Ela (a hipoteca judi-

15. Art. 12. Os juízes e os tribunais deverão obedecer à ordem cronológica de conclusão para proferir sentença ou acórdão.[...] § 2º Estão excluídos da regra do caput: I – as sentenças proferidas em audiência, homologatórias de acordo ou de improcedência liminar do pedido; II – o julgamento de processos em bloco para aplicação de tese jurídica firmada em julgamento de casos repetitivos; III – o julgamento de recursos repetitivos ou de incidente de resolução de demandas repetitivas; IV – as decisões proferidas com base nos arts. 485 e 932; V – o julgamento de embargos de declaração; VI – o julgamento de agravo interno; VII – as preferências legais e as metas estabelecidas pelo Conselho Nacional de Justiça; VIII – os processos criminais, nos órgãos jurisdicionais que tenham competência penal; IX – a causa que exija urgência no julgamento, assim reconhecida por decisão fundamentada.

ciária) poderá ser realizada mediante apresentação de cópia da sentença perante o cartório de registro imobiliário, independentemente de ordem judicial, de declaração expressa do juiz ou de demonstração de urgência.

No prazo de até 15 dias da data de realização da hipoteca, a parte informá-la-á ao juízo da causa, que determinará a intimação da outra parte para que tome ciência do ato. Em sua resposta, a parte pode defender que o direito à prestação reconhecido pela decisão judicial seria incapaz de produzir hipoteca (por não consistir em obrigação, contra ela, de obrigação consistente em dinheiro), ou mesmo que não há decisão judicial proferida (pelo que, independentemente da natureza da ação, a hipoteca não poderia ser produzida, porque constitui efeito anexo de ato decisório).

Não será necessário trânsito em julgado ou o recebimento do recurso eventual sem efeito suspensivo, até porque, se fosse verificada algumas dessas situações, seria o caso de penhora (e não de hipoteca). Não se pode deixar de concordar, entretanto, que, pela antecedência da hipoteca em relação à penhora, ela é firmada (em regra) sem tanta segurança quanto os atos típicos de execução. Por conseguinte, a responsabilidade da parte que registrou é mais ampla em relação àquela que praticou o ato de execução, pelo que deve adotar as necessárias cautelas para que não seja compelida a arcar com o pagamento de indenização ou compensação pelo simples ato de registro.

De fato, uma vez constituída, a hipoteca judiciária implicará, para o credor hipotecário, o direito de preferência, quanto ao pagamento, em relação a outros credores, observada a prioridade no registro. Evidentemente, a preferência cronológica da hipoteca não se sobreporá àquela (preferência) decorrente da natureza do crédito. Se existirem créditos mais privilegiados em razão da sua natureza, ainda que não ensejem registro de hipoteca judiciária, eles, por ocasião do pagamento respectivo, sobrepor-se-ão aos créditos menos privilegiados quanto à sua natureza.

Contudo, se sobrevier reforma ou invalidação da decisão que impôs o pagamento de quantia, a parte responderá, independentemente de culpa, pelos danos que a outra parte tiver sofrido em razão da constituição da garantia, devendo o valor da indenização ser liquidado e executado nos próprios autos. Basta que haja simples reforma ou invalidação, com trânsito em julgado, para que a parte responda pelos danos decorrentes da constituição de hipoteca. A situação é diferente daquela prevista no art. 776 do CPC[16], que exige, como pressuposto da responsabilidade civil, a certificação da inexistência do crédito. Na hipoteca judiciária, independentemente do motivo da improcedência da afirmação de existência do crédito, a parte que a registrou será responsabilizada pelos danos causados à outra.

Questão de Concurso

► **(Vunesp – Outorga de delegação de serviços notariais e registrais – Provimento – TJ – RS/2019)**[17]
Nos termos do artigo 495 do Código de Processo Civil, a decisão que condenar o réu ao pagamento de prestação consistente em dinheiro e a que determinar a conversão de prestação de fazer, de não fazer ou de dar coisa em prestação pecuniária, valerão como título constitutivo de hipoteca judiciária. Sobre o tema, assinale a alternativa correta.

16. Art. 776. O exequente ressarcirá ao executado os danos que este sofreu, quando a sentença, transitada em julgado, declarar inexistente, no todo ou em parte, a obrigação que ensejou a execução.
17. Gabarito: Letra A.

(A) A hipoteca judiciária, uma vez constituída, implicará, para o credor hipotecário, o direito de preferência, quanto ao pagamento, em relação a outros credores, observada a prioridade no registro.

(B) No prazo de até 10 (dez) dias da data de realização da hipoteca, a parte informá-la-á ao juízo da causa, que determinará a intimação da outra parte para que tome ciência do ato.

(C) A hipoteca judiciária poderá ser realizada mediante apresentação de cópia da sentença perante o cartório de registro imobiliário, mediante ordem judicial ou declaração expressa do juiz.

(D) Sobrevindo a reforma ou a invalidação da decisão que impôs o pagamento de quantia, a parte responderá, comprovada culpa, pelos danos que a outra parte tiver sofrido em razão da constituição da garantia, devendo o valor da indenização ser liquidado e executado nos próprios autos.

(E) A decisão produz a hipoteca judiciária, salvo se a condenação for genérica ou se impugnada por recurso dotado de efeito suspensivo.

16. REMESSA NECESSÁRIA

A remessa necessária constitui nova análise, por órgão judicial superior, de determinadas sentenças de mérito[18] proferidas contra pessoas jurídicas de direito público (ainda que elas interponham recurso), com o objetivo de resguardar o interesse público. Trata-se de condição à formação da coisa julgada, não configurando (segundo entendimento jurisprudencial) espécie recursal[19]. Justificam essa ilação, quanto à natureza da remessa, por quê: a) o juiz, que determina a remessa, não tem legitimidade recursal; b) ela ocorre independentemente da manifestação tempestiva de quem quer que seja; c) o Código de Processo Civil a alocou em capítulo destinado ao tratamento da sentença e da coisa julgada.

O art. 496 do CPC/2015, no § 1º, dispõe que, "nos casos previstos neste artigo, não interposta a apelação no prazo legal, o juiz ordenará a remessa dos autos ao tribunal, e, se não o fizer, o presidente do respectivo tribunal avocá-los-á". Antes, o § 1º do art. 475 do CPC/1973 dispunha: "nos casos previstos neste artigo, o juiz ordenará a remessa dos autos ao tribunal, haja ou não apelação; não o fazendo, deverá o presidente do tribunal avocá-los".

Numa rápida leitura dos dispositivos vigente e revogado, em especial das suas diferenças, poder-se-ia entender que a remessa necessária só ocorreria se não fosse interposto recurso de apelação; caso interposto, não haveria remessa, porque a análise ficaria estaria adstringida aos limites do recurso interposto. Haveria, assim, voluntariedade, por parte da União e das demais pessoas jurídicas de direito público ali descritas quanto à remessa necessária.

A compreensão, todavia, não deve ser esta. Haverá sim remessa necessária, sendo ou não interposto o recurso de apelação. O *caput* do art. 496 do CPC/2015 estabelece como regra a remessa necessária quando proferida sentença contra as pessoas jurídicas de direito público identificadas. O respectivo § 1º trata especificamente da avocação dos autos. Ela ocorrerá se, não interposta apelação no prazo legal, o juiz deixar de proceder à remessa.

18. O entendimento do Superior Tribunal de Justiça é no sentido de que as sentenças processuais (terminativas) não se sujeitam a remessa necessária porque não são proferidas "contra" a União, Os Estados... ainda que importe em condenação ao pagamento de honorários de sucumbência (STJ. AgRg no AREsp 335.868/CE. DJe 05.11.03).

19. Há respeitável segmento doutrinário em posição contrária, a entender que, no plano de delimitação estabelecido pela tradicional definição de recurso, que a remessa necessária constitui uma espécie, pois estaria mais próxima de ser um recurso do que uma condição de formação da coisa julgada.

A seguir a temática específica do § 1º do art. 496 do CPC/2015, entende-se que a avocação ocorrerá se não interposto recurso de apelação e o juiz não proceder, nesse momento, à remessa dos autos ao tribunal *ad quem*. O dispositivo não estabelece que a remessa não será realizada se interposto o recurso de apelação. Em relação à União e às demais pessoas elencadas pelo art. 496, a remessa não é, de uma forma geral, um ato volitivo delas.

E por que a mudança na redação do § 1º do art. 496 do CPC/2015 em relação à do § 1º do art. 475 do CPC/1973? A mudança se justifica porque, antes, compreendia-se, a partir de uma interpretação literal, que, interposto o recurso de apelação, dever-se-ia realizar, de imediato, a remessa dos autos ao tribunal *ad quem*. Só que, antes de esse ato ocorrer, é preciso determinar a intimação da parte recorrida para, se quiser, apresentar contrarrazões. Isso, agora, está claro.

Compreender que não haveria reexame porque interposta apelação seria impor ônus em detrimento de quem exerceu a faculdade recursal. É que a pessoa jurídica de direito público que recorresse ficaria com a cognição em âmbito de tribunal adstringida à amplitude do efeito devolutivo, enquanto que, aquela que não recorresse, teria cognição ampla em razão do reexame. Logo, esta conclusão, por óbvio, não é a mais aderente ao sistema, pelo que deve ser refutada.

Prossiga-se.

De acordo com o art. 496 do CPC, está sujeita ao duplo grau de jurisdição, não produzindo efeito senão depois de confirmada pelo tribunal, a sentença: a) proferida contra a União, os Estados, o Distrito Federal, os Municípios e suas respectivas autarquias e fundações de direito público; b) que julgar procedentes, no todo ou em parte, os embargos à execução fiscal. Não interposta, contra a sentença, apelação no prazo legal, o juiz ordenará a remessa dos autos ao tribunal, e, se não o fizer, o presidente do respectivo tribunal avocá-los-á. Em qualquer dos casos, o tribunal julgará a remessa necessária. Por isso que o enunciado 423 do STF (que adota terminologia do CPC/1039) orienta: "não transita em julgado a sentença por haver omitido o recurso *ex officio* que se considera interposto *ex lege*".

IMPORTANTE! O enunciado 620 da súmula do Supremo Tribunal Federal orienta que "a sentença proferida contra autarquias não está sujeita a reexame necessário, salvo quando sucumbente em execução de dívida ativa". Antes da Lei nº 10352/2001, o art. 475, II, do CPC/1973 (de redação originária de 1973) previa que "está sujeita ao duplo grau de jurisdição, não produzindo efeito senão depois de confirmada pelo tribunal, a sentença [...] proferida contra a União, o Estado e o Município;

No dispositivo não havia referência à "autarquia". A partir da encimada Lei nº 10352/2001, a novel redação do dispositivo passou a ser: "está sujeita ao duplo grau de jurisdição, não produzindo efeito senão depois de confirmada pelo tribunal, a sentença [...] proferida contra a União, o Estado, o Distrito Federal, o Município, e as respectivas autarquias e fundações de direito público". Se, antes da Lei nº 11.232/2001, não se fazia menção às autarquias, a partir de então, passou-se a fazer.

Sob a vigência do CPC/2015, o inciso I do art. 496 passou a dispor, em mesma dimensão (quanto à sua amplitude), que "está sujeita ao duplo grau de jurisdição, não produzindo efeito senão depois de confirmada pelo tribunal, a sentença [...] proferida contra a União, os Estados, o Distrito Federal, os Municípios e suas respectivas autarquias e fundações de direito público".

O enunciado 620 do STF é do ano de 1984. Ele restringia a remessa necessária às hipóteses legais previstas para além do art. 475, II, do CPC/1073 (em sua redação originária). Contudo, a partir da Lei nº 11.232/2005, que deu nova redação ao dispositivo do CPC/1973 e, por idêntica razão, sob a vigência do CPC/2015, não há dúvidas que o enunciado do STF foi superado, porque as sentenças proferidas contra as autarquias passaram a estar sujeitas à remessa necessária (STJ. REsp 942150/SE. DJe 26.06.09).

Entretanto, mesmo que verificada uma das hipóteses de remessa necessária prevista no art. 496 do Código de Processo Civil, ele não se realizará quando:

a) a condenação ou o proveito econômico obtido na causa for de valor certo e líquido inferior a: a.1) 1.000 salários-mínimos para a União e as respectivas autarquias e fundações de direito público; a.2) 500 salários-mínimos para os Estados, o Distrito Federal, as respectivas autarquias e fundações de direito público e os Municípios que constituam capitais dos Estados; a.3) 100 salários-mínimos para todos os demais Municípios e respectivas autarquias e fundações de direito público.

b) a sentença estiver fundada em: b.1) súmula de tribunal superior; b.2) acórdão proferido pelo Supremo Tribunal Federal ou pelo Superior Tribunal de Justiça em julgamento de recursos repetitivos; b.3) entendimento firmado em incidente de resolução de demandas repetitivas ou de assunção de competência; b.4) entendimento coincidente com orientação vinculante firmada no âmbito administrativo do próprio ente público, consolidada em manifestação, parecer ou súmula administrativa.

Questão de Concurso

▶ **(FCC – Procurador do Estado – MA/2016)** NÃO está sujeita à remessa necessária a sentença proferida contra o Estado[20]:

a) quando a condenação ou o proveito econômico obtido na causa for de valor certo e líquido inferior a mil salários mínimos.
b) se também não houver apelação do vencido.
c) se ele for revel.
d) fundada em entendimento coincidente com orientação vinculante firmada no âmbito administrativo do próprio ente público, consolidada em manifestação, parecer ou súmula administrativa.
e) que julgar parcialmente procedentes os embargos à execução fiscal, qualquer que seja o valor da dívida.

Há, pois, dois critérios cumulativos a serem considerados, para verificar se haverá, ou não, remessa necessária. Um primeiro econômico e um segundo jurisprudencial. Não se submeterá a sentença à remessa necessária quando o valor do bem jurídico objeto da sentença for inferior aos patamares estabelecidos pelo § 3º do art. 496 do CPC. Se superior, só haverá remessa se a sentença, também, não estiver de acordo com os precedentes indicados pelo § 4º do referido dispositivo legal.

O valor do salário mínimo a ser considerado é o vigente na data da publicação do ato decisório (aí compreendidos as sentenças e as decisões parciais de mérito). Inclusive, esta é a orientação do Enunciado 35 editado pelo Fórum Nacional do Poder Público: "para fins de remessa necessária, deve ser utilizado como referência o valor do salário mínimo vigente na data da publicação da sentença".

Pois bem.

De uma só vez, pois, o art. 496 do Código de Processo Civil, quando estabelece exceções nos §§ 3º e 4º, busca prestigiar a economia (a se evitar que seja movimentada a máquina estatal para analisar novamente questões consideradas de menor monta econômica, as quais

20. Gabarito: Letra D.

nem as partes manifestaram interesse via recurso de apelação) e a segurança jurídica (para se afirmar determinadas espécies de precedentes e a própria orientação firmada no âmbito do respectivo ente público).

Se a sentença proferida for ilíquida, a remessa necessária é obrigatória (STJ: EREsp 934.642/PR, DJe 04.11.09). Por isso que foi editado o enunciado 490 da súmula do STJ, editada sob a vigência do CPC/1973, que estabelecia outros patamares numéricos (que eram idênticos, conquanto diferentes a pessoas de direito público): "a dispensa de reexame necessário, quando o valor da condenação ou do direito controvertido for inferior a 60 salários mínimos, não se aplica a sentenças ilíquidas".

Se a sentença depender de conhecimentos técnico-científicos ou de apuração de fatos novos para a identificação do seu valor, ela será considerada ilíquida. Mas, se depender apenas de mero cálculo aritmético, a sentença será considerada líquida e, por expressar o seu valor (a depender da quantificação), dispensará a remessa necessária[21].

Se, no caso da sentença ilíquida, posteriormente, vier a ser apurado o seu valor e identificado que o direito controvertido era, na verdade, inferior ao patamar econômico mínimo para a realização da remessa necessária, a teor do que estabelece o § 3º do art. 496 do Código de Processo Civil, permanece eficaz o resultado seguinte à remessa necessária. E, sobre ele, não pesará qualquer vício de validade, a se considerar que a liquidação da sentença não teria efeito desconstitutivo, relativamente à remessa necessária.

21. PROCESSUAL CIVIL E PREVIDENCIÁRIO. NEGATIVA DE PRESTAÇÃO JURISDICIONAL. INEXISTÊNCIA. SENTENÇA ILÍQUIDA. CPC/2015. NOVOS PARÂMETROS. CONDENAÇÃO OU PROVEITO ECONÔMICO INFERIOR A MIL SALÁRIOS MÍNIMOS. REMESSA NECESSÁRIA. DISPENSA. 1. Conforme estabelecido pelo Plenário do STJ, "aos recursos interpostos com fundamento no CPC de 2015 (relativos a decisões publicadas a partir de 18 de março de 2016) serão exigidos os requisitos de admissibilidade recursal na forma do novo CPC" (Enunciado Administrativo n. 3). 2. Não merece acolhimento a pretensão de reforma do julgado por negativa de prestação jurisdicional, porquanto, no acórdão impugnado, o Tribunal a quo apreciou fundamentadamente a controvérsia, apontando as razões de seu convencimento, em sentido contrário à postulação recursal, o que não se confunde com o vício apontado. 3. A controvérsia cinge-se ao cabimento da remessa necessária nas sentenças ilíquidas proferidas em desfavor da Autarquia Previdenciária após a entrada em vigor do Código de Processo Civil/2015. 4. A orientação da Súmula 490 do STJ não se aplica às sentenças ilíquidas nos feitos de natureza previdenciária a partir dos novos parâmetros definidos no art. 496, § 3º, I, do CPC/2015, que dispensa do duplo grau obrigatório as sentenças contra a União e suas autarquias cujo valor da condenação ou do proveito econômico seja inferior a mil salários mínimos. 5. A elevação do limite para conhecimento da remessa necessária significa uma opção pela preponderância dos princípios da eficiência e da celeridade na busca pela duração razoável do processo, pois, além dos critérios previstos no § 4º do art. 496 do CPC/15, o legislador elegeu também o do impacto econômico para impor a referida condição de eficácia de sentença proferida em desfavor da Fazenda Pública (§ 3º). 6. A novel orientação legal atua positivamente tanto como meio de otimização da prestação jurisdicional - ao tempo em que desafoga as pautas dos Tribunais - quanto como de transferência aos entes públicos e suas respectivas autarquias e fundações da prerrogativa exclusiva sobre a rediscussão da causa, que se dará por meio da interposição de recurso voluntário. 7. **Não obstante a aparente iliquidez das condenações em causas de natureza previdenciária, a sentença que defere benefício previdenciário é espécie absolutamente mensurável, visto que pode ser aferível por simples cálculos aritméticos, os quais são expressamente previstos na lei de regência, e são realizados pelo próprio INSS.** 8. Na vigência do Código Processual anterior, a possibilidade de as causas de natureza previdenciária ultrapassarem o teto de sessenta salários mínimos era bem mais factível, considerado o valor da condenação atualizado monetariamente. 9. Após o Código de Processo Civil/2015, ainda que o benefício previdenciário seja concedido com base no teto máximo, observada a prescrição quinquenal, com os acréscimos de juros, correção monetária e demais despesas de sucumbência, não se vislumbra, em regra, como uma condenação na esfera previdenciária venha a alcançar os mil salários mínimos, cifra que no ano de 2016, época da propositura da presente ação, superava R$ 880.000,00 (oitocentos e oitenta mil reais). 9. Recurso especial a que se nega provimento. (STJ. REsp 1735097/RS. DJe 11.10.19).

Fica uma indagação: pode haver reexame necessário de decisão interlocutória definitiva de mérito (decisão parcial de mérito)? O *caput* do art. 496 estabelece que está sujeita ao duplo grau de jurisdição, não produzindo efeito senão depois de confirmada pelo tribunal, a "sentença". Só que esse vocábulo está empregado em sentido amplo, a contemplar, por conseguinte, as decisões parciais de mérito. Se o valor do bem jurídico objeto de discussão resolvida em cada decisão parcial de mérito for superior aos limites econômicos mínimos e não estiver conforme os precedentes indicados, haverá remessa necessária das decisões.

Problemas surgirão, entretanto, quando o valor de cada decisão interlocutória definitiva de mérito for inferior, mas, o somatório daquelas julgadas, for superior. Haverá remessa necessária de cada decisão, julgada separadamente, ainda que o valor econômico delas, de forma isolada, seja inferior ao limite mínimo estabelecido pelo § 3º do art. 496 do CPC?

Esta questão, até o encerramento deste livro, não foi analisada pelo Superior Tribunal de Justiça. Os seus autores, até a 8ª edição, entendiam que não. A remessa só deveria ocorrer quando concluído o julgamento de todo o objeto litigioso do processo, ou seja, depois de proferidas todas as decisões parciais de mérito, até a conclusão por sentença. Somente assim, poder-se-ia verificar o cabimento ou não da remessa necessária.

Contudo, os autores superaram a conclusão anterior. Passaram a entender que a remessa deve ser realizada em relação a cada decisão de mérito proferida no processo, individualmente considerada. Ponderaram o fato da inclusão da decisão parcial de mérito no sistema jurídico como nova espécie de decisão interlocutória, antes vedada pelo dogma da unidade estrutural da sentença, conforme orientação do Superior Tribunal de Justiça. Sob a vigência do CPC/1973, não se poderia falar em remessa necessária de decisão parcial de mérito, porque ela não prevista. Agora, entretanto, a partir do CPC/2015, o art. 356 previu a decisão parcial de mérito, pelo que não se pode divorciar este instituto do reexame necessário.

Portanto, o reexame necessário deve ser realizado em decisão parcial de mérito, individualmente considerada, desde que preenchidos os requisitos do art. 496 do Código de Processo Civil. Se não preenchidos os requisitos referidos, deve-se dispensar o reexame sobre a decisão parcial de mérito, ainda que, por exemplo, o seu valor, somado ao de outras decisões de mérito que venham a ser proferidas no curso do processo até a sentença, superem a alçada de cabimento. Não é necessário, por isso, aguardar a prolação da sentença para analisar o cabimento ou não do reexame necessário de todo o conjunto decisório, composto por sentença e anteriores decisões parciais de mérito. A análise de cabimento é individual e considera cada ato decisório.

Pensar o contrário seria praticamente abolir o uso de decisão parcial de mérito contra a União, os Estados, o Distrito Federal, os Municípios e suas respectivas autarquias e fundações de direito público. Em consequência, a promessa de concretização da garantia da duração razoável do processo estaria quebrada, pois se deveria aguardar a prolação da sentença para só então ser realizada a remessa necessária. Essa solução, agora se percebe, não é compatível com normas fundamentais dispostas tanto no Código de Processo Civil quanto na própria Constituição da República.

O Enunciado 45 da Súmula do Superior Tribunal de Justiça estabelece que, "no reexame necessário, é defeso, ao Tribunal, agravar a condenação imposta à Fazenda Pública". Essa posição também é perfilada pelo Fórum Nacional do Poder Público, que, no Enunciado 34, orienta: "viola a proibição da *reformatio in peius* o agravamento, em remessa necessária, dos juros e correção monetária estabelecidos em sentenças condenatórias contra a Fazenda Pública".

IMPORTANTE! O art. 14, § 1º, da Lei nº 12.016/09 (atual Lei do Mandado de Segurança) que traz disposição semelhante à constante no antigo art. 12, parágrafo único, da Lei nº 1.533/51 (antiga Lei do Mandado de Segurança), em antinomia legislativa ao art. 496 do Código de Processo Civil, contém disposição específica, a estabelecer que, "concedida a segurança, a sentença estará sujeita obrigatoriamente ao duplo grau de jurisdição".

Ante a especialidade, é inaplicável ao mandado de segurança a disposição do art. 496 do CPC, (STJ. EREsp 654839/SP. DJU 1.10.07). Logo, independentemente do valor controvertido, no mandado de segurança, se houver concessão da ordem mandamental, haverá remessa necessária. Diga-se o mesmo em relação às sentenças que, na ação popular (art. 19 da Lei nº 4.717/65) ou na ação civil pública (STJ. REsp 1108542/SC. DJe 12.05.09), reconhecem a carência do direito de ação ou julga improcedente a ação. Independentemente do valor, estarão submetidas à remessa.

17. JULGAMENTO DAS AÇÕES RELATIVAS ÀS PRESTAÇÕES DE FAZER, DE NÃO FAZER E DE ENTREGAR COISA

17.1. Ação que tenha por objeto prestação de fazer ou não fazer

O art. 497 do CPC dispõe que, na ação que tenha por objeto a prestação de fazer ou de não fazer, o juiz, se procedente o pedido, concederá a tutela específica ou determinará providências que assegurem a obtenção de tutela pelo resultado prático equivalente. A redação do dispositivo, em vez de fazer referência à relação jurídica pelo polo passivo, com a utilização do vocábulo "obrigação", faz pelo polo ativo, com uso do vocábulo "prestação". Não mais há referência a "cumprimento de obrigação", como ocorria sob a égide do CPC/1973 (art. 461), mas a "prestação", o que alinha o texto à realização da execução em benefício do exequente.

Ao mesmo tempo, a disposição do art. 497 do CPC/2015 traz aprimoramento redacional, que implicava dubiedade para a construção da norma jurídica. Pela leitura do anterior art. 461 do CPC/1973, compreendia-se que, no "cumprimento de obrigação", caberia ao juiz conceder "tutela específica", e, "se procedente o pedido", determinaria "providências que assegurem o resultado prático equivalente". Seriam, de acordo com a interpretação literal, providências diversas, a depender apenas do momento processual. Agora, fica claro que, para conceder a "tutela específica" ou "providências que assegurem o resultado prático equivalente", necessário o julgamento de procedência do pedido (ou concessão de medida antecipatória) ou, quando se tratar de execução (pela interpretação sistemática do dispositivo) fundada na certeza quanto à existência do direito à prestação reconhecido em favor do exequente.

O texto legal reconhece que a concessão de tutela específica ou de providências que assegurem o resultado prático equivalente está condicionada à procedência do pedido (ou, pelo menos, como antes dito, à concessão de medida antecipatória), o que afasta do seu âmbito de incidência as situações de improcedência do pedido. Todavia, pode acontecer de o pedido ser julgado improcedente e a certificação, decorrente de tal pronunciamento jurisdicional, significar reconhecimento de direito à prestação em favor do réu. Essa certificação exigiria, igualmente (como costuma ocorrer nas sentenças condenatórias, mandamentais e executivas), atos coercitivos e/ou sub-rogatórios para garantir a satisfação da situação jurídica certificada em favor do réu.

Pois bem.

O dispositivo estabelece que, se o pedido for julgado procedente, o órgão judicante, na ação que tenha por objeto prestação de fazer ou não fazer, concederá tutela específica ou adotará medidas que assegurem o resultado prático equivalente. Ali, tratam-se, conjuntamente, das obrigações de fazer (exceto a de emissão de declaração de vontade) e não fazer, porque comuns os atos de satisfação utilizados. Não poderia ser de outra forma, já que a diferença entre ditas obrigações é apenas de sinais (-) ou (+). Ao se intentar uma ação para alcançar o cumprimento de uma obrigação de não fazer (possível quando continuativa), especialmente quando violada, exige-se um agir do réu, tal como ocorre com uma obrigação de fazer.

Quando do julgamento de procedência das ações que tenham por objeto obrigações de fazer ou de não fazer, o órgão jurisdicional há de conceder "tutela específica". Deve determinar as providências jurisdicionais necessárias para garantir resultado prático idêntico àquele decorrente do adimplemento espontâneo da obrigação. É o resultado prático específico. Se, por exemplo, o réu se obrigou a pintar um quadro e assim não o fez, a prestação jurisdicional deve obrigá-lo a fazer. Neste exemplo, o resultado não é "equivalente", e sim "idêntico" ao adimplemento espontâneo.

Para garantir o cumprimento da "tutela específica" (ou seja, do "resultado prático específico") das obrigações de fazer e não fazer, o Código prevê uma série de medidas coercitivas e sub-rogatórias. Para a facilitação da tutela específica ou realização de resultado prático correspondente ao adimplemento, enumeram-se, de forma apenas exemplificativa, as seguintes medidas: imposição de multa, remoção de pessoas/coisas, desfazimento de obras e impedimento de atividade nociva.

Se não for possível a concessão da tutela específica, o órgão jurisdicional "determinará providências" que assegurem o "resultado prático equivalente". O "resultado prático equivalente" é o que, embora não corresponda ao espontâneo adimplemento, proporciona ao exequente a satisfação mais próxima que a conversão em perdas e danos. Quando não mais for possível conceder a tutela específica, a atividade jurisdicional deve, antes de determinar a conversão em perdas e danos, proporcionar resultado prático equivalente.

Eventual negócio jurídico firmado entre as partes, a título de exemplo, poderia prever algum resultado prático equivalente por ocasião do inadimplemento de uma obrigação de não fazer instantânea (desrespeitada no curso do processo) ou de uma obrigação de fazer servil apenas em prazo determinado (também desrespeitada no curso do processo). Não seria o caso de concessão de tutela específica, porque se tornou impossível no curso do processo, mas se poderia proporcionar o resultado prático equivalente, nos termos pactuados entre as partes.

Outro exemplo em que se proporciona o resultado prático equivalente é quando reconhecida obrigação de fazer fungível antes assumida pelo réu. A prestação jurisdicional pode determinar que, em vez de o réu cumprir a obrigação pessoalmente, seja ele compelido a contratar outrem que assim o faça em seu lugar. Diferentemente seria se o autor, no curso do processo, assumisse os custos da contratação de terceiros, para realizar o fazer antes pactuado. Seria, aí, caso de conversão em perdas e danos.

A determinação de providências para a obtenção de resultado prático equivalente pode ocorrer também depois da formação do título executivo. Apesar de o art. 497 do CPC tratar do "julgamento", pode ocorrer de, em momento posterior (ou mesmo anterior, sem que tenha sido levado a conhecimento do órgão jurisdicional), o adimplemento específico fique impossibilitado, caso em que se deverá garantir a efetividade da prestação jurisdicional com o resultado prático equivalente.

Para a concessão da tutela específica destinada a inibir a prática, a reiteração ou a continuação de um ilícito, ou a sua remoção, é irrelevante a demonstração da ocorrência de dano ou da existência de culpa ou dolo (par. único do art. 497). Diferentemente do CPC/1973, que não trazia dispositivo equivalente, o CPC/2015 explicita a função da tutela específica, a reafirmar inclusive sua serventia à garantia do ressarcimento de um dano.

Contudo, não é de se confundir a tutela específica do ressarcimento de um dano com a conversão em perdas e danos. Quando o direito à prestação, decorrente de obrigação inadimplida, é de pagar, a tutela específica a ser oferecida é o ressarcimento. Mas se a prestação for de natureza outra, que não se possa adimplir ou proporcionar o resultado prático equivalente, haverá conversão em perdas e danos. No primeiro caso, haverá concessão de tutela específica, enquanto que, no segundo, conversão em perdas e danos.

Mas, deixe-se claro, a tutela inibitória específica se destina a impedir a prática, a reiteração ou a continuação do ilícito, nada tendo a ver com o eventual dano, que, se for do interesse do lesado, pode ser objeto da tutela ressarcitória, esta sim, dirigida contra o ato danoso.

Para afirmar o direito fundamental à inafastabilidade do controle jurisdicional, adota-se previsão servil às situações passadas, presentes e futuras, quando se reconhece que a tutela específica deve inibir/remover a prática, a reiteração ou a continuação. A despeito de utilização da conjunção "ou" (pelo par. Único do art. 497), a tutela específica pode servir cumulativamente para situações enumeradas. Pode ocorrer, por exemplo, de um ilícito ter sido, estar a ser e continuar a ser praticado, situação em que a tutela específica inibirá/removerá a sua prática, reiteração e continuação.

A natureza da tutela jurisdicional, por assim dizer, variará de acordo com o momento da ocorrência do ilícito. Se este estiver a ser ou já tiver sido praticado, a tutela jurisdicional visará a remover o ilícito. Se o ilícito ainda não tiver sido praticado, a tutela será preventiva, pois visará a inibir sua ocorrência. Logo, pode-se concluir que, para fins de concessão de medidas de cognição sumária, não se faz necessária a demonstração do ilícito. Basta que fique caracterizada sua simples probabilidade. Por uma lógica razão: se o ato é ilícito, não é necessário demonstrar sua ocorrência atual ou premente para que seja inibida sua prática. Só por ser ilícito, deve ser inibido.

Sob outro aspecto, permite-se tutelar especificamente tanto as obrigações, cujo inadimplemento seja instantâneo, como as obrigações, cujo inadimplemento seja contínuo. Relativamente ao inadimplemento contínuo, ele pode ser inibido/removido em prática, reiteração e continuação. Todavia, concernente ao inadimplemento instantâneo, ele pode ser apenas inibido em sua prática.

No caso do inadimplemento contínuo, só haverá conversão em perdas e danos, se impossível ou se assim quiser o autor. Já no caso de inadimplemento instantâneo, em razão de suas consequências no plano fático, que não permitem o desfazimento dos efeitos da inadimplência, haverá conversão em perdas e danos unicamente pela impossibilidade de tutela específica. O querer do autor, quando instantâneo o inadimplemento, está circunscrito à faculdade de exigir ou não do réu o ressarcimento pelas perdas e danos.

Para concessão de tutela específica contra ato ilícito, até porque pode ser preventiva, não é necessária a demonstração da existência de dano, de culpa ou de dolo. Se o ato for ilícito, repita-se, sua verificação ou possibilidade de ocorrência é suficiente para garantir a concessão da tutela específica, conquanto, se demonstrada a existência de dano, de culpa ou de dolo, haverá maior razão para a concessão da tutela específica.

Pode acontecer de ser concedida tutela específica sem verificação da ocorrência de dano ou da existência de culpa ou dolo, como ocorre, por exemplo, quando colocados à venda produtos com validade vencida. A remoção será determinada sem necessidade de verificação de dano ou da existência de culpa ou de dolo.

Contudo, a necessidade de verificação de ocorrência de dano ou da existência de culpa ou dolo pode estar relacionada à tutela específica, sobretudo quando o ato originário não for ilícito. Para a concessão de tutela específica de obrigação de pagar quantia, por exemplo, não se faz necessária a verificação da ilicitude. No caso, deve ser verificada apenas a existência do dano decorrente do simples inadimplemento. O mesmo se dá quando alguém, em legítima defesa ou em estado de necessidade, causa dano a outrem, pois, embora não haja ilícito, persiste o dever de ressarcir.

17.2. Ação que tenha por objeto a entrega de coisa

Na ação que tenha por objeto a entrega de coisa, estabelece o art. 498 do Código de Processo Civil, o juiz, ao conceder a tutela específica, fixará o prazo para o cumprimento da obrigação. A ideia é que, para a adoção de qualquer medida coercitiva ou sub-rogatória, o órgão jurisdicional, antes, como regra, em atividade cooperativa, deve comunicar o destinatário do comando decisório.

Quanto à comunicação (imprescindível para início da contagem do prazo concedido ao cumprimento da obrigação), muda-se de paradigma. Agora, não se faz mais necessária a intimação da parte em sua própria pessoa (inciso I do § 2º do art. 513). A comunicação pode ser realizada, também, por intermédio de seu advogado, e ela deverá identificar expressamente o prazo para adimplemento.

Quanto ao prazo a ser fixado, para cumprimento da obrigação de entrega de coisa, ele é judicial e, em razão de sua natureza, deve ser estabelecido a considerar a complexidade ínsita à prática do ato necessário ao adimplemento. O elastério deve ser razoável, de modo que seja possível ao réu, antes do transcurso, cumprir a obrigação. Não estabelecido prazo para cumprimento (qualquer que seja a natureza da obrigação), não estará o réu constituído em mora.

Na omissão do ato jurisdicional, deveria a obrigação ser cumprida no prazo de 05 dias, a teor do que estabelece o § 3º do art. 218 (de redação quase idêntica àquela do antigo art. 185 do CPC/1973). Contudo, sob a vigência do CPC/1973, o Superior Tribunal de Justiça, em diversos precedentes, pacificou que, diante da omissão judicial, não estaria o réu constituído em mora até que fixado prazo pelo órgão jurisdicional.

Para possibilitar o cumprimento da obrigação de entregar coisa pelo réu, mesmo que seja ela certa, é necessário que o autor descreva seus traços característicos. Quando a coisa for determinada apenas pelo gênero e pela quantidade, ela será individualizada (escolhida) e também descrita em seus traços característicos, mas poderá ocorrer de tal ser realizado pelo réu, por lhe caber a opção de escolha[22]. A descrição é necessária para possibilitar a satisfação da obrigação.

Para a tutela específica, as medidas a serem adotadas pelo órgão jurisdicional são diversas, pelo que não estão adstringidas à busca e apreensão e à imissão na posse. Pode, por exemplo, ser fixada multa que, em termos processuais, pode representar maior economia (porque dispensa a realização de diligência pelos auxiliares da justiça) e aceleração do processo (porque, além de o réu saber onde se encontra o bem a ser entregue, dispensa o tempo necessário à realização da diligência). Até porque a entrega de coisa, em análise generalista, constitui obrigação de fazer (embora tenha suas particularidades).

Tanto há diversidade das medidas de apoio, que o art. 500, de aplicação geral às ações relativas à obrigação de fazer, não fazer e entregar coisa, estabelece, em relação às perdas e danos (devidas em caso de impossibilidade de cumprimento de qualquer obrigação ou de vontade do autor), que "a indenização por perdas e danos dar-se-á sem prejuízo da multa fixada periodicamente para compelir o réu ao cumprimento específico da obrigação".

Se as perdas e danos também são devidos pela impossibilidade do cumprimento, ou pela vontade do autor, da obrigação de entregar coisa, caso tenha sido fixada, como medida de apoio, multa, ela continuará a ser devida. A dizer de outra forma, pode ser que a multa advenha do inadimplemento da obrigação de entregar coisa.

---

22. Se o direito de escolha da coisa couber ao autor (por terem pactuado as partes ou por assim prever a disposição normativa aplicável), ele deve, já na petição inicial do processo, individualizá-la, de modo a lhe tornar certa. Caso assim não proceda, o juiz (sob provocação ou não do réu) deve adverti-lo acerca do direito de escolha. Se mesmo assim não fizer, entender-se-á que o direito foi renunciado pelo autor, passando a escolha a ser, agora, do réu. Pode ser que o autor não individualize a coisa na petição inicial do processo e que o juiz não o advirta, seguindo o processo, depois de facultada a apresentação de resposta pelo réu, até a sentença. Quando esta for executada, necessariamente, o autor deverá, aí, proceder à individualização, caso contrário, se não proceder dessa forma, depois de advertido, entender-se-á como renunciado o direito de escolha. Parte da doutrina entende que, se o autor não individualiza a coisa na petição inicial da fase de conhecimento ou no requerimento de execução, a depender das circunstâncias, ela deverá ser indeferida, ao invés de se reconhecer a renúncia ao direito de escolha em favor do réu. Prefiro, porém, adotar posição contrária. Entendo que a individualização da coisa pode ser realizada quando da execução (não exclusivamente na petição inicial do processo, embora reconheça ser o ideal) e que ela pode ser realizada pelo interesse do réu (o qual, por exemplo, não quer continuar a assumir o encargo de depositário). Ele não pode ficar a depender do exercício do direito de escolha pelo autor. Se o direito de escolha couber ao réu (em face da omissão do negócio jurídico, por assim terem pactuado as partes ou por disposição normativa outra aplicável ao caso), ele, quando for cumprir a obrigação (seja no prazo para a apresentação de resposta, seja quando estabelecido o prazo em execução), deve proceder à individualização (escolha) da coisa com a sua entrega. Se não entregar a coisa, pode, ainda assim, individualizá-la para que o autor proceda à sua busca e apreensão ou à sua imissão na posse. Se o réu não exercer o direito de escolha depois a advertido a respeito, ele passará, em razão da renúncia, para o autor.Parte da doutrina entende que, se o réu não individualiza a coisa, deverá, sobre ele, incidir as medidas de apoio, tal qual a fixação de multa. Entendo, contudo, que deva ser adotada posição contrária, a entender que há renúncia ao direito de escolha, pois, a não ser assim, estar-se-ia a ferir a economia e a duração razoável do processo. Seria grande inconveniente ao processo paralisar a atividade satisfativa para que o réu exerça, forçosamente, o seu direito de escolha. Se o direito é disponível, preferível compreender, depois da advertência pelo órgão jurisdicional, por sua renúncia. Se o direito de escolha couber ao réu, mas o autor, indevidamente, tiver o exercido na petição inicial, caberá ao juiz possibilitar, por ocasião da apresentação de resposta ou do cumprimento da obrigação, a escolha por aquele.

Ratifica tal conclusão a redação do art. 537, que trata do cumprimento das obrigações de fazer e não fazer, quando, no § 1º, coloca a "imposição de multa" ao lado da "busca e apreensão" e "outras medidas". De idêntica forma, o § 3º do art. 538, que diz se aplicável ao cumprimento da obrigação de entregar coisa, no que couber, "as disposições sobre o cumprimento de obrigação de fazer e não fazer".

Para garantir o cumprimento de obrigação de entregar de coisa, podem ser utilizadas, em favor do autor, inclusive por conta de decisão de cognição sumária, medidas acautelatórias, a exemplo do sequestro e da indisponibilidade do bem (nomeadamente, com relação a esta última medida, quando o bem esteja sujeito a registro).

17.3. Conversão da obrigação em perdas e danos

A obrigação somente será convertida em perdas e danos se o autor o requerer ou se impossível a tutela específica ou a obtenção de tutela pelo resultado prático equivalente. Essa é a redação do art. 499 do CPC. O Código inovou em relação ao anterior, quando, ao final do texto do dispositivo transcrito, utilizou, em vez de "correspondente", como antes colocado, o vocábulo "equivalente" para se referir ao "resultado prático equivalente". Este último tem melhor adequação à estrutura do texto, principalmente se considerada sua finalidade.

"Equivalente" significa aquele que tem o mesmo valor. Enquanto que "correspondente", o que é adequado. Como se está a tratar de conversão da obrigação em perdas e danos por impossibilidade de alcance do resultado prático, este deve ser o "equivalente". O vocábulo "correspondente" se alinha à tutela específica, mas, como o vocábulo está a se referir ao resultado prático, ele não deve ser o "correspondente", e sim o "equivalente", porque "tem o mesmo valor", embora seja outra a tutela.

Qualquer obrigação (a exceção daquela de pagar quantia certa) poderá ser convertida em perdas e danos quando, segundo enumera o dispositivo encimado, o autor quiser (requisito subjetivo) ou se tornar impossível a tutela específica ou o resultado prático equivalente (requisito objetivo). Conforme leitura do texto legal, os requisitos são alternativos, daí porque se utiliza a conjunção alternativa "ou" no período "[...] se o autor o requerer ou se impossível [...]". Mas, de qualquer modo, deve-se advertir que a execução específica é a prioridade do sistema.

Com amparo no requisito subjetivo (vontade do autor), mesmo que não verificada a impossibilidade da tutela específica ou da obtenção de tutela pelo resultado prático equivalente, basta ao autor querer (por sua vontade expressada mediante formulação de pedido) para que haja a conversão em perdas e danos. A outra possibilidade de conversão em perdas e danos, amparada no requisito objetivo, ocorrerá quando se tornar impossível a tutela específica ou o resultado prático equivalente.

Se bem analisado, mesmo quando impossível a tutela específica ou a obtenção do resultado prático equivalente, sobressai o requisito subjetivo, pois que o autor, quando pleiteia a tutela de direito disponível, ele precisa, por vontade própria, iniciar ou continuar a execução (ou, pelo menos, a prática dos atos executivos). O mesmo ocorre quando possível a tutela específica, mas o autor pede a conversão, que, por sua vontade, ser-lhe-á concedida. Assim, o requisito subjetivo, pelo menos em regra, é o único necessário para que ocorra a conversão em perdas e danos.

Quanto ao momento da obtenção do resultado prático equivalente ou da conversão da obrigação em perdas e danos, tal deve ocorrer, no caso do requisito objetivo, assim que verificada a impossibilidade do adimplemento específico. No caso do requisito subjetivo, quando manifestada vontade do autor, o que, como antes defendido, por ocorrer a qualquer momento, inclusive a dispensar a verificação da impossibilidade de alcance do resultado prático equivalente.

Há quem defenda que a conversão em perdas e danos, pela vontade do autor, depende da tentativa de adimplemento pelo réu na forma específica. Defende-se que a "novação" não seria um direito potestativo (a ser exercido pelo simples querer do autor em converter a obrigação em perdas e danos), além do que não se poderia retirar do réu a faculdade de cumprir conforme devido. Admitir a conversão pela simples vontade do autor seria ferir o sistema das obrigações.

Prefere-se, aqui, adotar postura antagônica, nomeadamente por tê-la como servil à maioria dos casos. Não se duvida que, se estiver adimplente, o réu possa cumprir a obrigação específica (inclusive, em alguns casos, conforme pactuado entre as partes). Mas, se inadimplente (o que é mais comum, até mesmo para justificar o interesse processual), não pode o autor ser forçado a ver a obrigação cumprida nos moldes específicos, especialmente quando, em caso de contratação, cabe-lhe o direito de rescisão.

Isso sem contar que, diante da quebra da confiança decorrente do inadimplemento, o autor não pode ser compelido a tentar, inicialmente, o cumprimento específico pelo réu. Este já teve a oportunidade de adimplir espontaneamente a obrigação. Se assim não o fez, a ponto de justificar o ajuizamento de ação com essa finalidade, não pode ser beneficiado com mais uma oportunidade de adimplemento. Fica a critério do autor querer ou não o adimplemento específico. Se não quiser, nada impede a conversão em perdas e danos, sendo desnecessária a prévia tentativa de adimplemento específico.

Situações várias são compatíveis à possibilidade de conversão em perdas e danos. Basta imaginar o caso de cumprimento de uma obrigação de fazer infungível. Se o réu for obrigado a cumpri-la, talvez, diante do inadimplemento, não seja mais do interesse do autor o adimplemento específico, sobretudo porque ele pode ser dificultado. Até a própria confiança do autor no cumprimento da obrigação pode ser fenestrada, sendo-lhe mais interessante a conversão em perdas e danos.

A indenização por perdas e danos dar-se-á sem prejuízo da multa fixada periodicamente para compelir o réu ao cumprimento específico da obrigação. A multa a ser aplicada tem natureza coercitiva. Evita-se a atribuição de outra natureza à medida de apoio, o que poderia ensejar consequências processuais distintas. Inclusive, não poderia a multa ter natureza indenizatória, a se considerar que o fato a justificar o pagamento de indenização é diverso do que justifica a incidência da multa coercitiva.

A indenização é devida em razão do cometimento de dano, enquanto que a multa coercitiva, pela resistência ao cumprimento de uma determinação judicial. A multa (*astreinte*) assume o caráter coercitivo, para alcançar, pela violência de sua aplicação, resultado específico. Se não realizada a conduta específica, de modo a garantir o adimplemento da obrigação, a multa será aplicada e o seu valor acumulado constituirá obrigação de pagar quantia.

Pode acontecer de ser aplicada multa e não existir dano a ser reparado. Por exemplo, em não atendimento a obrigação de não fazer, a parte edifica em local proibido. A fim de garantir a realização da medida judicial, a multa inibitória é majorada, vindo, assim, a parte a desfazer o ato. Daí pode ter ocorrido o descumprimento da ordem judicial, mas não ter ocorrido dano, pelo que não haveria o que ser indenizado. Isso se dá porque o fato a justificar a aplicação da multa coercitiva não coincide com o que justifica o pagamento de indenização. São cumuláveis a multa coercitiva e a indenização, conquanto aquela possa ser constituída sem a verificação desta.

Apesar de o texto do art. 500 do CPC dispor que a multa será fixada para garantir o "cumprimento específico da obrigação", não se há de entender que a aplicação da medida de apoio está circunscrita apenas às "obrigações específicas", pelo que não seriam aplicadas para a obtenção do resultado prático equivalente. Ao se referir ao "cumprimento específico da obrigação", compreende-se que o resultado prático equivalente enseja o reconhecimento de uma obrigação, que também deve ser cumprida especificamente. Assim, se determinada obtenção do resultado prático equivalente, a obrigação daí decorrente também terá cumprimento específico, pelo que, quando for o caso, poderá ser aplicada multa coercitiva para garantir o seu adimplemento.

17.4. Ação que tenha por objeto a emissão de declaração de vontade

Na ação que tenha por objeto a emissão de declaração de vontade, a sentença que julgar procedente o pedido, uma vez transitada em julgado, produzirá todos os efeitos da declaração não emitida. No caso de falta de emissão de declaração de vontade, a sentença, para produzir seus efeitos, dependerá do trânsito em julgado. Nada impede, entretanto, que sejam antecipados, provisoriamente, em razão da urgência ou evidência, os efeitos da tutela jurisdicional definitiva de procedência.

Quando o art. 501 do CPC estabelece que a sentença só pode surtir seus efeitos quando transitada em julgado, o dispositivo confunde "coisa julgada" com "eficácia da sentença". Para que os efeitos surtam, não é necessário o trânsito em julgado. Tanto é que se admite a antecipação de tutela, inclusive por necessidade de se afirmar o direito fundamental de inafastabilidade do controle jurisdicional. Mas, de fato, para a formação da coisa julgada, imperiosa a constatação do trânsito em julgado.

Para o caso da emissão da declaração de vontade não emitida, a tutela específica é alcançada pela equivalência da sentença ao ato de declaração omitido. Por isso, dispensa-se execução e, em consequência, a participação do réu para a efetivação da tutela concedida em razão da sentença de procedência. Como o réu não terá de participar para garantir o atendimento do direito à prestação reconhecido em favor do autor, a sentença, que, em relação à eficácia, em si basta, não precisa fixar prazo para sua satisfação. A ser assim, dispensam-se, além da fase de execução, por consequência lógica, as medidas de apoio (medidas coercitivas).

Pode acontecer de, durante o curso do processo, a tutela específica não mais servir ao alcance dos fins pretendidos pelo autor, pelo que poderá ser convertida em perdas e danos. Assim, a quantificação das perdas e danos, salvo se indicado valor em negócio jurídico, será objeto de liquidação posterior ou anterior à sentença. Também se admitiria a conversão em perdas e danos pela vontade exclusiva do autor. Mas, aqui, é importante perceber, para o alcance do objetivo pretendido pelo autor (a se considerar a dispensa da necessidade de execução), não se depende da preservação de "confiança" na pessoa do réu. Aquele é alcançado a partir da concessão da tutela específica.

Quando prolatada sentença, pode ser que, da declaração de vontade reconhecida, seja(m) reconhecido(s) outro(s) direito(s) à prestação. Mesmo que não seja pedido o reconhecimento dele(s), poderia(m) assim ser, a justificar, para o caso, execução de outro(s) direito(s) à prestação reconhecido(s), já que haveria certificação suficiente. A exigibilidade da(s) respectiva(s) obrigação(ões) e, quando muito, a liquidação, pode(m) ser posteriormente alcançada(s). Quando tal ocorrer, a sentença surtirá seus efeitos concretos sobre o(s) direito(s) à prestação certificado(s) a justificar, em alguns casos, fase executiva com o emprego, se necessário for, de medidas de apoio. Imprescindível, para isso, assumir, como defendido pelos autores deste livro, a ação processual como fator de delimitação do objeto litigioso do processo.

Questão de Concurso

▶ **(MPE- PR. MPE-PR. Promotor Substituto. 2019)**[23]: Sobre a sentença e a coisa julgada, assinale a alternativa ***correta***, nos termos do Código de Processo Civil de 2015:

a) a perempção ocorre após três sentenças terminativas, independentemente do fundamento da decisão.

b) A sentença que homologa a desistência da ação resolve o mérito da causa.

c) O cabimento de ação autônoma de impugnação afasta a formação da coisa julgada.

d) Na ação que tenha por objeto a emissão de declaração de vontade, a sentença que julgar procedente o pedido, uma vez transitada em julgado, produzirá todos os efeitos da declaração não emitida.

e) Os motivos considerados importantes para determinar o alcance da parte dispositiva da sentença fazem coisa julgada.

18. SÚMULAS

Súmulas do STF

254. Incluem-se os juros moratórios na liquidação, embora omisso o pedido inicial ou a condenação.

423. Não transita em julgado a sentença por haver omitido o recurso *ex officio* que se considera interposto *ex lege*.

424. Transita em julgado o despacho saneador de que não houve recurso, excluídas as questões deixadas, explícita ou implicitamente, para a sentença.

493. O valor da indenização, se consistente em prestações periódicas e sucessivas, compreenderá, para que se mantenha inalterável na sua fixação, parcelas compensatórias do Imposto de Renda, incidente sobre os juros do capital gravado ou caucionado, nos termos dos arts. 911 e 912 do Código de Processo Civil.

Súmulas do STJ

45. No reexame necessário, é defeso, ao Tribunal, agravar a condenação imposta à Fazenda Pública.

70. Os juros moratórios, na desapropriação direta ou indireta, contam-se desde o trânsito em julgado da sentença.

188. Os juros moratórios, na repetição do indébito tributário, são devidos a partir do trânsito em julgado da sentença.

23. Gabarito: Letra D.

225. Compete ao Tribunal Regional do Trabalho apreciar recurso contra sentença proferida por órgão de primeiro grau da Justiça Trabalhista, ainda que para declarar-lhe a nulidade em virtude de incompetência.

253. O art. 557 do CPC/1973 [atual art. 932, IV, do CPC/2015], que autoriza o relator a decidir o recurso, alcança o reexame necessário.

318. Formulado pedido certo e determinado, somente o autor tem interesse recursal em arguir o vício da sentença ilíquida.

461. O contribuinte pode optar por receber, por meio de precatório ou por compensação, o indébito tributário certificado por sentença declaratória transitada em julgado.

490. A dispensa de reexame necessário, quando o valor da condenação ou do direito controvertido for inferior a *sessenta* salários mínimos [valor de alçada estabelecido pelo CPC/1973, devendo, sob a égide do CPC/2015, ser considerado conforme art. 496], não se aplica a sentenças ilíquidas.

19. ENUNCIADOS DO FPPC

160. A sentença que reconhece a extinção da obrigação pela confusão é de mérito.

161. É de mérito a decisão que rejeita a alegação de prescrição ou de decadência.

292. Antes de indeferir a petição inicial, o juiz deve aplicar o disposto no art. 321.

293. O juízo de retratação, quando permitido, somente poderá ser exercido se a apelação for tempestiva.

297. O juiz que promove julgamento antecipado do mérito por desnecessidade de outras provas não pode proferir sentença de improcedência por insuficiência de provas.

303. As hipóteses descritas nos incisos do § 1º do art. 489 são exemplificativas.

310. Não é título constitutivo de hipoteca judiciária a decisão judicial que condena à entrega de coisa distinta de dinheiro.

311. A regra sobre remessa necessária é aquela vigente ao tempo da publicação em cartório ou disponibilização nos autos eletrônicos da sentença ou, ainda, quando da prolação da sentença em audiência, de modo que a limitação de seu cabimento no CPC não prejudica as remessas determinadas no regime do art. 475 do CPC/1973.

378. A boa fé processual orienta a interpretação da postulação e da sentença, permite a reprimenda do abuso de direito processual e das condutas dolosas de todos os sujeitos processuais e veda seus comportamentos contraditórios.

378. A boa fé processual orienta a interpretação da postulação e da sentença, permite a reprimenda do abuso de direito processual e das condutas dolosas de todos os sujeitos processuais e veda seus comportamentos contraditórios.

438. É desnecessário que a resolução expressa da questão prejudicial incidental esteja no dispositivo da decisão para ter aptidão de fazer coisa julgada.

486. A inobservância da ordem cronológica dos julgamentos não implica, por si, a invalidade do ato decisório.

512. A decisão ilíquida referida no § 1º do art. 356 somente é permitida nos casos em que a sentença também puder sê-la.

513. Postulado o despejo em cumulação com outro(s) pedido(s), e estando presentes os requisitos exigidos pelo art. 356, o juiz deve julgar parcialmente o mérito de forma antecipada, para determinar a desocupação do imóvel locado.

516. Para que se considere fundamentada a decisão sobre os fatos, o juiz deverá analisar todas as provas capazes, em tese, de infirmar a conclusão adotada.

517. A decisão judicial que empregar regras de experiência comum, sem indicar os motivos pelos quais a conclusão adotada decorre daquilo que ordinariamente acontece, considera-se não fundamentada.

521. Apenas a decadência fixada em lei pode ser conhecida de ofício pelo juiz.

522. O relatório nos julgamentos colegiados tem função preparatória e deverá indicar as questões de fato e de direito relevantes para o julgamento e já submetidas ao contraditório.

523. O juiz é obrigado a enfrentar todas as alegações deduzidas pelas partes capazes, em tese, de infirmar a decisão, não sendo suficiente apresentar apenas os fundamentos que a sustentam.

524. O art. 489, § 1º, IV, não obriga o órgão julgador a enfrentar os fundamentos jurídicos deduzidos no processo e já enfrentados na formação da decisão paradigma, sendo necessário demonstrar a correlação fática e jurídica entre o caso concreto e aquele já apreciado.

525. A produção do resultado prático equivalente pode ser determinada por decisão proferida na fase de conhecimento.

526. A multa aplicada por descumprimento de ordem protetiva, baseada no art. 22, incisos I a V, da Lei 11.340/2006 (Lei Maria da Penha), é passível de cumprimento provisório, nos termos do art. 537, § 3º.

562. Considera-se omissa a decisão que não justifica o objeto e os critérios de ponderação do conflito entre normas.

585. Não se considera fundamentada a decisão que, ao fixar tese em recurso especial ou extraordinário repetitivo, não abranger a análise de todos os fundamentos, favoráveis ou contrários, à tese jurídica discutida.

20. ENUNCIADOS DO FNPP

34. Viola a proibição da reformatio in peius o agravamento, em remessa necessária, dos juros e correção monetária estabelecidos em sentenças condenatórias contra a Fazenda Pública.

35. Para fins de remessa necessária, deve ser utilizado como referência o valor do salário mínimo vigente na data da publicação da sentença.

21. ENUNCIADOS DA ENFAM

11. Os precedentes a que se referem os incisos V e VI do § 1º do art. 489 do CPC/2015 são apenas os mencionados no art. 927 e no inciso IV do art. 332.

12. Não ofende a norma extraível do inciso IV do § 1º do art. 489 do CPC/2015 a decisão que deixar de apreciar questões cujo exame tenha ficado prejudicado em razão da análise anterior de questão subordinante.

13. O art. 489, § 1º, IV, do CPC/2015 não obriga o juiz a enfrentar os fundamentos jurídicos invocados pela parte, quando já tenham sido enfrentados na formação dos precedentes obrigatórios.

40. Incumbe ao recorrente demonstrar que o argumento reputado omitido é capaz de infirmar a conclusão adotada pelo órgão julgador.

41. Por compor a estrutura do julgamento, a ampliação do prazo de sustentação oral não pode ser objeto de negócio jurídico entre as partes.

47. O art. 489 do CPC/2015 não se aplica ao sistema de juizados especiais.

22. ENUNCIADOS DO CJF

37. Aplica-se aos juizados especiais o disposto nos parágrafos do art. 489 do CPC.

23. INFORMATIVOS

Informativos do STJ

A regra do art. 489, §1º, VI, do CPC, segundo a qual o juiz, para deixar de aplicar enunciado de súmula, jurisprudência ou precedente invocado pela parte, deve demonstrar a existência de distinção ou de superação, somente se aplica às súmulas ou precedentes vinculantes, mas não às súmulas e aos prece-

dentes apenas persuasivos, como, por exemplo, os acórdãos proferidos por Tribunais de 2º grau distintos daquele a que o julgador está vinculado. O propósito recursal consiste em definir se o dever de seguir enunciado de súmula, jurisprudência ou precedente invocado pela parte, previsto no art. 489, §1º, VI, do CPC/2015, abrange também o dever de seguir julgado proferido por Tribunal de 2º grau distinto daquele a que o julgador está vinculado. O art. 489, §1º, VI, do CPC/2015, dispõe: "Art. 489. São elementos essenciais da sentença: (...) §1º Não se considera fundamentada qualquer decisão judicial, seja ela interlocutória, sentença ou acórdão, que: (...) VI – deixar de seguir enunciado de súmula, jurisprudência ou precedente invocado pela parte, sem demonstrar a existência de distinção no caso em julgamento ou a superação do entendimento". Examinando-se o conteúdo do referido dispositivo legal, verifica-se que a nova lei processual exige do juiz um ônus argumentativo diferenciado na hipótese em que pretenda ele se afastar da orientação firmada em determinadas espécies de julgados, a saber, que demonstre a existência de distinção entre a hipótese que lhe fora submetida e o paradigma invocado ou de superação do entendimento firmado no paradigma invocado. Denota-se, pois, que o art. 489, §1º, VI, do CPC/2015, possui, em sua essência, uma indissociável relação com o sistema de precedentes tonificado pela nova legislação processual, razão pela qual a interpretação sobre o conteúdo e a abrangência daquele dispositivo deve levar em consideração que o dever de fundamentação analítica do julgador, no que se refere à obrigatoriedade de demonstrar a existência de distinção ou de superação, limita-se às súmulas e aos precedentes de natureza vinculante, mas não às súmulas e aos precedentes apenas persuasivos. Na hipótese em exame, dado que foi invocado, para o julgamento da apelação perante o TJRS, apenas julgados proferidos pelo TJSP e pelo TJDFT no mesmo sentido da tese recursal pretendida, o acórdão recorrido não estava obrigado a considerá-los por ocasião do julgamento da apelação e, por via de consequência, também não estava obrigado a estabelecer qualquer distinção ou superação do entendimento firmado pelos referidos julgados, razão pela qual não há que se falar em violação ao art. 489, §1º, VI, do CPC/2015. REsp 1.698.774-RS, Rel. Min. Nancy Andrighi, Terceira Turma, por unanimidade, julgado em 01/09/2020, DJe 09/09/2020. Inf. 679.

É possível o reconhecimento da usucapião de bem imóvel com a implementação do requisito temporal no curso da demanda. Registre-se inicialmente que, à luz do art. 462 do Código de Processo Civil de 1973, é dever do magistrado levar em consideração algum fato constitutivo ou extintivo do direito ocorrido após a propositura da ação, podendo fazê-lo independentemente de provocação das partes. O legislador consagrou o princípio de que a decisão deve refletir o estado de fato e de direito no momento de julgar a demanda, desde que guarde pertinência com a causa de pedir e com o pedido. Assim, cabe ao magistrado examinar o requisito temporal da usucapião ao proferir a sentença, permitindo que o prazo seja completado no curso do processo judicial. Essa linha de raciocínio também é confirmada pelo Enunciado n. 497 da V Jornada de Direito Civil (STJ/CJF), segundo o qual "o prazo, na ação de usucapião pode ser completado no curso do processo, ressalvadas as hipóteses de má-fé processual do autor". Evita-se, com isso, que o autor proponha nova ação para obter o direito que já poderia ter sido reconhecido se o Poder Judiciário apreciasse eventual fato constitutivo superveniente, cuja medida se encontra em harmonia com os princípios da economia processual e da razoável duração do processo. Na hipótese, havendo o transcurso do lapso vintenário na data da prolação da sentença e sendo reconhecido pelo tribunal de origem que estão presentes todos os demais requisitos, deve ser declarada a usucapião. Além disso, incumbe ressaltar que a contestação apresentada pelo réu não impede o transcurso do lapso temporal. Com efeito, a mencionada peça defensiva não tem a capacidade de exprimir a resistência do demandado à posse exercida pelo autor, mas apenas a sua discordância com a aquisição do imóvel pela usucapião. Contestar, no caso, impõe mera oposição à usucapião postulada pelos autores, e não à posse. REsp 1.361.226-MG, Rel. Min. Ricardo Villas Bôas Cueva, por unanimidade, julgado em 05/06/2018, DJe 09/08/2018. Inf. 630.

24. SINOPSE

SENTENÇA
Considerações iniciais
Ressalvadas as disposições expressas dos procedimentos especiais, sentença é o pronunciamento por meio do qual o juiz, com fundamento nos arts. 485 e 487, põe fim à fase cognitiva do procedimento comum, bem como extingue a execução.

Requisitos
São requisitos da sentença o relatório (resumo dos principais dados e ocorrências do processo), a fundamentação (exigência de origem constitucional, onde o juiz, de forma suficiente, aprecia e decide os pontos controvertidos surgidos ao longo do processo, evidenciando os motivos de sua convicção em face do material que lhe foi apresentado e do respectivo plano jurídico) e o dispositivo (conclusão da sentença, onde o juiz resolve as questões que lhe foram submetidas pelas partes).
Classificação
Podem ser classificadas em terminativa e definitiva (que, por sua vez, podem ser classificadas em predominantemente declaratórias, predominantemente constitutivas, predominantemente condenatórias, predominantemente mandamentais e predominantemente executivas *latu sensu*).
Correlação entre sentença e demanda
Por consectário do princípio da inércia, o juiz deve julgar a demanda exatamente nos limites em que ela foi intentada. A prestação jurisdicional deve ficar adstringida à provação estabelecida pelas partes, a observar, assim, a necessária correlação entre sentença e demanda. Portanto, o juiz não deve julgar fora, além ou aquém da provocação objetiva e subjetiva apresentada pelas partes. Ele deve, por assim dizer, analisar todos os elementos de demanda que lhe são apresentados.
Efeitos
São efeitos da sentença o principal (que está previsto no dispositivo da sentença), o anexo (que a lei atribui a determinadas espécies de sentença, independentemente de formulação de pedido e de o efeito estar previsto no dispositivo do ato decisório) e o secundário (que para ser produzido, embora não dependa de pedido certo formulado pela parte, precisa estar contemplado no dispositivo da sentença).
Publicação
No momento em que é publicada, a sentença passa a existir juridicamente, produzindo os efeitos que lhe são próprios. Com sua publicação, o juiz só pode alterá-la: a) para lhe corrigir, de ofício ou a requerimento da parte, inexatidões materiais, ou lhe retificar erros de cálculo; b) por meio de embargos de declaração (quando a sentença for omissa, obscura ou contraditória.

CAPÍTULO 34

COISA JULGADA

1. CONSIDERAÇÕES INICIAIS

A coisa julgada tem previsão no art. 5º, XXXVI, da Constituição, quando dispõe que "a lei não prejudicará [...] a coisa julgada". É instituto processual que afirma a **segurança jurídica** (e não a justiça) nas relações firmadas entre as partes (a envolver, às vezes, até terceiros), a partir da imutabilidade (e, por óbvio, da indiscutibilidade) do pronunciamento jurisdicional definitivo proferido em julgamento de determinada ação.

Ao contrário do que ocorria sob a égide do CPC/1973, em razão do texto do revogado art. 472, agora, como será adiante mostrado, sob a vigência do CPC/2015, a teor do que dispõe o art. 506, a coisa julgada pode alcançar terceiros que, evidentemente, não integraram a relação processual.

Assim, as partes e, às vezes, terceiros, são alcançados pela eficácia da coisa julgada, que afirmará a segurança jurídica a partir da imutabilidade e da indiscutibilidade do ato decisório, porque ele (o ato decisório) não mais estará submetido a qualquer recurso, seja por preclusão, em qualquer de suas modalidades, seja por inexistência.

A expressão "ato decisório" deve ser interpretada em mais amplo sentido, a contemplar não apenas as sentenças, mas, também, as decisões interlocutórias (inclusive em razão da novel disposição trazida pelo art. 356 do CPC), as decisões monocráticas proferidas por membro de tribunal e os próprios acórdãos.

Foi por isso que os arts. 502, 503 e 508 do CPC/2015, diferentemente do que ocorria com os arts. 467, 468 e 474 do CPC/1973, em vez de se referirem a "sentença", referirem-se a "decisão". Substitui-se um vocábulo que alude espécie (sentença) por um que alude gênero (decisão).

E não se utiliza o vocábulo "pronunciamento" (a ser referir àqueles praticados pelo juiz), porque, para a formação da coisa julgada, é necessário que aquele seja efetivamente decisório. Não basta ser resolutivo, porque, a ser assim, poderiam ocorrer situações de ausência de cognoscibilidade exauriente, indispensável à formação da coisa julgada.

A título de exemplo, de acordo com a esteira de precedentes do Superior Tribunal de Justiça, o ato judicial que homologa acordo firmado entre as partes do processo "não produz coisa julgada material, podendo ser anulada a avença por ação diversa da rescisória" (STJ. REsp 763762/GO. DJe 10.10.05).

Por isso que (ante a ausência de cognoscibilidade exauriente), de acordo com a orientação do enunciado 138 do Fórum Permanente de Processualistas Civis, "a partilha amigável extrajudicial e a partilha amigável judicial homologada por decisão ainda não transitada em julgado são impugnáveis por ação anulatória".

Entretanto, alguns precedentes advindos do Superior Tribunal de Justiça orientam que "a transação pressupõe concessões mútuas dos interessados e produz entre as partes o efeito de coisa julgada" (STJ. AgRg no AREsp 28907/MG. DJe 02.12.13). Prefere-se entender que não se forma coisa julgada, mas apenas se produzem alguns dos efeitos dela.

Nos termos do art. 502 do Código de Processo Civil, denomina-se coisa julgada material a autoridade que torna imutável e indiscutível a decisão de mérito não mais sujeita a recurso. Antes, sob a vigência do CPC/1973, o art. 467 utilizava o vocábulo "eficácia", em vez de autoridade. A alteração vem a corrigir erro já apontado pela doutrina, pois a coisa julgada não é efeito. Na verdade, dela provém efeitos.

E mais. A decisão, para ter eficácia, não precisa da formação da coisa julgada. Mesmo que, contra ela, seja interposto (ou interponível) recurso, pode ocorrer de ter eficácia. Por isso, não se pode associar coisa julgada à condição de eficácia. Melhor, pois, como fez o Código, relacionar a coisa julgada à autoridade que o ato decisório passa a ter, quando ela é formada.

2. COISA JULGADA FORMAL E MATERIAL

Tradicionalmente, a coisa julgada tem duas **espécies**, sendo uma **formal** e outra **material**. Ambas formam-se a partir do **trânsito em julgado** da decisão, que será verificado quando aquela (decisão) não mais estiver sujeita a recurso, independentemente de sua natureza e/ou a remessa necessária (considerado, por parte da doutrina, como espécie recursal).

Quando a decisão **não resolve o mérito**, forma-se apenas a coisa julgada formal, com efeitos internos ao processo (endoprocessuais ou intraprocessuais), a impossibilitar, no mesmo processo, a modificação da decisão definitiva por outra superveniente. Todavia, nada impede que, corrigido o vício, seja proferida nova decisão noutro processo.

Em razão disso, alguns representantes da doutrina preferem concluir, com acertadas premissas, que a coisa julgada formal constitui apenas a última preclusão do processo. Não seria bem uma "coisa julgada", porque passível de mutabilidade (justamente por sua discutibilidade em outro processo).

Quando o processo tem seu **mérito resolvido** (obviamente por decisão), forma-se, além da coisa julgada formal, a material, com efeitos que vão além do respectivo processo (panprocessuais ou extraprocessuais), a impossibilitar, em qualquer processo, a modificação do ato decisório.

A ser assim, deve-se compreender que o mérito, de acordo com o posicionamento majoritário do Superior Tribunal de Justiça (firmado, é verdade, sem muito compromisso científico), é **delimitado pelos pedidos** que são formulados pelas partes. A decisão de mérito é a que resolve ditos pedidos. A coisa julgada se forma quando proferida decisão.

Mas, conforme antes mostrado, a opinião dos autores do presente livro é de que o mérito é delimitado pelas **afirmações de existência de direito** que são apresentadas pelas partes. Somente assim é que se pode explicar algumas situações (tais quais a formação de coisa julgada sobre questão prejudicial e a executividade da sentença de improcedência).

3. REGIMES JURÍDICOS DA COISA JULGADA

O Código de Processo Civil traz 02 regimes jurídicos para a coisa julgada. Um para a(s) questão(ões) principal(is) e outro para a(s) questão(ões) prejudicial(is), estando o primeiro previsto no *caput* do art. 503 e o outro nos respectivos parágrafos. Passa-se a analisar cada um desses regimes:

3.1. Coisa julgada de questão principal

Nos termos do *caput* do art. 503 do Código de Processo Civil, a decisão que julgar total ou parcialmente o mérito tem força de lei nos limites da **questão principal** expressamente decidida. A teor do que se extrai do texto legal, a formação de coisa julgada, quando relativa à questão principal, depende, apenas, de decisão judicial expressa, ainda que proferida por juízo incompetente.

Ao contrário do que se poderia pensar, a despeito de constituir garantia fundamental, o contraditório prévio não é condição para a formação de coisa julgada sobre questão principal. A não observância pode, em alguns casos, até justificar a decretação de invalidade, com consequente desconstituição da sentença, mas não retira a aptidão de formar coisa julgada.

Aliás, deve-se perceber que, em alguns casos, a ausência do contraditório sequer compromete a validade do ato processual. Basta revistar o julgamento liminar de improcedência, em que, embora não citado o réu, a sentença de mérito, quando transitada em julgado, forma, sem qualquer irregularidade, coisa julgada.

O texto legal acima referido traz uma inovação em relação do CPC/1973, porque passa a prever a possibilidade de formação de coisa julgada em partes, mediante decisões parciais de mérito. Significa que a(s) questão(ões) principal(is) podem ser definitivamente decididas antes da sentença.

A absorver esse entendimento, o enunciado 336 do Fórum Permanente de Processualistas Civis orienta que "cabe ação rescisória contra decisão interlocutória de mérito". A inovação representa significativo avanço em termos de afirmação da função política da jurisdição e guarda reflexos sobre o instituto da coisa julgada (e, naturalmente, da ação rescisória).

Mesma razão impulsionou a edição do enunciado 436 do FPPC, de acordo com o qual, "preenchidos os demais pressupostos, a decisão interlocutória e a decisão unipessoal (monocrática) são suscetíveis de fazer coisa julgada". Significa, portanto, que o ato decisório, em gênero, quando transitado em julgado, forma coisa julgada.

3.2. Coisa julgada de questão prejudicial

O segundo regime jurídico da coisa julgada, que contemplam as prejudiciais, está delineado pelos §§ 1º e 2º do art. 503 do Código de Processo Civil. Ele, de fato, representa evolução em relação à unicidade de regime trazida pelo CPC/1973, porque afirma a eficiência e a segurança jurídica, mas, ainda, apresenta-se tímida, a considerar os modelos adotados por sistemas estrangeiros.

De acordo com os §§ 1º e 2º do art. 503 do Código de Processo Civil, a decisão que julga **questão prejudicial**, decidida expressa e incidentemente no processo, faz coisa julgada se, cumulativamente[1]: a) dessa resolução depender o julgamento do mérito; b) a seu respeito tiver havido contraditório prévio e efetivo, não se aplicando no caso de revelia; c) o juízo tiver competência em razão da matéria e da pessoa para resolvê-la como questão principal; d) não houver restrições probatórias ou limitações à cognição que impeçam o aprofundamento da análise da questão prejudicial[2-3].

O regime de coisa julgada sobre questão(ões) prejudicial(is) é diferente do anterior (sobre questão(ões) principal(is) em diversos aspectos. Primeiramente, porque guarda relação de dependência (da questão prejudicial em relação à principal). Segundamente, porque depende de contraditório, que deve ser prévio e efetivo. Terceiramente, porque depende da competência absoluta do juízo. Quartamente, porque não pode haver restrições probatórias ou cognitivas, a impedir a análise da questão prejudicial[4].

Quanto ao inciso III do § 1º do art. 503 do Código de Processo Civil, ele dispõe que, para se formar coisa julgada sobre questão prejudicial é necessário "a seu respeito tiver havido contraditório prévio e efetivo, não se aplicando no caso de revelia". A indicação da revelia, como exceção à formação de coisa julgada sobre questão prejudicial, é apenas exemplificativa. Do texto legal se extrai a norma de que em qualquer situação, na qual não tenha havido contraditório prévio e efetivo, não se forma coisa julgada sobre questão prejudicial.

Especificamente em relação à disposição do inciso III do § 1º do art. 503 do Código de Processo Civil, deve ser realizada uma crítica. O dispositivo faz referência à competência em razão da matéria ou da pessoa. Ignora, porém, que o território e o valor da causa, em algumas circunstâncias, são critérios absolutos de definição de competência. Se, naquelas, não forem estes observados, estará desrespeitado o requisito da competência absoluta, pelo que não se fará coisa julgada sobre a prejudicial.

1. Essa orientação corresponde com aquela trazida pelo enunciado 313 do Fórum Permanente de Processualistas Civis: "São cumulativos os pressupostos previstos nos § 1º e seus incisos, observado o § 2º do art. 503".
2. E justamente por formar coisa julgada, que o enunciado 338 do Fórum Permanente de Processualistas conclui que "cabe ação rescisória para desconstituir a coisa julgada formada sobre a resolução expressa da questão prejudicial incidental".
3. Apesar disso, no Fórum Permanente de Processualistas Civis de Curitiba, foi vetada a seguinte proposta de enunciado: "A coisa julgada será produzida sobre questão prejudicial incidental, mesmo em procedimento com limitações probatórias, se não houver necessidade de dilação probatória dos fatos relacionados à questão prejudicial incidental".
4. O regime de coisa julgada sobre questão(ões) principal(is): a) não guarda relação de dependência; b) não depende de contraditório; c) não depende da competência absoluta do juízo; d) pode haver restrições probatórias ou cognitivas. Diga-se, em afirmação, que os itens "b" e "c", conquanto possam até compreender a regularidade do ato decisório, tornando-o passível de desconstituição, não impedem a formação de coisa julgada.

Logo em seguida, o § 2º do art. 503 dispõe que não se forma coisa julgada "se no processo houver restrições probatórias ou limitações à cognição que impeçam o aprofundamento da análise da questão prejudicial". A análise da restrição probatória a impedir a formação de coisa julgada sobre questão prejudicial deve ser concreta. Não porque o rito imponha restrição probatória que não forma coisa julgada sobre questão prejudicial. Pode formar. Se, apesar da restrição probatória do rito, não ficou prejudicado o aprofundamento da análise da questão prejudicial, forma-se coisa julgada.

A coisa julgada sobre a questão prejudicial incidental, a teor do que orienta o enunciado 437 do Fórum Permanente de Processualistas Civis, limita-se à existência, inexistência ou modo de ser de situação jurídica, e à autenticidade ou falsidade de documento. Mas tal não impede a execução de eventual direito à prestação que venha a ser reconhecido em razão da formação de coisa julgada sobre a questão prejudicial decidida. A esse respeito, convém sempre lembrar que, mesmo as decisões de força declarativas podem, se reconhecerem direito à prestação, ser executadas.

O enunciado 165 do Fórum Permanente de Processualistas Civis orienta que "a análise de questão prejudicial incidental, desde que preencha os pressupostos dos parágrafos do art. 503, está sujeita à coisa julgada, independentemente de provocação específica para o seu reconhecimento". Tal orientação confirma a posição adotada pelos autores do presente livro, de acordo com a qual o mérito da ação não é delimitado pelos pedidos formulados pelas partes, mas pelas afirmações de existência de direito apresentadas.

Nos termos do enunciado 438 do FPPC, "é desnecessário que a resolução expressa da questão prejudicial incidental esteja no dispositivo da decisão para ter aptidão de fazer coisa julgada".

Questão de Concurso

▶ **(Cespe – Juiz de Direito – PR/2017)**[5] Determinada sociedade empresária ajuizou demanda contra pequeno município localizado no interior do Paraná e, indicando como causa de pedir o inadimplemento contratual do município, apresentou dois pedidos de indenização: um por danos emergentes no valor de trezentos mil reais; outro por lucros cessantes no valor de duzentos mil reais. Apresentada a defesa pelo ente público e tomadas as providências preliminares, o magistrado julgou procedente o pedido referente aos danos emergentes em decisão interlocutória. Após a produção de outras provas, o juiz prolatou sentença em que julgou procedente também o pedido pertinente aos lucros cessantes, tendo ainda apreciado expressamente questão prejudicial de mérito relativa à validade do contrato. Nenhuma das decisões foi objeto de interposição de recurso pelo município.

Nessa situação hipotética,

a) o magistrado não poderia julgar o mérito em decisão interlocutória e, portanto, a decisão interlocutória deverá ser considerada nula quando o tribunal apreciar o processo em sede de remessa necessária.

b) a remessa necessária incidirá apenas em relação à sentença, não podendo recair sobre a decisão interlocutória, mesmo ante o fato de essa decisão ter resolvido o mérito de forma parcial.

c) a decisão interlocutória que versou sobre o mérito da demanda não faz coisa julgada material, porque essa é uma situação jurídica exclusiva das sentenças de mérito, quanto às decisões que são prolatadas em primeiro grau.

d) a coisa julgada sobre a questão prejudicial incidental dependerá de remessa necessária, observados ainda os demais pressupostos para a incidência do duplo grau obrigatório.

---

5. Gabarito: Letra D.

4. COISA JULGADA PROGRESSIVA

O art. 975 do Código, que trata da ação rescisória, dispõe que "o direito à rescisão se extingue em 2 (dois) anos contados do trânsito em julgado da última decisão proferida no processo". Contudo, o § 4º do art. 218 estabelece que "será considerado tempestivo o ato praticado antes do termo inicial do prazo". Como pode ser intentada ação rescisória para desconstituir a decisão de mérito, há de se admitir que ela transitou em julgado. Não se trata a situação como uma simples preclusão, como ocorria sob a vigência do CPC/1973, mas como, efetivamente, coisa julgada.

Inclusive, quando vigente o CPC/1973, o Superior Tribunal de Justiça entendia que "o certo é que, havendo um único processo e uma única sentença, não há cogitar de coisa julgada material progressiva. A coisa julgada material somente ocorre com o trânsito em julgado da última decisão proferida na causa" (STJ. REsp 705354/SP. DJU 09.05.05). Todavia, essa conclusão estava espraiada na impossibilidade de se intentar ação rescisória antes do trânsito em julgado da última decisão e da necessidade de se julgar (em regra) todo objeto litigioso do processo em única decisão.

Mas, o art. 503 do CPC/2015 estabelece que "a decisão que julgar total ou parcialmente o mérito tem força de lei nos limites da questão principal expressamente decidida". Antes, diferentemente, o CPC/1973, no art. 468, estabelecia que "a sentença, que julgar total ou parcialmente a lide, tem força de lei nos limites da lide e das questões decididas". Pela primeira parte de cada um dos textos, observa-se a substituição do vocábulo "sentença" por "decisão". O novel legislador, como antes dito, substitui o vocábulo que exprimia a ideia de espécie pelo que expressa a de gênero.

Essa mudança compatibiliza, dentre outras, a disposição do art. 503 do CPC/2015 com a do art. 356, de acordo com o qual o juiz decidirá parcialmente o mérito quando um ou mais dos pedidos formulados ou parcela deles mostrar-se incontroverso ou estiver em condições de imediato julgamento[6]. Hoje, é possível que o mérito seja julgado de forma fracionada. Antes, sob a égide do CPC/1973, quando se referia a julgamento parcial de mérito, assim o possibilitava em razão de a sentença poder julgar apenas parte dele, mas não por admitir (pelo menos em regra) o julgamento do mérito por decisão interlocutória.

Pode até ocorrer, sob a vigência do CPC/2015, que o mérito seja parcialmente, ou até mesmo totalmente, resolvido por decisão interlocutória. A par dessa mudança, o sistema processual brasileiro passou a admitir a formação progressiva de coisa julgada. Na medida em que os atos decisórios definitivos vão sendo proferidos, caso transitados em julgado, eles passam a formar, em partes que se adicionam, coisa julgada.

Por isso que o enunciado 336 do Fórum Permanente de Processualistas orienta que "cabe ação rescisória contra decisão interlocutória de mérito". E justifica o porquê no enunciado 436: "Preenchidos os demais pressupostos, a decisão interlocutória e a decisão unipessoal (monocrática) são suscetíveis de fazer coisa julgada". Logo, se as decisões parciais são suscetíveis

6. Essa conclusão (de formação de coisa julgada progressiva) pode ser extraída, dentre outras várias, da disposição do § 3º do art. 356 do Código de Processo Civil, que possibilita o trânsito em julgado da decisão parcial de mérito.

de fazer coisa julgada, inclusive a justificar a propositura de ação rescisória, força é concluir que o Código de Processo Civil passou a admitir a formação progressiva de coisa julgada.

Entretanto, a coisa julgada progressiva também ocorrerá quando a sentença tiver vários capítulos e a parte vencida não recorrer de todos eles. Não é necessário o trânsito em julgado da última decisão para que se forme a coisa julgada de maneira progressiva. Essa, conquanto não se trate de uma nova situação, constitui inovação em termos de possibilidade, a considerar que a modificação do sistema, ao admitir a coisa julgada progressiva, passou a contemplá-la. Eventual diferenciação entre as situações apresentadas constituiria inaceitável lacuna axiológica.

A admissão da coisa julgada progressiva representa verdadeiro avanço, pois, se não admitida, a parte interessada teria de esperar, muitas vezes, anos para que fosse formada a coisa julgada unitária. Se, eventualmente, algum(ns) dos capítulos, contra o(s) qual(is) não interpôs recurso, impusesse(m) forte ônus em detrimento da parte, ela, certamente, renunciaria à faculdade de continuar a discutir os demais capítulos objeto de recurso pendente, para intentar ação rescisória. Aí, a parte veria contrariada a garantia do controle jurisdicional, sobretudo em relação à parte que teve de renunciar para intentar ação rescisória.

A admissão da coisa julgada progressiva traz reflexos, principalmente, na ação rescisória, sobretudo no que diz respeito à competência e ao respectivo prazo decadencial de ajuizamento. Como será mostrado oportunamente, possibilitar-se-á a propositura de mais de uma ação rescisória contra ações julgadas no mesmo processo, pelo que poderão ser distribuídas para juízos diversos. Outrossim, se formada coisa julgada progressivamente, haverá uma diferenciação quanto ao prazo decadencial, pois, só para a última decisão, será de 02 anos.

O enunciado 534 do Fórum Permanente de Processualistas Civis ilustra uma situação de formação progressiva da coisa julgada. Segundo ele, "a decisão a que se refere o inciso III do art. 548 faz coisa julgada quanto à extinção da obrigação". De fato, na ação de consignação em pagamento, o art. 547 do Código de Processo Civil dispõe: "se ocorrer dúvida sobre quem deva legitimamente receber o pagamento, o autor requererá o depósito e a citação dos possíveis titulares do crédito para provarem o seu direito".

Em seguida, estabelece o art. 548, III: "no caso do art. 547: [...] comparecendo mais de um, o juiz declarará efetuado o depósito e extinta a obrigação, continuando o processo a correr unicamente entre os presuntivos credores, observado o procedimento comum". Na situação retratada, há cumulação de ações. Sendo que uma delas se extingue mediante cumprimento da obrigação de pagar (com a possibilidade de formar coisa julgada nessa parte), a continuar a(s) outra(s) para definir o beneficiário do valor.

5. EFEITOS DECORRENTES DA DECISÃO TRANSITADA EM JULGADO

A decisão transitada em julgado, sobre a qual, portanto, forma-se coisa julgada material, tem dois efeitos, sendo um positivo e outro negativo.

O efeito positivo impõe respeito pelo juízo, relativamente à prática de atos, inclusive em ações judiciais seguintes, àquilo que foi decidido na ação que ensejou a formação da coisa julgada. Ele pode ser utilizado como fundamento de uma ação seguinte, devendo o juiz ser coerente em sua decisão, a harmonizá-la com a coisa julgada.

O efeito negativo impede novo julgamento em torno do caso julgado. Apresenta-se como uma exceção processual, a impedir novo julgamento em razão do que anteriormente decidido. Por conta do efeito negativo é que, nos termos do art. 507 do CPC, "é vedado à parte discutir no curso do processo as questões já decididas a cujo respeito se operou a preclusão".

Não se pode deixar de observar que o efeito negativo da coisa julgada acaba sendo uma faceta do positivo, pois, se, em razão deste último, deve haver respeito pelo juízo, relativamente à prática de atos, pelo mesmo respeito, não pode o juízo decidir novamente as questões sobre as quais se formou a coisa julgada.

6. EFICÁCIA PRECLUSIVA DECORRENTE DA FORMAÇÃO DA COISA JULGADA

Em razão do efeito negativo da coisa julgada, estabelece o art. 508 do Código de Processo Civil que, "transitada em julgado a decisão de mérito, considerar-se-ão deduzidas e repelidas todas as alegações e as defesas que a parte poderia opor tanto ao acolhimento quanto à rejeição do pedido". Por isso, todas as afirmações em torno da(s) causa(s) de pedir apresentada(s) pela(s) parte(s), que culminou em sentença transitada em julgado, que foi(ram) deduzida(s) ou que poderia(m) ser dedutível(is), não pode(m) mais ser submetida(s) à apreciação jurisdicional.

Trata-se da **eficácia preclusiva da coisa julgada**, "pela qual todas as questões deduzidas que poderiam sê-lo e não o foram encontram-se sob o manto da coisa julgada, não podendo constituir novo fundamento para discussão da mesma causa, mesmo que em ação diversa', ou seja, 'a coisa julgada é tutelada pelo ordenamento jurídico não só pelo impedimento à repropositura de ação idêntica após o trânsito em julgado da decisão, mas também por força da denominada eficácia preclusiva do julgado, que impede seja infirmado o resultado a que se chegou em processo anterior' com decisão transitada em julgado, ainda que 'a ação repetida seja outra, mas que, por via oblíqua, desrespeita o julgado adredemente proferido'" (STJ. REsp 1.039.079/MG. DJe 17.12.2010).

Assim, mantidas as partes e o(s) pedido(s), somente é viável propor nova ação, sem esbarrar no óbice da coisa julgada, se for modificada a causa de pedir. Mantida esta e alterando-se apenas os argumentos em torno dela, o autor defrontar-se-á com o pressuposto processual negativo da coisa julgada, a justificar a prolação de sentença sem resolução de mérito para a segunda ação.

Questão de Concurso

▶ **(FCC – Juiz de Direito – SC/2017)**[7] No tocante à sentença e à coisa julgada, é correto afirmar que:

a) publicada a sentença, o juiz só poderá alterá-la para correção de inexatidões materiais ou erros de cálculo, por meio de embargos de declaração ou para reexaminar matérias de ordem pública.

b) a sentença faz coisa julgada às partes entre as quais é dada, não prejudicando terceiros, sendo vedado à parte discutir no curso do processo as questões já decididas a cujo respeito se operou a preclusão.

7. Gabarito: Letra B.

c) a sentença deve ser certa, a não ser que resolva relação jurídica condicional.

d) na ação que tenha por objeto a emissão de declaração de vontade, a sentença que julgar procedente o pedido produzirá de imediato todos os efeitos da declaração não emitida.

e) denomina-se coisa julgada material a autoridade que torna imutável e indiscutível a decisão, de mérito ou não, que não mais se encontre sujeita a recurso.

7. CONFLITO ENTRE COISAS JULGADAS

Pode ocorrer de, no mesmo processo ou em processos diferentes, serem resolvidas idênticas questões, mediante decisões transitadas em julgado. Daí surge a pergunta: nessa situação, qual o julgamento deve prevalecer, o primeiro ou o último?

Sendo proferidas duas ou mais decisões definitivas, a resolver questões idênticas, quando transitadas em julgado, ao entender dos autores deste livro, o **segundo julgamento deve prevalecer sobre o primeiro**, pelo menos se não ou enquanto **não for intentada ação rescisória.** Inclusive, cabe ação rescisória diante do conflito de coisa julgada, contra a segunda decisão, exatamente porque ele tem eficácia frente à primeira. Assim, julgada procedente a ação rescisória, será desconstituída a segunda decisão, a restabelecer a eficácia da primeira. Pode até ocorrer de, em ação rescisória, ser concedida tutela provisória, a suspender a eficácia da segunda decisão e restabelecer a da primeira.

Portanto, pode-se dizer que, a segunda decisão, conquanto irregular, a ponto de justificar a decretação de sua invalidade, terá eficácia. E não se poderia, simplesmente, desconsiderar sua eficácia, porquanto o plano da validade não atinge o da eficácia. Para que o ato jurídico (segunda decisão) não tenha eficácia, é necessária sua desconstituição, com julgamento de procedência da ação rescisória, ou pelo menos com a concessão de tutela provisória a suspender os efeitos da segunda decisão e restabelecer, por consequência, da primeira.

> Não se pode esquecer que, se a última decisão ainda não transitou em julgado, ela pode ser invalidada mediante interposição de recurso, a justificar sua invalidação pela formação da coisa julgada em relação à primeira, que evidencia o cometimento de *error in procedendo.*

Apesar dos subsistentes argumentos apresentados acima, o STJ, de forma predominante, tem entendido que "no conflito entre duas coisas julgadas deve prevalecer a que se formou em primeiro lugar" (STJ. EDcl no AgRg no AREsp 531.918/DF. DJe 12.12.16). Mesma orientação vem sendo adotada pelo STF: "os institutos da litispendência e da coisa julgada direcionam à insubsistência do segundo processo e da segunda sentença proferida, sendo imprópria a prevalência do que seja mais favorável ao acusado (STF. HC 101131. DJe 10.02.12).

Os autores deste livro até compreendem que a posição adotada pelo STF e pelo STJ inibe a repetição de ações e implica redução de ações rescisórias para fazer prevalecer a eficácia da primeira decisão, mas, cientificamente, o fundamento invocado para justificar o entendimento firmado (suposta inexistência da segunda decisão ou sua impossibilidade de surtir efeitos por ser inconstitucional) é, por completo, insubsistente. Não se pode negar existência à segunda decisão (porque preenchidos os respectivos pressupostos), nem muito menos retirar efeito por vício de validade (a considerar que o plano de eficácia é diferente do de validade).

8. LIMITES

O art. 503 do Código de Processo Civil dispõe que a decisão, que resolve total ou parcialmente o objeto litigioso do processo, tem força de lei nos limites das questões decididas. Assim, pode-se dizer que, segundo a disposição legal, a coisa julgada material tem **limites**, sendo eles: a) objetivo; b) subjetivo; c) temporal; d) espacial (ou territorial). Discorre-se acerca de cada um desses limites:

a) **Objetivo**: o limite objetivo da coisa julgada baliza "o quê" está alcançado pela imutabilidade da decisão de mérito (que pode até fracionar o objeto litigioso do processo) transitada em julgado. O elemento declarativo da decisão constitui o limite objetivo da coisa julgada. Não é o dispositivo da decisão (com seus diversos elementos) que delimita objetivamente a coisa julgada, mas apenas o seu elemento declarativo, que pode até não está localizado na parte da decisão que tradicionalmente se inclui o dispositivo. Tanto é assim, que, desde que não trate de direitos indisponíveis, a decisão pode ser cumprida de forma diferente daquela estabelecida pelo dispositivo, conquanto a declaratividade permaneça imutável, porque representa a solução jurisdicional. Logo, apenas aquilo que esteja compreendido pelo elemento declaratório (puro) da decisão é alcançado pela autoridade da coisa julgada material.

Por consequência da delimitação objetiva, estabelece o art. 504 do Código de Processo Civil que não fazem coisa julgada os motivos, ainda que importantes para determinar o alcance da parte dispositiva da sentença e a verdade dos fatos, estabelecida como fundamento da sentença. Embora devam orientar o órgão jurisdicional para garantir a coerência de outros pronunciamentos decisórios posteriores, os motivos e a verdade dos fatos estabelecida como fundamento da decisão de mérito não integram o limite objetivo da coisa julgada.

Antes, sob a vigência do CPC/1973, o art. 469 dispunha que não fazia coisa julgada a apreciação da questão prejudicial, decidida incidentemente no processo. Sob a vigência do CPC/2015, conforme dispõe o art. 503, §§ 1º e 2º, a questão prejudicial, desde que atendidos os requisitos ali descritos, pode fazer coisa julgada.

Não é só.

Como orienta o enunciado 438 do Fórum Permanente de Processualistas Civis, "é desnecessário que a resolução expressa da questão prejudicial incidental esteja no dispositivo da decisão para ter aptidão de fazer coisa julgada".

> **IMPORTANTE!** A sentença de mérito transitada em julgado, proferida sob a vigência de determinada lei que fixa parâmetros remuneratórios, constitui coisa julgada material. Mas tal não impede a alteração da lei para fixar novos parâmetros (STJ. MS 13721/DF. DJe 23.10.08). Em razão disso que o STJ definiu que a majoração dos juros de mora, em face da vigência de nova lei, alcança sentença transitada em julgado (STJ. REsp 1111117/PR. DJe 02.06.10).

b) **Subjetivo**: a decisão, em regra, pela própria necessidade de respeito ao contraditório e à ampla defesa, faz coisa julgada material apenas entre as partes que compõem a relação processual (os assistentes litisconsorciais, por sua própria natureza, são também atingidos pela coisa julgada). Entretanto, ela (a coisa julgada) não prejudica terceiros (diretamente). Só que a decisão jurisdicional, como ato jurídico que é, existe com respeito de todos, mesmo daqueles que não fizeram parte do processo, que, inclusive, podem questionar o seu resultado (STJ. REsp 804.044/GO. DJe 19.05.09).

Sob a vigência do CPC/1973, a primeira parte do art. 472 dispunha que "a sentença faz coisa julgada às partes entre as quais é dada, não *beneficiando*, nem prejudicando terceiros". Atualmente, dispõe o art. 506 do CPC/2015, que "a sentença faz coisa julgada às partes entre as quais é dada, não prejudicando terceiros". A eliminação do vocábulo "beneficiando" induz ao reconhecimento de que a coisa julgada pode favorecer terceiros. Como exemplo, pode-se imaginar a ação declaração de existência de um contrato, o qual envolve várias pessoas como contratadas, mas apenas uma delas é parte. Aquelas são beneficiadas com o reconhecimento da existência.

O limite subjetivo da coisa julgada material representa "quem" está alcançado pela imutabilidade da decisão transitada em julgado. De regra, são aqueles, repita-se, que compuseram a relação processual. Contudo, pode ocorrer de os efeitos da decisão se estenderem "*ultra partes*", atingindo não só as partes, mas determinados terceiros, ou "*erga omnes*", atingindo não só as partes, mas todos.

Exemplifica a extensão "*ultra partes*" o caso do terceiro que poderia ter intervindo no processo na condição de litisconsorte unitário, mas permaneceu inerte. Embora não tenha sido parte no processo, os efeitos da decisão, sobre a qual se formou a coisa julgada, aquele alcançará. Do mesmo modo, o caso em que é proferida decisão favorável a um credor solidário: os demais credores (colegitimados) serão alcançados pelos efeitos da decisão transitada em julgado. O STJ já decidiu que, na ação proposta pelo marido, a sentença que decide a respeito de índice de reajuste de mútuo hipotecário contratado por ambos inibe a mulher de propor nova ação (STJ. REsp 503643/SP. DJU 28.02.05), porque ela, apesar de não ter sido parte, foi alcançada pela coisa julgada.

E não é só.

Exemplificam, ainda, a extensão "*ultra partes*", as decisões definitivas de procedência proferidas em ações coletivas, que versem sobre direito coletivo "*stricto sensu*". Todos os membros da respectiva coletividade, bem assim os demais legitimados extraordinários, serão alcançados pela coisa julgada. Isso porque, a ação, quando julgada procedente, não poderá ser novamente proposta por outros legitimados extraordinários. Somente quando improcedente por insuficiência de provas é que outro legitimado extraordinário, ao apresentar nova prova, pode repetir a ação coletiva julgada. Se for julgada improcedente a ação coletiva, apesar da suficiência de provas, os demais legitimados extraordinários, que não foram parte no processo, não poderão processualizar em repetição a ação antes julgada. A se tratar, então, de direitos coletivos em sentido estrito, a coisa julgada alcançará toda a coletividade representada. Quanto às partes materiais (legitimados ordinários), que não tenham se habilitado como litisconsortes, em qualquer caso de improcedência, se o direito objeto era individual homogêneo, podem propor nova ação (individual), pois não são prejudicados em seus direitos.

> Definiu o STJ que aquele que faz parte da categoria profissional (ou classe), representada ou substituída por entidade associativa ou sindical, é diretamente favorecido pela eficácia da decisão coletiva positiva transitada em julgado, independente de estar filiado ou associado à mesma entidade, tendo em vista que as referidas peculiaridades do microssistema processual coletivo privilegia a máxima efetividade das decisões nele tratadas, especialmente considerando que o direito subjetivo material coletivo se acha em posição incontroversa e já proclamado em decisão transitada em julgado. (STJ. REsp 1338687/SC. DJe 09.11.12)

Quanto à extensão "*erga omnes*" dos limites subjetivos da coisa julgada, as ações coletivas, que versam acerca de direitos difusos, quando julgadas procedentes ou improcedentes, são exemplos de tal natureza. Faz-se aqui a mesma observação encimada: a ação não poderá ser novamente proposta por outros legitimados extraordinários, exceto se verificada a improcedência da ação por insuficiência de provas, situação em que ficará permitida a propositura de nova ação coletiva, se outro legitimado extraordinário apresentar nova prova.

Não se poderia deixar de incluir neste rol as ações de controle concentrado de constitucionalidade, quais sejam, a ação direta de inconstitucional e a ação declaratória de constitucionalidade. Os efeitos da decisão transitada em julgado estendem-se a todos, ou seja, mesmo àqueles que não foram partes no processo.

c) **Temporal**: a coisa julgada material regula os fatos passados, que foram apresentados ao Poder Judiciário, bem assim os presentes e futuros, desde que esteja preservado o cenário fático apresentado por ocasião da prolação da decisão transitada em julgado. Por conseguinte, a modificação do cenário fático-jurídico após a formação da coisa julgada material não impossibilita a discussão em torno da novel situação. Até porque ela (a nova situação) não está regulada por nenhum pronunciamento jurisdicional, não se podendo, assim, restringir a prestação jurisdicional. Logo, se houve modificação do cenário fático-jurídico depois da formação da coisa julgada material, esta regulará apenas o cenário anterior, a não impossibilitar a discussão em relação ao atual.

É exatamente por isso (reconhecer uma limitação temporal à coisa julgada) que, nos termos do art. 505 do Código de Processo Civil, nenhum juiz decidirá novamente as questões já decididas relativas à mesma lide, *salvo*: a) se, tratando-se de relação jurídica de trato continuado, sobreveio modificação no estado de fato ou de direito, caso em que poderá a parte pedir a revisão do que foi estatuído na sentença; (aí, será a primeira decisão sobre o novo quadro jurídico); b) nos demais casos prescritos em lei.

Então, no que diz respeito aos limites temporais da coisa julgada, pode-se dizer que: a) se não houve modificação do cenário em torno dos fatos presentes e futuros, a coisa julgada material impossibilita a discussão judicial circunscrita tanto aos fatos passados, quando aos presentes e futuros; b) se houve modificação do cenário em torno dos fatos presentes e futuros, a coisa julgada material não impossibilita a discussão judicial circunscrita aos fatos presentes e futuros, mas apenas aos passados, porque já devidamente regulados.

> Há certas relações jurídicas sucessivas que nascem de um suporte fático complexo, formado por um fato gerador instantâneo, inserido numa relação jurídica permanente. Ora, nesses casos, pode ocorrer que a controvérsia decidida pela sentença tenha por origem não o fato gerador instantâneo, mas a situação jurídica de caráter permanente na qual ele se encontra inserido, e que também compõe o suporte desencadeador do fenômeno de incidência. Tal

situação, por seu caráter duradouro, está apta a perdurar no tempo, podendo persistir quando, no futuro, houver a repetição de outros fatos geradores instantâneos, semelhantes ao examinado na sentença. Nestes casos, admite-se a eficácia vinculante da sentença também em relação aos eventos recorrentes. Isso porque o juízo de certeza desenvolvido pela sentença sobre determinada relação jurídica concreta decorreu, na verdade, de juízo de certeza sobre a situação jurídica mais ampla, de caráter duradouro, componente, ainda que mediata, do fenômeno de incidência. Essas sentenças conservarão sua eficácia vinculante enquanto se mantiverem inalterados o direito e o suporte fático sobre os quais estabeleceu o juízo de certeza (STJ. AgRg no REsp 703526/MG. DJU 19.09.05).

d) **Espacial (ou territorial)**: a coisa julgada, *a priori*, não tem limites espaciais, pelo que deve ser observada por todos os órgãos jurisdicionais competentes. Embora a Lei da Ação Civil Pública estabeleça, em seu art. 16, que "a sentença civil fará coisa julgada 'erga omnes', nos limites da competência territorial do órgão prolator, exceto se o pedido for julgado improcedente por insuficiência de provas, hipótese em que qualquer legitimado poderá intentar outra ação com idêntico fundamento, valendo-se de nova prova", o Superior Tribunal de Justiça, acertadamente, pontuou que "os efeitos e a eficácia da sentença não estão circunscritos a lindes geográficos" (STJ. AgRg no REsp 1094116/DF. DJe 27.05.13). Pode acontecer, entretanto, de o dispositivo da sentença transitada em julgado proceder, equivocadamente, à tal delimitação. Nessa situação, até que venha a ocorrer eventual desconstituição do título judicial, devem ser respeitados os limites estabelecidos.

9. MEIOS DE IMPUGNAÇÃO

As decisões de mérito transitadas em julgado podem ser impugnadas, e assim os são feitos, em regra, mediante a propositura de **ação rescisória**, nas taxativas hipóteses de cabimento. Excepcionalmente, admite-se a impugnação da coisa julgada mediante apresentação de **impugnação ao cumprimento de sentença.**

O enunciado 268 da súmula de jurisprudência do STF dispõe que "não cabe mandado de segurança contra decisão judicial com trânsito em julgado".

Todavia, há precedente do Superior Tribunal de Justiça no sentido de que "a interpretação que melhor compatibiliza a vedação do art. 59 da Lei nº 9.099/1995 com o entendimento *supra* é a de que se deve admitir a impetração de **mandado de segurança** frente aos Tribunais de Justiça para controle da competência dos Juizados Especiais, ainda que a decisão a ser anulada já tenha transitado em julgado" (STJ. MC 15465/SC. DJe 28.04.09).

Também do Supremo Tribunal Federal, advém o enunciado 734 de súmula, de acordo com o qual "não cabe reclamação quando já houver transitado em julgado o ato judicial que se alega tenha desrespeitado decisão do Supremo Tribunal Federal".

10. SÚMULAS

Súmulas do STJ

239. Decisão que declara indevida a cobrança do imposto em determinado exercício não faz coisa julgada em relação aos posteriores.

304. Decisão denegatória de mandado de segurança, não fazendo coisa julgada contra o impetrante, não impede o uso da ação própria.

734. Não cabe reclamação quando já houver transitado em julgado o ato judicial que se alega tenha desrespeitado decisão do Supremo Tribunal Federal.

Súmulas do STJ

45. No reexame necessário, é defeso, ao Tribunal, agravar a condenação imposta à Fazenda Pública.

325. A remessa oficial devolve ao Tribunal o reexame de todas as parcelas da condenação suportadas pela Fazenda Pública, inclusive dos honorários de advogado.

344. A liquidação por forma diversa da estabelecida na sentença não ofende coisa julgada.

490. A dispensa de reexame necessário, quando o valor da condenação ou do direito controvertido for inferior a 60 salários mínimos [*limite estabelecido pelo art. 475 do revogado CPC/1973*], não se aplica a sentenças ilíquidas.

11. ENUNCIADOS DO FPPC

103. A decisão parcial proferida no curso do processo com fundamento no art. 487, I, sujeita-se a recurso de agravo de instrumento.

111. Persiste o interesse no ajuizamento de ação declaratória quanto à questão prejudicial incidental.

138. A partilha amigável extrajudicial e a partilha amigável judicial homologada por decisão ainda não transitada em julgado são impugnáveis por ação anulatória.

160. A sentença que reconhece a extinção da obrigação pela confusão é de mérito.

161. É de mérito a decisão que rejeita a alegação de prescrição ou de decadência.

165. A análise de questão prejudicial incidental, desde que preencha os pressupostos dos parágrafos do art. 503, está sujeita à coisa julgada, independentemente de provocação específica para o seu reconhecimento.

313. São cumulativos os pressupostos previstos nos § 1º e seus incisos, observado o § 2º do art. 503.

336. Cabe ação rescisória contra decisão interlocutória de mérito.

338. Cabe ação rescisória para desconstituir a coisa julgada formada sobre a resolução expressa da questão prejudicial incidental.

436. Preenchidos os demais pressupostos, a decisão interlocutória e a decisão unipessoal (monocrática) são suscetíveis de fazer coisa julgada.

437. A coisa julgada sobre a questão prejudicial incidental se limita à existência, inexistência ou modo de ser de situação jurídica, e à autenticidade ou falsidade de documento.

438. É desnecessário que a resolução expressa da questão prejudicial incidental esteja no dispositivo da decisão para ter aptidão de fazer coisa julgada.

439. Nas causas contra a Fazenda Pública, além do preenchimento dos pressupostos previstos no art. 503, §§ 1º e 2º, a coisa julgada sobre a questão prejudicial incidental depende de remessa necessária, quando for o caso.

486. A inobservância da ordem cronológica dos julgamentos não implica, por si, a invalidade do ato decisório.

534. A decisão a que se refere o inciso III do art. 548 faz coisa julgada quanto à extinção da obrigação.

554. Na ação rescisória fundada em violação ao efeito positivo da coisa julgada, haverá o rejulgamento da causa após a desconstituição da decisão rescindenda.

679. A anotação da propositura da ação à margem do título protestado não se restringe à ação rescisória, podendo abranger outros meios de desfazimento da coisa julgada.

12. ENUNCIADOS DO FNPP

17. (arts. 356 e art. 496, Lei 13.105/15). A decisão parcial de mérito proferida contra a Fazenda Pública está sujeita ao regime da remessa necessária.

18. (art. 496, §§ 3º e 4º, Lei 13.105/15) A dispensa da remessa necessária prevista no art. 496, §§ 3º e 4º, CPC, depende de expressa referência na sentença.

13. INFORMATIVOS

Informativos do STJ

A relativização da coisa julgada estabelecida em ação de investigação de paternidade – em que não foi possível determinar-se a efetiva existência de vínculo genético a unir as partes – não se aplica às hipóteses em que o reconhecimento do vínculo se deu, exclusivamente, pela recusa do investigado ou seus herdeiros em comparecer ao laboratório para a coleta do material biológico. Na origem, trata-se de demanda negatória de paternidade por meio da qual as autoras pretendem valer-se da relativização da coisa julgada material formada em anterior ação investigativa, na qual, com base em provas testemunhais, reconheceu-se o vínculo familiar entre a recorrida e o pai das autoras (recorrentes no especial). No que diz respeito à pretensa relativização da coisa julgada, cabe destacar que esta Corte Superior de Justiça, em sintonia com a orientação firmada pelo Supremo Tribunal Federal no RE nº 363.889-DF, Rel. Min. Dias Toffoli, julgado em 2/6/2011, tem admitido a tese nas ações investigatórias ou contestatórias de paternidade julgadas sem amparo em prova genética. No entanto, o cabimento dessa excepcional orientação, no sentido da relativização da coisa julgada estabelecida em ações de investigação de paternidade em que não foi possível determinar-se a efetiva existência de vínculo genético a unir as partes, em decorrência da não realização do exame de DNA, estava inscrito em um **peculiar contexto** em que a impossibilidade de realização do exame decorria da ausência de condições da parte de adimpli-lo e, ainda, da negativa de o Estado fazê-lo, ou seja, por circunstâncias notadamente alheais à vontade das partes. A orientação, assim, não pode ter aplicação quando a não realização da prova pericial na demanda investigatória anterior deveu-se, exclusivamente, à recusa de uma das partes em comparecer ao laboratório para a coleta de material biológico – no caso, a recusa dos herdeiros, entre eles as recorrentes (herdeiras do *de cujus* que teve a paternidade reconhecida). Nesse cenário, não só é viável como é plenamente escorreito o julgamento da ação investigatória com base nas provas testemunhais colhidas, aplicada, em conjunto, à presunção *juris tantum* de paternidade, nos termos do enunciado da Súmula nº 301/STJ, bem como em observância ao art. 2º-A, parágrafo único, da Lei nº 8.560/92, não havendo como superar-se ou relativizar-se a coisa julgada material que qualificara a sentença de procedência da referida demanda de investigação de paternidade ajuizada pela recorrida contra o pai das recorrentes. Ora, negando-se, a recorrente, a produzir a prova que traria certeza à controvérsia estabelecida nos autos da anterior ação de investigação de paternidade, não pode, agora, utilizar-se, maliciosamente, da ausência da referida prova como fundamento para a propositura de ação negatória de paternidade e, com isso, buscar ver alterada a decisão que lhe fora desfavorável, sob pena de incorrer em violação da boa-fé objetiva. Diante da inaplicabilidade da conclusão a que o STF chegara quando do julgamento, com repercussão geral reconhecida, do RE 363.889-DF à presente controvérsia, deve-se manter a extinção da demanda negatória de paternidade com fundamento na coisa julgada formada na anterior ação investigatória. **REsp 1.562.239-MS, Rel. Min. Paulo de Tarso Sanseverino, por unanimidade, julgado em 9/5/2017, DJe 16/5/2017. Inf. 604.**

DIREITO PROCESSUAL CIVIL. EXTENSÃO DOS EFEITOS DE SENTENÇA TRANSITADA EM JULGADA QUE RECONHECE RELAÇÃO DE PARENTESCO.

Os efeitos da sentença transitada em julgado que reconhece o vínculo de parentesco entre filho e pai em ação de investigação de paternidade alcançam o avô, ainda que este não tenha participado da relação jurídica processual. Os efeitos da sentença, que não se confundem com a coisa julgada e seus limites subjetivos, irradiam-se com eficácia *erga omnes*, atingindo mesmo aqueles que não figuraram como parte na relação jurídica processual. O art. 472 do CPC/1973 preceitua que "A sentença faz coisa julgada às partes entre as quais é dada, não beneficiando, nem prejudicando terceiros. Nas causas relativas ao estado de pessoa, se houverem sido citados no processo, em litisconsórcio necessário, todos os interessados, a sentença produz coisa julgada em relação a terceiros". Como se observa, essa norma estabelece os limites subjetivos da coisa julgada. Em tais condições, portanto, a coisa julgada formada na ação de investigação de paternidade ajuizada pelo filho em face do pai não atinge o avô, na medida em que proposta exclusivamente contra seu filho. No entanto, são institutos diversos a coisa julgada – que se sujeita aos limites subjetivos estabelecidos pelo art. 472 do CPC/1973 – e os efeitos da sentença (estes definidos por doutrina como "as alterações que a sentença produz sobre as relações existentes fora do processo"). Traçado assim o marco distintivo entre eles, pode-se afirmar com certeza científica que os efeitos da sentença não encontram a mesma limitação subjetiva que o art. 472 do CPC/1973 destina ao instituto da coisa julgada, de maneira que também podem atingir, direta ou indiretamente, terceiros que não participaram da relação jurídica processual. Guardam, pois, eficácia *erga omnes.* Assim, tendo o filho promovido ação de investigação de paternidade contra o pai, na qual se deu o julgamento de procedência do pedido e o trânsito em julgado, o vínculo parental entre eles é, por força da coisa julgada que ali se formou, imutável e indiscutível, à luz do art. 467 do CPC/1973. Nesse contexto, o avô agora suporta as consequências da decisão que assentou a paternidade de seu filho, cujos efeitos atingem-no de maneira reflexa, por força de sua ascendência em relação ao pai judicialmente reconhecido. Ora, se o neto é filho de seu filho, logo, por força de um vínculo jurídico lógico e necessário, é seu neto (art. 1.591 do CC). Não está o avô sujeito à coisa julgada, que só atinge as partes da ação investigatória, mas efetivamente suporta os efeitos que resultam da decisão, independentemente de sua participação na relação processual. REsp 1.331.815-SC, Rel. Min. Antonio Carlos Ferreira, julgado em 16/6/2016, DJe 1/8/2016. Informativo 587.

14. SINOPSE

COISA JULGADA
Considerações Iniciais
É instituto processual que afirma a segurança jurídica (e não a justiça) nas relações firmadas entre as partes (a envolver, às vezes, até terceiros), a partir da imutabilidade (e, por óbvio, da indiscutibilidade) do pronunciamento jurisdicional definitivo proferido em julgamento de determinada ação.
Coisa Julgada Formal e Material
Quando a decisão não resolve o mérito, forma-se apenas a coisa julgada formal, com efeitos internos ao processo (endoprocessuais ou intraprocessuais), a impossibilitar, no mesmo processo, a modificação da decisão definitiva por outra superveniente. Por outro lado, quando o processo tem seu mérito resolvido (obviamente por decisão), forma-se, além da coisa julgada formal, a material, com efeitos que vão além do respectivo processo (panprocessuais ou extraprocessuais), a impossibilitar, em qualquer processo, a modificação do ato decisório.
Regime Jurídico da coisa julgada
a) Coisa julgada de questão principal: a decisão que julgar total ou parcialmente o mérito tem força de lei nos limites da questão principal expressamente decidida. A teor do que se extrai do texto legal, a formação de coisa julgada, quando relativa à questão principal, depende, apenas, de decisão judicial expressa, ainda que proferida por juízo incompetente.
b) Coisa julgada de questão prejudicial: a decisão, que julga questão prejudicial, decidida expressa e incidentemente no processo, faz coisa julgada se, cumulativamente: a) dessa resolução depender o julgamento do mérito; b) a seu respeito tiver havido contraditório prévio e efetivo, não se aplicando no caso de revelia; c) o juízo tiver competência em razão da matéria e da pessoa para resolvê-la como questão principal; d) não houver restrições probatórias ou limitações à cognição que impeçam o aprofundamento da análise da questão prejudicial.
Coisa julgada progressiva
O sistema processual brasileiro passou a admitir a formação progressiva de coisa julgada. Na medida em que os atos decisórios definitivos vão sendo proferidos, caso transitados em julgado, eles passam a formar, em partes que se adicionam, coisa julgada.
Efeitos decorrentes da decisão transitada em julgada

O **efeito positivo** impõe respeito pelo juízo, relativamente à prática de atos, inclusive em ações judiciais seguintes, àquilo que foi decidido na ação que ensejou a formação da coisa julgada. Ele pode ser utilizado como fundamento de uma ação seguinte, devendo o juiz ser coerente em sua decisão, a harmonizá-la com a coisa julgada. Por outro giro, o **efeito negativo** impede novo julgamento em torno do caso julgado.
Eficácia preclusiva decorrente da formação da coisa julgada
Todas as questões deduzidas que poderiam sê-lo e não o foram encontram-se sob o manto da coisa julgada, não podendo constituir novo fundamento para discussão da mesma causa, mesmo que em ação diversa.
Conflito entre coisas julgadas
Sendo proferidas duas ou mais decisões definitivas, a resolver questões idênticas, quando transitadas em julgado, o segundo julgamento deve prevalecer sobre o primeiro, pelo menos se não ou enquanto não for intentada ação rescisória.
Limites
A coisa julgada material tem limites, sendo eles: a) objetivo; b) subjetivo; c) temporal; d) espacial (ou territorial).
Meios de Impugnação
As decisões de mérito transitadas em julgado podem ser impugnadas, e assim os são feitos, em regra, mediante a propositura de ação rescisória, nas taxativas hipóteses de cabimento.

CAPÍTULO 35

LIQUIDAÇÃO DE SENTENÇA

1. CONSIDERAÇÕES INICIAIS

O Código de Processo Civil, no Capítulo XIV, do Título I, do Livro I, da Parte Especial, trata da "Da Liquidação de Sentença". Compreenda-se, todavia, que o vocábulo sentença está empregado em sua acepção ampla. Mais preciso seria se o legislador tivesse substituído aquele vocábulo por decisão definitiva de mérito, porque englobaria todos os atos jurisdicionais decisórios, que teria a aptidão de resolver definitivamente o mérito e, por isso, poderia ser passível de liquidação.

Pois bem.

A decisão definitiva de mérito é o escopo formal do processo. Sua prolação (e mesmo quando transitada em julgado) não significa necessário encerramento da atividade jurisdicional da fase cognitiva, sobretudo (mas, não exclusivamente) nos casos em que ela (a decisão definitiva de mérito) reconhece o direito de uma prestação pecuniária (pagar quantia) em favor de uma das partes do processo. Aí, o direito reconhecido resta por se satisfazer.

Contudo, a decisão que reconhece (em condenação ou não) o direito à prestação de pagar quantia, só será hábil a se efetivar (em favor da parte vencedora) se for, além de certa e exigível, líquida. Não se pode desconhecer que algumas prestações (reconhecidas por títulos executivos) podem ser exigidas quando forem certas e exigíveis. Entretanto, quando (a prestação) for pecuniária, ela deve ser, além de certa e exigível, líquida.

Por isso que o art. 509 dispõe que, quando a sentença (decisão definitiva de mérito) condenar ao pagamento de quantia ilíquida, proceder-se-á à sua liquidação, a requerimento do credor ou do devedor: por arbitramento, quando determinado pela sentença, convencionado pelas partes ou exigido pela natureza do objeto da liquidação; pelo procedimento comum, quando houver necessidade de alegar e provar fato novo.

Há ocasiões em que não é possível determinar a extensão monetária da prestação (ou de parte dela) reconhecida. Por isso, exige-se a liquidação do título executivo, que deverá ser requerida pela parte interessada, seja ela o credor, seja o devedor, a considerar que, do mesmo modo que aquele tem o direito de identificar o quanto terá a receber, este tem o direito de identificar o quanto deverá pagar.

> No procedimento sumaríssimo, não haverá liquidação, porque, ao juiz, é defeso proferir sentença ilíquida (art. 38, parágrafo único, da Lei nº 9.099/95).

Noutras ocasiões, mesmo que possível a liquidação da prestação (advinda da resolução do objeto litigioso do processo) antes de proferida a sentença, por questão de economia, ela (a liquidação) poderá ser postergada. Tal ocorre, sobretudo, quando a liquidação exigir a prática de vários atos processuais ou, mesmo quando sejam eles poucos, apresentem-se como de alta complexidade (e, por isso, demorados) ou de elevado custo financeiro[1].

Não haveria razão para o juiz, responsável pela instrução processual, adiantar a liquidação da prestação, a ser eventualmente reconhecida, se ele não sabe qual será o resultado final do julgamento. Isso ocorre, nomeadamente, porque ele (o juiz) pode não ter produzido (ou determinado a produção) de todas as provas necessárias à formação do seu convencimento, bem assim não sabe se serão interpostos (e quais serão os resultados dos) recursos.

Antes de dar continuidade, é preciso estabelecer uma premissa: na liquidação, serão discutidas unicamente questões relacionadas à quantificação monetária do direito à prestação reconhecido pela decisão. Em razão da coisa julgada, para que não seja violada, a decisão definitiva de mérito não pode ser alterada por ocasião de sua liquidação. Neste sentido, dispõe o § 4º do art. 509 do Código de Processo Civil: "na liquidação é vedado discutir de novo a lide ou modificar a sentença que a julgou".

Outros acréscimos.

A liquidação de sentença, regra geral, é uma **fase** do processo (em continuação à de conhecimento). Contudo, ela pode, em algumas ocasiões, ser um **incidente** (quando ocorrer a conversão de uma obrigação, que não seja de pagar quantia, em perdas e danos) ou uma **ação** (quando necessária a liquidação de sentença arbitral, sentença estrangeira homologada pelo STJ e sentença penal condenatória transitada em julgado – art. 515[2] –, ou quando o título executivo extrajudicial, cuja obrigação reconhecida, desde que não seja de pagar quantia, tenha sua execução específica impossibilitada, a ser, por isso, convertida em perdas e danos).

Em qualquer que seja o caso, a liquidação será preparatória à execução. Sendo a execução facultativa (pelo menos em regra), a liquidação também é.

---

1. Art. 491. Na ação relativa à obrigação de pagar quantia, ainda que formulado pedido genérico, a decisão definirá desde logo a extensão da obrigação, o índice de correção monetária, a taxa de juros, o termo inicial de ambos e a periodicidade da capitalização dos juros, se for o caso, salvo quando:I – não for possível determinar, de modo definitivo, o montante devido;II – a apuração do valor devido depender da produção de prova de realização demorada ou excessivamente dispendiosa, assim reconhecida na sentença.§ 1º Nos casos previstos neste artigo, seguir-se-á a apuração do valor devido por liquidação.[...]
2. Art. 515. São títulos executivos judiciais, cujo cumprimento dar-se-á de acordo com os artigos previstos neste Título:[...] VI – a sentença penal condenatória transitada em julgado;VII – a sentença arbitral;VIII – a sentença estrangeira homologada pelo Superior Tribunal de Justiça;IX – a decisão interlocutória estrangeira, após a concessão do exequatur à carta rogatória pelo Superior Tribunal de Justiça;[...] § 1º Nos casos dos incisos VI a IX, o devedor será citado no juízo cível para o cumprimento da sentença ou para a liquidação no prazo de 15 (quinze) dias.[...]

2. CÁLCULOS ARITMÉTICOS

Quando a apuração do valor da prestação (reconhecida em decisão definitiva de mérito) depender apenas de cálculo aritmético, o credor poderá promover, desde logo, o cumprimento da sentença (sendo desnecessário procedimento de liquidação de sentença, em extensão da fase cognitiva, ou mesmo da instauração de incidente ou de propositura de ação específica). Basta que instrua o respectivo pedido com a memória cálculo.

Portanto, a apresentação de cálculo aritmético (em memória discriminada), conquanto indispensável, constitui mero requisito ao procedimento de cumprimento de sentença. Juntada a memória de cálculos, a instruir seu pedido de cumprimento de sentença, poderá o juiz, apesar da omissão legal, valer-se da contadoria judicial quando a memória apresentada pelo credor aparentemente exceder os limites da decisão.

No demonstrativo de cálculo, deve-se conter: a) nome completo e número de inscrição no Cadastro de Pessoas Físicas ou no Cadastro Nacional da Pessoa Jurídica do exequente; b) índice de correção monetária adotado; c) juros aplicados e as respectivas taxas; d) termo inicial e termo final dos juros e da correção monetária utilizados; e) periodicidade da capitalização dos juros, se for o caso; f) especificação dos eventuais descontos obrigatórios realizados.

Se a elaboração da memória discriminada de cálculos depender de dados em poder do devedor ou de terceiro, o juiz poderá requisitá-los. Se a complementação do demonstrativo depender de dados adicionais em poder do executado, o juiz também poderá requisitá-los, fixando prazo de até 30 dias para cumprimento da diligência. Caso as informações adicionais não sejam prestadas pelo devedor no prazo assinado, reputar-se-ão corretos os cálculos do credor feitos com base nos dados disponíveis.

Em elaboração dos cálculos, descabe transferir o ônus do exequente para o executado. Quem deve custear os honorários de eventual profissional é o exequente (STJ. REsp 1.274.466/SC. DJe 14.05.14). Mas, se ele for beneficiário da gratuidade judiciária, os cálculos podem ser confeccionados pelo contador do juízo (assim como em favor do executado, para fins de impugnação dos cálculos).

Os cálculos devem ser elaborados por programa de atualização financeira que será desenvolvido pelo Conselho Nacional de Justiça e colocado à disposição dos interessados.

3. MODALIDADES DE LIQUIDAÇÃO DE SENTENÇA

O Código de Processo Civil, no art. 509, traz duas modalidades de liquidação de sentença. A primeira, realizada por arbitramento, em razão da necessidade de conhecimento científico, enquanto que a segunda, realizada pelo procedimento comum, em razão da necessidade de conhecimento de fatos novos.

Ditas modalidades podem até ser cumuladas, caso a sentença a ser liquidada possua mais de um capítulo, mas elas não se misturam (como será mostrado a seguir), pois a liquidação pelo procedimento comum traz (pode trazer) os mesmos elementos que caracterizam a liquidação por arbitramento e outros mais (investigação acerca de fatos novos).

3.1. Liquidação por arbitramento

3.1.1. Considerações preliminares

Quando a sentença condenar ao pagamento de quantia ilíquida, proceder-se-á à sua liquidação, a requerimento do credor ou do devedor. A liquidação será realizada por arbitramento, dispõe o art. 509, I, do Código de Processo Civil, quando assim determinado pela sentença, convencionado pelas partes ou exigido pela natureza do objeto da liquidação.

Contudo, pode até ocorrer de a sentença determinar que a sua liquidação ocorrerá por arbitramento, mas, se o juiz a entender por desnecessária ou por insuficiente, determinará, mesmo após o trânsito em julgado, a sua dispensa ou a sua realização (da liquidação) por outra modalidade.

Também, se as partes convencionem que a liquidação será realizada por arbitramento, não está o juiz obrigado a atender a vontade delas. Se o juiz entender que a liquidação por arbitramento é desnecessária[3] ou insuficiente, determinará a sua dispensa ou sua realização por outra modalidade.

O que realmente define a necessidade da liquidação por arbitramento, é a necessidade de esclarecer fato complexo, contanto que não seja ele novo, ou seja, apresentado ao processo, mas não esclarecido. A determinação constante na sentença (mesmo que transitada em julgado) e a vontade das partes pouco importam. Se não houver fato complexo, não será realizada a liquidação por arbitramento[4].

Na liquidação por arbitramento, o juiz intimará as partes para a apresentação de pareceres (técnicos) ou documentos elucidativos, no prazo que fixar, e, caso não possa decidir de plano, nomeará perito, observando-se, no que couber, o procedimento da prova pericial (art. 510 do CPC). Em razão da novidade frente ao CPC/1973, é preciso fazer alguns comentários.

Antes, sob a vigência do anterior Código, o juiz, de imediato, nomeava um perito, que se encarregava se apresentar elementos, a fim de esclarecer fatos complexos, e, em consequência, possibilitar a liquidação da sentença. Agora, sob a vigência do atual Código, o juiz, antes de qualquer nomeação, intimará as partes para apresentar pareceres e documentos elucidativos.

Advêm da modificação algumas críticas. A primeira porque os pareceres não têm o necessário compromisso com a verdade, já que, em muitas situações, elaborados por que não tem a necessária imparcialidade. A segunda, porque o procedimento de liquidação ficará mais custoso, pois os pareceres apresentarão apenas os elementos vantajosos à parte que o apresenta, o que redundará no não convencimento do juiz.

---

3. Se, por exemplo, "discriminados os valores a serem ressarcidos, cujo montante pode ser obtido por mero cálculo aritmético, não há falar em necessidade de liquidação por arbitramento" (STJ. AgRg no Ag 635717/SP. DJ 20.06.05).
4. Durante a instrução da liquidação de sentença pelo procedimento comum, pode ser realizada prova pericial. Tal não descaracteriza a modalidade de liquidação. Isso porque a perícia realizada, neste caso, é destinada a esclarecer o fato novo (não conhecido por oportunidade da prolação da sentença a ser liquidada). Na liquidação por arbitramento, ao contrário, a atuação do perito eventualmente nomeado estará adstringida a esclarecer fato já conhecido antes mesmo da prolação da sentença a ser liquidada. Logo, não se apura fato novo, mas apenas esclarece, por intermédio de um perito (ou de pareceres ou de documentos elucidativos), fatos já conhecidos. Aliás, para se apurar a adequada modalidade de liquidação de sentença, deve-se perguntar: há necessidade de conhecer fato novo? Se a resposta for positiva, a liquidação será realizada pelo procedimento comum. Se a resposta for negativa, deve-se perguntar: há necessidade de pareceres, documentos elucidativos ou de perícia? Se a resposta for positiva, a liquidação será por arbitramento. Se negativa, bastará a simples elaboração de cálculos.

A tendência, portanto, é que o juiz determine, mesmo que apresentados os pareceres pelas partes, a realização de prova pericial. Haverá, pois, custos com a elaboração de pareceres e com o pagamento de honorários ao perito que, certamente, serão nomeados pelo juiz, a fim de esclarecer os fatos complexos necessários à liquidação.

Continue-se.

O art. 510 do Código de Processo Civil dispõe, ainda, que o juiz determinará a apresentação, além de pareceres, de "documentos elucidativos". Só que esses documentos não devem se referir a fatos novos (que ainda não foram apresentados ao processo), mas sim àqueles já trazidos, mas que, por serem complexos, precisam ser esclarecidos por técnicos.

Daí se concluir, também, que os ditos "documentos elucidativos", além de, necessariamente, referirem-se a fatos complexos, devem, justamente por isso, ser elaborados por profissionais que tenham necessário conhecimento técnico-científico para esclarecer aqueles. Caso contrário, não alcançariam a finalizada esperada (esclarecer fatos complexos).

Os pareceres e os documentos elucidativos devem ser apresentados ao processo no prazo que o juiz fixar. As partes, pois, devem atender ao prazo judicial, que será estabelecido de acordo com a complexidade do ato a ser realizado pelas partes. Não se trata de prazo peremptório. Pode ser prorrogado.

E não haveria de ser diferente quanto à necessidade de prorrogação, pois, enquanto não prejudicada a pretensão pela prescrição, a parte interessada pode, a qualquer momento, pedir a liquidação da sentença, ocasião em que, aí, poderia juntar os necessários pareceres os documentos elucidativos determinados.

Daí vem uma indagação: não seria o caso de a parte, interessada pela liquidação, juntar, antes mesmo da determinação judicial, os pareceres e os documentos elucidativos? A resposta é negativa. Primeiramente, porque não se sabe se, realmente, a liquidação será realizada por arbitramento (caberá ao juiz decidir). Segundamente, porque o juiz pode dispensar a apresentação de pareceres (especificamente) e determinar, de logo, a nomeação de perito para elaborar laudo pericial, a fim de possibilitar a liquidação.

E poderia o juiz, antes de possibilitar a apresentação de pareceres e documentos elucidativos, determinar a nomeação de perito para elaborar laudo? Sim, apesar da matriz procedimental trazida pelo art. 510. Não se descarta casos em que, na localidade, haja poucos técnicos, a dificultar a realização de pareceres e, depois, se necessária, a nomeação de perito. Aliás, nessa hipótese, a determinação de apresentação de pareceres poderia, depois, comprometer (inviabilizar) a própria nomeação do perito, o que não seria recomendável.

Não se pode descartar, outrossim, a possibilidade de a parte interessada ser contemplada pelos benefícios da gratuidade judiciária. Nessa situação, caberia ao juiz servir-se dos auxiliares da justiça[5-6], que apresentariam, em vez de pareceres, laudos. Seriam eles (os auxiliares da

5. Nas hipóteses de gratuidade de justiça, os órgãos e as repartições oficiais deverão cumprir a determinação judicial com preferência, no prazo estabelecido.

6. Quando o pagamento da perícia for de responsabilidade de beneficiário de gratuidade da justiça, ela poderá ser: a) custeada com recursos alocados no orçamento do ente público e realizada por servidor do Poder Judiciário ou por órgão público conveniado; b) paga com recursos alocados no orçamento da União, do Estado ou do Distrito Federal, no caso de ser realizada por particular, hipótese em que o valor será fixado conforme tabela do tribunal respectivo ou, em caso de sua omissão, do Conselho Nacional de Justiça.

justiça) nomeados como peritos, e não como assistente técnica da parte (até porque os benefícios da gratuidade não suprem tais despesas[7], conquanto admissível, desde que preenchidos os requisitos necessários, a redistribuição do ônus probatório[8]).

Se não apresentados os pareceres ou os documentos elucidativos no prazo estabelecido pelo juiz, a liquidação será extinta, sem resolução de mérito (devendo-se, antes, intimar pessoalmente a parte liquidante para, no prazo de 05 dias, suprir eventual omissão de seu advogado). Se apresentados os pareceres e documentos elucidativos, o juiz poderá, se em condições, decidir. Mas, se não estiver em condições, nomeará perito, observando-se, no que couber, a partir daí, o procedimento da prova pericial.

Questão de Concurso

▶ **(Vunesp – Juiz de Direito – TJ – SP/2018)[9]:** Quando a sentença contiver condenação ilíquida ao pagamento de quantia,

(A) será inviável ao credor promover o cumprimento de sentença, ainda que parte da decisão seja líquida.

(B) terá lugar liquidação por cálculo, caso o credor não apresente o demonstrativo do débito atualizado.

C) terá lugar o arbitramento, se assim exigir a natureza do objeto da liquidação.

(D) a decisão será inválida porque a condenação deve ser sempre líquida, ainda que o pedido do autor seja genérico

3.1.2. Procedimento

A liquidação por arbitramento proceder-se-á a partir de um simples requerimento (sem as formalidades necessárias de uma petição inicial apta, a não ser que a liquidação seja uma

7. Art. 98. A pessoa natural ou jurídica, brasileira ou estrangeira, com insuficiência de recursos para pagar as custas, as despesas processuais e os honorários advocatícios tem direito à gratuidade da justiça, na forma da lei.§ 1º A gratuidade da justiça compreende: I – as taxas ou as custas judiciais; II – os selos postais; III – as despesas com publicação na imprensa oficial, dispensando-se a publicação em outros meios; IV – a indenização devida à testemunha que, quando empregada, receberá do empregador salário integral, como se em serviço estivesse; V – as despesas com a realização de exame de código genético – DNA e de outros exames considerados essenciais; VI – os honorários do advogado e do perito e a remuneração do intérprete ou do tradutor nomeado para apresentação de versão em português de documento redigido em língua estrangeira; VII – o custo com a elaboração de memória de cálculo, quando exigida para instauração da execução; VIII – os depósitos previstos em lei para interposição de recurso, para propositura de ação e para a prática de outros atos processuais inerentes ao exercício da ampla defesa e do contraditório; IX – os emolumentos devidos a notários ou registradores em decorrência da prática de registro, averbação ou qualquer outro ato notarial necessário à efetivação de decisão judicial ou à continuidade de processo judicial no qual o benefício tenha sido concedido.
8. Art. 373. O ônus da prova incumbe: I – ao autor, quanto ao fato constitutivo de seu direito; II – ao réu, quanto à existência de fato impeditivo, modificativo ou extintivo do direito do autor. § 1º Nos casos previstos em lei ou diante de peculiaridades da causa relacionadas à impossibilidade ou à excessiva dificuldade de cumprir o encargo nos termos do caput ou à maior facilidade de obtenção da prova do fato contrário, poderá o juiz atribuir o ônus da prova de modo diverso, desde que o faça por decisão fundamentada, caso em que deverá dar à parte a oportunidade de se desincumbir do ônus que lhe foi atribuído. § 2º A decisão prevista no § 1º deste artigo não pode gerar situação em que a desincumbência do encargo pela parte seja impossível ou excessivamente difícil. § 3º A distribuição diversa do ônus da prova também pode ocorrer por convenção das partes, salvo quando:I – recair sobre direito indisponível da parte;II – tornar excessivamente difícil a uma parte o exercício do direito.§ 4º A convenção de que trata o § 3º pode ser celebrada antes ou durante o processo.
9. Gabarito: Letra C.

ação), formulado por qualquer das partes. Por isso (a não ser que a liquidação seja uma ação)[10], a parte contrária será intimada, na pessoa de seu advogado ou da sociedade de advogados a que estiver vinculado, para apresentar resposta.

Comunicada a parte adversa, ainda que ela não apresente resposta, não haverá confissão ficta como consectário da revelia, em face da necessidade única de conhecimentos técnicos para alcançar a liquidação. E não poderia ser diferente. Se desnecessário o conhecimento de fatos novos, por serem inúteis à liquidação por arbitramento, não há o que se confessar. A não apresentação de resposta significa unicamente concordância com a modalidade de liquidação.

Em seguida, o juiz determinará a apresentação de pareceres de documentos elucidativos. Se eles não forem suficientes para a liquidação, o juiz nomeará o perito, cujos honorários serão arcados pela parte vencida, conforme reconhecido pela sentença[11]) e fixará o prazo para a entrega do laudo (este prazo deve anteceder, pelo menos em 20 dias, à data de realização da audiência de instrução e julgamento).

Incumbirá às partes, dentro de 15 dias contados da intimação do despacho de nomeação do perito: a) arguir o impedimento ou a suspeição do perito, se for o caso; b) indicar assistente técnico; c) apresentar quesitos.

O perito será escolhido entre profissionais de nível universitário (com formação acadêmica específica), devidamente inscrito nos respectivos órgãos de classe.

Conquanto seja mais comum ser realizada pelo juiz, as partes podem, de comum acordo, proceder à escolha do perito, indicando-o mediante requerimento, desde que: a) sejam plenamente capazes; b) a causa possa ser resolvida por autocomposição. Ao escolherem o perito, já devem indicar os respectivos assistentes técnicos para acompanhar a realização da perícia, que se realizará em data e local previamente anunciados.

Se, não houver, na localidade, profissional com formação superior, o perito será livremente escolhido pelo juiz, observando-se, evidentemente, o conhecimento técnico necessário ao esclarecimento do fato controvertido. Já se admitiu, por exemplo, que técnico em edificação e agrimensura, sem nível universitário, pode realizar perícia (STJ. REsp 526626/SP. DJU 13.10.03).

Tratando-se de perícia complexa, que abranja mais de uma área de conhecimento especializado, o juiz poderá nomear mais de um perito, e a parte, indicar mais de um assistente técnico.

Ciente da nomeação, o perito apresentará em 05 dias: a) proposta de honorários; b) currículo, com comprovação de especialização; c) contatos profissionais, em especial o endereço eletrônico, para onde serão dirigidas as intimações pessoais.

10. A não ser que o título judicial a liquidar seja uma sentença arbitral, uma sentença estrangeira homologada pelo STJ ou uma sentença penal condenatória transitada em julgado. Nestes casos, diante da própria lógica processual (de não haver uma continuidade do processo no órgão jurisdicional em que foi proferido o título executivo judicial), a parte adversa será citada, porque a pretensão de liquidação será uma ação judicial.

11. "O autor da liquidação de sentença não deve antecipar os honorários periciais, pois o processo não lhe pode causar diminuição patrimonial, na medida em que se sagrou vencedor no processo de conhecimento. Ademais, numa visão solidarista do processo, não parece adequado dizer que apenas o autor tenha interesse na liquidação do julgado. [...] ambas as partes têm o dever de cooperação na fase de cumprimento do julgado, em respeito à autoridade das decisões judiciais" (STJ. REsp 1.274.466/SC. DJe 14.05.14).

As partes serão intimadas da proposta de honorários para, querendo, manifestar-se no prazo comum de 05 dias, após o que o juiz arbitrará o valor. Em seguida, as partes serão intimadas para adiantar a remuneração de seus respectivos assistentes técnicos (se houverem indicado). A vencida (conforme sentença) será intimada para adiantar os honorários do perito.

O juiz poderá determinar que a parte responsável pelo pagamento dos honorários do perito deposite em juízo o valor correspondente. A quantia recolhida em depósito bancário à ordem do juízo será corrigida monetariamente e paga de acordo com o art. 465, § 4º, que dispõe: "o juiz poderá autorizar o pagamento de até cinquenta por cento dos honorários arbitrados a favor do perito no início dos trabalhos, devendo o remanescente ser pago apenas ao final, depois de entregue o laudo e prestados todos os esclarecimentos necessários"[12].

Quando o pagamento da perícia for de responsabilidade de beneficiário de gratuidade da justiça, ela poderá ser: a) custeada com recursos alocados no orçamento do ente público e realizada por servidor do Poder Judiciário ou por órgão público conveniado; b) paga com recursos alocados no orçamento da União, do Estado ou do Distrito Federal, no caso de ser realizada por particular, hipótese em que o valor será fixado conforme tabela do tribunal respectivo ou, em caso de sua omissão, do Conselho Nacional de Justiça[13].

Escolhido o perito, as partes serão intimadas do despacho de nomeação, incumbindo-lhes: a) indicar assistentes técnicos (podendo ser mais de um, nomeadamente quando se tratar de perícia complexa), que lhes auxiliarão, sendo eles de confiança da parte e não estão sujeitos a impedimento ou suspeição; b) apresentar quesitos a serem respondidos, sem prejuízos dos suplementares[14], que poderão ser formulados durante a diligência, cientificando-se a parte contrária da respectiva juntada aos autos[15].

---

12. O § 5º do art. 465 do Código de Processo Civil dispõe que, quando a perícia for inconclusiva ou deficiente, o juiz poderá reduzir a remuneração inicialmente arbitrada para o trabalho. Por óbvio, não é o simples fato de a perícia ser inconclusiva ou deficiente que vai justificar a redução dos honorários periciais. É necessário que a inconclusividade ou a deficiência tenham decorrido de ação/omissão culposa do perito. Por isso que o texto legal é claro ao apresentar a redução dos honorários apenas como uma possibilidade. Quando a inconclusividade decorrer de fator alheio à vontade do perito, não devem ser reduzidos seus honorários, sob pena de punir, injustificadamente, o trabalho desempenhado pelo profissional. Aliás, o Código estabelece que "o perito cumprirá escrupulosamente o encargo que lhe foi cometido, independentemente de termo de compromisso" (art. 466), pelo que não poderia o profissional, que assim agiu, ser penalizado.
13. Em qualquer dessas duas hipóteses aventadas acima, o juiz, após o trânsito em julgado da decisão final, oficiará a Fazenda Pública para que promova, contra quem tiver sido condenado ao pagamento das despesas processuais, a execução dos valores gastos com a perícia particular ou com a utilização de servidor público ou da estrutura de órgão público. Mas, quando o responsável pelo pagamento das despesas seja especificamente o beneficiário de gratuidade da justiça, a exigibilidade pelo pagamento dos honorários ficará suspensa, por até 05 anos após o trânsito em julgado da decisão que certificou as despesas, podendo ser exigida se demonstrado que deixou de existir a situação de insuficiência de recursos que justificou a concessão de gratuidade. Ultimado dito período, extinguir-se-á a obrigação de pagar.
14. PERÍCIA. CUSTAS. QUESITOS SUPLEMENTARES. Os honorários periciais relativos a quesitos suplementares que, como no caso dos autos, configuram em realidade uma nova perícia, devem ser adiantados pela parte que os formula. Essa orientação, além de respeitar a real natureza da nova quesitação ainda impede eventual comportamento processual malicioso. REsp 842.316, Rel. Min. Sidnei Beneti, j. 25.5.10. 3ª T. (Info 436)
15. Por sua vez, o perito pode escusar-se (quando, por exemplo, a tarefa for impossível, ela puder lhe acarretar ônus excessivo, ou não tiver conhecimento necessário para desempenho do encargo) ou ser recusado por impedimento ou suspeição (de acordo com as hipóteses descritas pelos artigos 144 e 145 c/c art. 148 do Código de Processo Civil). O juiz, ao aceitar a escusa ou ao julgar procedente a impugnação, nomeará novo perito. O perito pode ser substituído quando: a) faltar-lhe conhecimento técnico ou científico; b) sem motivo

O perito deve assegurar aos assistentes das partes o acesso e o acompanhamento das diligências e dos exames que realizar, com prévia comunicação, comprovada nos autos, com antecedência mínima de 05 dias. Além disso, as partes, sob pena de nulidade[16], terão ciência da data e do local designados pelo juiz ou indicados pelo perito para ter início a produção da prova[17].

De ofício ou a requerimento das partes, o juiz poderá, em substituição à perícia, determinar a produção de prova técnica simplificada, quando o ponto controvertido for de menor complexidade. A prova técnica simplificada consistirá apenas na inquirição de especialista, pelo juiz (em audiência, onde poderão comparecer, até porque serão intimados, as partes e seus assistentes técnicos), sobre ponto controvertido da causa que exija especial conhecimento científico ou técnico. Durante a arguição, o especialista, que deverá ter formação acadêmica específica na área objeto de seu depoimento, poderá valer-se de qualquer recurso tecnológico de transmissão de sons e imagens com o fim de esclarecer os pontos controvertidos da causa.

Para o desempenho de sua função, o perito e os assistentes técnicos podem valer-se de todos os meios necessários ao cumprimento do encargo, ouvindo testemunhas, obtendo informações, solicitando documentos que estejam em poder da parte, de terceiros ou em repartições públicas, bem como instruir o laudo com planilhas, mapas, plantas, desenhos, fotografias ou outros elementos necessários ao esclarecimento do objeto da perícia.

O perito protocolará o laudo em juízo, no prazo fixado pelo juiz, pelo menos 20 dias antes da audiência de instrução e julgamento (se ele, por motivo justificado, não puder apresentar o laudo dentro do prazo, o juiz poderá conceder-lhe, por uma vez, prorrogação pela metade do prazo originalmente fixado). Se não respeitado o prazo de precedência mínima,

---

legítimo, deixar de cumprir o encargo no prazo que lhe foi assinado. Nessa última hipótese, o juiz comunicará a ocorrência à corporação profissional respectiva, podendo, ainda, impor multa ao perito, fixada tendo em vista o valor da causa e o possível prejuízo decorrente do atraso no processo. O perito substituído restituirá, no prazo de 15 dias, os valores recebidos pelo trabalho não realizado, sob pena de ficar impedido de atuar como perito judicial pelo prazo de 05 anos. Não ocorrendo a restituição voluntária, a parte que tiver realizado o adiantamento dos honorários poderá promover execução contra o perito com fundamento na decisão que determinar a devolução do numerário.

16. Abuso sexual. Criança. Perícia. Nulidade. A rígida observância do procedimento previsto no CPC é imprescindível, mormente o estabelecido no art. 431-A, porque a intimação do início da produção da prova propicia à parte e ao seu assistente, além do singelo acompanhamento do desenvolvimento da perícia, o questionamento da capacidade técnico-científica do perito indicado e sua eventual substituição, nos termos do art. 424, I, do CPC, como também a apresentação de quesitos suplementares (art. 425 do mesmo codex). Observou que todas essas possibilidades outorgam, potencialmente, à parte, a condição de incrementar sua linha de defesa com o acréscimo de dados ou a infirmação das conclusões periciais. Desse modo, entendeu pela nulidade da perícia, em decorrência da não intimação da recorrente para o início da produção do laudo pericial e, reputando-a como insanável, notadamente por implicar essa ausência de acompanhamento do assistente técnico possível supressão de informações na busca da preservação da integridade física e psicológica da criança. REsp 1.153.849, rel. p/ac. Min. Nancy Andrighi, j. 9.11.10. 3ª T. (Info 455)

17. Perícia. Intimação. Em atenção ao princípio do contraditório, o juiz deve intimar as partes a fim de possibilitar-lhes a indicação de assistentes técnicos e a apresentação de quesitos, após nomear seu perito responsável pela produção da prova pericial (art. 421, § 1º, do CPC). As partes têm o direito de contradizer o laudo, refutá-lo ou mesmo requerer esclarecimentos sobre ele, providências que só podem ser ultimadas se intimadas as partes para tanto. Não pode ser acolhida a alegação de ser necessária a demonstração do prejuízo para o fim de reconhecer a nulidade arguida, visto que o prejuízo foi evidenciado quando o juízo singular, ao ter como improcedente o pedido nos embargos à execução, expressamente se embasou na prova pericial obtida sem a ciência das partes. REsp 812.027, rel. Min. Maria T. A. Moura, j. 5.10.10. 6ª T. (Info 450)

o juiz não realizará audiência de instrução e julgamento (a não ser que as partes não fiquem submetidas a qualquer prejuízo).

O laudo pericial deverá conter: a) a exposição do objeto da perícia; b) a análise técnica ou científica realizada pelo perito; c) a indicação do método utilizado, esclarecendo-o e demonstrando ser predominantemente aceito pelos especialistas da área do conhecimento da qual se originou; d) resposta conclusiva a todos os quesitos apresentados pelo juiz, pelas partes e pelo órgão do Ministério Público. No laudo, o perito deve apresentar sua fundamentação em linguagem simples e com coerência lógica, indicando como alcançou suas conclusões, sendo vedado ao perito ultrapassar os limites de sua designação, bem como emitir opiniões pessoais que excedam o exame técnico ou científico do objeto da prova.

Depois de apresentado o laudo pericial, as partes serão intimadas para, querendo, manifestar-se a seu respeito, no prazo comum de 15 dias, podendo o assistente técnico de cada uma das partes, em igual prazo, apresentar seu respectivo parecer.

O perito do juízo, depois de ter entregado o laudo, tem o dever de, no prazo de 15 dias, esclarecer ponto: a) sobre o qual exista divergência ou dúvida de qualquer das partes, do juiz ou do órgão do Ministério Público; b) divergente apresentado no parecer do assistente técnico da parte (inciso II do § 2º do art. 477 do CPC). Se ainda assim persistir a necessidade de esclarecimentos, a parte requererá ao juiz que mande intimar o perito ou o assistente técnico a comparecer à audiência de instrução e julgamento, formulando, desde logo, as perguntas, sob forma de quesitos, cuja intimação ocorrerá por meio eletrônico, com pelo menos 10 dias de antecedência da audiência (§§ 3º e 4º do art. 477)[18].

Quando a matéria não estiver suficientemente esclarecida, o juiz determinará, de ofício ou a requerimento da parte, a realização de nova perícia. A segunda perícia tem por objeto os mesmos fatos sobre os quais recaiu a primeira e destina-se a corrigir eventual omissão ou inexatidão dos resultados a que esta conduziu. Reger-se-á pelas disposições estabelecidas para a primeira, não a substitui a primeira, cabendo ao juiz apreciar o valor de uma e de outra. Eventual indeferimento do requerimento de realização de nova perícia não caracteriza cerceamento do direito de defesa, caso os elementos necessários a justificar a formação do convencimento do juiz estejam presentes a partir dos meios probatórios já produzidos.

3.2. Liquidação pelo procedimento comum

3.2.1. Considerações preliminares

Far-se-á a liquidação por artigos, quando, para determinar a repercussão monetária da obrigação de pagar quantia, forem insuficientes cálculos e conhecimentos técnicos, havendo,

18. Os prazos trazidos pelos textos legais mencionados podem ser inconciliáveis, a considerar que o laudo deve ser apresentado em até 20 antes da audiência de instrução e julgamento. Isso porque não haveria como o perito juntar o laudo 20 dias antes da audiência e, depois, nesse interregno, as partes e seus assistentes técnicos, no prazo de 15 dias, pronunciarem-se acerca do laudo e, nos 15 dias seguintes, o perito prestar seus esclarecimentos, que, se não forem suficientes, possibilitará o comparecimento do expert à sessão, mediante intimação com antecedência mínima de 10 dias.

por isso, necessidade de apresentar fato(s) novo(s) que, não necessariamente, tenha(m) ocorrido depois da sentença, mas que nela não restou (restaram) decidido(s).

Por isso que o art. 509, II, do Código de Processo Civil dispõe que, "quando a sentença condenar ao pagamento de quantia ilíquida, proceder-se-á à sua liquidação, a requerimento do credor ou do devedor [...] pelo procedimento comum, quando houver necessidade de alegar e provar fato novo".

A alegação e a prova do(s) fato(s) novo(s), contudo (como ocorre em qualquer modalidade de liquidação), deve se restringir à determinação da repercussão monetária da obrigação de pagar quantia, pelo que aquele(s) deve(m) estar relacionado(s) ao *quantum debeatur*[19].

Veja o seguinte exemplo:

Ação de indenização intentada por quem tenha ficado com o estado de saúde comprometido, em razão de ação culposa praticada pelo réu, até depois de proferida a sentença. A liquidação dos danos sofridos pelo autor dependerá do conhecimento de fatos novos, que somente serão conhecidos em momento posterior.

As questões que foram devidamente resolvidas pela sentença não podem ser novamente analisadas em liquidação. Não se discute, em liquidação de sentença, os pressupostos da responsabilidade civil, mas, apenas, a quantificação da repercussão monetária da sentença, pelo que os fatos novos devem estar a ela relacionados.

3.2.2. Procedimento

Na petição de liquidação de sentença pelo procedimento comum, a parte interessada enumerará o(s) fato(s) novo(s) a ser (serem) provado(s).

Em razão de sua natureza, essa liquidação requer a instituição de um procedimento cognitivo, razão pela qual observará, no que couber, o procedimento comum. Aliás, foi por isso que, a antes chamada "liquidação por artigos", passou, sob a vigência do CPC/2015, a ser chamada de "liquidação pelo procedimento comum".

Prossiga-se.

A parte interessada, quando requerer a liquidação por artigos, elaborará petição nos moldes estabelecidos pelo art. 319 do Código de Processo Civil (exceto o constante no inciso VII)[20], bem como instruir seu pedido com os documentos necessários (art. 320[21]). Caso não se observe os requisitos necessários, será determinada sua emenda e, a permanecer inerte a parte, a petição será indeferida.

19. Decidiu o STJ que "far-se-á a liquidação por artigos [procedimento comum] na hipótese em que, diante da insuficiência de documentos nos autos, for necessária a realização de análise contábil para se chegar ao valor a ser restituído a título de valor pago a maior" (STJ. EREsp 1.245.478/AL. DJe 11.09.13).

20. Art. 319. A petição inicial indicará: I – o juízo a que é dirigida; II – os nomes, os prenomes, o estado civil, a existência de união estável, a profissão, o número de inscrição no Cadastro de Pessoas Físicas ou no Cadastro Nacional da Pessoa Jurídica, o endereço eletrônico, o domicílio e a residência do autor e do réu; III – o fato e os fundamentos jurídicos do pedido; IV – o pedido com as suas especificações; V – o valor da causa; VI – as provas com que o autor pretende demonstrar a verdade dos fatos alegados; VII – a opção do autor pela realização ou não de audiência de conciliação ou de mediação.[...]

21. Art. 320. A petição inicial será instruída com os documentos indispensáveis à propositura da ação.

Preenchidos os requisitos necessários, o juiz determinará a intimação do requerido, na pessoa de seu advogado ou da sociedade de advogados a que estiver vinculado, para, querendo, apresentar contestação no prazo de 15 dias[22]. Não caberá reconvenção, além do que não haverá interesse na sua apresentação, porque desnecessária.

Se não apresentada contestação, poderá haver confissão em torno do(s) fato(s) novo(s)[23].

Em seguida, o juiz instruirá o processo (com a possibilidade, inclusive, de realizar prova pericial para esclarecer fato novo considerado complexo). A entender desnecessária a dilação probatória (ou finalizada esta), proferirá decisão. Na ocasião, verificará se foram ou não provados os fatos novos necessários à quantificação monetária da sentença. Caso afirmativo, liquidará a obrigação com a consequente indicação do *quantum debeatur*. Caso contrário, a parte interessada deverá instruir sua petição com os elementos necessários à apuração do quanto devido e requerer novamente a liquidação da sentença.

4. QUESTÕES RELEVANTES

4.1. Competência

O Código de Processo Civil é omisso quanto à competência para processar e julgar a liquidação de sentença. Não há qualquer indicação específica a respeito da competência para o processamento e julgamento da liquidação. Esta lacuna deve ser suprida por analogia, a partir do art. 516, no que couber.

Assim, será competente para a liquidação o juízo que processou a causa no primeiro grau de jurisdição, considerando que, no mais das vezes, aquela (a liquidação) é uma fase continuativa do processo. A parte interessada, se vencedora na ação, poderá optar pelo juízo do atual domicílio da parte vencida, pelo juízo do local onde se encontrem os bens sujeitos à futura execução, casos em que a remessa dos autos do processo será solicitada ao juízo de origem.

Se a sentença tenha sido objeto de recurso, a competência para a liquidação continua a ser do juízo que processou a causa no primeiro grau de jurisdição. Pouco importa se o tribunal deu ou não provimento ao recurso, porque a competência não é de quem último julgou, mas sim do órgão que a causa tramitou na origem. É tal como ocorre com o cumprimento da sentença, em que pouco importa quem proferiu o último julgado a ser executado.

Quando não se tratar, a liquidação de sentença, de uma fase continuativa do processo, mas, sim, de uma ação, o que ocorrerá quando se tratar de sentença penal condenatória, de sentença arbitral, de sentença estrangeira, ela (a liquidação) será processada perante o juízo cível competente (conforme disposições gerais de definição de competência).

22. Não se tratando de fase processual, mas de ação de liquidação, destinada a apurar valor de sentença estrangeira, sentença penal condenatória transitada em julgado e de sentença arbitral, a parte adversa será citada. Neste sentido, aplica-se o mesmo regime da defesa processual, mas desde que a parte adversa se adstrinja ao que foi articulado pela parte requerente e não ultrapasse os limites da liquidação, que é apenas um procedimento preparatório para o cumprimento da sentença.

23. Advertindo-se que, se a liquidação for provisória, a definitividade ficará dependendo do resultado do recurso, que poderá prejudicar aquela.

Quanto à sentença arbitral, mesmo que ela seja ilíquida, poderá ser liquidada, tanto pelo Poder Judiciário (a se observar as regras gerais de definição de competência), quanto pelo árbitro. Significa, assim, que há duas possibilidades para a liquidação da sentença arbitral, pois pode ser realizada pelo Poder Judiciário ou pelo próprio árbitro.

4.2. Liquidação provisória

Se pendente recurso, ainda que ele disponha de efeito suspensivo, qualquer das partes poderá requerer a liquidação provisória da sentença[24] (vocábulo utilizado em sua acepção ampla, a contemplar todos os atos decisórios, inclusive decisões parciais de mérito).

A liquidação deverá ser processada em autos apartados, instruídos com cópias das peças processuais necessárias à compreensão da questão. Se o recurso for parcial, a reconhecer parte incontroversa, a liquidação, quanto a esta parte, será definitiva, sendo provisória somente a realizada com relação à parte controversa.

É disposição legal criada com o objetivo de fazer com que a parte interessada (embora possa não ter urgência) ganhe tempo, a apurar, de logo, o valor a ser pago, enquanto está a se analisar o recurso interposto.

A liquidação provisória corre por conta e risco da parte que a requereu. Se recurso interposto for provido, a liquidação provisória poderá ficar prejudicada (no todo ou em parte), a assumir gastos que hão de ser suportados pela parte que requereu a liquidação provisória.

4.3. Liquidação de forma diversa da estabelecida na sentença

Nos termos do enunciado 344 da súmula de jurisprudência do Superior Tribunal de Justiça, "a liquidação por forma diversa da estabelecida na sentença não ofende a coisa julgada". E não haveria razão para ser diferente. O juiz deve redirecionar o procedimento à técnica processual adequada, nomeadamente porque não está alcançada pelo limite objetivo da coisa julgada.

Pode acontecer de a técnica estabelecida não possibilitar a liquidação, ou mesmo de a liquidação ser (ou se tornar) desnecessária (a necessitar de simples cálculo aritmético). Assim, não pode o órgão julgador, até porque não imporá às partes restrições diversas daquelas estabelecidas na sentença liquidanda, abster-se de conduzir o processo de modo a proporcionar a esperada satisfação do direito certificado.

4.4. Parâmetros de liquidação

Estabelece o art. 491 do Código de Processo Civil que, na ação relativa à obrigação de pagar quantia, ainda que formulado pedido genérico, a decisão definirá desde logo a extensão da obrigação, o índice de correção monetária, a taxa de juros, o termo inicial de ambos e a periodicidade da capitalização dos juros.

---

24. Considerando-se que a liquidação não significa a imposição de ônus. Ônus, para ambas as partes, é retardar a apuração do valor, seja porque o credor enfrentará maior interregno para receber o que lhe é devido, seja porque o devedor será submetido, ainda mais, à incidência de juros de mora.

Excepciona a regra de liquidez da sentença quando não for possível determinar, definitivamente, o montante devido ou quando a apuração do valor devido depender da produção de prova de realização demorada ou excessivamente dispendiosa, assim reconhecida na sentença. Em tais exceções, seguir-se-á a apuração do valor devido por liquidação.

Não quer isso dizer que, se a sentença é ilíquida, o juiz não deva, de logo, estabelecer parâmetros para sua liquidação. Ao contrário. Deve estabelecer, justamente para possibilitar a liquidação. Tais parâmetros (diversamente do que ocorre com a forma de liquidação, conforme visto acima) estão contemplados pelos limites objetivos da coisa julgada.

Por conseguinte, os parâmetros estabelecidos na decisão transitada em julgado não devem ser modificados na liquidação, sob pena de violação à coisa julgada (STJ. AgRg no REsp 1310144/RS. DJe 21.05.12). Justamente por isso que, a qualquer tempo, pode ser corrigido erro de cálculo (STJ. AgRg no AREsp 113266/SP. DJe 06.11.15). Quando verificado, aliás, deve ser corrigido, porque há desrespeito aos parâmetros estabelecidos pela sentença liquidanda.

Agora, se não foram estabelecidos os parâmetros para a quantificação monetária da sentença, eles devem ser fixados na liquidação, sem que isso importe violação à coisa julgada[25].

4.5. Liquidação zero

Pode-se, no procedimento, alcançar a denominada "liquidação zero". Se tal ocorrer, não haverá o que se executar (STJ. REsp 1011733/MG. DJe 26.10.11), tendo o respectivo pronunciamento judicial (que decide a liquidação de sentença) eficácia declaratória (STJ. REsp 802011/DF. DJe 19.02.09). Por esta razão é que se pode afirmar que a sentença ilíquida, por si, não confere à parte vencida o atributo de "devedora de quantia certa", porquanto, mesmo com a procedência da ação, a condenação apenas fixa a responsabilidade da parte vencida (STJ. REsp 1247150/PR. DJe 12.12.11).

A liquidação zero pode decorrer de indicação de valor zero ou de impossibilidade de apontamento de valor. Bom exemplo de liquidação zero advém da liquidação pelo procedimento comum: não provado o fato novo, o valor da liquidação será zero. Também enseja liquidação zero a verificação da inexigibilidade do título na liquidação de sentença, quando ocorrente, por exemplo, a prejudicialidade da pretensão executória pela prescrição (conforme enunciado 150 da súmula de jurisprudência do Supremo Tribunal Federal).

---

25. Ao analisar tal situação, assim decidiu o Superior Tribunal de Justiça afetado para julgamento pela sistemática repetitiva:AGRAVO REGIMENTAL NO RECURSO ESPECIAL – AUTOS DE AGRAVO DE INSTRUMENTO, O QUAL FOI PARCIALMENTE PROVIDO NA ORIGEM, A FIM DE DETERMINAR A INCIDÊNCIA DE JUROS DE MORA A PARTIR DA CITAÇÃO E CORREÇÃO MONETÁRIA DESDE O EFETIVO PREJUÍZO NO TOCANTE A LUCROS CESSANTES ATINENTES À RELAÇÃO CONTRATUAL – DECISÃO MONOCRÁTICA NEGANDO SEGUIMENTO AO APELO EXTREMO. INSURGÊNCIA DA EXECUTADA. 1. Alegada ofensa à coisa julgada. 1.1. No âmbito de liquidação de sentença, revela-se inviável a adoção de critérios de correção monetária e de juros moratórios diversos daqueles expressamente fixados no título executivo, sob pena de ofensa à imutabilidade da coisa julgada. 1.2. No caso concreto, consoante assente pelo Tribunal de origem, o título executivo não tratara, de forma específica, sobre os parâmetros de incidência dos juros de mora e da correção monetária atinentes aos lucros cessantes, razão pela qual não configurada coisa julgada acerca das aludidas verbas acessórias. 1.3. Incidência dos juros de mora a partir da citação, nos termos do artigo 405 do Código Civil (por ser contratual a relação ensejadora da condenação por dano material), e da correção monetária a partir do efetivo prejuízo (Súmula 43/STJ). Precedentes. Incidência da Súmula 83/STJ. 2. Agravo regimental desprovido. (AgRg no REsp 1444804/MT, Rel. Ministro MARCO BUZZI, QUARTA TURMA, julgado em 20/08/2015, DJe 28/08/2015)

Os autores do presente livro defendem até a possibilidade de se alcançar "liquidação negativa", cujo resultado proveniente significaria reconhecimento da existência de valor constituído contra a parte "vencedora" da ação. Nesta situação, depois da liquidação, o réu poderia executar o autor em razão do resultado apurado. Imagine-se, por exemplo, o caso em que o autor pede a substituição de índice de correção monetária, por considerar o adotado em contrato incabível, e o pagamento da diferença apurada. Ao ser substituído o índice de correção, poder-se-ia reconhecer que o autor pagou valor menor àquele que deveria ter pagado, a possibilitar, diante do resultado apurado, a execução da diferença pelo réu.

4.6. Cumprimento de parte líquida e liquidação de parte ilíquida

Outro aspecto a ser considerado diz respeito à execução de parte líquida do pronunciamento jurisdicional e à liquidação da sua parte ilíquida. De fato, pode ocorrer de uma sentença, que possui mais de um capítulo, reconheça, neles, obrigação de pagar quantia. Só que, num (ou em alguns) dos capítulos, há liquidez e, no outro (ou nos demais), não. Daí, serem possíveis liquidação e cumprimento de sentença simultaneamente.

Se tal ocorrer, a liquidação poderá ser processada em autos apartados (§ 1º do art. 509), a continuar, no processo principal, o cumprimento da sentença, a fim de que não haja tumulto processual. Logo, não é preciso liquidar todo o valor para, somente então, requerer o seu adimplemento. Pode haver execução da parte líquida e liquidação da parte ilíquida. Mas, se for da conveniência das partes, pode-se aguardar a liquidação total para só então iniciar o cumprimento da sentença.

Não se pode esquecer, ainda, das decisões parciais de mérito, previstas no art. 356 do Código de Processo Civil, segundo o qual o juiz decidirá parcialmente o mérito quando um ou mais dos pedidos formulados ou parcela deles: mostrar-se incontroverso; estiver em condições de imediato julgamento. Nesse caso, a decisão que julgar parcialmente o mérito poderá reconhecer a existência de obrigação ilíquida (mas, também, de obrigação líquida).

Se tal ocorrer, a parte poderá liquidar, desde logo, a obrigação reconhecida na decisão que julgar parcialmente o mérito, independentemente de caução, ainda que haja recurso contra essa interposto. A liquidação da decisão que julgar parcialmente o mérito, aí, diz o § 4º do art. 356, poderá ser processado em autos suplementares (apartados), a requerimento da parte ou a critério do juiz.

Questão de Concurso

▶ **(CESPE. TJ-BA. Juiz de Direito Substituto. 2019)**[26]: Caso o juiz julgue parcialmente o mérito, reconhecendo a existência de obrigação ilíquida, a parte vencedora

a) poderá promover de pronto a liquidação, mediante o depósito de caução.
b) poderá promover de pronto a liquidação, ainda que seja interposto recurso pela parte vencida.
c) deverá aguardar a extinção do processo para promover a liquidação.
d) deverá promover a liquidação nos mesmos autos, em vista do princípio da eficiência.
e) poderá promover a liquidação somente após transcorrido o prazo para interposição de recurso pela parte vencida.

26. Gabarito: Letra B.

▶ **(FCC – Analista Judiciário – Oficial de Just. Avaliador – TRT 24/2017)**[27] Sobre o julgamento antecipado parcial do mérito, à luz do Código de Processo Civil,

a) a decisão que julgar parcialmente o mérito poderá reconhecer a existência de obrigação líquida, vedado o reconhecimento da obrigação ilíquida.
b) a liquidação e o cumprimento da decisão que julgar parcialmente o mérito poderão ser processados em autos suplementares, a requerimento da parte ou a critério do juiz.
c) a decisão que julgar parcialmente o mérito é impugnável através de recurso de apelação.
d) a parte poderá executar desde logo a obrigação reconhecida na decisão que julgar parcialmente o mérito, devendo, em regra, prestar caução no caso de recurso contra essa decisão pendente de julgamento.
e) o juiz só poderá decidir parcialmente o mérito quando um ou mais dos pedidos formulados ou parcela deles mostrar-se incontroverso ou o réu for revel.

4.7. Condenação a reparar danos extrapatrimoniais

Quando o direito objeto da ação for reparação por danos extrapatrimoniais suportados, a sentença não deverá ser ilíquida. Quando de sua prolação, ela (a sentença) deve identificar de imediato o valor fixado a título de reparação, pois que o direito referido não depende do conhecimento de fatos novos ou de conhecimentos técnico-científicos específicos para ser liquidado, nomeadamente porque é estabelecido essencialmente a partir de parâmetros subjetivos.

No Superior Tribunal de Justiça, há precedentes no sentido de que, "não obstante a petição inicial requeira que a reparação dos danos morais seja arbitrada em liquidação de sentença, o juiz pode fixá-la, desde logo, no processo de conhecimento. O respectivo diferimento para a liquidação de sentença só seria necessário, se dependesse da atuação de perito – do que não se trata, porque o arbitramento, nesse caso, é ato do juiz, baseado nas regras da experiência" (STJ. EDcl nos EDcl no AgRg no Ag 309117/SP. DJU 17.06.02).

Há, porém, exceções.

Em algumas situações, os danos extrapatrimoniais podem ser objeto de liquidação. Quando a determinação de reparação advier de sentença proferida em ação coletiva, que vise à reparação de danos extrapatrimoniais experimentados por um grupo, ou seja, quando se tratar de direito individual homogêneo, a sua apuração pode ser relegada à liquidação de sentença, ocasião em que serão analisadas as circunstâncias pessoais daqueles que experimentaram os danos. (STJ. REsp 1011463/PR. DJe 20.10.08).

Essa primeira exceção decorre em razão da forma como é tutela do o direito à reparação pelos danos extrapatrimoniais. Por se tratar de uma ação coletiva, onde é formulado pedido genérico, especialmente, no caso, porque não se conhece das circunstâncias pessoais de cada uma das pessoas que experimentaram os danos, a apuração fica diferida para a liquidação da sentença. Ali, serão conhecidos fatos novos, necessários à fixação individual de cada uma das reparações pecuniárias.

Inclusive, deve-se chamar a atenção ao fato de que, quando a sentença liquidanda é coletiva e está relacionada a direitos individuais homogêneos, se a liquidação for individual, a liquidação,

27. Gabarito: Letra B.

além de apurar o valor devido a cada interessado, tratará, antes, de identificar se aquele (o interessado) foi beneficiado pela sentença (STJ. REsp 702.976-SP. DJe 09.06.09). Neste caso, pois, a amplitude cognitiva da liquidação de sentença coletiva (cujo direito tutelado seja individual homogêneo) é maior comparativamente às sentenças não coletivas (individuais ou plúrimas).

A segunda exceção ocorre quando não se concorda com o valor fixado na sentença penal condenatória transitada em julgado e a vítima do dano intenta ação de liquidação, a fim de que o juízo cível competente defina o valor da reparação que lhe é devida (STJ. REsp 440835/RS. DJ 27.08.07). Como já houve reconhecimento do ato ilícito (objeto da condenação penal) e do dano experimentado pela vítima, resta, ante a não concordância do valor estabelecido pelo juízo penal, a liquidação da reparação devida.

Isso não quer dizer que o valor da reparação estabelecida pelo juízo penal venha a ser modificado pelo juízo cível, por ter sido ajuizada ação de liquidação. Pode ser que o valor seja ratificado. Entretanto, por óbvio, o valor também pode ser modificado. Interessante é que, aqui, a liquidação não se daria por conta de fatos novos (necessariamente) nem de conhecimento técnico-científico, mas pela simples possibilidade que a legislação confere de a sentença penal ser liquidada por outro juízo.

Deve-se, contudo, se não apresentados fatos novos na ação de liquidação, comparativamente ao processo penal, em que foi proferida a sentença em liquidação perante o juízo cível competente, este (o juízo cível competente), em razão da coerência (pois identificada apenas diferença de competência entre os juízos), não deve fixar valor diferente daquele fixado pelo juízo penal. Conquanto haja possibilidade de decidir para alcançar resultado diferente, tal deve ficar reservado à ocasião em que apresentados fatos novos.

No mais, deve-se lembrar que, em diversos dispositivos, o Código de Processo Civil estabelece que, pela indevida provocação ou realização da atividade jurisdicional, os danos decorrentes devem ser reparados pelo responsável, conforme apuração a ser realizada em liquidação de sentença[28].

---

28. Art. 81. De ofício ou a requerimento, o juiz condenará o litigante de má-fé a pagar multa, que deverá ser superior a um por cento e inferior a dez por cento do valor corrigido da causa, a indenizar a parte contrária pelos prejuízos que esta sofreu e a arcar com os honorários advocatícios e com todas as despesas que efetuou.§ 1º Quando forem 2 (dois) ou mais os litigantes de má-fé, o juiz condenará cada um na proporção de seu respectivo interesse na causa ou solidariamente aqueles que se coligaram para lesar a parte contrária.§ 2º Quando o valor da causa for irrisório ou inestimável, a multa poderá ser fixada em até 10 (dez) vezes o valor do salário-mínimo.§ 3º O valor da indenização será fixado pelo juiz ou, caso não seja possível mensurá-lo, liquidado por arbitramento ou pelo procedimento comum, nos próprios autos.****Art. 302. Independentemente da reparação por dano processual, a parte responde pelo prejuízo que a efetivação da tutela de urgência causar à parte adversa, se: I – a sentença lhe for desfavorável; II – obtida liminarmente a tutela em caráter antecedente, não fornecer os meios necessários para a citação do requerido no prazo de 5 (cinco) dias; III – ocorrer a cessação da eficácia da medida em qualquer hipótese legal; IV – o juiz acolher a alegação de decadência ou prescrição da pretensão do autor. Parágrafo único. A indenização será liquidada nos autos em que a medida tiver sido concedida, sempre que possível.****Art. 495. A decisão que condenar o réu ao pagamento de prestação consistente em dinheiro e a que determinar a conversão de prestação de fazer, de não fazer ou de dar coisa em prestação pecuniária valerão como título constitutivo de hipoteca judiciária. § 1º A decisão produz a hipoteca judiciária: I – embora a condenação seja genérica; II – ainda que o credor possa promover o cumprimento provisório da sentença ou esteja pendente arresto sobre bem do devedor; III – mesmo que impugnada por recurso dotado de efeito suspensivo. § 2º A hipoteca judiciária poderá ser realizada mediante apresentação de cópia da sentença perante o cartório de registro imobiliário, independentemente de ordem judicial, de declaração expressa do juiz ou de demonstração de urgência. § 3º No prazo de até 15 (quinze) dias da data de realização da hipoteca, a parte informá-la-á ao juízo da causa, que

Tais danos (como possibilita concluir interpretação normativa construída a partir da eficiência) são patrimoniais. Os extrapatrimoniais devem ser, de logo, fixados, independentemente de liquidação. Entretanto, se assim não fez o juiz, evidentemente, apesar de ter violado a eficiência, deve fixar o valor dos danos extrapatrimoniais na liquidação.

4.8. Natureza da decisão que julga a liquidação de sentença

A decisão que resolve a liquidação de sentença, em fase continuativa, em incidente ou em ação autônoma, será uma sentença, recorrível, assim, por recurso de apelação.

Quanto ao ato decisório que antecede a liquidação, há quem defenda não ser sentença, justamente porque ele fica submetido à posterior fase de apontamento. Logo, não poria fim à fase do processo.

Todavia, vários dispositivos do Código de Processo Civil, a exemplo do inciso II do § 4º do art. 85 e do *caput* do art. 509, forçam conclusão diversa, porque reconhecem como sentença ato decisório ilíquido.

Na verdade, quando proferida sentença ilíquida, haverá duas fases de conhecimento no processo, sendo a primeira para certificar direito e, eventualmente, reconhecer exigibilidade de prestação, e a segunda para completar a norma jurídica individualizada.

Ambas as fases são encerradas por sentença.

Obviamente, o ato decisório que antecede a liquidação terá natureza jurídica de sentença se resolver integralmente o objeto litigioso do processo. Se não resolver, será uma decisão interlocutória.

Mesmo que o ato antecedente seja uma decisão interlocutória, sua liquidação, em fase seguinte, se integral, ocorrerá por sentença. Só será decisão interlocutória proferida em liquidação se não resolver por completo o seu mérito.

4.9. Recursos interponíveis contra decisão ilíquida e contra a decisão que julga a liquidação de sentença

Se proferida sentença ilíquida, apesar de "formulado pedido certo e determinado, somente o autor tem interesse recursal em arguir o vício da sentença ilíquida" (enunciado 318 da súmula de jurisprudência do Superior Tribunal de Justiça).

No caso, a indevida iliquidez pode advir de decisão interlocutória (proferida nos moldes do art. 356), sentença, decisão monocrática de membro de tribunal ou acórdão. A depender

determinará a intimação da outra parte para que tome ciência do ato. § 4º A hipoteca judiciária, uma vez constituída, implicará, para o credor hipotecário, o direito de preferência, quanto ao pagamento, em relação a outros credores, observada a prioridade no registro. § 5º Sobrevindo a reforma ou a invalidação da decisão que impôs o pagamento de quantia, a parte responderá, independentemente de culpa, pelos danos que a outra parte tiver sofrido em razão da constituição da garantia, devendo o valor da indenização ser liquidado e executado nos próprios autos.****Art. 520. O cumprimento provisório da sentença impugnada por recurso desprovido de efeito suspensivo será realizado da mesma forma que o cumprimento definitivo, sujeitando-se ao seguinte regime: [...] II – fica sem efeito, sobrevindo decisão que modifique ou anule a sentença objeto da execução, restituindo-se as partes ao estado anterior e liquidando-se eventuais prejuízos nos mesmos autos; [...]

da situação, pode caber agravo de instrumento, apelação, agravo interno, recurso especial ou recurso extraordinário.

Situação diferente ocorre quando é julgada a própria liquidação de sentença, que pode advir de uma fase (continuativa) ou incidente, bem assim de uma ação.

Aqueles dois (fase ou incidente) podem ser resolvidos em decisão interlocutória, se iniciados perante o juízo monocrático de primeira instância, ou em decisão monocrática ou acórdão, se iniciados no tribunal, ou se, mesmo que iniciados no juízo monocrático de primeira instância, as decisões sejam objeto recurso.

A última (ação) pode ser resolvida por decisão interlocutória (quando decidida em parte, apenas) ou por sentença (quando resolvida totalmente ou na parte faltante), se iniciada perante o juízo monocrático de primeira instância, ou por decisão monocrática ou por acórdão, se iniciada perante o tribunal ou se nele (no tribunal) chegar em razão da interposição de recurso.

A ser assim, contra decisão que julga liquidação de sentença, pode caber, a depender da natureza daquela (da decisão), agravo de instrumento, apelação, agravo interno, recurso especial ou recurso extraordinário. Isso dependerá da situação de ser proferida, respectivamente, decisão interlocutória, sentença, decisão monocrática ou acórdão.

Se a parte interessada não interpuser recurso contra a decisão que resolveu a liquidação de sentença, ela, posteriormente, não pode, depois, alegar excesso de execução, se a parte adversa apenas pediu o seu (da decisão) cumprimento. Da mesma forma, não poderá a parte, ao executar a decisão objeto de liquidação, pedir além do valor apontado em liquidação.

4.10. Fixação (ou não) de honorários advocatícios decorrentes da sucumbência

O art. 85 do Código de Processo Civil dispõe que "a sentença condenará o vencido a pagar honorários ao advogado do vencedor". Logo em seguida, o § 1º complementa: "são devidos honorários advocatícios na reconvenção, no cumprimento de sentença, provisório ou definitivo, na execução, resistida ou não, e nos recursos interpostos, cumulativamente".

O dispositivo legal diz menos do que deveria, sobretudo quando faz escolhas inadequadas de parâmetros. Melhor do que se referisse, no § 1º, à reconvenção, cumprimento de sentença, execução e recursos, seria referir-se a decisões terminativas e definitivas, sejam elas totais ou parciais. Daí, não se colocaria em dúvidas o caso da liquidação.

De fato, em liquidação de sentença, cabe condenação ao pagamento de honorários advocatícios decorrentes da sucumbência?

A resposta é afirmativa.

Isso porque a liquidação, sendo fase um incidente, integra a sentença (vocábulo utilizado em sentido amplo). Como a sentença deve condenar ao pagamento de honorários, ao se resolver a liquidação, deve haver, também, condenação. Em se tratando de ação de liquidação, não há qualquer dúvida, porque será uma sentença que resolverá toda uma ação de liquidação.

Segundamente, porque não se pode deixar de remunerar o trabalho desempenhado pelo advogado da parte, em razão dos trabalhos por ele desempenhados na liquidação.

O Superior Tribunal de Justiça, sob a égide do CPC/1973, já entendia que a decisão que resolve a liquidação de sentença deve fixar honorários advocatícios sucumbenciais (STJ. REsp 978.253/SE. DJU 16.09.08). Apesar disso, o art. 20 daquele Código também não fazia qualquer referência à liquidação de sentença (mas, apenas à execução, sendo muito mais restrito que o art. 85 do CPC/2015)[29]. Não há de ser diferente em relação ao atual Código.

5. SÚMULAS

Súmulas do STF

254. Incluem-se os juros moratórios na liquidação, embora omisso o pedido inicial ou a condenação.

Súmulas do STJ

318. Formulado pedido certo e determinado, somente o autor tem interesse recursal em arguir o vício da sentença ilíquida.

344. A liquidação por forma diversa da estabelecida na sentença não ofende coisa julgada.

6. ENUNCIADOS DO FPPC

499. Efetivada a tutela de urgência e, posteriormente, sendo o processo extinto sem resolução do mérito e sem estabilização da tutela, será possível fase de liquidação para fins de responsabilização civil do requerente da medida e apuração de danos.

541. A responsabilidade que trata o art. 854, § 8º, é objetiva e as perdas e danos serão liquidadas de forma incidental, devendo ser imediatamente intimada a instituição financeira para preservação do contraditório.

7. INFORMATIVOS

Informativos do STJ

A partir da vigência da Lei nº 10.444/2002, que incluiu o § 1º ao art. 604, dispositivo que foi sucedido, conforme Lei nº 11.232/2005, pelo art. 475-B, §§ 1º e 2º, todos do CPC/1973, não é mais imprescindível, para acertamento de cálculos, a juntada de documentos pela parte executada ou por terceiros, reputando-se

29. Art. 20. A sentença condenará o vencido a pagar ao vencedor as despesas que antecipou e os honorários advocatícios. Esta verba honorária será devida, também, nos casos em que o advogado funcionar em causa própria. § 1º O juiz, ao decidir qualquer incidente ou recurso, condenará nas despesas o vencido.§ 2º As despesas abrangem não só as custas dos atos do processo, como também a indenização de viagem, diária de testemunha e remuneração do assistente técnico. § 3º Os honorários serão fixados entre o mínimo de dez por cento (10%) e o máximo de vinte por cento (20%) sobre o valor da condenação, atendidos: a) o grau de zelo do profissional; b) o lugar de prestação do serviço; c) a natureza e importância da causa, o trabalho realizado pelo advogado e o tempo exigido para o seu serviço. § 4º Nas causas de pequeno valor, nas de valor inestimável, naquelas em que não houver condenação ou for vencida a Fazenda Pública, e nas execuções, embargadas ou não, os honorários serão fixados consoante apreciação eqüitativa do juiz, atendidas as normas das alíneas a, b e c do parágrafo anterior. § 5º Nas ações de indenização por ato ilícito contra pessoa, o valor da condenação será a soma das prestações vencidas com o capital necessário a produzir a renda correspondente às prestações vincendas (art. 602), podendo estas ser pagas, também mensalmente, na forma do § 2º do referido art. 602, inclusive em consignação na folha de pagamentos do devedor.

correta a conta apresentada pelo exequente, quando a requisição judicial de tais documentos deixar de ser atendida, injustificadamente, depois de transcorrido o prazo legal. Assim, sob a égide do diploma legal citado, incide o lapso prescricional, pelo prazo respectivo da demanda de conhecimento (Súmula 150/ STF), sem interrupção ou suspensão, não se podendo invocar qualquer demora na diligência para obtenção de fichas financeiras ou outros documentos perante a administração ou junto a terceiros. O tema que se pretende pacificar, mediante o julgamento de recurso representativo de controvérsia, restringe-se a saber de que modo a demora no fornecimento de documentação (no caso, fichas financeiras) em poder da administração pública influi no prazo prescricional de execução de sentença contra a Fazenda Pública. Em primeiro lugar, não se põe em dúvida que o prazo prescricional da execução é o mesmo da ação de conhecimento, consoante dispõe a Súmula 150/STF. Cabe destacar que a interpretação desse enunciado não pode ser feita sem a compreensão de que o procedimento de arbitramento integra o próprio processo de conhecimento. Assim, a prescrição da pretensão executória apenas tem início – quando dependente o título de liquidação (por quaisquer de suas modalidades) – após encontrado o valor exequendo. Esse termo inicial sofreu sensível modificação a partir da alteração da natureza jurídica da "liquidação" por meros cálculos aritméticos. Tais mudanças ocorreram durante o processo de reforma do CPC/1973, capitaneado pelas seguintes legislações: (*i*) Lei nº 10.444/2002 – que incluiu os §§ 1º e 2º ao art. 604 à sistemática de liquidação da sentença; e (*ii*) Lei nº 11.232/2005 – que revogou os citados dispositivos, mas transportou a dicção normativa para os §§ 1º e 2º do art. 475-B do CPC/1973. Assim, até a data da vigência da Lei nº 10.444/2002, havia necessidade de, previamente à execução, acertar os cálculos, não se podendo ingressar com o feito sem tal "acertamento", o qual, muitas vezes, dependia de documentos em poder do próprio executado ou de terceiros. No entanto, após o advento da referida lei, a jurisprudência do STJ – em relação à inércia da parte exequente, para efeito de incidência do prazo prescricional –, passou a encampar a seguinte premissa básica: estando os elementos de cálculo em poder do executado ou de terceiros, o juízo os requisitaria, a pedido do exequente, e, caso não entregues, seria considerada correta a conta apresentada pelo credor. É que, com essa faculdade à disposição do credor, nenhuma outra necessidade de acertamento da conta exequenda restou vigente, não podendo o exequente se escudar em eventual demora para obtenção de documentos, estejam estes em poder do devedor, ou não. Isso porque também foi pacificada nesta Corte a orientação de que "não pode a parte aguardar indeterminadamente que os documentos necessários à elaboração dos cálculos sejam juntados aos autos (...)" e que "nas hipóteses em que o devedor não fornece os documentos necessários para a confecção dos cálculos executivos, aplica-se o art. 475-B, § 2º, do CPC, que autoriza presumir corretos os cálculos apresentados pelo credor." Desse modo, caso as diligências para obtenção dos dados imprescindíveis ao aparelhamento do feito executivo tenham se esgotado antes da entrada em vigor da Lei nº 10.444/2002, não se pode penalizar o exequente pela desídia do devedor. Todavia, com a vigência do referido diploma legal, o lustro prescricional conta-se doravante, porque, como visto, não tem mais o credor a justificativa de que ainda pende de providência determinada medida para acertamento dos cálculos. **REsp 1.336.026-PE, Rel. Min. Og Fernandes, Primeira Seção, por unanimidade, julgado em 28/6/2017, DJe 30/6/2017. (Tema 880). Inf. 607.**

É adequada a inclusão dos honorários periciais em conta de liquidação mesmo quando o dispositivo de sentença com trânsito em julgado condena o vencido, genericamente, ao pagamento de custas processuais. O debate se limita a determinar se o dispositivo de sentença com trânsito em julgado que condena o vencido ao pagamento apenas de custas processuais abrange as despesas referentes aos honorários periciais. A distinção entre despesas e custas processuais, em sede doutrinária, foi bem trabalhada há bastante tempo: "as custas são espécies do gênero "despesas", sendo essas mais amplas (abrangendo, *v.g.*, honorários de advogado) e aquelas mais restritas à retribuição aos serventuários ou aos demais auxiliares da justiça". Nessa linha de compreensão, o STJ possui precedentes no sentido de que é indevida a inclusão dos honorários periciais em conta de liquidação quando o dispositivo da sentença com trânsito em julgado condena o vencido apenas ao pagamento de custas processuais. Contudo, a interpretação do art. 20, § 2º, do CPC/73 deve ser realizada de maneira sistemática com a própria lógica processual civil moderna, de modo a superar o destemperado apego formalista, em prestígio da solução justa da crise de direito material levada ao Judiciário. Nessa ordem de ideias, "o processo deve dar a quem tem direito tudo aquilo e precisamente aquilo a que tem direito". Justamente nesse sentido que, na hipótese de o pedido autoral ser julgado improcedente, não se pode imaginar que o réu seja compelido a arcar com custas ou despesas de um processo para cuja formação não deu causa. Surpreender o vencedor da demanda com a obrigação de arcar com os honorários periciais apenas e tão somente porque a sentença condenava o vencido ao pagamento de "custas" e não "despesas" representa medida contrária ao princípio da sucumbência e até mesmo à própria noção da máxima eficiência da tutela jurisdicional justa. **REsp 1.558.185-RJ, Rel. Min. Nancy Andrighi, por unanimidade, julgado em 2/2/2017, DJe 16/2/2017. Inf. 598.**

DIREITO PROCESSUAL CIVIL. POSSIBILIDADE DE UTILIZAÇÃO DE DEDUÇÕES E PRESUNÇÕES NA APURAÇÃO DE LUCROS CESSANTES.

É possível ao julgador, na fase de liquidação de sentença por arbitramento, acolher as conclusões periciais fundadas em presunções e deduções para a quantificação do prejuízo sofrido pelo credor a título de lucros cessantes. Inicialmente, destaca-se que, para a tutela dos lucros cessantes, impõe-se ter em mente que essa espécie de dano material existe quando o prejudicado não teria de desenvolver nenhuma atividade excepcional para obtenção do ganho que deixou de realizar, ou seja, quando esse ganho seria resultado natural da atividade comum. Nessa trilha, alerta doutrina: "[n]a apreciação dos danos que devem ser ressarcidos a título de lucros cessantes, o juiz há de, entretanto, ter em conta, não só os atuais, consequência direta e imediata da lesão, mas também a alteração de condições habitualmente existentes e das quais seja lícito deduzir com certa segurança a presunção de que criariam a favor do lesado uma situação que lhe traria benefícios patrimoniais legítimos." Vê-se, portanto, na apuração dos lucros cessantes, um campo fértil à utilização de deduções e presunções, as quais, na maioria dos casos, serão imprescindíveis à prestação adequada da tutela jurisdicional devida. Com efeito, pretender-se chegar a uma conta exata do quanto se deixou de lucrar com uma atividade que não foi realizada por culpa do devedor, é o mesmo que se exigir a prova de fatos não ocorridos – prova diabólica e impossível. Essa exigência resulta assim, por via transversa, na negativa de reparação integral do dano judicialmente reconhecido em fase de cumprimento de sentença. Nesse contexto, a utilização de presunções não pode ser afastada de plano, uma vez que sua observância no direito processual nacional é exigida como forma de facilitação de provas difíceis. REsp 1.549.467-SP, Rel. Min. Marco Aurélio Bellizze, julgado em 13/9/2016, DJe 19/9/2016. Informativo 590.

8. SINOPSE

LIQUIDAÇÃO DE SENTENÇA
Considerações iniciais
A sentença só será hábil a prover satisfatoriamente a pretensão executivo-condenatória da parte vencedora se for, além de certa e exigível, líquida.
Cálculos
Quando a apuração do valor da prestação (reconhecida em decisão definitiva de mérito) depender apenas de cálculo aritmético, o credor poderá promover, desde logo, o cumprimento da sentença (sendo desnecessário procedimento de liquidação de sentença, em extensão da fase cognitiva, ou mesmo da instauração de incidente ou de propositura de ação específica). Basta que instrua o respectivo pedido com a memória cálculo.
Modalidades de Liquidação de Sentença
a) Liquidação por arbitramento O que realmente define a necessidade da liquidação por arbitramento, é a necessidade de esclarecer fato complexo, contanto que não seja ele novo, ou seja, apresentado ao processo, mas não esclarecido. A determinação constante na sentença (mesmo que transitada em julgado) e a vontade das partes pouco importam. Se não houver fato complexo, não será realizada a liquidação por arbitramento. Nesse caso, o juiz intimará as partes para a apresentação de pareceres (técnicos) ou documentos elucidativos, no prazo que fixar, e, caso não possa decidir de plano, nomeará perito, observando-se, no que couber, o procedimento da prova pericial.
b) Liquidação pelo procedimento comum Far-se-á a liquidação por artigos, quando, para determinar a repercussão monetária da obrigação de pagar quantia, forem insuficientes cálculos e conhecimentos técnicos, havendo, por isso, necessidade de apresentar fato(s) novo(s) que, não necessariamente, tenha(m) ocorrido depois da sentença, mas que nela não restou (restaram) decidido(s).

Questões relevantes
a) Competência O Código de Processo Civil é omisso quanto à competência para processar e julgar a liquidação de sentença. Assim, será competente para a liquidação o juízo que processou a causa no primeiro grau de jurisdição, considerando que, no mais das vezes, aquela (a liquidação) é uma fase continuativa do processo.
b) Liquidação provisória Se pendente recurso, ainda que ele disponha de efeito suspensivo, qualquer das partes poderá requerer a liquidação provisória da sentença7. Ela deverá ser processada em autos apartados, instruídos com cópias das peças processuais necessárias à compreensão da questão. Se o recurso for parcial, a reconhecer parte incontroversa, a liquidação, quanto a esta parte, será definitiva, sendo provisória somente a realizada com relação à parte controversa.
c) Liquidação de forma diversa da estabelecida na sentença A liquidação por forma diversa da estabelecida na sentença não ofende a coisa julgada.
d) Parâmetros de liquidação Na ação relativa à obrigação de pagar quantia, ainda que formulado pedido genérico, a decisão definirá desde logo a extensão da obrigação, o índice de correção monetária, a taxa de juros, o termo inicial de ambos e a periodicidade da capitalização dos juros.
e) Liquidação Zero Se tal ocorrer, não haverá o que se executar tendo o respectivo pronunciamento judicial (que decide a liquidação de sentença) eficácia declaratória.
Cumprimento de Parte Líquida e liquidação da parte ilíquida
Se tal ocorrer, a liquidação poderá ser processada em autos apartados. Logo, não é preciso liquidar todo o valor para, somente então, requerer o seu adimplemento. Pode haver execução da parte líquida e liquidação da parte ilíquida. Mas, se for da conveniência das partes, pode-se aguardar a liquidação total para só então iniciar o cumprimento da sentença.
Condenação para reparar danos extrapatrimoniais
A sentença não deverá ser ilíquida. Quando de sua prolação, ela (a sentença) deve identificar de imediato o valor fixado a título de reparação, pois que o direito referido não depende do conhecimento de fatos novos ou de conhecimentos técnico-científicos específicos para ser liquidado.
Natureza da decisão que julga a liquidação
A decisão que resolve a liquidação de sentença, em fase continuativa ou em incidente, será (geralmente) uma decisão interlocutória, recorrível por agravo de instrumento.
Recursos Interponíveis contra decisão ilíquida e contra decisão que julga a liquidação de sentença
Se proferida sentença ilíquida, apesar de "formulado pedido certo e determinado, somente o autor tem interesse recursal em arguir o vício da sentença ilíquida". No caso, a indevida iliquidez pode advir de decisão interlocutória (proferida nos moldes do art. 356), sentença, decisão monocrática de membro de tribunal ou acórdão. A depender da situação, pode caber agravo de instrumento, apelação, agravo interno, recurso especial ou recurso extraordinário. Situação diferente ocorre quando é julgada a própria liquidação de sentença, que pode advir de uma fase (continuativa) ou incidente, bem assim de uma ação. Aqueles dois (fase ou incidente) podem ser resolvidos em decisão interlocutória, se iniciados perante o juízo monocrático de primeira instância, ou em decisão monocrática ou acórdão, se iniciados no tribunal, ou se, mesmo que iniciados no juízo monocrático de primeira instância, as decisões sejam objeto recurso.
Fixação de honorários advocatícios decorrentes da sucumbência
A sentença condenará o vencido a pagar honorários ao advogado do vencedor.

CAPÍTULO 36

CUMPRIMENTO DE SENTENÇA

1. CONSIDERAÇÕES INICIAIS

Antes da vigência da Lei nº 11.232/2005, a satisfação da obrigação de pagar quantia reconhecida em título executivo judicial dava-se, em regra, por **processo de execução**. O mesmo também ocorria com a obrigação de dar coisa distinta de dinheiro, antes da Lei nº 10.444/2002, e com as obrigações de fazer, de não fazer, antes da Lei nº 8.952/1994. Finalizava-se o processo de conhecimento, para, depois de intervalo, mediante provocação do exequente, iniciar o processo de execução.

Tal formatação procedimental causava uma série de dificuldades à realização do direito reconhecido (certificado) em favor do exequente, porque ele precisava **propor nova ação** (mediante recolhimento de custas), cujo processo, para poder se desenvolver de forma válida, não dispensava a realização da citação do executado. Isso significava maior custo para o processo e maior tempo para a realização do direito reconhecido.

A partir da vigência da Lei nº 11.232/2005, o processo passou a adotar, de forma generalizada (isto é, para todas as espécies de obrigação), um modelo diferente. Sob a égide do CPC/2015, não é diferente: **cognição e execução sucedem-se em um mesmo processo**, que se divide em fases, conforme a predominância de seus atos. Seguida da fase de conhecimento, quando necessária à satisfação da obrigação reconhecida pela sentença, está a fase de cumprimento de sentença (o vocábulo "sentença" está empregado em sentido amplo, a compreender qualquer título executivo judicial).

Todavia, conquanto não seja predominante, na fase de conhecimento, pode-se praticar atos de execução, assim como, na fase de cumprimento de sentença, pode-se praticar atos de cognição.

Por outro lado, alguns títulos executivos judiciais dão ensejo a processos de execução, como a sentença penal condenatória transitada em julgado, a sentença arbitral e a sentença estrangeira homologada pelo Superior Tribunal de Justiça. Os **direitos neles certificados são efetivados a partir da propositura de ação de execução, mediante recolhimento de custas e citação do executado**. Isso ocorre, de forma excepcional, por impossibilidade de continuidade à execução, em razão de incompetência funcional.

Pois bem.

Se a sentença a ser cumprida contemplar uma obrigação de fazer, de não fazer ou de entregar coisa distinta de dinheiro, a fase de cumprimento de sentença seguirá as disposições dos arts. 536 a 538 do CPC. Caso contemple uma obrigação de pagar quantia certa, o cumprimento definitivo de sentença seguirá as disposições dos arts. 523 e seguintes do CPC, ao passo que o cumprimento provisório dar-se-á conforme as disposições dos arts. 520 a 522.

Um destaque há de ser feito, tendo em vista a existência de disposição legal expressa nesse sentido (art. 513 do Código de Processo Civil): aplicam-se, **subsidiariamente**, ao cumprimento da sentença, no que couber, as regras que disciplinam a **execução fundada em título executivo extrajudicial**. Na prática, isso acontece com muita frequência, na medida em que as disposições sobre o cumprimento de sentença não contêm regras específicas, por exemplo, sobre responsabilidade patrimonial, sobre penhora e avaliação, sobre adjudicação e sobre alienação judicial.

Como toda fase de cumprimento de sentença é requerida em razão da certificação de uma obrigação (que deve ser exigível e líquida) por título executivo judicial, passa-se a analisar cada um daqueles previstos no art. 515 do Código de Processo Civil.

2. TÍTULOS EXECUTIVOS JUDICIAIS

Para que seja requerida a execução fundada em sentença, é necessário o reconhecimento, por título executivo judicial, da existência de uma obrigação líquida e exigível. Ausente o título executivo, nula será a execução (*nulla executio sine titulo*).

O art. 515 do Código de Processo Civil enumera, em seus incisos, os títulos executivos judiciais:

a) **as decisões proferidas no processo civil que reconheçam a exigibilidade de obrigação de pagar quantia, de fazer, de não fazer ou de entregar coisa**: toda sentença, acórdão ou decisão interlocutória (a exemplo daquela que concede tutela provisória ou da que julga antecipadamente parte do mérito) que reconhece a existência de obrigação líquida e exigível constitui título executivo judicial. Ainda que a decisão seja meramente declaratória ou constitutiva, é considerada exequível, desde que certifique, de forma mediata, a existência de uma obrigação dotada de liquidez e de exigibilidade. A executividade, pois, não é exclusiva das sentenças condenatórias.

Nesse sentido, reconhecendo executividade à sentença declaratória, já se pronunciou o STJ: "tem eficácia executiva a sentença declaratória que traz definição integral da norma jurídica individualizada. Não há razão alguma, lógica ou jurídica, para submetê-la, antes da execução, a um segundo juízo de certificação, até porque a nova sentença não poderia chegar a resultado diferente do da anterior, sob pena de comprometimento da garantia da coisa julgada, assegurada constitucionalmente. E instaurar um processo de cognição sem oferecer às partes e ao juiz outra alternativa de resultado que não um, já prefixado, representaria atividade meramente burocrática e desnecessária, que poderia receber qualquer outro qualificativo, menos o de jurisdicional" (STJ. AgRg nos EDcl no REsp 1.462.896/RS. DJe 22.10.15).

A sentença declaratória que, para fins de compensação tributária, certifica o direito de crédito do contribuinte que recolheu indevidamente o tributo, contém juízo de certeza e de definição exaustiva a respeito de todos os elementos da relação jurídica questionada e, como tal, é título executivo para a ação visando à satisfação, em dinheiro, do valor devido (REsp 614577/SC). A opção entre a compensação e o recebimento do crédito por precatório ou requisição de pequeno valor cabe ao contribuinte credor pelo indébito tributário, haja vista que constituem, todas as modalidades, formas de execução do julgado colocadas à disposição da parte quando procedente a ação que teve a eficácia de declarar o indébito. [Vide Súmula 461/STJ]. REsp 1.114.404, Rel. Min. Mauro C. Marques, j. 10.2.10. 1ª S. (Info 422).

Imagine-se o exemplo de uma demanda judicial em que um servidor público pleiteia provimento mandamental, para que o ente público a que é vinculado implante, em seu contracheque, determinada verba remuneratória, com eficácia prospectiva. Com o resultado final de procedência, a sentença declara que o servidor tem direito à percepção da aludida verba, determinando o seu pagamento a partir de então. De forma mediata, a sentença também reconhece o direito do servidor às parcelas remuneratórias anteriores. Se for este o caso, o autor não precisará instaurar nova fase de conhecimento (mediante propositura de nova demanda judicial), que seria inócua. O pleito de pagamento da verba retroativa já se iniciará do cumprimento de sentença (ou, no mínimo, da liquidação de sentença), pois a sentença antes proferida estabeleceu uma condenação mediata a servir de título executivo judicial.

PONTO DE REFLEXÃO

Particularmente, defende-se que mesmo as sentenças de improcedência (que são tradicionalmente classificadas como declaratórias negativas), se atendidos determinados requisitos, podem ser executadas.

À guisa de exemplo, tem-se a sentença proferida nos autos que demanda que visava a impedir a parte ré de buscar e apreender determinado bem móvel. A ação foi julgada improcedente. No plano extrajudicial, o autor recusa a entrega do bem ao réu (no exercício da ação de direito material) alegando, como fundamento, a causa de pedir apresentada em juízo e analisada pela sentença de improcedência. Nesta hipótese, a parte ré, valendo-se da sentença da improcedência, pode requerer o seu cumprimento, de modo que o bem respectivo seja buscado e apreendido.

Outro exemplo se apresenta no caso da ação declaratória de inexistência de débito de natureza não tributária. Julgada improcedente a ação, certifica-se a existência do débito. Para que o réu execute a sentença de improcedência, basta mostrar que o crédito certificado (quanto à sua existência) é exigível e líquido.

Pensar assim (admitir a execução da sentença de improcedência, desde que atendidos determinados requisitos), além de não ferir qualquer garantia atinente à parte adversa, afirma a duração razoável do processo, a eficiência e o respeito à coisa julgada. Exatamente por estas razões, o Superior Tribunal de Justiça, a partir do ano de 2012, passou a admitir, em situações como as encimadas, a possibilidade de a sentença de improcedência ter executividade. Em 2016, a Corte Especial do STJ decidiu recurso especial repetitivo, pacificando definitivamente o tema. Confira-se:

"PROCESSO CIVIL. RECURSO ESPECIAL REPRESENTATIVO DA CONTROVÉRSIA. ART. 543-C DO CPC. EXEQUIBILIDADE DE SENTENÇAS NÃO CONDENATÓRIAS. ARTIGO 475-N, I, DO CPC. 1. Para fins do art. 543-C do CPC, firma-se a seguinte tese: "A sentença, qualquer que seja sua natureza, de procedência ou improcedência do pedido, constitui título executivo judicial, desde que estabeleça obrigação de pagar quantia, de fazer, não fazer ou entregar coisa, admitida sua prévia liquidação e execução nos próprios autos". 2. No caso, não obstante tenha sido reconhecida a relação obrigacional entre as partes, decorrente do contrato de arrendamento mercantil, ainda é controvertida a existência ou não de saldo devedor – ante o depósito de várias somas no decorrer do processo pelo executado – e, em caso positivo, qual o seu montante atualizado. Sendo perfeitamente possível a liquidação da dívida previamente à fase executiva do julgado, tal qual se dá com as decisões condenatórias carecedoras de liquidez, deve prosseguir a execução, sendo certa a possibilidade de sua extinção se verificada a plena quitação do débito exequendo. 3. Recurso especial provido".

(STJ. REsp 1324152/SP. DJe 15.06.16).

Antes de passar à análise dos demais títulos executivos judiciais, faz-se necessária uma observação: o art. 515, I, do CPC/2015 reconhece "as decisões proferidas no processo civil que reconheçam a exigibilidade de obrigação de pagar quantia, de fazer, de não fazer ou de entregar coisa" como títulos executivos. Antes, o art. 475-N, I, do CPC/1973, dispunha ser título executivo judicial "a sentença proferida no processo civil que reconheça a existência de obrigação de fazer, não fazer, entregar coisa ou pagar quantia". A diferença entre os dispositivos, aparentemente, é substancial, a considerar que o CPC/2015 reconhece ser título executivo a decisão que reconheça a exigibilidade de obrigação, enquanto que o CPC/1973, a existência de obrigação.

Poder-se-ia pensar que, a partir de então, com a vigência do CPC/2015, apenas as decisões que reconhecem a exigibilidade de obrigação é que seria título executivo judicial, não sendo suficiente, assim, o simples reconhecimento da existência. Contudo, não é essa norma que deve ser construída a partir do art. 515, I, do CPC/2015, sob pena, além de haver uma involução, construir-se um resultado incoerente aos próprios fundamentos do direito processual, em especial a eficiência e a duração razoável do processo. Isso a considerar, em acréscimo, que a exigibilidade, para ser alcançada, não precisa de atividade jurisdicional (art. 514 do CPC[1]), sendo suficiente a certificação da existência para a constituição do título executivo judicial.

Em verdade, não se pode confundir título executivo com título exequível. Será executivo quando reconhecer a existência de uma obrigação, mas, por sua vez, só poderá ser executado, quando, além da certificação, for verificada a exigibilidade e a liquidez da respectiva obrigação. Se não fosse assim, sempre que a decisão reconhecesse a existência de uma obrigação, a parte favorecida, depois, precisaria ajuizar nova ação, agora para alcançar a exigibilidade. Só que a verificação de condição ou termo, para que a obrigação reconhecida pelo título seja exigível, prescinde de pronunciamento jurisdicional prévio. Inclusive, é assim que ocorre com os títulos extrajudiciais. Quando verificada a condição ou o termo, a obrigação passa a ser exigível, sendo desnecessária prévia análise judicial.

Logo, embora o art. 515, I, do CPC/2015 se refira à exigibilidade da obrigação, não se pode afastar o atributo de título executivo à decisão que apenas reconheça a existência da obrigação, podendo a exigibilidade, assim como a liquidez, serem alcançadas posteriormente.

b) **A decisão homologatória de autocomposição judicial:** quando, por qualquer meio, houver transação, renúncia ao direito em que se funda a ação ou reconhecimento jurídico do pedido, a sentença que homologar o ato será considerada título executivo judicial[2]. A autocomposição pode envolver, inclusive, matéria estranha ao objeto liti-

1. Art. 514. Quando o juiz decidir relação jurídica sujeita a condição ou termo, o cumprimento da sentença dependerá de demonstração de que se realizou a condição ou de que ocorreu o termo.

2. "O negócio jurídico da transação já se acha concluído entre as partes, impossível é a qualquer delas o arrependimento unilateral, mesmo que ainda não tenha sido homologado o acordo em Juízo. Ultimado o ajuste de vontade, por instrumento particular ou público, inclusive por termo nos autos, as suas cláusulas ou condições obrigam definitivamente os contraentes, de sorte que sua rescisão só se torna possível 'por dolo, violência ou erro essencial quanto à pessoa ou coisa controversa'". (STJ. REsp 331059/MG. Relator(a) Ministro SÁLVIO DE FIGUEIREDO TEIXEIRA. T4 – QUARTA TURMA. DJ 29/09/2003).Do inteiro teor do acórdão, extrai-se a elucidativa passagem: "Com vistas a pôr fim ao litígio, as partes realizaram transação e requereram a homologação do acordo, com todos os seus efeitos. Nesses casos, a intervenção do órgão julgador se limita à verificação dos requisitos formais e processuais para extinguir o processo, o que significa que a solução da controvérsia se deu por autocomposição, dispensando o Judiciário de pronunciar-se sobre o mérito da demanda. A respeito, expressa MONIZ DE ARAGÃO: 'Se o processo já estiver em curso, a transação o extinguirá, sem que o juiz profira sentença, vale dizer,

gioso do processo, bem como sujeito não participante da relação processual (art. 515, § 2º, do CPC). Nesses casos, a decisão homologatória também é considerada título executivo judicial, ainda que o acordo com objeto mais amplo tenha sido celebrado após o saneamento do processo.

Curiosamente, apesar de o CPC/2015 trazer maior estímulo à solução consensual dos conflitos, a ponto de ratificar uma desenhada modificação do modelo processual, inclusive com alterações procedimentais, a colocar a audiência de conciliação e a mediação em momento prévio à apresentação de resposta pelo réu, a decisão homologatória de autocomposição judicial é colocada como sendo a segunda hipótese de resolução do mérito. Deveria, em termos simbólicos, ser a primeira. Antes de uma decisão impositiva, advinda do acolhimento ou da rejeição do pedido formulado, está a autocomposição judicial.

E diga-se mais: diferentemente do que ocorria sob a vigência do CPC/1973, o atual Código concentra, em um só inciso, as hipóteses de autocomposição judicial (transação, renúncia ao direito em que se funda a ação e reconhecimento jurídico do pedido). Mas isso não significa modificação do tratamento sucumbencial. Persiste a distribuição que antes era realizada pelo CPC/1973. A responsabilidade pelo pagamento das despesas processuais cabe: a ambas as partes, no caso de transação, a não ser que o respectivo instrumento disponha de forma diversa; ao autor, quando renuncia ao direito em que se funda a ação; ao réu, quando reconhece a procedência do pedido formulado na ação (e ao autor, quando reconhece a procedência do pedido formulado na reconvenção).

c) **A decisão homologatória de autocomposição extrajudicial de qualquer natureza**: constitui título executivo judicial o negócio autocompositivo celebrado extrajudicialmente, quando homologado em juízo. Trata-se de exercício da autonomia de vontade a que a lei processual confere eficácia de título executivo. Celebrado o acordo extrajudicial, qualquer das partes poderá requerer a sua homologação em juízo competente, sendo impugnável por apelação a sentença que indeferir a homologação. A vantagem deste título executivo em relação àquele previsto no art. 784, IV, do CPC (título executivo extrajudicial), é que, no cumprimento de sentença, há limitação das matérias alegáveis na defesa do executado, conforme se depreende da comparação entre os arts. 525, § 1º, e 917 do CPC. Difere-se também da hipótese do item anterior ("b"), porque o pedido de homologação não é formulado no curso de um processo. Apenas depois de firmado o acordo, busca-se, em procedimento de jurisdição voluntária (art. 725, VIII, do CPC), a sua homologação judicial.

---

a composição da lide resulta do ato de vontade das partes, que excluem a solução jurisdicional. Por esse motivo, Carnelutti a considera um 'equivalente jurisdicional', pois a lide é composta sem intervenção do juiz, mas com resultado igual ao que seria alcançado por seu intermédio' (Comentários ao Código de Processo Civil, v. II, 9ª ed., Rio de Janeiro: Forense, 1998, nº 554, p. 426)". Não destoam dessa orientação os precedentes mais recentes do STJ:"RECURSO ESPECIAL. EXECUÇÃO. TRANSAÇÃO. MANDATÁRIO COM PODERES ESPECIAIS. VALIDADE. HOMOLOGAÇÃO. CABIMENTO. RECURSO PROVIDO. 1. – A circunstância de constar no instrumento de mandato apenas a designação de "procuração ad judicia", não lhe retira a validade de poderes especiais constantes expressamente do corpo do instrumento (art. 38 do CPC). 2. – É impossível o arrependimento e rescisão unilateral da transação, ainda que não homologada de imediato pelo Juízo. Uma vez concluída a transação as suas cláusulas ou condições obrigam definitivamente os contraentes, e sua rescisão só se torna possível 'por dolo, coação, ou erro essencial quanto à pessoa ou coisa controversa' (Código Civil de 2002, art. 849; CC de 1916, art. 1.030). 3. – Recurso Especial provido". (STJ. REsp 825425/MT. Relator(a) Ministro SIDNEI BENETI. TERCEIRA TURMA. DJe 08/06/2010).

d) **O formal e a certidão de partilha, exclusivamente em relação ao inventariante, aos herdeiros e aos sucessores a título singular ou universal**: o formal e a certidão de partilha, provenientes de sentenças, constituirão título executivo judicial. Sua exequibilidade, no entanto, valerá exclusivamente em relação ao inventariante, aos herdeiros e aos sucessores a título singular ou universal. O art. 610, § 1º, do CPC possibilita a realização de inventário e partilha por escritura pública (que constituirá título hábil para qualquer ato de registro), quando todos os envolvidos forem pessoas capazes e estiverem concordes; porém, a escritura não constituirá título executivo judicial, mas sim título extrajudicial, na forma do art. 784, II, do CPC.

e) **O crédito de auxiliar da justiça, quando as custas, emolumentos ou honorários tiverem sido aprovados por decisão judicial**: os honorários do perito, do intérprete ou do tradutor, por exemplo, quando aprovados por decisão judicial, podem ser executados pelo procedimento de cumprimento de sentença. Tal hipótese estava prevista no art. 585, VI, do CPC/1973, o qual elencava o rol dos títulos executivos extrajudiciais. O CPC/2015, em boa hora, transpôs a previsão para o rol de títulos judiciais, já que o documento que certifica a obrigação líquida e exigível, nesses casos, é a *decisão judicial* que aprova o crédito.

f) **A sentença penal condenatória transitada em julgado**: a sentença penal condenatória torna certa a obrigação de indenizar o dano causado pelo crime (art. 91, I, do Código Penal). Trata-se de efeito extrapenal da condenação criminal. Transitada em julgado, torna-se exigível a obrigação (art. 63 do Código de Processo Penal). Caso a sentença penal condenatória transitada em julgado seja ilíquida, deverá submeter-se ao procedimento de liquidação, que se processará no juízo cível competente para processar o seu cumprimento. O mesmo acontecerá, se houver discordância do credor em relação ao valor mínimo fixado pelo juízo criminal (art. 63, parágrafo único, e art. 387, IV, do CPP).

A sentença penal condenatória transitada em julgado não será exequível, se já tiver sido proferida sentença cível que alcance a amplitude do efeito extrapenal. Deve-se recordar que, apesar de o juízo cível ter a faculdade de suspender o curso do processo até que seja proferida sentença no juízo penal (art. 64, parágrafo único, do CPP), ela nem sempre é exercida, pelo que, em situação como tal, deve prevalecer, em termos de eficácia, o resultado apontado pela sentença proferida pelo juízo cível. Não há conflito entre coisas julgadas, porque, proferida a sentença pelo juízo cível, a sentença penal não assumirá o referido efeito extrapenal.

Apesar de a condenação penal transitada em julgado ter efeitos extrapenais, a absolvição penal nem sempre terá, nomeadamente porque as técnicas de julgamento são distintas e porque o ilícito civil pode não constituir necessariamente ilícito penal. Mas, em algumas situações, não se pode deixar de reconhecer, a absolvição perante o juízo penal terá eficácia extrapenal. Se, por exemplo, o ilícito civil também constituir ilícito penal, a absolvição por reconhecida inexistência da prática de ato (ou do afastamento da autoria) tem repercussão extrapenal, de modo que, no juízo cível, não se pode, depois, reconhecer a existência da prática (ou reconhecer a autoria), conforme art. 935 do Código Civil.

Se a absolvição penal decorrer, por outro lado, da falta de provas, haverá interesse em propor ação cível para pleitear a indenização pelo ilícito civil (art. 66 do Código de Processo Penal). O julgamento da ação penal, neste caso, não terá repercussão perante o juízo cível, a não ser o de restabelecer o curso do prazo prescricional relativo à pretensão cível, que havia sido interrompido pelo processo penal (art. 117 do Código Penal) e que começou a correr com o trânsito em julgado de sua sentença.

De qualquer forma, a sentença penal absolutória transitada em julgado não constitui título executivo. Apenas a sentença penal *condenatória* tem o efeito de tornar certa a obrigação de indenizar e, mesmo assim, em favor da vítima, nunca em favor do réu. Se absolutória a sentença, o réu não poderá utilizá-la para fins de execução, a fim de reparar eventual dano experimentado em razão da acusação que lhe foi imposta. Caber-lhe-á, se interesse pessoal tiver, propor ação indenizatória cível para alcançar a condenação pretendida.

IMPORTANTE! O STJ já definiu que "o reconhecimento da extinção da punibilidade pela prescrição retroativa após o trânsito em julgado da sentença penal condenatória não afasta a caracterização desta como título executivo no âmbito cível, a ensejar a reparação do dano causado ao ofendido" (STJ. REsp 722.429/RS. DJ 03.10.05).

g) **A sentença arbitral**: a arbitragem constitui exercício da jurisdição pelo particular, com autorização do Estado, como já se evidenciou no capítulo sobre jurisdição. Por isso, é natural que a sentença arbitral seja considerada título executivo judicial. O árbitro, porém, não possui competência para tomar qualquer providência coercitiva, razão por que a sentença arbitral deve ser executada por meio do procedimento de cumprimento de sentença (STJ. REsp 1297974/RJ. DJe 19.06.12). Não haverá fase de cumprimento de sentença perante o juízo arbitral, mas ação executória perante o juízo estatal, já que a coerção para a efetivação das obrigações é exercida exclusivamente pelo Poder Judiciário.

h) **A sentença estrangeira homologada pelo Superior Tribunal de Justiça**: compete ao Superior Tribunal de Justiça homologar sentenças estrangeiras, conforme o art. 105, I, "i", da Constituição Federal. Homologada pelo STJ, porque, assim, eficaz no território brasileiro, a sentença estrangeira que reconhecer obrigação certa e exigível, passa a ter *status* de título executivo judicial. A competência para executá-la, no entanto, não será do STJ, mas do juízo cível de primeiro grau, como se verá mais adiante.

i) **A decisão interlocutória estrangeira, após a concessão do exequatur à carta rogatória pelo Superior Tribunal de Justiça**: também compete ao Superior Tribunal de Justiça conceder *exequatur* às decisões interlocutórias estrangeiras, conforme o art. 105, I, "i", da Constituição Federal. Tal qual ocorre com a hipótese anterior, o título judicial, neste caso, deve ser executado pelo juízo cível de primeiro grau, e não pelo STJ.

3. COMPETÊNCIA

Seja execução definitiva ou provisória, o cumprimento de sentença efetuar-se-á perante:

a) os **tribunais, nas causas de competência originária**;

b) o **juízo que decidiu a causa no primeiro grau de jurisdição**;

c) o **juízo cível competente**, quando se tratar de sentença penal condenatória transitada em julgado, de sentença arbitral ou de sentença estrangeira homologada pelo STJ. Além disso, apesar da omissão legal, tal regra de competência é aplicável também à execução fundada em decisão interlocutória estrangeira, conforme dispõe o enunciado 440 do FPPC.

Em se tratando de sentença ou decisão interlocutória estrangeira, o juízo cível a que se refere o art. 516, III, do CPC, corresponde ao juízo da Justiça Federal de primeira instância, nos termos do art. 109, X, da Constituição Federal.

A competência funcional para o cumprimento de sentença, em alguns casos, pode ser quebrada. O parágrafo único do art. 516 do CPC, ao se referir aos casos dos incisos II e III, prescreve que "o exequente poderá optar pelo juízo do autal domicílio do executado, pelo juízo do local onde se encontrem os bens sujeitos à execução ou pelo juízo do local onde deva ser executada a obrigação de fazer ou de não fazer, casos em que a remessa dos autos do processo será solicitada ao juízo de origem". Conforme o entendimento do STJ, "o credor pode optar pela remessa dos autos ao foro do domicílio do executado, mesmo após o início do cumprimento de sentença (STJ. REsp 1.776.382/MT. DJe 05.12.19. Inf. 663).

No cumprimento de sentença que reconhece obrigação de prestar alimentos, a aparente antinomia entre os arts. 53, II, 516 e 528, § 9º, do CPC/2015 se resolve em favor do alimentando, que pode escolher entre: a) o foro do seu domicílio ou residência; b) o juízo que proferiu a sentença exequenda; c) o juízo do local onde se encontram bens do alimentante, sujeitos à execução; d) o juízo do atual domicílio do executado (STJ. CC 118.340/MS. DJe 19.09.13).

Pode acontecer de o cumprimento da sentença ser requerido perante o juízo que processou a causa em primeiro grau de jurisdição e a impugnação ser julgada por juízo diverso. Tal ocorre quando impugnada penhora ou avaliação realizada por juízo deprecado. A competência para julgar a impugnação não será do juízo deprecante, mas sim do deprecado, a teor do que dispõem os arts. 676 e 914, § 2º, do Código de Processo Civil, aplicáveis ao cumprimento de sentença. Ressalva-se, contudo, a hipótese de o bem constrito ter sido indicado pelo juízo deprecante, hipótese em que ele será competente para conhecer da impugnação (art. 676, parágrafo único).

4. CUMPRIMENTO DEFINITIVO

É definitiva a execução lastreada em decisão judicial transitada em julgado, isto é, em título executivo judicial definitivo.

A seguir, tratar-se-á, isoladamente, do procedimento relativo ao cumprimento definitivo das obrigações de fazer, de não fazer, de dar coisa distinta de dinheiro e de pagar quantia.

Questão de Concurso

▶ **(Cespe – Analista de Controle Externo – Direito – TCE – MG/2018)**[3] Se, em sentença transitada em julgado, for declarada inexistente a obrigação que ensejou a execução, o exequente

3. Gabarito: Letra C.

A) será advertido por praticar ato atentatório à dignidade da justiça.
B) será alvo de comunicação à OAB, a ser determinada pelo juiz.
C) ressarcirá o executado dos danos a este causados.
D) responderá por litigância de má-fé.
E) pagará multa por deslealdade processual.

4.1. Obrigações de fazer e de não fazer

Reconhecida a obrigação de fazer ou de não fazer em título executivo judicial, o juiz poderá determinar, de ofício ou a requerimento, as medidas necessárias à satisfação do exequente, para efetivar a tutela específica ou para obter resultado prático equivalente. Entre outras medidas, o juiz poderá determinar a imposição de multa, a busca e apreensão[4], a remoção de pessoas e coisas, o desfazimento de obras e o impedimento de atividade nociva, podendo, se necessário, requisitar força policial.

Afora aqueles expressos no art. 536 do CPC, qualquer meio executivo não previsto em lei poderá ser utilizado pelo magistrado, desde que não ofenda a dignidade do executado, na medida em que vigora, no processo de execução, **a atipicidade dos meios executivos**.

Não se admite a decretação (ou a ameaça de decretação) de prisão, mesmo que sob o fundamento de suposto cometimento de crime de desobediência, como forma de coagir a parte ao cumprimento de obrigação (STJ. RHC 35.253/RJ. DJe 05.03.13). Por outro lado, o descumprimento injustificado da ordem judicial poderá acarretar a aplicação de penalidade por litigância de má-fé.

A **multa coercitiva (astreintes)** flui a partir de quando se configurar o descumprimento da decisão (isto é, quando extrapolado o prazo para cumprimento fixado pelo juiz) e continuará a incidir enquanto não cumprida a obrigação (art. 537, § 4º, do CPC). É indispensável que seja fixado prazo razoável para que o executado possa cumprir a obrigação. Além disso, é preciso que o devedor fique ciente do prazo que lhe foi concedido para cumprir a obrigação, bem como do valor da multa fixada, de modo que possa decidir, de forma clara, se cumprirá a obrigação ou se insistirá no seu inadimplemento. Nesse sentido, o enunciado 410 da súmula do STJ dispõe: "A prévia intimação pessoal do devedor constitui condição necessária para a cobrança de multa pelo descumprimento de obrigação de fazer ou não fazer". Tal enunciado continua em vigor sob a égide do CPC/2015, conforme decidiu recentemente a Corte Especial do STJ (EREsp 1.360.577/MG).

A multa deve ser fixada em valor e periodicidade compatíveis com a obrigação, considerando as particularidades do caso (o direito tutelado, a condição econômica do devedor e o tempo necessário ao adimplemento da obrigação). Deve ser arbitrada em valor suficiente para vencer a resistência do devedor (STJ. REsp 699.495/RS. DJU 05.09.05), mas não deve ser elevada a ponto de ser mais atrativo ao credor o pagamento da multa, em vez do adimplemento específico da obrigação.

A periodicidade da multa pode variar de acordo com a natureza da obrigação a ser cumprida. Se o inadimplemento da obrigação for continuado (nos casos, por exemplo, de edificação em local

4. O mandado de busca e apreensão será cumprido por 2 oficias de justiça, conforme dispõe o art. 537, § 2º, do CPC.

proibido ou de não realização de serviço personalíssimo), a multa deve incidir periodicamente. Se o inadimplemento for instantâneo (nos casos, por exemplo, de divulgação de segredo industrial ou de realização de evento festivo potencialmente poluidor), a multa deve incidir uma só vez, pois, descumprida a obrigação, já não será possível o retorno ao estado anterior.

A se considerar que, nos casos de inadimplemento instantâneo, não haverá acumulação de multa, ela deve ser fixada em valor mais elevado que aquelas estabelecidas ao inadimplemento continuado. Isso não quer dizer que a multa tenha natureza indenizatória. Ao contrário. Mesmo que aplicada multa, a parte prejudicada pelo inadimplemento da obrigação poderá pedir indenização pelos prejuízos experimentados (art. 500 do CPC). Acontece que, se diminuto for o valor da multa, sobretudo nas obrigações instantâneas, para alguns, será um álibi para o inadimplemento.

A decisão que fixa a multa não fica acobertada pela preclusão ou pela coisa julgada, podendo ser revista a qualquer tempo, inclusive na fase de cumprimento de sentença (STJ. AgRg no AREsp 688.355/MG. DJe 12.02.16). Segundo o art. 537, § 1º, do CPC, o juiz, de ofício ou a requerimento, poderá majorar ou diminuir o valor e/ou a periodicidade da **multa vincenda** ou, ainda, excluí-la, se verificar que se tornou insuficiente ou excessiva ou que o executado demonstrou o cumprimento parcial superveniente da obrigação ou justa causa para o descumprimento.

Não é só.

O Superior Tribunal de Justiça já definiu que: "A decisão que arbitra *astreintes* não faz coisa julgada material, visto que é apenas um meio de coerção indireta ao cumprimento do julgado, podendo ser modificada a requerimento da parte ou de ofício, seja para aumentar, diminuir ou suprimir o valor da multa", razão por que "é possível a redução do montante da multa cominatória quando se revelar exorbitante, em total descompasso com a razoabilidade e proporcionalidade" (STJ. REsp 1.492.947/SP. DJe 27.10.15).

O exame da proporcionalidade entre o valor da multa e o valor econômico da obrigação deve ser feito no momento da fixação das *astreintes*, de modo que a recalcitrância do devedor em descumprir a obrigação, elevando o valor acumulado da multa, não pode servir de causa para a sua redução (STJ. AgRg no REsp 1.523.970/SP. DJe 29.06.15).

Por outro lado, também não se tolera, por contrariar a boa-fé, que o credor, após a fixação da multa, mantenha-se inerte por longo período (a ponto de o devedor inadimplente confiar que não seja mais interesse do credor o cumprimento da obrigação) e, depois de acumular valor elevado, peça o seu pagamento. Isto é, não pode o credor aguardar até o ponto em que a execução do valor acumulado da multa seja mais vantajosa do que o próprio cumprimento específico da obrigação.

A completa exclusão da multa, em qualquer caso, somente deve ocorrer quando, por exemplo, demonstrado o tempestivo adimplemento da obrigação ou quando vier a se tornar impossível o seu adimplemento, em razão de circunstâncias alheias à vontade do devedor (STJ. REsp 634.775/CE. DJ 16.11.04).

A multa será revertida em favor do exequente (art. 537, § 2º, do CPC), que pode executá-la provisoriamente, devendo o seu valor ser depositado em juízo, mas levantado pelo credor somente após o trânsito em julgado (art. 537, § 3º).

IMPORTANTE! Não é cabível, por aplicação analógica, a fixação de multa coercitiva fundada no art. 537 do CPC para compelir o devedor a adimplir obrigação de pagar quantia, que se submete exclusivamente à multa prevista no art. 523, § 1º (STJ. REsp 1.343.775/PB. DJ 26.11.15).

Se a tutela específica se tornar impossível ou não puder se chegar a resultado prático equivalente, a obrigação será **convertida em perdas e danos** (art. 499, CPC), ou seja, em obrigação de pagar quantia. Converter-se-á, igualmente, a obrigação em perdas e danos, quando assim requerer o exequente. Depois de apurado o valor correlato por de liquidação de sentença (STJ. REsp 327650/MS. DJU 06.10.03), que será somado ao eventual valor acumulado em razão da aplicação de multa, procede-se ao cumprimento de sentença, nos termos do art. 523 e seguintes do CPC.

O disposto nos artigos 536 e 537 é aplicável não só às obrigações, mas também aos deveres de fazer e de não fazer de natureza não obrigacional, a exemplo da situação jurídica passiva correlata a direito real (enunciado 441 do FPPC).

4.2. Obrigação de entregar coisa distinta de dinheiro

Nas obrigações de entrega de coisa, o juiz fixará prazo para o cumprimento da obrigação (art. 498, CPC). Não satisfeita no prazo, o magistrado, nos termos do art. 538 do CPC, determinará a expedição de mandado de **busca e apreensão** ou de **imissão na posse** em favor do exequente, conforme se trate de coisa móvel ou imóvel.

Não cabe, nesta fase, a alegação, por parte do réu, de existência de benfeitorias (arts. 1.219 e 1.220 do Código Civil), que devem ser apontadas na fase de conhecimento, em contestação (art. 538, §§ 1º e 2º, CPC). Formada a coisa julgada material, não é possível ao executado suscitar argumentos de defesa que não foram oportunamente alegados ou que, embora suscitados, foram rejeitados na fase cognitiva ou não foram sequer analisados (em razão da eficácia preclusiva da coisa julgada).

Se a coisa for incerta, porque determinada apenas pelo gênero e pela quantidade, caberá ao credor individualizá-la na petição inicial, caso lhe caiba a escolha, para que o devedor proceda à sua entrega no prazo fixado pelo juiz. Se a escolha couber ao devedor, este a entregará individualizada, no prazo fixado pelo juiz. Não entregue a coisa incerta no prazo estabelecido, será determinada a busca e apreensão ou a imissão na posse.

Por força do art. 538, § 3º, do CPC, aplicam-se subsidiariamente ao cumprimento de sentença que reconhece obrigação de entregar coisa as regras atinentes às obrigações de fazer e de não fazer. Assim, é possível, por exemplo, a fixação de **multa coercitiva** para entrega da coisa (STJ. REsp 1.538.148/PE. DJe 10.12.15). Tal artifício pode, muitas vezes, ser mais vantajoso que a busca e apreensão, em razão do desconhecimento da localização da coisa ou do seu ocultamento doloso por parte do devedor. O mesmo pode-se dizer em relação à imissão na posse, que pode, por exemplo, ser dificultada pelos muitos ocupantes de um imóvel rural, em se tratando de conflito agrário que envolva movimento social organizado.

Sob a égide do CPC/2015, a multa é cabível, inclusive, para compelir o sujeito a **exibir documento**, porquanto o art. 400, parágrafo único, prevê que "o juiz pode adotar medidas indutivas, coercitivas, mandamentais ou sub-rogatórias para que o documento seja exibido". O mesmo ocorre com o documento em posse de terceiro, a teor do que prescreve o art. 403, parágrafo único: "Se o terceiro descumprir a ordem, o juiz expedirá mandado de apreensão, requisitando, se necessário, força policial, sem prejuízo da responsabilidade por crime de desobediência, pagamento de multa e outras medidas indutivas, coercitivas, mandamentais ou sub-rogatórias necessárias para assegurar a efetivação da decisão".

Assim, com a vigência do CPC/2015, fica superado o enunciado 372 da súmula do STJ[5], que vedava a imposição de multa para exibição de documento. Esse é, aliás, o entendimento externado pelo Fórum Permanente de Processualistas Civis, no seu enunciado 54: "Fica superado o enunciado 372 da súmula do STJ ('*Na ação de exibição de documentos, não cabe a aplicação de multa cominatória*') após a entrada em vigor do CPC, pela expressa possibilidade de fixação de multa de natureza coercitiva na ação de exibição de documento".

4.3. Obrigação de pagar quantia certa

O cumprimento de sentença que certifica obrigação de pagar quantia certa, provisório ou definitivo, dá-se por **requerimento do credor**, nos termos dos arts. 513, § 1º, e 523, *caput*, do CPC. Não se admite, portanto, que a execução se inicie de ofício, por determinação do juiz. Nesse sentido, a Corte Especial do Superior Tribunal de Justiça, ainda sob a égide do CPC/1973, assentou: "o cumprimento da sentença não se efetiva de forma automática, ou seja, logo após o trânsito em julgado da decisão. [...] cabe ao credor o exercício de atos para o regular cumprimento da decisão condenatória, especialmente requerer ao juízo que dê ciência ao devedor sobre o montante apurado, consoante memória de cálculo discriminada e atualizada" (STJ. REsp 940.274/MS. DJe 31.05.10).

O requerimento do exequente deve ser instruído com demonstrativo discriminado e atualizado do crédito[6], devendo a petição conter: a) o nome completo e o número de inscrição no Cadastro de Pessoas Físicas ou no Cadastro Nacional da Pessoa Jurídica do exequente e do executado; b) o índice de correção monetária adotado; c) os juros aplicados e as respectivas taxas; d) os termos inicial e final dos juros e da correção monetária utilizados; e) a periodicidade da capitalização dos juros, se for o caso; f) a especificação dos eventuais descontos obrigatórios realizados; g) a indicação dos bens passíveis de penhora, sempre que possível. Além disso, se a decisão exequenda disser respeito à relação jurídica sujeita a termo ou a condição, o credor deverá demonstrar a realização da condição ou a ocorrência do termo (art. 514, CPC).

Caso o juiz detecte que o valor apontado pelo exequente excede os limites da condenação, a execução será iniciada pelo valor pretendido, mas eventual penhora terá por base a importância que o juiz entender adequada. Para verificar tal valor, o juiz pode valer-se do contador do juízo, o qual terá 30 dias para elaborar os cálculos, salvo se outro prazo lhe for assinado.

5. "Na ação de exibição de documentos, não cabe a aplicação de multa cominatória".
6. Sendo a parte beneficiária da gratuidade judiciária, o magistrado pode determinar que os cálculos sejam feitos pelo contabilista do juízo (STJ. REsp 1.274.466/SC. DJe 21.05.14).

Se a elaboração da memória discriminada de cálculos depender de dados em poder do devedor ou de terceiro, o juiz poderá requisitá-los. Se a complementação do demonstrativo depender de dados adicionais em poder do executado, o juiz também poderá requisitá-los, fixando prazo de até 30 dias para cumprimento da diligência. Caso as informações adicionais não sejam prestadas pelo devedor no prazo assinado, reputar-se-ão corretos os cálculos do credor feitos com base nos dados disponíveis.

IMPORTANTE! O fato de a parte beneficiada pelo título executivo não requerer a execução do que lhe cabe não impossibilita o seu advogado de executar o crédito que lhe é devido a título de honorários advocatícios. Esse entendimento já foi assentado pelo STJ: "É consabido que a opção manifestada por alguns autores da ação de conhecimento de não executar créditos relativos ao título que ampara a execução não obsta que seus respectivos patronos executem os créditos referentes a honorários advocatícios advindos da sentença exequenda (art. 24, § 1º, da Lei nº 8.906/94 – EOAB)" (STJ. REsp 1.209.577/RJ. DJe 16.12.10).

O executado será, então, intimado para cumprir a sentença: a) pelo Diário da Justiça, na pessoa do seu advogado constituído nos autos; b) por carta com aviso de recebimento, quando representado pela Defensoria Pública ou quando não tiver procurador constituído nos autos; c) por meio eletrônico, quando, nos casos do art. 246, § 1º, do CPC, não tiver advogado constituído nos autos; d) por edital, quando assim tiver sido citado e tiver sido revel na fase de conhecimento. Nas hipóteses "b" e "c", presume-se realizada a intimação, se o executado tiver mudado de endereço sem comunicar ao juízo, nos termos do art. 274, parágrafo único, do CPC. Se o requerimento for formulado mais de um ano após o trânsito em julgado da decisão, a intimação será obrigatoriamente pessoal, por meio de carta com aviso de recepção.

Intimado, o executado terá o prazo de **15 dias** para pagar espontaneamente o débito, acrescido das custas, se houver (art. 523, *caput*). Tal prazo é contado em **dias úteis** (STJ. REsp 1.708.348/RJ. DJe 01.08.19. Inf. 652). Transcorrido o prazo legal sem pagamento voluntário, o débito será automaticamente acrescido de **multa de 10%** e de **honorários advocatícios de 10%**, ambos incidentes sobre o valor da execução (art. 523, § 1º). Tais encargos somente incidem após o desatendimento do executado à intimação para adimplemento espontâneo, nunca antes disso, conforme entendimento delineado pela Corte Especial do STJ, em recurso repetitivo, ainda na vigência do CPC/1973 (STJ. REsp 1.262.933/RJ. DJe 20.08.13). Caso o devedor, no prazo legal, pague apenas parte do valor da condenação, a multa e os honorários incidirão somente sobre o restante (art. 523, § 2º).

IMPORTANTE! Se a parte executada estiver assistida pela Defensoria Pública, o prazo para cumprimento espontâneo da obrigação deve ser contado em dobro (STJ. REsp 1.261.856/DF. DJe 29.11.16. Inf. 594). Igualmente, o prazo comum para cumprimento voluntário de sentença deverá ser computado em dobro no caso de litisconsortes com procuradores distintos, em autos físicos (STJ. REsp 1.693.784/DF. DJe 05.02.18. Inf. 619).

> Nos juizados especiais cíveis, a incidência da multa de 10% pelo não cumprimento espontâneo da sentença pode fazer com que o valor da execução supere o valor de alçada, sem que isso acarrete a incompetência do juizado para executado o seu julgado (STJ. Rcl 7.861/SP. DJe 06.03.14).

Não efetuado o pagamento espontâneo tempestivamente, será expedido mandado de penhora e avaliação, seguindo-se os atos de expropriação, conforme os artigos 831 e seguintes do Código de Processo Civil, os quais serão estudados em capítulo próprio.

Segundo o art. 526 do CPC, é dado ao réu, antes mesmo de intimado para cumprir a sentença, comparecer em juízo e oferecer em pagamento o valor que entender devido, apresentando memória de cálculo discriminada. Nessa hipótese, o autor será intimado, para, em 05 dias, impugnar o valor depositado, podendo, desde já, levantar (sacar) a parcela incontroversa. Entendendo o juiz pela insuficiência do depósito, incidirão a multa de 10% e honorários advocatícios sobre a parte faltante, seguindo-se a execução sobre tal valor. Por outro lado, se o autor não apresentar oposição, o juiz declarará satisfeita a obrigação e extinguirá o processo.

Por fim, destaque-se que a pretensão executiva submete-se ao mesmo prazo prescricional da pretensão condenatória, conforme dispõe o enunciado 150 da súmula do STF: "Prescreve a execução no mesmo prazo de prescrição da ação". Portanto, o credor deve dar início ao cumprimento de sentença levando em consideração o prazo prescricional pertinente, cuja contagem se inicia com o trânsito em julgado da decisão a ser executada, nos termos do art. 202, parágrafo único, do Código Civil (STJ. AgRg no REsp 1.411.438/RJ. DJe 25.03.15).

5. CUMPRIMENTO PROVISÓRIO

É provisório o cumprimento de sentença fundado em **título executivo judicial provisório**, porque pendente o trânsito em julgado. Tal só poderá ocorrer quando a decisão a ser executada tiver eficácia imediata, isto é, quando for impugnada por **recurso sem efeito suspensivo**. Se o recurso interposto contra a decisão tiver efeito suspensivo *ope legis* ou lhe for atribuído *ope judicis*, fica inviabilizado o cumprimento provisório. Assim, por exemplo, pode ser executada provisoriamente a sentença que confirma tutela provisória (art. 1.012, § 1º, V, do CPC), salvo se concedido efeito suspensivo à apelação pelo relator (art. 1.012, § 3º).

Só é possível o cumprimento provisório fundado em **título executivo judicial**, nunca em título extrajudicial. É que este último, naturalmente, será sempre marcado pela definitividade, não obstante seja passível de impugnação por meio de embargos à execução. O título executivo extrajudicial, embora possa ser desconstituído judicialmente, não está sujeito a trânsito em julgado, sendo dotado de eficácia imediata, independentemente de homologação pelo Poder Judiciário. Por isso mesmo, o STJ editou o enunciado 317 da sua súmula de jurisprudência: "É definitiva a execução fundada em título extrajudicial, ainda que pendente apelação contra sentença que julgue improcedentes os embargos".

A sentença arbitral, a sentença penal condenatória transitada em julgado e a sentença estrangeira homologada pelo STJ, por não mais comportarem impugnação mediante recurso, não poderão ser executadas provisoriamente, mas apenas definitivamente.

No cumprimento provisório de sentença, devem ser observadas as seguintes regras:

a) a execução correrá por **iniciativa e responsabilidade do exequente**, que se obriga, caso a sentença seja reformada ou anulada, a reparar os danos que o executado houver sofrido[7];

7. "O ressarcimento dos prejuízos advindos com o deferimento da tutela provisória posteriormente revogada por sentença que extingue o processo sem resolução de mérito, sempre que possível, deverá ser liquidado nos próprios autos" (STJ. REsp 1.770.124/SP. DJe 24.05.19. Inf. 649).

b) o cumprimento provisório ficará sem efeito, sobrevindo decisão que modifique ou anule a sentença objeto da execução, restituindo-se as partes ao estado anterior, liquidando-se eventuais prejuízos nos mesmos autos. Se a sentença provisória for modificada ou anulada apenas em parte, somente nesta ficará sem efeito a execução;

A restituição ao *status quo ante* não implica o desfazimento da transferência de posse ou da alienação de propriedade ou de outro direito real eventualmente já realizado. Nesses casos, o executado fará jus a uma indenização pelos prejuízos suportados, a ser paga pelo exequente.

c) o levantamento de depósito em dinheiro e a prática de atos que importem alienação transferência de posse ou de propriedade ou de outro direito real ou dos quais possa resultar grave dano ao executado dependerão de **caução** suficiente e idônea, arbitrada de plano pelo juiz e prestada nos próprios autos pelo exequente ou por terceiro em seu favor.

A caução (contracautela), todavia, poderá ser dispensada quando:

a) o crédito for de natureza alimentar, independentemente da sua origem;

b) o credor demonstrar situação de necessidade;

c) o recurso pendente for o agravo fundado no art. 1.042 do CPC;

d) a sentença a ser provisoriamente cumprida estiver em consonância com enunciado da súmula do STF ou do STJ ou em conformidade com acórdão proferido no julgamento de incidente de resolução de demandas repetitivas ou de recurso extraordinário ou especial repetitivo.

Tais requisitos são **alternativos**, e não cumulativos, como ocorria na vigência do art. 475-O, § 2º, do CPC/1973. A contracautela pode ser dispensada, ainda, mediante negócio processual firmado entre as partes (enunciado 262 do FPPC), tendo em vista que se trata de garantia estabelecida em favor do executado, que pode dela abrir mão.

Nos casos de dispensa por parte do juiz, ele poderá manter a exigência de caução, se a isenção puder causar manifesto risco de grave dano de difícil ou incerta reparação ao executado (art. 521, parágrafo único, do CPC).

O cumprimento provisório de sentença deve ser requerido pelo exequente, processando-se em **autos apartados**, tendo em vista a remessa dos autos principais ao tribunal, para análise do recurso interposto. Nada impede, porém, que a execução se dê nos próprios autos, caso estes estejam no juízo de primeira instância. É o que ocorre, por exemplo, com a decisão interlocutória que concede tutela provisória, que é cumprida nos próprios autos (até porque eventual recurso de agravo de instrumento é dirigido diretamente ao tribunal).

Se os autos não forem eletrônicos, o pedido deverá ser instruído com cópias das seguintes peças, cuja autenticidade poderá ser certificada pelo próprio advogado, sob sua responsabilidade pessoal (arts. 425, IV, e 522, parágrafo único, do CPC):

a) decisão exequenda;

b) certidão de interposição do recurso não dotado de efeito suspensivo;

c) procurações outorgadas pelas partes;

d) decisão de habilitação, se for o caso;

e) outras peças processuais consideradas necessárias para demonstrar a existência do crédito.

O executado poderá, se quiser, apresentar impugnação ao cumprimento de sentença, conforme dispõe o art. 520, § 1º, do CPC.

Na vigência do CPC/1973, o Superior Tribunal de Justiça assentou que a multa de 10% prevista no art. 475-J não era aplicável à execução provisória (STJ. REsp 1.059.478/RS. DJe 11.04.11). O principal fundamento adotado pela Corte era o de que o pagamento voluntário pelo executado, visando a isentar-se da multa, representaria comportamento incompatível com o interesse de recorrer, o que, a teor do art. 503 do CPC/1973[8], acarretaria a prejudicialidade do recurso interposto contra a decisão exequenda. Isto é, se a multa fosse cabível, o executado estaria obrigado a escolher entre ter seu recurso conhecido, mas pagar multa, ou isentar-se da multa, mas ter seu recurso inadmitido. Todavia, sob a égide do CPC/2015, é aplicável ao cumprimento provisório de sentença a multa de 10% prevista no art. 523, § 1º, por expressa disposição do art. 520, § 2º. Isso, porque o § 3º do mesmo artigo prevê, de forma inequívoca, a inexistência de incompatibilidade entre o depósito voluntário e o recurso interposto, representando, assim, exceção à regra prevista no art. 1.000 do CPC/2015[9] (correspondente ao art. 503 do CPC/1973)[10]. Por isso, não há mais dúvida quanto à aplicabilidade da multa à execução provisória.

Sobrevindo o trânsito em julgado da decisão exequenda ou de posterior decisão que a confirme, a execução provisória converter-se-á em definitiva (STJ. AgRg no REsp 1.218.827/PR. DJe 18.03.11).

No mais, aplicam-se ao cumprimento provisório de sentença, subsidiariamente, as disposições relativas ao cumprimento definitivo (art. 527, CPC) e à execução fundada em título executivo extrajudicial (art. 513).

6. IMPUGNAÇÃO AO CUMPRIMENTO DE SENTENÇA

Escoado o prazo para pagamento espontâneo previsto no art. 523 do CPC, inicia-se o prazo de **15 dias** para que o executado apresente, **nos próprios autos**, impugnação ao cumprimento de sentença. O prazo em questão flui automaticamente, a partir do fim do prazo quinzenal para adimplemento voluntário, **independentemente de penhora ou de nova intimação**, por expressa disposição do art. 525 do CPC/2015.

Fica, pois, superado o entendimento do Superior Tribunal de Justiça firmado na vigência do CPC/1973 (que já vinha sendo criticado até a 7ª edição deste livro), segundo o qual o

8. Art. 503. A parte, que aceitar expressa ou tacitamente a sentença ou a decisão, não poderá recorrer. Parágrafo único. Considera-se aceitação tácita a prática, sem reserva alguma, de um ato incompatível com a vontade de recorrer.
9. Art. 1.000. A parte que aceitar expressa ou tacitamente a decisão não poderá recorrer. Parágrafo único. Considera-se aceitação tácita a prática, sem nenhuma reserva, de ato incompatível com a vontade de recorrer.
10. Da mesma forma, o STJ considera que a apresentação de defesa pelo executado não representa ato incompatível com o direito de recorrer (STJ. REsp 1.655.655/SP. DJe 01.07.19. Inf. 651).

prazo para oferecimento de impugnação somente começaria a correr a partir da intimação do devedor sobre a penhora realizada (STJ. REsp 1.455.937/SP. DJe 09.11.15). A garantia da execução não é mais requisito de admissibilidade da impugnação, mas apenas condição necessária à concessão de efeito suspensivo à defesa, como se verá mais à frente.

Em razão dessa mudança, o STJ enfrentou questão de direito intertemporal e decidiu que "após a entrada em vigor do CPC/2015, o juiz deve intimar o executado para apresentar impugnação ao cumprimento de sentença, caso tenha transcorrido o prazo para cumprimento espontâneo da obrigação na vigência do CPC/1973" (STJ. REsp 1.833.935/RJ. DJe 11.05.2020. Inf. 671). O Tribunal adotou, assim, o entendimento consolidado no enunciado 530 do FPPC: "Após a entrada em vigor do CPC-2015, o juiz deve intimar o executado para apresentar impugnação ao cumprimento de sentença, em quinze dias, ainda que sem depósito, penhora ou caução, caso tenha transcorrido o prazo para cumprimento espontâneo da obrigação na vigência do CPC-1973 e não tenha àquele tempo garantido o juízo".

IMPORTANTE! Se o executado, no prazo previsto no art. 523 do CPC, efetua o depósito do valor da condenação, para fins de garantir a execução, visando a requerer a atribuição de efeito suspensivo à sua futura impugnação ao cumprimento de sentença, o prazo para apresentação da defesa começa a correr a partir da data em que foi realizado o depósito (STJ. AgRg no AREsp 602.372/RS. DJe 05.08.15).

Vale ressaltar, no entanto, que, se o executado, após o depósito em garantia, deixa de apresentar defesa, não se aplicam a multa e os honorários de 10% cada, ante a falta de resistência à execução (STJ. REsp 1.834.337/SP. DJe 05.12.19).

Antes de analisar, uma a uma, as matérias suscitáveis de apresentação em impugnação ao cumprimento de sentença, deve-se destacar que esta defesa não é exclusiva da execução fundada em título judicial que reconhece obrigação de pagar quantia. Conforme determina o art. 536, § 4º, do CPC, cabe impugnação ao cumprimento de sentença que certifica obrigação de fazer ou de não fazer, bem como de entregar coisa distinta de dinheiro, por força do art. 538, § 3º. E não haveria de ser diferente, porquanto se trata de manifestação da garantia constitucional do contraditório. A única diferença é que, nesses casos, as matérias de defesa são mais restritas (por exemplo: não cabe alegação de penhora incorreta na execução de obrigação de fazer, de não fazer ou de dar coisa distinta de dinheiro).

A impugnação poderá versar, isolada ou cumulativamente, sobre as seguintes matérias:

a) **Falta ou nulidade da citação, se, na fase de conhecimento, o processo correu à revelia:**

A falta ou nulidade de citação alegada na impugnação ao cumprimento de sentença tem que coexistir à revelia (não só pela falta de apresentação de resistência, mas também pelo não comparecimento do executado até a fase de cumprimento de sentença). Se o réu, embora não citado na fase de conhecimento, não foi revel, porque compareceu espontaneamente, essa matéria de defesa não pode ser arguida em sede de impugnação.

Esta hipótese também não pode ser invocada se o título executivo consistir em sentença homologatória de acordo, pois, para a sua constituição, é desnecessária a citação.

O reconhecimento da falta ou nulidade de citação, em regra, não significa necessária extinção do processo, a não ser que o seu reconhecimento (da falta ou nulidade de citação) esteja acompanhado da decretação de prescrição da pretensão condenatória ou de decadência do direito potestativo. No mais das vezes, apenas extingue a execução, que, depois, caso reconhecida obrigação, pode ser novamente iniciada pelo interessado.

A falta ou nulidade de citação pode ser suscitada, inclusive quando passada a oportunidade para apresentar impugnação ao cumprimento de sentença, por meio de *querela nullitatis*. A sentença de procedência proferida nesta ação declarará a falta ou a nulidade de citação na ação originária e, por conseguinte, decretará a nulidade de todos os atos do processo posteriores ao momento em que deveria ter sido realizada a citação.

b) **Ilegitimidade das partes**:

É possível arguir a ilegitimidade ativa ou passiva para a execução. Naturalmente, se a alegação de ilegitimidade disser respeito à ação de conhecimento, restará apanhada pela eficácia preclusiva da coisa julgada (art. 508, CPC). Isto é, a ilegitimidade que poderia ter sido suscitada na fase cognitiva não poderá mais ser alegada na fase de execução.

O cumprimento de sentença não poderá ser promovido contra o fiador, o coobrigado ou o corresponsável que não tiver participado da fase de conhecimento (art. 513, § 5º, do CPC). Nesse sentido, prescreve o enunciado 268 da súmula do STJ: "o fiador que não integrou a relação processual na ação de despejo não responde pela execução do julgado".

c) **Inexequibilidade do título ou inexigibilidade da obrigação**:

Não é exequível o título destituído de certeza, de liquidez e de exigibilidade. Assim, por exemplo, não são exequíveis: a) a decisão que reconheceu obrigação ilíquida, mas que não foi submetida à liquidação de sentença, por falta do atributo da liquidez; b) a decisão que decide relação jurídica sujeita a termo ou a condição, se ainda não implementados, por faltar-lhe exigibilidade.

Considera-se inexequível o título executivo judicial fundado em lei ou ato normativo declarado inconstitucional pelo Supremo Tribunal Federal ou fundado em aplicação ou interpretação da lei ou ato normativo tido pelo Supremo Tribunal Federal como incompatível com a Constituição Federal, em controle de constitucionalidade concentrado ou difuso.

É necessário, em suma, que a inconstitucionalidade tenha sido reconhecida pelo STF, mediante: a) declaração de inconstitucionalidade com redução de texto; b) declaração de inconstitucionalidade parcial sem redução de texto; ou c) interpretação conforme a Constituição (STJ. REsp 826.494/SP. DJe 30.06.06).

Para que a parte executada possa suscitar tal questão em sede de impugnação, a decisão do STF deve ser **anterior ao trânsito em julgado** da decisão exequenda (art. 525, § 14, do CPC), ou seja, é preciso que o título executivo judicial contenha um vício na sua formação. Sendo o pronunciamento do STF posterior, mesmo que tenha eficácia *ex tunc*, não é possível, em impugnação ao cumprimento de sentença, desconstituir o título judicial, salvo por meio de ação rescisória (STF. RE 594.350 AgR/RS. DJe 22.11.12). Nesse caso, o prazo decadencial para intentar a ação rescisória será contado do trânsito em julgado da decisão proferida pelo STF, a teor do que prescreve o art. 525, § 15, do CPC.

É possível que o STF, ao apreciar a constitucionalidade de determinada lei ou ato normativo, module os efeitos da sua decisão, em atenção à segurança jurídica (art. 525, § 13). Nesses casos, pode ocorrer, por exemplo, de a eficácia da decisão recair somente sobre situações jurídicas formadas posteriormente à declaração de inconstitucionalidade ou, ainda, ficar sujeita a termo (evento futuro e certo) fixado artificialmente pela Corte. Assim, mesmo sendo a decisão do STF anterior ao trânsito em julgado da decisão exequenda, não será possível ao executado, em sede de impugnação, suscitar a incompatibilidade do título executivo judicial com o pronunciamento do STF, se se tratar de situação consolidada antes do termo definido pelo Tribunal.

Tendo a decisão do STF sido proferida em controle difuso de constitucionalidade, não é necessária, para fins do art. 525, III, do CPC, a suspensão do ato normativo pelo Senado Federal, como exige o art. 52, X, da Constituição (STJ. REsp 833.769/SC. DJ 03.08.06). Isso, porque, conforme o art. 927, III, do CPC, os precedentes exarados em recursos extraordinários repetitivos têm força vinculante perante os demais órgãos jurisdicionais (STF. Rcl 17.914 AgR/MS. DJe 04.09.14).

d) **Penhora incorreta ou avaliação errônea**:

Esta hipótese é típica das impugnações apresentadas contra pedido de cumprimento de sentença que contemple obrigação de pagar quantia. Excepcionalmente, com relação à avaliação, pode servir às obrigações de entregar coisa incerta. Tem-se como incorreta a penhora se recair sobre bem impenhorável, ou quando contraria a ordem legal de preferência (art. 835, CPC). Por outro lado, a avaliação errônea é aquela que aponta valor divergente daquele usualmente praticado no mercado. Ela só será impugnada em cumprimento de sentença se o bem for avaliado a menor. Se avaliado em valor superior ao de mercado, não há, evidentemente, interesse do devedor em impugnar.

Como a impugnação ao cumprimento da sentença não depende de garantia da execução, ela pode ser apresentada antes de realizadas a penhora e a avaliação. Assim, se, depois de oferecida a impugnação, vier a ser formalizada a penhora e avaliação sobre bem do executado, este poderá, nos termos do art. 525, § 11, do CPC, manifestar-se, por simples petição, no prazo de 15 dias, contados da intimação do ato. O mesmo deve ocorrer nos casos de substituição do bem penhorado a pedido do credor ou de reforço de penhora (STJ. AgRg no REsp 1.468.305/PR. DJe 12.02.15).

e) **Excesso de execução ou cumulação indevida de execuções**:

Há excesso de execução, segundo o art. 917, § 2º, do CPC, quando: a) o exequente pleiteia quantia superior à do título; b) ela recai sobre coisa diversa daquela declarada no título; c) ela se processa de modo diferente do que foi determinado no título; d) o exequente, sem cumprir a prestação que lhe corresponde, exige o adimplemento da prestação do executado; e) o exequente não prova que a condição se realizou.

Quando se tratar de obrigação de pagar quantia, o impugnante tem o ônus de declarar, de imediato, o valor que entende correto, apresentando demonstrativo discriminado e atualizado de seu cálculo, sob pena de rejeição liminar da impugnação. Todavia, caso a impugnação tenha outro fundamento além do excesso de execução, ela será processada, mas o juiz não examinará tal alegação.

Questão de Concurso

▶ **(Vunesp – Juiz de Direito – TJ SP/2017)**[11] Na impugnação ao cumprimento de sentença,

a) poderá, ainda que já tenha se operado o trânsito em julgado da sentença, ser alegada inexigibilidade da obrigação reconhecida no título, se ele estiver fundado em lei ou ato normativo considerado inconstitucional pelo Supremo Tribunal Federal, ou fundado em aplicação ou interpretação da lei ou do ato normativo, tido pelo Supremo Tribunal Federal como incompatível com a Constituição Federal, em controle de constitucionalidade concentrado ou difuso.

b) o prazo para a apresentação não será contado em dobro, mesmo que, sendo físicos os autos, haja litis – consortes com procuradores diferentes, de escritórios de advocacia distintos.

c) quando se alegar excesso de execução, é ônus da parte, sob pena de não ser conhecida a alegação, indicar desde logo o valor que entenda correto, mediante demonstrativo, ainda que entenda que a apuração dependa de prova pericial.

d) a respectiva apresentação impedirá a penhora, sua substituição, reforço ou redução, se concedido efeito suspensivo pelo juiz.

Se o executado for beneficiário da gratuidade judiciária, fica dispensado de tal ônus, já que os cálculos serão feitos pelo contabilista do juízo. Entretanto, é preciso que, na sua defesa, o executado aponte, ainda que genericamente, os erros que supostamente acometem a memória de cálculo apresentada pelo credor. Por exemplo: deve o devedor indicar que a taxa de juros aplicada pelo exequente é distinta da prevista no título, sem, todavia, precisar mencionar o valor correto.

Reconhecido o excesso de execução por decisão judicial com trânsito em julgado, deve o exequente, intimado na pessoa do seu procurador, (ajustar o valor da execução ou) devolver a parcela declarada indevida, dispensada a propositura de nova ação (STJ. REsp 1.090.635/PR. DJ 02.12.08). Recusando-se o exequente a restituir o valor recebido a maior, deve-se instaurar novo procedimento de cumprimento de sentença, nos mesmos autos, procedendo-se à sua intimação, agora na qualidade de executado, para pagar, no prazo de 15 dias, sob pena de multa de 10% (STJ. REsp 1.104.711/PR. DJe 17.09.10).

Cogita-se, ainda, a possibilidade de a sentença que reconheça obrigação de pagar quantia ser cumprida apenas em parte, sobrevindo, posteriormente, a apresentação de novos cálculos para execução do saldo remanescente. Caso isso ocorra, entende o STJ que deverá ser concedida ao executado nova oportunidade para impugnação (STJ. REsp 1.265.894/RS. DJe 11.06.13).

Por seu turno, há cumulação indevida de execuções, a teor do art. 780 do CPC, quando: a) as pretensões executivas fundarem-se em títulos distintos, se o devedor não for o mesmo; b) o juízo não for competente para processar todas as execuções; c) não for idêntico o procedimento de cada uma das execuções. A propósito, vale lembrar o teor do enunciado 289 do Fórum Permanente de Processualistas Civis: "Se houver conexão entre pedidos cumulados, a incompetência relativa não impedirá a cumulação, em razão da modificação legal da competência".

f) **Incompetência absoluta ou relativa do juízo:**

Pode o executado sustentar, em impugnação, a incompetência relativa ou absoluta do juízo da execução, levando em consideração as disposições do art. 516 do Código de Processo

11. Gabarito: Letra C.

Civil. No caso do reconhecimento da incompetência absoluta ou relativa, não há anulação automática dos atos decisórios e executivos praticados pelo juízo incompetente, mas sim o seu aproveitamento, exceto se o juízo competente proferir decisão em sentido contrário (art. 64, § 4º, do CPC).

g) **Qualquer causa modificativa ou extintiva da obrigação, como pagamento, novação, compensação, transação ou prescrição[12], desde que supervenientes à sentença:**

Se a causa modificativa, extintiva ou impeditiva do direito do exequente consumou-se antes do trânsito em julgado da decisão exequenda, não pode mais ser suscitada na fase de cumprimento de sentença, em razão da eficácia preclusiva da coisa julgada (art. 508, CPC).

> **IMPORTANTE!** Antes da Lei nº 11.232/2005, permitia-se a "compensação com execução aparelhada" (ou seja, execução proposta). Pela redação do CPC/2015, consta apenas a possibilidade de "compensação". Significa dizer que, entendendo o juiz idôneo e compensável o crédito do executado, poderá ser feito o abatimento, independentemente da existência de execução "aparelhada". Para tanto, basta que, além da reciprocidade crédito/débito entre as partes, ambas as obrigações sejam líquidas, vencidas e de coisas fungíveis, nos termos do art. 369 do Código Civil.

h) **Qualquer causa de nulidade da sentença arbitral:**

A teor do art. 33, § 3º, da Lei nº 9.307/1996, a nulidade da sentença arbitral pode ser decretada em sede de impugnação ao cumprimento de sentença. A decisão arbitral é nula, segundo o art. 32 da Lei de Arbitragem, se: a) for nula a convenção de arbitragem; b) emanou de quem não podia ser árbitro; c) não contiver relatório, fundamentação e dispositivo, além da data e do lugar em que proferida; d) for proferida fora dos limites da convenção de arbitragem; e) comprovado que foi proferida por prevaricação, concussão ou corrupção passiva; f) proferida fora do prazo; g) forem desrespeitados os princípios do contraditório, da igualdade entre as partes, da imparcialidade do árbitro e do livre convencimento.

O impedimento e a suspeição devem ser arguidos na forma dos arts. 146 a 148, e não mediante impugnação ao cumprimento de sentença, conforme dispõe o art. 525, § 2º, do CPC. Isso, porque o incidente respectivo será julgado pelo tribunal.

Proposta a impugnação, é possível ao juiz indeferi-la liminarmente, quando intempestiva e/ou quando manifestamente protelatória, por força do art. 918, I e III, do CPC, aplicável subsidiariamente ao cumprimento de sentença (enunciado 545 do FPPC).

Não rejeitada liminarmente a impugnação, deverá o credor ser intimado para apresentar réplica à impugnação, em afirmação ao contraditório. Embora o CPC seja omisso nesse ponto, entende-se que o prazo para oferecimento da réplica pelo exequente deve ser de 15 dias, por dois motivos: a) é o mesmo prazo para apresentação da impugnação, significando isonomia entre as partes; b) é o prazo previsto para que o exequente, na execução fundada em título extrajudicial, impugne os embargos à execução, conforme o art. 920, I, do CPC, que deve ser aplicado subsidiariamente ao cumprimento de sentença, por força do art. 513 do CPC.

12. Enunciado 57 do FPPC: "A prescrição prevista nos arts. 525, § 1º, VII e 535, VI, é exclusivamente da pretensão executiva".

Depois de apresentada a impugnação pelo executado, é-lhe lícito suscitar questões relativas a fatos supervenientes, por meio de simples petição, no prazo de 15 dias, contados da comprovada ciência do fato ou da intimação do ato (art. 525, § 11).

O pronunciamento jurisdicional que rejeita a impugnação ao cumprimento de sentença constitui decisão interlocutória, sendo impugnável mediante **agravo de instrumento** (art. 1.015, parágrafo único, do CPC). O mesmo ocorre quando a impugnação é acolhida total ou parcialmente, por exemplo, para retificar o valor da execução ou para reconhecer a prescrição de parte da pretensão executória. Se a decisão acolher a impugnação, acarretando a extinção da execução, será o pronunciamento jurisdicional recorrível por meio de **apelação**, porquanto se tratará de sentença.

IMPORTANTE! Embora, na vigência do CPC/1973, o Superior Tribunal de Justiça tenha decidido que era aplicável ao cumprimento de sentença a moratória prevista no art. 745-A do CPC/1973 (STJ. AgRg no REsp 1.375.092/MG. DJe 09.10.15), o CPC/2015, no art. 916, § 7º, veda expressamente a aplicação do parcelamento ao procedimento de execução fundado em título executivo judicial.

Todas as questões relativas à validade da decisão e dos atos executivos subsequentes poderão ser arguidas pelo executado, nos próprios autos, por simples petição, a teor do art. 518 do CPC. Por se cuidar de matérias de ordem pública, não há prazo para sua arguição, podendo o executado suscitar tais questões antes de ser intimado para pagar espontaneamente ou mesmo após o julgamento da impugnação, desde que o ponto ventilado não tenha ainda sido decidido (hipótese em que haveria preclusão *pro judicato*). O que não se admite é que, depois de declarado o fim da execução por sentença (art. 924), o executado suscite questão de ordem pública, visando a invalidar o procedimento. Nesses casos, naturalmente, a questão não poderá ser mais analisada, em face da eficácia preclusiva da coisa julgada, que acoberta a decisão final da execução.

6.1. Efeito suspensivo

A impugnação **não tem efeito suspensivo**. No entanto, o juiz pode atribuir tal efeito à defesa, desde que o executado, cumulativamente: a) requeira-o expressamente; b) garanta a execução, mediante penhora, caução ou depósito suficientes; c) apresente fundamentos relevantes e demonstre que o prosseguimento da execução é suscetível de causar-lhe grave dano de difícil ou incerta reparação.

O efeito suspensivo pode ser total ou dizer respeito apenas à parte do objeto da execução, hipótese em que a execução prosseguirá quanto à parcela restante. Em qualquer caso, o efeito suspensivo não impede a efetivação dos atos de substituição, de reforço ou de redução de penhora e de avaliação de bens (art. 525, § 7º, do CPC).

Havendo litisconsórcio passivo, a atribuição de efeito suspensivo à impugnação apresentada por um dos executados não acarreta a suspensão em relação aos que não impugnaram a execução, se o fundamento disser respeito exclusivamente ao impugnante (art. 525, § 9º, do CPC). Assim, por exemplo, se ele alega ser parte ilegítima para figurar no polo passivo da execução, a eventual atribuição de efeito suspensivo somente lhe beneficiará; caso alegue, por outro lado, que o exequente pleiteia quantia superior à prevista no título executivo, a suspensão beneficia não só a ele, mas aos demais executados.

Mesmo deferida a atribuição de efeito suspensivo ao incidente de impugnação ao cumprimento de sentença, é lícito ao credor requerer a continuidade da execução, oferecendo e prestando, nos próprios autos, caução suficiente e idônea a ser arbitrada pelo juiz, para garantir sua pretensão (afastando, assim, o "risco" que justificara a atribuição de efeito suspensivo à defesa do executado).

Contra a decisão que atribui ou denega efeito suspensivo é interponível agravo de instrumento (art. 1.015, parágrafo único). Referida decisão pode ser revogada (no todo ou em parte) durante a tramitação processual, bastando, para tanto, que haja elemento novo a ponto de convencer o órgão jurisdicional competente do contrário.

7. HONORÁRIOS ADVOCATÍCIOS

Conforme os arts. 85, §§ 1º e 13, e 523, § 1º, do CPC, são devidos honorários sucumbenciais no cumprimento de sentença. É indiferente o fato de a execução ser impugnada ou não, desde que escoado o prazo para cumprimento voluntário da obrigação, quando haverá propriamente execução. Não haveria de ser diferente, porque o advogado deve ser remunerado pelo trabalho desempenhado na fase de execução, além do que a fixação de honorários serve de desestímulo à injustificada resistência da parte. Nesse sentido, o enunciado 517 da súmula do STJ dispõe que: "São devidos honorários advocatícios no cumprimento de sentença, haja ou não impugnação, depois de escoado o prazo para pagamento voluntário, que se inicia após a intimação do advogado da parte executada". Assim, extrapolado o prazo para pagamento voluntário, incidirão, de imediato, honorários de **10% sobre o valor da execução** (art. 523, § 1º, do CPC). Tal percentual não é passível de relativização (STJ. REsp 1.701.824/RJ. DJe 12.06.20. Inf. 673).

Havendo depósito espontâneo do valor da condenação dentro do prazo legal, sem apresentação de impugnação, não são devidos honorários advocatícios (STJ. AgRg no REsp 1.283.941/SC. DJe 01.02.16).

Oferecida impugnação ao cumprimento de sentença e sendo esta acolhida, ainda que parcialmente, devem ser fixados honorários sucumbenciais em favor do advogado do executado (AgRg no AREsp 129.735/MG. DJe 23.11.15). Por outro lado, rejeitada a defesa, o juiz pode **majorar** os honorários fixados inicialmente em favor patrono do exequente, **até o limite de 20%**, nos termos do art. 827, § 2º, do CPC, aplicável subsidiariamente ao cumprimento de sentença (enunciado 450 do FPPC). Tal majoração pode ocorrer ao fim do procedimento executivo, mesmo que não seja apresentada defesa pelo executado, levando-se em conta o trabalho realizado pelo causídico durante o cumprimento de sentença. Desse modo, resta superado o enunciado 519 da súmula do STJ, cujo teor é o seguinte: "Na hipótese de rejeição da impugnação ao cumprimento de sentença, não são cabíveis honorários advocatícios".

Também é cabível a fixação de honorários advocatícios também no cumprimento provisório de sentença, nos termos dos art. 85, § 1º, e 520, § 2º, do Código de Processo Civil. Assim, na vigência do CPC/2015, fica superado o entendimento do STJ de que só cabe arbitramento de honorários em execução provisória quando convertida em definitiva (STJ. REsp 1.291.736/PR. DJe 19.12.13).

Importante notar que, segundo o STJ, a prescrição intercorrente por ausência de localização de bens não retira o princípio da causalidade em desfavor do devedor nem atrai a sucumbência para o exequente (STJ. REsp 1.769.201/DF. DJe 20.0319. Inf. 646).

Por último, convém destacar que o STJ já decidiu que a multa de 10% prevista no § 1º do art. 523 do CPC não integra a base de cálculo dos honorários da fase de cumprimento de sentença (STJ. REsp 1.757.033/DF. DJe 15.10.18. Inf. 636).

8. PROTESTO DE DECISÃO JUDICIAL TRANSITADA EM JULGADO

Em se tratando de cumprimento definitivo de sentença, a decisão exequenda poderá ser levada a protesto, desde que já esgotado o prazo de 15 dias para pagamento voluntário (art. 517, CPC). Na verdade, qualquer título executivo judicial pode ser objeto de protesto, inclusive a sentença arbitral, pois não há qualquer razão para diferenciá-la dos demais títulos judiciais.

O exequente poderá realizar o protesto mediante apresentação de certidão de teor da decisão. Esta deverá ser fornecida pelo cartório da vara em que tramita o processo no prazo de 03 dias, contendo os nomes e as qualificações das partes, o número do processo, o valor da dívida e a data de decurso do prazo para pagamento espontâneo.

Se o executado intentar ação rescisória para impugnar a decisão exequenda, poderá requerer, a suas expensas e sob sua responsabilidade, a anotação da propositura da ação à margem do título protestado.

Consoante o art. 517, § 4º, do CPC, o executado poderá, comprovando a satisfação integral da obrigação, requerer ao juízo da execução o cancelamento do protesto, o qual será feito mediante envio de ofício ao cartório, no prazo de 3 dias contados da data do protocolo do requerimento. Evidentemente, qualquer hipótese de extinção da execução pode embasar o cancelamento do protesto, a exemplo da prescrição intercorrente (art. 924, V) e da renúncia ao crédito pelo exequente (art. 924, IV).

> Nada impede também que o juiz, a requerimento da parte, determine a inclusão do nome do executado em cadastros de inadimplentes, conforme dispõe o § 3º do art. 782 do Código de Processo Civil. A respectiva inscrição será cancelada imediatamente, se for efetuado o pagamento, se for garantida a execução ou se esta for extinta por qualquer outro motivo.

Questão de Concurso

▶ **(Cespe – Notários e Oficiais de Registro – Provimento – TJ – DFT/2019)**[13] A respeito dos efeitos e do cumprimento das sentenças, assinale a opção correta.

A) Sentença declaratória que reconheça a exigibilidade de obrigação de pagar não possuirá eficácia executiva diante da ausência de condenação.

B) Prolação de sentença sobre relação jurídica sujeita a condição ou termo não é admitida, pois isso impossibilitaria o cumprimento de sentença.

C) Decisão judicial transitada em julgado poderá ser levada a protesto após o prazo de quinze dias para pagamento voluntário.

13. Gabarito: Letra C.

D) Sentença que julgue improcedente pedido de declaração de inexistência de relação jurídica obrigacional entre demandante e demandado não possuirá eficácia executiva.

E) Execução de sentença arbitral estrangeira que reconheça obrigação de pagar não é admitida pelo ordenamento jurídico brasileiro.

9. OBRIGAÇÃO DE PRESTAR ALIMENTOS

Quando a decisão a ser executada certifica obrigação de prestar alimentos, o Código de Processo Civil impõe um rito especial, mais benéfico ao alimentando. A adoção desse procedimento, no entanto, é **facultativa**, cabendo ao exequente a escolha entre tal regramento e aquele previsto para o cumprimento de sentença que reconhece obrigação de pagar quantia (art. 523 e seguintes). Optando por este último, não será cabível a prisão civil do executado; porém, mesmo que seja atribuído efeito suspensivo à impugnação, poderá o exequente levantar mensalmente o valor da prestação, independentemente de caução (art. 528, § 8º).

Em se tratando de alimentos provisórios ou de alimentos fixados em sentença ainda não transitada em julgado, a execução processar-se-á em autos apartados; se transitada em julgado a sentença que fixa alimentos definitivos, o cumprimento dar-se-á nos próprios autos (art. 531, §§ 1º e 2º, do CPC).

A requerimento do exequente, o devedor será intimado, para, em 3 dias:

a) pagar o débito;

b) provar que o fez;

c) justificar a impossibilidade absoluta de efetuar o pagamento.

Nesta última hipótese, o alimentante deverá comprovar o seu estado de insuficiência de recursos (STJ. REsp 1.185.040/SP. DJe 09.11.15) ou poderá, ainda, demonstrar a ocorrência de outra hipótese de extinção da execução que não seja o pagamento, a exemplo da renúncia ao crédito pelo exequente (art. 924, IV).

Se o executado não tomar qualquer das atitudes previstas no art. 528, *caput*, do CPC, ou se sua justificativa não for aceita, o juiz, independentemente de requerimento, mandará **protestar a decisão judicial**, nos termos do art. 517.

Caso o executado seja funcionário público, militar, diretor ou gerente de empresa ou empregado sujeito à legislação trabalhista, o juiz, a requerimento do exequente, poderá determinar o **desconto em folha de pagamento** da importância da prestação alimentícia (art. 529, CPC). O juiz, então, oficiará à autoridade, à empresa ou ao empregador, determinando, sob pena de crime de desobediência, o desconto, a partir da primeira remuneração seguinte, a contar da data do protocolo do ofício. Este deverá conter:

a) os nomes do exequente e do executado;

b) os números de suas inscrições no CPF;

c) a importância a ser descontada mensalmente;

d) a duração dos descontos;

e) a conta em que deverá ser feito o depósito.

O Superior Tribunal de Justiça, sob a égide do CPC/1973, entendia que o desconto em folha somente servia ao adimplemento das prestações vincendas, e não das vencidas (STJ. RHC 21.490/RS. DJ 27.08.07). Todavia, o art. 529, § 3º, do CPC/2015 prevê expressamente a possibilidade de pagamento também das prestações alimentícias vencidas, desde que os descontos mensais respeitem o limite de **50% dos ganhos líquidos** do executado. Assim, por exemplo, se o valor da prestação alimentícia corresponde a 25% dos ganhos líquidos do alimentante, e havendo quatro parcelas em atraso, poderão ser descontados, mensalmente, 50% da remuneração do devedor, durante quatro meses, ao fim dos quais o desconto passará a ser de 25%.

Isso não significa que o art. 529, § 3º, do CPC impõe um limite material ao valor dos alimentos, isto é, não quer dizer que os alimentos não podem ser fixados em mais de 50% do valor da remuneração do alimentante. O dispositivo apenas veda a utilização de um meio executivo específico (desconto em folha de pagamento) para adimplemento da quantia excedente a 50% dos ganhos líquidos do alimentante. Nada impede que o valor que ultrapassar tal limite seja executado por meio de expropriação (art. 831 e seguintes) ou, ainda, que o exequente opte pelo rito do art. 523 do CPC. Assim, por exemplo, se a prestação alimentícia corresponder a 60% dos ganhos líquidos do devedor, 50% poderão ser adimplidos por desconto em folha de pagamento, e os 10% restantes, por meio de penhora e expropriação do patrimônio do executado.

> Entretanto, deve-se considerar que, se o executado não possui patrimônio, ficando sua subsistência à mercê exclusiva de sua remuneração, o juiz não deve fixar alimentos em percentual superior a 50%, e, se, já fixados, não houver como pagar por completo os alimentos, deve ser acolhida eventual justificação que venha a ser apresentada.

IMPORTANTE! É possível, em sede de execução de alimentos, a dedução na pensão alimentícia fixada exclusivamente em pecúnia das despesas pagas "*in natura*", com o consentimento do credor, referentes a aluguel, condomínio e IPTU do imóvel onde residia o exequente (STJ. REsp 1.501.992/RJ. DJe 20.04.18. Inf. 624).

Frustrado o adimplemento por meio de desconto em folha, poderá o juiz decretar a **prisão civil** do executado (art. 528, § 3º, do CPC). Tal medida coercitiva somente deve ser adotada a requerimento do exequente, jamais de ofício (STJ. HC 128.229/SP. DJe 06.05.09). É que, na maioria das vezes, a obrigação de prestar alimentos decorre de relação familiar (art. 1.694 do CC/2002), podendo não ser de interesse do alimentando que o alimentante seja preso. Por isso, é necessário, para se decretar a prisão civil, que tal providência tenha sido pleiteada pelo exequente.

O débito alimentar que autoriza a prisão é o que compreende as 03 prestações vencidas imediatamente antes do ajuizamento da execução e as que se vencerem no curso do processo, conforme dispõe o art. 528, § 7º, do Código de Processo Civil. Aliás, esse já era o entendimento Superior Tribunal de Justiça na vigência do CPC/1973, consolidado no enunciado 309 da sua súmula: "O débito alimentar que autoriza a prisão civil do alimentante é o que compreende as três prestações anteriores ao ajuizamento da execução e as que vencerem no curso do processo". Tal disposição visa a proteger o executado contra a demora do exequente em pleitear o pagamento dos alimentos. É que, se toda prestação alimentícia ensejasse a prisão civil, o alimentando poderia aguardar durante muitos meses, para, só então, executar o seu crédito, forçando o devedor a pagar todo o montante de uma vez, a fim de evitar sua prisão.

> **IMPORTANTE!** Não cabe prisão para compelir o devedor a pagar honorários advocatícios, apesar da sua natureza alimentar (STJ. HC 224.769/DF. DJe 17.02.12), bem como nos casos de alimentos de caráter indenizatório decorrentes de ato ilícito (STJ. HC 523.357/MG. DJe 16.10.20. Inf. 681).

A prisão poderá ser decretada pelo prazo de **1 a 3 meses**. Nada obstante o art. 19 da Lei nº 5.478/1968 preveja o prazo máximo de 60 dias, tal dispositivo foi revogado tacitamente pelo art. 733, § 1º, do CPC/1973, que previa o prazo de 1 a 3 meses e cujo teor corresponde, em parte, ao do art. 528, § 3º, do CPC/2015, que traz prazo idêntico. Assim, na vigência do CPC/2015, mantém-se o entendimento do STJ no sentido da aplicabilidade do prazo de 1 a 3 meses à prisão civil do alimentante (STJ. HC 151.017/MG. DJe 10.05.10).

A prisão deverá ser cumprida em **regime fechado**, ficando o executado separado dos presos comuns (art. 528, § 4º). No entanto, diante do risco de contágio pela Covid-19 e das medidas de combate à pandemia, o STJ entendeu ser cabível e recomendável o cumprimento da prisão civil por dívida alimentar em **prisão domiciliar** (STJ. HC 561.257/SP. DJe 08.05.20. Inf. 671).

O cumprimento da pena não exime o executado do pagamento das parcelas vencidas e vincendas. Por outro lado, se o alimentante pagar as prestações que motivaram a prisão (isto é, as três vencidas antes do ajuizamento da execução e aquelas vencidas durante o processo), o juiz suspenderá a ordem de prisão. Caso haja, ainda, parcelas vencidas anteriormente, a execução prosseguirá, mas apenas pelos demais meios executivos, sem a possibilidade de prisão.

Se, mesmo depois de cumprida a prisão, o executado não cumprir a obrigação, seguir-se-á o disposto nos artigos 831 e seguintes do Código de Processo Civil, por meio de expropriação de bens do alimentante.

A prisão só é cabível para compelir o devedor a pagar alimentos, se estes forem legítimos (art. 1.694 do Código Civil) ou voluntários. Em se tratando de **alimentos indenizativos**, fixados em razão de ato ilícito, é descabida a prisão civil (STJ. HC 182.228/SP. DJe 11.03.11). Na verdade, para esses casos, o CPC/2015 prevê um meio executivo específico: a **constituição de capital** cuja renda assegure o pagamento do valor mensal da pensão alimentícia.

De acordo com o art. 533 do CPC, em se tratando de alimentos decorrentes de ato ilícito, caberá ao executado, a requerimento do credor (ou seja, diferentemente do que ocorria sob a égide do CPC/1973, há necessidade de provocação do exequente), constituir capital, que pode consistir em imóveis ou direitos reais sobre imóveis suscetíveis de alienação, títulos da dívida pública ou aplicações financeiras em banco oficial.

O capital constituirá patrimônio de afetação e, enquanto perdurar a obrigação, será inalienável e, por conseguinte, impenhorável. Sobrevindo alteração nas condições econômicas (isto é, na necessidade do alimentando e/ou na possibilidade do alimentante, consoante o art. 1.694, § 1º, do CC/2002), as partes poderão requerer, conforme o caso, a redução ou o aumento da prestação, que poderá ser fixada tomando por base o salário mínimo[14-15].

> Consoante jurisprudência desta Corte, a constituição de capital destina-se a garantir o adimplemento da prestação de alimentos e não pode abranger outras parcelas da condenação (STJ. AgRg no REsp 1.161.303/RS. DJe 19.08.14).

A constituição de capital pode ser substituída:

a) pela inclusão do exequente em folha de pagamento de pessoa jurídica de notória capacidade econômica; ou

b) a requerimento do executado, por fiança bancária ou garantia real, em valor a ser arbitrado imediatamente pelo juiz.

Finda a obrigação de prestar alimentos, o juiz mandará liberar o capital, cessar o desconto em folha ou cancelar as garantias prestadas.

Se juiz, em qualquer momento da execução, verificar conduta procrastinatória por parte do alimentante, dará ciência ao Ministério Público, para que apure a prática do crime de abandono material (art. 244 do Código Penal).

10. OBRIGAÇÃO DE PAGAR QUANTIA CERTA PELA FAZENDA PÚBLICA

A execução por quantia certa fundada em título executivo judicial ou extrajudicial realiza-se por meio de penhora e expropriação dos bens do devedor. Contudo, quando a Fazenda Pública é a executada, tal sistemática não tem aplicação, na medida em que seus bens são inalienáveis (art. 100, CC/2002) e, por isso, impenhoráveis (art. 832, CPC/2015).

A Constituição, no seu art. 100, institui o regime de precatórios, pelo qual são adimplidas, em ordem cronológica, as obrigações de pagar quantia impostas à Fazenda Pública. Por isso, no cumprimento de sentença que reconhece obrigação de pagar pela Fazenda Pública, esta não é intimada, para, em 15 dias, cumprir a obrigação, sob pena de multa de 10%, porquanto, fazendo-o, estaria a quebrar a ordem cronológica de pagamentos instituída pela Constituição. É exatamente por isso que o art. 534, § 2º, do CPC prevê que a multa do art. 523, § 1º, não se aplica à Fazenda Pública.

Segundo art. 534 do Código de Processo Civil, no cumprimento de sentença que certifica obrigação de pagar em desfavor da Fazenda Pública, o exequente deverá apresentar demonstrativo discriminado e atualizado do crédito, contendo:

a) o nome completo e o número de inscrição no Cadastro de Pessoas Físicas ou no Cadastro Nacional da Pessoa Jurídica do exequente;

b) o índice de correção monetária adotado;

14. Enunciado 490 da súmula do STF: "A pensão correspondente à indenização oriunda de responsabilidade civil deve ser calculada com base no salário-mínimo vigente ao tempo da sentença e ajustar-se-á às variações ulteriores.

15. Agravo regimental em recurso extraordinário. 2. Pensão reparatória vitalícia. Caráter alimentar. Salário mínimo. 3. Art. 7º, inc. IV, da Constituição Federal. É lícita a vinculação do valor de prestação que visa à manutenção da subsistência humana ao de um salário mínimo. Precedentes. 4. Agravo regimental a que se nega provimento. (RE 535087 AgR, Relator(a): Min. GILMAR MENDES, Segunda Turma, julgado em 08/02/2011, DJe-037 DIVULG 23-02-2011 PUBLIC 24-02-2011 EMENT VOL-02470-02 PP-00230).

c) os juros aplicados e as respectivas taxas;
d) os termos inicial e final dos juros e da correção monetária utilizados;
e) a periodicidade da capitalização dos juros, se for o caso;
f) a especificação dos eventuais descontos obrigatórios realizados.

Se houver mais de um credor, cumpre a cada um apresentar o seu demonstrativo.

O ente público será, então, **intimado**[16] na pessoa do seu representante judicial, por carga, remessa ou meio eletrônico, para, querendo, apresentar **impugnação** à execução, **nos próprios autos**, no prazo de **30 dias**. A defesa poderá versar sobre:

a) falta ou nulidade da citação, se, na fase de conhecimento, o processo correu à revelia;
b) ilegitimidade das partes;
c) inexequibilidade do título ou inexigibilidade da obrigação;
d) excesso de execução ou cumulação indevida de execuções;
e) incompetência absoluta ou relativa do juízo da execução;
f) qualquer causa modificativa ou extintiva da obrigação, como pagamento, novação, compensação, transação ou prescrição, desde que supervenientes ao trânsito em julgado da sentença exequenda.

Questão de Concurso

▶ **(Cespe – Notários e Oficiais de Registro – Remoção – TJ – DFT/2019)**[17] Um cidadão ajuizou ação de cobrança em desfavor do município no qual reside. Após o regular trâmite processual, o pedido foi julgado procedente e o município foi condenado ao pagamento de quinze salários mínimos. Como não houve recurso, a sentença transitou em julgado. Porém, em razão do não cumprimento do disposto em sentença pelo município, o advogado do autor apresentou petição de cumprimento de sentença. Uma vez que a petição apresentada está regular, o juiz, à luz do disposto no Código de Processo Civil, deverá determinar

A) a intimação da procuradoria do município para que apresente impugnação no prazo de trinta dias.
B) a citação da procuradoria do município para que, no prazo de trinta dias, promova o pagamento do valor da condenação ou apresente embargos, sob pena de penhora de bens.
C) a intimação da procuradoria para que, no prazo de quinze dias, promova o pagamento do valor da condenação, sob pena de incidência de multa diária de 2%.
D) a intimação do chefe do executivo do município para que pague o valor da condenação ou demonstre, no prazo de trinta dias, a inclusão desse valor no orçamento municipal do ano seguinte.
E) a expedição de ordem de pagamento no valor integral da condenação, acrescido de multa no percentual de 15% sobre o valor da condenação.

O impedimento e a suspeição deverão ser arguidos na forma dos artigos 146 a 148, porquanto o incidente respectivo será julgado pelo tribunal.

Como se vê, as matérias de defesa são as mesmas previstas no art. 525, § 1º, do CPC, com exceção da hipótese de penhora incorreta ou avaliação errônea, que, por óbvio, não se aplica à Fazenda Pública. Assim, tudo o que foi dito anteriormente sobre a impugnação tem aplicação

16. Não há mais necessidade de nova citação da Fazenda Pública, como previa o art. 730 do CPC/1973.
17. Gabarito: Letra A.

à defesa da Fazenda Pública, inclusive no tocante à necessidade de, na hipótese de alegação de excesso de execução, apontar o valor reputado correto (art. 535, § 2º) e à inexequibilidade do título fundado em lei ou ato normativo declarado inconstitucional pelo Plenário do STF (art. 535, §§ 5º a 8º).

A impugnação será, invariavelmente, dotada de **efeito suspensivo**, pois o art. 100, §§ 1º, 3º e 5º, da Constituição exige o prévio trânsito em julgado para a expedição do precatório ou da requisição de pequeno valor. Nesse sentido, prescreve o enunciado 532 do Fórum Permanente de Processualistas Civis: "A expedição do precatório ou da RPV depende do trânsito em julgado da decisão que rejeita as arguições da Fazenda Pública executada".

IMPORTANTE! Rejeitada ou acolhida parcialmente a impugnação, a respectiva decisão interlocutória será impugnável por agravo de instrumento com efeito suspensivo *ope legis*, na medida em que impedirá o trânsito em julgado e, por conseguinte, a expedição do precatório ou da RPV.

Esse era o posicionamento do STJ em relação à apelação interposta contra a sentença de improcedência dos embargos previstos no art. 730 do CPC/1973: "embora a regra geral para o caso da sentença que julga improcedentes os embargos do devedor é a apelação ser recebida apenas no efeito devolutivo, somente é possível o prosseguimento da execução contra a Fazenda Pública, para fins de expedição de precatório, em se tratando de parcela incontroversa" (STJ. AgRg no REsp 1.276.097/PR. DJe 19.04.12).

Essa tese se aplica, *mutatis mutandis*, ao agravo interposto contra a decisão que julga a impugnação. Trata-se, pois, de exceção à regra do art. 1.012, § 1º, III, do CPC/2015.

Caso a impugnação seja apenas parcial, a parte não questionada poderá, de imediato, ser objeto de cumprimento (art. 535, § 4º, do CPC). É possível, assim, a expedição do precatório ou da requisição de pequeno valor relativos à parcela incontroversa (STJ. AgRg no REsp 1.045.921/AL. DJe 27.04.09). A execução, nesse caso, é definitiva (STJ. REsp 514.961/RS. DJ 09.05.05).

IMPORTANTE! É possível promover execução provisória (isto é, fundada em título judicial provisório) em face da Fazenda Pública. Isso porque, o que o art. 100, §§ 1º, 3º e 5º, da Constituição exige é o trânsito em julgado para a expedição do precatório ou da requisição de pequeno valor, e não para o processamento da execução. Nesse sentido, o Superior Tribunal de Justiça já se pronunciou, ainda sob a égide do CPC/1973:

"PROCESSO CIVIL. EXECUÇÃO PROVISÓRIA CONTRA A FAZENDA PÚBLICA. AJUIZAMENTO ANTERIOR À EMENDA CONSTITUCIONAL Nº 30/2000. POSSIBILIDADE.

1. A Emenda Constitucional nº 30 deu nova redação ao § 1º do art. 100 da Constituição para estabelecer, como pressuposto da expedição de precatório ou da requisição do pagamento de débito de pequeno valor de responsabilidade da Fazenda Pública, o trânsito em julgado da respectiva sentença.

2. Há de se entender que, após a Emenda 30, limitou-se o âmbito dos atos executivos, mas não foi inteiramente extinta a execução provisória. Nada impede que se promova, na pendência de recurso com efeito apenas devolutivo, a liquidação da sentença, e que a execução (provisória) seja processada até a fase dos embargos (CPC, art. 730, primeira parte) ficando suspensa, daí em diante, até o trânsito em julgado do título executivo, se os embargos não forem opostos, ou forem rejeitados.

3. Em relação às execuções provisórias iniciadas antes da edição da Emenda 30, não há a exigência do trânsito em julgado como condição para expedição de precatório. Precedente: RESP 331.460/SP, 1ª Turma, Min. Teori Albino Zavascki, DJ de 17.11.20003.

4. Recurso especial a que se nega provimento".

(REsp 702.264/SP, Rel. Ministro TEORI ALBINO ZAVASCKI, PRIMEIRA TURMA, julgado em 06/12/2005, DJ 19/12/2005, p. 240).

Não impugnada a execução ou rejeitada a defesa do ente público (por decisão transitada em julgado), expedir-se-á o precatório ou a requisição de pequeno valor.

10.1. Regime de precatórios

De acordo com o art. 100, *caput*, da Constituição, o adimplemento das obrigações de pagar impostas judicialmente à Fazenda Pública é feito na ordem cronológica de apresentação dos precatórios, à conta do crédito de ente público devedor.

O **precatório** consiste em documento expedido pelo juiz da execução, contendo, entre outras informações, o número do processo, os nomes das partes e de seus procuradores, bem como seus números de inscrição no CPF ou no CNPJ, menção à natureza do crédito (comum ou alimentar) e o valor individualizado por beneficiário (art. 5º da Resolução nº 115/2010 do CNJ). Tal documento, depois de expedido, é enviado, por ofício do juiz, ao presidente do respectivo tribunal, para inscrição em lista de pagamento. O recebimento do ofício pelo presidente da corte é chamado de **apresentação do precatório** e é o momento a partir do qual se considera incluído o crédito na ordem cronológica (art. 4º da Resolução nº 115/2010 do CNJ).

É obrigatória a inclusão, no orçamento das entidades de direito público, de verba necessária ao pagamento de seus débitos constantes de precatórios apresentados até o dia 1º de julho, fazendo-se o pagamento até o final do exercício financeiro seguinte (art. 100, § 5º, da Constituição). Assim, por exemplo, se o precatório for apresentado até o dia 01 jul. 2016, seu pagamento deverá ser efetuado até o dia 31 dez. 2017; se apresentado após tal data, o adimplemento deverá ocorrer até 31 dez. 2018. As dotações orçamentárias e os créditos abertos serão consignados diretamente ao Poder Judiciário, cabendo ao presidente do tribunal que proferir a decisão exequenda determinar o pagamento integral.

IMPORTANTE! Os atos do presidente do tribunal praticados após a apresentação do precatório, a exemplo da correção de erro aritmético, têm natureza administrativa, e não jurisdicional. É o que dispõe o enunciado 311 da súmula do STJ: "Os atos do presidente do tribunal que disponham sobre processamento e pagamento de precatório não têm caráter jurisdicional". Em igual sentido, prescreve o enunciado 733 da súmula do STF: "Não cabe recurso extraordinário contra decisão proferida no processamento de precatórios".

Se o crédito objeto do precatório tiver **natureza alimentar**, terá preferência sobre os demais (art. 100, § 1º)[18-19]. Além disso, segundo o art. 100, § 2º, da Constituição, se o titular do crédito alimentar, **originário ou por sucessão hereditária**, tiver 60 anos de idade ou mais ou for portador de doença grave, terá preferência sobre os demais créditos alimentares, até o valor equivalente ao triplo do que for considerado "pequeno valor" na esfera do ente público devedor. Essa "superprioridade" não se aplica a créditos de natureza não alimentar, ainda que seu titular seja maior de 60 anos ou portador de doença grave

18. Enunciado 655 da súmula do STF: "A exceção prevista no art. 100, caput, da Constituição, em favor dos créditos de natureza alimentícia, não dispensa a expedição de precatório, limitando-se a isentá-los da observância da ordem cronológica dos precatórios decorrentes de condenações de outra natureza". Também assim, o enunciado 144 da súmula do STJ: "Os créditos de natureza alimentícia gozam de preferência, desvinculados os precatórios da ordem cronológica dos créditos de natureza diversa".

19. Enunciado 47 da súmula vinculante: "Os honorários advocatícios incluídos na condenação ou destacados do montante principal devido ao credor consubstanciam verba de natureza alimentar cuja satisfação ocorrerá com a expedição de precatório ou requisição de pequeno valor, observada ordem especial restrita aos créditos dessa natureza".

(STJ. RMS 54.069/RO. DJe 21.11.19). Tem-se, assim, **três ordens cronológicas** distintas, em ordem decrescente de prioridade:

a) a dos créditos alimentares, até o triplo do valor considerado "pequeno valor", cujos titulares tenham 60 anos ou mais ou sejam portadores de doença grave;

b) a dos créditos alimentares "comuns";

c) a dos créditos não alimentares ou comuns.

IMPORTANTE! O art. 100, § 2º, da Constituição, com a redação que lhe foi dada pela EC nº 62/2009, limita a prioridade de pagamento àqueles credores que tenham 60 anos de idade ou mais na data da expedição do precatório. No entanto, o STF, ao julgar a ADI 4.357/DF, em 14.03.13, declarou inconstitucional essa disposição, por afrontar a igualdade entre credores: "A expressão 'na data de expedição do precatório', contida no art. 100, § 2º, da CF, com redação dada pela EC nº 62/09, enquanto baliza temporal para a aplicação da preferência no pagamento de idosos, ultraja a isonomia (CF, art. 5º, caput) entre os cidadãos credores da Fazenda Pública, na medida em que discrimina, sem qualquer fundamento, aqueles que venham a alcançar a idade de sessenta anos não na data da expedição do precatório, mas sim posteriormente, enquanto pendente este e ainda não ocorrido o pagamento" (STF. ADI 4.357/DR. DJe 26.09.14).

Há, na própria Constituição, hipóteses de dispensa de expedição de precatório. Trata-se das obrigações definidas em lei como de **pequeno valor**, nos termos do art. 100, § 3º. Segundo o § 4º do mesmo artigo, tais valores devem ser fixados por cada ente público, mediante lei, de acordo com a sua capacidade econômica, sendo o mínimo igual ao valor do maior benefício do regime geral de previdência social. No âmbito federal, considera-se pequeno valor o que não ultrapasse 60 salários mínimos (arts. 3º e 17, § 1º, da Lei nº 10.259/2001). Aos Estados e Municípios que ainda não tiverem editado leis pertinentes à matéria, aplicam-se os limites estabelecidos no art. 87 do ADCT, que prevê, para os Estados, o teto de 40 salários mínimos e, para os Municípios, de 30 salários mínimos.

Nesses casos, conforme o art. 535, § 3º, II, do CPC, o pagamento será realizado, por ordem do juiz, dirigida à autoridade na pessoa de quem o ente público foi citado para o processo, no prazo de **2 meses**, contados da entrega da requisição de pequeno valor (RPV), mediante depósito na agência de banco oficial mais próxima da residência do exequente.

É vedado o **fracionamento** do valor do crédito superior à quantia definida como pequeno valor, a fim de burlar a ordem cronológica de pagamento dos precatórios, consoante dispõe o § 8º do art. 100 da Constituição. Se, por exemplo, o crédito existente em face da União corresponde a 130 salários mínimos, não pode o credor desmembrar a obrigação em duas menores, para receber, primeiro, 60 salários mínimos, por RPV, e, depois, os 70 restantes, por precatório. O que se permite é que o credor renuncie à parcela excedente, recebendo apenas o "pequeno valor", mediante RPV.

Contudo, há uma exceção à proibição do fracionamento: o credor alimentar maior de 60 anos ou portador de doença grave pode, por expressa disposição do § 2º do art. 100, dividir o seu crédito entre duas ordens cronológicas diferentes. É possível que ele submeta à lista de maior prioridade a quantia equivalente ao triplo do considerado "pequeno valor", enquanto o restante segue a ordem dos credores comuns.

A execução ou o pagamento singularizado dos valores devidos a partes integrantes de litisconsórcio facultativo simples não contrariam o § 8º (originariamente § 4º) do art. 100 da Constituição da República. A forma de pagamento, por requisição de pequeno valor ou precatório, dependerá dos valores isoladamente considerados (STF. RE 568.645/SP. DJe 13.11.14). Igualmente, é válido o fracionamento dos honorários advocatícios em litisconsórcio simples facultativo, por se tratar de cumulação de ações com o mesmo pedido (STF. RE 913.536/RS. DJe 31.08.2018).

Caso o credor seja preterido no seu direito de precedência ou não seja alocado, no orçamento do ente público, o valor necessário ao pagamento do seu crédito, ele poderá requerer ao presidente do tribunal o **sequestro** da quantia respectiva, nos termos do art. 100, § 6º, da Constituição. Trata-se de ato de **natureza administrativa**, conforme o enunciado 311 da súmula do Superior Tribunal de Justiça (STJ. AgRg no RMS 36.861/SP. DJe 06.12.13).

11. SÚMULAS

Súmula vinculante

27. Durante o período previsto no parágrafo 1º do artigo 100 da Constituição, não incidem juros de mora sobre os precatórios que nele sejam pagos.

47. Os honorários advocatícios incluídos na condenação ou destacados do montante principal devido ao credor consubstanciam verba de natureza alimentar cuja satisfação ocorrerá com a expedição de precatório ou requisição de pequeno valor, observada ordem especial restrita aos créditos dessa natureza.

Súmula do STF

150. Prescreve a execução no mesmo prazo de prescrição da ação.

490. A pensão correspondente à indenização oriunda de responsabilidade civil deve ser calculada com base no salário-mínimo vigente ao tempo da sentença e ajustar-se-á às variações ulteriores.

655. A exceção prevista no art. 100, caput, da Constituição, em favor dos créditos de natureza alimentícia, não dispensa a expedição de precatório, limitando-se a isentá-los da observância da ordem cronológica dos precatórios decorrentes de condenações de outra natureza.

733. Não cabe recurso extraordinário contra decisão proferida no processamento de precatórios.

Súmula do STJ

144. Os créditos de natureza alimentícia gozam de preferência, desvinculados os precatórios da ordem cronológica dos créditos de natureza diversa.

268. O fiador que não integrou a relação processual na ação de despejo não responde pela execução do julgado.

309. O débito alimentar que autoriza a prisão civil do alimentante é o que compreende as três prestações anteriores ao ajuizamento da execução e as que vencerem no curso do processo.

311. Os atos do presidente do tribunal que disponham sobre processamento e pagamento de precatório não têm caráter jurisdicional.

313. Em ação de indenização, procedente o pedido, é necessária a constituição de capital ou caução fidejussória para a garantia de pagamento da pensão, independentemente da situação financeira do demandado.

317. É definitiva a execução fundada em título extrajudicial, ainda que pendente apelação contra sentença que julgue improcedentes os embargos.

345. São devidos honorários advocatícios pela Fazenda Pública nas execuções individuais de sentença proferida em ações coletivas, ainda que não embargadas.

410. A prévia intimação pessoal do devedor constitui condição necessária para a cobrança de multa pelo descumprimento de obrigação de fazer ou não fazer.

517. São devidos honorários advocatícios no cumprimento de sentença, haja ou não impugnação, depois de escoado o prazo para pagamento voluntário, que se inicia após a intimação do advogado da parte executada.

12. ENUNCIADOS DO FPPC

12. A aplicação das medidas atípicas sub-rogatórias e coercitivas é cabível em qualquer obrigação no cumprimento de sentença ou execução de título executivo extrajudicial. Essas medidas, contudo, serão aplicadas de forma subsidiária às medidas tipificadas, com observação do contraditório, ainda que diferido, e por meio de decisão à luz do art. 489, § 1º, I e II.

54. Fica superado o enunciado 372 da súmula do STJ (*"Na ação de exibição de documentos, não cabe a aplicação de multa cominatória"*) após a entrada em vigor do CPC, pela expressa possibilidade de fixação de multa de natureza coercitiva na ação de exibição de documento.

56. É cabível alegação de causa modificativa ou extintiva da obrigação na impugnação de executado, desde que tenha ocorrido após o início do julgamento da apelação, e, uma vez alegada pela parte, tenha o tribunal superior se recusado ou omitido de apreciá-la.

57. A prescrição prevista nos arts. 525, § 1º, VII e 535, VI, é exclusivamente da pretensão executiva.

116. Quando a formação do litisconsórcio multitudinário for prejudicial à defesa, o juiz poderá substituir a sua limitação pela ampliação de prazos, sem prejuízo da possibilidade de desmembramento na fase de cumprimento de sentença.

121. O cumprimento da sentença diretamente contra o denunciado é admissível em qualquer hipótese de denunciação da lide fundada no inciso II do art. 125.

176. Compete exclusivamente ao Supremo Tribunal Federal modular os efeitos da decisão prevista no § 13 do art. 525.

184. Os embargos de terceiro também são oponíveis na fase de cumprimento de sentença e devem observar, quanto ao prazo, a regra do processo de execução.

194. A prescrição intercorrente pode ser reconhecida no procedimento de cumprimento de sentença.

218. A inexistência de efeito suspensivo dos embargos de declaração não autoriza o cumprimento provisório da sentença nos casos em que a apelação tenha efeito suspensivo.

262. É admissível negócio processual para dispensar caução no cumprimento provisório de sentença.

289. Se houver conexão entre pedidos cumulados, a incompetência relativa não impedirá a cumulação, em razão da modificação legal da competência.

440. O art. 516, III e o seu parágrafo único aplicam-se à execução de decisão interlocutória estrangeira, após a concessão do *exequatur* à carta rogatória.

441. O § 5º do art. 536 e o § 5º do art. 537 alcançam situação jurídica passiva correlata a direito real.

442. O § 5º do art. 536 e o § 5º do art. 537 alcançam os deveres legais.

450. Aplica-se a regra decorrente do art. 827, § 2º, ao cumprimento de sentença.

484. A revogação dos arts. 16 a 18 da Lei de Alimentos, que tratam da gradação dos meios de satisfação do direito do credor, não implica supressão da possibilidade de penhora sobre créditos originários de alugueis de prédios ou de quaisquer outros rendimentos do devedor.

526. A multa aplicada por descumprimento de ordem protetiva, baseada no art. 22, incisos I a V, da Lei 11.340/2006 (Lei Maria da Penha), é passível de cumprimento provisório, nos termos do art. 537, § 3º.

527. Os créditos referidos no art. 515, inc. V, e no art. 784, inc. X e XI do CPC-2015 constituídos ao tempo do CPC-1973 são passíveis de execução de título judicial e extrajudicial, respectivamente.

528. No cumprimento provisório de sentença por quantia certa iniciado na vigência do CPC-1973, sem garantia da execução, deve o juiz, após o início de vigência do CPC-2015 e a requerimento do exequente, intimar o executado nos termos dos arts. 520, § 2º, 523, § 1º e 525, *caput*.

529. As averbações previstas nos arts. 799, IX e 828 são aplicáveis ao cumprimento de sentença.

530. Após a entrada em vigor do CPC-2015, o juiz deve intimar o executado para apresentar impugnação ao cumprimento de sentença, em quinze dias, ainda que sem depósito, penhora ou caução, caso tenha transcorrido o prazo para cumprimento espontâneo da obrigação na vigência do CPC-1973 e não tenha àquele tempo garantido o juízo.

531. É possível, presentes os pressupostos do § 6º do art. 525, a concessão de efeito suspensivo à simples petição em que se alega fato superveniente ao término do prazo de oferecimento da impugnação ao cumprimento de sentença.

532. A expedição do precatório ou da RPV depende do trânsito em julgado da decisão que rejeita as arguições da Fazenda Pública executada.

533. Se o executado descumprir ordem judicial, conforme indicado pelo § 3º do art. 536, incidirá a pena por ato atentatório à dignidade da justiça (art. 774, IV), sem prejuízo da sanção por litigância de má-fé.

538. Aplica-se o procedimento do § 4º do art. 517 ao cancelamento da inscrição de cadastro de inadimplentes do § 4º do art. 782.

545. Aplicam-se à impugnação, no que couber, as hipóteses previstas nos incisos I e III do art. 918 e no seu parágrafo único.

679. A anotação da propositura da ação à margem do título protestado não se restringe à ação rescisória, podendo abranger outros meios de desfazimento da coisa julgada.

697. A caução exigida em sede de cumprimento provisório de sentença pode ser prestada por terceiro, devendo o juiz aferir a suficiência e a idoneidade da garantia.

13. ENUNCIADOS DO CJF

84. O comparecimento espontâneo da parte constitui termo inicial dos prazos para pagamento e, sucessivamente, impugnação ao cumprimento de sentença.

87. O acordo de reparação de danos feito durante a suspensão condicional do processo, desde que devidamente homologado por sentença, é título executivo judicial.

88. A caução prevista no inc. IV do art. 520 do CPC não pode ser exigida em cumprimento definitivo de sentença. Considera-se como tal o cumprimento de sentença transitada em julgado no processo que deu origem ao crédito executado, ainda que sobre ela penda impugnação destituída de efeito suspensivo.

89. Conta-se em dias úteis o prazo do caput do art. 523 do CPC.

90. Conta-se em dobro o prazo do art. 525 do CPC nos casos em que o devedor é assistido pela Defensoria Pública.

91. Interpreta-se o art. 524 do CPC e seus parágrafos no sentido de permitir que a parte patrocinada pela Defensoria Pública continue a valer-se da contadoria judicial para elaborar cálculos para execução ou cumprimento de sentença.

92. A intimação prevista no caput do art. 523 do CPC deve contemplar, expressamente, o prazo sucessivo para impugnar o cumprimento de sentença.

93. Da decisão que julga a impugnação ao cumprimento de sentença cabe apelação, se extinguir o processo, ou agravo de instrumento, se não o fizer.

94. Aplica-se o procedimento do art. 920 do CPC à impugnação ao cumprimento de sentença, com possibilidade de rejeição liminar nas hipóteses dos arts. 525, § 5º, e 918 do CPC.

95. O juiz, antes de rejeitar liminarmente a impugnação ao cumprimento de sentença (art. 525, § 5º, do CPC), deve intimar o impugnante para sanar eventual vício, em observância ao dever processual de cooperação (art. 6º do CPC).

96. Os critérios referidos no caput do art. 537 do CPC devem ser observados no momento da fixação da multa, que não está limitada ao valor da obrigação principal e não pode ter sua exigibilidade postergada para depois do trânsito em julgado.

99. A inclusão do nome do executado em cadastros de inadimplentes poderá se dar na execução definitiva de título judicial ou extrajudicial.

105. As hipóteses de penhora do art. 833, § 2º, do CPC aplicam-se ao cumprimento da sentença ou à execução de título extrajudicial relativo a honorários advocatícios, em razão de sua natureza alimentar.

107. Não se aplica a suspensão do art. 982, I, do CPC ao cumprimento de sentença anteriormente transitada em julgado e que tenha decidido questão objeto de posterior incidente de resolução de demandas repetitivas.

14. INFORMATIVOS

Informativos do STF

Precatório: juros de mora e período compreendido entre a data da expedição e o efetivo pagamento

Durante o período previsto no § 1º do art. 100 da Constituição, não incidem juros de mora sobre os precatórios que nele sejam pagos. Com base nesse entendimento, o Plenário, por maioria, deu provimento a embargos de divergência para, reformando o acórdão embargado, dar provimento ao recurso extraordinário. O colegiado afirmou que não incidem juros de mora no período compreendido entre a data da expedição do precatório e seu efetivo pagamento, desde que realizado no prazo estipulado constitucionalmente. Esclareceu, ademais, que a tese foi enunciada no Verbete 17 da Súmula Vinculante do Supremo Tribunal Federal (STF). Vencidos os ministros Marco Aurélio, Edson Fachin e Rosa Weber que negaram provimento aos embargos de divergência. O ministro Marco Aurélio pontuou que a Constituição é explícita ao revelar que, muito embora se tenha o prazo dilatado de 18 meses para a liquidação do débito, esse débito deve ser satisfeito tal como se contém, ou seja, atualizado, para não ser diminuído pelos efeitos da inflação, e também acrescido dos juros da mora. RE 594892 AgR-ED-EDv/RS, rel. Min. Luiz Fux, julgamento em 1.7.2020. Inf. 984.

Honorários advocatícios e seu fracionamento

É válido o fracionamento dos honorários advocatícios em litisconsórcio simples facultativo, por se tratar de cumulação de ações com o mesmo pedido. Com base neste entendimento, a Primeira Turma, por maioria, deu provimento a agravo regimental em recurso extraordinário para reconhecer que a individualização dos honorários advocatícios, proporcionalmente à fração de cada um dos litisconsortes facultativos, não ofende o art. 100, § 8º [(1)], da Constituição Federal. O Colegiado entendeu ser o litisconsórcio facultativo simples, em última análise, uma cumulação subjetiva de demandas autônomas, que, por motivos de racionalidade do sistema judicial, são julgadas conjuntamente. Assim, tratando-se de um conjunto de ações com o mesmo pedido, nada impede que o valor dos honorários advocatícios sucumbenciais seja recebido de forma fracionada. Inviabilizar o recebimento de honorários advocatícios de maneira proporcional e individualizada ofende a racionalização do sistema judicial, causando a proliferação de demandas individuais, e pune o advogado por utilizá-lo de forma lógica. Vencidos os ministros Marco Aurélio (relator) e Rosa Weber, que consideram os honorários sucumbenciais crédito exclusivo e único dos patronos das partes e, por isso, insuscetíveis de fragmentação na proporção dos litisconsortes representados. RE 913536/RS, rel. Min. Marco Aurélio, red. p/ o ac. Min. Roberto Barroso, julgamento em 24.6.2018 Informativo 908.

Informativos do STJ

Não se aplica o rito excepcional da prisão civil como meio coercitivo para o adimplemento dos alimentos devidos em razão da prática de ato ilícito. Os alimentos, de acordo com a causa de sua origem, podem ser classificados em três espécies, quais sejam, legítimos (devidos por força de vínculo familiar estabelecido em lei), voluntários/negociais (derivados de negócio jurídico) ou indenizatórios (em razão de ato ilícito).

O artigo 1.694 do atual Código Civil, seguindo a mesma linha da legislação civil anterior, foi expresso ao elencar como causas jurídicas do dever de prestar alimentos o parentesco natural/civil e o vínculo familiar criado por ocasião do casamento ou união estável. Os alimentos decorrentes de ato ilícito, por sua vez, são considerados de forma expressa como indenização, conforme se verifica da leitura dos artigos 948, 950 e 951 do CC/2002. Discute-se se o rito prescrito no art. 528 do CPC/2015, no capítulo intitulado "Do cumprimento de sentença que reconheça a exigibilidade de obrigação de prestar alimentos" - notadamente o respectivo §3º, segundo o qual se o executado não pagar no prazo assinado no caput, ou a justificativa apresentada não for aceita, o juiz "decretar-lhe-á a prisão pelo prazo de 1 (um) a 3 (três) meses" - tem aplicação às execuções de sentenças indenizatórias de ato ilícito. Com base na distinção entre obrigação alimentar propriamente dita e obrigação de ressarcimento de prejuízo decorrente de ato ilícito, parte expressiva da doutrina sustenta que somente no primeiro caso (obrigações de direito de família) é cabível a prisão civil do devedor de obrigação de prestar alimentos. Esse entendimento é corroborado pela circunstância de que o o artigo 533 do CPC em vigor apresenta regra específica destinada a reger a execução de sentença indenizatória que incluir prestação de alimentos. Observa-se que realmente, como acentua a doutrina que admite a prisão civil em relação a alimentos indenizatórios, o art. 528 do CPC/2015, assim como o art. 733 do CPC/1973, ao estabelecer a possibilidade de decreto de prisão em caso de não pagamento injustificado da pensão, não faz diferença entre a obrigação alimentar de direito de família e a decorrente de ato ilícito. Todavia, é manifesta a distinção entre a obrigação de prestar alimentos derivada de vínculo familiar e a decorrente da condenação a compor os prejuízos causados por ato ilícito. Com efeito, os "alimentos" indenizatórios são arbitrados em quantia fixa, pois são medidos pela extensão do dano, de forma a ensejar, na medida do possível, o retorno ao status quo ante. Ao contrário, os alimentos civis/naturais devem necessariamente levar em consideração o binômio necessidade-possibilidade para a sua fixação, estando sujeitos à reavaliação para mais ou para menos, a depender das vicissitudes ocorridas na vida dos sujeitos da relação jurídica. Cumpre ressaltar que o alargamento das hipóteses de prisão civil, para alcançar também prestação de alimentos de caráter indenizatório, chegando a se estender, no limite proposto por parte da doutrina, a todos os credores de salários e honorários profissionais, acaba por enfraquecer a dignidade excepcional, a força coercitiva extrema, que o ordenamento jurídico, ao vedar como regra geral a prisão por dívida, concedeu à obrigação alimentar típica, decorrente de direito de família, a qual, em sua essência, é sempre variável de acordo com as necessidades e possibilidades dos envolvidos. HC 523.357-MG, Rel. Min. Maria Isabel Gallotti, Quarta Turma, por unanimidade, julgado em 01/09/2020, DJe 16/10/2020. Inf. 681.

É ilegal/teratológica a prisão civil do devedor de alimentos, sob o regime fechado, no período de pandemia, anterior ou posterior à Lei n. 14.010/2020. Trata-se de ato coator consistente no indeferimento do pedido coletivo liminar em habeas corpus impetrado na origem, De seus termos, ressai clara a possibilidade de subsistir o aprisionamento em estabelecimento coletivo de devedor de alimentos durante a pandemia causada pelo Coronavírus (Covid-19), devendo-se levar em consideração, determinadas circunstâncias, como o estado de saúde do devedor. O ato coator, no cenário pandêmico em que se vivencia, encerra manifesta teratologia. Em atenção: I) ao estado de emergência em saúde pública declarado pela Organização Mundial de Saúde, que perdura até os dias atuais, decorrente da pandemia de Covid-19, doença causada pelo Coronavírus (Sars-Cov-2); II) à adoção de medidas necessárias à contenção da disseminação levadas a efeito pelo Poder Público, as quais se encontram em vigor; III) à Recomendação n. 62 do Conselho Nacional de Justiça consistente na colocação em prisão domiciliar das pessoas presas por dívida alimentícia; e, mais recentemente, IV) à edição da Lei n. 14.010/2020, de 10 de junho de 2020, que determinou, expressamente, que, até 30 de outubro de 2020, a prisão civil por dívida de alimentos seja cumprida exclusivamente sob a modalidade domiciliar, sem prejuízo da exigibilidade das respectivas obrigações, mostra-se flagrante a ilegalidade no ato atacado. As Turmas de Direito Privado do STJ são uníssonas em reconhecer a indiscutível ilegalidade/teratologia da prisão civil, sob o regime fechado, no período de pandemia, anterior ou posterior à Lei n. 14.010/2020. A divergência subsistente no âmbito das Turmas de Direito Privado refere-se apenas ao período anterior à edição da Lei n. 14.010/2020, tendo esta Terceira Turma, no tocante a esse interregno, compreendido ser possível o diferimento da prisão civil para momento posterior ao fim da pandemia; enquanto a Quarta Turma do STJ tem reconhecido a necessidade de aplicar o regime domiciliar. HC 569.014-RN, Rel. Min. Marco Aurélio Bellizze, Terceira Turma, por unanimidade, julgado em 06/10/2020, DJe 14/10/2020. Inf. 681.

Na fase de cumprimento de sentença não se pode alterar os critérios de atualização dos cálculos estabelecidos na decisão transitada em julgado, ainda que para adequá-los ao entendimento do STF firmado em repercussão geral. Inicialmente, registre-se que, no caso, o tribunal de origem fez prevalecer os parâmetros estabelecidos pelo Supremo Tribunal Federal, que julgou o RE 870.947, pela sistemática da repercussão geral (Tema 810), adotando o entendimento de que "o art. 1°-F da Lei n. 9.494/1997, com a redação dada pela Lei n. 11.960/2009, na parte em que disciplina a atualização monetária das condenações impostas à Fazenda Pública segundo a remuneração oficial da caderneta de poupança, revela-se inconstitucional ao impor restrição desproporcional ao direito de propriedade (CRFB, art. 5°, XXII), uma vez que não se qualifica como medida adequada a capturar a variação de preços da economia, sendo inidônea a promover os fins a que se destina". No entanto, conforme entendimento firmado pelo Pretório Excelso, "[...] a decisão do Supremo Tribunal Federal declarando a constitucionalidade ou a inconstitucionalidade de preceito normativo não produz a automática reforma ou rescisão das sentenças anteriores que tenham adotado entendimento diferente; para que tal ocorra, será indispensável a interposição do recurso próprio ou, se for o caso, a propositura da ação rescisória própria, nos termos do art. 485, V, do CPC, observado o respectivo prazo decadencial (CPC, art. 495)" (RE 730.462, Rel. Min. Teori Zavascki, Tribunal Pleno, julgado em 28/5/2015). Ademais, definiu a Suprema Corte que a eficácia executiva da declaração de inconstitucionalidade tem como termo inicial a data da publicação do acórdão do Supremo no Diário Oficial (art. 28 da Lei n. 9.868/1999), atingindo apenas os atos administrativos e judiciais supervenientes. Assim, sem que a decisão acobertada pela coisa julgada tenha sido desconstituída, não é cabível ao juízo da fase de cumprimento de sentença alterar os parâmetros estabelecidos no título judicial, ainda que no intuito de adequá-los à decisão vinculante do STF. REsp 1.861.550-DF, Rel. Min. Og Fernandes, Segunda Turma, por unanimidade, julgado em 16/06/2020, DJe 04/08/2020. Inf. 676.

Ainda que citado pessoalmente na fase de conhecimento, é devida a intimação por carta do réu revel, sem procurador constituído, para o cumprimento de sentença. Cinge-se a controvérsia sobre a necessidade de intimação pessoal dos devedores no momento do cumprimento de sentença prolatada em processo em que os réus, citados pessoalmente na fase de conhecimento, permaneceram revéis. Inicialmente, registre-se que o STJ, sob a égide do CPC/1973, ao interpretar o conteúdo normativo do art. 322, dipositivo correpondente ao art. 346 do novo CPC, concluiu que "Após a edição da Lei nº 11.232/2005, a execução por quantia fundada em título judicial desenvolve-se no mesmo processo em que o direito subjetivo foi certificado, de forma que a revelia decretada na fase anterior, ante a inércia do réu que fora citado pessoalmente, dispensará a intimação pessoal do devedor para dar cumprimento à sentença." (REsp 1.241.749/SP, Rel. Ministra Maria Thereza de Assis Moura, Sexta Turma, julgado em 27/09/2011, DJe 13/10/2011). Faz-se necessário registrar, ainda, que nas hipóteses em que o revel era citado fictamente, esta Corte Superior concluíra desnecessária qualquer intimação do executado para os fins do art. 475-J do CPC/1973. O CPC de 2015, no entanto, alterou este cenário, em parte em relação ao efeito processual da revelia consubstanciado na ciência do revel acerca dos atos processuais (art. 346 do CPC) e fortemente em relação à sua cientificação para o cumprimento de sentença (art. 513 do CPC). Com relação à citação ficta do revel, o inciso IV do §2º do art. 513 do novo Código, deu tratamento diverso daquele dado pelo STJ, sob a vigência do CPC de 1973. Atualmente, o revel citado por edital ou por hora certa deverá ser intimado na fase executiva também por edital. Perceba-se que não será suficiente, segundo a lei, a intimação pessoal da Defensoria Pública, quando atuar como curador especial do réu revel citado na forma do art. 256 do CPC, sendo necessário também, nova intimação editalícia do executado para cumprir a sentença em que restou condenado. Em se tratando de revel que não tenha sido citado por edital e que não possua advogado constituído, o inciso II do §2º do art. 513 do CPC/2015 foi claro ao reconhecer que a intimação do devedor para cumprir a sentença ocorrerá "por carta com aviso de recebimento, quando representado pela Defensoria Pública ou quando não tiver procurador constituído nos autos, ressalvada a hipótese do inciso IV". Pouco espaço a lei atual deixou para outra interpretação, pois ressalvou, apenas, a hipótese em que o revel fora citado fictamente, exigindo, ainda assim, nova intimação para o cumprimento da sentença, em que pese exigi-la na via do edital. Em conclusão, na lei processual vigente, há expressa previsão de que o réu sem procurador nos autos, incluindo-se aí o revel, mesmo quando citado pessoalmente na fase cognitiva, deve ser intimado por carta, não se mostrando aplicável, neste especial momento de instauração da fase executiva, o quanto prescreve o art. 346 do CPC. REsp 1.760.914-SP, Rel. Min. Paulo de Tarso Sanseverino, Terceira Turma, por unanimidade, julgado em 02/06/2020, DJe 08/06/2020. Inf. 673.

O acréscimo de 10% (dez por cento) de honorários advocatícios, previsto pelo art. 523, § 1º, do CPC/2015, quando não ocorrer o pagamento voluntário no cumprimento de sentença, não admite relativização. As alterações realizadas pelo CPC/2015 na disciplina da fixação dos honorários advocatícios já foram objeto de debate na Segunda Seção desta Corte Superior, que concluiu que, dentre as alterações, o novo Código reduziu, visivelmente, a subjetividade do julgador, restringindo as hipóteses nas quais cabe a fixação dos honorários de sucumbência por equidade. Isso porque, enquanto no CPC/1973 a fixação equitativa da verba era possível nas causas de pequeno valor, nas de valor inestimável, naquelas em que não houvesse condenação ou fosse vencida a Fazenda Pública e nas execuções, embargadas ou não (art. 20, § 4º). Reconheceu-se que no CPC/2015 tais hipóteses são restritas, havendo ou não condenação, às causas em que o proveito econômico foi inestimável, ou irrisório, ou, ainda, quando o valor da causa for muito baixo (art. 85, § 8º). Nesse contexto, no cumprimente de sentença, nos termos do art. 523, § 1º, do CPC/2015, não ocorrendo o pagamento voluntário do débito no prazo de 15 (quinze) dias, o mesmo será acrescido de multa de 10% (dez por cento) e de honorários de advogado no percentual de 10% (dez por cento). Assim, vencido o prazo sem pagamento do valor devido, haverá acréscimo, por força de lei, da multa de 10% (dez por cento) sobre o valor do débito atualizado, mais honorários advocatícios que o julgador deverá fixar, nos termos da lei, também em 10% (dez por cento) sobre o valor devido. Com efeito, a lei não deixou dúvidas quanto ao percentual de honorários advocatícios a ser acrescido ao débito nas hipóteses de ausência de pagamento voluntário. Diz-se: o percentual de 10% (dez por cento) foi expressamente tarifado em lei. REsp 1.701.824-RJ, Rel. Min. Nancy Andrighi, Terceira Turma, por unanimidade, julgado em 09/06/2020, DJe 12/06/2020. Inf. 673.

O juízo especializado da Justiça da Infância e da Juventude é competente para o cumprimento e a efetivação do montante sucumbencial por ele arbitrado. Cinge-se a controvérsia a definir de quem é a competência para executar a verba honorária sucumbencial arbitrada pelo Juízo da Infância e da Juventude. Da combinada leitura dos arts. 148 e 152 do ECA, 24, § 1º, do Estatuto da Advocacia e 516, II, do CPC/2015, depreende-se que, como regra, o cumprimento da sentença, aí abarcada a imposição sucumbencial, deve ocorrer nos mesmos autos em que se formou o correspondente título exequendo e, por conseguinte, perante o juízo prolator do título. Ressalte-se que tal solução longe está de inquinar ou contrariar as estritas hipóteses de competência da Vara da Infância e Juventude (art. 148 do ECA), porquanto a postulada verba honorária decorreu de discussão travada em causa cível que tramitou no próprio juízo menorista, razão pela qual não há falar, no caso, em desvirtuamento de sua competência executória. Por fim, impende realçar que a mesma Lei n. 8.069/1990 (ECA), por seu art. 152, assinala que "Aos procedimentos regulados nesta Lei aplicam-se subsidiariamente as normas gerais previstas na legislação processual pertinente", autorizando, no ponto, a supletiva aplicação do referido art. 516, II, do vigente CPC, segundo o qual "O cumprimento da sentença efetuar-se-á perante [...] o juízo que decidiu a causa no primeiro grau de jurisdição".REsp 1.859.295-MG, Rel. Min. Sérgio Kukina, Primeira Turma, por unanimidade, julgado em 26/05/2020, DJe 29/05/2020. Inf. 673.

Diante do iminente risco de contágio pelo Covid-19, bem como em razão dos esforços expendidos pelas autoridades públicas em reduzir o avanço da pandemia, é recomendável o cumprimento da prisão civil por dívida alimentar em prisão domiciliar. O contexto atual de gravíssima pandemia devido ao chamado coronavírus desaconselha a manutenção do devedor em ambiente fechado, insalubre e potencialmente perigoso, devendo ser observada a decisão proferida pelo ilustre Ministro Paulo de Tarso Sanseverino, publicada em 30/03/2020, nos autos do Habeas Corpus nº 568.021/CE, no qual se estendeu a todos os presos por dívidas alimentícias no país a liminar deferida no mencionado writ, no sentido de garantir prisão domiciliar, em razão da pandemia de Covid-19. No sentido da relativização do regime prisional previsto no § 4º do art. 528 do CPC/2015, enquanto viger a pandemia do Covid-19, vale mencionar as decisões monocráticas proferidas no RHC 106.403/SP (Rel. Ministro Antonio Carlos Ferreira, DJe de 23/04/2020); no RHC 125.728 (Rel. Ministro Paulo de Tarso Sanseverino, DJe de 16/04/2020); no HC 561.813/MG (Rel. Ministro Luis Felipe Salomão, DJe de 02/04/2020); e no RHC 125.395 (Rel. Ministro Raul Araújo, DJe de 02/04/2020). HC 561.257-SP, Rel. Min. Raul Araújo, Quarta Turma, por unanimidade, julgado em 05/05/2020, DJe 08/05/2020. Inf. 671.

Após a entrada em vigor do CPC/2015, o juiz deve intimar o executado para apresentar impugnação ao cumprimento de sentença, caso tenha transcorrido o prazo para cumprimento espontâneo da obrigação na vigência do CPC/1973. Controvérsia de direito intertemporal acerca da norma processual aplicável à impugnação ao cumprimento de sentença, na hipótese em que o prazo para pagamento voluntário findou-se na vigência do CPC/1973. Inicialmente, registre-se que nos termos do art. 475-J do CPC/1973, o prazo para impugnação ao cumprimento de sentença somente era contado a partir da intimação do auto de penhora e avaliação. Por sua vez, nos termos do art. 525 do CPC/2015, "Transcorrido o prazo previsto no art. 523 sem o pagamento voluntário, inicia-se o prazo de 15 (quinze) dias para que o executado, independentemente de penhora ou nova intimação, apresente, nos próprios autos, sua impugnação". No caso, apesar da entrada em vigor do novo CPC, o recorrente não apresentou impugnação, na expectativa de que o prazo fosse computado a partir da penhora, como era a regra durante a vigência do CPC/1973. A penhora veio a ocorrer meses depois, por meio do bloqueio de depósitos em conta corrente, tendo o executado sido intimado em 11/11/2016, apenas para impugnar a ordem de indisponibilidade (não ainda da penhora), pois a intimação fez referência ao art. 854, § 2º e 3º, do CPC/2015. Contudo, em 06/12/2016, o recorrente ofereceu impugnação ao cumprimento de sentença, a qual o Tribunal de origem julgou intempestiva, por considerar aplicável ao caso o CPC/2015, sendo, portanto, desnecessária a penhora para deflagração do prazo para impugnação, de modo que o prazo já estaria há muito tempo exaurido. A questão se situa numa zona cinzenta de aplicação do direito intertemporal. Deveras, por um lado, seria o caso de se aplicar a regra geral da aplicabilidade imediata da nova norma processual, por meio da técnica do isolamento dos atos processuais, ex vi do art. 14 c/c art. 1.046 do CPC/2015. Por outro lado, a aplicação do ultrativa CPC/1973 para reger a impugnação de sentença após a entrada em vigor do CPC/2015 não parece adequada, pois a impugnação, antes da entrada em vigor do CPC/2015, era evento futuro e incerto, na medida em que dependia da ocorrência de penhora, e, sendo fato futuro, seria o caso de aplicação da lei nova (tempus regit actum). Ademais, a aplicação do CPC/1973 traria o inconveniente de deixar a lei antiga, em tese, com uma ultratividade indefinida no tempo, uma vez que não se sabe, de antemão, se nem quando ocorrerá a penhora. Essa dificuldade de se aplicar a técnica de direito intertemporal do isolamento dos atos processuais decorre da conexidade existente entre a intimação para pagamento voluntário e a posterior impugnação ao cumprimento de sentença, na medida em que, tanto no CPC revogado como no vigente, o decurso do prazo para pagamento é condição para a impugnação ao cumprimento de sentença. Desse modo, há necessidade de se buscar uma compatibilização entre as regras da lei nova e as da lei velha, na hipótese de conexidade entre atos processuais, pois a técnica do isolamento dos atos processuais não é suficiente para resolver adequadamente o problema da lei processual aplicável. Nesse passo, uma proposta compatibilização específica para o caso da impugnação ao cumprimento de sentença foi elaborada pelo Fórum Permanente de Processualistas Civis - FPPC. Trata-se do Enunciado 530: "Após a entrada em vigor do CPC-2015, o juiz deve intimar o executado para apresentar impugnação ao cumprimento de sentença, em quinze dias, ainda que sem depósito, penhora ou caução, caso tenha transcorrido o prazo para cumprimento espontâneo da obrigação na vigência do CPC-1973 e não tenha àquele tempo garantido o juízo". Como se verifica no enunciado transcrito, essa proposta, por um lado, elimina a possibilidade de aplicação retroativa do CPC/2015, na medida em que o prazo começa a ser contado de uma intimação a ser realizada na vigência do CPC/2015, não a partir do fim do prazo para pagamento voluntário, ocorrido na vigência do CPC/1973. Por outro lado, elimina também a já mencionada ultratividade indefinida do CPC/1973, caso se entendesse por aplicar o código revogado. Além disso, a exigência de uma intimação confere segurança jurídica às partes, evitando que seus interesses sejam prejudicados pelo simples fato de seu caso estar situado em uma zona cinzenta da aplicação do direito intertemporal. Por fim, vale destacar que a intimação ora proposta somente é aplicável na transição do CPC/1973 para o CPC/2015, pois, para os casos integralmente regidos pelo CPC/2015, não há previsão dela (cf. art. 525 do CPC/2015). REsp 1.833.935-RJ, Rel. Min. Paulo de Tarso Sanseverino, Terceira Turma, por unanimidade, julgado em 05/05/2020, DJe 11/05/2020. Inf, 671.

Para incidência da multa do art. 523, § 1º, do CPC, é preciso a efetiva resistência do executado ao cumprimento de sentença. Nos termos da jurisprudência do STJ, a multa a que se refere o art. 523 do CPC será excluída apenas se o executado depositar voluntariamente a quantia devida em juízo, sem condicionar seu levantamento a qualquer discussão. No entanto, a hipótese em análise revela situação fática relevante para esclarecer ainda mais precisamente o alcance do disposto no art. 523, § 1º, do CPC/2015. No caso, a executada diligenciou o depósito em conta judicial no valor exato do débito perseguido pela credora, e textualmente informou que "o depósito ora comprovado, que não é pagamento e sim garantia do Juízo, terá o condão, juntamente com as razões que serão apresentadas pelo executado, de conferir efeito suspensivo à impugnação que será ofertada no prazo a que alude o artigo 525 do CPC". Entretanto, apesar de advertir sobre o pretendido efeito suspensivo e da garantia do juízo, é incontroverso que realizou o depósito integral da quantia perseguida dentro do prazo de 15 dias e não apresentou impugnação ao cumprimento de sentença, fato que revela, indene de dúvidas, que o depósito importou verdadeiro pagamento do débito, inclusive com o respectivo levantamento pela exequente. Nesse sentido, são dois os critérios a dizer da incidência da multa prevista no art. 523, § 1º, do CPC: a intempestividade do pagamento ou a resistência manifestada na fase de cumprimento de sentença. Estes dois critérios estão ligados ao antecedente fático da norma jurídica processual, pois negam ou o prazo de 15 dias úteis fixado no caput ou a ação voluntária de pagamento, abrindo margem à incidência do consequente sancionador. Considerando o caráter coercitivo da multa, a desestimular comportamentos exclusivamente baseados na protelação da satisfação do débito perseguido, não há de se admitir sua aplicação para o devedor que efetivamente faz o depósito integral da quantia dentro do prazo legal e não apresenta impugnação ao cumprimento de sentença. Desse modo, não basta a mera alegação de que o executado pondera se insurgir contra o cumprimento de sentença para automaticamente incidir a multa. É preciso haver efetiva resistência do devedor por meio do protocolo da peça de impugnação para, então, estar autorizada a incidência da multa do § 1º do art. 523 do Código de Processo Civil. REsp 1.834.337-SP, Rel. Min. Nancy Andrighi, Terceira Turma, por unanimidade, julgado em 03/12/2019, DJe 05/12/2019. Inf, 663.

O credor pode optar pela remessa dos autos ao foro de domicílio do executado, mesmo após o início do cumprimento de sentença. Inicialmente, registra-se que o cumprimento de sentença efetua-se perante o juízo que decidiu a causa no primeiro grau de jurisdição. Contudo, nos termos do art. 516, parágrafo único, do CPC/2015, o exequente passou a ter a opção de ver o cumprimento de sentença ser processado perante o juízo do atual domicílio do executado, do local onde se encontrem os bens sujeitos à execução ou do local onde deva ser executada a obrigação de fazer ou não fazer, casos em que a remessa dos autos do processo será solicitada ao juízo de origem. Como essa opção é uma prerrogativa do credor, ao juiz não será lícito indeferir o pedido se este vier acompanhado da prova de que o domicílio do executado, o lugar dos bens ou o lugar do cumprimento da obrigação é em foro diverso de onde decidida a causa originária. Com efeito, a lei não impõe qualquer outra exigência ao exequente quando for optar pelo foro de processamento do cumprimento de sentença, tampouco dispondo acerca do momento em que o pedido de remessa dos autos deve ser feito – se antes de iniciada a execução ou se ele pode ocorrer incidentalmente ao seu processamento. Certo é que, se o escopo da norma é realmente viabilizar a efetividade da pretensão executiva, não há justificativa para se admitir entraves ao pedido de processamento do cumprimento de sentença no foro de opção do exequente, ainda que o mesmo já tenha se iniciado. REsp 1.776.382-MT, Rel. Min. Nancy Andrighi, Terceira Turma, por unanimidade, julgado em 03/12/2019, DJe 05/12/2019. Inf. 663.

É aplicável o CPC/2015 ao cumprimento de sentença, iniciado sob sua vigência, ainda que a sentença exequenda tenha sido proferida sob a égide do CPC/1973. Nos termos do art. 14 do CPC/2015, a norma processual não retroagirá e será aplicável imediatamente aos processos em curso, respeitados os atos processuais praticados e as situações jurídicas consolidadas sob a vigência da norma revogada. Na linha dos precedentes desta Corte, a aplicação da lei processual nova, como o CPC/2015, somente pode se dar aos atos processuais futuros e não àqueles já iniciados ou consumados, sob pena de indevida retroação da lei. Como bem observa a doutrina, é possível a aplicação da norma processual superveniente a situações pendentes, desde que respeitada a eficácia do ato processual já praticado. Esse entendimento é corroborado pelo Enunciado Administrativo n. 4/STJ, in verbis: "Nos feitos de competência civil originária e recursal do STJ, os atos processuais que vierem a ser praticados por julgadores, partes, Ministério Público, procuradores, serventuários e auxiliares da Justiça a partir de 18 de março de 2016, deverão observar os novos procedimentos trazidos pelo CPC/2015, sem prejuízo do disposto em legislação processual especial". No caso, embora a sentença exequenda tenha sido proferida na vigência do CPC/1973, o cumprimento de sentença iniciou-se na vigência do CPC/2015, razão pela qual é aplicável a nova legislação. REsp 1.815.762-SP, Rel. Min. Mauro Campbell Marques, Segunda Turma, por unanimidade, julgado em 05/11/2019, DJe 07/11/2019. Inf. 660.

É necessária a prévia intimação pessoal do devedor para a cobrança de multa pelo descumprimento de obrigação de fazer ou não fazer antes e após a edição das Leis n. 11.232/2005 e 11.382/2006, nos termos da Súmula n. 410 do STJ. De início, verifica-se que o acórdão embargado seguiu a orientação da Segunda Seção, no sentido de que a prévia intimação pessoal da parte é imprescindível para a exigência da multa por descumprimento de decisão judicial que impõe obrigação de fazer, nos termos da Súmula n. 410 do STJ, acrescentando, ainda, que tal providência continua válida mesmo após a entrada em vigor da Lei n. 11.232/2005, consoante esclarecido no julgamento do REsp 1.349.790/RJ que fez referência ao EAg

857.758/RS. Por outro lado, no acórdão paradigma – AgRg no REsp 1.499.656/RJ – a Segunda Turma entendeu que a eficácia do Enunciado 410 da Súmula/STJ, que determinava que "a prévia intimação pessoal do devedor constitui condição necessária para a cobrança de multa pelo descumprimento de obrigação de fazer ou não fazer", acabou restrita às obrigações regidas pelo sistema anterior à reforma promovida pelas Leis n. 11.232/2005 e 11.382/2006. No mesmo sentido, a Primeira Turma - AgRg no Ag 1.408.000/RJ - citando o entendimento exarado no AgRg no REsp 1.441.939/RJ, da Segunda Turma, entendeu que "após a vigência da Lei n. 11.232/2005, é desnecessária a intimação pessoal do executado para cumprimento da obrigação de fazer imposta em sentença, para fins de aplicação das astreintes." Deve prevalecer a orientação sedimentada na Súmula n. 410 do STJ, aprovada em sessão ocorrida em 25/11/2009 — após a promulgação da mencionada legislação processual reformadora — e objeto de profunda análise pela Segunda Seção por ocasião do julgamento dos EAg 857.758/RS, quando foi então explicitada a amplitude de seu campo temporal de incidência, sendo forçoso concluir, portanto, pela necessidade de intimação pessoal do executado antes e após a edição das Leis n. 11.232/2005 e 11.382/2006. EREsp 1.360.577-MG, Rel. Min. Humberto Martins, Rel. Acd. Min. Luis Felipe Salomão, por maioria, julgado em 19/12/2018, DJe 07/03/2019. Inf. 643.

15. SINOPSE

CUMPRIMENTO DE SENTENÇA
A execução fundada em título executivo judicial (cumprimento de sentença) dá-se por meio de fase de execução, nos mesmos autos do processo de conhecimento, sem necessidade de nova citação do devedor, independentemente de se tratar de obrigação de pagar quantia, de fazer, de não fazer ou de dar coisa distinta de dinheiro.
Títulos executivos
Para que seja requerida a execução fundada em sentença, é necessário o reconhecimento, por título executivo judicial, da existência de uma obrigação líquida e exigível. Ausente o título executivo, nula será a execução (*nulla executio sine titulo*). São títulos executivos judiciais: a) as decisões (condenatórias ou não) proferidas no processo civil que reconheçam a exigibilidade de obrigação de pagar quantia, de fazer, de não fazer ou de entregar coisa; b) a decisão homologatória de autocomposição judicial, que pode versar, inclusive, sobre questões estranhas ao objeto litigioso do processo; c) a decisão homologatória de autocomposição extrajudicial de qualquer natureza; d) o formal e a certidão de partilha, exclusivamente em relação ao inventariante, aos herdeiros e aos sucessores a título singular ou universal; e) o crédito de auxiliar da justiça, quando as custas, emolumentos ou honorários tiverem sido aprovados por decisão judicial; f) a sentença penal condenatória transitada em julgado; g) a sentença arbitral; h) a sentença estrangeira homologada pelo Superior Tribunal de Justiça; i) a decisão interlocutória estrangeira, após a concessão do *exequatur* à carta rogatória pelo Superior Tribunal de Justiça.
Competência
O cumprimento de sentença efetuar-se-á perante: a) os tribunais, nas causas de competência originária; b) o juízo que decidiu a causa no primeiro grau de jurisdição; c) o juízo cível competente, quando se tratar de sentença penal condenatória transitada em julgado, de sentença arbitral, de sentença estrangeira homologada pelo STJ ou de decisão interlocutória estrangeira. O exequente poderá optar pelo juízo do local onde se encontrem os bens sujeitos à execução ou pelo juízo do local onde deva ser executada a obrigação de fazer ou de não fazer, casos em que a remessa dos autos do processo será solicitada ao juízo de origem. Em se tratando de obrigação de prestar alimentos, o credor pode optar pelo: a) o foro do seu domicílio ou residência; b) o juízo que proferiu a sentença exequenda; c) o juízo do local onde se encontram bens do alimentante, sujeitos à execução; d) o juízo do atual domicílio do executado.
Cumprimento de sentença que reconhece obrigação de fazer ou de não fazer
O juiz poderá determinar, de ofício ou a requerimento, as medidas necessárias à satisfação do exequente, para efetivar a tutela específica ou para obter resultado prático equivalente, tais como a imposição de multa, a busca e apreensão, a remoção de pessoas e coisas, o desfazimento de obras e o impedimento de atividade nociva, podendo, se necessário, requisitar força policial. Predomina, na execução, o princípio da atipicidade dos meios executivos. A multa coercitiva, cujo valor e a periodicidade serão fixados pelo juiz considerando as particularidades do caso (o direito tutelado, a condição econômica do devedor e o tempo necessário ao adimplemento da obrigação), só incide

a partir da intimação pessoal do executado. A decisão que fixa a multa não fica acobertada pela preclusão ou pela coisa julgada, podendo ser revista a qualquer tempo, inclusive na fase de cumprimento de sentença. A multa será revertida em favor do exequente, que pode executá-la provisoriamente, devendo o seu valor ser depositado em juízo, mas levantado pelo credor somente após o trânsito em julgado. Se a tutela específica se tornar impossível ou não puder se chegar a resultado prático equivalente, a obrigação será convertida em perdas e danos, ou seja, em obrigação de pagar quantia. Converter-se-á, igualmente, a obrigação em perdas e danos, quando assim requerer o exequente.

Cumprimento de sentença que reconhece obrigação de dar coisa distinta de dinheiro

Nas obrigações de entrega de coisa, o juiz fixará prazo para o cumprimento da obrigação. Não satisfeita no prazo, o magistrado determinará a expedição de mandado de busca e apreensão ou de imissão na posse em favor do exequente, conforme se trate de coisa móvel ou imóvel.

Não cabe, nesta fase, a alegação, por parte do réu, de existência de benfeitorias, que devem ser apontadas na fase de conhecimento, em contestação.

Se a coisa for incerta, porque determinada apenas pelo gênero e pela quantidade, caberá ao credor individualizá-la na petição inicial, caso lhe caiba a escolha, para que o devedor proceda à sua entrega no prazo fixado pelo juiz. Se a escolha couber ao devedor, este a entregará individualizada, no prazo fixado pelo juiz. Não entregue a coisa incerta no prazo estabelecido, será determinada a busca e apreensão ou a imissão na posse.

É possível a fixação de multa coercitiva para compelir o executado a entregar a coisa, inclusive se se tratar de exibição de documento.

Cumprimento de sentença que reconhece obrigação de pagar quantia certa

O cumprimento de sentença que certifica obrigação de pagar quantia certa se dá por requerimento do credor. O requerimento do exequente deve ser instruído com demonstrativo discriminado e atualizado do crédito, devendo a petição conter: a) o nome completo e o número de inscrição no Cadastro de Pessoas Físicas ou no Cadastro Nacional da Pessoa Jurídica do exequente e do executado; b) o índice de correção monetária adotado; c) os juros aplicados e as respectivas taxas; d) os termos inicial e final dos juros e da correção monetária utilizados; e) a periodicidade da capitalização dos juros, se for o caso; f) a especificação dos eventuais descontos obrigatórios realizados; g) a indicação dos bens passíveis de penhora, sempre que possível. Além disso, se a decisão exequenda disser respeito à relação jurídica sujeita a termo ou a condição, o credor deverá demonstrar a realização da condição ou a ocorrência do termo. Caso o juiz detecte que o valor apontado pelo exequente excede os limites da condenação, a execução será iniciada pelo valor pretendido, mas eventual penhora terá por base a importância que o juiz entender adequada. Para verificar tal valor, o juiz pode valer-se do contador do juízo, o qual terá 30 dias para elaborar os cálculos, salvo se outro prazo lhe for assinado. Se a elaboração da memória discriminada de cálculos depender de dados em poder do devedor ou de terceiro, o juiz poderá requisitá-los. Se a complementação do demonstrativo depender de dados adicionais em poder do executado, o juiz também poderá requisitá-los, fixando prazo de até 30 dias para cumprimento da diligência. Caso as informações adicionais não sejam prestadas pelo devedor no prazo assinado, reputar-se-ão corretos os cálculos do credor feitos com base nos dados disponíveis.

O executado será, então, intimado para cumprir a sentença: a) pelo Diário da Justiça, na pessoa do seu advogado constituído nos autos; b) por carta com aviso de recebimento, quando representado pela Defensoria Pública ou quando não tiver procurador constituído nos autos; c) por meio eletrônico, quando, nos casos do art. 246, § 1º, do CPC, não tiver advogado constituído nos autos; d) por edital, quando assim tiver sido citado e tiver sido revel na fase de conhecimento. Nas hipóteses "b" e "c", presume-se realizada a intimação, se o executado tiver mudado de endereço sem comunicar ao juízo. Se o requerimento for formulado mais de um ano após o trânsito em julgado da decisão, a intimação será obrigatoriamente pessoal, por meio de carta com aviso de recepção.

Intimado, o executado terá o prazo de 15 dias para pagar espontaneamente o débito, acrescido das custas, se houver. Transcorrido o prazo legal sem pagamento voluntário, o débito será automaticamente acrescido de multa de 10% e de honorários advocatícios de 10%, ambos incidentes sobre o valor da execução. Caso o devedor, no prazo legal, pague apenas parte do valor da condenação, a multa e os honorários incidirão somente sobre o restante. Não efetuado o pagamento espontâneo tempestivamente, será expedido mandado de penhora e avaliação, seguindo-se os atos de expropriação.

O réu pode, antes mesmo de intimado para cumprir a sentença, comparecer em juízo e oferecer em pagamento o valor que entender devido, apresentando memória de cálculo discriminada. Nessa hipótese, o autor será intimado, para, em 05 dias, impugnar o valor depositado, podendo, desde já, levantar (sacar) a parcela incontroversa. Entendendo o juiz pela insuficiência do depósito, incidirão a multa de 10% e honorários advocatícios sobre a parte faltante, seguindo-se a execução sobre tal valor. Por outro lado, se o autor não apresentar oposição, o juiz declarará satisfeita a obrigação e extinguirá o processo.

Cumprimento provisório
É provisório o cumprimento fundado em título executivo judicial provisório, porque pendente o trânsito em julgado, o que ocorre quando a decisão a ser executada é impugnada por recurso sem efeito suspensivo. Só é possível o cumprimento provisório fundado em título executivo judicial, nunca em título extrajudicial.
A sentença arbitral, a sentença penal condenatória transitada em julgado e a sentença estrangeira homologada pelo STJ, por não mais comportarem impugnação mediante recurso, não poderão ser executadas provisoriamente, mas apenas definitivamente.
No cumprimento provisório de sentença, devem ser observadas as seguintes regras: a) a execução correrá por iniciativa e responsabilidade do exequente, que se obriga, caso a sentença seja reformada ou anulada, a reparar os danos que o executado houver sofrido; b) o cumprimento provisório ficará sem efeito o cumprimento, sobrevindo decisão que modifique ou anule a sentença objeto da execução, restituindo-se as partes ao estado anterior, liquidando-se eventuais prejuízos nos mesmos autos. Se a sentença provisória for modificada ou anulada apenas em parte, somente nesta ficará sem efeito a execução; c) o levantamento de depósito em dinheiro e a prática de atos que importem alienação transferência de posse ou de propriedade ou de outro direito real ou dos quais possa resultar grave dano ao executado dependerão de caução suficiente e idônea, arbitrada de plano pelo juiz e prestada nos próprios autos.
A caução (contracautela), todavia, poderá ser dispensada quando: a) o crédito for de natureza alimentar, independentemente da sua origem; b) o credor demonstrar situação de necessidade; c) o recurso pendente for o agravo fundado no art. 1.042 do CPC; d) a sentença a ser provisoriamente cumprida estiver em consonância com enunciado da súmula do STF ou do STJ ou em conformidade com acórdão proferido no julgamento de incidente de resolução de demandas repetitivas ou de recurso extraordinário ou especial repetitivo; e) as partes celebrarem negócio processual para dispensá-la. Mesmo assim, o juiz poderá manter a exigência de caução, se a isenção puder causar manifesto risco de grave dano de difícil ou incerta reparação ao executado.
O cumprimento provisório de sentença deve ser requerido pelo exequente, processando-se em autos apartados, tendo em vista a remessa dos autos principais ao tribunal, para análise do recurso interposto. Se os autos não forem eletrônicos, o pedido deverá ser instruído com cópias das seguintes peças, cuja autenticidade poderá ser certificada pelo próprio advogado, sob sua responsabilidade pessoal: a) decisão exequenda; b) certidão de interposição do recurso não dotado de efeito suspensivo; c) procurações outorgadas pelas partes; d) decisão de habilitação, se for o caso; e) outras peças processuais consideradas necessárias para demonstrar a existência do crédito. O executado poderá, se quiser, apresentar impugnação ao cumprimento de sentença.
Aplicam-se à execução provisória a multa de 10% e os honorários advocatícios de 10% previstos para o cumprimento definitivo.
Sobrevindo o trânsito em julgado da decisão exequenda ou de posterior decisão que a confirme, a execução provisória converter-se-á em definitiva.

Impugnação ao cumprimento de sentença
Escoado o prazo para pagamento espontâneo previsto no art. 523 do CPC, inicia-se o prazo de 15 dias para que o executado apresente, nos próprios autos, impugnação ao cumprimento de sentença. O prazo em questão flui automaticamente, a partir do fim do prazo quinzenal para adimplemento voluntário, independentemente de penhora ou de nova intimação. Tal defesa também é aplicável ao cumprimento das obrigações de fazer, de não fazer e de dar coisa distinta de dinheiro.
A impugnação pode versar sobre: a) falta ou nulidade da citação, se, na fase de conhecimento, o processo correu à revelia; b) ilegitimidade das partes; c) inexequibilidade do título ou inexigibilidade da obrigação; d) penhora incorreta ou avaliação errônea; e) excesso de execução ou cumulação indevida de execuções (o que ocorre quando as pretensões executivas fundam-se em títulos distintos e o devedor não é o mesmo, quando o juízo não é competente para processar todas as execuções e quando não é idêntico o procedimento de cada uma das execuções); f) incompetência absoluta ou relativa do juízo; g) qualquer causa modificativa ou extintiva da obrigação, como pagamento, novação, compensação, transação ou prescrição, desde que supervenientes à sentença; h) qualquer causa de nulidade da sentença arbitral (nulidade da convenção de arbitragem; incapacidade do árbitro; falta de relatório, fundamentação, dispositivo, data ou lugar em que proferida; extrapolação dos limites da convenção de arbitragem; comprovação de que foi proferida por prevaricação, concussão ou corrupção passiva; prolação fora do prazo; desrespeito aos princípios do contraditório, da igualdade entre as partes, da imparcialidade do árbitro e do livre convencimento).
O impedimento e a suspeição devem ser arguidos na forma dos arts. 146 a 148, e não mediante impugnação ao cumprimento de sentença, porque o incidente respectivo será julgado pelo tribunal.
Proposta a impugnação, é possível ao juiz indeferi-la liminarmente, quando intempestiva e/ou quando manifestamente protelatória. Caso contrário, deverá o credor ser intimado para apresentar réplica à impugnação, em 15 dias.
Depois de apresentada a impugnação pelo executado, é-lhe lícito suscitar questões relativas a fatos supervenientes, por meio de simples petição, no prazo de 15 dias, contados da comprovada ciência do fato ou da intimação do ato.

O pronunciamento jurisdicional que rejeita a impugnação ao cumprimento de sentença constitui decisão interlocutória, sendo impugnável mediante agravo de instrumento. O mesmo ocorre quando a impugnação é acolhida total ou parcialmente, por exemplo, para retificar o valor da execução ou para reconhecer a prescrição de parte da pretensão executória. Se a decisão acolher a impugnação, acarretando a extinção da execução, será o pronunciamento jurisdicional recorrível por meio de apelação, porquanto se tratará de sentença.

A impugnação não tem efeito suspensivo. No entanto, o juiz pode atribuir tal efeito à defesa, total ou parcialmente, desde que o executado, cumulativamente: a) requeira-o expressamente; b) garanta a execução, mediante penhora, caução ou depósito suficiente; c) apresente fundamentos relevantes e demonstre que o prosseguimento da execução é suscetível de causar-lhe grave dano de difícil ou incerta reparação. Mesmo deferida a atribuição de efeito suspensivo ao incidente de impugnação ao cumprimento de sentença, é lícito ao credor requerer a continuidade da execução, oferecendo e prestando, nos próprios autos, caução suficiente e idônea a ser arbitrada pelo juiz, para garantir sua pretensão (afastando, assim, o "risco" que justificara a atribuição de efeito suspensivo à defesa do executado).

Honorários advocatícios

São devidos honorários sucumbenciais no cumprimento de sentença, independentemente de a execução ser impugnada ou não, desde que escoado o prazo para cumprimento voluntário da obrigação, quando haverá propriamente execução. Extrapolado o prazo para pagamento voluntário, incidirão, de imediato, honorários de 10% sobre o valor da execução. Oferecida impugnação ao cumprimento de sentença e sendo esta acolhida, ainda que parcialmente, devem ser fixados honorários sucumbenciais em favor do advogado do executado. Por outro lado, rejeitada a defesa, o juiz pode majorar os honorários fixados inicialmente em favor patrono do exequente, até o limite de 20%. Tal majoração pode ocorrer ao fim do procedimento executivo, mesmo que não seja apresentada defesa pelo executado, levando-se em conta o trabalho realizado pelo causídico durante o cumprimento de sentença.

Protesto de decisão judicial transitada em julgado

Em se tratando de cumprimento definitivo de sentença, o título executivo judicial exequendo poderá ser levado a protesto, desde que já esgotado o prazo de 15 dias para pagamento voluntário. O exequente poderá realizar o protesto mediante apresentação de certidão de teor da decisão, a qual deverá ser fornecida pelo cartório da vara em que tramita o processo no prazo de 03 dias, contendo os nomes e as qualificações das partes, o número do processo, o valor da dívida e a data de decurso do prazo para pagamento espontâneo. Se o executado intentar ação rescisória para impugnar a decisão exequenda, poderá requerer, a suas expensas e sob sua responsabilidade, a anotação da propositura da ação à margem do título protestado. O executado poderá, comprovando a satisfação integral da obrigação, requerer ao juízo da execução o cancelamento do protesto, o qual será feito mediante envio de ofício ao cartório, no prazo de 3 dias contados da data do protocolo do requerimento. Evidentemente, qualquer hipótese de extinção da execução pode embasar o cancelamento do protesto, a exemplo da prescrição intercorrente e da renúncia ao crédito pelo exequente.

Obrigação de prestar alimentos

A requerimento do exequente, o devedor será intimado, para, em 3 dias: a) pagar o débito; b) provar que o fez; c) justificar a impossibilidade absoluta de efetuar o pagamento. Se o executado não tomar qualquer dessas atitudes ou se sua justificativa não for aceita, o juiz, independentemente de requerimento, mandará protestar a decisão judicial.

Caso o executado seja funcionário público, militar, diretor ou gerente de empresa ou empregado sujeito à legislação trabalhista, o juiz, a requerimento do exequente, poderá determinar o desconto em folha de pagamento da importância da prestação alimentícia. O juiz, então, oficiará à autoridade, à empresa ou ao empregador, determinando, sob pena de crime de desobediência, o desconto, a partir da primeira remuneração seguinte, a contar da data do protocolo do ofício. Este deverá conter: a) os nomes do exequente e do executado; b) os números de suas inscrições no CPF; c) a importância a ser descontada mensalmente; d) a duração dos descontos; e) a conta em que deverá ser feito o depósito. O desconto em folha pode ser utilizado para o pagamento das prestações alimentícias vencidas, desde que os descontos mensais respeitem o limite de 50% dos ganhos líquidos do executado.

Frustrado o adimplemento por meio de desconto em folha, poderá o juiz, a requerimento do exequente, decretar a prisão civil do executado. O débito alimentar que autoriza a prisão é o que compreende as 03 prestações vencidas imediatamente antes do ajuizamento da execução e as que se vencerem no curso do processo. A prisão, que deverá ser cumprida em regime fechado, poderá ser decretada pelo prazo de 1 a 3 meses. O cumprimento da pena não exime o executado do pagamento das parcelas vencidas e vincendas. Por outro lado, se o alimentante pagar as prestações que motivaram a prisão, o juiz suspenderá a ordem de prisão. Caso haja, ainda, parcelas vencidas anteriormente, a execução prosseguirá, mas apenas pelos demais meios executivos, sem a possibilidade de prisão. Se, mesmo depois de cumprida a prisão, o executado não cumprir a obrigação, seguir-se-á o disposto nos artigos 831 e seguintes do Código de Processo Civil, por meio de expropriação de bens do alimentante.

A prisão só é cabível para compelir o devedor a pagar alimentos, se estes forem legítimos ou voluntários. Em se tratando de alimentos indenizativos, fixados em razão de ato ilícito, é descabida a prisão civil. Para esses casos, o CPC/2015 prevê um meio executivo específico: a constituição de capital cuja renda assegure o pagamento do valor mensal da pensão alimentícia. Nesses casos, caberá ao executado, a requerimento do credor, constituir capital, que pode consistir em imóveis ou direitos reais sobre imóveis suscetíveis de alienação, títulos da dívida pública ou aplicações financeiras em banco oficial. O capital constituirá patrimônio de afetação e, enquanto perdurar a obrigação, será inalienável e, por conseguinte, impenhorável. Sobrevindo alteração nas condições econômicas, as partes poderão requerer, conforme o caso, a redução ou o aumento da prestação, que poderá ser fixada tomando por base o salário mínimo. A constituição de capital pode ser substituída: a) pela inclusão do exequente em folha de pagamento de pessoa jurídica de notória capacidade econômica; ou b) a requerimento do executado, por fiança bancária ou garantia real, em valor a ser arbitrado imediatamente pelo juiz. Finda a obrigação de prestar alimentos, o juiz mandará liberar o capital, cessar o desconto em folha ou cancelar as garantias prestadas.

Se juiz, em qualquer momento da execução, verificar conduta procrastinatória por parte do alimentante, dará ciência ao Ministério Público, para que apure a prática do crime de abandono material.

Cumprimento de sentença que reconhece obrigação de pagar quantia pela Fazenda Pública

O exequente deverá apresentar demonstrativo discriminado e atualizado do crédito, contendo: a) o nome completo e o número de inscrição no Cadastro de Pessoas Físicas ou no Cadastro Nacional da Pessoa Jurídica do exequente; b) o índice de correção monetária adotado; c) os juros aplicados e as respectivas taxas; d) os termos inicial e final dos juros e da correção monetária utilizados; e) a periodicidade da capitalização dos juros, se for o caso; f) a especificação dos eventuais descontos obrigatórios realizados. Se houver mais de um credor, cumpre a cada um apresentar o seu demonstrativo. O ente público será, então, intimado na pessoa do seu representante judicial, por carga, remessa ou meio eletrônico, para, querendo, apresentar impugnação à execução, nos próprios autos, no prazo de 30 dias. A defesa poderá versar sobre: a) falta ou nulidade da citação, se, na fase de conhecimento, o processo correu à revelia; b) ilegitimidade das partes; c) inexequibilidade do título ou inexigibilidade da obrigação; d) excesso de execução ou cumulação indevida de execuções; e) incompetência absoluta ou relativa do juízo da execução; f) qualquer causa modificativa ou extintiva da obrigação, como pagamento, novação, compensação, transação ou prescrição, desde que supervenientes ao trânsito em julgado da sentença exequenda. O impedimento e a suspeição deverão ser arguidos na forma dos artigos 146 a 148, porquanto o incidente respectivo será julgado pelo tribunal. A impugnação é dotada de efeito suspensivo, pois o art. 100, §§ 1º, 3º e 5º, da Constituição exige o prévio trânsito em julgado para a expedição do precatório ou da requisição de pequeno valor. Caso a impugnação seja apenas parcial, será possível a execução definitiva da parte não questionada, com a expedição do precatório ou da requisição de pequeno valor relativos à parcela incontroversa.

Não impugnada a execução ou rejeitada a defesa do ente público (por decisão transitada em julgado), expedir-se-á o precatório ou a requisição de pequeno valor.

O precatório consiste em documento expedido pelo juiz, contendo, entre outras informações, o número do processo, os nomes das partes e de seus procuradores, bem como seus números de inscrição no CPF ou no CNPJ, menção à natureza do crédito (comum ou alimentar) e o valor individualizado por beneficiário. Tal documento, depois de expedido, é enviado, por ofício do juiz, ao presidente do respectivo tribunal, para inscrição em lista de pagamento. O recebimento do ofício pelo presidente da corte é chamado de apresentação do precatório e é o momento a partir do qual se considera incluído o crédito na ordem cronológica de pagamentos.

É obrigatória a inclusão, no orçamento das entidades de direito público, de verba necessária ao pagamento de seus débitos constantes de precatórios apresentados até o dia 1º de julho, fazendo-se o pagamento até o final do exercício financeiro seguinte (art. 100, § 5º, da Constituição). As dotações orçamentárias e os créditos abertos serão consignados diretamente ao Poder Judiciário, cabendo ao presidente do tribunal que proferir a decisão exequenda determinar o pagamento integral. As decisões do presidente do tribunal tomadas após a expedição do precatório têm natureza administrativa.

Há três ordens cronológicas distintas: a) a dos créditos alimentares, até o triplo do valor considerado "pequeno valor", cujos titulares tenham 60 anos ou mais ou sejam portadores de doença grave; b) a dos créditos alimentares "comuns"; c) a dos créditos não alimentares ou comuns.

Se a obrigação for definida em lei como de pequeno valor (conforme fixação por cada ente público, mediante lei, de acordo com a sua capacidade econômica, sendo o mínimo igual ao valor do maior benefício do regime geral de previdência social), o pagamento não se submete à ordem cronológica dos precatórios. No âmbito federal, considera-se pequeno valor o que não ultrapasse 60 salários mínimos. Aos Estados e Municípios que ainda não tiverem editado leis pertinentes à matéria, aplica-se, para os Estados, o teto de 40 salários mínimos e, para os Municípios, de 30 salários mínimos. Nesses casos, o pagamento será realizado, por ordem do juiz, dirigida à autoridade na pessoa de quem o ente público foi citado para o processo, no prazo de 2 meses, contados da entrega da requisição de pequeno valor (RPV), mediante depósito na agência de banco oficial mais próxima da residência do exequente.

É vedado o fracionamento do valor do crédito superior à quantia definida como pequeno valor, a fim de burlar a ordem cronológica de pagamento dos precatórios. Se, por exemplo, o crédito existente em face da União corresponde a 130 salários mínimos, não pode o credor desmembrar a obrigação em duas menores, para receber, primeiro, 60 salários mínimos, por RPV, e, depois, os 70 restantes, por precatório. O que se permite é que o credor renuncie à parcela excedente, recebendo apenas o "pequeno valor", mediante RPV. Contudo, o credor alimentar maior de 60 anos ou portador de doença grave pode dividir o seu crédito entre duas ordens cronológicas diferentes, submetendo à lista de maior prioridade a quantia equivalente ao triplo do considerado "pequeno valor", enquanto o restante segue a ordem dos credores comuns.

Caso o credor seja preterido no seu direito de precedência ou não seja alocado, no orçamento do ente público, o valor necessário ao pagamento do seu crédito, ele poderá requerer ao presidente do tribunal o sequestro da quantia respectiva.

CAPÍTULO 37

PROCEDIMENTOS ESPECIAIS

Sumário • 1. Considerações iniciais – 2. Procedimentos especiais – 3. Súmulas – 4. Enunciados do FPPC – 5. Sinopse.

1. CONSIDERAÇÕES INICIAIS

Quanto mais o legislador consiga, por intermédio de boas técnicas, homogeneizar os procedimentos, mais se concede previsibilidade e segurança jurídica. Assim, juiz, partes, advogados e servidores podem lidar, de forma mais hábil e prática, com o processo.

O CPC/2015 fixa como uma das suas premissas a operabilidade. Com isso, busca-se o estado ideal da tutela jurisdicional efetiva e eficiente a partir da simplificação e objetivação dos procedimentos, com vistas a assegurar um processo justo a se desenvolver em tempo razoável.

A assim considerar, um dos passos dados pelo legislador nesse sentido foi a extinção do procedimento sumário e a generalização do procedimento comum para todas as causas cíveis (ressalvadas, por óbvio, aquelas que se submeterão a procedimentos especiais).

No mesmo sentido, o legislador promoveu sensíveis alterações nos procedimentos especiais, a adotar uma política de racionalização, a afirmar, além da utilidade, a operabilidade. Para isso, partiu da lógica (sempre atual) de que determinados direitos devem (ou, em algumas vezes, podem) ser regidos por um procedimento especial.

Tal se justifica quando se constata que o procedimento comum não é suficiente para tutelar o direito de forma justa e expedita. Aí, concede-se às partes, sobretudo àquela que inaugura a prestação jurisdicional via formação do processo, procedimentos especiais, que podem ser obrigatórios e, noutras ocasiões, apenas facultativos.

Entretanto, até para afirmar a utilidade, o CPC/2015 extinguiu alguns procedimentos especiais, cujos direitos subjetivos passaram a ser tutelados pelo procedimento comum, a fim de trazer mais simplicidade e segurança jurídica. Mas, evidentemente, até para afirmar a garantia do efetivo acesso à prestação jurisdicional (e da própria eficiência), manteve alguns procedimentos especiais codificados (além daqueles previstos na legislação extravagante).

Questão de Concurso

▶ **(Consulplan – Cartórios – Provimento – TJ – MG/2017)**[20] Sobre os procedimentos especiais, assinale a única afirmativa correta:

20. Gabarito: Letra C.

a) O CPC/2015 manteve no Título III do Livro I da Parte Especial as ações de exigir e prestar contas.

b) A restauração de autos é um procedimento de jurisdição voluntária.

c) O procedimento comum aplica-se subsidiariamente aos procedimentos especiais.

d) O CPC/2015 extinguiu a divisão entre procedimentos especiais de jurisdição contenciosa e de jurisdição voluntária.

2. PROCEDIMENTOS ESPECIAIS

Os procedimentos especiais podem ser divididos em procedimentos especiais de **jurisdição contenciosa**, que, no Código, estão previstos entre os artigos 539 a 718, e procedimentos especiais de **jurisdição voluntária**, que, no Código, estão previstos entre os artigos 719 e 770.

Não quer isso dizer, conforma antes firmado, que não haja procedimentos especiais na legislação extravagante. Há sim. Quanto a eles, as alterações trazidas pelo Código são apenas reflexas, a considerar a modificação de institutos comuns (possíveis) a todos (ou cada uma) eles (deles).

A lógica dos procedimentos especiais é oferecer um arranjo procedimental diferenciado para tutelar, de forma mais adequada, direitos subjetivos que exijam tratamentos particularizados. A especialização pode decorrer, dentre outros, pela modificação de prazos, a possibilidade de concessão uma tutela diferenciada e inversão de atos ou etapas processuais.

Mas, para simplificar a tutela jurisdicional, um maior número de ações, que antes eram especiais, foi incluído no procedimento comum. Por isso, evidentemente, alguns procedimentos especiais foram suprimidos e as peculiaridades procedimentais que os caracterizava deixaram de existir, o que não significa que o juiz não possa, para afirmar o acesso efetivo, destinar uma atuação diferenciada.

Nos procedimentos especiais de jurisdição contenciosa, ficou clara essa redefinição. Tal ocorreu, por exemplo, com a ação de depósito. No CPC/1973, ela estava prevista no art. 901. Tinha como traço peculiar a tutela de evidência e alguns prazos diferenciados. O CPC/2015, contudo, deslocou a ação depósito para o procedimento (art. 311, III), mas, possibilitou a concessão de uma tutela de evidência específica.

Do CPC/2015, foram **suprimidos** os seguintes procedimentos de jurisdição contenciosa: a) **ação de anulação e substituição de títulos ao portado**r (art. 907 do CPC/1973); b) **ação de nunciação de obra nova** (art. 934 do CPC/1973); c) **ação de usucapião de terras particulares** (art. 941 do CPC/1973); d) **vendas a crédito com reserva de domínio** (art. 1070 do CPC/1973).

Apesar da extinção daqueles procedimentos especiais, os direitos por eles tutelados continuarão a ser, agora, pelo procedimento comum com todas as inovações procedimentais trazidas pelo CPC/2015 (como, por exemplo, a generalização da tutela provisória e a tutela específica das obrigações em geral).

Não é só.

Em movimento inverso, ocorreu de ações que antes seguiam o procedimento comum, passarem a seguir procedimentos especiais autônomos. Isso ocorreu, por exemplo, com a oposição. Antes, qualificada como simples intervenção de terceiro, foi, agora, devidamente reconhecida como procedimento especial de jurisdição contenciosa.

Assim, as seguintes ações (expressamente, pelo menos) foram colocadas como espécies de procedimentos especiais de jurisdição contenciosa pelo CPC/2015: a) **ação de exigir contas** (arts. 550 a 553 do CPC); b) **ação de dissolução parcial de sociedade** (art. 599 do CPC), que, antes, estava regulada pelo CPC/1939; c) **ações de família** (art. 693 do CPC); d) **ação de regulação de avaria grossa** (art. 707 a 711 do CPC).

De qualquer modo, a maior parte das ações especiais foram mantidas pelo Código, com algumas modificações pontuais. São elas: a) **ação de consignação em pagamento** (art. 539 a 549 do CPC); b) **ações possessórias** (art. 554 a 568 do CPC); c) **ação de divisão e demarcação de terras particulares** (art. 569 a 598 do CPC); d) **ação de inventário e partilha** (art. 610 a 673 do CPC); e) **ação de embargos de terceiro** (art. 674 a 681 do CPC); f) **ação monitória** (art. 700 a 702 do CPC); g) **ação de homologação de penhor legal** (art. 703 a 706 do CPC); **ação de restauração de autos** (art. 712 a 718 do CPC).

Quanto aos procedimentos de jurisdição voluntária, houve apenas pontuais modificações. Destacam-se a notificação e a interpelação (art. 726 do CPC), que, no Código anterior, eram indevidamente colocadas como sendo procedimentos cautelares típicos. Da mesma forma, o divórcio, a separação consensual, a extinção de união estável e a alteração do regime de bens do matrimônio (art. 731 a 734 do CPC), que representam ampliação dos procedimentos antes previstos no CPC/1973, que se adstringia à separação consensual.

3. SÚMULAS

Súmulas do STF

237. O usucapião pode ser arguido na defesa.

Súmulas do STJ

1. O foro do domicilio ou da residência do alimentando e o competente para a ação de investigação de paternidade, quando cumulada com a de alimentos.

69. Na desapropriação direta, os juros compensatórios são devidos desde a antecipada imissão na posse e, na desapropriação indireta, a partir da efetiva ocupação do imóvel.

84. É admissível a oposição de embargos de terceiro fundados em alegação de posse advinda do compromisso de compra e venda de imóvel, ainda que desprovido do registro.

113. Os juros compensatórios, na desapropriação direta, incidem a partir da imissão na posse, calculados sobre o valor da indenização, corrigido monetariamente.

134. Embora intimado da penhora em imóvel do casal, o cônjuge do executado pode opor embargos de terceiro para defesa de sua meação.

193. O direito de uso de linha telefônica pode ser adquirido por usucapião.

195. Em embargos de terceiro não se anula ato jurídico, por fraude contra credores.

197. O divórcio direto pode ser concedido sem que haja previa partilha dos bens.

208. Compete a Justiça Federal processar e julgar prefeito municipal por desvio de verba sujeita a prestação de contas perante órgão federal.

247. O contrato de abertura de crédito em conta-corrente, acompanhado do demonstrativo de débito, constitui documento hábil para o ajuizamento da ação monitória.

259. A ação de prestação de contas pode ser proposta pelo titular de conta-corrente bancária.

282. Cabe a citação por edital em ação monitória.

292. A reconvenção é cabível na ação monitória, após a conversão do procedimento em ordinário.

299. É admissível a ação monitória fundada em cheque prescrito.

301. Em ação investigatória, a recusa do suposto pai a submeter-se ao exame de DNA induz presunção *juris tantum* de paternidade.

303. Em embargos de terceiro, quem deu causa à constrição indevida deve arcar com os honorários advocatícios.

339. É cabível ação monitória contra a Fazenda Pública.

384. Cabe ação monitória para haver saldo remanescente oriundo de venda extrajudicial de bem alienado fiduciariamente em garantia.

477. A decadência do art. 26 do CDC não é aplicável à prestação de contas para obter esclarecimentos sobre cobrança de taxas, tarifas e encargos bancários.

503. O prazo para ajuizamento de ação monitória em face do emitente de cheque sem força executiva é quinquenal, a contar do dia seguinte à data de emissão estampada na cártula.

504. O prazo para ajuizamento de ação monitória em face do emitente de nota promissória sem força executiva é quinquenal, a contar do dia seguinte ao vencimento do título.

531. Em ação monitória fundada em cheque prescrito ajuizada contra o emitente, é dispensável a menção ao negócio jurídico subjacente à emissão da cártula.

4. ENUNCIADOS DO FPPC

42. O dispositivo aplica-se mesmo a procedimentos especiais que não admitem intervenção de terceiros, bem como aos juizados especiais cíveis, pois se trata de mecanismo saneador, que excepciona a estabilização do processo.

234. Aplicam-se ao procedimento do mandado de segurança os arts. 7º, 9º e 10 do CPC.

133. Aplica-se o incidente de desconsideração da personalidade jurídica no processo falimentar.

249. A intervenção do amicus curiae é cabível no mandado de segurança.

251. O inciso VI do art. 139 do CPC aplica-se ao processo de improbidade administrativa.

291. Aplicam-se ao procedimento do mandado de segurança os arts. 331 e parágrafos e 332, § 3º do CPC.

312. O inciso IV do § 4º do art. 496 do CPC aplica-se ao procedimento do mandado de segurança.

328. Os arts. 554 e 565 do CPC aplicam-se à ação de usucapião coletiva (art. 10 da Lei 10.258/2001) e ao processo em que exercido o direito a que se referem os §§ 4º e 5º do art. 1.228, Código Civil, especialmente quanto à necessidade de ampla publicidade da ação e da participação do Ministério Público, da Defensoria Pública e dos órgãos estatais responsáveis pela reforma agrária e política urbana.

351. O regime da recorribilidade das interlocutórias do CPC aplica-se ao procedimento do mandado de segurança.

487. No mandado de segurança, havendo substituição processual, o substituído poderá ser assistente litisconsorcial do impetrante que o substituiu.

500. O regime da estabilização da tutela antecipada antecedente aplica-se aos alimentos provisórios previstos no art. 4º da Lei 5.478/1968, observado o § 1º do art. 13 da mesma lei.

505. Na ação de despejo cumulada com cobrança, julgados procedentes ambos os pedidos, são passíveis de execução, além das parcelas vencidas indicadas na petição inicial, as que se tornaram exigíveis entre a data de propositura da ação e a efetiva desocupação do imóvel locado.

506. A expressão "procedimentos especiais" a que alude o § 2º do art. 327 engloba aqueles previstos na legislação especial.

513. Postulado o despejo em cumulação com outro(s) pedido(s), e estando presentes os requisitos exigidos pelo art. 356, o juiz deve julgar parcialmente o mérito de forma antecipada, para determinar a desocupação do imóvel locado.

537. A conduta comissiva ou omissiva caracterizada como atentatória à dignidade da justiça no procedimento da execução fiscal enseja a aplicação da multa do parágrafo único do art. 774 do CPC/15.

560. As decisões de que tratam os arts. 22, 23 e 24 da Lei 11.340/2006 (Lei Maria da Penha), quando enquadradas nas hipóteses do inciso I, do art. 1.015, podem desafiar agravo de instrumento.

561. A decisão que julgar procedente ou improcedente o pedido em arguição de descumprimento de preceito fundamental é impugnável por embargos de declaração, aplicando-se por analogia o art. 26 da Lei n.º 9868/1999.

567. Invalidado o ato processual praticado à luz do CPC de 1973, a sua repetição observará o regramento do CPC-2015, salvo nos casos de incidência do art. 1047 do CPC-2015 e no que refere às disposições revogadas relativas ao procedimento sumário, aos procedimentos especiais e às cautelares.

277. Julgada procedente a investigação de paternidade, os alimentos são devidos a partir da citação.

680. Admite-se pedido de autointerdição e de levantamento da própria interdição a partir da vigência do Estatuto da Pessoa com Deficiência.

5. SINOPSE

PROCEDIMENTOS ESPECIAIS
Considerações iniciais
Quanto mais o legislador consiga, por intermédio de boas técnicas, homogeneizar os procedimentos, mais se concede previsibilidade e segurança jurídica. Assim, juiz, partes, advogados e servidores podem lidar, de forma mais hábil e prática, com o processo.
Procedimentos Especiais
Os procedimentos especiais podem ser divididos em procedimentos especiais de jurisdição contenciosa, que, no Código, estão previstos entre os artigos 539 a 718, e procedimentos especiais de jurisdição voluntária, que, no Código, estão previstos entre os artigos 719 e 770.

CAPÍTULO 38

CONSIGNAÇÃO EM PAGAMENTO

Sumário • 1. Conceito e natureza – 2. Direito material à consignação – 3. Legitimidade: 3.1. Legitimidade ativa; 3.2. Legitimidade passiva – 4. Competência – 5. Procedimento: 5.1. Fase extrajudicial; 5.2. Fase judicial – 6. Depósito de coisa indeterminada – 7. Levantamento do depósito pelo autor – 8. Prestações sucessivas e depósito em continuação – 9. Aplicabilidade do procedimento ao resgate de aforamento – 10. Enunciados do FPPC – 11. Sinopse.

1. CONCEITO E NATUREZA

A consignação em pagamento é instrumento posto à disposição do devedor para que exerça o direito de cumprir uma obrigação. Sempre que haja obstáculo imposto pelo credor à satisfação da obrigação, bem como quando houver incerteza sobre a titularidade do crédito, o devedor terá a **faculdade** de recorrer ao procedimento especial previsto nos arts. 539 a 549, a fim de desincumbir-se de sua obrigação.

Trata-se, pois, de "**modo de extinção da obrigação, com força de pagamento**, e a correspondente ação consignatória tem por finalidade ver atendido o direito – material – do devedor de liberar-se da obrigação e de obter quitação" (STJ. REsp 659.779/RS. DJ 27.09.04).

2. DIREITO MATERIAL À CONSIGNAÇÃO

A consignação em pagamento é compatível apenas com as **obrigações de pagar quantia ou de entregar coisa distinta de dinheiro**. É por isso que o art. 539, *caput*, do CPC dispõe que "poderá o devedor ou terceiro requerer, com efeito de pagamento, a consignação da quantia ou da coisa devida". Não é possível, por exemplo, consignar um não fazer; a obrigação é cumprida pela simples abstenção do sujeito passivo. As obrigações de fazer, só em alguns casos, podem sujeitar-se à consignação. Tal ocorrerá se o fazer originário resultar, ao fim, em um entregar. Por exemplo: a obrigação de confeccionar uma obra de arte, depois de realizado o trabalho artístico (o fazer), converte-se em uma obrigação de entregar coisa, que pode perfeitamente ser consignada.

As hipóteses de cabimento da consignação em pagamento podem ser divididas em dois grandes grupos:

a) hipóteses de mora do credor (*mora accpiendi*);

b) hipóteses de incerteza quanto à titularidade do crédito.

O devedor não consegue adimplir a obrigação, seja porque o credor recusa-se ou evita receber a prestação, seja porque não sabe (por desconhecer ou por não ter certeza de) quem é o credor.

O art. 335, I a V, do Código Civil traz um **rol exemplificativo** das hipóteses em que é cabível a consignação em pagamento:

a) **se o credor não puder ou, sem justa causa, recusar receber o pagamento ou dar quitação na devida forma;**

b) **se o credor não for nem mandar receber a coisa no lugar, no tempo e na condição devidos;**

c) se o credor for incapaz de receber, for desconhecido, declarado ausente, ou residir em lugar incerto ou de acesso perigoso ou difícil;

d) se ocorrer dúvida sobre quem deva legitimamente receber o objeto do pagamento;

e) se pender litígio sobre o objeto do pagamento.

Há outras hipóteses expressas em lei, a exemplo do que dispõem o art. 67 da Lei nº 8.245/1991 (Lei de Locações, conhecida como Lei do Inquilinato) e o art. 164 do Código Tributário Nacional. Isso, evidentemente, não exclui outras situações não enquadradas, de forma expressa, na lei. Havendo necessidade e utilidade da consignação em pagamento, poderá o devedor fazer uso dela, independentemente de expressa previsão legal, bastando que demonstre a impossibilidade de proceder ao pagamento voluntário.

De acordo com o art. 336 do CC/2002, para que a consignação seja válida, é preciso que se observem os requisitos de validade do pagamento, em relação às pessoas (o pagamento não pode ser feito a quem não é credor), ao objeto (não se pode consignar prestação distinta da devida), ao modo (não se pode, por exemplo, pagar de forma parcelada, se se acordou que o pagamento seria à vista) e ao tempo (por exemplo, não há falar em direito à consignação antes do vencimento da dívida). Além disso, a teor do art. 337 do CC, a consignação há de ser efetuada no lugar do pagamento.

3. LEGITIMIDADE

3.1. Legitimidade ativa

A legitimidade ativa para propor ação de consignação em pagamento é do **devedor**. Contudo, tal legitimidade não é exclusiva. O próprio art. 539, *caput*, do CPC prescreve que "poderá o devedor ou terceiro requerer, com efeito de pagamento, a consignação da quantia ou da coisa devida".

Nos termos do art. 304 do Código Civil, o **terceiro interessado** pode pagar a dívida e, se o credor se opuser, pode valer-se dos meios conducentes à sua exoneração. Assim, por exemplo, o fiador pode intentar ação de consignação em pagamento, independentemente do consentimento do devedor principal, visando a desincumbir-se da obrigação principal, pela qual responde, em razão de pacto acessório.

Igual direito assiste ao **terceiro não interessado**, desde que o faça em nome e à conta do devedor, salvo oposição deste (art. 304, parágrafo único, do Código Civil). Nesse caso, o terceiro tem direito a reembolsar-se do que pagar, mas não se sub-roga nos direitos do credor (art. 305 do CC/2002). Por exemplo: se o credor de obrigação de pagar possuía garantia real hipotecária (isto é, um bem imóvel garantia a dívida), o pagamento pelo terceiro não interessado faz com que o direito real de garantia se extinga. Então, se o terceiro desejar cobrar do devedor aquilo que pagou, não poderá valer-se da referida garantia real, agora extinta.

> Em caso de compromisso de compra e venda, verificada a morte de um dos contratantes, é lícito ao descendente-sucessor valer-se da ação de consignação em pagamento. É, portanto, parte legítima (STJ. REsp 85.551/PB. DJ 08.03.99).

3.2. Legitimidade passiva

A legitimidade passiva, na ação de consignação em pagamento, é, em regra, do **credor**.

Todavia, há hipóteses em que existe dúvida sobre quem é realmente o credor (art. 335, IV, do CC/2002). Nesses casos, todos os possíveis credores devem ser incluídos no polo passivo da relação processual, a se oportunizar que provem eventual direito (art. 547, CPC). Assim, por exemplo, se o devedor não sabe se deve pagar a A ou a B, ambos são partes legítimas e devem necessariamente ser indicados como réus na petição inicial.

Diferente é a situação em que o credor é desconhecido (art. 335, III, do CC). Aqui, não há dúvida sobre dois ou mais potenciais credores; o sujeito ativo da obrigação é completamente desconhecido. Nessa situação, cabe ao devedor requerer a citação por edital de todos os possíveis interessados, nos termos do art. 256, I, do CPC.

4. COMPETÊNCIA

A ação de consignação em pagamento deve ser ajuizada no foro do **lugar do pagamento**, conforme os arts. 540 do CPC e 337 do CC. Cuida-se de competência territorial relativa, passível de prorrogação, caso o réu não suscite a incompetência na contestação (art. 65 do CPC).

Tratando-se de obrigação de entregar coisa móvel (inclusive dinheiro), a regra geral é a de que o pagamento deve ser efetuado no domicílio do devedor, salvo se as partes convencionarem diversamente ou se o contrário resultar da lei, da natureza da obrigação ou das circunstâncias (art. 327 do CC). Assim, em regra, será competente o foro do domicílio do autor (devedor), e não do réu (credor), como ocorre habitualmente no procedimento comum, em razão da regra geral do art. 46 do CPC. Todavia, nada impede que o local do pagamento seja modificado por disposição negocial, bem como que haja eleição de foro por cláusula expressa.

Se a coisa devida for corpo que deva ser entregue no lugar em que está, poderá o devedor requerer a consignação no foro em que ela se encontra, com base no art. 341 do Código Civil. Essa disposição estava expressa no parágrafo único do art. 891 do CPC/1973, a qual não foi reproduzida pelo CPC/2015. Apesar disso, não há prejuízo à regra de competência, que se mantém em razão do disposto no referido artigo do Código Civil. Nesse sentido, o enunciado 59 do FPPC: "Em ação de consignação e pagamento, quando a coisa devida for corpo que deva ser entregue no lugar em que está, poderá o devedor requerer a consignação no foro em que ela se encontra. A supressão do parágrafo único do art. 891 do Código de Processo Civil de 1973 é inócua, tendo em vista o art. 341 do Código Civil".

Se obrigação for de entrega de coisa imóvel ou de pagamento de prestações relativas a imóvel, o pagamento deve ser feito no lugar em que se situa o bem, a teor do comando do art. 328 do Código Civil. Assim, a competência, no caso de consignação de bem imóvel ou de prestações relativas a ele, é do foro do local em que se situa o bem.

5. PROCEDIMENTO

5.1. Fase extrajudicial

Em se tratando de **obrigação de pagar quantia**, é possível ao devedor, antes de intentar uma ação judicial, utilizar-se do procedimento extrajudicial previsto nos §§ 1º a 4º do art. 539 do CPC. Trata-se de uma **faculdade** do devedor, que não precisa submeter-se a essa fase para propor a demanda consignatória; se quiser, pode ir diretamente ao Poder Judiciário.

A fase extrajudicial foi introduzida, no direito brasileiro, pela Lei nº 8.951/1994, que alterou o CPC/1973, visando, por um lado, a desburocratizar a efetivação da consignação em pagamento e, por outro, a desafogar o Poder Judiciário, sabidamente assoberbado com o grande número de processos novos formados a cada dia. Atualmente, como dito, a previsão da fase extrajudicial encontra-se no art. 539, §§ 1º a 4º, do CPC/2015, correspondente ao art. 890, §§ 1º a 4º, do CPC/1973.

Veja-se, então, o rito previsto.

Cuidando-se de obrigação de pagar quantia, o devedor poderá depositar o valor devido em estabelecimento bancário (oficial, onde houver), situado no lugar do pagamento, cientificando-se o credor por carta com aviso de recebimento (AR), assinado o prazo de **10 dias** para manifestação de recusa (art. 539, § 1º). Segundo o art. 4º da Resolução nº 2.814/2001 do Banco Central, "a instituição financeira, quando do recebimento de depósitos de consignação em pagamento, deve expedir, dentro de dois dias úteis, a correspondente notificação ao credor, cujo aviso de recepção deve ser assinado pessoalmente pelo destinatário e conservado pela instituição para os fins previstos em lei".

Decorrido o prazo de 10 dias, contado do retorno do aviso de recebimento, sem manifestação de recusa do credor, considerar-se-á o devedor liberado da obrigação, ficando a quantia depositada à disposição do credor (art. 539, § 2º). Não há necessidade de homologação judicial; o procedimento é realizado integralmente no plano extraprocessual.

Por outro lado, se houver recusa por escrito, manifestada ao estabelecimento bancário, restará frustrada a consignação extrajudicial. A instituição financeira, então, deverá expedir notificação ao depositante, no prazo de um dia útil, com aviso de recepção (art. 6º da Resolução nº 2.814/2001 do BACEN). Nesse caso, o consignante poderá propor a ação judicial, aproveitando o depósito já efetuado e instruindo a petição inicial com o comprovante do depósito e da recusa (art. 539, § 3º).

Segundo os §§ 3º e 4º do art. 539 do CPC, a ação deve ser proposta no prazo de um mês, findo o qual o depósito fica sem efeito, podendo o devedor levantá-lo (sacá-lo). Evidentemente, também ficará sem efeito o depósito, se o devedor proceder ao seu levantamento (saque) antes do prazo mensal mencionado.

Questão de Concurso

▶ **(Cespe – Notários e Oficiais de Registro – Remoção – TJ – DFT/2019)**[1] De acordo com a legislação processual civilista, há dois tipos de procedimentos especiais: os de jurisdição contenciosa, que dizem respeito à solução de litígios, e os de jurisdição voluntária, que se referem à administração judicial de interesses privados não litigiosos. A propósito desse assunto, assinale Verdadeiro ou Falso: "Na via extrajudicial, é admitida a consignação em pagamento em pecúnia ou em objeto diferente de dinheiro.".

5.2. Fase judicial

De acordo com o art. 542 do CPC, na petição inicial, o autor deverá requerer: a) o depósito da quantia ou da coisa devida, a ser efetivado no prazo de **5 dias**, contados do deferimento, ressalvada a hipótese de o depósito já ter sido feito extrajudicialmente, na forma dos §§ 1º a 4º do art. 539; b) a citação do réu, para, além de compor a relação processual, levantar o depósito (se o credor entender como satisfatório à extinção da obrigação, ainda que não corresponda exatamente à prestação) ou oferecer contestação (se o credor entender como insatisfatório à extinção da obrigação).

Não realizado o depósito no prazo, o processo será extinto sem resolução do mérito (art. 542, parágrafo único). Todavia, se, antes de o juiz proferir decisão terminativa, o autor realizar o depósito, tal fato deverá ser levado em consideração, a teor do art. 493 do CPC. Assim, o processo não será extinto, mas os efeitos da mora somente cessarão a partir da data do depósito. De fato, o STJ já decidiu que "o depósito extemporâneo pelo devedor-consignante não é causa de extinção do processo sem julgamento do mérito, devendo ser aproveitado" (STJ. REsp 702.739/PB. DJ 02.10.06). Isso, porque "o descumprimento do prazo para o depósito, na ação de consignação em pagamento, só acarreta prejuízo ao devedor-consignante, porque, enquanto não depositada a prestação, persiste a mora com todas as conseqüências a ela inerentes" (STJ. REsp 617.323/RJ. DJ 20.06.05). Logo, ao efetuar o depósito fora do tempo, deve considerar os efeitos de sua mora para calcular o valor devido.

Na contestação, consoante o art. 544 do CPC, o réu poderá alegar que: a) não houve recusa ou mora em receber a quantia ou a coisa devida; b) foi justa a recusa; c) o depósito não se efetuou no prazo ou no lugar do pagamento; d) o depósito não é integral, hipótese em que cabe ao contestante indicar o montante que entende devido (art. 544, parágrafo único).

> Na ação de consignação em pagamento é possível ampla discussão sobre o débito e o seu valor, inclusive com a interpretação da validade e alcance das cláusulas contratuais. (STJ. REsp 919.243/SP. DJ 07.05.07). Embora o rol de matérias alegáveis em contestação seja aparentemente restrito, é lícito ao réu alegar, como questões prejudiciais, quaisquer matérias sirvam de base às alegações de justeza da recusa, de irregularidade do pagamento

1. Gabarito: Falso.

> ou de insuficiência do depósito. Assim, por exemplo, pode o réu alegar que foi justa a recusa, porque a cláusula x do contrato é nula. E, se preenchidos os requisitos §§ 1º e 2º do art. 503 do CPC, sobre tais questões apresentadas (no exemplo) pelo réu, formar-se-á coisa julgada material.

Na hipótese do inciso IV do art. 544 (insuficiência do depósito), o art. 545 faculta ao autor a **complementação do depósito**, no prazo de **10 dias**, salvo se corresponder a prestação cujo inadimplemento acarrete a rescisão do contrato (isto é, se, por exemplo, houver previsão contratual no sentido de que o inadimplemento de *x* parcelas conduz à rescisão). É por isso que o art. 544, parágrafo único, impõe ao réu que, na contestação, decline o valor que entende devido. Só assim, é possível ao autor complementar o depósito.

Nos casos de depósito parcial, o réu poderá, desde logo, levantar a quantia ou a coisa devida, com a consequente liberação parcial do autor, prosseguindo o processo quanto à parcela controvertida (art. 545, § 1º, do CPC). Cuida-se de faculdade do credor, independendo de concordância do consignante (STJ. REsp 568.522/GO. DJ 28.03.05).

Se o pedido for julgado procedente, o juiz declarará extinta a obrigação e condenará o réu ao pagamento das custas e dos honorários sucumbenciais (art. 546). A sentença é, pois, **declaratória**, na medida em que apenas reconhece o cumprimento anterior da obrigação (STJ. REsp 659.779/RS. DJ 27.09.04), tal qual ocorre na sentença da execução (art. 924, II, do CPC). Se sentença concluir pela insuficiência do depósito, determinará, sempre que possível, o montante devido, valendo como título executivo, podendo o credor promover cumprimento de sentença em face do consignante, nos próprios autos, na forma do art. 513 e seguintes do CPC (art. 545, § 2º, do CPC). Igual conclusão é válida para os casos em que a sentença julgar totalmente improcedente o pedido, sendo facultado ao credor promover a execução do valor nos próprios autos. Com efeito, o STJ, em 2016, pacificou, em recurso especial repetitivo, que a sentença de improcedência também possui eficácia executiva (STJ. REsp 1.324.152/SP. DJe 15.06.16). E, se a sentença reconhecer como excedente o depósito realizado em consignação, liberará a parte excedente em favor do autor.

> *Em ação consignatória, a insuficiência do depósito realizado pelo devedor conduz ao julgamento de improcedência do pedido, pois o pagamento parcial da dívida não extingue o vínculo obrigacional (STJ. REsp 1.108.058/DF. DJe 23.10.18. Inf. 636).*

Por fim, cumpre examinar os possíveis deslindes do processo, nas hipóteses de incerteza sobre a titularidade do crédito. Como visto, o art. 547 do CPC determina que, havendo dúvida quanto à titularidade do crédito, todos os potenciais credores devem ser incluídos no polo passivo, a fim de que cada um possa provar o seu direito. Ocorrendo isso, três situações são possíveis: a) não comparece nenhum dos réus; b) comparece apenas um; c) comparece mais de um réu.

No primeiro caso, não havendo nenhum credor para receber a quantia ou a coisa, o depósito converte-se em arrecadação de coisas vagas (art. 548, I, do CPC). Segue-se, então, o procedimento de jurisdição voluntária previsto no art. 746 do CPC, destinado a retornar a coisa descoberta ao seu proprietário. Nos termos do art. 746, § 2º, "o juiz mandará publicar edital na rede mundial de computadores, no sítio do tribunal a que estiver vinculado e na plataforma de editais do Conselho Nacional de Justiça ou, não havendo sítio, no órgão oficial e na imprensa da comarca, para que o dono ou o legítimo possuidor a reclame, salvo se se tratar de coisa de pequeno valor e não for possível a publicação no sítio do tribunal, caso em que o edital será apenas afixado no átrio do edifício do fórum". Decorridos 60 dias, se ninguém se apresentar e comprovar a propriedade da coisa, esta será vendida em hasta pública, e, deduzidas as despesas, pertencerá o remanescente ao Município (art. 1.237 do CC/2002).

Na segunda situação, comparecendo apenas um credor, o juiz decidirá de plano (art. 548, II), como se a ação tivesse sido proposta apenas contra o réu que compareceu.

Na terceira hipótese, comparecendo dois ou mais potenciais credores, o juiz declarará efetuado o depósito e extinta a obrigação, continuando o processo a correr unicamente entre os presuntivos credores, observado o procedimento comum (art. 548, III, do CPC). Significa dizer que, ocorrendo tal situação, o juiz deve proferir **sentença**, extinguindo a fase consignatória do processo (a não ser que o valor depositado seja insuficiente) e liberando o consignante da obrigação, iniciando, então, nova fase processual, a seguir o procedimento comum. Nessa nova fase cognitiva, figurarão, como partes, apenas os alegados credores, que litigarão entre si para provar o seu direito.

Questão de Concurso

▶ **(Consulplan – Juiz de Direito – TJ – MG/2018)**[2] A tomou certa importância emprestada de B para pagar em 60 (sessenta) dias; 10 (dez) dias antes de vencer a obrigação, o credor faleceu. O devedor foi procurado por C e D para receberem o crédito e alegaram que ambas teriam mantido união estável, simultaneamente, com B. Diante do impasse e pretendendo não se sujeitar aos efeitos da mora, o devedor

A) nada fará e aguardará iniciativa por parte das supostas credoras.

B) proporá ação de consignação em pagamento e requererá ao Juiz, como tutela provisória de urgência, decidir quem é a credora.

C) proporá ação de consignação em pagamento e requererá a citação das duas supostas credoras para que levantem a importância ofertada.

D) proporá ação de consignação em pagamento e requererá ao Juiz autorização para depositar a importância devida somente depois que for definido quem é a credora.

6. DEPÓSITO DE COISA INDETERMINADA

Em se tratando de obrigação de entregar coisa incerta (que deve ser identificada, pelo menos, pelo gênero e pela quantidade, conforme o art. 243 do CC/2002), a escolha pode caber ao credor ou ao devedor. Em regra, pertence ao devedor a escolha, salvo se houver disposição contratual em sentido contrário, nos termos do art. 244 do CC/2002.

Competindo ao devedor a escolha da coisa a ser entregue, tal direito deve ser exercido quando da propositura da ação, caso a escolha não já tenha sido feita antes. Então, na própria petição inicial, o autor deve individualizar a coisa a ser entregue.

Por outro lado, cabendo ao credor a escolha, será ele citado para exercer o direito dentro de **5 dias** (prazo especial[3]), se outro prazo não constar de lei ou do contrato, ou para aceitar

2. Gabarito: Letra C.

3. Esse prazo não se confunde com aquele previsto no art. 812 do CPC, que trata da execução para entrega de coisa incerta e estabelece como sendo de 15 dias para impugnar a escolha realizada pela parte adversa. Eis a redação

que o devedor a faça, devendo o juiz, ao despachar a petição inicial, fixar lugar, dia e hora em que se fará a entrega, sob pena de depósito (art. 543 do CPC).

7. LEVANTAMENTO DO DEPÓSITO PELO AUTOR

O autor pode requerer o levantamento do depósito, enquanto o réu não declarar que o aceita ou não o impugnar (art. 338, CC). Isso, porque, como visto, a consignação é uma faculdade do devedor. Tal atitude equivale à desistência da ação e, por isso, acarreta a extinção do processo sem resolução do mérito (art. 485, VIII, do CPC), com a consequente condenação do autor ao pagamento das despesas processuais (inclusive honorários, se o réu já tiver sido citado).

8. PRESTAÇÕES SUCESSIVAS E DEPÓSITO EM CONTINUAÇÃO

Nos termos do art. 541 do CPC, se a obrigação que se pretende adimplir consistir em prestações sucessivas, consignada uma delas, pode o devedor continuar a depositar, no mesmo processo e sem mais formalidades, as que forem vencendo, desde que o faça em até **5 dias**, contados da data do respectivo vencimento, até o trânsito em julgado da decisão de mérito (STJ. REsp 33.976/SP. DJ 05.08.96).

Aqui, cabe relembrar o que já se disse com relação ao depósito referido no art. 542, I, do CPC: nada impede que o depósito da prestação periódica seja feito após o prazo de 5 dias. Não há preclusão temporal. Só que os efeitos da mora somente cessarão a partir da data do depósito. Como dito anteriormente, "o descumprimento do prazo para o depósito, na ação de consignação em pagamento, só acarreta prejuízo ao devedor-consignante, porque, enquanto não depositada a prestação, persiste a mora com todas as consequências a ela inerentes" (STJ. REsp 617.323/RJ. DJ 20.06.05).

9. APLICABILIDADE DO PROCEDIMENTO AO RESGATE DE AFORAMENTO

O aforamento, enfiteuse ou aprazamento é espécie de direito real sobre coisa alheia, regulado pelo Código Civil de 1916. Tal instituto, ao menos no âmbito do direito privado, foi extinto pelo Código Civil de 2002 (art. 2.038), preservando-se as enfiteuses constituídas anteriormente. Por outro lado, a enfiteuse de terrenos de marinha, instituto de direito público, é disciplinada por lei especial (e não tem relação com o objeto de estudo deste capítulo).

Segundo o art. 678 do CC/1916, o proprietário de bem imóvel poderia, por ato *inter vivos* ou *causa mortis*, atribuir a outrem (enfiteuta ou foreiro) o domínio útil sobre a coisa, ficando o enfiteuta obrigado a pagar-lhe, anualmente, uma pensão ou foro, em valor certo e invariável. Ainda, se o foreiro desejasse transferir seu domínio útil a outrem, por compra e venda ou por doação, tinha de pagar ao aforador um laudêmio, equivalente a 2,5% do preço da alienação, se outro valor não tivesse sido fixado nos instrumentos da enfiteuse (art. 686, CC/1916).

---

do dispositivo legal: "Art. 812. Qualquer das partes poderá, no prazo de 15 (quinze) dias, impugnar a escolha feita pela outra, e o juiz decidirá de plano ou, se necessário, ouvindo perito de sua nomeação".

O art. 693 do CC/1916 dispõe que o aforamento é resgatável pelo foreiro dez anos após a sua constituição, mediante o pagamento de um laudêmio, correspondente a 2,5% do valor atual da propriedade plena, mais dez pensões anuais. Ou seja, passados dez anos da constituição da enfiteuse, o foreiro, detentor apenas do domínio útil, tinha a faculdade de consolidar-se na propriedade do imóvel, pagando ao aforador o preço equivalente a 2,5% do valor atualizado da coisa mais dez vezes o valor da pensão anual. Eis, portanto, o resgate a que se refere o Código: a consolidação do foreiro na propriedade do imóvel, mediante o pagamento ao aforador do preço estabelecido em lei. A propósito, convém frisar o teor do enunciado 170 da súmula do STF: "É resgatável a enfiteuse instituída anteriormente à vigência do Código Civil".

Se o aforador recusar-se a receber o preço, inviabilizando o resgate da coisa pelo enfiteuta, este pode valer-se do procedimento especial da consignação em pagamento, a teor do que prescreve o art. 549 do CPC/2015, que reproduz o texto do art. 900 do CPC/1973.

10. ENUNCIADOS DO FPPC

59. Em ação de consignação e pagamento, quando a coisa devida for corpo que deva ser entregue no lugar em que está, poderá o devedor requerer a consignação no foro em que ela se encontra. A supressão do parágrafo único do art. 891 do Código de Processo Civil de 1973 é inócua, tendo em vista o art. 341 do Código Civil.

61. É permitido ao réu da ação de consignação em pagamento levantar "desde logo" a quantia ou coisa depositada em outras hipóteses além da prevista no § 1º do art. 545 (insuficiência do depósito), desde que tal postura não seja contraditória com fundamento da defesa.

11. SINOPSE

CONSIGNAÇÃO EM PAGAMENTO
Conceito e natureza
A consignação em pagamento é faculdade posta à disposição do devedor para que exerça o direito de cumprir uma obrigação. Trata-se de modo de extinção da obrigação, com força de pagamento.
Direito material à consignação
A consignação em pagamento é cabível para as obrigações de pagar quantia ou de entregar coisa. O art. 335 do Código Civil traz um rol exemplificativo de hipóteses: a) se o credor não puder ou, sem justa causa, recusar receber o pagamento ou dar quitação na devida forma; b) se o credor não for nem mandar receber a coisa no lugar, tempo e condição devidos; c) se o credor for incapaz de receber, for desconhecido, declarado ausente, ou residir em lugar incerto ou de acesso perigoso ou difícil; d) se ocorrer dúvida sobre quem deva legitimamente receber o objeto do pagamento; e) se pender litígio sobre o objeto do pagamento.
Legitimidade
A legitimidade ativa para intentar ação de consignação em pagamento é do devedor, bem como do terceiro interessado. No entanto, o terceiro não interessado também pode ajuizar ação de consignação em pagamento, desde que o faça em nome e à conta do devedor, salvo oposição deste. A legitimidade passiva, por sua vez, é do credor.
Competência
A ação de consignação em pagamento deve ser ajuizada no foro do lugar do pagamento. Trata-se, contudo, de competência relativa.

Procedimento
Se se cuidar de obrigação de pagar quantia, é possível ao devedor valer-se da consignação extrajudicial. O devedor poderá depositar o valor devido em estabelecimento bancário (oficial, onde houver), situado no lugar do pagamento, cientificando-se o credor por carta com aviso de recebimento, assinado o prazo de 10 dias para manifestação de recusa. Decorrido o prazo, contado do retorno do aviso de recebimento, sem manifestação de recusa do credor, considerar-se-á o devedor liberado da obrigação, ficando a quantia depositada à disposição do credor. Por outro lado, se houver recusa por escrito, manifestada ao estabelecimento bancário, restará frustrada a consignação extrajudicial. O devedor poderá propor a respectiva ação no prazo de um mês, aproveitando o depósito efetuado. Na petição inicial da ação de consignação, o autor deverá requerer: a) o depósito da quantia ou da coisa devida, a ser efetivado no prazo de 5 dias, contados do deferimento, ressalvada a hipótese de o depósito já ter sido feito extrajudicialmente; b) a citação do réu, para levantar o depósito ou oferecer contestação. Não feito o depósito no prazo, o processo será extinto sem resolução do mérito. Na contestação, o réu poderá alegar que: a) não houve recusa ou mora em receber a quantia ou a coisa devida; b) foi justa a recusa; c) o depósito não se efetuou no prazo ou no lugar do pagamento; d) o depósito não é integral, hipótese em que cabe ao contestante indicar o montante que entende devido. Se o réu alegar insuficiência do depósito, o autor poderá complementá-lo, no prazo de 10 dias, podendo o credor levantar a parte incontroversa desde logo. A sentença proferida na ação de consignação é declaratória, mas tem força executiva. Assim, por exemplo, se ela concluir pela extinção parcial da obrigação, é possível ao credor executar a parcela restante nos mesmos autos.
Depósito de coisa indeterminada
Competindo ao devedor a escolha da coisa a ser entregue, tal direito deve ser exercido quando da propositura da ação, caso a escolha não já tenha sido feita antes. Por outro lado, cabendo ao credor a escolha, será ele citado para exercer o direito dentro de **5 dias**, se outro prazo não constar de lei ou do contrato, ou para aceitar que o devedor a faça, devendo o juiz, ao despachar a petição inicial, fixar lugar, dia e hora em que se fará a entrega, sob pena de depósito.
Levantamento do depósito pelo autor
O autor pode requerer o levantamento do depósito, enquanto o réu não declarar que o aceita ou não o impugnar, acarretando a extinção do processo sem resolução do mérito.
Prestações sucessivas e depósito em continuação
Se a obrigação que se pretende adimplir consistir em prestações sucessivas, consignada uma delas, pode o devedor continuar a depositar, no mesmo processo e sem mais formalidades, as que forem vencendo, desde que o faça em até 5 dias, contados da data do respectivo vencimento, até o trânsito em julgado da decisão de mérito.
Aplicabilidade do procedimento ao resgate de aforamento
O art. 693 do CC/1916 dispõe que o aforamento é resgatável pelo foreiro dez anos após a sua constituição, mediante o pagamento de um laudêmio, correspondente a 2,5% do valor atual da propriedade plena, mais dez pensões anuais. Por sua vez, o enunciado 170 da súmula do STF prescreve: "É resgatável a enfiteuse instituída anteriormente à vigência do Código Civil". Se o aforador recusar-se a receber o preço, inviabilizando o resgate da coisa pelo enfiteuta, este pode valer-se do procedimento especial da consignação em pagamento.

CAPÍTULO 39

AÇÃO DE EXIGIR CONTAS

1. CONSIDERAÇÕES INICIAIS

O ato de prestar contas consiste na exposição a outra pessoa, integrante de relação jurídica comum de direito material, de todos os créditos e débitos, pormenorizadamente, item a item, sob a forma contábil. Por isso, o direito de exigir contas pressupõe a administração ou guarda de bens alheios, além de uma situação de incerteza quanto ao resultado (STJ. REsp 1729503/SP. DJe 12.11.18).

Quem exige prestação de contas busca, quando resolvidas as dúvidas relacionadas ao resultado da administração ou da guarda de bens, constituir eventual crédito para futura execução (fundada em título executivo judicial proveniente do julgamento das contas apresentadas pelo réu). No entanto, na ação de exigir contas, não pode haver revisão de cláusulas contratuais (STJ. REsp 1497831/PR. DJe 13/09/2019).

O procedimento da ação de exigir contas, como será mostrado adiante, tem, em regra, duas fases: uma primeira para que seja ordenada a prestação de contas pelo réu; uma segunda, caso a decisão da primeira fase seja de procedência, para julgar as contas apresentadas e, assim, alcançar saldo a ser executado pela parte favorecida (que pode ser o autor ou o réu da ação).

2. LEGITIMIDADE E INTERESSE

A ação de exigir contas deve ser intentada contra o administrador ou o guardião do bem. É parte legítima para figurar o polo passivo da relação processual aquele que o autor afirma ser administrador ou guardião do bem. Por sua vez, aquele que detém direito sobre o bem é o legitimado para figurar no polo ativo. Os integrantes da relação processual são, de um lado (ativo) aquele que tem direito sobre o bem e, de outro (passivo), quem o administra ou o guarda.

Pode-se, então, afirmar, a título de exemplo, que os sócios têm legitimidade para ajuizar ação de prestação de contas contra sócio administrador (STJ. AgInt no AgInt no AREsp 994.377/SP. DJe 22.03.17). Igualmente, que o herdeiro tem legitimidade para propor ação de exigir contas contra o mandatário do *de cujus* (STJ. REsp 1.122.589/MG. DJe 19.04.12).

Se o bem do autor da ação de exigir contas não estiver sob a administração ou a guarda de outrem, não haverá interesse processual. Se estiver, para que haja referido interesse, deve haver incerteza quanto ao resultado da administração ou da guarda do bem. Então, propõe-se a ação de exigir contas porque determinado bem está sob a administração ou guarda alheia, sendo incerto o seu resultado.

Por esta razão, o STJ já decidiu que o alimentante não possui interesse processual em exigir contas da detentora da guarda do alimentado porque, uma vez cumprida a obrigação de prestar alimentos, a verba não mais compõe o seu patrimônio (STJ. REsp 1637378/DF. DJe 06.03.19). Entretanto, posteriormente, o mesmo STJ passou a entender ser cabível o ajuizamento de ação de exigir contas em face da genitora e guardiã do alimentado para obter informações a respeito da destinação da pensão mensal, desde que sem a finalidade de apurar a existência de eventual crédito, face à irrepetibilidade dos alimentos (STJ. REsp 1.814.639/RS. DJe 09.06.20. Inf. 673).

> O art. 54, § 2º, da Lei nº 8.245/91, estabelece uma faculdade ao locatário, permitindo-lhe que exija a prestação de contas a cada 60 dias na via extrajudicial, o que não inviabiliza o ajuizamento da ação de exigir contas, especialmente na hipótese em que houve a efetiva resistência da parte em prestá-las (STJ. REsp 1746337/RS. DJe 12.04.19).

Acrescenta-se que, segundo acertado entendimento do Superior Tribunal de Justiça, a ação de exigir contas não pode ser concebida como uma mera manifestação de emulação da parte autora (STJ. REsp 1608048/SP. DJe 01.06.18). Entende-se, neste caso, ser abusivo o exercício do direito de ação, porque impulsionado por motivos não jurídicos (muitas vezes, exclusivamente pessoais).

3. PROCEDIMENTO

Quem se afirmar titular do direito de exigir contas requererá a citação do réu para que as preste ou ofereça contestação no prazo de quinze dias (art. 550 do CPC). Segundo disposição legal, o réu terá duas opções de comportamento: prestar contas ou oferecer contestação. Além delas, o réu poderá ser revel, sem prestar contas e sem apresentar contestação, como também apresentar contestação e, sob a técnica da eventualidade, as contas exigidas.

Para cada comportamento processual adotado pelo réu, há, como será mostrado a seguir, diferentes repercussões.

Na petição inicial da ação de exigir contas, o autor especificará, detalhadamente, as razões pelas quais as exige, instruindo-a com documentos comprobatórios dessa necessidade. Caberá, assim, ao autor, descrever a relação jurídica de direito material que estabeleceu a administração ou a guarda do bem que se encontra sob o poder do réu, a se aferir o próprio preenchimento das condições da ação.

Segundo decidiu o Superior Tribunal de Justiça, afigura-se imprescindível a indicação concreta e fundamentada das irregularidades ocorridas, não bastando mera referência genérica a respeito (STJ. AgRg no AREsp 717.799/PR. DJe 25.10.17). Somente assim, inclusive, poder-se-á aferir se as partes são legítimas e se há interesse processual para a ação de exigir contas. Sendo diferente, a petição inicial é inepta. Além disso, a falta de indicação específica das irregularidades pode comprometer até mesmo o direito de defesa do réu.

A depender do comportamento processual a ser adotado pelo réu quando citado, há, como antes dito, diferentes repercussões.

a) *se o réu contestar o dever de prestar contas*:

O réu pode apresentar resistência quanto ao dever de prestar contas e, por isso, não prestá-las. Por exemplo, pode afirmar, em sua contestação, que o bem que está sob sua administração ou guarda não integra o patrimônio do autor. Além disso, pode afirmar que não está sob sua guarda ou administração. Enfim, pode afirmar não estarem presentes os requisitos necessários à imposição do dever de prestar contas.

Caberá ao juízo analisar as afirmações de resistência apresentadas pelo réu e proferir, em seguida, julgamento. A decisão que julgar procedente a ação de prestar contas, para acolher o pedido trazido na petição inicial, ordenará o réu a assim fazer (prestar as contas) no prazo de quinze dias, sob pena de não lhe ser lícito, caso assim não o faça, impugnar as (contas) que o autor vier a apresentar.

O ato judicial que julga procedente a primeira fase da ação de exigir contas tem natureza de **decisão interlocutória** (decisão parcial de mérito), sendo impugnável por agravo de instrumento (STJ. AgInt no REsp 1748472/SP. DJe 27.08.19).

Se o pronunciamento judicial julgar improcedente a ação de prestação de contas, declarando a inexistência do dever de prestar contas por parte do réu terá natureza de **sentença**, pois extinguirá o processo, nos termos do art. 203, § 1º, do CPC. O mesmo ocorrerá, caso o processo seja extinto sem resolução do mérito.

Se, após a decisão que reconhece o dever, o réu apresentar as contas no prazo estabelecido, o autor terá quinze dias para se manifestar. Caso contrário, se o réu, mesmo após o prazo, não apresentar as contas determinadas, o autor poderá apresentá-las em quinze dias, podendo o juiz proceder com a realização de exame pericial, se necessário.

Após, as contas apresentadas serão julgadas. A sentença respectiva apurará o saldo e constituirá título executivo judicial. Ante a natureza dúplice da ação de exigir contas, pode ser constituído crédito em favor do autor ou do réu. Qualquer deles que seja beneficiado pelo resultado da sentença poderá proceder à execução do valor identificado nos mesmos autos, seguindo o procedimeto de cumprimento de sentença.

b) *se o réu prestar contas*:

Na primeira ou na segunda fase, se o réu prestar as contas exigidas, o autor terá quinze dias para se manifestar, prosseguindo-se com o julgamento antecipado, se não houver necessidade de produção de outras provas (art. 355, I, do CPC), ou com o saneamento e organização para futura instrução. A impugnação, pelo autor, das contas apresentadas pelo réu deverá ser fundamentada e específica, com referência expressa ao lançamento questionado, não bastando o mero inconformismo genérico.

Logo, caso o réu proceda com a prestação de contas, será dispensada a primeira fase do procedimento, embora possa o juiz reconhecer, mesmo diante das contas, que não há dever de prestá-las, a extinguir o processo mediante prolação de sentença com condenação do autor no pagamento dos ônus da sucumbência (entre os quais, custas e despesas processuais, além de honorários advocatícios).

A sentença, ao julgar as contas, apurará o saldo e constituirá título executivo judicial. Ante a natureza dúplice da ação de exigir contas, pode ser constituído crédito em favor do autor ou do réu, a depender do julgamento das contas. Qualquer dos beneficiados pelo resultado da sentença poderá proceder à execução do valor identificado, nos próprios autos, na forma dos artigos 513 e seguintes do CPC.

c) *se o réu for revel*:

Se o réu não contestar o pedido de exigir contas, o juiz julgará antecipadamente (imediatamente) o mérito, nos termos do art. 355, II, do CPC. A decisão (interlocutória) que julgar procedente a ação e acolher o respectivo pedido ordenará o réu a prestar as contas no prazo de quinze dias, sob pena de não lhe ser lícito impugnar as que o autor apresentar.

Sendo o réu revel, os prazos contra ele, se não tiver patrono habilitado nos autos, fluirão da data de publicação do ato decisório no órgão oficial.

Mas, se, apesar da revelia, o pedido de prestação de contas for julgado improcedente, a sentença reconhecerá a inexistência de dever de prestar contas por parte do réu, condenando o autor a arcar com os ônus da sucumbência.

3.1. Especificidades do procedimento da ação de exigir contas e natureza jurídica das decisões proferidas

O procedimento de exigir contas, geralmente, é dividido em duas fases de conhecimento: uma primeira destinada ao reconhecimento da existência ou não do dever de prestar contas; e, se reconhecido o direito à prestação das contas, uma segunda fase, destinada ao julgamento das contas apresentadas (pelo réu ou, na sua omissão, pelo autor). Se ocorrer de o réu, depois de citado, apenas apresentar as contas, o procedimento terá fase única, que se destinará a julgar as contas, por meio de sentença, que extinguirá a fase cognitiva do processo.

Sendo o procedimento de duas fases, a decisão que julga procedente a ação para reconhecer o dever de prestar contas terá natureza jurídica de **decisão interlocutória**. Já a decisão que julga as contas prestadas tem natureza jurídica de **sentença**[1]. Contra a primeira caberá agravo de instrumento (arts. 356, § 5º, e 1.015, II, do CPC), e, contra a segunda, apelação.

Por outro lado, se o procedimento tiver apenas uma fase (isto é, se o autor não tiver direito à prestação das contas, se o processo for extinto sem resolução do mérito ou, ainda, se o réu prestar as contas espontaneamente, se o réu contestar e sob a técnica da eventualidade já prestar as contas), a decisão terá natureza jurídica de sentença, contra a qual caberá apelação.

> A decisão interlocutória que, na segunda fase da ação de prestação contas, defere a produção de prova pericial contábil, nomeia perito e defere prazo para apresentação de documentos, formulação de quesitos e nomeação de assistentes, não se submete ao regime recursal estabelecido para as fases de liquidação e cumprimento da sentença (art. 1.015, parágrafo único, do CPC/15). Aplica-se o regime recursal relativo à fase de conhecimento (art. 1.015, caput e incisos, CPC/15), que não admite a recorribilidade imediata da decisão interlocutória com o referido conteúdo (STJ. REsp 1821793/RJ. DJe 22/08/19).

Entende o STJ que "é ainda bastante controvertida tanto na doutrina como na jurisprudência [...] definir qual o recurso cabível contra a decisão que julga procedente, na primeira

1. "Se julgada procedente a primeira fase da ação de exigir contas, o ato judicial será decisão interlocutória com conteúdo de decisão parcial de mérito, impugnável por agravo de instrumento; se julgada improcedente a primeira fase da ação de exigir contas ou se extinto o processo sem a resolução de seu mérito, o ato judicial será sentença, impugnável por apelação" (STJ. REsp 1746337/RS. DJe 12/04/2019).

fase, a ação de exigir contas (arts. 550 e 551), condenando o réu a prestar as contas exigidas". Depois, completa: "não acarretando a decisão o encerramento do processo, o recurso cabível será o agravo de instrumento. No caso contrário, ou seja, se a decisão produz a extinção do processo, sem ou com resolução de mérito, aí sim haverá sentença e o recurso cabível será a apelação" (STJ. REsp 1680168/SP. DJe 10.06.19).

Questão de Concurso

▶ **(COPS-UEL Órgão: Prefeitura de Londrina - PR. COPS-UEL - 2019 - Prefeitura de Londrina - PR - Procurador do Município - ADAPTADA)**[2]: Sobre procedimentos especiais, julgue Verdadeiro ou Falso: "A decisão que julgar procedente o pedido de exigir contas condenará o réu a prestar as contas no prazo de 30 dias, sob pena de não lhe ser lícito impugnar as que o autor apresentar"

4. APRESENTAÇÃO DE CONTAS

As contas do réu serão apresentadas na forma adequada, especificando-se as receitas, a aplicação das despesas e os investimentos, se houver. Havendo impugnação específica e fundamentada pelo autor, o juiz estabelecerá prazo razoável para que o réu apresente os documentos justificativos dos lançamentos individualmente impugnados.

As contas do autor, caso o réu assim não o faça em cumprimento à ordem emanada por decisão proferida em primeira fase do procedimento, serão apresentadas na forma adequada, já instruídas com os documentos justificativos, especificando-se as receitas, a aplicação das despesas e os investimentos, se houver, bem como o respectivo saldo.

4.1. Contas do inventariante, do tutor, do curador, do depositário e de qualquer outro administrador

As contas do inventariante, do tutor, do curador, do depositário e de qualquer outro administrador serão prestadas em apenso aos autos do processo em que tiver sido nomeado.

Se qualquer deles for condenado a pagar o saldo e não o fizer no prazo legal, o juiz poderá destituí-lo, sequestrar os bens sob sua guarda, glosar o prêmio ou a gratificação a que teria direito e determinar as medidas executivas necessárias à recomposição do prejuízo.

5. SÚMULAS

Súmula do STJ

259. A ação de prestação de contas pode ser proposta pelo titular de conta-corrente bancária.

6. INFORMATIVOS

Informativos do STJ

Se proferida, transitada e executada a sentença que julgou a primeira fase da ação de prestação de contas na vigência do CPC/1973, adquire o vencedor o direito de exigir que sejam elas prestadas e apuradas na forma da lei revogada. Cinge-se a controvérsia a definir se houve a observância das regras do CPC/1973

2. Gabarito: Falso.

vigente ao tempo da prolação da sentença e do início da segunda fase da ação de prestação de contas. Inicialmente, da análise da regra do art. 14 do CPC/2015, conclui-se que o legislador processual adotou a teoria do isolamento dos atos processuais, da qual se extraem elementos balizadores sobre o momento de incidência do novo CPC aos processos em curso, a saber: irretroatividade da lei, aplicação imediata aos processos pendentes, respeito aos atos processuais praticados e às situações jurídicas consolidadas. Embora a distinção nem sempre seja simples, na medida em que o processo é uma relação jurídica complexa e dinâmica consistente em sucessivos atos encadeados em busca da tutela jurisdicional, não se pode olvidar que a ação de prestação de contas, enquanto procedimento especial bifásico, possui natureza objetivamente complexa – ou seja, contempla duas espécies distintas de obrigação. Assim, dado que houve sentença e trânsito em julgado da primeira fase da ação, bem como início da segunda fase da ação, tudo sob a égide do CPC/1973, essa deverá ser a lei regente quanto ao modo de apuração dos débitos, créditos e saldo porventura existentes, na medida em que o recorrente adquiriu o direito de exigi-las na constância da lei revogada. Registra-se que, mesmo na vigência do CPC/1973, o STJ tem precedentes no sentido de abrandar eventual rigorismo e formalismo exacerbado na prestação de contas, devendo ser observado, em verdade, se são elas claras e inteligíveis, de modo a atingir as finalidades do processo. Assim, deve-se estabelecer como tese jurídica que, independentemente da nomenclatura adotada, prestação de contas de forma mercantil ou de forma adequada, a efetiva prestação das contas deverá ocorrer de maneira clara e inteligível, de modo a atingir às finalidades dessa ação. REsp 1.823.926-MG, Rel. Min. Nancy Andrighi, Terceira Turma, por unanimidade, julgado em 08/09/2020, DJe 16/09/2020. Inf. 680.

É cabível ação de exigir de contas ajuizada pelo alimentante, em nome próprio, contra a genitora guardiã do alimentado para obtenção de informações sobre a destinação da pensão paga mensalmente, desde que proposta sem a finalidade de apurar a existência de eventual crédito. O ingresso no ordenamento jurídico da Lei n. 13.058/2014 incluiu a polêmica norma contida no § 5º do art. 1.583 do CC/2002, versando sobre a legitimidade do genitor não guardião para exigir informações e/ou prestação de contas contra(o) a(o) guardiã(ão) unilateral, devendo a questão ser analisada, com especial ênfase, à luz dos princípios da proteção integral da criança e do adolescente, da isonomia e, principalmente, da dignidade da pessoa humana, que são consagrados pela ordem constitucional vigente. Como os alimentos prestados são imprescindíveis para a própria sobrevivência do alimentado, devem, ao menos, assegurar uma existência digna a quem os recebe. Assim, a função supervisora, por quaisquer dos detentores do poder familiar, em relação ao modo pelo qual a verba alimentar fornecida é empregada, além de ser um dever imposto pelo legislador, é um mecanismo que dá concretude ao princípio do melhor interesse e da proteção integral da criança ou do adolescente. Dessa forma, não há apenas interesse jurídico, mas também o dever legal do genitor alimentante de acompanhar os gastos com o filho alimentado que não se encontra sob a sua guarda, fiscalizando o atendimento integral de suas necessidades,materiais e imateriais, essenciais ao seu desenvolvimento físico e psicológico, aferindo o real destino do emprego da verba alimentar que paga mensalmente, pois ela é voltada para esse fim. Por fim, o que justifica o legítimo interesse processual em ação dessa natureza é exclusivamente a finalidade protetiva da criança ou do adolescente beneficiário dos alimentos, diante da sua possível malversação, e não o eventual acertamento de contas, perseguições ou picuinhas com a(o) guardiã(ao), devendo ela ser dosada, ficando vedada a possibilidade de apuração de créditos ou preparação de revisional, pois os alimentos são irrepetíveis. REsp 1.814.639-RS, Rel. Min. Paulo de Tarso Sanseverino, Rel. Acd. Min. Moura Ribeiro, Terceira Turma, por maioria, julgado em 26/05/2020, DJe 09/06/2020. Inf. 673.

Inicialmente cumpre salientar que, a partir do exame do conjunto de regras que disciplinam a ação de prestação de contas, no CPC/1973 e no CPC/2015, que a atividade jurisdicional que se desenvolve na segunda fase dessa ação de procedimento especial não é de liquidação ou de cumprimento de sentença, mas, sim, de cognição própria da fase de conhecimento, em que há o acertamento da relação jurídica de direito material que vincula as partes. Nesse sentido, **a fase de cumprimento da sentença na ação de prestação de contas apenas se iniciará após a prolação da sentença condenatória que porventura vier a ser proferida na segunda fase do referido procedimento especial**. De outro lado, embora seja possível, em tese, a existência subsequente de uma fase de liquidação da sentença proferida na ação de exigir contas, fato é que, além de se tratar de uma circunstância rara (na medida em que a segunda fase dessa ação se destina, justamente, a apurar e a quantificar as receitas, as despesas e o eventual saldo), a fase de liquidação a que se referem os arts. 509 a 512 do CPC/2015 não prescinde da pré-existência de uma sentença condenatória ilíquida que somente é proferida, na ação de exigir contas, no momento em que se encerra a segunda fase. Nesse contexto, **a decisão interlocutória que, na segunda fase da referida ação, deferiu a produção de prova pericial contábil, nomeou perito e concedeu prazo para apresentação de documentos, formulação de quesitos e nomeação de assistentes, não se submete ao regime recursal diferenciado que o legislador estabeleceu para as fases de liquidação e cumprimento da sentença (art. 1.015, parágrafo único, do CPC/2015), mas, ao revés, ao regime recursal aplicável à fase de conhecimento (art. 1.015, caput e incisos, CPC/2015).** Assim, inexiste previsão legal para a recorribilidade imediata da referida decisão interlocutória a partir das hipóteses de cabimento arroladas nos incisos do art. 1.015 do CPC/2015. **REsp 1.821.793-RJ, Rel. Min. Nancy Andrighi, Terceira Turma, por unanimidade, julgado em 20/08/2019, DJe 22/08/2019, informativo 654.**

Ainda bastante controvertida tanto na doutrina como na jurisprudência a definição, à luz do Código de Processo Civil de 2015, de qual o recurso cabível contra a decisão que julga procedente, na primeira fase, a ação de exigir contas (arts. 550 e 551), condenando o réu a prestar as contas exigidas. O novo Código, aprimorando a técnica do anterior, ao se referir a uma decisão, deixou mais claro que **poderá não haver sentença, como sucede quando a ação de exigir contas é julgada procedente na primeira fase, para ter prosseguimento ainda**. Na hipótese contrária, ou seja, **se a decisão der pela improcedência da ação de exigir contas, aí sim teremos uma sentença pondo fim ao processo**, inclusive com aplicação de ônus sucumbenciais. Então, na primeira hipótese, ter-se-á uma decisão que desafia agravo de instrumento; na segunda hipótese é que a decisão atrairia apelação. **REsp 1.680.168-SP, Rel. Min. Marco Buzzi, Rel. Acd. Min. Raul Araújo, Quarta Turma, por unanimidade, julgado em 09/04/2019, DJe 10/06/2019, informativo 650.**

7. SINOPSE

AÇÃO DE EXIGIR CONTAS
Considerações iniciais
O ato de prestar contas consiste na exposição a outra pessoa, integrante de relação jurídica comum, de todos os créditos e os débitos, pormenorizadamente, item a item, sob a forma contábil. Por isso, o direito de exigir contas pressupõe a administração ou guarda de bens alheios, além de uma situação de incerteza quanto ao resultado.
Legitimidade e interesse
É contra o administrador ou o guardião do bem que deve ser intentada a ação de exigir contas, sendo ele a parte legítima para figurar o polo passivo da relação processual. Por sua vez, o proprietário do bem é o legitimado para figurar no polo ativo. Se bem do autor da ação de exigir contas não estiver sob a administração ou a guarda de outrem, não haverá interesse processual. Se estiver, para que haja referido interesse, deve haver incerteza quanto ao resultado da administração ou da guarda do bem.
Procedimento
Quem se afirmar titular do direito de exigir contas requererá a citação do réu para que as preste ou ofereça contestação no prazo de quinze dias. O réu poderá: a) contestar o dever de prestar contas; b) prestar contas; c) ser revel.
Apresentação de contas
As contas do réu serão apresentadas na forma adequada, especificando-se as receitas, a aplicação das despesas e os investimentos, se houver. Havendo impugnação específica e fundamentada pelo autor, o juiz estabelecerá prazo razoável para que o réu apresente os documentos justificativos dos lançamentos individualmente impugnados. As contas do autor serão apresentadas na forma adequada, já instruídas com os documentos justificativos, especificando-se as receitas, a aplicação das despesas e os investimentos, se houver, bem como o respectivo saldo. As contas do inventariante, do tutor, do curador, do depositário e de qualquer outro administrador serão prestadas em apenso aos autos do processo em que tiver sido nomeado. Se qualquer deles for condenado a pagar o saldo e não o fizer no prazo legal, o juiz poderá destituí-lo, sequestrar os bens sob sua guarda, glosar o prêmio ou a gratificação a que teria direito e determinar as medidas executivas necessárias à recomposição do prejuízo.

CAPÍTULO 40

AÇÕES POSSESSÓRIAS

Sumário • 1. Posse: conceito e natureza – 2. Tutelas possessórias: interdição, manutenção e reintegração e sua fungibilidade – 3. Ações possessórias e ações petitórias – 4. Ações de força nova e de força velha – 5. Competência – 6. Participação do cônjuge – 7. Procedimento: 7.1. Petição inicial; 7.2. Tutela provisória; 7.3. Resposta – 8. Vedação à propositura de ação de reconhecimento de domínio durante a pendência de ação possessória – 9. Litígios possessórios coletivos – 10. Súmulas – 11. Enunciados do FPPC – 12. Informativos – 13. Sinopse.

1. POSSE: CONCEITO E NATUREZA

Segundo o art. 1.228 do Código Civil, o proprietário tem as faculdades de usar, gozar e dispor da coisa, bem como o direito de reavê-la do poder de quem quer que injustamente a possua ou detenha (direito de sequela). São os poderes inerentes ao direito real de propriedade.

De acordo com o art. 1.196, considera-se possuidor todo aquele que tem, de fato, o exercício, pleno ou não, de algum dos poderes inerentes à propriedade. A posse é, pois, um fato jurídico, consistente no exercício de pelo menos um dos poderes decorrentes do direito de propriedade.

É possível, então, que uma coisa seja objeto de mais de uma posse concomitantemente: por exemplo, o imóvel objeto de contrato de locação é possuído diretamente pelo locatário, que exerce o poder de uso, e indiretamente, pelo locador, que exercita o poder de gozo ou fruição (já que aufere os alugueis). Nesse caso, inclusive, o possuidor direto pode defender a sua posse contra o possuidor indireto (art. 1.197, CC/2002). A título de exemplo, se, antes do fim do contrato de locação, o proprietário tenta, injustamente, fazer com que o locatário deixe o imóvel, este último pode valer-se da tutela possessória, visando a manter-se na posse do bem até o fim da relação locatícia.

A posse não se confunde com a detenção. Considera-se detentor aquele que, achando-se em relação de dependência para com outro, conserva a posse em nome deste e em cumprimento de ordens ou instruções suas (art. 1.198, CC/2002). Assim, por exemplo, é mero detentor do imóvel o caseiro empregado pelo proprietário. Também não induzem posse os atos de mera permissão ou tolerância, assim como não autorizam a sua aquisição os atos violentos ou clandestinos, senão quando cessada a violência ou a clandestinidade.

Enquanto fato jurídico, a posse acarreta diversos efeitos, tais como: a) a percepção dos frutos (arts. 1.214 a 1.216 do CC); b) a responsabilidade pela deterioração da coisa (arts. 1.217 e 1.218 do CC); c) a indenização pelas benfeitorias (arts. 1.219 a 1.222 do CC).

Aqui, interessa apenas um deles: o direito à tutela possessória, previsto no art. 1.210 do Código Civil e nos arts. 560 e 567 do Código de Processo Civil.

2. TUTELAS POSSESSÓRIAS: INTERDIÇÃO, MANUTENÇÃO E REINTEGRAÇÃO E SUA FUNGIBILIDADE

Consoante o art. 1.210 do Código Civil, o possuidor tem o direito de: a) ser mantido na posse, em caso de turbação; b) ser restituído, em caso de esbulho; c) ser segurado de violência iminente, se tiver justo receio de ser molestado.

A turbação ocorre quando alguém impede o livre exercício da posse pelo possuidor, sem que este perca integralmente a posse da coisa. Por exemplo: a ocupação parcial de um terreno, a abertura de uma passagem em imóvel alheio, a obstrução da entrada do imóvel. Nesses casos, o possuidor pode pedir ao Poder Judiciário que seja mantido na posse e garantido o seu pleno exercício.

O esbulho, por sua vez, consiste na perda da posse por ato violento ou clandestino, a exemplo da invasão de um imóvel seguida da expulsão do possuidor. Este, então, valer-se-á da tutela reintegratória, para restabelecer a posse perdida.

O possuidor direto ou indireto também pode requerer ao juiz que o segure da turbação ou do esbulho iminente, caso tenha justo receio de ser molestado na posse. Para proteger-se antecipadamente da ameaça de turbação ou de esbulho, o possuidor pode pedir ao Poder Judiciário um interdito proibitório.

Há, então, três tutelas possessórias distintas: a) a **interdição**, para os casos de **ameaça**; b) a **manutenção**, para os casos de **turbação**; c) a **reintegração**, para os casos de **esbulho**. Existe, aí, uma clara gradação: parte-se da simples ameaça, passa-se pela limitação da posse, até chegar à sua efetiva perda. Essa é, em suma, a distinção entre as tutelas possessórias.

Justamente por isso, o art. 554, *caput*, do Código de Processo Civil prevê a **fungibilidade entre as tutelas possessórias**: "A propositura de uma ação possessória em vez de outra não obstará a que o juiz conheça do pedido e outorgue a proteção legal correspondente àquela cujos pressupostos estejam provados".

De fato, quando o possuidor vai a juízo, afirma, simplesmente, a necessidade de proteção da sua posse, pouco importando o grau de perturbação. Se, em qualquer caso, ele tem o direito de assegurar a plenitude da posse, a propositura de uma demanda possessória em vez de outra não causa qualquer prejuízo.

Além disso, ocorre frequentemente de, depois de proposta a ação, alterar-se o estado dos fatos: a ameaça pode converter-se em real turbação ou esbulho, ou a turbação pode transformar-se em esbulho. Nesses casos, não é necessário sequer que haja modificação do pedido, bastando à parte autora provar o fato novo, cabendo ao juiz dar-lhe a tutela possessória adequada.

IMPORTANTE! Tradicionalmente, a jurisprudência do Superior Tribunal de Justiça entende que o particular ocupante de imóvel público tem apenas detenção em relação ao Poder Público, não podendo valer-se da proteção possessória.

Todavia, tratando-se de imóvel público abandonado/desafetado, a sua ocupação, conferindo-lhe função social, faz surgir, para o particular ocupante, o direito à tutela possessória contra outro particular – ressalvando-se a impossibilidade de usucapião (STJ. REsp 1.296.964/DF. DJe 07.12.16).

3. AÇÕES POSSESSÓRIAS E AÇÕES PETITÓRIAS

As ações possessórias caracterizam-se por versarem exclusivamente sobre a posse. Nelas, a causa de pedir é a posse, somada à ameaça, à turbação ou ao esbulho. O pedido, por sua vez, é de proteção do exercício da posse, seja mediante interdição, seja por manutenção, seja por reintegração. Pode-se afirmar, grosso modo, que, nas ações possessórias, tanto a causa de pedir como o pedido resumem-se à posse.

Por outro lado, costuma-se chamar de "ações petitórias" aquelas que, embora visem à proteção da posse, têm, como causa de pedir, a propriedade. Isto é, nas ações petitórias, pede-se a posse, com base na propriedade, que é causa de pedir. Por exemplo: a) na ação de imissão de posse, aquele que adquiriu a propriedade do bem, mas nunca teve a sua posse, requer que seja imitido na posse da coisa pela primeira vez; b) na ação reivindicatória, o proprietário que perdeu a posse do bem objetiva restabelecê-la, afirmando, como causa de pedir, a propriedade (exercendo, portanto, o direito de sequela). Neste último caso, o autor poderia, em tese, propor ação possessória, que se diferenciaria da reivindicatória pela causa de pedir: ao passo que a possessória tem, como causa de pedir e como pedido, a posse, a reivindicatória tem, como causa de pedir, a propriedade, e, como pedido, a posse.

As ações petitórias submetem-se ao procedimento comum, e não ao rito especial das ações possessórias.

4. AÇÕES DE FORÇA NOVA E DE FORÇA VELHA

As ações possessórias podem ser classificadas em ações de força nova e ações de força velha. A diferença entre as categorias é determinada pelo tempo transcorrido desde a data do esbulho ou da turbação. Considera-se **ação de força nova** aquela **proposta dentro de ano e dia da turbação ou do esbulho** afirmado na petição inicial; é de força velha aquela proposta depois de tal prazo.

Segundo o art. 558 do CPC, só se submetem ao procedimento previsto nos arts. 560 a 566 as ações de força nova. As ações de força velha, por outro lado, seguem o procedimento comum – o que não significa que percam o caráter possessório, mas apenas a especialidade do procedimento, especificamente quanto ao regramento para concessão de tutela provisória.

Em termos de procedimento, a diferença essencial entre as ações de força nova e de força velha, como se verá, consiste no regramento para concessão de mandado liminar, específico para as ações de força nova. Afora isso, não há maiores distinções. Frise-se, inclusive, que o art. 566 do CPC dispõe que o procedimento comum é aplicável supletivamente às ações de força nova.

Questão de Concurso

▶ **(FUNDATEC – Procurador Municipal – Prefeitura de Porto Alegre – RS/2016)** Um grupo de pessoas sem-teto invadiu um terreno pertencente ao Município que, para recuperar a posse integralmente excluída do imóvel, ajuizou, após seis meses, ação de manutenção de posse, devidamente acompanhada de prova da posse, do esbulho e da data de sua ocorrência. Foi requerida a concessão de medida liminar. Considerando as disposições do Código de Processo Civil (Lei N º 13.105/15), no que concerne às ações possessórias, ao receber a inicial, o Juiz deverá[1]:

a) Conhecer o pedido e deferir, após audiência de conciliação, a tutela antecipatória, se presentes os seus requisitos.

b) Indeferir a petição inicial, por inadequação da via eleita, diante do longo lapso temporal decorrido.

c) Conhecer o pedido como de reintegração de posse e deferir, sem a oitiva dos réus, a expedição de mandado liminar de reintegração de posse.

d) Indeferir a petição inicial, por inadequação da via eleita, diante do não cabimento de ação de manutenção de posse no caso.

e) Conhecer o pedido como de reintegração e designar audiência de conciliação, tendo em vista o não cabimento de liminar, sem oitiva dos réus, quando for parte a Fazenda Pública.

5. COMPETÊNCIA

A ação possessória relativa a **coisa móvel** segue a regra geral do art. 46 do Código de Processo Civil, segundo o qual a ação fundada em direito real sobre bens móveis deve ser proposta no **foro do domicílio do réu**. Trata-se de **competência relativa**, que admite modificação por negócio processual de eleição de foro (art. 63, CPC). Além disso, proposta a ação perante juízo de competência territorial diverso, a falta de alegação do réu na contestação acarreta a prorrogação da competência do juízo até então incompetente, nos termos do art. 65 do CPC.

Para a ação possessória relativa a **bem imóvel**, o art. 47, § 2º, do CPC estabelece a **competência absoluta do foro de situação da coisa**. Tal competência não admite prorrogação nem modificação por cláusula de eleição de foro. Se o imóvel se achar situado em mais de um Estado, comarca, seção ou subseção judiciária, competirá ao juízo de qualquer uma dessas unidades territoriais conhecer da ação, tornando-se prevento, a estender sua competência sobre a totalidade do imóvel (art. 60, CPC).

Ainda, convém frisar o teor do enunciado 23 da súmula vinculante do STF: "A Justiça do Trabalho é competente para processar e julgar ação possessória ajuizada em decorrência do exercício do direito de greve pelos trabalhadores da iniciativa privada".

Nesse mesmo sentido, de acordo com a segunda Seção do STJ, "a competência para processar e julgar ação possessória proposta por ex-empregador contra ex-empregado, que detém a posse por força de comodato, é da Justiça do Trabalho para a hipótese do empréstimo, pactuado para moradia do empregado, estando diretamente relacionado ao contrato de trabalho e tendo vigência concomitante a este" (STJ. AgInt no REsp 1.583.847/SC. DJe 02.02.17).

6. PARTICIPAÇÃO DO CÔNJUGE

O art. 73, *caput*, do CPC dispõe que o cônjuge necessitará do consentimento do outro para propor ação que verse sobre direito real imobiliário, salvo quando casados sob o regime de separação absoluta de bens. Igualmente, o seu § 1º, I, dispõe que ambos os cônjuges serão citados para a ação que verse sobre direito real imobiliário, salvo quando casados sob o regime de separação absoluta de bens.

1. Gabarito: letra C.

A ação possessória pode versar tanto sobre direitos reais mobiliários como sobre direitos reais imobiliários. Em qualquer caso, ela visa a garantir a continuidade do exercício de algum dos poderes inerentes ao direito de propriedade, previstos no art. 1.228 do CC/2002. Diante disso, poder-se-ia pensar ser necessária a participação do cônjuge, tanto no polo ativo como no polo passivo, em ação possessória relativa a bem imóvel.

Entretanto, isso geraria entraves incontornáveis à tutela possessória, na medida em que, muitas vezes, o possuidor tem grandes dificuldades para individualizar o réu, que é frequentemente desconhecido ou consiste em uma coletividade de impossível individualização exaustiva. Então, descobrir se o esbulhador ou turbador é casado e, ainda, proceder à citação do seu cônjuge tornaria dificílima a tramitação de uma demanda possessória.

Em razão disso, o CPC, no art. 73, § 2º, previu que, nas ações possessórias, a participação do cônjuge do autor ou do réu só é indispensável nas hipóteses de composse ou de ato por ambos praticado, ou seja: a) o cônjuge do autor deve consentir com o ajuizamento da ação, caso ambos exerçam composse sobre a coisa esbulhada, turbada ou ameaçada (nada impedindo também que ambos sejam autores da demanda); b) o cônjuge do réu integrará o polo passivo, caso também seja responsável pelo ato violento ou clandestino ou pela ameaça. Nesta última hipótese, há, pois, litisconsórcio passivo necessário.

7. PROCEDIMENTO

7.1. Petição inicial

Na petição inicial das ações de manutenção e de reintegração de posse, incumbe ao autor, além de preencher os requisitos do art. 319 do CPC, especificamente, provar: a) a sua posse; b) a turbação ou o esbulho praticado pelo réu; c) a data da turbação ou do esbulho; d) a continuação da posse, embora turbada, na ação de manutenção, ou a perda da posse, na ação de reintegração. Tais requisitos estão previstos no art. 561 do CPC.

Perceba-se que, além dos requisitos atinentes à comprovação da causa de pedir, o art. 561, III, do CPC exige que se demonstre a data em que ocorreu o esbulho ou a turbação. Isso é fundamental para aferir se se trata de ação de força nova ou de força velha, isto é, se a ação foi intentada dentro de dia e ano. Caso não tenha sido, não será possível a concessão do mandado liminar previsto no art. 562 do CPC, como se verá no item seguinte. Assim, a prova da data do esbulho ou da turbação determina o procedimento a ser seguido pela demanda possessória.

Por outro lado, na ação de interdição, por versar apenas sobre ameaça de esbulho ou turbação, cabe ao autor comprovar somente a posse e a existência de ameaça à continuidade do seu exercício. Não se exige, por óbvio, prova da turbação ou do esbulho, porque nenhum deles ocorreu ainda.

IMPORTANTE! "A partir da leitura dos artigos 924, 927 e 928 do CPC/73, equivalentes aos artigos 558, 561 e 562 do CPC/15, infere-se que a notificação prévia não é documento essencial à propositura da ação possessória" (STJ. REsp 1.263.164/DF. DJe 29.11.16; Inf. STJ 594).

Na petição inicial, consoante o art. 555, I e II, do Código de Processo Civil, é lícito ao autor cumular ao pedido possessório o de: a) condenação em perdas e danos; b) indenização dos frutos.

O pedido de perdas e danos deve ser relacionado ao próprio esbulho ou turbação. Não se permite pedido baseado em fatos que não guardem conexão com a causa de pedir possessória. Assim, por exemplo, o autor pode pedir reparação pelo dano causado ao imóvel durante a invasão, mas não pode pedir indenização por danos provenientes de outro ato ilícito sem relação com o esbulho ou com a turbação. De qualquer forma, é possível haver cumulação, ainda que não haja conexão entre os pedidos, caso o autor opte por intentar a ação pelo procedimento comum (art. 327 do CPC).

Quanto à indenização dos frutos, cumpre lembrar que os frutos podem ser: a) naturais, que são aqueles que provêm da coisa sem necessidade de atuação humana (ex.: os frutos de uma árvore plantada no imóvel); b) industriais, que são aqueles extraídos da coisa mediante trabalho humano (ex.: produtos criados em uma fábrica instalada no imóvel); c) civis, que são os rendimentos provenientes de relação econômica estabelecida em função da coisa (ex.: alugueis e juros). O art. 1.215 Código Civil prescreve que os frutos naturais e industriais se consideram colhidos e recebidos logo que são separados, enquanto os civis reputam-se percebidos dia a dia.

O possuidor de boa-fé tem direito, enquanto ela durar, aos frutos percebidos; os pendentes ao tempo em que cessar a boa-fé devem ser restituídos, depois de deduzidas as despesas de produção e custeio, devendo também ser devolvidos os frutos colhidos antecipadamente (art. 1.214, *caput* e parágrafo único, do CC). Por outro lado, o possuidor de má-fé responde por todos os frutos colhidos e percebidos, bem como pelos que, por culpa sua, deixou de perceber, desde o momento em que se constituiu de má-fé. Ele tem direito, no entanto, às despesas de produção e custeio (art. 1.216 do CC).

Note-se que a boa-fé, neste caso, é a subjetiva, consistente no estado de consciência do agente sobre a clandestinidade da sua posse. Dessa forma, em geral, o esbulhador ou turbador, que limita ou toma a posse por ato clandestino ou violento, é possuidor de má-fé, devendo restituir os frutos ao autor da demanda possessória, nos termos do art. 1.216 do Código Civil.

Por fim, o art. 555, parágrafo único, I e II, do CPC determina que o autor da ação possessória também pode requerer a imposição de medida necessária e adequada para: a) evitar nova turbação ou esbulho; b) cumprir-se a tutela provisória ou final.

Em primeiro lugar, o dispositivo franqueia à parte autora pedir ao juiz que, além de mantê-la ou reintegrá-la na posse, fixe, desde já, medida coercitiva para evitar nova perturbação da sua posse. Por exemplo, deferido o mandado de reintegração, é lícito ao juiz arbitrar multa pecuniária para o caso de novo esbulho. Aplica-se aqui o poder geral de efetivação previsto no art. 536 do CPC, relativo ao cumprimento da sentença que reconhece obrigação de fazer ou de não fazer.

Em segundo lugar, o art. 555, parágrafo único, II, do CPC, ao estabelecer a possibilidade de imposição de medida necessária ao cumprimento da tutela provisória ou final, embora pareça apenas ratificar o inciso I, na verdade, dispõe que o cumprimento da obrigação fim (manutenção ou reintegração) pode exigir a satisfação de obrigação meio, que pode ser requerida pelo autor e imposta ao réu. Em outras palavras, para retornar a coisa ao *status quo ante*, pode ser necessário mais do que reintegrar ou manter a posse do autor. Por exemplo, art. 921, III, do CPC/1973 dispunha ser lícito ao autor cumular ao pedido possessório o de "desfazimento de construção ou plantação feita em detrimento da sua posse". A nova disposição legal, de caráter mais abrangente, permite, *v. g.*, que se determine a reconstrução de um prédio demolido pelo invasor, entre outras providências.

7.2. Tutela provisória

Na **ação de força nova**, estando a petição inicial instruída com a comprovação dos requisitos elencados no art. 561, I a IV, do CPC, o juiz deferirá, sem ouvir o réu, mandado liminar de manutenção ou de reintegração.

Trata-se de **hipótese especial de tutela de evidência**, fora do art. 311 do CPC. Basta a comprovação da posse, do esbulho ou da turbação, do transcurso de prazo inferior a um ano e da continuidade da posse, embora turbada (no caso da manutenção), ou da perda da posse (no caso da reintegração), para que o autor tenha direito à tutela possessória liminar, sem a ouvida prévia do réu. Demonstrados tais elementos, está configurada a evidência do direito do autor. **Não é necessária**, pois, a **demonstração de urgência**.

O juiz poderá, antes de deferir o mandado liminar, determinar ao autor que justifique previamente o alegado, citando o réu para comparecer à audiência de justificação que for designada (art. 562, CPC). Tal audiência tem o intuito de ouvir as partes acerca do pedido liminar. Considerada suficiente a justificação, o juiz fará logo expedir o mandado de manutenção ou de reintegração (art. 563).

Se a parte promovida for pessoa jurídica de direito público, o mandado liminar só poderá ser deferido depois de prévia audiência dos respectivos representantes judiciais (art. 562, parágrafo único, do CPC).

IMPORTANTE! Na ação de força velha, apesar de não caber expedição do mandado liminar previsto no art. 562, é possível a concessão de tutela antecipada fundada na urgência ou na evidência, desde que preenchidos os requisitos do art. 300 ou do art. 311 do Código de Processo Civil respectivamente.

Na vigência do CPC/1973, o STJ já admitia ser "possível a antecipação de tutela em ação de reintegração de posse em que o esbulho data de mais de ano e dia (posse velha), submetida ao rito comum, desde que presentes os requisitos que autorizam a sua concessão" (STJ. AgRg no REsp 1.139.629/RJ. DJe 19.09.12).

Além disso, nada impede que, na ação de força nova, caso o juiz entenda não estarem demonstrados os requisitos do art. 561, o autor formule pedido de tutela provisória de urgência ou de evidência com base nos arts. 300 ou 311 do Código de Processo Civil.

Contra a decisão que defere ou denega a expedição de mandado liminar cabe agravo de instrumento, nos termos do art. 1.015, I, do CPC.

Se o réu provar, a qualquer tempo, que o autor provisoriamente mantido ou reintegrado na posse carece de idoneidade financeira para, no caso de sucumbência, responder por perdas e danos, o juiz designará prazo de 05 dias para prestar caução, real ou fidejussória, sob pena de ser depositada a coisa litigiosa, ressalvada a impossibilidade da parte economicamente hipossuficiente (art. 559, CPC).

7.3. Resposta

Conforme o art. 564 do CPC, concedido ou não o mandado liminar, ao autor caberá promover a citação do réu, em 05 dias, para, querendo contestar a ação, no prazo de **15 (quinze) dias**. Perceba-se que, aqui, o réu é **citado para contestar**, e não para comparecer à audiência de mediação ou de conciliação, como ocorre no procedimento comum (art. 334).

Contudo, **caso tenha havido audiência de justificação prévia**, com a citação do réu para comparecer a ela, o prazo para contestação será **contado da intimação da decisão que deferir ou não a medida liminar** (art. 564, parágrafo único, do CPC).

Segundo o art. 556 do CPC, na contestação, é lícito ao réu, alegando que foi ele o ofendido na sua posse, demandar proteção possessória contra o autor, bem como indenização pelos prejuízos resultantes da turbação ou do esbulho cometido pelo autor. Tal dispositivo institui a **natureza dúplice da ação possessória**. Com efeito, "o Código de Processo Civil já assegurou à parte que figurar como ré em ação possessória a apresentação de pedido contraposto, não havendo necessidade de aguardar o trânsito em julgado da decisão para buscar a proteção possessória ou pleitear indenização por perdas e danos" (STJ. REsp 1.297.425/MT. DJe 27.02.15).

Se o réu formular pedido de manutenção ou de reintegração imediata, demonstrando os requisitos do art. 561, I a IV, do CPC, o juiz poderá revogar o mandado liminar concedido anteriormente em favor do autor e conferir a posse provisoriamente ao réu. Nesse caso, aplica-se, por isonomia, o disposto no art. 559 do CPC: o autor pode, a qualquer tempo, provar que o réu provisoriamente mantido ou reintegrado na posse carece de idoneidade financeira para, no caso de sucumbência, responder por perdas e danos, hipótese em que o juiz designará prazo de 5 (cinco) dias para prestar caução, real ou fidejussória, sob pena de ser depositada a coisa litigiosa, ressalvada a impossibilidade da parte economicamente hipossuficiente[2].

Como matérias de defesa, é dado ao réu arguir quaisquer questões, tal como no procedimento comum. Porém, o art. 557, parágrafo único, do CPC expressamente consigna que a alegação de propriedade ou de outro direito sobre a coisa não obsta a manutenção ou reintegração requerida pelo autor. Consagra-se, assim, a autonomia da tutela possessória em relação à propriedade. Daí por que, em regra, é inviável a afirmação, em contestação à ação possessória, de aquisição da propriedade por usucapião (STJ. AgRg no REsp 1.389.622/SE. DJe 24.04.14). Essa é, pois, a limitação cognitiva do procedimento especial possessório.

É preciso, porém, fazer uma ressalva.

No direito brasileiro, o proprietário é sempre possuidor, ainda que apenas indireto. Assim, é possível a ele propor ação possessória, baseando a sua alegação de posse no simples fato de ter a propriedade. Ele pode, em vez de propor ação petitória, optar pelo procedimento possessório, visando a obter o mandado liminar do art. 562 do CPC sem necessidade de demonstração de urgência.

Nesse caso, quando o autor afirma ser possuidor apenas por ser proprietário, é possível ao réu, igualmente, alegar ser proprietário e, por isso, possuidor. Ao julgar a ação, o juiz

2. Enunciado 180 do Fórum Permanente de Processualistas Civis: "A prestação de caução prevista no art. 559 poderá ser determinada pelo juiz, caso o réu obtenha a proteção possessória, nos termos no art. 556".

atribuirá a posse àquele que comprovar ser o real proprietário. É o que dispõe o enunciado 487 da súmula do STF: "Será deferida a posse quem, evidentemente, tiver o domínio, se com base neste for ela disputada". Nessa situação, excepcionalmente, é cabível a exceção de usucapião formulada na contestação. Nesse sentido, o enunciado 443 do FPPC: "Em ação possessória movida pelo proprietário é possível ao réu alegar a usucapião como matéria de defesa, sem violação ao art. 557".

No mesmo sentido, dispõe o enunciado nº 637 da súmula do Superior Tribunal de Justiça: "O ente público detém legitimidade e interesse para intervir, incidentalmente, na ação possessória entre particulares, podendo deduzir qualquer matéria defensiva, inclusive, se for o caso, o domínio".

Por fim, destaque-se que a contestação é o meio adequado para que o réu exerça o direito de indenização por benfeitorias realizadas sobre o bem, nos termos da legislação material (STJ. REsp 1.659.643/PR. DJe 05.05.17). Cabe ao réu formular, na contestação, pedido contraposto, que constitui uma espécie de reconvenção. Vale salientar, contudo, que o STJ já afastou a ocorrência de preclusão, permitindo ao demandado deduzir o pedido mesmo após a contestação (STJ. REsp 764.529/RS. DJe 09.11.10), sendo vedado, por outro lado, o reconhecimento de ofício do direito à indenização por benfeitorias (STJ. REsp 1.836.846/PR. DJe 28.09.20. Inf. 680).

8. VEDAÇÃO À PROPOSITURA DE AÇÃO DE RECONHECIMENTO DE DOMÍNIO DURANTE A PENDÊNCIA DE AÇÃO POSSESSÓRIA

O art. 557, *caput*, do Código de Processo Civil proíbe que, durante a pendência de ação possessória, autor ou réu proponham ação de reconhecimento de domínio, exceto se a ação for processualizada contra terceira pessoa. Tal dispositivo ratifica a autonomia da tutela possessória frente ao direito de propriedade. Transitada em julgado a decisão final da ação possessória, cessa a vedação legal.

Dessa maneira, por exemplo, veda-se o ajuizamento de ação de usucapião durante o curso de ação possessória (STJ. AgInt no AREsp 890.127/MG. DJe 10.03.17).

Todavia, que é possível ao proprietário cumular a ação possessória com a ação reivindicatória, desde que o faça pelo procedimento comum, sem acarretar violação ao art. 557 do CPC. Nesse sentido, dispõe o enunciado 65 do FPPC: "O art. 557 não obsta a cumulação pelo autor de ação reivindicatória e de ação possessória, se os fundamentos forem distintos".

Além disso, se a propositura da ação de reconhecimento de domínio é anterior à da ação possessória, também não incide a regra do art. 557, *caput*, do CPC (AgInt no AREsp 855.508/SP. DJe 18.08.17).

9. LITÍGIOS POSSESSÓRIOS COLETIVOS

É bem frequente, no Brasil, o surgimento de litígios possessórios coletivos. O CPC/1973, editado para uma época de conflitos individuais, não continha nenhuma disposição relativa a problemas inerentes aos litígios coletivos. O CPC/2015, por outro lado, atentou para a realidade contemporânea, procurando disciplinar pontos que, até então, não possuíam regramento.

Em primeiro lugar, o art. 178, III, prevê que o Ministério Público intervirá, como fiscal da ordem jurídica, nos litígios coletivos pela posse de terra rural ou urbana. Apesar de o CPC/1973 conter dispositivo semelhante (art. 82, III), tal redação só foi lhe dada em 1996, pela Lei nº 9.415. Antes disso, não havia referência à intervenção obrigatória do Ministério Público em litígios possessórios coletivos.

Em segundo lugar, o art. 554, § 1º, prescreve que, no caso de ação possessória em que figure, no polo passivo, grande número de pessoas, serão feitas a citação pessoal dos ocupantes que forem encontrados no local e a citação por edital dos demais, determinando-se, então, a intimação do Ministério Público e, se envolver pessoas em situação de hipossuficiência econômica, da Defensoria Pública. Para tanto, o oficial de justiça procurará os ocupantes no local por uma vez, citando-se por edital os que não forem encontrados (art. 554, § 2º).

O juiz determinará que se dê ampla publicidade da existência da ação e dos respectivos prazos, podendo, para tanto, valer-se de anúncios em jornal ou rádio locais, da publicação de cartazes na região do conflito e de outros meios (art. 554, § 3º). É possível, inclusive, o registro de protesto previsto no art. 301 do CPC, a fim de consignar a informação do litígio possessório na matrícula do imóvel[3].

Por fim, o art. 565, *caput*, dispõe que, no litígio coletivo pela posse de imóvel, quando o esbulho ou a turbação afirmado na petição inicial houver ocorrido há mais de ano e dia, o juiz, antes de apreciar o pedido de concessão da medida liminar, deverá designar audiência de mediação, a realizar-se em até 30 (trinta dias).

De início, merece registro um problema de difícil solução decorrente da redação do citado artigo: sua aplicabilidade parece inexistente. Isso porque, embora determine que juiz marque audiência antes de apreciar o pedido de medida liminar, consigna, no início do dispositivo, que ele se dirige às ações propostas depois de ano e dia, isto é, às ações de força velha, em que não cabe a expedição de mandado liminar. Por isso, o art. 565 do CPC parece pretender incidir sobre um suporte fático impossível: uma ação possessória em que seja possível a concessão de mandado liminar depois de ano e dia.

É preciso, porém, interpretar a disposição com cuidado. Primeiro, deve-se atentar para o fato de que a promoção da solução consensual de conflitos, a ser incentivada pelo Estado, está entre as normas fundamentais do processo civil (art. 3º, §§ 2º e 3º, do CPC), devendo, por isso, direcionar a compreensão de todos os demais dispositivos do Código de Processo Civil. Desse modo, havendo dúvida quanto à interpretação do art. 554, deve-se dar-lhe um sentido que não signifique o seu descarte total, mas, antes, promova, em alguma medida, a finalidade de incentivar a consensualidade das soluções de litígios.

3. Enunciado 63 do Fórum Permanente de Processualistas Civis: "No caso de ação possessória em que figure no polo passivo grande número de pessoas, a ampla divulgação prevista no § 3º do art. 554 contempla a inteligência do art. 301, com a possibilidade de determinação de registro de protesto para consignar a informação do litígio possessório na matricula imobiliária respectiva".

Desse modo, parece que o art. 554, apesar da redação problemática, continua sendo aplicável aos casos de ação de força velha. A dizer de outra forma, nos litígios possessórios coletivos em que o esbulho ou turbação tenha ocorrido há menos de ano e dia, é desnecessária a marcação de audiência de mediação antes do deferimento do mandado liminar; porém, nas ações coletivas de força velha, não é possível conceder tutela provisória, com base na urgência (art. 300) ou na evidência (art. 311), antes de realizada a audiência de mediação. Ou seja, o termo "medida liminar", empregado no dispositivo, deve ser interpretado como tutela provisória em sentido amplo, e não como a tutela de evidência prevista especificamente no art. 562 do CPC. Do contrário, estaria esvaziada a sua aplicabilidade.

No mais, o § 1º do art. 565 determina que, concedida a liminar, se esta não for executada em 01 ano, a contar da data da distribuição, caberá ao juiz designar audiência de mediação. Aqui, mais uma ressalva importante: apesar do que foi dito relativamente ao *caput* do art. 565, não há qualquer razão para limitar o seu § 1º às ações de força velha. O problema reside tão somente no *caput* do artigo. Assim, ao ver dos autores deste livro, pouco importa se a ação foi intentada antes ou depois de dia e ano: se concedida tutela provisória, em qualquer modalidade, e não executada em um ano, deve haver agendamento de audiência de mediação.

O Ministério Público deve ser intimado para comparecer à audiência, bem como a Defensoria Pública, caso haja beneficiário da gratuidade judiciária. Também poderão ser intimados os órgãos responsáveis pela política agrária e pela política urbana da União, do Estado ou do Distrito Federal e do Município onde se situe a área objeto do litígio, para comparecerem à audiência, a fim de se manifestarem sobre seu interesse no processo e sobre a existência de possibilidade de solução para o conflito possessório (§ 4º do art. 565).

Para efetivar a tutela jurisdicional concedida em ação possessória coletiva, o juiz pode comparecer à área objeto do litígio, se sua presença se fizer necessária (art. 565, § 3º, do CPC).

Por último, ressalte-se que o disposto no art. 565, *caput* e §§ 1º a 4º, do CPC aplica-se também ao litígio coletivo sobre propriedade de imóvel, por força do § 5º do art. 565.

Questão de Concurso

► **(IESES – Titular de Serviços de Notas e de Registros – Remoção – TJ – SC – 2019)**[4] Segundo o disposto no Código de Processo Civil, relativamente às ações possessórias:

I. A propositura de uma ação possessória em vez de outra não obstará a que o juiz conheça do pedido e outorgue a proteção legal correspondente àquela cujos pressupostos estejam provados.

II. É lícito ao autor cumular ao pedido possessório o de condenação em perdas e danos e indenização dos frutos.

III. É lícito ao réu, na contestação, alegando que foi o ofendido em sua posse, demandar a proteção possessória e a indenização pelos prejuízos resultantes da turbação ou do esbulho cometido pelo autor.

IV. Na pendência de ação dominial é vedado, tanto ao autor quanto ao réu, propor ação possessória, exceto se a pretensão for deduzida em face de terceira pessoa.

4. Gabarito: Letra B.

É correto o que se afirma em:

a) Apenas II.
b) Apenas I, II e III.
c) Apenas I, II e IV.
d) I, II, III e IV.

10. SÚMULAS

Súmula vinculante

23. A Justiça do Trabalho é competente para processar e julgar ação possessória ajuizada em decorrência do exercício do direito de greve pelos trabalhadores da iniciativa privada.

Súmula do STF

487. Será deferida a posse a quem, evidentemente, tiver o domínio, se com base neste for ela disputada.

Súmula do STJ

228. É inadmissível o interdito proibitório para a proteção do direito autoral.

637. O ente público detém legitimidade e interesse para intervir, incidentalmente, na ação possessória entre particulares, podendo deduzir qualquer matéria defensiva, inclusive, se for o caso, o domínio.

11. ENUNCIADOS DO FPPC

63. No caso de ação possessória em que figure no polo passivo grande número de pessoas, a ampla divulgação prevista no § 3º do art. 554 contempla a inteligência do art. 301, com a possibilidade de determinação de registro de protesto para consignar a informação do litígio possessório na matricula imobiliária respectiva.

65. O art. 557 não obsta a cumulação pelo autor de ação reivindicatória e de ação possessória, se os fundamentos forem distintos.

178. O valor da causa nas ações fundadas em posse, tais como as ações possessórias, os embargos de terceiro e a oposição, deve considerar a expressão econômica da posse, que não obrigatoriamente coincide com o valor da propriedade.

180. A prestação de caução prevista no art. 559 poderá ser determinada pelo juiz, caso o réu obtenha a proteção possessória, nos termos no art. 556.

443. Em ação possessória movida pelo proprietário é possível ao réu alegar a usucapião como matéria de defesa, sem violação ao art. 557.

12. INFORMATIVOS

Informativos do STJ

Não é possível o reconhecimento de ofício do direito ao recebimento de indenização por benfeitorias úteis ou necessárias em ação possessória. Inicialmente, é imperioso ressaltar que os arts. 1.219 e 1.220 do Código Civil versam sobre o direito à indenização das benfeitorias, bem como de eventual exercício do direito de retenção. A legislação dispõe que o possuidor de boa-fé tem direito à indenização das benfeitorias necessárias e úteis, bem como tem a faculdade de levantar as benfeitorias voluptuárias se não lhe forem pagas, desde que o faça sem deteriorar a coisa. A configuração da boa-fé ainda permite o exercício do direito de retenção pelo valor das benfeitorias úteis ou necessárias. De outro lado, os arts. 141 e 492 do CPC/2015 se reportam ao princípio dispositivo (ou da congruência ou da adstrição), segundo o qual o juiz irá julgar o mérito da ação nos limites propostos, sendo proibido conhecer de questões não alegadas a cujo respeito a legislação exigir iniciativa da parte. Ademais, o referido princípio se encontra umbilicalmente ligado ao dever de tratamento isonômico das partes pelo juiz (art. 139, I, do CPC/2015), de maneira que esse não pode agir de ofício para sanar ou corrigir eventual omissão de qualquer das partes na prática de ato processual de incumbência exclusiva. Não é possível, na hipótese, afastar a ocorrência de julgamento extra petita (fora do pedido) da indenização por benfeitorias ainda que por meio de interpretação lógica e sistemática, pois, não houve apresentação de contestação (em razão de revelia), bem como não ocorreu a formulação de pedido posterior nesse sentido. Apesar do entendimento de que a indenização por benfeitorias passou a ser consequência lógica da resolução do contrato de compra e venda, a formulação de pedido não restou afastada. Esta Corte Superior, ao julgar o REsp 764.529/RS (3ª Turma, DJe 09/11/2010), apenas afastou o instituto da preclusão, de modo a possibilitar a formulação de pedido após a contestação. A jurisprudência do STJ, portanto, não excepciona a formulação de pedido referente à indenização das benfeitorias, somente o momento do requerimento e a forma como esse é realizado. Por fim, o entendimento da ocorrência de julgamento extra petita não afasta o direito de pleitear indenização por eventuais realizações de benfeitorias, pois o prazo prescricional da referida pretensão indenizatória apenas tem início com o trânsito em julgado da ação de rescisão do contrato de compra e venda do imóvel (AgRg no AREsp 726.491/MS, 3ª Turma, DJe 09/11/2016). REsp 1.836.846-PR, Rel. Min. Nancy Andrighi, Terceira Turma, por unanimidade, julgado em 22/09/2020, DJe 28/09/2020. Inf. 680.

A ação possessória pode ser convertida em indenizatória (desapropriação indireta) – ainda que ausente pedido explícito nesse sentido – a fim de assegurar tutela alternativa equivalente ao particular, quando a invasão coletiva consolidada inviabilizar o cumprimento do mandado reintegratório pelo município. Na origem, trata-se de ação de reintegração de posse em que a parte autora, a despeito de ter conseguido ordem judicial, encontra-se privada de suas terras há mais de 2 (duas) décadas, sem que tenha sido adotada qualquer medida concreta para obstar a constante invasão do seu imóvel, seja por ausência de força policial para o cumprimento do mandado reintegratório, seja em decorrência dos inúmeros incidentes processuais ocorridos nos autos ou em face da constante ocupação coletiva ocorrida na área, por milhares de famílias de baixa renda. Nesse contexto, discute-se, entre outros temas, a possibilidade de conversão da ação reivindicatória em indenizatória (por desapropriação indireta), de ofício pelo Juiz. Sobre a temática, vale ressaltar que as obrigações de fazer, não fazer e entregar coisa certa fundadas em título judicial ensejam a aplicação de tutela específica, na forma do art. 461, § 1º, do CPC/1973, sendo totalmente cabível a conversão em perdas e danos para a obtenção de resultado prático correspondente, quando situação fática consolidada no curso da ação exigir a devida proteção jurisdicional. Nesse passo, a conversão operada na espécie não configura julgamento *ultra petita* ou *extra petita*, ainda que não tenha havido pedido explícito nesse sentido, diante da impossibilidade prática de devolução da posse à autora, sendo descabido o ajuizamento de outra ação quando uma parte do imóvel já foi afetada ao domínio público, mediante apossamento administrativo e a outra restante foi ocupada de forma precária por inúmeras famílias com a intervenção do Município e do Estado, que implementaram toda a infraestrutura básica na área *sub judice*. Outrossim, também não há falar em violação ao princípio da congruência, devendo ser aplicada, no caso, a teoria da substanciação, segundo a qual apenas os fatos vinculam o julgador, que poderá atribuir-lhes a qualificação jurídica que entender adequada ao acolhimento ou à rejeição do pedido, como fruto dos brocardos *iura novit curia* e *mihi factum dabo tibi ius*. Conclui-se, portanto, que a conversão em comento é consequência lógica da impossibilidade de devolução do imóvel à autora, sendo desimportante o fato de não ter havido pedido sucessivo/cumulado na exordial ou arguição pelos possuidores (réus na ação reivindicatória), em sede de contestação, quanto à possibilidade de indenização pela perda da posse. REsp 1.442.440-AC, Rel. Min. Gurgel de Faria, por unanimidade, julgado em 07/12/2017, DJe 15/02/2018. Inf. 619.

13. SINOPSE

AÇÕES POSSESSÓRIAS
Tutelas possessórias e sua fungibilidade
O possuidor tem o direito de: a) ser segurado de violência iminente, se tiver justo receio de ser molestado; b) ser mantido na posse, em caso de turbação; c) ser restituído, em caso de esbulho. As tutelas de interdição, manutenção e reintegração diferenciam-se apenas pela gradação da ofensa ao exercício da posse. Por isso, a propositura de uma ação possessória em vez de outra não obstará a que o juiz conheça do pedido e outorgue a proteção legal correspondente àquela cujos pressupostos estejam provados. Em outras palavras, há fungibilidade entre as tutelas possessórias.

Ações possessórias e ações petitórias
Tanto a causa de pedir como o pedido das ações possessórias giram em torno da posse. Em regra, a propriedade da coisa disputada é irrelevante. A causa de pedir é a posse, associada à ameaça, à turbação ou ao esbulho; o pedido é o restabelecimento da posse. Já nas ações petitórias, a causa de pedir é a propriedade, e o pedido é a posse. Pede-se a posse, com base na propriedade, que é causa de pedir. Por exemplo: a) na ação de imissão de posse, aquele que adquiriu a propriedade do bem, mas nunca teve a sua posse, requer que seja imitido na posse da coisa pela primeira vez; b) na ação reivindicatória, o proprietário que perdeu a posse do bem objetiva restabelecê-la, afirmando, como causa de pedir, a propriedade (exercendo, portanto, o direito de sequela).
Ações de força nova e ações força velha
As ações de força nova e de força velha diferenciam-se pelo tempo transcorrido desde a data do esbulho ou da turbação. Considera-se ação de força nova aquela proposta dentro de ano e dia da turbação ou do esbulho afirmado na petição inicial; é de força velha aquela proposta depois de tal prazo. Só se submetem ao procedimento previsto nos arts. 560 a 566 do CPC as ações de força nova. As ações de força velha seguem o procedimento comum – o que não significa que percam o caráter possessório. Em termos de procedimento, a diferença essencial entre as ações de força nova e de força velha consiste no regramento para concessão de mandado liminar, específico para as ações de força nova.
Competência
A ação possessória relativa a coisa móvel deve ser proposta no foro do domicílio do réu. Trata-se, porém, de competência relativa. A ação possessória relativa a bem imóvel deve ser proposta no foro de situação da coisa. Trata-se de regra de competência absoluta. Se o imóvel se achar situado em mais de um Estado, comarca, seção ou subseção judiciária, competirá ao juízo de qualquer uma dessas unidades territoriais conhecer da ação, tornando-se prevento, a estender sua competência sobre a totalidade do imóvel. Segundo o enunciado 23 da súmula vinculante do STF, a Justiça do Trabalho é competente para processar e julgar ação possessória ajuizada em decorrência do exercício do direito de greve pelos trabalhadores da iniciativa privada.
Participação do cônjuge
Só é necessário o consentimento do cônjuge do autor, caso ambos exerçam composse sobre a coisa esbulhada, turbada ou ameaçada (nada impedindo também que ambos sejam autores da demanda). O cônjuge do réu integrará o polo passivo, somente se também for responsável pelo ato violento ou clandestino ou pela ameaça. Cuida-se de caso de litisconsórcio passivo necessário.
Procedimento
Na petição inicial das ações de manutenção e de reintegração de posse, incumbe ao autor, além de preencher os requisitos do art. 319 do CPC, especificamente, provar: a) a sua posse; b) a turbação ou o esbulho praticado pelo réu; c) a data da turbação ou do esbulho; d) a continuação da posse, embora turbada, na ação de manutenção, ou a perda da posse, na ação de reintegração. Exige-se que se demonstre a data em que ocorreu o esbulho ou a turbação. Isso é fundamental para aferir se se trata de ação de força nova ou de força velha, isto é, se a ação foi intentada dentro de dia e ano. Caso não tenha sido, não será possível a concessão do mandado liminar previsto no art. 562 do CPC. Por outro lado, na ação de interdição, por versar apenas sobre ameaça de esbulho ou turbação, cabe ao autor comprovar somente a posse e a existência de ameaça à continuidade do seu exercício, pois ainda não houve turbação nem esbulho. O autor pode cumular ao pedido possessório: a) condenação em perdas e danos, desde que relacionados à turbação ou ao esbulho; b) indenização dos frutos. Também pode requerer a imposição de medida necessária e adequada para: a) evitar nova turbação ou esbulho (p. ex.: multa coercitiva); b) cumprir-se a tutela provisória ou final (p. ex.: desfazimento de construção ou plantação). Na ação de força nova, estando a petição inicial instruída com a comprovação dos requisitos elencados no art. 561, I a IV, do CPC, o juiz deferirá, sem ouvir o réu, mandado liminar de manutenção ou de reintegração. Trata-se de hipótese especial de tutela de evidência, fora do art. 311 do CPC. Não é necessária a demonstração de urgência. O juiz poderá, antes de deferir o mandado liminar, determinar ao autor que justifique previamente o alegado, citando o réu para comparecer à audiência de justificação que for designada. Considerada suficiente a justificação, o juiz fará logo expedir o mandado de manutenção ou de reintegração. Se a parte promovida for pessoa jurídica de direito público, o mandado liminar só poderá ser deferido depois de prévia audiência dos respectivos representantes judiciais.

Na ação de força velha, apesar de não caber expedição do mandado liminar previsto no art. 562, é possível a concessão de tutela antecipada fundada na urgência ou na evidência, desde que preenchidos os requisitos do art. 300 ou do art. 311 do Código de Processo Civil respectivamente. Além disso, nada impede que, na ação de força nova, caso o juiz entenda não estarem demonstrados os requisitos do art. 561, o autor formule pedido de tutela provisória de urgência ou de evidência com base nos arts. 300 ou 311 do Código de Processo Civil.

Se o réu provar, a qualquer tempo, que o autor provisoriamente mantido ou reintegrado na posse carece de idoneidade financeira para, no caso de sucumbência, responder por perdas e danos, o juiz designará prazo de 05 dias para prestar caução, real ou fidejussória, sob pena de ser depositada a coisa litigiosa, ressalvada a impossibilidade da parte economicamente hipossuficiente.

Concedido ou não o mandado liminar, ao autor caberá promover a citação do réu, em 05 dias, para, querendo contestar a ação, no prazo de 15 dias. O réu é citado para contestar, e não para comparecer à audiência de mediação ou de conciliação, como ocorre no procedimento comum (art. 334). Contudo, caso tenha havido audiência de justificação prévia, com a citação do réu para comparecer a ela, o prazo para contestação será contado da intimação da decisão que deferir ou não a medida liminar.

É lícito ao réu, alegando que foi ele o ofendido na sua posse, demandar proteção possessória contra o autor, bem como indenização pelos prejuízos resultantes da turbação ou do esbulho cometido pelo autor. Tal dispositivo institui a natureza dúplice da ação possessória.

A alegação de propriedade ou de outro direito sobre a coisa, quando formulada na contestação, não obsta a manutenção ou reintegração requerida pelo autor, face à autonomia da tutela possessória frente à propriedade. Apenas quando o autor afirmar ser possuidor apenas por ser proprietário, será possível ao réu, igualmente, alegar ser proprietário e, por isso, possuidor. Ao julgar a ação, o juiz atribuirá a posse àquele que comprovar ser o real proprietário, nos termos do enunciado 487 da súmula do STF.

A contestação é o meio adequado para que o réu exerça o direito de indenização por benfeitorias realizadas sobre o bem, nos termos da legislação material.

Vedação à propositura de ação de reconhecimento de domínio

Durante a pendência de ação possessória, autor ou réu não podem propor ação de reconhecimento de domínio, exceto se a ação for processualizada contra terceira pessoa. A vedação perdura até o trânsito em julgado da decisão final. Dessa maneira, por exemplo, veda-se o ajuizamento de ação de usucapião durante o curso de ação possessória. Porém, se a propositura da ação de reconhecimento de domínio é anterior à da ação possessória, não incide a regra proibitiva.

Litígios possessórios coletivos

O Ministério Público intervirá, como fiscal da ordem jurídica, nos litígios coletivos pela posse de terra rural ou urbana (art. 178, III, do CPC).

No caso de ação possessória em que figure, no polo passivo, grande número de pessoas, serão feitas a citação pessoal dos ocupantes que forem encontrados no local e a citação por edital dos demais, determinando-se, então, a intimação do Ministério Público e, se envolver pessoas em situação de hipossuficiência econômica, da Defensoria Pública. Para tanto, o oficial de justiça procurará os ocupantes no local por uma vez, citando-se por edital os que não forem encontrados. O juiz determinará que se dê ampla publicidade da existência da ação e dos respectivos prazos, podendo, para tanto, valer-se de anúncios em jornal ou rádio locais, da publicação de cartazes na região do conflito e de outros meios.

No litígio coletivo pela posse de imóvel, quando o esbulho ou a turbação afirmado na petição inicial houver ocorrido há mais de ano e dia, o juiz, antes de apreciar o pedido de concessão da medida liminar, deverá designar audiência de mediação, a realizar-se em até 30 dias. Concedida a liminar, se esta não for executada em 01 ano, a contar da data da distribuição, caberá ao juiz designar audiência de mediação.

O Ministério Público deve ser intimado para comparecer à audiência, bem como a Defensoria Pública, caso haja beneficiário da gratuidade judiciária. Também poderão ser intimados os órgãos responsáveis pela política agrária e pela política urbana da União, do Estado ou do Distrito Federal e do Município onde se situe a área objeto do litígio, para comparecerem à audiência, a fim de se manifestarem sobre seu interesse no processo e sobre a existência de possibilidade de solução para o conflito possessório.

Para efetivar a tutela jurisdicional concedida em ação possessória coletiva, o juiz pode comparecer à área objeto do litígio, se sua presença se fizer necessária.

Por último, ressalte-se que o disposto no art. 565, caput e §§ 1º a 4º, do CPC aplica-se também ao litígio coletivo sobre propriedade de imóvel, por força do § 5º do art. 565.

CAPÍTULO 41

DEMARCAÇÃO DE TERRAS PARTICULARES

1. CONSIDERAÇÕES INICIAIS

Em locais geralmente compostos por áreas extensas, são comuns o aparecimento de questões jurídicas relacionadas à dificuldade de identificação imediata dos limites de cada um dos imóveis vizinhos e contíguos, pertencentes a diferentes proprietários, nomeadamente quando não há linhas divisórias, ou quando elas estão visualmente apagadas ou removidas, bem assim quando os respectivos marcos precisam ser renovados.

Aliás, as disposições constantes no art. 583 do Código de Processo Civil, que descreve os elementos que devem constar nas cadernetas de operações de campo e no memorial descritivo (dentre os quais se encontram os acidentes, a extensão dos campos, das matas e das capoeiras), deixam transparecer essa ideia, pois aqueles traços característicos são incomuns, especialmente em diversidade, aos imóveis de menor porte.

Não quer isso dizer que nos locais, onde as áreas contíguas são divididas em partes de menor extensão, não haja questões jurídicas relacionadas à demarcação de imóveis. É possível, sim, que haja, especialmente se não existiam, até então, edificações e elas começaram a ser levantadas. A confusão de limites territoriais estabelecida entre os bens imóveis, mesmo que de pequena extensão, pode justificar a propositura de ação de demarcação.

Essas situações descritas acima não exigem divisão do imóvel. Elas apenas impulsionam a necessidade de renovar ou corrigir os marcos existentes, bem assim de fixar, numa primeira oportunidade, as linhas demarcatórias, a fim de solver, ou mesmo evitar, litígios relacionados, principalmente, ao uso e à disposição dos imóveis confinantes, quando pertencentes aos diferentes proprietários.

A ação de demarcação, descrita pelo Código de Processo Civil, entre os artigos 569 a 587, portanto, é útil aos proprietários (qualquer deles, seja a que título for), que visem a extremar imóveis vizinhos, caso a identificação visual de seus limites não seja possível ou se ela não corresponder aos limites que estão estabelecidos na margem do registro desses bens perante a respectiva serventia extrajudicial.

As disposições específicas constantes no Código de Processo Civil, entretanto, direcionam-se apenas à demarcação de terras particulares, que podem ser rurais ou urbanas. A discriminação das terras públicas obedece aos comandos trazidos pelos dispositivos da Lei nº 6.383/1976, que dispõe sobre o Processo Discriminatório de Terras Devolutas da União e dá outras Providências. Sua análise, por não guardar correspondência (pelo menos direta) à demarcação de terras particulares, não será objeto de estudo no presente livro.

2. NATUREZA DA AÇÃO DEMARCATÓRIA

A ação demarcatória, a considerar a classificação que se baseia no direito que se visa a proteger, é de natureza real, justamente porque o direito à demarcação decorre do direito de propriedade. Ao proprietário, independentemente de quem o seja, é atribuída ação para demarcar seu imóvel contra o(s) proprietário(s) do(s) imóvel(is) vizinho(s). Consequência disso é que o direito de demarcar, porque potestativo, não se submete à prescrição. Se fosse o caso, seria de decadência. Contudo, não há, na legislação, previsão quanto à demarcação.

Além das repercussões em torno da legitimidade das partes, tanto no polo ativo, quanto no passivo, inclusive no que diz respeito à formação de litisconsórcio necessário, elas serão verificadas também em torno da competência para julgamento, justamente por ser a ação demarcatória de natureza real, como será adiante analisado.

Quanto à carga eficacial predominante da sentença de procedência, há grande divergência doutrinária a respeito da classificação da ação demarcatória, sobretudo a considerar as repercussões em torno da segunda fase do procedimento, conforme também será adiante analisado, quando da apresentação das considerações relacionadas ao julgamento.

De logo, porém, adiante-se que, alguns, consideram a ação demarcatória como declaratória. Outros, por sua vez, como constitutiva. Há, ainda, aqueles que considerem como sendo executiva. Para que os autores do presente livro se posicionem de forma mais didática, antes, eles apresentarão outros elementos relacionados à dita ação.

3. OBJETO

3.1. Delimitação

A ação de demarcação cabe ao proprietário que aspire obrigar o seu confinante a estremar os respectivos prédios, a se fixar novos ou primários limites entre eles ou a se aviventar os já apagados.

São três, portanto, as justificativas para o ajuizamento da ação de demarcação usualmente trazidas pela doutrina e que podem ter diferentes objetos mediatos. A primeira delas, aviventar rumos, entre os imóveis a serem demarcados, que se encontram apagados. A segunda, renovar os marcos, utilizados para demarcar imóveis vizinhos, que se encontram destruídos ou arruinados. E, a terceira, estremar os imóveis vizinhos pela primeira vez.

A redação do art. 566, I, do CPC/2015 (que repete a antiga redação do art. 946, I, do CPC/1973) apresenta deficiência, por ser omissa, o que pode comprometer a sua compreensão. Ela dispõe que "cabe [...] ao proprietário ação de demarcação, para obrigar o seu confinante a estremar os respectivos prédios, fixando-se novos limites entre eles ou aviventando-se os já apagados".

Ao colocar como objeto da demarcatória apenas a fixação de "novos limites" entre os prédios ou aviventação dos antes existentes, a redação do mencionado dispositivo pode induzir à suposição de que a previsão legal tenha deixado fora do preceito a hipótese mais importante (aquela em que, não havendo limite algum, porque jamais fora este fixado, não se poderá falar em "novos limites").

De fato, numa análise exclusivamente empírica, o uso da ação de demarcação está costumeiramente relacionado à colocação de marcos sobre os limites dos imóveis vizinhos, justamente porque eles nunca foram ali dispostos. Depois de colocados os marcos pela primeira vez, os proprietários tendem a conservá-los, motivo por que, em situações como tais, é mais incomum a propositura da ação demarcatória.

Há outra justificativa para a ação demarcatória, que, conquanto seja tratada com certa constância pelos trabalhos específicos, a doutrina não a traz nas definições que apresenta, daí porque pode causar alguma dificuldade de compreensão. Trata-se da situação em que os marcos demarcatórios são deslocados para locais diversos em razão de algum evento natural ou da própria atuação humana.

3.2. Amplitude

A demarcação pode ser total ou parcial. Será total quando todo o perímetro do imóvel de propriedade do autor da ação não se encontra demarcado. Com a procedência da ação, será demarcado todo o limite do bem. Por sua vez, a demarcação será parcial quando apenas porção do perímetro do imóvel de propriedade do autor da ação não se encontrar demarcada. Com a procedência da ação, a parte determinada do imóvel, segundo indicada na petição inicial, será demarcada.

3.3. Distinções

O objeto da ação demarcatória se distingue do da reivindicatória, pois, naquela, a confrontação entre os imóveis é imprecisa, indeterminada ou confusa, razão porque, seu escopo, é de aviventar, renovar ou estabelecer marcos, enquanto que, nesta outra ação, não, pois, justamente por serem precisos os limites entre imóveis, busca-se apenas a reivindicação da propriedade.

Pode até ocorrer que, depois de demarcada a área, o respectivo proprietário peça, na ação demarcatória, que a parte invadida do imóvel, em respeito ao próprio direito de propriedade, seja desocupada. Mas, diferentemente do que ocorre na ação demarcatória, a reivindicatória alcança, em caso de procedência, a imediata desocupação por já estarem, desde a propositura da ação, definidos os limites do imóvel de propriedade reivindicada.

Não se pode deixar de reconhecer, entretanto, que ambas as ações, demarcatória e reivindicatória, são de natureza real porque se fundam no direito de propriedade.

O objeto da ação demarcatória também se distingue do das ações possessórias porque aquela traz pretensão dominial, enquanto que, nestas, não se discute a propriedade, mas apenas a proteção possessória, que pode ser concedida a quem, inclusive, não é proprietário. Julgada procedente a ação demarcatória, a área do imóvel de propriedade do autor será demarcada e, se verificada a invasão, será determinada, em respeito ao domínio, a desocupação.

Nas ações possessórias, não se precisa definir os limites do imóvel, mas apenas os da posse, que será protegida.

4. CONDIÇÕES DA AÇÃO

4.1. Legitimidade das partes

Especificamente em relação à ação demarcatória, o art. 569, I, do Código de Processo Civil dispõe que cabe ao proprietário a ação de demarcação. Ante a falta de qualquer aposto explicativo, não se faz necessário que o proprietário, para ter legitimidade, esteja no exercício da posse direta sobre o imóvel. Basta que seja proprietário, a pouco importar, também, a que título adquiriu a propriedade.

O Código Civil, no art. 1.297, dispõe que "o proprietário tem direito a cercar, murar, valar ou tapar de qualquer modo o seu prédio, urbano ou rural, e pode constranger o seu confinante a proceder com ele à demarcação entre os dois prédios, a aviventar rumos apagados e a renovar marcos destruídos ou arruinados [...]". O texto não deixa clara ser exclusiva a legitimidade do proprietário para a demarcação. Entretanto, o CPC/2015 é incisivo a este respeito.

Adiante, o art. 575 do CPC/2015 estabelece que qualquer condômino é parte legítima para promover a demarcação do imóvel comum, requerendo a intimação dos demais para, querendo, intervir no processo. Os textos referidos deixam clara a legitimação do proprietário do bem imóvel, mesmo que em condomínio.

Não é necessário que o legitimado seja o único proprietário. Ele pode ser apenas um dos condôminos e, ainda assim, terá legitimidade para a ação demarcatória. Apesar disso, os titulares de direitos reais limitados não têm legitimidade para ação demarcatória. É necessária a titularidade de direito real ilimitado para que seja reconhecida a legitimidade para a ação demarcatória.

Diga-se mais.

A despeito de o art. 569 do CPC dar a entender que o proprietário tem legitimação ativa, porque cabe a ele a ação de demarcação, também contra o proprietário, do imóvel vizinho, no caso, deve se proposta a ação. A demarcatória é intentada por proprietário de um imóvel, cujos limites precisam ser aviventados, renovados ou estremados pela vez primeira, contra o proprietário do imóvel vizinho, cujas linhas demarcandas são comuns àquele outro.

Esta ilação está pacificada perante o Superior Tribunal de Justiça, para o qual apenas o proprietário tem legitimidade ativa e passiva para a ação demarcatória (STJ. REsp 20.529/AL. DJ 20.09.93).

Alguns representantes da doutrina fazem referência a uma situação particular. É o caso de falecimento do proprietário do bem antes da realização da partilha. A legitimidade, nesta situação, seria do espólio, que, por sua vez, seria representado pelo inventariante (art. 75, VII, do CPC). Concluída a partilha do bem, a legitimidade para a ação de demarcação seria do herdeiro respectivo, ou de qualquer deles, se formado condomínio.

Por ser a demarcação ação de direito real imobiliário, para propô-la, o cônjuge precisará do consentimento do outro. Exceção ocorrerá apenas quando casados sob o regime de separação total de bens. Se intentada ação de demarcação contra pessoa casada, ambos os cônjuges serão necessariamente citados para a ação, salvo, também aqui, quando casados sob o regime de separação total de bens. Haverá, pois, em algumas situações, a necessidade de formação de litisconsórcio.

4.2. Interesse processual

Quanto à outra condição da ação, para se evidenciar o interesse processual, é necessária a alegação de que, entre prédios vizinhos e contíguos, não existem limites ou que eles estão apagados.

Se não houver necessidade de se fixarem marcos divisórios, por, então, estarem eles fixados, a demarcação estará realizada, sendo desnecessária ação com este objetivo. Se os prédios não forem confinantes, não poderão ser demarcados na região limítrofe. Da mesma forma se não forem contíguos, por estarem, por exemplo, separados por estradas, rios, acidentes geográficos, por será desnecessária a demarcação. E se os prédios pertencerem ao mesmo dono, a região limítrofe não precisa ser demarcada, porque o proprietário não precisa respeitar os limites unos.

E mais. O imóvel tem de ser descrito segundo os títulos que fundamentam a aquisição de propriedade. Se for *inter vivos* e houver, por exemplo, erros no registro, é preciso, primeiro, retificá-los, e, posteriormente, se for o caso, demarcar a propriedade. O autor não teria interesse processual se afirmasse que, a despeito da existência de erro, estaria a pedir a demarcação do imóvel descrito no registro.

5. CUMULAÇÃO DE AÇÕES

5.1. Requisitos

Para que duas ou mais ações sejam cumuladas, é necessário que, além de preenchidas as condições de cada uma delas, haja: a) compatibilidade entre as causas de pedir apresentadas e os pedidos formulados; b) competência do mesmo órgão jurisdicional para julgar as ações cumuladas; c) compatibilidade ou adequação procedimental.

É necessário, logicamente, que os pedidos sejam compatíveis entre si. Em cumulação própria, um pedido não pode ser excludente um (uns) do(s) outro(s). Eles não podem ser contraditórios. Para que seja possível a formulação de pedidos incompatíveis entre si, o autor deve se valer da cumulação imprópria.

Além da compatibilidade entre os pedidos, em regra, deve haver, também, a compatibilidade entre as causas de pedir. Estas não podem ser conflitantes no sentido de uma negar a outra. Todavia, tratando-se de cumulação subsidiária, não é necessário que as causas de pedir sejam compatíveis.

Para que os pedidos sejam compatíveis, não se faz necessário que estejam fundados nos mesmos fatos ou fundamentos jurídicos. A cumulação simples é o exemplo maior desta conclusão. Os pedidos cumulados não guardam qualquer relação de precedência ou de prejudicialidade uns com os outros justamente porque não estão relacionados aos mesmos fatos ou fundamentos jurídicos.

Além da compatibilidade entre as causas de pedir apresentadas e os pedidos formulados, somente é possível a cumulação de ações se o juízo tiver competência para conhecer todas elas. Se tiver competência para conhecer de uma e não tenha para conhecer de outra, não poderá haver cumulação.

No caso da ação demarcatória, por ser ela de natureza real, a competência do juízo, onde se situa o imóvel, é absoluta. Se o imóvel se situar em mais de uma comarca, o juízo de qualquer delas será competente, se a demarcação for total. Se parcial, deve ser intentada a ação no lugar em que estiver situada a parte a ser demarcada. Se esta parte estiver, também, em mais de uma comarca, a demarcatória poderá ser intentada no juízo de qualquer delas.

Assim, se possível a cumulação, o juízo competente para julgar a ação demarcatória deve ser, também, competente para julgar a ação a ser cumulada, sem se esquecer que o requisito da competência somente é radical (sem possibilidade de ser contornado) se entre todas as ações intentadas houver diversidade de competência absoluta. Se a diversidade de competência da ação a ser cumulada com a demarcatória for relativa, ela poderá ser contornada ante a prorrogação da competência do juízo demarcatório.

Mas, se, para conhecer a ação a ser cumulada com a demarcatória, a competência for de juízo diverso, não poderá haver cumulação. Exemplifica essa situação o caso da ação de demarcação, cujo imóvel vizinho esteja situado em comarca diversa, e a ação lá é intentada, com a ação de divisão. Se o autor faz a opção de intentar a ação de demarcação na comarca onde se situa o imóvel vizinho, não poderá cumular a ação de divisão, porque o imóvel de sua propriedade em condomínio está situado em comarca diversa.

Esta ilação tem importância para fins de verificação da existência de conexão ou de prejudicialidade externa entre as ações de demarcação e de divisão. Se as ações forem intentadas na mesma comarca, serão julgadas, em razão da conexão, conjuntamente, enquanto que, se forem intentadas em comarcas diversas, a divisão ficará suspensa para que, ante a relação de prejudicialidade, seja julgada a demarcação.

Como último requisito à cumulação de ações, deve haver compatibilidade ou adequação procedimental. É necessário que haja compatibilidade ou adequação entre os procedimentos pertinentes a cada ação, porquanto é impossível realizar-se em um só processo dois ou mais procedimentos diversos.

Mesmo diante do requisito da compatibilidade ou adequação procedimental, o Código de Processo Civil abranda a sua exigência, a autorizar ao autor renunciar o procedimento não ordinário pertinente a uma das ações, para que essa seja processada, juntamente com as demais, pelo o rito ordinário. Entretanto, a renúncia ao rito não ordinário, em face de alguns empecilhos, nem sempre é possível.

No caso da ação demarcatória, o Código de Processo Civil permite a renúncia ao rito especial, quando, por exemplo, no art. 570, permite a cumulação daquela com a ação de divisão. Como esta segue outro rito especial, a demarcação e divisão, para serem cumuladas, seguirão o rito comum. Haverá, aí, adequação procedimental, já que ambas deixarão de seguir seus ritos especiais para seguirem o rito ordinário.

Embora as ações cumuladas passem, neste caso, a seguir o rito comum, é possível o emprego das técnicas processuais diferenciadas previstas nos respectivos procedimentos especiais a que se sujeitam as ações cumuladas. Basta que elas não sejam incompatíveis com as disposições sobre o procedimento comum.

5.2. Situações de cumulação

A par dessas considerações, não se pode cumular, por falta de interesse, ação demarcatória com reivindicatória. Isso porque, se não estiver demarcada a área, julgada procedente a ação de demarcação, será determinada, em razão do direito de propriedade, a desocupação da área identificada como invadida, pelo que desnecessária a ação reivindicatória. Também o autor carece de interesse na cumulação quando a área está demarcada, porque desnecessária será a ação demarcatória, sendo suficiente, para a desocupação do imóvel, apenas a ação reivindicatória.

Contudo, será possível a cumulação de ação demarcatória com ação possessória. A título de exemplo, pessoa que se diz proprietária de determinado imóvel pode intentar ação demarcatória para determinar os limites do bem e, além disso, pedir a proteção da posse que exerce, a qual está a ser turbada. No caso, estão preenchidos todos os requisitos para a cumulação de ações, porque haveria compatibilidade entre os pedidos, competência do juízo para julgar ambas as ações, além de adequação procedimental, porque ambas seguiriam o rito ordinário.

Quanto à cumulação de ação demarcatória com ação divisória, não há dúvida quanto à sua possibilidade, a se considerar que existe previsão legal expressa neste sentido. Se tal ocorrer, a ações cumuladas correrão sob o rito comum, para que haja adequação procedimental, e será julgada, embora em mesma sentença, primeiramente, a divisão para, depois, ser julgada a demarcação. Primeiro divide, a se reconhecer a parte que caiba a cada condômino, para, depois, demarcar, colocando-se os limites entre os imóveis vizinhos. Interessante é que, para este caso de cumulação, a ação de divisão é ajuizada contra os condôminos, enquanto que a demarcação entre os vizinhos, que podem não ser, pelo menos todos, os anteriores condôminos.

Há várias outras possibilidades de cumulação de ações. A título de exemplo, pode-se citar a cumulação de demarcação com indenização, assim como demarcação com remoção de construção ou plantação e demarcação com anulatória de ato jurídico. Para a cumulação de ações, repita-se, basta que estejam preenchidos os requisitos indicados anteriormente. E, sendo cumuladas ações, elas serão julgadas conjuntamente na sentença que resolve a primeira fase da demarcatória.

6. DEMARCAÇÃO EXTRAJUDICIAL

6.1. Requisitos

Desde que maiores, capazes e concordes os proprietários dos prédios vizinhos, a demarcação poderá ser realizada por intermédio de escritura pública, a se observar, naquilo que couber, as disposições específicas do Código de Processo Civil relacionadas à demarcação. Se houver consenso e for disponível o direito de propriedade, os proprietários estabelecerão as linhas limítrofes dos prédios vizinhos. Neste caso, os interessados, antes da escrituração, põem os marcos. A escritura pública será documento que ratificará os elementos identificadores dos limites pactuados.

Pode ocorrer de a "demarcação extrajudicial" ir além de simplesmente fixar os limites, a ponto de estabelecer formato diverso do constante no título de propriedade. Isso é permitido, porque disponível o direito de propriedade. Mas se essa não for a intenção das partes, haverá uma fixação de limites, que poderá ensejar uma posse, que, se prolongada for, atribuirá a propriedade. Neste caso específico, poderá a demarcação extrajudicial ser, depois, corrigida, pois não prevalece o pedido das partes, mas o direito delas.

6.2. Contrato de fixação de limites

Mas, se os interessados estabelecerem, por consenso, em escritura pública, o delineamento que orientará a demarcação para, só em seguida, colocar os marcos. O documento produzido, a despeito de auxiliar a identificação das linhas limítrofes, não constituirá uma "demarcação extrajudicial". Será simples documentação extrajudicial daquilo que se chama "contrato de fixação de limites". O procedimento demarcatório apenas se perfectibiliza com a colocação dos marcos limítrofes.

6.3. Conciliação judicial

Pode ocorrer, ainda, de a demarcação ocorrer por conciliação judicial (a ser realizada no curso da primeira ou da segunda fase), ou mesmo ser feita em escrito particular, a ser submetido à homologação pelo juiz. Ela pode contemplar o reconhecimento do direito de demarcação, critérios a serem observados na segunda fase ou mesmo a completa demarcação, inclusive com indicação ilustrativa dos rumos sobre os quais serão postos os marcos. Este ponto, por não se tratar de "demarcação extrajudicial", mas sim de hipótese de sentença resolutiva de mérito, será analisado na parte em que este trabalho tratar da resolução da demarcação.

6.4. Limites legais à demarcação extrajudicial

Conquanto a demarcação possa ser realizada por escritura pública, o acordo de vontade das partes não pode se sobrepor à legislação imobiliária. Se, por exemplo, ela estabelece o tamanho mínimo, em determinada região, como sendo o modular para uma extensão de terra, os interessados, ainda que concordes, não poderão estabelecer linhas demarcatórias para que, pelo menos um dos imóveis vizinhos, fique com área inferior àquela estabelecida como mínima.

Sob perspectiva inversa, se houver menores ou incapazes interessados na demarcação, ante a vedação à disposição do direito, ela só poderá ser realizada judicialmente.

7. PETIÇÃO INICIAL

A petição inicial constitui o instrumento formal postulatório utilizado pela parte para exteriorizar o ato de processualizar a ação. Na ação de demarcação, conforme dispõe o art. 574, a petição inicial, a ser instruída com os títulos da propriedade, designará o imóvel pela situação e pela denominação, descreverá os limites por constituir, aviventar ou renovar e nomeará todos os confinantes da linha demarcanda. Tais requisitos constituem, respectivamente, especificações dos documentos indispensáveis à propositura da ação, da causa de pedir e do pedido da ação de demarcação.

A petição inicial da ação de demarcação exige, além daqueles requisitos específicos, aqueles outros dispostos nos arts. 319 e 320 do Código de Processo Civil, que são: a) o juízo a que é dirigida; b) os nomes, os prenomes, o estado civil, a existência de união estável, a profissão, o número de inscrição no Cadastro de Pessoas Físicas ou no Cadastro Nacional da Pessoa Jurídica, o endereço eletrônico, o domicílio e a residência do autor e do réu; c) o fato e os fundamentos jurídicos do pedido; d) o pedido com as suas especificações; e) o valor da causa; f) as provas com que o autor pretende demonstrar a verdade dos fatos alegados.

Deve, ainda, indicar a opção do autor pela realização ou não de audiência de conciliação ou de mediação.

Além disso, a petição inicial será instruída com os documentos indispensáveis à propositura da ação.

Especificam-se cada um desses elementos.

7.1. Requisitos

a) o juízo a que é dirigida:

A observar as normas de competência, o autor deve indicar, no cabeçalho da petição inicial, o juízo a que é dirigida. A finalidade do requisito é possibilitar que a petição chegue ao órgão jurisdicional competente para o trâmite processual. Se houver indicação equivocada, sendo remetida a petição a juízo incompetente, caberá a este (ou mediante provocação do réu, sobretudo se a incompetência for relativa) remeter ao juízo ou tribunal competente. Se houver mudança (em razão da verificação de qualquer fator de modificação) ou correção de competência, as petições seguintes devem ser direcionadas ao juízo declarado como competente.

A petição inicial da ação de demarcação deverá indicar o juízo materialmente competente da Comarca em que esteja situado o imóvel a ser demarcado. Se, eventualmente, estiver localizado em mais de uma comarca, a petição inicial indicará o juízo materialmente competente de qualquer das comarcas em que esteja situada a linha a ser demarcada, a se tornar prevento aquele que primeiro registrou ou distribuiu a petição inicial. Se a linha a ser demarcada estiver localizada em mais de uma comarca, a petição inicial indicará o juízo materialmente competente de qualquer delas, a se tornar prevento aquele que primeiro registrou ou distribuiu a petição inicial.

Se na comarca houver mais de um juízo materialmente competente, a petição inicial, ante a distribuição da ação, prescindirá da indicação numérica do órgão jurisdicional.

b) os nomes, os prenomes, o estado civil, a existência de união estável, a profissão, o número de inscrição no Cadastro de Pessoas Físicas ou no Cadastro Nacional da Pessoa Jurídica, o endereço eletrônico, o domicílio e a residência do autor e do réu:

Deve o autor, na petição inicial, individualizar as partes de forma suficiente, para que a ação não seja proposta por e contra pessoa incerta, a ponto de impossibilitar a comunicação processual. Assim, em relação às pessoas físicas, indicam-se nomes, prenomes, estado civil, existência de união estável, profissão, número de inscrição no Cadastro de Pessoas Físicas, endereço eletrônico, domicílio e residência do autor e do réu.

As pessoas jurídicas ficam impossibilitadas de indicar estado civil e da profissão (mas é conveniente, embora não seja obrigatória, a indicação do tipo de sociedade, porquanto servil, dentre outras finalidades, à apuração e quantificação de responsabilidade dos sócios), além do que o número do Cadastro de Pessoas Físicas deve ser substituído pelo número do Cadastro Nacional de Pessoas Jurídicas.

Esses pontos de qualificação, embora exaustivos, podem ser ampliados por conveniência e iniciativa do autor, e, quando não disponíveis a ele, podem ser alcançados mediante diligência judicial a ser requerida. Contudo, mesmo diante da ausência de qualquer daquelas informações, a petição inicial não será indeferida se possível a realização da citação do réu.

Não há de se esquecer, porém, que a indicação do estado civil e da existência de união estável tem importância, para as ações fundadas em direito real, como é a demarcatória, para a verificação da necessidade de consentimento e de legitimação processual. Se não indicados corretamente, deve o réu, em sua resposta, ou na primeira oportunidade que lhe couber falar nos autos, proceder à indicação corretiva.

Para fins de comunicação dos atos processuais, é necessário conhecer a profissão (para estabelecer a forma daquela, ou seja, se é caso de convite, requisição ou intimação), o endereço eletrônico, o domicílio e a residência, principalmente, em relação aos dois últimos dados, para a localização das partes, observando-se que alguns atos processuais são endereçados e, às vezes, praticados por aquelas pessoalmente.

A identificação da profissão das partes é igualmente útil para avaliação de suas condições socioeconômicas, a se aferir, por exemplo, se é o caso de concessão ou não dos benefícios da gratuidade judiciária. A informação constitui elemento indiciário para verificar se a parte possui ou não condições de pagar as custas do processo sem prejuízo do sustento próprio ou de sua família (STJ. REsp 36730/RS. DJU 15.12.03). Também é útil a indicação da profissão para designação e comparecimento em audiências, pois algumas autoridades são tratadas com deferência, a poder escolher dia, hora e local para serem ouvidas.

A indicação número de inscrição no Cadastro de Pessoas Físicas ou no Cadastro Nacional da Pessoa Jurídica das partes, além de útil à individualização delas, serve à prática de alguns atos processuais essenciais, principalmente aqueles relacionados à localização de pessoas (partes) e/ou de bens. Por isso que também deve, e por muito maior razão, serem indicados os locais dos domicílios e das residências das partes, pois, através deles, serão localizadas suas pessoas e, quando for o caso, seus bens.

c) o fato e os fundamentos jurídicos do pedido:

Como a petição inicial é o instrumento para processualizar a ação, cujos elementos são partes, causa de pedir e pedido, aquela deve, assim como faz em relação à identificação das partes, indicar os fatos (causa de pedir remota) e fundamentos jurídicos (causa de pedir próxima) do pedido.

De acordo com a Teoria da Substanciação, adotada, de forma predominante (mas não exclusiva) pelo sistema jurídico brasileiro, o autor, na petição inicial, para evidenciar sua causa de pedir, deve indicar os fatos (apenas os necessários, considerados importantes) e os fundamentos jurídicos de seu pedido (proposta jurídica de enquadramento em razão dos fatos apresentados).

Ao analisar os fatos e suas consequências jurídicas, o juiz construirá a norma para resolver o objeto litigioso da ação processualizada. Para tanto, é desnecessária a indicação dos eventuais dispositivos legais (fundamentos legais) aplicáveis ao caso, pois, além de se presumir que o juiz conhece o direito, nem todas as ações estão fundadas no direito positivado.

Outra teoria que explica a causa de pedir é a Individualização. Segundo ela, a causa de pedir é formada exclusivamente pela relação jurídica afirmada pela parte, tendo os fatos cunho secundário. Referida teoria não foi adotada, de forma predominante, pelo sistema jurídico brasileiro, embora subsista sua utilidade prática em alguns casos, como nos casos, por exemplo, das ações fundadas em direito real, como é a ação demarcatória, onde é suficiente a afirmação de propriedade, cujos limites devem ser constituídos, aviventados ou renovados.

d) o pedido com as suas especificações:

Ao intentar uma ação, o seu autor pretende que o direito por ele indicado lhe seja conferido pela palavra do Estado-juiz. A par da narração dos fatos e dos fundamentos jurídicos, chega-se a uma conclusão lógica, que se consubstancia no pedido de prestação jurisdicional, no qual se sobressaem, além do direito pretendido, que é o pedido mediato, a providência jurisdicional, que é o pedido imediato, necessário à sua obtenção. Pode-se, assim, definir pedido como sendo a pretensão material deduzida em juízo, ou seja, a pretensão processualizada, que objetiva, mediante provimento jurisdicional, o reconhecimento do direito litigioso.

A ação de demarcação tem pedido mediato claramente definido pelo art. 574 do Código de Processo Civil, que se consubstancia no reconhecimento do direito de constituir, aviventar ou renovar os marcos limítrofes de imóveis particulares vizinhos, cuja propriedade do autor (relativa a um deles) deve estar demonstrada na petição inicial. Se o pedido mediato, eventualmente, for diverso, a ação, mesmo que traga o nome respectivo, não será, em sua essência, demarcatória.

e) o valor da causa:

A essencialidade do valor da causa se consubstancia na necessidade de se quantificar, quando existir, a extensão econômica de uma ação para a: i) definição do rito processual;

ii) fixação da competência do juízo; iii) parametrização de multas processuais; iv) efetivação de averbação premonitória; v) realização de reexame necessário; vi) análise de cabimento de determinados recursos; vii) determinação do valor das custas processuais a serem recolhidas; viii) definição de honorários advocatícios; ix) verificação da necessidade de constituição de advogado.

Para a ação de demarcação de terras particulares, o valor da causa não tem importância para a definição do rito processual, porque ele será o especial, definido pelo Código. Também não serve para a efetivação de averbação premonitória, para a verificação da necessidade de realização de remessa necessária, para a análise de cabimento de recurso, nem para a verificação da necessidade de constituição de advogado. Contudo, é essencial, principalmente, para a parametrização de multas processuais, para a determinação do valor das custas processuais a serem recolhidas e para a definição de honorários advocatícios.

Ante as razões as essencialidades encimadas, a toda causa, portanto, será atribuído um valor certo, ainda que não tenha conteúdo econômico imediato. Entretanto, nas causas de expressão econômica passível de aferição, a legislação faz sua especificação prévia, conforme disposto no art. 292 do Código de Processo Civil.

Mencionado dispositivo legal, em seu inciso IV, estabelece que, "o valor da causa constará da petição inicial ou da reconvenção e será [...] na ação de divisão, de demarcação e de reivindicação, o valor de avaliação da área ou do bem objeto do pedido". Sob a vigência do CPC/1973, o inciso VII do art. 259 dispunha: "O valor da causa constará sempre da petição inicial e será [...] na ação de divisão, de demarcação e de reivindicação, a estimativa oficial para lançamento do imposto".

Agora, portanto, o valor da ação de demarcação não será mais aquele indicado pela estimativa oficial para lançamento do imposto sobre a propriedade do bem imóvel a ser demarcado, e, sim, o da avaliação da área. Conquanto tal mudança possa proporcionar maiores discussões em torno do valor da ação de demarcação, porque o parâmetro eleito pelo CPC/2015 não é objetivo, evita que se atribua à causa valor que efetivamente não corresponde ao do bem jurídico.

Os autores do presente livro, pessoalmente, discordam do parâmetro definido pelo art. 292, IV, do Código de Processo Civil (não que o anterior fosse mais razoável), porque possibilita algumas distorções. Para dar um exemplo, imagine que apenas pequena parcela de um imóvel, que é de larga extensão, precisa ter seus marcos aviventados. Se o valor de avaliação da área, em sua integralidade, é elevado, especialmente em comparação à parte a ser demarcada, o valor das custas pode ser superior ao possível proveito econômico.

Para se evitar distorções como tal, os autores deste trabalho interpretam que "o valor de avaliação da área ou do bem objeto do pedido" compreende, se a demarcação for parcial, apenas à parte a ser demarcada, e, mesmo assim, a largo esforço hermenêutico, a se considerar que, apesar de a demarcação decorrer do direito de propriedade, com ela não se confunde.

f) as provas com que o autor pretende demonstrar a verdade dos fatos alegados:

Ainda na petição inicial, o autor deverá indicar, de forma genérica, os meios de prova que eventualmente pretende se utilizar para demonstrar suas afirmações, a convencer o juiz de que elas correspondem, ou tem grande probabilidade de corresponder, à verdade. Não se exige a especificação das provas, mas apenas a indicação delas, a se fazer alusão aos meios que, eventualmente, o autor possa ter necessidade de produzir durante a tramitação processual para convencer o juiz acerca de suas assertivas fáticas.

Na prática forense, é comum que o autor indique "todos os meios admitidos em direito", razão porque, associado à garantia da ampla defesa, conclui-se que este requisito deveria ter sido afastado. Não se pode compelir o autor a indicar as provas se ainda não conhece todos os fatos, já que o réu ainda vai apresentar resposta. A exigência é um convite a sempre se requerer a produção de "todos os meios de prova admitidos em direito". A não indicação das provas significa apenas desinteresse em produzir outras além daquelas trazidas com a petição inicial, não autorizando o indeferimento desta.

Na ação de demarcação, enquanto perdurar o litígio, a produção da prova pericial é obrigatória. O juiz fará a nomeação de pelo menos um perito para lhe auxiliar. Portanto, mesmo que não seja objeto de requerimento pelo autor, conquanto possa existir, a prova pericial será produzida. Além da perícia, quaisquer outras provas, como o depoimento pessoal do réu, a oitiva de testemunhas, a produção de documentos e a inspeção judicial, podem ser requeridas, como o objetivo de serem produzidas no curso processual.

Documentos indispensáveis à propositura da ação:

As petições iniciais deverão vir acompanhadas dos documentos (ou cópia dos documentos) indispensáveis à propositura da ação. Serão indispensáveis aqueles que a lei assim os considerar (como, por exemplo, a certidão de casamento para o requerimento de divórcio; o registro de propriedade para o ajuizamento de demanda reivindicatória) ou que o autor fizer referência como fundamento de seu pedido.

Na ação de demarcação, o art. 574 do Código de Processo Civil dispõe a petição inicial deverá ser instruída com os títulos da propriedade, que "é a transcrição do imóvel, se a aquisição for feita inter vivos, ou o formal de partilha, se a aquisição operou-se *causa mortis*". Isso porque o imóvel, na petição inicial, deve ser descrito de acordo com os respectivos títulos de propriedade.

A indicação da forma de citação não é mais requisito da petição inicial, como ocorria sob a égide do CPC/1973. Assim, ao propor a ação de demarcação, o autor não mais precisa pedir a citação do réu. Especificamente em relação à modalidade de citação na ação de demarcação, houve mudanças, proporcionadas pelo CPC/2015, que passam a ser apresentadas a seguir.

7.2. Indicação

A petição inicial deve, pelo menos em regra, fazer uma indicação.

A opção do autor pela realização ou não de audiência de conciliação ou de mediação:

Não se trata de "requisito" da petição inicial, mas de mera indicação, instituída a partir do CPC/2015, que deve constar (apenas) em caso de recusa (embora o autor possa se manifestar expressamente a favor), pois, em sua ausência, será realizada a audiência de conciliação.

Até porque o art. 334 dispõe que, "se a petição inicial preencher os requisitos essenciais e não for o caso de improcedência liminar do pedido, o juiz designará audiência de conciliação ou de mediação com antecedência mínima de 30 (trinta) dias, devendo ser citado o réu com pelo menos 20 (vinte) dias de antecedência". Não se trata, portanto, como mostra a leitura do dispositivo transcrito, de requisito. Se fosse, à petição inicial, seria determinada sua emenda e, em caso de não atendimento ao comando decisório, o seu indeferimento.

E a audiência de conciliação só "não será realizada: se ambas as partes manifestarem, expressamente, desinteresse na composição consensual; quando não se admitir a autocomposição" (§ 4º do art. 334 do CPC/2015). A ser assim, se omissa a indicação na petição inicial, será realizada audiência, a menos que a ação verse sobre direito indisponível, caso em que dispensará a realização do ato processual.

A indicação de recusa deve ser manifestada, caso exista, por todos os litisconsortes ativos.

Não há especificidades, quanto a esta indicação, relativamente à ação de demarcação. Se ela não for apresentada, será realizada audiência de conciliação, a menos que envolvam interesse(s) de incapaz(es), pois sua(s) esfera(s) jurídica(s) é(são) alcançada(s) pela indisponibilidade. Se for apresentada, e sendo de recusa, a audiência não será realizada se esta também for a opção do réu.

7.3. Emenda, aditamento e indeferimento

Ao verificar que a petição inicial não preenche os requisitos antes indicados ou que apresenta defeitos e irregularidades capazes de dificultar o julgamento de mérito, o juiz determinará que o autor da ação de demarcação, no prazo de 15 dias, emende-a ou complete-a. No respectivo despacho, o juiz deverá indicar com precisão o que deve ser corrigido ou completado pelo autor, a fim de que a emenda seja realizada de forma satisfativa, a dispensar novos despachos com mesmo objetivo.

A petição inicial da ação de demarcação poderá, pelo autor, até a citação, ser aditada ou alterada, em seu pedido ou em sua causa de pedir, independentemente de consentimento do réu. Depois da citação até o saneamento do processo, poderá ser aditada ou alterada, em seu pedido ou em sua causa de pedir, apenas com consentimento do réu, a quem será assegurado o contraditório mediante a possibilidade de manifestação deste no prazo mínimo de 15 dias, facultado o requerimento de prova suplementar.

Conquanto seja desnecessária a apresentação de reconvenção relativamente ao direito de demarcar, por ser este dúplice, quando ela for apresentada, situação em que o direito material reivindicado será outro, a ensejar verdadeira cumulação de ação, poderá o réu aditar a reconvenção, nos mesmos limites acima indicados, quanto aos pedidos e às causas de pedir apresentadas. Se isso ocorrer, agora, ao autor, também será assegurado o contraditório mediante a possibilidade de sua manifestação no prazo de 15 dias, facultado o requerimento de prova suplementar.

Será indeferida a petição inicial da ação de demarcação quando: a) for inepta; b) o autor for parte manifestamente ilegítima; c) o autor carecer de interesse processual; d) o autor, advogado em causa própria, não declarar, na petição inicial, o endereço, o seu número de inscrição na Ordem dos Advogados do Brasil e o nome da sociedade de advogados da qual eventualmente participa, para o recebimento de intimações; e) o autor não emendar a petição inicial, apesar de determinado pelo juiz da causa.

A petição inicial, inclusive da ação de demarcação, será considerada inepta, de acordo com o art. 330 do CPC/2015, quando: a) faltar-lhe pedido ou causa de pedir; b) o pedido for indeterminado, ressalvadas as hipóteses legais em que se permite o pedido genérico; c) da narração dos fatos não decorrer logicamente a conclusão; d) contiver pedidos incompatíveis entre si. Entretanto, antes de decretar a ocorrência de alguma dessas situações, o juiz deve determinar a emenda da petição inicial. Assim, seria coerente resumir as situações de indeferimento à não realização de emenda da petição inicial.

Se indeferida a petição inicial, o autor poderá, no prazo de 15 dias, apelar, facultado ao juiz, no prazo de 5 dias, retratar-se.

Caso o juiz se retrate, mandará: a) caso disponível o direito objeto do processo, citar o réu, com antecedência mínima de 20 dias, para comparecer à audiência de conciliação ou de mediação (a se ressalvar que, se, juntamente com o autor, o réu manifestar seu desinteresse na composição, contará, a partir dessa manifestação, o prazo de 15 dias para responder); b) caso indisponível o direito objeto do processo, citar o réu para, no prazo de 15 dias, responder à ação.

Se o juiz não se retratar, mandará citar o réu para responder ao recurso. Caso a sentença seja reformada pelo tribunal, o réu será intimado da devolução dos autos ao juízo de origem, situação em que: a) caso disponível o direito objeto do processo, o réu será intimado, com antecedência mínima de 20 dias, para comparecer à audiência de conciliação ou de mediação (a se ressalvar que, se, juntamente com o autor, o réu manifestar seu desinteresse na composição, contará, a partir dessa manifestação, o prazo de 15 dias para responder); b) caso indisponível o direito objeto do processo, o réu terá o prazo de 15 dias para responder à ação.

Se não interposta apelação, o réu será intimado do trânsito em julgado da sentença.

8. CITAÇÃO

8.1. Objetivo, pressuposto de validade e efeitos

Nos termos do art. 238 do CPC/2015, a citação é o ato pelo qual são convocados o réu, o executado ou o interessado para integrar a relação processual. Para a validade do processo, dispõe o art. 239, é indispensável a citação do réu ou do executado, ressalvadas as hipóteses de indeferimento da petição inicial ou de improcedência liminar do pedido. E, ainda quando ordenada por juízo incompetente, a citação válida torna litigiosa a coisa e constitui em mora o devedor.

8.2. Citação dos réus em ação demarcatória

Sob a vigência do CPC/1973, o art. 953 dispunha que "os réus que residirem na comarca serão citados pessoalmente; os demais, por edital". A modalidade preferencial de citação, para aqueles que residissem na comarca, era, e continua a ser, pelos correios. Não cabível dita modalidade de citação, se ela precisasse ser pessoal, era feita por intermédio de oficial de justiça. Em relação aos réus que residissem em comarcas diversas daquela em que tramitava a demarcação, eles, sob a égide do CPC/1973, eram citados por edital, conforme dispunha o comando do art. 953.

A disposição textual relativa aos réus residentes fora da comarca era, e com razão, muito criticada pela doutrina. Defendia-se que a citação por edital prevista na parte final do art. 953 do CPC/1973 não tinha qualquer justificativa. Não existia critério diferenciador que a legitimasse. A interpretação conforme o direito fundamental ao processo justo (art. 5º, LIV, CRFB), ao contraditório (art. 5º, LV, CRFB) e à ampla defesa (art. 5º, LV, da CRFB) do art. 953 do CPC, está em admitir a citação por edital apenas quando o réu, domiciliado em comarca ou subseção judiciária distinta da do foro da coisa, for desconhecido ou incerto ou estiver em local ignorado, incerto ou inacessível.

Quando muito, a citação por edital, aos réus residentes em comarca diversa daquela que tramitava a ação de demarcação, era tolerada, ao entender da doutrina, somente em situações especiais, a exemplo de quando havia grande número de partes.

Agora, o CPC/2015, em seu art. 574, dispõe que "a citação dos réus será feita por correio, observado o disposto no art. 245". Ao contrário do que antes dispunha o art. 953 do CPC/1973, mesmo os réus residentes em comarcas diversas, eles serão citados pessoalmente, conquanto, preconize o parágrafo único do art. 574 do CPC/2015, que "será publicado edital, nos termos do inciso III do art. 257". Esta disposição não ressalva a contida no *caput*. Ela apenas acrescenta forma que preza pela segurança das comunicações processuais. Constitui afirmação, em favor dos interessados na demarcação, à ampla defesa e ao contraditório. Logo, além da citação pessoal, será publicado edital para dar conhecimento aos eventuais interessados.

Não quer isso dizer que, na ação de demarcação, não seja mais possível realizar citação por edital. É possível sim, mas ela fica adstringida às hipóteses gerais de cabimento daquela modalidade, que o CPC/2015 repete as definidas pelo código anterior. Não há mais nenhuma disposição especial para a ação de demarcação, relativamente à citação por edital.

8.3. Termo inicial de contagem de prazo

Realizada a citação do réu, independentemente de sua modalidade, inicia-se, o prazo para resposta, a se considerar as situações de perfectibilização estabelecidas pelo art. 231 do Código de Processo Civil.

9. RESPOSTA DO RÉU

9.1. Prazo para apresentação

De acordo com a disposição do art. 577 do CPC/2015, "feitas as citações, terão os réus o prazo comum de 15 (quinze) dias para contestar". Tal prazo corresponde àquele estabelecido pelo art. 335, de acordo com o qual "o réu poderá oferecer contestação, por petição, no prazo de 15 (quinze) dias [...]". Relativamente ao CPC/1973, houve uma redução de prazo, porque o art. 954 dispunha que, "feitas as citações, terão os réus o prazo comum de 20 (vinte) dias para contestar". O prazo de resposta, pois, foi reduzido de 20 (vinte) dias para 15 (quinze) dias.

Interessante, porém, é que, relativamente ao art. 954 do CPC/1973, a doutrina entendia que o prazo de 20 dias só teria aplicação se se tratasse de mais de um réu. O texto legal referia-se a 20 dias para "os réus". Ficava a indagação: o prazo de 20 (vinte) dias já seria o prazo especial, concedido ainda quando ao houvesse litisconsortes com procuradores diferentes?

Representantes da doutrina entendiam, à época, que se os litisconsortes tivessem procuradores diferentes, incidiria o art. 191, CPC/1973. Contudo, os autores desse trabalho entendem que o prazo de 20 dias concedido pelo art. 954 do CPC/1973 já seria o especial, a se considerar o uso do vocábulo "réu" no plural e a amplitude de prazo relativamente àquele previsto no art. 297 do CPC/1973. Não haveria, portanto, motivo para a concessão de mais um benefício, que seria a dobra de prazo.

A questão ganha maior relevo no CPC/2015, porque, agora, o prazo para responder a ação de demarcação não é ampliado em relação à regra geral. Ele é de 15 dias. Portanto, indaga-se: em caso de litisconsortes com procuradores diferentes, pertencentes a escritórios de advocacia distintos, o prazo de resposta seria dobrado, a esteio do que dispõe o art. 229 do CPC/2015?

O emprego do vocábulo "réu" no plural é um convite para ratificar o entendimento aplicável sob a vigência do CPC/1973.

Entretanto, no CPC/2015, ao contrário do que ocorria no anterior, o prazo concedido para resposta (15 dias) não mais é superior ao da regra geral. No CPC/1973, a regra era de 15 dias, mas o prazo para apresentar resposta na ação de demarcação era de 20 dias, ou seja, já continha benefício para o caso de pluralidade de réus.

E mais.

Agora, o CPC/2015, em diversos dispositivos, para afastar a aplicação do prazo em dobra, ele utiliza textos com expressões aplicáveis apenas ao destinatário. Para restringir benefícios de prazo, o CPC/2015 traz dispositivos expressos neste sentido, o que não ocorreu em relação à ação de demarcação. O art. 577 faz referência a "réus", mas não especifica terem eles diferentes procuradores de distintos escritórios de advocacia.

Assim, se não há restrição à aplicação do comando do art. 229 do Código de Processo Civil, deve ser concedido o benefício da dobra de prazo quando os réus da ação de demarcação forem litisconsortes com diferentes procuradores, pertencentes a distintos escritórios de advocacia. A exceção a tal ilação está contida no § 2º do mencionado dispositivo legal, que expressamente dispõe que "não se aplica o disposto no caput aos processos em autos eletrônicos".

Sob outro aspecto, não porque o art. 575 do CPC/2015 faz referência a "réus", que a ação de demarcação será proposta contra litisconsórcio passivo. Admite-se, principalmente quando a demarcatória é parcial, a propositura de ação contra um só réu, caso em que o prazo de resposta, aí, seria, indubitavelmente, de 15 dias.

Esclarecidos os prazos para a apresentação de resposta, passa-se a analisar as modalidades.

9.2. Modalidades de resposta do réu

9.2.1. Contestação

O art. 575 do CPC/2015 dispõe que, feitas as citações, terão os réus o prazo comum de quinze dias para contestar. Apesar de o dispositivo legal empregar o vocábulo "contestar", o réu pode apresentar qualquer modalidade de resposta, ou seja, além de contestação, pode apresentar reconvenção ou exceções de impedimento ou suspeição.

Como contestação, além de questões formais, relacionadas aos pressupostos processuais e às condições da ação, o(s) réu(s) poderá(ão) defender, na contestação, que não há necessidade de fixação dos marcos divisórios, que os prédios não são contíguos ou mesmo que a propriedade dos prédios não é diversa, bem como que o imóvel a ser demarcado não é de propriedade do autor.

Quanto a esta última possibilidade, o réu pode defender a existência usucapião. Por esta razão é que o enunciado 237 da súmula do Supremo Tribunal Federal estabelece: "O usucapião pode ser arguido na defesa". Não o fazendo na contestação, entende o Superior Tribunal de Justiça, preclusa estará a possibilidade de fazê-lo.

9.2.2. Reconvenção

Há quem defenda, a possibilidade de formulação de pedido reconvencional na ação demarcatória, para adicionar pedido de condenação do autor a indenizar perdas e danos e restituir os frutos e rendimentos.

Se a questão a ser suscitada no aspirado contra-ataque disser respeito à própria demarcação, entende parte da doutrina que o réu não pode reconvir, porque a ação demarcatória é dúplice.

Contudo, não é bem dessa forma.

Por ser dúplice a ação de demarcação, o réu não precisa apresentar reconvenção para ter prestação jurisdicional ofertada em seu favor. Mas, se apresentar, na contestação, pedido de natureza contraposta, a peça de resposta, conquanto não seja assim intitulada, será uma espécie de reconvenção.

Aliás, a disposição do art. 343 do CPC/2015, relativa à apresentação de reconvenção, estabelece que, "na contestação, é lícito ao réu propor reconvenção para manifestar pretensão própria, conexa com a ação principal ou com o fundamento da defesa".

Atualmente, pois, independentemente de a ação ser dúplice ou não, em termos formais, não há mais diferença entre a tradicional reconvenção e a denominada de pedido contraposto.

9.2.3. Exceções processuais

Quanto às exceções processuais, admite-se a de impedimento e a de suspeição. Até porque a pessoa do juiz deve ser imparcial, a agir com equidistância, pois representa o Estado-juiz, que é quem deve, pelo menos em regra, ofertar jurisdição, a qual goza da característica da imparcialidade (a mesma justificativa se aplica àqueles que auxiliam a atividade jurisdicional).

Em razão do procedimento próprio, as exceções de impedimento e de suspeição não são apresentadas, juntamente com contestação e reconvenção, na mesma petição. Devem vir em petição separada, na forma de incidente, que serão distribuídas, no prazo de até 15 dias depois de conhecido o motivo do impedimento ou da suspeição, ao respectivo tribunal (se contra o juiz) ou ao juízo onde tramita ação (se contra qualquer outro sujeito imparcial do processo).

Apesar do prazo estabelecido, não preclui a oportunidade para a apresentação da exceção de impedimento.

A anterior "exceção de incompetência", apresentada em peça separada (em incidente processual), como modalidade de resposta do réu, é desnecessária e descabida. Primeiramente, é descabida porque tal modalidade de resposta do réu, ao ser suprimida pelo art. 337, II, do CPC/2015, permitiu que a matéria de defesa fosse apresentada em contestação, na mesma petição. Segundamente, é desnecessária porque, sendo a ação de demarcação de direito real, a equivocada propositura perante juízo incompetente deve ser corrigida até mesmo de forma oficiosa, sem contar que, mesmo sob a égide do CPC/1973, por constituir matéria de ordem pública, poderia ser alegada em preliminar na contestação, como se faz, agora, de maneira indiferente, sob a égide do CPC/2015.

9.3. Revelia

Não apresentada resposta, em qualquer de suas modalidades, o processo correrá à revelia do réu, que não será comunicado (conquanto haja publicação na imprensa oficial), até que compareça em juízo, da realização e dos resultados dos atos processuais vindouros. Se apresentada alguma modalidade de resposta, que não seja a contestação, ou, mesmo que não signifique resistência à ação do autor, o réu será revel, mas o processo não correrá à revelia. O réu será intimado da realização e dos resultados dos atos processuais praticados.

Conquanto a presunção de veracidade dos fatos afirmados pelo autor seja um efeito da revelia, na ação de demarcação, ele é mitigado, a se considerar que a realização da prova pericial, ao menos por um *expert*, é obrigatória (a não ser que o imóvel a ser demarcado seja georreferenciado), pelo que servirá para confrontar as afirmações do autor à realidade fática. Logo, embora a revelia possa significar concordância do réu relativamente às afirmações trazidas pelo autor, estas serão submetidas à prova técnica, que poderá contrariar aquela.

E, a depender do resultado da prova técnica, mesmo que o réu, num primeiro momento, possa ter, em razão de seu comportamento processual omissivo, concordado com as afirmações trazidas pelo autor, nada impedirá que ele se valha dos esclarecimentos probatórios para adotar postura diversa a partir dali. A dizer de outra forma, seu comportamento poderá modificar em razão da mudança do cenário fático-probatório apresentado aos autos.

10. PROVIDÊNCIAS PRELIMINARES E SANEAMENTO

Depois de ultimado o prazo de resposta, ou de efetivamente realizada sua apresentação, a ação de demarcação, dispõe o art. 578 do CPC/2015, seguirá o rito comum. A partir de então, serão adotadas as providências preliminares e saneado o processo.

10.1. Providências preliminares

A primeira providência preliminar, segundo dispõe o art. 348 do CPC, para o rito comum, será analisar se incidiram ou não os efeitos da revelia. Se não tiverem incidido, as partes serão intimadas a especificarem as provas que desejem produzir, caso assim ainda não tenham feito. Se tiverem incidido os efeitos da revelia, o juiz determinará que o autor especifique as provas que ele pretende produzir, caso também ainda não as tenha indicado. E, mesmo diante da revelia, ao réu será permitida a produção de provas contrapostas às afirmações do autor, desde que se faça representar nos autos a tempo de praticar os atos processuais indispensáveis a essa produção. De qualquer modo, mesmo que o réu seja revel, será produzida, a menos que o imóvel a ser demarcado seja georreferenciado, prova técnica.

A segunda providência preliminar consistirá na intimação do autor (com a possibilidade de ele produzir provas específicas), para, no caso de 15 dias, pronunciar-se acerca dos fatos impeditivos, modificativos ou extintivos do seu direito, se, eventualmente, o réu os tenha apresentado em sua resposta.

Na mesma ocasião, ou seja, depois de apresentada resposta, se o réu alegar qualquer das matérias enumeradas no art. 337, o juiz determinará, como terceira providência preliminar, a oitiva do autor, no prazo de 15 dias, permitindo-lhe a produção de prova. Pode ocorrer, a depender do conteúdo da resposta do réu, que, em única oportunidade, o juiz determine a realização, por parte do autor, da segunda e da terceira providência preliminar.

Se verificar a existência de irregularidades ou de vícios sanáveis, por qualquer das partes, o juiz determinará sua correção em prazo nunca superior a 30 dias.

10.2. Julgamento conforme o estado do processo

Depois de cumpridas as providências preliminares ou se não houver necessidade delas, o juiz, dispõe o art. 354 do CPC/2015, proferirá julgamento conforme o estado do processo. Essa disposição legal, para a ação de demarcação, guardará algumas particularidades.

Dispõe o texto do art. 354 do CPC/2015 que, se ocorrer qualquer das hipóteses previstas nos arts. 485 e 487, incisos II e III, o juiz proferirá sentença, a qual pode ser total ou parcial. As hipóteses do art. 485 estão relacionadas às sentenças que não resolvem mérito, enquanto que as dos incisos II e III do art. 487 estão relacionadas, respectivamente, à decretação de prescrição ou decadência, e de autocomposição entre as partes. Acontece que, por ser a demarcação uma ação de direito real, ela não prescreverá. Enquanto proprietário for, ele terá o direito de demarcar, sem, aqui, desconhecer-se dos efeitos da posse prolongada sobre o imóvel que precisa de demarcação.

Se não for o caso das hipóteses encimadas, diz o art. 355 do CPC/2015, o juiz julgará antecipadamente o pedido, a proferir sentença com resolução de mérito quando: a) não houver necessidade de produção de outras provas; b) o réu for revel, ocorrer o efeito previsto no art. 344 e não houver requerimento de prova, na forma do art. 349.

Logo em seguida, dispõe o art. 356, o juiz decidirá parcialmente o mérito quando um ou mais dos pedidos formulados ou parcela deles: a) mostrar-se incontroverso; b) estiver em condições de imediato julgamento, nos termos do art. 355.

Pois bem.

O art. 576 do CPC/2015 dispõe que, "após o prazo de resposta do réu, observar-se-á o procedimento comum". Este dispositivo corresponde ao art. 955 do CPC/1973, que possuía o seguinte texto: "havendo contestação, observar-se-á o procedimento ordinário; não havendo, aplica-se o disposto no art. 330, II".

Afora outras questões de ordem técnica, basicamente, o art. 576 do CPC/2015 eliminou a segunda parte do art. 955 do CPC/1973, que dispunha: "não havendo, aplica-se o disposto no art. 330, II". E assim o fez para corrigir erro, porque, antes, sob a égide do CPC/1973, mesmo verificada a revelia, não se poderia julgar a ação de demarcação sem produzir a necessária prova pericial. Como dispunha o art. 956, "em qualquer dos casos do artigo anterior, o juiz, antes de proferir a sentença definitiva, nomeará dois arbitradores e um agrimensor para levantarem o traçado da linha demarcanda". Se necessária era a realização da prova pericial antes de proferir sentença, não se estava a julgar imediatamente o mérito.

Mas a eliminação da última parte do art. 955 do CPC/1973 não quer dizer que, agora, sob a égide do CPC/2015, não se possa julgar imediatamente o mérito. Ao contrário. Pode-se sim. Entretanto, as circunstâncias atuais são bem diferentes daqueles existentes quando entrou em vigor o CPC/1973. Ali, por falta de ferramentas, para fins de documentação suficientemente seguras, a realização da prova pericial era indispensável. Hoje, como será visto adiante, não. É por conta disso que o art. 577 do CPC/2015 dispõe que "antes de proferir a sentença, o juiz nomeará um ou mais peritos para levantar o traçado da linha demarcanda", mas, antes, o art. 571 ressalva que "tratando-se de imóvel georreferenciado, com averbação no Registro de Imóveis, pode o juiz dispensar a realização de prova pericial".

A par dessas considerações, se o imóvel demarcando estiver georreferenciado, será dispensada a realização de prova pericial. Significa, pois, que, se, sob a vigência do CPC/1973, não existiam hipóteses factíveis de julgamento imediato do mérito, atualmente, sob a égide do CPC/2015, elas foram alargadas em relação ao equivocado texto do art. 955 do CPC/1973. Hoje, é possível que a ação de demarcação tenha seu mérito julgado antecipadamente quando "não houver necessidade de produção de outras provas" ou quando "o réu for revel, ocorrer o efeito previsto no art. 344 e não houver requerimento de prova, na forma do art. 349". Basta, para tanto, que o imóvel seja georreferenciado e o juiz entenda por desnecessária a produção de prova pericial.

10.3. Saneamento

Se não for o caso de julgamento antecipado do mérito, o juiz saneará e organizará o processo. Para tanto, deverá: a) resolver as questões processuais pendentes, se houver; b) delimitar as questões de fato sobre as quais recairá a atividade probatória, a especificar os meios de prova admitidos; c) definir a distribuição do ônus da prova, observado o art. 373; d) delimitar as questões de direito relevantes para a decisão do mérito; e) designar, se necessário, audiência de instrução e julgamento.

Realizado o saneamento, as partes têm o direito de pedir esclarecimentos ou requerer ajustes, no prazo comum de 05 dias, findo o qual a decisão se torna estável. Contudo, se a causa apresentar complexidade em matéria de fato ou de direito, deverá o juiz designar audiência para que o saneamento seja feito em cooperação com as partes, oportunidade em que o juiz, se for o caso, convidará as partes a integrar ou esclarecer suas alegações. Nesta última hipótese, ante a faculdade de participação das partes, a decisão de saneamento, de logo, torna-se estável.

11. INSTRUÇÃO PROCESSUAL

Saneado o processo, se não for o caso de julgamento conforme o estado do processo, com a prolação de sentença terminativa ou definitiva, as atividades predominantes de instrução são iniciadas.

A considerar que a demarcação será realizada a partir dos títulos, dos marcos, dos rumos, da fama da vizinhança, das informações de antigos moradores do lugar e de outros elementos que coligirem, é possível a produção de qualquer das provas típicas. Algumas, contudo, a despeito da adoção prevalente do livre sistema do convencimento motivado de valoração dos meios de prova, em razão dos elementos a serem considerados para a demarcação, são (serão) mais habituais. De fato, as provas testemunhais, as periciais e, sob a égide do CPC/2015, também as documentais, são (serão) bem mais frequentes comparativamente aos depoimentos pessoais e às inspeções judiciais.

11.1. Prova documental

Os "títulos", indispensáveis, pelo menos o do autor, à propositura da ação, são documentos, que serão analisados pelo juiz (e até mesmo pelos peritos, quando da elaboração de seu laudo). Além disso, dispõe o art. 573 que "tratando-se de imóvel georreferenciado, com averbação no registro de imóveis, pode o juiz dispensar a realização de prova pericial".

O georreferenciamento, que consiste em tornar conhecidas as coordenadas de uma área sobre um mapa a partir da adoção de sistema de referência (no Brasil, é o Sistema Geodésico Brasileiro), constará em documento, cujas informações serão averbadas no registro de imóveis, o qual também constitui documento, a dispensar, quando o juiz entender suficiente, a realização de prova pericial. Se georreferenciados todos os imóveis vizinhos, poderá ser dispensada a realização de prova pericial. Caso seja parcial a demarcação, a perícia poderá ser dispensada quando os imóveis limítrofes, cujas linhas precisam ser demarcadas, estejam georreferenciados.

Nos termos do art. 573 do CPC/2015, o georreferenciamento só dispensaria a realização de prova pericial, se estiver averbado no registro de imóveis. Não é bem assim, pois a identificação do imóvel georreferenciado, dispõe a Lei nº 10.267/01, será obtida a partir de memorial descritivo, assinado por profissional habilitado e com a devida Anotação de Responsabilidade Técnica (ART), a conter as coordenadas dos vértices definidores dos limites dos imóveis, georreferenciadas ao Sistema Geodésico Brasileiro e com precisão posicional a ser fixada pelo INCRA, quando rural o imóvel. Assim, independentemente de o georreferenciamento estar ou não averbado no registro de imóveis, terá valor probatório suficiente a dispensar a realização de prova pericial, porque produzido por profissional habilitado mediante abertura de ART. Até porque o georreferenciamento, ao ser apresentado para registro, não cria ou extingue direitos reais. Apenas dá publicidade ao ato.

11.2. Prova pericial

Por outro lado, os "marcos" e os "rumos" dos imóveis demarcandos são identificados, em regra, por documentos ou pelos peritos, que se encarregarão, em número de quantos forem nomeados pelo juiz, de registrar, em mapas, memoriais descritivos e cadernetas de operações de campo, suas localizações e características. Não significa que, quando identificados os marcos e rumos por documentos, o juiz dispensará a realização da prova pericial. O julgador pode determinar a realização da prova pericial, caso não se convença acerca das informações trazidas nos documentos ou entenda que elas são insuficientes para garantir a demarcação fidedigna. O mesmo ocorre quando o juiz determina a realização de prova pericial e compreende que as conclusões apresentadas pelo laudo pericial precisam ser corrigidas, antes as informações trazidas em documentos, que refletem, de forma diversa, a localização dos marcos e rumos. Conquanto realizada a prova pericial, o julgador pode, desde que indique os motivos, prevalecer de informações outras, trazidas, no caso, por documentos.

Caso o juiz determine a produção de prova pericial, ele deve observar o disposto no art. 465 e, se possível, estabelecer, de logo, calendário para sua realização. Agora, sob a égide do CPC/2015, dispõe o art. 579 que, antes de proferir sentença definitiva, se necessário for, o juiz nomeará um ou mais peritos para levantar o traçado da linha demarcanda. Sob a égide do CPC/1973, o art. 956 dispunha que o juiz, antes de proferir a sentença definitiva, nomearia dois arbitradores e um agrimensor para levantarem o traçado da linha demarcanda. A mudança é substancial, embora alguns outros dispositivos do CPC/2015, que tratam da ação de demarcação, não tenham deixado isso claro. Se o juiz entender suficiente, nomeará apenas um perito, que poderá desempenhar atividades de arbitrador e agrimensor. A não ser que indispensável, nomeadamente porque eleva o custo do processo, será nomeado mais de um perito. A mudança vem em bom tempo. Se mantida a anterior disposição, a prova pericial, relativamente ao valor do imóvel a ser demarcado, ficaria inviável, a ponto de restringir o próprio controle jurisdicional.

Concluídos os estudos, dispõe o art. 578 do CPC/2015, "os peritos apresentarão minucioso laudo sobre o traçado da linha demarcanda, considerando os títulos, os marcos, os rumos, a fama da vizinhança, as informações de antigos moradores do lugar e outros elementos que coligirem". Veja-se que o dispositivo emprega o vocábulo "perito" no plural, como se a nomeação, quando da determinação da prova pericial, fosse de mais de um profissional. Foi apenas um equívoco redacional de concordância numérica. A nomeação pode ser de apenas um perito. Mas, independentemente da quantidade de profissionais nomeados, ao término dos estudos realizados, deverá ser apresentado ao processo minucioso laudo da linha demarcanda, a subsidiar o juiz de elementos suficientes para julgar, de forma legítima, a ação de demarcação.

Sob a égide do CPC/1973, o parágrafo único do art. 957 dispunha que, antes do julgamento, porém, as partes e os seus assistentes técnicos podiam, no prazo de 10 dias, falar sobre o laudo pericial. A disposição especial divergia das gerais, que eram estabelecidas pelos artigos 398 e 433, as quais concediam para de 05 e 10 dias para que as partes e seus assistentes, respectivamente, falassem sobre do laudo pericial. Agora, sob a égide do CPC/2015, não há disposição especial para a ação de demarcação, pelo que o prazo para falar acerca do laudo pericial é o contido na disposição geral, contida no art. 477, que concede, igualmente às partes e aos seus assistentes técnicos, prazo de 15 dias.

As partes e seus assistentes técnicos poderão concordar com o laudo pericial ou objetá-lo. Nesta última hipótese, as objeções podem, inclusive, abranger os critérios tomados para a realização da demarcação, e, por conseguinte, a planta a que deram lugar. Se nomeados agrimensor e arbitrador, há particularidade, porque o laudo não é feito pelo agrimensor, mas, sim, pelos arbitradores. O agrimensor realiza a medição como elemento técnico capaz de tomar as medidas adequadas, e assessorar, por esse modo, os arbitradores. Os trabalhos do agrimensor são a planta da região e memorial, os quais acompanharão o laudo.

11.3. Prova testemunhal

Por fim, a "fama da vizinhança" e as "informações de antigos moradores do lugar" são apresentadas por testemunhas. Caso tenha sido determinada a produção de prova testemunhal, o juiz fixará prazo comum não superior a 15 dias para que as partes apresentem o respectivo rol. Se for o caso de designar audiência para a realização de saneamento em cooperação, as partes devem levar o respectivo rol de testemunhas, cuja quantidade não pode ser superior a 10, sendo 03, no máximo, para a prova de cada fato, embora o juiz possa limitar levando em conta a complexidade da causa e dos fatos individualmente considerados.

A prova testemunhal, entretanto, assim como ocorre com o depoimento pessoal e a inspeção judicial, em tese, pelo menos, não são suficientes para definir os limites do imóvel a ser demarcado. São elementos probatórios, nos termos das disposições dos artigos 573 e 579 do CPC/2015, insuficientes. Isso porque, conforme dispõe o art. 579, "antes de proferir a sentença, o juiz nomeará um ou mais peritos para levantar o traçado da linha demarcanda". Mas, dispõe, o art. 573, "tratando-se de imóvel georreferenciado, com averbação no registro de imóveis, pode o juiz dispensar a realização de prova pericial". Pelos comandos dos mencionados dispositivos, a prova pericial, indispensável à demarcação, somente pode ser substituída por prova documental específica, consubstancia no georreferenciamento da área, motivo por que as demais provas, se não associadas a estas, não seriam suficientes à demarcação.

Tal ilação, todavia, deve guardar alguma reserva, a se considerar que o juiz é livre para decidir, desde que o faça motivadamente, pelo que ele não está vinculado às conclusões do laudo pericial ou às informações trazidas pelo documento de georreferenciamento. Além disso, as demais provas podem ser utilizadas para ratificar as conclusões trazidas pelo laudo pericial e as informações constantes no documento de georreferenciamento, pelo que têm influência na formação do convencimento judicial. Logo, as demais provas, a despeito de sua maior ou menor habitualidade, conjunta ou até isoladamente, são importantes para a definição das linhas limítrofes na ação de demarcação.

12. RESOLUÇÃO

A sentença, que julgar procedente a ação, determinará o traçado da linha demarcanda (art. 579 do CPC/2015). Mas apenas se o réu não discutir a propriedade, é que as questões a decidir serão pertinentes ao traçado da linha divisória dos imóveis, exclusivamente.

Antes, o CPC/1973, no art. 958, repetia a redação do caput do art. 579 do CPC/2015. Só que, a este último, foi acrescentado o parágrafo único, que dispõe: "a sentença proferida na ação demarcatória determinará a restituição da área invadida, se houver, declarando o domínio ou a posse do prejudicado, ou uma e outra".

Apesar do contexto jurisprudencial, agora, ficou expressamente posto no texto legal, que a sentença a ser proferida na ação de demarcação poderá, se compuser o objeto litigioso do processo (que, para os autores deste livro é composto pela ação processualizada), determinar a restituição da área invadida com o reconhecimento do domínio ou da posse, ou uma e outra, do autor.

Quanto à eficácia da sentença que resolve a primeira fase da ação demarcatória, ela, por reconhecer limites (sem alterá-los), é declaratória.

Alguns representantes da doutrina entendem que quando a pretensão demarcatória tiver por fundamento jurídico o art. 1.297 do CC, a sentença de procedência será meramente declaratória, pois seu prolator reconhece e proclama, como base nos limites prefixados nos títulos de domínio, que estão aviventados os rumos apagados ou renovados os marcos destruídos ou arruinados. Entretanto, se o objeto da demarcatória for o desfazimento de confusão de limites de prédios (CC, art. 1.298), a sentença de procedência terá natureza constitutiva, pois o juiz, levando em conta o laudo apresentado (CPC, art. 957), determinará a divisão entre as partes (confinantes), da área em litígio ou, na impossibilidade de divisão, adjudicá-la-á a uma delas, mediante indenização à prejudicada. Nota-se, portanto, que tal sentença cria limites antes inexistentes e constitui, destarte, situação dominial nova.

Ao entender dos autores do presente livro, esta parte da doutrina não andou bem, porquanto, a hipótese do artigo 1.297 do Código Civil, trata sim de situação relacionada à ação demarcatória, mas, a do dispositivo seguinte, artigo 1.298, descreve situação diversa. A sentença proferida na hipótese do artigo 1.298 não é de demarcação, pelo que não se poderia defender que a sentença proferida em ação desta natureza não tenha eficácia declaratória. Por esta razão, compreende-se que a sentença proferida em resolução da primeira fase da ação demarcatória tem eficácia declaratória, não sendo acertado defender que, na hipótese do artigo 1.298 do Código Civil, adstringir-se-ia apenas a demarcar.

A natureza da sentença poderia ser confundida (entendida como sendo constitutiva), porque o art. 574 do Código de Processo Civil utiliza o vocábulo "constituir" em alusão aos limites dos prédios. Veja-se a redação do dispositivo legal: "na petição inicial, instruída com os títulos da propriedade, designar-se-á o imóvel pela situação e pela denominação, descrever-se-ão os limites por constituir, aviventar ou renovar e nomear-se-ão todos os confinantes da linha demarcanda". Contudo, a constituição se refere apenas aos limites, e não aos direitos das partes. Estes não sofrem modificação com o julgamento da ação demarcatória. Logo, a sentença de primeira fase é mesmo declaratória e não constitutiva.

Há quem, entretanto, em razão da executividade da sentença em segunda fase, entende que a sentença é executiva e tem de ser cumprida no mesmo processo. Apesar disso, os autores deste livro compreendem que a carga predominante, como antes posto, não é a executiva, mas, sim, a declaratória. Conquanto exista executividade, ela advém de mero desdobramento da declaração.

Identificada a classificação quanto à eficácia da sentença proferida em primeira fase na ação de demarcação, faz-se necessário projetar algumas considerações em torno das sentenças de improcedência. Quando assim julga a alegação apresentada pelo autor, a sentença é declaratória e, como acontece em algumas situações, onde não é reconhecida a afirmação da existência do direito de demarcar, a sentença de improcedência tem a aptidão de extinguir o processo.

Pode acontecer, por outro lado, que a improcedência seja amparada na rejeição da alegação de demarcar em determinada forma, a emergir daí duplicidade. Com efeito, na ação de demarcação, a afirmação consubstancia-se na existência de direito de demarcar os limites do bem na forma apresentada pelo pedido. Afirmação, portanto, vem acompanhada da descrição dos limites. Se for procedente a afirmação do autor, a demarcação será procedida na forma indicada pelo autor. Se for improcedente, de forma diferente, nos moldes indicados pela sentença, que poderá ser exigida pelo réu. A improcedência da afirmação (relacionada à forma de demarcação) significa rejeição do pedido do autor, em benefício do réu, independentemente da apresentação de resposta e da formulação de pedido por si.

Proferida sentença, se determinada a demarcação (na forma que for, seja a indicada pelo autor, seja a indicada pelo réu, ou mesmo, diferente delas, a indicada pela sentença), ela terá início, com a segunda fase do processo, quando a sentença tiver transitado em julgado.

Se a sentença reconhecer a aquisição do réu por usucapião, o pedido de demarcação será improcedente, porque procedente a afirmação de existência do direito de propriedade apresentada pelo réu. O mesmo ocorrerá se não houver confusão de limites entre os imóveis vizinhos e contíguos (a sentença julgará improcedente o pedido de demarcação).

É possível que a sentença não resolva o mérito da ação de demarcação, quando, por exemplo, faltar legitimidade ou interesse processual. Contudo, no caso de desistência, embora o autor esteja autorizado a formular o respectivo pedido, deve haver concordância do réu (sem que haja qualquer abuso por isso), pois ele também tem o direito de demarcar.

Situação semelhante ocorre com a extinção por abandono. Aí, somente será proferida sentença sem resolução de mérito, se verificado o abandono por ambas as partes, pois o réu também tem direito de demarcar. Se apenas o réu abandonar o processo, o réu, que tem o direito de demarcar, poderá prosseguir com a ação.

13. COISA JULGADA

A coisa julgada é instituto processual que visa a dar segurança jurídica às relações firmadas entre as partes, a partir da imutabilidade do elemento declarativo do dispositivo do pronunciamento jurisdicional decisório definitivo proferido em determinada ação.

São duas as espécies de coisa julgada: a) formal; b) material.

A coisa julgada formal e a coisa julgada material se formam com o trânsito em julgado do pronunciamento jurisdicional, que ocorrerá quando este último não mais estiver sujeito a recurso, a considerar que, na demarcação de terras particulares, não haverá reexame necessário.

Quando o pronunciamento jurisdicional não resolver o mérito, forma-se apenas a coisa julgada formal, que terá efeitos internos, a impossibilitar, dentro do processo, a modificação do pronunciamento jurisdicional definitivo.

Porém, quando o processo tem seu mérito resolvido, forma-se tanto a coisa julgada formal, como a material, com efeitos extraprocessuais, a impossibilitar, em qualquer processo, a modificação do pronunciamento jurisdicional definitivo.

Em razão disso, transitada em julgado a sentença de mérito, terá início a segunda fase da ação de demarcação, ocasião em que não mais se poderá discutir questões decididas na primeira, ou mesmo que poderiam ser, mas não foram, apresentadas.

Todavia, quando fato superveniente restabelece a confusão de limites, ante o desaparecimento dos marcos, não há coisa julgada a impedir a propositura de nova ação demarcatória. Até porque, se o imóvel é o mesmo, mas a linha demarcanda é outra, não há coisa julgada.

A decisão sobre a posse de imóvel em ação movida anteriormente não implica em coisa julgada sobre os limites dos terrenos lindeiros (até porque os objetos das ações são distintos), pelo que é juridicamente possível ao autor, conquanto vencido na ação anterior, intentar ação demarcatória para obter a definição da exata linha divisória entre os imóveis contíguos.

Por fim, diga-se que a ação de retificação de marcos, porque colocados sem atendimento à decisão judicial, até porque em momento anterior, não fere a coisa julgada. Não se trata de correção dos marcos dispostos a partir de ação de demarcação, mas, sim, daqueles colocados anteriormente à propositura de qualquer ação com tal finalidade específica.

14. SEGUNDA FASE

Transitada em julgado a sentença proferida na primeira fase da ação de demarcação, em caso de procedência, dispõe o art. 582 do CPC/2015, o(s) perito(s) anteriormente nomeado(s) efetuará(ão) a demarcação e colocará(ão) os marcos necessários. Todas as operações serão consignadas em planta e memorial descritivo com as referências convenientes para que seja identificado, em qualquer tempo, os pontos assinalados, observada a legislação especial que dispõe sobre a identificação do imóvel rural.

Se a sentença de procedência, que julgar a primeira fase da ação de demarcação, não tiver transitado em julgado, não se iniciará a segunda, a se considerar que ela está justamente associada à eficácia sentencial do ato decisório de encerramento. Como a apelação interposta contra a sentença que resolve a primeira fase goza de efeito suspensivo, a eficácia sentencial fica suspensa. Apenas a apelação interposta contra a sentença de segunda fase é que, nos termos do art. 1.012, § 1º, I, do CPC, não dispõe de efeito suspensivo, conquanto a ela possa ser atribuído. Logo, enquanto suspensos os efeitos da sentença de primeira fase, não poderá ter início a segunda.

A disposição do art. 582 do CPC/2015 é expressa em adotar o trânsito em julgado como condição de início da segunda fase da ação de demarcação. Contudo, a construção normativa deve considerar a existência de recursos outros, seguintes à apelação interposta contra a sentença de primeira fase, que não dispõem de efeito suspensivo, além da circunstância de toda a sentença possuir, pelo menos, dois capítulos, numa dos quais resolve a distribuição do ônus sucumbencial. Em outras palavras, conquanto esteja vedada a demarcação provisória, porque o ato decisório que autoriza sua realização esteja com eficácia condicionada à verificação do trânsito em julgado, é possível executar provisoriamente outros capítulos da sentença, a exemplo daquele de distribui o ônus sucumbencial.

Todavia, também é crível que, conquanto ainda exista recurso pendente de julgamento (a discutir, por exemplo, a distribuição do ônus sucumbencial), o capítulo relativo à demarcação esteja transitado em julgado. Nada impediria que, nesse caso, fosse possível se iniciar a segunda fase da demarcação.

A condição prevista no texto legal impede, em acréscimo, a antecipação dos efeitos da tutela jurisdicional definitiva de procedência (em tutela provisória), justamente porque ela, por sua própria sistemática, até para ser antecipada, é concedida antes do trânsito em julgado. Não quer isso dizer que, em ação de demarcação, não possa ser proferida decisão de cognição sumária. Pode sim. Entretanto, sua natureza não será antecipatória.

Para ter início a segunda fase, que, antes, com equívoco, era denominada de "fase administrativa", em oposição à "fase contenciosa", que seria a primeira, é necessário que a sentença anterior julgue procedente a demarcação. Caso contrário, se a sentença que julga a primeira fase for de improcedência, não será reconhecido o direito de se demarcar a área, cujos limites, supostamente, precisavam ser estabelecidos com marcos. O mesmo ocorrerá, a impedir o início da segunda fase, se a sentença for terminativa, porque sequer será avaliado o direito à demarcação das partes litigantes.

Aliás, para esclarecer o ponto antes suscitado, a segunda fase não é "administrativa". Será, a exemplo da primeira, "contenciosa", pois, assim é todo o processo de demarcação. O litígio, que justifica a litigiosidade, está (ou pelo menos pode estar) relacionado ao direito de demarcar ou a forma de demarcar. E, pode-se dizer, numa análise empírica, que é muito mais comum o litígio surgir em razão da forma de demarcar, que se estende à segunda fase, pois nela será efetivada.

Em termos históricos, para que fique inconteste a natureza contenciosa da atual segunda fase, sob a égide do CPC/39, a primeira fase do procedimento contencioso do juízo demarcatório era eventual. Só havia julgamento do pedido demarcatório, no que se relacionava à sua admissibilidade, se o réu contestasse a ação. Se não contestasse, passava-se à segunda fase, em que, com exclusividade (o que não ocorre hoje), estabelecia-se a forma de demarcação. E ela não era, ali, eventual, mas, ao contrário, obrigatória, mesmo diante da ausência de contestação ao direito de demarcar, porque se precisava dirimir o litígio.

Essa revisitação histórica ratifica que não há impedimento para que as partes, conjuntamente, reconheçam o direito de demarcar e, conjuntamente, peticionem em juízo, a pedir que seja iniciada a efetivação da demarcação. O litígio estaria circunscrito à forma de demarcação. Agora, se não houver litígio quanto ao direito ou à forma de demarcação, basta que as partes façam a demarcação extrajudicial ou, quando muito, venham em juízo a pedir que o órgão jurisdicional homologue a demarcação por elas realizada.

Com o início da segunda fase, é obrigatória, ainda que se trate de aviventação de rumos, a colocação de marcos (que, normalmente, são de pedra ou de madeira, mas podem ser de qualquer outro material, desde que resistente) assim na estação inicial, dita marco primordial, como nos vértices dos ângulos, salvo se algum desses últimos pontos for assinalado por acidentes naturais de difícil remoção ou destruição. Com esses elementos, o agrimensor elaborará as plantas e o memorial descritivo.

As plantas elaboradas serão acompanhadas das cadernetas de operações de campo e do memorial descritivo, que conterá: a) o ponto de partida, os rumos seguidos e a aviventação dos antigos com os respectivos cálculos; b) os acidentes encontrados, as cercas, os valos, os marcos antigos, os córregos, os rios, as lagoas e outros; c) a indicação minuciosa dos novos marcos cravados, dos antigos aproveitados, das culturas existentes e da sua produção anual; d) a composição geológica dos terrenos, bem como a qualidade e a extensão dos campos, das matas e das capoeiras; e) as vias de comunicação; f) as distâncias a pontos de referência, tais como rodovias federais e estaduais, ferrovias, portos, aglomerações urbanas e polos comerciais; g) a indicação de tudo o mais que for útil para o levantamento da linha ou para a identificação da linha já levantada.

A linha demarcatória será percorrida pelo(s) perito(s), que examinará (examinarão) os marcos e rumos, a consignar em relatório escrito a exatidão do memorial e da planta apresentados pelo agrimensor ou as divergências porventura encontradas. O relatório (peça mais importante) é lavrado por escrito e deve conter a opinião de ambos os arbitradores. Se um deles divergir, deverá mencionar a desconformidade. Quando juntado aos autos, o juiz determinará que as partes se manifestem sobre ele no prazo comum de 15 dias, ocasião em que poderão discutir questões relacionadas à forma de demarcação, contudo, não mais, o direito de demarcar. Inclusive, não será permitido discutir as questões que foram suscitadas e decididas na primeira fase, bem assim as que poderiam ter assim sido, mas não foram oportunamente apresentadas pelas partes, ante a eficácia preclusiva da coisa julgada.

Executadas as correções e as retificações que o juiz determinar, lavrar-se-á o auto de demarcação, em que os limites demarcandos serão minuciosamente descritos conforme o memorial e a planta. Assinado o auto pelo juiz e pelo(s) perito(s), será proferida a sentença homologatória da demarcação. Ela só poderá ser proferida, para pôr fim ao procedimento de demarcação, após a assinatura do auto pelo juiz e pelo(s) peritos.

Desta sentença proferida em segunda fase, caberá recurso de apelação a ser recebida apenas no efeito devolutivo.

As despesas de demarcação, especificamente com as colocações de marcos, devem ser repartidas proporcionalmente entre os interessados (proprietários dos prédios vizinhos ao demarcando), de acordo com a extensão da linha divisória de cada um deles. Tais despesas não se confundem com as processuais da primeira fase, que devem ser custeadas pela parte sucumbente. É por isso que os intervalos, os muros, as cercas e os tapumes divisórios, tais como sebes vivas, cercas de arame ou de madeira, valas ou banquetas, presumem-se, até prova em contrário, pertencer a ambos os proprietários confinantes, sendo estes obrigados, de conformidade com os costumes da localidade, a concorrer, em partes iguais, para as despesas de sua construção e conservação. Pela mesma razão, as sebes vivas, as árvores, ou as plantas quaisquer, que servem de marco divisório, só podem ser cortadas, ou arrancadas, de comum acordo entre proprietários.

Se houver necessidade de construção de tapumes especiais para impedir a passagem de animais de pequeno porte, ou para outro fim, ela (a construção) pode ser exigida de quem provocou a necessidade deles, pelo proprietário, que não está obrigado a concorrer para as despesas. Se preferir, o proprietário vizinho pode, antes, realizar a construção e exigir, em ação própria, a indenização pelas despesas respectivas.

15. INFORMATIVOS

Informativos do STJ

DIREITO PROCESSUAL CIVIL. DEVER DE REMESSA DOS AUTOS AO JUÍZO COMPETENTE E PROCESSO ELETRÔNICO.

Implica indevido obstáculo ao acesso à tutela jurisdicional a decisão que, após o reconhecimento da incompetência absoluta do juízo, em vez de determinar a remessa dos autos ao juízo competente, extingue o feito sem exame do mérito, sob o argumento de impossibilidade técnica do Judiciário em remeter os autos para o órgão julgador competente, ante as dificuldades inerentes ao processamento eletrônico. De fato, a declaração de incompetência absoluta do juízo tem por consequência a remessa dos autos àquele competente para a apreciação da lide, consoante disposto na legislação processual civil. Nesse contexto, o legislador reconheceu a necessidade de serem observados os princípios da celeridade e economia processual, sendo desnecessário o ajuizamento de uma nova ação, com todos os custos a ela inerentes. Diante disso, o argumento de impossibilidade técnica do Judiciário em remeter os autos para o juízo competente, ante as dificuldades inerentes ao processamento eletrônico, não pode ser utilizado para prejudicar o jurisdicionado. Precedente citado: REsp 1.091.287-RS, Quarta Turma, DJe 19/11/2013. REsp 1.526.914-PE, Rel. Min. Diva Malerbi (Desembargadora convocada do TRF da 3ª Região), julgado em 21/6/2016, DJe 28/6/2016. Informativo 586.

16. SINOPSE

<table>
<tr><th colspan="2">DEMARCAÇÃO DE TERRAS PARTICULARES</th></tr>
<tr><th colspan="2">Considerações Iniciais</th></tr>
<tr><td colspan="2">Em locais geralmente compostos por áreas extensas, são comuns o aparecimento de questões jurídicas relacionadas à dificuldade de identificação imediata dos limites de cada um dos imóveis vizinhos e contíguos, pertencentes a diferentes proprietários, nomeadamente quando não há linhas divisórias, ou quando elas estão visualmente apagadas ou removidas, bem assim quando os respectivos marcos precisam ser renovados.</td></tr>
<tr><th colspan="2">Natureza</th></tr>
<tr><td colspan="2">A ação demarcatória, a considerar a classificação que se baseia no direito que se visa a proteger, é de natureza real, justamente porque o direito à demarcação decorre do direito de propriedade.</td></tr>
<tr><th colspan="2">Objeto</th></tr>
<tr><td>Delimitação</td><td>A ação de demarcação cabe ao proprietário que aspire obrigar o seu confinante a estremar os respectivos prédios, a se fixar novos ou primários limites entre eles ou a se aviventar os já apagados.</td></tr>
<tr><td>Amplitude</td><td>A demarcação pode ser total ou parcial.</td></tr>
<tr><th colspan="2">Condições da Ação</th></tr>
<tr><td colspan="2">Legitimidade das partes; interesse processual.</td></tr>
<tr><th colspan="2">Cumulação de ações</th></tr>
<tr><td colspan="2">Para que duas ou mais ações sejam cumuladas, é necessário que, além de preenchidas as condições de cada uma delas, haja: a) compatibilidade entre as causas de pedir apresentadas e os pedidos formulados; b) competência do mesmo órgão jurisdicional para julgar as ações cumuladas; c) compatibilidade ou adequação procedimental.</td></tr>
<tr><th colspan="2">Procedimento</th></tr>
<tr><td colspan="2">A ação de demarcação, conforme dispõe o art. 578 do CPC/2015, seguirá o procedimento comum.</td></tr>
</table>

CAPÍTULO 42

DIVISÃO DE TERRAS PARTICULARES

1. CONSIDERAÇÕES INICIAIS

O condomínio é, em essência, uma mitigação da propriedade individual decorrente do concurso de diversos titulares para um bem comum. Há exercício concorrente do direito de propriedade sobre um mesmo bem, a gerar uma copropriedade. Essa condição é que faz com que o condomínio se diferencie do direito de propriedade pleno, a fazer com que este último perca um dos seus atributos vitais, qual seja, a exclusividade.

O instituto do condomínio, formado sob determinado bem jurídico comum, a exemplo do que corriqueiramente ocorre em relação aos bens imóveis, pode decorrer, pelo menos em regra, de contrato ou de sucessão (seja ela legítima ou hereditária). Não é infrequente, para fins de ilustração, que pessoas adquiram, em condomínio, determinados bens em razão de contrato de compra e venda ou pela partilha realizada em razão de inventário de bens deixados por parente comum.

Contudo, as relações jurídicas em condomínio nunca foram bem aceitas pelos diversos sistemas jurídicos, porque ensejam, em muitas ocasiões, o surgimento de litígios entre os condôminos. É por isso que, há muito (a ponto de, hoje, ser um direito fundamental, previsto no art. 5º, XX, da Constituição), ficou consagrado que ninguém é obrigado a se associar ou a permanecer associado, razão por que o sistema deve fornecer instrumentos para extinguir as relações em condomínio.

Não se está a defender que o condomínio sempre deva ser dissolvido. Aliás, não se poderia alcançar essa ilação sem esquecer os benefícios que aquele pode proporcionar, tal qual, em algumas situações, a valorização da área comum e a própria manutenção de determinada finalidade econômica para o imóvel. Como será adiante abordado, em determinadas circunstâncias, isso será ponderado pelos próprios interessados (ou mesmo pelo julgador).

Mas, é justamente em decorrência dos inconvenientes e das desinteligências que provêm das relações em condomínio que se coloca a ação de divisão como instrumento de solução, para que os condôminos tenham a oportunidade de readquirir a plenitude do direito de propriedade.

Passar-se-á, portanto, a tratar das questões relacionadas à divisão de terras particulares, que é o enfoque estabelecido pelo Código de Processo Civil de 2015 em seus artigos 569 e seguintes.

2. NATUREZA DA AÇÃO DE DIVISÃO

A ação de divisão, a considerar a classificação que se baseia no direito que se visa a proteger, é de natureza real, justamente porque o direito à divisão tem como principal fundamento o direito de propriedade. É inegável que o pedido principal da ação divisória possui alta carga do elemento real, sendo irrelevante a eventual existência de pedidos acessórios com cargas obrigacionais (a exemplo da obrigação de dividir, de ratear de despesas, de indenizar os frutos, além de reparar as perdas e os danos).

Além de real, a ação divisória é imobiliária em razão do bem objeto do pedido ser uma coisa imóvel.

Por disposição expressa do art. 1.320 do Código Civil, compete exclusivamente ao condômino a ação para divisar seu imóvel contra os demais condôminos. É do direito de propriedade que surge o direito de exigir a divisão da coisa comum. Em consequência disso, como a propriedade é perpétua, fica insuscetível à prescrição extintiva. Por idêntica razão, também ficam as ações que se relacionem às faculdades dela oriundas.

O direito de dividir é potestativo, o que afasta, de pronto, a aplicação de prazos prescricionais para as ações divisórias. E como não há prazo decadencial fixado pelo Código Civil, a qualquer momento poderá a parte interessada ingressar com a ação de divisão de terras. Há, então, uma perpetuidade do direito de dividir, desde que se mantenha o estado de comunhão aliado à existência do domínio.

Entretanto, a ação divisória se submete à prescrição aquisitiva. Pode desaparecer o domínio de um coproprietário em razão de um terceiro adquirir o bem comum por usucapião. Nesse caso, desaparece o direito de dividir, em razão da perda da propriedade pela usucapião em favor de um terceiro.

Além das repercussões em torno da legitimidade das partes, tanto no polo ativo quanto no passivo, inclusive no que diz respeito à formação de litisconsórcio necessário, elas serão verificadas também em torno da competência para julgamento (arts. 46 e 47 do CPC/2015) e na necessidade de participação de ambos os cônjuges no procedimento divisório (capacidade processual das pessoas casadas, conforme art. 73 do CPC/2015), justamente por ser a ação divisória de natureza real.

Quanto à carga eficacial predominante da sentença de procedência, há grande divergência doutrinária a respeito da classificação da ação divisória, sobretudo a considerar as repercussões em torno da segunda fase do procedimento, conforme também será adiante analisado, quando da apresentação das considerações relacionadas ao julgamento. Alguns consideram a ação divisória como declaratória; outros, como constitutiva. Há, ainda, aqueles que considerem como sendo executiva. Os autores do presente livro, a considerar as duas fases da divisão, consideram a primeira como sendo constitutiva e a segunda como executiva.

3. OBJETO

3.1. Delimitações

A ação de divisão objetiva dividir bem imóvel conjunto. Caberá ao condômino a função de obrigar os demais consortes a partilhar a coisa comum.

A ação de divisão cabe, portanto, ao condômino que aspire obrigar o seu confinante a divisar a coisa comum, desde que ela seja susceptível de divisão, afinal, o poder de pedir a divisão está submetido à possibilidade de divisão da coisa.

Cabe aqui delimitar o âmbito de aplicação do procedimento especial de divisão presente no CPC/2015, que se limita à divisão de terras particulares, sejam elas urbanas ou rurais.

No caso de terras públicas, o procedimento obedecerá ao disposto na Lei nº 6.383/1976, que prevê a chamada ação discriminatória e estabelece um procedimento especial que regula tanto a divisão e como demarcação.

3.2. Amplitude

A ação divisória pode ser total ou parcial. Será total quando todos os coproprietários divisarem os seus quinhões dando por findo o condomínio. Será, no entanto, parcial quando dois ou mais condôminos pretendam permanecer em condomínio, a se dissolver a comunhão tão somente com relação a um ou alguns dos proprietários comuns.

4. CONDIÇÕES DA AÇÃO

4.1. Legitimidade das partes

Especificamente em relação à ação divisória, o art. 569, II, do Código de Processo Civil dispõe que cabe ao proprietário a ação divisória. Ante a falta de qualquer aposto explicativo, não se faz necessário que o proprietário, para ter legitimidade ativa, esteja no exercício da posse direta sobre o imóvel. Basta que seja proprietário, pouco importando também a que título adquiriu a propriedade.

Já a legitimidade passiva será ocupada pelos demais condôminos. É o que prevê o art. 560, II do Código Civil, que acentua caber ao condômino a ação de divisão, para obrigar os demais consortes a estremar os quinhões.

No caso de ação divisória a ser intentada por ou contra os titulares de direito real oriundo de sucessão hereditária, serão partes legítimas os herdeiros, e não o espólio, caso tenha sido homologada a partilha (ainda que o título de aquisição da propriedade não tenha sido transcrito).

Por ser a divisória ação de direito real imobiliário, para propô-la, o cônjuge precisará do consentimento do outro. Exceção ocorrerá apenas quando casados sob o regime de separação total de bens. Se intentada ação de divisão contra pessoa casada, ambos os cônjuges serão necessariamente citados para a ação, salvo, também aqui, quando casados sob o regime de separação total de bens (haverá, pois, em algumas situações, necessidade de formação de litisconsórcio).

4.2. Interesse processual

Haverá interesse processual quando a parte tiver necessidade de recorrer ao processo (sob pena de ter o seu direito subjetivo alijado), que poderá lhe proporcionar benefício de ordem prática. No caso da divisão, qualquer coproprietário de coisa comum tem interesse de intentar ação divisória.

É preciso, ainda, para subsistir o interesse na ação de divisão, que o imóvel seja divisível.

5. CUMULAÇÃO DE AÇÕES

5.1. Requisitos

Para que duas ou mais ações sejam cumuladas, é necessário que, além de preenchidas as condições de cada uma delas, haja: a) compatibilidade entre as causas de pedir apresentadas e os pedidos formulados; b) competência do mesmo órgão jurisdicional para julgar as ações cumuladas; c) compatibilidade ou adequação procedimental.

É necessário, logicamente, que os pedidos sejam compatíveis entre si. Em cumulação própria, um pedido não pode ser excludente um(uns) do(s) outro(s). Eles não podem ser contraditórios. Para que seja possível a formulação de pedidos incompatíveis entre si, o autor deve se valer da cumulação imprópria.

Além da compatibilidade entre os pedidos, em regra, deve haver, também, a compatibilidade entre as causas de pedir. Estas não podem ser conflitantes no sentido de uma negar a outra. Todavia, a se tratar de cumulação subsidiária, não é necessário que as causas de pedir sejam compatíveis.

Para que os pedidos sejam compatíveis, não se faz necessário que estejam fundados nos mesmos fatos ou fundamentos jurídicos. A cumulação simples é o exemplo maior desta conclusão. Os pedidos cumulados não guardam qualquer relação de precedência ou de prejudicialidade uns com os outros, justamente porque não estão relacionados aos mesmos fatos ou fundamentos jurídicos.

Além da compatibilidade entre as causas de pedir apresentadas e os pedidos formulados, somente é possível a cumulação de ações, se o juízo tiver competência para conhecer todas elas. Se tiver competência para conhecer de uma e não tenha para conhecer de outra, não poderá haver cumulação.

Na ação divisória, por ser ela de natureza real, competente, de forma absoluta, é o juízo onde se situa o imóvel. Se a coisa comum se situar em mais de uma comarca, qualquer delas será competente.

Assim, se possível a cumulação, o juízo competente para julgar a ação divisória deve ser também competente para julgar a ação a ser cumulada, sobretudo porque o requisito da competência somente é radical (sem possibilidade de ser contornado) se entre todas as ações intentadas houver diversidade de competência absoluta.

Logo, se a diversidade de competência da ação a ser cumulada com a divisória for relativa, ela poderá ser contornada ante a prorrogação da competência do juízo divisório.

Mas, se, para conhecer a ação a ser cumulada com a divisória, a competência for de juízo diverso, de forma absoluta, não poderá haver cumulação. Exemplifica essa situação o caso da ação de demarcação, cujo imóvel vizinho esteja situado em comarca diversa, e a ação lá é intentada em cumulação com a ação de divisão. Se o autor faz a opção de ajuizar a ação de demarcação na comarca onde se situa o imóvel vizinho, não poderá cumular a ação de divisão, porque o imóvel de sua propriedade em condomínio está situado em comarca diversa.

Esta ilação tem importância para fins de verificação da existência de conexão ou de prejudicialidade externa entre as ações de demarcação e de divisão. Se as ações forem intentadas na mesma comarca, serão julgadas, em razão da conexão, conjuntamente, enquanto que, se forem intentadas em comarcas diversas, a divisão ficará suspensa para que, ante a relação de prejudicialidade, seja julgada a demarcação.

Como último requisito à cumulação, deve haver compatibilidade ou adequação procedimental para as ações, porquanto não é conveniente se realizar, em um só processo, dois ou mais procedimentos (diversos, obviamente).

Mesmo diante do requisito da compatibilidade ou adequação procedimental, o Código de Processo Civil abranda a sua exigência, a autorizar ao autor renunciar ao procedimento especial pertinente a uma das ações, para que essa seja processada juntamente com as demais, pelo o procedimento comum. Entretanto, a renúncia ao rito específico, em face de alguns empecilhos, nem sempre é possível.

No caso da ação divisória, o Código de Processo Civil permite a renúncia ao rito especial, quando, por exemplo, no art. 570, permite a cumulação com a ação demarcatória. Como esta segue outro rito especial, a demarcação e a divisão, para serem cumuladas, seguirão o procedimento comum. Haverá, aí, adequação procedimental, já que ambas deixarão de seguir seus ritos especiais para seguirem o procedimento comum.

Todavia, embora as ações cumuladas passem, nesse caso, a seguir o rito comum, é possível o emprego das técnicas processuais diferenciadas previstas nos respectivos procedimentos especiais a que se sujeitam as ações cumuladas. Basta que elas não sejam incompatíveis com as disposições sobre o procedimento comum.

5.2. Situações de cumulação

Com relação à cumulação de ação demarcatória com ação divisória, não há dúvida quanto à sua possibilidade, a se considerar que existe previsão legal expressa nesse sentido. Se assim ocorrer, as ações cumuladas correrão sob o procedimento comum, para que haja adequação procedimental, e, embora na mesma sentença, será julgada primeiramente a divisão, para depois ser julgada a demarcação.

Esse é um caso de cumulação simples, pois são pedidos autônomos e a (im)procedência de um não determina a (im)procedência do outro. No entanto, deve-se tratar primeiro da divisão, pois ela possui precedência lógica sobre a demarcação. Para este caso de cumulação, os condôminos e os confinantes participam da fase demarcatória (art. 570), mas na fase divisória apenas participam os condôminos (art. 572).

Quando a divisão é interna, dentro do mesmo imóvel, sem envolver qualquer outro, a lógica se inverte, devendo-se primeiro dividir, para depois demarcar.

Há várias outras possibilidades de cumulação de ações. A título de exemplo, pode-se citar a cumulação de divisória com indenização, assim como com anulatória de ato jurídico. Para a cumulação de ações, repita-se, basta que estejam preenchidos os requisitos indicados anteriormente. E, sendo cumuladas ações, elas serão julgadas conjuntamente na sentença que resolve a primeira fase da divisória.

6. DIVISÃO EXTRAJUDICIAL

6.1. Requisitos

A seguir a tendência de desjudicialização, como já ocorre com realização de divórcio e de inventário extrajudicial mediante escritura pública, o CPC/2015 possibilita a divisão extrajudicial, via cartório, de modo a tornar o procedimento, além de mais acelerado, menos custoso.

Desde que maiores, capazes e concordes, os coproprietários podem dividir a coisa comum por intermédio de escritura pública. Assim, se houver consenso e for disponível o direito de propriedade, os proprietários irão divisar a parte que cabe a cada um deles. A escritura pública será documento que promoverá a partilha dos quinhões que pertencem, de modo particular e individual, a cada parte, a fim de que possam exercitar o direito de propriedade em sua plenitude.

Apesar de o divórcio e o inventário extrajudicial terem previsão legal de que é obrigatória a participação dos advogados das partes no procedimento em serventia extrajudicial, o dispositivo referente à divisão não faz idêntica previsão, o que força concluir ser desnecessária a participação do advogado, a prevalecer o princípio do autorregramento das partes, que, no exercício de sua liberdade, podem, sozinhas, ir ao cartório celebrar a divisão consensual.

Elaborada a proposta consensual de divisão, ela será apresentada ao tabelião, para ser escriturada, o que somente não ocorrerá se o bem não for divisível.

Outro ponto. O enunciado nº 197 da súmula do Superior Tribunal de Justiça vaticina que "o divórcio direto pode ser concedido sem que haja prévia partilha dos bens". Tal possibilidade continua sob a égide do CPC/2015. Conquanto os cônjuges se divorciem, é factível a manutenção do condomínio. E nada impede que, após o divórcio, as partes, sozinhas, realizem a divisão extrajudicial dos bens, desde que maiores, capazes e concordes.

6.2. Conciliação judicial

Pode ocorrer, ainda, de a divisão ocorrer por conciliação judicial (a ser realizada no curso da primeira ou da segunda fase do processo), ou mesmo ser feita em instrumento particular, a ser submetido à homologação judicial. Ela pode contemplar o reconhecimento do direito de divisão, critérios a serem observados na segunda fase ou mesmo a completa divisão. Este ponto, por não se tratar de "divisão extrajudicial", mas sim de hipótese de sentença resolutiva de mérito, será analisado adiante, na parte da resolução da divisão.

6.3. Limites legais à divisão extrajudicial

Apesar de a divisão poder ser realizada por escritura pública, o acordo de vontade das partes não pode se sobrepor à legislação imobiliária. Se, por exemplo, ela estabelece o tamanho mínimo, em determinada região, como sendo o modular para uma extensão de terra, os interessados, ainda que concordes, não poderão divisar os bens de modo a violar tais limites mínimos. Sob perspectiva inversa, se houver menores ou incapazes interessados na divisão, ante a vedação à disposição do direito, ela só poderá ser realizada judicialmente.

Em caso de indivisibilidade, eventual ação de divisão, intentada por qualquer proprietário em condomínio, terá seu pedido julgado improcedente. Nesse caso, restará aos condôminos a ação de alienação compulsória, que, ao final, proporcionará a divisão do valor arrecadado. Dita ação será obrigatoriamente judicial, sobretudo porque as serventias extrajudiciais não têm poder de realizar alienação compulsória.

7. PETIÇÃO INICIAL

A petição inicial constitui o instrumento formal postulatório utilizado pela parte para exteriorizar o ato de processualizar a ação. Nada mais é do que um instrumento solene que confere forma à demanda.

Na ação de divisão, a petição inicial deve preencher os requisitos formais gerais dos arts. 319 e 320 do Código de Processo Civil, que são: a) o juízo a que é dirigida; b) os nomes, os prenomes, o estado civil, a existência de união estável, a profissão, o número de inscrição no Cadastro de Pessoas Físicas ou no Cadastro Nacional da Pessoa Jurídica, o endereço eletrônico, o domicílio e a residência do autor e do réu; c) o fato e os fundamentos jurídicos do pedido; d) o pedido com as suas especificações; e) o valor da causa; f) as provas com que o autor pretende demonstrar a verdade dos fatos alegados.

Deve, ainda, indicar a opção do autor pela realização ou não de audiência de conciliação ou de mediação.

Além disso, a petição inicial será instruída com os documentos indispensáveis à propositura da ação.

Para além desses requisitos gerais, exige-se requisitos específicos, quais sejam: a) os títulos de domínio do promovente; b) a indicação da origem da comunhão e a denominação, a situação, os limites e as características do imóvel; c) nome, estado civil, profissão e residência de todos os condôminos, a se especificar os estabelecidos no imóvel com benfeitorias e culturas; d) descrição das benfeitorias comuns.

A dizer de outra maneira, a petição inicial deve fornecer uma visão panorâmica da pretensão do autor, a evidenciar, em apertada síntese que: a) o imóvel dividendo compõe-se de terras particulares; b) existe uma comunhão sobre ele; c) o autor participa da comunhão; d) indicação dos demais integrantes da comunhão; e) indicação do imóvel a dividir.

Especificam-se a seguir cada um desses elementos.

7.1. Requisitos

a) o juízo a que é dirigida:

O autor deve indicar, no cabeçalho da petição inicial, o juízo a que é dirigida. A finalidade do requisito é possibilitar que a petição chegue ao órgão jurisdicional competente para o trâmite processual. Se houver indicação equivocada, sendo remetida a petição a juízo incompetente, caberá a este (ou mediante provocação do réu, sobretudo se a incompetência for relativa) remeter ao juízo competente. Se houver mudança (em razão da verificação de qualquer fator de modificação) ou correção de competência, as petições seguintes devem ser direcionadas ao juízo declarado como competente.

A petição inicial da ação divisória deverá indicar o juízo materialmente competente da comarca em que esteja situado o imóvel a ser dividido. A competência será regida pelo art. 47 do CPC/2015, que estabelece, para ação fundada em direito real sobre bem imóvel, como é o caso da ação divisória, a competência do foro de situação da coisa (*forum rei sitae*).

Se, eventualmente, estiver o imóvel localizado em mais de uma comarca, a petição inicial indicará, como juízo materialmente competente, qualquer das comarcas em que esteja situado o imóvel, tornando-se prevento aquele que primeiro registrou ou distribuiu a petição inicial.

Se na comarca houver mais de um juízo materialmente competente, a petição inicial, ante a distribuição da ação, prescindirá da indicação numérica do órgão jurisdicional.

b) os nomes, os prenomes, o estado civil, a existência de união estável, a profissão, o número de inscrição no Cadastro de Pessoas Físicas ou no Cadastro Nacional da Pessoa Jurídica, o endereço eletrônico, o domicílio e a residência do autor e do réu:

Deve o autor, na petição inicial, individualizar as partes de forma suficiente, para que a ação não seja intentada por e contra pessoa incerta, a ponto de impossibilitar a comunicação processual. Em relação às pessoas físicas, indicam-se nomes, prenomes, estado civil, existência de união estável, profissão, domicílio e residência do autor e do réu. O CPC/2015 trouxe dois novos importantes elementos, que muitas vezes já eram indicados pelas partes: o número de inscrição no Cadastro de Pessoas Físicas e o endereço eletrônico.

As pessoas jurídicas ficam impossibilitadas de indicar estado civil e profissão (mas é conveniente, embora não seja obrigatória, a indicação do tipo de sociedade, porquanto servil, dentre outras finalidades, à apuração e quantificação de responsabilidade dos sócios). Além disso, o número do Cadastro de Pessoas Físicas deve ser substituído pelo número do Cadastro Nacional de Pessoas Jurídicas.

Esses pontos de qualificação, embora exaustivos, podem ser ampliados por conveniência e iniciativa do autor e, quando não disponíveis a ele, podem ser alcançados mediante diligência judicial a ser requerida. Contudo, mesmo diante da ausência de qualquer daquelas informações, a petição inicial não será indeferida, se possível a realização da citação do réu.

Aliás, como o CPC/2015 afirma a primazia das decisões de mérito, o juiz deve, sempre que possível, viabilizar o deslinde meritório.

A indicação do estado civil e da existência de união estável tem importância para as ações fundadas em direito real, como a divisória, ante a verificação da necessidade de consentimento e de legitimação processual. Se não indicados corretamente, deve o réu, em sua resposta, ou na primeira oportunidade que lhe couber falar nos autos, proceder à indicação corretiva.

Para fins de comunicação dos atos processuais, é necessário conhecer a profissão (para estabelecer a forma daquela, ou seja, se é caso de convite, requisição ou intimação), o endereço eletrônico, o domicílio e a residência, principalmente, em relação aos dois últimos dados, para a localização das partes, a se observar que alguns atos processuais são endereçados e, às vezes, praticados pelas partes pessoalmente.

A identificação da profissão é igualmente útil para avaliação de suas condições socioeconômicas, a se aferir, por exemplo, se é o caso de concessão ou não do benefício da gratuidade judiciária. A informação constitui elemento indiciário para verificar se a parte possui ou não condições de pagar as custas do processo sem prejuízo do sustento próprio ou de sua família. Também é útil para a designação e o comparecimento em audiências, pois algumas autoridades são tratadas com deferência, podendo escolher dia, hora e local para serem ouvidas.

A indicação número de inscrição no Cadastro de Pessoas Físicas ou no Cadastro Nacional da Pessoa Jurídica das partes, além de útil à individualização delas, serve à prática de alguns atos processuais essenciais, principalmente aqueles relacionados à localização de pessoas (partes) e/ou de bens.

Por essa razão, o art. 588, II, do CPC/2015, estabelece que a petição divisória conterá o nome, o estado civil, a profissão e a residência de todos os condôminos, especificando os estabelecidos no imóvel com benfeitorias e culturas.

c) o fato e os fundamentos jurídicos do pedido:

Como a petição inicial é o instrumento da demanda, cujos elementos são partes, causa de pedir e pedido, aquela deve, assim como faz em relação à identificação das partes, indicar os fatos (causa de pedir remota) e fundamentos jurídicos (causa de pedir próxima) do pedido, a evidenciar integralmente todos os elementos da ação processualizada.

No caso da ação de divisão, o suporte fático concreto que dá ensejo à incidência da norma é a existência de uma coisa comum sobre a qual duas ou mais possuam domínio concomitantemente. Portanto, o autor na petição inicial deverá expor toda a moldura fática suficiente para que sejam alcançados os efeitos jurídicos perseguidos (direito à divisão do bem).

A necessidade de comprovação da propriedade é evidenciada nos requisitos adicionais presentes no art. 588 do CPC/2015, especificamente, a indicação do título de domínio do autor e a indicação da origem da comunhão e a denominação, a situação, os limites e as características do imóvel. O autor tem o ônus, então, de provar o estado de indivisão ou copropriedade, a origem dessa comunhão e a divisibilidade do bem imóvel.

Como a legitimidade ativa da ação divisória decorre, ordinariamente, do *status* de condômino, daí decorre a imprescindibilidade de a petição inicial ser instruída com os respectivos títulos dominiais, devidamente formalizados e transcritos no registro imobiliário.

Cabe, porém, ressaltar que o título dominial poderá ser dispensado como peça essencial da petição inicial, quando, por exemplo, o autor já usucapiu a terra (preencheu as condições exigidas para a usucapião), mas não dispõe de sentença declaratória, caso em que a posse e as condições da usucapião serão demonstradas em juízo.

A prova da causa ou da origem da comunhão é de fundamental importância. O autor deve ser preciso na sua demonstração, pois sobre elas recairão inúmeras questões, que podem ser levantadas *a posteriori*.

A comunhão pode provir de contrato (sociedade, compra e venda, permuta, doação), de sucessão legítima ou testamentária, ou ainda de um fato acidental, como a confusão de limites, e deve ser comprovada na petição inicial.

Nesse ponto, é preciso analisar se existe ou não, no instrumento formativo da comunhão, cláusula de não divisão, conforme autorizado pelo § 1º do art. 1320 do Código Civil, o qual admite que os condôminos acordem pela indivisibilidade da coisa comum por prazo nunca superior a 05 anos, sendo possível a prorrogação ulterior. Se existente o pacto de não divisão, o juiz não admitirá a ação divisão durante o prazo estipulado.

O autor deve, ainda, precisar o imóvel pela sua denominação, situação, limites e confrontação e características. Em caso de confusão de limites ou impossibilidade de divisão cômoda, deve-se obedecer ao comando do art. 1.298 do CC/2002.

Por fim, ao analisar os fatos e suas consequências jurídicas, o juiz construirá a norma para resolver o objeto litigioso do processo. Para tanto, é desnecessária a indicação dos eventuais dispositivos legais (fundamentos legais) aplicáveis ao caso, pois, além de se presumir que o juiz conhece o direito, nem todas as ações estão fundadas no direito positivado.

d) o pedido com as suas especificações:

Ao intentar uma ação, o seu autor pretende que o direito por ele indicado lhe seja conferido pela palavra do Estado-juiz. A par da narração dos fatos e dos fundamentos jurídicos, chega-se a uma conclusão lógica, que se consubstancia no pedido de prestação jurisdicional, no qual se sobressaem, além do direito pretendido, que é o pedido mediato, a providência jurisdicional, que é o pedido imediato, necessário à sua obtenção. Pode-se, assim, definir pedido como sendo a pretensão material deduzida em juízo (a pretensão processualizada), que objetiva, mediante provimento jurisdicional, o reconhecimento do direito afirmado em litígio.

A ação de divisão tem pedido mediato definido pelo art. 588 do Código de Processo Civil, que se consubstancia na desconstituição do estado de comunhão (condomínio) e a determinação da divisão da coisa comum.

e) o valor da causa:

A essencialidade do valor da causa se consubstancia na necessidade de se quantificar, quando existir, a extensão econômica de uma ação para a: i) definição do rito processual; ii) fixação da competência do juízo; iii) parametrização de multas processuais; iv) efetivação de averbação premonitória; v) realização de reexame necessário; vi) análise de cabimento de determinados recursos; vii) determinação do valor das custas processuais a serem recolhidas; viii) definição de honorários advocatícios; ix) verificação da necessidade de constituição de advogado.

Para a ação de divisão de terras particulares, o valor da causa não tem importância para a definição do rito processual, porque ele será o especial, definido pelo Código. Também não serve para a efetivação de averbação premonitória, para a verificação da necessidade de realização de reexame necessário, para a análise de cabimento de recurso, nem para a verificação da necessidade de constituição de advogado. Contudo, é essencial, principalmente para a parametrização de multas processuais, para a determinação do valor das custas processuais a serem recolhidas e para a definição de honorários advocatícios.

Ante as razões encimadas, portanto, a toda causa será atribuído um valor certo, ainda que não tenha conteúdo econômico imediato. Entretanto, nas causas de expressão econômica passível de aferição, a legislação faz sua especificação prévia, conforme disposto no art. 292 do Código de Processo Civil.

Mencionado dispositivo legal, em seu inciso IV, estabelece que, "o valor da causa constará da petição inicial ou da reconvenção e será [...] na ação de divisão, de demarcação e de reivindicação, o valor de avaliação da área ou do bem objeto do pedido". Sob a vigência do CPC/1973, o inciso VII do art. 259 dispunha: "o valor da causa constará sempre da petição inicial e será [...] na ação de divisão, de demarcação e de reivindicação, a estimativa oficial para lançamento do imposto".

Agora, portanto, o valor da ação de divisão não será mais aquele indicado pela estimativa oficial para lançamento do imposto sobre a propriedade do bem imóvel a ser dividido e sim o da avaliação da área. Conquanto tal mudança possa proporcionar maiores discussões em torno do valor da ação de divisão, porque o parâmetro eleito pelo CPC/2015 não é objetivo, evita que se atribua à causa valor que efetivamente não corresponde ao do bem jurídico.

Os autores deste livro, pessoalmente, discordam do parâmetro definido pelo art. 292, IV, do Código de Processo Civil (não que o anterior fosse mais razoável), porque possibilita algumas distorções. Para dar um exemplo, imagine-se que apenas pequena parcela de um imóvel, que é de larga extensão, precise ser dividido. Se o valor de avaliação da área, em sua integralidade, é elevado, especialmente em comparação à parte a ser dividida, o valor das custas pode ser superior ao possível proveito econômico.

Para se evitar distorções como tal, deve-se interpretar que "o valor de avaliação da área ou do bem objeto do pedido" compreende, se a divisão for parcial, apenas a parte a ser dividida.

f) as provas com que o autor pretende demonstrar a verdade dos fatos alegados:

Na petição inicial, ainda, o autor deverá indicar, de forma genérica, os meios de prova de que eventualmente pretende se utilizar para demonstrar suas afirmações, a convencer o juiz de que elas correspondem ou têm grande probabilidade de corresponder à verdade. Não se exige a especificação das provas, mas apenas a indicação delas, a se fazer alusão aos meios que, eventualmente, o autor possa ter necessidade de produzir durante a tramitação processual para convencer o juiz acerca de suas assertivas fáticas.

Na prática forense, é comum que o autor indique "todos os meios admitidos em direito", razão porque, associado à garantia da ampla defesa, conclui-se que este requisito deveria ter sido afastado. Não se pode compelir o autor a indicar as provas, se ainda não conhece todos os fatos, já que o réu ainda vai apresentar resposta. A exigência é um convite a sempre se requerer "todos os meios de prova admitidos em direito". A não indicação das provas significa apenas desinteresse em produzir outras além daquelas trazidas com a petição inicial, não autorizando o indeferimento desta.

Na ação de divisão, enquanto perdurar o litígio, a produção da prova pericial, pelo menos em regra, é obrigatória. O juiz fará a nomeação de, pelo menos, um perito, para promover a medição do imóvel e as operações de divisão, observada a legislação especial que dispõe sobre a identificação do imóvel rural (art. 590 do CPC/2015). Mesmo que não seja objeto de requerimento pelo autor, conquanto possa existir, a prova pericial será produzida.

O CPC/2015 inova em relação ao código anterior, no parágrafo primeiro do art. 590, ao indicar, de forma expressa, os elementos que devem ser obrigatoriamente descritos pelo perito. Essa exigência possibilita que se individualize o máximo possível o imóvel com intuito de que haja o menor risco possível de erro na divisão, a prejudicar algum dos envolvidos.

Além da perícia, quaisquer outras provas, como o depoimento pessoal do réu, a oitiva de testemunhas, a produção de documentos e a inspeção judicial, podem ser requeridas, com o objetivo de serem produzidas no curso processual.

De acordo com o art. 573 do CPC/2015, se se tratar de imóvel georreferenciado, com averbação no registro de imóveis, pode o juiz dispensar a realização de prova pericial. O dispositivo, corretamente, faculta a dispensa de prova pelo juiz de acordo com o seu poder de dispor livremente da prova e de controlar o caso e as circunstâncias que justificam o afastamento da prova (arts. 370 e 371 do CPC/2015).

Documentos indispensáveis à propositura da ação:

A petição inicial deverá vir acompanhada dos documentos (ou cópia dos documentos) indispensáveis à propositura da ação. Serão indispensáveis aqueles que a lei assim considerar ou a que o autor fizer referência como fundamento de seu pedido.

Na ação de divisão, o art. 588 do Código de Processo Civil dispõe a petição inicial deverá ser instruída com os títulos da propriedade, que "é a transcrição do imóvel, se a aquisição for feita *inter vivos*, ou o formal de partilha, se a aquisição operou-se *causa mortis*". Isso porque o imóvel, na petição inicial, deve ser descrito de acordo com os respectivos títulos de propriedade.

Esse título deve conter documentos que comprovem: a) a origem da comunhão, e a denominação, a situação, os limites e as características dos imóveis; b) o nome, o estado civil, a profissão e a residência de todos os condôminos, especificando-se os estabelecidos no imóvel com benfeitorias e culturas; c) as benfeitorias comuns.

O requerimento da forma de citação, em bom tempo, deixou de ser requisito da petição inicial (como era sob a égide do CPC/1973). Assim, ao intentar a ação divisória, o autor não mais precisa requerer a citação do réu. Especificamente em relação à modalidade de citação na ação de divisão, houve mudanças, proporcionadas pelo CPC/2015, que passam a ser apresentadas a seguir.

7.2. Indicação

A petição inicial deve, pelo menos em regra, fazer uma indicação.

A opção do autor pela realização ou não de audiência de conciliação ou de mediação:

Não se trata de "requisito" da petição inicial, mas de mera indicação, instituída a partir do CPC/2015, que deve constar (apenas) em caso de recusa (embora o autor possa se manifestar expressamente a favor), pois, em sua ausência, será realizada a audiência de conciliação ou de mediação.

Até porque o art. 334 dispõe que, "se a petição inicial preencher os requisitos essenciais e não for o caso de improcedência liminar do pedido, o juiz designará audiência de conciliação ou de mediação com antecedência mínima de 30 (trinta) dias, devendo ser citado o réu com pelo menos 20 (vinte) dias de antecedência". Não se trata, portanto, como mostra a leitura do dispositivo transcrito, de requisito. Se fosse, seria determinada a emenda à petição inicial, e, em caso de não atendimento ao comando decisório, seria ela indeferida.

A audiência de conciliação só não será realizada se ambas as partes manifestarem, expressamente, desinteresse na composição consensual ou quando não se admitir a autocomposição (§ 4º do art. 334 do CPC). A ser assim, se omissa a indicação na petição inicial, será realizada audiência, a menos que a ação verse sobre direito indisponível, caso em que dispensará a realização do ato processual.

A indicação de recusa deve ser manifestada, caso exista, por todos os litisconsortes ativos.

Não há especificidades, quanto a esta indicação, relativamente à ação de divisão. Se ela não for apresentada, será realizada audiência de conciliação ou de mediação, a menos que envolvam interesse(s) de incapaz(es), pois sua(s) esfera(s) jurídica(s) é(são) alcançada(s) pela indisponibilidade. Se for apresentada a indicação de recusa, a audiência não será realizada, se esta também for a opção do réu.

7.3. Emenda, aditamento e indeferimento

Ao verificar que a petição inicial não preenche os requisitos antes indicados (com exceção da opção do autor pela realização ou não de audiência de conciliação ou de mediação) ou que apresenta defeitos e irregularidades capazes de dificultar o julgamento de mérito, o juiz determinará que o autor da ação divisória, no prazo de quinze dias, emende-a ou complete-a. No respectivo despacho, o juiz deverá indicar, com precisão, o que deve ser corrigido ou completado pelo autor, a fim de que a emenda seja realizada de forma satisfatória, a dispensar novos despachos com mesmo objetivo.

A petição inicial da ação divisória poderá, até a citação, ser aditada ou alterada pelo autor, em seu pedido ou em sua causa de pedir, independentemente de consentimento do réu. Depois da citação até o saneamento do processo, poderá ser aditada ou alterada, em seu pedido ou em sua causa de pedir, apenas com consentimento do réu, a quem será assegurado o contraditório mediante a possibilidade de manifestação deste no prazo mínimo de 15 dias, facultado o requerimento de prova suplementar.

Será indeferida a petição inicial da ação de divisão quando: a) for inepta; b) o autor for parte manifestamente ilegítima; c) o autor carecer de interesse processual; d) o autor, advogado em causa própria, não declarar, na petição inicial, o endereço, o seu número de inscrição na Ordem dos Advogados do Brasil e o nome da sociedade de advogados da qual eventualmente participa, para o recebimento de intimações; e) o autor não emendar a petição inicial, apesar de determinado pelo juiz da causa.

A petição inicial, inclusive da ação de divisão, será considerada inepta, de acordo com o art. 330 do CPC, quando: a) faltar-lhe pedido ou causa de pedir; b) o pedido for indeterminado, ressalvadas as hipóteses legais em que se permite o pedido genérico; c) da narração dos fatos não decorrer logicamente a conclusão; d) contiver pedidos incompatíveis entre si. Entretanto, antes de decretar a ocorrência de alguma dessas situações, o juiz deve determinar a emenda da petição inicial. Assim, seria coerente resumir as situações de indeferimento à não realização de emenda da petição inicial.

Se indeferida a petição inicial, o autor poderá, no prazo de 15 dias, apelar, facultado ao juiz, no prazo de 05 dias, retratar-se.

Caso o juiz se retrate, mandará: a) caso disponível o direito objeto do processo, citar o réu, com antecedência mínima de 20 dias, para comparecer à audiência de conciliação ou de mediação (ressalvando que, se, juntamente com o autor, o réu manifestar seu desinteresse na composição, contará, a partir dessa manifestação, o prazo de 15 dias para responder); b) caso indisponível o direito objeto do processo, citar o réu para, no prazo de 15 dias, responder à ação.

Se o juiz não se retratar, mandará citar o réu para responder ao recurso. Caso a sentença seja reformada pelo tribunal, o réu será intimado da devolução dos autos ao juízo de origem, situação em que: a) caso disponível o direito objeto do processo, o réu será intimado, com antecedência mínima de 20 dias, para comparecer à audiência de conciliação ou de mediação (a se ressalvar que, se, juntamente com o autor, o réu manifestar seu desinteresse na composição, contará, a partir dessa manifestação, o prazo de 15 dias para responder); b) caso indisponível o direito objeto do processo, o réu terá o prazo de 15 dias para responder à ação.

Se não interposta apelação, o réu será intimado do trânsito em julgado da sentença.

8. RESPOSTA DO RÉU

8.1. Prazo para apresentação

De acordo com a disposição do art. 589 do CPC, "feitas as citações como preceitua o art. 576, prosseguir-se-á na forma dos arts. 577 e 578". A resposta do réu deve ser oferecida no prazo de 15 dias, a teor do que prescreve o art. 577. Relativamente ao CPC/1973, houve uma redução de prazo, porque o seu art. 954 dispunha que, "feitas as citações, terão os réus o prazo comum de 20 (vinte) dias para contestar". O prazo de resposta, pois, foi reduzido de 20 para 15 dias.

Interessante, porém, é que, no tocante ao art. 954 do CPC/1973, a doutrina entendia que o prazo de 20 dias só teria aplicação se houvesse mais de um réu (se se tratasse de um só réu, o prazo seria de 15 dias). Isso, porque o texto legal referia-se a 20 dias para "os réus". Então, ficava a indagação: em havendo litisconsortes com procuradores distintos, mantinha-se o prazo de 20 dias, por ser ele especial, ou incidia aí a regra do art. 191 do CPC/1973?

Representantes da doutrina entendiam, à época, que, se os litisconsortes tinham procuradores diferentes, incidiria o comando do art. 191 do CPC. Contudo, aqui, entende-se que o prazo de 20 dias concedido pelo art. 954 do CPC/1973 é especial, a se considerar o uso do vocábulo "réu" no plural e a amplitude de prazo relativamente àquele previsto no anterior art. 297. Não há, portanto, motivo para a concessão de mais um benefício, que seria a dobra de prazo.

A questão ganha maior relevo na vigência do CPC/2015, porque, agora, o prazo para responder à ação de divisão não é ampliado em relação à regra geral. Ele é de 15 quinze dias, seguindo a regra geral do art. 335. Portanto, pergunta-se: em caso de litisconsortes com procuradores diferentes, pertencentes a escritórios de advocacia distintos, o prazo de resposta seria dobrado, na forma do art. 229 do CPC/2015?

O emprego do vocábulo "réu" no plural é um convite para ratificar o entendimento aplicável sob a vigência do CPC/1973.

Entretanto, no CPC/2015, ao contrário do que ocorria no anterior, o prazo concedido para resposta (quinze dias) não mais é superior ao da regra geral. No CPC/1973, a regra era de 15 dias, mas o prazo para apresentar resposta na ação de divisão era de 20 dias, ou seja, já continha benefício para o caso de pluralidade de réus.

E mais.

O texto do CPC/2015, nos casos em que pretendeu excluir a aplicabilidade do prazo em dobro, utilizou enunciados expressos nesse sentido. Todavia, o mesmo não ocorreu em relação à ação de divisão. O art. 577 faz referência aos "réus", mas não especifica terem eles diferentes procuradores de distintos escritórios de advocacia.

Assim, se não há restrição expressa à aplicação do comando do art. 229 do Código de Processo Civil, tal como ocorreu em diversos dispositivos do Código, deve ser concedido o benefício da dobra de prazo, quando os réus da ação de divisão forem litisconsortes com diferentes procuradores, pertencentes a distintos escritórios de advocacia. Excepciona-se a hipótese descrita no § 2º do mencionado artigo, segundo o qual "não se aplica o disposto no caput aos processos em autos eletrônicos".

Esclarecidos os prazos para a apresentação de resposta, passa-se a analisar as modalidades.

8.2. Modalidades de resposta do réu

8.2.1. Contestação

O art. 577 do CPC/2015 prescreve que, feitas as citações, terão os réus o prazo comum de 15 dias para contestar. Apesar de o dispositivo legal empregar o vocábulo "contestar", o réu pode apresentar qualquer modalidade de resposta, ou seja, além de contestação, pode apresentar reconvenção ou exceções de impedimento ou suspeição.

No procedimento de divisão, a contestação não possui limitação cognitiva, de modo que o réu pode suscitar quaisquer matérias de defesa, meritórias ou processuais. Além de questões formais, relacionadas aos requisitos de admissibilidade do procedimento, o(s) réu(s) pode(m) alegar, por exemplo, a falta de qualidade de condômino do autor ou a existência de cláusula testamentária proibitória de divisão. Além disso, o réu pode defender a existência de usucapião. Por essa razão é que o enunciado 237 da súmula do Supremo Tribunal Federal estabelece: "O usucapião pode ser arguido na defesa". Não o fazendo nessa oportunidade, entende o Superior Tribunal de Justiça preclusa estará a possibilidade de fazê-lo.

8.2.2. Reconvenção

Há quem defenda a possibilidade de formulação de pedido reconvencional, desde que relativo à eventual indenização por perdas e danos (por exemplo, em decorrência da realização de benfeitorias). Isso porque, se a reconvenção disser respeito à própria divisão, o réu precisa reconvir, porque a ação divisória é dúplice.

Contudo, não é bem dessa forma.

Por ser dúplice a ação de divisão, o réu não precisa apresentar reconvenção para ter prestação jurisdicional ofertada em seu favor. Mas, se apresentar, na contestação, pedido de natureza contraposta, a peça de resposta, conquanto não seja assim intitulada, será uma espécie de reconvenção.

Aliás, a disposição do art. 343 do CPC, relativa à apresentação de reconvenção, estabelece que, "na contestação, é lícito ao réu propor reconvenção para manifestar pretensão própria, conexa com a ação principal ou com o fundamento da defesa".

Atualmente, pois, independentemente de a ação ser dúplice ou não, em termos formais, não há mais diferença entre a tradicional reconvenção em peça autônoma e aquela denominada de pedido contraposto.

8.2.3. Exceções processuais

No procedimento divisório, são admitidas as exceções de suspeição e de impedimento.

Em razão do procedimento próprio, as exceções de impedimento e de suspeição não são apresentadas na mesma petição da contestação e da reconvenção. Devem ser veiculadas em petição separada, no prazo de 15 dias contados do momento em que conhecido o motivo do impedimento ou da suspeição, a instaurar, assim, incidente processual perante o respectivo tribunal (se contra o juiz) ou no juízo onde tramita ação (se contra qualquer outro sujeito imparcial do processo). Apesar do prazo estabelecido, não preclui a oportunidade para a apresentação da exceção de impedimento, por se tratar de questão de ordem pública.

A anterior exceção de incompetência, apresentada em peça separada (em incidente processual), como modalidade de resposta do réu, não é mais necessária, tampouco cabível. Isso porque o art. 337, II, do CPC/2015, impõe que a incompetência, enquanto matéria de defesa, seja suscitada na própria peça contestatória, por se tratar de questão preliminar ao mérito da causa. Além disso, na ação de divisão, a competência territorial tem caráter absoluto (art. 47, caput e § 1º, do CPC), podendo a incompetência ser reconhecida oficiosamente pelo juiz.

8.3. Revelia

Não apresentada resposta, em qualquer de suas modalidades, o processo correrá à revelia do réu, que não será comunicado da realização e dos resultados dos atos processuais vindouros, até que compareça em juízo. Se apresentada alguma modalidade de resposta que não seja a contestação ou que não signifique resistência à ação, o réu será revel, mas o processo não correrá à revelia. O réu será intimado da realização e dos resultados dos atos processuais praticados.

Conquanto a presunção de veracidade dos fatos afirmados pelo autor seja um efeito da revelia, é possível que ele seja mitigado, a se considerar que a realização da prova pericial, muitas vezes, é indispensável, podendo sua realização ser determinada, de ofício, pelo magistrado. Logo, embora a revelia possa significar concordância do réu relativamente às afirmações trazidas pelo autor, estas serão submetidas à prova técnica, que poderá contrariar aquela. E, a depender do resultado da perícia, mesmo que o réu, em um primeiro momento, possa ter, em razão de seu comportamento processual omissivo, concordado com as afirmações trazidas pelo autor, poderá valer-se da conclusão pericial para adotar postura diversa a partir de então. A dizer de outra forma, o réu poderá oferecer resistência com base na mudança do cenário fático-probatório dos autos.

9. PROVIDÊNCIAS PRELIMINARES E SANEAMENTO

Depois de ultimado o prazo de resposta ou de efetivamente apresentada defesa, a ação de divisão seguirá o rito comum, segundo dispõe o art. 578 do CPC. A partir de então, serão adotadas as providências preliminares e saneado o processo.

9.1. Providências preliminares

A primeira providência preliminar, segundo dispõe o art. 348 do CPC, para o rito comum, será analisar se incidiram ou não os efeitos da revelia. Se não tiverem incidido, as partes serão intimadas a especificarem as provas que desejem produzir, caso assim ainda não tenham feito. Se se aplicarem os efeitos da revelia, o juiz determinará que o autor especifique as provas que ele pretende produzir, caso também ainda não as tenha indicado. E, mesmo diante da revelia, ao réu será permitida a produção de provas contrapostas às afirmações do autor, desde que se faça representar nos autos a tempo de praticar os atos processuais indispensáveis a essa produção. De qualquer modo, mesmo que o réu seja revel, será produzida prova técnica.

A segunda providência preliminar consistirá na intimação do autor (com a possibilidade de ele produzir provas específicas), para, no caso de 15 dias, pronunciar-se acerca dos fatos impeditivos, modificativos ou extintivos do seu direito, se, eventualmente, o réu os tenha apresentado em sua resposta.

Na mesma ocasião, ou seja, depois de apresentada resposta, se o réu alegar qualquer das matérias enumeradas no art. 337, o juiz determinará, como terceira providência preliminar, a oitiva do autor, no prazo de 15 dias, permitindo-lhe a produção de prova. Pode ocorrer, a depender do conteúdo da resposta do réu, que, em única oportunidade, o juiz determine a realização, por parte do autor, da segunda e da terceira providência preliminar.

Se verificar a existência de irregularidades ou de vícios sanáveis, por qualquer das partes, o juiz determinará sua correção em prazo nunca superior a 30 dias.

9.2. Julgamento conforme o estado do processo

Depois de cumpridas as providências preliminares ou se não houver necessidade delas, o juiz, conforme dispõe o art. 354 do CPC/2015, proferirá julgamento conforme o estado do processo. Essa disposição legal, para a ação de divisão, guardará algumas particularidades.

Prescreve o art. 354 do CPC/2015 que, se ocorrer qualquer das hipóteses previstas nos arts. 485 e 487, II e III, o juiz proferirá sentença, que pode ser total ou parcial. As hipóteses do art. 485 estão relacionadas às sentenças que não resolvem mérito, enquanto que os incisos II e III do art. 487 referem-se, respectivamente, às sentenças que reconhecem a prescrição ou a decadência e que homologam autocomposição entre as partes. Acontece que, por ter a pretensão divisória natureza real, ela não prescreve nem decai (art. 1.320, Código Civil), podendo os condôminos pleitear a divisão do bem a qualquer tempo. Assim, das situações referidas no art. 354, apenas a sentença homologatória de acordo pode conduzir à extinção do processo, ante a imprescritibilidade da pretensão de dividir a coisa.

Não havendo autocomposição, a ensejar a extinção prevista no art. 354, dispõe o art. 355 do CPC/2015, o juiz julgará antecipadamente o pedido, a proferir sentença com resolução de mérito, quando: a) não houver necessidade de produção de outras provas; b) o réu for revel, e ocorrer o efeito previsto no art. 344 e não houver requerimento de prova, na forma do art. 349.

No tocante à primeira situação, é possível, por exemplo, que exista prévio negócio jurídico celebrado entre as partes, denominado "contrato de fixação de quinhões", que defina os termos da divisão do bem. Nesse caso, não contestada a idoneidade do documento pelo(s) réu(s), a produção de provas pode ser dispensada, a servir a sentença de divisão tão somente para constituir título executivo judicial.

Quanto à hipótese de revelia, a presunção decorrente do não oferecimento de contestação pelo réu é relativa, a não ficar o juiz adstrito a ela. Ademais, considerando o amplo poder instrutório conferido ao magistrado pelo art. 370 do CPC, nada impede que ele, de ofício, mesmo diante da revelia, determine a realização de perícia ou de audiência de instrução, notadamente nos casos em que a proposta de divisão sugerida pelo autor parecer desarrazoada.

Ainda, dispõe o art. 356 que o juiz decidirá parcialmente o mérito quando um ou mais dos pedidos formulados ou parcela deles: a) mostrar-se incontroverso (isto é, quando o pedido não for contestado pela parte demandada, desde que fundado em direito disponível); b) estiver em condições de imediato julgamento, nos termos do artigo 355.

9.3. Saneamento

Se não for o caso de julgamento antecipado do mérito, o juiz saneará e organizará o processo. Para tanto, deverá: a) resolver as questões processuais pendentes, se houver; b) delimitar as questões de fato sobre as quais recairá a atividade probatória, a especificar as provas a serem produzidas; c) definir a distribuição do ônus da prova, observado o art. 373; d) delimitar as questões de direito relevantes para a decisão do mérito; e) designar, se necessário, audiência de instrução e julgamento.

Realizado o saneamento, as partes têm o direito de pedir esclarecimentos ou requerer ajustes, no prazo comum de 05 dias, findo o qual a decisão se torna estável. Contudo, se a causa apresentar complexidade em matéria de fato ou de direito, deverá o juiz designar audiência para que o saneamento seja feito em cooperação com as partes, oportunidade em que o juiz, se for o caso, convidará as partes a integrar ou esclarecer suas alegações. Neste último caso, a decisão de saneamento, de logo, torna-se estável.

10. INSTRUÇÃO PROCESSUAL

Saneado o feito, o juiz nomeará um ou mais peritos para promover a medição e as operações de divisão do imóvel. Todavia, a perícia poderá ser dispensada pelo juiz, caso se trate de imóvel georreferenciado, com averbação no registro imobiliário.

Caso o juiz determine a produção de prova pericial, deve observar o disposto no art. 465 e, se possível, estabelecer, de logo, calendário para sua realização.

O perito deve indicar as vias de comunicação existentes, as construções e as benfeitorias, com a menção aos seus valores e aos respectivos proprietários e ocupantes, as águas principais que banham o imóvel e quaisquer outras informações que possam contribuir para a facilitação da partilha.

Todos os condôminos serão intimados a apresentar, dentro em 10 dias, os seus títulos, se ainda não o tiverem feito, e a formular os seus pedidos sobre a constituição dos quinhões. Sobre os títulos, as partes serão ouvidas no prazo comum de 15 dias.

Se não houver impugnação, o juiz determinará a divisão geodésica do imóvel. Se houver, proferirá, no prazo de 10 dias, decisão definitiva sobre os pedidos e os títulos que devam ser atendidos na formação dos quinhões.

11. RESOLUÇÃO

Encerrada a instrução, o juiz proferirá sentença, a determinar ou não a partilha. Se o(s) réu(s) não discutir(em) a propriedade, as questões a decidir relacionar-se-ão à partilha da coisa comum.

Em cumprimento à decisão, o perito procederá à divisão dos quinhões. Findos os trabalhos e desenhados, na planta, os quinhões e as servidões aparentes, o perito organizará o memorial descritivo. Em seguida, o escrivão lavrará o auto de divisão, que deverá ser assinado pelo juiz e pelo(s) perito(s). Então, o juiz proferirá sentença homologatória da divisão.

Pela descrição do procedimento da ação de divisão, percebe-se que há duas fases. Uma primeira, destinada a reconhecer a (im)procedência das afirmações que sustentam a existência do direito de dividir, e uma segunda, para efetivar a divisão.

Para parte da doutrina, o pronunciamento jurisdicional definitivo proferido em encerramento da primeira fase seria eminentemente declaratório, enquanto que o da segunda, executivo. Outra parcela da doutrina entende que o primeiro pronunciamento decisório seria constitutivo e o segundo executivo. Adere-se aqui a esta última concepção, em razão da compreensão de que, mesmo sendo declaratória ou constitutiva, a sentença pode ser executada. Assim, entende-se que a sentença proferida na primeira fase é constitutiva, enquanto que a da segunda, executiva.

Identificada a classificação das sentenças proferidas na ação de divisão quanto às suas eficácias, faz-se necessário projetar algumas considerações em torno das sentenças de improcedência. São duas as sentenças. Por conseguinte, há duas possibilidades de improcedência, que devem ser analisadas, a partir da delimitação estabelecida ao objeto litigioso.

Na primeira fase, a afirmação consubstancia-se na existência de direito de dividir o bem sobre o qual existe condomínio. Se este for reconhecido, bem como a divisibilidade do bem, o pedido de divisão será procedente. Se não for reconhecido o condomínio e/ou a divisibilidade do bem, o pedido será julgado improcedente. O bem, nesse caso, ficará sem divisão.

Na segunda fase da ação, a afirmação é de existência de direito de dividir de determinada forma. Aí é que reside a duplicidade da ação. Se for procedente a afirmação do autor, a divisão será procedida na forma indicada por ele. Se for improcedente, dividir-se-á a coisa de forma diferente, indicada pela sentença, a qual poderá ser exigida pelo réu. A improcedência significa rejeição da afirmação da existência de direito alegado pelo autor, em benefício do réu (se bem que nem sempre será tão fácil identificar se a divisão realizada na forma indicada pela sentença será benéfica ou não ao réu), independentemente da apresentação de resposta e da formulação de pedido por si.

Logo, conquanto se diga dúplice a ação de divisão, há de se considerar que a duplicidade só ocorre no caso de procedência da afirmação da existência de direito trazida pelo autor da relação processual na primeira fase. Se improcedente a afirmação, não surgirá qualquer repercussão, no plano dos fatos, diversa daquela que se apresentava quando da propositura da demanda judicial. A situação jurídica permanecerá como originariamente posta, sem alteração decorrente da sentença definitiva.

12. COISA JULGADA

A coisa julgada é instituto processual que visa a dar segurança jurídica às relações firmadas entre as partes, a partir da imutabilidade do elemento declarativo do dispositivo do pronunciamento jurisdicional decisório.

São duas as espécies de coisa julgada: formal e material. Ambas se formam com o trânsito em julgado do pronunciamento jurisdicional, que ocorrerá quando este último não mais estiver sujeito a recurso.

Quando o pronunciamento jurisdicional não resolver o mérito, forma-se apenas a coisa julgada formal, que terá efeitos endoprocessuais (ou intraprocessuais), a impossibilitar, dentro do processo, a modificação do pronunciamento jurisdicional definitivo. Porém, quando o processo tem seu mérito resolvido, forma-se tanto a coisa julgada formal como a material, com efeitos extraprocessuais, a impossibilitar, em qualquer processo, a modificação do pronunciamento jurisdicional definitivo.

Em razão disso, transitada em julgado a sentença de mérito, terá início a segunda fase da ação de divisão, ocasião em que não mais poderão ser discutidas questões decididas na primeira, ou mesmo que poderiam ser, mas não foram, em face da eficácia preclusiva da coisa julgada.

Se a sentença de procedência na primeira fase da ação de divisão não tiver transitado em julgado, não se iniciará a segunda. Como a apelação interposta contra a sentença que resolve a primeira fase goza de efeito suspensivo *ope legis*, a eficácia sentencial fica suspensa. Logo, enquanto suspensos os efeitos da sentença de primeira fase, não poderá ter início a segunda.

13. SEGUNDA FASE

Para ter início a segunda fase, que, antes, com equívoco, era denominada de "fase administrativa", em oposição à "fase contenciosa", que seria a primeira, é necessário que a sentença anterior julgue procedente o pedido de divisão. Caso contrário, não será reconhecido o direito de divisão do bem. O mesmo ocorrerá, a impedir o início da segunda fase, se a sentença for terminativa, porque sequer será avaliado o direito à divisão das partes litigantes.

Aliás, a segunda fase não é "administrativa". Será, a exemplo da primeira, "contenciosa", pois assim é todo o processo de divisão. A lide está (ou, pelo menos, pode estar) relacionada ao direito de dividir ou à forma de divisão. E, pode-se dizer, em uma análise empírica, que é muito mais comum o litígio surgir em razão da forma de divisão do bem, questão afeta à segunda fase do procedimento divisório.

A sentença da segunda fase baseará a forma da divisão na demarcação dos quinhões realizada pelo(s) perito(s) (art. 596, parágrafo único, do CPC).

As benfeitorias comuns que não comportarem cômoda divisão devem ser adjudicadas a um condômino, mediante compensação.

Devem ser instituídas as servidões necessárias, a fim de evitar, por exemplo, que a área de um condômino, após a divisão, fique sem acesso à via pública (servidão de passagem forçada). Caso não se trate de servidão natural, como na hipótese citada, o proprietário do prédio serviente fará jus à compensação, que também constará da sentença.

Caso as benfeitorias particulares de determinado condômino excedam à área a que faz *jus*, tal parcela será adjudicada ao quinhoeiro vizinho, por meio de reposição. Essa regra, prevista no art. 596, parágrafo único, III, do CPC, deve ser interpretada conjuntamente com o inciso I do mesmo artigo, de modo a evitar a divisão incômoda de benfeitorias, ainda que particulares. Seguir à risca o que dispõe o texto legal acarretaria, por exemplo, a divisão ao meio de um celeiro localizado em cima do limite de duas áreas de uma fazenda. Assim, é preferível que se proceda à alteração dos limites territoriais traçados previamente ou, se inviável tal providência, à adjudicação, mediante compensação pecuniária.

Ao fim, serão feitas as compensações e reposições entre os condôminos, as quais deverão ser feitas em dinheiro, se as partes não acordarem em sentido diverso.

Caso reste quantia pecuniária a ser recebida por algum condômino, a execução do valor dar-se-á nos próprios autos, na forma do artigo 523 e seguintes do CPC. Isso, porque a sentença homologatória de divisão, independentemente da natureza jurídica que se lhe atribua, é título executivo judicial, conforme entendimento já esposado, porque reconhece a exigibilidade de uma obrigação de pagar quantia, nos termos do art. 515, I, do CPC.

Da sentença proferida na segunda fase do procedimento divisório, caberá apelação, que, neste caso, não possui efeito suspensivo, nos termos do art. 1.012, § 1º, I, do CPC (embora lhe possa ser atribuído tal efeito excepcionalmente, na forma do § 3º do mesmo artigo). Por isso, a exequibilidade da decisão é imediata e incondicionada, inclusive no tocante à execução de eventual saldo devedor decorrente de compensação.

14. SÚMULAS

Súmulas do STJ

237. O usucapião pode ser arguido na defesa.

15. INFORMATIVOS

Informativos do STJ

CUMULAÇÃO. DIVISÃO DE IMÓVEL RURAL. INDENIZAÇÃO.

A ação de divisão do imóvel rural poderia ser cumulada com a indenizatória pelo uso exclusivo de área comum (art. 627 do CC), porque, no caso, havia identidade de competência do juízo, compatibilidade de pedidos e também porque as demandas tramitavam pelo rito ordinário (art. 292, § 2, do CPC). O fato de o acordo entre as partes ter posto termo à ação divisória após a subida dos autos a este Superior Tribunal não prejudica o julgamento do especial, visto que aquele instrumento ressalvou o prosseguimento do recurso e da ação de indenização, remanescendo o interesse. A Turma deu provimento ao especial para que a ação de indenização tenha prosseguimento, assegurando-se às partes a oportunidade de produzirem provas. REsp 131.823-SP, Rel. Min. Antônio de Pádua Ribeiro, julgado em 31/8/2000. (Info 68).

16. SINOPSE

<table>
<tr><th colspan="2">DIVISÃO DE TERRAS PARTICULARES</th></tr>
<tr><th colspan="2">Considerações Iniciais</th></tr>
<tr><td colspan="2">A ação de divisão é um instrumento de solução, para que os condôminos tenham a oportunidade de readquirir a plenitude do direito de propriedade.</td></tr>
<tr><th colspan="2">Natureza</th></tr>
<tr><td colspan="2">A ação demarcatória, a considerar a classificação que se baseia no direito que se visa a proteger, é de natureza real, justamente porque o direito à demarcação decorre do direito de propriedade.</td></tr>
<tr><th colspan="2">Objeto</th></tr>
<tr><td>Delimitação</td><td>A ação de divisão objetiva dividir bem imóvel conjunto. Caberá ao condômino a função de obrigar os demais consortes a partilhar a coisa comum.</td></tr>
<tr><td>Amplitude</td><td>A demarcação pode ser total ou parcial.</td></tr>
<tr><th colspan="2">Condições da Ação</th></tr>
<tr><td colspan="2">Legitimidade das partes; interesse processual.</td></tr>
</table>

Cumulação de ações
Para que duas ou mais ações sejam cumuladas, é necessário que, além de preenchidas as condições de cada uma delas, haja: a) compatibilidade entre as causas de pedir apresentadas e os pedidos formulados; b) competência do mesmo órgão jurisdicional para julgar as ações cumuladas; c) compatibilidade ou adequação procedimental.
Procedimento
A ação de divisão seguirá o procedimento comum, conforme previsão dos arts. 578 e 589 do CPC.

CAPÍTULO 43

EMBARGOS DE TERCEIRO

Sumário • 1. Considerações iniciais – 2. Classificação – 3. Legitimidade: 3.1. Ativa; 3.2. Passiva – 4. Prazo – 5. Procedimento: 5.1. Distribuição e competência; 5.2. Petição inicial; 5.3. Citação; 5.4. Tutela provisória; 5.5. Resposta; 5.6. Sentença – 6. Súmulas – 7. Enunciados do FPPC – 8. Enunciados do CJF – 9. Informativos – 10. Sinopse.

1. CONSIDERAÇÕES INICIAIS

Terceiro, no processo, é o sujeito que não formula pedido e contra quem não foi formulado. Ele terá interesse em agir quando bem de seu patrimônio for (ou estiver ameaçado de ser) alcançado de maneira indevida, sem ser parte na ação. Logo, se sofrer constrição ou ameaça de constrição sobre bens que possua ou sobre os quais tenha direito incompatível com o ato constritivo, o terceiro poderá requerer seu desfazimento ou sua inibição mediante (mas não exclusivamente) propositura de embargos de terceiro.

Os embargos de terceiro vão de encontro à constrição judicial ilícita. Constituem ação judicial cognitiva de rito especial, acessória à ação principal, de força mandamental ou executiva. É que, por tutelar a posse e determinados direitos reais, objetiva evitar ou afastar constrição judicial indevida, assim considerada quando a coisa for apreendida ou sujeitada, por ordem judicial, à determinada finalidade processual. Exemplificativamente, pode-se dizer indevida a constrição judicial quando ela atingir bens:

a) próprios ou da meação do cônjuge ou companheiro (ressalvado o disposto no art. 843 do CPC[1]);

b) do adquirente em razão de declaração de ineficácia da alienação por fraude à execução;

c) de quem sofre constrição judicial por força de desconsideração da personalidade jurídica, de cujo incidente não fez parte;

d) que servem de garantia real a credor, para obstar expropriação judicial, caso não tenha sido intimado, nos termos legais, dos atos expropriatórios respectivos.

O Fórum Permanente de Processualistas Civis, a respeito dos embargos de terceiro, editou o Enunciado 186, para deixar claro que a "alusão à 'posse' ou a 'domínio' nos arts. 677, 678 e 681 deve ser interpretada em consonância com o art. 674, *caput*, que, de forma abrangente, admite os embargos de terceiro para afastar constrição ou ameaça de constrição sobre bens que possua ou sobre quais tenha 'direito incompatível com o ato constritivo'".

1. Art. 843. Tratando-se de penhora de bem indivisível, o equivalente à quota-parte do coproprietário ou do cônjuge alheio à execução recairá sobre o produto da alienação do bem.

Nos termos do enunciado 195 da súmula de jurisprudência do Superior Tribunal de Justiça, "em embargos de terceiro, não se anula ato jurídico por fraude contra credores". A Corte entende que a amplitude dos embargos de terceiro não é suficiente para reconhecer a fraude contra credores, porque depende da verificação de anulabilidade do ato jurídico. Como os embargos de terceiro destinam-se apenas a desfazer a constrição judicial, cabe à parte ajuizar ação pauliana, a fim de reconhecer a referida fraude.

Há também, no Superior Tribunal de Justiça, diversos precedentes no sentido do "descabimento da alegação de excesso de execução em embargos de terceiro" (STJ. AgInt no REsp 1456204/PR. DJe 06/11/2017). Justifica-se a opção pela circunstância de o excesso dever ser defendido, por quem é parte no processo, na própria execução, via impugnação ao cumprimento de sentença, se fundada em título executivo judicial, ou por embargos à execução, se fundada em título executivo extrajudicial.

A utilização dos embargos de terceiro não é obrigatória. Nem, muito menos, a sua não utilização ensejará qualquer prejuízo material à realização do direito do terceiro. Isso porque, se o terceiro não opuser embargos, não lhe será retirado o direito de discutir a apreensão judicial ilícita em procedimento comum. Haverá apenas preclusão. O terceiro poderá intentar, por isso, desde ação possessória até ação com finalidade anulatória, para desfazer ou inibir a constrição judicial indevida.

Ao analisar caso concreto, em que o terceiro tinha ciência do cumprimento de sentença e, apesar disso, opôs embargos intempestivamente, o Superior Tribunal de Justiça ratificou a possibilidade de a defesa do direito material ser realizada mediante o ajuizamento de outras ações, a admitir, por isso, o conhecimento dos embargos de terceiro intempestivos como se ação autônoma fosse (STJ. REsp 1627608/SP. DJe 13.12.16). Justificou, o Superior Tribunal de Justiça, em acréscimo, que a opção concretizava a eficiência e a duração razoável do processo, porque, no caso concreto, os embargos de terceiro foram apresentados por possuidores de boa-fé e encontravam-se devidamente instruídos, inclusive com prova pericial. Não faria sentido, assim, extinguir os embargos para, depois, enfrentar ação autônoma.

Noutra oportunidade, o mesmo Superior Tribunal de Justiça decidiu que, "em processo de execução, o terceiro afetado pela constrição judicial de seus bens poderá opor embargos de terceiro à execução ou interpor recurso contra a decisão constritiva, na condição de terceiro prejudicado" (STJ. REsp 329.513/SP. DJe 11/03/2002). Casuisticamente, o terceiro optará pela via que julgar mais conveniente à sua postulação: o recurso ou os embargos de terceiro.

Questão de Concurso

▶ **(Cespe – Notários e Oficiais de Registro – Remoção – TJ – DFT/2019)**[2] De acordo com a legislação processual civilista, há dois tipos de procedimentos especiais: os de jurisdição contenciosa, que dizem respeito à solução de litígios, e os de jurisdição voluntária, que se referem à administração judicial de interesses privados não litigiosos. A propósito desse assunto, assinale Verdadeiro ou Falso: "Os embargos de terceiro poderão ser opostos a qualquer tempo no processo de conhecimento enquanto não transitada em julgado a sentença, mas não são oponíveis no cumprimento de sentença nem na execução".

2. Gabarito: Falso.

▶ **(Vunesp – Juiz de Direito – TJ – SP/2018)**[3] Quanto aos embargos de terceiro, assinale a alternativa correta.

(A) Na fase de conhecimento, eles podem ser opostos até o trânsito em julgado e, no cumprimento ou execução, no mesmo prazo para impugnação ou para embargos à execução.

(B) Para obtenção de medida liminar, o embargante tem o ônus de apresentar prova pré-constituída de sua posse ou domínio.

(C) No caso de embargos opostos por credor com garantia real, a lei estabelece um limite de cognição horizontal ou em extensão.

(D) Eles serão distribuídos livremente e caberá ao juízo que ordenou a constrição, tanto que comunicado do ajuizamento da medida, eventualmente suspender o processo até julgamento dos embargos.

2. CLASSIFICAÇÃO

Os embargos, a considerar o bem jurídico a ser defendido em razão da indevida constrição judicial, podem ser de terceiro proprietário, inclusive fiduciário, ou de possuidor. Na primeira espécie, são defendidos (geralmente) direitos reais, não apenas atinentes ao domínio. Na segunda, especificamente a posse. Podem ser classificados, ainda, quanto ao propósito de desfazer ou de inibir a constrição judicial entendida como indevida. Aí, os embargos de terceiro são classificados em **repressivos** ou **preventivos.**

Para justificar a oposição de embargos de terceiro preventivo, é necessário demonstrar que a constrição judicial apontada como indevida é iminente, ou seja, que está prestes a ocorrer. De qualquer modo, mesmo que o terceiro não oponha embargos preventivos, pode, depois, fazer uso dos repressivos. Mesmo que possa identificar futura constrição judicial indevida, pode, depois, fazer uso dos embargos repressivos ou mesmo de ação autônoma.

A este respeito, CJF editou, na I Jornada de Direito Processual Civil, o Enunciado 102, de acordo com o qual "a falta de oposição dos embargos de terceiro preventivos no prazo do art. 792, § 4º, do CPC não impede a propositura dos embargos de terceiro repressivos no prazo do art. 675 do mesmo Código". Não há, pois, preclusão à oposição de embargos de terceiro repressivo, caso o interessado não tenha utilizado dos embargos preventivos.

3. LEGITIMIDADE

3.1. Ativa

O Código de Processo Civil, no § 1º do art. 674, reconhece legitimação ativa, para opor embargos, ao terceiro proprietário (assim compreendido o titular de direito real), inclusive fiduciário, ou ao possuidor. Diferentemente do que ocorria sob a vigência do CPC/1973, agora, os embargos de terceiro podem ser opostos pelo proprietário, ainda que não exerça a posse direta sobre o bem.

No § 2º, o art. 674 do Código de Processo Civil traz ainda um rol de legitimados à oposição de embargos. São eles:

3. Gabarito: Letra C.

a) o cônjuge ou companheiro, quando defende a posse de bens próprios ou de sua meação, ressalvado o disposto no art. 843;

b) o adquirente de bens cuja constrição decorreu de decisão que declara a ineficácia da alienação realizada em fraude à execução;

c) quem sofre constrição judicial de seus bens por força de desconsideração da personalidade jurídica, de cujo incidente não fez parte;

d) o credor com garantia real para obstar expropriação judicial do objeto de direito real de garantia, caso não tenha sido intimado, nos termos legais dos atos expropriatórios respectivos.

Tais hipóteses de legitimação ativa são meramente exemplificativas. Até porque o que define a legitimação para opor embargos é a condição de terceiro. Não sendo parte na ação principal, mas tendo seus bens alcançados (ou ameaçados) indevidamente por constrição judicial, o terceiro, além de legitimidade, terá interesse em opor embargos na defesa do seu patrimônio.

O Superior Tribunal de Justiça já teve a oportunidade de reconhecer a legitimidade ativa da cessionária para opor embargos de terceiro com fundamento no direito oriundo do contrato de cessão. Reconheceu a legitimidade da cessionária para opor embargos de terceiro para a defesa de direitos obrigacionais que seriam frustrados pela medida constritiva (STJ. REsp 1554729/RJ. DJe 10.05.16).

No caso do bem gravado com garantia real, embora ele seja passível de penhora, existem alguns requisitos a serem observados, sobretudo, se for o caso, para preservar a preferência do credor. É por isso que o art. 799, I, do CPC dispõe: "incumbe ainda ao exequente requerer a intimação do credor pignoratício, hipotecário, anticrético ou fiduciário, quando a penhora recair sobre bens gravados por penhor, hipoteca, anticrese ou alienação fiduciária".

Em todas as hipóteses encimadas, o terceiro poderá interpor recurso contra a decisão judicial que determinou a constrição considerada indevida, sem necessariamente opor embargos. Ele analisará o que lhe é mais conveniente: interpor recurso ou opor embargos de terceiro. Evidentemente, se optar pelos embargos, o terceiro poderá fazer uso de uma instrução processual mais ampla e terá, à sua disposição, recurso de natureza ordinária contra os atos decisórios proferidos.

No caso do cônjuge ou do companheiro, a depender do título com que defende em juízo seu patrimônio, eles podem se valer da impugnação ao cumprimento da sentença, dos embargos à execução ou dos embargos de terceiro. Se reconhecer o bem ou a meação como passíveis de execução, apresentará impugnação ou oporá embargos. Mas, se compreender que aqueles não se submetem à execução, oporá embargos de terceiro.

> O cônjuge e o companheiro não terão legitimidade (nem interesse) para opor embargos de terceiro, ou mesmo impugnação ao cumprimento de sentença e embargos à execução, se o bem alcançado pela constrição não foi adquirido no curso do vínculo familiar (STJ. AgInt nos EDcl no AREsp 842.216/SP. DJe 04.08.17).

Esta conclusão é ratificada pelo enunciado 134 da súmula do STJ: "embora intimado da penhora em imóvel do casal, o cônjuge do executado pode opor embargos de terceiro para defesa de sua meação". Editado sob a égide do CPC/1973, adotou fundamento que se compatibiliza com o CPC/2015, qual seja: se há disposição legal a colocar o cônjuge, na defesa de sua meação, como terceiro, ele pode opor embargos.

Questão de Concurso

▶ **(Vunesp – Outorga de delegação de serviços notariais e registrais – Provimento – TJ – RS/2019)**[4] João é casado com Maria, em regime de comunhão parcial de bens. O único patrimônio do casal consiste em um bem imóvel no qual residem. Em dezembro de 2018, João foi condenado pelo crime de estelionato praticado contra Pedro. Por meio de sentença penal transitada em julgado, João foi condenado ao ressarcimento dos valores obtidos ilegalmente. Pedro requereu a liquidação da sentença e, em seguida, o cumprimento desta, oportunidade em que indicou o imóvel residencial de João como passível de penhora. João foi intimado para pagar o débito, mas não o fez voluntariamente, razão pela qual foi expedido mandado de penhora. Considerando a situação hipotética narrada, assinale a alternativa correta.

(A) Maria poderá opor embargos de terceiro para assegurar sua quota-parte sobre o produto da alienação do bem.

(B) O requerimento de Pedro não poderá ser acolhido pelo fato de Maria também ser proprietária do bem imóvel.

(C) João poderá opor a impenhorabilidade do bem imóvel, por se tratar de bem de família.

(D) Maria não poderá opor a impenhorabilidade do bem de família, por se tratar de bem indivisível.

(E) Maria não será intimada da penhora porque a lei processual não lhe estende este direito.

3.2. Passiva

Será legitimado passivo da ação de embargos de terceiro o sujeito a quem o ato de constrição aproveita. Mas o seu adversário do processo principal também poderá ser legitimado passivo. Tal ocorrerá, especificamente, quando for sua a indicação do bem à constrição judicial. Por exemplo, caso o executado tenha indicado à penhora bem de terceiro, deverá ser incluído no polo passivo dos embargos de terceiro, juntamente com o exequente do processo principal.

No primeiro caso, então, os embargos serão opostos apenas contra o sujeito a quem o ato judicial de constrição aproveita. No segundo caso, haverá formação de litisconsórcio passivo necessário, que, se não formado, ensejará nulidade (e ineficácia relativa) da decisão dos embargos.

Em caso de sucumbência do legitimado passivo, ele será responsável pelo respectivo ônus sucumbencial. Mas, se o polo passivo dos embargos for formado por litisconsortes, como ocorre no caso da indicação do bem pela parte a quem não aproveita a constrição, eles serão responsáveis pelo ônus proveniente da sucumbência.

4. PRAZO

Os embargos de terceiro, como ação judicial de rito especial, podem ser opostos a qualquer tempo no processo de conhecimento, enquanto não transitada em julgado a sentença, e, no cumprimento de sentença ou no processo de execução, até 05 dias depois da adjudicação, da alienação por iniciativa particular ou da arrematação, mas sempre antes da assinatura da respectiva carta.

4. Gabarito: Letra A.

Poder-se-ia questionar o porquê de caberem embargos de terceiro no processo de conhecimento, se o interesse surge justamente quando há indevida constrição do patrimônio, ato este tipicamente executivo. A resposta funda-se na circunstância de, mesmo no processo de conhecimento, serem praticados atos executivos, a exemplo do sequestro, do arresto etc.

O Enunciado 184 do FPPC orienta que "os embargos de terceiro também são oponíveis na fase de cumprimento de sentença e devem observar, quanto ao prazo, a regra do processo de execução". Portanto, no cumprimento de sentença, os embargos devem ser opostos até 05 dias depois da adjudicação, da alienação por iniciativa particular ou da arrematação, mas sempre antes da assinatura da respectiva carta.

O § 4º do art. 792 do CPC dispõe que, "antes de declarar a fraude à execução, o juiz deverá intimar o terceiro adquirente, que, se quiser, poderá opor embargos de terceiro, no prazo de 15 (quinze) dias". Esse prazo de 15 dias, como orienta o Enunciado 191 do FPPC, "é aplicável exclusivamente aos casos de declaração de fraude à execução; os demais casos de embargos de terceiro são regidos na forma do caput do art. 675".

Pode ocorrer de, no curso do processo, o órgão julgador identificar a existência de terceiro interessado. O Código de Processo Civil, no parágrafo único do art. 675, dispõe que, "caso identifique a existência de terceiro titular de interesse em embargar o ato, o juiz mandará intimá-lo pessoalmente". Nessa situação, especificamente, o prazo para a oposição de embargos pelo terceiro começará a contar a partir daí.

5. PROCEDIMENTO

5.1. Distribuição e competência

O art. 675 do CPC/2015 dispõe que "os embargos podem ser opostos a qualquer tempo no processo de conhecimento [...] e, no cumprimento de sentença ou no processo de execução [...]". Poder-se-ia concluir que eles seriam juntados aos autos em que processualizada a ação principal. Mas não é isso que o texto legal estabelece. A norma é que os embargos de terceiro serão opostos no curso do processo e não nos seus autos.

Para deixar isso claro, o art. 676 dispõe que "os embargos serão distribuídos por dependência ao juízo que ordenou a constrição e autuados em apartado". Portanto: a) serão distribuídos e não apenas protocolados; b) a distribuição ocorrerá por dependência, para o juízo em que cursa a ação principal, tendo em vista a conexão existente (art. 61 do CPC/2015); c) formarão autos apartados, diferentes dos autos da ação principal.

Nos casos específicos de o ato de constrição ser realizado **por carta**, os embargos serão oferecidos no **juízo deprecado**, para onde deverá ocorrer a distribuição por dependência, **salvo se indicado pelo juízo deprecante o bem constrito**, caso em que será sua a competência para julgar os embargos de terceiro. Logo, se não há individualização, a competência para julgar os embargos de terceiro é do juízo deprecante, sendo esta a regra geral. Se não há individualização, será do deprecado.

Há outra ressalva à regra geral de definição de competência para julgamento dos embargos de terceiro. É quando já devolvida a carta precatória que houver determinado a constrição.

Mesmo que não especificado, pelo juízo deprecante, o bem a ser constrito, a competência para julgamento dos embargos de terceiro será do juízo deprecante, a considerar que o juízo deprecado não estará mais com a respectiva carta precatória.

Se opostos por qualquer das pessoas previstas no art. 109, I, da Constituição da República (União, entidade autárquica ou empresa pública federal)[5], a competência para processar e julgar os embargos de terceiro, mesmo que a ação principal tramite na Justiça Comum Estadual, será da Justiça Comum Federal[6]. Isso, porque, sendo diversa a competência absoluta (neste caso, *ratione personae*), não há conexão entre ação principal e embargos.

Pela mesma *ratio decidendi*, o Superior Tribunal de Justiça decidiu que as ações de usucapião e de embargos de terceiro não tramitam (necessariamente) no mesmo juízo[7].

5.2. Petição inicial

Na petição inicial, o embargante, além de preencher os requisitos dispostos no art. 319 do Código de Processo Civil, fará, ainda, prova sumária "de sua posse ou de seu domínio" (leia-se: "de seu direito incompatível com o ato constritivo") e da qualidade de terceiro, oferecendo documentos e rol de testemunhas.

Se o terceiro defender a posse, ele, sendo possuidor direto, poderá alegar, além da sua posse, o domínio alheio. Constituirá argumento de reforço para demonstrar que a constrição é indevida.

Orienta o Enunciado 84 da súmula do STJ que "é admissível a oposição de embargos de terceiro fundados em alegação de posse advinda do compromisso de compra e venda de imóvel, ainda que desprovido do registro".

---

5. Art. 109. Aos juízes federais compete processar e julgar:
I – as causas em que a União, entidade autárquica ou empresa pública federal forem interessadas na condição de autoras, rés, assistentes ou oponentes, exceto as de falência, as de acidentes de trabalho e as sujeitas à Justiça Eleitoral e à Justiça do Trabalho;
[...]

6. CONFLITO NEGATIVO DE COMPETÊNCIA. JUSTIÇA COMUM ESTADUAL E JUSTIÇA FEDERAL. AÇÃO DE EXECUÇÃO AJUIZADA PERANTE A JUSTIÇA ESTADUAL. EMBARGOS DE TERCEIRO OPOSTOS PELA CAIXA ECONÔMICA FEDERAL. INEXISTÊNCIA DE CONEXÃO. AÇÃO DE EXECUÇÃO SOBRESTADA NA COMPETÊNCIA DA JUSTIÇA COMUM. EMBARGOS DE TERCEIRO. COMPETÊNCIA DA JUSTIÇA FEDERAL. I. A reunião de processos por conexão, como forma excepcional de modificação de competência, só ocorre quando as causas supostamente conexas estejam submetidas a juízos, em tese, competentes para o julgamento das duas demandas. II. É competente a Justiça Federal para o julgamento dos embargos de terceiro opostos pela Caixa Econômica Federal, devendo ser sobrestada na Justiça Estadual, a ação de execução, até julgamento dos referidos embargos, pela Justiça Federal, para evitar prolação de decisões conflitantes. Conflito de competência conhecido declarando-se competente para o julgamento dos embargos de terceiro o Juízo Federal da 24ª Vara da Seção Judiciária do Estado de Minas Gerais, ora suscitante. (STJ. CC 93.969/MG, Rel. Ministro SIDNEI BENETI, SEGUNDA SEÇÃO, julgado em 28/05/2008, DJe 05/06/2008)

7. CONFLITO DE COMPETÊNCIA. EMBARGOS DE TERCEIRO. USUCAPIÃO. COMPETÊNCIA ABSOLUTA. 1. A reunião de ações, em virtude de conexão, não se mostra possível quando implicar alteração de competência absoluta. 2. O foro competente para a ação de usucapião de bem imóvel será sempre o da situação da coisa (art. 95 do CPC/1973 e art. 57 do CPC/2015), configurando hipótese de competência material, portanto, absoluta e improrrogável. 3. A competência para julgamento dos embargos de terceiro é do juiz que determinou a constrição na ação principal, nos termos do art. 1.049 do CPC/1973 (art. 676 do CPC/2015), de modo que, por se tratar de hipótese de competência funcional, é também absoluta e improrrogável. 4. Conflito de competência conhecido para declarar a competência do Juízo suscitado. (CC 142.849/SP, Rel. Ministro LUIS FELIPE SALOMÃO, SEGUNDA SEÇÃO, julgado em 22/03/2017, DJe 11/04/2017)

A prova da posse pode ser produzida em audiência preliminar designada pelo juiz. O ato processual será designado à produção de prova oral. Eventual prova documental deve ser de logo apresentada com a petição inicial, o que ocorre, comumente, em relação aos direitos reais, mas nada impede que ela seja apresentada em audiência. Por outro lado, se, já na petição inicial, não forem arroladas testemunhas, haverá preclusão (STJ. REsp 362.504. DJe 23.05.06).

O valor da causa, nos embargos de terceiro, corresponderá, em regra, ao valor do bem constrito. Caso o terceiro seja apenas possuidor, o valor da causa deverá coincidir com a expressão econômica da posse, que, não necessariamente, corresponde ao valor da coisa[8]. Se o valor do bem for superior ao da execução (atual ou futura), este último será o valor da causa. Se apenas parte do bem for submetida à constrição, o valor da parte corresponderá ao dos embargos de terceiro, desde que, para garantir coerência com as premissas apresentadas, não seja superior à execução.

5.3. Citação

Estando apta a petição inicial, o juiz mandará citar o embargado por intermédio do seu advogado, independentemente de este possuir poderes específicos para receber citação. Tais poderes são conferidos pela disposição legal contida no § 3º do art. 677 do CPC, que dispõe (em exceção): "a citação será pessoal, se o embargado não tiver procurador constituído nos autos da ação principal".

5.4. Tutela provisória

Antes ou mesmo depois de citado o embargado, o juiz poderá conceder tutela provisória antecipatória. Se reconhecer suficientemente provado o domínio ou a posse do embargante, o juiz, em decisão interlocutória, determinará a suspensão das medidas constritivas sobre os bens litigiosos objeto dos embargos, bem como a manutenção ou a reintegração provisória da posse, se o embargante a houver requerido.

A tutela provisória, para ser concedida, dependerá apenas da suficiente demonstração do direito objeto da indevida constrição. Não há ônus de demonstração da urgência. Ela se presume. Por isso que a disposição trazida pelo art. 678 do Código de Processo Civil não exige, para deferimento da tutela provisória, a demonstração da urgência.

O juiz poderá condicionar a ordem de manutenção ou de reintegração provisória de posse **à prestação de caução pelo requerente** (ressalvada a impossibilidade da parte economicamente hipossuficiente), que será prestada nos autos dos embargos de terceiro. Se a prova apresentada pelo embargante for robusta, o juiz poderá dispensar caução. Conquanto não seja necessária demonstração de urgência, deve ser garantida a reversibilidade da tutela.

Questão de Concurso

▶ **(Vunesp – Outorga de delegação de serviços notariais e registrais – Remoção – TJ – RS/2019)**[9] Quem, não sendo parte no processo, sofrer constrição ou ameaça de constrição sobre bens que possua ou

8. Enunciado 178 do FPPC: "O valor da causa nas ações fundadas em posse, tais como as ações possessórias, os embargos de terceiro e a oposição, deve considerar a expressão econômica da posse, que não obrigatoriamente coincide com o valor da propriedade".
9. Gabarito: letra B.

sobre os quais tenha direito incompatível com o ato constritivo, poderá requerer seu desfazimento ou sua inibição por meio de embargos de terceiro, a respeito do qual, é correto afirmar que

(A) acolhido o pedido inicial, o ato de constrição judicial indevida será cancelado, porém sem o reconhecimento do domínio, da manutenção da posse ou da reintegração definitiva do bem ou do direito ao embargante.

(B) o juiz poderá condicionar a ordem de manutenção ou de reintegração provisória de posse à prestação de caução pelo requerente, ressalvada a impossibilidade da parte economicamente hipossuficiente.

(C) o possuidor direto, como autor da demanda, pode alegar a sua posse, mas não o domínio alheio.

(D) serão legitimados passivos o sujeito a quem o ato de constrição aproveita, assim como a autoridade judicial que determinou a constrição.

(E) os embargos serão distribuídos por dependência ao juízo que ordenou a constrição, correndo nos mesmo autos onde foi emanada a referida ordem.

Opostos os embargos de terceiro, a parte embargada poderá desistir da constrição sobre bem alcançado, e indicar outro sobre o qual ela poderá recair. Nessa situação, o embargado reconhecerá a procedência do pedido formulado nos embargos de terceiro, devendo, por conseguinte, arcar com os ônus provindos da sucumbência, a compreender custas e despesas processuais, além de honorários advocatícios.

A suspensão decorrente da concessão de tutela provisória antecipatória durará, pelo menos, até o julgamento dos embargos pela primeira instância. Se os embargos forem julgados procedentes e, contra a sentença, for interposto recurso, a suspensão persistirá, pois a apelação não tem efeito suspensivo, por força do art. 1.012, § 1º, V, do CPC. Se julgados improcedentes, a suspensão findará. Mesmo antes de julgados os embargos de terceiro, se a constrição incidir sobre mais de um bem, o processo principal continuará em relação àquele que não é objeto.

Contra a decisão que analisa o pedido de tutela provisória, caberá a interposição de agravo, que pode ser de instrumento (se a ação tiver trâmite inicial em órgão monocrático) ou interno (se tiver trâmite inicial em órgão colegiado), ambos interponíveis no prazo de 15 dias.

5.5. Resposta

Os embargos poderão ser contestados no prazo de 15 dias, findo o qual se seguirá, a partir daí, o procedimento comum. O embargado será citado para responder aos embargos, e não simplesmente para compor a relação processual e comparecer à audiência conciliação ou mediação. Assim, o prazo para contestar embargos de terceiro será contado a partir da citação.

Entretanto, se designada audiência preliminar (para a produção de provas e análise do pedido de tutela provisória), o prazo de contestação só terá início a partir do encerramento desta (ainda que o pedido de tutela provisória não tenha sido analisado em audiência).

Na contestação aos embargos, o embargado deverá defender que a constrição judicial foi indevida. Não haverá, por disposição legal, limitação à amplitude da defesa, embora o que denote seu interesse seja justamente a existência de constrição judicial indevida. Mas, se os embargos forem opostos por credor com garantia real, o embargado somente poderá alegar que:

a) o devedor comum é insolvente (mesmo que não haja sentença a decretar a insolvência, ou seja, esta pode ser demonstrada no curso do processo);

b) o título é nulo ou não obriga a terceiro;

c) outra é a coisa dada em garantia.

Comumente, indaga-se se seria cabível a apresentação, em resposta aos embargos de terceiro, de reconvenção. Há quem defenda que não seria cabível a apresentação de reconvenção, porque os ritos processuais da ação de embargos e da reconvencional seriam diferentes. Todavia, como a partir da apresentação de resposta o rito dos embargos de terceiro passa a ser comum, o procedimento inicialmente especial não é incompatível com a apresentação de reconvenção.

5.6. Sentença

Acolhido o pedido formulado na ação de embargos de terceiro, o ato de constrição judicial indevida será cancelado, com o reconhecimento do domínio, da manutenção da posse ou da reintegração definitiva do bem ou do direito ao embargante.

Quem deu causa à constrição indevida, deverá arcar com os honorários advocatícios (Enunciado 303 da súmula do STJ).

A respeito da sucumbência nos embargos de terceiro, o STJ, sob a sistemática de recursos repetitivos, definiu que: "Nos Embargos de Terceiro cujo pedido foi acolhido para desconstituir a constrição judicial, os honorários advocatícios serão arbitrados com base no princípio da causalidade, responsabilizando-se o atual proprietário (embargante), se este não atualizou os dados cadastrais. Os encargos de sucumbência serão suportados pela parte embargada, porém, na hipótese em que esta, depois de tomar ciência da transmissão do bem, apresentar ou insistir na impugnação ou recurso para manter a penhora sobre o bem cujo domínio foi transferido para terceiro" (STJ. REsp 1452840/SP. DJe 05/10/2016).

Contra a sentença que julga os embargos de terceiro, caberá recurso de apelação, cujo efeito suspensivo, se existente no caso, não alcançará a ação principal. Como definiu o Superior Tribunal de Justiça, o apelo recebido contra a sentença dos embargos de terceiro não tem efeitos sobre o outro processo. Eventual efeito suspensivo incide, aí sim, sobre as determinações que eventualmente constarem do dispositivo da sentença proferida na própria ação de embargos de terceiro, não em outra. (STJ. AgRg no REsp 1344843/SP. DJe 24/6/2013).

6. SÚMULAS

Súmula do STF

621. Não enseja embargos de terceiro à penhora a promessa de compra e venda não inscrita no registro de imóveis.

Súmula do STJ

84. É admissível a oposição de embargos de terceiro fundados em alegação de posse advinda do compromisso de compra e venda de imóvel, ainda que desprovido do registro.

134. Embora intimado da penhora em imóvel do casal, o cônjuge do executado pode opor embargos de terceiro para defesa de sua meação.

195. Em embargos de terceiro não se anula ato jurídico, por fraude contra credores.

303. Em embargos de terceiro, quem deu causa à constrição devida deve arcar com os honorários advocatícios.

7. ENUNCIADOS DO FPPC

178. O valor da causa nas ações fundadas em posse, tais como as ações possessórias, os embargos de terceiro e a oposição, deve considerar a expressão econômica da posse, que não obrigatoriamente coincide com o valor da propriedade.

184. Os embargos de terceiro também são oponíveis na fase de cumprimento de sentença e devem observar, quanto ao prazo, a regra do processo de execução.

186. A alusão à "posse" ou a "domínio" nos arts. 677, 678 e 681 deve ser interpretada em consonância com o art. 674, *caput*, que, de forma abrangente, admite os embargos de terceiro para afastar constrição ou ameaça de constrição sobre bens que possua ou sobre quais tenha "direito incompatível com o ato constritivo".

191. O prazo de quinze dias para opor embargos de terceiro, disposto no § 4º do art. 792, é aplicável exclusivamente aos casos de declaração de fraude à execução; os demais casos de embargos de terceiro são regidos na forma do *caput* do art. 675.

8. ENUNCIADOS DO CJF

102. A falta de oposição dos embargos de terceiro preventivos no prazo do art. 792, § 4º, do CPC não impede a propositura dos embargos de terceiro repressivos no prazo do art. 675 do mesmo Código.

9. INFORMATIVOS

Informativos do STJ

É admissível a oposição de embargos de terceiro fundados em alegação de posse advinda do compromisso de compra e venda, ainda que desprovido de registro, de imóvel adquirido na planta que se encontra em fase de construção. Para a oposição de embargos de terceiro, além de ostentar a qualidade de terceiro, o embargante deve ser senhor ou possuidor da coisa ou do direito que tenha sofrido constrição judicial, nos termos do art. 674 do CPC/2015. Frise-se que a posse que permite a oposição dos embargos de terceiro é tanto a direta quanto a indireta. E, diferentemente do que ocorre nas ações possessórias, a insurgência do terceiro embargante não se dá contra a regularidade~, ou não, do ato de turbação ou esbulho que lhe impôs, mas contra a afirmação de que o bem constrito está na esfera de responsabilidade patrimonial do executado. Além disso, faz-se de suma importância relembrar o enunciado da Súmula 84/STJ, que preceitua que é admissível a oposição de embargos de terceiro fundados em alegação de posse advinda do compromisso de compra e venda, ainda que desprovido de registro. Na hipótese, o imóvel adquirido ainda estava em fase de construção, razão pela qual o instrumento particular de compra e venda – deve ser considerado para comprovação da posse, admitindo-se, por via de consequência, a oposição dos embargos de terceiro. REsp 1.861.025-DF, Rel. Min. Nancy Andrighi, Terceira Turma, por unanimidade, julgado em 12/05/2020, DJe 18/05/2020. Inf. 672.

A cessão de direitos hereditários sobre bem singular viabiliza a transmissão da posse, que pode ser objeto de tutela específica na via dos embargos de terceiro. No caso, busca-se a comprovação da propriedade/posse do imóvel objeto de penhora, por meio de embargos de terceiro opostos por adquirente de direitos hereditários sobre imóvel pertencente a espólio, cedidos a terceiros antes de ultimada a partilha com a anuência daquelas que se apresentavam como únicas herdeiras, a despeito do reconhecimento de outros dois sucessores por sentença proferida em ação de investigação de paternidade cumulada com petição de herança. Quanto ao ponto, consigna-se que, em regra, o juízo de procedência dos embargos de terceiro está condicionado à comprovação da posse ou do domínio sobre o imóvel que sofreu a constrição, por meio de prova documental ou testemunhal, cabendo ao juiz, no caso de reconhecer suficientemente provado o domínio ou a posse, determinar a suspensão das medidas constritivas sobre o bem litigioso, além da manutenção ou da reintegração provisória da posse, se o embargante a houver requerido (arts. 677 e 678 do CPC/2015).

Quanto à cessão de direitos, o Código Civil de 2002 dispõe: "Art. 1.793. O direito à sucessão aberta, bem como o quinhão de que disponha o co-herdeiro, pode ser objeto de cessão por escritura pública. § 2º É ineficaz a cessão, pelo co-herdeiro, de seu direito hereditário sobre qualquer bem da herança considerado singularmente". No que tange, à existência, à validade e à eficácia da cessão de direitos hereditários sobre bem determinado da herança, observa-se que: a) a cessão de direitos hereditários sobre bem singular, desde que celebrada por escritura pública e não envolva o direito de incapazes, não é negócio jurídico nulo, tampouco inválido, ficando apenas a sua eficácia condicionada a evento futuro e incerto consubstanciado na efetiva atribuição do bem ao herdeiro cedente por ocasião da partilha; b) a ineficácia se opera somente em relação aos demais herdeiros; c) se celebrado pelo único herdeiro ou havendo a anuência de todos os coerdeiros, o negócio é válido e eficaz desde o seu nascimento, independentemente de autorização judicial, pois o que a lei busca evitar é que um único herdeiro, em prejuízo dos demais, aliene um bem que ainda não lhe pertence, e d) se o negócio não é nulo, mas tem apenas a sua eficácia suspensa, a cessão de direitos hereditários sobre bem singular viabiliza a transmissão da posse, que pode ser objeto de tutela específica na via dos embargos de terceiro. Assim, embora controvertida a matéria, tanto na doutrina como na jurisprudência dos tribunais, o fato de não ser a cessão de direitos hereditários sobre bem individualizado eivada de nulidade, mas apenas ineficaz em relação aos coerdeiros que com ela não anuíram, é o quanto basta para, na via dos embargos de terceiro, assegurar à cessionária a manutenção de sua posse. Salienta-se, ademais, que admite-se a oposição de embargos de terceiro fundados em alegação de posse advinda do compromisso de compra e venda de imóvel, mesmo que desprovido do registro, a teor da Súmula n. 84/STJ, entendimento que também deve ser aplicado na hipótese em que a posse é defendida com base em instrumento público de cessão de direitos hereditários. REsp 1.809.548-SP, Rel. Min. Ricardo Villas Bôas Cueva, Terceira Turma, por unanimidade, julgado em 19/05/2020, DJe 27/05/2020. Inf. 672.

10. SINOPSE

EMBARGOS DE TERCEIRO
Considerações iniciais
Os embargos de terceiro constituem ação judicial cognitiva de rito especial, acessória à ação principal, de força mandamental ou executiva, que, por tutelar a posse e determinados direitos reais, objetiva evitar ou afastar constrição judicial indevida, assim compreendida a que atingir bens: a) próprios ou da meação do cônjuge ou companheiro (ressalvado o disposto no art. 843 do CPC); b) do adquirente em razão de declaração de ineficácia da alienação por fraude à execução; c) de quem sofre constrição judicial por força de desconsideração da personalidade jurídica, de cujo incidente não fez parte; d) que servem de garantia real a credor, para obstar expropriação judicial, caso não tenha sido intimado, nos termos legais, dos atos expropriatórios respectivos.
Classificação
Quanto ao bem jurídico a ser defendido: a) de terceiro proprietário, inclusive fiduciário; b) de possuidor. Quanto ao propósito de desfazer ou de inibir a constrição judicial entendida: a) repressivos; b) preventivos.
Legitimidade
Ativa: além do terceiro proprietário, inclusive fiduciário, ou ao possuidor, será do: a) cônjuge ou companheiro, quando defende a posse de bens próprios ou de sua meação, ressalvado o disposto no art. 843; b) adquirente de bens cuja constrição decorreu de decisão que declara a ineficácia da alienação realizada em fraude à execução; c) que sofre constrição judicial de seus bens por força de desconsideração da personalidade jurídica, de cujo incidente não fez parte; d) credor com garantia real para obstar expropriação judicial do objeto de direito real de garantia, caso não tenha sido intimado, nos termos legais dos atos expropriatórios respectivos. Passiva: do sujeito a quem o ato de constrição aproveita, mas o seu adversário no processo principal também poderá ser legitimado passivo, quando, especificamente, for sua a indicação do bem para a constrição judicial.
Prazo
A qualquer tempo no processo de conhecimento enquanto não transitada em julgado a sentença e, no cumprimento de sentença ou no processo de execução, até 05 dias depois da adjudicação, da alienação por iniciativa particular ou da arrematação, mas sempre antes da assinatura da respectiva carta.

Procedimento
Os embargos serão distribuídos por dependência ao juízo que ordenou a constrição e autuados em apartado. Nos casos específicos de o ato de constrição ser realizado por carta, os embargos serão oferecidos no juízo deprecado, salvo se indicado pelo juízo deprecante o bem constrito ou se já devolvida a carta precatória que houver determinado a constrição. Na petição inicial, o embargante, além de preencher os requisitos dispostos no art. 319 do Código de Processo Civil, fará, ainda, prova sumária "de sua posse ou de seu domínio" (leia-se: "de seu direito incompatível com o ato constritivo") e da qualidade de terceiro, oferecendo documentos e rol de testemunhas. Se o terceiro defender a posse, ele, sendo possuidor direto, poderá alegar, além da sua posse, o domínio alheio. A prova da posse pode ser produzida em audiência preliminar designada pelo juiz. Se, já na petição inicial, não forem arroladas testemunhas, haverá preclusão. O valor da causa, nos embargos de terceiro, corresponderá ao valor do bem constrito – ou, caso o terceiro seja possuidor apenas, à expressão econômica da possa, que não coincide necessariamente com o valor da coisa. O embargado será citado por intermédio do seu advogado. A citação será pessoal se o embargado não tiver procurador constituído nos autos da ação principal. Antes ou mesmo depois de citado o embargado, o juiz poderá conceder tutela provisória antecipatória. Se reconhecer suficientemente provado o domínio ou a posse do embargante, o juiz, em decisão interlocutória, determinará a suspensão das medidas constritivas sobre os bens litigiosos objeto dos embargos, bem como a manutenção ou a reintegração provisória da posse, se o embargante a houver requerido. A tutela provisória, para ser concedida, dependerá apenas da suficiente demonstração do direito objeto da indevida constrição. O juiz poderá condicionar a ordem de manutenção ou de reintegração provisória de posse à prestação de caução pelo requerente (ressalvada a impossibilidade da parte economicamente hipossuficiente). Os embargos poderão ser contestados no prazo de 15 dias, findo o qual se seguirá, a partir daí, o procedimento comum. Na contestação aos embargos, o embargado deverá defender que a constrição judicial foi indevida. Não haverá limitação à amplitude da defesa. Mas, se os embargos forem opostos por credor com garantia real, o embargado somente poderá alegar que: a) o devedor comum é insolvente (mesmo que não haja sentença a decretar a insolvência, ou seja, esta pode ser demonstrada no curso do processo); b) o título é nulo ou não obriga a terceiro; c) outra é a coisa dada em garantia. Acolhido o pedido formulado nos embargos de terceiro, o ato de constrição judicial indevida será cancelado, com o reconhecimento do domínio, da manutenção da posse ou da reintegração definitiva do bem ou do direito ao embargante. Quem deu causa à constrição indevida, deverá arcar com os honorários advocatícios.

CAPÍTULO 44

OPOSIÇÃO

Sumário • 1. Considerações iniciais – 2. Prazo – 3. Interpretação do vocábulo "sentença" – 4. Restrições à apresentação de oposição – 5. Facultatividade da oposição – 6. (Não) acessoriedade da oposição – 7. Competência – 8. Distinções entre oposição e embargos de terceiro – 9. Limitação cognitiva – 10. Procedimento: 10.1. Petição inicial; 10.2. Processamento inicial; 10.3. Litisconsórcio; 10.4. Citação; 10.5. Resposta; 10.6. Julgamento – 11. Enunciados do FPPC – 12. Sinopse.

1. CONSIDERAÇÕES INICIAIS

Pode acontecer de um terceiro que não esteja em nenhum dos polos de relação processual já formada afirmar ser titular da coisa ou do direito disputado pelas partes e, por isso, pedir, mediante ajuizamento de ação, que lhe seja ofertada prestação jurisdicional a preservar seu patrimônio jurídico. Se isso ocorrer, a oposição, como ação especial, permitirá que o terceiro postule, agora na condição de parte (opoente), contra autor e réu originários, que serão incluídos no polo passivo da nova relação processual (na condição de opostos).

Com efeito, dispõe o art. 682 do Código de Processo Civil: "quem pretender, no todo ou em parte, a coisa ou o direito sobre que controvertem autor e réu poderá, até ser proferida a sentença, oferecer oposição contra ambos". A limitação temporal estabelecida pelo texto legal, qual seja, "até ser proferida sentença" se justifica pelo fato de, a partir daí, o terceiro já poder identificar, pela certificação judicial proporcionada pelo ato decisório, quem será o réu na ação que vier a propor, a qual, neste caso, não mais seria uma oposição.

Questão de Concurso

▶ **(FCC – Juiz de Direito – SC/2017)**[1] Mário propõe ação reivindicatória contra João Roberto, a quem acusa de ter invadido ilicitamente área imóvel de sua propriedade. Após a citação de João Roberto e oferecimento de sua contestação, ingressa nos autos José Antônio, alegando que o imóvel não é de Mário nem de João Roberto e sim dele, juntando documentos e pedindo a retomada do imóvel para si. A intervenção processual de José Antônio denomina-se

a) litisconsórcio.
b) chamamento ao processo.
c) denunciação da lide.
d) assistência litisconsorcial.
e) oposição.

1. Gabarito: Letra E.

2. PRAZO

Se a ação originária já tiver sido julgada, ainda que a decisão esteja pendente de recurso, considera-se intempestiva a oposição intentada. Ou seja, só se admite oposição até o momento da prolação da sentença. É o que se extrai do art. 682 do CPC.

Apesar de não ser mais admitida a oposição após a prolação de sentença, é possível a tutela de direito do interessado mediante ajuizamento de ação outra. Não se admite a oposição após a prolação de sentença no processo originário, mas o acesso à prestação jurisdicional em favor do interessado está preservado, ante a possibilidade de ele ajuizar ação diversa, capaz de resguardar sua esfera jurídica. Como a relação jurídica afirmada no primeiro processo já foi objeto de certificação, o terceiro, que poderia ter apresentado oposição contra ambas as partes, agora poderá de ajuizar ação apenas contra o vencedor, a fim de discutir a titularidade da coisa ou do direito.

3. INTERPRETAÇÃO DO VOCÁBULO "SENTENÇA"

Os textos legais relativos à oposição precisam ser harmonizados com as inovações trazidas pelo atual Código de Processo Civil. Este, apesar de ter inserido, acertadamente, a oposição nos procedimentos especiais, tratou o instituto com ideologia ainda arraigada aos preceitos do CPC/1973, a repetir praticamente as redações dos dispositivos revogados. Quando se referiu, no aspecto temporal, à expressão "até ser proferida *sentença*", desconsiderou a possibilidade de a oposição ser parcial e, sobretudo, de ser proferida decisão parcial de mérito, a enfrentar o objeto litigioso de forma fracionada, nos termos do art. 356 do CPC/2015.

A dizer de outra forma, se a oposição for parcial e, justamente nesta parte, tiver sido proferida decisão parcial de mérito, não mais será cabível aquela ação de procedimento especial. Portanto, quando o texto legislativo se refere à *sentença*, este vocábulo deve ser entendido como decisão definitiva de mérito. Se resolvida, em decisão interlocutória, a parte do objeto litigioso do processo que corresponde à oposição, esta não mais será admitida. O terceiro, nessa situação, deverá fazer uso de ação própria, contra a parte vencedora da ação originária.

4. RESTRIÇÕES À APRESENTAÇÃO DE OPOSIÇÃO

Em execução, seja ela fundada em título executivo judicial (cumprimento de sentença) ou extrajudicial, não se deve apresentar oposição. Isso, a considerar que, em execução, há uma certificação quanto ao titular do direito executado, seja pela certificação judicial proveniente de sentença, seja pela idoneidade do título extrajudicial. O direito, em razão da certificação, é do exequente. Ao interessado, aí, cabe intentar ação contra o exequente e não oposição contra ambas as partes do processo de execução. Assim, pode-se dizer que a execução não comporta ação de oposição.

Igualmente, não se admite a apresentação de oposição incidentemente a processo que tramite pelo procedimento dos juizados especiais cíveis. Antes, sob a égide do CPC/1973, porque, sendo ela uma modalidade de intervenção de terceiro, encontrava impedimento na primeira parte do art. 10 da Lei nº 9.099/1995, que dispõe: "não se admitirá, no processo, qualquer forma de intervenção de terceiro nem de assistência". Agora, sob a égide do CPC/2015, sendo uma ação de rito especializado, encontra impedimento na diferença de procedimento dos juizados especiais. Porém, nada impede que, em juizado especial, o interessado ajuíze ação (que não a oposição) contra uma ou ambas as partes do processo originário a fim de resguardar a sua esfera jurídica.

A oposição também encontra restrição quanto à admissibilidade de sua apresentação em mandado de segurança. Sendo este uma ação especial caracterizada pela aceleração do procedimento, não se poderia àquele atrelar tramitação conjunta, nomeadamente porque, no mandado de segurança, não há instrução do processo, a considerar a necessidade de produção de provas pré-constituídas. Sob a égide do CPC/1973, o STJ exarou diversos precedentes inadmitindo oposição em mandado de segurança, mas, na ocasião, o fundamento foi o impedimento de intervenção de terceiro. Tratada a oposição, no CPC/2015, como ação autônoma, a restrição mantém-se, mas o fundamento é diverso, como posto acima.

No tópico 7 (competência), mostrar-se-á, em acréscimo, que a diversidade de competência absoluta, por afastar a conexão, implicará restrição à admissibilidade da oposição.

5. FACULTATIVIDADE DA OPOSIÇÃO

A oposição, embora concretize a eficiência e a duração razoável do processo, é de uso facultativo. Pode o interessado aguardar o transcurso da ação originária para, só depois, ajuizar ação respectiva contra a parte vencedora. Só que, ao assim proceder, o interessado correrá alguns riscos, dentre os quais o de ter seu direito ou sua pretensão prejudicados pelo transcurso do prazo, pela decadência ou pela prescrição. E sem contar com o período em que ele ficou impossibilitado de fazer uso do direito ou da coisa, tornando incerta, posteriormente, a respectiva reparação pelos prejuízos daí experimentados.

Além disso, a ratificar a facultatividade, o interessado pode, se assim entender conveniente, ajuizar ação autônoma contra ambas as partes que litigam no processo originário, a fim de alcançar o mesmo resultado que alcançaria, caso tivesse intentado oposição.

Se houver restrição à admissibilidade da oposição, seja por conta do momento processual em que se encontra a tramitação, seja pelo procedimento da ação originária, seja pela diversidade de competência absoluta, o interessado deverá também fazer uso de outra ação, cujo resultado, ao final, equivalerá ao da oposição. Haverá apenas diferenciação quanto ao procedimento, competência e, em algumas vezes, quanto aos entes subjetivos que formam a relação processual (pode ser a ação respectiva ser intentada contra uma ou ambas as partes do processo originário).

6. (NÃO) ACESSORIEDADE DA OPOSIÇÃO

Poder-se-ia indagar se a oposição é acessória à ação originária. A dizer de outra forma: extinto o processo em que intentada a ação originária, a oposição ficaria prejudicada? A resposta é negativa. A oposição não tem por razão de ser apenas o conflito das partes da ação originária, mas também o reconhecimento do direito afirmado pelo oposto, independentemente de quem seja o vencedor da ação originária, e mesmo que o respectivo processo não tenha o seu mérito analisado. O opoente busca a certificação do direito que afirma ter, sendo este também o móbil para o ajuizamento da ação.

Aliás, deve-se dizer que a aposição é uma ação bifronte. O interessado busca, contra o autor originário, declaração de direito e, contra o réu originário, alguma prestação, como pagamento de quantia, entrega de coisa, um fazer ou um não fazer. E como a oposição busca a prestação jurisdicional em favor do autor e contra as partes da ação originária, o seu julgamento, se procedente, é que pode ser prejudicial ao julgamento da ação originária. Julgada procedente a oposição, ficará prejudicado o julgamento da ação originária.

7. COMPETÊNCIA

Se o interessado decidir pela oposição, ele deverá requerer sua distribuição por dependência. O juízo competente para conhecer da oposição é aquele em que tramita o processo originário. A competência será funcional: caberá ao juízo da ação principal a função de julgar a oposição. Portanto, ela é absoluta.

Sob a égide do CPC/1973, uma questão sensível se colocava para fins de definição de competência para processamento e julgamento da ação e da oposição, qual seja, a apresentação desta por entes federais (descritos no art. 109 da Constituição da República). Se a ação originária estivesse a tramitar perante o juízo comum estadual e, no seu curso, algum ente federal viesse a apresentar ação outra (como se oposição, com a mesma finalidade), de quem seria a competência para processamento e julgamento?

Naquela ocasião, em que a oposição era tratada como modalidade de intervenção de terceiro e, ali, por conta da vigência do CPC/1973, cultivava-se o dogma da unidade estrutural da sentença, havia precedentes do Superior Tribunal de Justiça a entender que a competência originária da Justiça Comum Estadual, em razão da apresentação de oposição, deveria ser deslocada para a Justiça Comum Federal[2]. Se o julgamento da ação e da oposição deveria ser necessariamente conjunto (até porque a oposição era apresentada nos autos em que cursava a ação originária), à Justiça Comum Federal caberia tal competência.

Só que, agora, a oposição não é mais tratada pelo CPC/2015 como figura interventiva de terceiro, mas como ação de rito especial, a ser intentada em autos próprios (e não mais nos mesmos autos da ação originária). Somado a isso, o julgamento *simultâneo*, a despeito de ainda referido pelo art. 685 do CPC/2015, deve ter sua aplicação ponderada aos princípios da duração razoável do processo e à eficiência, nomeadamente em razão da possibilidade de fracionamento do objeto litigioso do processo prevista no art. 356 do mesmo diploma legal. Entendem os autores deste livro que ação e oposição não precisam ser necessariamente julgadas de forma sincrônica, mas equivalente a isso.

2. "A existência, conexa à ação possessória, de ação de oposição ajuizada por Autarquia Federal, torna o Juízo Estadual absolutamente incompetente para decidir toda questão" (STJ. CC 85.115/RR. DJe 01.08.2008).
"Excluídos da relação processual os entes federais, desapareceu o motivo que justificava a tramitação do feito perante o foro federal" (STJ. CC nº 10608-7. 31.10.94).

A par de tais argumentos, concluem os autores deste livro que o ingresso de ente federal contra as partes da ação originária não é uma oposição, mas uma ação outra que tem o mesmo objetivo. Consideram que, sendo os autos próprios (e não mais os mesmos da ação de origem) e havendo competências absolutas diferentes (pelo que se afasta a conexão), não se admite a oposição. Apesar disso, a ação originária e a intentada pelo ente federal contra as partes daquela devem ser julgadas de forma coerente (como se simultâneas), a se admitir inclusive a suspensão da ação originária enquanto se julga a prejudicial (art. 313, V, "a", do CPC).

8. DISTINÇÕES ENTRE OPOSIÇÃO E EMBARGOS DE TERCEIRO

A oposição não se confunde com embargos de terceiros. Enquanto, na oposição, o seu autor reivindica a o reconhecimento da titularidade do direito material contra as partes da ação originária, nos embargos de terceiro, o seu autor defende "a posse ou o domínio" (leia-se: "direito incompatível com o ato constritivo") a partir do reconhecimento como indevida da constrição judicial para, assim, alcançar o seu cancelamento.

De fato, ao contrário da oposição, os embargos de terceiro vão de encontro à constrição judicial. Constituem ação judicial cognitiva de rito especial, acessória à ação principal, de força mandamental ou executiva. Por tutelar a posse e determinados direitos reais, objetiva evitar ou afastar constrição judicial indevida, assim considerada quando a coisa for apreendida ou sujeitada, por ordem judicial, à determinada finalidade processual.

Frise-se, ademais, que os embargos de terceiro podem ser apresentados "a qualquer tempo no processo de conhecimento enquanto não transitada em julgado a sentença e, no cumprimento de sentença ou no processo de execução, até 5 (cinco) dias depois da adjudicação, da alienação por iniciativa particular ou da arrematação, mas sempre antes da assinatura da respectiva carta" (art. 675, CPC). Por outro lado, a oposição só é admissível até a prolação da decisão definitiva de mérito.

9. LIMITAÇÃO COGNITIVA

Na oposição, o seu autor afirma que a coisa ou direito sobre o qual controvertem as partes da relação processual originária não pertence a nenhuma delas, mas a si. Por isso, opõe-se à ação processualizada por aquelas. Em consequência, haverá uma limitação cognitiva para a oposição, porque ela não poderá introduzir discussão de direito não controvertido pelas partes opostas (STJ. REsp 493927/DF. DJU 18.12.06).

Por essa razão, o Superior Tribunal de Justiça entende que, em ação que se discute a posse, não há como se admitir oposição, postulando o reconhecimento do direito de propriedade. (STJ: AgRg no REsp 917.816/DF, DJe 19/8/2011; AgRg no REsp 1455320/SE, DJe 15/08/2014; REsp 685.159/DF, DJe 19.10.09). A discussão, em oposição contra as partes de ação possessória, deve ficar adstrita à posse. O juiz não poderá conhecer de discussão relativa a outro direito. O mesmo ocorre em casos outros, sendo a regra a inadmissibilidade de reconhecer, em oposição, direito estranho àquele disputado pelas partes do processo originário.

10. PROCEDIMENTO

10.1. Petição inicial

A oposição, por ser uma ação autônoma, deve preencher as respectivas condições, além do que os pressupostos processuais devem ser respeitados, dentre os quais, o da petição inicial apta. Em razão disso, além dos requisitos do art. 319 do CPC, a petição inicial da oposição deve:

a) observar a existência de uma ação originária em que ainda não foi proferida sentença;

b) constar a formulação de pretensão relativa ao mesmo bem ou direito discutido na ação originária;

c) respeitar a competência absoluta do juízo para julgar a ação originária e a oposição.

O valor da causa, na oposição, corresponderá, em regra, ao valor da ação originária, a não ser que aquela seja parcial, hipótese em que o valor corresponderá à repercussão econômica do direito que se busca tutelar.

10.2. Processamento inicial

Admitido o processamento, a oposição será apensada aos autos e tramitará simultaneamente à ação originária (sendo ambas julgadas pela mesma sentença). Se a oposição for proposta após o início da audiência de instrução, o juiz suspenderá o curso do processo ao fim da produção das provas, salvo se concluir que a unidade da instrução atende melhor ao princípio da duração razoável do processo.

10.3. Litisconsórcio

Com a distribuição da ação (por dependência ao juízo que tramita o processo originário), e estando apta a petição inicial, o juiz mandará citar as partes do processo originário, que formarão litisconsórcio passivo necessário simples (não unitário), na condição de opostos.

O litisconsórcio será necessário, porque determinado por lei e simples porque existem relações jurídicas autônomas entre autor e réu da ação originária. E tanto é simples o litisconsórcio passivo necessário, que o art. 684 do CPC possibilita o reconhecimento jurídico do pedido por qualquer dos opostos.

Pode ocorrer de, no processo originário, haver formação litisconsorcial. Sendo este o caso, independentemente da espécie litisconsorcial, todas as partes daquele devem, agora, compor a relação processual formada a partir da oposição.

10.4. Citação

Os opostos serão citados na pessoa dos seus advogados (a não ser, no caso do réu, se revel e não tiver constituído advogado, caso em que será citado pessoalmente), independentemente de estes possuírem poderes específicos para receber citação. Tais poderes são conferidos pela disposição legal contida na primeira parte do parágrafo único do art. 683 do CPC, que dispõe: "distribuída a oposição por dependência, serão os opostos citados, na pessoa de seus respectivos advogados [...]".

10.5. Resposta

Os litisconsortes passivos terão o prazo comum de 15 dias para apresentar resposta, que pode ser na forma de contestação ou de reconvenção. O início do prazo se dará quando efetivada a citação do último litisconsorte.

Se qualquer um dos opostos reconhecer a procedência da oposição, esta continuará em relação ao outro oposto. Obviamente, se o reconhecimento partir do autor da ação originária, ele estará a renunciar, em favor do réu, ao direito contra o qual ser funda sua ação.

10.6. Julgamento

Além de tramitar conjuntamente, tanto que a oposição será apensada aos autos do processo originário, ambas as ações (originária e oposição) serão (geralmente) julgadas simultaneamente, na mesma sentença, a se evitar desarmonia entre os julgados.

O próprio parágrafo único do art. 685 do CPC admite julgamentos não sincrônicos, ao dispor que: "se a oposição for proposta após o início da audiência de instrução, o juiz suspenderá o curso do processo ao fim da produção das provas, *salvo* se concluir que a unidade da instrução atende melhor ao princípio da duração razoável do processo".

Os autores deste livro, como ponderaram anteriormente, entendem que, agora, sob a égide do CPC/2015, não há mais razão para estimular os julgamentos simultâneos, mas, sim, coerentes. Assim, os julgamentos da ação originária e da oposição não precisam ser simultâneos, desde que sejam harmônicos.

Inclusive, sob a égide do CPC/1973, o STJ chegou a decidir que, malgrado a orientação de sentença conjunta (com pluralidade de capítulos simultaneamente decididos), não configura nulidade apreciar, em sentenças distintas, a ação principal e oposição (STJ: REsp 1.221.369/RS, DJe 20.08.13; REsp 420.216/SP, DJe 21.10.02).

Se julgada procedente a oposição, ficará prejudicado o julgamento da ação originária (a não ser que a oposição seja parcial, caso em que a prejudicialidade alcançará apenas parte da ação originária). Se improcedente a oposição, a ação originária seguirá normalmente.

Conquanto a oposição deva (comumente) ser julgada antes da ação originária, tendo em vista a sua prejudicialidade, entendia o STJ (ainda sob a égide do CPC/1973) que, "diante da manifesta inércia das partes em dar prosseguimento ao processo principal, aplicada literalmente a regra do art. 59, CPC a oposição jamais teria seu julgamento concluído" (STJ. REsp 208.311/RJ. DJe 07.08.00).

Sob a égide do atual Código de Processo Civil, os autores deste livro entendem que a oposição pode ser julgada antes (ou até mesmo depois) da ação originária, tendo em vista a possibilidade de fracionamento do mérito e o compromisso com a coerência (a garantir julgamento "equivalente" ao simultâneo, sem necessariamente assim ser). Apesar disso, devem-se ponderar questões relativas à eficiência, capazes de justificar o usual julgamento da oposição antes do da ação originária.

11. ENUNCIADOS DO FPPC

178. O valor da causa nas ações fundadas em posse, tais como as ações possessórias, os embargos de terceiro e a oposição, deve considerar a expressão econômica da posse, que não obrigatoriamente coincide com o valor da propriedade.

12. INFORMATIVOS

Informativos do STJ

Em ação possessória entre particulares é cabível o oferecimento de oposição pelo ente público, alegando-se incidentalmente o domínio de bem imóvel como meio de demonstração da posse. Inicialmente cumpre salientar que o acórdão embargado entendeu que "em Ação Possessória não se admite oposição, mesmo que se trate de bem público, porque naquela discute-se a posse do imóvel e nesta, o domínio". Já o acórdão paradigma "entendeu ser possível a oposição por entre público quando pende demanda possessória entre particulares, na medida em que o fundamento da oposição é a posse do Estado sobre o imóvel, sendo a discussão sobre o domínio apenas incidental quando se trata de bem público". Sobre o tema, a interpretação literal do art. 923 do CPC/1973 (atual art. 557 do CPC/2015) no sentido de que, pendente ação possessória, é vedada discussão fundada no domínio parece, ao menos em certa medida, conflitar com a garantia constitucional de acesso à justiça (art. 5º, XXXV, da Constituição da República). Efetivamente, não se poderia conceber que o Poder Público, sendo titular do direito de exercício da posse sobre bem público, possa ser impedido de postular em juízo a observância do direito, simplesmente pelo fato de que particulares se anteciparam a - entre eles - discutirem a posse. Com o fim de se encontrar para os dispositivos legais supramencionado uma interpretação que não conflite com garantias constitucionais, é preciso compreender de forma restrita, não ampliativa a proibição do art. 923 do CPC/1973 de se "propor ação de reconhecimento do domínio". Não há proibição em tal preceito normativo de se alegar incidentalmente o domínio em demanda possessória. É certo que a oposição tem natureza jurídica de ação, de modo que se poderia argumentar que o ajuizamento de oposição em demanda possessória consistiria precisamente na proibição formulada no art. 923 do CPC/1973. Contudo, não se pode admitir que a literalidade do referido preceito legal possa inviabilizar a prestação de tutela jurisdicional para a defesa da posse de bens públicos pelo titular do direito material disputado. O fato de a parte não ser titular do domínio não importa necessariamente a sucumbência na demanda possessória (como decorria da literalidade do revogado art. 505 do CC/1916). Nos termos do atual art. 1.210, parágrafo 2º, do CC/2002, a alegação de domínio, embora não garanta por si só a obtenção de tutela possessória, pode ser formulada incidentalmente com essa finalidade. EREsp 1.134.446-MT, Rel. Min. Benedito Gonçalves, por unanimidade, julgado em 21/03/2018, DJe 04/04/2018. Inf. 623.

13. SINOPSE

OPOSIÇÃO
Considerações iniciais
Quem pretender, no todo ou em parte, a coisa ou o direito sobre que controvertem autor e réu poderá, até ser proferida a sentença, oferecer oposição contra ambos.
Prazo
A oposição poderá ser proferida até que seja proferida sentença na ação originária. Não é admitida a oposição após a prolação de sentença, ainda que pendente de julgamento recurso interposto.

Interpretação do vocábulo "sentença"
Quando o texto legislativo se refere à *sentença*, este vocábulo deve ser entendido como decisão definitiva.
Restrições à apresentação de oposição
Não se admite oposição em execução, em Juizados Especiais, em mandado de segurança ou quando verificada diversidade de competência absoluta entre ação originária e oposição.
Facultatividade da oposição
A oposição é de uso facultativo. Pode o interessado aguardar o transcurso da ação originária para, só depois, ajuizar ação respectiva contra a parte vencedora. Além disso, o interessado pode, se assim entender conveniente, ajuizar ação autônoma contra ambas as partes que litigam no processo originário, a fim de alcançar o mesmo resultado que alcançaria, caso tivesse intentado oposição.
(Não) acessoriedade da oposição
A oposição não tem por razão de ser apenas o conflito das partes da ação originária, mas também o reconhecimento do direito afirmado pelo oposto, independentemente de quem seja o vencedor da ação originária, e mesmo que o respectivo processo não tenha o seu mérito analisado. O opoente busca a certificação do direito que afirma ter, sendo este também o móvel para o ajuizamento da ação. Por isso, não é acessória à ação originária.
Competência
O juízo competente para conhecer da oposição é aquele em que tramita o processo originário. A competência será funcional: caberá ao juízo da ação principal a função de julgar a oposição.
Distinções entre oposição e embargos de terceiro
Enquanto na oposição o seu autor reivindica a o reconhecimento da titularidade do direito material contra as partes da ação originária, nos embargos de terceiro, o seu autor defende direito incompatível com o ato constritivo a partir do reconhecimento como indevida da constrição judicial para, assim, alcançar o seu cancelamento.
Limitação cognitiva
Na oposição, o seu autor afirma que a coisa ou direito sobre o qual controvertem as partes da relação processual originária não pertence a nenhuma delas, mas a si. Por isso, opõe-se à ação processualizada por aquelas. Em consequência, haverá uma limitação cognitiva para a oposição, porque ela não poderá introduzir discussão de direito não controvertido pelas partes opostas.
Procedimento
A oposição, por ser uma ação autônoma, deve preencher as respectivas condições, além do que os pressupostos processuais devem ser respeitados, dentre os quais, o da petição inicial apta. Em razão disso, além dos requisitos do art. 319 do CPC, a petição inicial da oposição deve: a) observar a existência de uma ação originária em que ainda não foi proferida sentença; b) constar a formulação de pretensão relativa ao mesmo bem ou direito discutido na ação originária; c) respeitar a competência absoluta do juízo para julgar a ação originária e a oposição. Admitido o processamento, a oposição será apensada aos autos e tramitará simultaneamente à ação originária (sendo ambas julgadas pela mesma sentença). Se a oposição for proposta após o início da audiência de instrução, o juiz suspenderá o curso do processo ao fim da produção das provas. O juiz mandará citar as partes do processo originário, que formarão litisconsórcio passivo necessário simples (não unitário), na condição de opostos. Os opostos serão citados na pessoa dos seus advogados e terão o prazo comum de 15 dias para apresentar resposta, que pode ser na forma de contestação ou de reconvenção. Além de tramitar conjuntamente, tanto que a oposição será apensada aos autos do processo originário, ambas as ações (originária e oposição) serão (geralmente) julgadas simultaneamente, na mesma sentença, a se evitar desarmonia entre os julgados.

CAPÍTULO 45

AÇÕES DE FAMÍLIA

Sumário • 1. Considerações iniciais – 2. Estímulo à resolução consensual fortificado – 3. Audiência de conciliação ou mediação – 4. Suspensão do processo para tentativa de autocomposição – 5. Intervenção do ministério público – 6. Depoimento pessoal do incapaz – 7. Enunciados do FPPC – 8. Informativos – 9. Sinopse.

1. CONSIDERAÇÕES INICIAIS

As disposições relativas às ações de família (Capítulo X do Título III do Livro I da Parte Especial do CPC), de que cuida este capítulo, aplicam-se aos processos contenciosos de divórcio, separação, reconhecimento e extinção de união estável, guarda, visitação e filiação, segundo dispõe o art. 693 do Código de Processo Civil.

Todavia, o rol não é exaustivo, mas **exemplificativo**, sendo devida a aplicação das normas sobre ações de família a **qualquer processo contencioso que envolva Direito de Família**. Nesse sentido, aliás, prescreve o enunciado 72 do Fórum Permanente de Processualistas Civis: "O rol do art. 693 não é exaustivo, sendo aplicáveis os dispositivos previstos no Capítulo X a outras ações de caráter contencioso envolvendo o Direito de Família". Assim, por exemplo, uma ação de investigação avoenga deve observar as disposições contidas nos arts. 693 a 699 do CPC.

As normas estabelecidas pelo CPC são gerais e, portanto, têm sua aplicação condicionada à inexistência de normas especiais para disciplinar o caso. Assim, o art. 693, parágrafo único, do CPC, determina que as ações de alimentos e as que versem sobre interesse de criança ou de adolescente observarão a legislação específica (respectivamente, Lei nº 5.478/1968 e Estatuto da Criança e do Adolescente), aplicando-se, apenas no que couber, as disposições dos arts. 693 a 699 do Código de Processo Civil.

Questão de Concurso

▶ **(Cespe – Notários e Oficiais de Registro – Remoção – TJ – DFT/2019-Adaptada)**[1] De acordo com a legislação processual civilista, há dois tipos de procedimentos especiais: os de jurisdição contenciosa, que dizem respeito à solução de litígios, e os de jurisdição voluntária, que se referem à administração judicial de interesses privados não litigiosos. A propósito desse assunto, assinale Verdadeiro ou Falso: "São processadas e julgadas pelo procedimento especial previsto no Código de Processo Civil as ações de família, sejam elas contenciosas ou voluntárias".

1. Gabarito: Falso.

2. ESTÍMULO À RESOLUÇÃO CONSENSUAL FORTIFICADO

O Código de 2015 estabeleceu uma releitura procedimental nas ações de família, com a finalidade de privilegiar as decisões consensuais e primar pela efetividade do processo. Nesse sentido, o art. 694 determina que: "nas ações de família, todos os esforços serão empreendidos para a solução consensual da controvérsia, devendo o juiz dispor do auxílio de profissionais de outras áreas de conhecimento para a mediação e conciliação".

Extrai-se do encimado dispositivo a notória intenção de estimular, de forma mais enfática do que no procedimento comum, a resolução consensual do caso, inclusive ampliando a gama de profissionais que podem participar dessa fase. Esse atendimento multidisciplinar pode incluir, por exemplo, psicólogos, pedagogos, assistentes sociais, que, em conjunto, poderão auxiliar o juiz de forma mais adequada e sensível na tarefa de estimular a autocomposição.

Desse modo, será demonstrado, no decorrer desse capítulo, que a principal peculiaridade que distingue o procedimento especial das ações de família é exatamente esse viés fortificado do estímulo à autocomposição, com alterações procedimentais importantes nesse sentido.

3. AUDIÊNCIA DE CONCILIAÇÃO OU MEDIAÇÃO

De acordo com o art. 695 do CPC, "recebida a petição inicial e, se for o caso, tomadas as providências referentes à tutela provisória, o juiz ordenará a citação do réu para comparecer à audiência de mediação e conciliação, observado o disposto no art. 694". Pela leitura do dispositivo, percebe-se que a lei não deixa margem para excepcionar a realização da audiência, como acontece nas duas hipóteses do § 4º do art. 334 do CPC, relativo ao procedimento comum. Portanto, é **obrigatória** a realização da audiência, independentemente da vontade das partes. Aplica-se a ela, inclusive, a multa prevista no art. 334, § 8º.

Outro ponto inovador, que reforça o impulso à autocomposição, é a impossibilidade de apresentação de contrafé no mandado de citação. Consoante o § 1º do art. 695 do CPC, "o mandado de citação conterá apenas os dados necessários à audiência e deverá estar **desacompanhado de cópia da petição inicial**, assegurado ao réu o direito de examinar seu conteúdo a qualquer tempo". A *ratio* do texto é fazer com que a parte ré compareça à audiência, antes do natural acirramento dos ânimos decorrente da leitura da petição inicial. Amplia-se, assim, a possibilidade de consenso e de os profissionais obterem êxito na aplicação das técnicas adequadas.

A citação da parte ré deve ocorrer com **antecedência mínima de 15 dias** (art. 695, § 2º), a fim de que ela possa preparar-se e constituir advogado.

Frise-se que é obrigatório o acompanhamento das partes por advogado (nomeadamente porque indispensável à administração da justiça – art. 133 da Constituição da República[2]), de modo que, estando uma delas desassistida, deve ser acompanhada por defensor público (art. 695, § 4º).

2. Art. 133. O advogado é indispensável à administração da justiça, sendo inviolável por seus atos e manifestações no exercício da profissão, nos limites da lei.

A audiência poderá dividir-se em tantas sessões quantas sejam necessárias para viabilizar a solução consensual, sem prejuízo de providências jurisdicionais para evitar o perecimento do direito, como a concessão de tutelas provisórias.

Frustrada a autocomposição, observar-se-á o procedimento comum, iniciando-se o prazo para contestação, na forma do art. 335 do CPC.

4. SUSPENSÃO DO PROCESSO PARA TENTATIVA DE AUTOCOMPOSIÇÃO

A qualquer momento, o magistrado poderá, **a requerimento das partes**, determinar a suspensão do processo, a fim de que os litigantes se submetam a mediação extrajudicial ou a atendimento multidisciplinar.

A suspensão do processo, entretanto, não pode ser eterna. Não pode ser superior a 6 meses, nos termos do art. 313, § 4º, do CPC. Isso, porque a hipótese de que se cuida é também de suspensão convencional do processo, tal qual o caso do art. 313, II, devendo-se-lhe impor o mesmo limite temporal.

5. INTERVENÇÃO DO MINISTÉRIO PÚBLICO

De acordo com *caput* do art. 698 do CPC, "nas ações de família, o Ministério Público somente intervirá **quando houver interesse de incapaz** e deverá ser ouvido **previamente à homologação de acordo**".

No parágrafo único, resta disposto: "o Ministério Público intervirá, quando não for parte, nas ações de família em que figure como parte vítima de violência doméstica e familiar, nos termos da Lei nº 11.340, de 7 de agosto de 2006 (Lei Maria da Penha)".

O *caput* do referido artigo, que dispõe sobre os casos em que o Ministério Público deve atuar como fiscal da ordem jurídica, ratifica o texto mais amplo do art. 178, II, do CPC, segundo o qual o Ministério Público deve atuar em *todas* as causas em que haja interesse de incapaz (e não apenas nas de família).

Vale lembrar que é a falta de *intimação* do fiscal da ordem jurídica que causa nulidade, e não a ausência de efetiva manifestação (STJ. REsp 207.197/TO. DJ 19.12.03). Basta que se oportunize a participação do *Parquet*, mediante intimação, cabendo ao seu representante avaliar a necessidade de manifestar-se ou não no processo. É o que se extrai do art. 180, § 1º, do CPC, segundo o qual, findo o prazo sem manifestação do MP, cabe ao juiz requisitar os autos e dar andamento ao processo.

6. DEPOIMENTO PESSOAL DO INCAPAZ

Com o escopo de criar uma plataforma de diálogo mais acolhedora e mais humanística, o art. 699 doCódigo de Processo Civil determina que, quando o processo envolver discussão sobre fato relacionado a abuso ou a alienação parental (*vide* Lei nº 12.318/2010[3]), o juiz,ao tomar o depoimento do incapaz, deverá estar acompanhado por especialista.

3. O encimado diploma legal dispõe, no art. 2º, que:Art. 2º Considera-se ato de alienação parental a interferência na formação psicológica da criança ou do adolescente promovida ou induzida por um dos genitores, pelos avós ou

Essa condução conjugada do depoimento do incapaz permite um diálogo mais próximo e inibe os eventuais danos psicológicos decorrentes de um depoimento realizado de forma inadequada.

7. ENUNCIADOS DO FPPC

72. O rol do art. 693 não é exaustivo, sendo aplicáveis os dispositivos previstos no Capítulo X a outras ações de caráter contencioso envolvendo o Direito de Família.

187. No emprego de esforços para a solução consensual do litígio familiar, são vedadas iniciativas que gerem constrangimento ou que sejam intimidatórias para que as partes obtenham autocomposição.

577. A realização de sessões adicionais de conciliação ou mediação depende da concordância de ambas as partes.

8. INFORMATIVOS

Informativos do STJ

Em ação judicial que versa sobre alimentos ajuizada por menor, não é admissível que a concessão da gratuidade de justiça esteja condicionada a demonstração de insuficiência de recursos de seu representante legal. O direito ao benefício da gratuidade de justiça possui natureza individual e personalíssima, não podendo ser automaticamente estendido a quem não preencha os pressupostos legais para a sua concessão e, por idêntica razão, não se pode exigir que os pressupostos legais que autorizam a concessão do benefício sejam preenchidos por pessoa distinta da parte, como o seu representante legal. Em se tratando de direito à gratuidade de justiça pleiteado pelo menor, é apropriado que, inicialmente, incida a regra do art. 99, §3º, do novo CPC, deferindo-se o benefício ao menor em razão da presunção de sua insuficiência de recursos decorrente de sua alegação, ressalvando-se, todavia, a possibilidade de o réu demonstrar, com base no art. 99, §2º, do novo CPC, a posteriori, a ausência dos pressupostos legais que justificam a gratuidade, pleiteando, em razão disso, a revogação do benefício concedido. Essa forma de encadeamento dos atos processuais privilegia, a um só tempo, o princípio da inafastabilidade da jurisdição, pois não impede o imediato ajuizamento da ação e a prática de atos processuais eventualmente indispensáveis à tutela do direito vindicado, e também o princípio do contraditório, pois permite ao réu que produza prova, ainda que indiciária, de que não se trata de hipótese de concessão do benefício. Deve também ser levada em consideração a natureza do direito material que é objeto da ação e, nesse contexto, não há dúvida de que não pode existir restrição injustificada ao exercício do direito de ação em que se busque o adimplemento de obrigação de natureza alimentar. Com efeito, o fato de a representante legal das partes possuir atividade remunerada e o elevado valor da obrigação alimentar que é objeto da execução não podem, por si só, servir de empeço à concessão da gratuidade de justiça aos menores credores dos alimentos. REsp 1.807.216-SP, Rel. Min. Nancy Andrighi, Terceira Turma, por unanimidade, julgado em 04/02/2020, DJe 06/02/2020. Inf. 664.

pelos que tenham a criança ou adolescente sob a sua autoridade, guarda ou vigilância para que repudie genitor ou que cause prejuízo ao estabelecimento ou à manutenção de vínculos com este. Parágrafo único. São formas exemplificativas de alienação parental, além dos atos assim declarados pelo juiz ou constatados por perícia, praticados diretamente ou com auxílio de terceiros: I – realizar campanha de desqualificação da conduta do genitor no exercício da paternidade ou maternidade; II – dificultar o exercício da autoridade parental; III – dificultar contato de criança ou adolescente com genitor; IV – dificultar o exercício do direito regulamentado de convivência familiar; V – omitir deliberadamente a genitor informações pessoais relevantes sobre a criança ou adolescente, inclusive escolares, médicas e alterações de endereço; VI – apresentar falsa denúncia contra genitor, contra familiares deste ou contra avós, para obstar ou dificultar a convivência deles com a criança ou adolescente; VII – mudar o domicílio para local distante, sem justificativa, visando a dificultar a convivência da criança ou adolescente com o outro genitor, com familiares deste ou com avós.

A relativização da coisa julgada estabelecida em ação de investigação de paternidade – em que não foi possível determinar-se a efetiva existência de vínculo genético a unir as partes – não se aplica às hipóteses em que o reconhecimento do vínculo se deu, exclusivamente, pela recusa do investigado ou seus herdeiros em comparecer ao laboratório para a coleta do material biológico. Na origem, trata-se de demanda negatória de paternidade por meio da qual as autoras pretendem valer-se da relativização da coisa julgada material formada em anterior ação investigativa, na qual, com base em provas testemunhais, reconheceu-se o vínculo familiar entre a recorrida e o pai das autoras (recorrentes no especial). No que diz respeito à pretensa relativização da coisa julgada, cabe destacar que esta Corte Superior de Justiça, em sintonia com a orientação firmada pelo Supremo Tribunal Federal no RE nº 363.889-DF, Rel. Min. Dias Toffolli, julgado em 2/6/2011, tem admitido a tese nas ações investigatórias ou contestatórias de paternidade julgadas sem amparo em prova genética. No entanto, o cabimento dessa excepcional orientação, no sentido da relativização da coisa julgada estabelecida em ações de investigação de paternidade em que não foi possível determinar-se a efetiva existência de vínculo genético a unir as partes, em decorrência da não realização do exame de DNA, estava inscrito em um **peculiar contexto** em que a impossibilidade de realização do exame decorria da ausência de condições da parte de adimpli-lo e, ainda, da negativa de o Estado fazê-lo, ou seja, por circunstâncias notadamente alheais à vontade das partes. A orientação, assim, não pode ter aplicação quando a não realização da prova pericial na demanda investigatória anterior deveu-se, exclusivamente, à recusa de uma das partes em comparecer ao laboratório para a coleta de material biológico – no caso, a recusa dos herdeiros, entre eles as recorrentes (herdeiras do *de cujus* que teve a paternidade reconhecida). Nesse cenário, não só é viável como é plenamente escorreito o julgamento da ação investigatória com base nas provas testemunhais colhidas, aplicada, em conjunto, à presunção *juris tantum* de paternidade, nos termos do enunciado da Súmula nº 301/STJ, bem como em observância ao art. 2º-A, parágrafo único, da Lei nº 8.560/92, não havendo como superar-se ou relativizar-se a coisa julgada material que qualificara a sentença de procedência da referida demanda de investigação de paternidade ajuizada pela recorrida contra o pai das recorrentes. Ora, negando-se, a recorrente, a produzir a prova que traria certeza à controvérsia estabelecida nos autos da anterior ação de investigação de paternidade, não pode, agora, utilizar-se, maliciosamente, da ausência da referida prova como fundamento para a propositura de ação negatória de paternidade e, com isso, buscar ver alterada a decisão que lhe fora desfavorável, sob pena de incorrer em violação da boa-fé objetiva. Diante da inaplicabilidade da conclusão a que o STF chegara quando do julgamento, com repercussão geral reconhecida, do RE 363.889-DF à presente controvérsia, deve-se manter a extinção da demanda negatória de paternidade com fundamento na coisa julgada formada na anterior ação investigatória. **REsp 1.562.239-MS, Rel. Min. Paulo de Tarso Sanseverino, por unanimidade, julgado em 9/5/2017, DJe 16/5/2017. Inf. 604.**

A aplicação de astreintes é válida quando o genitor detentor da guarda da criança descumpre acordo homologado judicialmente sobre o regime de visitas. Discute-se se é cabível a fixação preventiva de *astreintes* para a hipótese de eventual descumprimento do regime de visitação de menor, por parte do genitor que detém a guarda da criança, consoante acordo de separação consensual homologado judicialmente entre as partes. Com efeito, nos termos do art. 1.589 do CC/02, o direito de visita é uma garantia conferida pela lei, ao pai ou à mãe que não detiver a guarda do filho, para que possa desfrutar de sua companhia segundo o que for acordado entre eles ou decidido pelo juiz. O direito de visitação tem por finalidade manter o relacionamento do filho com o genitor não guardião, que também compõe o seu núcleo familiar, interrompido pela separação do casal ou por outro motivo, tratando-se de uma manifestação do direito fundamental de convivência familiar garantido pela Constituição Federal, no seu art. 227, *caput*. Essa prioridade absoluta aos direitos da criança, do adolescente e do jovem, assegurada pela CF/88, que abrange o direito de visita como decorrência do direito à convivência familiar, em absoluto, não pode ser visto somente como um direito do genitor não guardião, mas como um direito do próprio filho, de modo que deve ser assegurado e facilitado pelos pais, com absoluta prioridade, priorizando a intimidade, que é direito intangível da personalidade. A cláusula geral do melhor interesse da criança e do adolescente, decorrente do princípio da dignidade da pessoa humana, recomenda que o Poder Judiciário cumpra o dever de protegê-las, valendo-se dos mecanismos processuais existentes, de modo a garantir e facilitar a convivência do filho com o visitante nos dias e na forma previamente ajustadas, e coibir o guardião de criar obstáculos para o cumprimento do acordo firmado com a chancela judicial. Nesse cenário, o direito de visitação deve ser visto como uma obrigação de fazer do guardião de facilitar, assegurar e garantir, a convivência do filho com o não guardião, de modo que eles possam se encontrar, manter e fortalecer os laços afetivos e, assim atender suas necessidades imateriais, dando cumprimento ao preceito constitucional. Dessa forma, o não guardião pode ir a juízo para assegurar o direito de ter o filho em sua companhia caso haja obstáculo ou resistência ao exercício do seu direito. Como é sabido, o art. 461 e parágrafos do CPC/73, trazem instrumentos processuais úteis ao jurisdicionado na obtenção de tutela das obrigações de fazer e não fazer, podendo ele obter tanto a preventiva como a inibitória, além de medidas coercitivas para que se possa obter o cumprimento da obrigação. A melhor interpretação é a de que os instrumentos processuais previstos nos referidos dispositivos legais podem ser utilizados para tutelar os direitos provenientes do direito de visitação, devendo a expressão obrigação de fazer ou não fazer ser interpretada como de abrangência geral, acolhendo também as de natureza não patrimonial, servindo como um mecanismo apto e eficiente de garantir o direito fundamental da personalidade que é o do regime da visitação. Por oportuno, cabe ressaltar que o NCPC, afasta qualquer dúvida sobre a temática aqui discutida, pois o § 6º do art. 536, autoriza, de modo expresso, a aplicação de multa em caso de descumprimento de obrigação de natureza não obrigacional ou existencial. Além disso, outro mecanismo que poderia ser utilizado para que o não guardião da criança exercesse o seu direito de visitação, seria a utilização da ação de busca e apreensão (CPC/73, art. 839). No entanto, essa medida, levando-se em consideração sempre o melhor interesse da criança e do adolescente, pode se mostrar drástica e prejudicial para elas que poderiam ser levadas a força por uma ordem judicial, inclusive com a utilização da polícia para a sua efetivação, mostrando-se a *astreintes* um meio mais eficaz e menos traumatizante para o menor. **REsp 1.481.531-SP, Rel. Min. Moura Ribeiro, por unanimidade, julgado em 16/2/2017, DJe 7/3/2017. Inf. 599.**

9. SINOPSE

AÇÕES DE FAMÍLIA
Considerações iniciais
As disposições relativas às ações de família (Capítulo X do Título III do Livro I da Parte Especial do CPC) aplicam-se aos processos contenciosos de divórcio, separação, reconhecimento e extinção de união estável, guarda, visitação e filiação, segundo dispõe o art. 693 do Código de Processo Civil. Todavia, o rol não é exaustivo, mas exemplificativo, sendo devida a aplicação das normas sobre ações de família a qualquer processo contencioso que envolva Direito de Família. As ações de alimentos e as que versem sobre interesse de criança ou de adolescente observarão a legislação específica (respectivamente, Lei nº 5.478/1968 e Estatuto da Criança e do Adolescente), aplicando-se, apenas no que couber, as disposições dos arts. 693 a 699 do Código de Processo Civil.
Estímulo à resolução consensual fortificado
Nas ações de família, todos os esforços serão empreendidos para a solução consensual da controvérsia, devendo o juiz dispor do auxílio de profissionais de outras áreas de conhecimento para a mediação e conciliação.
Audiência de conciliação ou mediação
Nas ações de família, é obrigatória a realização de audiência de mediação ou de conciliação, não sendo dado às partes recusar a sua realização, diferentemente do que ocorre no procedimento comum (art. 334). Aplica-se a ela, inclusive, a multa prevista no art. 334, § 8º. Recebida a petição inicial e, se for o caso, tomadas as providências referentes à tutela provisória, o juiz ordenará a citação do réu para comparecer à audiência de mediação e conciliação. O mandado de citação conterá apenas os dados necessários à audiência e deverá estar desacompanhado de cópia da petição inicial, assegurado ao réu o direito de examinar seu conteúdo a qualquer tempo. A citação deve ser feita com antecedência mínima de 15 dias, e, na audiência, as partes devem estar assistidas por advogado ou por defensor público. Frustrada a autocomposição, passa-se a observar o procedimento comum, iniciando-se o prazo para contestação.
Suspensão do processo para tentativa de autocomposição
A qualquer momento, o magistrado poderá, a requerimento das partes, determinar a suspensão do processo, a fim de que os litigantes se submetam a mediação extrajudicial ou a atendimento multidisciplinar. A suspensão não pode ser superior a 6 meses.

Intervenção do Ministério Público
O Ministério Público somente intervirá quando houver interesse de incapaz e deverá ser ouvido previamente à homologação de acordo.
Depoimento pessoal do incapaz
Quando o processo envolver discussão sobre fato relacionado a abuso ou a alienação parental, o juiz, ao tomar o depoimento do incapaz, deverá estar acompanhado por especialista.

CAPÍTULO 46

AÇÃO MONITÓRIA

1. CONSIDERAÇÕES INICIAIS

Nos termos do art. 700 do Código de Processo Civil, a ação monitória pode ser proposta por aquele que afirmar, com base em **prova escrita sem eficácia de título executivo**, ter direito de exigir do devedor capaz o cumprimento de obrigação, podendo ela consistir no pagamento de quantia em dinheiro, na entrega de coisa fungível ou infungível ou de bem móvel ou imóvel ou no adimplemento de obrigação de fazer ou de não fazer.

Se a obrigação do réu (direito à prestação do autor) estiver demonstrada (em juízo de possibilidade) por prova escrita, o juiz, em decisão fundamentada, deferirá a expedição de mandado de pagamento, de entrega de coisa ou para execução de obrigação de fazer ou de não fazer, concedendo ao réu prazo de 15 dias para cumprimento e pagamento de honorários advocatícios de 5% do valor atribuído à causa.

A ação monitória, pois, como será mostrado, afirma a duração razoável do processo com promessa de recompensa.

2. PETIÇÃO INICIAL

2.1. Requisitos

A petição inicial da ação monitória deve preencher todos os requisitos indicados no art. 319 do Código de Processo Civil[1] (exceto a opção do autor pela realização ou não de

1. Afora esses requisitos explicitados abaixo, na petição inicial deve constar o endereço onde o advogado do autor receberá as comunicações processuais e, evidentemente, sua assinatura (a não ser que se trate de uma das situações de dispensa de patrocínio por advogado, como previsto no art. 36 do CPC, art. 9º da Lei nº 9.099/95, art. 791 da CLT e art. 654 do CPP), com a indicação do número de inscrição nos quadros da respectiva seccional da OAB (art. 14 da Lei nº 8.906/1994) (STJ. AgRg nos EDcl no AgRg no AgRg no Ag 307814/SP. DJU 03.10.05).

audiência de conciliação ou de mediação[2]), com algumas particularidades, a considerar sua finalidade.

Observe-se:

a) **o juízo a que é dirigida**: a observar as disposições legais (e constitucionais) relativas à competência, o autor deve indicar, no cabeçalho da petição inicial, o juízo a que ela é dirigida. Se na comarca ou seção judiciária houver mais de um órgão jurisdicional (juízo) competente, será feita a distribuição (sorteio aleatório e igualitário) a se prescindir a indicação numérica.

A finalidade desse requisito da petição inicial é possibilitar que ela chegue ao órgão jurisdicional, que dará andamento ao processo. Se houver indicação equivocada, sendo remetida a petição a juízo incompetente, a petição não será indeferida. Caberá ao juízo incompetente remeter ao juízo competente.

b) **os nomes, os prenomes, o estado civil, a existência de união estável, a profissão, o número de inscrição no Cadastro de Pessoas Físicas ou no Cadastro Nacional da Pessoa Jurídica, o endereço eletrônico, o domicílio e a residência do autor e do réu**: a petição inicial deve trazer a individualização das partes de forma suficiente (para que a ação não seja intentada por e contra pessoa incerta, a impossibilitar, até mesmo, as próprias comunicações processuais), o que é feito com a indicação dos dados encimados.

A considerar que a qualificação das partes tem o fim de individualizá-las, é possível a propositura de ação sem que sejam preenchidos todos os requisitos indicados. Basta que as partes estejam individualizadas para que possam ser regularmente citadas, o que pode ser feito mediante a apresentação de outras informações. O importante é garantir o acesso à prestação jurisdicional sem prejuízo, em contrapartida, do contraditório.

Caso não disponha de qualquer das informações mencionadas acima, poderá o autor, na petição inicial, requerer ao juiz diligências necessárias a sua obtenção. Contudo, repita-se, a petição inicial não será indeferida se, a despeito da falta de informações indicadas como requisitos de qualificação, for possível a citação do réu, bem assim se a obtenção delas tornar impossível ou excessivamente oneroso o acesso à prestação jurisdicional.

c) **o fato e os fundamentos jurídicos do pedido**: a petição inicial é o instrumento de exercício do direito de ação. Quando efetivamente exercido, há uma demanda, cujos elementos são partes, causa de pedir e pedido. Logo, a petição inicial deve,

2. A realização de audiência prévia é incompatível com a tutela monitória, porque a prova escrita permite, num juízo de cognição sumária, a conclusão de ser possível a existência do direito à prestação. Por isso, o réu é citado já para cumprir sua obrigação ou opor embargos. Pensar diferente seria afastar a especialidade do procedimento monitório que, aliás, não faz qualquer referência à realização de audiência prévia. A comunicação processual primeira, conforme previsto no art. 701 ("Sendo evidente o direito do autor, o juiz deferirá a expedição de mandado de pagamento, de entrega de coisa ou para execução de obrigação de fazer ou de não fazer, concedendo ao réu prazo de 15 dias para o cumprimento e o pagamento de honorários advocatícios de cinco por cento do valor atribuído à causa"), guarda conteúdo bem diferente daquela geral, prevista no art. 334 ("Se a petição inicial preencher os requisitos essenciais e não for o caso de improcedência liminar do pedido, o juiz designará audiência de conciliação ou de mediação com antecedência mínima de 30 (trinta) dias, devendo ser citado o réu com pelo menos 20 dias de antecedência").

assim como faz em relação à identificação das partes, indicar os fatos (causa de pedir remota) e fundamentos jurídicos (causa de pedir próxima) do pedido.

Pois bem.

Na ação monitória, o autor deve afirmar a existência de direito à prestação (demonstrada por prova escrita), a ser adimplida pelo réu. Não se faz necessária, contudo, a indicação do negócio jurídico subjacente. Aliás, é assim que dispõe o enunciado 531 da súmula de jurisprudência do Superior Tribunal de Justiça: "em ação monitória fundada em cheque prescrito ajuizada contra o emitente, é dispensável a menção ao negócio jurídico subjacente à emissão da cártula". Basta, pois, afirmar a existência de direito à prestação, ante a inadimplência do réu, conforme demonstrado por prova escrita. Considera-se que o elemento probatório é suficiente para possibilitar a inversão de instaurar a discussão em torno da causa *debendi*.

Questão de Concurso

▶ **(Cespe – Notários e Oficiais de Registro – Remoção – TJ – DFT/2019-Adaptada)**[3] De acordo com a legislação processual civilista, há dois tipos de procedimentos especiais: os de jurisdição contenciosa, que dizem respeito à solução de litígios, e os de jurisdição voluntária, que se referem à administração judicial de interesses privados não litigiosos. A propósito desse assunto, assinale Verdadeiro ou Falso: "De acordo com o STJ, assim como ocorre para cheque prescrito, admite-se a ação monitória para duplicata sem aceite, sem protesto ou sem comprovante de entrega de mercadoria".

A obrigação do réu pode ser de qualquer natureza. Como explicita o *caput* do art. 700, a ação monitória pode ser proposta por aquele que afirmar, com base em prova escrita sem eficácia de título executivo, ter direito de exigir do devedor capaz o cumprimento de obrigação, de pagar quantia em dinheiro, de entregar de coisa fungível ou infungível ou de bem móvel ou imóvel ou de adimplir obrigação de fazer ou de não fazer.

A depender da natureza da obrigação do réu, na petição inicial, incumbe ao autor explicitar: a importância devida, instruindo-a com memória de cálculo (quando se tratar de obrigação de pagar quantia certa)[4]; o valor atual da coisa reclamada (quando se tratar de obrigação de entregar coisa); o conteúdo patrimonial em discussão ou o proveito econômico perseguido (quando se tratar de obrigação de fazer positiva ou negativa).

d) **o pedido com as suas especificações**: pela razão explicitada acima, a petição inicial deverá indicar o pedido formulado pelo autor. A narração dos fatos deve alcançar uma conclusão lógica, sob pena de a petição inicial ser considerada inepta e, por consequência, ser indeferida. A "conclusão lógica", a que conduz a narração fática, é o pedido, que, se cumulado, deve observar a compatibilidade.

Na ação monitória, o autor pede que o juiz considere suficiente a prova escrita juntada e, por isso, expeça-se mandado de pagamento, de entrega de coisa ou para execução de obri-

3. Gabarito: Verdadeiro.

4. DIREITO PROCESSUAL CIVIL. INSTRUÇÃO DA PETIÇÃO INICIAL DA AÇÃO MONITÓRIA. RECURSO REPETITIVO (ART. 543-C DO CPC E RES. 8/2008-STJ). TEMA 474. A petição inicial da ação monitória para cobrança de soma em dinheiro deve ser instruída com demonstrativo de débito atualizado até a data do ajuizamento, assegurando-se, na sua ausência ou insuficiência, o direito da parte de supri-la [...]. REsp 1.154.730-PE, Rel. Min. João Otávio de Noronha, Segunda Seção, julgado em 8/4/2015, DJe 15/4/2015.

gação de fazer ou de não fazer. Como será adiante mostrado, o juiz, a considerar a suficiência da prova escrita juntada pelo autor, assim o fará se não opostos embargos ou se eles forem julgados improcedentes.

e) **o valor da causa**: a petição inicial deve indicar o valor atribuído à causa, que deve ser certo e expresso em moeda corrente nacional. Na ação monitória, o autor, em sua petição inicial, deve explicitar, conforme o caso (a depender da obrigação dita inadimplida), a importância devida (instruindo-a com memória de cálculo), o valor atual da coisa reclamada e o conteúdo patrimonial em discussão ou o proveito econômico perseguido. O valor da causa deve corresponder ao quantitativo da obrigação, conforme indicado nos fatos e fundamentos jurídicos.

f) **as provas com que o autor pretende demonstrar a verdade dos fatos alegados**: a parte deverá, na petição inicial, indicar, de forma genérica, os meios de prova que eventualmente pretende se utilizar para convencer o juiz acerca de suas afirmações. Não se exige a especificação das provas, mas apenas a indicação delas, a se fazer alusão aos meios que, eventualmente, a parte possa ter necessidade de produzir durante o curso processual.

g) **os documentos indispensáveis à propositura da ação**: a petição inicial deverá ser instruída com os documentos indispensáveis à propositura da ação. São considerados "documentos indispensáveis" aqueles que a lei assim os considerar ou que o autor fizer referência como fundamento de seu pedido, os quais, se em sua posse, devem ser juntados logo na petição inicial.

No caso da ação monitória, o art. 700 do Código de Processo Civil coloca como documento indispensável a "prova escrita sem eficácia de título executivo", a convencer o juiz, num juízo de probabilidade, acerca do direito ao pagamento de quantia em dinheiro, à entrega de coisa fungível ou infungível ou de bem móvel ou imóvel e ao adimplemento de obrigação de fazer ou de não fazer.

Conforme precedentes do Superior Tribunal de Justiça, "a prova escrita não é a prova que deve fazer surgir direito líquido e certo, apta a demonstrar, por si só, o fato constitutivo do direito afirmado, devendo relacionar-se apenas a um juízo de probabilidade quanto ao direito alegado. Com efeito, o que interessa, na monitória, é a possibilidade de formação da convicção do julgador a respeito de um crédito, e não a adequação formal da prova apresentada a um modelo predefinido".

E continua: "assim, para a admissibilidade da ação monitória, não é necessário que o autor instrua a ação com prova robusta, estreme de dúvida, podendo ser aparelhada por documento idôneo, ainda que emitido pelo próprio credor, contanto que, por meio do exame do magistrado, surja o juízo de probabilidade acerca do direito afirmado pelo autor" (STJ. REsp 925.584/SE. DJe 09.10.12).

A prova escrita não precisa, também, necessariamente, ter sido confeccionada com a participação do réu[5] (conquanto seja, por óbvio, possível). Ela pode ser considerada de forma

5. DIREITO PROCESSUAL CIVIL. AÇÃO MONITÓRIA. DOCUMENTAÇÃO NECESSÁRIA PARA A ADMISSIBILIDADE. A prova hábil a instruir a ação monitória (art. 1.102-A, do CPC) não precisa, necessariamente, ter sido emitida pelo devedor ou nela constar sua assinatura ou de um representante, bastando que tenha forma escrita e

unitária ou em conjunto (em combinação a uma obrigação ou em demonstração de mais de uma).

Dentre várias outras, pode-se incluir entre as provas escritas hábeis a alicerçar a ação monitória: a) o contrato de abertura de crédito em conta-corrente, acompanhado do demonstrativo de débito (enunciado 247 da súmula do STJ); b) cheque prescrito (enunciados 299, 503 e 531 da súmula do STJ); c) nota promissória sem força executiva (enunciado 509 da súmula do STJ); d) o contrato particular sem assinatura de testemunhas; e) mensagens eletrônicas.

E mais.

A teor do que dispõe o § 1º do art. 700 do Código de Processo Civil, a prova escrita pode consistir em prova oral documentada, produzida antecipadamente nos termos do art. 381[6].

Não é só.

Embora o art. 700 faça referência à "prova escrita sem eficácia de título executivo", não há impedimento para o autor propor ação monitória com base em título executivo. Inclusive, o enunciado 446 da súmula do Superior Tribunal de Justiça dispõe que "cabe ação monitória mesmo quando o autor for portador de título executivo extrajudicial"[7]. Sob a vigência do CPC/2015, tal possibilidade fica clarividente, a teor da disposição do art. 785[8]. No mesmo sentido, orienta o Enunciado 101 do CJF: "é admissível ação monitória, ainda que o autor detenha título executivo extrajudicial". Também não se impede que, apesar de possuir prova escrita, o autor faça opção pelo procedimento comum (em preterição ao da ação monitória).

Quando se tratar de ação monitória para cobrança de soma em dinheiro, a petição inicial deve ser instruída com demonstrativo de débito atualizado até a data do ajuizamento, assegurando-se, porém, na sua ausência ou insuficiência, o direito da parte de supri-la [...]. (STJ. REsp 1.154.730/PE. DJe 15.04.15).

---

seja suficiente para, efetivamente, influir na convicção do magistrado acerca do direito alegado. [...] (STJ. REsp 925.584-SE, Rel. Min. Luis Felipe Salomão, julgado em 9/10/2012).

6. Art. 381. A produção antecipada da prova será admitida nos casos em que:I – haja fundado receio de que venha a tornar-se impossível ou muito difícil a verificação de certos fatos na pendência da ação;II – a prova a ser produzida seja suscetível de viabilizar a autocomposição ou outro meio adequado de solução de conflito;III – o prévio conhecimento dos fatos possa justificar ou evitar o ajuizamento de ação.§ 1º O arrolamento de bens observará o disposto nesta Seção quando tiver por finalidade apenas a realização de documentação e não a prática de atos de apreensão.§ 2º A produção antecipada da prova é da competência do juízo do foro onde esta deva ser produzida ou do foro de domicílio do réu.§ 3º A produção antecipada da prova não previne a competência do juízo para a ação que venha a ser proposta.§ 4º O juízo estadual tem competência para produção antecipada de prova requerida em face da União, de entidade autárquica ou de empresa pública federal se, na localidade, não houver vara federal.§ 5º Aplica-se o disposto nesta Seção àquele que pretender justificar a existência de algum fato ou relação jurídica para simples documento e sem caráter contencioso, que exporá, em petição circunstanciada, a sua intenção.

7. AÇÃO MONITÓRIA. ADEQUAÇÃO DA VIA ELEITA. Na espécie, o tribunal de origem entendeu que o autor era carecedor de interesse de agir por inadequação da via eleita, uma vez que, sendo possível o procedimento executório de títulos extrajudiciais (notas promissórias), descaberia a via da ação monitória. No entanto, assim como a jurisprudência do STJ é firme quanto à possibilidade de propositura de ação de conhecimento pelo detentor de título executivo – não havendo prejuízo ao réu em procedimento que lhe faculta diversos meios de defesa –, por iguais fundamentos o detentor de título executivo extrajudicial poderá ajuizar ação monitória para perseguir seus créditos, ainda que também o pudesse fazer pela via do processo de execução. [...] REsp 981.440-SP, Rel. Min. Luis Felipe Salomão, julgado em 12/4/2012.

8. Art. 785. A existência de título executivo extrajudicial não impede a parte de optar pelo processo de conhecimento, a fim de obter título executivo judicial.

2.2. Emenda

De uma forma geral, o juiz, ao verificar que a petição inicial não preenche os requisitos necessários (conforme indicados acima) ou que apresenta defeitos e irregularidades capazes de dificultar o julgamento de mérito, determinará que o autor, no prazo de 15 dias, a emende (corrija) ou a complete (adicione), indicando com precisão o que deve ser corrigido ou completado[9].

Especificamente quando à ação monitória, estabelece o § 5º do art. 700 que, "havendo dúvida quanto à idoneidade de prova documental apresentada pelo autor, o juiz intimá-lo-á para, querendo, emendar a petição inicial, adaptando-a ao procedimento comum". Até porque, se não cabível a ação monitória, deve o autor fazer as adaptações necessárias, a considerar as particularidades de cada rito.

Mas, conforme orienta o enunciado 188 do Fórum Permanente de Processualistas Civis, "com a emenda da inicial, o juiz pode entender idônea a prova e admitir o seguimento da ação monitoria". Até porque a petição pode ser completada. Inclusive, nada obsta que o autor, na emenda, junte novas provas, que, em conjunto àquelas que foram antes carreadas à petição inicial, alicercem juízo de possibilidade quanto à existência da prestação (em favor do autor).

Emendada (ou completada) a petição inicial, entendendo o juiz que não foi feita de forma satisfatória à sua indicação (STJ. REsp 86415/SP. DJU 13.05.02), intimará o autor para que a "reemende" (ou "recomplete"). Se não cumprida a determinação de emenda ou de complementação, ou não sendo possível a correção do vício apontado, o juiz indeferirá a petição inicial, a extinguir o processo sem análise de mérito.

A qualquer momento, inclusive em sede recursal, pode ser determinada a emenda ou complementação da petição inicial (STJ. AgRg no REsp 752335/MG. DJe 15.03.10). Assim, ao receber a petição inicial, o juiz deve, *incontinenti*, examinar o preenchimento de seus requisitos e, se necessário, discriminar o(s) vício(s) para determinar a regularização. Corrigido(s) o(s) vício(s) apontado(s), o réu, em respeito ao contraditório, será, em seguida, intimado para se pronunciar sobre a emenda ou complementação.

2.3. Indeferimento

Indefere-se a petição inicial quando não for possível a correção do vício de ordem processual pertinente ou quando, instado a assim fazer, o autor não tenha atendido a determinação.

---

9. O Código de Processo Civil, no art. 106, I, dispõe que, quando postular em causa própria, incumbe ao advogado declarar, na petição inicial ou na contestação, o endereço, seu número de inscrição na Ordem dos Advogados do Brasil e o nome da sociedade de advogados da qual participa, para o recebimento de intimações. Em seguida, o § 1º estabelece que, se o advogado descumprir o disposto no inciso I, o juiz ordenará que se supra a omissão, no prazo de 5 dias, antes de determinar a citação do réu, sob pena de indeferimento da petição. Veja-se que o prazo de emenda para a situação individualizada, a considerar a própria simplicidade do ato a ser praticado, é menor. Em vez de 15 dias, são apenas 5. Mas, se a determinação de emenda contemplar aquela situação e outra mais, o prazo será comum de 15 dias. Essa é a orientação estabelecida pelo enunciado 425 do Fórum Permanente de Processualistas Civis: "Ocorrendo simultaneamente as hipóteses dos art. 106, § 1º, e art. 321, caput, o prazo de emenda será único e de quinze dias". O prazo de emenda (qualquer que seja ele), que não é peremptório (STJ. REsp 258207/DF. DJU 23.10.00), a critério do juiz, pode ser reduzido ou ampliado por convenção das partes ou por determinação judicial, como, também, poder ser aceita (a critério do juiz) a emenda à petição inicial, ainda que realizada tardiamente, ou seja, depois do prazo mas antes da sentença de indeferimento (STJ. REsp 1.133.689/PE. DJe 28.03.12).

Por isso, orienta o enunciado 292 do Fórum Permanente de Processualistas Civis, que, "Antes de indeferir a petição inicial, o juiz deve aplicar o disposto no art. 321".

O art. 330 do Código de Processo Civil preconiza que a petição inicial será indeferida quando: a) for inepta; b) a parte for manifestamente ilegítima; c) o autor carecer de interesse processual; d) não atendidas as prescrições dos arts. 106[10] e 321[11].

Antes de indeferir a petição inicial por ilegitimidade passiva da parte, o juiz deve facultar sua correção, a teor do que dispõe o art. 339 do CPC. Aliás, é assim que orienta o enunciado 296 do Fórum Permanente de Processualistas Civis: "verificando liminarmente a ilegitimidade passiva, o juiz facultará ao autor a alteração da petição inicial, para substituição do réu sem ônus sucumbenciais".

Além das hipóteses do art. 330, a petição inicial será indeferida quando não atendido o disposto no § 2º do art. 700, ou seja, quando não explicitados, conforme o caso: a) a importância devida, instruindo-a com memória de cálculo; b) o valor atual da coisa reclamada; c) o conteúdo patrimonial em discussão ou o proveito econômico perseguido. Antes, porém, deve ser oportunizada a sua (da petição inicial) emenda.

3. LEGITIMIDADE DA FAZENDA PÚBLICA

O § 6º do art. 700 do CPC dispõe que "é admissível ação monitória em face da Fazenda Pública". Na verdade, apenas se introduziu no plano legislativo aquilo que já era pacífico na jurisprudência, a considerar que o enunciado 339 do STJ já orientava ser cabível ação monitória contra a Fazenda Pública. Não haveria de ser diferente, porque não há qualquer incompatibilidade entre o rito da ação monitória e as prerrogativas ínsitas à Fazenda Pública.

4. CAPACIDADE DO DEVEDOR NO MOMENTO DA PROPOSITURA DA AÇÃO MONITÓRIA

O art. 700 do Código de Processo Civil estabelece, ainda, que a ação monitória pode ser proposta contra devedor capaz. Se, no momento da propositura da ação monitória, o devedor não for capaz, ela não será cabível. Mas, se o devedor se tornar incapaz posteriormente (depois da citação), não há restrição ao desenvolvimento daquela ação. O requisito imposto pelo legislador, que aparentemente visa a preservar o interesse do incapaz, em razão

10. Art. 106. Quando postular em causa própria, incumbe ao advogado:I – declarar, na petição inicial ou na contestação, o endereço, seu número de inscrição na Ordem dos Advogados do Brasil e o nome da sociedade de advogados da qual participa, para o recebimento de intimações;II – comunicar ao juízo qualquer mudança de endereço.§ 1º Se o advogado descumprir o disposto no inciso I, o juiz ordenará que se supra a omissão, no prazo de 5 (cinco) dias, antes de determinar a citação do réu, sob pena de indeferimento da petição.§ 2º Se o advogado infringir o previsto no inciso II, serão consideradas válidas as intimações enviadas por carta registrada ou meio eletrônico ao endereço constante dos autos.

11. Art. 321. O juiz, ao verificar que a petição inicial não preenche os requisitos dos arts. 319 e 320 ou que apresenta defeitos e irregularidades capazes de dificultar o julgamento de mérito, determinará que o autor, no prazo de 15 (quinze) dias, a emende ou a complete, indicando com precisão o que deve ser corrigido ou completado.Parágrafo único. Se o autor não cumprir a diligência, o juiz indeferirá a petição inicial.

das diversas modalidades de citação possíveis, é injustificado. Bastaria que a comunicação processual, quando incapaz o devedor, fosse realizada exclusivamente por oficial de justiça[12]. Preferiu, contudo, o legislador, adotar outra solução.

5. MANDADO DE PAGAMENTO

Sendo possível o direito do autor (a considerar a prova escrita juntada à petição inicial), o juiz, em decisão fundamentada, deferirá a expedição de mandado de pagamento, de entrega de coisa ou para execução de obrigação de fazer ou de não fazer. Nele, será concedendo ao réu prazo de 15 dias para o cumprimento e o pagamento de honorários advocatícios de 5% do valor atribuído à causa.

Para tanto, o réu, na ação monitória, será citado por qualquer dos meios permitidos para o procedimento comum (inclusive os fictos). Poderá, em igual prazo, em vez de cumprir a obrigação trazida na prova escrita juntada à petição inicial, opor embargos ao mandato (ou até mesmo apresentar reconvenção).

6. SANÇÃO PREMIAL (PROMESSA DE RECOMPENSA)

Contudo, o réu que não opõe embargos e, ao contrário, no prazo de 15 dias, cumpre a obrigação (contida no mandado) de pagar quantia, entregar coisa ou fazer (não fazer), é premiado com a isenção do pagamento de custas processuais e com o pagamento de honorários sucumbenciais de apenas 5% (em exceção à disposição do art. 85 do CPC).

Se simplesmente não opõe embargos, a deixar de cumprir a obrigação, o réu não será premiado. Da mesma forma, por óbvio, se opuser embargos (o réu não receberá sanção premial). Deve haver cumulação de requisitos para alcançar a recompensa, ou seja, não deve opor embargos e, ao mesmo tempo, cumprir a obrigação que o autor atribui em seu detrimento, em razão de prova escrita.

7. CONSTITUIÇÃO DE TÍTULO EXECUTIVO

Se não realizado o pagamento e não apresentados os embargos, constituir-se-á de pleno direito, por decisão, mediante cognição não exauriente, o título executivo judicial, independentemente de qualquer formalidade, a se observar, a partir daí, no que couber, o Título II ("Do Cumprimento da Sentença") do Livro I ("Do Processo de Conhecimento e do Cumprimento de Sentença") da Parte Especial.

No caso da Fazenda Pública, se não opostos embargos, será proferida decisão, mas, ela estará submetida a reexame necessário[13].

---

12. Código de Processo CivilArt. 247. A citação será feita pelo correio para qualquer comarca do país, exceto:[...] II – quando o citando for incapaz;
13. Art. 496. Está sujeita ao duplo grau de jurisdição, não produzindo efeito senão depois de confirmada pelo tribunal, a sentença:I – proferida contra a União, os Estados, o Distrito Federal, os Municípios e suas respectivas autar-

Contra a decisão que constitui de pleno direito o título executivo judicial, caberá ação rescisória.

8. MORATÓRIA

Aplica-se à ação monitória, no que couber, a moratória prevista no art. 916[14]. Tal direito potestativo, reconhecido em favor do executado, deve, por maior razão, ser conferido em favor do réu da ação monitória, que, para não opor resistência, é beneficiado com a possibilidade de pagamento parcelado do débito referente à obrigação de pagar quantia.

Embora a ação monitória contemple qualquer prestação, seja ela decorrente de obrigação de pagar quantia, entregar coisa ou fazer e não fazer, a moratória do art. 916, por razões lógicas, somente pode ser concedida no caso da primeira espécie de obrigação (pagar quantia). Não haveria como adimplir com pagamento (parcelado) as outras obrigações.

9. EMBARGOS

9.1. Apresentação independentemente de pagamento de custas e de prévia segurança do juízo

Quando citado, o réu da ação monitória poderá, em sua resposta, a ser ofertada no prazo de 15 dias, opor embargos, que serão apresentados nos próprios autos, independentemente de prévia segurança do juízo. Inclusive, nem custas processuais são pagas em razão da oposição

quias e fundações de direito público;II – que julgar procedentes, no todo ou em parte, os embargos à execução fiscal.§ 1º Nos casos previstos neste artigo, não interposta a apelação no prazo legal, o juiz ordenará a remessa dos autos ao tribunal, e, se não o fizer, o presidente do respectivo tribunal avocá-los-á.§ 2º Em qualquer dos casos referidos no § 1º, o tribunal julgará a remessa necessária.§ 3º Não se aplica o disposto neste artigo quando a condenação ou o proveito econômico obtido na causa for de valor certo e líquido inferior a:I – 1.000 (mil) salários-mínimos para a União e as respectivas autarquias e fundações de direito público;II – 500 (quinhentos) salários-mínimos para os Estados, o Distrito Federal, as respectivas autarquias e fundações de direito público e os Municípios que constituam capitais dos Estados;III – 100 (cem) salários-mínimos para todos os demais Municípios e respectivas autarquias e fundações de direito público.§ 4º Também não se aplica o disposto neste artigo quando a sentença estiver fundada em:I – súmula de tribunal superior;II – acórdão proferido pelo Supremo Tribunal Federal ou pelo Superior Tribunal de Justiça em julgamento de recursos repetitivos;III – entendimento firmado em incidente de resolução de demandas repetitivas ou de assunção de competência;IV – entendimento coincidente com orientação vinculante firmada no âmbito administrativo do próprio ente público, consolidada em manifestação, parecer ou súmula administrativa.

14. Art. 916. No prazo para embargos, reconhecendo o crédito do exequente e comprovando o depósito de trinta por cento do valor em execução, acrescido de custas e de honorários de advogado, o executado poderá requerer que lhe seja permitido pagar o restante em até 6 (seis) parcelas mensais, acrescidas de correção monetária e de juros de um por cento ao mês.§ 1º O exequente será intimado para manifestar-se sobre o preenchimento dos pressupostos do caput, e o juiz decidirá o requerimento em 5 (cinco) dias.§ 2º Enquanto não apreciado o requerimento, o executado terá de depositar as parcelas vincendas, facultado ao exequente seu levantamento.§ 3º Deferida a proposta, o exequente levantará a quantia depositada, e serão suspensos os atos executivos.§ 4º Indeferida a proposta, seguir-se-ão os atos executivos, mantido o depósito, que será convertido em penhora.§ 5º O não pagamento de qualquer das prestações acarretará cumulativamente:I – o vencimento das prestações subsequentes e o prosseguimento do processo, com o imediato reinício dos atos executivos;II – a imposição ao executado de multa de dez por cento sobre o valor das prestações não pagas.§ 6º A opção pelo parcelamento de que trata este artigo importa renúncia ao direito de opor embargos§ 7º O disposto neste artigo não se aplica ao cumprimento da sentença.

de embargos, pois, a ser diferente, por terem aqueles (os embargos) a natureza jurídica de defesa, estar-se-ia a restringir o exercício direito fundamental por parte do réu[15].

9.2. Objeto

Os embargos podem se fundar em matéria passível de alegação como defesa no procedimento comum[16]. Sua oposição, pois, é que possibilita a cognição exauriente na ação monitória.

Especificamente quando o réu alegar que o autor pleiteia quantia superior à devida, cumprir-lhe-á declarar de imediato o valor que entende correto, apresentando demonstrativo discriminado e atualizado da dívida. Não apontado o valor que ele (o réu) entende por correto ou não apresentado o demonstrativo, os embargos serão liminarmente rejeitados, se esse for o seu único fundamento. Se houver outro fundamento, os embargos serão processados, mas o juiz deixará de examinar a alegação de excesso.

Observe-se que o § 3º do art. 702 dispõe que "não apontado o valor correto [...] os embargos serão liminarmente rejeitados". Ao contrário do que poderia parecer, o texto legal não impõe ao réu, que opõe embargos, o ônus de apresentar o valor correto, mas, sim, de apresentar aquele que ele entende como correto. Pode ser que o valor que apresente não seja o realmente correto, mas, nem por isso, os embargos serão liminarmente rejeitados.

Além disso, se não houver rejeição liminar dos embargos, apesar de não cumpridos os ônus de indicar o valor entendido como correto e apresentar o demonstrativo de cálculos, nada impedirá que, depois (mesmo quando impugnados), os embargos sejam rejeitados, ante a não observância da questão formal.

9.3. Suspensão da eficácia da decisão (e, por conseguinte, do mandato monitório)

A oposição dos embargos suspende, até o julgamento em primeiro grau, a eficácia da decisão que defere expedição de mandado de pagamento, de entrega de coisa ou para execução de obrigação de fazer ou de não fazer, concedendo ao réu prazo de 15 dias para o cumprimento e o pagamento de honorários advocatícios de cinco por cento do valor atribuído à causa. Por conseguinte, fica suspenso o mandado monitório.

Como antes dito, a ação monitória pode ser alicerçada em título executivo extrajudicial. Se tivesse sido intentada execução, a oposição de embargos não teria efeito suspensivo *ope legis*. Mas, utilizada a ação monitória (por opção do autor), a suspensão (da eficácia da decisão) será imediata e perdurará até o julgamento em primeiro grau.

15. DIREITO PROCESSUAL CIVIL. INEXIGIBILIDADE DE RECOLHIMENTO DE CUSTAS EM EMBARGOS À MONITÓRIA. Não se exige o recolhimento de custas iniciais para oferecer embargos à ação monitória. Isso porque, conforme se verifica dos precedentes que deram origem à Súmula 292 do STJ ("A reconvenção é cabível na ação monitória, após a conversão do procedimento em ordinário"), os embargos à monitória tem natureza jurídica de defesa. REsp 1.265.509-SP, Rel. Min. João Otávio de Noronha, julgado em 19/3/2015, DJe 27/3/2015.

16. DIREITO PROCESSUAL CIVIL. AMPLITUDE DA MATÉRIA DE DEFESA DOS EMBARGOS À MONITÓRIA. É possível arguir, em embargos à ação monitória, a invalidade de taxas condominiais extraordinárias objeto da monitória sob o argumento de que haveria nulidade na assembleia que as teria instituído. [...] REsp 1.172.448-RJ, Rel. Min. Luis Felipe Salomão, julgado em 18/6/2013.

9.4. Impugnação aos embargos

Em afirmação ao contraditório, o autor, em seguida, será intimado para responder aos embargos, o que deverá fazer no prazo de até 15 dias. Esse prazo pode ser dobrado se o réu estiver representado pela defensoria pública (art. 186 do CPC e arts. 44, I, 89, I, ambos da LC nº 80/1994[17]) ou pelo Ministério Público (art. 180 do CPC). A Fazenda Pública, suas autarquias e fundações públicas (art. 183 do CPC e Lei nº 9.469/97), bem assim litisconsortes que tiverem diferentes procuradores, de escritórios de advocacia distintos (art. 229 do CPC), terão, igualmente, prazos dobrados.

9.5. Reconvenção

Na ação monitória admite-se a reconvenção[18], sendo vedado, entretanto, o oferecimento de reconvenção à reconvenção, a fim de que aquela não perca sua essência. Deverão, para tanto, ser preenchidos todos os pressupostos de admissibilidade e respectivas condições. Antes mesmo da vigência do CPC/2015, o enunciado 292 a súmula de jurisprudência do Superior Tribunal de Justiça previa que "a reconvenção é cabível na ação monitória, após a conversão do procedimento em ordinário".

Ela (a reconvenção) deverá ser apresentada na mesma petição dos embargos à ação monitória. Todavia, a oposição de embargos não é requisito para que seja aviada a reconvenção na ação monitória. De qualquer modo, se o réu optar por apresentar apenas a reconvenção, deverá fazer no prazo de 15 dias. Se optar diversamente (por apresentar ambas as modalidades de respostas), o réu deverá fazer simultaneamente[19].

9.6. Autuação em apartado

A critério do juiz, os embargos serão autuados em apartado, se parciais, constituindo-se de pleno direito o título executivo judicial em relação à parcela incontroversa. A opção de

17. Art. 44. São prerrogativas dos membros da Defensoria Pública da União:I – receber, inclusive quando necessário, mediante entrega dos autos com vista, intimação pessoal em qualquer processo e grau de jurisdição ou instância administrativa, contando-se-lhes em dobro todos os prazos; [...] Art. 89. São prerrogativas dos membros da Defensoria Pública do Distrito Federal e dos Territórios:I – receber, inclusive quando necessário, mediante entrega dos autos com vista, intimação pessoal em qualquer processo e grau de jurisdição ou instância administrativa, contando-se-lhes em dobro todos os prazos;[...]

18. Reconvenção é modalidade de resposta, em que o réu formula, em seu favor, pedido diferente do da simples improcedência da ação intentada pelo autor. Trata-se de verdadeiro contra-ataque do réu (ainda que em litisconsórcio ulterior) em detrimento do autor (ainda que em litisconsórcio ulterior), em que aquele intenta outra ação (reconvencional) na qual assume a posição de autor. Diferentemente da contestação (assim compreendida como resistência, unicamente), que representa um ônus, a reconvenção (que pode ser veiculada pela contestação) é mera faculdade do réu, porque, embora prestigie a economia processual, pode ser deduzida, de forma autônoma, noutro processo. Ela (a reconvenção) faz surgir pedidos contrastantes e viabiliza que o juiz, num só processo, julgue a ação inicial e a reconvencional.

19. A reconvenção seguirá a mesma forma dos embargos. Logo, não precisará seguir, necessariamente, a forma escrita. Isso porque a reconvenção seguirá na mesma petição dos embargos (que têm natureza de contestação), se estes forem apresentados. Apesar da simultaneidade entre embargos (contestação) e reconvenção, em tese, é possível o réu reconvir sem embargar (contestar). O texto do § 6º do art. 343 do CPC é expresso neste sentido: "o réu pode propor reconvenção independentemente de oferecer contestação".E mais. Como orienta o enunciado 45 do Fórum Permanente de Processualistas Civis, "para que se considere proposta a reconvenção, não há necessidade de uso desse *nomen iuris*, ou dedução de um capítulo próprio. Contudo, o réu deve manifestar inequivocamente o pedido de tutela jurisdicional qualitativa ou quantitativamente maior que a simples improcedência da demanda inicial".

apartar os embargos visa a possibilitar o regular trâmite processual, sem maiores contratempos, a considerar a diversidade de atos praticados no procedimento monitório e no de execução. Trata-se, contudo, de um ato discricionário, não tendo as partes (ou interessados) direito de apartar os autos.

10. POSSIBILIDADE DE CONCESSÃO DE TUTELA PROVISÓRIA

Na ação monitória, é possível a concessão de tutela provisória, seja ela amparada na urgência ou na evidência. Aliás, é imprescindível tal possibilidade, pois, a não ser assim, quando opostos embargos, a decisão proferida pelo juízo, que defere expedição de mandado de pagamento, de entrega de coisa ou para execução de obrigação de fazer ou de não fazer, ficaria suspensa até o julgamento em primeiro grau.

Portanto, a possibilidade de concessão de tutela provisória em ação monitória é coerente ao sistema processual, que não poderia possibilitar aquela (concessão da tutela provisória) no procedimento comum e impedir no procedimento monitório. Além do mais, afastaria, de qualquer detentor de prova escrita da obrigação, o interesse na ação monitória. Seria preferível o rito comum, porque possível a concessão de tutela provisória.

Acrescente-se, em oportuno tempo, que a tutela de evidência se apraz à prova escrita, como deixa clara a redação do art. 311 do Código de Processo Civil[20]. Se a ação monitória há de ser instruída com prova escrita, não se pode dela divorciar a possibilidade de concessão de tutela de evidência (e, quando for o caso, até porque não se faz necessário, para tanto, prova escrita, a concessão de tutela de urgência).

11. JULGAMENTO

Após os trâmites processuais necessários, inclusive pertinentes à eventual instrução do processo, os embargos serão levados a julgamento. Sendo eles rejeitados, constituir-se-á de pleno direito o título executivo judicial, prosseguindo-se o processo em observância ao disposto no Título II ("Do Cumprimento da Sentença") do Livro I ("Do Processo de Conhecimento e do Cumprimento de Sentença") da Parte Especial, no que for cabível.

Acolhidos os embargos, sendo eles totais, não será constituído título executivo em favor do autor. Mas, se forem acolhidos em parte os embargos totais ou acolhidos totalmente os embargos parciais, será constituído título executivo em favor do autor da ação monitória, mas, com as necessárias adequações (sem acolhimento do pedido formulado na petição inicial), a considerar o julgamento proferido.

20. Art. 311. A tutela da evidência será concedida, independentemente da demonstração de perigo de dano ou de risco ao resultado útil do processo, quando:I – ficar caracterizado o abuso do direito de defesa ou o manifesto propósito protelatório da parte;II – as alegações de fato puderem ser comprovadas apenas documentalmente e houver tese firmada em julgamento de casos repetitivos ou em súmula vinculante;III – se tratar de pedido reipersecutório fundado em prova documental adequada do contrato de depósito, caso em que será decretada a ordem de entrega do objeto custodiado, sob cominação de multa;IV – a petição inicial for instruída com prova documental suficiente dos fatos constitutivos do direito do autor, a que o réu não oponha prova capaz de gerar dúvida razoável.Parágrafo único. Nas hipóteses dos incisos II e III, o juiz poderá decidir liminarmente.

Por ocorrer, também, de ser proferida decisão parcial de mérito, caso em que, se rejeitada a respectiva parte dos embargos, será constituído título executivo judicial. Essa hipótese seria comum na situação de cumulação de ações monitórias. Sendo opostos embargos totais e, em seguida, julgada parte do objeto litigioso do processo, haveria, aí, a possibilidade de ser constituído título executivo judicial.

12. RECURSOS

O § 9º do art. 702 do Código de Processo Civil dispõe que "cabe apelação contra a sentença que acolhe ou rejeita os embargos".

A disposição legal guarda certa incoerência ao sistema processual, porque, pelo menos em seus termos, despreza a possibilidade de ser proferida decisão parcial de mérito (conforme art. 356[21]), especialmente quando (de uma forma ampla) cumuladas ações.

É bem verdade que ela se adstringe a tratar do recurso de admissível interposição quando proferida sentença, mas, por sua omissão, não deixa clara a possibilidade de ser admissível a interposição de agravo de instrumento contra decisão parcial de mérito.

Independentemente de qual seja o recurso interponível durante o curso da ação monitória, ele não terá efeito suspensivo *ope legis*.

De fato.

Se for uma apelação, ela será desprovida do dito efeito porque o § 4º do art. 702 dispõe que "a oposição dos embargos suspende a eficácia da decisão referida no *caput* do art. 701 até o julgamento em primeiro grau". Significa que, julgados os embargos, o mandado volta a ter eficácia na instância originária. Esta mesma ilação pode ser alcançada a partir do § 8º do art. 702 do Código, segundo o qual: "rejeitados os embargos, constituir-se-á de pleno direito o título executivo judicial, prosseguindo-se o processo em observância ao disposto no Título II do Livro I da Parte Especial, no que for cabível". Isso porque a constituição de pleno direito de título executivo com a continuação do processo significa não atribuição de efeito suspensivo. Ademais, deve-se lembrar que a tutela monitória constitui hipótese de tutela de evidência, o que atrai a incidência do art. 1.012, § 1º, V, do CPC.

Se for um agravo de instrumento, ele será desprovido do efeito suspensivo, conforme disposição do art. 995[22] e art. 1.019, I[23], ambos do Código de Processo Civil.

---

21. Art. 356. O juiz decidirá parcialmente o mérito quando um ou mais dos pedidos formulados ou parcela deles:I – mostrar-se incontroverso;II – estiver em condições de imediato julgamento, nos termos do art. 355.§ 1º A decisão que julgar parcialmente o mérito poderá reconhecer a existência de obrigação líquida ou ilíquida.§ 2º A parte poderá liquidar ou executar, desde logo, a obrigação reconhecida na decisão que julgar parcialmente o mérito, independentemente de caução, ainda que haja recurso contra essa interposto.§ 3º Na hipótese do § 2º, se houver trânsito em julgado da decisão, a execução será definitiva.§ 4º A liquidação e o cumprimento da decisão que julgar parcialmente o mérito poderão ser processados em autos suplementares, a requerimento da parte ou a critério do juiz.§ 5º A decisão proferida com base neste artigo é impugnável por agravo de instrumento.
22. Art. 995. Os recursos não impedem a eficácia da decisão, salvo disposição legal ou decisão judicial em sentido diverso.Parágrafo único. A eficácia da decisão recorrida poderá ser suspensa por decisão do relator, se da imediata produção de seus efeitos houver risco de dano grave, de difícil ou impossível reparação, e ficar demonstrada a probabilidade de provimento do recurso.
23. Art. 1.019. Recebido o agravo de instrumento no tribunal e distribuído imediatamente, se não for o caso de aplicação do art. 932, incisos III e IV, o relator, no prazo de 5 (cinco) dias:I – poderá atribuir efeito suspensivo ao

Agora, não há impedimento para que o tribunal, por intermédio do relator do recurso, atribua efeito suspensivo, nos termos da segunda parte art. 995 e respectivo parágrafo único do CPC, quando considerar que a imediata produção dos efeitos da decisão possa por em risco de dano grave, de difícil ou impossível reparação, e ficar demonstrada a probabilidade de provimento do recurso.

13. APLICAÇÃO DE MULTA

O juiz condenará o autor de ação monitória proposta indevidamente e de má-fé ao pagamento, em favor do réu, de multa de até 10% sobre o valor da causa. Da mesma forma, condenará o réu que de má-fé opuser embargos à ação monitória ao pagamento de multa de até 10% sobre o valor atribuído à causa, em favor do autor.

14. SÚMULAS

Súmulas do STJ

247. O contrato de abertura de crédito em conta-corrente, acompanhado do demonstrativo de débito, constitui documento hábil para o ajuizamento da ação monitória.

282. Cabe a citação por edital em ação monitória.

292. A reconvenção é cabível na ação monitória, após a conversão do procedimento em ordinário.

296. Verificando liminarmente a ilegitimidade passiva, o juiz facultará ao autor a alteração da petição inicial, para substituição do réu sem ônus sucumbenciais.

299. É admissível a ação monitória fundada em cheque prescrito.

339. É cabível ação monitória contra a Fazenda Pública.

384. Cabe ação monitória para haver saldo remanescente oriundo de venda extrajudicial de bem alienado fiduciariamente em garantia.

503. O prazo para ajuizamento de ação monitória em face do emitente de cheque sem força executiva é quinquenal, a contar do dia seguinte à data de emissão estampada na cártula.

504. O prazo para ajuizamento de ação monitória em face do emitente de nota promissória sem força executiva é quinquenal, a contar do dia seguinte ao vencimento do título.

531. Em ação monitória fundada em cheque prescrito ajuizada contra o emitente, é dispensável a menção ao negócio jurídico subjacente à emissão da cártula.

15. ENUNCIADOS DO FPPC

188. Com a emenda da inicial, o juiz pode entender idônea a prova e admitir o seguimento da ação monitoria.

446. Cabe ação monitória mesmo quando o autor for portador de título executivo extrajudicial.

699. Aplicam-se o art. 11 e o §1º do art. 489 à decisão que aprecia o pedido de expedição do mandado monitório.

---

recurso ou deferir, em antecipação de tutela, total ou parcialmente, a pretensão recursal, comunicando ao juiz sua decisão;[...]

16. ENUNCIADOS DO CJF

101. É admissível ação monitória, ainda que o autor detenha título executivo extrajudicial.

17. INFORMATIVOS

Informativos do STJ

O correio eletrônico (e-mail) pode fundamentar a pretensão monitória, desde que o juízo se convença da verossimilhança das alegações e da idoneidade das declarações.

Cingiu-se a controvérsia em definir se a correspondência eletrônica – e-mail – constitui documento hábil a embasar a propositura de ação monitória. Extrai-se do art. 1.102 do CPC/1.973 os requisitos para a propositura da ação monitória: comprovação da relação jurídica por meio de prova escrita; ausência de força executiva do título e dívida referente a pagamento de soma em dinheiro ou de entrega de coisa fungível ou bem móvel (vide também o art. 700 e incisos do CPC/2.015). Nesse passo, o legislador não definiu o termo "prova escrita", tratando-se, portanto, de conceito eminentemente doutrinário-jurisprudencial. Com efeito, a prova hábil a instruir a ação monitória, a que alude o artigo 1.102-A do Código de Processo Civil, não precisa, necessariamente, ter sido emitida pelo devedor ou nela constar sua assinatura ou de um representante. Basta que tenha forma escrita e seja suficiente para, efetivamente, influir na convicção do magistrado acerca do direito alegado. Ademais, para a admissibilidade da ação monitória, não é imprescindível que o autor instrua a ação com prova robusta, estreme de dúvida, podendo ser aparelhada por documento idôneo, ainda que emitido pelo próprio credor, contanto que, por meio do prudente exame do juiz, exsurja juízo de probabilidade acerca do direito afirmado. Nesse contexto, nota-se que a legislação brasileira, ainda sob à luz do CPC de 1.973, não proíbe a utilização de provas oriundas de meio eletrônico. Imbuído desse mesmo espírito da "era digital", o novo Código de Processo Civil, ao tratar sobre as provas admitidas no processo, possibilita expressamente o uso de documentos eletrônicos, condicionando, via de regra, a sua conversão na forma impressa. Especificamente sobre a questão controvertida, o maior questionamento quanto à força probante do correio eletrônico está adstrito ao campo da veracidade e da autenticidade das informações, principalmente sobre a propriedade de determinado endereço de *e-mail*. Em outras palavras, consiste em saber se uma "conta de *e-mail*" pertence às partes da demanda monitória, bem como se o seu conteúdo não foi alterado durante o tráfego das informações. Entretanto, há mecanismos capazes de garantir a segurança e a confiabilidade da correspondência eletrônica e a identidade do emissor, permitindo a trocas de mensagens criptografadas entre os usuários. É o caso do *e-mail* assinado digitalmente, com o uso de certificação digital. Nesse caminho, esse exame sobre a validade, ou não, da correspondência eletrônica deverá ser aferida no caso concreto, juntamente com os demais elementos de prova trazidos pela parte autora. De fato, se a legislação brasileira não veda a utilização de documentos eletrônicos como meio de prova, soaria irrazoável dizer que uma relação negocial não possa ser comprovada por trocas de mensagens via *e-mail*. REsp 1.381.603-MS, Rel. Min. Luis Felipe Salomão, por unanimidade, julgado em 6/10/2016, DJe 11/11/2016. Informativo 593.

DIREITO PROCESSUAL CIVIL. CONTRATO DE ARRENDAMENTO RURAL COMO PROVA ESCRITA PARA AÇÃO MONITÓRIA.

O contrato de arrendamento rural que, a despeito da vedação prevista no art. 18, parágrafo único, do Decreto nº 59.566/1966, estabelece pagamento em quantidade de produtos agrícolas pode ser usado como prova escrita para instruir ação monitória. Dispõe o art. 1.102-A do CPC/1973 que: "A ação monitória compete a quem pretender, com base em prova escrita sem eficácia de título executivo, pagamento de soma em dinheiro, entrega de coisa fungível ou de determinado bem móvel." Ademais, exige-se a presença de elementos indiciários caracterizadores da materialização de um débito decorrente de uma obrigação de pagar ou de entregar coisa fungível ou bem móvel, proveniente de uma relação jurídica material. Por sua vez, o STJ, na linha da doutrina, entende que é imprescindível ao regular processamento da ação monitória a instrução do feito com documento escrito, firmado ou não pelo devedor da obrigação, desde que se possa inferir indícios da existência do crédito afirmado pelo autor (REsp 647.1840-DF, Terceira Turma, DJ 12/6/2006; REsp 1.138.090-MT, Quarta Turma, DJe 1º/8/2013). No caso, a ação monitória foi instruída com contrato de arrendamento rural cujo preço restou ajustado em quantidade de produtos agrícolas, o que é expressamente vedado pelo art. 18, parágrafo único, do Decreto nº 59.566/1966. Com efeito, é defeso ajustar como preço do arrendamento rural quantidade fixa de frutos ou produtos, ou seu equivalente em dinheiro. Atento à referida disposição legal, o STJ orienta-se no sentido de ser nula cláusula de contrato de arrendamento rural que assim dispõe, no entanto, tem entendido, igualmente, que essa nulidade não obsta que o credor proponha ação visando à cobrança de dívida por descumprimento do contrato, hipótese em que o valor devido deve ser apurado, por arbitramento, em liquidação de sentença (REsp 566.520-RS, Quarta Turma, DJ de 30/8/2004; REsp 407.130-RS, Terceira Turma, DJ 5/8/2002). De fato, o arrendamento rural é o contrato agrário pelo qual uma pessoa (arrendatário) se obriga a ceder a outra (arrendador), por tempo determinado ou não, o uso e gozo de imóvel rural, total ou parcialmente, incluindo, ou não, outros bens, benfeitorias e ou facilidades, com o objetivo de que nele seja exercida atividade de exploração agrícola, pecuária, agroindustrial, extrativa ou mista, mediante certa retribuição ou aluguel. Por seu turno, dispõe o art. 2º do Decreto nº 59.566/1966 que: "Art. 2º. Todos os contratos agrários reger-se-ão pelas normas do presente Regulamento, as quais serão de obrigatória aplicação em todo o território nacional e irrenunciáveis os direitos e vantagens nelas instituídos. Parágrafo único. Qualquer estipulação contratual que contrarie as normas estabelecidas neste artigo será nula de pleno direito e de nenhum efeito." Assim, em contrato agrário, o imperativo de ordem pública determina sua interpretação de acordo com o regramento específico, visando obter uma tutela jurisdicional que se mostre adequada à função social da propriedade. As normas de regência do tema detêm caráter cogente, de observância obrigatória, porquanto disciplinam interesse de ordem pública, consubstanciado na proteção, em especial, do arrendatário rural, o qual, pelo desenvolvimento do seu trabalho, exerce a relevante função de fornecer alimentos à população. Nessa perspectiva, a doutrina entende que "Os contratos agrários não podem ser interpretados da mesma forma que os contratos regidos pelo Código Civil. (...) Por conseguinte, autonomia de vontade nos moldes preceituados no Código Civil existirá apenas na decisão ou não de contratar, pois se houve opção de contrato, a vontade se subsumirá nos ditames da lei". Contudo, essa forma especial de interpretação dos contratos agrários não pode servir de guarida para a prática de condutas repudiadas pelo ordenamento jurídico, de modo a impedir, por exemplo, que o credor exija o que lhe é devido por inquestionável descumprimento do contrato. Portanto, ainda que o contrato de arrendamento rural se encontre eivado de vício, relativo à forma de remuneração do proprietário da terra, que lhe subtraía atributo essencial para ser considerado válido, tem-se que não se pode negar o valor probatório da relação jurídica efetivamente havida, de maneira que o referido documento é capaz de alicerçar ação monitória. REsp 1.266.975-MG, Rel. Min. Ricardo Villas Bôas Cueva, julgado em 10/3/2016, DJe 28/3/2016. Informativo 580.

18. SINOPSE

AÇÃO MONITÓRIA
Considerações iniciais
A ação monitória pode ser proposta por aquele que afirmar, com base em prova escrita sem eficácia de título executivo, ter direito de exigir do devedor capaz o cumprimento de obrigação, podendo ela consistir no pagamento de quantia em dinheiro, na entrega de coisa fungível ou infungível ou de bem móvel ou imóvel ou no adimplemento de obrigação de fazer ou de não fazer.
Petição Inicial
Deverá preencher os requisitos do art. 319 do CPC com algumas particularidades.
Legitimidade da Fazenda Pública
Será admissível ação monitória em face da Fazenda Pública.
Capacidade do devedor no momento da propositura da ação
A ação monitória pode ser proposta contra devedor capaz. Se, no momento da propositura da ação monitória, o devedor não for capaz, ela não será cabível. Mas, se o devedor se tornar incapaz posteriormente (depois da citação), não há restrição ao desenvolvimento daquela ação.

Mandado de Pagamento
Sendo possível o direito do autor (a considerar a prova escrita juntada à petição inicial), o juiz deferirá a expedição de mandado de pagamento, de entrega de coisa ou para execução de obrigação de fazer ou de não fazer. Nele, será concedendo ao réu prazo de 15 dias para o cumprimento e o pagamento de honorários advocatícios de 5% do valor atribuído à causa.
Sanção Premial (promessa de recompensa)
O réu que não opõe embargos e, ao contrário, no prazo de 15 dias, cumpre a obrigação (contida no mandado) de pagar quantia, entregar coisa ou fazer (não fazer), é premiado com a isenção do pagamento de custas processuais e com o pagamento de honorários sucumbenciais de apenas 5%.
Constituição de Título Executivo
Se não realizado o pagamento e não apresentados os embargos, constituir-se-á de pleno direito, por decisão, mediante cognição não exauriente, o título executivo judicial, independentemente de qualquer formalidade.
Moratória
Aplica-se à ação monitória, no que couber, a moratória prevista no art. 916.
Embargos
Obstativo (ou impeditivo ao trânsito em julgado); suspensivo, ativo, devolutivo; substitutivo; interruptivo.
Possibilidade de concessão de tutela provisória
Na ação monitória, é possível a concessão de tutela provisória, seja ela amparada na urgência ou na evidência.
Julgamento
Se o embargo for rejeitado: constituir-se-á de pleno direito o título executivo judicial; noutro giro, se acolhidos os embargos, sendo eles totais, não será constituído título executivo em favor do autor. Mas, se forem acolhidos em parte os embargos totais ou acolhidos totalmente os embargos parciais, será constituído título executivo em favor do autor da ação monitória, mas, com as necessárias adequações (sem acolhimento do pedido formulado na petição inicial), a considerar o julgamento proferido.
Recursos
Em regra, caberá apelação contra a sentença que acolhe ou rejeita os embargos.
Aplicação de Multa
O juiz condenará o autor de ação monitória proposta indevidamente e de má-fé ao pagamento, em favor do réu, de multa de até 10% sobre o valor da causa. Da mesma forma, condenará o réu que de má-fé opuser embargos à ação monitória ao pagamento de multa de até 10% sobre o valor atribuído à causa, em favor do autor.

CAPÍTULO 47

RESTAURAÇÃO DE AUTOS

1. CONSIDERAÇÕES INICIAIS

O desaparecimento dos autos (plexo de escritos ou dados virtuais que dão forma aos atos processuais e exteriorizam a existência do processo) é fenômeno que pode decorrer de diversas causas, dentre as quais: desastres naturais; agentes deteriorantes; perda involuntária; ato humano doloso de destruição, desvio ou perda.

Não existindo autos suplementares, será intentada ação de restauração de autos. Seu procedimento, de natureza especial (regulado nos arts. 712 a 718 do CPC), deve se desenvolver em uma plataforma de boa-fé e de cooperação, especialmente porque tem como finalidade reconstituir os autos físicos ou digitais que por qualquer razão despareceram.

No caso de autos eletrônicos, poder-se-ia cogitar eventual erro no sistema que acarretasse perda dos arquivos, sendo certo que tal hipótese, conquanto possível, é de remota ocorrência, eis que comum a existência de *backup* no sistema de segurança, constituindo, nessa situação, os próprios autos suplementares, a afastar a necessidade de restauração.

Por isso, as hipóteses mais frequentes ocorrem com a perda de autos físicos, quando uma das partes os retira em carga e, ou não os devolve, ou informa o seu furto ou extravio, situação em que a parte adversa pede a restauração. Será, aí, imprescindível o contraditório comparticipativo, para que os autos sejam reconstituídos da forma mais próxima possível do original, restabelecendo o *status quo ante*.

Assim, constatada a perda dos autos, físicos ou eletrônicos, e a ausência de autos suplementares, todos os que estiverem de posse de cópias de documentos, de petições ou de quaisquer elementos que possam auxiliar na restauração, deverão apresentá-los em juízo, por meio do procedimento especial da ação de restauração de autos.

2. LEGITIMIDADE

Em consonância com o art. 712 do CPC/2015, **qualquer das partes** que figuravam em um dos polos da relação do processo desaparecido pode promover a ação restauração dos autos. Além das partes, o **juiz e o Ministério Público**, igualmente, podem intentar a ação especial.

Quanto ao membro do *Parquet*, ele possuirá legitimidade para pedir a instauração quando intervir, no processo, nas hipóteses do art. 178 do CPC/15. Já no que se refere ao juiz, a legitimação decorre do exercício dos seus poderes de gestão do processo, o que excepciona o princípio do dispositivo.

3. COMPETÊNCIA

A competência para a ação de restauração de autos será do **juízo em que tinha curso o processo que desapareceu**, devendo-se observar, entretanto, o disposto no art. 717, para situações em que o processo já tramita no tribunal. A dizer de outra forma, se o desaparecimento dos autos tiver ocorrido no tribunal, a ação de restauração será distribuída, **sempre que possível, ao relator do processo.**

Na hipótese de o juízo de primeira instância ter realizado alguns atos no curso do processo, o relator expedirá carta de ordem, hipótese na qual a restauração, quanto a tais atos, far-se-á no juízo de origem. Cumprida a carta de ordem, completar-se-á a restauração e proceder-se-á ao julgamento da ação de restauração.

4. PROCEDIMENTO

Na petição inicial, em que se pede a restauração de autos, a parte, além de preencher os requisitos do art. 319 do CPC, declarará o estado do processo ao tempo do seu desaparecimento. Na sua postulação, deverá incluir: a) certidões dos atos constantes do protocolo de audiências do cartório por onde haja corrido o processo; b) cópias das peças que tenham em seu poder; c) qualquer outro documento que facilite a restauração.

No caso de iniciativa das partes, o processo deverá seguir as formalidades encimadas. Mas, caso o juiz atue de ofício, fará por determinação ao cartório ou à secretaria judiciária.

Em seguida, o juiz mandará citar a parte para apresentar contestação no prazo de 05 dias, cabendo-lhe exibir as cópias, as contrafés e as reproduções dos atos e dos documentos que estiverem em seu poder. O juiz, na busca da recomposição, poderá, inclusive, citar terceiros que intervieram no processo, para que exercitem o contraditório e contribuam com elementos que auxiliem na restauração.

Citada, a parte poderá adotar três condutas:

a) concordar com a restauração, colaborando com a juntada de cópias e de documentos que tiver em seu poder, hipótese na qual o procedimento terminará com a lavratura do auto de restauração, que, homologado pelo juiz, suprirá o processo desaparecido;

b) não contestar a ação, situação em que será considerado revel, podendo as alegações do autor ser consideradas verdadeiras, na forma do arts. 334 e 345;

c) concordar parcialmente com a restauração dos autos, hipótese em que o juiz verificará a necessidade de designação de audiência de instrução e julgamento, e, em caso de desnecessidade, decidirá.

Se a perda dos autos tiver ocorrido depois da produção das provas em audiência, o juiz, caso julgue necessário, mandará repeti-las.

Contudo, o juiz só determinará a repetição das provas se efetivamente necessário. Se as partes tenham documentado, de forma suficiente, os atos probatórios (ex. laudo pericial, prova documental original), a repetição será dispensada.

Se o magistrado entender necessário, a repetição somente ocorrerá após a recomposição dos autos, porque não analisado o mérito da ação intentada no processo originário.

Determinada a repetição das provas:

a) as testemunhas serão reinquiridas ou, não sendo possível, poderão ser substituídas de ofício ou a requerimento da parte;

b) a prova pericial, se não houver certidão ou cópia do laudo, será novamente realizada, a nomear, para o encargo, sempre que possível, o mesmo perito;

c) a prova documental, não havendo certidão de documentos, será reconstituída mediante cópias e, na falta delas, pelos meios ordinários de prova.

Os serventuários e auxiliares de justiça deverão depor como testemunhas acerca dos atos que presenciaram ou confirmar que determinados documentos constavam nos autos do processo.

É possível que o juiz possua arquivos dos atos por ele praticados. Se eles existirem, o juiz juntá-los-á aos autos da ação de restauração, a gozarem da autoridade dos atos originalmente praticados.

Caso não possua tais arquivos, mas tendo os atos judiciais sido substituídos por outros (decisões unipessoais ou acórdãos), a ausência será admitida se não prejudicar a execução.

Julgada a restauração, o processo seguirá os seus termos.

Se os autos originários forem localizados, dar-se-á preferência a eles, devendo os autos da restauração ser apensados ao original.

Caso o aparecimento ocorra na pendência de recurso interposto na ação de restauração, ele será julgado prejudicado por falta de interesse recursal.

A prestação jurisdicional, na ação de restauração, estará restrita à reconstrução e recomposição dos autos, não havendo qualquer discussão a respeito do mérito da ação cujos autos do processo estão sendo recompostos.

5. HONORÁRIOS ADVOCATÍCIOS E CUSTAS PROCESSUAIS

Na forma do art. 718, do CPC, "quem houver dado causa ao desaparecimento dos autos responderá pelas custas da restauração e pelos honorários de advogado, sem prejuízo da responsabilidade civil ou penal em que incorrer".

Os honorários sucumbenciais e as custas serão devidos **ainda que não seja oferecida contestação.**

Além disso, a condenação ao pagamento dos honorários e das custas não afastará a responsabilização civil ou penal que porventura seja imputada à parte.

A responsabilidade civil será subjetiva e abarcará todos os danos causados em decorrência do desaparecimento dos autos.

6. ENUNCIADOS DO FPPC

76. Localizados os autos originários, neles devem ser praticados os atos processuais subsequentes, dispensando-se a repetição dos atos que tenham sido ultimados nos autos da restauração, em consonância com a garantia constitucional da duração razoável do processo (CF/88, 5º, LXXVIII) e inspiração no art. 964 do Código de Processo Civil Português.

7. INFORMATIVOS

Informativos do STJ

Tribunal de Justiça não tem competência para, por meio de provimento da respectiva Corregedoria, estabelecer prazo para a propositura de ação de restauração de autos. A restauração de autos visa à recomposição do conjunto de peças documentais do processo desaparecido, assim como à responsabilização do causador do desaparecimento. No entanto, verifica-se que o CPC/1973 e o CPC/2015 não preveem prazo para a sua propositura. No caso analisado, Corregedoria de Tribunal de Justiça fixou termo final para o seu ajuizamento sob pena de a parte perder o direito à restauração dos autos e ser obrigada a propor novamente a ação principal, criando verdadeiro prazo decadencial. A desse prazo decadencial é norma que impõe limite ao exercício do direito pela parte e, consequentemente, à prestação da atividade jurisdicional pelo Estado, razão pela qual não pode ser considerada mera regra de procedimento. Normas puramente procedimentais, com efeito, não podem adentrar aspectos típicos do processo, como competência, prazos, recursos ou provas são normas que versam sobre questões internas do órgão jurisdicional (*interna corporis*), de simples organização judiciária, a exemplo da autuação, distribuição e protocolo, custas processuais, lavratura de certidões, informações estatísticas, etc. Tal previsão, ademais, viola a garantia do devido processo legal, na sua vertente substancial, porquanto não é razoável que o silêncio do legislador possa ser interpretado pelo órgão jurisdicional em prejuízo da parte que não deu causa ao desaparecimento dos autos, sequer em favor daquela que se beneficia da suspensão do processo. Assim, ao estabelecer prazo para a propositura da ação de restauração de autos com a apresentação dos documentos necessários, o Tribunal de Justiça editou norma processual – cuja competência legislativa foi atribuída, pela Constituição Federal, privativamente à União (art. 22, I, CF/1988) – em ofensa ao devido processo legal, e violou os arts. 1.063 e seguintes do CPC/1973 (arts. 712 e seguintes do CPC/2015). REsp 1.722.633-MA, Rel. Min. Nancy Andrighi, por unanimidade, julgado em 07/08/2018, DJe 10/08/2018. Inf. 630.

8. SINOPSE

RESTAURAÇÃO DOS AUTOS
Considerações iniciais
Constatada a perda dos autos, físicos ou eletrônicos, e a ausência de autos suplementares, todos os que estiverem de posse de cópias de documentos, de petições ou de quaisquer elementos que possam auxiliar na restauração, deverão apresentá-los em juízo, por meio do procedimento especial da ação de restauração de autos.
Legitimidade
Qualquer das partes que figuravam em um dos polos da relação do processo desaparecido pode promover a ação restauração dos autos. Além das partes, o juiz e o Ministério Público, igualmente, podem intentar a ação especial.

Competência
A competência para a ação de restauração de autos será do juízo em que tinha curso o processo que desapareceu. Se o desaparecimento dos autos tiver ocorrido no tribunal, a ação de restauração será distribuída, sempre que possível, ao relator do processo.
Procedimento
Na petição inicial declarará o estado do processo ao tempo do seu desaparecimento, incluindo: a) certidões dos atos constantes do protocolo de audiências do cartório por onde haja corrido o processo; b) cópias das peças que tenham em seu poder; c) qualquer outro documento que facilite a restauração. A parte será citada para apresentar contestação no prazo de 05 dias, cabendo-lhe exibir as cópias, as contrafés e as reproduções dos atos e dos documentos que estiverem em seu poder. Citada, a parte poderá adotar três condutas: a) concordar com a restauração, colaborando com a juntada de cópias e de documentos que tiver em seu poder, hipótese na qual o procedimento terminará com a lavratura do auto de restauração, que, homologado pelo juiz, suprirá o processo desaparecido; b) não contestar a ação, situação em que será considerado revel, podendo as alegações do autor ser consideradas verdadeiras, na forma do arts. 334 e 345; c) concordar parcialmente com a restauração dos autos, hipótese em que o juiz verificará a necessidade de designação de audiência de instrução e julgamento, e, em caso de desnecessidade, decidirá. Se a perda dos autos tiver ocorrido depois da produção das provas em audiência, o juiz, caso julgue necessário, mandará repeti-las. Determinada a repetição das provas: a) as testemunhas serão reinquiridas ou, não sendo possível, poderão ser substituídas de ofício ou a requerimento da parte;
b) a prova pericial, se não houver certidão ou cópia do laudo, será novamente realizada, a nomear, para o encargo, sempre que possível, o mesmo perito; c) a prova documental, não havendo certidão de documentos, será reconstituída mediante cópias e, na falta delas, pelos meios ordinários de prova. Os serventuários e auxiliares de justiça deverão depor como testemunhas acerca dos atos que presenciaram ou confirmar que determinados documentos constavam nos autos do processo. Julgada a restauração, o processo seguirá os seus termos. Se os autos originários forem localizados, dar-se-á preferência a eles, devendo os autos da restauração ser apensados ao original.
Honorários Advocatícios e Custas
Quem houver dado causa ao desaparecimento dos autos responderá pelas custas da restauração e pelos honorários de advogado, sem prejuízo da responsabilidade civil ou penal em que incorrer. A condenação ao pagamento dos honorários e das custas não afastará a responsabilização civil ou penal que porventura seja imputada à parte.

CAPÍTULO 48

PROCESSO DE EXECUÇÃO

1. CONSIDERAÇÕES INICIAIS

Até então, foi dado enfoque principal à fase de conhecimento. O ideal era que a atividade jurisdicional não precisasse ir mais adiante[1]. Apontada a parte vencedora (ou mesmo sendo esta reconhecida por título idôneo constituído no plano extrajudicial), a parte vencida deveria, espontaneamente, satisfazer o direito daquela.

Se tudo corresse dessa forma, não haveria que se falar em atividade jurisdicional de execução. Entretanto, não é assim que ocorre no mais das vezes. Surge daí a necessidade de a atividade jurisdicional se aparelhar de atos, termos e meios capazes de efetivar o comando judicial (ou contido no título executivo extrajudicial), para satisfazer o direito subjetivo de quem couber nos casos de títulos não autossuficientes.

É o que se chama de **processo/fase de execução** – enfoque principal a partir de agora. Trata-se de verdadeira prestação jurisdicional a proporcionar que o direito subjetivo do exequente seja satisfeito da forma possível, a mais se aproximar do cenário onde aquele não tivesse sido desrespeitado/ameaçado pela parte executada.

A atividade jurisdicional de execução deve ser impulsionada pela existência de **título executivo judicial ou extrajudicial.** Seja qual for a natureza do título, conquanto se verifique a predominância de atos típicos da execução, pode-se verificar posterior atividade cognitiva. Porém, a natureza do título define a amplitude da cognição na execução. Se fundada em título executivo judicial, as matérias de cognição são mais restritas do que se fundada em título executivo extrajudicial.

Em face disso, e em se considerando a desnecessidade de repetir disposições comuns, o Código de Processo Civil estabelece no art. 771 que o livro que regula o procedimento da

1. Inclusive, o princípio do estímulo à resolução consensual dos conflitos deve imperar também na fase executiva. Com bem anota o enunciado nº 485 do FPPC: é cabível a audiência de conciliação e mediação no processo de execução, na qual é admissível, entre outras coisas, a apresentação de plano de cumprimento da prestação.

execução fundada em título extrajudicial, e suas disposições aplicam-se, também, no que couber, aos procedimentos especiais de execução, aos atos executivos realizados no procedimento de cumprimento de sentença, bem como aos efeitos de atos ou fatos processuais a que a lei atribuir força executiva.

O parágrafo único do art. 771 complementa dispondo que se aplicam subsidiariamente à execução as disposições do Livro I da Parte Especial.

Há, portanto, recíproca interação entre os dispositivos relativos aos procedimentos especiais de execução, ao cumprimento de sentença, ao processo de execução de títulos extrajudiciais e ao processo de conhecimento.

> Enunciado 12 do FPPC: "A aplicação das medidas atípicas sub-rogatórias e coercitivas é cabível em qualquer obrigação no cumprimento de sentença ou execução de título executivo extrajudicial. Essas medidas, contudo, serão aplicadas de forma subsidiária às medidas tipificadas, com observação do contraditório, ainda que diferido, e por meio de decisão à luz do art. 489, § 1º, I e II".
>
> Enunciado 444 do FPPC: "Para o processo de execução de título extrajudicial de obrigação de não fazer, não é necessário propor a ação de conhecimento para que o juiz possa aplicar as normas decorrentes dos arts. 536 e 537".
>
> Enunciado 450 do FPPC: "Aplica-se a regra decorrente do art. 827, § 2º, ao cumprimento de sentença".
>
> Enunciado 545 do FPPC: "Aplicam-se à impugnação ao cumprimento de sentença, no que couber, as hipóteses previstas nos incisos I e III do art. 918 e no seu parágrafo único".

Com o sincretismo processual e a convivência de atos cognitivos e executivos no mesmo processo, o cumprimento de sentença dará continuidade ao processo rumo à execução do título judicial. Nos casos de títulos executivos extrajudiciais, cujas disposições serão analisadas no presente capítulo, far-se-á necessária a formação de um processo executivo autônomo.

2. PRINCÍPIOS

A execução é guiada por alguns princípios setoriais. Dentre eles, podem-se enumerados:

a) **Patrimonialidade**: ao longo dos tempos, a execução superou a responsabilidade pessoal para abrir espaço à responsabilidade patrimonial. Quem responde pelo cumprimento da obrigação é o patrimônio da parte executada e não a sua pessoa (art. 789 do CPC).

Poder-se-ia até defender que, na hipótese excepcional do devedor de alimentos, admite-se a prisão civil como medida coercitiva para alcançar o pagamento da prestação alimentícia. Entretanto, o cumprimento do prazo prisional não extingue a obrigação de pagar. A ser assim, não há responsabilidade, também aí, do executado, mas, sim, de seu patrimônio, pois, quando, por intermédio dele, for adimplida a obrigação (no caso, alimentar), que ela se extinguirá. Apesar disso, não se descarta outras modalidades de extinção do crédito, como será mostrado oportunamente.

Relativamente ao infiel depositário, não mais se admite a prisão como medida coercitiva. Nesse sentido, apontam a súmula vinculante 25 do Supremo Tribunal Federal ("É ilícita a prisão civil de depositário infiel, qualquer que seja a modalidade de depósito") e enunciado 419 da súmula de jurisprudência do Superior Tribunal de Justiça ("Descabe a prisão civil do depositário judicial infiel").

O Supremo Tribunal Federal decidiu que, desde a adesão do Brasil, sem qualquer reserva, ao Pacto Internacional dos Direitos Civis e Políticos e à Convenção Americana sobre Direitos Humanos (Pacto de San José da Costa Rica), não há mais base legal para prisão civil do depositário infiel, pois o caráter especial desses diplomas internacionais sobre direitos humanos lhes reserva lugar específico no sistema jurídico, estando abaixo da Constituição, entretanto, acima das demais espécies de leis.

b) **Exato adimplemento**: a execução, em razão da garantia de acesso qualificado à prestação jurisdicional, deve proporcionar um cenário onde o direito subjetivo do exequente não tivesse sido desrespeitado. Deve proporcionar o transporte do exequente ao *status quo ante* à violação ou ameaça de seu direito. Busca-se estabelecer o adimplemento da obrigação pelo executado, como se ela tivesse sido espontaneamente cumprida.

Não se deve, pela prestação jurisdicional, proporcionar-se nem mais nem menos, e sim precisamente a satisfação, pelo executado, daquilo que é devido ao exequente. Entretanto, não sendo possível o alcance do exato adimplemento (tutela específica ou tutela pelo equivalente), ou quando o exequente assim preferir, a execução de obrigação de fazer, não fazer ou de entregar coisa podem ser convertidas em perdas e danos. Sob o ponto de vista do devedor, cumprida a obrigação, a execução não mais poderá se estender.

c) **Disponibilidade do processo pelo exequente**: diferentemente do que acontece na fase de conhecimento, na execução, se não tiverem sido opostos embargos (ou apresentada impugnação), o exequente pode pedir desistência (total ou parcial) independentemente do consentimento do executado (STJ. REsp 493518/SP. DJU 30.06.03). Isso ocorre justamente porque a execução visa a satisfazer o direito do exequente.

A desistência pode se adstringir a apenas algum (alguns) ato(s) da execução, como, por exemplo, a desistência da penhora incidente sobre determinado bem (STJ. REsp 172032/RS. DJU 21.06.99). Inclusive, se opostos embargos ou apresentada impugnação ao cumprimento de sentença, se eles não versarem sobre questão de fundo, a desistência ainda é opção exclusiva da parte exequente.

Mas, se o questionamento apresentado pelos embargos ou pela impugnação ao cumprimento da sentença disser respeito àquela questão (de fundo), a desistência estará condicionada à concordância do embargante ou do impugnante (art. 775 do CPC). Apesar disso, a recusa ao pedido de desistência deve ser fundamentada e justificada. Não basta simples alegação de discordância, sem a indicação de motivo relevante (STJ. REsp 241780/PR. DJU 03.04.00).

Se o pedido de desistência[2] for formulado após a oposição de embargos ou apresentação de impugnação ao cumprimento de sentença (STJ. EDcl no AgRg no REsp 438067/RS. DJU 19.12.02), ou mesmo da indicação de bens à penhora (STJ. REsp 285347/SP. DJU

2. O pedido de desistência formulado via fac símile somente produz eficácia após a anexação das peças originais (STJ. AgRg no REsp 870484/RS. DJU 17.12.07).

05.03.01), à parte exequente caberá o pagamento dos ônus da sucumbência relativos à execução, tendo em vista a causalidade.

Diga-se em tempo que a desistência da execução não importa necessária renúncia à prestação (STJ. REsp 263718/MA. DJU 20.05.02). Caso seja do interesse do exequente, ele, desde que respeitado o prazo prescricional e pagas as despesas processuais, pode executar depois a prestação (STJ. REsp 715692/SC. DJU 15.08.05). Em razão disso, é importante reafirmar-se o texto do enunciado 150 da súmula do STF: "prescreve a execução no mesmo prazo de prescrição da ação".

d) **Utilidade**: a execução só se justifica se ela puder proporcionar algum proveito à parte exequente. Tanto é que a ausência de bens penhoráveis justifica a suspensão da execução (art. 921, III, do Código de Processo Civil). E ainda que eles (bens penhoráveis) existam, mas se forem suficientes apenas ao pagamento das custas da execução, não se levará a efeito a penhora, conforme dispõe o art. 836 do Código.

Isso não quer dizer que, apesar de diminuto o valor do crédito, ele não possa ser executado. Não é isso. Aliás, compreender dessa forma seria alijar a garantir de acesso à prestação jurisdicional. Contudo, não se pode desconhecer que alguns entes da Federação não executam créditos de valores diminutos, mas, tal se trata de uma deliberação fundada exclusivamente na sua conveniência.

e) **Realização em benefício do exequente**: a execução deve satisfazer ao interesse do exequente, que, aparentemente, em razão do atributo da certeza da obrigação reconhecida pelo título executivo, é quem deve ser contemplado pela prestação jurisdicional satisfativa. Em favor dele (do exequente), deve ser adimplida, pelo executado, a obrigação, conforme estabelece o art. 797 do Código de Processo Civil.

Tanto é que o legislador, influenciado pelo modelo cooperativo de processo, reforça e aumenta os poderes do juiz no curso da execução (art. 772 do CPC), com vistas a operar, em tempo razoável, uma atividade jurisdicional executiva mais efetiva. Nessa esteira, o juiz, como responsável pela condução do processo, poderá, em qualquer momento da marcha processual, adotar as seguintes medidas:

Ordenar o comparecimento das partes: o juiz, no exercício do seu dever de esclarecimento, criará uma plataforma de diálogo e boa-fé entre os sujeitos processuais para tentar clarificar as questões e arredar quaisquer dúvidas relativas à execução.

Advertir o executado de que seu procedimento constitui ato atentatório à dignidade da justiça[3]: essa disposição impõe ao juiz o dever de prevenir[4] o executado acerca de sua

3. Art. 774. Considera-se atentatória à dignidade da Justiça a conduta comissiva ou omissiva do executado que: I – frauda a execução; II – se opõe maliciosamente à execução, empregando ardis e meios artificiosos; III – dificulta ou embaraça a realização da penhora; IV – resiste injustificadamente às ordens judiciais; V – intimado, não indica ao juiz, quais são e onde estão os bens sujeitos à penhora e seus respectivos valores, nem exibe prova de sua propriedade e, se for o caso, certidão negativa de ônus. Parágrafo único: nos casos previstos neste artigo, o juiz fixará multa em montante não superior a vinte por cento do valor atualizado do débito em execução, a qual será revertida em proveito do exequente, exigível nos próprios autos do processo, sem prejuízo de outras sanções de natureza processual ou material.

4. Destaca-se que não há limite temporal, nem quantitativo para atividade de clarificação, pois o esclarecimento não gera alterações no campo prático do processo, mas sim no convencimento do juiz e na potencialização cog-

conduta (comissiva ou omissiva)[5], que eventualmente configure ato atentatório à dignidade da justiça e, por isso, pode ensejar aplicação de penalidade. Tal advertência afirma o contraditório e, por isso, evita decisões surpresas[6].

Nos termos do art. 774 do Código, considera-se atentatória à dignidade da justiça a conduta comissiva ou omissiva do executado que: frauda a execução; se opõe maliciosamente à execução, empregando ardis e meios artificiosos; dificulta ou embaraça a realização da penhora; resiste injustificadamente às ordens judiciais; intimado, não indica ao juiz quais são e onde estão os bens sujeitos à penhora e os respectivos valores, nem exibe prova de sua propriedade e, se for o caso, certidão negativa de ônus.

Reconhecida a prática de conduta atentatória à dignidade da justiça, o juiz fixará multa em montante não superior a 20% do valor atualizado do débito em execução, a qual será revertida em proveito do exequente, exigível nos próprios autos do processo, sem prejuízo de outras sanções de natureza processual ou material.

Sob a égide do CPC/1973, nos termos do parágrafo único do art. 601, o juiz deveria relevar a aplicação da multa por conduta atentatória à dignidade da justiça se o executado se comprometesse a não mais praticar qualquer das condutas atentatórias e nomeasse fiador idôneo, que respondesse ao exequente pela dívida principal, juros e despesas processuais (inclusive, honorários advocatícios). Tal disposição servia de estímulo para o executado atentar contra a dignidade da justiça, pois, se (e somente se) fosse assim reconhecido (possibilidade essa que poderia até não ocorrer), teria como afastar a penalidade imposta.

O atual Código, além de ter ampliado as hipóteses em que caracterizado o atentado à dignidade da justiça, não mais permite que a penalidade aplicada seja afastada. A ser assim, reconhecida a conduta atentatória à dignidade da justiça, deve ser aplicada, em qualquer das hipóteses, a penalidade.

Determinar que os sujeitos indicados pelo exequente forneçam informações em geral relacionadas ao objeto da execução, tais como documentos e dados que tenham em seu poder, assinando-lhes prazo razoável: tal medida, trazida pelo Código, cria um poder geral de coleta de informações relacionadas ao objeto da execução com vistas a facilitar a identificação e a localização dos bens que serão submetidos à penhora.

Esse dever de auxílio[7] estabelece a possibilidade de o juiz maximizar as potencialidades da cooperação para abarcar também a colaboração de terceiros para com o órgão jurisdicional. Os sujeitos que não integram o processo também possuem o dever de colaborar para o efetivo deslinde do mérito.

---

nitiva das partes.

5. O CPC deixa claro que, não só condutas comissivas, mas também as omissivas podem ser tarifadas como ato atentatório. O art. 774 do CPC/2015 amplia as hipóteses de comportamentos do executado que se configura atentatória à dignidade da Justiça, inserindo os incisos III e V.

6. De forma salutar o CPC/20115 não reproduz o § único do art. 601, indicando que o juiz não pode mais relevar a pena, se o executado se comprometer a não mais praticar atos atentatórios a dignidade da justiça, mesmo que dê fiador idôneo. Essa modificação silenciosa impõe uma postura mais contundente do magistrado que deve punir com maior vigor a prática de tais atos ilícitos impondo as sanções pertinentes.

7. Cabe aqui importante ponderação. Esse dever de auxílio do juiz só deve ser exercido quando a parte alegar, de forma justificada, dificuldades sérias em obter um documento ou informação que será essencial para o exercício de uma faculdade, cumprimento de um ônus ou dever processual relativo à fase executiva.

A fim de reforçar esse poder, o art. 773 do Código determina que o juiz poderá, de ofício ou a requerimento, determinar as medidas necessárias ao cumprimento da ordem de entrega de documentos e dados[8]. Na hipótese de o juízo receber dados sigilosos para os fins da execução, serão adotadas as medidas necessárias para assegurar a confidencialidade.

f) **Menor onerosidade:** quando o exequente, por vários meios igualmente eficazes, puder promover a execução, o juiz mandará que se faça pelo modo menos gravoso para o executado (art. 805 e art. 829, § 2º, ambos do CPC). A agir assim, o juiz, além de garantir a satisfação da obrigação, também respeita a dignidade da pessoa do executado.

A menor onerosidade não guarda antinomia com a realização da execução em benefício do exequente, aquele porque somente orientará a atuação processual quando diante de meios igualmente eficazes. Se não for verificada essa equivalência, deve-se seguir a execução para atender os interesses do exequente.

Assim, por exemplo, o executado é proprietário de dois imóveis, com as mesmas características, sendo que, em um, ele reside e, no outro, apenas guarda bens de sua propriedade. Nessa situação, deve-se, em razão da menor onerosidade, realizar a penhora sobre o imóvel que não serve de residência, pois tal forma de satisfação da execução é igualmente eficaz.

3. INSTRUMENTOS

A atividade jurisdicional de execução pode fazer uso de dois instrumentos: a) **sub-rogação**, que dispensa a atividade do devedor, porque o estado-juiz supre a atividade do devedor; b) **coerção**, que objetiva vencer a resistência do devedor no cumprimento da obrigação, sendo mais comum nas obrigações personalíssimas.

A sub-rogação utiliza a expropriação, o desapossamento e a transformação. A coerção, a imposição de multa, restrição de crédito ou, excepcionalmente (contra o devedor de alimentos), a prisão. A sub-rogação, quando cabível, é o instrumento que tem a maior possibilidade de tornar efetiva a prestação reconhecida pelo título executivo.

Nada impede que, no curso da execução, sejam adotadas tanto medidas coercitivas, como sub-rogatórias. Poder-se-ia, em execução, fixar multa (medida coercitiva) para garantir a satisfação da obrigação, mas diante da omissão do executado, proceder-se, depois, à expropriação de bens (medida sub-rogatória).

Questão de Concurso

▶ **(FGV. Oficial de Justiça. TJ/RO. 2015)**[9]: É exemplo de execução indireta a:

a) imposição de multa em desfavor do executado, a fim de pressioná-lo ao cumprimento da obrigação;

8. O dispositivo é intencionalmente aberto para viabilizar que o juiz, de acordo com o caso concreto, de ofício ou a requerimento das partes, determine a medida mais adequada para o cumprimento da entrega dos documentos ou dados, como, por exemplo, aplicação de multa periódica (medida coercitiva), a busca e apreensão do documento (medida sub-rogatória) com a possibilidade de utilização de reforço policial.
9. Gabarito: letra A.

b) retirada da coisa do patrimônio do devedor e a sua alienação judicial, para fins de entrega do produto da venda ao credor;
c) imposição a que terceiro cumpra a obrigação, às expensas do devedor;
d) adjudicação do bem do devedor ao patrimônio do exequente;
e) determinação de incidência de desconto em folha de pagamento, a fim de se assegurar o cumprimento de obrigação alimentar.

O atual Código reconhece, expressamente, uma nova espécie de medida coercitiva indireta, aplicável tanto ao cumprimento de sentença quanto ao processo de execução fundado em título extrajudicial. Ela está prevista no § 3º do art. 782, que dispõe que o juiz pode determinar a inclusão do nome do executado em cadastros de inadimplentes, visando a pressioná-lo a cumprir a obrigação[10]. Tal providência depende de requerimento do credor, sendo desnecessária, entretanto, a comprovação de prévia recusa administrativa das entidades mantenedoras do respectivo cadastro (STJ. REsp 1.835.778/PR. DJe 06.02.20. Inf. 664).

Advirta-se, contudo, que a inscrição judicial não impede a inclusão extrajudicial do nome do executado em cadastros de inadimplentes, pelo credor ou diretamente pelo órgão de proteção ao crédito, a teor do que orienta o enunciado 190 do Fórum Permanente de Processualistas. De qualquer modo, enquanto não prejudicada a pretensão pela prescrição, deve perdurar a restrição.

Não se ignora que o § 5º do art. 43 do Código de Defesa do Consumidor dispõe: "consumada a prescrição relativa à cobrança de débitos do consumidor, não serão fornecidas, pelos respectivos Sistemas de Proteção ao Crédito, quaisquer informações que possam impedir ou dificultar novo acesso ao crédito junto aos fornecedores".

Acontece que o despacho que determina a citação (ainda que proferido por juiz incompetente) interrompe a prescrição (art. 202, I, do Código Civil). Se não verificada prescrição intercorrente (ou se outra modalidade não for reconhecida), a restrição deve perdurar até que seja satisfeita a obrigação. Até porque, se houve restrição judicial, foi recebida a petição inicial da execução e determinada a citação do executado.

A inscrição será cancelada se: a) for efetuado o pagamento; b) se for garantida a execução; c) se a execução for extinta por qualquer outro motivo.

O procedimento para cancelamento deve seguir o padrão procedimental do § 4º do art. 517 do CPC, conforme orienta o enunciado 538 do FPPC. Assim, a requerimento do executado, a negativação será cancelada por determinação do juiz, mediante ofício a ser expedido à empresa de restrição de crédito, no prazo de 03 dias, contado da data de protocolo do requerimento.

Conquanto o dispositivo do Código, acima referido, faça menção, como condição suspensiva do prazo, ao protocolo do requerimento, o mais coerente é entender que os 03 dias começam a correr a partir do protocolo, na entidade mantenedora, do ofício expedido pelo juiz. Caso contrário, aquela poderia ser prejudicada, quanto ao prazo, em razão de demora atribuído exclusivamente à máquina judiciária.

---

10. Como é sabido, a inscrição do nome do devedor acarreta severas reservas de acesso ao crédito, especialmente para quem está inserido no mercado. Por esta razão, a medida pode ser bastante eficaz na tarefa de compelir esse perfil de executado a cumprir a obrigação.

4. CONDIÇÕES DA AÇÃO EXECUTIVA

O Código exclui do rol das condições da ação a possibilidade jurídica do pedido. Tal modificação alcança a execução, que se limitará a duas condições da ação executiva, quais sejam, a legitimidade das partes e o interesse processual.

Quanto à primeira, está **legitimado** a **promover** a execução forçada o **credor**, considerado legitimado ativo primário/originário, sendo assim entendido aquele a quem a lei confere título executivo, conforme dispõe o art. 778 do Código de Processo Civil. Em seguida, o Código reconhece hipóteses de legitimidade superveniente ou derivada, situação na qual fatos supervenientes à constituição do crédito conferem legitimidade a outrem para prosseguir em sucessão ao exequente originário.

Na forma do art. 778, § 1º, do CPC, podem ainda promover a execução (legitimidade primária) ou nela prosseguir (legitimidade superveniente): a) **Ministério Público**, nos casos prescritos em lei (art. 178 do CPC); b) o **espólio**, os **herdeiros** ou os **sucessores** do credor, sempre que, por morte deste, for-lhes transmitido o direito resultante do título executivo; c) o **cessionário**, quando o direito resultante do título executivo lhe for transferido por ato entre vivos; d) o **sub-rogado**, nos casos de sub-rogação legal ou convencional.

Diferentemente da sucessão processual regulada no processo de conhecimento (art. 109, § 1º, do CPC), que exige o consentimento da parte contrária, o Código deixa claro que a sucessão processual ocorrida na fase de execução independe do consentimento do executado (art. 778, § 2º).

Por outro lado, têm legitimidade passiva para a execução (art. 779, § 1º): a) o **devedor**, reconhecido como tal no título executivo; b) o **espólio**, os **herdeiros** ou os **sucessores** do devedor; c) o **novo devedor**, que assumiu, com o consentimento do credor, a obrigação resultante do título executivo; d) o **fiador do débito** constante em título extrajudicial; e) **o responsável titular do bem vinculado por garantia real ao pagamento do débito**; f) o **responsável tributário**, assim definido em lei.

Cabem algumas ponderações sobre as alterações e inserções promovidas pelo atual Código.

No caso do fiador, o Código perdeu a oportunidade de trazer uma redação mais clara, a ponto de dirimir as dúvidas que circundam a legitimidade passiva do fiador para a execução.

De fato, há três modalidades de fiança: a convencional, a legal e a judicial. Nas duas primeiras, só assumirá a condição de legitimado passivo para execução, aquele que tiver participado como réu na fase de conhecimento[11] ou se constar no título executivo extrajudicial. Na fiança judicial[12], o fiador submete-se à execução forçada, mesmo sem prévia participação em demanda de conhecimento ou assunção de obrigação em título extrajudicial.

O anterior Código previa expressamente a legitimidade passiva executiva do fiador judicial, a ensejar discussões acerca da possibilidade de inclusão do fiador convencional no rol

11. Súmula 268 do STJ: o fiador que não integrou a relação processual na ação de despejo não responde pela execução do julgado.

12. Em que terceiro, no curso do processo, presta garantia pessoal (fidejussória) em favor de uma das partes.

de legitimados passivos da execução. O atual Código segue sentido diverso, conferindo legitimidade passiva ao fiador do débito constante em título extrajudicial (fiador convencional), o que pode ensejar discussões quanto à legitimidade passiva do fiador judicial.

Ao entender dos autores do presente livro, o fiador judicial também tem legitimidade passiva para a execução. Inclusive, esta é a orientação trazida pelo enunciado 445 do Fórum Permanente de Processualistas Civis, segundo o qual "o fiador judicial também pode ser sujeito passivo da execução".

Outro ponto de destaque foi a inclusão, como legitimado passivo, daquele que oferece garantia real para assegurar o adimplemento da obrigação de outrem. Se os atos executivos incidirão sobre o bem dado em garantia real, deve-se citar o responsável titular do bem vinculado ao pagamento do débito para integrar a execução sob pena de nulidade.

Prossiga-se.

Quanto ao **interesse processual**, especificamente no aspecto da necessidade do provimento jurisdicional, o exequente não poderá executar o título sem provar que se realizou a condição ou que ocorreu o termo eventualmente fixado.

No aspecto da utilidade, a execução só poderá ser instaurada se o executado não satisfizer obrigação certa, exigível e líquida, consubstanciada no título executivo. Isso porque a parte credora não poderá iniciar a execução ou nela prosseguir se o devedor cumprir a obrigação.

Aliás, o exequente poderá recusar o recebimento se não corresponder à prestação, requerendo ao juiz sua (da prestação) execução, ressalvado, evidentemente, ao executado a faculdade de opor embargos.

Nos casos em que é defeso a um contraente, antes de cumprida a sua obrigação, exigir o implemento da do outro, não se procederá à execução, se a parte se propõe satisfazer a prestação, com meios considerados idôneos pelo juiz, mediante a execução da contraprestação pela outra (parte), e esta, sem justo motivo, recusar a oferta. Assim, o devedor poderá exonerar-se da obrigação, caso deposite em juízo a prestação. Nessa hipótese, o juiz suspenderá a execução, não permitindo que a parte credora receba a prestação, sem cumprir a contraprestação que lhe couber.

4.1. Cumulação de execuções

Desde que preenchidas as condições (e que haja, além de identidade procedimental, competência do juízo), o exequente, quando o executado for o mesmo, poderá cumular várias execuções, ainda que fundadas em títulos diferentes (art. 780).

5. COMPETÊNCIA

Diferentemente do CPC/1973, que se utilizava de disposições relativas aos processos de conhecimento e do cumprimento de sentença para definir a competência para a execução, o CPC/2015 inova no tratamento do tema e sistematiza as disposições relativas à competência da execução fundada em título extrajudicial no art. 781.

De acordo com os termos do referido dispositivo legal, a execução fundada em título extrajudicial será processada perante o juízo competente, observando-se o seguinte: a) a execução poderá ser proposta no foro de domicílio do executado, de eleição constante do título ou, ainda, de situação dos bens a ela sujeitos; b) tendo mais de um domicílio, o executado poderá ser demandado no foro de qualquer deles; c) sendo incerto ou desconhecido o domicílio do executado, a execução poderá ser proposta no lugar onde for encontrado ou no foro de domicílio do exequente; d) havendo mais de um devedor, com diferentes domicílios, a execução será proposta no foro de qualquer deles, à escolha do exequente; e) a execução poderá ser proposta no foro do lugar em que se praticou o ato ou em que ocorreu o fato que deu origem ao título, mesmo que nele não mais resida o executado.

À semelhança do que ocorreu na reformulação das disposições relativas à competência para o cumprimento de sentença, o CPC/2015, nas execuções fundadas em título executivo extrajudicial, amplia as hipóteses de competência territorial para concretizar a efetividade e a realização em favor do exequente.

Com efeito, a hipótese prevista na letra "a" estabelece uma regra de competência dinâmica, ofertando, a partir do reconhecimento de foros concorrentes, mais opções à propositura da execução. O exequente poderá optar por intentar a execução no foro do domicílio do executado, no foro de eleição ou no constante no título, bem assim no da situação da coisa.

Na hipótese prevista na letra "e", que, por indevidamente não foi inserida na letra "a", admite a propositura da execução no foro do lugar em que se praticou o ato ou ocorreu o fato que deu origem ao título, mesmo que o executado lá não mais resida, a privilegiar, assim, a efetividade da execução.

No mais, o Código reproduz importantes regras de definição de competência do processo de conhecimento, adaptando-as ao processo de execução (letras "b" e "c"). No caso de litisconsórcio passivo, com domicílios diferentes, estabelece que a execução poderá ser intentada no foro de qualquer dos litisconsortes, à escolha do exequente (letra "d").

Questão de Concurso

► **(Vunesp – Juiz de Direito – TJ – SP/2018)**[13] Em matéria de competência, é correto afirmar:

(A) a regra de competência estabelecida para quando o réu for incapaz, conforme critério territorial, é inderrogável e sua inobservância gera incompetência absoluta.

(B) para ação fundada em direito real, em regra, será competente o foro da situação da coisa, móvel ou imóvel.

(C) no cumprimento de precatória, se o juiz deprecado reconhecer sua incompetência territorial, deverá devolver a carta ao juiz deprecante.

(D) na execução fundada em título extrajudicial, é concorrentemente competente o foro da situação dos bens sujeitos a constrição.

6. AMPLITUDE TERRITORIAL DA ATUAÇÃO DO OFICIAL DE JUSTIÇA

O art. 782 do CPC estabelece, ainda, que, não dispondo a lei de modo diverso, o juiz determinará os atos executivos, e o oficial de justiça os cumprirá. O atual Código inova, ao ampliar o território de atuação do oficial, que poderá cumprir os atos executivos, determinados

13. Gabarito: Letra D.

pelo juiz, também nas comarcas contíguas, de fácil comunicação, e nas que se situem na mesma região metropolitana (§ 1º do art. 782), a se evitar a expedição de cartas precatórias, que demandam tempo e custos.

7. EMPREGO DE FORÇA POLICIAL

Sempre que, para efetivar a execução, for necessário o emprego da força policial, dispõe o § 2º do art. 782 do Código de Processo Civil, o juiz a requisitará, mediante comunicação a ser enviada ao comandante da respectiva unidade.

8. TÍTULOS EXECUTIVOS

No capítulo referente ao cumprimento de sentença, foram enumerados e enfrentados cada um dos títulos executivos judiciais. Agora, caberá dispensar o mesmo tratamento aos títulos executivos extrajudiciais previstos no Código (conquanto existam outros títulos executivos previstos na legislação extravagante).

De logo, adianta-se que o Código e a legislação extravagante, por mera opção, muitas vezes sem uma lógica bem definida, ocuparam-se de atribuir a exequibilidade a determinados atos documentados por entender que, em relação a eles, haveria uma certeza quanto à existência da obrigação, que era suficiente para autorizar a direta instauração de execução.

Aliás, como já reconheceu o Superior Tribunal de Justiça, a moderna tendência processual é prestigiar as manifestações de vontade de caráter público ou privado e emprestar-lhes cunho executivo a fim de agilizar a prestação jurisdicional, a dispensar a prévia cognição de outrora (STJ. REsp 801632/AC. DJU 04.06.07).

Mas, para aparelhar execução, é necessário que a documentação do ato revele uma prestação que seja, além de certa, também exigível e líquida. Exatamente por isso que o art. 803, I, do CPC, mesmo sem estar dotado da melhor técnica processual, pontua ser nula a execução se o título executivo extrajudicial não corresponder à obrigação certa, líquida e exigível.

Semelhante é a disposição do art. 783, segundo a qual a execução para cobrança de crédito fundar-se-á sempre em título de obrigação certa, líquida e exigível.

Pois bem.

A obrigação será certa quando não há dúvida com relação à sua existência. Será líquida quando pode ser individualizada com relação ao seu objeto. E será exigível quando não for cumprida na condição ou termo estabelecidos.

> Compreenda-se, em tempo oportuno, que, nos termos do parágrafo único do art. 786 do Código de Processo Civil, "a necessidade de simples operações aritméticas para apurar o crédito exequendo não retira a liquidez da obrigação constante no título".
>
> Inclusive, há muito, está pacificado no STJ que a liquidez do título não fica prejudicada pela necessidade de realização de cálculos matemáticos (STJ. REsp 487913/MG. DJU 09.06.03) ou pela alegação de cobrança abusiva de determinados encargos (STJ. REsp 594773/RS. DJU 03.04.06).

Se a prestação não possuir estes atributos devidamente documentados, o exequente carecerá de interesse processual. Mas, antes de realizada a citação do executado, a execução poderá ser convertida em processo de conhecimento ou outro especial eventualmente cabível. Depois do ato citatório, não mais poderá haver conversão (STJ. REsp 705352/SP. DJU 11.12.06).

Antes de se prosseguir, são feitas algumas ponderações.

Pode ocorrer de o título executivo não ser líquido, mas, depois da liquidação, vir a se tornar. Também pode ocorrer de o título executivo não ser exigível, mas, depois de verificada condição ou termo, assim se tornar. O título, ante a temporária iliquidez e/ou inexigibilidade, não deixa de ser executivo. Ele apenas não é exequível.

De fato, para ser executivo, o título precisa, além de estar legalmente previsto, apenas certificar a existência de uma prestação (e, por conseguinte, a considerar bilateralidade, uma obrigação). Mas, para o título ser exequível, é que preciso que, além do atributo da certeza, a obrigação seja exigível e líquida.

O art. 784 do Código de Processo Civil elencou os seguintes sendo títulos executivos extrajudiciais:

a) a letra de câmbio, a nota promissória, a duplicata, a debênture e o cheque:

A letra de câmbio, a nota promissória, a duplicata, a debênture e o cheque, enquanto não perdidas as pretensões em razão da verificação da respectiva prescrição, são considerados títulos de crédito[14] e, assim, suficientes para aparelhar execução. São, por isso, títulos executivos da espécie extrajudicial, porque não advêm de ato judicial.

A letra de câmbio consiste na emissão, por uma pessoa (sacadora), de ordem (ao sacado) para que seja efetuado um pagamento em favor de um terceiro (beneficiado). Não efetuado voluntariamente o pagamento pelo sacado, o beneficiado do título pode exigir seu pagamento mediante execução judicial.

A nota promissória consiste em documento, que, dentre outros requisitos, traz dita nomenclatura expressa. Nele, o emitente promete o pagamento de quantia em favor de outrem, sendo necessário, para alicerçar execução, que estejam preenchidos os requisitos formais do título e que esteja verificada a inadimplência do promitente[15].

A duplicata é sacada pelo vendedor de bem ou serviço em detrimento do adquirente no valor correspondente à venda, para que este emita o aceite e providencie o pagamento respectivo. Não efetuado o pagamento, ele pode ser exigido por execução judicial. Mas, se

14. Ultrapassados os prazos prescricionais, a letra de câmbio, a nota promissória, a duplicata, a debênture e o cheque deixam de ser títulos de crédito, perdendo assim a sua exequibilidade. Podem, contudo, alicerçar demandas cognitivas para fins de reconhecimento do crédito e posterior constituição de título executivo judicial (STJ. REsp 698166/AM. DJU 05.09.05).

15. Quando vinculada a contrato de abertura de crédito, a nota promissória perde sua autonomia, em face da própria iliquidez do título que a originou (STJ. REsp 422403/SP. DJU 09.04.07). Por isso, nessa circunstância, não pode ser executada. Mas, em nada afeta a eficácia executiva da nota promissória a circunstância de ter sido emitida em razão de débito constante de um contrato líquido (STJ. REsp 601086/PR. DJU 03.04.06).Se emitida ou aceita com omissões ou em branco, a nota promissória pode ser completada pelo credor de boa-fé até a cobrança ou o protesto (conforme enunciado 387 da súmula de jurisprudência do STF). Contudo, se o credor propôs a execução de nota promissória da qual faltava o preenchimento, sendo extinto o processo, não pode, após o preenchimento dos claros, ajuizar nova execução, pois só resta a via ordinária (STJ. REsp 870704/SP. DJe 14.06.11).

não contiver aceite do adquirente, para configurar título executivo, reclama protesto e prova da prestação do serviço ou entrega de mercadoria (STJ. REsp 1014543/MA. DJe 01.12.08).

A debênture representa fração de mútuo tomado pela companhia emitente (sociedade por ação), conferindo a seus titulares um direito de crédito, com garantia real sobre determinado bem e/ou garantia flutuante, assegurando privilégio geral sobre todo o ativo da devedora (STJ. REsp 857043/RS. DJU 25.09.06).

E o cheque é uma ordem de pagamento à vista emitida pelo sacado (emitente do cheque) em desfavor do sacador (instituição bancária) e em favor de um terceiro[16]. Pode ele ser executado caso o título tenha sido indevidamente devolvido.

b) a escritura pública ou outro documento público assinado pelo devedor:

A escritura pública (instrumento público) não precisa de assinatura do devedor, nem, muito menos, a assinatura de duas testemunhas (STJ. REsp 195591/SC. DJU 01.07.04), nem mesmo de advogados. Ela é suficiente para alicerçar execução fundada em título executivo extrajudicial.

Qualquer outro documento público (aquele produzido por autoridade, ou em sua presença, com a respectiva chancela, desde que tenha competência para tanto)[17] exige apenas a assinatura do devedor, sendo esta um requisito para a constituição do título executivo[18].

Diferentemente do que ocorre com o documento particular, o público não precisa ser assinado por duas testemunhas. E isso por razões bem simples, pois, não bastasse a presunção de legitimidade do ato, credita-se, também por isso, maior confiabilidade ao documento público.

Embora público o documento, o devedor não precisa ser uma pessoa jurídica de direito público. Pode até ser, mas não é requisito para a constituição do título executivo. Pode ocorrer de o documento ser público e o devedor ser um particular.

IMPORTANTE! Segundo a jurisprudência do STJ aplicável ao CPC/2015: "o Termo de Acordo de Parcelamento, que tenha sido subscrito pelo devedor e pela Fazenda Pública, deve ser considerado documento público para fins de caracterização de título executivo extrajudicial, apto à promoção de ação executiva, na forma do art. 585, II, do CPC/1973 (atual art. 784, II CPC/2015). [...] Ademais, essa mesma linha de raciocínio é seguida pela doutrina, que define documento público como 'todo aquele cuja elaboração se deu perante qualquer órgão público, como, por exemplo um termo de confissão de dívida em repartição administrativa'. Dessa forma, na hipótese em análise, não há como extirpar da declaração de vontades exarada pelas partes no âmbito administrativo a natureza de documento público, na medida em que lavrada sob a chancela de órgão público e firmado pelo devedor, externando a vontade da Administração Pública e do particular." REsp 1.521.531-SE, Rel. Min. Mauro Campbell Marques, julgado em 25/8/2015, DJe 3/9/2015.

c) o documento particular assinado pelo devedor e por duas testemunhas:

O documento particular (que reconheça uma prestação), para que possa ser considerado título executivo, precisa ser assinado tanto pelo devedor como por pelo menos 02 testemunhas,

16. Não se pode confundir cheque com o contrato de abertura de crédito em conta corrente (contrato conhecido como "cheque especial"), que, mesmo acompanhado do extrato e da movimentação bancária e assinado por duas testemunhas, não constitui título executivo (STJ. REsp 158039/MG. DJU 03.04.00).

17. STJ. REsp 487913/MG. DJU 09.06.03.

18. O art. 405 do CPC assevera que o documento público faz prova não só de sua formação, mas também dos fatos que o escrivão, o chefe de secretaria, o tabelião ou o servidor declarar que ocorreram em sua presença.

ainda que não estejam presentes no ato (STJ. EDcl no REsp 541267/RJ. DJU 13.02.06), não tenham sido identificadas (STJ. REsp 159747/SP. DJU 12.12.05), não tenham suas firmas registradas (STJ. REsp 400687/AC. DJU 05.02.07) e suas assinaturas não se apresentem legíveis (STJ. RESP 225071/SP. DJU 19.04.04).

As testemunhas não podem ser interessadas no negócio jurídico (STJ. REsp 541267/RJ. DJU 17.10.05). Se forem, o título assinado por menos de 02 consideradas idôneas perde sua executividade. Se o documento particular for assinado apenas pelo devedor, também não será executivo (STJ. REsp 236662/DF. DJU 13.03.00). Entretanto, se o documento particular estiver associado a outro título executivo extrajudicial, este não perderá sua força executiva, ainda que aquele não esteja assinado por 02 testemunhas (STJ. AgRg no Ag 879660/PR. DJU 31.10.07).

d) o instrumento de transação referendado pelo ministério público, pela defensoria pública, pela Advocacia Pública, pelos advogados dos transatores ou por conciliador ou mediador credenciado pelo tribunal:

O instrumento de transação, depois de assinado pelas partes, para ser considerado título executivo extrajudicial, é necessário que tenha sido referendado pelo Ministério Público (art. 5º, § 6º, da Lei 7.347/65), pela Defensoria Pública (arts. 185 a 187 do CPC), pela Advocacia Pública (arts. 182 a 184 do CPC), pelos advogados dos transatores ou por conciliador ou mediador credenciado pelo tribunal[19].

Conquanto a disposição do Código faça referência a "advogados dos transatores", a se utilizar o primeiro vocábulo no plural, é possível a constituição de um advogado, comum aos transatores, para este fim, sendo desnecessária a apresentação de procuração que possibilite a prática do ato específico de transação.

O título executivo enumerado não faz restrição à natureza da obrigação ou da dívida assumida. Poder-se-ia assumir obrigação de pagar quantia de natureza alimentar ou mesmo obrigação de entregar coisa certa. É indiferente para o título e para a própria exigibilidade da respectiva prestação. Independentemente da natureza da prestação, é possível a constituição do título executivo extrajudicial.

e) o contrato garantido por hipoteca, penhor, anticrese ou outro direito real de garantia e aquele garantido por caução:

O Código confere executividade a todos os direitos reais de garantia (e não apenas a hipoteca, o penhor, a anticrese e a caução real como acontecia no anterior Código). Elas são acessórias a uma obrigação principal de pagar quantia. Só podem ser exigidas quando satisfeitos os requisitos de certeza, exigibilidade e liquidez da prestação trazida pelo título em que se funda o crédito originário (STJ. REsp 395024/SP. DJU 06.06.05)[20].

19. A previsão do conciliador ou do mediador, como interveniente, a fim de atribuir executividade ao título, foi uma salutar inovação promovida pelo atual Código, a concretizar o modelo multiportas e estimular a resolução consensual dos conflitos. Nada impede, porém, que, alcançada a solução consensual, as partes submetam o título extrajudicial à homologação do juiz, a fim de formar título executivo judicial.

20. Como será mostrado adiante, o credor, apoiado por garantias reais, tem preferência frente a alguns outros.

Na execução, o que se exige é o pagamento do crédito, e não as garantias oferecidas que, muitas vezes, têm valor superior ao do débito. Elas são alienadas para, com o produto, pagar a obrigação pecuniária. Se, pela alienação dos bens dados em garantia, restar saldo sobejante, este será devolvido ao devedor ou entregue a outros credores, se houver. Se restar saldo devedor, a execução recairá sobre outros bens até a satisfação do crédito executado.

A instituição de garantia real não impede que os bens respectivos sejam penhorados por outros credores, conquanto se obedeça à ordem de preferência estabelecida entre eles. Se o credor com garantia real for o preferencial, receberá primeiramente o produto da excussão do bem. Se não for, receberá a partir do que sobejar. Se concorrer em iguais condições, o valor da excussão será recebido de logo pelo credor que primeiramente penhorou, cabendo aos demais concorrentes direito sobre a importância restante, observada a anterioridade de cada penhora.

A caução, importante lembrar, além de real, também pode ser fidejussória (pessoal). É a chamada fiança, que pode ser convencional, legal ou judicial. Caso a obrigação não seja cumprida pelo devedor, o fiador poderá ser executado. O benefício de ordem (consistente na faculdade de o fiador chamar o devedor para integrar o polo passivo da execução, de modo que a penhora recaia preferencialmente sobre seus bens) pode lhe socorrer, caso não o tenha renunciado.

Se a caução não está vinculada a título executivo, o credor poderá se utilizar das vias cognitivas para alcançá-la. Mas, se o fiador não integrou a ação de conhecimento respectiva, não poderá integrar o polo passivo por oportunidade da execução do julgado. Por óbvio, aí, a coisa julgada não lhe atingirá, uma vez que não participou da formação do título executivo.

A caução, por ser decorrente de um contrato benéfico, não pode ser interpretada extensivamente. Estará vinculada exclusivamente a contrato que anuiu, não podendo perdurar em caso de prorrogação daquele ou de outro negócio jurídico firmado entre credor e devedor (STJ. AgRg no REsp 721122/SP. DJU 17.10.05). Ressalva que se faz à hipótese de anuência expressa neste sentido (STJ. AgRg no REsp 660022/RS. DJe 01.07.09).

f) o contrato de seguro de vida em caso de morte:

O Código, quanto aos contratos de seguro, restringiu as hipóteses em que ele seria título executivo. Agora, somente os contratos de seguro de vida qualificados pelo evento morte é que são considerados títulos executivos. Se o evento for outro, mesmo que o contrato de seguro seja vida, ele (o contrato de seguro de vida) não será considerado título executivo.

Diferentemente do que ocorria sob a vigência do anterior Código, que exigia, para qualificar o contrato como título executivo, apenas que se tratasse de seguro de vida. O inciso III do art. 585 do CPC/1973 reconhecia legitimidade aos "contratos garantidos por hipoteca, penhor, anticrese e caução, bem como os de seguro de vida". Só com o atual Código é que se exigiu, como requisito à executividade, o evento morte.

O mesmo se diga quanto ao não reconhecimento da executividade do título, em relação aos demais contratos de seguro, a exemplo do contrato de seguro por acidentes pessoais. Se, ao beneficiário, resultar incapacidade, o contrato não será dotado de força executiva, porque, obviamente, não foi verificado o evento morte. Disso, fica muito claro que a executividade do título extrajudicial decorre de mera opção legislativa.

Questão de Concurso

▶ **(FCC. Juiz Substituto. TJ-AL. 2015):** Anacleto contratou seguro de vida com a seguradora Segure-se Bem, tendo como beneficiária sua companheira Josina. Ao morrer, e diante de negativa da seguradora em cumprir a avença, Josina executa o contrato. Diante dessa negativa, e da ação executória promovida por Josina, o juiz deverá[21]

a) aceitar a inicial mas determinar sua conversão em monitória, pelo princípio da instrumentalidade das formas, aproveitando assim o ato processual, já que o seguro de vida não é título executivo extrajudicial mas, com a conversão, não haverá prejuízo à seguradora.

b) liminarmente, indeferir a execução, a requerimento da seguradora ou de ofício, pois o seguro de vida não é título executivo extrajudicial.

c) em princípio, aceitar o título extrajudicial como executivo, pois o seguro de vida está previsto como tal na lei processual civil.

d) liminarmente, indeferir a execução, necessariamente a pedido da seguradora, pois o seguro de vida não é título executivo extrajudicial mas a matéria não é concernente à ordem pública, dependendo pois de iniciativa da parte.

e) julgar no mérito como procedentes os embargos do devedor, se opostos com base no estado civil da beneficiária, pois o seguro de vida só é título executivo extrajudicial em prol do cônjuge, não de companheira ou companheiro.

g) o crédito decorrente de foro e laudêmio:

O foro e o laudêmio estão relacionados à enfiteuse, atualmente de constituição proibidas pelo Código Civil, subsistindo apenas aquelas existentes quando da vigência do CC/16. O foro é o valor anual pago pelo enfiteuta ao proprietário do imóvel. O laudêmio é a quantia correspondente a 2, 5% do preço, paga pelo adquirente ao proprietário (a não ser que, entre eles, seja pactuado de forma diversa), em face da renúncia deste ao direito de opção, quando o domínio útil for transferido pelo enfiteuta àquele através de venda ou de dação em pagamento.

Não há especificação do título, como ocorre em outras situações previstas no Código de Processo Civil, embora o mais comum, conquanto não único, seja o contrato, que não precisa ser sequer assinado por duas testemunhas, nem muito menos referendado pelo Ministério Público, Defensoria Pública, advogados das partes ou conciliadores e mediadores. A executividade do título está relacionada ao direito de crédito decorrente de foro e laudêmio e não a qualquer requisito formal.

h) o crédito, documentalmente comprovado, decorrente de aluguel de imóvel, bem como de encargos acessórios, tais como taxas e despesas de condomínio:

Quando da locação de prédio urbano ou rústico, o locatário fica obrigado a pagar em favor do locador valores decorrentes do aluguel. Além da contraprestação pactuada pelo uso do imóvel, as partes podem ajustar o pagamento de outros encargos acessórios, tais quais taxa de coleta de resíduos, IPTU, ITR, despesas de condomínio, cujos pagamentos podem ficar sob a responsabilidade do locatário.

21. Gabarito: Letra C.

Alguns entendem que a multa por rescisão contratual não poderia ser objeto de execução porque fixada de modo proporcional ao tempo de cumprimento do contrato, sendo, por isso, supostamente ilíquida. Contudo, o STJ entende ser "possível execução conjunta de encargos decorrentes do aluguel, bem como de eventual multa decorrente do descumprimento do contrato de locação" (STJ. AgRg no Ag 778592/DF. DJU 09.04.07).

Pois bem.

O crédito documentalmente comprovado decorrente de locação de imóvel e dos respectivos acessórios pode ser executado. Não se faz necessário que o documento seja assinado por duas testemunhas. Aliás, não precisa de nenhum requisito formal além de comprovação documental (que pode se consubstanciar, por exemplo, em contrato e carnê de cobrança dos tributos). O elemento principal é a natureza do direito de crédito.

No STJ, há antigo precedente no sentido de que "a execução para cobrança de aluguéis e encargos locatícios deve fundar-se em contrato escrito" (STJ. REsp 215148/SP. DJU 29.05.00). A justificativa para se chegar a esta conclusão foi o fato de, na época, estar a viger a redação originária do inciso IV do art. 585 do CPC, que exigia a apresentação de contrato escrito[22].

Só que, ainda sob a égide do CPC/1973, a Lei nº 11.382/2006, subdividiu o referido dispositivo (colocando-o, ali, a parte do contrato de locação como sendo o V) e lhe deu nova redação, que passou a dispor que seria título executivo extrajudicial "o crédito, documentalmente comprovado, decorrente de aluguel de imóvel, bem como de encargos acessórios, tais como taxas e despesas de condomínio".

Por falta de título, é evidente a impossibilidade de se executar um pacto verbal relacionado a créditos provindos de locação. Todavia, nada impede que um simples instrumento, assinado apenas pelo devedor, em que ele reconheça a prestação exigida pelo exequente relativamente a aluguel de imóvel, bem como de encargos acessórios, seja título executivo. A disposição trazida pelo CPC/1973, a partir da Lei nº 11.382/2006, exige apenas documentação do crédito, sem especificar o instrumento respectivo.

O mesmo direcionamento passou a ser dado pelo CPC/2015, que não faz referência ao eventual contrato de locação (acessórios), mas, apenas, à documentação. Logo, qualquer documento, que demonstre a existência de dívida decorrente de aluguel e de seus acessórios, é suficiente para justificar o aparelhamento de execução.

Alguns encargos acessórios, como as quotas condominiais, só podem ser executados se tiverem sido pactuadas entre as partes e antes pagos pelo proprietário. Assim, podem ser executadas quando documentalmente comprovadas, anteriormente pagas pelo locador e desde que a obrigação, por disposição das partes, recaia sobre o locatário.

No que concerne às despesas extraordinárias de condomínio, a disposição de que incumbe ao locador a obrigação pelo pagamento (art. 22, X, da Lei nº 8.245/1991) tem natureza cogente, a limitar o poder de livre disposição das partes contratantes, por impor uma respon-

22. Art. 585. São títulos executivos extrajudiciais: [...] IV – o crédito decorrente de foro, laudêmio, aluguel ou renda de imóvel, bem como encargo de condomínio desde que comprovado por contrato escrito;[...]

sabilidade cujo ônus não pode ser invertido por estipulação contratual (STJ. REsp 215148/SP. DJU 29.05.00).

i) a certidão de dívida ativa da Fazenda Pública da União, dos Estados, do Distrito Federal, dos Territórios e dos Municípios, correspondente aos créditos inscritos na forma da lei:

A definição de dívida ativa é trazida pelo § 2º do art. 39 da Lei nº 4.320/1964[23]. Os débitos lançados justificam a inscrição na dívida ativa com a expedição da respectiva certidão. A execução fundada em certidão de dívida ativa da Fazenda Pública da União, dos Estados, do Distrito Federal, dos Territórios e dos Municípios é regulada pela Lei nº 6.830/80.

As empresas públicas, em razão das disposições constitucionais do art. 170, não podem inscrever seus créditos na dívida ativa e, em razão disso, constituir certidão de dívida ativa. A não ser assim, as ditas empresas não concorreriam em condições de igualdade (mas, sim, com privilégios) relativamente às demais, que integram o setor privado.

Os créditos passíveis de inscrição na dívida ativa seguirão procedimento previsto na legislação de regência, sendo indispensável a existência de procedimento administrativo prévio, respeitado o contraditório. Por isso, a CDA, documento público, a despeito de não ser assinado pelo devedor, conta com (ou, pelo menos, faculta-se a) sua participação.

Destaque-se, em tempo oportuno, que a certidão da dívida ativa não se trata de "documento público assinado pelo devedor". É público, mas não contém a assinatura do devedor. Se contivesse, não precisaria ser sequer enumerada como título executivo extrajudicial, a considerar, como antes posto, que o documento público assinado pelo devedor vem enumerado pelo Código como tal.

A CDA indicará obrigatoriamente: a) o nome do devedor e, sendo caso, o dos corresponsáveis, bem como, sempre que possível, o domicílio ou a residência de um e de outros; b) a quantia devida e a maneira de calcular os juros de mora acrescidos; c) a origem e natureza do crédito, mencionada especificamente a disposição da lei em que seja fundado; d) a data em que foi inscrita; e) sendo caso, o número do processo administrativo de que se originar o crédito.

j) o crédito referente às contribuições ordinárias ou extraordinárias de condomínio edilício, previstas na respectiva convenção ou aprovadas em assembleia geral, desde que documentalmente comprovadas:

O Código confere executividade aos documentos que comprovem créditos relativos a contribuições condominiais ordinárias ou extraordinárias (de condomínio edilício), se previstas

23. Art. 39. Os créditos da Fazenda Pública, de natureza tributária ou não tributária, serão escriturados como receita do exercício em que forem arrecadados, nas respectivas rubricas orçamentárias.[...] § 2º – Dívida Ativa Tributária é o crédito da Fazenda Pública dessa natureza, proveniente de obrigação legal relativa a tributos e respectivos adicionais e multas, e Dívida Ativa não Tributária são os demais créditos da Fazenda Pública, tais como os provenientes de empréstimos compulsórios, contribuições estabelecidas em lei, multa de qualquer origem ou natureza, exceto as tributárias, foros, laudêmios, alugueis ou taxas de ocupação, custas processuais, preços de serviços prestados por estabelecimentos públicos, indenizações, reposições, restituições, alcances dos responsáveis definitivamente julgados, bem assim os créditos decorrentes de obrigações em moeda estrangeira, de sub-rogação de hipoteca, fiança, aval ou outra garantia, de contratos em geral ou de outras obrigações legais.

em convenção ou aprovadas por assembleia geral, atribuindo-lhes a condição de título executivo extrajudicial, oponível contra quem ocupar o imóvel, seja proprietário, locatário ou comodatário.

Para configurar o título executivo, é preciso, portanto, que sejam preenchidos 02 requisitos: a) previsão das despesas condominiais ordinárias ou extraordinárias em convenção ou aprovadas em assembleia geral; b) comprovação documental. Não atendido qualquer desses requisitos, será indispensável a instauração de processo de conhecimento para constituição do título (no caso, judicial).

Não é necessário que o executado tenha efetivamente comparecido à reunião condominial, que redundou na formulação ou modificação da convenção, ou mesmo à assembleia geral. Basta que ele tenha sido devidamente convocado a comparecer. Se o foi, a convenção acompanhada de documentos outros, ou ata da assembleia, que comprovem a prestação, constituem título executivo.

k) a certidão expedida por serventia notarial ou de registro relativa a valores de emolumentos e demais despesas devidas pelos atos por ela praticados, fixados nas tabelas estabelecidas em lei:

O Código prevê título executivo que facilita a satisfação de créditos oriundos de atos de serventia notarial ou de registro. Como a atividade cartorária é dotada de fé pública (presunção de veracidade e legitimidade), a certidão expedida pelo cartório instrumentalizando os valores cobrados pela prática de atos pelos notários é dotada de executividade, a formar título executivo extrajudicial.

A atividade cartorária desempenha, dentre outras funções, a formalização e a chancela de diversos atos jurídicos. O ato notarial pode ser gratuito ou oneroso. Nesta última hipótese, os emolumentos e as custas são fixados em tabelas estabelecidas em lei. Para que a respectiva certidão se torne título executivo, ela deverá veicular o valor (destinado à serventia), identificar a origem do crédito e ser assinada pelo oficial.

l) todos os demais títulos a que, por disposição expressa, a lei atribuir força executiva:

Além dos títulos executivos extrajudiciais, a **legislação extravagante** prevê outros, dentre os quais, pode-se, por exemplo, enumerar: contrato de honorários advocatícios (art. 24 da Lei nº 8.906/1994); cédulas de crédito rural (Decreto-lei nº 167/1967), comercial (Lei nº 6.840/1980), industrial (Decreto-lei nº 413/69 e bancária (Lei nº 10.931/04)[24]; as decisões do Tribunal de que resulte imputação de débito ou multa (§ 3º do art. 71 da Constituição); contrato de câmbio protestado (art. 75 da Lei nº 4.728/1965); decisões do CADE (art. 60 da Lei nº 8.884/1994); letra de arrendamento mercantil (Lei nº 11.822/2008); termo de ajustamento de conduta (art. 5 da Lei nº 7.347/1985); letra financeira (art. 38 e seguintes da Lei 12.249/2010).

24. Súmula 14 do TJSP: *"A cédula de crédito bancário regida pela Lei nº 10.931/04 é título executivo extrajudicial".*

IMPORTANTE! Ainda que possua cláusula compromissória, o contrato assinado pelo devedor e por duas testemunhas pode ser levado à execução judicial relativamente à **cláusula de confissão de dívida líquida, certa e exigível.** O documento particular assinado pelo devedor e por duas testemunhas tem força executiva, de modo que, havendo cláusula estipulando obrigação líquida, certa e exigível, pode-se intentar execução judicial (atual art. 784, III do CPC/2015).

O STJ decidiu pela possibilidade de executar judicialmente contrato que, embora contenha convenção de arbitragem, possua cláusula que contemple confissão de dívida, a constituir título executivo extrajudicial, pois que o juízo arbitral é desprovido de poderes coercitivos. A existência de cláusula compromissória não constitui óbice à execução de título extrajudicial, desde que preenchidos os requisitos de certeza, liquidez e exigibilidade (REsp 944.917/SP, Terceira Turma, DJe de 3/10/08).

Assim, a existência de título executivo extrajudicial prescinde de sentença arbitral condenatória para formação de um outro título sobre a mesma dívida, de modo que é viável, desde logo, a propositura de execução perante o Poder Judiciário (REsp 1.373.710/MG. DJe 27/4/2015).

Questão de Concurso

▶ **(IESES – Cartório – Remoção – TJ – AM/2018)**[25] São títulos executivos extrajudiciais:

I. A escritura pública ou outro documento público assinado pelo devedor.

II. O contrato de seguro de vida em caso de morte.

III. O crédito decorrente de foro e laudêmio.

IV. A certidão expedida por serventia notarial ou de registro relativa a valores de emolumentos e demais despesas devidas pelos atos por ela praticados, fixados nas tabelas estabelecidas em lei.

A sequência correta é:

a) Apenas as assertivas II e III estão incorretas.

b) Apenas a assertiva IV está incorreta.

c) As assertivas I, II, III e IV estão corretas.

d) Apenas as assertivas II e IV estão corretas.

9. NÃO IMPEDIMENTO À EXECUÇÃO PELA PROPOSITURA DE AÇÃO A DISCUTIR A PRESTAÇÃO RECONHECIDA PELO TÍTULO

A propositura de qualquer ação a discutir a prestação reconhecida pelo título executivo não impede que o credor promova execução (§ 1º do art. 784 do CPC). A finalidade dessa disposição é não impedir a execução em razão da simples propositura de ação cognitiva, cujo escopo pode ser o de obstar o processo satisfativo da prestação reconhecida pelo título executivo (STJ. REsp 758270/RS. DJU 04.06.07).

Veja-se que não se pode impedir a propositura de execução em razão de ação cognitiva. Mas, nada impede, até como forma de afirmar o acesso qualificado à prestação jurisdicional que, em ação cognitiva, seja concedida tutela provisória para suspender o curso da execução. Seria necessário, para tanto, elemento de convicção suficiente à sobreposição de qualquer dos atributos do título executivo (certeza, exigibilidade ou liquidez).

10. TÍTULOS EXECUTIVOS EXTRAJUDICIAIS ESTRANGEIROS

Diferentemente do que ocorre com a sentença estrangeira, os títulos executivos extrajudiciais oriundos de países estrangeiros, para serem executados, não dependem de homologação

25. Gabarito: Letra C.

pelo Superior Tribunal de Justiça (§ 2º do art. 784 do CPC). Para ter eficácia executiva, basta que restem satisfeitos os requisitos de formação referidos pela lei do lugar de sua celebração e que o Brasil seja indicado como o lugar de cumprimento da obrigação.

11. UTILIDADE DO PROCESSO DE CONHECIMENTO, APESAR DA EXISTÊNCIA DE TÍTULO EXECUTIVO EXTRAJUDICIAL

O Código, no art. 785, dispõe que a existência de título executivo extrajudicial não impede a parte de optar pelo processo de conhecimento, a fim de obter título executivo judicial. Em razão disso, não carecerá de interesse processual, o exequente que dotado de um título executivo extrajudicial, eleja a via cognitiva para constituição de título judicial. Por isso, orienta o enunciado 446 do FFPC que cabe ação monitória mesmo quando o autor for portador de título executivo extrajudicial.

Só não se admitiria o uso do processo de conhecimento quando o título executivo fosse judicial, pois o exequente careceria de interesse processual. Isso não acontece quando o título executivo é extrajudicial, porque sua conversão em judicial proporciona vantagens em favor do detentor. A maior delas, conquanto não seja a única, por certo, é a restrição das matérias de defesa possíveis de apresentação quando do uso da impugnação ao cumprimento da sentença.

12. EXECUÇÃO PROVISÓRIA E DEFINITIVA

Para os títulos executivos **extrajudiciais, a execução é definitiva**. Contudo, se opostos **embargos**, eles poderão, em algumas hipóteses, ser recebidos no **efeito suspensivo**. Se isso ocorrer, a execução se tornará provisória. Portanto, têm-se algumas possibilidades, que passam a ser analisadas abaixo:

a) **oposição de embargos não recebidos no efeito suspensivo**: a execução seguirá até seu deslinde, realizando-se, se for necessário, atos de excussão necessários à satisfação do direito do exequente. Estes embargos podem ser acolhidos ou rejeitados. A depender do resultado, haverá consequências jurídicas diversas, quais sejam:

a.1) *acolhimento dos embargos*: acolhidos os embargos e não interposto recurso, a execução será extinta ou adequada ao julgamento (reduzindo o valor executado, por exemplo), indenizando-se (ou reparando-se) eventuais prejuízos. Interposto recurso, recebido no efeito suspensivo, a execução prosseguirá, porquanto aquele alcança apenas a eficácia da sentença dos embargos. Provido o recurso interposto contra a sentença que acolheu os embargos (para reformá-la ou anulá-la), a execução continuará normalmente (a não ser que o provimento do recurso seja apenas parcial, o que implicará adequações à execução). Desprovido o recurso, a execução será extinta ou adequada ao julgamento (reduzindo o valor executado, por exemplo), indenizando-se (ou reparando-se) eventuais prejuízos.

a.2) *rejeição dos embargos*: rejeitados os embargos, a execução, que não parou, continuará, caso ainda não tenha chegado ao seu fim. Tal ocorre inclusive se for interposto recurso contra a sentença que tenha rejeitados os embargos, porque aquela não goza de efeito suspensivo. Provido o recurso interposto contra a sentença que rejeitou os embargos, a execução será extinta ou adequada ao julgamento (reduzindo o valor executado, por exemplo), indenizando-se (ou reparando-se) eventuais prejuízos. Desprovido o recurso, a execução continuará normalmente (se é que já não tenha sido finalizada), até porque não parou.

b) **oposição de embargos recebidos no efeito suspensivo**: pode ser atribuído efeito suspensivo aos embargos, a teor do que dispõe o art. 919 do Código de Processo Civil. Neste caso, não poderão ser realizados atos de excussão, o que, porém, não impossibilita a prática de alguns outros atos de execução, como a penhora e a avaliação de bens. O julgamento pode ensejar:

b.1) *rejeição dos embargos*: rejeitados os embargos e não interposto recurso, a execução prosseguirá. Sendo interposta apelação, que não goza de efeito suspensivo, a execução prosseguirá de forma provisória. Se provido o recurso interposto contra a sentença que rejeitou os embargos, a execução será extinta ou adequada ao julgamento (reduzindo o valor executado, por exemplo), indenizando-se (ou reparando-se) eventuais prejuízos. Se desprovido o recurso, a execução, se ainda não tiver findado, continuará.

b.2) *acolhimento dos embargos*: acolhidos os embargos, a execução não poderá seguir nos moldes originários. Ela será extinta ou adequada ao julgamento (reduzindo o valor executado, por exemplo), indenizando-se (ou reparando-se) eventuais prejuízos. Isso mesmo que tenha sido interposta apelação, porque o efeito suspensivo atribuído aos embargos não é alcançado pelo efeito suspensivo típico do recurso. Se provido o recurso interposto contra a sentença que acolheu os embargos, a execução retornará (ou, se parcial for o provimento, será adequada aos termos da decisão recursal). Se desprovido o recurso, a execução será extinta ou adequada ao julgamento (reduzindo o valor executado, por exemplo), indenizando-se (ou ressarcindo-se) eventuais prejuízos.

13. RESPONSABILIDADE PATRIMONIAL

Para o cumprimento de sua obrigação, o executado não responde pessoalmente. A responsabilidade recai sobre o seu patrimônio (bens presentes e futuros, salvo as restrições estabelecidas em lei). Poderá, igualmente, em determinadas ocasiões, recair sobre patrimônio de terceiro, considerando-se que a responsabilidade patrimonial **não se confunde com legitimação passiva** para a execução.

A responsabilidade limita-se ao necessário e ao suficiente para satisfazer a obrigação, razão pela qual o valor do bem penhorado deve ser sempre corretamente aferido (STJ. REsp 71960/SP. DJU 14.04.03). Pela mesma razão, o exequente, que estiver, por direito de retenção, na posse de coisa pertencente ao executado, não poderá promover a execução sobre outros bens se não depois de excutida a coisa que se achar em seu poder.

A responsabilidade patrimonial **não pode ir ao ponto de arruinar a vida de outrem**. Uma parte do patrimônio, por ser essencial à manutenção da dignidade da pessoa humana, é preservada pela impenhorabilidade legal. Em relação a esse ponto, comparativamente, ao anterior Código, o CPC/2015 promove alteração importante. Ele deixa claro que as impenhorabilidades não são absolutas, quando, no art. 833, apenas dispôs que são "impenhoráveis" (diferentemente do que ocorria com o art. 649 do CPC/1973, que dizia ser "absolutamente impenhoráveis").

Pois bem.

O art. 833 lista os seguintes bens como sendo impenhoráveis:

a) os **bens inalienáveis** (a exemplo dos bens públicos), bem como os **declarados**, por ato voluntário, **não sujeitos à execução** (a exemplo dos casos de doação a termo, desde que não seja excessivamente benéfica, e nos relacionados em eventual negócio jurídico processual firmado entre as partes)[26];

b) os **móveis, os pertences** e **as utilidades domésticas** que guarnecem a residência do executado, salvo os de elevado valor ou que ultrapassem as necessidades comuns correspondentes a um médio padrão de vida;

c) os **vestuários**, bem como os **pertences de uso pessoal** do executado, salvo se de elevado valor;

d) os **vencimentos, os subsídios, os soldos, os salários, as remunerações, os proventos de aposentadoria, as pensões, os pecúlios e os montepios**; bem como as **quantias recebidas por liberalidade de terceiro** e destinadas ao sustento do devedor e sua família, os **ganhos de trabalhador autônomo** e os **honorários de profissional liberal**[27] (ressalvada hipótese de penhora para pagamento de prestação alimentícia, independentemente de sua origem, bem como às importâncias excedentes a 50 salários-mínimos mensais);

IMPORTANTE! O Superior Tribunal de Justiça entendeu que "honorários advocatícios, sejam contratuais, sejam sucumbenciais, possuem natureza alimentar". (STJ. REsp 948492/ES. DJe 12.12.11).

São penhoráveis os valores que, apesar de recebidos pelo executado em decorrência de rescisão de contrato de trabalho, tenham sido posteriormente transferidos para fundo de investimento (STJ. REsp 1.330.567/RS. DJe 16.05.13), pois que, quando ele assumiu o risco do investimento, renunciou à proteção da impenhorabilidade.

Questão de Concurso

▶ **(CESPE. TJ-BA. Juiz de Direito. 2019)**[28]: De acordo com o CPC, se, em processo de execução de contrato inadimplido, ocorrer a penhora judicial de dinheiro depositado em conta bancária do executado,

26. A arma de fogo pode ser penhorada e expropriada, desde que assegurada pelo Juízo da execução a observância das mesmas restrições impostas pela legislação de regência para a sua comercialização e aquisição (REsp 1.866.148/RS. DJe 20.08.20. Inf, 677).
27. Consta na ementa do julgado referido: "*É impenhorável o valor depositado em conta bancária proveniente de restituição do imposto de renda, cuja origem advém das receitas compreendidas no art. 649, IV, do CPC/1973* [atual art. 833, IV, do CPC/2015)".
28. Gabarito: Letra C.

o juiz poderá cancelar o ato de penhora caso acolha o pedido de impenhorabilidade sob o argumento de que a quantia bloqueada:

a) pertence a terceiro
b) decorreu de venda de imóvel
c) corresponde a salário do executado e não ultrapassa cinquenta salários mínimos.
d) estava vinculada ao pagamento de conta exclusivamente em débito automático.
e) acarretará enriquecimento ilícito.

---

e) os **livros, as máquinas, as ferramentas, os utensílios, os instrumentos ou outros bens móveis necessários ou úteis ao exercício da profissão do executado**;

Questão de Concurso

▶ **(Consulplan – Juiz de Direito – TJ – MG/2018)**[29] A sociedade empresária X, pequena empresa que se dedica à atividade econômica de prestação de serviços (consertos de celulares) sem atendimento domiciliar, aceitou uma duplicata emitida por seu fornecedor Y. No vencimento, a obrigação foi inadimplida, o credor aforou ação de execução e indicou para penhora um automóvel utilizado pelo sócio-gerente da devedora. A executada foi citada e, no prazo legal, ofereceu embargos à execução somente para alegar impenhorabilidade absoluta do veículo porque seria instrumento de trabalho. Nesse caso a alegação deve ser rejeitada porque

A) a impenhorabilidade é relativa.
B) o usuário do veículo pode utilizar transporte público.
C) o bem não é utilizado na atividade empresarial da devedora.
D) a impenhorabilidade, no caso narrado, beneficia somente a pessoa natural devedora.

---

f) o **seguro de vida**;

g) os **materiais necessários para obras em andamento**, salvo se essas forem penhoradas;

h) a **pequena propriedade rural**, assim definida em lei, desde que trabalhada pela família[30];

---

29. Gabarito: Letra C.

30. Nos autos do REsp 1018635, o STJ decidiu que *"Imóvel rural pode ter área penhorada se a parte restante garante o sustento da família"*. Eis a notícia veiculada em seu sítio eletrônico:*"A Quarta Turma do Superior Tribunal de Justiça (STJ) manteve penhora imposta contra área de propriedade rural onde residia a família do executado. A fazenda, localizada no Espírito Santo, tinha 177 hectares, dos quais 50% foram penhorados.O Tribunal de Justiça do Espírito Santo (TJES), aplicando a teoria da causa madura, entendeu que os proprietários possuíam empregados na exploração agropecuária, o que afastava o conceito de propriedade familiar do imóvel. Além disso, o terreno correspondia a 8, 85 módulos fiscais, o que o classificaria como média propriedade. Por fim, o débito não era resultado da atividade produtiva própria da fazenda.Para os embargantes da execução, o fato de empregarem vaqueiros e meeiros e a extensão do imóvel não autorizariam a penhora. A fazenda, ainda que ultrapassasse dimensões que definem a pequena propriedade, servia-lhes de residência, o que garantiria sua impenhorabilidade.Porém, o ministro Luis Felipe Salomão citou jurisprudência recente da Terceira Turma, que reconheceu que o módulo fiscal leva em conta o conceito de propriedade familiar. Isto é, a extensão do módulo fiscal alcança uma "porção de terra, mínima e suficiente para que a exploração da atividade agropecuária mostre-se economicamente viável pelo agricultor e sua família". Por isso, o módulo fiscal atende a proteção constitucional da impenhorabilidade da pequena propriedade rural."A penhora incidiu sobre 50% do imóvel rural, cuja área total corresponde a 8, 85 módulos fiscais, por isso ficou contemplada a impenhorabilidade garantida ao bem de família constituído por imóvel rural", afirmou o relator.Ele ressalvou, porém, que a Lei 8.009/1990 prevê que a impenhorabilidade do bem alcança a sede de moradia. Dessa forma, o ministro registrou que a sede da fazenda, onde a família mora, ficará dentro dos 50% da área da propriedade que não forem penhorados. O relator também garantiu o acesso à via pública aos proprietários".*

i) os **recursos públicos** recebidos por instituições privadas para aplicação compulsória em **educação, saúde ou assistência social** (STJ. REsp 1.324.276/RJ. DJe 04.12.12);

j) **a quantia depositada em caderneta de poupança (ou em qualquer outra aplicação financeira** – STJ. REsp 1.230.060-PR. DJe 13.08.14) **até o limite de 40 salários mínimos**;

k) os **recursos públicos do fundo partidário** recebidos por partido político, nos termos da lei;

l) os **créditos oriundos de alienação de unidades mobiliárias**, sob o regime de incorporação imobiliária, vinculados à execução da obra.

Com relação às letras "b" e "c", a opção do legislador ao utilizar expressões como "elevado valor", "ultrapassem as necessidades comuns correspondentes a um médio padrão de vida", de modo a, em hipóteses excepcionais, autorizar a realização de penhora nos bens respectivos, deixou margem a subjetivismos. Enquanto não delimitado o alcance das referidas expressões pelos tribunais superiores, que, aliás, podem ser variantes de região para região, entendimentos divergentes continuarão sendo adotados pelos tribunais locais. Certamente, um aquecedor pode ser considerado impenhorável na Região Sul, mas penhorável na Região Nordeste. O ideal era que a penhorabilidade ou impenhorabilidade fosse identificada pelo valor do bem.

Concernente à letra "d", a impenhorabilidade das verbas relacionadas não é oponível ao pagamento de prestação alimentícia, independente de sua origem.

E mais.

As expressões "vencimentos", "subsídios", "soldos", "salários", "remunerações", "proventos de aposentadoria", "pensões", "pecúlios" e "montepios", "quantias recebidas por liberalidade de terceiro e destinadas ao sustento do devedor e sua família", "ganhos de trabalhador autônomo" e "honorários de profissional liberal" devem ser entendidas na contemporaneidade do recebimento de cada uma delas, bem como pela destinação realizada.

Quase a totalidade do patrimônio de uma pessoa é constituída pelas verbas encimadas. A imobilização no transcurso de tempo e, de igual modo, a destinação realizada, importa transubstanciação da natureza daquelas. O "vencimento", com o passar do tempo, passa a ser aplicação financeira ou reserva financeira superior a 40 salários mínimos. O "soldo" destinado à aquisição de veículo automotor, muda de natureza. Não fosse assim, o patrimônio de uma pessoa nunca poderia ser penhorado (exceção para fins de pagamento de prestação alimentícia), o que acabaria por ensejar a completa ausência de efetividade da atividade jurisdicional executiva.

Apesar disso, o Superior Tribunal de Justiça tem entendido, em alguns casos, pela impenhorabilidade, como acontece com o saldo existente em conta salário, especificamente (STJ. RMS 26937/BA. DJe 23.10.08). Mas, de uma forma geral, o Superior Tribunal de Justiça entende que "a remuneração a que se refere esse inciso é a última percebida pelo devedor, perdendo a sobra respectiva, após o recebimento do salário ou vencimento seguinte, a natureza impenhorável. Dessa forma, as sobras, após o recebimento do salário do período seguinte, não mais desfrutam da natureza de impenhorabilidade, quer permaneçam na conta corrente destinada ao recebimento da remuneração, quer sejam investidas em caderneta de poupança ou outro tipo de aplicação financeira". (STJ. REsp 1.230.060/PR. DJe 13.08.14).

Ainda quanto à hipótese prevista na letra "d", o Superior Tribunal de Justiça entendeu que "o saldo de depósito em fundo de previdência privada complementar na modalidade Plano Gerador de Benefícios Livres (PGBL) é impenhorável, a menos que sua natureza previdenciária seja desvirtuada pelo participante". Explicou que, "embora não se negue que o PGBL permite o 'resgate da totalidade das contribuições vertidas ao plano pelo participante' (art. 14, III, da LC 109/2001), essa faculdade concedida ao participante de fundo de previdência privada complementar não tem o condão de afastar, de forma inexorável, a natureza essencialmente previdenciária e, portanto, alimentar, do saldo existente. Por isso, a impenhorabilidade dos valores depositados em fundo de previdência privada complementar deve ser aferida pelo Juiz casuisticamente, de modo que, se as provas dos autos revelarem a necessidade de utilização do saldo para a subsistência do participante e de sua família, caracterizada estará a sua natureza alimentar" (STJ. REsp 1121426/SP. DJe 20.03.14).

Quanto às verbas descritas na letra "d", também se consideram impenhoráveis as respectivas (eventuais) restituições de imposto de renda (STJ. REsp 1163151/AC. DJe 21.06.11[31]).

Mas, de forma inovadora, o CPC/2015 mitiga a impenhorabilidade das verbas descritas na letra "d". Com efeito, o § 2º do art. 833 dispõe que a impenhorabilidade mencionada não se aplica à hipótese de penhora para pagamento de prestação alimentícia, independentemente de sua origem, bem como às importâncias excedentes a 50 salários-mínimos mensais.

A penhorabilidade para adimplemento de prestação alimentícia não é novidade. De longa data, já era possível. A novidade, a este respeito, foi que, antes, o § 2º do art. 649 do CPC/1973 excetuava a impenhorabilidade para pagamento de "prestação alimentícia". Agora, o § 2º do art. 833 do CPC/2015 excetua a impenhorabilidade para pagamento de "prestação alimentícia, independentemente de sua origem".

Fica, então, a pergunta: para pagamento de prestações de natureza alimentar, qualquer que sejam elas, pode ser penhorada verba remuneratória? Ao ver dos autores do presente livro, sim. Contudo, caberá ao juiz estabelecer percentual máximo para fins de constrição, sob pena de comprometer a própria subsistência do executado, o que, por óbvio, não é razoável.

Outro significativo avanço decorreu da mitigação da impenhorabilidade, quando permitiu a penhora do valor que exceder os 50 salários mínimos, em favor do exequente, que, muitas vezes, tinha execução frustrada em razão da quase absoluta impenhorabilidade atribuída aos rendimentos, mesmo que de elevado valor. Agora, o que exceder a 50 salários mínimos, pode ser penhorado.

Continue-se.

No caso da letra "e", o Código, no § 3º do art. 833, ratificou entendimento pacificado nos tribunais, no sentido de que se incluem na impenhorabilidade os equipamentos, os implementos e as máquinas agrícolas pertencentes à pessoa física ou a empresa individual

31. Consta na ementa do julgado referido: *"É impenhorável o valor depositado em conta bancária proveniente de restituição do imposto de renda, cuja origem advém das receitas compreendidas no art. 649, IV, do CPC".*

produtora rural, exceto quando tais bens tenham sido objeto de financiamento e estejam vinculados em garantia a negócio jurídico ou quando respondam por dívida de natureza alimentar, trabalhista ou previdenciária.

A impenhorabilidade prevista na letra "e" se refere tanto aos bens "necessários", quanto aos "úteis". Os "necessários" são aqueles sem os quais o exercício da profissão ficaria impedido, enquanto que os "úteis" são aqueles que auxiliam o exercício da profissão. Para um motorista de táxi, por exemplo, o veículo automotor é necessário, enquanto que o aparelho de GPS é útil. Ambos são impenhoráveis.

A impenhorabilidade alcança também a pequena propriedade rural, assim definida em lei, desde que trabalhada pela família. Na linha de precedentes do STJ, a impenhorabilidade da pequena propriedade rural não exige que o débito exequendo seja oriundo da atividade produtiva, tampouco que o imóvel sirva de moradia ao executado e à sua família (STJ. REsp 1.591.298/RJ. DJe 21.11.17). Isso representa superação de anterior entendimento daquele Tribunal, no sentido de que a penhora poderia ser realizada sobre pequena propriedade rural no que excedesse ao necessário à moradia do devedor e de sua família (STJ. 1.237.176/SP. DJe 04.04.13)

Na letra "j", coloca-se como impenhorável a quantia depositada em caderneta de poupança até o limite de 40 salários mínimos. Esse valor independe da quantidade de cadernetas de poupança. O valor total delas será impenhorável até 40 salários mínimos. O que ultrapassar no somatório poderá ser penhorado. Tal quantia é considerada razoável para garantir o mínimo existencial, a receber, por isso, o atributo da impenhorabilidade. Se um profissional liberal, por motivos de saúde, precisa se afastar de suas atividades laborais, por exemplo, o dito valor proverá sua subsistência durante o período de afastamento. Admitir a penhora seria comprometer a própria subsistência daquele.

A interpretação da expressão "caderneta de poupança" deve contemplar qualquer outra aplicação financeira, porque se deve, independentemente da espécie, destinar parte do patrimônio do devedor para sua digna subsistência. Não seria razoável interpretar o texto legal como se ele fosse um fomentador de investimento na caderneta de poupança. Assim, as reservas financeiras inferiores a 40 salários mínimos aplicadas em fundos de ação, aplicações de rendimento fixo etc. são impenhoráveis.

A tal conclusão chegou o Superior Tribunal de Justiça, quando decidiu que o escopo do dispositivo em análise: "não é estimular a aquisição de reservas em caderneta de poupança em detrimento do pagamento de dívidas, mas proteger devedores de execuções que comprometam o mínimo necessário para a sua subsistência e de sua família, finalidade para qual não tem influência alguma que a reserva esteja acumulada em papel moeda, conta-corrente, caderneta de poupança propriamente dita ou outro tipo de aplicação financeira, com ou sem garantia do Fundo Garantidor de Créditos" (STJ. REsp 1.230.060/PR. DJe 13.08.14).

A mesma *ratio decidendi*, que atribui o adereço da impenhorabilidade às aplicações financeiras de valor não superior a 40 salários mínimos ("proteger devedores de execuções que comprometam o mínimo necessário para a sua subsistência e de sua família") fortalece a conclusão de que, se o patrimônio do devedor não ultrapassar, em sua integralidade, o dito valor, ele também não será penhorável.

A letra "l" protege também os recursos públicos do fundo partidário recebidos por partido político, nos termos da lei. Essa proteção se dá porque o legislador considerou que tais verbas não perdem a sua natureza pública, devendo, então, esses recursos ficarem vinculados à consecução dos fins e ao funcionamento dos partidos públicos[32].

Por derradeiro, quanto à letra "m", o legislador estabelece uma nova hipótese de impenhorabilidade: aos créditos oriundos de alienação de unidade imobiliárias, sob o regime de incorporação imobiliária, vinculados à execução da obra.

Essa disposição visa a proteger o adquirente de unidade imobiliária em incorporação (consumidor), que ao realizar um contrato de promessa de compra e venda deve ter a segurança de que os créditos oriundos das vendas ficarão vinculados prioritariamente à execução da obra e regularização da construção no Registro de Imóveis. Com a impenhorabilidade, evita-se que as obras de edificação sejam paralisadas, a ocasionar a derrocada financeira do empreendimento e, por consequência, a afetar adquirente.

13.1. Impenhorabilidade do bem de família

Ao imóvel residencial próprio do casal, ou da entidade familiar, o atributo de impenhorabilidade foi concedido pela Lei nº 8.009/1990[33]. Ela (impenhorabilidade) alcança o imóvel sobre o qual se assentam a construção, as plantações, as benfeitorias de qualquer natureza e todos os equipamentos, inclusive os de uso profissional, ou móveis que guarnecem a casa, desde que quitados. A impenhorabilidade do imóvel familiar, independentemente de qual

32. Os recursos do fundo partidário são absolutamente impenhoráveis, inclusive na hipótese em que a origem do débito esteja relacionada às atividades previstas no art. 44 da Lei 9.096/1995. O inciso XI do art. 649 do CPC enuncia que: "São absolutamente impenhoráveis: [...] XI – os recursos públicos do fundo partidário recebidos, nos termos da lei, por partido político". A expressão "nos termos da lei" remete à Lei 9.096/1995, a qual, no art. 38, discrimina as fontes que compõem o fundo partidário. Nesse contexto, os recursos do fundo são oriundos de fontes públicas – como as multas e penalidades, recursos financeiros destinados por lei e dotações orçamentárias da União (art. 38, I, II e IV) – ou de fonte privada – como as doações de pessoa física ou jurídica, efetuadas por intermédio de depósitos bancários diretamente na conta do fundo partidário (art. 38, III). A despeito dessas duas espécies de fontes, após a incorporação das somas ao fundo, elas passam a ter destinação especifica prevista em lei (art. 44 da Lei 9.096/1995) e a sujeitar-se a determinada dinâmica de distribuição, utilização e controle do Poder Público (arts. 40 e 44, § 1º, da Lei 9.096/1995 c/c o art. 18 da Resolução TSE 21.841/2004) e, portanto, a natureza jurídica dessas verbas passa a ser pública ou, nos termos do art. 649, XI, do CPC, elas tornam-se recursos públicos. Tais circunstâncias deixam claro que o legislador, no art. 649, XI, do CPC, ao fazer referência a "recursos públicos do fundo partidário", tão somente reforçou a natureza pública da verba, de modo que os valores depositados nas contas bancárias utilizadas exclusivamente para o recebimento dessa legenda são absolutamente impenhoráveis. Nesse sentido, o TSE, que possui vasta jurisprudência acerca da impossibilidade do bloqueio de cotas do fundo partidário, não faz distinção acerca da origem dos recursos que o constitui, se pública ou privada, tratando-o como um todo indivisível e, como dito, de natureza pública (AgR-AI 13.885-PA, DJe 19/5/2014 e AgR-REspe 7.582.125-95-SC, DJe 30/4/2012). O fundamento para a impenhorabilidade é o mesmo aplicável à hipótese de recursos públicos recebidos por instituições privadas para aplicação compulsória em educação, saúde, ou assistência social (art. 649, IX, do CPC): a preservação da ordem pública, até porque o fundo partidário está relacionado ao funcionamento dos partidos políticos, organismos essenciais ao Estado Democrático de Direito. Destaca-se, por fim, que a conclusão de que a origem do débito, se relacionada com as atividades previstas no art. 44 da Lei 9.096/1995, seria capaz de afastar a previsão contida no art. 649, XI, do CPC, é desacertada, pois, na realidade, ela descaracteriza a absoluta impenhorabilidade ora em questão. **REsp 1.474.605-MS, Rel. Min. Ricardo Villas Bôas Cueva, julgado em 7/4/2015, DJe 26/5/2015.**
33. Art. 1º O imóvel residencial próprio do casal, ou da entidade familiar, é impenhorável e não responderá por qualquer tipo de dívida civil, comercial, fiscal, previdenciária ou de outra natureza, contraída pelos cônjuges ou pelos pais ou filhos que sejam seus proprietários e nele residam, salvo nas hipóteses previstas nesta lei.

seja o seu valor (STJ. REsp 715259/SP. DJe 05.08.10), é oponível em qualquer processo de execução.

> **IMPORTANTE!** O Superior Tribunal de Justiça admite o desmembramento do imóvel protegido pela Lei nº 8.009/1990, desde que tal providência não acarrete a descaracterização daquele e que não haja prejuízo para a área residencial.
>
> Em determinada situação, onde em único imóvel, funcionava no pavimento inferior um comércio, e no superior residiam o devedor e sua família, aceitou-se a penhora daquela parte (STJ. REsp 968907/RS. DJe 01.04.09).

Mas a **impenhorabilidade do bem de família cede espaço**:

a) pelo **titular do crédito decorrente do financiamento destinado à construção ou à aquisição do imóvel, no limite dos créditos e acréscimos constituídos em função do respectivo contrato**;

> **IMPORTANTE!** O crédito oriundo de contrato de empreitada para a construção, ainda que parcial, de imóvel residencial, encontra-se nas exceções legais à impenhorabilidade do bem de família. O artigo 3º, inciso II, da Lei n. 8.009/1990, dispõe que a impenhorabilidade do bem de família é oponível em qualquer processo de execução civil, fiscal, previdenciária, trabalhista ou de outra natureza, salvo se movido pelo titular do crédito decorrente do financiamento destinado à construção ou à aquisição do imóvel, no limite dos créditos e acréscimos constituídos em função do respectivo contrato. Para os efeitos estabelecidos no citado dispositivo legal, o financiamento referido pelo legislador abarca operações de crédito destinadas à aquisição ou construção do imóvel residencial, podendo essas serem stricto sensu - decorrente de uma operação na qual a financiadora, mediante mútuo/empréstimo, fornece recursos para outra a fim de que essa possa executar benfeitorias ou aquisições específicas, segundo o previamente acordado - como aquelas em sentido amplo, nas quais se inclui o contrato de compra e venda em prestações, o consórcio ou a empreitada com pagamento parcelado durante ou após a entrega da obra, pois todas essas modalidades viabilizam a aquisição/construção do bem pelo tomador que não pode ou não deseja pagar o preço à vista. Em todas essas situações, dá-se a constituição de uma operação de crédito, efetiva dívida para a aquisição/construção do imóvel na modalidade parcelada. (STJ. REsp 1.221.372-RS, Rel. Min. Marco Buzzi, Quarta Turma, por unanimidade, julgado em 15/10/2019, DJe 21/10/2019).

b) pelo **credor da pensão alimentícia, resguardados os direitos, sobre o bem, do seu coproprietário que, com o devedor, integre união estável ou conjugal, observadas as hipóteses em que ambos responderão pela dívida;**

> **IMPORTANTE!** A impenhorabilidade do bem de família prevista no artigo 3º, III, da Lei 8.009/1990 não pode ser oposta ao credor de pensão alimentícia, inclusive se decorrente de indenização por ato ilícito (STJ. EREsp 679456/SP. DJe 16.06.11), resguardados os direitos, sobre o bem, do seu coproprietário que, com o devedor, integre união estável ou conjugal, observadas as hipóteses em que ambos responderão pela dívida.

c) para **cobrança de impostos, predial ou territorial, taxas e contribuições devidas em função do imóvel familiar**;

d) para **execução de hipoteca sobre o imóvel oferecido como garantia real pelo casal ou pela entidade familiar**[34];

34. *"A indicação do bem à penhora, pelo devedor na execução, não implica renúncia ao benefício conferido pela Lei nº 8.009/1990, pois a instituição do bem de família constitui princípio de ordem pública, prevalente sobre a vontade manifestada"* (STJ. REsp 875687/RS. DJe 22.08.11). Não basta a indicação à penhora. Para perder o benefício da impenhorabilidade, é preciso que ele seja renunciado.

e) por ter sido adquirido com **produto de crime ou para execução de sentença penal condenatória a ressarcimento, indenização ou perdimento de bens, hipótese em que se exige sentença penal condenatória transitada em julgado (STJ. REsp 1.823.159/SP. DJe 19.10.20. Inf. 681);**

f) para **cobrança de crédito constituído pela Procuradoria-Geral Federal em decorrência de benefício previdenciário ou assistencial recebido indevidamente por dolo, fraude ou coação, inclusive por terceiro que sabia ou deveria saber da origem ilícita dos recursos.**

IMPORTANTE! O Superior Tribunal de Justiça admite a penhora de imóvel residencial instituído como bem de família na execução promovida pelo condomínio para a cobrança de quotas condominiais sobre ele incidentes (STJ. REsp 1100087/MG. DJe 03.06.09).

O inciso I do art. 3º da Lei nº 8.009/1990 afastava a impenhorabilidade do bem de família em razão dos créditos de trabalhadores da própria residência e das respectivas contribuições previdenciárias. Só que esse dispositivo foi revogado pelo art. 46 da Lei Complementar nº 150/2015. Atualmente, o imóvel habitado pelo devedor ou sua família é impenhorável frente às dívidas oriundas de créditos de trabalhadores da residência e das respectivas contribuições previdenciárias.

Segundo entendimento do Superior Tribunal de Justiça, o atributo de impenhorabilidade cede espaço quando verificado o esvaziamento patrimonial em fraude à execução. Em alguns casos, decidiu que, "ao alienar todos os seus bens, menos um, durante o curso de processo que poderia levá-lo à insolvência, o devedor não obrou apenas em fraude à execução: atuou também com fraude aos dispositivos da Lei 8.009/1990, uma vez que procura utilizar a proteção conferida pela lei com a clara intenção de prejudicar credores. Nessas hipóteses, é possível, com fundamento em abuso de direito, afastar a proteção conferida pela Lei 8.009/1990" (STJ: REsp 1299580/RJ, DJe 25.10.12; AgRg no AREsp 689609/PR, DJe 12.06.15).

Entretanto, como também já ponderou o Superior Tribunal de Justiça, "quando se trata da alienação ou oneração do próprio bem impenhorável, nos termos da Lei nº 8.009/1990, entende-se pela inviabilidade – ressalvada a hipótese prevista no art. 4º da referida Lei – de caracterização da fraude à execução, haja vista que, consubstanciando imóvel absolutamente insuscetível de constrição, não há falar em sua vinculação à satisfação da execução, razão pela qual carece ao exequente interesse jurídico na declaração de ineficácia do negócio jurídico" (STJ. REsp 1227366/RS. DJe 17.11.14).

Assim, chega-se a duas conclusões: a) se o devedor, em fraude à execução, aliena todos os seus bens, a preservar apenas um, onde mantém residência, este perde o atributo da impenhorabilidade; b) se o devedor aliena o único bem, onde mantinha residência, não há fraude à execução, de maneira que o negócio jurídico é relacionado é eficaz.

Sob outro aspecto, mesmo quando de elevado valor, o imóvel, bem de família, não perde o atributo da impenhorabilidade. Exatamente por isso que o Superior Tribunal de Justiça entende que "os imóveis residenciais de alto padrão ou de luxo não estão excluídos, em razão do seu valor econômico, da proteção conferida aos bens de família pela Lei nº 8.009/1990"

(STJ. REsp 1440786/SP. DJe 27.05.14). A esse respeito, deve-se dizer que diversas versões do projeto do Código de Processo Civil tentaram estabelecer um valor máximo para o bem de família, a ser reverter o excesso em favor do credor. Apesar disso, a ideia não foi incorporada ao texto final.

Segue-se adiante.

A letra "e" dispõe que o imóvel protegido pela Lei nº 8.009/1990 perde a impenhorabilidade quando oferecido como garantia real pelo casal ou pela entidade familiar para execução de hipoteca sobre o imóvel. Daí vem uma indagação: se no imóvel residir entidade familiar constituída por marido e/ou esposa e filhos, o casal pode oferecer o bem em garantia sem o consentimento dos filhos?

Esta é uma questão que tem suscitado fortes discussões.

Confira-se.

A Constituição da República, em seu art. 226, dispõe que "a família, base da sociedade, tem especial proteção do Estado". Depois, o respectivo § 4º estabelece: "entende-se, também, como entidade familiar a comunidade formada por qualquer dos pais e seus descendentes".

A Lei nº 8.009/1990 estabeleceu um elo com os dispositivos constitucionais ao dispor sobre a impenhorabilidade do bem de família. Referida lei, em seu art. 1º, dispõe que "o imóvel residencial próprio do casal, ou da entidade familiar, é impenhorável e não responderá por qualquer tipo de dívida civil, comercial, fiscal, previdenciária ou de outra natureza, contraída pelos cônjuges ou pelos pais ou filhos que sejam seus proprietários e nele residam, salvo nas hipóteses previstas nesta Lei".

O legislador afirma o direito de moradia, inclusive a entidade familiar, colocando-a longe dos compromissos patrimoniais assumidos, muitas das vezes, de forma impensada por alguns de seus membros. Assim, apenas se admitiria a penhora do bem de família por ato volitivo quando ela fosse autorizada por todos os membros que compõem a entidade familiar.

> Não constitui bem de família o terreno não edificado (STJ. REsp 1087727/GO. DJe 06.10.09).

Em verdade, a redação do inciso V do art. 3º da Lei 8.009/1990 ressalta que "a impenhorabilidade é oponível em qualquer processo de execução civil, fiscal, previdenciária, trabalhista ou de outra natureza, salvo se movido: [...] para execução de hipoteca sobre o imóvel oferecido como garantia real pelo casal ou pela entidade familiar".

Logo, como a penhorabilidade do bem de família é uma exceção, ela deve ser interpretada restritivamente. Já os benefícios (especificamente aquele que decorre da impenhorabilidade), devem ser interpretados da forma mais ampla possível.

Disso decorre que, quando somente o casal residir no imóvel, ambos os integrantes podem, por vontade conjunta, renunciar o atributo da impenhorabilidade do bem. Mas, quando a entidade familiar residir no imóvel, a impenhorabilidade só pode ser afastada (para execução de hipoteca) mediante consentimento de toda entidade familiar.

Tal ilação pode ser claramente inferida a partir da utilização da conjunção alternativa "ou", trazida pelo inciso V do art. 3º da Lei nº 8.009/1990, que tem a finalidade de proteger o bem jurídico específico (proteção do bem de família) e de ratificar os valores ínsitos à dignidade da pessoa humana e da própria proteção da entidade familiar.

Esta posição é adotada pelo Superior Tribunal de Justiça. No REsp 526.460/RS, decidiu que a entidade familiar não pode ficar prejudicada por ato individual e isolado advindo de um componente da família: "no caso da Lei nº 8.009/1990, visou o legislador a proteger a moradia da família do devedor, o que denota inegável interesse social".

Se a proteção atender à família, deve-se concluir que o devedor não poderá, individualmente, renunciar a proteção outorgada em prol da entidade familiar. Não por outro motivo que o STJ, no REsp 351.932/SP, decidiu: "a proteção legal não tem por alvo o devedor, mas a entidade familiar, que goza de amparo especial da Constituição".

Fica claro, também, que a impenhorabilidade do bem de família, além de só poder ser afastada por ato de toda a família, este (ato) deve estar relacionado à constituição de dívida contraída pela família em benefício dela. Jamais o atributo da impenhorabilidade do bem de família pode ser afastado em benefício de terceiros.

Essa ilação, provinda dos precedentes do STJ, é encontrada no voto lavrado no REsp 302.281/RJ, quando se decidiu que "a hipótese descrita no inciso V [do art. 3º da Lei nº 8.009/1990] refere-se aos casos em que os devedores constituíram a hipoteca como garantia da própria dívida (em benefício direto deles mesmos e não de terceiros)".

No mesmo sentido, está a decisão no REsp 268.690/SP: "a ressalva prevista no art. 3º, inciso V, [da Lei nº 8.009/1990] a permitir a penhora na execução de hipoteca sobre imóvel oferecido com garantia real pelo casal ou entidade familiar, limita-se em crédito que favorece a família, e não abrange as situações de favor, quando o proprietário figura como garantidor de terceiro. Se a dívida constituída pela família não enseja a penhora da residência da família, com igual ou maior razão deve ser afastada a constrição na hipótese de dívida de favor, assumida em benefício de terceiros".

O bem de família só perde seu atributo de impenhorabilidade quando é oferecido por toda a entidade familiar (como garantia hipotecária) em razão de dívida constituída por ela, e não por terceira pessoa, seja ela física ou jurídica[35].

Mesmo residindo uma só pessoa (seja solteira, separada ou viúva) no imóvel, ele continua sendo impenhorável (STJ. REsp 518711/RO. DJe 05.09.08). Da mesma forma se o imóvel, embora não sirva de residência ao devedor, está alugado a terceira pessoa (STJ. REsp 1095611/SP. DJe 01.04.09) com a renda revertida para a subsistência ou a moradia da sua família (enunciado 486 da súmula do STJ), ou que nele habite, mesmo a título não oneroso, pessoa de sua família (STJ. EREsp 1216187/SC. DJe 14.05.14).

13.2. Terceiros sujeitos à execução

O patrimônio do devedor e, eventualmente, de terceiro pode ser penhorado para garantir o cumprimento da obrigação inadimplida. Isso não significa dizer que qualquer bem de

35. A exceção à impenhorabilidade prevista no art. 3º, inciso V, da Lei nº 8.009/1990, segundo o STJ, não se aplica à hipótese em que a hipoteca foi dada para garantia de empréstimo contraído pela empresa, da qual é sócio o titular do bem, onde reside sua família. Inexiste, na espécie, situação em que a garantia hipotecária foi constituída em benefício da família, e, por isso mesmo, suscetível de penhora, nos termos do referenciado inciso V.

terceiro poderá ser objeto de penhora. Deve haver sua responsabilização patrimonial, seja decorrente de disposição legal, seja de ato volitivo.

Ao incidir a penhora sobre bens alheios, cabe aos terceiros interessados a oposição de embargos de terceiro, a fim de afastar a ilegalidade subjetiva da penhora realizada (STJ. REsp 261798/MG. DJU 16.10.06). Mas, em face da responsabilidade patrimonial, além dos bens do devedor, ficam sujeitos à execução, desde que demonstradas suas propriedades (STJ. REsp 286582/SP. DJU 10.12.07), os bens (art. 790 do CPC):

a) **do sucessor a título singular, tratando-se de execução fundada em direito real ou obrigação reipersecutória**: mesmo que saiam do patrimônio do devedor e passem a integrar o de seu sucessor, os bens alienados continuam relacionados à ação, independentemente de como tenha ocorrido a sucessão. O título executivo estende seus efeitos ao adquirente, ainda que não referido por aquele (STJ. AgRg no Ag 965210/SP. DJe 03.06.09).

b) **do sócio, nos termos da lei**: em determinadas hipóteses previstas em lei, que considera como critério, sobretudo, a natureza da dívida, o sócio responde pelo pagamento de valores devidos pela sociedade. Essa não é a única situação em que o sócio pode ser responsabilizado. Em algumas situações, quando comprovada a prática de ato em excesso de poderes ou infração de lei, contrato social ou estatutos, o sócio também pode ser responsabilizado pela dívida atribuída à sociedade.

Todavia, no comum das vezes, o sócio, demandado pelo pagamento da dívida, tem direito de exigir que sejam primeiro excutidos os bens da sociedade. Em exercendo este direito, cumpre a ele nomear bens da sociedade, situados na mesma comarca, livres e desembargados, quantos bastem para pagar o débito. Se não exercer, preferindo efetuar o adimplemento integral, poderá exercer o direito de regresso contra a sociedade, a alcançar até mesmo outros sócios, se for o caso.

Os sócios de empresa constituída sob a forma de sociedade por quotas de responsabilidade limitada não respondem pelos prejuízos sociais, se não houver administração irregular e se verificada a integralização do capital social (STJ. REsp 876974/SP. DJU 27.08.07). Exceção é feita em relação às dívidas trabalhistas, cuja responsabilidade não se relaciona àqueles fatores, mas à solidariedade ínsita à presunção de supremacia do empregador. Outras exceções podem ocorrer se a dívida decorrer de relação de consumo (sendo a pessoa jurídica fornecedora/devedora) e, às vezes, de relação tributária (sendo a pessoa jurídica contribuinte/devedora).

Com relação às cotas de sociedade de responsabilidade limitada, ainda que haja previsão contratual de proibição à livre alienação, não se impede a penhora delas para garantir o pagamento de dívida pessoal de sócio. Isto porque, referida penhora não encontra vedação legal e nem afronta o *affectio societatis*, já que não enseja, necessariamente, mesmo quando alienadas, inclusão de novo sócio (STJ. REsp 317651/AM. DJU 22.11.04).

c) **do devedor, ainda que em poder de terceiros**: bens do devedor em poder de terceiros não deixam de ser daquele. Quis o legislador deixar explícito que estava atento à possibilidade de o devedor transferir os bens a mãos de terceiros com o objetivo de dificultar a execução. A sua resposta foi a de que tal conduta não embaraçaria o andamento processual, a desmotivar, assim, o malicioso devedor que quisesse esconder seus bens em poder de outrem.

d) **do cônjuge ou companheiro, nos casos em que os seus bens próprios ou de sua meação respondem pela dívida**: há casos em que um dos cônjuges contrai dívidas, cujos benefícios se revertem em favor de ambos. Nessa situação, a responsabilidade patrimonial atinge os bens de ambos os cônjuges.

Sendo a dívida contraída em favor de apenas um dos cônjuges, apenas o seu patrimônio responde pelo pagamento, devendo ser respeitada a meação. Se os bens de propriedade comum são indivisíveis, na execução, podem ser levados à hasta pública por inteiro, reservando-se ao outro cônjuge a metade do preço alcançado (STJ. REsp 200251/SP. DJU 29.04.02).

Essa é a regra da responsabilidade patrimonial dos cônjuges aplicável a quase totalidade dos regimes de bens, exceto ao da comunhão universal. Sendo este o regime, a integralidade do patrimônio do casal responde pela totalidade da dívida, independentemente da motivação de sua constituição (STJ. REsp 418083/SP. DJU 30.09.02). Se o regime de bens do casamento for o da separação total de bens, todos os bens do cônjuge que contraiu a obrigação respondem pelo pagamento da dívida.

e) **alienados ou gravados com ônus real em fraude de execução**: os bens alienados em reconhecida fraude à execução respondem pelo pagamento da dívida executada, pois o ato é ineficaz em relação ao credor. A responsabilidade não é do adquirente, mas apenas do bem adquirido fraudulentamente. O tema será melhor esposado em tópico próprio, a se adiantar aqui que, mesmo não sendo gravado de ônus real, pode haver fraude á execução a tornar ineficaz a alienação.

f) **cuja alienação ou gravação com ônus real tenha sido anulada em razão do reconhecimento, em ação autônoma de fraude contra credores**: o atual Código insere a hipótese de fraude contra credores, para dispor que toda alienação de bem ou de gravação com ônus real, que venha a ser anulada por decisão proferida em ação pauliana ou revocatória[36], uma vez preenchidos os requisitos legais, acarretará o retorno dos bens para o patrimônio do executado, tornando-os passíveis de execução.

g) **do responsável, nos casos de desconsideração da personalidade jurídica**: essa disposição mantém a coerência sistêmica, a considerar a previsão do incidente de desconsideração da personalidade jurídica, concretizado como uma hipótese de intervenção de terceiro[37]. Quando desconsiderada a personalidade jurídica, na forma direta

36. Destaca-se que é imprescindível a propositura da ação pauliana para o reconhecimento da fraude contra credores, não podendo anular ato jurídico por fraude contra credores em embargos de terceiros (súmula 195 do STJ).

37. Portanto, a execução poderá alcançar o bem do sócio ou dos administradores, uma vez preenchidos os requisitos materiais (art. 50 do CC) e processuais (art. 133 a 137 do CPC) para implementação da desconsideração da personalidade jurídica. Caberá ainda a desconsideração inversa da personalidade jurídica, uma vez preenchidos os requisitos encimados, hipótese na qual a responsabilidade patrimonial atingirá o patrimônio do sócio, que utiliza-se da pessoa jurídica abusivamente para blindar o seu patrimônio e burlar os seus credores.

ou na inversa, um terceiro ingressa na relação processual e seu patrimônio passa a ser responsável pela execução.

Para finalizar o tratamento da responsabilidade patrimonial, o Código inaugura um sistema para separar a responsabilidade patrimonial do proprietário do terreno, da responsabilidade do superficiário, se houver regime do direito de superfície sobre o bem imóvel, conforme prevê o art. 791 do CPC, a formar, assim, esferas patrimoniais autônomas e independentes, que não se intercomunicam.

O direito real de superfície está regulado nos artigos 1.369 a 1.377 do Código Civil, sendo caracterizado por uma concessão firmada pelo proprietário de um terreno a um terceiro, chamado de superficiário, para que construa, plante ou explore o terreno, de forma gratuita ou onerosa, durante lapso temporal determinado, mediante registro na matrícula do imóvel.

Portanto, no caso da execução ter por objeto obrigação de que seja sujeito passivo o proprietário de terreno submetido ao regime do direito de superfície ou o superficiário, responderá pela dívida, exclusivamente, o direito real do qual é titular o executado. Se o executado for o proprietário, o alvo da execução será o terreno. Se o executado for o superficiário, a penhora ou os atos de constrição atingirão exclusivamente a construção ou plantação.

Em continuação, o § 1º do art. 791 dispõe que os atos de constrição serão averbados separadamente na matrícula do imóvel, com a identificação do executado, do valor do crédito e do objeto sobre o qual recai o gravame, devendo o oficial destacar o bem que responde pela dívida, se o terreno, a construção ou a plantação, de modo a assegurar a publicidade da responsabilidade patrimonial de cada um deles pelas dívidas e pelas obrigações que a eles estão vinculadas.

Essa sistemática se aplica, no que couber, à enfiteuse, à concessão de uso especial para fins de moradia e à concessão de direito real de uso, conforme dispõe o § 2º do art. 791 do Código de Processo Civil.

13.3. Responsabilidade patrimonial do fiador

O fiador, que é de regra devedor subsidiário, quando executado, tem direito de exigir que primeiro sejam executados os bens do devedor **situados na mesma comarca**, livres e desembargados, indicando-os pormenorizadamente à penhora. A tal prerrogativa, dá-se o nome de **benefício de ordem**, instituído pelo legislador como forma de afirmar a economia processual.

Como o devedor deve ressarcir o fiador pelo pagamento por ele efetuado nessa condição, inclusive nos mesmos autos da execução aparelhada pelo credor originário. Essa solução significa minoração da quantidade de atos processuais e, consequentemente, do dispêndio financeiro (com avaliação, realização de hastas públicas etc.) que, em última análise, será suportado pelo devedor principal.

IMPORTANTE! A transação com moratória entre locador e locatários em ação de despejo, sem a anuência dos fiadores, importa na exclusão da solidariedade destes (arts. 1503, I, do CCB), conforme orientação contida no enunciado 214 da súmula de jurisprudência do Superior Tribunal de Justiça (STJ. REsp 351757/SP. DJU 04.02.02).

Porém, os bens do fiador ficarão sujeitos à execução, se os do devedor situados na mesma comarca forem insuficientes à satisfação do direito do credor. Assim, os bens do fiador poderão ser alcançados pela execução (em complementação àquilo que, eventualmente, já tenha atingido o patrimônio do executado) até garantir a satisfação do crédito. O mesmo acontecerá, ou seja, sujeição do patrimônio à execução, se o fiador, que se obrigou como devedor solidário, renunciar ao beneficio de ordem (§ 3º do art. 794 do CPC). Pela própria natureza da obrigação assumida pelos devedores solidários, onde o credor pode exigir de quaisquer dos devedores, de forma autônoma e independente, não há benefício de ordem (STJ. REsp 536544/SP. DJU 03.11.03).

A fiança é, de fato, draconiana. Quando regularmente formalizada, até o bem de família do fiador pode ser penhorado para garantir o pagamento da obrigação assumida[38]. A matéria restou pacificada a partir da edição do enunciado 549 da súmula de jurisprudência do Superior Tribunal de Justiça, que orienta ser válida a penhora de bem de família pertencente a fiador de contrato de locação.

Entretanto, quando o bem de família pertencer a condomínio, se um (ou alguns) dos condôminos ostentar a condição de fiador (não sendo o caso dos demais coproprietários), aquele não pode ser penhorado para satisfação do crédito executado (STJ. Resp 1105725/RS. DJe 05.07.10). Isso porque a impenhorabilidade de fração do imóvel (relativamente aos coproprietários que não são fiadores), contamina a integralidade. O bem de família, no caso de compropriedade, somente pode ser penhorado se todos os proprietários forem fiadores.

Agora, a despeito de subsistir do direito de regresso do fiador contra o afiançado, este não pode ter seu eventual bem de família penhorado para satisfazer o que devido àquele. É que os garantidores se sub-rogaram nos direitos do credor primitivo tanto nos privilégios e garantias do contrato originário (art. 346 e 831 do CC/2002) quanto nas suas limitações (art. 3º, VII, Lei nº 8.009/1990). Assim, a transferência de direitos em razão da sub-rogação não modifica prerrogativa inexistente para o credor originário. Portanto, o devedor não pode sofrer constrição em imóvel em que reside, inclusive em ação regressiva de cobrança (STJ. REsp 1.081.963/SP. DJe 18.06.09)[39].

13.4. Responsabilidade patrimonial do espólio e dos herdeiros

Os bens integrantes do espólio respondem pelas dívidas do falecido dentro das forças da herança e na proporção do quinhão que lhe couber. Se a partilha não se efetivou definitiva-

38. Súmula 8 do TJSP: *"É penhorável o único imóvel do fiador em contrato locatício, nos termos do art. 3º, VII, da Lei 8.009, de 29.03.1990, mesmo após o advento da Emenda Constitucional nº 26, de 14.02.2000".*

39. LOCAÇÃO. EMBARGOS À EXECUÇÃO EM CARÁTER REGRESSIVO. OUTORGA UXÓRIA EM FIANÇA. FALTA DE PREQUESTIONAMENTO. SUB-ROGAÇÃO DO FIADOR QUE PAGA A DÍVIDA ORIUNDA DE DÉBITOS LOCATÍCIOS. IMPENHORABILIDADE DO BEM DE FAMÍLIA DO LOCATÁRIO – A nova Lei do Inquilinato restringiu o alcance do regime de impenhorabilidade dos bens patrimoniais residenciais instituído pela Lei nº 8.009/90, considerando passível de constrição judicial o bem familiar dado em garantia por obrigação decorrente de fiança concedida em contrato locatício. – Com o pagamento da dívida pelo fiador da relação locatícia, fica este sub-rogado em todas as ações, privilégios e garantias que tinha o locador-credor em relação ao locatário-devedor, nos termos do Código Civil, art. 988. – A jurisprudência já pacificou entendimento no sentido de ser vedada a penhora de bem de família do locatário, em execução proposta pelo locador a fim de solver dívida advinda da relação locatícia. – Se ao locador-credor não é possibilitado constringir judicialmente o imóvel do locatário, e a sub-rogação transmite os direitos e ações que possuía o credor, conseqüência lógica é que ao fiador tal privilégio não pode ser assegurado, de vez que não existia para o credor primitivo. – Recurso especial conhecido e provido. (STJ. REsp 263114/SP. DJe 28.05.01)

mente, o credor poderá exigir aquilo que lhe é devido diretamente contra o espólio, a bastar que ele requeira sua habilitação.

Realizada a partilha definitivamente (o que se dá com o trânsito em julgado da sentença respectiva ou pela sua realização, por intermédio de escritura pública, junto à serventia extrajudicial), os bens destinados a cada herdeiro é que passam a responder pelas dívidas. Tal ocorrerá na proporção dos bens que couberem a cada herdeiro, até o limite da herança recebida.

> Por conta da proporcionalidade na responsabilização de cada herdeiro (até o limite do quinhão), quando definitiva a partilha, o Superior Tribunal de Justiça decidiu que "não se mostra razoável que o bem herdado por apenas um dos sucessores garanta a integralidade da dívida deixada pelo de cujus" (STJ. REsp 1290042/SP. DJe 01.12.11).

O Superior Tribunal de Justiça[40] determinou que, em ação de execução de dívida contraída **pessoalmente pelo autor da herança ("de cujus")**, a penhora pode ocorrer diretamente sobre os bens do espólio, em vez de no rosto dos autos do inventário. Se ainda não houve a partilha dos bens, o exequente poderá penhorar diretamente os bens deixados pelo autor da herança, sendo dispensada a penhora no rosto dos autos do inventário. Entretanto, se a partilha já tiver ocorrido, a ação de execução deve ser proposta contra os herdeiros do autor da herança, que deverão responder dentro dos limites do seu quinhão.

Caso o devedor seja um dos herdeiros, o juiz da execução não pode penhorar diretamente os bens deixados pelo falecido, pois o bem ainda não é de propriedade daquele (do herdeiro). Em tal situação é que deve ser realizada a penhora no rosto dos autos do inventário para que se assegure preventivamente o direito do exequente na futura partilha que se realizará, a se respeitar sempre o quinhão do executado.

Os bens do espólio podem ser penhorados para pagar dívida alimentar vencida. Contudo, o falecimento do alimentante faz cessar, contra ele, a obrigação de prover alimentos (porser personalíssima), razão pela qual os bens do espólio não respondem por suposta obrigação alimentar. Neste sentido, já decidiu o STJ: "A obrigação de pagar alimentos à ex-companheira é de natureza personalíssima e extingue-se com o óbito do alimentante, cabendo ao espólio apenas recolher eventuais débitos não quitados em vida pelo devedor" (STJ. AgInt no AREsp 1324757/RS. DJe 21/03/19).

14. FRAUDE À EXECUÇÃO

A fraude à execução (que também é tipificada como crime) consiste na alienação ou constituição de garantia, maliciosamente efetuada pelo executado, de seu patrimônio, com a finalidade de, no curso de ação, que pode ser inclusive de natureza penal[41], da qual tem ciência, fraudar a satisfação atual ou futura execução para a satisfação do direito de outrem.

A alienação ou a oneração de bem é considerada fraude à execução:

40. STJ. 3ª Turma. REsp 1.318.506-RS, Rel. Min. Marco Aurélio Bellizze, julgado em 18/11/2014 (Info 552).
41. Pois ela justifica aparelhamento de execução, quando condenatória transitada em julgado.

a) **quando sobre o bem pender ação fundada em direito real ou com pretensão reipersecutória, desde que a pendência do processo tenha sido averbada no respectivo registro público, se houver;**

b) **quando tiver sido averbada, no registro do bem, a pendência do processo de execução, na forma do art. 828;**

c) **quando tiver sido averbado, no registro do bem, hipoteca judiciária ou outro ato de constrição judicial originário do processo onde foi arguida a fraude;**

d) **quando, ao tempo da alienação ou da oneração, tramitava contra o devedor ação capaz de reduzi-lo à insolvência;**

e) **nos demais casos expressos em lei.**

A motivação para o decreto de fraude à execução não é única, até porque diferentes são as hipóteses de seu reconhecimento, como exposto acima. Além das hipóteses de logo tipificadas, há outras previstas na legislação[42], a despeito de não serem assim nomeadas.

O atual Código promove um redimensionamento da fraude à execução, com o objetivo de proteger os adquirentes de boa-fé e, ao mesmo tempo, exigir uma conduta mais diligente ao exequente no curso da ação. Essa nova face da fraude à execução traz impactos relevantes na economia, estabilizando as expectativas sociais e trazendo segurança jurídica na realização dos negócios jurídicos.

A primeira hipótese de fraude à execução foi ampliada e reformulada pelo CPC/2015. Primeiramente, a fraude à execução está configurada não só quando a alienação ou a oneração recair sobre bens que estejam com pendência de **ação fundada em direito real**[43], mas também quando pender sobre o bem **pretensão reipersecutória**[44].

Além disso, estipula-se como elemento objetivo determinante para configuração da fraude a averbação da pendência do processo (ação real ou pretensão reipersecutória) no respectivo registro público, se houver, independentemente, de análise sobre qualquer consciência, intenção ou posição jurídica subjetiva.

Essa modificação visa a privilegiar o sistema de registro e estabilizar expectativas, a propiciar maior estabilidade no tráfego dos negócios jurídicos. Assim, pendente ação real ou pretensão reipersecutória sobre o bem, e tendo o exequente, por sua vez, realizando o registro dessa litispendência no cartório respectivo, configurar-se-á, objetivamente, a fraude à execução.

Elimina-se, então, a árdua tarefa do credor de provar a má-fé do alienante (conhecimento sobre a existência da ação fundada em direito real ou pretensão reipersecutória). Desta feita,

42. Art. 185, CTN: Presume-se fraudulenta a alienação ou oneração de bens ou rendas, ou seu começo, por sujeito passivo em débito para com a Fazenda Pública, por crédito tributário regularmente inscrito como dívida ativa (Redação dada pela LCP nº 118, de 2005). Parágrafo único. O disposto neste artigo não se aplica na hipótese de terem sido reservados, pelo devedor, bens ou rendas suficientes ao total pagamento da dívida inscrita (Redação dada pela LCP nº 118, de 2005).

43. São as ações que estão fundadas em direito real. São exemplos: ação reivindicatória, usucapião, ações que versem sobre direito de superfície, penhor, anticrese, hipoteca.

44. Aquela que busca uma coisa que está em poder de terceiro. Essa pretensão pode ter como fundamento uma relação de direito real, como acontece com ação reivindicatória, ou obrigacional (pessoal), com acontece na ação para recuperação de bem dado em comodato.

uma vez averbada na matrícula do imóvel a pendência, comunica-se publicamente (inclusive a eventuais terceiros) que qualquer alienação ou gravação de ônus real sob tal bem será considerada fraude à execução.

Cria-se, assim, para o exequente, o ônus de ter que registrar a restrição o quanto antes possível para preservar o patrimônio do devedor de futuras alienações fraudulentas, ao passo que, para o terceiro, impõe-se o ônus de, ao realizar algum negócio jurídico, ter que solicitar aos órgãos de controle (como, por exemplo, Cartório de Registro, DETRAN e Capitania dos Portos) certidão que apresente a situação do bem, sob pena de assumir os riscos de estar realizando uma operação fraudulenta.

Nessa hipótese específica, o legislador dispensa, como requisito para reconhecer a fraude à execução, a citação válida do executado/alienante, a inibir a prática comum do devedor de, premeditadamente, afugentar-se da citação, para, nesse interregno, realizar alienação a possíveis terceiros/adquirentes de boa-fé.

Portanto, a considerar a realidade em Brasil, onde o lapso de tempo entre a propositura da ação e a citação do réu é, geralmente, considerável, uma vez que ela (a ação) seja admitida, o exequente poderá realizar a averbação no cartório respectivo, mesmo antes da citação. Com tal providência, terceiros poderão consultar a matrícula do imóvel para tomarem ciência do processo em curso e calcularem os riscos de realizarem negócios jurídicos, cujo objeto seja o referido bem.

À segunda hipótese de fraude à execução (quando tiver sido averbada, no registro do bem, a pendência do processo de execução), aplica-se o mesmo regramento acima delineado. Quando a execução for admitida pelo juiz (e não simplesmente distribuída), o exequente, para resguardar a efetividade da execução, poderá solicitar certidão judicial com identificação das partes e do valor da causa, para antecipar o marco da fraude execução, com a respectiva averbação no registro de imóveis, de veículos ou de outros bens[45] sujeitos à penhora, arresto ou indisponibilidade.

Operada a averbação, presume-se em fraude à execução a alienação ou a oneração de bens efetuadas posteriormente (§ 4º do art. 828 do CPC).

Realizada a averbação no respectivo órgão de controle, o Exequente, no prazo de 10 dias, deve comunicar sua realização em juízo, a fim de evitar duplicidade de atos.

O Código, então, considera fraude à execução a alienação ou oneração de bem específico, mesmo se, pela ação, o executado não for reduzido à insolvência, quando tiver sido averbado, no registro do bem, hipoteca judiciária ou outro ato de constrição judicial originário do processo onde foi arguida a fraude.

Em todos os casos acima analisados, registrada a constrição no órgão de registro, haverá, em relação a qualquer pessoa, e não apenas em relação a do executado, **presunção absoluta de fraude.** A averbação representa publicidade *erga omnes* da constrição, de modo que, a

45. Destaca-se que além do registro de imóveis (Cartórios de Imóveis) e de veículos (Detran) há diversos outros órgãos de controle e registro de bens. Pode-se enumerar, exemplificadamente: a Capitania dos Portos (registro de embarcações), a CVM para ações e valores mobiliários, Agência Nacional de Aviação Civil – ANAC (registro de aeronaves).

partir dela, serão ineficazes, perante a execução, todas as posteriores onerações ou alienações dos bens sujeitos a registro, inclusive as sucessivas.

Impõe-se, pois, um dever de diligência inerente às pessoas médias, que deverão observar cautelas usuais ao realizar operações de transmissão de propriedade ou gravação de ônus (requisitar também ao órgão de registro certidão negativa de ônus), sob pena de assumirem as consequências advindas de sua omissão.

Quanto à outra hipótese de fraude à execução prevista pelo Código, ela ocorre quando tramita ação, que tem aptidão para reduzir o executado (atual ou futuro) à insolvência. Como o patrimônio do executado é responsável pela execução, impossibilita-se que as alienações por ele realizadas surtam efeitos, se eram capazes de conduzir-lhe ao estado de insolvência.

Evidentemente, se o executado (atual ou futuro), apesar das alienações ou onerações realizadas, não reduziu seu patrimônio ao estado de insolvência, não haverá fraude à execução (STJ. REsp 440665/SP. DJU 31.03.03), a não ser, como antes dito, que aliene bem cujo registro havia averbação. Tal estado (de insolvência) deve ser analisado tomando como base a data das alienações ou das onerações realizadas. Se, na época, não ficou reduzido ao estado de insolvência, não haverá fraude, ainda que, depois, em razão das incidências de encargos (correção monetária, juros, multas e honorários decorrentes da sucumbência) o valor da dívida apresente-se maior que o do patrimônio atual.

Prescinde-se (assim como em qualquer outra hipótese de fraude à execução) que a parte tenha expectativa de sentença favorável em eventual processo de cognição. Basta (na presente hipótese) que as alienações realizadas, a considerar o valor da ação intentada (que imporá atual ou futura execução), tenham aptidão para levar o executado ao estado de insolvência.

Entretanto, nessa hipótese específica, os precedentes advindos do Superior Tribunal de Justiça asseveram que o reconhecimento da fraude à execução depende de **prova de má-fé do terceiro** adquirente. Quanto ao executado (atual ou futuro), é imprescindível (pelo menos em regra) para a caracterização da fraude que, **ao tempo do negócio, esteja em curso uma ação, em que realizada citação válida** (STJ. REsp 885618/SP. DJU 18.12.07).

A citação do executado (atual ou futuro) nessa hipótese é elemento essencial para a caracterização da fraude à execução.

Mas, a se admitir a eventual executividade da sentença de improcedência, nos casos em que ela reconheça a existência de obrigação de fazer, não fazer, entregar coisa ou pagar quantia, pode ocorrer de o autor cometer ato de fraude à execução, pelo que se dispensará, para sua verificação, a realização de citação.

Pois bem.

Não se ilide o autor de demonstrar, até porque requisito para a decretação da fraude à execução nessa hipótese específica, que o réu e o terceiro que participaram do ato tinham conhecimento da pendência da ação. O mandado de citação devidamente cumprido é o instrumento que demonstra de forma inequívoca a ciência do réu. Entretanto, pode-se demonstrar a ciência de outras formas. Se ficar provado que, antes mesmo de efetuada a citação, já estavam alienantes e adquirentes cientes da ação, não há também como afastar a conclusão da existência de fraude (STJ. REsp 824520/SP. DJe 01.12.08).

Há de se convir, porém, que o mandado de citação devidamente cumprido não demonstra a ciência do terceiro adquirente ou beneficiado com a oneração do patrimônio do executado (atual ou futuro), que pode, em razão de sua presumida boa-fé, não ser alcançado pela declaração da fraude à execução. Existem, porém, formas de se demonstrar o conhecimento pelo executado (atual ou futuro) da pendência da ação judicial a caracterizar a fraude à execução, que refuta, ao mesmo tempo, a alegação de boa-fé do terceiro.

Por outro lado, fica demonstrada a boa-fé do terceiro que realiza negócio jurídico com a parte promovida quando ele, além da certidão negativa de ônus do bem, junta aos autos certidões negativas de distribuição cível e de protestos obtidas no domicílio da alienante e no local do imóvel. Não se pode exigir do adquirente tenha ele conhecimento de ações ajuizadas em outras comarcas (STJ. REsp 1015459/SP. DJe 29.05.09).

A ratificar esse entendimento, o legislador impôs esse dever no caso de aquisição de bem **não sujeito a registro**. Nessa situação inverte-se o ônus. Em vez de o exequente (atual ou futuro) ter de demonstrar a má-fé do terceiro, este é que, agora, terá de comprovar sua boa-fé, especialmente porque ele está em posição probatória mais cômoda, relativamente àquele (exequente), que estaria diante de uma prova diabólica. Assim, o credor terá que provar que adotou as cautelas necessárias para a aquisição do bem não sujeito a registro, mediante a exibição das certidões pertinentes obtidas no domicílio do vendedor e no local onde se encontra o bem (§ 2º do art. 792).

Nos demais casos, ou seja, de bens sujeitos registro, somente será necessária a consulta ao órgão de controle.

A averbação da citação, da penhora, da hipoteca judiciária, da restrição administrativa ou convencional (ao gozo de direitos registrados, de indisponibilidade ou de outros ônus quando previstos em lei), do ajuizamento de execução ou de fase de cumprimento de sentença, ou, por decisão judicial, da existência de outro tipo de ação cujos resultados ou responsabilidade patrimonial possam reduzir seu proprietário à insolvência, na margem do registro do bem, se houver, ou o protesto judicial, relativos a qualquer bem, ainda que não tenha registro (STJ. REsp 116827/RS. DJU 15.05.00) dão ao terceiro o conhecimento da existência de ação judicial, a afastar a sua boa-fé na realização de qualquer negócio jurídico realizado com o réu. Nessas situações, é absoluta a presunção de fraude na alienação de bem (STJ. REsp 1085933/SP. DJe 26.02.09).

Ausente a averbação, deve ser presumida a boa-fé do terceiro que o adquire, **salvo se demonstrado o contrário.**

A Lei nº 7.433/1985 dispõe que para a lavratura de escritura pública relativa à imóvel, o tabelião obrigatoriamente consigna, no ato notarial, a apresentação das certidões relativas ao proprietário do imóvel emitidas pelos cartórios distribuidores judiciais, que ficam, ainda, arquivadas junto ao respectivo Cartório, no original ou em cópias autenticadas. Por esse motivo, junto ao Superior Tribunal de Justiça, há alguns precedentes no sentido de que cabe ao comprador do imóvel provar que desconhece a existência da ação em nome do proprietário do imóvel, não apenas porque o art. 1º, da Lei nº 7.433/1985 exige a apresentação das certidões dos feitos ajuizados em nome do vendedor para lavratura da escritura pública de alienação de imóveis, mas, sobretudo, porque só se pode considerar, objetivamente, de boa-fé, o comprador que toma mínimas cautelas para a segurança jurídica da sua aquisição (STJ. REsp 655000/SP. DJU 27.02.08).

Para fins de caracterização da fraude à execução, considera-se a data em que é alienado o bem. Mesmo que se trate de bem imóvel, não é considerado, para fins de caracterização, o momento em que há eventual transcrição do título translatício, mas a data em que é firmado o negócio jurídico com finalidade de alienação (STJ. AgRg no REsp 982376/SP. DJe 04.08.08). Se o terceiro comprou um bem passível de registro e não providenciou as anotações perante os órgãos respectivos, não significa que ele não tenha boa-fé.

O Código, no § 3º do art. 792, dispõe que, nos casos de desconsideração da personalidade jurídica, a fraude à execução verifica-se a partir da citação da parte, cuja personalidade se pretende desconsiderar. Se a pessoa jurídica tem sua personalidade desconsiderada, o marco temporal para configurar a fraude é a citação de cada sócio. A partir desse termo é que a alienação dos bens dos sócios integrantes da sociedade será ineficaz em relação ao exequente (atual ou futuro), caso preenchidos os requisitos da desconsideração da personalidade e da fraude à execução.

Não há que se confundir a fraude à execução com a fraude a credores. A fraude a credores, que é um instituto de direito material (a constituir modalidade de defeito dos negócios jurídicos), diferencia-se daquela pelo fato de ocorrer antes de conhecido o ajuizamento de ação judicial. A fraude à execução é instituto de direito processual (constituindo ato atentatório à dignidade da justiça) (STJ. AgRg no Ag 891195/MG. DJe 07.05.08), que ocorre depois de conhecido o ajuizamento de ação judicial, que possa ensejar a constituição de título executivo.

Para ser declarada a fraude contra credores, é necessário que o autor da ação pauliana demonstre intenção do devedor em prejudicar a outra parte a partir da alienação ou oneração realizada, bem assim o acordo entre ele (o devedor) e o adquirente. Na fraude à execução, já há presunção de tais fatos.

Há mais diferenças.

A fraude contra credores, para ser declarada e, assim, decretar a anulação do respectivo negócio jurídico, depende da propositura de ação específica (ação pauliana), a teor do que orienta o enunciado 195 da súmula de jurisprudência do Superior Tribunal de Justiça. Já a fraude à execução é declarada incidentalmente ao próprio processo (em trâmite, quando realizada a alienação ou a oneração), por simples provocação da parte ou de ofício, mediante decisão interlocutória, que reconhece serem ineficazes as alienações ou onerações realizadas pela parte.

Questão de Concurso

▶ **(Cespe – Notários e Oficiais de Registro – Provimento – TJ – DFT/2019)**[46] A propósito de fraude à execução, assinale a opção correta.

A) A alienação de bem é considerada fraude à execução se sobre o bem pender ação fundada em direito real, independentemente de averbação desse bem em registro público.

B) A oneração de bem é considerada fraude à execução se tiver sido averbada a pendência do processo de execução no registro do bem sujeito à penhora, arresto ou indisponibilidade.

C) O terceiro adquirente de bem não sujeito a registro tem o ônus de provar que adotou as cautelas necessárias para a sua aquisição por qualquer meio em direito admitido.

46. Gabarito: Letra B.

D Após declarar a fraude à execução, o juiz deverá intimar o terceiro adquirente para que se manifeste no prazo de quinze dias.

E) A alienação em fraude à execução é nula em relação ao exequente.

► **(TRF4. Juiz Federal. 2009 – ADAPTADA)**[47] Para cada assertiva abaixo, indique se elas estão corretas ou incorretas:

I. A fraude contra credores é instituto de direito material regulado pelo Código Civil; enquanto a fraude à execução é instituto de direito processual regulado pelo Código de Processo Civil.

II. A fraude à execução pode ser decretada incidenter tantum no próprio processo de execução, dispensando processo autônomo, ao contrário da fraude contra credores, que pressupõe o ajuizamento da denominada "ação pauliana".

III. A fraude contra credores gera a possibilidade de anulação de atos praticados pelo devedor após ter contraído a dívida, mesmo antes do início do processo.

IV. Ao reconhecimento da fraude contra credores faz-se mister a presença do *eventus damni* e do *consilium fraudis*.

Mas há, por óbvio, semelhanças entre a fraude à execução e a fraude contra credores. Em ambos os institutos, o devedor aliena ou onera o seu patrimônio com a finalidade de prejudicar (possível) credor.

A fim de concretizar o contraditório e a proibição das decisões surpresas, o § 4º do art. 792 dispõe que, antes de declarar a fraude à execução, o juiz deverá intimar o terceiro adquirente que, se quiser, poderá opor embargos de terceiros, no prazo de 15 dias.

Acerca do tema, o enunciado 191 do FPPC destaca que o prazo de 15 dias para opor embargos de terceiro, disposto no § 4º do art. 792, é aplicável exclusivamente aos casos de declaração de fraude à execução; os demais casos de embargos de terceiro são regidos na forma do *caput* do art. 675.

15. RESPONSABILIDADE CIVIL DE ALEGADO CREDOR (ART. 776 DO CPC)

O Código de Processo Civil, no art. 776, dispõe que "o exequente ressarcirá ao executado os danos que este sofreu, quando a sentença, transitada em julgado, declarar inexistente, no todo ou em parte, a obrigação, que deu lugar à execução".

IMPORTANTE! Esta disposição (comum às sentenças, decisões interlocutórias, decisões monocráticas e acórdãos) deve-se aplicar, igualmente, às execuções provisórias, bem assim àquelas fundadas em título executivo judicial (cumprimento de sentença).

Tal disposição busca evitar aparelhamento abusivo de execuções, assim reconhecidos quando declarada inexistente a obrigação disposta no título executivo. São as chamadas de "execuções ilícitas", cujo reconhecimento impõe ao exequente-vencido obrigação que vai além de pagar os encargos decorrentes da sucumbência.

De fato, o exequente-vencido, em princípio, não terá outra obrigação perante o executado--vencedor, a não ser ressarcir as custas adiantadas, o pagamento dos honorários advocatí-

---

47. Todas as assertivas estão todas CORRETAS sob a égide do CPC/2015.

cios, decorrentes da sucumbência, e eventuais encargos, advindos de atos, manifestamente, protelatórios.

Contudo, se a sentença, proferida em execução, declarar a inexistência da obrigação, uma vez passada em julgado, terá o exequente de arcar com as custas, honorários advocatícios e encargos processuais, e, ainda, com a indenização ou reparação dos danos que a execução houver causado ao executado, em razão de seu ilícito aparelhamento.

A abusividade da execução somente fica evidenciada a partir do trânsito em julgado da decisão que declara inexistente, no todo ou em parte, a obrigação que deu lugar à execução, pois, somente com ele (o trânsito em julgado) haverá certeza (jurídica) do ilícito. Não trata de responsabilizar o credor pelos danos que o devedor sofreu pela execução infundada. É necessário que ocorra declaração de inexistência.

E o que deve ser declarado inexistente, para caracterizar a abusividade da execução, é a obrigação, e não a dívida. Se foi declarada inexistente a obrigação, basta para a incidência do art. 776. Dívida pode existir sem que exista (ou ainda exista) obrigação. Logo, não basta que seja declarada inexistente a dívida para advir o dever de indenizar. Deve ser declarada a inexistência da obrigação.

A decretação da prescrição não justifica a aplicação do comando contido no dispositivo legal, porquanto ela não significaria declaração de inexistência da obrigação. Ela, de fato, existe, mas não pode ser exigida. Fica claro, assim, que é requisito, para a aplicação do comando do art. 776, a declaração de inexistência da obrigação.

Declarada a inexistência da obrigação, a responsabilidade do exequente é objetiva. Ao executado, bastará provar os danos por ele experimentados e o nexo de causalidade.

Referidos danos devem ser compreendidos em sentido amplo, a abranger aquilo que o executado efetivamente perdeu e o que deixou de lucrar. Os (danos) mais comuns, ensejados por execução, abusivamente, proposta, são: aqueles decorrentes de desapossamento do bem; o abalo de crédito; os advindos da impossibilidade de alienação de bens; a perda da oportunidade de negócios, que ensejam reparação pela "perda da chance", inclusive.

Contudo, não se descarta a possibilidade de o executado experimentar danos extrapatrimoniais, como são os danos morais. Se for o caso, declarada a inexistência da dívida executada, eles devem ser reparados.

Surge, então, uma pergunta: a sentença, proferida em execução, que declara a inexistência da obrigação, constitui título passível de execução ou se faz necessária à propositura de ação de conhecimento contra o exequente originário? Esta pergunta, sob a vigência do CPC/1973, era respondida pela doutrina, mas, definitivamente, sem consenso e desprovidas as respostas, muitas vezes, de uma justificativa aceitável. Alguns defendiam que os danos deverão ser liquidados e, em seguida, iniciar-se ação executiva própria, em outros autos (e não nos da própria malograda execução).

O atual Código, a esse respeito, nos artigos 509 e seguintes, destaca a possibilidade de se realizar liquidação e cumprimento da sentença nos mesmos autos. E não haveria de ser diferente, porque, se essa não fosse a solução, não haveria porque, de forma expressa, o Código trazer a disposição art. 776. De fato, bastariam as disposições gerais contidas no Código

Civil, que regulam a responsabilidade civil. Se assim o fez, incluindo disposição específica no Código de Processo Civil, é porque está autorizada a persecução, nos mesmos autos, da indenização ou reparação pelos danos experimentados. Inclusive, é o que ocorre, similarmente, com a reparação dos danos causados pelo litigante de má-fé.

O último ponto (a ratificar a conclusão de prosseguimento nos mesmos autos) diz respeito ao fato de que, se declarada inexistente a obrigação executada, resta, de imediato, reconhecido pela sentença, a prática de ação e o nexo de causalidade com eventual dano. Apenas este (dano) precisa de prova, porquanto os demais pressupostos da responsabilidade civil estão verificados pela sentença proferida na execução. E, podendo os danos ser apurados, seria suficiente remeter a sentença à liquidação, o que dispensaria, em afirmação à eficiência, a propositura de nova ação judicial.

E, com a prévia liquidação dos danos, em face do reconhecimento, pela sentença proferida na execução originária, dos demais pressupostos da responsabilidade civil (quais sejam, ação e nexo causal), torna-se possível a execução pelo antes executado. Dispensa-se a propositura de nova ação judicial para fins de apuração dos danos (e respectivo valor) provocados pela execução originária.

A adoção desta posição não é algo novo em nosso sistema jurídico. Basta lembrar que, ainda hoje, é possível a prolação de uma sentença penal condenatória, transitada em julgado, a justificar (quando muito) apenas uma liquidação para seguir à sua execução. A liquidação apenas se dá em juízo diverso ao que proferiu a sentença penal condenatória transitada em julgado porque este não tem competência. Se tivesse, certamente, dispensar-se-ia uma ação judicial exclusiva para apurar o valor da sentença pena condenatória.

Os autores deste curso compreendem que a sentença proferida em execução, que declaram a inexistência da obrigação exigida, pode ter seu cumprimento requerido pelo executado. Basta, apenas, que a sentença seja previamente liquidada para se seguir à execução. Dispensa-se, noutras palavras, a propositura de nova ação judicial cognitiva.

16. ATOS DA EXECUÇÃO

Se a legislação não dispuser de modo diverso, o juiz determinará os atos executivos (que variarão em razão da pessoa, das condições de solvência do devedor, da natureza da obrigação e da forma de realização do direito) e os oficiais de justiça os cumprirão. Para tal, sempre que for necessário o emprego da força policial, o juiz a requisitará.

17. DISPOSIÇÕES GERAIS

Aplicam-se subsidiariamente à execução (quando não houver disposição específica a respeito) as disposições que regem o **processo de conhecimento**. Por isso que:

a) a petição inicial dos embargos à execução, quando não preenche os requisitos dos artigos 319 e 320 do CPC, é passível de emenda, nos termos do art. 321 do CPC;

b) ao executado que, citado por edital ou por hora certa, permanecer revel, será nomeado curador especial, com legitimidade para apresentação de embargos (conforme enunciado 196 da súmula de jurisprudência do Superior Tribunal de Justiça);

c) é cognoscível, de ofício, questões de ordem processual (STJ. REsp 443810/RS. DJU 03.04.06);

d) a extinção do processo de execução não se restringe às hipóteses elencadas no art. 924, podendo se fundar em qualquer das situações constantes nos artigos 485 e 487.

18. SÚMULAS

Súmulas vinculantes

26. É ilícita a prisão civil de depositário infiel, qualquer que seja a modalidade do depósito.

Súmulas do STF

150. Prescreve a execução no mesmo prazo de prescrição da ação.

153. Simples protesto cambiário não interrompe a prescrição.

363. A pessoa jurídica de direito privado pode ser demandada no domicílio da agência, ou estabelecimento, em que se praticou o ato.

Súmulas do STJ

26. O avalista do título de credito vinculado a contrato de mútuo também responde pelas obrigações pactuadas, quando no contrato figurar como devedor solidário.

27. Pode a execução fundar-se em mais de um título extrajudicial relativos ao mesmo negócio.

58. Proposta a execução fiscal, a posterior mudança de domicílio do executado não desloca a competência já fixada.

66. Compete à Justiça Federal processar e julgar execução fiscal promovida por conselho de fiscalização profissional.

84. É admissível a oposição de embargos de terceiro fundados em alegação de posse advinda do compromisso de compra e venda de imóvel, ainda que desprovido do registro.

139. Cabe a Procuradoria da Fazenda Nacional propor execução fiscal para cobrança de credito relativo ao ITR.

153. A desistência da execução fiscal, após o oferecimento dos embargos, não exime o exequente dos encargos da sucumbência.

189. É desnecessária a intervenção do Ministério Público nas execuções fiscais.

190. Na execução fiscal, processada perante a Justiça Estadual, cumpre a Fazenda Pública antecipar o numerário destinado ao custeio das despesas com o transporte dos oficiais de justiça.

195. Em embargos de terceiro não se anula ato jurídico, por fraude contra credores.

196. Ao executado que, citado por edital ou por hora certa, permanecer revel, será nomeado curador especial, com legitimidade para apresentação de embargos.

199. Na execução hipotecária de crédito vinculado ao Sistema Financeiro da Habitação, nos termos da Lei nº 5.741/71, a petição inicial deve ser instruída com, pelo menos, dois avisos de cobrança.

205. A Lei nº 8.009/1990 aplica-se a penhora realizada antes de sua vigência.

214. O fiador na locação não responde por obrigações resultantes de aditamento ao qual não anuiu.

233. O contrato de abertura de crédito, ainda que acompanhado de extrato da conta-corrente, não é título executivo.

248. Comprovada a prestação dos serviços, a duplicata não aceita, mas protestada, é título hábil para instruir pedido de falência.

251. A meação só responde pelo ato ilícito quando o credor, na execução fiscal, provar que o enriquecimento dele resultante aproveitou ao casal.

258. A nota promissória vinculada a contrato de abertura de crédito não goza de autonomia em razão da iliquidez do título que a originou.

268. O fiador que não integrou a relação processual na ação de despejo não responde pela execução do julgado.

270. O protesto pela preferência de crédito, apresentado por ente federal em execução que tramita na Justiça Estadual, não desloca a competência para a Justiça Federal.

279. É cabível execução por título extrajudicial contra a Fazenda Pública.

300. O instrumento de confissão de dívida, ainda que originário de contrato de abertura de crédito, constitui título executivo extrajudicial.

306. Os honorários advocatícios devem ser compensados quando houver sucumbência recíproca, assegurado o direito autônomo do advogado à execução do saldo sem excluir a legitimidade da própria parte.

314. Em execução fiscal, não localizados bens penhoráveis, suspende-se o processo por um ano, findo o qual se inicia o prazo da prescrição quinquenal intercorrente.

317. É definitiva a execução de título extrajudicial, ainda que pendente apelação contra sentença que julgue improcedentes os embargos.

328. Na execução contra instituição financeira, é penhorável o numerário disponível, excluídas as reservas bancárias mantidas no Banco Central.

364. O conceito de impenhorabilidade de bem de família abrange também o imóvel pertencente a pessoas solteiras, separadas e viúvas.

375. O reconhecimento da fraude à execução depende do registro da penhora do bem alienado ou da prova de má-fé do terceiro adquirente.

392. A Fazenda Pública pode substituir a certidão de dívida ativa (CDA) até a prolação da sentença de embargos, quando se tratar de correção de erro material ou formal, vedada a modificação do sujeito passivo da execução.

393. A exceção de pré-executividade é admissível na execução fiscal relativamente às matérias conhecíveis de ofício que não demandem dilação probatória.

409. Em execução fiscal, a prescrição ocorrida antes da propositura da ação pode ser decretada de ofício (art. 219, § 5º, do CPC).

414. A citação por edital na execução fiscal é cabível quando frustradas as demais modalidades.

417. Na execução civil, a penhora de dinheiro na ordem de nomeação de bens não tem caráter absoluto.

419. Descabe a prisão civil do depositário judicial infiel.

430. O inadimplemento da obrigação tributária pela sociedade não gera, por si só, a responsabilidade solidária do sócio-gerente.

435. Presume-se dissolvida irregularmente a empresa que deixar de funcionar no seu domicílio fiscal, sem comunicação aos órgãos competentes, legitimando o redirecionamento da execução fiscal para o sócio-gerente.

449. A vaga de garagem que possui matrícula própria no registro de imóveis não constitui bem de família para efeito de penhora.

451. A penhora de imóvel no qual se localiza o estabelecimento da empresa é, excepcionalmente, permitida, quando inexistentes outros bens passíveis de penhora e desde que não seja servil à residência da família.

478. Na execução de crédito relativo a cotas condominiais, este tem preferência sobre o hipotecário.

486. É impenhorável o único imóvel residencial do devedor que esteja locado a terceiros, desde que a renda obtida com a locação seja revertida para a subsistência ou a moradia da sua família.

549. É válida a penhora de bem de família pertencente a fiador de contrato de locação.

19. ENUNCIADOS DO FPPC

12. A aplicação das medidas atípicas sub-rogatórias e coercitivas é cabível em qualquer obrigação no cumprimento de sentença ou execução de título executivo extrajudicial. Essas medidas, contudo, serão aplicadas de forma subsidiária às medidas tipificadas, com observação do contraditório, ainda que diferido, e por meio de decisão à luz do art. 489, § 1º, I e II.

190. O art. 782, § 3º, não veda a inclusão extrajudicial do nome do executado em cadastros de inadimplentes, pelo credor ou diretamente pelo órgão de proteção ao crédito.

191. O prazo de quinze dias para opor embargos de terceiro, disposto no § 4º do art. 792, é aplicável exclusivamente aos casos de declaração de fraude à execução; os demais casos de embargos de terceiro são regidos na forma do caput do art. 675.

194. A prescrição intercorrente pode ser reconhecida no procedimento de cumprimento de sentença.

444. Para o processo de execução de título extrajudicial de obrigação de não fazer, não é necessário propor a ação de conhecimento para que o juiz possa aplicar as normas decorrentes dos arts. 536 e 537.

445. O fiador judicial também pode ser sujeito passivo da execução.

446. Cabe ação monitória mesmo quando o autor for portador de título executivo extrajudicial.

450. Aplica-se a regra decorrente do art. 827, § 2º, ao cumprimento de sentença.

527. Os créditos referidos no art. 515, inc. V, e no art. 784, inc. X e XI do CPC-2015 constituídos ao tempo do CPC-1973 são passíveis de execução de título judicial e extrajudicial, respectivamente.

533. Se o executado descumprir ordem judicial, conforme indicado pelo § 3º do art. 536, incidirá a pena por ato atentatório à dignidade da justiça (art. 774, IV), sem prejuízo da sanção por litigância de má-fé.

536. O juiz poderá, na execução civil, determinar a quebra de sigilo bancário e fiscal.

537. A conduta comissiva ou omissiva caracterizada como atentatória à dignidade da justiça no procedimento da execução fiscal enseja a aplicação da multa do parágrafo único do art. 774 do CPC/15.

538. Aplica-se o procedimento do § 4º do art. 517 ao cancelamento da inscrição de cadastro de inadimplentes do § 4º do art. 782.

545. Aplicam-se à impugnação ao cumprimento de sentença, no que couber, as hipóteses previstas nos incisos I e III do art. 918 e no seu parágrafo único.

586. (arts. 525; 774, parágrafo único; 771; 918) O oferecimento de impugnação manifestamente protelatória é ato atentatório à dignidade da justiça que enseja a aplicação da multa prevista no parágrafo único do art. 774 do CPC.

587. (arts. 529, § 3º; 833, IV e § 2º; 528, § 8º) A limitação de que trata o § 3º do art. 529 não se aplica à execução de dívida não alimentar.

588. (art. 771, parágrafo único) Aplicam-se subsidiariamente à execução, além do Livro I da Parte Especial, também as disposições da Parte Geral, do Livro III da Parte Especial e das Disposições Finais e Transitórias.

589. (arts. 898; 897) O termo "multa" constante no art. 898 refere-se à perda da caução prevista no art. 897.

590. Na impugnação ao cumprimento de sentença e nos embargos à execução, o executado que alegar excesso de execução deverá elaborar demonstrativo de débito em conformidade com os incisos do art. 524 e do parágrafo único do art. 798, respectivamente.

20. ENUNCIADOS DO FNPP

19. (art. 782 § 3º, art. 139 IV, Lei 13.105/15) A possibilidade de inclusão do nome do executado em cadastros de inadimplentes por determinação judicial é aplicável à execução fiscal.

45. O pagamento parcelado é aplicável nas execuções fiscais de crédito tributário, mas não tem o condão de suspender a exigibilidade do credito tributário.

46. Na execução fiscal, a alienação por iniciativa particular poderá ser utilizada em detrimento do leilão público se for de interesse do exequente.

47. É possível a utilização de crédito bancário de financiamento imobiliário para quitação do valor remanescente da arrematação em leilão.

48. É aplicável aos processos de execução fiscal a forma de aquisição de bem penhorado contida no § 1º do art. 895 do CPC/15.

56. A expedição de requisitório do valor controvertido fica condicionada ao trânsito em julgado da decisão dos embargos à execução ou da impugnação ao cumprimento de sentença opostos pela Fazenda Pública.

68. A responsabilidade do depositário infiel, prevista no art. 161, parágrafo único, do CPC, aplica-se à execução fiscal.

69. Para a efetivação do princípio da menor onerosidade é ônus do devedor comprovar a existência de outra medida executiva mais eficaz e menos onerosa.

70. Em execução fiscal é cabível o arresto executivo do artigo 830 do CPC mediante indisponibilidade de valores e ativos financeiros.

72. A ordem de suspensão dos processos, em razão da afetação para julgamento de casos repetitivos, acarreta a suspensão da discussão do tema controvertido, mas não a paralisação total da execução fiscal.

21. ENUNCIADOS DO CJF

97. A execução pode ser promovida apenas contra o titular do bem oferecido em garantia real, cabendo, nesse caso, somente a intimação de eventual coproprietário que não tenha outorgado a garantia.

98. O art. 782, § 3º, do CPC não veda a possibilidade de o credor, ou mesmo o órgão de proteção ao crédito, fazer a inclusão extrajudicial do nome do executado em cadastros de inadimplentes.

99. A inclusão do nome do executado em cadastros de inadimplentes poderá se dar na execução definitiva de título judicial ou extrajudicial.

100. Interpreta-se a expressão condomínio edilício do art. 784, X, do CPC de forma a compreender tanto os condomínios verticais, quanto os horizontais de lotes, nos termos do art. 1.358-A do Código Civil.

101. É admissível ação monitória, ainda que o autor detenha título executivo extrajudicial.

22. INFORMATIVOS

Informativos do STJ

Para a incidência da exceção à impenhorabilidade do bem de família, prevista no art. 3º, VI, da Lei n. 8.009/1990, é imprescindível a sentença penal condenatória transitada em julgado. A Lei n. 8.009/1990 institui a impenhorabilidade do bem de família como instrumento de tutela do direito fundamental à moradia da família e, portanto, indispensável à composição de um mínimo existencial para uma vida digna. No entanto, mesmo esse importantíssimo instituto possui limites de aplicações. A depender das circunstâncias, a própria Lei n. 8.009/1990 prevê exceções à regra da impenhorabilidade. Assim, o art. 3º, VI, da mencionada lei dispõe que não é possível opor a impenhorabilidade quando o bem em questão for adquirido como produto de crime ou para execução de sentença penal condenatória. Nessas hipóteses, no cotejo entre os bens jurídicos envolvidos, o legislador preferiu defender o ofendido por conduta criminosa ao autor da ofensa, conforme nota a doutrina: "essas exceções significam que a Lei do Bem de Família teve a intenção de balancear valores, privilegiando o valor moradia, mas ressalvando que o bem de família será penhorável em benefício dos credores por alimentos, ou por verbas devidas aos trabalhadores da própria residência, ou por garantia real constituída pelo devedor residente no imóvel etc." Sobre efeitos da condenação penal sobre o âmbito cível, é fato que a sentença penal condenatória produz também efeitos extrapenais, tanto genéricos quanto específicos. Os efeitos genéricos decorrem automaticamente da sentença, sem necessidade de abordagem direta pelo juiz. Entre esses efeitos genéricos, há a obrigação de reparar o dano causado, tal como previsto no art. 91, I, do Código Penal. Por se tratar de regra que excepciona a impenhorabilidade do bem de família e decorrer automaticamente de sentença penal condenatória, a jurisprudência do STJ já se posicionou sobre a impossibilidade de interpretação extensiva de outros incisos contidos no art. 3º da Lei n. 8.009/1990. Por fim, anota-se ser inegável que, para a incidência da exceção prevista no art. 3º, VI, da Lei n. 8.009/1990, faz-se necessária a presença de sentença penal condenatória transitada em julgado, por não ser possível a interpretação extensiva. REsp 1.823.159-SP, Rel. Min. Nancy Andrighi, Terceira Turma, por unanimidade, julgado em 13/10/2020, DJe 19/10/2020. Inf. 681.

A arma de fogo pode ser penhorada e expropriada, desde que assegurada pelo Juízo da execução a observância das mesmas restrições impostas pela legislação de regência para a sua comercialização e aquisição. Entre as hipóteses de impenhorabilidade descritas no art. 833 do CPC/2015 não se inclui a arma de fogo. Como anota a doutrina, "a regra é a da penhorabilidade, e as exceções têm de ser expressas". O inciso I do art. 833 do CPC/2015 estabelece de forma geral que são impenhoráveis os bens inalienáveis, mas esse não é o caso das armas e munições, cuja comercialização e aquisição são regulamentadas, com diversas restrições, pela Lei n. 10.826/2003. A alienação judicial de armas de fogo em procedimentos executivos é prevista pela Portaria n. 036-DMB, de 09/12/1999, do Ministério da Defesa, que, em seu art. 48, parágrafo único, estabelece: "A participação em leilões de armas e munições só será permitida às pessoas físicas ou jurídicas, que preencherem os requisitos legais vigentes para arrematarem tais produtos controlados." Assim, não se incluindo nas excepcionais hipóteses legais de impenhorabilidade, a arma de fogo pode ser penhorada e expropriada, desde que asseguradas pelo Juízo da execução a observância das mesmas restrições impostas pela legislação de regência à sua aquisição. REsp 1.866.148-RS, Rel. Min. Herman Benjamin, Segunda Turma, por unanimidade, julgado em 26/05/2020, DJe 20/08/2020. Inf. 677.

O requerimento de inclusão do nome do executado em cadastros de inadimplentes, nos termos do que dispõe o art. 782, § 3º, do CPC/2015, não depende da comprovação de prévia recusa administrativa das entidades mantenedoras do respectivo cadastro. Em relação às medidas executivas típicas, uma das novidades trazidas pelo novo diploma processual civil é a possibilidade de inclusão do nome do devedor nos cadastros de inadimplentes, a qual encontra previsão expressa no art. 782, § 3º, do CPC de 2015, que assim dispõe: "A requerimento da parte, o juiz pode determinar a inclusão do nome do executado em cadastros de inadimplentes". Da referida norma, verifica-se que a negativação do nome pela via judicial somente será possível por requerimento da parte, nunca de ofício. Saliente-se que tal medida se mostra extremamente importante na concretização do princípio da efetividade do processo, pois acarreta significativa limitação ao crédito do devedor, em razão da negativação de seu nome, sendo um instrumento eficaz para assegurar a satisfação da obrigação. Vale ressaltar que a medida prevista no art. 782, § 3º, do CPC/2015 não impõe ao Juiz o dever de determinar a negativação do nome do devedor, pois se trata de mera faculdade - em razão do uso da forma verbal "pode" -, e não de uma obrigação legal, devendo ser analisadas as particularidades do caso concreto. Ocorre que, conquanto o magistrado não esteja obrigado a deferir a medida executiva prevista no referido dispositivo, não se revela legítimo o fundamento adotado pelas instâncias ordinárias no caso ora em julgamento, no sentido de que "o acionamento do aparato judiciário somente se justifica se o credor não conseguir obter administrativamente a averbação da existência da ação nos referidos cadastros". Ora, além de o Tribunal de origem ter criado um requisito não previsto em lei para a adoção da medida executiva de negativação do nome do devedor, tal entendimento está na contramão de toda a sistemática trazida com o novo Código de Processo Civil, em que se busca a máxima efetividade da tutela jurisdicional prestada, conforme já destacado. Com efeito, em decorrência do princípio da efetividade do processo, a norma do art. 782, § 3º, do CPC/2015, que possibilita a inscrição do nome do devedor nos cadastros de inadimplentes, deve ser interpretada de forma a garantir maior amplitude possível à concretização da tutela executiva, não sendo razoável que o Poder Judiciário imponha restrição ao implemento dessa medida sem qualquer fundamento plausível e em manifesto descompasso com o propósito defendido pelo novo CPC, especialmente em casos como o presente, em que as tentativas de satisfação do crédito foram todas frustradas. Por fim, destaque-se que não se olvida que nada impede que o credor requeira extrajudicialmente a inclusão do nome do devedor em cadastros de inadimplentes. Todavia, também não há qualquer óbice para que esse requerimento seja feito diretamente pela via judicial, no bojo da execução, como possibilita expressamente o art. 782, § 3º, do CPC/2015. Aliás, o Conselho Nacional de Justiça - CNJ implementou o sistema "SerasaJud", mediante termo de cooperação técnica firmado com o Serasa, justamente com o intuito de facilitar a tramitação de ofícios expedidos pelo Poder Judiciário com ordens de inscrição de nomes no respectivo cadastro de inadimplentes, facilitando, assim, a operacionalização do disposto no art. 782, §§ 3º a 5º, do CPC/2015. REsp 1.835.778-PR, Rel. Min. Marco Aurélio Bellizze, Terceira Turma, por unanimidade, julgado em 04/02/2020, DJe 06/02/2020. Inf. 664.

Cabe Habeas Corpus para impugnar decisão judicial que determinou a retenção de passaporte. A questão controvertida está em definir se a ordem de suspensão do passaporte e da carteira nacional de habilitação, expedida contra o executado, no bojo de execução por título extrajudicial (duplicata de prestação de serviço), consubstancia coação à liberdade de locomoção, por ilegalidade ou abuso de poder, a ser combatida por meio de habeas corpus. Sobre o tema, observa-se que, no âmbito da seara penal, que as Turmas da Terceira Seção deste Tribunal reconhecem a viabilidade de questionamento da apreensão do passaporte por meio do habeas corpus, por entenderem que tal medida limita a liberdade de locomoção, ainda que a constatação da ilegalidade, que conduziria à concessão da ordem, no caso concreto, não se confirme. RHC 97.876-SP, Rel. Min. Luis Felipe Salomão, por unanimidade, julgado em 05/06/2018, DJe 09/08/2018. Inf. 631.

Não cabe Habeas Corpus para impugnar decisão judicial que determinou a suspensão de Carteira Nacional de Habilitação – CNH. A jurisprudência desta Corte Superior é no sentido de que a suspensão da Carteira Nacional de Habilitação não configura ameaça ao direito de ir e vir do titular, sendo, assim, inadequada a utilização do habeas corpus, impedindo seu conhecimento. É fato que a retenção desse documento tem potencial para causar embaraços consideráveis a qualquer pessoa e, a alguns determinados grupos, ainda de forma mais drástica, caso de profissionais, que tem na condução de veículos, a fonte de sustento. É fato também que, se detectada esta condição particular, no entanto, a possibilidade de impugnação da decisão é certa, todavia por via diversa do habeas corpus, porque sua razão não será a coação ilegal ou arbitrária ao direito de locomoção, mas inadequação de outra natureza. RHC 97.876-SP, Rel. Min. Luis Felipe Salomão, por unanimidade, julgado em 05/06/2018, DJe 09/08/2018. Inf. 631.

Os direitos do devedor fiduciante sobre imóvel objeto de contrato de alienação fiduciária em garantia possuem a proteção da impenhorabilidade do bem de família legal. Cinge-se a controvérsia a definir se os direitos (posse) do devedor fiduciante sobre o imóvel objeto do contrato de alienação fiduciária em garantia podem receber a proteção da impenhorabilidade do bem de família legal (Lei n. 8.009/1990) em execução de título extrajudicial (cheques). De início, para a aplicação da regra de impenhorabilidade do bem de família, a lei exige, em regra, que a propriedade pertença ao casal ou à entidade familiar, pois o legislador utilizou o termo "imóvel residencial próprio". Por conseguinte, se o imóvel sobre o qual incidiu a constrição pertence a terceiro não integrante do grupo familiar, este não pode, em regra, alegar a referida proteção legal. Contudo, a doutrina, alicerçada nos propósitos sociais tutelados pela Lei n. 8.009/1990, afirma que a proteção da impenhorabilidade também visa proteger a posse da família sobre o imóvel utilizado para a sua moradia, ainda que não tenha o título de propriedade. Nesse contexto, a exegese que melhor representa o objetivo legal compreende que a expressão "imóvel residencial próprio" engloba a posse advinda de contrato celebrado com a finalidade de transmissão da propriedade, a exemplo do compromisso de compra e venda ou de financiamento de imóvel para fins de moradia. Isso porque não se pode perder de vista que a proteção abrange o imóvel em fase de aquisição, sob pena de impedir que o devedor adquira o bem necessário à habitação da entidade familiar. Assim, tratando-se de contrato de alienação fiduciária em garantia, no qual, havendo a quitação integral da dívida, o devedor fiduciante consolidará a propriedade para si (art. 25, *caput*, da Lei n. 9.514/1997), deve prevalecer a regra de impenhorabilidade. REsp 1.677.079-SP, Rel. Min. Ricardo Villas Bôas Cueva, por unanimidade, julgado em 25/09/2018, DJe 01/10/2018. Inf. 635.

O contrato eletrônico de mútuo com assinatura digital pode ser considerado título executivo extrajudicial. De início, registre-se que o rol de títulos executivos extrajudiciais, previsto na legislação federal em *numerus clausus*, deve ser interpretado restritivamente, em conformidade com a jurisprudência desta Corte Superior. É possível, no entanto, o excepcional reconhecimento da executividade de determinados títulos (contratos eletrônicos) quando atendidos especiais requisitos, em face da nova realidade comercial com o intenso intercâmbio de bens e serviços em sede virtual, visto que nem o Código Civil, nem o Código de Processo Civil, inclusive o de 2015, mostraram-se permeáveis à realidade negocial vigente e, especialmente, à revolução tecnológica que tem sido vivida no que toca aos modernos meios de celebração de negócios, que deixaram de se servir unicamente do papel, passando a se consubstanciar em meio eletrônico. Nesse sentido, a assinatura digital de contrato eletrônico tem a vocação de certificar, através de terceiro desinteressado (autoridade certificadora), que determinado usuário de certa assinatura a utilizara e, assim, está efetivamente a firmar o documento eletrônico e a garantir serem os mesmos os dados do documento assinado que estão a ser sigilosamente enviados. Ademais, é necessário destacar que, com base nos precedentes desta Corte, em regra, exigem-se duas testemunhas em documento físico privado para que seja considerado executivo, mas excepcionalmente, poderá ele dar azo a um processo de execução, sem que se tenha cumprido esse requisito formal entendimento este deve-se aplicar aos contratos eletrônicos, desde que observadas as garantias mínimas acerca de sua autenticidade e segurança. REsp 1.495.920-DF, Rel. Min. Paulo de Tarso Sanseverino, por maioria, julgado em 15/05/2018, DJe 07/06/2018. Inf. 627.

DIREITO CIVIL E PROCESSUAL CIVIL. Impenhorabilidade do bem de família. Construção de imóvel residencial. Contrato de empreitada. Exceção caracterizada. Art. 3º, II, da Lei n. 8.009/1990.

O crédito oriundo de contrato de empreitada para a construção, ainda que parcial, de imóvel residencial, encontra-se nas exceções legais à impenhorabilidade do bem de família. O artigo 3º, inciso II, da Lei n. 8.009/1990, dispõe que a impenhorabilidade do bem de família é oponível em qualquer processo de execução civil, fiscal, previdenciária, trabalhista ou de outra natureza, salvo se movido pelo titular do crédito decorrente do financiamento destinado à construção ou à aquisição do imóvel, no limite dos créditos e acréscimos constituídos em função do respectivo contrato. Para os efeitos estabelecidos no citado dispositivo legal, o financiamento referido pelo legislador abarca operações de crédito destinadas à aquisição ou construção do imóvel residencial, podendo essas serem stricto sensu - decorrente de uma operação na qual a financiadora, mediante mútuo/empréstimo, fornece recursos para outra a fim de que essa possa executar benfeitorias ou aquisições específicas, segundo o previamente acordado - como aquelas em sentido amplo, nas quais se inclui o contrato de compra e venda em prestações, o consórcio ou a empreitada com pagamento parcelado durante ou após a entrega da obra, pois todas essas modalidades viabilizam a aquisição/construção do bem pelo tomador que não pode ou não deseja pagar o preço à vista. Em todas essas situações, dá-se a constituição de uma operação de crédito, efetiva dívida para a aquisição/construção do imóvel na modalidade parcelada. REsp 1.221.372-RS, Rel. Min. Marco Buzzi, Quarta Turma, por unanimidade, julgado em 15/10/2019, DJe 21/10/2019.

23. SINOPSE

PROCESSO DE EXECUÇÃO
Considerações iniciais
Trata-se de verdadeira prestação jurisdicional a proporcionar que o direito subjetivo do exequente seja satisfeito da forma possível, a mais se aproximar do cenário onde aquele não tivesse sido desrespeitado/ameaçado pela parte executada.
Princípios
A execução é guiada por princípios típicos. Dentre eles, enumeram-se: a) patrimonialidade; b) exato adimplemento; c) disponibilidade do processo pelo exequente; d) utilidade; e) realização em benefício do exequente; f) menor onerosidade.
Instrumentos
A atividade jurisdicional de execução pode fazer uso de dois instrumentos: a) sub-rogação, que dispensa a atividade do devedor, porque o estado-juiz supre a atividade do devedor; b) coerção, que objetiva vencer a resistência do devedor no cumprimento da obrigação, sendo mais comum nas obrigações personalíssimas.
Condições
O sistema jurídico pátrio prevê duas condições da ação: legitimidade de partes e interesse processual.
Competência
De acordo com os termos do referido dispositivo legal, a execução fundada em título extrajudicial será processada perante o juízo competente, observando-se o seguinte: a) a execução poderá ser proposta no foro de domicílio do executado, de eleição constante do título ou, ainda, de situação dos bens a ela sujeitos; b) tendo mais de um domicílio, o executado poderá ser demandado no foro de qualquer deles; c) sendo incerto ou desconhecido o domicílio do executado, a execução poderá ser proposta no lugar onde for encontrado ou no foro de domicílio do exequente; d) havendo mais de um devedor, com diferentes domicílios, a execução será proposta no foro de qualquer deles, à escolha do exequente; e) a execução poderá ser proposta no foro do lugar em que se praticou o ato ou em que ocorreu o fato que deu origem ao título, mesmo que nele não mais resida o executado.

Amplitude Territorial da atuação do oficial de justiça

O atual Código inova, ao ampliar o território de atuação do oficial, que poderá cumprir os atos executivos, determinados pelo juiz, também nas comarcas contíguas, de fácil comunicação, e nas que se situem na mesma região metropolitana (§ 1º do art. 782), a se evitar a expedição de cartas precatórias, que demandam tempo e custos.

Emprego de Força Policial

Sempre que, para efetivar a execução, for necessário o emprego da força policial, dispõe o § 2º do art. 782 do Código de Processo Civil, o juiz a requisitará, mediante comunicação a ser enviada ao comandante da respectiva unidade.

Títulos Executivos

São títulos executivos extrajudiciais: I – a letra de câmbio, a nota promissória, a duplicata, a debênture e o cheque; II – a escritura pública ou outro documento público assinado pelo devedor; III – o documento particular assinado pelo devedor e por 2 (duas) testemunhas; IV – o instrumento de transação referendado pelo Ministério Público, pela Defensoria Pública, pela Advocacia Pública, pelos advogados dos transatores ou por conciliador ou mediador credenciado por tribunal; V – o contrato garantido por hipoteca, penhor, anticrese ou outro direito real de garantia e aquele garantido por caução; VI – o contrato de seguro de vida em caso de morte; VII – o crédito decorrente de foro e laudêmio; VIII – o crédito, documentalmente comprovado, decorrente de aluguel de imóvel, bem como de encargos acessórios, tais como taxas e despesas de condomínio; IX – a certidão de dívida ativa da Fazenda Pública da União, dos Estados, do Distrito Federal e dos Municípios, correspondente aos créditos inscritos na forma da lei; X – o crédito referente às contribuições ordinárias ou extraordinárias de condomínio edilício, previstas na respectiva convenção ou aprovadas em assembleia geral, desde que documentalmente comprovadas; XI – a certidão expedida por serventia notarial ou de registro relativa a valores de emolumentos e demais despesas devidas pelos atos por ela praticados, fixados nas tabelas estabelecidas em lei; XII – todos os demais títulos aos quais, por disposição expressa, a lei atribuir força executiva.

Execução provisória e definitiva

Para os títulos executivos judiciais, a execução será definitiva quando verificado o trânsito em julgado. Será provisória, quando o título executivo for impugnado mediante recurso ao qual não foi atribuído efeito suspensivo.

Para os títulos executivos extrajudiciais, a execução é definitiva. Acontece que podem ser opostos embargos, que, nalgumas hipóteses, estão autorizados a serem recebidos no efeito suspensivo, tornando-se provisória a execução.

Responsabilidade patrimonial

Para o cumprimento de suas obrigações, o devedor não responde pessoalmente. Ao contrário, a responsabilidade recairá sobre o seu patrimônio (bens presentes e futuros, salvo as restrições estabelecidas em lei). Poderá, igualmente, recair sobre patrimônio de terceiro, considerando-se que a responsabilidade patrimonial não se confunde com legitimação passiva para a execução.

Responsabilidade patrimonial do fiador

O fiador, que é de regra devedor subsidiário, quando executado, tem direito de exigir que primeiro sejam executados os bens do devedor situados na mesma comarca, livres e desembargados, indicando-os pormenorizadamente à penhora. A tal prerrogativa, dá-se o nome de benefício de ordem, instituído pelo legislador como forma de afirmar a economia processual.

Responsabilidade patrimonial do espólio e dos herdeiros

Os bens integrantes do espólio respondem pelas dívidas do falecido dentro das forças da herança e na proporção do quinhão que lhe couber. Se a partilha não se efetivou definitivamente, o credor poderá exigir aquilo que lhe é devido diretamente contra o espólio, a bastar que ele requeira sua habilitação.

Fraude à execução

A alienação ou a oneração de bem é considerada fraude à execução: a) quando sobre o bem pender ação fundada em direito real ou com pretensão reipersecutória, desde que a pendência do processo tenha sido averbada no respectivo registro público, se houver; b) quando tiver sido averbada, no registro do bem, a pendência do processo de execução, na forma do art. 828; c) quando tiver sido averbado, no registro do bem, hipoteca judiciária ou outro ato de constrição judicial originário do processo onde foi arguida a fraude; d) quando, ao tempo da alienação ou da oneração, tramitava contra o devedor ação capaz de reduzi-lo à insolvência; e) nos demais casos expressos em lei.

Responsabilidade civil do alegado credor

O Código de Processo Civil, no art. 776, dispõe que "o exequente ressarcirá ao executado os danos que este sofreu, quando a sentença, transitada em julgado, declarar inexistente, no todo ou em parte, a obrigação, que deu lugar à execução".

Atos da execução
Se a legislação não dispuser de modo diverso, o juiz determinará os atos executivos (que variarão em razão da pessoa, das condições de solvência do devedor, da natureza da obrigação e da forma de realização do direito) e os oficiais de justiça os cumprirão. Para tal, sempre que for necessário o emprego da força policial, o juiz a requisitará.
Considerações gerais
Aplicam-se subsidiariamente à execução (quando não houver disposição específica a respeito) as disposições que regem o **processo de conhecimento**.

CAPÍTULO 49

DIVERSAS ESPÉCIES DE EXECUÇÃO

1. CONSIDERAÇÕES INICIAIS

O Código de Processo Civil trata das seguintes **espécies** de execução:

a) **execução para entrega de coisa certa;**
b) **execução para entrega de coisa incerta;**
c) **execução de obrigação de fazer;**
d) **execução de obrigação de não fazer;**
e) **execução por quantia certa contra devedor solvente;**
f) **execução por quantia certa contra devedor insolvente;**
g) **execução por quantia certa contra a Fazenda Pública;**
h) **execução por quantia certa de prestação alimentícia.**

Eventualmente, pode haver **conversão** da espécie nos próprios autos – sem que para tanto seja necessária a propositura de outra ação de execução. No capítulo relativo ao CUMPRIMENTO DE SENTENÇA, tratou-se das **execuções impróprias** (ou imediatas, como preferem alguns), bem assim daquelas **próprias** (ou tradicional, como preferem alguns) fundadas em sentença penal condenatória transitada em julgado, sentença estrangeira homologada pelo STJ e sentença arbitral.

Tratar-se-á, agora, das execuções **próprias** fundadas em **títulos executivos extrajudiciais**, além das **execuções por quantia certa contra a Fazenda Pública e de prestação alimentícia baseadas em títulos executivos extrajudiciais.**

Relativamente à execução por quantia certa contra devedor insolvente, ela será estudada em capítulo próprio, tendo em vista as suas particularidades. O atual Código estabelece no art. 1.052 que, até que sobrevenha lei que trate do tema, continuarão vigentes as respectivas disposições do CPC/1973.

2. DISPOSIÇÕES GERAIS ÀS DIVERSAS ESPÉCIES DE EXECUÇÃO

As disposições relativas ao **processo de conhecimento**, no que forem compatíveis, aplicar-se-ão subsidiariamente ao processo de execução. Por isso, os requisitos trazidos pelos artigos 319 e 320 do CPC, quando forem compatíveis, serão respeitados na petição inicial da execução.

Além desses requisitos, a petição inicial do processo de execução será instruída com: a) **título executivo extrajudicial**; b) **prova de que se verificou a condição, ou ocorreu o termo, se for o caso**; c) **prova, se for o caso, de que adimpliu a contraprestação que lhe corresponde ou que lhe assegura o cumprimento, se o executado não for obrigado a satisfazer a sua prestação senão mediante a contraprestação do exequente.**

O atual Código, a afirmar a operabilidade, suprimiu a necessidade de o exequente requerer a citação do executado, tal como ocorria na fase de conhecimento, quando vigente o CPC/1973, já que o requerimento de citação está implícito à propositura da ação executiva[1].

Pois bem.

O primeiro requisito típico (a apresentação do título executivo) relaciona-se diretamente a uma das condições da ação (interesse processual). Se o título não for apresentado, mesmo após determinação judicial, o órgão julgador deverá extinguir o processo (STJ. REsp 1017343/RS. DJe 03.03.08), porque não foi demonstrado o crédito, cuja satisfação era pleiteada.

A referência ao título executivo é de que ele seja juntado na via original, de modo a impossibilitar a sua circulação e/ou o ajuizamento de outra execução. Não se constatando este risco em detrimento do devedor, ante a disponibilidade de exibição do título a qualquer tempo, a execução deve seguir (STJ: REsp 595768/PB, DJU 10.10.05; REsp 820121/ES, DJe 10.08.10). Aliás, com a progressiva universalização do processo eletrônico, esta é a orientação a ser adotada.

Os requisitos citados nas letras "b" e "c" estão relacionados à chamada execução diferida, hipótese na qual a exigibilidade da obrigação fica contida por um termo ou uma condição, podendo esta ser a demonstração do implemento da contraprestação por parte do exequente.

Por esta razão, a petição inicial deve ser instruída com a prova de que se verificou a condição ou que ocorreu o termo, se for o caso. Essa exigência também está relacionada diretamente ao interesse processual, porque, somente depois de demonstrado pelo menos um

1. Nesse ponto, a citação impulsionada de ofício com a propositura da demanda executiva, guarda algumas variantes a depender da espécie de execução. De acordo com cada uma delas, determinar-se-á a adoção de uma providência por parte do executado, como será oportunamente explanado. Por exemplo, na execução de obrigação de pagar quantia certa, o executado será citado para pagar, sendo intimado, caso assim não proceda, da pena de penhora, enquanto que, na execução de alimentos, o executado será citado para pagar, sendo intimado, caso assim não proceda, da pena de prisão. É diferente do que ocorre no processo de conhecimento, onde o réu é chamado para apresentar resposta.

daqueles fatos, é que a prestação prevista no título torna-se exigível. Enquanto isso, não se poderá exigir o cumprimento da obrigação, pois a execução instaurada antes de se verificar a condição ou ocorrer o termo é considerada nula.

A letra "c" refere-se à hipótese de inexigibilidade em razão de o exequente não ter cumprido a sua prestação na relação obrigacional. Essa situação relaciona-se à exceção do contrato não cumprido, prevista no art. 476 do Código Civil, de acordo com o qual, nos contratos bilaterais, nenhum dos contratantes, antes de cumprida a sua obrigação, pode exigir o implemento da do outro. Daí resulta que a execução só pode legitimamente intentada caso o exequente, se for o caso, provar que adimpliu a contraprestação que lhe caberia antes, ou que lhe assegura o cumprimento, se o executado não for obrigado a satisfazer a sua prestação senão mediante a contraprestação do exequente. Antes disso, o exequente não tem interesse processual[2].

Em havendo vários contratantes, a verificação da condição ou a ocorrência do termo pode variar de acordo com cada um deles. Não são incomuns ajustes realizados entre as partes de um negócio jurídico. Poderia um instrumento particular assinado por duas testemunhas prever que o vencimento para uma das partes, com relação à sua obrigação ocorreria em determinada data e, para outra, em data diversa. Igualmente, diante de inadimplemento da obrigação, poderia ocorrer o vencimento antecipado em relação a uma das partes e não para a outra.

O Código exige, ainda, a **juntada de demonstrativo do débito atualizado até a data da propositura da demanda.** Como se trata de requisito específico da execução de obrigação de pagar quantia, ele será oportunamente enfrentado.

A se acrescer aos requisitos encimados, incumbe ao exequente, ao intentar a execução, indicar na petição inicial:

a) **a espécie de execução de sua preferência, quando por mais de um modo pode ser realizada**: tal exigência se justifica pelo fato de serem diferenciados os atos de execução de acordo com sua espécie. A correta indicação evita a prática desnecessária de atos processuais. Se a execução somente puder ser efetuada de um modo, é desnecessária a indicação da espécie, até porque o nome da ação não é requisito da petição inicial. A considerar a espécie de execução, ela pode ser definida pelos pedidos formulados, pela natureza da dívida ou pela identificação do executado. Se for a hipótese, também se prescinde de indicação nominal.

b) **os nomes completos do exequente e do executado e seus números de inscrição no Cadastro de Pessoas Físicas ou no Cadastro Nacional de Pessoa Jurídica**: a petição inicial da execução deve trazer a individualização das partes de forma suficiente (para que a ação não seja intentada por e contra pessoa incerta, a impossibilitar, até mesmo, as próprias comunicações processuais), o que é feito com a indicação dos dados encimados. Com a identificação, evita-se que homônimos sejam atingidos pelos atos de execução. A indicação do número de inscrição no Cadastro de Pessoas Físicas ou no Cadastro Nacional da Pessoa Jurídica é servil à prática de alguns atos

2. Essa exigência também concretiza a boa-fé processual na faceta *tu quoque*, já que o exequente não pode se beneficiar da sua própria falha. Portanto, é inadmissível o exercício de uma posição jurídica (executar um título) que não guarde proporcionalidade com o descumprimento anterior.

processuais essenciais, principalmente aqueles adstringidos à localização de pessoas e/ou de bens que garantirão a execução. Basta que seja realizada a indicação numérica, a se prescindir da juntada do respectivo cartão de inscrição.

c) **os bens suscetíveis de penhora, sempre que possível**: a concretizar a cooperação, impõe-se ao executado o dever de indicar os bens suscetíveis de penhora sempre que possível. Esse requisito não é obrigatório no caso do exequente desconhecer de bens passíveis de penhora, situação na qual tal dever será dispensado.

A verificar que a petição inicial da execução está incompleta ou que não está acompanhada dos documentos indispensáveis à sua propositura, o juiz determinará, no exercício do dever de prevenção inerente à cooperação, que o exequente proceda à correção, no prazo de 15 dias, sob pena de indeferimento. Para tanto, o juiz deverá indicar com precisão quais são os vícios da petição executiva.

Quanto à prescrição, seu marco interruptivo, tanto no processo de conhecimento, quanto no de execução, é o despacho, ainda que proferido por juízo incompetente, que ordena a citação. Logo, o juízo de admissibilidade positivo da causa ("cite-se o executado"), ainda que precário, tem o condão de interromper a contagem do prazo prescricional.

Não é só.

O lapso temporal decorrido entre a propositura da ação executiva e o despacho positivo não prejudicará o exequente, já que a interrupção, em regra, retroage à data da propositura da ação. Aliás, como já definiu o enunciado 106 da súmula de jurisprudência do Superior Tribunal de Justiça[3], a parte não será prejudicada pela demora imputável exclusivamente ao Poder Judiciário.

No entanto, o § 2º do art. 240 do CPC, que também se aplica à execução, afirma a autorresponsabilidade das partes, a impor que incumbe ao exequente adotar, no prazo de 10 dias, as providências necessárias para viabilizar a citação, sob pena de não receber o regime privilegiado de retroação à data da propositura da ação. Verificada conduta desidiosa do exequente, o marco interruptivo da prescrição será, efetivamente, a data da citação do executado, sem retroação à data da propositura.

E, como anteriormente mostrado, o Código de Processo Civil estabelece, em seu art. 805, que "quando por vários meios o exequente puder promover a execução, o juiz mandará que se faça pelo modo menos gravoso para o executado". Só que a execução é realizada, primeiramente, no **interesse do exequente**, e, somente se puder alcançar a rápida satisfação do valor executado por mais de uma forma (sendo elas igualmente eficazes) é que a menor onerosidade deve ser atendida.

Não foi por outro motivo que o Superior Tribunal de Justiça entendeu que a alegação de contrariedade à menor onerosidade não pode ser defendida de modo genérico ou simplesmente retórico, cabendo à parte executada a comprovação, inequívoca, dos prejuízos a serem efetivamente suportados, bem como da possibilidade, sem comprometimento dos objetivos do processo de execução, de satisfação da pretensão creditória por outros meios (STJ. AgRg no REsp 1103760/CE. DJe 19.05.09). É por isso que o parágrafo único do art. 805 do Código

3. Súmula 106 do STJ: "Proposta a ação no prazo fixado para o seu exercício, a demora na citação, por motivos inerentes ao mecanismo da justiça, não justifica o acolhimento da arguição de prescrição ou decadência".

dispõe que, ao executado que alegar ser a medida executiva mais gravosa, incumbe indicar outros meios mais (igualmente) eficazes e menos onerosos, sob pena de manutenção dos atos executivos já determinados.

3. INTIMAÇÕES OBRIGATÓRIAS DE TERCEIROS E OUTRAS MEDIDAS

As hipóteses de intimação obrigatória de terceiros interessados estão previstas no art. 799[4] e foram substancialmente ampliadas para contemplar todas as espécies de direitos reais sobre a coisa alheia, como forma de tutelar o contraditório em tais situações.

Desse modo, garante-se àqueles que podem ser atingidos reflexamente pelos atos de constrição de determinado bem tenham oportunidade de participar dos atos processuais praticados na execução. E nada mais sensato, porque são atingidos pelos atos executivos, que podem culminar em eventual desrespeito a direito que lhe assista.

Logo, aos terceiros é facultada a oposição de embargos de terceiro ou, a depender das circunstâncias, o exercício de outras faculdades processuais a fim garantir o recebimento de crédito (inclusive com a possibilidade de aquisição de bem a ser alienado) ou mesmo de evitar que o exequente receba aquilo que não lhe cabe.

A intimação dos terceiros tem relevância para densificação da função social da propriedade, ao passo que garante àqueles a possibilidade de serem cientificados de eventual hasta pública (relativa aos bens sobre os quais recai direito real), o que permitirá a sua participação e subsequente alienação, se houver interesse e forem preenchidos os requisitos legais.

A intimação da sociedade, em caso de penhora de quota social ou de ação de sociedade anônima fechada, preserva a função social da empresa e a continuidade da atividade empresarial, tendo como função principal oportunizar às pessoas intimadas o direito de exercer a preferência que lhes é conferida pelo art. 876, § 7º, do CPC.

O art. 799, VIII, confere ao exequente a faculdade de pleitear medidas de urgência para garantir a efetividade da prestação jurisdicional executiva[5]. Se a execução busca a satisfação

---

4. . O art. 799 determina que incumbe ainda ao exequente: I – requerer a intimação do credor pignoratício, hipotecário, anticrético ou fiduciário, quando a penhora recair sobre bens gravados por penhor, hipoteca, anticrese ou alienação fiduciária; II – requerer a intimação do titular de usufruto, uso ou habitação, quando a penhora recair sobre bem gravado por usufruto, uso ou habitação; III – requerer a intimação do promitente comprador, quando a penhora recair sobre bem em relação ao qual haja promessa de compra e venda registrada; IV – requerer a intimação do promitente vendedor, quando a penhora recair sobre direito aquisitivo derivado de promessa de compra e venda registrada; V – requerer a intimação do superficiário, enfiteuta ou concessionário, em caso de direito de superfície, enfiteuse, concessão de uso especial para fins de moradia ou concessão de direito real de uso, quando a penhora recair sobre imóvel submetido ao regime do direito de superfície, enfiteuse ou concessão; direitos reais sobre a coisa alheia de exploração; VI – requerer a intimação do proprietário de terreno com regime de direito de superfície, enfiteuse, concessão de uso especial para fins de moradia ou concessão de direito real de uso, quando a penhora recair sobre direitos do superficiário, do enfiteuta ou do concessionário; VII – requerer a intimação da sociedade, no caso de penhora de quota social ou de ação de sociedade anônima fechada, para o fim previsto no art. 876, § 7º; VIII – pleitear, se for o caso, medidas urgentes; IX – proceder à averbação em registro público do ato de propositura da execução e dos atos de constrição realizados, para conhecimento de terceiros; X – requerer a intimação do titular da construção-base, bem como, se for o caso, do titular de lajes anteriores, quando a penhora recair sobre o direito real de laje; XI – requerer a intimação do titular das lajes, quando a penhora recair sobre a construção-base.
5. Aplica-se, aqui, o tratamento das tutelas provisórias de urgência, para onde remetemos o leitor, sendo certo, que as medidas urgentes acima referidas, englobam a tutela provisória de urgência antecipada (enunciado nº 448 do FPPC).

de um direito, fazem-se necessárias medidas a garantir o resultado. Caso contrário, correr-se-ia o risco de tornar a atividade jurisdicional inútil.

O exequente deverá proceder à averbação em registro público do ato de propositura da execução e dos atos de constrição realizados, para conhecimento de terceiros. Tal medida visa a publicizar a existência de ação executiva. Essa medida é relevante para resguardar o exequente de eventuais manobras realizadas pelo executado, porque serve de marco para configuração da presunção de má-fé do terceiro em eventual fraude à execução[6].

> Essa averbação, bem como a prevista no art. 828 do Código, serão aplicáveis também ao cumprimento de sentença (enunciado 520 do FPPC).

Frise-se, ademais, que o inciso X do art. 799, incluído pela Lei nº 13.465/2017, dispõe que cabe ao exequente requerer a intimação do titular da construção-base, bem como, se for o caso, do titular de lajes anteriores, quando a penhora recair sobre direito real de laje. Inversamente, caso a penhora recaia sobre a construção-base, o titular de direito real de laje é quem deverá ser intimado (art. 799, XI, também incluído pela referida Lei). A principal finalidade da intimação, nesse caso, é garantir o exercício do direito de preferência previsto no art. 1.510-D do Código Civil[7].

4. EXECUÇÃO PARA A ENTREGA DE COISA CERTA

Diz-se certa a coisa quando ela está individualizada. Existindo obrigação, definida em título executivo extrajudicial, de entrega de coisa certa, o devedor será citado para, dentro de 15 dias, satisfazer a obrigação ou para, também no prazo de 15 dias, opor embargos à execução (art. 806 do CPC).

Ao despachar a petição inicial da execução para entrega de coisa certa, o juiz poderá (de ofício ou a requerimento do exequente) fixar multa (*astreintes*) por atraso no cumprimento da obrigação, ficando o respectivo valor sujeito à alteração, caso se revele insuficiente ou excessivo (art. 806, § 1º). Essa técnica mandamental será utilizada para pressionar psicologicamente o executado a entregar a coisa no supracitado prazo.

> **IMPORTANTE!** Interessante perceber que o CPC preconiza que a multa deve ser fixada por "dia" de atraso. Entretanto, para garantir a efetividade, este prazo pode até ser reduzido – até porque, muitas vezes, o período diário, a depender da essencialidade da coisa, pode ser considerado muito longo, capaz de comprometer a própria garantia do acesso à justiça.

6. A certidão a que se refere o art. 828 do CPC não obstaculiza a obtenção e a averbação da certidão de propositura da execução (enunciado 539 do FPPC).
7. Art. 1.510-D. Em caso de alienação de qualquer das unidades sobrepostas, terão direito de preferência, em igualdade de condições com terceiros, os titulares da construção-base e da laje, nessa ordem, que serão cientificados por escrito para que se manifestem no prazo de trinta dias, salvo se o contrato dispuser de modo diverso. § 1º O titular da construção-base ou da laje a quem não se der conhecimento da alienação poderá, mediante depósito do respectivo preço, haver para si a parte alienada a terceiros, se o requerer no prazo decadencial de cento e oitenta dias, contado da data de alienação. § 2º Se houver mais de uma laje, terá preferência, sucessivamente, o titular das lajes ascendentes e o titular das lajes descendentes, assegurada a prioridade para a laje mais próxima à unidade sobreposta a ser alienada.

O atual Código racionaliza o tratamento do tema ao diminuir a atividade cartorária e decisória. No próprio mandado de citação, o juiz constará ordem para imissão na posse ou busca e apreensão conforme se tratar de bem imóvel ou móvel cujo cumprimento se dará de imediato, se o executado não satisfizer a obrigação no prazo que lhe foi designado (§ 2º do art. 806 do CPC).

Se a coisa for alienada quando litigiosa, será expedido mandado contra o terceiro adquirente, **que somente será ouvido após depositá-la.** Em tal caso, o instrumento de defesa adequado serão os embargos de terceiro.

No caso de o devedor entregar a coisa (hipótese em que também se lavrará o respectivo termo), dar-se-á por **satisfeita a obrigação e extinta a execução**, salvo se esta tiver de prosseguir para o pagamento de frutos ou ressarcimento de prejuízos, se houver hipótese na qual será instaurado procedimento incidental de liquidação (art. 509 a 512 do CPC).

O cuidado de lavratura dos termos deve-se ao fato de que o exequente tem direito a receber eventuais indenizações por perdas e danos. Se a coisa não for entregue, ante seu perecimento, ou por não ter sido encontrada ou não reclamada do poder de terceiro adquirente, o credor também terá direito ao valor da coisa (STJ. REsp 720061/GO. DJU 18.12.06).

Assim, o pagamento do valor da coisa poderá decorrer da conversão da execução[8] para entrega de coisa certa em execução por quantia certa, ante a impossibilidade de cumprimento da prestação específica. Mas, a conversão poderá ocorrer em razão da simples manifestação da vontade do credor (STJ. REsp 1007110/SC. DJe 02.03.09).

Seja como for, se necessária a conversão da obrigação de entregar coisa certa em perdas e danos, em qualquer que seja o caso, aquelas serão apuradas por liquidação, para possibilitar posterior execução por quantia certa (STJ. REsp 327650/MS. DJU 06.10.03).

A liquidação, entretanto, será dispensada quando o prejuízo estiver devidamente aferido (a exemplo do que ocorre quando o valor da coisa estiver descrito no título executivo) ou quando o executado entrar em consenso a respeito do montante assinalado pelo credor.

Sob outro ângulo, se sobre a coisa existirem benfeitorias indenizáveis (que não possam ser levantadas sem detrimento da coisa) feitas pelo executado ou por terceiros, de cujo poder ela houver sido tirada, a liquidação prévia é obrigatória.

Efetuada a liquidação, se houver saldo em favor do executado ou de terceiros, o exequente o depositará quando requerer a entrega da coisa. Se houver saldo em favor do exequente, esse poderá cobrá-lo nos autos do mesmo processo (art. 810 do Código).

5. EXECUÇÃO PARA A ENTREGA DE COISA INCERTA

Diz-se incerta a coisa quando definida apenas pelo gênero e pela quantidade, não estando, por isso, devidamente individualizada. Quando intentada a ação, o executado será citado para entregar coisa individualizada, se lhe couber a escolha. Mas, se essa (a escolha) couber ao exequente, este, já na petição inicia, fará sua indicação, individualizando-a.

8. A decisão que converte a execução para entrega de coisa certa em execução por quantia certa é passível de impugnação por agravo de instrumento (art. 1.015, § único do CPC).

A individualização da coisa pode ser **questionada** pela parte adversa no prazo de **15 dias**, quando comunicada a respeito (sob a égide do CPC/1973, este prazo era de apenas 48h, o que comprometia o efetivo contraditório). Se for o caso, o juiz decidirá a respeito, adotando como critério de julgamento, dentre outros, a regra de que o devedor não poderá dar a coisa pior, nem será obrigado a prestar a melhor (art. 244 do CC). Havendo necessidade, antes de decidir, o juiz poderá nomear perito (art. 812 do CPC).

Contra a decisão, por ser proferida em processo de execução, caberá a interposição de agravo por instrumento.

A partir de então, individualizada a coisa, **segue-se como execução para entrega de coisa certa** (art. 813 do CPC). A diferença entre a execução para a entrega de coisa incerta e a para entrega de coisa certa, portanto, está apenas na fase inicial.

6. EXECUÇÃO DAS OBRIGAÇÕES DE FAZER

As obrigações de fazer podem ser fungíveis ou infungíveis. As primeiras podem ser satisfeitas por terceiros caso o obrigado não a cumpra. As últimas dependem de aptidões específicas do obrigado, pelo que só podem ser satisfeitas por ele (são personalíssimas). Esta distinção é essencial.

Quando o objeto da execução for obrigação de fazer devidamente reconhecida por título executivo extrajudicial, o executado será **citado** para satisfazê-la no prazo que o juiz lhe assinar, se outro não estiver determinado no título executivo (art. 815 do CPC).

Pode acontecer de o título executivo prever a incidência de **multa coercitiva**, ajustada entre as partes, a fim de compelir o inadimplente a cumprir sua obrigação. Caso não haja, o exequente poderá pedir, na petição inicial, e o juiz deverá fixar *astreintes*, de modo a vencer a resistência do executado (art. 814 do CPC).

Se o valor da multa estiver previsto no título executivo, o juiz poderá reduzi-lo, se excessivo (parágrafo único do art. 814 do CPC). Em respeito à isonomia, poderá também majorá-lo, se insuficiente.

O valor justo da multa é aquele capaz de dobrar a parte renitente, sujeitando-a aos termos da lei. Justamente aí reside o grande mérito da multa: ela se acumula até que o devedor se convença da necessidade de obedecer à ordem judicial (STJ. REsp 1022038/RJ. DJe 22.10.09).

O Código não instituiu a intimação pessoal do executado como requisito para aplicação das *astreintes*, a reforçar, assim, a desnecessidade da medida por suficiência da publicação na ocorrida na imprensa oficial em nome do patrono da parte. Assim, não constituirá condição necessária para cobrança da multa, pelo descumprimento de obrigação de fazer, **a intimação pessoal do executado acerca da fixação da multa,** ficando superado o enunciado 410 da súmula do STJ.

Durante o transcurso do interregno para satisfação da obrigação, o executado pode adotar alguns **comportamentos**. São eles:

a) **cumprir a obrigação**: se o executado realiza a prestação, o juiz intimará o exequente para se pronunciar no prazo de 10 dias. Se não houver impugnação, o juiz considerará satisfeita a obrigação (art. 818 do CPC).

Se houver impugnação do exequente, o juiz decidirá a respeito (STJ. REsp 39268/SP. DJU 29.04.96). Se houver necessidade, ele (o juiz) poderá recorrer ao auxílio de um perito para só então decidir.

Contra a decisão, caberá recurso de agravo de instrumento.

b) **não cumprir a obrigação e não opor embargos**: se o executado não realizar a prestação no prazo designado, deve-se identificar se esta (a prestação) é fungível ou infungível.

Se fungível for, haverá duas possibilidades.

A primeira, o exequente poderá optar pela conversão da obrigação de fazer em perdas e danos, nos próprios autos do processo. Apurado o *quantum*, o que pode ser feito inclusive por liquidação (caso seja necessário, pois o seu valor, por exemplo, pode estar expresso no título executivo, pelo que aquela seria dispensada), seguir-se-á execução por quantia certa.

Se a conversão da obrigação de fazer em perdas e danos não for a opção do exequente, como a obrigação pode ser satisfeita por terceiro, o juiz, a atender ao pedido formulado pelo exequente, assim autorizará, devendo o executado assumir as respectivas despesas. Logo, o juiz escolherá um terceiro para cumprir a obrigação, devendo, antes, apresentar sua proposta.

Mas, se o exequente quiser executar, ou mandar executar, sob sua direção e vigilância, as obras e os trabalhos necessários à realização da prestação, terá preferência, em igualdade de condições à oferta apresentada pelo terceiro (art. 820 do CPC). O direito de preferência deverá ser exercido no prazo de 05 dias, **após aprovada a proposta do terceiro**, sob pena de decadência.

Para viabilizar a imediata execução, o exequente adiantará as quantias previstas na proposta que, ouvidas as partes, o juiz houver aprovado.

Questão de Concurso

► **(FCC. Juiz do Trabalho Substituto. TRT23. 2015 – ADAPTADA)**[9]: Um profissional, tendo sido contratado para realização de serviços de pintura em uma residência, não cumpriu a obrigação e foi condenado a realizá-los, mas, citado em execução de obrigação de fazer, também não atendeu. Nesse caso, poderá o exequente requerer ao juiz

a) que o serviço seja prestado por terceiro, à custa do executado, adiantando este as quantias previstas na proposta que o juiz houver aprovado, entre aquelas apresentadas pelo exequente, independentemente de audiência do executado.

b) a realização de uma licitação por critério de técnica e preço para escolha de terceiro que realizará o serviço, à custa do devedor.

c) somente a conversão da obrigação em perdas e danos, que serão apuradas em liquidação, seguindo-se a execução para cobrança de quantia certa.

d) apenas a imposição de multa até que o serviço seja iniciado, e, se não concluído no prazo do contrato, a multa voltará a correr até o limite do valor contratado entre as partes.

e) que o serviço seja prestado por terceiro, à custa do executado, mas o exequente adiantará as quantias previstas na proposta que, ouvidas as partes, o juiz houver aprovado.

9. Gabarito: letra E.

Se o responsável pelo cumprimento for o exequente, não poderá impugnar a prestação por ele realizada. O executado é quem poderá impugnar (alegando, por exemplo, que a obrigação foi cumprida além dos limites previstos no título executivo).

Acolhida a impugnação do executado, proceder-se-á aos ajustes necessários, para que ele não responda além daquilo que se obrigou.

Contra a decisão que julga a impugnação, cabe agravo de instrumento.

Sendo o responsável um terceiro, o juiz ouvirá as partes no prazo de 10 dias.

Não havendo impugnação, dará por satisfeita a obrigação (art. 818 do CPC), prosseguindo a execução contra o executado com a finalidade de ressarcir a quantia adiantada pelo exequente, além de eventual ônus sucumbencial.

Havendo impugnação, o juiz a decidirá. Em sua decisão, pode o juiz entender que a obrigação foi devidamente satisfeita, prosseguindo a execução em face do executado para fins de ressarcimento do valor adiantado pelo exequente ao terceiro.

Se decidir que o terceiro contratado não realizou a prestação no prazo, ou que o praticou de modo incompleto ou defeituoso, o exequente poderá (mera faculdade – STJ. REsp 9584/SP. DJU 09.03.92) requerer, no **prazo de 15 dias,** que o autorize a concluí-la ou a repará-la à custa do contratante (art. 819 do CPC).

Ouvido o contratante no prazo de 15 dias, o juiz mandará avaliar o custo das despesas necessárias e o condenará ao pagamento (parágrafo único do art. 819 do CPC).

Caso não seja do interesse do exequente assumir o cumprimento da obrigação, requererá ao juiz que mande o terceiro concluir ou reparar o fato. Cumprida a obrigação, a execução prosseguirá contra o executado, a fim de ressarcir os valores que o exequente adiantou ao terceiro.

Caso, no julgamento da impugnação, o juiz decida que o terceiro (na utilização do numerário decorrente da oferta) prestou o fato além do que devido pelo executado, este último responderá apenas pelo valor da obrigação devida, que deverá ser apurado.

Contra a decisão que julgar a impugnação, caberá agravo de instrumento.

Se a obrigação for infungível ou quando convencionarem que o executado satisfaça pessoalmente, o exequente poderá requerer ao juiz que lhe assine prazo para cumpri-la. Havendo recusa ou mora do executado, sua obrigação pessoal será convertida em perdas e danos, caso em que, depois de apuradas estas (se houver necessidade) prosseguir-se-á com o procedimento de execução por quantia certa.

c) **não cumprir a obrigação e opor embargos**: o prazo para oposição de embargos é de 15 dias. Se recebidos em efeito suspensivo, a execução não poderá prosseguir. Somente após o julgamento destes é que, se não houver prejudicialidade, ela continuará. Se os embargos não forem recebidos em efeito suspensivo, a execução continuará.

7. EXECUÇÃO DAS OBRIGAÇÕES DE NÃO FAZER

As obrigações de não fazer, que decorrem de lei ou de contrato, podem ser instantâneas ou permanentes. A primeira, se descumprida, não poderá ser desfeita (o que acontece, por exemplo, com a divulgação da imagem de um artista noutra canal de televisão). A última, conquanto descumprida, pode ser desfeita (como acontece, por exemplo, com a obrigação de não edificar).

A distinção entre as obrigações de não fazer instantâneas e permanentes é de fundamental, porquanto ensejam consequências processuais diferentes, razão por que devem ser analisadas de forma separada.

Confira-se:

a) **obrigação de não fazer instantânea**: descumprida a obrigação reconhecida por título executivo extrajudicial, restará a conversão em perdas e danos. Quando estiver diante de uma obrigação de não fazer instantânea, não ingressará com uma "execução de obrigação de não fazer". A execução será por quantia certa. Esta contemplará, além das perdas e danos (que poderão ser apurados por liquidação – às vezes, contudo, a quantia pode estar previamente definida, inclusive pelas partes), o valor da multa coercitiva aplicada. Isso, porque, nas obrigações de não fazer instantâneas, a multa coercitiva é aplicada uma única vez, sendo fixada em elevado valor, a fim de inibir a prática do ato contido. Depois de descumprida a obrigação, a multa não pode continuar sendo contada, porquanto a obrigação de desfazer é impossível (STJ. REsp 634775/CE. DJU 16.11.04). O executado que descumpre obrigação de não fazer instantânea, pois, será citado para pagar ou opor embargos, seguindo-se, então, o rito da execução por quantia certa.

b) **obrigação de não fazer permanente**: descumprida a obrigação de não fazer permanente prevista em título executivo extrajudicial, o exequente requererá ao juiz que assine ao executado prazo para desfazer o ato comissivo. Em execução, o executado será, agora, citado a fazer algo (desfazer o que estava obrigado a não fazer, mas foi feito). Diante deste cenário (existência de obrigação de desfazer), adota-se o mesmo procedimento da execução da obrigação de fazer, onde o executado poderá cumprir a obrigação, não cumpri-la ou opor embargos, a desdobrar-se o andamento processual conforme antes exposto.

8. EXECUÇÃO POR QUANTIA CERTA CONTRA DEVEDOR SOLVENTE

8.1. Penhora, da avaliação e da expropriação de bens

8.1.1. Disposições Gerais

A execução por quantia certa contra **devedor solvente**, que também é realizada em benefício do exequente (STJ. REsp 1000261/RS. DJe 03.04.08), tem por objeto a **expropriação de bens do executado**, a fim de, com o resultado da alienação, satisfazer o direito do exequente (STJ. REsp 1089888/SC. DJe 21.05.09). Antes da expropriação, é ordem natural que, por intermédio da prestação jurisdicional, os bens sejam **penhorados e avaliados**.

Para a prática destes atos, faz-se necessário o exercício do direito de ação por **petição inicial**. Ela, na execução por quantia certa contra devedor solvente (assim como em todas as execuções por quantia certa), deve vir acompanhada de **memória discriminada e atualizada**

de cálculos, a não ser que o exequente se satisfaça apenas com o valor nominal do título, ou este já expresse todo o valor devido (art. 798, I, b, do CPC).

O parágrafo único do art. 798 exige que o demonstrativo de débito contenha: a) índice de correção monetária adotado; b) a taxa de juros aplicada; c) os termos inicial e final de incidência do índice de correção monetária e da taxa de juros utilizados; d) a periodicidade da capitalização dos juros, se for o caso; e) a especificação do desconto obrigatório realizado.

Estas exigências se justificam para apontar o valor executado, de modo que sirva como parâmetro ao valor da causa e que possibilite sua discussão pelo executado. Conhecido o valor, possibilita-se a realização de pagamento e, se não for o caso, que a **penhora** incida apenas sobre os bens necessários a garantir o cumprimento da obrigação por expropriação.

Se houver pagamento, adotar-se-á como valor aquele calculado no momento de sua realização. A memória discriminada apresentada com a petição inicial é considerada para momento de propositura da execução. Aponta o valor devido para aquele instante apenas. Exceções a estas regras, a se admitir entrega de numerário a menor do que o devido, estariam relacionadas unicamente aos atos de disposição de vontade do exequente.

8.1.2. *Citação do Devedor e Indicação de Bens*

Ao despachar a petição inicial, de logo, o juiz fixará os **honorários advocatícios** de **10%** a serem pagos pelo executado, sendo este **citado**, para, no prazo de **3 dias**, contados da realização da citação propriamente dita, independentemente da juntada do mandado aos autos, pagar a dívida somada aos honorários advocatícios.

Juntada a primeira via do mandado aos autos, começa a correr o prazo para a **oposição de embargos**, que dispensa a segurança do juízo.

Portanto, correm dois prazos: um para pagamento, contado independentemente da juntada do mandado aos autos, e outro para oposição de embargos, contado a partir da juntada do mandado aos autos.

Para tentar conter a resistência do executado, o Código, no § 2º do art. 827, estabelece que o valor dos honorários poderá ser **elevado até 20%,** quando rejeitados os embargos à execução, podendo a majoração, caso não opostos os embargos, ocorrer ao final do procedimento executivo, levando-se em conta o trabalho realizado pelo advogado. Contudo, efetuado o pagamento no prazo encimado, os honorários serão **reduzidos** de 10% para **5%** (ou seja, pela metade) e a execução será extinta.

Pois bem.

O Código simplifica o procedimento, ao não exigir uma segunda via de mandado, caso não efetuado o pagamento. No próprio mandado de citação, constará, também, a **ordem de penhora e a avaliação** a ser cumprida pelo oficial de justiça logo que verificado o não pagamento no prazo assinalado, de tudo, lavrando-se auto, com intimação do executado (§ 1º do art. 829 do CPC).

Portanto, independente de nova decisão judicial, o próprio oficial de justiça procederá à **avaliação dos bens**, lavrando o respectivo **auto.** Ela somente será realizada por perito se o oficial de justiça realmente não tiver condições de assim proceder.

Para cumprir este mister, o oficial de justiça deve recorrer às informações que lhe são disponíveis (classificados, revistas especializadas etc.), a fim de emprestar maior agilidade ao processo.

Na mesma diligência, o oficial de justiça lavrará o auto **intimando** o executado da penhora e da avaliação realizadas. Este ato de comunicação, que deve ser realizado na pessoa do advogado ou, se não houver, pessoalmente, é necessário para que o executado possa apresentar impugnações relativas à penhora e à avaliação dos bens.

A penhora recairá sobre os bens indicados pelo exequente que, em regra, possui a primazia na indicação, salvo se outros forem indicados pelo executado e aceitos pelo juiz, mediante demonstração de que a constrição proposta lhe será menos onerosa e não trará prejuízo ao exequente.

IMPORTANTE! Se o devedor não tiver bens no foro da causa, far-se-á a execução por carta, penhorando-se, avaliando-se e alienando-se os bens no foro da situação. Contudo, a diligência realizada pelo oficial de justiça fora da comarca em que serve, não traz qualquer prejuízo às partes, atingindo o fim colimado para o ato. Assim, embora irregular, o ato é válido (STJ. REsp 523466/MG. DJe 23.02.10).

Se o executado, depois de citado, não for localizado para ser intimado da penhora, o oficial certificará detalhadamente as diligências realizadas, caso em que o juiz poderá dispensar a intimação ou determinará novas diligências.

Por outro lado, se citado o executado, não forem encontrados bens passíveis de penhora ou se desconhecidos, o juiz poderá, de ofício ou a requerimento do exequente, determinar, a qualquer tempo, a intimação do executado para indica-los.

Se o executado não atender à determinação judicial estará cometendo atentado à dignidade da justiça (art. 774, III, do CPC), podendo ser aplicada em seu detrimento multa pecuniária não superior a 20% do valor atualizado do débito em execução, o qual será revertido em proveito do exequente, exigível nos próprios autos do processo, sem prejuízo de outras sanções de natureza processual ou material.

Se o oficial de justiça não encontrar o executado nem para citá-lo, mas conseguir localizar bens, fará o "**arresto**" (seguindo as mesmas formalidades da penhora) de tantos quantos bastem para garantir a execução. Nos 10 dias seguintes à efetivação do "arresto", o oficial de justiça procurará o devedor **02 vezes em dias distintos**. Havendo suspeita de ocultação, realizará a citação por hora certa, a certificar pormenorizadamente o ocorrido.

O que o Código aqui chama de "arresto", entenda-se "pré-penhora" ou "penhora antecipada". Trata-se de medida de execução e não acautelatória (tutela provisória cautelar), como o vocábulo empregado poderia deixar a entender. Por isso, o "arresto" executivo não se submete aos requisitos formais procedimentais da tutela de urgência provisória cautelar.

Frustradas a citação pessoal e a por hora certa, incumbira ao exequente requerer a **citação por edital.**

Aperfeiçoada a citação e transcorrido o prazo de pagamento (03 dias), o arresto converter-se-á automaticamente em penhora, independentemente de termo. Com a conversão, a penhora será considerada realizada desde a data do arresto executivo.

Nos casos da citação por hora certa e por edital, o juiz deverá nomear curador especial. Aplica-se ao caso a orientação trazida pelo enunciado 196 da súmula de jurisprudência do Superior Tribunal de Justiça: "ao executado que, citado por edital ou por hora certa, permanecer revel, será nomeado curador especial, com legitimidade para propor embargos".

8.1.3. Ordem do rol de bens penhoráveis

A penhora observará, **preferencialmente**, na forma do art. 835 do CPC, a seguinte **ordem**:

a) **dinheiro**, em espécie ou em **depósito** ou **aplicação** em instituição financeira[10];

b) **títulos da dívida pública** da União, Estados e Distrito Federal **com cotação em mercado**;

c) **títulos e valores mobiliários com cotação em mercado**;

d) **veículos** de via **terrestre**;

e) **bens imóveis**;

f) **bens móveis em geral**;

g) **semoventes**;

h) **navios** e **aeronaves**;

i) **ações** e **quotas de sociedades simples e empresárias**;

j) percentual do **faturamento** de empresa devedora;

10. O STF definiu que *"obrigatoriedade de cadastro de juízes no Bacen Jud é válida"*. Eis a notícia veiculada no sítio eletrônica da excelsa corte de justiça: *"Por maioria de votos, o Plenário do Supremo Tribunal Federal (STF) considerou válido o ato do Conselho Nacional de Justiça (CNJ) que obrigou todos os juízes do país, com função executiva, a se cadastrarem no sistema Bacen Jud. A decisão foi tomada no julgamento do Mandado de Segurança (MS 27621) impetrado na Corte pelo juiz Roberto Wanderley Nogueira, que questionava a obrigatoriedade.O Bacen Jud é um sistema eletrônico do Banco Central que permite ao juiz solicitar informações sobre movimentação bancária dos clientes das instituições financeiras e determinar o bloqueio de contas. Nos autos de um Pedido de Providências, o CNJ determinou que todos os juízes do Brasil, com função executiva, deveriam se cadastrar obrigatoriamente no sistema.De acordo com o autor do mandado de segurança, o ato do conselho fere seu direito líquido e certo à independência funcional, além de afastá-lo da sua função principal, que é de julgar.RelatoraO julgamento do mandado de segurança teve início em junho deste ano. Na ocasião, a relatora do caso, ministra Cármen Lúcia Antunes Rocha, votou pela concessão da ordem. Para ela, o CNJ teria desbordado de sua competência constitucional, prevista no artigo 103-B da Carta da República. Segundo ela, essa determinação do Conselho não teria embasamento legal. O julgamento foi interrompido por um pedido de vista do ministro Ricardo Lewandowski, que trouxe o caso de volta para o Pleno na tarde de ontem (7).Competência administrativaEm seu voto-vista, o ministro Lewandowski lembrou que a Constituição Federal diz que cabe ao CNJ expedir atos regulamentares no âmbito de sua competência administrativa. E, segundo o ministro, a determinação do CNJ, no sentido de que todos os juízes se cadastrem no Bacen Jud, insere-se nessa competência regulamentar.De acordo com o ministro, a determinação do Conselho não obriga o magistrado a utilizar o Bacen Jud. Para ele, o julgador é absolutamente livre para determinar a penhora ou se a penhora se dará pelo sistema Bacen Jud. Ao magistrado é garantida sua liberdade de convicção para praticar os atos judiciais, disse o ministro Lewandowski, para quem a determinação do Conselho é exclusivamente no sentido da inscrição no cadastro, sem cunho jurisdicional.Ao se posicionar favorável ao ato do CNJ, o ministro frisou que se o magistrado quiser continuar usando outros métodos de penhora poderá proceder dessa forma. Mas, se quiser utilizar a ferramenta do Banco Central, terá que estar previamente cadastrado.Os ministros Dias Toffoli, Ayres Britto, Gilmar Mendes, Celso de Mello e Cezar Peluso acompanharam a divergência aberta pelo ministro Lewandowski, pelo indeferimento do mandado de segurança. Já a relatora, que votou pela concessão da ordem, foi acompanhada pelos ministros Luiz Fux e Marco Aurélio"*.

k) **pedras e metais preciosos;**

l) **direitos aquisitivos derivados de promessa de compra e venda e de alienação fiduciária em garantia;**

m) **outros** direitos.

Essa ordem de preferência é estabelecida levando em consideração a facilidade de alienação. Isso possibilita rápida satisfação da prestação executada.

Apesar disso, se for o caso de execução de crédito com **garantia real**, a ordem de **preferência** da penhora iniciar-se-á da **coisa dada em garantia** (se esta coisa pertencer a terceiro garantidor, ele será também intimado da penhora). Assim, evita-se o duplo ônus e o excesso de garantia.

Depois (se necessária penhora de outros bens além dos gravados com garantia real para satisfazer a obrigação ou se não colocados bens em garantia anterior para serem preferencialmente penhorados), segue-se à ordem indicada pelo exequente (a se considerar que a execução corre sob seu interesse) (STJ. REsp 573.638/RS. DJU 07.02.07) para, só depois, seguir a disposição acima estabelecida.

Apesar de o texto legal dizer expressamente que a ordem supracitada só deve ser observada preferencialmente, o § 1º do artigo 835 do Código mitiga essa disposição ao reconhecer a **prioridade de caráter absoluto à penhora em dinheiro**. Isso, por uma razão bem simples: o dinheiro não precisa ser alienado em hasta pública, como ocorre com os demais bens, de modo que proporciona indiscutível economia ao processo. Além disso, descarta a possibilidade de eventual alienação significar prejuízo em detrimento do executado (ou do responsável), porque não haverá como ser ofertado lance inferior à avaliação.

Assim, eventual escolha circunscrever-se-á aos demais bens passíveis de penhora, que terão ordem flexível. Com relação a eles, ordem poderá ser alterada conforme as circunstâncias do caso concreto.

A ordem preferencial estabelecida não cede necessariamente espaço à menor onerosidade ao executado. Para analisar o caso concreto, deve haver ponderação entre máxima utilidade da execução em favor do exequente e menor onerosidade ao executado. De tal forma, somente se puder alcançar a rápida satisfação do exequente por mais de uma forma é que a menor onerosidade do executado deve prevalecer.

Para fins de substituição da penhora, equiparam-se a dinheiro à fiança bancária e o seguro garantia judicial, desde que em valor não inferior ao do débito constante da inicial, acrescido de 30% (§ 2º do art. 835 do CPC).

> Obedecidas as disposições de segurança que forem instituídas sob critérios uniformes pelo Conselho Nacional de Justiça, a penhora de dinheiro pode ser realizada por meios eletrônicos (art. 837 do CPC).
>
> O crédito representado por precatório é penhorável, mesmo que a entidade dele devedora não seja a própria exequente, por se constituir em direito de crédito (STJ. EREsp 881014/RS. DJe 17.03.08). Contudo, a penhora de precatório equivale à penhora de crédito, e não de dinheiro (STJ. REsp 1090898/SP. DJe 31.08.09).

8.1.4. *Substituição de penhora*

A penhora, mediante requerimento da parte interessada, poderá ser **substituída**:

a) se **não obedecer à ordem legal**;

b) se **não incidir sobre os bens designados em lei, contrato ou ato judicial** para o pagamento;

c) se, **havendo bens no foro da execução, outros houverem sido penhorados;**

d) se, **havendo bens livres, a penhora houver recaído sobre bens já penhorados ou objeto de gravame;**

e) se incidir sobre **bens de baixa liquidez**;

f) se **fracassar a tentativa de alienação judicial** do bem;

g) se o devedor **não indicar o valor dos bens** ou **omitir qualquer informação relativa à sua individualização.**

> O executado somente poderá oferecer bem imóvel em substituição caso o requeira com a expressa anuência do cônjuge – a não ser que seja casado pelo regime de separação total de bens – ou companheiro.
>
> É dever do executado, no prazo fixado pelo juiz, além de indicar onde se encontram os bens sujeitos à execução, exibir a prova de sua propriedade e, se for o caso, certidão negativa de ônus, bem como abster-se de qualquer atitude que dificulte ou embarace a realização da penhora.

Formulado o pedido de substituição, o juiz **ouvirá a parte contrária em 03 dias**. Em seguida, se houver resistência, caberá ao juiz decidir a este respeito, porquanto, mesmo diante do elenco das situações que possibilitam a substituição da penhora, poderá haver temperamentos a serem operados.

Imagine-se que determinada pessoa esteja a responder por duas execuções, ambas de pequeno valor. Em contrapartida, o executado tem em seu patrimônio bens imóveis de elevada monta. Não causará nenhum prejuízo aos exequentes se as penhoras recaírem sobre um mesmo bem imóvel. Isso, às vezes, será até mais vantajoso ao exequente, porquanto se realiza a menor custo, pelo que não precisará adiantar maior numerário. Situação inversa, em detrimento do executado, ocorrerá se as penhoras recaírem sobre bens diversos.

Outro exemplo pode ser dado.

Imagine-se que o executado requereu a substituição da penhora porque não obedeceu à ordem legal. Entretanto, tal fato se deu porque, na petição inicial da execução, o exequente indicou determinado bem a ser penhorado. Só que a obediência à ordem de penhora, em regra, não é a mais benéfica ao executado (STJ. REsp 996380/RS. DJe 30.04.09). Se o pedido de substituição partiu do executado, pode ser que tenha o único intuito de retardar o deslinde processual.

Em hipóteses como estas, o requerimento de substituição deve ser indeferido. Casuisticamente deve ser analisado pelo juiz. Mas, se o executado requerer a substituição da penhora por fiança bancária ou seguro de garantia judicial, em valor não inferior ao do débito constante da inicial, acrescido de 30%, deverá o juiz, se atendidas as regularidades formais do ato, deferir o requerimento.

Se os bens inicialmente penhorados forem substituídos, lavrar-se-á o respectivo **termo**. A não ser que seja o caso de depósito judicial do valor da execução, porque, aí, a constituição da penhora é automática, independendo da lavratura do respectivo termo (STJ. REsp 699349/DF. DJU 28.08.06), apesar de, no Superior Tribunal de Justiça, existir posicionamento minoritário em sentido diverso.

8.1.5. Penhora e Depósito

A penhora deverá incidir em tantos bens quantos bastem para o pagamento do **principal, juros, custas e honorários advocatícios**. Ela será efetuada onde quer que se **encontrem os bens** (mesmo que através de carta), ainda que sob a posse, detenção ou guarda de terceiros.

No caso da penhora de imóveis, independentemente, de onde se localizem, quando apresentada certidão da respectiva matrícula, e na penhora de veículos automotores, quando apresentada certidão que ateste a sua existência, serão realizadas por termo nos autos.

Se o executado não tiver bens no foro onde tramita o processo, não sendo possível a realização da penhora na forma acima analisada, ela (a penhora) será feita por carta[11], realizando-se, em seguida, a avaliação e a alienação dos bens do foro da situação.

Se o executado ou o terceiro fechar as portas da casa, a fim de obstar a penhora, o oficial de justiça comunicará o fato ao juiz, solicitando-lhe ordem de arrombamento. Se deferida, dois oficiais de justiça cumprirão o mandado, arrombando cômodos e móveis, em que se presuma estarem os bens, e lavrarão de tudo auto circunstanciado, que será assinado por duas testemunhas, presentes à diligência.

Se necessário for, o juiz requisitará **força policial**, a fim de auxiliar os oficiais de justiça na penhora dos bens e na prisão de quem resistir à ordem.

Os oficiais de justiça lavrarão em duplicata o auto da ocorrência, entregando uma via ao escrivão ou ao chefe de secretaria, para ser juntada aos autos, e a outra à autoridade policial, a quem couber a apuração criminal dos eventuais delitos de desobediência ou de resistência. Do auto da ocorrência constará o rol de testemunhas, com a respectiva qualificação.

Não se levará a efeito a penhora, quando evidente que o produto da execução dos bens encontrados será **totalmente absorvido pelo pagamento das custas da execução**. Não faria sentido movimentar o aparelhamento judiciário para a alienação do bem quando verificado que o produto não será suficiente para garantir (nem em parte) o cumprimento da prestação executada.

Essa orientação comporta exceção. Tal ocorre quando o credor estiver isento do pagamento de custas, como ocorre com a Fazenda Pública (STJ. REsp 1187161/MG. DJe 05.08.10).

11. Súmula 46 do STJ: na execução por carta, os embargos do devedor serão decididos no juízo deprecante, salvo se versarem unicamente vícios ou defeitos de penhora, avaliação ou alienação dos bens.

Nos casos alcançados pela regra geral, ou se não for encontrado quaisquer bens penhoráveis, o oficial, independentemente de determinação judicial, descreverá na certidão os bens que guarnecem a residência ou o estabelecimento do executado quando este for pessoa jurídica. O Código prevê, para este caso, a figura do **depósito provisório**. Após a elaboração da lista, o executado ou seu representante legal será nomeado depositário provisório dos bens até ulterior determinação do magistrado.

A finalidade desse ato é possibilitar que, enquanto o magistrado avalia a situação, os bens não sejam alienados ou depreciados pelo executado, sob pena de tornar-se depositário infiel com consequente responsabilidade civil pelos prejuízos causados.

A penhora de bens imóveis realizar-se-á mediante **auto ou termo de penhora**, cabendo ao exequente, sem prejuízo da imediata intimação do executado, providenciar, para presunção absoluta de conhecimento por terceiros, a respectiva **averbação no ofício imobiliário**, mediante a apresentação de certidão de inteiro teor do ato, independentemente de mandado judicial.

Questão de Concurso

► **(Consulplan – Cartórios – Remoção – TJ – MG/2017)**[12] Sobre a penhora de frutos e rendimentos de coisa imóvel, assinale a afirmação correta:

a) Ordenada a penhora de frutos e rendimentos, o juiz nomeará administrador-depositário, permanecendo o executado com o direito de gozo do bem.

b) O exequente providenciará a averbação no ofício imobiliário mediante a apresentação de certidão de inteiro teor do ato, independentemente de mandado judicial.

c) A penhora terá eficácia perante terceiros com a simples publicação da decisão que a conceda, sendo desnecessária a averbação no ofício imobiliário.

d) O juiz jamais poderá nomear como administrador – – depositário o próprio exequente, sob pena de ferir o princípio da isonomia e do tratamento igualitário das partes.

IMPORTANTE! Nas execuções por quantia certa, o exequente poderá, no ato da distribuição, obter **certidão de que a execução foi admitida pelo juiz**, com identificação das partes e valor da causa, para fins de **averbação no registro de imóveis, registro de veículos ou registro de outros bens sujeitos à penhora, arresto ou indisponibilidade**.

Entretanto, no prazo de 10 dias de sua concretização, o exequente deverá comunicar ao juízo as averbações premonitórias efetivadas.

Uma vez formalizada penhora sobre bens suficientes para cobrir o valor da dívida, o exequente providenciará, no prazo de 10 dias, que seja determinado o cancelamento das averbações relativas àqueles bens que não tenham sido penhorados.

O juiz determinará o cancelamento das averbações relativas àqueles bens não penhorados.

É possível a averbação por meio eletrônico, desde que obedecidas as disposições de segurança que forem instituídas sob critérios uniformes do Conselho Nacional de Justiça.

A averbação tem a função de garantir a execução, beneficiando diretamente o exequente. Após a averbação, presume-se fraudulenta a alienação ou a oneração de bens, impossibilitando a arguição de boa-fé por parte de terceiro.

Entretanto, em face da repercussão do ato, o exequente, que promove averbação manifestamente incabível ou não cancelar as averbações relativas aos bens não penhorados, indenizará a parte contrária em percentual de até 20% sobre o valor da causa, processando-se o incidente em autos apartados.

Caso os prejuízos experimentados em decorrência da averbação premonitória sejam superiores àquele percentual, eles devem ser apurados em demanda judicial própria.

12. Gabarito: Letra B.

No caso dos bens imóveis, é obrigação do adquirente a extração de certidão negativa de distribuição de demandas contra o vendedor. Se este procedimento não for adotado, afasta-se a boa-fé do adquirente, presumindo o seu conhecimento acerca da existência da penhora. Mas é possível que o adquirente, que não tem qualquer ação intentada contra sua pessoa, efetue uma nova venda a outrem. Este, por estar de boa-fé, diante da extração de certidão negativa de distribuição de ações judiciais contra o primeiro adquirente, não será prejudicado, porquanto se presume o seu desconhecimento acerca da existência da penhora. Por isso, importante a averbação da penhora perante o cartório de registro de imóveis, que gera presunção absoluta de conhecimento da penhora.

Lavrar-se-á termo quando a penhora for realizada pelo escrivão ou chefe de secretaria a partir da apresentação, pela parte interessada, da certidão da respectiva matrícula (independentemente de onde se localizem o imóvel); sendo a penhora do imóvel realizada pelo oficial de justiça, lavrar-se-á auto (STJ. REsp 259272/GO. DJU 07.11.05).

Admite-se a lavratura do termo de penhora e a respectiva averbação não só para os bens imóveis, mas também para os móveis submetidos a registro (STJ. REsp 810489/RS. DJe 06.08.09), como é o caso dos veículos automotores.

Apreendidos e depositados os bens, a penhora considerar-se-á feita com a lavratura do **auto** ou do **termo** (STJ. REsp 488220/RS. DJU 25.08.03), que conterão: a) a indicação do **dia, do mês, do ano e do lugar** em que foi feita; b) os **nomes** do exequente e do executado; c) a **descrição dos bens** penhorados, com as suas **características**; d) a **nomeação do depositário** dos bens.

8.1.6. Intimação do Executado

Formalizada a penhora, dela será imediatamente intimado o executado (art. 841 do CPC), além de todos os sujeitos elencados no art. 889[13] referentes aos casos de direitos reais, na pessoa do **advogado** ou **à sociedade de advogados a que aquele pertença**.

No entanto, se não houver advogado constituído nos autos, a intimação será **pessoal**, de preferência por via postal. Nessa hipótese, quando o executado houver mudado de endereço, sem prévia comunicação ao juízo, considerar-se-á realizada a intimação no endereço antigo, observado o disposto no parágrafo único do art. 274 do CPC.

13. Art. 889. Serão cientificados da alienação judicial, com pelo menos 5 (cinco) dias de antecedência:I – o executado, por meio de seu advogado ou, se não tiver procurador constituído nos autos, por carta registrada, mandado, edital ou outro meio idôneo;II – o coproprietário de bem indivisível do qual tenha sido penhorada fração ideal;III – o titular de usufruto, uso, habitação, enfiteuse, direito de superfície, concessão de uso especial para fins de moradia ou concessão de direito real de uso, quando a penhora recair sobre bem gravado com tais direitos reais;IV – o proprietário do terreno submetido ao regime de direito de superfície, enfiteuse, concessão de uso especial para fins de moradia ou concessão de direito real de uso, quando a penhora recair sobre tais direitos reais;V – o credor pignoratício, hipotecário, anticrético, fiduciário ou com penhora anteriormente averbada, quando a penhora recair sobre bens com tais gravames, caso não seja o credor, de qualquer modo, parte na execução;VI – o promitente comprador, quando a penhora recair sobre bem em relação ao qual haja promessa de compra e venda registrada;VII – o promitente vendedor, quando a penhora recair sobre direito aquisitivo derivado de promessa de compra e venda registrada;VIII – a União, o Estado e o Município, no caso de alienação de bem tombado.Parágrafo único. Se o executado for revel e não tiver advogado constituído, não constando dos autos seu endereço atual ou, ainda, não sendo ele encontrado no endereço constante do processo, a intimação considerar-se-á feita por meio do próprio edital de leilão.

Se a penhora for realizada na presença do executado, este se dará por intimado, a se dispensar a intimação do advogado ou da sociedade de advogados a que ele pertence.

Recaindo a penhora sobre bem imóvel ou direito real sobre imóvel, será intimado também o **cônjuge do executado**, salvo se forem casados em regime de separação absoluta de bens.

Quanto ao depósito, o executado não necessariamente será nomeado (depositário), até porque o referido encargo não é obrigatório, podendo ser recusado. Aliás, de acordo com o comando do art. 840, os bens penhorados serão **preferencialmente depositados:**

a) **as quantias em dinheiro, os papéis de crédito e as pedras e os metais preciosos[14], no Banco do Brasil, na Caixa Econômica Federal ou em banco do qual o Estado ou o Distrito Federal possua mais da metade do capital social integralizado, ou, na falta desses estabelecimentos, em qualquer instituição de crédito designada pelo juiz**;

b) **os móveis, os semoventes, os imóveis urbanos e os direitos aquisitivos sobre imóveis urbanos, em poder do depositário judicial**, **ou, na ausência deste, em poder do exequente;**

c) **os imóveis rurais, os direitos aquisitivos sobre imóveis rurais, as máquinas, os utensílios e os instrumentos necessários ou úteis à atividade agrícola, mediante caução idônea, em poder do executado.**

Os bens poderão ser depositados em poder do executado nos casos de difícil remoção ou quando anuir o exequente[15].

Constituído o depositário, ele não fica obrigado a cumprir o encargo até a extinção da execução. É que "ninguém será obrigado a fazer ou deixar de fazer alguma coisa senão em virtude de lei. Por essa razão, o mesmo tratamento deve ser conferido ao depositário que assume o encargo, mas, posteriormente, de forma justificada, explica que não pode mais arcar com tal ônus" (STJ. REsp 1120403/SP. DJe 03.12.09).

A destituição do depositário também é possível se ele não cumpre seu encargo.

Pode acontecer de ser necessária uma **segunda penhora** sobre bens diversos. Tal ocorrerá se: a) a **primeira for anulada**; b) executados os bens, o **produto da alienação não bastar** para o pagamento do exequente; c) o **exequente desistir da primeira penhora**, por serem litigiosos os bens, ou por estarem submetidos à constrição judicial.

> Da mesma forma, é possível a cumulação de penhoras sobre o mesmo bem. A múltipla penhora, quando ocorrente, não prejudica os direitos de preferência dos respectivos exequentes (STJ. REsp 408750/SC. DJU 13.12.03).

Também poderá haver pedido de **substituição** da penhora por parte do executado, no prazo de 10 dias contado da sua intimação da penhora, desde que ele comprove cabalmente

14. As joias, as pedras e os objetos preciosos deverão ser depositados com registro do valor estimado de resgate.
15. Improvável, todavia, é imaginar que o exequente consinta (a não ser em situações pontuais) em face da impossibilidade de prisão do infiel depositário, seja qual for a modalidade do depósito, a teor do que determina a súmula vinculante 25 do STF.

que o atendimento ao seu pedido não trará prejuízo algum ao exequente e será menos onerosa para sua pessoa. Por isso, tem se entendido que a substituição da penhora somente deve ser atendida para aumentar a liquidez da garantia (STJ. REsp 1049760/RJ. DJe 01.06.10).

O juiz só autorizará a substituição se o **executado**, em seu requerimento:

a) comprovar as respectivas matrículas e os registros por certidão do correspondente ofício, quanto aos bens imóveis;

b) descrever os bens móveis, com todas as suas propriedades e características, bem como o estado deles e o lugar onde se encontram;

c) descrever os semoventes, com indicação de espécie, de número, de marca ou sinal e do local onde se encontram;

d) identificar os créditos, indicando quem seja o devedor, qual a origem da dívida, o título que a representa e a data do vencimento;

e) atribuir, em qualquer caso, valor aos bens indicados à penhora, além de especificar os ônus e os encargos a que estejam sujeitos.

Requerida a substituição do bem penhora, o executado deverá:

a) indicar onde se encontram os bens sujeitos à execução;

b) exibir a prova de sua propriedade e a certidão negativa ou positiva de ônus;

c) abster-se de qualquer atitude que dificulte ou embarace a realização da penhora.

O executado somente poderá oferecer bem imóvel em substituição caso o requeira com a expressa anuência do cônjuge, salvo se o regime for o de separação absoluta de bens.

Formulado requerimento de substituição, para garantir o contraditório e a vedação às decisões surpresas, o juiz intimará o exequente para manifestar-se sobre o requerimento de substituição do bem penhorado.

De uma forma geral, as partes, e não apenas o executado, poderão requerer a substituição da penhora se:

a) ela não obedecer à ordem legal;

b) ela não ela não incidir sobre os bens designados em lei, contrato ou ato judicial para o pagamento;

c) havendo bens no foro da execução, outros tiverem sido penhorados;

d) havendo bens livres, ela tiver recaído sobre bens já penhorados ou objeto de gravame;

e) ela incidir sobre bens de baixa liquidez;

f) fracassar a tentativa de alienação judicial do bem; ou

g) o executado não indicar o valor dos bens ou omitir qualquer das indicações previstas em lei.

Efetuada a substituição da penhora, deve ser lavrado outro termo referente à nova penhora que igualmente deverá conter os requisitos dispostos no art. 838 do Código de Processo Civil.

Se no decorrer da marcha executiva, o valor de mercado dos bens penhorados sofrer alteração significativa, será admitida a redução, a ampliação ou, até mesmo, a substituição de penhora.

Prossiga-se.

O juiz, mediante requerimento, autorizará a **alienação antecipada** dos bens penhorados quando:

a) se tratar de veículos automotores, de pedras e metais preciosos e de outros bens móveis sujeitos à depreciação ou deterioração;

b) houver manifesta vantagem.

Antes de decidir a respeito da alienação antecipada, o juiz ouvirá a parte adversa, no prazo de 03 dias antes de decidir (art. 853 do CPC).

8.1.7. Penhora de dinheiro em depósito ou em aplicação financeira

Para possibilitar a penhora de dinheiro em depósito ou aplicação financeira, que é a modalidade **absolutamente preferencial** por dispensar a realização de atos de alienação, o juiz, a requerimento do exequente, sem dar ciência prévia do ato ao executado, determinará às instituições financeiras, por meio do sistema eletrônico gerido pela autoridade supervisora do sistema financeiro nacional (Banco Central), que torne indisponíveis ativos financeiros existentes em nome do executado, limitando-se a indisponibilidade ao valor indicado na execução (art. 854 do CPC).

Questão de Concurso

▶ **(Consulplan – Cartórios – Provimento – TJ – MG/2017)**[16] Para possibilitar a penhora de dinheiro em depósito ou aplicação financeira, os tribunais dispõem de um sistema eletrônico que possibilita a realização da chamada "penhora on line". Analise as proposições abaixo:

I. A penhora em dinheiro é prioritária.

II. O juiz deverá, no prazo de 24 (vinte e quatro) horas, a contar da resposta quanto à ordem de bloqueio de valores, determinar o cancelamento de eventual indisponibilidade excessiva.

III. Constitui ônus do executado comprovar que as quantias tornadas indisponíveis são impenhoráveis.

IV. A conversão da indisponibilidade em penhora somente se completa com a lavratura do correspondente termo de penhora, sem o qual a mesma não se considera realizada.

Está correto apenas o que se afirma em:

a) I, II e IV.

b) II, III e IV.

c) I, II e III.

d) I, III e IV.

Essa determinação visa a assegurar a futura penhora, sendo, por óbvio, realizada sem a oitiva do executado, para que seja efetiva.

16. Gabarito: Letra C.

No prazo de 24h a contar da resposta prestada pela instituição financeira, o juiz, de ofício, quando necessário, determinará o **a liberação de eventual indisponibilidade excessiva**, o que deverá ser cumprido pela instituição financeira em igual prazo.

Tornados indisponíveis os ativos financeiros do executado, este será intimado na pessoa de seu advogado, ou se não houver, pessoalmente.

Em seguida, o executado terá o prazo de 05 dias para comprovar que:

a) as quantias tornadas indisponíveis são impenhoráveis;

b) ainda remanesce indisponibilidade excessiva dos ativos financeiros.

Por óbvio, o prazo de 05 dias (mencionado acima) não é preclusivo, porque as questões relacionadas são cognoscíveis de ofício.

De igual modo, deve-se conceder prazo de 05 dias para que o exequente se manifeste.

Ouvidas as partes, o juiz analisará suas manifestações.

Se reconhecer a impenhorabilidade ou a indisponibilidade excessiva, ele (o juiz) determinará o cancelamento da indisponibilidade irregular ou excessiva, respectivamente, cuja ordem deve ser cumprida pela instituição financeira em 24h.

Rejeitada as arguições (ou permanecendo inerte o executado), as quantias indisponibilizadas converter-se-ão em penhora, sem necessidade de lavratura de termo, devendo o juiz da execução determinar à instituição financeira depositária, que, no prazo de 24h, transfira o montante indisponível para conta vinculada ao juízo da execução.

Quando realizado o pagamento da dívida por outro meio, o juiz determinará, de imediato, por sistema eletrônico, a notificação da instituição financeira para que, em até 24h, cancele a indisponibilidade.

Aliás, todas as ordens judiciais de indisponibilidade, de penhora e de seu respectivo cancelamento far-se-ão por meio de **sistema eletrônico**.

A instituição financeira será responsável pelos prejuízos causados ao executado em decorrência da indisponibilidade de ativos financeiros em valor superior ao indicado na execução ou pelo juiz, bem como na hipótese de não cancelamento da indisponibilidade no prazo de 24h, quando assim determinar o juiz.

Em tal situação caberá ao executado simplesmente demonstrar o efetivo dano, já que a responsabilidade da instituição pelo cumprimento das ordens judiciais de forma escorreita é objetiva. A arguição da responsabilidade pode ser realizada nos mesmos autos da ação de execução, a prescindir de ação autônoma.

Quando se tratar de execução contra partido político, o juiz, a requerimento do exequente, determinará às instituições financeiras, por meio do sistema eletrônico, que tornem **indisponíveis ativos financeiros** tão-somente em nome do órgão partidário que tenha contraído a dívida executada ou que tenha dado causa à violação de direito ou ao dano, ao qual cabe exclusivamente a responsabilidade pelos atos praticados, na forma da lei.

8.1.8. Penhora de Créditos

Quando a penhora recair sobre crédito do executado, o oficial de justiça penhorá-lo-á. Enquanto não ocorrer a apreensão do título representativo, **considerar-se-á feita a penhora pela intimação:**

a) ao **terceiro devedor**, para que não pague ao seu executado, seu credor;

b) ao **executado**, para que não pratique ato de disposição do crédito.

Se o título não for apreendido, mas o terceiro confessar a dívida, este será havido como depositário da importância e apenas se exonerará da obrigação, depositando em juízo a importância da dívida. Se o terceiro negar o débito em conluio com o executado, a quitação, que este lhe der, considerar-se-á em fraude à execução.

> Tais fatos podem ser demonstrados a partir dos depoimentos pessoais, estando, para isso, o juiz expressamente autorizado a designar audiência com tal finalidade.

Realizada a penhora sobre direito e/ou ação do executado, e **não tendo este oferecido embargos**, ou **sendo eles rejeitados**, o exequente fica **sub-rogado** nos direitos do executado até o limite do seu crédito. Tem a opção, se preferir, de promover a alienação do direito penhorado, caso em que declarará a sua vontade no prazo de 10 dias contados da realização da penhora.

> A sub-rogação não impede ao sub-rogado, se não receber o crédito do devedor, de prosseguir na execução, nos mesmos autos, penhorando outros bens do devedor.

Quando o direito estiver sendo pleiteado em juízo, a penhora que recair sobre ele será averbada, com destaque, nos autos pertinentes, para alcançar os bens que forem adjudicados ou que vierem a caber ao executado.

Quando a penhora recair sobre dívidas de dinheiro a juros, de direito a rendas, ou de prestações periódicas, o exequente poderá levantar os juros, os rendimentos ou as prestações à medida que forem sendo depositadas, abatendo-se do crédito as importâncias recebidas, conforme as regras da imputação em pagamento.

E recaindo a penhora sobre direito, que tenha por objeto **prestação ou restituição de coisa determinada**, o devedor será intimado para, no vencimento, depositá-la, correndo sobre ela a execução.

8.1.9. Penhora das Quotas ou das Ações de Sociedades Personificadas

Em razão da importância do tema, o Código estabeleceu subseção específica para regular o procedimento a ser adotado para *penhora de quotas ou das ações de sociedades personificadas*, criando um regime especial de expropriação de tais bens.

Para o Superior Tribunal de Justiça, a penhora pode recair até mesmo sobre quotas sociais de sociedade em recuperação judicial (STJ. REsp 1.803.250/SP. DJe 07.01.20. Inf. 675).

Feita tal consideração, passa-se à análise do procedimento especial criado para essa importante modalidade de penhora.

Primeiramente, destaca-se que o art. 861 do Código de Processo Civil concretiza claramente a preservação da atividade empresarial, ao conferir preferência aos sócios na alienação das quotas, para que se opere, com maior facilidade, a continuidade da empresa, preservando a *affectio societatis*.

Penhoradas as quotas ou as ações de sócios em sociedade simples ou empresária, o juiz deve assinar prazo razoável, não superior a 03 meses[17], para que a sociedade: a) apresente

17. Esse prazo poderá ser ampliado pelo juiz, se o pagamento das quotas ou das ações liquidadas: a) I – superar o valor do saldo de lucros ou reservas, exceto a legal, e sem diminuição do capital social, ou por doação; ou b) colo-

balanço especial, na forma da lei; b) ofereça as quotas ou as ações aos demais sócios, observado o direito de preferência legal ou contratual; c) não havendo interesse dos sócios na aquisição das ações, proceda à liquidação das quotas ou das ações, depositando em juízo o valor apurado, em dinheiro.

A liquidação da quota deve ser evitada ao máximo, pois constitui procedimento drástico, que pode causar prejuízos à continuidade da atividade empresarial. Tanto é assim que o § 1º do art. 861 dispõe: "para evitar a liquidação das quotas ou das ações, a sociedade poderá adquiri-las sem redução do capital social e com utilização de reservas, para manutenção em tesouraria".

Questão de Concurso

▶ **(CESPE. DPE-PE. Defensor Público. 2018)**[18] Em uma ação de execução, determinou-se a penhora das quotas sociais de um sócio devedor integrante de uma sociedade empresária composta por três sócios, em benefício de um credor, que não era sócio da referida empresa.

De acordo com a legislação pertinente, nessa situação hipotética, após a penhora das quotas sociais

a) o juiz deverá determinar o oferecimento das quotas sociais para os demais sócios, para que exerçam seu direito de preferência
b) o juiz fixará sobre o faturamento social da empresa percentual proporcional às quotas penhoradas, com vistas à satisfação do crédito perseguido
c) a sociedade deverá indicar administrador depositário que apresente o plano de administração
d) a sociedade, para evitar a liquidação dessas quotas, poderá adquiri-las e mantê-las em tesouraria
e) o sócio devedor deverá apresentar balanço especial da empresa.

Para os fins da referida liquidação de quotas, o juiz poderá, a requerimento do exequente ou da sociedade, nomear administrador, que deverá submeter à aprovação judicial a forma de liquidação.

A solução apresentada pelo Código, depois de frustradas todas as tentativas supracitadas, é exatamente a **realização do leilão judicial** (ou, apesar do silêncio do § 5º art. 861, Código, alienação por iniciativa particular), opção mais severa que pode acarretar uma indesejada alteração do quadro societário, a dificultar a preservação da empresa.

Logo, caso não haja interesse dos demais sócios no exercício de direito de preferência, não ocorra a aquisição das quotas ou das ações pela sociedade e a liquidação seja excessivamente onerosa para a sociedade, o juiz poderá determinar o leilão judicial das quotas ou das ações.

> Afastam-se as **sociedades anônimas de capital aberto** do regramento acima exposto. Suas ações serão adjudicadas pelo exequente ou alienadas em bolsa de valores (art. 861, § 2º, do Código de Processo Civil).

8.1.10. Penhora da Empresa e de Outros Estabelecimentos e de Semoventes

Quando a penhora recair sobre estabelecimento comercial, industrial ou agrícola, bem como em semoventes, plantações ou edifício em construção, o juiz nomeará um **adminis-**

---

car em risco a estabilidade financeira da sociedade simples ou empresária.

18. Gabarito: Letra D.

trador-depositário, determinando-lhe, depois de estabelecer a sua remuneração, que apresente em **10 dias o plano de administração** (art. 862 do CPC).

Ouvidas as partes, que poderão escolher o depositário e ajustar o plano de administração, caberá ao juiz decidir a este respeito.

Se a empresa funcionar mediante concessão ou autorização, a penhora far-se-á, conforme o valor do crédito, sobre a renda, sobre determinados bens ou sobre todo o patrimônio. Para tanto, o juiz nomeará como administrador-depositário, de preferência, um dos seus diretores (*caput* do art. 863 do CPC).

Recaindo, porém, **sobre todo o patrimônio**, prosseguirá a execução até seus ulteriores termos, ouvindo-se, antes da alienação judicial, o ente público que houver outorgado a concessão (art. 863, § 2º, do CPC).

Por outro lado, quando a penhora recair **sobre a renda ou sobre determinados bens**, o administrador-depositário apresentará a forma de administração e o esquema de pagamento, observando-se, quanto ao mais, o disposto em relação ao regime de penhora de frutos e rendimentos de coisa móvel e imóvel (art. 863, § 1º, do CPC).

O Código traz dois comandos importantes para a regulamentação da penhora dos bens de incorporações imobiliárias.

O primeiro resguarda os interesses dos promissários compradores de unidades de imóvel em construção que não podem ser prejudicados por penhoras oriundas de dívidas do promitente vendedor (incorporador). Por esta razão, o legislador dispõe que a penhora somente poderá recair sobre as unidades imobiliárias ainda não comercializadas pelo incorporador, a corroborar com o sistema de impenhorabilidades, que prescreve como impenhorável os créditos oriundos de alienação de unidades imobiliárias, sob regime de incorporação imobiliária, vinculados à execução da obra (art. 833, XII, do CPC).

O segundo destaca a possibilidade de afastamento do incorporador da administração. Em tal situação, o afastamento será decidido pelo juiz, hipótese na qual será dada primazia à comissão de representantes dos adquirentes para o exercício de tal mister. Se tratar-se de construção financiada, a administração será confiada a uma empresa ou profissional indicado pela instituição fornecedora dos recursos para obra, devendo ser ouvida a comissão de representantes dos compradores.

> Apesar da omissão do § 4º do art. 862 do Código, a comissão de representantes dos adquirentes poderá requerer que o juiz determine (ou autorize) a nomeação de empresa ou profissional para a administração da incorporação, ainda que ela não seja financiada.

A penhora de navio ou de aeronave não obsta a que continuem navegando ou operando até a alienação. Mas o juiz, ao conceder a autorização para navegar ou operar, não permitirá que saiam do porto ou aeroporto antes que o executado faça o seguro usual contra riscos (art. 864 do CPC).

O Código confere caráter subsidiário às modalidades de penhora tratadas nesse tópico, ao prescrever que elas somente serão determinadas se não houver outro meio eficaz para a realização da prestação.

8.1.11. Penhora de Percentual de Faturamento de Empresa

A penhora de percentual do faturamento da empresa não é preferencial. Ao contrário, só deve ocorrer em **situações excepcionais**, por conta das repercussões negativas que pode causar em detrimento da pessoa jurídica, a ponto, inclusive, de comprometer a preservação da empresa, e de outros credores, cujos créditos, às vezes, são até mais privilegiados que o executado. Por isso, só será deferida a penhora sobre faturamento quando não houver bens hábeis à satisfação do crédito executado e o percentual definido não prejudicar o funcionamento da empresa (STJ. AgRg no REsp 1454403/SC. DJe 17.12.14).

Portanto, mais uma vez, caberá ao juiz, ao ponderar as circunstâncias relacionadas ao caso concreto, definir qual modalidade de penhora será utilizada.

De qualquer modo, privilegia-se a **função social da empresa** ao determinar que o juiz fixará percentual que propicie a satisfação do crédito exequendo em tempo razoável, mas desde que não torne inviável o exercício da atividade empresarial. Há uma evidente preocupação com a preservação da atividade empresarial, que não pode ter o seu faturamento penhorado em percentuais elevados.

O juiz deverá nomear **administrador depositário**, o qual submeterá à aprovação judicial a forma de sua atuação e prestará contas mensalmente, entregando em juízo as quantias recebidas com os respectivos balancetes mensais, a fim de serem imputadas no pagamento da dívida. Não se descarta a possibilidade de as partes realizarem um negócio jurídico processual para convencionarem quem será o administrador – depositário.

Na penhora de percentual de faturamento de empresa, observar-se-á, no que couber, o disposto quanto ao regime de penhora de frutos e rendimentos de coisa móvel e imóvel, modalidade de penhora que será analisada no próximo tópico.

8.1.12. Penhora de Frutos e Rendimentos de Coisa Móvel ou Imóvel

Essa técnica expropriatória tem o objetivo de satisfazer o direito do exequente por intermédio dos frutos e dos rendimentos do bem, sem necessidade de aliená-los. Trata-se de expediente **menos gravoso** ao executado e que, quando efetivo, deve ser estimulado pelo juiz.

Ordenada a penhora sobre frutos e rendimentos, o juiz deverá nomear um administrador depositário, que será investido de todos os poderes que concernem à administração do bem e à fruição de seus frutos e utilidade, perdendo o executado o direito de gozo do bem até que o exequente seja pago do principal, dos juros, das custas e dos honorários advocatícios da causa.

Na penhora dos frutos dos bens imóveis, para que a medida tenha eficácia frente a terceiros, é necessária a **averbação no ofício imobiliário**. Dispensam-se maiores formalidades para a averbação, sendo até desnecessária a expedição de mandado judicial. Basta que o exequente, no ofício imobiliário, apresente certidão de inteiro teor do ato.

O juiz poderá nomear administrador-depositário: a) o **exequente**, caso o executado consinta ou; b) **o executado**, caso o exequente consinta.

Não havendo consenso, o juiz nomeará profissional qualificado para o desempenho da função (administrador judicial).

Escolhido o administrador-depositário, ele deverá submeter à aprovação do juiz a forma de administração e a de prestar contas periodicamente.

Se houver discordância entre as partes ou entre essas e o administrador, o juiz decidirá a melhor forma de administração do bem.

Contra essa decisão, caberá agravo de instrumento.

O § 3º do art. 869 do CPC permite a penhora dos frutos também quando o imóvel do executado já estiver arrendado. Em tal situação, o inquilino pagará o aluguel diretamente ao exequente, salvo no caso de nomeação de administrador.

Para garantir os frutos, o exequente ou administrador do bem poderá celebrar locação, garantido sempre o contraditório ao executado.

Todas as quantias que forem recebidas pelo administrador serão entregues ao exequente, a fim de serem imputadas ao pagamento da dívida, situação na qual o exequente dará ao executado, por termo nos autos, a quitação das quantias por ele recebidas.

8.1.13. Avaliação

A avaliação, por regra, será feita pelo **oficial de justiça**. Caso sejam necessários **conhecimentos especializados e o valor da execução o comportar**, o juiz nomeará **perito**, fixando-lhe prazo não superior a 10 dias para entrega do laudo.

> **IMPORTANTE!** Alguns defendem que a avaliação não necessita ser tão "ampla e profunda", a ponto de refletir o exato valor de mercado. O fundamento para tal conclusão está no fato de que o preço é definido com a hasta pública, onde serão ofertados vários lanços e alcançado o valor mercadológico. Há certa razão, mas não é a conclusão mais justa, porque desconsidera que nem sempre a alienação acontece em hasta pública (pode ocorrer por adjudicação ou por iniciativa particular). Além disso, mesmo em hasta pública, a competição nem sempre é constante. Logo, a avaliação deve ser a mais precisa possível.

A avaliação realizada pelo oficial de justiça constará de vistoria e de laudo anexados ao auto de penhora ou, em caso de perícia realizada por avaliador, de laudo apresentado no prazo fixado pelo juiz, devendo-se, em qualquer hipótese, especificar os **bens, com as suas características, e o estado em que se encontram**, bem assim os seus respectivos **valores.**

Se se tratar de bem imóvel suscetível de cômoda divisão, o avaliador, tendo em conta o crédito executado, o avaliará em partes, sugerindo-se, com a apresentação de memorial descritivo, os possíveis desmembramentos para alienação. Realizada a avaliação e apresentada a proposta de desmembramento, as partes serão ouvidas no prazo de 05 dias para garantir o contraditório.

Há, pois, 04 casos em que **não se procederá à avaliação**. São eles:

a) uma das partes aceitar a estimativa feita (situação que se dispensa a participação do oficial de justiça)[19];

19. Em tal hipótese, mesmo com a concordância das partes, caso o juiz tenha fundada dúvida a respeito do valor do bem, poderá, excepcionalmente, ser realizada a avaliação.

b) se tratar de títulos ou de mercadorias que tenham cotação na bolsa, comprovada por certidão ou publicação no órgão oficial;

c) se tratar de títulos da dívida pública, de ações de sociedades e de títulos de crédito negociáveis em bolsa, cujo valor será o da cotação oficial do dia, comprovada por certidão ou publicação no órgão oficial;

d) se tratar de veículos automotores ou de outros bens cujo preço médio de mercado possa ser conhecido a partir de pesquisas realizadas por órgãos oficiais ou de anúncios de venda divulgados em meios de comunicação, caso em que caberá a quem fizer a nomeação o encargo de comprovar a cotação de mercado.

Em sentido contrário, será admitida **nova avaliação** quando:

a) qualquer das partes arguir, fundamentadamente, a ocorrência de erro na avaliação ou dolo do avaliador;

b) se verificar, posteriormente à avaliação, que houve majoração ou diminuição no valor do bem[20];

c) o juiz tiver fundada dúvida sobre o valor atribuído ao bem na primeira (na verdade, anterior, pois pode ter ocorrido mais de uma) avaliação (caso em que serão aplicadas as disposições do art. 480 do Código[21]).

Definidos os valores após a avaliação, poderá o juiz mandar, a requerimento do interessado e ouvida a parte contrária:

a) reduzir a penhora aos bens suficientes, ou transferi-la para outros, que bastem à execução, se o valor dos penhorados for consideravelmente superior ao crédito do exequente e acessórios;

b) ampliar a penhora, ou transferi-la para outros bens mais valiosos, se o valor dos penhorados for inferior ao referido crédito do exequente.

Realizadas a penhora e avaliação, o juiz dará início aos atos de expropriação de bens, que podem ocorrer mediante **adjudicação, alienação por iniciativa particular ou em leilão judicial eletrônico ou presencial.**

Tais espécies de expropriação de bens são **complementares** e suas regras se interpenetram.

Confira-se:

8.1.14. Adjudicação

A adjudicação é forma de expropriação pelo qual o **exequente**, sem que os bens sejam alienados à hasta pública, **oferece preço não inferior ao da avaliação para ter para si a**

20. É possível ao magistrado, ex officio ou a requerimento da parte, aferir se há necessidade de nova avaliação dos bens penhorados, tendo em vista o tempo decorrido entre a penhora e a alienação (STJ. REsp 732870/RS. DJU 10.04.06).

21. Art. 480. O juiz determinará, de ofício ou a requerimento da parte, a realização de nova perícia quando a matéria não estiver suficientemente esclarecida.§ 1º A segunda perícia tem por objeto os mesmos fatos sobre os quais recaiu a primeira e destina-se a corrigir eventual omissão ou inexatidão dos resultados a que esta conduziu.§ 2º A segunda perícia rege-se pelas disposições estabelecidas para a primeira.§ 3º A segunda perícia não substitui a primeira, cabendo ao juiz apreciar o valor de uma e de outra.

propriedade, satisfazendo, em contrapartida, débito executado. É a forma preferencial de alienação, porque afirma a economia processual, a considerar que dispensa o pagamento de comissão ao leiloeiro, e tem procedimento bem menos burocrático, já que prescinde da publicação de editais.

A adjudicação difere-se da dação em pagamento porque consiste na transferência coativa do bem ao exequente.

Requerida a adjudicação, o executado será intimado a respeito, para que ele possa acompanhar o ato expropriatório e exercer o seu contraditório dinâmico.

A intimação será feita:

a) **pelo Diário da Justiça**, na pessoa de seu advogado constituído nos autos;
b) **por carta com aviso de recebimento**, quando representado pela Defensoria Pública ou quando não tiver procurador constituído nos autos;
c) **por meio eletrônico**, quando, em se tratando de empresas públicas e privadas, exceto microempresas e empresas de pequeno porte, não tiver procurador constituído nos autos.

Na hipótese da letra "b", considerar-se-á realizada a intimação no endereço constante nos autos, quando o executado houver mudado de endereço sem prévia comunicação ao juízo.

A intimação por qualquer das modalidades supracitadas será dispensada, se o executado for citado por edital e não tiver procurador nos autos.

A considerar a legitimidade para adjudicação, serão também intimados, acerca do requerimento formulado:

a) o coproprietário de bem indivisível do qual tenha sido penhorada fração ideal;
b) o titular de usufruto, uso, habitação, enfiteuse, direito de superfície, concessão de uso especial para fins de moradia ou concessão de direito real de uso, quando a penhora recair sobre bem gravado com tais direitos reais;
c) o proprietário do terreno submetido ao regime de direito de superfície, enfiteuse, concessão de uso especial para fins de moradia ou concessão de direito real de uso, quando a penhora recair sobre tais direitos reais;
d) o credor pignoratício, hipotecário, anticrético, fiduciário ou com penhora anteriormente averbada, quando a penhora recair sobre bens com tais gravames, caso não seja o credor, de qualquer modo, parte na execução;
e) o promitente comprador, quando a penhora recair sobre bem em relação ao qual haja promessa de compra e venda registrada;
f) o promitente vendedor, quando a penhora recair sobre direito aquisitivo derivado de promessa de compra e venda registrada;
g) a União, o Estado e o Município, no caso de alienação do bem tombado[22].

22. Enunciado nº 448 do FPPC: (arts. 799, 804, 889, VIII e 1.072, I) O exequente deve providenciar **a intimação da União, Estados e Municípios no caso de penhora de bem tombado.**

O § 7º do art. 876 do CPC estabelece a necessidade de se intimar a sociedade em caso de penhora de quota social ou ação de sociedade anônima fechada realizada em favor de exequente alheio à sociedade. Intimada (a sociedade), ela ficará responsável por informar aos sócios a ocorrência da penhora, assegurando a estes o exercício do direito de preferência.

O direito de adjudicação pode ser também exercido:

a) pelos **credores concorrentes** que hajam penhorado o mesmo bem;

b) pelo **cônjuge** ou **companheiro**;

c) pelos **descendentes** ou **ascendentes do executado**.

Havendo mais de um pretendente à adjudicação, entre eles proceder-se-á a licitação. Ao final desta, constatada a igualdade de oferta, a preferência será, respectivamente, do cônjuge, do companheiro, do descendente ou do ascendente, pois preferível que o bem permaneça na unidade familiar.

> No caso de penhora de quota, procedida por exequente alheio à sociedade, esta será intimada, assegurando preferência aos sócios.

Realizada a adjudicação por credor, se o valor do seu crédito (principal, juros, custas processuais e honorários advocatícios) corresponder ao valor dos bens, a **execução será extinta**. Se o valor do crédito for inferior ao dos bens, o exequente **depositará de imediato a diferença** (sob pena de se tornar sem efeito a expropriação), ficando esta à disposição do executado. Se o valor do crédito for superior, a execução **prosseguirá pelo saldo remanescente**.

Os colegitimados têm o prazo de 05 dias para exercer o direito à adjudicação, respeitadas as regras de prioridade. Transcorrido tal prazo, contado da última intimação e decididas eventuais questões, o juiz mandará lavrar o **auto de adjudicação** respectivo.

Com a lavratura e **assinatura** do auto pelo juiz, pelo adjudicatário, pelo escrivão ou chefe de secretaria e, se estiver presente, pelo executado, a adjudicação torna-se perfeita, acabada e irretratável, pelo que será expedida a respectiva **carta de adjudicação e o mandado de imissão na posse**, quando se tratar de bem imóvel (ou mesmo bem móvel, caso submetido a registro), ou **ordem de entrega** ao adjudicatário, para proceder a tradição do bem móvel.

A carta de adjudicação conterá a descrição do imóvel, com remissão à sua matrícula e aos registros, a cópia do auto de adjudicação e a prova de quitação do imposto de transmissão.

Se a penhora recair sobre bem hipotecado, é possível ao executado remir o bem, até a assinatura do auto de adjudicação, oferecendo preço igual ao da avaliação, se não tiver havido licitantes, ou ao do maior lance oferecido[23].

Esse comando consagra a **remição da execução** e privilegia a função social da propriedade ao permitir que o executado preserve o seu bem, ao ter prioridade de resguardá-lo em seu patrimônio retirando-lhe o gravame da hipoteca, desde que pague o valor da avaliação (se não houver havido licitantes) ou do maior lance.

23. Os artigos 1.482 e 1.483 do Código Civil foram revogados pelo art. 1.072 do CPC e seus conteúdos foram incorporados pelo respectivo texto.

O direito de remição também será estendido à massa ou aos credores em concurso nos casos de falência ou de insolvência, hipótese na qual o exequente não pode recusar o preço da avaliação do imóvel.

Frustradas as tentativas de alienação do bem, reabre-se a oportunidade para requerimento da adjudicação, caso em que também se poderá pleitear a realização de nova avaliação.

Questão de Concurso

(Consulplan – Cartórios – Provimento – TJ – MG/2017)[24] A adjudicação é uma forma indireta de satisfação do crédito do exequente, que se realiza pela transferência do bem penhorado para o credor. A esse respeito, analise as afirmações que seguem:

I. Requerida a adjudicação, o executado será intimado para manifestar-se.

II. É lícito a terceiros, oferecendo preço não inferior ao valor da avaliação, requerer que lhe sejam adjudicados os bens penhorados.

III. Se houver mais de um pretendente à adjudicação, proceder-se-á a licitação entre eles.

IV. Considera-se perfeita e acabada a adjudicação com a lavratura e assinatura do auto pelo juiz, pelo adjudicatário, pelo escrivão e, se estiver presente, pelo executado.

Está correto o que se afirma em:

a) I, II e III, apenas.

b) I, III e IV, apenas.

c) II, III e IV, apenas.

d) I, II, III e IV.

8.1.15. Alienação por Iniciativa Particular

Não efetivada a adjudicação dos bens penhorados, o exequente poderá requerer a alienação por sua própria iniciativa ou por intermédio de corretor ou leiloeiro público credenciado perante a autoridade judiciária, os quais deverão estar em exercício profissional por não menos de 05 anos.

Trata-se de forma de expropriação em que, diferentemente da adjudicação, os bens penhorados são alienados a terceiro por iniciativa do exequente, destinando-se o **produto**, que **não será inferior a patamar estabelecido pelo juiz**, à satisfação do valor executado.

Sendo esta a forma de expropriação, a parte deverá comunicar se ela própria realizará a alienação ou se será um corretor. Por sua vez, o juiz fixará o **prazo** em que a alienação deve ser efetivada, a forma de publicidade, o preço mínimo, as condições de pagamento e as garantias, bem como, se for o caso, a comissão de corretagem (que não deverá ultrapassar o montante de 5%).

Apresentadas as propostas, se elas não se harmonizarem às condições fixadas, serão submetidas à apreciação judicial, depois de ouvidas as partes, para decisão. Se considerar como razoáveis, poderá autorizar a alienação. Caso contrário, estabelecerá novo prazo para a realização do ato expropriatório.

24. Gabarito: Letra B.

PONTO DE REFLEXÃO
Nada impede que o juiz autorize a permuta de bens, caso ela satisfaça o exequente sem prejuízo do executado. Por exemplo: determinado bem está penhorado. Um terceiro tem interesse no aludido bem, mas não dispõe de numerário suficiente. Disponibiliza-se a fazer permuta com outro de igual valor (apurado em avaliação idônea), o qual o exequente tem interesse. Seria perfeitamente possível.
Se o exequente pode adjudicar e depois permutar o bem, por que não poderia permutar diretamente? Não pode o processo inviabilizar (ou mesmo de onerar – impondo o pagamento de tributos e emolumentos, se condicionasse a permuta à realização de anterior adjudicação) a solução das questões que são apresentadas ao Poder Judiciário.

A alienação será formalizada por **termo** nos autos, com assinatura do juiz, do exequente, do adquirente e, se estiver presente, pelo executado, expedindo-se carta de alienação do imóvel e o mandado de imissão na posse para o devido registro imobiliário (ou mesmo do bem móvel, caso submetido a registro), ou, se bem móvel, ordem de entrega ao adquirente. Antes, porém, da formalização do termo, o devedor poderá remir a dívida, caso em que a proposta apresentada perderá seu objeto.

O § 3º do art. 880 do Código de Processo Civil estabelece que, para uniformizar o procedimento desta forma de alienação, os **Tribunais** poderão editar **disposições complementares** ao procedimento, inclusive, a admitir, quando for o caso, o concurso de meios eletrônicos, e dispondo sobre o credenciamento dos corretores e leiloeiros públicos.

Inclusive, o Conselho Nacional de Justiça editou a Resolução nº 160/11, que regulamenta essa forma de expropriação, mas, de qualquer modo, não impede que os tribunais tratem de disposições complementares.

Nas localidades onde não houver corretor ou leiloeiro púbico credenciado nos termos acima delineados, a indicação será de livre escolha do exequente[25].

A alienação por iniciativa particular poderá ser tornada sem efeito nas mesmas hipóteses da alienação em hasta pública.

8.1.16. Alienação em Hasta Pública (em leilão judicial eletrônico ou presencial)

A alienação em hasta pública é forma de expropriação consistente na oferta pública dos bens penhorados, onde o produto será revertido à satisfação do valor executado. Terá lugar quando não requerida adjudicação e não realizada a alienação por iniciativa particular dos bens penhorados. Trata-se, pois, de modalidade subsidiária de expropriação.

O CPC/2015 não mais diferencia as modalidades **praça** (no CPC/1973 era destinada à alienação de bens imóveis penhorados, sendo realizada por serventuário da justiça, às custas do devedor, no átrio do edifício do fórum) e **leilão** (no CPC/1973, era destinado à alienação de bens móveis penhorados, sendo realizado pelo leiloeiro, onde estiverem os bens, ou no lugar designado pelo juiz, ficando também os gastos de comissão a cargo do arrematante).

25. Sobre o tema, o enunciado nº 192 do FPPC, aplicando o princípio da instrumentalidade valorativa, acertadamente, prescreve que: "a alienação por iniciativa particular realizada por corretor ou leiloeiro não credenciado perante o órgão judiciário não invalida o negócio jurídico, salvo se o executado comprovar prejuízo".

Utiliza-se, agora, o rótulo genérico de leilão. Esse **leilão público** será utilizado, portanto, para alienação de todos os bens em geral e será realizado pela figura do **leiloeiro público,** salvo os casos de alienação de bens vendidos em bolsas, que ficará a cargo dos corretores das bolsas de valores.

A realização do leilão pela via eletrônica traz vantagens, pois menos custoso e de maior efetividade, com potencialidade de atingir um público bem maior, formado por pessoas interessadas. Por tais razões, o leilão eletrônico é modalidade preferencial. Somente no caso de impossibilidade de sua realização, é que se adotará o leilão presencial, modalidade que será realizada no em local designado pelo juiz.

Questão de Concurso

▶ **(Consulplan – Cartórios – Remoção – TJ – MG/2017)**[26] Com relação à alienação em leilão judicial, assinale a única afirmativa correta:

a) A alienação será realizada através de leilão judicial, ainda que o exequente requeira a adjudicação do bem penhorado.

b) Havendo necessidade de leilão presencial, o local será indicado pelo exequente.

c) Há preferência pela alienação por meio eletrônico.

d) Caberá ao juiz a designação do leiloeiro público, que não poderá ser indicado pelo exequente.

O leilão eletrônico, por óbvio, deve observar as garantias processuais das partes, de acordo com regulamentação específica do Conselho de Justiça e deverá atender aos requisitos da publicidade, autenticidade e segurança, com observância das disposições estabelecidas na legislação sobre certificação digital.

O art. 884 do Código disciplina as atribuições do leiloeiro público (deveres). São elas:

a) publicar o edital, anunciado a alienação;

b) realizar o leilão onde se encontrem os bens ou no lugar designado pelo juiz em caso de leilão presencial;

c) expor aos pretendentes os bens ou as amostras das mercadorias;

d) receber e depositar, dentro de 01 dia, à ordem do juiz, o produto da alienação;

e) prestar contas nos dois dias subsequentes ao depósito.

Em contrapartida, o leiloeiro terá o direito de receber do arrematante a comissão estabelecida em lei ou arbitrada pelo juiz.

Quanto a esse ponto, deve-se observar que as despesas com comissão de corretagem não são pagas pelo executado, ainda que a arrematação tenha sido realizada pelo exequente.

Para se estabelecer o preço como razoável, com base no qual se possa admitir em leilão e evitar a utilização de recursos contra a alienação do bem por alegado preço vil, o Código

26. Gabarito: Letra C.

estabelece que o juiz da execução definirá um **preço mínimo**, as **condições de pagamento** e as **garantais** que poderão ser prestadas pelo arrematante.

No entanto, ainda que omisso o juiz quanto à definição do preço mínimo, tal não ensejará o adiamento ou a invalidade do ato de expropriação. Inclusive, o enunciado 193 do Fórum Permanente de Processualistas orienta que "não justifica o adiamento do leilão, nem é causa de nulidade da arrematação, a falta de fixação, pelo juiz, do preço mínimo para a arrematação".

Para qualquer que seja a forma de alienação em hasta pública, será precedido de publicação de **edital**, que conterá:

a) **a descrição do bem penhorado, com suas características, e, tratando-se de imóvel, sua situação e suas divisas, com remissão à matrícula e aos registros;**

b) **o valor pelo qual o bem foi avaliado, o preço mínimo pelo qual poderá ser alienado, as condições de pagamento e, se for o caso, a comissão do leiloeiro designado;**

c) **o lugar onde estiverem os móveis, os veículos e os semoventes e, tratando-se de créditos ou direitos, a identificação dos autos do processo em que foram penhorados;**

d) **o sítio, na rede mundial de computadores, e o período em que se realizará o leilão, salvo se este se der de modo presencial, hipótese em que serão indicados o local, o dia e a hora de sua realização;**

e) **a indicação de local, dia e hora de segundo leilão presencial, para a hipótese de não haver interessado no primeiro;**

f) **menção da existência de ônus, recurso ou processo pendente sobre os bens a serem leiloados.**

Se se tratar de títulos da dívida pública e de títulos negociados em bolsa, constará do edital o valor da última cotação anterior à expedição deste.

Duas observações devem ser feitas.

A primeira, que a dispensa de edital para os bens de pequeno valor (até 60 salários mínimos) em razão dos gastos, que antes era prevista pelo CPC/1973, não mais se justifica, porque, agora, o edital deve ser publicado em plataforma eletrônica administrada pelo Conselho Nacional de Justiça.

A segunda, que, não havendo interessado no primeiro leilão eletrônico, o segundo será presencial e, diferentemente do que ocorria sob a égide do CPC/1973, a alienação nele (no segundo leilão) não pode ser realizada a considerar simplesmente o maior lanço ou a melhor proposta, qualquer que seja ela. Deve-se respeitar o preço mínimo estabelecido pelo juiz.

Na forma do art. 891 do CPC, não será aceito preço vil. O Código fixa parâmetros objetivos para aferição da vileza. Primeiro, se o preço mínimo for estipulado pelo juiz e constate no edital, será vil o preço inferior ao mínimo ao montante fixado. Por outro giro, não tendo fixado preço mínimo, será vil o preço inferior a 50%[27] do valor da avaliação.

27. O STJ tem entendido que não é vil o preço igual ou superior a 50% da avaliação (STJ. REsp 1017301/RJ. DJe 26.05.08). Este percentual deve considerar avaliação atual dos bens penhorados (STJ. REsp 117156/SP. DJU 08.03.00). Por

> Desde que haja fundamentação suficiente, não há impedimento para que o juiz fixe o preço mínimo de alienação como sendo inferior a 50% da avaliação.

Logo, é importante que o juiz fixe, em qualquer que seja a modalidade de expropriação, o preço mínimo para se evitar discussões e recursos em razão da vileza.

Designado o leiloeiro, este deverá adotar todas as providências para ampla divulgação da alienação. A publicação do edital deverá ocorrer com **antecedência mínima de 5 dias** da data marcada para realização do leilão.

A forma de publicidade será eletrônica. O edital será publicado na **rede mundial de computadores**, em sítio designado pelo juízo da execução (geralmente será o sítio do tribunal a que está vinculado o juízo), e conterá descrição detalhada e, sempre que possível, com a descrição ilustrada dos bens, informando de forma expressa se o leilão será na modalidade eletrônica ou presencial.

> Aconselha-se até que o site do CNJ traga informações acerca dos leilões que irão ocorrer em todo Brasil, com o fulcro de ampliar a publicidade e, por consequência, o quantitativo de licitantes.

Ocorre que, se não for possível a publicação na rede mundial de computadores ou se o juiz considerar que em razão das condições da sede do juízo, o modo eletrônico será insuficiente ou inadequado (o que em geral, mas não necessariamente, ocorre nas comarcas menores), o edital será afixado em local de costume e publicado, o seu resumo, pelo menos uma vez em jornal de ampla circulação local.

O Código confere ao juiz verdadeiro poder geral para adotar medidas atípicas a fim de alcançar a maior publicidade possível do edital. É no uso desse poder geral que o juiz, atendendo aos valores dos bens e às condições da sede do juízo, poderá:

a) alterar a forma e a frequência da publicidade na imprensa;

b) mandar publicar o edital em local de ampla circulação de pessoas;

c) divulgar avisos em emissora de rádio ou televisão local, bem como em sítios distintos dos já nomeados.

Nos casos de editais de leilão de imóveis e de veículos automotores, eles devem ser publicados pela imprensa ou por outros meios de divulgação, preferencialmente na seção ou no local reservados à publicidade dos respectivos negócios.

Se o juiz entender conveniente, poderá determinar a reunião de publicações em listas referentes a mais de uma execução.

Não realizado o leilão por qualquer que seja o motivo, o juiz mandará publicar a transferência, observando-se sempre os requisitos de ampla publicidade, conforme disposto acima.

O escrivão, o chefe de secretaria ou o leiloeiro que culposamente der causa a uma transferência indevida, responderá pelas despesas da nova publicação, podendo o juiz, inclusive,

---

conta disso, *"é dever do juiz determinar de ofício a atualização do laudo de avaliação, quando entre sua realização e a data da alienação judicial decorrer tempo significativo"* (STJ. AgRg no REsp 1196471/RS. DJe 14.12.10).

aplicar-lhe a pena de suspensão de 05 dias 03 meses, em procedimento administrativo regular, garantido o contraditório.

Pois bem.

Devem ser cientificados da alienação judicial, com pelo menos 05 dias de antecedência, para que possam exercer as faculdades e direitos que lhes couber:

a) **o executado, por seu advogado ou, se não tiver procurador constituído nos autos, por carta registrada, mandado, edital ou outro meio idôneo**[28]**;**
b) **o coproprietário de bem indivisível do qual tenha sido penhorada fração ideal;**
c) **o titular de usufruto, uso, habitação, enfiteuse, direito de superfície, concessão de uso especial para fins de moradia ou concessão de direito real de uso, quando a penhora recair sobre bem gravado com tais direitos reais;**
d) **o proprietário do terreno submetido ao regime de direito de superfície, enfiteuse, concessão de uso especial para fins de moradia ou concessão de direito real de uso, quando a penhora recair sobre tais direitos reais;**
e) **o credor pignoratício, hipotecário, anticrético, fiduciário ou com penhora anteriormente averbada, quando a penhora recair sobre bens com tais gravames, caso não seja o credor, de qualquer modo, parte na execução;**
f) **o promitente comprador, quando a penhora recair sobre bem em relação ao qual haja promessa de compra e venda registrada;**
g) **o promitente vendedor, quando a penhora recair sobre direito aquisitivo derivado de promessa de compra e venda registrada;**
h) **a União, o Estado e o Município, no caso de alienação de bem tombado.**

A uniformizar o tratamento dispensado pelo art. 487 do Código Civil, o estatuto processual amplia o rol de sujeitos que não podem arrematar, de modo a privilegiar a isenção e a evitar o conflito de interesses. Assim, poderá oferecer o lance quem estiver na livre administração de seus bens, com exceção:

a) **dos tutores, dos curadores, dos testamenteiros, dos administradores ou dos liquidantes, quanto aos bens confiados à sua guarda e à sua responsabilidade;**
b) **dos mandatários, quanto aos bens de cuja administração ou alienação estejam encarregados;**
c) **do juiz, do membro do Ministério Público e da Defensoria Pública, do escrivão, do chefe de secretaria e dos demais servidores e auxiliares da justiça, em relação aos bens e direitos objeto de alienação na localidade onde servirem ou a que se estender a sua autoridade;**

28. No caso de o executado ser revel e sem advogado constituído, não constando dos autos seu endereço atual ou, ainda não sendo ele encontrado no endereço constante do processo, a intimação considerar-se-á feita por meio do próprio edital de leilão.

d) **dos servidores públicos em geral, quanto aos bens ou aos direitos da pessoa jurídica a que servirem ou que estejam sob sua administração direta ou indireta;**

e) **dos leiloeiros e seus prepostos, quanto aos bens de cuja venda estejam encarregados;**

f) **dos advogados de qualquer das partes.**

Quanto ao pagamento, salvo nos casos em que o juiz convencione modo diverso, ele (o pagamento) deve ser realizado **de imediato pelo arrematante**, por depósito judicial ou por meio eletrônico.

O Código estabelece que, na presença de mais de um pretendente, proceder-se-á entre eles à licitação, mas no caso de igualdade de oferta, terá preferência o **cônjuge, o companheiro, o descendente ou o ascendente do executado, nessa ordem.**

No caso de **leilão de bem tombado,** a União, os Estados e os Municípios terão, nessa ordem, direito de preferência na arrematação em igualdade de oferta. Por tal razão, é que tais entes devem ser intimados, a fim de que possam exercer tal direito de preferência.

Se o leilão for de diversos bens e houver mais de um lançador, terá preferência aquele que se **propuser a arrematá-los todos em conjunto**, oferecendo para os bens que não tiverem lance, preço igual ao da avaliação e, para os demais, preço igual ao do maior lance que, na tentativa de arrematação individualizada, tenha sido oferecido para eles.

Quando o imóvel admitir cômoda divisão, a requerimento do executado, o juiz ordenará a **alienação judicial parcial**, desde que a parte destacada seja suficiente para o pagamento do exequente e para satisfação das despesas da execução. Para isso, a alienação em partes deve ser requerida a tempo de viabilizar a avaliação das glebas destacadas e sua devida inclusão no edital, caso em que caberá ao executado instruir o requerimento com planta e memorial descritivo subscritos por profissional habilitado. Entretanto, na ausência de lançador, a alienação será realizada em sua integridade. Por isso, o edital deve trazer todos os elementos para, primeiramente, tentar-se a alienação parcial e, não sendo ela realizada, tentar-se, logo em seguida, a alienação integral.

Pode ocorrer de o executado aceitar dispor de parte de imóvel antes não submetida à penhora. Se essa situação ocorrer, será admitida apenas a alienação parcial, sem posterior alienação integral, mesmo que ausente lançador, porque a outra parte do imóvel estará protegida pela impenhorabilidade. E por se tratar de um ato de renúncia à impenhorabilidade apenas sobre parte do imóvel, também não recairá sobre o executado o ônus de apresentar requerimento com planta e memorial descritivo (ambos subscritos por profissional habilitado).

No caso de o exequente arrematar os bens e for o único credor, não estará obrigado a exibir o preço, mas, se o valor dos bens exceder ao seu crédito, depositará, dentro de 03 dias, a diferença, sob pena de tornar-se sem efeito a arrematação, e, nesse caso, realizar-se-á novo leilão, à custa do exequente.

O Código facilita as condições de pagamento ao admitir o **pagamento parcelado do preço tanto para bens móveis com para bens imóveis.**

De fato, a arrematação, por regra, far-se-á mediante o pagamento imediato do preço à vista pelo arrematante por depósito judicial ou meio eletrônico. A proposta à vista sempre terá prevalência sobre as propostas de pagamento parcelado, por ser mais efetiva e segura.

No entanto, o legitimado e interessado em arrematar o bem poderá apresentar proposta de aquisição parcelada do bem, por valor não inferior ao da avaliação, por escrito, até o início do primeiro leilão. Até a data do segundo leilão, a proposta deverá ser por valor que não seja considerado vil (inferior ao preço mínimo, caso estipulado pelo juiz ou 50% menor que o da avaliação).

Questão de Concurso

► **(FGV – Analista Judiciário – Oficial de Just. Avaliador – TRT 12/2017)**[29] Em hasta pública designada pela 50ª Vara Cível da Comarca de Itajaí (SC), foi feita a tentativa de venda de um automóvel penhorado e avaliado em R$6.000,00. Compareceu uma pessoa interessada que apresentou, antes de ser iniciado o leilão, uma proposta por escrito de pagamento em 3 parcelas de R$2.000,00 para arrematar o bem.

Diante do que dispõe o CPC, é correto afirmar que:

a) a proposta não pode ser aceita porque apresentada antes do início do leilão;

b) é viável a proposta parcelada sugerida pelo candidato à arrematação;

c) não há dispositivo próprio prevendo o lance parcelado, portanto, competirá ao juiz decidir;

d) a venda judicial somente pode ser feita à vista, pelo que a proposta é inaceitável;

e) somente pode ser aceita a proposta se as partes envolvidas no processo concordarem.

A mera apresentação da proposta não suspende o leilão, porque, assim, possibilita-se que novas propostas sejam realizadas até o término do leilão e que o juiz escolha a mais vantajosa de acordo com os parâmetros legais.

As propostas para aquisição em prestações, que serão juntadas aos autos, conterão, em qualquer das hipóteses, oferta de pagamento de pelo menos 25% do valor do lance à vista e o restante parcelado em até 30 meses, garantido por caução idônea, quando se tratar de móveis e por hipoteca do próprio bem, quando se tratar de imóveis. Além disso, indicarão o prazo, a modalidade, o indexador de correção monetária e as condições de pagamento do saldo.

Aprovado o pagamento parcelado, eventual atraso de qualquer das prestações, acarretará na incidência de multa de 10% sobre a soma da parcela inadimplida com as parcelas vincendas.

Se houver inadimplemento, o exequente poderá, em vez da incidência da multa de 10% sobre a soma da parcela inadimplida com as parcelas vincendas, pedir a resolução da arrematação ou promover, em face do arrematante, a execução do valor devido, devendo ambos os pedidos ser formulados nos autos da execução em que se deu a arrematação, sem a necessidade de ação autônoma.

Se cumularem propostas de pagamento parcelado: a) em diferentes condições: o juiz decidirá pela mais vantajosa, assim compreendida, sempre, a de maior valor; b) em iguais condições: o juiz decidirá pela formulada em primeiro lugar.

Nessa hipótese de arrematação a prazo, os pagamentos feitos pelo arrematante pertencerão ao exequente até o limite de seu crédito, e os subsequentes ao executado.

29. Gabarito: Letra B.

Para proteger o incapaz, o Código estabelece que se, em relação ao imóvel de propriedade (ou qualquer outro direito real) do incapaz, não se alcançar em leilão pelo menos 80% do valor da avaliação, o juiz confiará o bem à guarda e à administração de depositário idôneo, adiando a alienação por prazo não superior a 01 ano.

Se durante o período de adiamento, sobrevier algum pretendente que assegure, mediante caução idônea, o preço (integral) da avaliação, o juiz ordenará a alienação em leilão. Em tal hipótese para evitar desistência do pretendente à arrematação, o juiz impor-lhe-á ao desistente multa de 20% sobre o valor da avaliação, em benefício do incapaz, valendo a decisão como título executivo (judicial). Então, na precisa situação de alienação de imóvel de incapaz, se o licitante desistir da arrematação, ele perderá a caução, conforme dispõe o art. 897 do CPC, em favor do exequente, e ainda pagará, em favor daquele, multa de 20% sobre o valor da avaliação, nos termos do § 2º do art. 896.

No lapso de tempo fixado para o adiamento, o juiz poderá autorizar a locação do imóvel durante esse prazo.

Findo o prazo do adiamento, o imóvel será submetido a novo leilão, a identificar se o proprietário do imóvel continua incapaz. Caso positivo, serão observadas as restrições à alienação que lhe protege. Caso negativo, o leilão será realizado considerando a atual capacidade do proprietário.

Em caso do inadimplemento do arrematante (e do fiador, se houver), o juiz impor-lhe-á, em favor do exequente, a perda da caução, voltando os bens a novo leilão do qual não serão admitidos a participar o arrematante e o fiador remissos. No entanto, caso o fiador do arrematante pague o valor do lance e da multa, poderá, então, requerer que a arrematação lhe seja transferida.

Será suspensa da arrematação logo que o produto da alienação dos bens (no caso de serem vários) for suficiente para o pagamento do exequente e para a satisfação das despesas da execução.

Quanto aos limites temporais do leilão: a) se for na modalidade eletrônica: a prática eletrônica do ato processual poderá ocorrer em qualquer horário até as 24h do último dia do prazo; b) se for na modalidade presencial: ultrapassado o horário forense, o leilão prosseguirá no dia útil imediato, à mesma hora em que teve início, dispensando-se novo edital.

A arrematação constará de **auto**, que será lavrado de imediato e poderá abranger bens penhorados em mais de uma execução, sendo mencionadas as condições de alienação.

Eletrônico ou presencial o leilão, **assinado** o auto pelo juiz, pelo arrematante e pelo leiloeiro, a arrematação será considerada perfeita, acabada e irretratável, ainda que venham a ser julgados procedentes os embargos do executado ou **ação autônoma** de que trata o § 4º do art. 903.

> Se procedentes os embargos, o executado terá direito a haver do exequente o valor por este recebido como produto da arrematação (caso inferior ao valor do bem, haverá do exequente também a diferença).

Contudo, a **ordem** de entrega do bem móvel ou a **carta** de arrematação do bem imóvel com o respectivo mandado de imissão na posse (ou móvel submetido a registro) somente será expedida depois de efetuado o **depósito** ou **prestadas as garantias** pelo arrematante, bem como realizado o pagamento da comissão do leiloeiro e das demais despesas da execução.

A carta de arrematação conterá a descrição do imóvel, com remissão à sua matrícula ou individuação e aos seus registros, a cópia do auto de arrematação e a prova de pagamento do imposto de transmissão, além da indicação da existência de eventual ônus real ou gravame.

Na hipótese de leilão de bem hipotecado, o executado poderá remi-lo até a assinatura do auto de arrematação, desde que ofereça preço igual ao do maior lance oferecido. De igual modo, no caso de falência ou insolvência do devedor hipotecário, o direito de remição será estendido à massa ou aos credores em concurso, não podendo o exequente recusar o preço da avaliação do imóvel.

Ressalvadas outras hipóteses previstas no Código, a arrematação poderá ser:

a) **invalidada,** quando realizada por preço vil ou com outro vício (como ocorre, por exemplo, quando ausente de um dos requisitos do edital);
b) **considerada ineficaz** em relação ao sujeito que não for intimado, no caso de não observância da lista de intimação obrigatória disposta no art. 804 do Código;
c) **resolvida,** se não for pago o preço ou se não for prestada a caução (na hipótese do pagamento parcelado).

O juiz decidirá a respeito das situações encimadas, se for provocado em até 10 dias após o aperfeiçoamento da arrematação. Ultrapassado esse prazo e constatada a inércia das partes, será expedida a carta de arrematação e, conforme o caso, a ordem de entrega ou mandado de imissão na posse. Depois disso, a invalidação da arrematação só poderá ser decretada mediante ação autônoma, em cujo processo o arrematante deve figurar como litisconsórcio necessário.

Poderá, ainda, ocorrer a **desistência** da arrematação, caso em que o arrematante receberá de volta imediatamente o depósito que tiver efetuado desde que:

a) prove, nos 10 dias seguintes, a existência de ônus real ou gravame não mencionado no edital;
b) se, antes de expedida a carta de arrematação ou a ordem de entrega, o executado alegar alguma das situações previstas no § 1º do art. 903[30];
c) uma vez citado para responder a ação autônoma supracitada, desde que apresente a desistência no prazo de que dispõe para responder a essa ação.

Será considerado ato atentatório à dignidade da justiça a suscitação infundada de vício com o objetivo de ensejar a desistência do arrematante, devendo o suscitante ser condenado,

30. Art. 903. Qualquer que seja a modalidade de leilão, assinado o auto pelo juiz, pelo arrematante e pelo leiloeiro, a arrematação será considerada perfeita, acabada e irretratável, ainda que venham a ser julgados procedentes os embargos do executado ou a ação autônoma de que trata o § 4º deste artigo, assegurada a possibilidade de reparação pelos prejuízos sofridos.§ 1º Ressalvadas outras situações previstas neste Código, a arrematação poderá, no entanto, ser:I – invalidada, quando realizada por preço vil ou com outro vício;II – considerada ineficaz, se não observado o disposto no art. 804;III – resolvida, se não for pago o preço ou se não for prestada a caução.[...]

sem prejuízo da responsabilidade por perdas e danos, ao pagamento de multa, a ser fixada pelo juiz e devida ao exequente, em montante não superior a 20% do valor atualizado do bem (§ 6º do art. 903 do CPC).

8.2. Pagamento ao credor

8.2.1. Disposições Gerais

A satisfação do crédito exequendo far-se-á:

a) pela entrega do dinheiro (proveniente da alienação dos bens penhorados ou da remição do executado);

b) pela adjudicação dos bens penhorados.

8.2.2. Entrega do Dinheiro

O juiz autorizará que o exequente levante (saque), até a satisfação integral de seu crédito, o dinheiro depositado para segurar o juízo ou o produto dos bens alienados, bem como do faturamento de empresa ou de outros frutos e rendimentos de coisas ou empresas penhoradas, quando:

a) a execução for movida só a benefício do exequente singular, a quem, por força da penhora, cabe o direito de preferência sobre os bens penhorados e alienados;

b) não houver sobre os bens alienados outros privilégios ou preferências instituídos anteriormente à penhora.

Durante o plantão judiciário, veda-se a concessão de pedidos de levantamento (saque) de importância em dinheiro ou valores ou de liberação de bens apreendidos.

> Ao receber o mandado de levantamento, o exequente dará ao devedor, por termo nos autos, quitação da quantia paga.

A expedição de mandado de levantamento poderá ser substituída pela transferência eletrônica do valor depositado em conta vinculada ao juízo para outra indicada pelo exequente.

Concorrendo **vários credores ou exequentes**, o dinheiro será distribuído e entregue consoante a ordem das respectivas preferências. Estas podem decorrer da **natureza do crédito** ou da **anterioridade da penhora**.

Primeiramente, paga-se o crédito de natureza privilegiada (assim colocado por decorrência de previsão legal).

Havendo identidade de natureza, o recebimento ocorre de acordo com a anterioridade da penhora. Independentemente de quem tenha proposto a execução que deu ensejo à alienação dos bens, paga-se ao que efetuou a primeira penhora, depois, com a sobra, paga-se ao que efetuou a segunda, e assim sucessivamente.

Na hipótese de adjudicação ou alienação, os créditos que recaem sobre o bem, inclusive os de natureza *propter rem*, sub-rogam-se sobre o respectivo preço, observada a ordem de preferência.

A preferência[31] em razão da natureza do crédito obedece à seguinte **ordem**:

a) créditos **trabalhistas** (inclusive os decorrentes de acidentes de trabalho);

b) créditos com **garantia real**;

c) créditos **tributários**[32];

d) créditos com **privilégio especial**[33];

e) créditos com **privilégio geral**[34];

f) créditos **quirografários**.

O crédito trabalhista, de natureza alimentar, tem privilégio diante do crédito bancário (STJ. REsp 439612/SP. DJU 25.08.03).

> O crédito condominial tem preferência sobre o crédito hipotecário por constituir obrigação propter rem, em função da utilização do próprio imóvel ou para evitar-lhe o perecimento. (STJ. REsp 511.003, Rel. Min. Aldir Passarinho Jr., j. 18.5.10. 4ª T. Info 435)

> A extensão da preferência que ostenta o detentor do crédito com garantia real está limitada à extensão da própria garantia outorgada. Se o bem constrito não for suficiente para o pagamento integral do débito, o credor poderá executar o devedor pelo restante da dívida, mas como quirografário (STJ. REsp 293.287, Rel. Min. Fernando Gonçalves, j. 4.2.10. 4ª T. Info 421).

Os exequentes concorrentes, se houver, requererão as provas a serem produzidas em audiência. A disputa entre eles versará unicamente sobre o direito de preferência (questões outras, relacionadas ao crédito, têm sede própria de discussão) e a anterioridade da penhora. Findo o debate com a apresentação das razões, o juiz decidirá.

Se não houver título legal à preferência, o dinheiro será distribuído entre os coconcorrentes, observando-se a anterioridade de cada penhora.

Efetuado o pagamento do principal, juros, custas e honorários ao exequente (ou aos exequentes, se houver concurso entre eles), a importância remanescente, se houver, será entregue ao executado e a execução extinta.

Não satisfeito o valor executado, a execução prosseguirá em relação ao crédito faltante.

9. EXECUÇÃO POR QUANTIA CERTA CONTRA A FAZENDA PÚBLICA

As execuções contra a Fazenda Pública (União, Estados, Municípios, Distrito Federal e respectivas autarquias e fundações públicas) podem ser por quantia certa, de obrigação de

31. A ordem de preferência dos não se limita ao concurso universal de credores, em razão de insolvência civil ou falência, aplicando-se, da mesma forma, aos casos de execução contra devedor solvente. (STJ. AgRg no AREsp 215749/SP. DJe 24.10.12).
32. "Embora esta Corte Superior [Superior Tribunal de Justiça] já tenha reconhecido a natureza alimentar dos créditos decorrentes dos honorários advocatícios, estes não se equiparam aos créditos trabalhistas, razão por que não há como prevalecerem, em sede de concurso de credores, sobre o crédito fiscal da Fazenda Pública" (STJ. REsp 939577/RS. DJe 19.05.11).
33. (Os previstos no art. 964 do CC ou definidos em outras leis civis e comerciais ou cujos titulares a lei confira o direito de retenção sobre a coisa dada em garantia).
34. Os Previstos no art. 965 do CC ou créditos quirografários sujeitos à recuperação judicial ou definidos em outras leis civis e comerciais.

fazer, de não fazer ou de entregar coisa. As últimas seguirão as sistemáticas antes estudadas (STJ. REsp 886333/SP. DJe 01.09.08). Mas, a **execução por quantia certa** (seja ela fundada em título executivo judicial ou extrajudicial), em face da impenhorabilidade dos bens públicos (decorrente da inalienabilidade deles) e da essencialidade dos serviços públicos, obedecerá às disposições do artigo 910 do CPC.

As execuções por quantia certa contra as empresas públicas e as sociedades de economia mista não seguem as disposições do artigo 910 do CPC. Entretanto, o plenário do STF declarou a compatibilidade do Decreto-lei nº 509/69 (que dispõe sobre a impenhorabilidade dos bens da ECT e os benefícios fiscais outorgados a essa Empresa) com a Constituição Federal (STF. AI 718646 AgR/SP. DJe 23.10.08). Além disso, definiu que, por não exercerem atividade econômica e prestarem serviço público em monopólio, deve ser observado o regime de precatório na execução de seus débitos (STF. RE 225011/MG. DJU 19.11.02). Ressalvou, contudo, noutros julgados, que, se a atividade desempenhada pelas empresas públicas e pelas sociedades de economia mista forem concorrenciais às desempenhadas por empresas privadas, não deve ser observado o regime de precatórios, mas sim o de penhora para execução de quantia certa (STF. RE 892727 AgR. DJe 16.11.18)

É válida a penhora em bens de pessoa jurídica de direito privado, realizada anteriormente à sua sucessão pela União, não devendo a execução prosseguir, a partir de então, mediante expedição de precatório (STF. RE 693112/MG. DJe 25.5.17).

IMPORTANTE! Em sede de doutrina, há posicionamento minoritário a não admitir a execução por quantia certa contra Fazenda Pública, se fundada em título executivo extrajudicial, porque haveria desrespeito ao art. 496 do CPC (que dispõe sobre o reexame necessário). Todavia, o Superior Tribunal de Justiça, no enunciado 279, sumulou que "é cabível execução por título extrajudicial contra a Fazenda Pública".

Na execução por quantia certa contra a Fazenda Pública fundada em título extrajudicial, ela será **citada** para, no prazo de **30 dias**, **opor embargos**.

Para a Fazenda Pública, não há opção de pagamento, ainda que a quantia executada corresponda ou mesmo seja inferior (por disposição de vontade do credor) àquela devida. À Fazenda Pública resta apenas opor ou não embargos.

Se opuser embargos, eles serão processados e a Fazenda poderá alegar qualquer matéria que lhe seria lícito deduzir como defesa no processo de conhecimento.

Se não opuser os embargos ou transitando em julgado a decisão que os rejeita, expedir-se-á precatório ou requisição de pequeno valor em favor do exequente, observando-se o art. 100 da Constituição da República.

Se ocorrer de os embargos opostos serem parciais, em razão da concordância, pelo executado, com parte do valor exigido pelo exequente, relativamente à parte incontroversa, poderá haver (se requerido for) imediata requisição de pagamento.

O pagamento será feito na **ordem de apresentação do precatório** e à conta do respectivo crédito. Fica vedada a designação de casos ou de pessoas nas dotações orçamentárias e nos créditos adicionais abertos para pagamento das requisições. Entretanto, os créditos de **natureza alimentícia** (decorrentes de salários, vencimentos, proventos, pensões e suas complementações, benefícios previdenciários e indenizações por morte ou por invalidez, fundadas em responsabilidade civil) terão **preferência** sobre os que tenham natureza diversa.

IMPORTANTE! O Superior Tribunal de Justiça decidiu que a "prevalece o direito fundamental à saúde sobre o regime de impenhorabilidade dos bens públicos, sendo legítima a determinação judicial do bloqueio de verbas públicas para que se efetive o direito aos medicamentos, além de que, na espécie, não se põe em dúvida a necessidade e a urgência para sua aquisição. Precedentes citados: AgRg no Ag 646.240-RS, DJ 13/6/2005, e REsp 155.174-SP, DJ 6/4/1998" (STJ. REsp 852593/RS. DJe 22.08.06).

Este entendimento foi ratificado pelo Superior Tribunal de Justiça em julgamento de recurso especial repetitivo: "tratando-se de fornecimento de medicamentos, cabe ao Juiz adotar medidas eficazes à efetivação de suas decisões, podendo, se necessário, determinar até mesmo, o sequestro de valores do devedor (bloqueio), segundo o seu prudente arbítrio, e sempre com adequada fundamentação" (STJ. REsp 1069810/RS. DJe 06.11.13).

O rol de créditos de natureza alimentícia é taxativo, porquanto se trata de exceção à regra de pagamento segundo a ordem de apresentação de precatório, pelo que sua interpretação é restritiva.

Dentre os créditos de natureza alimentícia, a preferência é dos titulares que tenham **60 anos de idade ou mais** na data de expedição do precatório, ou que sejam **portadores de doença grave** (definida na forma da lei). Eles serão pagos com preferência sobre todos os demais débitos, até o importe equivalente ao triplo daquele considerado como de "pequeno valor", admitido o fracionamento para essa finalidade – sendo que o restante será pago na ordem cronológica de apresentação do precatório.

Serão considerados de "pequeno valor", até que se dê a publicação oficial das respectivas leis definidoras pelos entes da Federação (o que já ocorreu em vários), os débitos ou obrigações consignados em precatório judiciário, que tenham valor igual ou inferior a: a) 60 salários-mínimos, perante a Fazenda da União; b) 40 salários-mínimos, perante a Fazenda dos Estados e do Distrito Federal; c) 30 salários-mínimos, perante a Fazenda dos Municípios. Os valores a serem estabelecidos pelas leis definidoras não podem ser inferiores ao maior benefício do regime geral de previdência social, mas, não têm limitação máxima.

É obrigatória a **inclusão**, no **orçamento** das entidades de direito público, de verba necessária ao pagamento de seus débitos, oriundos de sentenças transitadas em julgado, constantes de precatórios judiciários apresentados até 1º de julho, fazendo-se o pagamento até o final do exercício seguinte, quando terão seus valores atualizados monetariamente.

As dotações orçamentárias e os créditos abertos serão consignados diretamente ao Poder Judiciário, cabendo ao Presidente do Tribunal que proferir a decisão exequenda determinar o pagamento integral e autorizar, a requerimento do credor e exclusivamente para os casos de preterimento de seu direito de precedência ou de não alocação orçamentária do valor necessário à satisfação do seu débito, o "sequestro" da quantia respectiva.

Apesar de o legislador utilizar o vocábulo "sequestro", trata-se de medida de natureza satisfativa, e não cautelar, como se poderia deixar transparecer.

IMPORTANTE! A quebra de ordem cronológica por conta de pagamento, ainda que parcial, de precatório mais recente, autoriza o "sequestro" de verbas em favor do credor preterido (STJ. EDcl no RMS 24448/SP. DJe 28.10.09).

Qualquer credor prejudicado pode requerer o sequestro, a incidir sobre rendas suficientes a satisfazer o crédito preterido. Contudo, se o pedido partir de credor que não seja o primeiro imediatamente preterido, o valor sequestrado não lhe deve ser entregue. Neste caso, deve ser restituído ao fundo destinado ao pagamento de precatórios (STJ. RMS 29632/RO. DJe 24.08.09).

O Presidente do Tribunal competente que, por ato comissivo ou omissivo, retardar ou tentar frustrar a liquidação regular de precatórios incorrerá em crime de responsabilidade e responderá, também, perante o Conselho Nacional de Justiça.

É **facultada** ao credor, conforme estabelecido em lei da entidade federativa devedora, a **entrega de créditos em precatórios para compra de imóveis públicos do respectivo ente federado**. Além disso, o credor poderá **ceder**, total ou parcialmente, seus créditos em precatórios a terceiros, independentemente da concordância do devedor (não se deslocando ao cessionário qualquer benefício de preferência no pagamento). A cessão produzirá efeitos após comunicação, por meio de petição protocolizada, ao tribunal de origem e à entidade devedora.

A **atualização** de valores de requisitórios, após sua expedição, até o efetivo pagamento, independentemente de sua natureza, será feita pelo índice oficial de remuneração básica da caderneta de poupança, e, para fins de compensação da mora, incidirão juros simples no mesmo percentual de juros incidentes sobre a caderneta de poupança, ficando excluída a incidência de juros compensatórios.

Sem prejuízo de tudo que foi exposto, lei complementar à Constituição Federal poderá estabelecer **regime especial** para pagamento de crédito de precatórios de Estados, Distrito Federal e Municípios, dispondo sobre vinculações à receita corrente líquida e forma e prazo de liquidação. Até que seja editada aludida lei complementar, os Estados, Distrito Federal e Municípios farão pagamentos de acordo com as normas estabelecidas pelo art. 97 da ADCT (acrescido pela EC 62/2009).

Ao seu critério exclusivo e na forma de lei, a União poderá assumir débitos, oriundos de precatórios, de Estados, Distrito Federal e Municípios, refinanciando-os diretamente.

IMPORTANTE! O disposto acima relativamente à expedição de precatórios não se aplica aos pagamentos de obrigações definidas em leis como de pequeno valor que as Fazendas referidas devam fazer em virtude de sentença judicial transitada em julgado. Nesta hipótese, será seguida a sistemática descrita no art. 17 da Lei nº 10.259/2001 e no art. 13 da Lei nº 12.153/2009, independentemente de o processo ter tramitado perante os juizados especiais.

Para efeitos de aplicação desta sistemática (consistente na requisição, pelo próprio juiz, de pagamento no prazo de 60 dias, sob pena de sequestro de numerário suficiente para satisfazer a decisão), admite-se a renúncia de crédito, mas é vedado o fracionamento, repartição ou quebra do valor respectivo. Se for o caso de litisconsortes, eles devem ser individualmente considerados para fins de enquadramento de pequeno valor, adotando-se como critério o valor que cada um executa (STJ. AgRg no Ag 1064622/RS. DJe 19.06.09).

A decisão que determina implantação de valor por intermédio da folha de pagamento é mandamental, pelo que sua execução (relativamente às parcelas vencidas após o trânsito em julgado da sentença) não depende de precatório, podendo ser determinada mediante ofício (STJ. REsp 302624/RS. DJU 21.10.02).

O art. 5º, XXIV, da Constituição estabelece que "a lei estabelecerá o procedimento para desapropriação por necessidade ou utilidade pública, ou por interesse social, mediante justa e prévia indenização em dinheiro, ressalvados os casos previstos nesta Constituição".

O STF pontuou que o pagamento em dinheiro (independentemente da expedição de precatório) somente está autorizado se o processo de desapropriação não desaguar no Poder

Judiciário (STF. RE 247866/CE. DJU 09.08.00). Conclusão: "a prévia indenização prevista no inciso XXIV, diz respeito à desapropriação que não haja desaguado no Judiciário, quando não existe a premissa da expedição do precatório, vale dizer, o título judicial a ser observado" (STF. RE 427761/CE. DJU 25.03.08).

Prossiga-se.

Nos termos da orientação trazida pelo enunciado 240 do Fórum Permanente de Processualistas Civis, são devidos honorários nas execuções fundadas em título executivo extrajudicial contra a Fazenda Pública, a serem arbitrados na forma do § 3º do art. 85.

IMPORTANTE! Não cabe a condenação da Fazenda Pública em honorários advocatícios no caso em que o credor simplesmente anui com os cálculos apresentados em "execução invertida", ainda que se trate de hipótese de pagamento mediante Requisição de Pequeno Valor (RPV). É certo que o STJ possui entendimento de ser cabível a fixação de verba honorária nas execuções contra a Fazenda Pública, ainda que não embargadas, quando o pagamento da obrigação for feito mediante RPV. Entretanto, a jurisprudência ressalvou que, nos casos de "execução invertida", a apresentação espontânea dos cálculos após o trânsito em julgado do processo de conhecimento, na fase de liquidação, com o reconhecimento da dívida, afasta a condenação em honorários advocatícios. Precedentes citados: AgRg no AREsp 641.596-RS, Segunda Turma, DJe 23/3/2015; e AgRg nos EDcl no AREsp 527.295-RS, Primeira Turma, DJe 13/4/2015. AgRg no AREsp 630.235-RS, Rel. Min. Sérgio Kukina, julgado em 19/5/2015, DJe 5/6/2015.

Esse regramento encimado aplica-se ao cumprimento de sentença, cujo objeto seja obrigação por quantia certa, intentada contra a Fazenda Pública.

10. EXECUÇÃO POR QUANTIA CERTA DE PRESTAÇÃO ALIMENTÍCIA

O termo "alimentos", em seu sentido jurídico, corresponde, além dos suprimentos imprescindíveis à alimentação, aqueles necessários à manutenção do alimentante em seu cotidiano (STJ. AgRg na MC 4413/MS. DJU 08.04.02). O dever de prestar alimentos comumente decorre do direito de família, mas pode também dimanar do direito hereditário ou do direito das obrigações.

A execução de alimentos (sejam eles provisionais, provisórios ou definitivos), pode estar fundada em **título executivo judicial ou extrajudicial**.

Se **fundada em título executivo judicial**, a execução dos débitos alimentares pretéritos pode ser feita por meio de **cumprimento de sentença**.

Se **fundada em título executivo extrajudicial** que reconheça a prestação alimentar, o juiz mandará citar o executado para, em 03 dias, efetuar o pagamento das parcelas anteriores ao início da execução e das que se vencerem no seu curso, provar que o fez ou justificar a impossibilidade de fazê-lo.

A constituição do título executivo extrajudicial se dá com a fixação de alimento por meio de acordos extrajudiciais, que dispensam homologação judicial[35]. O Código ainda estabelece

35. O Código legitima os acordos extrajudiciais, reconhecendo ao Ministério Público e a Defensoria Pública idoneidade e aptidão para fiscalização da regularidade do instrumento (verificação da manifestação de vontade livre e

algumas peculiaridades procedimentais e prerrogativas relacionadas à execução de alimentos, seja ela fundada em título executivo judicial ou extrajudicial.

Veja-se.

Recaindo a penhora em dinheiro, o oferecimento de qualquer defesa não obsta que o exequente **receba mensalmente a importância da prestação alimentícia**. Esta prerrogativa é aderente às próprias necessidades de quem recebe alimentos, que, periodicamente, precisa auferir verba essencial à sua manutenção.

Na execução fundada em título executivo judicial, que fixa os alimentos (sejam eles provisionais, provisórios ou definitivos), o juiz mandará citar o executado para, em 03 dias, efetuar o pagamento das parcelas anteriores ao início da execução e das que se vencerem em seu curso, provar que o fez ou justificar a impossibilidade de efetuá-lo.

Citado, poderá ocorrer o seguinte:

a) o executado pagar, circunstância em que o juiz extinguirá a execução (deve, porém, antes dar vistas ao exequente);

b) o executado justificar a impossibilidade de pagamento, situação em que não poderá ser decretada a sua **prisão**, conquanto o valor cobrado continue sendo devido, pelo que poderá ser oportunamente exigido (apenas se afasta a possibilidade de decreto de prisão);

c) o executado não pagar nem justificar, caso em que o juiz, atendendo a requerimento de exequente, decretar-lhe-á, como forma de coerção, a prisão pelo prazo de **01 a 03 meses**.

Contra este último pronunciamento judicial (que decreta a prisão do executado), caberá a interposição de agravo de instrumento ou mesmo a impetração da *habeas corpus* – observadas, naturalmente, as exigências formais próprias de cada instituto.

O Código, quanto à utilização da prisão civil como medida coercitiva, supera posicionamento delineado pelo Superior Tribunal de Justiça[36]. Ele (o Código) prevê, de forma expressa, a utilização da referida medida coercitiva mesmo às execuções de alimentos amparadas em título executivo extrajudicial (§§ 2º a 7º do art. 528).

> Quando se tratar de prestações de natureza alimentar, contínuas e, portanto, de trato sucessivo, que as parcelas não pagas que se vencerem no curso da execução de alimentos, além daquelas objeto da execução, devem ser incluídas no saldo devedor, em à economia e à celeridade e para maior prestígio da efetividade do processo (STJ. REsp 706303/RJ. DJU 15.05.06).

IMPORTANTE! Conquanto o devedor de alimentos decorrentes do direito hereditário ou do direito das obrigações não esteja submetido à medida coercitiva de prisão, é possível penhorar o seu bem de família. Com efeito, "a pensão alimentícia é prevista no artigo 3º, inciso III, da Lei nº 8.009/90, como hipótese de exceção à impenhorabilidade do bem de família. E tal dispositivo não faz qualquer distinção quanto à causa dos alimentos, se decorrente de vínculo familiar ou de obrigação de reparar danos" (STJ. REsp 1186225/RS. DJe 13.09.12).

consciente das partes) (STJ. REsp 1.117.639, Rel. Min. Massami Uyeda, j. 20.5.10. 3ª T. (Info 435)).

36. STJ. HC 256793/RN. DJe 15.10.13).

Caso a ordem de prisão seja superior a 01 mês, o juiz necessariamente deverá **fundamentar** sua decisão, a explicitar as razões que o fizeram decidir por interregno além do mínimo. O Superior Tribunal de Justiça, enfrentando caso onde foi decretada prisão, através de decisão judicial sem fundamentação, pelo prazo de 02 meses, concedeu ordem parcial, reduzindo o prazo de prisão para 01 mês (STJ. HC 25399/SP. DJU 12.08.03).

Decretada a prisão civil, ela só será suspensa com o cumprimento da obrigação, ou seja, pelo pagamento integral da prestação alimentícia (STJ. RHC 23046/CE. DJe 18.08.08), inclusive com incidência de correção monetária e acréscimo de juros de mora (STJ. REsp 973175/SP. DJe 30.03.09).

O débito alimentar que autoriza a prisão civil do alimentante é o que compreende as **03 prestações anteriores ao ajuizamento da execução e as que se vencerem no curso do processo** (conforme enunciado 309 da súmula do Superior Tribunal de Justiça, corrigido em 22.03.06). A redação anterior do enunciado (datada de 27.04.05) dispunha que o débito alimentar a autorizar o decreto prisional compreendia as 03 prestações anteriores à citação do alimentante. Estava-se dando amparo ao cometimento de uma injustiça, porque se homenageava o devedor renitente. Corrigindo equívoco do enunciado, aquela corte definiu que: "admitir-se que o devedor possa afastar o decreto prisional, na ação de execução de alimentos, com o pagamento das três últimas parcelas anteriores a sua citação, é premiar e incentivar a má-fé daquele que se esquiva de cumprir a obrigação de prestar alimentos" (STJ. HC 53068/MS. DJU 22.03.06).

O cumprimento da pena não exime o devedor do pagamento das prestações vencidas e vincendas, até porque é meio de coerção e não forma de pagamento. Entretanto, as parcelas que estavam vencidas até o cumprimento do prazo de prisão **não poderão dar ensejo a novo cárcere** (STJ. HC 39902/MG. DJU 18.04.06), sob pena de tratar-se de prorrogação que poderia conduzir à prisão perpétua, vedada no sistema jurídico brasileiro (STJ. REsp 658823/MS. DJU 06.08.07).

> Quando se tratar de prestações de natureza alimentar, contínuas e, portanto, de trato sucessivo, que as parcelas não pagas que se vencerem no curso da execução de alimentos, além daquelas objeto da execução, devem ser incluídas no saldo devedor, em homenagem à economia e à duração razoável do processo e para maior prestígio da efetividade do processo (STJ. REsp 706303/RJ. DJU 15.05.06).

Outra prerrogativa concedida ao credor de alimentos é que, quando o executado for funcionário público, militar, diretor ou gerente de empresa, bem como empregado sujeito à legislação do trabalho, o juiz mandará **descontar em folha de pagamento** a importância da prestação alimentícia. Isso, com relação apenas às prestações anteriores ao ajuizamento da execução e as que se vencerem no curso do processo (STJ. AgRg no REsp 822486/RJ. DJe 08.10.08). Aquelas que se venceram em período anterior podem ser executadas, mas o credor não tem esta prerrogativa (STJ. AgRg no REsp 822486/RJ. DJe 08.10.08).

Mesmo assim, os descontos em folha de pagamento, embora possam englobar as parcelas vencidas durante a tramitação processual, não serão efetuados em importe a comprometer a subsistência do executado. Imagine-se só que, por algum motivo, o pagamento da verba alimentar durante o trâmite processual tenha se acumulado. O desconto em folha de pagamento poderia comprometer toda a remuneração do executado, o que não é de se admitir, devendo a execução seguir outra maneira fim de satisfazer o crédito alimentar (STJ. REsp 254047/SP. DJU 25.09.00).

No momento do despacho da petição inicial, ocasião em que determina o desconto em folha do pagamento, o juiz oficiará à autoridade, à empresa ou ao empregador, determinando, sob pena de crime de desobediência, o desconto a partir da primeira remuneração posterior do executado, a contar do protocolo do ofício.

No referenciado ofício, constará qualificação minuciosa com os nomes e os números de inscrição no Cadastro de Pessoas Físicas do exequente e do executado, a importância a ser descontada mensalmente, a conta na qual deve ser feito o depósito e, se for o caso, o tempo de sua duração.

Quando não for possível o desconto em folha (situação comum, visualizada na hipótese de ser o executado trabalhador autônomo), a execução poderá alcançar as prestações de **alugueres** de prédios ou de quaisquer **outros rendimentos** do executado, as quais serão recebidas diretamente pelo exequente.

Os alimentos podem decorrer do direito obrigacional. Se título executivo judicial, decorrente de demanda indenizatória por ato ilícito, incluir prestação de alimentos, o juiz, quanto a esta parte, poderá ordenar ao executado **constituição de capital**. Isso para que a renda garanta o pagamento do valor mensal da pensão. Mencionado capital, representado por imóveis, títulos da dívida pública ou aplicações financeiras em banco oficial, será inalienável e impenhorável enquanto durar a obrigação do devedor.

A constituição do capital, em decorrência de determinação judicial, poderá ser substituída pela inclusão do beneficiário da prestação em folha de pagamento de entidade de direito público ou de empresa de direito privado de notória capacidade econômica, ou, a requerimento do devedor, por fiança bancária ou garantia real, em valor a ser arbitrado de imediato pelo juiz.

Sobrevindo modificação nas condições econômicas, poderá a parte interessada requerer, conforme as circunstâncias, redução ou aumento da prestação alimentar. Inclusive, quando cessada a obrigação de prestar alimentos, o juiz mandará liberar o capital, cessar o desconto em folha ou cancelar as garantias prestadas.

Independentemente da origem dos alimentos, eles são irrepetíveis. Pagos, não podem ser restituídos ao executado, ainda que, depois, tenha sido proferida, em favor dele, sentença.

Passados mais de 03 meses, o crédito perde sua natureza alimentar. Ao exequente, se quiser, caberá propor execução por quantia certa, com a possibilidade de penhora do patrimônio do executado, mas não de sua prisão civil.

Se, entre os valores inadimplidos, houver parcelas vencidas há menos, bem como há mais de 03 meses, o credor não poderá propor execução de alimentos a contemplar o montante integral. A ele cabe, ou propor execução por quantia certa a englobar todo o valor, ou propor uma execução de alimentos, relativamente aos valores vencidos há menos de 03 meses, e uma execução por quantia certa, relativamente aos valores vencidos há mais de 03 meses. Não se admite, entretanto, a cumulação de execuções em único processo, porque diferentes são os respectivos procedimentos.

Não requerida a execução nos termos acima analisados, observar-se-á o disposto para execução de quantia certa, com a ressalva de que, recaindo a penhora em dinheiro, a concessão de efeito suspensivo aos embargos à execução não obsta a que o exequente levante mensalmente a importância da prestação.

No entanto, é preciso ponderar as circunstâncias do caso concreto, a fim de concretizar o processo acesso qualificado à prestação jurisdicional. O juiz poderá, em situações excepcionais, impedir o levantamento do valor quando, por exemplo, estiver diante de uma arguição de falsidade do título executivo.

Questão de Concurso

▶ **(Cespe – Promotor de Justiça – MPE – PI/2019 - Adaptada)**[37] No que concerne ao processo de execução, marque Verdadeiro ou Falso: "O exequente que possui título executivo extrajudicial contendo obrigação alimentar pode optar pelo procedimento padrão para execução de quantia certa e, nesse caso, se houver penhora sobre dinheiro, eventual concessão de efeito suspensivo aos embargos à execução não impede o levantamento mensal das prestações alimentares devidas".

▶ **(Consulplan – Cartórios – Provimento – TJ – MG/2017)**[38] Sobre o cumprimento de sentença que reconheça a exigibilidade de obrigação de prestar alimentos, analise as seguintes assertivas

I. O débito alimentar que autoriza a prisão é o que compreende até as 03 (três) prestações anteriores ao ajuizamento da execução e as que se vencerem no curso do processo.

II. Transcorrido o prazo de 03 (três) dias após a intimação do executado, se o mesmo não pagar, não provar que pagou seu débito, ou não justificar a impossibilidade de pagar, o juiz mandará protestar o pronunciamento judicial.

III. Somente a comprovação de fato que gere a impossibilidade absoluta de pagar justificará o inadimplemento.

IV. O cumprimento da pena exime o executado do pagamento da dívida.

Está correto apenas o que se afirma em:

a) I, II e IV.

b) I e IV.

c) I, II e III.

d) III e IV.

11. SÚMULAS

Súmulas vinculantes

17. Durante o período previsto no parágrafo 1º do artigo 100 da Constituição, não incidem juros de mora sobre os precatórios que nele sejam pagos.

Súmulas do STF

655. A exceção prevista no art. 100, "caput", da Constituição, em favor dos créditos de natureza alimentícia, não dispensa a expedição de precatório, limitando-se a isentá-los da observância da ordem cronológica dos precatórios decorrentes de condenações de outra natureza.

733. Não cabe recurso extraordinário contra decisão proferida no processamento de precatórios.

37. Gabarito: Correto.

38. Gabarito: Letra C.

Súmulas do STJ

46. Na execução por carta, os embargos do devedor serão decididos no juízo deprecante, salvo se versarem unicamente vícios ou defeitos da penhora, avaliação ou alienação dos bens.

128. Na execução fiscal haverá segundo leilão, se no primeiro não houver lanço superior a avaliação.

144. Os créditos de natureza alimentícia gozam de preferência, desvinculados os precatórios da ordem cronológica dos créditos de natureza diversa.

190. Na execução fiscal, processada perante a Justiça Estadual, cumpre à Fazenda Pública antecipar o numerário destinado ao custeio das despesas com o transporte dos oficiais de justiça.

196. Ao executado que, citado por edital ou por hora certa, permanecer revel, será nomeado curador especial, com legitimidade para apresentação de embargos.

205. A Lei 8.009/90 aplica-se a penhora realizada antes de sua vigência.

279. É cabível execução por título extrajudicial contra a Fazenda Pública.

309. O débito alimentar que autoriza a prisão civil do alimentante é o que compreende as três prestações anteriores ao ajuizamento da execução e as que se vencerem no curso do processo.

319. O encargo de depositário de bens penhorados pode ser expressamente recusado.

311. Os atos do presidente do tribunal que disponham sobre processamento e pagamento de precatório não têm caráter jurisdicional.

375. O reconhecimento da fraude à execução depende do registro da penhora do bem alienado ou da prova de má-fé do terceiro adquirente.

392. A Fazenda Pública pode substituir a certidão de dívida ativa (CDA) até a prolação da sentença de embargos, quando se tratar de correção de erro material ou formal, vedada a modificação do sujeito passivo da execução.

406. A Fazenda Pública pode recusar a substituição do bem penhorado por precatório.

410. A prévia intimação pessoal do devedor constitui condição necessária para a cobrança de multa pelo descumprimento de obrigação de fazer ou não fazer.

419. Descabe a prisão civil do depositário judicial infiel.

449. A vaga de garagem que possui matrícula própria no registro de imóveis não constitui bem de família para efeito de penhora.

452. É legítima a penhora da sede do estabelecimento comercial.

461. O contribuinte pode optar por receber, por meio de precatório ou por compensação, o indébito tributário certificado por sentença declaratória transitada em julgado.

497. Os créditos das autarquias federais preferem aos créditos da Fazenda estadual desde que coexistam penhoras sobre o mesmo bem.

521. A legitimidade para a execução fiscal de multa pendente de pagamento imposta em sentença condenatória é exclusiva da Procuradoria da Fazenda Pública.

12. ENUNCIADOS DO FPPC

130. A obtenção da certidão prevista no art. 828 independe de decisão judicial.

192. Alienação por iniciativa particular realizada por corretor ou leiloeiro não credenciado perante o órgão judiciário não invalida o negócio jurídico, salvo se o executado comprovar prejuízo.

193. Não justifica o adiamento do leilão, nem é causa de nulidade da arrematação, a falta de fixação, pelo juiz, do preço mínimo para a arrematação.

194. A prescrição intercorrente pode ser reconhecida no procedimento de cumprimento de sentença.

195. O prazo de prescrição intercorrente previsto no art. 921, § 4º, tem início automaticamente um ano após a intimação da decisão de suspensão de que trata o seu § 1º.

196. O prazo da prescrição intercorrente é o mesmo da ação.

240. São devidos honorários nas execuções fundadas em título executivo extrajudicial contra a Fazenda Pública, a serem arbitrados na forma do § 3º do art. 85.

329. Na execução trabalhista deve ser preservada a quota parte de bem indivisível do coproprietário ou do cônjuge alheio à execução, sendo-lhe assegurado o direito de preferência na arrematação do bem em igualdade de condições.

330. Na Justiça do trabalho, o juiz pode deferir a aquisição parcelada do bem penhorado em sede de execução, na forma do art. 895 e seus parágrafos.

331. O pagamento da dívida objeto de execução trabalhista fundada em título extrajudicial pode ser requerido pelo executado nos moldes do art. 916.

444. Para o processo de execução de título extrajudicial de obrigação de não fazer, não é necessário propor a ação de conhecimento para que o juiz possa aplicar as normas decorrentes dos arts. 536 e 537.

447. O exequente deve providenciar a intimação da União, Estados e Municípios no caso de penhora de bem tombado.

448. As medidas urgentes previstas no art. 799, VIII, englobam a tutela provisória urgente antecipada.

449. O art. 806 do CPC de 1973 aplica-se às cautelares propostas antes da entrada em vigor do CPC de 2015.

450. Aplica-se a regra decorrente do art. 827, § 2º, ao cumprimento de sentença.

451. A regra decorrente do caput e do § 1º do art. 827 aplica-se às execuções fundadas em título executivo extrajudicial de obrigação de fazer, não fazer e entrega de coisa.

490. São admissíveis os seguintes negócios processuais, entre outros: pacto de inexecução parcial ou total de multa coercitiva; pacto de alteração de ordem de penhora; pré-indicação de bem penhorável preferencial (art. 848, II); pré-fixação de indenização por dano processual prevista nos arts. 81, § 3º, 520, inc. I, 297, parágrafo único (cláusula penal processual); negócio de anuência prévia para aditamento ou alteração do pedido ou da causa de pedir até o saneamento (art. 329, inc. II).

529. As averbações previstas nos arts. 799, IX e 828 são aplicáveis ao cumprimento de sentença.

539. A certidão a que se refere o art. 828 não impede a obtenção e a averbação de certidão da propositura da execução.

540. A disciplina procedimental para penhora de dinheiro prevista no art. 854 é aplicável ao procedimento de execução fiscal.

541. A responsabilidade que trata o art. 854, § 8º, é objetiva e as perdas e danos serão liquidadas de forma incidental, devendo ser imediatamente intimada a instituição financeira para preservação do contraditório.

542. Na hipótese de expropriação de bem por arrematante arrolado no art. 890, é possível o desfazimento da arrematação.

543. Em execução de título executivo extrajudicial, o juízo arbitral é o competente para conhecer das matérias de defesa abrangidas pela convenção de arbitragem.

544. Admite-se a celebração de convenção de arbitragem, ainda que a obrigação esteja representada em título executivo extrajudicial.

545. Aplicam-se à impugnação ao cumprimento de sentença, no que couber, as hipóteses previstas nos incisos I e III do art. 918 e no seu parágrafo único. .

546. O efeito suspensivo dos embargos à execução e da impugnação ao cumprimento de sentença pode ser requerido e deferido a qualquer momento do seu trâmite, observados os pressupostos legais.

547. O efeito suspensivo dos embargos à execução e da impugnação ao cumprimento de sentença pode ser parcial, limitando-se ao impedimento ou à suspensão de um único ou de apenas alguns atos executivos.

548. O simples desarquivamento dos autos é insuficiente para interromper a prescrição.

13. ENUNCIADOS DO FNPP

85. A intimação para manifestação sobre os cálculos elaborados pelo juízo em fase de execução contra a Fazenda Pública deve preceder a expedição do requisitório de pagamento.

14. ENUNCIADOS DO CJF

103. Pode o exequente, em execução de obrigação de fazer fungível, decorrente do inadimplemento relativo, voluntário e inescusável do executado, requerer a satisfação da obrigação por terceiro, cumuladamente ou não com perdas e danos, considerando que o caput do art. 816 do CPC não derrogou o caput do art. 249 do Código Civil.

104. O fornecimento de certidão para fins de averbação premonitória (art. 799, IX, do CPC) independe de prévio despacho ou autorização do juiz.

105. As hipóteses de penhora do art. 833, § 2º, do CPC aplicam-se ao cumprimento da sentença ou à execução de título extrajudicial relativo a honorários advocatícios, em razão de sua natureza alimentar.

106. Na expropriação, a apropriação de frutos e rendimentos poderá ser priorizada em relação à adjudicação, se não prejudicar o exequente e for mais favorável ao executado.

107. Não se aplica a suspensão do art. 982, I, do CPC ao cumprimento de sentença anteriormente transitada em julgado e que tenha decidido questão objeto de posterior incidente de resolução de demandas repetitivas.

15. INFORMATIVOS

Informativos do STJ

É possível a penhora de quotas sociais de sócio por dívida particular por ele contraída, ainda que de sociedade empresária em recuperação judicial. Nos termos do artigo 789 do CPC/2015, o devedor responde com todos os seus bens, entre os quais se incluem as quotas que detiver em sociedade simples ou empresária, por suas obrigações, salvo as restrições estabelecidas em lei. Nesse contexto, somente é possível obstar a penhora e a alienação das quotas sociais se houver restrição legal. Não há, a princípio, vedação para a penhora de quotas sociais de sociedade empresária em recuperação judicial, quando muito a proibição alcançaria a liquidação da quota, mas essa é apenas uma entre outras situações possíveis a partir da efetivação da penhora. Conforme se verifica do artigo 861 do CPC/2015, uma vez penhorada a quota, ela deve ser oferecida aos demais sócios que, buscando evitar a liquidação ou o ingresso de terceiros no quadro social, podem adquiri-las. Inexistindo interesse dos demais sócios, a possibilidade de aquisição passa para a sociedade, o que, no caso da recuperação judicial, não se mostra viável, já que, a princípio, não há saldo de lucros ou reservas disponíveis, nem é possível a alienação de bens do ativo permanente para cumprir a obrigação sem autorização judicial. É de se considerar, porém, que o artigo 861, § 4º, inciso II, do CPC/2015 possibilita o alongamento do prazo para o pagamento do valor relativo à quota nas hipóteses em que houver risco à estabilidade da sociedade. Dessa forma, a depender da fase em que a recuperação judicial estiver, o juízo pode ampliar o prazo para o pagamento, aguardando o seu encerramento. Assim, eventual interferência da penhora de quota social na recuperação judicial da empresa deve ser analisada com o decorrer da execução, não podendo ser vedada desde logo, podendo os juízes (da execução e da recuperação judicial) se valerem do instituto da cooperação de que trata do artigo 69 do CPC/2015. REsp 1.803.250-SP, Rel. Min. Marco Aurélio Bellizze, Rel. Acd. Min. Ricardo Villas Bôas Cueva, Terceira Turma, por maioria, julgado em 23/06/2020, DJe 01/07/2020. Inf, 675.

Compete ao juízo da execução realizar a alienação judicial eletrônica, ainda que o bem esteja situado em comarca diversa. Os procedimentos relativos à alienação judicial por meio eletrônico, na forma preconizada pelo art. 882, § 1º, do Código Fux (CPC/2015), têm por finalidade facilitar a participação dos licitantes, reduzir custos e agilizar processos de execução, primando pelo atendimento dos princípios da publicidade, da celeridade e da segurança. Tal modelo de leilão revela maior eficácia diante da inexistência de fronteiras no ambiente virtual, permitindo que o leilão judicial alcance um número incontável de participantes em qualquer lugar do País, além de propiciar maior divulgação, baratear o processo licitatório e ser infinitamente mais célere em relação ao leilão presencial, rompendo trâmites burocráticos e agilizando o processo de venda do bem objeto de execução. Aliás, destaca-se que o Conselho Nacional de Justiça editou a Resolução n. 236/2016, regulamentando os procedimentos relativos à alienação judicial por meio eletrônico, dispondo, em seu art. 16, que os bens penhorados serão oferecidos em site designado pelo juízo da execução (art. 887, § 2º), com descrição detalhada e preferencialmente por meio de recursos multimídia, para melhor aferição de suas características e de seu estado de conservação. Logo, cabe ao magistrado atentar para essa relevante alteração trazida pelo novel estatuto processual, utilizando-se desse poderoso instrumento de alienação judicial do bem penhorado em processo executivo, que tornou inútil e obsoleto deprecar os atos de alienação dos bens para satisfação do crédito, já que a alienação pela rede mundial dispensa o comparecimento dos interessados no local da hasta pública. Portanto, considerando que a alienação eletrônica permite ao interessado participar do procedimento mediante um acesso simples à internet, sem necessidade de sua presença no local da hasta, tem-se por justificada a recusa do cumprimento da carta precatória pelo Juízo deprecado, visto que não há motivos para que a realização do ato de alienação judicial eletrônica seja praticada em comarca diversa daquela do Juízo da Execução. CC 147.746-SP, Rel. Min. Napoleão Nunes Maia Filho, Primeira Seção, por unanimidade, julgado em 27/05/2020, DJe 04/06/2020. Inf. 673.

São penhoráveis os valores oriundos de empréstimo consignado, salvo se o mutuário comprovar que os recursos são necessários à de sua manutenção e de sua família. No empréstimo consignado, o mutuário (devedor) recebe determinada quantia do mutuante (instituição financeira ou cooperativa de crédito) e, em contrapartida, ocorre a diminuição do salário, devido aos descontos efetuados diretamente na folha de pagamento. Assim, essa modalidade de empréstimo compromete a renda do trabalhador, do pensionista ou do aposentado, podendo reduzir seu poder aquisitivo e prejudicar sua subsistência. Em razão disso, a jurisprudência uniforme desta Corte Superior sedimentou a legalidade na limitação dos descontos efetuados em folha de pagamento do mutuário. Porém, ainda que as parcelas do empréstimo contratado sejam descontadas diretamente da folha de pagamento do mutuário, a origem desse valor não é salarial, pois não se trata de valores decorrentes de prestação de serviço, motivo pelo qual não possui, em regra, natureza alimentar. Não há norma legal que atribua expressamente a tal verba a proteção da impenhorabilidade. Ademais, conclusão em sentido contrário provocaria a ampliação do rol taxativo previsto no art. 833 do CPC/2015, tendo em vista que o empréstimo pessoal, ainda que na modalidade consignada, não encontra previsão no referido dispositivo. Por constituir exceção ao princípio da responsabilidade patrimonial (art. 831 do CPC/2015), não se admite, nesse aspecto, interpretação extensiva. Por tais motivos, os valores decorrentes de empréstimo consignado, em regra, não são protegidos pela impenhorabilidade, por não estarem abrangidos pelas expressões vencimentos, subsídios, soldos, salários, remunerações, proventos de aposentadoria, pensões, conforme a primeira parte do inciso IV art. 833 do CPC/2015. Assim, a proteção da impenhorabilidade ocorre somente se o mutuário (devedor) comprovar que os recursos oriundos do empréstimo consignado são necessários à sua manutenção e à de sua família. Essa interpretação decorre do disposto no citado art. 833, IV, do CPC/2015: "destinadas ao sustento do devedor e de sua família".REsp 1.820.477-DF, Rel. Min. Ricardo Villas Bôas Cueva, Terceira Turma, por unanimidade, julgado em 19/05/2020, DJe 27/05/2020. Inf. 672.

Para a aplicação da exceção à impenhorabilidade do bem de família prevista no art. 3º, IV, da Lei n. 8.009/1990 é preciso que o débito de natureza tributária seja proveniente do próprio imóvel que se pretende penhorar. Cinge-se a controvérsia a definir se é possível a penhora de imóvel, no bojo de ação de cobrança em fase de cumprimento de sentença, em razão da exceção à impenhorabilidade do bem de família prevista no art. 3º, IV, da Lei n. 8.009/1990. No caso, celebrou-se entre as partes um contrato particular de permuta de imóveis urbanos, em que seria transmitida uma casa residencial em troca de um lote de terreno. Por ocasião da celebração do referido contrato, pactuou-se que cada parte assumiria os tributos e taxas que viessem a incidir sobre os imóveis permutados, responsabilizando-se pela existência de débitos pendentes. Após a concretização da permuta e transferência da posse, constatou-se que o imóvel cedido por uma das partes possuía débitos de IPTU relacionados a anos anteriores à celebração do contrato. Assim, a parte adversa quitou os débitos fiscais junto à Municipalidade e ajuizou ação de cobrança contra o ora recorrente buscando o reembolso dos valores pagos, a qual foi julgada procedente pelas instâncias ordinárias. Na fase de cumprimento de sentença, o imóvel transferido ao recorrente (casa residencial), que antes pertencia aos recorridos, e que não possuía débitos tributários, foi penhorado para garantia da dívida objeto da referida ação de cobrança, com base no art. 3º, IV, da Lei n. 8.009/1990, o qual dispõe que poderá ser penhorado o bem de família "para cobrança de impostos, predial ou territorial, taxas e contribuições devidas em função do imóvel familiar". Não obstante, para a aplicação da exceção à impenhorabilidade do bem de família prevista no aludido dispositivo legal é preciso que o débito de natureza tributária seja proveniente do próprio imóvel que se pretende penhorar. Em outras palavras, era preciso que os débitos de IPTU fossem do próprio imóvel penhorado. Na hipótese, contudo, o imóvel penhorado não tinha qualquer débito tributário. Ademais, o débito referente ao IPTU do imóvel repassado pelo recorrente foi integralmente quitado pela outra parte, razão pela qual não se está cobrando "impostos, predial ou territorial, taxas e contribuições devidas", mas, sim, o reembolso dos valores pagos pelos autores em função do não cumprimento de cláusula contratual pelo recorrente, a qual estabelecia que a permuta dos imóveis deveria ser efetivada sem qualquer pendência fiscal. Com efeito, por se tratar de norma de exceção à ampla proteção legal conferida ao bem de família, a interpretação do art. 3º, inciso IV, da Lei n. 8.009/1990, deve se dar de maneira restritiva, não podendo ser ampliada a ponto de alcançar outras situações não previstas pelo legislador. REsp 1.332.071-SP, Rel. Min. Marco Aurélio Bellizze, Terceira Turma, por unanimidade, julgado em 18/02/2020, DJe 20/02/2020. Inf. 665.

O arrematante do bem é o responsável pelo pagamento da comissão do leiloeiro, não podendo essa obrigação ser imputada àquele que ofertou a segunda melhor proposta, porque o vencedor desistiu da arrematação. Nos termos do art. 879 do novo Código de Processo Civil, a alienação do bem penhorado far-se-á por iniciativa particular ou em leilão judicial. No caso, foi realizado o leilão judicial, e nele foram oferecidos três lances, inaugurando a fase de licitação entre eles, nos termos do § 2º do art. 892 do NCPC. Desse dispositivo legal pode-se extrair que será considerado arrematante aquele que ofertar o maior lance. Com isso, a desistência do arrematante vencedor, cuja oferta foi aceita pelos exequente e executados, não torna a segunda proponente arrematante de forma automática. Não há previsão no Código de Processo Civil para a sucessão dos participantes. Dessa forma, a segunda proponente não pode ser considerada arrematante, seja por não ter ofertado o maior valor no leilão, seja por ter sido expressamente excluída do certame pelos exequente e executados, razão pela qual não lhe pode ser imputada a obrigação pelo pagamento da comissão do leiloeiro. REsp 1.826.273-SP, Rel. Min. Moura Ribeiro, Terceira Turma, por unanimidade, julgado em 10/09/2019, DJe 12/09/2019. Inf. 656.

A quota-parte do coproprietário ou cônjuge alheio à execução recairá sobre o produto da avaliação do bem indivisível. O art. 843, caput, do CPC/2015, determina que "Tratando-se de penhora de bem indivisível, o equivalente à quota-parte do coproprietário ou do cônjuge alheio à execução recairá sobre o produto da alienação do bem". Todavia, o § 2º do mesmo dispositivo disciplina que "não será levada a efeito expropriação por preço inferior ao da avaliação na qual o valor auferido seja incapaz de garantir, ao coproprietário ou ao cônjuge alheio à execução, o correspondente à sua quota-parte calculado sobre o valor da avaliação". Segundo a doutrina, a única interpretação possível do dispositivo é de que "o coproprietário não devedor e o cônjuge ou companheiro não devedor nem responsável patrimonial secundário têm direito a receber sua quota-parte tomando por base o valor da avaliação do bem, e não o valor da expropriação. E, caso a expropriação não atinja sequer o valor que deve ser entregue a esses sujeitos, não deverá ser realizada". Essa nova disposição introduz, portanto, uma ampliação da proteção do direito de terceiro, não devedor nem responsável pelo pagamento do débito. Desse modo, a excussão patrimonial deverá observar o valor de reserva da meação, o qual será computado sobre o valor integral da avaliação do bem, de maneira que a eventual alienação por valor inferior será suportada pelo credor que promover a execução, e não pelo coproprietário não devedor. REsp 1.728.086-MS, Rel. Min. Marco Aurélio Bellizze, Terceira Turma, por unanimidade, julgado em 27/08/2019, DJe 03/09/2019. Inf. 655.

À luz das disposições do Código de Processo Civil de 2015, é possível a inclusão em ação de execução de cotas condominiais das parcelas vincendas no débito exequendo, até o cumprimento integral da obrigação no curso do processo. O art. 323 do CPC/2015 prevê que na ação que tiver por objeto cumprimento de obrigação em prestações sucessivas, essas serão consideradas incluídas no pedido, independentemente de declaração expressa do autor, e serão incluídas na condenação, enquanto durar a obrigação, se o devedor, no curso do processo, deixar de pagá-las ou de consigná-las. A despeito de referido dispositivo legal ser indubitavelmente aplicável aos processos de conhecimento, tem-se que deve se admitir a sua aplicação, também, aos processos de execução. O novo CPC inovou ao permitir o ajuizamento de ação de execução para a cobrança de despesas condominiais, considerando como título executivo extrajudicial o crédito referente às contribuições ordinárias ou extraordinárias de condomínio edilício, desde que documentalmente comprovadas (art. 784, X). O art. 771 do CPC/2015, na parte que regula o procedimento da execução fundada em título executivo extrajudicial, admite a aplicação subsidiária das disposições concernentes ao processo de conhecimento à lide executiva. Tal entendimento está em consonância com os princípios da efetividade e da economia processual, evitando o ajuizamento de novas execuções com base em uma mesma relação jurídica obrigacional. REsp 1.756.791-RS, Rel. Min. Nancy Andrighi, Terceira Turma, por unanimidade, julgado em 06/08/2019, DJe 08/08/2019. Inf. 653.

É possível a penhora no rosto dos autos de procedimento de arbitragem. A penhora no rosto dos autos prevista no art. 674 do CPC/1973 – correspondente à penhora nos autos do art. 860 do CPC/2015 – recai sobre direito litigioso, ou seja, direito que ainda é pleiteado em juízo. A prévia formação do título executivo judicial não é requisito para que se realize a penhora no rosto dos autos, bastando, para tanto, que o devedor, executado nos autos em que se requer a medida, tenha, ao menos, a expectativa de receber algum bem economicamente apreciável nos autos em cujo "rosto" se pretende seja anotada a penhora requerida. Importante destacar que o deferimento de penhora no rosto dos autos de procedimento de arbitragem não implica propriamente a individualização, tampouco a "apreensão efetiva e em depósito dos bens à ordem judicial", em que importa sempre a penhora, segundo a lição da doutrina, mas a mera afetação do direito litigioso, a fim de sujeitar à futura expropriação os bens que eventualmente venham a ser atribuídos, na arbitragem, ao executado, além de criar sobre eles a preferência para o respectivo exequente. Respeitadas as peculiaridades de cada jurisdição, é possível aplicar a regra do art. 674 do CPC/1973 (art. 860 do CPC/2015) ao procedimento de arbitragem, a fim de permitir que o juiz oficie o árbitro para que este faça constar em sua decisão final, acaso favorável ao executado, a existência da ordem judicial de expropriação, ordem essa, por sua vez, que só será efetivada ao tempo e modo do cumprimento da sentença arbitral, no âmbito do qual deverá ser também resolvido eventual concurso especial de credores, nos termos do art. 613 do CPC/1973 (parágrafo único do art. 797 do CPC/2015). REsp 1.678.224-SP, Rel. Min. Nancy Andrighi, Terceira Turma, por unanimidade, julgado em 07/05/2019, DJe 09/05/2019. Inf. 648.

16. SINOPSE

DIVERSAS ESPÉCIES DE EXECUÇÃO
Considerações iniciais
O Código de Processo Civil trata das seguintes espécies de execução: a) execução para entrega de coisa certa; b) execução para entrega de coisa incerta; c) execução de obrigação de fazer; d) execução de obrigação de não fazer; e) execução por quantia certa contra devedor solvente; f) execução por quantia certa contra devedor insolvente; g) execução por quantia certa contra a Fazenda Pública; h) execução por quantia certa de prestação alimentícia.
Disposições gerais às diversas espécies de execução
As regras do processo de conhecimento, no que forem compatíveis, aplicar-se-ão subsidiariamente ao processo de execução. Neste trilhar, além dos requisitos dos artigos 39, 282 e 283, todos do CPC, quando forem compatíveis, a petição inicial do processo de execução conterá: a) pedido de citação do devedor; b) título executivo; c) a prova de que se verificou a condição, ou ocorreu o termo. Não preenchidos os requisitos da petição inicial, ela deve ser indeferida. Antes, contudo, o órgão julgador deve possibilitar, no prazo de 10 dias, a emenda da petição inicial, mesmo que o devedor tenha apresentado resistência neste sentido, através da oposição de embargos à execução. Acrescido aos requisitos encimados, nas execuções fundadas em título executivo extrajudicial, cumpre ao credor, na petição inicial: a) indicar a espécie de execução que prefere, quando por mais de um modo pode ser efetuada; b) requerer a intimação do credor pignoratício, hipotecário, ou anticrético, ou usufrutuário, quando a penhora recair sobre bens gravados por penhor, hipoteca, anticrese ou usufruto: c) pleitear medidas acautelatórias urgentes.

Execução para a entrega de coisa certa
Existindo obrigação, definida em título executivo extrajudicial, de entrega de coisa certa, o devedor será citado para, dentro de 10 dias, satisfazer aquela ou, no prazo de 15 dias, apresentar embargos. Comunicado, o devedor pode apresentar alguns comportamentos. Dentre eles, tem-se a possibilidade de: a) depositar a coisa; b) entregar a coisa; c) não entregar a coisa e não opor embargos; d) não entregar a coisa e opor embargos. Se a coisa não for entregue ou o for deteriorada, os prejuízos correspondentes serão apurados através de liquidação, possibilitando posterior execução por quantia certa. A liquidação será dispensada quando o prejuízo estiver devidamente aferido ou quando o devedor concordar com o valor apontado pelo credor. Efetuada a liquidação, se houver saldo em favor do devedor, o credor o depositará ao requerer a entrega da coisa; se houver saldo em favor do credor, este poderá cobrá-lo nos autos do mesmo processo.
Execução para a entrega de coisa incerta
Quando a execução recair sobre coisa incerta, o devedor será citado para entregá-la individualizada, se lhe couber a escolha. Mas, se essa couber ao credor, este a indicará na petição inicial, individualizando-a. A individualização da coisa pode ser questionada pela parte adversa no prazo de 48h, contadas a partir de sua citação. Se for o caso, o juiz decidirá a respeito. Havendo necessidade, antes de decidir, o juiz poderá nomear perito. Individualizada a coisa, segue-se execução para entrega de coisa certa.
Execução das obrigações de fazer
Quando o objeto da execução for obrigação de fazer devidamente reconhecida por título executivo extrajudicial, o devedor será citado para satisfazê-la no prazo que o juiz lhe assinar, se outro não estiver determinado no título executivo. Além de citado, o executado será intimado pessoalmente acerca da fixação da multa. Durante o transcurso do interregno para satisfação, o obrigado pode adotar alguns comportamentos, dentre eles: a) cumprir a obrigação; b) não cumprir a obrigação; c) opor embargos.
Execução das obrigações de não fazer
As obrigações de não fazer, que decorrem de lei ou de contrato, podem ser: a) instantânea; b) permanente. A primeira, se descumprida, não poderá ser desfeita. A última, conquanto descumprida, pode ser desfeita.
Execução por quantia certa contra devedor solvente
A execução por quantia certa contra devedor solvente, que também é realizada em benefício do exequente, tem por objeto a expropriação de bens do executado, a fim de, com o resultado da alienação, satisfazer o direito do exequente. Antes da expropriação, é ordem natural que, através da prestação jurisdicional, os bens sejam penhorados e avaliados. Para a prática destes atos, faz-se necessário o exercício do direito de ação através de petição inicial, que deve vir acompanhada de memória discriminada e atualizada de cálculos. Com o recebimento da petição inicial, serão fixados os honorários advocatícios, sendo o executado citado, com a primeira via do mandado judicial, para, no prazo de 3 dias (contados independentemente da juntada do mandado aos autos), efetuar pagamento – do principal, juros, custas processuais e honorários. Não efetuado o pagamento, o oficial de justiça, munido da segunda via do mandado, procederá de imediato à penhora de bens quanto bastem para garantir o pagamento do débito, procedendo à devida avaliação e lavrando o respectivo auto. De tudo, o executado será intimado. A penhora observará, preferencialmente, a seguinte ordem: a) dinheiro, em espécie ou em depósito ou aplicação em instituição financeira; b) veículos de via terrestre; c) bens móveis em geral; d) bens imóveis; e) navios e aeronaves; f) ações e quotas de sociedades empresárias; g) percentual do faturamento de empresa devedora; h) pedras e metais preciosos; i) títulos da dívida pública da União, Estados e Distrito Federal com cotação em mercado; j) títulos e valores mobiliários com cotação em mercado; k) outros direitos. A penhora, mediante requerimento da parte interessada, poderá ser substituída: a) se não obedecer à ordem legal; b) se não incidir sobre os bens designados em lei, contrato ou ato judicial para o pagamento; c) se, havendo bens no foro da execução, outros houverem sido penhorados; d) se, havendo bens livres, a penhora houver recaído sobre bens já penhorados ou objeto de gravame; e) se incidir sobre bens de baixa liquidez; f) se fracassar a tentativa de alienação judicial do bem; g) se o devedor não indicar o valor dos bens ou omitir qualquer informação relativa à sua individualização. Não se levará a efeito a penhora, quando evidente que o produto da execução dos bens encontrados será totalmente absorvido pelo pagamento das custas da execução. Neste caso, ou se não for encontrado quaisquer bens penhoráveis, o oficial descreverá na certidão os que guarnecem a residência ou o estabelecimento do devedor. A finalidade deste ato é possibilitar que o juiz avalie a situação. Se entender que os bens são suficientes para garantir a execução ou que aqueles ditos impenhoráveis não o são, determinará a realização da penhora.

O executado será intimado da penhora. Contudo, não necessariamente será nomeado depositário (inclusive, referido encargo não é obrigatório para o executado, podendo ser recusado). Até porque, segundo o CPC, os bens penhorados serão preferencialmente depositados: a) no Banco do Brasil, na Caixa Econômica Federal, ou em um banco, de que o Estado-Membro da União possua mais de metade do capital social integralizado, ou, em falta de tais estabelecimentos de crédito, ou agências suas no lugar, em qualquer estabelecimento de crédito, designado pelo juiz, as quantias em dinheiro, as pedras e os metais preciosos, bem como os papéis de crédito; b) em poder do depositário judicial, os móveis e os imóveis urbanos; c) em mãos de depositário particular, os demais bens.

Pode acontecer de ser necessária uma segunda penhora. Ela somente ocorrerá se: a) a primeira for anulada; b) executados os bens, o produto da alienação não bastar para o pagamento do credor; c) o credor desistir da primeira penhora, por serem litigiosos os bens, ou por estarem penhorados, arrestados ou onerados.

Adiante, o juiz dará início aos atos de expropriação de bens, que podem ocorrer através de adjudicação, alienação por iniciativa particular, alienação em hasta pública e usufruto.

Finalmente, o pagamento ao credor far-se-á: a) pela entrega do dinheiro (proveniente da alienação dos bens penhorados ou da remição do executado); b) pela adjudicação dos bens penhorados; c) pelo usufruto de bem móvel ou imóvel.

Execução por quantia certa contra a fazenda pública

As execuções contra a Fazenda Pública podem ser por quantia certa, de obrigação de fazer, de não fazer ou de entregar coisa. As últimas seguirão as sistemáticas antes estudadas. Mas, a execução por quantia certa (seja ela fundada em título executivo judicial ou extrajudicial), face à impenhorabilidade dos bens públicos e da essencialidade prioritária dos serviços públicos, obedecerá às disposições dos artigos 730 e 731 do CPC.

Execução por quantia certa de prestação alimentícia

A execução de alimentos, que pode estar fundada em título executivo judicial ou extrajudicial, seguirá o mesmo rito da execução por quantia certa contra devedor solvente. Há, contudo, além da natureza da verba, algumas prerrogativas concedidas ao credor, que diferenciam as aludidas espécies de execução.

A primeira é que, recaindo a penhora em dinheiro, o oferecimento de qualquer defesa não obsta que o exequente levante mensalmente a importância da prestação alimentícia.

Igualmente, na execução de sentença ou de decisão, que fixa os alimentos, o juiz mandará citar o executado para, em 3 dias, efetuar o pagamento, provar que o fez ou justificar a impossibilidade de efetuá-lo. Se o executado pagar, o juiz extinguirá a execução. Se justificar a impossibilidade, não poderá ser decretada a sua prisão – conquanto o valor cobrado continue sendo devido, pelo que poderá ser oportunamente exigido. Se o executado não pagar, nem se escusar, o juiz, atendendo a requerimento de exequente, decretar-lhe-á, como forma de coerção, a prisão pelo prazo de 1 a 3 meses.

Outra prerrogativa concedida ao credor de alimentos é que, quando o executado for funcionário público, militar, diretor ou gerente de empresa, bem como empregado sujeito à legislação do trabalho, o juiz mandará descontar em folha de pagamento a importância da prestação alimentícia. Quando não for possível o desconto em folha, a execução poderá alcançar as prestações de alugueres de prédios ou de quaisquer outros rendimentos do executado, as quais serão recebidas diretamente pelo exequente.

CAPÍTULO 50

EXECUÇÃO POR QUANTIA CERTA CONTRA DEVEDOR INSOLVENTE

Sumário • 1. Considerações iniciais – 2. Insolvência pedida pelo credor – 3. Insolvência pedida pelo devedor ou pelo seu espólio – 4. Decretação judicial de insolvência – 5. Atribuições do administrador – 6. Verificação e classificação dos créditos – 7. Saldo devedor – 8. Extinção das obrigações – 9. Súmulas – 10. Informativos – 11. Sinopse.

1. CONSIDERAÇÕES INICIAIS

Nesse ponto, o Código estabeleceu, nas disposições finais e transitórias (art. 1.052 do CPC/2015), que, até a edição de lei específica, as execuções contra devedor insolvente, em curso ou que venham a ser propostas, permanecem reguladas pelo Livro II, Título IV, ou seja, pelos artigos 748 a 786-A do CPC/1973. Assim, as considerações abaixo são delineadas a considerar as disposições do anterior Código, mas com as necessárias atualizações provindas em razão do CPC/2015.

Pois bem.

Situação não incomum ocorre quando o executado não tem bens suficientes para garantir o cumprimento de todas as obrigações vencidas que ele assumiu. Seu patrimônio, no caso, é menor que os débitos mantidos. Se apenas um for o credor, a parte disponível do patrimônio do executado responderá pela dívida. Mas, se houver pluralidade de credores, embora a parte do patrimônio disponível do executado insolvente responda pelas dívidas, como ela será repartida entre aqueles?

Nas execuções por quantia certa contra devedor solvente, se há pluralidade de credores, o exequente adquire, pela penhora, o direito de preferência sobre os bens penhorados (assim, o patrimônio será distribuído a considerar a anterioridade da penhora, a considerar o momento da lavratura do respectivo auto ou termo). Contudo, especificamente na execução por quantia certa contra devedor insolvente, **se houver mais de um credor** (o que pode acontecer de ser verificado apenas quando proposta a ação), tem lugar o concurso universal, pelo que, nesta modalidade, a **anterioridade da penhora não implica prelação** em favor do credor em face dos demais.

Quando o devedor for insolvente, poderá, contra ele, ser proposta, por credor quirografário, execução por quantia certa (podendo, por isso, instaurar-se concurso de credores). Ela será diferenciada em relação àquela proposta contra o devedor solvente, porque, **primeiramente, haverá a postulação de decretação de insolvência** para, se acolhida, em seguida, ter início verdadeira execução por quantia certa coletiva e universal contra o devedor, cujos bens, à exceção dos impenhoráveis, serão arrecadados para saldar suas dívidas.

IMPORTANTE! Não se exige que o quirografário comprove a existência da pluralidade de credores para que possa vir a juízo requerer a insolvência civil do devedor. **O concurso de credores é a consequência da insolvência civil e não sua causa** (STJ. REsp 875982/RJ. DJU 20.05.09).

Contudo, se proposta execução individual, o exequente só pode ajuizar outra ação judicial, fundada em idêntico título, com pedido de decretação de insolvência do devedor, caso antes **desista de sua execução singular**, ainda que esta esteja suspensa por falta de bens penhoráveis. (STJ. REsp 1.104.470/DF. DJe 19.03.13)

Apesar do eventual concurso de credores, a execução por quantia certa contra devedor insolvente, conquanto se assemelhe, **não se confunde com a falência**. Esta é intentada contra o devedor empresário, enquanto que aquela contra o devedor civil, que pode ser pessoa física ou jurídica (neste último caso, se a pessoa jurídica possuir natureza civil, a teor do que estabelece o art. 786 do CPC/1973).

> A pessoa física, por intermédio de quem o ente jurídico pratica a mercancia, por óbvio, não adquire a personalidade desta. Nesse caso, comerciante é somente a pessoa jurídica, mas não o civil, sócio ou preposto, que a representa em suas relações comerciais. Assim, não se há confundir a pessoa, física ou jurídica, que pratica objetiva e habitualmente atos de comércio, com aquela em nome da qual estes são praticados. O sócio de sociedade empresarial não é comerciante, uma vez que a prática de atos nessa qualidade são imputados à pessoa jurídica à qual está vinculada, esta sim, detentora de personalidade jurídica própria. Com efeito, deverá aquele sujeitar-se ao Direito Civil comum e não ao Direito Comercial, sendo possível, portanto, a decretação de sua insolvência civil. Em verdade, a execução por quantia certa contra devedor insolvente tem quatro fases, assim ordenadas: a) postulação, instrução e julgamento da insolvência; b) arrecadação de bens e habilitação de créditos; c) verificação dos créditos e classificação dos credores; d) liquidação da massa com respectivo pagamento dos credores (STJ. REsp 785101/MG. DJe 01.06.09).

A despeito desta distinção, o Superior Tribunal de Justiça entende que "não há diferenças fundamentais nos procedimentos da insolvência civil e da falência. São ambos execuções coletivas, motivadas pela impossibilidade (de fato ou presumida) de o devedor pagar seu débito. Por isso, a aplicação subsidiária e analógica da Lei de Falências onde é omisso o Código de Processo Civil, e o inverso, é admissível" (STJ. REsp 794364/SP. DJU 18.12.06).

Para entender como funciona o procedimento desta modalidade de execução, é necessário, antes, compreender que, segundo o CPC/1973, há insolvência toda vez que as dívidas excederem à importância dos bens do devedor. Do mesmo modo se o devedor for casado e o cônjuge, assumindo a responsabilidade por dívidas, não possuir bens próprios que bastem ao pagamento de todos os credores, situação em que poderá ser decretada, nos autos do mesmo processo, a insolvência de ambos.

> A regra é que, para cada devedor, a decretação de insolvência seja precedida de uma ação, a considerar que a decretação de insolvência envolve questões de ordem personalíssima, inclusive no que diz respeito aos bens e obrigações do devedor, como adiante será exposto. É exceção a decretação de insolvência conjunta (só permitida no caso de cônjuges, e, ainda assim, se preenchidos os requisitos delineados).

O conceito de insolvência apresentado pelo CPC/1973 é puramente econômico, ou seja, faz-se uma relação direta entre dívidas e patrimônio, a se considerar insolvente se este for inferior àquelas. Seria de melhor alvitre, contudo, entender que a insolvência ocorre quando o devedor não tem condições de adimplir, no prazo firmado no título executivo, a obrigação assumida. Caso as tenha, não existe razão para a decretação da insolvência.

Sob outro aspecto, é difícil a aferição pelo credor da insolvência do devedor. Com este amparo, não se justifica exigir do credor, para a formulação do pedido de decretação de insolvência do devedor, a apresentação de provas cabais neste sentido. Atento a isso, o legislador dispôs que a insolvência é **presumida** quando: a) o devedor **não possuir outros bens livres e desembaraçados para nomear à penhora**; b) **forem arrestados bens do devedor, com fundamento no art. 813, I, II e III do CPC/1973**[1] **(atual tutela provisória de urgência cautelar)**.

Tal disciplinamento impõe ao devedor o ônus de afastar a presunção (STJ. REsp 488439/RJ. DJU 08.09.03). Não afastada, será decretada a insolvência, que surte em detrimento do devedor os seguintes **efeitos**: a) **vencimento antecipado das suas dívidas**; b) **arrecadação de todos os seus bens suscetíveis de penhora**, quer os atuais, quer os adquiridos no curso do processo; c) **execução por concurso universal dos seus credores**; d) **perda do direito de o devedor administrar os seus bens e de dispor deles**, até a liquidação total da massa.

Em razão destes efeitos, a sentença que decreta a insolvência é predominantemente **constitutiva** (STJ. REsp 794364/SP. DJU 18.12.06). Subsiste o interesse dos credores, mesmo que verificada a falta de bens expropriáveis, pois a decretação de insolvência protege tanto a garantia atual (se houver), como a futura, mediante a indisponibilidade dos bens presentes e futuros do obrigado. O mesmo ocorre com o devedor, porque obterá, ao final, a extinção das suas obrigações, ainda que não inteiramente resgatadas. Portanto, o interesse na execução universal, quer sob a ótica do credor quer pela do devedor, transcende a mera existência de patrimônio passível de excussão, razão pela qual não há falar em extinção do respectivo processo executivo (STJ. REsp 1072614/SP. DJe 12.03.13).

Antes de analisar cada uma das situações que justificam a insolvência, é essencial ter que sua decretação **pode ser pedida**: a) por **qualquer credor quirografário**; b) pelo **devedor**; c) pelo **inventariante do espólio do devedor**. A depender de quem pedir a decretação de insolvência, o **procedimento será diferenciado.**

Confira-se:

2. INSOLVÊNCIA PEDIDA PELO CREDOR

É mais usual que o credor (entenda-se este como sendo o detentor de título executivo judicial ou extrajudicial – STJ. REsp 541324/GO. DJU 10.05.04) peça a decretação de

1. Art. 813. O arresto tem lugar: I – quando o devedor sem domicílio certo intenta ausentar-se ou alienar os bens que possui, ou deixa de pagar a obrigação no prazo estipulado; II – quando o devedor, que tem domicílio: a) se ausenta ou tenta ausentar-se furtivamente; b) caindo em insolvência, aliena ou tenta alienar bens que possui; contrai ou tenta contrair dívidas extraordinárias; põe ou tenta pôr os seus bens em nome de terceiros; ou comete outro qualquer artifício fraudulento, a fim de frustrar a execução ou lesar credores; III – quando o devedor, que possui bens de raiz, intenta aliená-los, hipotecá-los ou dá-los em anticrese, sem ficar com algum ou alguns, livres e desembargados, equivalentes às dívidas.

insolvência do devedor, porque, do ponto de vista prático, a insolvência é mais favorável a ele (em especial porque, aquele que não goza de qualquer benefício, concorrerá em igualdade com os que têm crédito de igual natureza, mesmo se a penhora efetuada seja posterior àquela efetuada por outros credores) do que ao devedor.

IMPORTANTE! Não são todos, porém, os credores que podem pedir a decretação de insolvência. Apenas os quirografários é que têm esta faculdade. Os pignoratícios e hipotecários não têm sequer interesse, porque o seu crédito está devidamente garantido (STJ. REsp 325079/RO. DJU 20.05.02).

Este entendimento, contudo, deve ser ponderado às particularidades do caso concreto. Pode ocorrer de os credores pignoratícios e hipotecários perderem a garantia em razão de execução proposta por credor de maior privilégio. Haverá, aí, interesse na execução contra devedor insolvente.

Eles, os credores pignoratícios e hipotecários, somente careceriam de interesse processual se suas garantias fossem preservadas porque, aí, não precisariam concorrer com outros de menor privilégio. Caso contrário, perdidas as garantias, haveria interesse em intentar execução contra devedor insolvente.

Se for o caso, o credor, por **petição inicial** dirigida ao juízo competente da comarca em que o devedor tem domicílio, pedirá a decretação de insolvência, instruindo o pedido com título executivo judicial ou extrajudicial, além, evidentemente (conquanto, não seja obrigatório), de outras provas essenciais a ratificar a presunção de insolvência.

O fato de ter havido execução por quantia certa contra devedor solvente frustrada não acarreta a competência do foro de onde ela foi processada para processar e julgar a insolvência ajuizada pelo mesmo credor, sendo este autônomo, misto de atividades próprias dos processos de conhecimento e de execução, a prevalecer as respectivas regras de definição de competência (STJ. REsp 292383/MS. DJU 08.10.01).

Recebida a petição inicial, o devedor será **citado** para, no prazo de **10 dias**, querendo, **opor embargos**. A partir daí, são possíveis dois **comportamentos** por parte do devedor: a) **não apresentar embargos** (hipótese em que o juiz proferirá sentença em 10 dias); b) **apresentar embargos**.

Apresentando embargos, o devedor pode **alegar** que: a) **não paga em face da ocorrência de alguma das causas enumeradas nos arts. 741, 742 e 745 do CPC/1973**, conforme o pedido de insolvência se funde em título judicial ou extrajudicial; b) que o **seu ativo é superior ao passivo**.

O devedor ilidirá o pedido de insolvência se, no prazo para opor embargos, depositar a importância do crédito, para lhe discutir a legitimidade ou o valor. Mas, não se pode ter como efetuado o depósito, com força liberatória, enquanto a importância em dinheiro não se tornar disponível (STJ. REsp 5448/RJ. DJU 05.08.91).

Não havendo provas a produzir (lembrando que o ônus recai sobre o embargante), o juiz dará a **sentença** em 10 dias. Havendo, **instruirá** o processo, designando, se for o caso de provas orais, **audiência** de instrução e julgamento. Ato contínuo, o juiz terá o prazo de 10 dias para proferir **sentença**.

Acolhidos os embargos, a execução por quantia certa contra devedor insolvente poderá ser **extinta** (se desconstituído o título executivo do credor) ou **convertida em execução por quantia certa contra devedor solvente** (se afastada a insolvência). **Rejeitados os embargos**, será **decretada a insolvência do devedor** e, se for o caso, a de seu cônjuge.

3. INSOLVÊNCIA PEDIDA PELO DEVEDOR OU PELO SEU ESPÓLIO

Conquanto mais comum o pedido de insolvência por parte do credor, é possível sim ao devedor ou ao seu espólio pedi-lo. A vantagem para eles se resume a facilitar a prática de atos processuais (porque a execução por quantia certa contra devedor insolvente reúne todas as execuções), tornando-os, também, financeiramente menos custosos.

Além disso, o pedido de insolvência pode ser uma forma de alcançar a extinção de algumas obrigações (pela perda da pretensão), que persistem no tempo, assumidas pelo devedor. Estar-se-ia a possibilitar que a prescrição, como será adiante mostrado, verificada depois de 05 anos de encerrado processo de insolvência, impedisse que os créditos continuassem a ser exigidos.

Preconiza o CPC/1973 que é lícito ao devedor ou ao seu espólio, a todo tempo, pedir a decretação de insolvência. Para tanto, deverá apresentar **petição inicial** dirigida ao juízo competente da comarca em que o devedor tem o seu domicílio, a qual conterá (de modo a possibilitar a aferição da insolvência): a) a **relação nominal de todos os credores**, com a indicação do **domicílio** de cada um, bem como da **importância** e da **natureza** dos respectivos créditos; b) a **individuação de todos os seus bens**, com a estimativa do **valor** de cada um; c) o **relatório do estado patrimonial**, com a exposição das **causas** que determinaram a insolvência.

Sendo pedida a decretação de insolvência pelo devedor ou pelo seu espólio, **dispensa-se a citação dos credores** por uma razão bem simples: a decretação de insolvência não proporciona benefício em detrimento dos credores. Estes passarão a integrar o processo na fase seguinte, em que tiver início a execução coletiva.

Verificada a insolvência, ela será decretada.

4. DECRETAÇÃO JUDICIAL DE INSOLVÊNCIA

Na **sentença** que decretar a insolvência, o juiz: a) nomeará, dentre os maiores credores, um **administrador** da massa; b) mandará expedir **edital**, convocando os credores para que apresentem, no prazo de **20 dias**, a **declaração do crédito** (devidamente atualizado – STJ. REsp 8980/SP. DJU 03.06.91), acompanhada do **respectivo título**.

Transcorrido o prazo editalício, ao credor retardatário é assegurado o direito de disputar, por ação direta, antes do rateio final, a prelação ou a cota proporcional ao seu crédito.

Se existirem **execuções movidas por credores individuais**, elas serão remetidas ao juízo da insolvência, onde processadas (exceto as execuções fiscais – STJ. AgRg no Ag 194861/GO. DJU 04.10.99) e **concorrerão** todos os credores do devedor comum. Havendo, em alguma execução, dia designado para a praça ou o leilão, antes da remessa ao juízo da insolvência, será feita a alienação, **entrando para a massa o produto dos bens**.

IMPORTANTE! Entende o Superior Tribunal de Justiça que "a remessa das execuções individuais ao juízo universal da insolvência não supre a necessidade de habilitação. A exceção da Fazenda Pública, todos os credores estão sujeitos a habilitação através de petição escrita" (STJ. REsp 45634/MG. DJU 23.06.97).

Mas, se o auto da alienação tiver sido lavrado em data anterior à decretação de insolvência do executado, o exequente tem o direito de levantar o valor decorrente da venda de bem penhorado, porque a sentença de insolvência é constitutiva e, por isso, seus efeitos operam a partir da data de sua prolação (STJ. REsp 794364/SP. DJU 18.12.06).

5. ATRIBUIÇÕES DO ADMINISTRADOR

A massa dos bens do devedor insolvente ficará sob a custódia e responsabilidade de um administrador (escolhido, de preferência, entre os maiores credores), que exercerá as suas atribuições, sob a direção e superintendência do juiz. Nomeado, o escrivão intimará o administrador para **assinar**, dentro de **24h**, **termo de compromisso** de desempenhar bem e fielmente o encargo.

Ao assinar o termo de compromisso, ele entregará sua declaração de crédito acompanhada do título executivo (se foi ele quem pediu a decretação da insolvência, logicamente já terá feito a entrega referida). Não tendo o título executivo em seu poder, juntá-lo-á no prazo fixado pelo art. 761, II ("Na sentença, que declarar a insolvência, o juiz: [...] mandará expedir edital, convocando os credores para que apresentem, no prazo de 20 (vinte) dias, a declaração do crédito, acompanhada do respectivo título".).

Ao **administrador cumprirá**: a) **arrecadar todos os bens do devedor**, onde quer que estejam, requerendo para esse fim as medidas judiciais necessárias; b) **representar a massa**, ativa e passivamente, contratando advogado, cujos honorários serão previamente ajustados e submetidos à aprovação judicial; c) **praticar todos os atos conservatórios de direitos e de ações**, bem como promover a cobrança das dívidas ativas; d) **alienar em praça ou em leilão**, com autorização judicial, os bens da massa.

> A inexistência de bens passíveis de penhora não enseja a extinção da ação que busca a decretação da insolvência civil, a remanescer o interesse na decretação, tanto por parte do próprio devedor, quanto de credor (STJ. REsp 586414/RS. DJU 01.02.05).
>
> Em que pese o fato de a insolvência civil não retirar do devedor sua capacidade de figurar em juízo, a massa insolvente deve figurar no polo passivo de todas as ações de conteúdo patrimonial. Tais ações não se resumem à ação direta a que se refere o art. 784, do CPC/1973. Esse dispositivo prevê a possibilidade de o credor retardatário, devidamente munido de título executivo, propor contra a massa insolvente uma ação de execução. Além dela, porém, também a ação de cobrança de titularidade do credor desprovido de título executivo tem caráter patrimonial, e deve, portanto, ser proposta contra a massa insolvente (STJ. REsp 623605/MG. DJU 01.02.06).
>
> Ao administrador (escolhido entre os maiores credores) da massa do devedor insolvente é permitido arrematar os bens levados à praça pública. E não poderia ser diferente, porque na insolvência civil, os credores podem licitar (STJ. REsp 18130/SP. DJU 19.09.94). Todavia, devem proceder à exibição do preço da arrematação, que entrará para o ativo da massa, para pagamento de todos os credores, respeitando-se a ordem de preferência (STJ. REsp 610461/MS. DJU 06.08.07).

O administrador terá direito a uma **remuneração**, que o juiz arbitrará, atendendo à sua diligência, ao trabalho, à responsabilidade da função e à importância da massa.

6. VERIFICAÇÃO E CLASSIFICAÇÃO DOS CRÉDITOS

Findo o prazo a que se refere o inciso II do art. 761 do CPC/1973, o **escrivão**, dentro de **5 dias**, ordenará todas as **declarações**, autuando cada uma com o seu respectivo título. Em seguida intimará, por **edital**, todos os credores para, no prazo de **20 dias**, que lhes é comum, alegarem as suas preferências, bem como eventual nulidade, simulação, fraude, ou falsidade de dívidas e contratos.

Neste prazo, o devedor poderá também **impugnar** quaisquer dos créditos apresentados (apresentando matérias típicas de defesa em execução). Havendo impugnação pelo credor ou pelo devedor, o juiz deferirá, quando necessário, a produção de provas e em seguida proferirá sentença. Se for necessária prova oral, o juiz designará **audiência** de instrução e julgamento.

Transitada em julgado a **sentença** que julgou as impugnações, ou não havendo qualquer impugnação dos créditos, o escrivão remeterá os autos ao contador, que organizará o **quadro geral dos credores**, observando, quanto à classificação dos créditos e dos títulos legais de preferência, o que dispõe a lei civil.

A preferência em razão da natureza do crédito obedecerá à seguinte ordem: a) créditos trabalhistas (inclusive os decorrentes de acidentes de trabalho); b) créditos com garantia real; c) créditos tributários; d) créditos com privilégio especial (previstos no art. 964 do Código Civil ou definidos em outras leis civis e comerciais ou cujos titulares a lei confira o direito de retenção sobre a coisa dada em garantia); e) créditos com privilégio geral (previstos no art. 965 do Código Civil ou créditos quirografários sujeitos à recuperação judicial ou definidos em outras leis civis e comerciais); f) créditos quirografários.

Concorrendo aos bens apenas credores quirografários, o contador organizará o quadro, relacionando-os em ordem alfabética.

O quadro geral será composto por esferas de preferência (de acordo com a natureza do crédito), organizados os credores, quando necessário, em ordem alfabética. Se no momento da organização do quadro geral os bens da massa já tiverem sido alienados e, por isso, os valores decorrentes já estiverem (ou vierem a estar) à disposição do juízo da insolvência, o contador indicará a percentagem que caberá a cada credor no rateio.

Poder-se-ia indagar: a percentagem não poderia ser indicada pelo contador antes da alienação dos bens? A resposta é negativa, porque o produto da alienação dos bens pode ser superior ao total executado, pelo que seriam desconhecidos os percentuais dos credores e do devedor (relativamente ao valor que excedeu o executado).

Sobre o quadro geral dos credores, será facultada a **oitiva** de todos os **interessados** no prazo de **10 dias** (que poderão apresentar impugnação alegando divergência em relação à sentença – o que pode culminar em erro de classificação, equívoco nas percentagens etc.).

O devedor insolvente poderá, depois da aprovação do quadro geral, acordar com os seus credores, propondo-lhes a forma de pagamento.

Continue-se.

Também no prazo de **10 dias**, o juiz proferirá **sentença**. Se os bens não foram alienados antes da organização do quadro geral, o juiz determinará a alienação em praça ou em leilão, destinando-se o produto ao pagamento dos credores de acordo com suas esferas de preferência.

Estabelece o CPC/1973 que o devedor, que caiu em estado de insolvência sem culpa sua, pode requerer ao juiz, se a massa o comportar, que lhe arbitre uma pensão, até a alienação dos bens. Ouvidos os credores a este respeito, o juiz decidirá.

7. SALDO DEVEDOR

Liquidada a massa, efetuado o pagamento integral aos credores, o eventual saldo sobejante será **devolvido** ao devedor. Se não tiver sido efetuado o pagamento integral àqueles, o devedor insolvente continua obrigado pelo saldo. Pelo pagamento deste, respondem os **bens penhoráveis que o devedor vier adquirir**, até que se lhe declare a extinção das obrigações.

Nesta hipótese, os bens do devedor poderão ser arrecadados nos autos do mesmo processo, a requerimento de qualquer credor incluído no quadro geral, procedendo-se à sua alienação e à distribuição do respectivo produto aos credores, na proporção dos seus saldos.

> Se o credor não participar, sequer retardatariamente, do processo judicial de insolvência, mesmo que as dívidas habilitadas tenham sido integralmente pagas, somente poderá ele cobrar a dívida que ficou mediante pedido de reabertura da execução coletiva e habilitação de seu crédito, respeitado o prazo quinquenal do art. 778 do CPC/1973, sendo-lhe vedada a pretensão de prosseguir na cobrança sem o cumprimento de tais requisitos (STJ. REsp 57774/MG. DJU 22.08.05).

8. EXTINÇÃO DAS OBRIGAÇÕES

A **prescrição** prejudicial às obrigações, interrompida com a instauração do concurso universal de credores, recomeça a correr no dia em que passar em julgado a sentença que encerrar o processo de insolvência. A partir de então, considerar-se-ão extintas todas as obrigações do devedor, se decorrido o prazo de **5 anos** contados da data do encerramento do processo de insolvência.

Ultrapassado o quinquênio prescricional, poderá o devedor pedir ao juízo da insolvência a extinção das obrigações, situação em que o juiz mandará publicar **edital**, com o prazo de **30 dias**, no órgão oficial e em outro jornal de grande circulação. O edital também será publicado, quando for o caso, nos órgãos oficiais dos Estados em que o devedor tenha filiais ou representantes.

Durante o ínterim de 30 dias, qualquer credor poderá **opor-se** ao pedido, alegando que: a) não transcorreram 5 anos da data do encerramento da insolvência; b) o devedor adquiriu bens, no prazo quinquenal, sujeitos à arrecadação.

Se isso ocorrer, o juiz **ouvirá** o devedor no prazo de **10 dias**. Se houver provas a produzir, reabrirá a instrução, designando, se necessária, **audiência** de instrução e julgamento. Não havendo mais necessidade de provas, o juiz, também no prazo de **10 dias**, proferirá **sentença**.

A sentença poderá acolher ou rejeitar a impugnação.

Acolhendo pelo fundamento de que não transcorreram 5 anos da data do encerramento da audiência, determinará que os autos fiquem aguardando o transcurso do interregno. Se o fundamento para acolher a impugnação for a aquisição de bens sujeitos à arrecadação, o juiz determinará a alienação em praça ou em leilão, destinando-se o produto ao pagamento dos credores.

Se a sentença rejeitar a impugnação do credor, declarará extintas as obrigações, determinando sua publicação por edital, ficando o devedor habilitado a praticar todos os atos da vida civil.

9. SÚMULAS

Súmulas do STJ

400. O encargo de 20% previsto no DL nº 1.025/1969 é exigível na execução fiscal proposta contra a massa falida.

10. INFORMATIVOS

Informativos do STJ

Necessidade de prévia desistência de execução singular para possibilitar a propositura de ação declaratória de insolvência.

O autor de execução individual frustrada só pode ajuizar outra ação judicial, fundada em idêntico título, com pedido de declaração de insolvência do devedor – com o objetivo de instauração de concurso universal –, caso antes desista de sua execução singular, ainda que esta esteja suspensa por falta de bens penhoráveis. REsp 1.104.470-DF, Rel. Min. Luis Felipe Salomão, j. 19.3.2013. 4ª T. (Info 519)

Insolvência civil. Falta de bens.

A inexistência de bens do devedor não torna inócuo o procedimento de insolvência civil. A insolvência tem natureza declaratória, buscando um estado jurídico novo para o devedor, com consequências de direito processual e material, não se confundindo com a execução, na qual a existência de bens é pressuposto do desenvolvimento do processo [...]. REsp 170.251-MG, Rel. Min. Waldemar Zveiter, julgado em 24/10/2000.

Execução singular. Conversão. Insolvência civil.

[...] Mostra-se inviável a conversão do processo de execução singular em insolvência civil, dadas as peculiaridades de cada procedimento e a natureza concursal do último, implicando, eventualmente, até mesmo diferentes competências de foro, por isso o juízo poderá, de ofício, reconhecer a impossibilidade jurídica do pedido. 2. Diferentemente do que ocorria no sistema revogado do CPC/1939, no seu art. 929, que insculpira a insolvência civil como "incidente de execução singular", o atual sistema prevê uma "principialidade" para a insolvência civil, repelindo, pela própria sistemática, a ampliação dos sujeitos ativos, no sentido de transformar a execução individual em um concurso universal de credores. Vale dizer, o processo de insolvência civil nasce com feição de processo principal e não como um incidente no processo de execução. REsp 1.138.109, Rel. Min. Luis F. Salomão, j. 18.5.10. 4ª T. (Info 435)

Competência. Insolvência civil. Execução.

[...] o pedido de insolvência é um processo autônomo, independente, que não tem por que acompanhar a competência da execução, devendo prevalecer a competência prevista nos arts. 94 e 760 do CPC. [...]. REsp 292.383-MS, Rel. Min. Carlos Alberto Menezes Direito, julgado em 27/8/2001.

Insolvência civil. Extinção. Execuções pendentes.

[...] se o credor que já tinha execução ajuizada deixar de atender ao concurso universal e como a dívida está extinta pelo pagamento do único credor habilitado, deverá pedir a reabertura da execução coletiva (art. 774 do CPC) até o esgotamento do prazo quinquenal [...]. REsp 57.774-MG, Rel. Min. Aldir Passarinho Junior, julgado em 14/6/2005.

Insolvência civil. Apelação. Efeito devolutivo.

[...] mostra-se apropriado o entendimento jurisdicional que equipara os embargos à insolvência aos embargos à execução opostos por devedor solvente, para fins de aplicação da regra ínsita no art. 520, V, do CPC, que determina o recebimento da apelação apenas no seu efeito devolutivo. [...]. REsp 621.492-SP, Rel. Min. João Otávio de Noronha, julgado em 15/10/2009.

11. SINOPSE

EXECUÇÃO POR QUANTIA CERTA CONTRA DEVEDOR INSOLVENTE
Considerações iniciais
O Código estabeleceu, nas disposições finais e transitórias (art. 1.052 do CPC/2015), que, até a edição de lei específica, as execuções contra devedor insolvente, em curso ou que venham a ser propostas, permanecem reguladas pelo Livro II, Título IV, ou seja, pelos artigos 748 a 786-A do CPC/1973. Assim, as considerações sobre o tema são delineadas a considerar as disposições do anterior Código, mas com as necessárias atualizações provindas em razão do CPC/2015.
Insolvência requerida pelo credor
O credor, através de petição inicial dirigida ao juízo competente da comarca em que o devedor tem o seu domicílio, requererá a decretação de insolvência, instruindo o pedido com título executivo judicial ou extrajudicial – além, evidentemente, de outras provas essenciais a evidenciar a presunção de insolvência.
Insolvência requerida pelo devedor ou pelo seu espólio
É lícito ao devedor ou ao seu espólio, a todo tempo, requerer a decretação de insolvência. Para tanto, deverá apresentar petição inicial dirigida ao juízo competente da comarca em que o devedor tem o seu domicílio, a qual conterá (de modo a possibilitar a aferição da insolvência): a) a relação nominal de todos os credores, com a indicação do domicílio de cada um, bem como da importância e da natureza dos respectivos créditos; b) a individuação de todos os seus bens, com a estimativa do valor de cada um; c) o relatório do estado patrimonial, com a exposição das causas que determinaram a insolvência.
Decretação judicial de insolvência
Diz o CPC/1973, que na sentença (predominantemente constitutiva – STJ. REsp 794364/SP. DJU 18.12.06), que decretar a insolvência, o juiz: a) nomeará, dentre os maiores credores, um administrador da massa; b) mandará expedir edital, convocando os credores para que apresentem, no prazo de 20 dias, a declaração do crédito (devidamente atualizado – STJ. REsp 8980/SP. DJU 03.06.91), acompanhada do respectivo título.
Atribuições do administrador
Ao administrador cumprirá: a) arrecadar todos os bens do devedor, onde quer que estejam, requerendo para esse fim as medidas judiciais necessárias; b) representar a massa, ativa e passivamente, contratando advogado, cujos honorários serão previamente ajustados e submetidos à aprovação judicial; c) praticar todos os atos conservatórios de direitos e de ações, bem como promover a cobrança das dívidas ativas; d) alienar em praça ou em leilão, com autorização judicial, os bens da massa.
Verificação e da classificação dos créditos
Findo o prazo a que se refere o inciso II do art. 761 do CPC/1973, o escrivão, dentro de 5 dias, ordenará todas as declarações, autuando cada uma com o seu respectivo título. Em seguida intimará, por edital, todos os credores para, no prazo de 20 dias, que lhes é comum, alegarem as suas preferências, bem como a nulidade, simulação, fraude, ou falsidade de dívidas e contratos. Neste prazo, o devedor poderá também impugnar quaisquer dos créditos apresentados.

Transitada em julgado a sentença que julgou as impugnações, ou não havendo qualquer impugnação dos créditos, o escrivão remeterá os autos ao contador, que organizará o quadro geral dos credores, observando, quanto à classificação dos créditos e dos títulos legais de preferência, o que dispõe a lei civil. Sobre o quadro geral dos credores, serão ouvidos todos os interessados no prazo de 10 dias. Em seguida, também no prazo de 10 dias, o juiz proferirá sentença. Se os bens não foram alienados antes da organização do quadro geral, o juiz determinará a alienação em praça ou em leilão, destinando-se o produto ao pagamento dos credores de acordo com suas esferas de preferência.
Saldo devedor
Liquidada a massa, efetuado o pagamento integral aos credores, o eventual saldo sobejante será devolvido ao devedor. Se não tiver sido efetuado o pagamento integral àqueles, o devedor insolvente continua obrigado pelo saldo. Pelo pagamento deste, respondem os bens penhoráveis que o devedor vier adquirir.
Extinção das obrigações
A prescrição das obrigações, interrompida com a instauração do concurso universal de credores, recomeça a correr no dia em que passar em julgado a sentença que encerrar o processo de insolvência. A partir de então, considerar-se-ão extintas todas as obrigações do devedor, se decorrido o prazo de 5 anos contados da data do encerramento do processo de insolvência.

CAPÍTULO 51

EMBARGOS À EXECUÇÃO

1. CONSIDERAÇÕES INICIAIS

Anteriormente, mostrou-se que contra a execução fundada em título executivo judicial pode o devedor oferecer impugnação, nos próprios autos. Entretanto, quando a execução fundar-se em **título executivo extrajudicial**, o devedor deverá opor **embargos à execução**.

Os embargos aqui analisados não são espécie recursal (diferentemente dos embargos de declaração, embargos infringentes e embargos de divergência). Constituem **ação autônoma de conhecimento (com cognição ampla e exauriente), incidente à execução, proposta como instrumento de defesa do executado** (STJ. REsp 985.324/AM. DJe 08.06.09). Ela pode ostentar, pelo menos no comum das vezes, natureza **declaratória** ou **constitutiva negativa**, a depender do pedido formulado pelo embargante.

2. EMBARGOS À EXECUÇÃO FUNDADA EM TÍTULO EXECUTIVO EXTRAJUDICIAL

2.1. Objeto dos embargos

Segundo o art. 917 do Código de Processo Civil, o executado pode alegar, nos embargos:

a) inexequibilidade do título ou inexigibilidade da obrigação:

Se a obrigação não for certa, líquida e exigível, a execução será nula. Igualmente, se o documento que embasa a execução não é título executivo, será nulo o processo, por ofender a taxatividade. Por exemplo, o STJ sumulou que, por falta de certeza, "o contrato de abertura de crédito, ainda que acompanhado de extrato da conta-corrente, não é título executivo" (enunciado 233 da sua súmula). Assim, a execução fundada em "contrato de cheque especial" é inexequível.

b) penhora incorreta ou avaliação errônea:

Tem-se como incorreta a penhora se recair sobre bem impenhorável, ou quando contraria a ordem legal de preferência (art. 835, CPC). Por outro lado, a avaliação errônea é aquela que aponta valor divergente daquele usualmente praticado no mercado. Ela só será assim alegada se o bem for avaliado a menor. Se avaliado em valor superior ao de mercado, não há, evidentemente, interesse do devedor em impugnar.

> Se os embargos forem opostos antes de realizada a penhora e/ou avaliação, estas podem ser impugnadas por simples petição, no prazo de 15 dias, contado da ciência do ato (art. 917, § 1º, do CPC).

c) excesso de execução ou cumulação indevida de execuções:

Há excesso de execução, segundo o art. 917, § 2º, do CPC, quando: a) o exequente pleiteia quantia superior à do título; b) ela recai sobre coisa diversa daquela declarada no título; c) ela se processa de modo diferente do que foi determinado no título; d) o exequente, sem cumprir a prestação que lhe corresponde, exige o adimplemento da prestação do executado; e) o exequente não prova que a condição se realizou.

Quando os embargos estão fundados no item "a", são parciais (STJ. EDcl no REsp 1089368/DF. DJe 01.06.09), podendo a execução prosseguir com relação à parte incontroversa.

Quando se tratar de obrigação de pagar quantia, o embargante tem o ônus de declarar, de imediato, o valor que entende correto, apresentando demonstrativo discriminado e atualizado de seu cálculo, sob pena de rejeição liminar dos embargos. Todavia, caso estes tenham outro fundamento além do excesso de execução, serão processados, mas o juiz não examinará tal alegação.

Se o executado for beneficiário da gratuidade judiciária, fica dispensado de tal ônus, já que os cálculos serão feitos pelo contabilista do juízo. Entretanto, é preciso que o executado aponte, ainda que genericamente, os erros que supostamente acometem a memória de cálculo apresentada pelo credor. Por exemplo: deve o devedor indicar que a taxa de juros aplicada pelo exequente é distinta da prevista no título, sem, todavia, precisar mencionar o valor correto.

> Os embargos à execução fundados no excesso de execução devem vir acompanhados da memória de cálculo, sendo inadmitida a emenda da petição inicial (STJ. AgRg no REsp 1.421.652/PR. DJe 18.03.14).
>
> Se o excesso de execução for manifesto, ele pode ser conhecido através de objeção de executividade (STJ. REsp 852.294/PB. DJe 08.06.09).

Por seu turno, há cumulação indevida de execuções, a teor do art. 780 do CPC, quando: a) as pretensões executivas fundarem-se em títulos distintos, se o devedor não for o mesmo; b) o juízo não for competente para processar todas as execuções; c) não for idêntico o procedimento de cada uma das execuções. A propósito, vale lembrar o teor do enunciado 289 do Fórum Permanente de Processualistas Civis: "Se houver conexão entre pedidos cumulados, a incompetência relativa não impedirá a cumulação, em razão da modificação legal da competência".

d) retenção por benfeitorias necessárias ou úteis, nos casos de execução para entrega de coisa certa:

Poderá o executado da obrigação de entregar coisa certa pedir, por intermédio de embargos, a retenção pelas benfeitorias necessárias e úteis (arts. 1.219 a 1.222 do CC/2002).

Na impugnação aos embargos fundados em retenção por benfeitorias, o exequente poderá pedir a compensação de seu valor com o dos frutos ou danos considerados devidos pelo executado. Nessa situação, cumprirá ao juiz, para a apuração dos respectivos valores, nomear perito, a lhe fixar breve prazo para entrega do laudo, observando-se, então, o art. 464 do CPC.

A retenção por benfeitorias necessárias ou úteis é matéria típica de embargos do devedor ou de sua respectiva impugnação, mas não de impugnação ao cumprimento da sentença. Isso, porque as execuções fundadas em títulos executivos judiciais são precedidas de fase de conhecimento, na qual se deve, em contestação, alegar tal matéria de defesa, sob pena de preclusão.

O exequente poderá, a qualquer tempo, ser imitido na posse da coisa, prestando caução ou depositando o valor devido pelas benfeitorias (necessárias e/ou úteis) ou resultante da compensação (dos frutos percebidos pelo executado, bem assim dos danos por ele devidos).

e) **incompetência absoluta ou relativa do juízo da execução:**

Pode o embargante sustentar a incompetência relativa ou absoluta do juízo da execução. No caso do reconhecimento da incompetência absoluta ou relativa, não há anulação automática dos atos decisórios e executivos praticados pelo juízo incompetente, mas sim o seu aproveitamento, exceto se o juízo competente proferir decisão em sentido contrário (art. 64, § 4º, do CPC).

f) **qualquer matéria que lhe seria lícito deduzir como defesa em processo de conhecimento:**

Como a execução amparada em título executivo extrajudicial não é antecedida de cognição judicial, o CPC possibilita que qualquer matéria seja suscitada nos embargos à execução. Portanto, todas as hipóteses citadas acima, embora previstas no CPC, são meramente exemplificativas. Tal amplitude não se verifica na execução amparada em título executivo judicial, em que as matérias alegáveis por meio de impugnação ao cumprimento de sentença são bem restritas, em razão da eficácia preclusiva da coisa julgada que acoberta o título executivo judicial.

Por fim, destaque-se que o impedimento e a suspeição devem ser arguidos na forma dos arts. 146 a 148, e não mediante embargos à execução, conforme dispõe o art. 917, § 7º, do CPC. Isso, porque o incidente respectivo será julgado pelo tribunal.

2.2. Procedimento

Sendo ação, os embargos devem ser inaugurados por **petição inicial**,[1] que deverá indicar: indicará:

a) o juízo ou tribunal, a que é dirigida;

b) os nomes, os prenomes, o estado civil, a existência de união estável, a profissão, o número do CPF ou do CNPJ, o endereço eletrônico, o domicílio e a residência do requerente e do requerido;

1. A protocolização dos embargos à execução nos autos da própria ação executiva constitui vício sanável (STJ. REsp 1.807.228/RO. DJe 11.09.19. Inf. 656).

c) o fato e os fundamentos jurídicos do pedido;

d) o pedido, com as suas especificações;

e) o valor da causa;

f) as provas com que o autor pretende demonstrar a verdade dos fatos alegados.

> O valor da causa nos embargos deve corresponder ao proveito econômico pretendido (STJ. AgRg no AgRg no Ag 1.409.807/RJ. DJe 26.11.15). Significa dizer que nem sempre coincidirá com o valor da execução. A fixação dependerá do pedido formulado pelo embargante. Se os embargos forem parciais (como os são aquelas que visam afastar alegado excesso de execução), o valor da causa deve corresponder à diferença entre o valor executado e o reconhecido pelo devedor (STJ. AgRg no REsp 993.539/RS. DJe 16.03.09). Se forem totais, o valor da causa deve corresponder ao valor da execução – haverá exceções a esta regra, se, por ventura, o embargante cumular pedido (a exemplo do que ocorre quando se pugna pela aplicação do art. 940 do CC ou do parágrafo único do art. 42 do CDC).

Além dos requisitos indicados acima, a petição inicial dos embargos deverá ser instruída com cópias das peças processuais relevantes (do processo de execução), bem como com outros documentos necessários à demonstração dos fatos que compõem a causa de pedir dos embargos. O advogado do embargante poderá declarar a autenticidade de tais cópias, sob sua responsabilidade pessoal, dispensando a autenticação por cartório.

Os embargos podem ser opostos pelo executado, **independentemente de qualquer garantia** (penhora, depósito ou caução), no prazo de **15 dias**, contados na forma do art. 231 do Código de Processo Civil. Nas execuções por carta, o prazo é contado:

a) da juntada, na carta, da certificação da citação, quando os embargos versarem unicamente sobre vícios ou defeitos da penhora, da avaliação ou da alienação dos bens;

b) da juntada, nos autos de origem, do comunicado eletrônico de cumprimento da carta enviado pelo juízo deprecado ao juízo deprecante ou, não havendo este, da juntada da carta devidamente cumprida, quando versarem sobre questões diversas das citadas no item "a".

> Nas execuções fiscais, o ajuizamento de embargos depende da segurança do juízo (STJ. AgRg no REsp 986.831/RJ. DJe 11.09.08). Segundo o art. 16 da Lei nº 6.830/1980: "O executado oferecerá embargos, no prazo de 30 (trinta) dias, contados: I – do depósito; II – da juntada da prova da fiança bancária; III – da intimação da penhora".

Intentados os embargos, serão distribuídos por dependência e autuados em apartado. No caso da execução por carta (hipótese em que os bens do executado não se encontram no foro da execução, de tal sorte que a penhora deve operar-se em outro foro), os embargos serão oferecidos no juízo deprecante ou no juízo deprecado, mas a competência para julgá-los é do juízo deprecante, salvo se versarem unicamente sobre vícios ou defeitos da penhora, da avaliação ou da alienação dos bens efetuadas no juízo deprecado. Nesse sentido, dispõe o enunciado 46 da súmula do STJ: "Na execução por carta, os embargos do devedor serão decididos no juízo deprecante, salvo se versarem unicamente vícios ou defeitos da penhora, avaliação ou alienação dos bens".

Havendo mais de um executado, o prazo para cada um deles embargar conta-se a partir da juntada do respectivo comprovante citatório ou da comunicação remetida pelo juízo deprecado. O prazo é contado individualmente, exceto se os executados forem cônjuges ou companheiros, hipótese em que o prazo para o oferecimento de embargos só começa a correr quando juntado o último comprovante de citação.

O prazo para oferecimento de embargos pelo executado é externo, por isso, não incide sobre ele o disposto no art. 229 do CPC, que trata da duplicação de prazos internos para litisconsortes com procuradores diferentes. Logo, o prazo para oferecer embargos, havendo ou não litisconsortes com advogados distintos, será de 15 dias.

Os embargos serão liminarmente rejeitados:

a) quando intempestivos;

b) nos casos de indeferimento da petição inicial e improcedência liminar do pedido;

c) quando manifestadamente protelatórios, caso em que o seu ajuizamento será considerado condutada atentatória à dignidade da justiça.

Por "manifestamente protelatórios", compreendam-se os embargos que, *prima facie*, não têm qualquer possibilidade de lograr êxito. São exemplos:

a) apresentados por quem não tem legitimidade;

b) amparados em alegações que, mesmo verdadeiras, são insuficientes para obstar no todo ou em parte a execução.

IMPORTANTE! O mérito dos embargos do devedor pode dizer respeito às questões processuais ou meritórias da execução. Compõe o mérito dos embargos, por exemplo, a alegação de ilegitimidade do exequente.

Os embargos à execução, em regra, **não têm efeito suspensivo**. Todavia, a requerimento do embargante, o **órgão jurisdicional poderá atribuir** o referido efeito, quando verificados os requisitos para a concessão da tutela provisória, desde que a execução esteja **garantida** por **penhora, depósito ou caução suficientes**. É possível, inclusive, que se utilize, como garantia, caução prestada pelo executado em demanda conexa (STJ. REsp 1.743.951/MG. DJe 14.10.20. Inf. 681).

São, portanto, requisitos cumulativos para a atribuição de efeito suspensivo:

a) requerimento do embargante;

b) presença dos requisitos da tutela provisória[2];

c) garantia do juízo.

O requerimento de atribuição de efeito suspensivo não precisa ser formulado necessariamente na petição inicial dos embargos. É possível que, durante o trâmite da ação, o execu-

2. Enunciado 80 do FPPC: "A tutela antecipada prevista nestes dispositivos pode ser de urgência ou de evidência".

tado demonstre o preenchimento dos requisitos da tutela provisória e requeira a suspensão da execução. Nesse sentido, veja-se o teor do enunciado 546 do FPPC: : "o efeito suspensivo dos embargos à execução e da impugnação ao cumprimento de sentença pode ser requerido e deferido a qualquer momento do seu trâmite, observados os pressupostos legais."

IMPORTANTE! Os embargos à execução de crédito hipotecário vinculado ao SFH – Sistema Financeiro da Habitação somente têm efeito suspensivo se cumpridas as exigências dos incisos I e II do art. 5º da Lei nº 5.741/71[3], porquanto este diploma legal, por ser especial, prevalece sobre a regra geral do art. 919, § 1º, do CPC (STJ. REsp 1.038.003/PR. DJe 04.11.08).

Conhecidos esses requisitos, tem-se a ilação de que o efeito suspensivo não pode ser deferido automaticamente ou de ofício pelo juiz (STJ. AgRg no REsp 1.093.242/PR. DJe 03.03.09).

A decisão relativa ao efeito suspensivo dos embargos poderá, a requerimento da parte interessada, ser **modificada ou revogada** a qualquer tempo, em decisão fundamentada, cessando as circunstâncias que a motivaram. Se os requisitos não mais existem, a decisão que atribuiu efeito suspensivo pode ser revogada. Se os requisitos passaram a existir, poderá ser atribuído efeito suspensivo, mesmo que decisão anterior o tivesse negando (§ 2º do art. 919).

Em seu aspecto objetivo, o efeito suspensivo pode ser atribuído a todo o objeto da execução ou a uma parte apenas. Se for este o caso, a execução prosseguirá quanto à parte restante (não alcançada pelo efeito suspensivo). É o que afirma o enunciado 547 do FPPC: "o efeito suspensivo dos embargos à execução e da impugnação ao cumprimento de sentença pode ser parcial, limitando-se ao impedimento ou à suspensão de um único ou de apenas alguns atos executivos". Isso pode ocorrer em duas situações:

a) se os embargos se voltarem apenas contraparte do objeto da execução;

b) se, embora totais os embargos, o juiz deferir o efeito suspensivo parcialmente.

> Seguindo a execução do julgado pela parte incontroversa, há também assim a fluência do prazo prescricional da pretensão executória, o qual não se suspende com a oposição dos embargos à execução em relação à outra parte da condenação. Assim, passado o prazo prescricional previsto para a ação de conhecimento, há a prescrição da pretensão de executar a parte incontroversa (Súmula 150/STF) (STJ. REsp 767986/ES. DJe 11.02.09).

A atribuição de efeito suspensivo aos embargos não impede a efetivação dos atos de substituição, de reforço ou de redução da penhora (§ 5º do art. 919).

Havendo mais de um executado, a concessão de efeito suspensivo aos embargos oferecidos por um (ou alguns) deles não suspenderá a execução contra os que não embargaram, se o fundamento disser respeito exclusivamente ao embargante. Assim, por exemplo, se ele alega ser parte ilegítima para figurar no polo passivo da execução, a eventual atribuição de efeito suspensivo somente lhe beneficiará; caso alegue, por outro lado, que o exequente pleiteia quantia superior à prevista no título executivo, a suspensão beneficia não só a ele, mas aos demais executados.

3. Art. 5º. O executado poderá opor embargos no prazo de 10 (dez) dias contados da penhora que serão recebidos com efeito suspensivo, desde que alegue e prove:I – que depositou, por inteiro a importância reclamada na inicial.II – que pagou a dívida, apresentando desde logo a prova da quitação.

Recebidos os embargos, o exequente será intimado, para, no prazo de **15 dias**, querendo, apresentar **impugnação**. Por impugnação entenda-se contestação e/ou arguição de suspeição ou impedimento, não se admitindo reconvenção[4].

Não apresentada impugnação, haverá **revelia**. Entretanto, alguns efeitos dela não subsistem em detrimento do embargado. Entre tais efeitos, está o da confissão ficta. A presunção de veracidade cede espaço à presunção de liquidez, certeza e exigibilidade do título executivo, pelo que, mesmo inerte o embargado, compete ao embargante demonstrar os fatos que alega (STJ. REsp 601.957/RJ. DJU 14.11.05).

Transcorrido o interregno de impugnação aos embargos, se o juiz tiver condições de decidir imediatamente o pedido, assim o fará. Caso contrário, adotará as medidas saneadoras, designando **audiência**, e, encerrada a instrução, proferirá sentença.

IMPORTANTE! Além dos embargos, há outros meios de defesa do devedor. Exemplo há muito reconhecido pela doutrina e jurisprudência é a objeção de executividade (comumente chamada de "exceção de pré-executividade"). Ela socorre o devedor nos casos em que as questões suscitadas não necessitem de dilação probatória (STJ. AgRg no AREsp 636.533/SP. DJe 16.02.16).

Todavia, na vigência do CPC/2015, que afastou a exigência de segurança do juízo como condição para o oferecimento de embargos, a objeção de executividade perdeu significativa utilização. É que as mesmas questões que podem ser nela suscitadas podem também ser suscitadas através de embargos. E com uma vantagem: nestes, é permitida a dilação probatória.

Outro meio pacificamente admitido pelo Superior Tribunal de Justiça como instrumento de defesa do devedor (que podem até substituir os embargos – STJ. REsp 899.979/SP. DJe 01.10.08) são as ações heterotópicas (que podem ter cunho declaratório ou desconstitutivo). E por um fundamento bem lógico: o ajuizamento da ação executiva não impede que o devedor exerça o seu direito constitucional de ação para ver declarada a nulidade do título ou a inexistência da obrigação (STJ. AgRg no Ag 1138012/RJ. DJe 27.08.09). Podem ser propostas mesmo depois de julgados improcedentes os embargos, mas, para tanto, deverá o executado suscitar fundamentos diversos, sob pena de ter sua ação extinta sem exame do mérito, nos termos do art. 485, V, do CPC.

3. EMBARGOS À EXECUÇÃO CONTRA A FAZENDA PÚBLICA

A execução contra a Fazenda Pública fundada em título executivo judicial já foi estudada no capítulo relativo ao cumprimento de sentença. Acontece que também é possível que a execução se funde em **título extrajudicial**, consoante o enunciado 279 da súmula do STJ.

4. DIREITO PROCESSUAL CIVIL. IMPOSSIBILIDADE DE OFERECIMENTO DE RECONVENÇÃO EM EMBARGOS À EXECUÇÃO. **É incabível o oferecimento de reconvenção em embargos à execução.** O processo de execução tem como finalidade a satisfação do crédito constituído, razão pela qual se revela inviável a reconvenção, na medida em que, se admitida, ocasionaria o surgimento de uma relação instrumental cognitiva simultânea, o que inviabilizaria o prosseguimento da ação executiva. Com efeito, na execução, a doutrina ensina que: "a cognição é rarefeita e instrumental aos atos de satisfação. Daí a falta de espaço para a introdução de uma demanda do executado no processo puramente executivo". Dessa forma, como a reconvenção demanda dilação probatória e exige sentença de mérito, ela vai de encontro com a fase de execução, na qual o título executivo já se encontra definido, de sorte que só pode ser utilizada em processos de conhecimento. Por fim, entendimento em sentido contrário violaria o princípio da celeridade e criaria obstáculo para a satisfação do crédito, porquanto a ideia que norteia a reconvenção é o seu desenvolvimento de forma conjunta com a demanda inicial, o que não ocorreria caso ela fosse admitida em sede de embargos à execução, na medida em que as demandas não teriam pontos de contato a justificar a reunião. Precedente citado: REsp 1.085.689-RJ, Primeira Turma, DJe 4/11/2009. REsp 1.528.049-RS, Rel. Min. Mauro Campbell Marques, julgado em 18/8/2015, DJe 28/8/2015.

Nesses casos, a teor do art. 910 do CPC, a Fazenda Pública é citada, para, em **30 dias**, oferecer embargos. Estes têm **efeito suspensivo** *ope legis*, pois o art. 100, §§ 1º, 3º e 5º, da Constituição exige o prévio trânsito em julgado para a expedição do precatório ou da requisição de pequeno valor. Por isso, mesmo que julgados improcedentes os embargos, a **apelação** interposta contra a sentença de improcedência tem efeito suspensivo (STJ. AgRg no REsp 1.276.097/PR. DJe 19.04.12), constituindo exceção à regra do art. 1.012, § 1º, III, do CPC.

Diferentemente do que o corre com a impugnação ao cumprimento de sentença, que tem suas matérias de defesa restritas ao rol do art. 535 do CPC, os embargos à execução podem versar sobre **qualquer matéria que lhe seria lícito alegar como defesa no processo de conhecimento.** Não há, pois, nenhuma limitação à cognição nos embargos.

No mais, aplicam-se, no que couber, as observações feitas acerca da impugnação à execução contra a Fazenda Pública, no capítulo atinente ao cumprimento de sentença.

Questão de Concurso

▶ **(Consulplan – Cartórios – Remoção – TJ – MG/2017)**[5] Relativamente à execução contra a Fazenda Pública, todas as assertivas abaixo estão corretas, **EXCETO**:

a) A Fazenda Pública será citada para opor embargos no prazo de 15 (quinze) dias.

b) Não opostos embargos ou transitada em julgado a decisão que os rejeitar expedir-se-á precatório ou RPV – Requisição de Pequeno Valor, nos termos do art. 100, da Constituição da República.

c) Nos embargos, poderá ser alegada qualquer matéria que seria lícito deduzir como defesa no processo de conhecimento.

d) Aplica-se, no que couber, as disposições atinentes ao cumprimento de sentença que reconheça a exigibilidade de obrigação de pagar quantia certa pela Fazenda Pública.

4. MORATÓRIA

De acordo com o art. 916 do CPC, no prazo para opor embargos, reconhecendo o crédito do exequente e comprovando o **depósito de 30%** do valor em execução, acrescido de custas e honorários de advogado, poderá o executado (exceto a Fazenda Pública) requerer que lhe seja permitido pagar o restante em até **06 parcelas mensais**, com incidência de **correção monetária** e acréscimo de **juros de 1% ao mês.**

Trata-se de "moratória". Visa a dar efetividade à prestação jurisdicional, já que, muitas vezes, o executado não dispõe da integralidade do valor que lhe é exigido, mas, sendo-lhe concedida a oportunidade de pagamento em parcelas, pode-se programar para cumprir a obrigação. Se lhe fosse exigido, de imediato, o pagamento integral, o executado não conseguiria cumprir a obrigação, mesmo que de maneira coercitiva, porque, de forma não incomum, é difícil encontrar bens seus suficientes à satisfação do crédito.

A opção do legislador foi alcançar o ponto de equilíbrio, concedendo uma recompensa (sanção premial) ao executado, que, se não retribuída, implicará, contra si, uma série de repercussões negativas, inclusive pecuniárias, as quais serão revertidas em favor do exequente. Este, além de não ter maiores sacrifícios (até porque é muito normal que a marcha processual

5. Gabarito: Letra A.

da execução seja mais prolongada que o prazo concedido ao executado para pagamento), será beneficiado, se descumprida a moratória, pois será aplicada multa contra ao executado e a dívida será antecipadamente.

Requerido o parcelamento, o exequente será intimado, para manifestar-se sobre o preenchimento dos requisitos, e o juiz decidirá o requerimento em 5 dias.

O parcelamento, a nosso ver, é um direito potestativo do executado. Embora o art. 916, §§ 1º a 4º, do Código de Processo Civil refira-se ao deferimento pelo juiz, a análise judicial está restrita ao preenchimento dos requisitos objetivos, elencados pelo *caput* do dispositivo indicado.

No entanto, o Superior Tribunal de Justiça, em relação à execução fundada em título executivo judicial (à qual se aplicava subsidiariamente, na vigência do CPC/1973, o art. 745-A), decidiu que não se trata de direito potestativo do executado (STJ. REsp 1.264.272/RJ. DJe 22.06.12). Este curso guarda reserva quanto a esse entendimento (de que não constituiria a moratória, em execução fundada em título executivo judicial, direito potestativo), porque entende que se está a homenagear desnecessários subjetivismos por parte do(s) ocupante(s) do órgão julgador, os quais apenas conduzem à insegurança jurídica.

São três os **requisitos** para a concessão da moratória: a) reconhecimento do crédito pelo executado; b) pedido de pagamento parcelado; c) depósitos suficientes. Vejamos cada um deles:

a) reconhecimento oportuno do crédito pelo executado:

É necessário que o executado, no prazo para oferecimento de embargos, reconheça o crédito executado. Ultrapassado o prazo para oposição de embargos, não será possível a concessão do parcelamento pelo juízo. Não fala o CPC se a moratória pode ser parcial, pelo que poderia o executado reconhecer parte do crédito e, com relação a esta parte, alcançar o benefício de pagar em parcelas. Acredita-se que é possível a concessão de moratória parcial. Não sendo assim, o executado teria que se submeter ao alvedrio do exequente. Bastaria que este executasse quantia superior àquela que realmente lhe é devida. Por conseguinte, o executado não reconheceria o crédito, perdendo, assim, o direito de pagar em parcelas. Assim, se o executado entender que há excesso de execução, pode ele reconhecer parte do crédito, requerendo, em relação a ela, a concessão de moratória, e, com relação à outra parte, opor embargos para discutir as questões formais e/ou materiais que entenda cabíveis.

Ao exercitar o direito à moratória, o executado não fica dispensado de pagar a integralidade do valor devido a título de honorários advocatícios fixados pelo órgão jurisdicional. Isso, porque não lhe é concedido o benefício previsto no § 1º do art. 827 do CPC, de redução pela metade da verba honorária, pois, para tal, o pagamento pelo executado deve ser imediato (isto é, no prazo de até 03 dias) e integral, o que não ocorre quando exercitado o direito à moratória.

b) pedido de pagamento parcelado:

Deve haver pedido do executado para que seja o pagamento parcelado. Logo, a moratória não pode ser deferida de ofício (embora o mandado de citação deva conter advertência da possibilidade de sua concessão). Também o pedido deve ser de pagamento parcelado, pois se o pagamento fosse imediato, não seria "moratória". O executado poderá requerer que seja admitido a pagar o restante em até 06 parcelas mensais. Querendo o executado, a quantidade de parcelas requerida para o pagamento pode ser menor. Todavia, não é de se acreditar que assim ele proceda, considerando-se que imprevistos do dia-a-dia podem acabar frustrando sua pretensão de pagar em menor interregno. O pedido de maior prazo para pagamento seria uma segurança ao executado, o que não lhe impediria de adiantar as parcelas vincendas de modo a escapar da futura incidência de correção monetária e acréscimo de juros. Vislumbra-se, nesse ponto, a possibilidade de realização de negócio jurídico processual com o objetivo de aumentar o número de parcelas, possibilitando o adimplemento voluntário pelo executado que não dispõe de recursos para fazê-lo no prazo legal.

c) **depósitos suficientes:**

A suficiência dos depósitos deve ser observada tanto no depósito inicial, que é de, no mínimo, 30% do valor executado, inclusive custas e honorários de advogado, como nos das parcelas mensais, que devem ser corrigidas e acrescidas de juros de 1% ao mês. A suficiência é indispensável para a concessão e manutenção da moratória. Se insuficiente o depósito inicial, a moratória não será concedida. Se a insuficiência for das parcelas mensais, não será mantido o parcelamento. A suficiência, é importante destacar, deve ser analisada adotando-se, como parâmetro, o valor que se pretende pagar (e não o valor executado), já que este curso admite a concessão de moratória parcial.

Durante o tempo transcorrido para a apreciação do requerimento, o executado terá que depositar as parcelas vincendas, facultado, de logo, o levantamento pelo exequente.

Preenchidos todos os requisitos, o juiz deferirá a proposta, autorizará o exequente a levantar a quantia depositada e suspenderá os atos executivos. Se verificar o não pagamento integral de qualquer das prestações, ocorrerá, de pleno direito, cumulativamente:

a) o vencimento das prestações subsequentes e o prosseguimento da execução com o imediato reinício dos atos executivos;

b) a imposição ao executado de multa de 10% sobre o valor das prestações não pagas.

Entretanto, se o exequente não executar os valores vencidos antecipadamente, a aceitar a continuidade da moratória (até que todas as parcelas vincendas venham a ser cumpridas), ele não poderá executar a multa de 10% sobre o valor das prestações não pagas até então, porque, a se entender contrariamente, estar-se-ia a desrespeitar a boa-fé. Trata-se de verdadeiro caso de *supressio*, em que o exequente não pode surpreender o executado, que, de boa-fé, acreditou poder continuar a exercitar o direito à moratória, pelo que, em razão disso, continuou a cumprir a obrigação anteriormente assumida até o final.

Se o executado for beneficiário da gratuidade judiciária, do valor dos depósitos serão excluídas as partes relativas às custas e aos honorários de advogado. Se for exercido o direito à moratória e, ao mesmo tempo, o executado requerer a concessão do benefício da gratuidade, duas situações poderão ocorrer:

a) ser deferido o benefício, hipótese em que os depósitos realizados sem as verbas sucumbenciais serão considerados suficientes;

b) ser indeferido o benefício, situação em que os depósitos realizados constituirão apenas moratória parcial, sendo aquelas verbas devidas de imediato.

No caso de indeferimento da proposta de parcelamento por não preenchimento dos requisitos, o depósito será convertido em penhora, seguindo-se os atos executivos, na forma do art. 831 e seguintes.

Além das encimadas consequências impostas contra o executado em razão do exercício do direito à moratória, a opção pelo parcelamento implicará a renúncia ao direito de opor embargos (§ 6º do art. 916 do CPC), em face do reconhecimento do crédito pelo executado, pressuposto para a concessão de moratória. Isso, porque constituiria *venire contra factum proprium*, por exemplo, a alegação do executado, em embargos, de defeito do título executivo, já que a sua higidez já fora reconhecida, quando do requerimento de parcelamento.

Há, contudo, exceções à renúncia ao direito de embargar decorrente do pedido de moratória. É o que ocorre, por exemplo, com a nulidade da penhora e/ou a avaliação errônea, que poderão ser arguidas normalmente, na forma do art. 917, § 1º, do CPC. O que não se pode discutir são questões concernentes ao título e ao valor reconhecido pelo executado, bem como a atos praticados antes do pedido de parcelamento.

5. SÚMULAS

Súmula do STF

150. Prescreve a execução no mesmo prazo de prescrição da ação.

Súmula do STJ

46. Na execução por carta, os embargos do devedor serão decididos no juízo deprecante, salvo se versarem unicamente vícios ou defeitos da penhora, avaliação ou alienação dos bens.

134. Embora intimado da penhora em imóvel do casal, o cônjuge do executado pode opor embargos de terceiro para defesa de sua meação.

196. Ao executado que, citado por edital ou por hora certa, permanecer revel, será nomeado curador especial, com legitimidade para apresentação de embargos.

279. É cabível execução por título extrajudicial contra a Fazenda Pública.

317. É definitiva a execução de título extrajudicial, ainda que pendente apelação contra sentença que julgue improcedentes os embargos.

331. A apelação interposta contra sentença que julga embargos à arrematação tem efeito meramente devolutivo.

393. A exceção de pré-executividade é admissível na execução fiscal relativamente às matérias conhecíveis de ofício que não demandem dilação probatória.

394. É admissível, em embargos à execução, compensar os valores de imposto de renda retidos indevidamente na fonte com os valores restituídos apurados na declaração anual.

487. O parágrafo único do art. 741 do CPC não se aplica às sentenças transitadas em julgado em data anterior à da sua vigência.

6. ENUNCIADOS DO FPPC

331. O pagamento da dívida objeto de execução trabalhista fundada em título extrajudicial pode ser requerido pelo executado nos moldes do art. 916.

543. Em execução de título executivo extrajudicial, o juízo arbitral é o competente para conhecer das matérias de defesa abrangidas pela convenção de arbitragem.

544. Admite-se a celebração de convenção de arbitragem, ainda que a obrigação esteja representada em título executivo extrajudicial.

546. O efeito suspensivo dos embargos à execução e da impugnação ao cumprimento de sentença pode ser requerido e deferido a qualquer momento do seu trâmite, observados os pressupostos legais.

547. O efeito suspensivo dos embargos à execução e da impugnação ao cumprimento de sentença pode ser parcial, limitando-se ao impedimento ou à suspensão de um único ou de apenas alguns atos executivos.

7. INFORMATIVOS

Informativos do STJ

A caução prestada em ação conexa pode ser aceita como garantia do juízo para a concessão de efeito suspensivo a embargos à execução. O art. 919, § 1º, do CPC/2015 prevê que o magistrado poderá atribuir efeito suspensivo aos embargos à execução quando presentes, cumulativamente, os seguintes requisitos: (a) requerimento do embargante; (b) relevância da argumentação; (c) risco de dano grave de difícil ou incerta reparação; e (d) garantia do juízo. No caso, anteriormente ao ajuizamento da ação de execução, houve o ajuizamento de ação de rescisão contratual cumulada com declaração de inexigibilidade de débito e de multa contratual cumulada com perdas e danos, questionando a higidez do contrato, bem como ação cautelar de sustação de protesto onde foi oferecido um bem móvel em garantia em valor superior ao da execução. De fato, as parcelas contratuais que figuram como objeto da ação de execução são as mesmas que dão sufrágio ao pleito declaratório de inexigibilidade do débito, sendo tais parcelas, também, as mesmas que foram objeto de protesto pela recorrente e, via de consequência, objeto da ação de sustação de protesto, na qual foi concedida a providência liminar . Isso significa dizer que a ação cautelar de sustação de protesto versa exatamente sobre o mesmo débito, oriundo do mesmo contrato a que se refere a ação executiva, sendo a ela conexa. Dessa forma, tendo sido reconhecido, no bojo da ação cautelar, que houve o caucionamento do débito não há por que determinar que seja realizada nova constrição no patrimônio dos agravados, a fim de que seja concedido o efeito suspensivo aos seus embargos. Tal conclusão está nitidamente em convergência com o princípio da menor onerosidade ao devedor, que deve ser sempre observado pelo julgador. REsp 1.743.951-MG, Rel. Min. Nancy Andrighi, Terceira Turma, por unanimidade, julgado em 06/10/2020, DJe 14/10/2020. Inf. 681.

8. SINOPSE

EMBARGOS À EXECUÇÃO
Considerações iniciais
Os embargos constituem ação autônoma de conhecimento (com cognição ampla e exauriente), incidente à execução, proposta como instrumento de defesa do executado. Ela pode ostentar natureza declaratória ou constitutiva negativa, a depender do pedido formulado pelo embargante.
Embargos à execução fundada em título executivo extrajudicial
A impugnação pode versar sobre: a) inexequibilidade do título ou inexigibilidade da obrigação; b) penhora incorreta ou avaliação errônea; c) excesso de execução ou cumulação indevida de execuções (o que ocorre quando as pretensões executivas fundam-se em títulos distintos e o devedor não é o mesmo, quando o juízo não é competente para processar todas as execuções e quando não é idêntico o procedimento de cada uma das execuções); d) retenção por benfeitorias necessárias ou úteis, nos casos de execução para entrega de coisa certa; e) incompetência absoluta ou relativa do juízo; g) qualquer matéria que seria lícito ao executado deduzir como defesa em processo de conhecimento. O impedimento e a suspeição devem ser arguidos na forma dos arts. 146 a 148, e não mediante impugnação ao cumprimento de sentença, porque o incidente respectivo será julgado pelo tribunal. Os embargos devem ser inaugurados por petição inicial, que deverá indicar: indicará: a) o juízo ou tribunal, a que é dirigida; b) os nomes, os prenomes, o estado civil, a existência de união estável, a profissão, o número do CPF ou do CNPJ, o endereço eletrônico, o domicílio e a residência do requerente e do requerido; c) o fato e os fundamentos

jurídicos do pedido; d) o pedido, com as suas especificações; e) o valor da causa; f) as provas com que o autor pretende demonstrar a verdade dos fatos alegados. A petição deverá ser instruída com cópias das peças processuais relevantes (que poderão ser autenticadas pelo próprio advogado, sob sua responsabilidade pessoal), bem como com outros documentos necessários à demonstração dos fatos que compõem a causa de pedir dos embargos.

Os embargos podem ser opostos pelo executado, independentemente de qualquer garantia (penhora, depósito ou caução), no prazo de 15 dias, contados na forma do art. 231 do CPC, sendo distribuídos por dependência e autuados em apartado. Nas execuções por carta, o prazo é contado: a) da juntada, na carta, da certificação da citação, quando os embargos versarem unicamente sobre vícios ou defeitos da penhora, da avaliação ou da alienação dos bens; b) da juntada, nos autos de origem, do comunicado eletrônico de cumprimento da carta enviado pelo juízo deprecado ao juízo deprecante ou, não havendo este, da juntada da carta devidamente cumprida, quando versarem sobre questões diversas das citadas no item "a". Nesses casos, os embargos serão oferecidos no juízo deprecante ou no juízo deprecado, mas a competência para julgá-los é do juízo deprecante, salvo se versarem unicamente sobre vícios ou defeitos da penhora, da avaliação ou da alienação dos bens efetuadas no juízo deprecado. Havendo mais de um executado, o prazo para cada um deles embargar conta-se individualmente, a partir da juntada do respectivo comprovante citatório ou da comunicação remetida pelo juízo deprecado, exceto se os executados forem cônjuges ou companheiros, hipótese em que o prazo para o oferecimento de embargos só começa a correr quando juntado o último comprovante de citação. Não se aplica aos embargos o art. 229 do CPC, por isso o prazo para oferecê-los, havendo ou não litisconsortes com advogados distintos, será de 15 dias.

Os embargos serão liminarmente rejeitados: a) quando intempestivos; b) nos casos de indeferimento da petição inicial e improcedência liminar do pedido; c) quando manifestadamente protelatórios, caso em que o seu ajuizamento será considerado conduta atentatória à dignidade da justiça.

Os embargos não têm efeito suspensivo, mas o juiz pode lhes atribuir tal efeito, total ou parcialmente, desde que conjugados três requisitos: a) requerimento do embargante; b) presença dos requisitos da tutela provisória; c) garantia do juízo. A atribuição de efeito suspensivo aos embargos não impede a efetivação dos atos de substituição, de reforço ou de redução da penhora.

Recebidos os embargos, o exequente será intimado, para, no prazo de 15 dias, querendo, apresentar impugnação, vedada a reconvenção. Transcorrido esse prazo, se o juiz tiver condições de decidir imediatamente o pedido, assim o fará. Caso contrário, adotará as medidas saneadoras, designando audiência, e, encerrada a instrução, proferirá sentença.

Embargos à execução contra a Fazenda Pública

A Fazenda Pública será citada, para, em 30 dias, oferecer embargos, que têm efeito suspensivo *ope legis*. Neles, o ente público pode alegar qualquer matéria que lhe seria lícito alegar como defesa no processo de conhecimento. No mais, aplicam-se-lhe as disposições relativas à impugnação ao cumprimento de sentença contra a Fazenda Pública (art. 535, CPC).

Moratória

No prazo para opor embargos, reconhecendo o crédito do exequente e comprovando o depósito de 30% do valor em execução, acrescido de custas e honorários de advogado, poderá o executado (exceto a Fazenda Pública) requerer que lhe seja permitido pagar o restante em até 6 parcelas mensais, com incidência de correção monetária e acréscimo de juros de 1% ao mês.

Requerido o parcelamento, o exequente será intimado, para manifestar-se sobre o preenchimento dos requisitos, e o juiz decidirá o requerimento em 5 dias.

São três os requisitos para a concessão do parcelamento: a) reconhecimento do crédito pelo executado dentro do prazo dos embargos; b) pedido de pagamento parcelado; c) depósito suficiente de 30%, comprovado quando do requerimento, e das demais parcelas, acrescidas de correção monetária de juros de 1% ao mês.

Verificado o não pagamento integral de qualquer das prestações, ocorrerá, de pleno direito, cumulativamente: a) o vencimento das prestações subsequentes e o prosseguimento da execução com o imediato reinício dos atos executivos; b) a imposição ao executado de multa de 10% sobre o valor das prestações não pagas.

A opção do devedor pelo parcelamento implica a renúncia ao direito de opor embargos, em face do reconhecimento do crédito pelo executado. Ficam ressalvadas algumas hipóteses, como, por exemplo, a nulidade da penhora e/ou a avaliação errônea, que poderão ser arguidas normalmente, na forma do art. 917, § 1º, do CPC. O que não se pode discutir são questões concernentes ao título e ao valor reconhecido pelo executado, bem como a atos praticados antes do pedido de parcelamento.

CAPÍTULO 52

SUSPENSÃO E EXTINÇÃO DO PROCESSO DE EXECUÇÃO

1. CONSIDERAÇÕES INICIAIS

Como mostrado anteriormente, o processo forma-se e extingue-se, podendo, entre um e outro, suspender-se. Na execução não é diferente. O CPC reserva capítulos próprios para a suspensão e extinção da execução.

2. SUSPENSÃO

A suspensão da execução consiste na abstenção da prática dos atos processuais destinados à satisfação de direito, em decorrência de decisão judicial fundada em fatos jurídicos, atos jurídicos das partes ou atos judiciais legalmente previstos. Suspensa a execução, o juiz, salvo no caso de arguição de impedimento ou suspeição, apenas poderá ordenar providências urgentes.

Questão de Concurso

▶ **(FCC. Julgador Administrativo. SEFAZ/PE. 2015. ADAPTADA)**[1]: De acordo com o CPC/2015, durante a suspensão do processo

a) é proibida a prática de qualquer ato processual, sem exceção.

b) podem ser praticados todos os atos processuais que não digam respeito ao que tiver dado causa à suspensão.

c) é defesa a prática de qualquer ato processual, podendo o juiz, todavia, determinar a realização de atos urgentes, a fim de evitar dano irreparável.

d) não pode o juiz extinguir o processo por ausência das condições da ação.

Segundo o art. 921 do CPC, a execução se suspende:

a) **nas hipóteses previstas no art. 313 e 315, no que couber**: o dispositivo legal faz alusão a todas as hipóteses de suspensão e extinção previstas na tutela de conhecimento, que deverão ser aplicadas ao processo de execução, no que couber. Assim, exemplificativamente, são hipótese de suspensão do processo perfeitamente aplicá-

---

1. Gabarito: letra C.

veis à execução: morte ou perda da capacidade processual de qualquer das partes, de seu representante legal ou de seu procurador; convenção das partes; arguição de impedimento ou de suspeição.

Remete-se o leitor ao capítulo "FORMAÇÃO, SUSPENSÃO E EXTINÇÃO DO PROCESSO".

b) **no todo ou em parte, quando recebidos com efeito suspensivo os embargos à execução**: de regra, os embargos à execução não são recebidos no efeito suspensivo. Trata-se de exceção possibilitada frente ao preenchimento dos requisitos delineados pelo § 1º do art. 919 do CPC.

A referência feita a "embargos à execução" remete à execução fundada em título executivo extrajudicial. Isso não significa dizer que as demais execuções, fundadas em título executivo judicial, não possam ser suspensas. Podem sim. Entretanto, dependerá de atribuição de efeito suspensivo à impugnação ao cumprimento de sentença, o que é mais incomum, ante a restrição da cognição comparativamente aos embargos à execução.

c) **quando o executado não possuir bens penhoráveis**: referenciada hipótese diz respeito à inexistência de bens penhoráveis. E por uma razão lógica: se não há bens (especificamente para satisfazer a execução por quantia certa), fica impossibilitada a expropriação.

No CPC/1973, em face de lacuna normativa, parte da doutrina defendia, amparada supostamente em decisões do STJ relativas a execuções não fiscais, que, quando a suspensão da execução fosse justificada pela inexistência de bens penhoráveis, não se operava o transcurso de prazo prescricional.

Esse entendimento já era atacado nas edições anteriores desse curso, por ferir, dentre outros vários fundamentos, a segurança jurídica. Era inadmissível que uma execução ficasse indefinidamente suspensa, ante o não transcurso de prazo prescricional.

Mas, relativamente às dívidas objeto de execuções fiscais, o Superior Tribunal de Justiça editou o enunciado 314 de sua súmula, de acordo com o qual "em execução fiscal, não localizados bens penhoráveis, **suspende-se o processo por um ano**, findo o qual se inicia o prazo da prescrição quinquenal intercorrente". Esta conclusão decorre do § 2º do art. 40 da Lei nº 6.830/80 (que estabelece a suspensão de até 01 ano sem iniciar a contagem do prazo prescricional) em combinação com o art. 174 do CTN (que estabelece o prazo prescricional de 05 anos para a cobrança do crédito tributário).

Daí vem a indagação: se a prescrição é um fenômeno de natureza material, por que em execução fiscal, depois de transcorrido o prazo inicial de suspensão de 01 ano, começa a correr a prescrição intercorrente quando a suspensão do processo ocorre pela inexistência de bens penhoráveis, mas, nas demais modalidades de execução, não correria?

Foi respondendo a tal impasse (e recepcionando a preocupação de parcela da jurisprudência[2]) que o CPC/2015, em bom tempo, nos §§ 1º a 4º do art. 921, **regulou**

2. É por isso que, junto ao Superior Tribunal de Justiça, relativamente às variadas espécies de execução, tem se decidido que: *"não parece razoável que,* **sem demonstrar a exequente atividade durante o prazo de suspensão do processo – adotando diligências para o êxito da execução –, possa o litígio perdurar indefinidamente,**

a prescrição intercorrente para a execução cível, a consagrar um modelo similar ao da execução fiscal.

Antes de adentrar na análise de tais parágrafos, é salutar tecer alguns comentários a respeito da prescrição, instituto de direito material que projeta efeitos relevantes na esfera processual e que se identifica como a **perda da pretensão** (direito de exigir em juízo afirmação de existência de direito subjetivo) em razão do decurso de lapso temporal previsto legalmente.

O prazo prescricional para o cumprimento da sentença e para execução de título extrajudicial será o mesmo para o ajuizamento das ações originárias, como orienta o enunciado 150 da súmula do STF: "prescreve a execução no mesmo prazo de prescrição da ação". Contudo, além do prazo prescricional para ação originária de conhecimento e para execução, o Código prevê de forma inovadora a prescrição intercorrente.

Tal modalidade de prescrição ocorre depois de instaurada a execução e terá como termo *a quo*, o decurso do prazo de um ano de suspensão do processo de que trata o § 1º do art. 921.

No caso de uma pretensão condenatória, que prescreveria em 05 anos, a parte terá o prazo citado para promover a ação de conhecimento. Após o trânsito em julgado, o exequente terá mais 05 anos para promover a execução. E, por fim, haverá a possibilidade de operar-se a prescrição intercorrente[3], no caso de o processo ficar suspenso por igual prazo (05 anos), uma vez preenchidos os requisitos legais que serão a seguir analisados.

A repetir a sistemática da execução fiscal, uma vez detectada a ausência de bens, o juiz **suspenderá a execução pelo prazo máximo de 01 ano.** No curso desse prazo, não se conta o prazo da prescricional intercorrente, mas, o advogado deverá somar esforços para diligenciar na busca dos bens do executado, inclusive, suscitando o dever de auxílio do magistrado, para que a execução continue e não ocorra o arquivamento dos autos. Decorrido o prazo ânuo sem que sejam localizados bens penhoráveis, o juiz ordenará o **arquivamento dos autos**.

A qualquer momento, o exequente poderá requerer o desarquivamento dos autos para dar prosseguimento à execução, sobretudo quando forem encontrados bens penhoráveis ou, ainda, para tomar medidas para encontrar aqueles (bens penhoráveis).

O § 4º do art. 921 do Código estipula *termo a quo* para o início da contagem da prescrição intercorrente, ao prescrever que, decorrido o prazo de suspensão de 01 ano sem manifestação do exequente para diligenciar a localização do executado ou a busca de novos bens, começa a correr o prazo de prescrição intercorrente.

A concretizar a proibição das decisões surpresas, que deve ser aplicada inclusive quanto às matérias de ordem pública, como é o caso da prescrição, o legislador estabelece que: o juiz,

---

mantendo a instabilidade jurídica e assoberbando o Judiciário com feito que, pela inação do exequente, não caminha para a sua solução. *Desse modo, se realizada intimação com advertência, e ainda assim o credor não apresentar bens do devedor ou não requerer outras medidas pertinentes, fica inviabilizado o prosseguimento da execução, não cabendo a renovação da suspensão processual*" (STJ. REsp 991507/RN. DJe 29.08.12). Entretanto, a prescrição somente começa a correr se o exequente, depois de findo o prazo de suspensão, não indica onde estão os bens do executado passíveis de penhora.

3. Como bem pondera o enunciado nº 196 do FPPC: "o prazo da prescrição intercorrente é o mesmo da ação".

depois de ouvidas as partes, no prazo de 15 dias, poderá, de ofício, reconhecer a prescrição de que trata o § 4º e extinguir o processo.

Deve haver aqui, na forma do art. 513, complementaridade entre as disposições que regulam o processo de execução e o cumprimento de sentença, de maneira que todo o regulamento da prescrição intercorrente, apesar de previsto no Livro II, que versa sobre processos de execução, será plenamente aplicável no cumprimento de sentença.

d) **se a alienação dos bens penhorados não se realizar por falta de licitantes e o exequente, em 15 dias, não requerer a adjudicação nem indicar outros bens penhoráveis:** trata-se de inovação legislativa relacionada à hipótese peculiar em que a frustração da alienação pública somada à inércia do exequente em requerer a adjudicação ou mesmo a indicação de outros bens. Tal acarretará na suspensão da execução. Aí também se aplicará o regime da prescrição intercorrente acima analisado. Uma vez suspensa execução pelo prazo de 01 ano, o processo será arquivado, momento no qual se inicia a contagem do prazo prescricional.

e) **quando concedido o parcelamento de que trata o art. 916:** essa hipótese também constitui inovação legislativa, que prevê a suspensão da execução durante o período de parcelamento previsto no art. 916 do Código.

O art. 922 traz outra hipótese de suspensão da execução, quando as partes realizam um negócio jurídico a se estipular prazo para que o executado cumpra voluntariamente sua obrigação.

Questão de Concurso

▶ **(FUNCAB. Advogado. FUNASG. 2015)**[4]: Sobre o tema da suspensão da execução, assinale a alternativa correta.

a) A execução é automaticamente suspensa na hipótese de oposição de embargos a execução.

b) Quando o devedor não possuir bens passíveis de penhora, a execução não será suspensa, mas sim extinta por perda superveniente do interesse de agir.

c) A morte do executado não implica a suspensão da execução.

d) Durante a suspensão da execução, o juiz poderá praticar qualquer ato processual.

e) As partes podem convencionar um prazo para a suspensão da execução, durante o qual o devedor deverá cumprir voluntariamente a sua obrigação.

Essa hipótese distingue-se da hipótese de suspensão consensual (negócio jurídico processual típico previsto do art. 313, II, do Código) do processo de conhecimento, que é aplicável à execução por força do inciso I do art. 921. Enquanto a primeira cinge-se aos casos de convenção de suspensão da execução especificadamente para o cumprimento voluntário da obrigação, podendo ser determinado qualquer prazo[5], o segundo refere-se à convenção processual de suspensão da execução por qualquer motivo e limita-se ao prazo de 06 meses.

4. Gabarito: letra E.
5. A execução ficará suspensa até que seja cumprido o acordado entre as partes. Se, por exemplo, for convencionado pagamento em 24 meses, durante este elastério a execução ficará suspensa (STJ. REsp 1034264/DF. DJe

As hipóteses de suspensão encimadas não são taxativas. Existem outras. À guisa de exemplo, menciona-se a propositura de ações heterotópicas contra a execução (se proferida decisão liminar neste sentido), a oposição de embargos de terceiro (nestes, a execução só ficará suspensa com relação aos bens que são objeto dos embargos, a teor do que dispõe o art. 1.052 do Código) e ajuizamento de ação rescisória (se proferida decisão liminar neste sentido e, por óbvio, trate-se de execução fundada em título executivo judicial).

Uma dúvida que pode surgir diz respeito à competência para suspender a execução. De logo, imagina-se que ela sempre seria do juízo onde a execução está a tramitar. Mas, se tiver sido ajuizada ação rescisória para desconstituir título executivo judicial, qual seria o órgão jurisdicional competente? O Superior Tribunal de Justiça tem entendido que a competência para determinar a suspensão da execução do julgado, com fundamento no ajuizamento de ação rescisória, é do tribunal competente para apreciar a referida ação (STJ. REsp 1030522/ES. DJe 27.03.09).

3. EXTINÇÃO

A execução, por ter sido formada, tem que ser extinta. Mas a extinção da execução não significa necessária satisfação do exequente. Às vezes, a execução é extinta, todavia, a prestação não é satisfeita, o que pode justificar, depois, até mesmo, nova execução.

Nos termos do Código de Processo Civil (**rol não taxativo**), extingue-se a execução quando:

a) **a petição inicial for indeferida**;

b) **a obrigação for satisfeita:** esta é a forma de extinção da execução por excelência. Certamente, a mais esperada pelo exequente, qualquer que seja a prestação a ser satisfeita e a respectiva modalidade de execução. Contudo, ela nem sempre é alcançada, pelo que se pode concluir que há outras hipóteses de extinção da execução.

c) **o executado obtiver, por qualquer outro meio, a extinção total da dívida:** se, depois de constituído o título executivo, a dívida for remida, por qualquer meio que seja (compensação, confusão e novação – desde que, evidentemente, lícito), a execução será extinta.

d) **o exequente renunciar ao crédito**: se o credor abrir mão de seu crédito, a execução também será extinta. Não se confunda, porém, renúncia ao crédito com desistência da execução. Esta, conquanto enseje também extinção da execução, é instituto de natureza eminentemente processual, pelo que o beneficiário do título executivo não fica, de regra, impossibilitado de propor (ou requerer – no caso dos títulos executivos judiciais em geral) nova execução.

e) **ocorrer a prescrição intercorrente:** a prescrição é forma extintiva da execução porque prejudica a exigibilidade da pretensão. Destaca-se, a ser respeito, importante questão de direito intertemporal prevista no art. 1.056 do Código, que determina

---

11.11.08) – a não ser que haja descumprimento do acordado entre as partes (situação em que o exequente pode pedir o prosseguimento da execução).

que a extinção da execução em decorrência da prescrição intercorrente se aplicará até para execução em curso, quando da entrada em vigor do CPC/2015, a considerar a imediata aplicação da legislação com sua vigência.

Outras hipóteses justificam a extinção da execução, a exemplo de:

a) **falta de pressuposto processual;**

b) **ausência de condição da ação;**

c) **acolhimento de embargos do devedor onde se discute a prestação.**

Qualquer que seja a hipótese, a extinção da execução, ela só produzirá efeitos quando reconhecida por sentença (art. 925).

A sentença proferida apenas **encerra a execução**, não fazendo coisa julgada material. Possibilita, assim, ao executado, que, se, por exemplo, tiver eventualmente efetuado pagamento a maior, postule a devolução do excesso no mesmo processo.

4. SÚMULAS

Súmulas do STJ

314. Em execução fiscal, não localizados bens penhoráveis, suspende-se o processo por um ano, findo o qual se inicia o prazo da prescrição quinquenal intercorrente.

452. Não está o Poder Judiciário autorizado a promover a extinção de execução (no caso específico, de honorários advocatícios), por considerar tal valor ínfimo. Não se trata, ademais, de uma imposição, mas tão-somente de uma faculdade que a entidade credora dispõe para, a seu critério, desistir de seus créditos, quando inferiores ao limite legal.

5. INFORMATIVOS

Informativos do STJ

Direito processual civil. Nulidade da arrematação. Prazo de lavratura do auto. Remição.

No regime anterior à Lei 11.382/06, é nula a arrematação no caso em que o auto é lavrado no mesmo dia em que realizada a praça, desde que existente pedido tempestivo de remição de bens. O art. 693 do CPC, na redação anterior à Lei 11.382/06, dispunha que o auto de arrematação deveria ser lavrado em 24 horas após a praça ou leilão. A existência desse prazo, que mediava entre o fim da hasta e a lavratura do auto, objetivava a possibilidade do exercício do direito de remição, na forma do hoje revogado art. 788, I, do mesmo diploma legal. Logo, havendo oportuno pedido de remição de bens, a não observância do mencionado prazo de 24 horas acarreta prejuízo aos requerentes. REsp 691.137, Rel. Min. Raul Araújo, j. 4.10.2012. 4ª T. (Info 506)

Acordo. Mandato. Interesse divergente.

[...] realizado o acordo, a execução deve permanecer suspensa até seu cumprimento, sendo precipitada sua extinção, pois, uma vez desrespeitado o ajuste, aí sim o processo deve prosseguir. REsp 1.034.264-DF, Rel. Min. Fernando Gonçalves, julgado em 11/11/2008.

Execução. Higidez. Título. Emenda. Inicial.

[...] deveria ter sido oportunizada a emenda à inicial, para a complementação da instrução, ao invés de extinguir o processo. [...]. REsp 453.096-SC, Rel. Min. Aldir Passarinho Junior, julgado em 17/10/2002.

Execução. Extinção. Inércia. Exequente. Intimação pessoal.

[...] se o abandono, que apenas conduz à extinção do processo sem exame do mérito, exige a intimação pessoal do próprio devedor, é evidente que maior cautela deve ser emprestada para a extinção do processo, com fundamento no art. 794, I, do CPC, sendo impossível atribuir ao silêncio, na execução do saldo devedor, efeito equivalente à disponibilidade do crédito eventualmente remanescente, que deve ser expressa e inequívoca para legitimar o reconhecimento da satisfação integral da obrigação, o que não ocorreu, no caso dos autos. [...]. REsp 854.926-SP, Rel. Min. Luiz Fux, julgado em 17/11/2009.

Honorários advocatícios. Valor irrisório. Equidade.

[...] em ação de execução, decretou-se sua extinção com base no art. 267, IV, do CPC. [...]. REsp 899.193-ES, Rel. Min. Antônio de Pádua Ribeiro, julgado em 21/8/2007.

Embargos à execução. Obrigação de fazer.

[...] com o advento da Lei nº 10.444/2002, as decisões judiciais que impõem obrigação de fazer e não-fazer passaram a ter execução imediata e de ofício, aplicando-se o art. 644 c/c o art. 461 (com a redação da citada lei), ambos do CPC. Assim, se a nova sistemática dispensou o processo de execução como processo autônomo, consequentemente dispensou os embargos [...]. REsp 742.033-DF, Rel. Min. Eliana Calmon, julgado em 2/8/2005.

Repetitivo. Execução fiscal. DCTF. Erro.

A Seção conheceu em parte do recurso e nessa parte desproveu-o quanto à condenação da Fazenda Pública em honorários advocatícios, no caso da extinção de execução fiscal fundada no art. 26 da Lei nº 6.830/1980, pelo cancelamento de débito, diante do pagamento integral antes do ajuizamento da ação. Com efeito, caberia ao contribuinte o ônus dos honorários advocatícios em razão do preenchimento errôneo da declaração de débitos e créditos tributários federais (DCTF); no entanto, tendo protocolado o documento de retificação a tempo de evitar a execução fiscal, descabe tal penalidade, pois a demora foi da Administração em analisar seu pedido. [...]. REsp 1.111.002-SP, Rel. Min. Mauro Campbell Marques, julgado em 23/9/2009.

6. SINOPSE

SUSPENSÃO E EXTINÇÃO DO PROCESSO DE EXECUÇÃO
Considerações iniciais
O processo forma-se e extingue-se, podendo, entre um e outro acontecimento, suspender-se.
Suspensão
A suspensão da execução consiste na abstenção da prática dos atos processuais destinados à satisfação da prestação jurisdicional, em decorrência de decisão judicial fundada em fatos jurídicos, atos jurídicos das partes ou atos judiciais legalmente previstos. O juiz apenas poderá ordenar providências cautelares urgentes. O art. 921 do CPC, de forma não taxativa, preconiza que a execução se suspende: a) nas hipóteses dos arts. 313 e 315, no que couber; b) no todo ou em parte, quando recebidos com efeito suspensivo os embargos à execução; c) quando o executado não possuir bens penhoráveis; d) se a alienação dos bens penhorados não se realizar por falta de licitantes e o exequente, em 15 (quinze) dias, não requerer a adjudicação nem indicar outros bens penhoráveis; e) quando concedido o parcelamento de que trata o art. 916.
Extinção
Assim como todo e qualquer processo, o de execução tem que ser extinto. Nos termos do CPC, extingue-se a execução quando: a) a petição inicial for indeferida; b) a obrigação for satisfeita; c) o executado obtiver, por qualquer outro meio, a extinção total da dívida; d) o exequente renunciar ao crédito; e) ocorrer a prescrição intercorrente.

CAPÍTULO 53

PROCESSOS NOS TRIBUNAIS

1. CONSIDERAÇÕES INICIAIS

O Código de Processo Civil, entre os artigos 926 e 945, traz disposições gerais relacionadas à aplicação e superação dos precedentes nos tribunais, além de outras, também gerais, relativas à ordem dos processos no tribunal.

2. DISPOSIÇÕES GERAIS

2.1. Estabilidade, integridade e coerência da jurisprudência

Para fins de afirmação da segurança jurídica e da própria isonomia, estabelece o art. 926 do Código de Processo Civil, os tribunais devem **uniformizar** sua jurisprudência e mantê-la **estável**, **íntegra** e **coerente**.

A estabilidade da jurisprudência será alcançada quando alterada apenas por justa razão, decorrente de algum fator de superação. Não quer dizer que a jurisprudência deva ser imutável. Não é isso. Contudo, a jurisprudência não pode ser alterada em razão, por exemplo, da simples mudança de composição de um órgão, mediante ingresso de juiz que, pessoalmente, traga diferente convicção, ou mesmo quando os membros de órgão colegiado resolvam, sem justificativa, mudar de posição.

Para modificar a orientação jurisprudencial, deve haver precedência de uma fundamentação, com argumentação suficiente a justificar superação do entendimento anterior. Poderia ser por alteração de fatores jurídicos, políticos, sociais, culturais e até econômicos. Não por outra razão, orienta o enunciado 322 do FPPC que "a modificação de precedente vinculante poderá fundar-se, entre outros motivos, na revogação ou modificação da lei em que ele se baseou, ou em alteração econômica, política, cultural ou social referente à matéria decidida". Se preservados os fatores, a jurisprudência não pode ser modificada.

Todavia, pode ocorrer de a orientação jurisprudencial ser modificada, porque o precedente se revela: inadequado, ante a existência de fundamento(s), suficiente(s) para justificar sua superação, e que não foi(ram) apreciado(s) na sua formação; inexequível, por ser impossível implementá-lo, ante sua relação direta com obrigações consideradas impossíveis ou excessivamente onerosas.

A estabilidade da jurisprudência do tribunal, como orienta o enunciado 316 do Fórum Permanente de Processualistas Civis, depende também da observância de seus próprios precedentes, inclusive por seus órgãos fracionários. O enunciado relembra que, além de se obedecer aos precedentes dos tribunais superiores, deve-se também obedecer à jurisprudência do próprio tribunal. Essa é a orientação do enunciado 453 do FPPC: "a estabilidade a que se refere o caput do art. 926 consiste no dever de os tribunais observarem os próprios precedentes".

Procedimentalmente, a modificação do entendimento sedimentado poderá ser realizada, conforme orientação do enunciado 321 do Fórum Permanente de Processualistas Civis, "nos termos da Lei nº 11.417, de 19 de dezembro de 2006, quando se tratar de enunciado de súmula vinculante; do regimento interno dos tribunais, quando se tratar de enunciado de súmula ou jurisprudência dominante; e, incidentalmente, no julgamento de recurso, na remessa necessária ou causa de competência originária do tribunal".

Por sua vez, alguns defendem, sem razão, que a jurisprudência deve ser íntegra, a não contrariar o texto da lei. Mas, não pode ser o preciso alcance do adjetivo que qualifica a jurisprudência, sobretudo porque se desprezaria a construção normativa e a unidade do sistema jurídico. Aliás, a integridade se relaciona essencialmente à unidade do ordenamento jurídico, e não apenas ao texto legal isolado. Nesse sentido, orienta o enunciado 456 do Fórum Permanente de Processualistas Civis, que "uma das dimensões do dever de integridade consiste em os tribunais decidirem em conformidade com a unidade do ordenamento jurídico".

Admitir que a integridade da jurisprudência estaria, na verdade, relacionada à não contrariedade de texto legal, seria reduzir a ciência jurídica a um medíocre sistema binário, onde, praticamente, os julgadores seriam peças de mero adorno ou, quando muito, robotizados, a ponto de serem veículos para a indicação de uma ou outra opção. Isso porque, por uma imaginada lógica (que não existe, evidentemente), o aplicador do direito apenas escolheria a opção "correta" e descartaria a "equivocada". Só que não é assim. O sistema evolui para aderir aos fatos ocorrentes, conforme circunstâncias que os envoltam.

E, será coerente, a jurisprudência, quando ela tratar casos idênticos da mesma forma, a ratificar as decisões proferidas anteriormente, mediante oferecimento de iguais soluções. Os casos não idênticos, em respeito também à coerência, devem ser julgados de diferentes formas, sem deixar de observar, quando for necessário, os elementos necessários à harmonização de julgados. Aliás, é possível que os casos sejam diferentes, entretanto, ainda assim, o juiz não pode desprezar a linha de precedentes que guarde relação. A coerência, de fato, caminha ao lado não apenas das idênticas questões, mas, também, das que, conquanto diferentes, estejam relacionadas.

O enunciado 454 do Fórum Permanente de Processualistas indica que "uma das dimensões da coerência a que se refere o caput do art. 926 consiste em os tribunais não ignorarem seus próprios precedentes (dever de autorreferência)". Por isso que, nos termos do enunciado 455 do FFPC, tem-se como "uma das dimensões do dever de coerência significa o dever de não contradição, ou seja, o dever de os tribunais não decidirem casos análogos contrariamente às decisões anteriores, salvo distinção ou superação". Outra dimensão da coerência seria, nos termos do enunciado 455 do FPP, "o dever de não-contradição, ou seja, o dever de os tribunais não decidirem casos análogos contrariamente às decisões anteriores, salvo distinção ou superação".

Perceba-se que, quanto à estabilidade, referiu-se apenas à superação, mas, em relação à coerência, refere-se tanto à superação e distinção. Isso é proposital. Efetivamente, a coerência está relacionada à distinção, mas a estabilidade não. Quando se utiliza algum fator de distinção, não se desestabiliza, mas sim, quanto à outra questão, constrói-se seu novo entendimento. Por isso que o enunciado 324 do mesmo FPPC orienta que "lei nova, incompatível com o precedente judicial, é fato que acarreta a não aplicação do precedente por qualquer juiz ou tribunal, ressalvado o reconhecimento de sua inconstitucionalidade, a realização de interpretação conforme ou a pronúncia de nulidade sem redução de texto".

Para ratificar a disposição do art. 926, orienta o enunciado 431 do Fórum Permanente de Processualistas Civis: "o julgador, que aderir aos fundamentos do voto-vencedor do relator, há de seguir, por coerência, o precedente que ajudou a construir no julgamento da mesma questão em processos subsequentes, salvo se demonstrar a existência de distinção ou superação". A dizer de outra forma, o precedente é editado em orientação a todos que compõem o tribunal, mas, especialmente, aqueles que compõem o respectivo órgão. E não é porque não relatou o acórdão originário que deixará de seguir a orientação estabelecida. Se assim não o fizer, desrespeitará a coerência da jurisprudência em âmbito horizontal.

Para que tais qualidades da jurisprudência sejam preservadas, por afirmação à segurança jurídica e à isonomia, os tribunais, na forma estabelecida e segundo os pressupostos fixados em seus respectivos regimentos internos, editarão enunciados de súmula correspondentes à sua jurisprudência dominante e se aterão às circunstâncias fáticas dos precedentes que motivaram sua criação.

Outrossim, sobremaneira em âmbito vertical, os juízes e os tribunais observarão: a) as decisões do Supremo Tribunal Federal em controle concentrado de constitucionalidade[1]; b) os enunciados de súmula vinculante; c) os acórdãos em incidente de assunção de competência ou de resolução de demandas repetitivas e em julgamento de recursos extraordinário e especial repetitivos; d) os enunciados das súmulas do STF em matéria constitucional e do STJ em matéria infraconstitucional; e) a orientação do plenário ou do órgão especial aos quais estiverem vinculados.

Contudo, os juízes e os tribunais não poderão decidir, em grau algum de jurisdição, com base em fundamento a respeito do qual não se tenha dado às partes oportunidade de se manifestar, ainda que se trate de matéria sobre a qual deva decidir de ofício. Por isso que, nos

1. Não por ser precedente vinculante, mas pelo fato de a limitação subjetiva da coisa julgada proferida nas respectivas ações coletivas alcança todas as pessoas.

termos do enunciado 458 do FPPC, "para a aplicação, de ofício, de precedente vinculante, o órgão julgador deve intimar previamente as partes para que se manifestem sobre ele".

E mais.

Não será considerada fundamentada qualquer decisão judicial, seja ela interlocutória, sentença, decisão monocrática ou acórdão, que: a) se limitar à indicação, à reprodução ou à paráfrase de ato normativo, sem explicar sua relação com a causa ou a questão decidida; b) empregar conceitos jurídicos indeterminados, sem explicar o motivo concreto de sua incidência no caso; c) invocar motivos que se prestariam a justificar qualquer outra decisão; d) não enfrentar todos os argumentos deduzidos no processo capazes de, em tese, infirmar a conclusão adotada pelo julgador; e) se limitar a invocar precedente ou enunciado de súmula, sem identificar seus fundamentos determinantes nem demonstrar que o caso sob julgamento se ajusta àqueles fundamentos; f) deixar de seguir enunciado de súmula, jurisprudência ou precedente invocado pela parte, sem demonstrar a existência de distinção no caso em julgamento ou a superação do entendimento[2].

Aliás, convém lembrar que, nos termos do enunciado 459 do Fórum Permanente de Processualistas Civis, "as normas sobre fundamentação adequada quanto à distinção e superação e sobre a observância somente dos argumentos submetidos ao contraditório são aplicáveis a todo o microssistema de formação dos precedentes".

2.2. Modificação da jurisprudência e modulação de efeitos da alteração

Sobre outro aspecto, como antes dito, a estabilidade da jurisprudência não significa imutabilidade. Ela pode sim ser modificada. Mas, para tanto, será necessário esforço argumentativo.

Por conta disso, a modificação de enunciado de súmula, de jurisprudência pacificada ou de tese adotada em julgamento de casos repetitivos (bem assim de qualquer outro precedente vinculante – art. 927 do CPC) observará a necessidade de fundamentação adequada e específica, considerando os princípios da segurança jurídica, da proteção da confiança e da isonomia.

Para garantir a legitimidade da respectiva decisão, a alteração de tese jurídica adotada em enunciado de súmula ou em julgamento de casos repetitivos (a exemplo do que ocorre quando da formação da tese jurídica[3]) poderá ser precedida de audiências públicas e da participação de pessoas, órgãos ou entidades que possam contribuir para a rediscussão da tese.

Não é só.

---

2. Especificamente em relação ao inciso VI do § 1º do art. 489 do CPC, deve-se fazer uma explicação. De acordo com o dito dispositivo legal, considera-se não fundamentada a sentença que "deixar de seguir enunciado de súmula, jurisprudência ou precedente invocado pela parte, sem demonstrar a existência de distinção no caso em julgamento ou a superação do entendimento". Só que, para o juiz assumir tal dever, a(s) parte(s), antes, deve(m) invocar corretamente o enunciado de súmula, a jurisprudência ou o precedente, mediante apresentação da(s) respectiva(s) ratione(s) decidendi. Simples transcrição de ementas não significa invocação, e, sim, mera alusão, que não impõe ao juiz o dever de fundamentar a não adoção do "entendimento" trazido nas ementas colacionadas. Aliás, em situações não raras, a ementa não representa (nem traz) a ratio decidendi do precedente. Assim, não pode o juiz ser imbuído do dever de fundamentar contra a aplicação do "entendimento" ementado.

3. Enunciado 460 do Fórum Permanente de Processualistas Civis: "O microssistema de aplicação e formação dos precedentes deverá respeitar as técnicas de ampliação do contraditório para amadurecimento da tese, como a realização de audiências públicas prévias e participação de *amicus curiae*".

Em razão da segurança jurídica, na hipótese de alteração de jurisprudência dominante do Supremo Tribunal Federal e dos tribunais superiores ou daquela oriunda de julgamento de casos repetitivos, pode haver modulação dos efeitos da alteração no interesse social e no da segurança jurídica. Desse modo, excepecionalmente, a sueração do precedente pode ter eficácia apenas para o futuro (*prospective overruling*), inclusive, se for o caso, com a criação de regime de transição (art. 23 da LINDB). A modulação não depende de provocação, podendo ser determinada de ofício (EDcl no REsp 1.630.889/DF. DJe 16.11.18).

IMPORTANTE! O Superior Tribunal de Justiça decidiu ser cabível a modulação dos efeitos de enunciado de súmula recém editado, para afastar a sua incidência sobre processos já julgados em primeira instância com base em entendimento jurisprudencial anterior (STJ. REsp 1.721.716/PR. DJe 17.12.19. Inf. 662). No caso em questão, que versava sobre seguro de vida em caso de suicídio, o processo havia sido decidido, em primeiro grau, com base no verbete nº 61 da súmula do STJ, condenando a seguradora ao pagamento da indenização pleiteada pela autora. Posteriormente, o enunciado foi cancelado e substituído pelo nº 610, em sentido oposto. Diante disso, o Tribunal de Justiça, ao apreciar a apelação da seguradora, deu provimento ao recurso para julgar improcedente o pedido. A autora interpôs recurso especial, que foi acolhido pelo STJ, por considerar que havia expectativa legítima fundada na jurisprudência vigente no momento do ajuizamento da ação. Com isso, determinou que se aplicasse ao caso, excepcionalmente, a tese jurídica revogada, em atenção à segurança jurídica.

Pode ocorrer de o tribunal, antes de modificar sua jurisprudência, emita um sinal (*signaling*), quando do julgamento dos casos que lhe são, no momento, submetidos. Aliás, o enunciado 320 do FPPC já orienta que "os tribunais poderão sinalizar aos jurisdicionados sobre a possibilidade de mudança de entendimento da corte, com a eventual superação ou a criação de exceções ao precedente para casos futuros". Apesar de, com a sinalização, não modificar ainda seu entendimento, o tribunal deixa clara sua intenção nesse sentido. Se tal fato ocorrer, o tribunal levá-lo-á em consideração para decidir acerca da necessidade (ou não) e (caso positivo) dos termos da modulação de efeitos decorrente da mudança da jurisprudência.

2.3. Publicidade dos precedentes

Os tribunais darão publicidade a seus precedentes, organizando-os por questão jurídica decidida (em temas) e divulgando-os, preferencialmente, na rede mundial de computadores (mas, nada impede que sejam divulgados por outros veículos, a exemplo das publicações em revistas).

2.4. Enumeração e objeto dos casos repetitivos

São considerados casos repetitivos, que podem ter por objeto questão de direito material ou processual, a decisão proferida em: a) incidente de resolução de demandas repetitivas; b) recursos especial e extraordinário repetitivos. Eles (o IRDR e os REsp e RE repetitivos) terão procedimentos específicos, próprios para a resolução dos casos repetitivos, a garantir, além da efetiva participação dos interessados, a de pessoas que possam contribuir para legitimar a decisão.

3. ORDEM DOS PROCESSOS NO TRIBUNAL

3.1. Registro e distribuição

Os autos (de ações originárias, recursos ou remessas necessárias, enfim, de todos os feitos que se originam ou chegam ao tribunal) serão registrados no protocolo do tribunal no dia de sua entrada, cabendo à secretaria ordená-los, com imediata distribuição. A critério do tribunal, os serviços de protocolo poderão ser descentralizados, mediante delegação a ofícios de justiça de primeiro grau.

A distribuição se fará de acordo com o regimento interno do tribunal, observando-se a alternatividade, o sorteio eletrônico e a publicidade, mas, o primeiro recurso protocolado no tribunal tornará prevento o relator para eventual recurso subsequente interposto no mesmo processo ou em processo conexo. Tal prevenção, trazida pelo Código de Processo Civil, estabelece disposição diversa das trazidas pelos regimentos internos de alguns tribunais.

Aplicar-se-á a mesma regra de prevenção aos recursos interpostos nos processos que, embora não conexas, as respectivas ações, possam gerar risco de prolação de decisões conflitantes ou contraditórias se julgadas separadamente. Por força do que estabelece o § 3º do art. 55, se, originariamente, perante o juízo *a quo*, haverá julgamento conjunto, pelas mesmas razões, justifica-se a distribuição por prevenção no tribunal *ad quem*.

Realizada a distribuição, por sorteio ou em razão de prevenção, os autos serão imediatamente conclusos ao relator, que, em 30 dias, depois de elaborar o voto, restitui-los-á, com relatório, à secretaria. Por óbvio, trata-se de um prazo impróprio e, por isso, não enseja nenhuma consequência processual.

3.2. Atribuições do relator

O art. 932 do Código de Processo Civil estabelece algumas das atribuições do relator. Segundo sua disposição, incumbe àquele:

a) **dirigir e ordenar o processo no tribunal, inclusive em relação à produção de prova, bem como, quando for o caso, homologar autocomposição das partes:**

Cabe ao relator, quanto à direção e ordenação do processo no tribunal, praticar todos os atos que incumbem a um juiz, principalmente quando se tratar de uma ação originária. Entretanto, mesmo quando não é (ação originária), há apenas algumas poucas restrições lógicas. Essas atribuições, sob a égide do CPC/1973, não estavam especificadas no texto legal. Isso não quer dizer que não eram, ao relator, designadas. O CPC/2015 apenas afirma a operabilidade e a própria simbologia da legislação. E assim o faz especificamente quando se refere à produção de provas e à homologação de autocomposição entre as partes, a tornar, ao mesmo tempo, clara e estimulada a instrução processual junto ao tribunal e a autocomposição.

b) **apreciar o pedido de tutela provisória nos recursos e nos processos de competência originária do tribunal:**

As tutelas provisórias estão descritas nos artigos 294 e seguintes do CPC. Especificamente no art. 299, resta disposto que "a tutela provisória será requerida ao juízo da causa e, quando antecedente, ao juízo competente para conhecer do pedido principal". Em seguida, estabelece o respectivo parágrafo único: "ressalvada disposição especial, na ação de competência originária de tribunal e nos recursos a tutela provisória será requerida ao órgão jurisdicional competente para apreciar o mérito". Quando o dispositivo se refere ao "órgão jurisdicional", evidentemente, está a se referir, quando for o caso de (ação originária) recurso, ao respectivo tribunal. Mesmo assim, a afirmar a operabilidade, o art. 932, II, do Código de Processo Civil renova a referência.

c) não conhecer de recurso inadmissível, prejudicado ou que não tenha impugnado especificamente os fundamentos da decisão recorrida:

Além das situações em que o recurso for inadmissível (relacionadas à falta de preenchimento dos pressupostos de admissibilidade recursal) e prejudicado (em razão da perda de seu objeto), ele será monocraticamente decidido pelo relator quando o recorrente não impugnar especificamente os fundamentos da decisão recorrida. Essa última hipótese de atuação individual pelo relator foi trazida detalhadamente pela redação do atual Código de Processo Civil[4], a considerar que os casos não eram tão comuns sob a vigência do anterior Código. Aliás, no ano de 1973 (e mesmo antes, naturalmente), a informática não guardava relação com a advocacia (principalmente), onde, quase sempre, eram utilizadas "máquinas de datilografia".

A falta de subsídios para a reprodução de textos (antes apresentados) levava os advogados a elaborar praticamente outros, pelo que seu direcionamento estava voltado à impugnação específica dos fundamentos da decisão recorrida. Acontece que, sob a vigência do CPC/1973, nomeadamente nos anos mais recentes, o aparelhamento (informático) da advocacia se tornou uma realidade, a surgir, daí, a grande facilidade de reprodução de textos (antes apresentados). Tornou-se, então, comum a simples reprodução textual como "razões recursais". Só que, até mesmo por antecederem a decisão, vários recursos não impugnavam especificamente as razões de decidir. Aumentou, a partir de então, a quantidade de recursos sem impugnação específica.

Daí surgiu, também em tom de simbologia, a disposição legal, a tornar claro que a simples reprodução de textos antes utilizados não são suficientes para impugnar especificamente os fundamentos da decisão recorrida. Acontece que o enunciado 82 do Fórum Permanente de Processualistas Civis orienta que "é dever do relator, e não faculdade, conceder o prazo ao recorrente para sanar o vício ou complementar a documentação exigível, antes de inadmitir qualquer recurso, inclusive os excepcionais". Fica, então, a pergunta, amparada no transcrito enunciado: a não observância da dialeticidade pode ser suprida depois da interposição do recurso? A resposta é negativa.

O enunciado se refere a sanar vícios ou complementar documentação exigível. Não trata especificamente de falta de "impugnação específica", que, na redação do art. 932, III, do CPC é diferenciada (o texto legal separa essa situação da inadmissibilidade). Mas não é só (e, por óbvio, não se pode admitir o enunciado como ponto de partida para a construção normativa, e sim o texto). A questão é que, se fosse admitida a complementação das razões recursais, de modo que elas se tornassem, diferentemente do que ocorria no ato da interposição, específicas, estar-se-ia a conceder ao recorrente ampliação de prazo para a interposição, o que parece ser vedado, sob pena de malferir a isonomia e a duração

4. Antes, sob a vigência do CPC/1973, extraía-se a dialeticidade do art. 514, II, que dispunha: "A apelação, interposta por petição dirigida ao juiz, conterá: [...] os fundamentos de fato e de direito".

razoável do processo. A possibilidade de correção aventada pelo enunciado 82 do FPPC é apenas de forma, como confirma o enunciado 197 do FPPC: "Aplica-se o disposto no parágrafo único do art. 932 aos vícios sanáveis de todos os recursos, inclusive dos recursos excepcionais". Não é o caso.

A disposição do art. 932, III, do Código de Processo Civil, quando trata das atribuições do relator, faz referência apenas a "recurso", mas, aí, compreenda-se também a remessa necessária, isso para se entender que, mesmo quando remetidos os autos pelo juízo *a quo*, aquela (a remessa necessária) não será realizada se o relator, monocraticamente, entendê-la como sendo inadmissível ou prejudicada. Obviamente, não ocorrerá ato monocrático do relator, a concluir pela falta de impugnação específica dos fundamentos da decisão recorrida, porque a remessa não traz a dialeticidade consigo. Ela somente será exigida quando se tratar de recurso (em sentido estrito) interposto por qualquer dos legitimados reconhecidos pelo art. 996 do CPC.

O parágrafo único do art. 932 do Código de Processo Civil, em afirmação à cooperação e à própria primazia na resolução do mérito, dispõe que, "antes de considerar inadmissível o recurso, o relator concederá o prazo de 05 dias ao recorrente para que seja sanado vício ou complementada a documentação exigível". É amparado nessa disposição, que o enunciado 83 do Fórum Permanente de Processualistas Civis orienta pela superação do enunciado 115 da súmula do STJ, segundo o qual, "na instância especial é inexistente recurso interposto por advogado sem procuração nos autos". Deve-se permitir a juntada posterior do instrumento de procuração.

d) ***negar provimento a recurso que for contrário a: i) súmula do Supremo Tribunal Federal, do Superior Tribunal de Justiça ou do próprio tribunal; ii) acórdão proferido pelo Supremo Tribunal Federal ou pelo Superior Tribunal de Justiça em julgamento de recursos repetitivos; iii) entendimento firmado em incidente de resolução de demandas repetitivas ou de assunção de competência:***

Em afirmação ao dever de uniformizar a jurisprudência e de mantê-la estável, íntegra e coerente, bem assim à garantia da duração razoável do processo e da própria economia, o relator poderá, até mesmo quando não apresentada contrarrazões pelo recorrido, negar, monocraticamente, provimento a recurso que for contrário aos precedentes enumerados pelo art. 932, V, do CPC.

e) ***depois de facultada a apresentação de contrarrazões, dar provimento ao recurso se a decisão recorrida for contrária a: i) súmula do Supremo Tribunal Federal, do Superior Tribunal de Justiça ou do próprio tribunal; ii) acórdão proferido pelo Supremo Tribunal Federal ou pelo Superior Tribunal de Justiça em julgamento de recursos repetitivos; iii) entendimento firmado em incidente de resolução de demandas repetitivas ou de assunção de competência:***

Por idêntico móbil apresentado no caso anterior, o relator poderá, monocraticamente, dar provimento ao recurso se a decisão recorrida for contrária aos precedentes enumerados pelo art. 932, VI, do CPC. Tais precedentes coincidem com os constantes no inciso V. Para dar ou negar provimento monocraticamente, pois, não há diferença quanto aos precedentes (como ocorria sob a égide do CPC/1973, em que o art. 557 e o respectivo § 1º-A tornavam mais restritas as possibilidades de provimento monocrático, comparativamente àquelas de desprovimento).

Diversamente do que ocorre com os casos de desprovimento, para ser dado provimento monocrático ao recurso, é necessário que, antes, em respeito ao contraditório, seja facultada ao recorrido a apresentação de contrarrazões. Mas, como orienta o enunciado 81 do Fórum Permanente de Processualistas Civis, "por não haver prejuízo ao contraditório, é dispensável a oitiva do recorrido antes do provimento monocrático do recurso, quando a decisão recorrida: (a) indeferir a inicial; (b) indeferir liminarmente a justiça gratuita; ou (c) alterar liminarmente o valor da causa". É que, nestes casos, o contraditório poderá, depois, sem prejuízo, ser exercitado pelo recorrido.

f) decidir o incidente de desconsideração da personalidade jurídica, quando este for instaurado originariamente perante o tribunal:

O incidente de desconsideração da personalidade jurídica está especificamente previsto nos artigos 133 e seguintes do Código de Processo Civil. Ele "é cabível em todas as fases do processo de conhecimento, no cumprimento de sentença e na execução fundada em título executivo extrajudicial" (art. 134). A ser assim, pode ser instaurado originariamente perante o tribunal. Se esse for o caso, tal atribuição será do relator.

Se acontecer de o incidente de desconsideração da personalidade jurídica não ser suscitado originariamente no tribunal, mas por recurso, aí, só poderá ser julgado monocraticamente pelo relator nas hipóteses previstas pelo art. 932, IV e V, do CPC, por amparo em qualquer dos precedentes ali enumerados. E, caso suscitado originariamente, se interposto recurso contra a decisão monocrática (agravo interno), será julgado por órgão colegiado (a não ser que haja retratação por empréstimo de efeito regressivo).

g) determinar a intimação do Ministério Público, quando for o caso:

Os artigos 176 e 177 do Código de Processo Civil estabelecem os casos em que o Ministério Público atuará como fiscal da ordem jurídica e como parte. Adiante, o art. 178 dispõe que o Ministério Público será intimado para, no prazo de 30 dias, intervir como fiscal da ordem jurídica nas hipóteses previstas em lei ou na Constituição Federal e nos processos que envolvam: interesse público ou social; interesse de incapaz; litígios coletivos pela posse de terra rural ou urbana. Sendo necessária a intimação do Ministério Público, ela será determinada monocraticamente pelo relator.

h) ***exercer outras atribuições estabelecidas no regimento interno do tribunal:***

O regimento interno do tribunal pode designar ao relator outras atribuições que não estejam previstas nos anteriores incisos do art. 932 do Código de Processo Civil. De fato, cabe àquele (regimento interno do respectivo tribunal) designar as atribuições específicas, a observar as necessidades do próprio sodalício. O Código de Processo Civil realiza apenas uma designação geral.

3.3. Constatação de fato superveniente

Se o relator constatar a ocorrência de fato superveniente à decisão recorrida ou a existência de questão apreciável de ofício ainda não examinada que devam ser considerados no julgamento do recurso, intimará as partes para que se manifestem no prazo de 05 dias. Tal ocorrerá independentemente de o julgamento ser monocrático ou colegiado.

No caso de julgamento colegiado, se a constatação ocorrer durante a sessão de julgamento, esse será imediatamente suspenso a fim de que as partes se manifestem especificamente. E se a constatação se der em vista dos autos, deverá o juiz que a solicitou encaminhá-los ao relator, que tomará as providências previstas acima (suspender o julgamento e intimar as partes para se manifestarem no prazo de 05 dias), em seguida, solicitará a inclusão do feito em pauta para prosseguimento do julgamento, com submissão integral da nova questão aos julgadores.

Encerrada a sessão, os julgadores não poderão conhecer a nova questão, a não ser que devidamente provocados, mediante a interposição de recurso que seja útil a esse desiderato. Contudo, o mais comum é que outro órgão seja competente para conhecer o recurso interposto posteriormente ao fato superveniente, cabendo aos seus respectivos membros considerar a nova questão.

3.4. Designação, pauta e julgamento

3.4.1. Designação de dia para julgamento

Não sendo o caso de julgamento monocrático, o relator, depois de estudar o caso e adotar as providências necessárias, apresentará os autos ao presidente do órgão, que designará dia para julgamento, ordenando a publicação da pauta no órgão oficial. Pode acontecer de o relator ser o próprio presidente do órgão colegiado, caso em que simplesmente designará dia para julgamento mediante a inclusão do processo em pauta.

Se identificada a ausência ou a irregularidade de publicação da pauta, orienta o enunciado 198 do Fórum Permanente de Processualistas Civis, antes de encerrado o julgamento, o órgão julgador determinará sua correção, procedendo à nova publicação. E, destaque-se, com apoio no enunciado 84 do FPPC: a ausência de publicação da pauta gera nulidade do acórdão que decidiu o recurso, ainda que não haja previsão de sustentação oral, ressalvada, apenas, a hipótese do § 1º do art. 1.024[5] (relativa aos embargos de declaração), na qual a publicação da pauta é dispensável.

3.4.2. Antecedência mínima, vista dos autos e afixação da pauta

Entre a data de publicação da pauta e a da sessão de julgamento decorrerá, pelo menos, o prazo de 05 dias, incluindo-se em nova pauta os processos que não tenham sido julgados, salvo aqueles cujo julgamento tiver sido expressamente adiado para a primeira sessão seguinte. Às partes, mesmo depois da publicação da pauta de julgamento, será permitida vista dos autos em cartório. E, para garantir a publicidade e a própria identificação do julgamento (e de seu local), afixar-se-á a pauta na entrada da sala em que se realizar a sessão de julgamento.

5. Art. 1.024. O juiz julgará os embargos em 5 (cinco) dias.§ 1º Nos tribunais, o relator apresentará os embargos em mesa na sessão subsequente, proferindo voto, e, não havendo julgamento nessa sessão, será o recurso incluído em pauta automaticamente.[...]

3.4.3. Ordem de julgamento

Ressalvadas as preferências legais e regimentais, os recursos, a remessa necessária e os processos de competência originária serão julgados na seguinte ordem: a) aqueles nos quais houver sustentação oral, observada a ordem dos requerimentos; b) os requerimentos de preferência apresentados até o início da sessão de julgamento; c) aqueles cujo julgamento tenha iniciado em sessão anterior; d) os demais casos.

A legislação coloca em prioridade de julgamento, dentre outros, os mandados de segurança, as ações em que sejam partes pessoas de idade igual ou superior a 60 anos, bem assim as portadoras de doenças graves, e os casos regulados pelo Estatuto da Criança e do Adolescente. Além desses casos, pode-se incluir o julgamento de processos em bloco para aplicação de tese jurídica firmada em julgamento de casos repetitivos, o julgamento de recursos repetitivos ou de incidente de resolução de demandas repetitivas e as preferências legais e as metas estabelecidas pelo Conselho Nacional de Justiça.

Por sua vez, os regimentos internos dos tribunais trazem outros casos de preferência de julgamento. O do Superior Tribunal de Justiça, por exemplo, no art. 156, estabelece que, "em caso de urgência, o relator indicará preferência para o julgamento dos feitos criminais, de ações cautelares e de ações relativas a direito de família". O art. 173, II, também coloca em prioridade o mandado de injunção, o habeas data, a requisição de intervenção federal nos Estados, as reclamações e os conflitos de competência e de atribuições.

3.4.4. Sustentação oral

Na sessão de julgamento, depois da exposição da causa pelo relator, o presidente dará a palavra, sucessivamente, ao recorrente, ao recorrido e, nos casos de sua intervenção, ao membro do Ministério Público, pelo prazo improrrogável de 15 minutos para cada um, a fim de sustentarem suas razões, nas seguintes hipóteses, nos termos estabelecidos pelas regras do regimento interno do tribunal: a) no recurso de apelação; b) no recurso ordinário; c) no recurso especial; d) no recurso extraordinário; e) nos embargos de divergência; f) na ação rescisória, no mandado de segurança[6] e na reclamação; g) no agravo de instrumento interposto contra decisões interlocutórias que versem sobre tutelas provisórias de urgência ou da evidência; h) em outras hipóteses previstas em lei ou no regimento interno do tribunal.

O art. 937 do Código de Processo Civil não previu a possibilidade de realização de sustentação oral no agravo de instrumento, a não ser quando interposto contra decisões interlocutórias que versem sobre tutelas provisórias de urgência ou da evidência. Fica a indagação: quando o agravo por instrumento tiver por objeto decisão parcial de mérito, não seria possível a realização de sustentação oral? Acredita-se que sim. Se é permitida a realização na apelação e nos agravos interpostos contra decisões que versem acerca das tutelas provisórias, a dizer de outra forma, em recursos que tratem do mérito da ação (mesmo que provisoriamente decidido), não há porque se restringir a sustentação oral no agravo interposto contra decisão

6. A Lei nº 13.676/2018 alterou o art. 16 da Lei nº 12.016/2009, dando-lhe a seguinte redação: "Nos casos de competência originária dos tribunais, caberá ao relator a instrução do processo, sendo assegurada a defesa oral na sessão do julgamento do mérito ou do pedido liminar".

que julga parcialmente o mérito. Foi por essa razão que o CJF editou o enunciado 61, que orienta: "deve ser franqueado às partes sustentar oralmente as suas razões, na forma e pelo prazo previsto no art. 937, caput, do CPC, no agravo de instrumento que impugne decisão de resolução parcial de mérito".

Por certo, ocorreu uma omissão legislativa, motivada pela recente inclusão, no Código, de disposições que autorizam, expressamente, o julgamento parcial do mérito. Aliás, tal ocorreu em diversas situações que se relacionam às decisões interlocutórias que julgam parcialmente o mérito de forma definitiva. Basta lembrar, a título de exemplo, da amplitude horizontal do efeito devolutivo do agravo de instrumento, interposto contra decisão parcial de mérito, a qual, diferentemente do que posto pelo legislador, contempla todas as questões prévias, relacionadas à parte do mérito que foi julgada definitivamente. Contudo, a lacuna legislativa deve ser colmatada, no caso, para permitir a realização da sustentação em agravo de instrumento interposto contra decisão parcial de mérito.

A não ser assim, a possibilidade de realização de sustentação oral, quando houver cúmulo de ações, ficaria ao alvitre do juiz de primeira instância. Quando ele quisesse que fosse possível a realização de sustentação oral, decidiria tudo em sentença. Mas, se quisesse cercear tal direito relativamente a uma parte do objeto litigioso, bastaria julgar esta parte em decisão parcial de mérito. Naturalmente, não é sob essa perspectiva que deve ser construída a norma, até porque, além de não estar balizada com os mais comezinhos vetores hermenêuticos, transfere o poder de decidir questões relacionadas ao procedimento na instância recursal ao juízo *a quo*, que assim poderia livremente fazer, quando houvesse cúmulo de ações. Só que o direito de sustentar oralmente não pode sofrer risco de mitigação por ter havido cúmulo de ações.

Em acréscimo aos argumentos postos favoravelmente à realização de sustentação oral no agravo de instrumento interposto contra decisão parcial de mérito está a redação do art. 942 do CPC. Ele estabelece técnica de julgamento para a apelação, quando não unânime. O julgamento, em tal caso, terá prosseguimento em sessão a ser designada, com a presença de outros julgadores, ocasião em que será assegurado às partes e a eventuais terceiros o direito de sustentar oralmente suas razões perante os novos julgadores. Só que o § 3º, II, do mencionado dispositivo estabelece que a técnica de julgamento prevista nesse artigo aplica-se, igualmente, ao julgamento não unânime proferido em agravo de instrumento, quando houver reforma da decisão que julgar parcialmente o mérito.

Logo, quando o agravo de instrumento for interposto contra decisão parcial de mérito, será possível a realização de sustentação oral.

Nos processos de competência originária previstos no inciso VI do art. 937 (na ação rescisória, no mandado de segurança e na reclamação), caberá sustentação oral no agravo interno interposto contra decisão de relator que o extinga (com ou sem resolução de mérito). Embora o texto legal não faça referência, na compreensão dos autores deste livro, nos agravos internos interpostos nos casos previstos pelo art. 937, deveria caber realização de sustentação oral, especificamente quando o órgão colegiado decidisse, no primeiro juízo, pela existência de erro do relator ao proferir anterior julgamento monocrático.

De fato, não se pode permitir, por próprio respeito à boa-fé e à duração razoável do processo, que, em casos de recursos de agravo interno interpostos contra precedentes vinculantes, seja sempre permitida a realização de sustentação oral. Seria realmente abusivo. Contudo, quando verificado erro de procedimento ao se julgar monocraticamente, o direito de sustentar oralmente previsto no art. 937 deveria ser preservado. Não poderia um erro de julgamento anterior justificar a mitigação do contraditório.

Assim, no julgamento do agravo interno, se, em primeiro juízo, o órgão colegiado dá provimento ao recurso para reconhecer o erro de procedimento (por se julgar monocraticamente), ele deve, em seguida, antes de passar à análise a questão anteriormente submetida, abrir a oportunidade para a realização da sustentação oral. Só depois, quando oportunizado o contraditório por sustentação oral, é que o órgão colegiado deve passar ao segundo juízo (questão anteriormente apresentada nos casos que cabiam sustentação oral).

Siga-se.

No comum das vezes, o procurador que desejar proferir sustentação oral poderá requerer, até o início da sessão, que o processo seja julgado em primeiro lugar, sem prejuízo das preferências legais.

Quando se tratar de incidente de resolução de demandas repetitivas, a sustentação poderá ser realizada pelo autor e pelo réu do processo originário e pelo Ministério Público, no prazo de 30 minutos, bem assim pelos demais interessados, no prazo de 30 minutos, só que divididos entre todos, sendo exigida inscrição com 02 dias de antecedência. Contudo, a considerar o número de inscritos, o prazo poderá ser ampliado.

Em qualquer caso, dispõe o § 4º do art. 937, é permitido ao advogado com *domicílio profissional em cidade diversa daquela onde está sediado o tribunal* realizar sustentação oral por meio de videoconferência ou outro recurso tecnológico de transmissão de sons e imagens em tempo real, desde que o requeira até o dia anterior ao da sessão. O texto legal faz distinções desnecessárias, a constituir uma lacuna axiológica. De fato, por que o advogado, que tem domicílio profissional na mesma cidade em que está sediado o tribunal não poderia realizar sustentação oral por vídeo conferência ou outro recurso tecnológico? Da mesma forma, quando o advogado, embora tenha domicílio profissional na mesma cidade, encontre-se, momentaneamente, noutra? A construção normativa, a partir do texto legal, deve se balizar pela garantia de acesso e pela eficiência. Permitir a realização de sustentação oral naquela forma deve ser a regra (inclusive para os que estejam na mesma cidade ou, provisoriamente, noutra) e não a exceção (a contemplar apenas a situação literalmente elencada pelo texto).

Destaque-se, por fim, que o STJ recentemente decidiu ser possível ao advogado formular requerimento de tutela provisória em sede de sustentação oral (STJ. REsp 1.332.766/SP. DJe 01.08.17; Inf. STJ 608).

3.4.5. Questão preliminar, providências para julgamento e mérito

Se ocorrer de qualquer das partes suscitar questão preliminar, no julgamento, ela será decidida antes do mérito, deste não se conhecendo caso seja incompatível com a decisão.

Entretanto, constatada a ocorrência de vício sanável, inclusive aquele que possa ser conhecido de ofício, o relator determinará a realização ou a renovação do ato processual, no próprio tribunal ou em primeiro grau de jurisdição, intimadas as partes. Tais providências devem ser adotadas em todos os recursos, inclusive excepcionais, conforme orienta o enunciado 197 do Fórum Permanente de Processualistas Civis.

Nos termos do enunciado 332 do FPPC, "considera-se vício sanável, tipificado no art. 938, § 1º, a apresentação da procuração e da guia de custas ou depósito recursal em cópia, cumprindo ao relator assinalar prazo para a parte renovar o ato processual com a juntada dos originais". Outro exemplo é trazido pelo enunciado 333 do mesmo FPPC: "em se tratando de guia de custas e depósito recursal inseridos no sistema eletrônico, estando o arquivo corrompido, impedido de ser executado ou de ser lido, deverá o relator assegurar a possibilidade de sanar o vício, nos termos do art. 938, § 1º".

Cumprida a respectiva diligência destinada a sanar o vício indicado, o relator, sempre que possível, prosseguirá no julgamento do recurso.

Se for reconhecida a necessidade de produção de prova (em caso de recursos ordinários, exclusivamente), o relator converterá o julgamento em diligência, que se realizará no tribunal ou em primeiro grau de jurisdição, decidindo-se o recurso após a conclusão da instrução.

Se não determinadas as diligências encimadas (para sanar vício e produzir prova) pelo relator, elas poderão ser determinadas pelo órgão competente para julgamento do recurso.

Pode ocorrer, sob outro aspecto, de a preliminar ser rejeitada ou a apreciação do mérito ser com ela (a preliminar) compatível. Nesse caso, seguir-se-ão a discussão e o julgamento da matéria principal, sobre a qual deverão se pronunciar os juízes vencidos na preliminar.

3.4.6. *Vista*

Por ocasião da sessão de julgamento, o relator ou outro juiz que não se considerar habilitado a proferir imediatamente seu voto poderá solicitar vista pelo prazo máximo de 10 dias, após o qual o processo será novamente incluído em pauta para julgamento na sessão seguinte à data da devolução. O autor do pedido de vista não precisa esgotar o prazo. Pode, antes, devolver o processo, que será incluído, de novo, na pauta para julgamento na sessão seguinte. E, antes mesmo de ser entregue os autos em vista, os demais julgadores, que se encontrem aptos, podem proferir seus votos.

Se os autos não forem devolvidos tempestivamente ou se não for solicitada pelo juiz prorrogação de prazo de no máximo mais 10 dias, o presidente do órgão fracionário os requisitará para julgamento do recurso na sessão ordinária subsequente, com publicação da pauta em que for incluído. Passado o prazo máximo, se aquele que fez o pedido de vista ainda não se sentir habilitado a votar, o presidente do órgão colegiado convocará substituto para proferir voto, na forma estabelecida no regimento interno do respectivo tribunal.

Enquanto não proferido o último voto, não poderá ser encerrado o julgamento. A uma, porque o julgamento poderia estar empatado. A duas, porque (mesmo que o julgamento não estivesse empatado) este voto poderia influenciar os demais juízes a modificarem o seu e, assim, a alcançar resultado diverso. A três, porque poderia ser o caso de aplicação da técnica de julgamento prevista no art. 942, que, nas hipóteses previstas, só teria aplicação caso o julgamento no fosse unânime.

3.4.7. Anúncio do resultado do julgamento e redação do acórdão

Proferidos os votos, o presidente anunciará o resultado do julgamento, designando para redigir o acórdão o relator ou, se vencido este, o autor do primeiro voto vencedor.

Observe-se, contudo, que o voto poderá ser alterado até o momento da proclamação do resultado pelo presidente, salvo aquele já proferido por juiz afastado ou substituído. Pode, então, ocorrer de o relator proferir voto, em dissenso aos demais membros, mas, antes de encerrar a sessão voltar atrás e acompanhar a tese vencedora. Nesse caso, ele redigirá o acórdão.

Se o voto vencedor tiver sido proferido por juiz que foi afastado ou substituído, o acórdão será escrito pelo próximo juiz que o acompanhou.

No julgamento de apelação ou de agravo de instrumento, a decisão será tomada, no órgão colegiado, pelo voto de 03 juízes. O mesmo (julgamento no órgão colegiado pelo voto de 03 juízes) ocorrerá no caso do agravo regimental interposto contra decisão que julgar monocraticamente apelação e agravo de instrumento.

Se houver voto vencido, ele será necessariamente declarado e considerado parte integrante do acórdão para todos os fins legais, inclusive de pré-questionamento.

O juiz que ficar designado para redigir o acórdão, mesmo tendo sido o autor do primeiro voto vencedor, não ficará prevento para os demais recursos interpostos no processo ou em processos conexos (exceto se for o caso do recurso de embargos de declaração, que, por essência, visa apenas a aperfeiçoar o julgado recorrido). Ele será apenas encarregado de redigir o acórdão (comumente chamado de "relator para o acórdão"). Os demais recursos interpostos no mesmo processo ou em processos conexos serão, por prevenção, distribuídos ao relator originário.

3.4.8. Julgamento não unânime da apelação (e do agravo de instrumento contra decisão parcial de mérito e da ação rescisória)

3.4.8.1. Considerações gerais

O art. 942 do Código de Processo Civil, em razão da eliminação dos embargos infringentes, institui técnica de julgamento. Quando o resultado da apelação (ou do seguinte agravo interno[7]) for não unânime, o julgamento terá prosseguimento em sessão a ser designada com a presença de outros julgadores, que serão convocados nos termos previamente definidos no regimento interno, em número suficiente para garantir a possibilidade de inversão do resultado inicial, assegurado às partes e a eventuais terceiros o direito de sustentar oralmente suas razões perante os novos julgadores.

> **IMPORTANTE!** A técnica de ampliação de julgamento prevista no CPC/2015 deve ser utilizada quando o resultado da apelação for não unânime, independentemente de ser julgamento que reforma ou mantém a sentença impugnada (STJ. REsp 1.733.820/SC. DJe 10.12.18).
>
> Igualmente, aplica-se a referida técnica caso haja divergência no julgamento da admissibilidade da apelação (STJ. REsp 1.798.705/SC. DJe 28.10.19).

7. Se o objeto do agravo interno for decisão monocrática proferida em apelação, será aplicada a técnica de julgamento do art. 942 do CPC. Isso, porque o direito de ter aplicada a mencionada técnica poderia ser excutido pelo relator, bastando, para tanto, que ele julgasse (mesmo que em erro) monocraticamente o recurso de apelação.

Essa técnica também se aplica ao julgamento não unânime proferido em ação rescisória, quando o resultado for a rescisão da decisão, devendo, nesse caso, seu prosseguimento ocorrer em órgão de maior composição previsto no regimento interno, se já não for ele o competente para o julgamento da própria ação rescisória, bem assim no agravo de instrumento (ou no respectivo agravo interno[8]), quando houver reforma da decisão que julgar parcialmente (e de forma definitiva) o mérito da ação (art. 356 do CPC). Ante a competência funcional dos órgãos que julgam apelação e agravo, de um lado, e, de outro, ação rescisória, pode-se concluir que, para aqueles primeiros, serão convocados, pelo menos, mais dois julgadores, enquanto que, na última, o processo será remetido para órgão de maior composição (se houver). Pode-se, assim, prever uma tendência de as câmaras ou turmas dos tribunais serem formadas por cinco membros (conquanto apenas três participem dos julgamentos das apelações e dos agravos de instrumento), bem assim, nos tribunais, serem formados, onde não houver, órgãos mais fracionados ou amplos, para, respectivamente, julgar a ação rescisória ou aplicar a técnica de julgamento definida pelo art. 942 do CPC.

Aliás, em detida análise do art. 942 do Código de Processo Civil, especificamente quanto à aplicação de seu comando no caso de julgamento não unânime de procedência das ações rescisórias, a técnica estabelecida não exige a "convocação" de outros julgadores "em número suficiente para garantir a possibilidade de inversão do resultado final", mas apenas o seu encaminhamento para órgão de maior composição (por exemplo, da seção especializada, órgão menor, para a corte especial, órgão maior). A dizer de outra forma, mesmo que o quantitativo de julgadores adicionais, que integram o órgão de maior composição, não seja suficiente para garantir a inversão do resultado, a técnica deve ser aplicada no julgamento da ação rescisória. Só não será aplicada se, no tribunal, não houver um órgão de maior composição, comparativamente ao competente para julgar a ação rescisória. Assim, por exemplo, se se trata de ação rescisória intentada contra acórdão da corte especial do tribunal (em regra, órgão da corte com maior número de membros), cabe a esse mesmo órgão o julgamento da ação, de sorte que, sendo o resultado não unânime, não há que se falar em aplicação do art. 942 do CPC, porque não há, em regra, órgão de maior composição a que o processo possa ser remetido.

Nos casos de apelação e de agravo de instrumento (interposto contra decisão parcial de mérito), sendo possível, o prosseguimento do julgamento dar-se-á na mesma sessão, colhendo-se os votos de outros julgadores que porventura componham o órgão colegiado. Porém, deve-se observar que, apesar de ser possível o julgamento na mesma sessão, se qualquer um dos demais julgadores não se sentir confortável, poderá pedir vista dos autos, pelo prazo de 10 dias, para, então, proferir o seu voto. A não ser assim, seria, no mínimo, temerosa a aplicação da técnica, pois os julgadores poderiam não estar inteirados das questões submetidas a julgamento, a considerar a falta de acesso, até mesmo, aos autos do processo. Os julgadores que já tiverem votado poderão rever, até que se encerre o julgamento, seus votos (mesmo que por ocasião da aplicação da técnica do art. 942). Nada impede, portanto, que, em um julgamento suspenso com o resultado parcial de dois votos a um encerre-se, ao fim, de forma

---

8. Pelas razões expostas no capítulo de agravo de instrumento, os autores do presente livro acreditam que a técnica (do art. 942) também se aplica quando o agravo interno fosse interposto contra decisão monocrática que julgou agravo de instrumento, cujo objeto fosse decisão provisória ou decisão parcial de mérito.

unânime, com cinco votos a zero. Antes de proclamado o resultado, qualquer membro do colegiado pode rever seu voto, e essa possibilidade aumenta quando novos pontos de vista são trazidos pelos membros convocados.

Ao incidente de assunção de competência e ao de resolução de demandas repetitivas, à remessa necessária e os julgamentos não unânimes proferidos, nos tribunais, pelo plenário ou pela corte especial, não se aplicará a técnica do julgamento em análise.

E mais.

Como orienta o enunciado 233 do FPPC, ficam superados os enunciados 88 ("São admissíveis embargos infringentes em processo falimentar"), 169 ("São inadmissíveis embargos infringentes no processo de mandado de segurança"), 207 ("É inadmissível recurso especial quando cabíveis embargos infringentes contra o acórdão proferido no tribunal de origem"), 255 ("Cabem embargos infringentes contra acórdão, proferido por maioria, em agravo retido, quando se tratar de matéria de mérito") e 390 ("Nas decisões por maioria, em reexame necessário, não se admitem embargos infringentes") da súmula do STJ como consequência da eliminação dos embargos infringentes[9].

3.4.8.2. *Considerações específicas*

a) ação rescisória:

O vocábulo "sentença", relacionado à "ação rescisória", trazido pelo inciso I do § 3º do art. 942, deve ser compreendido, assim como se faz em diversos outros dispositivos do Código de Processo Civil, em sentido amplo, a incluir a decisão interlocutória, bem como as decisões unipessoais e os acórdãos. Até porque a ação rescisória é cabível contra "decisão de mérito" (expressão também utilizada em acepção ampla) ou qualquer outra que impeça nova propositura da demanda ou a admissibilidade do recurso correspondente (art. 966, *caput* e § 2º, do CPC).

A não ser assim, caso entendido que o vocábulo "sentença" estaria empregado pelo inciso I do § 3º do art. 942 em acepção restrita, seria forçosa a compreensão de que, além de serem incoerentemente diversos os pontos de partida entre os artigos 942 e 966 do CPC, mais uma vez, o texto legal procedera de forma equivocada à injustificada distinção entre os pronunciamentos jurisdicionais (sentença, decisão interlocutória...) em detrimento da formação de julgado de maior qualidade ante a não aplicação da técnica de julgamento.

Logo, mesmo nas ações rescisórias intentadas com a finalidade de desconstituir julgamentos proferidos por intermédio de decisão interlocutória, decisão unipessoal de membro de tribunal ou mesmo acórdão, se julgadas por maioria para rescindir o julgado, aplica-se a técnica de julgamento do art. 942. Daí, advém outra problemática revelada na seguinte indagação: se o julgamento da ação for não unânime para a rescisão do julgado, mas unânime para o novo julgamento, deve ser aplicada a técnica do julgamento do art. 942?

9. Enunciado 466 do Fórum Permanente de processualistas Civis: "A técnica do art. 942 não se aplica aos embargos infringentes pendentes ao tempo do início da vigência do CPC, cujo julgamento deverá ocorrer nos termos dos arts. 530 e seguintes do CPC de 1973".

A pergunta formulada ganha substância quando se verifica que, antes, o art. 530 do CPC/1973 dispunha que "cabem embargos infringentes quando o acórdão não unânime [...] houver julgado procedente ação rescisória [...]". Hoje, o art. 942, § 3º, I, do atual Código de Processo Civil, ao tratar da ação rescisória, restringe a técnica ao julgamento não unânime quando o resultado for a "rescisão" da sentença. O novo texto não se refere mais à "procedência" da ação rescisória, mas, sim, à rescisão da sentença.

Aliás, a ação rescisória usualmente cumula duas ações: a primeira, destinada à rescisão do julgado; a segunda, sucessiva, proveniente da rescisão do julgado, a garantir novo julgamento. Por isso que o art. 968, I, do CPC dispõe que ao autor da ação rescisória caberá "cumular ao pedido de rescisão, se for o caso, o de novo julgamento do processo". A cumulação de ações é sucessiva. Se rescindido o julgado, pode ocorrer de ser necessário novo julgamento do processo.

A resposta ao questionamento decorre da identificação de que o art. 942 não traz uma espécie recursal (como antes ocorria com o art. 530 do CPC/1973), mas uma técnica de julgamento ampliado. Não há, por essa razão, limitação ao efeito devolutivo, especificamente porque o julgamento terá continuidade diante de composição ampliada do órgão jurisdicional. Se não encerrado o julgamento, os componentes do órgão poderão analisar todas as ações cumuladas, inclusive a que se encontrava provisoriamente decidida à unanimidade.

Não por outra razão, a última parte do art. 530 do CPC/1973 estabelecia que "[...] se o desacordo for parcial, os embargos serão restritos à matéria objeto da divergência". O art. 942 do CPC/2015, por sua vez, acertadamente, não repetiu a restrição anterior. Assim, se verificada não unanimidade no julgamento da ação rescisória, seja em juízo rescindendo (de desconstituição do julgamento anterior), seja em juízo rescisório (em novo julgamento do mérito), deverá ser aplicada a técnica de julgamento do art. 942 do CPC/2015.

Nesse sentido, o STJ decidiu, em 13.11.18, que "o colegiado formado com a convocação dos novos julgadores (art. 942 do CPC/2015) poderá analisar de forma ampla todo o conteúdo das razões recursais, não se limitando à matéria sobre a qual houve originalmente divergência" (STJ. REsp 1.771.815/SP. DJe 21.11.18. Inf. 638).

b) agravo de instrumento:

O texto do art. 942 do Código de Processo Civil guarda algumas incoerências de tratamento quanto às espécies recursais nele mencionadas.

O *caput* estabelece que "quando o resultado da apelação for não unânime, o julgamento terá prosseguimento em sessão a ser designada com a presença de outros julgadores, que serão convocados nos termos previamente definidos no regimento interno, em número suficiente para garantir a possibilidade de inversão do resultado inicial, assegurado às partes e a eventuais terceiros o direito de sustentar oralmente suas razões perante os novos julgadores". Por sua vez, o § 3º, inciso II, dispõe que "a técnica de julgamento prevista neste artigo aplica-se, igualmente, ao julgamento não unânime proferido em: [...] agravo de instrumento, quando houver reforma da decisão que julgar parcialmente o mérito".

À apelação, pois, independentemente do conteúdo da sentença, inclusive se ela for terminativa, será aplicada a técnica de julgamento do art. 942. Entretanto ao agravo de instrumento a técnica de julgamento somente será aplicada se o conteúdo da decisão interlocutória for de mérito. Todavia, como na sentença, pode ocorrer de questões processuais serem resolvidas de forma terminativa em decisão interlocutória. Contra esta, caberá agravo de instrumento e, só por isso, não ser aplicada a técnica de julgamento, a considerar que teria utilização se a mesma questão processual terminativa tivesse sido resolvida em sentença.

Basta pensar no caso de exclusão de litisconsorte. Se realizada por decisão interlocutória, caberá agravo de instrumento, nos termos do art. 1.015, VII, do Código de Processo Civil. Se realizada por sentença, caberá apelação. Submetida a mesma questão nos diferentes recursos ao tribunal local, se o julgamento for não unânime, ao agravo de instrumento não será aplicada a técnica de julgamento do art. 942, mas à apelação será. Ou seja, a questão é a mesma. Só por terem sido decididas em momentos diferentes, caberão diferentes recursos. A um aplica-se a técnica de julgamento do art. 942, enquanto ao outro, não.

Certamente, ao modificar o sistema de preclusões imediatas, com a previsão de agravo de instrumento apenas às hipóteses expressamente previstas em lei, o legislador não se apercebeu dessa incoerência. Deveria ter previsto a aplicação da técnica de julgamento do art. 942 também aos agravos de instrumento que veiculassem como objeto questões processuais terminativas previstas no rol do art. 1.015 do CPC, como ocorre com o recurso de apelação. Além de injusta a solução legislativa, enseja o cometimento de erros por parte de todos os sujeitos do processo.

Só que as incoerências de tratamento trazidas pelo texto do art. 942 do CPC não acabam por aí. Para a apelação, que tem ou não o mérito como conteúdo, se o julgamento for não unânime, será aplicada a técnica de julgamento. Todavia, para o agravo de instrumento, cujo objeto seja decisão de mérito, só será aplicada a técnica se houver *reforma* por julgamento não unânime. Assim, na apelação, independentemente do conteúdo da sentença, até se contra sentença terminativa, aplicar-se-á a técnica de julgamento; no agravo, se o conteúdo da decisão interlocutória for o mérito, a técnica só será aplicada, desde que haja reforma por votação não unânime.

Poderia ocorrer de uma parte X do mérito ser julgada por decisão parcial e contra ela ser interposto recurso de agravo de instrumento, e a outra parte, Y, ser julgada por sentença e contra ela ser interposto recuso de apelação. O mesmo aconteceria na ordem inversa: se a parte Y do mérito fosse julgada por decisão parcial de mérito, caberia agravo de instrumento, enquanto que, se a parte X do mérito fosse julgada por sentença, caberia apelação. No fracionamento do mérito, o momento da prolação da decisão pelo juiz é que define o cabimento de um ou outro recurso, seja ele agravo de instrumento ou apelação.

Sendo o momento da prolação da decisão o único fator de definição de cabimento do recurso, não há motivos para o texto legal admitir, de forma mais ampla, a aplicação da técnica de julgamento do art. 942 para a apelação e, de forma mais restrita, para o agravo de instrumento, se ambos têm a aptidão de devolver ao tribunal o mesmo objeto (X ou Y), que compõe o mérito da ação intentada perante o juízo *a quo*. A solução mais justa, sem dúvidas, seria: analisado o mérito da ação, por intermédio de recurso de agravo de instrumento ou de apelação, aplicar-se-ia a técnica de julgamento do art. 942 do CPC. Foi outra, contudo, a opção legislativa, e é esta que deve ser observada.

Há mais uma incoerência no texto legal. O *caput* do art. 942 do Código de Processo Civil possibilita a aplicação da técnica de julgamento "quando o resultado da apelação for não unânime". O § 3º, inciso II, apenas quando no "julgamento não unânime proferido em: [...] agravo de instrumento [...] houver reforma da decisão". Logo, se o julgamento da apelação implicar anulação da sentença (inclusive de mérito) por votação não unânime, será aplicada a técnica de julgamento, mas, se o do agravo tiver a mesma implicação, não será aplicada. Não há razão para o aspecto temporal da prolação de decisão pelo juízo *a quo* definir a aplicação ou não da técnica de julgamento do art. 942 do CPC. Mas, mais uma vez, apesar da incoerência do texto legal, a regra deve ser seguida.

c) interposição de embargos de declaração:

Se o julgamento de apelação ou de agravo de instrumento contra decisão parcial de mérito pelo tribunal local for unânime e, só depois de interposto recurso de embargos de declaração, ao qual seja emprestado efeito modificativo, tornar-se não unânime, deve ser aplicada a técnica de julgamento do art. 942 do Código de Processo Civil?

Os autores deste livro entendem que sim. A técnica terá aplicação quando o "resultado" "for não unânime". O julgamento de embargos de declaração, ao quais seja emprestado efeito modificativo, pode tornar o *resultado* da apelação ou do agravo de instrumento *não unânime*, pelo que restará preenchido o suporte fático do art. 942 do CPC, e, por isso, incidirá a norma que estabelece a técnica de julgamento.

Nesse sentido, o STJ decidiu recentemente que "a técnica de julgamento ampliado do art. 942 do CPC aplica-se aos aclaratórios opostos ao acórdão de apelação quando o voto vencido nascido apenas nos embargos for suficiente para alterar o resultado inicial do julgamento, independentemente do desfecho não unânime dos declaratórios (se rejeitados ou se acolhidos, com ou sem efeito modificativo)" (STJ. REsp 1.786.158/PR. DJe 01.09.20. Inf. 678).

O mesmo deve ocorrer quando o recurso de embargos de declaração for interposto contra decisão que julgar a ação rescisória para rescindir a sentença. Se, com o resultado proveniente do julgamento dos embargos de declaração, os quais detêm efeito integrativo, passa a ser a não unanime o resultado, rescindindo a sentença, deve ser aplicada a técnica de julgamento do art. 942 do CPC.

E o que ocorre se interposto recurso de embargos de declaração contra a decisão proferida pelo órgão ampliado em razão da técnica de julgamento?

A competência para processar e julgar o recurso é do órgão ampliado. Serão convocados os mesmos julgadores ou, na impossibilidade, os seus substitutos, para analisar o cabimento e o mérito dos embargos de declaração.

A ampliação do colegiado decorrente do art. 942 do CPC somente deve ser aplicada uma vez. Ampliada a composição do órgão e finalizado o julgamento da apelação, do agravo ou da ação rescisória, a mesma formação deve ser observada quando do julgamento dos seguintes embargos de declaração. Se, nesta ocasião, houver nova divergência, não há que se falar em convocação de mais membros; o julgamento encerra-se, ainda que não seja unânime.

d) (não) unanimidade do julgamento:

A verificação da unanimidade, para ser concluir pela aplicação ou não da técnica de julgamento do art. 942 também enseja alguns questionamentos. Imagine-se que o julgamento não foi unânime (por dois votos a um) e se determinou a aplicação da técnica. Quando o órgão foi estendido, o juiz prolator do voto divergente refluiu na sua conclusão, pelo que o julgamento passou a ser unânime (três a zero). Neste caso, o julgamento continuaria no órgão estendido, colhendo-se os votos dos dois membros convocados, ou não (considerar-se-ia o resultado apenas dos três primeiros votantes e o julgamento se daria por encerrado)?

Mais uma vez, é preciso analisar o suporte fático de aplicação da técnica do julgamento do art. 942 do Código de Processo Civil. Ele estabelece que, colhidos os votos, se o resultado do órgão originário for não unânime, haverá ampliação, mas não estabelece que, depois, quando já ampliada a composição, haverá retorno na hipótese de um dos juízes originários refluir em seu entendimento para estabelecer a unanimidade. Força, assim, concluir que a técnica será aplicada, ainda que haja, posteriormente, unanimidade entre os juízes originários. Ou seja, mesmo que o prolator do voto divergente adira ao voto vencedor, perfazendo um resultado parcial de três votos a zero, é preciso colher os votos dos dois membros convocados (até porque os votos deles podem ocasionar a mudança de posição de um dos que já tenham votado, porquanto é possível alterar o voto antes de proclamado o resultado final).

A ratificar esta conclusão, de que o julgamento no órgão ampliado continua, apesar de o voto divergente inicial ter aderido à maioria, é ratificada pela disposição do § 2º do art. 942 do CPC, que dispõe: "os julgadores que já tiverem votado poderão rever seus votos por ocasião do prosseguimento do julgamento". Diz-se isso porque o dispositivo, apesar de prever a possibilidade de rever o voto, não estabelece, nesta situação, a prejudicialidade da continuação do julgamento em órgão de composição ampliada.

Situação diferente, porém, ocorre quando há empate na votação. Verificada, obviamente, aí, a não unanimidade, o julgamento terá prosseguimento em órgão ampliado. Se o empate persistir, deve ser extraído o voto médio, que definirá o julgamento. Acontece que, em algumas situações, não é possível extrair o voto médio, mesmo quando aplicada a técnica de julgamento do art. 942 do CPC. Basta pensar no caso em que, em ação de guarda, dois julgadores entendam que ela deva ser do pai, outros dois, da mãe, e o outro da avó materna.

Em situações como tais, deve ser ampliada a convocação (e não haver "nova convocação"). É que o suporte fático do art. 942 do Código de Processo Civil estabelece que devem ser convocados outros julgadores em número suficiente para garantir a possibilidade de inversão do resultado inicial. Se ocorreu empate, porque impossível a extração de voto médio, compreender-se-á que o quantitativo de juízes convocados não foi suficiente para garantir a inversão, razão por que haverá ampliação da convocação.

3.4.9. Registro de votos, acórdãos e demais atos processuais

Os votos, os acórdãos e os demais atos processuais podem ser registrados em documento eletrônico inviolável e assinados eletronicamente, na forma da lei, devendo ser impressos para juntada aos autos do processo quando este não for eletrônico. Por isso, todo acórdão conterá ementa, para que, quando lavrado (o acórdão), a ementa será publicada no órgão oficial no prazo de 10 dias. A ementa, todavia, não constitui requisito do acórdão. Não haverá qualquer invalidade, ante sua ausência. Ela (a ementa) é destinada apenas para fins de registro e publicação no órgão oficial de imprensa.

3.4.10. Publicação do acórdão e substituição

Os acórdãos serão publicados perante o órgão oficial no prazo de até 30 dias, contado da data da sessão de julgamento. Não publicado o acórdão, nesse prazo, as notas taquigráficas o substituirão, para todos os fins legais, independentemente de revisão. Nesse caso, o presidente do tribunal lavrará, de imediato, as conclusões e a ementa e mandará publicar o acórdão.

3.4.11. Precedência do julgamento do agravo de instrumento

Se interposto agravo de instrumento no mesmo processo, ele será julgado antes da apelação. Se ambos os recursos houverem de ser julgados na mesma sessão, terá precedência o agravo de instrumento. Entretanto, se houver cumulação simples de ações e os recursos de agravo de instrumento e de apelação estiverem, cada um deles, relacionados a diferentes ações, a regra da precedência de julgamento não terá aplicação.

Com efeito, o objetivo do texto legal foi: a) acautelar-se contra incoerências entre os julgamentos decorrente de cada recurso, evitando-se desarmonias entre eles; b) concretizar a eficiência da prestação jurisdicional, para que não fosse ofertada atividade jurisdicional na apelação, considerando que o seu objeto poderia estar prejudicado em razão do julgamento do agravo de instrumento.

Entretanto, aqui, o legislador desconsiderou a possibilidade de: a) existir cumulação simples de ações, que obviamente não guardam qualquer relação uma(s) com a(s) outra(s); b) ser fracionado o julgamento do mérito. Se a cumulação é simples e qualquer das ações é resolvida por decisão parcial de mérito, os recursos de apelação e de agravo de instrumento não guardarão qualquer relação.

Por consequência, nesse caso específico (em que há cumulação simples de ações, sendo qualquer delas julgadas por intermédio de decisão parcial de mérito), o agravo de instrumento não precisa ser julgado precedentemente à apelação. Aí, pode ocorrer, sem qualquer afronta à segurança jurídica ou mesmo à eficiência, de, na mesma ou em diferentes sessões, a apelação ser julgada antes do agravo de instrumento.

Se o agravo for julgado antes da apelação e sendo o seu julgamento independente (sem prejuízo ao objeto da apelação), pode acontecer de, invalidada a decisão interlocutória, ser remetida a questão à nova decisão do juízo *a quo*. Se tal ocorrer, será proferida sentença a existir, em razão disso, duas apelações simultâneas (até mesmo ambas pendentes de julgamento) interpostas no mesmo processo.

4. SÚMULAS

Súmulas do STJ

253. O art. 557 do CPC, que autoriza o relator a decidir o recurso, alcança o reexame necessário.

5. ENUNCIADOS DO FPPC

81. Por não haver prejuízo ao contraditório, é dispensável a oitiva do recorrido antes do provimento monocrático do recurso, quando a decisão recorrida: (a) indeferir a inicial; (b) indeferir liminarmente a justiça gratuita; ou (c) alterar liminarmente o valor da causa.

82. É dever do relator, e não faculdade, conceder o prazo ao recorrente para sanar o vício ou complementar a documentação exigível, antes de inadmitir qualquer recurso, inclusive os excepcionais.

83. Fica superado o enunciado 115 da súmula do STJ após a entrada em vigor do CPC ("Na instância especial é inexistente recurso interposto por advogado sem procuração nos autos").

96. Fica superado o enunciado 216 da súmula do STJ após a entrada em vigor do CPC ("A tempestividade de recurso interposto no Superior Tribunal de Justiça é aferida pelo registro no protocolo da Secretaria e não pela data da entrega na agência do correio").

97. Nos casos previstos no §4º do art. 1.007 do CPC, é de cinco dias o prazo para efetuar o preparo.

98. O disposto nos §§ 2º e 4º do art. 1.007 do CPC aplica-se aos Juizados Especiais.

197. Aplica-se o disposto no parágrafo único do art. 932 aos vícios sanáveis de todos os recursos, inclusive dos recursos excepcionais.

198. Identificada a ausência ou a irregularidade de publicação da pauta, antes de encerrado o julgamento, incumbe ao órgão julgador determinar sua correção, procedendo à nova publicação.

200. Fica superado o enunciado 320 da súmula do STJ ("A questão federal somente ventilada no voto vencido não atende ao requisito do prequestionamento").

215. Fica superado o enunciado 187 da súmula do STJ ("É deserto o recurso interposto para o Superior Tribunal de Justiça, quando o recorrente não recolhe, na origem, a importância das despesas de remessa e retorno dos autos").

314. As decisões judiciais devem respeitar os precedentes do Supremo Tribunal Federal, em matéria constitucional, e do Superior Tribunal de Justiça, em matéria infraconstitucional federal.

315. Nem todas as decisões formam precedentes vinculantes.

316. A estabilidade da jurisprudência do tribunal depende também da observância de seus próprios precedentes, inclusive por seus órgãos fracionários.

317. O efeito vinculante do precedente decorre da adoção dos mesmos fundamentos determinantes pela maioria dos membros do colegiado, cujo entendimento tenha ou não sido sumulado.

318. Os fundamentos prescindíveis para o alcance do resultado fixado no dispositivo da decisão (*obiter dicta*), ainda que nela presentes, não possuem efeito de precedente vinculante.

319. Os fundamentos não adotados ou referendados pela maioria dos membros do órgão julgador não possuem efeito de precedente vinculante.

320. Os tribunais poderão sinalizar aos jurisdicionados sobre a possibilidade de mudança de entendimento da corte, com a eventual superação ou a criação de exceções ao precedente para casos futuros.

321. A modificação do entendimento sedimentado poderá ser realizada nos termos da Lei nº 11.417, de 19 de dezembro de 2006, quando se tratar de enunciado de súmula vinculante; do regimento interno dos tribunais, quando se tratar de enunciado de súmula ou jurisprudência dominante; e, incidentalmente, no julgamento de recurso, na remessa necessária ou causa de competência originária do tribunal.

322. A modificação de precedente vinculante poderá fundar-se, entre outros motivos, na revogação ou modificação da lei em que ele se baseou, ou em alteração econômica, política, cultural ou social referente à matéria decidida.

323. A formação dos precedentes observará os princípios da legalidade, da segurança jurídica, da proteção da confiança e da isonomia.

324. Lei nova, incompatível com o precedente judicial, é fato que acarreta a não aplicação do precedente por qualquer juiz ou tribunal, ressalvado o reconhecimento de sua inconstitucionalidade, a realização de interpretação conforme ou a pronúncia de nulidade sem redução de texto.

327. Os precedentes vinculantes podem ter por objeto questão de direito material ou processual.

332. Considera-se vício sanável, tipificado no art. 938, § 1º, a apresentação da procuração e da guia de custas ou depósito recursal em cópia, cumprindo ao relator assinalar prazo para a parte renovar o ato processual com a juntada dos originais.

333. Em se tratando de guia de custas e depósito recursal inseridos no sistema eletrônico, estando o arquivo corrompido, impedido de ser executado ou de ser lido, deverá o relator assegurar a possibilidade de sanar o vício, nos termos do art. 938, § 1º.

431. O julgador, que aderir aos fundamentos do voto vencedor do relator, há de seguir, por coerência, o precedente que ajudou a construir no julgamento da mesma questão em processos subsequentes, salvo se demonstrar a existência de distinção ou superação.

453. A estabilidade a que se refere o caput do art. 926 consiste no dever de os tribunais observarem os próprios precedentes.

454. Uma das dimensões da coerência a que se refere o caput do art. 926 consiste em os tribunais não ignorarem seus próprios precedentes (dever de autorreferência).

455. Uma das dimensões do dever de coerência significa o dever de não contradição, ou seja, o dever de os tribunais não decidirem casos análogos contrariamente às decisões anteriores, salvo distinção ou superação.

456. Uma das dimensões do dever de integridade consiste em os tribunais decidirem em conformidade com a unidade do ordenamento jurídico.

457. Uma das dimensões do dever de integridade previsto no caput do art. 926 consiste na observância das técnicas de distinção e superação dos precedentes, sempre que necessário para adequar esse entendimento à interpretação contemporânea do ordenamento jurídico.

458. Para a aplicação, de ofício, de precedente vinculante, o órgão julgador deve intimar previamente as partes para que se manifestem sobre ele.

459. As normas sobre fundamentação adequada quanto à distinção e superação e sobre a observância somente dos argumentos submetidos ao contraditório são aplicáveis a todo o microssistema de formação dos precedentes.

460. O microssistema de aplicação e formação dos precedentes deverá respeitar as técnicas de ampliação do contraditório para amadurecimento da tese, como a realização de audiências públicas prévias e participação de *amicus curiae*.

461. O disposto no § 2º do art. 927 aplica-se ao incidente de assunção de competência.

462. É nula, por usurpação de competência funcional do órgão colegiado, a decisão do relator que julgar monocraticamente o mérito do recurso, sem demonstrar o alinhamento de seu pronunciamento judicial com um dos padrões decisórios descritos no art. 932.

463. O parágrafo único do art. 932 e o art. 933 devem ser aplicados aos recursos interpostos antes da entrada em vigor do CPC/2015 e ainda pendentes de julgamento.

464. A decisão unipessoal (monocrática) do relator em Turma Recursal é impugnável por agravo interno.

466. A técnica do art. 942 não se aplica aos embargos infringentes pendentes ao tempo do início da vigência do CPC, cujo julgamento deverá ocorrer nos termos dos arts. 530 e seguintes do CPC de 1973.

591. O tribunal dará ampla publicidade ao acórdão que decidiu pela instauração do incidente de arguição de inconstitucionalidade, incidente de assunção de competência ou incidente de resolução de demandas repetitivas, cabendo, entre outras medidas, sua publicação em seção específica no órgão oficial e indicação clara na página do tribunal na rede mundial de computadores.

592. Aplica-se o inciso V do art. 932 ao agravo de instrumento.

593. Antes de inadmitir o recurso especial ou recurso extraordinário, cabe ao presidente ou vice-presidente do tribunal recorrido conceder o prazo de cinco dias ao recorrente para que seja sanado o vício ou complementada a documentação exigível, nos termos do parágrafo único do art. 932.

594. O art. 933 incide no controle concentrado-abstrato de constitucionalidade.

595. No curso do julgamento, o advogado poderá pedir a palavra, pela ordem, para indicar que determinada questão suscitada na sessão não foi submetida ao prévio contraditório, requerendo a aplicação do § 1º do art. 933.

596. Será assegurado às partes o direito de sustentar oralmente no julgamento de agravo de instrumento que verse sobre tutela provisória e que esteja pendente de julgamento por ocasião da entrada em vigor do CPC de 2015, ainda que o recurso tenha sido interposto na vigência do CPC de 1973.

597. Ainda que o resultado do julgamento seja unânime, é obrigatória a inclusão no acórdão dos fundamentos empregados por todos os julgadores para dar base à decisão.

598. Cabem embargos de declaração para suprir a omissão do acórdão que, embora convergente na conclusão, deixe de declarar os fundamentos divergentes.

599. A revisão do voto, após a ampliação do colegiado, não afasta a aplicação da técnica de julgamento do art. 942.

669. O regimento interno pode regulamentar a cooperação entre órgãos do tribunal.

681. Cabe sustentação oral no julgamento do agravo de instrumento interposto contra decisão que versa sobre efeito suspensivo em embargos à execução ou em impugnação ao cumprimento de sentença.

682. É assegurado o direito à sustentação oral para o colegiado ampliado pela aplicação da técnica do art. 942, ainda que não tenha sido realizada perante o órgão originário.

683. A continuidade do julgamento de recurso de apelação ou de agravo de instrumento pela aplicação do art. 942 exige o quórum mínimo de cinco julgadores.

684. Ofende o juiz natural a convocação de julgadores no caso do art. 942, ou no de qualquer substituição, sem critério objetivo estabelecido previamente em ato normativo.

6. ENUNCIADOS DO FNPP

20. A Fazenda Pública tem legitimidade para propor a edição, revisão ou cancelamento de enunciado de súmula de jurisprudência dominante relacionado às matérias de seu interesse.

21. Na decisão que supera precedente, é cabível a modulação de efeitos em favor da Fazenda Pública, inclusive em matéria tributária.

22. A existência de precedente formado em recurso especial ou extraordinário repetitivos ou de súmula do STF ou STJ, em matéria constitucional e infraconstitucional respectivamente, autoriza a não interposição de recurso pela Fazenda Pública ainda que não haja súmula administrativa ou orientação normativa expressa no âmbito do respectivo órgão da Advocacia Pública.

23. A existência de pronunciamento elencado no art. 927 não impede que o órgão da Advocacia Pública oriente a continuidade da discussão judicial da tese até o esgotamento das instâncias ou para arguir superação ou distinção.

24. Aplica-se ao mandado de segurança a técnica de julgamentos não unânimes dos recursos previstos no art. 942 do CPC.

25. A modificação redacional dos arts. 977 e 986 do projeto aprovado pelo Congresso Nacional não afeta a legitimidade da Fazenda Pública para propor a revisão da tese no julgamento de casos repetitivos.

26. Cabe à Advocacia Pública orientar formalmente os órgãos da Administração sobre os pronunciamentos previstos no art. 927, com a finalidade de prevenir litigiosidade e promover isonomia, segurança jurídica e eficiência.

55. É cabível a sustentação oral pelas pessoas jurídicas de direito público quando intervierem na forma do art. 5º, parágrafo único, da Lei nº 9.469/97.

7. ENUNCIADOS DO CJF

59. Não é exigível identidade absoluta entre casos para a aplicação de um precedente, seja ele vinculante ou não, bastando que ambos possam compartilhar os mesmos fundamentos determinantes.

60. É direito das partes a manifestação por escrito, no prazo de cinco dias, sobre fato superveniente ou questão de ofício na hipótese do art. 933, § 1º, do CPC, ressalvada a concordância expressa com a forma oral em sessão.

61. Deve ser franqueado às partes sustentar oralmente as suas razões, na forma e pelo prazo previsto no art. 937, caput, do CPC, no agravo de instrumento que impugne decisão de resolução parcial de mérito.

62. Aplica-se a técnica prevista no art. 942 do CPC no julgamento de recurso de apelação interposto em mandado de segurança.

63. A técnica de que trata o art. 942, § 3º, I, do CPC aplica-se à hipótese de rescisão parcial do julgado.

8. INFORMATIVOS

Informativos do STF

Ausência de impugnação e parágrafo único do art. 932 do CPC

O prazo de cinco dias previsto no parágrafo único do art. 932 do CPC/2015 ["Art. 932. Incumbe ao relator:... III – não conhecer de recurso inadmissível, prejudicado ou que não tenha impugnado especificamente... Parágrafo único. Antes de considerar inadmissível o recurso, o relator concederá o prazo de 5 (cinco) dias ao recorrente para que seja sanado vício ou complementada a documentação exigível"] só se aplica aos casos em que seja necessário sanar vícios formais, como ausência de procuração ou de assinatura, e não à complementação da fundamentação. Com base nessa orientação, a Primeira Turma, por maioria, negou provimento a agravo regimental e condenou a parte sucumbente ao pagamento de honorários advocatícios. Inicialmente, a Turma rejeitou proposta do Ministro Marco Aurélio de afetar a matéria ao Plenário para analisar a constitucionalidade do dispositivo, que, ao seu ver, padeceria de razoabilidade. Na sequência, o Colegiado destacou que, na situação dos autos, o agravante não atacara todos os fundamentos da decisão agravada. Além disso, estar-se-ia diante de juízo de mérito e não de admissibilidade. O Ministro Roberto Barroso, em acréscimo, afirmou que a retificação somente seria cabível nas hipóteses de recurso inadmissível, mas não nas de prejudicialidade ou de ausência de impugnação específica de fundamentos. Vencido o Ministro Marco Aurélio, que provia o recurso. **ARE 953221 AgR/SP, rel. Min. Luiz Fux, 7.6.2016. (ARE-953221). Informativo 829.**

Informativos do STJ

A técnica de julgamento ampliado do art. 942 do CPC aplica-se aos aclaratórios opostos ao acórdão de apelação quando o voto vencido nascido apenas nos embargos for suficiente para alterar o resultado inicial do julgamento, independentemente do desfecho não unânime dos declaratórios (se rejeitados ou se acolhidos, com ou sem efeito modificativo). Inicialmente, salienta-se que o extinto recurso de embargos infringentes (previsto nos arts. 530 e seguintes do CPC/1973) e a técnica de julgamento prevista no art. 942 do CPC/2015 assemelham-se no ponto em que possuem como escopo precípuo o aperfeiçoamento da prestação jurisdicional, com a formação de uma maioria qualificada - de forma a melhor debater a matéria que, a priori, tenha sido decidida de forma não unânime nos tribunais -, com a ressalva das diferenças ontológicas que sobre eles recaem. A alteração legislativa perpetrada transmudou o extinto recurso, que tinha como pressuposto a reforma da sentença de mérito, em técnica processual, que, por sua vez, consoante o disposto no caput, pressupõe tão somente o julgamento não unânime da apelação e a possibilidade de inversão do resultado inicial, independentemente de ter sido reformada ou não a sentença. Enfatiza-se, também, que essa técnica processual não caracteriza novo julgamento, mas sim continuidade daquele no qual não houve unanimidade, sendo que a aplicação desse regramento é um poder-dever do órgão julgador oriundo do voto vencido. Dessume-se, ainda, da leitura do caput do citado dispositivo legal, que a aplicação desse regramento dá-se quando a divergência instaurada no voto vencido for suficiente a alterar o resultado inicial do julgamento. Por outro lado, convém registrar que, se o julgamento recair sobre ação rescisória ou agravo de instrumento, a ampliação do quórum de julgamento prevista no caput do art. 942 do CPC/2015 impor-se-á apenas se a maioria formada a princípio tiver o condão de, respectivamente, rescindir a sentença ou reformar a decisão interlocutória de mérito, segundo o disposto no § 3º, o que constitui exceção à regra. Quanto à aplicação dessa técnica processual especificamente nos embargos de declaração, registra-se, ab initio, a jurisprudência pacífica deste Tribunal, no sentido de que os aclaratórios são cabíveis com o intuito de esclarecer suposta obscuridade, contradição, omissão ou erro material porventura existentes na decisão embargada (nos termos do art. 1.022 do CPC/2015), somente podendo ser-lhes atribuído efeito modificativo, se decorrente do reconhecimento, pelo julgador, de algum dos vícios elencados na lei, por não ser este o escopo precípuo do recurso. Outrossim, impende anotar que os aclaratórios são dotados de efeito integrativo, o qual visa complementar a decisão embargada, a ela se aderindo a fundamentação constante do julgamento dos embargos, constituindo um julgado uno. Acerca dessa característica peculiar dos embargos, destaca-se o entendimento já proferido no voto dos EREsp 1.290.283/GO, seguido pela maioria dos membros da Segunda Seção (DJe 22/5/2018), no qual ficou consignado serem "cabíveis embargos infringentes quando a divergência qualificada desponta nos embargos de declaração opostos ao acórdão unânime da apelação que reformou a sentença". Não obstante aquela questão debatida seja atinente ao cabimento dos extintos embargos infringentes, a lógica jurídica lá utilizada amolda-se, também, à hipótese em análise, que trata da técnica de julgamento ampliado. Isso porque, como visto inicialmente, ambos os institutos processuais possuem, igualmente, o propósito de formação, após a prolação de voto dissidente, de uma maioria qualificada, além de remanescer inalterado o caráter integrativo dos embargos. Desse modo, amparado em tais premissas e mantendo a mesma linha de raciocínio, conclui-se que a técnica de julgamento ampliado, positivada no art. 942 do códex processual em vigor, deve ser observada nos embargos de declaração não unânimes decorrentes de acórdão de apelação, quando a divergência for suficiente à alteração do resultado inicial, pois o julgamento dos embargos constitui extensão da própria apelação, mostrando-se irrelevante o resultado majoritário dos embargos (se de rejeição ou se de acolhimento, com ou sem efeito modificativo). REsp 1.786.158-PR, Rel. Min. Nancy Andrighi, Rel. Acd. Min. Marco Aurélio Bellizze, Terceira Turma, por maioria, julgado em 25/08/2020, DJe 01/09/2020. Inf. 678.

É cabível a modulação dos efeitos do entendimento da Súmula n. 610/STJ no caso de suicídio que tenha ocorrido ainda na vigência do entendimento anterior, previsto nas Súmulas ns. 105/STF e 61/STJ. No caso, a recorrente alega que seu marido contratou junto à seguradora recorrida uma apólice de seguro de vida, contemplando-a como beneficiária. Nesse contrato, o capital segurado seria de R$ 200.000,00 (duzentos mil reais) para morte natural e o dobro para a situação de morte acidental. Contudo, o marido da recorrente faleceu após o cometimento de suicídio, razão pela qual a seguradora negou o pagamento da indenização, sob a justificativa de que o sinistro ocorreu nos primeiros 2 anos de vigência do seguro de vida, conforme o art. 798 do CC/2002. Neste STJ, a jurisprudência anterior ao CC/2002 estava consolidada em dois enunciados: a Súmula 61/STJ e a Súmula n. 105/STF. Mesmo com o advento no novo código, o STJ mantém a aplicação dos mencionados entendimentos sumulares. A alteração da jurisprudência ocorreu em 2015, a partir do julgamento do REsp 1.335.005/GO, pela Segunda Seção, que realizou nova interpretação do disposto no art. 798 do CC/2002. A hipótese em julgamento tem seus fatos anteriores a esta mudança, inclusive a sentença foi proferida em 2014, quando ainda se encontrava presente a jurisprudência anterior do STJ. Posteriormente, em 2018, esta Corte superior consolidou esse novo entendimento jurisprudencial, ao fixá-lo em enunciado sumular assim redigido: o suicídio não é coberto nos dois primeiros anos de vigência do contrato de seguro de vida, ressalvado o direito do beneficiário à devolução do montante da reserva técnica formada. (Súmula n. 610, Segunda Seção, julgado em 25/04/2018, DJe 07/05/2018). Destaque-se que é de fundamental importância para o deslinde desta controvérsia a compreensão de que não se pleiteia a revisão do entendimento do STJ acerca do art. 798 do CC/2002, mas que seja aplicada, à hipótese em julgamento, a orientação jurisprudencial anterior ao julgamento do REsp 1.334.005/GO, pela Segunda Seção, no ano de 2015. Nesse sentido, a fim de se aferir a necessidade de modulação de efeitos, a doutrina destaca que não é qualquer confiança que merece tutela na superação de um entendimento jurisprudencial, mas sim somente a confiança "'justificada', ou seja, confiança qualificada por critérios que façam ver que o precedente racionalmente merecia a credibilidade à época em que os fatos se passaram". A modulação de efeitos deve, portanto, ser utilizada com parcimônia, de forma excepcional e em hipóteses específicas, em que o entendimento superado tiver sido efetivamente capaz de gerar uma expectativa legítima de atuação nos jurisdicionados e, ainda, o exigir o interesse social envolvido. Portanto, constata-se que, de fato, a recorrente ajuizou ação pleiteando a indenização securitária em 09/01/2012 e, ainda no ano de 2014, obteve sentença de 1º grau de jurisdição que julgou procedente seu pedido, com base no entendimento então vigente deste STJ, que ainda refletia vetusta posição do STF sobre matéria de lei federal. No entanto, atento à jurisprudência desta Corte Superior, o Tribunal de origem deu provimento à apelação interposta pela seguradora recorrida, afastando a aplicação da Súmula n. 105 do STF. Na hipótese, é inegável a ocorrência de traumática alteração de entendimento desta Corte Superior, o que não pode ocasionar prejuízos para a recorrente, cuja demanda já havia sido julgada procedente em 1º grau de jurisdição de acordo com a jurisprudência anterior do STJ. Assim, como meio de proteção da segurança jurídica e do interesse social contido na situação em discussão, impõe-se reconhecer, para a hipótese em julgamento, a aplicação do entendimento anterior do

STJ, que está refletido na Súmula n. 105/STF. REsp 1.721.716-PR, Rel. Min. Nancy Andrighi, Terceira Turma, por maioria, julgado em 10/12/2019, DJe 17/12/2019. Inf. 662.

No caso de haver pronunciamento a respeito do crédito e sua classificação, mérito da ação declaratória, o agravo de instrumento interposto contra essa decisão, julgado por maioria, deve se submeter à técnica de ampliação do colegiado prevista no artigo 942, § 3º, II, do Código de Processo Civil de 2015. A questão que se põe a debate é saber se, no caso de provimento, por maioria, do agravo interposto contra decisão que julga improcedentes os pedidos feitos em impugnação de crédito, reformando a decisão de primeiro grau, como na hipótese dos autos, é aplicável a técnica de ampliação do julgamento prevista no artigo 942, § 3º, II, do Código de Processo Civil de 2015. Vale lembrar, no ponto, que, de acordo com o artigo 189 da LFRE, o Código de Processo Civil se aplica aos procedimentos de recuperação judicial e falência no que couber. Saliente-se que, apesar da nomenclatura "incidente", a impugnação ao crédito não é um mero incidente processual na recuperação judicial, mas uma ação incidental, de natureza declaratória, que segue o rito dos artigos 13 e 15 da LFRE. Observa-se que há previsão de produção de provas e, caso necessário, a realização de audiência de instrução e julgamento (art. 15, IV, da LFRE), procedimentos típicos dos processos de conhecimento. Sob essa perspectiva, a decisão que põe fim ao incidente de impugnação de crédito, pronunciando-se quanto à validade do título (crédito), seu valor e a sua classificação, é inegavelmente uma decisão de mérito. Ademais, observa-se que no Decreto-Lei n. 7.661/1945, a decisão que põe fim à impugnação de crédito era denominada de sentença e desafiava o recurso de apelação (art. 97) e, fosse esse o caso, os subsequentes embargos infringentes (REsp 150.002/MG, relator o Ministro Sálvio de Figueiredo Teixeira). Nesse contexto, levando em conta a natureza da decisão, o caso seria até mesmo de aplicação do artigo 942, caput, do CPC/2015. Conclui-se, em vista desses fundamentos, que o agravo de instrumento que, por maioria, reforma decisão proferida em impugnação que se pronuncia acerca da validade e classificação do crédito se inclui na regra legal de aplicação da técnica de julgamento ampliado, pois: (i) o Código de Processo Civil se aplica aos procedimentos de recuperação judicial e falência no que couber; (ii) a impugnação de crédito é uma ação incidental de natureza declaratória, em que o mérito se traduz na definição da validade do título e sua classificação; (iii) a decisão que põe fim ao incidente de impugnação de crédito tem natureza de sentença, fazendo o agravo de instrumento as vezes de apelação, e (iv) se a decisão se pronuncia quanto à validade do título e a classificação do crédito, há julgamento de mérito. REsp 1.797.866-SP, Rel. Min. Ricardo Villas Bôas Cueva, Terceira Turma, por unanimidade, julgado em 14/05/2019, DJe 24/05/2019. Inf. 649.

O colegiado formado com a convocação dos novos julgadores (art. 942 do CPC/2015) poderá analisar de forma ampla todo o conteúdo das razões recursais, não se limitando à matéria sobre a qual houve originalmente divergência. Cinge-se a controvérsia a definir se os desembargadores que chegam para ampliar o colegiado (art. 942 do CPC/2015) poderão rever as questões que haviam sido objeto de julgamento unânime ou se deverão restringir seus votos àquelas questões que haviam sido objeto de divergência. A doutrina enfatiza que a ausência de efeito devolutivo é consequência da natureza jurídica da técnica de ampliação do julgamento, haja vista não se tratar de recurso. Destaca, ainda, que o prosseguimento da deliberação não tem por objetivo a mera ampliação do quórum, mas, sim, proporcionar a ampliação do debate. Tal perspectiva interpretativa, que atribui à técnica em análise um caráter de elemento qualificador do julgamento colegiado, vai ao encontro do paradigma norteador da nova legislação processual, visto que privilegia os esforços para "uniformizar a jurisprudência e mantê-la estável, íntegra e coerente" (art. 926 do CPC/2015). Além disso, o art. 942 do CPC/2015 ostenta o relevante propósito de assegurar uma análise mais aprofundada das teses contrapostas, mitigando os riscos de que entendimentos minoritários prevaleçam em virtude de uma composição conjuntural de determinado órgão fracionário julgador e garantindo que sejam esmiuçadas questões fáticas eventualmente controvertidas. Reforça esse entendimento a parte final do caputdo referido artigo, que dispõe que serão convocados outros julgadores "em número suficiente para garantir a possibilidade de inversão do resultado inicial, assegurado às partes e a eventuais terceiros o direito de sustentar oralmente suas razões perante os novos julgadores". O intuito da norma é manter em aberto o julgamento até ulterior deliberação pelo quórum qualificado, garantindo-se a expressa possibilidade de reversão do resultado inicial. Assim, o colegiado formado com a convocação dos novos julgadores (art. 942 do CPC/2015) poderá analisar de forma ampla todo o conteúdo das razões recursais, não se limitando à matéria sobre a qual houve originalmente divergência. REsp 1.771.815-SP, Rel. Min. Ricardo Villas Bôas Cueva, por unanimidade, julgado em 13/11/2018, DJe 21/11/2018. Inf. 638.

9. SINOPSE

PROCESSOS NOS TRIBUNAIS	
Considerações Iniciais	
O CPC traz disposições gerais relacionadas à aplicação e superação dos precedentes nos tribunais, além de outras, também gerais, relativas à ordem dos processos no tribunal.	
Disposições Gerais	
a) Estabilidade Integridade e coerência da Jurisprudência Os tribunais devem uniformizar sua jurisprudência e mantê-la estável, íntegra e coerente.	
b) Modificação da Jurisprudência e Modulação dos Efeitos da alteração A jurisprudência pode sim ser modificada. Mas, para tanto, será necessário esforço argumentativo. Em razão da segurança jurídica, na hipótese de alteração de jurisprudência dominante do Supremo Tribunal Federal e dos tribunais superiores ou daquela oriunda de julgamento de casos repetitivos, pode haver modulação dos efeitos da alteração (*prospective overruling*) no interesse social e no da segurança jurídica.	
c) Publicidade dos precedentes Os tribunais darão publicidade a seus precedentes, organizando-os por questão jurídica decidida (em temas) e divulgando-os, preferencialmente, na rede mundial de computadores.	
d) Enumeração e objeto dos casos repetitivos São considerados casos repetitivos, que podem ter por objeto questão de direito material ou processual, a decisão proferida em: a) incidente de resolução de demandas repetitivas; b) recursos especial e extraordinário repetitivos.	
Ordem dos processos no tribunal	
a) registro e distribuição Os autos (de ações originárias, recursos ou remessas necessárias, enfim, de todos os feitos que se originam ou chegam ao tribunal) serão registrados no protocolo do tribunal no dia de sua entrada, cabendo à secretaria ordená-los, com imediata distribuição.	
b) atribuições do relator Cabe ao relator: i) dirigir e ordenar o processo no tribunal, inclusive em relação à produção de prova, bem como, quando for o caso, ii) homologar autocomposição das partes; apreciar o pedido de tutela provisória nos recursos e nos processos de competência originária do tribunal; iii) não conhecer de recurso inadmissível, prejudicado ou que não tenha impugnado especificamente os fundamentos da decisão recorrida; iv) negar provimento a recurso que for contrário: à súmula do Supremo Tribunal Federal, do Superior Tribunal de Justiça ou do próprio tribunal; a acórdão proferido pelo Supremo Tribunal Federal ou pelo Superior Tribunal de Justiça em julgamento de recursos repetitivos; a entendimento firmado em incidente de resolução de demandas repetitivas ou de assunção de competência; v) depois de facultada a apresentação de contrarrazões, dar provimento ao recurso se a decisão recorrida for contrária a: súmula do Supremo Tribunal Federal, do Superior Tribunal de Justiça ou do próprio tribunal; acórdão proferido pelo Supremo Tribunal Federal ou pelo Superior Tribunal de Justiça em julgamento de recursos repetitivos; entendimento firmado em incidente de resolução de demandas repetitivas ou de assunção de competência; vi) decidir o incidente de desconsideração da personalidade jurídica, quando este for instaurado originariamente perante o tribunal; vii) determinar a intimação do Ministério Público, quando for o caso; viii) exercer outras atribuições estabelecidas no regimento interno do tribunal.	
c) constatação de fato superveniente Se o relator constatar a ocorrência de fato superveniente à decisão recorrida ou a existência de questão apreciável de ofício ainda não examinada que devam ser considerados no julgamento do recurso, intimará as partes para que se manifestem no prazo de 05 dias.	
d) designação, pauta e julgamento	
Designação do dia de julgamento	Não sendo o caso de julgamento monocrático, o relator, depois de estudar o caso e adotar as providências necessárias, apresentará os autos ao presidente do órgão, que designará dia para julgamento, ordenando a publicação da pauta no órgão oficial.
Antecedência mínima	Entre a data de publicação da pauta e a da sessão de julgamento decorrerá, pelo menos, o prazo de 05 dias, incluindo-se em nova pauta os processos que não tenham sido julgados, salvo aqueles cujo julgamento tiver sido expressamente adiado para a primeira sessão seguinte.

Ordem de julgamento	Ressalvadas as preferências legais e regimentais, os recursos, a remessa necessária e os processos de competência originária serão julgados na seguinte ordem: a) aqueles nos quais houver sustentação oral, observada a ordem dos requerimentos; b) os requerimentos de preferência apresentados até o início da sessão de julgamento; c) aqueles cujo julgamento tenha iniciado em sessão anterior; d) os demais casos;
Sustentação oral	Na sessão de julgamento, depois da exposição da causa pelo relator, o presidente dará a palavra, sucessivamente, ao recorrente, ao recorrido e, nos casos de sua intervenção, ao membro do Ministério Público, pelo prazo improrrogável de 15 minutos para cada um;
Questão preliminar	Se ocorrer de qualquer das partes suscitar questão preliminar, no julgamento, ela será decidida antes do mérito, deste não se conhecendo caso seja incompatível com a decisão;
Vista	Por ocasião da sessão de julgamento, o relator ou outro juiz que não se considerar habilitado a proferir imediatamente seu voto poderá solicitar vista pelo prazo máximo de 10 dias;
Anúncio do resultado	Proferidos os votos, o presidente anunciará o resultado do julgamento, designando para redigir o acórdão o relator ou, se vencido este, o autor do primeiro voto vencedor;
Julgamento não unânime da apelação:	Quando o resultado da apelação for não unânime, o julgamento terá prosseguimento em sessão a ser designada com a presença de outros julgadores, que serão convocados nos termos previamente definidos no regimento interno, em número suficiente para garantir a possibilidade de inversão do resultado inicial, assegurado às partes e a eventuais terceiros o direito de sustentar oralmente suas razões perante os novos julgadores;
Registro	Os votos, os acórdãos e os demais atos processuais podem ser registrados em documento eletrônico inviolável e assinados eletronicamente, na forma da lei, devendo ser impressos para juntada aos autos do processo quando este não for eletrônico;
Publicação	Os acórdãos serão publicados perante o órgão oficial no prazo de até 30 dias, contado da data da sessão de julgamento;
Precedência do julgamento do agravo de instrumento	Se interposto agravo de instrumento no mesmo processo, ele será julgado antes da apelação. Se ambos os recursos houverem de ser julgados na mesma sessão, terá precedência o agravo de instrumento.

CAPÍTULO 54

INCIDENTE DE ASSUNÇÃO DE COMPETÊNCIA

Sumário • 1. Considerações iniciais – 2. Pressupostos – 3. Legitimidade – 4. Competência – 5. Vinculação – 6. Procedimento: 6.1. Generalidades; 6.2. Particularidades – 7. Alteração de tese jurídica adotada em incidente de assunção de competência – 8. Súmulas – 9. Enunciados do FPPC – 10. Enunciados do CJF – 11. Sinopse.

1. CONSIDERAÇÕES INICIAIS

O art. 947 do CPC/2015 (a exemplo do que ocorria com o § 1º do art. 555 do CPC/1973, embora com algumas diferenças) traz, como (um) instrumento de uniformização de jurisprudência (a fim de mantê-la estável, íntegra e coerente), o agora denominado incidente de assunção de competência. Ele, essencialmente (mas não apenas), busca prevenir a divergência jurisprudencial interna (de qualquer tribunal)[1], mediante transferência da competência, a um órgão colegiado de maior composição, com a finalidade de julgar o recurso, a remessa necessária ou a ação originária no tribunal, cujas respectivas decisões terão efeito vinculante.

2. PRESSUPOSTOS

É admissível o incidente de assunção de competência, conforme dispõe o art. 947 do Código de Processo Civil, quando o julgamento de recurso, de remessa necessária ou de ação de competência originária envolver relevante questão de direito, com grande repercussão social, sem repetição em múltiplos processos.

Será analisado cada um desses pressupostos de admissibilidade necessários à instauração do incidente de assunção de competência.

a) julgamento em curso:

A tempestividade, aferida em razão da existência de julgamento em curso, é pressuposto para a admissibilidade do incidente de assunção de competência. A sua instauração deve anteceder ao julgamento colegiado (do recurso, da remessa necessária ou da ação de competência originária), a ser suscitado por qualquer dos legitimados antes de finalizado aquele (o julgamento). Até porque o incidente de assunção de competência tem natureza essencialmente

1. Essa conclusão foi alcançada pelo Fórum Permanente de Processualistas Civis, quando editou o enunciado 468, de acordo com o qual "o incidente de assunção de competência aplica-se em qualquer tribunal".

preventiva e apenas excepcionalmente corretiva, mas não serve a desconstituir, com eficácia rescindente (com posterior eficácia rescisória), questão passada em julgado.

O estudado incidente não se presta a uniformizar julgamento já proferido, mesmo que pendente de análise embargos de declaração (STJ. EDcl no AgRg no Ag 968141/SP. DJU 05.08.08), porque eles têm finalidade restrita, destinada apenas a aperfeiçoar o julgado recorrido. Somente em algumas poucas hipóteses (ante da verificação de omissão), poder-se-ia até admitir a instauração do incidente quando do julgamento dos embargos, o que, mesmo assim, não seria para uniformizar a jurisprudências, mas apenas para prevenir sua divergência.

Nos demais casos, seria muito difícil até mesmo justificar a instauração do incidente de uniformização, quando do julgamento dos embargos. O único caso imaginável diria respeito à interpretação da tese jurídica relacionada à definição do que seria "omissão", "contradição" e "obscuridade". Enfim, do alcance da cognição dos embargos declaratórios. Mas, a tese jurídica relacionada ao julgamento de fundo do caso concreto não justificaria a instauração do incidente, quando do julgamento do recurso referido.

De qualquer modo, apesar da restrição quanto aos embargos de declaração, quando fala em "julgamento em curso", não se deve compreender apenas o agravo e a apelação, bem assim recurso extraordinário ou recurso especial, sob o pretexto de que o § 4º do art. 947 do Código[2] se refere à "câmara" ou "turma". Certamente, a utilização dos ditos vocábulos não tem a aptidão de precisar o alcance do incidente de assunção de competência, especialmente se se considerar que não somente a "câmara" e a "turma" são os únicos órgãos fracionários de um tribunal. Há, como se sabe, também a "seção" como outro órgão fracionário, que, não raras vezes, tem competência para ações originárias.

Assim, a compreensão deve ser no sentido de que o julgamento em curso perante qualquer órgão fracionário é suficiente para preencher o respectivo pressuposto para a instauração do incidente de assunção de competência. E o órgão fracionário pode ser de qualquer tribunal, inclusive os superiores. Basta, como está claro, que não seja o órgão plenário ou a corte especial (onde houver), para preencher o requisito de instauração do incidente de assunção de competência.

IMPORTANTE! A Primeira Seção do Superior Tribunal de Justiça decidiu que "ausentes as hipóteses expressamente elencadas no art. 947 do CPC/2015, não se estando diante de recurso, remessa necessária ou processo de competência originária deste Tribunal Superior, é inadmissível a instauração do incidente de assunção de competência no âmbito desta Corte" (AgInt na Pet 12.642/SP, Rel. Min. Og Fernandes, DJe 19.08.19, Inf. 659). Em outras palavras, para que seja cabível o incidente, é preciso que haja processo de competência do tribunal pendente de julgamento. Se o(s) processo(s) tramita(m) em órgãos jurisdicionais de grau inferior, é inadmissível o requerimento de instauração do IAC formulado diretamente à corte.

b) questão de direito envolvida com o recurso, remessa necessária ou processo de competência originária do tribunal:

Questão de direito é que trata de situação jurídica a ser resolvida sem que se tenha de levar em consideração os fatos ocorridos e/ou a sua avaliação enquanto fatos. O incidente de

2. Art. 947. É admissível a assunção de competência quando o julgamento de recurso, de remessa necessária ou de processo de competência originária envolver relevante questão de direito, com grande repercussão social, sem repetição em múltiplos processos.[...] § 4º Aplica-se o disposto neste artigo quando ocorrer relevante questão de direito a respeito da qual seja conveniente a prevenção ou a composição de divergência entre câmaras ou turmas do tribunal.

assunção de competência se adstringe às questões de direito, porquanto, além de serem, pelo menos em regra, mais abrangentes, colocam-se em nível de abstração para serem aplicadas suas respectivas conclusões jurídicas (e as próprias razões de decidir) a outros casos.

Ela (a questão de direito) deve ser apresentada por recurso, remessa necessária ou processo de competência originária, porque o incidente só pode ser suscitado perante (ou por) órgãos colegiados integrantes do tribunal. Não se pode suscitar o incidente perante (ou por) órgãos monocráticos, nem muito menos admitir sua instauração por decisão monocrática, mesmo que proferida por membro do tribunal.

Especificamente quanto aos recursos, pouco importa sua natureza. O incidente de assunção de competência pode ser instaurado na pendência de qualquer deles. Há apenas algumas exceções. A primeira se relaciona aos embargos de declaração, pois, como antes dito, visam apenas a aperfeiçoar o julgado recorrido. A segunda se relaciona aos recursos extraordinários e especiais afetados à sistemática repetitiva, porque a vinculatividade pretendida com a instauração do incidente já seria alcançada.

c) questão de direito relevante:

Considera-se relevante a questão de direito que (embora não se repita) tenha potencial para se repetir noutros processos. A questão é relevante, então, porque, num juízo de previsão, realizado a partir dos argumentos apresentados pelas partes, ou mesmo pelos legitimados a requerer a instauração do incidente, pode haver multiplicação de casos. Então, o julgador, para evitar divergência futura, desloca a competência para órgão de maior composição, que editará decisão vinculativa. Tal resolverá os casos que poderão se levados à solução jurisdicional ou mesmo evitará que eles (os casos) sejam levados ao Poder Judiciário (ou à solução jurisdicional, de uma forma mais ampla).

d) questão de direito de grande repercussão social:

Para que a questão de direito tenha grande repercussão social, é necessário que, antes, ela seja relevante. Não há como ter grande repercussão social e não ser relevante. A repercussão social diz respeito à abrangência da questão, que, além de social propriamente dita, pode ser jurídica, econômica, política. Por isso que o enunciado 469 do Fórum Permanente de Processualistas Civis orienta que "a 'grande repercussão social', pressuposto para a instauração do incidente de assunção de competência, abrange, dentre outras, repercussão jurídica, econômica ou política".

e) questão de direito sem repetição em múltiplos processos:

Como o incidente de assunção de competência visa a prevenir a divergência, não deve haver repetição de múltiplos processos, pelo menos no momento de sua instauração. Por isso que o enunciado 334 do FPPC orienta que, "por força da expressão 'sem repetição em múltiplos processos', não cabe o incidente de assunção de competência quando couber julgamento de casos repetitivos".

Caso existam "múltiplos processos" (expressão que constitui um conceito jurídico indeterminado), deve-se instaurar, em lugar do incidente de assunção de competência, o de resolução de demandas repetitivas ou até mesmo interposto recurso extraordinário ou especial a ser afetado à sistemática de julgamento repetitivo. Até porque esses outros instrumentos de uniformização, ao invés de prevenir a divergência jurisprudencial, visam a superá-la.

Todavia, se, depois de instaurado o incidente de assunção de competência, a questão vier a se repetir em múltiplos processos, ele (o incidente) não ficará prejudicado, já que se deve considerar a verificação do preenchimento dos pressupostos de admissibilidade no momento da instauração (sem contar que, entender de forma contrária, ou seja, pela prejudicialidade, seria a malferir a eficiência).

Questão de Concurso

► **(Cespe – Juiz de Direito – PR/2017)**[3] Assinale a opção correta no que concerne a ordem dos processos, incidentes e causas de competência originárias dos tribunais.

a) Em razão de seu caráter vinculante, o mérito do incidente de resolução de demandas repetitivas deve ser julgado pelo plenário ou órgão especial do tribunal de justiça em que tramite a causa que der ensejo ao incidente.

b) Na hipótese de estabilização da tutela provisória antecipada em razão da não interposição de recurso, será cabível ação rescisória para rever, reformar ou invalidar a tutela concedida, sendo de dois anos o prazo para tal, contados da decisão que extinguir o processo.

c) O incidente de assunção de competência pode ter por objeto a solução de relevante questão de direito material ou processual em hipótese em que não caiba julgamento de casos repetitivos.

d) Para o preenchimento do requisito do prequestionamento, a matéria suscitada no recurso especial deve ter sido debatida no voto condutor do acórdão recorrido e não apenas no voto vencido, porque este não compõe o acórdão para fins de impugnação.

3. LEGITIMIDADE

Nos termos do § 1º do art. 947 do Código de Processo Civil, ocorrendo a hipótese de assunção de competência, o relator proporá, de ofício ou a requerimento da parte, do Ministério Público ou da Defensoria Pública, que seja o recurso, a remessa necessária ou o processo de competência originária julgado pelo órgão colegiado que o regimento indicar. Não se pode dizer que esse rol é taxativo, porque o relator pode propor de ofício.

Aliás, relativamente ao § 1º do art. 555 do CPC/1973, há uma (expressa) ampliação do rol de legitimados a requerer a instauração do incidente de assunção de competência. Ali, apenas se reconhecia a legitimidade do relator, a quem caberia agir de maneira oficiosa. Mas, há de se convir que, se o incidente pode ser instaurado oficiosamente, qualquer um poderia formular requerimento para instauração.

Pode-se, então, dizer que a ampliação do rol de legitimados para requerer a instauração do incidente de assunção de competência foi muito mais simbólica, a fim de se estimular o uso do referido instrumento de uniformização de jurisprudência. Isso porque, sob a égide do CPC/1973, aquele não alcançou a necessária frequência de utilização. Coube ao CPC/2015 trazer um rol mais amplo de legitimados.

3. Gabarito: Letra C.

Questão de Concurso

► **(Consulplan – Cartórios – Remoção – TJ – MG/2017)**[4] Sobre o novel Incidente de Assunção de Competência – IAC, previsto no CPC/2015, **NÃO** é correto afirmar que

a) é admissível quando o julgamento de recurso, de remessa necessária ou de processo de competência originária envolver relevante questão de direito, com grande repercussão social, sem repetição em múltiplos processos.

b) o acórdão proferido no IAC vinculará todos os juízes e órgãos fracionários, exceto se houver revisão de tese.

c) aplica-se o IAC quando ocorrer relevante questão de direito a respeito da qual seja conveniente a prevenção ou a composição de divergência entre câmaras ou turmas do tribunal.

d) não poderá ser proposto de ofício pelo relator, devendo ser postulado somente pela parte, Ministério Público ou Defensoria Pública.

4. COMPETÊNCIA

Admitido o incidente de assunção de competência, dispõe o § 1º do art. 947, ele será julgado, juntamente com o recurso, a remessa necessária e a ação originária, pelo órgão colegiado que o regimento indicar. Nos termos do enunciado 202 do Fórum Permanente de Processualistas Civis, "o órgão colegiado a que se refere o § 1º do art. 947 deve atender aos mesmos requisitos previstos pelo art. 978", ou seja, ser responsável, conforme regimento interno, pela uniformização de jurisprudência do tribunal.

A ser assim, o órgão colegiado, que julgará (além do recurso, da remessa necessária e da ação originária) o incidente de assunção de competência, deve ser mais amplo que o fracionário, mas não precisa ser, necessariamente, o plenário ou o órgão especial. A maior amplitude de composição, ao passo que amplia a discussão em torno da questão de direito relevante e de ampla repercussão social, evita o surgimento de ações repetidas e resolve as que eventualmente estejam (ou venham a se tornar) pendentes.

5. VINCULAÇÃO

O § 3º do art. 947 do Código de Processo Civil dispõe que o acórdão proferido em assunção de competência vinculará todos os juízes e órgãos fracionários, exceto se houver revisão de tese[5].

4. Gabarito: Letra D.

5. Para modificar a orientação jurisprudencial, deve haver precedência de uma fundamentação, com argumentação suficiente a justificar superação do entendimento anterior. Poderia ser por alteração de fatores jurídicos, políticos, sociais, culturais e até econômicos. Não por outra razão, orienta o enunciado 322 do FPPC que "a modificação de precedente vinculante poderá fundar-se, entre outros motivos, na revogação ou modificação da lei em que ele se baseou, ou em alteração econômica, política, cultural ou social referente à matéria decidida". Se preservados os fatores, a jurisprudência não pode ser modificada. Todavia, pode ocorrer de a orientação jurisprudencial ser modificada, porque o precedente se revela: inadequado, ante a existência de fundamento(s), suficiente(s) para justificar sua superação, e que não foi(ram) apreciado(s) na sua formação; inexequível, por ser impossível implementá-lo, ante sua relação direta com obrigações consideradas impossíveis ou excessivamente onerosas.

A disposição legal constitui apenas reforço de texto normativo, a considerar que o art. 927, III, do Código estabelece que os juízes e os tribunais observarão os acórdãos em incidente de assunção de competência. Essa vinculatividade possibilita o julgamento imediato de improcedência (art. 332, III, CPC), torna despicienda a remessa necessária (art. 496, § 4º, III, do CPC) e permite julgamento monocrático (art. 932 do CPC).

Se contra a decisão do incidente de resolução de assunção de competência for interposto recurso (para os tribunais superiores, obviamente), o respectivo julgamento (do incidente) será substituído (pelo do recurso), haja ou não provimento ao recurso. A pergunta que vem à tona é a seguinte: nessa situação, o resultado do julgamento do recurso interposto seria vinculante ou não, especialmente a considerar que os recursos referidos poderiam ser julgados sem a sistemática dos repetitivos?

A pergunta advém da disposição do art. 927, III, do Código de Processo Civil, que estabelece: "os juízes e os tribunais observarão: [...] os acórdãos em incidente de assunção de competência ou de resolução de demandas repetitivas e em julgamento de recursos extraordinário e especial repetitivos". Referido texto legal coloca como vinculantes os precedentes constituídos em julgamento de incidente de assunção de competência e julgamento de RE e REsp repetitivos, mas não de julgamento de RE e REsp sem afetação à sistemática repetitiva.

Independentemente do resultado do recurso interposto contra o acórdão que julga incidente de assunção de competência, a dizer de outra forma, seja ele provido ou desprovido, terá também efeito vinculante. É que o recurso, quando admitido, tem efeito substitutivo. A respectiva decisão, independentemente do órgão julgador que a profira, terá eficácia vinculante no âmbito local, a considerar a competência do respectivo tribunal de origem. A eficácia vinculante, entretanto, não alcançará todo o território nacional, porque haverá apenas a substituição da decisão originária do incidente.

Para que o incidente viesse a ter eficácia em todo o território nacional, seria necessário que, quando o julgamento do RE ou REsp, fosse instaurado, perante o STF ou STJ, outro incidente de assunção de competência, a ser julgado por qualquer deles. Também poderia ocorrer, para se alcançar o efeito vinculante a todo território nacional, de o RE ou REsp, ante a posterior multiplicação de casos, ser afetado à sistemática repetitiva. Então, o seu julgamento ensejaria a edição de acórdão, que teria, igualmente, eficácia vinculante para todo território nacional.

Duas outras constatações, porém, são essenciais.

A primeira, diz respeito à possibilidade de REsp ser provido pelo STJ sob o entendimento de que não seria o caso de instauração do incidente de assunção de competência. Nesse caso, o julgamento daí provindo não teria efeito vinculante (além do que, evidentemente, retiraria a eficácia vinculante do acórdão recorrido).

A segunda, diz respeito à possibilidade de o RE ou REsp não ser interposto pelas partes do processo, situação em que resultado teria efeito vinculante (a não ser na exceção acima pontada), mas a substituição não alcançaria as partes, que seriam regidas pela decisão proferida na instância anterior.

6. PROCEDIMENTO

6.1. Generalidades

Em razão do que dispõe o art. 947 do Código de Processo Civil, o incidente de assunção de competência passa por juízo de admissibilidade, que é, primeiramente, realizado pelo órgão em que tramita o recurso, a remessa necessária ou a ação de competência originária.

Se inadmitido, o processo permanecerá no (retornará ao) mesmo órgão, que julgará o caso.

Se for admitido o incidente, ele será remetido ao órgão colegiado (de maior composição) que o regimento indicar, que procederá a um segundo juízo de admissibilidade. Se também for positivo, o órgão indicado procederá ao julgamento, servindo a *ratio decidendi* como precedente vinculante a todos os órgãos do tribunal.

Observe-se que não há uma cisão do julgamento, mas apenas transferência da competência funcional. Tanto que o julgamento é proferido em único ato, ou seja, integralmente, pelo órgão mais amplo.

Há quem defenda que o relator do IAC poderia determinar a suspenção de processos pendentes na Região ou no Estado por aplicação analógica do art. 982, I, do Código de Processo Civil. Os autores deste livro entendem que não seria o caso, porque o IAC não lida com ações repetitivas. Se elas existem, seria, inclusive, o caso de conversão do incidente de assunção de competência em incidente de resolução de demandas repetitivas.

E não é só.

Nos termos do enunciado 201 do Fórum Permanente de Processualistas Civis, aplicam-se ao incidente de assunção de competência as regras previstas nos arts. 983 e 984 do Código de Processo Civil, que tratam do Incidente de Resolução de Demandas Repetitivas. Tal justificaria, nestes particulares, porque as normas extraídas destes textos legais visam a democratizar o julgamento a considerar sua relevância, fator este comum ao IAC e ao IRDR.

A ser assim, antes do julgamento do incidente, facultar-se-á a manifestação, no prazo de 15 dias, das partes, de terceiros interessados (inclusive os que tiveram seus processos suspensos, em aguardo ao julgamento ao incidente de assunção de competência), do *amicus curiae* e do Ministério Público. Eles poderão requerer a juntada de documentos, bem como as diligências necessárias para a elucidação da questão de direito controvertida.

Concluídas as diligências, o relator solicitará dia para o julgamento do incidente. No julgamento, observar-se-á a seguinte ordem: a) o relator fará a exposição do objeto do incidente; b) poderão sustentar suas razões, sucessivamente: o autor e o réu do processo originário e o Ministério Público, pelo prazo de 30 minutos; os demais interessados, no prazo de 30 minutos, divididos entre todos, sendo exigida inscrição com 02 dias de antecedência.

Considerando o número de inscritos, o prazo para a realização de sustentação oral poderá ser ampliado.

O conteúdo do acórdão abrangerá a análise de todos os fundamentos suscitados concernentes à tese jurídica discutida, sejam favoráveis ou contrários. O órgão colegiado (mais amplo), diferentemente do que ocorria sob a égide do CPC/1973 (quando em vigor o § 1º do art. 555), em afirmação à eficiência, julgará, além do incidente de assunção de competência, o caso concreto.

Desse julgamento, caberá recurso. Se proferido (o recurso) pelo Tribunal local, caberá a interposição, em tese, de recurso extraordinário e de recurso especial. Se proferido pelo STJ, caberá, em tese, recurso extraordinário para o STF. Se proferido pelo STF, não caberá recurso, a não ser, se for o caso, embargos de declaração.

A legitimidade para interpor recurso é ampla. Qualquer daqueles que podem requerer a instauração do incidente de assunção de competência, inclusive o *amicus curiae*, pode interpor recurso. Mas, o recurso interposto pelos demais legitimados, à exceção das partes, possibilita apenas a reforma da tese jurídica. Já o recurso interposto por qualquer das partes do processo, esse sim, possibilita a reforma ou anulação do acórdão.

Julgado o incidente, será vinculante o precedente, inclusive para os processos que ficaram sobrestados e também para os futuros, que venham a ser formados (para esses casos outros, tal ocorrerá mesmo antes do trânsito em julgado da decisão do caso concreto). Por isso que, se realizado julgamento contra o precedente formado em incidente de assunção de competência, caberá reclamação, nos termos do art. 988, IV, do Código de Processo Civil[6].

6.2. Particularidades

Algumas particularidades relacionadas ao incidente de assunção de competência devem ser analisadas.

A primeira diz respeito à cumulação de ações. Se houver e elas estiverem pendentes de julgamento no tribunal, este deve instaurar o incidente para o órgão colegiado mais amplo julgar toda a matéria ou apenas para aquela que preencha os pressupostos de admissibilidade respectivos? Acredita-se que, embora o efeito vinculante fique restrito à parte que preenche os pressupostos de admissibilidade, o julgamento, em afirmação à eficiência, deve ser de todo o objeto litigioso.

Aliás, deve-se observar que, sob a égide do CPC/1973, no incidente de assunção de competência previsto no § 1º do art. 555, julgava-se, no órgão mais amplo, apenas a tese jurídica para, depois, o órgão menos amplo, julgar o caso concreto. Só que o CPC/1973, no § 1º do art. 947, estabeleceu, em afirmação à eficiência, que o julgamento deve ser apenas um, a ser realizado pelo órgão mais amplo. Não haveria de ser diferente na circunstância de existir ações cumuladas.

E se não fosse assim, ou seja, se fosse julgada apenas uma (ou algumas) da(s) ação(ões) cumulada(s), seria possível a aplicação da técnica de julgamento prevista no art. 942 (especificamente no caso de apelação, de agravo de instrumento interposto contra decisão parcial de mérito e de ação rescisória). Tal soaria como contraditório, porque as ações passariam pelo órgão mais amplo (para definir a tese jurídica), todavia, depois, o processo seria devolvido para o órgão originário, com a convocação, para julgar parte do objeto recursal, de juízes.

A eficiência da prestação jurisdicional, constitucionalmente prevista, que orienta o processo de construção normativa, não admite que isso ocorra. Se há deslocamento de competência, o órgão colegiado mais amplo deve, de logo, julgar todas as ações cumuladas, inclusive aquelas que não justificariam a instauração do incidente de assunção. Apenas a vinculatividade é que ficaria adstringida à tese de direito ínsita do referido incidente (não ocorrendo o mesmo ao resto do objeto litigioso).

6. Art. 988. Caberá reclamação da parte interessada ou do Ministério Público para:[...] IV – garantir a observância de enunciado de súmula vinculante e de precedente proferido em julgamento de casos repetitivos ou em incidente de assunção de competência.

A segunda particularidade diz respeito às decisões parciais de mérito. Quando proferidas, contra elas, é interponível agravo de instrumento, nos termos do art. 1.015, II, do Código de Processo Civil. Admitir-se-ia, então, no curso do agravo de instrumento, a instauração do incidente de assunção de competência? Não há restrição para isso, até porque, além de se tratar, igualmente, de uma decisão definitiva de mérito, a exemplo do que pode ocorrer com a apelação, a lógica do sistema não incompatibiliza a admissão do incidente, nomeadamente porque não faz distinção da espécie recursal.

Aliás, basta analisar os requisitos de admissibilidade, antes apresentados, para se concluir pela admissibilidade do incidente na pendência de agravo, cujo objeto seja decisão interlocutória definitiva de mérito. Entendimento contrário é que significaria a admissão de uma lacuna axiológica, porque se estaria a destinar, ao caso, tratamento diferenciado sem que houvesse, contudo, fator de distinção justificativo. À idêntica conclusão se pode chagar quando a decisão interlocutória, apesar de definitiva (não provisória), não seja de mérito.

A dizer de outra forma, admitir-se-á, na pendência do recurso de agravo, também, a instauração de agravo de instrumento. Todos os pressupostos de admissibilidade poderiam estar presentes, para o caso, não havendo, muito menos, restrição lógica para a admissão do incidente. Inclusive, há de se convir que algumas questões processuais precisam, efetivamente, ser julgadas por órgão de maior composição a fim de formar precedente vinculante, como forma de uniformizar a jurisprudência ou mesmo prevenir sua divergência.

E se a decisão interlocutória for provisória, admitir-se-á, no curso do recurso de agravo, a instauração do incidente de assunção de competência? Aí, acredita-se que não, pelo menos na maior parte dos casos. Haveria uma restrição lógica, apesar de, em tese, poderem estar preenchidos os pressupostos de admissibilidade. É que não se poderia estabelecer um precedente vinculativo sobre (a tomar como base) decisões provisórias. Sem sequer está pronto a julgamento, não poderia o órgão competente para o incidente julgar a questão em definitivo.

Se a questão estivesse pronta a julgamento, não seria sequer o caso de decisão provisória. Caberia ao juízo originário julgar definitivamente a comportar, aí, recurso, no curso do qual se admitiria a instauração do incidente. Deve-se, contudo, admitir-se a possibilidade de, apesar de o órgão originário ter proferido decisão provisória, ser caso de julgamento definitivo. Em tal situação, admitir-se-ia a instauração do incidente porque o órgão de menor composição considerou como premissa, em julgamento de recurso, ser o caso de decisão definitiva.

Agora, quando definitiva a decisão interlocutória proferida pelo juízo originário, aquela outra decisão, proferida no incidente, seria útil para as vindouras provisórias. A ser estabelecida a tese jurídica vinculante, para os demais casos, sobretudo os vindouros, será admissível a concessão de tutela provisória, de evidência com base no precedente formado. Mas, admitir a instauração do incidente em curso de processo, cujo recurso enfrenta decisão provisória, seria contraditório.

Se bem que podem ser admitidas algumas exceções, comportáveis em situações de admissão ou não da tutela provisória. A instauração do incidente, nessas circunstâncias, poderia ser admitida para se estabelecer, em precedente vinculante, se, por sua vez, seria admitido ou não o proferimento de decisão provisória. O precedente vinculante, assim, seria instituído adequadamente à provisoriedade. Portanto, não haveria nenhuma incompatibilidade para, aí, admitir-se a instauração do incidente de assunção de competência.

Há outra particularidade digna de retida análise. Seria admissível a instauração do incidente de assunção de competência perante os tribunais superiores? A indagação ganha relevo quando se sabe que, aqueles podem ser adentrados por intermédio de recurso extraordinário ou especial, que podem ser julgados pela sistemática repetitiva, cuja decisão tem, também, efeitos vinculantes. Daí, qual seria o interesse em se instaurar o incidente de assunção de competência, se o efeito vinculante adviria de julgamento dos aludidos recursos?

O interesse surgiria, nessa situação, pela circunstância de o incidente de assunção de competência ser preventivo, diferentemente do que ocorre com o recurso extraordinário e especial, que, quando julgados pela sistemática repetitiva, visam a uniformizar a jurisprudência, e não prevenir sua divergência. O incidente, por assim dizer, seria instrumento colocado à disposição dos legitimados em situação diferente daquela propícia ao julgamento dos aludidos recursos pela sistemática repetitiva.

7. ALTERAÇÃO DE TESE JURÍDICA ADOTADA EM INCIDENTE DE ASSUNÇÃO DE COMPETÊNCIA

O enunciado 461 do Fórum Permanente de Processualistas Civis orienta que o disposto no § 2º do art. 927 aplica-se ao incidente de assunção de competência. Por sua vez, o § 2º do art. 927 dispõe que "a alteração de tese jurídica adotada em enunciado de súmula ou em julgamento de casos repetitivos poderá ser precedida de audiências públicas e da participação de pessoas, órgãos ou entidades que possam contribuir para a rediscussão da tese".

Não poderia ser diferente porque, como ocorre com os enunciados de súmula ou os julgamentos de casos repetitivos, os acórdãos proferidos em incidente de assunção de competência também são vinculantes. Por isso a adoção do mesmo cuidado (destinado àqueles outros casos) para a alteração da tese jurídica adotada pelo incidente de assunção de competência.

Por razões óbvias, nomeadamente por ser fiscal da ordem jurídica, orienta o enunciado 467 do Fórum Permanente de Processualistas Civis que "o Ministério Público deve ser obrigatoriamente intimado no incidente de assunção de competência".

Em face da segurança jurídica, na hipótese de alteração de jurisprudência firmada com base em incidente de assunção de competência, pode haver modulação dos efeitos da alteração (*prospective overruling*) no interesse social e no da segurança jurídica. Quanto a isso, o enunciado 55 do FPPC orienta que a modificação do precedente tem, como regra, eficácia temporal prospectiva, no entanto, pode haver modulação temporal, no caso concreto.

Pode ocorrer de o tribunal, antes de modificar sua jurisprudência, emita um sinal (*signaling*), quando do julgamento dos casos que lhe são, no momento, submetidos. Aliás, o enunciado 320 do Fórum Permanente de Processualistas Civis já orienta que "os tribunais poderão sinalizar aos jurisdicionados sobre a possibilidade de mudança de entendimento da corte, com a eventual superação ou a criação de exceções ao precedente para casos futuros".

8. SÚMULAS

Súmulas do STJ

253. O art. 557 do CPC, que autoriza o relator a decidir o recurso, alcança o reexame necessário.

9. ENUNCIADOS DO FPPC

167. Os tribunais regionais do trabalho estão vinculados aos enunciados de suas próprias súmulas e aos seus precedentes em incidente de assunção de competência ou de resolução de demandas repetitivas.

201. Aplicam-se ao incidente de assunção de competência as regras previstas nos arts. 983 e 984.

202. O órgão colegiado a que se refere o § 1º do art. 947 deve atender aos mesmos requisitos previstos pelo art. 978.

334. Por força da expressão "sem repetição em múltiplos processos", não cabe o incidente de assunção de competência quando couber julgamento de casos repetitivos.

461. O disposto no § 2º do art. 927 aplica-se ao incidente de assunção de competência.

467. O Ministério Público deve ser obrigatoriamente intimado no incidente de assunção de competência.

600. O incidente de assunção de competência pode ter por objeto a solução de relevante questão de direito material ou processual.

701. O pedido de revisão da tese jurídica firmada no incidente de assunção de competência pode ser feito pelas partes.

10. ENUNCIADOS DO CJF

65. A desistência do recurso pela parte não impede a análise da questão objeto do incidente de assunção de competência.

11. SINOPSE

INCIDENTE DE ASSUNÇÃO DE COMPETÊNCIA
Considerações Iniciais
É um instrumento de uniformização de jurisprudência. Ele, essencialmente (mas não apenas), busca prevenir a divergência jurisprudencial interna (de qualquer tribunal), mediante transferência da competência, a um órgão colegiado de maior composição, com a finalidade de julgar o recurso, a remessa necessária ou a ação originária no tribunal, cujas respectivas decisões terão efeito vinculante.
Pressupostos
É admissível o incidente de assunção de competência quando o julgamento de recurso, de remessa necessária ou de ação de competência originária envolver relevante questão de direito, com grande repercussão social, sem repetição em múltiplos processos.
Legitimidade
Ocorrendo a hipótese de assunção de competência, o relator proporá, de ofício ou a requerimento da parte, do Ministério Público ou da Defensoria Pública, que seja o recurso, a remessa necessária ou o processo de competência originária julgado pelo órgão colegiado que o regimento indicar.
Competência
Ele será julgado, juntamente com o recurso, a remessa necessária e a ação originária, pelo órgão colegiado que o regimento indicar.

Alteração de Tese Jurídica

A alteração de tese jurídica adotada em enunciado de súmula ou em julgamento de casos repetitivos poderá ser precedida de audiências públicas e da participação de pessoas, órgãos ou entidades que possam contribuir para a rediscussão da tese.

Procedimento

O incidente de assunção de competência passa por juízo de admissibilidade, que é, primeiramente, realizado pelo órgão em que tramita o recurso, a remessa necessária ou a ação de competência originária.

Se inadmitido, o processo permanecerá no (retornará ao) mesmo órgão, que julgará o caso.

Se for admitido o incidente, ele será remetido ao órgão colegiado (de maior composição) que o regimento indicar, que procederá a um segundo juízo de admissibilidade. Se também for positivo, o órgão indicado procederá ao julgamento, servindo a ratio decidendi como precedente vinculante a todos os órgãos do tribunal.

Antes do julgamento do incidente, facultar-se-á a manifestação, no prazo de 15 dias, das partes, de terceiros interessados (inclusive os que tiveram seus processos suspensos, em aguardo ao julgamento ao incidente de assunção de competência), do amicus curiae e do Ministério Público. Eles poderão requerer a juntada de documentos, bem como as diligências necessárias para a elucidação da questão de direito controvertida.

Concluídas as diligências, o relator solicitará dia para o julgamento do incidente. No julgamento, observar-se-á a seguinte ordem: a) o relator fará a exposição do objeto do incidente; b) poderão sustentar suas razões, sucessivamente: o autor e o réu do processo originário e o Ministério Público, pelo prazo de 30 minutos; os demais interessados, no prazo de 30 minutos, divididos entre todos, sendo exigida inscrição com 02 dias de antecedência.

O conteúdo do acórdão abrangerá a análise de todos os fundamentos suscitados concernentes à tese jurídica discutida, sejam favoráveis ou contrários. O órgão colegiado (mais amplo), diferentemente do que ocorria sob a égide do CPC/1973 (quando em vigor o § 1º do art. 555), em afirmação à eficiência, julgará, além do incidente de assunção de competência, o caso concreto.

Desse julgamento, caberá recurso. Se proferido (o recurso) pelo Tribunal local, caberá a interposição, em tese, de recurso extraordinário e de recurso especial. Se proferido pelo STJ, caberá, em tese, recurso extraordinário para o STF. Se proferido pelo STF, não caberá recurso, a não ser, se for o caso, embargos de declaração.

A legitimidade para interpor recurso é ampla. Qualquer daqueles que podem requerer a instauração do incidente de assunção de competência, inclusive o amicus curiae, pode interpor recurso. Mas, o recurso interposto pelos demais legitimados, à exceção das partes, possibilita apenas a reforma da tese jurídica. Já o recurso interposto por qualquer das partes do processo, esse sim, possibilita a reforma ou anulação do acórdão.

Julgado o incidente, será vinculante o precedente, inclusive para os processos que ficaram sobrestados e também para os futuros, que venham a ser formados (para esses casos outros, tal ocorrerá mesmo antes do trânsito em julgado da decisão do caso concreto). Por isso que, se realizado julgamento contra o precedente formado em incidente de assunção de competência, caberá reclamação, nos termos do art. 988, IV, do Código de Processo Civil.

CAPÍTULO 55

INCIDENTE DE ARGUIÇÃO DE INCONSTITUCIONALIDADE

1. CONSIDERAÇÕES INICIAIS

O CPC/2015, além de ter atualizado o texto anterior (apresentado no CPC/1973) às exigências contemporâneas, sobretudo aquelas decorrentes dos avanços sociais e científicos mais marcantes dos últimos anos (o que, por si só, já constitui significativa mudança dos paradigmas antes estabelecidos), introduziu diversos e conservou outros tantos instrumentos que garantem a uniformização de julgados e a harmonização do sistema jurídico. Dentre os instrumentos conservados, está o incidente de arguição de inconstitucionalidade.

O controle de constitucionalidade, em qualquer sistema jurídico, é necessário para preservação da supremacia constitucional e exigência para conferir integridade e harmonia entre os elementos que o compõe, quais sejam: as normas jurídicas. São diferentes as formas de controle, sobretudo a considerar as particularidades de cada sistema, mas, no Brasil, de uma forma particular, o controle da constitucionalidade das leis e dos atos normativos pelo Poder Judiciário pode ser realizado tanto por controle concentrado (abstrato), que não é novidade comparativamente a outros sistemas, como pelo controle difuso (concreto).

O controle abstrato[1], exercido pelo Poder Judiciário, desvinculado da apreciação de um caso concreto, em regra se realiza por via direta, mediante ações específicas intentadas perante o Supremo Tribunal Federal (a não ser que se trata de controle de constitucionalidade cuja norma parâmetro seja uma Constituição Estadual, caso em que o Tribunal de Justiça local será competente). Seu objeto é a declaração de constitucionalidade ou decretação de inconstitucionalidade de certo preceito de lei ou ato normativo.

O controle difuso, por sua vez, pode ser realizado por qualquer juízo, independentemente da ação e do seu respectivo rito processual. Uma das notas do controle difuso é a pluralidade orgânica quanto à possibilidade em declarar inconstitucional uma lei ou ato normativo. Se dois ou mais órgãos do Poder Judiciário podem decretar a inconstitucionalidade de uma lei ou de um ato normativo, o modelo é difuso.

1. É abstrato o controle porque qualquer das ações intentadas com esta finalidade junto ao STF ataca a lei ou o ato normativo em tese, pelo que não há um caso concreto, que circunde o interesse direto do próprio legitimado, a ser decido. Ou seja, tem-se uma finalidade objetiva que é a defesa da própria Constituição. Inexiste direito subjetivo em tela.

Quando realizado o controle difuso pelos tribunais, faz-se mediante a instauração de incidente processual (ao contrário do que ocorre com controle abstrato, não se forma novo processo). A inconstitucionalidade de dispositivo(s) legal(is) e ato(s) normativo(s) constitui causa de pedir do caso concreto, que envolve o interesse direto do legitimado. Para que o órgão jurisdicional competente possa analisar o pedido formulado pelo sujeito interessado, aquele deve, antes, avaliar a questão prejudicial, que se relaciona com (in)constitucionalidade do(s) dispositivo(s) questionado(s).

2. CONTROLE CONCENTRADO DE CONSTITUCIONALIDADE

A decretação de inconstitucionalidade pode ser realizada por qualquer juiz ou tribunal, no julgamento de casos concretos. Se realizado o controle pelo juiz, assim o fará, de regra, em sentença, onde lhe caberá basicamente apresentar os fundamentos que lhe levaram a decretar a inconstitucionalidade do(s) dispositivo(s) apresentado(s), que era colocada como causa de pedir. Mas, quando a incompatibilidade do texto legal em face da Constituição Federal for suscitada em ações, recursos ou reexames a serem apreciados no âmbito dos tribunais, existirá procedimento específico, denominado incidente de arguição de inconstitucionalidade, que deverá ser observado em virtude da disposição contida no art. 97 da Constituição da República, que institui o princípio da reserva de plenário, e nos diversos artigos do Código de Processo Civil.

Sob a égide do CPC/1973, o incidente de arguição de inconstitucionalidade estava disposto entre os artigos 480 e 482, no capítulo intitulado “Da Declaração de Inconstitucionalidade”. Já sob a égide do CPC/2015, ele está disposto entre os artigos 948 e 950, no capítulo intitulado “Do Incidente de Arguição de Inconstitucionalidade”. A nomenclatura utilizada pelo CPC/1973 foi modificada pelo CPC/2015. Isso não ocorreu sem propósito. A mudança visou a afirmar a operabilidade do texto legislativo, ao adotar nomenclatura tecnicamente precisa.

Como aqui tratado antecedentemente, a “declaração de inconstitucionalidade” pode ocorrer de diversas formas e, acrescenta-se agora, por diferentes instrumentos. Mesmo o controle difuso pode ser realizado por instrumento outro, que não por intermédio do incidente de arguição mencionado. Basta dizer que o juiz pode, monocraticamente, por sentença (ou mesmo por decisão interlocutória, se ela for definitiva), decretar a inconstitucionalidade de lei ou ato normativo. Não é preciso instaurar incidente específico. Mas, para os tribunais, quando realizado o controle difuso, ele será feito por incidente próprio.

Daí porque a mudança legislativa. Se os artigos 948 a 950 do CPC/2015, bem como os artigos 480 a 482 do CPC/1973, tratam do controle difuso de constitucionalidade realizado pelos tribunais, que deve ser realizado por incidente específico, vem em bom tempo a alteração da nomenclatura antes adotada. Em vez de se falar em “declaração de inconstitucionalidade”, que pode ser realizada de diversas formas e por variados instrumentos processuais, é muito mais pedagógico que o Código faça referência a “incidente de arguição de inconstitucionalidade”, pois, além de ficar identificada a forma difusa de controle, ao mesmo tempo, estará também identificada que ela, para o caso, ocorrerá junto ao tribunal, mediante incidente específico.

Há outra razão para justificar a modificação da nomenclatura adotada pelo CPC/1973. O incidente de arguição de inconstitucionalidade, quando julgado improcedente, declara a constitucionalidade da lei ou ato do poder público. Todavia, quando julgado procedente, não "declara" a inconstitucionalidade, mas, sim, decreta-a, pois, essa eficácia do ato decisório é constitutiva. Desta forma, melhor que "declaração de inconstitucionalidade", é adotar a novel expressão "incidente de arguição de inconstitucionalidade", trazida pelo atual Código de Processo Civil.

Poder-se-ia indagar acerca do não afastamento, pelo CPC/2015, do vocábulo "inconstitucionalidade" a se considerar que o incidente instaurado não necessariamente a decreta. A resposta é simples. Embora o incidente possa reconhecer a constitucionalidade do texto ou ato normativo indicado, ele é instaurado porque, num primeiro momento, a câmara ou turma do Tribunal entende ser ele inconstitucional. Tanto é que, antes de remeter ao Plenário ou à Corte Especial, é lavrado acórdão pelo órgão fracionário nesse sentido. Além disso, a retirada do vocábulo, ante a possibilidade de declaração de constitucionalidade, não permitiria a compreensão imediata do instituto por sua nomenclatura, daí porque não ter havido mudanças com o atual Código de Processo Civil.

3. CLÁUSULA DE RESERVA DE PLENÁRIO

De acordo com a própria disposição do art. 97 da Constituição da República, somente pelo voto da maioria absoluta de seus membros ou dos membros do respectivo órgão especial poderão os tribunais decretar a inconstitucionalidade de lei ou ato normativo do Poder Público. Da disposição constitucional, advém a denominada "cláusula de reserva de plenário", cujo cumprimento é requisito para que para todos os tribunais, na forma difusa, bem como para o Supremo Tribunal Federal (e para os Tribunais de Justiça, em razão de questionamentos formulados frente às respectivas Constituições Estaduais), no controle concentrado, decretem a inconstitucionalidade de lei e atos normativos do Poder Público.

Por maioria absoluta, entenda-se não a maioria dos membros do tribunal presentes à sessão de julgamento, mas de todos aqueles que tomem assento na Corte. Somente pelo voto dela (da maioria absoluta dos membros) é que se pode decretar a inconstitucionalidade de texto ou ato normativo. Se, por qualquer motivo, não estiver presente a maioria absoluta dos membros, por óbvio, o julgamento, pelo Plenário ou pelo Órgão Especial, não pode sequer ser iniciado (aliás, assim ocorre em qualquer caso submetido a julgamento colegiado). Se estiver presente a maioria absoluta, ainda que não represente a totalidade, o julgamento pode ser iniciado, mas só findará quando coletada a quantidade de votos suficientes para obter o resultado definitivo, seja pela constitucionalidade, seja pela inconstitucionalidade do texto ou ato normativo.

Isso não quer dizer que todos os membros do órgão Plenário ou Especial devam votar. Basta, assim, que sejam colhidos os votos dos membros presentes, até, eventualmente, alcançar a maioria absoluta em um dos sentidos possíveis (constitucionalidade ou inconstitucionalidade). Se não alcançada a maioria absoluta, ante a necessária ausência de membros, o julgamento será suspenso e, em continuação, serão colhidos os votos daqueles que não se manifestaram, até alcançar a maioria absoluta. Alcançada, a partir da coleta dos votos os membros que estiverem ausentes, encerra-se o julgamento, mesmo que outros membros, ausentes até então, não tenham votado.

O STF, por razões que se apoiam na objetivação de seus precedentes, e na própria vinculatividade do julgamento do incidente de inconstitucionalidade, entendeu ser dispensável a aplicação do comando disposto no art. 97, quando o texto legal ou ato normativo já houver sido por ele (ou pelo tribunal de origem) decretado inconstitucional, em decisão plenária, já que preenchida essa exigência em ocasião anterior. Tal entendimento, por certo preciosismo, foi inclusive positivado pela Lei nº 9.756/98, que acrescentou o parágrafo único ao art. 481 do Código de Processo Civil de 1973 (redação repetida pelo parágrafo único do art. 949 do Código de Processo Civil de 2015).

Assim, apenas na primeira oportunidade é que, para afastar a incidência, no todo ou em parte, da lei ou do ato normativo do poder público, por decretação incidental de inconstitucionalidade, faz-se necessário o respeito à cláusula de reserva de plenário. Para as ocasiões seguintes, está dispensada a observância a tal requisito, pelo que os próprios órgãos fracionários, ou seja, câmaras ou turmas (e até mesmo os monocráticos, se amparados nas hipóteses do art. 932 do CPC), poderão julgar de imediato as questões que lhe são submetidas sem a necessidade de instaurar incidente de inconstitucionalidade, a bastar, para tanto, invocar o precedente judicial.

4. EFEITOS

Em regra, os efeitos da decretação incidental de inconstitucionalidade somente se aplicam às partes do processo e com eficácia retroativa.

Se o controle for realizado pelo Supremo Tribunal Federal, em julgamento de caso concreto, por resolução, o Senado Federal poderá suspender, no todo ou em parte, os efeitos da lei (seja ela federal, estadual ou mesmo municipal) decretada inconstitucional, a alcançar, assim, eficácia *erga omnes*. A eficácia *erga omnes* da decisão do Supremo Tribunal que decreta a inconstitucionalidade da lei ou ato está subordinada à resolução do Senado Federal, conforme disposição do inciso X do art. 52 da Constituição da República.

Apesar dessa ampliação subjetiva, ante a edição de resolução pelo Senado Federal, os efeitos do ato, para aqueles que não foram partes no processo, projetam-se *ex nunc*. Só os que foram partes, justamente por serem alcançados diretamente pelo ato jurisdicional decisório, independentemente de haver ou não resolução do Senador Federal, serão alcançados pela eficácia *ex tunc*.

Se o controle incidental, frente à Constituição da República, for realizado pelo tribunal local, não será comunicado o Senado Federal, nem muito menos este poderá editar resolução para suspender a eficácia da lei decretada inconstitucional. Todavia, se o controle incidental realizado pelo Tribunal de Justiça levar em consideração a respectiva Constituição Estadual, deve ser comunicada a Assembleia Legislativa para editar resolução com aquela finalidade.

A resolução a ser editada pela respectiva Casa Legislativa, entretanto, não poderá ampliar, restringir ou mesmo interpretar a decisão que decreta incidentalmente a inconstitucionalidade. Cabe a ela editar, se for o caso, a resolução de forma simétrica ao ato jurisdicional decisório.

Em qualquer caso, a decretação de inconstitucionalidade cabe ao Poder Judiciário. Sem a decretação incidental, não cabe ao Senado Federal suspender a eficácia da lei, por entendê-la inconstitucional.

Quanto à extensão subjetiva dos efeitos da decretação incidental de inconstitucionalidade, deve-se levar em consideração a circunstância de a ação ser ou não coletiva. Se não for, os efeitos estarão, realmente, circunscritos às partes do processo. Mas, se a ação for coletiva, a autoridade da coisa julgada (sobretudo, mas não só nessa hipótese, quando a ação for julgada procedente) recairá sobre as partes materiais, cujo direito estava a ser pleiteado por substituto processual. A decretação de inconstitucionalidade, entretanto, levará em consideração a aplicação da lei ao caso concreto, sem suspender, de uma forma generalizada, sua eficácia, nem, muito menos, retirá-la do sistema jurídico.

5. PROCEDIMENTO

O procedimento a ser observado nos tribunais é comumente chamado de incidente de inconstitucionalidade, a estar regulado pelos arts. 948 a 950 do Código de Processo Civil de 2015 (antes, pelos arts. 480 a 482 do Código de Processo Civil de 1973). Ao chegar o processo no Tribunal, no qual tenha sido arguida a inconstitucionalidade de lei ou ato normativo como questão prejudicial à análise do mérito, o relator, ouvido o Ministério Público, submeterá a questão à Turma ou Câmara, a que tocar o seu conhecimento.

Conquanto o texto legal não deixe claro, não se faz necessária a provocação das partes ou de qualquer interessado, para que o incidente seja instaurado. Se for o caso da inconstitucionalidade, que é matéria de ordem pública, ser prejudicial, o incidente deve ser instaurado de ofício, pelo relator ou por qualquer juiz votante. O motivo para que o Judiciário possa decretar a inconstitucionalidade de lei ou ato normativo, independentemente de provocação das partes no processo, é de fácil compreensão: se o juiz percebe que a lei ou ato normativo não guarda uma relação de harmonia em face do texto constitucional, ele tem o dever de declará-lo inconstitucional, para salvaguardar a supremacia da Constituição e manter a coerência do ordenamento jurídico.

Sob outro enfoque, ainda que qualquer dos interessados, dentre os quais as partes, tenha provocado o órgão jurisdicional competente, o incidente de inconstitucionalidade não será necessariamente instaurado, pois cabe ao órgão fracionário examinar a sua admissibilidade e a sua procedência.

Em seguida, o órgão fracionário, ao analisar a questão de inconstitucionalidade, poderá tê-la como não havida ou já dirimida mediante composição plenária atual (pelo próprio tribunal ou pelo Supremo Tribunal Federal) ou desnecessária (por não ser prejudicial), caso em que rejeitará o incidente e prosseguirá no julgamento do mérito. Se acolher o incidente, o órgão fracionário lavrará acórdão, onde reconhecerá, mesmo que em juízo prévio, a inconstitucionalidade da lei ou do ato do Poder Público, a fim de que a questão relacionada seja submetida ao Plenário ou ao Órgão Especial, onde houver.

Sob a vigência do CPC/1973, o art. 481, ao se referir ao acolhimento do incidente, fazia referência apenas ao "Tribunal Pleno". Com o CPC/2015, o art. 949, II, faz referência "ao plenário do tribunal ou ao seu órgão especial, onde houver". Corrige-se imprecisão legislativa anterior, ante a circunstância de, em alguns tribunais, existir "órgão especial" e não "plenário".

O ato decisório da Turma ou Câmara que rejeita ou acolhe a instauração do incidente de inconstitucionalidade é irrecorrível.

Instaurado o incidente, nesta ocasião, há uma cisão de competência em razão da função. Dito de outro modo, cisão funcional de competência. Ao Plenário ou Órgão Especial, caberá somente se pronunciar acerca do que, efetivamente, foi definido pelo órgão fracionário como prejudicial em razão da aferição da inconstitucionalidade, a ser defeso àquele julgar a parte anteriormente considerada inadmissível ou rejeitada.

Será, então, entregue cópia do acórdão lavrado pelo órgão fracionário a todos os juízes componentes do órgão julgador plenário ou especial (àquele que for funcionalmente competente para conhecer e julgar o incidente de inconstitucionalidade), oportunidade em que o presidente do tribunal designará a sessão de julgamento. Antes, para instruir o julgamento do incidente, poderão se manifestar as pessoas jurídicas de direito público, responsáveis pela edição da lei ou ato normativo analisado, observadas, aí, as condições e os prazos fixados pelo Regimento Interno do respectivo Tribunal.

Sob a vigência do CPC/1973, o § 1º do art. 482 dispunha que: "remetida a cópia do acórdão a todos os juízes, o presidente do tribunal designará a sessão de julgamento". Logo, em seguida, dispunha no § 1º: "o Ministério Público e as pessoas jurídicas de direito público responsáveis pela edição do ato questionado, se assim o requererem, poderão manifestar-se no incidente de inconstitucionalidade, observados os prazos e condições fixados no Regimento Interno do Tribunal".

Não se olvida que, ante a atribuição de fiscalizar a ordem jurídica, o Ministério Público sempre será ouvido nos incidentes de inconstitucionalidade. Contudo, a redação do art. 482, § 1º, do Código de Processo Civil de 1973, quando mencionava o Ministério Público, referia-se à hipótese quando ele for o responsável pela produção do ato inquinado, a não se confundir com a necessidade de intervenção como *custus legis*, já prevista no art. 480. Por isso que, no § 1º do art. 950 do CPC/2015, foi eliminada a expressão "Ministério Público".

Além do Ministério Público e das pessoas jurídicas de direito público responsáveis pela edição do ato questionado, os legitimados à propositura de Ação Declaratória de Constitucionalidade poderão manifestar-se, por escrito, acerca da questão da (in)constitucionalidade objeto de apreciação pelo Órgão Especial ou pelo Plenário do Tribunal, no prazo fixado em Regimento, a ser-lhes assegurado o direito de apresentar memoriais ou de pedir a juntada de documentos.

O relator, a considerar a relevância da matéria e a representatividade dos postulantes, poderá, em acréscimo, admitir, por despacho irrecorrível, a manifestação de outros órgãos ou entidades, não sendo dado ao *amicus curiae* o direito de exigir, conquanto possa ser autorizada, sustentação oral. O direito a sustentar oralmente cabe ao Ministério Público e às partes. Os demais sujeitos só poderão realizar sustentação oral se autorizados.

O incidente de inconstitucionalidade será julgado pela maioria dos membros do Pleno ou do Órgão Especial, a ser vinculativo, para a Turma ou Câmara de origem, o seu comando, já que "a declaração de constitucionalidade ou de inconstitucionalidade, firmada nos termos do art. 178 do RISTF, aplica-se a todos os casos submetidos às Turmas ou ao Plenário (art. 103, I, e II, RISTF)". Porém, assegura-se "a qualquer ministro, o direito de propor, em novos feitos, a revisão do entendimento assentado", desde que verificado um *overruling*, a não ser que, quando comunicado, o Senado Federal tenha editado resolução para suspender a eficácia da lei.

Mesmo os juízes que decidiram, de forma colegiada, pela prévia instauração do incidente de inconstitucionalidade, podem votar no julgamento pelo Plenário ou Órgão Especial, e, ainda assim, adotar posição diferente daquela previamente externada, porque a análise do órgão fracionário se faz apenas em juízo prévio.

Depois de julgado o incidente, o processo será devolvido ao órgão fracionário competente para julgar a causa.

Haverá, no caso, portanto, dois órgãos distintos no mesmo processo. O primeiro, o órgão fracionário, Turma ou Câmara, que, além de instaurar o incidente de inconstitucionalidade, julgará o mérito. O segundo, órgão plenário ou especial, que julgará o incidente de inconstitucionalidade. O ato decisório, pois, será complexo, formado pela participação de dois órgãos jurisdicionais competentes a partir de três acórdãos, sendo aquele que julga o incidente e o outro que julga o caso concreto integrativos. Inclusive, é em razão dessa integração, que deve ser juntado o acórdão proveniente do julgamento do incidente de inconstitucionalidade, para viabilizar, quando julgado por tribunal local, a interposição de recurso extraordinário.

De qualquer modo, por ser complexo o ato jurisdicional decisório, eventual ação rescisória, que porventura venha a ser intentada, deve ser dirigida ao Plenário ou Órgão Especial, ante sua competência definida em face da função desempenhada quando do julgamento do incidente de inconstitucionalidade. Se a ação rescisória atacar somente a aplicação do direito ao caso concreto, a não ter qualquer relação com a questão constitucional, a competência para julgamento será do órgão fracionário.

E justamente por ser complexo o ato jurisdicional decisório que, contra o julgamento do Plenário ou Órgão Especial não cabe recurso (exceção exclusiva aos embargos de declaração). Somente quando completado o julgamento, com a apreciação do caso concreto pela Turma ou Câmara, é que, junto ao STF, caberão embargos de declaração e, junto aos demais tribunais, além dos mencionados embargos, recursos para os tribunais superiores. Antes de completado o julgamento, não haveria interesse recursal.

6. SÚMULAS

Súmulas do STF – vinculante

10. Viola a cláusula de reserva de plenário (CF, artigo 97) a decisão de órgão fracionário de Tribunal que, embora não declare expressamente a inconstitucionalidade de lei ou ato normativo do poder público, afasta sua incidência, no todo ou em parte.

7. ENUNCIADOS DO FPPC

58. As decisões de inconstitucionalidade a que se referem os art. 525, §§ 12 e 13 e art. 535 §§ 5º e 6º devem ser proferidas pelo plenário do STF.

324. Lei nova, incompatível com o precedente judicial, é fato que acarreta a não aplicação do precedente por qualquer juiz ou tribunal, ressalvado o reconhecimento de sua inconstitucionalidade, a realização de interpretação conforme ou a pronúncia de nulidade sem redução de texto.

601. Instaurado o incidente de arguição de inconstitucionalidade, as pessoas jurídicas de direito público responsáveis pela edição do ato normativo questionado deverão ser intimadas para que tenham ciência do teor do acórdão do órgão fracionário que o instaurou.

8. INFORMATIVOS

Informativos do STF

Declaração de inconstitucionalidade por órgão fracionário e cláusula de reserva de plenário

A existência de pronunciamento anterior, emanado do Plenário do STF ou do órgão competente do tribunal de justiça local, sobre a inconstitucionalidade de determinado ato estatal, autoriza o julgamento imediato, monocrático ou colegiado, de causa que envolva essa mesma inconstitucionalidade, sem que isso implique violação à cláusula da reserva de plenário (CF, art. 97). Rcl. 17185 AgR/MT, rel. Min. Celso de Mello, 30.9.14. 2ª T. (Info 761)

Rcl 7.322-DF. Rel. Min. Cármen Lúcia

O STF considera declaratório de inconstitucionalidade o acórdão que – embora sem o explicitar – afasta a incidência da norma ordinária pertinente à lide, para decidi-la sob critérios diversos alegadamente extraídos da Constituição. (Info 595)

Rcl 7.856-MG. Rel. Min. Cármen Lúcia

1. A expedição de certificado de licenciamento anual de veículos está condicionada à quitação de eventuais multas de trânsito, nos termos do art. 131, § 2º, do CTB. O afastamento dessa regra, sem prévia sujeição ao procedimento estabelecido no art. 97 da CF, descumpre a Sumula Vinculante 10. (Info 595)

Informativos do STJ

Não configuração de ofensa ao princípio da reserva de plenário.

É válida a decisão de órgão fracionário de tribunal que reconhece, com fundamento na CF e em lei federal, a nulidade de ato administrativo fundado em lei estadual, ainda que esse órgão julgador tenha feito menção, mas apenas como reforço de argumentação, à inconstitucionalidade da lei estadual. AgRg no REsp 1.435.347-RJ, rel. Min. Mauro Campbell Marques, 19.8.14. 2ª T. (Info 546)

9. SINOPSE

INCIDENTE DE ARGUIÇÃO DE INCONSTITUCIONALIDADE
Considerações Iniciais
Quando realizado o controle difuso pelos tribunais, faz-se mediante a instauração de incidente processual (ao contrário do que ocorre com controle abstrato, não se forma novo processo). A inconstitucionalidade de dispositivo(s) legal(is) e ato(s) normativo(s) constitui causa de pedir do caso concreto, que envolve o interesse direto do legitimado.
Controle Concentrado de Constitucionalidade
A decretação de inconstitucionalidade pode ser realizada por qualquer juiz ou tribunal, no julgamento de casos concretos. Se realizado o controle pelo juiz, assim o fará, de regra, em sentença, onde lhe caberá basicamente apresentar os fundamentos que lhe levaram a decretar a inconstitucionalidade do(s) dispositivo(s) apresentado(s), que era colocada como causa de pedir.

Cláusula de reserva de plenário
Somente pelo voto da maioria absoluta de seus membros ou dos membros do respectivo órgão especial poderão os tribunais decretar a inconstitucionalidade de lei ou ato normativo do Poder Público
Efeitos
Em regra, os efeitos da decretação incidental de inconstitucionalidade somente se aplicam às partes do processo e com eficácia retroativa.
Procedimento
Ao chegar o processo no Tribunal, no qual tenha sido arguida a inconstitucionalidade de lei ou ato normativo como questão prejudicial à análise do mérito, o relator, ouvido o Ministério Público, submeterá a questão à Turma ou Câmara, a que tocar o seu conhecimento. Ainda que qualquer dos interessados, dentre os quais as partes, tenha provocado o órgão jurisdicional competente, o incidente de inconstitucionalidade não será necessariamente instaurado, pois cabe ao órgão fracionário examinar a sua admissibilidade e a sua procedência. O órgão fracionário, ao analisar a questão de inconstitucionalidade, poderá tê-la como não havida ou já dirimida mediante composição plenária atual (pelo próprio tribunal ou pelo Supremo Tribunal Federal) ou desnecessária (por não ser prejudicial), caso em que rejeitará o incidente e prosseguirá no julgamento do mérito. Se acolher o incidente, o órgão fracionário lavrará acórdão, onde reconhecerá, mesmo que em juízo prévio, a inconstitucionalidade da lei ou do ato do Poder Público, a fim de que a questão relacionada seja submetida ao Plenário ou ao Órgão Especial, onde houver. O ato decisório da Turma ou Câmara que rejeita ou acolhe a instauração do incidente de inconstitucionalidade é irrecorrível. Instaurado o incidente, nesta ocasião, há uma cisão de competência em razão da função. Dito de outro modo, cisão funcional de competência. Ao Plenário ou Órgão Especial, caberá somente se pronunciar acerca do que, efetivamente, foi definido pelo órgão fracionário como prejudicial em razão da aferição da inconstitucionalidade, a ser defeso àquele julgar a parte anteriormente considerada inadmissível ou rejeitada. Será, então, entregue cópia do acórdão lavrado pelo órgão fracionário a todos os juízes componentes do órgão julgador plenário ou especial (àquele que for funcionalmente competente para conhecer e julgar o incidente de inconstitucionalidade), oportunidade em que o presidente do tribunal designará a sessão de julgamento. Antes, para instruir o julgamento do incidente, poderão se manifestar as pessoas jurídicas de direito público, responsáveis pela edição da lei ou ato normativo analisado, observadas, aí, as condições e os prazos fixados pelo Regimento Interno do respectivo Tribunal. Ante a atribuição de fiscalizar a ordem jurídica, o Ministério Público sempre será ouvido nos incidentes de inconstitucionalidade. Além do Ministério Público e das pessoas jurídicas de direito público responsáveis pela edição do ato questionado, os legitimados à propositura de Ação Declaratória de Constitucionalidade poderão manifestar-se, por escrito, acerca da questão da (in)constitucionalidade objeto de apreciação pelo Órgão Especial ou pelo Plenário do Tribunal, no prazo fixado em Regimento, a ser-lhes assegurado o direito de apresentar memoriais ou de pedir a juntada de documentos. O relator, a considerar a relevância da matéria e a representatividade dos postulantes, poderá, em acréscimo, admitir, por despacho irrecorrível, a manifestação de outros órgãos ou entidades, não sendo dado ao amicus curiae o direito de exigir, conquanto possa ser autorizada, sustentação oral. O direito a sustentar oralmente cabe ao Ministério Público e às partes. Os demais sujeitos só poderão realizar sustentação oral se autorizados. O incidente de inconstitucionalidade será julgado pela maioria dos membros do Pleno ou do Órgão Especial, a ser vinculativo, para a Turma ou Câmara de origem, o seu comando. Depois de julgado o incidente, o processo será devolvido ao órgão fracionário competente para julgar a causa. Por ser complexo o ato jurisdicional decisório, somente quando completado o julgamento, com a apreciação do caso concreto pela Turma ou Câmara, é que, junto ao STF, caberão embargos de declaração e, junto aos demais tribunais, além dos mencionados embargos, recursos para os tribunais superiores. Antes de completado o julgamento, não haveria interesse recursal.

CAPÍTULO 56

CONFLITO DE COMPETÊNCIA

Sumário • 1. Considerações iniciais – 2. Hipóteses de conflito de competência – 3. Legitimidade – 4. Competência para processar e julgar o conflito de competência – 5. Procedimento – 6. Súmulas – 7. Informativos – 8. Sinopse.

1. CONSIDERAÇÕES INICIAIS

Como antes defendido, o Estado, no exercício de sua atividade jurisdicional, tem o poder-dever de solucionar conflitos de interesse (mesmo que virtuais), apresentados pela ação processualizada, de forma imparcial, a substituir a vontade das partes. Para que a jurisdição se implemente de forma efetiva, a afirmar a garantia do amplo acesso à prestação jurisdicional, há a necessidade de que aquela seja distribuída entre os vários órgãos estatais investidos.

A ação, então, será processada e julgada perante órgão competente, ou seja, que tenha atribuição jurisdicional outorgada reconhecida pelo sistema jurídico. Pode ocorrer, entretanto, de, depois de distribuída a ação, 02 ou mais juízes se declarem competentes para julgar a ação, ou 02 ou mais juízes se consideram incompetentes, atribuindo um ao outro a competência. Também, entre aqueles, pode surgir controvérsia acerca da reunião ou separação de processos.

Diante dessas situações, pode ser instaurado, de forma incidental, um conflito de competência, que, ao ser julgado pelo tribunal *ad quem*, definirá o órgão competente para processar e julgar a ação pendente[1], ou, se for o caso, se os processos devem ser reunidos ou separados. Por isso que, diferentemente do que ocorria com o CPC/1973, agora, com o CPC/2015, a questão passa a ser regida no Capítulo IV do Título I do Livro III.

Topologicamente, portanto, o tratamento do procedimento relativo ao conflito de competência, de forma coerente, sai da parte geral e passa a integrar o Título I do Livro III, que trata da "ordem dos processos e dos processos de competência originária dos tribunais". Apenas as questões gerais, relativas às hipóteses de cabimento do conflito de competência é que permanece delineada na parte geral do Código de 2015.

A par dessas considerações, o presente capítulo não se aterá, em maiores detalhes, ao tratamento da competência, até porque lhe foi reservado um capítulo próprio. O ponto de foco será o conflito de competência, especialmente o seu procedimento perante os tribunais e as questões a ele relacionadas, como a legitimidade para suscitar o incidente e a competência para seu processamento e posterior julgamento.

1. Enunciado 59 da súmula da jurisprudência do Superior Tribunal de Justiça: "Não há conflito de competência se já existe sentença com trânsito em julgado, proferida por um dos juízos conflitantes".

2. HIPÓTESES DE CONFLITO DE COMPETÊNCIA

O art. 66 do Código de Processo Civil dispõe que há conflito de competência quando: 02 ou mais juízes se declaram competentes; 02 ou mais juízes se consideram incompetentes, atribuindo um ao outro a competência; entre 02 ou mais juízes surge controvérsia acerca da reunião ou separação de processos. Quando ocorre qualquer uma das situações mencionadas, o juiz deve suscitar o conflito.

Não há conflito de competência sem a afirmação, positiva ou negativa, de 02 ou mais órgãos judiciários, para julgar a ação (STJ. CC 33147/RJ. DJU 18.03.02). Se a ação está a tramitar perante um órgão e outro reivindica sua competência, a não encontrar resistência, não haverá conflito. Do mesmo modo, se remetido para um órgão que aceita. Se a parte ou o MP não concorda com a remessa do processo sob o pretexto se incompetência, deve interpor recurso.

Igualmente, não haverá conflito de competência quando um órgão recebe de outro ação para processar e, ao seu turno, entende que a competência seria de um terceiro juízo. Não lhe cabe (ao segundo juízo) suscitar o incidente, mas, sim, remeter ao outro juízo que entenda como sendo competente, o qual poderá suscitar o conflito ou, até mesmo, remeter para outro que entenda ser competente.

Dentro da mesma esfera da Justiça, mas em graus hierárquicos diferentes, inexiste conflito de competência (STJ. CC 1352/SP. DJ 01.10.90). Resta ao órgão de menor hierarquia receber a ação e processá-la. Somente quando os juízos estiverem fora da mesma esfera da Justiça é que é possível haver conflito de competência. Isso porque, aí, não há relação de hierarquia entre os órgãos envolvidos.

Por essa razão que o enunciado 22 da súmula da jurisprudência do Superior Tribunal de Justiça, editado, bem verdade, num cenário de organização judiciária onde ainda existiam os tribunais de alçada (ou seja, anteriormente à Emenda Constitucional nº 45/2004) orienta que "não há conflito de competência entre o Tribunal de Justiça e Tribunal de Alçada do mesmo Estado-membro".

Constatada alguma situação de conflito, ele deve ser necessariamente suscitado. Não pode haver devolução dos autos ao órgão jurisdicional que, anteriormente, por intermédio de arguição ou de ofício, declarou-se incompetente. Não pode haver o "*ping pong* dos autos do processo", até porque representa negativa de prestação jurisdicional e descumprimento da garantia da duração razoável do processo.

Imagine-se a situação em que o juízo A entende que a competência seria do juízo B, que, por sua vez, ao receber os autos, entende que seria do juízo C, que, então, entende que seria do juízo A. O juízo C não pode devolver os autos ao juízo A, porque ele já se declarou incompetente. Caberia, assim, ao juízo C, suscitar o conflito de competência perante o respectivo tribunal.

Logo, um juízo, que se considera incompetente, deve remeter o processo a outro que ele entenda como sendo competente. Este, por sua vez, se se entender incompetente, poderá, alternativamente: a) suscitar o conflito de competência (se entender que a competência é do juízo que lhe remeteu os autos do processo ou que já reconheceu sua incompetência); b) remeter os autos do processo a outro juízo (diferente do originário ou dos anteriores) que entenda competente.

3. LEGITIMIDADE

O conflito de competência pode ser suscitado por qualquer das partes, pelo Ministério Público ou pelo juiz. O *parquet* terá legitimidade quando parte ou quando fiscal da ordem jurídica. Entretanto, nesta condição, o Ministério Público, conforme dispõe o parágrafo único do art. 951 do Código de Processo Civil, só será ouvido nos conflitos suscitados em processos previstos no art. 178 do Código de Processo Civil[2]. Apesar da aparente restrição de atuação, como a resolução do conflito de competência é matéria de interesse público, a participação do Ministério Público é obrigatória na condição de fiscal da ordem jurídica.

Agora, se mesmo como fiscal da ordem jurídica suscitar conflito de competência, neste, o Ministério Público, e os juízos em conflito, terão a qualidade de partes.

Quanto à legitimidade, há uma restrição relativa às partes do processo. Não pode suscitar conflito a parte que, no processo, arguiu incompetência relativa (a não ser quando o objeto do conflito for absolutamente distinto do objeto da arguição de incompetência – STJ. CC 111.230/DF. DJe 08.05.13). Caberia à parte que arguiu a incompetência recorrer da decisão proferida pelo juízo que reconheceu a própria competência. A instauração do conflito de competência não obsta a que a parte, que não o arguiu, suscite a incompetência.

4. COMPETÊNCIA PARA PROCESSAR E JULGAR O CONFLITO DE COMPETÊNCIA

Quando alegada a incompetência do juízo, é este mesmo quando decide se é ou não competente para julgar a ação processualizada. Entretanto, quando suscitado o conflito de competência dentre 02 ou mais juízos, o julgamento caberá ao tribunal comum hierarquicamente superior àqueles. Entre juízos vinculados a tribunais diversos, ainda que de diferentes Justiças, a competência para conhecer o conflito será o Superior Tribunal de Justiça (STJ. CC 19013/RJ. DJU 24.11.97). Se o conflito envolver tribunais superiores, a competência para resolvê-lo será do Supremo Tribunal Federal (STF: CC 7545/SC, DJe 03.06.09; AgR-RE 509352/SP, DJe 01.08.08).

Quando o conflito de competência envolver Juízo Federal e Juizado Especial Federal da mesma Seção Judiciária, sua resolução competirá ao Tribunal Regional Federal. A **cancelar o enunciado 348**[3] da súmula de sua jurisprudência (em face da decisão proferida pelo STF no RE 590.409-RS, DJe 29.10.09), o STJ editou o **enunciado 428**, segundo o qual "compete ao Tribunal Regional Federal decidir os conflitos de competência entre juizado especial federal e juízo federal da mesma seção judiciária". Por conseguinte, para resolver o conflito havido

2. Art. 178. O Ministério Público será intimado para, no prazo de 30 (trinta) dias, intervir como fiscal da ordem jurídica nas hipóteses previstas em lei ou na Constituição Federal e nos processos que envolvam: I – interesse público ou social;II – interesse de incapaz;III – litígios coletivos pela posse de terra rural ou urbana.Parágrafo único. A participação da Fazenda Pública não configura, por si só, hipótese de intervenção do Ministério Público.
3. O enunciado 348 da súmula de jurisprudência do Superior Tribunal de Justiça (cancelada em 17.03.10 – informativo 427 do STJ) tinha a seguinte redação: "Compete ao Superior Tribunal de Justiça decidir os conflitos de competência entre juizado especial federal e juízo federal, ainda que da mesma seção judiciária".

entre juizado especial estadual ou da Fazenda Pública e juiz de direito vinculados ao mesmo tribunal local, a competência será deste.

O conflito de competência entre **juízo federal** e **juízo estadual investido de jurisdição federal** deve ser processado e dirimido pelo respectivo Tribunal Regional Federal competente para processar e julgar o recurso (STJ. CC 15214/SP. DJU 03.06.96). Igualmente, compete ao Tribunal Regional do Trabalho processar e julgar conflito de competência entre **juízo do trabalho** e **juízo estadual investido de jurisdição trabalhista** na mesma região (STJ. CC 4075/GO. DJU 25.10.93).

5. PROCEDIMENTO

O conflito de competência, independentemente de intimação (STJ. REsp 132484/SP. DJe 11.10.11), será suscitado perante o tribunal pelo juiz, mediante ofício, ou pela parte e pelo Ministério Público, mediante petição, os quais (ofício e petição) serão instruídos (se físicos os autos do processo) com os documentos necessários à prova do conflito.

Após a distribuição do incidente, o relator, quando positivo o conflito de competência, ou seja, no caso de 02 ou mais juízos declararem-se competentes para julgar a ação, poderá, de ofício ou a requerimento de qualquer das partes (do conflito de competência), determinar o sobrestamento do processo até que o incidente seja resolvido, a fim a evitar a prática de atos inválidos. Quando o conflito for negativo, ou seja, quando 02 ou mais juízos considerarem-se incompetentes, não haverá necessidade de suspender o processo, pois, a se considerarem incompetentes, abster-se-ão de praticar atos.

Em qualquer que seja a modalidade do conflito de competência, o relator designará um dos juízos para resolver, em caráter provisório, as medidas urgentes.

Seguindo-se à distribuição, com a decretação de suspensão e designação de juízo para julgar as medidas urgentes, o relator, em seguida, determinará a oitiva dos juízos em conflito ou, se um deles for suscitante, apenas do suscitado. No prazo designado pelo relator (se omisso, será de 05 dias), incumbirá ao juízo ou aos juízos prestar as informações. A referência a "juízo" (no singular) se deve porque, se o conflito for instaurado por provocação de algum dos juízos em conflito, somente o outro será instado a prestar informações, pois o ofício remetido por aquele que ensejou a instauração do conflito conterá as informações respectivas.

Decorrido o prazo designado pelo relator, será ouvido o Ministério Público, no prazo de 05 dias, e, ainda que as informações não tenham sido prestadas por qualquer dos juízos em conflito, em seguida, o conflito irá a julgamento.

O relator poderá julgar de plano (monocraticamente) o conflito de competência quando sua decisão se fundar em súmula do STF, do STJ ou do próprio tribunal, bem assim em tese firmada em julgamento de casos repetitivos (recurso extraordinário ou especial afetado à sistemática repetitiva, e incidente de resolução de demandas repetitivas) ou em incidente de assunção de competência.

Ao decidir o conflito, o relator ou o órgão colegiado, a depender das circunstâncias, conforme estabelece o *caput* do art. 957 do Código de Processo Civil, declarará qual o juízo competente, a se pronunciar também sobre a validade dos atos praticados pelo juízo incompetente.

O juízo definido como competente pelo tribunal pode ser outro, diverso daqueles que estavam em conflito. O tribunal não fica vinculado, em sua definição, aos juízos conflitantes. Em nem poderia, a considerar que sua decisão deve estar fundada nos textos legais, que definem abstratamente a competência. Em sua construção normativa, o relator ou o órgão colegiado do tribunal não leva em consideração quais são os juízos que se encontram em conflito.

A parte final do *caput* do art. 957 do CPC traz uma questão interessante. Segundo o texto, o relator ou o órgão colegiado, ao julgar o conflito de competência, caberá se "pronunciar também sobre a validade dos atos praticados pelo juízo incompetente". Tal passagem precisa ser harmonizada com § 4º do art. 64 do mesmo Código, que trata da incompetência dos órgãos jurisdicionais.

Conforme o mencionado dispositivo (§ 4º do art. 64 do CPC), "salvo decisão judicial em sentido contrário, conservar-se-ão os efeitos de decisão proferida pelo juízo incompetente até que outra seja proferida, se for o caso, pelo juízo competente". Numa primeira leitura, poder-se-ia concluir que, como cabe ao juízo competente definir a (in)validade dos atos praticados pelo juízo incompetente, ao tribunal, que julgou o conflito, não caberia tal atribuição.

Há uma particularidade, que diferenciam as situações postas, a qual deve ser considerada para se chegar a (e justificar) diferentes conclusões. Na declaração de incompetência, o processo não chega ao tribunal a que os juízos (competente e incompetente) estão vinculados. A questão, pelo menos ao momento (a não ser que interposto recurso) é completamente definida na primeira instância, pelo juízo que se julga incompetente. Por isso, a ela (à primeira instância) cabe definir, por intermédio do juízo indicado como competente, que atos praticados pelo juízo incompetente devem ser invalidados.

No caso do conflito de competência, não. A declaração (indicação) do juízo competente é realizada pelo tribunal a que estão vinculados os juízos conflitantes. Por uma questão de afirmação da eficiência, o pronunciamento acerca da (in)validade é realizado diretamente pelo tribunal, a evitar, assim, a interposição de recurso contra decisão, que eventualmente fosse proferida pelo juízo definido como competente, acerca da (in)validade dos atos praticados pelo juízo incompetente.

Por isso, a seguir a mesma toada de afirmação da eficiência, que, no caso da declaração de incompetência, quando interposto recurso, o tribunal deve, de logo, analisar se as decisões proferidas pelo juízo incompetente devem ser preservadas ou decretadas como inválidas. Somente se não interposto recurso contra a decisão interlocutória, que definiu a incompetência, é que o juízo considerado competente (para ser mais preciso, aquele a que o processo foi remetido) decidirá por ratificar ou invalidar os atos praticados.

Um detalhe a ser observado: a última parte do art. 955 do Código de Processo Civil dispõe que, na pendência do conflito de competência, o relator designará um dos juízes para resolver, em caráter provisório, as medidas urgentes. Posteriormente, se a resolução do conflito indicar como competente o outro juízo, e, por isso, juiz diverso daquele que proferiu as medidas de urgência, essas decisões são invalidáveis? Acredita-se que não, porque o dito juiz, antes de ser julgado o conflito, teve reconhecida sua competência pelo tribunal, que perduraria da sua indicação provisória até, pelo menos, o julgamento do conflito (quando indicado outro juízo como sendo competente).

Contra a decisão que julga o conflito de competência, cabe a interposição de recurso pelas partes do processo ou pelo Ministério Público (os juízos envolvidos no conflito não terão a faculdade de recorrer, a restar-lhes apenas a aceitação da determinação pelo tribunal). A espécie recursal dependerá, primeiramente, se a decisão foi tomada monocrática ou colegiadamente. Depois, se colegiada a decisão tomada, de qual foi o tribunal de julgou o conflito.

Se o julgamento do conflito foi monocrático, caberá, independentemente do tribunal que o julgou, o recurso de agravo regimental. Se foi colegiado e julgado por tribunal local, caberá a interposição de recurso extraordinário ou especial. Se julgado por tribunal superior, que não o Supremo Tribunal Federal, apenas recurso extraordinário. Se julgado pelo STF, caberá a interposição de embargos de declaração.

Os recursos, quando interpostos, podem questionar, além de questões formais, relacionadas ao procedimento, a definição de competência estabelecida pelo tribunal que julgou o conflito (em relação a determinado juízo), bem assim o capítulo da decisão que eventualmente definiu a (in)validade dos atos decisórios praticados pelos juízos em conflito.

Por fim, os autos do processo em que se manifestou o conflito serão remetidos ao juiz declarado competente, a quem caberá processar e julgar a ação, ou, ainda, se for o caso, será determinada a reunião ou separação de processos. Evidentemente, se for determinada a separação de processos, os autos respectivos serão remetidos a diferentes juízos, indicados na decisão do incidente, aos quais caberá processar e julgar as respectivas ações.

No conflito que envolva órgãos fracionários dos tribunais, desembargadores e juízes em exercício no tribunal, ou seja, nos conflitos internos de competência, observar-se-á o que dispuser o regimento interno do tribunal. O regimento interno do tribunal regulará, ainda, o processo e o julgamento do conflito de atribuições entre autoridade judiciária e autoridade administrativa.

6. SÚMULAS

Súmulas do STJ

3. Compete ao TRF dirimir conflito de competência verificado, na respectiva Região, entre Juiz Federal e Juiz Estadual investido de jurisdição federal.

22. Não há conflito de competência entre o Tribunal de Justiça e Tribunal de Alçada do mesmo Estado--membro.

59. Não há conflito de competência se já existe sentença com trânsito em julgado, proferida por um dos juízos conflitantes.

235. A conexão não determina a reunião dos processos, se um deles já foi julgado.

236. Não compete ao Superior Tribunal de Justiça dirimir conflitos de competência entre juízos trabalhistas vinculados a Tribunais Regionais do Trabalho diversos.

367. A competência estabelecida pela EC nº 45/2004 não alcança os processos já sentenciados.

428. Compete ao Tribunal Regional Federal decidir os conflitos de competência entre juizado especial federal e juízo federal da mesma seção judiciária.

489. Reconhecida a continência, devem ser reunidas na Justiça Federal as ações civis públicas propostas nesta e na Justiça estadual.

7. INFORMATIVOS

Informativos do STJ

Conhecimento de conflito de competência suscitado após o oferecimento de exceção de incompetência.

O anterior oferecimento de exceção de incompetência não obsta o conhecimento de conflito de competência quando o objeto deste for absolutamente distinto do objeto daquela. CC 111.230-DF, Rel. Min. Nancy Andrighi, j. 8.5.2013. 2ª S. (Info 522)

Competência. Salários. Servidor estatutário.

[...] não cabe, em conflito de competência, o STJ concluir pela legalidade ou ilegalidade do vínculo estatutário estabelecido entre a autora e o município réu. O conflito de competência deve ater-se à discussão específica da Justiça competente para julgar a causa, tal como proposta. Assevera que concluir de forma diversa significaria julgar o próprio mérito da ação em substituição ao juízo de primeiro grau, competente para analisar e julgar os pedidos da ação. [...] CC 101.265-AL, Rel. Min. Maria Thereza de Assis Moura, julgado em 24/6/2009.

Competência. Rio. Bem federal.

Nos autos de usucapião, objetivando o reconhecimento da propriedade sobre terreno por exercício da posse do bem durante mais de dez anos, a União manifestou interesse na causa e requereu a declaração de incompetência absoluta da Justiça estadual, ao argumento de que o imóvel objeto da ação confronta com terrenos marginais do rio Piracicaba, que, por banhar mais de um estado da Federação, é considerado rio federal nos termos do art. 20, III, da CF/1988. Remetidos os autos ao juízo federal, ele entendeu ser incompetente para decidir a causa e determinou o retorno dos autos ao juízo estadual, ao fundamento de o mencionado rio não ser federal, pois nasce no município de Americana-SP e deságua no Rio Tietê, começa e termina no estado de São Paulo. Com o retorno dos autos ao juízo estadual, foi suscitado o conflito. Diante disso, a Turma declarou **competente o juízo federal sob o argumento de que a Agência Nacional de Águas (ANA), na função de entidade reguladora e fiscalizadora do uso de recursos hídricos nos corpos de água de domínio da União, definiu que o Rio Piracicaba é bem federal nos termos do art. 20, III, da CF/1988, pois sua bacia inclui os rios Jaguari e Jatibaia, estendendo-se pelos estados de Minas Gerais e São Paulo, conforme a Nota Técnica nº 18/2005/NGI, que tratou sobre o domínio dos cursos d'água das bacias dos rios Piracicaba, Comanducaia [sic] e Jaguari.** CC 97.359-SP, Rel. Min. Sidnei Beneti, julgado em 10/6/2009.

Competência. Ausência. Conflito.

[...] a execução trabalhista em trâmite no juízo suscitado foi redirecionada em vista da desconsideração da personalidade jurídica da falida, para atingir bens dos sócios, entre eles o suscitante. Nesse contexto, conquanto a falida permaneça no polo passivo da demanda, seus bens não são objeto de constrição na Justiça Trabalhista, o que denota a inexistência de conflito de competência na hipótese, porquanto não há dois juízes decidindo acerca do destino do mesmo patrimônio. Destacou o Min. Relator que o juízo da vara de falências e recuperações judiciais informou que a questão enfocada pelo suscitante não interessa, em princípio, à massa falida, pois atinge bens de terceira pessoa. [...]. CC 103.437-SP, Rel. Min. Fernando Gonçalves, julgado em 23/9/2009.

Conflito. Competência. Câmaras arbitrais.

[...] o Superior Tribunal de Justiça não é competente, conforme a interpretação do art. 105, I, d, da CF/1988, para julgar conflito entre câmaras arbitrais. CC 113.260-SP, Rel. originária Min. Nancy Andrighi, Rel. para acórdão Min. João Otávio de Noronha, julgado em 8/9/2010.

8. SINOPSE

CONFLITO DE COMPETÊNCIA
Considerações iniciais
Pode ocorrer de, depois de distribuída a ação, 02 ou mais juízes se declarem competentes para julgar a ação, ou 02 ou mais juízes se consideram incompetentes, atribuindo um ao outro a competência. Também, entre aqueles, pode surgir controvérsia acerca da reunião ou separação de processos. Diante dessas situações, pode ser instaurado, de forma incidental, um conflito de competência, que, ao ser julgado pelo tribunal ad quem, definirá o órgão competente para processar e julgar a ação pendente, ou, se for o caso, se os processos devem ser reunidos ou separados.
Hipóteses de Conflito de Competência
Há conflito de competência quando: 02 ou mais juízes se declaram competentes; 02 ou mais juízes se consideram incompetentes, atribuindo um ao outro a competência; entre 2 (dois) ou mais juízes surge controvérsia acerca da reunião ou separação de processos.
Legitimidade
O conflito de competência pode ser suscitado por qualquer das partes, pelo Ministério Público ou pelo juiz.
Competência para processar e julgar
Quando alegada a incompetência do juízo, é este mesmo quando decide se é ou não competente para julgar a ação processualizada. Entretanto, quando suscitado o conflito de competência dentre 02 ou mais juízos, o julgamento caberá ao tribunal comum hierarquicamente superior àqueles. Entre juízos vinculados a tribunais diversos, ainda que de diferentes Justiças, a competência para conhecer o conflito será o Superior Tribunal de Justiça. Se o conflito envolver tribunais superiores, a competência para resolvê-lo será do Supremo Tribunal Federal.
Procedimento
Vide item 5 sobre o tema.

CAPÍTULO 57

HOMOLOGAÇÃO DE SENTENÇA ESTRANGEIRA E CONCESSÃO DO *EXEQUATUR* À CARTA ROGATÓRIA

1. CONSIDERAÇÕES INICIAIS

Para que uma decisão estrangeira, assim entendida o ato definitivo proferido por autoridade jurisdicional de outro país, possa surtir efeitos no Brasil, é necessário que ela seja homologada pelo Superior Tribunal de Justiça. O art. 961 do Código de Processo Civil dispõe, inclusive, que "a decisão estrangeira somente terá eficácia no Brasil após a homologação de sentença estrangeira ou a concessão do *exequatur* às cartas rogatórias, salvo disposição em sentido contrário de lei ou tratado". A EC nº 45/04 transferiu do Supremo Tribunal Federal a competência para homologar sentenças estrangeiras e também para conceder *exequatur* às cartas rogatórias[1].

Contudo, os títulos executivos extrajudiciais constituídos no estrangeiro, sem participação jurisdicional, por óbvio, porque não são "sentenças", não precisam de homologação da autoridade jurisdicional brasileira competente. O § 1º do art. 961 do Código de Processo Civil, a esse respeito, especifica que "é passível de homologação a decisão judicial definitiva, bem como a decisão não judicial que, pela lei brasileira, teria natureza jurisdicional". A dizer de outra forma, se não for decisão judicial, nem muito menos definitiva, não será passível de homologação. Só as decisões definitivas proferidas pelo Poder Judiciário ou qualquer outra que seja jurisdicional são passíveis de homologação.

A homologação de sentença estrangeira obedecerá ao que dispuserem os tratados em vigor no Brasil e o Regimento Interno do Superior Tribunal de Justiça. Em razão de ter

1. Art. 105, I, "i" da CF/88.

sido imediata a transferência da competência para homologar sentença estrangeira ao Superior Tribunal de Justiça, após a vigência da EC 45/04, a Presidência deste tribunal editou a Resolução nº 22, em 31.12.2004, a sujeitar, transitoriamente, a utilização pelo STJ dos dispositivos previstos nos arts. 215 a 224 do Regimento Interno do STF. Em 04.05.05, foi editada a resolução nº 09 do STJ, que revogou a Resolução nº 22/04, e passou a tratar do tema. Tal resolução está atualmente em vigor.

A decisão que homologa sentença estrangeira produz os mesmos efeitos que uma brasileira. Mas, enquanto não há homologação, a sentença estrangeira é incapaz de produzir efeitos no território nacional. Por isso, eventual existência de ação ajuizada perante um tribunal estrangeiro não induz litispendência, nem obsta a que a autoridade judiciária brasileira conheça da mesma causa e das que lhe são conexas. Só após a homologação, é que se impede a apreciação de outra ação idêntica em razão da coisa julgada. Se durante a homologação de sentença estrangeira, ação idêntica à estrangeira for julgada por autoridade judiciária brasileira, aquela restará prejudicada, a ficar impedida a sua apreciação por conta da coisa julgada.

A ação homologatória de sentença estrangeira é de conhecimento, intentada para alcançar uma decisão de natureza constitutiva, pois que atribuirá àquele ato decisório eficácia no território brasileiro. Ao apreciá-la (a ação de homologação), o Superior Tribunal de Justiça, repita-se, não julgará, novamente, a ação sentenciada pela autoridade jurisdicional estrangeira. Haverá impossibilidade de discussão do mérito subjacente à sentença estrangeira (STF. AI 650743/DF. DJe 03.06.09), pelo que o Superior Tribunal de Justiça limitar-se-á a realizar um juízo de delibação, onde apreciará se estão presentes os requisitos necessários à homologação da sentença estrangeira.

2. AMPLITUDE DA EXPRESSÃO "SENTENÇA ESTRANGEIRA"

O Código de Processo Civil, especialmente nos artigos 960 e seguintes, refere-se à "sentença estrangeira" sem, contudo, dar seus contornos mais precisos. Tal expressão deve compreender todas as decisões definitivas, que são proferidas por órgãos colegiados ou monocráticos, bem como os atos jurídicos que, no Brasil, equiparar-se-iam às sentenças, ante sua natureza jurisdicional, como ocorre com as sentenças arbitrais[2]. Por assim dizer, não apenas as "sentenças" propriamente ditas, ou seja, numa acepção estrita, são compreendidas pela expressão mencionada acima. A interpretação àquela deve ser ampla, a contemplar, por exemplo, as decisões parciais de mérito, espécie de decisão interlocutória, que, no sistema brasileiro, constitui uma novidade, a teor da disposição trazida pelo art. 356 do Código de Processo Civil.

Entretanto, não se deve confundir homologação da sentença estrangeira com concessão de *exequatur* à carta rogatória. Aquela (sentença estrangeira) está relacionada a decisões jurisdicionais definitivas, independentemente de qual seja a sua espécie. Essa (concessão de *exequatur*), por sua vez, nem sempre. Relaciona-se, geralmente, a decisões que são proferidas no curso

2. A sentença arbitral estrangeira é equiparada a uma sentença estrangeira. A Lei nº 9.307/96 confere normatização específica à matéria (arts. 34 a 40). Contudo, não se deve esquecer que, nos textos legais mencionados, onde está escrito Supremo Tribunal Federal, leia-se Superior Tribunal de Justiça.

do processo para garantir cumprimento de diligências. Mas, pode ocorrer de ser requerida perante o Superior Tribunal de Justiça (órgão também competente) para alcançar algum (ou alguns), todavia, nem todos, os efeitos de uma decisão jurisdicional definitiva proferida por autoridade jurisdicional estrangeira[3]. Não se pode esquecer a possibilidade inversa, de ser expedida carta rogatória da autoridade brasileira para a estrangeira, situação em que seria requerida *exequatur* à carta rogatória brasileira à autoridade estrangeira.

Feita tal distinção, um detalhe, quanto ao local em que proferida a sentença arbitral, afigura-se importante. Mesmo sendo estrangeiro o tribunal arbitral (e também os seus integrantes), se a sentença for proferida no Brasil, ela é nacional, e, por isso, dispensa homologação, como decidiu o Superior Tribunal de Justiça[4]. Inclusive, a disposição do parágrafo único do art. 34 da Lei nº 9.307/1996 é nesse sentido: "considera-se sentença arbitral estrangeira a que tenha sido proferida fora do território nacional". Consequentemente, quando proferida no estrangeiro, a sentença arbitral é equiparada a uma sentença estrangeira. A Lei nº 9.307/1996 confere normatização específica à matéria, a teor das disposições dos respectivos artigos 34 a 40[5], a trazer, inclusive, diferentes requisitos para homologação.

3. REQUISITOS PARA HOMOLOGAÇÃO DA DECISÃO ESTRANGEIRA E PARA A CONCESSÃO DO "EXEQUATUR"

Nos termos do art. 963 do Código de Processo Civil, constituem requisitos indispensáveis à homologação da decisão estrangeira, bem assim para a concessão do *exequatur* às cartas rogatórias: a) ser proferida por autoridade competente; b) ser precedida de citação regular, ainda que verificada a revelia; c) ser eficaz no país em que foi proferida; d) não ofender a coisa julgada brasileira; e) estar acompanhada de tradução oficial, salvo disposição que a dispense prevista em tratado; f) não conter manifesta ofensa à ordem pública.

Serão analisados tais requisitos:

a) **ser proferida por autoridade competente**: como requisito à homologação, há de ser observada tanto a competência interna, quanto a jurisdição internacional. Não

---

3. O parágrafo único do art. 963 do Código de Processo Civil dispõe que, para a concessão de *exequatur* às cartas rogatórias, deve ser observado o disposto no § 2º do art. 962 do Código de Processo Civil, que, por sua vez, estabelece: "a medida de urgência concedida sem audiência do réu poderá ser executada, desde que garantido o contraditório em momento posterior".
4. A determinação da internacionalidade ou não de sentença arbitral, para fins de reconhecimento, ficou ao alvedrio das legislações nacionais, conforme o disposto no art. 1º da Convenção de Nova Iorque (1958), promulgada pelo Brasil, por meio do Decreto 4.311/02, razão pela qual se vislumbra no cenário internacional diferentes regulamentações jurídicas acerca do conceito de sentença arbitral estrangeira. No ordenamento jurídico pátrio, elegeu-se o critério geográfico (ius solis) para determinação da nacionalidade das sentenças arbitrais, baseando-se exclusivamente no local onde a decisão for proferida (art. 34, parágrafo único, da Lei nº 9.307/96). Na espécie, o fato de o requerimento para instauração do procedimento arbitral ter sido apresentado à Corte Internacional de Arbitragem da Câmara de Comércio Internacional não tem o condão de alterar a nacionalidade dessa sentença, que permanece brasileira. Sendo a sentença arbitral em comento de nacionalidade brasileira, constitui [...] título executivo idôneo para embasar a ação de execução [...] razão pela qual é desnecessária a homologação. (STJ. REsp 1231554/RJ. DJe 01.06.11)
5. A sentença arbitral e sua homologação são regidas no Brasil pela Lei nº 9.307/96, sendo a referida Lei de aplicação imediata e constitucional, nos moldes como já decidido pelo Supremo Tribunal Federal (STJ. SEC 507/EX. DJU 13.11.06).

se deve homologar a sentença estrangeira proferida por autoridade que, perante seu país, não tenha competência, bem assim a proferida nas situações em que o Brasil, nos termos do art. 23 do Código de Processo Civil[6], coloca-se como exclusivamente competente. Quanto ao aspecto internacional, por não se reconhecer a jurisdição de países estrangeiros, impede-se a homologação à sentença estrangeira e se nega *exequatur* à carta rogatória. Por isso que o art. 964 do Código de Processo Civil dispõe que "não será homologada a decisão estrangeira na hipótese de competência exclusiva da autoridade judiciária brasileira" e, em seguida, no parágrafo único, estende a limitação às cartas rogatórias, quando estabelece que "o dispositivo também se aplica à concessão do *exequatur* à carta rogatória". Portanto, não bastasse o respeito à competência interna, só poderá ser homologada sentença estrangeira, a fim de produzir efeitos no Brasil, nas hipóteses em que o sistema jurídico brasileiro reconheça a atuação de órgãos judiciais estrangeiros, ou seja, nas situações previstas nos artigos 21 e 22 do CPC.

A partilha de bens imóveis situados no território brasileiro é da competência exclusiva da autoridade judiciária brasileira (STJ. SEC 5270/EX. DJe 14.06.11). A sentença estrangeira, que eventualmente decida a este respeito, não pode ser homologada pelo Superior Tribunal de Justiça. Mas pode ser homologada a sentença estrangeira, que dispõe acerca de bem localizado no território brasileiro, sobre o qual tenha havido acordo entre as partes e que tão-somente se ratifica o pactuado (STJ. SEC 1304/US. DJe 03.03.08).

b) ser precedida de citação regular, ainda que verificada a revelia: nos termos da primeira parte do inciso II do art. 5º da Resolução nº 09/2005 do Superior Tribunal de Justiça, é requisito indispensável à homologação de sentença estrangeira, terem sido as partes citadas. Entenda-se por "partes" como sendo "partes promovidas". Elas (partes promovidas), na ação que tramitou perante a autoridade estrangeira, devem ter sido regularmente citadas, sob pena de se admitir a prolação de sentença sem a observância da garantia constitucional da ampla defesa, o que impossibilitaria sua homologação para fins de eficácia no território brasileiro.

Conquanto o Superior Tribunal de Justiça entenda que a citação deva ser realizada conforme disposição da legislação estrangeira respectiva (STJ. SEC 5268/GB. DJe 30.10.12[7]), já definiu que, se foi expedida carta de citação pelos correios, mas a parte ré não postou sua assinatura do aviso de recepção, há vício de que inviabiliza a homologação (STJ. SEC 1102/EX. DJe 12.04.10). Logo, a homologação de sentença estrangeira reclama comprovação de citação válida da parte promovida, seja no território prolator da decisão homologanda, seja

6. Art. 23. Compete à autoridade judiciária brasileira, com exclusão de qualquer outra:I – conhecer de ações relativas a imóveis situados no Brasil;II – em matéria de sucessão hereditária, proceder à confirmação de testamento particular e ao inventário e à partilha de bens situados no Brasil, ainda que o autor da herança seja de nacionalidade estrangeira ou tenha domicílio fora do território nacional;III – em divórcio, separação judicial ou dissolução de união estável, proceder à partilha de bens situados no Brasil, ainda que o titular seja de nacionalidade estrangeira ou tenha domicílio fora do território nacional.

7. "Não é possível impor as regras previstas na legislação brasileira para citação praticada fora do país. A citação é instituto de direito processual e, por estar inserida no âmbito da jurisdição e da soberania, deve ser realizada de acordo com a legislação de cada país".

no Brasil, consoante a *ratio essendi* do art. 217, II, do RISTJ (STJ. EDcl na SEC 833/EX. DJU 29.06.07).

Apesar do requisito da citação regular, "não se constitui em óbice à homologação de sentença estrangeira o fato de não haver nos autos documentação que comprove ter o requerido oferecido defesa na ação respectiva ou ter sido intimado do teor da referida sentença". Para se homologar a sentença estrangeira, não se exige apresentação de defesa, nem muito menos a comprovação de efetivação de intimações acerca de atos realizados no processo alienígena (STJ. SEC 1185/EX. DJe 10.06.11).

c) **ser eficaz no país em que foi proferida**: para que a sentença estrangeira seja homologada no Brasil, ela deve ser eficaz no país em que foi proferida. Se não for, faltará interesse na homologação, pois, como o objetivo da ação homologatória é que a sentença estrangeira tenha eficácia no território brasileiro, ela precisa, antes, ser eficaz no país em que proferida. Tal não significa que apenas as sentenças estrangeiras de determinada força possam ser homologada. Independentemente dela (da sua força), há interesse na homologação da sentença estrangeira, especialmente quando a sentença reconhece direito à prestação.

d) **não ofender a coisa julgada brasileira**: o sistema não poderia admitir a possibilidade de aceitar a sobreposição da sentença estrangeira em detrimento da brasileira, especialmente quando a sentença proferida em ofensa à coisa julgada pode ser desconstituída mediante ação rescisória. Por isso, não deve ser homologada a sentença estrangeira em detrimento da coisa julgada, que, não à toa, trata-se de uma garantia constitucional afirmativa da segurança jurídica.

e) **estar acompanhada de tradução oficial, salvo disposição que a dispense prevista em tratado:** a exigência da tradução oficial deve-se ao fato de que os atos processuais devem ser praticados com o uso da língua portuguesa, conforme disposição do art. 192 do Código de Processo Civil. Trata-se de formalidade essencial à própria compreensão dos textos que acompanham os respectivos atos processuais. Se a sentença estiver redigida em português, logicamente, a tradução será dispensada. Igualmente será dispensada a tradução oficial se houver disposição nesse sentido em tratado, do qual o Brasil seja aderente. Não é só. Como decidiu o Superior Tribunal de Justiça, a exigência de que a sentença estrangeira esteja traduzida acompanhada de tradução oficial cede quando o pedido de homologação tiver sido encaminhado pela via diplomática (STJ. SEC 2108/FR. DJe 25.06.09).

f) **não conter manifesta ofensa à ordem pública**: a sentença estrangeira também não será homologada se ofender a ordem pública (STJ. SEC 843/EX. DJU 28.05.07), assim compreendida aquela que for incompatível com a Constituição da República, porque entender diferentemente seria admitir a burla aos ditames constitucionais. É por isso que o Superior Tribunal de Justiça definiu ser "incabível a homologação da sentença estrangeira que obsta a instauração ou o prosseguimento de qualquer ação executiva contra o falido, restringindo à jurisdição brasileira, porque ofende a soberania nacional" (SEC 1735/EX. DJe 03.06.11).

IMPORTANTE! Configura ofensa à ordem pública, apta a ensejar a denegação da homologação da sentença estrangeira, a comprovada parcialidade do julgador, independentemente de decisão proferida pela Justiça estrangeira sobre o tema (STJ. SEC 9.412/EX. DJe 30.05.17; Inf. 605).

4. PROCEDIMENTO

4.1. Generalidades

Intentada ação para homologação de sentença estrangeira, o relator, perante o Superior Tribunal de Justiça, verificará se, além de estarem preenchidos os requisitos da petição inicial[8], estão presentes aqueles necessários à homologação da sentença estrangeira. Caso verifique, de logo, que não estão e sendo possível suprir a omissão, o relator fará a indicação necessária e mandará emendar a petição no prazo de 15 dias. Não sendo possível suprir ou não sendo emendada no prazo legal[9], a petição inicial será indeferida, sem homologação da sentença estrangeira.

Mas, se preenchidos os requisitos necessários, pelo menos em um juízo prévio, será determinada a citação da parte interessada, assim considerada qualquer pessoa atingida pela decisão homologatória da sentença estrangeira. Aliás, como definiu o Superior Tribunal de Justiça, além das partes do processo estrangeiro e de seus sucessores, o terceiro, por vezes, pode ser considerado parte interessada, caso possa ser atingido pelos efeitos da homologação (STJ. AgRg na SEC 1035/EX. DJU 07.08.06). Depois de citada, a parte interessada terá o prazo de 15 dias para apresentar sua resposta.

A resposta da parte interessada é limitada, até porque, se não fosse, não se estaria a admitir a atividade jurisdicional desempenhada pela autoridade jurisdicional estrangeira, que prolatou a sentença pendente de homologação[10]. Além de ela (resposta) poder discutir questões relacionadas à imparcialidade do relator ou de qualquer outro julgador (em razão de suspeição ou de impedimento), poderá, também, discutir questões processuais, autenticidade dos documentos, alcance da sentença estrangeira e observância dos requisitos específicos exigidos para a homologação. Em razão da limitação da resposta às questões acima relacionadas, não se admite a apresentação de reconvenção.

Não contestada a ação, a competência para homologar a sentença estrangeira é do Presidente do Superior Tribunal de Justiça, que atuará monocraticamente. Contra esta decisão, caberá a interposição, no prazo de 15 dias, de agravo regimental. Porém, se houver contestação, o processo será distribuído para Corte Especial, cabendo ao Relator os demais atos processuais, inclusive os de instrução. Quando finalizada (a instrução) ou sendo ela desnecessária, o Ministério Público, por intermédio do Procurador Geral da República, terá vista dos autos, pelo prazo de 10 dias, oportunidade em que poderá impugnar o pedido de homologação.

8. O valor da causa em homologação de sentença estrangeira condenatória é o da condenação por esta imposta (STJ. QO na SEC 879/EX. DJU 13.11.06).
9. Julga-se extinto o processo, sem o exame do mérito, quando não preenchidos os requisitos indispensáveis à homologação do pedido (art. 5º da Resolução nº 09/STJ), apesar de a parte ter sido regularmente intimada para sanar o vício (STJ. SEC 864/EX. DJU 18.09.06).
10. O objeto da delibação na ação de homologação de sentença estrangeira não se confunde com aquele do processo que deu origem à decisão alienígena (STJ. SEC 507/EX. DJU 13.11.06).

Os autos seguirão à Corte Especial para análise do preenchimento dos requisitos necessários à homologação da sentença estrangeira. Contra a decisão proferida, caberá, desde que preenchidos os pressupostos de admissibilidade, a interposição de recurso extraordinário para o Supremo Tribunal Federal (STF. AI 650743/DF. DJe 03.06.09). Homologada definitivamente, a sentença estrangeira constituirá em titulo executivo judicial, consoante o disposto no art. 515, VIII, do Código de Processo Civil, cujo pedido de execução deverá ser instruído com cópia autenticada da decisão homologatória (ou do *exequatur*, se for o caso de carta rogatória), e apresentado perante o juízo federal competente, conforme as normas estabelecidas para o cumprimento de decisão nacional.

Se julgada improcedente a ação de homologação da sentença estrangeira (ou mesmo enquanto pendente a ação homologatória), tal não impedirá que a justiça brasileira decida acerca da questão debatida em país estrangeiro. Não haverá, nesse ínterim, litispendência nem coisa julgada. Essa última (a coisa julgada) só ocorrerá quando homologada a sentença estrangeira, circunstância que prejudicará o julgamento da ação proposta perante a autoridade judiciária brasileira.

4.2. Particularidades

4.2.1. Concessão de tutela provisória de urgência pela autoridade brasileira e concessão de "exequatur" à carta rogatória de decisão estrangeira concessiva de tutela provisória de urgência

Em homologação de sentença estrangeira, é possível a concessão de tutela provisória de urgência pelo Superior Tribunal de Justiça. Tal é reconhecido pelo próprio Código de Processo Civil. Com efeito, embora no art. 961 disponha que "a decisão estrangeira somente terá eficácia no Brasil após a homologação de sentença estrangeira", em seu § 3º, completa dispondo que "a autoridade judiciária brasileira poderá deferir pedidos de urgência e realizar atos de execução provisória no processo de homologação de decisão estrangeira". Pode ocorrer, pois, de a sentença estrangeira, de forma provisória, mesmo antes de ser homologada, ter eficácia.

Essa situação não se confunde com a concessão de *exequatur* à carta rogatória, cujo conteúdo seja decisão estrangeira concessiva de tutela provisória de urgência. De fato, pode ocorrer de a autoridade judiciária estrangeira conceder tutela provisória em razão de urgência e a carta rogatória, expedida para a autoridade judiciária brasileira receber *exequatur* pelo superior Tribunal de Justiça. Antes mesmo, portanto, de ser proferida sentença transitada em julgado pela autoridade estrangeira, poderia ser concedida tutela de urgência, que, em razão de concessão de *exequatur* à carta rogatória, passaria a ter eficácia no território brasileiro.

É por isso que o art. 962 do CPC dispõe que "é passível de execução a decisão estrangeira concessiva de medida de urgência". E completa o § 3º: "o juízo sobre a urgência da medida compete exclusivamente à autoridade jurisdicional prolatora da decisão estrangeira". Nesse caso, a medida de urgência concedida sem audiência do réu poderá ser executada, desde que garantido o contraditório em momento posterior. Não é só. Se, por força de tratado, dispensada a homologação para que a sentença estrangeira produza efeitos no Brasil, a decisão concessiva de medida de urgência dependerá, para produzir efeitos, de ter sua validade expressamente reconhecida pelo juiz competente para dar-lhe cumprimento.

4.2.2. Homologação parcial de sentença estrangeira e homologação de decisão parcial de mérito estrangeira

O § 2º do art. 961 do Código de Processo Civil dispõe que "a decisão estrangeira poderá ser homologada parcialmente". Numa rápida leitura, poder-se-ia compreender que somente a sentença estrangeira poderia ser homologada (no todo ou) em parte. Assim, não seria passível de homologação da decisão interlocutória estrangeira. Ela, supostamente, deveria ser objeto de carta rogatória, a se requerer concessão de *exequatur*. Inclusive, é assim que dá a entender o § 1º do art. 960 do Código de Processo Civil, ao dispor que "a decisão interlocutória estrangeira poderá ser executada no Brasil por meio de carta rogatória".

Realmente, a precisão do texto legal não é das melhores, sobretudo porque aparentemente não se harmoniza com disposições do próprio Código, que, no art. 356, passou a possibilitar o julgamento parcial de mérito. Conquanto se trate de decisão interlocutória (e não de sentença), ela é definitiva. Quando transitada em julgado, pode ser objeto de ação de homologação, perante o Superior Tribunal de Justiça. Certamente, o legislador não se atentou à inovação legislativa, que incluiu a possibilidade de decidir parcialmente o mérito, e não previu, de forma expressa, a homologação da decisão interlocutória definitiva de mérito.

A nosso ver, é possível tanto a homologação parcial de sentença estrangeira (no caso, por exemplo, de apenas alguns capítulos preencherem os requisitos necessários – STJ. SEC 5302/EX. DJe 07.06.11), como a homologação total de decisão interlocutória parcial de mérito (no caso, por exemplo, de a autoridade jurisdicional estrangeira ter fragmentado o julgamento do mérito e, nessa parte, ter a decisão respectiva transitado em julgado).

4.2.3. Execução de decisão interlocutória estrangeira por meio de carta rogatória e execução de decisão interlocutória estrangeira definitiva depois de homologada pelo Superior Tribunal de Justiça

Em termos pragmáticos, é possível a execução de decisão interlocutória estrangeira por intermédio de carta rogatória (§ 1º do art. 960 do CPC), mediante concessão de *exequatur*, bem assim de decisão interlocutória estrangeira definitiva depois de homologada pelo Superior Tribunal de Justiça (§ 2º do art. 961 c/c art. 356, ambos do Código de Processo Civil). As situações são diferentes e não ficam à mercê da vontade de qualquer das partes interessadas. No primeiro caso (concessão de *exequatur* à carta rogatória), a decisão interlocutória não deve ser definitiva, enquanto que, no segundo (homologação de sentença estrangeira), sim.

4.2.4. Homologação de decisão estrangeira para fins de execução fiscal

Haverá homologação de decisão estrangeira para fins de execução fiscal (relativamente ao crédito fiscal estrangeiro) quando prevista em tratado ou em promessa de reciprocidade apresentada à autoridade brasileira. A reciprocidade constitui regra elementar de direito internacional.

4.2.5. Sentença estrangeira de divórcio consensual

Nos termos do § 5º do art. 961, "a sentença estrangeira de divórcio consensual produz efeitos no Brasil, independentemente de homologação pelo Superior Tribunal de Justiça". Isso porque, como, aqui, admite-se o divórcio consensual por intermédio das serventias extrajudiciais, não faria sentido exigir que a respectiva sentença estrangeira fosse homologada pelo Poder Judiciário brasileiro, via Superior Tribunal de Justiça. Apesar disso, competirá a qualquer juiz examinar a validade da decisão estrangeira de divórcio consensual, em caráter principal ou incidental, quando essa questão for suscitada em processo de sua competência.

5. SÚMULAS

Súmulas do STF

420. Não se homologa sentença proferida no estrangeiro sem prova do trânsito em julgado.

Súmulas do STJ

259. Para produzir efeito em juízo não é necessária a inscrição, no registro público, de documentos de procedência estrangeira, autenticados por via consular.

6. ENUNCIADOS DO FPPC

553. A sentença arbitral parcial estrangeira submete-se ao regime de homologação.

7. INFORMATIVOS

Informativos do STJ

Com a entrada em vigor do CPC/2015, tornou-se necessário que a sentença estrangeira esteja eficaz no país de origem para sua homologação no Brasil. Na vigência do CPC/1973, o seu art. 483, parágrafo único, dispunha que caberia ao Regimento Interno do Supremo Tribunal Federal (*rectius*: Superior Tribunal de Justiça após a EC 45/2004) disciplinar a homologação das sentenças estrangeiras no Brasil. Daí porque o Regimento Interno desta Corte, em seus artigos 216-A a 216-N, estabelece não apenas o procedimento, como também insculpiu os seus requisitos, tais como o trânsito em julgado da decisão. Ocorre que, com a entrada em vigor do CPC/2015, os requisitos indispensáveis à homologação da sentença estrangeira passaram a contar com disciplina legal, de modo que o Regimento Interno desta Corte deverá ser aplicado em caráter supletivo e naquilo que for compatível com a disciplina contida na legislação federal. Uma alteração está prevista em seu art. 963, III, que não mais exige que a decisão judicial que se pretende homologar tenha transitado em julgado, mas, ao revés, que somente seja ela eficaz em seu país de origem, tendo sido tacitamente revogado o art. 216-D, III, do RISTJ. Nestes termos, considera-se eficaz a decisão que nele possa ser executada, ainda que provisoriamente, de modo que havendo pronunciamento judicial suspendendo a produção de efeitos da sentença que se pretende homologar no Brasil, mesmo que em caráter liminar, a homologação não pode ser realizada. SEC 14.812-EX, Rel. Min. Nancy Andrighi, por unanimidade, julgado em 16/05/2018, DJe 23/05/2018. Inf. 626.

É inadmissível a renúncia em sede de homologação de provimento estrangeiro. Trata-se de homologação de provimento estrangeiro em que os requerentes apresentaram petição solicitando a renúncia à pretensão de obtenção da homologação, com o que expressamente não concordam os requeridos. Observe-se, inicialmente que, em sede de homologação de provimento estrangeiro, não é factível o exercício da renúncia. Isso porque, conforme lição doutrinária, a homologação consiste em "ato formal de órgão nacional a que se subordina a aquisição de eficácia pela sentença estrangeira". Nessa linha de intelecção, a homologação consubstancia um pressuposto de eficácia da decisão alienígena em território nacional, objetivando apenas a sua posterior execução, o que denota o seu caráter meramente processual, sem correlação direta com o direito material veiculado na ação original. Tal fato torna-se ainda mais evidente quando se observa o procedimento imposto pela legislação nacional ao reconhecimento da sentença estrangeira, limitando o juízo exercido por esta Corte à mera delibação, que se restringe, via de regra, à verificação dos requisitos formais preconizados no ordenamento jurídico, com vistas a conferir a produção de efeitos jurídicos ao ato proveniente de outra jurisdição. Dessarte, nesta seara, a boa técnica jurídica prenuncia que a parte requerente pode tão somente desistir do processo homologatório e não renunciar ao próprio direito reconhecido no provimento alienígena. SEC 8.542-EX, Rel. Min. Luis Felipe Salomão, por unanimidade, julgado em 29/11/2017, DJe 15/03/2018. Inf. 621.

O fato da empresa se encontrar em recuperação judicial não obsta a homologação de sentença arbitral estrangeira. Cinge-se a controvérsia a saber se o art. 6º da Lei 11.101/2005, que prevê a suspensão de todas as ações e execuções em face do devedor com o deferimento do processamento da recuperação judicial, constitui óbice à homologação de sentença arbitral estrangeira que imputa à recuperanda obrigação de pagar. Inicialmente, cumpre salientar que, em consonância com a Lei nº 11.101/2005, a recuperação judicial tem o escopo precípuo de viabilizar a superação da situação de crise econômico-financeira do devedor, com vistas a permitir a manutenção da fonte produtora, do emprego dos trabalhadores e dos interesses dos credores, promovendo, assim, a preservação da empresa, sua função social e o estímulo à atividade econômica. Essa é a razão de ser do art. 6º do referido diploma legal. Em paralelo, é de sabença que o processo de homologação de sentença estrangeira tem natureza constitutiva, destinando-se a viabilizar a eficácia jurídica de um provimento jurisdicional alienígena no território nacional, de modo que tal decisão possa vir a ser aqui executada. A homologação é, portanto, um pressuposto lógico da execução da decisão estrangeira, não se confundindo, por óbvio, com o próprio feito executivo, o qual será instalado posteriormente – se for o caso –, e em conformidade com a legislação pátria. Nessa linha de intelecção, não há falar na incidência do art. 6º, § 4º, da Lei de Quebras como óbice à homologação de sentença arbitral internacional, uma vez que se está em fase antecedente, apenas emprestando eficácia jurídica a esse provimento, a partir do que caberá ao Juízo da execução decidir o procedimento a ser adotado. Ressoa evidente, portanto, que o processo de homologação de sentença estrangeira em face de recuperanda não exerce nenhum efeito coibitivo ao princípio da preservação da empresa. Ainda que assim não fosse, é certo que a suspensão da exigibilidade do direito creditório, prevista no mencionado dispositivo legal é temporária, não implicando a extinção do feito executivo, haja vista que a recuperação judicial de sociedade devedora não atinge o direito material do credor. **SEC 14.408-EX, Rel. Min. Luis Felipe Salomão, por unanimidade, julgado em 21/6/2017, DJe 31/8/2017. Inf. 610.**

A prerrogativa de imparcialidade do julgador aplica-se à arbitragem e sua inobservância resulta em ofensa direta à ordem pública nacional – o que legitima o exame da matéria pelo Superior Tribunal de Justiça, independentemente de decisão proferida pela Justiça estrangeira acerca do tema. Dos autos consta pedido de homologação de duas sentenças arbitrais proferidas nos Estados Unidos da América, relativas a contrato de alienação de quotas representativas de capital social de empresa do setor sucroalcooleiro, em que se alega – entre outras questões – ofensa à ordem pública brasileira decorrente da violação da imparcialidade do árbitro-presidente que proferiu as decisões contestadas. De início, convém ressaltar que para o procedimento de homologação de sentença estrangeira ou concessão de *exequatur*, o ordenamento jurídico pátrio instituiu um sistema de contenciosidade limitada, no qual a impugnação fica restrita à inobservância das questões formais, previstas no art. 5º da Resolução nº 9/2005 do STJ, e à ocorrência de ofensa à soberania ou à ordem pública, conforme art. 6º. Neste juízo de valor acerca do respeito à soberania e à ordem pública nacional, o STJ possui ampla liberdade para realizar o efetivo controle da decisão estrangeira antes de reconhecer sua eficácia no território nacional. Com efeito, a prerrogativa da imparcialidade do julgador é uma das garantias que resultam do postulado do devido processo legal, aplicável à arbitragem, mercê de sua natureza jurisdicional. A inobservância dessa prerrogativa ofende, diretamente, a ordem pública nacional. Além disso, só se tem por válida a renúncia à garantia da inafastabilidade da jurisdição estatal quando os árbitros gozam de independência e confiança das partes. Assim, a sentença proferida pela Justiça Federal americana à luz de sua própria legislação não tem o condão de obstar o exame do STJ quanto a possível ofensa à ordem pública nacional decorrente da alegada imparcialidade do árbitro presidente. Com base nessas premissas, tem-se que o art. 14 da Lei de Arbitragem (Lei nº 9.307/1996) prevê o impedimento para funcionar como árbitro das pessoas que tenham com as partes ou com o litígio que lhes for submetido alguma das relações que caracterizam os casos de impedimento ou suspeição de juízes, previstas, respectivamente, nos arts. 134 e 135 do Código de Processo Civil. O desrespeito acarreta a nulidade da sentença arbitral, a teor do art. 32, II, da referida lei. Acrescenta o art. 13 da referida lei que pode ser árbitro qualquer pessoa capaz e detentora da "confiança das partes", pressuposto cuja pedra de toque, segundo doutrina, está representada no dever de revelação – que abrange aqueles fatos concretamente relacionados às partes ou à causa a ser julgada, passíveis de, razoavelmente, interessar às partes na avaliação da confiança que devam depositar no árbitro e que se constitui em elemento de validade da arbitragem. Na hipótese, evidenciada a presença de elementos objetivos aptos a comprometer a imparcialidade e independência do árbitro presidente, que não foram revelados às partes como determina a lei, inviável a homologação das sentenças arbitrais, em respeito aos arts. 13, 14, *caput* e § 1º, 32, II e IV, 38, V, e 39, II, da Lei nº 9.307/1996 (Lei de Arbitragem). **SEC 9.412-EX, Rel. Min. Felix Fischer, Rel. para acórdão Min. João Otávio de Noronha, por maioria, julgado em 19/4/2017, DJe 30/5/2017. Inf. 605.**

DIREITO INTERNACIONAL E PROCESSUAL CIVIL. HOMOLOGAÇÃO DE SENTENÇA ESTRANGEIRA E CONFISCO DE IMÓVEL SITUADO NO BRASIL.

É possível a homologação de sentença penal estrangeira que determine o perdimento de imóvel situado no Brasil em razão de o bem ser produto do crime de lavagem de dinheiro. De fato, a Convenção das Nações Unidas contra o Crime Organizado Transnacional (Convenção de Palermo), promulgada pelo Decreto nº 5.015/2004, dispõe que os estados partes adotarão, na medida em que o seu ordenamento jurídico interno o permita, as medidas necessárias para possibilitar o confisco do produto das infrações previstas naquela convenção ou de bens cujo valor corresponda ao desse produto (art. 12, 1, *a*), sendo o crime de lavagem de dinheiro tipificado na convenção (art. 6.º), bem como na legislação brasileira (art. 1.º da Lei nº 9.613/1998). Ademais, nos termos do CP: "Art. 9º – A sentença estrangeira, quando a aplicação da lei brasileira produz na espécie as mesmas consequências, pode ser homologada no Brasil para: I – obrigar o condenado à reparação do dano, a restituições e a outros efeitos civis". Verifica-se, assim, que a lei brasileira também prevê a possibilidade de perda, em favor da União, ressalvado o direito do lesado ou de terceiro de boa-fé, do produto do crime, como um dos efeitos da condenação (art. 91, II, *b*, do CP). Nesse contexto, não prospera a alegação de que a homologação de sentença estrangeira de expropriação de bem imóvel – situado no Brasil – reconhecido como proveniente de atividades ilícitas ocasionaria ofensa à soberania nacional, pautada no argumento de que competiria à autoridade judiciária brasileira conhecer de ações relativas a imóvel situado no País, de acordo com o previsto no art. 12, § 1º, da LINDB, bem como no art. 89, I, do CPC/1973. Com efeito, não se trata especificamente sobre a situação de bem imóvel, sobre a sua titularidade, mas sim sobre os efeitos civis de uma condenação penal determinando o perdimento de bem que foi objeto de crime de lavagem de capitais. Inclusive, é importante destacar que o bem imóvel não será transferido para a titularidade do país interessado, mas será levado a hasta pública, nos termos do art. 133 do CPP. SEC 10.612-FI, Rel. Min. Laurita Vaz, julgado em 18/5/2016, DJe 28/6/2016. Informativo 586.

8. SINOPSE

HOMOLOGAÇÃO DE SENTENÇA ESTRANGEIRA E CONCESSÃO DE EXEQUATUR À CARTA ROGATÓRIA
Considerações iniciais
Para que uma decisão estrangeira, assim entendida o ato definitivo proferido por autoridade jurisdicional de outro país, possa surtir efeitos no Brasil, é necessário que ela seja homologada pelo Superior Tribunal de Justiça.

Amplitude da expressão sentença estrangeira
Tal expressão deve compreender todas as decisões definitivas, que são proferidas por órgãos colegiados ou monocráticos, bem como os atos jurídicos que, no Brasil, equiparar-se-iam às sentenças, ante sua natureza jurisdicional, como ocorre com as sentenças arbitrais.
Requisitos
Constituem requisitos indispensáveis à homologação da decisão estrangeira, bem assim para a concessão do exequatur às cartas rogatórias: a) ser proferida por autoridade competente; b) ser precedida de citação regular, ainda que verificada a revelia; c) ser eficaz no país em que foi proferida; d) não ofender a coisa julgada brasileira; e) estar acompanhada de tradução oficial, salvo disposição que a dispense prevista em tratado; f) não conter manifesta ofensa à ordem pública.
Procedimento
Vide item 4 sobre o tema.

CAPÍTULO 58

AÇÃO RESCISÓRIA

Sumário • 1. Considerações iniciais – 2. Pressupostos: 2.1. Gerais; 2.2. Específicos: 2.2.1. Existência de decisão transitada em julgado, que pode ser de mérito ou, ainda, terminativa, mas, nesse último caso, que impeça a propositura de nova ação ou a rediscussão em torno da inadmissibilidade de recurso; 2.2.2. Afirmação pelo autor, como causa de pedir, de pelo menos uma das hipóteses de rescindibilidade que estão previstas entre os incisos i e viii do art. 966 do CPC; 2.2.3. Exercício do direito de ação no respectivo prazo decadencial – 3. Condições: 3.1. Legitimidade: 3.1.1. Legitimidade ativa; 3.1.2. Legitimidade passiva; 3.2. Interesse processual – 4. Atos de disposição de direitos e homologatórios praticados no curso da execução – 5. Tutela provisória – 6. Procedimento: 6.1. Competência: 6.1.1. Determinação; 6.1.2. Reconhecimento da incompetência; 6.2. Relator; 6.3. Petição inicial: 6.3.1. Requisitos; 6.3.2. Instrumento de procuração; 6.3.3. Causas de rescindibilidade; 6.3.4. Pedidos; 6.3.5. Documentos indispensáveis; 6.3.6. Depósito prévio e multa; 6.3.7. Indeferimento da petição inicial; 6.3.8. Improcedência liminar do pedido; 6.4. Citação; 6.5. Resposta: 6.5.1. Prazo; 6.5.2. Revelia; 6.5.3. Modalidades de resposta; 6.6. Providências preliminares e saneamento; 6.7. Julgamento conforme o estado do processo; 6.8. Instrução do processo; 6.9. Razões finais; 6.10. Vistas ao ministério público; 6.11. Julgamento; 6.12. Recursos; 6.13. Ação rescisória contra decisão que julga ação rescisória – 7. Súmulas – 8. Enunciados do FPPC – 9. Informativos – 10. Sinopse.

1. CONSIDERAÇÕES INICIAIS

A ação rescisória é a ação de impugnação autônoma, nomeadamente porque forma outra relação processual. Não se trata, por isso, de recurso. Pode ser intentada por qualquer das partes da ação originária (ou pelo seu sucessor a título universal ou singular), pelo Ministério Público ou por terceiro interessado. Deve observar prazo decadencial, que será de, no mínimo, 02 anos. E visa a desconstituir decisão, que tenha a aptidão de impossibilitar a discussão do mérito por intermédio de outra ação.

Há interesse, pois, em intentar ação rescisória para desconstituir decisão de mérito[1–2], mas também desconstituir decisão que reconheceu a ilegitimidade de qualquer das partes, a ocorrência de coisa julgada material, litispendência, perempção ou de convenção de arbitragem. Isso porque, em razão do conteúdo da decisão, mesmo que terminativa, não se pode intentar, depois, outra ação, enquanto não desconstituída a decisão, para discutir o objeto litigioso antes apresentado.

Questão de Concurso

▶ **(FCC – Procurador do Estado – MA/2016)** A ação rescisória se presta a rescindir[3]:

a) somente a sentença de mérito como um todo, não podendo ter por objeto apenas um de seus capítulos.

---

1. "A decisão que homologa a renúncia ao direito em que se funda a ação tem natureza de sentença de mérito, desafiando, para a sua impugnação, o ajuizamento de ação rescisória" (STJ. REsp 1674240/SP. DJe 07.06.18).
2. Por esta razão, é admissível ação rescisória contra decisão que extingue a execução por satisfação do crédito.
3. Gabarito: Letra E.

b) os atos homologatórios praticados no curso de execução, mas não os atos de disposição de direitos praticados pelas partes, ainda que homologados pelo juiz antes da prolação de sentença.
c) apenas sentença de mérito transitada em julgado.
d) qualquer decisão que violar manifestamente norma jurídica.
e) decisão transitada em julgado que, embora não seja de mérito, impeça nova propositura da demanda ou admissibilidade de recurso correspondente.

2. PRESSUPOSTOS

2.1. Gerais

Devem ser observados, para a ação rescisória, todos os pressupostos processuais gerais, já que são comuns a qualquer processo.

Tais pressupostos são os seguintes:

a) existência:
   a.1) subjetivos: investidura do juiz; capacidade de ser parte;
   a.2) objetivos: existência de ação intentada;
b) validade:
   b.1) subjetivos: competência do juízo; imparcialidade do juiz; capacidade processual; capacidade postulatória;
   b.2) objetivos: petição inicial apta; citação válida.
c) negativos: litispendência; coisa julgada; perempção; convenção de arbitragem.

A discussão em torno de alguns deles, especificamente os que impedem a propositura de nova ação para discutir o mérito da que foi julgada pela decisão rescindenda, pode ser parte do objeto litigioso da ação rescisória. Sua análise, pois, para essa situação, será meritória. O julgamento da ação rescisória, portanto, em juízo rescindente, ocupar-se-á a seu respeito.

2.2. Específicos

Além dos pressupostos processuais gerais, a ação rescisória deve observar os seguintes pressupostos específicos:

a) **existência de decisão transitada em julgado**, que pode ser de mérito ou, ainda, terminativa, mas, nesse último caso, que impeça a propositura de nova ação ou a rediscussão em torno da inadmissibilidade de recurso;
b) a afirmação pelo autor, como causa de pedir, de pelo menos uma das hipóteses de rescindibilidade que estão previstas entre os incisos I e VIII do art. 966 do CPC;
c) exercício do direito de ação no respectivo prazo decadencial.

Ante a especificidade, será analisado cada um desses requisitos.

2.2.1. *Existência de decisão transitada em julgado, que pode ser de mérito ou, ainda, terminativa, mas, nesse último caso, que impeça a propositura de nova ação ou a rediscussão em torno da inadmissibilidade de recurso*

Se a decisão não tiver transitado em julgado, não haveria sequer interesse em intentar a ação rescisória, porque a decisão poderia ser reformada ou anulada mediante a interposição de recurso cabível. Portanto, a decisão precisa ter transitado em julgado. Mas, não é requisito da ação rescisória que o trânsito em julgado advenha do esgotamento de todos os recursos. Por isso que o enunciado 514 da súmula do STF orienta que "admite-se ação rescisória contra sentença transitada em julgado, ainda que contra ela não se tenham esgotados todos os recursos".

Aliás, se fosse necessário o esgotamento recursal, todas as ações rescisórias somente poderiam ser intentadas perante o Supremo Tribunal Federal ou o Superior Tribunal de Justiça. Esses tribunais teriam "competência funcional exclusiva". Todavia, não é o que ocorre, como se verifica dos artigos 102 e 105 da Constituição da República. E não haveria de ser assim mesmo, porque, colocados aqueles tribunais como funcionalmente competentes para julgar todas as ações rescisórias, estariam inviabilizados seus próprios funcionamentos.

Diga-se, ademais, que, por vezes, a parte faz a opção de não esgotar as instâncias recursais de modo a facilitar a discussão em torno de específica questão quando da propositura de ação rescisória. O (futuro) autor da ação rescisória pode prever que, em determinadas circunstâncias, sobretudo perante os tribunais superiores, onde há restrição cognitiva em relação a fatos, que a interposição de recurso não será exitosa, a optar, assim, pelo ajuizamento daquela ação. As hipóteses de rescindibilidade elencadas no art. 966 do CPC ratificam esta conclusão.

O trânsito em julgado, como requisito específico para o ajuizamento da ação rescisória, não precisa ser global. Basta que parte do objeto litigioso transite em julgado para justificar o ajuizamento da ação rescisória. Só que, nesse caso, o objeto da ação rescisória deve ficar adstringido à parte do objeto originário que transitou em julgado. Apenas quando o trânsito em julgado for global, é que a ação rescisória poderá ser intentada contra o julgamento integral do objeto originário.

2.2.2. *Afirmação pelo autor, como causa de pedir, de pelo menos uma das hipóteses de rescindibilidade que estão previstas entre os incisos I e VIII do art. 966 do CPC*

O art. 966 do Código de Processo Civil traz oito hipóteses de rescindibilidade da decisão. Elas são descritas e analisadas abaixo:

a) **verificar-se que foi proferida por força de prevaricação, concussão ou corrupção do juiz**: a prevaricação, a concussão ou a corrupção são crimes que, quando verificada sua prática pelo juiz (e apenas por ele, conforme referência exclusiva do inc. I do art. 966 do CPC), inquinam (no comum das vezes, mas nem sempre) de rescindibilidade a respectiva decisão, porque comprometem a imparcialidade da jurisdição.

A prevaricação consiste em "retardar ou deixar de praticar, indevidamente, ato de ofício, ou praticá-lo contra disposição expressa de lei, para satisfazer interesse ou sentimento pessoal" (art. 319 do CP). Já a concussão, em "exigir, para si ou para outrem, direta ou indiretamente, ainda que fora da função ou antes de assumi-la, mas em razão dela, vantagem indevida" (art. 316 do CP). A corrupção ativa em "oferecer ou prometer vantagem indevida a funcionário público, para determiná-lo a praticar, omitir ou retardar ato de ofício" (art. 333 do CP). E a passiva, em "solicitar ou receber, para si ou para outrem, direta ou indiretamente, ainda que fora da função ou antes de assumi-la, mas em razão dela, vantagem indevida, ou aceitar promessa de tal vantagem" (art. 317 do CP).

Há ressalvas que excepcionam a rescindibilidade.

A primeira delas, quando constatada a prática de crimes de prevaricação ou corrupção ativa, especificamente, pelo juiz, em razão da constatação do verbo "retardar", que compõe os respectivos tipos penais. Verificada a prática daqueles crimes pelo juiz da decisão, em razão de simples retardamento, a desconstituição não se justifica, porque não há desrespeito à imparcialidade da jurisdição.

A segunda ressalva pertine às decisões colegiadas. Para desconstituí-las em razão da prática de qualquer dos mencionados crimes, é indispensável que o vício alcance o voto vencedor. Se alcançar apenas o voto vencido, não se deve (pelo menos em regra) desconstituir a decisão, porque o seu resultado não foi influenciado por qualquer dos crimes, razão porque se pode afirmar que não houve quebra da imparcialidade da jurisdição.

A terceira ressalva diz respeito à decisão submetida a recurso. Sendo este admitido, haverá substituição da decisão proferida pelo(s) juiz (ou juízes) que praticou (praticaram) qualquer dos crimes acima identificados. Se a prática não tiver sido imputada, também, àquele(s) que julgou (julgaram) o recurso, não haverá causa para a rescindibilidade da decisão.

Essa última ressalva, porém, deve ser recebida com restrição. Em determinadas situações, pode ocorrer de a decisão proferida pelo tribunal *ad quem* reanalisar apenas parte do objeto litigioso. Se a decisão do juízo *a quo*, que analisou todo o objeto litigioso, tiver influência direta (por ser premissa lógica) na parte julgada (em substituição) pelo tribunal *ad quem*, esta poderá ser também rescindida, porque viciada em concatenação.

> A título de exemplo, coloca-se a ação de investigação de paternidade cumulada com ação de alimentos. O juízo a quo, que incorreu na prática de qualquer dos crimes identificados no art. 966, I, do CPC, aprecia todo o objeto litigioso, mas o recurso apelação fica adstringido aos alimentos, que são conferidos, em ratificação, pelo tribunal ad quem. Julgada procedente a ação rescisória, ela desconstituirá a decisão do tribunal (que julgou a ação de alimentos em substituição) e a própria sentença (na parte que julgou a investigação de paternidade). Conquanto tenha havido substituição do julgamento da ação de alimentos, ante sua apreciação pelo tribunal, cujos membros não cometeram qualquer daqueles crimes, o julgado ficou contaminado pela premissa (de reconhecimento de paternidade) firmada pelo juiz que incorreu na prática delituosa.

O mesmo ocorreria se membro do tribunal, que cometera qualquer dos crimes dispostos no art. 966, I, do Código de Processo Civil, tivesse decidido monocraticamente e fosse interposto recurso ao órgão colegiado. Se este conhecesse apenas parte do objeto litigioso, em face da limitação de cognição recursal decorrente do balizamento do efeito devolutivo horizontal, a decisão colegiada, apesar de os membros do órgão não terem cometido nenhum crime, poderia ser desconstituída por ação rescisória.

Contudo, a bem da verdade, ainda que desconstituída a sentença, não quer dizer que o novo julgamento, a ser proferido em juízo rescisório, será diferente do anterior. Embora a justificativa para admitir a ação rescisória pela alegada prática de qualquer daqueles ilícitos penais deve-se à circunstância de que a pessoa do juiz não está agindo com a necessária imparcialidade, pode ocorrer de o resultado do julgamento, em juízo rescindente, ser coincidente.

Para a rescindibilidade da decisão, não se exige que o juiz tenha sido condenado criminalmente (o que evita o transcurso ou pelo menos a "redução" do prazo decadencial próprio da ação rescisória). Os referidos delitos podem ser provados nos autos da própria ação rescisória[4] (sem desrespeito à presunção de inocência[5]), o que acaba por representar uma vantagem ao autor, porque o juiz não participará da relação processual (embora possa ter seu depoimento colhido), ao contrário do que ocorre com a ação penal.

Agora, pode ocorrer que, no curso da ação rescisória, ser intentada ação penal com o objetivo de apurar a prática dos identificados crimes pelo juiz. Se isso ocorrer, o relator da ação rescisória, com o objetivo de garantir a harmonia entre os julgados (e afirmar, em consequência, a segurança jurídica), poderá suspender o processo, pelo prazo de até 01 ano, a teor do que estabelece o art. 313, V e § 4º, do Código de Processo Civil e art. 64, parágrafo único, do Código de Processo Penal.

A sobrevir sentença penal, seja condenatória ou absolutória[6], ela poderá ter influência sobre o resultado da ação rescisória. Se for condenatória a sentença penal, estará reconhecida a prática dos crimes. Se for absolutória a sentença penal e não tiver sido, categoricamente, reconhecida a inexistência material do fato, não haverá influência sobre a ação rescisória. Mas, se tiver sido reconhecida a categoricamente a inexistência material do fato, haverá influência da sentença absolutória penal, ante a certificação jurisdicional[7].

Pois bem.

Julgada procedente a ação rescisória, por reconhecer a existência de prevaricação, de concussão ou de corrupção do juiz, a sentença rescindenda será desconstituída e proferida

4. Embora que, se estiver em trâmite a demanda criminal, a ação rescisória pode ficar suspensa nos termos dos arts. 110 c/c 265, IV, ambos do CPC.

5. Até porque o juízo cível não condena. Nem competência para tal ele tem.

6. Se houver absolvição no juízo penal, depois de proferido julgamento na ação rescisória, julgando procedente a pretensão processual ali deduzida, caberá ação rescisória da ação rescisória? A resposta é negativa, porque não resta preenchida qualquer das hipóteses do art. 966 do Código de Processo Civil.

7. Código Civil. Art. 935. A responsabilidade civil é independente da criminal, não se podendo questionar mais sobre a existência do fato, ou sobre quem seja o seu autor, quando estas questões se acharem decididas no juízo criminal. Código de Processo Penal Art. 63. Transitada em julgado a sentença condenatória, poderão promover-lhe a execução, no juízo cível, para o efeito da reparação do dano, o ofendido, seu representante legal ou seus herdeiros. Parágrafo único. Transitada em julgado a sentença condenatória, a execução poderá ser efetuada pelo valor fixado nos termos do inciso IV do caput do art. 387 deste Código sem prejuízo da liquidação para a apuração do dano efetivamente sofrido. [...] Art. 65. Faz coisa julgada no cível a sentença penal que reconhecer ter sido o ato praticado em estado de necessidade, em legítima defesa, em estrito cumprimento de dever legal ou no exercício regular de direito. Art. 66. Não obstante a sentença absolutória no juízo criminal, a ação civil poderá ser proposta quando não tiver sido, categoricamente, reconhecida a inexistência material do fato.

outra em substituição. Além disso, se não intentada ação penal para apurar os tipos mencionados no art. 966, I, do Código de Processo Civil, o relator deverá adotar as providências dispostas pelo art. 40 do Código de Processo Penal, a remeter as cópias e os documentos necessários ao oferecimento da denúncia[8].

b) **proferida por juiz impedido ou por juízo absolutamente incompetente**: a hipótese de rescindibilidade trazida pelo art. 966, II, do CPC/2015 não muda em relação àquela trazida pelo art. 485, II, do CPC/1973. As pequenas alterações são meramente textuais, sem repercussão jurídica (pelo menos no plano pragmático). Agora, diferentemente do que antes ocorria, coloca-se como absolutamente incompetente o juízo, e não mais o juiz. O legislador agiu com acerto, porque a competência é atribuída ao órgão e não à pessoa. Se não tiver sido a ele conferida a atribuição, será incompetente.

Apenas a decisão proferida por juiz impedido (arts. 144 e 147 do CPC) é passível de desconstituição. Aquela proferida por juiz suspeito não, até por conta da verificação da preclusão (STJ. REsp 95667/SP. DJU 04.02.02). Em caso de decisão colegiada, ela só será rescindível se o juiz impedido tiver participado de forma decisiva para o alcance do resultado final. Logo, não se admite a rescisão de decisão colegiada em que o juiz impedido tenha ficado vencido. Essa situação, contudo, também deve ser analisada com necessária prudência.

Pode ocorrer de a decisão proferida pelo colegiado analisar, em recurso, apenas parte do objeto litigioso. Se a decisão anterior, que analisou todo o objeto litigioso, tiver influência direta (por ser premissa lógica) na parte julgada (em substituição) pelo órgão colegiado, esta poderá ser também rescindida, porque viciada em concatenação. Portanto, apesar de o órgão recursal não ser composto por juízes impedidos, o originário, que decidiu premissa lógica antecedente, era, o que acaba por tornar rescindível a decisão colegiada.

Quanto à incompetência do juízo, esta deve ser absoluta. Só se rescinde decisão se proferida por juízo absolutamente incompetente. Se a incompetência era relativa, não se pode desconstituir qualquer ato decisório por ele praticado, em ação rescisória, porque, com o trânsito em julgado, foi prorrogada, em qualquer hipótese, a competência, não havendo, assim, qualquer vício. E é necessário que a incompetência seja daquele juízo que proferiu a decisão a ser rescindida. Se o órgão recursal era competente e proferiu o julgamento definitivo, em substituição, por óbvio, não há o que se rescindir. Ressalva-se, porém, a possibilidade de o órgão recursal conhecer apenas parte do objeto litigioso, sendo estabelecida, como premissa lógica de sua atividade, decisão proferida por juízo incompetente.

Acrescente-se, em termos de informação, que a competência absoluta é definida, geralmente, em razão da pessoa, da matéria ou da função. A competência, por sua vez, definida em razão do território e do valor da causa, é, geralmente, relativa. Contudo, pode ocorrer, em situações excepcionais, expressamente previstas, de, mesmo definida por aqueles critérios (território e valor da causa), ser absoluta a competência.

Prossiga-se.

8. Art. 40. Quando, em autos ou papéis de que conhecerem, os juízes ou tribunais verificarem a existência de crime de ação pública, remeterão ao Ministério Público as cópias e os documentos necessários ao oferecimento da denúncia.

Mesmo que, na ação originária, de onde se originou a decisão rescindenda, tenham sido discutidas as questões relacionadas ao impedimento do juiz e/ou à incompetência absoluta do juízo, é rescindível a decisão respectiva, por intermédio de ação rescisória, caso demonstrados, no curso dela, o impedimento e/ou a incompetência.

Constatados, em ação rescisória, o impedimento do juiz e/ou a incompetência do juízo, ela será julgada procedente para desconstituir a decisão.

A pergunta que se formula, a esse respeito, é a seguinte: neste caso, o tribunal, que julga a ação rescisória, deve, depois de desconstituir a decisão rescindenda, julgar o mérito da ação originária?

Até a 7ª edição desse livro, publicada quando da vigência do CPC/1973, entendia-se que o tribunal, depois de desconstituir a decisão rescindenda, deveria determinar que juízo apto, cujo órgão fosse ocupado juiz imparcial, julgasse o mérito da ação originária. Contudo, sob a vigência do CPC/2015, o entendimento passa a ser diferente. Não bastasse a afirmação da eficiência, trazida expressamente pelo art. 8º, agora, o Código permite que o próprio tribunal julgue o mérito quando invalidada a decisão proferida pelo juízo *a quo* (§ 3º do art. 1.013).

Há outra questão relevante que precisa ser aqui analisada. O art. 356 do CPC permite o julgamento parcial do mérito por decisão interlocutória. Pode, então, ocorrer de, no curso do processo, ser proferida decisão parcial de mérito por juízo incompetente, a transitar em julgado, e, depois, os autos serem remetidos para juízo competente. Quando a sentença proferida por este último transitar em julgado, a ação rescisória fundada em incompetência absolta terá por objeto a decisão parcial de mérito.

Todavia, se o julgamento da sentença tiver de adotar como premissa lógica o resultado da decisão parcial de mérito proferida por juízo incompetente, o objeto da ação rescisória fundada em incompetência, aí, será formado por todas as decisões proferidas, ou seja, a decisão parcial de mérito e a sentença. Isso, porque foi o julgamento da decisão parcial de mérito por juízo incompetente que estabeleceu o resultado da sentença. A sentença, embora não proferida por juízo incompetente, teve seu resultado por ele influenciado.

c) **resultar de dolo ou coação da parte vencedora em detrimento da parte vencida ou, ainda, de simulação ou colusão entre as partes, a fim de fraudar a lei**: o dolo consiste no emprego de artifício para induzir uma pessoa à prática de um ato que lhe prejudica, mas aproveita àquele que agiu dolosamente. Há dolo toda vez que a parte vencedora, a faltar com seu dever de lealdade (boa-fé), dificulta a atuação processual do vencido ou influencia a formação do convencimento do juiz por lhe afastar da verdade[9]. A coação é o exercício de ato de pressão psicológica ou de constrangimento sobre a pessoa, a fim de que ela pratique ato indesejado, ante o temor de dano iminente e considerável contra sua pessoa, sua família ou seus bens.

9. Os precedentes do Superior Tribunal de Justiça: a) "é pressuposto do dolo processual, a ensejar o ajuizamento da ação rescisória com base no inciso III do art. 485 do CPC/1973 [art. 966, III, do CPC/2015], a demonstração da má-fé na conduta da parte vencedora, tal como previsto no art. 17 do Diploma Processual [art. 80 do CPC/2015], ou seja, deve o Autor comprovar a utilização de expedientes e artifícios maliciosos capazes de influenciar o juízo dos magistrados, o que não ocorreu na hipótese" (REsp 653613/DF. DJe 15.06.09);b) "não caracteriza dolo, a justificar o ajuizamento de ação rescisória, a defesa, pela parte vencedora, de interpretação da regra jurídica em sentido diverso daquele considerado como o mais adequado" (STJ. REsp 21185/SP. DJU 22.11.93).

A simulação constitui ato bilateral, fundado em falsa declaração de vontade, a fim de produzir efeitos diversos daqueles exteriorizados como desejados para, assim, prejudicar terceiros. A colusão será verificada quando o autor e o réu se servem do processo para alcançar resultado vedado por lei.

Para que a decisão seja passível de desconstituição, é necessário que o dolo, a coação, a simulação e a colusão sejam capazes de alterar o resultado do julgamento, que seria proferido se aqueles não sobreviessem. Se a decisão rescindenda teve vários fundamentos, é necessário que todos eles estejam alcançados pelo dolo ou pela coação ou pela simulação ou pela colusão. Tais figuras têm que ser decisivas ao alcance do resultado indicado pelo julgado que se pretende rescindir.

d) **ofender a coisa julgada**: haverá ofensa à coisa julgada quando, posteriormente, for proferida, no mesmo processo ou em processos diferentes, decisão que resolva questão julgada anteriormente por outra já transitada em julgado. Assim, pressupõe-se a existência de pelo menos duas decisões, ainda que no mesmo sentido, em idêntica relação jurídica (STJ. AR 1188/PB. DJU 11.10.04). Assim, ocorrerá ofensa à coisa julgada, por exemplo, quando: a) o órgão funcionalmente competente para julgar recurso, sem observar sua intempestividade, admite-o e julga seu mérito; b) órgão jurisdicional profere sentença definitiva, quando, noutro processo, já havia sido proferida sentença de mérito transitada em julgado; c) o órgão jurisdicional, sem observar que, no mesmo processo, reconheceu a existência de pressuposto processual negativo, profere outra decisão.

A configuração da ofensa à coisa julgada, a justificar a propositura de ação rescisória sob tal fundamento, dá-se em relação à mesma relação jurídica, onde se verifica a coincidência de partes e objeto (STJ. AR 1394/PB. DJU 11.09.06). A ação rescisória intentada com amparo nesta hipótese de rescindibilidade, se superados os juízos de admissibilidade e o juízo rescindente, dispensa o juízo rescisório, porque a finalidade da ação, nesse caso, é a preservação da coisa julgada anterior, e não um "novo julgamento".

Ao entender dos autores desse livro, tem eficácia, enquanto não for rescindida (ou pelo menos enquanto não concedida tutela provisória nesse sentido), a decisão que ofendeu a coisa julgada, pois o referido ato estatal, embora passível de decretação de invalidade, não pode ser desconsiderado, especialmente em sua existência e eficácia. Se a decisão objeto da ação rescisória ofender apenas em parte a coisa julgada, é sob a amplitude desta que ela deverá ser desconstituída, a prevalecer sua parte restante.

O Superior Tribunal de Justiça estava a adotar essa posição, a considerar eficaz a segunda coisa julgada, enquanto não desconstituída a respectiva decisão ou, pelo menos, enquanto não proferida tutela provisória nesse sentido, conforme se observa dos acórdãos lavrados no julgamento do REsp 5.98.148/SP e REsp 400.104/CE. Todavia, recentemente, quando do julgamento do REsp 1354225/RS, aquela corte decidiu que deveria prevalecer a primeira decisão que transitou em julgado, porque a segunda seria inexistente.

e) **violar manifestamente norma jurídica**: sob a vigência do CPC/1973, o inciso V do art. 485 dispunha que cabia ação rescisória contra a decisão que tivesse violado literal disposição de lei, sendo essa (lei) entendida lei em sentido amplo (como fonte de direito), seja ela material ou processual e em qualquer nível (federal, estadual, distrital ou municipal) (STJ. AR 2779/DF. DJU 23.08.04). A violação, que poderia ser por contrariedade ou negativa de vigência (STJ. AgRg no REsp 945544/DF. DJe 03.05.10), deveria ser direta, frontal, evidente, a dispensar reexame dos fatos da causa[10]. Não poderia decorrer de uma das interpretações possíveis ou de integração analógica (STJ. AR 1910/DF. DJ 04.09.06). Por isso, não se admitia a propositura de ação rescisória quando o pronunciamento jurisdicional rescindendo houvesse se baseado em texto legal, à época, de interpretação controvertida nos tribunais (enunciado 343 da súmula do STF), ainda que houvesse jurisprudência posteriormente firmada consoante pretensão da parte (STJ: AgRg no AREsp 80414/RS, DJe 21.05.12; REsp 736.650/MT, DJe 20.08.14). O enunciado 343, entretanto, não tinha aplicação quando a matéria em discussão fosse de índole constitucional (STF. AI-AgR-ED 382298/RS. DJU 30.03.07). Se a afirmação fosse de violação à literal disposição constitucional, independentemente da existência de interpretação controvertida na época em que proferido o julgado, admitia-se a propositura da ação rescisória. Quais as razões para a mitigação do enunciado? A jurisprudência do Supremo Tribunal Federal entendia que não deve haver "tolerância à interpretação razoável", porquanto, se não fosse a interpretação a "acertada", estar-se-ia a desrespeitar o bloco de constitucionalidade, que seria intolerável[11].

10. Súmula 410 do TST: *"A ação rescisória calcada em violação de lei não admite reexame de fatos e provas do processo que originou a decisão rescindenda"*.

11. Apesar das tentativas do Poder Judiciário em unificar o alcance da expressão "literal disposição de lei" (prevista no inciso V do art. 485 do CPC/1973), elas ainda não eram suficientes. É que a expressão passava pela subjetividade do intérprete (pois que a lei instituía um conceito jurídico indeterminado). Buscando objetivar a aplicação da norma, o Supremo Tribunal Federal, na sessão plenária de 13/12/63, sumulou:Súmula 343 do STF: *"Não cabe ação rescisória por ofensa a literal disposição de lei, quando a decisão rescindenda se tiver baseado em texto legal de interpretação controvertida nos tribunais"*.Passou, assim, a compreender que, se houvesse mais de uma interpretação razoável adotada pelo Poder Judiciário (em tribunais diversos) com relação à norma (ainda que não fosse a mais correta), não haveria violação à literal disposição de lei. Consequência: eventual ação rescisória ajuizada não ultrapassaria, quando muito, o juízo rescindendo.Este foi o marco que denotou a explícita admissão da "tolerância da interpretação razoável". Evitar-se-ia, de forma objetiva, que a ação rescisória fosse utilizada como substituto recursal – com a diferença de se ter um prazo alongado (de dois anos após o trânsito em julgado) para tentar-se a modificação do julgado.Logo que foi editada a Súmula 343 do Supremo Tribunal Federal, sua aplicação mostrou-se irrestrita. Era aplicada independentemente da hierarquia da norma – inclusive se fosse de ordem constitucional ou não, tolerava-se a interpretação da norma por entendê-la razoável.Mas a Súmula 343 do STF, ao longo do tempo, veio tendo sua aplicação mitigada – especialmente quando a propositura da ação rescisória estiver fundamentada em violação de norma de ordem constitucional. O próprio Supremo Tribunal Federal sedimentou que o enunciado sumulado *"não tem aplicação quando a matéria em discussão for de índole constitucional"*.Com idêntico tom passou a se pronunciar o Superior Tribunal de Justiça: *"a decisão que interpreta determinada norma em sentido contrário ao texto constitucional, divergindo da jurisprudência consolidada no âmbito do Supremo Tribunal Federal, dá ensejo à propositura da ação rescisória, afastando o óbice da Súmula 343/STF"*.Razões para a mitigação do enunciado: entendeu-se que não deveria haver "tolerância à interpretação razoável", porquanto, se não fosse a interpretação a acertada, estar-se-ia desrespeitando o bloco de constitucionalidade; aceitar interpretação à disposição constitucional, que não fosse a melhor, seria intolerável à ordem constitucional.Aliás, adotar interpretação a dispositivo constitucional que não seja a melhor, é atentar contra a segurança jurídica. Esta não é consectário apenas da coisa julgada, mas, também, da possibilidade de desconstituir coisa julgada que esteja em desacordo com as disposições constitucionais.Hoje, não mais se discute em torno da não aplicação da Súmula 343 do STF às ações rescisórias, que tenham por fundamento violação de dispositivo de ordem constitucional. Se há alegação de violação de norma constitucional, é cabível ação rescisória, ainda que exista interpretação divergente perante os tribunais.Relativamente às ações rescisórias propostas sob o fundamento de violação de

O CPC/2015, no inciso V do art. 966, mudou de parâmetro. Passou a dispor que a ação rescisória cabe contra decisão que violar manifestamente norma jurídica. A referência, para a hipótese de rescindibilidade, deixou de ser à lei e passou a ser a norma, que compreende os princípios, as regras e os postulados normativos. Esta (a norma) não se confunde com o texto da lei. Decorre de um processo intelectivo, a apontar o sentido de um texto por sua interpretação sistemática, a considerar os valores sociais dominantes para determinada época, relativamente aos fatos apontados. Assim, haverá violação da norma quando a construção realizada, a partir do texto, inclusive, não estiver conforme o sistema e os valores sociais dominantes. E será manifesta essa violação quando em dissonância à orientação estabelecida pelo Supremo Tribunal Federal e pelo Superior Tribunal de Justiça, sobretudo, porque, no comum das vezes, a eles cabe a formação de precedentes vinculantes, a teor do que dispõe o art. 927 do Código de Processo Civil[12]. Por isso, estabelece o § 5º do art. 966, **cabe ação rescisória, nos termos do inciso V do caput deste artigo, contra decisão baseada em enunciado de súmula[13], acórdão ou precedente previsto no art. 927[14], que não tenha**

---

dispositivo de ordem infraconstitucional, ainda prevalece a aplicação da indigitada súmula. O próprio guardião das normas infraconstitucionais (o STJ) vem decidindo, de forma prevalente, com o seguinte tom: *"se ao tempo em que proferido o acórdão rescindendo a questão infraconstitucional suscitada pela parte era de interpretação controvertida nos tribunais, é incabível a ação rescisória"*.Perante o Superior Tribunal de Justiça começava a surgir os primeiros precedentes (inclusive com votação unânime) no sentido de mitigar a aplicação da Súmula 343 do STF (EREsp 960.523/DF, DJU 23/04/08; EREsp 928.302/DF, DJe de 19/05/08). E os fundamentos eram relevantes, pelo que emergiria daí a necessidade de revisar o enunciado sumular pré-falado.E a revisão da Súmula 343 do STF viria em bom tempo. Deveras, na época da edição daquela, ocorrida em 13/12/63, não estava em vigor a Constituição de 1988. Também era outro o CPC (datava do ano de 1939). Depois de então, várias modificações ocorreram no cenário legislativo. Foi criado o STJ com a função de ser o guardião das normais infraconstitucionais (com atividade uniformizadora).Ao mesmo passo que a Constituição de 1988 colocava como garantia constitucional a isonomia, abriu-se uma tendência de uniformizar as ações repetitivas.Advém conclusão forçosa: a ação rescisória deve, também, ser empregada como instrumento de garantia à afirmação dos referidos princípios. Se ela se fundamenta na alegação de violação de disposição legal, por ser o julgado enfrentado contrário à orientação do STJ (ou sendo a dicção deste tribunal ainda afônica, por não lhe ser antes oportunizada o enfrentamento da questão), é legítimo seu ajuizamento, sendo factível o avanço aos juízos rescindendo e rescisório.Destarte, é intolerável que situações idênticas sejam resolvidas de formas diversas (ainda que a sentença esteja amparada em legislação infraconstitucional). Uma, porque se está afastando a função uniformizadora do Superior Tribunal de Justiça. Outra, porque se verificará desrespeito à isonomia e à legalidade. Finalmente, porque, com a repetição (múltipla) de ações, a tolerância de interpretação razoável pode gerar estragos incalculáveis.O passo a ser dado deve ser no sentido de garantir que a interpretação de disposição infraconstitucional somente seja razoável se acorde ao entendimento do Superior Tribunal de Justiça. Se este ainda não se pronunciou, ou se o fez de forma contrária ao julgado a ser rescindido, plausível será a alegação de "violação literal à disposição de lei" (cunhada pelo inciso V do art. 485 do CPC) – ou pelo menos aceitável o ajuizamento da rescisória como forma de uniformizar a jurisprudência.

12. Art. 927. Os juízes e os tribunais observarão:I – as decisões do Supremo Tribunal Federal em controle concentrado de constitucionalidade;II – os enunciados de súmula vinculante;III – os acórdãos em incidente de assunção de competência ou de resolução de demandas repetitivas e em julgamento de recursos extraordinário e especial repetitivos;IV – os enunciados das súmulas do Supremo Tribunal Federal em matéria constitucional e do Superior Tribunal de Justiça em matéria infraconstitucional;V – a orientação do plenário ou do órgão especial aos quais estiverem vinculados.
13. Sob a vigência do CPC/1973, a jurisprudência do Superior Tribunal de Justiça era no sentido de que "não existe previsão legislativa para o ajuizamento de ação rescisória sob o argumento de violação de súmula" (STJ. AR 4.112/SC. DJe 28.11.12), pelo que seria incabível. Apesar de o CPC/2015, no § 5º do art. 966 admitir essa possibilidade, ela não se amolda ao sistema de precedentes, porque o enunciado de súmula não tem *ratio decidendi.* Na verdade, ela decorre dos precedentes que ensejaram a edição do enunciado de súmula. Assim, a parte do texto que faz referência a enunciado de sumula é desnecessária, no mínimo, pois os precedentes constituídos no âmbito dos tribunais superiores, nos termos do art. 927, que culminaram na edição do enunciado, já têm eficácia vinculante.
14. Art. 927. Os juízes e os tribunais observarão: I - as decisões do Supremo Tribunal Federal em controle concentrado de constitucionalidade; II - os enunciados de súmula vinculante; III - os acórdãos em incidente de assunção de

considerado a existência de distinção entre a questão discutida no processo e o padrão decisório que lhe deu fundamento. Mas, quando a ação rescisória fundar-se na hipótese do § 5º, caberá ao autor, sob pena de inépcia, demonstrar, fundamentadamente, tratar-se de situação particularizada por hipótese fática distinta ou questão jurídica não examinada, a impor outra solução jurídica.

Questão de Concurso

▶ **(Cespe – Notários e Oficiais de Registro – Provimento – TJ – DFT/2019)**[15] Com base no disposto no Código de Processo Civil, acerca do instituto da ação rescisória, assinale a opção correta.

A) Admite-se a propositura de ação rescisória para desconstituir acórdão proferido baseado em julgamento de casos repetitivos em que não se tenha considerado a distinção entre a questão discutida no processo e o padrão decisório que lhe tenha dado fundamento.

B) É cabível a ação rescisória quando a decisão de mérito, transitada em julgado, for fundada em erro de fato que represente ponto controvertido sobre o qual o juiz deveria ter se pronunciado.

C) A distribuição da petição inicial da ação rescisória ao relator suspende automaticamente o cumprimento da decisão rescindenda.

D) A escolha de relator poderá recair em juiz que tenha participado do julgamento rescindendo, sendo dispensada a justificativa dessa distribuição pelo tribunal.

E) O autor que, posteriormente ao trânsito em julgado, obtiver prova nova cuja existência ignorava e que for capaz de lhe assegurar pronunciamento favorável terá, para propor a ação rescisória, o prazo máximo de dois anos, contado do trânsito em julgado da última decisão proferida no processo.

Essa premissa, em reconhecer, por intermédio do texto legal, a violação manifesta da norma jurídica quando contrariar precedente vinculante, é uma evolução em relação àquilo que dispunha o art. 485, V, do CPC/1973, pois, ali, a violação à lei precisava ser literal, o que quase nunca ocorria, ante a constante divergência de entendimentos havida entre os tribunais locais, o que representava óbice ao cabimento da ação rescisória, a teor da orientação estabelecida pelo enunciado 343 da súmula do Supremo Tribunal Federal.

Admitida a ação rescisória, se superado o juízo rescindente, a reconhecer a violação manifesta à norma jurídica, o juízo rescisório, quando for possível, no comum das vezes, pelo menos, não terá resultado igual àquele que acabou por ser desconstituído. Isso, porém, não significa que o resultado dos juízos rescisórios em outras hipóteses de rescindibilidade previstas no art. 966 do CPC não possa ser coincidente ao (resultado) da decisão rescindenda. Nelas (nas hipóteses de rescindibilidade), conquanto haja novo julgamento, ele pode ter o mesmo resultado do que teve a sentença desconstituída.

Proposta a ação rescisória com fundamento em violação manifesta a norma jurídica, "não cabe o reexame de toda a decisão rescindenda, para verificar se nela haveria outras violações à lei não alegadas pelo demandante, mesmo que se trate de questão de ordem pública" (STJ.

competência ou de resolução de demandas repetitivas e em julgamento de recursos extraordinário e especial repetitivos; IV - os enunciados das súmulas do Supremo Tribunal Federal em matéria constitucional e do Superior Tribunal de Justiça em matéria infraconstitucional; V - a orientação do plenário ou do órgão especial aos quais estiverem vinculados. [...].

15. Gabarito: Letra A.

REsp 1.663.326/RN. DJe 13.02.20. Inf. 665). Desse modo, é ônus da parte autora alegar todas as possíveis ofensas a normas contidas na decisão rescindenda.

Questão de Concurso

▶ **(IADES. AL-GO. Procurador. 2019)**[16]: Quanto à ação rescisória, assinale a alternativa correta.

a) Cabe ação rescisória, com fundamento na violação manifesta a norma jurídica, diante da decisão com base em enunciado de súmula ou acórdão proferido em julgamento de casos repetitivos que não tenha considerado a existência de distinção entre a questão discutida no processo e o padrão decisório que lhe deu fundamento.

b) A ação rescisória deve dizer respeito a todos os capítulos da decisão; caso diga respeito a apenas um capítulo, ela é incabível.

c) O prazo de resposta da ação rescisória é sempre de 15 dias.

d) O direito à rescisão se extingue em dois anos contados do trânsito em julgado da parte da decisão de mérito que se quer rescindir.

e) A decisão de mérito, transitada em julgado, que for proferida por juiz relativamente incompetente pode ser rescindida.

f) **for fundada em prova cuja falsidade tenha sido apurada em processo criminal ou venha a ser demonstrada na própria ação rescisória**: não é qualquer prova falsa que pode fundamentar o pleito rescisório, mas apenas aquela que constituiu o fundamento para a decisão rescindenda (STJ. REsp 471732/MA. DJ 19.04.04). Logo, poderia até ocorrer de, no curso do processo, ser produzida prova falsa, posteriormente assim declarada, mas, tal circunstância, por si só, não justifica a desconstituição da decisão.

A presente hipótese de rescindibilidade, que está prevista no art. 966, VI, do CPC, não enumerou que provas poderiam estar alcançadas pela falsidade, inclusive porque, em regra, não há hierarquia entre elas, motivo pelo que se deve entender como sendo qualquer uma delas (STJ. REsp 885352/MT. DJe 14.04.11). E não é só. A falsidade da prova pode ser material ou ideológica (STJ. REsp 331550/RS. DJU 25.03.02), sendo irrelevante que ela tenha sido alegada no processo em que proferida a decisão rescindenda.

A falsidade pode ser apurada no curso da ação rescisória ou demonstrada em processo criminal. Neste segundo caso, o tribunal que julgar a rescisória estará vinculado à declaração de falsidade reconhecida pelo juízo criminal. Por isso, em tal situação, à parte promovida da ação rescisória, restar-lhe-á defender que a prova reconhecida como falsa não foi utilizada para sustentar o (único) fundamento da decisão rescindenda.

g) **obtiver o autor, posteriormente ao trânsito em julgado, prova nova cuja existência ignorava ou de que não pôde fazer uso, capaz, por si só, de lhe assegurar pronunciamento favorável**: quando o art. 966, VII, refere-se a "autor", entenda-se como sendo o "autor da ação rescisória" e não o da ação, cuja decisão, no respectivo processo em que foi proferida, pretenda-se desconstituir. Diferentemente da disposição constante no art. 485, VII, do CPC/1973, que referia a "documento

16. Gabarito: letra a.

novo", o art. 966, VII, do CPC/2015 faz referência a "prova nova". Portanto, a nova disposição legal é mais ampla que a anterior, porque, agora, possibilita que qualquer prova nova, desde que apta a assegurar pronunciamento favorável, pode justificar a desconstituição da decisão. Representa verdadeiro distanciamento da atividade jurisdicional do critério legal de valoração de provas.

Prova nova é aquela existente durante o curso do processo, cuja existência era ignorada pela parte (STJ. AR 1415/MS. DJU 02.04.07) ou que, embora conhecida, não pôde ser utilizada, por circunstâncias alheias à vontade daquela[17]-[18]. Não é considerada "prova nova" (mas, sim, "nova prova") aquela constituída depois do trânsito em julgado da decisão. Esta não serve para justificar o ajuizamento de ação rescisória[19]. Não bastasse isso, a prova deve ser suficientemente relevante, a justificar decisão diferente daquela que se pretende rescindir e se referir a fatos que tenham sido alegados na ação originária, porquanto, os que poderiam ser alegados, mas não foram, estão encobertos pela eficácia preclusiva da coisa julgada (STJ. REsp 1.293.837/DF. DJe 02.04.13).

Intrigante, contudo, é o texto legal, aparentemente, atribuir ao autor da ação rescisória a análise de a prova nova ser "capaz, por si só, de lhe assegurar pronunciamento favorável". Esta análise é realizada, logicamente, pelo órgão competente para processar e julgar a ação rescisória. O autor, quando muito, pode entender pela "possibilidade" de um pronunciamento favorável. Não se pode, contudo, em razão da necessidade de afirmação da boa-fé, permitir que o autor da ação rescisória, sem quaisquer parâmetros, simplesmente afirme que a prova seria capaz, por si só, de lhe assegurar pronunciamento favorável. O autor deve observar os deveres inerentes à boa-fé, para que não venha a ser punido (art. 80 do CPC).

Nessa hipótese de rescindibilidade, superado o juízo rescindendo da ação rescisória, o juízo rescisório, é mais provável, alcançará resultado diferente daquele a que chegou a decisão rescindida. Com efeito, admitido, no juízo rescindendo, em análise concreta, que a prova nova era suficiente para alcançar julgamento favorável, resta apenas, ao órgão jurisdicional, definir as balizas do novo julgamento, que será favorável no juízo rescisório. Exceções, obviamente, daí decorrerão.

O Superior Tribunal de Justiça, interpretando o art. 966, VII, do CPC, assentou que "qualquer modalidade de prova, inclusive a testemunhal, é apta a amparar o pedido de desconstituição do julgado rescindendo" (STJ. REsp 1.770.123/SP. DJe 02.04.19. Inf. 645).

---

17. Súmula 402 do TST: *"Documento novo é o cronologicamente velho, já existente ao tempo da decisão rescindenda, mas ignorado pelo interessado ou de impossível utilização, à época, no processo. Não é documento novo apto a viabilizar a desconstituição de julgado: a) sentença normativa proferida ou transitada em julgado posteriormente à sentença rescindenda; b) sentença normativa preexistente à sentença rescindenda, mas não exibida no processo principal, em virtude de negligência da parte, quando podia e deveria louvar-se de documento já existente e não ignorado quando emitida a decisão rescindenda"*.

18. O STJ tem entendimento reiterado de que o laudo do exame de DNA, mesmo realizado após a confirmação pelo juízo ad quem da sentença que julgou procedente ação de investigação de paternidade, é considerado documento novo para o fim de ajuizamento de ação rescisória (art. 485, VII, CPC) (STJ. REsp 653.942/MG. DJe 15.09.09).

19. No caso específico do rurícola (boia-fria) em virtude de suas desiguais condições de vida e de cultura, autoriza-se inferir, dado os percalços encontrados na busca, não obstante a existência da prova quando do ajuizamento da ação, a ausência de desídia ou negligência. Pode-se, ainda, concluir que sua existência era ignorada até mesmo em função das adversas condições de cultura (STJ. AR 1418/SP. DJU 05.08.02).

i) **for fundada em erro de fato verificável do exame dos autos**: erro de fato que enseja a rescisão da decisão é aquele em que o juiz, ao analisar as provas dos autos, existentes e acostadas aos autos antes da decisão a ser rescindida, por algum equívoco, não se apercebe da existência de um fato ocorrido, ou conclui pela existência de um fato que não ocorreu. Ele (o erro de fato), além de relevante para o julgamento, deve ser apurável independentemente da produção de novas provas. Se o erro foi na apreciação da prova ou na interpretação do fato, a sentença não pode ser rescindida, pois que é indispensável que o fato não represente ponto controvertido sobre o qual o juiz deveria ter se pronunciado[20]. Embora o erro de fato deva estar relacionado ao resultado da decisão rescindenda, a constituir seu fundamento, não significa que sua existência ensejará, necessariamente, julgamento diverso do alcançado pela decisão rescindenda.

Questão de Concurso

▶ **(Vunesp – Procurador do Estado – PGE – SP/2018)**[21] Da decisão do Tribunal de Justiça de São Paulo, que nega seguimento a recurso especial sob o fundamento de que a decisão recorrida estaria de acordo com o posicionamento adotado pelo Superior Tribunal de Justiça, em julgamento de tema afetado ao sistema de recursos repetitivos, quando, na verdade, esse paradigma trata de assunto diverso daquele discutido no recurso especial mencionado, cabe, segundo a lei processual:

a) embargos de declaração, com o exclusivo objetivo de prequestionar o tema veiculado no recurso especial.
b) novo recurso especial, interposto diretamente no Superior Tribunal de Justiça.
c) agravo interno, perante a Turma que proferiu o acórdão combatido.
d) ação rescisória, após o trânsito em julgado.
e) agravo em recurso especial.

2.2.3. *Exercício do direito de ação no respectivo prazo decadencial*

O prazo para propor ação rescisória é decadencial. De fato, nos termos do art. 975 do Código de Processo Civil, "o direito à rescisão se extingue em 02 anos contados do trânsito em julgado da última decisão proferida no processo". Esse prazo, conforme estabelece o § 1º do mesmo dispositivo legal, "prorroga-se até o primeiro dia útil imediatamente subsequente [...] quando expirar durante férias forenses, recesso, feriados ou em dia em que não houver expediente forense" (STJ. EREsp 667672/SP. DJe. 26.06.08).

A prorrogação do prazo decadencial poderia ser compreendida como antinomia, a considerar que o art. 207 do Código Civil dispõe que, "salvo disposição legal em contrário, não se aplicam à decadência as normas que impedem, suspendem ou interrompem a prescrição". Todavia, as disposições são harmônicas, seja porque o art. 207 do Código Civil admite, em razão de disposição legal em sentido contrário, exceção à regra, seja porque a decadência (assim

20. A ação rescisória não é a via processual idônea para a rediscussão de prova, sob a alegação de sua errônea valoração, nem se presta a corrigir eventual injustiça ou má interpretação dos fatos havidos na decisão rescindenda, por não ser sucedânea de recurso (STJ. REsp 773323/DF. DJ 01.03.07).
21. Gabarito: Letra D.

como a prescrição) é um conceito jurídico-positivo, pelo que o legislador tem liberdade em estabelecer prazos, formas de contagem, de suspensão e de interrupção.

Relativamente ao termo inicial de contagem do prazo decadencial, o Supremo Tribunal Federal entende que "o termo inicial de prazo de decadência para a propositura da ação rescisória coincide com a data do trânsito em julgado do título rescindendo" (STF. AR 1472/DF. DJU 07.12.07). Entretanto, o Superior Tribunal de Justiça entende que "o prazo bienal para propositura da ação rescisória conta-se a partir do dia seguinte ao trânsito em julgado da última decisão proferida nos autos" (STJ. AR 3277/DF. DJe 15.03.10). Em razão da competência constitucional atribuída, compreende-se que o termo inicial de contagem é o estabelecido pelo Superior Tribunal de Justiça.

De qualquer modo, sendo interpostos embargos de declaração, mesmo que sejam reconhecidos como protelatórios, o prazo decadencial só começa a correr quando do julgamento daqueles (STJ. REsp 1171682/RS. DJe 06.09.11), devendo, pois, o trânsito em julgado adotar a data de tal julgamento somado ao prazo de eventual recurso seguinte como referência. O prazo decadencial para a propositura da ação rescisória, outrossim, não corre contra as pessoas absolutamente incapazes (STJ. REsp 1165735/MG. DJe 06.10.11), pelo que podem, a qualquer momento, por intermédio de seus representantes, desconstituir decisão.

Sob outro aspecto, o prazo de decadência para ingresso de ação rescisória conta-se sem levar em consideração a situação peculiar de cada parte, isto é, se está em prazo simples ou em dobro para recorrer, antes de alcançar o trânsito em julgado (STJ. EDcl na AR 1275/SP. DJU 22.10.01). Com efeito, se uma das partes possui o privilégio de prazo, tão-somente após o escoamento deste é que se poderá falar em coisa julgada, ocasião em que começará a fluir o prazo para ambas as partes pleitearem a rescisão da decisão (STJ. AgRg no AREsp 79082/SP. DJe 08.02.13).

Perante o Supremo Tribunal Federal, havia precedentes no sentido de que, se a citação não ocorresse dentro do biênio, por ter sido a ação rescisória intentada nos últimos dias do prazo, a decadência restaria consumada. Este entendimento restou superado, posicionando-se o STF, atualmente, no sentido de que a citação tem efeitos retroativos (inclusive para fins de contagem do prazo prescricional) ao momento da propositura da ação: "citação ocorrida após dois anos do trânsito em julgado do acórdão rescindendo não importa em decadência do direito à rescisão do julgado" (AR 1685 ED/DF. DJU 28.08.08).

Quando cumuladas ações, o trânsito em julgado, a ser considerado para fins de contagem do prazo decadencial de 02 anos, se firma com o último pronunciamento jurisdicional. Mesmo que se tenha interposto recurso apenas parcial, a contagem é começa a correr a partir do julgamento global. Esta informação, ratifique-se, é imprescindível para o cômputo do prazo decadencial. Quando houver pluralidade de capítulos, sendo pelo menos um deles submetido a recurso, o prazo decadencial começa a correr somente a partir do trânsito em julgado da última decisão.

Esta é a posição do Superior Tribunal de Justiça: "a contagem do prazo decadencial para a propositura de ação rescisória se inicia com o trânsito em julgado da última decisão proferida no processo, ainda que algum dos capítulos da sentença ou do acórdão tenha se tornado irrecorrível em momento anterior" (STJ. REsp 736.650/MT. DJe 20.08.14). Aliás, o próprio enunciado 410 da súmula do STJ é traz essa orientação: "o prazo decadencial da ação rescisória só se inicia quando não for cabível qualquer recurso do último pronunciamento judicial".

Perante o Supremo Tribunal Federal, entretanto, o entendimento (que coincide com o dos autores deste livro) é diverso. Para aquela Corte, "os capítulos autônomos do pronunciamento judicial precluem no que não atacados por meio de recurso, surgindo, ante o fenômeno, o termo inicial do biênio decadencial para a propositura da rescisória" (STF. RE 666589/DF. DJe 02.06.14). Logo, o prazo inicial de decadência, para ajuizamento de ação rescisória, se parcial, flui a partir do trânsito em julgado da respectiva decisão objeto.

Apesar de o início do prazo decadencial estar relacionado àquela condição suspensiva, não há qualquer restrição para que, em caso de cumulação, a ação rescisória seja intentada para desconstituir a parte do objeto litigioso, cuja decisão já tenha transitado em julgado, mesmo que haja outra parte esteja pendente de julgamento. Sob a égide do CPC/1973, a posição majoritária da jurisprudência indicava ilação contrária. Entretanto, acredita-se que, sob a vigência do CPC/2015, o posicionamento da jurisprudência seja diferente.

Isso, porque, não bastasse o surgimento de direcionamento nesse sentido perante o Supremo Tribunal Federal (STF. RE 666589/DF. 25.03.14), que já ganhava força, o CPC/2015, em alguns dispositivos, direciona para essa nova posição. Primeiramente, quando, de forma proposital, o § 3º do art. 966 dispõe que a ação rescisória pode ter por objeto apenas 01 capítulo da decisão. Depois, ao admitir, de forma inovadora, a decisão parcial de mérito (art. 356 do CPC). Ainda, quando no § 4º do art. 218 estabelece que será considerado tempestivo o ato praticado antes do termo inicial do prazo. Por fim, ao identificar, no art. 975, apenas o termo *ad quem* do prazo decadencial para propositura da ação rescisória.

Esse novel posicionamento afirma a segurança jurídica, pois, não sendo ele seguido, as partes do processo teriam de esperar até o trânsito em julgado do último capítulo para poder intentar a ação rescisória, o que poderia demorar muito tempo. Isso sem contar que, se tiver de aguardar o trânsito em julgado da última decisão para poder intentar a ação rescisória, vários atos que serão praticados no curso da ação originária poderão ser tornar inúteis (se procedente a rescisória). Logo, o respeito à economia deve, também, ser levado em consideração.

E não é só. Se o entendimento for de só poder intentar a ação rescisória quando do trânsito em julgado final, a parte vencida em algum(ns) do(s) capítulo(s) transitado(s) em julgado, para não assumir o ônus da execução imediata dele(s), acabaria por renunciar ao recurso pendente quanto ao outro (aos demais) capítulo(s), para alcançar o trânsito em julgado global. Só que, a ser assim, estar-se-á a restringir (da parte recorrente, que pretende intentar ação rescisória) a garantia do controle jurisdicional.

Logo, acredita-se que, a partir do CPC/2015, os tribunais passem a admitir que a ação rescisória seja intentada antes do trânsito em julgado final. Na medida em que cada capítulo alcançar o trânsito em julgado, será admissível intentar a respectiva ação rescisória. Essa posição, contudo, tem repercussões outras, sendo a principal delas a possibilidade de ajuizar mais de uma ação rescisória, inclusive perante diferentes tribunais. É preciso atentar-se a essa possibilidade para que não se produzam julgamentos desarmônicos.

Apenas para se dar um exemplo, imagine-se a situação invocada acima, onde a parte cumula, de forma própria, ações de investigação de paternidade com ação de alimentos. Se a ação de investigação de paternidade transita em julgado primeiramente que os alimentos, poderia ocorrer de ser intentada, contra aquela, ação rescisória e seguir, na ação originária, a discussão em relação aos alimentos. Se o relator da ação rescisória não ficar atento, poderá julgar procedente ação rescisória para desconstituir decisão que reconheceu a paternidade, enquanto que (em recurso) foi julgada procedente a ação de alimentos.

Em situações como tais, poderá o relator determinar a suspensão da ação rescisória e, se for o caso, quando completado o julgamento da parte do objeto litigioso que se relaciona em concatenação, determinar a emenda da ação rescisória, inclusive com a possibilidade de modificação da competência.

Dito isso, apesar da modificação da condição inicial para intentar a ação rescisória, qual seja, o trânsito em julgado de cada parte do objeto litigioso, sendo, pois, desnecessário o trânsito em julgado global, o termo *ad quem* do prazo decadencial, segue, pelo menos em regra, aquilo que antes já estava pacificado na jurisprudência. São contados 02 anos a partir do trânsito em julgado global (com a prorrogação para o primeiro dia útil seguinte, se o prazo se finalizar durante férias, recesso, feriados ou dia em que não houver expediente forense). Findo o prazo bienal, decai o direito de intentar ação rescisória.

Só que o art. 975 do Código de Processo Civil traz duas exceções à regra do prazo decadencial de 02 anos.

A primeira delas está prevista no § 2º, que estabelece que, se a ação rescisória estiver fundada no inciso VII, o termo inicial do prazo será a data de descoberta da prova nova, observado o prazo máximo de 05 anos, contado do trânsito em julgado da última decisão proferida no processo. Por isso: a) se tiver transcorrido prazo de até três anos, contar-se-ão outros dois mais; b) se tiver transcorrido prazo maior que três anos, contar-se-á o tempo, menor que dois anos, necessário até completar o total de cinco.

A segunda exceção ao prazo decadencial de 02 anos está prevista no § 3º do art. 975. Ele dispõe que, nas hipóteses de simulação ou de colusão das partes, o prazo começa a contar, para o terceiro prejudicado e para o Ministério Público, que não interveio no processo, a partir do momento em que têm ciência da simulação ou da colusão.

Transcorrido o prazo decadencial sem a propositura de ação rescisória, dá-se a formação da "coisa soberanamente julgada", que não poderá ser modificada.

3. CONDIÇÕES

Como exercício de direito de ação que é, para se propor a rescisória, evidentemente, faz-se necessária verificação da legitimidade das partes e do interesse processual.

3.1. Legitimidade

3.1.1. Legitimidade ativa

Nos termos do art. 967 do Código de Processo Civil, têm legitimidade para propor a ação rescisória:

a) quem foi parte no processo ou o seu sucessor a título universal ou singular;

b) terceiro juridicamente interessado;

c) Ministério Público, se não foi ouvido no processo em que lhe era obrigatória a intervenção ou quando a decisão rescindenda é o efeito de simulação ou de colusão das partes, a fim de fraudar a lei ou em outros casos em que se imponha sua atuação;

d) aquele que não foi ouvido no processo em que lhe era obrigatória sua intervenção.

> Enunciado 339 do Fórum Permanente de Processualistas Civis: "O CADE e a CVM, caso não tenham sido intimados, quando obrigatório, para participar do processo (art. 118, Lei nº 12.529/2011; art. 31, Lei nº 6.385/1976), têm legitimidade para propor ação rescisória contra a decisão ali proferida, nos termos do inciso IV do art. 967".

O terceiro juridicamente interessado é aquele que tinha legitimidade para intervir no processo originário na condição de assistente, inclusive com a possibilidade de interpor recurso na condição de terceiro prejudicado, porque poderia ter sua esfera jurídica alcançada pela decisão. Ele, bem assim os que foram partes, inclusive sucessores (a título universal ou singular), no processo, têm legitimidade para intentar ação rescisória fundada em qualquer das hipóteses previstas pelo art. 966 do Código de Processo Civil.

Por sua vez, o Ministério Público[22] terá legitimidade para intentar ação rescisória se não foi ouvido no processo onde se proferiu a decisão rescindenda, conquanto sua intervenção fosse obrigatória. Da mesma forma, quando apontada a prática, pelo juiz prolator da decisão rescindenda, dos crimes de corrupção, concussão ou prevaricação. E, também, quando a decisão for rescindível por ter havido simulação ou colusão entre as partes, a fim de fraudar a lei. Esse último caso é de legitimidade concorrente, porque, além do Ministério Público, qualquer das partes ou terceiro juridicamente interessado poderá intentar ação rescisória[23].

3.1.2. Legitimidade passiva

A legitimidade passiva é daquele que, tendo sido parte no processo originário, não é autor da ação rescisória[24]. Tendo havido pluralidade de partes e influindo a sentença rescindenda sobre as esferas jurídicas delas, impõe-se a formação de litisconsórcio passivo necessário. Se no processo originário houve cumulação de ações distintas entre os litisconsortes, apenas

---

22. Súmula 407 do TST: *"A legitimidade 'ad causam' do Ministério Público para propor ação rescisória, ainda que não tenha sido parte no processo que deu origem à decisão rescindenda, não está limitada às alíneas 'a' e 'b' do inciso III do art. 487 do CPC, uma vez que traduzem hipóteses meramente exemplificativas"*.

23. Ressalte-se, em tempo, que, a despeito de o Ministério Público ter legitimidade para intentar ação rescisória, caso não tenha sido ouvido no processo em que lhe era obrigatória a intervenção, ela (a ação rescisória) deve ser julgada improcedente se a decisão rescindenda for favorável àquele em favor de quem interviria ou ao interesse público ou social. De fato, não há nulidade a ser decretada sem a verificação do efetivo prejuízo.

24. Súmula 406 do TST: *"O litisconsórcio, na ação rescisória, é necessário em relação ao pólo passivo da demanda, porque supõe uma comunidade de direitos ou de obrigações que não admite solução díspar para os litisconsortes, em face da indivisibilidade do objeto. Já em relação ao pólo ativo, o litisconsórcio é facultativo, uma vez que a aglutinação de autores se faz por conveniência, e não pela necessidade decorrente da natureza do litígio, pois não se pode condicionar o exercício do direito individual de um dos litigantes no processo originário à anuência dos demais para retomar a lide"*.

aqueles que podem ser atingidos, em suas esferas jurídicas, pela rescisão é que devem formar o polo passivo da ação rescisória[25].

Contudo, se não houve cumulação de ações, a ação rescisória deve ser intentada contra todos os que figuraram no processo originário, uma vez que a decisão proferida no juízo rescindendo atinge os litisconsortes indistintamente (STJ. REsp 785666/DF. DJU 30.04.07). Nesta circunstância, a ausência de constituição do litisconsórcio passivo necessário constitui irregularidade que poderá implicar na decretação de invalidade (STJ. REsp 661161/SC. DJ 12.03.07).

IMPORTANTE! Na ação rescisória que visa a rescindir também o capítulo de sentença relativo aos honorários de sucumbência, o patrono da parte adversa deve ser incluído no polo passivo, por ser o titular da referida verba (STJ. REsp 1.651.057/CE. DJe 26.05.17; Inf. STJ 605)

3.2. Interesse processual

Tem interesse em intentar ação rescisória a parte que tenha saído vencida na decisão rescindenda (inclusive se proferida em liquidação de sentença[26]), além do terceiro juridicamente interessado e do Ministério Público, na hipótese em que, em razão da decisão proferida, não se possa propor nova ação para discutir as questões antes apresentadas.

Como a extinção do processo sem resolução de mérito, pelo menos em regra, não obsta a que o autor intente novamente a ação, ele carece de interesse em intentar ação rescisória. Mas, se a decisão, que, embora não resolva o mérito, impedir o ajuizamento de nova ação, por não serem corrigíveis as questões processuais reconhecidas, há interesse em intentar ação rescisória (STJ. REsp 395139/RS. DJU 10.06.02).

Em alguns casos, a sentença que decreta a decadência não pode ser objeto de ação rescisória por falta de interesse processual. Como exemplo, tem-se a sentença proferida em mandado de segurança nos termos do art. 23 da Lei nº 12.016/09[27]. Não há utilidade em desconstituir o ato decisório, porquanto as vias ordinárias estão (ou pelo menos estavam) abertas para a discussão da questão apresentada em mandado de segurança. Em vez de intentar ação rescisória, o autor deveria usar as vias ordinárias.

4. ATOS DE DISPOSIÇÃO DE DIREITOS E HOMOLOGATÓRIOS PRATICADOS NO CURSO DA EXECUÇÃO

Sob a égide do CPC/1973, o art. 485, VIII, dispunha que a decisão transitada em julgado poderia ser rescindida quando houvesse fundamento para invalidar confissão, desistência

25. O Superior Tribunal de Justiça assentou que não há litisconsórcio passivo necessário quando a decisão a ser proferida na ação rescisória não atingir necessariamente a esfera jurídica ou patrimonial de quem foi litisconsorte ativo na ação primitiva (STJ. AgRg no Ag 818541/DF. DJU 28.05.07). O litisconsórcio será facultativo (STJ. AR 1177/RN. DJU 06.02.06). Do STJ, idem: Edcl na AR 477/CE, DJU 26/9/2005; AR 2.009/PB, DJ 3/5/2004; AR 505/PR, DJ 13/10/2003; AgRg no Ag 434.844/DF, DJ 19/12/2003; AgRg no Ag 170.175/RJ, DJ 22/3/1999; REsp 785.666/DF, DJU 17/4/2007."Relativamente à ação rescisória, não havendo disposição legal a respeito, o litisconsórcio necessário somente ocorrerá se a sentença rescindenda não comportar rescisão subjetivamente parcial, mas apenas integral, para todas as partes envolvidas na ação originária" (STJ. REsp 1111092/MG. DJe 01.07.11).

26. O Superior Tribunal de Justiça decidiu que *"é cabível a ação rescisória para rescindir decisão proferida em fase de liquidação de sentença"* (STJ. AgRg no REsp 1252679/SE. DJe 04.05.12).

27. Art. 23. O direito de requerer mandado de segurança extinguir-se-á decorridos 120 (cento e vinte) dias, contados da ciência, pelo interessado, do ato impugnado.

ou transação, em que aquela (decisão) se baseou. A redação do texto não era das melhores. O vocábulo confissão era (e, corretamente, deveria ser) interpretado extensivamente, a abranger, também, o reconhecimento jurídico do pedido[28]. Apesar de se referir à "desistência", a decisão que nela se baseou não poderia ser rescindida, porque a desistência é causa de extinção do processo sem julgamento do mérito. O vocábulo "desistência", pois, era entendido como renúncia ao direito.

Para que lograsse êxito a ação rescisória amparada na hipótese de cabimento prevista pelo art. 485, VIII, do CPC/1973, era necessário que a confissão tivesse sido utilizada como meio de convencimento à prolação da decisão, ou que a "desistência" ou a transação tivessem sido o motivo da resolução do mérito pela decisão rescindenda. Se, por exemplo, a decisão não se baseasse em confissão que se dizia passível de invalidação, não haveria como prosperar a ação rescisória. Se não tivesse sido proferida decisão, ou ela ainda não tivesse transitado em julgado, o remédio para anular confissão, o reconhecimento do pedido, a renúncia ou a transação seria a ação anulatória, antes prevista no art. 486 do CPC/1973.

O CPC/2015, no § 4º do art. 966, tentou simplificar o tratamento conferido pela legislação anterior (o qual era objeto de incontida divergência), ao dispor que os atos de disposição de direitos, praticados pelas partes ou por outros participantes do processo e homologados pelo juízo, bem como os atos homologatórios praticados no curso da execução, estão sujeitos à anulação, nos termos da lei. Assim, cabe ação anulatória para desconstituir: a) atos de disposição de direitos praticados pelas partes ou por outros participantes do processo e homologados pelo juízo; b) atos homologatórios praticados no curso da execução.

A solução, a bem da verdade, é geralista. Por isso, não tem aplicação quando a lei indicar solução específica. O art. 658 do CPC/2015, por exemplo, dispõe que "é rescindível a partilha julgada por sentença: nos casos mencionados no art. 657; se feita com preterição de formalidades legais; se preteriu herdeiro ou incluiu quem não o seja". Tal levou o FPPC a editar o enunciado 137, que orienta: "contra sentença transitada em julgado que resolve partilha, ainda que homologatória, cabe ação rescisória". Para não ensejar margens a dúvidas, editou, também, o enunciado 138, segundo o qual "a partilha amigável extrajudicial e a partilha amigável judicial homologada por decisão ainda não transitada em julgado são impugnáveis por ação anulatória".

De qualquer modo, quando for o caso de intentar ação anulatória, ela seguirá o procedimento comum, sendo competente para processá-la e julgá-la o mesmo juízo da homologação, porque aquela (ação anulatória) é acessória da ação originária, onde foi praticado o ato a ser anulado. Logo, apesar de estar prevista no § 4º do art. 966 do Código de Processo Civil, no capítulo que trata da ação rescisória, a anulatória, em termos procedimentais, e mesmo quanto ao prazo decadencial (art. 178 do Código Civil), tem disciplinamento próprio.

5. TUTELA PROVISÓRIA

Por conta da redação originária do art. 489 do CPC/1973, segundo a qual "a ação rescisória não suspende a execução da sentença rescindenda", defendeu-se, durante muito tempo, para a

28. Seria a "confissão do pedido" – expressão utilizada pelo sistema jurídico português.

ação rescisória, a impossibilidade de concessão de tutela provisória. Segundo se argumentava, uma decisão de cognição sumária não poderia infirmar a eficácia de uma decisão transitada em julgado, que se submeteu à cognição exauriente. Ali, apenas pequena parte da doutrina insurgia-se contra esta orientação.

Quando a Lei nº 8.952/1994 modificou a redação do art. 273 do CPC/1973, a incluir, de forma expressa e generalizada, o instituto da tutela antecipada, fortaleceu-se, na doutrina, a defesa pela possibilidade de concessão de tutela provisória em ação rescisória. Mas, foi com o advento da Medida Provisória 2.180-35/2001, que se tornou pacífica o reconhecimento da possibilidade de concessão de tutela provisória em ação rescisória. O art. 15 da MP passou a dispor que "aplica-se à ação rescisória o poder geral de cautela de que trata o art. 798 do Código de Processo Civil".

Por isso que, em 22 ago. 2008, o Tribunal Superior do Trabalho editou o enunciado 405 de sua súmula de jurisprudência, segundo o qual: "Em face do que dispõe a MP 1.984-22/00 e reedições e o artigo 273, § 7º, do CPC, é cabível o pedido liminar formulado na petição inicial de ação rescisória ou na fase recursal, visando a suspender a execução da decisão rescindenda. O pedido de antecipação de tutela, formulado nas mesmas condições, será recebido como medida acautelatória em ação rescisória, por não se admitir tutela antecipada em sede de ação rescisória".

Logo em seguida, a Lei nº 11.280/2006, modificou o texto do art. 489 do CPC/1973, que dispunha especificamente acerca da ação rescisória, o qual passou a dispor que "o ajuizamento da ação rescisória não impede o cumprimento da sentença ou acórdão rescindendo, ressalvada a concessão, caso imprescindíveis e sob os pressupostos previstos em lei, de medidas de natureza cautelar ou antecipatória de tutela". De forma unânime, entendia-se que, desde que preenchidos os requisitos dispostos nos à época vigentes artigos 273 ou 798 do CPC/1973, era possível a concessão de tutela provisória.

Sob a vigência do CPC/2015, o art. 969 dispõe que "a propositura da ação rescisória não impede o cumprimento da decisão rescindenda, ressalvada a concessão de tutela provisória". A redação do dispositivo é, em alguns aspectos, diferente daquela trazida pelo art. 489 do CPC/1973. Conquanto ambos os dispositivos admitam a concessão de tutela provisória em ação rescisória, o art. 969 do CPC/2015 não traz expressões como "casos imprescindíveis" e "medidas de natureza cautelar ou antecipatória de tutela".

A retirada da expressão "caso imprescindíveis", que era interpretada como condição para a concessão da tutela provisória, significa aproximação da medida de cognição sumária à evidência do direito afirmado pela parte. Se, antes, a considerar especialmente questões relacionadas à própria evolução da legislação processual, associava-se a concessão da tutela provisória apenas à urgência, sob a vigência do CPC/2015, a associação caminhada ladeada também à evidência. Fica, pois, clara a possibilidade, para a ação rescisória, de concessão de tutela provisória fundada na evidência (e não apenas na urgência).

A outra mudança relacionada à redação do art. 969 do CPC/2015 com relação ao art. 489 do CPC/1973, que se refere à eliminação da expressão "medidas de natureza cautelar ou antecipatória de tutela", deve-se à mudança de paradigma para classificar a tutela provisória. Se, antes, o CPC/1973 adotava, como paradigma, o objeto litigioso do processo, agora, o

CPC/2015, adota a urgência ou evidência da medida de cognição sumária. Logo, não há mais sentido referir-se à tutela cautelar ou antecipatória. Para ser condizente com a opção legislativa, deve-se adotar a expressão "tutela provisória", que pode ser de urgência ou evidência.

Preenchidos os requisitos, a tutela provisória, seja ela de urgência ou evidência, será concedida. Não há restrição. Contudo, a concessão de tutela provisória em ação rescisória é medida excepcional (STF. AR 2125 AgR/SP. DJe 14.05.14). O julgador deve estar seguro em relação ao preenchimento dos requisitos para poder conceder a tutela. Assim, se não preenchidos os requisitos que autorizam a concessão, a decisão rescindenda não terá qualquer restrição quanto à sua eficácia, não sendo obstáculo para o seu normal cumprimento.

6. PROCEDIMENTO

6.1. Competência

6.1.1. Determinação

A ação rescisória será distribuída perante o tribunal que proferiu a decisão a ser rescindida. No caso de decisão proferida por juízo monocrático de primeira instância, é competente para a ação rescisória o tribunal que conheceria eventual recurso interponível contra aquela. A considerar que o juiz de primeira instância integra um respectivo tribunal, afirma-se a regra de que o próprio tribunal é competente para rescindir a decisão proferida pelo seu integrante.

> O enunciado 249 da Súmula de jurisprudência do STF preconiza: "É competente o Supremo Tribunal Federal para a ação rescisória, quando, embora não tendo conhecido do recurso extraordinário, ou havendo negado provimento ao agravo, tiver apreciado a questão federal controvertida". O enunciado 515 da súmula do mesmo STF dispõe: "A competência para a ação rescisória não é do Supremo Tribunal Federal, quando a questão federal, apreciada no recurso extraordinário ou no agravo de instrumento, seja diversa da que foi suscitada no pedido rescisório". Ambos os enunciados foram editados antes da CF/88, quando ainda não havia sido criado o STJ (ocasião em que o STF exercia também as funções que hoje são típicas do STJ), pelo que a leitura daqueles deve ser realizada com a devida cautela. Assim, com relação ao primeiro enunciado, deve-se entender que ele se aplica ao STJ. Com relação ao segundo, se houve recurso parcial (enfrentando apenas algum(ns) capítulo(s) do acórdão), e o STF ou o STJ não conheceram da questão agora objeto da ação rescisória, a competência não é sua. Mas, se houve recurso parcial, enfrentando algum(ns) capítulo(s), e o STF ou o STJ conheceram a questão agora objeto de ação rescisória, a competência é sua.

No caso de cumulação de ações no mesmo processo, sendo elas julgadas por diferentes tribunais, podem ocorrer as seguintes situações:

a) com o trânsito em julgado parcial, serem intentadas rescisórias contra cada uma das partes transitadas em julgado, situação em que aquelas serão intentadas separadamente, perante os respectivos tribunais, com a possibilidade, em caso de prejudicialidade, de haver suspensão de alguma(s) dela(s);

> Enunciado 336 do Fórum Permanente de Processualistas Civis: "Cabe ação rescisória contra decisão interlocutória de mérito".

Enunciado 337 do Fórum Permanente de Processualistas Civis: "A competência para processar a ação rescisória contra capítulo de decisão deverá considerar o órgão jurisdicional que proferiu o capítulo rescindendo".

Enunciado 338 do Fórum Permanente de Processualistas Civis: "Cabe ação rescisória para desconstituir a coisa julgada formada sobre a resolução expressa da questão prejudicial incidental".

b) ser proposta uma rescisória, apesar do trânsito em julgado global, apenas contraparte do objeto decidido no curso do processo, situação em que aquela será intentada perante o respectivo tribunal, prolator da decisão a ser desconstituída, independentemente da outra parte que não foi objeto de ação rescisória;

c) com o trânsito em julgado global, ser proposta uma rescisória contra todas as decisões, situação em que será competente o tribunal que proferiu a última decisão.

Se as ações cumuladas foram julgadas pelo mesmo tribunal, dele, por óbvio, será a competência para processar e julgar a(s) respectiva(s) rescisória(s), podendo, se houver trânsito em julgado parcial (sucessivamente), ser intentada uma ou, quantos forem as decisões, ou mais ações, que, se conexas, poderão ser apensadas para processamento e julgamento conjunto.

6.1.2. Reconhecimento da incompetência

Reconhecida a incompetência (que será absoluta, por ser definida em razão da função) do tribunal para julgar a ação rescisória, o autor, nos termos do § 5º do art. 968 do CPC/2015, será intimado para emendar a petição inicial, a fim de adequar o objeto da ação rescisória, quando a decisão apontada como rescindenda: a) não tiver apreciado o mérito e não se enquadrar na situação prevista no § 2º do art. 966; b) tiver sido substituída por decisão posterior.

Assim, por exemplo, já decidiu o STJ que "o pedido de rescisão da sentença, em vez do acórdão que a substituiu, não conduz à impossibilidade jurídica do pedido, constituindo mera irregularidade formal" (STJ. REsp 1.569.948/AM. DJe 14.12.18. Inf. 639).

Caso não seja atendida a determinação de emenda, a ação rescisória será extinta por inépcia (ante a falta de pressuposto processual para desenvolvimento válido do processo), a considerar que da narrativa dos fatos apresentados não decorrerá conclusão lógica (art. 330, § 1º, III c/c art. 485, I, ambos do Código de Processo Civil).

Agora, pode acontecer de a decisão indicada para rescisão seja correta, sendo equivocado apenas o endereçamento do juízo competente para processamento da ação rescisória. Neste caso, sequer se faz necessária intimação do autor para proceder à emenda da petição inicial (com a finalidade de corrigir o seu endereçamento). Basta simples remessa ao tribunal competente.

Após a emenda da petição inicial, ante o reconhecimento da incompetência do tribunal para julgar a ação rescisória, será permitido ao réu complementar os fundamentos de defesa, e, em seguida, os autos serão remetidos ao tribunal competente. Contudo, se a defesa ainda não tiver sido apresentada, os autos serão remetidos ao tribunal competente, que mandará citar o réu da ação rescisória com esta finalidade (qual seja, apresentar defesa [única, sem necessidade de qualquer complementação]).

6.2. Relator

Nos termos do parágrafo único do art. 971 do Código de Processo Civil, na ação rescisória, a escolha de relator recairá, sempre que possível, em juiz que não haja participado do julgamento rescindendo.

Se a ação rescisória se fundar na hipótese do art. 966, I, ou seja, se "verificar que [a decisão de mérito, transitada em julgado] foi proferida por força de prevaricação, concussão ou corrupção do juiz", este ficará impedido de assumir a relatoria da ação rescisória e, pela mesma razão, não poderá participar do respectivo julgamento.

IMPORTANTE! Nas ações rescisórias de competência do STJ, subsiste a figura do revisor, em razão da disposição específica do art. 40 da Lei nº 8.038/1990 (STJ. AR 5.241/DF. DJe 12.05.17; Inf. STJ 603).

6.3. Petição inicial

6.3.1. Requisitos

Na petição inicial da ação rescisória, devem-se observar os requisitos dos arts. 106, 319 e 320 do CPC (STJ. AgRg na AR 911/MG. DJU 02.08.04)[29].

6.3.2. Instrumento de procuração

Deve proceder à juntada de novo instrumento de procuração (não podendo ser aquele da ação originária, que deu ensejo à decisão a ser rescindida, ainda que o instrumento de representação anterior contenha poderes específicos para a propositura de futura ação rescisória – STF. AR 2156 ED/SC. DJe 18.08.10).

6.3.3. Causas de rescindibilidade

Conquanto o autor da ação rescisória deva invocar pelo menos uma das causas de rescindibilidade, a incorreta indicação de um dispositivo por outro, não impede que o julgador, a atribuir a correta qualificação jurídica às razões expostas na inicial, julgue procedente a ação rescisória. O que não se admite é a procedência amparada em fundamentos distintos dos apresentados na petição inicial (STJ. REsp 7958/SP. DJ 15.02.93).

6.3.4. Pedidos

Além do pedido de rescisão, deverá também ser formulado, quando cabível, de forma sucessiva, o de novo julgamento.

29. IMPORTANTE: "Não padece de inépcia a petição inicial de ação rescisória apenas porque omite a subsunção do fundamento de rescindibilidade no art. 485 do CPC ou o capitula erroneamente em um de seus incisos. Contanto que não se afaste dos fatos e fundamentos invocados como causa de pedir, ao Tribunal é lícito emprestar-lhes a adequada qualificação jurídica ('iura novit curia'). No entanto, fundando-se a ação rescisória no art. 485, inc. V, do CPC, é indispensável expressa indicação, na petição inicial da ação rescisória, do dispositivo legal violado, por se tratar de causa de pedir da rescisória, não se aplicando, no caso, o princípio 'iura novit curia'" (Súmula 408 do TST).

De fato, o art. 968, I, do Código de Processo Civil dispõe que a petição inicial será elaborada com observância dos requisitos essenciais do art. 319, devendo o autor cumular ao pedido de rescisão, se for o caso, o de novo julgamento do processo. A condicionante à formulação do pedido sucessivo de novo julgamento se deve à circunstância de que, nem sempre, aquele será possível ou necessário.

Se, por exemplo, intenta-se ação rescisória, a se alegar violação manifesta de norma jurídica, porque não se teria formado litisconsórcio passivo necessário, conforme disposição do art. 114 do Código de Processo Civil. Julgada procedente a ação rescisória, haverá apenas o juízo rescindente, não sendo possível o rescisório, porque deverá, depois de rescindida a decisão, citar o litisconsorte faltante para, só então, proferir-se novo julgamento.

Mas, além das situações em que impossível, há outras em que o novo julgamento é desnecessário. Se, por exemplo, a ação rescisória foi intentada com o objetivo de desconstituir decisão proferida em desrespeito à coisa julgada, ao ser desconstituída a decisão em juízo rescindendo, não é preciso novo julgamento, porque a questão está resolvida por decisão anterior.

Fica uma pergunta: se a parte formula apenas um dos pedidos, o rescindente ou o rescisório, a petição inicial deve ser indeferida ou o tribunal competente deve considerar a formulação do outro como sendo implícita? Ao entender dos autores do presente livro, o tribunal competente, em verificada a omissão, deve entender como formulado implicitamente o pedido, seja ele rescindente ou rescisório.

Se não certo o pedido rescindente, mas apenas o rescisório, aquele é compreendido como formulado implicitamente porque, para se chegar a este, é necessária a prévia rescisão da decisão. Não há como (ou pelo menos não se deve) proferir novo julgamento sem, antes, desconstituir o anterior. Assim, quem pede o mais (novo julgamento), pede o menos (desconstituição).

Por sua vez, se não certo o pedido rescisório, mas apenas o rescindente, também deve ser compreendido como formulado, no caso, implicitamente, aquele, pois, a não ser assim, a prestação jurisdicional, quando do julgamento da ação rescisória, não estaria completa, o que atentaria contra a disposição do art. 5º, XXXV, da Constituição. Isso porque, desconstituída a decisão rescindente, a relação jurídica apresentada originariamente, ficaria sem solução.

Poder-se-ia até se alegar essa solução poderia ensejar uma possível quebra do contraditório. Contudo, apesar de, na maioria das vezes, ela não ocorrer, porque a discussão já fora debatida na ação originária, o relator, em respeito à cooperação, poderia instar as partes a se pronunciar a respeito dela. Consequentemente, não haveria quebra de qualquer garantia. Aliás, essa construção normativa, a partir da Constituição, ratifica a solução apresentada.

Com efeito, o art. 1º do Código de Processo Civil dispõe: "o processo civil será ordenado, disciplinado e interpretado conforme os valores e as normas fundamentais estabelecidos na Constituição da República Federativa do Brasil, observando-se as disposições deste Código". A Constituição, por sua vez, no art. 5º, XXXV, estabelece que "a lei não excluirá da apreciação do Poder Judiciário lesão ou ameaça a direito".

A considerar tais premissas, tem-se que, na falta de pedido rescisório, a lesão ou ameaça a direito, objeto da ação originária, quando desconstituída a decisão rescindente, seria restaurada, não podendo o Poder Judiciário permanecer inerte diante da questão apresentada, sobretudo porque foi oportunamente impulsionado. Por isso, nem se poderia, sequer, objetar a solução sob a afirmação de que estaria a proporcionar julgamento *ultra petita*.

E se faça mais um acréscimo para confirmar a solução apontada, em ambas as situações, ou seja, na eventual ausência de formulação expressa de pedido rescindente ou rescisório. O art. 322 do CPC/2015 dispõe que "o pedido deve ser certo". Adiante, no § 2º, estabelece: "a interpretação do pedido considerará o conjunto da postulação e observará o princípio da boa-fé". Antes, sob a vigência do CPC/1973, o dispositivo correspondente era a primeira parte do art. 293, segundo a qual "os pedidos são interpretados restritivamente".

Como se observa, agora, a postulação deve ser considerada em seu conjunto. Não cabe mais interpretação restritiva do pedido. Sobreleva, daí, concluir que, quando ajuíza uma ação rescisória, a parte apresenta fatos e fundamentos direcionados à desconstituição da decisão rescindenda, bem assim ao novo julgamento. Logo, mesmo que formulado apenas pedido rescindente ou rescisório, o outro, pelo conjunto da postulação, deve ser compreendido como implicitamente formulado.

Agora, para atender à melhor técnica processual, quando for o caso, devem ser expressamente cumulados os pedidos rescindente e rescisório, a se evitar a formulação implícita.

Sob a vigência do CPC/1973, perante o Superior Tribunal de Justiça, havia precedentes em diferentes sentidos. Uns a apontar que "considera-se implicitamente requerido o novo julgamento da causa, desde que seja decorrência lógica da desconstituição da sentença ou do acórdão rescindendo" (STJ. REsp 783.516/PB. DJe 29.06.07) e outros que "a cumulação dos pedidos do *iudicium rescindens* e do *iudicium rescissorium* [...] ressalvados os casos em que não é cabível [...], é obrigatória, não se podendo considerar como implícito o pedido de novo julgamento, tendo em vista que o *caput* daquele dispositivo dispõe, expressamente, que o autor deve formular ambos os requerimentos na inicial" (STJ. REsp 386.410/RS. DJe 14.06.04). Acredita-se que, sob a vigência do CPC/2015, ante os fundamentos apresentados acima, a tendência seja considerar o pedido faltante como implicitamente formulado.

6.3.5. Documentos indispensáveis

Em decorrência do prazo decadencial, que é contado a partir do trânsito em julgado da sentença rescindível, e do obrigatório pedido de rescisão, próprio da ação rescisória, são documentos imprescindíveis, dentre outros, aquele que demonstre o trânsito em julgado, e a decisão que se pretende rescindir.

6.3.6. Depósito prévio e multa

Com a finalidade de evitar o abuso do direito de ação (em conturbação à pacificação que deveria ser proporcionada pela definitividade da prestação jurisdicional), a autor da rescisória, deverá depositar a importância de 5% sobre o valor da causa, que poderá ser convertida em multa de natureza inibitória (e não ressarcitória – STJ. REsp 107136/AM. DJU 02.08.01) a ser aplicada em reversão do réu, caso a ação seja, por unanimidade de votos, declarada inadmissível ou improcedente.

Se a sentença a ser desconstituída tiver eficácia condenatória predominante, a base de cálculo do valor do depósito considerará a condenação imposta.

O valor do depósito, a teor do que dispõe o § 2º do art. 968, não será superior a 1.000 salários-mínimos. Apesar de ser uma novidade no plano legislativo, a jurisprudência já vinha a desenhar posicionamento nesse sentido, a admitir depósito inferior a 5% do valor da condenação, como maneira de afirmar a garantia de pleno acesso à prestação jurisdicional (STJ. REsp 57.552-MS, DJe 05.04.02; EDcl AR 1.365-SC, DJe 22.10.01; AR 818-AM, DJ 24.09.01; REsp 744.286/DF. DJU 09.03.06).

Prossiga-se.

A "unanimidade de votos", referida no art. 968, II, do Código de Processo Civil, não significa que todos os votos devam ser, necessariamente, ou pela inadmissibilidade ou pela improcedência. O requisito é que não tenha havido voto em favor do autor da rescisória, sendo-lhe aplicada a multa se, por exemplo, parte dos juízes votar pela inadmissibilidade e a outra parte pela improcedência. Não haveria, aí, nenhum voto favorável ao autor, a se justificar a aplicação da multa.

Não se descarta a possibilidade de a ação rescisória ser julgada parcialmente procedente. Essa situação é visualizável, por exemplo, quando se pretende desconstituir sentença de vários capítulos, a se atacar mais de um deles. Se for verificada tal situação, a aplicação de multa em detrimento do autor deve ser proporcional à improcedência ou inadmissibilidade (se unânimes), a se considerar a cumulação ocorrida e, por conseguinte, a procedência em uma(s) e a improcedência da(s) outra(s), desde que, repita-se, seja verificada a unanimidade.

União, Estado, Município, Distrito Federal, bem assim as respectivas autarquias e fundações se a lei de regência atribuir a elas as mesmas prerrogativas e privilégios da Fazenda Pública, Ministério Público, beneficiários da gratuidade judiciária, massa falida e autor de rescisória tendente a desconstituir sentença proferida em ação popular estão dispensados de depósito prévio[30]. Contudo, os beneficiários da gratuidade judiciária podem ser condenados ao pagamento da multa se a sucumbência for unânime.

Especificamente em relação à União, aos Estados, aos Municípios, ao Distrito Federal, às respectivas autarquias e fundações, e ao Ministério Público, entende o Superior Tribunal de Justiça que a liberalidade conferida ao Poder Público do depósito prévio de 5% do valor da causa, a título de multa, resulta da presunção de que eles não irão aforar ações temerárias, razão porque seria inviável a condenação na multa quando a ação por ela ajuizada for inadmissível ou julgada improcedente (STJ. AR 419/DF. DJU 13.05.02).

Ao ver dos autores deste livro, o entendimento adotado pelo Superior Tribunal de Justiça não se justifica, uma vez que a condenação ao pagamento da multa de 5% não está condi-

30. BENEFICIÁRIO. JUSTIÇA GRATUITA. DEPÓSITO. AR.O rol do art. 3º da Lei 1.060/50 é meramente exemplificativo, pois deve ser interpretado de acordo com o art. 9º da mesma Lei e com o art. 5º, XXXV e LXXIV, da CF. A fim de se resguardar o direito constitucional de livre acesso ao Poder Judiciário em igualdade de condições, é inexigível o depósito de que trata o art. 488, II, do CPC ao beneficiário da justiça gratuita. REsp 1.052.679, Rel. Min. Nancy Andrighi, j. 8.6.10. 3ª T. (Info 438)

cionada à intenção do autor e sim à verificação da propositura abusiva de ação rescisória. Independentemente de intenção, se verificado abuso do direito ao aforamento da ação rescisória, o autor deve ser condenado ao pagamento da multa prevista no art. 968, II, do Código de Processo Civil.

Em caso de desistência ou renúncia, o depósito não será revertido em multa (STJ. REsp 754.254/RS. DJe 01.06.09). Da mesma forma se julgada procedente a ação rescisória, improcedente por maioria ou proferida decisão outra sem resolução de mérito. E, ainda, segundo linha de precedentes do Superior Tribunal de Justiça, se proferida decisão monocrática (STJ. AgRg na AR 839/SP. DJU 01.08.00), porque não seria julgamento unânime do órgão colegiado. Nestes casos, o valor do depósito deverá ser restituído ao autor.

Quanto à aplicação da multa estabelecida pelo art. 968, II, do Código de Processo Civil, a interposição de recurso suscita alguns pertinentes questionamentos.

Veja-se.

A ação rescisória, por unanimidade de votos, foi declarada inadmissível ou julgada improcedente. Mas, em sede recursal, houve julgamento por maioria para prover ou desprover o recurso interposto, a julgar procedente ou improcedente a ação rescisória ou à unanimidade para prover o recurso para julgar procedente a ação rescisória. Indaga-se: o depósito de 5% seria revertido em favor do réu, pelo fato de o julgado originário ter sido unânime para inadmitir ou julgar improcedente a ação rescisória ou não seria revertido porque, em sede recursal, o julgado não foi unânime ou, se foi, foi no sentido de prover o recurso para julgar procedente a ação rescisória?

Outra situação. A ação rescisória, por maioria de votos, não foi admitida, ou foi julgada improcedente, ou, por qualquer votação, julgada procedente. Todavia, em sede recursal, houve julgamento unânime, no sentido de prover o recurso para não admitir ou julgar improcedente a pretensão rescisória. Indaga-se: o depósito de 5% não seria revertido em favor do réu, porque, originariamente, a ação rescisória não foi admitida por maioria ou foi julgada improcedente por maioria, ou, por qualquer votação, julgada procedente, ou seria revertido porque, em sede recursal, o julgado foi unânime, no sentido de prover o recurso e julgar improcedente a ação rescisória?

Esta questão, relacionada à reversão do valor do depósito a título de multa, não é muito enfrentada pela doutrina e jurisprudência. Porém, os que enfrentam, alguns defendem que, para os casos descritos, como a decisão recursal substitui o originário, deveria ele prevalecer com exclusividade. Assim, se unânime o pronunciamento recursal, no sentido de julgar inadmissível ou improcedente a pretensão rescisória, o depósito deveria ser revertido em favor do réu, a título de multa. Por outro lado, se não unânime o pronunciamento recursal, ou unânime no sentido de julgar procedente a ação rescisória, o depósito não deveria ser revertido em favor do réu.

Os autores deste curso, entretanto, acreditam que esta não seja a melhor orientação.

O pagamento de multa (reversão do depósito inicial) no percentual de 5%, quando a ação rescisória for inadmitida ou julgada improcedente, ambos à unanimidade, é no sentido de evitar o abuso na propositura de ações rescisórias, ou seja, inibir o exercício indiscriminado do direito de ação. Se na composição de todos os votos (considerando-se aqueles proferidos no julgado originário e no recursal) houver um que seja divergente, o depósito não deve ser revertido em favor do réu. O aludido voto denotará que o exercício do direito de ação não foi abusivo.

Assim, se no somatório de todos os votos proferidos nos julgamentos respectivos houver um que seja divergente, não será revertido o valor do depósito em favor do réu, porquanto estará afastado o abuso no exercício do direito de ação.

Poder-se-ia até se defender que, a prevalecer o entendimento aqui adotado, a aplicação da multa somente ocorreria em poucos casos. E de fato assim deve ser, até porque, o abuso do direito de ação não é regra, mas exceção. Por tudo isso, no julgamento em sede recursal, deve-se atentar acerca da composição dos votos proferidos no julgamento originário, já que a divergência deve ser considerada numa composição integral de votos, tanto os proferidos originariamente, quanto os proferidos em sede recursal.

6.3.7. Indeferimento da petição inicial

A petição inicial da ação rescisória será indeferida nos casos previstos no art. 330 do Código de Processo Civil ou quando não efetuado o depósito (da eventual multa) correspondente a 5% do valor da pretensão econômica.

Antes de indeferir a petição inicial, deverá o relator facultar ao autor, quando possível, a correção dos vícios que inviabiliza aquela (STJ. AgRg no REsp 810404/DF. DJ 31.05.07). Sempre, contudo, deverá, antes de indeferir a inicial, consultar as partes a respeito.

Aliás, o enunciado 284 editado pelo FPPC orienta que se aplica à ação rescisória o disposto no art. 321, que tem a seguinte redação: "o juiz, ao verificar que a petição inicial não preenche os requisitos dos arts. 319 e 320 ou que apresenta defeitos e irregularidades capazes de dificultar o julgamento de mérito, determinará que o autor, no prazo de 15 (quinze) dias, a emende ou a complete, indicando com precisão o que deve ser corrigido ou completado".

Se o relator, monocraticamente, indeferir a petição inicial, contra a respectiva decisão caberá recurso de agravo interno, que será julgado pelo órgão colegiado competente para processar e julgar a ação rescisória.

6.3.8. Improcedência liminar do pedido

Nos termos do § 4º do art. 968 do Código de Processo Civil, aplica-se à ação rescisória o disposto no art. 332.

Por sua vez, o art. 332 estabelece que, nas causas que dispensem a fase instrutória, o juiz, independentemente da citação do réu, julgará liminarmente improcedente o pedido que contrariar: a) enunciado de súmula do Supremo Tribunal Federal ou do Superior Tribunal de Justiça; b) acórdão proferido pelo Supremo Tribunal Federal ou pelo Superior Tribunal de Justiça em julgamento de recursos repetitivos; c) entendimento firmado em incidente de resolução de demandas repetitivas ou de assunção de competência; d) enunciado de súmula de tribunal de justiça sobre direito local.

O julgamento liminar de improcedência do pedido pode ser total ou parcial.

6.4. Citação

Se deferida a petição inicial da ação rescisória, o relator mandará citar o réu para apresentar resposta.

6.5. Resposta

6.5.1. Prazo

No caso, o relator da ação rescisória mandará citar o réu para, em prazo não inferior a 15 dias e não superior a 30, oferecer sua resposta. Ele (o relator) atribuirá o prazo, dentro da variação pré-estabelecida pelo art. 970 do Código de Processo Civil, de acordo com a complexidade do caso.

Se omisso o juiz quanto à fixação do prazo de resposta, não de deve admitir como sendo de 30 dias por, supostamente, ser mais benéfico ao réu. Seria o caso de invalidade da citação, por falta de indicação numérica do prazo de resposta. Aliás, ainda que o mandado fizesse referência ao prazo do art. 970 do CPC, a citação seria inválida.

O prazo de resposta submeter-se-á às disposições especiais dos art. 180, 183, 186 (STF. RE 94960/SP. DJU 24.11.81) e do art. 229, todos do Código de Processo Civil, desde que preenchidos os respectivos suportes fáticos, pelo que poderá ser alargado. Findo o prazo, com ou sem apresentação de reposta, serão observadas as disposições atinentes ao procedimento comum.

No procedimento comum, quando a causa versar acerca de direito que admite autocomposição, o prazo de contestação começa a fluir da audiência de conciliação ou de mediação ou da data do protocolo do pedido de cancelamento da audiência de conciliação ou de mediação apresentado pelo réu, quando ocorrer a hipótese do art. 334, § 4º, I. Só que tais disposições legais não se aplicam à ação rescisória. Logo, o prazo para contestar ação rescisória é contado de acordo com as condições estabelecidas pelo art. 231[31].

6.5.2. Revelia

A ausência de contestação, todavia, não produzirá os efeitos da revelia[32], em virtude do interesse do Estado na preservação da coisa julgada (STJ. AR 193/SP. DJU 05.03.90). Aliás,

31. Art. 231. Salvo disposição em sentido diverso, considera-se dia do começo do prazo:I – a data de juntada aos autos do aviso de recebimento, quando a citação ou a intimação for pelo correio;II – a data de juntada aos autos do mandado cumprido, quando a citação ou a intimação for por oficial de justiça;III – a data de ocorrência da citação ou da intimação, quando ela se der por ato do escrivão ou do chefe de secretaria;IV – o dia útil seguinte ao fim da dilação assinada pelo juiz, quando a citação ou a intimação for por edital;V – o dia útil seguinte à consulta ao teor da citação ou da intimação ou ao término do prazo para que a consulta se dê, quando a citação ou a intimação for eletrônica;VI – a data de juntada do comunicado de que trata o art. 232 ou, não havendo esse, a data de juntada da carta aos autos de origem devidamente cumprida, quando a citação ou a intimação se realizar em cumprimento de carta;VII – a data de publicação, quando a intimação se der pelo Diário da Justiça impresso ou eletrônico;VIII – o dia da carga, quando a intimação se der por meio da retirada dos autos, em carga, do cartório ou da secretaria.[...]
32. Súmula 398 do TST: *"Na ação rescisória, o que se ataca na ação é a sentença, ato oficial do Estado, acobertado pelo manto da coisa julgada. Assim sendo, e considerando que a coisa julgada envolve questão de ordem pública, a revelia não produz confissão na ação rescisória"*.

por ser de ordem pública a coisa julgada, a ação rescisória não admite transação ou reconhecimento da procedência do pedido rescindente.

6.5.3. *Modalidades de resposta*

Ao réu, em resposta, caberá apresentar contestação ou exceção de suspeição ou de impedimento. Poderia até reconvir, mas, tal só será admissível quando verificada a sucumbência parcial (STJ. REsp 1353473/PR. DJe 28.05.13).

6.6. Providências preliminares e saneamento

Sendo necessário, o relator adotará as providências preliminares e, além disso, saneará e organizará o processo, cabendo-lhe: a) resolver as questões processuais pendentes, se houver; b) delimitar as questões de fato sobre as quais recairá a atividade probatória, especificando os meios de prova admitidos; c) definir a distribuição do ônus da prova, observado o art. 373; d) delimitar as questões de direito relevantes para a decisão do mérito; e) designar, se necessário, audiência de instrução e julgamento.

6.7. Julgamento conforme o estado do processo

Transcorrido o prazo para a apresentação de resposta, com ou sem ela, poderá o relator, inclusive por decisão monocrática, desde que respeitado o dever de consulta provindo da cooperação, extinguir o processo sem resolução de mérito ou passar ao julgamento imediato do mérito[33].

6.8. Instrução do processo

Se as assertivas fáticas apresentadas pelas partes dependerem de dilação probatória, o relator poderá delegar a competência ao juízo de direito da comarca onde deva ser produzida

33. Poder-se-ia indagar acerca da possibilidade de aplicação do art. 557 à ação rescisória: seria possível:Primeiramente, diga-se que é possível que a ação rescisória vise desconstituir decisão proferida sob o amparo do art. 557 e seu § 1º-A. É que o termo "sentença" deve ser empregado em sua acepção mais ampla (compreendendo também as decisões monocráticas proferidas pelos integrantes do tribunal).Também, não há dúvidas de que é possível a aplicação do art. 557 do CÓDIGO DE PROCESSO CIVIL no julgamento de recurso interposto contra acórdão proferido em julgamento de ação rescisória. Se, por exemplo, for interposto RE ou REsp contra acórdão que tenha julgado Ação Rescisória, àqueles pode se aplicar o art. 557. Questão mais delicada diz respeito à aplicação do art. 557 no julgamento da própria ação rescisória. Pois bem: se for para indeferir a petição inicial (com espeque no art. 285-A ou 295 do CPC), a aplicação do art. 557 é desnecessária. Logo, não se cogita em sua aplicação aos casos específicos. E quando não verificadas as hipóteses dos arts. 285-A e 295 do CÓDIGO DE PROCESSO CIVIL? Tendo o recurso natureza jurídica de extensão do direito de ação, e sendo a ele aplicado o art. 557, à ação rescisória também pode ser aplicado. Não é por outra razão que o Projeto do Novo CPC, no art. 886, § 2º, reza que "Será indeferida a petição inicial nos casos previstos no art. 315 ou quando não efetuado o depósito exigido pelo inciso II deste artigo, ou rejeitada liminarmente a demanda nos casos do art. 317".O art. 317, por seu turno, diz: Art. 317. Independentemente de citação do réu, o juiz rejeitará liminarmente a demanda se: I – manifestamente improcedente o pedido, desde que a decisão proferida não contrarie entendimento do Supremo Tribunal Federal ou do Superior Tribunal de Justiça, sumulado ou adotado em julgamento de casos repetitivos; II – o pedido contrariar entendimento do Supremo Tribunal Federal ou do Superior Tribunal de Justiça, sumulado ou adotado em julgamento de casos repetitivos; III – verificar, desde logo, a decadência ou a prescrição.Uma última palavra: se o art. 557 é aplicável ao reexame necessário, que cuida de condição para a formação de coisa julgada material (onde o tribunal local se adstringe a analisar a sentença proferida pela instância originária), é forçoso concluir que o mesmo dispositivo se aplica no julgamento das demandas de competência originária do tribunal (como é a rescisória). Assim, aplicável o art. 557 do CPC no julgamento de ação rescisória.

(não sendo necessariamente delegatário o juízo que proferiu a decisão rescindenda), fixando prazo de 01 a 03 meses para a devolução dos autos. Nada impede, contudo, que o próprio relator instrua o processo. A delegação, muitas vezes, ocorre por questões estruturais relativas ao tribunal.

Quando delegada, a instrução processual não necessariamente será realizada pelo mesmo juízo que proferiu a decisão rescindenda ou em que tramitou a ação em primeira instância. A competência para a instrução, nesse caso, para se afirmar a economia processual, será definida de acordo com o território, conforme aplicáveis regras de distribuição jurisdicional estabelecidas pela legislação. Por isso o enunciado 340 do FPPC orienta que, "observadas as regras de distribuição, o relator pode delegar a colheita de provas para juízo distinto do que proferiu a decisão rescindenda".

Mesmo quando a ação rescisória seja fundada na prática de corrupção, prevaricação ou concussão pelo juiz que proferiu a decisão rescindenda, ao órgão originário pode ser delegada competência para instruir o processo, porque o impedimento é da pessoa e não do órgão. Evidentemente, a pessoa do juiz, a quem se imputa a prática do ilícito penal, ficará impossibilitada de praticar atos de instrução.

Quanto às espécies de prova, a coleta do depoimento pessoal sofre certa restrição, embora não se descarte sua produção, no que concerne à confissão dos fatos suficientes à procedência do(s) pedido(s) formulado(s) pelo autor da ação rescisória. Isso porque, como antes dito, a confissão (nem mesmo o reconhecimento da procedência do pedido) não justifica a desconstituição da decisão transitada em julgada.

6.9. Razões finais

Concluída a instrução, será aberta vista, sucessivamente, ao autor (primeiramente) e ao réu (depois), pelo prazo de 10 dias, para que eles apresentem suas razões finais. Nada impede, tendo o próprio tribunal concluído em audiência a instrução do processo, que as razões finais, por negócio jurídico ou por determinação judicial, sejam apresentadas oralmente.

6.10. Vistas ao Ministério Público

Nas hipóteses do art. 178, o Ministério Público, quando não for parte, será intimado, antes do julgamento, intervir, o que fará na condição de fiscal da ordem jurídica.

6.11. Julgamento

Depois de apresentadas as razões finais e, se for o caso, ocorrida a intervenção do Ministério Público, o relator elaborará seu voto (que será apresentada na sessão oportuna) e remeterá os autos para a secretaria do tribunal, que, a fim de proporcionar as condições para um debate qualificado no órgão colegiado, expedirá cópias do relatório e as distribuirá entre os juízes que compõem o órgão colegiado competente para o julgamento em sessão a ser designada.

Segundo o enunciado 252 da súmula do Supremo Tribunal Federal, "na ação rescisória, não estão impedidos juízes que participaram do julgamento rescindendo" (Súmula 252 do

STF[34]), embora, repita-se, conforme dispõe o parágrafo único do art. 971, o relator seja escolhido entre aqueles juízes que não tenham participado (do julgamento rescindendo). Não há, de acordo com os termos estabelecidos pelo Código, uma obrigatoriedade, mas apenas uma orientação para resguardar a máxima imparcialidade e, assim, afastar o "enviesamento cognitivo". Só que, alguns tribunais, mediante inclusão de disposição específica nos seus regimentos internos, afastam, de forma impositiva, o juiz que participou do julgamento anterior. No Superior Tribunal de Justiça, o art. 238 de seu Regimento Interno estabelece que "à distribuição da ação rescisória não concorrerá o Ministro que houver servido como relator do acórdão rescindendo".

Se a ação rescisória estiver fundada na alegação de impedimento ou do cometimento dos crimes de prevaricação, concussão ou corrupção do juiz, ele, necessariamente, não poderá participar do julgamento.

O julgamento da rescisória é dividido em 03 fases: a admissibilidade, o juízo rescindente (em que se busca a desconstituição da sentença) e o juízo rescisório (que vai decidir novamente o que foi objeto da sentença rescindida).

Admitida a ação rescisória, adentrar-se-á no juízo rescindente, que pode ser positivo ou negativo. Se o juízo rescindente for negativo, a ação rescisória será improcedente e ficará prejudicado o juízo rescisório, que é sucessivo. Se for positivo o juízo rescindente, caso necessário, adentrar-se-á no juízo rescisório, que definirá o resultado da ação, como sendo procedente ou improcedente. Mas, nem sempre o juízo rescisório será necessário, caso em que a procedência da ação estará definida pelo simples julgamento positivo do juízo rescindente.

> **IMPORTANTE!** Aplicar-se-á, no juízo rescisório, as mesmas convenções processuais eventualmente firmadas para a ação originária.

Se julgando procedente o pedido rescindente, o tribunal rescindirá a sentença e, se for o caso (diante da desnecessidade de dilação probatória para esclarecer os fatos apresentados na ação originária), proferirá novo julgamento. Este novo julgamento, em juízo rescisório, pode ser proferido em detrimento do autor da ação rescisória, ou seja, pode ocorrer de ser rescindida sentença e, em novo julgamento, o resultado ser de improcedência da ação originária que ajuizou ou de procedência da ação originária contra si ajuizada. Não significa que, pelo fato de ter intentado ação rescisória, não possa haver, contra o autor, resultado adverso.

Se julgada procedente a ação rescisória, o valor do depósito será devolvido para o autor.

Por sua vez, se julgada inadmissível ou improcedente a ação rescisória, a sentença rescindenda será mantida. Sendo unânime o julgamento, a importância do depósito será revertida em favor do réu. Não sendo unânime, o valor do depósito será devolvido em favor do autor.

Em qualquer caso, a parte vencida será condenada ao pagamento das despesas processuais.

Deve-se fazer uma advertência, ante a retirada, pelo Código, da possibilidade jurídica do pedido como condição da ação. Em algumas situações, a lei veda a utilização da ação

34. O enunciado 252 da súmula do Supremo Tribunal Federal foi editado sob a vigência do CPC/39.

rescisória. É o que acontece com as decisões proferidas pelos juizados especiais[35] (com a ressalva de que, se contra as sentenças proferidas nos juizados especiais for interposto, for interposto recurso extraordinário, é possível intentar ação rescisória, mas será perante o STF), em julgamento de ADI, de ADC[36] e de ADPF. Se, nesses casos, intentada ação rescisória, ela será improcedente.

6.12. Recursos

Contra a decisão que julga, no todo ou em parte, a ação rescisória, são cabíveis, em tese, agravo interno, embargos de declaração, recurso especial e recurso extraordinário. Se a rescisória for julgada pelo Superior Tribunal de Justiça, elimina-se o cabimento de recurso especial. Se julgada pelo Supremo Tribunal Federal, só caberá a interposição de agravo interno ou de embargos de declaração.

Antes, sob a vigência do CPC/1973, conforme disposição do art. 530[37], cabia a interposição de embargos infringentes contra a decisão colegiada que julgasse procedente a ação rescisória. Só que o dito recurso foi extinto pelo CPC/2015, mas, foi instituída a técnica do julgamento do art. 942, pela qual, se a ação rescisória foi julgada procedente por maioria de votos, o julgamento deve prosseguir no órgão de maior composição previsto no regimento interno.

6.13. Ação rescisória contra decisão que julga ação rescisória

Por fim, cabe, em tese, intentar ação rescisória contra a decisão que julgou a ação rescisória. Mas, como orienta o enunciado 400 da súmula do TST, "em se tratando de rescisória de rescisória, o vício apontado deve nascer na decisão rescindenda, não se admitindo a rediscussão do acerto do julgamento da rescisória anterior. Assim, não se admite rescisória calcada no inciso V do art. 485 do CPC [*correspondente ao atual art. 966, V, do CPC*] para discussão, por má aplicação dos mesmos dispositivos de lei, tidos por violados na rescisória anterior, bem como para arguição de questões inerentes à ação rescisória primitiva".

7. SÚMULAS

Súmulas do STF

249. É competente o Supremo Tribunal Federal para a ação rescisória, quando, embora não tendo conhecido do recurso extraordinário, ou havendo negado provimento ao agravo, tiver apreciado a questão federal controvertida.

---

35. Segundo a dicção do art. 59 da Lei nº 9.099/95, nos juizados especiais cíveis não se admitirá o ajuizamento de ação rescisória.
36. À luz do art. 26 da Lei nº 9.868/99, *"a decisão que declara a constitucionalidade ou a inconstitucionalidade da lei ou do ato normativo em ação direta ou em ação declaratória é irrecorrível, ressalvada a interposição de embargos declaratórios, não podendo, igualmente, ser objeto de ação rescisória"*.
37. Art. 530. Cabem embargos infringentes quando o acórdão não unânime houver reformado, em grau de apelação, a sentença de mérito, ou houver julgado procedente ação rescisória. Se o desacordo for parcial, os embargos serão restritos à matéria objeto da divergência.

252. Na ação rescisória, não estão impedidos juízes que participaram do julgamento rescindendo.

264. Verifica-se a prescrição intercorrente pela paralisação da ação rescisória por mais de cinco anos.

343. Não cabe ação rescisória por ofensa a literal disposição de lei, quando a decisão rescindenda se tiver baseado em texto legal de interpretação controvertida nos Tribunais[38].

---

38. O enunciado 400 da súmula do Supremo Tribunal Federal foi aprovada na Sessão Plenária de 03/abril/64. Seu enunciado é o seguinte: *"Decisão que deu razoável interpretação à lei, ainda que não seja a melhor, não autoriza recurso extraordinário pela letra "a" do art. 101, III, da Constituição Federal"*.Ela guarda estrita relação com o enunciado 343 da súmula do mesmo tribunal (aprovada na sessão plenária de 13/dezembro/63), segundo a qual: *"Não cabe ação rescisória por ofensa a literal disposição de lei, quando a decisão rescindenda se tiver baseado em texto legal de interpretação controvertida nos tribunais"*.Em verdade, ambos os enunciados guardam tolerância à interpretação razoável. Dito isto, verifica-se que a súmula 400/STF foi editada sob a égide da CF/46. Esta assim dispunha sobre os órgãos que integravam a estrutura judiciária:*Art. 94 – O Poder Judiciário é exercido pelos seguintes órgãos:I – Supremo Tribunal Federal;II – Tribunal Federal de Recursos;III – Juízes e Tribunais militares;IV – Juízes e Tribunais eleitorais;V – Juízes e Tribunais do trabalho.* O art. 101 assim definia a competência da Excelsa Corte:*Art. 101 – Ao Supremo Tribunal Federal compete:[...] III – julgar em recurso extraordinário as causas decididas em única ou última instância por outros Tribunais ou Juízes:a) quando a decisão for contrária a dispositivo desta Constituição ou à letra de tratado ou lei federal;[...]* O Supremo Tribunal Federal, na Constituição vigente à época, tinha como finalidade a preservação direta da integridade da legislação federal como um todo (constitucional e infraconstitucional). Até aquele momento, gize-se, não havia sido instituído o Superior Tribunal de Justiça (este somente adveio com a Constituição de 1988). Inserido neste cenário, o enunciado sumulado tinha "apoio" na Constituição de 1946. Esta, no art. 101, III, "a", preconizava que *"Ao Supremo Tribunal Federal compete: [...] julgar em recurso extraordinário as causas decididas em única ou última instância por outros Tribunais ou Juízes: [...] quando a decisão for contrária a dispositivo desta Constituição ou à letra de tratado ou lei federal"*.Era pressuposto de admissibilidade recursal específico do recurso extraordinário a contrariedade "à letra" de tratado ou lei federal (se a disposição fosse constitucional, a contrariedade não precisava ser literal). Se o pronunciamento jurisdicional decisório não violasse interpretação literal da legislação federal infraconstitucional, não era admitida a interposição de recurso extraordinário. Depois da Constituição de 1988, com a criação do Superior Tribunal de Justiça, a preservação da integridade da legislação federal infraconstitucional passou a ser de sua competência. Então, de logo, o enunciado precisa ter sua redação compatibilizada, seja no que se refere à espécie recursal, seja no que se refere à hipótese constitucional de interposição recursal. Este seria o primeiro passo para se poder cogitar em aplicabilidade do enunciado.Aliás, tal adequação (ou compatibilização – como prefiram alguns) é perfeitamente admitida. São inúmeros os precedentes em que o enunciado sumular continua em plena aplicabilidade, conquanto a legislação (inclusive a que define competência) tenha sofrido modificações com o passar do tempo. Basta lembrar do enunciado 240 da súmula do STF, editada em razão de disposição constitucional, que hoje é plenamente aplicada pelo STJ.De fato, o enunciado 240/STF disciplina que *"não se homologa sentença proferida no estrangeiro sem prova do trânsito em julgado"*. Com a EC 45/04, a homologação de sentença estrangeira passou a ser de competência do Superior Tribunal de Justiça, nos termos do art. 105, I, "i", da Constituição. Mas aquele tem plena aplicação, mesmo perante o STJ. Aliás, não é a mudança de competência que afastará a aplicação de enunciado sumular. A justificativa para tal seria outra, mais voltada à incompatibilidade. Assim, relativamente ao enunciado 400 da súmula do STF, a questão de sua aplicação atual não encontra óbice no que se refere à espécie recursal, porquanto esta foi definida unicamente levando em consideração à atribuição jurisdicional que antes era do STF e hoje é do STJ. Acontece que, a hipótese de interposição recursal era amparada pelo art. 101, III, "a", da CF/46. Ali se tratava de violação à interpretação literal de tratado ou lei federal. Hodiernamente, a hipótese de interposição recursal foi substituída por aquela constante no art. 105, III, "a", da CF. Ela não se refere à necessidade de violação à literal disposição de tratado ou lei federal. Remete apenas à "contrariedade" (sem qualificá-la).Quid iuris? O STJ vem adotando entendimento no sentido de que *"A Súmula 400 STF é incompatível com a teleologia do sistema recursal introduzido pela nova Carta Magna"* (EDcl no REsp 475378/SP, DJU 05.12.05). Não haveria de ser diferente, porque o "apoio" existente na CF/46 não mais subsiste. A contrariedade a tratado ou lei federal, mesmo que não seja literal, autoriza a interposição de recurso especial. Mais que isso, em sendo preservada a aplicação do enunciado sumulado, estar-se-ia afastando a principal função instituída pela CF/88 ao STJ, porquanto, a despeito de ter como atribuição a preservação da legislação federal infraconstitucional, esta competência estaria sendo usurpada pelos tribunais locais. Bastava que a violação não fosse literal (mas houvesse violação), que se encontraria barreira ao pronunciamento do STJ. E o que é pior: impedimento criado sem amparo igualmente constitucional. De qualquer modo, há de se destacar que no mesmo SUPERIOR TRIBUNAL DE JUSTIÇA, embora mais antigos, há precedentes adotando a súmula 400/STF, como forma de filtrar os recursos especiais interpostos, de a decisão invectivada estiver de acordo com entendimento dominante daquela Corte. Não deve, porém, ser este o melhor

514. Admite-se ação rescisória contra sentença transitada em julgado, ainda que contra ela não se tenha esgotado todos os recursos.

515. A competência para a ação rescisória não é do Supremo Tribunal Federal, quando a questão federal, apreciada no recurso extraordinário ou no agravo de instrumento, seja diversa da que foi suscitada no pedido rescisório.

Súmulas do STJ

175. Descabe o depósito prévio nas ações rescisórias propostas pelo INSS.

401. O prazo decadencial da ação rescisória só se inicia quando não for cabível qualquer recurso do último pronunciamento judicial.

8. ENUNCIADOS DO FPPC

137. Contra sentença transitada em julgado que resolve partilha, ainda que homologatória, cabe ação rescisória.

138. A partilha amigável extrajudicial e a partilha amigável judicial homologada por decisão ainda não transitada em julgado são impugnáveis por ação anulatória.

203. Não se admite ação rescisória de sentença arbitral.

284. Aplica-se à ação rescisória o disposto no art. 321, ainda que o vício seja a indicação incorreta da decisão rescindenda.

336. Cabe ação rescisória contra decisão interlocutória de mérito.

337. A competência para processar a ação rescisória contra capítulo de decisão deverá considerar o órgão jurisdicional que proferiu o capítulo rescindendo.

338. Cabe ação rescisória para desconstituir a coisa julgada formada sobre a resolução expressa da questão prejudicial incidental.

339. O CADE e a CVM, caso não tenham sido intimados, quando obrigatório, para participar do processo (art. 118, Lei nº 12.529/2011; art. 31, Lei nº 6.385/1976), têm legitimidade para propor ação rescisória contra a decisão ali proferida, nos termos do inciso IV do art. 967.

340. Observadas as regras de distribuição, o relator pode delegar a colheita de provas para juízo distinto do que proferiu a decisão rescindenda.

---

entendimento. Conquanto aceitável, porque, na época do precedente as ferramentas processuais disponibilizadas à celeridade processual eram em menor quantidade. Hoje existem disponíveis vários meios a se evitar a multiplicação de recursos especiais. Basta dizer que o relator pode prover ou desprover o recurso monocraticamente (art. 557 do CPC). Os recursos especiais podem ser julgados em bloco (RISTJ) e por seleção (art. 543-C do CPC). Agora, o que beira a linha do inaceitável é impedir que o entendimento, conquanto seja pacificado, não possa ser mais discutido. Noutro aporte, a súmula 400/STF, vem sendo aplicada nas ações rescisórias em cumulação com a súmula 343/STF. Mas o que "apoia" a aplicação e subsistência do enunciado sumulado é a disposição contida no inciso V, do art. 485, do CPC, pela qual *"A sentença de mérito, transitada em julgado, pode ser rescindida quando: [...] violar literal disposição de lei"*. É que o dispositivo legal contenta-se com a interpretação razoável para inviabilizar a admissibilidade da ação rescisória.Mesmo assim, há de se consignar que os aludidos enunciados (súmulas 343 e 400 do STF) não se aplicam quando a ação rescisória se fundamenta em violação de norma constitucional. E mais: recentemente, o STJ vem delineando entendimento, já avantajado, no sentido de mitigar os enunciados às ações rescisórias, ainda que elas não tenham por fundamento alegada violação à norma constitucional.Tudo isso parte do alcance que deve ser dado à expressão "interpretação controvertida nos tribunais", que seria capaz de tornar tolerável a aplicação de norma federal infraconstitucional. Como dito, vem ganhando espaço o entendimento de que a interpretação dada à legislação federal infraconstitucional só seria tolerável se compatível com aquela apontada pelo STJ. Caso esta Corte não tivesse se pronunciado acerca da questão, dever-se-ia admitir a rescisória – sendo ela empregada com a finalidade de, também, servir como instrumento de unificação de jurisprudência. Negar tal possibilidade implicaria violação de norma constitucional, que define a atribuição do STJ.

341. O prazo para ajuizamento de ação rescisória é estabelecido pela data do trânsito em julgado da decisão rescindenda, de modo que não se aplicam as regras dos §§ 2 º e 3º do art. 975 do CPC à coisa julgada constituída antes de sua vigência.

421. Não cabe estabilização de tutela antecipada em ação rescisória.

534. A decisão a que se refere o inciso III do art. 548 faz coisa julgada quanto à extinção da obrigação.

535. Cabe ação rescisória contra a decisão prevista no inciso III do art. 548.

554. Na ação rescisória fundada em violação ao efeito positivo da coisa julgada, haverá o rejulgamento da causa após a desconstituição da decisão rescindenda.

555. Nos casos em que tanto a decisão de inadmissibilidade do recurso quanto a decisão recorrida apresentem vícios rescisórios, ambas serão rescindíveis, ainda que proferidas por órgãos jurisdicionais diversos.

602. A prova nova apta a embasar ação rescisória pode ser produzida ou documentada por meio do procedimento de produção antecipada de provas.

603. (art. 968, II) Não se converterá em multa o depósito inicial efetuado pelo autor, caso a extinção da ação rescisória se dê por decisão do relator transitada em julgado.

679. A anotação da propositura da ação à margem do título protestado não se restringe à ação rescisória, podendo abranger outros meios de desfazimento da coisa julgada.

9. INFORMATIVOS

Informativos do STJ

Inexistindo homologação judicial do pedido de renúncia, não se pode permitir a abertura do prazo decadencial de dois anos para propor ação rescisória antes que ocorra a indispensável intimação da parte interessada. Em regra, a desistência do recurso ou a renúncia ao prazo recursal constituem ato unilateral de vontade do recorrente que independe da aquiescência da parte contrária e produz efeitos imediatos, ensejando o trânsito em julgado, se for o caso, à luz dos arts. 158, caput, 501 e 502 do CPC/1973. Desse modo, a desistência do recurso ou a renúncia ao prazo recursal determinam, em regra, o trânsito em julgado da decisão impugnada, se não houver, vale registrar, recurso pendente de julgamento da outra parte. Contudo, a hipótese revela uma peculiaridade que impede o reconhecimento do trânsito em julgado na data do protocolo da renúncia. Como não há notícia de que houve homologação pelo ministro relator, a recorrente teve ciência do pedido de renúncia ao prazo recursal e ao direito de recorrer quando foi intimada pessoalmente do acórdão proferido nos autos do agravo regimental. Não obstante os efeitos imediatos preconizados na lei processual civil ao pedido de renúncia, não havendo homologação judicial, o princípio do contraditório impede que o trânsito em julgado seja reconhecido antes da ciência da parte ex adversa. Não se pode permitir a abertura do prazo, no caso, decadencial de 2 (dois) anos, de que cuida o art. 495 do CPC/1973, antes que ocorra a indispensável intimação da parte interessada no fato processual que lhe dá origem. Nesse contexto, deve ser contado o prazo decadencial da data da primeira intimação da recorrente, após o pedido de renúncia. REsp 1.344.716-RS, Rel. Min. Gurgel de Faria, Primeira Turma, por unanimidade, julgado em 05/05/2020, DJe 12/05/2020. Inf. 671.

Na ação rescisória fundada em literal violação de lei, não cabe o reexame de toda a decisão rescindenda, para verificar se nela haveria outras violações à lei não alegadas pelo demandante, mesmo que se trate de questão de ordem pública. Diante da possibilidade de que decisões judiciais de mérito que contenham vícios graves sejam revestidas pela autoridade da coisa julgada, o sistema processual previu o remédio da ação rescisória, que visa reparar essas sérias imperfeições, superando a imutabilidade de uma determinada decisão judicial de mérito. Na ação rescisória fundada no art. 485, V, do CPC/1973 (art. 966, V, do CPC/2015), a indicação de violação literal de disposição de lei é ônus do requerente, haja vista constituir a sua causa de pedir, vinculando, assim, o exercício da jurisdição pelo órgão competente para sua apreciação. Segundo a doutrina, "não compete ao tribunal, a pretexto da iniciativa do autor, reexaminar toda a decisão rescindenda, para verificar se nela haveria outras violações a literal disposição de lei não alegadas pelo demandante, nem mesmo ao argumento de se tratar de matéria da ordem pública" Dessa forma, o juízo rescindente do Tribunal se encontra vinculado aos dispositivos de lei apontados pelo autor como literalmente violados, não podendo haver exame de matéria estranha à apontada na inicial, mesmo que o tema possua a natureza de questão de ordem pública, sob pena de transformar a ação rescisória em mero sucedâneo recursal. REsp 1.663.326-RN, Rel. Min. Nancy Andrighi, Terceira Turma, por unanimidade, julgado em 11/02/2020, DJe 13/02/2020. Inf. 665.

10. SINOPSE

<table>
<tr><th colspan="2">AÇÃO RESCISÓRIA</th></tr>
<tr><th colspan="2">Considerações iniciais</th></tr>
<tr><td colspan="2">A ação rescisória é a ação de impugnação autônoma, nomeadamente porque forma outra relação processual. Não se trata, por isso, de recurso. Pode ser intentada por qualquer das partes da ação originária (ou pelo seu sucessor a título universal ou singular), pelo Ministério Público ou por terceiro interessado. Deve observar prazo decadencial, que será de, no mínimo, 02 anos. E visa a desconstituir decisão, que tenha a aptidão de impossibilitar a discussão do mérito por intermédio de outra ação.</td></tr>
<tr><th colspan="2">Pressupostos</th></tr>
<tr><td>Gerais:</td><td>a) existência: a.1) subjetivos: investidura do juiz; capacidade de ser parte; a.2) objetivos: existência de ação intentada; b) validade: b.1) subjetivos: competência do juízo; imparcialidade do juiz; capacidade processual; capacidade postulatória; b.2) objetivos: petição inicial apta; citação válida. c) negativos: litispendência; coisa julgada; perempção; convenção de arbitragem.</td></tr>
<tr><td>Específico:</td><td>a) existência de decisão transitada em julgado, que pode ser de mérito ou, ainda, terminativa, mas, nesse último caso, que impeça a propositura de nova ação ou a rediscussão em torno da inadmissibilidade de recurso; b) a afirmação pelo autor, como causa de pedir, de pelo menos uma das hipóteses de rescindibilidade previstas no CPC; c) exercício do direito de ação no respectivo prazo decadencial.</td></tr>
<tr><th colspan="2">Cabimento</th></tr>
<tr><td colspan="2">A decisão de mérito, transitada em julgado, pode ser rescindida quando: I – se verificar que foi proferida por força de prevaricação, concussão ou corrupção do juiz; II – for proferida por juiz impedido ou por juízo absolutamente incompetente; III – resultar de dolo ou coação da parte vencedora em detrimento da parte vencida ou, ainda, de simulação ou colusão entre as partes, a fim de fraudar a lei; IV – ofender a coisa julgada; V – violar manifestamente norma jurídica; VI – for fundada em prova cuja falsidade tenha sido apurada em processo criminal ou venha a ser demonstrada na própria ação rescisória; VII – obtiver o autor, posteriormente ao trânsito em julgado, prova nova cuja existência ignorava ou de que não pôde fazer uso, capaz, por si só, de lhe assegurar pronunciamento favorável; VIII – for fundada em erro de fato verificável do exame dos autos.</td></tr>
<tr><th colspan="2">Condições</th></tr>
<tr><td colspan="2">Como exercício de direito de ação que é, para se propor a rescisória, evidentemente, faz-se necessário que estejam preenchidas as condições da ação: legitimidade das partes e interesse processual.</td></tr>
<tr><th colspan="2">Atos de disposição de direitos e homologatórios praticados no curso da execução</th></tr>
<tr><td colspan="2">Os atos de disposição de direitos, praticados pelas partes ou por outros participantes do processo e homologados pelo juízo, bem como os atos homologatórios praticados no curso da execução, estão sujeitos à anulação, nos termos da lei. Assim, cabe ação anulatória para desconstituir: a) atos de disposição de direitos praticados pelas partes ou por outros participantes do processo e homologados pelo juízo; b) atos homologatórios praticados no curso da execução.</td></tr>
<tr><th colspan="2">Tutela Provisória</th></tr>
<tr><td colspan="2">A propositura da ação rescisória não impede o cumprimento da decisão rescindenda, ressalvada a concessão de tutela provisória.</td></tr>
</table>

CAPÍTULO 59

INCIDENTE DE RESOLUÇÃO DE DEMANDAS REPETITIVAS

1. CONSIDERAÇÕES INICIAIS

O incidente de resolução de demandas repetitivas (IRDR) é um instrumento processual de tutela dos direitos individuais homogêneos, o qual visa a conferir tratamento isonômico às chamadas "demandas de massa". Juntamente com os recursos extraordinário e especial repetitivo, compõe o microssistema de julgamento de casos repetitivos (art. 928 do CPC), de sorte que as normas relativas a esses institutos complementam-se mutuamente.

Cuida-se de técnica utilizada pelos tribunais de justiça e pelos tribunais regionais federais para a construção de **precedentes vinculantes**, aplicáveis a todos os processos que contenham a mesma controvérsia sobre determinada questão jurídica e que tramitem no respectivo Estado ou Região.

Trata-se de **incidente processual**, que acarreta a suspensão de todos os processos que versem sobre idêntica controvérsia, para que o tribunal, por intermédio de seu órgão uniformizador, decida qual é a tese jurídica aplicável a uma questão comum. Julgado o IRDR, a tese sufragada deve ser observada por todos os órgãos judiciários vinculados à corte.

A fixação de tese jurídica (*ratio decidendi*) em sede de IRDR implica inúmeras consequências.

Em verdade, de uma forma geral, o IRDR: permite a concessão de tutela de evidência (art. 311, II); possibilita o julgamento de improcedência liminar do pedido (art. 332, III); dispensa a remessa necessária das sentenças proferidas contra a Fazenda Pública (art. 496, § 4º, III); dispensa a prestação de caução na execução provisória (art. 521, IV).

Por sua vez, no âmbito dos tribunais, implica nas seguintes consequências: permite ao relator julgar monocraticamente o recurso (art. 932, IV, "c", e V, "c"); permite ao relator julgar monocraticamente o conflito de competência (art. 955, parágrafo único, II); viabiliza o cabimento de reclamação constitucional (arts. 985, § 1º, e 988, IV).

2. REQUISITOS DE ADMISSIBILIDADE

Como dito, o IRDR é um incidente processual. Como tal, caracteriza-se por ser um desvio no curso do processo, a fim de que se resolva uma questão incidental. Justamente por ser incidente, o IRDR pressupõe que haja uma **causa pendente no tribunal**, seja ela uma ação de competência originária ou um recurso. Não se admite IRDR sem que exista processo sujeito à apreciação do tribunal, pois não há incidente sem processo anterior. Se coubesse IRDR sem processo pendente na corte, o instituto seria, na verdade, um processo autônomo de competência originária, o que violaria as competências constitucionais dos tribunais, taxativamente definidas na Constituição.

Por isso é que se diz que o direito brasileiro optou pelo sistema **causa-piloto**, na medida em que pressupõe a pendência de processo no tribunal. Nesse sistema, como se verá, o tribunal não só define uma tese jurídica, mas julga um caso concreto (art. 978, parágrafo único, do CPC). A tal sistema se contrapõe o da causa-modelo, que dispensa a existência de prévio processo, já que, nele, não se julga uma situação individualizada; apenas se fixa uma tese jurídica. No direito brasileiro, há apenas uma hipótese de admissão da causa-modelo: nos casos de desistência ou abandono do IRDR, que não impedem a fixação da tese jurídica (art. 976, § 1º, do CPC). Apenas nessas situações, há definição de uma *ratio decidendi*, mas não há julgamento de um caso.

Segundo orientação da Segunda Turma do STJ, "não caberá instauração de IRDR se já encerrado o julgamento de mérito do recurso ou da ação originária, mesmo que pendente de julgamento embargos de declaração". Explica que: "se já encerrado o julgamento, não caberá mais a instauração do IRDR, senão em outra causa pendente; mas não naquela que já foi julgada. A propósito o Fórum Permanente de Processualistas Civis editou o Enunciado n. 344, que assim dispõe: 'A instauração do incidente pressupõe a existência de processo pendente no respectivo tribunal'. A pendência do julgamento dos embargos de declaração contra o acórdão do agravo de instrumento revela um momento processual em que já houve quase que o esgotamento da apreciação do mérito, tratando-se de momento inicial inadequado para a formação do precedente do jaez do IRDR. O diferimento da análise da seleção da causa e admissibilidade do IRDR para o momento dos embargos de declaração importaria prejuízo à paridade argumentativa processual, considerando que esse desequilíbrio inicial certamente arriscaria a isonômica distribuição do ônus argumentativo a ser desenvolvido, mesmo que os argumentos fossem pretensamente esgotados durante o curso do incidente" (STJ. AREsp 1.470.017-SP. DJe 18.10.19).

Assentado esse primeiro pressuposto, cumpre destacar que as demais condições de admissibilidade do IRDR estão previstas no art. 976, I e II, do Código de Processo Civil. São elas: a) efetiva repetição de processos que contenham controvérsia sobre a mesma questão **unicamente de direito**; b) risco de ofensa à isonomia e à segurança jurídica. Tais requisitos são cumulativos.

Para a instauração do IRDR, não é preciso que haja grande número de processos que versem sobre a mesma *quaestio*, sendo fator preponderante, por outro lado, a existência de risco de ofensa à isonomia e à segurança jurídica, conforme dispõe o enunciado 87 do FPPC. De fato, o art. 976, I, apenas exige que haja pluralidade de processos, não fazendo qualquer menção a um número mínimo.

O art. 976 do CPC/2015, no inciso II, não exige a verificação de ofensa à isonomia ou à segurança. O risco de ofensa por si justifica a instauração do IRDR.

A ofensa à isonomia e à segurança jurídica evidencia-se pela prolação, por diferentes órgãos jurisdicionais, de decisões que apliquem teses jurídicas diferentes a situações fáticas idênticas. Nesses casos, o Estado, a um só tempo, promove a desigualdade entre os jurisdicionados, entregando-lhes normas jurídicas individualizadas diversas, e deixa de proporcionar-lhes previsibilidade e certeza quanto à aplicação do direito.

Não há perigo de ofensa à igualdade e à segurança jurídica, para efeito de cabimento do IRDR, se a questão de direito, embora recorrente em vários processos, for, por exemplo, objeto de enunciado da súmula vinculante ou tiver sido decidida no julgamento de recurso repetitivo, na medida em que já há, nesses casos, precedente obrigatório a ser observado. Não existe, por isso, interesse na instauração do incidente.

Além disso, a teor do art. 976, § 4º, do Código de Processo Civil, também é inadmissível o incidente, se, apesar de ainda não ter sido julgado recurso extraordinário ou especial repetitivo sobre a matéria, já tiver sido **afetado** recurso representativo da controvérsia pelo STF ou pelo STJ, na forma dos arts. 1.036 e seguintes do CPC.

3. COMPETÊNCIA

O IRDR pode ser instaurado perante os tribunais de justiça e os tribunais regionais federais. Além disso, é possível suscitar IRDR perante o STJ, nos processos de competência originária e nos recursos ordinários a ele dirigidos (STJ. AgInt na Pet 11.838/MS. DJe 10.09.19)[1].

O julgamento do IRDR cabe ao órgão indicado pelo regimento interno como responsável pela uniformização da jurisprudência da corte (art. 978, CPC). Também cabe a ele julgar o recurso, a remessa necessária ou o processo de competência originária em que foi suscitado o IRDR, conforme prescreve o parágrafo único do art. 978. Há, portanto, uma avocação da causa, que não volta mais para o órgão fracionário em que tramitava originalmente. O órgão uniformizador, ao julgar o IRDR, define a tese jurídica e, de imediato, aplica-a ao caso concreto.

4. REQUERIMENTO DE INSTAURAÇÃO DO IRDR

A instauração do incidente de resolução de demandas repetitivas, segundo o art. 977 do CPC, pode ser requerida: a) pelo juiz da causa, por ofício; b) pelo relator do recurso, da remessa necessária ou do processo de competência originária do tribunal, por ofício[2]; c) pelas

1. Por outro lado, há decisão do Presidente do STF em que não se admitiu a instauração de IRDR perante aquela Corte Superior, ao argumento de que o legislador estabeleceu, no âmbito dos tribunais superiores, a técnica dos recursos repetitivos (Pet 8245. DJe 15.10.19).
2. Enunciado 342 do Fórum Permanente de Processualistas Civis: "O incidente de resolução de demandas repetitivas aplica-se a recurso, a remessa necessária ou a qualquer causa de competência originária".

partes, por petição; d) pelo Ministério Público, por petição; e) pela Defensoria Pública, por petição.

O pedido deve ser dirigido ao presidente do tribunal de justiça ou do tribunal regional federal, instruído com todos os documentos necessários à demonstração do preenchimento dos requisitos de admissibilidade do incidente. É preciso, pois, que o sujeito que suscite o IRDR comprove, documentalmente, a pluralidade de processos que contenham a mesma questão jurídica, bem como a existência de decisões conflitantes proferidas por diferentes órgãos judiciários vinculados à corte.

A inadmissão do incidente, por ausência de preenchimento de alguma das suas condições de admissibilidade, não impede que ele seja novamente suscitado, uma vez satisfeitos os requisitos (art. 976, § 3º, do CPC). Além disso, o IRDR não depende do pagamento de custas processuais (art. 976, § 5º).

5. JUÍZO DE ADMISSIBILIDADE

Suscitado o incidente, será ele distribuído a um relator e, então, submetido ao juízo de admissibilidade pelo órgão uniformizador da corte (art. 981, CPC). É vedada, nesse caso, a decisão monocrática, de acordo com o enunciado 91 do FPPC.

Nesse julgamento, o tribunal limita-se a verificar se estão preenchidos os requisitos de admissibilidade do IRDR, isto é, a repetição de processos que contenham controvérsia sobre a mesma questão de direito material ou processual, além do risco de quebra da isonomia e da segurança jurídica. Não se decide, em tal momento, a questão jurídica controvertida, mas sim a validade do procedimento incidental.

A decisão que admite ou rejeita o processamento do IRDR é **irrecorrível (STJ. REsp 1.631.846/DF. DJe 22.11.19). De acordo com o entendimento do STJ, a irrecorribilidade deve-se ao fato de que, se inadmitido o IRDR, é possível suscitar novo incidente, inclusive no mesmo processo.**

6. CONDUTAS DO RELATOR

6.1. Suspensão dos processos

Admitido o incidente de resolução de demandas repetitivas, o relator suspenderá todos os processos pendentes, individuais ou coletivos, que tramitem no Estado ou na Região (arts. 313, IV, e 982, I, do CPC). Todos os órgãos jurisdicionais competentes serão, então, comunicados da decisão (§ 1º do art. 982). A suspensão aplica-se, inclusive, aos juizados especiais e às turmas recursais, consoante os enunciados 93 e 470 do FPPC.

Questão de Concurso

▶ **(VUNESP, Analista Jurídico. MPE-SP. 2018 – Adaptada)**[3]: Acerca do incidente de resolução de demandas repetitivas, assinale correto ou verdadeiro: A tese fixada no incidente será aplicada a

3. Gabarito: Incorreto.

todos os processos individuais ou coletivos que versem sobre idêntica questão de direito e que tramitam na área de jurisdição do respectivo tribunal, salvo aqueles que tramitam nos Juizados Especiais.

Essa hipótese de suspensão processual decorre do juízo de admissibilidade positivo do IRDR, por isso independe da demonstração dos requisitos da tutela de urgência (enunciado 92 do FPPC).

Embora, de início, a suspensão fique limitada à circunscrição territorial de competência do tribunal, é possível às partes, ao Ministério Público e à Defensoria Pública requerer ao Supremo Tribunal Federal, se a questão for constitucional, ou ao Superior Tribunal de Justiça, se a questão for federal, a extensão da suspensão a todos os processos individuais ou coletivos em trâmite no território nacional que versem sobre a questão objeto do IRDR, visando à garantia da segurança jurídica. Para tanto, basta que se demonstre a existência de multiplicidade de processos que contenham a mesma questão jurídica, em trâmite em mais de um Estado ou Região (enunciado 95 do FPPC). Independentemente dos limites da competência territorial, as partes de qualquer processo em que se discuta a mesma questão objeto do IRDR têm legitimidade para requerer ao STF ou ao STJ a ampliação da suspensão processual (art. 982 § 4º).

Durante a suspensão dos processos, apesar da vedação à prática de quaisquer atos processuais, é possível a realização de atos urgentes, a fim de evitar dano irreparável (art. 314). Inclui-se aí, por óbvio, a concessão de tutela de urgência. O pedido, nesses casos, deve ser dirigido ao juízo em que tramita o processo suspenso (§ 2º do art. 982). Seria admitida a concessão de tutela da evidência quando suspenso o processo em razão da instauração do IRDR? A resposta é negativa, porque, se for tutela da evidência, as partes podem esperar sem que haja perigo de dano e risco ao resultado útil do processo, além do que ela geralmente está associada à existência de precedente, pelo que não seria necessária a instauração de IRDR.

Questão de Concurso

▶ **(VUNESP, Analista Jurídico. MPE-SP. 2018 – Adaptada)**[4]: Durante a suspensão dos processos pendentes, individuais ou coletivos, que tramitam no Estado ou região, conforme o caso, o pedido de tutela de urgência deverá ser dirigido ao tribunal responsável pelo julgamento do incidente.

É possível que a suspensão do processo seja apenas parcial, na hipótese de haver cumulação simples de pedidos, sendo apenas um deles dependente da resolução da questão submetida ao IRDR. Nesse caso, nada impede o prosseguimento parcial do processo, em face da possibilidade de julgamento antecipado de parte do mérito, na forma do art. 356 do CPC. Essa é, aliás, a orientação do FPPC, como se observa do enunciado 205: "Havendo cumulação de pedidos simples, a aplicação do art. 982, I e § 3º, poderá provocar apenas a suspensão parcial do processo, não impedindo o prosseguimento em relação ao pedido não abrangido pela tese a ser firmada no incidente de resolução de demandas repetitivas".

A suspensão processual cessa em duas hipóteses: a) se julgado o incidente, não for interposto recurso especial ou extraordinário contra o acórdão (art. 982, § 5º, do CPC); b) se o

4. Gabarito: Incorreto.

incidente não for julgado dentro do prazo de um ano, salvo decisão fundamentada do relator em sentido contrário (art. 980, parágrafo único).

Por último, um questionamento importante: como deve a parte proceder, se o seu processo for suspenso, a despeito de o contexto fático dele ser distinto do caso submetido ao IRDR? Isto é, como realizar o *distinguishing* entre os casos?

À guisa de previsão específica no Código de Processo Civil, deve-se observar analogicamente o procedimento previsto no artigo 1.037, §§ 9º a 13, relativo aos recursos especiais e extraordinários repetitivos, conforme já decidiu o STJ (REsp 1.846.109/SP. DJe 13.12.19, Inf. 662). Isso ocorre porque o IRDR e os recursos repetitivos formam um microssistema de solução de casos repetitivos (art. 928 do CPC), cujas regras se complementam reciprocamente.

Assim, a parte deve peticionar ao juiz, se o processo estiver em primeira instância, ou ao relator, se em segunda, demonstrando a distinção entre a questão debatida no processo e aquela submetida ao incidente de resolução de demandas repetitivas e requerendo o prosseguimento do feito. A outra parte, então, deverá ser ouvida em 05 dias. Reconhecida a distinção entre os casos, o processo terá prosseguimento; do contrário, mantém-se a suspensão.

Contra a decisão que resolver o requerimento de prosseguimento, cabe agravo de instrumento, se o processo estiver em primeira instância, ou agravo interno, se em segunda.

Questão de Concurso

▶ **(Vunesp – Juiz de Direito – TJ SP/2017)**[5] Quanto ao incidente de resolução de demandas repetitivas,

a) tanto que seja admitido, a suspensão dos processos pendentes em que se discuta a questão controvertida poderá ser determinada pelo relator ou eventualmente pelo tribunal superior competente para conhecer do recurso extraordinário ou especial.

b) poderá ser instaurado quando houver risco de multiplicação de processos como decorrência de controvérsia sobre questão unicamente de direito, de que possa resultar prejuízo à isonomia e à segurança jurídica.

c) pode tramitar, paralela e concorrentemente, com a afetação, perante tribunal superior, de recurso para definição de tese sobre questão material ou processual repetitiva.

d) o órgão colegiado incumbido de julgá-lo fixará a tese e, para preservar o juiz natural, devolverá o julgamento do recurso, da remessa necessária ou do processo de competência originária para que se complete o julgamento perante o órgão de onde se originou o incidente.

6.2. Requisição de informações

A teor do art. 982, II, do CPC, o relator do incidente poderá requisitar informações aos órgãos jurisdicionais em que tramitam processos em que se discute a questão objeto do IRDR, os quais as prestarão no prazo de 15 dias.

6.3. Intimação do Ministério Público

De acordo com o art. 976, § 2º, do CPC, o Ministério Público, se não tiver suscitado o incidente, deverá intervir na qualidade de fiscal da ordem jurídica. Por isso, o art. 982, III,

5. Gabarito: Letra a.

impõe que o relator intime o Ministério Público, para que este, querendo, manifeste-se por escrito, no prazo de 15 dias.

7. INTERVENÇÃO DE TERCEIROS

É admissível, no incidente de resolução de demandas repetitivas, a intervenção de *amicus curiae*. O relator poderá, em decisão irrecorrível, de ofício ou a requerimento das partes ou do interveniente, solicitar ou admitir a participação de pessoa natural ou jurídica, órgão ou entidade especializada, com representatividade adequada, no prazo de quinze dias da sua intimação.

Também é cabível a assistência simples. As partes de qualquer processo que tenha sido suspenso na forma do art. 982, I, do CPC podem intervir como assistentes no IRDR, pois possuem interesse jurídico no seu julgamento, que condicionará o deslinde dos processos suspensos.

8. INSTRUÇÃO

No prazo de 15 dias, as partes, os interessados e os *amici curiae* poderão requerer a juntada de documentos, bem como as diligências necessárias para a elucidação da questão jurídica. Em seguida, no mesmo prazo, manifestar-se-á o Ministério Público.

O relator poderá, se entender necessário, realizar audiência pública, para ouvir depoimentos de pessoas com experiência e conhecimento sobre a matéria.

9. JULGAMENTO

O IRDR deve ser julgado no prazo de um ano, contado da publicação do acórdão de admissão do incidente. Este tem preferência sobre todos os demais processos, salvo aqueles que envolvam réu preso e os pedidos de *habeas corpus*.

No julgamento do incidente, o relator, inicialmente, fará a exposição do seu objeto. Em seguida, poderão sustentar suas razões, sucessivamente: a) o autor e o réu do processo originário e o Ministério Público, pelo prazo de 30 minutos cada; b) os demais interessados e os *amici curiae*, no prazo de 30 minutos, divididos entre todos, sendo exigida a inscrição com dois dias de antecedência. Este último prazo poderá ser ampliado, considerando a quantidade de inscritos (art. 984, § 1º, do CPC).

O acórdão do julgamento do IRDR deve conter a análise de todos os fundamentos apresentados pelas partes, pelo MP, pelos interessados[6], pelos *amici curiae*[7] e pelos magistrados,

6. Enunciado 305 do FPPC: "No julgamento de casos repetitivos, o tribunal deverá enfrentar todos os argumentos contrários e favoráveis à tese jurídica discutida, inclusive os suscitados pelos interessados".
7. Enunciado 128 do FPPC: "No processo em que há intervenção do *amicus curiae*, a decisão deve enfrentar as alegações por ele apresentadas, nos termos do inciso IV do § 1º do art. 489".

sejam eles favoráveis ou contrários à tese fixada pelo tribunal. Tal providência é essencial para a realização de eventual futura revisão da tese firmada.

10. EFEITOS DA DECISÃO

As razões de decidir do acórdão proferido em IRDR têm **efeito vinculante** (art. 927, III, do CPC), obrigando todos os órgãos jurisdicionais subordinados ao tribunal a seguir o precedente.

Julgado o IRDR, a tese jurídica firmada pela corte será aplicada a todos os processos individuais ou coletivos que versem sobre idêntica questão jurídica e que tramitem no Estado ou na Região, inclusive àqueles que tramitem nos juizados especiais e nas turmas recursais. A tese deve, ainda, ser aplicada a todos os casos futuros.

Questão de Concurso

▶ **(FUNDATEC – Procurador Municipal – Pref. Porto Alegre – RS/2016)** No que diz respeito ao Incidente de Resolução de Demandas Repetitivas, inovação do Código de Processo Civil (Lei nº 13.105/15), analise as assertivas a seguir[8]:

I. O pedido de instauração do incidente, como ato postulatório, pode ser realizado pelas partes, pelo Ministério Público e pela Defensoria Pública, mas não pelo juiz da causa.

II. O incidente será julgado no prazo de um ano. Superado esse prazo, o incidente será extinto sem resolução de mérito, sem prejuízo de que seja novamente suscitado.

III. Julgado o incidente, a tese jurídica será aplicada a todos os processos individuais ou coletivos que versem sobre idêntica questão de direito e que tramitem na área de jurisdição do respectivo tribunal, inclusive àqueles que tramitem nos juizados especiais do respectivo Estado ou região.

Quais estão corretas?

a) Apenas II.
b) Apenas III.
c) Apenas I e II.
d) Apenas II e III.
e) I, II e III.

O pronunciamento judicial que deixar de observar a tese fixada pelo tribunal poderá ser impugnado *per saltum*, por meio de reclamação dirigida ao tribunal, sem prejuízo dos recursos cabíveis[9].

Questão de Concurso

▶ **(VUNESP, Analista Jurídico. MPE-SP. 2018 – Adaptada)**[10]: Caberá recurso ordinário no caso de inobservância da tese adotada no incidente

Caso o objeto do IRDR envolva prestação de serviço em regime de concessão, de permissão ou de autorização, o resultado do julgamento será comunicado ao órgão ou entidade compe-

8. Gabarito: Letra B.
9. Enunciado 558 do FPPC: "Caberá reclamação contra decisão que contrarie acórdão proferido no julgamento dos incidentes de resolução de demandas repetitivas ou de assunção de competência para o tribunal cujo precedente foi desrespeitado, ainda que este não possua competência para julgar o recurso contra a decisão impugnada".
10. Gabarito: Incorreto.

tente para fiscalizar a efetiva aplicação da tese jurídica por parte dos entes sujeitos a regulação (art. 985, § 2º, do CPC).

11. RECURSOS

Da decisão que julgar o IRDR, caberá recurso extraordinário ou especial, desde que atendidas as hipóteses de cabimento previstas no arts. 102, III, e 105, III, da Constituição.

Podem recorrer da decisão as partes do processo de que se originou o incidente, bem como o *amicus curiae* (art. 138, § 3º, do CPC), a Defensoria Pública e o Ministério Público, ainda que este tenha funcionado apenas como fiscal da ordem jurídica (art. 179, II, do CPC e enunciado 99 da súmula do STJ[11]).

Além disso, a parte de qualquer processo que tenha sido suspenso (ou determinada a suspensão, para ser mais preciso) na forma do art. 982, I, do CPC tem legitimidade para recorrer da decisão (enunciado 94 do FPPC), na medida em que a tese fixada no julgamento do IRDR será aplicada ao seu processo.

O recurso extraordinário, nesse caso, **independe da demonstração de ocorrência de repercussão geral, que é presumida** (arts. 987, § 1º, e 1.035, § 3º, II, do CPC). Trata-se de presunção absoluta, pois não admite prova em contrário.

Há, ainda, uma peculiaridade comum a ambos os recursos excepcionais, quando interpostos contra acórdão de julgamento de IRDR: o efeito suspensivo *ope legis*, previsto no art. 987, § 1º, do CPC. Tal previsão tem o objetivo de preservar a segurança jurídica, evitando que uma tese ainda não submetida ao tribunal superior competente para julgar a questão em definitivo seja aplicada a múltiplos processos.

Questão de Concurso

▶ **(Cespe – Promotor de Justiça – MPE – PI/2019)**[12] De acordo com o CPC, é presumida a repercussão geral da questão constitucional discutida nos casos em que houver interposição de recurso extraordinário contra acórdão

A) em que tenha sido examinado o mérito de incidente de resolução de demandas repetitivas.

B) em que incidentalmente tenha sido declarada a constitucionalidade de lei federal.

C) que tenha sido prolatado em julgamento de qualquer matéria examinada pelo plenário ou por órgão especial de tribunal.

D) que tenha sido proferido em julgamento de recurso especial repetitivo no âmbito do STJ.

E) em que, em qualquer hipótese, tenha sido decidida matéria já examinada pelo STF.

▶ **(VUNESP, Analista Jurídico. MPE-SP. 2018 – Adaptada)**[13]: Do julgamento do mérito do incidente caberá recurso extraordinário ou especial, conforme o caso, com efeito suspensivo, presumindo-se a repercussão geral de questão constitucional eventualmente discutida.

11. "O Ministério Público tem legitimidade para recorrer no processo em que oficiou como fiscal da lei, ainda que não haja recurso da parte".
12. Gabarito: Letra A.
13. Gabarito: Correto.

Julgado o mérito do recurso pelo STF ou pelo STJ, a tese adotada será aplicada não só no Estado ou na Região em que foi instaurado o IRDR, mas em todo território nacional (art. 987, § 2º). Se, por outro lado, o recurso não for conhecido, por falta de qualquer requisito de admissibilidade, mantém-se a tese firmada pelo tribunal local, com eficácia limitada à sua área de jurisdição.

Questão de Concurso

▶ **(VUNESP, Analista Jurídico. MPE-SP. 2018 – Adaptada)**[14]: A tese jurídica adotada pelo Supremo Tribunal Federal ou pelo Superior Tribunal de Justiça no julgamento, respectivamente, do recurso extraordinário ou especial interposto contra a decisão de mérito do incidente será aplicada apenas na área de competência do Tribunal de Justiça ou Tribunal Regional Federal no qual foi suscitado o incidente.

Também cabem embargos de declaração contra o acórdão de julgamento do IRDR, a considerar que, consoante o art. 1.022 do CPC, os aclaratórios são cabíveis "contra qualquer decisão judicial".

12. REVISÃO DA TESE JURÍDICA

Conforme o art. 986 do CPC, a revisão da tese jurídica fixada em IRDR (superação do precedente ou *overruling*) pode ser realizada de ofício pelo tribunal ou mediante requerimento do Ministério Público ou da Defensoria Pública.

Apesar da omissão legal, pode-se dizer, sem dúvida, que as partes também podem requerer a revisão da tese, na medida em que a corte pode fazê-lo até mesmo de ofício. Nesse sentido, o enunciado 473 do Fórum Permanente de Processualistas Civis prescreve: "A possibilidade de o tribunal revisar de ofício a tese jurídica do incidente de resolução de demandas repetitivas autoriza as partes a requerê-la".

A necessidade de superar a tese jurídica pode decorrer, dentre outros motivos, de alteração legislativa ou de mudança no contexto econômico, político, cultural ou social (enunciado 322 do FPPC).

Em qualquer caso, a revisão da tese pode ser precedida de audiências públicas e da participação de pessoas, órgãos ou entidades que possam contribuir para a rediscussão da tese (art. 927, § 2º, do CPC).

Na revisão da *ratio decidendi* de IRDR, o tribunal deve adotar fundamentação adequada e específica, considerando os princípios da segurança jurídica, da proteção da confiança e da isonomia (art. 927, § 4º). Aliás, com base na segurança jurídica e também no interesse social, a corte pode, nos termos do art. 927, § 3º, do CPC, realizar **modulação dos efeitos da alteração**, atribuindo eficácia prospectiva ao novo precedente. Assim é possível, por exemplo, excluir da incidência da nova tese jurídica todas as situações surgidas sob a vigência da tese anterior, inclusive o caso concreto que acarretou a revisão, ou, ainda, fixar uma data a partir da qual se deve aplicar a nova *ratio decidendi*.

14. Gabarito: Incorreto.

13. PUBLICIDADE

Segundo o art. 979 do CPC, a instauração e o julgamento do incidente de resolução de demandas repetitivas devem ser seguidas de ampla divulgação e publicidade, por meio de registro eletrônico no Conselho Nacional de Justiça. Por um lado, visa-se à participação ampla dos possíveis interessados, permitindo a construção de um precedente obrigatório legítimo e democrático. Por outro, pretende-se levar o precedente ao conhecimento da maior quantidade possível de pessoas, possibilitando, assim, a prevenção do surgimento de novas demandas repetitivas, a partir do estabelecimento de uma previsibilidade acerca de determinada questão jurídica.

Os tribunais de justiça e tribunais regionais federais devem manter bancos eletrônicos de dados atualizados com informações sobre questões jurídicas decididas em sede de IRDR, contendo os fundamentos determinantes das decisões e os dispositivos legais relacionados a elas. Tais dados devem ser informados ao CNJ, para inclusão no cadastro.

14. DESISTÊNCIA OU ABANDONO

A desistência ou o abandono do IRDR pelo sujeito suscitante não impede a análise do mérito pelo tribunal. Nesses casos, prevalece o interesse social na resolução da questão jurídica repetitiva, em detrimento do interesse privado. Nesses casos, excepcionalmente, segue-se o sistema da causa-modelo, e não o da causa piloto, havendo fixação da tese jurídica, mas não julgamento do caso concreto.

Em caso de desistência ou de abandono, o Ministério Público, que atua obrigatoriamente como *custos legis* no IRDR, deve assumir a titularidade do polo ativo do incidente (art. 976, § 2º).

Questão de Concurso

▶ **(Consulplan – Cartórios – Provimento – TJ – MG/2017)**[15] Uma das mais profundas modificações advindas como CPC/2015 foi o Incidente de Resolução de Demandas Repetitivas – IRDR, que quer viabilizar uma verdadeira concentração de processos que versem sobre uma mesma questão de direito no âmbito dos tribunais e permitir que a decisão nele proferida vincule todos os demais casos que estejam sob a competência territorial do órgão julgador.

Sobre o IRDR, só NÃO é correto afirmar:

a) O pedido de instauração do IRDR será dirigido ao Presidente do Tribunal.
b) Após a distribuição, o juízo de admissibilidade será exercitado pelo órgão colegiado competente para julgar o IRDR, e não somente pelo relator sorteado.
c) Do julgamento do mérito do IRDR caberá recurso extraordinário ou especial, conforme o caso.
d) A desistência ou o abandono do processo impede o exame do mérito do incidente.

15. ENUNCIADOS DO FPPC

87. A instauração do incidente de resolução de demandas repetitivas não pressupõe a existência de grande quantidade de processos versando sobre a mesma questão, mas preponderantemente o risco de quebra da isonomia e de ofensa à segurança jurídica.

15. Gabarito: Letra D.

88. Não existe limitação de matérias de direito passíveis de gerar a instauração do incidente de resolução de demandas repetitivas e, por isso, não é admissível qualquer interpretação que, por tal fundamento, restrinja seu cabimento.

89. Havendo apresentação de mais de um pedido de instauração do incidente de resolução de demandas repetitivas perante o mesmo tribunal todos deverão ser apensados e processados conjuntamente; os que forem oferecidos posteriormente à decisão de admissão serão apensados e sobrestados, cabendo ao órgão julgador considerar as razões neles apresentadas.

90. É admissível a instauração de mais de um incidente de resolução de demandas repetitivas versando sobre a mesma questão de direito perante tribunais de 2º grau diferentes.

91. Cabe ao órgão colegiado realizar o juízo de admissibilidade do incidente de resolução de demandas repetitivas, sendo vedada a decisão monocrática.

92. A suspensão de processos prevista neste dispositivo é consequência da admissão do incidente de resolução de demandas repetitivas e não depende da demonstração dos requisitos para a tutela de urgência.

93. Admitido o incidente de resolução de demandas repetitivas, também devem ficar suspensos os processos que versem sobre a mesma questão objeto do incidente e que tramitem perante os juizados especiais no mesmo estado ou região.

94. A parte que tiver o seu processo suspenso nos termos do inciso I do art. 982 poderá interpor recurso especial ou extraordinário contra o acórdão que julgar o incidente de resolução de demandas repetitivas.

95. A suspensão de processos na forma deste dispositivo (art. 982, §§ 3º, 4º e 5º) depende apenas da demonstração da existência de múltiplos processos versando sobre a mesma questão de direito em tramitação em mais de um estado ou região.

128. No processo em que há intervenção do *amicus curiae,* a decisão deve enfrentar as alegações por ele apresentadas, nos termos do inciso IV do § 1º do art. 489.

205. Havendo cumulação de pedidos simples, a aplicação do art. 982, I e § 3º, poderá provocar apenas a suspensão parcial do processo, não impedindo o prosseguimento em relação ao pedido não abrangido pela tese a ser firmada no incidente de resolução de demandas repetitivas.

305. No julgamento de casos repetitivos, o tribunal deverá enfrentar todos os argumentos contrários e favoráveis à tese jurídica discutida, inclusive os suscitados pelos interessados.

322. A modificação de precedente vinculante poderá fundar-se, entre outros motivos, na revogação ou modificação da lei em que ele se baseou, ou em alteração econômica, política, cultural ou social referente à matéria decidida.

342. O incidente de resolução de demandas repetitivas aplica-se a recurso, a remessa necessária ou a qualquer causa de competência originária.

345. O incidente de resolução de demandas repetitivas e o julgamento dos recursos extraordinários e especiais repetitivos formam um microssistema de solução de casos repetitivos, cujas normas de regência se complementam reciprocamente e devem ser interpretadas conjuntamente.

452. Durante a suspensão do processo prevista no art. 982 não corre o prazo de prescrição intercorrente.

470. Aplica-se no âmbito dos juizados especiais a suspensão prevista no art. 982, I.

471. Aplica-se no âmbito dos juizados especiais a suspensão prevista no art. 982, § 3º.

473. A possibilidade de o tribunal revisar de ofício a tese jurídica do incidente de resolução de demandas repetitivas autoriza as partes a requerê-la.

556. É irrecorrível a decisão do órgão colegiado que, em sede de juízo de admissibilidade, rejeita a instauração do incidente de resolução de demandas repetitivas, salvo o cabimento dos embargos de declaração.

557. O agravo de instrumento previsto no art. 1.037, § 13, I, também é cabível contra a decisão prevista no art. 982, inc. I.

558. Caberá reclamação contra decisão que contrarie acórdão proferido no julgamento dos incidentes de resolução de demandas repetitivas ou de assunção de competência para o tribunal cujo precedente foi desrespeit6do, ainda que este não possua competência para julgar o recurso contra a decisão impugnada.

604. (arts. 976, § 1º; 987). É cabível recurso especial ou extraordinário ainda que tenha ocorrido a desistência ou abandono da causa que deu origem ao incidente.

605. (arts. 977; 985, I) Os juízes e as partes com processos no Juizado Especial podem suscitar a instauração do incidente de resolução de demandas repetitivas.

606. (arts. 982; 985). Deve haver congruência entre a questão objeto da decisão que admite o incidente de resolução de demandas repetitivas e a decisão final que fixa a tese.

607. (arts. 986; 926) A decisão em recursos especial ou extraordinário repetitivos e a edição de enunciado de súmula pelo STJ ou STF obrigam os tribunais de segunda instância a rever suas decisões em incidente de resolução de demandas repetitivas, incidente de assunção de competência e enunciados de súmula em sentido diverso, nos termos do art. 986.

608. (arts. 986; 927, §§ 3º e 4º) O acórdão que revisar ou superar a tese indicará os parâmetros temporais relativos à eficácia da decisão revisora.

609. É possível a conversão de incidente de assunção de competência em incidente de resolução de demandas repetitivas e vice-versa, garantida a adequação do procedimento.

16. ENUNCIADOS DA ENFAM

19. A decisão que aplica a tese jurídica firmada em julgamento de casos repetitivos não precisa enfrentar os fundamentos já analisados na decisão paradigma, sendo suficiente, para fins de atendimento das exigências constantes no art. 489, § 1º, do CPC/2015, a correlação fática e jurídica entre o caso concreto e aquele apreciado no incidente de solução concentrada.

20. O pedido fundado em tese aprovada em IRDR deverá ser julgado procedente, respeitados o contraditório e a ampla defesa, salvo se for o caso de distinção ou se houver superação do entendimento pelo tribunal competente.

21. O IRDR pode ser suscitado com base em demandas repetitivas em curso nos juizados especiais. (*)

22. A instauração do IRDR não pressupõe a existência de processo pendente no respectivo tribunal.

23. É obrigatória a determinação de suspensão dos processos pendentes, individuais e coletivos, em trâmite nos Estados ou regiões, nos termos do § 1º do art. 1.036 do CPC/2015, bem como nos termos do art. 1.037 do mesmo código.

24. O prazo de um ano previsto no art. 1.037 do CPC/2015 deverá ser aplicado aos processos já afetados antes da vigência dessa norma, com o seu cômputo integral a partir da entrada em vigor do novo estatuto processual.

44. Admite-se o IRDR nos juizados especiais,que deverá ser julgado por órgão colegiado de uniformização do próprio sistema.

17. SINOPSE

INCIDENTE DE RESOLUÇÃO DE DEMANDAS REPETITIVAS
O IRDR, importante instrumento de tutela dos direitos individuais homogêneos, é incidente processual que acarreta a suspensão de todos os processos que versem sobre idêntica questão controvertida de direito material ou processual, para que o tribunal de justiça ou o tribunal regional federal, por intermédio de seu órgão uniformizador, decida qual é a tese jurídica aplicável ao suporte fático comum.
Requisitos de admissibilidade
A instauração do IRDR depende da conjugação de dois requisitos cumulativos: a) efetiva repetição de processos que contenham controvérsia sobre a mesma questão unicamente de direito; b) risco de ofensa à isonomia e à segurança jurídica. Não é necessário que haja grande número de processos, pois o CPC apenas exige multiplicidade, não falando

em quantidade mínima. Já a ofensa à isonomia e à segurança jurídica evidencia-se pela prolação, por diferentes órgãos jurisdicionais, de decisões que apliquem teses jurídicas diferentes a situações fáticas idênticas. Não há perigo de quebra da igualdade e da segurança jurídica, para efeito de cabimento do IRDR, se a questão de direito, embora recorrente em vários processos, for, por exemplo, objeto de enunciado da súmula vinculante ou tiver sido decidida no julgamento de recurso repetitivo. Além disso, também é inadmissível o incidente, se, apesar de ainda não ter sido julgado recurso extraordinário ou especial repetitivo sobre a matéria, já tiver sido afetado recurso representativo da controvérsia pelo STF ou pelo STJ.
Competência
Compete aos tribunais de justiça e aos tribunais regionais federais julgar os incidentes de resolução de demandas repetitivas, bem como ao STJ, nas causas de competência originária e recursal ordinária. O julgamento cabe ao órgão indicado pelo regimento interno como responsável pela uniformização da jurisprudência da corte. Também cabe a ele julgar o recurso, a remessa necessária ou o processo de competência originária em que foi suscitado o IRDR.
Requerimento de instauração do IRDR
A instauração do incidente de resolução de demandas repetitivas pode ser requerida: a) pelo juiz da causa, por ofício; b) pelo relator do recurso, da remessa necessária ou do processo de competência originária do tribunal, por ofício; c) pelas partes, por petição; d) pelo Ministério Público, por petição; e) pela Defensoria Pública, por petição. O pedido deve ser dirigido ao presidente do tribunal de justiça ou do tribunal regional federal, instruído com todos os documentos necessários à demonstração do preenchimento dos requisitos de admissibilidade do incidente. A inadmissão do incidente, por ausência de preenchimento de alguma das suas condições de admissibilidade, não impede que ele seja novamente suscitado, uma vez satisfeitos os requisitos. Além disso, o IRDR não depende do pagamento de custas processuais.
Juízo de admissibilidade
Suscitado o incidente, será ele distribuído a um relator e, então, submetido ao juízo de admissibilidade pelo órgão uniformizador da corte. É vedada, nesse caso, a decisão monocrática. A decisão que admite ou rejeita o processamento do IRDR é irrecorrível, salvo por meio de embargos de declaração, em face da sua natureza integrativa.
Condutas do relator
Admitido o IRDR, o relator, independentemente da demonstração dos requisitos da tutela de urgência, suspenderá todos os processos pendentes, individuais ou coletivos, que tramitem no Estado ou na Região, comunicando, então, os órgãos jurisdicionais competentes. É possível às partes, ao Ministério Público e à Defensoria Pública requerer ao STF, se a questão for constitucional, ou ao STJ, se a questão for federal, a extensão da suspensão a todos os processos individuais ou coletivos em trâmite no território nacional que versem sobre a questão objeto do IRDR, visando à garantia da segurança jurídica. Independentemente dos limites da competência territorial, as partes de qualquer processo em que se discuta a mesma questão objeto do IRDR têm legitimidade para requerer ao STF ou ao STJ a ampliação da suspensão processual. Se o processo for suspenso, mas não contiver questão idêntica à submetida ao IRDR, cabe à parte requerer ao juízo competente o seu prosseguimento, observando, analogicamente, o disposto no art. 1.037, §§ 9º a 13, do CPC. Durante a suspensão, apesar da vedação à prática de atos processuais, é possível a realização de atos urgentes, a fim de evitar dano irreparável, entre os quais se inclui a concessão de tutela de urgência, que deve ser requerida ao juízo em que tramita o processo suspenso. É possível a suspensão apenas parcial do processo, na hipótese de haver cumulação simples de pedidos, sendo apenas um deles dependente da resolução da questão submetida ao IRDR. A suspensão processual cessa em duas hipóteses: a) se julgado o incidente, não for interposto recurso especial ou extraordinário contra o acórdão; b) se o incidente não for julgado dentro de um ano, salvo decisão fundamentada do relator em sentido contrário.
O relator do incidente ainda poderá requisitar informações aos órgãos jurisdicionais em que tramitam processos em que se discute a questão objeto do IRDR, os quais as prestarão no prazo de 15 dias. Além disso, o relator intimará o Ministério Público, para que este, querendo, manifeste-se por escrito, no prazo de 15 dias.
Intervenção de terceiros
São admissíveis, no IRDR, a intervenção de *amicus curiae* e a assistência simples. As partes de qualquer processo que tenha sido suspenso podem intervir como assistentes no IRDR.
Instrução
No prazo de 15 dias, as partes, os interessados e os *amici curiae* poderão requerer a juntada de documentos, bem como as diligências necessárias para a elucidação da questão jurídica. Em seguida, no mesmo prazo, manifestar-se-á o Ministério Público. O relator poderá, se entender necessário, realizar audiência pública, para ouvir depoimentos de pessoas com experiência e conhecimento sobre a matéria.

Julgamento
O IRDR deve ser julgado no prazo de um ano, contado da publicação do acórdão de admissão do incidente, tendo preferência sobre todos os demais processos, salvo aqueles que envolvam réu preso e os pedidos de *habeas corpus*. No julgamento, o relator inicialmente fará a exposição do seu objeto. Em seguida, poderão sustentar suas razões sucessivamente: a) o autor e o réu do processo originário e o Ministério Público, pelo prazo de 30 minutos cada; b) os demais interessados e os *amici curiae*, no prazo de 30 minutos, divididos entre todos, sendo exigida a inscrição com dois dias de antecedência. Este último prazo poderá ser ampliado, considerando a quantidade de inscritos. O acórdão deve conter a análise de todos os fundamentos apresentados pelas partes, pelo MP, pelos interessados, pelos *amici curiae* e pelos magistrados, sejam eles favoráveis ou contrários à tese fixada pelo tribunal.
Recursos
Da decisão que julga o IRDR cabe recurso extraordinário, recurso especial e embargos de declaração. Podem recorrer da decisão as partes do processo de que se originou o incidente, o *amicus curiae*, a Defensoria Pública, o Ministério Público (ainda que este tenha funcionado apenas como fiscal da ordem jurídica), bem como a parte de qualquer processo que tenha sido suspenso. O recurso extraordinário, nesse caso, independe da demonstração de repercussão geral, que é presumida. Além disso, recursos extraordinário e especial gozam de efeito suspensivo *ope legis*. Julgado o mérito do recurso pelo STF ou pelo STJ, a tese adotada será aplicada em todo território nacional.
Revisão da tese jurídica
A revisão da tese pode ser realizada de ofício pelo tribunal ou mediante requerimento do Ministério Público, da Defensoria Pública ou das partes. A necessidade de superar a tese jurídica pode decorrer, dentre outros motivos, de alteração legislativa ou de mudança no contexto econômico, político, cultural ou social e pode ser precedida de audiências públicas e da participação de pessoas, órgãos ou entidades que possam contribuir para a rediscussão da tese. O tribunal, na superação do precedente, deve adotar fundamentação adequada e específica, considerando os princípios da segurança jurídica, da proteção da confiança e da isonomia. Com base na segurança jurídica e também no interesse social, a corte pode modular os efeitos da alteração, atribuindo eficácia prospectiva ao novo precedente.
Publicidade
A instauração e o julgamento do incidente de resolução de demandas repetitivas devem ser seguidos de ampla divulgação e publicidade, por meio de registro eletrônico no Conselho Nacional de Justiça. Os tribunais de justiça e tribunais regionais federais devem manter bancos eletrônicos de dados atualizados com informações sobre questões jurídicas decididas em sede de IRDR, contendo os fundamentos determinantes das decisões e os dispositivos legais relacionados a elas. Tais dados devem ser informados ao CNJ, para inclusão no cadastro.
Desistência ou abandono
A desistência ou o abandono do IRDR pelo sujeito suscitante não impede a análise do mérito pelo tribunal. Nesses casos, o Ministério Público, que atua obrigatoriamente como *custos legis* no IRDR, deve assumir a titularidade do polo ativo do incidente.

CAPÍTULO 60

RECLAMAÇÃO CONSTITUCIONAL

Sumário • 1. Considerações iniciais – 2. Natureza jurídica – 3. Cabimento: 3.1. Hipóteses constitucionais; 3.2. Hipóteses legais; 3.3. Reclamação contra decisão transitada em julgado – 4. Competência – 5. Legitimidade – 6. Procedimento – 7. Eficácia da decisão – 8. Súmulas – 9. Enunciados do FPPC – 10. Enunciados do FNPP – 11. Enunciados do CJF – 12. Informativos – 13. Sinopse.

1. CONSIDERAÇÕES INICIAIS

A reclamação, instituto genuinamente brasileiro, originou-se na jurisprudência do Supremo Tribunal Federal, com base na teoria dos poderes implícitos (*implied and inherent powers theory*), como remédio destinado a fazer prevalecer os pronunciamentos da Corte, quando desatendidos pelas justiças locais (STF. Rcl 141/SP. DJ 17.04.52).

Desde a promulgação da Constituição de 1988, a reclamatória ganhou *status* constitucional, estando prevista, hoje, nos artigos 102, I, "l", e 105, I, "f", como meio de garantia da autoridade das decisões do STF e do STJ, bem como de preservação da sua competência. Além disso, a EC nº 45/2004 inseriu, na Constituição, o art. 103-A, § 3º, segundo o qual cabe reclamação contra ato judicial ou administrativo que contrarie enunciado da súmula vinculante.

A reclamação constitucional não se confunde com a reclamação correicional (correição parcial). Esta última não tem natureza jurisdicional, mas administrativa, e visa à fiscalização da atividade do juiz, pela corregedoria, a fim de puni-lo, em caso de omissão ou de abuso. Tal instrumento, diferentemente da reclamação propriamente dita, não se presta à impugnação de pronunciamentos judiciais, sendo apto tão somente a provocar, no âmbito administrativo, a punição disciplinar do magistrado.

2. NATUREZA JURÍDICA

O Supremo Tribunal Federal, no julgamento da ADI 2.212/CE, em 02.10.03, decidiu que a reclamação constitucional enquadra-se no direito constitucional de petição, previsto no art. 5º, XXXIV, "a", da Constituição.

No caso, discutia-se a constitucionalidade do art. 108, VII, "i", da Constituição do Estado do Ceará, que prevê a reclamação com o fim de preservar a competência do Tribunal de Justiça e de garantir a autoridade de suas decisões. O STF, então, assentou, por maioria, que a reclamatória situa-se no âmbito do direito de petição e que a sua disciplina pelas Constituições Estaduais está em consonância com o princípio da simetria, concluindo, assim, pela constitucionalidade do dispositivo questionado.

Ocorre que o direito de petição, embora possa ser exercido perante autoridades judiciárias, está ligado umbilicalmente à atividade não jurisdicional. Assim, não parece correto enxergar a reclamação, que tem clara natureza processual, como expressão do direito de petição.

Eis algumas características da reclamatória que afastam a natureza administrativa e evidenciam o seu caráter jurisdicional: a) a aptidão para provocar a cassação de decisões judiciais; b) o cabimento de recursos cíveis no processo da reclamação, como os embargos de declaração; c) a possibilidade de concessão de tutelas provisórias em sede de reclamação; d) a exigência de capacidade postulatória; e) a possibilidade de cobrança de custas pelo processamento da reclamação[1], o que não poderia ocorrer caso se tratasse de direito de petição, porquanto o art. 5º, XXXIV, "a", da Constituição preceitua que o seu exercício independe do pagamento de taxas.

Por isso, mais recentemente, o Plenário do STF, ao julgar o RE 405.031/AL, em 15.10.08, decretou a inconstitucionalidade dos arts. 190 a 194 do Regimento Interno do Tribunal Superior do Trabalho, os quais dispunham sobre a reclamação dirigida ao TST. O STF, na ocasião, reconheceu a natureza processual do instituto, que (por isso) somente pode ser disciplinado mediante lei, cuja competência privativa é da União, nos termos do art. 22, I, da Constituição.

Na verdade, a reclamação constitucional é uma **ação de competência originária**, pois provoca a atividade jurisdicional do Estado, quebrando-lhe a inércia. Ela tem partes (reclamante e reclamado), causa de pedir (usurpação da competência da corte ou desobediência à decisão sua) e pedido (cassação do ato ou medida adequada à solução da controvérsia), e a decisão que a julga faz coisa julgada material (STF. Rcl 532/RJ. DJ 20.09.96). Além disso, a própria Constituição, ao instituir a reclamatória, fê-lo nos artigos 102, I, e 105, I, que preveem, respectivamente, as competências originárias do Supremo Tribunal Federal e do Superior Tribunal de Justiça, o que ratifica a ideia de que se trata de uma ação.

Assim, a reclamação constitucional é uma ação autônoma de impugnação, tal qual o mandado de segurança e a ação rescisória.

Questão de Concurso

▶ **(CESPE. Advogado da União. AGU. 2012):** A respeito da reclamação constitucional, julgue os itens a seguir:
Por ter natureza jurídica de direito constitucional de petição, a reclamação não se sujeita à coisa julgada material[2].

A definição da natureza da reclamação traz uma importante consequência: o afastamento de qualquer alegação de inconstitucionalidade das disposições do CPC/2015 sobre o cabimento da reclamatória. Isso, porque, assentada a sua natureza jurídica de ação, resta configurada a

1. Resolução nº 554/2015 do STF e Resolução nº 1/2016 do STJ.
2. Gabarito: errado.

competência da União para legislar sobre direito processual, prevista no art. 22, I, da Constituição. Aliás, foi justamente a necessidade de observar essa competência legislativa que levou o STF a declarar a inconstitucionalidade dos artigos do RITST que tratavam da reclamação.

Não custa lembrar, ademais, que algo semelhante ocorre com a ação rescisória, que, embora prevista nos artigos 102, I, "j", 105, I, "e", e 108, I, "b", tem suas hipóteses de cabimento definidas no art. 966 do Código de Processo Civil.

> **IMPORTANTE!** A Primeira Turma do STF, em 07.03.17, ao julgar a Rcl 24.417, admitiu que o julgamento de reclamação enseja a condenação em honorários de sucumbência à parte beneficiária da decisão reclamada, caso ela conteste a pretensão do reclamante (STF. Rcl 24.417. DJe 24.04.17). Isso confirma a natureza de ação de competência originária da reclamatória.

3. CABIMENTO

3.1. Hipóteses constitucionais

De acordo com os artigos 102, I, "l", 105, I, "f", e 103-A, § 3º, da Constituição, cabe reclamação constitucional:

a) para preservar a competência do STF e do STJ;

Sempre que um órgão jurisdicional inferior se imiscuir na competência do Supremo Tribunal Federal ou do Superior Tribunal de Justiça, caberá reclamação constitucional.

São exemplos de decisões que desafiam reclamação ao STF, por usurpação da sua competência: a) a sentença de procedência de ação civil pública, cujo pedido (e não a causa de pedir) é a declaração de inconstitucionalidade de dispositivo de lei federal com eficácia *erga omnes*, em virtude da competência privativa do STF para realizar o controle concentrado de constitucionalidade dos atos normativos federais (STF. Rcl 2.224/SP. DJ 10.02.06); b) a decisão proferida por tribunal local com quórum composto por maioria de juízes de primeiro grau convocados, em decorrência do impedimento ou da suspeição de mais da metade dos desembargadores, por constituir burla à competência do STF prevista no art. 102, I, "n", da Constituição (STF. Rcl 1.933/AM. DJ 28.02.03); c) a decisão do presidente do STJ que inadmite recurso ordinário constitucional fundado no art. 1.027, I, do CPC, na medida em que não lhe compete realizar juízo de admissibilidade, mas ao STF (enunciado 210 do FPPC).

Entre outras, são impugnáveis por reclamação ao STJ, por invasão da sua competência: a) a decisão do presidente de tribunal de justiça ou de tribunal regional federal que inadmite recurso ordinário constitucional fundado no art. 1.027, II, "a", do CPC, na medida em que não lhe compete realizar juízo de admissibilidade, mas ao STJ (STJ. Rcl 35.958/CE. DJe 12.04.19. Inf. 646); b) a decisão do juiz federal que inadmite recurso ordinário constitucional fundado no art. 1.027, II, "b", do CPC, pela mesma razão da hipótese anterior (enunciado 208 do FPPC).

b) para garantir a autoridade das decisões do STF e do STJ;

Nessa hipótese, o melhor exemplo do cabimento da reclamação ao STF é aquela fundada na desobediência a decisão tomada em controle concentrado de constitucionalidade. A decisão proferida em processo objetivo, seja ela definitiva ou liminar (mesmo que ainda não referendada pelo Plenário), é dotada de eficácia *erga omnes* e de efeito vinculante (art. 102, § 2º, da Constituição), o que possibilita a **qualquer interessado** reclamar ao STF pelo seu descumprimento (ADI 4.843 MC-ED-Ref/PB. DJe 19.02.15).

Vale ressaltar que, segundo o entendimento consolidado pelo Supremo Tribunal Federal, a eficácia *erga omnes* e o efeito vinculante somente acobertam o dispositivo da decisão, de sorte que não cabe reclamação com base na transcendência dos motivos determinantes da decisão tomada em controle abstrato de constitucionalidade (STF. Rcl 16.802 AgR/PE. DJe 28.10.15)[3].

Já ao STJ cabe reclamação constitucional, por exemplo: a) se o tribunal local recusar-se a apreciar ponto sobre o qual foi omisso, mesmo depois de reconhecida, em sede de recurso especial, a ofensa ao art. 1.022 do CPC/2015 (STJ. Rcl 3.833/RS. DJe 07.02.11); b) para cassar sentença judicial brasileira que contrarie sentença estrangeira homologada anteriormente pelo STJ (AgRg na Rcl 14.005/SP. DJe 05.10.15).

IMPORTANTE! Segundo o art. 988, § 5º, II, do CPC, com a redação dada pela Lei nº 13.256/2016, é inadmissível a reclamação "proposta para garantir a observância de acórdão de recurso extraordinário com repercussão geral reconhecida ou de acórdão proferido em julgamento de recursos extraordinário ou especial repetitivos, quando não esgotadas as instâncias ordinárias".

Ao interpretar o dispositivo, o Supremo Tribunal Federal decidiu que cabe reclamação para garantir a observância de tese jurídica firmada em recurso extraordinário repetitivo ou com repercussão geral reconhecida, desde que esgotados os recursos ordinários cabíveis (STF. Rcl 26.874 AgR/SP. DJe 06.12.19. Inf. 959). Cabe frisar, no entanto, que o Supremo Tribunal Federal tem exigido, para o conhecimento da reclamação, que haja também o esgotamento da "instância especial" (STF. Rcl 28.789 AgR. DJe 29.05.20). Portanto, é preciso a parte tenha manejado não só os recursos ordinários cabíveis, mas também aqueles dirigidos ao tribunal superior competente, conforme o caso (STJ, TST, TSE).

Por outro lado, a Corte Especial do Superior Tribunal de Justiça entendeu que a Lei nº 13.256/2016, ao alterar a redação do art. 988, IV, do CPC, excluindo a expressão "casos repetitivos", vedou o cabimento da reclamação para garantir a observância de *ratio decidendi* de recurso especial repetitivo (STJ. Rcl 36.476/SP. DJe 06.03.20. Inf. 669). Para o STJ, a finalidade da reforma promovida pela Lei nº 13.256 seria desafogar os tribunais superiores. Desse modo, a correta aplicação da tese jurídica ao caso concreto somente poderia ser discutida por meio das vias recursais, e não mediante reclamação.

Para os autores deste livro, o entendimento do STJ é ilegal, pois desconsidera a expressa opção do legislador. Vale notar que, embora a Lei nº 13.256/2016 tenha retirado a expressão "casos repetitivos" do art, 988, IV, do CPC, ela também alterou o art. 988, § 5º, criando o inciso II, transcrito acima, o qual não constava do texto original do CPC/2015. O novo inciso do art. 988, § 5º, em vez de vedar por completo a reclamação fundada em recurso especial repetitivo, optou por criar, tão somente, um requisito a mais: o esgotamento das instâncias ordinárias. Assim, a orientação do STJ nega vigência ao referido dispositivo e vai de encontro ao correto posicionamento do STF.

c) contra ato administrativo ou decisão judicial que contrariar enunciado da súmula vinculante ou aplicá-lo indevidamente;

Do ato judicial ou administrativo que contrariar enunciado da súmula vinculante ou aplicá-lo indevidamente cabe reclamação ao Supremo Tribunal Federal. Em se tratando de ato

3. Ressalva-se, contudo, o entendimento contrário dos autores.

da Administração Pública, é necessário o **esgotamento das vias administrativas**, segundo prescreve o art. 7º, § 1º, da Lei nº 11.417/2006.

3.2. Hipóteses legais

Segundo o art. 988 do Código de Processo Civil, cabe reclamação:

a) **para preservar a competência de qualquer tribunal;**

Cabe reclamação, por exemplo, ao tribunal de justiça ou ao tribunal regional federal contra a decisão do juiz de primeiro grau que inadmite recurso de apelação, na medida em que não lhe compete realizar juízo de admissibilidade, mas ao tribunal (enunciado 207 do FPPC).

Outro exemplo de cabimento de reclamação com a finalidade de preservação de competência pode ser extraído do art. 64, § 4º, do CPC.

O art. 64 dispõe que "a incompetência, absoluta ou relativa, será alegada como questão preliminar de contestação". Logo em seguida, seu § 4º dispõe: "salvo decisão judicial em sentido contrário, conservar-se-ão os efeitos de decisão proferida pelo juízo incompetente até que outra seja proferida, se for o caso, pelo juízo competente".

A norma que se constrói a partir dos textos legais transcritos é que as decisões provisórias podem ser revistas pelo juízo competente (monocrático de primeira instância), embora, a priori, seus efeitos fiquem preservados até que sejam proferidas outras (que podem até ser definitivas) em substituição.

Entretanto, as decisões definitivas de mérito não podem ser revistas. Isso porque: i) se não transitadas em julgado, caberá ao interessado interpor recurso ao tribunal, que é o órgão de competência funcional; ii) se transitadas em julgado, caberá ao interessado ajuizar ação rescisória ao tribunal, que é o órgão de competência funcional.

Assim, se ocorrer de que o juízo monocrático de primeira instância rever a decisão parcial de mérito, tenha ela transitado em julgado ou não, caberá, contra seu ato decisório (de revisão), reclamação para o tribunal competente para conhecer de eventual recurso ou ação rescisória.

b) **para garantir a autoridade das decisões de qualquer tribunal;**

Cabe reclamação, para assegurar a autoridade da decisão da corte, por exemplo, quando o juiz de primeira instância determina a execução de forma diversa da fixada pelo tribunal (STJ. Rcl 2.826/BA. DJe 30.03.11). Mas, não é admissível reclamação contra decisão de órgão fracionário do próprio tribunal (STF. Rcl 20.682 AgR/MG. DJe 03.12.15).

c) **para garantir a observância de enunciado da súmula vinculante e de decisão do STF em controle concentrado de constitucionalidade;**

d) **para garantir a observância de precedente de incidente de resolução de demandas repetitivas ou de incidente de assunção de competência;**

É cabível reclamação constitucional contra decisão que deixa de aplicar ou aplica indevidamente tese jurídica firmada em incidente de resolução de demandas repetitivas ou em incidente de assunção de competência, ainda que o tribunal não tenha competência para julgar o recurso interposto contra a decisão (enunciado 558 do FPPC). É o que ocorre com os juizados especiais e turmas recursais, que não se sujeitam à revisão recursal pelos tribunais[4], ressalvado apenas o cabimento de recurso extraordinário (enunciado 640 da súmula do STF[5]).

Isso, porque tais órgãos jurisdicionais não estão excluídos da força vinculante desses precedentes. De acordo com o art. 947, § 3º, do CPC, o precedente proferido em incidente de assunção de competência "vinculará todos os juízes e órgãos fracionários" – sem, portanto, qualquer ressalva. O art. 985, I, por sua vez, é ainda mais claro, ao dispor que "a tese jurídica será aplicada a todos os processos individuais ou coletivos que versem sobre idêntica questão de direito e que tramitem na área de jurisdição do respectivo tribunal, inclusive àqueles que tramitem nos juizados especiais do respectivo Estado ou região".

Desse modo, se já não há possibilidade de revisão pela via recursal, negar o cabimento da reclamação contra as decisões dos juizados e turmas recursais significaria, na prática, que os sobreditos precedentes somente teriam aplicação obrigatória às ações que tramitassem sob qualquer procedimento, mas não às submetidas ao rito sumariíssimo, distinção que se revela, de todo, infundada.

Assim, na vigência do CPC/2015, fica superado o entendimento do Superior Tribunal de Justiça de que os "tribunais de justiça estaduais não possuem competência para rever decisões de turma recursal de juizado especial" (STJ. AgRg no RMS 45.388/SC. DJe 14.05.15).

3.3. Reclamação contra decisão transitada em julgado

É inadmissível a reclamatória proposta após o trânsito em julgado da decisão impugnada, nos termos do art. 988, § 5º, I, do CPC e do enunciado 734 da súmula do STF. Logo, embora não haja prazo próprio para o manejo da reclamação, ela não pode ser utilizada como sucedâneo de ação rescisória (STF. Rcl 21.171 AgR/BA. DJe 16.09.15).

Ademais, considerando que o ajuizamento da reclamatória não exclui a possibilidade de interposição dos recursos cabíveis, o § 6º do art. 988 do CPC prescreve que o julgamento ou a inadmissão do recurso interposto contra a decisão reclamada, não prejudicam a reclamação.

Isso, porque, uma vez julgado procedente o pedido reclamatório, desconstituem-se todos os atos processuais posteriores à decisão reclamada, inclusive o eventual trânsito em julgado ocorrido durante a tramitação da reclamação (STF. Rcl 509/MG. DJ 04.08.00). Contudo, a reclamação não interrompe nem suspende o prazo para interposição de recurso.

4. COMPETÊNCIA

A reclamação pode ser intentada perante **qualquer tribunal** cuja competência tenha sido usurpada ou cuja autoridade tenha sido desrespeitada.

4. Enunciado 203 da súmula do STJ: "Não cabe recurso especial contra decisão proferida por órgão de segundo grau dos Juizados Especiais".

5. "É cabível recurso extraordinário contra decisão proferida por juiz de primeiro grau nas causas de alçada, ou por turma recursal de juizado especial cível e criminal".

No Supremo Tribunal Federal, a reclamação constitucional é de competência das Turmas (artigos 9º, I, "c", e 10 do RISTF), salvo se a decisão violada tiver sido proferida pelo Plenário ou se a competência invadida pertencer a este. Nesses casos, compete ao próprio Tribunal Pleno julgar a reclamatória, a teor do art. 988, § 1º, do CPC, segundo o qual "seu julgamento cabe ao órgão cuja competência se busca preservar ou cuja autoridade se pretenda garantir".

No Superior Tribunal de Justiça, compete à Corte Especial julgar as reclamações para preservação da sua competência e para garantia da autoridade das suas decisões (art. 11, X, do RISTJ). Já às Seções compete julgar as reclamatórias para preservação das suas competências e para garantia da autoridade das suas decisões e das respectivas Turmas (art. 12, III, do RISTJ).

Sempre que possível, a reclamação será distribuída ao relator do processo principal (art. 988, § 3º, do CPC). Em se tratando de reclamatória fundada no descumprimento de enunciado da súmula vinculante ou de decisão de controle concentrado de constitucionalidade, a distribuição é livre, nos termos do art. 70, § 1º, do RISTF.

IMPORTANTE! O Superior Tribunal de Justiça, em 2016, editou a Resolução nº 3/2016, cujo art. 1º dispõe o seguinte: "Caberá às Câmaras Reunidas ou à Seção Especializada dos Tribunais de Justiça a competência para processar e julgar as Reclamações destinadas a dirimir divergência entre acórdão prolatado por Turma Recursal Estadual e do Distrito Federal e a jurisprudência do Superior Tribunal de Justiça, consolidada em incidente de assunção de competência e de resolução de demandas repetitivas, em julgamento de recurso especial repetitivo e em enunciados das Súmulas do STJ, bem como para garantir a observância de precedentes".

Tal ato normativo é flagrantemente inconstitucional e ilegal, pois, ao atribuir aos tribunais de justiça a competência para julgar reclamações fundadas na desobediência a precedentes do STJ, contraria o art. 105, I, "f", da Constituição, segundo o qual compete ao STJ processar e julgar a reclamação para garantia da autoridade de suas decisões, bem como o art. 988, § 1º, do CPC, consoante o qual o julgamento da reclamação compete ao órgão jurisdicional cuja autoridade se pretenda garantir. Assim, se a decisão da turma recursal estadual afronta precedente do STJ, é o STJ que deve processar e julgar a correspondente reclamação, e não o tribunal de justiça. Este não teve a autoridade de julgado seu desrespeitada.

Apesar disso, a Resolução permanece em vigor e vem sendo aplicada pelos tribunais de justiça e pelo STJ.

5. LEGITIMIDADE

Segundo o art. 988 do CPC, a legitimidade para intentar reclamação cabe à "parte interessada" – isto é, ao sujeito prejudicado pelo ato, inclusive o terceiro interessado – e ao Ministério Público – ainda que este, no processo originário, tenha atuado exclusivamente como fiscal da ordem jurídica. Se o *Parquet* não for o reclamante, deverá oficiar como *custos legis* (art. 991, CPC).

Os Ministérios Públicos dos Estados, em razão da ausência de unidade com o Ministério Público da União, têm legitimidade para propor reclamação perante o STF (STF. Rcl 11.055 ED/RS. DJe 19.11.14) e o STJ (STJ. EREsp 1.236.822/PR. DJe 05.02.16). Nesses casos, também cabe ao Ministério Público Federal atuar, mas como fiscal da ordem jurídica. Por outro lado, os ramos do MPU, como o MPT e o MPDFT, não podem atuar perante o STF, pois é atribuição do Procurador-Geral da República oficiar junto à Suprema Corte (STF. Rcl 14.746 AgR/DF. DJe 23.11.15).

O polo passivo da reclamação, por sua vez, deve ser ocupado pela autoridade a quem for imputada a prática do ato impugnado. Em se tratando de reclamação proposta contra decisão colegiada, cabe ao presidente do órgão a sua representação em juízo. Também deve ser citada, para compor o polo passivo, a parte beneficiária da decisão reclamada (art. 989, III, do CPC).

Ademais, o art. 990 do CPC dispõe que qualquer interessado poderá impugnar o pedido do reclamante. Evidentemente, para que seja admissível essa intervenção, o terceiro deve demonstrar interesse jurídico no julgamento da reclamatória, nos termos do art. 119 do CPC. Trata-se, sem dúvida, de intervenção facultativa (STF. Rcl 449 AgR/SP. DJ 21.02.97).

6. PROCEDIMENTO

A reclamatória deve ser proposta por meio de petição inicial dirigida ao presidente do tribunal, contendo a prova documental necessária (art. 988, § 2º, do CPC). Não se admite, no processo da reclamação, dilação probatória.

Autuada e distribuída a ação, o art. 889 do CPC determina que o relator: a) requisitará informações à autoridade a quem for imputada a prática do ato impugnado, que as prestará em dez dias[6]; b) se necessário, suspenderá o processo ou o ato impugnado, para evitar dano irreparável; c) determinará a citação do beneficiário da decisão reclamada, que terá o prazo de 15 dias para apresentar contestação.

Decorridos os prazos para prestação de informações e para oferecimento de contestação, o Ministério Público, se não for o reclamante, terá vista dos autos por 05 dias (art. 991, CPC).

O processo será, então, incluído em pauta para julgamento.

Na sessão de julgamento da reclamação, as partes e o Ministério Público poderão sustentar suas razões, sucessivamente, pelo prazo de 15 minutos cada (art. 937, VI).

Julgada a reclamação, o presidente da corte determinará o imediato cumprimento da decisão, lavrando-se o acórdão posteriormente (art. 993).

Procedente a reclamação, não deverá o tribunal julgar, em ato contínuo, o mérito da ação originária, mas sim determinar que o órgão competente assim o faça. Exceção ocorrerá apenas quando, além de verificada a hipótese do art. 988, I, do CPC, cumulativamente, forem eletrônicos os autos do processo, a causa estiver pronta para julgamento e o tribunal (que julgar a reclamação) considerar como sendo sua a competência para julgar a ação originária.

7. EFICÁCIA DA DECISÃO

Conforme o art. 992 do CPC, o tribunal, julgando procedente o pedido reclamatório, "cassará a decisão exorbitante de seu julgado ou determinará medida adequada à solução da controvérsia".

---

6. O art. 157 do Regimento Interno do STF dispõe que "o Relator requisitará informações da autoridade, a quem for imputada a prática do ato impugnado, que as prestará no prazo de cinco dias". Apesar disso, deve prevalecer a disposição do art. 889 do CPC, que estabelece prazo de dez dias.

No primeiro caso, a decisão da corte é, indubitavelmente, **constitutiva negativa**, porquanto extirpa do mundo jurídico o ato reclamado, seja porque usurpador da competência do tribunal, seja porque contrário à decisão sua.

Na segunda hipótese, a decisão do tribunal é **mandamental**. Para exemplificar, vale citar o art. 161, II, do Regimento Interno do Supremo Tribunal Federal, segundo o qual o STF, julgando procedente a reclamação, poderá "ordenar que lhe sejam remetidos os autos do recurso para ele interposto". Tal disposição aplica-se, evidentemente, aos casos de usurpação de competência para exercício do juízo de admissibilidade recursal.

Se julgada improcedente a reclamação, a decisão é, obviamente, declaratória.

8. SÚMULAS

Súmula do STF

734. Não cabe reclamação quando já houver transitado em julgado o ato judicial que se alega tenha desrespeitado decisão do Supremo Tribunal Federal.

9. ENUNCIADOS DO FPPC

207. Cabe reclamação, por usurpação da competência do tribunal de justiça ou tribunal regional federal, contra a decisão de juiz de 1º grau que inadmitir recurso de apelação.

208. Cabe reclamação, por usurpação da competência do Superior Tribunal de Justiça, contra a decisão de juiz de 1º grau que inadmitir recurso ordinário, no caso do art. 1.027, II, 'b'.

209. Cabe reclamação, por usurpação da competência do Superior Tribunal de Justiça, contra a decisão de presidente ou vice-presidente do tribunal de 2º grau que inadmitir recurso ordinário interposto com fundamento no art. 1.027, II, "a".

210. Cabe reclamação, por usurpação da competência do Supremo Tribunal Federal, contra a decisão de presidente ou vice-presidente de tribunal superior que inadmitir recurso ordinário interposto com fundamento no art. 1.027, I.

363. O procedimento do incidente de resolução de demandas repetitivas a aplica-se às causas repetitivas de competência originária dos tribunais superiores, como a reclamação e o conflito de competência, e aos recursos ordinários a eles dirigidos.

558. Caberá reclamação contra decisão que contrarie acórdão proferido no julgamento dos incidentes de resolução de demandas repetitivas ou de assunção de competência para o tribunal cujo precedente foi desrespeitado, ainda que este não possua competência para julgar o recurso contra a decisão impugnada.

685. Cabe reclamação, por usurpação de competência do Tribunal Superior, contra decisão do tribunal local que não admite agravo em recurso especial ou em recurso extraordinário.

703. É admissível a reclamação contra acórdão de órgão fracionário que viole entendimento vinculante do próprio tribunal.

704. Cabe reclamação baseada nos fundamentos determinantes da decisão vinculante.

10. ENUNCIADOS DO FNPP

27. (art. 988, § 4º e § 5º, II, art. 1.030, §§ 1º e 2º e art. 1.042, Lei 13.105/15) Cabe reclamação contra a decisão proferida no agravo interno interposto contra a decisão do presidente ou vice-presidente do tribunal recorrido que negar seguimento ao recurso especial ou extraordinário fundado na aplicação de entendimento firmado em repercussão geral ou recurso repetitivo para demonstração de distinção.

58. A decisão que descumpre a determinação de suspensão do processo de que tratam os arts. 982, I, e 1.037, II, do CPC configura hipótese de cabimento de reclamação para garantir a autoridade da decisão do Tribunal.

11. ENUNCIADOS DO CJF

64. Ao despachar a reclamação, deferida a suspensão do ato impugnado, o relator pode conceder tutela provisória satisfativa correspondente à decisão originária cuja autoridade foi violada.

12. INFORMATIVOS

Informativos do STF

Cabimento de reclamação e precedente de repercussão geral

A erronia na observância de pronunciamento do Supremo Tribunal Federal (STF) formalizado, em recurso extraordinário, sob o ângulo da repercussão geral, enseja, esgotada a jurisdição na origem considerado o julgamento de agravo, o acesso àquela Corte mediante a reclamação. Com base nesse entendimento, a Primeira Turma, em conclusão de julgamento, negou provimento a agravo regimental interposto contra decisão monocrática que julgou procedente reclamação. A decisão reclamada cassou o acórdão do Superior Tribunal de Justiça que desproveu o agravo protocolado contra o trancamento do recurso extraordinário, e determinou a sua remessa ao STF para apreciação. Rcl 26874 AgR/SP, rel. Min. Marco Aurélio, julgamento em 12.11.2019. Inf. 959.

Reclamação e esgotamento das vias ordinárias de impugnação

A Segunda Turma negou provimento a agravo regimental interposto contra decisão que negara seguimento a reclamação, em razão do não esgotamento das vias ordinárias de impugnação, conforme previsto no art. 988, § 5º, II, do novo Código de Processo Civil (CPC).

Na espécie, a reclamação foi ajuizada contra acórdão proferido por tribunal regional eleitoral, que, ao manter pena de inelegibilidade fixada em sentença, teria desrespeitado o que decidido pelo Supremo Tribunal Federal (STF) no julgamento do RE 658.026/MG (DJE de 31.10.2014), com repercussão geral reconhecida. Em face do referido acórdão, o recorrente também interpôs recurso especial eleitoral no Tribunal Superior Eleitoral.

Segundo o agravante, a regra inscrita no art. 988, § 5º, II, do CPC compreenderia apenas o exaurimento de recursos ordinários cabíveis no âmbito do tribunal de origem, de modo que a interposição de recurso especial eleitoral em nada prejudicaria o cabimento da reclamação.

Para o Colegiado, a reclamação somente é cabível quando esgotados todos os recursos ordinários na causa em que proferido o ato supostamente contrário à autoridade de decisão do STF com repercussão geral reconhecida. Nesses termos, a hipótese de cabimento prevista no art. 988, § 5º, II, do CPC deve ser interpretada restritivamente, sob pena de o STF assumir, pela via da reclamação, a competência de pelo menos três tribunais superiores (Superior Tribunal de Justiça, Tribunal Superior do Trabalho, Tribunal Superior Eleitoral), para o julgamento de recursos contra decisões de tribunais de segundo grau de jurisdição.

O ministro Dias Toffoli acompanhou o ministro Teori Zavascki (relator), mas ressalvou a aplicação do entendimento apenas aos casos provenientes da Justiça Eleitoral, em razão das características específicas do recurso especial eleitoral e das peculiaridades da composição do Tribunal Superior Eleitoral.

Rcl 24686 ED-AgR/RJ, rel. Min. Teori Zavascki, julgamento em 28.10.2016. (Rcl-24686). Informativo 845.

13. SINOPSE

RECLAMAÇÃO CONSTITUCIONAL
A reclamação originou-se na jurisprudência do Supremo Tribunal Federal, com base na teoria dos poderes implícitos (*implied and inherent powers theory*). Está prevista na Constituição como meio de garantia da autoridade das decisões do STF e do STJ, bem como de preservação da sua competência. Além disso, é cabível contra ato judicial

ou administrativo que contrarie ou aplique indevidamente enunciado da súmula vinculante. A reclamação constitucional não se confunde com a reclamação correicional (correição parcial), que tem natureza administrativa e não visa à impugnação de decisões judiciais, mas à fiscalização da atividade do juiz, pela corregedoria, a fim de puni-lo, em caso de omissão ou de abuso.

Natureza jurídica

A reclamação é uma ação de competência originária, pois: a) provoca a atividade jurisdicional do Estado, quebrando-lhe a inércia; b) tem partes (reclamante e reclamado), causa de pedir (usurpação da competência da corte ou desobediência à decisão sua) e pedido (cassação do ato ou medida adequada à solução da controvérsia); c) a decisão que a julga faz coisa julgada material; d) a Constituição, ao instituí-la, fê-lo nos artigos 102, I, e 105, I, que preveem, respectivamente, as competências originárias do STF e do STJ.

Cabimento

Segundo a Constituição, é cabível reclamação: a) para preservar a competência do STF e do STJ; b) para garantir a autoridade das decisões do STF e do STJ; c) contra ato administrativo ou decisão judicial que contrariar enunciado da súmula vinculante ou aplicá-lo indevidamente. Em se tratando de ato da Administração Pública, é necessário o esgotamento das vias administrativas.

De acordo com o CPC, cabe reclamação: a) para preservar a competência de qualquer tribunal; b) para garantir a autoridade das decisões de qualquer tribunal; c) para garantir a observância de enunciado da súmula vinculante e de decisão do STF em controle concentrado de constitucionalidade; d) para garantir a observância de precedente de incidente de resolução de demandas repetitivas ou de incidente de assunção de competência, ainda que o tribunal não tenha competência para conhecer do recurso interposto contra a decisão reclamada.

Não cabe reclamação contra decisão transitada em julgado. Entretanto, o trânsito em julgado posterior à propositura da reclamatória não a prejudica, pois, uma vez julgada procedente, fica desconstituída a eficácia de todos os atos posteriores à decisão reclamada.

Competência

Cabe reclamação perante qualquer tribunal cuja competência tenha sido usurpada ou cuja autoridade tenha sido desrespeitada. Sempre que possível, a reclamação será distribuída ao relator do processo principal. Em se tratando de reclamatória fundada no descumprimento de enunciado da súmula vinculante ou de decisão de controle concentrado de constitucionalidade, a distribuição é livre.

Legitimidade

A legitimidade para intentar reclamação constitucional é da parte interessada (o sujeito prejudicado pelo ato, inclusive o terceiro interessado) e do Ministério Público, ainda que este, no processo originário, tenha atuado exclusivamente como fiscal da ordem jurídica. Se o *Parquet* não for o reclamante, deverá oficiar como *custos legis*.

O polo passivo da reclamação deve ser ocupado pela autoridade a quem for imputada a prática do ato impugnado. Em se tratando de decisão colegiada, cabe ao presidente do órgão a sua representação em juízo. Também deve ser citada, para compor o polo passivo, a parte beneficiária da decisão reclamada.

Qualquer interessado pode impugnar o pedido do reclamante, desde que demonstre interesse jurídico no julgamento da reclamatória.

Procedimento

A reclamatória deve ser proposta por meio de petição inicial dirigida ao presidente do tribunal, contendo a prova documental necessária, pois não se admite dilação probatória no processo da reclamação. Autuada e distribuída a ação, o relator: a) requisitará informações à autoridade a quem for imputada a prática do ato impugnado, que as prestará em dez dias; b) se necessário, suspenderá o processo ou o ato impugnado, para evitar dano irreparável; c) determinará a citação do beneficiário da decisão reclamada, que terá o prazo de 15 dias para apresentar contestação. Decorridos tais prazos, o Ministério Público, se não for o reclamante, terá vista dos autos por 05 dias. O processo será, então, incluído em pauta para julgamento. Na sessão de julgamento da reclamação, as partes e o Ministério Público poderão sustentar suas razões, sucessivamente, pelo prazo de 15 minutos cada. Julgada a reclamação, o presidente da corte determinará o imediato cumprimento da decisão, lavrando-se o acórdão posteriormente.

Eficácia da decisão

A decisão da corte que cassa o ato reclamado é constitutiva negativa. A decisão que determina medida adequada à solução da controvérsia é mandamental, a exemplo da ordem de remessa dos autos ao tribunal, no caso de usurpação da sua competência. Se julgada improcedente a reclamação, a decisão é declaratória.

CAPÍTULO 61

TEORIA GERAL DOS RECURSOS

1. CONSIDERAÇÕES INICIAIS

A palavra recurso, em sua acepção literal, quer dizer curso retroagido. Tal significado apresenta uma ideia aproximada do instituto processual. Quando admitido o recurso, ele proporcionará nova análise dos atos decisórios. Será apurada existência ou não de erro na decisão causadora da irresignação do recorrente.

No plano jurídico, em sentido amplo, recurso é qualquer remédio jurídico-processual, que pode ser utilizado para alcançar a tutela do direito, que se afirma existir (mesmo que, efetivamente, ele não exista). Nessa acepção, a petição inicial, a contestação e vários outros atos postulatórios são considerados recursos.

Em sentido estrito, recurso é o remédio jurídico-processual, que, voluntariamente, pode ser utilizado pelas partes, pelo Ministério Público e por terceiro prejudicado, em prazo peremptório, para reformar, anular ou aperfeiçoar decisão judicial, por parte do próprio órgão julgador ou do tribunal *ad quem*, dentro do mesmo processo em que foi proferida.

Os núcleos dessa definição são importantes para a compreensão de cada espécie recursal, pois identificam legitimidade, a necessidade de observância de um prazo peremptório para ser utilizado cada recurso, a finalidade, o objeto, a competência e a necessidade de preservação da relação processual originária.

Tais elementos diferenciam os recursos (em sentido estrito) de vários outros institutos processuais, como será adiante mostrado. Assim, se ausente qualquer daqueles elementos que compõe o núcleo de definição, tratar-se-á de algum outro instituto jurídico, mas não de recurso propriamente dito.

Por serem utilizados em preservação da mesma relação processual, os recursos têm natureza jurídica de faculdade de extensão do direito de ação intentada no processo em que foi prolatado o pronunciamento jurisdicional causador do inconformismo. Essa outra informação também é essencial para a compreensão de questões relacionadas.

Pelo fato de o recurso ter natureza jurídica de faculdade de extensão do direito de ação, pode-se compreender a competência recursal (inclusive quando há conexão, que acarreta distribuição por prevenção), pressupostos de admissibilidade, preservação das condições da ação e identificação da amplitude cognitiva.

2. JUSTIFICATIVAS PARA UM SISTEMA RECURSAL

Dentre várias razões, justificam a existência de um sistema recursal: a) as falhas e as imperfeições humanas, particularmente da pessoa do juiz, que personifica o Estado na prestação jurisdicional; b) a irresignação que é ínsita ao ser humano, no caso, daqueles que têm suas esferas jurídicas alcançadas (ou por serem representantes delas) e dos que fiscalizam a ordem jurídica; c) a uniformização da aplicação do direito; d) a utilidade preventiva.

As falhas e imperfeições humanas, aqui, particularmente, as que ínsitas à pessoa do juiz, que personifica o Estado na função jurisdicional, podem dar ensejo à prolação de decisão considerada "errada". Não se descarta a possibilidade de o julgador não ter a exata compreensão dos fundamentos apresentados pelo recorrente, tendo, por isso, sido levado a erro. Outras vezes, mesmo compreendendo os fundamentos apresentados pelo recorrente, o juiz pode não adotar a conclusão jurídica considerada "correta".

Também, a irresignação, que é típica do ser humano, em face das decisões que lhes são desfavoráveis, especialmente as primeiras, que são geralmente proferidas por órgãos monocráticos, causam desconforto ao espírito do vencido. A possibilidade de interpor recurso para alcance de um novo pronunciamento jurisdicional acaba por legitimar a prestação jurisdicional.

Não se desconhece que o duplo grau de jurisdição não é uma garantia (muito menos constitucional), mas, quando prevista em lei, para determinadas situações, e devidamente exercida pelo legitimado ao recurso, ele (o recorrente) acaba por aceitar a decisão tomada pela instância superior, que é formada por magistrados promovidos por antiguidade e por merecimento.

Não bastasse isso, a criação de um sistema recursal diminui a subsistência de julgamentos desarmônicos, por haver uniformização deles a partir da explicitação e posterior aplicação, a considerar os efeitos prospectivos, do entendimento adotado pela instância superior, ao editar precedentes. O sistema processual, aliás, é construído sobre uma perspectiva de uniformização de entendimento, sendo os recursos importante instrumento para alcançar essa finalidade.

O sistema recursal tem, outrossim, utilidade preventiva contra a prática de atos arbitrários ou, pelo menos, contrários ao entendimento jurisprudencial (dominante que seja) em relação à questão jurídica posta em apreciação. Isso porque faz com que o julgador, ciente da possibilidade de o tribunal *ad quem* examinar a decisão proferida, seja cuidadoso na prolação do *decisum*, a evitar restrições, inclusive relacionadas à sua ascensão na carreira.

3. VÍCIOS (ERROS) ATRIBUÍVEIS AOS ATOS DECISÓRIOS

3.1. "Error in procedendo" e "error in iudicando"

As decisões jurisdicionais podem conter dois tipos de vícios, que podem ser corrigidos mediante interposição de recursos. O primeiro é o vício de atividade (*error in procedendo*), consistente no defeito formal (equívoco de forma), que contamina a decisão jurisdicional enquanto ato jurídico, tornando-a inválida, a justificar, por isso, sua cassação. O segundo é o vício de julgamento (*error in iudicando*), consistente no erro na resolução do mérito (equívoco de conteúdo), ocorrido na solução de questões de fato e de direito (mesmo que, eventualmente, de natureza processual), a justificar, por isso, sua reforma.

3.2. Identificação

Para identificar se o erro é de procedimento ou de julgamento, não basta verificar qual o direito, se processual ou material. É necessário observar se o direito se refere ou não ao mérito. Isso porque pode ocorrer de o erro estar relacionado a uma disposição de direito processual, mas o erro ser de julgamento. Para confirmar essa hipótese, basta citar o caso de uma ação rescisória, que, se alegada violação de norma jurídica processual, o erro na sua aplicação será de julgamento. Isso porque ela constitui o mérito da ação. Quando, pois, se tratar de erro relacionado ao mérito, será de julgamento. Se não for a ele relacionado, o erro será de procedimento.

3.3. Importância da distinção

Essa distinção é importante. As decisões que analisam o mérito recursal, fundado em vício de procedimento (*error in procedendo*), se decidirem pelo provimento, anulam a decisão recorrida. Não há (de regra) substituição, a considerar que o órgão recursal não profere julgamento em reforma, mas apenas, em caso de provimento, anula aquele que foi submetido a recurso. Por seu turno, as decisões que analisam mérito recursal fundado em vício de juízo (*error in iudicando*) reformam o pronunciamento jurisdicional recorrido, substituindo-o, ainda que o órgão o mantenha ante o desprovimento recursal[1]. Por essa razão, eventual ajuizamento de ação rescisória teria como objeto a decisão proferida em recurso, e não a anteriormente proferida (objeto de recurso)[2].

Apesar das considerações encimadas, deve-se dizer que, se o mérito recursal cingir-se à alegação de *error in procedendo*, em algumas hipóteses, haverá substituição da decisão. As situações são as seguintes: a) interposto recurso, ele é desprovido e, assim, é rejeitada a alegação da existência do vício de procedimento (aí, portanto, não haverá cassação, mas, ao contrário, confirmação da decisão recorrida); b) interposto recurso, ele é provido para acolher a alegação da existência de vício de procedimento, e o órgão recursal, após a cassação da decisão recorrida, prossegue no julgamento da ação, a analisar o seu mérito (aí, a nova decisão, proferida pelo tribunal *ad quem*, substituirá aquela proferida pelo juízo *a quo*).

3.4. Formulação de algumas premissas necessárias

Antes de prosseguir, duas premissas devem ser firmadas. Primeira: a alegação da existência de *error*, seja ele *in procedendo* ou *in iudicando*, é imprescindível para que fique caracterizado

---

1. Art. 1.008. O julgamento proferido pelo tribunal substituirá a decisão impugnada no que tiver sido objeto de recurso.
2. Faz-se oportuna a transcrição da Súmula 249 do STF: "É competente o Supremo Tribunal Federal para a ação rescisória, quando, embora não tendo conhecido do recurso extraordinário, ou havendo negado provimento ao agravo, tiver apreciado a questão federal controvertida".

o interesse recursal, pois, se não é alegada a existência de *error*, não haverá, sequer no plano abstrato (concernente às afirmações), o que se anular e/ou reformar, a ser desnecessário o recurso. Segunda: o mérito da ação não se confunde com o do recurso, que é diferente e, de regra, mais restrito, já que se adstringe a questionar erro(s) relacionado(s) à decisão proferida pelo juízo *a quo* (enquanto que o objeto litigioso da ação se delimita pelas afirmações de existência de direito trazidas pelas partes).

4. PRESSUPOSTOS DE ADMISSIBILIDADE

Em razão do prolongamento do direito de ação, que se exerce por intermédio de um processo, o recurso somente tem seu mérito examinado pelo órgão funcionalmente competente, quando preenchidos os respectivos pressupostos de admissibilidade, que estão delineados pela legislação própria. Ditos pressupostos de admissibilidade são os seguintes: a) cabimento; b) legitimidade recursal; c) interesse recursal; d) inexistência de fato extintivo ou impeditivo; e) tempestividade; f) regularidade formal; g) preparo. Serão analisados, abaixo, cada um desses pressupostos de admissibilidade.

4.1. Cabimento

Nos termos do art. 994 do Código de Processo Civil, são cabíveis os seguintes recursos: a) apelação; b) agravo de instrumento; c) agravo interno; d) embargos de declaração; e) recurso ordinário; f) recurso especial; g) recurso extraordinário; h) agravo em recurso especial ou extraordinário; i) embargos de divergência. Em relação ao CPC/1973 (art. 496), foram eliminados os embargos infringentes e o agravo na forma retida. E não quer dizer que somente o Código de Processo Civil especifique as espécies recursais, inclusive porque elas podem ser criadas por lei federal, a teor do que estabelece o art. 22, I, da Constituição da República. Além daquelas espécies recursais, hoje, existem, ainda, os embargos infringentes de alçada (art. 34 da Lei nº 6.830/1980[3]) e o recurso inominado (arts. 41 e ss. da Lei nº 9.099/1995[4]).

4.2. Legitimidade recursal

A legitimidade recursal se consubstancia na exigência de que o recurso seja interposto por quem possui, por previsão legal, o poder de recorrer. No caso, as partes, o terceiro preju-

3. Art. 34 – Das sentenças de primeira instância proferidas em execuções de valor igual ou inferior a 50 (cinqüenta) Obrigações Reajustáveis do Tesouro Nacional – ORTN, só se admitirão embargos infringentes e de declaração.§ 1º – Para os efeitos deste artigo considerar-se-á o valor da dívida monetariamente atualizado e acrescido de multa e juros de mora e de mais encargos legais, na data da distribuição.§ 2º – Os embargos infringentes, instruídos, ou não, com documentos novos, serão deduzidos, no prazo de 10 (dez) dias perante o mesmo Juízo, em petição fundamentada.§ 3º – Ouvido o embargado, no prazo de 10 (dez) dias, serão os autos conclusos ao Juiz, que, dentro de 20 (vinte) dias, os rejeitará ou reformará a sentença.

4. Art. 41. Da sentença, excetuada a homologatória de conciliação ou laudo arbitral, caberá recurso para o próprio Juizado.§ 1º O recurso será julgado por uma turma composta por três Juízes togados, em exercício no primeiro grau de jurisdição, reunidos na sede do Juizado.§ 2º No recurso, as partes serão obrigatoriamente representadas por advogado.Art. 42. O recurso será interposto no prazo de dez dias, contados da ciência da sentença, por petição escrita, da qual constarão as razões e o pedido do recorrente.§ 1º O preparo será feito, independentemente de intimação, nas quarenta e oito horas seguintes à interposição, sob pena de deserção.§ 2º Após o preparo, a Secretaria intimará o recorrido para oferecer resposta escrita no prazo de dez dias.Art. 43. O recurso terá somente efeito devolutivo, podendo o Juiz dar-lhe efeito suspensivo, para evitar dano irreparável para a parte.

dicado e o Ministério Público têm legitimidade recursal (art. 996 do Código de Processo Civil). Em hipótese excepcional, o *amicus curiae* terá legitimidade (art. 138, § 3º, do CPC[5]). Ao terceiro prejudicado, entretanto, cumpre demonstrar a possibilidade de a decisão sobre a relação jurídica submetida à apreciação judicial atingir direito de que se afirme titular ou que possa discutir em juízo como substituto processual. Só que tal ônus não é para evidenciar sua legitimidade, mas, sim, seu interesse recursal.

Questão de Concurso

▶ **(Cespe – Analista Judiciário – Oficial de Just. Avaliador - STJ/2018)**[6] A respeito de recursos nos tribunais, meios de impugnação das decisões judiciais, processo de execução e mandado de segurança, julgue o item a seguir. O *amicus curiae* possui legitimidade para interpor recurso especial ou extraordinário contra acórdão de tribunal que tiver julgado incidente de resolução de demandas repetitivas.

Se qualquer outro sujeito, além daqueles acima identificados, interpuser recurso, ele (o recurso) não será admitido por falta de legitimidade. E mesmo os sujeitos enumerados podem, a depender da situação, não ter legitimidade. O Ministério Público, por exemplo, não tem legitimidade para interpor recurso em todas as situações, mas apenas nas situações entabuladas pelo art. 178 do Código de Processo Civil. Se ele interpuser recurso em situação outra, não gozará de legitimidade.

4.3. Interesse recursal

O interesse recursal se consubstancia na exigência de que o recurso interposto seja útil (possa trazer alguma vantagem prática) e necessário (constituir na única via hábil à obtenção da vantagem aspirada) ao recorrente. Pode ocorrer de, em determinadas situações, a parte carecer de interesse, pelo que o recurso eventualmente interposto será inadmitido.

Por exemplo, contra decisão interlocutória proferida pelo órgão monocrático de primeira instância que admite recurso de apelação não cabe interposição de agravo, já que o juízo de admissibilidade final será exercido pelo tribunal *ad quem*, que poderá ser negativo, a proporcionar ao recorrente o resultado desejado. Se, na situação exemplificativa, o recurso de agravo não é o único meio hábil à obtenção da vantagem aspirada, ele não deve ser admitido.

Outro exemplo pode ser dado. Se o recorrente alcançou a decretação da prescrição, não terá interesse em interpor apelação para alcançar a improcedência pela rejeição do pedido formulado pelo autor (recorrido). Não haverá, para o recorrente, utilidade, pois não há, do ponto de vista prático, diferença entre a decretação da prescrição e a rejeição do pedido formulado pelo autor.

Contudo, se, por exemplo, o órgão jurisdicional deixou de apreciar pedido de tutela provisória para quando o réu apresentar resposta (ou deixar transcorrer o prazo respectivo), advirá,

5. Art. 138. O juiz ou o relator, considerando a relevância da matéria, a especificidade do tema objeto da demanda ou a repercussão social da controvérsia, poderá, por decisão irrecorrível, de ofício ou a requerimento das partes ou de quem pretenda manifestar-se, solicitar ou admitir a participação de pessoa natural ou jurídica, órgão ou entidade especializada, com representatividade adequada, no prazo de 15 (quinze) dias de sua intimação.[...] § 3º O *amicus curiae* pode recorrer da decisão que julgar o incidente de resolução de demandas repetitivas.
6. Gabarito: Correto.

para o autor, interesse recursal. Restar-lhe-á interpor recurso, já que aguardar a resposta do réu (ou o transcurso do prazo respectivo) poderá ensejar a experimentação de dano irreparável ou de difícil reparação (STJ. REsp 814100/MA. DJe 02.03.09).

O art. 1.005 do CPC dispõe que o recurso interposto por um dos litisconsortes a todos aproveita, salvo se distintos ou opostos os seus interesses. Depois, o seu parágrafo único completa: havendo solidariedade passiva, o recurso interposto por um devedor aproveitará aos outros quando as defesas opostas ao credor lhes forem comuns[7]. As disposições não distinguem espécies de litisconsórcio, contudo, sua aplicação é bem mais comum quando ele for unitário.

Mesmo ante a possibilidade de serem aplicadas as encimadas disposições, em razão da interposição de recurso por um dos litisconsortes, não significa que os demais, que não fizeram, ainda, uso da faculdade recursal, não tenham interesse dela fazer. Haverá, sim, interesse, principalmente se for considerado que, além de o objeto recursal poder ser, pelo menos em parte, diferente, há, ainda, a possibilidade de serem suscitados fundamentos diversos.

4.4. Inexistência de fato extintivo ou impeditivo

A inexistência de fato extintivo ou impeditivo se consubstancia na exigência de que não tenha ocorrido fato que conduza à extinção do direito de recorrer, ou que impeça a admissibilidade do recurso. É exemplo de fato extintivo a renúncia ao direito de recorrer. São exemplos de fatos impeditivos a desistência do recurso ou da ação, o reconhecimento do pedido, a renúncia ao direito em que se funda a ação, a ausência do depósito de multa processual e prática de ato que conduz à preclusão lógica.

A renúncia ao direito de recorrer independe da aceitação da outra parte (art. 999). Ela não se confunde com a desistência. Aliás, dela se diferencia porque, nessa (na desistência), há a interposição de recurso, enquanto que, naquela (na renúncia), não, pois precede ao ato de interposição. Convenha-se, porém, que, entre renúncia e desistência, há semelhanças, porque, além de impedirem a análise do mérito recursal, podem ser exercidas sem anuência da parte recorrida.

Uma situação específica, em relação à desistência (que pode ser formulada até antes de proclamado o resultado do julgamento), deve ser pontuada. Ela (a desistência do recurso) não impede a análise de questão, cuja repercussão geral já tenha sido reconhecida e daquela seja objeto de julgamento de recursos extraordinários ou especiais repetitivos. Haverá desistência, entretanto, a questão será julgada, para afirmar a função prospectiva dos precedentes. Ressalve-se, conforme orientação do enunciado 213 do FPPC, que o resultado do julgamento não se aplica ao recurso de que se desistiu.

Não é demais ressaltar que, a questão, cuja repercussão geral tenha sido reconhecida, não será analisada, se depender do caso em que se renunciou à faculdade de recorrer. A razão é óbvia. Se houve renúncia e ela antecede à interposição, não haveria como, no processo específico, submeter-se a questão aos tribunais superiores. E mesmo que outro processo

7. Enunciado 234 do Fórum Permanente de Processualistas Civis: A decisão de improcedência na ação proposta pelo credor beneficia todos os devedores solidários, mesmo os que não foram partes no processo, exceto se fundada em defesa pessoal.

possibilitasse o julgamento da questão submetida à repercussão geral, o resultado não seria aplicado ao caso do processo em que se renunciou ao recurso.

Quanto à preclusão lógica, dispõe o art. 1.000 do Código de Processo Civil que a parte que aceitar expressa ou tacitamente a decisão não poderá recorrer. Em seguida, o parágrafo único completa, dispondo que se considera aceitação tácita a prática, sem nenhuma reserva, de ato incompatível com a vontade de recorrer. A aceitação pode ser total ou parcial. Nessa última hipótese, a preclusão alcança apenas a parte aceita. Se houver reserva quanto à aceitação da decisão, será preservada a faculdade recursal. Da mesma forma se não há incompatibilidade entre o ato praticado e a faculdade recursal.

A título de exemplo, pode-se citar a seguinte situação. Ajuizada ação condenatória, ela é julgada procedente. Em razão da respectiva decisão condenatória, a parte vencida pode: a) pagar o valor correspondente; b) pagar o valor, mas ressalvar sua vontade de recorrer; c) em vez de pagar o valor, deposita em juízo. Na letra "a", haverá preclusão lógica, por ser incompatível o ato. Na letra "b", o direito de recorrer fica preservado por conta da ressalva efetuada. Na letra "c", o ato praticado é compatível com a vontade de recorrer, sendo a faculdade respectiva preservada.

IMPORTANTE! O Superior Tribunal de Justiça (ao ver dos autores desse livro de forma equivocada) adotou a seguinte orientação: "após o voto do Min. Relator e da formulação de pedido de vista, foi juntada petição da recorrida, noticiando acordo celebrado pelas partes que incluía a desistência dos recursos especiais. Essa desistência, então, foi homologada pela Turma. Sucede que os recorrentes trouxeram aos autos informações de que tal acordo já fora descumprido pela recorrida antes mesmo de que se iniciasse o julgamento dos especiais, daí ser, no mínimo, bastante questionável a prejudicialidade alegada pela recorrida quanto ao prosseguimento do julgamento dos recursos. Diante disso, em questão de ordem suscitada pela Min. Nancy Andrighi, a Turma entendeu reformar a decisão que acolheu a desistência e determinar nova inclusão do processo em pauta" (STJ. QO no REsp 681.294/PR. DJU 02.12.08).

4.5. Tempestividade

A tempestividade constitui exigência de que a faculdade recursal seja exercida dentro do prazo legal (a considerar o fuso-horário adotado pelo órgão jurisdicional em que será praticado o ato de interposição), caso contrário, dar-se-á ensejo à preclusão temporal e à formação de coisa julgada. O prazo para recorrer, no comum das vezes, é de 15 dias. O § 5º do art. 1.003, inclusive, dispõe que, "excetuados os embargos de declaração, o prazo para interpor os recursos e para responder-lhes é de 15 (quinze) dias".

A previsão que estabelece o prazo recursal como sendo, no comum das vezes, de 15 dias, aplica-se aos recursos (respeitada a ressalva contida no próprio texto legal) previstos no Código de Processo Civil. E, por ser lei geral, não tem aplicação aos casos em que a legislação especial estabeleça prazo diferente. Basta dizer que, nos embargos infringentes de alçada (art. 34 da Lei nº 6.830/1980) e nos recursos inominados (arts. 41 e ss. da Lei nº 9.099/1995), os prazos recursais respectivos são de 10 dias.

Se o recorrente estiver representado pela defensoria pública, o prazo para recorrer (e apresentar contrarrazões) será dobrado (art. 186 do CPC e arts. 44, I, 89, I, ambos da LC nº 80/1994[8]). Também será dobrado o prazo quando o recorrente for o Ministério Público

8. Art. 44. São prerrogativas dos membros da Defensoria Pública da União:I – receber, inclusive quando necessário, mediante entrega dos autos com vista, intimação pessoal em qualquer processo e grau de jurisdição ou

(art. 180 do CPC), a Fazenda Pública, suas autarquias e fundações públicas (art. 183 do CPC e Lei nº 9.469/97), bem assim litisconsortes que tiverem diferentes procuradores, de escritórios de advocacia distintos (art. 229 do CPC). Frise-se, porém, que é inaplicável a contagem do prazo recursal em dobro quando apenas um dos litisconsortes com procuradores distintos sucumbe em processo com autos físicos na vigência do CPC/2015 (STJ. REsp 1.709.562/RS. DJe 18.10.18. Inf. 636).

No caso específico de litisconsortes, se a intimação ocorrer por meio de aviso de recepção, mandado judicial ou outro qualquer meio de comunicação individualizado, o prazo recursal é contado também de forma individualizada. O prazo flui de maneira independente, sendo desnecessário que os demais litisconsortes sejam comunicados para o prazo começar a correr (STJ. REsp 1095514/RS. DJe 01.10.09).

O prazo para interposição de recurso conta-se da data em que os advogados, a sociedade de advogados, a Advocacia Pública, a Defensoria Pública ou o Ministério Público são intimados da decisão (art. 1.003). Se as decisões forem proferidas em audiências, esses sujeitos considerar-se-ão nesse momento intimados (respectivo § 1º). O prazo de interposição de recurso pelo réu contra decisão proferida anteriormente à citação começa a correr nos moldes estabelecidos pelo art. 231, incisos I a VI[9].

IMPORTANTE! "Nos casos de intimação/citação realizadas por correio, oficial de justiça, ou por carta de ordem, precatória ou rogatória, o prazo recursal inicia-se com a juntada aos autos do aviso de recebimento, do mandado cumprido, ou da juntada da carta" (STJ. REsp 1.632.777/SP. DJe 26.05.17; Inf. STJ 604; Tema 379).

A tempestividade, por sua vez, é aferida pelo recibo constante na petição recursal, que deve ser firmado por órgão que tenha esta função. O § 3º do art. 1.003 do Código de Processo Civil, a esse respeito, dispõe que, no prazo para interposição de recurso, a petição será protocolada em cartório ou conforme as normas de organização judiciária, ressalvado o disposto em regra especial. Estando ele (recibo) ausente, pela certidão de juntada aos autos (STJ. REsp 797400/SP. DJe 02.12.09).

IMPORTANTE! O STF mudou o entendimento que adotava anteriormente, quanto à impossibilidade de leitura do recibo de protocolo constante na petição do recurso. Agora, estabeleceu que "nada obstante o carimbo do protocolo da petição de recurso extraordinário esteja ilegível, a sua tempestividade pode ser aferida por outros elementos acostados aos autos. O defeito do protocolo ilegível, no caso, é imputável ao órgão que recebeu a petição e não carimbou adequadamente, não podendo a parte jurisdicionada sofrer o prejuízo por um defeito o qual não deu causa. O ônus processual no caso não pode ser atribuído à parte" (STF. RE 611743 AgR/PR. DJe 07.11.12).

---

instância administrativa, contando-se-lhes em dobro todos os prazos;[...] Art. 89. São prerrogativas dos membros da Defensoria Pública do Distrito Federal e dos Territórios:I – receber, inclusive quando necessário, mediante entrega dos autos com vista, intimação pessoal em qualquer processo e grau de jurisdição ou instância administrativa, contando-se-lhes em dobro todos os prazos;[...]

9. Art. 231. Salvo disposição em sentido diverso, considera-se dia do começo do prazo:I – a data de juntada aos autos do aviso de recebimento, quando a citação ou a intimação for pelo correio;II – a data de juntada aos autos do mandado cumprido, quando a citação ou a intimação for por oficial de justiça;III – a data de ocorrência da citação ou da intimação, quando ela se der por ato do escrivão ou do chefe de secretaria;IV – o dia útil seguinte ao fim da dilação assinada pelo juiz, quando a citação ou a intimação for por edital;[...]

Se a petição do recurso for remetida pelos correios, a tempestividade será aferida pela data de sua postagem. É assim que dispõe o § 4º do art. 1.003[10]. Por conseguinte, como orienta o enunciado 96 do FPPC, após a entrada em vigor do CPC/2015, fica superado o enunciado 216 da súmula do STJ ("A tempestividade de recurso interposto no Superior Tribunal de Justiça é aferida pelo registro no protocolo da Secretaria e não pela data da entrega na agência do correio").

A considerar a ocorrência de feriado local, o recorrente deverá comprovar sua ocorrência no ato de interposição do recurso (§ 6º do art. 1.003), mediante juntada da respectiva lei local, de certidão expedida pelo juízo ou tribunal *a quo* e, até mesmo, de documentos obtidos por intermédio de sítio eletrônico do Poder Judiciário, desde que contenham a identificação de sua procedência (o endereço eletrônico de origem, a data de reprodução no rodapé da página cuja veracidade seja facilmente verificável) (STJ. AgRg no Ag 1.251.998. DJe 15.09.10). É preciso que o recorrente comprove documentalmente o feriado local, não bastando, por exemplo, a simples menção, na petição, à previsão existente em regimento interno ou em lei de organização judiciária estadual (STJ. REsp 1.763.167/GO. DJe 26.02.2020. Inf. 665). Da mesma forma, não serve para a aferição da tempestividade recursal a alegação de ocorrência de ponto facultativo embasada em ato do Poder Executivo Estadual, em razão da desvinculação administrativa e da separação entre Poderes (STJ. Edcl no AgInt no AREsp 1.510.568/RJ. DJe 30.03.20. Inf. 669).

E se não for comprovada a ocorrência de feriado local no ato da interposição, o recurso será considerado intempestivo?

Perante o Supremo Tribunal Federal, prevalecia o entendimento de que "a tempestividade do recurso em razão de feriado local ou de suspensão de prazos processuais pelo Tribunal a quo deve ser demonstrada no momento da sua interposição, não sendo possível a juntada posterior de documento que comprove a sua tempestividade" (STF. ARE 668294 ED/SP. DJe 28.03.12).

Logo depois, o mesmo Supremo Tribunal Federal, também sob a égide do CPC/1973, assentou que "a tempestividade do recurso extraordinário, conquanto não aceita na origem, pode ser comprovada *a posteriori* [...] os princípios da boa-fé e da Instrumentalidade das formas impõem o reconhecimento da tempestividade recursal quando da suspensão dos prazos processuais decorrente de feriado local ou outra causa que determine o fechamento do Tribunal de origem para o recebimento de recursos" (STF. AI 736499 AgR/CE. DJe 25.05.12).

Esta mesma orientação passou a ser seguida pelo Superior Tribunal de Justiça, a permitir a comprovação de feriado local ou suspensão dos prazos processuais não comprovada nos autos em momento posterior à interposição do recurso na origem (STJ. AREsp 137.141/SE. DJe 19.09.12).

Acredita-se que, sob a égide do CPC/2015, a tendência seja de que os tribunais, na ausência de demonstração da ocorrência de feriado local por ocasião da interposição do

10. Art. 1.003. O prazo para interposição de recurso conta-se da data em que os advogados, a sociedade de advogados, a Advocacia Pública, a Defensoria Pública ou o Ministério Público são intimados da decisão.[...] § 4º Para aferição da tempestividade do recurso remetido pelo correio, será considerada como data de interposição a data de postagem.

recurso, continuem a admiti-la posteriormente. Se não bastasse a colocação da cooperação como norma fundamental, o Código, em diversas passagens, evidencia sua antipatia à jurisprudência defensiva, em face da afirmação da primazia na resolução do mérito. Tais pontos, aliás, distinguem-no do CPC/1973. Logo, considerar, de imediato, intempestivo o recurso, seria contrariar várias disposição do Código. Somente poderia ser assim considerado (intempestivo) se, advertido o recorrente, ele não juntasse documentos comprobatórios.

Vale frisar, contudo, que há decisão recente da Primeira Turma do STJ (AREsp 1.004.793/MS), em que não se permitiu a comprovação do feriado local em momento posterior à interposição. O Tribunal partiu, na ocasião, de uma interpretação literal do art. 1.003, § 6º, do CPC/2015, olvidando o disposto no art. 932, parágrafo único.

Se, durante o prazo para a interposição do recurso, sobrevier o falecimento da parte ou de seu advogado ou ocorrer motivo de força maior que suspenda o curso do processo, será tal prazo restituído em proveito da parte, do herdeiro ou do sucessor, contra quem começará a correr novamente depois da intimação (art. 1.004).

Se ocorrer de o recurso ser protocolizado equivocadamente em outro Tribunal e recebido, em seguida, depois do trânsito em julgado da decisão recorrida, por aquele (tribunal) que é competente para processar e julgar o recurso, este será considerado intempestivo (STF. AgRg no ARE 650.657/SC. DJe 13.03.12).

Sob a égide do CPC/1973, o respectivo art. 195 do CPC estabelecia que "o advogado deve restituir os autos no prazo legal. Não o fazendo, mandará o juiz, de ofício, riscar o que neles houver escrito e desentranhar as alegações e documentos que apresentar". Entretanto, conforme entendimento delineado pelo superior Tribunal de Justiça, "dentre as sanções contidas no art. 195 do CPC, pela demora na devolução dos autos pelo advogado, não se inclui o não-conhecimento do recurso por intempestividade" (STJ. REsp 505371/DF. DJU 21.03.05). No CPC/2015, o dispositivo correspondente é o do art. 234. Ele, nem de longe, conduz à inadmissibilidade do recurso, por suposta intempestividade, se os autos não forem restituídos no prazo legal[11]. Até porque, em tempos de autos digitais, o referido dispositivo perde sua eficácia pragmática.

Prossiga-se.

O enunciado 22 do Fórum Permanente de Processualistas Civis orienta que "o Tribunal não poderá julgar extemporâneo ou intempestivo recurso, na instância ordinária ou na extraordinária, interposto antes da abertura do prazo". Tal ilação decorre da disposição do § 4º do art. 218, segundo o qual "será considerado tempestivo o ato praticado antes do termo inicial do prazo".

11. Art. 234. Os advogados públicos ou privados, o defensor público e o membro do Ministério Público devem restituir os autos no prazo do ato a ser praticado.§ 1º É lícito a qualquer interessado exigir os autos do advogado que exceder prazo legal.§ 2º Se, intimado, o advogado não devolver os autos no prazo de 3 (três) dias, perderá o direito à vista fora de cartório e incorrerá em multa correspondente à metade do salário-mínimo.§ 3º Verificada a falta, o juiz comunicará o fato à seção local da Ordem dos Advogados do Brasil para procedimento disciplinar e imposição de multa.§ 4º Se a situação envolver membro do Ministério Público, da Defensoria Pública ou da Advocacia Pública, a multa, se for o caso, será aplicada ao agente público responsável pelo ato.§ 5º Verificada a falta, o juiz comunicará o fato ao órgão competente responsável pela instauração de procedimento disciplinar contra o membro que atuou no feito.

Agora, não se pode interpor recurso antes de existir decisão. Não haveria objeto a ser impugnado. É o caso, por exemplo, do julgamento colegiado, em que, realizada (e concluída) a sessão específica, antes mesmo de ser lavrado o acórdão, o interessado interpõe recurso. Não se trataria, é bem verdade, de um recurso "prematuro", mas, sim, desnecessário, pois não há objeto de impugnação. De qualquer modo, não seria também conhecido.

Contudo, publicada a decisão, contra ela, já pode ser interposto recurso. Não precisa que ocorra intimação. O Superior Tribunal de Justiça, por exemplo, reconhece que as movimentações processuais disponibilizadas pelos sítios eletrônicos do Poder Judiciário, contendo o inteiro teor da decisão, possibilitam a interposição de recurso antes da intimação (STJ. AgRg no Ag 668818/RS. DJU 25.02.08).

Outra questão importante deve ser aqui colocada. Antes, sob a égide do CPC/1973, o STJ entendia que, tendo sido interpostos embargos de declaração contra decisão anteriormente recorrida pela parte adversa (a partir da interposição de outro recurso), deveria esta ratificar (no prazo do recurso interponível), após o julgamento dos declaratórios, o recurso previamente interposto (STJ. 797665/RS. DJU 11.09.07) ou interpor outro no prazo respectivo.

Inclusive, com este tom, pronunciava-se o enunciado 418 da súmula de jurisprudência do Superior Tribunal de Justiça: "É inadmissível o recurso especial interposto antes da publicação do acórdão dos embargos de declaração, sem posterior ratificação". A ratificação dava-se mediante a apresentação de simples petição (conquanto o recurso pudesse ser complementado, em caso de provimento dos aclaratórios), e era desnecessário recolhimento de novo preparo.

Todavia, o § 5º do art. 1.024 do CPC/2015 passou a dispor que, "se os embargos de declaração forem rejeitados ou não alterarem a conclusão do julgamento anterior, o recurso interposto pela outra parte antes da publicação do julgamento dos embargos de declaração será processado e julgado independentemente de ratificação". Assim, fica superado, pelo menos em parte, o entendimento que antes de adotava. A exigência da ratificação (ou complementação) ocorrerá apenas se providos os embargos de declaração com alteração da conclusão.

E se o recurso interposto pela parte adversa fosse um agravo (que necessita da formação de instrumento), e, antes, forem providos embargos de declaração para modificar a conclusão, ele (o recurso) seria considerado prematuro?

Alguns podem entender que sim, porque o julgado recorrido por agravo pode ser excepcionalmente modificado com o julgamento dos aclaratórios (STF. AI-AgR 629662/SP. DJU 22.06.07), sem contar que a decisão anterior passa a ser integrada com a dos embargos, pelo que a formação do primeiro instrumento não seria completa.

Os autores desse livro, entretanto, compreendem que não seria prematuro. Em afirmação à cooperação, á eficiência e à própria primazia na resolução do mérito, deve ser possibilitada a complementação do instrumento e, se for o caso, das razões recursais. Inadmitir o recurso não seria a solução mais coerente ao atual sistema processual.

Quanto ao mais, a tempestividade, como pressuposto de admissibilidade recursal, é matéria de ordem pública, que deve, então, ser conhecida pelo órgão judicial independentemente de provocação de qualquer interessado, mas com respeito ao contraditório efetivo.

Apesar disso, não cabe ao órgão a análise da tempestividade da cadeia recursal anterior, se não apresentada em matéria do recurso presente, porque a questão restará encobertada pela preclusão (STF. EDcl no 2º AgRg no RE 634.732/PR. DJe 17.09.13).

4.6. Regularidade formal

A regularidade formal se consubstancia na exigência de que o recurso seja interposto na forma estabelecida em lei. Em algumas situações, a legislação estabelece, para a prática de atos postulatórios, no caso, relativos a recursos, formas a serem observadas, porque há uma finalidade aspirada a ser alcançada. Se a forma legal não for atendida, mas sendo alcançada a sua finalidade, o pressuposto da regularidade formal, em razão da instrumentalidade das formas, pode ser mitigado[12]. São exemplos de observância da regularidade formal: a) a formação do instrumento do recurso de agravo com as peças obrigatórias; b) a demonstração de dissonância entre o acórdão originário e o acórdão paradigma no recurso de embargos de divergência.

4.7. Preparo

O preparo se consubstancia na exigência de que o recorrente comprove (mediante guia de recolhimento própria, fornecida pela entidade arrecadadora), no ato de interposição, o recolhimento, quando devidos, dos encargos financeiros recursais (inclusive porte de remessa e retorno – enunciado 187 da súmula do STJ[13]). Mesmo durante o plantão judiciário e as férias forenses (a não ser que impossibilitada a expedição das respectivas guias de recolhimento), o preparo deve ser comprovado no ato de interposição do recurso.

> Existem recursos que dispensam o recolhimento de preparo para a sua interposição. Dentre eles estão os embargos de declaração, os embargos infringentes de alçada e os recursos previstos no Estatuto da Criança e do Adolescente.
>
> Se houver fundada dúvida quanto à necessidade de recolhimento do preparo, ante o disposto em lei estadual sobre custas, a ponto de ensejar decisões conflitantes, é de ser relevada a pena de deserção (STJ. REsp 806276/SP. DJU 06.03.06).
>
> É inconstitucional a lei estadual que condiciona a interposição de recurso inominado nos Juizados Especiais Cíveis do referido Estado-membro ao recolhimento das custas judiciais e do depósito recursal, este correspondente ao valor da condenação imposta, porque, além de usurpar a competência privativa da União para legislar sobre direito processual, ofende as garantias do amplo acesso à jurisdição, do devido processo legal, da ampla defesa e do contraditório (STF. ADI 4161/AL. DJe 30.10.14).

Apenas se admite posterior recolhimento do preparo (nos valores habitualmente exigidos, conforme respectivo regimento de custas), em ocasião seguinte ao ato de interposição, se houver previsão legal específica diversa (§ 1º do art. 42 da Lei nº 9.099/95) ou se existir justificativa suficiente (STJ. REsp 471545/SC. DJU 06.03.06). Aliás, § 6º do art. 1.007

12. Exemplo da regularidade formal e da sua mitigação pode ser observado no capítulo "AGRAVO DE INSTRUMENTO", onde se trata das peças obrigatórios para a formação do instrumento.
13. Enunciado 187 da súmula do STJ: "É deserto o recurso interposto para o Superior Tribunal de Justiça, quando o recorrente não recolhe, na origem, a importância das despesas de remessa e retorno dos autos".

do Código de Processo Civil estabelece que, "provando o recorrente justo impedimento, o relator relevará a pena de deserção, por decisão irrecorrível, fixando-lhe prazo de 05 dias para efetuar o preparo".

> Faz exceção à regra da imediatidade da demonstração do recolhimento, o § 1º do art. 42 da Lei nº 9.099/95, que prevê, para os juizados especiais, a efetivação do preparo em até 48h seguintes à interposição do recurso.

Se a petição recursal, por exemplo, for protocolizada no último dia do prazo e após o encerramento do expediente bancário, é admissível, porque justificável, o pagamento posterior. O Superior Tribunal de Justiça adotava, sob a égide do CPC/1973, o entendimento de que, nesse caso específico, o recolhimento do preparo deveria ser realizado no primeiro dia útil subsequente (STJ. REsp 440347/DF. DJU 03.08.06). Não era, portanto, concedido o prazo adicional de 05 dias.

Este entendimento, até então reiterado, foi posto no enunciado 484 da súmula de jurisprudência do Superior Tribunal de Justiça: "admite-se que o preparo seja efetuado no primeiro dia útil subsequente, quando a interposição do recurso ocorrer após o encerramento do expediente bancário". Ali, vigia o art. 519 do CPC, segundo o qual "provando o apelante justo impedimento, o juiz relevará a pena de deserção, fixando-lhe prazo para efetuar o preparo". Não havia, como se observa, fixação legal de prazo. O prazo era judicial.

Ante a redação do § 6º do art. 1.007 do Código de Processo Civil, que, agora, estabelece prazo de 05 dias, posteriores ao ato de interposição do recurso, para o recolhimento do preparo, quando verificado justo impedimento, acredita-se que o enunciado 484 da súmula de jurisprudência do Superior Tribunal de Justiça seja, pelo menos em parte, superado. Ele deverá permanecer a admitir o recolhimento posterior do preparo, mas, de acordo, agora, com o prazo legal de 05 dias.

E o que acontece se não for recolhido o preparo do recurso, quando ele for devido? O recurso será considerado deserto. Aplica-se, a dizer de outra forma, a pena de deserção contra o recorrente, a qual enseja a inadmissibilidade recursal em razão da não observância do respectivo pressuposto (do preparo). Agora, duas consequências podem decorrer, em detrimento do recorrente, a depender se a falta de recolhimento do preparo foi integral ou parcial (insuficiente).

Nos termos do § 4º do art. 1.007, "o recorrente que não comprovar, no ato de interposição do recurso, o recolhimento do preparo, inclusive porte de remessa e de retorno, será intimado, na pessoa de seu advogado, para realizar o recolhimento em dobro, sob pena de deserção". Haverá, portanto, se não recolhido o preparo, uma segunda chance. Ela, contudo, será acompanhada de uma penalidade (pagamento em dobro), por que não sido o preparo comprovado por ocasião da interposição do recurso.

Além da penalidade (pagamento do preparo em dobro), aquele que não (recolhe e depois não) demonstra o preenchimento do referido pressuposto de admissibilidade por ocasião da interposição do recurso assumirá, ainda, um ônus adicional. O de não poder complementá-lo, caso não tenha sido recolhido em dobro. É o que dispõe o § 5º do art. 1.007: "é vedada a complementação se houver insuficiência parcial do preparo, inclusive porte de remessa e de retorno, no recolhimento realizado na forma do § 4º".

Situação diferente ocorre quando, por ocasião da interposição do recurso, o recorrente recolhe o preparo, mas, em valor insuficiente. O § 2º do art. 1.007 do Código de Processo Civil dispõe que "a insuficiência no valor do preparo, inclusive porte de remessa e de retorno, implicará deserção se o recorrente, intimado na pessoa de seu advogado, não vier a supri-lo no prazo de 5 (cinco) dias". Há, pois, a concessão de oportunidade para complementar o preparo. Só se não atendida a determinação, é que será aplicada a pena de deserção.

Dessa conclusão, surge a seguinte indagação: se o reparo é recolhido de forma insuficiente e o recorrente, intimado para complementá-lo, permanece inerte, deveria ser concedido prazo para efetuar o pagamento da diferença em dobro (ou da diferença ao valor integral dobrado) antes da deserção? A pergunta é alimentada por um suposto tratamento desigual, porque, quem não recolhe o preparo, antes da deserção, pode recolher em dobro, mas, quem recolhe de forma insuficiente, se permanecer inerte na complementação, não tem a chance de recolher em dobro.

A resposta à pergunta é negativa. Para quem recolhe preparo insuficiente, deve ser dada a oportunidade apenas de fazer sua complementação. A concessão de outro prazo, se não complementado o preparo, aí sim, significaria injustificado tratamento diferenciado, pois, tal recorrente teria, além do prazo para complementar o preparo, outro, em seguida, para recolher em dobro. O recorrente que recolhe preparo insuficiente, pois, já é beneficiado, porque não é aplicada, em seu detrimento, a pena de pagamento do preparo dobrado.

E faça-se um acréscimo.

O prazo para complementar o preparo, quando insuficiente, por óbvio, nos termos do § 2º do art. 1.007, é de 05 dias. Só que o Código não prevê qual seria o prazo para realizar o pagamento dobrado do preparo, quando ele (o preparo) não fosse recolhido. Sem dúvidas, em razão da omissão legislativa, o prazo é judicial, pelo que cabe ao juiz estabelecê-lo de acordo com a complexidade do caso. Só que, em respeito à isonomia, o prazo deve ser de 05 dias, como ocorre para a complementação.

Antes de se prosseguir, deve-se problematizar a seguinte questão: existe substancial diferença entre realizar e demonstrar o preparo. Se não realizado, no todo ou em parte, o preparo, o recorrente deve, nos termos acima estabelecidos, efetuar o pagamento, do dobro ou da diferença, respectivamente. Entretanto, se o recorrente não demonstrar, apesar de realizado, deve ser determinado o recolhimento em dobro ou bastará a simples comprovação do pagamento oportuno com a juntada da(s) respectiva(s) guia(s)?

Para responder a esta indagação, deve-se, antes, observar que não há diferença redacional entre o art. 1.007, *caput*, do CPC/2015 e o art. 511, *caput*, do CPC/1973, ocasião (vigência do CPC/1973) em que o Superior Tribunal de Justiça entendia que a não demonstração do preparo no ato de sua interposição, ainda que devidamente recolhido, implicava aplicação da pena de deserção (STJ. AgRg no AREsp 574760/CE. DJe 18.03.15). A pena de deserção, ali, era a única opção, pois não existia, na época, a possibilidade de recolhimento dobrado.

Sob a égide do CPC/2015, acredita-se que as premissas devem ser mantidas pelo Superior Tribunal de Justiça (a se penalizar aquele que não age de forma diligente, a prejudicar a tramitação do processo), mas a conclusão, ante a possibilidade de aplicação da pena do recolhimento dobrado do preparo, é que deve ser modificada. Não será, então, de logo aplicada a deserção. Antes dela, o recorrente deverá ser intimado para recolher o preparo em dobro. Somente se permanecer inerte, é que o recurso será considerado deserto.

Os autores desse livro acreditam que se deveria, ante simples não demonstração do preparo, facultar, alternativamente, comprovação do recolhimento oportuno (até o ato da interposição do recurso) ou recolhimento dobrado. Apesar de § 4º do art. 1.007 do CPC ter ser referido à não "demonstrar" recolhimento, numa interpretação teleológica, deve-se prestigiar, além do contraditório efetivo, a primazia na resolução do mérito e reconhecer que apenas o não recolhimento conduz à aplicação da pena de dobra.

Não fosse o suficiente, a não demonstração do recolhimento pode decorrer de fatores alheios à vontade do recorrente, como, por exemplo, o extravio da guia respectiva depois de juntada aos autos ou furto do documento antes de ser trazido aos autos, conquanto depois de protocolada a petição. Exigir o recolhimento dobrado sob pena de deserção seria aplicar penalidade em detrimento de quem não deu causa. Assemelhar-se-ia a reconhecer o cometimento de ato ilícito contra quem não o praticou.

Ademais, se o § 6º do art. 1.007 do Código de Processo Civil permite que o relator releve a pena de deserção quando o recorrente provar justo impedimento, bem assim o § 7º autoriza que o equívoco no preenchimento da guia de custas não implicará a aplicação da pena de deserção, deve-se, por igual razão, em caso de não comprovação, apesar do recolhimento, permitir que o recorrente supra a omissão no prazo de 5 dias. Não há diferenças substanciais entre as hipóteses a justificar tratamentos díspares.

Pois bem.

Estão dispensados do recolhimento de preparo (por suspensão da exigibilidade) aqueles que forem patrocinados pela Defensoria Pública e, em geral, os beneficiados pela gratuidade judiciária (STJ. REsp 245663/MG. DJU 20.03.00).

> A assistência judiciária de que goza a parte que interpõe o recurso principal não se estende à parte contrária, que dela não frui, pelo que imprescindível o recolhimento do preparo do adesivo, sob pena de deserção. (STJ. REsp 912.336, Rel. Min. Aldir Passarinho Jr., j. 2.12.10. 4ª T. Info 458)

> **IMPORTANTE!** Se o requerimento de concessão dos benefícios da gratuidade judiciária for efetuado apenas em grau de recurso (o que deverá seguir em simples petição separada), o recorrente ficará dispensado do recolhimento imediato do preparo. Se indeferido aquele (requerimento de concessão dos benefícios da gratuidade judiciária), o recorrente será intimado para fazer o recolhimento respectivo no prazo designado sob pena de deserção. Deve ser oportunizado ao recorrente prazo para efetuar o preparo, não sendo correta a declaração imediata da deserção (STJ. AgRg no REsp 836180/SP. DJU 18.06.07).

Também estão dispensados do recolhimento de preparo (por isenção), inclusive porte de remessa e de retorno, os recursos interpostos pelo Ministério Público, pela União, pelo Distrito Federal, pelos Estados, pelos Municípios, e respectivas autarquias[14], e pelos que gozam de isenção legal.

14. REPETITIVO. INSS. RECOLHIMENTO. PREPARO.[...] Sendo o INSS autarquia federal equiparada em prerrogativas e privilégios à Fazenda Pública, nos termos do artigo 8º da Lei 8.620/93, não lhe é exigível o depósito prévio do

Embora reconhecida a isenção quanto ao recolhimento do preparo, a interposição de qualquer recurso pelas pessoas jurídicas de direito público federais, estaduais, distritais e municipais deve estar condicionada ao recolhimento prévio da multa punitiva (penalidade), sob pena de ter o seu conhecimento negado (STJ. REsp 753245/SP. DJU 10.10.05).

Especificamente no processo em autos eletrônicos, a independer de quem seja o recorrente, é dispensado o recolhimento do porte de remessa e de retorno.

Por fim, a superar anterior entendimento sufragado pelo Superior Tribunal de Justiça, que, num movimento de construção de uma jurisprudência defensiva, entendia ser deserto o recurso, quando a guia de custas fosse equivocadamente preenchida, passou a dispor o § 7º do art. 1.007, que: "o equívoco no preenchimento da guia de custas não implicará a aplicação da pena de deserção, cabendo ao relator, na hipótese de dúvida quanto ao recolhimento, intimar o recorrente para sanar o vício no prazo de 5 (cinco) dias".

5. JUÍZO DE ADMISSIBILIDADE E DE MÉRITO RECURSAL

A verificação do preenchimento dos pressupostos de admissibilidade, necessários à apreciação do mérito recursal, recebe o nome de juízo de admissibilidade. É obrigatório e anterior ao juízo de mérito, devendo ser realizado de ofício. Em regra, ele é realizado pelo órgão recursal (excepcionalmente, no caso dos recursos extraordinário e especial, pode ser duplo, sendo, por isso, realizado, primeiramente, pelo tribunal *a quo* e, depois, pelo tribunal *ad quem*).

> Em algumas vezes, o órgão de interposição coincide com o de julgamento. A ele cabe fazer o juízo de admissibilidade inicial e, após ouvido o recorrido, efetuar novamente, podendo, neste caso, exercer o juízo de retratação concernente à admissibilidade recursal.

O não preenchimento de qualquer dos pressupostos de admissibilidade implica em juízo de admissibilidade negativo, que deve ser expresso e fundamentado, pois a respectiva decisão tranca o acesso ao juízo de mérito. Contra ela (a decisão de inadmissibilidade do recurso), cabe interposição de agravo interno (ou de agravo o para o respectivo tribunal superior, que conheceria o recurso originário). Ao revés do juízo de admissibilidade negativo, o positivo pode ser implícito. Se o órgão passa a examinar o mérito recursal, decide pela admissibilidade.

Sendo conhecido o recurso interposto, por ser positivo o seu juízo de admissibilidade, o órgão julgador passa ao juízo de mérito, que está vertido aos vícios dos pronunciamentos jurisdicionais (*error in procedendo* e *error in iudicando*), oportunidade em que analisa se o inconformismo do recorrente, manifestado por suas afirmações, é procedente ou não. Sendo procedente, o recurso é provido. Sendo improcedente, é desprovido. Em ambos os casos, haverá substituição da decisão recorrida, conforme sua amplitude.

Atente-se, porém, que aquilo que se apresenta como pressuposto de admissibilidade para um recurso pode ser, para o recurso seguinte, o seu mérito. Se, a título de exemplo, uma de apelação foi monocraticamente inadmitida pelo relator por suposta intempestividade. Contra

---

preparo para fins de interposição de recurso, podendo efetuá-lo ao final da demanda, se vencido (CPC, artigo 27). REsp 1.101.727, rel. Min. Hamilton Carvalhido, j. 2.8.10. Corte Especial. (Info 441)

esta decisão, interpôs-se agravo interno. Assim, nesse caso, tem-se que, para a apelação, a tempestividade é pressuposto de admissibilidade, enquanto que, para o agravo interno, aquela é mérito, embora, também, deva ser tempestivo (o agravo interno) para ser admitido.

Para não se quedar em erro quanto à identificação de pressuposto de admissibilidade e mérito recursal, deve ser identificado o objeto litigioso do recurso. A análise não pode ser abstrata a considerar apenas a identificação do fenômeno jurídico. Deve-se analisar a relação do fenômeno com o objeto litigioso do recurso. Se a decisão versar a respeito do objeto litigioso do recurso (delimitado pelo inconformismo do recorrente em relação à decisão recorrida), ela será de mérito. Caso contrário, será de admissibilidade.

6. PRINCÍPIOS

São princípios (setoriais) que regem o sistema recursal cível brasileiro, dentre outros, os seguintes: a) taxatividade; b) singularidade (ou unirrecorribilidade ou unicidade); c) esgotamento das vias recursais; d) proibição da reforma para pior; e) fungibilidade; f) aplicação da lei vigente ao tempo da publicação da decisão; consumação; g) dialeticidade; h) voluntariedade; i) complementaridade; j) atos decisórios juridicamente relevantes. Abaixo, será analisado cada um desses princípios:

6.1. Taxatividade

A essência do recurso, que deve ser interposto em prazo peremptório por pessoa legitimada, é reformar ou anular decisão judicial. Se não estiver atrelado a um prazo peremptório, se não for interposto por legitimado recursal ou se não tiver a aptidão de reformar ou anular ato decisório, não será recurso.

Cada recurso tem previsão legal. Os legitimados, inconformados com a decisão, só podem fazer uso dos recursos previstos na legislação federal vigente. Expedientes atípicos ou que, conquanto típicos, não tenham a aptidão de reformar ou anular ato decisório, bem assim de ser interposto em prazo peremptório, não são recursos.

Afora as espécies arroladas no art. 994 do Código de Processo Civil, a legislação prevê outras espécies recursais, dentre elas, o "recurso" (conhecido por "recurso inominado"), previsto no art. 41 da Lei nº 9.099/95, e os embargos infringentes de alçada, previstos no art. 34 da Lei nº 6.830/80. Nada impede que outras espécies venham a ser criadas.

Por não preencherem um ou mais elementos que compõe o núcleo de definição (anteriormente apresentados), o pedido de reconsideração, o recurso adesivo, a correição parcial, o reexame necessário, a suspensão de segurança e a reclamação não são consideradas espécies recursais.

Confira-se:

a) Pedido de reconsideração:

O *pedido de reconsideração* é expediente comumente utilizado na prática, mas sem qualquer amparo legal. Ele é atípico. Como a locução adjetiva sugere, trata-se de pedido formulado por pessoa interessada (geralmente a parte) para que o órgão prolator da decisão reconsidere o ato por ele praticado.

Em regra, ele (o pedido de reconsideração) não substitui o recurso cabível (a fazer às vezes deste), mas é pacífico o entendimento, junto ao Superior Tribunal de Justiça, quanto à possibilidade de recebimento de pedido de reconsideração como agravo regimental (STJ. AgRg no Ag 818916/RJ. DJU 12/03/07).

O pedido de reconsideração não interrompe ou suspende o prazo para interposição de recurso, além do que sua aplicação prática está restrita às decisões provisórias, porque as definitivas, ao porem fim à fase perante a instância, só podem ser alteradas mediante a interposição de recurso.

b) Recurso adesivo:

O *recurso adesivo* constitui forma (e não espécie) de interposição recursal secundária, quando há sucumbência recíproca dos litigantes e a parte adversa interpõe recurso independente. Em um primeiro momento, uma das partes, apesar de sucumbente, conforma-se e resolve não interpor recurso caso a outra não interponha. Todavia, a constatar que a parte adversa interpôs recurso, aproveita o ensejo para, no prazo das contrarrazões ao recurso da parte adversa, aderir, manifestando aí suas razões de inconformismo, mediante interposição de recurso na forma adesiva, de modo que ele seja conhecido pelo órgão recursal por ocasião de julgamento.

Assim, havendo sucumbência recíproca, uma das partes entende que, se a adversa não recorrer, o resultado da sentença, embora não fosse o melhor, ser-lhe-ia aceitável. Mas, como a parte adversa resolve recorrer, ela, dentro do prazo para apresentação de contrarrazões, aproveita e interpõe recurso de forma adesiva. A interposição de recurso na forma adesiva visa à afirmação da duração razoável do processo, na medida em que desestimula a investida recursal na forma principal, porque o recorrido tem a faculdade de interpor recurso na forma adesiva, que poderá reformar ou anular o pronunciamento decisório e, assim, impor a sucumbência total caso provido o recurso interposto na forma adesiva.

Haverá sucumbência recíproca quando uma ação (algumas ou todas as ações) não for (forem) julgada(s) totalmente procedente(s) ou, se houver cumulação, uma(s) for (forem) julgada(s) procedente(s) e outra(s), improcedente(s). Logo, não precisa que a sucumbência parcial seja verificada exclusivamente no mesmo capítulo do ato decisório.

IMPORTANTE! Foi dito acima que, para possibilitar a interposição de recurso na forma adesiva, há necessidade de verificação de sucumbência recíproca. É mais preciso, porém, entender-se que a interposição de recurso na forma adesiva está possibilitada quando, ao recorrente, estiver aberta a interposição do recurso na via principal e a parte contrária interpuser recurso.

Nas ações reparatórias por danos morais não há sucumbência recíproca. Esta é a orientação estabelecida pelo enunciado 326 da súmula do STJ: "Na ação de indenização por dano moral, a condenação em montante inferior ao postulado na inicial não implica sucumbência recíproca". Porém, isso não força concluir que contra tal decisão não caiba recurso pela parte vencedora.

A parte vencedora está autorizada a interpor recurso contra a decisão, que tenha julgado procedente a ação de reparação por danos morais, quando não atender à estimativa apresentada na petição inicial. Estando aberta a via principal, está também aberta a adesiva, se interposto recurso pela parte contrária (STJ. REsp 944218/PB. DJe 29.09.09).

Por idêntica razão, "julgadas extintas a ação e a reconvenção, por ausência de condição da ação, não descaracteriza a sucumbência recíproca apta a propiciar o manejo do recurso adesivo, pois 'sucumbência recíproca' há de caracterizar-se conforme o teor do julgamento considerado em seu conjunto; não exclui a incidência do § 2º do art. 997 o fato de haver cada uma das partes obtido vitória total neste ou naquele capítulo" (STJ. REsp 1109249/RJ. DJe 19.03.13).

Entende o STJ que a previsão do manejo de recurso adesivo no sistema processual brasileiro visa a atender política legislativa e judiciária de julgamento, em prazo razoável, das ações. Logo, não se deveria interpretar restritivamente o § 2º do art. 997 do que se faria com os artigos alusivos à apelação e aos recursos extraordinários, pois, ao recurso adesivo, aplicam-se regras do recurso independente, quanto às condições de admissibilidade, preparo e julgamento (salvo disposição legal diversa).

É possível às partes (e somente a elas[15]) o uso da via adesiva para interpor apelação, recurso especial e extraordinário, exclusivamente, ainda que mínima a sucumbência, ficando a apreciação do mérito do recurso interposto na forma adesiva subordinada ao conhecimento do recurso principal. Se o recurso independente for uma apelação, o adesivo será uma apelação adesiva. Se for extraordinário e/ou especial, o adesivo também será extraordinário e/ou especial.

O recurso adesivo não poderá adotar natureza diversa da do principal. Por isso, no recurso ordinário constitucional, a considerar que, para a outra parte, o recurso interponível, salvo exceções[16], é outro, que não o ordinário (quais seja, recurso extraordinário ou especial), pelo que não cabe interposição de recurso ordinário na forma adesiva[17].

Sua interposição (do recurso na forma adesiva) não está condicionada à apresentação de contrarrazões ao recurso principal, porque os institutos são independentes, a restar assegurado, pela ampla defesa e contraditório, tanto o direito de recorrer, como o de responder ao recurso (STJ. EDcl no REsp 171543/RS. DJU 16.06.00). Apesar disso, em algumas situações, as contrarrazões do recurso de apelação assemelham-se a uma apelação adesiva. De fato, o § 1º do art. 1.009 do CPC dispõe que "as questões resolvidas na fase de conhecimento, se a decisão a seu respeito não comportar agravo de instrumento, não são cobertas pela preclusão e devem ser suscitadas em preliminar de apelação, eventualmente interposta contra a decisão final, ou nas contrarrazões". Pode ocorrer, então, de as contrarrazões da apelação devolverem ao tribunal ad quem questões analisadas via decisão interlocutória proferida no curso da fase de conhecimento. A análise das questões devolvidas em contrarrazões depende do conhecimento da apelação. Se esta não for admitida, as questões suscitadas naquelas ficarão prejudicadas.

Mas, apesar de se assemelharem a um recurso adesivo, as contrarrazões com ele não se confundem, porque: a) podem ser apresentadas mesmo que não haja sucumbência recíproca; b) só devolvem questões ao Tribunal quando apresentadas especificamente em recurso de apelação; c) a delimitação da amplitude do efeito devolutivo está diretamente relacionada às decisões interlocutórias proferidas antes da sentença, contra as quais não caiba recurso de agravo de instrumento; d) não podem ser apresentadas em via principal, pois sempre dependem

15. Sendo interposto recurso principal, terceiro prejudicado não pode fazer uso da via adesiva.
16. Exceções consideradas por conta da interposição bilateral contra sentença proferida nas causas em que forem partes, de um lado, Estado estrangeiro ou organismo internacional e, do outro, Município ou pessoa residente ou domiciliada no país.
17. Ver capítulo "RECURSO ORDINÁRIO CONSTITUCIONAL".

da interposição de apelação pela parte contrária. Por não se confundirem as contrarrazões com recurso adesivo e a considerar suas particularidades, aquelas passam aqui a serem chamadas de apelação condicionada.

O recurso interposto na forma adesiva deve, porém, atender aos pressupostos de admissibilidade relativos à espécie recursal principal. Por isso, não será admitida a interposição adesiva, quando utilizado (o recurso adesivo) por quem já consumou, na forma principal, o direito de recorrer.

No STJ, há entendimento "pela possibilidade de interposição de recurso na forma adesiva mesmo que patente a manobra de contornar a eventual perda de prazo para a interposição do recurso principal, desde que atendidos os requisitos estabelecidos no art. 997 do CPC" (STJ. REsp 1076522/AL. DJe 12.12.08). Mas, o majoritário é que "o recurso adesivo é inadmissível pela parte que já interpusera recurso autônomo, ainda que não conhecido, ante a ocorrência de preclusão consumativa"[18] (STJ. REsp 739632/RS. DJe 15.05.07).

Assim, prevalece o entendimento de que, se interposto recurso principal, que não venha a ser admitido, não pode a parte que o interpôs, em face da preclusão consumativa, aproveitar o recurso da parte adversa para recorrer adesivamente.

Também não pode o legitimado interpor um recurso contra parte da decisão pela via principal e, depois, pela via adesiva, outro contra a parte restante. Além de tal situação encontrar óbice na preclusão consumativa, há contrariedade à unicidade recursal.

O prazo para recorrer (apresentar razões) é o mesmo para apresentar contrarrazões (15 dias). Trata-se de consectário da isonomia. Relativamente à Fazenda Pública, à Defensoria Pública e ao Ministério Público, eles gozam do prazo dobrado para manifestar-se nos autos. Logo, Têm prazo dobrado para interpor recurso na forma adesiva (STJ. EDcl no REsp 171543/RS. DJU 14.08.00).

Imprescindível, para questões de tempestividade recursal, que o recurso interposto na forma adesiva receba a nomenclatura do recurso principal acompanhada da expressão "adesivo", ou, pelo menos, faça referência ao seu fundamento legal. Em termos de exemplo: foi interposto um recurso de apelação e a parte recorrida, no prazo de resposta, interpôs, também, um recurso de apelação. Este último somente será admitido se, dentre outros pressupostos de admissibilidade recursal, atender à tempestividade.

Se o recurso apresentado pela parte recorrida não vier acompanhado da expressão "adesivo" (ou não fizer referência ao fundamento legal – art. 997 do CPC), será entendido que foi interposto na forma principal. Assim, seu prazo de interposição será de 15 (quinze) dias, contados a partir da data da intimação da sentença. Caso venha acompanhado da expressão "adesivo" (ou do respectivo fundamento legal), será considerado como tal, e o seu prazo de interposição será o de apresentação de contrarrazões (15 dias contados a partir da data da respectiva intimação para apresentar resposta).

Foi por essa razão (não acompanhamento da expressão "adesivo" ou da indicação do fundamento legal), que o Superior Tribunal de Justiça tem precedentes no sentido de a

18. Precedentes: AgRg nos EREsp 611395/MG, Corte Especial, publicado no DJ de 01.08.2006; AgRg no Ag 487381/SC, Segunda Turma, publicado no DJ de 15.09.2003; REsp 179586/RS, Segunda Turma, publicado no DJ de 18.12.2000; REsp 245768/SP, Quarta Turma, publicado no DJ de 22.05.2000; e REsp 75573/RS, Quarta Turma, publicado no DJ de 16.03.1998.

fungibilidade não autoriza que se supere a tempestividade com vistas a receber o recurso principal como recurso adesivo, máxime quando o recorrente não faz qualquer menção ao art. 997, § 2º, do CPC, por se traduzir em erro grosseiro (STJ. AgRg no REsp 1178060/MG. DJe 17.11.10).

Se, no prazo de contrarrazões, ainda houver tempo para interpor recurso principal, a parte pode escolher por interpor este ou o adesivo. A vantagem de interpor recurso principal seria que a admissibilidade não dependeria da admissibilidade do outro principal. Isso, porém, não estimularia a parte adversa a desistir do seu recurso. Este estímulo decorreria do recurso adesivo, que, outrossim, dispõe de mais tempo para seu manejo, porque o prazo de interposição conta da resposta e não da intimação da decisão recorrida.

Quanto à tempestividade, ainda, o art. 997, § 2º, I, do CPC dispõe que o recurso adesivo "será dirigido ao órgão perante o qual o recurso independente fora interposto, no prazo de que a parte dispõe para responder". A pergunta: a interposição do recurso adesivo deve ser simultânea às contrarrazões do recurso principal? A resposta é positiva. O recurso adesivo não pode ser interposto depois de apresentada a resposta ao recurso principal, porque se verificará a preclusão consumativa.

O recurso interposto na forma adesiva não será conhecido, se houver desistência do recurso principal ou se for ele considerado inadmissível, o que não ocorre no inverso, ou seja, não fica prejudicado o conhecimento do recurso principal, se houver desistência do recurso adesivo ou se for ele considerado inadmissível.

A desistência do recurso principal não impede a análise de questão cuja repercussão geral já tenha sido reconhecida e daquela objeto de julgamento de recursos extraordinários ou especiais repetitivos.

Outrossim, não porque admitido o recurso principal, que estará automaticamente admitido o adesivo. Tal dependerá do preenchimento dos pressupostos de admissibilidade do recurso interposto na forma adesiva. Logo, para ser admitido o recurso adesivo, é preciso que, além de ser admitido o recurso principal (pressuposto específico), sejam preenchidos os pressupostos gerais de admissibilidade do respectivo recurso.

c) Correição parcial:

A *correição parcial*, que tem referências no art. 6º, I, da Lei nº 5.010/66 e no art. 32, I, da Lei nº 8.625/93, é medida administrativa, de natureza jurídico-correcional, destinada a regularizar o serviço forense, frente à prática de erros ou de abusos, que invertam (ou tumultuem) a ordem dos atos a praticados no processo. Não é considerada um recurso, porque, além de não ter previsão na legislação federal, pode ser utilizada a qualquer tempo. Aliás, os próprios preceitos que versam acerca da correição parcial condicionam sua utilização à inexistência de recurso interponível contra o ato processual causador do inconformismo.

d) Remessa necessária:

A remessa necessária constitui nova análise, por órgão judicial superior, de determinadas sentenças proferidas contra pessoas jurídicas de direito público (ainda que elas interponham recurso), com o objetivo de resguardar o interesse público. Trata-se de condição à formação da coisa julgada, não configurando (segundo entendimento jurisprudencial) espécie recursal[19]. Justificam essa ilação, quanto à natureza da remessa, porque: a) o juiz, que determina a remessa, não tem legitimidade recursal; b) ela ocorre independentemente da manifestação tempestiva de quem quer que seja; c) o Código de Processo Civil a alocou em capítulo destinado ao tratamento da sentença e da coisa julgada.

De acordo com o art. 496 do CPC, está sujeita ao duplo grau de jurisdição, não produzindo efeito senão depois de confirmada pelo tribunal, a sentença: a) proferida contra a União, os Estados, o Distrito Federal, os Municípios e suas respectivas autarquias e fundações de direito público; b) que julgar procedentes, no todo ou em parte, os embargos à execução fiscal. Não interposta, contra a sentença, apelação no prazo legal, o juiz ordenará a remessa dos autos ao tribunal, e, se não o fizer, o presidente do respectivo tribunal avocá-los-á. Em qualquer dos casos, o tribunal julgará a remessa necessária. Por isso que o enunciado 423 do STF (que adota terminologia do CPC/1039) orienta: "não transita em julgado a sentença por haver omitido o recurso *ex-officio* que se considera interposto *ex lege*".

IMPORTANTE! O enunciado 620 da súmula do Supremo Tribunal Federal orienta que "a sentença proferida contra autarquias não está sujeita a reexame necessário, salvo quando sucumbente em execução de dívida ativa". Antes da Lei nº 10352/2001, o art. 475, II, do CPC/1973 (de redação originária de 1973) previa que "está sujeita ao duplo grau de jurisdição, não produzindo efeito senão depois de confirmada pelo tribunal, a sentença [...] proferida contra a União, o Estado e o Município;

No dispositivo não havia referência à 'autarquia'. A partir da encimada Lei nº 10352/2001, a novel redação do dispositivo passou a ser: "está sujeita ao duplo grau de jurisdição, não produzindo efeito senão depois de confirmada pelo tribunal, a sentença [...] proferida contra a União, o Estado, o Distrito Federal, o Município, e as respectivas autarquias e fundações de direito público". Se, antes da Lei nº 11.232/2001, não se fazia menção às autarquias, a partir de então, passou-se a fazer.

Sob a vigência do CPC/2015, o inciso I do art. 496 passou a dispor, em mesma dimensão (quanto à sua amplitude), que "está sujeita ao duplo grau de jurisdição, não produzindo efeito senão depois de confirmada pelo tribunal, a sentença [...] proferida contra a União, os Estados, o Distrito Federal, os Municípios e suas respectivas autarquias e fundações de direito público".

O enunciado 620 do STF é do ano de 1984. Ele restringia a remessa necessária às hipóteses legais previstas para além do art. 475, II, do CPC/1073 (em sua redação originária). Contudo, a partir da Lei nº 11.232/2005, que deu nova redação ao dispositivo do CPC/1973 e, por idêntica razão, sob a vigência do CPC/2015, não há dúvidas que o enunciado do STF foi superado, porque as sentenças proferidas contra as autarquias passaram a estar sujeitas à remessa necessária (STJ. REsp 942150/SE. DJe 26.06.09).

Entretanto, mesmo que verificada uma das hipóteses de remessa necessária prevista no art. 496 do Código de Processo Civil, ele não se realizará quando:

a) a condenação ou o proveito econômico obtido na causa for de valor certo e líquido inferior a: a.1) 1.000 salários-mínimos para a União e as respectivas autarquias e fundações de direito público; a.2) 500 salários-mínimos para os Estados, o Distrito Federal, as respectivas autarquias e fundações de direito público e os Municípios que

19. Há respeitável segmento doutrinário em posição contrária, a entender que, no plano de delimitação estabelecido pela tradicional definição de recurso, que a remessa necessária constitui uma espécie, pois estaria mais próxima de ser um recurso do que uma condição de formação da coisa julgada.

constituam capitais dos Estados; a.3) 100 salários-mínimos para todos os demais Municípios e respectivas autarquias e fundações de direito público.

b) a sentença estiver fundada em: b.1) súmula de tribunal superior; b.2) acórdão proferido pelo Supremo Tribunal Federal ou pelo Superior Tribunal de Justiça em julgamento de recursos repetitivos; b.3) entendimento firmado em incidente de resolução de demandas repetitivas ou de assunção de competência; b.4) entendimento coincidente com orientação vinculante firmada no âmbito administrativo do próprio ente público, consolidada em manifestação, parecer ou súmula administrativa.

Há, pois, dois critérios cumulativos a serem considerados, para verificar se haverá, ou não, remessa necessária. Um primeiro econômico e um segundo jurisprudencial. Não se submeterá a sentença à remessa necessária quando o valor do bem jurídico objeto da sentença for inferior aos patamares estabelecidos pelo § 3º do art. 496 do CPC. Se superior, só haverá remessa se a sentença, também, não estiver de acordo com os precedentes indicados pelo § 4º do referido dispositivo legal.

De uma só vez, pois, o art. 496 do Código de Processo Civil, quando estabelece exceções nos §§ 3º e 4º, busca prestigiar a economia (a se evitar que seja movimentada a máquina estatal para analisar novamente questões consideradas de menor monta econômica, as quais nem as partes manifestaram interesse via recurso de apelação) e a segurança jurídica (para se afirmar determinadas espécies de precedentes e a própria orientação firmada no âmbito do respectivo ente público).

Se a sentença proferida for ilíquida, a remessa necessária é obrigatória (STJ: EREsp 934.642/PR, DJe 04.11.09). Por isso que foi editado o enunciado 490 da súmula do STJ, editada sob a vigência do CPC/1973, que estabelecia outros patamares numéricos (que eram idênticos, conquanto diferentes a pessoas de direito público): "a dispensa de reexame necessário, quando o valor da condenação ou do direito controvertido for inferior a 60 salários mínimos, não se aplica a sentenças ilíquidas".

Se, no caso da sentença ilíquida, posteriormente, vier a ser apurado o seu valor e identificado que o direito controvertido era, na verdade, inferior a ao patamar econômico mínimo para a realização da remessa necessária, a teor do que estabelece o § 3º do art. 496 do Código de Processo Civil, permanece eficaz o resultado seguinte à remessa necessária. E, sobre ele, não pesará qualquer vício de validade, a se considerar que a liquidação da sentença não teria efeito desconstitutivo, relativamente à remessa necessária.

Fica uma indagação: pode haver reexame necessário de decisão interlocutória definitiva de mérito? O *caput* do art. 496 estabelece que está sujeita ao duplo grau de jurisdição, não produzindo efeito senão depois de confirmada pelo tribunal, a "sentença". Só que esse vocábulo está empregado em sentido amplo, a contemplar, por conseguinte, as decisões parciais de mérito. Se o valor do bem jurídico objeto de discussão resolvida em cada decisão parcial de mérito for superior aos limites econômicos mínimos e não estiver conforme os precedentes indicados, haverá remessa necessária das decisões[20].

20. Os autores desse livro passaram a entender que a remessa deve ser realizada em relação a cada decisão de mérito proferida no processo, individualmente considerada. Ponderaram o fato da inclusão da decisão parcial de mérito no sistema jurídico como nova espécie de decisão interlocutória, antes vedada pelo dogma da unidade

IMPORTANTE! O art. 14, § 1º da Lei nº 12.016/09 (atual Lei do Mandado de Segurança), que traz disposição semelhante à constante no antigo art. 12, parágrafo único, da Lei nº 1.533/51 (antiga Lei do Mandado de Segurança), em antinomia legislativa ao art. 496 do Código de Processo Civil, contém disposição específica, a estabelecer que, "concedida a segurança, a sentença estará sujeita obrigatoriamente ao duplo grau de jurisdição".

Ante a especialidade, é inaplicável ao mandado de segurança a disposição do art. 496 do CPC, (STJ. EREsp 654839/SP. DJU 1.10.07). Logo, independentemente do valor controvertido, no mandado de segurança, se houver concessão da ordem mandamental, haverá remessa necessária. Diga-se o mesmo em relação às sentenças que, na ação popular (art. 19 da Lei nº 4.717/65) ou na ação civil pública (STJ. REsp 1108542/SC. DJe 12.05.09), reconhecem a carência do direito de ação ou julga improcedente a ação. Independentemente do valor, estarão submetidas à remessa.

e) Suspensão de segurança:

A *suspensão de segurança (ou suspensão de liminar)*, conforme dispõe o art. 15 da Lei nº 12.016/2009, constitui requerimento formulado ao tribunal *ad quem* com o objetivo de alcançar a imediata suspensão dos efeitos de decisão proferida em mandado de segurança pelo juízo *a quo*, a se evitar, com isso, grave lesão à ordem, à saúde, à segurança e à economia públicas. O art. 4º da Lei nº 8.437/1992 possibilita a formulação, ao presidente do tribunal competente, de pedido de suspensão de qualquer tutela provisória.

Na suspensão de segurança (ou suspensão de liminar), ao contrário do que acontece com os recursos, não se discute o mérito da decisão com a finalidade de sua reforma ou de sua anulação. A discussão é essencialmente política e se visa unicamente à suspensão dos efeitos da decisão objeto do encimado remédio processual. É por isso que, das decisões proferidas em suspensão de liminar, não cabe recurso especial, já que este objetiva discutir argumentos referentes ao exame de legalidade, enquanto que o pedido de suspensão, repita-se, ostenta juízo político (STJ. AgRg no AREsp 126.036/RS. DJe 04.12.12).

f) Reclamação:

A *reclamação*[21] tem natureza jurídica de ação, que visa a preservar a competência

---

estrutural da sentença, conforme orientação do Superior Tribunal de Justiça. Sob a vigência do CPC/1973, não se poderia falar em remessa necessária de decisão parcial de mérito, porque ela não prevista. Agora, entretanto, a partir do CPC/2015, o art. 356 previu a decisão parcial de mérito, pelo que não se pode divorciar este instituto do reexame necessário. Portanto, o reexame necessário deve ser realizado em decisão parcial de mérito, individualmente considerada, desde que preenchidos os requisitos do art. 496 do Código de Processo Civil. Se não preenchidos os requisitos referidos, deve-se dispensar o reexame sobre a decisão parcial de mérito, ainda que, por exemplo, o seu valor, somado ao de outras decisões de mérito que venham a ser proferidas no curso do processo até a sentença, superem a alçada de cabimento. Não é necessário, por isso, aguardar a prolação da sentença para analisar o cabimento ou não do reexame necessário de todo o conjunto decisório, composto por sentença e anteriores decisões parciais de mérito. A análise de cabimento é individual e considera cada ato decisório. Pensar o contrário seria praticamente abolir o uso de decisão parcial de mérito contra a a União, os Estados, o Distrito Federal, os Municípios e suas respectivas autarquias e fundações de direito público. Em consequência, a promessa de concretização da garantia da duração razoável do processo estaria quebrada, pois dever-se-ia aguardar a prolação da sentença para só então ser realizada a remessa necessária. Essa solução, agora se percebe, não é compatível com normas fundamentais dispostas tanto no Código de Processo Civil quanto na própria Constituição da República.

21. SUSPENSÃO. RCL. JUIZADOS ESPECIAIS.[...] A suspensão liminar de que trata o art. 2º, I, da Resolução/STJ 12/2009, que disciplinou o ajuizamento de Reclamações para impugnação de decisões dos juizados especiais estaduais contrárias à jurisprudência consolidada no STJ, não atinge os processos com decisões já transitadas em julgado perante os juizados de origem, ainda que pendente execução judicial. A idéia que norteou a Resolução 12/2009 é a de, suspendendo os processos em trâmite perante os juizados estaduais, permitir que, após julgada

dos Tribunais e garantir a autoridade de suas decisões[22] (STF. Rcl-AgR 3102/RS. DJU 07.12.06) (STJ. AgRg nos EDcl na Rcl 2339/SP. DJU 12.04.07). Ela não é recurso porque não desempenha tal função (não enseja anulação ou reforma de decisão, e sim prevalecimento de decisão advinda de órgão judicial hierarquicamente superior e/ou afirmação de sua competência).

O STF já proclamou que "a reclamação não pode constituir via adequada a cassar decisão do próprio Tribunal" (STF. Rcl 647/RJ. DJU 19.06.97). Assim sendo, "não cabe reclamação contra decisões dos membros do Supremo Tribunal Federal" (STF. Rcl 4591 AgR/DF. DJU 08.10.09) "ou qualquer de seus órgãos" (STF. Rcl 2090 AgR/MG. DJU 01.07.09). Isso, porque "tais decisões são juridicamente imputados à autoria do próprio Tribunal em sua inteireza" (STF. Rcl 3916 AgR/AP. DJU 25.08.06).

---

a reclamação, as Turmas Recursais conformem suas decisões ao que ficar estabelecido no Tribunal Superior. Se a causa já foi julgada a suspensão do processo não estará apta a cumprir esse objetivo. MC 16.568-TO, Rel. Min. Nancy Andrighi, j. 10.3.10. 2ª S. (Info 426)RECLAMAÇÃO E CONTROLE DE CONSTITUCIONALIDADE1. O STF, ao julgar a ADI 2868, examinou a validade constitucional da Lei piauiense 5.250/02. Diploma legislativo que fixa, no âmbito da Fazenda estadual, o quantum da obrigação de pequeno valor. Por se tratar, no caso, de lei do Município de Indaiatuba/SP, o acolhimento do pedido da reclamação demandaria a atribuição de efeitos irradiantes aos motivos determinantes da decisão tomada no controle abstrato de normas. Tese rejeitada pela maioria do Tribunal. 2. Inexistência de identidade entre a decisão reclamada e o acórdão paradigmático. Enquanto aquela reconheceu a inconstitucionalidade da Lei municipal 4.233/02 "por ausência de vinculação da quantia considerada como de pequeno valor a um determinado número de salários mínimos, como fizera a norma constitucional provisória (art. 87 do ADCT)", este se limitou "a proclamar a possibilidade de que o valor estabelecido na norma estadual fosse inferior ao parâmetro constitucional". Rcl 3014, rel. Min. Ayres Britto, 10.3.10. Pleno. (Info 578)Em atual precedente, o STJ estabeleceu que as reclamações advindas dos Juizados Especiais Estaduais para aquela corte de justiça só seriam admitidas de fundadas em enunciados de súmula de jurisprudência ou em tese firmada a partir do julgamento de recursos repetitivos. Eis a notícias veiculada no sítio eletrônico daquela casa:Segunda Seção limita uso de reclamações contra decisões da Justiça especial estadualA Segunda Seção do Superior Tribunal de Justiça (STJ) decidiu limitar a admissibilidade de reclamações contra decisões de turmas recursais dos juizados especiais estaduais. Segundo a ministra Nancy Andrighi, que apresentou a proposta, o objetivo do novo procedimento para o processamento das reclamações é reduzir a análise às questões que estejam cristalizadas por súmulas ou em teses adotadas no julgamento de recursos repetitivos (artigo 543-C do Código de Processo Civil).Com isso, serão admitidas somente as reclamações em que seja contestada decisão de turma recursal dos juizados especiais que divirja de entendimentos já sumulados no STJ ou já pacificados por meio de julgamento de recurso repetitivo. Conforme a Seção deliberou, serão analisadas apenas questões de direito material, não podendo ser discutido direito processual. Fora desses critérios, as decisões consideradas aberrantes serão avaliadas individualmente.Os ministros ainda observaram que, uma vez inadmitido o processamento da reclamação por decisão individual do relator, havendo recurso (agravo regimental) para que a Seção decida quanto à admissibilidade, tais agravos não serão conhecidos por decisão monocrática do relator.A proposta foi apresentada em voto-vista da ministra Andrighi no julgamento de uma reclamação contra decisão da Terceira Tuma Recursal dos Juizados Especiais do Espírito Santo. Por não preencher os requisitos definidos pela Seção, a reclamação não foi conhecida.Em 2009, amparado em entendimento do Supremo Tribunal Federal, o STJ decidiu que, enquanto não fosse criada turma de uniformização das decisões dos juizados especiais estaduais, as reclamações seriam aceitas para dirimir divergência entre essas decisões e sua própria jurisprudência.Desde então, quando editou a Resolução 12, que regulamentou a tramitação desse tipo de reclamação, o STJ vem recebendo centenas de processos contra decisões das turmas recursais dos juizados especiais estaduais. A Segunda Seção, que julga questões de Direito Privado, foi a que mais recebeu processos.As reclamações têm prioridade na tramitação e devem continuar chegando ao STJ até que se crie um órgão nacional de uniformização de jurisprudência para os juizados especiais estaduais, da forma como já existe na Justiça Federal. Em 2009, o STJ recebeu 150 reclamações provenientes desses juízos; em 2010, foram 829, e em 2011, até o momento, já são cerca de 1.500.Fonte: STJ.

22. Rcl. Oportunidade. Regularização.Para o min. rel., a Rcl com previsão na Res. 12/09-STJ, que não se confunde com a Rcl prevista no art. 105, I, da CF, quanto a sua formação mais se assemelharia ao agravo de instrumento previsto no art. 544 do CPC, no qual não se cogita a abertura de prazo para a juntada posterior de peça essencial. No caso, a reclamante não juntou aos autos a certidão de publicação do acórdão impugnado da turma recursal de juizado especial. RCDesp na Rcl 4.414, rel. Min. Raul Araújo Filho, j. 10.11.10. 2ª S. (Info 455)

De outra parte, "não é a reclamação instrumento que possa corresponder a pedido de reconsideração de *decisum* da Corte" (STF. Rcl 647/RJ. DJU 19.06.97). Em verdade, ela "não é via processual adequada, no Supremo Tribunal Federal, à impugnação de suas decisões" (STF. Rcl-AgRg 3.316/RJ. DJU 21.06.05). A impugnação das decisões do STF se faz nos termos da legislação processual, por meio de recursos.

Não há prazo para sua apresentação, porque seria um contrassenso condicionar a afirmação da competência e respeito das decisões emanadas das instâncias superiores à verificação de prazo. Não é a perda de um prazo que vai fazer com que, por exemplo, a decisão proferida pela instância superior seja desconsiderada em razão de decisão proferida por órgão inferior vinculado. Entretanto, a reclamação não é cabível quando transitada em julgada a decisão que poderia ser seu objeto.

Para a parte ajuizar reclamação, é necessária a subscrição de advogado. Todavia, ela pode ser intentada pelo Ministério Público, razão por que se afastaria tal exigência.

A decisão proferida em reclamação faz coisa julgada material.

Maiores considerações em torno da reclamação são delineadas em capítulo próprio.

6.2. Singularidade (ou unirrecorribilidade ou unicidade)

A singularidade se consubstancia na exigência de o recorrente atacar cada decisão por apenas um recurso. Para o STJ, "o princípio da unirrecorribilidade não admite interposição simultânea de recursos pelo mesmo legitimado contra a mesma decisão" (STJ. REsp 799490/RS. DJe 30.05.11). Se um dos recursos for incabível, não haverá desrespeito à unicidade, pelo que se o segundo recurso for o adequado, será admitido, caso atenda aos demais pressupostos de admissibilidade, em relação ao primeiro.

IMPORTANTE! A unirrecorribilidade não veda a interposição de um único recurso para impugnar mais de uma decisão (STJ. REsp 1112599/TO. DJe 05.09.12). Possibilita-se que duas ou mais decisões sejam atacadas por único recurso ou por recursos distintos.

Questão de Concurso

▶ **(FCC – Juiz de Direito – TJ - MS/2020) Quanto aos princípios recursais[23]:**

a) o princípio da taxatividade recursal tem sido mitigado, admitindo-se a criação de recursos não previstos expressamente em lei, desde que as partes criem tais recursos de comum acordo, como negócio jurídico-processual.

b) pelo princípio da singularidade ou unirrecorribilidade afirma-se que só se admite uma espécie recursal como meio de impugnação de cada decisão judicial, mostrando-se defeso interpor sucessiva ou concomitantemente duas espécies recursais contra a mesma decisão.

c) o princípio da dialeticidade diz respeito ao elemento volitivo, ou seja, à vontade da parte em recorrer, expressa na interposição do recurso correspondente à situação jurídica dos autos.

d) o princípio da fungibilidade não foi previsto normativamente no atual ordenamento jurídico processual, não mais se podendo receber um recurso por outro em situações de pretensa dúvida.

e) o princípio da reformatio in pejus, ou seja, reforma para piorar a situação de quem recorre, não foi admitido em nenhuma hipótese no atual processo civil brasileiro.

23. Gabarito: B.

São exceções à singularidade: a) interposição simultânea de recursos especial e extraordinário contra um mesmo acórdão (porquanto o STF e o STJ, que são os órgãos recursais, os quais poderão analisar o mesmo processo, têm competências diversas); b) decisão de tribunal local, composta de mais de um capítulo autônomo que, num, inadmita recurso de natureza extraordinária e, noutro, entenda por prejudicado o recurso (situação em que comportaria, de forma simultânea, a interposição, respectivamente, de agravo e de agravo interno)[24].

> Enunciado 77 do CJF. Para impugnar decisão que obsta trânsito a recurso excepcional e que contenha simultaneamente fundamento relacionado à sistemática dos recursos repetitivos ou da repercussão geral (art. 1.030, I, do CPC) e fundamento relacionado à análise dos pressupostos de admissibilidade recursais (art. 1.030, V, do CPC), a parte sucumbente deve interpor, simultaneamente, agravo interno (art. 1.021 do CPC) caso queira impugnar a parte relativa aos recursos repetitivos ou repercussão geral e agravo em recurso especial/extraordinário (art. 1.042 do CPC) caso queira impugnar a parte relativa aos fundamentos de inadmissão por ausência dos pressupostos recursais.

6.3. Esgotamento das vias recursais

Exigência de que o recorrente esgote os recursos cabíveis perante a instância *a quo* antes de interpor recurso para o tribunal *ad quem*. A ausência de interposição de recurso cabível na instância *a quo* conduz, regra geral, à inadmissibilidade do recurso subsequente, porquanto inadmissível a figura do recurso *per saltum*. Apenas para dar um exemplo, não pode ser interposto recurso de natureza extraordinária, para o STF e/ou STJ, contra decisão monocrática proferida por tribunal local, porque, contra ela, cabe a interposição de agravo interno.

6.4. "Non reformatio in peius"

Constitui-se na impossibilidade de o órgão recursal decidir em prejuízo do único recorrente, uma vez que, por estar vinculado ao princípio do dispositivo, aquele (o órgão recursal) deve lançar decisão delimitada na matéria impugnada e, pelo menos como regra, no pedido formulado pelo recorrente. É vedado julgamento fora da provocação recursal, que cause gravame ao recorrente[25].

---

24. Este é o entendimento do Superior Tribunal de Justiça: "RECURSO ESPECIAL NOS TERMOS DO ART. 543-C, § 7º, I, DO CPC. NÃO CABIMENTO. QUESTÃO DE ORDEM NO AG 1.154.599/SP. 1. A Corte Especial, no julgamento da Questão de Ordem no Ag 1.154.599/SP, entendeu ser incabível Reclamação ou Agravo contra decisão que nega seguimento a Recurso Especial com fundamento no art. 543-C, § 7º, I, do CPC. 2. A agravante afirma que o Recurso Especial contém capítulos autônomos, versando questões não solucionadas pelo Superior Tribunal de Justiça em recurso repetitivo. 3. In casu, para compatibilizar a orientação do STJ com a situação concreta, os capítulos distintos comportariam o seguinte tratamento: a) a parcela relativa à aplicação do art. 543-C, § 7º, I, do CPC mereceria impugnação mediante Agravo Regimental endereçado ao Tribunal a quo; b) quanto aos demais fundamentos, referentes a matéria não solucionada em recurso repetitivo, caberia o Agravo do art. 544 do CPC, dirigido ao STJ. 4. Agravo Regimental não provido".(AgRg na Rcl 9.404/RJ, Rel. Ministro HERMAN BENJAMIN, PRIMEIRA SEÇÃO, julgado em 14/08/2013, DJe 11/09/2013)
25. "A questão da legitimidade recursal é matéria de ordem pública, cujo conhecimento pode-se dar de ofício, sem que fique caracterizada reformatio in pejus" (STJ. AgRg no Ag 1381728/SP. DJe 30.09.11)."Os juros de mora constituem matéria de ordem pública e a alteração de seu termo inicial, de ofício, não configura reformatio in pejus" (STJ. AgRg no REsp 1086197/SP. DJe 01.07.11)

A jurisprudência alargou o Princípio do *Non Reformatio in Peius*, porque, embora não o considere como recurso (apesar de substancioso posicionamento de parte da doutrina em sentido contrário), entende que "no reexame necessário, é defeso ao Tribunal agravar a condenação imposta à Fazenda Pública" (enunciado 45 da súmula da jurisprudência do Superior Tribunal de Justiça).

Lembre-se, em tempo, que, segundo entendimento majoritário do Superior Tribunal de Justiça, "pode o órgão julgador conhecer, de ofício, das questões de ordem pública, sem que isso implique julgamento *extra petita* ou *reformatio in pejus*" (STJ. AgRg no AgRg no REsp 1218791/PE. DJe 12.09.11). Todavia, em sede de recursos de natureza extraordinária, ainda que a matéria seja de ordem pública, é indispensável que a tese tenha sido apreciada pela origem, haja vista a necessidade de pré-questionamento (STJ. REsp 847950/MG. DJe 02.06.11).

Se ambas as partes interpõem recurso, o próprio recurso não pode prejudicar a parte que o interpôs, mas o recurso da parte adversa pode prejudicar aquela. Exemplo: contra sentença que condenou o réu a pagar indenização de determinado valor, aquela interpôs recurso para diminuir o valor, enquanto que o autor interpôs recurso para aumentar. Neste caso, o recurso réu não pode servir para aumentar o valor da indenização, mas o recurso interposto pelo autor poderá ter essa aptidão.

6.5. Fungibilidade[26]

A fungibilidade consiste na admissão (recebimento) de um recurso cabível por outro, em tese, incabível, quando o recorrente não tenha incorrido em erro grosseiro, em face da existência de dúvida objetiva acerca do recurso cabível, ao impugnar a decisão causadora do inconformismo. Nos termos do enunciado 104 do Fórum Permanente de Processualistas Civis, "o princípio da fungibilidade recursal é compatível com o CPC e alcança todos os recursos, sendo aplicável de ofício".

Se existir fundada divergência jurisprudencial acerca do recurso cabível para impugnar determinada decisão, ou induzindo a lei ao cometimento do equívoco, tem-se por satisfeita a existência da dúvida objetiva, sendo admitida a troca na interposição do recurso correto pelo inadequado[27]. Também é tolerável o erro na interposição, quando o próprio órgão julgador confere ao seu pronunciamento título incompatível com o conteúdo, a ocasionar dúvida razoável sobre a via recursal a ser utilizada (STJ. EAREsp 230.380/RN. DJe 11.10.17; Inf. STJ 613).

Contudo, a simples mudança da espécie recursal por circunstância da vigência de nova lei não caracteriza a existência de dúvida objetiva a autorizar a fungibilidade (STJ. REsp 1077406/RJ. DJe 18.06.09)[28].

26. A fungibilidade não está adstrita unicamente aos recursos, como ocorria no CPC/39 (art. 810). No atual CPC/73, visualiza-se o uso da fungibilidade, por exemplo, entre tutela antecipada e tutela acautelatória, ações possessórias etc.

27. Consignatória. Homologação. Depósito. Recurso cabível. Dúvida objetiva. Fungibilidade.[...] A matéria relativa ao recurso cabível contra a decisão que homologa o depósito na ação de consignação em pagamento não está pacificada na doutrina, caracterizando dúvida objetiva capaz de justificar a aplicação do princípio da fungibilidade. 2. A ação consignatória, por sua natureza, enseja dúvida quanto ao recurso cabível para impugnar a decisão que homologa o depósito e exclui o devedor da lide. REsp 914.438, rel. Min. Laurita Vaz, j. 26.10.10. 5ª T. (Info 453)

28. Inadmissível referido princípio quando não houver dúvida objetiva sobre qual o recurso a ser interposto, quando o dispositivo legal não for ambíguo, quando não houver divergência doutrinária ou jurisprudencial

No mais, para que, pela fungibilidade, um recurso (o incabível) seja recebido pelo outro (o cabível), é necessário que sejam atendidos os pressupostos de admissibilidade recursal deste (não havendo, sob a égide do CPC/2015, maiores entraves em relação ao prazo, porque, de regra, é de 15 dias para todos os recursos). Caso contrário, o juízo de admissibilidade será negativo.

6.6. Aplicação da lei vigente ao tempo da publicação da decisão

Aplica-se a lei processual vigente ao tempo da publicação da decisão, mais especificamente aquelas que tratem de pressupostos de admissibilidade recursal, a considerar que o direito de o legitimado recorrer surge no momento em que a decisão causadora da irresignação é proferida[29]. Preserva-se a aplicação da lei anterior mesmo depois do advento de lei superveniente[30].

Constitui um dos raros casos de direito adquirido processual[31], a considerar que, no direito processual, a aplicação da lei é imediata. De fato, a lei processual nova incide sobre os processos em curso iniciados na vigência da lei anterior. Somente os processos findos e os atos processuais concluídos sob a égide da lei antiga não são atingidos pela lei superveniente.

6.7. Consumação

Exercitado o direito de recorrer contra a decisão causadora de inconformismo, há sua respectiva consumação (preclusão), não sendo admissível a interposição de novo recurso contra o pronunciamento recorrido, bem assim (em regra) a complementação, o aditamento ou a correção do recurso anteriormente interposto.

A consumação tem seus contornos excepcionados nos casos de autorizada complementaridade decorrente do provimento de recurso de embargos de declaração interpostos pela parte adversa[32] ou pela existência de documentos novos, ocorrência de fatos novos, superveniência de direito e provocação relacionada a questões de ordem pública.

6.8. Dialeticidade

A dialeticidade consubstancia-se na exigência de o recorrente apresentar os fundamentos e respectivos argumentos pelos quais está insatisfeito com a decisão recorrida, a fim de justificar o proferimento de outra decisão, em reforma ou em anulação. São as chamadas

---

quanto à classificação do ato processual recorrido e a forma de atacá-lo (STJ. EDcl no AgRg na Rcl 1450/PR. DJU 29.08.05).

29. Lei. Vigência. Recurso. Data. Publicação.A lei que rege a interposição do recurso é a vigente à época da publicação da decisão que se quer combater e não a data da sessão de julgamento em que o presidente anunciou o resultado. EREsp 740.530, Rel. Min. Nancy Andrighi, j. 1º.12.10. Corte Especial. (Info 458)

30. Publicação da decisão não se confunde com intimação da decisão. A publicação é ato processual por meio do qual o presidente do órgão jurisdicional externa oficialmente a decisão. A intimação é o ato pelo qual se dá ciência a alguém dos atos e termos do processo, para que faça ou deixe de fazer alguma coisa.

31. O art. 43 do Código de Processo Civil excepciona a aplicação da lei vigente ao tempo da publicação ao dispor que a alteração da competência recursal, seja por força da extinção do órgão judiciário anteriormente competente, seja pela modificação da competência em razão da matéria ou da hierarquia, dá ensejo à aplicação do princípio da imediata incidência da lei processual.

32. Ver capítulo "Embargos de declaração".

razões recursais. Elas (as razões recursais) devem ser apresentadas conjuntamente à petição de manifestação da intenção ao exercício da faculdade (sendo, diferentemente do que ocorre no processo penal, inadmissível o recurso se aquelas forem apresentadas posteriormente).

As razões recursais são imprescindíveis para que o recorrido possa exercer o contraditório e para que o órgão julgador (do recurso e, às vezes, o próprio órgão prolator) possa apurar a matéria que foi transferida ao seu conhecimento por força do efeito devolutivo (ou, quando existente, regressivo). Se o recorrente se atém a fazer simples transcrição de petições anteriormente apresentadas, a deixar de enfrentar a fundamentação eleita pelo ato decisório, há desrespeito à dialeticidade (STJ. REsp 1024291/PR. DJe 24.04.08).

Deve o recorrente enfrentar a fundamentação decisória, mostrando ao órgão recursal razões suficientes para reformar ou anular a decisão atacada. Não quer dizer que o recorrente deva mudar os argumentos até então por ele apresentados, mas, sim, que, se for insistir neles, deve apresentá-los de forma a impugnar especificamente a decisão recorrida (STJ. REsp 976.287/MG. DJe 08.09.09).

Já se decidiu que a petição do recurso deve demonstrar o erro cometido pela decisão, tendo-se por insuficiente a mera afirmação de que o recorrente "se reporta" aos termos de petições anteriores. Por consequência, é inepto o recurso quando se deixa de demonstrar os fundamentos de fato e de direito que impunham a reforma ou anulação pedidas ou de impugnar, ainda que em tese, os argumentos do ato decisório (STJ. REsp 1320527/RS. DJe 29.10.12).

No âmbito do Supremo Tribunal Federal resta assentado que o "recurso que não impugna os fundamentos do pronunciamento recorrido deixa de trazer de argumentos capazes de infirmar a decisão recorrida" (STF. AgRg no ARE 751.279/SP. DJe 10.05.13). Justamente por isso que o enunciado 284 da súmula daquele Tribunal estabelece: "é inadmissível o recurso extraordinário, quando a deficiência na sua fundamentação não permitir a exata compreensão da controvérsia".

Exceção à dialeticidade pode ser vislumbrada no caso de a decisão, por exemplo, repetir as razões de decisão anteriormente recorrida. Imagine-se situação em que foi deferida tutela antecipatória, a qual foi objeto de agravo de instrumento. Antes de este ter sido julgado, foi proferida sentença, a invocar como argumentos aqueles mesmos eleitos na decisão interlocutória recorrida. A repetição, na apelação, das razões do agravo antes interposto é admissível, porquanto tem o condão de impugnar os fundamentos da sentença[33].

Por isso que STJ pontuou que "a reiteração na apelação dos argumentos anteriormente utilizados na contestação, por si só, não impede o conhecimento do recurso. [...] A pertinência temática entre a contestação e as razões esposadas no recurso de apelação, desde que impugne

33. Contestação. Endereçamento errôneo.Na espécie, a contestação foi endereçada e protocolizada em juízo diverso e distante daquele no qual tramitava o feito. Somente após a sentença é que foi encaminhada ao juízo correto. O tribunal "a quo" manteve o entendimento do juízo singular e considerou como termo a quo para a contagem do prazo recursal a data da publicação da sentença (art. 322 do CPC), e não a da intimação do advogado, uma vez que não havia advogado constituído nos autos, tendo em vista que a contestação fora endereçada à vara incompetente para recebê-la e processá-la. Não se trata de mero equívoco, mas de erro grosseiro, assim, o prazo inicial para a apelação é a data da publicação da sentença, dada a revelia. REsp 847.893, Rel. Min. Sidnei Beneti, j. 2.3.10. 3ª T. (Info 425)

a decisão proferida, é suficiente à demonstração do interesse pela reforma da sentença" (STJ. REsp 1186400/RS. DJe 30.09.10).

Portanto, em sua essência, a dialeticidade não se compatibiliza, efetivamente, é com a falta de impugnação específica e justificar a prolação de outra decisão em reforma ou em anulação àquela que foi objeto do recurso. Geralmente, a repetição de razões constantes em outras peças processuais não observa a dialeticidade, mas, pode ocorrer de, em casos como o apresentado acima, ela ser observada.

6.9. Voluntariedade

Exigência de que não haja dúvida acerca da vontade (insatisfação) do recorrente em impugnar o pronunciamento jurisdicional recorrido. Sendo o recurso um ato voluntário, tanto que sua natureza jurídica é de faculdade de extensão do direito de ação, essa voluntariedade deve perdurar até o seu julgamento, sob pena de inviabilizar a sua admissibilidade.

A constatação de preclusão lógica, por exemplo, compromete a voluntariedade. A atuação da voluntariedade fica bem visível no caso das decisões interlocutórias, proferidas no curso do processo, contra as quais não caiba agravo de instrumento. Se o recorrente não apresentar sua irresignação por oportunidade de interposição de apelação, entender-se-á como ausente a voluntariedade.

Outra expressão da voluntariedade está prevista no art. 1.000, segundo o qual "a parte que aceitar expressa ou tacitamente a decisão não poderá recorrer". Em seguida, completa o respectivo parágrafo único "considera-se aceitação tácita a prática, sem nenhuma reserva, de ato incompatível com a vontade de recorrer".

6.10. Complementaridade

A complementaridade de consubstancia na possibilidade de o recorrente complementar suas razões recursais, caso a decisão recorrida anteriormente seja modificada ou aperfeiçoamento em decorrência do julgamento de embargos de declaração interpostos pela parte contrária (STJ. REsp 713254/MS. DJ 19.06.06).

Não se trata, efetivamente, de uma exceção à consumação, conquanto tenha contornos parecidos. Isso porque, em razão de modificação ou de aperfeiçoamento de decisão antes recorrida, o recorrente não teve, por óbvio, a oportunidade de impugnar todos os seus termos, a considerar as alterações proporcionadas.

A assim considerar, pode-se dizer que a complementaridade constitui afirmação à ampla defesa e ao próprio contraditório, pois, não fosse permitida a complementação do recurso, no caso de julgamento de embargos de declaração, o recorrente (que não embargou a decisão), ficaria impossibilitado de enfrentar aquilo que foi inovado na decisão.

6.11. Atos decisórios juridicamente relevantes

Somente os atos decisórios considerados juridicamente relevantes podem ser objeto de recurso. Constitui-se, por consequência lógica, na vedação à recorribilidade de determinados pronunciamentos jurisdicionais, por se entendê-los como não relevantes. O estabelecimento da "não relevância" decorre de mera opção legislativa. A lei é que estabelece quais são as situações em que, mesmo frente a pronunciamento jurisdicional, não pode, contra ele, especificamente, ser interposto recurso, ante a falta de relevância.

São exemplos de pronunciamentos jurisdicionais considerados "não relevantes" e, por isso, contra os quais, não pode ser interposto recurso, o que: a) admite recurso especial e/ou extraordinário; b) determina a suspensão de recurso especial em aguardo ao julgamento de outro selecionado para julgamento por amostragem; c) determina que, no caso de interposição simultânea de recurso extraordinário e de recurso especial, aquele, em inversão de ordem, seja julgado primeiramente que este; d) determina que, no caso de interposição simultânea de recurso extraordinário e de recurso especial, e tendo havido inversão de ordem, que esta (a ordem) seja restabelecida, para que o recurso especial seja julgado antes do recurso extraordinário; e) por decisão do Supremo Tribunal Federal, reconhece que a questão apresentada em recurso extraordinário não é juridicamente relevante, a efetuar, assim, juízo negativo de admissibilidade; f) determina a conversão do agravo em recurso extraordinário ou especial (STJ. RCDesp no REsp 1.347.420/DF. DJe 21.02.13).

O CPC/2015 trouxe acrescentou outros casos, para além daqueles que estavam previstos no CPC/1973. Dentre eles, podem ser citados os seguintes pronunciamentos jurisdicionais que: a) admite a intervenção de *amicus curiae*[34]; b) admite o recolhimento, *a posteriori*, de preparo recursal, quando demonstrado justo impedimento[35]; c) o relator, no respectivo tribunal superior, considerar prejudicial a análise do recurso especial em relação ao extraordinário, ou do extraordinário em relação ao especial[36].

7. EFEITOS

O Código de Processo Civil, quando trata dos recursos, faz, costumeiramente, referência expressa aos efeitos devolutivo e suspensivo. Entretanto, os recursos podem ter mais que estes dois efeitos. Só que os recursos têm vários outros efeitos, os quais serão abaixo apresentados e analisados:

34. Código de Processo CivilArt. 138. O juiz ou o relator, considerando a relevância da matéria, a especificidade do tema objeto da demanda ou a repercussão social da controvérsia, poderá, por decisão irrecorrível, de ofício ou a requerimento das partes ou de quem pretenda manifestar-se, solicitar ou admitir a participação de pessoa natural ou jurídica, órgão ou entidade especializada, com representatividade adequada, no prazo de 15 (quinze) dias de sua intimação.

35. Código de Processo CivilArt. 1.007. No ato de interposição do recurso, o recorrente comprovará, quando exigido pela legislação pertinente, o respectivo preparo, inclusive porte de remessa e de retorno, sob pena de deserção. [...] § 6º Provando o recorrente justo impedimento, o relator relevará a pena de deserção, por decisão irrecorrível, fixando-lhe prazo de 5 (cinco) dias para efetuar o preparo.

36. Código de Processo CivilArt. 1.031. Na hipótese de interposição conjunta de recurso extraordinário e recurso especial, os autos serão remetidos ao Superior Tribunal de Justiça.[...] § 2º Se o relator do recurso especial considerar prejudicial o recurso extraordinário, em decisão irrecorrível, sobrestará o julgamento e remeterá os autos ao Supremo Tribunal Federal.§ 3º Na hipótese do § 2º, se o relator do recurso extraordinário, em decisão irrecorrível, rejeitar a prejudicialidade, devolverá os autos ao Superior Tribunal de Justiça para o julgamento do recurso especial.

7.1. Obstativo (ou impedimento ao trânsito em julgado)

A interposição de recurso, em regra, impede o trânsito em julgado do pronunciamento jurisdicional, a prolongar a litispendência. Todavia, apenas os recursos cabíveis e tempestivos podem impedir o trânsito em julgado. Recurso descabido ou intempestivo não o impede.

Há opositores a esta ressalva. Aqueles mais radicais adotam o posicionamento de que o recurso interposto, ainda que inadmitido, impede o trânsito em julgado. Outros, a adotar corrente intermediária, entendem que se o fator que levou ao não conhecimento do recurso for objeto de outro recurso, haverá impedimento ao trânsito em julgado, sob pena de descartar, por completo, a hipótese de reforma do julgado que não admitiu o recurso pelas instâncias superiores, negando-se a existência de dúvida com relação à admissibilidade (STJ. ERESP 441252/CE. DJU 29.06.05). Alguns outros, por fim, a adotar posição também intermediária, defendem que a interposição de recurso, desde que cabível e tempestivo, impede o trânsito em julgado da decisão, ainda que na instância *ad quem* não seja conhecido em decorrência de outro pressuposto de admissibilidade (STJ. REsp 203067/PR. DJU 14.02.00).

Embora o efeito obstativo impeça o trânsito em julgado da decisão objeto do recurso, ele não impede que isso ocorra em relação a outra(s) decisão(ões). É o que acontece, por exemplo, quando: a) a sentença tem vários capítulos, mas a apelação interposta não contempla todos em seu objeto; b) há julgamento parcial de mérito, contra o qual é interposto agravo de instrumento e, depois, ao ser julgada a outra parte do objeto litigioso do processo, em sentença, não é interposta apelação; c) é concedida tutela provisória (em antecipação ao julgamento de procedência), cuja decisão é objeto de agravo de instrumento, e, depois, é proferida sentença, contra a qual não se interpôs apelação.

Em todos os exemplos encimados, impede-se o trânsito em julgado da decisão recorrida, mas não de outras decisões que são proferidas no curso do processo.

Algumas decisões, mesmo que não sejam objeto de recurso, não transitarão em julgado. Está-se a falar das tutelas provisórias. Veja-se o caso de concessão de tutela provisória em razão da urgência. Se não interposto recurso, a decisão não transitará em julgado, porque, para isso, precisará ser confirmada por decisão proferida em cognição exauriente. Logo, pode-se dizer que, além do recurso, há outros fatores impeditivos ao trânsito em julgado.

7.2. Suspensivo

Para afirmar a legitimidade da decisão proferida pelo juízo *a quo*, de maneira que não seja apenas uma "passagem" para o alcance do provimento final, predomina a regra de que os recursos não são dotados de efeito suspensivo. Por isso que a primeira parte do art. 995 do CPC dispõe que "os recursos não impedem a eficácia da decisão". Entretanto, em sua segunda parte, excepciona: "salvo disposição legal ou decisão judicial em sentido diverso". Logo, quando o recurso eventualmente possui efeito suspensivo, o texto legal ou a decisão que o atribui faz (qualquer delas) expressa ressalva (atribuição).

A ser assim, pode ocorrer de a lei prever o efeito suspensivo ao respectivo recurso, caso em que não será necessária prolação de decisão judicial nesse sentido. Mas, se a lei não prever, para ser atribuído tal efeito (suspensivo), deve haver decisão judicial nesse sentido, a ser proferida pelo relator do respectivo recurso[37], fundada na existência de risco de dano grave, de difícil ou de impossível reparação, e na demonstração da probabilidade de provimento do recurso (parágrafo único do art. 995).

O art. 1.012 do CPC, para se dar um exemplo, dispõe que a apelação terá efeito suspensivo. Mas, seu § 1º estabelece que, além de outras hipóteses previstas em lei, começa a produzir efeitos imediatamente após a sua publicação a sentença que: a) homologa divisão ou demarcação de terras; b) condena a pagar alimentos; c) extingue sem resolução do mérito ou julga improcedentes os embargos do executado; d) julga procedente o pedido de instituição de arbitragem; e) confirma, concede ou revoga tutela provisória; f) decreta a interdição.

A apelação, portanto, goza de efeito suspensivo, a não ser que interposta contra sentença que verse acerca das matérias elencadas no respectivo § 1º. Contudo, mesmo nesses (que lei não atribui suspensividade à apelação), o relator (ou o tribunal, se antes da distribuição) do recurso de apelação, por decisão fundamentada, mediante prévio pedido formulado pelo recorrente, pode vir a atribuir efeito suspensivo, se verificada a probabilidade de provimento do recurso ou se, sendo relevante a fundamentação, houver risco de dano grave ou de difícil reparação.

A apelação, pois, é um recurso que, por lei, tem, em regra, efeito suspensivo. Excepcionalmente, a própria lei traz situações em que não tem, mas que, por decisão judicial, a ela, pode vir a ser atribuída. Há recursos, porém, que a sistemática é inversa, a seguir o apontamento de que, de regra, os recursos não têm efeito suspensivo, contudo, decisão judicial fundamentada por vir a atribuí-lo. É o caso, por exemplo, do agravo de instrumento, a teor do que se observa do art. 1.019, I, do Código de Processo Civil.

Referido dispositivo legal estabelece que "recebido o agravo de instrumento no tribunal e distribuído imediatamente, se não for o caso de aplicação do art. 932, incisos III e IV[38], o relator, no prazo de 5 (cinco) dias poderá atribuir efeito suspensivo ao recurso ou deferir, em antecipação de tutela, total ou parcialmente, a pretensão recursal, comunicando ao juiz sua decisão". Logo, o recurso de agravo não tem, por lei, efeito suspensivo, mas, decisão judicial pode a ele (ao recurso de agravo) atribuir.

A interposição de recurso, quando dotado de (ou atribuído) efeito suspensivo, prolonga o estado de ineficácia em que se encontrava a decisão, impedindo que ela produza, relativamente à parte impugnada (ou delimitada por decisão judicial específica), imediatamente qualquer de seus efeitos[39]. Explica-se: se o efeito suspensivo é *ex lege*, a amplitude da devolutividade delimita o efeito suspensivo; se é *ope iudicis*, a amplitude da decisão que atribui efeito suspensivo é que delimita a suspensividade.

37. Enunciado 465 do Fórum Permanente de Processualistas Civis: A concessão do efeito suspensivo ao recurso inominado cabe exclusivamente ao relator na turma recursal.
38. Art. 932. Incumbe ao relator:[...] III – não conhecer de recurso inadmissível, prejudicado ou que não tenha impugnado especificamente os fundamentos da decisão recorrida;IV – negar provimento a recurso que for contrário a:a) súmula do Supremo Tribunal Federal, do Superior Tribunal de Justiça ou do próprio tribunal;b) acórdão proferido pelo Supremo Tribunal Federal ou pelo Superior Tribunal de Justiça em julgamento de recursos repetitivos;c) entendimento firmado em incidente de resolução de demandas repetitivas ou de assunção de competência;[...]
39. Advirta-se: a suspensão é dos efeitos do pronunciamento jurisdicional e não do processo.

Quando o efeito suspensivo é *ex lege*, a suspensividade da eficácia da decisão recorrida ocorre a partir de quando o recurso poderia ser interposto. O estado de ineficácia decorre da mera recorribilidade e vai até quando ela se findar ou até quando não mais couber a interposição de recurso seguinte, o qual seja dotado de efeito suspensivo. Quando é *ope iudicis*, a suspensividade da decisão recorrida ocorre a partir de quanto publicada a decisão de atribuição do dito efeito (suspensivo), que pode ser requerido no próprio recurso ou, se depois de interposto, mediante simples petição.

Dois pontos mais são dignos de nota: o primeiro, que podem existir recursos parciais (art. 1.002 do CPC), os quais, se interpostos, mesmo que tenham (ou que atribuído lhes seja) efeito suspensivo, ficarão delimitados, numa amplitude máxima, à parte do objeto litigioso impugnada pelo recurso; o segundo, que, além da interposição (ou de sua possibilidade) de recurso poder atribuir efeito suspensivo, em razão de lei ou de decisão judicial, outros fatos jurídicos podem ter essa aptidão de suspender a eficácia da decisão.

7.3. Devolutivo

A admissibilidade do recurso transfere ao órgão jurisdicional *ad quem* (ou ao próprio órgão julgador, se detiver competência funcional para isso) o conhecimento da matéria recorrida e, pelo menos em regra, daquela que deveria ser conhecida pelo juízo *a quo*, mas não foi. Este efeito é comum a todos os recursos, porque é da essência deles provocar o reexame da decisão pelo Poder Judiciário.

A extensão horizontal do efeito devolutivo do recurso é determinada pela amplitude da impugnação (*tantum devolutum quantum apellatum*) (dimensão horizontal do efeito devolutivo[40]). Enquanto isso, sua profundidade identifica-se com o material que deve trabalhar o órgão *ad quem* para julgar (dimensão vertical do efeito devolutivo ou efeito translativo).

O efeito devolutivo, em sua dimensão horizontal, determina os limites horizontais do recurso (o que se pode decidir). Relaciona-se ao objeto litigioso recursal (a questão principal do recurso). Na dimensão vertical, determinam-se os limites verticais (material com que o órgão recursal trabalhará para decidir a questão que lhe foi submetida). Relaciona-se ao objeto de conhecimento do recurso (as questões que devem ser enfrentadas como fundamentos para a solução do objeto litigioso recursal).

Em decorrência do efeito devolutivo em sua dimensão vertical, as matérias de ordem pública (a exemplo dos pressupostos processuais e das condições da ação), devem ser objeto

40. Indenização por dano moral. Alcance da apelação. Precedentes da Corte. 1. Já decidiu a Corte que a 'apelação postulando a improcedência do pedido devolve ao conhecimento do Tribunal toda a matéria, incluída a redução do valor da condenação, de menor abrangência, como acolhido em precedentes da Corte' (REsp nº 234.644/MG, da minha relatoria, DJ de 05/6/00). 2. Recurso especial não conhecido (REsp 436.845/PB, Rel. Min. Carlos Alberto Menezes Direito, DJU 24.02.03);PROCESSUAL CIVIL. APELAÇÃO. PROVIMENTO PARCIAL. A decisão da apelação que diminui o valor da indenização fixado pelo juiz de primeiro grau, quando o apelante requerer apenas a improcedência total da ação, não importa em julgamento extra petita. Recurso não conhecido (REsp 313.699/PB, Rel. Min. Cesar Asfor Rocha, DJU 11.11.02);PROCESSO CIVIL. APELAÇÃO. REDUÇÃO DA CONDENAÇÃO. A apelação que persegue a improcedência do pedido autoriza o Tribunal a reformar a sentença, em parte, reduzindo o montante da condenação; o menos está abrangido pelo mais, desde que o recurso não tenha alcance parcial. Recurso especial conhecido e provido (REsp 242.041/MG, Rel. Min. Ari Pargendler, DJU 05.08.02).

de análise pelo órgão jurisdicional *ad quem* (STJ. REsp 856388/SP. DJU 24.05.07), independentemente de provocação por qualquer dos interessados. O próprio interesse público, que circunda o efeito em análise, está acima dos interesses de qualquer pessoa.

O efeito devolutivo, em sua dimensão horizontal, limita o efeito devolutivo em sua dimensão vertical, de modo que o tribunal somente poderá apreciar, em profundidade, as questões que se relacionarem àquilo que foi impugnado horizontalmente. Assim, pode-se dizer que o recorrente estabelece a extensão do recurso (no plano horizontal), mas não a sua profundidade (no plano vertical).

Surge uma indagação: se o recurso tiver por objeto litigioso, em razão da devolutividade horizontal, apenas o pedido principal, apesar de, em primeira instância, também terem sido formulados pedidos sucessivos, o órgão recursal deve analisar todos eles ou apenas o pedido principal?

A resposta tem variação, a depender, sobretudo, de qual(is) pedido(s) tenha(m) sido analisado(s) pelo órgão jurisdicional *a quo*, da seguinte forma:

a) Se, pelo órgão de origem, foi analisado apenas o pedido principal, por ser improcedente, o órgão recursal poderá analisar os demais pedidos sucessivos, se já estiverem prontos para julgamento, ou seja, se não dependerem, para serem julgados, da produção de prova;
b) se, no órgão de origem, foi analisado apenas o pedido principal, por ser improcedente, e os pedidos sucessivos não estiverem prontos para julgamento, o órgão recursal analisará apenas aquele e devolverá o processo para que, depois da instruído, sejam analisados os demais;
c) se o órgão de origem analisou todos os pedidos formulados, por ser procedente o principal, o órgão recursal analisará apenas o pedido principal, porque somente ele foi objeto da devolutividade horizontal.

No caso das situações descritas nos itens "a" e "b", conquanto os pedidos sucessivos não tenham sido objeto de devolução horizontal, suas análises fazem necessárias porque provocadas no órgão de origem, que não ofertou a necessária prestação jurisdicional. A entender de modo diverso, estar-se-ia a restringir a garantia de amplo acesso à prestação jurisdicional. No caso da situação descrita no item "c", como, no órgão de origem, foram analisados todos os pedidos formulados, a atuação do órgão recursal estará jungida à analise do pedido principal, provocada pelo efeito devolutivo horizontal (não haverá, assim, restrição à garantia de amplo acesso à prestação jurisdicional).

A situação prevista no item "c" pode trazer alguns incômodos. O principal deles é a possibilidade de existência de resultados desarmônicos, relativamente aos pedidos julgados. Poderia ocorrer de o pedido principal ter sido julgado procedente, assim como os sucessivos e, interposto recurso, se provido ele, o resultado do pedido principal (agora, improcedente) ser contraditório aos resultados dos pedidos sucessivos (que somente foram julgados, no órgão de origem, procedentes, porque procedente era o pedido principal). A despeito dessa desarmonia interna do julgado (em que o pedido principal é improcedente e os sucessivos procedentes), que pode ensejar futura desconstituição, deve prevalecer, ate então, o respeito à coisa julgada (STF. AC 112/RN. DJe 01.12.04).

7.4. Substitutivo

O art. 1.008 do Código de Processo Civil dispõe que "o julgamento proferido pelo tribunal substituirá a decisão impugnada no que tiver sido objeto de recurso". Em razão do efeito substitutivo, o julgamento recursal proferido pelo órgão recursal substitui a decisão recorrida no que tiver sido objeto de recurso (pode ser total ou parcial).

Contudo, somente há substituição se o recurso interposto for admitido (independentemente de ele ser provido ou desprovido), no limite da devolutividade, seja ela horizontal ou vertical. Se não for admitido o recurso, não haverá substituição, logo porque não haverá apreciação de qualquer das questões decididas pelo juízo *a quo*.

Se o recurso for parcial, por não contemplar em seu objeto todas as questões que foram decididas pelo juízo *a quo*, quando julgado (o recurso), porque admitido, a substituição ocorre na amplitude da devolutividade. Se o recurso for total, mas admitido apenas em alguma(s) parte(s), somente nela(s) é que haverá substituição.

Quanto ao resultado do julgamento, se provido ou desprovido o recurso, também haverá substituição. Poder-se-ia até se questionar essa conclusão, pelo fato de o resultado ter sido preservado com o desprovimento. Ocorre que, apesar da preservação do resultado, há outros elementos, que justificam a substituição, dentre os quais as repercussões jurídicas decorrentes do julgamento do recurso.

Só para se dar um exemplo, nos casos relativos ao art. 927, III, do CPC, apesar do eventual desprovimento, com a manutenção do resultado indicado pela decisão recorrida, a decisão que julgou o recurso passa, a partir de então, a considerar o órgão que a proferiu e o procedimento a que se submeteu, a ter efeito vinculante.

Um ponto específico merece maior atenção. Deve-se considerar que as decisões que analisam o mérito recursal, fundado em vício de procedimento (*error in procedendo*), se decidirem pelo provimento, anulam a decisão recorrida. Não há, aí, pelo menos em regra, substituição, a considerar que o órgão recursal não profere julgamento em reforma, mas apenas, em caso de provimento, anula aquele que foi submetido a recurso.

As decisões, que analisam mérito recursal fundado em vício de juízo (*error in iudicando*), é que reformam a decisão recorrida, substituindo-a, ainda que o órgão, repita-se, mantenha o resultado, ante o desprovimento recursal. Por essa razão, eventual ajuizamento de ação rescisória teria como objeto a decisão proferida em recurso, e não a anteriormente proferida (que foi objeto do recurso).

Apesar disso, se o mérito recursal cingir-se à alegação de *error in procedendo*, em algumas hipóteses, há substituição da decisão. São elas:

a) interposto recurso, ele é desprovido e, assim, é rejeitada a alegação da existência do vício de procedimento (aí, portanto, não haverá cassação, mas, ao contrário, confirmação da decisão recorrida);

b) interposto recurso, ele é provido para acolher a alegação da existência de vício de procedimento, e o órgão recursal, prossegue no julgamento da ação, a analisar o seu mérito (aí, a nova decisão, proferida pelo tribunal ad quem, substituirá aquela proferida pelo juízo *a quo*).

7.5. Rescindente

Se interposto recurso e ele for provido para apenas anular a decisão recorrida, não haverá substituição. Será o caso de rescisão. O julgamento do recurso determinará que outra decisão seja proferida em substituição àquela rescindida. E não será o órgão recursal, o qual rescindiu o julgado, que procederá ao novo julgamento. Tal caberá a outro órgão jurisdicional.

É por isso que não se pode dizer que há substituição, mas sim mera rescisão do julgado objeto do recurso. O efeito é rescindente e não substitutivo. Este é próprio dos recursos providos para reformar a decisão ou, mesmo que para rescindir, enseje, de imediato, outro julgamento em substituição. Aquele, dos recursos providos apenas rescindir o julgado, deixando-o ainda pendente de julgamento.

7.6. Expansivo

Verifica-se o efeito expansivo do recurso quando a decisão que lhe julga alcança pessoa(s) diversa(s) da do recorrente (efeito expansivo subjetivo) ou outros atos processuais, diversos daqueles que foram objeto do recurso (efeito expansivo objetivo).

O art. 1.005 apresenta situação de incidência do efeito expansivo subjetivo, ao estabelecer que "o recurso interposto por um dos litisconsortes a todos aproveita, salvo se distintos ou opostos os seus interesses".

Por sua vez, o art. 520, II e III, apresenta situação de incidência do efeito expansivo objetivo, ao estabelecer que "o cumprimento provisório da sentença impugnada por recurso desprovido de efeito suspensivo será realizado da mesma forma que o cumprimento definitivo, sujeitando-se ao seguinte regime: [...] fica sem efeito, sobrevindo decisão que modifique ou anule a sentença objeto da execução, restituindo-se as partes ao estado anterior e liquidando-se eventuais prejuízos nos mesmos autos; se a sentença objeto de cumprimento provisório for modificada ou anulada apenas em parte, somente nesta ficará sem efeito a execução [...]".

7.7. Regressivo (ou retratação)

Em razão do efeito regressivo, autoriza-se que o órgão jurisdicional *a quo*, ante a interposição recursal, reveja sua decisão, a fim de se retratar. Este efeito não é comum a todas as espécies recursais, sendo admitido unicamente quando houver expressa autorização legal.

São exemplos de recursos, que são dotados de efeito regressivo, o agravo de instrumento (§ 1º do art. 1.018 do CPC), o agravo interno (§ 2º do art. 1.021 do CPC) e a apelação interposta contra sentenças de indeferimento da petição inicial (art. 331 do CPC), de julgamento de improcedência liminar (§ 3º do art. 332 do CPC) e terminativa (§ 7º do art. 485 do CPC).

Também poderá haver retratação, em razão da existência de efeito regressivo, ao recurso de apelação que seja interposto contra as sentenças proferidas nas causas que tramitam sob o procedimento definido pelo Estatuto da Criança e do Adolescente, a teor do que estabelece o seu art. 198, VII.

Emprestado efeito regressivo, mediante exercício do juízo de retratação, o recurso interposto será inadmitido, porque prejudicado (ante a perda de seu objeto), a passar o recorrente a carecer de interesse recursal, já que o julgamento do recurso pela instância *ad quem* não mais lhe poderá lhe proporcionar qualquer utilidade.

Se o efeito regressivo incidir apenas em parte do, aquela em que ele não incidiu, será submetida à instância recursal.

7.8. Ativo

O efeito ativo se consubstancia na possibilidade de a instância *ad quem* antecipar, mediante decisão provisória, a tutela recursal de provimento antes do julgamento definitivo (do recurso). Pode acontecer, em razão da falta de preenchimento dos requisitos necessários para a tutela provisória, de o efeito ativo ser concedido apenas em parte.

O efeito ativo diferencia-se do suspensivo porque este busca decisão capaz de suspender a eficácia de outra proferida pela instância *a quo*, enquanto que aquele busca a antecipação provisória da tutela recursal de provimento por ter sido proferida decisão na instância anterior que indeferiu pedido formulado pelo recorrente.

Segue em exemplo para auxiliar a diferenciação entre o efeito ativo e suspensivo: foi formulado pedido de tutela provisória liminar perante a instância *a quo*:

a) se tiver sido deferido o pedido de tutela provisória liminar formulado perante o juízo *a quo*, o recorrente interporá recurso para suspender os efeitos da decisão recorrida, a visar, assim, à concessão de efeito suspensivo (a tornar ineficaz a decisão proferida pela instância *a quo*, que foi objeto do recurso);

b) se o pedido de tutela provisória liminar formulado perante o juízo *a quo* tiver sido indeferido, o recorrente buscará a atribuição de efeito ativo para que seja atendido, de forma provisória, o pedido formulado no recurso (deferir o pedido de cognição sumária antes formulado).

O efeito ativo pode ser atribuído em razão de concessão de tutela provisória de urgência ou de evidência. Não por outra razão que o enunciado 423 do FPPC, em referência aos arts. 311, 995, parágrafo único, 1.012, § 4º, 1.019, inciso I, 1.026, § 1º, e 1.029, § 5º, do CPC, orienta que "cabe tutela de evidência recursal".

7.9. Desobstrutivo

Em razão do efeito desobstrutivo, nos casos de extinção do processo sem resolução de mérito, bem assim de prolação de decisão nula (por falta de congruência ou de fundamentação), a instância *ad quem* pode, de logo, independentemente da formulação de pedido pelo recorrente, julgar a questão apresentada perante a instância *a quo*.

Faz-se necessário, entretanto, que a questão apresentada à instância *a quo*, para poder ser julgada pela *ad quem*, esteja em condições de imediato julgamento, seja porque ela é exclusivamente de direito ou, mesmo que envolva fatos, que eles estejam suficientemente esclarecidos.

Para que se fale em desobstrução, é imprescindível, evidentemente, que haja prévia obstrução. Sem essa, não há possibilidade de incidência do efeito desobstrutivo. Bastaria a simples incidência do efeito devolutivo. O art. 1.013 do Código de Processo Civil, ao tratar do recurso de apelação, traz hipóteses que podem ilustrar a incidência do efeito desobstrutivo e devolutivo.

Em seu § 3º, especificamente nos incisos I, II e IV, o art. 1.013, apresenta exemplos de incidência do efeito desobstrutivo, onde, são afastados os motivos de obstrução para, depois, julgar a questão apresentada na instância *a quo*. Mas, no inciso III, traz verdadeiro exemplo do efeito devolutivo[41], pois, não havia obstrução ao julgamento originário.

Agora, pode ocorrer de ser afastado algum motivo de obstrução pela instância *ad quem*, mas, depois, deparar-se com outro, que também impeça a análise do mérito. Nesse caso, ficaria o órgão recursal também impossibilitado de adentrar no mérito da questão apresentada perante a instância *a quo*.

O efeito desobstrutivo, que representa afirmação da competência do tribunal para julgar as questões que foram apresentadas perante a instância de origem, deve ser interpretado em consonância ao art. 355, I, que dispõe: "o juiz julgará antecipadamente o pedido, proferindo sentença com resolução de mérito, quando: [...] não houver necessidade de produção de outras provas [...]" (STJ. EDcl no AgRg no AREsp 42537/RJ. DJe 23.09.13).

Questão de Concurso

▶ **(Cespe – Juiz de Direito – TJ – CE/2018)**[42] Em sentença, foi julgado procedente o pedido autoral, com base em fundamento suficiente. Em recurso, o réu pediu a apreciação de outros argumentos da defesa que não haviam sido considerados na sentença. O tribunal conheceu do recurso e, ao julgá-lo, verificou uma questão de ordem pública que não havia sido cogitada até então na demanda. Com base nessa questão de ordem pública, prolatou-se acórdão que reformou a sentença.

Com relação aos efeitos recursais no caso hipotético apresentado, são verificados, respectiva e cronologicamente, os efeitos

a) regressivo, translativo e expansivo.
b) regressivo, devolutivo e translativo.
c) devolutivo, expansivo e translativo.
d) devolutivo, translativo e substitutivo.
e) devolutivo, translativo e regressivo.

8. CLASSIFICAÇÃO

Os recursos podem ser classificados:

a) Quanto ao objeto imediato visado, em *ordinário* (aqueles que objetivam a defesa de direito subjetivo) e *extraordinário* (aqueles que objetivam a preservação do direito

41. Art. 1.013. A apelação devolverá ao tribunal o conhecimento da matéria impugnada.[...] § 3º Se o processo estiver em condições de imediato julgamento, o tribunal deve decidir desde logo o mérito quando:I – reformar sentença fundada no art. 485;II – decretar a nulidade da sentença por não ser ela congruente com os limites do pedido ou da causa de pedir;III – constatar a omissão no exame de um dos pedidos, hipótese em que poderá julgá-lo;IV – decretar a nulidade de sentença por falta de fundamentação.

42. Gabarito: Letra D.

objetivo). Abalizada doutrina discorda do mencionado critério distintivo, pois que o Ministério Público, quando atua como fiscal da ordem jurídica (a preservar direito objetivo) pode interpor recurso de natureza ordinária (como, por exemplo, apelação ou agravo contra decisões proferidas por juízos monocráticos de primeira instância).

Outra parte da doutrina defende serem ordinários os recursos nos quais é permitido o debate sobre questões de fato e de direito, e extraordinários aqueles que admitem tão-somente a discussão acerca de questões de direito. Porém, este critério distintivo também não acode a classificação encimada, porque os tribunais superiores, excepcionalmente, podem examinar matéria fática em sede de recursos de natureza extraordinária, quais sejam recurso extraordinário, recurso especial e embargos de divergência.

b) Quanto à possibilidade de suspender a eficácia da decisão recorrida, em *suspensivos* (impedem a imediata eficácia do pronunciamento jurisdicional recorrido) e *não suspensivos* (não impedem a imediata eficácia do pronunciamento jurisdicional recorrido). Esse critério diferenciador da classificação, igualmente, não permite distinguir com segurança as espécies recursais cíveis, a considerar que às variadas espécies recursais podem ter efeito suspensivo (*ex lege*) e, ainda que não elas tenham, sejam-lhes atribuído (*ope iudicis*). E, não bastasse isso, há espécies recursais que têm efeito suspensivo, de regra, mas, a considerar algumas matérias previstas, podem deixar de ter.

c) Quanto à extensão da matéria impugnada, em *totais* (toda a decisão recorrida é impugnada) e *parciais* (apenas parte da decisão é recorrida). Esse critério de classificação não permite identificar com segurança as espécies recursais cíveis, a considerar que não serão elas (as espécies) que definirão a extensão da matéria impugnada, mas, essencialmente, a vontade do recorrente. Tanto é assim, que o art. 1.002 do Código de Processo Civil, sem fazer distinção a qualquer espécie recursal, dispõe que "a decisão pode ser impugnada no todo ou em parte". Portanto, o mencionado critério não cumpre a finalidade de uma classificação.

9. CERTIFICAÇÃO DO TRÂNSITO EM JULGADO E BAIXA DOS AUTOS AO JUÍZO DE ORIGEM

O art. 1.006 do CPC/2015 dispõe que, "certificado o trânsito em julgado, com menção expressa da data de sua ocorrência, o escrivão ou o chefe de secretaria, independentemente de despacho, providenciará a baixa dos autos ao juízo de origem, no prazo de 05 dias'. Tal dispositivo corresponde ao art. 510 do CPC/1973, de acordo com o qual "transitado em julgado o acórdão, o escrivão, ou secretário, independentemente de despacho, providenciará a baixa dos autos ao juízo de origem, no prazo de 05 dias".

Não há diferença substancial entre os textos legais, que atribui ao escrivão ou chefe de secretaria a função de certificar devidamente o trânsito em julgado, independentemente de autorização ou determinação judicial, e, depois, de remeter os autos do processo ao juízo de origem. Ela (a diferença) reside unicamente num pretenso aperfeiçoamento redacional, quando o novo dispositivo deixa claro que aquele auxiliara da justiça (escrivão ou chefe de secretaria), antes de remeter os autos, deve certificar a ocorrência do trânsito em julgado.

Mas, a redação do art. 1.006 do CPC/2015 não é a melhor. Primeiro, porque despreza que, se os autos forem eletrônicos, não será necessária sua remessa. Aliás, as próprias partes ou qualquer outro sujeito, quando eletrônicos os autos, podem dar conhecimento ao juízo de origem, ou instá-lo a tomar conhecimento, independentemente de remessa. Depois, porque, ao se referir sem ressalvas à necessidade de certificação, incluiu aparente necessidade da prática de um ato processual, o que contrariaria a própria eficiência visada pelo dispositivo.

10. SÚMULAS

Súmulas do STF

267. Não cabe mandado de segurança contra ato judicial passível de recurso ou correição.

Súmulas do STJ

99. O Ministério Público tem legitimidade para recorrer no processo em que oficiou como fiscal da lei, ainda que não haja recurso da parte.

104. O princípio da fungibilidade recursal é compatível com o CPC e alcança todos os recursos, sendo aplicável de ofício.

187. É deserto o recurso interposto para o Superior Tribunal de Justiça, quando o recorrente não recolhe, na origem, a importância das despesas de remessa e retorno dos autos.

253. O art. 557 do CPC [*atual art. 932 do CPC/2015*], que autoriza o relator a decidir o recurso, alcança o reexame necessário.

254. A decisão do Juízo Federal que exclui da relação processual ente federal não pode ser reexaminada no Juízo Estadual.

318. Formulado pedido certo e determinado, somente o autor tem interesse recursal em arguir o vício da sentença ilíquida.

390. Nas decisões por maioria, em reexame necessário, não se admitem embargos infringentes.

483. O INSS não está obrigado a efetuar depósito prévio do preparo por gozar das prerrogativas e privilégios da Fazenda Pública.

484. Admite-se que o preparo seja efetuado no primeiro dia útil subsequente, quando a interposição do recurso ocorrer após o encerramento do expediente bancário.

490. A dispensa de reexame necessário, quando o valor da condenação ou do direito controvertido for inferior a 60 salários mínimos [*o art. 496 do CPC/2015 estabelece valores diferentes*], não se aplica a sentenças ilíquidas.

11. ENUNCIADOS DO FPPC

22. O Tribunal não poderá julgar extemporâneo ou intempestivo recurso, na instância ordinária ou na extraordinária, interposto antes da abertura do prazo.

96. Fica superado o enunciado 216 da súmula do STJ após a entrada em vigor do CPC ("A tempestividade de recurso interposto no Superior Tribunal de Justiça é aferida pelo registro no protocolo da Secretaria e não pela data da entrega na agência do correio").

213. No caso do art. 998, parágrafo único, o resultado do julgamento não se aplica ao recurso de que se desistiu.

234. A decisão de improcedência na ação proposta pelo credor beneficia todos os devedores solidários, mesmo os que não foram partes no processo, exceto se fundada em defesa pessoal.

352. É permitida a desistência do recurso de revista repetitivo, mesmo quando eleito como representativo da controvérsia, sem necessidade de anuência da parte adversa ou dos litisconsortes; a desistência, contudo, não impede a análise da questão jurídica objeto de julgamento do recurso repetitivo.

423. Cabe tutela de evidência recursal.

465. A concessão do efeito suspensivo ao recurso inominado cabe exclusivamente ao relator na turma recursal.

551. Cabe ao relator, antes de não conhecer do recurso por intempestividade, conceder o prazo de cinco dias úteis para que o recorrente prove qualquer causa de prorrogação, suspensão ou interrupção do prazo recursal a justificar a tempestividade do recurso.

552. Não se aplica a técnica de ampliação do colegiado em caso de julgamento não unânime no âmbito dos Juizados Especiais.

610. Quando reconhecido o justo impedimento de que trata o § 6º do art. 1.007, a parte será intimada para realizar o recolhimento do preparo de forma simples, e não em dobro.

616. Independentemente da data de intimação ou disponibilização de seu inteiro teor, o direito ao recurso contra as decisões colegiadas nasce na data em que proclamado o resultado da sessão de julgamento.

693. Cabe agravo de instrumento contra a decisão interlocutória que converte o rito da tutela provisória de urgência requerida em caráter antecedente.

12. ENUNCIADOS DO FNPP

2. A Fazenda Pública possui legitimidade extraordinária para discutir, recorrer e executar os honorários sucumbenciais nos processos em que seja parte.

17. A decisão parcial de mérito proferida contra a Fazenda Pública está sujeita ao regime da remessa necessária.

18. A dispensa da remessa necessária prevista no art. 496, §§ 3º e 4º, CPC, depende de expressa referência na sentença.

84. A tempestividade dos atos processuais no âmbito dos Juizados Especiais pode ser comprovada por qualquer meio idôneo, inclusive eletrônico.

13. ENUNCIADOS DO CJF

66. Admite-se a correção da falta de comprovação do feriado local ou da suspensão do expediente forense, posteriormente à interposição do recurso, com fundamento no art. 932, parágrafo único, do CPC.

67. Há interesse recursal no pleito da parte para impugnar a multa do art. 334, § 8º, do CPC por meio de apelação, embora tenha sido vitoriosa na demanda.

68. A intempestividade da apelação desautoriza o órgão a quo a proferir juízo positivo de retratação.

77. Para impugnar decisão que obsta trânsito a recurso excepcional e que contenha simultaneamente fundamento relacionado à sistemática dos recursos repetitivos ou da repercussão geral (art. 1.030, I, do CPC) e fundamento relacionado à análise dos pressupostos de admissibilidade recursais (art. 1.030, V, do CPC), a parte sucumbente deve interpor, simultaneamente, agravo interno (art. 1.021 do CPC) caso queira impugnar a parte relativa aos recursos repetitivos ou repercussão geral e agravo em recurso especial/extraordinário (art. 1.042 do CPC) caso queira impugnar a parte relativa aos fundamentos de inadmissão por ausência dos pressupostos recursais.

14. INFORMATIVOS

Informativos do STJ

A alegação da ocorrência de ponto facultativo embasada em ato do Poder Executivo Estadual não é capaz, por si só, de comprovar a inexistência de expediente forense para aferição da tempestividade recursal.

A jurisprudência desta Corte entende que a existência de feriado, de recesso forense ou ponto facultativo local que ocasione a suspensão do prazo processual necessita de comprovação por documento idôneo, ou seja, cópia da lei, ato normativo ou certidão exarada por servidor habilitado. Contudo, a simples juntada de ato emanado pelo Poder Executivo Estadual, lei e decreto estaduais, determinando ponto facultativo nas repartições públicas estaduais, por si só, não comprova a inexistência de expediente forense para aferição da tempestividade do recurso, em razão da desvinculação administrativa e da separação entre os Poderes. Da mesma forma, a juntada de calendário extraído de páginas da internet não é meio idôneo para comprovação da tempestividade recursal. Desse modo, caberia à recorrente, no momento da interposição recursal, fazer a juntada de documento idôneo, o qual, no caso, consistia no inteiro teor do Aviso do tribunal estadual, a fim de vincular a decretação do feriado nas repartições públicas estaduais com a suspensão dos prazos pela Corte de Justiça. EDcl no AgInt no AREsp 1.510.568-RJ, Rel. Min. Marco Aurélio Bellizze, Terceira Turma, por unanimidade, julgado em 23/03/2020, DJe 30/03/2020. Inf. 669.

A tempestividade recursal pode ser aferida, excepcionalmente, por meio de informação constante em andamento processual disponibilizado no sítio eletrônico, quando informação equivocadamente disponibilizada pelo Tribunal de origem induz a parte em erro. O acórdão embargado, proferido pela Terceira Turma, manteve a intempestividade do Recurso Especial, alegando que as informações constantes do andamento processual, disponíveis no sítio eletrônico do Tribunal de origem, seriam meramente informativas, razão pela qual não poderiam ser utilizadas para prorrogação ou devolução do prazo recursal. O acórdão paradigma, proferido pela Corte Especial no REsp 1.324.432/SC, no entanto, admitiu o uso das informações constantes do andamento processual para aferição da tempestividade, quando constatado erro na informação divulgada, hipótese em que se faz presente a justa causa para prorrogação do prazo, conforme regra prevista no art. 183, §§ 1º e 2º, do CPC/1973, em homenagem aos princípios da boa-fé e da confiança. Nota-se, pois, que a informação equivocadamente disponibilizada pelo Tribunal de origem pode ter induzido em erro a parte, não sendo razoável que seja prejudicada por fato alheio à sua vontade. Logo, deve ser admitida, de forma excepcional, a informação constante do andamento processual disponibilizada pelo Tribunal de origem para aferição da tempestividade do recurso, em homenagem aos princípios da boa-fé e da confiança. EAREsp 688.615-MS, Rel. Min. Mauro Campbell Marques, Corte Especial, por unanimidade, julgado em 04/03/2020, DJe 09/03/2020. Inf. 666.

Na ação rescisória fundada em literal violação de lei, não cabe o reexame de toda a decisão rescindenda, para verificar se nela haveria outras violações à lei não alegadas pelo demandante, mesmo que se trate de questão de ordem pública. Diante da possibilidade de que decisões judiciais de mérito que contenham vícios graves sejam revestidas pela autoridade da coisa julgada, o sistema processual previu o remédio da ação rescisória, que visa reparar essas sérias imperfeições, superando a imutabilidade de uma determinada decisão judicial de mérito. Na ação rescisória fundada no art. 485, V, do CPC/1973 (art. 966, V, do CPC/2015), a indicação de violação literal de disposição de lei é ônus do requerente, haja vista constituir a sua causa de pedir, vinculando, assim, o exercício da jurisdição pelo órgão competente para sua apreciação. Segundo a doutrina, "não compete ao tribunal, a pretexto da iniciativa do autor, reexaminar toda a decisão rescindenda, para verificar se nela haveria outras violações a literal disposição de lei não alegadas pelo demandante, nem mesmo ao argumento de se tratar de matéria da ordem pública" Dessa forma, o juízo rescindente do Tribunal se encontra vinculado aos dispositivos de lei apontados pelo autor como literalmente violados, não podendo haver exame de matéria estranha à apontada na inicial, mesmo que o tema possua a natureza de questão de ordem pública, sob pena de transformar a ação rescisória em mero sucedâneo recursal. REsp 1.663.326-RN, Rel. Min. Nancy Andrighi, Terceira Turma, por unanimidade, julgado em 11/02/2020, DJe 13/02/2020. Inf. 665.

Não deve ser conhecido o recurso especial tirado de agravo de instrumento quando sobrevém sentença de extinção do processo sem resolução de mérito que não foi objeto de apelação. A ausência de impugnação à sentença proferida e, consequentemente, a formação da coisa julgada, ainda que meramente formal, é óbice intransponível ao conhecimento do agravo de instrumento e de seu subsequente recurso especial. Se o processo em que se formou a coisa julgada, embora tenha existido, não mais está em curso, as decisões nele proferidas não mais são suscetíveis de reforma, de invalidação ou de anulação. É da essência da atividade recursal que o acórdão do Tribunal possa ser útil, o que não se verifica quando decisão subsequente à recorrida foi atingida pela imutabilidade e pela indiscutibilidade. Admitir que o recurso de agravo de instrumento, por si só, teria o condão de obstar a prolação da sentença ou a formação da coisa julgada dela advinda, apenas porque as questões vertidas na decisão interlocutória recorrida poderiam influenciar no resultado da controvérsia ou porque as conclusões do Tribunal sobre a interlocutória deveriam ser compatíveis com a sentença proferida, equivaleria a conferir a essa modalidade recursal um automático efeito suspensivo sem previsão legal (ex vi legis do art. 995, caput, e 1.019, I, ambos do CPC/2015) e um verdadeiramente inédito efeito obstativo expansivo (por meio do qual a interposição do agravo de instrumento não impediria apenas a preclusão ou coisa julgada sobre a decisão recorrida, mas também sobre as decisões subsequentes). Por fim, inexistindo a possibilidade de prolação de sentença condicional, que deixa dúvida quanto à composição do litígio ou que se relaciona a eventos futuros e incertos, é correto afirmar que a existência de apelação em face da sentença superveniente proferida é condição sem a qual não se conhece de agravo de instrumento anteriormente interposto. REsp 1.750.079-SP, Rel. Min. Nancy Andrighi, Terceira Turma, por unanimidade, julgado em 13/08/2019, DJe 15/08/2019. Info. 654.

Haverá nulidade do acórdão que não contenha a totalidade dos votos declarados, mas não do julgamento, se o resultado proclamado refletir, com exatidão, a conjunção dos votos proferidos pelos membros do colegiado. A razão de ser do § 3º do art. 941 do CPC/2015 está ligada, sobretudo, à exigência de fundamentação, inerente a todas as decisões judiciais, nos termos do art. 93, IX, da Constituição Federal e, em consequência, à observância do direito fundamental ao devido processo legal, na medida em que, na perspectiva endoprocessual, a norma garante às partes o conhecimento integral do debate prévio ao julgamento, permitindo o exercício pleno da ampla defesa, e, na perspectiva extraprocessual, confere à sociedade o poder de controlar a atividade jurisdicional, assegurando a independência e a imparcialidade do órgão julgador. Noutra toada, a publicação do(s) voto(s) vencido(s) municia a comunidade jurídica de fundamentos outros que, embora não constituam a razão de decidir (ratio decidendi) do colegiado, têm o condão de instigar e ampliar a discussão acerca das questões julgadas pelas Cortes brasileiras e pode, inclusive, sinalizar uma forte tendência do tribunal à mudança de posicionamento. Assim sendo, afirma a doutrina que "o acórdão, para o CPC/2015, compõe-se da totalidade dos votos, vencedores e vencidos". Nesse sentido, a inobservância da regra do § 3º do art. 941 do CPC/2015 constitui vício de atividade ou erro de procedimento (error in procedendo), porquanto não diz respeito ao teor do julgamento em si, mas à condução do procedimento de lavratura e publicação do acórdão, já que este representa a materialização do respectivo julgamento. Assim, há nulidade do acórdão, por não conter a totalidade dos votos declarados, mas não do julgamento, pois o resultado proclamado reflete, com exatidão, a conjunção dos votos proferidos pelos membros do colegiado. **Cabe ao tribunal de origem providenciar a juntada do(s) voto(s) vencido(s) declarado(s), observando, para tanto, as normas de seu regimento interno, e, em seguida, promover a sua republicação, nos termos do § 3º do art. 941 do CPC/2015, abrindo-se, em consequência, novo prazo para eventual interposição de recurso pelas partes.** REsp 1.729.143-PR, Rel. Min. Nancy Andrighi, por unanimidade, julgado em 12/02/2019, DJe 15/02/2019. Inf. 642.

O recurso interposto pela Defensoria Pública, na qualidade de curadora especial, está dispensado do pagamento de preparo. A Corte Especial, em apreciação aos embargos de divergência, pacificou o entendimento que encontrava dissonância no âmbito do Tribunal com relação à isenção do recolhimento do preparo recursal nos casos em que a Defensoria Pública, no exercício de suas funções institucionais, atua como curadora especial. O acórdão embargado entendeu que "não é possível a concessão de assistência judiciária gratuita ao réu citado por edital que, quedando-se revel, passou a ser defendido por Defensor Público na qualidade de curador especial, pois inexiste nos autos a comprovação da hipossuficiência da parte". Ao revés, o aresto paradigma perfilhou o entendimento de que "quando há a atuação da Defensoria Pública, há a presunção de hipossuficiência". Deve-se observar que se o réu é revel e está sendo assistido pela Defensoria Pública, a exigência do pagamento das custas processuais implica, na prática, a impossibilidade de interposição do recurso, uma vez que não se pode esperar tampouco exigir que o curador especial efetue o pagamento do preparo por sua conta. Aliás, não é essa a sua função. A Defensoria Pública tão somente tem o *munus* público de exercer a curadoria especial nos casos previstos em lei. Desse modo, tendo em vista os princípios do contraditório e da ampla defesa, o recurso interposto pela Defensoria Pública, na qualidade de curadora especial, está dispensado do pagamento de preparo. EAREsp 978.895-SP, Rel. Min. Maria Thereza de Assis Moura, por unanimidade, julgado em 18/12/2018, DJe 04/02/2019). Inf. 641.

15. SINOPSE

<table>
<tr><th colspan="2">TEORIA GERAL DOS RECURSOS</th></tr>
<tr><th colspan="2">Considerações iniciais</th></tr>
<tr><td colspan="2">Em sentido estrito, recurso é o remédio jurídico-processual, que, voluntariamente, pode ser utilizado pelas partes, pelo Ministério Público e por terceiro prejudicado, em prazo peremptório, para reformar, anular ou aperfeiçoar decisão judicial, por parte do próprio órgão julgador ou do tribunal ad quem, dentro do mesmo processo em que foi proferida.</td></tr>
<tr><th colspan="2">Justificativas para um sistema recursal</th></tr>
<tr><td colspan="2">Dentre várias razões, justificam a existência de um sistema recursal: a) as falhas e as imperfeições humanas, particularmente da pessoa do juiz, que personifica o Estado na prestação jurisdicional; b) a irresignação que é ínsita ao ser humano, no caso, daqueles que têm suas esferas jurídicas alcançadas e dos que fiscalizam a ordem jurídica; c) a uniformização da aplicação do direito; d) a utilidade preventiva.</td></tr>
<tr><th colspan="2">Vícios dos pronunciamentos jurisdicionais</th></tr>
<tr><td colspan="2">Error in procedendo (defeito formal, que contamina a decisão jurisdicional enquanto ato jurídico, tornando-a inválida, pelo que se justifica sua cassação); error in iudicando (injustiça ocorrida na solução de questões de fato e de direito (mesmo que de natureza processual), não subsistindo vício formal, o que justifica a reforma do julgado).</td></tr>
<tr><th colspan="2">Pressupostos de admissibilidade</th></tr>
<tr><td colspan="2">Cabimento; legitimidade recursal; interesse recursal; inexistência de fato extintivo ou impeditivo; tempestividade; regularidade formal; preparo.</td></tr>
<tr><th colspan="2">Juízo de Admissibilidade e de Mérito Recursal</th></tr>
<tr><td colspan="2">É a verificação do preenchimento dos pressupostos de admissibilidade, necessários à apreciação do mérito recursal. É obrigatório e anterior ao juízo de mérito, devendo ser realizado de ofício. Em regra, ele é realizado pelo órgão recursal.</td></tr>
<tr><th colspan="2">Princípios</th></tr>
<tr><td colspan="2">Taxatividade; singularidade; esgotamento das vias recursais; proibição do "reformatio in peius"; fungibilidade; aplicação da lei vigente ao tempo da publicação da decisão; consumação; dialeticidade; voluntariedade; complementaridade; atos decisórios juridicamente relevantes.</td></tr>
<tr><th>Efeitos</th><td>Impedimento ao trânsito em julgado (obstativo); suspensivo; devolutivo; substitutivo; expansivo; regressivo (retratação); ativo; desobstrutivo.</td></tr>
<tr><th>Classificação</th><td>Quanto ao objeto imediato visado (ordinário e extraordinário); quanto à possibilidade de suspender a eficácia da decisão recorrida (suspensivos e não suspensivos); quanto à extensão da matéria impugnada (totais e parciais).</td></tr>
<tr><th colspan="2">Certificação do trânsito em julgado e Baixa dos Autos ao Juízo de Origem</th></tr>
<tr><td colspan="2">Certificado o trânsito em julgado, com menção expressa da data de sua ocorrência, o escrivão ou o chefe de secretaria, independentemente de despacho, providenciará a baixa dos autos ao juízo de origem, no prazo de 05 dias.</td></tr>
</table>

CAPÍTULO 62

APELAÇÃO

Sumário • 1. Considerações iniciais: 1.1. Cabimento; 1.2. Prazo; 1.3. Regularidade formal; 1.4. Preparo – 2. Efeitos: 2.1. Obstativo (ou impedimento ao trânsito em julgado); 2.2. Suspensivo; 2.3. Ativo; 2.4. Regressivo (ou retratação); 2.5. Devolutivo; 2.6. Desobstrutivo; 2.7. Substitutivo; 2.8. Rescindente – 3. Inovação recursal – 4. Procedimento – 5. Súmulas – 6. Enunciados do FPPC – 7. Enunciados do CJF – 8. Informativos – 9. Sinopse.

1. CONSIDERAÇÕES INICIAIS

1.1. Cabimento

De acordo com o *caput* do art. 1.009 do Código de Processo Civil, "da sentença cabe apelação". O § 1º do art. 203, dispõe que, "ressalvadas as disposições expressas dos procedimentos especiais, sentença é o pronunciamento por meio do qual o juiz, com fundamento nos arts. 485 e 487, põe fim à fase cognitiva do procedimento comum, bem como extingue a execução".

A apelação, pois, é o recurso pelo qual o inconformado, em qualquer procedimento (comum ou especial, ressalvadas, quanto a este último, as disposições expressas em lei), insurge-se contra a sentença (vocábulo empregado em sentido estrito), tenha ela apreciado o mérito da ação (definitiva) ou não (terminativa).

Questão de Concurso

- **(FCC – Analista Judiciário – Oficial de Just. Avaliador – TRT 11/2017)**[1] José ajuizou procedimento comum, mas a petição inicial foi indeferida por conter pedidos incompatíveis entre si. Nesse caso, dessa decisão

a) caberá agravo de instrumento.
b) caberá apelação.
c) caberá agravo interno.
d) caberá recurso especial.
e) não caberá recurso.

A sentença se caracteriza pela definitividade ou terminatividade, ou seja, pela não provisoriedade. As questões por ela (pela sentença) decididas são definitivas. Não quer isso dizer que, perante o juízo monocrático de primeira instância, só as sentenças tragam soluções definitivas ou terminativas. Pode ocorrer de as decisões interlocutórias também trazerem.

1. Gabarito: Letra B.

Apesar dessa possível correspondência de conteúdo entre sentença e decisão interlocutória, não significa que, quando verificada, haja modificação quanto ao recurso cabível. Não é isso. O que define o cabimento da apelação é a espécie do ato decisório, no caso, a sentença, que, conquanto possa ter correspondência de conteúdo, tem aptidão diferente da interlocutória. A sentença encerra uma fase do processo, enquanto que a decisão interlocutória não tem essa aptidão.

Pode-se, assim, afirmar que o recurso de apelação somente poderá ser interposto quando proferida sentença. Antes dela, pode até caber outro recurso, mas ele não será a apelação. Daí se poderia afirmar que, contra decisões interlocutórias, por serem proferidas antes da sentença, não caberia a interposição de apelação?

Há inovação, trazida pelo CPC/2015, no § 1º do art. 1.009, que induz a uma melhor reflexão, antes de se afirmar que, contra decisão interlocutória não cabe apelação. Se, sob a vigência do CPC/1973, a não ser a exceção relativa às decisões proferidas em consequência da aplicação da Lei nº 1.060/1950[2], essa conclusão era intangível, hoje, não é mais.

Nos termos do § 1º do art. 1.009 do CPC/2015, "as questões resolvidas na fase de conhecimento, se a decisão a seu respeito não comportar agravo de instrumento, não são cobertas pela preclusão e devem ser suscitadas em preliminar de apelação, eventualmente interposta contra a decisão final, ou nas contrarrazões".

Assim, conquanto, atualmente, a regra seja que a apelação seja o recurso apto a impugnar a sentença, em algumas situações, ela serve para impugnar, em conjunto, ou até mesmo em separado, a(s) decisão (decisões) interlocutória(s). E assim ocorrerá quando, contra a decisão interlocutória proferida não caiba recurso de agravo de instrumento.

Perceba-se, contudo, que o art. 1009, no § 1º, dispõe que, quando não comportar agravo de instrumento, deve ser interposta apelação contra as questões resolvidas. Se cabia agravo e não foi interposto, haverá preclusão. As questões resolvidas não poderão ser suscitadas na apelação (ou nas contrarrazões). Agora, se contra as questões decididas foi interposto agravo e não foi admitido por falta de cabimento, o interessado poderá, depois, suscitar aquelas (porque cabível) em apelação ou em contrarrazões.

E diga-se mais.

Pode ocorrer de, contra sentença, não caber apelação, mas, sim, outro recurso. São os casos das sentenças: a) proferidas em execução fiscal de valor igual ou inferior a 50 ORTN; b) proferidas nas causas envolvendo Estado estrangeiro ou organismo internacional contra município ou pessoa residente ou domiciliada no Brasil; c) proferidas nas causas submetidas ao rito sumaríssimo.

---

2. Sob a vigência do CPC/1973, as decisões interlocutórias, proferidas em incidente de impugnação aos benefícios da gratuidade judiciária, eram impugnadas mediante interposição de recurso de apelação (recebida somente no efeito devolutivo, quando concedido os benefícios respectivos), mas, caso proferida dentro dos autos principais, mesmo em consequência da aplicação da Lei nº 1.060/50, contra ela, cabia agravo. Atualmente, o art. 101 do CPC/2015 dispõe que "contra a decisão que indeferir a gratuidade ou a que acolher pedido de sua revogação caberá agravo de instrumento, exceto quando a questão for resolvida na sentença, contra a qual caberá apelação".

De fato, contra as sentenças proferidas em execução fiscal de valor igual ou inferior a 50 ORTN, cabem embargos infringentes de alçada (art. 34 da Lei nº 6.830/1980[3])[4]. Contra as sentenças proferidas nas causas envolvendo Estado estrangeiro ou organismo internacional contra município ou pessoa residente ou domiciliada no Brasil, cabe recurso ordinário (art. 1.027, II, "b", do CPC[5])[6]. E contra as sentenças proferidas nas causas submetidas ao rito sumaríssimo, cabe "recurso"[7].

1.2. Prazo

A apelação deve ser interposta no prazo de 15 dias (§ 5º do art. 1.003), contados da intimação da sentença. Se o recorrente estiver representado pela defensoria pública, o prazo para apelar será dobrado (art. 186 do CPC e arts. 44, I, 89, I, ambos da LC nº 80/1994[8]).

---

3. Art. 34 – Das sentenças de primeira instância proferidas em execuções de valor igual ou inferior a 50 (cinqüenta) Obrigações Reajustáveis do Tesouro Nacional – ORTN, só se admitirão embargos infringentes e de declaração.§ 1º – Para os efeitos deste artigo considerar-se-á o valor da dívida monetariamente atualizado e acrescido de multa e juros de mora e de mais encargos legais, na data da distribuição.§ 2º – Os embargos infringentes, instruídos, ou não, com documentos novos, serão deduzidos, no prazo de 10 (dez) dias perante o mesmo Juízo, em petição fundamentada.§ 3º – Ouvido o embargado, no prazo de 10 (dez) dias, serão os autos conclusos ao Juiz, que, dentro de 20 (vinte) dias, os rejeitará ou reformará a sentença.
4. Contra as sentenças proferidas em execução fiscal de valor igual ou inferior a 50 ORTN, em vez de apelação, cabem embargos infringentes de alçada (art. 34 da Lei nº 6.830/1980), interpostos no prazo de 10 dias (sem necessidade de preparo) e julgados pelo mesmo juízo prolator. Acerca dos embargos infringentes de alçada, o STF definiu que "é compatível com a Constituição norma que afirma incabível apelação em casos de execução fiscal cujo valor seja inferior a 50 ORTN" (STF. ARE 637975 RG/MG. DJe 09.06.11). Para efeito de alçada, o valor a ser considerado não é o dado à causa e sim o quantitativo de débito principal, devidamente atualizado, acrescido dos consectários legais, à época do ajuizamento da execução (STJ. REsp 729183/SP. DJU 30.08.06). Indicando os autos que o valor da causa, à época da distribuição, correspondente ao do débito fiscal, acrescido de correção monetária, juros de mora e demais encargos, era superior ao de alçada, cabível a apelação (STJ. REsp 197013/RJ. DJU 25.02.02).No caso de execuções reunidas e julgadas numa só sentença, é controvertida a jurisprudência sobre se a alçada é determinada de acordo com o valor de cada ação ou sobre o somatório de todas elas. Daí, a ter-se como acertada a orientação no sentido de se considerar cada valor separadamente, impondo-se a adoção do principio da fungibilidade dos recursos, a fim de que a apelação, quanto às execuções de valor inferior a alçada, seja julgada como embargos infringentes (STJ. REsp 31993/SP. DJU 21.10.96).
5. Art. 1.027. Serão julgados em recurso ordinário:I – pelo Supremo Tribunal Federal, os mandados de segurança, os habeas data e os mandados de injunção decididos em única instância pelos tribunais superiores, quando denegatória a decisão;II – pelo Superior Tribunal de Justiça:a) os mandados de segurança decididos em única instância pelos tribunais regionais federais ou pelos tribunais de justiça dos Estados e do Distrito Federal e Territórios, quando denegatória a decisão;b) os processos em que forem partes, de um lado, Estado estrangeiro ou organismo internacional e, de outro, Município ou pessoa residente ou domiciliada no País.§ 1º Nos processos referidos no inciso II, alínea "b", contra as decisões interlocutórias caberá agravo de instrumento dirigido ao Superior Tribunal de Justiça, nas hipóteses do art. 1.015.§ 2º Aplica-se ao recurso ordinário o disposto nos arts. 1.013, § 3º, e 1.029, § 5º.
6. As sentenças proferidas nas causas envolvendo Estado estrangeiro ou organismo internacional contra município ou pessoa residente ou domiciliada no Brasil são impugnadas, conforme dispõe o art. 1.027, II, "b", do Código de Processo Civil, por recurso ordinário constitucional, que faz às vezes da apelação, e que é julgado (nesse caso específico) pelo Superior Tribunal de Justiça.
7. As sentenças proferidas nas causas submetidas ao rito sumaríssimo são impugnadas por "recurso" (sem nomenclatura específica, motivo por alguns o chamam de "recurso inominado"), conforme dispõe o art. 41 da Lei nº 9.099/1995, que faz as vezes da apelação, de competência das Turmas Recursais, compostas por juízes de direito ocupantes dos órgãos jurisdicionais de primeira instância.
8. Art. 44. São prerrogativas dos membros da Defensoria Pública da União: I – receber, inclusive quando necessário, mediante entrega dos autos com vista, intimação pessoal em qualquer processo e grau de jurisdição ou instância administrativa, contando-se-lhes em dobro todos os prazos; [...] Art. 89. São prerrogativas dos membros

Também será dobrado o prazo quando o recorrente for o Ministério Público (art. 180 do CPC), a Fazenda Pública, suas autarquias e fundações públicas (art. 183 do CPC e Lei nº 9.469/97), bem assim litisconsortes que tiverem diferentes procuradores, de escritórios de advocacia distintos (art. 229 do CPC).

No caso de apelação interposta segundo o procedimento do Estatuto da Criança e do Adolescente, o prazo pode ser de 10 dias, na forma do art. 198, II, da Lei nº 8.069/90 (STJ. REsp 633030/SC. DJ 28.09.06). Este prazo reduzido aplica-se somente aos procedimentos especiais previstos entre os arts. 152 e 197 do ECA, referentes ao pátrio poder, tutela, colocação em família substituta, apuração de ato infracional atribuído ao adolescente, apuração de irregularidades em entidades de atendimento e apuração de infração administrativa às normas de proteção à criança e ao adolescente (STJ. REsp 440453/SP. DJU 07.04.03). Nos demais casos, o prazo recursal será aquele estabelecido pelo CPC (STJ. REsp 691274. DJU 02.08.07).

Se a apelação for interposta via *fac-símile*, os originais (sem qualquer alteração de conteúdo) e os documentos devem chegar ao juízo em até 05 dias corridos, contados após o término do prazo recursal (STJ. EDcl nos EDcl nos EDcl nos EDcl no AgRg no AREsp 681.550/RJ. DJe 22.08.19). A dizer de outra forma, o prazo continuativo de 05 dias se conta após o último dia que o recorrente teria para realizar a interposição do recurso (STJ. EDcl no REsp 475020/RS. DJU 30.04.07).

Questão de Concurso

▶ **(FGV – Técnico Judiciário – TJ – SC/2018)**[9] Maria e Fátima foram citadas em uma demanda indenizatória proposta por João, sob o rito comum. Após audiência de mediação, que restou infrutífera, apenas Maria constituiu procurador, que apresentou contestação. O juiz decretou a revelia de Fátima e, finda a fase instrutória, julgou procedente o pedido formulado por João em face de ambas as rés.

Maria, para interpor o recurso de apelação, deverá observar o prazo:

Parte superior do formulário

a) simples de 10 dias úteis;

b) simples de 15 dias úteis;

c) dobrado de 20 dias úteis;

d) dobrado de 30 dias úteis;

e) dobrado de 30 dias corridos.

▶ **(Vunesp – Escrevente Técnico Judiciário – TJ – SP/2017)**[10] Luís ingressou com uma ação contra Mirela. Em 09.03 (sexta-feira), na audiência de instrução e julgamento, o juiz julgou a ação improcedente, saindo as partes intimadas de tal decisão nessa data. A parte sucumbente pretende recorrer da decisão do juiz.

Levando em consideração que, durante o prazo do recurso, não há qualquer feriado, é correto afirmar que

a) Luís deverá interpor recurso de agravo de instrumento, e terá, para isso, prazo fatal até 30.03 (sexta-feira).

da Defensoria Pública do Distrito Federal e dos Territórios:I – receber, inclusive quando necessário, mediante entrega dos autos com vista, intimação pessoal em qualquer processo e grau de jurisdição ou instância administrativa, contando-se-lhes em dobro todos os prazos;[...]

9. Gabarito: Letra B.

10. Gabarito: Letra B.

b) Luís deverá interpor recurso de apelação, e terá, para isso, prazo fatal até 30.03 (sexta-feira).
c) o recurso a ser manejado por Luís é o de agravo de instrumento, e ele terá 15 dias úteis para fazer tal peça processual, contados a partir de 09.03.
d) Mirela deverá manejar recurso de apelação no prazo de 15 dias corridos, contados a partir de 12.03 (segunda-feira).
e) tanto Luís quanto Mirela têm interesse de agir no recurso de apelação, e eles terão prazo comum de 15 dias úteis, contados de 12.03 (segunda-feira), para apresentar tal peça processual.

1.3. Regularidade formal

A petição do recurso de apelação, que será dirigida ao juízo de primeiro grau, conterá, sob pena de não preenchimento do pressuposto da regularidade formal:

a) os nomes e a qualificação das partes:

Deverão ser indicados os nomes, os prenomes, o estado civil, a existência de união estável, a profissão, o número de inscrição no Cadastro de Pessoas Físicas ou no Cadastro Nacional da Pessoa Jurídica, o endereço eletrônico, o domicílio e a residência do(s) recorrente(s) e do(s) recorrido(s). Tal requisito pode ser mitigado, mediante simples indicação dos nomes e prenomes das partes, casos elas já estejam qualificadas nos autos. Mas, quando o legitimado recursal não seja qualquer das partes, ele deve ser identificado.

b) a exposição do fato e do direito:

Na petição do recurso de apelação, o recorrente deve narrar todo o desenvolvimento do processo desde o seu início até a prolação da sentença, a fim de que o tribunal competente possa compreender, com maior velocidade, o contexto fático-jurídico relacionado à(s) questão (questões) resolvida(s) pelo juízo de primeira instância. O art. 1.010, II, do CPC/2015, neste aspecto, trouxe a mesma sistemática com o CPC/1973, no art. 541, emprestava aos recursos de natureza extraordinária.

c) as razões do pedido de reforma ou de decretação de nulidade (invalidação):

Apresentado o contexto fático-jurídico relacionado à(s) questão (questões) resolvida(s) pelo juízo de primeira instância, o recorrente deve, em seguida, apresentar a razões de sua irresignação, de modo a justificar a prolação, pelo tribunal competente, de outra decisão, em substituição (por reforma ou manutenção) ou em anulação (invalidação) da sentença. Caso não apresentadas tais razões, além de ferir a regularidade formal, não será observada, também, a dialeticidade, o que impossibilita a admissão da apelação.

d) o pedido de nova decisão:

Depois de apresentadas as razões do pedido de reforma ou decretação de nulidade (invalidade), o recorrente deve, para dar coerência à petição recursal, alcançar uma conclusão lógica, sob pena de aquela (a petição recursal) ser considerada inepta e, por consequência, não ser admitido o recurso. A "conclusão lógica", a que conduz as razões do pedido de reforma ou de decretação de nulidade, é o pedido, que deve ser interpretado considerando o conjunto da postulação e de acordo com a boa-fé, além do que, se cumulado, deve observar a compatibilidade.

1.4. Preparo

O preparo se consubstancia na exigência de que o recorrente comprove (mediante guia de recolhimento própria, fornecida pela entidade arrecadadora), no ato de interposição, o recolhimento, quando devidos, dos encargos financeiros recursais (inclusive porte de remessa e retorno – enunciado 187 da súmula do STJ[11]). Mesmo durante o plantão judiciário e as férias forenses (a não ser que impossibilitada a expedição das respectivas guias de recolhimento), o preparo deve ser comprovado no ato de interposição do recurso[12].

No caso do recurso de apelação, por ocasião de sua interposição, exige-se o recolhimento de preparo. Se não for recolhido o preparo, a apelação será considerada deserta. Aplica-se, a dizer de outra forma, a pena de deserção contra o recorrente, a qual enseja a inadmissibilidade recursal em razão da não observância do respectivo pressuposto (do preparo). Agora, duas consequências podem decorrer, em detrimento do recorrente, a depender se a falta de recolhimento do preparo foi integral ou parcial (insuficiente).

Nos termos do § 4º do art. 1.007, "o recorrente que não comprovar, no ato de interposição do recurso, o recolhimento do preparo, inclusive porte de remessa e de retorno, será intimado, na pessoa de seu advogado, para realizar o recolhimento em dobro, sob pena de deserção". Haverá, portanto, se não recolhido o preparo, uma segunda chance. Ela, contudo, será acompanhada de uma penalidade (pagamento em dobro), por que não sido o preparo comprovado por ocasião da interposição do recurso.

Questão de Concurso

▶ **(FCC – Analista Judiciário – Área Judiciária – TRT 24/2017)**[13] Renato ajuizou ação indenizatória contra Moisés que tramitou por meio eletrônico em uma das varas cíveis da comarca de São Paulo. Após o regular processamento a ação é julgada improcedente pelo Magistrado competente. Inconformado, Renato apresenta recurso de apelação sem, contudo, recolher qualquer valor a título de preparo. Neste caso, de acordo com o Código de Processo Civil, o juiz deverá

a) intimar Renato, na pessoa de seu advogado, para realizar o recolhimento do valor do preparo e do porte de remessa e de retorno, sob pena de deserção.

b) aplicar imediatamente a pena de deserção a Renato.

c) intimar Renato, na pessoa de seu advogado, para realizar o recolhimento em dobro do valor do preparo e do porte de remessa e de retorno, sob pena de deserção.

d) intimar Renato, na pessoa de seu advogado, para realizar o recolhimento em dobro do valor do preparo, exclusivamente, sob pena de deserção.

e) intimar Renato, na pessoa de seu advogado, para realizar o recolhimento do valor do preparo, exclusivamente, sob pena de deserção.

Além da penalidade (pagamento do preparo em dobro), aquele que não (recolhe e) demonstra o preenchimento do referido pressuposto de admissibilidade por ocasião da interposição do

11. Enunciado 187 da súmula do STJ: "É deserto o recurso interposto para o Superior Tribunal de Justiça, quando o recorrente não recolhe, na origem, a importância das despesas de remessa e retorno dos autos".

12. Apenas se admite posterior recolhimento do preparo (nos valores habitualmente exigidos, conforme respectivo regimento de custas), em ocasião seguinte ao ato de interposição, se houver previsão LEGAL específica diversa (§ 1º do art. 42 da Lei nº 9.099/95) ou se existir justificativa suficiente (STJ. REsp 471545/SC. DJU 06.03.06). Aliás, § 6º do art. 1.007 do Código de Processo Civil estabelece que, "provando o recorrente justo impedimento, o relator relevará a pena de deserção, por decisão irrecorrível, fixando-lhe prazo de 05 dias para efetuar o preparo".

13. Gabarito: Letra D.

recurso assumirá, ainda, um ônus adicional. O de não poder complementá-lo, caso não tenha sido recolhido em dobro. É o que dispõe o § 5º do art. 1.007: "é vedada a complementação se houver insuficiência parcial do preparo, inclusive porte de remessa e de retorno, no recolhimento realizado na forma do § 4º".

Situação diferente ocorre quando, por ocasião da interposição da apelação, o recorrente recolhe o preparo, mas, em valor insuficiente. O § 2º do Art. 1.007 do Código de Processo Civil dispõe que "a insuficiência no valor do preparo, inclusive porte de remessa e de retorno, implicará deserção se o recorrente, intimado na pessoa de seu advogado, não vier a supri-lo no prazo de 5 (cinco) dias". Há, pois, a concessão de oportunidade para complementar o preparo. Só se não atendida a determinação, é que será aplicada a pena de deserção.

Estão dispensados do recolhimento de preparo (por suspensão da exigibilidade) aqueles que forem patrocinados pela Defensoria Pública e, em geral, os beneficiados pela gratuidade judiciária (STJ. REsp 245663/MG. DJU 20.03.00).

Também estão dispensados (por isenção), inclusive porte de remessa e de retorno, os recursos interpostos pelo Ministério Público, pela União, pelo Distrito Federal, pelos Estados, pelos Municípios, e respectivas autarquias[14], e pelos que gozam de isenção legal[15].

Especificamente no processo em autos eletrônicos, a independer de quem seja o recorrente, é dispensado o recolhimento do porte de remessa e de retorno.

2. EFEITOS

O Código de Processo Civil, ao tratar dos recursos, inclusive o de apelação, não é, em muitos dos dispositivos relacionados, expresso quanto aos seus efeitos. Comumente, a prática processual trata como se fossem apenas dois (devolutivo e suspensivo). Ratifica essa conclusão o enunciado 331 do STJ, que, ao tratar de situação, em que afastado o efeito suspensivo, dispõe: "a apelação interposta contra sentença que julga embargos à arrematação tem efeito meramente devolutivo". Contudo, há (pode haver) outros vários efeitos relacionados (também ao recurso de apelação). São eles:

2.1. Obstativo (ou impedimento ao trânsito em julgado)

A interposição do recurso de apelação impede o trânsito em julgado da sentença, a prolongar a litispendência. Todavia, apenas as apelações cabíveis e tempestivas podem impedir o trânsito em julgado. Recurso inadmitido por descabimento ou intempestividade não o impede[16].

14. REPETITIVO. INSS. RECOLHIMENTO. PREPARO.
[...] Sendo o INSS autarquia federal equiparada em prerrogativas e privilégios à Fazenda Pública, nos termos do artigo 8º da Lei 8.620/93, não lhe é exigível o depósito prévio do preparo para fins de interposição de recurso, podendo efetuá-lo ao final da demanda, se vencido (CPC, artigo 27). REsp 1.101.727, rel. Min. Hamilton Carvalhido, j. 2.8.10. Corte Especial. (Info 441)

15. O art. 7º da Lei 9.289/96 isenta do pagamento das custas os embargos à execução processados perante a Justiça Federal. Tal inexigibilidade estende-se ao recolhimento do preparo na interposição de apelação contra sentença proferida nos referidos embargos (STJ. REsp 1176893/SP. DJe 09.02.12).

16. Há opositores a esta ressalva. Aqueles mais radicais adotam o posicionamento de que o recurso interposto, ainda que inadmitido, impede o trânsito em julgado. Outros, a adotar corrente intermediária, entendem que se o fator

Embora o efeito obstativo impeça o trânsito em julgado da sentença, ele não impede que isso ocorra em relação à outra(s) decisão(ões). É o que acontece, por exemplo, quando a sentença tem vários capítulos, mas a apelação interposta não contempla todos em seu objeto.

2.2. Suspensivo

A primeira parte do art. 995 do CPC dispõe que "os recursos não impedem a eficácia da decisão". Entretanto, em sua segunda parte, excepciona: "salvo disposição legal ou decisão judicial em sentido diverso". Logo, quando o recurso eventualmente possui efeito suspensivo, o texto legal ou a decisão que o atribui faz (qualquer delas) expressa ressalva (atribuição).

No caso do recurso de apelação, o art. 1.012 do CPC dispõe que ela terá efeito suspensivo. Mas, seu § 1º estabelece que, além de outras hipóteses previstas em lei[17], começa a produzir efeitos imediatamente após a sua publicação a sentença que: a) homologa divisão ou demarcação de terras; b) condena a pagar alimentos[18] (ou que os majora – STJ. REsp 28.144/SP. DJe 24.10.94); c) extingue sem resolução do mérito ou julga improcedentes os embargos do executado; d) julga procedente o pedido de instituição de arbitragem; e) por urgência ou evidência, confirma, concede ou revoga tutela provisória[19]; f) decreta a interdição.

Questão de concurso

▶ **(FGV – Oficial de Justiça – TJ – SC/2018)**[20] Acolhendo o pedido de ressarcimento de danos materiais e reparatório de danos morais, em razão de lesões incapacitantes sofridas pelo autor em acidente de trânsito provocado por culpa do demandado, o juiz, em tópico autônomo da sentença, deferiu a tutela antecipada requerida na petição inicial, para determinar ao réu que, imediatamente, arcasse com o pensionamento mensal em favor do demandante. Esse capítulo do ato decisório é:

a) impugnável em apelação;
b) impugnável em agravo de instrumento;
c) impugnável em recurso extraordinário;
d) impugnável em agravo interno;
e) irrecorrível.

Questão de Concurso

▶ **(MPE – BA – Promotor de Justiça – MPE - BA/2018)** [21] Uma das assertivas a seguir não se aplica ao recurso de apelação:

que levou ao não conhecimento do recurso for objeto de outro recurso, haverá impedimento ao trânsito em julgado, sob pena de descartar, por completo, a hipótese de reforma do julgado que não admitiu o recurso pelas instâncias superiores, negando-se a existência de dúvida com relação à admissibilidade (STJ. ERESP 441252/CE. DJU 29.06.05). Alguns outros, por fim, a adotar posição também intermediária, defendem que a interposição de recurso, desde que cabível e tempestivo, impede o trânsito em julgado da decisão, ainda que na instância ad quem não seja conhecido em decorrência de outro pressuposto de admissibilidade (STJ. REsp 203067/PR. DJU 14.02.00).

17. A exemplo daquelas previstas em: art. 14, § 3º, da Lei nº 12.106/2009; art. 58, V, da Lei nº 8.245/1991; art. 90 da Lei nº 11.101/2005.
18. A apelação interposta contra sentença que julgar pedido de alimentos ou pedido de exoneração do encargo deve ser recebida apenas no efeito devolutivo (STJ. REsp 1.280.171/SP. DJe 02.08.12).
19. Neste caso, a parte da sentença que não coincide com a extensão da tutela provisória fica com sua eficácia suspensa em razão da (possibilidade de) interposição do recurso de apelação.
20. Gabarito: Letra a.
21. Gabarito: Letra B.

a) Como instrumento processual, o interessado requer o reexame de uma decisão com fito de modificá-la, cassá-la ou integrá-la.
b) Interposto perante o juízo prolator da decisão, os seus requisitos de admissibilidade deverão ser inicialmente verificados pelo juízo a quo.
c) Recebendo a apelação, o relator sorteado poderá decidir, sem submissão ao colegiado, em casos de não impugnação especifica dos fundamentos da decisão recorrida.
d) A apelação terá, em regra, efeito suspensivo, muito embora possa o relator, nos casos em que o seu efeito é meramente devolutivo, suspender a eficácia da sentença se demonstrada a probabilidade de provimento do recurso.
e) A apelação devolverá ao tribunal o conhecimento dos demais fundamentos dos pedidos do autor, mesmo que tenha o juiz acolhido apenas um deles, se a defesa ou o pedido contiver mais de um fundamento.

▶ **(Vunesp – Procurador do Estado – PGE – SP/2018)** [22] A sentença proferida em sede de ação civil pública, que acolhe integralmente o pedido do autor e autoriza a liberação de remédios de uso proibido por órgãos administrativos fiscalizadores, todos potencialmente lesivos à saúde da população, enseja

a) apenas pedido de suspensão de segurança que, por evidente prejudicialidade, suspende o prazo do recurso de agravo, mas não o do recurso de apelação.
b) apelação, cujo efeito suspensivo deve ser pleiteado diretamente no Tribunal, por meio de medida cautelar autônoma e inominada.
c) apelação, cujo efeito suspensivo é automático e impede a execução definitiva da decisão.
d) apelação, com pedido de efeito suspensivo. Depois disso, a Fazenda de São Paulo deverá protocolar, no Tribunal de Justiça, um pedido de análise imediata desse efeito suspensivo pleiteado. Ao mesmo tempo, a Fazenda poderá pedir suspensão dos efeitos da sentença ao Presidente do Tribunal competente.
e) agravo de instrumento contra o capítulo da decisão que concedeu a ordem de liberação imediata das mercadorias, com pedido de efeito ativo, e apelação do capítulo que julgou o mérito.

Se houver cumulação de ações resolvidas[23] em sentença, a verificação do efeito suspensivo ocorrerá a partir de cada uma daquelas. Por isso que o enunciado 217 do Fórum Permanente de Processualistas Civis orienta: "a apelação contra o capítulo da sentença que concede, confirma ou revoga a tutela antecipada da evidência ou de urgência não terá efeito suspensivo automático". Significa, então, que a apelação interposta apenas contra capítulo de sentença, que esteja excepcionado pelo § 1º do art. 1.012 do CPC ou pela legislação especial, não terá de efeito suspensivo. Da mesma forma, o(s) respectivo(s) capítulo(s) de sentença se, mesmo que interposto recurso de apelação contra todos (ou vários deles), aquele(s) esteja(m) excepcionado(s) pelo § 1º do art. 1.012 do CPC ou pela legislação especial.

A apelação, portanto, de regra, goza de efeito suspensivo, a não ser que interposta contra sentença que verse acerca das matérias elencadas no respectivo § 1º. Contudo, mesmo nesses casos (que lei não atribui suspensividade à apelação), o relator (ou o tribunal, se antes da distribuição) da apelação, por decisão fundamentada, mediante prévio pedido formulado pelo recorrente, pode vir a atribuir efeito suspensivo, se verificada a probabilidade de provimento do recurso (evidência) ou se, sendo relevante a fundamentação, houver risco de dano grave ou de difícil reparação (urgência).

---

22. Gabarito: Letra D.
23. Em pluralidade, mas não necessariamente todas.

A apelação, pois, é um recurso que, por lei, tem, em regra, efeito suspensivo. Excepcionalmente, a própria lei traz situações em que não tem, mas que, por decisão judicial, a ela, pode vir a ser atribuída.

A apelação, quando dotada de (ou a que é atribuída) efeito suspensivo, prolonga o estado de ineficácia da sentença, impedindo que ela produza, relativamente à parte impugnada (ou delimitada por decisão judicial específica), imediatamente qualquer de seus efeitos. Se o efeito suspensivo é *ex lege*, a amplitude da devolutividade delimita o efeito suspensivo; se é *ope iudicis*, a amplitude da decisão, que atribui efeito suspensivo, é que delimita a suspensividade.

Quando o efeito suspensivo é *ex lege*, a suspensividade da eficácia da sentença recorrida ocorre a partir de quando o recurso poderia ser interposto. O estado de ineficácia decorre da mera recorribilidade e vai até quando ela se findar ou até quando não mais couber a interposição de recurso seguinte, o qual seja dotado de efeito suspensivo. Quando é *ope iudicis*, a suspensividade da decisão recorrida ocorre a partir de quando publicada a decisão de atribuição do dito efeito (suspensivo), que pode ser requerido na própria apelação ou, se depois de interposta, mediante simples petição.

Acrescente-se que, segundo o enunciado 559 do Fórum Permanente de Processualistas Civis, "o efeito suspensivo *ope legis* do recurso de apelação não obsta a eficácia das decisões interlocutórias nele impugnadas".

2.3. Ativo

O efeito ativo se consubstancia na possibilidade de a instância *ad quem* antecipar, mediante decisão provisória, a tutela recursal de provimento antes do julgamento definitivo (da apelação). Pode acontecer, em razão da falta de preenchimento dos requisitos necessários para a tutela provisória, de o efeito ativo ser concedido apenas em parte.

O efeito ativo pode ser atribuído em razão de concessão de tutela provisória de urgência ou de evidência. Não por outra razão que o enunciado 423 do FPPC, em referência aos arts. 311, 995, parágrafo único, 1.012, § 4º, 1.019, inciso I, 1.026, § 1º, e 1.029, § 5º, do CPC, orienta que "cabe tutela de evidência recursal".

2.4. Regressivo (ou retratação)

Em razão do efeito regressivo, autoriza-se que o órgão jurisdicional *a quo*, ante a interposição de apelação, reveja sua sentença, a fim de se retratar. Este efeito não é comum a todas as apelações, sendo admitido unicamente quando houver expressa autorização legal.

Para tal espécie recursal (apelação), só se pode atribuir efeito regressivo quando for interposta contra **sentenças de indeferimento da petição inicial** (art. 331 do CPC[24]), de **julgamento de improcedência liminar** (§ 3º do art. 332 do CPC[25]) **e terminativas** (§ 7º do art. 485 do CPC[26]).

---

24. Art. 331. Indeferida a petição inicial, o autor poderá apelar, facultado ao juiz, no prazo de 5 (cinco) dias, retratar-se.
25. Art. 332. Nas causas que dispensem a fase instrutória, o juiz, independentemente da citação do réu, julgará liminarmente improcedente o pedido que contrariar:[...] § 3º Interposta a apelação, o juiz poderá retratar-se em 5 (cinco) dias.
26. Art. 485. O juiz não resolverá o mérito quando:[...] § 7º Interposta a apelação em qualquer dos casos de que tratam os incisos deste artigo, o juiz terá 5 (cinco) dias para retratar-se.

Também poderá haver retratação, em razão da existência de efeito regressivo, à apelação que seja interposta contra as sentenças proferidas nas causas que tramitam sob o procedimento definido pelo ECA, a teor do que estabelece o seu art. 198, VII.

Emprestado efeito regressivo, mediante exercício do juízo de retratação, a apelação interposta será inadmitida, porque prejudicada (ante a perda de seu objeto), a passar o recorrente a carecer de interesse recursal, já que o julgamento pela instância *ad quem* não mais lhe poderá lhe proporcionar qualquer utilidade.

Se o efeito regressivo incidir apenas em parte da apelação, aquela em que ele não incidiu, será submetida ao tribunal. Se isso ocorrer, dá-se ensejo a uma situação interessante. Contra a decisão de retratação, caberia recurso (e, em caso positivo, qual seria ele)?

A resposta é afirmativa. Se mantido o encerramento da instância, seria apelação, mas, se reaberta, seria, se preenchido o pressuposto do cabimento, agravo de instrumento (todavia, se não preenchido tal pressuposto, somente poderia ser objeto de apelação ou de suas respectivas contrarrazões).

É condição, todavia, para se emprestar efeito regressivo, mediante exercício do juízo de retratação, que a apelação seja considerada, pelo juízo *a quo*, tempestiva. Por isso que o enunciado 293 do Fórum Permanente de Processualistas Civis orienta que "O juízo de retratação, quando permitido, somente poderá ser exercido se a apelação for tempestiva".

Questão de Concurso

- **(Cespe – Procurador do Estado – PGE - PE/2018)**[27] No processo civil, é vedado ao órgão judicial que prolatar a decisão recorrida exercer o juízo de retratação na hipótese de interposição de

a) agravo de instrumento cuja finalidade seja impugnar decisão interlocutória que tenha determinado a exclusão de litisconsorte.
b) apelação intempestiva, mesmo que o juízo reconheça erro em sua sentença pela improcedência liminar do pedido.
c) agravo interno, sob pena de usurpação de competência de órgão colegiado.
d) recurso especial sobrestado que se submeta ao regime jurídico dos recursos repetitivos.
e) recurso contra decisão de natureza interlocutória prolatada, em primeiro grau, na fase de execução.

Por óbvio, então, a interposição da apelação é indispensável para o empréstimo de efeito regressivo, não sendo suficiente a mera formulação de pedido de retratação, pois que, sem o manejo recursal, não haverá impedimento ao trânsito em julgado. Consequentemente, o efeito negativo da coisa julgada impedirá o órgão, que proferiu a sentença, de decidir de forma contrária ao definido anteriormente.

2.5. Devolutivo

A admissibilidade da apelação transfere ao órgão jurisdicional *ad quem* (tribunal local) o conhecimento da matéria recorrida e, pelo menos em regra, daquela que deveria ser conhecida pelo juízo *a quo*, mas não foi.

27. Gabarito: Letra B.

A extensão horizontal do efeito devolutivo da apelação é determinada pela amplitude da impugnação (*tantum devolutum quantum apellatum*) (dimensão horizontal do efeito devolutivo[28]). Enquanto isso, sua profundidade identifica-se com o material que deve trabalhar o órgão *ad quem* para julgar (dimensão vertical do efeito devolutivo ou efeito translativo).

O efeito devolutivo, em sua dimensão horizontal, determina os limites horizontais do recurso (o que se pode decidir). Relaciona-se ao objeto litigioso recursal (a questão principal do recurso). Na dimensão vertical, determinam-se os limites verticais (material com que o órgão recursal trabalhará para decidir a questão que lhe foi submetida). Relaciona-se ao objeto de conhecimento do recurso (as questões que devem ser enfrentadas como fundamentos para a solução do objeto litigioso recursal).

Em decorrência do efeito devolutivo em sua dimensão vertical, as matérias de ordem pública (a exemplo dos pressupostos processuais e das condições da ação), devem ser objeto de análise pelo órgão jurisdicional *ad quem* (STJ. REsp 856388/SP. DJU 24.05.07), independentemente de provocação por qualquer dos interessados (devendo ser facultado, entretanto, o exercício prévio do contraditório). O próprio interesse público, que circunda o efeito em análise, está acima dos interesses de qualquer pessoa.

O efeito devolutivo, em sua dimensão horizontal, limita o efeito devolutivo em sua dimensão vertical, de modo que o tribunal somente poderá apreciar, em profundidade, as questões que se relacionarem àquilo que foi impugnado horizontalmente. Assim, pode-se dizer que o recorrente estabelece a extensão do recurso (no plano horizontal), mas não a sua profundidade (no plano vertical).

Questão de Concurso

▶ **(IADES. AL-GO. Procurador. 2019)**[29]: Considere hipoteticamente que o autor ajuizou ação de cobrança de dívida e o réu, na respectiva contestação, alegou que a dívida estava prescrita e que já havia efetuado o pagamento do débito. O juiz, na sentença, acolheu a prescrição e, por isso, não examinou a outra defesa do réu, julgando improcedente a demanda. O autor, inconformado, interpôs recurso de apelação. Nesse caso, o tribunal, se reconhecer que a dívida não estava prescrita,

a) não pode acolher a outra tese do réu, pagamento, porque o réu não recorreu.

b) pode acolher a outra tese do réu, pagamento, porque é deduzida a defesa com mais de um fundamento. Assim, ainda que o juiz tenha acolhido apenas um deles, os demais poderão ser apreciados pelo tribunal.

c) deve suspender o julgamento e converter o feito em diligência, para que o juiz de primeiro grau examine a outra defesa do réu (pagamento), para evitar supressão de instância.

28. Indenização por dano moral. Alcance da apelação. Precedentes da Corte. 1. Já decidiu a Corte que a 'apelação postulando a improcedência do pedido devolve ao conhecimento do Tribunal toda a matéria, incluída a redução do valor da condenação, de menor abrangência, como acolhido em precedentes da Corte' (REsp nº 234.644/MG, da minha relatoria, DJ de 05/6/00). 2. Recurso especial não conhecido (REsp 436.845/PB, Rel. Min. Carlos Alberto Menezes Direito, DJU 24.02.03);PROCESSUAL CIVIL. APELAÇÃO. PROVIMENTO PARCIAL. A decisão da apelação que diminui o valor da indenização fixado pelo juiz de primeiro grau, quando o apelante requerer apenas a improcedência total da ação, não importa em julgamento extra petita. Recurso não conhecido (REsp 313.699/PB, Rel. Min. Cesar Asfor Rocha, DJU 11.11.02);PROCESSO CIVIL. APELAÇÃO. REDUÇÃO DA CONDENAÇÃO. A apelação que persegue a improcedência do pedido autoriza o Tribunal a reformar a sentença, em parte, reduzindo o montante da condenação; o menos está abrangido pelo mais, desde que o recurso não tenha alcance parcial. Recurso especial conhecido e provido (REsp 242.041/MG, Rel. Min. Ari Pargendler, DJU 05.08.02);

29. Gabarito: Letra B.

d) deve anular o processo e remeter o processo para o juiz de primeiro grau examinar a outra defesa do réu (pagamento), para evitar supressão de instância.

e) pode acolher a outra defesa (pagamento), mas o réu, para que a respectiva defesa seja analisada, deve interpor o incidente de assunção de competência.

▶ **(Vunesp – Procurador – Fapesp/2018)**[30] Das sentenças finais caberá apelação, recurso este cujo procedimento deverá tramitar, a partir das seguintes regras:

a) a discussão acerca da tutela antecipada indeferida na decisão saneadora, pode ser suscitada pelo apelante que recorreu contra a sentença de improcedência, desde que não haja inovação fática ou jurídica a respeito daquela.

b) ao juiz de primeira instância cabe a análise dos seus pressupostos de admissibilidade.

c) se o apelado interpuser apelação adesiva, o juiz intimará o apelante para apresentar contrarrazões em 10 (dez) dias.

d) o pedido de concessão de efeito suspensivo à apelação deve ser dirigido e apreciado pelo Vice-Presidente do Tribunal de Justiça, enquanto o processo estiver em primeira instância.

e) devolverá ao tribunal o conhecimento da matéria por ela impugnada, mas serão objeto de apreciação e julgamento pelo tribunal todas as questões suscitadas e discutidas no processo, ainda que não tenham sido solucionadas, desde que relativas ao capítulo impugnado.

▶ **(Vunesp – Juiz de Direito – TJ SP/2017)**[31] Em matéria recursal, é correto afirmar que

a) se os embargos de declaração forem acolhidos com modificação da decisão embargada, ficará automaticamente prejudicado o outro recurso que o embargado já tiver interposto contra a decisão originária, ressalvada a interposição de novo recurso.

b) do pronunciamento que julgar parcial e antecipadamente o mérito, caberá apelação desprovida de efeito suspensivo.

c) a resolução da questão relativa à desconsideração da personalidade jurídica será sempre impugnável por agravo de instrumento.

d) a apelação devolverá ao tribunal todas as questões suscitadas e debatidas, ainda que não decididas, mas a devolução em profundidade ficará limitada ao capítulo impugnado.

Em razão disso, que o enunciado 100 do Fórum Permanente de Processualistas Civis orienta que "não é dado ao tribunal conhecer de matérias vinculadas ao pedido transitado em julgado pela ausência de impugnação".

Pois bem.

O art. 1.009 do Código de Processo Civil, como adiantado, dispõe que "da sentença cabe apelação". Em seguida, seu § 1º estabelece que "as questões resolvidas na fase de conhecimento, se a decisão a seu respeito não comportar agravo de instrumento, não são cobertas pela preclusão e devem ser suscitadas em preliminar de apelação, eventualmente interposta contra a decisão final, ou nas contrarrazões".

A impugnação do recorrente, a definir a amplitude do efeito devolutivo horizontal, pode ir além daquilo que foi decidido pela sentença. Todas as questões decididas no curso do processo, contra as quais não caiba agravo de instrumento, podem ser impugnadas em recurso de apelação, porque, até então, não são cobertas pela preclusão (a não ser que, e a partir daí, a apelação, principal ou adesiva, não as impugne).

30. Gabarito: Letra E.

31. Gabarito: Letra D.

E mesmo que tais questões envolvessem matérias que até comportariam, em tese, a interposição do recurso de agravo de instrumento, elas poderiam ser suscitadas em apelação, quando tais questões (mencionadas no art. 1.015 do CPC) integrarem capítulo da sentença. Isso se justifica em razão da unirrecorribilidade. Não poderia, contra a sentença, serem interpostos apelação e agravo de instrumento.

Prossiga-se.

Na apelação, a considerar a orientação do § 1º do art. 1.009, o recorrente deve, em preliminar, "suscitar" [*rectius*: impugnar – com apresentação de fundamento específico e formulação de pedido consequente] as questões decididas, na fase de conhecimento, antes da sentença, e, como questão principal, aquilo que foi decidido especificamente (e com definitividade ou terminatividade) pela sentença. Só que isso não impossibilita que a apelação impugne apenas as questões decididas antes da sentença.

Casos como tais são comuns. Imagine-se o indeferimento de alguma prova. Ele pode acarretar distorção na compreensão dos fatos pelo órgão julgador. Na apelação, pode o recorrente se ater a sustentar o cerceamento do direito de defesa. Se for essa a situação, as questões anteriores não serão apresentadas como "preliminares", mas como questões principais do recurso, nomeadamente a considerar a inexistência, aí, de relação de acessoriedade.

O recurso de apelação traz outra particularidade, se considerada a tradicional concepção de devolutividade. Com sua interposição, possibilita-se que o recorrido, ao apresentar suas contrarrazões, suscite o conhecimento, pelo tribunal *ad quem*, das questões decidias pelo juízo *a quo*, na fase de conhecimento. Não seria uma ampliação da devolutividade pela apelação, mas de uma possibilidade proporcionada somente em razão de sua interposição.

Caso sejam suscitadas tais questões nas contrarrazões apresentadas pelo apelado, o recorrente será intimado para, em 15 dias, manifestar-se a respeito delas.

Diga-se mais.

Conquanto a apelação devolva ao tribunal o conhecimento da matéria impugnada, serão objeto de apreciação e julgamento pelo tribunal todas as questões suscitadas e discutidas no processo, ainda que não tenham sido solucionadas, desde que relativas ao capítulo impugnado. E se o pedido ou a defesa tiverem mais de um fundamento e o juiz acolher apenas um deles, a apelação devolverá ao tribunal o conhecimento dos demais.

> Enunciado 102 do Fórum Permanente de Processualistas Civis: "O pedido subsidiário (art. 326) não apreciado pelo juiz – que acolheu o pedido principal – é devolvido ao tribunal com a apelação interposta pelo réu".

Os precedentes do Superior Tribunal de Justiça dizem mais. Por força do efeito devolutivo, o tribunal está autorizado a: a) reavaliar os fundamentos não acolhidos pelo juiz de primeiro grau, assim como a motivação disposta na sentença (STJ. REsp 556025/RS. DJU 16.03.07); b) avaliar questões que poderiam ter sido apreciadas pelo juiz de primeira instância (inclusive as examináveis de ofício), mas que deixaram de ser (STJ. REsp 735122/RS. DJU 20.11.06).

2.6. Desobstrutivo

Em razão do efeito desobstrutivo, nos casos de extinção do processo sem resolução de mérito, bem assim de prolação de sentença nula (por falta de congruência ou de fundamentação), a instância *ad quem* deve, de logo, independentemente da formulação de pedido pelo recorrente, julgar a questão apresentada perante a instância *a quo*.

Faz-se necessário, entretanto, que a questão apresentada à instância *a quo*, para ser julgada pela *ad quem*, esteja em condições de imediato julgamento, seja porque ela é exclusivamente de direito ou, mesmo que envolva fatos, eles estejam suficientemente esclarecidos.

Para que se fale em desobstrução, é imprescindível, evidentemente, que haja prévia obstrução. Sem essa, não há possibilidade de incidência do efeito desobstrutivo. Bastaria a simples incidência do efeito devolutivo. O art. 1.013 do Código de Processo Civil, ao tratar do recurso de apelação, traz hipóteses que podem ilustrar a incidência do efeito desobstrutivo e devolutivo.

Em seu § 3º, especificamente nos incisos I, II e IV, o art. 1.013, apresenta exemplos de incidência do efeito desobstrutivo, onde, são afastados os motivos de obstrução para, depois, julgar a questão apresentada na instância *a quo*. Contudo, o inciso III traz verdadeiro exemplo do efeito devolutivo[32], pois, não havia obstrução ao julgamento originário.

O inciso II do § 3º do art. 1.013 traz algumas reflexões. Se a sentença for *ultra petita*, não se deverá julgar o mérito da ação, mas apenas eliminar o excesso proveniente do juízo *a quo*. Se a sentença for *citra petita*, dever-se-á julgar apenas a parte faltante do mérito, sobre a qual, justamente por não ter sido antes decidida, não há obstrução. E se a sentença for *extra petita*, dever-se-á julgar todo o mérito, conquanto não haja obstrução.

O efeito desobstrutivo previsto no § 3º do art. 1.013, que representa afirmação da competência do tribunal para julgar as questões que foram apresentadas perante o juízo *a quo*, deve ser interpretado em consonância ao art. 355, I, que dispõe: "o juiz julgará antecipadamente o pedido, proferindo sentença com resolução de mérito, quando: [...] não houver necessidade de produção de outras provas [...]" (STJ. EDcl no AgRg no AREsp 42537/RJ. DJe 23.09.13).

De fato, § 3º, I, II e IV, do art. 1.013 dispõe que, se o processo estiver em condições de imediato julgamento, o tribunal deve decidir desde logo o mérito quando: reformar sentença fundada no art. 485; decretar a nulidade da sentença por não ser ela congruente com os limites do pedido ou da causa de pedir; [...] decretar a nulidade de sentença por falta de fundamentação.

> Enunciado 307 do Fórum Permanente de Processualistas Civis: "Reconhecida a insuficiência da sua fundamentação, o tribunal decretará a nulidade da sentença e, preenchidos os pressupostos do § 3º do art. 1.013, decidirá desde logo o mérito da causa".

Esse rol (apresentado pelo art. 1.013) é apenas exemplificativo, a considerar que o efeito desobstrutivo visa, também, a afirmar a eficiência, de previsão (além de legal) constitucional, pelo que não poderia um dispositivo do Código de Processo Civil limitar a sua incidência.

32. Art. 1.013. A apelação devolverá ao tribunal o conhecimento da matéria impugnada.[...] § 3º Se o processo estiver em condições de imediato julgamento, o tribunal deve decidir desde logo o mérito quando:I – reformar sentença fundada no art. 485;II – decretar a nulidade da sentença por não ser ela congruente com os limites do pedido ou da causa de pedir;III – constatar a omissão no exame de um dos pedidos, hipótese em que poderá julgá-lo;IV – decretar a nulidade de sentença por falta de fundamentação.

Apesar disso, no STJ, há divergência (a favor: REsp 1096908/AL, DJe 19.10.09; contra: REsp 1236732/PR. DJe 24.06.11).

Agora, pode ocorrer de ser afastado algum motivo de obstrução pela instância *ad quem*, mas, depois, deparar-se com outro, que também impeça a análise do mérito. Nesse caso, ficaria o órgão recursal também impossibilitado de adentrar no mérito da questão apresentada perante a instância *a quo*.

Para que seja respeitada a cooperação, sendo o caso de prosseguir com o julgamento, o relator deve intimar as partes acerca dessa possibilidade. Surge, então, um problema: se assim o faz, ele (o relator) anuncia que vai superar a questão que obstrui o julgamento do mérito. Deveria, então, na sessão, decidir a questão e também intimar as partes para se pronunciarem acerca do prosseguimento, a fim de que elas possam exercer o contraditório?

Acredita-se que não. Antes (ou até mesmo depois) de iniciado qualquer julgamento, o relator já deve intimar as partes acerca da possibilidade de ser superada a questão que obstrui o julgamento do mérito. Não é conveniente que haja uma repartição do julgamento, nomeadamente por desrespeitar a eficiência. O simples inconveniente de o relator, de certa forma, adiantar o seu voto, deve ser enfrentado, até porque não contraria qualquer garantia processual (inclusive, o art. 933 do CPC faz indicação nesse sentido)[33].

Todo inconveniente seria superado se as partes, de logo, ainda que sob a advertência do juízo *a quo*, tivessem considerado a possibilidade de empréstimo de efeito desobstrutivo ao recurso. Assim, quando apresentassem suas razões e contrarrazões, deveriam se pronunciar acerca das questões a serem, de imediato, enfrentadas e, em seguida, em respeito à própria eventualidade, as questões relacionadas ao mérito.

2.7. Substitutivo

O art. 1.008 do Código de Processo Civil dispõe que "o julgamento proferido pelo tribunal substituirá a decisão impugnada no que tiver sido objeto de recurso". Em razão do efeito substitutivo, o julgamento recursal proferido pelo tribunal substitui a sentença recorrida no que tiver sido objeto de recurso (pode ser total ou parcial).

Contudo, somente há substituição se a apelação interposta for admitida (independentemente de ela ser provida ou desprovida), no limite da devolutividade, seja ela horizontal ou vertical. Se não for admitida a apelação, não haverá substituição, logo porque não haverá apreciação de qualquer das questões decididas pelo juízo *a quo*.

Se a apelação for parcial, por não contemplar em seu objeto todas as questões possíveis, que foram decididas pelo juízo *a quo*, quando julgada (a apelação), porque admitida, a subs-

33. Art. 933. Se o relator constatar a ocorrência de fato superveniente à decisão recorrida ou a existência de questão apreciável de ofício ainda não examinada que devam ser considerados no julgamento do recurso, intimará as partes para que se manifestem no prazo de 5 (cinco) dias.§ 1º Se a constatação ocorrer durante a sessão de julgamento, esse será imediatamente suspenso a fim de que as partes se manifestem especificamente.§ 2º Se a constatação se der em vista dos autos, deverá o juiz que a solicitou encaminhá-los ao relator, que tomará as providências previstas no caput e, em seguida, solicitará a inclusão do feito em pauta para prosseguimento do julgamento, com submissão integral da nova questão aos julgadores.

tituição ocorre na amplitude da devolutividade. Se a apelação for total, mas admitida apenas em alguma(s) parte(s), somente nela(s) é que haverá substituição.

Quanto ao resultado do julgamento, se provida ou desprovida a apelação, também haverá substituição. Poder-se-ia até se questionar essa conclusão, pelo fato de o resultado ter sido preservado com o desprovimento. Ocorre que, apesar da preservação do resultado, há outros elementos, que justificam a substituição, dentre os quais as repercussões jurídicas decorrentes do julgamento da apelação.

Deve-se considerar que as decisões que analisam o mérito da apelação, fundado em vício de procedimento (*error in procedendo*), se decidirem pelo provimento, anulam a sentença recorrida. Não há, aí, pelo menos em regra, substituição, a considerar que o órgão recursal não profere julgamento em reforma, mas apenas, em caso de provimento, anula aquele que foi submetido à apelação.

As decisões, que analisam mérito recursal fundado em vício de juízo (*error in iudicando*), é que reformam a sentença recorrida, substituindo-a, ainda que o órgão, repita-se, mantenha o resultado, ante o desprovimento recursal. Por essa razão, eventual ajuizamento de ação rescisória teria como objeto a decisão proferida em recurso, e não a anteriormente proferida (que foi objeto do recurso).

Apesar disso, se o mérito da apelação cingir-se à alegação de *error in procedendo*, em algumas hipóteses, há substituição da decisão. São elas:

a) interposta apelação, ela é desprovida e, assim, é rejeitada a alegação da existência do vício de procedimento (aí, portanto, não haverá cassação, mas, ao contrário, confirmação da decisão recorrida);

b) interposta apelação, ela é provida para acolher a alegação da existência de vício de procedimento, e o órgão recursal, prossegue no julgamento da ação, a analisar o seu mérito (aí, a nova decisão, proferida pelo tribunal *ad quem*, substituirá aquela proferida pelo juízo *a quo*).

2.8. Rescindente

Se a apelação for provida apenas para anular a sentença recorrida, não haverá substituição, mas, sim, rescisão. O julgamento do recurso determinará que outra sentença seja proferida pelo juízo *a quo* em substituição àquela rescindida. O efeito é comum às situações onde se tenha verificado erro de procedimento e não seja possível realizar, de imediato, no próprio órgão recursal, novo julgamento.

Questão de Concurso

▶ **(Vunesp – Procurador Jurídico – Câmara de Campo Limpo Paulista – SP/2018)**[34] Luís ingressou com uma demanda contra Natanael, sendo que a sentença determinou a parcial procedência desse pedido. Nesse momento o advogado de Luís acaba de ser intimado da sentença. Diante dessa situação, assinale a alternativa correta.

34. Gabarito: letra D.

a) Caberá recurso de agravo de instrumento para ambas as partes, tendo em vista que houve sucumbência recíproca, tendo 15 dias para interporem o recurso, cada qual referente à parte que perdeu.
b) O advogado de Luís poderá orientá-lo a não recorrer nesse momento, alertando-lhe da possibilidade de fazer uma apelação adesiva, que terá total independência do recurso eventualmente proposto por Natanael.
c) Antes de interpor recurso de apelação, como condição de admissibilidade desse recurso, Luís deverá prequestionar os fatos por meio de embargos de declaração.
d) O recurso a ser manejado por Luís, caso pretenda ter total independência de julgamento, é o de apelação, cujo juízo de admissibilidade deve ser feito pelo Tribunal.
e) Interposta a apelação, obrigatoriamente serão conferidos os efeitos devolutivo e suspensivo, independentemente da matéria discutida por Luís e Natanael nos autos.

3. INOVAÇÃO RECURSAL

No direito processual civil brasileiro, proíbe-se a inovação em sede recursal, ainda que com anuência da parte adversa. Não seria diferente com a apelação. Isso porque, além de causar embaraços ao procedimento, pode contrariar a boa-fé e a própria ampla defesa. Apenas excepcionalmente, pois, é permitido que as partes suscitem questões de fato novas, desde que provem que deixaram de fazê-lo por motivo de força maior. Tal, inclusive, constitui a disposição do art. 1.014 do Código de Processo Civil: "as questões de fato não propostas no juízo inferior poderão ser suscitadas na apelação, se a parte provar que deixou de fazê-lo por motivo de força maior".

Além dessa hipótese (motivo de força maior), expressamente reconhecida pelo Código de Processo Civil no art. 1.014, fazem exceção à regra da impossibilidade de inovação, em sede recursal, questões: a) relativas a fatos supervenientes; b) de fato, suscitadas pela primeira vez na apelação do terceiro prejudicado; c) relativas a direito superveniente; d) que competiria ao juiz conhecê-las de ofício; e) que, por expressa autorização legal, puderem ser formuladas em qualquer tempo e juízo.

Nos casos em que a sentença de indeferimento da petição inicial (art. 331 do CPC) e de julgamento de improcedência liminar (§ 3º do art. 332 do CPC), como o recorrido (réu) ainda não foi citado, é possível, neste caso particular, a inovação recursal, já que o respeito à boa-fé e à ampla defesa estará assegurado quando passar a integrar a relação processual. Ora, se não houve citação do réu, é possível, em inovação, aditar ou alterar a petição inicial (art. 329, I, do CPC), pela mesma razão, seria possível inovar em sede recursal.

O Código de Processo Civil, no art. 1.014, interdita a arguição superveniente, no segundo grau de jurisdição, de novo fato, que não se confunde com documento novo acerca de fato alegado. A juntada de documento novo em recurso de natureza ordinária, como o de apelação, é possível, desde que respeitado o contraditório e inocorrente a má-fé (STJ. REsp 466751/AC. DJU 23.06.03).

Sob outro aspecto, não constitui inovação recursal a indicação, em sede de apelação, de dispositivos da legislação, até porque as partes não estão obrigadas a indicar precisamente quais dispositivos, constitucionais ou infraconstitucionais que neles incidem, a considerar que o juiz conhece o direito (*iura novit curia*) (STJ. REsp 279059/CE. DJU 29.10.01). Em sede recursal, as partes podem assim fazer e, em algumas vezes, terão de assim proceder para viabilizar a admissão de recurso de natureza extraordinária, cujo pré-questionamento é pressuposto de admissibilidade específico.

Pela mesma razão, é possível que o órgão recursal, no julgamento de apelação, utilize de novos fundamentos legais para manter a sentença recorrida (STJ. REsp 1.352.497/DF. DJe 04.02.14). Conquanto deva, previamente, advertir as partes a respeito, tal não constitui inovação recursal.

4. PROCEDIMENTO

A apelação deve ser interposta perante o juízo que proferiu a sentença a ser impugnada, na forma estabelecida pelo art. 1.010 do Código de Processo Civil[35], no prazo 15 dias (a não ser que haja algum privilégio de dobra), mediante recolhimento de preparo.

O juízo de primeira instância deverá, em seguida, intimar o apelado para, também no prazo de 15 dias, apresentar contrarrazões, ocasião em que poderá interpor apelação na forma adesiva. Se for o caso, o juiz intimará o apelante para apresentar contrarrazões.

Se ocorrer de, nas contrarrazões, o apelado se insurgir contra questões resolvidas durante a fase de conhecimento (contra as quais não cabia a interposição de agravo de instrumento)[36], o apelante será intimado para apresentar resposta no prazo de 15 dias.

Também se interposta apelação adesiva, a parte adversa deverá ser intimada para apresentar contrarrazões no prazo de 15 dias.

Cumpridas essas formalidades, é possível, desde que diante de algumas das hipóteses autorizadoras[37], que o juízo *a quo* exerça o juízo de retratação, em razão do empréstimo de efeito regressivo. Em tais casos, exclusivamente, o juízo *a quo* analisa o mérito da apelação.

E, para tanto (analisar o mérito da apelação quando do exercício do juízo de retratação), o órgão *a quo*, por antecedência lógica, efetuará um juízo de retratação, que apenas lhe vincula. Se ele não for positivo, por óbvio, não poderá haver retratação.

Se o juízo *a quo* emprestar efeito regressivo, a apelação ficará prejudicada, pelo que não será admitida pelo tribunal *ad quem*. Ao recorrido caberá, agora, e se entender conveniente, interpor apelação contra o pronunciamento de retratação, que será uma sentença substitutiva.

---

35. Art. 1.010. A apelação, interposta por petição dirigida ao juízo de primeiro grau, conterá:I – os nomes e a qualificação das partes;II – a exposição do fato e do direito;III – as razões do pedido de reforma ou de decretação de nulidade;IV – o pedido de nova decisão.[...]
36. Art. 1.009. Da sentença cabe apelação.§ 1º As questões resolvidas na fase de conhecimento, se a decisão a seu respeito não comportar agravo de instrumento, não são cobertas pela preclusão e devem ser suscitadas em preliminar de apelação, eventualmente interposta contra a decisão final, ou nas contrarrazões.
37. À apelação, só se pode atribuir efeito regressivo quando for interposta contra sentenças de indeferimento da petição inicial (art. 331 do CPC), de julgamento de improcedência liminar (§ 3º do art. 332 do CPC) e terminativas (§ 7º do art. 485 do CPC). Também poderá haver retratação, em razão da existência de efeito regressivo, à apelação que seja interposta contra as sentenças proferidas nas causas que tramitam sob o procedimento definido pelo ECA, a teor do que estabelece o seu art. 198, VII.

Se não emprestar efeito regressivo ou se não for possível para a situação que se apresenta, os autos serão remetidos, pelo juízo *a quo* ao tribunal *ad quem*, independentemente da realização de juízo de admissibilidade[38].

Conforme indica a orientação do enunciado 99 do Fórum Permanente de Processualistas Civis, "o órgão *a quo* não fará juízo de admissibilidade da apelação". Caso assim o faça, caberá reclamação por usurpação de competência[39].

Questão de Concurso

▶ **(FGV – Oficial de Justiça – TJ – SC/2018)**[40] Julgado improcedente o seu pedido, a parte autora manejou recurso de apelação para impugnar a sentença. Mas, observando que a peça recursal padecia de irregularidades formais, o juiz reputou inadmissível o apelo, deixando de recebê-lo. Inconformado com essa decisão, deve o autor se valer de:

a) nova apelação;
b) agravo de instrumento;
c) reclamação;
d) mandado de segurança;
e) recurso extraordinário.

Recebidos os autos, no tribunal, o recurso de apelação será distribuído imediatamente ao relator[41], a quem caberá decidir monocraticamente a apelação apenas nas hipóteses do art. 932, III a V, que são as seguintes:

a) não conhecer de recurso inadmissível, prejudicado ou que não tenha impugnado especificamente os fundamentos da decisão recorrida;
b) negar provimento a recurso que for contrário a: súmula do Supremo Tribunal Federal, do Superior Tribunal de Justiça ou do próprio tribunal; acórdão proferido pelo Supremo Tribunal Federal ou pelo Superior Tribunal de Justiça em julgamento de recursos repetitivos; entendimento firmado em incidente de resolução de demandas repetitivas ou de assunção de competência;
c) depois de facultada a apresentação de contrarrazões, dar provimento ao recurso se a decisão recorrida for contrária a: súmula do Supremo Tribunal Federal, do Superior Tribunal de Justiça ou do próprio tribunal; acórdão proferido pelo Supremo Tribunal Federal ou pelo Superior Tribunal de Justiça em julgamento de recursos repetitivos;

38. Diferentemente do que ocorria no CPC/1973, o juízo a quo não realiza mais juízo de admissibilidade do recurso de apelação, nem, muito menos, pode julgá-lo, ainda que a sentença esteja em conformidade com enunciado de súmula do Supremo Tribunal Federal ou do Superior Tribunal de Justiça. O juízo de admissibilidade e de mérito está reservado exclusivamente ao tribunal.

39. Enunciado 208 do Fórum Permanente de Processualistas orienta que "cabe reclamação, por usurpação da competência do Superior Tribunal de Justiça, contra a decisão de juiz de 1º grau que inadmitir recurso ordinário, no caso do art. 1.027, II, 'b'".

40. Gabarito: Letra C.

41. Pode ocorrer de, antes da distribuição, o recorrente pedir a atribuição de efeito suspensivo, ocasião em que será sorteado relator, antes de chegar os autos com a apelação. Se os autos, com o recurso de apelação, chegarem ao tribunal e, somente aí, ser encaminhado o pedido de atribuição de efeito suspensivo, caberá ao relator da apelação, que já foi sorteado, realizar sua apreciação.

entendimento firmado em incidente de resolução de demandas repetitivas ou de assunção de competência.

Se não for o caso de decisão monocrática, o relator elaborará seu voto para julgamento do recurso pelo órgão colegiado, em sessão a ser designada pelo presidente do órgão, mediante inclusão em pauta.

Na sessão de julgamento, depois da exposição da causa pelo relator, o presidente dará a palavra, sucessivamente, ao recorrente, ao recorrido e, nos casos de sua intervenção, ao membro do Ministério Público, pelo prazo improrrogável de 15 minutos para cada um, a fim de sustentarem suas razões.

Proferidos os votos pelos membros do órgão colegiado, que será composto (pelo menos inicialmente, a considerar a necessidade, em alguns casos, **de aplicação da técnica de julgamento ampliado do art. 942**[42]) por 03 juízes, o presidente anunciará o resultado do julgamento, designando para redigir o acórdão o relator ou, se vencido este, o autor do primeiro voto vencedor.

Questão de Concurso

(Fundep – Promotor de Justiça – MPE – MG/2018)[43] Com relação aos recursos cíveis previstos no CPC é INCORRETO afirmar, EXCETO:

a) Quando o resultado da apelação for não unânime, o julgamento terá prosseguimento em sessão a ser designada com a presença de outros julgadores, que serão convocados nos termos previamente definidos no regimento interno, em número suficiente para garantir a possibilidade de inversão do resultado inicial, assegurado às partes e a eventuais terceiros o direito de sustentar oralmente suas razões perante os novos julgadores.

b) O agravante poderá requerer a juntada, aos autos do processo, de cópia da petição do agravo de instrumento, do comprovante de sua interposição e da relação dos documentos que instruíram o recurso. Se o juiz comunicar que reformou inteiramente a decisão, o relator dará provimento liminar ao agravo de instrumento.

c) O recurso extraordinário e o recurso especial, nos casos previstos no CPC e na Constituição Federal, serão interpostos diretamente aos tribunais competentes para julgá-los, em petições distintas que conterão: a exposição do fato e do direito; a demonstração do cabimento do recurso interposto; as razões do pedido de reforma ou de invalidação da decisão recorrida.

d) O recurso interposto por um dos litisconsortes a todos aproveita, salvo se distintos ou opostos os seus interesses. Havendo solidariedade passiva, o recurso interposto por um devedor aproveitará aos outros ainda que as defesas sejam contrárias.

42. Art. 942. Quando o resultado da apelação for não unânime, o julgamento terá prosseguimento em sessão a ser designada com a presença de outros julgadores, que serão convocados nos termos previamente definidos no regimento interno, em número suficiente para garantir a possibilidade de inversão do resultado inicial, assegurado às partes e a eventuais terceiros o direito de sustentar oralmente suas razões perante os novos julgadores.§ 1º Sendo possível, o prosseguimento do julgamento dar-se-á na mesma sessão, colhendo-se os votos de outros julgadores que porventura componham o órgão colegiado.§ 2º Os julgadores que já tiverem votado poderão rever seus votos por ocasião do prosseguimento do julgamento.§ 3º A técnica de julgamento prevista neste artigo aplica-se, igualmente, ao julgamento não unânime proferido em: I – ação rescisória, quando o resultado for a rescisão da sentença, devendo, nesse caso, seu prosseguimento ocorrer em órgão de maior composição previsto no regimento interno; II – agravo de instrumento, quando houver reforma da decisão que julgar parcialmente o mérito.§ 4º Não se aplica o disposto neste artigo ao julgamento: I – do incidente de assunção de competência e ao de resolução de demandas repetitivas; II – da remessa necessária; III – não unânime proferido, nos tribunais, pelo plenário ou pela corte especial.

43. Gabarito: Letra a.

▶ **(FCC – Defensor Público – DPE – RS/2018)** [44] Sobre os recursos no Código de Processo Civil, é correto afirmar:

a) Se os recursos de agravo de instrumento e apelação houverem de ser julgados na mesma sessão, será declarada a perda do objeto do recurso de agravo de instrumento.

b) Quando o resultado da apelação for não unânime, o julgamento terá prosseguimento em sessão a ser designada com a presença de outros julgadores, em número suficiente para garantir a possibilidade de inversão do resultado inicial, aplicando-se a mesma regra ao julgamento não unânime proferido em agravo de instrumento, quando houver reforma da decisão que julgar parcialmente o mérito.

c) Os embargos de declaração possuem efeito suspensivo e interrompem o prazo para a interposição de recurso.

d) O recorrente comprovará a ocorrência de feriado local, se intimado pelo relator para tanto.

e) A parte recorrente pode desistir unilateralmente do recurso, mas essa desistência não afeta a apreciação de eventual recurso adesivo da contraparte, nem impede a análise de questão cuja repercussão geral já tenha sido reconhecida e daquela objeto de julgamento de recursos especiais ou extraordinários repetitivos.

O acórdão conterá ementa (art. 943 do CPC[45]).

Em razão da atividade desempenhada na instância recursal, os honorários advocatícios decorrentes da sucumbência serão realinhados, a teor do que estabelece o art. 85, § 11, do Código de Processo Civil.

O art. 946 do Código de Processo Civil dispõe que "o agravo de instrumento será julgado antes da apelação interposta no mesmo processo". E completa o parágrafo único: "se ambos os recursos de que trata o *caput* houverem de ser julgados na mesma sessão, terá precedência o agravo de instrumento".

Só que tal precedência somente seria necessária se verificada prejudicialidade entre as questões submetidas a julgamento nos referidos recursos. Não sendo o caso, os julgamentos podem ser independentes, em respeito à própria eficiência e à razoável duração do processo, como foi perante o juízo *a quo*[46].

PONTO DE REFLEXÃO
Se, perante a primeira instância, houver cumulação simples de pedidos, eles podem ser resolvidos por decisão interlocutória e por sentença, a ensejar a interposição, respectivamente, de agravo de instrumento e de apelação. Com a autonomia das ações cumuladas, a considerar ser simples a cumulação de pedidos formulados perante a primeira instância, a apelação poderá ser julgada antes do agravo de instrumento, pondo, o julgamento deste, fim à instância recursal. Poderia até ocorrer de a apelação ser julgada definitivamente (para confirmar ou reformar a sentença) e de o agravo de instrumento ser provido apenas para anular a decisão parcial de mérito, a se determinar o retorno ao juízo de primeira instância para proceder a novo julgamento. Quando fosse apreciada novamente a questão de mérito, esta seria resolvida, agora, por sentença (e não mais por decisão parcial de mérito), a caber, contra ela, recurso de apelação. Num só processo, poderiam haver duas apelações simultâneas pendentes de julgamento.

44. Gabarito: Letra B.

45. Art. 943. Os votos, os acórdãos e os demais atos processuais podem ser registrados em documento eletrônico inviolável e assinados eletronicamente, na forma da lei, devendo ser impressos para juntada aos autos do processo quando este não for eletrônico. § 1º Todo acórdão conterá ementa. § 2º Lavrado o acórdão, sua ementa será publicada no órgão oficial no prazo de 10 (dez) dias.

46. Para se dar um exemplo, imagine-se o caso de cumulação simples de ações, ante a formulação de dois pedidos fundados em diferentes causas de pedir. Um deles poderia ser julgado imediatamente, por decisão interlocutória, nos termos do art. 356, enquanto que o outro, após instrução processual, por sentença. Aquele seria submetido a agravo de instrumento e, este, por sua vez, a apelação. Não haveria, aí, qualquer irregularidade se a apelação fosse julgada antes do agravo de instrumento.

5. SÚMULAS

Súmulas do STF

320. A apelação despachada pelo juiz no prazo legal não fica prejudicada pela demora da juntada, por culpa do cartório.

428. Não fica prejudicada a apelação entregue em cartório no prazo legal, embora despachada tardiamente.

Súmulas do STJ

317. É definitiva a execução de título extrajudicial, ainda que pendente apelação contra sentença que julgue improcedentes os embargos.

331. A apelação interposta contra sentença que julga embargos à arrematação tem efeito meramente devolutivo.

6. ENUNCIADOS DO FPPC

99. O órgão *a quo* não fará juízo de admissibilidade da apelação.

100. Não é dado ao tribunal conhecer de matérias vinculadas ao pedido transitado em julgado pela ausência de impugnação.

102. O pedido subsidiário (art. 326) não apreciado pelo juiz – que acolheu o pedido principal – é devolvido ao tribunal com a apelação interposta pelo réu.

208. Cabe reclamação, por usurpação da competência do Superior Tribunal de Justiça, contra a decisão de juiz de 1º grau que inadmitir recurso ordinário, no caso do art. 1.027, II, 'b'.

217. A apelação contra o capítulo da sentença que concede, confirma ou revoga a tutela antecipada da evidência ou de urgência não terá efeito suspensivo automático.

293. O juízo de retratação, quando permitido, somente poderá ser exercido se a apelação for tempestiva.

307. Reconhecida a insuficiência da sua fundamentação, o tribunal decretará a nulidade da sentença e, preenchidos os pressupostos do § 3º do art. 1.013, decidirá desde logo o mérito da causa.

356. Aplica-se a regra do art. 1.010, § 3º, às apelações pendentes de admissibilidade ao tempo da entrada em vigor do CPC, de modo que o exame da admissibilidade destes recursos competirá ao Tribunal de 2º grau.

357. Aplicam-se ao recurso ordinário os arts. 1.013 e 1.014.

390. Resolvida a desconsideração da personalidade jurídica na sentença, caberá apelação.

423. Cabe tutela de evidência recursal.

465. A concessão do efeito suspensivo ao recurso inominado cabe exclusivamente ao relator na turma recursal.

474. O recurso inominado interposto contra sentença proferida nos juizados especiais será remetido à respectiva turma recursal independentemente de juízo de admissibilidade.

559. O efeito suspensivo *ope legis* do recurso de apelação não obsta a eficácia das decisões interlocutórias nele impugnadas.

7. ENUNCIADOS DO CJF

55. É cabível apelação contra sentença proferida no procedimento especial de habilitação.

62. Aplica-se a técnica prevista no art. 942 do CPC no julgamento de recurso de apelação interposto em mandado de segurança.

67. Há interesse recursal no pleito da parte para impugnar a multa do art. 334, § 8º, do CPC por meio de apelação, embora tenha sido vitoriosa na demanda.

68. A intempestividade da apelação desautoriza o órgão a quo a proferir juízo positivo de retratação.

93. Da decisão que julga a impugnação ao cumprimento de sentença cabe apelação, se extinguir o processo, ou agravo de instrumento, se não o fizer.

8. INFORMATIVOS

Informativos do STJ

O valor das astreintes não pode ser reduzido de ofício em segunda instância quando a questão é suscitada em recurso de apelação não conhecido. Cinge-se a controvérsia a saber se órgão julgador pode conhecer de ofício determinada questão e emitir pronunciamento de mérito a seu respeito mesmo quando não aberta a sua jurisdição. Com efeito, na linha dos precedentes deste STJ, a decisão que fixa a multa cominatória não faz coisa julgada, podendo ser modificada a qualquer tempo, mesmo na fase executiva, até de ofício. Contudo, isso não quer dizer que o órgão julgador está autorizado a conhecer de ofício do tema em recurso que não tenha nem sequer ultrapassado a instância de conhecimento, isto é, que não tenha sido nem mesmo admitido. No caso, o recurso de apelação não poderia ter sido conhecido. Nesses termos, **se o apelo não foi conhecido, é mister concluir que tampouco se abriu a jurisdição recursal, razão pela qual impossível a emissão de qualquer pronunciamento de mérito, ainda que de ofício.** Dizer que determinada questão pode ser conhecida de ofício significa reconhecer que o juiz pode decidi-la independentemente de pedido, mas há de haver um momento processual adequado para tanto. Admitindo-se que o momento adequado para a entrega de uma prestação jurisdicional de mérito só se inaugura, no caso dos recursos, quando ultrapassada sua admissibilidade, tem-se de concluir que, no âmbito recursal cível, não cabe pronunciamento meritório de ofício sem que o recurso tenha sido previamente admitido. **REsp 1.508.929-RN, Rel. Min. Moura Ribeiro, por unanimidade, julgado em 7/3/2017, DJe 21/3/2017. Inf. 600.**

9. SINOPSE

APELAÇÃO	
Considerações iniciais	
A apelação, pois, é o recurso pelo qual o inconformado, em qualquer procedimento (comum ou especial, ressalvadas, quanto a este último, as disposições expressas em lei), insurge-se contra a sentença (vocábulo empregado em sentido estrito), tenha ela apreciado o mérito da ação (definitiva) ou não (terminativa).	
Prazo	
A apelação deve ser interposta no prazo de 15 dias, contados da intimação da sentença.	
Regularidade Formal	
A petição do recurso de apelação conterá, sob pena de não preenchimento do pressuposto da regularidade formal: os nomes e a qualificação das partes; a exposição do fato e do direito; as razões do pedido de reforma ou de decretação de nulidade; o pedido de nova decisão.	
Preparo	
No caso do recurso de apelação, por ocasião de sua interposição, exige-se o recolhimento de preparo. Se não for recolhido o preparo, a apelação será considerada deserta.	
Efeitos	Obstativo (ou impeditivo ao trânsito em julgado); suspensivo; devolutivo; substitutivo; regressivo (ou retratação; ativo; desobstrutivo).

<table>
<tr><td>Inovação recursal</td><td>No direito processual civil brasileiro, proíbe-se a inovação em sede recursal, ainda que com anuência da parte adversa. Não seria diferente com a apelação. Apenas excepcionalmente, pois, é permitido que as partes suscitem questões de fato novas, desde que provem que deixaram de fazê-lo por motivo de força maior. Além dessa hipótese, fazem exceção à regra da impossibilidade de inovação, em sede recursal, questões: a) relativas a fatos supervenientes; b) de fato, suscitadas pela primeira vez na apelação do terceiro prejudicado; c) relativas a direito superveniente; d) que competiria ao juiz conhecê-las de ofício; e) que, por expressa autorização legal, puderem ser formuladas em qualquer tempo e juízo.</td></tr>
<tr><td colspan="2">Procedimento</td></tr>
<tr><td colspan="2">Vide item 4 sobre o tema.</td></tr>
</table>

CAPÍTULO 63

AGRAVO DE INSTRUMENTO

1. CONSIDERAÇÕES INICIAIS

Antes, sob a égide do CPC/1973, contra qualquer decisão interlocutória, cabia a interposição de agravo, que poderia ser de duas espécies, de instrumento ou retido, sendo esta última a regra. Era assim que dispunha o art. 522: "das decisões interlocutórias caberá agravo [...] na forma retida, salvo quando se tratar de decisão suscetível de causar à parte lesão grave e de difícil reparação, bem como nos casos de inadmissão da apelação e nos relativos aos efeitos em que a apelação é recebida, quando será admitida a sua interposição por instrumento".

Na vigência do CPC/2015, o agravo passou a ser **apenas de instrumento** (foi extinta a forma retida). Além disso, foi instituído, pelo art. 1.015, um **rol de cabimento** do agravo de instrumento. Agora, em regra, não cabe, contra qualquer decisão interlocutória, agravo de instrumento, mas somente contra aquelas hipóteses expressamente previstas em lei.

Contra as decisões que não estejam (expressamente previstas, como ocorre com o indeferimento de prova), cabe sua impugnação por ocasião da interposição do recurso de apelação ou da apresentação de suas contrarrazões (§ 1º do art. 1.009).

Questão de Concurso

► **(IESES – Titular de Serviços de Notas e de Registros – TJ - AM/2018)** [1] Consoante as diretrizes do Código de Processo Civil – CPC/15, são cabíveis os seguintes recursos, entre outros, EXCETO:

a) Agravo de instrumento.

b) Agravo em recurso especial ou extraordinário.

c) Agravo interno.

d) Agravo retido.

1. Gabarito: Letra D.

▶ **(Consulplan – Cartórios – Remoção – TJ – MG/2017)**[2].Sobre os recursos, assinale a única afirmativa correta:

a) A apelação, como regra, não tem efeito suspensivo.

b) As decisões interlocutórias não recorríveis imediatamente por agravo de instrumento deverão ser questionadas em preliminar de recurso de apelação.

c) Os embargos infringentes foram preservados no CPC/2015.

d) O juízo de admissibilidade do recurso de apelação deve ser realizado perante o juízo de primeira instância.

▶ **(Cespe – Juiz de Direito – PR/2017)**[3] Júlio ajuizou ação indenizatória contra Manoel, tendo formalizado pedido único de indenização por danos morais no valor de cem mil reais. Na fase de produção de provas, o juiz indeferiu o pedido de prova pericial feito por Júlio. Ao final da fase de conhecimento, o magistrado julgou integralmente procedente o pedido de indenização.

Nessa situação hipotética, de acordo com as regras previstas no CPC, eventual pretensão recursal de Júlio com a finalidade de permitir a realização da perícia

a) poderá ser apresentada em contrarrazões, caso Manoel apele da sentença.

b) estará preclusa caso não tenha sido interposto recurso de agravo de instrumento da decisão que indeferiu a prova.

c) deverá ser rejeitada em qualquer hipótese por falta de interesse recursal.

d) poderá ser alcançada mediante a interposição de recurso de apelação, quando o autor for intimado da sentença de procedência.

Para tornar o assunto ainda mais complexo, o STJ, no julgamento dos Recursos Especiais 1.696.396 e 1.704.520, pela sistemática repetitiva, entendeu que o rol de cabimento do Agravo de Instrumento, constante no art. 1.015 do CPC, é de **taxatividade mitigada**, a possibilitar de tal forma a recorribilidade imediata de decisões interlocutórias, para além da lista disposta no art. 1.015 do CPC, sempre em caráter excepcional, quando houver comprovada urgência.

Portanto, afasta-se a lógica da taxatividade estrita, sendo cabível a interposição do agravo de instrumento contra qualquer decisão interlocutória na fase de conhecimento, como decisões que indeferem a produção de prova ou um pedido de sigilo processual, desde que preenchido o requisito da urgência.

Ademais, essa regra comporta exceções. Nos termos do parágrafo único do art. 1.015 do Código de Processo Civil, também caberá agravo de instrumento, indistintamente, contra decisões interlocutórias proferidas na fase de liquidação de sentença ou de cumprimento de sentença, bem assim nos processos de execução e de inventário. Em tais situações, independentemente do conteúdo da decisão interlocutória, caberá agravo de instrumento. Basta que as decisões sejam proferidas **em liquidação ou cumprimento de sentença**, bem assim em **execução ou processo de inventário**[4].

A técnica utilizada pelo legislador não foi das melhores. As hipóteses do parágrafo único, por serem mais amplas, deveriam ser as regras e as constantes no *caput*, as exceções. Isso

2. Gabarito: Letra B.
3. Gabarito: Letra A.
4. Nos termos do enunciado 351 do Fórum Permanente de Processualistas Civis, "o regime da recorribilidade das interlocutórias do CPC aplica-se ao procedimento do mandado de segurança".

sem contar que, em razão do regime anterior, adotado pelo CPC/1973, não haveria uma aparente modificação abrupta, mas uma continuidade com inclusão de algumas exceções. Tal entendimento ajudaria até na compreensão da sistemática de cabimento do agravo de instrumento. E é por isso que assim (nessa sistemática) será explicado o cabimento a seguir.

Antes, porém, chama-se a atenção a um ponto de incongruência do Código de Processo Civil, decorrente da eleita sistemática de cabimento do agravo de instrumento. Ele se revela quando, contra as decisões interlocutórias proferidas pelos juízos *a quo*, lotados em varas, há certa seletividade para a imediata interposição de recurso, sob a justificativa da necessidade de fluir o procedimento. Só que essa mesma sistemática não é adotada quando a primeira instância é o tribunal.

Contra qualquer decisão proferida por membro de tribunal, cabe, indistintamente (qualquer que seja o seu conteúdo, a fase em que se encontre ou o tipo de processo), agravo interno (outra espécie recursal). Maior incoerência se constata quando, se a intenção da seletividade recursal era fazer o procedimento fluir sem maiores embaraços decorrentes da interposição de recurso, maior razão teria para assim fazer (pelo menos quanto ao conteúdo das decisões) em relação às decisões proferidas pelos membros do tribunal, que se pressupõe ter maior qualidade.

1.1. Cabimento

1.1.1. Por fase ou natureza do processo

Nos termos do parágrafo único do art. 1.015 do Código de Processo Civil, "caberá agravo de instrumento contra decisões interlocutórias proferidas na **fase de liquidação de sentença ou de cumprimento de sentença, no processo de execução e no processo de inventário**". Então, contra qualquer decisão interlocutória proferida em fase de liquidação ou cumprimento de sentença, ou nos processos de execução ou de inventário, caberá a interposição de agravo de instrumento, independentemente de quais sejam seus conteúdos[5].

Questão de Concurso

▶ **(FGV – Analista Judiciário – Área Judiciária – TJ - AL/2018)**[6] O recurso cabível para se impugnar decisão interlocutória proferida em processo de execução é:

a) o agravo de instrumento;

b) o agravo retido;

c) a apelação;

5. Na falência e na recuperação judicial, segundo dispõe a Lei nº 11.101/2005, contra as decisões proferidas, de regra, cabe a interposição de agravo de instrumento. Confira-se:
Art. 189. Aplica-se, no que couber, aos procedimentos previstos nesta Lei, o disposto na Lei nº 13.105, de 16 de março de 2015 (Código de Processo Civil), desde que não seja incompatível com os princípios desta Lei.
§ 1º Para os fins do disposto nesta Lei:
[...]
II – as decisões proferidas nos processos a que se refere esta Lei serão passíveis de agravo de instrumento, exceto nas hipóteses em que esta Lei previr de forma diversa.

6. Gabarito: Letra A.

d) a rescisória;
e) nenhum, pois se trata de provimento irrecorrível.

▶ **(FCC – Defensor Público – DPE – RS/2018)**[7] Sobre o recurso de Agravo de Instrumento e suas disposições no Código de Processo Civil, é correto afirmar:

a) Caberá agravo de instrumento, dentre outras hipóteses, contra decisões interlocutórias proferidas na fase de liquidação de sentença ou de cumprimento de sentença, no processo de execução e no processo de inventário.
b) Quer sejam eletrônicos os autos do processo, quer sejam físicos, a petição de agravo de instrumento será instruída obrigatoriamente com cópias da petição inicial, da contestação, da petição que ensejou a decisão agravada, da própria decisão agravada, da certidão da respectiva intimação ou outro documento oficial que comprove a tempestividade e das procurações outorgadas aos advogados do agravante e do agravado.
c) O juízo de primeiro grau pode atribuir efeito suspensivo ao recurso de agravo de instrumento, desde que o agravante demonstre a probabilidade de provimento do recurso ou, sendo relevante a fundamentação, se houver risco de dano grave ou de difícil reparação.
d) A má formação do instrumento de agravo por ausência de peça obrigatória só é sanável por motivo de força maior que, se não comprovado, enseja a imediata inadmissão do recurso.
e) A juntada aos autos do processo, pela parte agravante, de cópia da petição de agravo de instrumento, do comprovante de sua interposição e da relação dos documentos que o instruíram é facultada ao agravante no prazo de 03 dias, contados da efetiva interposição, mas a omissão dessa providência não autoriza a inadmissão do recurso.

▶ **(Consulplan – Juiz de Direito – TJ – MG/2018)**[8] Acolhida a alegação da existência de excesso de execução no cumprimento de sentença, o credor poderá impugnar o ato judicial respectivo mediante

a) apelação.
b) reclamação.
c) agravo interno.
d) agravo de instrumento.

▶ **(FCC – Juiz de Direito – SC/2017)**[9] Examine o enunciado seguinte, assinale correto ou incorreto: "Caberá agravo de instrumento contra decisões interlocutórias proferidas na fase de liquidação de sentença ou de cumprimento de sentença, no processo de execução e no processo de inventário".

A liquidação de sentença constitui fase de conhecimento, em procedimento específico (decorrente de cumulação sucessiva de ações) destinado (em razão do objeto litigioso de uma das ações) a apurar valores. É justamente por não haver previsão de cabimento de apelação contra as decisões proferidas em liquidação de sentença, que o legislador reconheceu o cabimento do agravo de instrumento. Logo, contra qualquer decisão proferida em liquidação de sentença, caberá agravo de instrumento.

7. Gabarito: Letra A.
8. Gabarito: Letra D.
9. Gabarito: Correto.

O mesmo ocorre com a fase de cumprimento de sentença e no processo de execução (inclusive concursais – Enunciado 69 do CJF[10]) (contra quaisquer decisões interlocutórias ali proferidas, independentemente de conteúdo, caberá agravo de instrumento). Nesses casos, porque a sentença proferida (na fase de cumprimento ou no processo de execução) é, geralmente, de extinção do processo em razão do cumprimento da obrigação, pelo que não haveria sentido postergar o conhecimento das questões decididas no curso do processo à apelação, pois isso somente ocorreria quando adimplida a obrigação[11].

Quanto ao processo de inventário, a opção legislativa decorreu do fato de que, ali, comumente, as decisões interlocutórias são proferidas para abrir uma série de atos que serão praticados em seguida. Deixar para revisá-los ou anulá-los apenas por ocasião da interposição de apelação, poderia ser contraproducente, a representar verdadeiro atentado à eficiência. Por isso, o legislador optou por permitir a imediata recorribilidade das decisões interlocutórias proferidas no processo de inventário.

IMPORTANTE! Segundo a Corte Especial do STJ, cabe agravo de instrumento contra todas as decisões interlocutórias proferidas na liquidação e no cumprimento de sentença, no processo executivo e na ação de inventário (STJ. REsp 1.803.925/SP. DJe 06.08.19. Inf. 653). Por exemplo, é cabível agravo contra o pronunciamento judicial que, na fase de cumprimento de sentença, determina a intimação do executado, por seu advogado, para cumprir a obrigação de fazer sob pena de multa (STJ. REsp 1.758.800/MG. DJe 21.02.20. Inf. 666).

1.1.2. Por conteúdo

Se não se tratar de fase de liquidação ou cumprimento de sentença, bem assim de processos de execução ou de inventário, deve ser analisado o conteúdo das decisões interlocutórias para saber se, contra elas, é interponível agravo de instrumento. Algumas vezes, é bem verdade, não basta apenas a análise do conteúdo da decisão interlocutória. É preciso analisar se ela também deferiu ou indeferiu o pedido/requerimento que a antecede, para identificar se é cabível ou não o agravo de instrumento.

O art. 1.015 do Código de Processo Civil identifica quais são as decisões interlocutórias recorríveis por agravo de instrumento[12]. Para facilitar a compreensão acerca do cabimento do agravo de instrumento, será, aqui, alterada a ordem elencada pelo texto legal, para que as hipóteses sejam incluídas em grupos, a tratar o primeiro das decisões interlocutórias defini-

---

10. Enunciado 69 do SEJ: "A hipótese do art. 1.015, parágrafo único, do CPC abrange os processos concursais, de falência e recuperação".
11. Os fundamentos dessa orientação eram reconhecidos pelo Superior Tribunal de Justiça, mesmo sob a vigência do CPC/1973, como se pode observar do REsp 1033900/MG, publicado no DJe 02.04.09.
12. Art. 1.015. Cabe agravo de instrumento contra as decisões interlocutórias que versarem sobre: I – tutelas provisórias; II – mérito do processo; III – rejeição da alegação de convenção de arbitragem; IV – incidente de desconsideração da personalidade jurídica; V – rejeição do pedido de gratuidade da justiça ou acolhimento do pedido de sua revogação; VI – exibição ou posse de documento ou coisa; VII – exclusão de litisconsorte; VIII – rejeição do pedido de limitação do litisconsórcio; IX – admissão ou inadmissão de intervenção de terceiros; X – concessão, modificação ou revogação do efeito suspensivo aos embargos à execução; XI – redistribuição do ônus da prova nos termos do art. 373, § 1º;XII – (VETADO); XIII – outros casos expressamente referidos em lei. Parágrafo único. Também caberá agravo de instrumento contra decisões interlocutórias proferidas na fase de liquidação de sentença ou de cumprimento de sentença, no processo de execução e no processo de inventário.

tivas de mérito, o segundo, das decisões interlocutórias provisórias de mérito, e, o terceiro, das decisões interlocutórias processuais.

1.1.2.1. Decisões interlocutórias definitivas de mérito

a) mérito do processo:

O art. 1.015, I, do CPC, dispõe que cabe agravo de instrumento contra decisão que verse sobre o mérito do processo. Essa hipótese seria suficiente para contemplar algumas das tutelas provisórias, mas o legislador distinguiu as hipóteses. Por isso, quando versar acerca do "mérito do processo", compreenda-se apenas as decisões interlocutórias que **decidam definitivamente parte do mérito**, nos termos do art. 356 do Código de Processo Civil. Se for provisória a decisão de mérito, cabe agravo de instrumento, contudo, a hipótese de cabimento será outra.

Assim por exemplo, é recorrível por agravo a decisão que rejeita alegação de prescrição (STJ. REsp 1.738.756/MG. DJe 22.02.19. Inf. 643). Igualmente, é decisão interlocutória de mérito e, pois, recorrível por agravo aquela que fixa a data da separação de fato do casal para efeitos de partilha dos bens (STJ. REsp 1.798.975/SP. DJe 04.04.19. Inf. 645). Também versa sobre o mérito a decisão que afasta a alegação de impossibilidade jurídica do pedido, como visto no capítulo 3, sendo, por isso, recorrível por agravo (STJ. REsp 1.757.123/SP. DJe 15.08.19. Inf. 654).

Questão de Concurso

▶ **(IADES. AL-GO. Procurador. 2019)**[13]: De acordo com o art. 1.015 do Código de Processo Civil, caberá recurso de agravo de instrumento da decisão interlocutória que:

a) acolher ou rejeitar o pedido de gratuidade da justiça
b) for proferida na fase postulatória do procedimento comum, na fase de liquidação de sentença ou de cumprimento de sentença, no processo de execução e no processo de inventário. incluir litisconsorte no processo.
c) decidir quanto à inadmissão, sem qualquer urgência, de uma prova no processo.
d) incluir litisconsorte no processo.
e) decidir o mérito do processo, como a decisão que resolver parcialmente o mérito do processo quando um ou mais pedidos formulados, ou parcelas deles, mostrarem-se incontroversos.

▶ **(FGV – Analista Jurídico – TJ – SC/2018)**[14] Pedro ajuizou ação indenizatória em face de sociedade de economia mista estadual, pleiteando a condenação desta a lhe pagar verba correspondente a mil salários mínimos. Finda a fase instrutória, o juiz julgou parcialmente procedente o pedido, condenando a ré a pagar ao autor a verba equivalente a setecentos salários mínimos. Inconformada, a sociedade de economia mista interpôs recurso de apelação, pugnando pela reforma integral do julgado, vindo Pedro a fazer o mesmo, embora por meio de apelo adesivo, em que postulou a majoração da verba indenizatória. Ocorre que, na sequência, a ré desistiu de sua apelação. Nesse contexto:

a) o recurso da ré não deverá ser conhecido, embora deva sê-lo o de Pedro;
b) o recurso de Pedro não deverá ser conhecido, embora deva sê-lo o da ré;
c) ambos os recursos deverão ser conhecidos;
d) nenhum dos recursos deverá ser conhecido, operando-se o imediato trânsito em julgado da sentença;

13. Gabarito: letra E.
14. Gabarito: Letra D.

e) nenhum dos recursos deverá ser conhecido, impondo-se a subida dos autos ao tribunal, mercê do reexame necessário.

▶ **(FGV – Analista Judiciário – Oficial de Just. Avaliador – TJ - AL/2018)** [15] Tendo sido formulados na petição inicial dois pedidos, o juiz, após encerrada a fase postulatória, pronunciou, quanto a um deles, a prescrição do direito subjetivo afirmado pelo autor, designando audiência de instrução e julgamento em relação ao outro pedido.

Esse capítulo da decisão é impugnável por:

a) apelação;

b) mandado de segurança;

c) agravo de instrumento;

d) agravo interno;

e) nenhum recurso, pois se trata de matéria irrecorrível antes da sentença.

▶ **(Cespe – Analista Judiciário – Área Judiciária - STJ/2018)**[16] Acerca do procedimento comum, julgue o item que se segue.

Contra a sentença que decidir somente uma parte do processo com fundamento na prescrição, caberá agravo de instrumento.

Certo

Errado

E, por óbvio, quando definitiva a decisão, é necessário que ela seja interlocutória. Caso se trate de uma sentença ou de qualquer outra espécie de decisão, contra ela, não caberá agravo de instrumento. Aliás, contra as decisões de mérito, cabe a interposição de recursos, mas a modalidade recursal pode variar de acordo com a natureza da decisão e do órgão jurisdicional que a proferiu. Portanto, só quando for decisão interlocutória definitiva de mérito, proferida por juiz de primeira instância (que ocupe vara), é que cabe agravo de instrumento.

Sendo decisão definitiva de mérito, independentemente de seu resultado, ou seja, se de procedência ou de improcedência da parte do objeto litigioso julgada, cabe agravo de instrumento. Veja-se que a hipótese apresentada pelo legislador não previu o resultado, mas, apenas o seu conteúdo. Por isso que o enunciado 103 do Fórum Permanente de Processualistas orienta que "a decisão parcial proferida no curso do processo com fundamento no art. 487, I, sujeita-se a recurso de agravo de instrumento".

Questão de Concurso

▶ **(Funrio – Procurador – AL – RR/2018)** [17] João ajuizou uma ação indenizatória por danos materiais e morais na 1ª. Vara Cível da Comarca X, em face da Financeira Zero, visando obter uma indenização de R$25.000,00, por danos materiais e R$ 20.000,00 por danos morais. Ainda na fase ordinatória, o juiz julgou improcedente o pedido de indenização por danos morais. Na fase decisória, ao fim da instrução, o juiz julgou parcialmente procedente o pedido de indenização por dano material, condenando a empresa Zero a pagar a importância de R$15.000,00, devidamente atualizada e com juros legais. João, inconformado, interpôs recurso de apelação, requerendo a reforma das duas decisões.

15. Gabarito: Letra C.
16. Gabarito: Correto.
17. Gabarito: Letra A.

Com base na situação apresentada, pode-se afirmar que o recurso de apelação é

a) inadequado para reexaminar a decisão que julgou improcedente o pedido de reparação por danos morais, por se tratar de decisão que comporta agravo de instrumento e sofre o efeito da preclusão.

b) adequado, por se tratar de duas sentenças de mérito que não comportam agravo de instrumento e não são cobertas pela preclusão.

c) inadequado para decisão que julgou parcialmente procedente o pedido de indenização por dano material, por se tratar de decisão que não comporta agravo de instrumento e as decisões não são cobertas pela preclusão.

d) adequado, por se tratar de duas decisões de mérito que não comportam agravo de instrumento e são cobertas pela preclusão.

▶ **(FCC – Defensor Público – DPE – AM/2018)** [18] Paulo ajuizou ação indenizatória em face de Umberto, postulando a condenação ao valor de 30 mil reais a título de danos materiais e 15 mil a título de danos morais. Ao final da instrução, o juiz de primeiro grau julgou parcialmente procedente o pedido de Paulo e condenou Umberto ao pagamento de 25 mil reais a título de danos materiais e 10 mil reais a título de danos morais, fixando em 15% do valor da condenação os honorários sucumbenciais. Irresignado, somente Umberto recorreu da sentença. Neste caso, ao julgar o recurso interposto, o Tribunal competente

a) poderá majorar o valor da condenação e o valor dos honorários de sucumbência em percentual superior a 20% do valor da condenação.

b) não poderá majorar o valor da condenação e nem aumentar o valor dos honorários de sucumbência.

c) poderá majorar o valor da condenação e o valor dos honorários de sucumbência até o máximo de 20% do valor da condenação.

d) não poderá majorar o valor da condenação, mas poderá aumentar o valor dos honorários de sucumbência em percentual superior a 20% do valor da condenação.

e) não poderá majorar o valor da condenação, mas poderá aumentar o valor dos honorários de sucumbência até o máximo de 20% do valor da condenação.

Por sua vez, o enunciado 177 do Fórum Permanente de Processualistas orienta que "a decisão interlocutória que julga procedente o pedido para condenar o réu a prestar contas, por ser de mérito, é recorrível por agravo de instrumento". Poder-se-ia até indagar por que, então, contra a decisão que rejeita o pedido de prestação de contas não é recorrível por agravo de instrumento. A resposta é simples. Porque, nesse caso, a decisão seria uma sentença, recorrível mediante apelação.

Tarefa das mais complexas será definir o que é o "mérito do processo", nomeadamente porque existem várias teorias de delimitação do objeto litigioso. Por uma série de motivos antes elencados, os autores do presente livro entendem que o mérito deve ser delimitado pela ação processual (afirmações de existência de direito que são apresentadas pelas partes), e não apenas, como usual na prática forense, pelo pedido (e causa de pedir), cuja teoria relacionada é incapaz, por exemplo, de explicar a formação de coisa julgada sobre questão prejudicial e a executividade da sentença de improcedência proferida em ações dúplices.

Além dessa árdua tarefa de definir o "mérito do processo", será necessário compreender que ele, para fins de interposição do recurso de agravo de instrumento, não é bem *res iudicium deducta* que as partes submetem à análise jurisdicional, mas, sim, aquilo que

18. Gabarito: Letra E.

o juízo entende ser como tal. Somente em se aceitando essa premissa é que se justifica o cabimento de agravo de instrumento contra pronunciamentos interlocutórios que venham acompanhados de vício de correlação, como ocorre, por exemplo, com a decisão parcial de mérito *extra petita*.

Se a decisão é *extra petita*, ela não está a analisar a *res iudicium deducta*, mas, diferentemente, algo estranho ao objeto litigioso. Não é o "mérito do processo", e sim uma "decisão de mérito". O ideal seria que o texto legislativo, em vez de prever o cabimento de agravo de instrumento contra decisão que verse sobre "mérito do processo", previsse o cabimento contra decisão verse sobre "mérito". Daí, poder-se-ia compreender que qualquer "decisão de mérito", e não apenas a que resolve o "mérito do processo", justificaria o cabimento de agravo de instrumento.

Inclusive, se assim não for entendido, dar-se-á ensejo a situações no mínimo indesejadas (que podem causar prejuízos irreparáveis), como, por exemplo, ser proferida decisão parcial *extra petita* não recorrível de logo, com possibilidade, inclusive, de surtir imediatamente efeitos. Para que a decisão fosse anulada pelo Tribunal *ad quem* na velocidade de interesse da parte prejudicada, esta teria, muitas das vezes, de desistir da ação, aguardar a prolação de sentença para, só aí, submeter ao tribunal a análise da questão analisada pela decisão interlocutória.

É claro que essa não foi a opção definida pelo texto legislativo. A justificativa para possibilitar a imediata interposição de recurso contra decisão parcial de mérito foi, além de concretizar a duração razoável do processo, colocar à disposição das partes recurso capaz de garantir, de imediato, a reforma ou a anulação do ato decisório, especificamente porque poderiam surtir de logo efeitos e, assim, causar prejuízos irreparáveis ou de difícil reparação. Por isso, é que contra "decisão de mérito" (e não apenas do "mérito do processo") cabe agravo de instrumento[19].

Para o Superior Tribunal de Justiça, a decisão que impõe multa por ato atentário à dignidade da justiça pelo não comparecimento à audiência de conciliação (art. 334, § 8º, do CPC) não se enquadra no art. 1.015, II, do CPC, devendo ser impugnada ao final, por apelação (STJ. REsp 1.762.957/MG. DJe 18.03.20. Inf. 668).

a.1) incidente de desconsideração da personalidade jurídica:

O art. 1.015 do Código de Processo Civil, no inciso IV, dispõe caber agravo de instrumento contra decisão que verse acerca do incidente de desconsideração da personalidade jurídica. Com a desconsideração da personalidade jurídica, sendo julgado procedente o

19. Se o objeto do agravo de instrumento for decisão parcial de mérito (ou decisão processual que se possa avançar ao mérito), aplicam-se, em seu julgamento, quando preenchidos os respectivos suportes fáticos, as disposições do art. 1013, par. 3º e 4º, a admitir o imediato julgamento imediato do mérito da respetiva ação processualizada (ou seja, a parte do objeto litigioso do processo) pelo tribunal. Assim, a partir de um ajuste do texto legislativo, pode-se dizer que: Se o processo estiver em condições de imediato julgamento, o tribunal deve decidir desde logo o mérito quando: reformar decisão fundada no art. 485; decretar a nulidade da decisão por não ser ela congruente com os limites do pedido ou da causa de pedir; constatar a omissão no exame de um dos pedidos (desde que relacionado à respectiva parte do objeto litigioso do processo), hipótese em que poderá julgá-lo; decretar a nulidade de decisão por falta de fundamentação. Quando reformar decisão que reconheça a decadência ou a prescrição, o tribunal, se possível, julgará o mérito, examinando as demais questões (relacionadas à respectiva parte do objeto litigioso do processo), sem necessidade de determinar que o juízo de primeiro grau assim o faça.

incidente, reconhece-se a responsabilidade (do patrimônio) dos respectivos sócios, que se trata, evidentemente, de uma **questão de mérito**. O mesmo pode-se dizer da decisão que não desconsidera a personalidade jurídica, por julgar improcedente a incidente, porque não reconhece a responsabilidade.

Assim, quando a decisão interlocutória tem esse conteúdo (análise do incidente de desconsideração da personalidade jurídica), ela é de mérito, porque determina a (ir) responsabilidade do (patrimônio) dos sócios. Assim, recorrível por agravo de instrumento[20]. Tal também ocorreria (recorribilidade por agravo de instrumento) se o incidente de desconsideração de personalidade jurídica fosse resolvido em fase de cumprimento de sentença ou em processo de execução, conforme parágrafo único do art. 1.015, o que é até mais comum.

Pela redação do inciso IV do art. 1.015 do Código de Processo Civil, uma pergunta é inevitável: cabe agravo de instrumento contra qualquer decisão proferida em incidente de desconsideração da personalidade jurídica ou apenas contra aquela que julga procedente ou improcedente a desconsideração da personalidade jurídica (direta ou inversa) para admitir ou não o ingresso de terceiro?

Ao entender dos autores do presente livro, só é cabível agravo de instrumento contra a decisão final, que admite ou inadmite a intervenção do terceiro em razão da desconsideração da personalidade jurídica. Isso, porque, o que determina o cabimento do agravo de instrumento, essencialmente, é o conteúdo(da decisão) e não onde ela é proferida. Veja-se que o *caput* do art. 1.015 fala em "que versem sobre" e não "que sejam proferidas em". E não haveria razão para tratar as decisões proferidas no curso do incidente de forma diferenciada, a não ser que seus próprios conteúdos fossem qualquer daqueles elencados pelo art. 1015.

Poder-se-ia até dizer que a desconsideração constitui uma modalidade de intervenção de terceiro e as decisões a ela relacionadas são passíveis de submissão a agravo de instrumento, conforme inc. IX do art. 1.015. Mas, o inc. IX fala em "admissão ou inadmissão de intervenção de terceiros". Não se trata de qualquer decisão relativa à intervenção de terceiro. Logo, apenas a decisão final proferida em incidente de desconsideração, sobretudo porque as questões anteriores, submetidas a decisões interlocutórias, podem ser apresentadas no agravo interposto contra a decisão de admissão ou inadmissão da desconsideração.

Questão de Concurso

▶ **(FCC – Analista Judiciário – Área Judiciária – TRT 11/2017)**[21] A respeito dos recursos, é correto afirmar:

a) os embargos de declaração tem efeito suspensivo e, em alguns casos, tem efeito interrupto dos prazos recursais.

b) a renúncia do direito de recorrer depende a anuência da outra parte.

c) cabe agravo de instrumento dos despachos.

20. Enunciado 390 do Fórum Permanente de Processualistas civis: "Resolvida a desconsideração da personalidade jurídica na sentença, caberá apelação".
21. Gabarito: Letra E.

d) o recorrente só poderá desistir do recurso com a anuência do recorrido e dos litisconsortes.

e) cabe agravo de instrumento da decisão que julgar o incidente de desconsideração da personalidade jurídica.

1.1.2.2. Decisões interlocutórias provisórias de mérito

a) tutelas provisórias:

O art. 1.015 do Código de Processo Civil, no inciso I, dispõe caber agravo de instrumento contra decisão que verse acerca de tutelas provisórias. As tutelas provisórias, sejam elas de evidência ou de urgência (e, estas últimas, antecipatórias ou cautelares), tratam de mérito (a compreender que a ação cautelar cumulada tem mérito), mas, com soluções provisórias. Assim, contra qualquer decisão que julgue tutelas provisórias, por serem decisões provisórias de mérito, cabe a interposição de agravo de instrumento[22].

Pode ocorrer de a decisão interlocutória conceder, modificar, revogar ou indeferir a tutela provisória pedida. Qualquer que seja o resultado, cabe a interposição de agravo de instrumento. Aqui, nessa hipótese, considera-se apenas o conteúdo da decisão. O resultado é indiferente. Isso seria suficiente para justificar o enunciado 29 do FPPC, mas que traz outro adereço: "a decisão que condicionar a apreciação da tutela provisória incidental ao recolhimento de custas ou a outra exigência não prevista em lei equivale a negá-la, sendo impugnável por agravo de instrumento".

O Enunciado 70 do CJF, por sua vez, vai além, ao orientar que "é agravável o pronunciamento judicial que postergar a análise de pedido de tutela provisória ou condicioná-la a qualquer exigência".

IMPORTANTE! O conceito de "decisão interlocutória que versa sobre tutela provisória" previsto no art. 1.015, I, do CPC/2015, abrange as decisões que examinam a presença ou não dos pressupostos que justificam o deferimento, indeferimento, revogação ou alteração da tutela provisória e, também, as decisões que dizem respeito ao prazo e ao modo de cumprimento da tutela, a adequação, suficiência, proporcionalidade ou razoabilidade da técnica de efetivação da tutela provisória e, ainda, a necessidade ou dispensa de garantias para a concessão, revogação ou alteração da tutela provisória (STJ. REsp 1.752.049/PR. DJe 15.03.19. Inf. 644).

Assim, por exemplo, é recorrível por agravo a decisão que majora a multa fixada para a hipótese de descumprimento de decisão antecipatória (STJ. REsp 1.827.553/RJ. DJe 29.08.19. Inf. 655).

Por outro lado, a decisão interlocutória que indefere o pedido de suspensão do processo em razão de questão prejudicial externa não equivale à tutela provisória de urgência de natureza cautelar e, assim, não é recorrível por agravo de instrumento (STJ. REsp 1.759.015/RS. DJe 20.09.19. Inf. 656).

a.1) concessão, modificação ou revogação do efeito suspensivo aos embargos à execução:

Também por se tratar de uma tutela provisória, cabe, nos termos do art. 1.015, X, do Código de Processo Civil, agravo de instrumento contra a decisão que versar acerca da concessão, modificação ou revogação do efeito suspensivo aos embargos à execução. Não seria necessária, a bem da verdade, a identificação dessa hipótese de cabimento, porque trata de tutela provisória, o que já seria suficiente, contudo, o legislador optou por tornar o texto mais operacional, a fim de deixar claro o cabimento na hipótese identificada.

22. É cabível a interposição de agravo de instrumento contra decisão que determina emenda da petição inicial da ação monitoria para adequação de procedimento, porque tal pronunciamento significa indeferimento da tutela de evidência.

O texto legal faz referências aos verbos conceder, modificar e revogar, ao se referir ao efeito suspensivo dos embargos à execução. Poder-se-ia indagar: o indeferimento do pedido de atribuição de efeito suspensivo não justificaria o cabimento de agravo de instrumento? Numa interpretação literal, a resposta seria afirmativa, no sentido de se reconhecer o não cabimento do agravo de instrumento em tal hipótese. Só que, numa interpretação teleológica, a se considerar a isonomia, tem que se admitir, aí, a interposição do agravo.

Não bastasse isso, deve-se considerar, em acréscimo, que a revogação, em última *ratio*, significa indeferimento. É que, para se revogar, antes, tem que se deferir para, em seguida, indeferir-se. Assim, a revogação equivale ao indeferimento. Logo, se é cabível agravo de instrumento contra decisão interlocutória que revoga a atribuição de efeito suspensivo aos embargos à execução, por maior razão, é cabível quando indefere o pedido de atribuição formulado pelo embargante (executado).

Com essa premissa (de que contra decisão que indefere a atribuição de efeito suspensivo aos embargos à execução), pode-se concluir que, se a decisão interlocutória versar acerca de tutelas provisórias, caberá agravo de instrumento. Não interessa, pois, o resultado da decisão. O seu conteúdo será suficiente para se identificar o cabimento ou não do agravo, apesar da referência, por substantivos, aos verbos concede, modificar ou revogar. A eles, deve-se se incluída a referência ao verbo indeferir.

> **IMPORTANTE!** A Segunda Turma do Superior Tribunal de Justiça decidiu, em 05.12.17, que também cabe agravo de instrumento contra decisão interlocutória que *rejeita* o pedido de atribuição de efeito suspensivo aos embargos à execução, muito embora não esteja expressamente prevista no inciso X do art. 1.015 do CPC (STJ. REsp 1.694.667/PR. DJe 18.12.17. Inf. 617).

Os embargos, conquanto incidentes, não integram o processo de execução. Trata-se de ação autônoma, que tramita sob o rito comum. Por isso, não se pode confundir a presente hipótese de cabimento de agravo de instrumento com aquela prevista no parágrafo único do art. 1.015, segundo a qual, contra qualquer decisão interlocutória proferida no processo de execução caberia a interposição do aludido recurso. Em consequência, pode-se concluir, também, que não são recorríveis por agravo de instrumento todas as decisões proferidas em embargos à execução.

1.1.2.3. Decisões interlocutórias processuais

Pela análise realizada acima, pode-se dizer que, em razão do conteúdo, se as decisões interlocutórias forem definitivas ou provisórias de mérito, contra elas, caberá a interposição de agravo de instrumento. Não há, pois, necessidade de se identificar "determinada" decisão interlocutória. Sendo de mérito (definitiva ou provisória), caberá agravo. As situações mais particulares, deve-se dizer, estão relacionadas às decisões interlocutórias processuais, pois, só contra algumas (identificadas pelo art. 1.015) caberá a interposição de agravo.

a) rejeição da alegação de convenção de arbitragem:

A convenção de arbitragem constitui pressuposto processual negativo. Ela não pode existir para que o processo possa se desenvolver validamente. Trata-se, assim, de questão processual.

Se for proferida decisão rejeitando a alegação de convenção de arbitragem, caberá a interposição de agravo de instrumento. Com essa opção, o legislador tentou evitar a prática de atos inválidos, o que seria atentatório contra a economia do processo. Até porque poderia ocorrer também de o árbitro reconhecer a sua própria competência em processo arbitral iniciado paralelamente ao judicial.

O art. 1.015, III, do Código de Processo Civil faz referência apenas à rejeição da alegação de convenção de arbitragem. Não menciona o acolhimento. Seria tal omissão atentatória contra a isonomia? No caso específico, não, porque a rejeição decorre de uma decisão interlocutória, enquanto que o acolhimento, de uma sentença. Assim, não haveria quebra da isonomia, porque ambas as situações seriam imediatamente recorríveis, sendo uma (rejeição) por agravo de instrumento e outra (acolhimento) por apelação. Entender diferentemente significaria indevida variação do sistema processual. Por outro lado, caso o acolhimento da alegação de convenção de arbitragem conduza à extinção somente parcial do processo (em virtude de o negócio contemplar apenas parcela do objeto litigioso do processo), caberá agravo de instrumento, com fundamento no art. 354, parágrafo único, do CPC.

Nos termos do enunciado 435 do Fórum Permanente de Processualistas Civis, "cabe agravo de instrumento contra a decisão do juiz que, diante do reconhecimento de competência pelo juízo arbitral, se recusar a extinguir o processo judicial sem resolução de mérito". Não se trata de expressa rejeição da alegação de convenção de arbitragem no sentido literal da expressão, mas de decisão equivalente. Se reconhecida a competência pelo juízo arbitral, deve-se proporcionar que sua decisão surta efeitos. Se o juiz não reconhece tal decisão, ele está a prolatar outra, que equivale à rejeição da alegação de convenção de arbitragem.

IMPORTANTE! A Quarta Turma do STJ, em 14.11.17, deu interpretação extensiva ao art. 1.015, III, reconhecendo ser cabível agravo de instrumento contra a decisão interlocutória que verse sobre competência (STJ. REsp 1.679.909/RS. DJe 01.02.18. Inf. 618). Isso porque, a rigor, a decisão que acolhe a alegação de convenção de arbitragem, tratada textualmente no referido dispositivo, é pronunciamento que reconhece a incompetência do juízo estatal e a competência do juízo arbitral. É, portanto, decisão que versa sobre competência, assim como aquela que reconhece a competência de um juízo estatal sobre outro. Por isso, o STJ, acolhendo tese já difundida na doutrina, entendeu ser amplamente cabível agravo de instrumento contra decisão que verse sobre competência.

b) rejeição do pedido de gratuidade da justiça ou acolhimento do pedido de sua revogação:

O art. 1.015 do Código de Processo Civil, no inciso V, dispõe que cabe agravo de instrumento contra decisão interlocutória que versar acerca de rejeição do pedido de gratuidade da justiça ou acolhimento do pedido de sua revogação. Ambos os casos (rejeição do pedido de concessão ou acolhimento do pedido de revogação) implicam não concessão do benefício da gratuidade em favor de qualquer das partes. Se a decisão for pelo deferimento dos benefícios, não caberá imediata interposição de agravo de instrumento. A questão deve ser suscitada em apelação ou nas suas contrarrazões.

Questão de Concurso

▶ **(Cespe – Juiz de Direito – PR/2017 – ADAPTADA)**[23] Assinale correto ou incorreto na assertiva a seguir: "Pedro ajuizou demanda contra Roberto e, na petição inicial, requereu a concessão de gratuidade de justiça. Nessa situação, caberá agravo de instrumento contra a decisão que denegar ou conceder o pedido de gratuidade".

Na hipótese apresentada, então, não basta apenas o conteúdo (gratuidade da justiça) para caber agravo de instrumento. Precisa-se que, além dele (conteúdo), esteja atrelada a ação (indeferimento dos benefícios da gratuidade judiciária). E, apesar da unilateralidade da decisão (indeferir benefício), não haverá quebra da isonomia porque, além de não se imputar ônus contra a atuação da parte adversa, a decisão poderá, como antes dito, ser objeto de análise pelo tribunal *ad quem* por ocasião do julgamento da apelação, a bastar, para isso, que haja provocação do apelante ou do apelado.

c) exibição ou posse de documento ou coisa[24]:

A exibição ou posse de documento ou coisa pode ser requerida incidentalmente ou como ação instrumental. Segundo o STJ, o "art. 1.015, VI, do CPC/2015 abrange a decisão interlocutória que versa sobre a exibição do documento em incidente processual, em ação incidental ou, ainda, em mero requerimento formulado no bojo do próprio processo" (STJ. REsp 1.798.939/SP. DJe 21.11.19). Caso, porém, o requerimento seja resolvido na sentença, o respectivo capítulo decisório deverá ser atacado por meio de apelação.

d) exclusão de litisconsorte:

Adiante, o art. 1.015 do CPC, no inciso VII, admite o cabimento de agravo de instrumento contra decisão interlocutória que versa acerca de exclusão de litisconsorte. Melhor seria

23. Gabarito Incorreto.

24. A exibição de documento ou coisa é um ônus (pelo menos em regra, porque, em determinadas circunstâncias, pode ser um dever) para a parte e um dever para o terceiro. Não é um meio de prova. Apesar disso, é por intermédio da exibição de documento ou coisa que se busca, de ofício ou a requerimento, carrear aos autos o documento e/ou coisa úteis, que estejam na posse de outrem e que, injustamente, recuse-se a exibi-los, a fim de submetê-los à perícia, inspeção judicial ou de simplesmente ser visto. Entretanto, o juiz pode indeferir o pedido de exibição de documento ou coisa, caso entenda que a diligência pretendida sirva à produção de prova que entende ser inútil ou meramente protelatória. Não é todo documento e/ou coisa que pode ser objeto de exibição. As partes devem produzir as provas que entendam necessárias para provar as assertivas fáticas que sustentam suas afirmações de existência de direito. A problemática surge quando aquelas ficam impossibilitadas de produzir pessoalmente determinada prova. Não sendo a prova inviável, e, por outro lado, útil à formação do convencimento jurisdicional, justifica-se a exibição de documento e/ou coisa por quem, muitas vezes, ela não se aproveita.O pedido formulado pela parte conterá: a) a individuação, tão completa quanto possível, do documento ou da coisa, como forma de viabilizar o cumprimento do comando judicial, se for o caso, ou, por outro lado, possibilitar o exercício da ampla defesa, a partir da identificação e a apresentação de recusa; b) a finalidade da prova, indicando os fatos que se relacionam com o documento ou com a coisa, porque, dessa forma, será possível a análise judicial acerca da pertinência da prova, a indeferir a exibição se concluir como inútil ou meramente protelatória, bem assim, será delimitado o alcance de eventual confissão nos casos específicos ou justificada a aplicação de medidas coercitivas; c) as circunstâncias em que se funda o requerente para afirmar que o documento ou a coisa existe e se acha em poder da parte contrária, de maneira a se evitar a realização de atos inócuos, que desrespeitariam a economia processual.A exibição de documento pode ser requerida: a) incidentalmente por uma das partes para que a outra faça a exibição; b) incidentalmente por uma das partes para que o terceiro faça a exibição; c) inexistindo ação pendente, por meio de ação instrumental.

que o legislador tivesse previsto a hipótese de cabimento para as decisões que implicassem exclusão de litisconsorte e não apenas versassem acerca da exclusão de litisconsorte. De fato, uma coisa é excluir o litisconsorte, e outra, decidir acerca de sua exclusão. Poderia ocorrer de uma parte pedir a exclusão e ela ser deferida ou indeferida. A decisão, conquanto tivesse versado acerca da exclusão, não exclui a parte do processo.

E tal repercussão jurídica, ou seja, excluir ou não o litisconsorte, tem diferentes significações em termos processuais. Se há exclusão de litisconsorte e, depois, é visto que a ela foi errada, o órgão julgador terá de abrir toda a atividade postulatória, probatória e decisória para corrigir o erro. Enquanto isso, se não há exclusão, a atividade processual segue normalmente e, depois, se constatado o erro na decisão de inclusão (ou de permanência) do litisconsorte, bastará invalidar os atos relacionados à sua pessoa. Não haverá, aí, atentado contra a garantia da duração razoável do processo.

Há outra justificativa para o cabimento do agravo de instrumento contra a decisão interlocutória que determina a exclusão do litisconsorte. É que, se não fosse cabível o agravo, restaria à parte interessada, apenas, questionar a decisão por ocasião do recurso de apelação. Só que, sendo o caso do litisconsorte excluído, ele teria de acompanhar todo o processo, apesar de não mais integrar (ainda que provisoriamente) a relação processual. Isso lhe causaria grande dificuldade no acompanhamento do processo, bem assim para a secretaria judiciária, no que diz respeito às comunicações processuais, o que poderia ensejar diversas invalidades.

Daí a opção do legislador ser no sentido de admitir o cabimento do agravo apenas quando a decisão for de exclusão do litisconsorte. Quando for de inclusão (ou de permanência), a questão deverá ser suscitada quando do julgamento do recurso de apelação, caso ela seja suscitada no respectivo recurso ou nas contrarrazões.

IMPORTANTE! A Terceira Turma do STJ, em 19.03.19, decidiu que não cabe agravo de instrumento contra decisão de indeferimento do pedido de exclusão de litisconsorte (STJ. REsp 1.724.453/SP. DJe 22.03.19. Inf. 644).

(FGV – Analista Judiciário – Área Judiciária – TJ - AL/2018) [25] Três supostos servidores do Tribunal de Justiça de Alagoas pedem em face do Estado o pagamento de parcela estipendial que entendem devida, e que ainda não receberam, e protestam por prova oral para comprovar seus direitos. Em resposta, o Estado afirma a ilegitimidade de um dos autores e, no mérito, infirma a pretensão deduzida, pois a categoria funcional desses autores não teria o direito à referida verba. Em decisão de saneamento e organização do processo, o juiz exclui o autor do processo, que teve sua legitimidade questionada, e indefere a produção de prova oral para os demais, por entender ser essa espécie de prova desnecessária para o julgamento da causa.

Nessa situação, é possível a interposição de:

a) agravo de instrumento contra a decisão de exclusão do litisconsorte e do indeferimento da prova oral;
b) agravo de instrumento contra a decisão de exclusão do litisconsorte e pedido de esclarecimentos em relação ao indeferimento da prova oral;
c) apelação contra a decisão de exclusão do litisconsorte e agravo de instrumento contra a decisão que indeferiu a prova oral;

25. Gabarito: Letra B.

d) apelação contra decisão de exclusão do litisconsorte e pedido de esclarecimentos em relação ao indeferimento da prova;
e) apelação contra a decisão de exclusão do litisconsorte e contra a decisão que indeferiu a prova oral.

e) rejeição do pedido de limitação do litisconsórcio:

Também caberá agravo de instrumento contra decisão de rejeição do requerimento de limitação do litisconsórcio, a teor do que estabelece o inciso VIII do art. 1.015. O texto legal trata apenas da hipótese de rejeição de pedido de limitação. Se a decisão for de acolhimento, com a limitação de litisconsorte, não haverá interesse em recorrer, porque a decisão não trará ônus para qualquer das partes. Aliás, seria benéfica para todas elas, a considerar que evitaria a causação de embaraços decorrentes da formação consorcial multitudinária. Se for rejeitado o requerimento de limitação, entretanto, ônus decorrerão da decisão.

Poder-se-ia até indagar se a rejeição da limitação poderia partir do juiz de forma oficiosa. É evidente que não, porque, para haver rejeição sem requerimento formulado, basta que o juiz não se pronuncie acerca da questão. Se assim o fizer, não haverá decisão e, por conseguinte, objeto de recurso. O contrário não. O juiz pode agir de forma oficiosa para limitar o litisconsórcio, a teor do que estabelece o § 1º do art. 113 do Código de Processo Civil[26]. Só que, aí, como antes dito, não haverá interesse em recorrer.

f) admissão ou inadmissão de intervenção de terceiros:

O art. 1.015 do CPC, no inciso IX, admite a interposição de agravo de instrumento contra decisão que verse acerca da admissão ou inadmissão de intervenção de terceiros. Perceba-se, diferentemente do que ocorre com o caso do litisconsorte, que só admite interposição de agravo na situação de exclusão (a contemplar, conforme defendido, a não admissão), para os terceiros, a decisão que trate tanto da admissão como da inadmissão justifica o cabimento do referido recurso. A diferença de tratamento entre os litisconsortes e os terceiros, no que pertine ao cabimento do agravo, tem uma justificativa plausível.

A decisão que mantém o litisconsorte não é recorrível por agravo, mas sim por ocasião da apelação, porque as partes permanecerão inalteradas durante o curso do processo na primeira instância. Assim, a (parte) interessada poderá, por ocasião da apelação eventualmente interposta, arvorar-se contra a decisão. Se for o caso de rejeição, haveria grande dificuldade no acompanhamento e nas comunicações processuais. No caso de terceiro, isso ocorre com a inadmissão. Uma vez inadmitido o terceiro, sua posterior inclusão, mediante recurso de apelação, seria bem improvável, porque teria dificuldades de acompanhar o processo.

Mas, com a admissão (de terceiro), por que há tratamento diferenciado em relação ao litisconsorte, ou seja, por que, com relação ao terceiro, a decisão que admite, possibilita o cabimento de agravo de instrumento e, com relação ao litisconsorte, a que lhe inclui, não é recorrível por tal recurso? Porque a intervenção de terceiro, conquanto facultativa, pode

26. Art. 113. Duas ou mais pessoas podem litigar, no mesmo processo, em conjunto, ativa ou passivamente, quando:[...] § 1º O juiz poderá limitar o litisconsórcio facultativo quanto ao número de litigantes na fase de conhecimento, na liquidação de sentença ou na execução, quando este comprometer a rápida solução do litígio ou dificultar a defesa ou o cumprimento da sentença.[...]

representar a cumulação de ação que, conquanto conexa, pode ter objeto litigioso diferente, o que ensejaria maiores embaraços processuais (ante a necessidade, aí sim, de realização de cognição ampla) que a inclusão de um litisconsorte.

Outra indagação se faz necessária: se o terceiro for, num primeiro momento, admitido ao processo e, depois, excluído, contra essa decisão, caberá a interposição de recurso de agravo de instrumento? A resposta é afirmativa e tem como fundamentos os mesmos utilizados para admitir o cabimento em caso de inadmissão de terceiro. Se, neste ultimo caso, cabe agravo porque haveria dificuldade de interpor recurso de apelação, também terá o terceiro se ele for excluído do processo. Acompanhar todo o processo para só então interpor apelação (ou apresentar contrarrazões) seria muito extremamente oneroso.

g) redistribuição do ônus da prova nos termos do art. 373, § 1º:

O CPC, no inciso XI do art. 1.015 dispõe que cabe agravo de instrumento contra decisão interlocutória que verse acerca da redistribuição do ônus da prova nos termos do art. 373, § 1º.

O art. 373, § 1º, do CPC dispõe que, "nos casos previstos em lei ou diante de peculiaridades da causa relacionadas à impossibilidade ou à excessiva dificuldade de cumprir o encargo nos termos do *caput* ou à maior facilidade de obtenção da prova do fato contrário, poderá o juiz atribuir o ônus da prova de modo diverso, desde que o faça por decisão fundamentada, caso em que deverá dar à parte a oportunidade de se desincumbir do ônus que lhe foi atribuído". Se a redistribuição do ônus da prova for objeto de decisão interlocutória, esta será, pois, recorrível por agravo de instrumento. Basta a verificação do conteúdo (relativo à redistribuição do ônus).

Interessante, a este respeito, que a redistribuição não pode ocorrer somente em sentença, pois a parte final do art. 373, § 1º, determina que o juiz "deverá dar à parte a oportunidade de se desincumbir do ônus que lhe foi atribuído". Logo, é natural que a distribuição dinâmica do ônus da prova ocorra mediante decisão interlocutória.

O resultado da decisão, ou seja, se para deferir ou indeferir o requerimento de redistribuição, ou até mesmo que a decisão seja tomada de ofício, não tem qualquer influência quanto ao cabimento do agravo de instrumento. Neste sentido, orienta o enunciado 72 do CJF: "é admissível a interposição de agravo de instrumento tanto para a decisão interlocutória que rejeita a inversão do ônus da prova, como para a que a defere". Assim, qualquer que seja o resultado do pronunciamento, haja ou não provocação, será recorrível a decisão por agravo.

Segundo o STJ, é cabível agravo de instrumento contra decisão interlocutória que defere ou indefere a distribuição dinâmica do ônus da prova ou quaisquer outras atribuições do ônus da prova distintas da regra geral, a exemplo da inversão do ônus da prova prevista no Código de Defesa do Consumidor (STJ. REsp 1.729.110/CE. DJe 04.04.19. Inf. 645).

h) outros casos expressamente referidos em lei:

O art. 1.015 do Código de Processo Civil, no inciso XIII, estabelece, em última hipótese prevista no referido rol, que outros casos expressamente referidos em lei, referentes à prolação de decisões interlocutórias, podem ser recorríveis por intermédio de agravo de instrumento. O próprio Código prevê, em outros dispositivos, a possibilidade de cabimento para além do rol do art. 1.015. Por isso que o enunciado 154 do FPPC, ao se referir ao art. 354, orienta que "é cabível agravo de instrumento contra ato decisório que indefere parcialmente a petição inicial ou a reconvenção". No inciso I do § 13 do art. 1.037 do CPC, há também previsão de cabimento de agravo de instrumento em situação que não está expressamente elencada pelo art. 1.015[27]. Fora do Código, a Lei da Ação Popular, no § 1º do art. 19, prevê que "das decisões interlocutórias [proferidas em ação popular] cabe agravo de instrumento".

IMPORTANTE! Em 18.10.18, a Corte Especial do Superior Tribunal de Justiça decidiu, por maioria, sob o rito dos recursos especiais repetitivos, que o rol do art. 1.015 do CPC é de **"taxatividade mitigada,** por isso admite a interposição de agravo de instrumento **quando verificada a urgência decorrente da inutilidade do julgamento da questão no recurso de apelação"** (STJ. REsp 1.704.520/MT. DJe 19.12.18). No caso, cuidava-se de agravo interposto contra decisão que **versava sobre competência e havia sido inadmitido pelo tribunal estadual**. Ao julgar o caso, o STJ, reconhecendo o cabimento do agravo, determinou o retorno do processo à origem, para que a corte local analisasse o preenchimento dos demais requisitos de admissibilidade do recurso.

No referido julgamento, **foi afastada a natureza meramente exemplificativa do rol do art. 1.015.** Além disso, as interpretações extensiva e analógica do dispositivo legal foram consideradas ineficazes para harmonizá-lo com as normas fundamentais do processo civil, por não compreenderem certas hipóteses em que o cabimento de agravo se mostra necessário. Diante disso, delegou-se aos tribunais de segunda instância a análise da existência de urgência e da possível inutilidade do julgamento da questão na futura apelação. Assim, presente tal condição, o tribunal deverá admitir o agravo, mesmo fora das hipóteses do rol do art. 1.015 do CPC.

Além disso, foi estabelecida uma regra de transição, modulando os efeitos da decisão, para que o novo entendimento seja aplicável somente às decisões interlocutórias proferidas após a publicação do acórdão do recurso repetitivo. O regime de transição visa a evitar que, em processos pendentes, as partes sejam surpreendidas pela alegação de preclusão, por não terem agravado de decisão interlocutória oportunamente. Desse modo, se proferida a decisão antes do julgamento do repetitivo, sem que tenha sido interposto agravo pela parte interessada, poderá ela impugnar a decisão interlocutória na apelação.

1.2. Prazo

O agravo de instrumento deve ser interposto no prazo de 15 dias (§ 5º do art. 1.003), contados da intimação da decisão. Se o recorrente estiver representado pela defensoria pública, o prazo para recorrer será dobrado (art. 186 do CPC e arts. 44, I, 89, I, ambos da LC nº 80/1994[28]). Também será dobrado o prazo quando o recorrente for o Ministério Público

27. Art. 1.037. Selecionados os recursos, o relator, no tribunal superior, constatando a presença do pressuposto do caput do art. 1.036, proferirá decisão de afetação, na qual: I – identificará com precisão a questão a ser submetida a julgamento; II – determinará a suspensão do processamento de todos os processos pendentes, individuais ou coletivos, que versem sobre a questão e tramitem no território nacional; III – poderá requisitar aos presidentes ou aos vice-presidentes dos tribunais de justiça ou dos tribunais regionais federais a remessa de um recurso representativo da controvérsia. [...] § 9º Demonstrando distinção entre a questão a ser decidida no processo e aquela a ser julgada no recurso especial ou extraordinário afetado, a parte poderá requerer o prosseguimento do seu processo. [...] § 13. Da decisão que resolver o requerimento a que se refere o § 9º caberá: I – agravo de instrumento, se o processo estiver em primeiro grau; [...]

28. Art. 44. São prerrogativas dos membros da Defensoria Pública da União: I – receber, inclusive quando necessário, mediante entrega dos autos com vista, intimação pessoal em qualquer processo e grau de jurisdição ou instância administrativa, contando-se-lhes em dobro todos os prazos; [...] Art. 89. São prerrogativas dos membros da Defensoria Pública do Distrito Federal e dos Territórios:I – receber, inclusive quando necessário, mediante entrega dos autos com vista, intimação pessoal em qualquer processo e grau de jurisdição ou instância administrativa, contando-se-lhes em dobro todos os prazos;[...]

(art. 180 do CPC), a Fazenda Pública, suas autarquias e fundações públicas (art. 183 do CPC e Lei nº 9.469/97), bem assim litisconsortes que tiverem diferentes procuradores, de escritórios de advocacia distintos (art. 229 do CPC).

No prazo do recurso (antes de encerrado, portanto), o agravo será interposto por: a) protocolo realizado diretamente no tribunal competente para julgá-lo; b) protocolo realizado na própria comarca, seção ou subseção judiciárias; c) postagem, sob registro, com aviso de recebimento; d) transmissão de dados tipo fac-símile, nos termos da lei[29]; e) outra forma prevista em lei. O ato de interposição, em qualquer que seja a forma escolhida, se dentro do prazo legal, é suficiente para garantir a tempestividade. Não se faz necessária (para reconhecer a tempestividade) a autuação da petição de recurso.

1.3. Regularidade formal

1.3.1. Petição

A petição do recurso de agravo de instrumento será dirigida diretamente ao tribunal competente, por meio de petição com os seguintes requisitos, sob pena de não preenchimento do pressuposto da regularidade formal:

a) os nomes das partes:

Diferentemente do que faz o art. 1.010, I, do CPC, que trata do recurso de apelação, e exige, como requisito da petição recursal, os nomes e as qualificações das partes, o art. 1.016, I, que trata do agravo de instrumento, exige apenas os nomes das partes. Por óbvio, trata-se de uma lacuna axiológica. Não faz sentido exigir-se na apelação a qualificação das partes e, no agravo, não. Maior razão, inclusive, haveria para ser o contrário, pois a apelação é interposta nos próprios autos, onde as partes são qualificadas anteriormente, enquanto que o agravo é interposto por instrumento (embora formado por cópias da petição inicial e da contestação).

Na petição do agravo, portanto, deverão ser indicados os nomes, os prenomes, o estado civil, a existência de união estável, a profissão, o número de inscrição no Cadastro de Pessoas Físicas ou no Cadastro Nacional da Pessoa Jurídica, o endereço eletrônico, o domicílio e a residência do(s) recorrente(s) e do(s) recorrido(s). Contudo, a exemplo do que ocorre com a apelação, tal requisito pode ser mitigado, mediante simples indicação dos nomes e prenomes das partes, caso elas já estejam qualificadas nos autos. Mas, quando o legitimado recursal não seja qualquer das partes, ele deve ser identificado, nos termos indicados acima.

b) a exposição do fato e do direito:

Na petição do recurso de agravo de instrumento, o recorrente deve narrar todo o desenvolvimento do processo desde o seu início até a prolação da decisão interlocutória, a fim de que o tribunal competente possa compreender, com maior velocidade, o contexto fático-jurídico

29. Se o recurso for interposto via fac-símile, os originais (sem qualquer alteração de conteúdo) e os documentos devem chegar ao órgão competente em até 05 dias corridos, contados após o término do respectivo prazo recursal (STJ. EDcl nos EDcl nos EDcl nos EDcl no AgRg no AREsp 681.550/RJ. DJe 22.08.19). A dizer de outra forma, o prazo continuativo de 05 dias se conta após o último dia que o recorrente teria para realizar a interposição do recurso.

relacionado à(s) questão (questões) resolvida(s) pelo juízo de primeira instância. O art. 1.016, II, do CPC/2015, neste aspecto, trouxe a mesma sistemática com o CPC/1973, no art. 541, emprestava aos recursos de natureza extraordinária.

c) as razões do pedido de reforma ou de invalidação da decisão e o próprio pedido:

Apresentado o contexto fático-jurídico relacionado à(s) questão (questões) resolvida(s) pelo juízo de primeira instância em decisão interlocutória, o recorrente deve, em seguida, apresentar a razões de sua irresignação, de modo a justificar a prolação, pelo tribunal competente, de outra decisão, em substituição (por reforma ou manutenção) ou em anulação da anterior (proferida pelo juízo *a quo*). Caso não apresentadas tais razões, além de ferir a regularidade formal, não será observada a dialeticidade, o que impossibilita a admissão do agravo de instrumento.

Depois de apresentadas as razões do pedido de reforma ou de decretação de nulidade, o recorrente deve, para dar coerência à petição recursal, alcançar uma conclusão lógica, sob pena de aquela (a petição recursal) ser considerada inepta e, por consequência, não ser admitido o recurso. A "conclusão lógica", a que conduz as razões do pedido de reforma ou de decretação de invalidação, é o pedido, que deve ser interpretado considerando o conjunto da postulação e de acordo com a boa-fé, além do que, se cumulado, deve observar a compatibilidade.

d) o nome e o endereço completo dos advogados constantes do processo:

Além dos encimados requisitos, a petição do recurso de agravo de instrumento deve indicar os nomes e os endereços completos dos advogados constantes no processo, a fim de viabilizar as necessárias comunicações processuais. É claro que, como já decidiu o Superior Tribunal de Justiça, mesmo ante a falta da indicação dos nomes e dos endereços completos dos advogados, se eles puderem ser aferidos em documentos que compõem o instrumento, não haverá vício na formação do agravo (STJ. REsp 890.417/DF. DJe 15.04.08).

1.3.2. Instrumento

O instrumento do agravo é formado por peças destinadas a fazer com que os membros do órgão colegiado do tribunal, que julgará o recurso possam, dentre outras funções, compreender o contexto em que se insere a questão decidida pelo juízo *a quo*. Ditas peças, que formam o instrumento, o qual acompanha a petição recursal, podem ser obrigatórias ou facultativas. Se não forem juntadas aquelas (peças obrigatórias) ou as determinadas (posteriormente) pelo relator (por serem necessárias), o agravo não preencherá, também, o pressuposto da regularidade formal.

a) peças obrigatórias:

Nos termos do inciso I do art. 1.017 do Código de Processo Civil, são consideradas peças obrigatórias:

i) petição inicial, contestação e petição que ensejou a decisão agravada:

A juntada da petição inicial, da contestação e da petição que ensejou a decisão agravada (em cópias, embora quando o ato processual é praticado de forma eletrônica, não se faça distinção nesse sentido) tem o objetivo único de facilitar a compreensão do contexto em que se insere a questão que foi decidida pelo juízo *a quo*. Embora o art. 1.017 coloque-as como obrigatórias, elas podem até ser dispensadas se a finalidade (compreensão do contexto) for alcançada. Aliás, deve-se dizer que tais peças não eram exigidas pelo CPC/1973, no art. 525, I, mas, mesmo assim, o órgão colegiado encontrava-se apto a decidir o recurso.

ii) decisão agravada:

A decisão agravada é obrigatória (e não se admite sua substituição) porque constitui o único meio a viabilizar o conhecimento, pelo tribunal *ad quem* (por intermédio do órgão funcionalmente competente), do próprio teor do pronunciamento jurisdicional recorrido. Sem essa peça, torna-se inviável a análise, pelo órgão recursal, da conclusão a que chegou o juízo *a quo* em sua decisão, a impossibilitar, assim, a verificação de possível erro cometido.

iii) certidão da respectiva intimação ou outro documento oficial que comprove a tempestividade:

A certidão da respectiva intimação tem por finalidade possibilitar a aferição da tempestividade do agravo de instrumento. A se averiguar a data da intimação (comprovada pela certidão) e a data em que foi protocolado o agravo, possibilita-se a verificação de sua tempestividade. Ela (a certidão da respectiva intimação) pode ser substituída por qualquer outro documento oficial que comprove a tempestividade (ou seja, que alcance a finalidade, qual é de aferição da tempestividade).

Em alguns casos, pois, a certidão de intimação pode ser substituída, a teor do que estabelece o próprio inciso I do art. 1.017 do Código de Processo Civil. São exemplos: juntada de recorte do diário da justiça com a respectiva data de intimação da decisão recorrida (STJ. REsp 859573/PR. DJU 19.11.07); extrato de movimentação processual extraído de órgão oficial do Poder Judiciário, com a respectiva data de intimação da decisão recorrida; informação de movimentação processual extraída da *internet*;

Há, ainda, casos em que a certidão de intimação ou outro documento oficial que comprove a tempestividade do agravo de instrumento podem ser dispensados, porque as outras peças possibilitam a aferição da tempestividade. São exemplos: quando entre a data constante na decisão (apresentada em cópia) e a data da interposição do recurso de agravo de instrumento tiver transcorrido prazo inferior a 15 dias (ou a 30 dias, caso se trate de prazo especial); as informações do juízo *a quo* deem conta da tempestividade ao informar a data de intimação.

iv) procurações outorgadas aos advogados do agravante e do agravado:

As procurações (e eventuais substabelecimentos, que devem ser juntados todos que compõem a cadeia – STJ. EREsp 1.056.295/RJ. DJe 25.02.10) outorgadas aos advogados do agravante e do agravado possibilitam a verificação da regularidade de suas representações judiciais e possibilitam o adequado endereçamento das comunicações processuais pelo juízo recursal. O recorrente pode até juntar, relativamente à sua pessoa, procuração que ainda não está nos autos, mas que nela constitua advogados para lhe representar na instância recursal (com essa finalidade exclusiva ou não).

Elas (procurações) podem ser dispensadas em alguns casos e substituídas em outros.

São exemplos em que podem ser dispensadas (a(s) procuração(ões) do agravante e/ou do agravado): quando o(s) procurador(es) de uma ou de ambas as partes não precisar(em) de procuração para estar em juízo (defensor público, procurador público etc.); quando o advogado tiver feito uso da prerrogativa do art. 104 do CPC para evitar prescrição, decadência ou para praticar atos reputados urgentes[30]; quando uma das partes for o Ministério Público; quando a parte recorrida ainda não houver sido citada (ou, tendo sido, não compareceu em juízo); quando a parte estiver a advogar em causa própria; quando a parte estiver exercendo, nas hipóteses admissíveis, o *jus postulandi*; quando o réu for revel e não tiver constituído advogado; quando o agravado ainda não tiver sido citado.

É exemplo em que podem ser substituídas: juntada de certidão fornecida pelo escrivão ou chefe de secretaria, atestando a representação processual das partes litigantes.

IMPORTANTE! Segundo entendimento do STJ, "a cópia do contrato ou do estatuto social de pessoa jurídica não é peça obrigatória na formação do agravo de instrumento" (STJ. AgRg no Ag 1421541/AL. DJe 28.10.11), porque "constitui exigência própria do processo principal, onde eventual controvérsia a respeito, deve lá, em princípio, ter lugar" (STJ. REsp 197996/RJ. DJU 04.03.02).

Se houver litisconsórcio e for interposto único recurso por eles, a falta do instrumento de procuração de algum (alguns) só implicará não inadmissão do recurso em relação ao(s) litisconsorte(s) omisso(s). O recurso será admitido com relação aos demais. Se o litisconsórcio for unitário, mesmo que um(ns) deles não junte(m) procuração, o recurso de um, em sendo admitido, influenciará a esfera jurídica demais, pelo que o(s) litisconsorte(s) omisso(s) pode(m) ser alcançando(s) pelo pronunciamento da instância recursal, mesmo que o recurso não tenha sido admitido em relação a ele(s).

Se houver litisconsórcio multitudinário, a ausência de algumas poucas, entre as muitas, procurações não inviabiliza a admissibilidade recursal (STJ. AgRg no AREsp 13359/GO. DJe 06.10.11). Aliás, o Superior Tribunal de Justiça tem entendido que, nos casos em que ausente (no instrumento do agravo) a cópia de procuração outorgada por uma (algumas) das partes recorridas, se os advogados delas forem os mesmos, o recurso, ante a ausência de qualquer prejuízo, deve ser admitido (STJ. AgRg no Ag 961322/AP. DJe 11.05.10).

Pois bem.

Se não existirem qualquer das peças acima elencadas, o recorrente deverá fazer declaração nesse sentido, firmada pelo seu advogado, que assumirá pessoalmente a responsabilidade pelo conteúdo.

IMPORTANTE! O Superior Tribunal de Justiça já decidiu que: a) "a ordem das peças que instruem o agravo não é determinante para o seu conhecimento"; b) "é desnecessária a autenticação das cópias que formam os autos do agravo de instrumento porquanto se presumem como verdadeiras, cabendo à parte contrária arguir e demonstrar a falsidade" (STJ. REsp 1184975/ES. DJe 13.12.10).

30. Art. 104. O advogado não será admitido a postular em juízo sem procuração, salvo para evitar preclusão, decadência ou prescrição, ou para praticar ato considerado urgente.§ 1º Nas hipóteses previstas no caput, o advogado deverá, independentemente de caução, exibir a procuração no prazo de 15 (quinze) dias, prorrogável por igual período por despacho do juiz.§ 2º O ato não ratificado será considerado ineficaz relativamente àquele em cujo nome foi praticado, respondendo o advogado pelas despesas e por perdas e danos.

As peças que formam o instrumento do agravo devem ser integrais, a constar todas as folhas, sob pena de não satisfazer o requisito legal (STJ. REsp 1.035.445/BA. DJe 18.06.09).

Se, na formação do instrumento do agravo, faltar qualquer peça obrigatória, o relator, antes de inadmitir o recurso, concederá o prazo de 05 dias para que o recorrente complemente a documentação. Somente se não complementada a documentação é que negará seguimento, por ser inadmissível o recurso por falta de regularidade formal.

b) peças facultativas:

O art. 1.017, no inciso III, dispõe que "a petição de agravo de instrumento será instruída: [...] facultativamente, com outras peças que o agravante reputar úteis".

A dificuldade de encontrar um verbo que harmonizasse a juntada de peças obrigatórias e facultativas fez com que o legislador não alcançasse a melhor redação no texto legal. Na verdade, a petição do agravo não "será" instruída com as peças facultativas. Ela, na verdade, "poderá" ser instruída com as ditas peças. Até porque, se elas (peças facultativas) não forem juntadas, a *priori*, não haverá nenhuma consequência processual.

Entretanto, a falta de peças consideradas, pelo art. 1.017, III, como facultativas, somente poderia ensejar alguma consequência processual em detrimento do recorrente se o relator determinasse suas juntadas (a especificar quais[31]) e, mesmo assim, o recorrente permanecesse inerte. Aí, o recurso seria inadmitido.

Finaliza-se este tópico com duas importantes observações. A primeira é que, se o agravo de instrumento for interposto por sistema de transmissão de dados tipo fac-símile ou similar, as peças devem ser juntadas no momento de protocolo da petição original.

A segunda é que, **sendo eletrônicos os autos do processo, dispensam-se as peças obrigatórias e facultativas, mas, possibilita-se que o agravante anexe outros documentos que entenda úteis à compreensão da controvérsia**. Contudo, para que haja tal dispensa é preciso que o processo seja **eletrônico tanto no primeiro como no segundo grau** (STJ. REsp 1.643.956/PR. DJe 22.05.17; Inf. STJ 605).

Questão de Concurso

▶ **(Vunesp – Procurador Jurídico – Pref. de Bauru - SP/2018)**[32] Relativamente ao agravo de instrumento, é correto afirmar que

a) é cabível contra decisão interlocutória que determine a inclusão ou exclusão de litisconsorte da relação jurídica processual.

b) não é cabível contra as decisões interlocutórias proferidas na fase de liquidação de sentença por arbitramento.

c) sendo eletrônicos os autos do processo, dispensam-se a juntada das peças obrigatórias na minuta recursal.

31. Para fins do artigo 543-C do CPC, consolida-se a tese de que: no agravo do artigo 522 do CPC, entendendo o Julgador ausente peças necessárias para a compreensão da controvérsia, deverá ser indicado quais são elas, para que o recorrente complemente o instrumento. (STJ. REsp 1102467/RJ. DJe 29.08.12)

32. Gabarito: Letra C.

d) se o juiz comunicar que reformou inteiramente a decisão, o relator considerará prejudicado o recurso, após a oitiva das partes para manifestarem interesse ou não no seu prosseguimento.

e) o seu relator poderá, como medida cautelar, deferir total ou parcialmente a pretensão recursal, comunicando ao juiz sua decisão.

1.3.3. Comprovação de interposição

Nos termos do art. 1.018, "o agravante poderá requerer a juntada, aos autos do processo, de cópia da petição do agravo de instrumento, do comprovante de sua interposição e da relação dos documentos que instruíram o recurso". Em seguida, o § 2º dispõe: "não sendo eletrônicos os autos, o agravante tomará a providência prevista no *caput*, no prazo [*preclusivo*] de 3 (três) dias a contar da interposição do agravo de instrumento" (respeitados os benefícios legais)[33].

A redação do texto legal parte do pressuposto de que, em geral, os autos do processo são eletrônicos. Se for o caso, a comunicação ao juízo *a quo* é uma mera faculdade. E mesmo que os autos do recurso sejam físicos, a faculdade permanecerá, desde que os autos do processo sejam eletrônicos, pois, nessa hipótese, o relator (e os demais julgadores, se for o caso) poderá ter acesso às peças ali colacionadas.

Entretanto, se os autos do processo forem físicos, a comunicação constitui ônus. O recorrente deverá juntar aos autos do processo, perante o juízo *a quo*, cópia da petição do agravo de instrumento, do comprovante de sua interposição (que, sendo físicos os autos, geralmente vêm em carimbo na própria petição) e a (indicação da) relação dos documentos que compõem o instrumento.

> Apesar do dever comunicar ao juízo agravado o cumprimento da exigência disposta no art. 1.018 do Código de Processo Civil (STJ. REsp 810399/SP. DJU 11.04.07), não há ônus para o agravante se ele não demonstrar sua realização (cumprimento da exigência) no Tribunal ad quem (STJ. REsp 728732/SP. DJU 15.05.06). Por isso que o Superior Tribunal de Justiça, ainda sob a égide do CPC/1973, em que não se realçava, como atualmente, a primazia na solução dom mérito, decidiu: "o art. 526 do CPC dispõe que o agravante, no prazo de três dias, requererá que se junte aos autos do processo cópia da petição do agravo de instrumento e do comprovante de sua interposição, assim como a relação de documentos que instruíram o recurso. Seu parágrafo único atribui pena de não conhecimento do recurso caso descumprido aquele preceito. Na hipótese, foram apresentadas, em primeiro grau, a cópia do recurso e a respectiva relação de documentos. A lei não exige, expressamente, a juntada à petição referida no mencionado artigo de eventuais cópias de documentos novos perante o tribunal. Assim, a omissão do agravante em promover sua juntada não conduz à gravíssima consequência do não conhecimento do recurso, até porque o agravado foi intimado para responder a ele, tomando ciência dos documentos". (STJ. REsp 944.040/SP. DJe 25.05.10)

O descumprimento da exigência (juntada aos autos do processo, perante o juízo *a quo*, de cópia da petição do agravo de instrumento, do comprovante de sua interposição e da relação

33. O prazo para cumprimento da exigência encimada será dobrado se o recorrente estiver representado pela defensoria pública (art. 186 do CPC e arts. 44, I, 89, I, ambos da LC nº 80/1994), ou se ele for o Ministério Público (art. 180 do CPC), a Fazenda Pública, suas autarquias e fundações públicas (art. 183 do CPC e Lei nº 9.469/97), bem assim litisconsortes que tiverem diferentes procuradores, de escritórios de advocacia distintos (art. 229 do CPC).

dos documentos que compõem o instrumento), desde que arguido e provado pelo agravado, importa inadmissibilidade do agravo de instrumento.

O recorrido deve suscitar, nas contrarrazões, o descumprimento da exigência de comunicação pelo recorrente. Esta regra pode ser mitigada quando os autos originários não estavam à sua disposição (caso em que o momento passa a ser a primeira oportunidade que o agravado teve acesso àqueles – STJ. REsp 1091167/RJ. DJe 19.03.09).

Não pode o Tribunal deixar de conhecer o agravo se o agravado não arguiu nem provou, oportunamente, o desrespeito à exigência apontada (STJ. REsp 648087/ES. DJU 22.05.06). Se, por exemplo, a informação de descumprimento foi trazida pelo juiz, não há empecilho para o conhecimento do recurso, caso o agravado não tenha suscitado o desrespeito à formalidade.

Não se pode desconsiderar, todavia, que as informações prestadas nos autos pelo juízo *a quo*, dando conta da ausência do requisito de admissibilidade do agravo de instrumento (regularidade formal), constitui documento eficaz para o recorrido provar o não cumprimento do comando normativo (STJ. REsp 896896/MG. DJU 08.03.07).

A consequência processual (inadmissibilidade do recurso) se justifica porque o cumprimento da exigência estabelecida pelo art. 1.018, objetiva possibilitar o exercício do juízo de retratação (empréstimo de efeito regressivo), mas, sobretudo, o acesso imediato do recorrido aos termos do agravo e conteúdo de instrumento, sem necessidade de seu deslocamento ao tribunal.

Logo, se o recorrente não faz a comunicação, prejudica a retratação e o acesso imediato do recorrido aos termos do agravo. O Recorrente pode até renunciar ao juízo de retratação, mas o acesso imediato aos termos do agravo somente pode ser renunciado pelo recorrido. Então, se ele não comunica ou não comprova o desrespeito formal, a pugnar pela inadmissão do recurso, este (o recurso) será conhecido.

Embora não haja precedentes neste sentido, poder-se-ia excepcionar o cumprimento da exigência legal nas situações em que: a) o órgão que proferiu a decisão interlocutória recorrida estiver localizado na comarca que compreende a cidade em que está localizado o tribunal *ad quem*, porque não ficará prejudicado (ou mesmo dificultado) o acesso do recorrido ao agravo e ao seu instrumento; b) verificada a apresentação de contrarrazões com enfrentamento de mérito, porque, se o recorrido não tivesse o acesso prejudicado ou dificultado, ela se adstringiria a reclamar o descumprimento do pressuposto da regularidade formal, a defender unicamente que o agravo não poderia ser conhecido porque ela não teve acesso às razões e ao instrumento.

1.4. Preparo

O preparo se consubstancia na exigência de que o recorrente comprove (mediante guia de recolhimento própria, fornecida pela entidade arrecadadora), no ato de interposição, o recolhimento, quando devidos, dos encargos financeiros recursais (inclusive porte de remessa e retorno – enunciado 187 da súmula do STJ[34]). Mesmo durante o plantão judiciário e as férias forenses (a não ser que impossibilitada a expedição das respectivas guias de recolhimento), o preparo deve ser comprovado no ato de interposição do recurso[35].

---

34. Enunciado 187 da súmula do STJ: "É deserto o recurso interposto para o Superior Tribunal de Justiça, quando o recorrente não recolhe, na origem, a importância das despesas de remessa e retorno dos autos".

35. Apenas se admite posterior recolhimento do preparo (nos valores habitualmente exigidos, conforme respectivo regimento de custas), em ocasião seguinte ao ato de interposição, se houver previsão legal específica

No caso do recurso de agravo de instrumento, por ocasião de sua interposição, exige-se o recolhimento de preparo. O comprovante de pagamento deve acompanhar a petição (§ 1º do art. 1.017[36]). Se não for recolhido o preparo, o agravo será considerado deserto. Aplica-se, a dizer de outra forma, a pena de deserção contra o recorrente, a qual enseja a inadmissibilidade recursal em razão da não observância do respectivo pressuposto (do preparo). Agora, duas consequências podem decorrer, em detrimento do recorrente, a depender se a falta de recolhimento do preparo foi integral ou parcial (insuficiente).

Nos termos do § 4º do art. 1.007, "o recorrente que não comprovar, no ato de interposição do recurso, o recolhimento do preparo, inclusive porte de remessa e de retorno, será intimado, na pessoa de seu advogado, para realizar o recolhimento em dobro, sob pena de deserção". Haverá, portanto, se não recolhido o preparo, uma segunda chance. Ela, contudo, será acompanhada de uma penalidade (pagamento em dobro), por que não sido o preparo comprovado por ocasião da interposição do recurso.

Além da penalidade (pagamento do preparo em dobro), aquele que não (recolhe e) demonstra o preenchimento do referido pressuposto de admissibilidade por ocasião da interposição do recurso assumirá, ainda, um ônus adicional. O de não poder complementá-lo, caso não tenha sido recolhido em dobro. É o que dispõe o § 5º do art. 1.007: "é vedada a complementação se houver insuficiência parcial do preparo, inclusive porte de remessa e de retorno, no recolhimento realizado na forma do § 4º".

Situação diferente ocorre quando, por ocasião da interposição do agravo, o recorrente recolhe o preparo, mas, em valor insuficiente. O § 2º do art. 1.007 do Código de Processo Civil dispõe que "a insuficiência no valor do preparo, inclusive porte de remessa e de retorno, implicará deserção se o recorrente, intimado na pessoa de seu advogado, não vier a supri-lo no prazo de 5 (cinco) dias". Há, pois, a concessão de oportunidade para complementar o preparo. Só se não atendida a determinação, é que será aplicada a pena de deserção.

Estão dispensados do recolhimento de preparo (por suspensão da exigibilidade) aqueles que forem patrocinados pela Defensoria Pública e, em geral, os beneficiados pela gratuidade judiciária (STJ. REsp 245663/MG. DJU 20.03.00). Também estão dispensados (por isenção), inclusive porte de remessa e de retorno, os recursos interpostos pelo Ministério Público, pela União, pelo Distrito Federal, pelos Estados, pelos Municípios, e respectivas autarquias[37], e pelos que gozam de isenção legal[38].

---

diversa (§ 1º do art. 42 da Lei nº 9.099/95) ou se existir justificativa suficiente (STJ. REsp 471545/SC. DJU 06.03.06). Aliás, § 6º do art. 1.007 do Código de Processo Civil estabelece que, "provando o recorrente justo impedimento, o relator relevará a pena de deserção, por decisão irrecorrível, fixando-lhe prazo de 05 dias para efetuar o preparo".

36. Art. 1.017. A petição de agravo de instrumento será instruída:[...] § 1º Acompanhará a petição o comprovante do pagamento das respectivas custas e do porte de retorno, quando devidos, conforme tabela publicada pelos tribunais.

37. REPETITIVO. INSS. RECOLHIMENTO. PREPARO.[...] Sendo o INSS autarquia federal equiparada em prerrogativas e privilégios à Fazenda Pública, nos termos do artigo 8º da Lei 8.620/93, não lhe é exigível o depósito prévio do preparo para fins de interposição de recurso, podendo efetuá-lo ao final da demanda, se vencido (CPC, artigo 27). REsp 1.101.727, rel. Min. Hamilton Carvalhido, j. 2.8.10. Corte Especial. (Info 441)

38. O art. 7º da Lei 9.289/96 isenta do pagamento das custas os embargos à execução processados perante a Justiça Federal. Tal inexigibilidade estende-se ao recolhimento do preparo na interposição de apelação contra sentença proferida nos referidos embargos (STJ. REsp 1176893/SP. DJe 09.02.12).

Especificamente no processo em autos eletrônicos, a independer de quem seja o recorrente, é dispensado o recolhimento do porte de remessa e de retorno.

2. EFEITOS

O agravo de instrumento, como todos os demais recursos, é dotado de efeito devolutivo. Eventualmente, pode ser dotado dos efeitos obstativo, suspensivo, ativo, regressivo, desobstrutivo e substitutivo.

Confira-se:

2.1. Devolutivo

A admissibilidade do agravo de instrumento transfere ao órgão jurisdicional *ad quem* (tribunal local) o conhecimento da matéria recorrida.

A extensão horizontal do efeito devolutivo do agravo é determinada pela amplitude da impugnação (dimensão horizontal do efeito devolutivo). Enquanto isso, sua profundidade identifica-se com o material que deve trabalhar o órgão *ad quem* para julgar (dimensão vertical do efeito devolutivo ou efeito translativo).

O efeito devolutivo, em sua dimensão horizontal, determina os limites horizontais do recurso (o que se pode decidir). Relaciona-se ao objeto litigioso recursal (a questão principal do recurso). Na dimensão vertical, determinam-se os limites verticais (material com que o órgão recursal trabalhará para decidir a questão que lhe foi submetida). Relaciona-se ao objeto de conhecimento do recurso (as questões que devem ser enfrentadas como fundamentos para a solução do objeto litigioso recursal).

Em decorrência do efeito devolutivo em sua dimensão vertical, as matérias cognoscíveis de ofício (a exemplo dos pressupostos processuais e das condições da ação) devem ser objeto de análise pelo órgão jurisdicional *ad quem* (STJ. REsp 856388/SP. DJU 24.05.07), independentemente de provocação por qualquer dos interessados. O próprio interesse público, que circunda o efeito em análise, está acima dos interesses de qualquer pessoa.

O efeito devolutivo, em sua dimensão horizontal, limita o efeito devolutivo em sua dimensão vertical, de modo que o tribunal somente poderá apreciar, em profundidade, as questões que se relacionarem àquilo que foi impugnado horizontalmente. Assim, pode-se dizer que o recorrente estabelece a extensão do recurso (no plano horizontal), mas não a sua profundidade (no plano vertical).

Se o recurso de agravo for interposto especificamente contra decisão parcial de mérito, todas as questões processuais a ele relacionadas (que foram antes decididas) devem ser de imediato suscitadas, sob pena de uma preclusão (formação de coisa julgada). Não se deve esperar a interposição de eventual recurso de apelação, para apreciar as demais questões, porque aquele (recurso de apelação) não terá efeito rescindente.

Essa problemática surge em razão da redação do § 1º do art. 1.009 do Código de Processo Civil, que dispõe: "as questões resolvidas na fase de conhecimento, se a decisão a seu respeito não comportar agravo de instrumento, não são cobertas pela preclusão e devem ser suscitadas em preliminar de apelação, eventualmente interposta contra a decisão final, ou nas contrarrazões".

Só que as questões resolvidas na fase de conhecimento, conquanto desafiem agravo de instrumento, podem estar relacionadas à parte do mérito, que tenha sido, depois, julgada por decisão interlocutória, contra a qualquer caiba agravo de instrumento. Esse recurso, então, deve impugnar, sob pena de preclusão, além da decisão parcial de mérito, todas as questões anteriores a ele relacionadas.

E diga-se mais.

O recorrente, quanto às decisões provisórias objeto de recurso, para que não haja supressão de instância, não pode alegar fatos novos, juntar documentos novos ou invocar direitos supervenientes sem antes passar pelo juízo de primeira instância. Isso porque a instância estará aberta à prestação jurisdicional. Mas, se for definitiva a decisão recorrida, o agravante poderá assim proceder, já que não gozará de outra oportunidade para apresentar aqueles.

IMPORTANTE! É cabível a aplicação da teoria da causa madura em julgamento de agravo de instrumento, conforme decidiu a Corte Especial do STJ, em 01.06.16 (STJ. REsp 1.215.368/ES. DJe 19.09.16). No caso, o TJES reconhecera a nulidade da decisão agravada, por ausência de fundamentação, mas passou, em seguida, à análise do mérito, ante a desnecessidade de produção de provas. O STJ, ao julgar o REsp interposto contra tal acórdão, entendeu que o Tribunal de Justiça agiu corretamente, sendo aplicável o art. 1.013, § 3º, do CPC/2015 ao agravo de instrumento.

2.2. Obstativo

Pelo efeito obstativo, impede-se, em razão da interposição do recurso, o trânsito em julgado da decisão, a prolongar a litispendência. Todavia, apenas os recursos cabíveis e tempestivos podem impedir o trânsito em julgado. Recurso inadmitido por descabimento ou intempestividade não o impede[39].

No caso do agravo de instrumento, ele só terá efeito obstativo quando versar acerca de decisões definitivas ou terminativas. Se provisórias, até por sua própria natureza, não haveria porque se falar em dito efeito, porque elas (as decisões) não são definitivas ou terminativas.

2.3. Suspensivo

A primeira parte do art. 995 do CPC dispõe que "os recursos não impedem a eficácia da decisão". Entretanto, em sua segunda parte, excepciona: "salvo disposição legal ou

39. Há opositores a esta ressalva. Aqueles mais radicais adotam o posicionamento de que o recurso interposto, ainda que inadmitido, impede o trânsito em julgado. Outros, a adotar corrente intermediária, entendem que se o fator que levou ao não conhecimento do recurso for objeto de outro recurso, haverá impedimento ao trânsito em julgado, sob pena de descartar, por completo, a hipótese de reforma do julgado que não admitiu o recurso pelas instâncias superiores, negando-se a existência de dúvida com relação à admissibilidade (STJ. ERESP 441252/CE. DJU 29.06.05). Alguns outros, por fim, a adotar posição também intermediária, defendem que a interposição de recurso, desde que cabível e tempestivo, impede o trânsito em julgado da decisão, ainda que na instância ad quem não seja conhecido em decorrência de outro pressuposto de admissibilidade (STJ. REsp 203067/PR. DJU 14.02.00).

decisão judicial em sentido diverso". Logo, quando o recurso eventualmente possui efeito suspensivo, o texto legal ou a decisão que o atribui faz (qualquer delas) expressa ressalva (atribuição).

No caso do recurso de agravo, o art. 1.019, I, dispõe, especificamente, que, "recebido o agravo de instrumento no tribunal e distribuído imediatamente, se não for o caso de aplicação do art. 932, incisos III e IV [*julgamento monocrático*], o relator, no prazo de 5 (cinco) dias [...] poderá atribuir efeito suspensivo ao recurso [...] comunicando ao juiz sua decisão".

O agravo, portanto, não goza de efeito suspensivo, mas, eventualmente, a ele pode ser atribuído. Para tanto, deverá ser verificada a probabilidade de provimento do recurso (evidência) ou, sendo relevante a fundamentação, quando houver risco de dano grave ou de difícil reparação (urgência).

Atribuído efeito suspensivo ao agravo, ele prolonga o estado de ineficácia da decisão recorrida, a impedir que ela produza imediatamente qualquer de seus efeitos. A suspensividade da decisão recorrida ocorre a partir de quando publicada a decisão de atribuição do dito efeito (suspensivo), que pode ser requerido no próprio agravo ou, se depois de interposto, mediante simples petição.

Quando o objeto do agravo de instrumento for uma decisão terminativa ou uma decisão parcial de mérito, o recurso terá, de regra, efeito suspensivo *ope legis*? A pergunta se funda na circunstância de que, se resolvidas aquelas questões em sentença, o recurso interponível será a apelação que, *ope legis*, terá, de regra, efeito suspensivo, a teor do que estabelece o art. 1.012 do Código de Processo Civil.

Para os autores do presente livro, há uma lacuna axiológica, porque a lei diferenciou sem razão. Se as questões submetidas a recurso são as mesmas, a diferenciar apenas a espécie recursal, não haveria razão para não se atribuir efeito suspensivo ao agravo. Se não for assim, o juiz terá discricionariedade em relação à atribuição de efeito suspensivo pelo tribunal, já que, para retirá-lo, bastará decidir o objeto litigioso do processo de forma cindida.

2.4. Ativo

O efeito ativo se consubstancia na possibilidade de a instância *ad quem* antecipar, mediante decisão provisória, a tutela recursal de provimento antes do julgamento definitivo (do agravo de instrumento, no caso). Pode acontecer, em razão da falta de preenchimento dos requisitos necessários para a tutela provisória, de o efeito ativo ser concedido apenas em parte.

No caso do recurso de agravo, o art. 1.019, I, dispõe que,"recebido o agravo de instrumento no tribunal e distribuído imediatamente, se não for o caso de aplicação do art. 932, incisos III e IV, o relator, no prazo de 5 (cinco) dias [...] poderá [...] deferir, em antecipação de tutela, total ou parcialmente, a pretensão recursal, comunicando ao juiz sua decisão".

O efeito ativo pode ser atribuído em razão de concessão de tutela provisória de urgência ou de evidência. Não por outra razão que o enunciado 423 do FPPC, em referência aos arts. 311, 995, parágrafo único, 1.012, § 4º, 1.019, inciso I, 1.026, § 1º e 1.029, § 5º, do CPC, orienta que "cabe tutela de evidência recursal".

2.5. Regressivo

Em razão do efeito regressivo, autoriza-se que o órgão jurisdicional *a quo*, ante a interposição do agravo de instrumento, reveja sua decisão, a fim de se retratar. Este efeito é comum a qualquer agravo. Por isso, dispõe o § 1º do art. 1.018: "se o juiz comunicar que reformou inteiramente a decisão, o relator considerará prejudicado o agravo de instrumento".

Emprestado efeito regressivo, mediante exercício do juízo de retratação, o agravo de interposto será inadmitido, porque prejudicado (ante a perda de seu objeto), a passar o recorrente a carecer de interesse recursal, já que o julgamento pela instância *ad quem* não mais lhe poderá lhe proporcionar qualquer utilidade. A partir daí, em razão do empréstimo de efeito regressivo, caberá ao recorrido recorrer (ou não) da decisão proferida em exercício do juízo de retratação. Pode ser, então, que caiba, a depender do caso, recurso de agravo de instrumento ou, ainda de apelação (ou de contrarrazões), a ser interposto pelo antes recorrido.

Se o efeito regressivo incidir apenas em parte do agravo, aquela em que ele não incidiu será submetida ao tribunal. Se isso ocorrer, dá-se ensejo a uma situação interessante. Contra a decisão de retratação, caberia recurso (e, em caso positivo, qual seria ele)? A resposta é afirmativa. Se, com a retratação, for encerrada a instância, seria apelação, mas, mantida aberta, seria, se preenchido o pressuposto do cabimento, agravo de instrumento (todavia, se não preenchido tal pressuposto, somente poderia ser objeto de apelação ou de suas respectivas contrarrazões).

É condição, todavia, para se emprestar efeito regressivo, mediante exercício do juízo de retratação, que o agravo seja considerado, pelo juízo *a quo*, tempestivo (conforme enunciado 293 do Fórum Permanente de Processualistas Civis)[40], a menos que se tratasse de uma decisão provisória.

Por óbvio, então, a interposição do agravo de instrumento é indispensável para o empréstimo de efeito regressivo, não sendo suficiente a mera formulação de pedido de retratação, pois que, sem o manejo recursal, não haverá impedimento ao trânsito em julgado.

2.6. Desobstrutivo

Em razão do efeito desobstrutivo, para os casos de prolação de decisão interlocutória que signifique extinção parcial do processo sem resolução de mérito, bem assim de prolação de decisão definitiva nula (por falta de congruência ou de fundamentação), a instância *ad quem* pode, de logo, independentemente da formulação de pedido pelo recorrente, julgar a questão apresentada perante a instância *a quo*.

Faz-se necessário, entretanto, que a questão apresentada à instância *a quo*, para poder ser julgada pela *ad quem*, esteja em condições de imediato julgamento, seja porque ela é exclusivamente de direito ou, mesmo que envolva fatos, eles estejam suficientemente esclarecidos.

Para que se fale em desobstrução, é imprescindível, evidentemente, que haja prévia obstrução. Sem essa, não há possibilidade de incidência do efeito desobstrutivo. Bastaria a

40. Enunciado 293 do FPPC: orienta que "o juízo de retratação, quando permitido, somente poderá ser exercido se a apelação for tempestiva".

simples incidência do efeito devolutivo. Agora, pode ocorrer de ser afastado algum motivo de obstrução pela instância *ad quem*, mas, depois, deparar-se com outro, que também impeça a análise do mérito. Nesse caso, ficaria o órgão recursal também impossibilitado de adentrar no mérito da questão apresentada perante a instância *a quo*.

Para que seja respeitada a cooperação, sendo o caso de prosseguir com o julgamento, o relator deve intimar as partes acerca dessa possibilidade. Surge, então, um problema: se assim o faz, ele (o relator) anuncia que vai superar a questão que obstrui o julgamento do mérito. Deveria, então, na sessão, decidir a questão e também intimar as partes para se pronunciarem acerca do prosseguimento, a fim de que elas possam exercer o contraditório?

Acredita-se que não. Antes (ou até mesmo depois) de iniciado qualquer julgamento, o relator já deve intimar as partes acerca da possibilidade de ser superada a questão que obstrui o julgamento do mérito. Não é conveniente que haja uma repartição do julgamento, nomeadamente por desrespeitar a eficiência. O simples inconveniente de o relator, de certa forma, adiantar o seu voto, deve ser enfrentado, até porque não contraria qualquer garantia processual (inclusive, o art. 933 do CPC faz indicação nesse sentido)[41].

2.7. Substitutivo

O art. 1.008 do Código de Processo Civil dispõe que "o julgamento proferido pelo tribunal substituirá a decisão impugnada no que tiver sido objeto de recurso". Em razão do efeito substitutivo, o julgamento recursal proferido pelo tribunal substitui a decisão interlocutória recorrida no que tiver sido objeto de recurso (pode ser total ou parcial).

Contudo, somente há substituição se o agravo interposto for admitido (independentemente de ele ser provido ou desprovido), no limite da devolutividade, seja ela horizontal ou vertical. Se não for admitido o agravo, não haverá substituição, porque não haverá apreciação de qualquer das questões decididas pelo juízo *a quo*.

Quanto ao resultado do julgamento, se provido ou desprovido o agravo, também haverá substituição. Poder-se-ia até se questionar essa conclusão, pelo fato de o resultado ter sido preservado com o desprovimento. Ocorre que, apesar da preservação do resultado, há outros elementos, que justificam a substituição, dentre os quais as repercussões jurídicas decorrentes do julgamento do agravo de instrumento.

Deve-se considerar que as decisões que analisam o mérito do agravo, fundado em vício de procedimento (*error in procedendo*), se decidirem pelo provimento, anulam a decisão recorrida. Não há, aí, pelo menos em regra, substituição, a considerar que o órgão recursal não profere julgamento em reforma, mas apenas, em caso de provimento, anula aquele que foi submetido ao agravo.

41. Art. 933. Se o relator constatar a ocorrência de fato superveniente à decisão recorrida ou a existência de questão apreciável de ofício ainda não examinada que devam ser considerados no julgamento do recurso, intimará as partes para que se manifestem no prazo de 5 (cinco) dias.§ 1º Se a constatação ocorrer durante a sessão de julgamento, esse será imediatamente suspenso a fim de que as partes se manifestem especificamente.§ 2º Se a constatação se der em vista dos autos, deverá o juiz que a solicitou encaminhá-los ao relator, que tomará as providências previstas no caput e, em seguida, solicitará a inclusão do feito em pauta para prosseguimento do julgamento, com submissão integral da nova questão aos julgadores.

As decisões, que analisam mérito recursal fundado em vício de juízo (*error in iudicando*), é que reformam a decisão recorrida, substituindo-a, ainda que o órgão, repita-se, mantenha o resultado, ante o desprovimento recursal. Apesar disso, se o mérito do agravo de instrumento cingir-se à alegação de *error in procedendo*, em algumas hipóteses, há substituição da decisão. São elas:

a) interposto o agravo, ele é desprovido e, assim, é rejeitada a alegação da existência do vício de procedimento (aí, portanto, não haverá cassação, mas, ao contrário, confirmação da decisão recorrida);

b) interposto o agravo, ele é provido para acolher a alegação da existência de vício de procedimento, e o órgão recursal, prossegue no julgamento, a analisar o mérito relacionado (aí, a nova decisão, proferida pelo tribunal *ad quem*, substituirá aquela proferida pelo juízo *a quo*).

2.8. Rescindente

Se o agravo de instrumento for provido apenas para anular a decisão recorrida, não haverá substituição, mas, sim, rescisão. O julgamento do recurso determinará que outra decisão seja proferida pelo juízo *a quo* em substituição àquela rescindida. O efeito é comum às situações onde se tenha verificado erro de procedimento e não seja possível realizar, de imediato, no próprio órgão recursal, novo julgamento.

3. PROCEDIMENTO

O recurso de agravo de instrumento será interposto no prazo 15 dias (a não ser que haja algum privilégio de dobra), em petição que atenda às exigências dos arts. 1.016 e 1.017 do CPC, a qual será acompanhada do comprovante do pagamento das respectivas custas e do porte de retorno, quando devidos, conforme tabela publicada pelos tribunais.

Interposto o agravo de instrumento perante o tribunal *ad quem* (Tribunal de Justiça ou Tribunal Regional Federal), ele será distribuído a um relator, que, se for o caso, no prazo de 05 dias, poderá julgar monocraticamente, desde que para não conhecer, por ser o recurso inadmissível, prejudicado ou que não tenha impugnado especificamente os fundamentos da decisão interlocutória recorrida (art. 932, III).

O relator também poderá, em decisão unipessoal a ser proferida em igual prazo (05 dias), negar provimento ao recurso se contrário: a) à súmula do STF, do STJ ou do próprio tribunal; b) a acórdão proferido pelo STF ou pelo STJ em julgamento de recursos repetitivos; e c) a entendimento firmado em incidente de resolução de demandas repetitivas ou de assunção de competência (art. 932, IV).

Se for o caso de julgamento monocrático, o relator poderá agir sem a necessária intimação do recorrido para apresentar contrarrazões[42]. Não quer dizer que, facultada a apresentada de

42. Repetitivo. Ag. Intimação.A intimação da agravada para resposta é necessária a fim de preservar o princípio do contraditório. Ela é dispensável apenas quando se nega seguimento ao agravo de instrumento, pois essa decisão

contrarrazões, o julgamento tenha de ser colegiado. Não é este ato que define se o julgamento será ou não colegiado, mas sim se está preenchida ou não qualquer das hipóteses previstas no art. 932, III e IV do CPC.

A decisão proferida pelo relator deve ser comunicada ao juízo *a quo*. E, contra ela, caberá a interposição de agravo interno, nos termos do art. 1.021 do Código de Processo Civil.

Se não for o caso de julgamento monocrático, o relator, no prazo de 05 dias, poderá atribuir efeito suspensivo ao recurso ou deferir, em antecipação de tutela, total ou parcialmente, a pretensão recursal[43], comunicando ao juiz sua decisão. Se o juiz comunicar que emprestou efeito regressivo, mediante juízo de retratação, o agravo ficará prejudicado.

Com ou sem atribuição de efeito suspensivo, o relator ordenará a intimação do agravado pessoalmente, por carta com aviso de recebimento, quando não tiver procurador constituído, ou pelo Diário da Justiça ou por carta com aviso de recebimento dirigida ao seu advogado, para que responda no prazo de 15 dias, facultando-lhe juntar a documentação que entender necessária ao julgamento do recurso.

A intimação do agravado, evidentemente, é dispensada se, findo o prazo de resposta no juízo de primeira instância, ele não tiver constituído advogado. Haverá necessidade apenas de publicação do ato decisório no órgão oficial, como estabelece o art. 346 do CPC[44]. Mas, por óbvio, se não consumado o prazo de resposta perante a instância originária, pelo que o recorrido (réu) não precisa constituir advogado (até porque não ter sido sequer citado), deve ele ser intimado pessoalmente para apresentar contrarrazões ao agravo de instrumento.

IMPORTANTE! O recorrido deverá, nas contrarrazões, impugnar eventual traslado incompleto das peças que instruíram o agravo, sob pena de preclusão (STJ. EDcl no AgRg no Ag 1337746/RJ. DJe 14.04.11). Conforme orientação do Superior Tribunal de Justiça, o recorrido não se pode alegar defeito na formação de instrumento do agravo nem mesmo por ocasião de interposição de posteriores embargos de declaração.

Após, determinará a intimação do Ministério Público, preferencialmente por meio eletrônico, quando for o caso de sua intervenção, para que se manifeste no prazo de 15 dias.[45]

Findas tais providências, o relator solicitará dia para julgamento em prazo (impróprio) não superior a 01 mês da intimação do agravado.

é benéfica ao agravado. A intimação para apresentação de contrarrazões é condição de validade da decisão que causa prejuízo ao agravado. REsp 1.148.296, rel. Min. Luiz Fux, j. 1º.9.10. Corte Especial. (Info 445)

43. Enunciado 142 do Fórum Permanente de Processualistas Civis: "Da decisão monocrática do relator que concede ou nega o efeito suspensivo ao agravo de instrumento ou que concede, nega, modifica ou revoga, no todo ou em parte, a tutela jurisdicional nos casos de competência originária ou recursal, cabe o recurso de agravo interno nos termos do art. 1.021 do CPC".

44. Art. 346. Os prazos contra o revel que não tenha patrono nos autos fluirão da data de publicação do ato decisório no órgão oficial. Parágrafo único. O revel poderá intervir no processo em qualquer fase, recebendo-o no estado em que se encontrar.

45. Guarda-se resistência a este entendimento, por se entender que o vício na formação do instrumento constitui matéria de ordem pública e, deixando de ser apreciada pelo órgão julgador, constitui omissão passível de ser suprida através de embargos de declaração.

Na sessão de julgamento, após exposta a causa pelo relator, se o agravo impugnar decisões interlocutórias que versem sobre tutelas provisórias de urgência ou da evidência, o presidente dará a palavra, sucessivamente, ao recorrente, ao recorrido e, nos casos de sua intervenção, ao membro do Ministério Público, pelo prazo improrrogável de 15 minutos para cada um, a fim de sustentarem suas razões.

Fica uma indagação: e se o agravo impugnar decisões terminativas ou decisões parciais de mérito, o presidente do órgão julgador do agravo deverá conceder a oportunidade para realização de sustentação oral? Essa hipótese não é prevista (pelo menos de forma expressa) pelo art. 937 do CPC, embora, no inciso IX, disponha que poderá ser realizada sustentação oral "em outras hipóteses previstas em lei ou no regimento interno do tribunal".

Acontece que o art. 937, no inciso I, possibilita a realização de sustentação oral na apelação que, justamente, é interposta contra decisões terminativas ou definitivas. Não haveria, como antes defendido[46], porque não ser concedida oportunidade para realizar sustentação oral quando o agravo tivesse por objeto decisões terminativas ou definitivas. A não ser assim, aí, também, o juiz de primeira instância teria o poder discricionário de definir quando seria ou não realizada sustentação oral. Para não realizar, bastaria decidir parte do objeto litigioso por decisão interlocutória. Para realizar, decidiria todos os capítulos por sentença (cujo objeto, nos termos do art. 1.009, pode ir além daquilo que foi decidido pela sentença, a contemplar, assim, decisões interlocutórias proferidas no curso da fase de conhecimento[47]).

46. O art. 937 do Código de Processo Civil não previu a possibilidade de realização de sustentação oral no agravo de instrumento, a não ser quando interposto contra decisões interlocutórias que versem sobre tutelas provisórias de urgência ou da evidência. Fica a indagação: quando o agravo por instrumento tiver por objeto decisão parcial de mérito, não seria possível a realização de sustentação oral? Acredita-se que sim. Se é permitida a realização na apelação e nos agravos interpostos contra decisões que versem acerca das tutelas provisórias, a dizer de outra forma, em recursos que tratem do mérito da ação (mesmo que provisoriamente decidido), não há porque se restringir a sustentação oral no agravo interposto contra decisão que julga parcialmente o mérito.Por certo, ocorreu uma omissão legislativa, motivada pela recente inclusão, no Código, de disposições que autorizam, expressamente, o julgamento parcial do mérito. Aliás, tal ocorreu em diversas situações que se relacionam às decisões interlocutórias que julgam parcialmente o mérito de forma definitiva. Basta lembrar, a título de exemplo, da amplitude horizontal do efeito devolutivo do agravo de instrumento, interposto contra decisão parcial de mérito, a qual, diferentemente do que posto pelo legislador, contempla todas as questões prévias, relacionadas à parte do mérito que foi julgada definitivamente. Contudo, a lacuna legislativa deve ser colmatada, no caso, para permitir a realização da sustentação em agravo de instrumento interposto contra decisão parcial de mérito. A não ser assim, a possibilidade de realização de sustentação oral, quando houver cúmulo de ações, ficaria ao alvitre do juiz de primeira instância. Quando ele quisesse que fosse possível a realização de sustentação oral, decidiria tudo em sentença. Mas, se quisesse cercear tal direito relativamente a uma parte do objeto litigioso, bastaria julgar esta parte em decisão parcial de mérito. Naturalmente, não é sob essa perspectiva que deve ser construída a norma, até porque, além de não estar balizada com os mais comezinhos vetores hermenêuticos, transfere o poder de decidir questões relacionadas ao procedimento na instância recursal ao juízo a quo, que assim poderia livremente fazer, quando houvesse cúmulo de ações. Só que o direito de sustentar oralmente não pode sofrer risco de mitigação por ter havido cúmulo de ações.Em acréscimo aos argumentos postos favoravelmente à realização de sustentação oral no agravo de instrumento interposto contra decisão parcial de mérito, está a redação do art. 942 do CPC. Ele estabelece técnica de julgamento para a apelação, quando não unânime. O julgamento, em tal caso, terá prosseguimento em sessão a ser designada, com a presença de outros julgadores, ocasião em que será assegurado às partes e a eventuais terceiros o direito de sustentar oralmente suas razões perante os novos julgadores. Só que o § 3º, II, do mencionado dispositivo estabelece que a técnica de julgamento prevista nesse artigo aplica-se, igualmente, ao julgamento não unânime proferido em agravo de instrumento, quando houver reforma da decisão que julgar parcialmente o mérito. Logo, quando o agravo de instrumento for interposto contra decisão parcial de mérito, será possível a realização de sustentação oral.

47. Art. 1.009. Da sentença cabe apelação.§ 1º As questões resolvidas na fase de conhecimento, se a decisão a seu respeito não comportar agravo de instrumento, não são cobertas pela preclusão e devem ser suscitadas em preliminar de apelação, eventualmente interposta contra a decisão final, ou nas contrarrazões.[...]

Proferidos os votos pelos membros do órgão colegiado, que será composto por 03 juízes, o presidente anunciará o resultado do julgamento, designando para redigir o acórdão o relator ou, se vencido este, o autor do primeiro voto vencedor.

Se o objeto do agravo for decisão definitiva (parcial de mérito), será aplicada a técnica de julgamento do art. 942 do CPC, a teor do que estabelece o § 3º, II[48]-[49].

O acórdão conterá ementa (art. 943 do CPC[50]).

Se o objeto do agravo for decisão terminativa ou definitiva, em razão da atividade desempenhada na instância recursal, os honorários advocatícios decorrentes da sucumbência, fixados pelo juízo *a quo*, serão realinhados, a teor do que estabelece o art. 85, § 11, do Código de Processo Civil.

PONTO DE REFLEXÃO

Se, perante a primeira instância, houver cumulação simples de pedidos, eles podem ser resolvidos por decisão interlocutória e por sentença, a ensejar a interposição, respectivamente, de agravo de instrumento e de apelação. Com a autonomia das ações cumuladas, a considerar ser simples a cumulação de pedidos formulados perante a primeira instância, a apelação poderá ser julgada antes do agravo de instrumento, pondo, o julgamento deste, fim à instância recursal.

Poderia até ocorrer de a apelação ser julgada definitivamente (para confirmar ou reformar a sentença) e de o agravo de instrumento ser provido apenas para anular a decisão parcial de mérito, a se determinar o retorno ao juízo de primeira instância para proceder a novo julgamento. Quando fosse apreciada novamente a questão de mérito, esta seria resolvida, agora, por sentença (e não mais por decisão parcial de mérito), a caber, contra ela, recurso de apelação. Num só processo, poderiam haver duas apelações simultâneas pendentes de julgamento.

48. Art. 942. Quando o resultado da apelação for não unânime, o julgamento terá prosseguimento em sessão a ser designada com a presença de outros julgadores, que serão convocados nos termos previamente definidos no regimento interno, em número suficiente para garantir a possibilidade de inversão do resultado inicial, assegurado às partes e a eventuais terceiros o direito de sustentar oralmente suas razões perante os novos julgadores. [...] § 3º A técnica de julgamento prevista neste artigo aplica-se, igualmente, ao julgamento não unânime proferido em:[...] previsto no regimento interno;II – agravo de instrumento, quando houver reforma da decisão que julgar parcialmente o mérito.[...]

49. O Código de 2015 não se preparou para a decisão parcial de mérito. O regime jurídico do agravo de instrumento, muitas vezes, revela-se incompatível com a impugnação de decisões definitivas. É preciso, assim, interpretar as disposições relativas ao agravo de instrumento interposto contra decisão parcial de mérito com base no princípio constitucional da igualdade e no postulado hermenêutico da unidade do Código. Daí, concluírem os autores do presente livro que: a) o agravo de instrumento interposto contra decisão interlocutória definitiva tem efeito suspensivo automático, salvo quando concedida tutela de evidência, na forma do art. 311, IV, do CPC, ou quando a própria apelação não tiver tal efeito; b) o agravo interposto contra decisão parcial de mérito só tem efeito regressivo nas hipóteses de improcedência liminar parcial (quando a própria apelação teria tal efeito, se a questão fosse resolvida por sentença); c) é cabível sustentação oral no julgamento de agravo interposto contra decisão parcial de mérito; d) o agravo contra decisão interlocutória definitiva pode ser interposto adesivamente, sem necessidade de formação de um segundo instrumento, sendo a petição recursal protocolizada nos autos do agravo principal; e) não se aplica a regra geral de precedência de julgamento do agravo sobre o da apelação quando aquele tiver sido interposto contra decisão parcial de mérito; f) as questões exclusivamente relacionadas à decisão parcial de mérito e resolvidas anteriormente, quando não recorríveis de imediato, devem ser impugnadas em preliminar do agravo de instrumento ou nas contrarrazões; g) devem ser fixados honorários sucumbenciais pela decisão interlocutória que resolve o mérito definitivamente, os quais devem ser majorados quando do julgamento do respectivo agravo de instrumento.

50. Art. 943. Os votos, os acórdãos e os demais atos processuais podem ser registrados em documento eletrônico inviolável e assinados eletronicamente, na forma da lei, devendo ser impressos para juntada aos autos do processo quando este não for eletrônico.§ 1º Todo acórdão conterá ementa.§ 2º Lavrado o acórdão, sua ementa será publicada no órgão oficial no prazo de 10 (dez) dias.

4. DECISÕES INTERLOCUTÓRIAS DEFINITIVAS DE MÉRITO

A superar o entendimento dominante no Superior Tribunal Justiça, construído sob a égide do anterior Código de Processo Civil, o atual Código, em seu art. 356, previu a possibilidade de o juiz realizar o julgamento antecipado parcial do mérito, quando pedido ou parcela dele for incontroverso ou estiver em condições de julgamento imediato. Esse julgamento dá-se por decisão interlocutória, pois, embora resolva parte do mérito, não põe fim a nenhuma fase do processo (art. 203, §§ 1º e 2º).

Tal decisão é recorrível por agravo de instrumento, a teor do comando trazido pelo art. 356, § 5º, e do próprio art. 1.015, II, do CPC. O problema é que a disciplina legal do agravo, muitas vezes, mostra-se incompatível com a impugnação de decisões definitivas, como são as decisões parciais de mérito. Há inúmeras diferenças entre o tratamento do agravo de instrumento e da apelação, que é (pode-se dizer), tradicionalmente, o "recurso contra decisões definitivas por excelência".

Embora não haja entendimento firmado perante os tribunais superiores a respeito, os autores deste livro entendem que, quando o objeto é decisão interlocutória definitiva de mérito, o agravo de instrumento: a) tem efeito suspensivo automático, salvo quando concedida tutela de evidência, na forma do art. 311, IV, do CPC, ou quando a própria apelação não tiver tal efeito; b) só tem efeito regressivo nas hipóteses de improcedência liminar parcial; c) comporta sustentação oral (enunciado 61 do CJF); d) pode ser interposto adesivamente, sem necessidade de formação de um segundo instrumento, sendo a petição recursal protocolizada nos autos do agravo principal.

Além disso, quanto ao agravo de instrumento que tenham por objeto decisão definitiva parcial de mérito: a) a ele, não se aplica a regra geral de precedência de julgamento sobre o da apelação; b) as questões exclusivamente relacionadas à decisão parcial de mérito e resolvidas anteriormente, quando não recorríveis de imediato, devem ser impugnadas em preliminar do agravo de instrumento ou nas contrarrazões; c) devem ser fixados honorários sucumbenciais pela decisão interlocutória que resolve o mérito definitivamente, os quais devem ser majorados quando do julgamento do respectivo agravo de instrumento.

E, se o objeto do agravo de instrumento for decisão parcial de mérito (ou decisão processual que se possa avançar ao mérito), aplicam-se, em seu julgamento, quando preenchidos os respectivos suportes fáticos, as disposições do art. 1013, par. 3º e 4º, a admitir o imediato julgamento imediato do mérito da respetiva ação processualizada (ou seja, a parte do objeto litigioso do processo) pelo tribunal.

Assim, pode-se dizer que: se o processo estiver em condições de imediato julgamento, o tribunal deve decidir desde logo o mérito quando: reformar decisão fundada no art. 485; decretar a nulidade da decisão por não ser ela congruente com os limites do pedido ou da causa de pedir; constatar a omissão no exame de um dos pedidos (desde que relacionado à respectiva parte do objeto litigioso do processo), hipótese em que poderá julgá-lo; decretar a nulidade de decisão por falta de fundamentação.

Quando reformar decisão que reconheça a decadência ou a prescrição, o tribunal, se possível, julgará o mérito, examinando as demais questões (relacionadas à respectiva parte do objeto litigioso do processo), sem necessidade de determinar que o juízo de primeiro grau assim o faça.

5. SÚMULAS

Súmulas do STF

287. Nega-se provimento ao agravo, quando a deficiência na sua fundamentação, ou na do recurso extraordinário, não permitir a exata compreensão da controvérsia.

425. O agravo despachado no prazo legal não fica prejudicado pela demora da juntada, por culpa do cartório; nem o agravo entregue em cartório no prazo legal, embora despachado tardiamente.

426. A falta do termo específico não prejudica o agravo no auto do processo, quando oportuna a interposição por petição ou no termo da audiência.

639. Aplica-se a Súmula 288 quando não constarem do traslado do agravo de instrumento as cópias das peças necessárias à verificação da tempestividade do recurso extraordinário não admitido pela decisão agravada.

Súmulas do STJ

118. O agravo de instrumento é o recurso cabível da decisão que homologa a atualização do cálculo da liquidação.

223. A certidão de intimação do acórdão recorrido constitui peça obrigatória do instrumento de agravo.

6. ENUNCIADOS DO FPPC

29. A decisão que condicionar a apreciação da tutela provisória incidental ao recolhimento de custas ou a outra exigência não prevista em lei equivale a negá-la, sendo impugnável por agravo de instrumento.

103. A decisão parcial proferida no curso do processo com fundamento no art. 487, I, sujeita-se a recurso de agravo de instrumento.

154. É cabível agravo de instrumento contra ato decisório que indefere parcialmente a petição inicial ou a reconvenção.

177. A decisão interlocutória que julga procedente o pedido para condenar o réu a prestar contas, por ser de mérito, é recorrível por agravo de instrumento.

351. O regime da recorribilidade das interlocutórias do CPC aplica-se ao procedimento do mandado de segurança.

390. Resolvida a desconsideração da personalidade jurídica na sentença, caberá apelação.

423. Cabe tutela de evidência recursal.

435. Cabe agravo de instrumento contra a decisão do juiz que, diante do reconhecimento de competência pelo juízo arbitral, se recusar a extinguir o processo judicial sem resolução de mérito.

560. As decisões de que tratam os arts. 22, 23 e 24 da Lei 11.340/2006 (Lei Maria da Penha), quando enquadradas nas hipóteses do inciso I, do art. 1.015, podem desafiar agravo de instrumento.

611. Na hipótese de decisão parcial com fundamento no art. 485 ou no art. 487, as questões exclusivamente a ela relacionadas e resolvidas anteriormente, quando não recorríveis de imediato, devem ser impugnadas em preliminar do agravo de instrumento ou nas contrarrazões.

612. Cabe agravo de instrumento contra decisão interlocutória que, apreciando pedido de concessão integral da gratuidade da Justiça, defere a redução percentual ou o parcelamento de despesas processuais.

693. Cabe agravo de instrumento contra a decisão interlocutória que converte o rito da tutela provisória de urgência requerida em caráter antecedente.

705. Aplicam-se os §§ 3º e 4º do art. 1.013 ao agravo de instrumento interposto contra decisão parcial de mérito.

706. É cabível a interposição de agravo de instrumento contra as decisões interlocutórias proferidas após a decretação da falência ou o deferimento da recuperação judicial

7. ENUNCIADOS DO FNPP

60. O agravo fundado no art. 1.015, I, do CPC se enquadra no conceito de atos urgentes praticáveis no curso da suspensão processual.

8. ENUNCIADOS DO CJF

58. O prazo para interposição do agravo previsto na Lei nº 8.437/92 é de quinze dias, conforme o disposto no art. 1.070 do CPC.

61. Deve ser franqueado às partes sustentar oralmente as suas razões, na forma e pelo prazo previsto no art. 937, caput, do CPC, no agravo de instrumento que impugne decisão de resolução parcial de mérito (art. 356, § 5º, do CPC).

70. É agravável o pronunciamento judicial que postergar a análise de pedido de tutela provisória ou condicioná-la a qualquer exigência.

71. É cabível o recurso de agravo de instrumento contra a decisão que indefere o pedido de atribuição de efeito suspensivo a embargos à execução, nos termos do art. 1.015, X, do CPC.

72. É admissível a interposição de agravo de instrumento tanto para a decisão interlocutória que rejeita a inversão do ônus da prova, como para a que a defere.

73. Para efeito de não conhecimento do agravo de instrumento por força da regra prevista no § 3º do art. 1.018 do CPC, deve o juiz, previamente, atender ao art. 932, parágrafo único, e art. 1.017, § 3º, do CPC, intimando o agravante para sanar o vício ou complementar a documentação exigível.

9. INFORMATIVOS

Informativos do STJ

Não cabe agravo de instrumento contra a decisão que aplica multa por ato atentatório à dignidade da justiça pelo não comparecimento à audiência de conciliação. O legislador de 2015, ao levar a efeito profunda reforma no regime processual e recursal, notadamente no agravo de instrumento, pretendeu incrementar a fluidez e celeridade do processo. Assim, ao se referir ao "mérito", no inciso II do art. 1.015 do CPC, o legislador tratou das questões de fundo, ligadas ao pedido formulado pelas partes e que seriam objeto de resolução quando da prolação da sentença, mas que acabam por ser analisadas antes, na via interlocutória, consubstanciando as conhecidas sentenças parciais ou julgamento antecipado parcial de mérito. No entanto, a decisão que aplica a multa do art. 334, § 8º, do CPC, à parte que deixa de comparecer à audiência de conciliação, sem apresentar justificativa adequada, não há de ser incluída no inciso II do art. 1.015 do CPC e, se assim se entendesse, restaria esvaziada a intenção de celeridade do legislador, devolvendo-se de modo imediato questão que poderia ser revista oportunamente em sede de apelação. Ademais, a alegação de que haveria urgência no enfrentamento da decisão que fixa multa por ato atentatório à dignidade da justiça, tendo em vista a possibilidade de execução do valor a que condenada a parte não se sustenta, uma vez que o §3º do art. 77 do CPC é bastante claro ao prever que a multa somente será inscrita como dívida ativa da União ou do Estado após o trânsito em julgado da decisão que a fixou. REsp 1.762.957-MG, Rel. Min. Paulo de Tarso Sanseverino, Terceira Turma, por unanimidade, julgado em 10/03/2020, DJe 18/03/2020. Inf. 668.

Cabe agravo de instrumento contra o pronunciamento judicial que, na fase de cumprimento de sentença, determinou a intimação do executado, na pessoa do advogado, para cumprir obrigação de fazer, sob pena

de multa. Há julgados desta Corte no sentido de que é "incabível agravo de instrumento contra o despacho que determina a citação dos devedores para pagamento ou oferta de bens à penhora" sob o fundamento de que tal pronunciamento judicial não contém qualquer carga decisória. A Corte Especial consignou que a irrecorribilidade de um pronunciamento judicial advém não só da circunstância de se tratar formalmente de despacho, mas também do fato de que seu conteúdo não é apto a causar gravame às partes. No entanto, verifica-se, no particular, que o comando dirigido ao executado é apto a causar-lhe prejuízo, diante da inobservância da necessidade de intimação pessoal do devedor para a incidência de multa pelo descumprimento de obrigação de fazer. Isso porque a ordem judicial, ainda que contrária ao entendimento do STJ, produz plenamente seus efeitos até que seja invalidada. Com efeito, cabível o agravo de instrumento contra o despacho que, na fase de cumprimento de sentença, determina a intimação do executado, na pessoa do advogado, para cumprir obrigação de fazer, sob pena de multa, para que se determine a intimação pessoal para o cumprimento de tal obrigação. REsp 1.758.800-MG, Rel. Min. Nancy Andrighi, Terceira Turma, por unanimidade, julgado em 18/02/2020, DJe 21/02/2020. Inf. 667.

O art. 1.015, VI, do CPC/2015 abrange a decisão interlocutória que versa sobre a exibição do documento em incidente processual, em ação incidental ou, ainda, em mero requerimento formulado no bojo do próprio processo. Cinge-se a controvérsia a definir se o art. 1.015, VI, do CPC/2015, diz respeito somente às decisões interlocutórias proferidas no incidente processual e na ação incidental a que se referem os arts. 396 e 404 do CPC/2015 ou se é mais amplo, abrangendo quaisquer decisões que digam respeito à exibição ou posse de documento ou coisa. Não há dúvida de que a decisão que resolve o incidente processual de exibição instaurado contra parte e a decisão que resolve a ação incidental de exibição instaurada contra terceiro estão abrangidas pela hipótese de cabimento do art. 1.015, VI, do CPC/2015. Contudo, não se identifica na doutrina que tenha sido examinada a hipótese em que a decisão interlocutória versou sobre a exibição ou a posse de documento ou coisa fora do modelo procedimental delineado pelos arts. 396 e 404 do CPC/15, ou seja, deferindo ou indeferindo a exibição por simples requerimento de expedição de ofício feito pela parte no próprio processo, sem a instauração de incidente processual ou de ação incidental. Nesse contexto, pouco importa, para fins de cabimento do recurso de agravo de instrumento com base no art. 1.015, VI, do CPC/15, que a decisão que indeferiu o pedido de exibição tenha se dado na resolução de um incidente processual, de uma ação incidental ou de um mero requerimento formulado no próprio processo. Em suma, a regra do art. 1.015, VI, do CPC/2015, tem por finalidade permitir que a parte a quem a lei ou o juiz atribuiu o ônus de provar possa dele se desincumbir integralmente, inclusive mediante a inclusão, no processo judicial, de documentos ou de coisas que sirvam de elementos de convicção sobre o referido fato probandi e que não possam ser voluntariamente por ela apresentados. REsp 1.798.939-SP, Rel. Min. Nancy Andrighi, Terceira Turma, por unanimidade, julgado em 12/11/2019, DJe 21/11/2019. Inf. 661.

DIREITO PROCESSUAL CIVIL. Reconhecimento pelo STJ de matéria repetitiva. Suspensão do processo na origem. Decisão interlocutória que resolve o requerimento de distinção. Agravo de instrumento. Cabimento. Art. 1.037, § 13, I, do CPC/2015.

Cabe agravo de instrumento contra decisão do juízo de primeiro grau que resolve o requerimento de distinção de processos sobrestados em razão de recursos repetitivos. Na vigência do CPC/1973, o STJ consolidou entendimento de que a decisão que determinava o sobrestamento dos recursos extraordinários e recursos especiais repetitivos não selecionados como paradigmas era irrecorrível. No entanto, com a entrada em vigor do Código de Processo Civil de 2015, houve uma severa mudança de entendimento a partir do disposto no art. 1.037, § 13, inciso I, que prevê o agravo de instrumento contra a decisão interlocutória que resolve o requerimento de distinção entre a questão a ser decidida no processo e aquela a ser julgada no recurso especial ou extraordinário afetado (§ 9º), no caso de sobrestamento de processos em razão de recursos repetitivos. REsp 1.717.387-PB, Rel. Min. Paulo de Tarso Sanseverino, Terceira Turma, por unanimidade, julgado em 08/10/2019, DJe 15/10/2019. Inf. 658.

Não é cabível agravo de instrumento contra decisão que indefere pedido de julgamento antecipado do mérito por haver necessidade de dilação probatória. Consoante dispõe o art. 356, *caput*, I e II, e § 5º, do CPC/2015, o juiz decidirá parcialmente o mérito quando um ou mais dos pedidos formulados ou parcela deles mostrarem-se incontroversos ou estiverem em condições de imediato julgamento, nos termos do art. 355, sendo a decisão proferida com base neste artigo impugnável por agravo de instrumento. Ocorre que, no caso, a decisão do Juízo singular não ingressou no mérito, justamente porque entendeu pela necessidade de dilação probatória, deferindo as provas testemunhal e pericial. Logo, não havendo questão incontroversa que possibilitasse a prolação de decisão de mérito, inviável se falar, por conseguinte, na impugnação por meio de agravo de instrumento, por não estar configurada a hipótese do art. 1.015, II, do CPC/2015. AgInt no AREsp 1.411.485-SP, Rel. Min. Marco Aurélio Bellizze, Terceira Turma, por unanimidade, julgado em 01/07/2019, DJe 06/08/2019. Info. 653.

Em se tratando de decisão interlocutória com duplo conteúdo é possível estabelecer como critérios para a identificação do cabimento do recurso: (i) o exame do elemento que prepondera na decisão; (ii) o emprego da lógica do antecedente-consequente e da ideia de questões prejudiciais e de questões prejudicadas; (iii) o exame do conteúdo das razões recursais apresentadas pela parte irresignada. No caso, a controvérsia se dá no cabimento de agravo de instrumento decorrente de pronunciamento jurisdicional que admite ou inadmite a intervenção de terceiro e que, em virtude disso, modifica ou não a competência, em virtude da natureza complexa, pois reúne, na mesma decisão judicial, dois conteúdos que, a despeito de sua conexão, são ontologicamente distintos e suscetíveis de inserção em compartimentos estanques. Para a solução, o primeiro critério que se pode fixar diz respeito a preponderância de carga decisória, ou seja, qual dos elementos que compõem o pronunciamento judicial é mais relevante. A partir desse critério, conclui-se que a intervenção de terceiro exerce relação de dominância sobre a competência, sobretudo porque, na hipótese, somente se pode cogitar de uma alteração de competência do órgão julgador se – e apenas se – houver a admissão ou inadmissão do terceiro apto a provocar essa modificação. Daí decorre, inclusive, o segundo critério que se pode estabelecer para solver a controvérsia, calcado na lógica do antecedente-consequente e na ideia das questões prejudiciais e das questões prejudicadas que se pode emprestar da própria ciência processual, em que se verifica se a primeira matéria – intervenção de terceiro – influencia o modo de se decidir a segunda matéria – competência. No ponto, conclui-se que a intervenção de terceiro é o antecedente que leva, consequentemente, ao exame da competência, induzindo a um determinado resultado – se deferido o ingresso do terceiro sujeito à competência prevista no art. 109, I, da Constituição Federal, haverá alteração da competência para a Justiça Federal; se indeferido o ingresso do terceiro sujeito à competência prevista no referido artigo, haverá manutenção da competência na Justiça Estadual. É também relevante examinar o foco da irresignação da parte agravante em suas razões recursais para que se conclua pela incidência do art. 1.015, IX, do CPC/2015, ou seja, se a impugnação se dirige precipuamente para a questão da intervenção de terceiro ou para a questão da competência. Por qualquer ângulo que se examine a controvérsia, conclui-se que a decisão que versa sobre a admissão ou inadmissão de terceiro é recorrível de imediato por agravo de instrumento fundado no art. 1.015, IX, do CPC/2015, ainda que da intervenção resulte modificação ou não da competência, que, nesse contexto, é uma decorrência lógica, evidente e automática do exame da questão principal. REsp 1.797.991-PR, Rel. Min. Nancy Andrighi, Terceira Turma, por unanimidade, julgado em 18/06/2019, DJe 21/06/2019. Inf. 651.

É cabível a interposição de agravo de instrumento contra decisão relacionada à definição de competência, a despeito de não previsto expressamente no rol do art. 1.015 do CPC/2015. De início, ressalte-se que, diferentemente do Código de Processo Civil de 1973 – que possibilitava a interposição de agravo de instrumento contra toda e qualquer interlocutória –, a nova codificação definiu que tal recurso só será cabível em face de decisões expressamente apontadas pelo legislador; que procurou, assim, prestigiar a estruturação do procedimento comum a partir da oralidade e preservar os poderes de condução do processo pelo juiz de primeiro grau. Nessa ordem de ideias, apesar de não previsto expressamente no rol do art. 1.015, a decisão interlocutória relacionada à definição de competência continua desafiando recurso de agravo de instrumento, por uma interpretação lógico-sistemática do diploma, inclusive porque é o próprio Código que determina que "o juiz decidirá imediatamente a alegação de incompetência" (§ 3° do art. 64). Evitam-se, por essa perspectiva: a) as inarredáveis consequências de um processo que tramite perante um juízo incompetente; b) o risco da invalidação ou substituição das decisões; c) o malferimento do princípio da celeridade; d) tornar inócua a discussão sobre a (in)competência, já que os efeitos da decisão proferida poderão ser conservados pelo outro juízo, inclusive deixando de anular os atos praticados pelo juízo incompetente, havendo, por via transversa, indevida "perpetuação" da competência; e) a angústia da parte em ver seu processo dirimido por juízo que, talvez, não é o natural da causa. Trata-se de interpretação extensiva ou analógica do inciso III do art. 1.015 - "rejeição da alegação de convenção de arbitragem" -, já que ambas possuem a mesma ratio -, qual seja, afastar o juízo incompetente para a causa, permitindo que o juízo natural e adequado julgue a demanda. REsp 1.679.909-RS, Rel. Min. Luis Felipe Salomão, por unanimidade, julgado em 14/11/2017, DJe 01/02/2018. Inf. 618.

10. SINOPSE

<table>
<tr><th colspan="2">AGRAVO DE INSTRUMENTO</th></tr>
<tr><th colspan="2">Considerações iniciais</th></tr>
<tr><td colspan="2">Na vigência do CPC/2015, o agravo passou a ser apenas de instrumento (foi extinta a forma retida). Além disso, foi instituído um rol taxativo de cabimento do agravo de instrumento. Agora, não cabe, contra qualquer decisão interlocutória, agravo de instrumento, mas somente contra aquelas expressamente previstas em lei.</td></tr>
<tr><th colspan="2">Cabimento</th></tr>
<tr><td colspan="2">Cabe agravo de instrumento contra as decisões interlocutórias que versarem sobre: a) tutelas provisórias; b) mérito do processo; c) rejeição da alegação de convenção de arbitragem; d) incidente de desconsideração da personalidade jurídica; e) rejeição do pedido de gratuidade da justiça ou acolhimento do pedido de sua revogação; f) exibição ou posse de documento ou coisa; g) exclusão de litisconsorte; h) rejeição do pedido de limitação do litisconsórcio; i) admissão ou inadmissão de intervenção de terceiros; j) concessão, modificação ou revogação do efeito suspensivo aos embargos à execução; l) redistribuição do ônus da prova nos termos do art. 373, § 1º; m) outros casos expressamente referidos em lei; n) contra decisões interlocutórias proferidas na fase de liquidação de sentença ou de cumprimento de sentença, no processo de execução e no processo de inventário.</td></tr>
<tr><th colspan="2">Prazo</th></tr>
<tr><td colspan="2">O agravo de instrumento deve ser interposto no prazo de 15 dias (§ 5º do art. 1.003), contados da intimação da decisão.</td></tr>
<tr><th colspan="2">Regularidade Formal</th></tr>
<tr><td>Requisitos da Petição</td><td>a) os nomes das partes; b) a exposição do fato e do direito; c) as razões do pedido de reforma ou de invalidação da decisão e o próprio pedido; d) o nome e o endereço completo dos advogados constantes do processo:</td></tr>
<tr><td>Instrumento do Agravo</td><td>É formado por peças destinadas a fazer com que os membros do órgão colegiado do tribunal, que julgará o recurso possam, dentre outras funções, compreender o contexto em que se insere a questão decidida pelo juízo a quo: a) peças obrigatórias: i) petição inicial, contestação e petição que ensejou a decisão agravada; ii) decisão agravada; iii) certidão da respectiva intimação ou outro documento oficial que comprove a tempestividade; iv) procurações outorgadas aos advogados do agravante e do agravado: b) peças facultativas: "a petição de agravo de instrumento será instruída: [...] facultativamente, com outras peças que o agravante reputar úteis".</td></tr>
<tr><td>Comprovação da Interposição:</td><td>O agravante poderá requerer a juntada, aos autos do processo, de cópia da petição do agravo de instrumento, do comprovante de sua interposição e da relação dos documentos que instruíram o recurso.</td></tr>
<tr><th colspan="2">Preparo</th></tr>
<tr><td colspan="2">O preparo se consubstancia na exigência de que o recorrente comprove (mediante guia de recolhimento própria, fornecida pela entidade arrecadadora), no ato de interposição, o recolhimento, quando devidos, dos encargos financeiros recursais (inclusive porte de remessa e retorno).</td></tr>
<tr><th colspan="2">Efeitos</th></tr>
<tr><td colspan="2">Devolutivo, Obstativo, Suspensivo, Ativo, Regressivo, Desobstrutivo, Substitutivo.</td></tr>
<tr><th colspan="2">Procedimento</th></tr>
<tr><td colspan="2">Vide item 3 sobre o tema.</td></tr>
</table>

CAPÍTULO 64

AGRAVO INTERNO

Sumário • 1. Considerações iniciais: 1.1. Cabimento; 1.2. Prazo; 1.3. Regularidade formal; 1.4. Preparo – 2. Efeitos: 2.1. Devolutivo; 2.2. Obstativo; 2.3. Suspensivo; 2.4. Ativo; 2.5. Regressivo; 2.6. Desobstrutivo; 2.7. Substitutivo; 2.8. Rescindente – 3. Procedimento – 4. Súmulas – 5. Enunciados do FPPC – 6. Enunciados do CJF – 7. Informativos – 8. Sinopse.

1. CONSIDERAÇÕES INICIAIS

O agravo interno (antes conhecido como agravo regimental) é o recurso cabível contra decisão proferida pelo relator[1], sendo interposto por qualquer dos legitimados recursais para que a decisão tomada monocraticamente seja submetida ao respectivo órgão colegiado. Justifica-se pela verificação de algum vício, geralmente decorrente da não verificação de algum fator de distinção, que não autorizaria o julgamento unipessoal ou, pelo menos, indicaria a adoção de outra posição, diferente, por óbvio, daquela tomada pelo relator.

Questão de Concurso

▶ **(Vunesp – Procurador Jurídico – Câmara de Itaquaquecetuba - SP/2018)**[2] Em recurso de apelação, em trâmite perante o Tribunal de Justiça do Estado de São Paulo, o relator proferiu decisão em que julgou o mérito do recurso interposto. Nesse caso, a parte insatisfeita com tal decisão poderá interpor o seguinte recurso:

a) Agravo de Instrumento.
b) Recurso Especial.
c) Recurso Extraordinário.
d) Recurso Ordinário.
e) Agravo Interno.

---

1. Em algumas outras situações, cabe agravo interno contra decisão proferida por presidente ou vice-presidente do tribunal. É o que estabelece o art. 1.030 do Código de Processo Civil: Art. 1.030. Recebida a petição do recurso pela secretaria do tribunal, o recorrido será intimado para apresentar contrarrazões no prazo de 15 (quinze) dias, findo o qual os autos serão conclusos ao presidente ou ao vice-presidente do tribunal recorrido, que deverá: I – negar seguimento: a) a recurso extraordinário que discuta questão constitucional à qual o Supremo Tribunal Federal não tenha reconhecido a existência de repercussão geral ou a recurso extraordinário interposto contra acórdão que esteja em conformidade com entendimento do Supremo Tribunal Federal exarado no regime de repercussão geral; b) a recurso extraordinário ou a recurso especial interposto contra acórdão que esteja em conformidade com entendimento do Supremo Tribunal Federal ou do Superior Tribunal de Justiça, respectivamente, exarado no regime de julgamento de recursos repetitivos; [...] III – sobrestar o recurso que versar sobre controvérsia de caráter repetitivo ainda não decidida pelo Supremo Tribunal Federal ou pelo Superior Tribunal de Justiça, conforme se trate de matéria constitucional ou infraconstitucional;[...] § 2º Da decisão proferida com fundamento nos incisos I e III caberá agravo interno, nos termos do art. 1.021.
2. Gabarito: Letra E.

▶ **(FCC – Defensor Público – DPE – AM/2018)**[3] O Ministro Relator de Recurso Especial nega seguimento à impugnação recursal. Neste caso,

a) é cabível agravo interno.
b) é cabível agravo de instrumento.
c) é cabível agravo de admissibilidade.
d) é irrecorrível, a decisão.
e) são cabíveis somente embargos de declaração.

▶ **(Vunesp – Escrevente Técnico Judiciário – TJ – SP/2017)**[4] Lucas Bastos propôs ação contra a empresa Limiar Ltda., pois teve seu nome negativado indevidamente. Requereu liminar, que foi indeferida pelo juiz de primeiro grau. Fez agravo de instrumento contra a decisão do juiz singular e requereu a declaração de efeito ativo ao recurso, pois estava pretendendo comprar uma casa e precisava de seu nome sem restrições. O relator indeferiu monocraticamente esse efeito.

Diante dessa decisão do relator, é correto afirmar que Lucas

a) poderá manejar outro agravo de instrumento, por se tratar de decisão interlocutória que analisa tutela provisória.
b) poderá manejar agravo retido, pois, apenas com o julgamento de outro recurso, essa situação poderá ser rediscutida.
c) por estar diante de uma decisão irrecorrível, não tem meios de rediscutir a decisão do relator.
d) tem como única forma recursal à sua disposição o pedido de retratação, claramente prescrito na nova sistemática processual.
e) poderá manejar agravo interno, que é recurso cabível contra as decisões proferidas pelo relator.

Sob a égide do CPC/1973, o art. 496[5] não previa o cabimento do agravo interno, conquanto o art. 545 fizesse referência à sua existência e cabimento na hipótese ali descrita[6] (desde a redação que lhe foi dada pela Lei nº 8.950/1994 e ratificada pela redação atribuída pela Lei nº 12.322/2010). Só que o art. 545 está inserido na Seção II do Capítulo VI do Título X do Livro I, que trata "Do Recurso Extraordinário e do Recurso Especial". Apesar disso, mesmo naquela época, já era utilizado o agravo interno em razão de previsão regimental.

Por essa razão, o agravo interno, até então, era mais conhecido como agravo regimental, com larga utilização inclusive nos tribunais de justiça. De fato, apesar da competência privativa da União para legislar sobre processo civil, a teor do que dispõe o inciso I do art. 22 da Constituição da República, os regimentos internos dos diversos tribunais de justiça previam seu cabimento. E não se há notícia de que alguma ação tenha questionado a constitucionalidade das leis estaduais, que previam o agravo interno.

Seja como for, sob a égide do CPC/2015, o art. 994, III[7], passa a elencar o agravo interno como espécie recursal, e a fazer, de maneira pelo menos simbólica, no art. 1.021, a

3. Gabarito: Letra A.
4. Gabarito: Letra E.
5. Art. 496. São cabíveis os seguintes recursos:I – apelação;II – agravo;III – embargos infringentes;IV – embargos de declaração;V – recurso ordinário;VI – recurso especial;VII – recurso extraordinário; VIII – embargos de divergência em recurso especial e em recurso extraordinário.
6. Art. 545. Da decisão do relator que não conhecer do agravo, negar-lhe provimento ou decidir, desde logo, o recurso não admitido na origem, caberá agravo, no prazo de 5 (cinco) dias, ao órgão competente, observado o disposto nos §§ 1º e 2º do art. 557.
7. Art. 994. São cabíveis os seguintes recursos: I – apelação; II – agravo de instrumento; III – agravo interno; IV – embargos de declaração; V – recurso ordinário; VI – recurso especial; VII – recurso extraordinário; VIII – agravo em recurso especial ou extraordinário; IX – embargos de divergência.

ampliação de seu cabimento. É inquestionável, pois, conquanto já não o fosse sob a vigência do CPC/1973, o cabimento do agravo interno perante os tribunais locais, inclusive os estaduais. Acrescente-se, a isso, a definição de linhas gerais mais bem definidas que aquelas trazidas pelo art. 545 do CPC/1973, embora relegue o procedimento recursal às disposições regimentais de cada tribunal.

1.1. Cabimento

Nos termos da primeira parte do *caput* do art. 1.021 do Código de Processo Civil, "contra decisão proferida pelo relator caberá agravo interno [...]". A referência ao *relator* é indicativa da adoção de decisão monocrática. Não é que, no julgamento colegiado, possa-se, por agravo interno, impugnar o voto do relator. Não é isso. Contra decisões colegiadas cabem outros recursos, mas não o agravo interno. Nos casos em que o relator decidir de forma unipessoal é que cabe o agravo.

Diferentemente do que ocorria sob a vigência do CPC/1973 (art. 545), no CPC/2015, não há nenhuma delimitação de cabimento do agravo interno, que não seja a referência à decisão monocrática. Assim, independentemente a que tribunal (ou órgão colegiado[8]-[9]) o relator pertença, contra suas decisões, caberá agravo interno. Também, independentemente das circunstâncias e de qual seja o resultado da decisão, decorra ela de provocação ou de atuação oficiosa, se for monocrática, ou seja, proferida por relator, caberá agravo interno para impugná-la.

Interessante que, no regimento interno de alguns tribunais, havia certa limitação de agravo interno contra tutelas provisórias tomadas pelo relator. Quando interpostos contra ditas decisões, o agravo não era cabível, em razão da limitação estabelecida pelo regimento interno. Ante a redação do art. 1.021 do Código de Processo Civil, eventual limitação nesse sentido não mais subsistirá, porque, além de estar a invadir o âmbito de competência legislativa, estará em desacordo à legislação federal aplicável.

Também por conta da redação do art. 1.021 do Código de Processo Civil, deve ser superado o entendimento expresso no enunciado 622 da súmula da jurisprudência do Supremo Tribunal Federal, de acordo com o qual "não cabe agravo regimental contra decisão do relator que concede ou indefere liminar em mandado de segurança". Se não for, para remediar a inadmissibilidade, a tendência é que o eventual recorrente passe a impetrar mandado de segurança.

Aliás, é curioso que o legislador tenha, no art. 1.015, limitado as hipóteses de cabimento de agravo de instrumento a determinadas decisões interlocutórias, mas, com relação ao agravo interno, não tenha procedido à semelhante limitação. Se o objetivo, ao limitar as hipóteses de cabimento do agravo de instrumento, era, dentre outros, concretizar a duração razoável

8. PROCESSUAL CIVIL. CABIMENTO DO AGRAVO INTERNO NO ÂMBITO DOS JUIZADOS ESPECIAIS. CONSTITUCIONALIDADE DO JULGAMENTO MONOCRÁTICO DO RECURSO DESDE QUE HAJA POSSIBILIDADE DE REVISÃO PELO ÓRGÃO COLEGIADO. RATIFICAÇÃO DA JURISPRUDÊNCIA FIRMADA POR ESTA SUPREMA CORTE. EXISTÊNCIA DE REPERCUSSÃO GERAL. (STF. RE 612359/SP. DJe 27.08.10)

9. Enunciado 464 do Fórum Permanente de Processualistas Civis: "A decisão unipessoal (monocrática) do relator em Turma Recursal é impugnável por agravo interno".

do processo, deveria ter procedido da mesma forma em relação ao agravo interno concernentemente a determinadas decisões unipessoais tomadas pelo relator. Não o fez, porém.

1.2. Prazo

O agravo interno deve ser interposto no prazo de 15 dias (§ 5º do art. 1.003), contados da intimação da decisão. Se o recorrente estiver representado pela defensoria pública, o prazo para recorrer será dobrado (art. 186 do CPC e arts. 44, I, 89, I, ambos da LC nº 80/1994[10]). Também será dobrado o prazo quando o recorrente for o Ministério Público (art. 180 do CPC), a Fazenda Pública, suas autarquias e fundações públicas (art. 183 do CPC e Lei nº 9.469/97), bem assim litisconsortes que tiverem diferentes procuradores, de escritórios de advocacia distintos (art. 229 do CPC).

Há uma situação excepcional em que o prazo para interposição do agravo interno pode ser maior ou menor do que 15 dias. Ela ocorre quando preenchido o suporte fático do § 3º do art. 1.024, que dispõe: "o órgão julgador conhecerá dos embargos de declaração como agravo interno se entender ser este o recurso cabível, desde que determine previamente a intimação do recorrente para, no prazo de 5 (cinco) dias, complementar as razões recursais, de modo a ajustá-las às exigências do art. 1.021, § 1º".

Como o prazo para interpor embargos de declaração é de até 05 dias, a partir de quando o relator converter o recurso, o recorrente terá mais 05 dias para complementá-lo. Se o relator se pronunciar de imediato, o prazo total para o agravo interno será inferior a 15 dias; mas, se isso não ocorrer, até porque o relator terá o prazo impróprio de 10 dias para decidir, o prazo total para a interposição do agravo interno poderá ser superior a 15 dias. Logo, pode ser que o prazo, nessas hipóteses, seja superior ou inferior a, mas não necessariamente, 15 dias.

1.3. Regularidade formal

A petição do recurso de agravo de instrumento será dirigida ao relator, por meio de petição, onde o recorrente impugnará especificadamente os fundamentos da decisão agravada. Evidentemente, não basta que o recurso apenas impugne especificamente os fundamentos da decisão unipessoal. Faz-se necessário que a petição identifique as partes, apresente as razões do pedido de reforma ou de invalidação da decisão, para, em seguida, formular o respectivo pedido.

Confira-se:

a) os nomes das partes e as qualificações das partes:

A petição recursal deve trazer os nomes e as qualificações das partes (compreenda-se, aí incluídos, os recorrentes que, a despeito da legitimidade recursal, não são partes no processo),

10. Art. 44. São prerrogativas dos membros da Defensoria Pública da União: I – receber, inclusive quando necessário, mediante entrega dos autos com vista, intimação pessoal em qualquer processo e grau de jurisdição ou instância administrativa, contando-se-lhes em dobro todos os prazos; [...] Art. 89. São prerrogativas dos membros da Defensoria Pública do Distrito Federal e dos Territórios: I – receber, inclusive quando necessário, mediante entrega dos autos com vista, intimação pessoal em qualquer processo e grau de jurisdição ou instância administrativa, contando-se-lhes em dobro todos os prazos; [...]

a exemplo do que ocorre com outros recursos, como o de apelação, cujas disposições específicas devem ser aplicadas às demais espécies recursais por analogia.

Deverá, pois, a petição recursal, indicar os nomes, os prenomes, o estado civil, a existência de união estável, a profissão, o número de inscrição no Cadastro de Pessoas Físicas ou no Cadastro Nacional da Pessoa Jurídica, o endereço eletrônico, o domicílio e a residência do(s) recorrente(s) e do(s) recorrido(s).

Contudo, a exemplo do que ocorre com a apelação, tal requisito pode ser mitigado, mediante simples indicação dos nomes e prenomes das partes, caso elas já estejam qualificadas nos autos. Mas, quando o legitimado recursal não seja qualquer das partes, ele deve ser identificado, nos termos indicados acima.

b) a exposição do fato e do direito:

Na petição do recurso de agravo interno, o recorrente deve narrar todo o desenvolvimento do processo desde o seu início até a prolação da decisão monocrática, a fim de que o órgão colegiado possa compreender, com maior velocidade, o contexto fático-jurídico relacionado à(s) questão (questões) resolvida(s) pelo relator.

c) as razões do pedido de reforma ou de invalidação da decisão:

Realizada a exposição do fato e do direito, o recorrente deve, em seguida, apresentar as razões de sua irresignação, de modo a justificar a prolação, pelo órgão colegiado, de outra decisão, em substituição (por reforma ou manutenção) ou em anulação da anterior (proferida pelo relator). Caso não apresentadas tais razões, não será observada a dialeticidade, o que impossibilita a admissão do agravo interno.

Sob a égide do CPC/1973, o § 1º do art. 557 apenas dispunha que "da decisão caberá agravo, no prazo de cinco dias, ao órgão competente para o julgamento do recurso, e, se não houver retratação, o relator apresentará o processo em mesa, proferindo voto; provido o agravo, o recurso terá seguimento". Não havia, ali, no texto legal, qualquer expressa referência à impugnação específica da decisão unipessoal, embora ela já fosse habitualmente exigida. Agora, porém, sob a égide do CPC/2015, não há qualquer dúvida de sua exigência, porque o § 1º do art. 1.021 é expresso ao estabelecer que "na petição de agravo interno, o recorrente impugnará especificadamente os fundamentos da decisão agravada". Para que o relator possa decidir de forma unipessoal o mérito (especificamente), é necessária a verificação de fator gerador a preencher o suporte do art. 932, IV e V, do CPC[11], que estão relacionados à aplicação de precedentes.

---

11. Art. 932. Incumbe ao relator:[...] IV – negar provimento a recurso que for contrário a:a) súmula do Supremo Tribunal Federal, do Superior Tribunal de Justiça ou do próprio tribunal;b) acórdão proferido pelo Supremo Tribunal Federal ou pelo Superior Tribunal de Justiça em julgamento de recursos repetitivos;c) entendimento firmado em incidente de resolução de demandas repetitivas ou de assunção de competência;V – depois de facultada a apresentação de contrarrazões, dar provimento ao recurso se a decisão recorrida for contrária a:a) súmula do Supremo Tribunal Federal, do Superior Tribunal de Justiça ou do próprio tribunal;b) acórdão proferido pelo Supremo Tribunal Federal ou pelo Superior Tribunal de Justiça em julgamento de recursos repetitivos;c) entendimento firmado em incidente de resolução de demandas repetitivas ou de assunção de competência;[...]

Em razão disso, nessa hipótese, a fundamentação do agravo interno adstringir-se-á a: i) defender que não havia precedentes a justificar a decisão monocrática (e, em acréscimo, que o resultado do julgamento deveria ser outro); ii) defender que, embora houvesse precedentes a autorizar o julgamento monocrático, eles não se aplicariam por distinção (e, em acréscimo, que o resultado do julgamento deveria ser outro); iii) defender que, embora houvesse precedentes a justificar o julgamento monocrático, eles deveriam ser superados.

Quanto às demais questões submetidas à decisão monocrática do relator, conforme elencado pelo art. 932 do Código de Processo Civil, a fundamentação do recurso de agravo interno não teria a encimada vinculação.

d) pedido de reforma o anulação da decisão monocrática:

Depois de apresentadas as razões do pedido de reforma ou decretação de nulidade, o recorrente deve, para dar coerência à petição recursal, alcançar uma conclusão lógica, sob pena de aquela (a petição recursal) ser considerada inepta e, por consequência, não ser admitido o recurso. A "conclusão lógica", a que conduz as razões do pedido de reforma ou de decretação de invalidação, é o pedido, que deve ser interpretado considerando o conjunto da postulação e de acordo com a boa-fé, além do que, se cumulado, deve observar a compatibilidade.

1.4. Preparo

O preparo se consubstancia na exigência de que o recorrente comprove (mediante guia de recolhimento própria, fornecida pela entidade arrecadadora), no ato de interposição, o recolhimento, quando devidos, dos encargos financeiros recursais. Mesmo durante o plantão judiciário e as férias forenses (a não ser que impossibilitada a expedição das respectivas guias de recolhimento), o preparo deve ser comprovado no ato de interposição do recurso[12].

No caso do recurso de agravo interno, se a legislação local previr, o recorrente deverá realizar o preparo. O comprovante de pagamento deve acompanhar a petição. Se não for recolhido o preparo (quando devido), o agravo será considerado deserto. Aplica-se, a dizer de outra forma, a pena de deserção contra o recorrente, a qual enseja a inadmissibilidade recursal em razão da não observância do respectivo pressuposto (do preparo). Agora, duas consequências podem decorrer, em detrimento do recorrente, a depender se a falta de recolhimento do preparo foi integral ou parcial (insuficiente).

Nos termos do § 4º do art. 1.007, "o recorrente que não comprovar, no ato de interposição do recurso, o recolhimento do preparo [...] será intimado, na pessoa de seu advogado, para realizar o recolhimento em dobro, sob pena de deserção". Haverá, portanto, se não recolhido o preparo, uma segunda chance. Ela, contudo, será acompanhada de uma penalidade

12. Apenas se admite posterior recolhimento do preparo (nos valores habitualmente exigidos, conforme respectivo regimento de custas), em ocasião seguinte ao ato de interposição, se houver previsão legal específica diversa (§ 1º do art. 42 da Lei nº 9.099/95) ou se existir justificativa suficiente (STJ. REsp 471545/SC. DJU 06.03.06). Aliás, § 6º do art. 1.007 do Código de Processo Civil estabelece que, "provando o recorrente justo impedimento, o relator relevará a pena de deserção, por decisão irrecorrível, fixando-lhe prazo de 05 dias para efetuar o preparo".

(pagamento em dobro), por que não sido o preparo comprovado por ocasião da interposição do recurso.

Além da penalidade (pagamento do preparo em dobro), aquele que não (recolhe e) demonstra o preenchimento do referido pressuposto de admissibilidade por ocasião da interposição do recurso assumirá, ainda, um ônus adicional. O de não poder complementá-lo, caso não tenha sido recolhido em dobro. É o que dispõe o § 5º do art. 1.007: "é vedada a complementação se houver insuficiência parcial do preparo [...] no recolhimento realizado na forma do § 4º".

Situação diferente ocorre quando, por ocasião da interposição do agravo interno, o recorrente recolhe o preparo, mas, em valor insuficiente. O § 2º do Art. 1.007 do Código de Processo Civil dispõe que "a insuficiência no valor do preparo [...] implicará deserção se o recorrente, intimado na pessoa de seu advogado, não vier a supri-lo no prazo de 5 (cinco) dias". Há, pois, a concessão de oportunidade para complementar o preparo. Só se não atendida a determinação, é que será aplicada a pena de deserção.

Estão dispensados do recolhimento de preparo (por suspensão da exigibilidade) aqueles que forem patrocinados pela Defensoria Pública e, em geral, os beneficiados pela gratuidade judiciária (STJ. REsp 245663/MG. DJU 20.03.00). Também estão dispensados (por isenção), os recursos interpostos pelo Ministério Público, pela União, pelo Distrito Federal, pelos Estados, pelos Municípios, e respectivas autarquias[13], e pelos que gozam de isenção legal[14].

2. EFEITOS

O agravo interno, como todos os demais recursos, é dotado de efeito devolutivo. Eventualmente, pode ser dotado dos efeitos obstativo, suspensivo, ativo, regressivo, desobstrutivo e substitutivo.

Confira-se:

2.1. Devolutivo

A admissibilidade do agravo interno transfere ao órgão colegiado o conhecimento da matéria recorrida.

A extensão horizontal do efeito devolutivo do agravo interno é determinada pela amplitude da impugnação (dimensão horizontal do efeito devolutivo). Enquanto isso, sua profundidade identifica-se com o material que deve trabalhar o órgão colegiado para julgar (dimensão vertical do efeito devolutivo ou efeito translativo).

O efeito devolutivo, em sua dimensão horizontal, determina os limites horizontais do recurso (o que se pode decidir). Relaciona-se ao objeto litigioso recursal (a questão principal

13. REPETITIVO. INSS. RECOLHIMENTO. PREPARO.[...] Sendo o INSS autarquia federal equiparada em prerrogativas e privilégios à Fazenda Pública, nos termos do artigo 8º da Lei 8.620/93, não lhe é exigível o depósito prévio do preparo para fins de interposição de recurso, podendo efetuá-lo ao final da demanda, se vencido (CPC, artigo 27). REsp 1.101.727, rel. Min. Hamilton Carvalhido, j. 2.8.10. Corte Especial. (Info 441)

14. O art. 7º da Lei 9.289/96 isenta do pagamento das custas os embargos à execução processados perante a Justiça Federal. Tal inexigibilidade estende-se ao recolhimento do preparo na interposição de apelação contra sentença proferida nos referidos embargos (STJ. REsp 1176893/SP. DJe 09.02.12).

do recurso). Na dimensão vertical, determinam-se os limites verticais (material com que o órgão recursal trabalhará para decidir a questão que lhe foi submetida). Relaciona-se ao objeto de conhecimento do recurso (as questões que devem ser enfrentadas como fundamentos para a solução do objeto litigioso recursal).

Em decorrência do efeito devolutivo em sua dimensão vertical, as matérias de ordem pública (a exemplo dos pressupostos processuais e das condições da ação), devem ser objeto de análise pelo órgão colegiado, independentemente de provocação por qualquer dos interessados. O próprio interesse público, que circunda o efeito em análise, está acima dos interesses de qualquer pessoa.

O efeito devolutivo, em sua dimensão horizontal, limita o efeito devolutivo em sua dimensão vertical, de modo que o órgão colegiado somente poderá apreciar, em profundidade, as questões que se relacionarem àquilo que foi impugnado horizontalmente. Assim, pode-se dizer que o recorrente estabelece a extensão do recurso (no plano horizontal), mas não a sua profundidade (no plano vertical).

2.2. Obstativo

Pelo efeito obstativo, impede-se, em razão da interposição do recurso, o trânsito em julgado da decisão, a prolongar a litispendência. Todavia, apenas os recursos cabíveis e tempestivos podem impedir o trânsito em julgado. Recurso inadmitido por descabimento ou intempestividade não o impede[15]. No caso do agravo interno, ele terá efeito obstativo, a não ser quando versar sobre decisões provisórias, porque, ante sua própria natureza (não ter terminatividade ou definitividade), não haveria porque se falar em dito efeito.

2.3. Suspensivo

A primeira parte do art. 995 do CPC dispõe que "os recursos não impedem a eficácia da decisão". Entretanto, em sua segunda parte, excepciona: "salvo disposição legal ou decisão judicial em sentido diverso". Logo, quando o recurso eventualmente possui efeito suspensivo, o texto legal ou a decisão que o atribui faz (qualquer delas) expressa ressalva (atribuição).

No caso do recurso de agravo interno, não há previsão para atribuição de efeito suspensivo. Ele, portanto, não goza de efeito suspensivo, mas, eventualmente, a ele pode ser atribuído. Para tanto, deverá ser verificada a probabilidade de provimento do recurso (evidência) ou, sendo relevante a fundamentação, quando houver risco de dano grave ou de difícil reparação (urgência).

15. Há opositores a esta ressalva. Aqueles mais radicais adotam o posicionamento de que o recurso interposto, ainda que inadmitido, impede o trânsito em julgado. Outros, a adotar corrente intermediária, entendem que se o fator que levou ao não conhecimento do recurso for objeto de outro recurso, haverá impedimento ao trânsito em julgado, sob pena de descartar, por completo, a hipótese de reforma do julgado que não admitiu o recurso pelas instâncias superiores, negando-se a existência de dúvida com relação à admissibilidade (STJ. ERESP 441252/CE. DJU 29.06.05). Alguns outros, por fim, a adotar posição também intermediária, defendem que a interposição de recurso, desde que cabível e tempestivo, impede o trânsito em julgado da decisão, ainda que na instância ad quem não seja conhecido em decorrência de outro pressuposto de admissibilidade (STJ. REsp 203067/PR. DJU 14.02.00).

Atribuído efeito suspensivo ao agravo interno, ele prolonga o estado de ineficácia da decisão recorrida, a impedir que ela produza imediatamente qualquer de seus efeitos. A suspensividade da decisão recorrida ocorre a partir de quando publicada a decisão de atribuição do dito efeito (suspensivo), que pode ser requerido no próprio agravo interno ou, se depois de interposto, mediante simples petição.

2.4. Ativo

O efeito ativo se consubstancia na possibilidade de o órgão colegiado antecipar, mediante decisão provisória, a tutela recursal de provimento antes do julgamento definitivo (do agravo interno, no caso). Pode acontecer, em razão da falta de preenchimento dos requisitos necessários para a tutela provisória, de o efeito ativo ser concedido apenas em parte.

O efeito ativo pode ser atribuído em razão de concessão de tutela provisória de urgência ou de evidência. Não por outra razão que o enunciado 423 do Fórum Permanente de Processualistas Civis orienta que "cabe tutela de evidência recursal", já que consagrada, na prática forense, a antecipação recursal baseada na urgência.

Poder-se-ia até indagar: teria sentido a atribuição de efeito ativo ao agravo interno, ante o fato de o próprio relator poder atribuir efeito regressivo, mediante exercício do juízo de retratação?

A resposta é afirmativa.

Primeiramente, porque, nos termos do § 2º do art. 1.021 do CPC, o juízo de retratação deve ocorrer depois de apresentadas contrarrazões ao recurso de agravo interno.

Mas, se tal argumento não for suficiente, porque, de fato, encontra resistência em razão do reconhecimento da garantia do efetivo acesso à prestação jurisdicional, deve-se considerar que, em algumas situações, o relator, para julgar o agravo interno, pode ter de aguardar o julgamento de alguma ação conexa ou mesmo ver cumprida diligência. Conquanto não possa julgar o agravo, poderia, desde que preenchidos os pressupostos autorizadores, atribuir efeito ativo.

2.5. Regressivo

Em razão do efeito regressivo, autoriza-se que o relator, ante a interposição do agravo interno, reveja sua decisão, a fim de se retratar. Este efeito é comum a qualquer agravo interno, conforme estabelece, sem restrições, o § 2º do art. 1.021 do Código de Processo Civil. Emprestado efeito regressivo, mediante exercício do juízo de retratação, o agravo interno será monocraticamente provido.

Se o efeito regressivo incidir apenas em parte do agravo interno, aquela em que ele não incidiu será submetida ao órgão colegiado. Se isso ocorrer, dá-se ensejo a uma situação interessante. Contra a decisão de retratação, caberia (outro) recurso de agravo interno. Todavia, é condição para se emprestar efeito regressivo, mediante exercício do juízo de retratação, que o agravo interno seja considerado, pelo relator, tempestivo.

2.6. Desobstrutivo

Em razão do efeito desobstrutivo, para os casos de prolação de decisão monocrática que signifique extinção parcial do processo sem resolução de mérito, bem assim de prolação de decisão definitiva nula (por falta de congruência ou de fundamentação), o órgão colegiado pode, de logo, independentemente da formulação de pedido pelo recorrente, julgar a questão originariamente apresentada.

Faz-se necessário, entretanto, que a questão apresentada originariamente, para poder ser julgada pelo órgão colegiado, esteja em condições de imediato julgamento, seja porque ela é exclusivamente de direito ou, mesmo que envolva fatos, que eles estejam suficientemente esclarecidos.

Para que se fale em desobstrução, é imprescindível, evidentemente, que haja prévia obstrução. Sem essa, não há possibilidade de incidência do efeito desobstrutivo. Bastaria a simples incidência do efeito devolutivo. Agora, pode ocorrer de ser afastado algum motivo de obstrução pela instância *ad quem*, mas, depois, deparar-se com outro, que também impeça a análise do mérito. Nesse caso, ficaria o órgão recursal também impossibilitado de adentrar no mérito da questão apresentada perante a instância *a quo*.

Para que seja respeitada a cooperação, sendo o caso de prosseguir com o julgamento, o relator deve intimar as partes acerca dessa possibilidade. Surge, então, um problema: se assim o faz, ele (o relator) anuncia que vai superar a questão que obstrui o julgamento do mérito. Deveria, então, na sessão, decidir a questão e também intimar as partes para se pronunciarem acerca do prosseguimento, a fim de que elas possam exercer o contraditório?

Acredita-se que não. Antes (ou até mesmo depois) de iniciado qualquer julgamento, o relator já deve intimar as partes acerca da possibilidade de ser superada a questão que obstrui o julgamento do mérito. Não é conveniente que haja uma repartição do julgamento, nomeadamente por desrespeitar a eficiência. O simples inconveniente de o relator, de certa forma, adiantar o seu voto, deve ser enfrentado, até porque não contraria qualquer garantia processual (inclusive, o art. 933 do CPC faz indicação nesse sentido)[16].

2.7. Substitutivo

O art. 1.008 do Código de Processo Civil dispõe que "o julgamento proferido pelo tribunal substituirá a decisão impugnada no que tiver sido objeto de recurso". Em razão do efeito substitutivo, o julgamento recursal proferido pelo órgão colegiado substitui a decisão monocrática recorrida no que tiver sido objeto de recurso (pode ser total ou parcial).

Contudo, somente há substituição se o agravo interno for admitido (independentemente de ele ser provido ou desprovido), no limite da devolutividade, seja ela horizontal ou vertical. Se não for admitido o agravo interno, não haverá substituição, logo porque não haverá apreciação de qualquer das questões decididas pelo relator.

16. Art. 933. Se o relator constatar a ocorrência de fato superveniente à decisão recorrida ou a existência de questão apreciável de ofício ainda não examinada que devam ser considerados no julgamento do recurso, intimará as partes para que se manifestem no prazo de 5 (cinco) dias.§ 1º Se a constatação ocorrer durante a sessão de julgamento, esse será imediatamente suspenso a fim de que as partes se manifestem especificamente.§ 2º Se a constatação se der em vista dos autos, deverá o juiz que a solicitou encaminhá-los ao relator, que tomará as providências previstas no caput e, em seguida, solicitará a inclusão do feito em pauta para prosseguimento do julgamento, com submissão integral da nova questão aos julgadores.

Quanto ao resultado do julgamento, se provido ou desprovido o agravo interno, também haverá substituição. Poder-se-ia até se questionar essa conclusão, pelo fato de o resultado ter sido preservado com o desprovimento. Ocorre que, apesar da preservação do resultado, há outros elementos, que justificam a substituição, dentre os quais as repercussões jurídicas decorrentes do julgamento do agravo interno.

Deve-se considerar que as decisões que analisam o mérito do agravo, fundado em vício de procedimento (*error in procedendo*), se decidirem pelo provimento, anulam a decisão recorrida. Não há, aí, pelo menos em regra, substituição, a considerar que o órgão colegiado não profere julgamento em reforma, mas apenas, em caso de provimento, anula aquele que foi submetido ao agravo interno.

As decisões, que analisam mérito recursal fundado em vício de juízo (*error in iudicando*), é que reformam a decisão recorrida, substituindo-a, ainda que o órgão, repita-se, mantenha o resultado, ante o desprovimento recursal. Apesar disso, se o mérito do agravo de instrumento cingir-se à alegação de *error in procedendo*, em algumas hipóteses, há substituição da decisão. São elas:

a) interposto o agravo interno, ele é desprovido e, assim, é rejeitada a alegação da existência do vício de procedimento (aí, portanto, não haverá cassação, mas, ao contrário, confirmação da decisão recorrida);

b) interposto o agravo interno, ele é provido para acolher a alegação da existência de vício de procedimento, e o órgão recursal, prossegue no julgamento, a analisar o mérito relacionado (aí, a nova decisão, proferida pelo órgão colegiado, substituirá aquela proferida pelo relator).

2.8. Rescindente

Se o agravo interno for provido apenas para anular a decisão recorrida, não haverá substituição, mas, sim, rescisão. O julgamento do recurso determinará que outra decisão seja proferida pelo juízo *a quo* em substituição àquela rescindida. O efeito é comum às situações onde se tenha verificado erro de procedimento e não seja possível realizar, de imediato, no próprio órgão recursal, novo julgamento.

3. PROCEDIMENTO

O recurso de agravo de será interposto no prazo 15 dias (a não ser que haja algum privilégio de dobra), em petição que atenda às exigências do art. 1.021 do Código de Processo Civil, dirigida ao relator, a qual será acompanhada do comprovante do pagamento das respectivas custas (preparo), quando devidos, conforme tabela publicada pelos tribunais.

O relator, ao receber o agravo interno, intimará o agravado[17] para manifestar-se sobre o recurso no prazo de 15 dias (a não ser que haja algum privilégio de dobra), ao final do qual, não havendo

17. O relator ordenará a intimação do agravado pessoalmente, por carta com aviso de recebimento, quando não tiver procurador constituído, ou pelo Diário da Justiça ou por carta com aviso de recebimento dirigida ao seu advogado.

retratação, o relator levá-lo-á a julgamento pelo órgão colegiado, com inclusão em pauta. Se houver atribuição de efeito regressivo pelo relator, o que deverá ocorrer mediante pronunciamento monocrático, caberá ao agravado, agora, interpor agravo interno contra a decisão de retratação.

No julgamento, é vedado ao relator limitar-se à reprodução dos fundamentos da decisão agravada para julgar improcedente o agravo interno. Deverá, então, em respeito ao dever de fundamentação, seguir a disposição do art. 489 do CPC[18]. Esta disposição poderia parecer muito óbvia, contudo, é necessária, a considerar que a reprodução de fundamentos era praxe nos tribunais, inclusive superiores, que mantinham a decisão "por seus próprios fundamentos".

Outrossim, como, agora, de forma expressa, o § 1º do art. 1.021 do CPC/2015 estabelece que, "na petição de agravo interno, o recorrente impugnará especificadamente os fundamentos da decisão agravada", para que a decisão seja devidamente fundamentada, não é suficiente que o relator simplesmente reproduza os fundamentos da decisão recorrida (STJ. REsp 1622386/MT. DJe 25.10.16). Até porque a decisão unipessoal analisa decisão proferida pelo juízo *a quo*, enquanto que a colegiada analisa a unipessoal[19].Na sessão de julgamento, a causa será exposta pelo relator. Se o agravo interno for interposto contra decisão monocrática, da qual o recurso ou ação, em originários julgamentos colegiados, comportassem sustentação oral, nele também caberá sustentação oral, pelo prazo improrrogável de 15 minutos para cada parte. Não fosse assim, o relator poderia imiscuir o agravante do direito de sustentar oralmente perante o órgão colegiado, a bastar, para tanto, que julgasse (mesmo que em erro) monocraticamente o recurso ou a ação.

Proferidos os votos pelos membros do órgão colegiado, que será composto por 03 juízes, o presidente anunciará o resultado do julgamento, designando para redigir o acórdão o relator ou, se vencido este, o autor do primeiro voto vencedor.

O acórdão conterá ementa (art. 943 do CPC[20]).

---

18. Art. 489. São elementos essenciais da sentença: I – o relatório, que conterá os nomes das partes, a identificação do caso, com a suma do pedido e da contestação, e o registro das principais ocorrências havidas no andamento do processo; II – os fundamentos, em que o juiz analisará as questões de fato e de direito; III – o dispositivo, em que o juiz resolverá as questões principais que as partes lhe submeterem. § 1º Não se considera fundamentada qualquer decisão judicial, seja ela interlocutória, sentença ou acórdão, que: I – se limitar à indicação, à reprodução ou à paráfrase de ato normativo, sem explicar sua relação com a causa ou a questão decidida; II – empregar conceitos jurídicos indeterminados, sem explicar o motivo concreto de sua incidência no caso; III – invocar motivos que se prestariam a justificar qualquer outra decisão; IV – não enfrentar todos os argumentos deduzidos no processo capazes de, em tese, infirmar a conclusão adotada pelo julgador; V – se limitar a invocar precedente ou enunciado de súmula, sem identificar seus fundamentos determinantes nem demonstrar que o caso sob julgamento se ajusta àqueles fundamentos; VI – deixar de seguir enunciado de súmula, jurisprudência ou precedente invocado pela parte, sem demonstrar a existência de distinção no caso em julgamento ou a superação do entendimento. § 2º No caso de colisão entre normas, o juiz deve justificar o objeto e os critérios gerais da ponderação efetuada, enunciando as razões que autorizam a interferência na norma afastada e as premissas fáticas que fundamentam a conclusão. § 3º A decisão judicial deve ser interpretada a partir da conjugação de todos os seus elementos e em conformidade com o princípio da boa-fé.
19. Aliás, se a reprodução dos fundamentos da decisão agravada fossem suficientes para julgar o agravo interno, força é concluir que este recurso apenas repetiu os fundamentos do anterior, pelo que haveria quebra da dialeticidade recursal e, por isso, seria caso de não admissibilidade por não manifestação do interesse recursal.
20. Art. 943. Os votos, os acórdãos e os demais atos processuais podem ser registrados em documento eletrônico inviolável e assinados eletronicamente, na forma da lei, devendo ser impressos para juntada aos autos do processo quando este não for eletrônico.§ 1º Todo acórdão conterá ementa.§ 2º Lavrado o acórdão, sua ementa será publicada no órgão oficial no prazo de 10 (dez) dias.

Em razão da atividade desempenhada na instância recursal, os honorários advocatícios decorrentes da sucumbência, fixados pelo juízo *a quo*, serão realinhados, a teor do que estabelece o art. 85, § 11, do Código de Processo Civil.

Quando o agravo interno for declarado manifestamente inadmissível ou manifestamente improcedente em votação unânime, o órgão colegiado, em decisão fundamentada, condenará o agravante a pagar ao agravado uma multa fixada entre 1% e 5% do valor atualizado da causa. O valor da penalidade tem como destinatário a parte contrária (STJ. REsp 1.846.734/RS. DJe 14.02.20. Inf. 666). A interposição de qualquer outro recurso estará condicionada ao depósito prévio do valor dessa multa, à exceção da Fazenda Pública e do beneficiário de gratuidade da justiça, que farão o pagamento ao final.

Também não será exigido de imediato o depósito prévio da multa se justamente o questionamento de sua aplicação integrar o objeto do recurso seguinte.

Para a aplicação da multa mencionada, não basta que o recurso seja declarado como manifestamente inadmissível ou improcedente. É necessário, em acréscimo, que a votação seja unânime, tanto na improcedência como na inadmissibilidade. Essa orientação é delineada pelo enunciado 359 do Fórum Permanente de Processualistas Civis: "a aplicação da multa prevista no art. 1.021, § 4º, exige que a manifesta inadmissibilidade seja declarada por unanimidade".

A imposição da multa visa a guarnecer a seriedade da atividade jurisdicional, que não pode ser atentada com a interposição de recurso manifestamente inadmissível ou improcedente. Mas, não se deve olvidar que o agravo interno pode ser apenas um recurso de passagem, para se alcançar o ingresso nos tribunais superiores, a considerar que, em razão das disposições constantes nos arts. 102 e 105 da Constituição da República, que só reconhece o cabimento de RE ou de REsp contra decisões proferidas em única ou última instância.

Se for assim considerado o agravo interno, não pode se aplicada multa contra o recorrente (STJ. REsp 1198108/RJ. DJe 21.11.12), porque apenas busca, de forma legítima (e deixa claro seu intento de) alcançar o ingresso perante os tribunais superiores. A não ser assim, os tribunais devem passar a admitir a interposição de RE ou de REsp sem esgotamento das instâncias ordinárias, a reconhecer que, contra decisões monocráticas, é possível interpor qualquer daqueles recursos.

Se o objeto do agravo interno for decisão monocrática proferida em apelação, será aplicada a técnica de julgamento do art. 942 do CPC[21]. Isso porque, a exemplo do que ocorre com a sustentação oral, o direito de ter aplicada a mencionada técnica seria excutido pelo relator, a bastar, para tanto, que ele julgasse (mesmo que em erro) monocraticamente o recurso de apelação. Pelas razões expostas no capítulo de agravo de instrumento, os autores do presente livro acreditam que a técnica (do art. 942) também se aplica quando o agravo interno fosse

21. Art. 942. Quando o resultado da apelação for não unânime, o julgamento terá prosseguimento em sessão a ser designada com a presença de outros julgadores, que serão convocados nos termos previamente definidos no regimento interno, em número suficiente para garantir a possibilidade de inversão do resultado inicial, assegurado às partes e a eventuais terceiros o direito de sustentar oralmente suas razões perante os novos julgadores. [...] § 3º A técnica de julgamento prevista neste artigo aplica-se, igualmente, ao julgamento não unânime proferido em: [...] previsto no regimento interno; II – agravo de instrumento, quando houver reforma da decisão que julgar parcialmente o mérito. [...]

interposto contra decisão monocrática que julgou agravo de instrumento, cujo objeto fosse decisão provisória ou decisão parcial de mérito.

4. SÚMULAS

Súmulas do STJ

116. A Fazenda Pública e o Ministério Público têm prazo em dobro para interpor agravo regimental no Superior Tribunal de Justiça.

316. Cabem embargos de divergência contra acórdão que, em agravo regimental, decide recurso especial.

5. ENUNCIADOS DO FPPC

358. A aplicação da multa prevista no art. 1.021, § 4º, exige manifesta inadmissibilidade ou manifesta improcedência.

359. A aplicação da multa prevista no art. 1.021, § 4º, exige que a manifesta inadmissibilidade seja declarada por unanimidade.

464. A decisão unipessoal (monocrática) do relator em Turma Recursal é impugnável por agravo interno.

613. A interposição do agravo interno prolonga a dispensa provisória de adiantamento de despesa processual de que trata o § 7º do art. 99, sendo desnecessário postular a tutela provisória recursal.

6. ENUNCIADOS DO CJF

74. O termo "manifestamente" previsto no § 4º do art. 1.021 do CPC se refere tanto à improcedência quanto à inadmissibilidade do agravo.

7. INFORMATIVOS

Informativos do STJ

A multa do art. 1.021, § 4º, do CPC/2015 tem como destinatário a parte contrária e não o Fundo de Aparelhamento do Poder Judiciário. A controvérsia reside na destinação do valor da multa aplicada com base no art. 1.021, § 4º, do CPC/2015. No caso, a Corte local aplicou multa com amparo no citado dispositivo, destinando-a ao Fundo de Aparelhamento do Poder Judiciário, por entender aplicável à hipótese a regra do art. 97 do Código de Processo Civil. No entanto, a regra insculpida no art. 97 do CPC/2015, segundo a qual os valores das sanções devidas à União ou aos Estados poderão ser revertidos aos fundos de modernização do Poder Judiciário, tem aplicação restrita aos casos de ato atentatório à dignidade da Justiça, conforme dispõe o art. 77, § 3º, do CPC/2015, e de sanções impostas aos serventuários, consoante o art. 96 do CPC/2015. Assim, quando ocorre a circunstância de ser aplicada multa processual, cujo destinatário seja a parte contrária, conforme a previsão expressa do art. 1.021, § 4º, do CPC, a esta deverá ser direcionado o montante da sanção, ainda que corresponda justamente ao ente público ao qual pertence o órgão do Poder Judiciário no qual tramita a ação. REsp 1.846.734-RS, Rel. Min. Og Fernandes, Segunda Turma, por unanimidade, julgado em 11/02/2020, DJe 14/02/2020. Inf. 666.

8. SINOPSE

AGRAVO INTERNO
Considerações iniciais
O agravo interno é o recurso cabível contra decisão proferida pelo relator, sendo interposto por qualquer dos legitimados recursais para que a decisão tomada monocraticamente seja submetida ao respectivo órgão colegiado.

Cabimento
"Contra decisão proferida pelo relator caberá agravo interno [...]". A referência ao relator é indicativa da adoção de decisão monocrática. Não é que, no julgamento colegiado, possa-se, por agravo interno, impugnar o voto do relator. Não é isso. Contra decisões colegiadas cabem outros recursos, mas não o agravo interno. Nos casos em que o relator decidir de forma unipessoal é que cabe o agravo.
Prazo
O agravo interno deve ser interposto no prazo de 15 dias (§ 5º do art. 1.003), contados da intimação da decisão.
Regularidade Formal
O agravo de instrumento será dirigido diretamente ao tribunal competente, por meio de petição com os seguintes requisitos: a) os nomes das partes; b) a exposição do fato e do direito; c) as razões do pedido de reforma ou de invalidação da decisão e o próprio pedido; d) o nome e o endereço completo dos advogados constantes do processo.
Preparo
O preparo se consubstancia na exigência de que o recorrente comprove (mediante guia de recolhimento própria, fornecida pela entidade arrecadadora), no ato de interposição, o recolhimento, quando devidos, dos encargos financeiros recursais.
Efeitos
Devolutivo, Obstativo, Suspensivo, Ativo, Regressivo, Desobstrutivo, Substitutivo.
Procedimento
Vide item 3 sobre o tema.

CAPÍTULO 65

EMBARGOS DE DECLARAÇÃO

1. CONSIDERAÇÕES INICIAIS

O recurso de embargos de declaração tem por finalidade imediata o aperfeiçoamento da prestação jurisdicional (STF. RE-EDv-ED-AgR 191229/SP. DJU 17.09.98), a partir da supressão de omissões (de ponto ou questão sobre a qual devia se pronunciar o juiz de ofício ou a requerimento), eliminação de contradições, esclarecimento de obscuridades e correção de erros materiais, relacionadas a qualquer ato jurisdicional decisório.

A *priori*, o recurso de embargos de declaração não objetiva a reforma ou a anulação da decisão recorrida, mas pode ocorrer a modificação do julgado, em razão da necessidade de aperfeiçoamento. Entretanto, geralmente, quando aperfeiçoada a decisão recorrida, o provimento dos embargos de declaração não enseja modificação do conteúdo da decisão.

1.1. Cabimento

Sob a égide do CPC/1973, o art. 535 dispunha que "cabem embargos de declaração quando: houver, na sentença ou no acórdão, obscuridade ou contradição; for omitido ponto sobre o qual devia pronunciar-se o juiz ou tribunal". Pela interpretação literal, restringia-se sua interposição contra "sentença" e "acórdão". Mas, já ali, entendia-se que o recurso era cabível, em tese, contra qualquer pronunciamento jurisdicional decisório (decisão interlocutória, sentença, decisão monocrática e acórdão) em que houvesse omissão, contradição, obscuridade ou erro material, inclusive que adviesse de julgamento de anteriores embargos de declaração.

Contudo, o art. 1.022 do CPC/2015, com uma redação bem mais técnica, passa a dispor que "cabem embargos de declaração contra qualquer decisão judicial para: esclarecer obscuridade ou eliminar contradição; suprir omissão de ponto ou questão sobre o qual devia se pronunciar o juiz de ofício ou a requerimento; corrigir erro material". O texto, além de explicitar a generalidade do cabimento do recurso, sem fazer qualquer restrição, mesmo que literal, à sentença ou ao acórdão, acrescenta mais uma hipótese de cabimento, que já era consagrada pela própria jurisprudência (correção de erro material)[1].

Pois bem.

Até a 5ª edição deste curso, defendeu-se que poderiam ser interpostos embargos de declaração contra despachos. O exemplo que confirmaria essa assertiva era o do despacho manuscrito, cuja leitura estava dificultada ou impossibilitada. O recorrente interporia embargos de declaração, defendendo a existência de obscuridade, para buscar seu aperfeiçoamento. Entretanto, entendeu-se por mudar tal posição, para compatibilizá-la à disposição do art. 504 do CPC/1973 (atual art. 1.001), segundo a qual "dos despachos não cabe recurso". Sendo os embargos de declaração recurso, eles não poderiam ser interpostos contra despacho.

E quanto ao exemplo antes utilizado para defender a possibilidade de interposição de embargos de declaração? Se o despacho está ininteligível, basta simples petição para pedir seu aperfeiçoamento. Se, por conta da dificuldade ou da impossibilidade de leitura a parte tiver dúvidas se se trata de despacho ou outro pronunciamento jurisdicional, ela deve interpor embargos de declaração. Se for o caso de um despacho, os embargos de declaração não serão admitidos, contudo, não haverá impedimento ao aperfeiçoamento do despacho. Se o pronunciamento embargado não for despacho, mas um ato decisório, os aclaratórios serão admitidos.

Seja como for, proferido ato decisório, cabem embargos de declaração, quando aquele for dotado de:

a) obscuridade:

A obscuridade é o defeito consistente na difícil ou impossível compreensão do ato decisório.

Será de difícil compreensão quando a decisão for dúbia, dando margem a mais de uma interpretação. A dificuldade de compreensão decorrente da utilização de vocábulos pouco usuais a qualquer das partes, conquanto estes devam ser evitados, não justifica a interposição de embargos de declaração.

Por sua vez, a decisão será de impossível compreensão quando ininteligível. Isso pela utilização de grafia manuscrita, impassível de leitura, ou mesmo pela utilização de períodos que não evidenciam qualquer compreensão suficiente para definir o julgamento da questão posta à solução.

b) contradição:

A contradição é a afirmação conflitante, quer no relatório, quer na fundamentação, quer no dispositivo, quer entre o relatório e a fundamentação, quer entre o relatório e o dispositivo, quer entre a fundamentação e a conclusão. A dizer de outra forma, o ato decisório tem contradição quando traz proposições entre elas inconciliáveis.

---

1. O Superior Tribunal de Justiça já decidia que "os embargos declaração constituem recurso que visa a sanar eventual omissão, contradição, obscuridade ou erro material, a propiciar o aprimoramento da prestação jurisdicional, ao possibilitar à parte que possa cientificar e requerer à autoridade judiciária sejam sanados eventuais vícios, inclusive no que tange ao cerceamento da ampla defesa" (STJ. REsp 888044/MG. DJe 08.11.11).

c) omissão:

A omissão ocorre quando o órgão não cumpre sua função jurisdicional, por deixar de apreciar algum pedido, causa de pedir[2] ou mesmo por não resolver a ação em relação a alguma ou a ambas as partes. Igualmente haverá omissão quando o órgão jurisdicional deixar de apreciar qualquer questão que sobre a qual deva decidir de ofício.

Também se considera omissa a decisão que deixa de se manifestar sobre tese firmada em julgamento de casos repetitivos ou em incidente de assunção de competência aplicável ao caso sob julgamento, bem assim aquela que incorra em qualquer das condutas descritas no art. 489, § 1º do Código de Processo Civil, ante sua falta de fundamentação[3]. O STF, inclusive, já considerou cabíveis embargos de declaração com a finalidade de adequar a decisão embargada a precedente obrigatório formado supervenientemente, mas antes do trânsito em julgado (STF. Rcl 15.724 AgR-ED/PR. DJe 18.06.20).

Questão de Concurso

▶ **(VUNESP. Prefeitura de Itapevi - SP.VUNESP. Analista Jurídico - Procurador Municipal. 2019 - Adaptada)**[4]: No que diz respeito ao recurso de embargos de declaração, assinale a alternativa correta ou Incorreto: "Podem ser aviados para suprir omissão, contra sentença que deixe de se manifestar sobre tese firmada em julgamento de casos repetitivos aplicável a lide por ela resolvida".

Se o ato decisório, embora omisso, não puser termo à fase do processo perante a instância originária, a omissão poderá ser suprida sem a interposição de embargos de declaração. Basta imaginar situação onde foram formulados dois pedidos de tutela provisória, mas, apenas um foi analisado. Em vez de interpor embargos de declaração, a parte interessada poderia, simplesmente, instar a apreciação do outro pedido, por simples petição.

No caso das instâncias recursais, alguns impedimentos de ordem processual poderiam inviabilizar a formulação de pedido de suprimento da omissão, caso não fossem interpostos embargos de declaração contra a decisão proferida. Se a decisão do recurso fosse definitiva, não haveria outra oportunidade para suprir a omissão. Seria necessária a interposição de aclaratórios. Entretanto, se a decisão daquele recurso não fosse definitiva, apta a finalizar o trâmite recursal na instância *ad quem*, a omissão também poderia ser suprida por requerimento formulado em simples petição.

De qualquer modo, proferida decisão definitiva, encerrando fase ou trâmite recursal perante a instância, se não foram interpostos embargos de declaração, as partes litigantes não poderão

2. Uma vez constatada omissão quanto a certa causa de pedir veiculada pela parte, incumbe ao órgão investido do ofício judicante afastá-la (STF. AI-AgR-ED 496978/SP. DJU 01.06.07).
3. Art. 489. São elementos essenciais da sentença: [...] § 1º Não se considera fundamentada qualquer decisão judicial, seja ela interlocutória, sentença ou acórdão, que: I – se limitar à indicação, à reprodução ou à paráfrase de ato normativo, sem explicar sua relação com a causa ou a questão decidida; II – empregar conceitos jurídicos indeterminados, sem explicar o motivo concreto de sua incidência no caso; III – invocar motivos que se prestariam a justificar qualquer outra decisão; IV – não enfrentar todos os argumentos deduzidos no processo capazes de, em tese, infirmar a conclusão adotada pelo julgador; V – se limitar a invocar precedente ou enunciado de súmula, sem identificar seus fundamentos determinantes nem demonstrar que o caso sob julgamento se ajusta àqueles fundamentos; VI – deixar de seguir enunciado de súmula, jurisprudência ou precedente invocado pela parte, sem demonstrar a existência de distinção no caso em julgamento ou a superação do entendimento.
4. Gabarito: Correto.

ser alcançadas por aquilo que não restou decidido. Somente o que for objeto de decisão judicial pode atingir a esfera jurídica das partes. Eventual omissão, nessas circunstâncias, pode ser suprida pelo ajuizamento de outra ação contendo o pedido não analisado ou, até mesmo, pela propositura de ação rescisória (STJ. REsp 886178/RS. DJe 25.02.10), pois o pronunciamento *citra petita* aviltou o direito fundamental ao amplo acesso à prestação jurisdicional[5].

Questão de Concurso

▶ **(FCC – Procurador do Estado – MA/2016)** Em ação de anulação de negócio jurídico fundada na alegação de incapacidade relativa do autor, que, na data de sua prática, contava dezessete anos de idade, além de ele haver sido submetido a coação, o juiz julgou-a improcedente, porque provado que no ato de obrigar-se declarou-se maior. Não tendo sido apreciada a arguição de coação, o autor[6]:

a) poderá opor embargos de declaração e o juiz acolhê-los, com efeitos modificativos, independentemente de audiência do embargado, que já teve oportunidade de impugnar a alegação do vício na contestação, operando-se a preclusão.

b) somente poderá interpor apelação.

c) poderá opor embargos de declaração, e o juiz acolhê-los com efeitos modificativos, depois de intimar o embargado para, querendo, manifestar-se.

d) não poderá opor embargos de declaração, porque o juiz já encontrou um motivo suficiente para rejeitar o pedido.

e) poderá opor embargos de declaração, apenas para prequestionar a matéria, pois, na hipótese, é inviável atribuir efeitos infringentes a esse recurso, devendo, em seguida, apelar.

d) erro material:

O erro material compreende as inexatidões materiais ou os erros de cálculos. Justifica a interposição de embargos de declaração, até porque pode ser corrigido de ofício, a teor do que estabelece o art. 494, I, do Código de Processo Civil[7]. Até mesmo depois do trânsito em julgado, o erro material pode ser corrigido (STJ. RMS 43.956/MG. DJe 09.09.14). Mas, se ocorrido o trânsito em julgado, o erro deve ser corrigido, mediante simples petição, e não por recurso de embargos de declaração.

O erro material ocorre quando, na decisão, fica expressa uma ideia diferente daquela que, por outros elementos, compreende-se deveria ser posta. Para dar alguns exemplos: a sentença que julga procedente a ação do autor para lhe condenar ao pagar de determinado valor contém inexatidão material, pois, se procedente é a ação do autor, o réu é quem deve ser condenado a pagar o valor; o acórdão, que traz planilha de débitos daquele que está

5. Quanto à contradição, à obscuridade e aos erros materiais, o tratamento seria diverso. Se não interpostos embargos de declaração, a decisão, qualquer que fosse ela, não seria aperfeiçoada. A apresentação de simples petição com requerimento de eliminação de contradição, de esclarecimento de obscuridade e de correção de erros materiais estaria prejudicada pela preclusão. Mas, o exato conteúdo do pronunciamento jurisdicional (sem contradições, obscuridades e erros materiais) somente poderia ser evidenciado quando ele fosse levado a cumprimento. Aí, o órgão competente para execução terá de aperfeiçoar o julgado, até mesmo como forma de possibilitar o seu cumprimento.

6. Gabarito: Letra C.

7. Art. 494. Publicada a sentença, o juiz só poderá alterá-la: I – para corrigir-lhe, de ofício ou a requerimento da parte, inexatidões materiais ou erros de cálculo;[...]

sendo despejado, apontando os valores mensais, mas com equivocado somatório, contém erro de cálculo.

Sob a égide do CPC/1973, o Superior Tribunal de Justiça, especialmente, vinha admitindo a interposição de embargos de declaração sob o fundamento de existir erro de premissa (STJ. EDcl no REsp 1236276/MG. DJe 24.11.14). O recurso seria interposto com o objetivo de corrigir a premissa falsa adotada pelo ato jurisdicional decisório, a qual induziu o órgão julgador a alcançar conclusão diferente daquela que teria alcançado, caso adotasse a premissa correta. Não há, no CPC/2015, elementos que afastem tal entendimento, pelo que deve ser mantido.

Dentre outras circunstâncias, não justificam o cabimento de embargos de declaração: a) a mera discordância do embargante com relação ao fundamento do pronunciamento jurisdicional recorrido[8]; b) a alegação de injustiça[9]; c) a correção de eventual *error in iudicando*[10]; d) a mudança de entendimento jurisprudencial[11].

Questão de Concurso

▶ **(VUNESP. Prefeitura de Itapevi - SP.VUNESP. Analista Jurídico - Procurador Municipal. 2019 - Adaptada)**[12]: No que diz respeito ao recurso de embargos de declaração, assinale a alternativa correta ou Incorreto: "São incabíveis para corrigir erro material".

▶ **(Vunesp – Procurador Jurídico – Pref. de Bauru - SP/2018)** [13] No que diz respeito aos embargos de declaração, assinale a alternativa correta.

a) Em qualquer hipótese, o juiz intimará o embargado para, querendo, manifestar-se, no prazo de 5 (cinco) dias, sobre os embargos opostos.
b) Independente do seu resultado, o recurso interposto pela outra parte, antes da publicação do julgamento dos embargos de declaração, deve ser ratificado, a fim de que seja processado.
c) Quando forem opostos contra decisão de relator em tribunal, deverão ser julgados pelo órgão colegiado a que aquele relator estiver vinculado.
d) Possuem efeito suspensivo e interrompem o prazo para a interposição de outro recurso.
e) São cabíveis contra decisão judicial para corrigir erro material.

1.2. Prazo

Nos termos do art. 1.023 do Código de Processo Civil, "os embargos serão opostos, no prazo de 5 (cinco) dias, em petição dirigida ao juiz, com indicação do erro, obscuridade, contradição ou omissão, e não se sujeitam a preparo". A disposição legal, especificamente quanto à indicação do prazo, harmoniza-se com o § 5º do art. 1.003, segundo o qual, "excetuados os embargos de declaração, o prazo para interpor os recursos e para responder-lhes é de 15 (quinze) dias".

8. Neste sentido, STJ, EERESP 213.982/RS, DJU 18.02.02.
9. Neste sentido: STJ, EEERESP 185.705/RJ, DJU 27.08.01.
10. Neste sentido: STJ, REsp 765984/CE, DJU 19.09.05.
11. Neste sentido, do STJ: a) EDcl no AgRg no Ag 451331/SP, DJU 26.03.07; b) EDcl nos EDcl no REsp 917745/RJ, DJe 01.09.09; c) EDcl nos EDcl nos EDcl no AgRg no REsp 1031340/AL, DJe 08.02.11.
12. Gabarito: Incorreto.
13. Gabarito: Letra E.

Logo em seguida, o § 1º do art. 1.023 dispõe "aplica-se aos embargos de declaração o art. 229". Segundo este dispositivo, "os litisconsortes que tiverem diferentes procuradores, de escritórios de advocacia distintos, terão prazos contados em dobro para todas as suas manifestações, em qualquer juízo ou tribunal, independentemente de requerimento". Porém, tal disposição não exclui outros privilégios de prazo. Se o recorrente estiver representado pela defensoria pública, o prazo para recorrer será dobrado (art. 186 do CPC e arts. 44, I, 89, I, ambos da LC nº 80/1994), assim como se o recorrente for o Ministério Público (art. 180 do CPC), a Fazenda Pública, suas autarquias e fundações públicas (art. 183 do CPC e Lei nº 9.469/97).

Questão de Concurso

▶ **(IESES – Titular de Serviços de Notas e de Registros – TJ - AM/2018)** [14] Cabem embargos de declaração contra qualquer decisão judicial para esclarecer obscuridade ou eliminar contradição, suprir omissão de ponto ou questão sobre o qual devia se pronunciar o juiz de ofício ou a requerimento e corrigir erro material. De acordo com as novas diretrizes do Código de Processo Civil vigente os embargos de declaração serão opostos em:

a) 15 (quinze) dias.
b) 8 (oito) dias.
c) 5 (cinco) dias.
d) 10 (dez) dias.

▶ **(FCC – Analista Judiciário – Oficial de Just. Avaliador – TRT 24/2017)**[15]. Os embargos de declaração, nos termos preconizados pelo Código de Processo Civil, serão opostos em petição dirigida ao juiz no prazo de

a) 10 dias, sem efeito suspensivo e interrompendo o prazo para a interposição de recurso.
b) 10 dias, possuindo efeito suspensivo, e suspendendo o prazo para a interposição de recurso.
c) 3 dias, possuindo efeito suspensivo e interrompendo o prazo para a interposição de recurso.
d) 5 dias, possuindo efeito suspensivo e suspendendo o prazo para a interposição de recurso.
e) 5 dias, sem efeito suspensivo e interrompendo o prazo para a interposição de recurso.

1.3. Inexistência de fato extintivo ou impeditivo

Na hipótese específica de serem interpostos embargos de declaração contra ato jurisdicional que julgou anteriores embargos de declaração, aqueles devem prender-se à decisão integrante (posterior), descabendo a rediscussão de fundamentos examinados e vencidos na decisão integrada (anterior) (STJ. EDcl nos EDcl no REsp 180129/SP. DJU 09.12.02). Os embargos anteriores representam a consumação da faculdade processual, de modo que a sua interposição caracteriza preclusão consumativa.

1.4. Regularidade formal

A petição do recurso de embargos de declaração será dirigida ao órgão que proferiu a decisão embargada, por meio de petição com os seguintes requisitos, sob pena de não preenchimento do pressuposto da regularidade formal:

14. Gabarito: Letra C.
15. Gabarito: Letra E.

a) os nomes e a qualificação das partes:

A petição recursal deve trazer os nomes e as qualificações das partes (incluídos, os recorrentes que, a despeito da legitimidade recursal, não são partes no processo), a exemplo do que ocorre com outros recursos, como o de apelação, cujas disposições específicas devem ser aplicadas às demais espécies recursais por analogia.

Deverá, pois, a petição recursal indicar os nomes, os prenomes, o estado civil, a existência de união estável, a profissão, o número de inscrição no Cadastro de Pessoas Físicas ou no Cadastro Nacional da Pessoa Jurídica, o endereço eletrônico, o domicílio e a residência do(s) recorrente(s) e do(s) recorrido(s).

Contudo, a exemplo do que ocorre com a apelação, tal requisito pode ser mitigado, mediante simples indicação dos nomes e prenomes das partes, caso elas já estejam qualificadas nos autos. Quando o legitimado recursal não seja qualquer das partes, ele deve ser identificado, nos termos indicados acima.

b) as razões do pedido de reforma ou de invalidação da decisão:

Qualificadas as partes, o recorrente deve, em seguida, apresentar as razões de sua irresignação, de modo a justificar a prolação, pelo órgão competente, de outra decisão, em substituição (por reforma ou manutenção) ou em anulação da anterior. Caso não apresentadas tais razões, não será observada a dialeticidade, o que impossibilita a admissão dos embargos de declaração.

c) pedido de reforma ou anulação da decisão monocrática:

Depois de apresentadas as razões do pedido de reforma ou decretação de nulidade, o recorrente deve, para dar coerência à petição recursal, alcançar uma conclusão lógica, sob pena de a petição ser considerada inepta e, por consequência, não ser admitido o recurso. A "conclusão lógica", a que conduzem as razões do pedido de reforma ou de decretação de invalidação, é o pedido, que deve ser interpretado considerando o conjunto da postulação e de acordo com a boa-fé.

1.5. Preparo

O preparo se consubstancia na exigência de que o recorrente comprove, mediante guia de recolhimento própria, fornecida pela entidade arrecadadora, no ato de interposição, o recolhimento, quando devidos, dos encargos financeiros recursais.

A interposição de embargos de declaração dispensa o recolhimento do preparo, a teor do que estabelece o art. 1.023 do Código de Processo Civil. Isso porque, considerando que custas processuais têm natureza jurídica de taxa, não se justificaria o pagamento de novas custas (preparo) por conta da existência de pronunciamento jurisdicional que se afirma carente de aperfeiçoamento para, só assim, garantir o efetivo acesso à jurisdição.

Quando se paga pela prestação da atividade jurisdicional, paga-se por ela completa, sem necessidade, por consequência, de aprimoramento (mediante integração da decisão). Por isso, se for esse o caso, o preparo não se justifica, porque já houve, anteriormente, pagamento pelo serviço a ser prestado pelo Poder Judiciário.

1.6. Não existência de dois anteriores embargos considerados protelatórios (não constatação do abuso do direito de recorrer)

A teor do que estabelece o § 4º do art. 1.026 do Código de Processo Civil, "não serão admitidos novos embargos de declaração se **os 2 (dois) anteriores houverem sido considerados protelatórios"**. Trata-se de pressuposto de admissibilidade recursal específico dos embargos de declaração, a considerar as particularidades relativas ao seu cabimento e à competência para seu julgamento. É necessário que **ambos os embargos de declaração anteriores tenham sido interpostos contra a mesma decisão.** Não caberia contra a mesma decisão um terceiro embargo.

Questão de Concurso

▶ **(VUNESP. Prefeitura de Itapevi - SP.VUNESP. Analista Jurídico - Procurador Municipal. 2019 - Adaptada)**[16]: No que diz respeito ao recurso de embargos de declaração, assinale a alternativa correta ou Incorreto: "Não serão admitidos novos embargos de declaração se o anterior houver sido considerado protelatório.

É preciso, entretanto, fazer uma análise dessa disposição, com as constantes nos §§ 2º e 3º do art. 1.026. O § 2º dispõe que: "quando manifestamente protelatórios os embargos de declaração, o juiz ou o tribunal, em decisão fundamentada, condenará o embargante a pagar ao embargado multa não excedente a dois por cento sobre o valor atualizado da causa". Por sua vez, o § 3º: "Na reiteração de embargos de declaração manifestamente protelatórios, a multa será elevada a até dez por cento sobre o valor atualizado da causa, e a interposição de qualquer recurso ficará condicionada ao depósito prévio do valor da multa, à exceção da Fazenda Pública e do beneficiário de gratuidade da justiça, que a recolherão ao final".

Se os primeiros embargos de declaração forem protelatórios, será aplicada, em detrimento do recorrente, multa de até 2% do valor atualizado da causa. Se os segundos embargos de declaração forem também protelatórios, além de ser aplicada multa elevada a até 10%, a interposição de qualquer outro recurso ficará condicionada ao depósito prévio do valor. Se forem interpostos terceiros embargos de declaração, eles, ainda que realizado o depósito das multas anteriormente aplicadas, não serão admitidos, prejudicando, por consequência, até o efeito interruptivo para o recurso seguinte.

A injustificada reiteração de embargos de declaração "constitui abuso do direito de recorrer e não interrompe prazos" (STJ. EDcl nos EDcl nos EDcl nos EDcl nos EDcl no AgRg no REsp 731.024. DJe 26.10.10). Por isso, nessa situação, conforme entendimento do Supremo Tribunal Federal, "será determinada a baixa dos autos à execução, independentemente da publicação de acórdão, a partir da rejeição dos segundos embargos" (STF. EDcl nos EDcl nos EDcl nos EDcl no 587285/RJ. DJe 07.06.11).

2. EFEITOS

São efeitos dos embargos de declaração, além do devolutivo, o obstativo, o suspensivo, o ativo, o modificativo, o substitutivo, o integrativo e o interruptivo, conforme análise que se segue:

16. Gabarito: Incorreto.

2.1. Devolutivo

A admissibilidade dos embargos de declaração devolve ao mesmo órgão jurisdicional que proferiu a decisão o conhecimento da matéria recorrida. A extensão horizontal do efeito devolutivo dos embargos de declaração, desde que admitido e nos exatos termos de seu cabimento, é determinada pela amplitude da impugnação possível (dimensão horizontal do efeito devolutivo). Enquanto isso, sua profundidade identifica-se com o material com que deve trabalhar o órgão jurisdicional para julgar aquilo que pode ser impugnado nos aclaratórios (dimensão vertical do efeito devolutivo ou efeito translativo).

O efeito devolutivo, em sua dimensão horizontal, determina os limites horizontais do recurso (o que se pode decidir). Relaciona-se ao objeto litigioso recursal (a questão principal do recurso). Na dimensão vertical, determinam-se os limites verticais (material com que o órgão recursal trabalhará para decidir a questão que lhe foi submetida). Relaciona-se ao objeto de conhecimento do recurso (as questões que devem ser enfrentadas como fundamentos para a solução do objeto litigioso recursal).

Em decorrência do efeito devolutivo em sua dimensão vertical, as matérias de ordem pública (a exemplo dos pressupostos processuais e das condições da ação), devem ser objeto de análise pelo órgão jurisdicional (STJ. REsp 856388/SP. DJU 24.05.07), independentemente de provocação por qualquer dos interessados. O próprio interesse público, que circunda o efeito em análise, está acima dos interesses de qualquer pessoa. Entretanto, a omissão quanto à análise de questão de ordem pública justifica o próprio cabimento dos embargos de declaração, o que induz, geralmente, à específica impugnação recursal.

De qualquer modo, o efeito devolutivo, em sua dimensão horizontal, limita o efeito devolutivo em sua dimensão vertical, de maneira que o tribunal somente poderá apreciar, em profundidade, as questões que se relacionarem àquilo que foi impugnado horizontalmente. Assim, pode-se dizer que o recorrente estabelece a extensão do recurso (no plano horizontal), mas não a sua profundidade (no plano vertical).

2.2. Obstativo

Pelo efeito obstativo dos embargos de declaração, impede-se, em razão da interposição do recurso, o trânsito em julgado da decisão, a prolongar a litispendência. Todavia, apenas os recursos cabíveis e tempestivos podem impedir o trânsito em julgado. Recurso inadmitido por descabimento ou intempestividade não o impede[17].

No caso dos embargos de declaração, eles só terão efeito obstativo quando versarem acerca de decisões definitivas ou terminativas. Se provisórias, até por sua própria natureza, não haveria porque se falar em dito efeito.

17. Há opositores a esta ressalva. Aqueles mais radicais adotam o posicionamento de que o recurso interposto, ainda que inadmitido, impede o trânsito em julgado. Outros, a adotar corrente intermediária, entendem que se o fator que levou ao não conhecimento do recurso for objeto de outro recurso, haverá impedimento ao trânsito em julgado, sob pena de descartar, por completo, a hipótese de reforma do julgado que não admitiu o recurso pelas instâncias superiores, negando-se a existência de dúvida com relação à admissibilidade (STJ. ERESP 441252/CE. DJU 29.06.05). Alguns outros, por fim, a adotar posição também intermediária, defendem que a interposição de recurso, desde que cabível e tempestivo, impede o trânsito em julgado da decisão, ainda que na instância ad quem não seja conhecido em decorrência de outro pressuposto de admissibilidade (STJ. REsp 203067/PR. DJU 14.02.00).

2.3. Suspensivo

O Código de Processo Civil deixa a desejar, quando trata da relação entre efeito suspensivo recursal e embargos de declaração.

A primeira parte do art. 995 do CPC dispõe que **"os recursos não impedem a eficácia da decisão"**. Entretanto, em sua segunda parte, excepciona: "salvo disposição legal ou decisão judicial em sentido diverso". Logo, quando o recurso eventualmente possui efeito suspensivo, o texto legal ou a decisão que o atribui faz (qualquer delas) expressa ressalva (atribuição).

No caso dos embargos de declaração, o art. 1.026 do Código de Processo Civil, em sua primeira parte, dispõe que **"os embargos de declaração não possuem efeito suspensivo** [...]". Contudo, estabelece o respectivo § 1º que "a eficácia da decisão monocrática ou colegiada poderá ser suspensa pelo respectivo juiz ou relator se demonstrada a **probabilidade de provimento do recurso** ou, sendo relevante a fundamentação, se houver risco de dano grave ou de difícil reparação".

Então, os embargos de declaração não têm efeito suspensivo *ope legis*, entretanto, dito efeito pode ser a ele atribuído caso o juiz ou relator, se atendidos os termos apresentados pelo § 1º do art. 1.026.

Agora, ao que parece, no plano ideal, o efeito suspensivo só deve ser concedido em caso de extrema necessidade (e se for necessário o contraditório), pois, como estabelece o art. 1.024 do Código de Processo Civil, depois de interposto, os embargos devem ser julgados em 05 dias.

Ora, se não houver necessidade de se apresentar contrarrazões, melhor que analisar o pedido de atribuição de efeito suspensivo, seria que o julgador, no ato, em afirmação à eficiência, decidisse logo os embargos de declaração.

O plano real, contudo, pode revelar outro cenário, sobretudo nos casos em que seja necessária a faculdade ao contraditório. De forma excepcional, pois, poderá ser atribuído efeito suspensivo aos embargos de declaração.

E mais.

Se que aos embargos de declaração não seja atribuído efeito suspensivo, deve-se observar qual será o recurso seguinte cabível, pois, se ele dispuser de efeito suspensivo, a eficácia da decisão embargada ficará suspensa em razão da interponibilidade daquele (recurso seguinte).

Basta imaginar o caso da interposição de embargos de declaração contra sentença. Conquanto os embargos não gozem de efeito suspensivo *ope legis*, e ainda que a eles não seja atribuído dito efeito, a apelação (pelo menos em regra), dele (do efeito suspensivo) dispõe. Portanto, interposto embargos de declaração contra sentença, ela ficará sem eficácia, mas não por conta da interposição dos embargos de declaração, mas, sim, da possibilidade de interposição de apelação.

Daí poder se concluir que, apesar da redação do § 1º do art. 1.026, em determinadas situações, como a acima posta, não haverá sequer interesse em pedir a atribuição de efeito suspensivo aos embargos de declaração.

Seja como for, atribuído efeito suspensivo aos embargos de declaração (pelo menos nas hipóteses em que haja interesse em formular pedido respectivo), ele (o efeito suspensivo) prolonga o estado de ineficácia da decisão recorrida, a impedir que ela tenha imediatamente qualquer eficácia. A suspensividade da decisão recorrida ocorre a partir de quando publicada a decisão de atribuição do dito efeito (suspensivo), que pode ser requerido nos próprios embargos ou, se depois de interposto, mediante simples petição.

Um detalhe precisa ser lembrado, no cenário em que a decisão embargada já foi objeto de recurso anterior, que dispunha de efeito suspensivo, e que os embargos de declaração interpostos têm a omissão como fundamento. Embora os embargos de declaração não tenham efeito suspensivo, o recurso anterior, que não foi julgado por completo, tem. A suspensividade deste impede que a parte omissa, objeto dos embargos de declaração, não tenha eficácia, porque pendente de julgamento em razão de anterior recurso, que tem tal efeito.

Questões de Concurso

► **(VUNESP. Prefeitura de Itapevi - SP.VUNESP. Analista Jurídico - Procurador Municipal. 2019 - Adaptada)**[18]: No que diz respeito ao recurso de embargos de declaração, assinale a alternativa correta ou Incorreto: "possuem efeito suspensivo e interrompem o prazo para a interposição de outro recurso cabível contra a decisão embargada".

2.4. Ativo

O efeito ativo se consubstancia na possibilidade de o juízo competente para julgar os embargos de declaração antecipar, mediante decisão provisória, a tutela recursal de provimento antes do julgamento definitivo. Pode acontecer, em razão da falta de preenchimento dos requisitos necessários para a tutela provisória, de o efeito ativo ser concedido apenas em parte.

Nos embargos de declaração, o efeito ativo pode ser atribuído em razão de concessão de tutela provisória de urgência ou de evidência. Não por outra razão que o enunciado 423 do FPPC, em referência aos arts. 311, 995, parágrafo único, 1.012, § 4º, 1.019, inciso I, 1.026, § 1º, e 1.029, § 5º, do CPC, orienta que "cabe tutela de evidência recursal".

2.5. Modificativo (ou infringente)

Comumente, os embargos de declaração não têm por consequência a alteração da decisão, porque seus objetivos seriam aclarar a decisão obscura, eliminar contradição, suprir a omissão e corrigir erros materiais. Entretanto, como já pacificado pela jurisprudência, "a natureza da omissão suprida pelo julgamento dos embargos declaratórios pode ocasionar efeito modificativo no julgado" (enunciado 278 da súmula de jurisprudência do TST).

Portanto, os embargos de declaração, embora não possam ter como objeto primário eventual modificação do julgado, esta pode ser uma consequência do provimento recursal, quando necessária para sanar não apenas a omissão, mas também a contradição, a obscuridade e, por óbvio, o erro material do pronunciamento jurisdicional decisório objeto do recurso. Logo, pode-se dizer que os embargos de declaração podem, em algumas situações, ter efeito modificativo[19].

18. Gabarito: Incorreto.
19. O efeito infringente ou modificativo, típico dos recursos em geral, não se aplica aos embargos de declaração, salvo em circunstâncias excepcionais, quando, para sanar a omissão, a obscuridade ou a contradição apontada, fizer-se necessária a alteração do julgado (STJ. AgRg nos EREsp 813761/PR. DJU 23.04.07).

2.6. Substitutivo

O art. 1.008 do Código de Processo Civil dispõe que "o julgamento proferido pelo tribunal substituirá a decisão impugnada no que tiver sido objeto de recurso". Em razão do efeito substitutivo, o julgamento recursal proferido pelo tribunal substitui a decisão recorrida no que tiver sido objeto de recurso.

Contudo, somente há substituição se o recurso interposto for admitido (independentemente de ele ser provido ou desprovido), no limite da devolutividade, seja ela horizontal ou vertical. Se não forem admitidos os embargos, não haverá substituição, porque não haverá apreciação de qualquer das questões decididas.

Quanto ao resultado do julgamento, se provido ou desprovido o recurso, também haverá substituição. Poder-se-ia até se questionar essa conclusão, pelo fato de o resultado ter sido preservado com o desprovimento. Ocorre que, apesar da preservação do resultado, há outros elementos, que justificam a substituição, dentre os quais as repercussões jurídicas decorrentes do julgamento do agravo de instrumento.

No caso específico dos embargos de declaração, eles têm efeito substitutivo, nomeadamente nas situações em que são emprestados efeitos modificativos. A decisão proferida por oportunidade do julgamento substituirá, no âmbito da modificação eventualmente realizada, o pronunciamento recorrido. Agora, se era caso de aperfeiçoamento do julgado, em razão da verificação de omissão e/ou contradição e/ou obscuridade e/ou erro material, haverá integração, e não substituição, do julgado recorrido.

Assim, a despeito de o art. 1.008 do Código de Processo Civil dispor que "o julgamento proferido pelo tribunal substituirá a decisão impugnada no que tiver sido objeto de recurso", no caso específico dos embargos de declaração, que serão julgados pelo próprio órgão prolator, é possível que sua decisão substitua a anterior, que ele mesmo proferiu.

2.7. Integrativo

Os embargos de declaração, se admitidos e providos, passam a dispor de efeito integrativo (STJ. EDcl no REsp 462436/CE. DJU 05.02.07), em razão da complementação (aperfeiçoamento) do pronunciamento jurisdicional embargado, necessária a exaurir a prestação jurisdicional, que se encontra inacabada, imperfeita ou incompleta.

Logo, a decisão proferida nos embargos de declaração, **desde que sejam admitidos e providos, complementa a decisão contra a qual aqueles foram opostos, integrando-a** (STF. AI-AgR 581565/SP. DJ 16.02.07). Soma-se o que foi decidido por ambas as decisões para se formar um todo unitário e coerente.

Aliás, se a complementação proporcionada pelo julgamento dos embargos de declaração não fosse coerente ao que já havia sido anteriormente decidido, ensejar-se-ia contradição passível de ser objeto de outros embargos de declaração. Portanto, ao julgar os aclaratórios, o órgão competente deve agir considerando o conjunto do julgamento.

É justamente por conta da existência de eventual efeito integrativo aos embargos de declaração que se justifica (até para não comprometer algumas garantias constitucionais, tal qual a ampla defesa) a complementaridade do recurso interposto pela parte adversa.

De fato, pela complementaridade, própria dos embargos declaratórios, o recorrente/embargado poderá, no prazo destinado ao recurso seguinte, **complementar a fundamentação de**

seu recurso já interposto, se houver modificação da decisão recorrida (ainda que em relação apenas aos seus fundamentos), em virtude de provimento de embargos de declaração. Não poderá interpor novo recurso (a menos que a decisão modificativa altere a natureza do pronunciamento judicial, o que é difícil de ocorrer[20]), mas apenas complementar o anteriormente interposto.

Se o recorrente/embargado interpuser outro recurso, sua admissibilidade ficará prejudicada pela **preclusão consumativa.** Por isso, o recorrente/embargado não deve (a não ser que haja razões outras para isso) pedir desistência do anterior recurso para, em seguida, interpor outro "completo", mas, sim, **pedir a complementação das razões em face do efeito integrativo emprestado aos embargos de declaração.**

Há outros recursos que podem vir a dispor de efeito integrativo, como, por exemplo, a apelação interposta em caso de omissão verificada na sentença. O seu julgamento pelo tribunal *ad quem*, desde que admitida, seja para provê-la ou desprovê-la, passa a integrar a sentença recorrida. Entretanto, nesse caso, não haverá espaço para a complementaridade do recurso eventualmente interposto pela parte adversa, porque a sentença não será modificada pelo mesmo órgão jurisdicional que a proferiu.

2.8. Interruptivo

Interpostos os embargos de declaração, fica interrompido o prazo para a interposição de quaisquer outros recursos cabíveis contra o pronunciamento jurisdicional embargado, ainda que este tenha advindo do julgamento de embargos de declaração anteriormente interpostos (STJ. REsp 769042/SP. DJU 21.08.06). Tal efeito tem previsão expressa no art. 1.026 do Código de Processo Civil, de acordo com o qual "os embargos de declaração [...] interrompem o prazo para a interposição de recurso".

Se os embargos de declaração forem interpostos de **forma intempestiva**, não será considerado interrompido, para o embargante, o prazo para a interposição dos eventuais outros recursos (STF. AI-AgR-ED-ED 563548/RS. DJU 01.06.07). Mas, mesmo que intempestivos os embargos, interrompe-se, para o embargado, o prazo para interpor o recurso seguinte, pois ele não tem como verificar de plano a referida intempestividade (STJ. AgRg no AREsp 427376/PR. DJe 18.03.14).

Os embargos de declaração interpostos por uma das partes, sob a égide do CPC/1973, não interrompiam o prazo para a oposição também de embargos declaratórios pela parte contrária (STJ. REsp 633434/RJ. DJU 06.03.06), pelo que todos os eventuais embargos de declaração haveriam de ser interpostos dentro do quinquídio legal estabelecido como prazo.

Todavia, a partir da vigência do Código de Processo Civil de 2015, esse entendimento, antes adotado pelo Superior Tribunal de Justiça, fica superado. Com efeito, o art. 538 do

20. Imagine-se que, em cumprimento de sentença, o executado tenha apresentado impugnação. A sua resistência foi negada. Proferiu-se, pois, uma decisão interlocutória. Interpostos embargos de declaração, sob a alegação de omissão na análise de fundamento apresentado na impugnação ao cumprimento de sentença, esta acabou, mediante o efeito modificativo dos embargos, sido acolhida, ensejando-se (é possível) o proferimento de sentença. Assim, os aclaratórios, quando acolhidos, implicaram modificação da natureza jurídica da decisão.

CPC/1973 dispunha que "os embargos de declaração interrompem o prazo para a interposição de outros recursos, por qualquer das partes". Só que, agora, o art. 1.026 do CPC/2015 dispõe que "os embargos de declaração não possuem efeito suspensivo e interrompem o prazo para a interposição de recurso".

A dizer de outra forma, se antes o art. 538 do CPC/1973 adstringia o efeito interruptivo a "outros recursos", ou seja, não poderia ser embargos de declaração, agora, o art. 1.026 do CPC/2015 estende o efeito interruptivo a qualquer "recurso". Sem a limitação estabelecida pelo vocábulo "outros", que compunha o texto legal revogado, compreende-se que, pelo atual texto, o efeito interruptivo alcança qualquer recurso, inclusive os embargos de declaração a serem interpostos pela parte contrária.

O efeito interruptivo não abrange os embargos de declaração interpostos contra o a decisão já embargada, se os segundos aclaratórios visam alcançá-la e não a decisão que julgou os segundos embargos de declaração. O prazo para interposição de recurso seguinte, na verdade, começou a correr sem interrupção desde a intimação do pronunciamento jurisdicional que julgou os primeiros aclaratórios (STF: EDcl EDcl RE 240349/SP, DJU 17.05.2002; STJ: AgRg no REsp 823042/RJ. DJU 04.12.06).

Outro destaque em ressalva ao efeito interruptivo: os embargos de declaração consistentes em mero pedido de reconsideração não interrompem o prazo recursal. Em se tratando de pedido de reconsideração, mascarado sob o rótulo dos aclaratórios, não há que se cogitar da referida interrupção (STJ. AgRg no AREsp 187.507/SP. DJe 13.11.12). Há, nessa situação, utilização oblíqua do recurso de embargos de declaração para o alcance de um resultado que não é prometido pelo sistema. Como o pedido de reconsideração não tem efeito interruptivo, os embargos utilizados com essa finalidade também não terão.

No âmbito dos juizados especiais cíveis, os embargos de declaração, pela disposição do art. 48 da Lei nº 9.099/1995, podem ser interpostos contra sentença e acórdão (mas os vocábulos devem ser compreendidos em suas acepções amplas). Interpostos contra sentença, segundo disposições restritivas contidas na redação originária dos art. 50 e § 2º do art. 83 daquela lei (anterior ao CPC/2015), os embargos de declaração apenas suspendiam o prazo para a interposição de recurso inominado. Mas, se interpostos contra acórdão da turma recursal, os embargos de declaração já gozavam de efeito interruptivo previsto no CPC (STF. AI-AgR 451078/RJ. DJU 24.09.04), pois que as disposições restritivas são interpretadas restritivamente.

A partir da vigência do CPC/2015, que derrogou as redações dos encimados dispositivos da Lei nº 9.099/1995, interpostos embargos de declaração contra decisões proferidas nos Juizados Especiais, eles interromperão o prazo para a interposição de recurso seguinte, qualquer que seja a sua espécie.

3. PROCEDIMENTO

Nos termos do art. 1.023 do Código de Processo Civil, os embargos serão opostos, no prazo de 05 dias (a não ser que haja algum privilégio de dobra), em petição dirigida ao juiz, com indicação do erro, obscuridade, contradição ou omissão, e não se sujeitam a preparo.

3.1. Competência

A competência para admitir e julgar os embargos declaratórios é do mesmo órgão jurisdicional que proferiu a decisão recorrida. Se ela (decisão embargada) tiver sido proferida, de forma unipessoal, por juiz ou relator, os embargos de declaração serão julgados monocraticamente por aquele (juiz ou relator). Se a decisão for um acórdão, os embargos de declaração serão julgados pelo respectivo órgão colegiado[21].

Por isso, os embargos de declaração interpostos contra decisão colegiada não podem ser julgados monocraticamente (STJ. REsp 753805/RJ. DJU 04.06.07). E não haveria de ser diferente, ante a necessidade de respeito ao paralelismo de formas e das próprias disposições do *caput* do art. 1.024 ("o juiz julgará os embargos [...]") e do seu § 2º ("quando os embargos de declaração forem opostos contra decisão de relator ou outra decisão unipessoal proferida em tribunal, o órgão prolator da decisão embargada decidi-los-á monocraticamente").

Se desrespeitado o paralelismo de formas, a decisão monocrática será considerada inválida. Porém, ela não subsistirá quando, embora os embargos de declaração interpostos contra decisão colegiada sejam julgados por decisão monocrática, há, posteriormente, oportuna interposição de agravo interno (STJ. REsp 853705/PR. DJU 25.05.07).

3.2. Manifestação do embargado

Recebidos os embargos, o juiz ou relator, estabelece o § 2º do art. 1.023, intimará o embargado para, querendo, manifestar-se, no prazo de 05 dias, sobre os embargos opostos, caso seu eventual acolhimento implique a modificação da decisão embargada. Não sendo assim, os embargos de declaração não serão submetidos a contraditório, porque anteriormente exercido (ou, ao menos, possibilitado o seu exercício). Contudo, mesmo sob as premissas estabelecidas pela disposição do § 2º do art. 1.023, poderá haver empréstimo de efeitos infringentes sem que seja necessário facultar o exercício do contraditório. Tal ocorre quando a decisão embargada tiver sido proferida antes da citação da parte embargada.

3.3. Julgamento

Facultada a apresentação de contrarrazões ou não sendo o caso, o juiz julgará os embargos em 05 dias.

Quando os embargos de declaração forem opostos contra decisão de relator ou outra decisão unipessoal proferida em tribunal, o órgão prolator da decisão embargada decidi-los-á monocraticamente.

Se a decisão recorrida for colegiada, o relator dos embargos de declaração, que será aquele que proferiu o primeiro voto vencedor no julgamento do recurso anterior, apresentá-los-á em mesa na sessão subsequente, proferindo voto, independentemente de inclusão em pauta.

Contudo, se não houver julgamento dos embargos de declaração nessa sessão, o recurso será incluído em pauta automaticamente.

21. Por esta razão, "os embargos declaratórios opostos contra decisão monocrática do relator devem ser julgados por meio de decisão unipessoal, e não colegiada, prestigiando o princípio do paralelismo de formas" (STJ. EDcl nos EDcl no Ag 1195482/DF. DJe 14.11.11).

Na sessão colegiada, o relator proferirá seu voto e, em seguida, serão colhidos os votos do demais julgadores, compondo o acórdão.

3.4. Aplicação da técnica do art. 942 do CPC

Nas decisões colegiadas, se emprestado efeito modificativo em algum voto, mudando sua conclusão, de modo a tornar o julgamento majoritário, em algumas situações, poderá ser necessária a aplicação da técnica de julgamento do art. 942 do Código de Processo Civil[22].

3.5. Fundamentação

Independentemente de os embargos de declaração serem julgados de forma monocrática ou colegiada, o órgão colegiado deverá fundamentar sua decisão, nos moldes estabelecidos pelo § 1º do art. 489 do Código de Processo Civil[23].

3.6. Pré-questionamento

Considerar-se-ão incluídos no acórdão os elementos que o embargante suscitou, para fins de pré-questionamento, ainda que os embargos de declaração sejam inadmitidos ou rejeitados, caso o tribunal superior considere existentes erro, omissão, contradição ou obscuridade.

3.7. Natureza jurídica da decisão

A decisão que julga os embargos de declaração terá a mesma natureza jurídica da decisão embargada. Se os embargos forem interpostos contra decisão interlocutória, serão julgados por decisão interlocutória. Se interpostos contra sentença, serão julgados por sentença. Se interpostos contra decisão monocrática, serão julgados por decisão monocrática. Se interpostos contra acórdão, serão julgados por acórdão.

22. Art. 942. Quando o resultado da apelação for não unânime, o julgamento terá prosseguimento em sessão a ser designada com a presença de outros julgadores, que serão convocados nos termos previamente definidos no regimento interno, em número suficiente para garantir a possibilidade de inversão do resultado inicial, assegurado às partes e a eventuais terceiros o direito de sustentar oralmente suas razões perante os novos julgadores.§ 1º Sendo possível, o prosseguimento do julgamento dar-se-á na mesma sessão, colhendo-se os votos de outros julgadores que porventura componham o órgão colegiado.§ 2º Os julgadores que já tiverem votado poderão rever seus votos por ocasião do prosseguimento do julgamento.§ 3º A técnica de julgamento prevista neste artigo aplica-se, igualmente, ao julgamento não unânime proferido em:I – ação rescisória, quando o resultado for a rescisão da sentença, devendo, nesse caso, seu prosseguimento ocorrer em órgão de maior composição previsto no regimento interno;II – agravo de instrumento, quando houver reforma da decisão que julgar parcialmente o mérito.§ 4º Não se aplica o disposto neste artigo ao julgamento:I – do incidente de assunção de competência e ao de resolução de demandas repetitivas;II – da remessa necessária;III – não unânime proferido, nos tribunais, pelo plenário ou pela corte especial.
23. Art. 489. São elementos essenciais da sentença: [...] § 1º Não se considera fundamentada qualquer decisão judicial, seja ela interlocutória, sentença ou acórdão, que: I – se limitar à indicação, à reprodução ou à paráfrase de ato normativo, sem explicar sua relação com a causa ou a questão decidida; II – empregar conceitos jurídicos indeterminados, sem explicar o motivo concreto de sua incidência no caso; III – invocar motivos que se prestariam a justificar qualquer outra decisão; IV – não enfrentar todos os argumentos deduzidos no processo capazes de, em tese, infirmar a conclusão adotada pelo julgador; V – se limitar a invocar precedente ou enunciado de súmula, sem identificar seus fundamentos determinantes nem demonstrar que o caso sob julgamento se ajusta àqueles fundamentos; VI – deixar de seguir enunciado de súmula, jurisprudência ou precedente invocado pela parte, sem demonstrar a existência de distinção no caso em julgamento ou a superação do entendimento.

Essa orientação, contudo, comporta exceções. É possível que, em situações excepcionais, a natureza jurídica da decisão seja modificada em relação à decisão embargada. Coloque-se como exemplo a decisão interlocutória que rejeitou preliminares apresentadas como defesa processual peremptória. Ante a omissão na apreciação de uma das preliminares, o interessado interpõe embargos de declaração, que são providos para acolher aquela. Aí, a natureza jurídica da decisão que julga os aclaratórios interpostos contra decisão interlocutória é de sentença.

3.8. Fungibilidade (e intimação para complementação do recurso)

O órgão julgador conhecerá dos embargos de declaração como agravo interno se entender ser este o recurso cabível, desde que determine previamente a intimação do recorrente para, no prazo de 05 dias, complementar as razões recursais, de modo a ajustá-las às exigências típicas daquele recurso, conforme estabelecidas pelo art. 1.021, § 1º[24].

Para tanto, é necessário que a decisão embargada seja monocrática (proferida por relator). Caso se trate de uma decisão interlocutória ou de uma sentença, bem assim de um acórdão, não haveria como se receber os embargos de declaração interpostos como agravo interno, porque, contra aqueles atos decisórios, especificamente, não cabem agravo interno.

Se o embargante não for intimado para complementar as razões recursais e o órgão colegiado receber os embargos como agravo interno, o órgão recursal não poderá deixar de admitir o recurso sob o fundamento de que o recorrente não teria preenchido as exigências dispostas no art. 1.021, § 1º. Haveria inaceitável comportamento contraditório.

3.9. Complementação ou alteração de anteriores razões recursais

Caso o acolhimento dos embargos de declaração implique modificação da decisão embargada (ainda que não seja na sua conclusão, mas, pelo menos, em suas razões de decidir), o embargado que já tiver interposto outro recurso contra a decisão originária tem o **direito de complementar ou alterar suas razões, nos exatos limites da modificação.** Para tanto, disporá do prazo de 15 dias, contado da intimação da decisão dos embargos de declaração. A complementação ou alteração caracteriza a ratificação do interesse recursal.

Questão de Concurso

▶ **(VUNESP. Prefeitura de Itapevi - SP.VUNESP. Analista Jurídico - Procurador Municipal. 2019 - Adaptada)**[25]: No que diz respeito ao recurso de embargos de declaração, assinale a alternativa correta ou Incorreto: "Se o seu acolhimento implicar em modificação da decisão embargada, o embargado que já tiver interposto outro recurso contra a decisão originária tem o direito de alterar suas razões, no prazo de 10 (dez) dias, contado da intimação do seu julgamento.

24. Art. 1.021. Contra decisão proferida pelo relator caberá agravo interno para o respectivo órgão colegiado, observadas, quanto ao processamento, as regras do regimento interno do tribunal. § 1º Na petição de agravo interno, o recorrente impugnará especificadamente os fundamentos da decisão agravada.[...]

25. Gabarito: Incorreto.

3.10. (Des)necessidade de ratificação de recurso anterior

Se os embargos de declaração forem rejeitados ou não alterarem a conclusão do julgamento anterior, o recurso interposto pela outra parte antes da publicação do julgamento dos embargos de declaração será processado e julgado independentemente de ratificação.

Agora, se forem acolhidos os embargos de declaração para alterar a conclusão do julgamento anterior, o recurso antes interposto pela parte adversa, ainda que não complementado (conquanto, às vezes, seja necessário, em observância à dialeticidade), deve ser pelo menos ratificado, para se evidenciar a voluntariedade.

Se não ratificado o recurso anterior, apesar do provimento dos embargos de declaração para alterar a conclusão do julgado, ele não será admitido por falta de manifestação de interesse recursal.

Deve-se, entretanto, excepcionar os casos em que há pluralidade de capítulos (e, em especial, quando decorrentes de ações cumuladas). Se os embargos de declaração forem providos para modificar parte da conclusão, mantendo incólume a outra, mesmo que não ratificado o recurso, quanto a esta parte, estará caracterizado o interesse recursal.

Questão de Concurso

- **(MPE-PR.MPE-PR Prova: MPE-PR - 2019 - MPE-PR - Promotor Substituto - Adaptada)**[26]: Sobre os recursos em espécie, assinale correto ou incorreto, nos termos do Código de Processo Civil de 2015: "Se os embargos de declaração forem rejeitados ou não alterarem a conclusão do julgamento anterior, o recurso interposto pela outra parte antes da publicação do julgamento dos embargos de declaração será processado e julgado independentemente de ratificação".

3.11. Multa

Quando manifestamente protelatórios os embargos de declaração, o juiz ou o tribunal, em decisão fundamentada, ao declarar que o são, deve condenar o recorrente a pagar ao embargado multa não excedente a 2% sobre o valor atualizado da causa.

Na reiteração de embargos de declaração manifestamente protelatórios, a multa será elevada (a se somar àquela antes aplicada) a até 10% sobre o valor atualizado da causa, ficando, agora, condicionada a interposição de qualquer outro recurso ao depósito prévio do valor respectivo (STJ. REsp 1109820/PR. DJe 04.03.11), à exceção da Fazenda Pública e do beneficiário de gratuidade da justiça, que a recolherão ao final.

A reiteração dos embargos de declaração não precisa se verificar em relação a uma mesma decisão. Pode ocorrer de serem interpostos mais de um recurso de embargos contra diferentes decisões, a justificar, assim, a aplicação da multa de até 10%, que condicionará a interposição de recurso seguinte à realização do depósito respectivo.

Entretanto, o Superior Tribunal de Justiça entende que o condicionamento do depósito da multa para a interposição de recurso seguinte deve ocorrer somente quando forem interpostos mais de um recurso de embargos de declaração contra a mesma decisão e acerca

26. Gabarito: Correto.

da mesma matéria, sob pena de inviabilizar o direito de defesa (STJ. REsp 1.354.977/RS. DJe 02.05.13).

A discordância dos autores do presente livro do entendimento do Superior Tribunal de Justiça deve-se ao fato de que o direito de defesa é concedido de forma ampla às partes, mas ele não pode ser abusado. A partir do momento em que qualquer das partes assim procede, é ela quem abre mão do exercício da ampla defesa, e não a atuação jurisdicional que a restringe.

De uma forma objetiva, o Superior Tribunal de Justiça estabeleceu que "embargos de declaração manifestados com notório propósito de pré-questionamento não tem caráter protelatório" (enunciado 98 da súmula do STJ). Assim, sempre que visar a alcançar o pronunciamento pelo tribunal acerca do entendimento sufragado sobre determinado dispositivo da legislação, os embargos não serão protelatórios.

Consideram-se manifestamente protelatórios os embargos de declaração que visam a rediscutir matéria já apreciada e decidida pela Corte de origem em conformidade com súmula do STJ ou STF ou, ainda, precedente julgado pela sistemática repetitiva, bem como quando o acórdão do Tribunal *a quo*, embargado, estiver perfeitamente ajustado à orientação pacífica do Tribunal *ad quem* (STJ. REsp 1.410.839/SC. DJe 14.05.14).

Também são considerados protelatórios os embargos de declaração que fogem às hipóteses de cabimento dispostas no art. 1.022 do Código de Processo Civil (STJ. EDcl no REsp 1.035.847/RS. DJe 25.11.09), bem assim os interpostos depois de rejeitados outros dois anteriores (STF. AI 587285 AgR-ED-ED-ED-ED/RJ. DJe 07.06.11).

Se julgados colegiadamente, os embargos de declaração, para serem considerados protelatórios, devem ser unanimemente inadmissíveis ou improcedentes, como ocorre com o agravo interno, a teor da previsão contida no § 4º do art. 1.021 do CPC/2015. Sendo o caso de decisão monocrática, evidentemente, dispensa-se a verificação do requisito da unanimidade.

Se interpostos embargos de declaração em caracterização ao abuso do direito de defesa, os autos, caso encontrem-se na instância recursal, devem ser devolvidos à origem, possibilitando eventual execução do julgado.

A multa aplicada em razão da interposição de embargos de declaração manifestamente protelatórios pode ser cumulada com aquela outra fixada contra o litigante de má-fé, porque aquela tem caráter eminentemente administrativo, destinada a punir quem ofende a dignidade do tribunal e a função pública do processo, enquanto esta tem natureza reparatória (STJ. REsp 1.250.739/PA. DJe 04.12.13).

Questão de Concurso

▶ **(TRF 3 – Juiz Federal – TRF 3/2018)**[27] Sobre os embargos de declaração é CORRETO afirmar:

a) Eles não são via processual adequada para a correção de erro material uma vez que esse tipo de vício não está sujeito a preclusão.

b) Se opostos contra decisão unipessoal, podem ser conhecidos como agravo interno, a ser julgado também monocraticamente.

27. Gabarito: Letra D.

c) Se eles forem rejeitados ou não houver alteração de resultado, o recurso interposto pela outra parte antes da publicação do julgamento dos embargos precisará ser ratificado, sob pena de preclusão lógica.

d) Na reiteração de embargos manifestamente protelatórios, haverá elevação da multa e a interposição de qualquer recurso fica condicionada ao depósito prévio do valor, mas essa condição não se aplica ao beneficiário da justiça gratuita.

4. SÚMULAS

Súmulas do STF

317. São improcedentes os embargos declaratórios, quando não pedida a declaração do julgado anterior, em que se verificou a omissão.

356. O ponto omisso da decisão, sobre o qual não foram opostos embargos declaratórios, não pode ser objeto de recurso extraordinário, por faltar o requisito do pré-questionamento.

Súmulas do STJ

98. Embargos de declaração manifestados com notório propósito de pré-questionamento não têm caráter protelatório.

211. Inadmissível recurso especial quanto à questão que, a despeito da oposição de embargos declaratórios, não foi apreciada pelo Tribunal *a quo*.

5. ENUNCIADOS DO FPPC

7. O pedido, quando omitido em decisão judicial transitada em julgado, pode ser objeto de ação autônoma.

8. Fica superado o enunciado 453 da súmula do STJ após a entrada em vigor do CPC ("Os honorários sucumbenciais, quando omitidos em decisão transitada em julgado, não podem ser cobrados em execução ou em ação própria").

23. Fica superado o enunciado 418 da súmula do STJ após a entrada em vigor do CPC ("É inadmissível o recurso especial interposto antes da publicação do acórdão dos embargos de declaração, sem posterior ratificação").

84. A ausência de publicação da pauta gera nulidade do acórdão que decidiu o recurso, ainda que não haja previsão de sustentação oral, ressalvada, apenas, a hipótese do § 1º do art. 1.024, na qual a publicação da pauta é dispensável.

104. O princípio da fungibilidade recursal é compatível com o CPC e alcança todos os recursos, sendo aplicável de ofício.

218. A inexistência de efeito suspensivo dos embargos de declaração não autoriza o cumprimento provisório da sentença nos casos em que a apelação tenha efeito suspensivo.

360. A não oposição de embargos de declaração em caso de erro material na decisão não impede sua correção a qualquer tempo.

361. Na hipótese do art. 1.026, § 4º, não cabem embargos de declaração e, caso opostos, não produzirão qualquer efeito.

394. As partes podem opor embargos de declaração para corrigir vício da decisão relativo aos argumentos trazidos pelo *amicus curiae*.

423. Cabe tutela de evidência recursal.

453. A estabilidade a que se refere o caput do art. 926 consiste no dever de os tribunais observarem os próprios precedentes.

454. Uma das dimensões da coerência a que se refere o caput do art. 926 consiste em os tribunais não ignorarem seus próprios precedentes (dever de autorreferência).

475. Cabem embargos de declaração contra decisão interlocutória no âmbito dos juizados especiais.

476. Independentemente da data de intimação, o direito ao recurso contra as decisões unipessoais nasce com a publicação em cartório, secretaria do juízo ou inserção nos autos eletrônicos da decisão a ser impugnada, o que primeiro ocorrer, ou, ainda, nas decisões proferidas em primeira instância, será da prolação de decisão em audiência.

477. Publicada em cartório ou inserida nos autos eletrônicos a decisão que julga embargos de declaração sob a vigência do CPC de 2015, computar-se-ão apenas os dias úteis no prazo para o recurso subsequente, ainda que a decisão embargada tenha sido proferida ao tempo do CPC de 1973, tendo em vista a interrupção do prazo prevista no art. 1.026.

561. A decisão que julgar procedente ou improcedente o pedido em arguição de descumprimento de preceito fundamental é impugnável por embargos de declaração, aplicando-se por analogia o art. 26 da Lei n.º 9868/1999.

562. Considera-se omissa a decisão que não justifica o objeto e os critérios de ponderação do conflito entre normas.

563. Os embargos de declaração no âmbito do Supremo Tribunal Federal interrompem o prazo para a interposição de outros recursos.

614. Não tendo havido prévia intimação do embargado para apresentar contrarrazões aos embargos de declaração, se surgir divergência capaz de acarretar o acolhimento com atribuição de efeito modificativo do recurso durante a sessão de julgamento, esse será imediatamente suspenso para que seja o embargado intimado a manifestar-se no prazo do § 2º do art. 1.023.

700. O julgamento dos embargos de declaração contra o acórdão proferido pelo colegiado ampliado será feito pelo mesmo órgão com colegiado ampliado.

6. ENUNCIADOS DO CJF

75. Cabem embargos declaratórios contra decisão que não admite recurso especial ou extraordinário, no tribunal de origem ou no tribunal superior, com a consequente interrupção do prazo recursal.

76. É considerada omissa, para efeitos do cabimento dos embargos de declaração, a decisão que, na superação de precedente, não se manifesta sobre a modulação de efeitos.

7. INFORMATIVOS

Informativos do STF

Embargos de declaração e jurisprudência superveniente

A Primeira Turma, por maioria, acolheu embargos de declaração, com efeitos infringentes, para dar provimento a agravo regimental e julgar procedente reclamação, de forma que seja cassado o acórdão impugnado, com determinação para que a autoridade reclamada observe o entendimento fixado no Tema 725 da repercussão geral (RE 958.252, rel. Min. Luiz Fux) e ADPF 324 (rel. Min. Roberto Barroso). No caso, antes do trânsito em julgado, foram opostos embargos de declaração no qual se postulou a aplicação da jurisprudência supervenientemente formada. O colegiado entendeu que o novo Código de Processo Civil prevê a hipótese de cabimento de embargos de declaração para reajustar a jurisprudência firmada em teses que o Supremo Tribunal Federal e o Superior Tribunal de Justiça adotarem. Portanto, antes do trânsito em julgado é legítimo readequar o julgado anterior para ajustá-lo à posição do Plenário. Vencidos os ministros Rosa Weber (relatora) e Marco Aurélio, que rejeitaram os embargos de declaração, tendo em conta que na época em que proferida a decisão embargada não havia pronunciamento do Plenário em sede de repercussão geral sobre o tema. Rcl 15724 AgR-ED/PR, rel. orig. Min. Rosa Weber, red. p/ o ac. Min. Alexandre de Moraes, julgamento em 5.5.2020. Inf. 976.

Informativos do STJ

DIREITO PROCESSUAL CIVIL. HIPÓTESE DE NÃO CABIMENTO DE EMBARGOS DE DECLARAÇÃO.

Mesmo após a vigência do CPC/2015, não cabem embargos de declaração contra decisão que não se pronuncie tão somente sobre argumento incapaz de infirmar a conclusão adotada. Os embargos de declaração, conforme dispõe o art. 1.022 do CPC/2015, destinam-se a suprir omissão, afastar obscuridade ou eliminar contradição existente no julgado. O julgador não está obrigado a responder a todas as questões suscitadas pelas partes, quando já tenha encontrado motivo suficiente para proferir a decisão. A prescrição trazida pelo inciso IV do § 1º do art. 489 do CPC/2015 ["§ 1º Não se considera fundamentada qualquer decisão judicial, seja ela interlocutória, sentença ou acórdão, que: (...) IV – não enfrentar todos os argumentos deduzidos no processo capazes de, em tese, infirmar a conclusão adotada pelo julgador"] veio confirmar a jurisprudência já sedimentada pelo STJ, sendo dever do julgador apenas enfrentar as questões capazes de infirmar a conclusão adotada na decisão. EDcl no MS 21.315-DF, Rel. Min. Diva Malerbi (Desembargadora convocada do TRF da 3ª Região), julgado em 8/6/2016, DJe 15/6/2016. Informativo 585.

DIREITO PROCESSUAL CIVIL. DESNECESSIDADE DE RATIFICAÇÃO DO RECURSO INTERPOSTO NA PENDÊNCIA DE JULGAMENTO DE EMBARGOS DECLARATÓRIOS.

Não é necessária a ratificação do recurso interposto na pendência de julgamento de embargos de declaração quando, pelo julgamento dos aclaratórios, não houver modificação do jugado embargado. Embargos de declaração contra decisão que nega seguimento ao REsp de maneira genérica. REsp 1.129.215-DF, Rel. Min. Luis Felipe Salomão, julgado em 16/9/2015, DJe 3/11/2015. Info. 572.

8. SINOPSE

EMBARGOS DE DECLARAÇÃO
Considerações iniciais
Os embargos de declaração é o recurso que tem por fim o aperfeiçoamento da prestação jurisdicional, a partir da supressão de omissões, eliminação de contradições e esclarecimento de obscuridades, relacionadas aos atos judiciais.
Cabimento
Cabem embargos de declaração contra qualquer decisão judicial para: esclarecer obscuridade ou eliminar contradição; suprir omissão de ponto ou questão sobre o qual devia se pronunciar o juiz de ofício ou a requerimento; corrigir erro material.
Prazo
Os embargos serão opostos, no prazo de 5 (cinco) dias, em petição dirigida ao juiz, com indicação do erro, obscuridade, contradição ou omissão, e não se sujeitam a preparo.
Inexistência de fato extintivo ou impeditivo
Na hipótese específica de serem interpostos embargos de declaração contra ato jurisdicional que julgou anteriores embargos de declaração, aqueles devem prender-se à decisão integrante (posterior), descabendo a rediscussão de fundamentos examinados e vencidos na decisão integrada (anterior).
Regularidade Formal
A petição do recurso de embargos de declaração será dirigida ao órgão que proferiu a decisão embargada, por meio de petição com os seguintes requisitos, sob pena de não preenchimento do pressuposto da regularidade formal: a) os nomes e a qualificação das partes; as razões do pedido de reforma ou de invalidação da decisão; c) pedido de reforma ou anulação da decisão monocrática.
Preparo
A interposição de embargos de declaração dispensa o recolhimento do preparo.
Efeitos
Devolutivo; obstativo; suspensivo; ativo; modificativo (infringente); substitutivo; integrativo; interruptivo.

Competência
Mesmo órgão jurisdicional que proferiu o ato recorrido.
Fungibilidade
O órgão julgador conhecerá dos embargos de declaração como agravo interno se entender ser este o recurso cabível, desde que determine previamente a intimação do recorrente para, no prazo de 05 dias, complementar as razões recursais, de modo a ajustá-las às exigências típicas daquele recurso.
Multa
Quando manifestamente protelatórios os embargos de declaração, o juiz ou o tribunal, em decisão fundamentada, ao declarar que o são, deve condenar o recorrente a pagar ao embargado multa não excedente a 2% sobre o valor atualizado da causa. Na reiteração de embargos de declaração manifestamente protelatórios, a multa será elevada (a se somar àquela antes aplicada) a até 10% sobre o valor atualizado da causa, ficando, agora, condicionada a interposição de qualquer outro recurso ao depósito prévio do valor respectivo.
Natureza Jurídica da Decisão
A decisão que julga os embargos de declaração terá a mesma natureza jurídica da decisão embargada. Se os embargos forem interpostos contra decisão interlocutória, serão julgados por decisão interlocutória. Se interpostos contra sentença, serão julgados por sentença. Se interpostos contra decisão monocrática, serão julgados por decisão monocrática. Se interpostos contra acórdão, serão julgados por acórdão.
Julgamento
Facultada a apresentação de contrarrazões ou não sendo o caso, o juiz julgará os embargos em 05 dias. Quando os embargos de declaração forem opostos contra decisão de relator ou outra decisão unipessoal proferida em tribunal, o órgão prolator da decisão embargada decidi-los-á monocraticamente.

CAPÍTULO 66

RECURSO ORDINÁRIO

Sumário • 1. Considerações iniciais: 1.1. Cabimento: 1.1.1. Fungibilidade; 1.2. Prazo; 1.3. Regularidade formal; 1.4. Preparo; 1.5. Pré-questionamento – 2. Efeitos: 2.1. Obstativo (ou impedimento ao trânsito em julgado); 2.2. Suspensivo; 2.3. Ativo; 2.4. Regressivo (ou retratação); 2.5. Devolutivo; 2.6. Desobstrutivo; 2.7. Substitutivo – 3. Procedimento – 4. Súmulas – 5. Enunciados do FPPC – 6. Informativos – 7. Sinopse.

1. CONSIDERAÇÕES INICIAIS

O recurso ordinário constitucional, em sua essência, muito se assemelha ao recurso de apelação. Inclusive, todos os requisitos de admissibilidade da apelação, previstos no Código de Processo Civil, são aplicáveis ao recurso ordinário (STJ. RMS 12469/MG. DJU 26.08.02). Mas, quando interposto contra decisão interlocutória, ele (o recurso ordinário) assemelhar-se-á a um agravo de instrumento.

E é exatamente por isso, que o art. 1.028, *caput*, e seu respectivo § 1º dispõe: ao recurso mencionado no art. 1.027, inciso II, alínea "b", aplicam-se, quanto aos requisitos de admissibilidade e ao procedimento, as disposições relativas à apelação e o Regimento Interno do Superior Tribunal de Justiça; na hipótese do art. 1.027, § 1º, aplicam-se as disposições relativas ao agravo de instrumento e o Regimento Interno do Superior Tribunal de Justiça.

Todavia, ele (o recurso ordinário) apresenta alguns elementos pontos de diferenciação, conforme se mostrará adiante.

1.1. Cabimento

O art. 1.027 do Código de Processo Civil apresenta 03 hipóteses de cabimento do recurso ordinário, estando 01 prevista no inciso I e outras duas previstas no inciso II.

Nos termos do art. 1.027, I, do Código de Processo Civil, caberá recurso ordinário, a ser julgado pelo Supremo Tribunal Federal, contra acórdão, proferido em única instância pelos tribunais superiores, denegatório de ordem em mandados de segurança, habeas data e mandados de injunção[1].

Mas, a teor do que estabelece o enunciado 513 da súmula do Supremo Tribunal Federal, "a decisão que enseja a interposição de recurso ordinário ou extraordinário não é a do plenário,

1. Constituição da RepúblicaArt. 105. Compete ao Superior Tribunal de Justiça:I – processar e julgar, originariamente:[...] b) os mandados de segurança e os habeas data contra ato de Ministro de Estado, dos Comandantes da Marinha, do Exército e da Aeronáutica ou do próprio Tribunal; [...] h) o mandado de injunção, quando a elaboração da norma regulamentadora for atribuição de órgão, entidade ou autoridade federal, da administração direta ou indireta, excetuados os casos de competência do Supremo Tribunal Federal e dos órgãos da Justiça Militar, da Justiça Eleitoral, da Justiça do Trabalho e da Justiça Federal.

que resolve [*quando existente*] o incidente de inconstitucionalidade, mas a do órgão (câmaras, grupos ou turmas) que completa o julgamento do feito".

Por sua vez, nos termos do art. 1.027, II, do Código de Processo Civil, caberá recurso ordinário, a ser julgado pelo Superior Tribunal de Justiça: contra acórdão, proferido em única instância pelos tribunais regionais federais ou pelos tribunais de justiça dos Estados[2] e do Distrito Federal e Territórios[3], denegatório de ordem em mandado de segurança; contra sentença, proferida pelo juízo federal de primeira instância, nos processos em que forem partes, de um lado, Estado estrangeiro ou organismo internacional e, de outro, Município ou pessoa residente ou domiciliada no País.

Analisam-se, abaixo, cada uma dessas hipóteses, a fim de evidenciar os elementos necessários à concretização do pressuposto do cabimento:

a) *pelo Supremo Tribunal Federal, os mandados de segurança, os habeas data e os mandados de injunção decididos em única* instância *pelos tribunais superiores, quando denegatória a decisão*:

Nesta hipótese de cabimento, é necessário que a decisão seja um acórdão, que ele seja denegatório, proferido em única instância, em mandado de segurança, *habeas data* e mandado de injunção, que advenha de tribunal superior e que processo seja de competência originária de tribunal superior.

Caso se trate de decisão monocrática, para que se viabilize o recurso ordinário, o recorrente deve, antes, interpor, no tribunal superior de origem, agravo interno em momento processual próprio para que haja manifestação do órgão colegiado sobre a decisão (STF. RMS-QO 24237/AL. DJU 03.05.02). Contra o acórdão que julgue o agravo é que cabe recurso ordinário.

O vocábulo "denegatória" deve ser interpretado em sentido amplo, a abarcar tanto o acórdão denegatório da ordem (que resolve o mérito) como aquele que não resolve o mérito. Além disso, a denegação não precisa ser total. A parcial justifica a interposição de recurso ordinário. Se o acórdão for concessivo, cabe, para o STF, recurso extraordinário.

> Sendo a denegação parcial, é possível a interposição de recurso ordinário pelo impetrante e recurso extraordinário pelo impetrado. Em assim ocorrendo, o recurso ordinário e o extraordinário interpostos no mesmo processo serão julgados conjuntamente pelo órgão plenário do STF (enunciado 299 da súmula do Supremo Tribunal Federal).

Outrossim, o recurso ordinário para o STF só cabe contra acórdão proferido por tribunal superior em processo de competência originária. Contra os arestos proferidos pelos tribunais superiores[4] no exercício da competência recursal (ou revisional), cabem outros recursos, sendo o recurso extraordinário e o recurso especial os mais comuns.

2. Constituição da República Art. 125. Os Estados organizarão sua Justiça, observados os princípios estabelecidos nesta Constituição.§ 1º – A competência dos tribunais será definida na Constituição do Estado, sendo a lei de organização judiciária de iniciativa do Tribunal de Justiça.
3. Constituição da República. Art. 108. Compete aos Tribunais Regionais Federais: I – processar e julgar, originariamente:[...] c) os mandados de segurança e os "habeas-data" contra ato do próprio Tribunal ou de juiz federal;
4. A expressão "tribunais superiores", constante no inciso I do art. 1.027, contempla o Superior Tribunal de Justiça, Tribunal Superior do Trabalho, Tribunal Superior Eleitoral e Superior Tribunal Militar.

b) *Pelo Superior* Tribunal *de Justiça, os mandados de segurança decididos em única instância pelos tribunais regionais federais ou pelos tribunais de justiça dos Estados e do Distrito Federal e Territórios, quando denegatória a decisão*:

Nesta hipótese de cabimento, é necessário que a decisão seja um acórdão denegatório, proferido em única instância, em mandado de segurança, que advenha de Tribunal Regional Federal ou de Tribunal Estadual ou do Distrito Federal e Territórios, em processo de competência originária.

Caso se trate de decisão monocrática, para que se viabilize o recurso ordinário, o recorrente deve, antes, interpor, no tribunal superior de origem, agravo interno em momento processual próprio para que haja manifestação do órgão colegiado sobre a decisão (STJ. RMS 15334/RJ. DJU 23.08.04). Contra o acórdão que julgue o agravo é que cabe recurso ordinário.

O vocábulo "denegatória" deve ser interpretado em sentido amplo, a abarcar tanto o acórdão denegatório da ordem (que resolve o mérito) como aquele que não resolve o mérito. Ademais, a denegação não precisa ser total. A parcial justifica a interposição de recurso ordinário. Se o acórdão for concessivo, cabe recurso extraordinário e/ou recurso especial para STF e/ou STJ, respectivamente.

> Nesta hipótese, sendo a denegação parcial, é possível a interposição de recurso ordinário pelo impetrante e recurso especial pelo impetrado. Em assim ocorrendo, o recurso ordinário e o especial interpostos no mesmo processo serão julgados conjuntamente por uma das turmas do STJ. Se a denegação parcial ensejar a interposição, pelos diferentes recorrentes, de recurso ordinário e de recurso extraordinário, por óbvio, eles serão julgados por diferentes tribunais, pelo que não serão resolvidos conjuntamente, conquanto os resultados devam ser harmônicos.

O recurso ordinário para o Superior Tribunal de Justiça só cabe contra acórdão proferido por Tribunal Regional Federal[5] ou Tribunal Estadual, do Distrito Federal e dos Territórios em processo de competência originária. Quando em competência recursal (ou revisional), cabem outros recursos, sendo o recurso extraordinário e o recurso especial os mais comuns.

c) *Pelo Superior Tribunal de Justiça, os processos em que forem partes, de um lado, Estado estrangeiro ou organismo internacional e, de outro, Município ou pessoa residente ou domiciliada no País*:

Nesta hipótese de cabimento, é necessário que seja proferida sentença por juiz federal de primeiro grau (art. 109, II, da CF), nos processos em que forem partes, de um lado, Estado estrangeiro ou organismo internacional e, do outro, Município ou pessoa residente ou domiciliada no País.

Ao contrário das demais hipóteses de cabimento, em que as ações ali elencadas devem ser julgadas improcedentes, para denegar as ordens pedidas, aqui, pouco importa o resultado da sentença. Ela pode julgar procede ou improcedente a ação, em que sejam partes as pessoas acima indicadas. Caberá, independentemente do resultado, recurso ordinário.

5. A expressão "Tribunais Regionais Federais" não contempla os Tribunais Regionais Eleitorais e os Tribunais Regionais do Trabalho (STJ. AgRg no Ag 479060/MG. DJ 19.12.03).

O art. 1.027, II, "b", quando se refere à pessoa "residente ou domiciliada no País", pode até dar a impressão de que o processo em referência envolveria, de um lado, apenas pessoa(s) física(s). Não é o caso. Pode ser pessoa física, jurídica ou mesmo formal, desde que respeitada a competência do juiz federal de primeiro grau.

Aliás, também não interessa se a pessoa que litiga contra Estado estrangeiro ou organismo internacional é nacional ou estrangeira. É necessário apenas que ela seja residente ou domiciliada no Brasil. De idêntico modo, não importa o polo da relação processual que seja ocupado pelo Estado estrangeiro ou pelo organismo internacional, de um lado, e de outro, pelo Município ou pela pessoa residente ou domiciliada no País. Basta que sejam opostos.

Circunstância curiosa é que, em tais processos, as sentenças proferidas são recorridas através de recurso ordinário interponíveis diretamente para o Superior Tribunal de Justiça, sem qualquer passagem pelo respectivo Tribunal Regional Federal (a considerar que a ação é julgada pelo juiz federal de primeiro grau). O STJ é a instância ordinária recursal.

Em causas de natureza trabalhista ajuizadas após o advento da Constituição da República, os Estados estrangeiros deverão ser necessariamente processados e julgados perante a Justiça do Trabalho, não cabendo, por isso, a interposição de recurso ordinário para o Superior Tribunal de Justiça (STJ. RCDESP na RCL 001646. DJU 04.08.04).

Nesta hipótese de cabimento do recurso ordinário constitucional (referida no inciso II, alínea "b", do art. 1.027 do Código de Processo Civil), contra as decisões interlocutórias caberá agravo de instrumento dirigido ao Superior Tribunal de Justiça, desde que verificada qualquer das hipóteses do art. 1.015[6] (STJ. Ag 1118724/RS. DJe 02.03.11).

Por isso, nesse caso (de decisão interlocutória), especificamente, aplicam-se as disposições relativas ao agravo de instrumento e o Regimento Interno do Superior Tribunal de Justiça. Nos demais casos, ou seja, contra a sentença proferida, aplicam-se, ao recurso ordinário, quanto aos requisitos de admissibilidade e ao procedimento, as disposições relativas à apelação e o Regimento Interno do Superior Tribunal de Justiça.

Agora, quando o processo chega ao Superior Tribunal de Justiça, mediante recurso ordinário, contra as decisões proferidas pelo respectivo relator, caberá a interposição de agravo interno.

Questão de Concurso

▶ **(Fumarc – Advogado – Cemig - MG/2018)**[7] Considere que tenha sido impetrado mandado de segurança contra ato de Governador de Estado, que o Tribunal de Justiça Estadual tenha julgado a ação no

6. Art. 1.015. Cabe agravo de instrumento contra as decisões interlocutórias que versarem sobre:I – tutelas provisórias;II – mérito do processo;III – rejeição da alegação de convenção de arbitragem;IV – incidente de desconsideração da personalidade jurídica;V – rejeição do pedido de gratuidade da justiça ou acolhimento do pedido de sua revogação;VI – exibição ou posse de documento ou coisa;VII – exclusão de litisconsorte;VIII – rejeição do pedido de limitação do litisconsórcio;IX – admissão ou inadmissão de intervenção de terceiros;X – concessão, modificação ou revogação do efeito suspensivo aos embargos à execução;XI – redistribuição do ônus da prova nos termos do art. 373, § 1º;XII – (VETADO);XIII – outros casos expressamente referidos em lei.Parágrafo único. Também caberá agravo de instrumento contra decisões interlocutórias proferidas na fase de liquidação de sentença ou de cumprimento de sentença, no processo de execução e no processo de inventário.
7. Gabarito: Letra C.

exercício de competência originária, denegando-se a concessão da segurança. Em face de tais informações, é CORRETO supor que o recurso cabível contra a referida decisão seria:

a) Extraordinário ao Supremo Tribunal Federal.
b) Mandado de segurança como sucedâneo recursal.
c) Ordinário ao Superior Tribunal de Justiça.
d) Ordinário ao Supremo Tribunal Federal.

1.1.1. Fungibilidade

A interposição de recurso extraordinário ou especial em lugar de recurso ordinário constitui erro grosseiro, não sendo possível a utilização da fungibilidade para a sua aceitação como tal. Inclusive, resta sumulado pelo Supremo Tribunal Federal, no enunciado 272, que "não se admite como ordinário recurso extraordinário de decisão denegatória de mandado de segurança".

De acordo com os precedentes advindos do Superior Tribunal de Justiça, está constatado o erro grosseiro porque, além de não existir dúvida objetiva, "os limites de matérias que podem ser debatidas em sede de recursos ordinários constitucionais são totalmente diversos dos limites de conhecimento aplicável aos recursos extraordinários (em sentido lato), de modo que o conhecimento de um pelo outro esbarraria em óbices sumulares os mais variados" (STJ. RMS 31840/SP. DJe 12.11.10).

Entretanto, em afirma à fungibilidade, tem-se admitido o recebimento, como recurso ordinário, de apelação interposta contra acórdão que denega ordem, proferido em única instância, ao fundamento de que, na hipótese, aplicam-se as regras processuais da apelação ao recurso ordinário constitucional (STJ. RMS 20652/MT. DJ 07.05.07).

E se for interposto recurso de apelação contra sentença proferida no processo em que sejam partes, de um lado, Estado estrangeiro ou Organismo internacional e, de outro, Município ou pessoa residente ou domiciliada no País, endereçada para o respectivo Tribunal Regional Federal, em vez do Superior Tribunal de Justiça, ela será admitida em razão da fungibilidade?

A resposta à pergunta é afirmativa porque, conquanto a dúvida objetiva tradicionalmente gire em torno da natureza do recurso cabível e não do tribunal competente, o simples equívoco no direcionamento recursal constitui erro escusável. Assim, o juiz, em vez de remeter os autos do processo ao Tribunal Regional Federal, assim o fará para o Superior Tribunal de Justiça.

1.2. Prazo

O recurso ordinário deve ser interposto no prazo de 15 dias (§ 5º do art. 1.003), contados da intimação da decisão. Se o recorrente estiver representado pela defensoria pública, o prazo para apelar será dobrado (art. 186 do CPC e arts. 44, I, 89, I, ambos da LC nº 80/1994[8]). Também será dobrado o prazo quando o recorrente for o Ministério Público (art. 180 do

8. Art. 44. São prerrogativas dos membros da Defensoria Pública da União:I – receber, inclusive quando necessário, mediante entrega dos autos com vista, intimação pessoal em qualquer processo e grau de jurisdição ou instância administrativa, contando-se-lhes em dobro todos os prazos; [...] Art. 89. São prerrogativas dos membros da Defensoria Pública do Distrito Federal e dos Territórios:I – receber, inclusive quando necessário, mediante

CPC), a Fazenda Pública, suas autarquias e fundações públicas (art. 183 do CPC e Lei nº 9.469/97), bem assim litisconsortes que tiverem diferentes procuradores, de escritórios de advocacia distintos (art. 229 do CPC).

Se o recurso ordinário for interposto via *fac-símile*, os originais (sem qualquer alteração de conteúdo) e os documentos devem chegar ao juízo em até 05 dias corridos, contados após o término do prazo recursal (STJ. EDcl nos EDcl nos EDcl nos EDcl no AgRg no AREsp 681.550/RJ. DJe 22.08.19). A dizer de outra forma, o prazo continuativo de 05 dias se conta após o último dia que o recorrente teria para realizar a interposição do recurso.

1.3. Regularidade formal

A petição do recurso ordinário, que será dirigida ao juízo de primeiro grau, conterá, sob pena de não preenchimento do pressuposto da regularidade formal:

a) os nomes e a qualificação das partes:

Deverão ser indicados os nomes, os prenomes, o estado civil, a existência de união estável, a profissão, o número de inscrição no Cadastro de Pessoas Físicas ou no Cadastro Nacional da Pessoa Jurídica, o endereço eletrônico, o domicílio e a residência do(s) recorrente(s) e do(s) recorrido(s). Tal requisito pode ser mitigado, mediante simples indicação dos nomes e prenomes das partes, casos elas já estejam qualificadas nos autos. Mas, quando o legitimado recursal não seja qualquer das partes, ele deve ser identificado.

b) a exposição do fato e do direito:

Na petição do recurso ordinário, o recorrente deve narrar todo o desenvolvimento do processo desde o seu início até a prolação da decisão, a fim de que o tribunal competente possa compreender, com maior velocidade, o contexto fático-jurídico relacionado à(s) questão (questões) resolvida(s) pelo juízo *a quo*.

c) as razões do pedido de reforma ou de decretação de nulidade (invalidação):

Apresentado o contexto fático-jurídico relacionado à(s) questão (questões) resolvida(s) pelo juízo *a quo*, o recorrente deve, em seguida, apresentar a razões de sua irresignação, de modo a justificar a prolação, pelo tribunal competente, de outra decisão, em substituição (por reforma ou manutenção) ou em anulação (invalidação) da anterior. Caso não apresentadas tais razões, além de ferir a regularidade formal, não será observada, também, a dialeticidade, o que impossibilita a admissão do recurso ordinário.

d) o pedido de nova decisão:

Depois de apresentadas as razões do pedido de reforma ou decretação de nulidade (invalidade), o recorrente deve, para dar coerência à petição recursal, alcançar uma conclusão lógica, sob pena de aquela (a petição recursal) ser considerada inepta e, por consequência,

---

entrega dos autos com vista, intimação pessoal em qualquer processo e grau de jurisdição ou instância administrativa, contando-se-lhes em dobro todos os prazos;[...]

não ser admitido o recurso. A "conclusão lógica", a que conduz as razões do pedido de reforma ou de decretação de nulidade, é o pedido, que deve ser interpretado considerando o conjunto da postulação e de acordo com a boa-fé, além do que, se cumulado, deve observar a compatibilidade.

1.4. Preparo

O preparo se consubstancia na exigência de que o recorrente comprove (mediante guia de recolhimento própria, fornecida pela entidade arrecadadora), no ato de interposição, o recolhimento, quando devidos, dos encargos financeiros recursais (inclusive porte de remessa e retorno – enunciado 187 da súmula do STJ[9]). Mesmo durante o plantão judiciário e as férias forenses (a não ser que impossibilitada a expedição das respectivas guias de recolhimento), o preparo deve ser comprovado no ato de interposição do recurso[10].

No caso do recurso ordinário, por ocasião de sua interposição, exige-se o recolhimento de preparo. Se não for recolhido o preparo, o recurso será considerado deserto. Aplica-se, a dizer de outra forma, a pena de deserção contra o recorrente, a qual enseja a inadmissibilidade recursal em razão da não observância do respectivo pressuposto (do preparo). Agora, duas consequências podem decorrer, em detrimento do recorrente, a depender se a falta de recolhimento do preparo foi integral ou parcial (insuficiente).

Nos termos do § 4º do art. 1.007, "o recorrente que não comprovar, no ato de interposição do recurso, o recolhimento do preparo, inclusive porte de remessa e de retorno, será intimado, na pessoa de seu advogado, para realizar o recolhimento em dobro, sob pena de deserção". Haverá, portanto, se não recolhido o preparo, uma segunda chance. Ela, contudo, será acompanhada de uma penalidade (pagamento em dobro), por que não sido o preparo comprovado por ocasião da interposição do recurso.

Além da penalidade (pagamento do preparo em dobro), aquele que não (recolhe e) demonstra o preenchimento do referido pressuposto de admissibilidade por ocasião da interposição do recurso assumirá, ainda, um ônus adicional. O de não poder complementá-lo, caso não tenha sido recolhido em dobro. É o que dispõe o § 5º do art. 1.007: "é vedada a complementação se houver insuficiência parcial do preparo, inclusive porte de remessa e de retorno, no recolhimento realizado na forma do § 4º".

Situação diferente ocorre quando, por ocasião da interposição do recurso ordinário, o recorrente recolhe o preparo, mas, em valor insuficiente. O § 2º do art. 1.007 do Código de Processo Civil dispõe que "a insuficiência no valor do preparo, inclusive porte de remessa e de retorno, implicará deserção se o recorrente, intimado na pessoa de seu advogado, não vier

9. Enunciado 187 da súmula do STJ: "É deserto o recurso interposto para o Superior Tribunal de Justiça, quando o recorrente não recolhe, na origem, a importância das despesas de remessa e retorno dos autos".

10. Apenas se admite posterior recolhimento do preparo (nos valores habitualmente exigidos, conforme respectivo regimento de custas), em ocasião seguinte ao ato de interposição, se houver previsão legal específica diversa (§ 1º do art. 42 da Lei nº 9.099/95) ou se existir justificativa suficiente (STJ. REsp 471545/SC. DJU 06.03.06). Aliás, § 6º do art. 1.007 do Código de Processo Civil estabelece que, "provando o recorrente justo impedimento, o relator relevará a pena de deserção, por decisão irrecorrível, fixando-lhe prazo de 05 dias para efetuar o preparo".

a supri-lo no prazo de 5 (cinco) dias". Há, pois, a concessão de oportunidade para complementar o preparo. Só se não atendida a determinação, é que será aplicada a pena de deserção.

Estão dispensados do recolhimento de preparo (por suspensão da exigibilidade) aqueles que forem patrocinados pela Defensoria Pública e, em geral, os beneficiados pela gratuidade judiciária (STJ. REsp 245663/MG. DJU 20.03.00). Também estão dispensados (por isenção), inclusive porte de remessa e de retorno, os recursos interpostos pelo Ministério Público, pela União, pelo Distrito Federal, pelos Estados, pelos Municípios, e respectivas autarquias[11], e pelos que gozam de isenção legal[12].

Especificamente no processo em autos eletrônicos, a independer de quem seja o recorrente, é dispensado o recolhimento do porte de remessa e de retorno.

1.5. Pré-questionamento

Conquanto o recurso ordinário seja julgado pelo Supremo Tribunal Federal ou pelo Superior Tribunal de Justiça, o pré-questionamento não é requisito de sua admissibilidade. Será apenas para os recursos de natureza extraordinária, que não é o caso do recurso ordinário que, como deixa clarividente a sua nomenclatura, tem natureza ordinária.

2. EFEITOS

À semelhança da apelação, o recurso ordinário possui (ou pode possuir) os seguintes efeitos:

2.1. Obstativo (ou impedimento ao trânsito em julgado)

A interposição do recurso ordinário impede o trânsito em julgado da decisão, a prolongar a litispendência. Todavia, apenas os recursos ordinários cabíveis e tempestivos podem impedir o trânsito em julgado. Recurso inadmitido por descabimento ou intempestividade não o impede[13].

Embora o efeito obstativo impeça o trânsito em julgado da decisão, ele não impede que isso ocorra em relação à outra(s) decisão(ões). É o que acontece, por exemplo, quando a decisão tem vários capítulos, mas o recurso ordinário interposto não contempla todos em seu objeto.

11. REPETITIVO. INSS. RECOLHIMENTO. PREPARO.[...] Sendo o INSS autarquia federal equiparada em prerrogativas e privilégios à Fazenda Pública, nos termos do artigo 8º da Lei 8.620/93, não lhe é exigível o depósito prévio do preparo para fins de interposição de recurso, podendo efetuá-lo ao final da demanda, se vencido (CPC, artigo 27). REsp 1.101.727, rel. Min. Hamilton Carvalhido, j. 2.8.10. Corte Especial. (Info 441)

12. O art. 7º da Lei 9.289/96 isenta do pagamento das custas os embargos à execução processados perante a Justiça Federal. Tal inexigibilidade estende-se ao recolhimento do preparo na interposição de apelação contra sentença proferida nos referidos embargos (STJ. REsp 1176893/SP. DJe 09.02.12).

13. Há opositores a esta ressalva. Aqueles mais radicais adotam o posicionamento de que o recurso interposto, ainda que inadmitido, impede o trânsito em julgado. Outros, a adotar corrente intermediária, entendem que se o fator que levou ao não conhecimento do recurso for objeto de outro recurso, haverá impedimento ao trânsito em julgado, sob pena de descartar, por completo, a hipótese de reforma do julgado que não admitiu o recurso pelas instâncias superiores, negando-se a existência de dúvida com relação à admissibilidade (STJ. ERESP 441252/CE. DJU 29.06.05). Alguns outros, por fim, a adotar posição também intermediária, defendem que a interposição de recurso, desde que cabível e tempestivo, impede o trânsito em julgado da decisão, ainda que na instância ad quem não seja conhecido em decorrência de outro pressuposto de admissibilidade (STJ. REsp 203067/PR. DJU 14.02.00).

2.2. Suspensivo

A primeira parte do art. 995 do CPC dispõe que "os recursos não impedem a eficácia da decisão". Entretanto, em sua segunda parte, excepciona: "salvo disposição legal ou decisão judicial em sentido diverso". Logo, quando o recurso eventualmente possui efeito suspensivo, o texto legal ou a decisão que o atribui faz (qualquer delas) expressa ressalva (atribuição). Tal não ocorre com o recurso ordinário.

Pois bem.

Quando for interposto recurso ordinário contra acórdão, sendo, para tanto, requisito que o tribunal de origem denegue a ordem pedida pelo autor (impetrante), o recurso ordinário não terá o que se suspender. Seria inócua a sua concessão. Logo, não bastasse a ausência de previsão legal (específica, ainda que por referência) para a atribuição de efeito suspensivo, pedido nesse sentido careceria de interesse, porquanto não poderia proporcionar nenhum benefício de ordem prática.

No caso das sentenças proferidas nos processos que envolvam como partes, de um lado, Estado estrangeiro ou organismo internacional, e, de outro, Município ou pessoa residente ou domiciliada no País, também não haverá efeito suspensivo, a não ser que atribuído *ope iudicis*. Isso porque, ante a carência de disposição legal específica nesse sentido, o art. 1.028 só estende as disposições da apelação ao recurso ordinário quanto à admissibilidade e procedimento, não fazendo indicação à eficácia[14].

2.3. Ativo

O efeito ativo se consubstancia na possibilidade de a instância *ad quem* antecipar, mediante decisão provisória, a tutela recursal de provimento antes do julgamento definitivo (do recurso ordinário). Pode acontecer, em razão da falta de preenchimento dos requisitos necessários para a tutela provisória, de o efeito ativo ser concedido apenas em parte.

O efeito ativo pode ser atribuído em razão de concessão de tutela provisória de urgência ou de evidência. Não por outra razão que o enunciado 423 do FPPC, em referência aos arts. 311, 995, parágrafo único, 1.012, § 4º, 1.019, inciso I, 1.026, § 1º, e 1.029, § 5º, do CPC, orienta que "cabe tutela de evidência recursal".

2.4. Regressivo (ou retratação)

Em razão do efeito regressivo, autoriza-se que o órgão jurisdicional *a quo*, ante a interposição de recurso ordinário, reveja sua sentença, a fim de se retratar. Este efeito não é comum a todos os recursos, sendo admitido unicamente quando houver expressa autorização legal.

Para tal espécie recursal (recurso ordinário), só se pode atribuir efeito regressivo quando for interposta contra decisão de indeferimento da petição inicial (art. 331 do CPC[15]), de

14. Art. 1.028. Ao recurso mencionado no art. 1.027, inciso II, alínea "b", aplicam-se, quanto aos requisitos de admissibilidade e ao procedimento, as disposições relativas à apelação e o Regimento Interno do Superior Tribunal de Justiça.
15. Art. 331. Indeferida a petição inicial, o autor poderá apelar, facultado ao juiz, no prazo de 5 (cinco) dias, retratar-se.

julgamento de improcedência liminar (§ 3º do art. 332 do CPC[16]) e terminativas (§ 7º do art. 485 do CPC[17]), a teor da referência disposta no art. 1.028 do CPC.

Emprestado efeito regressivo, mediante exercício do juízo de retratação, o recurso ordinário interposto será inadmitido, porque prejudicado (ante a perda de seu objeto), a passar o recorrente a carecer de interesse recursal, já que o julgamento pela instância *ad quem* não mais lhe poderá lhe proporcionar qualquer utilidade.

Se o efeito regressivo incidir apenas em parte do recurso, aquela em que não incidiu, será submetida ao tribunal. Se isso ocorrer, dá-se ensejo a uma situação interessante. Contra a decisão de retratação, caberia recurso (e, em caso positivo, qual seria ele)? A resposta é afirmativa. Se mantido o encerramento da instância, seria recurso ordinário, mas, se reaberta, seria agravo interno (para o caso de ações que tramitam em tribunais superiores) ou, se preenchido o pressuposto do cabimento, agravo de instrumento (para o caso da última hipótese de cabimento de recurso ordinário).

É condição, todavia, para se emprestar efeito regressivo, mediante exercício do juízo de retratação, que o recurso ordinário seja considerado, pelo juízo *a quo*, tempestivo.

Por óbvio, então, a interposição do recurso ordinário é indispensável para o empréstimo de efeito regressivo, não sendo suficiente a mera formulação de pedido de retratação, pois que, sem o manejo recursal, não haverá impedimento ao trânsito em julgado. Consequentemente, o efeito negativo da coisa julgada impedirá o órgão, que proferiu a decisão, de decidir de forma contrária ao definido anteriormente.

2.5. Devolutivo

A admissibilidade do recurso ordinário transfere ao órgão jurisdicional *ad quem* o conhecimento da matéria recorrida e, pelo menos em regra, daquela que deveria ser conhecida pelo juízo *a quo*, mas não foi.

A extensão horizontal do efeito devolutivo do recurso ordinário é determinada pela amplitude da impugnação (*tantum devolutum quantum apellatum*) (dimensão horizontal do efeito devolutivo[18]). Enquanto isso, sua profundidade identifica-se com o material que deve trabalhar o órgão *ad quem* para julgar (dimensão vertical do efeito devolutivo ou efeito translativo).

---

16. Art. 332. Nas causas que dispensem a fase instrutória, o juiz, independentemente da citação do réu, julgará liminarmente improcedente o pedido que contrariar:[...] § 3º Interposta a apelação, o juiz poderá retratar-se em 5 (cinco) dias.

17. Art. 485. O juiz não resolverá o mérito quando:[...] § 7º Interposta a apelação em qualquer dos casos de que tratam os incisos deste artigo, o juiz terá 5 (cinco) dias para retratar-se.

18. Indenização por dano moral. Alcance da apelação. Precedentes da Corte. 1. Já decidiu a Corte que a 'apelação postulando a improcedência do pedido devolve ao conhecimento do Tribunal toda a matéria, incluída a redução do valor da condenação, de menor abrangência, como acolhido em precedentes da Corte' (REsp nº 234.644/MG, da minha relatoria, DJ de 05/6/00). 2. Recurso especial não conhecido (REsp 436.845/PB, Rel. Min. Carlos Alberto Menezes Direito, DJU 24.02.03);PROCESSUAL CIVIL. APELAÇÃO. PROVIMENTO PARCIAL. A decisão da apelação que diminui o valor da indenização fixado pelo juiz de primeiro grau, quando o apelante requerer apenas a improcedência total da ação, não importa em julgamento extra petita. Recurso não conhecido (REsp 313.699/PB, Rel. Min. Cesar Asfor Rocha, DJU 11.11.02);PROCESSO CIVIL. APELAÇÃO. REDUÇÃO DA CONDENAÇÃO. A apelação que persegue a improcedência do pedido autoriza o Tribunal a reformar a sentença, em parte, reduzindo o montante

O efeito devolutivo, em sua dimensão horizontal, determina os limites horizontais do recurso (o que se pode decidir). Relaciona-se ao objeto litigioso recursal (a questão principal do recurso). Na dimensão vertical, determinam-se os limites verticais (material com que o órgão recursal trabalhará para decidir a questão que lhe foi submetida). Relaciona-se ao objeto de conhecimento do recurso (as questões que devem ser enfrentadas como fundamentos para a solução do objeto litigioso recursal).

Em decorrência do efeito devolutivo em sua dimensão vertical, as matérias de ordem pública (a exemplo dos pressupostos processuais e das condições da ação), devem ser objeto de análise pelo órgão jurisdicional *ad quem* (STJ. REsp 856388/SP. DJU 24.05.07), independentemente de provocação por qualquer dos interessados. O próprio interesse público, que circunda o efeito em análise, está acima dos interesses de qualquer pessoa.

O efeito devolutivo, em sua dimensão horizontal, limita o efeito devolutivo em sua dimensão vertical, de modo que o tribunal somente poderá apreciar, em profundidade, as questões que se relacionarem àquilo que foi impugnado horizontalmente. Assim, pode-se dizer que o recorrente estabelece a extensão do recurso (no plano horizontal), mas não a sua profundidade (no plano vertical).

Em razão disso, que o enunciado 100 do Fórum Permanente de Processualistas Civis orienta que "não é dado ao tribunal conhecer de matérias vinculadas ao pedido transitado em julgado pela ausência de impugnação".

A impugnação do recorrente, a definir a amplitude do efeito devolutivo horizontal, pode ir além daquilo que foi decidido pela decisão. Todas as questões decididas no curso do processo, contra as quais não caiba agravo (interno ou por instrumento, a depender da hipótese), podem ser impugnadas em recurso ordinário, porque, até então, não são cobertas pela preclusão (a não ser que, e a partir daí, o recurso ordinário não as impugne).

No recurso ordinário, a considerar a orientação do § 1º do art. 1.009 (c/c art. 1.028), o recorrente deve, em preliminar, suscitar as questões resolvidas antes da decisão final, e, como questão principal, aquilo que foi decidido especificamente (e com definitividade ou terminatividade). Só que isso não impossibilita que o recurso ordinário impugne apenas as questões decididas antes da decisão final.

Casos como tais são comuns. Imagine-se o indeferimento de alguma prova. Ele pode acarretar distorção na compreensão dos fatos pelo órgão julgador. No recurso ordinário, pode o recorrente se ater a sustentar o cerceamento do direito de defesa. Se for essa a situação, as questões anteriores não serão apresentadas como "preliminares", mas como questões principais do recurso, nomeadamente a considerar a inexistência, aí, de relação de acessoriedade.

Diga-se mais.

Conquanto o recurso ordinário devolva ao tribunal *ad quem* o conhecimento da matéria impugnada, serão objeto de apreciação e julgamento todas as questões suscitadas e discutidas no processo, ainda que não tenham sido solucionadas, desde que relativas ao capítulo impug-

---

da condenação; o menos está abrangido pelo mais, desde que o recurso não tenha alcance parcial. Recurso especial conhecido e provido (REsp 242.041/MG, Rel. Min. Ari Pargendler, DJU 05.08.02).

nado. E se o pedido ou a defesa tiverem mais de um fundamento e o juiz acolher apenas um deles, a apelação devolverá ao tribunal o conhecimento dos demais.

Os precedentes do Superior Tribunal de Justiça dizem mais. Por força do efeito devolutivo, o tribunal está autorizado a: a) reavaliar os fundamentos não acolhidos pelo juiz de primeiro grau, assim como a motivação disposta na decisão (STJ. REsp 556025/RS. DJU 16.03.07); b) avaliar questões que poderiam ter sido apreciadas pelo juízo *a quo* (inclusive as examináveis de ofício), mas que deixaram de ser (STJ. REsp 735122/RS. DJU 20.11.06).

2.6. Desobstrutivo

Em razão do efeito desobstrutivo, nos casos de extinção do processo sem resolução de mérito, bem assim de prolação de decisão nula (por falta de congruência ou de fundamentação), a instância *ad quem* pode, de logo, independentemente da formulação de pedido pelo recorrente, julgar a questão apresentada perante a instância *a quo*.

Faz-se necessário, entretanto, que a questão apresentada à instância *a quo*, para poder ser julgada pela *ad quem*, esteja em condições de imediato julgamento, seja porque ela é exclusivamente de direito ou, mesmo que envolva fatos, que eles estejam suficientemente esclarecidos.

Para que se fale em desobstrução, é imprescindível, evidentemente, que haja prévia obstrução. Sem essa, não há possibilidade de incidência do efeito desobstrutivo. Bastaria a simples incidência do efeito devolutivo. O art. 1.013 do Código de Processo Civil, ao tratar do recurso de apelação (mas, que é aplicável ao recurso ordinário, a teor do que estabelece o art. 1.028), traz hipóteses que podem ilustrar a incidência do efeito desobstrutivo e devolutivo.

Em seu § 3º, especificamente nos incisos I, II e IV, o art. 1.013, apresenta exemplos de incidência do efeito desobstrutivo, onde, são afastados os motivos de obstrução para, depois, julgar a questão apresentada na instância *a quo*. Mas, no inciso III, traz verdadeiro exemplo do efeito devolutivo[19], pois, não havia obstrução ao julgamento originário.

O efeito desobstrutivo previsto no § 3º do art. 1.013, que representa afirmação da competência do tribunal superior para julgar as questões que foram apresentadas perante o tribunal *a quo*, deve ser interpretado em consonância ao art. 355, I, que dispõe: "o juiz julgará antecipadamente o pedido, proferindo sentença com resolução de mérito, quando: [...] não houver necessidade de produção de outras provas [...]" (STJ. EDcl no AgRg no AREsp 42537/RJ. DJe 23.09.13).

De fato, § 3º, I, II e IV, do art. 1.013 dispõe que, se o processo estiver em condições de imediato julgamento, o tribunal deve decidir desde logo o mérito quando: reformar decisão fundada no art. 485; decretar a nulidade da decisão por não ser ela congruente com os limites do pedido ou da causa de pedir; [...] decretar a nulidade de decisão por falta de fundamentação.

19. Art. 1.013. A apelação devolverá ao tribunal o conhecimento da matéria impugnada.[...] § 3º Se o processo estiver em condições de imediato julgamento, o tribunal deve decidir desde logo o mérito quando:I – reformar sentença fundada no art. 485;II – decretar a nulidade da sentença por não ser ela congruente com os limites do pedido ou da causa de pedir;III – constatar a omissão no exame de um dos pedidos, hipótese em que poderá julgá-lo;IV – decretar a nulidade de sentença por falta de fundamentação.

Esse rol (apresentado pelo art. 1.013) é apenas exemplificativo, a considerar que o efeito desobstrutivo visa, também, a afirmar a eficiência, de previsão (além de legal) constitucional, pelo que não poderia um dispositivo do Código de Processo Civil limitar a sua incidência. Apesar disso, no STJ, há divergência (a favor: REsp 1096908/AL, DJe 19.10.09; contra: REsp 1236732/PR. DJe 24.06.11).

Agora, pode ocorrer de ser afastado algum motivo de obstrução pela instância *ad quem*, mas, depois, deparar-se com outro, que também impeça a análise do mérito. Nesse caso, ficaria o órgão recursal também impossibilitado de adentrar no mérito da questão apresentada perante a instância *a quo*.

Para que seja respeitada a cooperação, sendo o caso de prosseguir com o julgamento, o relator deve intimar as partes acerca dessa possibilidade. Surge, então, um problema: se assim o faz, ele (o relator) anuncia que vai superar a questão que obstrui o julgamento do mérito. Deveria, então, na sessão, decidir a questão e também intimar as partes para se pronunciarem acerca do prosseguimento, a fim de que elas possam exercer o contraditório?

Acredita-se que não. Antes (ou até mesmo depois) de iniciado qualquer julgamento, o relator já deve intimar as partes acerca da possibilidade de ser superada a questão que obstrui o julgamento do mérito. Não é conveniente que haja uma repartição do julgamento, nomeadamente por desrespeitar a eficiência. O simples inconveniente de o relator, de certa forma, adiantar o seu voto, deve ser enfrentado, até porque não contraria qualquer garantia processual (inclusive, o art. 933 do CPC faz indicação nesse sentido)[20].

Todo inconveniente seria superado se as partes, de logo, ainda que sob a advertência do tribunal *a quo*, tivessem considerado a possibilidade de empréstimo de efeito desobstrutivo ao recurso. Assim, quando apresentassem suas razões e contrarrazões, deveriam se pronunciar acerca das questões a serem, de imediato, enfrentadas e, em seguida, em respeito à própria eventualidade, as questões relacionadas ao mérito.

Apesar de todo o exposto, o Supremo Tribunal Federal e o Superior Tribunal de Justiça não admitem tal efeito ao recurso ordinário, porque, se assim o fosse, atrairia a competência do tribunal local, o que seria inconstitucional[21].

20. Art. 933. Se o relator constatar a ocorrência de fato superveniente à decisão recorrida ou a existência de questão apreciável de ofício ainda não examinada que devam ser considerados no julgamento do recurso, intimará as partes para que se manifestem no prazo de 5 (cinco) dias.§ 1º Se a constatação ocorrer durante a sessão de julgamento, esse será imediatamente suspenso a fim de que as partes se manifestem especificamente.§ 2º Se a constatação se der em vista dos autos, deverá o juiz que a solicitou encaminhá-los ao relator, que tomará as providências previstas no caput e, em seguida, solicitará a inclusão do feito em pauta para prosseguimento do julgamento, com submissão integral da nova questão aos julgadores.

21. RMS. ART. 515, § 3º, CPC. Trata-se de mandado de segurança impetrado pelo Estado-membro que se sentiu atingido pela sentença que isentou de IPVA a instituição financeira, em ação de busca e apreensão na qual o credor fiduciário pleiteia a recuperação de veículo alienado a devedor fiduciante, pois deixou de pagar as prestações de operação de compra e venda com alienação fiduciária em garantia. A Turma entendeu que, não intimado do acórdão, não se poderia exigir do Estado o conhecimento da referida ação e, consequentemente, a interposição de recurso contra a sentença. Logo, aplica-se o Súm. nº 202 do STJ. Entendeu, ainda, que, quanto ao mandado de segurança devidamente instruído e extinto sem julgamento de mérito, não pode este Superior Tribunal, após afastar a extinção, continuar a julgar a causa e apreciar o mérito da ação mandamental, pois, se assim o fizesse, atrairia para si a competência do Tribunal estadual, uma vez que compete a ele processar e julgar o mandado de segurança contra ato tido por ilegal do juiz de primeiro grau. Assim, não se aplica o art. 515, § 3º, do CPC ao

2.7. Substitutivo

O art. 1.008 do Código de Processo Civil dispõe que "o julgamento proferido pelo tribunal substituirá a decisão impugnada no que tiver sido objeto de recurso". Em razão do efeito substitutivo, o julgamento recursal proferido pelo tribunal substitui a decisão recorrida no que tiver sido objeto de recurso (pode ser total ou parcial).

Contudo, somente há substituição se o recurso ordinário interposto for admitido (independentemente de ele ser provido ou desprovido), no limite da devolutividade, seja ela horizontal ou vertical. Se não for admitido o recurso ordinário, não haverá substituição, logo porque não haverá apreciação de qualquer das questões decididas pelo juízo *a quo*.

Se o recurso ordinário for parcial, por não contemplar em seu objeto todas as questões possíveis, que foram decididas pela instância *a quo*, quando julgado (o recurso ordinário), porque admitido, a substituição ocorre na amplitude da devolutividade. Se o recurso ordinário for total, mas admitido apenas em alguma(s) parte(s), somente nela(s) é que haverá substituição.

Quanto ao resultado do julgamento, se provido ou desprovido o recurso ordinário, também haverá substituição. Poder-se-ia até se questionar essa conclusão, pelo fato de o resultado ter sido preservado com o desprovimento. Ocorre que, apesar da preservação do resultado, há outros elementos, que justificam a substituição, dentre os quais as repercussões jurídicas decorrentes do julgamento do recurso ordinário.

Deve-se considerar que as decisões que analisam o mérito do recurso ordinário, fundado em vício de procedimento (*error in procedendo*), se decidirem pelo provimento, anulam a decisão recorrida. Não há, aí, pelo menos em regra, substituição, a considerar que o tribunal *ad quem* não profere julgamento em reforma, mas apenas, em caso de provimento, anula aquele que foi submetido ao recurso ordinário.

As decisões, que analisam mérito recursal fundado em vício de juízo (*error in iudicando*), é que reformam a decisão recorrida, substituindo-a, ainda que o tribunal *ad quem*, repita-se, mantenha o resultado, ante o desprovimento recursal. Por essa razão, eventual ajuizamento de ação rescisória teria como objeto a decisão proferida em recurso, e não a anteriormente proferida (que foi objeto do recurso).

Apesar disso, se o mérito do recurso ordinário cingir-se à alegação de *error in procedendo*, em algumas hipóteses, há substituição da decisão. São elas:

a) interposto recurso ordinário, ele é desprovido e, assim, é rejeitada a alegação da existência do vício de procedimento (aí, portanto, não haverá cassação, mas, ao contrário, confirmação da decisão recorrida);

b) interposto recurso ordinário, ele é provido para acolher a alegação da existência de vício de procedimento, e o órgão recursal, prossegue no julgamento da ação, a analisar o seu mérito (aí, a nova decisão, proferida pelo tribunal *ad quem*, substituirá aquela proferida pela instância *a quo*).

---

recurso ordinário em mandado de segurança, pois se trata de competência constitucional. Precedente citado do STF: EDcl no RMS 24.309-DF, DJ 30/4/2004. RMS 27.368-PE, Rel. Min. Eliana Calmon, julgado em 17/3/2009.

3. PROCEDIMENTO

O recurso ordinário deve ser interposto perante o presidente (ou vice-presidente) do tribunal que proferiu a decisão a ser impugnada (a não se que se trate de uma sentença, prevista no art. 1.027, II, "b", situação em que o recurso ordinário será interposto perante o juiz prolator), no prazo 15 dias (a não ser que haja algum privilégio de dobra), mediante recolhimento de preparo.

A instância *a quo* deverá, em seguida, intimar o recorrido para, também no prazo de 15 dias, apresentar contrarrazões. Não será cabível recurso adesivo (por haver diferença da espécie recursal)[22], a não ser na hipótese prevista pelo art. 1.027, II, "b". Se for o caso, o juiz intimará o apelante para apresentar contrarrazões.

Cumpridas essas formalidades, é possível, desde que diante de algumas das hipóteses autorizadoras[23], que a instância *a quo* exerça o juízo de retratação, em razão do empréstimo de efeito regressivo. Em tais casos, exclusivamente, a instância *a quo* analisa o mérito do recurso ordinário.

E, para tanto (analisar o mérito do recurso ordinário quando do exercício do juízo de retratação), o órgão *a quo* (que não será a presidência ou vice-presidência do tribunal de origem, mas o próprio órgão que proferiu a decisão recorrida), por antecedência lógica, efetuará um juízo de retratação, que apenas lhe vincula. Se ele não for positivo, por óbvio, não poderá haver retratação.

Se a instância *a quo* emprestar efeito regressivo, o recurso ordinário ficará prejudicado, pelo que não será admitida pelo tribunal *ad quem*. Ao recorrido caberá, agora, e se entender conveniente, interpor recurso (o cabível) contra o pronunciamento de retratação, que será uma decisão substitutiva.

Se não emprestar efeito regressivo ou se não for possível para a situação que se apresenta, os autos serão remetidos, pela instância *a quo* ao tribunal *ad quem*, independentemente da realização de juízo de admissibilidade. Caso assim o faça, caberá reclamação por usurpação de competência[24].

Recebidos os autos, no tribunal superior, o recurso ordinário será distribuído imediatamente ao relator[25], a quem caberá decidir monocraticamente a apelação apenas nas hipóteses do art. 932, III a V, que são as seguintes:

22. O recurso ordinário em mandado de segurança, por ser privativo do impetrante (porquanto somente cabível em hipótese de denegação da ordem pedida), não admite interposição adesiva (STJ. RMS 10962/PR. DJ 05.11.01).
23. À apelação, só se pode atribuir efeito regressivo quando for interposta contra sentenças de indeferimento da petição inicial (art. 331 do CPC), de julgamento de improcedência liminar (§ 3º do art. 332 do CPC) e terminativas (§ 7º do art. 485 do CPC). Também poderá haver retratação, em razão da existência de efeito regressivo, à apelação que seja interposta contra as sentenças proferidas nas causas que tramitam sob o procedimento definido pelo ECA, a teor do que estabelece o seu art. 198, VII.
24. Enunciado 208 do Fórum Permanente de Processualistas orienta que "cabe reclamação, por usurpação da competência do Superior Tribunal de Justiça, contra a decisão de juiz de 1º grau que inadmitir recurso ordinário, no caso do art. 1.027, II, 'b'".
25. Pode ocorrer de, antes da distribuição, o recorrente pedir a atribuição de efeito suspensivo, ocasião em que será sorteado relator, antes de chegar os autos com o recurso ordinário. Se os autos, com o recurso ordinário, chega-

a) não conhecer de recurso inadmissível, prejudicado ou que não tenha impugnado especificamente os fundamentos da decisão recorrida;

b) negar provimento a recurso que for contrário a: súmula do Supremo Tribunal Federal, do Superior Tribunal de Justiça ou do próprio tribunal; acórdão proferido pelo Supremo Tribunal Federal ou pelo Superior Tribunal de Justiça em julgamento de recursos repetitivos; entendimento firmado em incidente de resolução de demandas repetitivas ou de assunção de competência;

c) depois de facultada a apresentação de contrarrazões, dar provimento ao recurso se a decisão recorrida for contrária a: súmula do Supremo Tribunal Federal, do Superior Tribunal de Justiça ou do próprio tribunal; acórdão proferido pelo Supremo Tribunal Federal ou pelo Superior Tribunal de Justiça em julgamento de recursos repetitivos; entendimento firmado em incidente de resolução de demandas repetitivas ou de assunção de competência;

Se não for o caso de decisão monocrática, o relator elaborará seu voto para julgamento do recurso pelo órgão colegiado, em sessão a ser designada pelo presidente do órgão, mediante inclusão em pauta.

Na sessão de julgamento, depois da exposição da causa pelo relator, o presidente dará a palavra, sucessivamente, ao recorrente, ao recorrido e, nos casos de sua intervenção, ao membro do Ministério Público, pelo prazo improrrogável de 15 minutos para cada um, a fim de sustentarem suas razões.

Proferidos os votos pelos membros do órgão colegiado, que será composto por 05 ministros, o presidente anunciará o resultado do julgamento, designando para redigir o acórdão o relator ou, se vencido este, o autor do primeiro voto vencedor.

Em qualquer caso, não será necessária a aplicação da técnica de julgamento do art. 942[26] do CPC, porque, além de o recurso ordinário ser julgado por um tribunal superior, o que já é suficiente para qualificar o julgamento, o órgão colegiado é composto por 05 ministros (e não por apenas 03 juízes, como ocorre na maior parte das vezes perante os tribunais locais).

---

rem ao tribunal e, somente aí, ser encaminhado o pedido de atribuição de efeito suspensivo, caberá ao relator, que já foi sorteado, realizar sua apreciação.

26. Art. 942. Quando o resultado da apelação for não unânime, o julgamento terá prosseguimento em sessão a ser designada com a presença de outros julgadores, que serão convocados nos termos previamente definidos no regimento interno, em número suficiente para garantir a possibilidade de inversão do resultado inicial, assegurado às partes e a eventuais terceiros o direito de sustentar oralmente suas razões perante os novos julgadores.§ 1º Sendo possível, o prosseguimento do julgamento dar-se-á na mesma sessão, colhendo-se os votos de outros julgadores que porventura componham o órgão colegiado.§ 2º Os julgadores que já tiverem votado poderão rever seus votos por ocasião do prosseguimento do julgamento.§ 3º A técnica de julgamento prevista neste artigo aplica-se, igualmente, ao julgamento não unânime proferido em:I – ação rescisória, quando o resultado for a rescisão da sentença, devendo, nesse caso, seu prosseguimento ocorrer em órgão de maior composição previsto no regimento interno;II – agravo de instrumento, quando houver reforma da decisão que julgar parcialmente o mérito.§ 4º Não se aplica o disposto neste artigo ao julgamento:I – do incidente de assunção de competência e ao de resolução de demandas repetitivas;II – da remessa necessária;III – não unânime proferido, nos tribunais, pelo plenário ou pela corte especial.

O acórdão conterá ementa (art. 943 do CPC[27]).

Em razão da atividade desempenhada na instância recursal, os honorários advocatícios decorrentes da sucumbência serão realinhados, a teor do que estabelece o art. 85, § 11, do Código de Processo Civil.

4. SÚMULAS

Súmulas do STF

272. Não se admite como ordinário recurso extraordinário de decisão denegatória de mandado de segurança.

299. O recurso ordinário e o extraordinário interpostos no mesmo processo de mandado de segurança, ou de "habeas corpus", serão julgados conjuntamente pelo tribunal pleno.

513. A decisão que enseja a interposição de recurso ordinário ou extraordinário não é a do plenário, que resolve o incidente de inconstitucionalidade, mas a do órgão (câmaras, grupos ou turmas) que completa o julgamento do feito.

5. ENUNCIADOS DO FPPC

208. Cabe reclamação, por usurpação da competência do Superior Tribunal de Justiça, contra a decisão de juiz de 1º grau que inadmitir recurso ordinário, no caso do art. 1.027, II, 'b'.

209. Cabe reclamação, por usurpação da competência do Superior Tribunal de Justiça, contra a decisão de presidente ou vice-presidente do tribunal de 2º grau que inadmitir recurso ordinário interposto com fundamento no art. 1.027, II, "a".

210. Cabe reclamação, por usurpação da competência do Supremo Tribunal Federal, contra a decisão de presidente ou vice-presidente de tribunal superior que inadmitir recurso ordinário interposto com fundamento no art. 1.027, I.

357. Aplicam-se ao recurso ordinário os arts. 1.013 e 1.014.

6. INFORMATIVOS

Informativos do STJ

O prazo para interposição de recurso ordinário em habeas corpus, ainda que se trate de matéria não criminal, é de 5 dias. O art. 1.003, § 5º, do CPC/2015, afirma que "excetuados os embargos de declaração, o prazo para interpor os recursos e para responder-lhes é de 15 (quinze) dias" e o art. 994, V, do CPC/2015, afirma ser o recurso ordinário uma modalidade recursal sujeita à disciplina pelo CPC/2015. Ocorre que é preciso também examinar o conteúdo do art. 1.027, II, "a" e "b", do CPC/2015, que delimita, especificamente, as hipóteses em que o recurso ordinário constitucional se submeterá, do ponto de vista procedimental, ao regime recursal instituído pelo CPC/2015. Percebe-se, pois, que o CPC/2015 excluiu de sua regência o recurso ordinário em *habeas corpus*, não tendo o legislador sequer realizado a ressalva de que o CPC/2015 se aplicaria, por exemplo, aos recursos ordinários em *habeas corpus* de matéria não criminal (prisões decorrentes de obrigações alimentares, acolhimentos institucionais, etc.), o que poderia demonstrar o eventual desejo

27. Art. 943. Os votos, os acórdãos e os demais atos processuais podem ser registrados em documento eletrônico inviolável e assinados eletronicamente, na forma da lei, devendo ser impressos para juntada aos autos do processo quando este não for eletrônico.§ 1º Todo acórdão conterá ementa.§ 2º Lavrado o acórdão, sua ementa será publicada no órgão oficial no prazo de 10 (dez) dias.

consciente de tratar, de modo distinto, os recursos ordinários em *habeas corpus* cíveis e criminais. Ademais, como se percebe do art. 1.072, IV, do CPC/2015, foram textualmente revogados alguns artigos específicos da Lei n. 8.078/1990, não havendo, contudo, menção à revogação do art. 30 do mesmo diploma legal. Não se pode olvidar, que esta Corte tem precedente no sentido de que a Lei n. 8.038/1990 não foi integralmente revogada pelo CPC/2015, de modo que permanecem em vigor as regras não expressamente excluídas do ordenamento jurídico. Diante desse cenário, é preciso concluir que o prazo para interposição de recurso ordinário em *habeas corpus*, ainda que se trate de matéria não criminal, continua sendo de 5 dias, nos termos do vigente art. 30 da Lei n. 8.038/1990, lei especial que prevalece, no particular, sobre a lei geral. RHC 109.330-MG, Rel. Min. Nancy Andrighi, por unanimidade, julgado em 09/04/2019, DJe 12/04/2019. Inf. 646.

7. SINOPSE

RECURSO ORDINÁRIO
Considerações iniciais
O recurso ordinário constitucional, em sua essência, muito se assemelha ao recurso de apelação. Inclusive, todos os requisitos de admissibilidade da apelação, previstos no CPC, são aplicáveis ao recurso ordinário. Todavia, ele apresenta alguns elementos de diferenciação.
Cabimento
Caberá recurso ordinário: a) a ser julgado pelo Supremo Tribunal Federal, contra acórdão, proferido em única instância pelos tribunais superiores, denegatório de ordem em mandados de segurança, habeas data e mandados de injunção; b) a ser julgado pelo Superior Tribunal de Justiça: i) contra acórdão, proferido em única instância pelos tribunais regionais federais ou pelos tribunais de justiça dos Estados e do Distrito Federal e Territórios, denegatório de ordem em mandado de segurança; ii) contra sentença, proferida pelo juízo federal de primeira instância, nos processos em que forem partes, de um lado, Estado estrangeiro ou organismo internacional e, de outro, Município ou pessoa residente ou domiciliada no País.
Fungibilidade
A interposição de recurso extraordinário ou especial em lugar de recurso ordinário constitui erro grosseiro, não sendo possível a utilização da fungibilidade para a sua aceitação como tal.
Prazo
O recurso ordinário deve ser interposto no prazo de 15 dias (§ 5º do art. 1.003), contados da intimação da decisão.
Regularidade Formal
A petição do recurso ordinário, que será dirigida ao juízo de primeiro grau, conterá, sob pena de não preenchimento do pressuposto da regularidade formal: a) os nomes e a qualificação das partes; b) a exposição do fato e do direito; c) as razões do pedido de reforma ou de decretação de nulidade (invalidação); o pedido de nova decisão.
Preparo
No caso do recurso ordinário, por ocasião de sua interposição, exige-se o recolhimento de preparo.
Pré-questionamento
Conquanto o recurso ordinário seja julgado pelo Supremo Tribunal Federal ou pelo Superior Tribunal de Justiça, o pré-questionamento não é requisito de sua admissibilidade.
Efeitos
Obstativo (ou impedimento ao trânsito em julgado); suspensivo; ativo; regressivo (ou retratação); devolutivo; desobstrutivo; substitutivo.
Procedimento
Vide item 3 sobre o tema.

CAPÍTULO 67

RECURSO EXTRAORDINÁRIO E RECURSO ESPECIAL

1. CONSIDERAÇÕES INICIAIS

O recurso extraordinário e o recurso especial são classificados como sendo de estrito direito (embora, haja situações que abstraiam o parâmetro classificatório utilizado) e fazem parte do gênero recursos extraordinários. O recurso especial, previsto pelo art. 105, III, da Constituição[1], é julgado pelo Superior Tribunal de Justiça e objetiva manter a unidade e integridade da legislação federal infraconstitucional, enquanto que o recurso extraordinário (em sentido estrito), previsto pelo art. 102, III[2], do Constituição, é julgado pelo Supremo Tribunal Federal e objetiva resguardar a ordem constitucional.

Ambos os recursos são de fundamentação vinculada, a considerar que sua admissibilidade está condicionada às hipóteses constitucionalmente previstas, que estabelecem parâmetros às razões recursais. Eles (recurso extraordinário e recurso especial) não servem ao exame de questões fáticas e, por conseguinte, ao reexame de provas, mas, tão-somente, à apreciação do direito (legislação federal) em si. Visam, pois, antes de tutelar o interesse da parte, a

1. Art. 105. Compete ao Superior Tribunal de Justiça:[...] III – julgar, em recurso especial, as causas decididas, em única ou última instância, pelos Tribunais Regionais Federais ou pelos tribunais dos Estados, do Distrito Federal e Territórios, quando a decisão recorrida:a) contrariar tratado ou lei federal, ou negar-lhes vigência;b) julgar válido ato de governo local contestado em face de lei federal; c) der a lei federal interpretação divergente da que lhe haja atribuído outro tribunal.
2. Art. 102. Compete ao Supremo Tribunal Federal, precipuamente, a guarda da Constituição, cabendo-lhe:[...] III – julgar, mediante recurso extraordinário, as causas decididas em única ou última instância, quando a decisão recorrida:a) contrariar dispositivo desta Constituição;b) declarar a inconstitucionalidade de tratado ou lei federal;c) julgar válida lei ou ato de governo local contestado em face desta Constituição.d) julgar válida lei local contestada em face de lei federal.

preservar a adequada aplicação do direito, protegendo, apenas de forma mediata, o interesse do recorrente, que, por óbvio, relaciona-se ao caso concreto[3].

O recurso extraordinário, quando admitido (e não sendo hipótese excepcional de transferência da função recursal ao tribunal local), devolve ao Supremo Tribunal Federal a análise da constitucionalidade da incidência do direito controvertido, e, por sua vez, o recurso especial, nas mesmas circunstâncias, proporciona a análise da conformação da decisão anterior à legislação federal infraconstitucional. Os fatos a serem considerados no julgamento daqueles recursos são (pelo menos em regra) aqueles discutidos e indicados como verdadeiros pelas instâncias ordinárias.

1.1. Pressupostos gerais de admissibilidade

1.1.1. Cabimento

1.1.1.1. Recurso extraordinário

Nos termos do art. 102, III, da Constituição da República, cabe recurso extraordinário, a ser julgado pelo Supremo Tribunal Federal, quando a decisão recorrida, decidida em única ou última instância:

a) contrariar dispositivo da Constituição Federal:

A primeira hipótese de cabimento do recurso extraordinário (art. 102, III, "a", da Constituição) dá-se quando a decisão recorrida for tomada em sentido oposto ao que está expresso no texto constitucional. A contrariedade deve ser direta, não ensejando o recurso, por esse fundamento, a contrariedade reflexa (quando há legislação infraconstitucional reguladora), inferida a partir de uma violação de disposição infraconstitucional (STF. AI-AgR 530991/SP. DJU 05.08.05).

b) declarar a inconstitucionalidade de tratado ou lei:

A segunda hipótese de cabimento do recurso extraordinário (art. 102, III, "b", da Constituição), ocorre quando a decisão recorrida declarar a inconstitucionalidade de tratado ou lei federal. O recurso funciona, nesse caso, como mais um instrumento do controle de constitucionalidade das leis confiado à competência do Supremo Tribunal Federal, embora se trate, aqui, de controle concreto.

c) julgar válida lei ou ato de governo local contestado em face da Constituição:

A terceira hipótese (art. 102, III, "c", da Constituição) ocorre quando a decisão recorrida julgar válida lei ou ato de governo local contestado em face da Constituição da República –

3. Apesar de não ser possível (pelo menos em regra) haver a reapreciação das provas nas instâncias extraordinárias, tem-se considerado como possível o exame da extensão do seu valor probatório. A chamada "valoração da prova" não esbarra no óbice do enunciado nº 7 da súmula do Superior Tribunal de Justiça, porquanto visa à apreciação de direito à conservação de prova cujo valor vincula significativamente o mérito (STJ. REsp 608007/PB. DJU 07.05.07; STJ. REsp 226.283/RJ. DJU 27.08.01).

concluindo-se pela constitucionalidade do direito local. Em decorrência disso, os dispositivos legais podem se submeter ao controle difuso de constitucionalidade, os quais serão levados à apreciação por meio do recurso extraordinário[4].

d) julgar válida lei local contestada em face de lei federal:

A última hipótese que enseja o cabimento do recurso extraordinário ocorre quando a decisão recorrida julgar válida lei local contestada em face de lei federal (art. 102, III, "d", da Constituição). Trata-se de inconstitucionalidade por inobservância das competências constitucionais, na medida em que um Estado ou Município não podem adentrar na esfera de competência da União, consoante o estabelecido nos art. 22 e 24 da Lei Fundamental.

> **IMPORTANTE!** Diferentemente do recurso especial, que é admitido apenas contra acórdãos proferidos diretamente pelos Tribunais de Justiça Estaduais ou e pelos Tribunais Regionais Federais, o recurso extraordinário é admitido contra qualquer decisão proferida em última instância, independentemente de quem seja o órgão prolator.
>
> De fato, das decisões proferidas pelas Turmas Recursais dos Juizados Especiais[5], bem assim em embargos infringentes de alçada previstos no art. 34 da Lei nº 6.830/1980, e mesmo dos acórdãos proferidos pelos demais tribunais superiores integrantes da justiça especializada, cabe recuso extraordinário.
>
> Oportuna, a este respeito, a transcrição do enunciado 640 da súmula de jurisprudência do Supremo Tribunal Federal: "É cabível recurso extraordinário contra decisão proferida por juiz de primeiro grau nas causas de alçada, ou por turma recursal de juizado especial cível e criminal".

1.1.1.2. Recurso especial

Nos termos do art. 105, III, da Constituição da República, cabe recurso especial, a ser julgado pelo Superior Tribunal de Justiça, quando a decisão recorrida, decidida em única ou última instância pelos Tribunais Regionais Federais ou pelos tribunais dos Estados, do Distrito Federal e Territórios:

a) contrariar tratado ou lei federal, ou negar-lhes vigência:

A primeira hipótese de cabimento de recurso especial, trazida pela Constituição, ocorre quando a decisão recorrida contraria tratado ou lei federal[6], ou nega-lhes vigência. Por lei

4. Atente-se que uma lei ou ato normativo municipal não se submete ao controle de constitucionalidade concentrado (abstrato) perante o STF, por não ser objeto, naquela Corte, especificamente, de Ação Direta de Constitucionalidade ou de Ação Declaratória de Constitucionalidade. Porém, a Corte Suprema pode apreciar a constitucionalidade de lei ou ato normativo municipal pelo controle difuso (concreto) em sede de Recurso Extraordinário. Na hipótese da lei ou ato normativo municipal violar uma Constituição Estadual, ainda que esta seja uma disposição de repetição da Constituição da República, admite-se a Ação Direta de Inconstitucionalidade perante o Tribunal de Justiça dos Estados (art. 125, § 2º, da Constituição Federal).
5. A competência para o juízo de admissibilidade do recurso extraordinário interposto contra acórdão de Turma Recursal de Juizados Especiais é do seu Presidente, e não do Presidente do Tribunal (STF. AI 793930 AgR/DF. DJe 03.08.10).
6. De acordo com o STJ, "a Lei nº 7.289/1984, que dispõe sobre a Polícia Militar do DF, é de cunho federal, porém, em razão do rearranjo de competências estabelecido pela CF/1988, é-lhe conferido o status de lei local, a impor aplicar-se, por analogia, ao recurso especial, a Súm. nº 280-STF" (STJ. AgRg no Ag 736.814/DF. DJU 19.04.07). A súmula 280 do STF dispõe que "por ofensa a direito local não cabe recurso extraordinário". Sendo a Lei nº 7.289/84 considerada local (por dispor sobre a Polícia Militar do DF – a exemplo do que acontece com a legislação que trata das polícias das demais unidades estaduais), não se sustenta a interposição de recurso especial amparada em alegada contrariedade ou negativa de vigência de lei federal.

federal, o Superior Tribunal de Justiça compreende apenas as leis e os atos normativos que as regulamentam, não se compreendendo os atos normativos com hierarquia inferior à do Decreto, tais como resoluções, portarias, circulares, convênios tributários (a exceção do convênio ICMS nº 66/1988 – STJ. REsp 1137441/MG. DJe 09.06.10) e outros (STJ. AgRg no Ag 489031/RS. DJU 19.12.03).

IMPORTANTE! De acordo com o STJ, "descabe recurso especial em que se alega violação a súmula, pois esta não se enquadra no conceito de lei federal previsto no artigo 105 da Carta da República" (STJ: REsp 1180479/RJ, DJe 06.10.10; REsp 1230704/SP, DJe 15.03.11). Todavia, não se impede que seja interposto recurso especial sob a alegação de atribuição à lei federal interpretação divergente da que lhe haja atribuído outro tribunal, a se adotar como paradigma os precedentes que ensejaram a edição do enunciado da súmula de jurisprudência.

No que se refere aos tratados em geral, sabe-se que estes se incorporam ao direito brasileiro por intermédio da edição de decreto legislativo (com *status* supralegal) que os confirme, tendo o Superior Tribunal de Justiça competência para, em recurso especial, julgar acórdão de tribunal que os contrarie ou negue-lhes vigência. No caso de tratado internacional sobre direitos humanos, aprovado em dois turnos, em cada casa do Congresso Nacional, com votação de três quintos (art. 5º, § 3º, da Constituição), tem-se pela natureza constitucional do tratado, a ensejar, assim, se fosse a hipótese, a interposição de recurso extraordinário para o STF.

Destaque-se, ademais, que o termo "contrariar" é bem mais amplo do que expressão "negar vigência", por englobar, inclusive, a interpretação inadequada da lei[7]. "Contrariar"

7. A súmula 400 do SUPREMO TRIBUNAL FEDERAL foi aprovada na Sessão Plenária de 03/abril/64. Seu enunciado é o seguinte: *"Decisão que deu razoável interpretação à lei, ainda que não seja a melhor, não autoriza recurso extraordinário pela letra "a" do art. 101, III, da Constituição Federal"*.Ela guarda estrita relação com a súmula 343 do mesmo tribunal (aprovada na sessão plenária de 13/dezembro/63), segundo a qual: *"Não cabe ação rescisória por ofensa a literal disposição de lei, quando a decisão rescindenda se tiver baseado em texto legal de interpretação controvertida nos tribunais"*.Em verdade, ambos os enunciados guardam tolerância à interpretação razoável. Dito isto, verifica-se que a súmula 400/STF foi editada sob a égide da CF/46. Esta Carta Magna assim dispunha sobre os órgãos que integravam a estrutura judiciária:*Art. 94 – O Poder Judiciário é exercido pelos seguintes órgãos:I – Supremo Tribunal Federal;II – Tribunal Federal de Recursos;III – Juízes e Tribunais militares;IV – Juízes e Tribunais eleitorais;V – Juízes e Tribunais do trabalho.* O art. 101 assim definia a competência da Excelsa Corte:*Art. 101 – Ao Supremo Tribunal Federal compete:[...] III – julgar em recurso extraordinário as causas decididas em única ou última instância por outros Tribunais ou Juízes:a)* **quando a decisão for contrária a dispositivo desta Constituição ou à letra de tratado ou lei federal**;*[...]* O SUPREMO TRIBUNAL FEDERAL, na Constituição vigente à época, tinha como finalidade a preservação direta da integridade da legislação federal como um todo (constitucional e infraconstitucional). Até aquele momento, gize-se, não havia sido instituído o SUPERIOR TRIBUNAL DE JUSTIÇA (este somente adveio com a CF/88). Inserido neste cenário, o enunciado sumulado tinha "apoio" na CF/46. Esta, no art. 101, III, "a", preconizava que *"Ao Supremo Tribunal Federal compete: [...] julgar em recurso extraordinário as causas decididas em única ou última instância por outros Tribunais ou Juízes: [...] quando a decisão for contrária a dispositivo desta Constituição ou à letra de tratado ou lei federal"*.Era pressuposto de admissibilidade recursal específico do recurso extraordinário a contrariedade "à letra" de tratado ou lei federal (se a disposição fosse constitucional, a contrariedade não precisava ser literal). Se o pronunciamento jurisdicional decisório não violasse interpretação literal da legislação federal infraconstitucional, não era admitida a interposição de recurso extraordinário. Depois da CF/88, com a criação do SUPERIOR TRIBUNAL DE JUSTIÇA, a preservação da integridade da legislação federal infraconstitucional passou a ser de sua competência. Então, de logo, o enunciado precisa ter sua redação compatibilizada, seja no que se refere à espécie recursal, seja no que se refere à hipótese constitucional de interposição recursal. Este seria o primeiro passo para se poder cogitar em aplicabilidade do enunciado. Aliás, tal adequação (ou compatibilização – como prefiram alguns) é perfeitamente admitida. São inúmeros os precedentes em que o enunciado sumular continua em plena aplicabilidade, conquanto a legislação (inclusive a

significa ir contra, ainda que na interpretação, enquanto que "negar vigência à lei" é não aplicá-la. Assim, não se pode deixar de admitir um recurso especial unicamente porque se faz razoável a interpretação dada por um tribunal, uma vez que somente a interpretação dada pelo Superior Tribunal de Justiça constitui autêntica interpretação da legislação infraconstitucional[8].

E, embora encarregado de indicar a última palavra quanto à interpretação do direito federal infraconstitucional, o Superior Tribunal de Justiça não está impedido de interpretar

---

que define competência) tenha sofrido modificações com o passar do tempo. Basta lembrar a súmula 240 do STF, editada em razão de disposição constitucional, que hoje é plenamente aplicada pelo STJ.De fato, o enunciado 240/STF disciplina que *"não se homologa sentença proferida no estrangeiro sem prova do trânsito em julgado"*. Com a EC 45/04, a homologação de sentença estrangeira passou a ser de competência do SUPERIOR TRIBUNAL DE JUSTIÇA, nos termos do art. 105, I, "i", da CONSTITUIÇÃO FEDERAL. Mas aquele tem plena aplicação, mesmo perante o STJ. Aliás, não é a mudança de competência que afastará a aplicação de enunciado sumular. A justificativa para tal seria outra, mais voltada à incompatibilidade. Assim, relativamente à súmula 400/STF, a questão de sua aplicação atual não encontra óbice no que se refere à espécie recursal, porquanto esta foi definida unicamente levando em consideração à atribuição jurisdicional que antes era do STF e hoje é do STJ. Acontece que, a hipótese de interposição recursal era amparada pelo art. 101, III, "a", da CF/46. Ali se tratava de violação à interpretação literal de tratado ou lei federal. Hodiernamente, a hipótese de interposição recursal foi substituída por aquela constante no art. 105, III, "a", da CF. Ela não se refere à necessidade de violação à literal disposição de tratado ou lei federal. Remete apenas à "contrariedade" (sem qualificá-la).*Quid iuris*? O STJ vem adotando entendimento no sentido de que *"A Súmula 400 STF é incompatível com a teleologia do sistema recursal introduzido pela nova Carta Magna"* (EDcl no REsp 475378/SP, DJU 05.12.05). Não haveria de ser diferente, porque o "apoio" existente na CF/46 não mais subsiste. A contrariedade a tratado ou lei federal, mesmo que não seja literal, autoriza a interposição de recurso especial. Mais que isso, em sendo preservada a aplicação do enunciado sumulado, estar-se-ia afastando a principal função instituída pela CF/88 ao STJ, porquanto, a despeito de ter como atribuição a preservação da legislação federal infraconstitucional, esta competência estaria sendo usurpada pelos tribunais locais. Bastava que a violação não fosse literal (mas houvesse violação), que se encontraria barreira ao pronunciamento do STJ. E o que é pior: impedimento criado sem amparo igualmente constitucional. De qualquer modo, há de se destacar que no mesmo SUPERIOR TRIBUNAL DE JUSTIÇA, embora mais antigos, há precedentes adotando a súmula 400/STF, como forma de filtrar os recursos especiais interpostos, de a decisão invectivada estiver de acordo com entendimento dominante daquela Corte. Não deve, porém, ser este o melhor entendimento. Conquanto aceitável, porque, na época do precedente as ferramentas processuais disponibilizadas à celeridade processual eram em menor quantidade, hoje existem disponíveis vários meios a se evitar a multiplicação de recursos especiais. Basta dizer que o relator pode prover ou desprover o recurso monocraticamente (art. 557 do CPC). Os recursos especiais podem ser julgados em bloco (RISTJ) e por seleção (art. 543-C do CPC). Agora, o que beira a linha do inaceitável é impedir que o entendimento, conquanto seja pacificado, não possa ser mais discutido. Noutro aporte, a súmula 400/STF, vem sendo aplicada nas ações rescisórias em cumulação com a súmula 343/STF. Mas o que "apoia" a aplicação e subsistência do enunciado sumulado é a disposição contida no inciso V, do art. 485, do CPC, pela qual *"A sentença de mérito, transitada em julgado, pode ser rescindida quando: [...] violar* **literal** *disposição de lei"*. É que o dispositivo legal contenta-se com a interpretação razoável para inviabilizar a admissibilidade da ação rescisória.Mesmo assim, há de se consignar que os aludidos enunciados (súmulas 343 e 400 do STF) não se aplicam quando a ação rescisória se fundamenta em violação de norma constitucional. E mais: recentemente, o STJ vem delineando entendimento, já avantajado, no sentido de mitigar os enunciados às ações rescisórias, ainda que elas não tenham por fundamento alegada violação à norma constitucional.Tudo isso parte do alcance que deve ser dado à expressão *"interpretação controvertida nos tribunais"*, que seria capaz de tornar tolerável a aplicação de norma federal infraconstitucional. Como dito, vem ganhando espaço o entendimento de que a interpretação dada à legislação federal infraconstitucional só seria tolerável se compa-tível com aquela apontada pelo STJ. Caso esta Corte não tivesse se pronunciado acerca da questão, dever-se-ia admitir a rescisória – sendo ela empregada com a finalidade de, também, servir como instrumento de unificação de jurisprudência. Negar tal possibilidade, implicaria violação de norma constitucional, que define a atribuição do STJ.

8. Diante da expressão adotada pela Constituição Federal, restou superada a Súmula 400 do STF (editada sob a vigência da Constituição de 1967), segundo a qual decisão que deu razoável interpretação à lei, ainda que não seja a melhor, não autoriza recurso extraordinário pela letra "a" do art. 101, III, da Constituição Federal (STJ. EDcl no REsp 475378/SP. DJU 05.12.05).

a Constituição com vistas ao entendimento da lei[9]. Ele, no julgamento de recurso especial, pode "buscar na própria CF o fundamento para acolher ou rejeitar alegação de violação do direito infraconstitucional ou para conferir à lei a interpretação que melhor se ajuste ao texto constitucional, sem que isso importe em usurpação de competência do STF" (STJ. REsp 1.335.153/RJ. DJe 28.05.13).

b) julgar válido ato de governo local contestado em face de lei federal:

A segunda hipótese de cabimento está disposta no art. 105, III, "b", da Constituição. Segundo ele, caberá recurso especial quando a decisão do tribunal julgar válido ato de governo local contestado em face de lei federal. Trata-se de questão de observância da legalidade dos atos administrativos, cabendo ao Superior Tribunal de Justiça manter a integridade do sistema jurídico, especificamente a integridade da legislação federal.

Como a Constituição da República atribui a competência legislativa para legislar acerca de determinadas matérias à União, não pode o ato de governo local se sobrepor à legislação federal. Caso essa situação seja verificada, haverá, além de contrariedade, pelo ato local, de disposição de constituição, a ensejar vício formal, bem assim contrariedade à legislação federal, a autorizar, aqui, a interposição de recurso especial.

Não se descarta, por essas razões, a interposição de recurso extraordinário para o Supremo Tribunal Federal, mas, aí, a argumentação precisa ser diferente. O recorrente não se adstringirá a defender a contrariedade da legislação federal infraconstitucional por julgar válido ato de governo local. Terá de defender, como interessado em razão de sua situação, vício formal, de índole constitucional, na edição do ato de governo local.

c) der à lei federal interpretação divergente da que lhe haja atribuído outro tribunal:

A terceira hipótese, a ensejar o manejo do recurso especial, ocorre quando um tribunal local der à lei federal interpretação divergente da que lhe haja atribuído outro tribunal. Aqui o recurso especial tem por finalidade uniformizar a aplicação da lei federal infraconstitucional, para que haja segurança jurídica, sobretudo aos futuros julgamentos de questões federais pelos diversos tribunais.

A divergência na aplicação da legislação federal deve ocorrer entre órgãos de tribunais diversos, que não integrem a justiça especializada, porque não sujeito à jurisdição do Superior Tribunal de Justiça (STJ. AgRg no REsp 1.344.635/SP. DJe 20.11.12). Mas, como pontua o enunciado 13 da súmula do STJ, "a divergência entre julgados no mesmo tribunal não enseja

9. a alínea "b" do inciso III do art. 102 da CF atribui competência ao STF para *"julgar, mediante recurso extraordinário, as causas decididas em única ou última instância, quando a decisão recorrida: [...] declarar a inconstitucionalidade de tratado ou lei federal"*. Noutras palavras, o STJ pode *"declarar a inconstitucionalidade de tratado ou lei federal"*.Do próprio STJ há precedentes neste sentido, a exemplo de:PROCESSUAL CIVIL. EMBARGOS DE DECLARAÇÃO. MATÉRIA CONSTITUCIONAL. PRECLUSÃO. I. Incomportável, seja por arguição incidental de inconstitucionalidade, seja em segundos embargos declaratórios, a discussão de questões constitucionais que deveriam ter sido provocadas pela parte no momento próprio, qual seja, antes do julgamento do recurso especial, ou, pelo menos, preteritamente ao aviamento dos embargos declaratórios primitivos ou, no máximo, quando da oposição desses. II. Embargos declaratórios rejeitados. (STJ. EDcl nos EDcl no REsp 49885/RJ. Relator(a) Ministro ALDIR PASSARINHO JUNIOR. T2 – SEGUNDA TURMA. DJ 28/06/1999 p. 74).

recurso especial". Neste mesmo sentido, o enunciado 369 da súmula do STF[10], editado em 13 dez. 1963, quando aquela corte era competente para conhecer recurso extraordinário, que vinculava questão relativa à legislação federal infraconstitucional.

A divergência deve ser atual, pois não se conhece do recurso especial quando o Superior Tribunal de Justiça tiver firmado jurisprudência no sentido da decisão recorrida, a teor do que estabelece o enunciado 83 de sua súmula. Esta ilação também é coletada do enunciado 286 da súmula do Supremo Tribunal Federal[11], editada em 13. Dez. 1963, quando aquela corte era competente para conhecer recurso extraordinário, que vinculava questão relativa à legislação federal infraconstitucional.

Para efeito do cabimento de recurso especial pela divergência, como será adiante mostrado, não basta que haja uma relação do acórdão recorrido com o paradigma. Exige-se uma comparação analítica da divergência, que comprove se tratar da mesma situação legal e, que, mesmo assim, as decisões foram confrontantes. Além de simplesmente se transcreverem as ementas de ambos os acórdãos (recorrido e paradigma), deve haver um comentário comparativo de ambos, inclusive em torno dos relatórios, das fundamentações e dos dispositivos.

Entretanto, apesar de esta ser a forma de evidenciar a divergência na interpretação entre tribunais, o Superior Tribunal de Justiça já entendeu admissível a indicação do acórdão confrontado, feita apenas pela ementa, quando essa dá cumprida notícia da hipótese fática e do direito que se teve como aplicável, de maneira a não ensejar dúvida quanto à diversidade no tratamento jurídico de situações que guardavam identidade bastante para recomendar a igualdade de solução (STJ. REsp 150.467/RJ. DJU 23.08.99).

Como antes adiantado, do texto constitucional, depreende-se que não cabe recurso especial de decisão de juiz de 1ª instância, pois se refere apenas a tribunais. Essa decisão, não precisa ser final, podendo advir de uma decisão interlocutória. Por isso que cabe recurso especial contra acórdão proferido em agravo de instrumento, conforme enunciado 86 da súmula do Superior Tribunal de Justiça.

1.1.2. Prazo

O recurso extraordinário e o recurso especial devem ser interpostos no prazo de 15 dias (§ 5º do art. 1.003), contados da intimação da decisão. Se o recorrente estiver representado pela defensoria pública, o prazo para apelar será dobrado (art. 186 do CPC e arts. 44, I, 89, I, ambos da LC nº 80/1994[12]). Também será dobrado o prazo quando o recorrente for

10. Enunciado 369 da súmula de jurisprudência do Supremo Tribunal Federal: "Julgados do mesmo tribunal não servem para fundamentar o recurso extraordinário por divergência jurisprudencial".

11. Enunciado 286 da súmula de jurisprudência do Supremo Tribunal Federal: "Não se conhece do recurso extraordinário fundado em divergência jurisprudencial, quando a orientação do plenário do Supremo Tribunal Federal já se firmou no mesmo sentido da decisão recorrida".

12. Art. 44. São prerrogativas dos membros da Defensoria Pública da União: I – receber, inclusive quando necessário, mediante entrega dos autos com vista, intimação pessoal em qualquer processo e grau de jurisdição ou instância administrativa, contando-se-lhes em dobro todos os prazos; [...] Art. 89. São prerrogativas dos membros da Defensoria Pública do Distrito Federal e dos Territórios: I – receber, inclusive quando necessário, mediante entrega dos autos com vista, intimação pessoal em qualquer processo e grau de jurisdição ou instância administrativa, contando-se-lhes em dobro todos os prazos;[...]

o Ministério Público (art. 180 do CPC), a Fazenda Pública, suas autarquias e fundações públicas (art. 183 do CPC e Lei nº 9.469/97), bem assim litisconsortes que tiverem diferentes procuradores, de escritórios de advocacia distintos (art. 229 do CPC).

Se o recurso extraordinário e o recurso especial forem interpostos via *fac-símile*, os originais (sem qualquer alteração de conteúdo) e os documentos devem chegar ao juízo em até 05 dias corridos, contados após o término do prazo recursal (STJ. EDcl nos EDcl nos EDcl nos EDcl no AgRg no AREsp 681.550/RJ. DJe 22.08.19). A dizer de outra forma, o prazo continuativo de 05 dias se conta após o último dia que o recorrente teria para realizar a interposição do recurso.

1.1.3. Regularidade formal

As petições (que devem ser distintas) do recurso extraordinário e do recurso especial, que serão interpostos perante o presidente ou vice-presidente do tribunal local, conquanto destinados a tribunais superiores. Elas conterão, nos termos do art. 1.029 do Código de Processo Civil, sob pena de não preenchimento do pressuposto da regularidade formal, a exposição do fato e do direito, a demonstração do cabimento do recurso interposto e as razões do pedido de reforma ou de invalidação da decisão recorrida.

O dispositivo legal mencionado foi omisso quanto ao pedido. Fez referência apenas às suas razões. A omissão, contudo, não foi proposital. Por isso, ele (o pedido) deve ser formulado, a postular que a decisão recorrida seja reformada ou invalidada. Aliás, omissão involuntária, por parte do legislador, ocorreu em diversos recursos, especificamente quanto à necessidade de identificar as partes. Nem por isso, ela (qualificação das partes) fica dispensada. Logo, se ausente o respectivo pedido, o recurso não será admitido por desrespeitar a regularidade formal.

Prossiga-se:

a) os nomes e a qualificação das partes:

Deverão ser indicados os nomes, os prenomes, o estado civil, a existência de união estável, a profissão, o número de inscrição no Cadastro de Pessoas Físicas ou no Cadastro Nacional da Pessoa Jurídica, o endereço eletrônico, o domicílio e a residência do(s) recorrente(s) e do(s) recorrido(s). Tal requisito pode ser mitigado, mediante simples indicação dos nomes e prenomes das partes, casos elas já estejam qualificadas nos autos. Mas, quando o legitimado recursal não seja qualquer das partes, ele deve ser identificado.

b) a exposição do fato e do direito:

Nas petições do recurso extraordinário e do recurso especial, o recorrente deve narrar todo o desenvolvimento do processo desde o seu início até a prolação da decisão recorrida, a fim de que o órgão colegiado competente (junto ao tribunal superior respectivo) possa compreender, com maior velocidade, o contexto fático-jurídico relacionado à(s) questão (questões) resolvida(s) pelo órgão fracionário.

c) as razões do pedido de reforma ou de invalidação da decisão recorrida:

Apresentado o contexto fático-jurídico relacionado à(s) questão (questões) resolvida(s) pelo tribunal *a quo*, o recorrente deve, em seguida, apresentar a razões de sua irresignação, de modo a justificar a prolação, pelo tribunal *ad quem*, de outra decisão, em substituição (por reforma ou manutenção) ou em anulação (invalidação) da anterior. Caso não apresentadas tais razões, além de ferir a regularidade formal, não será observada, também, a dialeticidade, o que impossibilita a admissão do recurso.

> Enunciado 284 da súmula do Supremo Tribunal Federal: "É inadmissível o recurso extraordinário, quando a deficiência na sua fundamentação não permitir a exata compreensão da controvérsia".

Quando o recurso fundar-se em dissídio jurisprudencial, o recorrente fará a prova da divergência com a certidão, cópia ou citação do repositório de jurisprudência, oficial ou credenciado, inclusive em mídia eletrônica, em que houver sido publicado o acórdão divergente, ou ainda com a reprodução de julgado disponível na rede mundial de computadores, com indicação da respectiva fonte, devendo-se, em qualquer caso, mencionar as circunstâncias que identifiquem ou assemelhem os casos confrontados. Além disso, ele (o recorrente) mostrará, mediante confronto analítico, que, apesar da similitude fática e jurídica, os acórdãos (paradigma e recorrido) são divergentes.

d) o pedido de nova decisão:

Depois de apresentadas as razões do pedido de reforma ou decretação de nulidade (invalidade), o recorrente deve, para dar coerência à petição recursal, alcançar uma conclusão lógica, sob pena de aquela (a petição recursal) ser considerada inepta e, por consequência, não ser admitido o recurso. A "conclusão lógica", a que conduz as razões do pedido de reforma ou de decretação de nulidade, é o pedido, que deve ser interpretado considerando o conjunto da postulação e de acordo com a boa-fé, além do que, se cumulado, deve observar a compatibilidade.

No recurso extraordinário e no recurso especial, nomeadamente, precede, ao pedido de nova decisão, o de interpretação da legislação federal. Como decorrência do seu atendimento, profere-se nova decisão, que pode reformar o decretar a nulidade daquela que foi proferida pelo tribunal *a quo*.

Apesar da formatação recursal, o Supremo Tribunal Federal ou o Superior Tribunal de Justiça **poderá desconsiderar vício formal de recurso tempestivo ou determinar sua correção, desde que não o repute grave**. Isso pode ocorrer, por exemplo, quando o recorrente indica equivocada hipótese de cabimento do recurso ou simplesmente se omite quanto a ela.

Questão de Concurso

▶ **(Cespe – Procurador do Estado – PGE - PE/2018)** [13] Em instância extraordinária, o relator do processo constatou que o advogado subscritor do recurso especial não tinha procuração nos autos. Considerando-se as disposições do CPC, o relator deve, nessa situação hipotética,

a) declarar o recurso inexistente.

b) oportunizar a regularização da representação processual.

13. Gabarito: Letra B.

c) oportunizar a regularização da capacidade processual do recorrente.
d) remeter o processo ao colegiado para decisão.
e) deixar de conhecer do recurso especial.

Aliás, sob a égide do CPC/1973, o Superior Tribunal de Justiça entendia não ser admissível recurso especial "se a parte não indica a alínea do permissivo constitucional na qual se embasa a irresignação" (STJ. AgRg no Ag 582537/SP. DJe 29.09.08). Com o atual Código, este entendimento deve ser superado.

1.1.4. Preparo

O preparo se consubstancia na exigência de que o recorrente comprove (mediante guia de recolhimento própria, fornecida pela entidade arrecadadora), no ato de interposição, o recolhimento, quando devidos, dos encargos financeiros recursais (inclusive porte de remessa e retorno – enunciado 187 da súmula do STJ[14]). Mesmo durante o plantão judiciário e as férias forenses (a não ser que impossibilitada a expedição das respectivas guias de recolhimento), o preparo deve ser comprovado no ato de interposição do recurso[15].

No caso do recurso extraordinário e do recurso especial, por ocasião da interposição, exige-se o recolhimento de preparo. Se não for recolhido, o recurso será considerado deserto. Aplica-se, a dizer de outra forma, a pena de deserção contra o recorrente, a qual enseja a inadmissibilidade recursal em razão da não observância do respectivo pressuposto (do preparo). Agora, duas consequências podem decorrer, em detrimento do recorrente, a depender se a falta de recolhimento do preparo foi integral ou parcial (insuficiente).

Nos termos do § 4º do art. 1.007, "o recorrente que não comprovar, no ato de interposição do recurso, o recolhimento do preparo, inclusive porte de remessa e de retorno, será intimado, na pessoa de seu advogado, para realizar o recolhimento em dobro, sob pena de deserção". Haverá, portanto, se não recolhido o preparo, uma segunda chance. Ela, contudo, será acompanhada de uma penalidade (pagamento em dobro), por que não sido o preparo comprovado por ocasião da interposição do recurso.

Além da penalidade (pagamento do preparo em dobro), aquele que não (recolhe e) demonstra o preenchimento do referido pressuposto de admissibilidade por ocasião da interposição do recurso assumirá, ainda, um ônus adicional. O de não poder complementá-lo, caso não tenha sido recolhido em dobro. É o que dispõe o § 5º do art. 1.007: "é vedada a complementação se houver insuficiência parcial do preparo, inclusive porte de remessa e de retorno, no recolhimento realizado na forma do § 4º".

Situação diferente ocorre quando, por ocasião da interposição do recurso extraordinário ou do recurso especial, o recorrente recolhe o preparo, mas, em valor insuficiente. O § 2º

---

14. Enunciado 187 da súmula do STJ: "É deserto o recurso interposto para o Superior Tribunal de Justiça, quando o recorrente não recolhe, na origem, a importância das despesas de remessa e retorno dos autos".
15. Apenas se admite posterior recolhimento do preparo (nos valores habitualmente exigidos, conforme respectivo regimento de custas), em ocasião seguinte ao ato de interposição, se houver previsão legal específica diversa (§ 1º do art. 42 da Lei nº 9.099/95) ou se existir justificativa suficiente (STJ. REsp 471545/SC. DJU 06.03.06). Aliás, § 6º do art. 1.007 do Código de Processo Civil estabelece que, "provando o recorrente justo impedimento, o relator relevará a pena de deserção, por decisão irrecorrível, fixando-lhe prazo de 05 dias para efetuar o preparo".

do art. 1.007 do Código de Processo Civil dispõe que "a insuficiência no valor do preparo, inclusive porte de remessa e de retorno, implicará deserção se o recorrente, intimado na pessoa de seu advogado, não vier a supri-lo no prazo de 5 (cinco) dias". Há, pois, a concessão de oportunidade para complementar o preparo. Só se não atendida a determinação, é que será aplicada a pena de deserção.

Estão dispensados do recolhimento de preparo (por suspensão da exigibilidade) aqueles que forem patrocinados pela Defensoria Pública e, em geral, os beneficiados pela gratuidade judiciária (STJ. REsp 245663/MG. DJU 20.03.00). Também estão dispensados (por isenção), os recursos interpostos pelo Ministério Público, pela União, pelo Distrito Federal, pelos Estados, pelos Municípios, e respectivas autarquias[16], e pelos que gozam de isenção legal[17].

1.2. Pressupostos específicos de admissibilidade (do recurso extraordinário e do recurso especial)

Além dos pressupostos gerais de admissibilidade (exigidos para a interposição de qualquer recurso[18]), o recurso extraordinário e o recurso especial exigem o preenchimento de alguns pressupostos específicos, comuns a ambos. São eles:

1.2.1. Esgotamento das instâncias ordinárias

A interposição do recurso especial e do recurso extraordinário pressupõe que tenham sido esgotadas as possibilidades de discussão das questões aventadas perante as instâncias ordinárias. Aliás, os arts. 102, III, e 105, III, ambos da Constituição da República, respectivamente, dispõem que compete ao Supremo Tribunal Federal e ao Superior Tribunal de Justiça julgar, mediante recurso extraordinário e recurso especial, as causas decididas em única ou última instância, desde que a decisão recorrida esteja inserida em uma das hipóteses de admissibilidade.

Dessa forma, segundo estabelece o enunciado 281 da súmula de jurisprudência do Supremo Tribunal Federal, será inadmissível o recurso extraordinário quando couber, no juízo de origem, recurso de natureza ordinária da decisão impugnada. É necessário, portanto, o anterior esgotamento de todos os recursos possíveis, perante as instâncias ordinárias, para que se permita a interposição do recurso extraordinário e recurso especial.

Exemplo que ilustra o pressuposto do esgotamento das instâncias ordinárias e, ao mesmo tempo, mostra que ele é específico dos recursos de natureza extraordinária, revela-se no caso de não interposição de embargos de declaração quando verificada omissão do julgado. O recorrente, aí, não poderá submeter à questão objeto da omissão em RE e/ou REsp, ao STF

16. REPETITIVO. INSS. RECOLHIMENTO. PREPARO.[...] Sendo o INSS autarquia federal equiparada em prerrogativas e privilégios à Fazenda Pública, nos termos do artigo 8º da Lei 8.620/93, não lhe é exigível o depósito prévio do preparo para fins de interposição de recurso, podendo efetuá-lo ao final da demanda, se vencido (CPC, artigo 27). REsp 1.101.727, rel. Min. Hamilton Carvalhido, j. 2.8.10. Corte Especial. (Info 441)
17. O art. 7º da Lei 9.289/96 isenta do pagamento das custas os embargos à execução processados perante a Justiça Federal. Tal inexigibilidade estende-se ao recolhimento do preparo na interposição de apelação contra sentença proferida nos referidos embargos (STJ. REsp 1176893/SP. DJe 09.02.12).
18. Ver capítulo "TEORIA GERAL DOS RECURSOS".

e/ou STJ, porque não interposto embargos de declaração. Se fosse o caso de uma sentença, a referida questão, mesmo sem o esgotamento dos recursos disponíveis na instância, poderia ser submetida ao tribunal *ad quem*.

Questão de Concurso

▶ **(Vunesp – Procurador Autárquico – PauliPrev - SP/2018)**[19] Assinale a alternativa correta, de acordo com as súmulas do Supremo Tribunal Federal e do Superior Tribunal de Justiça.

a) Não compete ao Supremo Tribunal Federal conceder medida cautelar para dar efeito suspensivo a recurso extraordinário que ainda não foi processado no juízo de origem.

b) Inadmissível o recurso especial interposto antes da publicação do acórdão dos embargos de declaração, sem posterior ratificação.

c) Cabe recurso extraordinário contra decisão proferida no processamento de precatórios.

d) O Ministério Público não tem legitimidade para pleitear, em ação civil pública, a indenização decorrente no DPVAT em benefício do segurado.

e) Não cabe recurso extraordinário contra acórdão que defere medida liminar.

1.2.2. Pré-questionamento

O pré-questionamento se consubstancia na apreciação prévia, pela instância inferior, sobre a questão de direito federal constitucional ou infraconstitucional objeto do recurso extraordinário e do recurso especial. Tal pressuposto, necessário independentemente da hipótese que justifica o cabimento, decorre da própria natureza e finalidade dos recursos de estrito direito, que, em vez de terem por objeto precípuo a definição do objeto litigioso do processo, visam primeiramente a aplicar de modo uniforme o direito em solução à controvérsia.

Há pré-questionamento quando o tribunal *a quo* manifesta-se sobre a questão federal, que se quer ver apreciada em recurso[20]. O pré-questionamento não resulta da circunstância de a matéria haver sido arguida pela parte recorrente. Sua configuração pressupõe debate e decisão prévios pelo Colegiado de instância inferior, com emissão de juízo acerca do tema (STF. AI-AgR 607487/SP. DJU 01.06.07). Se as questões federais constitucionais ou infraconstitucionais não foram enfrentadas nas instâncias ordinárias, em regra, não poderão ser debatidas em RE ou REsp por falta de pré-questionamento (enunciados 282 e 356 da súmula do STF).

O STF e o STJ, acerca do pré-questionamento, entendem que, quando a questão, apesar de arguida pela parte perante o tribunal *a quo*, não chega a ser apreciada, é possível a interposição dos embargos de declaração a fim de sanar a omissão. Nesse caso, os embargos declaratórios suprem a falta de pré-questionamento, se entendido que a decisão embargada

19. Gabarito: Letra E.

20. Imagine-se a propositura de uma ação sob a vigência de determinada disposição legal. Esta foi revogada. Mas a lei revogadora, em determinados dispositivos, repetiu a redação de alguns constantes na lei revogada. No julgamento do recurso que antecedeu a interposição de recurso de natureza extraordinária, foi prequestionado dispositivo da lei revogadora. Pergunta-se: o pré-questionamento foi suficiente?Ao entender do STJ sim, desde que haja similitude entre os dispositivos. Já decidiu aquela Corte que "não há óbice em admitir o recurso especial que se refira ao CC/2002 em lides vinculadas ao CC/1916 quando é patente a similitude entre os dispositivos atuais e revogados citados (no caso, o art. 475 do novo código e o art. 1.092, parágrafo único, do antigo)" (STJ. REsp 1067141/SP. DJe 16.04.09.

foi efetivamente omissa a respeito da questão antes suscitada (STF. AI-AgR 600446/PB. DJU 09.03.07; STF. RE-AgR 491289/PR. DJU 02.03.07). Por isso que o art. 1.025 do CPC dispõe que se consideram incluídos no acórdão os elementos que o embargante suscitou, para fins de pré-questionamento, ainda que os embargos de declaração sejam inadmitidos ou rejeitados, caso o tribunal superior considere existentes erro, omissão, contradição ou obscuridade.

Se, a despeito da interposição dos embargos de declaração, não houver o exame da questão colocada, haverá pré-questionamento ficto (conforme orientação do enunciado 356 da súmula do Supremo Tribunal Federal)[21]. Aliás, a interposição de embargos de declaração com a finalidade específica é obrigatória, sob pena de não se ter o pré-questionamento sequer ficto. Se não fosse admitido o pré-questionamento ficto, sobretudo pelo STF, a parte teria de interpor recurso especial a defender ofensa ao art. 1.022, II, do CPC, para que o STJ determinasse o pré-questionamento e, só quando o tribunal de origem realizasse o pré-questionamento (em respeito à decisão superior), ser possibilitada a interposição, agora, de recurso extraordinário.

O Superior Tribunal de Justiça entendia, sob a vigência do CPC/1973, que não era possível o pré-questionamento ficto, conforme enunciado 211 de sua súmula, caso em que o recorrente deveria interpor recurso especial com base na ofensa ao antigo art. 535, a fim de forçar o pronunciamento do juízo de origem acerca da matéria (STJ. REsp 866.299/SC. DJe 23.06.09). Só que essa orientação, ante a redação do art. 1.025 do CPC/2015, deve ficar superada, pois, ao reconhecer que a omissão, em violação àquele dispositivo, o Superior Tribunal de Justiça deverá considerar realizado o pré-questionamento.

Também sob a vigência do CPC/1973, o enunciado de súmula 320 do Superior Tribunal de Justiça estabelecia que "a questão federal somente ventilada no voto vencido não atende ao requisito do pré-questionamento". Só que, sob a vigência do CPC/2015, o § 3º do art. 941 passou a dispor que "o voto vencido será necessariamente declarado e considerado parte integrante do acórdão para todos os fins legais, inclusive de pré-questionamento". Assim, fica superada a orientação delineada pelo enunciado 320 da súmula do STJ.

Prossiga-se.

Considera-se preenchido o pressuposto de admissibilidade específico em análise (pré-questionamento) mesmo quando o tribunal, conquanto não faça referências ao(s) dispositivo(s) invocado(s), apresente tese jurídica empregada a respeito (STJ. REsp AgRg no REsp 708168/SP. DJe 05.03.10). É o que se chama de pré-questionamento implícito (que difere, como antes visto, do pré-questionamento ficto).

Pode-se dizer que, se o julgado for omisso quanto ao pré-questionamento, o recorrente, antes de ir ao STF e/ou STJ via RE e REsp, respectivamente, deverá interpor embargos de declaração, porque, caso contrário, o recurso deixará de ser admitido pela falta de pré-questionamento. Se interpostos embargos, mesmo que não seja realizado o pré-questionamento expresso, para fins de recurso extraordinário, ele será ficto e, para fins de recurso especial,

---

21. A não ser assim, o STF estaria exigindo que fosse interposto, primeiro, um REsp sob a alegação de violação do art. 535 do CPC, para, com o provimento, determinar o pré-questionamento pelo tribunal de origem, para, só então, ser possível a interposição de RE. Seria um verdadeiro atentado a economia e à própria efetividade da prestação jurisdicional.

haverá contrariedade, devidamente prequestionada, ao art. 1.022, II, do CPC, que autorizaria, de qualquer forma, a admissibilidade do recurso extraordinário ou do recurso especial, a possibilitar julgamento delineado ao âmbito da devolutividade[22].

Por ser o pré-questionamento um pressuposto de admissibilidade, em recurso extraordinário e em recurso especial, não é possível sequer a apreciação *ex officio* de qualquer matéria, ainda que de ordem pública, quando não prequestionada, devendo a apreciação recursal limitar-se unicamente àquela matéria debatida perante o tribunal *a quo*. Por essa razão é que o STF e o STJ entendem que, mesmo em matéria de ordem pública, não pode ser proferida nova decisão se não prequestionada nas instâncias inferiores (STF: RE-ED 219703/SP, DJU 20.10.06; STJ: REsp 765.970/RS, DJe 17.09.09)[23].

Por outro lado, para o STJ, consideram-se prequestionados os fundamentos ventilados pela parte vencedora na apelação e desprezados pelo tribunal local no julgamento do recurso, desde que reiterados nas contrarrazões ao recurso especial (STJ. EAREsp 227.767/RS. DJe 29.06.20. Inf. 674). Isso porque, no caso, as questões foram suscitadas pela parte que se sagrou vencedora na segunda instância, de sorte que lhe faltava interesse para recorrer da decisão. Logo, interposto recurso especial pelo vencido, as matérias invocadas pelo vencedor, para serem conhecidas pelo STJ, precisam ser reiteradas nas contrarrazões.

1.3. Pressuposto específico de admissibilidade (do recurso extraordinário)

Além dos pressupostos gerais de admissibilidade recursal e dos específicos (comuns) ao recurso extraordinário e ao recurso especial, há, mais um, que é específico do recurso extraordinário. Trata-se da repercussão geral, prevista no art. 102, § 3º, da Constituição, que dispõe: "no recurso extraordinário o recorrente deverá demonstrar a repercussão geral das questões constitucionais discutidas no caso, nos termos da lei, a fim de que o Tribunal examine a admissão do recurso, somente podendo recusá-lo pela manifestação de dois terços de seus membros". Esse pressuposto será agora analisado.

1.3.1. Repercussão geral

Nos termos do art. 1.035 do Código de Processo Civil, o Supremo Tribunal Federal, em decisão irrecorrível[24], não conhecerá do recurso extraordinário quando a questão constitucional

22. Se mesmo depois da interposição de embargos de declaração, a parte recorrente entender que não houve pré-questionamento, não deverá manejar recurso especial defendendo exclusivamente a violação do art. 1.022, II, do Código de Processo Civil. Isso porque a instância especial pode concluir que não houve desrespeito ao aludido dispositivo porquanto teria havido pré-questionamento. Se tal ocorrer, o recurso especial não terá êxito e a preclusão consumativa impossibilitará a discussão acerca da contrariedade ou não de outros dispositivos entendidos pela parte recorrente como não prequestionados. Assim, o recorrente deve interpor recurso especial defendendo contrariedade aos demais dispositivos da legislação federal infraconstitucional (como se tivessem sido devidamente prequestionados) e, somente ao final, mediante formulação de pedido eventual, admitindo que caso o STJ venha a concluir pela inexistência de pré-questionamento, reconheça a violação do art. 1.022, II, do CPC.

23. Apesar do posicionamento do STJ e do STF (que entende pela impossibilidade de conhecer questões de ordem pública sem o devido pré-questionamento, por ser este pressuposto de admissibilidade), parte da doutrina entende pela desnecessidade de pré-questionamento em questões de ordem pública, porque nesses casos não haveria preclusão. Defendem, ainda, que tal posicionamento favoreceria a economia processual, pois evitaria que fosse manejada, posteriormente, ação rescisória ou declaratória de nulidade.

24. É incabível a interposição de recurso contra ato judicial de ministro do STF que aplica a sistemática da repercussão geral, em razão da inexistência de conteúdo decisório. Registrou-se que eventual insistência – por se tratar

nele versada não tiver repercussão geral. E continua o § 1º: "para efeito de repercussão geral, será considerada a existência ou não de questões relevantes do ponto de vista econômico, político, social ou jurídico que ultrapassem os interesses subjetivos do processo".

Portanto, a repercussão geral, colocada como pressuposto de admissibilidade do recurso extraordinário, ocorrerá quando a análise da questão submetida **ultrapassar os interesses individuais das partes**[25], a se levar em consideração o aspecto econômico[26], político, social ou jurídico.

Na petição do recurso extraordinário, o recorrente deverá demonstrar a existência de repercussão geral para apreciação exclusiva pelo Supremo Tribunal Federal. A dizer de outra forma, defendida a existência de repercussão geral, caberá ao STF, que detém competência funcional exclusiva para tal, verificar se a questão apresentada no recurso extraordinário tem, realmente, repercussão geral. Nos termos do enunciado 224 do FPPC, "**a existência de repercussão geral terá de ser demonstrada de forma fundamentada, sendo dispensável sua alegação em preliminar ou em tópico específico**".

O relator poderá admitir, na análise da repercussão geral, a manifestação de terceiros, subscrita por procurador habilitado, nos termos do Regimento Interno do STF.

Se a Turma, a quem compete julgar o recurso extraordinário, decidir pela existência da repercussão geral por, no mínimo, quatro votos, a remessa ao Plenário será dispensada. Se, do contrário, não obtiver esse *quorum*, deverá submeter-se à análise da existência de repercussão geral ao Plenário, que recusará a admissão do recurso extraordinário com, no mínimo, dois terços dos membros do tribunal. Logo, se o Plenário concluir pela repercussão geral, ou não obtiver o voto de dois terços dos membros do tribunal para afastá-la, encaminhará o recurso para julgamento perante a turma competente[27].

---

de matéria inequívoca –, ensejará a imposição de multa (CPC, art. 538, parágrafo único) em face do caráter patentemente protelatório. (STF. MS 28991 AgR, MS 28993 AgR, MS 28994 AgR, MS 28996 AgR. DJe 16.09.10)

25. Não é a quantidade de litigantes que define a existência ou não de repercussão geral. Aliás, esta é verificada a partir dos interesses envolvidos em relação àqueles que não são partes na demanda, em que se discute a verificação ou não de repercussão geral. Gize-se: o § 1º do art. 543-A do CPC pontua que *"para efeito da repercussão geral, será considerada a existência, ou não, de questões relevantes do ponto de vista econômico, político, social ou jurídico, que ultrapassem os interesses subjetivos da causa"*.Inclusive, o texto legal, em nenhum momento, restringiu a existência de repercussão geral ao fato de a causa ser individual. Em conceito jurídico indeterminado, disse que aquela estava verificada quando fossem ultrapassados os interesses subjetivos da causa.

26. Poder-se-ia indagar: diante da necessidade de repercussão geral, é cabível a interposição de recurso extraordinário perante os juizados especiais?A resposta é afirmativa. Primeiramente, porque não é o fato de o valor do bem jurídico em litígio, perante os JEC, ser de pequeno valor que a questão constitucional não tenha repercussão geral no aspecto econômico. Esta faceta da repercussão deve ser considerada não na causa em si, individualmente considerada, mas no universo de demandas propostas (ou que podem ser propostas) que tragam a mesma questão constitucional. Outra, porque, mesmo que fosse entendido de modo diverso, a repercussão geral não se adstringe ao aspecto econômico. Uma causa em trâmite nos Juizados Especiais pode conter a discussão de questões constitucionais que, sob outras facetas (política, social ou jurídica) ultrapassem os limites subjetivos das partes litigantes. Daí, a verificação de repercussão geral em matéria constitucional.

27. Sob a vigência do CPC/1973, o Supremo Tribunal Federal entendeu que "o Plenário, em deliberação presencial, pode não conhecer de recurso extraordinário ao fundamento de tratar-se de matéria de índole infraconstitucional, ainda que tenha reconhecido, anteriormente, a existência de repercussão geral por meio do Plenário Virtual" (STF. RE 607607 ED/RS. DJe 02.10.13). Sob a vigência do CPC/2015, para essa situação, deverá admitir a adequação para recurso especial e, em seguida, remeter os autos para o Superior Tribunal de Justiça.

Haverá **repercussão geral, em presunção *iure et de iure***, sempre que o recurso impugnar acórdão que: contrarie súmula ou jurisprudência dominante do Supremo Tribunal Federal; tenha reconhecido a inconstitucionalidade de tratado ou de lei federal, nos termos do art. 97 da Constituição da República.

De qualquer modo (ainda que nas outras situações), reconhecida a repercussão geral, o relator no Supremo Tribunal Federal determinará a suspensão do processamento de todos os processos pendentes, individuais ou coletivos, que versem sobre a questão e tramitem no território nacional. Diante da cumulação simples de ações, a suspensão só alcançará a que discute idêntica questão àquela apresentada no recurso extraordinário cuja repercussão geral foi reconhecida. As demais ações cumuladas no mesmo processo, por serem independentes, seguirão seu curso.

É importante salientar, contudo, que a Corte Especial do STJ assentou que o art. 1.035, § 5º, do CPC não impõe a suspensão automática de todos os processos que versem sobre a questão cuja repercussão geral foi reconhecida, estabelecendo apenas uma orientação para o relator (STJ. REsp 1.202.071/SP. DJe 03.06.19. Inf. 650).

Não observada a suspensão, pelos órgãos ordinários, decorrente do reconhecimento da repercussão geral, os atos decisórios por eles praticados dentro do processo podem ser anulados, mediante simples interposição de embargos de declaração (STF. AI 457581 AgR-ED/RS. DJe 09.05.11). Apesar disso, os tribunais locais (e qualquer dos seus órgãos) não estão autorizados a ampliar a suspensividade para questões análogas. A suspensão somente está autorizada para questões idênticas. Em ocorrendo tal situação, caberá interposição de recurso (e não de reclamação) (STF. Rcl 7.569/SP. DJe 19.11.09).

Apesar da decisão emanada do Supremo Tribunal Federal, dispõe o § 6º do art. 1.035 que eventual interessado pode requerer, ao presidente ou ao vice-presidente do tribunal de origem, que exclua da decisão de sobrestamento e inadmita o recurso extraordinário que tenha sido interposto intempestivamente, tendo o recorrente o prazo de 05 dias para manifestar-se sobre esse requerimento. Ao entender dos autores do presente livro, o requerimento deveria ser formulado em qualquer processo, que pendesse recurso interposto contra decisão definitiva, alcançada pela suspensão determinada pelo STF, desde que aquele (recurso) seja intempestivo.

Mas, ante a falta de previsão legal para a suspensão, o STJ já se posicionou a suspensividade alcance apenas os recursos extraordinários, pelo que não há razão (no plano ideal, convenha-se) para o requerimento ser formulado em qualquer recurso (STJ. EDcl no AgRg no AREsp 120442/RJ. DJe 05.11.12).

Da decisão que indeferir o requerimento de exclusão da decisão de sobrestamento, caberá agravo interno. Dito recurso também será cabível quando o tribunal local aplicar entendimento firmado em regime de repercussão geral ou em julgamento de recursos repetitivos.

Pois bem.

Não sendo reconhecida a repercussão geral, o presidente ou o vice-presidente do tribunal de origem negará seguimento aos recursos extraordinários sobrestados na origem que versem sobre matéria idêntica. Aliás, nos termos do enunciado 550 do Fórum Permanente de Processualistas, "a inexistência de repercussão geral da questão constitucional discutida no recurso extraordinário é vício insanável, não se aplicando o dever de prevenção de que trata o parágrafo único do art. 932, sem prejuízo do disposto no art. 1.033". Diante do não reconhecimento da repercussão geral, acontecerá também de os demais processos, em que não haja recurso extraordinário pendente de admissibilidade, tornarem a correr.

O recurso que tiver a repercussão geral reconhecida deverá ser julgado no prazo de 1 ano e terá preferência sobre os demais feitos, ressalvados os que envolvam réu preso e os pedidos de *habeas corpus*.

Julgado o recurso extraordinário, a súmula da decisão sobre a repercussão geral constará de ata, que será publicada no diário oficial e valerá como acórdão.

E mais.

Os recursos sobrestados serão apreciados pelos Tribunais locais, Turmas de Uniformização ou Turmas Recursais, que poderão declará-los prejudicados ou retratar-se. A Corte Especial do Superior Tribunal de Justiça decidiu que "o exercício da faculdade de retratação prevista no art. 543-B, § 3º, do CPC não estará condicionado a prévio juízo de admissibilidade do recurso extraordinário anteriormente sobrestado no STJ" (STJ. EREsp 878.579/RS. DJe 16.10.13). Mas, para guardar a coerência sistêmica, a retratação não deve ser realizada quando intempestivo o recurso suspenso.

Contra decisões que aplicam a sistemática da repercussão geral na origem, não cabe recurso ao Supremo Tribunal Federal, a menos que haja negativa motivada do juiz em se retratar para seguir a orientação firmada (STF. Pet 4729 AgR. DJe 25.05.10). Contudo, se mantida a decisão e admitido o recurso, poderá o Supremo Tribunal Federal cassar ou reformar, liminarmente, o acórdão contrário à sua orientação.

Questão de Concurso

▶ **(Vunesp – Escrevente Técnico Judiciário - TJ - SP/2018)**[28] Com relação ao direito de recorrer, assinale a alternativa correta.

a) A renúncia ao direito de recorrer depende da aceitação da outra parte.

b) A parte que aceitar tacitamente a decisão poderá recorrer, se ainda no prazo recursal.

c) Dos despachos cabem os recursos de agravo de instrumento ou embargos de declaração.

d) A desistência do recurso não impede a análise de questão cuja repercussão geral já tenha sido reconhecida.

e) O recorrente, para desistir do recurso, necessitará da anuência de seus litisconsortes.

---

2. EFEITOS

O recurso extraordinário e o recurso especial possuem (ou podem possuir) os seguintes efeitos:

2.1. Obstativo (ou impedimento ao trânsito em julgado)

A interposição do recurso extraordinário e do recurso especial impede o trânsito em julgado do acórdão recorrido, a prolongar a litispendência. Todavia, apenas o recurso cabível

28. Gabarito: Letra D.

e tempestivo pode impedir o trânsito em julgado. Recurso inadmitido por descabimento ou intempestividade não o impede[29].

2.2. Suspensivo

A primeira parte do art. 995 do CPC dispõe que "**os recursos não impedem a eficácia da decisão**". Entretanto, em sua segunda parte, excepciona: "salvo disposição legal ou decisão judicial em sentido diverso". Logo, quando o recurso eventualmente possui efeito suspensivo, o texto legal ou a decisão que o atribui faz (qualquer delas) expressa ressalva (atribuição). Tal não ocorre com o recurso extraordinário e o recurso especial.

Assim, somente por decisão judicial, em razão de verificada urgência ou evidência, poder-se-á atribuir, ao recurso extraordinário e ao recurso especial, efeito suspensivo, o que será uma excepcionalidade (STF. AC-AgR 1454/SP. DJU 18.05.07).

E não haveria de ser diferente (ou seja, não deve, mesmo, o RE e o REsp terem efeito suspensivo *ope legis*). Isso porque, além de se reconhecer a eficácia imediata das decisões proferidas pelas instâncias ordinárias, até seu último órgão competente, pois precisam ser esgotadas, de uma forma geral, a chance de êxito para o recorrente por meio de um recurso de natureza extraordinária é menor. Logo, não se poderia impor ao recorrido a espera de todo o trâmite recursal junto aos tribunais superiores para, só então, possibilitar-lhe a execução da decisão.

Curioso, a considerar a possibilidade de causação de dano em razão de cumprimento provisório da sentença, é que, à impugnação ao cumprimento da sentença, pode ser atribuído efeito suspensivo, a teor do que estabelece o art. 525 do Código de Processo Civil[30]. Por isso, na pendência de recurso extraordinário ou especial, a parte recorrente teria duas chances de ter atribuído efeito suspensivo, sendo uma primeira perante o tribunal superior, que está a

29. Há opositores a esta ressalva. Aqueles mais radicais adotam o posicionamento de que o recurso interposto, ainda que inadmitido, impede o trânsito em julgado. Outros, a adotar corrente intermediária, entendem que se o fator que levou ao não conhecimento do recurso for objeto de outro recurso, haverá impedimento ao trânsito em julgado, sob pena de descartar, por completo, a hipótese de reforma do julgado que não admitiu o recurso pelas instâncias superiores, negando-se a existência de dúvida com relação à admissibilidade (STJ. ERESP 441252/CE. DJU 29.06.05). Alguns outros, por fim, a adotar posição também intermediária, defendem que a interposição de recurso, desde que cabível e tempestivo, impede o trânsito em julgado da decisão, ainda que na instância ad quem não seja conhecido em decorrência de outro pressuposto de admissibilidade (STJ. REsp 203067/PR. DJU 14.02.00).

30. Art. 525. Transcorrido o prazo previsto no art. 523 sem o pagamento voluntário, inicia-se o prazo de 15 (quinze) dias para que o executado, independentemente de penhora ou nova intimação, apresente, nos próprios autos, sua impugnação.[...] § 6º A apresentação de impugnação não impede a prática dos atos executivos, inclusive os de expropriação, podendo o juiz, a requerimento do executado e desde que garantido o juízo com penhora, caução ou depósito suficientes, atribuir-lhe efeito suspensivo, se seus fundamentos forem relevantes e se o prosseguimento da execução for manifestamente suscetível de causar ao executado grave dano de difícil ou incerta reparação.§ 7º A concessão de efeito suspensivo a que se refere o § 6º não impedirá a efetivação dos atos de substituição, de reforço ou de redução da penhora e de avaliação dos bens § 8º Quando o efeito suspensivo atribuído à impugnação disser respeito apenas a parte do objeto da execução, esta prosseguirá quanto à parte restante.§ 9º A concessão de efeito suspensivo à impugnação deduzida por um dos executados não suspenderá a execução contra os que não impugnaram, quando o respectivo fundamento disser respeito exclusivamente ao impugnante.§ 10. Ainda que atribuído efeito suspensivo à impugnação, é lícito ao exequente requerer o prosseguimento da execução, oferecendo e prestando, nos próprios autos, caução suficiente e idônea a ser arbitrada pelo juiz.

processar o recurso de natureza extraordinária, e outra no juízo da execução, onde está a tramitar o cumprimento da sentença.

Sob outro aspecto, observe-se que a pendência de julgamento de recurso extraordinário e de recurso especial pode, em algumas situações, suspender outros processos[31]. Essa suspensividade, entretanto, não pode ser confundida com o efeito suspensivo do recurso. Ela (a suspensividade) é externa, enquanto que o efeito suspensivo é interno.

Questão de Concurso

▶ **(MPE – BA – Promotor de Justiça – MPE - BA/2018)**[32] Os recursos especial e extraordinário visam combater ofensa à Constituição Federal ou às leis infraconstitucionais, por isso o seu procedimento, quando encartado no Código de Processo Civil, não nos permite dizer correto que:

a) Podem ser manejados simultaneamente, cabendo primeiro ao Superior Tribunal de Justiça julgar o especial, remetendo posteriormente o extraordinário para o Supremo Tribunal Federal.
b) Os dois possuem pressupostos primários na Constituição Federal.
c) Ambos são passíveis de suspensão em face de incidente de resolução de demandas repetitivas.
d) Por não atacarem o mérito ou as provas colhidas, mas a afronta direta a lei ou à Constituição Federal, deles não podem exsurgir efeitos suspensivos.
e) Podem ser sobrestados se versarem sobre controvérsia de caráter repetitivo ainda não decidida pelo Supremo Tribunal Federal ou pelo Superior Tribunal de Justiça, conforme se trate de matéria constitucional ou infraconstitucional.

2.3. Ativo

O efeito ativo se consubstancia na possibilidade de o tribunal *ad quem* antecipar, mediante decisão provisória, a tutela recursal de provimento antes do julgamento definitivo do recurso extraordinário e do recurso especial. Pode acontecer, em razão da falta de preenchimento dos requisitos necessários para a tutela provisória, de o efeito ativo ser concedido apenas em parte.

31. Art. 1.029. O recurso extraordinário e o recurso especial, **nos casos previstos na Constituição Federal**, serão interpostos perante o **presidente ou o vice-presidente do tribunal recorrido**, em **petições distintas** que **conterão**: [...] § 4º Quando, por ocasião do processamento do incidente de resolução de demandas repetitivas, o presidente do Supremo Tribunal Federal ou do Superior Tribunal de Justiça receber requerimento de suspensão de processos em que se discuta questão federal constitucional ou infraconstitucional, poderá, considerando razões de segurança jurídica ou de excepcional interesse social, **estender a suspensão a todo o território nacional**, até ulterior decisão do recurso extraordinário ou do recurso especial a ser interposto.§ 5º O pedido de concessão de **efeito suspensivo** a recurso extraordinário ou a recurso especial poderá ser formulado por requerimento dirigido: I – ao tribunal superior respectivo, no período compreendido entre a publicação da decisão de admissão do recurso e sua distribuição, ficando o relator designado para seu exame prevento para julgá-lo; II – ao relator, se já distribuído o recurso; III – ao presidente ou ao vice-presidente do tribunal recorrido, no período compreendido entre a interposição do recurso e a publicação da decisão de admissão do recurso, assim como no caso de o recurso ter sido sobrestado, nos termos do art. 1.037.Art. 1.036. Sempre que houver **multiplicidade** de recursos extraordinários ou especiais com **fundamento em idêntica questão de direito**, haverá afetação para julgamento de acordo com as disposições desta Subseção, observado o disposto no Regimento Interno do Supremo Tribunal Federal e no do Superior Tribunal de Justiça.§ 1º O presidente ou o vice-presidente de tribunal de justiça ou de tribunal regional federal selecionará **2 (dois) ou mais** recursos representativos da controvérsia, que serão encaminhados ao Supremo Tribunal Federal ou ao Superior Tribunal de Justiça para fins de afetação, determinando a **suspensão do trâmite de todos os processos pendentes**, individuais ou coletivos, que tramitem no Estado ou na região, conforme o caso.[...]
32. Gabarito: Letra D.

O efeito ativo pode ser atribuído em razão de concessão de tutela provisória de urgência ou de evidência. Não por outra razão que o enunciado 423 do FPPC, em referência aos arts. 311, 995, parágrafo único, 1.012, § 4º, 1.019, inciso I, 1.026, § 1º, e 1.029, § 5º, do CPC, orienta que "cabe tutela de evidência recursal".

2.4. Devolutivo

A admissibilidade do recurso extraordinário e do recurso especial transfere ao órgão colegiado mais amplo o conhecimento da matéria recorrida.

A extensão horizontal do efeito devolutivo dos recursos de natureza extraordinária é determinada pela amplitude da impugnação (*tantum devolutum quantum apellatum*) (dimensão horizontal do efeito devolutivo[33]). Enquanto isso, sua profundidade identifica-se com o material que deve trabalhar o órgão *ad quem* para julgar (dimensão vertical do efeito devolutivo ou efeito translativo).

O efeito devolutivo, em sua dimensão horizontal, determina os limites horizontais do recurso (o que se pode decidir). Relaciona-se ao objeto litigioso recursal (a questão principal do recurso). Na dimensão vertical, determinam-se os limites verticais (material com que o órgão recursal trabalhará para decidir a questão que lhe foi submetida). Relaciona-se ao objeto de conhecimento do recurso (as questões que devem ser enfrentadas como fundamentos para a solução do objeto litigioso recursal).

O efeito devolutivo, em sua dimensão horizontal, limita o efeito devolutivo em sua dimensão vertical, de modo que o tribunal somente poderá apreciar, em profundidade, as questões que se relacionarem àquilo que foi impugnado horizontalmente. Assim, pode-se dizer que o recorrente estabelece a extensão do recurso (no plano horizontal), mas não a sua profundidade (no plano vertical).

Não se esqueça de que, para ser conhecida a questão pelo tribunal superior, é necessário que, antes de mais, tenha havido pré-questionamento. Mas, admitido o recurso extraordinário ou o recurso especial por um fundamento, devolve-se ao tribunal superior o conhecimento dos demais fundamentos para a solução do capítulo impugnado. O capítulo não impugnado não será devolvido.

2.5. Desobstrutivo

Em razão do efeito desobstrutivo, nos casos de extinção do processo sem resolução de mérito, bem assim de prolação de decisão nula (por falta de congruência ou de fundamen-

33. Indenização por dano moral. Alcance da apelação. Precedentes da Corte. 1. Já decidiu a Corte que a 'apelação postulando a improcedência do pedido devolve ao conhecimento do Tribunal toda a matéria, incluída a redução do valor da condenação, de menor abrangência, como acolhido em precedentes da Corte' (REsp nº 234.644/MG, da minha relatoria, DJ de 05/6/00). 2. Recurso especial não conhecido (REsp 436.845/PB, Rel. Min. Carlos Alberto Menezes Direito, DJU 24.02.03);PROCESSUAL CIVIL. APELAÇÃO. PROVIMENTO PARCIAL. A decisão da apelação que diminui o valor da indenização fixado pelo juiz de primeiro grau, quando o apelante requerer apenas a improcedência total da ação, não importa em julgamento extra petita. Recurso não conhecido (REsp 313.699/PB, Rel. Min. Cesar Asfor Rocha, DJU 11.11.02);PROCESSO CIVIL. APELAÇÃO. REDUÇÃO DA CONDENAÇÃO. A apelação que persegue a improcedência do pedido autoriza o Tribunal a reformar a sentença, em parte, reduzindo o montante da condenação; o menos está abrangido pelo mais, desde que o recurso não tenha alcance parcial. Recurso especial conhecido e provido (REsp 242.041/MG, Rel. Min. Ari Pargendler, DJU 05.08.02);

tação), o tribunal superior pode, de logo, independentemente da formulação de pedido pelo recorrente, julgar a questão apresentada perante o tribunal *a quo*[34].

Faz-se necessário, entretanto, que a questão apresentada ao tribunal *a quo*, para poder ser julgada pelo tribunal superior, esteja em condições de imediato julgamento, seja porque ela é exclusivamente de direito ou, mesmo que envolva fatos, que eles estejam suficientemente esclarecidos.

Agora, pode ocorrer de ser afastado algum motivo de obstrução pelo tribunal superior, mas, depois, deparar-se com outro, que também impeça a análise do mérito. Nesse caso, ficaria o tribunal superior também impossibilitado de adentrar no mérito da questão apresentada perante o tribunal *a quo*.

Para que seja respeitada a cooperação, sendo o caso de prosseguir com o julgamento, o relator deve intimar as partes acerca dessa possibilidade. Surge, então, um problema: se assim o faz, ele (o relator) anuncia que vai superar a questão que obstrui o julgamento do mérito. Deveria, então, na sessão, decidir a questão e também intimar as partes para se pronunciarem acerca do prosseguimento, a fim de que elas possam exercer o contraditório?

Acredita-se que não. Antes (ou até mesmo depois) de iniciado qualquer julgamento, o relator já deve intimar as partes acerca da possibilidade de ser superada a questão que obstrui o julgamento do mérito. Não é conveniente que haja uma repartição do julgamento, nomeadamente por desrespeitar a eficiência. O simples inconveniente de o relator, de certa forma, adiantar o seu voto, deve ser enfrentado, até porque não contraria qualquer garantia processual (inclusive, o art. 933 do CPC faz indicação nesse sentido)[35].

Todo inconveniente seria superado se as partes, de logo, ainda que sob a advertência do tribunal *a quo*, tivessem considerado a possibilidade de empréstimo de efeito desobstrutivo ao recurso. Assim, quando apresentassem suas razões e contrarrazões, deveriam se pronunciar acerca das questões a serem, de imediato, enfrentadas e, em seguida, em respeito à própria eventualidade, as questões relacionadas ao mérito.

2.6. Substitutivo

O art. 1.008 do Código de Processo Civil dispõe que "o julgamento proferido pelo tribunal substituirá a decisão impugnada no que tiver sido objeto de recurso". Em razão do

34. Compra e venda. Pacto comissório. Ilegitimidade.[...] o preceito do art. 515, § 3º, do CPC/1973 [atual § 3º do art. 1.013 do CPC/2015] deve ser aplicado aos recursos especiais desde que não seja necessário proceder ao reexame de provas, pois atende os ditames do art. 5º, LXXVIII, da CF/1988, acelerando a outorga da tutela jurisdicional. Ademais, explica que a ampliação do alcance do art. 515, § 3º, do CPC/1973 [atual § 3º do art. 1.013 do CPC/2015], não implica ofensa ao duplo grau de jurisdição, porque a regra técnica de processo admite que o ordenamento jurídico apresente soluções condizentes com a efetividade do processo, afastando o reexame específico da matéria impugnada. [...]. REsp 998.460-SP, Rel. Min. Nancy Andrighi, julgado em 23/2/2010.

35. Art. 933. Se o relator constatar a ocorrência de fato superveniente à decisão recorrida ou a existência de questão apreciável de ofício ainda não examinada que devam ser considerados no julgamento do recurso, intimará as partes para que se manifestem no prazo de 5 (cinco) dias.§ 1º Se a constatação ocorrer durante a sessão de julgamento, esse será imediatamente suspenso a fim de que as partes se manifestem especificamente.§ 2º Se a constatação se der em vista dos autos, deverá o juiz que a solicitou encaminhá-los ao relator, que tomará as providências previstas no caput e, em seguida, solicitará a inclusão do feito em pauta para prosseguimento do julgamento, com submissão integral da nova questão aos julgadores.

efeito substitutivo, o julgamento recursal proferido pelo tribunal *ad quem* substitui a decisão recorrida no que tiver sido objeto de recurso.

Contudo, somente há substituição se o recurso interposto for admitido (independentemente de ele ser provido ou desprovido), no limite da devolutividade, seja ela horizontal ou vertical. Se não for admitido o recurso, não haverá substituição, logo porque não haverá apreciação de qualquer das questões decididas pelo tribunal *a quo*.

Se os recursos excepcionais forem parciais, por não contemplarem em seu objeto todas as questões possíveis, que foram decididas pelo tribunal *a quo*, porque admitidos, a substituição ocorre na amplitude da devolutividade. Se o recurso for total, mas admitido apenas em alguma(s) parte(s), somente nela(s) é que haverá substituição.

Quanto ao resultado do julgamento, se provido ou desprovido os recursos de natureza extraordinária, também haverá substituição. Poder-se-ia até se questionar essa conclusão, pelo fato de o resultado ter sido preservado com o desprovimento. Ocorre que, apesar da preservação do resultado, há outros elementos, que justificam a substituição, dentre os quais as repercussões jurídicas decorrentes do julgamento recursal.

Deve-se considerar que as decisões que analisam o mérito do recurso extraordinário e do recurso especial, fundado em vício de procedimento (*error in procedendo*), se decidirem pelo provimento, anulam a decisão recorrida. Não há, aí, pelo menos em regra, substituição, a considerar que o tribunal superior não profere julgamento em reforma, mas apenas, em caso de provimento, anula aquele que foi submetido ao recurso ordinário.

As decisões, que analisam mérito recursal fundado em vício de juízo (*error in iudicando*), é que reformam a decisão recorrida, substituindo-a, ainda que o tribunal *ad quem*, repita-se, mantenha o resultado, ante o desprovimento recursal. Por essa razão, eventual ajuizamento de ação rescisória teria como objeto a decisão proferida em recurso, e não a anteriormente proferida.

Apesar disso, se o mérito dos recursos excepcionais cingir-se à alegação de *error in procedendo*, em uma hipótese, há substituição da decisão. Isso ocorrerá quando, interposto recurso de natureza extraordinária, ele é desprovido e, assim, é rejeitada a alegação da existência do vício de procedimento (aí, portanto, não haverá cassação, mas, ao contrário, confirmação da decisão recorrida).

2.7. Rescindente

Se o recurso for provido apenas para anular o acórdão recorrido, não haverá substituição, mas, sim, rescisão. O julgamento do recurso determinará que outra decisão seja proferida pelo Tribunal *a quo* em substituição ao acórdão rescindido. O efeito é comum às situações onde se tenha verificado erro de procedimento e não seja possível realizar, de imediato, no próprio órgão recursal, novo julgamento.

3. PROCEDIMENTO

3.1. Disposições comuns

O recurso extraordinário e o recurso especial devem ser interpostos no prazo de 15 dias (a não ser que haja algum privilégio de dobra).

Recebida a petição do recurso[36] pela secretaria do tribunal, o recorrido será intimado para apresentar contrarrazões no prazo de 15 dias, findo o qual os autos serão conclusos ao presidente ou ao vice-presidente do tribunal recorrido, que deverá tomar as seguintes providências:

a) negar seguimento:

a.1) recurso extraordinário que discuta questão constitucional à qual o Supremo Tribunal Federal não tenha reconhecido a existência de repercussão geral (hipótese de inadmissibilidade) ou a recurso extraordinário interposto contra acórdão que esteja em conformidade com entendimento do Supremo Tribunal Federal exarado no regime de repercussão geral (hipótese de julgamento do mérito recursal pelo tribunal *a quo*);

a.2) a recurso extraordinário ou a recurso especial interposto contra acórdão que esteja em conformidade com entendimento do Supremo Tribunal Federal ou do Superior Tribunal de Justiça, respectivamente, exarado no regime de julgamento de recursos repetitivos (hipótese de julgamento do mérito recursal pelo tribunal *a quo*);

b) encaminhar o processo ao órgão julgador para realização (facultativa, conforme art. 1.030, V, "c", do CPC) do juízo de retratação, se o acórdão recorrido divergir do entendimento do Supremo Tribunal Federal ou do Superior Tribunal de Justiça exarado, conforme o caso, nos regimes de repercussão geral ou de recursos repetitivos;

c) sobrestar o recurso que versar sobre controvérsia de caráter repetitivo ainda não decidida pelo Supremo Tribunal Federal ou pelo Superior Tribunal de Justiça (em razão de anterior recurso extraordinário ou recurso especial antes interposto), conforme se trate de matéria constitucional ou infraconstitucional;

d) selecionar o recurso como representativo de controvérsia constitucional ou infraconstitucional, nos termos do § 6º do art. 1.036, ou seja, dentre os recursos admissíveis, que contenham abrangente argumentação e discussão a respeito da questão a ser decidida pelo tribunal superior, a ser evitar a desestabilização da jurisprudência mediante realização próxima de *overruling*;

e) realizar o juízo de admissibilidade e, se positivo, remeter o feito ao Supremo Tribunal Federal ou ao Superior Tribunal de Justiça, desde que o recurso ainda não tenha sido submetido ao regime de repercussão geral ou de julgamento de recursos repetitivos[37]; o recurso tenha sido selecionado como representativo da controvérsia; o tribunal recorrido tenha refutado o juízo de retratação.

---

36. Incluído no pressuposto da regularidade formal, a petição do recurso extraordinário, especificamente, por força da disposição do art. 321 do RISTF, deve fazer menção expressa ao dispositivo da legislação federal constitucional que autoriza sua interposição, sob pena de o vício de forma inviabilizar a admissão recursal (STF. AI 838930 AgR/SP. DJe 21.06.11). O recorrente deve indicar o dispositivo que autoriza, dentre os casos previstos nos artigos 102, III, a, b, c, e 121, § 3º, da Constituição Federal, a interposição de recurso extraordinário.

37. Não se faz juízo de admissibilidade se algum outro recurso, que trate da mesma controvérsia, tenha sido submetido ao regime da repercussão geral ou de julgamento de recursos repetitivos. Mas, a hipótese aqui tratada é quando o próprio recurso não tenha sido submetido. Se ele tiver sido, ficará suspenso.

> Não será admitido o recurso especial ou extraordinário, quando houver fundamento não impugnado que, por si só, poderia sustentar a decisão recorrida, já que não haverá utilidade no provimento do recurso interposto. Nesse sentido, o enunciado 283 da súmula do STF: "É inadmissível o recurso extraordinário quando a decisão assenta em mais de um fundamento suficiente e o recurso não abrange todos eles". Também, o enunciado 126 da súmula do STJ: "É inadmissível recurso especial, quando o acórdão recorrido assenta em fundamentos constitucional e infraconstitucional, qualquer deles suficiente, por si só, para mantê-lo, e a parte vencida não manifesta recurso extraordinário".
>
> Sob a vigência do Código de Processo Civil de 1973, o § 3º do art. 542 dispunha que: "O recurso extraordinário, ou o recurso especial, quando interpostos contra decisão interlocutória em processo de conhecimento, cautelar, ou embargos à execução ficará retido nos autos e somente será processado se o reiterar a parte, no prazo para a interposição do recurso contra a decisão final, ou para as contra-razões". O Código de Processo Civil de 2015 não repetiu essa disposição relativa ao procedimento de retenção dos recursos especial e extraordinário. Não há mais a possibilidade de tais recursos ficarem retidos até que sejam reiterados por ocasião da interposição de posteriores RE ou REsp contra a decisão final. Poder-se-ia indagar qual a razão de tal supressão pelo atual Código e se isso não implicaria aumento demasiado de recursos perante os Tribunais Superiores. De logo, deve-se dizer que a mudança foi proposital. Não se trata de equívoco atribuído à suposto esquecimento, como ocorreu com outros dispositivos. Não foi o caso. Entendeu o legislado que, por não serem mais, em regra, recorríveis de imediato as decisões interlocutórias, mas apenas excepcionalmente, conforme art. 1.015, a quantidade de RE e REsp seria sensivelmente reduzida, não sendo mais necessária a retenção daqueles interposto contra decisões interlocutórias. Além disso, a se preservar o modelo anterior, estar-se-ia a retirar das decisões parciais de mérito a possibilidade de se recorrer de imediato e, assim, impondo injustificado ônus ao legitimado recursal em razão de simples adoção de técnica de julgamento pelo juízo.

Se o juízo de admissibilidade do RE ou do REsp for negativo, dessa decisão caberá agravo ao tribunal superior (art. 1.042 do Código de Processo Civil).

Orienta o Enunciado 75 do CJF que "cabem embargos declaratórios contra decisão que não admite recurso especial ou extraordinário, no tribunal de origem ou no tribunal superior, com a consequente interrupção do prazo recursal".

Por sua vez, da decisão que negar seguimento àqueles recursos[38], ou sobrestá-los, caberá agravo interno (art. 1.021)[39].

Admitido o recurso por decisão do presidente ou do vice-presidente do tribunal *a quo* (ou mesmo pelo provimento, junto ao STF e/ou STJ, do agravo interposto contra a decisão

38. O Superior Tribunal de Justiça teve a oportunidade de dirimir tal questão, ao pontuar que, *"decidido o tema em sede de recurso representativo da controvérsia e inadmitido* (*rectius*: seguimento negado) *o recurso especial pelo tribunal de origem, é incabível o agravo em recurso especial ou em recurso extraordinário, ainda que sob o fundamento de que o Tribunal de Origem não efetuou a correta apreciação do recurso especial representativo da controvérsia [...] o único recurso cabível para a situação é o agravo interno"* (STJ. QO no AG 1.154.599/SP. DJe 12.05.11).
39. Os embargos de declaração, opostos à decisão monocrática que inadmite o extraordinário, por serem manifestamente incabíveis, não suspendem ou interrompem o prazo para a interposição de outro recurso, qual seja, o agravo (STF. AI 588190 AgR/RJ. DJU 03.04.07). Excepciona esta regra os casos em que a decisão embargada for tão genérica que sequer permita a interposição de agravo. Para o STJ, "essa não deve ser a solução quando a decisão embargada é excessivamente deficitária, tendo em vista que, nesse caso, os embargos não serão destinados a veicular matéria de recurso nem visarão a procrastinar o desfecho da causa" (STJ. EAREsp 275615/SP. DJe 13.03.14).

do tribunal local que admitiu o recurso extraordinário e/ou especial), os autos seguirão para o Supremo Tribunal Federal ou para o Superior Tribunal de Justiça, conforme se trate de recurso extraordinário ou especial, respectivamente, que realizarão novo juízo de admissibilidade, agora em definitivo, pelo que darão por conhecido e admissível para julgamento.

A decisão de admissibilidade pelo tribunal *a quo* não induz preclusão para os tribunais *ad quem*.

O recurso extraordinário e o recurso especial, nas hipóteses do art. 932 do Código de Processo Civil[40], poderão ser julgados monocraticamente pelo relator, cuja decisão comportará a interposição de agravo interno no prazo de 15 dias.

Se não for caso de julgamento monocrático, os recursos serão julgados colegiadamente por uma das turmas que compõem o STF (se for RE) e/ou o STJ (se for REsp), em sessão a ser designada pelo presidente do órgão, mediante inclusão em pauta.

Na sessão de julgamento, depois da exposição da causa pelo relator, o presidente dará a palavra, sucessivamente, ao recorrente, ao recorrido e, nos casos de sua intervenção, ao membro do Ministério Público, pelo prazo improrrogável de 15 minutos para cada um, a fim de sustentarem suas razões.

Proferidos os votos pelos membros do órgão colegiado, que será composto por 05 ministros, o presidente anunciará o resultado do julgamento, designando para redigir o acórdão o relator ou, se vencido este, o autor do primeiro voto vencedor.

Providos os recursos, para reconhecer a ofensa à Constituição Federal (STF) e/ou à legislação federal infraconstitucional (STJ), haverá a aplicação do direito à causa. Reconhecido o *error in procedendo*, será anulado o acórdão recorrido, a retornar os autos ao tribunal *a quo* para nova decisão.

Desprovidos os recursos, com a aplicação do direito à causa, será mantido o resultado da decisão recorrida, conquanto esta seja substituída.

O acórdão conterá ementa (art. 943 do CPC[41]).

---

40. Art. 932. Incumbe ao relator:

I – dirigir e ordenar o processo no tribunal, inclusive em relação à produção de prova, bem como, quando for o caso, homologar autocomposição das partes; II – apreciar o pedido de tutela provisória nos recursos e nos processos de competência originária do tribunal; III – não conhecer de recurso inadmissível, prejudicado ou que não tenha impugnado especificamente os fundamentos da decisão recorrida; IV – negar provimento a recurso que for contrário a: a) súmula do Supremo Tribunal Federal, do Superior Tribunal de Justiça ou do próprio tribunal; b) acórdão proferido pelo Supremo Tribunal Federal ou pelo Superior Tribunal de Justiça em julgamento de recursos repetitivos; c) entendimento firmado em incidente de resolução de demandas repetitivas ou de assunção de competência; V – depois de facultada a apresentação de contrarrazões, dar provimento ao recurso se a decisão recorrida for contrária a: a) súmula do Supremo Tribunal Federal, do Superior Tribunal de Justiça ou do próprio tribunal; b) acórdão proferido pelo Supremo Tribunal Federal ou pelo Superior Tribunal de Justiça em julgamento de recursos repetitivos; c) entendimento firmado em incidente de resolução de demandas repetitivas ou de assunção de competência; VI – decidir o incidente de desconsideração da personalidade jurídica, quando este for instaurado originariamente perante o tribunal; VII – determinar a intimação do Ministério Público, quando for o caso; VIII – exercer outras atribuições estabelecidas no regimento interno do tribunal. Parágrafo único. Antes de considerar inadmissível o recurso, o relator concederá o prazo de 5 (cinco) dias ao recorrente para que seja sanado vício ou complementada a documentação exigível.

41. Art. 943. Os votos, os acórdãos e os demais atos processuais podem ser registrados em documento eletrônico inviolável e assinados eletronicamente, na forma da lei, devendo ser impressos para juntada aos autos do pro-

Em razão da atividade desempenhada na instância recursal, os honorários advocatícios decorrentes da sucumbência serão realinhados, a teor do que estabelece o art. 85, § 11, do Código de Processo Civil.

3.2. Interposição simultânea de recurso extraordinário e de recurso especial

Haverá casos em que, proferida decisão em única ou última instância, ela amolda tanto às hipóteses de cabimento do recurso extraordinário, quanto às do recurso especial, por versar sobre matéria de direito federal infraconstitucional e constitucional. Se o recorrente ingressar com ambos os recursos, deverá assim fazer em petições distintas perante o tribunal local.

Se interpostos, conjuntamente, recurso extraordinário e recurso especial, e admitidos, por óbvio, os autos serão remetidos ao Superior Tribunal de Justiça. Dali, quando concluído o julgamento do recurso especial, os autos serão remetidos ao Supremo Tribunal Federal para apreciação do recurso extraordinário, se este não estiver prejudicado.

> O provimento do recurso especial pode tornar prejudicado o recurso extraordinário, pois a nova decisão substituirá ou anulará a anterior, podendo ensejar, entretanto, novo recurso extraordinário. Porém, diga-se por oportuno, que o STF tem orientação consolidada no sentido de que da decisão do STJ, no recurso especial, só se admite recurso extraordinário se a questão constitucional neste levantada é diversa daquela resolvida pela instância ordinária (STF. RE 458129 AgR/SC. DJU 14.08.07).

Todavia, se o relator do recurso especial considerar prejudicial o recurso extraordinário, em decisão irrecorrível, sobrestará o julgamento e remeterá os autos ao Supremo Tribunal Federal. Neste caso, se o relator do recurso extraordinário, em decisão irrecorrível, rejeitar a prejudicialidade, devolverá os autos ao Superior Tribunal de Justiça para o julgamento do recurso especial.

Se, contudo, o relator do recurso extraordinário concordar com a prejudicialidade de tal recurso frente ao especial, procederá ao respectivo julgamento e, em seguida, remeterá os autos ao Superior Tribunal de Justiça para apreciação do recurso especial, se este não tiver prejudicado.

3.3. Conversão recursal

Nos termos do art. 1.032, se o relator, no Superior Tribunal de Justiça, entender que, em vez de recurso especial, seria o caso de recurso extraordinário, deverá conceder prazo de 15 dias para o recorrente demonstrar a existência de repercussão geral e se manifestar acerca a questão constitucional. O comando deste dispositivo legal só terá incidência se não for interposto simultâneo recurso extraordinário a discutir a mesma questão. Sendo interposto, a admissibilidade do recurso especial ficará prejudicada.

---

cesso quando este não for eletrônico. § 1º Todo acórdão conterá ementa.§ 2º Lavrado o acórdão, sua ementa será publicada no órgão oficial no prazo de 10 (dez) dias.

Se atendida a diligência determinada, o relator, após facultar ajustes, pelo recorrido, nas contrarrazões, remeterá o recurso ao Supremo Tribunal Federal, que, em juízo de admissibilidade, poderá devolvê-lo ao Superior Tribunal de Justiça. Se não atendida (a diligência determinada), o relator não admitirá o especial. Interessante é que, antes da remessa, no Superior Tribunal de Justiça, haverá um juízo de admissibilidade.

> Enunciado 566 do Fórum Permanente de Processualistas Civis: "Na hipótese de conversão do recurso extraordinário em recurso especial, nos termos do art. 1.033, cabe ao relator conceder o prazo do caput do art. 1.032 para que o recorrente adapte seu recurso e se manifeste sobre a questão infraconstitucional".

Com efeito, antes de determinar a diligência, será realizado, no Superior Tribunal de Justiça um juízo de admissibilidade quanto aos pressupostos de admissibilidade comum (exceto, a considerar o conteúdo da diligência, a regularidade formal da petição recursal e, também por ser competência exclusiva do Supremo Tribunal Federal, a repercussão geral).

Depois de cumprida a diligência para fins de conversão do recurso especial em extraordinário, o relator fará um novo juízo de admissibilidade para, além de confirmar os pressupostos recursais antes analisados, fazer, agora, a análise do preenchimento dos pressupostos de regularidade formal e da própria tempestividade no cumprimento da diligência.

O prazo para o cumprimento da diligência de conversão será peremptório, porque constitui o próprio pressuposto de admissibilidade da tempestividade, relacionado ao recurso extraordinário. Assim, somente de tempestivo o cumprimento da diligência de preenchidos os demais pressupostos de admissibilidade, os autos serão remetidos ao STF.

Quando chegar ao Supremo Tribunal Federal, se o respectivo relator considerar como reflexa a ofensa à Constituição afirmada no recurso extraordinário, por pressupor a revisão da interpretação de lei federal ou de tratado, remetê-lo-á ao Superior Tribunal de Justiça para julgamento como recurso especial.

Nesta ocasião, o relator, junto ao STF, não poderá considerar como intempestivo o recurso extraordinário (por não cumprimento da diligência de conversão no prazo de 15 dias), nem muito como inadmissível por falta de qualquer outro pressuposto de admissibilidade, porque decidiu não ser caso de conversão. A competência para analisar a admissibilidade do recurso, compreendido, agora, como sendo especial, será do STJ.

Entretanto, se o Supremo Tribunal Federal receber o recurso extraordinário, decorrente da conversão do recurso especial, processá-lo-á como tal. Fará, assim, juízo de admissibilidade o referido recurso (extraordinário) e, se positivo, passará á análise de seu mérito, tudo nos moldes explicitados acima.

Por sua vez, nos termos do art. 1.033, do Código de Processo Civil, interposto recurso extraordinário, se o Supremo Tribunal Federal considerar como reflexa a ofensa à Constituição afirmada no recurso extraordinário, por pressupor a revisão da interpretação de lei federal ou de tratado, remetê-lo-á, após os necessários ajustes das razões recursais a serem realizados no prazo de 15 dias, ao Superior Tribunal de Justiça para julgamento como recurso especial. O comando deste dispositivo legal só terá incidência se não for interposto simultâneo recurso especial a discutir a mesma questão. Sendo interposto, a admissibilidade do recurso extraordinário ficará prejudicada.

Em razão disso, nos termos do enunciado 565 do Fórum Permanente de Processualistas Civis, "na hipótese de conversão de recurso extraordinário em recurso especial ou vice-versa, após a manifestação do recorrente, o recorrido será intimado para, no prazo do *caput* do art. 1.032, complementar suas contrarrazões".

3.4. Julgamento por seleção (ou amostragem) de recurso extraordinário ou recurso especial repetitivo

Sempre que houver multiplicidade de recursos extraordinários ou de recursos especiais com fundamento em idêntica questão de direito, haverá **afetação para julgamento** nos moldes a seguir apresentados e com observância ao disposto no Regimento Interno do Supremo Tribunal Federal e no do Superior Tribunal de Justiça.

E não é necessário que as decisões que ensejaram a interposição de recurso extraordinário ou recurso especial sejam idênticas. Basta que sejam de direito (até porque, nos termos da Súmula 7 do STJ, as questões de fato, em regra, não são levadas aos tribunais superiores) e que tratem da mesma questão, pouco importando o resultado do *decisum*.

O procedimento de afetação deve se iniciar perante os tribunais locais. Constatada a **multiplicidade de recursos extraordinários ou de recursos especiais**, o presidente ou o vice-presidente de tribunal de justiça ou de tribunal regional federal selecionará 02 (dois) ou mais recursos representativos da controvérsia, que serão encaminhados ao Supremo Tribunal Federal ou ao Superior Tribunal de Justiça para fins de afetação, determinando **a suspensão do trâmite de todos os processos pendentes, individuais ou coletivos**, que tramitem no Estado ou na região, conforme o caso.

Eventual interessado (que teve seu processo suspenso em razão do procedimento de afetação) pode **requerer, ao presidente ou ao vice-presidente, que exclua da decisão de sobrestamento e inadmita o recurso especial ou o recurso extraordinário que tenha sido interposto intempestivamente**, tendo o recorrente o prazo de 05 dias para manifestar-se sobre esse requerimento. Da decisão que indeferir o requerimento de exclusão de sobrestamento, caberá apenas agravo interno.

Pois bem.

A escolha feita pelo presidente ou vice-presidente do tribunal de justiça ou do tribunal regional federal (dos 02 ou mais recursos) não vinculará o relator no tribunal superior, que poderá selecionar outros recursos representativos da controvérsia.

Aliás, o relator junto ao tribunal superior pode devolver (alguns ou todos, se, no tribunal superior, já tiver chegado algum recurso anteriormente) os recursos que foram selecionados pelo tribunal local ou mesmo acrescentar outros aos que foram depois escolhidos, pois que, além de admissíveis, os recursos devem conter a mais abrangente argumentação e discussão a respeito da questão a ser decidida.

E não haveria de ser diferente porque, se não remetidos recursos representativos da controvérsia pelo presidente ou vice-presidente do tribunal local, o relator em tribunal superior também poderá selecionar 02 ou mais recursos representativos da controvérsia para julgamento da questão de direito. Isso, repita-se, independentemente da iniciativa do presidente ou do vice-presidente do tribunal de origem.

Selecionados os recursos representativos da controvérsia, o relator, no **tribunal superior**, a constatar a multiplicidade de recursos extraordinários ou especiais com fundamento em idêntica questão de direito, **proferirá decisão de afetação**, na qual: a) identificará com precisão a questão a ser submetida a julgamento; b) determinará a suspensão do processamento de todos os processos pendentes, individuais ou coletivos, que versem sobre a questão e tramitem no território nacional; c) poderá requisitar a cada ou a qualquer dos presidentes ou vice-presidentes dos tribunais de justiça ou dos tribunais regionais federais a remessa de (pelo menos) um recurso representativo da controvérsia.

Contudo, se, após receber os recursos selecionados pelo presidente ou pelo vice-presidente de tribunal de justiça ou de tribunal regional federal, não for procedida a afetação, o relator, no tribunal superior, comunicará o fato ao presidente ou ao vice-presidente que os houver enviado, para que seja revogada a decisão de suspensão.

Se houver mais de uma afetação perante o tribunal superior, ficará prevento o relator que primeiro tiver proferido a decisão de identificação (com precisão) da questão a ser submetida a julgamento.

Os recursos afetados deverão ser julgados no prazo de 01 ano e terão preferência sobre os demais feitos, ressalvados os que envolvam réu preso e os pedidos de *habeas corpus*.

Continue-se.

Quando os recursos requisitados pelo relator no tribunal superior contiverem outras questões além daquela que é objeto da afetação, caberá ao tribunal decidir esta em primeiro lugar e depois as demais, em acórdão específico para cada processo.

Perante os tribunais locais (em seus respectivos órgãos), as partes e, eventualmente, terceiros, deverão ser intimadas da decisão de suspensão de seu processo, a ser proferida pelo respectivo juiz ou relator, assim quando informado da decisão de afetação proferida pelo relator no tribunal superior, que determinou a suspensão dos processos pendentes, no território nacional, que tratem da mesma questão de direito.

Entretanto, se demonstrada distinção entre a questão a ser decidida no processo e aquela a ser julgada no recurso especial ou extraordinário afetado, a parte (ou interessado) poderá requerer o prosseguimento do seu processo.

Inclusive, o enunciado 348 do Fórum Permanente de Processualistas orienta que "**os interessados serão intimados da suspensão de seus processos individuais, podendo requerer o prosseguimento ao juiz ou tribunal onde tramitarem, demonstrando a distinção entre a questão a ser decidida e aquela a ser julgada no incidente de resolução de demandas repetitivas, ou nos recursos repetitivos**". O respectivo requerimento será dirigido:

a) **ao juiz**, se o processo sobrestado estiver **em primeiro grau**;

b) **ao relator**, se o processo sobrestado estiver no **tribunal de origem**;

c) ao **relator do acórdão recorrido**, se for **sobrestado recurso especial ou recurso extraordinário no tribunal de origem**;

d) **ao relator**, no tribunal superior, de recurso especial ou de recurso extraordinário cujo processamento houver sido sobrestado. Antes de o juiz ou o relator decidir acerca do requerimento de distinção, a outra parte deverá ser ouvida, no prazo de 5 (cinco) dias.

a) o órgão que proferiu o acórdão recorrido, na origem, reexaminará o processo de competência originária, a remessa necessária ou o recurso anteriormente julgado, se o acórdão recorrido contrariar a orientação do tribunal superior;

b) os processos suspensos em primeiro e segundo graus de jurisdição retomarão o curso para julgamento e aplicação da tese firmada pelo tribunal superior[42];

c) se os recursos versarem sobre questão relativa à prestação de serviço público objeto de concessão, permissão ou autorização, o resultado do julgamento será comunicado ao órgão, ao ente ou à agência reguladora competente para fiscalização da efetiva aplicação, por parte dos entes sujeitos a regulação, da tese adotada.

De acordo com a segunda parte do § 7º do art. 1.035, "caberá agravo interno quando o tribunal local aplicar entendimento firmado em regime de repercussão geral ou em julgamento de recursos repetitivos".

Realizado o juízo de retratação, com alteração do acórdão divergente, o tribunal de origem, se for o caso, decidirá as demais questões pendentes, cujo enfrentamento se tornou necessário em decorrência da alteração.

Quando ocorrer a hipótese do inciso II do caput do art. 1.040[43] e o recurso versar sobre outras questões, caberá ao presidente ou ao vice-presidente do tribunal recorrido, depois do reexame pelo órgão de origem e independentemente de ratificação do recurso, sendo positivo o juízo de admissibilidade, determinar a remessa do recurso ao tribunal superior para julgamento das demais questões.

Contudo, se mantido o acórdão divergente pelo tribunal de origem, o recurso especial ou extraordinário será remetido ao respectivo tribunal superior.

Pode ocorrer, é verdade, de a parte, antes de qualquer providência judicial, desistir da ação em curso no primeiro grau de jurisdição, até mesmo antes de ser proferida a sentença, por verificar que a questão nela discutida é idêntica à resolvida pelo recurso representativo da controvérsia. Se a desistência ocorrer antes de oferecida contestação (mesmo que citado o réu), a parte ficará isenta do pagamento de custas e de honorários de sucumbência. Se depois de apresentada contestação, haverá condenação sucumbencial. Mas, em qualquer desses casos, a desistência independe de consentimento do réu.

Questão de Concurso

▶ **(Vunesp – Juiz de Direito – TJ - RS/2018)**[44] Recebida a petição do recurso extraordinário, o recorrido será intimado para apresentar contrarrazões no prazo de 15 (quinze) dias, findo o qual os autos serão conclusos ao presidente ou ao vice-presidente do tribunal recorrido, que deverá

a) aplicar a súmula impeditiva de recurso, do tribunal local, se for o caso.

42. Quanto aos demais recursos de natureza ordinária surgentes perante os tribunais locais, firmado o posicionamento pelo tribunal superior acerca da questão de direito quando do julgamento do(s) recurso(s) selecionado(s), aqueles poderão ser decididos monocraticamente. Quanto às novas ações, elas deparar-se-ão, muitas vezes, com as disposições do art. 332, II, do Código de Processo Civil, a comportar julgamento imediato de improcedência.

43. Art. 1.040. Publicado o acórdão paradigma: I – o presidente ou o vice-presidente do tribunal de origem negará seguimento aos recursos especiais ou extraordinários sobrestados na origem, se o acórdão recorrido coincidir com a orientação do tribunal superior.

44. Gabarito: Letra E.

b) remeter os autos ao STF, independentemente de juízo de admissibilidade.
c) verificar se o recurso contraria súmula ou jurisprudência dominante do STF.
d) reconhecer se há repercussão geral das questões constitucionais discutidas no caso, sob pena de não admiti-lo.
e) sobrestá-lo se versar sobre controvérsia de caráter repetitivo ainda não decidida pelo STF.

▶ **(Vunesp – Juiz de Direito – TJ - RS/2018)**[45] O pedido de suspensão ao recurso especial poderá ser formulado por requerimento dirigido
a) ao presidente do tribunal local, no caso de prejuízo processual comprovado à parte recorrida.
b) ao presidente ou ao vice-presidente do tribunal recorrido, no período compreendido entre a interposição do recurso e a publicação da decisão de admissão do recurso.
c) ao relator original do acórdão recorrido, se já distribuído o recurso.
d) ao tribunal superior respectivo, no período compreendido entre a interposição do recurso e sua distribuição, ficando o relator designado para seu exame prevento para julgá-lo.
e) ao vice-presidente do tribunal local, após a admissão do recurso e antes de sua distribuição no STJ.

▶ **(Cespe – Analista Judiciário – Oficial de Just. Avaliador - STJ/2018)**[46] A respeito de recursos nos tribunais, meios de impugnação das decisões judiciais, processo de execução e mandado de segurança, julgue o item a seguir. De acordo com o Superior Tribunal de Justiça, é necessário aguardar o trânsito em julgado do paradigma firmado em recurso repetitivo para que seja possível a sua aplicação a outros processos que versem sobre a mesma questão jurídica decidida.

3.5. Efeitos da decisão proferida em julgamento de recurso extraordinário

A declaração da constitucionalidade ou inconstitucionalidade das leis ou atos normativos, em sede de recurso extraordinário, é questão prejudicial ao julgamento do caso concreto. A decisão proferida pelo Supremo Tribunal Federal, em regra, só vincula as partes. Porém, o Senado poderá suspender os efeitos da lei declarada inconstitucional (art. 52, X, da Constituição da República) após comunicação do referido tribunal superior, a fazer que seus efeitos se estendam a todos, com eficácia *ex nunc*.

Ocorre que o Supremo Tribunal Federal tem seguido orientação, de acordo com a qual a decisão sobre inconstitucionalidade em recurso extraordinário deve orientar o tribunal no julgamento de situações semelhantes, no que se denomina "objetivação do recurso extraordinário"[47].

---

45. Gabarito: Letra B.
46. Gabarito: Incorreto
47. A declaração da constitucionalidade ou inconstitucionalidade das leis ou atos normativos, em sede de recurso extraordinário, é apenas questão prejudicial ao julgamento do caso concreto. A decisão proferida pelo STF, em regra, só vincula as partes. Porém, o Senado poderá suspender os efeitos da lei declarada inconstitucional (art. 52, X, da CF) após comunicação do STF, fazendo que seus efeitos se estendam a todos, com eficácia "ex nunc". Trata-se do chamado controle difuso da constitucionalidade de leis ou atos normativos. Ocorre que o Supremo Tribunal Federal tem seguido orientação, segundo a qual a decisão sobre inconstitucionalidade em recurso extraordinário deve orientar o tribunal no julgamento de situações semelhantes, no que se denomina "objetivação do recurso extraordinário". Com base nesse entendimento, foram prolatados vários julgamentos, a exemplo do RE 197197/SP, DJU 02.02.04, que interpretou o art. 29, IV da Constituição Federal, cuidando da fixação do número de vereadores em cada município. Foi, então, editada a resolução nº 21.702 do TSE, que conferiu eficácia "erga omnes" ao julgamento do STF. Com base nesse entendimento, já havia sido editada a Emenda Regimental nº 12 do STF, que se refere ao julgamento dos Recursos Extraordinários interpostos no âmbito dos

Foram prolatados vários julgamentos, a exemplo do RE 197197/SP, DJU 02.02.04, que interpretou o art. 29, IV da Constituição, a cuidar da fixação do número de vereadores em cada município. Foi, então, editada a resolução nº 21.702 do TSE, que conferiu eficácia *erga omnes* ao julgamento do Supremo Tribunal Federal.

---

juizados especiais federais. Estatui-se que a decisão do STF é vinculante para as turmas recursais, as quais deverão retratar-se ou declarar prejudicados os recursos extraordinários já interpostos (art. 321, § 5º inciso VI do regimento interno do STF). E a previsão da súmula vinculante é mais uma tendência de conferir eficácia "erga omnes" a decisões sobre inconstitucionalidade (art. 103-A da CF e Lei nº 11.417/2006). Assim, a decisão em recurso extraordinário (que, para ser admitido, deve evidenciar, em preliminar, existência de repercussão geral – o que denota alcance que transcende o interesse das partes) tem deixado de se referir somente aos envolvidos para ter eficácia geral. O Min. Gilmar Ferreira Mendes, no processo administrativo nº 318.715/STF (que culminou na edição da emenda nº 12 ao Regimento Interno do Supremo Tribunal Federal, publicada no DJ de 17/12/2003), delineava que "o Recurso Extraordinário deixa de ter caráter marcadamente subjetivo ou de defesa de interesses das partes, para assumir, de forma decisiva, a função de defesa da ordem constitucional objetiva. Trata-se de orientação que os modernos sistemas de Corte Constitucional vêm adotando". Esclarecia: "o Recurso Extraordinário como uma ferramenta à disposição das partes que litigam em juízo, mas uma ferramenta posta à disposição do próprio STF, para que ele analise a validade em abstrato da norma impugnada". Esta mesma linha de raciocínio foi defendido no julgamento da MC-RE 376.852, DJ de 27/03/2003, para qual o Recurso Extraordinário seria remédio de controle abstrato de constitucionalidade. Tal orientação foi seguida pela Min. Ellen Gracie Northfleet, no julgamento do AI 375.011, onde se dispensou o pré-questionamento para permitir que o Tribunal conheça da matéria constante do RE: *Já manifestei, em ocasiões anteriores, minha preocupação com requisitos processuais que acabam por obstaculizar, no âmbito da própria Corte, a aplicação aos casos concretos dos precedentes que declaram a constitucionalidade ou a inconstitucionalidade de normas. Ao votar, na Primeira Turma no RE 222.874-AgR-ED, de que fui relatora, expressei-me da seguinte forma: Entendo que este Supremo Tribunal deve evitar a adoção de soluções divergentes, principalmente em relação a matérias exaustivamente discutidas por seu Plenário. Manifestei esta posição no julgamento da Ação Rescisória 1.713, de que fui relatora (Plenário, unânime, DJ 19/12/2003): Sobre a rescisória ajuizada com base no art. 485, V do CPC, quando em jogo a violação de dispositivo constitucional, asseverou o eminente Ministro Gilmar Mendes ao proferir seu voto no RE 235.794-AgR, que 'a manutenção de soluções divergentes, em instâncias inferiores, sobre o mesmo tema, provocaria, além da desconsideração do próprio conteúdo da decisão desta Corte, última intérprete do texto constitucional, a fragilização da força normativa da Constituição.' No presente caso, da mesma forma, a manutenção da decisão proferida por esta Corte, permitindo a majoração de alíquotas do FINSOCIAL recolhido por empresa seguradora, fragilizaria a força normativa dos art. 195 da CF e 56 do ADCT.' A adoção no âmbito desta Corte de decisões contraditórias compromete a segurança jurídica, porque provoca nos jurisdicionados inaceitável dúvida quanto à adequada interpretação da matéria submetida a esta Suprema Corte.* O ministro José Paulo Sepúlveda Pertence, no julgamento do RE 298.694, DJ 23/04/2004, admitiu o julgamento do recurso com fundamento diverso daquele enfrentado pelo tribunal recorrido, flexibilizando o requisito do pré-questionamento e consagrando a tese de que o Recurso Extraordinário transcende ao interesse das partes e se amolda como instrumento para controle abstrato da constitucionalidade. Aliás, têm-se, ainda, os fundamentos utilizados no julgamento do HC 82.959, marco divisor no estudo da abstração dos efeitos da decisão em sede de controle difuso de constitucionalidade: *[...] a declaração incidental de inconstitucionalidade do preceito legal em questão não gerará consequências jurídicas com relação às penas já extintas nesta data, pois esta decisão plenária envolve, unicamente, o afastamento do óbice representado pela norma ora declarada inconstitucional, sem prejuízo da apreciação, caso a caso, pelo magistrado competente, dos demais requisitos pertinentes ao reconhecimento da possibilidade de progressão.* A objetivação do recurso extraordinário se legitima, porque amparada em interpretação advinda do órgão plenário da Excelsa Corte em julgamento de recurso que transcende o interesse das partes litigantes. Sem contar ainda que a objetivação proporciona evidente celeridade no que pertine à solução daquelas questões que entornam interesse público. Todavia, significa frontal usurpação da competência constitucional atribuída ao Senado Federal (inciso X do art. 52). Além disso, a legitimação para propositura de demandas judiciais que visem o controle abstrato das normas com eficácia erga omnes, nos termos do art. 103 da CF, será desrespeitada. Se a ratio da norma constitucional era impossibilitar que qualquer do povo ajuizasse demanda judicial com fins de controle concentrado (como forma de preservar o próprio interesse público), ela resta aviltada. E outra consequência, também negativa, diz respeito ao afastamento interventivo de pessoas destinadas a defender a constitucionalidade do ato normativo, bem assim do amicus curiae e dos tribunais superiores e locais – por conta deste último ponto, pode-se dizer que a pretendida objetivação do recurso extraordinário pode ficar prejudicada.

Com base nesse entendimento, já havia sido editada a Emenda Regimental nº 12 do STF, que se refere ao julgamento dos Recursos Extraordinários interpostos no âmbito dos juizados especiais federais. Estatuiu-se que a decisão do STF é vinculante para as turmas recursais, as quais deverão retratar-se ou declarar prejudicados os recursos extraordinários já interpostos (art. 321, § 5º inciso VI do Regimento Interno do STF). A previsão da súmula vinculante[48] é mais uma tendência de conferir eficácia *erga omnes* às decisões sobre inconstitucionalidade (art. 103-A da Constituição e Lei nº 11.417/2006).

Assim, a decisão em recurso extraordinário tem deixado de alcançar apenas as partes do processo para ter eficácia geral.

4. SÚMULAS

Súmulas do STF

272. Não se admite como ordinário recurso extraordinário de decisão denegatória de mandado de segurança.

279. Para simples reexame de prova não cabe recurso extraordinário.

280. Por ofensa a direito local não cabe recurso extraordinário.

281. É inadmissível o recurso extraordinário, quando couber, na Justiça de origem, recurso ordinário da decisão impugnada.

282. É inadmissível o recurso extraordinário, quando não ventilada, na decisão recorrida, a questão federal suscitada.

283. É inadmissível o recurso extraordinário, quando a decisão recorrida assenta em mais de um fundamento suficiente e o recurso não abrange todos eles.

284. É inadmissível o recurso extraordinário, quando a deficiência na sua fundamentação não permitir a exata compreensão da controvérsia.

285. Não sendo razoável a arguição de inconstitucionalidade, não se conhece do recurso extraordinário fundado na letra "c" do art. 101, III, da Constituição Federal.

286. Não se conhece do recurso extraordinário fundado em divergência jurisprudencial, quando a orientação do plenário do Supremo Tribunal Federal já se firmou no mesmo sentido da decisão recorrida.

299. O recurso ordinário e o extraordinário interpostos no mesmo processo de mandado de segurança, ou de *habeas-corpus*, serão julgados conjuntamente pelo Tribunal Pleno.

---

48. O art. 103-A da CF dispõe que *"o Supremo Tribunal Federal poderá, de ofício ou por provocação, mediante decisão de dois terços dos seus membros, após reiteradas decisões sobre matéria constitucional, aprovar súmula que, a partir de sua publicação na imprensa oficial, terá efeito vinculante em relação aos demais órgãos do Poder Judiciário e à administração pública direta e indireta, nas esferas federal, estadual e municipal, bem como proceder à sua revisão ou cancelamento, na forma estabelecida em lei"*.Por seu turno, a Lei nº 11.417/06, que *"regulamenta o art. 103-A da Constituição Federal e altera a Lei nº 9.784, de 29 de janeiro de 1999, disciplinando a edição, a revisão e o cancelamento de enunciado de súmula vinculante pelo Supremo Tribunal Federal, e dá outras providências"*, estatui no art. 3º que: *"são legitimados a propor a edição, a revisão ou o cancelamento de enunciado de súmula vinculante: I – o Presidente da República; II – a Mesa do Senado Federal; III – a Mesa da Câmara dos Deputados; IV – o Procurador-Geral da República; V – o Conselho Federal da Ordem dos Advogados do Brasil; VI – o Defensor Público-Geral da União; VII – partido político com representação no Congresso Nacional; VIII – confederação sindical ou entidade de classe de âmbito nacional; IX – a Mesa de Assembléia Legislativa ou da Câmara Legislativa do Distrito Federal; X – o Governador de Estado ou do Distrito Federal; XI – os Tribunais Superiores, os Tribunais de Justiça de Estados ou do Distrito Federal e Territórios, os Tribunais Regionais Federais, os Tribunais Regionais do Trabalho, os Tribunais Regionais Eleitorais e os Tribunais Militares"*. Mas, como pode o STF instaurar de ofício, qualquer um teria legitimidade.

369. Julgados do mesmo tribunal não servem para fundamentar o recurso extraordinário por divergência jurisprudencial.

399. Não cabe recurso extraordinário, por violação de lei federal, quando a ofensa alegada for a regimento de tribunal.

454. Simples interpretação de cláusulas contratuais não dá lugar a recurso extraordinário.

456. O Supremo Tribunal Federal, conhecendo do recurso extraordinário, julgará a causa aplicando o direito à espécie.

527. Após a vigência do Ato Institucional nº 6, de 01.02.1969, que deu nova redação ao art. 114, III, da Constituição Federal de 1967, não cabe recurso extraordinário das decisões do juiz singular.

636. Não cabe recurso extraordinário por contrariedade ao princípio constitucional da legalidade, quando a sua verificação pressuponha rever a interpretação dada a normas infraconstitucionais pela decisão recorrida.

637. Não cabe recurso extraordinário contra acórdão de Tribunal de Justiça que defere pedido de intervenção estadual em Município.

638. A controvérsia sobre a incidência, ou não, de correção monetária em operações de crédito rural é de natureza infraconstitucional, não viabilizando recurso extraordinário.

640. É cabível recurso extraordinário contra decisão proferida por juiz de primeiro grau nas causas de alçada, ou por turma recursal de juizado especial cível e criminal.

728. É de três dias o prazo para a interposição de recurso extraordinário contra decisão do Tribunal Superior Eleitoral, contado, quando for o caso, a partir da publicação do acórdão, na própria sessão de julgamento, nos termos do art. 12 da Lei nº 6.055/74, que não foi revogado pela Lei nº 8.950/94.

733. Não cabe recurso extraordinário contra decisão proferida no processamento de precatórios.

735. Não cabe recurso extraordinário contra acórdão que defere medida liminar.

Súmulas do STJ

7. Pretensão de simples reexame de prova não enseja recurso especial.

13. A divergência entre julgados do mesmo Tribunal não enseja recurso especial.

83. Não se conhece de Recurso Especial pela divergência, quando a orientação do tribunal se firmou no mesmo sentido da decisão recorrida.

86. Cabe Recurso Especial contra acórdão proferido no julgamento de Agravo de Instrumento.

123. A decisão que admite, ou não, o recurso especial, dever ser fundamentada, com exame dos seus pressupostos gerais e constitucionais.

126. É inadmissível recurso especial, quando o acórdão recorrido assenta em fundamentos constitucional e infraconstitucional, qualquer delas suficiente, por si só, para mantê-lo, e a parte vencida não manifesta recurso extraordinário[49].

---

49. O enunciado 126 da Súmula do STJ pontua que: *"é inadmissível recurso especial, quando o acórdão recorrido assenta em fundamentos constitucional e infraconstitucional, qualquer deles suficiente, por si só, para mantê-lo, e a parte vencida não manifesta recurso extraordinário"*. Ilustra hipótese que excepciona a unirrecorribilidade. O enunciado sumular tem inspiração no princípio da dialeticidade recursal, bem assim na evitabilidade de preclusão. O STJ, de forma repetida, tem entendido que o enunciado da súmula 126/STJ continua em plena aplicação. Há vários precedentes neste sentido. Entende-se que *"a necessidade de repercussão geral da questão constitucional para fins de conhecimento do apelo extraordinário, nada tem a ver com o disposto no enunciado nº 126/STJ"*: *AGRAVO REGIMENTAL. RECURSO ESPECIAL. FUNDAMENTOS CONSTITUCIONAL E INFRACONSTITUCIONAL. NÃO INTERPOSIÇÃO DE RE. INCIDÊNCIA DO ENUNCIADO Nº 126/STJ. 1. "É inadmissível recurso especial, quando o acórdão recorrido assenta em fundamentos constitucional e infraconstitucional, qualquer deles suficiente, por si só, para mantê-lo, e a parte vencida não manifesta recurso extraordinário." (Enunciado nº 126 da Súmula do STJ) 2. A exigência de interposição cumulativa de recurso especial e extraordinário contra decisão baseada em funda-*

203. Não cabe recurso especial contra decisão proferida por órgão de segundo grau dos Juizados Especiais.

207. É inadmissível recurso especial quando cabíveis embargos infringentes contra o acórdão proferido no tribunal de origem.

579. Não é necessário ratificar o recurso especial interposto na pendência do julgamento dos embargos de declaração, quando inalterado o resultado anterior.

5. ENUNCIADOS DO FPPC

83. Fica superado o enunciado 115 da súmula do STJ após a entrada em vigor do CPC ("Na instância especial é inexistente recurso interposto por advogado sem procuração nos autos").

169. Os órgãos do Poder Judiciário devem obrigatoriamente seguir os seus próprios precedentes, sem prejuízo do disposto nos § 9º do art. 1.037 e § 4º do art. 927.

174. A realização da distinção compete a qualquer órgão jurisdicional, independentemente da origem do precedente invocado.

197. Aplica-se o disposto no parágrafo único do art. 932 aos vícios sanáveis de todos os recursos, inclusive dos recursos excepcionais.

219. O §3º do art. 1.029 do CPC pode ser aplicado pelo relator ou pelo órgão colegiado.

220. O Supremo Tribunal Federal ou o Superior Tribunal de Justiça inadmitirá o recurso extraordinário ou o recurso especial quando o recorrente não sanar o vício formal de cuja falta foi intimado para corrigir.

224. A existência de repercussão geral terá de ser demonstrada de forma fundamentada, sendo dispensável sua alegação em preliminar ou em tópico específico.

345. O incidente de resolução de demandas repetitivas e o julgamento dos recursos extraordinários e especiais repetitivos formam um microssistema de solução de casos repetitivos, cujas normas de regência se complementam reciprocamente e devem ser interpretadas conjuntamente.

348. Os interessados serão intimados da suspensão de seus processos individuais, podendo requerer o prosseguimento ao juiz ou tribunal onde tramitarem, demonstrando a distinção entre a questão a ser decidida e aquela a ser julgada no incidente de resolução de demandas repetitivas, ou nos recursos repetitivos.

363. O procedimento do incidente de resolução de demandas repetitivas a aplica-se às causas repetitivas de competência originária dos tribunais superiores, como a reclamação e o conflito de competência, e aos recursos ordinários a eles dirigidos.

---

mentos de caráter constitucional e infraconstitucional, qualquer deles suficiente, por si só, para mantê-lo, como na hipótese em exame, tem por objetivo evitar o trânsito em julgado do fundamento constitucional. 3. O disposto no art. 543-A do Código de Processo Civil, vale dizer, a necessidade de repercussão geral da questão constitucional para fins de conhecimento do apelo extraordinário, nada tem a ver com o disposto no enunciado nº 126 do Superior Tribunal de Justiça. 4. Agravo regimental a que se nega provimento. (STJ. AgRg no REsp 1041856/RJ. Relator(a) Ministro PAULO GALLOTTI. T6 – SEXTA TURMA. DJe 17/11/2008)Inclusive, no acórdão lavrado no EDcl no RECURSO ESPECIAL nº 1.031.457/DF, o SUPERIOR TRIBUNAL DE JUSTIÇA assentou que:*VOTO[...] Por fim, de se acentuar que a exigência de que seja interposto recurso extraordinário, na hipótese em que existente fundamento constitucional autônomo e suficiente à mantença do acórdão recorrido (Súmula nº 126/STJ), nada tem a ver com a nova sistemática da chamada repercussão geral, eis que visa, tão-somente, a impedir o trânsito em julgado de tal fundamento, até o exame daqueloutro de índole infraconstitucional.Isto posto, NEGO PROVIMENTO ao regimental.É o meu voto.*Agora, deve-se considerar que, se o RE não for admitido perante o STF por ausência de repercussão geral, o posicionamento definido pelo órgão jurisdicional de origem com relação à matéria constitucional fica mantido, restando inócuo o resultado do REsp, ainda que seja pelo provimento. Outro ponto a se considerar é que, se o STF definir que a questão de ordem constitucional apresentada no RE não tem repercussão geral (isso a partir do julgamento de causas anteriores) ou que não foi colocada em preliminar, a parte carece de interesse em interpor REsp, podendo o relator perante o STJ (ou mesmo o Presidente ou Vice-presidente da Corte local) não admitir o recurso por este fundamento.

364. O sobrestamento da causa em primeira instância não ocorrerá caso se mostre necessária a produção de provas para efeito de distinção de precedentes.

423. Cabe tutela de evidência recursal.

480. Aplica-se no âmbito dos juizados especiais a suspensão dos processos em trâmite no território nacional, que versem sobre a questão submetida ao regime de julgamento de recursos especiais e extraordinários repetitivos, determinada com base no art. 1.037, II.

481. O disposto nos §§ 9º a 13 do art. 1.037 aplica-se, no que couber, ao incidente de resolução de demandas repetitivas.

482. Aplica-se o art. 1.040, I, aos recursos extraordinários interpostos nas turmas ou colégios recursais dos juizados especiais cíveis, federais e da fazenda pública.

550. A inexistência de repercussão geral da questão constitucional discutida no recurso extraordinário é vício insanável, não se aplicando o dever de prevenção de que trata o parágrafo único do art. 932, sem prejuízo do disposto no art. 1.033.

557. O agravo de instrumento previsto no art. 1.037, § 13, I, também é cabível contra a decisão prevista no art. 982, inc. I.

564. Os arts. 1.032 e 1.033 devem ser aplicados aos recursos interpostos antes da entrada em vigor do CPC de 2015 e ainda pendentes de julgamento.

565. Na hipótese de conversão de recurso extraordinário em recurso especial ou vice-versa, após a manifestação do recorrente, o recorrido será intimado para, no prazo do *caput* do art. 1.032, complementar suas contrarrazões.

566. Na hipótese de conversão do recurso extraordinário em recurso especial, nos termos do art. 1.033, cabe ao relator conceder o prazo do *caput* do art. 1.032 para que o recorrente adapte seu recurso e se manifeste sobre a questão infraconstitucional.

615. Na escolha dos casos paradigmas, devem ser preferidas, como representativas da controvérsia, demandas coletivas às individuais, observados os requisitos do art. 1.036, especialmente do respectivo § 6º.

6. ENUNCIADOS DO FNPP

22. (art. 927, III e IV e art. 1.040, Lei 13.105/15) A existência de precedente formado em recurso especial ou extraordinário repetitivos ou de súmula do STF ou STJ, em matéria constitucional e infraconstitucional respectivamente, autoriza a não interposição de recurso pela Fazenda Pública ainda que não haja súmula administrativa ou orientação normativa expressa no âmbito do respectivo órgão da Advocacia Pública.

57. A sistemática dos §§ 9º a 13 do art. 1.037 do CPC também se aplica às hipóteses em que o juiz ou o relator indefere o pedido de suspensão do processo formulado com base nos arts. 982, I, e 1.037, II, do CPC.

58. A decisão que descumpre a determinação de suspensão do processo de que tratam os arts. 982, I, e 1.037, II, do CPC configura hipótese de cabimento de reclamação para garantir a autoridade da decisão do Tribunal.

59. O acórdão proferido em recurso extraordinário com repercussão geral reconhecida se equipara, para todos os fins, ao acórdão proferido em recurso extraordinário repetitivo.

7. ENUNCIADOS DO CJF

75. Cabem embargos declaratórios contra decisão que não admite recurso especial ou extraordinário, no tribunal de origem ou no tribunal superior, com a consequente interrupção do prazo recursal.

77. Para impugnar decisão que obsta trânsito a recurso excepcional e que contenha simultaneamente fundamento relacionado à sistemática dos recursos repetitivos ou da repercussão geral (art. 1.030, I, do CPC) e fundamento relacionado à análise dos pressupostos de admissibilidade recursais (art. 1.030, V, do CPC), a parte sucumbente deve interpor, simultaneamente, agravo interno (art. 1.021 do CPC) caso queira impugnar a parte relativa aos recursos repetitivos ou repercussão geral e agravo em recurso especial/extraordinário (art. 1.042 do CPC) caso queira impugnar a parte relativa aos fundamentos de inadmissão por ausência dos pressupostos recursais.

78. A suspensão do recurso prevista no art. 1.030, III, do CPC deve se dar apenas em relação ao capítulo da decisão afetada pelo repetitivo, devendo o recurso ter seguimento em relação ao remanescente da controvérsia, salvo se a questão repetitiva for prejudicial à solução das demais matérias.

79. Na hipótese do art. 1.032 do CPC, cabe ao relator, após possibilitar que o recorrente adite o seu recurso para inclusão de preliminar sustentando a existência de repercussão geral, oportunizar ao recorrido que, igualmente, adite suas contrarrazões para sustentar a inexistência da repercussão.

80. Quando o Supremo Tribunal Federal considerar como reflexa a ofensa à Constituição afirmada no recurso extraordinário, deverá, antes de remetê-lo ao Superior Tribunal de Justiça para julgamento como recurso especial, conceder prazo de quinze dias para que as partes complementem suas razões e contrarrazões de recurso.

81. A devolução dos autos pelo Superior Tribunal de Justiça ou Supremo Tribunal Federal ao tribunal de origem depende de decisão fundamentada, contra a qual cabe agravo na forma do art. 1.037, § 13, II, do CPC.

82. Quando houver pluralidade de pedidos de admissão de *amicus curiae*, o relator deve observar, como critério para definição daqueles que serão admitidos, o equilíbrio na representatividade dos diversos interesses jurídicos contrapostos no litígio, velando, assim, pelo respeito à amplitude do contraditório, paridade de tratamento e isonomia entre todos os potencialmente atingidos pela decisão.

83. Caso os embargos de divergência impliquem alteração das conclusões do julgamento anterior, o recorrido que já tiver interposto o recurso extraordinário terá o direito de complementar ou alterar suas razões, nos exatos limites da modificação, no prazo de quinze dias, contados da intimação da decisão dos embargos de divergência.

8. INFORMATIVOS

Informativos do STJ

Consideram-se prequestionados os fundamentos adotados nas razões de apelação e desprezados no julgamento do respectivo recurso, desde que, interposto recurso especial, sejam reiterados nas contrarrazões da parte vencedora. À luz do acórdão da Primeira Turma do STJ, entende-se que o recurso especial não atende o requisito do prequestionamento quanto aos fundamentos das razões de apelação desprezados no acórdão que deu integral provimento ao recurso. Para o acórdão paradigma, julgado pela Corte Especial, "a questão levantada nas instâncias ordinárias, e não examinada, mas cuja pretensão foi acolhida por outro fundamento, deve ser considerada como prequestionada quando trazida em sede de contrarrazões" (EREsp 1.144.667/RS). A questão precisa ser analisada sob a perspectiva da sucumbência e da possibilidade de melhora da situação jurídica do recorrente, critérios de identificação do interesse recursal. Não se trata de temática afeta a esta ou aquela legislação processual (CPC/1973 ou CPC/2015), mas de questão antecedente, verdadeiro fundamento teórico da disciplina recursal. A configuração do interesse recursal pressupõe a presença do binômio sucumbência e perspectiva de maior vantagem. Sem ele a parte simplesmente não consegue superar o juízo de admissibilidade recursal. No caso, a parte não dispunha, após o julgamento da apelação, de nenhum dos dois requisitos: não era vencida (sucumbente) e não existia perspectiva de melhora na sua situação jurídica. Logo, agiu segundo a ordem e a dogmática jurídicas quando se absteve de recorrer. Além disso, se averbado nas contrarrazões do recurso especial o fundamento descartado no julgamento da apelação, não há como cobrar algo a mais. Fez-se o que se esperava para manter viva a temática. A exigência de oposição de embargos declaratórios a fim de inutilmente prequestionar matéria que sequer se sabe se voltará a ser abordada vai de encontro à tendência, vigente mesmo antes do atual Código de Processo Civil, de desestimular a desnecessária utilização das vias recursais. Dessa forma, prevalece o entendimento que considera toda a matéria devolvida à segunda instância apreciada quando provido o recurso por apenas um dos fundamentos expostos pela parte, a qual não dispõe de interesse recursal para a oposição de embargos declaratórios. Assim, consideram-se prequestionados os fundamentos adotados nas razões de apelação e desprezados no julgamento do respectivo recurso, desde que, interposto recurso especial, sejam reiterados nas contrarrazões da parte vencedora. EAREsp 227.767-RS, Rel. Min. Francisco Falcão, Corte Especial, por unanimidade, julgado em 17/06/2020, DJe 29/06/2020. Inf. 674.

9. SINOPSE

<table>
<tr><th colspan="2">RECURSOS ESPECIAL E EXTRAORDINÁRIO</th></tr>
<tr><th colspan="2">Considerações iniciais</th></tr>
<tr><td colspan="2">O recurso especial é julgado pelo Superior Tribunal de Justiça e objetiva manter a unidade e integridade da legislação federal. O recurso extraordinário (sentido estrito) é julgado pelo Supremo Tribunal Federal e objetiva resguardar a ordem constitucional.</td></tr>
<tr><th colspan="2">Pressupostos Gerais de Admissibilidade</th></tr>
<tr><td>Recurso Extraordinário</td><td>Caberá quando a decisão recorrida, decidida em única ou última instância: a) contrariar dispositivo da Constituição Federal; b) declarar a inconstitucionalidade de tratado ou lei; c) julgar válida lei ou ato de governo local contestado em face da Constituição; d) julgar válida lei local contestada em face de lei federal.</td></tr>
<tr><td>Recurso Especial</td><td>Caberá quando a decisão recorrida, decidida em única ou última instância: a) contrariar tratado ou lei federal, ou negar-lhes vigência: b) julgar válido ato de governo local contestado em face de lei federal; c) der à lei federal interpretação divergente da que lhe haja atribuído outro tribunal.</td></tr>
<tr><th colspan="2">Prazo</th></tr>
<tr><td colspan="2">O recurso extraordinário e o recurso especial devem ser interpostos no prazo de 15 dias</td></tr>
<tr><th colspan="2">Regularidade Formal</th></tr>
<tr><td colspan="2">Serão interpostos perante o presidente ou vice-presidente do tribunal local, conquanto destinados a tribunais superiores. Elas conterão, nos termos do art. 1.029 do Código de Processo Civil, sob pena de não preenchimento do pressuposto da regularidade formal, a exposição do fato e do direito, a demonstração do cabimento do recurso interposto e as razões do pedido de reforma ou de invalidação da decisão recorrida.</td></tr>
<tr><th colspan="2">Preparo</th></tr>
<tr><td colspan="2">No caso do recurso extraordinário e do recurso especial, por ocasião da interposição, exige-se o recolhimento de preparo. Se não for recolhido, o recurso será considerado deserto.</td></tr>
<tr><th colspan="2">Pressupostos de admissibilidade específicos</th></tr>
<tr><td colspan="2">Esgotamento das instâncias ordinárias; pré-questionamento.</td></tr>
<tr><th colspan="2">Pressuposto de admissibilidade específico do recurso extraordinário</th></tr>
<tr><td colspan="2">Repercussão geral</td></tr>
<tr><th colspan="2">Efeitos</th></tr>
<tr><td colspan="2">Obstativo (ou impedido ao trânsito em julgado); suspensivo; ativo; devolutivo; desobstrutivo; substitutivo.</td></tr>
<tr><th colspan="2">Procedimento</th></tr>
<tr><td colspan="2">Vide item 3 sobre o tema.</td></tr>
</table>

CAPÍTULO 68

AGRAVO EM RECURSO ESPECIAL E EM RECURSO EXTRAORDINÁRIO

1. CONSIDERAÇÕES INICIAIS

1.1. Cabimento

Contra decisão do presidente ou do vice-presidente do tribunal local que não admite recurso extraordinário ou especial, cabe agravo a ser julgado, respectivamente, pelo Supremo Tribunal Federal e pelo Superior Tribunal de Justiça. A redação do art. 1.042 do Código de Processo Civil não é muito clara, ante a revogação da redação originária realizada pela Lei nº 13.256/2016, que suprimiu os incisos constantes na redação originária, mas não ajustou o *caput.*

De qualquer modo, pode-se identificar aquela hipótese de cabimento porque, como o objetivo da Lei nº 13.256/2016 foi devolver aos tribunais locais, por intermédio de seus presidentes e vice-presidentes, a função de realizar juízo de admissibilidade do recurso extraordinário ou especial, a retornar ao modelo adotado pelo CPC/1973, não poderia ser outra a hipótese de cabimento do recurso em análise (agravo).

Logo, apesar de o art. 1.042 do Código de Processo Civil prenunciar apenas que "cabe agravo contra decisão de presidente ou de vice-presidente do tribunal que", compreenda-se, em acréscimo, por sua interponibilidade contra decisão que não admita, na origem, recurso extraordinário ou especial. Até porque, se a inadmissibilidade fosse perante o tribunal superior, o agravo seria interno, conforme disposição do art. 1.021.

1.2. Prazo

O agravo deve ser interposto no prazo de 15 dias (§ 5º do art. 1.003), contados da intimação da decisão. Se o recorrente estiver representado pela defensoria pública, o prazo para recorrer será dobrado (art. 186 do CPC e arts. 44, I, 89, I, ambos da LC nº

80/1994[1]). Também será dobrado o prazo quando o recorrente for o Ministério Público (art. 180 do CPC), a Fazenda Pública, suas autarquias e fundações públicas (art. 183 do CPC e Lei nº 9.469/97), bem assim litisconsortes que tiverem diferentes procuradores, de escritórios de advocacia distintos (art. 229 do CPC).

1.3. Regularidade formal

1.3.1. Petição inicial

A petição do recurso de agravo será interposta perante o presidente ou vice-presidente do tribunal local e será dirigida ao presidente do tribunal superior, com os seguintes requisitos, sob pena de não preenchimento do pressuposto da regularidade formal:

a) os nomes das partes:

Na petição do agravo deverão ser indicados os nomes, os prenomes, o estado civil, a existência de união estável, a profissão, o número de inscrição no Cadastro de Pessoas Físicas ou no Cadastro Nacional da Pessoa Jurídica, o endereço eletrônico, o domicílio e a residência do(s) recorrente(s) e do(s) recorrido(s). Contudo, tal requisito pode ser mitigado, mediante simples indicação dos nomes e prenomes das partes, caso elas já estejam qualificadas nos autos. Mas, quando o legitimado recursal não seja qualquer das partes, ele deve ser identificado, nos termos indicados acima.

b) a exposição do fato e do direito:

Na petição do recurso de agravo, o recorrente deve narrar todo o desenvolvimento do processo desde o seu início até a prolação da decisão de inadmissibilidade do recurso extraordinário ou do recurso especial. Isso para que os membros que compõem o órgão julgador do tribunal superior possam compreender, com maior velocidade, o contexto fático-jurídico relacionado à questão enfrentada pelo presidente ou vice-presidente do tribunal *a quo.*

c) as razões do pedido de reforma ou de invalidação da decisão e o próprio pedido:

Apresentado o contexto fático-jurídico relacionado à questão enfrentada pelo presidente ou vice-presidente do tribunal *a quo*, o recorrente deve, em seguida, apresentar a razões de sua irresignação, de modo a justificar a prolação, pelo tribunal superior, de decisão de admissibilidade, em substituição da anterior. Caso não apresentadas tais razões, além de ferir a regularidade formal, não será observada, também, a dialeticidade, o que impossibilita a admissão do agravo.

1. Art. 44. São prerrogativas dos membros da Defensoria Pública da União: I – receber, inclusive quando necessário, mediante entrega dos autos com vista, intimação pessoal em qualquer processo e grau de jurisdição ou instância administrativa, contando-se-lhes em dobro todos os prazos; [...] Art. 89. São prerrogativas dos membros da Defensoria Pública do Distrito Federal e dos Territórios: I – receber, inclusive quando necessário, mediante entrega dos autos com vista, intimação pessoal em qualquer processo e grau de jurisdição ou instância administrativa, contando-se-lhes em dobro todos os prazos;[...]

Depois de apresentadas as razões do pedido de reforma, o recorrente deve, para dar coerência à petição recursal, alcançar uma conclusão lógica, sob pena de aquela (a petição recursal) ser considerada inepta e, por consequência, não ser admitido o recurso de agravo. A "conclusão lógica", a que conduz as razões do pedido de reforma, é o pedido, que deve ser interpretado considerando o conjunto da postulação e de acordo com a boa-fé, além do que, se cumulado, deve observar a compatibilidade.

IMPORTANTE! Em 19.09.18, a Corte Especial do STJ decidiu que "a decisão de inadmissibilidade do recurso especial não é formada por capítulos autônomos, mas por um único dispositivo, o que exige sua impugnação total" (STJ. EAREsp 831.326/SP. DJe 30.11.18. Inf. 638). Significa que, se a decisão que inadmite o recurso especial tem mais de um fundamento autônomo, todos devem ser impugnados no agravo, sob pena de este ser inadmitido. Em outras palavras, o agravo em recurso especial não pode ser parcial, devendo sempre impugnar todos os fundamentos da decisão de não admissibilidade.

d) o nome e o endereço completo dos advogados constantes do processo:

Além dos encimados requisitos, a petição do recurso de agravo de instrumento deve indicar os nomes e os endereços completos dos advogados constantes no processo, a fim de viabilizar as necessárias comunicações processuais. É claro que, como já decidiu o Superior Tribunal de Justiça, mesmo ante a falta da indicação dos nomes e dos endereços completos dos advogados, se eles puderem ser aferidos em documentos que compõem o instrumento do agravo, não haverá vício na sua formação (STJ. REsp 890.417/DF. DJe 15.04.08).

1.3.2. (Desnecessidade de) Formação de instrumento

Nos termos do enunciado 225 do Fórum Permanente de Processualistas Civis, "o agravo em recurso especial ou extraordinário será interposto nos próprios autos". A considerar, pois, que os autos são remetidos ao tribunal superior para análise do agravo interposto, pode-se concluir, de fato, que o recurso em referência dispensa a formação de instrumento.

1.4. (Desnecessidade de) preparo

O preparo se consubstancia na exigência de que o recorrente comprove (mediante guia de recolhimento própria, fornecida pela entidade arrecadadora), no ato de interposição, o recolhimento, quando devidos, dos encargos financeiros recursais (inclusive porte de remessa e retorno – enunciado 187 da súmula do STJ[2]). Mesmo durante o plantão judiciário e as férias forenses (a não ser que impossibilitada a expedição das respectivas guias de recolhimento), o preparo deve ser comprovado no ato de interposição do recurso[3].

No caso do recurso de agravo, dispõe o § 2º do art. 1.042 que "a petição de agravo será dirigida ao presidente ou ao vice-presidente do tribunal de origem e independe do pagamento

2. Enunciado 187 da súmula do STJ: "É deserto o recurso interposto para o Superior Tribunal de Justiça, quando o recorrente não recolhe, na origem, a importância das despesas de remessa e retorno dos autos".
3. Apenas se admite posterior recolhimento do preparo (nos valores habitualmente exigidos, conforme respectivo regimento de custas), em ocasião seguinte ao ato de interposição, se houver previsão legal específica diversa (§ 1º do art. 42 da Lei nº 9.099/95) ou se existir justificativa suficiente (STJ. REsp 471545/SC. DJU 06.03.06). Aliás, § 6º do art. 1.007 do Código de Processo Civil estabelece que, "provando o recorrente justo impedimento, o relator relevará a pena de deserção, por decisão irrecorrível, fixando-lhe prazo de 05 dias para efetuar o preparo".

de custas e despesas postais, aplicando-se a ela o regime de repercussão geral e de recursos repetitivos, inclusive quanto à possibilidade de sobrestamento e do juízo de retratação". A "dispensa" de preparo se justifica porque já recolhido por ocasião da anterior interposição de recurso extraordinário e de recurso especial.

Portanto, o recurso de agravo está dispensado da realização de preparo.

2. EFEITOS

O agravo é (pode ser) dotado dos seguintes efeitos:

2.1. Devolutivo

O agravo transfere ao tribunal o conhecimento da matéria recorrida, relativa à inadmissibilidade do recurso extraordinário ou recurso especial interposto perante o presidente ou vice-presidente do tribunal local.

A extensão horizontal do efeito devolutivo do agravo é determinada pela amplitude da impugnação (dimensão horizontal do efeito devolutivo). Enquanto isso, sua profundidade identifica-se com o material que deve trabalhar o tribunal superior para julgar (dimensão vertical do efeito devolutivo ou efeito translativo).

O efeito devolutivo, em sua dimensão horizontal, determina os limites horizontais do recurso (o que se pode decidir). Relaciona-se ao objeto litigioso recursal (a questão principal do recurso). Na dimensão vertical, determinam-se os limites verticais (material com que o órgão recursal trabalhará para decidir a questão que lhe foi submetida). Relaciona-se ao objeto de conhecimento do recurso (as questões que devem ser enfrentadas como fundamentos para a solução do objeto litigioso recursal).

Em decorrência do efeito devolutivo em sua dimensão vertical, as matérias de ordem pública (a exemplo dos pressupostos processuais e das condições da ação), devem ser objeto de análise pelo tribunal superior (STJ. REsp 856388/SP. DJU 24.05.07), independentemente de provocação por qualquer dos interessados. O próprio interesse público, que circunda o efeito em análise, está acima dos interesses de qualquer pessoa.

O efeito devolutivo, em sua dimensão horizontal, limita o efeito devolutivo em sua dimensão vertical, de modo que o tribunal superior somente poderá apreciar, em profundidade, as questões que se relacionarem àquilo que foi impugnado horizontalmente. Assim, pode-se dizer que o recorrente estabelece a extensão do recurso (no plano horizontal), mas não a sua profundidade (no plano vertical).

2.2. Obstativo

Pelo efeito obstativo, impede-se, em razão da interposição do recurso, o trânsito em julgado da decisão, a prolongar a litispendência. Todavia, apenas os recursos cabíveis e tempestivos podem impedir o trânsito em julgado. Recurso inadmitido por descabimento ou intempestividade não o impede[4]. No caso do agravo, ele terá efeito obstativo, pois, enquanto

4. Há opositores a esta ressalva. Aqueles mais radicais adotam o posicionamento de que o recurso interposto, ainda que inadmitido, impede o trânsito em julgado. Outros, a adotar corrente intermediária, entendem que se o fator

pendente de julgamento, ficará (ficarão) pendente(s) o(s) recurso(s) trancado(s) na origem, que discutem questões relacionadas à ação intentada originariamente.

2.3. Regressivo

Em razão do efeito regressivo, autoriza-se que o órgão jurisdicional *a quo* (no caso, presidente ou vice-presidente do tribunal local), ante a interposição do agravo de instrumento, reveja sua decisão, a fim de se retratar. Este efeito é comum a qualquer agravo. Por isso, dispõe o § 4º do art. 1.042: "após o prazo de resposta, não havendo retratação, o agravo será remetido ao tribunal superior competente".

Poder-se-ia ficar uma dúvida, quanto à amplitude do efeito regressivo, a considerar a redação do § 2º do art. 1.042. Ela dispõe: "a petição de agravo será dirigida ao presidente ou ao vice-presidente do tribunal de origem e independe do pagamento de custas e despesas postais, aplicando-se a ela o regime de repercussão geral e de recursos repetitivos, inclusive quanto à possibilidade de sobrestamento e do juízo de retratação".

Daí, indagar-se-ia: a possibilidade de empréstimo de efeito regressivo não estaria adstringida aos casos de aplicação do regime de repercussão geral e de recursos repetitivos? Acredita-se que não. Primeiramente, porque os parágrafos são explicações do *caput*. Como este trata do agravo de uma forma geral, a explicação seria quanto a essa amplitude. Além disso, o § 4º não faz qualquer referência à amplitude definida pelo § 2º.

Logo, possível a retratação de uma forma ampla, ou seja, para qualquer agravo interposto a fim de destrancar recurso extraordinário ou recurso especial.

Emprestado efeito regressivo, mediante exercício do juízo de retratação, o agravo de interposto será inadmitido, porque prejudicado (ante a perda de seu objeto), a passar o recorrente a carecer de interesse recursal, já que o julgamento pela instância *ad quem* não mais lhe poderá lhe proporcionar qualquer utilidade.

É condição, todavia, para se emprestar efeito regressivo, mediante exercício do juízo de retratação, que o agravo seja considerado, pelo tribunal *a quo*, tempestivo (conforme enunciado 293 do Fórum Permanente de Processualistas Civis)[5].

Por óbvio, então, a interposição do agravo é indispensável para o empréstimo de efeito regressivo, não sendo suficiente a mera formulação de pedido de retratação, pois que, sem o manejo recursal, não haverá impedimento ao trânsito em julgado.

2.4. Desobstrutivo

Em razão do efeito desobstrutivo, a instância *ad quem* pode, de logo, independentemente da formulação de pedido pelo recorrente, julgar a questão apresentada perante a instância *a*

---

que levou ao não conhecimento do recurso for objeto de outro recurso, haverá impedimento ao trânsito em julgado, sob pena de descartar, por completo, a hipótese de reforma do julgado que não admitiu o recurso pelas instâncias superiores, negando-se a existência de dúvida com relação à admissibilidade (STJ. ERESP 441252/CE. DJU 29.06.05). Alguns outros, por fim, a adotar posição também intermediária, defendem que a interposição de recurso, desde que cabível e tempestivo, impede o trânsito em julgado da decisão, ainda que na instância ad quem não seja conhecido em decorrência de outro pressuposto de admissibilidade (STJ. REsp 203067/PR. DJU 14.02.00).

5. Enunciado 293 do FPPC: orienta que "O juízo de retratação, quando permitido, somente poderá ser exercido se a apelação for tempestiva.".

quo. Faz-se necessário, entretanto, que a questão apresentada à instância *a quo*, para poder ser julgada pela *ad quem*, esteja em condições de imediato julgamento.

No caso do recurso em análise, o art. 1.042, na primeira parte do § 5º, dispõe que "o agravo poderá ser julgado, conforme o caso, conjuntamente com o recurso especial ou extraordinário [...]". Assim, quando provido o recurso de agravo, pode o órgão competente do tribunal superior, se em condições, julgar, de imediato, o recurso extraordinário e o recurso especial que se via a destrancar.

2.5. Substitutivo

O art. 1.008 do Código de Processo Civil dispõe que "o julgamento proferido pelo tribunal substituirá a decisão impugnada no que tiver sido objeto de recurso". Em razão do efeito substitutivo, o julgamento recursal proferido pelo tribunal substitui a decisão recorrida no que tiver sido objeto de recurso (pode ser total ou parcial).

Contudo, somente há substituição se o agravo interposto for admitido (independentemente de ele ser provido ou desprovido), no limite da devolutividade, seja ela horizontal ou vertical. Se não for admitido o agravo, não haverá substituição, logo porque não haverá apreciação de qualquer das questões decididas pelo presidente ou vice-presidente do tribunal *a quo*.

Quanto ao resultado do julgamento, se provido ou desprovido o agravo, também haverá substituição. Poder-se-ia até se questionar essa conclusão, pelo fato de o resultado ter sido preservado com o desprovimento. Ocorre que, apesar da preservação do resultado, há outros elementos, que justificam a substituição, dentre os quais as repercussões jurídicas decorrentes do julgamento do agravo.

3. PROCEDIMENTO

3.1. Considerações gerais

O recurso de agravo será interposto no prazo 15 dias (a não ser que haja algum privilégio de dobra), em petição protocolizada perante o presidente ou vice-presidente do tribunal local, mas endereçada ao presidente do respectivo tribunal superior (Supremo Tribunal Federal ou Superior Tribunal de Justiça).

O presidente ou vice-presidente do tribunal local ordenará a intimação do agravado pessoalmente, por carta com aviso de recebimento, quando não tiver procurador constituído, ou pelo Diário da Justiça ou por carta com aviso de recebimento dirigida ao seu advogado, para que responda no prazo de 15 dias.

Após o prazo de resposta (com ou sem sua apresentação), não havendo retratação, o agravo será remetido ao tribunal superior competente, onde será designado seu relator.

No tribunal superior, o relator, depois de intimado o Ministério Público, poderá não admitir o agravo. Poderá também, em decisão unipessoal, a ser proferida em igual prazo (05 dias), negar provimento ao recurso se contrário a: a) súmula do STF, do STJ ou do próprio tribunal; b) acórdão proferido pelo STF ou pelo STJ em julgamento de recursos repetitivos;

c) entendimento firmado em incidente de resolução de demandas repetitivas ou de assunção de competência (art. 932, IV).

Se for o caso de julgamento monocrático, o relator poderá agir sem a necessária intimação do recorrido para apresentar contrarrazões. Não quer dizer que, facultada a apresentada de contrarrazões, o julgamento tenha de ser colegiado. Não é este ato que define se o julgamento será ou não colegiado, mas sim se está preenchida ou não qualquer das hipóteses previstas no art. 932, III e IV, do CPC.

A decisão proferida pelo relator deve ser comunicada ao tribunal *a quo*. E, contra ela, caberá a interposição de agravo interno, nos termos do art. 1.021 do Código de Processo Civil.

Não sendo o caso de decisão monocrática, o relator determinará a intimação do Ministério Público, preferencialmente por meio eletrônico, quando for o caso de sua intervenção, para que se manifeste no prazo de 15 dias. Findas tais providências, ele (o relator) solicitará dia para julgamento.

Na sessão de julgamento, após exposta a questão pelo relator, iniciar-se-á o julgamento, a não ser que, ali, sejam também julgados o recurso extraordinário ou o recurso especial, que ficaram trancados, situação em que o presidente dará a palavra, sucessivamente, ao recorrente, ao recorrido e, nos casos de sua intervenção, ao membro do Ministério Público, pelo prazo improrrogável de 15 minutos para cada um, a fim de sustentarem suas razões (§ 5º do art. 1.042[6]).

Proferidos os votos pelos membros do órgão colegiado, o presidente anunciará o resultado do julgamento. Se estiver em prontas condições, poderá o órgão julgar, de imediato, julgar o recurso extraordinário ou o recurso especial que foi destrancado, a anunciar, o presidente, ao final, o resultado final do julgamento.

Ao final, designando para redigir o acórdão o relator ou, se vencido este, o autor do primeiro voto vencedor.

O acórdão conterá ementa (art. 943 do CPC[7]).

3.2. Considerações específicas

Na hipótese de interposição conjunta de recursos extraordinário e especial, o agravante, se quiser destrancar ambos, deverá interpor um agravo para cada recurso não admitido. Pode ocorrer, entretanto, de o agravante se conformar quanto à inadmissão de um dos recursos (o extraordinário ou o especial) e, assim, interpor agravo apenas contra a (parte da) decisão que inadmitiu o outro.

---

6. Art. 1.042. Cabe agravo contra decisão de presidente ou de vice-presidente do tribunal que:[...] § 5º O agravo poderá ser julgado, conforme o caso, conjuntamente com o recurso especial ou extraordinário, assegurada, neste caso, sustentação oral, observando-se, ainda, o disposto no regimento interno do tribunal respectivo.
7. Art. 943. Os votos, os acórdãos e os demais atos processuais podem ser registrados em documento eletrônico inviolável e assinados eletronicamente, na forma da lei, devendo ser impressos para juntada aos autos do processo quando este não for eletrônico. § 1º Todo acórdão conterá ementa.§ 2º Lavrado o acórdão, sua ementa será publicada no órgão oficial no prazo de 10 (dez) dias.

Se o acórdão recorrido (por recurso extraordinário e recurso especial) contiver, para justificar sua conclusão, fundamentos na legislação federal constitucional e infraconstitucional, o agravante deverá interpor, simultaneamente, após o recurso extraordinário e o recurso especial inadmitidos, dois agravos, sendo um contra a decisão que inadmitiu o extraordinário e outro contra a que inadmitiu o especial. Casso assim não faça, será mantida a decisão pelo fundamento não recorrido.

Havendo apenas um agravo, o recurso será remetido ao tribunal competente (que poderá ser, evidentemente, o Supremo Tribunal Federal ou o Superior Tribunal de Justiça, a depender de qual recurso tenha sido inadmitido pelo presidente ou vice-presidente do tribunal *a quo*). Havendo interposição conjunta de agravos (sendo um contra a decisão que não admitiu o recurso extraordinário e outro contra a decisão que não admitiu o recurso especial), os autos serão remetidos (primeiramente) ao Superior Tribunal de Justiça.

Concluído o julgamento do agravo pelo Superior Tribunal de Justiça e, se for o caso, do recurso especial, independentemente de pedido, os autos serão remetidos ao Supremo Tribunal Federal para apreciação do agravo a ele dirigido, salvo se estiver prejudicado. Isso porque, se provido o agravo perante o Superior Tribunal de Justiça e, logo em seguida, julgado o recurso especial, sendo este provido, pode a decisão proferida pelo tribunal *a quo* ser-lhe favorável, caso em que não poderá o julgamento junto ao Supremo Tribunal Federal proporcionar-lhe benefício.

Agora, pode ocorrer de, quando o agravo aportar ao Superior Tribunal de Justiça, este entender que o julgamento do agravo perante o Supremo Tribunal Federal é-lhe prejudicial. Neste caso, aquele (STJ), por decisão irrecorrível, remeterá os autos a este tribunal (STF), para julgamento prévio. Se o Supremo Tribunal Federal entender contrariamente, em decisão também irrecorrível, devolverá os autos ao Superior Tribunal de Justiça para julgar o agravo de sua competência.

4. SÚMULAS

Súmulas do STF

287. Nega-se provimento ao agravo, quando a deficiência na sua fundamentação, ou na do recurso extraordinário, não permitir a exata compreensão da controvérsia.

5. ENUNCIADOS DO FPPC

225. O agravo em recurso especial ou extraordinário será interposto nos próprios autos.

215. Fica superado o entendimento firmado pelo Supremo Tribunal Federal na Questão de Ordem no AI 760358 após a entrada em vigor do CPC ("Questão de Ordem. Repercussão Geral. Inadmissibilidade de agravo de instrumento ou reclamação da decisão que aplica entendimento desta Corte aos processos múltiplos. Competência do Tribunal de origem. Conversão do agravo de instrumento em agravo regimental. 1. Não é cabível agravo de instrumento da decisão do tribunal de origem que, em cumprimento do disposto no § 3º do art. 543-B, do CPC, aplica decisão de mérito do STF em questão de repercussão geral. 2. Ao decretar o prejuízo de recurso ou exercer o juízo de retratação no processo em que interposto o recurso extraordinário, o tribunal de origem não está exercendo competência do STF, mas atribuição própria, de forma que a remessa dos autos individualmente ao STF apenas se justificará, nos termos da lei, na hipótese em que houver expressa negativa de retratação. 3. A maior ou menor aplicabilidade aos processos múltiplos do quanto assentado pela Suprema Corte ao julgar o mérito das matérias com repercussão geral dependerá da abrangência da questão constitucional decidida. 4. Agravo de instrumento que se converte em agravo regimental, a ser decidido pelo tribunal de origem.").

216. Fica superado o entendimento firmado pelo Superior Tribunal de Justiça na Questão de Ordem no Ag nº 1154599/SP ("Não cabe agravo de instrumento contra decisão que nega seguimento a recurso especial com base no art. 543, § 7º, inciso I, do CPC").

217. Fica superado o enunciado 639 da súmula do STF após a entrada em vigor do CPC ("Aplica-se a súmula 288 quando não constarem do traslado do agravo de instrumento as cópias das peças necessárias à verificação da tempestividade do recurso extraordinário não admitido pela decisão agravada").

218. Fica superado o enunciado 288 da súmula do STF após a entrada em vigor do CPC ("Nega-se provimento a agravo para subida de recurso extraordinário, quando faltar no traslado o despacho agravado, a decisão recorrida, a petição de recurso extraordinário ou qualquer peça essencial à compreensão da controvérsia").

6. INFORMATIVOS

Informativos do STJ

DIREITO PROCESSUAL CIVIL. IMPUGNAÇÃO DE DECISÃO QUE DETERMINE O SOBRESTAMENTO DE RECURSO ESPECIAL COM BASE NO ART. 543-C DO CPC [atual art. 1.036 do CPC/2015].

Não é cabível a interposição de agravo, ou de qualquer outro recurso, dirigido ao STJ, com o objetivo de impugnar decisão, proferida no Tribunal de origem, que tenha determinado o sobrestamento de recurso especial com fundamento no art. 543-C do CPC/1973 [*atual art. 1.036 do CPC/2015*], referente aos recursos representativos de controvérsias repetitivas. AREsp 214.152-SP, Rel. Min. Luis Felipe Salomão, julgado em 5/2/2013. Info. 514.

7. SINOPSE

AGRAVO EM RECURSO ESPECIAL E EM RECURSO EXTRAORDINÁRIO
Considerações Iniciais
Contra decisão do presidente ou do vice-presidente do tribunal local que não admite recurso extraordinário ou especial, cabe agravo a ser julgado, respectivamente, pelo Supremo Tribunal Federal e pelo Superior Tribunal de Justiça. A redação do art. 1.042 do Código de Processo Civil não é muito clara, ante a revogação da redação originária realizada pela Lei nº 13.256/2016, que suprimiu os incisos constantes na redação originária, mas não ajustou o caput.
Prazo
O agravo deve ser interposto no prazo de 15 dias (§ 5º do art. 1.003), contados da intimação da decisão.
Petição Inicial
A petição do recurso de agravo será interposta perante o presidente ou vice-presidente do tribunal local e será dirigida ao presidente do tribunal superior, com os seguintes requisitos, sob pena de não preenchimento do pressuposto da regularidade formal: a) os nomes das partes; b) a exposição do fato e do direito; c) as razões do pedido de reforma ou de invalidação da decisão e o próprio pedido; d) o nome e o endereço completo dos advogados constantes do processo.

Preparo
A petição de agravo será dirigida ao presidente ou ao vice-presidente do tribunal de origem e independe do pagamento de custas e despesas postais.
Efeitos
Devolutivo, Obstativo, Regressivo, Desobstrutivo, Substitutivo.
Procedimento
Vide item 3 sobre o tema.

CAPÍTULO 69

EMBARGOS DE DIVERGÊNCIA

1. CONSIDERAÇÕES INICIAIS

Os embargos de divergência constituem espécie recursal admissível perante o Supremo Tribunal Federal e o Superior Tribunal de Justiça que se presta a eliminar divergência jurisprudencial havida entre órgãos fracionários. Com sua interposição, a parte objetiva a reforma ou a anulação da decisão e, em consequência, a uniformização da jurisprudência da corte.

2. REQUISITOS DE ADMISSIBILIDADE

2.1. Cabimento

Cabem embargos de divergência contra o acórdão de órgão fracionário do STF ou do STJ que: a) em recurso extraordinário ou em recurso especial, divergir do julgamento de qualquer outro órgão do mesmo tribunal, sendo os acórdãos, embargado e paradigma, de mérito; b) em recurso extraordinário ou em recurso especial, divergir do julgamento de qualquer outro órgão do mesmo tribunal, sendo um acórdão de mérito e outro que não tenha conhecido do recurso, embora tenha apreciado a controvérsia.

O § 1º do art. 1.043 dispõe que "poderão ser confrontadas teses jurídicas contidas em julgamentos de recursos e de ações de competência originária". O cabimento dos embargos, portanto, não fica mais restrito à invocação de precedentes proferidos em recursos excepcionais. Podem ser apontados como paradigmas decisões de recursos (quaisquer que sejam eles, desde que, por óbvio, explicitem o entendimento do órgão fracionário sobre a tese jurídica) e de ações de competência originária. Fica superado, pois, o entendimento do STJ de que "não se admite como paradigma para comprovar a divergência acórdão proferido em habeas corpus, mandado de segurança, recurso ordinário em habeas corpus, recurso ordinário em mandado segurança e conflito de competência" (STJ. AgRg nos EREsp 1.127.211/PR. DJe 02.12.15).

Há, ainda, ampliação do cabimento dos embargos, relativamente ao CPC/1973, em razão do disposto no § 3º do art. 1.043, segundo o qual "cabem embargos de divergência quando o acórdão paradigma for da mesma turma que proferiu a decisão embargada, desde que sua composição tenha sofrido alteração em mais da metade de seus membros". Sob a égide do CPC/1973, falava-se em contemporaneidade da divergência como requisito do cabimento. Se não fosse contemporânea a divergência, isto é, se o paradigma invocado já tivesse sido superado, seriam incabíveis os embargos. Essa exigência se preserva[1]. Contudo, agora, traz-se uma nova possibilidade de cabimento, consistente na existência de decisões conflitantes do mesmo órgão fracionário, em razão da alteração de mais da metade da sua composição. Assim, se, em determinado julgamento, o órgão fracionário, com composição majoritariamente modificada, adotar posição diferente da perfilhada anteriormente, o acórdão proferido pela composição antiga pode servir de paradigma para a interposição dos embargos de divergência.

Todavia, se o entendimento adotado na decisão recorrida foi construído por diversos órgãos fracionários do mesmo tribunal, exceto a anterior composição do órgão prolator da decisão embargada, serão incabíveis os embargos, ante a falta de divergência, nos termos do enunciado 168 da súmula do STJ. Nesse caso, o único entendimento destoante era o da anterior composição do órgão julgador. Se, com a mudança substancial da composição, o órgão julgador passa a adotar entendimento alinhado ao dos demais órgãos fracionários, desaparece a divergência, pelo que não se justifica a interposição de embargos.

Retornando à questão da divergência jurisprudencial, ela deve ser interna. Todavia, quando se fala em divergência interna, entenda-se, entre os órgãos colegiados do respectivo tribunal superior, e não necessariamente (conquanto possa ocorrer) dentro do órgão colegiado que proferiu o acórdão embargado. Podem caber embargos de divergência em razão de decisão proferida por órgão fracionário, haja ou não, internamente, divergência entre os seus membros.

Apesar disso, a divergência interna ao órgão fracionário que proferiu a decisão pode ter alguma importância para fins de determinação de modificação substancial de sua composição. Mesmo que não modificada a maioria dos membros, a teor do que estabelece o § 3º do art. 1.043[2], mas em quantitativo suficiente para garantir nova posição, tal fato, ao entender dos autores do presente livro, pode ser considerado para fins de apresentação de paradigma, a justificar a interposição de embargos de divergência. Basta imaginar que, antes, o órgão fracionário, composto por 05 ministros, adotava determinada posição com votação de 03 a 02. Sendo modificada a composição, em 01 membro que seja, o qual compunha a maioria, pode advir novo posicionamento, a justificar, em razão de anterior posicionamento, a interposição de embargos de divergência.

No mais, a divergência jurisprudencial interna deve ser contemporânea. Se for superada, não se admite a interposição de embargos de divergência. Não se admite quando ela tiver sido

1. Havendo jurisprudência pacífica do plenário no mesmo sentido da decisão embargada, são incabíveis embargos de divergência, a teor do que estabelecem o enunciado 247 da súmula do STF e o enunciado 168 da súmula do STJ.
2. Art. 1.043. É embargável o acórdão de órgão fracionário que:[...] § 3º Cabem embargos de divergência quando o acórdão paradigma for da mesma turma que proferiu a decisão embargada, desde que sua composição tenha sofrido alteração em mais da metade de seus membros.

ultrapassada ou quando não mais existir, por qualquer outro fator que seja. Por isso, o enunciado 158 da súmula do STJ dispõe que "não se presta a justificar embargos de divergência o dissídio com acórdão de Turma ou Seção que não mais tenha competência para a matéria neles versada". Tal enunciado sumular permanece em vigor, segundo entendimento do STJ (EREsp 1.394.902/MA. DJe 01.07.19). Da mesma forma, a divergência não pode decorrer de decisão posterior, sendo inadmissíveis embargos de divergência nela fundada (STF. RE-ED-EDv 167.058/SP. DJU 20.08.04).

O § 2º do art. 1.043 estabelece que "a divergência que autoriza a interposição de embargos de divergência pode verificar-se na aplicação do direito material ou do direito processual". Entretanto, a questão processual que objeto de divergência não pode dizer respeito à admissibilidade do recurso especial ou extraordinário, já que o inciso II do art. 1.043, que continha tal previsão, foi revogado pela Lei nº 13.256/2016. Na verdade, a questão processual deve constituir o próprio mérito do anterior recurso especial ou extraordinário, para efeito de cabimento de embargos de divergência fundados nela. Assim, por exemplo, não cabem embargos que versem sobre a tempestividade do recurso especial (requisito de admissibilidade), mas sim na hipótese de, no recurso especial, afirmar-se ter havido violação a dispositivo de lei processual por parte do tribunal *a quo*.

Nos termos do art. 1.043, *caput*, para que sejam cabíveis os embargos, a decisão recorrida deve ser, obviamente, colegiada (até porque, se fosse monocrática, caberia agravo interno). Tanto que a referência do texto legal é a "acórdão". A decisão paradigma, do mesmo modo, deve ser colegiada, podendo, esta, especificamente, advir de qualquer órgão, seja ele turma, seção ou plenário (ou órgão especial)[3].

> Enunciado 316 da súmula do Superior Tribunal de Justiça: "Cabem embargos de divergência contra acórdão que, em agravo regimental, decide recurso especial".

Aliás, faz-se necessário esclarecer que o acórdão a ser embargado deve ser proferido por órgão fracionário (o que não ocorre, destaque-se, com o paradigma). Caso seja do plenário ou do órgão especial, não há necessidade de se interpor embargos de divergência, porque cabe a tais órgãos uniformizar a jurisprudência dos tribunais, não havendo outro mais amplo, com competência para julgar o recurso.

Questão de Concurso

▶ **(Vunesp – Procurador do Estado – PGE – SP/2018)**[4] Em relação ao recurso de embargos de divergência, é correto afirmar:

a) cabem embargos de divergência quando o acórdão paradigma for da mesma turma que proferiu a decisão embargada, desde que sua composição tenha sofrido alteração em, no mínimo, um terço dos seus membros.

b) é cabível nos processos de competência originária do Supremo Tribunal Federal.

c) é embargável o acórdão de órgão fracionário que, em recurso especial ou extraordinário, divergir do julgamento de qualquer outro órgão do mesmo tribunal, sendo um acórdão de mérito e outro que não tenha conhecido do recurso, embora tenha apreciado a controvérsia.

3. STF. AI-EDv-AgR 460.085/RS. DJU 11.05.07.
4. Gabarito: Letra C.

d) não poderão ser confrontadas teses jurídicas contidas em julgamento de recursos e de ações de competência originária.
e) se os embargos de divergência forem desprovidos, o recurso extraordinário interposto pela outra parte antes da publicação do julgamento dos embargos de divergência sempre deverá ser ratificado.

2.2. Prazo

Os embargos de divergência devem ser interpostos no prazo de 15 dias (§ 5º do art. 1.003), contados da intimação da decisão. Se o recorrente estiver representado pela defensoria pública, o prazo será dobrado (art. 186, CPC). Também será dobrado o prazo quando o recorrente for o Ministério Público (art. 180), a Fazenda Pública, suas autarquias e fundações públicas (art. 183), bem assim litisconsortes que tiverem diferentes procuradores, de escritórios de advocacia distintos (art. 229).

Se os embargos forem interpostos via *fac-símile*, os originais (sem qualquer alteração de conteúdo) e os documentos devem chegar ao órgão colegiado competente em até 05 dias corridos, contados após o término do prazo recursal (STJ. EDcl nos EDcl nos EDcl nos EDcl no AgRg no AREsp 681.550/RJ. DJe 22.08.19). A dizer de outra forma, o prazo continuativo de 05 dias se conta a partir do último dia que o recorrente teria para realizar a sua interposição.

2.3. Regularidade formal

A petição dos embargos de divergência, que será dirigida ao ministro responsável pela lavratura do acórdão embargado, conterá, sob pena de não preenchimento do requisito da regularidade formal:

a) os nomes e a qualificação das partes:

Deverão ser indicados os nomes, os prenomes, o estado civil, a existência de união estável, a profissão, o número de inscrição no Cadastro de Pessoas Físicas ou no Cadastro Nacional da Pessoa Jurídica, o endereço eletrônico, o domicílio e a residência do(s) recorrente(s) e do(s) recorrido(s). Tal requisito pode ser mitigado, mediante simples indicação dos nomes e prenomes das partes, casos elas já estejam qualificadas nos autos. Mas, quando o legitimado recursal não for qualquer das partes, ele deve ser identificado.

b) a exposição do fato e do direito:

Na petição dos embargos de divergência, o recorrente deve narrar todo o desenvolvimento do processo desde o seu início até a prolação da decisão embargada, a fim de que o órgão colegiado competente possa compreender, com maior velocidade, o contexto fático-jurídico relacionado à(s) questão (ou questões) resolvida(s) pelo órgão fracionário.

c) as razões do pedido de reforma ou de decretação de nulidade (invalidação):

Apresentado o contexto fático-jurídico relacionado à(s) questão (ou questões) resolvida(s) pelo órgão fracionário, o recorrente deve, em seguida, apresentar a razões de sua irresignação, de modo a justificar a prolação, pelo órgão colegiado competente, de outra decisão, em substituição (por reforma ou invalidação) da anterior. Caso não apresentadas tais razões, além de ferir a regularidade formal, não terá sido observado também o princípio da dialeticidade, o que impossibilita a admissão do recurso.

As razões do pedido se fundam na divergência interna entre os órgãos do tribunal superior[5]. O recorrente prová-la-á com certidão, cópia ou citação de repositório oficial ou credenciado de jurisprudência, inclusive em mídia eletrônica, onde foi publicado o acórdão divergente, ou com a reprodução de julgado disponível na rede mundial de computadores, indicando a respectiva fonte, e mencionará as circunstâncias que identificam ou assemelham os casos confrontados. Além disso, o recorrente mostrará, mediante confronto analítico, que, apesar da similitude fática e jurídica, os acórdãos (paradigma e embargado) são divergentes (STF. RE-ED-EDv-AgR 170.178/MG. DJ 05.05.06).

d) o pedido de nova decisão:

Depois de apresentadas as razões do pedido de reforma ou anulação, o recorrente deve alcançar uma conclusão lógica, sob pena de a petição recursal ser considerada inepta e, por consequência, não ser admitido o recurso. A "conclusão lógica" é o pedido, que deve ser

---

5. Como é necessária a demonstração da "divergência", natural a exigência do confronto analítico. Aliás, não é por outro motivo que o art. 331 do Regimento Interno do SUPREMO TRIBUNAL FEDERAL, quando trata dos embargos de divergência, estabelece que: *"A divergência será comprovada pela forma indicada no art. 322"*.O art. 322 pontua: *"A divergência indicada no recurso extraordinário deverá ser comprovada por certidão ou cópia autenticada, ou mediante citação do repositório de jurisprudência, oficial ou autorizada, com a transcrição dos trechos que configurem o dissídio, mencionadas as circunstâncias que identifiquem ou assemelhem os casos confrontados"*.Amparado nestas disposições, o STF já decidiu de forma copiosa que:*AGRAVO REGIMENTAL. EMBARGOS DE DIVERGÊNCIA. PRESSUPOSTOS DE CABIMENTO. ARTIGOS 330 E 332 DO RISTF. 1. Incabíveis os embargos de divergência por ausência de comprovação da divergência de entendimento e de confronto analítico entre os paradigmas e o caso sob exame e, ainda, quando a decisão embargada estiver em conformidade com a orientação fixada por esta Corte (artigos 330 e 332 do RISTF). 2. Agravo regimental improvido.* (STF. AI 609855 AgR-AgR-ED--EDv-AgR/RN. Relator(a) Min. ELLEN GRACIE. Tribunal Pleno. DJe-096 DIVULG 27-05-2010 PUBLIC 28-05-2010 EMENT VOL-02403-06 PP-01633)É este, inclusive, o tom do enunciado 290 da súmula do STF: *"Nos embargos da Lei nº 623, de 19.02.1949, a prova de divergência far-se-á por certidão, ou mediante indicação do Diário da Justiça ou de repertório de jurisprudência autorizado, que a tenha publicado, com a transcrição do trecho que configure a divergência, mencionadas as circunstâncias que identifiquem ou assemelhem os casos confrontados"*.Relativamente ao STJ, igual acontece com seu regimento interno (no que diz respeito ao confronto analítico), que, no § 1º do art. 266, dispõe: *"A divergência indicada deverá ser comprovada na forma do disposto no art. 255, §§ 1º e 2º, deste Regimento"*. Estes dispositivos últimos preconizam:*Art. 255. O recurso especial será interposto na forma e no prazo estabelecido na legislação processual vigente, e recebido no efeito devolutivo.§ 1º A comprovação de divergência, nos casos de recursos fundados na alínea c do inciso III do art. 105 da Constituição, será feita:a) por certidões ou cópias autenticadas dos acórdãos apontados divergentes, permitida a declaração de autenticidade do próprio advogado, sob sua responsabilidade pessoal;b) pela citação de repositório oficial, autorizado ou credenciado, em que os mesmos se achem publicados.§ 2º Em qualquer caso, o recorrente deverá transcrever os trechos dos acórdãos que configurem o dissídio, mencionando as circunstâncias que identifiquem ou assemelhem os casos confrontados.*Os precedentes do STJ pronunciam-se com idêntico tom:*EMBARGOS DE DIVERGÊNCIA – DEMONSTRAÇÃO – CONFRONTO ANALÍTICO. Para demonstrar a divergência jurisprudencial é necessário confronto analítico. Não bastam simples transcrições de ementas e trechos.* (EREsp 759.682/RJ, Rel. Ministro HUMBERTO GOMES DE BARROS, SEGUNDA SEÇÃO, julgado em 13.02.2008, DJ 26.03.2008 p. 1)Logo, o confronto não deve ser feito com ementas – mas com trechos do acórdão que possibilitem a exata compreensão da divergência. Todavia, se a ementa, que é requisito do acórdão (portanto, parte integrante), cumprir o mister de demonstrar a divergência interna entre questões idênticas (ou pelo menos semelhantes), pode assim ser feito.

interpretado considerando o conjunto da postulação e de acordo com a boa-fé, além do que, se cumulado, deve observar a compatibilidade.

Nos embargos de divergência, especificamente, precede ao pedido de nova decisão o de uniformização da jurisprudência interna. Como decorrência do seu atendimento, profere-se nova decisão, que pode reformar o decretar a nulidade daquela que foi proferida pelo órgão fracionário.

2.4. Preparo

O preparo se consubstancia na exigência de que o recorrente comprove (mediante guia de recolhimento própria, fornecida pela entidade arrecadadora), no ato de interposição, o recolhimento, dos encargos financeiros recursais (inclusive porte de remessa e retorno – enunciado 187 da súmula do STJ[6]). Mesmo durante o plantão judiciário e as férias forenses (a não ser que impossibilitada a expedição das respectivas guias de recolhimento), o preparo deve ser comprovado no ato de interposição do recurso[7].

No caso dos embargos de divergência, por ocasião de sua interposição, exige-se o recolhimento de preparo. Se não for recolhido o preparo, o recurso será considerado deserto. Aplica-se, a dizer de outra forma, a pena de deserção contra o recorrente, a qual enseja a inadmissibilidade recursal em razão da não observância do respectivo pressuposto (do preparo). Agora, duas consequências podem decorrer, em detrimento do recorrente, a depender se a falta de recolhimento do preparo foi integral ou parcial (insuficiente).

Nos termos do § 4º do art. 1.007, "o recorrente que não comprovar, no ato de interposição do recurso, o recolhimento do preparo, inclusive porte de remessa e de retorno, será intimado, na pessoa de seu advogado, para realizar o recolhimento em dobro, sob pena de deserção". Haverá, portanto, se não recolhido o preparo, uma segunda chance. Ela, contudo, será acompanhada de uma penalidade (pagamento em dobro), por não ter sido o preparo comprovado por ocasião da interposição do recurso.

Além da penalidade (pagamento do preparo em dobro), aquele que não recolhe ou que não demonstra o preenchimento do referido pressuposto de admissibilidade por ocasião da interposição do recurso assumirá, ainda, um ônus adicional: o de não poder complementá-lo, caso, na oportunidade do recolhimento em dobro, não efetue o pagamento completo. É o que dispõe o § 5º do art. 1.007: "é vedada a complementação se houver insuficiência parcial do preparo, inclusive porte de remessa e de retorno, no recolhimento realizado na forma do § 4º".

Situação diferente ocorre quando, por ocasião da interposição dos embargos de divergência, o recorrente recolhe o preparo em valor insuficiente. O § 2º do art. 1.007 do

6. Enunciado 187 da súmula do STJ: "É deserto o recurso interposto para o Superior Tribunal de Justiça, quando o recorrente não recolhe, na origem, a importância das despesas de remessa e retorno dos autos".

7. Apenas se admite posterior recolhimento do preparo (nos valores habitualmente exigidos, conforme respectivo regimento de custas), em ocasião seguinte ao ato de interposição, se houver previsão legal específica diversa (§ 1º do art. 42 da Lei nº 9.099/95) ou se existir justificativa suficiente (STJ. REsp 471545/SC. DJU 06.03.06). Aliás, § 6º do art. 1.007 do Código de Processo Civil estabelece que, "provando o recorrente justo impedimento, o relator relevará a pena de deserção, por decisão irrecorrível, fixando-lhe prazo de 05 dias para efetuar o preparo".

Código de Processo Civil dispõe que "a insuficiência no valor do preparo, inclusive porte de remessa e de retorno, implicará deserção se o recorrente, intimado na pessoa de seu advogado, não vier a supri-lo no prazo de 5 (cinco) dias". Há, pois, a concessão de oportunidade para complementar o preparo. Só se não atendida a determinação é que será aplicada a pena de deserção.

Estão dispensados do recolhimento de preparo (por suspensão da exigibilidade) aqueles que forem patrocinados pela Defensoria Pública e, em geral, os beneficiados pela gratuidade judiciária (STJ. REsp 245.663/MG. DJU 20.03.00). Também estão dispensados (por isenção), os recursos interpostos pelo Ministério Público, pela União, pelo Distrito Federal, pelos Estados, pelos Municípios e respectivas autarquias[8] e pelos que gozam de isenção legal.

2.5. Pré-questionamento

Em princípio, não há necessidade de que a matéria objeto dos embargos tenha sido prequestionada pelo órgão fracionário. Entretanto, se se tratar de questão suscitada desde o recurso especial ou extraordinário, o conhecimento dos embargos não prescinde do pré-questionamento pelo tribunal local, até porque, se o órgão fracionário reconhece a sua ausência, os embargos de divergência não servem para rediscuti-la, por serem recurso de fundamentação vinculada (STJ. AgRg no EAREsp 605.659/SP. DJe 20.11.15).

3. EFEITOS

3.1. Obstativo (ou impedimento ao trânsito em julgado)

A interposição dos embargos de divergência impede o trânsito em julgado do acórdão embargado, prolongando a litispendência. Todavia, apenas os embargos cabíveis e tempestivos podem impedir o trânsito em julgado. Recurso não conhecido por descabimento ou intempestividade não o impede[9].

Os embargos de divergência, em relação ao efeito obstativo, têm uma particularidade. Quando proferido acórdão por órgão fracionário do Superior Tribunal de Justiça, o interessado pode, a depender das circunstâncias, interpor embargos de divergência ou,

8. REPETITIVO. INSS. RECOLHIMENTO. PREPARO.[...] Sendo o INSS autarquia federal equiparada em prerrogativas e privilégios à Fazenda Pública, nos termos do artigo 8º da Lei 8.620/93, não lhe é exigível o depósito prévio do preparo para fins de interposição de recurso, podendo efetuá-lo ao final da demanda, se vencido (CPC, artigo 27). REsp 1.101.727, rel. Min. Hamilton Carvalhido, j. 2.8.10. Corte Especial. (Info 441)

9. Há opositores a esta ressalva. Aqueles mais radicais adotam o posicionamento de que o recurso interposto, ainda que inadmitido, impede o trânsito em julgado. Outros, a adotar corrente intermediária, entendem que se o fator que levou ao não conhecimento do recurso for objeto de outro recurso, haverá impedimento ao trânsito em julgado, sob pena de descartar, por completo, a hipótese de reforma do julgado que não admitiu o recurso pelas instâncias superiores, negando-se a existência de dúvida com relação à admissibilidade (STJ. ERESP 441252/CE. DJU 29.06.05). Alguns outros, por fim, a adotar posição também intermediária, defendem que a interposição de recurso, desde que cabível e tempestivo, impede o trânsito em julgado da decisão, ainda que na instância ad quem não seja conhecido em decorrência de outro pressuposto de admissibilidade (STJ. REsp 203067/PR. DJU 14.02.00).

de logo, recurso extraordinário. Se a opção for pelos embargos de divergência, mesmo que interpostos contra parte do acórdão proferido pelo órgão fracionário do Superior Tribunal de Justiça, a parte não recorrida pelos embargos não transita em julgado, porque pode ser objeto de posterior recurso extraordinário. Tal se dá porque os embargos de divergência dispõem também de efeito interruptivo (§ 1º do art. 1.044[10]), como será visto adiante.

No entanto, caso se trate de embargos de divergência interpostos contra decisão proferida pelo Supremo Tribunal Federal, não há tal efeito.

3.2. Suspensivo

A primeira parte do art. 995 do CPC dispõe que "os recursos não impedem a eficácia da decisão". Entretanto, em sua segunda parte, excepciona: "salvo disposição legal ou decisão judicial em sentido diverso". Logo, quando o recurso possui efeito suspensivo, o texto legal ou a decisão que o atribuem expressamente. Tal não ocorre com os embargos de divergência. Assim, somente por decisão judicial, em razão de verificada urgência ou evidência, poder-se-á atribuir aos embargos de divergência efeito suspensivo.

3.3. Ativo

O efeito ativo se consubstancia na possibilidade de órgão *ad quem* (no caso, órgão colegiado mais amplo) antecipar, mediante decisão provisória, os efeitos da tutela recursal antes do julgamento definitivo do recurso. Pode acontecer, em razão da falta de preenchimento dos requisitos necessários para a tutela provisória, de o efeito ativo ser concedido apenas em parte.

O efeito ativo pode ser atribuído em razão de concessão de tutela provisória de urgência ou de evidência. Não por outra razão, o enunciado 423 do FPPC, em referência aos arts. 311, 995, parágrafo único, 1.012, § 4º, 1.019, inciso I, 1.026, § 1º e 1.029, § 5º, do CPC, orienta que "cabe tutela de evidência recursal". Embora omissa a referência aos textos legais que se referem aos embargos de divergência, é possível atribuir a eles tal efeito.

3.4. Devolutivo

A admissibilidade dos embargos de divergência transfere ao órgão colegiado mais amplo o conhecimento da matéria objeto do recurso.

A extensão horizontal do efeito devolutivo dos embargos de divergências é determinada pela amplitude da impugnação (*tantum devolutum quantum appellatum*)[11]. Enquanto isso,

10. Art. 1.044. No recurso de embargos de divergência, será observado o procedimento estabelecido no regimento interno do respectivo tribunal superior.§ 1º A interposição de embargos de divergência no Superior Tribunal de Justiça interrompe o prazo para interposição de recurso extraordinário por qualquer das partes.

11. Indenização por dano moral. Alcance da apelação. Precedentes da Corte. 1. Já decidiu a Corte que a 'apelação postulando a improcedência do pedido devolve ao conhecimento do Tribunal toda a matéria, incluída a redução do valor da condenação, de menor abrangência, como acolhido em precedentes da Corte' (REsp nº 234.644/MG, da minha relatoria, DJ de 05/6/00). 2. Recurso especial não conhecido (REsp 436.845/PB, Rel. Min. Carlos Alberto Menezes Direito, DJU 24.02.03); PROCESSUAL CIVIL. APELAÇÃO. PROVIMENTO PARCIAL.

sua profundidade identifica-se com o material com que deve trabalhar o órgão *ad quem* para julgar (dimensão vertical do efeito devolutivo ou efeito translativo).

O efeito devolutivo, em sua dimensão horizontal, determina os limites horizontais do recurso (o que se pode decidir); relaciona-se ao objeto litigioso recursal (a questão principal do recurso). Na dimensão vertical, determinam-se os limites verticais (material com que o órgão recursal trabalhará para decidir a questão que lhe foi submetida). Relaciona-se ao objeto de conhecimento do recurso (as questões que devem ser enfrentadas como fundamentos para a solução do objeto litigioso recursal).

Em decorrência do efeito devolutivo em sua dimensão vertical, as matérias de ordem pública devem ser objeto de análise, mesmo de ofício, pelo órgão colegiado mais amplo. No entanto, em se tratando de embargos em recurso extraordinário ou especial, é necessário que as questões tenha sido prequestionadas (STJ. AgRg no REsp 1.559.149/SP. DJe 05.02.16). Obviamente, o pré-questionamento só é indispensável se a questão for anterior ao julgamento do recurso extraordinário ou especial. Ou seja, se a questão de ordem pública surgiu no próprio julgamento do recurso, não há necessidade de que o órgão fracionário a tenha decidido expressamente, podendo o colegiado mais amplo, em sede de embargos de divergência, analisá-la de ofício.

3.5. Substitutivo

O art. 1.008 do Código de Processo Civil dispõe que "o julgamento proferido pelo tribunal substituirá a decisão impugnada no que tiver sido objeto de recurso". Em razão do efeito substitutivo, o julgamento recursal proferido pelo órgão recursal (colegiado mais amplo) substitui a decisão recorrida no que tiver sido objeto de recurso.

Contudo, somente há substituição se o recurso interposto for admitido (independentemente de ele ser provido ou desprovido), no limite da devolutividade, seja ela horizontal ou vertical. Se não for admitido o recurso (embargos de divergência), não haverá substituição, porque não haverá apreciação de qualquer das questões decididas pelo órgão fracionário.

Se os embargos de divergência forem parciais, por não contemplarem em seu objeto todas as questões que foram decididas pelo órgão fracionário, a substituição ocorre na amplitude da devolutividade. Se o recurso for total, mas admitido apenas em alguma(s) parte(s), somente nela(s) é que haverá substituição.

Quanto ao resultado do julgamento, se providos ou desprovidos os embargos de divergência, também haverá substituição.

A decisão da apelação que diminui o valor da indenização fixado pelo juiz de primeiro grau, quando o apelante requerer apenas a improcedência total da ação, não importa em julgamento extra petita. Recurso não conhecido (REsp 313.699/PB, Rel. Min. Cesar Asfor Rocha, DJU 11.11.02); PROCESSO CIVIL. APELAÇÃO. REDUÇÃO DA CONDENAÇÃO. A apelação que persegue a improcedência do pedido autoriza o Tribunal a reformar a sentença, em parte, reduzindo o montante da condenação; o menos está abrangido pelo mais, desde que o recurso não tenha alcance parcial. Recurso especial conhecido e provido (REsp 242.041/MG, Rel. Min. Ari Pargendler, DJU 05.08.02);

3.6. Interruptivo

Interpostos os embargos de divergência no Superior Tribunal de Justiça, fica interrompido o prazo para a interposição de recurso extraordinário para o Supremo Tribunal Federal (§ 1º do art. 1.044). E só há sentido em atribuir efeito interruptivo aos embargos de divergência interpostos perante o Superior Tribunal de Justiça, porque, a eles, segue (em tese) o recurso extraordinário. Se interpostos perante o Supremo Tribunal Federal, não haverá recurso seguinte.

Se os embargos de divergência forem interpostos de forma intempestiva, não será considerado interrompido, para o embargante, o prazo para a interposição dos eventuais outros recursos (STF. AI-AgR-ED-ED 563548/RS. DJU 01.06.07). Mas, mesmo que intempestivos os embargos, interrompe-se, para o embargado, o prazo para interpor o recurso seguinte, pois ele não tem como verificar, de plano, a referida intempestividade (STJ. AgRg no AREsp 427376/PR. DJe 18.03.14).

Os embargos de divergência interpostos por uma das partes também não interrompem o prazo para a oposição também de embargos de divergência pela parte contrária (STJ. REsp 633434/RJ. DJU 06.03.06), pelo que todos os eventuais embargos de divergência hão de ser interpostos dentro do prazo legal de 15 dias.

4. PROCEDIMENTO

O Código de Processo Civil, no *caput* do art. 1.044, estabelece os embargos de divergência observarão o procedimento estabelecido no regimento interno do respectivo tribunal superior. Por essa razão, delineiam-se abaixo as 02 linhas procedimentais a serem seguidas, sendo a primeira perante o Supremo Tribunal Federal e a segunda perante o Superior Tribunal de Justiça.

4.1. Perante o STF

Os embargos de divergência devem ser interpostos por petição, no prazo de 15 dias, perante a secretaria do Supremo Tribunal Federal, mediante recolhimento de preparo. Eles serão juntados aos autos independentemente de despacho e distribuídos ao relator.

Distribuídos os embargos, os autos serão conclusos ao relator (do acórdão embargado), que realizará o juízo de admissibilidade dos embargos de divergência. Se não admitidos, restará ao recorrente a interposição de agravo interno. Se admitidos, intimar-se-á o recorrido para, querendo, apresentar contrarrazões em igual prazo de 15 dias. A decisão que admite os embargos é irrecorrível.

Ultrapassado o prazo de contrarrazões, se for o caso de ouvir o Ministério Público, este terá vista dos autos por 20 dias. Em seguida, os autos serão conclusos ao relator, que pedirá a inclusão do feito na pauta de julgamento. Se o tribunal pleno conhecer os embargos de divergência, deverá julgar a causa, aplicando o direito à espécie.

Na sessão de julgamento, depois da exposição da causa pelo relator, o presidente dará a palavra, sucessivamente, ao recorrente, ao recorrido e, nos casos de sua intervenção, ao membro do Ministério Público, pelo prazo improrrogável de 15 minutos para cada um, a fim de sustentarem suas razões.

Proferidos os votos pelos membros do órgão colegiado, o presidente anunciará o resultado do julgamento, designando para redigir o acórdão o relator ou, se vencido este, o autor do primeiro voto vencedor.

O acórdão conterá ementa (art. 943 do CPC[12]).

Em razão da atividade desempenhada na instância recursal, os honorários advocatícios decorrentes da sucumbência serão realinhados, a teor do que estabelece o art. 85, § 11, do Código de Processo Civil.

4.2. Perante o STJ

Os embargos de divergência devem ser interpostos em petição, no prazo de 15 dias, perante a secretaria do Superior Tribunal de Justiça, mediante recolhimento de preparo. Eles serão juntados aos autos independentemente de despacho e distribuídos ao relator.

Ato contínuo, os autos serão encaminhados para o relator, que será escolhido, mediante sorteio, das seguintes formas:

a) entre os membros da seção competente, quando a mesma turma (em razão da modificação de seus membros) divergir ou suas turmas divergirem entre si ou de decisão da mesma seção;

b) entre os membros da corte especial, quando a divergência for entre turmas de seções diversas, ou entre turma e outra seção ou com a corte especial.

Escolhido o relator, ele poderá inadmitir o recurso (inclusive quando não se comprovar ou não se configurar a divergência jurisprudencial). O relator também poderá rejeitar os embargos de divergência quando contrariarem a súmula do tribunal. Se admitir os embargos de divergência, o que deverá ser feito por decisão fundamentada, mandará intimar o recorrido para, querendo, apresentar contrarrazões em 15 dias.

Ultrapassado o prazo de contrarrazões, se for o caso de ouvir o Ministério Público, este terá vista dos autos por 20 dias. Em seguida, os autos serão conclusos ao relator, que pedirá a inclusão do feito na pauta de julgamento. Se a seção ou a corte especial conhecer os embargos de divergência, deverá julgar a causa, aplicando o direito à espécie.

Na sessão de julgamento, depois da exposição da causa pelo relator, o presidente dará a palavra, sucessivamente, ao recorrente, ao recorrido e, nos casos de sua intervenção, ao membro do Ministério Público, pelo prazo improrrogável de 15 minutos para cada um, a fim de sustentarem suas razões.

Proferidos os votos pelos membros do órgão colegiado, o presidente anunciará o resultado do julgamento, designando para redigir o acórdão o relator ou, se vencido este, o autor do primeiro voto vencedor.

O acórdão conterá ementa (art. 943 do CPC[13]).

12. Art. 943. Os votos, os acórdãos e os demais atos processuais podem ser registrados em documento eletrônico inviolável e assinados eletronicamente, na forma da lei, devendo ser impressos para juntada aos autos do processo quando este não for eletrônico. § 1º Todo acórdão conterá ementa. § 2º Lavrado o acórdão, sua ementa será publicada no órgão oficial no prazo de 10 (dez) dias.

13. Art. 943. Os votos, os acórdãos e os demais atos processuais podem ser registrados em documento eletrônico inviolável e assinados eletronicamente, na forma da lei, devendo ser impressos para juntada aos autos do pro-

Em razão da atividade desempenhada na instância recursal, os honorários advocatícios decorrentes da sucumbência serão realinhados, a teor do que estabelece o art. 85, § 11, do Código de Processo Civil.

4.2.1. (Des)necessidade de ratificação de recurso anterior

Se os embargos de divergência forem desprovidos ou não alterarem a conclusão do julgamento anterior, o recurso extraordinário interposto pela outra parte antes da publicação do julgamento dos embargos de divergência será processado e julgado independentemente de ratificação. Porém, se forem providos os embargos para alterar a conclusão do julgamento anterior, o recurso extraordinário antes interposto, ainda que não complementado (conquanto, às vezes, seja necessário, em observância à dialeticidade, necessária para garantir a específica impugnação dos fundamentos do acórdão recorrido), deve ser pelo menos ratificado, para se evidenciar a voluntariedade.

4.2.2. Inadmissibilidade de interposição simultânea de embargos de divergência e de recurso extraordinário

Como antes dito, a interposição de embargos de divergência junto ao Superior Tribunal de Justiça não é necessária para que a parte ingresse perante o Supremo Tribunal Federal mediante recurso extraordinário. Pode, pois, de logo, interpor contra o acórdão proferido pelo Superior Tribunal de Justiça, recurso extraordinário. Mas, pode ocorrer, por natural, que a parte interponha embargos de divergência.

Nesse caso, ainda que o acórdão contenha vários capítulos, não se admite a interposição simultânea de embargos de divergência e de recurso extraordinário, por violar a unicidade recursal (unirrecorribilidade), até porque, como antes dito, não há necessidade da interposição simultânea, a se considerar que a admissibilidade dos embargos de divergência interrompe o prazo para a interposição do recurso extraordinário seguinte.

Se ocorrer a interposição simultânea, o recurso que for protocolizado depois não será admitido, ante a consumação recursal decorrente do protocolo do primeiro, sendo este, sim, processado. Contudo, se houver interposição simultânea, sendo protocolizados, primeiro, os embargos de divergência, nada impede que, depois de julgados estes, o recorrente interponha novo recurso extraordinário, desta feita, admissível. O contrário não será possível. Se a interposição for simultânea, mas, protocolizado primeiro o recurso extraordinário, não será possível, depois, junto ao Superior Tribunal de Justiça, a interposição de embargos de divergência. Estes somente poderiam ser interpostos contra o acórdão que julgou o recurso extraordinário, mas não contra o lavrado pelo Superior Tribunal de Justiça.

5. SÚMULAS

Súmula do STF

290. Nos embargos da L. 623, de 19.2.49, a prova de divergência far-se-á por certidão, ou mediante indicação do Diário da Justiça ou de repertório de jurisprudência autorizado, que a tenha publicado, com a transcrição

---

cesso quando este não for eletrônico. § 1º Todo acórdão conterá ementa. § 2º Lavrado o acórdão, sua ementa será publicada no órgão oficial no prazo de 10 (dez) dias.

do trecho que configure a divergência, mencionadas as circunstâncias que identifiquem ou assemelhem os casos confrontados.

300. São incabíveis os embargos da Lei nº 623, de 19.02.1949, contra provimento de agravo para subida de recurso extraordinário.

598. Nos embargos de divergência não servem como padrão de discordância os mesmos paradigmas invocados para demonstrá-la, mas repelidos como não dissidentes no julgamento do recurso extraordinário.

Súmula do STJ

158. Não se presta a justificar embargos de divergência o dissídio com acórdão de Turma ou Seção que não mais tenha competência para a matéria neles versada.

168. Não cabem embargos de divergência, quando a jurisprudência do Tribunal se firmou no mesmo sentido do acórdão embargado.

316. Cabem embargos de divergência contra acórdão que, em agravo regimental, decide recurso especial.

420. Incabível, em embargos de divergência, discutir o valor de indenização por danos morais.

6. ENUNCIADOS DO FPPC

230. Cabem embargos de divergência contra acórdão que, em agravo interno ou agravo em recurso especial ou extraordinário, decide recurso especial ou extraordinário.

232. Fica superado o enunciado 353 da súmula do STF após a entrada em vigor do CPC ("São incabíveis os embargos da Lei 623, de 19.02.49, com fundamento em divergência entre decisões da mesma turma do Supremo Tribunal Federal").

7. ENUNCIADOS DO CJF

83. Caso os embargos de divergência impliquem alteração das conclusões do julgamento anterior, o recorrido que já tiver interposto o recurso extraordinário terá o direito de complementar ou alterar suas razões, nos exatos limites da modificação, no prazo de quinze dias, contados da intimação da decisão dos embargos de divergência.

8. INFORMATIVOS

Informativos do STF

Intimação – Pluralidade de Advogados – Recurso Extraordinário e Embargos de Divergência – Interposição Simultânea.

Simultânea interposição, pela mesma parte e contra a mesma decisão, de recurso extraordinário e de embargos de divergência. Inadmissibilidade. Incidência do princípio da unirrecorribilidade (ou da singularidade) dos recursos. Necessidade de prévio esgotamento das vias recursais ordinárias (Súmula 281/STF). Pressuposto recursal específico inerente ao apelo extremo. Doutrina. Precedentes. – Intimação. Pluralidade de Advogados. Publicação em nome de qualquer dos mandatários judiciais constituídos. Validade (CPC, art. 236, § 1º). Desnecessidade de referência aos nomes de todos os procuradores. Possibilidade, contudo, de que se faça, para fins de intimação, sempre a pedido da parte interessada, expressa menção ao nome de determinado Advogado (RISTF, art. 82, § 1º; RISTJ, art. 88, "caput"). Precedentes. ARE improvido. STF. MS – 28644. Info. 754

Informativos do STJ

Embargos de divergência referentes à matéria processual.

É possível o conhecimento de embargos de divergência na hipótese em que exista dissídio entre órgãos do STJ acerca da interpretação de regra de direito processual, ainda que não haja semelhança entre os fatos da causa tratada no acórdão embargado e os analisados no acórdão tido como paradigma. EAREsp 25.641-RJ, Rel. Min. Luis Felipe Salomão, j. 12.6.2013. 2ª S. (Info 523)

Impossibilidade de utilização de decisão monocrática como paradigma em embargos de divergência.

Não é possível a utilização de decisão monocrática como paradigma em embargos de divergência para comprovação do dissídio jurisprudencial, ainda que naquela decisão se tenha analisado o mérito da questão controvertida. AgRg nos EAREsp 154.021-SP, Rel. Min. Marco Aurélio Bellizze, j. 13.3.2013. 3ª S. (Info 520)

EREsp. Coisa julgada. Paradigma. Embargos. Devedor.

[...] o trânsito em julgado do acórdão apontado como paradigma é irrelevante ao cabimento dos embargos de divergência (arts. 496, VIII, 508 e 546, I, todos do CPC, e arts. 266 e 267, ambos do RISTJ). [...]. EREsp 585.392-SP, Rel. Min. Hamilton Carvalhido, j. 8/10/2008. 3ª S. (Info. nº 371)

EREsp. Honorários advocatícios.

[...] entendeu que, em sede de embargos de divergência em que se discute a suficiência ou insuficiência de honorários advocatícios, dificilmente se encontra similitude fática. Não há tese antagônica. Compará-los com outro caso não é uma tese jurídica contraposta. Trata-se de examinar casos concretos, que só comportam exame individual, caso a caso. [...]. EREsp 903.152-MA, Rel. originário Min. Humberto Gomes de Barros, Rel. para acórdão Min. Luiz Fux, julgados em 18/6/2008. Corte Especial. (Info. nº 360)

9. SINOPSE

EMBARGOS DE DIVERGÊNCIA
Cabimento
Cabem embargos de divergência contra o acórdão de órgão fracionário do STF ou do STJ que: a) em recurso extraordinário ou em recurso especial, divergir do julgamento de qualquer outro órgão do mesmo tribunal, sendo os acórdãos, embargado e paradigma, de mérito; b) em recurso extraordinário ou em recurso especial, divergir do julgamento de qualquer outro órgão do mesmo tribunal, sendo um acórdão de mérito e outro que não tenha conhecido do recurso, embora tenha apreciado a controvérsia. Podem ser confrontadas teses jurídicas contidas em julgamentos de recursos e de ações de competência originária, porém ambas as decisões devem ser acórdãos, não se admitindo o manejo dos embargos contra decisão monocrática ou, ainda, a utilização desta como paradigma. Além disso, cabem embargos de divergência quando o acórdão paradigma for da mesma turma que proferiu a decisão embargada, desde que sua composição tenha sofrido alteração em mais da metade de seus membros. A divergência que autoriza a interposição de embargos de divergência pode verificar-se na aplicação do direito material ou do direito processual. Entretanto, a questão processual que objeto de divergência não pode dizer respeito à admissibilidade do recurso especial ou extraordinário, já que o inciso II do art. 1.043, que continha tal previsão, foi revogado pela Lei nº 13.256/2016. Na verdade, a questão processual deve constituir o próprio mérito do anterior recurso especial ou extraordinário.
Prazo
Os embargos de divergência devem ser interpostos no prazo de 15 dias úteis, contados da intimação da decisão.
Regularidade formal
A petição dos embargos de divergência, que será dirigida ao ministro responsável pela lavratura do acórdão embargado, conterá, sob pena de não preenchimento do requisito da regularidade formal: a) os nomes e a qualificação das partes; b) a exposição do fato e do direito; c) razões do pedido de reforma ou de decretação de nulidade (invalidação); d) o pedido de nova decisão.

Preparo
O preparo é requisito de admissibilidade dos embargos de divergência, salvo se a parte recorrente for beneficiária da justiça gratuita. O preparo engloba também o porte de remessa e retorno dos autos.
Pré-questionamento
Não há necessidade de que a matéria objeto dos embargos tenha sido prequestionada pelo órgão fracionário. Entretanto, se se tratar de questão suscitada desde o recurso especial ou extraordinário, o conhecimento dos embargos não prescinde do pré-questionamento pelo tribunal local.
Efeitos
Os embargos de divergência possuem efeito obstativo (impedem o trânsito em julgado), devolutivo (devolvem a questão objeto do recurso ao órgão colegiado mais amplo) e substitutivo (a decisão proferida neles substitui a decisão recorrida). Os embargos não possuem efeito suspensivo *ope legis*, embora lhes possa ser atribuído excepcionalmente por decisão do relator.
Procedimento
Os embargos de divergência devem ser interpostos por petição, no prazo de 15 dias, mediante recolhimento de preparo. Eles serão juntados aos autos independentemente de despacho e distribuídos ao relator. No STF, o relator do acórdão embargado relatará os embargos; no STJ, haverá distribuição entre os membros da Seção ou da Corte Especial, conforme o caso. Então, abrir-se-á prazo ao embargado, para apresentar contrarrazões, em 15 dias. Em seguida, oportunizar-se-á ao Ministério Público o oferecimento de manifestação, no prazo de 20 dias. O processo será, então, incluído em pauta para julgamento. Na sessão, as partes poderão sustentar suas razões oralmente, pelo prazo improrrogável de 15 minutos, o recorrente, o recorrido e, nos casos de sua intervenção, o membro do Ministério Público. Proferidos os votos pelos membros do órgão colegiado, o presidente anunciará o resultado do julgamento, designando para redigir o acórdão o relator ou, se vencido este, o autor do primeiro voto vencedor.

REFERÊNCIAS BIBLIOGRÁFICAS

ABELHA, Marcelo. Manual de execução civil. 2ª ed. Rio de Janeiro: Forense, 2007.

ABREU, Jorge Manuel Coutinho de. Do abuso de direito. Coimbra: Almedina, 1999.

ADEODATO, João Maurício. Ética & retórica: para uma teoria da dogmática jurídica. São Paulo: Saraiva, 2010.

________. Filosofia do Direito. 5ª ed. São Paulo: Saraiva, 2005.

ALMEIDA, Mário Aroso de. Grandes linhas da reforma do contencioso administrativo. 3ª ed. Coimbra: Almedina, 2004.

ALMEIDA, Roberto Moreira de. Teoria Geral do Processo. São Paulo: Método, 2008.

ALVES, José Carlos Moreira. Direito Romano. 6ª ed. Rio de Janeiro: Forense, 1998, v. II.

ALVES, Rafael Pontes de Miranda. A (im)possibilidade de execução de uma sentença declaratória de improcedência. Monografia apresentada ao Curso de Pós-Graduação latu sensu em Direito Civil e Processo Civil, da Escola da Magistratura de Pernambuco – ESMAPE, como requisito parcial para obtenção do título de especialista em direito civil e processo civil. Recife, 2012.

ALVES, Rodrigo Oppitz. Teoria do objeto do processo. Algumas possibilidades de reflexão e reconstrução de significado. Jus Navigandi, Teresina, ano 10, nº 737, 12/jul./2005. Disponível em: <http://jus.com.br/revista/texto/6976>. Acesso em: 26/dez./2012.

ALVIM, José Eduardo Carreira. Alterações do Código de Processo Civil. 2ª ed. Rio de Janeiro: Impetus, 2006.

________; CABRAL, Luciana Gontijo Carreira Alvim. Cumprimento da sentença. Curitiba: Juruá, 2006.

________. Novo agravo. 3ª ed. Del Rey: Belo Horizonte, 1999.

ALVIM, José Manuel Arruda. Manual de Direito Processual Civil. 13ª ed. São Paulo: Revista dos Tribunais, 2010.

ALVIM, Thereza. Questões prévias e os limites objetivos da coisa julgada. São Paulo: Revista dos Tribunais, 1977.

ALVIM NETO, José Manoel Arruda. Manual de direito processual civil. 8ª ed. São Paulo: Revista dos Tribunais, 2003, v. I.

AMARAL, Guilherme Rizzo. Cumprimento e execução da sentença sob a ótica do formalismo--valorativo. Porto Alegre: Livraria do Advogado, 2008.

_______. Comentários às alterações do novo CPC. São Paulo: Thompson Reuters, 2015.

AMARAL, Jorge Augusto Pais de. Direito Processual Civil. 9ª ed. Coimbra: Almedina, 2010.

AMENDOEIRA JÚNIOR, Sidnei. Fungibilidade dos meios. Salvador: Juspodivm, 2009.

ANDRADE, José Carlos Vieira de. A Justiça Administrativa. 11ª ed. Coimbra: Almedina, 2011.

ARAGÃO, Egas Dirceu Moniz de. Sentença e coisa julgada: exegese do Código de Processo Civil (arts. 444 a 475). Rio de Janeiro: Aide, 1992.

ARAÚJO, Francisco Fernandes. Responsabilidade objetiva do estado pela morosidade da justiça. Campinas: Copola, 1999.

ARMELIN, Donaldo. Observância à coisa julgada e enriquecimento ilícito: postura ética e jurídica dos magistrados e advogados. Caderno do CEJ, 23. Brasília, Conselho de Justiça Federal, Centro de Estudos, p. 92, 2003.

ASENJO, Enrique Jiménez. Teoria del objeto procesal. Revista de Derecho Privado, nº 394, pp. 243-255, 1950.

ASSIS, Araken de. Cumprimento da sentença. 3ª ed. Rio de Janeiro: Forense, 2010A.

________. Cumulação de ações. 3ª ed. São Paulo: Revista dos Tribunais, 1998.

________. Manual do processo de execução. 13ª ed. São Paulo: Revista dos Tribunais, 2010.

________. *Processo civil brasileiro.* São Paulo: RT, 2015, v. 2, t. 1.

_______. ________. São Paulo: RT, 2015, v. 2, t. 2.

ATAÍDE JÚNIOR, Jaldemiro Rodrigues de. Precedentes vinculantes e irretroatividade do direito no sistema processual brasileiro: os precedentes dos tribunais superiores e sua eficácia temporal. Curitiba: Juruá, 2012.

ATAIDE JÚNIOR, Vicente de Paula. As novas reformas do processo civil. Curitiba: Juruá, 2006.

ÁVILA, Humberto. Teoria dos princípios: da definição à aplicação dos princípios jurídicos. 12ª ed. São Paulo: Malheiros, 2011.

AZEVEDO, Álvaro Villaça. Teoria geral das obrigações e responsabilidade civil. 12ª ed. São Paulo: Atlas, 2011.

BARBOSA, Rui. Oração aos moços. São Paulo: Russel, 2004.

BARROS, Francisco Carlos Rocha. Comentários à lei do inquilinato. São Paulo: Saraiva, 1995.

BASTOS, Antônio Adonias. A defesa do executado de acordo com os novos regimes da execução. 2ª ed. Salvador: Juspodivm, 2009.

________. A razoável duração do processo. Salvador: Juspodivm, 2009.

________. Teoria geral da execução. Salvador: Juspodivm, 2010.

BEDAQUE, José Roberto dos Santos. Código de processo civil interpretado (coord. de Antônio Carlos Marcato). 3ª ed. São Paulo: Atlas, 2008.

________. Direito e Processo: influência do direito material sobre o processo. 4ª ed. São Paulo: Malheiros, 2006.

________. Efetividade do processo e técnica processual. São Paulo: Malheiros, 2006.

________. Os elementos objetivos da demanda examinados a luz do contraditório. Causa de Pedir e Pedido no processo civil (questões polêmicas). José Rogério Cruz e Tucci; José Roberto dos Santos Bedaque (coords.). São Paulo: Revista dos Tribunais, 2002.

________. Poderes instrutórios do juiz. 4ª ed. São Paulo: Revista dos Tribunais, 2009.

BERMUDES, Sérgio. A reforma do Código de Processo Civil. 2ª ed. São Paulo: Saraiva, 1996.

BETTI, Emílio. Interpretação da lei e dos atos jurídicos. São Paulo: Martins Fontes, 2007.

________. Teoria generale della interpretazione. Milano: Giuffrè, 1995.

BITTAR, Carlos Alberto. Curso de Direito Civil. Rio de Janeiro: Forense Universitária, 1994, v. I.

BOBBIO, Norberto. O positivismo jurídico: lições de filosofia do direito. São Paulo: Ícone, 2006.

BONDIOLI, Luis Guilherme Aidar. O novo CPC: a terceira etapa da reforma. São Paulo: Saraiva, 2006.

________. Reconvenção no processo civil. São Paulo: Saraiva, 2009.

BONÍCIO, Marcelo José Magalhães; YARSHELL, Flávio Luiz. Execução civil: novos perfis. São Paulo: RCS, 2006.

BOTTINI, Pierpaolo; RENAULT, Sergio Rabello Tamm (coords.). Reforma do Judiciário. São Paulo: Saraiva 2005.

BRASILEIRO, Ricardo Adriano Massara. Res de qua agitur: sobre o objeto do processo civil clássico romano. Revista de Processo, v. 146, pp. 344-356, abr./2007.

BUENO, Cassio Scarpinella. A nova etapa da reforma do Código de Processo Civil. São Paulo: Saraiva, 2006.

________. A nova etapa da reforma do Código de Processo Civil: comentários sistemáticos às Leis 11.187, de 19-10.2005, e 11.232, de 22-12-2005. 2ª ed. São Paulo: Saraiva, 2006.

________ et al. Aspectos polêmicos e atuais do mandado de segurança 51 anos depois. São Paulo: Revista dos Tribunais, 2002.

________. Curso sistematizado de Direito Processual Civil. São Paulo: Saraiva, 2008, v. 1.

________. ________. São Paulo: Saraiva, 2008, v. 2.

________. ________. São Paulo: Saraiva, 2008, v. 3.

________. ________. São Paulo: Saraiva, 2008, v. 5.

BÜLOW, Oskar von. *La teoría de las excepciones procesales y los presupuestos procesales.* Miguel Angel Rosas Lichtschein (trad.). Buenos Aires: EJEA, 1964.

BUONCRISTIANI, Dino. *L'allegazione dei fatti nel processo civile.* Turim: G. Giappichelli Editore, 2001.

BUZAID, Alfredo. Da ação renovatória e das demais ações oriundas de contrato de locação de imóveis destinados a fins comerciais. 2ª ed. São Paulo: Saraiva, 1981.

________. Estudos e pareceres de Direto Processual Civil. São Paulo: Revista dos Tribunais, 2002.

CABRAL, Antonio do Passo. Coisa julgada e preclusões dinâmicas. 1ª ed. Salvador: Juspodivm, 2013.

________. *Convenções processuais.* Salvador: Juspodivm, 2016.

CADILHA, Carlos Alberto Fernandes. Comentários ao Código de Processo nos tribunais administrativos. 3ª ed. Coimbra: Almedina, 2010.

CALAMANDREI, Piero. Instituições de Direito Processual Civil. 2ª ed. Campinas: Bookseller, 2003, v. 1.

________. ________. 2ª ed. Campinas: Bookseller, 2003, v. 2.

________. ________. 2ª ed. Campinas: Bookseller, 2003, v. 3.

________. La relatividad del concepto de accion: estudios sobre el proceso civil. Buenos Aires: Bibliografica Argentina, 1961.

CALDAS, Gilberto. Nova Lei do Inquilinato comentada. São Paulo: Ediprax Jurídica, 1991.

CALMON, Petrônio. Bases científicas para um renovado Direito Processual. Salvador: Juspodivm, 2009.

________. Sentença e títulos executivos judiciais. In: BOTTINI, Pierpaolo e RENAULT, Sérgio (coords.). A nova execução de títulos judiciais – comentários à Lei 11.232/05. São Paulo: Saraiva, 2006.

CÂMARA, Alexandre Freitas. A nova execução de sentença. 6ª ed. Rio de Janeiro: Lumen Juris, 2009.

________ et al. Leituras complementares de Processo Civil. 9ª ed. Salvador: Juspodivm, 2011.

________. Lições de Direito Processual Civil. 10ª ed. Rio de Janeiro: Lumen Juris, 2004, v. I.

________. ________. 22ª ed. Rio de Janeiro: Lumen Juris, 2013, v. 2.

______. ________. 3ª ed. Rio de Janeiro: Lumen Juris, 2000, v. 1.

______. ________. 3ª ed. Rio de Janeiro: Lumen Juris, 2000, v. 2.

________ et al. Relativização da coisa julgada. Salvador: Juspodivm, 2004.

CAMBI, Eduardo. Neoconstitucionalismo e neoprocessualismo: direitos fundamentais, políticas públicas e protagonismo judiciário. 2ª ed. São Paulo: Revista dos Tribunais, 2011.

CAMPOS, Ronaldo Cunha. Limites objetivos da coisa julgada. 2ª ed. São Paulo: AIDE, 1988.

CANOVA, Augusto Cerino. Commentario del Codice di Procedura Civile. Torino: Utet, 1980, tomo 1, libro secondo.

CAPPELLETTI, Mauro; GARTH, Bryant. Acesso à justiça. Tradução de Ellen Gracie Northfleet. Porto Alegre: Fabris, 1988.

CARMONA, Carlos Alberto. Código de Processo Civil interpretado (coord. de Antonio Carlos Marcato). 3ª ed. São Paulo: Atlas, 2008.

________. Cumprimento da sentença conforme a Lei 11.232 de 2005. Revista de processo, nº 142, ano 31, pp. 261-262, dez./2006.

CARNEIRO, Athos Gusmão. Do "cumprimento de sentença", conforme a Lei nº 11.232/2005. Parcial retorno ao medievalismo? Por que não? In: BOTTINI, Pierpaolo e RENAULT, Sérgio (coords.). A nova execução de títulos judiciais – comentários à Lei 11.232/05. São Paulo: Saraiva, 2006.

________. Do rito sumário na reforma do CPC: Lei nº 9.245, de 26-12-1995. São Paulo: Saraiva, 1996.

________. Intervenção de terceiros. 14ª ed. São Paulo: Saraiva, 2003.

________. Jurisdição e competência. 11ª ed. São Paulo: Saraiva, 2001.

________. O novo recurso de agravo e outros estudos. Rio de Janeiro: Forense, 1996.

________. Recurso especial, agravos e agravo interno. 2ª ed. Rio de Janeiro: Forense, 2002.

CARNELUTTI, Francesco. A Morte do Direito. Tradução de Hiltomar Martins Oliveira. Belo Horizonte: Líder, 2008.

________. Derecho procesal civil y penal. Buenos Aires: Ediciones Jurídicas, 1971.

________. Instituições de processo civil. São Paulo: Classic Book, 2000.

CARPENA, Márcio Louzada. Do processo cautelar moderno. 2ª ed. Rio de Janeiro: Forense, 2004.

CARVALHO, Milton Paulo de. Do pedido no processo civil. Porto Alegre: Fabris, 1992.

CARVALHO NETO, Inácio de. Curso de Direito Civil brasileiro. 2ª ed. Curitiba: Juruá, 2007.

CASTRO, Torquato. Ação declaratória. Recife: Universidade Federal de Pernambuco, 1971.

CHIOVENDA, Giuseppe. Instituições de direito processual civil. Tradução de Paolo Capitanio. Campinas: Bookseller, 2009.

CINTRA, Antonio Carlos de Araújo; GRINOVER, Ada Pellegrini; DINAMARCO, Cândido Rangel. Teoria geral do processo. 13ª ed. São Paulo: Malheiros, 1997.

_______; _______; _______. _______. 28ª ed. São Paulo: Malheiros, 2012.

CORDEIRO, António Manuel da Rocha e Menezes. *Da boa fé no direito civil.* 6 ed. Coimbra: Almedina, 2015.

COSTA, Eduardo José da Fonseca. O "direito vivo" das liminares. São Paulo: Saraiva, 2011.

COSTA, Gisele Barbosa da. Ações dúplices e pedido contraposto. Direito positivo, São Paulo, ano 5, nº 237, 14/jan./2008. Disponível em: <http://www.direitopositivo.com.br/modules.php?name=Artigos&file=display&jid=102>. Acesso em: 16/jan./2013.

COULANGES, Fustel de. A cidade antiga: estudos sobre o culto, o direito e as instituições da Grécia e de Roma. São Paulo: Hemus, 1975.

COUTURE, Eduardo J. Fundamentos do Direito Processual Civil. São Paulo: Conceito Editorial, 2008.

CUNHA, Leonardo José Carneiro da. A Fazenda Pública em juízo. 13ª ed. Rio de Janeiro: Forense, 2016.

_______. Anotações sobre o incidente de resolução de demandas repetitivas previsto no projeto do novo CPC. In: DIDIER JR., Fredie et al. (coords.). O projeto do novo Código de Processo Civil. Salvador: Juspodivm, 2011.

_______. O regime processual das causas repetitivas. Revista de Processo, São Paulo, nº 179, jan./2010.

_______. Será o fim da categoria condições da ação? uma intromissão no debate travado entre Fredie Didier Jr. e Alexandre Freitas Câmara. Revista de Processo, vol. 198, pp. 227-235, 2011.

DANTAS, Marcelo Navarro Ribeiro. *Reclamação constitucional no direito brasileiro.* Porto Alegre: Sergio Antonio Fabris Editor, 2000.

DEL VECCHIO, Giorgio. Evolução e involução no sistema jurídico. Belo Horizonte: Líder, 2005.

DEMARCHI, Juliana. Ação renovatória de locação. Manual dos procedimentos especiais cíveis de legislação extravagante (coord. de Fernando da Fonseca Gajardoni e Márcio Henrique Mendes da Silva). São Paulo: Método, 2006.

________. Ações dúplices, pedido contraposto e reconvenção. Disponível em: <http://processoemdebate.files.wordpress.com/2010/09/ac3ª7c3b5es-dc3baplices-pedido-contraposto-e--reconvenc3ª7c3ª3º.pdf>. Acesso em: 16/jan./2013.

DESTEFENNI, Marcos. Curso de processo civil. São Paulo: Saraiva, 2006, v. 1.

DIAS, João Álvaro. Simplificação das formas processuais. In: MARTINS, Ives Gandra da Silva (coord.). O direito contemporâneo em Portugal e no Brasil. São Paulo: Saraiva, 2004.

DIDIER JR, Fredie. A sentença meramente declaratória como título executivo – aspecto importante da reforma processual civil brasileira de 2005. In: CIANCI, Mirna; QUARTIERI, Rita (coords.). Temas atuais da execução civil: estudos em homenagem ao professor Donaldo Armelin. São Paulo: Saraiva, 2007.

________; OLIVEIRA, Rafael. *Benefício da justiça gratuita*. 5ª ed. Salvador: Juspodivm, 2012.

________. Curso de Direito Processual Civil. 11ª ed. Salvador: Juspodivm, 2009, v. 1.

________; CUNHA, Leonardo José Carneiro da. Curso de direito processual civil. 3ª ed. Salvador: Juspodivm, 2010, v. 5.

________. Curso de Direito Processual Civil. 13ª ed. Salvador: Juspodivm, 2011, v. 1.

________; BRAGA, Paula Sarno; OLIVEIRA, Rafael. Curso de Direito Processual Civil. 6ª ed. Salvador: Juspodivm, 2011, v. 2.

________; CUNHA, Leonardo Carneiro da. *Curso de Direito Processual Civil*. 12ª ed. Salvador: Juspodivm, 2014, v. 3.

________; BRAGA, Paula Sarno; OLIVEIRA, Rafael. *Curso de Direito Processual Civil*. 6ª ed. Salvador: Juspodivm, 2014, v. 5.

________. Curso de Direito Processual Civil. 17ª ed. Salvador: Juspodivm, 2015, v. 1.

________. ________. 10ª ed. Salvador: Juspodivm, 2015, v. 2.

________. Fundamentos do Princípio da Cooperação no Direito Processual Português. Lisboa: Wolters Kluwer, 2010.

________. Os três modelos de direito processual: inquisitivo, dispositivo e cooperativo. Revista de Processo, vol. 198, 2011.

________ et al. Procedimentos especiais cíveis – legislação extravagante. São Paulo: Saraiva, 2003.

________. Recurso de terceiro: juízo de admissibilidade. Recursos no Processo Civil. São Paulo: Revista dos Tribunais, 2003, v. 10.

________. Regras processuais no novo código civil. São Paulo: Saraiva, 2004.

________. Sentença constitutiva e execução forçada. Teoria quinária da ação. Eduardo José da Fonseca Costa, Luiz Eduardo Ribeiro Mourão e Pedro Henrique Pedrosa Nogueira (coords.). Salvador: Juspodivm, 2010.

_______. Será o fim da categoria "condição da ação"? Um elogio ao projeto do novo CPC. Revista de Processo, vol. 197, pp. 255-260, 2011.

DINAMARCO, Cândido Rangel. A instrumentalidade do processo. 4ª ed. São Paulo: Malheiros, 1994.

_______. A reforma da reforma. 2ª ed. São Paulo: Malheiros, 2002.

_______. A reforma do Código de Processo Civil. 4ª ed. São Paulo: Malheiros, 1997.

_______. Capítulos de sentença. 2ª ed. São Paulo: Malheiros, 2006.

_______. Fundamentos do processo civil moderno. 6ª ed. São Paulo: Malheiros, 2010.

_______. Instituições de Direito Processual Civil. 4ª ed. São Paulo: Malheiros, 2004, v. 1.

_______._______. 4ª ed. São Paulo: Malheiros, 2002, v. 2.

_______._______. 9ª ed. São Paulo: Malheiros, 2002, v. 2.

_______._______. 4ª ed. São Paulo: Malheiros, 2002, v. 3.

_______._______. 4ª ed. São Paulo: Malheiros, 2002, v. 4.

_______._______. 3ª ed. São Paulo: Malheiros, 2003, v. 1.

_______. Intervenção de Terceiros. 5ª ed. São Paulo: Malheiros, 2009.

_______. Manual das pequenas causas. São Paulo: Revista dos Tribunais, 1986.

_______. Nova era do processo civil. 3ª ed. São Paulo: Malheiros, 2009.

DINIZ, Maria Helena. As lacunas no Direito. 7ª ed. São Paulo: Saraiva, 2002.

_______. Conflitos de normas. 5ª ed. São Paulo: Saraiva, 2003.

_______. Curso de Direito Civil. 20ª ed. São Paulo: Saraiva, 2003.

DONIZETTI, Elpídio. Curso didático de Direito Processual Civil. 14ª ed. São Paulo: Atlas, 2010.

DWORKIN, Ronald. Levando os direitos a sério. São Paulo: Martins Fontes, 2007.

ECHANDÍA, Hernando Devis. Teoria general del processo. 2ª ed. Buenos Aires: Universidad, 1997.

FABRÍCIO, Adroaldo Furtado. Ação declaratória incidental. São Paulo: Saraiva, 2009.

_______. Comentários ao Código de Processo Civil. Rio de janeiro: Forense, 1980, v. VIII.

FAZZALARI, Elio. Instituições de Direito Processual. Campinas: Bookseller, 2006.

FERNÁNDEZ, Isabel Tapia. La cosa juzgada (estudio de jurisprudencia civil). Madrid: Dykinson S. L, 2010.

FERRAZ JR., Tércio Sampaio. Introdução do estudo do direito: técnica, decisão, dominação. São Paulo: Atlas, 2012.

FERREIRA JR., Roberval Rocha. Principais julgamentos do STF. Salvador: Juspodivm, 2007.

FIGUEIRA JÚNIOR, Joel Dias. O novo procedimento sumário. São Paulo: Revista dos Tribunais, 1996.

________; LOPES, Maurício Antonio Ribeiro. Comentários à lei dos juizados especiais cíveis e criminais. 3ª ed. São Paulo: Revista dos Tribunais, 2000.

FIGUEIREDO, Eduardo Augusto Madruga de Figueiredo; MOUZALAS, Rinaldo. Cooperação e vedação às decisões por emboscada ("ambush decision"). Coleção Novo CPC – Doutrina Selecionada. Fredie Didier Jr., Lucas Buril de Macêdo, Ravi Medeiros Peixoto, Alexandre Freire (coords.). Salvador: Juspodivm, 2015, v. 1 – Parte geral.

FORNACIARI JUNIOR, Clito. Da reconvenção no Direito Processual Civil brasileiro. 2ª ed. São Paulo: Saraiva, 1983.

FRANÇA, R. Limongi. Hermenêutica jurídica. 7ª ed. São Paulo: Saraiva, 1999.

FRANCO, João Nascimento. Ação renovatória. São Paulo: Malheiros, 1994.

FRANCO, José Umberto. Sentença declaratória como título executivo. Disponível em <http://www.google.com.br/url?sa=t&rct=j&q=&esrc=s&source=web&cd=1&ved=0CFMQFjAA&url=http%3A%2F%2Fwww.gmwadvogados.com.br%2FImagensTrabalhos%2FSentencaDeclaratoriaComoTituloExecutivo.doc&ei=9r8hUKjKCJKG8QStwYDwBw&usg=AFQjCNEG8q9CL5XNGuWpnHB76-Jv0ªBHAw>. Acesso em 07/ago./12.

FREIRE, Rodrigo da Cunha Lima. Código de Processo Civil para concursos. Salvador: Juspodivm, 2010.

FREITAS, José Lebre de. Código de Processo Civil anotado. 2ª ed. Coimbra: Coimbra, 2008.

FUX, Luiz. A reforma do processo civil: comentários e análise crítica da reforma infraconstitucional do Poder Judiciário e da reforma do CPC. Niterói: Impetus, 2006.

________. Curso de Direito Processual Civil. 4ª ed. Rio de Janeiro: Forense, 2008.

________. O novo processo de execução: o cumprimento da sentença e a execução extrajudicial. Rio de Janeiro: Forense, 2008.

________. Tutela de segurança e tutela da evidência. São Paulo: Saraiva, 1996.

________. Tutela de segurança e tutela de evidência (fundamentos da tutela antecipada). São Paulo: Saraiva, 1996.

GADAMER, Hans-Georg. Verdade e método: traços fundamentais de uma hermenêutica filosófica. Trad. de Flávio Paulo Heurer. 2ª ed. Petrópolis: Vozes, 1997.

GAGLIANO, Pablo Stolze; PAMPLONA FILHO, Rodolfo. *Novo Curso de Direito Civil.* São Paulo: Saraiva, 2011, v. 4, t. 1.

GAJARDONI, Fernando da Fonseca. Técnicas de aceleração do processo. São Paulo: Lemos & Cruz, 2003.

GARCIA, Dionísio de Santis. Efeito vinculante dos julgados da Corte Suprema dos tribunais superiores. Revista dos Tribunais, São Paulo, nº 734, pp. 45-62, mar./2010.

GERAIGE NETO, Zaiden. O princípio da inafastabilidade do controle jurisdicional. Coleção Estudos de Direito Processual Enrico Tullio Liebman. São Paulo: Revista dos Tribunais, 2003, v. 56.

GOLDSCHMIDT, James. Direito Processual Civil. Campinas: Bookseller, 2003, t. 1.

GOMES, Orlando. Obrigações. 8ª ed. Rio de Janeiro: Forense, 1986.

GONÇALVES, Aroldo Plínio. Ação de consignação em pagamento: a questão dos limites da cognição e da contestação. Disponível em: <http://ead04.virtual.pucminas.br/conteudo/CSA/s2c0007b/03_orient_conteudo_6/centro_recursos/documentos/acao_consignacao_pagamento.pdf>. Acesso em: 23/dez./2012.

GONÇALVES, Marcos Vinícius Rios. Novo curso de Direito Processual Civil. São Paulo: Saraiva, 2008, v. 1.

________.________. São Paulo: Saraiva, 2008, v. 2.

________.________. São Paulo: Saraiva, 2008, v. 3.

GONÇALVES FILHO, João Gilberto. O princípio constitucional da eficiência no processo civil. Tese (Doutorado em Direito) – Faculdade de Direito da USP, São Paulo, 2010, 455 f.

GOUVEIA, Lúcio Grassi. Interpretação criativa de realização. Recife: Bagaço, 2000.

GRECO, Leonardo. Concurso e cumulação de ações. Revista de Processo, vol. 147, pp. 11-23, maio/2007.

GRECO, Leonardo. Instituições de Processo Civil. 5ª ed. Rio de Janeiro: Forense, 2015. v. 1 – Introdução ao Direito Processual Civil.

________.________. 3ª ed. Rio de Janeiro: Forense, 2015, v. II – Processo de conhecimento.

________. Primeiros comentários sobre a reforma da execução oriunda da Lei 11.232/05. Revista Dialética de Direito Processual, São Paulo, v. 36, p. 82, mar./2006.

GRECO FILHO, Vicente. Direito Processual Civil brasileiro. 17ª ed. São Paulo: Saraiva, 2003.

________. ________. 18ª ed., rev. e atual. São Paulo: Saraiva, 2007.

GRINOVER, Ada Pellegrini. Código Brasileiro de Defesa do Consumidor comentado pelos autores do anteprojeto. 8ª ed. Rio de Janeiro: Forense, 2004.

________. Cumprimento da sentença. In: BOTTINI, Pierpaolo; RENAULT, Sérgio (coords.). A nova execução de títulos judiciais – comentários à Lei 11.232/05. São Paulo: Saraiva, 2006.

GUEDES, Jefferson Carús. O princípio da oralidade. São Paulo: Revista dos Tribunais, 2003.

GUIMARÃES, Miranda. Mérito da ação cautelar. 2ª ed. Porto alegre: Sulriograndense, 1986.

HEIDEGGER, Martin. Ser e tempo. 5ª ed. Petrópolis: Vozes, 1995, pt. 1.

HERKENHOFF FILHO, Hélio Estellita. Reformas no Código de Processo Civil e implicações no processo trabalhista. Rio de Janeiro: Lumen Juris, 2007.

HOFFMAN, Paulo. O Direito à razoável duração do processo e a experiência italiana. In: WAMBIER, Teresa Arruda Alvim et al. (coords.). Reforma do Judiciário: primeiros ensaios críticos sobre a EC nº 45/2004. São Paulo: Revista dos Tribunais, 2005.

IGLESIAS, André de Freitas. Condenação versus declaração – a polêmica do título executivo do inc. i do art. 475-N do CPC. In: CIANCI, Mirna; QUARTIERI, Rita (coords.). Temas atuais da execução civil: estudos em homenagem ao professor Donaldo Armelin. São Paulo: Saraiva, 2007.

JORGE, Flávio Cheim. Apelação cível: teoria geral e admissibilidade. 2ª ed. São Paulo: Revista dos Tribunais, 2002, v. 7 – Recursos no processo civil.

________. Chamamento ao Processo. Coleção Estudos de Direito de Processo Enrico Tullio Liebman. São Paulo: Revista dos Tribunais, 1997, v. 35.

KNIJNIK, Danilo. A execução de pré-executividade. Rio de Janeiro: Forense, 2001.

KOJRANSKI, Nelson. A carência da ação renovatória e sua execução. Revista dos Tribunais, nº 750, pp. 146-147, 1998.

LACERDA, Galeno. Processo e cultura. Revista de Direito Processual Civil, São Paulo, v. 2, nº 3, pp. 74-86, jan.-jun./1961.

LARENZ, Karl. Derecho de obligaciones. Tradução de Jaime Santos Briz. Madrid: Revista de Derecho Privado, 1958, t. I.

LAUAR, Maíra Terra. Processo Civil: novas tendências. Belo Horizonte: Del Rey, 2010.

LAUTENSCHLÄGER, Milton Flávio de Almeida Camargo. Abuso do direito. São Paulo: Atlas, 2007.

LEÃO, José Francisco Lopes de Miranda. Sentença declaratória: eficácia quanto a terceiros e eficiência da Justiça. São Paulo: Malheiros, 1999.

LEITE, Carlos Henrique Bezerra. Curso de Direito Processual do Trabalho. 5ª ed. São Paulo: LTr, 2007.

LEITE, Gisele. Considerações didáticas sobre a ação renovatória de locação. Disponível em: <http://www.recantodasletras.com.br/textosjuridicos/2936991>. Acesso em: 29/jan./2013.

LEMOS, Jonathan Iavone de. Introdução ao estudo do objeto litigioso do processo: sucintas considerações sobre os elementos individualizadores do meritum causae. Disponível em: <http://tex.pro.br/tex/listagem-de-artigos/202-artigos-set-2007/5502-introducao-ao-estudo-do--objeto-litigioso-do-processo-sucintas-consideracoes-sobre-os-elementos-individualizadores--do-meritum-causae>. Acesso em: 09/dez./2012.

LEONEL, Ricardo de Barros. *Reclamação constitucional.* São Paulo: RT, 2011.

LEVENHAGEN, Antônio José de Sousa. Comentários ao Código de Processo Civil. São Paulo: Atlas, 1984.

LIEBMAN, Enrico Tullio. Estudos sobre o processo civil brasileiro. São Paulo: José Bushatsky, 1976.

______. Manual de Direito Processual Civil. Cândido Rangel Dinamarco (trad.). 2 ed. Rio de Janeiro: Forense, 1985, v. 1.

________. Processo de execução. 4ª ed. Notas de atualização, nos termos do Código de Processo Civil de 1973, do Prof. Joaquim Munhoz de Mello. São Paulo: Saraiva, 1980.

LIMA, Arnaldo Esteves. Ação rescisória. 3ª ed. Rio de Janeiro: Forense Universitária, 2008.

LIMA, Paulo Roberto de Oliveira. Contribuição à teoria da coisa julgada. São Paulo: Revista dos Tribunais, 1997.

LISBOA, Celso Anicet. A nova lei de locações sob o enfoque processual. Rio de Janeiro: Forense, 1992.

_______. A reforma do Código de Processo Civil: comentários às Leis nº 11. 187, de 19 de outubro de 2005 (agravo), e 11.232, de 22 de dezembro de 2005 (fases de cumprimento da sentença). Rio de Janeiro: Forense, 2006.

LOPES, João Batista. Ação declaratória. 6ª ed. São Paulo: Revista dos Tribunais, 2009.

LOPES, Maria Elizabeth de Castro. Execução civil e harmonia do sistema processual. In: CIANCI, Mirna; QUARTIERI, Rita de Cássia Rocha Conte (coords.). Temas atuais da execução civil: estudos em homenagem ao professor Donaldo Armelin. São Paulo: Saraiva, 2007.

LORENZETTI, Ricardo Luis. Teoria da decisão judicial. 2ª ed. São Paulo: Revista dos Tribunais, 2010.

LOUREIRO, Gonçalves. O Direito à identidade genética do ser humano apud SARLET, Ingo Wolfgang. Dignidade da pessoa humana e direitos fundamentais na Constituição Federal de 1988. Porto Alegre: Livraria do Advogado, 2004.

LUCON, Paulo Henrique dos Santos. Coisa julgada, efeitos da sentença, "coisa julgada inconstitucional" e embargos á execução do art. 741, parágrafo único. Revista do Advogado, nº 84, ano 25, pp. 145-167, dez./2005.

______. Eficácia das decisões e execução provisória. São Paulo: Revista dos Tribunais, 2000.

LYRA, Afrânio. Da consignação em pagamento. Salvador: V. Lopes Editor, 1978.

MACÊDO, Lucas Buril de. *Precedentes judiciais e o Direito Processual Civil*. Salvador: Juspodivm, 2015.

MACHADO, Antônio Cláudio da Costa. Código de Processo Civil interpretado: artigo por artigo, parágrafo por parágrafo. São Paulo: Saraiva, 1993.

________. ________. 5ª ed. Barueri: Manole, 2006.

MAIA FILHO, Napoleão Nunes. Comentários à nova lei do mandado de segurança. São Paulo: Revista dos Tribunais, 2010.

MALAQUIAS, Roberto Antonio Darós. A função social do processo no estado democrático de direito. Curitiba: Juruá, 2010.

MALUF, Carlos Alberto Dabus. A transação no Direito Civil e no Processo Civil. 6ª ed. São Paulo: Saraiva, 1999.

MANCUSO, Rodolfo de Camargo. A resolução dos conflitos e a função judicial. São Paulo: Revista dos Tribunais, 2009.

________. Divergência jurisprudencial e súmula vinculante. 4ª ed. São Paulo: Revista dos Tribunais, 2010.

MARCATO, Antônio Carlos. Ação de consignação em pagamento. Disponível em: <www.cursomarcato.com.br/.../aodeconsigna...>. Acesso em: 24/jan./2013.

________. Código de Processo Civil interpretado. 3ª ed. São Paulo: Atlas, 2008.

________. Procedimentos especiais. São Paulo: Atlas, 2008.

MARDER, Alexandre S. Das invalidades no Direito Processual Civil. São Paulo: Malheiros, 2010.

MARINONI, Luiz Guilherme. A antecipação da tutela. 6ª ed. São Paulo: Malheiros, 2000.

________. Abuso de defesa e a parte incontroversa da demanda. São Paulo: Revista dos Tribunais, 2007.

________. Classificação das sentenças que dependem de execução. In: CIANCI, Mirna; QUARTIERI, Rita (orgs.). Temas atuais da execução civil: estudos em homenagem ao Professor Donaldo Armelin. São Paulo: Saraiva, 2007.

________; MITIDIERO, Daniel. Código de Processo Civil comentado artigo por artigo. 2ª ed. São Paulo: Revista dos Tribunais, 2010.

________. Manual do processo de conhecimento. 2ª ed. São Paulo: Revista dos Tribunais, 2003.

________. ARENHART, Sérgio Cruz; MITIDIERO, Daniel. Novo Código de Processo Civil comentado. São Paulo: Revista dos Tribunais, 2015.

_______. Novo Curso de Processo Civil. São Paulo: Revista dos Tribunais, 2014, v. 1.

_______. _______. São Paulo: Revista dos Tribunais, 2014, v. 2.

_______. _______. São Paulo: Revista dos Tribunais, 2014, v. 3.

_______; ARENHART, Sérgio Cruz; MITIDIERO, Daniel. O Novo Processo Civil. 1ª ed. São Paulo: Revista dos Tribunais, 2015. v. 1.

_______. Precedentes obrigatórios. São Paulo: Revista dos Tribunais, 2010.

_______. Processo cautelar. São Paulo: Revista dos Tribunais, 2008.

_______. Prova. São Paulo: Revista dos Tribunais, 2009.

_______. MITIDIERO, Daniel. *Repercussão geral no recurso extraordinário*. 3ª ed. São Paulo: RT, 2012.

_______. Técnica Processual e Tutela dos Direitos. 3ª ed. São Paulo: Revista dos Tribunais, 2010.

_______. Tutela antecipatória, julgamento antecipado e execução imediata da sentença. 3ª ed. São Paulo: Revista dos Tribunais, 1999.

_______. Tutela específica (arts. 461, CPC e 84, CDC). São Paulo: Revista dos Tribunais, 2000.

MARMITT, Arnaldo. Consignação em pagamento. Rio de Janeiro: AIDE, 1990.

MARQUES, José Frederico. Instituições de Direito Processual. Campinas: Millenium, 2000, v. 3.

_______. Manual de Direito Processual Civil. São Paulo: Saraiva, 1974.

MARTINS, Sandro Gilbert. A defesa do executado por meio de ações autônomas. 2ª ed. São Paulo: Revista dos Tribunais, 2005.

MATTOS, Sérgio Luís Wetzel de. A nova execução: comentários à Lei nº 11.232, de 22 de dezembro de 2005. Carlos Alberto Alvaro de Oliveira (coord.). Rio de Janeiro: Forense, 2006.

MAXIMILIANO, Carlos. Hermenêutica e aplicação do direito. 16ª ed. Rio de Janeiro: Forense, 1996.

MEDEIROS, Maria Lúcia L. C. de. A revelia sob o aspecto da instrumentalidade. Coleção Estudos de Direito de Processo Enrico Tullio Liebman. São Paulo: Revista dos Tribunais, 2003, v. 54.

MEDINA, José Miguel Garcia. A sentença declaratória como título executivo – considerações sobre o art. 475-N, inc. I, do CPC. In: HOFFMANN, Paulo; RIBEIRO, Leonardo Ferres da Silva (coords.). Processo de execução civil – modificações da Lei 11.232/05. São Paulo: Quartier Latin, 2006.

_______. Execução. 2ª ed. São Paulo: Revista dos Tribunais, 2011.

________. Novo Código de Processo Civil comentado. São Paulo: Revista dos Tribunais, 2015.

MEIRELLES, Hely Lopes. Mandado de Segurança, Ação Popular, Ação Civil Pública, Mandado de Injunção, "Habeas Data". 13ª ed. São Paulo: Revista dos Tribunais, 1989.

MELLO, Marcos Bernardes de. Da ação como objeto litigioso no processo civil. Teoria quinária da ação. Eduardo José da Fonseca Costa, Luiz Eduardo Ribeiro Mourão e Pedro Henrique Pedrosa Nogueira (coords.). Salvador: Juspodivm, 2010.

________. Teoria do fato jurídico: plano de eficácia. São Paulo: Saraiva, 2010-A.

MENDONÇA JÚNIOR, Delosmar. Princípio da ampla defesa e da efetividade no processo civil brasileiro. São Paulo: Malheiros, 2001.

MENEZES, Iure Pedroza. O precedente judicial e o art. 285-A do CPC. Jus Navigandi, Teresina, ano 12, nº 1478, 19/jul./2007. Disponível em: <http://jus.com.br/revista/texto/10164>. Acesso em: 8/jan./2013.

MESQUITA, Miguel. Reconvenção e excepção no processo civil. Coimbra: Almedina, 2009.

MIRANDA, Francisco Cavalcanti Pontes de. Comentários ao Código de Processo Civil. Rio de Janeiro: Forense; Brasília: INL, 1973, t. 1.

________. ________. 3ª ed. Rio de Janeiro: Forense, 1997, t. 5.

________. Tratado das ações. 2ª ed. São Paulo: Revista dos Tribunais, 1972, t. I.

________. ________. 2ª ed. São Paulo: Revista dos Tribunais, 1974-A, t. 2.

________. Tratado de direito privado: parte geral. 3ª ed. Rio de Janeiro: Borsoi, 1970, t. 6.

________. Tratado de direito privado. 4ª ed. São Paulo: Revista dos Tribunais, 1974, t. 9.

MITIDIERO, Daniel. *Colaboração no processo civil: pressupostos sociais, lógicos e éticos.* 2ª ed. São Paulo: RT, 2011.

________. ________. 3ª ed. São Paulo: RT, 2015.

MONTENEGRO FILHO, Misael. Cumprimento da sentença e outras reformas processuais. São Paulo: Atlas, 2006.

MORAES, Alexandre de. *Direito Constitucional.* 17ª ed. São Paulo: Atlas, 2005.

MOREIRA, Helena Delgado Ramos Fialho. Poder Judiciário no Brasil: crise de eficiência. Curitiba: Juruá, 2004.

MOREIRA, José Carlos Barbosa. Comentários ao Código de Processo Civil. 11ª ed. Rio de Janeiro: Forense, 2003.

________. Conteúdos e efeitos da sentença: variações sobre o tema. Revista de Processo, nº 40, v. 10, pp. 7-12, out.-dez./1985.

_______. Notas sobre o problema da efetividade no processo. Temas de Direito Processual. 3ª série. São Paulo: Saraiva, 1984.

_______. Observações sobre a estrutura e a terminologia do CPC após as reformas das leis nºs 11.232 e 11.382. In: JAYME, Fernando Gonzaga et al. (coords.). Processo civil: novas tendências. Belo Horizonte: Del Rey, 2008.

_______. O futuro da justiça: alguns mitos. Revista de Processo, v. 102, pp. 228-237, abr.--jun./2001.

_______. O novo processo civil brasileiro. 22ª ed. Rio de Janeiro: Forense, 2002.

_______. _______. 25ª ed. Rio de Janeiro: Forense, 2007.

_______. O processo civil contemporâneo: um enfoque comparativo. Revista Brasileira de Direito Comparado, v. 370, pp. 39-54, set./2001.

_______. Tendências contemporâneas do Direito Processual Civil. Porto Alegre, v. 12, nº 34, p. 114, jul./1985.

MOURÃO, Luiz Eduardo Ribeiro. Coisa julgada. Belo Horizonte: Fórum, 2008.

_______. Da natureza jurídica da decisão judicial prevista no art. 475-N, inciso I, do Código de Processo Civil. Teoria quinária da ação. Eduardo José da Fonseca Costa, Luiz Eduardo Ribeiro Mourão e Pedro Henrique Pedrosa Nogueira (coords.). Salvador: Juspodivm, 2010.

MOUTA, José Henrique. Mandado de segurança. 2ª ed. Salvador: Juspodivm, 2010.

_______. Objeto litigioso do processo: reflexões sobre o tema. In: DIDIER JR., Fredie (coord.). Teoria do processo: panorama doutrinário mundial. Salvador: Juspodivm, 2010.

MOUZALAS, Rinaldo; ALBUQUERQUE, João Otávio Terceiro Neto Bernardo de. Reclamação constitucional. *Precedentes.* Fredie Didier Jr., Leonardo Carneiro da Cunha, Jaldemiro Rodrigues de Ataíde Jr. e Lucas Buril de Macêdo (coords.). 2 ed. Salvador: Juspodivm, 2016.

MUCCILLO, Jorge A. M. Inquilinato atualizado. 2ª ed. Porto Alegre, Livraria do Advogado, 1990.

NADER, Paulo. Curso de Direito Civil – obrigações. 5ª ed. Rio de Janeiro: Forense, 2010, v. 2.

NEGRÃO, Theotonio; GOUVÊIA, José Roberto F. Código de Processo Civil e legislação processual em vigor. 36ª ed. São Paulo: Saraiva, 2004.

NERY JÚNIOR, Nelson. Atualidades sobre o processo civil. 2ª ed. São Paulo: Revista dos Tribunais, 1996.

_______. Código de Processo Civil comentado e legislação processual civil extravagante em vigor. 9ª ed. São Paulo: Revista dos Tribunais, 2006.

_______. Princípios do processo civil na Constituição Federal. 10ª ed. São Paulo: Revista dos Tribunais, 2010.

NEVES, António Castanheira. O actual problema metodológico. Coimbra: Coimbra Editora, 2002.

________. O actual problema metodológico: da interpretação jurídica I. Coimbra: Coimbra Editora, 2010.

NEVES, Celso. Coisa julgada civil. São Paulo: Revista dos Tribunais, 1971.

NEVES, Daniel Amorim Assumpção. Manual de Direito Processual Civil. 7ª ed. São Paulo: Método, 2015.

________; RAMOS, Glauco Gumerato; FREIRE, Rodrigo da Cunha Lima; MAZZEI, Rodrigo. Reforma do CPC. São Paulo: Revista dos Tribunais, 2006.

NEVES, Marcelo. A constitucionalização simbólica. 2ª ed. São Paulo: Martins Fontes, 2007.

NOGUEIRA, Pedro Henrique Pedrosa. *Negócios jurídicos processuais*. Salvador: Juspodivm, 2016.

________. *Teoria da ação de direito material*. Salvador: Juspodivm, 2008.

NOJIRI, Sérgio. O dever de fundamentar as decisões judiciais. 2ª ed. São Paulo: Revista dos Tribunais, 2000.

NUNES, Jorge Amaury Maia. Segurança Jurídica e Súmula Vinculante. São Paulo: Saraiva, 2010.

OLIVEIRA, Carlos Alberto Alvaro de. Efetividade e processo de conhecimento. Revista da Ajuris, Porto Alegre, v. 26, nº 75, pp. 120-135, set./1999.

________. Teoria e prática da tutela jurisdicional. Rio de Janeiro: Forense, 2008.

________. Tutela declaratória executiva? Revista do Advogado, v. 85, pp. 36-45, maio/2006.

OLIVEIRA, Eduardo Ribeiro de. Notas sobre o conceito de lide. Revista de Processo, v. 34, pp. 88-107, 1984.

OLIVEIRA, Rafael Alexandria de. Aspectos processuais da exceção de contrato não cumprido. Salvador: Juspodivm, 2012.

________. Delimitação conceitual de exceção substancial e distinção entre exceções e objeções substanciais. Revista de Processo, São Paulo, ano 35, nº 103, pp. 27-46, mar./2011.

OLIVEIRA NETO, Olavo de. *Conexão por prejudicialidade*. São Paulo: RT, 1994.

ORIONE NETO, Luiz. Processo cautelar. São Paulo: Saraiva, 2004.

________. Recursos Cíveis. 3ª ed. São Paulo: Saraiva, 2009.

PABST, Haroldo. Natureza jurídica dos embargos do devedor. 2ª ed. Rio de Janeiro: Forense, 2000.

PACHECO, José da Silva. Tratado das execuções: processo de execução. São Paulo: Saraiva, 1975, v. I.

PALAIA, Nelson. Técnica de contestação. 7ª ed. São Paulo: Saraiva, 2010.

PASSOS, José Joaquim Calmon de. A ação no Direito Processual Civil brasileiro. Salvador: Oficinas Gráficas da Imprensa Oficial da Bahia, 1960.

________. Responsabilidade do exeqüente no novo Código de Processo Civil. Revista Forense, v. 246, Rio de Janeiro, 1974.

PAULA, Jônatas Luiz Moreira de. Comentários ao Código de Processo Civil. Barueri: Manole, 2005, v. VI.

PAULA, Paulo Afonso Garrido de. Código de Processo Civil interpretado (coord. Antônio Carlos Marcato). 3ª ed. São Paulo: Atlas, 2008.

PEIXOTO, Ravi. Superação do precedente e segurança jurídica. 2 ed. Salvador: Juspodivm, 2016.

PEREIRA, Caio Mário da Silva. Instituições de Direito Civil. 22ª ed. Rio de Janeiro: Forense, 2009, v. II.

PEZZOTTI, Olavo José Justo. Ações dúplices. São Paulo, 2007. Disponível em: <http://www.sapientia.pucsp.br/tde_arquivos/3/TDE-2007-06-29T11:53:46Z-3688/Publico/Tese%20Olavo%20Pezzotti.pdf>. Acesso em: 30/jan./2013.

PIMENTEL, Alexandre Freire. Tipologia quinária das ações na era do sincretismo processual: a eficácia executiva da sentença declaratória e os efeitos preponderantes da sentença condenatória. Revista da Ajuris nº 116, pp. 73-95, dez./2009.

PINHO, Frederico Andrade de Macedo. Sentença meramente declaratória, título executivo e execução pelo réu. Jus Navigandi, Teresina, ano 14, nº 2273, 21/set./2009. Disponível em: <http://jus.com.br/revista/texto/13531>. Acesso em: 16/abr./2013.

PINTO, Júnior Alexandre Moreira. A causa petendi e o contraditório. Coleção Temas Atuais de Direito Processual Civil. São Paulo: Revista dos Tribunais, 2007, v. 12.

PINTO, Nelson Luiz. Manual dos recursos cíveis. 2ª ed. São Paulo: Malheiros, 2001.

PISANI, Andrea Proto. Diritto processuale civile. 3ª ed. Napoli: Jovene, 1999.

PIZZOL, Patrícia Miranda. Coisa julgada nas ações coletivas. São Paulo, 2006. Disponível em: <http://www.pucsp.br/tutelacoletiva/download/artigo_patricia.pdf>. Acesso em: 15/fev./2013.

POPP, Carlyle. Comentários à nova Lei do Inquilinato. 3ª ed. Curitiba: Juruá, 1992.

PORTANOVA, Rui. Princípios do Processo Civil. 3ª ed. Porto Alegre: Livraria do Advogado, 1999.

PORTO, Sérgio Gilberto. Coisa julgada civil. 4ª ed. São Paulo: Revista dos Tribunais, 2001.

RAMOS, Glauco Gumerato. Título executivo judicial. In: NEVES, Daniel Amorim Assumpção et al. Reforma do CPC: Leis 11. 187/2005, 11.232/2005, 11.276/2006, 11.277/2006 e 11.280/2006. São Paulo: Revista dos Tribunais, 2006.

RAMOS, Manuel Ortells. Derecho procesal civil. Madrid: Editorial Atanzadi, 2010.

REDONDO, Bruno Garcia. Mandado de Segurança: comentário à Lei nº 12.016/2009. São Paulo: Método, 2009.

REIS, Sérgio Cabral dos. A defesa do executado no curso da execução. São Paulo: LTr, 2008.

RIBEIRO, Darci Guimarães. La pretension procesal y la tutela judicial efectiva: hacia una Teoría Procesal Del Derecho. Barcelona: Bosch, 2004.

RIBEIRO, Leonardo Ferres da Silva. Breves considerações acerca do impacto da Lei 11.232/05 no tema da eficácia das sentenças. In: HOFFMANN, Paulo; RIBEIRO, Leonardo Ferres da Silva (coords.). Processo de execução civil – modificações da Lei 11.232/05. São Paulo: Quartier Latin, 2006.

RIZZARDO, Arnaldo. Direito das obrigações. 5ª ed. Rio de Janeiro: Forense, 2009.

ROCCO, Ugo. Tratado de Derecho Procesal Civil. Torino: UTET, 1970.

RODRIGUES, Marcelo Abelha. Do cumprimento da sentença. In: JORGE, Flávio Cheim; DIDIER JÚNIOR, Fredie; RODRIGUES, Marcelo Abelha. A terceira etapa da reforma processual civil: comentários às Leis nº 11.187/2005, 11.232/2005, 11.276/2006, 11.277/2006 e 11.280/2006. São Paulo: Saraiva, 2006.

________. Elementos de Direito Processual Civil. São Paulo: Revista dos Tribunais, 2000.

RODRIGUES, Ruy Zoch. Ação repetitivas: casos de antecipação de tutela sem o requisito da urgência. São Paulo: Revista dos Tribunais, 2010.

ROSA, Eliézer. Leituras de processo civil. Rio de Janeiro: Guanabara, 1970.

ROSA, Marcos Valls Feu. Exceção de Pré-executividade: Matérias de ordem pública no processo de execução. 3ª ed. Porto Alegre, 2000.

SÁ, Djanira Maria Radamés de. Duplo grau de jurisdição: conteúdo e alcance constitucional. São Paulo: RT, 1999.

SÁ, Renato Montans. Eficácia preclusiva da coisa julgada. São Paulo: Saraiva, 2011.

SALLES, José Carlos de Mores. Ação renovatória de locação empresarial. 2. ed. São Paulo: Revista dos Tribunais, 2002.

SAMPAIO JÚNIOR, José Herval. Processo Constitucional: nova concepção de jurisdição. São Paulo: Método, 2009.

________. Tutelas de urgência: sistematização das liminares de acordo com o Projeto de novo CPC. São Paulo: Atlas, 2011.

SANGUINETTI, Juliana Mincarone. A responsabilidade do exequente diante da execução de obrigação inexistente. Porto Alegre, 2010. Disponível em: <http://www3.pucrs.br/pucrs/files/uni/poa/direito/graduacao/tcc/tcc2/trabalhos2010_1/juliana_sanguinetti.pdf>. Acesso em: 03/fev./2013.

SANTOS, Ernane Fidélis. As reformas de 2005 e 2006 do Código de Processo Civil: execução dos títulos judiciais e agravo de instrumento. 2ª ed. São Paulo: Saraiva, 2006.

_______. Manual de Direito Processual Civil. 3ª ed. São Paulo: Saraiva, 1994.

_______. _______. São Paulo: Saraiva, 2011, v. III.

_______. Novíssimos perfis do processo civil brasileiro. Belo Horizonte: Del Rey, 1999.

SANTOS, Evaristo Aragão. A Sentença como Título Executivo. Execução civil (aspectos polêmicos). João Batista Lopes e Leonardo José Carneiro da Cunha (coords.). São Paulo: Dialética, 2005.

_______. Breves notas sobre o "novo" regime de cumprimento da sentença. In: FUX, Luiz; NERY JUNIOR, Nelson; WAMBIER, Teresa Arruda Alvim. Processo e Constituição: estudos em homenagem ao professor José Carlos Barbosa Moreira. São Paulo: Revista dos Tribunais, 2006.

_______. Sobre a importância e os riscos que hoje corre a criatividade jurisprudencial. Revista de Processo, São Paulo, ano 35, nº 181, pp. 38-58, mar./2010.

SANTOS, Gildo dos. Locação e despejo. 4ª ed. São Paulo: Revista dos Tribunais, 2001.

SANTOS, J. M. de Carvalho. Código Civil brasileiro interpretado. 5ª ed. São Paulo: Livraria Freitas Bastos S.A., 1953, v. III.

SANTOS, Moacyr Amaral. Comentários ao Código de Processo civil. 3ª ed. Rio de janeiro: Forense, 1982, v. IV.

_______. Da reconvenção no Direito brasileiro. 4ª ed. São Paulo: Max Limonad, 1973.

_______. Primeiras linhas de Direito Processual Civil: adaptadas ao novo Código de Processo Civil. 6ª ed. São Paulo: Saraiva, 1978, v. 1.

_______. Primeiras linhas de Direito Processual Civil. 13ª ed. São Paulo: Saraiva, 1989-1990, v. 2.

_______. _______. 23ª ed. São Paulo: Saraiva, 2009, v. III.

SANTOS, Nelton dos. Código de Processo Civil interpretado. 3ª ed. Antônio Carlos Marcato (coord.). São Paulo: Atlas, 2008.

SATTA, Salvatore. Direito Processual Civil. Campinas: LZN, 2003, v. 1.

SCHOPENHAUER, Arthur. Como vencer um debate sem precisar ter razão. São Paulo: Topbooks, 2003.

SCHWAB, Karl Heinz. El Objeto litigioso en el Proceso Civil. Tradução de Tomas A. Banzhaf. Bueno Aires: Ediciones Jurídicas Europa-America, 1968. Título Original: Der Streitgegenstand im Zivilprozess.

SCHWAB, Martin. Zivilprozessrecht. Tradução de Victória Araújo Borges. 3ª ed. Heidelberg, München, Landsberg, Frechen, Hamburg: C.F. Müller, 2010.

SICA, Heitor Vitor Mendonça. O direito de defesa no processo civil brasileiro. São Paulo: Atlas, 2011.

SILVA, Beclaute Oliveira. Garantia fundamental à motivação da decisão judicial. Salvador: Juspodivm, 2007.

SILVA, Clóvis do Couto e. Comentários ao Código de Processo Civil. São Paulo: Revista dos Tribunais, 1977, v. 11, t. I.

SILVA, Donato Henriques da. O sigilo e a publicidade processual na Constituição Federal de 1988. João Pessoa: Idea, 2011.

SILVA, Jaqueline Mielke. Curso de processo civil: processo de execução e cumprimento de sentenças. São Paulo: Forense, 2008, v. 2.

________; XAVIER, José Tadeu Neves. Reforma do processo civil. Porto Alegre: Verbo Jurídico, 2006.

SILVA, José Afonso da. Aplicabilidade das normas constitucionais. 7ª ed. São Paulo: Malheiros, 2007.

SILVA, José Pacheco da. Tratado das locações, ações de despejo e outras. 9ª ed. São Paulo: Revista dos Tribunais, 1994.

SILVA, Ovídio A. Baptista da. Curso de Processo Civil. 6ª ed. São Paulo: Revista dos Tribunais, 2008, v. 1, t. II.

________. Jurisdição, Direito Material e Processo. Rio de Janeiro: Forense, 2007.

________. ________. Rio de Janeiro: Forense, 2008.

________. Jurisdição e execução na tradição romana-canônica. 2ª ed. São Paulo: Revista dos Tribunais, 1998.

________. Procedimentos especiais. Rio de janeiro: Aide, 1989.

________. Sentença e coisa julgada. 3ª ed. Porto Alegre: Fabris, 1995.

________; GOMES, Fábio Luiz. Teoria geral do processo civil. 6ª ed. São Paulo: Revista dos Tribunais, 2010.

SILVA, Paula Costa e. A litigância de má-fé. Coimbra: Coimbra, 2008.

SILVA, Rinaldo Mouzalas de Souza e; MOUZALAS, Ilcléia Cruz de Souza Neves. O incidente de uniformização dos arts. 476 a 479 do Código de Processo Civil. Jus Navigandi, Teresina, ano 16, nº 2879, 20/maio/2011. Disponível em: <http://jus.com.br/revista/texto/19155>. Acesso em: 26/dez./2012.

SIMÕES, Geraldo Beire. Questões controvertidas de locação e condomínio: as reformas do CPC, questões diversas. 2ª ed. Rio de Janeiro: Renovar, 1996.

SIQUEIRA, Cleanto Guimarães. A defesa no processo civil: as exceções substanciais no processo de conhecimento. 3ª ed. São Paulo: Saraiva, 2008.

SLAIBI FILHO, Nagib. Comentários à nova lei do inquilinato. 8ª ed. Rio de Janeiro: Forense, 1995.

SOARES, Rogério Aguiar Munhoz. Tutela jurisdicional diferenciada: tutelas de urgência e medidas liminares em geral. São Paulo: Malheiros, 2000.

SOBRINHO, Elicio de Cresci. Objeto litigioso no processo civil. Porto Alegre: Sergio Antonio Fabris Editor, 2008.

SOTELO, José Luis Vázquez. "Objeto actual" y "objeto virtual" em el proceso civil español. Processo civil: novas tendências. Fernando Gonzaga Jayme, Juliana Cordeiro de Farias e Maira Terra Lauar (coords.). Belo Horizonte: Del Rey, 2008.

SOURIOUX, Jean-Louis; LERAT, Pierre. Análise de texto: método geral de aplicações no direito. São Paulo: Martins Fontes, 2002.

SOUSA, Miguel Teixeira de. *Introdução ao processo civil.* 2 ed. Lisboa: LEX, 2000.

SOUZA, Bernardo Pimentel. *Introdução aos recursos cíveis e à ação rescisória.* 6ª ed. São Paulo: Saraiva, 2009.

SOUZA, Marcelo Alves Dias de. *Do precedente judicial à súmula vinculante.* Curitiba: Juruá, 2006.

SOUZA, Rogério de Oliveira. A responsabilidade do credor pela execução. Revista EMERJ, Rio de Janeiro, nº 18, v. 5, pp. 161-168, 2002.

SOUZA, Sylvio Capanema de. Da locação do imóvel urbano. Direito e Processo. Rio de Janeiro: Forense, 2000.

STRECK, Lenio Luiz. Hermenêutica jurídica e(m) crise. Porto Alegre: Livraria do Advogado, 1999.

STRENGER, Irineu. Da autonomia da vontade. 2ª ed. São Paulo: LTr, 2000.

TALAMINI. Eduardo; WAMBIER, T. C. A. A. (org.); DIDIER JUNIOR, F. (org.); DANTAS, B. (org.). Breves comentários ao novo Código de Processo Civil. 1ª ed. São Paulo: Revista dos Tribunais, 2015, v. 1.

________. Coisa julgada e sua revisão. São Paulo: Revista dos Tribunais, 2005.

________; WAMBIER, L. R. Curso avançado de processo civil: execução. 15ª ed. São Paulo: Revista dos Tribunais, 2015, v. 2.

________; ________. Curso avançado de processo civil: teoria geral do processo e processo de conhecimento. 15ª ed. São Paulo: Revista dos Tribunais, 2015, v. 1.

________; ________. Curso avançado de processo civil: processo cautelar e procedimentos especiais. 14ª ed. São Paulo: Revista dos Tribunais, 2015, v. 3.

________. "Sentença que reconhece obrigação" como título executivo (CPC, art. 475-N, I – acrescido pela Lei 11.232/05). In: BRUSCHI, Gilberto Gomes (coord.). Execução civil e cumprimento de sentença. São Paulo: Método, 2006.

________. ________. In: NOGUEIRA, Gustavo Santana (coord.). A nova reforma processual. Rio de Janeiro: Lumen Juris, 2007.

TARUFFO, Michele. Ciencia y proceso. Páginas sobre justicia civil. Madrid: Marcial Pons, 2009.

________. Collateral estoppel e giudicato sulle questioni. Rivista di DirittoProcessuale. Padova: Cedam, 1972, v. XXVI (II Serie).

________. La giustizia civile in Italia dal'700 a oggi. Bolongna: O Mulino, 1980.

________. La motivación de la sentencia civil. Lorenzo Córdova Vianello (trad.). Madri: Editorial Trotta, 2011.

________. La prueba. Artículos y conferencias. Santiago: Metropolitana, 2009-b.

________. La prueba de los hechos. 2º ed. Trad. de Jordi Ferrer Beltrán. Madrid: Trotta, 2005.

TARTUCE, Flávio. O novo CPC e o direito civil: impactos, diálogos e interações. São Paulo: Método, 2015.

TEIXEIRA, Sálvio de Figueiredo. Código de Processo Civil anotado. 7ª ed. São Paulo: Saraiva, 2003.

TERCEIRO NETO, João Otávio. "Honorários de sucumbência e direito intertemporal: entre o CPC/1973 e o CPC/2015". Revista de Processo, São Paulo, nº 265, p. 345-364, 2017.

TESHEINER, José Maria Rocha (coord.) em conjunto com o Grupo de Pesquisa "Novas Técnicas" da PUCRS. Nova sistemática processual civil. 2ª ed. Caxias do Sul: Plenun, 2006.

THEODORO JUNIOR, Humberto. As novas reformas do Código de Processo Civil – Leis 11.187, de 19.10.2005; 11.232, de 22.12.2005; 11.276 e 11.277, de 07.02.2006; e 11.280, de 16.02.2006. Rio de Janeiro: Forense, 2006.

________. ________. 2ª ed. Rio de Janeiro: Forense, 2007.

________. Boa-fé e processo: princípios éticos na repressão à litigância de má-fé – papel do juiz. *Revista Autônoma de processo,* Curitiba, nº 01, dez./2006.

________. Celeridade e efetividade da prestação jurisdicional. Insuficiência da reforma das leis processuais. Revista de Processo, São Paulo, ano 30, nº 125, jul./2005.

________. Coisa julgada, ação declaratória seguida de condenatória. Revista de Processo, São Paulo, ano 21, nº 81, jan.-mar./1996.

________. Comentários ao Código de Processo Civil. 2ª ed. Rio de Janeiro: Forense, 2003, v. 4.

________. Curso de Direito Processual Civil. 24ª ed. Rio de Janeiro: Forense, 1998, v. I.

________. ________. 2ª ed. Rio de Janeiro: Forense, 1999, v. II.

________. ________. 39ª ed. Rio de Janeiro: Forense, 2009, v. III.

________. ________. 56ª ed. Rio de Janeiro: Forense, 2015, v. I.

_______. Juiz e Partes dentro de um processo fundado no princípio da cooperação. Revista Dialética de Direito Processual, São Paulo, nº 103, 2011.

_________ *et al.* (coords.). *Novo CPC: fundamentos e sistematização.* Rio de Janeiro: Forense, 2015.

_______. Processo Cautelar. 23ª ed. São Paulo: Livraria e Editora Universitária de Direito, 2006.

_______. Processo Justo e Contraditório Dinâmico. Revista Magister de Direito Civil e Processual Civil, ano VI, nº 33, 2009.

_______. Repercussão Geral no Recurso Extraordinário e Súmula vinculante do Supremo Tribunal Federal. *Revista Magister de Direito Civil e Processual Civil,* nº 18, 2007.

_______; NUNES, Dierle Coelho. Uma dimensão que urge reconhecer ao contraditório brasileiro: sua aplicação como garantia de influência, de não surpresa e de aproveitamento da atividade processual. *Revista de Processo,* ano 34, nº 168, 2009.

TOURINHO NETO, Fernando. A eficácia executiva da sentença declaratória. Revista Informação Legislativa, nº 115, ano 29, pp. 557-570, jul.-set./1992.

TUCCI, José Rogério Cruz e. A causa petendi no processo civil. 2ª ed. São Paulo: Revista dos Tribunais, 2001.

_______. A causa petendi no processo civil. 2ª ed. Coleção Estudos de Direito de Processo Enrico Tullio Liebman. São Paulo: Revista dos Tribunais, 2003, v. 27.

_______. et. al. A Penhora e o Bem de Família do Fiador da Locação. São Paulo: Revista dos Tribunais, 2003.

_______; TUCCI, Rogério Lauria. Constituição de 1988 e processo. São Paulo: Saraiva, 1989.

_______. Da reconvenção. São Paulo: Saraiva, 1984.

_______. Garantia do processo sem dilações indevidas. In: TUCCI, José Rogério Cruz e. Garantias constitucionais do processo civil – Homenagem aos 10 anos da Constituição Federal de 1988. São Paulo, RT, 1999.

_______. Limites subjetivos da eficácia da sentença e da coisa julgada civil. São Paulo: Revista dos Tribunais, 2006.

_______. Lineamentos da Nova Reforma do CPC. 2ª ed. São Paulo: Revista dos Tribunais, 2002.

_______. Tempo e Processo. São Paulo: Revista dos Tribunais, 1997.

VICENTE, Petrúcio Malafaia. Juizados especiais cíveis e criminais. Rio de Janeiro: DP&A, 2001.

VIEIRA, Luíta Maria Ourém Sabóia. O princípio da correlação aplicado ao processo civil e ao processo penal. Revista de Processo, v. 211, pp. 391-407, set./2012.

WAGNER JÚNIOR, Luiz Guilherme da Costa. Processo Civil. Belo Horizonte: Del Rey, 2009.

WAMBIER, Luiz Rodrigues. Liquidação da sentença civil. 4ª ed. São Paulo: Revista dos Tribunais, 2009.

________. Sentença civil: liquidação e cumprimento. 3ª ed. São Paulo: Revista dos Tribunais, 2006.

________; WAMBIER, Teresa Arruda Alvim; MEDINA, José Miguel Garcia. Breves comentários à nova sistemática processual civil II: Leis 11.1187/05, 11.232/05, 11.276/06, 11.277/06 e 11.280/06. São Paulo: Revista dos Tribunais, 2006.

________; ALMEIDA, Flávio Renato Correia de; TALAMINI, Eduardo. Curso avançado de processo civil. 8ª ed. São Paulo: Revista dos Tribunais, 2006, v. 2.

WAMBIER, Teresa Arruda Alvim. Aspectos polêmicos da nova execução de títulos judiciais. São Paulo: Revista dos Tribunais, 2006.

________; DIDIER JR., Fredie.; TALAMINI, Eduardo. Breves Comentários ao Código de Processo Civil de 2015. São Paulo: Revista dos Tribunais, 2015.

________. Nulidade do processo e da sentença. 4ª ed. São Paulo: Revista dos Tribunais, 1997.

________. Os agravos no CPC brasileiro. 3ª ed. São Paulo: Revista dos Tribunais, 2000.

________; CONCEIÇÃO, Maria Lúcia Lins; RIBEIRO, Leonardo Ferres da Silva; MELLO, Rogério Licastro Torres de. Primeiros comentários ao Novo Código de Processo Civil. Artigo por artigo. São Paulo: RT, 2015.

WATANABE, Kazuo. Da cognição no Processo Civil. São Paulo: Revista dos Tribunais, 1987.

________. ________. 2ª ed. Campinas: Bookseller, 2000.

YARSHELL, Flávio Luiz. Indeferimento da inicial e improcedência da demanda? Carta Forense, nº 24, maio/2005.

YOSHIKAWA, Eduardo Henrique de Oliveira. A sentença declaratória como título executivo e o princípio da ação (interpretação do art. 475-N, I, do CPC, introduzido pela Lei 11.232/05). Revista Dialética de Direito Processual, São Paulo, nº 49, pp. 19-36, abr./2007.

ZAFARONI, Eugenio Raúl. Poder Judiciário. São Paulo: Revista dos Tribunais, 1995.

ZAGANELLI, Margareth Vetis. Estudos de história do processo. Rio de Janeiro: Lumen Juris, 2009.

ZAVASCKI, Teori Albino. Antecipação da tutela. 3ª ed. São Paulo: Saraiva, 2000.

________; SILVA, Ovídio Araújo Baptista da (coords.). Comentários ao Código de Processo Civil: do processo de execução, arts. 566 a 645. São Paulo: Revista dos Tribunais, 2000, v. 8.

________. Executividade das sentenças de improcedência em ações declaratórias negativas. Revista de Processo, nº 208, pp. 13-17, jun./2012.

________. Processo de execução – parte geral. 3ª ed. São Paulo: Revista dos Tribunais, 2004.

________. Sentenças declaratórias, sentenças condenatórias e eficácia executiva dos julgados. Leituras complementares de processo civil. 3ª ed. Salvador: Juspodivm, 2005.

________. Título executivo e liquidação. 2ª ed. São Paulo: Revista dos Tribunais, 2001.

ANOTAÇÕES

ANOTAÇÕES

ANOTAÇÕES

ANOTAÇÕES

ANOTAÇÕES

ANOTAÇÕES

ANOTAÇÕES

EDITORA JusPODIVM
www.editorajuspodivm.com.br

Impressão e acabamento: BMF Gráfica e Editora